लोकभारती

बृहत् प्रामाणिक हिंदी कोश

लोकभारती

बृहत् प्रामाणिक हिंदी कोश

मूल सम्पादक

आचार्य रामचंद्र वर्मा

संशोधन-परिवर्द्धन

डॉ. बदरीनाथ कपूर

लोकभारती प्रकाशन

लोकभारती प्रकाशन
पहली मंजिल, दरबारी बिल्डिंग, महात्मा गांधी मार्ग,
प्रयागराज-211 001
वेबसाइट : www.lokbhartiprakashan.com
ई-मेल : info@lokbhartiprakashan.com

शाखाएँ : 1-बी, नेताजी सुभाष मार्ग, दरियागंज,
नई दिल्ली-110 002
अशोक राजपथ, साइंस कॉलेज के सामने,
पटना-800 006
1, अनमोल सोराबजी संतुक लेन, धोबी तलाव,
मरीन लाइंस, मुम्बई-400 002

नव संपादित बारहवाँ बृहत् संस्करण : 2012
पुनर्मुद्रित संस्करण : 2014
चौदहवाँ संस्करण : 2023

मूल्य : ₹999

बी.के. ऑफसेट
नवीन शाहदरा, दिल्ली-110 032
द्वारा मुद्रित

LOKBHARTI
BRIHAT PRAMANIK HINDI KOSH
Edited by Acharya Ramchandra Verma
Dr. Badrinath Kapoor

ISBN : 978-81-8031-632-6

अनुक्रमणिका

संकेताक्षरों का विवरण

अं० = अंग्रेजी भाषा।

अ० = १. अकर्मक क्रिया।

२. कोष्ठक में व्युत्पत्ति के प्रसंग में = अरबी भाषा।

अनु० = अनुकरणवाची।

अप० = अपभ्रंश।

अल्पा० = अल्पार्थक रूप।

अव० = अवधी बोली।

अव्य० = अव्यय।

इब० = इबरानी।

उड़ि० = उड़िया।

उप० = उपसर्ग।

कहा० = कहावत।

कोंक० = कोंकणी (कोंकण देश की भाषा)।

क्रि० प्र० = क्रिया प्रयोग।

क्रि० वि० = क्रिया विशेषण।

क्व० = क्वचित् (कहीं-कहीं प्रयुक्त)।

गुज० = गुजराती भाषा।

जर० = जर्मन।

जा० = जापानी।

ता० = तातारी भाषा।

तु० = तुरकी भाषा।

दे० = देखें। (अभिदेश)

देश० = देशज।

ना० धा० = नाम धातु।

नि०, निपा० = निपात।

पं० = पंजाबी।

पद० = पदबंध।

परि० = परिशिष्ट।

पा० = पाली भाषा।

पुं० = पुंलिंग।

पु० हिं० = पुरानी हिंदी।

पुर्त० = पुर्तगाली भाषा।

पू० = पूर्वी या पूरब की हिंदी।

पूर्व० = पूर्वकालिक क्रिया।

प्रत्य० = प्रत्यय।

प्रा० = प्राकृत भाषा।

प्रे०, प्रेर० = प्रेरणार्थक क्रिया।

फा० = फारसी भाषा।

बँग० = बँगला भाषा।

बहु० = बहुवचन।

भाव० = भाववाचक संज्ञा।

भूत० कृ०, भू० कृ० = भूतकालिक कृदन्त।

मि० = मिलाओ।

मुसल० = मुसलमानों में प्रयुक्त।

मुहा० = मुहावरा।

यू० = यूनानी भाषा।

यो०, योज० = योजक।

यौ० = यौगिक (दो या अधिक शब्दों के पद)

राज० = राजस्थानी।

ले० = लैटिन।

व० वि० = वर्ण-विपर्यय।

वि० = विशेषण।

विप० = विपर्याय।

विभ० = विभक्ति।

विरु० = विरुद्धार्थक।

विस्मयादि० = विस्मयादिक।

व्या० = व्याकरण।

व्रज० = व्रज भाषा।

सं० = संस्कृत।

संक्षि० = संक्षिप्त।

स० = सकर्मक क्रिया।

सम० = समस्त पद।

सम्बन्धबो० = सम्बन्धबोधक।

सर्व० = सर्वनाम।

सा० = साहित्य।

स्त्रि० = स्त्रियों की बोलचाल।

स्त्री० = स्त्रीलिंग।

स्पे० = स्पेनी भाषा।

हिं० = हिंदी।

---

* कविताओं, गीतों आदि में प्रयुक्त होनेवाले शब्दों का सूचक चिह्न।

† स्थानिक बोल-चाल में प्रयुक्त होनेवाले शब्दों का चिह्न।

॥ ॐ ॥

बृहत् संस्करण की भूमिका

आचार्य रामचंद्र वर्मा द्वारा संपादित प्रामाणिक हिंदी कोश का उपयोग पिछले ५० वर्षों से हिंदी प्रेमी निरंतर करते चले आ रहे हैं। इस बीच इस कोश के तीन संस्करण निकले हैं और इन संस्करणों की कई-कई आवृत्तियाँ भी हुई हैं। शब्दचयन और अर्थ-प्रतिपादन इन दोनों दृष्टियों से यह कोश हिंदी पाठकों की आवश्यकताओं और जिज्ञासाओं को संतोषजनक ढंग से पूर्ति करने में सफल रहा है। इस प्रकार कोश-रचना सम्बन्धी वर्मा जी द्वारा अपनाए हुए दृष्टिकोण को हम सकारात्मक कह सकते हैं।

प्रस्तुत बृहत् संस्करण वर्मा जी के मानदण्डों के अनुरूप तथा वर्तमान आवश्यकताओं को ध्यान में रखकर तैयार किया गया है। अंग्रेजी-परस्त राजनीतिज्ञों की कूटचालों के कारण यद्यपि हिंदी अब तक भारत की सर्वमान्य राजभाषा के पद पर पूर्णरूप से आसीन न हो सकी तो भी अपनी अदम्य ऊर्जा के बल पर वह दिनों-दिन सबल और समृद्ध हो रही है। सौभाग्य से आज उसकी गिनती विश्व की उन्नत भाषाओं में होने लगी है। साहित्यिक विधाओं की दृष्टि से ही नहीं, विज्ञान, प्रौद्योगिकी, धर्म, दर्शन, मनोविज्ञान, समाज विज्ञान, दूर-संचार, अर्थ, वाणिज्य, विधि, प्रशासन आदि सभी क्षेत्रों में जैसी प्रगति हुई है और जैसा वाङ्मय रचा गया है वह स्तुत्य और अभिनंदनीय है। इन महत्त्वपूर्ण प्रयासों के फलस्वरूप हिंदी के शब्दभंडार में पिछले डेढ़-दो दशकों में आशातीत वृद्धि हुई है। इस संस्करण में कई सहस्र नए शब्दों को सम्मिलित कर इस कोश को शब्दभंडार की दृष्टि से प्रतिनिधि कोश बनाने का प्रयत्न किया गया है।

नए शब्द

पिछले कुछ वर्षों से नित्य प्रयोग में आ रहे उदारीकरण, छद्मयुद्ध, जनसंचार, तालिबान, ध्रुवीकरण, प्रत्यर्पण-संधि, बहुराष्ट्रीय, मानवाधिकार, यौन-शोषण, विनिवेश, वोट बैंक, सशक्तीकरण, स्वायत्तता आदि हजारों शब्द इस कोश में पहली बार सम्मिलित किए गए हैं। ऐसे भी सैकड़ों शब्दों को ढूँढ़-ढूँढ़कर इस कोश में स्थान दिया गया है जो पहले से हमारी भाषा के अंग हैं परंतु जिनका आज तक कोशों में समावेश नहीं हो पाया; जैसे—आक्रमणकारी, आत्मकथ्य, गुटबाजी, जल-जमाव, जीवनदान, टूट-फूट, दो टूक, दो शब्द, माओवादी, रचनाधर्मी, रिकार्ड-तोड़, शीलभंग, संज्ञान आदि। इसी प्रकार आंचलिक तथा प्रादेशिक रचनाकारों के कुछ ऐसे शब्दों को भी इस कोश में स्थान दिया गया है जो हिंदी साहित्य में अपना स्थान बना पाए हैं।

समस्त पदों में पूर्वपद या उत्तरपद के रूप में कुछ विशिष्ट शब्दों के योग से बने नए शब्दों की बहुलता भी इस कोश में दर्शनीय है। उदाहरण जन-पूर्वपद और -करण उत्तरपद का दिया जा सकता है। जनगणना, जनजाति, जनतंत्र, जननायक, जनपद, जनप्रिय, जनमत आदि समस्त पद तो दशकों पहले ही अस्तित्व ग्रहण कर चुके थे। अब जनकल्याण, जन-जीवन, जन-प्रतिनिधि, जनयुद्ध, जनरुचि, जनरोष, जन-विरोधी, जनशक्ति, जनशिक्षा, जनसंकुल, जन-संघटन, जनसंचार, जनसंपर्क, जनसंघर्ष, जन-समर्थन, जन-सहयोग, जन-संपत्ति, जन-सामान्य, जनसेवक, जन-स्वीकृति, जनहानि, जन हितैषी, जनादेश, जनान्दोलन आदि भी हमारी भाषा में अपना स्थान दृढ़ कर चुके हैं। -करण उत्तरपद के योग से साधारणीकरण, मानवीकरण, शुद्धीकरण आदि शब्द तो द्विवेदी युग में दिखाई पड़े थे। इसके बाद भी एकीकरण, तुष्टीकरण, पुष्टिकरण, राष्ट्रीकरण, श्रेणीकरण, स्पष्टीकरण आदि अनेक शब्द भी समय-समय पर प्रचलन में आए। परंतु इधर तो अध्यायीकरण, अपराधीकरण, आधुनिकीकरण, उदारीकरण, औद्योगीकरण, एकत्रीकरण, जनतंत्रीकरण, टीकाकरण, तालिबानीकरण, ध्रुवीकरण, ध्वस्तीकरण, निजीकरण, न्यूनीकरण, बाजारीकरण, भूमंडलीकरण, मानकीकरण, यंत्रीकरण, राजनीतीकरण, विद्युतीकरण, विविधीकरण, विशेषीकरण, वैश्वीकरण, संस्कृतीकरण, सर्वव्यापीकरण, स्थानीयकरण आदि की जैसे बाढ़ आ गई हो। हिंदी शब्दों की यह संयोजन-क्षमता उसकी अदम्य ऊर्जा की ही परिचायक है।

विज्ञान, प्रौद्योगिकी, वाणिज्य, प्रशासन, जनसंचार आदि क्षेत्रों में प्रयुक्त होनेवाले अंग्रेजी भाषा के ऐसे शब्दों को भी इस कोश में स्थान दिया गया है जिनका व्यापक रूप से इधर प्रयोग हो रहा है; जैसे-इलेक्ट्रान, इलैक्ट्रानिक, क्लोन, कैलकुलेटर, न्यूट्रान, प्रोट्रान, माफिया, मीडिया सैक्टर आदि। इसी प्रकार अरबी-फारसी के भी ऐसे शब्दों को लिया गया है जो इधर प्रयोग में आ रहे हैं; जैसे—गलतबयानी, जज्बा, जजबाती, दहशतगर्द, दहशतगर्दी, बुरकापोश, लफ्फाज, लफ्फाजी आदि।

पदबंधों तथा भाषा-प्रयोगों की दृष्टि से हिंदी अत्यंत उन्नत तथा संपन्न है परंतु दुर्भाग्य यह कि इनके संकलन की ओर हिंदी के कोशकारों ने सक्रियता नहीं दिखाई। इंच-भर, ऊँची नाकवाला, काली रात, खुली छूट, घूम-फिरकर, टुकड़ों-टुकड़ों में, मर-मरकर, मुट्ठी-भर, मुफ्त का आदि सैकड़ों ऐसे प्रयोग हैं जिनको पहली बार इस कोश में स्थान मिला है। यही बात कुछ मुहावरों के सम्बन्ध में भी है। गरमी खाना, जान लड़ा देना, जहर कर देना, जहर भर देना, ताला लग जाना, दिल मिल जाना, नंगा होकर नाचना, मरे जाना, मार लेना, मुट्ठी में कर लेना, मोहरा बनना ऐसे अनेक मुहावरे हैं जिन्हें अभी तक हिंदी कोशों में स्थान नहीं मिल पाया था।

यहाँ एक और तथ्य की ओर संकेत करना भी आवश्यक प्रतीत होता है। अनेक विशेषण शब्दों से बनी संज्ञाएँ तथा अनेक संज्ञाओं से बने विशेषण इधर निरंतर अस्तित्व ग्रहण कर रहे हैं। अनिवार्य से अनिवार्यता, उपलब्ध से उपलब्धता, नियमित से नियमितता, प्राथमिक से प्राथमिकता, बहुल से बहुलता*, सर्व से सर्वता* आदि संज्ञाएँ चल निकली हैं। इसी प्रकार कंप्यूटर से कंप्यूटरी (कंप्यूटरी साहित्य), जमीन से जमीनी (जमीनी सचाई), परमिट से परमिटी (परमिटी तैल), पाठक से पाठकीय (पाठकीय दृष्टिकोण), मंच से मंचीय (मंचीय वार्तालाप) मैदान से मैदानी (मैदानी गोल) आदि विशेषण भी धड़ल्ले से चल रहे हैं। ऐसे शब्दों के संकलन की ओर भी हमारे नए कोशकारों का ध्यान जाना चाहिए।

इस कोश में पहली बार ऐसे सैकड़ों क्रिया-विशेषण, विशेषण तथा संज्ञा शब्दों की प्रविष्टियाँ मिलेंगी जो सम्बन्धबोधकों की तरह प्रयुक्त होते हैं। 'विरुद्ध' को सभी कोशों में विशेषण बतलाया गया है जबकि यह 'के विरुद्ध' अर्थात् सम्बन्धबोधक के रूप में ही प्रयुक्त होता है, जैसे—(क) वह आपके विरुद्ध चुनाव लड़ेगा। (ख) मैं उनके विरुद्ध कुछ नहीं कहूँगा। (ग) वे हमारे दल के विरुद्ध अनर्गल प्रचार कर रहे हैं। आगे, पास, सामने आदि क्रिया-विशेषण हैं, अतिरिक्त, अधीन, उपयुक्त आदि विशेषण हैं तथा ओर, जगह, हाथ आदि संज्ञाएँ हैं। परंतु के आगे, के पास, के सामने, के अतिरिक्त, के अधीन, के उपयुक्त, की ओर, की जगह, के हाथ तो सम्बन्धबोधक हैं। ऐसे सैकड़ों सम्बन्धबोधकों को इस कोश में स्थान प्राप्त हुआ है।

नए अर्थ

इधर सहस्रों हिंदी शब्दों में नए अर्थ विकसित हुए हैं। ऐसे अर्थों को सँजोने तथा विश्लेषित करने का काम इस बृहत् संस्करण का विशेष ध्येय रहा है। यह कार्य कोशकार के लिए इसलिए भी चुनौती-भरा है कि उसे ही अपनी भाषा की क्षमता, महत्ता और सौंदर्य को जगत के सम्मुख लाने और रखने का अवसर मिलता है।

प्रामाणिक हिंदी कोश के पहले के संस्करणों में 'उपलब्ध' प्रविष्टि में अर्थ के रूप में दो पर्याय—सुलभ और प्राप्त—दिए गए थे। इस बार दो व्याख्याएँ दी गई हैं, जो इस प्रकार हैं—(१) जिसे प्राप्त किया जा सके या उपयोग में लाया जा सके, जैसे—यहाँ माल ढोने के लिए खच्चर उपलब्ध हैं। (२) जिससे सहज में मिला जा सके; जैसे-हमारे गुरुजी हर समय उपलब्ध रहते हैं। 'उपस्थिति' में एक ही अर्थ था—उपस्थित होने की अवस्था या भाव। दूसरा अर्थ बढ़ाया गया है—उपस्थित लोगों की संख्या; जैसे—आज की सभा में उपस्थिति अधिक नहीं थी। 'कृपा' में एक ही अर्थ था-दूसरे की भलाई करने की भावना या वृत्ति। दूसरा अर्थ बढ़ाया गया—उदारतापूर्ण कृत्य या सहायता; जैसे—यह संस्था उनकी कृपा से चल रही है। ज्वार पुं० में एक अर्थ दिया था—समुद्र के जल का खूब लहराते हुए आगे बढ़ना या ऊपर उठना। दूसरा अर्थ बढ़ाया गया—अधिकता या तेजी; जैसे—उन्हें लगा कि पिता जी के क्रोध का ज्वार कुछ उतर गया है। -मनु शर्मा। 'ताना-बाना' में एक ही अर्थ था—कपड़े की बुनावट में लंबाई और चौड़ाई के बल बुने हुए सूत। दूसरा अर्थ बढ़ाया गया—रचना के तत्त्व या तार; जैसे-कहानी का ताना-बाना। 'केंद्र' में तीन अर्थ पहले से थे। चौथा अर्थ बढ़ाया गया—केंद्रीय सरकार; जैसे-केंद्र राज्यों को और अधिकार देने के लिए तैयार नहीं। 'चाय' में नया अर्थ बढ़ाया गया—शाम के समय का नाश्ता। 'मोर्चा' में नया अर्थ बढ़ाया गया—कई दलों के मेल से बना संघटन। 'प्रस्तुति' में एक अर्थ था—प्रस्तुत करने की क्रिया या भाव। दूसरा अर्थ बढ़ाया गया—प्रस्तुत कार्यक्रम; जैसे-अंधेर नगरी की प्रस्तुति सराहनीय थी। 'झख मारना' में एक ही अर्थ सभी कोशों में दिया गया है, जो इस प्रकार है—व्यर्थ के कामों में समय नष्ट करना; जैसे—लड़का दिन भर झख मारता रहता है। दूसरा अर्थ बढ़ाया गया—विवश होना; जैसे—अन्त में मुझे वहाँ झख मारकर जाना पड़ा।

अनेक शब्दों के अर्थों को अधिक संगत बनाने का प्रयत्न भी इस कोश में किया गया है। 'चकाचौंध' में अर्थ दिया था—बहुत तेज चमक से आँखों में होनेवाली झपक। 'झपक' चकाचौंध नहीं। वह तो उसका परिणाम है। अब अर्थ इस प्रकार है—बहुत तेज चमक जिससे आँखें झपकने लगें। 'चुभलाना' में अर्थ दिया था—मुँह में रखकर घुलाना या इधर-उधर करना। नई व्याख्या इस

* साहित्य अमृत (जून २००२) के 'संपादकीय' में डा० विद्यानिवास मिश्र द्वारा प्रयुक्त।

प्रकार है—रस लेने के लिए मुँह में रखी हुई किसी वस्तु को जीभ से बार-बार हिलाना-डुलाना। 'ठाठ' पुं० का दूसरा अर्थ था—खेमा गाड़ने के खूँटे। इसमें दोष यह था कि शब्द तो एकवचन है परंतु अर्थ बहुवचन में था। अब अर्थ इस प्रकार है—खेमा गाड़ने के खूँटों का समूह; उदा०—सब ठाठ पड़ा रह जाएगा जब लाद चलेगा बंजारा। 'लेन-देन' और 'लेना-देना' को पर्याय ही समझा जाता रहा है। परंतु 'लेना-देना' में एक अन्य अर्थ विशेष रूप से निहित है, जो 'लेन-देन' नहीं है। वह अर्थ है—सम्बन्ध; जैसे-अब उनका राजनीति से कुछ भी लेना-देना नहीं।

इस बृहत् संस्करण की कुछ अन्य विशेषताएँ इस प्रकार हैं।

(१) शब्दों के मानक रूप स्थिर करने में अधिक प्रचलित रूपों को आधार बनाया गया है। गत संस्करणों में कूआँ, दूकान, सूअर, सूई आदि मानक रूप स्वीकार किए गए थे, परंतु आज अधिकतर लेखक कुआँ, दुकान, सुअर, सुई आदि रूप ही प्रयुक्त करते हैं। गँठजोड़, गँठजोड़ा, गँठबंधन, गदहा आदि की जगह अब गठजोड़, गठजोड़ा, गठबंधन, गधा रूप ही अब श्रेयस्कर माने जाते हैं। इसलिए इस संस्करण में इन्हीं रूपों को मानक माना गया है। आयी, आयीं, आयें, आयेंगे, जायें, जायेंगे आदि क्रिया-रूपों के स्थान पर अब आई, आईं, आए, आएँ, आएँगे; जाएँ, जाएँगे आदि ही अधिक चलते हैं इसलिए इन्हें ही वरीयता दी गई है। यी तथा ये के स्थान पर ई और ए का उच्चारण होता है तो ई और ए रूप ही ग्रहण किए गए हैं; जैसे किराएदार, किराएदारी। तत्सम शब्दों में रेफ के नीचे जहाँ द्वित्व व्यंजन देने की प्रथा थी वहाँ एकल व्यंजन को ही वरीयता दी गई है। कार्य्य, धर्म्म आदि की जगह कार्य, धर्म को ही अपनाया गया है। अँगरेजी, अंग्रेजी; दोहराना, दुहराना, बरतन, बर्तन आदि ऐसे चलते रूप हैं जिनमें से एक को स्वीकार करना और दूसरे को अस्वीकार करना सहज नहीं। विद्वानों को इस विषय में जितनी शीघ्रता से हो सके किसी निश्चय तक पहुँचना चाहिए। इस कोश में अधिकतर अवस्थाओं में लाघव रूपों को ही वरीयता देने का प्रयास हुआ है। तत्त्व, महत्त्व, सत्त्व आदि रूपों को ही वरीयता देने के पीछे यह धारणा रही कि 'त्व' प्रत्यय का अस्तित्व लक्षित होता है।

(२) गत संस्करणों में, शब्दों का उच्चारण पाठक अधिक सुगमता से कर सकें इसके लिए वर्मा जी ने योजिका (हाइफन) का प्रयोग किया था, जैसे—अ-निर्दिष्ट, अ-परिचित, अ-पलक, कर्ण-कटु, कर्म-कांड, गले-बाजी, गो-दान, जन-प्रिय आदि। परंतु इस संस्करण में योजिका कुछ निश्चित नियमों के आधार पर लगाई है। कुछ नियम इस प्रकार हैं—

(क) उपसर्ग तथा प्रत्यय को मूल शब्द से अलग नहीं किया गया; जैसे—(क) अनिर्दिष्ट, अपरिचित, बेदखली, बेदाग आदि। (ख) प्रचुरता, खरापन, मौजूदगी आदि।

(ख) हिंदी में गृहीत तत्सम शब्दों के समस्त पदों में यदि किसी पद में दो से अधिक अक्षर (सिलेबल) हों तभी योजिका लगाई गई है अन्यथा नहीं, जैसे—

कर्णकटु, जलयान, गोदान, जनप्रिय (१+१)
कर्णभूषण, राजनीति (१+२)
जीवनदान, निशाचर (२+१)
मातृभाषा (२+२)

परंतु

भ्रम-निवारण (१+३)
नेत्र-चिकित्सक (१+३)
नीति-निर्धारण (२+३)
निवेदन-पत्र (३+१)

(ग) नई संकल्पनाओं के सूचक अंग्रेजी शब्दों के आधार पर गढ़े जानेवाले समस्त पदों में सामान्यतया योजिका लगाने की प्रथा है; जैसे—जन-संचार, जनमत-संग्रह, यौन-शोषण आदि।

(घ) तद्भव, देशज तथा संकर समस्त पदों में सामान्यतया योजिका लगाई है—
उठना-बैठना,
खेलना-कूदना
उठ-बैठ
खेल-कूद
चिड़िया-घर

यदि इन तद्‌भव समस्त पदों के किसी स्वर का ह्रस्वीकरण, लोप या आगम हुआ है. तो योजिका नहीं लगाई गई, जैसे—

कठपुतली (काठ+पुतली)

पनबिजली (पानी+बिजली)

गरमागरम (गरम+आ+गरम)

कलमुँहाँ (काला+मुँह+आँ)

(ङ) पर्यायों तथा विपर्यायों में योजिका लगाई गई है—

किन्तु–परंतु

प्रेम–मुहब्बत

विचार-विमर्श

खरा–खोटा

मित्र–शत्रु

बढ़िया–घटिया

मुख्य–गौण

(च) तद्‌भव समस्त पदों का पूर्व पद यदि विशेषण हो तो बीच में अवकाश रखा है, जैसे—

काल कोठरी

हवाई जहाज

(३) संस्कृत के अनेक हलन्त शब्द हिंदी में अब बिना हलन्त के लिखे जाने लगे हैं, जैसे जगत, विद्वान, सम्राट आदि। इन्हें इन्हीं रूपों में अंगीकार किया गया है। परंतु ऐसे हलन्त शब्द जिन्हें विद्वान ही प्रयुक्त करते हैं, उन्हें उसी रूप में स्वीकारा गया है, जैसे अर्थात्, किंचित्, आदि। इसी प्रकार दुख और दुखी को ही वरीयता दी गई है दुःख और दुःखी को नहीं। परंतु दुःखद, दुःखप्रद और दुःखान्त रूप ही अपनाए गए हैं।

(४) अरबी, फारसी, तुर्की आदि के अधिकतर प्रचलित शब्दों के मूल शुद्ध रूप भी दिखाने का प्रयास किया गया है, जैसे—

आफताब पुं० [फा० आफ़ताब]

कोहकाफ पुं० [फा० कोह+अ० काफ़]

मैदा पुं० [फा० मैदः]

मौजूदा वि० [अ० मौजूदः]

(५) पिछले संस्करणों में किसी एक मूल प्रविष्टि के अन्तर्गत सभी अर्थभेद दरशा दिए जाते थे। परंतु इस बार स्रोत या व्युत्पत्ति की भिन्नता के आधार पर मूल प्रविष्टि को कई-कई बार उनके ऊपर १, २, ३ आदि संख्याएँ लगाकर प्रस्तुत किया गया है, जैसे—

अपूत[१] वि० [सं०] अपवित्र, अशुद्ध।

अपूत[२] वि० [हिं० अ+पूत] पुत्रहीन, निपूता।

अवरोहना[१] अ० [सं० अवरोहन] उतरना।

अवरोहना[२] अ० [सं० आरोहन] चढ़ना।

अवरोहना[३] स० [हिं० उरेहना] चित्रित करना।

अवरोहना[४] स० [सं० अवरोधन] रोकना।

(६) अनेक शब्दभेदों में जिन शब्दों को बाँटा जा सकता था उन्हें अव्यय कहकर समस्त हिंदी शब्दकोशों में एक ही बाड़े में अभी तक हाँका जाता रहा है। इस संस्करण में ऐसे शब्दों को प्रयोग के आधार पर क्रिया-विशेषण, योजक, निपात, विस्मयादिक, सम्बन्धबोधक आदि नामों से अभिहित किया गया है।

(७) मूल प्रविष्टियों में अनुस्वार को पंचमवर्णों की अपेक्षा वरीयता दी गई है। अर्थ-लेखन में ङ् और ञ् की अपेक्षा भी अनुस्वार को वरीयता दी गई है। सामान्यतः वर्मा जी ण्, न् और म् को अनुस्वार की अपेक्षा लेखन में वरीयता देते थे इसलिए इस पद्धति का पालन किया गया है।

(८) कोशों में अनाथ, असहाय, उपद्रवी, भुलक्कड़, रूढ़िवादी आदि सैकड़ों शब्दों को विशेषण बतलाया जाता है परंतु इनका प्रयोग संज्ञाओं के रूप में भी होता है; जैसे—(क) अनाथों के लिए इस आश्रम का निर्माण किया गया था। (ख) असहायों की सहायता के लिए आगे आइए। (ग) उपद्रवी पकड़े नहीं जा सके। ऐसे शब्दों को विशेषण के साथ पुंलिंग भी सूचित किया गया है। कुछ ऐसे शब्द भी हैं जो पुंलिंग हैं परंतु यदि वे विशेषण रूप में भी प्रयुक्त हुए हैं तो उनको विशेषण भी बतलाया गया है। 'प्रतियोगी' पुंलिंग है-वह जो प्रतियोगिता में सम्मिलित हो। परंतु 'प्रतियोगी परीक्षाएँ' में प्रतियोगी विशेषण रूप में प्रयुक्त हुआ है।

(९) लिंग-सम्बन्धी भी अनेक भूलें ठीक की गई हैं। 'शब्द सागर' में 'बारूद' को स्त्रीलिंग कहा गया था। अभी तक सभी हिंदी कोशों में 'बारूद' स्त्रीलिंग ही है। यह पुंलिंग रूप में ही अधिकतर प्रयुक्त होता है; जैसे—बस की सीट के नीचे बारूद रखा था।

(१०) शब्दों में जुड़नेवाले नए अर्थों के स्पष्टीकरण के लिए उदाहरण भी दिए गए हैं।

(११) अनेक संज्ञा प्रविष्टियों में उनके विशेषण रूप और अनेक विशेषण प्रविष्टियों में उनके भाववाचक रूप दिए गए हैं। ऐसा विस्तार कम करने के लिए किया गया है। यदि उनमें अर्थ-विविधता या अर्थ बहुलता है तो उन्हें स्वतंत्र प्रविष्टियों के रूप में प्रयुक्त किया गया है।

(१२) अनेक शब्दों की व्युत्पत्ति में भी सुधार किया गया है। इस कार्य में आदरणीय डा० अम्बा प्रसाद सुमन (अब स्वर्गीय) तथा डा० लक्ष्मीशंकर गुप्त से विशेष सुझाव प्राप्त हुए हैं। इनके प्रति हृदय से आभार स्वीकार करता हूँ। प्राचीन कवियों द्वारा प्रयुक्त शब्दों के अर्थों के पुनराकलन में डा० किशोरीलाल गुप्त तथा डॉ० युगेश्वर से मुझे अमूल्य सहयोग प्राप्त हुआ है। इनके प्रति भी हार्दिक कृतज्ञता प्रकट करता हूँ।

प्रूफ-शोधन के काम में श्री विश्वनाथ राव बख्शी ने अत्यंत तत्परता तथा योग्यतापूर्वक अपने दायित्व का निर्वाह किया है इसके लिए उनके प्रति भी आभारी हूँ।

शब्दकोश में शब्दों को सुन्दर ढंग से सजाने व सँवारने में श्री नन्दलाल सिंह तथा अनिल कुमार सिंह ने भी तत्परतापूर्वक अपने दायित्व का निर्वाह किया है जिसके लिए मैं उनके प्रति आभारी हूँ।

कोश-निर्माण अत्यंत जटिल और विशद कार्य है। सत्रहवीं शताब्दी के लतीनी भाषा के कवि जे. जे. स्कलिगर ने कोश-निर्माण सम्बन्धी अनुभवों को सुन्दर पद्यमय भाषा में कहा था कि घोर अपराधियों को न फाँसी पर चढ़ाने की आवश्यकता है और न आजीवन सपरिश्रम कारावास में रखने की। उन्हें बस दंडस्वरूप कोशों के निर्माण में लगा देना चाहिए। क्योंकि इस काम में सभी तरह के भोगों का समावेश है। अनेक ऐसे विद्वान जो कोश-कार्य के लिए सक्षम तो हैं परंतु सदा इससे किनारा किए रहते हैं, उसका कारण अब समझ में आसानी से आता है। सचमुच यह कष्टसाध्य, श्रमसाध्य, समयसाध्य तथा व्ययसाध्य अनुष्ठान है। इसके लिए अनेक सहयोगियों तथा सहायकों की आवश्यकता होती है तथा प्रचुर साधनों की भी। अंग्रेजी, जर्मन तथा फ्रांसीसी आदि भाषाओं के कई-कई कोश-विभाग हैं जिनमें उन भाषाओं में विद्वान नियमित रूप से काम करते हैं। हिंदी का दुर्भाग्य है कि जो दो-तीन संस्थाएँ कोश-विभाग चलाती भी थीं उन्हें भी साधनों की कमी के कारण कोश-विभाग बंद करने पड़े। मेरा तो यह एकाकी प्रयास है। इसकी पूर्णता की बात कैसे की जा सकती है। पिछले छह वर्षों से मैं यथासाध्य इस काम में निमग्न रहा हूँ। गत वर्ष तो बीमारी के कारण मेरा शरीर और मस्तिष्क दोनो धोखा दे गए थे। परिणामस्वरूप पूरा एक वर्ष यह काम ठप रहा। हिंदी कोश-कला के प्रवर्तक और मेरे पथप्रदर्शक श्रद्धेय रामचंद्र जी वर्मा की प्रेरणा और आशीर्वाद से ही यह कार्य आज पूर्णता तक पहुँचा है। शब्दब्रह्म के उस महान उपासक को मेरा शत शत नमन!

काश! हिंदी प्रेमी कोश-निर्माण के कार्य की महत्ता समझ पाते और अपनी राष्ट्रीय शब्द-संपदा और अर्थ-संपदा के संवर्धन तथा रक्षा के लिए आगे आते!

—बदरीनाथ कपूर

शब्दलोक, वाराणसी
गुरुपूर्णिमा, २४ जुलाई, २००२

॥ ॐ ॥

नव संस्करण

विगत छह वर्षों में सहस्रों नए शब्द हमारी भाषा में प्रविष्ट हुए हैं। इनमें से जिनका पत्र-पत्रिकाओं में विशेष रूप से प्रयोग देखने को मिला, उन्हें इस नवीन संस्करण में सम्मिलित कर लिया गया है। शब्दों के अर्थों में संशोधन-परिवर्धन का कार्य भी करता रहा हूँ। कोश का आकार पहले से दुगना हो चला था। इसलिए उचित यह समझा कि शब्दों की जो व्याख्याएँ अधिक विस्तृत हैं उन्हें सीमित किया जाए। सहस्रों शब्दों की व्याख्याएँ फिर से लिखनी पड़ीं। तब भी पृष्ठ संख्या सवाया हुई है। यह कार्य मुझ जैसे एकल व्यक्ति के बस का अब नहीं रहा। कोश-कार्य आगे बढ़ता रहे, इसकी व्यवस्था सुधी जनों को करनी चाहिए।

अन्त में परम आदरणीय श्री सत्यप्रकाश मित्तल जी के प्रति हार्दिक कृतज्ञता प्रकट करता हूँ, जिन्होंने कृपापूर्वक सैकड़ों ऐसे शब्दों की जानकारी दी जो पूर्व संस्करणों में स्थान नहीं प्राप्त कर सके थे।

आदरणीय श्री रामलखन मौर्य जी ने उत्तरदायित्वपूर्वक प्रूफ शोधन का कार्य तो किया ही है अनेक दोष-त्रुटियाँ भी दूर की हैं। सच पूछिए तो इन दोनों महानुभावों के अनुग्रह हिंदी जगत के लिए वरदान सिद्ध हुआ है।

—बदरीनाथ कपूर

आचार्य रामचंद्र वर्मा : एक परिचय

शब्दब्रह्म के इस महान् उपासक का जन्म काशी में ८ जनवरी, १८८९ को हुआ था। वर्माजी अभी नौ वर्ष के ही थे कि इनके पिता का निधन हो गया। गरीबी के कारण वर्माजी आठ दर्जे तक ही शिक्षा प्राप्त कर सके। उन दिनों शिक्षा का माध्यम उर्दू-फारसी था। दूसरी भाषा के रूप में हिंदी छठे दर्जे से पढ़ाई जाती थी।

वर्माजी के सहपाठियों में से एक थे श्रीकृष्ण वर्मा। ये 'भारत जीवन प्रेस' के स्वामी बाबू रामकृष्ण वर्मा के भतीजे थे। उन दिनों काशी के साहित्यसेवियों का गढ़ यही 'भारत जीवन प्रेस' था। प्रायः यहीं पं० किशोरीलाल गोस्वामी, बाबू राधाकृष्ण दास, बाबू जगन्नाथदास रत्नाकर, बाबू देवकीनन्दन खत्री, पं० अम्बिकादत्त व्यास, बाबू कार्तिकप्रसाद खत्री आदि महानुभाव एकत्र हुआ करते थे। वर्माजी का अपने सहपाठी के साथ यहाँ आना-जाना प्रारम्भ हुआ और इस प्रकार उन्हें हिंदी के महारथियों के दर्शनों का सौभाग्य प्राप्त हुआ।

वहीं वर्माजी को पढ़ने का शौक लगा। भारत जीवन साप्ताहिक के अतिरिक्त और भी जितनी पत्र-पत्रिकाएँ वहाँ उपलब्ध होतीं वे उनके नियमित पाठक बन गए। बाबू रामकृष्ण वर्मा ने १४०० (चौदह सौ) के करीब छोटी-बड़ी पुस्तकों का प्रकाशन भी किया था। वर्माजी एक-एक करके वे सभी पुस्तकें पढ़ गए। उर्दू-फारसी का अध्ययन उन्होंने स्कूल में किया ही था। धीरे-धीरे उनमें लिखने का शौक भी उत्पन्न हुआ और वे 'भारत जीवन' साप्ताहिक में लेख आदि भी लिखने लगे। प्रूफ-शोधन का कार्य करके कुछ धन भी कमाने लगे।

वर्माजी को बाबू रामकृष्ण वर्मा से तो प्रोत्साहन मिलता ही था अन्य उपर्युक्त चर्चित महानुभाव भी वर्माजी की पीठ ठोंका करते थे। इसका मुख्य कारण वर्माजी की भाषा के प्रति रुझान ही कदाचित् थी। वर्माजी प्रूफ आदि पढ़ते समय थोड़ा-बहुत संशोधन कर वाक्यों में कभी जान डाल देते थे और कभी उनमें कसावट ले आते थे। बाबू रामकृष्ण वर्मा इस गुण के बड़े ही प्रशंसक थे। एक दिन काशी से ही निकलनेवाले एक औपन्यासिक मासिक के संपादक का शोक-पत्र भारत जीवन प्रेस में आया। संपादकजी के पिता का देहान्त हो गया था। पत्र में लिखा था—'श्रीयुत्.... के एकमात्र पिता का स्वर्गवास हो जाने के कारण इस मास का अंक ठीक समय पर न निकल सका।' निश्चय ही इस पत्र को भारत जीवन प्रेस में बहुत से लोगों ने देखा था पर किसी का ध्यान 'एकमात्र पिता' पर न गया था। वर्माजी का ही इस पर ध्यान गया था और अपने उस संपादक मित्र के पिता की मृत्यु पर तो उन्हें दुख हुआ ही था उससे भी अधिक दुख इस बात का हुआ था कि उनके मित्र महोदय ने बिना समझे ही 'एकमात्र' को अपने पिता के आगे लगा दिया था। 'एकमात्र' के अपप्रयोग पर जब वर्माजी ने बाबू रामकृष्ण वर्मा का ध्यान आकृष्ट किया तो वे बहुत प्रसन्न हुए। फिर वे अपनी साहित्यिक मंडली के बीच वर्माजी को बुलाते, उनके आगे उलटे-सीधे वाक्य बनाकर रखते और उन्हें शुद्ध करने के लिए कहते। जब कुछ ही क्षणों में वर्माजी शुद्ध रूप प्रस्तुत कर देते तो उन्हें सभी महानुभाव आशीर्वाद देते।

१९०९ में नागरी प्रचारिणी सभा के तत्त्वावधान में 'हिंदी शब्दसागर' के प्रणयन का कार्य आरम्भ हुआ। बाबू श्यामसुन्दर दास कोश के प्रधान संपादक थे। और सहायक संपादक थे—पं० बालकृष्ण भट्ट, लाला भगवानदीन, बाबू अमीरसिंह, पं० रामचंद्र शुक्ल। शब्द-संग्रह के लिए जिन कुछ नवयुवकों को भर्ती किया गया उनमें से एक वर्माजी भी थे। संपादकगण वर्माजी के कार्य

से इतने प्रसन्न हुए कि एक वर्ष बाद उन्हें भी कोश के सहायक संपादक का पद दे दिया। वर्माजी अन्य संपादकों की अपेक्षा वय में बहुत छोटे थे।

शब्दसागर की भूमिका में कोश के प्रधान संपादक बाबू श्यामसुन्दर दास ने कोश के संपादन का मुख्य श्रेय आचार्य रामचंद्र शुक्ल को दिया है और 'दूसरा मुख्य स्थान' बाबू रामचंद्र वर्मा को। सन् १९२९ में शब्दसागर संपूर्ण हुआ। वर्माजी ही ऐसे संपादक रहे जो अन्त तक उससे जुड़े रहे। आचार्य शुक्ल भी १९२४ में कोश-विभाग छोड़कर हिन्दू विश्वविद्यालय चले गए थे। कोश-विभाग बन्द हो जाने के बाद वर्माजी ने नागरी प्रचारिणी सभा के लिए संक्षिप्त हिंदी शब्दसागर और हिंदी ग्रन्थ रत्नाकर कार्यालय, मुम्बई के लिए उर्दू-हिंदी कोश तैयार किए। संक्षिप्त शब्द सागर के प्रणयन पर नागरी प्रचारिणी सभा की प्रबंध-समिति ने वर्माजी को पुरस्कारस्वरूप पाँच हजार रुपए देने का प्रस्ताव पारित किया था परंतु वर्माजी ने यह कहकर वह राशि नहीं ली कि अब ईश्वर की कृपा से मेरी दाल-रोटी चल जाती है। जब नागरी प्रचारिणी सभा को भारत सरकार ने हिंदी शब्दसागर के द्वितीय संस्करण के संशोधन के लिए आर्थिक सहायता उपलब्ध कराई तो सभा के तत्कालीन अधिकारियों को कोश के एकमात्र बचे संपादक बाबू रामचंद्र वर्मा का स्मरण तक न हुआ। वर्माजी सभा के द्वारा की गई इस उपेक्षा और अवमान से बेहद दुखी थे। कुछ वर्षों बाद हिंदी साहित्य सम्मेलन के आदाता श्री जगदीश स्वरूप ने वर्माजी को मानक हिंदी कोश के संपादन का उत्तरदायित्व सौंपा। वर्माजी को संतोष हुआ और दस वर्ष की कठोर साधना के उपरान्त उन्होंने पाँच खण्डों में हिंदी को एक श्रेष्ठ कोश प्रदान किया। इस कोश के प्रकाशन के उपरान्त वर्माजी के सबसे बड़े आलोचक आचार्य किशोरीदास वाजपेयी ने उनका हरिद्वार में अभिनन्दन-समारोह रचाया और वर्माजी को इस शती का महान् कोशकार बतलाया। भारत सरकार ने इन्हें 'पद्मश्री' से अलंकृत किया तथा हिंदी साहित्य सम्मेलन ने 'साहित्यवाचस्पति' की उपाधि से विभूषित किया।

कोश-संपादन कार्य के साथ-साथ वर्माजी का अनुवाद-कार्य भी अबाध गति से चलता रहा। १९१० से १९४० तक उन्होंने लगभग डेढ़ सौ उच्चकोटि के बंगला, मराठी, गुजराती, अंग्रेजी आदि भाषाओं के ग्रन्थों का हिंदी में अनुवाद प्रस्तुत किया। जिन श्रेष्ठ अनूदित ग्रन्थों से वर्माजी ने हिंदी की श्रीवृद्धि की उनमें से प्रमुख हैं : हिंदी ज्ञानेश्वरी, हिंदी दासबोध, हिन्दू राज्यतंत्र, नागरिक-नीति, धर्म की उत्पत्ति और विकास, हास्य रस, अंधकारयुगीन भारत, प्राचीन मुद्रा, करुणा, छत्रसाल, देवलोक आदि।

१९२२ में वर्माजी ने अपनी प्रकाशन संस्था 'साहित्य रत्नमाला' कार्यालय की स्थापना की। वह ऐयारी, तिलस्मी और जासूसी उपन्यासों का युग था। परंतु वर्माजी ने अपनी प्रकाशन संस्था से बाबू श्यामसुन्दर दास कृत साहित्यालोचन, भाषा-विज्ञान तथा हिंदी भाषा का इतिहास, और श्री जनार्दन भट्ट कृत 'बौद्धकालीन भारत' जैसे उच्चकोटि के ग्रन्थों का प्रकाशन किया। आगे चलकर इसी संस्था से वर्माजी के अच्छी हिंदी, हिंदी प्रयोग, रूपक रत्नावली, प्रामाणिक हिंदी कोश, कोश-कला, शब्द-साधना जैसे उत्तम तथा प्रशंसनीय ग्रन्थ भी प्रकाशित हुए।

१९५२ से वर्माजी के निवास स्थान पर सप्ताह में दो बार शब्दगोष्ठी हुआ करती थी जिसमें अंग्रेजी शब्दों के हिंदी तदर्थी स्थिर किए जाते थे। अंग्रेजी और हिंदी शब्दों की सूक्ष्म अर्थ-छटाओं पर विचार-मंथन के साथ-साथ भाषा-प्रयोगों पर भी चर्चा होती थी। बाबू शिवनाथ प्रसाद बेरी (वकील), बाबू दुर्गाप्रसाद खत्री, डॉ० ब्रजमोहन, बाबू शिवनाथ राघव तथा डॉ० बदरीनाथ कपूर इस गोष्ठी में नियमित रूप से सम्मिलित होते थे। अनेक अवसरों पर पं० विश्वनाथ प्रसाद मिश्र, डा० हजारी प्रसाद द्विवेदी, डा० महाराज नारायण मेहरोत्रा, श्री श्रीप्रकाश जी भी इसमें योगदान करते थे।

८ जनवरी १९६९ को वर्माजी का ८०वाँ जन्मदिवस मनाया गया था। इसी दिन उनकी अंतिम कृति 'शब्दार्थ-दर्शन' प्रकाशित हुई थी। १८ जनवरी १९६९ को शब्दब्रह्म के इस महान उपासक ने इस संसार से विदा ली थी।

प्रथम संस्करण की प्रस्तावना

इस शताब्दी के आरम्भ में 'गौरी नागरी कोश', 'मंगल कोश' आदि छोटे-मोटे दो-तीन शब्दकोश ही मिलते थे; और हिंदी के उस आरम्भिक युग के लिए वही बहुत थे। हिंदी में व्यवस्थित तथा कलात्मक रूप से बड़ा और सर्वांगपूर्ण कोश बनाने का काम पहले-पहल काशी नागरी-प्रचारिणी सभा ने सन् १९०९ में आरम्भ किया था और बीस वर्षों में उसने 'हिंदी शब्द-सागर' छापकर तैयार किया था। यह कोश हिंदीवालों के लिए तो सर्वश्रेष्ठ और आदर्श था ही; भारतीय भाषाओं में भी यह अपने ढंग का पहला कोश था। उसमें अनेक ऐसे तत्त्वों का समावेश हुआ था, जो राष्ट्रभाषा के सर्वश्रेष्ठ कोश के लिए परम आवश्यक थे। इन पंक्तियों का लेखक आदि से अन्त तक (बीच के उस थोड़े से समय को छोड़कर, जब कोश-विभाग जम्मू चला गया था) उसकी रचना में सम्मिलित और सहायक था। चाहे सौभाग्य से समझिए या दुर्भाग्य से, उसके संपादकों में से वही अब तक जैसे-तैसे बचा है।

जिस समय हिंदी शब्द-सागर बना था, उस समय बड़े-बड़े विद्वानों ने मुक्तकंठ से इसकी प्रशंसा की थी। पर जो विशाल भवन दूर से देखनेवालों को परम रमणीक, भव्य और सुखद जान पड़ता है, वही भवन उसमें रहनेवालों को और भी उनसे बढ़कर उसे बनानेवाले कारीगरों को बहुत-कुछ त्रुटिपूर्ण और सदोष जान पड़ता है। शब्द-सागर के दो संपादक (स्व० आचार्य रामचंद्र शुक्ल और इन पंक्तियों का लेखक) प्राय: आपस की बात-चीत में शब्द-सागर की खूब दिल्लगी उड़ाते थे और उसके तरह-तरह के दोषों की चर्चा करते हुए सोचा करते थे कि इसके ये सब दोष कब और कैसे दूर होंगे। स्व० आचार्य रामचंद्र शुक्ल अन्यान्य विषयों और विद्याओं की भाँति कोशकला के भी परम प्रवीण पंडित थे। यदि वे चाहते तो उसे बहुत-कुछ निर्दोष कर सकते थे। पर थे वे बहुत सुखजीवी और परिश्रम के कार्यों तथा झगड़े-बखेड़ों से दूर रहनेवाले। अत: वे प्राय: मुझसे कहा करते थे—'वर्मा जी, हमसे तो अब हो न सकेगा। हाँ, यदि आप कुछ हिम्मत करें तो शब्द-सागर का बहुत-कुछ सुधार हो सकता है।' मैं भी हँसकर कह देता—'जी हाँ, मैं ही इसके लिए मरने को हूँ। हम लोगों को जो कुछ करना था, वह कर चुके। अब आनेवाली पीढ़ियाँ जो चाहेंगी, वह करेंगी।'

परंतु जब शुक्ल जी का स्वर्गवास हो गया, तब मेरी आँखें खुलीं। जिस समय मैं शोकमग्न होकर उनके शव के साथ श्मशान की ओर जा रहा था, उस समय मुझे ध्यान आया कि शुक्ल जी कोशकला के ज्ञान का कितना बड़ा भंडार अपने साथ लिये जा रहे हैं और उस ज्ञान का कितना थोड़ा अंश अभी तक कागज पर आ पाया है। मैंने सोचा कि शुक्ल जी के सत्संग से इस विषय का जो थोड़ा-बहुत ज्ञान प्राप्त हुआ है, उसका तो मैं कुछ उपयोग कर जाऊँ। बस तभी से मैं शब्द-सागर में जहाँ-तहाँ सुधार, संशोधन, परिवर्तन और परिवर्धन करने लगा। पर सारा काम अकेले मेरे वश का नहीं था। इसके लिए अनेक विद्वानों के सहयोग तथा एक बड़े कार्यालय की आवश्यकता थी। सभा का कोश-विभाग बहुत पहले बन्द हो चुका था; और फिर से उसका काम चलाने में सभा असमर्थ-सी थी। अत: मुझसे अकेले जो कुछ हो सकता था, वह मैं करता चलता था।

परंतु जब संवत् २००४ के अन्त में देवस्वरूप महात्मा गाँधी के नाम का घोर दुरुपयोग करके सभा का तख्ता उलट दिया गया और उसी समय से सभा के कई पुराने और सच्चे सेवकों, उन्नायकों तथा हितैषियों के साथ अनेक प्रकार के अशालीन और अशोभन व्यवहार होने लगे, कोरे व्यक्तिगत राग-द्वेष तथा विशुद्ध बलप्रदर्शन की वेदियों पर सभा के उच्चतम हितों की बलि चढ़ने लगी और सभा की कई परम उपयोगी तथा अर्थकारी योजनाएँ और व्यवस्थाएँ मनमाने ढंग से नष्ट की जाने लगीं, तब सं० २००५ के पूर्वार्द्ध में मैंने परम दु:खी होकर सभा से ४० वर्षों का पुराना घनिष्ठ सम्बन्ध तोड़ लिया और शब्द-सागरों के संशोधन से हाथ खींचकर 'प्रामाणिक हिंदी कोश' की रचना में हाथ लगाया।

अन्यान्य कोशों की भूलें

यह नया कोश प्रस्तुत करने के समय मुझे 'शब्द-सागर' के बृहत् और संक्षिप्त दोनों संस्करणों में भी अनेक प्रकार की हजारों भूलें मिलने लगीं। यहाँ यह बतला देना भी आवश्यक जान पड़ता है कि 'शब्द-सागरों' के बाद उनके अनुकरण पर बने हुए कोशों में भी ये सब भूलें तो ज्यों-की-त्यों मिलती ही हैं, साथ में और भी बहुत-सी नई भूलें देखने में आती हैं। ऐसी भूलों का सुधार और बहुत-सी त्रुटियों की पूर्ति तो इस कोश में कर दी गई है, तो भी बहुत-सा काम बाकी है। पर मैं इसके लिए शारीरिक शक्ति और नैत्रिक ज्योति कहाँ से लाऊँ? फिर भी जहाँ तक हो सकेगा, कुछ न कुछ करता रहूँगा। बाकी काम 'आनेवाली पीढ़ियाँ' करेंगी।

'संक्षिप्त शब्द-सागर' में 'धवनी' के बाद भूल से 'धवर' शब्द तो छपना छूट गया है, पर उसका अर्थ 'सफेद, उजला' छप गया है, जिससे यह अर्थ भी 'धवनी' के अन्तर्गत हो गया है। वर्णों का उच्चारण प्रकार है तो वस्तुतः 'स्पृष्ट' पर 'शब्द-सागरों' में उसका विवरण 'स्पष्ट' के अन्तर्गत चला गया है। 'पराह्न' शब्द है तो संज्ञा, पर दोनों 'शब्द-सागरों' में भूल से 'विशेषण' छप गया है। 'होना' क्रिया का अवधी भूतकालिक रूप 'भया' है तो अकर्मक क्रिया, पर दोनों 'शब्द-सागरों' में विशेषण छप गया है। 'पूर' विशेषण भी है और संज्ञा भी; पर 'संक्षिप्त शब्द-सागर' में उसका संज्ञावाला अर्थ भी विशेषणवाले अर्थ के साथ ही आ गया है। यही बात 'जाग्रत' के सम्बन्ध में भी है। 'संक्षिप्त शब्द-सागर' में इसके विशेषणवाले अर्थ के साथ ही संज्ञावाला अर्थ भी आ गया है। 'संकोचना' का 'सिकोड़ना' वाला अर्थ सकर्मक और 'संकोच' या 'लज्जा करना' वाला अर्थ अकर्मक है। पर दोनों अर्थ सकर्मक के अन्तर्गत ही आये हैं। 'संक्षिप्त शब्द-सागर' में 'पट' शब्द जहाँ विशेषण बताया गया है, वहाँ उसका जो अर्थ दिया है, वह विशेषण के रूप में नहीं, बल्कि संज्ञा के रूप में है। कोशों में 'संगत' का संज्ञावाला हिंदी अर्थ तो मिलता ही है, पर संस्कृत का विशेषणवाला अर्थ नहीं मिलता। कई कोशों में 'कोइरी' के आगे दे० 'कोइलारी', 'द्योहरा' के आगे दे० 'देवहरा' और 'तनुरुह' के आगे दे० 'तनूरुह' लिखा है। पर 'कोइलारी', 'देवहरा' और 'तनूरुह' शब्द उनमें आये ही नहीं। एक कोश में 'निमिख' दे० 'निमिष' और 'निमिष' दे० 'निमेष' तथा 'तरोई' दे० 'तुरई' और 'तुरई' दे० 'तरोई' तक मिला है। यदि शब्द-सागरों में आंतरिक, परिस्थिति, पारिश्रमिक, पुस्तिका आदि शब्द छूट गये हैं, तो फिर उनके अनुकरण पर बने हुए कोशों में भी इन शब्दों का अभाव ही दिखाई देता है। तात्पर्य यह कि हिंदी के किसी नये या आधुनिक कोशकार ने कहीं कुछ सोचने-विचारने की आवश्यकता नहीं समझी। सबने शब्द-सागरों का अन्ध अनुसरण मात्र किया है। पर मैं आशा करता हूँ कि इस प्रस्तावना में कोशों की भूलों और त्रुटियों की जो चर्चा की गयी है, उससे भावी कोशकार सचेत हो जायेंगे और अपनी कृतियों को ऐसी भूलों और त्रुटियों से बचाने का प्रयत्न करेंगे।

शब्दों का चुनाव

कोशकार को पहले यह देखना पड़ता है कि हम किस प्रकार अथवा वर्ग के लोगों के लिए कोश बना रहे हैं; और उन्हीं लोगों की आवश्यकताओं को ध्यान में रखते हुए शब्दों का चुनाव और संग्रह होना चाहिए। प्रायः लोग कोई बड़ा कोश उठा लेते हैं और उसी में से बिना किसी उद्देश्य या विशेष दृष्टि के शब्द लेने लगते हैं। अन्य क्षेत्रों से नये शब्द ढूँढ़ने का भी वे कोई प्रयत्न नहीं करते। 'हिंदी शब्द-सागर' के बाद आज तक जितने कोश बने हैं, उनमें से एक को छोड़कर और किसी कोश में कदाचित् ही दस-पाँच नये शब्द आये हों। हिंदी शब्द-संग्रह में प्राचीन कवियों के द्वारा प्रत्युक्त किये हुए अवश्य सैकड़ों शब्द मिलते हैं, जो हिंदी शब्द-सागर में नहीं आये हैं। इधर हिंदी में हजारों नये शब्द बने और प्रचलित हुए हैं और हजारों शब्दों में नये अर्थ लगे हैं। पर अभी तक किसी कोश में उन्हें स्थान नहीं मिला। दस-बारह वर्षों में मैंने प्राचीन तथा आधुनिक कवियों और इधर के समाचार-पत्रों आदि में प्रयुक्त सात-आठ हजार नये शब्द उदाहरणों सहित ढूँढ़कर इकट्ठे किये हैं और उनमें से अधिकतर मुख्य शब्द इस कोश में ले लिये गये हैं।

जब से हमारा देश स्वतंत्र हुआ है, तब से हिंदीवालों को शासनिक, वैज्ञानिक, राजनीतिक आदि अनेक प्रकार के कार्यालयों आदि में प्रयुक्त होनेवाले बहुत से अंग्रेजी शब्दों के हिंदी पर्यायों की आवश्यकता पड़ने लगी है। अनेक सरकारी और गैर-सरकारी क्षेत्रों में भी आवश्यक अँगरेजी शब्दों के हिंदी पर्याय खूब बन रहे हैं। पर ये सभी नये हिंदी पर्याय न तो अभी तक सर्वमान्य हुए हैं और न उनमें से बहुतेरे कभी सर्वमान्य हो सकते हैं। हाँ, उनमें से जो दो-तीन हजार शब्द मुझे ठीक और काम के या चल सकने

योग्य जान पड़े, वे अवश्य इस कोश में ले लिये गये हैं। नवम्बर-दिसम्बर १९४९ में भारतीय संविधान परिषद् की ओर से दिल्ली में जो भाषाविद् सम्मेलन हुआ था और जिसमें मुझे भी इस प्रान्त की सरकार के प्रतिनिधि के रूप में सम्मिलित होने का सौभाग्य प्राप्त हुआ था, उसमें अँगरेजी के विधिक और वैधानिक शब्दों के लिए जो हिंदी शब्द बने थे, उनमें से भी प्राय: सभी ठीक और उपयुक्त शब्द इस कोश में आ गये हैं। बहुत से शब्द मेरे विद्वान और सुयोग्य मित्र श्री गोपालचंद्र सिंह जी (इस प्रान्त के सिविल जज) के चुने और बनाये हुए भी हैं, जिन्हें इस प्रान्त की सरकार ने सभा द्वारा बननेवाले 'राजकीय कोश' में मेरे साथ सहयोग के लिए काशी भेजा था। और बहुत से शब्द स्वयं मेरे चुने, ढूँढ़े, बनाये और स्थिर किये हुए भी हैं।

शब्दों का मानक रूप

जिन दिनों 'हिंदी शब्द-सागर' बन रहा था, उन दिनों शब्दों के मानक रूप स्थिर करने की ओर किसी का ध्यान ही नहीं गया था। जो शब्द जहाँ जिस रूप में मिलता था, वहाँ से प्राय: उसी रूप में ले लिया जाता था और उसी के आगे उसके अर्थ भी दे दिये जाते थे। इसके सिवा उस समय भूल से कुछ शब्दों के ऐसे रूप मानक मान लिये गये थे, जो वास्तव में मानक नहीं थे। उदाहरणार्थ— कुआँ, कौवा, ठटरी, ठाट, तुरई, धुआँ आदि। पर इनके मानक रूप क्रमात् कूआँ, कौआ, ठठरी, ठाठ, तोरी, धूआँ आदि हैं। शब्द-सागर में 'पावँड़ा', 'पावँड़ी' आदि रूप दिये हैं, पर ये शब्द 'पाँव' से बने हैं; और इसीलिए 'पाँवड़ा' 'पाँवड़ी' आदि रूप ही शुद्ध ठहरते हैं। 'बहुँटा' रूप इसलिए ठीक नहीं है कि वह बाँह से बना है। मैंने 'बँहुटा' रूप ही ठीक माना है। संस्कृत 'विहंगिका' से निकला हुआ शब्द 'बहँगी' ही ठीक होगा, 'बँहगी' नहीं। 'रसावर' रूप तो मानक और 'रसौर' स्थानिक है। पर कोशों में प्राय: 'रसौर' के अन्तर्गत ही अर्थ मिलता है। इस कोश में 'रसावर' के अन्तर्गत ही अर्थ दिया गया है। 'तूँबा' रूप तो मानक है, पर 'तुँबड़ी', 'तुमड़ी' आदि रूप स्थानिक हैं। बोल-चाल का और प्रचलित रूप 'साँढ़' ही मानक माना गया है, 'साढ़' नहीं।

शब्दों की अक्षरी या हिज्जे उनके मानक रूप के अन्तर्गत ही आ जाते हैं। पर मैंने अक्षरी में भी एक विशेष बात का ध्यान रखा है। वह यह कि आवश्यकतानुसार समस्त या यौगिक शब्दों में संयोजक-चिह्न लगाकर उनके ठीक-ठीक उच्चारण बतलाने का भी प्रयत्न किया है। उदाहरणार्थ 'कन-पटी' रूप इसलिए दिया गया है कि मदरासी, असमी आदि अहिंदी-भाषी कहीं भूल से उसका उच्चारण 'कनप-टी' के समान न करने लगें। इसी दृष्टि से हिंदी में 'ड' और 'ड़' तथा 'ढ' और 'ढ़' के अन्तर का भी उच्चारण की दृष्टि से बहुत-कुछ ध्यान रखा गया है। पर हो सकता है कि प्रेस के भूतों के कारण इस नियम का पालन न हो सका हो। अगले संस्करण में इस बात का और भी अधिक ध्यान रखा जायेगा।

इस कोश में अरबी-फारसी आदि विदेशी शब्दों के हिंदी मानक रूप स्थिर करने का भी प्रयत्न किया गया है। उदाहरणार्थ— 'उम्र', 'बिल्कुल', 'सब्र', 'सर्दी' आदि रूपों के बदले 'उमर', 'बिलकुल', 'सबर', 'सरदी' आदि रूप ही मानक माने गये हैं। इसके कई कारण हैं। एक तो यह कि ये शब्द हिंदी में अधिकतर इन्हीं रूपों में बोले और लिखे जाते हैं। दूसरे यह कि ऐसे रूपों में संयुक्त अक्षरों के लिखने-पढ़ने की कठिनाई से बचत होती है। परंतु 'बस्ता', 'बस्ती' सरीखे शब्द इसीलिए इन रूपों में रखे गये हैं कि ये इसी प्रकार बोले और लिखे जाते हैं। इसी दृष्टि से संस्कृत के 'तारल्य', 'प्राबल्य', 'दौर्बल्य' और 'शैथिल्य' सरीखे रूपों की जगह 'तरलता' 'प्रबलता' 'शिथिलता' सरीखे रूप ही मान्य किये गये हैं। सारांश यह कि इस कोश में हिंदी शब्दों के मानक रूप बहुत सोच-समझकर और कुछ विशिष्ट सिद्धान्तों के आधार पर ही स्थिर किये गये हैं। आशा है, इससे लोगों को भाषा का स्वरूप स्थिर करने में विशेष सहायता मिलेगी।

शब्द-भेद

शब्द का मानक रूप ज्ञात हो जाने पर यह जानने की आवश्यकता होती है कि व्याकरण की दृष्टि से यह किस प्रकार का शब्द है। अर्थात् संज्ञा है या विशेषण; क्रिया है अथवा क्रिया-विशेषण आदि। पर कुछ तो गम्भीर विचार के अभाव के कारण और कुछ दृष्टि-दोष से इस सम्बन्ध में भी कोशकारों से कई प्रकार की भूलें हो जाती हैं। यों तो बहुत से ऐसे विशेषण हैं जिनका व्यवहार प्राय: संज्ञा के समान होता है; फिर भी विशेषण, विशेषण ही हैं और संज्ञाएँ, संज्ञाएँ ही। फिर इनके सम्बन्ध की गड़बड़ी उतनी भ्रामक भी नहीं होती। हाँ, गड़बड़ी तब होती है, जब एक शब्द-भेद के अन्तर्गत दूसरे शब्द-भेदवाला अर्थ आता है। 'संक्षिप्त शब्द-सागर' में

'सरपट' शब्द बताया तो गया है क्रि० वि०, पर उसका अर्थ दिया गया है संज्ञा के रूप में। वस्तुतः ये दोनों अर्थ हैं जो अलग-अलग शब्द-भेदों के अन्तर्गत होने चाहिए। क्रियाओं के अकर्मक और सकर्मक का भेद करना कभी-कभी कठिन होता है और शायद इसी कठिनता से बचने के लिए एक कोशकार ने अपने कोश में से यह भेद ही निकाल दिया है, और 'क्रिया' मात्र लिखकर 'छुट्टी' की है! पर अधिकतर कोशों में अकर्मक और सकर्मक भेद बतलाये गये हैं। हाँ, उनमें कहीं-कहीं कुछ भूलें अवश्य हुई हैं। उदाहरणार्थ 'पतियाना' शब्द है तो अकर्मक, पर कई कोशों में वह सकर्मक बतलाया गया है। 'धीजना', 'बराना', 'बहना' आदि बहुत से शब्दों में मुझे कई कोशों में अक़र्मक और सकर्मक अर्थ एक साथ और एक ही में मिले-जुले दिखायी दिये। पर इस कोश में प्रायः सभी अकर्मक और सकर्मक अर्थ अलग और यथास्थान दिये गये हैं; और इस बात का विशेष ध्यान रखा गया है कि अकर्मक का अर्थ भी अकर्मक रूप में हो और सकर्मक का अर्थ भी सकर्मक रूप में।

लिंग-निर्णय

हिंदी में लिंग-भेद का प्रकरण इतना जटिल और दुरूह है कि उसकी ठीक-ठीक मीमांसा होना प्रायः असम्भव है। बहुत से अहिंदी-भाषी इसीलिए हिंदी से घबराते हैं कि उनकी समझ में नहीं आता कि हिंदी में 'मार्ग' या 'रास्ता' पुं० क्यों है और 'सड़क' या 'गली' स्त्री० क्यों है। या 'बाल' पुं० क्यों है और दाढ़ी या मूँछ स्त्री० क्यों है। पर हिंदी में संज्ञाओं में लिंग-भेद है ही, जिसका प्रभाव विशेषणों और क्रियाओं तक पर पड़ता है। किसी शब्द का ठीक लिंग जानने के लिए लोगों को प्रायः कोश का ही सहारा लेना पड़ता है। अतः 'प्रामाणिक हिंदी कोश' में शब्दों के लिंग बहुत-कुछ विचारपूर्वक और कुछ निश्चित सिद्धान्तों के आधार पर स्थिर किये गये हैं। 'संक्षिप्त शब्द-सागर' में 'थूक' शब्द पुं० बतलाया गया है; पर अब मैं समझता हूँ कि चूक, हूक, फूँक आदि शब्दों की तरह 'थूक' भी स्त्री० ही है। 'दम-कल' शब्द मैंने इसलिए स्त्री० माना है कि उसके अन्त में 'कल' है जो स्त्री० है फिर इसका पुं० रूप 'दम-कला' भी हिंदी में प्रचलित है। 'हँकारी' शब्द 'दूत' के अर्थ में पुं० है, पर 'संक्षिप्त शब्द-सागर' में स्त्री० दिया है। प्रायः कोशों में 'बन्दनवार' शब्द पुं० बतलाया गया है; पर वह 'बन्दनमाला' से निकला है और इसीलिए स्त्री० होना चाहिए। 'पंखी' शब्द पक्षी या चिड़िया के अर्थ में तो पुं० है, पर शेष अर्थों में स्त्री० है। शब्द-सागरों में यह सभी अर्थों में पुं० बतलाया गया है, जो ठीक नहीं है। प्रायः कोशों में 'नाल' शब्द कुछ अर्थों में पुं० और कुछ अर्थों में स्त्री० बतलाया गया है। पर वह बोला जाता है सभी अर्थों में स्त्री० ही और इसीलिए वह इस कोश में भी स्त्री० ही माना गया है। शब्द-सागरों में 'परख' शब्द तो स्त्री० बतलाया गया है; पर उसी के अन्तर्गत उस 'पारखी' शब्द का भी अभिदेश किया गया है, जो स्त्री० नहीं बल्कि पुं० है। यही बात 'पायल' के सम्बन्ध में भी है। शब्द-सागरों में उसके स्त्री० रूप में ही पुं० रूप का भी अर्थ आ गया है। यद्यपि कई कोशों में 'नेती' शब्द पुं० दिया गया है; पर मैंने उसे इसलिए स्त्री० रखा है कि कविता में उसके प्रायः सभी प्रयोग स्त्री० रूप में मिलते हैं। 'बाढ़' शब्द सर्वथैव स्त्री० है। पर कुछ कवियों ने इसके 'बार' रूप का प्रयोग पुं० में किया है जो ठीक नहीं है। इस अर्थ में मैंने 'बार' शब्द भी स्त्री० ही माना है।

व्युत्पत्ति

कोश में व्युत्पत्ति विशेष महत्त्व की वस्तु मानी जाती है। शब्द का मूल रूप तो व्युत्पत्ति बतलाती ही है, इससे शब्द के इतिहास और विकास के सम्बन्ध की भी बहुत-सी बातें प्रकट होती हैं। शब्द के ठीक अर्थ का जो ज्ञान होता है, वह अलग। खेद है कि इस क्षेत्र में अब तक हिंदी में बहुत ही कम काम हुआ है। जो कुछ हुआ है, उसका अधिकांश 'शब्द-सागर' में ही हुआ है। पर वह आरम्भिक काम भी ऐसे समय हुआ था, जब न तो किसी का ध्यान इस ओर गया था और न इसके लिए यथेष्ट अवकाश अथवा साधन ही प्राप्त थे। 'प्रामाणिक हिंदी कोश' में भी व्युत्पत्तियों की वैसी छान-बीन तो नहीं हो सकी है, जैसी होनी चाहिए, फिर भी जहाँ-तहाँ बहुत-सी व्युत्पत्तियाँ ठीक की गयी हैं। 'जुकाम' सीधा-साधा अरबी शब्द है, पर शब्द-सागर में उसकी व्युत्पत्ति 'जूड़+घाम' बतलायी गयी है। जो 'बहीर' वस्तुतः फारसी का शब्द है, उसकी व्युत्पत्ति शब्द-सागर में 'भीड़' बतलायी गयी है। 'पुर' फारसी का शब्द है, जो 'शब्द-सागर' में भूल से अरबी का माना गया है। 'तालाब' शब्द 'ताल' और 'आब' के योग से नहीं बना है, बल्कि सं० 'तल्ल' से निकला है। 'समूर' है तो अरबी का शब्द, पर 'शब्द-सागर' में संस्कृत बताया गया है। यों बोल-चाल में लोग भले 'ठेका' और 'ठीका' में अन्तर न रखें, पर व्युत्पत्ति के विचार से दोनों में बहुत अन्तर है। 'ठेका' शब्द 'ठेकना' से बना है। इसका अर्थ 'चाँड़' है और इसका दूसरा रूप 'ठेक' है। पर संविदा का वाचक 'ठीका' वास्तव में 'ठीक' से बना है; और इस दृष्टि से 'ठेका'

से बिलकुल अलग चीज है। 'धुस्स' शब्द कभी 'ध्वंस' से निकला हुआ नहीं हो सकता, चाहे वह 'ढूह' से बना हो, चाहे किसी और शब्द से। 'निनावाँ' कभी 'नन्हाँ' से निकला हुआ नहीं माना जा सकता। 'पुजापा' शब्द 'पूजापत्र' से नहीं निकला है, बल्कि 'पूजा' में वही 'आपा' प्रत्यय लगने से बना है जैसा 'बुढ़ापा' में है। 'शब्द-सागर' में 'पित्री' को देशज बतलाया गया है, पर वह सं० 'पिंड' से निकला है। 'निदरना' सं० 'निरादर' से नहीं बना है; क्योंकि स्वयं 'निरादर' संस्कृत का शब्द नहीं है। वह 'आदर' में हिंदी उपसर्ग लगने से बना है। 'पहल' का तह या परतवाला अर्थ शब्द-सागर में फारसी 'पहलू' से व्युत्पन्न माना गया है, पर वह वस्तुतः सं० 'पटल' से निकला है। 'तरी' का एक अर्थ है—नीची भूमि, जिसमें बरसाती पानी इकट्ठा होता है। इस अर्थ में यह शब्द हिंदी के उस 'तर' से निकला है, जिसका अर्थ 'तले' या 'नीचे' है, न कि फारसी 'तर' (आर्द्र) से। अवधी हिंदी का प्रसिद्ध 'बरु' या 'बरुक' शब्द या तो सं० 'वरम्' से निकला है या फारसी 'बल्कि' से। उसे सं० वर (= श्रेष्ठ) से निकला हुआ बतलाना ठीक नहीं है। व्युत्पत्ति सम्बन्धी इस प्रकार की सैकड़ों भूलें इस कोश में सुधारी गई हैं। बहुत से ऐसे शब्द भी हैं, जिनकी कोई व्युत्पत्ति शब्द-सागर में दी ही नहीं गई है और उनके आगे प्रश्न-चिह्न लगाकर छोड़ दिया गया है। इस कोश में ऐसे कुछ शब्दों की व्युत्पत्ति ढूँढ़ने का भी प्रयत्न किया गया है। पंक्ति या कतार के अर्थ में 'परा' शब्द फारसी के उस 'पर' शब्द से निकला है, जिसका अर्थ पंख है। 'धूजना' शब्द 'धूत' से और 'पुटियाना' शब्द 'पुट देना' में के 'पुट' से निकला है। 'पुतली-घर, पक्का चिट्ठा, फौजी-कानून, बन्दर-घुड़की' सरीखे समस्त या यौगिक शब्दों में इसीलिए व्युत्पत्ति नहीं दी गई कि वह शब्दों से ही प्रकट हो जाती है और इनके अलग-अलग शब्दों के अन्तर्गत देखी जा सकती है। अन्त में मैं यह भी निवेदन कर देना चाहता हूँ कि व्युत्पत्ति का विषय बहुत ही विस्तृत, गम्भीर, जटिल और महत्त्व का है; बड़े-बड़े विद्वानों को इस ओर पूरा ध्यान देना चाहिए।

अर्थ-विचार

शब्द-कोश का सबसे अधिक महत्त्व का अंग वह होता है जिसमें शब्दों की व्याख्याएँ और अर्थ होते हैं। शब्दों की व्याख्या सदा ऐसी होनी चाहिए जिसमें न तो अव्याप्ति दोष हो और न अतिव्यक्ति दोष। शब्द-सागरों में 'हुंडी' शब्द की जो व्याख्या है, उसमें कुछ दृष्टियों से अव्याप्ति दोष भी है और कुछ दृष्टियों से अतिव्याप्ति दोष भी। व्याख्या इतनी सुगम और स्पष्ट होनी चाहिए कि पाठकों को तुरन्त उस पदार्थ या भाव का ठीक-ठीक ज्ञान हो जाय, जिसका वाचक वह शब्द है। शब्द-सागरों में 'दशमलव' शब्द की जो व्याख्या है, वह कोरी पारिभाषिक और फलतः इतनी जटिल है कि साधारण पाठकों का उससे कुछ भी लाभ नहीं हो सकता। 'प्रामाणिक हिंदी कोश' में इन शब्दों की जो व्याख्याएँ दी गई हैं, उन्हें देखने से सहज में पता चल सकता है कि कौन-सी व्याख्याएँ ठीक, अच्छी और काम की हैं। 'देवर्षि' शब्द के सम्बन्ध में यह कहना ठीक नहीं है—'नारद, अत्रि, मरीचि आदि जो देवताओं में ऋषि माने जाते हैं।' इसकी ठीक व्याख्या होगी—'नारद, अत्रि, मरीचि आदि जो ऋषि होने पर भी देवता माने जाते हैं।' शब्दों के अर्थ और पर्याय देते समय भी उक्त प्रकार के दोषों से बहुत बचना पड़ता है। यह नहीं होना चाहिए कि बहुत से ऐसे पर्याय एक-साथ दे दिये जायँ जो आपस में एक-दूसरे से भिन्न भाव प्रकट करनेवाले हों। उदाहरणार्थ 'संक्षिप्त शब्द-सागर' में 'अधिकार' शब्द के अन्तर्गत पहले अर्थ में कार्य-भार, प्रभुत्व, आधिपत्य और प्रधानता ये चार शब्द आये हैं; चौथे अर्थ के अन्तर्गत कब्जा और प्राप्ति ये दो शब्द आये हैं; और छठे अर्थ में योग्यता, जानकारी और लियाकत शब्द हैं। यह स्पष्ट है कि 'कार्य-भार' कभी 'प्रभुत्व' का अर्थ नहीं दे सकता और 'आधिपत्य' तथा 'प्रधानता' दोनों अलग बातें हैं। कब्जा कोई और चीज है, प्राप्ति कोई और चीज। हम जहाँ 'योग्यता' या लियाकत' का प्रयोग कर सकते हैं, वहाँ 'जानकारी' का प्रयोग नहीं कर सकते। 'प्रामाणिक हिंदी कोश' में 'अधिकार' शब्द की व्याख्याएँ, अर्थ-विभाग तथा पर्याय देखने से यह अन्तर स्पष्ट हो जायेगा। 'दुहिता' का अर्थ पुत्री या बेटी ही ठीक है, 'कन्या' या 'लड़की' नहीं।

फिर शब्दों के अर्थ-विभाग करते समय उनके क्रम का भी ध्यान रखना पड़ता है। शब्दों के अर्थों के विकास का भी कुछ इतिहास होता है। कुछ अर्थ केवल शाब्दिक होते हैं, जिन्हें हम मूल अर्थ कह सकते हैं। कुछ मुख्य होते हैं और कुछ गौण। इसके सिवा अर्थों के कुछ वर्ग और क्रम भी होते हैं। 'संक्षिप्त शब्द-सागर' में 'पल्ला' शब्द के अन्तर्गत पहले क्रि० वि० वाले अर्थ दिये हैं और तब संज्ञावाले। पर 'पल्ला' शब्द सुनते ही उसके संज्ञावाले अर्थों का ध्यान आता है और तब उसके क्रि० वि० अथवा वि० वाले अर्थों का। 'संक्षिप्त शब्द-सागर' में 'निधि' शब्द के अन्तर्गत कुबेर के नौ रत्न तो दूसरे अर्थ के अन्तर्गत आये हैं, पर इन्हीं नौ रत्नों के कारण 'निधि' शब्द जो 'नौ' की संख्या का वाचक बन गया है, उसका सूचक अर्थ उसमें सबके अंत में अर्थात् सातवाँ रखा गया है। वास्तव में यह सातवाँ अर्थ दूसरे अर्थ के बाद अर्थात् तीसरा अर्थ होना चाहिए। फिर जीवित भाषा के शब्दों में समय-समय

पर नये अर्थ भी लगते रहते हैं। पर इधर के किसी कोशकार का ध्यान ऐसे नये अर्थों की ओर नहीं गया। संस्कृत का 'मत' शब्द तो आपकी हिंदी के सभी कोशों में मिल जायेगा। पर आज-कल इसमें अँगरेजी के 'वोट' शब्द का जो नया अर्थ लगा है, वह अब तक के किसी कोश में नहीं आया है। इस कोश में ऐसे हजारों नये अर्थ भी बढ़ाये गये हैं।

मुहावरे

बहुत-से शब्दों के साथ कुछ मुहावरे भी लगे होते हैं और कुछ कहावतें भी। इसके सिवा उनसे बने हुए कुछ समस्त या यौगिक पद भी होते हैं। जैसे—'काम पड़ना' मुहावरा है, 'काम के न काज के' कहावत है और 'काम की बात' पद है। हिंदी शब्द-सागर में शब्दों का अर्थ विभाग करते समय उनसे सम्बन्ध रखनेवाले मुहावरों का भी ध्यान रखा गया था; और जो मुहावरा जिस अर्थ से सम्बन्ध रखता था, वह प्राय: उसी अर्थ के साथ रखा जाता था। पर इस सम्बन्ध की एक महत्त्व की बात उस समय संपादकों के ध्यान में नहीं आई थी। उन्होंने कहावतों और पदों को भी मुहावरों के साथ ही रख दिया था। इस कोश में, जहाँ तक हो सका है, ये तीनों तत्त्व अलग-अलग रखे गये हैं और जिस प्रकार शब्दों के मानक रूप स्थिर किये हैं, उसी प्रकार मुहावरों के भी मानक रूप स्थिर किये गये हैं। उदाहरणार्थ—मुहावरे का शुद्ध रूप है—'टुक्का सा जवाब देना', 'टका सा जवाब देना' नहीं। 'टुक्का' का अर्थ होता है—'टुकड़ा' और इस मुहावरे का आशय है—उसी प्रकार जवाब देना, जिस प्रकार किसी चीज का कोई टुकड़ा तोड़कर किसी के आगे फेंक दिया जाता है। 'टका सा जवाब' में 'टका' केवल उर्दूवालों की फसाहत और उर्दू-लिपि की कृपा से चला है। वस्तुत: 'टका सा जवाब' का कुछ अर्थ नहीं होता।

शब्द-सागरों में 'टाँग' और 'पाँव' से सम्बन्ध रखनेवाले बहुत से मुहावरे तो अवश्य आये हैं; पर उन मुहावरों का वर्गीकरण उतना युक्तिसंगत नहीं हुआ है, जितना होना चाहिए और इसीलिए बहुत-से मुहावरे, 'टाँग' और 'पाँव' दोनों के अन्तर्गत आ गये हैं। इस कोश का संपादन करते समय मेरे ध्यान में यह बात आई कि कुछ मुहावरे तो केवल 'टाँग' के हैं और कुछ केवल 'पाँव' के। उदाहरणार्थ—'किसी के काम में टाँग अड़ाना' तो मुहावरा है, पर 'किसी के काम में पाँव (या पैर) अड़ाना' मुहावरा नहीं है। इसलिए मैंने 'टाँग' के मुहावरे 'टाँग' के अन्तर्गत और 'पाँव' के मुहावरे 'पाँव' के अन्तर्गत दिये हैं। पर कुछ मुहावरे ऐसे भी हैं जो दोनों शब्दों के साथ समान रूप से चलते हैं। ऐसे मुहावरे इसलिए 'पाँव' के अन्तर्गत रखे गये हैं कि आज-कल यही शब्द मानक और शिष्टसम्मत है। 'टाँग' शब्द कुछ तो पुराना हो चला है, कुछ उसमें स्थानिकता की गन्ध है और कुछ वह ग्राम्य-सा जान पड़ता है। मुहावरों के क्षेत्र में कुछ-कुछ इसी प्रकार का अन्तर 'पाँव' और 'पैर' में भी है, पर उतना नहीं, जितना 'टाँग' और 'पाँव' में है। मैंने यथासाध्य ऐसे सूक्ष्म अन्तरों का भी बहुत ध्यान रखा है।

उपयोगी सूचनाएँ

अब मैं कुछ ऐसी बातें बतलाता हूँ, जिनसे पाठकों को इस कोश के सामान्य स्वरूप का ज्ञान हो जायेगा और वे ठीक तरह से इसका उपयोग कर सकेंगे।

१. प्राय: शब्दों के साथ ही भाववाचक संज्ञाएँ, विशेषण, क्रियाएँ आदि भी कोष्ठक में दे दी गई हैं। जैसे—'तीक्ष्ण' के अन्तर्गत ही 'तीक्ष्णता', 'मृदुल' के अन्तर्गत ही 'मृदुलता' और 'धिक्कार' के अन्तर्गत 'धिक्कारना' है। 'दीवाना' में ही 'दीवानापन' और 'धारी' में ही 'धारीदार' भी दिखा दिया गया है। 'सम्बन्ध' के साथ उससे बननेवाला विशेषण 'सम्बन्धी' भी दिखला दिया है। प्राय: अकर्मक क्रियाओं के अन्तर्गत उनके सकर्मक रूप और सकर्मक क्रियाओं के अन्तर्गत उनके अकर्मक रूप भी दिखला दिये गये हैं।

२. यूँ तो सभी आवश्यक यौगिक शब्द इस कोश में आ गये हैं; पर व्यर्थ का विस्तार बचाने के लिए कुछ विशेष प्रकार के यौगिक शब्द छोड़ भी दिये गये हैं। उदाहरणार्थ—'तिरलोक' शब्द के आगे कहा है—दे० 'त्रिलोक'; परंतु 'तिरलोकपति' शब्द नहीं लिया गया है। 'दच्छ' के आगे लिखा है—दे० 'दक्ष' पर 'दच्छ-कुमारी' शब्द नहीं लिया गया है। अत: पाठकों को समझ लेना चाहिए कि 'तिरलोकपति' शब्द के लिए 'त्रिलोकपति' और 'दच्छ-कुमारी' के लिए 'दक्ष-कुमारी' शब्द देखना चाहिए।

३. यदि 'जगीत' स्त्री० के आगे दे० 'जगत' लिखा है, तो उसका अर्थ जानने के लिए 'जगत' का वही अंश देखना चाहिए, जिसके आगे स्त्री० दिया है; उसके पुं० अंश से उसका कोई सम्बन्ध नहीं है। इसी प्रकार यदि 'चुवना' अ० के आगे दे० 'चूना' लिखा है, तो 'चूना' का वही अंश देखना चाहिए, जिसके आगे 'अ०' लिखा है, उसके पुं० या संज्ञावाले अर्थ से उसका कोई सम्बन्ध नहीं है।

४. हिंदी में जो शब्द अशुद्ध रूप अथवा अशुद्ध अर्थ में चल पड़े हैं, उनकी अशुद्धता का निर्देश उनके आगे कोष्ठक में कर दिया गया है।

५. 'ब' और 'व' के अन्तर का विशेष रूप से ध्यान रखा गया है। संस्कृत के जो शब्द 'ब' में न मिलें, उन्हें 'व' में और जो 'व' में न मिले, उन्हें 'ब' में ढूँढ़ना चाहिए।

६. प्राचीन कवियों ने 'ख-ष', 'छ-क्ष', 'श-स', 'त्र-त', 'य-ज' आदि में विशेष अन्तर नहीं माना है। बहुत से कवि 'खारा' को 'षारा', 'क्षेत्र' को 'छेत्र', 'नक्षत्र' को 'नषत' 'शिव' को 'सिव' और 'यदु' को 'जदु' लिख गये हैं। ऐसे अपभ्रष्ट रूपों में से जो बहुत अधिक प्रचलित हैं, वे तो इस कोश में दिए गये हैं, पर कम प्रचलित रूप छोड़ दिये गये हैं। शब्द ढूँढ़ते समय इस तत्त्व का भी ध्यान रखना चाहिए।

७. इस कोश में शब्दों का क्रम तो उन्हीं सिद्धान्तों से अनुसार रखा गया है, जो शब्दसागर की रचना के समय स्थिर हुए थे। पर शब्दसागर में कहीं-कहीं दृष्टिदोष से उन सिद्धान्तों का अतिक्रमण भी हुआ है। इस प्रकार की भूलें जहाँ-जहाँ मेरे ध्यान में आई हैं, वहाँ-वहाँ वे ठीक कर दी गयी हैं। इस कोष में इस क्षेत्र में दूसरे कोशों से जो अन्तर दिखाई दे, उसके कारण पाठकों को भ्रम नहीं होना।

८. अँगरेजी हिंदी-शब्दावली में अँगरेजी शब्दों के आगे जो हिंदी पर्याय दिये गये हैं, उनमें से बहुतेरे बाद में मिले या ध्यान में आये हैं; और फलतः वे परिशिष्ट में दिये गये हैं। ऐसे अधिकतर शब्दों के आगे परिशिष्ट का संकेत कर दिया गया है। अतः ऐसे शब्द मूल शब्द-कोश में नहीं, बल्कि परिशिष्ट में देखने चाहिए।

अंतिम निवेदन

शब्द-कोश का काम सभी प्रकार के साहित्यिक कामों से इसलिए बहुत अधिक कठिन और विकट होता है कि उसमें सभी विषयों और सभी शास्त्रों के शब्द आते हैं; और किसी एक व्यक्ति के लिए सभी विषयों और सभी शास्त्रों की थोड़ी-बहुत जानकारी रखना भी असम्भव-सी बात है। इसीलिए अच्छे शब्द-कोश वही होते हैं जिनमें अलग-अलग विषयों और शास्त्रों के शब्द उनके विशिष्ट ज्ञाताओं से संपादित कराये जाते हैं। मैं 'प्रामाणिक हिंदी कोश' की इस प्रकार की त्रुटियों और अपनी अक्षमताओं से अच्छी तरह परिचित हूँ; और उनके लिए सुविज्ञ पाठकों से क्षमा माँगता हूँ। पर मैं उन्हें यह भी विश्वास दिलाता हूँ कि जहाँ तक हो सका है, मैंने इसे वस्तुतः 'प्रामाणिक' बनाने में अपनी ओर से कोई बात उठा नहीं रखी है, और हजारों शब्दों तथा अर्थों के लिए बहुत अधिक छान-बीन की है। इस संस्करण में जो दोष और त्रुटियाँ रह गयी हैं, उनके सुधार और पूर्ति का अगले संस्करणों में प्रयत्न किया जायेगा। शर्त यही है कि ईश्वर इसके लिए मुझमें थोड़ी-बहुत शारीरिक शक्ति और नैत्रिक ज्योति बनाये रखे।

अन्त में मैं अपने सहायक, वात्सल्य-भाजन चि० जयकान्त झा को कृतज्ञतापूर्वक आशीर्वाद दिये बिना नहीं रह सकता, जिन्होंने प्रायः आदि से अन्त तक मुझे यह कोश प्रस्तुत करने में बहुत ही तत्परतापूर्वक पूरी-पूरी और अमूल्य सहायता दी है। ईश्वर इन्हें इस नये क्षेत्र में यशस्वी करे।

—रामचंद्र वर्मा

महाशिवरात्रि
संवत् २००६ वि०

दूसरे संस्करण का वक्तव्य

'प्रामाणिक हिंदी कोश' की रचना का सूत्रपात कोश-कला का एक बिलकुल नया आदर्श सामने रखकर किया गया था। पर कई कारणों से इसका पहला संस्करण बहुत ही जल्दी में—केवल डेढ़ वर्षों में—तैयार करना पड़ा था, जिससे उसमें उस आदर्श की साधारण झलक भर आ सकी थी। फिर भी हिंदी जगत ने उसका जो आदर किया, उससे मैंने अपना परिश्रम सफल समझा; और इसके लिए मैं उसके प्रति कृतज्ञता प्रकट करता हूँ।

पर एक बात निश्चित है। मैंने किसी आदर-सम्मान की भावना अथवा आर्थिक लाभ की दृष्टि से इस कार्य में हाथ नहीं लगाया था। मैं बहुत दिनों से कोश-कार्य से सम्बन्ध रखनेवाले अपने तुच्छ अनुभव और अल्प-ज्ञान का यत्किंचित फल इस दृष्टि से हिंदी जगत् को अर्पित करना चाहता था कि सुयोग्य विद्वान् कोश-निर्माण के उपेक्षित क्षेत्र की ओर आकृष्ट हों और यह कार्य ठीक दिशा में कुछ आगे बढ़े। परंतु अपनी कई दुर्बलताओं के कारण मैं इस सेवा-कार्य में प्रवृत्त होने का साहस नहीं करता था। संयोग से परमात्मा ने इसके लिए निमित्त रूप में एक अप्रिय घटना (प्रस्तावना पृष्ठ २) घटित करके मुझसे 'प्रामाणिक हिंदी कोश' का काम शुरू करा दिया और अब मैंने सारा शेष जीवन इसके लिए उत्सर्जित कर दिया है—भले ही उसमें शक्ति और समय थोड़ा बहुत ही बच रहा हो।

ज्यों-ज्यों पहला संस्करण छपता चलता था, त्यों-त्यों मेरे सामने उसके अनेक अभाव, त्रुटियाँ और दोष आते चलते थे; और मैं यथासाध्य उनकी पूर्ति, सुधार और संशोधन करता चलता था। पर मुझे ऐसा जान पड़ता था कि उसे ठीक तरह से पूरा करने के लिए जो साधन आवश्यक हैं, उनका मेरे पास अभाव-सा है। फिर भी अपने गिरते हुए स्वास्थ्य का ध्यान छोड़कर मैं बराबर इस काम में लगा रहा हूँ। इसके फलस्वरूप आज यह दूसरा संशोधित और परिवर्धित संस्करण हिंदी जगत के सामने आ रहा है।

हिंदी का प्राचीन साहित्य-भंडार तो विस्तृत और विशाल है ही, उसका अर्वाचीन साहित्य भी दिन पर दिन बहुत अधिक बढ़ता जा रहा है। तिस पर राष्ट्र-भाषा और राज-भाषा हो जाने के कारण इसका महत्त्व और भी बढ़ गया है और इसमें बहुत से नये-नये क्षेत्रों तथा विषयों का अन्तर्भाव होता जा रहा है। ऐसी अवस्था में हिंदी का एक अच्छा, सर्वमान्य और प्रामाणिक कोश तैयार करना कोई साधारण काम नहीं है। फिर भी मैं काम में लग ही गया था; और चाहता था कि जो थोड़ा-बहुत मैं कर सकता हूँ, वही क्यों न कर डालूँ! यही सोचकर मैं नई और उपयोगी सामग्री एकत्र करके यथा-साध्य उनका उपयोग करने लगा। मुझे चारों ओर बिखरे हुए हजारों ऐसे उपयोगी शब्द मिलने लगे, जो हिंदी के किसी कोश में आये ही नहीं थे। ऐसे शब्दों का संकलन मैंने अपना मुख्य लक्ष्य बनाया। जो उपयोगी और आवश्यक शब्द इस कोश के पहले संस्करण में नहीं आ सके थे, उन्हें भी ले लेना कर्तव्य था। फिर शब्दों के जो पुराने विवरण और अर्थ निकम्मे और अशुद्ध या दूषित जान पड़े (उदाहरणार्थ नायिका-भेद, अलंकार, छन्दःशास्त्र के तथा अन्य उपयोगी साहित्यिक शब्द) उनका संशोधन भी करता था। व्युत्पत्ति या निरुक्ति का बहुत बड़ा और विकट प्रश्न भी सामने था। और यह स्पष्ट है कि ये सब काम एक आदमी के बस का नहीं है। पर मैं हतोत्साह नहीं हुआ; और सभी क्षेत्रों का जो थोड़ा बहुत काम मुझसे हो सकता है, मैं नित्य और नियमित रूप से करता चलता हूँ। सामग्री और साधनों का एक बड़ा पहाड़ मेरे सामने खड़ा हो गया है। समझ में नहीं आता कि क्या लूँ और क्या छोड़ दूँ।

इस कोश का यह दूसरा संस्करण हिंदी जगत की वर्तमान आवश्यकताओं के सिवा उसके भावी गौरवपूर्ण युग का भी ध्यान रखकर संशोधित और परिवर्धित किया गया है। इस बार इसमें प्राचीन और अर्वाचीन सभी प्रकार के पचासों कवियों द्वारा प्रयुक्त तथा कई राज्यों द्वारा प्रचलित किये हुए जो नये शब्द बढ़ाये गये हैं, वे अधिकतर इसी दृष्टि से। नये शब्दों के अर्थ, विवरण आदि भी बिलकुल नये ढंग से यथा-साध्य पूर्ण रखे गये हैं। नये शब्दों के सिवा बहुत से पुराने शब्दों के विवरण और अर्थ भी बहुत अधिक

परिश्रम करके सुधारे और ठीक किये गये हैं। उदाहरणार्थ 'रस' शब्द देखने से पाठकों को पता चलेगा कि उसके अर्थों का बहुत-कुछ वर्गीकरण उसी प्रकार किया गया है, जिस प्रकार उसके अर्थों का विकास और संवर्धन हुआ है। 'रस' का सारा विवेचन मानो उसके अर्थ-सम्बन्धी इतिहास का काम दे रहा है। इसी प्रकार और भी सैकड़ों-हजारों शब्दों के विवरण अधिक-से अधिक पूर्ण और व्यापक किये गये हैं। पहले संस्करण में शब्दों के अर्थों के साथ भी १, २, ३ आदि संख्या-सूचक अंक लगे थे और मुहावरों के अर्थों के साथ भी। पर इससे पाठकों को कुछ भ्रम हो सकता था; इसलिए इस बार मुहावरों के अर्थों में से अंक निकालकर उनकी जगह क, ख, ग आदि वर्ण रखे गये हैं।

दूसरे संस्करण का लगभग आधा अंश छप जाने के बाद एक बात मेरे ध्यान में आयी। अनेक प्राचीन कवियों की कृतियों में मुझे प्राय: ऐसे नये प्रयोग और मुहावरे मिलते थे, जो किसी कोश में नहीं आये थे। ऐसे प्रयोग और मुहावरे उदाहरण-स्वरूप कोश में देना आवश्यक जान पड़ा। तब से मैं भिन्न-भिन्न कवियों के कुछ नये उदाहरण भी देने लगा। पर इससे पहले जो बहुत से नये प्रयोगों और अच्छे मुहावरों के उदाहरण मेरे हाथ से निकल गये थे, उनका मुझे इसलिए पश्चात्ताप है कि अब फिर से उन्हें ढूँढ़ निकालना मेरे लिए बहुत कठिन है। यही कारण है कि इस संस्करण के पूर्वार्द्ध में उदाहरण आये ही नहीं। और उत्तरार्द्ध में भी जो उदाहरण आये हैं, वे उतने अधिक नहीं है, जितने होने चाहिए। परिशिष्ट में प्राचीन कवियों के जो हजारों नये शब्द आये हैं, उनके उदाहरण मुझे जान-बूझकर इसलिए रोक रखने पड़े कि छपाई के लिए कागज यथेष्ट नहीं था। इसके अतिरिक्त राजनीतिक, व्यावहारिक और वैज्ञानिक विषयों के हजारों नये शब्द मुझे मिलते गये, जिनमें से बहुतेरे तो इस संस्करण में आ गये हैं और बहुतेरे अगले संस्करण के लिए रोक रखने पड़े। मेरे पास अब तक जो सामग्री एकत्र हो चुकी है, वही कम नहीं है। तीसरे संस्करण के प्रकाशन तक जो और सामग्री एकत्र होगी, वह सम्भवत: इस कोश का आकार प्रस्तुत संस्करण का दूना कर देगी।

इधर हिंदी में बहुत से प्राचीन कवियों के ग्रन्थों की टीकाएँ और व्याख्याएँ प्रकाशित हुई हैं। उनका भी मैंने यथा-साध्य उपयोग किया है। उनमें शब्दों के जो अर्थ मुझे ठीक जान पड़े, वे तो मैंने ले ही लिये हैं; पर जो अर्थ मुझे अशुद्ध जान पड़े, उनके ठीक अर्थ ढूँढ़कर देने का भी मैंने प्रयत्न किया है। ऐसे अवसरों पर मैंने उदाहरणों का विशेष उपयोग किया है। अनेक स्थानों पर शब्दों के अन्त में यह निर्देश भी कर दिया है कि यह देश के किस प्रान्त या बोली का शब्द है। यथा—अवधी, बुन्देलखंडी, राजस्थानी, ब्रजभाषा आदि। इस छान-बीन में मुझे ऐसे सैकड़ों शब्द मिले हैं, जिनका ठीक अर्थ नहीं लगता। इधर-उधर से पता लगाने पर सफलता कम होती है, विफलता अधिक। चाहता तो हूँ कि ऐसे शब्दों की एक सूची प्रकाशित कर दूँ, पर इसके लिए समय और सहायक का अभाव देखकर चुप रह जाता हूँ।

एक और क्षेत्र है जिसमें इस बार बहुत कुछ काम हुआ है। अंग्रेजी के हजारों ऐसे शब्द हैं, जिनके ठीक हिंदी पर्याय जल्दी लोगों को नहीं मिलते, पर दैनिक व्यवहार में जिनकी आवश्यकता पड़ती रहती है। इस तरह के बहुत से अँगरेजी शब्दों के हिंदी पर्याय ढूँढ़कर भी और गढ़कर भी इस संस्करण में बढ़ाये गये हैं। उदाहरणार्थ—मैं कई वर्षों से अँगरेजी के 'नेगेटिव' और 'पॉजिटिव' शब्दों के लिए उपयुक्त हिंदी पर्याय ढूँढ़ रहा था। भिन्न-भिन्न स्थानों में मुझे इसके लिए कोई १७-१८ पर्याय-युग्म मिले। पर उन सभी में किसी न किसी प्रकार की अव्याप्ति या एकांगिता दिखायी देती थी। बहुत सोच-विचार कर मैंने इनके लिए अपनी बुद्धि से 'नहिक' और 'सहिक' शब्द स्थिर किये और वे इस कोश में यथा-स्थान मिलेंगे। पाठक इन्हें देखकर इनकी उपयोगिता समझ सकते हैं और इनका उपयोग तथा प्रचार कर सकते हैं। इस प्रकार के हजारों शब्दों के पर्याय इस संस्करण में बढ़े हैं, जिनमें बहुतेरे अन्य स्थानों से संकलित किये गये हैं; (जैसे—'सेप्टिक' के लिए 'पौतिक' और सुप्रसिद्ध 'रैडर' नामक यंत्र के लिए 'तेजोन्वेष' आदि) और बहुत से शब्द; (जैसे—उच्चक, प्रत्यायक, शीतक, तापक, वायु-संवलन, विधारण, संकेतकी आदि) स्वयं मेरे स्थिर किये हुए हैं। पहले संस्करण के अन्त में जो दो हजार शब्दों की अँगरेजी हिंदी शब्दावली थी, वह इसीलिए इस बार पाँच हजार शब्दों की हो गयी है। आशा है, कोश का यह अंश अँगरेजी के द्वारा हिंदी का ज्ञान प्राप्त करनेवाले सज्जनों के लिए विशेष उपयोगी सिद्ध होगा।

जैसा कि पहले संस्करण की प्रस्तावना में कहा जा चुका है, शब्दों की निरुक्ति का प्रश्न बहुत ही विकट है। यह ठीक है कि इधर कुछ दिनों में बहुत-सी ऐसी सामग्री प्रस्तुत हो चुकी है, जिसके आधार पर हिंदी शब्दों का मूल और इतिहास अच्छी तरह जाना जा सकता है। पर वह एक बिलकुल स्वतंत्र और बहुत बड़ा काम है। उसकी सिद्धि के लिए अनेक विद्वानों के पूरे नहीं तो आधे

जीवन की अपेक्षा है ही। फिर भी राह-चलते जो बातें मुझे मिल जाती हैं या जो सामग्री मेरे हाथ लग जाती है, उसका बहुत-कुछ उपयोग मैं कर ही लेता हूँ। इस संस्करण में ५-६ सौ शब्दों की निरुक्तियाँ ठीक की गई हैं; और तीसरे संस्करण के लिए हजारों शब्दों की निरुक्तियाँ ठीक हो रही हैं। सारांश यह कि इस संस्करण में जो काम हुआ है, वह सब नये क्षेत्रों में हुआ है और बिलकुल नया है; और आगे भी जो काम होगा, वह ऐसा ही होगा।

पहले संस्करण की शब्द-संख्या अपेक्षाकृत कुछ कम रह गयी थी। इस बार वह संख्या बढ़कर ड्योढ़ी हो गयी है। यदि मैं चाहता तो यह संख्या सहज में दूनी क्या चौगुनी हो सकती थी। पर यदि मैं शब्द-संख्या बढ़ाने के मोह में पड़ता तो अपने लक्ष्य से च्युत हो जाता। इस संस्करण में शब्द इसीलिए बहुत अधिक नहीं बढ़ने पाये हैं कि अधिकतर नये बढ़नेवाले शब्दों के सम्बन्ध में प्राय: कुछ न कुछ विचार और छान-बीन करनी पड़ती है। बहुत से शब्दों में तो बहुत अधिक परिश्रम करना और समय लगाना पड़ता है। मैं केवल गिनती गिनाने के लिए शब्द-संख्या बढ़ाकर लाखों तक पहुँचाने के पक्ष में नहीं हूँ। यदि किसी कोश की शब्द-संख्या तो बहुत अधिक हो, पर अधिकतर शब्द ऐसे हों जिनका जन-साधारण को जल्दी कभी काम ही न पड़ता हो या उसमें के अर्थ बिलकुल अधूरे, अशुद्ध, निकम्मे और भ्रामक हों तो ऐसा कोश मेरी समझ में किसी काम का नहीं। कोश का सबसे अधिक उपयोग पूरे और ठीक अर्थों के लिए होता है; और इसीलिए उसका महत्त्व भी अर्थों और विवरणों के विचार से ही स्थिर होता है। शब्द-संख्या का स्थान तो अपेक्षाकृत गौण ही रहता है।

कुछ न कुछ त्रुटियाँ और दोष मनुष्य के प्राय: सभी कार्यों में होते हैं—अथवा ढूँढ़कर निकाले भी जा सकते हैं। पर अड़चनें और कठिनाइयाँ तो काम करनेवालों के ही सामने आती हैं। मैं अच्छी तरह समझता हूँ कि यह संस्करण भी बहुत-सी त्रुटियों और दोषों से युक्त है। मेरी आँखें अब प्रूफ देखने योग्य नहीं रह गयीं हैं। इसलिए छापे की बहुत-सी भूलें इसमें आ गयी हैं। पर यह भी ध्यान रहे कि मेरा सारा काम एक विशिष्ट आदर्श तक पहुँचने के उद्देश्य से हो रहा है। एक अकेला आदमी, बिना किसी संवल या सहायता के, कम से कम समय में, अधिक से अधिक जो कुछ कर सकता है, वही इस कोश के रूप में हिंदी जगत् के सामने है। हाँ इसे अधिक से अधिक ठीक करके बढ़ाने और उपयोगी बनाने का काम चल रहा है; चलता रहेगा। यदि मेरे इस तुच्छ परिश्रम से हिंदी में कोश कला का एक नया आदर्श स्थापित हो सका, तो मैं आशा करता हूँ कि अपनी अन्यान्य त्रुटियों के लिए मैं भावी हिंदी जगत् की दृष्टि में क्षम्य ही समझा जाऊँगा।

अंत में मैं अपने उन कृपालु मित्रों के प्रति कृतज्ञता प्रकट करता हूँ, जिन्होंने समय-समय पर मुझे अनेक उपयोगी परामर्श देकर, अनेक शब्दों के ठीक अर्थ बतलाकर, कई तरह की सूचनाएँ देकर और उपयोगी सामग्री का पता बताकर मेरा काम सुगम किया है। ऐसे मित्रों की संख्या बहुत बड़ी है और उनमें अनेक प्रसिद्ध विद्वान और गण्यमान सज्जन भी हैं। इस कोश के वर्तमान रूप का बहुत-कुछ श्रेय ऐसे महानुभावों को भी है और जो सज्जन भविष्य में मुझे मेरी भूलें बतलाने अथवा उपयोगी सूचनाएँ देने की कृपा करेंगे, वे मुझे उपकृत करने के अतिरिक्त हिंदी की शुभ सेवा में भी बहुत-कुछ सहायक होंगे।

महाशिवरात्रि
संवत् २००८ वि०

निवेदक
—रामचंद्र वर्मा

॥ श्री ॥

लोकभारती

बृहत् प्रामाणिक हिंदी कोश

अ

अ[1] देवनागरी वर्णमाला का पहला अक्षर स्वर वर्ण, इसका उच्चारण कंठ से होता है, व्यंजनों का उच्चारण करते समय उनके अन्त में इसका उच्चारण भी आप-से-आप हो जाता है। जब किसी व्यंजन का उच्चारण इसके बिना होता है, तब वह हल् कहलाता है, और नहीं तो साधारण सस्वर रहता है। अक्षर तथा शब्द के अन्त में इसका उच्चारण नहीं होता, जैसे काम (काम्), शब्द (शब्द्)।

अ[2] उप० [सं०] व्यंजनों से आरम्भ होनेवाली तत्सम संज्ञाओं और विशेषणों के पहले जब यह उपसर्ग के रूप में लगता है, तब प्राय: उनका अर्थ या तो उलट देता है या बहुत-कुछ बदल देता है, जैसे धर्म और अधर्म, कर्म और अकर्म, खंड और अखंड, विचार और अविचार आदि। जब यह स्वर से आरम्भ होनेवाले संस्कृत शब्दों के पहले लगता है, तब इसका रूप 'अन्' हो जाता है, जैसे अन्त और अनन्त, आदि और अनादि, एक और अनेक आदि।

अ[3] उप० [हिं०] १. तद्भव विशेषण शब्दों में नकारात्मक अर्थ देता है, जैसे अचाहा, अचीन्हा, अथक, अदेखा। २. कुछ धातुओं में लगकर उन्हें विशेषण रूप देता है जैसे अथक, अपढ़ आदि।

अंक पुं० [सं०] १. चिह्न, छाप। २. लेख, लिखावट। ३. संख्या का सूचक चिह्न, जैसे १, २, ३, ४ आदि। (फिगर) ४. भाग्य। ५. धब्बा। ६. शरीर, देह। ७. गोद, क्रोड़।

मुहा० *अंक देना, भरना या लगाना*=आलिंगन करना, गले लगना।

८. काजल की बिन्दी जो बच्चों को नजर से बचाने के लिए लगाते हैं। ९. नाटक का खंड या भाग जिसमें कभी-कभी कई दृश्य भी होते हैं। १०. पत्र, पत्रिका आदि का कोई प्रकाशन जो अपने नियत समय पर एक बार में हुआ हो।

अंकक पुं० [सं०] रबर की मुहर।

अंकगणित पुं० [सं०] वह विद्या जिसमें संख्याओं को जोड़ने-घटाने, गुणा-भाग करने आदि की विधि बतलाई जाती है, हिसाब। (अरिथमेटिक)

अंकगत वि० [सं०] गोद में लिया हुआ।

अँकटा पुं० [सं० अंकुर या कंटक] [स्त्री० अल्पा० अँकटी] कंकड़, पत्थर आदि का बहुत छोटा या महीन टुकड़ा।

अंकधारण पुं० [सं०] शरीर पर चिह्न दगवाने की क्रिया।

अंकधारी(-रिन्) वि०, पुं० [सं०] जिसने शरीर पर चिह्न दगवाया हो।

अंकन पुं० [सं०] [वि० अंकित] १. अंक या चिह्न बनाना। २. अंक या संख्याएँ डालना। (नंबरिंग) ३. कलम या कूँची से चित्र बनाना। ४. वर्णन या चित्रण करना।

अँकना अ० [सं० अंकन] लिखा, आँका या कूता जाना।

अँकनी स्त्री० [सं० अंकन] अंकित करने की कूँची, कलम आदि।

अंकनीय वि० [सं०] अंकित करने के योग्य।

अंक-परिवर्तन पुं० [सं०] नाटक में एक अंक की समाप्ति पर दूसरे अंक का प्रारम्भ होना।

अंकबद्ध वि० [सं० अंक+बद्ध] जिसे अंक में लिया गया हो, गोद में लिया हुआ।

अंकमुख पुं० [सं०] नाटक के प्रारम्भ का भाग।

अंकयोग पुं० [सं०] प्राप्त या कुल अंकों का योग। (एग्रिगेट मार्क्स)

अँकरा[1] पुं० दे० 'अँकटा'।

अँकवाई स्त्री० [हिं० अँकवाना] अँकवाने की क्रिया, भाव या पारिश्रमिक।

अँकवाना स० [हिं० आँकना का प्रे०] आँकने का काम दूसरे से कराना।

अँकवार* स्त्री० [सं० अंकपालिका, प्रा० अंकवारिया] १. छाती, हृदय। २. गोद, क्रोड़।

मुहा० *अँकवार देना या भरना*=गले लगाना।

अँकवारना स० [हिं० अँकवार] गले लगाना, आलिंगन करना।

अंकविद्या स्त्री० [सं०] अंकगणित।

अंकशायी(-यिन्) वि०, पुं० [सं०] [स्त्री० अंकशायिनी] बगल में सोनेवाला, साथ में सोनेवाला।

अंकशास्त्र पुं० [सं०] गणित, हिसाब।

अँकाई स्त्री० [हिं० आँकना] १. आँकने की क्रिया या भाव, कूत, अटकल। २. आँकने का पारिश्रमिक या मजदूरी।

अँकाना स० [हिं० 'आँकना' का प्रे०] [भाव० अँकाव] आँकने का काम दूसरे से कराना।

अंकित वि० [सं०] १. जिसपर अंक या चिह्न बना हो। २. जिसका वर्णन हुआ हो, लिखा हुआ , लिखित। ३. चित्र के रूप में बना हुआ, चित्रित। ४. जिसपर मोहर लगी हो। क्रि०प्र०-करना, - होना।

अंकित मूल्य पुं० [सं०] किसी वस्तु का वह मूल्य जो उसपर अंकित रहता है। (फेस वैलू)

अंकित्र पुं० [सं० अंक] अंक डालने का उपकरण।

अंकीकरण पुं० [सं०] अंक डालना या लगाना।

अंकीय वि० [सं०] अंक-सम्बन्धी।

अँकुआना अ० = अँखुआना

अँकुड़ा पुं० [सं० अंकुटक] [स्त्री० अल्पा० अँकुड़ी] कोई चीज फँसाने या टाँगने आदि के लिए बना हुआ लोहे का टेढ़ा काँटा, जैसे किवाड़ का अँकुड़ा।

अंकुर पुं० [सं०] १. बोए हुए बीज में से निकला हुआ पहला छोटा कोमल डंठल जिसमें नए पत्ते निकलते हैं। २. किसी वस्तु का वह आरम्भिक रूप जो आगे चलकर बहुत बढ़ या फैल सकता हो।

क्रि० प्र० –निकलना, –फूटना।

अंकुरण पुं० [सं०] [वि० अंकुरित] बीज आदि का जमीन में पड़कर अंकुरित होना। (जरमिनेशन)

अंकुरणीय वि० [सं०] १. अंकुरित होने योग्य। २. जिसमें अंकुर निकलने को हों।

अँकुरना* अ० [सं० अंकुरण] अंकुर निकलना या फूटना, अंकुरित होना।

अंकुरित वि० [सं०] अंकुर के रूप में निकला या आया हुआ, जिसने अंकुर का रूप धारण किया हो।

अंकुरित यौवना स्त्री० [सं०] वह लड़की जिसमें यौवन के लक्षण आ रहे हों।

अँकुरी स्त्री० [सं० अंकुर] वे दाने या बीज जिनमें से अंकुर निकल आए हों।

अंकुश पुं० [सं०] १. वह छोटा दुमुँहाँ भाला जिससे हाथी चलाया और वश में रखा जाता है। २. वह वस्तु या कार्य जो किसी को रोकने या दबाव में रखने के लिए हो, दबाव, रोक।

अंकुशकृमि पुं० [सं०] आँतों में पैदा होनेवाला एक प्रकार का कृमि। (हुकवर्म)

अंकुशहीन वि० [सं० अंकुश + हीन] अंकुश न माननेवाला, निरंकुश।

अंकुशित वि० [सं०] जिस पर अंकुश लगा हो, अंकुश द्वारा नियंत्रित।

अँकुसी* स्त्री० [सं० अंकुश] १. छोटा अंकुश, छोटा टेढ़ा काँटा। २. लग्गी।

अंकेक्षक पुं० [सं०] लेखा-परीक्षक। (दे०)

अंकेक्षण पुं० [सं०] लेखा-परीक्षण। (दे०)

अँकोर[1] पुं० १. दे० 'अँकवार'। २. भेंट, नजर। ३. रिश्वत।

अंक्य वि० [सं०] जिसका अंकन किया जाने को हो।

अँखुआ[1] पुं० [सं० अंकुर] अंकुर, कल्ला।

अँखुआना[1] अ० [हिं० अँखुआ] अँखुआ या अँखुए निकलना।

अँखुवा[1] पुं० = अँखुआ।

अंग पुं० [सं०] १. शरीर, देह, बदन।

मुहा० *अंग-अंग मुस्कराना*=अति प्रसन्न हो उठना। *अंग उभरना*=यौवन का प्रारम्भ होना। *अंग करना*=अपनाना, ग्रहण या स्वीकार करना। *अंग चुराना*=स्त्री का लज्जा से अपने अंगों को छिपाना। *अंग टूटना*=अंगों में पीड़ा होना। अंग मोड़ना=अंग छिपाना। *अंग लगना*=(क) शरीर से छुआ जाना। (ख) शरीर का (खाद्य-पदार्थों के सेवन से) पुष्ट होना। *अंग लगाना*=गले लगाना। *फूले अंग न समाना*=अत्यन्त प्रसन्न होना।

२. शरीर का कोई भाग, जैसे हाथ, पैर, मुँह, नाक आदि। ३. भाग, अंश।४. पक्ष, पार्श्व, जैसे इस प्रश्न के कई अंग हैं।

अंगचारी (-रिन्) पुं० [सं०] सखा, साथी।

अंगच्छेद पुं० [सं०] शरीर का कोई अंग या अवयव काटकर निकाल या अलग कर देना, अंगोच्छेदन। (एम्प्यूटेशन)

अंगज वि० [सं०] जो अंग से उत्पन्न हुआ हो, जैसे पसीना, रोआँ या बाल।

पुं० [स्त्री० अंगजा=बेटी] पुत्र, बेटा।

अंगड़-खंगड़ पुं० [अनु०] बची-खुची या निकम्मी चीजें, रद्दी सामान।

वि० बेकाम, फालतू, अनुपयोगी।

अँगड़ाई स्त्री० [हिं० अँगड़ाना] शरीर की वह क्रिया जिसमें धड़ और बाँहें कुछ समय के लिए तनती या ऐंठती हैं। (ऐसा प्राय: आलस्य के कारण, सोकर उठने पर या ज्वर आने से पहले होता है।)

क्रि० प्र०–लेना।

अँगड़ाना अ० [सं० अंग] अँगड़ाई लेना।

अंगतरंग वि० [सं०] [भाव० अंगतरंगता] आत्मीय, घनिष्ठ, पक्का।

अंगतरंगता स्त्री० [सं०] आत्मीयता, आपसदारी, घनिष्ठता।

अंगद पुं० [सं०] १. बाँह पर पहनने का बाजूबन्द। २. राम की सेना का एक वानर जो बालि का पुत्र था।

अंगद्वार पुं० [सं०] शरीर के द्वार या छेद जो नौ माने जाते हैं—दो कान, दो आँखें, दो नासिका-छिद्र, मुख, गुदा और लिंग। कुछ संप्रदायों में दसवाँ द्वार शिवनेत्र और कुछ संप्रदायों में दसवाँ द्वार ब्रह्माण्ड माना जाता है।

अंगधारी (-रिन्) पुं० [सं०] शरीरधारी, प्राणी।

अंगन* पुं०=आँगन।

अंगना[1] स्त्री० [सं०] वह स्त्री जिसके अंगों का विन्यास सुन्दर हो, सुन्दर अंगोंवाली स्त्री, सुन्दरी।

अंगना[2] पुं०=आँगन।

अंगना[3] स० [सं० अंग] १. अंगीकृत करना, अपनाना। २. सहना।

अँगनाई* स्त्री० दे० 'आँगन'।

अँगनैया[1] स्त्री० आँगन।

अंगपाली* स्त्री० [सं० अंगपालिका] आलिंगन।

अंग-प्रत्यंग पुं० [सं०] शरीर के सभी छोटे-बड़े अंग।

अंगभंग पुं० [सं०] १. अंग के भंग या खंडित होने की अवस्था या भाव। २. दे० 'अंगभंगी'।

अंगभंगी स्त्री० [सं० अंगभंगिमा] १. मुँह, हाथ, आँख आदि अंग हिला-डुलाकर प्रकट की जानेवाली चेष्टा या भाव। २. स्त्रियों के हाव-भाव (पुरुषों को मोहित करने के लिए)।

अंगमर्दन पुं० [सं०] अंगों को मलने या दबाने का काम।

अंगरक्षक पुं० [सं०] वह सैनिक जो राजाओं, शासकों या विशिष्ट लोगों के साथ, उनकी शारीरिक रक्षा के लिए रहता है। (बॉडीगार्ड)

अँगरखा पुं० [सं० अंगरक्षक या हिं० अंग+रखना=रक्षा करना] (कोट की तरह का) एक प्रकार का लम्बा पहनावा, अंगा, चपकन।

अंगराग पुं० [सं०] १. शरीर पर मलने का (सुगन्धित) उबटन, बटना। २. शरीर की सजावट। ३. शरीर की सजावट की सामग्री।

अँगरेज़ पुं०=अंग्रेज़।

अँगरेज़ियत स्त्री०=अंग्रेज़ियत।

अँगरेज़ी स्त्री०=अंग्रेज़ी।

अँगवना* स० [सं० अंग] १. गले लगाना, आलिंगन करना। २. ग्रहण या स्वीकृत करना, लेना या मानना। ३. सहना।

अंगविकार पुं० [सं०] शरीर के किसी अंग में होनेवाला विकार या दोष।

अंगविक्षेप पुं० [सं०] अंगों को इस प्रकार हिलाना-डुलाना कि उनसे संकेत या सौन्दर्य झलकता हो।

अंगसंग पुं० [सं०] मैथुन, सम्भोग।

अंगांगीभाव पुं० [सं०] वह भाव या सम्बन्ध जो अंग और उसके मूल शरीर (अंगी) में होता है, किसी बड़ी वस्तु का उसके अंगों के साथ रहनेवाला सम्बन्ध।

अंगा पुं० [सं० अंगक] अँगरखा या चपकन नाम का पहनावा।

अँगाना* स० [हिं० अंग] अपने अंग पर या अपने ऊपर लेना।

अंगार पुं० [सं०] आग का अंगारा। विशे० दे० 'अंगारा'।

अंगारक पुं० [सं०] १. एक बहुत ही महत्त्वपूर्ण अधात्वीय तत्त्व जो जीव-जन्तुओं, वनस्पतियों और खनिज पदार्थों में पाया जाता है, (कोयला, पेट्रोल आदि इसी के बल से जलते हैं)। (कार्बन) २. अंगारों पर सेंकी हुई बाटी।

अंगारा पुं० [सं० अंगारक] जलता हुआ कोयला या जलती हुई लकड़ी का टुकड़ा।

मुहा० अंगारे बरसना=बहुत गरमी पड़ना। अंगारों पर लोटना=बहुत अधिक क्रोध या ईर्ष्या से जलना।

अंगाराश्म पुं० [सं०] कड़े पत्थर का कोयला। (एनथ्रासाइट)

अँगिया स्त्री० [सं० अङ्गिका] स्त्रियों के पहनने की एक प्रकार की छोटी कुरती, चोली, कंचुकी।

अंगिरस, अंगिरस् पुं० [सं०] १. एक प्राचीन ऋषि जो प्रजा-पतियों में माने गए हैं। २. बृहस्पति।

अंगिरा पुं०=अंगिरस।

अंगी (-गिन्) पुं० [सं०] वह जिसने अंग या शरीर धारण किया हो, शरीरी।

वि० मुख्य, प्रधान।

अंगीकरण, अंगीकार पुं० [सं०] [वि० अंगीकृत] अपने अंग पर या अपने ऊपर लेने की क्रिया या भाव, स्वीकार, ग्रहण।

अंगीकृत वि० [सं०] जिसे अंगीकार किया गया हो, जो अपने ऊपर लिया गया हो, स्वीकृत, गृहीत।

अँगीठा पुं० [सं० अग्निष्ठ] बड़ी अँगीठी। विशे० दे० 'अँगीठी'।

अँगीठी स्त्री० [हिं० अग्निष्ठिका] लोहे, मिट्टी आदि का वह प्रसिद्ध पात्र जिसमें आग सुलगाते हैं।

अँगीभूत वि० [सं०] शरीर में समाहित किया हुआ।

अँगुरी* स्त्री० दे० 'उँगली'।

अंगुल पुं० [सं०] १. उँगली। २. एक नाप जो उँगली की चौड़ाई के बराबर होती है।

अंगुलास्थि स्त्री० [सं०] उँगली की हड्डी।

अंगुलि स्त्री० [सं०] उँगली।

अंगुलिछाप स्त्री० [सं० अंगुलि+हिं० छाप] उँगलियों के अगले भाग की छाप जो व्यक्तियों की पहचान के लिए ली जाती है। (फिंगर प्रिन्ट)

अंगुली स्त्री० दे० 'उँगली'।

अंगुल्यानिर्देश पुं० [सं०] किसी की ओर, विशेषतः कोई अनुचित काम करनेवाले की ओर उँगली उठाकर यह सूचित करना कि इसने अमुक अनुचित कार्य किया है।

अंगुश्ताना पुं० [फा०] (सिलाई के समय) उँगली पर पहनी जानेवाली पीतल, लोहे आदि की टोपी। (थिम्बल)

अंगुष्ठ पुं० [सं०] अँगूठा।

अँगूठा पुं० [सं० अंगुष्ठ] हाथ या पैर की सबसे मोटी उँगली।

मुहा० *अँगूठा चूमना*=परम अधीन या वशवर्ती होना। *अँगूठा दिखाना*=(किसी को कोई चीज) देने से इनकार कर देना। *अँगूठा चूमना*=चापलूसी करना। *अँगूठा चूसना*=बचकानी हरकतें करना। *अँगूठा दिखा देना*=(कुछ देने से) साफ इनकार कर देना। *अँगूठा लगाना*=अँगूठे की छाप लगाकर सही करना। *अँगूठे पर मारना*=उपेक्ष्य या नगण्य समझना।

अँगूठा-छाप वि० हस्ताक्षर के स्थान या अँगूठा लगानेवाला अर्थात् निरक्षर।

अँगूठी स्त्री० [हिं० अँगूठा] उँगली में पहनने का धातु आदि का आभूषण, मुँदरी।

पद अँगूठी का नगीना=श्रेष्ठ गुणोंवाला व्यक्ति।

अंगूर[1] पुं० [फा०] [वि० अंगूरी] एक प्रसिद्ध छोटा मीठा फल जो लताओं में लगता है, दाख, द्राक्षा।

अंगूर[2] पुं० [सं० अंकुर] घाव भरने के समय उसमें दिखाई पड़नेवाले मांस के छोटे लाल दाने।

अंगूरी वि० [फा० अंगूर+हिं० ई (प्रत्य०] १. अंगूर से बना हुआ; अंगूरी शराब। २. अंगूर के रंग का; जैसे अंगूरी दुपट्टा।

अंगूरोत्पादन पुं० [फ़ा० अंगूर+सं० उत्पादन] अंगूर की खेती।

अंगेज प्रत्य० [फा०] उत्पन्न करनेवाला, जनक; हैरतअंगेज= हैरत उत्पन्न करनेवाला।

अँगेजना* स० [सं० अंग] १. ग्रहण या अंगीकृत करना। २. सहना।

अँगेट* स्त्री० [सं० अंग] अंग या शरीर की शोभा, या चमक।

अंगोच्छेदन पुं० [सं०] किसी अंग को शल्य क्रिया से निकालना।

अँगोछना*स० [हिं० अँगोछा] (गीले) अँगोछे से शरीर पोछना।

अँगोछा* पुं० [सं० अङ्गोक्षक] [क्रि० अँगोछना] गीला शरीर पोंछने का छोटा कपड़ा।

अँगोजना* स० दे० 'अँगेजना'।

अँगौंगा पुं० [सं० अग्र+अंग] वह अन्न जो दान-पुण्य के लिए अलग रखा जाए।

अंचल पुं० [सं०]१. साड़ी या चादर का सिरा, पल्ला। २. किसी राज्य या प्रदेश का कोई क्षेत्र या हिस्सा, जैसे उत्तरांचल, पूर्वांचल आदि, ३. किनारा, तट।

अँचला† पुं० [सं० अंचल] वह कपड़ा जिसे साधु धोती के स्थान पर कमर में लपेटते हैं।

अँचवना* अ० [सं० आचमन] १. आचमन करना। २. भोजन के बाद हाथ मुँह धोना।

अंछर पुं० [सं० अक्षर] १. अक्षर। २. जादू-टोना।

मुहा० *अंछर पढ़कर मारना*=जादू-टोना करना।

अंजन पुं० [सं०] आँखों में लगाने का सुरमा या काजल।

अंजनक पुं० [सं०] रसांजन, सुरमा।

अंजनसार वि० [सं० अंजन+हिं० सारना=लगाना] (आँखें) जिनमें अंजन, काजल या सुरमा लगा हो।

अंजनहारी स्त्री० [सं० अंजनकारिका] आँख पर की छोटी फुंसी, गुहेरी, बिलनी।

अंजना, अंजनी स्त्री० [सं०] हनुमान जी की माता का नाम।

अंजनीनंदन पुं० [सं०] हनुमान।

अंजर-पंजर पुं० (प्राय: बहुवचन) [सं० पंजर का अनु० अंजर+सं० पंजर] शरीर या ढाँचे आदि के अंग और जोड़।

मुहा० *अंजर-पंजर ढीले हो जाना*=परिश्रम, थकावट आदि के कारण शरीर का शिथिल हो जाना।

अंजलि स्त्री० [सं०] दोनों हथेलियों को मिलाने से बना हुआ गड्ढा जिसमें भरकर कुछ दिया या लिया जाता है।

अंजलिबद्ध क्रि० वि० [सं०] हाथ जोड़कर, अंजलि बाँधे हुए। वि० जो अंजलि बाँधे हो।

अंजली स्त्री० दे० 'अंजलि'।

अंजाम पुं० [फा०] परिणाम, फल।

अंजीर पुं० [फा० इन्जीर] गूलर की तरह का एक प्रसिद्ध पेड़ और उसका फल।

अंजुमन स्त्री० [फा०] १. सभा। २. गोष्ठी।

अंजुल† स्त्री०=अंजुलि।

अँजोरना* स० [हिं० अँजोरा] १. (दीया) जलाना। २. (दीया जलाकर) घर में प्रकाश करना।

अँजोरा* पुं० दे० 'उजाला'।

अँटना† अ०=अटना।

अंटसंट वि०, पुं० = अंडबंड।

अंटी स्त्री० [सं० अष्टि] १. दो उँगलियों के बीच की जगह। २. कमर के पास की धोती की लपेट। ३. कपड़े के पल्ले की गाँठ, जिसमें रुपए-पैसे बँधे हों।

मुहा० *अंटी ढीली करना*=खर्च के लिए जेब से पैसे निकालना।

अंठी स्त्री० [सं० अस्थि] १. किसी गीली चीज की बँधी हुई गाँठ या जमा हुआ थक्का, गाँठ। २. बीज। ३. गुठली। ४. गिलटी।

अंड पुं० [सं०] १. अंडा। २. अंडकोश। ३. ब्रह्मांड, विश्व।

अंडकटाह पुं० [सं०] ब्रह्मांड।

अंडकवच पुं० [सं०] अंडे का खोल।

अंडकोश पुं० [सं०] १. दूध पीकर पलनेवाले जीवों के नरों या पुरुषों की इन्द्रिय के नीचे की थैली जिसमें दो गुठलियाँ होती हैं। २. ब्रह्मांड, विश्व।

अंडग्रंथि स्त्री० [सं०] (पुरुष के) अंडकोश की वह ग्रन्थि जिसमें से शुक्राणु निसृत होते हैं।

अंडज वि० [सं०] [भाव० अंडजता] अंडे में से जन्म लेनेवाला, अंडे से उत्पन्न।

पुं० मछली, चिड़िया, साँप, आदि वे जीव जो अंडे देते और अंडे से उत्पन्न होते हैं।

अंडप्रजक वि० [सं० अंड+प्रजक] अंडे देनेवाली (मादा)।

अंडबंड वि० [सं० अंड+अनु० बंड] १. व्यर्थ का, बेसिर-पैर का। २. भद्दा और अनुचित, खराब।

पुं० व्यर्थ की, बे सिर-पैर की या भद्दी और बुरी बात।

अंडरूप वि० [सं०] जिसका रूप अंडे जैसा हो।

अंडस† स्त्री० [?] १. कठिनाई। २. तंगी।

अंडस्थ वि० [सं०] अंडे में स्थित।

अंडा पुं० [सं० अंड] वह गोल पिंड जिसमें से मछलियाँ, चिड़ियाँ आदि जन्म लेती हैं।

मुहा० *अंडा खटक जाना*=अंडा फूट जाना। *अंडा ढीला होना*=शरीर शिथिल हो जाना। *अंडा सरकाना*=काम को आगे बढ़ाना। *अंडे सेना*=(क) मादा पक्षी का अपने अंडों पर बैठना जिससे अंडों में से बच्चे निकलें। (ख) चुपचाप पड़े या बैठे रहना, कुछ भी न करना-धरना।

अंडाकार वि० [सं०] अंडे के आकार का, लम्बोतरा, गोल।

अंडावरण पुं० [सं०] अंडे का आवरण या खोल।

अंडाशय पुं० [सं०] मादा पक्षी का वह अंग जिसमें अंडा विकसित होता है।

अंडी स्त्री० [सं० एरंड] १. रेंड़ का वृक्ष या बीज, रेंड़ी। २. एक प्रकार का रेशम।

अँडुआ वि० [सं० अंड] (बैल) जो बधिया न किया गया हो, साँड़।

अंत: उप० [सं०] अंदर का, मध्य का, अंतर; जैसे—अंत:करण, अंत:पुर।

अंत:करण पुं० [सं०] १. मनुष्य के अन्दर की वह शक्ति जिससे वह संकल्प-विकल्प और अच्छे-बुरे की पहचान, निश्चय, स्मरण आदि करता है। (हमारे यहाँ इसके चार विभाग मन, बुद्धि, चित्त और अहंकार किए गए हैं।) (कान्शेन्स) २. हृदय, मन।

अंत:कालीन वि० [सं०] दो घटनाओं या कालों के बीच का (फलतः अस्थायी)।

अंत:क्षेत्र पुं० [सं०] १. अंदर का स्थान। २. घिरा हुआ स्थान।

अंत:क्षेपण पुं० [सं०] अंदर फेंकना।

अंत:पत्रण पुं० [सं०] बीच में पन्ने लगाना।

अंत:पुर पुं० [सं०] घर या महल का वह भीतरी भाग, जिसमें स्त्रियाँ रहती हैं।

अंत:प्रकृति स्त्री० [सं०] मूल स्वभाव।

अंत:प्रवाह पुं० [सं०] १. भीतर या नीचे बहनेवाली धारा। २. मुख्य विचारधारा या प्रवृत्ति के विरुद्ध होनेवाली विचारधारा या प्रवृत्ति। (अन्डर करन्ट)

अंत:शुद्धि स्त्री० [सं०] हृदय की शुद्धि।

अंत:श्वसन पुं० [सं०] साँस अन्दर खींचने की क्रिया।

अंत:संघर्ष पुं० [सं०] १. परस्पर होनेवाला संघर्ष, २. अंतर्द्वंद्व।

अंत:सलिला स्त्री० [सं०] १. वह नदी जिसकी धारा अन्दर ही अन्दर बहती हो और ऊपर से दिखाई न देती हो। २. सरस्वती नदी।

अंत:स्फुरण पुं० [सं०] बिना चिंतन या तर्क के मन में उठनेवाली बात जो किसी सत्य या तथ्य की परिचायक हो।

अंत[१] पुं० [सं०] १. वह स्थान जहाँ कोई वस्तु समाप्त होती हो, सिरा, छोर। २. समाप्ति, आखिर। ३. परिणाम, फल। ४. नाश। ५. मृत्यु।

अंत[२] पुं० [सं० अन्तस्] १. अन्त:करण, हृदय। २. भेद, रहस्य। ३. थाह।

पुं० दे० 'आँत'।

अंतक वि० [सं०] अन्त या नाश करनेवाला।

पुं० १. मृत्यु, मौत। २. यमराज।

अंतगामी(-मिन्) वि० [सं०] [स्त्री० अंतगामिनी] १. अंत तक जानेवाला। २. मृत्यु तक पहुँचनेवाला।

अंतज वि० [सं०] १. जो सब के अन्त में उत्पन्न हुआ हो। २. आखिरी।

अँतड़ी स्त्री० [सं० अन्त्र] आँत।

मुहा० *अँतड़ी टटोलना*=यह जानने का प्रयत्न करना कि किसी के पेट या मन में क्या है। *अँतड़ियाँ जलना*=अत्यधिक भूख से विकल होना। *अँतड़ियों के बल खोलना*=खूब खाना, डटकर खाना।

अंततः क्रि० वि० [सं०] अन्त में, आखिर में।

अंततोगत्वा क्रि० वि० [सं०] अन्त में, आखिरकार।

अंतरंग वि० [सं०] [भाव० अंतरंगता] १. बहुत पास या निकट का, आत्मीय, जैसे अन्तरंग सम्बन्ध। २. बिल्कुल अन्दर का, भीतरी, जैसे अन्तरंग सभा।

अंतरंग सभा स्त्री० [सं०] किसी संस्था की व्यवस्था करनेवाली समिति, प्रबन्ध-समिति।

अंतर् उप० [सं०] एक उपसर्ग जो कुछ शब्दों के पहले लगकर ये अर्थ देता है—(क) किसी के अन्दर का, अन्तर्गत या किसी वर्ग में छोटा, जैसे अन्तर्वर्ग, अन्तर्दशा। (ख) एक ही प्रकार के पर दो भिन्न वर्गों आदि से सम्बन्ध रखनेवाला, जैसे अन्तर्जातीय विवाह। (ग) भीतरी भाग से सम्बन्ध रखनेवाला, जैसे अन्तर्देशीय।

अंतर[१] पुं० [सं०] [वि० अंतरीय] १. दो वस्तुओं के बीच का भेद या दूरी, भेद, फर्क। (डिफरेन्स) २. परिवर्तन। ३. दो बातों के बीच का समय। ४. ओट, आड़, परदा।

क्रि० वि० दूर, अलग, जुदा।

अंतर[२] पुं० [सं० अन्तस्] अन्त:करण, हृदय, मन।

क्रि० वि० अन्दर, भीतर।

अंतर[३] उप० [अं० इंटर] ईकाइयों, पक्षों, व्यक्तियों आदि के बीच या पारस्परिक रूप से होनेवाला; जैसे अंतरविश्व-विद्यालीन।

अंतर-अयन पुं० [सं०] किसी तीर्थ के चारों ओर की जानेवाली परिक्रमा।

अंतरक पुं० [सं०] अन्तरण करनेवाला। (ट्रान्सफरर)

अंतरक्रिया स्त्री० [अं० इंटर+सं० क्रिया] दो व्यक्तियों वस्तुओं द्वारा एक दूसरे को प्रभावित करने का कार्य।

अंतरग्नि स्त्री० [सं०] पेट की अग्नि, जठरानल।

अंतरचक्र पुं० [सं० अंतर्चक्र] १. शरीर के अन्दर के चक्र या कमल। (हठयोग) २. आत्मीय लोगों का वर्ग। (इनरसर्किल)

अंतरजातीय वि० [हिं०अंतर+सं०] [भाव० अंतर जातीयता] १. दो या अधिक जातियों के बीच होनेवाला, २. दो जातियों के बीच होनेवाला।

अंतरजामी[1] पुं०=अंतर्यामी।

अंतरण पुं० [सं० अन्तर] [वि० अन्तरित] १. किसी वस्तु का बिककर या और किसी प्रकार दूसरे स्वामी के हाथ जाना, बिकना। २. अधिकारी या कार्यकर्ता का एक स्थान या विभाग से दूसरे स्थान पर या विभाग में भेजा जाना, बदली। ३. धन आदि का एक खाते से दूसरे खाते में जाना। (ट्रान्सफरेन्स) ४. बीच-बीच में जगह छोड़ना। (स्पेसिंग)

अंतरण-पत्र पुं० [सं०] वह पत्र जिसके अनुसार कोई व्यक्ति अपनी सम्पत्ति, सत्ता आदि दूसरे के हाथ सौंपता है। (ट्रान्सफरेन्स डीड)

अंतरणीय वि० [सं०] जिसका अन्तरण हो सके। (ट्रान्सफरेबल)

अंतरतम पुं० [सं० अन्तस्+तम] १. किसी वस्तु का सबसे भीतरी भाग। २. हृदय का भीतरी भाग। ३. अन्तःकरण।

अंतरदिशा स्त्री० [सं०] दो दिशाओं के बीच की दिशा, कोण।

अंतरदेशीय वि० [हिं० अन्तर+सं०] दो या कई देशों या राज्यों के बीच का।

अंतरनगरी वि० नगरियों के बीच होने या चलनेवाला।

अंतरपट पुं० [सं०] १. आड़ करने का कपड़ा, परदा। २. विवाह के समय की एक विशेष रीति या रसम।

अंतरभाषिक वि० [हिं० अन्तर+सं० भाषिक] दो या अधिक भाषाओं से सम्बन्ध रखनेवाला, जैसे अंतरभाषिक अनुवाद।

अन्तरराष्ट्रीय वि० [हिं०अन्तर+सं०] [भाव०+अंतरराष्ट्रीयता] राष्ट्र या राष्ट्रों के बीच होने या चलनेवाला। (इंटरनेशनल) पुं० दो राष्ट्रों के बीच होनेवाला मैच।

अन्तरराष्ट्रीयकरण पुं० [हिं०+सं० करण] [भू०कृ० अंतरराष्ट्रीयकृत]१. अंतरराष्ट्रीय रूप देने की क्रिया या भाव/ २. दो या अधिक राष्ट्रों के अधिकार, शासन आदि के अधीन लाने की क्रिया या भाव/ ३. विश्वस्तर पर किसी विचार या वस्तु की पहचान कराना।

अंतरणकर्ता पुं० [सं०] अंतरण करनेवाला कर्मचारी।

अंतर विश्वविद्यालीन वि० विश्वविद्यालयों के बीच चलने-वाला।

अंतरस्थ वि० [सं०] १. जो किसी के भीतरी भाग में स्थित हो, अन्दर या बीच का। (इन्टर्नल) २. दे० 'आन्तरिक'।

अंतरा[1] पुं० [सं० अंतर] १. बीच का अवकाश, अंतर। २. बीच की जगह, कोना। ३. पारी का बुखार, अँतरिया।

अंतरा पुं० [सं० अन्तर] किसी गीत के पहले पद या टेक को छोड़कर अन्य पद या चरण। (पहला पद या चरण स्थायी कहलाता है।)

अंतरात्मक वि० [सं०] १. अन्तर-सम्बन्धी। २. अन्तर का सूचक।

अंतरात्मा (-त्मन्) पुं० [सं०] १. जीवात्मा। २. जीव, प्राणी। ३. अन्तःकरण, मन।

अँतराना* स० [सं० अन्तर] १. अलग या पृथक् करना। २. अन्दर करना।

अंतराय पुं० [सं०] १. बाधा। २. ज्ञान की प्राप्ति।

अंतराल पुं० [सं०] [वि० अंतरालीय] दो बिन्दुओं के बीच का स्थान या समय।

अंतरिक्ष पुं० [सं०] [वि० अंतरिक्षीय] १. पृथ्वी और दूसरे ग्रहों या नक्षत्रों के बीच का स्थान, आकाश। २. स्वर्ग।

अंतरिक्ष-किरण स्त्री० [सं०] अन्तरिक्ष से आनेवाली एक प्रकार की किरण जो अत्यन्त भेदक होती है।

अंतरिक्षचारी (-रिन्) वि० [सं०] अंतरिक्ष या आकाश में चलनेवाला।
पुं० पक्षी।

अंतरिक्ष-विज्ञान पुं० [सं०] वह विज्ञान जिसमें वायुमंडल के विक्षोभ के आधार पर गर्मी-सर्दी, वर्षा आदि का विवेचन होता है। (मीटीरियालोजी)

अंतरिक्षीय वि० [सं० अंतरिक्ष] अन्तरिक्ष-सम्बन्धी। (कास्मिक)

अंतरित वि० [सं०] १. अन्दर रखा, छिपाया या छिपा हुआ। २. एक स्थान से हटाकर दूसरे स्थान पर रखा या किया हुआ। ३. एक के हाथ से दूसरे के हाथ में गया या बिका हुआ। (ट्रान्स्फर्ड)

अंतरितक पुं० [सं० अंतरित] वह जो अपनी सम्पत्ति और उससे सम्बन्ध रखनेवाले अधिकार आदि दूसरे के हाथ अन्तरित करे या दे। (ट्रान्सफरर)

अंतरिती पुं० [सं० अंतरित] वह जिसके हाथ कोई अपनी सम्पत्ति और उसके सम्बन्ध के अधिकार आदि दे या अन्तरित करे, वह जिसके पक्ष में अन्तरण हो। (ट्रान्सफरी)

अंतरिम वि० [सं० अन्तर] दो अलग कालों या समयों के बीच का, मध्यवर्ती। (इन्टरिम)

अँतरिया पुं० [सं० अन्तर] एक दिन का अन्तर देकर आनेवाला ज्वर, पारी का बुखार।

अंतरीख* पुं०=अन्तरिक्ष।

अंतरीप पुं० [सं०] पृथ्वी का वह सँकरा भाग जो दूर तक समुद्र में चला गया हो। (केप)

अंतरीय वि० [सं०] अंतर-सम्बन्धी, अंतर के रूप में होनेवाला।

अँतरौटा[1] पुं० [सं० अंतर्पट] साड़ी के नीचे पहनने का कपड़ा जो साये का काम करता है।

अंतर्कथा स्त्री० [सं० अंतः+कथा] संकेत रूप से कही हुई बात के अन्दर छिपी हुई कोई दूसरी बात, घटना या प्रसंग। (असिद्ध)

अंतर्गत वि० [सं०] १. किसी के अन्दर छिपा, समाया, गया या मिला हुआ। २. अंग के रूप में किसी में मिला हुआ। (इन्क्लूडिड इन)

अंतर्गतक पुं० [सं०] वह कागज, पत्र आदि जो किसी दूसरे कागज-पत्र के साथ नत्थी करके कहीं भेजा जाए। (एन्क्लोज़र)

अंतर्गम पुं० [सं०] अंदर जाने का रास्ता। (इनलेट)

अंतर्गामी (-मिन्) वि० [सं०] अन्दर की ओर जानेवाला।

अंतर्गृही स्त्री० [सं०] किसी नगर में स्थित मंदिरों, तीर्थस्थानों आदि की विधिवत् की जानेवाली यात्रा।

अंतर्ग्रंथित वि० [सं० अंतर+ग्रंथित] एक दूसरे से जुड़े या गुँथे हुए।

अंतर्ग्रस्त वि० [सं०] (व्यक्ति) जिसे झंझट या झगड़े में फँसाया गया हो। (इन्वाल्व्ड)

अंतर्ज्ञान पुं० [सं०] १. मन में होनेवाला ज्ञान। २. मन में होनेवाला वह स्वाभाविक ज्ञान जिससे कोई बात बिना सोचे आप-से-आप समझ में आ जाती है।

अंतर्ज्योति स्त्री० [सं०] भीतरी प्रकाश, आत्मा का प्रकाश।

अंतर्ज्वाला स्त्री० [सं०] भीतर की ज्वाला, संताप।

अंतर्दर्शन पुं० [सं०] अपने अंदर झाँकना, आत्मनिरीक्षण करना।

अंतर्दशा स्त्री० [सं०] वह दशा या अवस्था जो किसी एक ग्रह के भोगकाल के अन्तर्गत पड़नेवाले अन्य ग्रहों के भोगकाल से उत्पन्न होती है।

अंतर्दशाह पुं० [सं०] वे कृत्य जो मृतक की सद्‌गति के उद्देश्य से दस दिनों तक किए जाते हैं।

अंतर्दर्शी (-र्शिन्) वि० [सं०] हृदयकी बात जान लेनेवाला।

अंतर्दाह पुं० [सं०] हृदय की दाह या जलन, घोर मानसिक कष्ट।

अंतर्दृष्टि स्त्री० [सं०] वह मानसिक शक्ति जिसके द्वारा व्यक्ति प्रच्छन्न रहस्य को जान लेता है। (इनुसाइट)

अंतर्देशीय वि० [सं०] किसी देश के अन्दर या उसके भीतरी भागों में होने या उससे सम्बन्ध रखनेवाला; जैसे अन्तर्देशीय पत्र।

अंतर्द्वंद्व पुं० [सं०] वह स्थिति जब मन में ऐसे विचार उत्पन्न होते हैं, जिनमें परस्पर विरोध और संघर्ष होता है। (कानफ्लिक्ट)

अंतर्धान वि० [सं०] इस प्रकार अदृश्य हो जानेवाला कि कहीं पता न चले, लुप्त, गायब।

अंतर्धारा स्त्री० [सं०] १. नदी, समुद्र आदि में पानी की ऊपरी सतह से नीचे बहनेवाली धारा। २. किसी वर्ग या समाज में अन्दर ही अन्दर फैली हुई ऐसी धारणा या विचार जिसका पता साधारणत: ऊपर से न चलता हो। (अन्डर करेन्ट)

अंतर्नाद पुं० [सं०] सन्तमत के अनुसार वह नाद जो मानव के अंदर निरंतर होता है और जो परमात्मा से उसका सम्बन्ध जोड़ता है।

अंतर्निष्ठ वि० [सं०] अंतर्निहित। (दे०)

अंतर्निहित वि० [सं०] १. अन्दर छिपा हुआ। २. जो अन्दर स्थायी रूप से स्थित हो।

अंतर्पट पुं० [सं०] १. आड़, ओट, परदा। २. ढकनेवाली चीज, आच्छादन, आवरण।

अंतर्पत्रण पुं० [सं०] [वि० अंतर्पत्रित] पुस्तक के पृष्ठों के बीच में सादे पृष्ठ लगाने का काम। (इन्टरलीविंग)

अंतर्बोध पुं० [सं०] आत्मज्ञान।

अंतर्भाव पुं० [सं०] १. किसी का किसी दूसरे में समा या आ जाना; सम्मिलित, समाविष्ट या अन्तर्गत होना। (इन्क्लूज़न) २. भीतरी आशय, अभिप्राय।

अंतर्भावना स्त्री० [सं०] मन ही मन किया जानेवाला चिंतन या ध्यान।

अंतर्भावित वि० [सं०] जो किसी के अन्दर आ या समा गया हो, अन्तर्भूत, समाविष्ट। (इन्कारपोरेटेड)

अंतर्भुक्त वि० [सं०] किसी के अन्दर आया, समाया या मिला हुआ।

अंतर्भूत वि० दे० 'अंतर्भावित'।

अंतर्भौम वि० [सं०] पृथ्वी के भीतरी भाग का, भूगर्भ का। (सबटेरेनियन)

अंतर्मन पुं० [सं०] अचेतन मन।

अंतर्मना (-मनस्) वि० [सं०] १. अपने विचारों में खोया रहनेवाला। २. उद्विग्न, घबराया हुआ।

अंतर्मुखी (अंतर्मुखीन्) वि० [सं०] जिसका मुख या प्रवृत्ति अन्दर की ओर हो, अर्थात् जो अपने ही विचारों में सुख-सन्तोष का अनुभव करता हो। (इन्ट्रोवर्ट)

अंतर्यामी (-मिन्) वि० [सं०] सबके मन में रहने और सबके मन की बात जाननेवाला (ईश्वर)।

अंतर्राष्ट्रीय वि० [सं०] १. राष्ट्र के भीतर होने या चलनेवाला। (इनलैण्ड) २. दे० 'अंतरराष्ट्रीय'।

अंतर्लापिका स्त्री० [सं०] ऐसी पहेली जिसकी पदयोजना में ही उसका उत्तर छिपा हो।

अंतर्लीन वि० [सं०] १. अंदर छिपा हुआ। २. मग्न, डूबा हुआ।

अंतर्वर्ग पुं० [सं०] किसी वर्ग या विभाग के अन्तर्गत होनेवाला कोई छोटा वर्ग या विभाग। (सब-आर्डर)

अंतर्वर्ती (-र्तिन्) वि० [सं०] १. अन्दर रहनेवाला। २. अन्तर्गत, अन्तर्भुक्त।

अंतर्वस्तु स्त्री० [सं०] किसी वस्तु के अन्दर रहनेवाली दूसरी वस्तु, जैसे घड़े के अन्दर रहनेवाला पानी, पुस्तक में रहनेवाला विषय-विवेचन या लेख्य में रहनेवाले नियम, प्रतिबन्ध आदि। (कन्टेन्ट्स)

अंतर्वाणिज्य पुं० [सं०] किसी देश के भीतरी भागों में होनेवाला वाणिज्य या व्यापार, 'बहिर्वाणिज्य' का उलटा। (इन्टर्नल ट्रेड)

अंतर्वाह पुं० [सं०] अंदर की ओर होनेवाला प्रवाह।

अंतर्विरोध पुं० [सं०] वह स्थिति जब किसी कथन में परस्पर विरोधी शब्द हों।

अंतर्विष्ट वि० [सं०] अन्दर किया या मिलाया हुआ। (इन्क्लूडिड)

अंतर्वृत्त पुं० [सं०] वृत्त के अंदर होनेवाला वृत्त।

अंतर्वेग पुं० [सं०] १. मन में होनेवाला आवेग, आवेश। २. क्षोभ या चिंता।

अंतर्वेद पुं० [सं०] गंगा और यमुना के मध्य के प्रदेश का पुराना नाम।

अंतर्वेदना स्त्री० [सं०] अन्त:करण में होनेवाली वेदना या कष्ट।

अंतर्वेशन पुं० [सं०] अन्दर कर या मिला लेना। (इन्क्लूज़न)

अंतर्वेशित वि० [सं०] जिसका अंतर्वेशन हुआ हो।

अंतर्व्यथा स्त्री० [सं० अंतर्+व्यथा] मन की व्यथा, दुख।

अंतर्संबंध पुं० [सं० अंतर्+सम्बन्ध] १. आंतरिक सम्बन्ध, २. आपसी सम्बन्ध।

अंतर्हास पुं० [सं०] मन ही मन मुस्कराने की स्थिति।

अंतर्हित वि० [सं०] १. अंतर्धान, विलुप्त, गायब। २. निहित।

अंतर्वर्ण पुं० [सं०] शूद्र।

अंतवेला स्त्री० [सं०] अंतिम समय, मृत्यु का समय।

अंतस्तल पुं० [सं०] हृदय या मन (का भीतरी भाग)।

अंतस्थ वि० [सं०] १. अन्दर या बीच का। २. अन्त का, अन्तिम, आखिरी।
पुं० य, र, ल और व ये चारों वर्ण जिनका स्थान स्वरों और व्यंजनों के बीच का माना जाता है।

अंतस्नान पुं० [सं०] यज्ञ की समाप्ति पर किया जानेवाला स्नान।

अंतहीन वि० [सं०] [भाव० अंतहीनता] जिसका कोई अंत या सीमा न हो, न खत्म होनेवाला।

अंताराष्ट्रीय वि० दे० 'अंतरराष्ट्रीय'।

अंतिम वि० [सं०] १. सबके अन्त या पीछे का, पिछला, आखिरी। २. (आज्ञा, निर्णय आदि) जो सबके अन्त में निश्चित रूप से हो और जिसमें कोई परिवर्तन न हो सके। (फाइनल)

अंतिमता स्त्री० [सं०] अन्तिम अवस्था की सूचक स्थिति। (फाइनेलिटि)

अंतिमेत्थम पुं० [अं० अल्टिमेटम के अनुकरण पर सं० रूप] यह कहना कि बस, यह बात यहीं तक हो सकती है, इससे आगे होने पर लड़ाई या बिगाड़ होगा, अन्तिम चुनौती। (अल्टिमेटम)

अंते[1] क्रि० वि० [सं० अन्यत्र] किसी अन्य स्थान पर, अन्यत्र।

अंतेउर* पुं० दे० 'अंत:पुर'।

अंतेवासी (-सिन्) पुं० [सं०] १. गुरु के पास रहकर शिक्षा पानेवाला, शिष्य, चेला। २. वह जो किसी के पास या किसी कार्यालय में रहकर नौकरी पाने की आशा से कुछ काम करता या सीखता हो। (अप्रेन्टिस) ३. दे० 'अंत्यज'।

अंतोन्मुखी (-खिन्) वि० [सं०] १. अन्त की ओर अग्रसर। २. मृत्यु की ओर अग्रसर।

अंत्य वि० [सं०] सबके अन्त का, अन्तिम, आखिरी।

अंत्यज पुं० [सं०] हिन्दुओं में वह व्यक्ति जिसे सवर्ण लोग नहीं छूते थे।

अंत्यवर्ण पुं० [सं०] १. वर्णमाला के वर्णों या अक्षरों में से अन्तिम अर्थात् 'ह'। २. कविता में किसी पद या चरण के अन्त में आया हुआ कोई वर्ण।

अंत्यशेष पुं० [सं०] वह धन या रकम जो कोई खाता या हिसाब-किताब बन्द करने के समय अन्त में बाकी निकले। (बैलेन्स)

अंत्याक्षरी स्त्री० [सं०] एक प्रकार का खेल या प्रतियोगिता जिसमें एक व्यक्ति या पक्ष किसी कविता या गीत की एक पंक्ति पढ़ता और दूसरा उसके अन्तिम वर्ण या अक्षर से आरम्भ होनेवाली दूसरी कविता या गीत की पंक्ति पढ़ता है और इस प्रकार यह क्रम चला चलता है।

अंत्याधार पुं० [सं०] पुल के नीचे का खम्भा।

अंत्यानुप्रास पुं० [सं०] पद्य में अन्तिम अक्षरों का मेल या अनुप्रास, तुक।

अंत्याश्रम पुं० [सं०] अन्तिम अर्थात् चौथा आश्रम, संन्यास।

अंत्याश्रमी (-मिन्) पुं० [सं०] संन्यासी।

अंत्येष्टि स्त्री० [सं०] मृत व्यक्ति का अंतिम संस्कार, शव का जलाया जाना।

अंत्र पुं० [सं०] आँत, अँतड़ी।

अंत्रवृद्धि स्त्री० [सं०] आँत उतरने का रोग जो बहुत कष्टदायक होता है।

अंत्री* स्त्री०=अँतड़ी (आँत)।

अँथऊ[1] पुं० [सं० अस्त] सूर्यास्त से पहले का भोजन। (जैन)

अंदर क्रि० वि० [फा०] [वि० अंदरी=भीतरी] (किसी निश्चित सीमा, स्थान या समय के) भीतर, में।
पुं० किसी घिरे हुए स्थान का भीतरी भाग; जैसे उसने यह कुर्ता अंदर से निकाला।
पद अंदर का=भीतरी।

अँदरसा पुं० [सं० इन्द्राश] एक प्रकार की मिठाई।

अंदरी वि० [हिं० अन्दर] अन्दर का, भीतरी।

अंदाज पुं० [फा० अंदाज़] १. अनुमान, अटकल। २. ढब, ढंग, तौर। ३. स्त्रियों की कोमल चेष्टा, हावभाव।

अंदाजन क्रि० वि० [फा० अंदाज़न] १. अंदाज या अनुमान से, अनुमानत:।

अंदाज़ा पुं० [फा० अंदाज़:] १. अनुमान, अटकल। २. कूत।

अंदाज़ेबयाँ पुं० [फा०] बयान करने का ढंग, वर्णन करने की शैली।

अंदाना[1] स०=बचाना।

अँदुआ[1] पुं० [सं० अंदुक] काठ का काँटेदार उपकरण जिसे हाथी के पिछले पैर में पहनाते हैं जिससे वह कहीं आ-जा न सके।

अंदेशा पुं० [फा०] १. चिन्ता, सोच-विचार। २. संशय, सन्देह, शक। ३. आशंका, खटका, भय।

अंदेह* पुं०=अंदेशा।

अँदोर* पुं० [सं० आन्दोलन] १. हो-हल्ला। २. आन्दोलन, हलचल।

अंदोह पुं० [फा०] दुख, कष्ट।

अंध वि० [सं०] [भाव० अंधता] १. नेत्रहीन, अन्धा। २. अज्ञानी, मूर्ख। ३. मतवाला, उन्मत्त। ४. जिसमें कुछ देखा-सुना या समझा-बूझा न गया हो, आँखें बन्द करके किया जानेवाला, जैसे अन्धानुकरण, अन्धविश्वास।

पुं० १. दे० 'अंधा'। २. दे० 'अंधकार'।

अंधकक्ष पुं० [सं०] अँधेरा कमरा। (डार्क रूम)

अंधकार पुं० [सं०] १. प्रकाश न होना, अँधेरा। २. अज्ञान।

अंधकारपूर्ण, अंधकारमय वि० [सं०] १. अंधकार से मुक्त, अंधकार से भरा हुआ। २. निराशापूर्ण।

अंधकार-युग पुं० [सं०] वह प्राचीन युग जिसके सम्बन्ध में कुछ ऐतिहासिक जानकारी उपलब्ध न हो।

अंधकूप पुं० [सं०] १. ऐसा कुआँ जिसमें अँधेरा ही अँधेरा हो। २. घोर अंधकार।

अंधखोपड़ी वि० [हिं० अंधा+खोपड़ी] मूर्ख।

अंधड़ पुं० [हिं० आँधी] तेज आँधी।

अंधता स्त्री० [सं०] अन्धे होने की दशा या भाव, अन्धापन।

अंधतामिस्र पुं० [सं०] १. एक नरक जो बहुत अधिक अन्धकारपूर्ण माना जाता है। २. घोर अंधकार।

अंधपरंपरा स्त्री० [सं०] ऐसी परम्परा जिसका अनुसरण बिना विचारे ही लोग करते हों।

अंधवाई[1] स्त्री० दे० 'आँधी'।

अंधर[1] वि० दे० 'अँधेरा'।

अंधरा, अंधला[1] वि० दे० 'अंधा'।

अंधवत् क्रि० वि० [सं०] अंधे की तरह।

अंधविश्वास पुं० [सं०] [वि० अंधविश्वासी] बिना समझे-बूझे या आँखें बन्द करके किसी बात पर किया जानेवाला विश्वास। (सुपर्स्टिशन)

अंधश्रद्धा स्त्री० [सं०] विचारहीन अटूट श्रद्धा।

अंधा पुं० [सं० अंध] [स्त्री० अंधी, भाव० अंधापन] वह जिसे आँखों से कुछ भी दिखाई न देता हो।

मुहा० *अंधे की लकड़ी*=असहाय व्यक्ति का एकमात्र सहारा।

वि० १. जिसे दिखाई न दे। २. जिसके अन्दर कुछ दिखाई न दे, जैसे अन्धा कुआँ, अन्धी कोठरी। ३. जिसकी चमक या गुण नष्ट हो गया हो, जैसे अन्धा शीशा। ४. जो किसी शक्ति से रहित हो, जैसे अक्ल का अन्धा।

मुहा० *अंधा बन जाना*=अनदेखी करना। *अंधा बनाना*=मूर्ख बनाना।

अंधाधुंध क्रि० वि० [हिं० अन्धा+धुन्ध] बिना सोचे-समझे और बहुत तेजी से, बहुत वेग से।

स्त्री० १. बहुत अधिक अँधेरा। २. अन्याय और अत्याचार।

अंधानुकरण पुं० [सं०] बिना सोचे-समझे किसी बात या व्यक्ति का किया जानेवाला अनुकरण, भेड़चाल।

अँधार[1] पुं०=अँधेरा।

अँधियारा वि० दे० 'अँधेरा'।

अँधियारी स्त्री० [हिं० अँधेरा] १. अँधेरा। २. वह पट्टी जो उपद्रवी घोड़ों और शिकारी जन्तुओं की आँखों पर बाँधी जाती है।

अंधी गली स्त्री० बंद गली।

अंधी घाटी स्त्री० वह घाटी जहाँ किसी नदी का सारा जल भूमि में समा जाता है।

अंधेर पुं० [सं० अंधकार] १. ऐसा काम जिसमें सोच-विचार या न्याय से काम न लिया जाए, अन्याय और अत्याचार। २. बहुत अधिक गड़बड़ या कुप्रबन्ध।

अंधेरखाता पुं० दे० 'अंधेर'।

अंधेर नगरी स्त्री० [हिं० अंधेर=अन्याय+नगरी] वह स्थान जहाँ सब बातों में पूरी-पूरी अव्यवस्था रहती और अन्याय होता हो।

अँधेरना* स० [हिं० अँधेरा] अँधेरा करना, अन्धकार फैलाना।

अँधेरा पुं० [सं० अंधकार] १. 'प्रकाश' या 'उजाला' का उलटा, अन्धकार। २. काली छाया, परछाँई। ३. छाया, परछाँई। ४. उदासीनता, उदासी।

वि० जिसमें या जहाँ प्रकाश न हो, अन्धकारपूर्ण।

अँधेरा गुप्प पुं० घोर अन्धकार जिसमें कुछ भी दिखाई न दे।

अँधेरा पक्ष पुं० [हिं० अँधेरा+सं० पक्ष] हर मास के परिवा से अमावस्या तक के १५ दिन।

अँधेरी स्त्री० [हिं० अँधेरा] १. अन्धकार, अँधेरा। २. अँधेरी या काली रात। ३. आँधी। ४. वह कपड़ा जो नट-खट घोड़ों, बैलों आदि या शिकारी जानवरों की आँखों पर बाँधा जाता है। ५. अँधियारी।

अँधेरी कोठरी स्त्री० १. पेट। २. वह स्थान जिसके अन्दर का कुछ पता न चले। ३. (स्त्रियों का) गर्भाशय।

अँधेरे मुँह क्रि० वि० पौ फटते ही।

अँधौटा पुं० [सं० अन्धपट्ट, प्रा० अन्धउट्ट] [स्त्री० अल्पा० अँधौटी] कपड़े, चमड़े आदि की वह पट्टी जो बैलों या घोड़ों की आँखों पर बाँधी जाती है।

अँध्यार* वि०, पुं०=अँधेरा।

अंब स्त्री० दे० 'अंबा'।

पुं० दे० 'आम' (फल और वृक्ष)।

अंबक पुं० [सं०] १. नेत्र, आँख, जैसे त्रयम्बक=महादेव। २. पिता, बाप।

अंबर[1] पुं० [सं०] १. पहनने का कपड़ा, वस्त्र। २. आकाश, आसमान। ३. मेघ, बादल।

अंबर[2] पुं० [अ०] [वि० अंबरी] एक प्रकार का सुगन्धित द्रव्य जो ह्वेल नाम की मछली की आँतों में से निकलता है।

अंबरचर वि० [सं०] आकाश में उड़नेवाला, गगनचर।
पुं० पक्षी।

अंबर-डंबर पुं० [सं० अम्बर=आकाश+डंबर=विस्तार] सूर्यास्त के समय दिखाई देनेवाली लाली।

अंबरबेलि स्त्री० दे० 'आकाशबेल'।

अँबराई स्त्री० दे० 'अमराई'।

अंबरीष पुं० [सं०] १. विष्णु। २. शिव। ३. सूर्य। ४. अयोध्या के प्रसिद्ध और प्राचीन सूर्यवंशी राजा।

अंबरेश* पुं०=अंबरीष (विष्णु)।

अंबल* वि०=अम्ल।
पुं०=अमल।

अंबष्ठ पुं० [सं०] १. मध्य पंजाब का प्राचीन नाम। २. इस देश का निवासी। ३. महावत, हाथीवान।

अंबा स्त्री० [सं०] १. माता, माँ। २. गौरी, पार्वती।
पुं० दे० 'आम' (फल और वृक्ष)।

अंबार पुं० [फा०] राशि, ढेर।
मुहा० *अंबार लगा देना*=ढेर लगा देना, बहुत अधिक मात्रा में इकट्ठा कर देना।

अंबारी स्त्री० [अ० अमारी] हाथी की पीठ पर कसा जानेवाला हौदा।

अंबिका स्त्री० दे० 'अंबा'।

अंबिकेय पुं० [सं०] १. गणेश। २. कार्तिकेय। ३. धृतराष्ट्र।

अँबिया स्त्री० [हिं० आम] छोटा।

अँबरिया* क्रि० वि०=वृथा।

अंबु पुं० [सं०] जल, पानी।

अंबुज वि० [सं०] जो जल में उत्पन्न हुआ हो।
पुं० १. कमल। २. शंख। ३. ब्रह्मा।

अंबुद पुं० [सं०] १. मेघ, बादल। २. नागरमोथा।

अंबुधर पुं० [सं०] मेघ, बादल।

अंबुधि पुं० [सं०] समुद्र, सागर।

अंबुपति पुं० [सं०] १. समुद्र। २. वरुण।

अंबुरुह पुं० [सं०] कमल।

अंबुशायी (-यिन्) पुं० [सं०] विष्णु।

अंबोज पुं० [सं०] लाल रंग का कमल का फूल।

अंभ पुं० [सं०] १. जल, पानी। २. पितृ, पितर। ३. पितृलोक।

अंभसार* पुं० [सं० अंभ:सार] मोती।

अंभोज पुं० [सं०] १. कमल। २. सारस। ३. चन्द्रमा। ४. कपूर।

अंबोरुह पुं० [सं०] १. कमल। २. सारस।

अँवला* वि० [सं० अबल] १. कमजोर या रुग्ण। २. दुखी, पीड़ित।
पुं०=आँवला।

अंश पुं० [सं०] १. उन अवयवों या अंगों में से कोई एक, जिनके योग से कोई वस्तु बनी हो, पूरे में का कोई टुकड़ा, खंड या भाग। (पार्ट, पोर्शन) २. भाग, हिस्सा, जैसे लाभ का अंश। (शेयर) ३. किसी वस्तु का चौथाई भाग। ४. किसी वस्तु विशेषत: चन्द्रमा का सोलहवाँ भाग, कला। ५. वृत्त की परिधि का ३६० वाँ भाग। (डिगरी) ६. दे० 'अंशावतार'। ७. समस्त पदों के आरम्भ में यह कुछ-कुछ का सूचक होता है, जैसे अंशवंद्य, अंश-विकसित। ८. कंधा।

अंशक पुं० [सं०] १. भाग, टुकड़ा। २. दे० 'अंशी'।
वि० १. अंश धारण करनेवाला। २. अंश या भाग लगाने-वाला, विभाजक।

अंशकालिक वि० [सं०] कुछ या थोड़े समय के लिए होने या किया जानेवाला। (पार्ट-टाईम)

अंशत: क्रि० वि० [सं०] किसी अंश या कुछ अंशों में ही, पूरा नहीं, बल्कि कुछ अंश या अंशों में। (पार्टली, इन् पार्ट)

अंशदाता पुं० [सं०] वह जो औरों के साथ-साथ देन या सहायता आदि के रूप में अपना भी अंश या हिस्सा देता हो। (कॉन्ट्रिब्यूटर)

अंशदान पुं० [सं०] [वि० अंशदानिक] (औरों के साथ-साथ) अपना अंश या हिस्सा, देन या सहायता आदि के रूप में देना। (कॉन्ट्रिब्यूशन)

अंशदानी वि०, पुं० [सं० अंशदान] अंशदान करनेवाला।

अंशधर पुं० [सं०] किसी अंश या हिस्से का मालिक, अंशी, हिस्सेदार। (शेयरहोल्डर)

अंशपत्र पुं० [सं०] वह पत्र जिस पर यह लिखा हो कि किसी सम्पत्ति या व्यापार आदि में किसका कितना अंश है।

अंशभाग पुं० [सं०] वह अंश जो किसी के हिस्से का हो। (शेयर)

अंशमापन पुं० [सं०] [वि० अंशमापक] किसी चीज के अंशों को नापना, जैसे तापमापक यंत्र में के अंश नापना।

अंशवंद्य वि० [सं०] जो पूर्ण रूप से वन्द्य न हो, जो अल्प मात्रा में वंद्य हो।

अंश-विकसित वि० [सं०] जिसका कुछ अंश ही विकसित हुआ हो, जो पूरी तरह अभी विकसित न हुआ हो, विकासशील।

अंशांक पुं० [सं०] गणित में किसी मान के विभिन्न अंशों की सूचक संख्याओं में से कोई एक। (डिग्री)

अंशांकन पुं० [सं०] [वि० अंशाकित] किसी ट्यूब, नाल आदि का भीतरी व्यास नापने की क्रिया। (कैलिब्रेशन)

अंशापन पुं० [सं०] [वि० अंशापित] आवश्यकता, उपयोगिता, उत्तरदायित्व, भार आदि के विचार से किसी वस्तु के अलग-अलग अंश या विभाग करना, अंशों का विभाजन। (अपोर्शनमेन्ट)

अंशावतार पुं० [सं०] वह अवतार जिसमें ईश्वरता पूरी न हो, बल्कि कुछ अंशों में ही हो।

अंशिका स्त्री० [सं०] अंश रूप में दी हुई (बँधी हुई) राशि।

अंशी (-शिन्) पुं० [सं०] १. वह जिसका किसी सम्पत्ति या व्यापार आदि में कोई अंश हो, हिस्सेदार। (शेयरर) २. व्यापार आदि के किसी अंश या हिस्से का मालिक।

अंशीय वि० [सं० अंश] अंश अर्थात् हिस्से से सम्बद्ध।

अंशु पुं० [सं०] सूर्य की किरण।

अंशुजाल पुं० [सं०] किरणों का जाल, किरणों का समूह।

अंशुधर पुं० [सं०] सूर्य।

अंशुमान पुं० [सं०] सूर्य।

अंशुमाला स्त्री० [सं०] सूर्य की किरणें या उनका जाल।

अंशुमाली (-लिन्) पुं० [सं०] सूर्य।

अंषि* स्त्री=अक्षि (आँख)।

अंस[1]* पुं०=अंश।

अंस[2]* पुं० [सं० स्कंध] कन्धा।

अंस[3] पुं० [सं० अंशु] दीप्ति, आभा।

अँसुआ* पुं०= आँसू।

अँसुआना अ० [हिं० आँसू] आँखों का आँसुओं से भरना।

अइसा[†] वि०=ऐसा।

अउर* यो०=और।

अउलगना[†] स०=लाँघना।

अऊत[†] वि० [सं० अपुत्र] जिसे पुत्र या सन्तान न हो, अपुत्र, निपूता।

अऊलना* अ० दे० 'औलना'।

अएरना* स० [सं० अंगीकरण] अंगीकार करना, ग्रहण या स्वीकृत करना।

अकंटक वि० [सं०] जिसमें कोई कंटक या बाधा न हो, निर्विघ्न।

अकंपित वि० [सं०] जिसमें कंपन न हो, जो काँप न रहा हो।

अकच वि० [सं०] १. बालों से रहित। २. गंजा।

अकचकाना[†] अ० [सं० अचकित] चकित होना।

अकच्छ वि० [सं० अ+कच्छ] १. नंगा। २. दुराचारी।

अकड़ स्त्री० [हिं० अ+कड़ु] १. ऐंठने की क्रिया या भाव, ऐंठ, तनाव। २. अभिमान या घमंड, शेखी। क्रि० प्र०-दिखाना।

अकड़ना अ० [हिं० अकड़] १. सूखने या कड़े होने के कारण तनना, ऐंठना। २. अभिमान या घमंड दिखलाना, ऐंठना, इतराना। ३. ढिठाई, हठ या दुराग्रह करना।

अकड़फों स्त्री० [हिं० अकड़+फों (अनु०)] अभिमानपूर्ण आचरण, दम्भ।

अकड़बाज वि० [हिं० अकड़ + फा० बाज़] [भाव० अकड़बाजी] अकड़ दिखानेवाला, शेखीबाज।

अकड़ाव पुं० [हिं० अकड़ना] १. अकड़ने की क्रिया या भाव, ऐंठन। २. ऐंठ।

अकड़ैत[†] पुं० दे० 'अकड़बाज'।

अकत* वि० [सं० अक्षत] सारा, पूरा, समूचा, सब।

अकथ वि० दे० 'अकथनीय'।

अकथनीय वि० [सं०] १. जो कहा न जा सके, जिसका वर्णन करना कठिन हो। २. न कहने के योग्य।

अकथित वि० [सं०] १. जो कहा न गया हो। २. गौण।

अकथ्य वि० दे० 'अकथनीय'।

अकधक* स्त्री० [अनु०] [क्रि० अकधकाना] १. भय, डर। २. आशंका, खटका। ३. आगा-पीछा, सोच-विचार, असमंजस।

अकधकाना अ० [हिं० अकधक] १. भयभीत होना, डरना। २. असमंजस में पड़ जाना।

अकनना* स० [सं० आकर्णन] १. सुनना। २. चोरी से या लुक-छिपकर दूसरों की बातें सुनना।

अकना[1] स० [सं० आकर्ण] सुनना।

अकना[2]* अ० [सं० आकुल] उकताना, ऊबना।

अकबक स्त्री० [हिं० बकना] [क्रि० अकबकाना] १. व्यर्थ की बात, प्रलाप, बकवाद। २. दे० 'अकधक'। वि० १. भौचक्का, चकित। २. घबराया हुआ, विकल।

अकबकाना* अ० [हिं० अकबक] १. भौचक्का हो जाना। २. घबरा जाना।

अकबरी वि० [फा०] सम्राट अकबर या उसके शासनकाल से सम्बद्ध।

अकर वि० [सं० अ+कर] १. न करने योग्य। २. जिसके हाथ न हो। ३. जिस पर कर न लगे।

अकरकरा पुं० [अ० अकरकरह] एक प्रकार का पौधा जिसकी जड़ दवा के काम आती है।

अकरखना* स० [सं० आकर्षण] आकर्षित करना, खींचना या तानना।

अकरण पुं० [सं०] १. न करना, कर्म का अभाव। २. जो करना चाहिए, वह न करना, कर्तव्य छोड़ देना। (ओमिशन) ३. करने पर भी न किए हुए के समान हो जाना। ४. ईश्वर, जो सब इन्द्रियों से रहित माना जाता है। वि० १. न करने योग्य। २. अनुचित, बुरा, कठिन।

अकरणीय वि० [सं०] जिसे करना ठीक न हो, न करने योग्य।

अकरा[†] वि० [सं० अक्रय] १. अधिक मूल्य का, महँगा। २. खरा, अच्छा।

अकराथ* वि० दे० 'अकारथ'।

अकरार[†] पुं०=इकरार।

अकराल वि० [सं०] जो विकराल न हो।

अकरास[†] स्त्री० [सं० अकर] १. आलस्य, सुस्ती। २. अँगड़ाई।

अकरासू वि० स्त्री० [हिं० अकरास] गर्भवती।

अकर्ता वि०, पुं० [सं०] जो कुछ न करता हो, न करनेवाला। पुं० सांख्य के अनुसार पुरुष जो सब-कुछ करने पर भी कर्मों से अलग माना जाता है।

अकर्तित वि० [सं०] जो कटा न हो। (अनकट)

अकर्तृत्व पुं० [सं०] कर्तृत्व (या उसके अभिमान) का अभाव।

अकर्म पुं० [सं०] १. कार्य का न होना, कर्म का अभाव। २. बुरा या अनुचित काम, खोटा काम।

अकर्मक वि० [सं०] [भाव० अकर्मकता] व्याकरण में (वह क्रिया) जिसके साथ कोई कर्म न हो, जैसे चलना, दौड़ना, सोना। (इन्ट्रान्ज़िटिव)

अकर्मकता स्त्री० [सं०] क्रियापद के अकर्मक होने की अवस्था या भाव।

अकर्मण्य वि० [सं०] [भाव० अकर्मण्यता] १. जो कोई काम न कर सकता हो, निकम्मा। २. (पदार्थ) जो किसी काम न आ सकता हो, निकम्मा।

अकर्मण्यता स्त्री० [सं०] 'अकर्मण्य' होने का भाव, निकम्मापन।

अकर्मा वि० १. दे० 'अकर्मण्य'। २. दे० 'अकर्ता'।

अकर्षण* पुं०=आकर्षण।

अकलंक वि० [सं०] [भाव० अकलंकता, वि० अकलंकित] जिसमें कोई कलंक या दोष न हो, सब तरह से अच्छा, निर्मल। विशे० दे० 'कलंक'।

अकलंका वि० = अकलंक

अकलंकी (-किन्) वि० [सं०] जिसमें कोई कलंक या दोष न हो, निर्दोष।

अकल[१] वि० [सं०] १. जिसमें अवयव या अंग न हो। २. जिसके टुकड़े न हों, पूर्ण, समूचा। ३. जिसमें कोई कला या कौशल न हो।

अकल[२] वि० [हिं० अ+कल] विकल, बेचैन।

अकल[३] स्त्री० दे० 'अक्ल'।

अकलित वि० [सं०] नाम मात्र का।

अकल्पनीय वि० [सं०] जिसकी कल्पना न की जा सके।

अकल्पित वि० [सं०] १. जो कल्पित या मन से गढ़ा हुआ न हो, वास्तविक। २. जिसकी कल्पना या अनुमान न किया गया हो।

अकल्मष वि० [सं०] कल्मष से रहित; शुद्ध, पवित्र या निर्दोष।

अकल्याण पुं० [सं०] १. अमंगल। २. हानि।

अकल्याणकर, अकल्याणकारी वि० [सं०] हानिकर।

अकवन पुं० दे० 'मदार' (पौधा)।

अकस पुं० [अ० अक्स] मन में रखा हुआ दुर्भाव या वैर, द्वेष, शत्रुता।

अकसना अ० [हिं० अकस] मन में दुर्भाव या वैर रखना, द्वेष करना।

अकसर क्रि० वि० [हिं० एक+सर] बिना साथी के, अकेले। क्रि० वि० दे० 'अक्सर'।

अकसीर वि० [अ० अक्सीर] अपना गुण या प्रभाव दिखानेवाला, अव्यर्थ।
पुं० वह रस या भस्म जो धातु को सोना या चाँदी बना दे, रसायन।

अकस्मात् क्रि० वि० [सं०] [वि० आकस्मिक] एक दम से, अचानक, सहसा।

अकह* वि० दे० 'अकथ्य'।

अकांड वि० [सं०] (वृक्ष) जिसमें कांड या शाखाएँ न हों। क्रि० वि० अकस्मात्, अचानक।

अकांड तांडव पुं० [सं०] व्यर्थ की उछल-कूद या झगड़ा।

अकाचित वि० [सं०] जिसका तल चमकीला न हो। (अनग्लेज़्ड)

अकाज पुं० [सं० अकार्य] [क्रि० अकाजना] १. अनुचित या बुरा काम। २. हानि, हरज।

अकाजना[१] अ० [हिं० अकाज] हरज या हानि होना। स० हरज या हानि करना।

अकाजना[२] अ० [हिं० काल] मर जाना।

अकाजी वि० [हिं० अकाज] काम में हर्ज करनेवाला, काम में विघ्न डालने या औरों का समय नष्ट करनेवाला।

अकाट्य वि० [सं० अ+हिं० काटना] जिसका खंडन न हो सके, जो काटा न जा सके।

अकाथ* क्रि० वि० दे० 'अकारथ'।

अकादमिक वि० [अं० ऐकडेमिक] शास्त्रीय अध्ययन या विवेचन से सम्बद्ध।

अकादमी स्त्री० [अं० अकैडमि] वह संस्था जिसका उद्देश्य कला, साहित्य, विज्ञान आदि की उन्नति तथा प्रचार हो।

अकाम[१] वि० [सं०] जिसमें कोई कामना या इच्छा न हो, निष्काम, निस्पृह।

अकाम[२] क्रि० वि० [सं० अकर्म] बिना काम के, व्यर्थ, यों ही।

अकामतः क्रि० वि० [सं०] जान-बूझकर नहीं, बल्कि यों ही या अनजान में।

अकामिक वि० [सं०] जिसकी कामना या इच्छा न की गई हो।

अकाय वि० [सं०] १. जिसकी काया या शरीर न हो, देहरहित। २. अजन्मा। ३. निराकार।

अकार पुं० [सं०] 'अ' अक्षर या उसकी ध्वनि।
*पुं० दे० 'आकार'।

अकारज* पुं० दे० 'अकाज'।

अकारण क्रि० वि० [सं०] बिना किसी कारण या वजह के, व्यर्थ, यों ही।
वि० आपसे आप होनेवाला, स्वयम्भू।

अकारथ* क्रि० वि० दे० 'व्यर्थ'।

अकारांत वि० [सं०] (शब्द) जिसका अन्तिम वर्ण 'अ' हो।

अकारादि वि० [सं०] (शब्द) जिसका आरम्भिक वर्ण 'अ' हो।

अकारादि क्रम पुं० [सं०] देवनागरी वर्णमाला के अनुसार होनेवाला शब्दों का क्रम।

अकार्बनिक वि० कार्बनिक से भिन्न। (इनारगैनिक)

अकार्य पुं० दे० 'अकर्म'।

अकाल पुं० [सं०] १. ऐसा समय जो ठीक या उपयुक्त न हो, कुसमय। क्रि० प्र० पड़ना। २. ऐसा समय जब अन्न न मिलता हो, दुर्भिक्ष।

मुहा० *अकाल हो जाना*=विरल या दुर्लभ हो जाना।

वि० १. जो काल से परे हो, अविनाशी, अविनश्वर। २. असामयिक; जैसे अकाल मृत्यु।

अकालकुसुम पुं० [सं०] १. वह फूल जो अपने समय से पहले या पीछे खिला हो। (ऐसा फूल फूलना अशुभ माना जाता है।) २. वह चीज जो अपने समय से पहले या पीछे हो। (आश्चर्य की बात)

अकालपक्व वि० [सं०] जो अपने समय से पहले या बाद में पका हो।

अकालपीड़ित वि० [सं०] अकाल से पीड़ित।

अकालपुरुष पुं० [सं०] परमात्मा।

अकालप्रसव पुं० [सं०] स्त्री को नियत या ठीक समय से पहले सन्तान होना।

अकालमृत्यु स्त्री० [सं०] उचित समय से पहले होनेवाली मृत्यु, असामयिक मृत्यु।

अकालवृष्टि स्त्री० [सं०] नियत समय से पहले अथवा बाद में होनेवाली (हानिकर) वर्षा।

अकाल सहायता स्त्री० [सं०] अकालपीड़ितों की की जानेवाली सहायता।

अकालिक वि० [सं०] अकाल या असमय में होनेवाला।

अकाली पुं० [हिं० अकाल (पुरुष)] १. सिक्खों का एक सम्प्रदाय। २. उक्त सम्प्रदाय का अनुयायी।

अकाशदीप पुं० [सं० आकाशदीप] वह दीपक जो (नदीतट पर) ऊँचे बाँस से लटकाया जाता है।

अकास* पुं० दे० 'आकाश'।

अकासदीया पुं० [हिं०] आकाशदीप।

अकासबानी* स्त्री० दे० 'आकाशवाणी'।

अकासी[1] स्त्री० [सं० आकाश] १. चील (पक्षी)। २. ताड़ का रस, ताड़ी।

अकिंचन वि० [सं०] [भाव० अकिंचनता] १. बहुत ही दीन या दरिद्र, गरीब। २. बहुत ही साधारण, बिल्कुल मामूली।

अकिंचनता स्त्री० [सं०] अकिंचन होने की अवस्था या भाव, गरीबी।

अकिंचित् वि० [सं०] जिसकी कोई गिनती न हो, नगण्य, तुच्छ।

अकि* यो० [फा० कि] कि, या, अथवा।

अकिल स्त्री० दे० 'अक्ल'।

अकिल-दाढ़ स्त्री० दे० 'अक्ल-दाढ़'।

अकीक पुं० [अ०] एक प्रकार का लाल पत्थर या उपरत्न। (एगेट)

अकीरत* स्त्री० दे० 'अकीर्ति'।

अकीर्ति स्त्री० [सं०] बुरी कीर्ति, अपकीर्ति, बदनामी।

अकीर्तिकर वि० [सं०] (काम या बात) जो किसी की कीर्ति में बट्टा लगानेवाली हो, अपयशस्कर।

अकुंचनीय वि० [सं०] जो सिकुड़ता न हो। (अन्श्रिंकेबुल)

अकुंठ वि० [सं०] जो कुंठित न हो, तीखा, तीव्र।

अकुताना* अ० १. उकताना। २. अकुलाना।

अकुल पुं० [सं०] १. बुरा या छोटा कुल या वंश। २. वह जिसके कुल में कोई न हो। ३. शिव।

अकुलाना अ० [सं० आकुल] १. आकुल होना, घबराना। २. ऊबना। ३. शीघ्रता करना, जल्दी मचाना।

अकुलाहट स्त्री० [हिं० अकुलाना] विकलता, व्याकुलता।

अकुलीन वि० [सं०] [भाव० अकुलीनता] जो कुलीन न हो, छोटे, नीच या तुच्छ कुल या वंश का।

अकुशल वि० [सं०] [भाव० अकुशलता] जो कार्य करने में कुशल या दक्ष न हो; विशेषत: जिसने किसी प्रकार का प्रक्षिशण प्राप्त न किया हो। (अन्स्किल्ड)

अकुशलता स्त्री० [सं०] अकुशल होने की अवस्था या भाव।

अकूट वि० [सं०] जो अवास्तविक या कृत्रिम न हो, सच्चा, असली। (जेनुइन)

अकूत वि० [हिं० अ+कूतना] १. जो कूता न जा सके। २. बहुत अधिक।

क्रि० वि० १. आप-से-आप। २. अचानक, अकस्मात्।

अकूपार पुं० [सं०] १. समुद्र। २. कछुआ।

अकूल वि० [सं०] जिसका कोई कूल, किनारा या अन्त न हो, असीम।

अकूहल* वि० [हिं० अकूत] बहुत अधिक।

अकृत वि० [सं०] १. जो किया न गया हो, बिना किया हुआ। २. जिसमें सफलता न हुई हो। ३. जिसने न किया हो। ४. रद।

अकृतकार्य वि० [सं०] जो अपने कार्य में सफल न हुआ हो, विफल।

अकृतज्ञ वि० [सं०] [भाव० अकृतज्ञता] जो किसी का किया हुआ उपकार न माने, कृतघ्न।

अकृतज्ञता स्त्री० [सं०] १. अकृतज्ञ होने की अवस्था या भाव। २. कृतज्ञता प्रकट न करना।

अकृति वि० दे० 'अकर्मण्य'।

अकृती वि०, पुं० [सं० अ+कृती] १. जिसने कुछ भी न किया हो। २. जिससे कुछ हो न सकता हो, अकर्मण्य।

अकृत्य पुं० [सं०] न करने योग्य या बुरा काम।

अकृत्रिम वि० [सं०] जो कृत्रिम न हो, असली।

अकृत्स्न वि० [सं०] अपूर्ण, अधूरा।

अकृपण वि० [सं०] जो कृपण न हो, फलत: उदार।

अकृषिक वि० [सं०] जो कृषि से सम्बन्ध न रखता हो, 'कृषिक' का उलटा। (नॉन एग्रिकलचरल)

अकृषित, अकृष्ट वि० [सं०] (खेत) जो जोता-बोया न गया हो। (अन्-कल्टिवेटिड)

अकृष्ण वि० [सं०] १. जो कृष्ण या काला न हो। २. उज्ज्वल।

अकेतन वि० [सं०] गृहविहीन, बेघर।

अकेल* वि०=अकेला।

अकेला वि० [सं० एकल] १. जिसके साथ और कोई न हो, बिना संग-साथवाला। २. अपनी तरह का एक ही, बेजोड़। पुं० एकान्त स्थान; अकेले में=एकांत स्थान में।

अकेला-दुकेला वि० जो अकेला हो या जिसके साथ कोई एक और प्राणी या जीव हो।

अकेले क्रि० वि० [हिं० अकेला] १. बिना किसी संग-साथ के। २. केवल, सिर्फ।

अकेले-दुकेले क्रि० वि० अकेले ही अथवा किसी को साथ लेकर।

अकोट* वि० [सं० कोटि] १. करोड़ों। २. बहुत अधिक।

अकोतर सौ वि० [सं० एकोत्तरशत्] एक सौ एक।

अकोसना* स० दे० 'कोसना'।

अकौआ[१] पुं० [हिं० कौआ] गले के अन्दर की घंटी, कौआ।

अकौआ[२]* पुं०=आक (मदार)। (ब्रज०)

अकौता पुं० दे० 'उकवत'।

अकौशल पुं० [सं०] कौशल या दक्षता का अभाव, कुशल या दक्ष न होना। (इन-एफिशिएन्सी)

अकौशलपूर्ण वि० [सं०] १. जो कौशलपूर्वक न किया गया हो। २. अकुशल।

अक्खड़ वि० [सं० अक्षर] [भाव० अक्खड़पन] १. जो अपनी बात पर अड़ा रहे और किसी की न सुने। २. जल्दी लड़ पड़नेवाला, बिगड़ैल, झगड़ालू।

अक्खर* पुं० दे० 'अक्षर'।

अक्त, अक्त प्रत्य० [सं०] किसी से मिला या लगा हुआ, युक्त, जैसे विषाक्त=जिसमें विष हो या मिला हो।

अक्रमित वि० [सं०] क्रम से रहित।

अक्रिय वि० [सं०] [भाव० अक्रियता] १. (व्यक्ति) जो सक्रिय न हो। २. (धन, समय आदि) जो बेकार हो। ३. सुप्त।

अक्रियमाण वि० [सं०] १. जो कार्य रूप में न हो रहा हो। २. जो अपनी क्रिया या कार्य न कर रहा हो। (इनऑपेरेटिव)

अक्रूर वि० [सं०] जो क्रूर न हो, दयालु। पुं० एक यादव जो श्रीकृष्ण के चाचा थे।

अक्रोध पुं० [सं० अ+क्रोध] क्रोध का न होना, क्रोध का पूर्ण अभाव।

अक्ल स्त्री० [अ०] बुद्धि, समझ।

मुहा० *अक्ल का अंधा या दुश्मन*=मूर्ख, बेवकूफ। *अक्ल का पूरा*=मूर्ख। *अक्ल का अजीर्ण*=अक्ल का अपच होना। *अक्ल का पुतला*=बुद्धिमान व्यक्ति। *अक्ल के पीछे लट्ठ लिए फिरना*=बराबर मूर्खतापूर्ण कार्य करते चलना। *अक्ल गुम हो जाना*=अक्ल का काम न करना, कुछ समझ में न आना कि क्या किया जाए। *अक्ल चकराना*=दिमाग का काम न करना। *अक्ल चरने जाना*=बुद्धि न रह जाना। *अक्ल ठिकाने लगा देना*=मार-पीट कर किसी को अनुचित काम छोड़ देने के लिए विवश कर देना। *अक्ल दौड़ाना*=खूब सोच-विचार या कल्पना करना। *अक्ल पर पत्थर पड़ जाना*=बुद्धि का काम न करना। *अक्ल लड़ाना*=युक्ति सोचना।

अक्ल-दाढ़ स्त्री० युवावस्था में निकलनेवाली दाढ़ जो समझदारी की परिचायक होती है।

अक्लमंद वि०[अ० अक्ल+फा० मंद] [भाव० अक्लमंदी] बुद्धिमान, समझदार।

अक्लमंदी स्त्री० [अ०+फा०] बुद्धिमत्ता, समझदारी।

अक्ष पुं० [सं०] १. जुआ खेलने का पासा। २. दो या अधिक वस्तुओं के बीच की वह कल्पित या वास्तविक रेखा जिसके आधार पर वे वस्तुएँ रहती, चलती या घूमती हैं, मेरु, धुरा। (ऐक्सिस) ३. भूगोल में कल्पित रेखाएँ जो सारी पृथ्वी पर समान अन्तर पर पड़ी हुई मानी जाती हैं। इनसे जाना जाता है कि भूमध्य रेखा से किसी स्थान की उत्तर या दक्षिण में होनेवाली दूरी कितनी है। (लैटिट्यूड) ४. रुद्राक्ष आदि के बीज जिनसे माला बनती है। ५. इन्द्रिय।

अक्षक्रीड़ा स्त्री०[सं०] पासे या चौसर का खेल।

अक्षत वि० [सं०] १. जिसे क्षत या चोट न लगी हो। २. जिसके टुकड़े न हुए हों, अखंड, पूरा। पुं० कच्चा चावल (जो देवताओं पर चढ़ाया जाता है)।

अक्षतयोनि वि० स्त्री० [सं०] (कन्या) जिसका पुरुष से सम्बन्ध न हुआ हो।

अक्षपाद पुं० [सं०] न्यायशास्त्र के प्रवर्तक गौतम ऋषि।

अक्षम वि० [सं०] [भाव० अक्षमता] १. जिसमें क्षमता या शक्ति न हो, असमर्थ। (डिसेबल्ड) २. जिसमें किसी कार्य के लिए योग्यता न हो, अयोग्य। (इन्कैपेबल)

अक्षमता स्त्री० [सं०] अक्षम होने की अवस्था या भाव।

अक्षम्य वि० [सं०] जिसे क्षमा न कर सकें।

अक्षय वि० [सं०] जिसका कभी क्षय या नाश न हो, सदा एक-सा बना रहनेवाला, अविनाशी।

अक्षयतृतीया स्त्री० [सं०] वैशाख शुक्ल तृतीया।

अक्षयनवमी स्त्री० [सं०] कार्तिक शुक्ल नवमी।

अक्षयनिधि स्त्री० [सं०] वह स्थायी निधि जिससे ब्याज आदि प्राप्त होता हो। (एन्डौमेंट)

अक्षयपात्र पुं० [सं०] ऐसा पात्र जिसमें का अन्न या भोजन-सामग्री कभी समाप्त न हो।

अक्षयी (-यिन्) वि० [सं०] अक्षय, अविनाशी।

अक्षर पुं० [सं०] १. वर्णमाला का कोई स्वर या व्यंजन वर्ण, हरफ। (लेटर, एल्फाबेट) २. शब्द का वह अंश जिसका उच्चारण श्वास के एक झटके में होता हो, अक्षरी। (सिलेबुल) ३. आत्मा। ४. ब्रह्म। ५. मोक्ष।
वि० सदा एक-सा बना रहनेवाला, अविनाशी, नित्य।

अक्षरक्रम पुं० [सं०] शब्दों, नामों आदि के रखने या लगाने का वह क्रम जिसमें उनके आरम्भ के अक्षर उसी तरह या क्रम से रहते हैं, जिस तरह या क्रम से वर्णमाला के अक्षर रहते हैं। (एल्फाबैटिकल आर्डर)

अक्षरजीवी (-विन्) वि० [सं०] लिख-पढ़कर अपनी जीविका चलानेवाला (व्यक्ति)।

अक्षरता स्त्री० [सं०] नित्य या अविनाशी होने की अवस्था या भाव।

अक्षरमाला स्त्री० [सं०] वर्णमाला।

अक्षरशः क्रि० वि० [सं०] एक अक्षर का भी अन्तर न रखकर, ठीक ज्यों-का-त्यों (कथन या लेख)।

अक्षरारंभ पुं० [सं०] किसी को पहले-पहल अक्षरों का ज्ञान कराना या पढ़ाना अरम्भ करना।

अक्षरी स्त्री० [सं० अक्षर] १. शब्दों के अक्षरों का क्रम, हिज्जे, वर्तनी। २. किसी शब्द का उतना ध्वनि-समूह जो एक झटके में बोला जाए। (सिलेबल)

अक्षरेखा स्त्री० [सं०] वह सीधी रेखा जो किसी गोल पदार्थ के केन्द्र से दोनो पृष्ठों पर सीधी गिरती है।

अक्षरौटी स्त्री० दे० 'अखरौटी'।

अक्षांश पुं० [सं०] १. भूगोल में पृथ्वी पर पूर्व से पश्चिम गई हुई कल्पित समान अन्तरवाली रेखा या अक्ष का अंश।

अक्षि स्त्री० [सं०] आँख, नेत्र।

अक्षिसाक्षी (क्षिन्) पुं० [सं०] ऐसा साक्षी जिसने कोई घटना अपनी आँखों से देखी हो।

अक्षीय वि० [सं०] अक्ष-सम्बन्धी।

अक्षुण्ण वि० [सं०] [भाव० अक्षुण्णता] ज्यों-का-त्यों और पूरा, बिना टूटा-फूटा, समूचा, सारा।

अक्षुब्ध वि० [सं०] शान्त।

अक्षेत्र पुं० [सं०] ऐसी भूमि जिसमें खेती न हो सकती हो।

अक्षेमकर वि० [सं० अक्षेम] असुरक्षित।

अक्षोनी, अक्षौनी* स्त्री० दे० 'अक्षौहिणी'।

अक्षौहिणी स्त्री० [सं०] वह सेना जिसमें बहुत से हाथी, घोड़े, रथ और पैदल सिपाही हों। (प्राचीन काल में वह सेना अक्षौहिणी मानी जाती थी, जिसमें १०९३५० पैदल सिपाही, ६५६१० घुड़सवार, २१८७० रथ और २१८७० हाथी होते थे, यही पूरी चतुरंगिणी सेना भी कहलाती थी।)

अक्स पुं० [अ०] १. प्रतिबिम्ब, छाया, परछाईं। २. चित्र, तस्वीर।

अक्सर क्रि० वि० दे० 'प्राय:'।

अक्सीर वि० [अ०] १. अपना गुण या प्रभाव दिखानेवाला। २. अत्यंत लाभप्रद।

अखंग* वि० दे० 'अक्षय'।

अखंड वि० [सं०] जिसके खंड या टुकड़े न हों, बिना टूटा हुआ, पूरा।

अखंडता स्त्री० [सं०] अखंड होने की अवस्था या भाव, सम्पूर्णता।

अखंडनीय वि० [सं०] १. जिसके खंड या टुकड़े न किए जा सकें। २. जो गलत या झूठा न सिद्ध किया जा सके।

अखंडल* वि० दे० 'अखंड'।

अखंडित वि० [सं०] १. जो खंडित या टूटा-फूटा न हो, पूरा, समूचा। २. जिसका खंडन न हुआ हो।

अखज* वि० दे० 'अखाद्य'।

अखड़ैत पुं० [हिं० अखाड़ा+ऐत (प्रत्य०)] १. मल्ल, पहलवान। २. दे० 'अखाड़िया'।

अखती* स्त्री० दे० 'अक्षयतृतीया'।

अखनी स्त्री० [अ० यखनी] मांस का रसा, शोरबा।

अखबार पुं० [अ० अख़बार] समाचार-पत्र।

अखबारनवीस पुं० [अ० अख़बार+फा० नवीस (लिखने-वाला)] पत्रकार।

अखबारनवीसी स्त्री०=पत्रकारिता।

अखबारी वि० [अ० अख़बारी] अखबार-सम्बन्धी।

अखबारी कागज पुं० एक प्रकार का कागज जिस पर समाचार-पत्र छपते हैं। (न्यूज़ प्रिंट)

अखय* वि० दे० 'अक्षय'।

अखर* वि०, पुं० दे० 'अक्षर'।

अखरना अ० [सं० खर] अनुचित या कष्टदायक जान पड़ना, अच्छा न लगना, खलना।

अखरा* वि० [सं० अ+हिं० खरा=सच्चा] बनावटी, कृत्रिम।

अखरावट स्त्री० दे० 'अखरौटी'।

अखरोट पुं० [सं० अक्षोट] एक फलदार ऊँचा पेड़ जिसके फलों की गिनती मेवों में होती है। (वॉलनट)

अखरौटी स्त्री० [हिं० अक्षर] १. वर्णमाला। २. लिखने का ढंग, लिखावट। ३. वह कविता जिसके पद क्रमशः वर्णमाला के अक्षरों से आरम्भ होते हैं।

अखर्व वि० [सं०] जो खर्व या छोटा न हो, बहुत बड़ा।

अखा* पुं० दे० 'आखा'।

अखाड़ा पुं० [सं० अक्षवाट] १. वह स्थान जहाँ लोग व्यायाम करते और कुश्ती लड़ते हैं। २. साधुओं की मंडली और निवासस्थान। ३. वह स्थान जहाँ लोग इकट्ठे होकर अपना कोई कौशल दिखलाते हों। ४. रंगशाला।

अखाड़िया वि० [हिं० अखाड़ा] बड़े-बड़े अखाड़ों में कौशल दिखानेवाला, अपने विषय या कार्य का बहुत बड़ा ज्ञाता या पटु।

अखात पुं० [सं०] १. समुद्र का वह थोड़ा अंश जो स्थल से तीन ओर से घिरा हो, उपसागर, खाड़ी। २. झील।

अखाद* वि० दे० 'अखाद्य'।

अखाद्य वि० [सं०] (वस्तु) जो खाने के योग्य न हो।

अखान* पुं० = आख्यान।

अखिल वि० [सं०] समस्त, सारा, सब।
पुं० जगत, संसार।

अखिलेश, अखिलेश्वर पुं० [सं०] सबका स्वामी या मालिक, ईश्वर।

अखीर पुं० [अ० आखिर] १. अन्त। २. अन्तिम सिरा।

अखीरी वि० [अ०] अन्तिम।

अखूट* वि० [हिं० अखूटना] जो घटे नहीं, कम न होनेवाला, बहुत अधिक।

अखूटना अ० [हिं० अ+खूटना] खत्म न होना, कम न पड़ना।

अखेट पुं०=आखेट (शिकार)।

अखैवट† पुं०=अक्षयवट।

अखोर[1]* वि० [हिं० अ+ख़ोर=बुरा] १. भद्र, सज्जन। २. सुन्दर। ३. निर्दोष।

अखोर[2] वि० [फा० आखोर] निकम्मा, बुरा।
पुं० १. कूड़ा-करकट, निकम्मी चीज। २. खराब घास, बुरा चारा।

अखौटा† पुं० [सं० अक्ष+हिं० औटा (प्रत्य०)] १. चक्की के बीच की खूँटी। २. कुएँ की गराड़ी के बीच का डंडा।

अख्तियार पुं० [अ० अख़्तियार] दे० 'अधिकार'।

अख्यात वि० [सं०] अप्रसिद्ध।

अख्यान* पुं०=आख्यान।

अग वि० [सं०] १. न चलनेवाला, अचल। २. टेढ़ा चलने-वाला।

अगज वि० [सं०] १. पर्वत से उत्पन्न। २. पर्वत पर होनेवाला, पहाड़ी।
पुं० १. शिलाजीत। २. हाथी।

अगजग* पुं० [सं० अग+जगत्] सम्पूर्ण जगत, चराचर।

अगटना* अ० [हिं० इकट्ठा] इकट्ठा या जमा होना।

अगड़* स्त्री० दे० 'अकड़'।

अगड़धत वि० [हिं० अगड़ा+धता] १. धाकड़, धुरंधर। नामी-गिरामी।

अगड़-बगड़ वि० [अनु० या सं० अकटा, विकटा (देवियाँ)] १. अंडबंड, बेसिर-पैर का। २. निकम्मा, व्यर्थ का।

अगड़म-बगड़म वि०=अगड़-बगड़।

अगड़ा वि०, पुं० [हिं० अगला] १. सवर्ण जाति का (व्यक्ति)। २. आगे बढ़ा हुआ हो, जिसने प्रगति की हो, पिछड़े से भिन्न।

अगड़े-पिछड़े वि०, पुं० (बहु०) सवर्ण और दलित, सभी।

अगण पुं० [सं०] छन्दशास्त्र में ये चार निषिद्ध और हीन गण-जगण, रगण, सगण और तगण।

अगणनीय वि० [सं०] १. जो गिना न जा सके। २. बेशुमार, अत्यधिक।

अगणित वि० [सं०] १. जो गिना न जा सके; जैसे अगण्य संज्ञाएँ। २. जिसकी गिनती न हो सके, बहुत अधिक, असंख्य। ३. जिसकी गिनती न हुई हो।

अगण्य वि० [सं०] १. जिसे गिन न सकें, बहुत अधिक। २. जो किसी गिनती में न हो, तुच्छ, नगण्य।

अगत वि० [सं०] जो गया न हो।

अगता† वि० १. अग्रिम। २. पहला।

अगति स्त्री० [सं०] १. गति का न होना, स्थिर या ठहरा हुआ होना। २. मरे हुए का संस्कार आदि न होना।
वि० जिसमें गति न हो, अचल।

अगतिक वि० [सं०] १. जिसकी कहीं गति या ठिकाना न हो, अशरण, निराश्रय। २. मरने पर जिसकी अन्त्येष्टि-क्रिया आदि न हुई हो।

अगती वि० [सं० अगति] १. जिसकी गति न हुई हो। २. मृत्यु के बाद जिसकी आत्मा भटक रही हो।

अगत्या क्रि० वि० [सं०] १. विवश होकर, लाचार होकर। २. अचानक, सहसा, अकस्मात्।

अगन* पुं०=अगण।
स्त्री०=अग्नि।

अगनइता* स्त्री०=आग्नेय दिशा।

अगनिउ* पुं० [सं० आग्नेय] पूर्व-दक्षिण का कोना, आग्नेय दिशा।

अगनित वि०=अगणित।

अगनी* वि० दे० 'अगणित'।
स्त्री० दे० 'अग्नि'।

अगनू* पुं० [सं० आग्नेय] पूर्व और दक्षिण के बीच की दिशा या कोण, अग्निकोण।

अगनेउ* पुं०=आग्नेय (अग्निकोण)।

अगनेत* पुं० [सं० आग्नेय] आग्नेय दिशा, अग्निकोण।

अगम वि० [सं० अगम्य] [भाव० अगमता] १. जहाँ तक कोई पहुँच न सके, दुर्गम। २. जो जल्दी समझ में न आए, कठिन। ३. जिसकी थाह न लगे, अथाह। ४. विकट। ५. बहुत, अधिक।

अगमन* क्रि० वि० [सं० अग्रवान्] १. आगे, पहले। २. आगे से, पहले से।

अगमना* क्रि० वि०=आगे या पहले।

अगमनीया वि० [सं०] (वह स्त्री) जिसके साथ गमन या सम्भोग करना वर्जित हो और बहुत बड़ा पाप माना जाता हो।

अगमानी* पुं० [सं० अग्रगामी] अगुआ, नायक, सरदार।
स्त्री० दे० 'अगवानी'।

अगम्य वि० [सं०] [भाव० अगम्यता] १. जिसके अन्दर या पास न पहुँच सकें, दुर्गम। २. जिसे समझना कठिन हो।

अगम्या वि० स्त्री० [सं०] (स्त्री) जिसके साथ सम्भोग करना निषिद्ध हो।

अगम्यागमन पुं० [सं०] ऐसी स्त्री के साथ किया जानेवाला सम्भोग, जिसके साथ सम्भोग करना शास्त्रों द्वारा वर्जित हो।

अगर[1] यो० [फा०] यदि, जो।

अगर[2] पुं० [सं० अगरु] एक प्रकार का वृक्ष जिसकी लकड़ी सुगन्धित होती है, ऊद।

अगरना* अ० [सं० अग्र] आगे बढ़ना।

अगरबत्ती स्त्री० [सं० अगरु+हिं० बत्ती] सुगन्ध के निमित्त जलाने की बत्ती।

अगर-मगर स्त्री० [फा०+अनु०] दुविधा, असमंजस। क्रि० प्र०-करना, -में पड़ना।

अगरा* वि० [हिं० अगला] १. आगे का, अगला। २. औरों से बढ़कर या श्रेष्ठ। ३. बहुत, अधिक।

अगराना* स० [सं० अंग] प्यार या दुलार से छूना।

अगरी[1] स्त्री० [सं० अर्गल] लकड़ी या लोहे का छोटा डंडा जो किवाड़ के पल्ले में कौंढ़ा लगाकर डाला रहता है, ब्योंड़ा।

अगरी[2] स्त्री० [सं० अगिरा=अवाच्य] १. अंडबंड या बुरी बात, अनुचित बात। २. ढिठाई।

अगरु पुं० [सं०] अगर या ऊद नाम की सुगन्धित लकड़ी।

अगरो* वि० [सं० अग्र] १. आगे का, अगला। २. बड़ा। ३. कुशल, चतुर।

अगल-बगल क्रि० वि० [फा० बगल] आस-पास।

अगला वि० [सं० अग्र] १. आगे या सामने का। २. पहले का। ३. पुराना। ४. जो अभी आने को हो, आनेवाला, आगामी। ५. बाद या पीछे का, परवर्ती, दूसरा। ५. अन्य, दूसरा।

अगवना* अ० [हिं० आगे] स्वागत करने के लिए आगे बढ़ना।

अगवा वि०=अपहृत।

अगवाड़ा पुं० [सं० अग्रवाट] घर के आगे का भाग, 'पिछवाड़ा' का उलटा।

अगवान पुं० [हिं० अगवानी] वह जो आगे बढ़कर अगवानी करता हो।

अगवानी स्त्री० [हिं० आगे] किसी आनेवाले का सत्कार करने के लिए आगे बढ़ना, स्वागत।

अगवार† पुं० [हिं० आगे+वार (वाला)] घर आए नए अन्न का वह अंश जो देवता, ब्राह्मण आदि के निमित्त अलग रख दिया जाता है।

अगसरना* अ० दे० 'अगुसरना'।

अगसार* क्रि० वि०=आगे।

अगस्त पुं० [अं० ऑगस्ट] ईसवी सन् का आठवाँ महीना।

अगस्त्य पुं० [सं०] १. एक प्रसिद्ध ऋषि। २. एक प्रसिद्ध तारा। ३. एक वृक्ष जिसमें लाल या सफेद फूल होते हैं।

अगहन पुं० [सं० अग्रहायण] [वि० अगहनियाँ, अगहनी] कार्तिक के बाद और पूस के पहले का महीना।

अगहनी वि० [हिं० अगहन] १. अगहन-सम्बन्धी। २. अगहन में तैयार होनेवाला।

अगाऊ वि० [हिं० आगे] (धन) जो किसी काम के लिए पहले दिया जाए, अग्रिम, पेशगी। (एडवान्स)

अगाड़* क्रि० वि० [सं० अग्र] १. आगे, सामने। २. पहले, पूर्व में।

अगाड़ी क्रि० वि० [हिं० अगाड़] १. भविष्य में। २. सामने, आगे। ३. पहले।

स्त्री० १. किसी वस्तु के आगे या सामने का भाग। २. घोड़े के गले में बँधी हुई दो रस्सियाँ जो दाहिने-बाएँ दो खूँटों से बँधी रहती हैं।

अगाड़ी-पिछाड़ी स्त्री० १. आगे और पीछे का भाग। २. वे रस्सियाँ जो घोड़े के गले से अगले (अगाड़ी) और पिछले पैरों (पिछड़ी) से बाँधी जाती हैं।

अगाध वि० [सं०] १. जिसकी गहराई या थाह का पता न चले, बहुत गहरा। २. अत्यधिक, बहुत अधिक।

अगान* वि०, पुं०=अज्ञान।

अगमै* क्रि० वि०=आगे।

अगार, अगारी* क्रि० वि०=आगे।

अगाह* वि० [सं० अगाध] १. अथाह, बहुत गहरा। २. अत्यन्त, बहुत।

वि० दे० 'आगाह'।

क्रि० वि० आगे से, पहले से।

अगाही† स्त्री०=आगाही।

अगिदाहु* पुं०=अग्निदाह।

अगिन[1] स्त्री० [सं० अग्नि] [क्रि० अगियाना] १. अग्नि, आग। २. एक प्रकार की छोटी चिड़िया। ३. अगिया घास।

अगिन[2] वि० [सं० अ=नहीं+हिं० गिनना] अगणित, बेशुमार।

अगिनगोला पुं० [सं० अग्नि+हिं० गोला] वह गोला जिसके फटने से आग लग जाती हो, बम।

अगिनबोट पुं० [सं० अग्नि+अं० बोट] वह बड़ी नाव जो भाप के इंजिन के जोर से चलती है, धुआँकश, स्टीमर।

अगिनित* वि०=अगणित।

अगिया स्त्री० [सं० अग्नि] १. एक प्रकार की घास। २. नीली चाय, अगिन घास। ३. एक पहाड़ी पौधा जिसके पत्तों में जहरीले रोएँ होते हैं। ३. अगियासन नाम की घास।

वि० आग की तरह जलन उत्पन्न करनेवाला, जैसे अगियासन।

अगियाना अ० [हिं० आग] आग लगने की-सी जलन या दाह होना।

अगिया बैताल पुं० [सं० अग्नि, प्रा० अग्गि+बैताल] १. विक्रमादित्य के कल्पित दो बैतालों में से एक। २. दे० 'छलावा'।

अगियारी स्त्री० [सं० अग्निकार्य] आग में सुगन्धित द्रव्य डालने की पूजन-विधि, धूप देने की क्रिया।

अगियासन पुं० [हिं० अगिया+सन (पौधा)] एक पौधा जिसकी पत्ती छूने से शरीर में जलन होती है।

अगिला* वि०=अगला।

अगिहाई* स्त्री०=अग्निदाह।

अगुआ पुं० [सं० अग्रप, प्रा० अग्गवय] १. आगे चलनेवाला, नेता, नायक। २. मुखिया, प्रधान, पथदर्शक, मार्ग बतानेवाला।

अगुआई* स्त्री० [हिं० आगे] १. सबसे आगे होने की क्रिया या भाव। २. नेतृत्व, सरदारी। ३. आगे बढ़कर मार्ग दिखाने की क्रिया या भाव।

अगुआगीरी† स्त्री०=अगुआई।

अगुआना स० [हिं० अगुआ] अगुआ बनाना, सरदार नियत करना।
अ० आगे होना, बढ़ना।

अगुआनी* स्त्री०=अगवानी।

अगुण वि० [सं०] १. रज, तम आदि गुणों से रहित, निर्गुण। २. गुणहीन, मूर्ख।
पुं० अवगुण, दोष।

अगुणी (-णिन्) वि० [सं०] १. गुणहीन। २. मूर्ख।

अगुताना* अ०=उकताना।

अगुनी† वि०=अगुणी।

अगुराई स्त्री० [हिं० अगोरना] अगोरने का काम, रखवाली।

अगुरु वि० [सं०] १. जो भारी न हो, हलका। २. जिसने गुरु से शिक्षा या उपदेश न पाया हो।

अगुवा पुं० दे० 'अगुआ'।

अगुसरना* अ० [सं० अग्रसर] आगे बढ़ना।

अगुसारना† स० [हिं० अगुसरना] १. आगे बढ़ाना। २. अग्रसर करना।

अगूठना† स० [सं० अवगुंठन] चारो ओर से घेरना।

अगूठी† स्त्री० [हिं० अगूठना] घेरे या घिरे हुए होने का भाव।

अगूढ़ वि० [सं०] १. जो गूढ़ न हो। २. सरल।

अगूता† वि० [हिं० आगे] आगे आया हुआ।

अगेय वि० [सं०] [भाव० अगेयता] १. जो गाया न जा सके। २. जो गाने के योग्य न हो।

अगेर* क्रि० वि०=आगे।

अगेह वि० [सं० अ+हिं० गेह] जिसके रहने का घर-बार न हो, गृहविहीन, बेघर।

अगोई* वि० [सं० अ+गोपन] १. जो गुप्त या छिपा न हो। २. प्रकट, जाहिर।

अगोचर वि० [सं०] जो इन्द्रियों के द्वारा न जाना जा सके, जो देखा, सुना या समझा न जा सके, इन्द्रियातीत।

अगोटना¹ स० [सं० आगुंठन] १. रोकना, छेकना। २. पहरे में रखना। ३. छिपाना। ४. चारो ओर से घेरना।

अगोटना² स० [सं० अंग+हिं० ओट] १. अंगीकार करना, स्वीकार करना। २. पसन्द करना, चुनना।

अगोरना¹ स० [सं० आगूरण] १. राह देखना, प्रतीक्षा करना। २. रखवाली या चौकसी करना।

अगोरना² स० [?] रोकना, छेकना।

अगोरिया पुं० [हिं० अगोरना] अगोरने या रखवाली करनेवाला।

अगौरा† पुं०=अगौला।

अगौला पुं० [हिं० आगे+औला (प्रत्य०)] ऊख या गन्ने का अगला भाग।

अगौहैं* क्रि० वि० [सं० अग्रमुख] आगे की ओर, सामने।

अग्गैं क्रि० वि० [हिं० आगे] आगे, सामने।

अग्नि स्त्री० [सं०] [वि० आग्नेय] १. जलती हुई लकड़ी, कोयला या इसी प्रकार की और कोई वस्तु या उस वस्तु के जलने पर होनेवाला प्रकाशयुक्त ताप। २. पेट की वह शक्ति जिससे भोजन पचता है। ३. किसी प्रकार की जलन या ताप। ४. पूर्व और दक्षिण के बीच की दिशा या कोना। ५. क्षत्रियों का एक प्रसिद्ध वंश या कुल।

अग्निकर्म पुं० [सं०] मरे हुए व्यक्ति को जलाने का कार्य, शवदाह, दाह-संस्कार।

अग्निकुंड पुं० [सं०] वह कुंड जिसमें हवन करते हैं।

अग्निकांड पुं० [सं०] घर, दुकान, बाजार, जंगल आदि में लगनेवाली वह आग जिसमें सम्पत्ति का विनाश हो। (कॉनफ्लेगरेशन)

अग्निकोण पुं० [सं०] पूर्व और दक्षिण के बीच का कोना।

अग्निक्रीड़ा स्त्री० [सं०] आतिशबाजी।

अग्निज वि० [सं०] १. अग्नि से उत्पन्न। २. अग्नि या उसके ताप से होने या बननेवाला। (इग्नियस)

अग्निदाता (-तृ) पुं० [सं०] आग देनेवाला, दाहकर्म करनेवाला।

अग्निदान पुं० [सं०] आग देना, दाह-संस्कार करना।

अग्निदाह पुं० [सं०] १. जलाना। २. शवदाह, मुर्दा जलाना।

अग्निदीपक वि० [सं०] (औषध या उपचार) जिससे भोजन पचानेवाली पेट की अग्नि बढ़ती हो।

अग्निदीपन पुं० [सं०] [वि० अग्निदीपक] पाचनशक्ति को तीव्र करने की क्रिया या भाव।

अग्नि-परीक्षा स्त्री० [सं०] १. प्राचीन काल की एक परीक्षा जिसमें कोई व्यक्ति हाथ में आग लेकर या आग में बैठकर अपना निर्दोष होना सिद्ध करता था। २. बहुत कठिन परीक्षा या जाँच, जिसमें सब लोग या सब बातें जल्दी पूरी न उतर सकती हों। (एसिड टेस्ट)

अग्निपूजक पुं० [सं०] वह जो अग्नि को देवता मानकर पूजे, जैसे पारसी।

अग्निबाण पुं० [सं०] प्राचीन काल का एक प्रकार का बाण जिसे चलाने पर आग बरसती थी।

अग्निभीति स्त्री० [सं०] एक रोग जिसमें रोगी को आग से बहुत भय लगता है। (फाइरोफोबिया)

अग्निमांद्य पुं० [सं०] वह अवस्था या रोग जिसमें भोजन ठीक तरह से नहीं बल्कि कम पचता हो और पेट की अग्नि मन्द पड़ गई हो।

अग्निवर्धक वि० [सं०] जिससे पेट की अग्नि या भोजन पचाने की शक्ति बढ़े, भूख बढ़ानेवाला।

अग्निवर्षा स्त्री० [सं०] १. आग या जलती हुई वस्तुओं की वर्षा। २. लड़ाई में गोले-गोलियों की वर्षा।

अग्निशामक वि० [सं०] आग बुझानेवाला।

अग्निशाला स्त्री० [सं०] वह स्थान जहाँ यज्ञ की अग्नि स्थापित की जाए।

अग्निशिखा स्त्री० [सं०] आग की लपट या लौ।

अग्निसंस्कार पुं० दे० 'अग्निकर्म'।

अग्निसह वि० [सं०] जिसे आग अपने प्रभाव से विकृत या नष्ट न कर सकती हो, अग्नि और उसका ताप सहन करने में सक्षम। (फायरप्रूफ)

अग्निसेवन पुं० [सं०] आग तापना।

अग्निस्फुलिंग पुं० [सं०] आग की चिंगारी।

अग्निहोत्र पुं० [सं०] वेदों में बतलाया हुआ एक प्रकार का होम जो नित्य किया जाता है और जिसकी आग कभी बुझने नहीं दी जाती।

अग्निहोत्री (-त्रिन्) पुं० [सं०] वह जो सदा अग्निहोत्र करता हो।

अग्न्यस्त्र पुं०=आग्नेयास्त्र।

अग्न्याशय पुं० [सं०] आमाशय के निम्न भाग में स्थित एक ग्रन्थि जो पाचक रस तथा इंसुलीन उत्पन्न करती है। (पैनक्रिएस)

अग्र वि० [सं०] १. आगे या सामने का, अगला। २. प्रधान, मुख्य।

क्रि० वि० आगे, सामने।

अग्रगण्य वि० [सं०] १. गिनती में जिसका नाम सबसे पहले आता हो। २. सबसे अच्छा, श्रेष्ठ, उत्तम।

अग्रगति स्त्री० [सं०] आगे बढ़ने या प्रगति करने की प्रक्रिया। (एड्वांसमेंट्)

अग्रगामी(-मिन्) पुं० [सं०] वह जो सबके आगे चलता हो, औरों को अपने पीछे लेकर चलनेवाला।

अग्रज पुं० [सं०] बड़ा भाई।

वि० १. जो पहले उत्पन्न हुआ हो। २. श्रेष्ठ, उत्तम, अच्छा।

अग्रजा स्त्री० [सं०] बड़ी बहन।

अग्रणी पुं० [सं०] वह जो सबके आगे रहता हो, नायक, नेता, अगुआ।

वि० उत्तम, श्रेष्ठ।

अग्रणीत वि० [सं०] आगे लाया हुआ।

अग्रतः क्रि० वि० [सं०] १. आगे से, पहले से। २. आगे, पहले।

अग्रता स्त्री० [सं०] क्रम, समय, महत्त्व आदि के विचार से अग्र होने की अवस्था, प्रमुखता। (प्रिऑरिटी)

अग्रदान पुं० [सं०] १. देन या दातव्य धन पहले से दे देना। २. अग्रिम, पेशगी।

अग्रदूत पुं० [सं०] वह जो किसी से पहले आकर उसके आने की सूचना दे। (हेरल्ड)

अग्रदृष्टि स्त्री० [सं०] आगे की बात सोच या जान लेने की प्रतिभा। (फोरसाइट)

अग्रनयन पुं० [सं०] आगे ले जाना।

अग्रपूजा स्त्री० [सं०] किसी की वह पूजा जो औरों से पहले की जाए।

अग्रभाग पुं० [सं०] (मकान, सेना आदि का) आगे का या अगला भाग।

अग्रलेख पुं० [सं०] समाचार-पत्र में छपा सम्पादकीय लेख।

अग्रवर्ती (-वर्तिन्) वि० [सं०] सबसे आगे रहनेवाला।

अग्रवाल पुं० [हिं० आगरा+वाला] वैश्यों की एक जाति।

अग्रसर वि० अग्रशूल [सं०] [भाव० अग्रसरता] आगे बढ़ा हुआ।

पुं० १. नेता, अगुआ, प्रधान व्यक्ति, मुखिया। २. सामाजिक, धार्मिक और राजनीतिक आदि विचारों, व्यवहारों और कार्यों में औरों की अपेक्षा आगे बढ़ा हुआ और अधिक उदार, प्रगतिशील।

अग्रसारण पुं० [सं०] [वि० अग्रसारित, कर्ता अग्रसारी] १. आगे की ओर बढ़ाना। २. किसी का निवेदन, प्रार्थना आदि उचित आज्ञा के लिए अपने से बड़े अधिकारी के पास भेजना। (फॉरवर्डिंग)

अग्रसारित वि० [सं०] १. आगे बढ़ाया हुआ। २. किसी का निवेदन उचित आज्ञा आदि के लिए बड़े अधिकारी के पास भेजा हुआ। (फॉरवर्डिड)

अग्रसोची वि० [सं० अग्र+हिं० सोची=सोचनेवाला] भविष्य में होनेवाली बातों का पहले से ही विचार करनेवाला, दूरदर्शी।

अग्रहायण वि० [सं०] कार्तिक के बाद और पूस से पहले का महीना, अगहन।

अग्रहीत वि० [सं०] जिसे ग्रहण या स्वीकार न किया गया हो, अस्वीकृत।

अग्रांचल वि० [सं०] सामने का। (फ्रंटल)

अग्रांतर वि० [सं०] आगे का। (फार्वर्ड)

अग्रासन पुं० [सं०] सबसे आगे का या ऊँचा आसन जो किसी मान्य व्यक्ति को उसका आदर करने और उसके प्रति अपनी श्रद्धा दिखाने के लिए दिया जाता है।

अग्राह्य वि० [सं०] [भाव० अग्राह्यता] १. जिसे ग्रहण न किया जा सके। २. जो माना न जा सके।

अग्रिम वि० [सं०] १. वस्तु लेने से पहले चुकाया जानेवाला (मूल्य), अगाऊ, पेशगी। २. आगे आनेवाला, आगामी।

अघ पुं० [सं०] १. पाप, पातक। २. दुख। ३. व्यसन।

अघट[१] वि० [सं० अघटन] १. जो घटित न हो, न होनेवाला। २. दुर्घट, कठिन। ३. ठीक न बैठनेवाला, बेमेल।

अघट[२] वि० [हिं० अ+घट(घटना)] १. न घटनेवाला, कम न होनेवाला। २. सदा एक-सा रहनेवाला, एकरस।

अघटन पुं० [सं०] [वि० अघटित] न घटना या न होना।

अघटित[१] वि० [सं०] १. जो या जैसा पहले न हुआ हो, अभूतपूर्व। २. बिलकुल नया या अनोखा।

अघटित[२] वि० [हिं० अ+घट=घटना] जो किसी की तुलना में बहुत घटकर न हो।

अघभोजी (-जिन्) वि०, पुं० [सं०] पाप की कमाई खानेवाला, अधर्मी।

अघमर्षण वि० [सं०] पापों का नाश करनेवाला, पापनाशक।

अघवाना स० [हिं० अघाना] 'अघाना' का प्रेरणार्थक रूप, ऐसा काम करना जिससे कोई अघा जाए।

अघात[१]* पुं० दे० 'आघात'।

अघात[२] वि० [हिं० अघाना] बहुत, यथेष्ट से अधिक।

अघाट पुं० [?] वह भूमि जिसे बेचने का अधिकार उसके स्वामी को न हो।

अघातक वि० [सं०] जो घातक न हो।

अघाती (-तिन्) वि० [सं०] अघातक।
पुं० वह जो घात न करे।

अघाना अ० [सं० अग्रह] १. कोई वस्तु आवश्यकता से अधिक प्राप्त होने पर परम प्रसन्न और सन्तुष्ट होना। २. किसी काम से जी भर जाना, उकताना। ३. थकना।
स० १. ऐसा काम करना जिससे कोई वस्तु प्राप्त करके कोई परम सन्तुष्ट और प्रसन्न हो, सन्तुष्ट और तृप्त करना। २. थकाना।

अघाव पुं० [हिं० अघाना] अघाने की क्रिया या भाव, तृप्ति।

अघासुर पुं० [सं०] एक असुर जो कंस का सेनापति था और जिसे श्रीकृष्ण ने मारा था।

अघी (-घिन्) वि०, पुं० [सं०] पापी।

अघोर वि० [सं०] १. जो घोर या भीषण न हो। २. बहुत अधिक घोर।
पुं० १. शिव। २. अघोरपंथ।

अघोरपंथ पुं० [सं०] शिव का अनुयायी एक पन्थ या सम्प्रदाय। (इस सम्प्रदाय के लोगों का आचरण प्रायः बहुत वीभत्स होता है।)

अघोरपंथी (-थिन्) पुं० [सं०] अघोरपन्थ का अनुयायी, अघोरी, औघड़।
वि० अघोरपंथ-सम्बन्धी।

अघोरी पुं०, वि० दे० 'अघोरपंथी'।

अघोष पुं० [सं०] व्याकरण में घोष से भिन्न व्यंजन वर्ण-समूह जिसमें क, ख, च, छ, ट, ठ, त, थ, प, फ, श, स और ष हैं।

अघ्न्य वि० [सं०] जिसे मारा न जा सके।
पुं० ब्रह्मा।

अघ्रान* पुं० दे० 'आघ्राण'।

अघ्रानना* स० दे० 'सूँघना'।

अचंचल वि० [सं०] १. जो चंचल न हो, स्थिर। २. सौम्य, गंभीर।

अचंभव* पुं०=अचंभा।

अचंभा पुं० [सं० असंभव] १. विस्मय, आश्चर्य, ताज्जुब। २. विस्मयपूर्ण या आश्चर्यजनक बात।

अचंभित* वि० [हिं० अचम्भा से बना हुआ अशुद्ध रूप] जिसे अचम्भा या आश्चर्य हो, चकित।

अचंभो* पुं० दे० 'अचंभा'।

अचक वि० [?] भरपूर, बहुत अधिक।
पुं० भौचक्कापन, विस्मय, आश्चर्य।

अचकचाना अ० [हिं० अचक] भौंचक्का होना।

अचकन स्त्री० [सं० कंचुक] अंगे की तरह का एक लम्बा पहनावा।

अचकाँ क्रि० वि०=अचानक।

अचक्का† क्रि० वि०=अचानक।

अचक्षु वि० [सं० अचक्षुस्] अंधा।

अचगरा* वि० [?] नटखट, पाजी, दुष्ट।

अचगरी* स्त्री० [हिं० अचगरा] दुष्टता, पाजीपन, नटखटी।

अचना* स० [सं० आचमन] आचमन करना।

अचपल वि० [सं०] १. जो चपल न हो धीर, गम्भीर और शान्त। २. बहुत अधिक चपल या चंचल।

अचपली* स्त्री० [सं० अचपल] १. अचपल या अचंचल होने का भाव। २. बहुत चपलता के कारण किया जानेवाला कार्य, नटखटी, शरारत। ३. मनोविनोद के लिए की जानेवाली क्रीड़ा, किलोल, अठखेली।

अचमन पुं० दे० 'आचमन'।

अचर वि० [सं०] [भाव० अचरता] जो चलता न हो, स्थावर।

अचरज पुं०=आश्चर्य।

अचरा† पुं०=आँचल।

अचरित पुं० [सं०] उपवास।

अचल वि० [सं०] [वि० स्त्री० अचला, भाव० अचलता] १. जो अपने स्थान से हटे या चले नहीं। (इम्मूवेबुल) २. स्थिर, अटल, दृढ़।
पुं० पर्वत, पहाड़।

अचल संपत्ति स्त्री० [सं०] वह सम्पत्ति जो अपने स्थान पर अचल रूप से स्थित हो और कहीं हटाई-बढ़ाई न जा सकती हो, जैसे खेत, घर आदि। (इम्मूवेबुल प्रॉपर्टी)

अचल सुता स्त्री० [सं०] पार्वती।

अचला वि० स्त्री० [सं०] जो न चले, ठहरी हुई, स्थिर।
स्त्री० पृथ्वी।

अचवन* पुं० दे० 'आचमन'।

अचवना* स० [सं० आचमन] १. आचमन करना, पीना। २. भोजन के बाद हाथ-मुँह धोना और कुल्ला करना। ३. छोड़ देना।

अचवाना स० हिं० 'अचवना' का प्रे०।

अचाका* क्रि० वि० दे० 'अचानक'।

अचानक क्रि० वि० [सं० अज्ञानात्] एकबारगी, सहसा, अकस्मात्।

अचार[1] पुं० [फा०] मसालों के साथ तेल में या यों ही कुछ दिन रखकर खट्टा किया हुआ फल या तरकारी आदि।

अचार[2] पुं० दे० 'आचार'।

अचार[3] पुं० [सं० चार] चिरौंजी का पेड़।

अचारज* पुं०=आचार्य।

अचारी[1] स्त्री० [हिं० अचार] आम का एक प्रकार का अचार।

अचारी[2] वि० [सं० आचार] वह जो धार्मिक आचार-विचार का पूरा-पूरा ध्यान रखता और पालन करता हो, आचारवान।

अचालक वि० [सं०] जिसमें से विद्युत न प्रवाहित होती हो। (नॉन-कॉन्डक्टर)

अचाह स्त्री० [हिं० अ+चाह] [वि० अचाहा] चाह या इच्छा न होना।

वि० जिसे चाह या इच्छा न हो।

अचाहा वि० [हिं० अचाह] जिसे चाहा न गया हो।

अचाही* वि० [हिं० अ+चाह] जिसे किसी बात की चाह या इच्छा न हो, निस्पृह।

अचिंत[†] वि० १. अचिंतनीय। २. अचिंत्य।

अचिंतनीय वि० [सं०] जो ध्यान में न आ सके, अज्ञेय, दुर्बोध।

अचिंत्य वि० [सं०] १. जिसका चिन्तन न हो सके, अज्ञेय, कल्पनातीत। २. जिसका अन्दाजा न हो सके, अतुल। ३. आशा से अधिक। ४. आकस्मिक।

अचिकित्स्य वि०[सं०] १. (रोग) जिसकी चिकित्सा न हो सके। २. (रोगी) जो चिकित्सा से नीरोग न किया जा सके।

अचिकीर्षु वि० [सं०] इच्छाविहीन, अकाम।

अचित, अचित् वि० [सं०] अचतेन, जड़।

अचित्त वि० [सं०] जिसे ज्ञान न हो।

अचित्ति स्त्री० [सं०] ज्ञान का अभाव।

अचित्र वि० [सं०] चित्र या चित्रों से रहित।

अचिर क्रि० वि० [सं०] [भाव० अचिरता] १. शीघ्र, जल्दी। २. तुरन्त, तत्काल, उसी समय।

वि० १. थोड़ा, अल्प। २. थोडे समय तक रहनेवाला।

अचिरात, अचिरात् क्रि० वि० [सं०] १. तुरन्त, तत्काल, जल्दी।

अचीर वि० [सं०] जिसके शरीर पर वस्त्र न हो।

अचूक वि० [सं० अच्युत] १. न चूकनेवाला। २. अपना प्रभाव या फल अवश्य दिखानेवाला। ३. भ्रमरहित, ठीक, पक्का।

क्रि० वि० १. सफाई से, कौशल से। २. निश्चय ही, अवश्य, जरूर।

अचेत वि० दे० 'अचेतन'।

अचेतन वि० [सं०] १. जिसमें चेतना, ज्ञान या संज्ञा न हो। २. बेहोश। ३. जिसमें जीवन या प्राण न हो, जड़, 'चेतन' का उलटा।

अचेतनीकरण पुं० [सं०] अचेत करने की क्रिया या भाव।

अचेष्ट वि० [सं०] जिसमें कोई चेष्टा या गति न हो, जो हिलता-डुलता न हो।

अचेष्टित वि० [सं०] जिसके लिए कोई चेष्टा या प्रयत्न न हुआ हो।

अचैतन्य वि० [सं०] जिसमें चेतना या चैतन्य न हो।

अचैन* पुं० [हिं० अ+चैन] चैन या सुख-शान्ति का अभाव।

वि० जिसे चैन न मिल रहा हो, विकल, व्याकुल।

अचैना[†] पुं० [?] जमीन में गड़ा लकड़ी का वह खूँटा जिसपर टोके से चारा काटा जाता है।

अचोना* पुं० [हिं० आचमन] वह बरतन जिसमें हाथ-मुँह धोते या कुल्ला करते हैं।

स० आचमन करना।

अच्छ* वि० [सं०] १. स्वच्छ, निर्मल। २. शुद्ध

पुं० दे० 'अक्ष'।

अच्छक* वि० [हिं० अ+छकना=तृप्त होना] जो छका या तृप्त न हुआ हो, अतृप्त।

अच्छत* वि० पुं० दे० 'अक्षत'।

अच्छधारि* स्त्री० [सं० अक्ष+धारा] अक्षकुमार की सेना।

अच्छर* वि० पुं० दे० 'अक्षर'।

अच्छरा* स्त्री० दे० 'अप्सरा'।

अच्छा वि० [सं० अच्छ] १. उत्तम, बढ़िया; अच्छे से अच्छा=बहुत अच्छा। २. स्वस्थ, तन्दुरुस्त, नीरोग।

मुहा० *अच्छा कर देना*=नीरोग कर देना।

३. भला, व्यवहारशील; जैसे यहाँ के लोग अच्छे हैं। ४. संपन्न और सुखी; जैसे गाँव की अपेक्षा हम यहाँ बहुत अच्छे हैं।

क्रि० वि० अच्छी तरह, खूब।

मुहा० *अच्छा आना*=ठीक या उपयुक्त अवसर पर न आना; जैसे—वह अच्छा आया। (व्यंग्य)

अच्छाई स्त्री० [हिं० अच्छा+आई] १. अच्छापन। २. अच्छी बात।

अच्छापन पुं० [हिं० अच्छा+हिं० पन] अच्छे होने का भाव, उत्तमता।

अच्छि* स्त्री० [सं० अक्ष] आँख, नेत्र।

अच्छिन्न* वि० [सं०] १. पूर्ण। २. अटूट।

अच्छे क्रि० वि० [हिं० अच्छा] अच्छी या ठीक तरह से।

मुहा० *अच्छे आना*=न आना; जैसे—वह अच्छे भाई! (व्यंग्य रूप में प्रयुक्त)

पुं० बहु० १. बड़े आदमी, श्रेष्ठ पुरुष। २. गुरुजन, बड़े-बूढ़े।

अच्छेद्य वि० [सं०] १. जिसे छेदा न जा सके। २. अविभाज्य।

अच्युत वि० [सं०] १. जो अपने स्थान से च्युत न हो, अटल। २. शाश्वत। ३. भूल या त्रुटि न करनेवाला।
पुं० विष्णु या उसका कोई अवतार।

अच्युतानंद पुं० [सं०] वह जो सदा आनंद में रहता हो।

अछत[1] क्रि० वि० [सं० असत् या हिं० 'आछना' का कृदन्त रूप] १. रहते हुए। २. उपस्थिति में।

अछताना अ० हिं० 'पछताना' का अनु० जैसे अछताना-पछताना।

अछन* पुं० [सं० अ+क्षण] बहुत दिन, दीर्घकाल, चिरकाल।
क्रि०वि० धीरे-धीरे, ठहर-ठहरकर।

अछना* अ० [सं० अस्ति] विद्यमान रहना, मौजूद होना, रहना।

अछरा* स्त्री० दे० 'अप्सरा'।

अछरी* स्त्री० दे० 'अप्सरा'। २. दे० 'अक्षरी'।

अछरौटी स्त्री० दे० 'अखरौटी'।

अछवाई* स्त्री० [हिं० अच्छा] १. अच्छापन, अच्छाई। २. अच्छी बात, अच्छाई। ३. स्वच्छता, सफाई।

अछवाना* स० [सं० अच्छ = साफ] १. साफ करना। २. सँवारना।

अछवानी* स्त्री० [हिं० अजवायन] कुछ मसालों को पीसकर घी में पकाया हुआ चूर्ण जो प्रसूता स्त्रियों को पिलाते हैं।

अछाम* वि० [हिं० अ+क्षाम] खूब मोटा, बड़ा या भारी।

अछियार* वि० [हिं० अच्छा] १. देखने में अच्छा। २. सुंदर।

अछूत वि० [सं० अ=नहीं+हिं० छूत] १. अछूता, अस्पृश्य। २. जो काम में न लाया गया हो, नया, ताजा। ३. जिसे अपवित्र मानकर लोग न छूते हों, अस्पृश्य।

अछूता वि० [सं० अ=नहीं+हिं० छूत=छुआ हुआ] [स्त्री० अछूती] १. जिसे अभी तक किसी ने न छुआ हो, अस्पृश्य। २. जो काम में न लाया गया हो, नया, कोरा, ताजा। ३. जिस पर अभी तक किसी ने विचार या विवेचन न किया हो, जैसे अछूता विषय।

अछूतोद्धार पुं० [हिं० अछूत+सं० उद्धार] अछूतों या अन्त्यजों का उद्धार। (अशुद्ध यौगिक)

अछेद* वि० [सं० अछेद्य] जो छेदा न जा सके, अभेद्य।
पुं० भेद, भिन्नता आदि का अभाव।

अछेद्य वि० [सं०] जो छेदा न जा सके।

अछेव* वि०=निष्कलंक।

अछेह* क्रि० वि०=निरंतर।

अछोर* वि० [हिं० अ+छोर] १. अनन्त, असीम। २. बहुत अधिक।

अछोह* पुं० [हिं० अ+छोह] छोह या प्रेम का न होना।
वि० जिसमें प्रेमभाव न हो, रूखा या निर्दय।

अज वि० [सं०] [स्त्री० अजा] जिसका जन्म न हुआ हो, बल्कि जो आपसे आप हुआ हो, जैसे ईश्वर।
पुं० [सं०]१. ईश्वर। २. ब्रह्म। ३. बकरा।

अजगर पुं० [सं०] एक प्रकार का बहुत बड़ा और मोटा साँप।

अजगव पुं० [सं०] शिव का धनुष, पिनाक।

अजगुत* पुं० [सं० अयुक्त] अद्‌भुत या विलक्षण बात।

अजगुतहाया* वि० [हिं० अजगुत+हाया (प्रत्य०)] विलक्षण, अनोखा।

अजगैबी वि० [फा० अज+अ० गैब] १. छिपा हुआ, गुप्त। २. अचानक होनेवाला, आकस्मिक।

अजन वि० [अ०] १. अज्ञात, अपरिचित। २. नया आया हुआ।
पुं० परदेसी।

अजनबी वि० [अ०] [भाव० अजनबीपन] दूर का, पराया या अपरिचित।
पुं० अपरिचित या पराया व्यक्ति।

अजन्मा वि० [सं०] जो हो तो सही, पर बिना जन्म लिए हो, जैसे ईश्वर। २. जारज, दोगला।

अजपा वि० [सं०] १. जिसका जोर-जोर से जप न किया जाए। २. जो जपा न जाए। ३. जो जप न करे।
पुं० तान्त्रिकों का एक प्रकार का मन्त्र जिसका जप नहीं किया जाता, मन ही मन ध्यान मात्र किया जाता है।

अजब वि० [अ०] विलक्षण, अद्‌भुत, विचित्र, अनोखा।

अजमानतीय वि० [सं० अ (उप०)+फा० ज़मानत+सं० ईय (प्रत्य०)] जिसकी जमानत न हो सके।

अजमाना* स०=आजमाना।

अजमुख वि० [सं०] जिसका मुँह बकरे जैसा हो।
पुं० दक्ष प्रजापति।

अजय पुं० [सं०] पराजय, हार।
वि० जो जीता न जा सके, अजेय।

अजया स्त्री० [सं०] भाँग।

अजर वि० [सं०] [भाव० अजरता] जिसे जरा या बुढ़ापा न आए, सदा ज्यों-का-त्यों रहनेवाला।

अजरायल* वि० [सं० अजर] दृढ़ और स्थायी, पक्का।

अजराल वि० दे० 'अजरायल'।

अजल वि० [सं०] जिसमें जल का अंश न हो।

अजलित वि० [सं०] जलरहित।

अजवायन स्त्री० [सं० यवानिका] एक पौधा जिसके सुगन्धित बीज मसाले और दवा के काम में आते हैं, यवानी।

अजस* पुं० [सं० अयश] अपयश, अपकीर्ति, बदनामी।

अजसी* वि० [हिं० अजस] १. जिसे अच्छा काम करने पर भी यश न मिलता हो। २. लोक में जिसका अपयश फैला हो, बदनाम।

अजस्र वि० [सं०] [भाव० अजस्रता] बहुत अधिक, अपरिमित।
क्रि० वि० लगातार, निरन्तर।

अजहत् लक्षणा स्त्री० [सं०] लक्षणा का एक भेद जिसमें शब्द अपने वाच्यार्थ से अधिक प्रकट करता है।

अजहुँ, अजहूँ क्रि० वि० [हिं० आज+हूँ (प्रत्य०)] अभी तक, इस समय तक।

अजा स्त्री० [सं०] १. बकरी, २. दुर्गा।

अजागलस्तन पुं० [सं०] १. बकरी के गले में लटकनेवाला स्तन के सदृश मांसपिंड। २. निरर्थक पदार्थ।

अजाचक* वि० [सं० अ+याचक] जो कभी किसी से कुछ न माँगता हो।

अजात[1] वि०, पुं० [सं०]१. जो हो तो, पर जिसका जन्म न हुआ हो। २. जो अभी तक जनमा न हो।

अजात[2] वि० [सं० अ+जाति] १. जिसकी कोई जाति न हो। २. जाति से निकाला हुआ।

अजातशत्रु पुं० [सं०] जिसका कोई शत्रु न हो।
पुं० १. राजा युधिष्ठिर का एक नाम। २. मगध के राजा बिम्बिसार का पुत्र जो गौतम बुद्ध के समय में हुआ था।

अजाति वि० [सं० अ+जाति] जाति से निकाला हुआ, पंक्तिच्युत।

अजाद वि०=आजाद।

अजादी स्त्री०=आजादी।

अजान वि० [हिं० अ+जानना] १. जो न जाने, अनजान, अबोध, नासमझ। २. अपरिचित, अज्ञात।
पुं० अज्ञान, अनभिज्ञता।

अजानता* स्त्री०=अज्ञान।

अजान बीरो पुं० [हिं० अजान? बीरो=पौधा] एक प्रकार का पौधा।

अजाना वि० [हिं० अ+जानना] जिसकी जानकारी न हुई हो, अज्ञात।
पुं० वह जिसे जानते न हों; उदा० अजाने को जानने के लिए उसके बारे में पहले कुछ सुनना या पढ़ना पड़ता है। विष्णुकांत शास्त्री।

अजाने क्रि० वि०=अनजाने।

अजाय* वि० [अ=नहीं+फा० जा] बेजा, अनुचित।

अजायब घर पुं० [अ० अजायब+हिं० घर] वह स्थान जिसमें अनेक प्रकार की अद्‌भुत, विलक्षण और कला-कौशल की वस्तुएँ जन-साधारण के देखने के लिए स्थायी रूप से रखी रहती हैं, कौतुकालय। (म्यूजियम)

अजार* पुं० [फा० आज़ार] बीमारी।

अजिऔरा* पुं० [हिं० आजी+सं० पुर] आजी या दादी के पिता का घर।

अजित वि० [सं०] जिसे जीत न सकें।

अजितेंद्रिय वि० [सं०] जो अपनी इंद्रियों को वश में न रख सका हो, असंयमी।

अजिन पुं० [सं०] खाल, चर्म।

अजिया वि० [हिं० आजी] आजी-सम्बन्धी; जैसे—अजिया सास।

अजिर पुं० [सं०] १. आँगन, सहन। २. वायु, हवा। ३. शरीर। ४. इन्द्रियों का विषय।

अजी विस्मयादि० [सं० अयि या हिं० ऐ जी] सम्बोधन का शब्द, हे जी।

अज़ीज़ वि० [अ०] प्रिय, प्यारा।

अजीत वि०=अजित।

अजीब वि० [अ०] विलक्षण, विचित्र, अनोखा, अनूठा।

अजीबोगरीब वि० [अ० अजीब-व-ग़रीब] अत्यंत विचित्र।

अजीम वि० [अ० अज़ीम] विशाल।

अजीरन[1] पुं०=अजीर्ण।

अजीर्ण पुं० [सं०] १. वह रोग जिसमें भोजन नहीं पचता, अपच, बदहजमी। २. किसी वस्तु का इतना अधिक हो जाना कि वह सँभाली न जा सके।
मुहा० *अजीर्ण हो जाना*=अपच हो जाना।
वि० जो जीर्ण या पुराना न हो, नया।

अजीव पुं० [सं०] जीवतत्त्व से रहित या भिन्न, जड़ पदार्थ।
वि० बिना प्राण का, मृत।

अजुगति* स्त्री० [सं० अयुक्त] विलक्षण या अनहोनी बात।

अजूजा* पुं० [देश०] बिज्जू की तरह का एक जानवर जो मुरदे खाता है।

अजूझ* पुं०=शुद्ध।

अजूबा पुं० [अ०अजूबः] [भाव०अजूबापन] आश्चर्यचकित करनेवाली चीज या बात।

अजूरा[1] वि० [हिं० अ+जुड़ना] जो जुड़ा न हो, अलग।

अजूरा[2] पुं० [अ०] १. मजदूरी। २. भाड़ा।

अजूह* पुं० [सं० युद्ध] युद्ध, लड़ाई।

अजेय वि० [सं०] [भाव० अजेयता] जिसे कोई जीत न सके, अपराजेय।

अजैव वि० [सं०] जिसका जीव से सम्बन्ध न हो या जो जीवन से युक्त न हो। (इन-आर्गेनिक)

अजोग* पुं० [हिं० अ+योग] बुरा या खराब योग।
वि०=अयोग्य।

अजोरी* क्रि०वि० [हिं० अ+अ० ज़ोर] बलपूर्वक।

अजौं* क्रि० वि० [सं० अद्य] अब तक।

अज्ञ वि० [सं०] [भाव० अज्ञता] जो कुछ जानता न हो या जिसे कुछ आता न हो, मूर्ख, नासमझ।

अज्ञा* स्त्री०=आज्ञा।

अज्ञात वि० [सं०] १. जो जाना हुआ न हो, बिना जाना। २. छिपा हुआ, गुप्त। ३. जिसको किसी प्रकार जान न सकें, अगोचर।

अज्ञातनाम वि० [सं०] १. जिसका नाम विदित न हो। २. अविख्यात।

अज्ञातयौवना स्त्री० [सं०] वह मुग्धा नायिका जिसे अपने यौवन के आगमन का ज्ञान न हो।

अज्ञातवास पुं० [सं०] ऐसे स्थान पर रहना जिसका कोई पता न पा सके, छिपकर रहना।

अज्ञाता स्त्री० [सं०] अज्ञात यौवना।

अज्ञान पुं० [सं०] १. ज्ञान या बोध का अभाव। २. जड़ता, मूर्खता। ३. जीवात्मा को गुण और गुण के कार्यों से पृथक् न समझने का अविवेक। (अध्यात्म) ४. किसी विषय का ज्ञान या परिचय न होना, ज्ञान आदि का अभाव। (इग्नोरेन्स)
वि० [भाव० अज्ञानता] मूर्ख, नासमझ।

अज्ञानता स्त्री० [सं०] १. 'अज्ञान' का भाव, धर्म या गुण। २. किसी बात से परिचित न होने का भाव। ३. मूर्खता, नासमझी।

अज्ञानी(-निन्) वि० [सं०] मूर्ख, नासमझ।

अज्ञेय वि० [सं०] [भाव० अज्ञेयता] जो समझ में न आ सके, ज्ञानातीत, अबोधगम्य।

अज्ञेयवाद पुं० [सं०] यह सिद्धान्त कि दृश्य जगत से परे जो कुछ है, वह जाना नहीं जा सकता। (एग्नॉस्टिसिज़्म)

अझर* वि० [हिं० अ=नहीं+झर] १. जो न झरे, जो न गिरे। २. जो न बरसे (बादल)।

अझूना* वि० [हिं० अ+सं० जीर्ण] जो जीर्ण न होता हो, ज्यों-का-त्यों रहनेवाला, स्थायी।

अटंबर पुं० [सं० अट्ट+फा० अंबार] अटाला, ढेर, राशि।

अट[1] स्त्री० [हिं० अटक] बन्ध, शर्त।

अटक स्त्री० [हिं० अटकना] १. अटकने की क्रिया या भाव। २. रोक, रुकावट। ३. अड़चन, बाधा। ४. संकोच।

अटकन* स्त्री०=अटक।

अटकना अ० [सं० हत+हिं० क+ना] [स० अटकाना] १. चलते-चलते रुकना, अड़ना। २. फँसकर रुकना। ३. झगड़ा करना।

अटकर* स्त्री०= अटकल।

अटकल स्त्री० [?] अनुमान, अन्दाज।

अटकलपच्चू वि० [हिं० अटकल] केवल अटकल या अनुमान से सोचा या समझा हुआ।

अटकलबाजी स्त्री० अनुमान लगाने की क्रिया या भाव।

अटका पुं० [हिं० अटकना] १. बाधा, कठिनाई। २. जगन्नाथ को चढ़ाया जानेवाला आटा, भात और धान।
मुहा० *अटका चढ़ाना*=जगन्नाथ जी को आटा, भात, धान आदि चढ़ाना।

अटकाना स० [हिं० अटकना] १. रोकना, ठहराना। २. अड़ाना, फँसाना। ३. पूरा करने में विलम्ब करना।

अटकाव पुं० [हिं० अटकना] १. अटकने की क्रिया या भाव। २. रोक, रुकावट, प्रतिबन्ध। ३. बाधा, विघ्न।

अटखट* वि० दे० 'अट्टसट्ट'।
क्रि० वि० निरा, बिलकुल।

अटट क्रि० वि० निरा, बिलकुल।

अटन पुं० [सं०] घूमना, फिरना।

अटना[1] अ० [सं० अटन] १. घूमना, फिरना। २. यात्रा करना, सफर करना।

अटना[2] अ० [हिं० ओट] आड़ करना, ओट करना, छेकना।

अटना[3] अ० दे० 'अँटना'।

अटपट, अटपटा वि० [अनु०] [भाव० अटपटापन, अटपटी] १. बेठिकाने का, बेसिर-पैर का। २. विकट, कठिन। ३. असंगत, असम्बद्ध, जैसे अटपट बानी।

अटपटाना अ० [हिं० अटपट] १. अटकना, लड़खड़ाना। २. गड़बड़ाना, चूकना। ३. हिचकना, संकोच करना।

अटपटी* स्त्री० [हिं० अटपट] नटखटी, शरारत, अनरीति।

अटब्बर* पुं० [सं० आडम्बर] १. आडम्बर। २. दर्प।

अटरम-सटरम पुं० [अनु०]=अंडबंड।

अटर्नी पुं० [अं०] वकील।

अटल वि० [हिं० अ+टलना] [भाव० अटलता] १. जो अपने स्थान से हटे या टले नहीं, स्थिर। २. दृढ़, पक्का। ३. अवश्य होनेवाला।

अटवाटी-खटवाटी[†] स्त्री० [हिं० खाट] खाट, बिस्तर आदि सोने का सामान।

अटवी स्त्री० [सं०] १. जंगल, बन। २. मैदान।

अटा[1] स्त्री० दे० 'अटारी'।

अटा[2]* स्त्री० [हिं० अट्टाल] १. राशि। २. समूह; उदा० हाथिन की अटा घन घटा सी अरति है।—केशव

अटाउ* पुं० [हिं० अटक] १. वैमनस्य, द्वेष, वैर, विरोध, बिगाड़। २. पाजीपन, दुष्टता, शरारत।

अटाटी-खटाटी स्त्री० [अनु०+हिं०खाट] बिना बिस्तर की खटिया, नंगी खाट।

अटाटूट वि० [सं० अट्ट] बहुत अधिक।
क्रि० वि० एक दम से, बिल्कुल, परम।

अटारी स्त्री० [सं० अट्टाली] घर का ऊपरी भाग, कोठा।

अटाल, अटाला पुं० [सं०अट्टाल] ढेर, राशि।

अटित[1] वि० [सं० अटन] घुमावदार।

अटित[2] वि० [सं० अटा] अटारियों या ऊँचे मकानों से युक्त (नगर)।

अटीक वि० [हिं० सटीक का अनु०] जो ठीक न हो, गलत या अनुचित।

अटूट वि० [सं० अ=नहीं+हिं० टूटना] १. न टूटने योग्य, दृढ़, पुष्ट, मजबूत। २. लगातार, निरंतर।
क्रि० वि० लगातार।

अटेरन स्त्री० [सं० अति+ईरण] [क्रि० अटेरना] १. सूत की आँटी बनाने का लकड़ी का एक उपकरण। २. घोड़े को कावा या चक्कर देने की एक रीति।

अटेरना स० [हिं० अटेरन] १. अटेरन से सूत की आँटी बनाना। २. मात्रा से अधिक मद्यपान करना।

अट्ट पुं० [द्रविड से ग्रहीत सं०] १. बड़ा मकान, भवन। २. अटारी, कोठा। ३. हाट, बाजार।
वि० ऊँचा, उच्च।

अट्टसट्ट वि० [अनु०] अंडबंड, ऊटपटाँग।

अट्टहास पुं० [सं०] खूब जोर की हँसी, ठहाका।

अट्टालिका स्त्री० [सं०] १. बड़ा और ऊँचा मकान। २. अटारी, कोठा।

अट्टी स्त्री० [हिं० अंठी] अटेरन पर लपेटा हुआ सूत या ऊन, पूला, लच्छा।

अठंग* पुं० [सं० अष्टांग] योग, जिसके आठ अंग माने गए हैं।

अठ वि० [सं० अष्ट] दे० 'आठ' (यौगिक शब्दों के आरम्भ में, जैसे अठपहलू)।

अठखेली स्त्री० [सं० अष्टकेलि] १. विनोद, क्रीड़ा। २. चपलता, चुलबुलापन। ३. छेड़छाड़।

अठन्नी स्त्री० [हिं० आठ+आना] १. आठ आने का पुराना सिक्का। २. पचास पैसे का सिक्का।

अठपहला वि० [हिं० आठ+पहल=पार्श्व] आठ पहलोंवाला।

अठपाव* पुं० [सं० अष्टवाद] उपद्रव, ऊधम, शरारत।

अठपेजी वि० [हिं० आठ+अं० पेज=पृष्ठ] (पुस्तकों आदि की छपाई में) जो कागज के एक ताव या तख्ते को चार बार मोड़कर आठ पृष्ठों के रूप में लाया गया हो।

अठमासा वि० [सं० अष्टमास] जो आठ महीने गर्भ में रहा हो।

पुं० १. सीमन्त संस्कार। २. वह खेत जो आषाढ़ से माघ तक समय-समय पर जोता जाए और जिसमें ईख बोई जाए।

अठलाना अ० [हिं० इठलाना] १. ऐंठ दिखलाना, इतराना। २. चोचला करना, नखरा करना। ३. मदोन्मत्त होना, मस्ती दिखाना। ४. जान-बूझकर अनजान बनना।

अठवना* अ० [सं० अस्थान] १. अपने ठीक और पूरे रूप तक पहुँचना, जमना। २. ठनना।

अठवाँसा वि०, पुं० दे० 'अठमासा'।

अठवारा पुं० [हिं० आठ+सं० वार] आठ दिन का समय।

अठसिल्या* स्त्री० [सं० अष्टशिला] राजा, देवता आदि का सिंहासन।

अठाई* वि०, पुं० [सं० अष्टवादी] उत्पाती, नटखट, उपद्रवी।

अठान पुं० [सं० अ=नहीं+हिं० ठानना] १. न ठानने योग्य कार्य, अनुचित या कठिन काम। २. वैर, शत्रुता। ३. झगड़ा।

अठाना[१] स० [सं० अट्ट=वध करना] सताना, पीड़ित करना।

अठाना[२] स० [हिं० ठानना] मचाना, ठानना।

अठोतर सौ वि० [सं० अष्टोत्तरशत] एक सौ आठ, सौ और आठ।

अड़ंग-बडंग वि० [अनु०] = अंटशंट।

अड़ंगा पुं० [हिं० अड़ाना+टाँग] १. टाँग अड़ाने का काम। २. बाधा, रुकावट।

अड़ंगेबाज पुं० [हिं० अड़ंगा+फा. बाज़] अड़ंगा या अड़ंगे लगाने वाला, बाधक।

अड़ंगेबाजी स्त्री० [हिं० अड़ंगा+फा. बाज़ी] अड़ंगे लगाने की क्रिया या भाव।

अडंड* वि० [सं० अ+दंड्य] १. जिसे दंड न दिया जा सकता हो। २. जिसे दंड देना उचित न हो।

अडंबर* पुं० [हिं० अंबर-डंबर] सूर्योदय या सूर्यास्त के समय सूर्य की किरणों के कारण बादलों में दिखाई देनेवाली लाली।

पुं० दे० 'आडंबर'।

अड़ स्त्री० [सं० हठ] हठ, जिद।

अड़गड़ा पुं० [अनु०] १. बैल-गाड़ियों के ठहरने का स्थान। २. बैलों या घोड़ों की बिक्री का स्थान।

अड़चन स्त्री० [हिं० अड़ना+चलना] १. बाधा, विघ्न। २. कठिनता।

अड़चल स्त्री० दे० 'अड़चन'।

अड़तल स्त्री० [हिं० अड़=हठ+फा० दार (प्रत्य०)] १. दुराग्रही, हठी। २. चलते समय बीच-बीच में रुकनेवाला, अड़ियल। ३. घमंडी, अभिमानी। ४. मतवाला, मत्त, मस्त।

अड़ना अ० [सं० अल=वारण करना] १. रुकना, ठहरना। २. हठ करना।

अड़बंग* वि० [हिं० अड़+सं० वक्र] १. टेढ़ा-मेढ़ा, अटपट। २. विकट, कठिन। ३. विलक्षण।

अडर* वि० [सं० अ+हिं० डर] निडर, निर्भय, बेडर।

अड़हुल पुं० [सं० ओड़+फुल्ल] देवीफूल, जवापुष्प।

अड़ाड़ पुं० दे० 'अराड़'।

अड़ान स्त्री० [हिं० अड़ना] १. अड़ने या रुकने की जगह। २. अड़ने की क्रिया या भाव। ३. पड़ाव।

अड़ाना स० [हिं० अड़ना] १. टिकाना, रोकना, ठहराना, अटकाना। २. टेकना, डाट लगाना। ३. कोई वस्तु बीच में देकर गति रोकना। ४. ठूसना, भरना। ५. गिराना, ढरकाना।

पुं० १. एक राग। २. वह लकड़ी जो गिरती हुई छत या दीवार आदि को गिरने से बचाने के लिए उसके नीचे लगाई जाती है, डाट, चाँड़।

अड़ायता* वि० [हिं० आड़] १. आड़ या ओट करनेवाला। २. अपनी शरण में रखकर रक्षा करनेवाला।

अड़ार[१] पुं० [सं० अट्टाल=बुर्ज] १. समूह, राशि, ढेर। २. बिक्री के लिए रखा हुआ ईंधन का ढेर। ३. लकड़ी या ईंधन की दुकान। ४. किनारा, तट।

अड़ार[२] वि० [सं० अराल] टेढ़ा, तिरछा।

अड़ारना* स० दे० 'डालना'।

अड़ासा पुं० [हिं० अड़ाना] पहिए की गति रोकने के लिए लगाया जानेवाला उपकरण।

अडिग वि० [हिं० अ+डिगना] अपने स्थान से न डिगने या न हटनेवाला, अटल।

अड़ियल वि० [हिं० अड़ना] [भाव० अड़ियलपन, अड़ियलपना] १. अड़ी अर्थात् हठ करनेवाला, अड़कर चलनेवाला, चलते-चलते रुक जानेवाला। २. जिसे मनाना सहज न हो, अपने हठ पर बना रहनेवाला। ३. सुस्त, मट्ठर।

अड़ी स्त्री० [हिं० अड़ना] १. जिद, हठ, आग्रह। २. रोक। ३. जरूरत का वक्त या मौका।

अडीठ* वि० [हिं० अ+डीठ] १. जो दिखाई न दे। २. छिपा हुआ, गुप्त।

अडूलना स० [सं० उत्=ऊँचा+इल=फेंकना] जल आदि का ढालना, उँडेलना।

अडूसा पुं० [सं० अटरूष] एक पौधा जिसके फूल और पत्ते दवा के काम में आते हैं।

अडैतो* वि० दे० 'अड़ायता'।

अडोल वि० [सं० अ=नहीं+हिं० डोलना] १. जो हिले नहीं, अटल, स्थिर। २. स्तब्ध, चकित।

अड़ोस-पड़ोस पुं० [हिं० पड़ोस] अपने घर के आस-पास के घर, भवन आदि।

अड़ोसी-पड़ोसी पुं० घर के आस-पास रहनेवाला।

अड्डा पुं० [सं० अट्टा=ऊँची जगह] १. टिकने की जगह, ठहरने का स्थान। २. कुछ लोगों के मिलने या इकट्ठा होने की जगह। ३. केन्द्र-स्थान, प्रधान स्थान। ४. चिड़ियों के बैठने के लिए लकड़ी या लोहे का बना हुआ ढाँचा या छड़। ५. कबूतरों की छतरी। ६. कारीगरों के बैठकर काम करने की जगह। ७. करघा।

अड्डेबाज पुं०=बैठकबाज।

अड्डेबाजी स्त्री०=बैठकबाजी।

अढ़तिया पुं० [हिं० आढ़त] १. वह दुकानदार जो ग्राहकों या महाजनों को माल खरीदकर भेजता और उनका माल मँगाकर बेचता हो, आढ़त करनेवाला। २. दलाल।

अढ़वना* स० [सं० आज्ञापन] किसी से कोई काम करने के लिए कहना, किसी को किसी काम के लिए नियुक्त करना।

अढ़वायक* पुं० [?] वह जो औरों से काम कराता हो।

अढ़ाई वि० [सं० सार्द्ध द्वि पुं० साड्ढदुई] संख्या में दो और आधा।

मुहा० *अढ़ाई चावल की खिचड़ी अलग पकाना*=(क) अपना अलग राग अलापना। (ख) अपना छोटा-मोटा संघटन अलग बनाना।

अणिमा स्त्री० [सं०] अष्ट सिद्धियों में पहली सिद्धि जिससे योगी लोग किसी को दिखाई नहीं पड़ते।

अणु पुं० [सं०] १. साठ परमाणुओं का एक प्राचीन मान। (विशेष दे० 'परमाणु') २. किसी वस्तु का बहुत ही छोटा टुकड़ा या कण। ३. रजकण। ४. सूक्ष्म मात्रा।

वि० १. अति सूक्ष्म, अत्यन्त छोटा। २. जो दिखाई न दे।

अणुजीव पुं० [सं०] प्राणि या वनस्पति वर्ग का बहुत ही छोटा जीव जो केवल सूक्ष्मदर्शी यंत्र से ही दिखाई दे। (माइक्रोब)

अणुबम पुं० [सं० अणु+अं० बॉम्ब] एक प्रकार का परम भीषण बम (गोला)।

अणुवाद पुं० [सं०] [वि० अणुवादी] १. वह दर्शन या सिद्धान्त जिसमें जीव या आत्मा अणु माना गया हो। २. वैशेषिक दर्शन।

अणुवादी (-दिन्) पुं० [सं०] वह जो अणुवाद का सिद्धान्त मानता हो।

अणुवीक्षण पुं०[सं०] १. सूक्ष्मदर्शक यन्त्र, खुर्दबीन। २. बाल की खाल निकालना, छिद्रान्वेषण।

अतंक* पुं० दे० 'आतंक'।

अतत वि० [सं०] जो फैला न हो।

अतद्गुण पुं० [सं०] साहित्य में एक अलंकार जिसमें किसी वस्तु के अपने पास की दूसरी वस्तु के गुण न ग्रहण करने का उल्लेख होता है।

अतनु पुं० [सं०] कामदेव।

अतरक* वि०=अतर्क्य।

अतर्कित वि० [सं०] १. जिसका पहले से अनुमान या कल्पना न हो। २. आकस्मिक। ३. अचानक आ पड़ने-वाला, जैसे अतर्कित व्यय।

अतर्क्य वि० [सं०] जिसके विषय में तर्क न हो सके।

अतल पुं० [सं०] सात पातालों में दूसरा पाताल।

अतलस्पर्शी वि० [सं०] अतल को छूनेवाला, अत्यन्त गहरा, अथाह।

अतलांतक पुं० [अं० एटलान्टिक] अफ्रीका और अमेरिका के बीच का महासमुद्र।

अतवान† वि० [सं० अति] बहुत, अधिक।

अताई वि० [अ०] १. दक्ष, कुशल, प्रवीण। २. धूर्त, चालाक। ३. जो किसी काम को बिना सीखे हुए करे।

अतार्किक वि० [सं०] जो तर्क पर आधारित न हो, तर्कविहिन।

अति वि० [सं०] बहुत, अधिक।

स्त्री० अधिकता, ज्यादती।

उप० एक उपसर्ग जो कुछ शब्दों के पहले लगकर ये अर्थ देता है : (क) औचित्य या आवश्यकता से अधिक, जैसे अति-उत्पादन। (ख) नियमित, नियत, साधारण या मध्यक से अधिक, जैसे अतिजीवन। (ग) साधारण के सिवा, अतिरिक्त, जैसे अतिमुद्रण।

अतिकामी वि० [सं० अति+कामी] जिसमें अत्यधिक काम-वासना हो।

अतिकाय वि० [सं०] भारी-भरकम, विशाल।

अतिकाल पुं० [सं०] १. विलम्ब, देर। २. कुसमय।

अतिक्रम पुं० [सं०] नियम या मर्यादा का उल्लंघन, विपरीत व्यवहार।

अतिक्रमण पुं० [सं०] १. अपने कार्य, अधिकार, क्षेत्र आदि की सीमा पार करके ऐसी जगह पहुँचना, जहाँ जाना या रहना अनुचित, मर्यादा-विरुद्ध या अवैध हो, सीमा का अनुचित उल्लंघन। २. किसी स्थान पर अवैध रूप से किया हुआ कब्जा अथवा उसपर बनाया हुआ ढाँचा। (एन्क्रोच-मेन्ट)

अतिक्रमित वि० [सं०] जिसका अतिक्रमण हुआ हो।

अतिक्रांत वि० [सं०] १. हद के बाहर गया हुआ। २. बीता हुआ।

अतिक्रामक पुं० [सं०] वह जो अपने अधिकार आदि की सीमा का उल्लंघन करके आगे बढ़े, दूसरे के अधिकारों में हस्तक्षेप करनेवाला।

अतिक्रामी वि० [सं० अतिक्रमण] अतिक्रमण करनेवाला।

अतिगति स्त्री० [सं०] मोक्ष, मुक्ति।

अतिचरण पुं० [सं०] १. दे० 'अतिक्रमण'। २. दे० 'अतिचार'।

अतिचार पुं० [सं०] अपने अधिकार या अधिकृत सीमा के बाहर अनुचित रूप से और इस प्रकार जाना कि दूसरे के अधिकार में बाधा पहुँचे। (ट्रान्सग्रेशन)

अतिचारी (-रिन्) पुं० [सं०] वह जो अतिचार करता हो, अतिचार करनेवाला।

अतिजीवन पुं० [सं०] साधारणतः औरों का अन्त हो जाने पर भी, अथवा कुछ विशिष्ट घटनाओं के बाद भी बचा, बना या जीता रहना। (सरवाइवल)

अतिजीवी वि०, पुं० [सं० अतिजीवन] औरों के न रहने पर भी बचा हुआ।

अतिथि पुं० [सं०] १. घर में आया हुआ व्यक्ति, अभ्यागत, मेहमान, पाहुन। २. वह संन्यासी जो किसी स्थान पर एक रात से अधिक न ठहरे, व्रात्य।

अतिथि-गृह पुं० [सं०] अतिथियों को ठहराने के लिए बनाया हुआ भवन।

अतिथित्व पुं० [सं०] अतिथि होने का भाव।

अतिथि-धर्म पुं० [सं०] अतिथि की सेवा।

अतिथिशाला स्त्री० [सं०] अतिथियों को ठहराने के लिए बनाया हुआ भवन।

अतिथि-सत्कार पुं० [सं०] अतिथि का सत्कार, अभ्यागत की सेवा-सुश्रूषा।

अतिदिष्ट वि० [सं०] १. जिसका किसी में अतिदेश हुआ हो, आरोपित। २. अपनी नियत सीमा, अवधि आदि से आगे बढ़ाया हुआ। (एक्स्टेंडिड) ३. धर्म, स्वरूप, प्रकृति आदि के विचार से किसी के समान। (एनैलोगस)

अतिदेश पुं० [सं०] [वि० अतिदिष्ट] १. किसी विषय की किसी बात, नियम या धर्म का दूसरे विषय में किया जानेवाला आरोप। २. किसी कार्य या बात की सीमा या अवधि आगे बढ़ाने की क्रिया या भाव, विस्तारण। (एक्स्टेंशन) ३. कई भिन्न या विरोधी बातों या वस्तुओं में कुछ विशेष तत्त्वों की समानता। (एनॉलोजी)

अतिदेशन पुं० [सं०] अतिदेश करने की क्रिया या भाव।

अतिपात पुं० [सं०] १. हिंसा, विशेषतः गृहस्थों द्वारा अनजान में नित्य होनेवाली जीवहिंसा। २. अव्यवस्था। ३. बाधा, विघ्न। ४. दे० 'व्यपगति'।

अतिप्रजन पुं० [सं० अति+प्रजन] किसी नगर या देश में रहनेवालों और बसनेवालों का इतना अधिक हो जाना कि वहाँ उनका ठीक और पूरी तरह से निर्वाह न हो सके। (ओवर-पॉपुलेशन)

अतिभोग पुं० [सं०] नियत समय के उपरान्त भी अथवा बहुत दिनों से किसी सम्पत्ति का भोग करना। (प्रेस्क्रिप्शन)

अतिमात्रा स्त्री० [सं०] अत्यधिक मात्रा। (ओवरडोज)

अतिमानस वि० [सं०अति+मानस] जो मन से परे हो, जिस तक बुद्धि की पहुँच न हो।

पुं० वह वस्तु या जगत जो मन-बुद्धि से परे हो।

अतिरंजन पुं० [सं०] [वि० अतिरंजित] कोई बात बढ़ा-चढ़ाकर कहना, अत्युक्ति करना।

अतिरंजित वि० [सं०] अत्युक्तिपूर्ण, बढ़ा-चढ़ाकर कहा हुआ।

अतिराष्ट्रीयता स्त्री० [सं०] उत्कट तथा उग्र राष्ट्रप्रेम। (चौवनिज़्म)

अतिरिक्त वि० [सं०] १. आवश्यकता या उपयोग से अधिक। (एक्स्ट्रा) २. बचा हुआ या शेष। ३. अलग, भिन्न, जुदा। ४. साधारण या नियमित के बाद आवश्यकता के अनुसार उसमें कुछ और जोड़ा, बढ़ाया या लगाया हुआ, जैसे अतिरिक्त आय या कर। (ऐडिशनल, एक्स्ट्रा)

क्रि० वि० छोड़कर, सिवा, अलावा।

अतिरिक्त, के सम्बन्ध बो० के सिवा, के अलावा।

अतिरेक पुं० [सं०] १. अधिकता, बहुतायत। २. व्यर्थ की वृद्धि या विस्तार। ३. किसी वस्तु या बात का आवश्यकता या औचित्य से अधिक या गम्भीर होने का भाव। (एग्रेवेशन)

अतिलंघन पुं० [सं०] अतिक्रमण।

अतिवाद पुं० [सं०] किसी काम या बात की अति करना जिससे वह हानि करने लगे।

अतिवादी वि० [सं०] अतिवाद सम्बन्धी।

पुं० किसी काम या बात में अति करनेवाला व्यक्ति।

अतिवृष्टि स्त्री० [सं०] बहुत अधिक वर्षा। (६ ईतियों में से एक)

अतिव्याप्त वि० [सं०] जो अत्यधिक व्यापक हो।

अतिव्याप्ति स्त्री० [सं०] साहित्य और तर्कशास्त्र में किसी लक्षण या कथन के अन्तर्गत लक्ष्य के अतिरिक्त अन्य वस्तु के आ जाने का दोष।

अतिशय वि० [सं०] [भाव० अतिशयता] बहुत, ज्यादा।

पुं० एक अलंकार जिसमें किसी वस्तु की उत्तरोत्तर सम्भावना या असम्भावना दिखलाई जाती है।

अतिशयीकरण पुं० [सं०] अतिशय रूप देने की क्रिया या भाव, बढ़ा-चढ़ा देना।

अतिशयोक्ति स्त्री० [सं०] १. बहुत बढ़ा-चढ़ाकर या अपनी ओर से बहुत-कुछ मिलाकर कही हुई बात। (एग्जै-जरेशन) २. एक अलंकार जिसमें भेद में अभेद, असम्बन्ध में सम्बन्ध आदि दिखाकर किसी वस्तु का बहुत बढ़ाकर वर्णन होता है।

अतिशीत स्त्री० [सं०अति+शीत] अत्यधिक सर्दी, बहुत अधिक ठंड।

अतिसंधान पुं० [सं०] १. अतिक्रमण। २. ठीक या उचित लक्ष्य से और आगे बढ़कर निशाना लगाना। (ओवर-हिटिंग)

अतिसार पुं० [सं०] एक रोग जिसमें खाया हुआ पदार्थ अँतड़ियों में से पतले दस्तों के रूप में निकल जाता है।

अतिसूक्ष्म वि० [सं०] अत्यन्त सूक्ष्म। (माइक्रोस्कोपिक)

अतिस्वन वि० [सं०] (हवाई जहाज) जिसकी गति ध्वनि की गति (७३८ मील प्रति घंटे) से अधिक हो। (सुपर सॉनिक)

अतिहायन पुं० [सं०] १. इतना अधिक वृद्ध हो जाना कि काम-धन्धा न हो सके। (सुपरएनुएशन) २. बहुत अधिक पुराना और जीर्ण होना।

अतींद्रिय वि० [सं०] १. जिसका अनुभव इन्द्रियों द्वारा न हो, अगोचर।

अतीत वि० [सं०] [क्रि० अतीतना] १. गत, व्यतीत, बीता हुआ। २. पृथक्, अलग। ३. मरा हुआ, मृत।
क्रि० वि० परे, बाहर, दूर।
पुं० प्राचीन समय या इतिहास।

अतीतगत वि० [सं०अतीत+गत] १. बीता हुआ, व्यतीत। २. प्राचीन, पुराना।

अतीतोन्मुख वि० [सं०अतीत+उन्मुख] [भा०अतीतोन्मुखता] १. जिसकी दृष्टि या प्रवृत्ति अतीत की ओर हो। २. अतीत को अपना आधार या लक्ष्य बनानेवाला।

अतीतोन्मुखी (-खिन्) वि० [सं०]=अतीतोन्मुख।

अतीतमुखी वि० [सं०अतीत+मुख]=अतीतोन्मुख।

अतीव वि० [सं०] बहुत, अत्यन्त।

अतीस स्त्री० [सं० अतिविषा] एक पौधा जिसकी जड़ दवा के काम आती है।

अतुकांत वि० [हिं० अ+तुकांत] (कविता का वह प्रकार) जिसके अन्तिम चरणों का तुक या काफिया न मिलता हो।

अतुराई* स्त्री० दे० 'आतुरता'।

अतुराना* अ० [सं० आतुर] १. आतुर होना, घबराना। २. जल्दी मचाना।

अतुल वि० [सं०] [भाव० अतुलता] १. जिसकी तौल या अन्दाज न हो सके। २. अमित, असीम, बहुत अधिक। ३. अनुपम, बेजोड़।

अतुलनीय वि० [सं०] १. अपरिमित, अपार, बहुत अधिक। २. असंख्य। ३. अनुपम।

अतुलित वि० [सं०] १. बिना तौला हुआ। २. अपरिमित, अपार, बहुत अधिक। ३. असंख्य। ४. अनुपम।

अतुल्य वि० [सं०]=अतुलनीय।

अतृप्त वि० [सं०] [भाव० अतृप्ति] १. जो तृप्त या सन्तुष्ट न हो। २. भूखा।

अतृप्ति स्त्री० [सं०] मन न भरने की दशा, तृप्ति न होना।

अतोर* वि० [सं० अ+हिं० तोड़] जो न टूटे, पक्का, दृढ़।

अत्त* स्त्री० दे० 'अति'।

अत्तार पुं० [अ०] १. इत्र या तेल बेचनेवाला, गन्धी। २. युनानी दवाएँ बनाने और बेचनेवाला।

अत्यंत वि०, क्रि०वि०. [सं०] बहुत अधिक, अतिशय, हद से ज्यादा।

अत्यंताभाव वि० [सं०] १. किसी वस्तु का बिल्कुल न होना, अस्तित्व की परम शून्यता। २. पाँच प्रकार के अभावों में से एक। ३. ऐसी बात जो कभी सम्भव न हो, जैसे आकाशकुसुम, बन्ध्यापुत्र। ४. बिल्कुल कमी।

अत्यधिक वि० [सं०] [भाव० अत्यधिकता] बहुत अधिक।

अत्यय पुं० [सं०] १. मृत्यु, मौत। २. नाश। ३. सीमा के बाहर जाना। ४. कम होना, घटना। ५. ह्रास या क्षीणता को प्राप्त होना। ६. दे० 'आयात'।

अत्यल्प वि० [सं०] [भाव० अत्यल्पता] बहुत कम।

अत्याचार पुं० [सं०] १. आचार का अतिक्रमण। २. दूसरों के साथ बलपूर्वक किया जानेवाला वह अनुचित व्यवहार जिससे उन्हें बहुत कष्ट हो, जुल्म। (टिरैनी) ३. दुराचार, पाप। ४. पाखंड, ढोंग।

अत्याचारी (-रिन्) पुं० [सं०] वह जो अपने बल के आधार पर दूसरों के साथ बहुत बुरा व्यवहार करके उन्हें बहुत कष्ट पहुँचाता हो, जालिम। (टायरेन्ट)

अत्याज्य वि० [सं०] १. जिसका त्याग न किया जा सके, न छोड़ने योग्य। २. जिसे त्याज्य करना या छोड़ना ठीक न हो।

अत्याधुनिक वि० [सं०अति+आधुनिक] [भाव०अत्याधुनिकता] अत्यंत आधुनिक, अभी हाल का ही।

अत्याहार पुं० [सं०] आहार का अत्यधिक सेवन।

अत्युक्त वि० [सं०] जिसमें अत्युक्ति हो, जिसे बहुत बढ़ा-चढ़ाकर कहा गया हो।

अत्युक्ति स्त्री० [सं०] १. कोई बात बहुत बढ़ा-चढ़ाकर कहना। २. इस प्रकार बढ़ा-चढ़ाकर कही हुई बात। (एग्जैजरेशन) ३. एक अलंकार जिसमें शूरता, उदारता आदि गुणों का अद्भुत और मिथ्या वर्णन होता है।

अत्युत्तम वि० [सं०] अति उत्तम।

अत्युत्पादन पुं० दे० 'अति-उत्पादन'।

अत्र क्रि० वि० [सं०] यहाँ, इस जगह।

अत्रभवान् वि० [सं०] [स्त्री० अत्रभवती] बहुत अधिक महान या श्रेष्ठ, जैसे अत्रभवान् राजा रामपाल सिंह।

अथ नि० [सं०] १. एक शब्द जिससे प्राचीन लोग ग्रन्थ या लेख का आरम्भ करते थे। २. अब। ३. अनन्तर।

अथऊ| पुं० [हिं० अथना] जैनों का सूर्यास्त से पहले होनेवाला भोजन।

अथक वि० [सं० अ=नहीं+हिं० थकना] १. जो न थके, अश्रान्त। २. बिना थके लगातार किया जानेवाला, जैसे अथक परिश्रम।

अथच यो० [सं०] और, और भी।

अथना* अ० [सं० अस्त] (सूर्य, चन्द्रमा आदि का) अस्त होना, डूबना।

अथमना| अ० [सं० अस्तमन] पश्चिम दिशा में सूर्य का अस्त होना। 'उगमना' का उलटा।

अथरा पुं० [सं० स्थाल] [स्त्री० अथरी] मिट्टी का खुले मुँह का चौड़ा बरतन, नाँद।

अथर्व पुं० [सं० अथर्वन्] आर्यों या हिन्दुओं के चार वेदों में से अन्तिम वेद, चौथा वेद जिसके मन्त्रद्रष्टा या ऋषि भृगु और अंगिरा गोत्रवाले थे।

अथवना| अ० [सं० अस्त+हिं० ना] अस्त होना।

अथवा यो० [सं०] एक योजक जिसका प्रयोग वहाँ होता है, जहाँ कई शब्दों या पदों में से किसी एक का ग्रहण अभीष्ट हो, या, वा, किंवा।

अथाई स्त्री० [सं० आस्थानी] १. बैठने की जगह, बैठक। २. घर के सामने का चबूतरा जहाँ लोग इकट्ठे होकर पंचायत करते हैं। ४. मंडली, जमावड़ा।

अथाना[1] अ० दे० 'अथवना'।

अथाना[2] स० [सं० स्थान] १. थाह लेना, गहराई नापना। २. ढूँढ़ना।

अथाना[3] पुं० [सं० स्थास्नु] आम आदि फलों का अचार।

अथावत* वि० [सं० अस्ताध] १. जिसकी थाह न हो, बहुत गहरा। २. जिसका अन्दाज न हो सके, अपरिमित, बहुत अधिक। ३. गम्भीर, गूढ़।
पुं० १. गहराई। २. जलाशय। ३. समुद्र।

अथाह वि० [सं० अ+हिं० थाह] १. जिसकी थाह न मिले। २. बहुत अधिक गहरा।

अथिर* वि० [सं० अ=नहीं+हिं० थोर] अधिक, ज्यादा, बहुत।

अदंक* पुं०=आतंक।

अदंड वि० [सं०] १. जो दंड के योग्य न हो। २. जिस पर कर या महसूल न लगे। ३. स्वेच्छाचारी।
पुं० वह भूमि जिसकी मालगुजारी न लगे, मुआफी।

अदंडनीय, अदंड्य वि० [सं०] जिसे दंड न दिया जा सके।

अदंत वि० [सं०] १. जिसे दाँत न हो। २. बहुत थोड़ी अवस्था का, दुधमुँहाँ। ३. शक्तिहीन, अप्रभावी।

अदग* वि० [सं० अदग्ध] १. बेदाग, शुद्ध। २. निरपराध, निर्दोष। ३. अछूता, अस्पृश्य। ४. साफ।

अदग्ग* वि० दे० 'अदग'।

अदत्त वि० [सं०] [स्त्री० अदत्ता] १. जो दिया न गया हो, बिना दिया हुआ। २. जिसका मूल्य, कर आदि न चुकाया गया हो।
पुं० वह वस्तु जो मिलने पर भी पानेवाला ले या रख न सकता हो। (स्मृति)

अदत्ता स्त्री० [सं०] वह कन्या जो अभी किसी को दी न गई हो, कुमारी।

अदद स्त्री० [अ०] १. संख्या, गिनती। २. संख्या का चिह्न या संकेत।

अदन पुं० [अ०] ईसाइयों, मुसलमानों आदि के अनुसार स्वर्ग का वह उपवन जो परम सुन्दर और रमणीक माना गया है।

अदना[1] वि० [अ०] बहुत ही छोटा या साधारण, तुच्छ।

अदना[2] स० [हिं० बदना (शर्त लगाना) का अनु०] दृढ़ता या निश्चयपूर्वक कोई बात कहना।

अदब पुं० [अ०] १. बड़ों के प्रति होनेवाला आदर और शिष्टाचार। २. साहित्य।

अदबदाना अ० [अनु०] १. घबरा जाना, विकल हो जाना। २. आतुर हो जाना।

अदबुद* वि०=अद्‌भुत।

अदमपैरवी स्त्री० [फा०] पैरवी का अभाव।

अदममौजूदगी स्त्री० [फा०] मौजूदगी का अभाव, गैरहाजिरी, अनुपस्थिति।

अदम्य वि० [सं०] १. जो किसी प्रकार दबाया न जा सके, जिसका दमन न हो सके। २. बहुत प्रबल या उग्र।

अदय वि० [सं०] जिसमें दया न हो, दयारहित, निर्दय।

अदरक पुं० [सं० आर्द्रक, फा० अदरक] एक पौधा जिसकी तीक्ष्ण और चरपरी जड़ या गाँठ औषध और मसाले के काम में आती है।

अदराना अ० [सं० आदर] बहुत आदर पाने से शेखी पर चढ़ना, इतराना।
स० आदर देकर शेखी पर चढ़ाना, घमंडी बनाना।

अदर्शन पुं० [सं०] १. विद्यमान या उपस्थित न होना, अभाव। २. लोप, विनाश।

अदर्शनीय वि० [सं०] १. जिसका दर्शन शुभ न हो। २. कुरूप।

अदल पुं० [अ०] न्याय।

अदलनीय वि० [सं०] जिसे दला न जा सके।

अदल-बदल पुं० [अ० बदल+अदल (अनु०)] १. उलट-पुलट। २. हेर-फेर, परिवर्तन।

अदला-बदली स्त्री० [हिं० बदल+अदल] १. चीजों को हटाकर परस्पर एक दूसरी की जगह रखना। २. एक चीज लेने के लिए उसके बदले दूसरी चीज देना। (बार्टर)

अदवान स्त्री० [सं० अधः=नीचे+हिं० वान=रस्सी] चारपाई के पैताने की बुनावट को खींचकर कड़ी रखने के लिए उसके छेदों में पड़ी हुई रस्सी, उनचन।

अदह वि० [सं०] आग जिसे जलाकर विकृत या नष्ट न कर सके।

अदहन पुं० [सं० आदहन] वह पानी जो दाल, चावल आदि पकाने के लिए पहले गरम किया जाता है।

अदांत वि० [सं०] १. अपनी इन्द्रियों या वासनाओं का दमन न कर सकनेवाला, विषयी, लोलुप। २. उद्दंड, उद्धत।

अदा[1] स्त्री० [अ०] स्त्रियों का हावभाव, नखरा।

अदा[2] वि० [अ०, मि० सं० आदान] १. (ऋण या देन) चुकाया हुआ, चुकता। २. जिसका पालन हुआ हो। ३. करके दिखलाया हुआ।

अदाई* वि० [अ०] चालबाज।

अदाग वि० [हिं० अ+अ० दाग़] १. जिसमें दाग या धब्बा न हो। २. निर्दोष। ३. विशुद्ध।

अदानी वि० [हिं० अ+दानी] १. जो दानी न हो। २. कंजूस।

अदायगी स्त्री० [फा०] ऋण चुकाने या धन आदि देने की क्रिया या भाव।

अदायी* वि० [हिं० अ+दायाँ=दाहिना] १. प्रतिकूल, वाम। २. बुरा, खराब।

अदालत स्त्री० [अ०] न्यायालय, कचहरी।

अदालती वि० [अ०] अदालत-सम्बन्धी।

अदावत स्त्री० [अ०] दे० 'शत्रुता'।

अदावती वि० [अ०] शत्रुतापूर्ण।

अदाह* स्त्री० [अ० अदा] स्त्रियों का हावभाव।

अदित* पुं० [सं० आदित्य] १. सूर्य। २. रविवार।

अदिति स्त्री० [सं०] १. प्रकृति। २. पृथ्वी। ३. दक्ष प्रजापति की कन्या और कश्यप की पत्नी जिनसे देवताओं का जन्म हुआ था।

अदिन पुं० [सं०] १. बुरा दिन, संकट या दुख का समय। २. अभाग्य।

अदिव्य वि० [सं०] १. लौकिक। २. साधारण। ३. बुरा। पुं० साहित्य में वह नायक जो दिव्य या देवता न हो, बल्कि मनुष्य हो।

अदिष्ट वि० [सं०] १. जिसे दिशा न प्रदान की गई हो, अनिर्दिष्ट। २. अज्ञात।

अदिष्टबस* वि० [सं० अदृष्टवश] भाग्य के अधीन।

अदिष्टी[1] वि० [सं० अदृष्ट] अभागा।

अदिष्टी[2] वि० [सं० अ+दृष्टि] मूर्ख।

अदीखा वि० [हिं० दीखना] जो दिखाई न दिया हो।

अदीन वि० [सं०] १. दीनतारहित। २. उग्र, प्रचंड। ३. निडर। ४. ऊँची तबियत का, उदार।

अदीह* वि० [सं० अ+दीर्घ] छोटा।

अदीप्त वि० [सं०] अंधकारपूर्ण।

अदुतिय* वि०=अद्वितीय।

अदूजा* वि० दे० 'अद्वितीय'।

अदूरदर्शिता स्त्री० [सं०] १. अदूरदर्शी होने की अवस्था या भाव। २. कोई अदूरदर्शी कार्य या बात।

अदूरदर्शितापूर्ण वि० [सं०] अदूरदर्शिता से भरा, अविवेकपूर्ण।

अदूरदशी (-शिन्) वि० [सं०] १. जो दूर तक न सोचे, स्थूलबुद्धि, नासमझ। २. अदूरदर्शितापूर्ण।

अदृश्य वि० [सं०] [भाव० अदृश्यता] १. जो दिखाई न दे। २. जिसका ज्ञान इन्द्रियों को न हो, अगोचर। ३. लुप्त, गायब।

अदृश्यदर्शन पुं० [सं०] अतींद्रिय सामर्थ्य के फलस्वरूप ऐसी वस्तुओं या दृश्यों का दिखाई देना जो भौतिक इंद्रियों के क्षेत्र के बाहर हों।

अदृष्ट वि० [सं०] १. न देखा हुआ। २. लुप्त, अन्तर्धान, गायब। पुं० १. पूर्वजन्म में किए हुए कर्मों का फल। २. भाग्य। ३. अग्नि और जल आदि से उत्पन्न विपत्ति।

अदृष्टपूर्व वि० [सं०] जैसा या जो पहले कभी देखा न गया हो, अर्थात् अनोखा या विलक्षण।

अदृष्टवाद पुं० [सं०] [वि० अदृष्टवादी] परलोक आदि परोक्ष बातों का निरूपक सिद्धान्त।

अदेखा वि० [सं० अ=नहीं+हिं० देखना] १. छिपा हुआ, अदृश्य, गुप्त। २. न देखा हुआ, अदृष्ट।

अदेय वि० [सं०] जो दिया न जा सके, न देने योग्य।

अदेव पुं० [सं०] देवता से भिन्न, राक्षस।

अदेस* पुं० [सं० आदेश] १. आदेश, आज्ञा, हुकुम। २. प्रणाम, दंडवत, नमस्कार।

अदोलनी वि० [सं० अदोलनीय] जो दोलन न करता हो।

अद्ध वि०=अर्द्ध।

अद्धा पुं० [सं० अर्द्ध] १. किसी वस्तु का आधा मान। २. वह बोतल जो पूरी बोतल की आधी हो।

अद्धी स्त्री० [सं० अर्द्ध] १. दमड़ी का आधा, एक पैसे का सोलहवाँ भाग। २. एक बारीक और चिकना कपड़ा।

अद्‌भुत वि० [सं०] आश्चर्यजनक, विलक्षण, विचित्र। पुं० नौ रसों में से एक जो आश्चर्य से उत्पन्न होता है।

अद्‌भुतोपमा स्त्री० [सं०] उपमा अलंकार का वह भेद जिसमें उपमेय के ऐसे गुणों का उल्लेख होता है जिनका उपमान में होना कभी सम्भव न हो।

अद्य क्रि० वि० [सं०] इस समय।

अद्यतन वि० [सं०] नवीनतम विचारों, मान्यताओं आदि के अनुरूप।

अद्यापि क्रि० वि० [सं०] इस समय तक, अभी तक।

अद्यावधि क्रि० वि० दे० 'अद्यापि'।

अद्रा* स्त्री०=आर्द्रा (नक्षत्र)।

अद्रि* पुं० [सं०] पर्वत, पहाड़।

अद्वितीय वि० [सं०] [भाव० अद्वितीयता] १. जिसके समान और कोई न हो, अनुपम, बेजोड़। २. विलक्षण, अद्‌भुत।

अद्वैत वि० [सं०] अद्वैतवाद-सम्बन्धी।

अद्वैतवाद पुं० [सं०] [वि० अद्वैतवादी] १. एक भारतीय दार्शनिकवाद जिसमें मात्र ब्रह्म को ही पारमार्थिक सत्ता माना जाता है तथा ब्रह्म के सिवा जीव तथा जगत की सत्ता अवास्तविक या असत्य मानी जाती है। (मॉनिज्म) २. पाश्चात्य दर्शन के अनुसार यह सिद्धान्त कि सारी सृष्टि एक ही मूल तत्त्व से विकसित हुई है।

अधः उप० [सं०] नीचे, तले।

अध:पतन पुं० [सं०] १. नीचे की ओर गिरना, पतित होना, अवनति। २. दुर्दशा, दुर्गति।

अध:पात पुं० दे० 'अध:पतन'।

अध:स्वस्तिक पुं० [सं०] वह कल्पित बिन्दु जो देखनेवाले के पैरों के ठीक नीचे माना जाता है, अधोविन्दु, 'खस्वस्तिक' का उलटा। (नेडर)

अध वि० [सं० अर्द्ध] 'आधा' का वह संक्षिप्त रूप जो उसे दूसरे शब्दों के पहले लगने पर प्राप्त होता है, जैसे अधखुला, अधमरा आदि।
क्रि० वि० दे० 'अध:'।

अधकचरा वि० [हिं० आधा+कचरना] १. जो पूरा पक्का न हो। २. अधूरा, अपूर्ण। ३. जो पूरा, कुशल या दक्ष न हो। ४. आधा कूटा या पीसा हुआ, दरदरा।

अधकपारी स्त्री० [हिं० आधा+कपार] आधे सिर का दर्द, आधासीसी।

अधकरी स्त्री० [हिं० आधा+कर] कर, देन आदि आधा-आधा करके दो बार या दो किस्तों में चुकाने की रीति।

अधकहा वि० [हिं० आधा+कहना] जो पूरा नहीं, बल्कि आधा ही और अस्पष्ट कहा गया हो।

अधखिला वि० [हिं० आधा+खिलना] पूरा नहीं, बल्कि आधा ही खिला हुआ।

अधखुला वि० [हिं० आधा+खुलना] जो आधा खुला हो।

अधघट वि० दे० 'अटपट'।

अधचरा वि० [हिं० आधा+चरना] जो पूरा नहीं, बल्कि आधा चरा गया हो।

अधचला पुं० [हिं० आधा+चलना] मथे हुए दही का वह रूप जिसमें अभी आधा मक्खन और निकलने को हो।

अधजला वि० [हिं० आधा+जलना] आधा जला हुआ।

अधड़ा वि० [हिं० आधा या सं० अधर] १. जो अधर में या बिना किसी आधार के हो। २. जिसका सिर-पैर न हो, ऊटपटाँग, असम्बद्ध।

अधन वि० दे० 'निर्धन'।

अधनिया वि० [हिं० अधन्ना] आधे आने या दो पैसेवाला, जैसे अधनिया टिकट (डाक का)।

अधन्ना पुं० [हिं० आधा+आना] आधे आने या दो पैसे का ताँबे का पुराना सिक्का।

अधन्नी स्त्री० [हिं० आधा+आना] आधे आने का निकल धातु का चौकोर सिक्का।

अधपका वि० [हिं० आधा+पका] जो आधा पका और आधा कच्चा हो।

अधपढ़ वि० [हिं० आधा+पढ़ना] थोड़ा-बहुत पढ़ा हुआ, अल्पशिक्षित।

अधपेट क्रि०वि० [हिं० अध+पेट] बिना पेट-भरे।

अधफर पुं० [हिं० आधा+फलक] १. बीच का भाग। २. अन्तरिक्ष। ३. मध्य आकाश, अधर।

अधबर* पुं० [हिं० आधा+बाट=मार्ग] १. आधा मार्ग या रास्ता। २. मध्य, बीच।

अधबीच क्रि० वि० [हिं० आधा+बीच] आधे रास्ते में।

अधबुध वि० [हिं० आधा+सं० बुद्ध] कम या थोड़ा ज्ञान रखनेवाला।

अधबेसू वि० [सं० अर्द्धवयस्] जिसकी आधी या उससे कुछ अधिक अवस्था बीत चुकी हो, अधेड़।

अधम वि० [सं०] [भाव० अधमता] १. बिल्कुल निम्न या निकृष्ट कोटि का। २. बहुत बड़ा पापी, दुष्ट या दुराचारी।

अधमई† स्त्री० दे० 'अधमता'।

अधमता स्त्री० [सं०] १. अधम होने की अवस्था या भाव, नीचता। २. अधम कृत्य, नृशंसता या पापाचार।

अधमरा वि० [हिं० आधा+मरना] जो पूरा नहीं, बल्कि आधा ही मरा हो, जिसमें कुछ ही प्राण हो, मृतप्राय।

अधमर्ण पुं० [सं०] वह जिसने किसी से ऋण लिया हो, कर्जदार।

अधमा वि० स्त्री० [सं०] अधम स्वभाव या आचरणवाली, दुष्ट प्रकृति की, जैसे अधमा दूती, अधमा नायिका।

अधमाई† स्त्री० दे० 'अधमता'।

अधमुआ† वि० दे० 'अधमरा'।

अधर¹ पुं० [सं०] होंठ, ओंठ।

अधर² पुं० [हिं० अ+धरना] १. ऐसा स्थान जिसके चारों ओर शून्य या आकाश हो, पृथ्वी और आकाश के बीच का स्थान। २. पाताल।
मुहा० *अधर में झूलना या लटकना*=अनिश्चय की दशा में पड़े रहना।

अधरज पुं० [सं० अधर+रज] १. होंठों की ललाई या सुर्खी। २. होंठों पर की पान या मिस्सी की धड़ी।

अधरपान पुं० [सं०] प्रिय या प्रिया के होंठों को कुछ देर तक चूमते रहने की क्रिया या भाव।

अधराधर पुं० [सं० अधर+अधर] दोनों होंठ।

अधर्म पुं० [सं०] धर्म के विरुद्ध कार्य, कुकर्म, दुराचार, बुरा काम।

अधवा स्त्री० दे० 'विधवा'।

अधस्तल पुं० [सं०] १. नीचे की कोठरी। २. नीचे का तल। (बाटम) ३. तहखाना।

अधार पुं० दे० 'आधार'।

अधारा वि० [हिं० अ+धार] (शस्त्र) जिसमें धार न हो, जो धारदार न हो, बिना धार का, अशित।

अधारी स्त्री० [सं० आधार] १. आधार, सहारा। २. यात्रा के समय सामान रखने का झोला। ३. काठ का वह ढाँचा जिसे साधु लोग बैठने के समय सहारे के लिए बाँह के नीचे लगाते हैं।

अधार्मिक वि० [सं०] [भाव० अधार्मिकता] १. जो धार्मिक न हो। २. जो धर्म की दृष्टि से अनुचित हो।

अधि उप० एक संस्कृत उपसर्ग जो शब्दों के पहले लगाया जाता है और जिसके ये अर्थ होते हैं—(क) ऊपर, ऊँचा,

जैसे अधिराज, अधिकरण। (ख) प्रधान, मुख्य; जैसे अधिप्रचार। अब यह कुछ शब्दों के आरम्भ में अधिकार के वाचक और संक्षिप्त रूप की भाँति भी लगने लगा है, जैसे अधिक्षेत्र=अधिकार-क्षेत्र, अधिपत्र=अधिकार-पत्र।

अधिक वि० [सं०] १. बहुत, ज्यादा, विशेष। २. बचा हुआ, फालतू।

पुं० वह अलंकार जिसमें आधेय को आधार से अधिक महत्त्वपूर्ण बतलाते हैं। (मैक्सिमम)

पद० अधिक से अधिक=जितना अधिक हो सके उतना।

अधिक, से सम्बन्धबोधक १. तुलना के विचार से बढ़कर; जैसे वह मुझसे अधिक लंबा है। २. सीमा से आगे; जैसे हम दो घंटे से अधिक उनकी प्रतीक्षा करते रहे।

अधिकतम वि० [सं०] अधिक से अधिक जितना हो सकता हो। (मैक्सिमम)

अधिकतर वि० [सं०] १. किसी की अपेक्षा अधिक। २. किसी में का अधिक (अंश या भाग)।

अधिकता स्त्री० [सं०] १. अधिक या ज्यादा होने की दशा या भाव, बहुतायत, ज्यादती। २. बढ़ती, वृद्धि।

अधिकमास पुं० दे० 'मलमास'।

अधिककर पुं० [सं०] साधारण से अतिरिक्त वह विशेष कर जो कुछ विशेष अवस्थाओं में अथवा बहुत अधिक आयवाले लोगों पर लगाया जाता है। (सुपरटैक्स)

अधिकरण पुं० [सं०] १. आधार, सहारा। २. व्याकरण में, वह संज्ञा या सर्वनाम शब्द जो वाक्य में क्रिया का आधार हो। इसके चिह्न 'में' और 'पर' हैं। ३. प्रकरण। ४. किसी विशिष्ट विवाद के निर्णय के लिए स्थापित विशेष न्यायालय। (ट्रिब्युनल)

अधिकरण कारक पुं० [सं०] दे० 'अधिकरण' २.।

अधिकांश पुं० [सं०] अधिक भाग, ज्यादा हिस्सा।

वि० बहुत।

क्रि० वि० १. ज्यादातर, विशेषकर। २. प्राय:, अक्सर।

अधिकाई| स्त्री०=अधिकता।

अधिकाधिक वि० [सं०] अधिक से अधिक।

अधिकाना अ० [सं० अधिक] अधिक होना, बढ़ना।

स० अधिक या ज्यादा करना, बढ़ाना।

अधिकार पुं० [सं०] १. वह शक्ति जो किसी को विधि, अपने पद, मर्यादा अथवा योग्यता आदि के कारण प्राप्त हो। (अथॉरिटी) २. प्रभुत्व, आधिपत्य। ३. वह योग्यता या सामर्थ्य जिसके कारण किसी में कोई कार्य कर सकने का बल आता है, शक्ति। (पावर) ४. वह शक्ति जिसके द्वारा किसी वस्तु पर स्वामित्व अथवा किसी कार्य को करने की शक्ति प्राप्त होती है, स्वत्व। (राइट) ५. किसी वस्तु पर अपना स्वत्व या स्वामित्व जताने की क्रिया या भाव, अध्यर्थन। ६. किसी वस्तु या विषय से सम्बन्ध रखनेवाला ऐसा पूर्ण ज्ञान जिसके कारण उसका कथन प्रामाणिक माना जाता हो, पूरी जानकारी। ७. किसी वस्तु या सम्पत्ति आदि पर होनेवाला स्वामित्व, कब्जा। (पजेशन) ८. प्रकरण अथवा उसका शीर्षक। ९. नाट्यशास्त्र में रूपक के प्रधान फल की प्राप्ति की योग्यता।

अधिकार-क्षेत्र पुं० [सं०] वह क्षेत्र या प्रदेश जिसमें किसी को कार्य करने का अधिकार प्राप्त हो, अधिक्षेत्र।

अधिकार-त्याग पुं० [सं०] अपना अधिकार छोड़कर अलग हो जाना। (एब्डिकेशन)

अधिकार-पत्र पुं० [सं०] वह पत्र जिसके अनुसार किसी को कोई कार्य करने का अधिकार प्राप्त हो।

अधिकारातीत वि० [सं०] अधिकार-क्षेत्र से बाहर का।

अधिकाराधीन वि० [सं०] जो अधिकार-क्षेत्र के अन्तर्गत हो।

अधिकारिक वि० [सं०] १. किसी अधिकारी के द्वारा या अधिकारपूर्वक कहा या किया हुआ। २. अधिकारपूर्ण, अधिकारयुक्त। (ऑथारिटेटिव)

अधिकारी (-रिन्) पुं० [सं०] [स्त्री० अधिकारिणी] १. प्रभु, स्वामी। २. वह जिसे कोई स्वत्व प्राप्त हो। ३. वह जिसमें किसी विषय या कार्य की विशेष योग्यता या क्षमता हो। ४. वह कर्मचारी जो किसी पद पर रहकर कोई कार्य करता हो, अफसर। (ऑफिसर) ५. साधारणत: कोई अधिकार प्राप्त व्यक्ति। (ऑथारिटी) ६. नाटक का वह पात्र जिसे रूपक का प्रधान फल प्राप्त हो।

वि० १. अधिकार रखनेवाला, अधिकारधारी। २. जिसे कुछ पाने या करने का अधिकार हो, जैसे वे इसका निर्णय करने के अधिकारी हैं। (एन्टाइटिल्ड)

अधिकारी-तंत्र पुं० [सं०] नौकरशाही।

अधिकृत वि० [सं०] १. जिस पर अधिकार कर लिया गया हो। २. जो किसी के अधिकार में हो। ३. जिसको कोई काम करने का अधिकार दिया गया हो। ४. जिसको कोई काम करने का अधिकार हो। (ऑथराइज्ड)

अधिकौहाँ वि० [हिं० अधिक] बराबर बढ़ता रहनेवाला।

अधिक्रम पुं० [सं०] १. किसी पर चढ़ना, आरोहण। २. दे० 'अधिक्रमण'।

अधिक्रय पुं० [सं०] बहुत अधिक मात्रा में किसी वस्तु की खरीद।

अधिक्षेत्र पुं० [सं० अधि+क्षेत्र] किसी के अधिकार या कार्य का क्षेत्र। (ज्युरिस्डिक्शन)

अधिगत वि० [सं०] १. प्राप्त, पाया हुआ। २. जाना हुआ।

अधिगम पुं० [सं०] १. पहुँच, गति। २. दूसरे के उपदेश से मिला हुआ ज्ञान। ३. न्यायालय का वह निष्कर्ष जो किसी अभियोग या वाद की पूरी सुनवाई हो चुकने पर उसे प्राप्त हुआ हो। (फाइन्डिंग)

अधिगमन पुं० [सं०] किसी वाक्य की वह व्याख्या जो उसकी पद-योजना के आधार पर की जाए। (रीडिंग)

अधिग्रहण पुं० [सं० अधि=अधिकार+ग्रहण] अधिकार-पूर्वक किसी की सम्पत्ति या और कोई चीज ले लेना।

अधिग्राहक पुं० [हिं० अधिग्रहण] वैध उपाय से अधिग्रहण करनेवाला। (एक्वायरर)

अधित्यका स्त्री० [सं०] पहाड़ के ऊपर की समतल भूमि, ऊँचा पहाड़ी मैदान।

अधिदेव पुं० [सं०] [स्त्री० अधिदेवी] १. इष्टदेव। २. कुलदेव।

अधिदैवत पुं० [सं०] वह मन्त्र जिसमें अग्नि, वायु, सूर्य इत्यादि देवताओं के नाम-कीर्तन से ब्रह्म-विभूति की शिक्षा मिले।

वि० देवता-सम्बन्धी।

अधिनायक पुं० [सं०] [स्त्री० अधिनायिका] १. सरदार, मुखिया। २. विशेष अवस्थाओं या परिस्थितियों के लिए नियत किया हुआ सर्वप्रधान और पूर्ण अधिकार-प्राप्त शासक या अधिकारी। (डिक्टेटर)

अधिनायक-तंत्र पुं० [सं०] वह राज्य जिसके सब काम केवल अधिनायक की आज्ञा से होते हों।

अधिनायिकी स्त्री० [सं० अधिनायक] अधिनायक का कार्य, पद या भाव।

अधिनियम पुं० [सं० अधि+नियम] संसद या विधान सभा द्वारा बनाया हुआ नियम। (एक्ट)

अधिनिर्णय पुं० [सं०] आधिकारिक निर्णय, न्यायाधीश या पंच का निर्णय।

अधिपति पुं० [सं०] स्वामी।

अधिपत्र पुं० [सं० अधि(अधिकार)+पत्र] वह पत्र जिसमें किसी को कोई काम करने का अधिकार या आदेश दिया गया हो, जैसे किसी को कुछ धन देने या पकड़ने का अधिपत्र (वारंट)

अधिभार पुं० [सं०] कर या शुल्क आदि का वह विशेष या अतिरिक्त अंश जो किसी विशिष्ट कार्य के लिए अथवा किसी विशेष परिस्थिति में अलग से अधिक लिया जाता है। (सुपरचार्ज)

अधिभूत पुं० [सं०] सृष्टि के सभी पदार्थ।

अधिमत वि० [सं०] जिसे अधिक लोग पसन्द करते हों, अधिमानित।

पुं० निर्णय।

अधिमान पुं० [सं०] किसी वस्तु या व्यक्ति का वह मान या आदर जो औरों की तुलना में उसे अच्छा समझकर किया जाता है, किसी को औरों से अच्छा समझकर ग्रहण करना। (प्रिफरेन्स)

अधिमानित वि० [सं०] जिसे औरों से अच्छा समझकर ग्रहण किया गया हो, जिसका अधिमान किया गया हो। (प्रिफर्ड)

अधिमान्य वि० [सं०] जो अधिमान के योग्य हो, जो औरों से अच्छा होने के कारण ग्रहण किया जा सके। (प्रिफरेबुल)

अधिमास पुं० दे० 'मलमास'।

अधिमुद्रण पुं० [सं०] किसी ग्रन्थ या सामयिक पत्र-पत्रिका का बहुत अधिक मात्रा में छापा जाना।

अधिमूल्य पुं० [सं०] १. किसी वस्तु का साधारण से अधिक वह मूल्य आदि जो विशेष परिस्थिति में लिया जाए। २. दे० 'अधिभार'।

अधिया पुं० [हिं० आधा] १. आधा हिस्सा। २. गाँव में आधी पट्टी की हिस्सेदारी। ३. एक रीति जिसके अनुसार उपज का आधा मालिक को और आधा परिश्रम करनेवाले खेतिहर को मिलता है।

अधियाना स० [हिं० अधिया] आधा-आधा करना, दो बराबर हिस्सों में बाँटना।

अ० आधा होना।

अधियार पुं० [हिं० अधिया] १. किसी जायदाद का आधा हिस्सा। २. आधे हिस्से का मालिक। ३. वह जमींदार या असामी जो गाँव के हिस्से या जोत में आधे का हिस्सेदार हो।

अधियारी स्त्री० [हिं० अधियार] किसी जायदाद में आधी हिस्सेदारी।

अधिरथ पुं० [सं०] १. रथ हाँकनेवाला, गाड़ीवान। २. बड़ा रथ।

अधिराज पुं० [सं०] महाराज।

अधिराज्य पुं० [सं०] साम्राज्य।

अधिरात स्त्री० [हिं० आधी+रात] आधी रात।

अधिरोप पुं० [सं०] किसीपर अपराध का आरोप, अभियोग या दोष लगाया जाना। (चार्ज)

अधिरोपित वि० [सं०] १. जिसपर अपराध आदि का अधिरोप हुआ हो। २. (अपराध) जिसका अधिरोप किया गया हो। (चार्ज्ड)

अधिरोहण पुं० [सं०] चढ़ना, सवार होना, ऊपर बैठना।

अधिलाभ पुं० [सं०] लाभ का वह अंश जो किसी समवाय या मंडली के अंशियों अथवा संस्था के नौकरों को साधारण लाभांश या वेतन के अतिरिक्त दिया जाता है। (बोनस)

अधिवक्ता पुं० [सं०] उच्च न्यायालय का वकील। (एडवोकेट)

अधिवर्ग पुं० [सं०] ऊँचा वर्ग। (सुपर क्लास)

अधिवर्ष पुं० [सं०] १. वह वर्ष जिसमें कोई मलमास पड़ता हो। २. वह वर्ष जिसमें फरवरी का महीना २८ की जगह २९ दिनों का होता है। (लीप इयर)

अधिवास पुं० [सं०] १. रहने का स्थान। २. एक देश से चलकर दूसरे देश में इस प्रकार बस जाना कि उस देश की नागरिकता के अधिकार प्राप्त हो जाएँ। (डोमिसाइल) ३. सुगन्ध, खुशबू।

अधिवासी (-सिन्) पुं० [सं०] १. निवासी। २. दूसरे देश में जाकर बसनेवाला। (डोमिसाइल्ड)

अधिवेशन पुं० [सं०] सभा, सम्मेलन आदि की बैठक। (सेशन)

अधिशासी वि० [सं० अधि+शासन] प्रधान कार्यकारी अधिकारी या शासक से सम्बद्ध।

अधिशासी अभियंता पुं० वह अभियन्ता जिसकी देख-रेख में निर्माण-सम्बन्धी कार्य होते हों। (एक्जिक्यूटिव इंजीनियर)

अधिशुल्क पुं० [सं०] साधारण से अधिक या अतिरिक्त वह शुल्क जो किसी विशेष परिस्थिति में लिया जाता है। (सुपरचार्ज)

अधिष्ठाता (-तृ) पुं०[सं०][स्त्री० अधिष्ठात्री] १. अध्यक्ष। २. मुखिया, प्रधान। ३. वह जिसके हाथ में किसी कार्य का भार हो। ४. ईश्वर।

अधिष्ठान पुं० [सं०] [वि० अधिष्ठित] १. वासस्थान, रहने का स्थान। २. नगर, शहर। ३. ठहरने का स्थान, पड़ाव। ४. आधार, सहारा। ५. वह वस्तु जिसमें भ्रम का आरोप हो, जैसे रज्जु में सर्प या शुक्ति में रजत का अधिष्ठान। ६. शासन, राजसत्ता। ७. संस्था। ८. संस्था के कार्यकर्ता और अधिकारी लोग। (एस्टैब्लिशमेंट) ९. लाभ के लिए व्यापार या और किसी काम में धन लगाना। (इनवेस्टमेंट)

अधिसंख्य वि० [सं०] संख्या में अधिक, अधिकार।

अधिसूचना स्त्री० [सं०] आधिकारिक सूचना विशेषतः जो राजपत्र में प्रकाशित हुई हो।

अधिहरण पुं० [सं०] अधिकारपूर्वक हरण करना, जब्त करना। (कनफिस्केशन)

अधीक्षक पुं० [सं०] किसी कार्यालय या विभाग का वह प्रधान अधिकारी जो अपने अधीनस्थ कर्मचारियों के सब कामों की देखभाल करे। (सुपरिन्टेन्डेन्ट)

अधीक्षण पुं० [सं०] [वि० अधीक्षक] किसी कार्यालय या विभाग के कर्मचारियों के सब कार्यों की देखभाल करना, अधीक्षक का काम। (सुपरिन्टेन्डेन्स)

अधीत वि० [सं०] (ग्रन्थ, पाठ आदि) जो पढ़ा जा चुका हो।

अधीन वि० [सं०] [भाव० अधीनता] १. किसी के अधिकार, शासन, निरीक्षण या वश में रहनेवाला, मातहत। २. किसी के आसरे या सहारे पर रहनेवाला, आश्रित, अवलम्बित। ३. किसी नियम, निर्देश आदि से बँधा हुआ या नियन्त्रित। ४. वशीभूत, आज्ञाकारी। ५. विवश, लाचार। ६. अवलम्बित, मुनहसर।

अधीन, के *सम्बन्धबो०* १. की अधीनता में; जैसे यह विभाग गृह-मन्त्रालय के अधीन है। २. निर्भर अवस्था में; के फलस्वरूप; जैसे ऐसा आपने किस नियम के अधीन किया है। (सब्जेक्ट टू)

अधीनता स्त्री० [सं०] १. परवशता, परतन्त्रता। २. मातहती।

अधीनना स० [सं० अधीन] अपने अधीन करना।

अ० किसी के अधीन होना।

अधीनस्थ वि० [सं०] किसी की आज्ञा, अधिकार आदि में किसी के नीचे रहनेवाला, किसी के अधीन। (सुबॉर्डिनेट)

अधीनस्थ न्यायालय पुं० [सं०] किसी उच्च न्यायालय की दृष्टि से उससे छोटा और उसके अधीन रहनेवाला न्यायालय। (सुबॉर्डिनेट कोर्ट)

अधीनीकरण पुं० [सं०] [वि० अधीनीकृत] किसी को अपने अधीन करना या अपने अधिकार में लाना। (सबजुगेशन)

अधीर वि० [सं०] [भाव० अधीरता] १. धैर्यरहित। २. घबराया हुआ, उद्विग्न। ३. बेचैन, व्याकुल। ४. आतुर।

अधीरा स्त्री० [सं०] वह नायिका जो नायक में नारीविलास सूचक चिह्न देखने से अधीर होकर प्रत्यक्ष कोप करे।

अधीश पुं० [सं०] १. मालिक, स्वामी। २. भूपति, राजा।

अधीश्वर पुं० [स्त्री० अधीश्वरी] दे० 'अधीश'।

अधुना क्रि० वि० [सं०] सम्प्रति, आज-कल, इन दिनों।

अधूम वि० [सं०] धुएँ से रहित।

अधूरा वि० [हिं० अध+पूरा] [स्त्री० अधूरी] [भाव० अधूरापन] जो पूरा न हो, अपूर्ण।

अधेड़ वि० [हिं० आधा+एड(प्रत्य०)] ढलती जवानी का, बुढ़ापे और जवानी के बीच का।

अधेला [हिं० आधा+एला(प्रत्य०)] एक पैसे के आधे मूल्य का पुराना सिक्का।

अधेली स्त्री० दे० 'अठन्नी'।

अधो क्रि० वि० दे० 'अधः'।

अधोगति स्त्री० [सं०] १. पतन, गिराव, अवनति। २. दुर्दशा।

अधोगमन पुं० [सं०] १. नीचे जाना। २. अवनति, पतन।

अधोगामी (-मिन्) वि० [सं०] [स्त्री० अधोगामिनी] १. नीचे जानेवाला। २. अवनति की ओर जानेवाला।

अधोतर पुं० [सं० अधः+उत्तर] दोहरी बुनावट का एक प्रकार का देसी कपड़ा।

अधोभूमि स्त्री० [सं०] भूमि या जमीन के ऊपरी स्तर के नीचेवाला स्तर या भाग। (सबसायल)

अधोमंडल पुं० [सं०] पृथ्वी से साढ़े सात मील तक ऊँचा वायुमंडल। (बिजली, आँधी, बादल आदि इसी में होते हैं।)

अधोमार्ग पुं० [सं०] १. नीचे का रास्ता। २. गुदा।

अधोमुख वि० [सं०] १. जो नीचे मुँह किए हुए हो। २. औंधा, उलटा।

क्रि० वि० औंधे, मुँह के बल।

अधोरेखा स्त्री० [सं०] शब्द, वाक्य आदि के नीचे खींची गई रेखा।

अधोलोक पुं० [सं०] नीचे का लोक, पाताल।

अधोवस्त्र पुं० [सं०] कमर से नीचे पहना जानेवाला कपड़ा, जैसे धोती, लुंगी आदि।

अधोवायु पुं० [सं०] अपान वायु, गुदा की वायु, पाद।

अधोविंदु पुं० दे० 'अधःस्वस्तिक'।

अधोहस्ताक्षरी (-रिन्) वि०, पुं० [सं०] जिसने पत्र, प्रपत्र, लेख आदि के नीचे हस्ताक्षर किए हों। (अंडर साइन्ड)

अध्यक्ष पुं० [सं०] १. स्वामी, मालिक। २. नायक, मुखिया। ३. अधिष्ठाता। ४. सभा या संस्था आदि का प्रधान। (चेयरमैन)

अध्यक्षता स्त्री० [सं०] १. अध्यक्ष होने की क्रिया या भाव। २. अध्यक्ष का पद या स्थान। ३. किसी समाज या वर्ग में सबसे ऊँचा और प्रतिष्ठित आसन। ४. कार्य-संचालन आदि के लिए उच्च या प्रतिष्ठित पद पर बैठना।

अध्ययन पुं० [सं०] किसी विषय के सब अंगों या गूढ़ तत्त्वों का ज्ञान प्राप्त करने के लिए उसे देखना, समझना या पढ़ना, पठन-पाठन, पढ़ाई। (स्टडी)

अध्ययनावकाश पुं० [सं०] वह अवकाश या छुट्टी जो किसी कर्मचारी या अधिकारी को किसी विषय का विशेष रूप से अध्ययन करने के लिए मिले।

अध्यर्थ पुं० [सं०] वह वस्तु जिसपर अधिकार जताया जाए।

अध्यर्थन पुं० [सं०] किसी वस्तु पर स्वत्व या अधिकार जताना, दावा। (क्लेम)

अध्यवसाय पुं० [सं०] [कर्ता अध्यवसायी] १. दृढ़तापूर्वक तथा निरन्तर किसी काम में लगे रहना, घोर परिश्रम। २. उत्साह।

अध्यवसायी (-यिन्) वि०, पुं० [सं०] घोर परिश्रम करने-वाला।

अध्यात्म वि० [सं०] १. आत्मा में स्थित। २. सूक्ष्म।
पुं० [सं०] दर्शन और धर्म पर आधारित आत्मचिंतन, विशेषत: आत्मा और ब्रह्म का विवेचन, ज्ञानतत्त्व, आत्मज्ञान।

अध्यात्मवाद पुं० [सं०] [वि० अध्यात्मवादी] ब्रह्म और आत्मा को मुख्य मानने का सिद्धान्त।

अध्यादेश पुं० [सं०] किसी कार्य, व्यवस्था आदि के सम्बन्ध में राज्य द्वारा दिया या निकाला हुआ कोई आधिकारिक आदेश। (आर्डिनेन्स)

अध्यापक पुं० [सं०] [स्त्री० अध्यापिका] वह जो विद्यार्थियों को पढ़ाता हो, शिक्षक, उस्ताद।

अध्यापकी स्त्री० [सं० अध्यापक+हिं० ई (प्रत्य०)] १. अध्यापक का पद। २. अध्यापन, पढ़ाने का काम, शिक्षण।

अध्यापन पुं० [सं०] शिक्षण, पढ़ाने का कार्य।

अध्यापिका स्त्री० [सं०] महिला अध्यापक।

अध्याय पुं० [सं०] ग्रन्थ का खंड या विभाग जिसमें किसी विषय या उसके विशेष अंग का विवेचन हो, प्रकरण।

अध्यायीकरण पुं० [सं०] लिखित सामग्री को अध्यायों में बाँटना तथा व्यवस्थित करना।

अध्यारोप पुं० [सं०] १. वस्तु में अवस्तु का आरोप, भ्रांति का परिचायक आरोप; जैसे—रस्सी में साँप का आरोप। २. मिथ्या या निराधार कल्पना।

अध्यास पुं० [सं०] १. मिथ्या ज्ञान। २. कुछ का कुछ दिखाई देना या जान पड़ना, भ्रम, धोखा। (इल्युज़न)

अध्यासन पुं० [सं०] [वि० अध्यासीन] १. उपवेशन, बैठना। २. आरोपण।

अध्याहार पुं० [सं०] [वि० अध्याहृत] १. तर्क-वितर्क, विचार, बहस। २. वाक्य के किसी आवश्यक शब्द का लोप। ३. अस्पष्ट वाक्य को दूसरे शब्दों में स्पष्ट करने की क्रिया।

अध्यूढ़ा स्त्री० [सं०] वह स्त्री जिसका पति दूसरा विवाह कर ले, ज्येष्ठा पत्नी।

अध्येतव्य वि० [सं०] अध्ययन के योग्य।

अध्येता पुं० [सं०] वह जो (निरन्तर) अध्ययन करता हो।

अध्येय वि० [सं०] १. अध्ययन करने या पढ़ने योग्य। २. जो पढ़ा जा रहा हो या पढ़ा जाने को हो।

अध्वर्यु पुं० [सं०] यजुर्वेद-विहित कर्म करनेवाला ऋत्विक्।

अनंग वि० [सं०] [क्रि० अनंगना] बिना शरीर का, देहरहित।
पुं० कामदेव।

अनंगना अ० [सं० अनंग] शरीर की सुधि छोड़ना, सुध-बुध भूलना।

अनंगारि पुं० [सं०] अनंग अर्थात् कामदेव के शत्रु, शिव।

अनंगी (-गिन्) वि० [सं०] [स्त्री० अनंगिनी] अंगरहित, बिना देह का।
पुं० १. ईश्वर। २. कामदेव।

अनंत वि० [सं०] [भाव०अनंतता] १. जिसका अन्त या पार न हो, असीम।
२. बहुत अधिक या बहुत बड़ा। ३. अविनाशी।
पुं० १. विष्णु। २. शेषनाग। ३. लक्ष्मण। ४. बाँह पर पहनने का एक गहना।

अनंतगति स्त्री० [सं०] अनंत प्रवाह।

अनंतचतुर्दशी स्त्री० [सं०] भाद्रपद शुक्ल १४ जिस दिन अनन्त भगवान का व्रत स्त्रियाँ रखती हैं।

अनंतर क्रि० वि० [सं०] १. पीछे, उपरान्त, बाद। २. निरन्तर, लगातार।

अनंतर, के *सम्बन्धबोध०* के बाद, के पीछे।

अनंद| पुं० दे० 'आनंद'।

अनंदना अ० [सं० आनन्द] आनन्दित होना, खुश होना, प्रसन्न होना।

अन[1] क्रि० वि० [सं० अन्] बिना, बगैर।

अन[2] वि० [सं० अन्य] कोई और, अपर, दूसरा।

अन[3] उप० [सं० अ] एक उपसर्ग जो तद्भव शब्दों के पहले लगकर अभाव या विपरीत भाव सूचित करता है, जैसे अनगढ़, अनगिनती।

अनक पुं० दे० 'आनक'।

अनकना स० [सं० आकर्णन] १. सुनना। २. चुपचाप या छिपकर सुनना।

अनकहा वि० [हिं० अन+कहना] [स्त्री० अनकही] १. बिना कहा हुआ, अकथित, अनुक्त।

अनकही स्त्री० [हिं० अनकहा] कुछ न कहने की अवस्था या भाव।

मुहा० *अनकही देना*=चुपचाप रहना।

अनकिया वि० [हिं० अन+करना] १. जो किया न गया हो। २. जिसका निराकरण न हो सके। जैसे-अब इस परिणाम को अनकिया नहीं किया जा सकता।

अनख[१] स्त्री० [सं० अन्+अक्ष] १. क्रोध, कोप। २. ग्लानि, खिन्नता। ३. ईर्ष्या।

अनख[२] वि० [सं० अ+नख] बिना नख का।

अनखना अ० [हिं० अनख] १. क्रोध करना। २. रुष्ट होना।

अनखा पुं० [हिं० अनख] काजल की बिन्दी।

अनखाना अ० दे० 'अनखना'।

स० अप्रसन्न करना, नाराज करना।

अनखाहट स्त्री० दे० 'अनख'।

अनखिला वि० [हिं० अन+खिलना] जो खिला न हो।

अनखी[१] वि० [हिं० अनख] १. जो जल्दी रुष्ट हो जाए। २. क्रोधी।

अनखी[२] वि० [सं० अ+नाखिन्] जिसे नख या नाखून न हों।

अनखुला वि० [हिं० अन+खुलना] बिना खुला, बन्द।

अनखौहाँ वि० [हिं० अनख] [स्त्री० अनखौहीं] १. क्रोध से भरा, कुपित। २. चिड़चिड़ा। ३. क्रोध दिखानेवाला। ४. अनुचित, बुरा।

अनगढ़ वि० [हिं० अन+गढ़ना] १. बिना गढ़ा हुआ। २. जिसे किसी ने बनाया न हो, स्वयम्भू। ३. बेडौल, भद्दा, बेढंगा। ४. उजड्ड, अक्खड़।

अनगन* वि० दे० 'अनगिनत'।

अनगवना अ० [हिं० अन+गमन] देर लगाना, विलम्ब करना।

अनगाना अ० दे० 'अनगवना'।

अनगिनत वि० [हिं० अन+गिनना] जो गिना न जा सके, बहुत अधिक।

अनगिना वि० [हिं० अन+गिनना] १. जो गिना न गया हो। २. बहुत अधिक।

अनघ पुं० [सं०] वह जो अघ या पाप न हो।

वि० पापरहित, निर्दोष।

अनघैरी| वि० दे० 'अनिमंत्रित'।

अनघोरी| क्रि० वि० [?] १. चुपके से, चुपचाप। २. अचानक, अकस्मात्।

अनचाहत स्त्री०=अचाह।

अनचाहा वि० [हिं० अन+चाहना] जिसकी चाह या इच्छा न की गई हो।

अनचिन्हा*, **अनचीन्हा** वि०=अपरिचित।

अनजनमा वि० [हिं० अन+सं० जन्म] १. जिसने जन्म न लिया हो, जैसे ईश्वर। २. जिसका अभी जन्म न हुआ हो।

अनजान वि० [हिं० अन+जानना] १. अज्ञानी, नादान, नासमझ। २. अपरिचित, अज्ञात।

पद *अनजान में*=बिना सोचे-विचारे।

अनजाने क्रि० वि० [हिं० अनजान] बिना जाने, अनजान में।

अनट पुं० [सं० अनृत] १. उपद्रव। २. अत्याचार।

अनडीठ वि० [हिं० अन+डीठ=दृष्टि] जिसे देखा न हो।

अनत[१] वि० [सं०] बिना झुका हुआ।

अनत[२] क्रि० वि० [सं० अन्यत्र] दूसरी जगह।

अनति[१] वि० [सं० अन्+अति] कम, थोड़ा, जैसे अनति दूर।

अनति[२] स्त्री० [सं०] नम्रता का अभाव, अहंकार।

अनथका वि० [हिं० अन्+थकना] जो थका न हो

अनथके क्रि० वि० [हिं० अनथका] बिना थके।

अनथाहा वि० [हिं० अन+थाह] जिसकी थाह न लगे, अत्यधिक गहरा।

अनदीना* वि० न दिया हुआ।

अनदेखा वि० [हिं० अन+देखना] बिना देखा हुआ।

अनदेखी स्त्री० किसी कार्य को होते हुए देखकर भी यह जतलाना कि हमने नहीं देखा, उपेक्षा।

मुहा० *अनदेखी करना*=ध्यान न देना, उपेक्षा कर जाना।

अनद्यतन वि० [सं०] जो अद्यतन न हो फलतः पुराना।

अनधिक वि० [सं०] [भाव० अनधिकता] जो अधिक न हो।

अनधिकार पुं० [सं०] १. अधिकार का अभाव, अधिकार न होना। २. बेबसी, लाचारी। ३. अयोग्यता।

अनधिकार-चर्चा स्त्री० [सं०] जिस विषय का ज्ञान न हो, उस पर बोलना।

अनधिकार-चेष्टा स्त्री० [सं०] १. जिस कार्य का ज्ञान न हो उसे करने का प्रयत्न। २. बिना अधिकार कोई काम करने का प्रयत्न।

अनधिकारी (-रिन्) वि० [सं०] [स्त्री० अनधिकारिणी] १. जिसे अधिकार न हो। २. अयोग्य, अपात्र।

अनधिकृत वि० [सं०] १. जिसपर अधिकार प्राप्त न हो। २. जिसके लिए अधिकार न मिला हो।

अनधिगत वि० [सं०] जो अधिगत अर्थात् जाना या समझा हुआ न हो, अज्ञात।

अनध्याय पुं० [सं०] वह दिन जो शास्त्रानुसार पढ़ने-पढ़ाने का न हो (अमावस्या, परिवा, अष्टमी, चतुर्दशी और पूर्णिमा)।

अननिवार्य वि० [सं०] जो अनिवार्य न हो। (अनअसैंशल)

अननुकूल वि० [सं०] १. जो अनुकूल न हो। २. जो अपने को (परिस्थितियों के) अनुकूल न बना सके।

अननुरूप वि० [सं०] १. जो किसी के अनुरूप न हो, 'अनुरूप' का उलटा। २. जो किसी की मर्यादा को देखते हुए उसके अनुरूप या उपयुक्त न हो।

अनन्नास पुं० [पुर्त० अनानास] एक छोटा पौधा जिसके फल खटमीठे होते हैं।

अनन्य वि० [सं०] [भाव० अनन्यता] अन्य से सम्बन्ध न रखनेवाला, एक ही में लीन, एकनिष्ठ।

अनन्यभाव पुं० [सं०] एकनिष्ठा।

अनन्वय पुं० [सं०] एक अलंकार जिसमें उपमेय को ही उपमान मान लिया जाता है, जैसे भरत भरत ही है।

अनपच पुं० [हिं० अन+पचना] भोजन न पचने की अवस्था या दोष, अजीर्ण, बदहजमी।

अनपढ़ वि० [हिं० अन+पढ़ना] जो पढ़ा-लिखा न हो, अशिक्षित।

अनपत्य वि० [सं०] जिसे अपत्य या सन्तान न हो, निस्सन्तान।

अनपराध वि० [सं०] जिसका कोई अपराध न हो, निर्दोष।

अनपाकर्म पुं० [सं०] कोई प्रतिज्ञा या संविदा करके उसके अनुसार काम न करना, निश्चय तोड़ना।

अनपास पुं० [हिं० अन=नहीं+सं० पाश] पाश या बन्धन का अभाव, मोक्ष, छुटकारा।

अनपेक्ष वि० [सं०] १. जिसे किसी की अपेक्षा या आवश्यकता न हो। २. जो किसी की चिन्ता या परवाह न करे, लापरवाह।

अनपेक्षा स्त्री० [सं०] १. अपेक्षा का न होना। २. दे० 'उपेक्षा'।

अनपेक्षित वि० [सं०] जो अपेक्षित न हो।

अनबँधा वि० [हिं० अन+बँधा] जो बँधा न हो, खुला, मुक्त।

अनबन स्त्री० [हिं० अन+बनना] बिगाड़, विरोध, खटपट।
वि० १. जो साथवाले के मेल का न हो, अनमेल। २. भद्दा या बेढंगा।

अनबिधा वि० [हिं० अन+बिधना] बिना बेधा या छेद किया हुआ, जैसे अनबिधा मोती।

अनबूझ वि० [हिं० अन+बूझना] १. जिसे समझ-बूझ न हो, अज्ञानी। २. जो समझ में न आ सके।

अनबूड़ा वि० [हिं० अन+बूड़ना=डूबना] जो डूबा न हो।

अनबोल, अनबोलता वि० [हिं० अन+बोलना] १. न बोलनेवाला, मौन। २. जो अपना सुख-दुख न कह सके।

अनबोला पुं० [हिं० अनबोल] (किसी से) बोल-चाल या बात-चीत बन्द हो जाना।

अनभल, अनभला वि० [हिं० अन+भला] बुरा, खराब।
पुं० अहित, बुराई।

अनभाव पुं० [हिं० अन+सं० भाव] आपस का वैर-विरोध या द्वेष।
वि० दे० 'अनभावता'।

अनभावता वि० [हिं० अन+भाना=भला लगना] जो अच्छा या भला न लगे, अप्रिय।

अनभिज्ञ वि० [सं०] [स्त्री० अनभिज्ञा, भाव० अनभिज्ञता] १. अज्ञ, अनजान, मूर्ख। २. अपरिचित, नावाकिफ।

अनभिज्ञेय वि० [सं०] जिसका पता न लगाया जा सकता हो।

अनभिरुचि स्त्री० [सं० अन्+अभिरुचि] रुचि का अभाव।

अनभीष्ट वि० [सं०] जो अभीष्ट न हो, जिसकी चाह या इच्छा न हो।

अनभेदी वि० [हिं० अन+सं० भेद] १. जो भेद या रहस्य न जाने। २. पराया।

अनभो पुं० [हिं० अन+सं० भेद] १. अचम्भा, अचरज। २. अनहोनी बात।
वि० १. अपूर्व, अलौकिक। २. अद्‌भुत, विलक्षण।

अनभोरी स्त्री० [हिं० भोर=भुलावा] भुलावा, चकमा।

अनभ्यस्त वि० [सं० अन्+अभ्यस्त] १. जिसका अभ्यास न किया गया हो। २. जिसने अभ्यास न किया हो, अपरिपक्व।

अनमना वि० [हिं० अन्+सं० मन] १. बिना मन का। २. जिसका ध्यान बँटा हो।

अनमाया वि० [हिं० अन+माय(माप)] जो नापा न जा सके, जिसकी थाह न हो।

अनमारग* पुं०=कुमार्ग।

अनमिख* वि०=अनिमेष।

अनमिल वि० [हिं० अन=नहीं+मिलना] बेमेल, बेजोड़, असम्बद्ध।

अनमीच क्रि० वि० [हिं० अन+मीच=मृत्यु] बिना मृत्यु आए।

अनमीलना स० [सं० उन्मीलन] (आँखें) खोलना।

अनमेल वि० [हिं० अन+मेल] १. मेल न खानेवाला,, असम्बद्ध। २. बिना मिलावट का, विशुद्ध।

अनमोल वि० [हिं० अन+मोल] १. अमूल्य। २. मूल्यवान, बहुमूल्य, कीमती। ३. सुन्दर। ४. उत्तम।

अनम्र वि० [सं०] जिसमें नम्रता न हो, नम्रतारहित।

अनय पुं० [सं०] १. अमंगल। २. विपत्ति। ३. अनीति, अन्याय।

अनयमति वि० [सं०] अन्यायी।

अनयास* क्रि० वि० दे० 'अनायास'।

अनरथ* पुं०=अनर्थ।

अनरना* स० [सं० अनादर] १. अनादर करना। २. अपमान करना।

अनरस पुं० [हिं० अन=नहीं+सं० रस] रसहीनता, शुष्कता।

अनरसना अ० [हिं० अनरस] १. दुखी या उदास होना। २. अप्रसन्न होना।

अनरसा वि० [हिं० अन+सं० रस] १. अनमना। २. माँदा, बीमार, रोगी।

अनराता वि० [हिं० अन+राता] १. बिना रँगा। २. प्रेम में न पड़ा हुआ।

अनरीति स्त्री० [हिं० अन+सं० रीति] १. बुरी रीति, कुरीति। २. अनुचित व्यवहार, बुरा और नामुनासिब बरताव।

अनरुचि* स्त्री०=अरुचि।

अनरूप वि० [हिं० अन=बुरा+सं० रूप] १. कुरूप, भद्दा। २. असमान, असदृश।

अनर्गल वि० [सं०] [भाव० अनर्गलता] १. बेसिर-पैर का, अंडबंड। २. लगातार।

अनर्गलता स्त्री० [सं०] १. अनर्गल होने की अवस्था या भाव। २. अनर्गल बात, व्यवहार आदि।

अनर्घ वि० [सं०] १. बहुमूल्य, कीमती। २. कम कीमत का, सस्ता।

अनर्जक वि० [सं०] १. जो कमाता न हो। २. जो कमाया न गया हो, जैसे आयु या धन। (अन्अर्न्ड)

अनर्जित वि० [सं० अन्+अर्जित] जो अर्जित न हो, जो कमाया न गया हो।

अनर्थ पुं० [सं० अन्+अर्थ] १. विरुद्ध या उलटा अर्थ। २. बहुत बुरी और अनुचित बात, भारी अन्याय। ३. वह धन जो अधर्म से प्राप्त किया जाए।

अनर्थक वि० [सं०] १. निरर्थक, अर्थरहित। २. व्यर्थ, बेफायदा।

अनर्थकारी (-रिन्) वि० [सं०] [स्त्री० अनर्थकारिणी] १. उलटा मतलब निकालनेवाला। २. अनर्थ या तबाही करनेवाला; जैसे—अनर्थकारी भूकम्प।

अनलंकृत वि० [सं०] १. जिसे सजाया न गया हो। २. जिसे आभूषण न पहनाए गए हों।

अनल पुं० [सं०] अग्नि, आग।

अनलस वि० [सं०] १. आलस्यरहित, फुर्तीला। २. चैतन्य।

अनलायक वि० दे० 'नालायक'।

अनलेखा वि० [हिं० अन+लेखा] जिसका लेखा या हिसाब न हो सके, अनगिनत, असंख्य।

अनल्प वि० [सं०] जो अल्प या थोड़ा न हो, बहुत, अधिक।

अनवकाश पुं० [सं०] अवकाश न होना, अवकाश का अभाव।

अनवगत वि० [सं० अन्+अवगत] जो जाना न गया हो, जो अवगत न हो।

अनवच्छिन्न वि० [सं०] १. जो विच्छिन्न, विभक्त या खंडित न हो, अखंडित, अटूट। २. जुड़ा हुआ, संयुक्त।

अनवट स्त्री० [?] १. सधवा स्त्रियों के पैर के अँगूठे में पहनने का छल्ला जो आकार-प्रकार में बिछिया से बड़ा होता है। २. बैलों की आँखों पर बाँधा जानेवाला कपड़ा।

अनवद्य वि० [सं०] दोषरहित, निर्दोष।

अनवधान वि० [सं०] [भाव० अनवधानता] असावधान।

अनवधानता स्त्री० [सं०] असावधानी, लापरवाही।

अनवय पुं० [सं० अन्वय] १. वंश, कुल, खानदान। २. दे० 'अन्वय'।

अनवरत क्रि० वि० [सं०] निरन्तर, सतत, लगातार।

अनवसर पुं० [सं०] गलत अवसर।

अनवस्था स्त्री० [सं०] १. ठीक अवस्था या स्थिति न होना। २. अव्यवस्था। ३. आतुरता, अधीरता।

अनवस्थिति स्त्री० [सं०] [वि० अवस्थित] १. चंचलता। २. अधीरता। ३. आधारहीनता।

अनवाँसी स्त्री० [सं० अन्वंश] एक बिस्वे का १/४०० वाँ या एक बिस्वाँसी का बीसवाँ भाग। (भूमि की नाप)

अनवाद पुं० [हिं० अन=बुरा+सं० वाद=वचन] १. व्यर्थ का वादविवाद, फालतू बात-चीत। २. बुरा वचन, कटु भाषण।

अनवेक्षा स्त्री० [सं० अन्+अवेक्षा] [वि० अनवेक्षित, अनवेक्षणीय] ऐसे सामान्य अपराध या अनुचित बात पर ध्यान न देना जिसपर विधि के अनुसार ध्यान दिया जा सकता हो। (नान-कागनिज़ेन्स)

अनवेक्षणीय वि० [सं०] (ऐसा अपराध) जिसपर ध्यान देना आवश्यक न हो। (नॉन-कागनिज़ेबुल)

अनशन पुं० [सं०] विरोध प्रदर्शित करने के विचार से भोजन न करना, खाना छोड़ देना, निराहार रहना।

अनसखरी वि० स्त्री० [हिं० अन+सखरी] (रसोई) जो सखरी न हो, पक्की।

अनसहन* वि० [हिं० अन+सहना] १. जो सहा न जा सके। २. असहनशील।

अनसाना* अ० [हिं० अनख] १. मन में अप्रसन्न रहना या नाराज होना, बिगड़ना। २. चिढ़ना।
स० किसी को अप्रसन्न या नाराज करना।

अनसुना वि० [हिं० अन+सुना] जो सुना न गया हो।

अनसुनी स्त्री० [हिं० अनसुना] किसी की बात की की जानेवाली उपेक्षा, ध्यान ही न देने का भाव।
मुहा० *अनसुनी करना*=किसी की बात पर ध्यान ही न देना।

अनसूया स्त्री० [सं०] १. असूया या ईर्ष्या-द्वेष का अभाव, किसी बात का बुरा न मानना। २. अत्रिमुनि की पत्नी का नाम।

अनसुलझा वि० [हिं० अन+सुलझना] १. जो सुलझा न हो। २. जिसे सुलझाया न जा सका हो।

अनस्तित्व पुं० [सं०] अस्तित्व न होना।

अनहद पुं० दे० 'अनाहद'।

अनहित पुं० [हिं० अन+सं० हित] १. 'हित' का उलटा, अपकार, अहित। २. अशुभ कामना।

अनहितू वि० [हिं० अनहित] अनहित चाहनेवाला, 'हितैषी' का उलटा, वैरी।

अनहोना वि० [हिं० अन=नहीं+होना] जैसा पहले कभी घटित न हुआ हो, जैसे अनहोनी घटना।

अनाकानी† स्त्री० दे० 'आनाकानी'।

अनाकार वि० [सं०] जिसका कोई आकार न हो, निराकार।

अनाक्रमण पुं० [सं०] आक्रमण न करना, आक्रमण का अभाव।

अनागत वि० [सं०] १. जो न आया हो, अनुपस्थित। २. भावी, होनहार। ३. अपरिचित, अज्ञात। ४. अनादि। ५. अद्भुत, विलक्षण।
क्रि० वि० अचानक, सहसा।

अनाचरण पुं० [सं०] १. किसी कार्य का आचरण न करना। २. जो करना हो वह न करना, करने का काम छोड़ देना। (ओमिशन)

अनाचार पुं० [सं०] १. नीतिविरुद्ध, बुरा या निन्दनीय आचरण, कदाचार। २. दुराचार, भ्रष्टाचार।

अनाचारी (-रिन्) वि०, पुं० [सं०] अनाचार करनेवाला।

अनाज पुं० [सं० अन्नाद्य] [वि० अनाजी] अन्न, धान्य, दाना, गल्ला।

अनाजी वि० [हिं० अनाज] अनाज से बना हुआ।

अनाड़ी वि० [सं० अनार्य] १. नासमझ, नादान, अनजान। २. जो निपुण न हो, अकुशल, अदक्ष।

अनातंक पुं० [सं० अन्+आतंक] आतंक का न होना, आतंक का पूर्ण अभाव।

अनाथ वि०, पुं० [सं०] [भाव० अनाथता] १. जिसका कोई पालन करनेवाला न हो। २. असहाय।

अनाथालय पुं० [सं०] वह स्थान जहाँ अनाथों, असहायों या दीन-दुखियों का पालन हो।

अनादर पुं० [सं०] [वि० अनादृत, अनादरणीय] १. आदर न होना, निरादर, अपमान, अप्रतिष्ठा, बेइज्जती। २. साहित्य में एक अलंकार जिसमें अप्राप्त वस्तु की इच्छा करके प्राप्त वस्तु का अनादर किया जाता है।

अनादरण पुं० [सं०] बैंक द्वारा चेक का (बिना भुगतान किए ही) लौटा देना।

अनादि वि० [सं०] जिसका आदि न हो, जो सदा से हो।

अनादृत वि० [सं०] १. जिसका अनादर या अनादरण हुआ हो। २. जिसका आदर या सम्मान न होता हो।

अनाधार| वि०=निराधार।

अनाना| स० [सं०=आनयन] मँगाना।

अनापशनाप वि० [सं० अनाप्त+अनु०] १. व्यर्थ का और असम्बद्ध (कथन)। २. अंडबंड, ऊटपटाँग।

अनाप्त वि० [सं०] १. अप्राप्त, अलब्ध। २. अविश्वस्त। ३. असत्य। ४. अकुशल, अनाड़ी। ५. अनात्मीय, अबन्धु।

अनाम (-मन्) वि० [सं०] [स्त्री० अनामा] १. (रचना) जिसके रचयिता का नाम कोई न जानता हो। २. बिना नाम का, अप्रसिद्ध।

अनामिका स्त्री० [सं०] कनिष्ठा और मध्यमा के बीच की उँगली।

अनायत वि० [सं०] १. जो वश में न हुआ हो। २. स्वतन्त्र, स्वाधीन।

अनायास क्रि० वि० [सं०] १. बिना आयास या प्रयास के, बिना परिश्रम। २. अकस्मात्, अचानक।

अनार पुं० [फा०] एक पेड़ और उसके फल का नाम, दाड़िम।

अनारदाना पुं० [फा०] खट्टे अनार का सुखाया हुआ दाना।

अनारी वि० [फा० अनार] अनार के रंग का, चमकीला लाल।

अनार्जव पुं० [सं०] १. आर्जव या ऋजुता का अभाव। २. बेईमानी। (डिस्-ऑनेस्टी)

अनार्य पुं० [सं०] [भाव० अनार्यता] १. वह जो आर्य जाति का न हो। २. मलेच्छ।

वि० अश्रेष्ठ, हीन, बुरा।

अनार्यता स्त्री० [सं०] अनार्य होने की अवस्था या भाव।

अनावरण पुं० [सं०] १. आवरण हटाना। २. खुले में रखना।

अनावरण समारोह पुं० [सं०] ऐसा समारोह जिसमें आवरण हटाकर किसी वस्तु को सर्वसुलभ कराया जाता है।

अनावर्तक वि० [सं०] जो आवर्तक न हो। (नॉन-रेकरिंग)

अनावश्यक वि० [सं०] जिसकी आवश्यकता न हो, अप्रयोजनीय, गैरजरूरी।

अनावासिक वि० [सं०] १. जो स्थायी रूप से निवासी या बसा हुआ न हो, बल्कि कुछ दिनों के लिए कहीं से आकर रह या ठहर गया हो, अनिवासी। (नान-रेजीडेन्ट) २. (स्थान) जहाँ वास की व्यवस्था न हो।

अनावृत वि० [सं०] १. जो ढका न हो, खुला। २. जो घिरा न हो।

अनावृष्टि स्त्री० [सं०] वर्षा का अभाव, अवर्षा, सूखा। (ड्रॉट)

अनावेशित वि० [सं०] जिसे चार्ज न किया गया हो। (अनचार्ड)

अनाश्रमी (-मिन्) वि० [सं०] गार्हस्थ्य आदि चारो आश्रमों से रहित, आश्रमभ्रष्ट।

अनाश्रित वि० [सं०] जिसे कोई सहारा न हो, आश्रयरहित, निरवलम्ब।

अनासक्त वि० [सं०] जो आसक्त न हो, निर्लिप्त।

अनासक्ति स्त्री० [सं०] १. आसक्ति या अनुराग न होना। २. अलग, दूर या उदासीन रहना।

अनासीन वि० [सं०] अपने आसन, पद या स्थान से हटाया हुआ। (अनसीटेड)

अनाह| पुं० [सं०] पेट फूलने का रोग, अफरा।

वि०=अनाथ।

अनाहक| क्रि० वि० दे० 'नाहक'।

अनाहत वि० [सं०] जिस पर आघात न हुआ हो।

पुं० १. हठयोग में वह शब्द जो अँगूठों से दोनो कानों को बन्द करने से सुनाई देता है। २. हठयोग में शरीर के अन्दर के छह चक्रों में से एक जो हृदय के पास है। आधुनिक विज्ञान के अनुसार यह उन गिलटियों के पास है जो शरीर को बलवान बनाती हैं और जो वृद्धावस्था आने से पहले ही प्रायः लुप्त हो जाती हैं।

अनाहार पुं० [सं०] [वि० अनाहारी] भोजन का त्याग, भोजन न करना।

अनाहारी वि० [सं० अनाहार] जिसने कुछ खाया न हो।

अनाहूत वि० [सं०] जो बुलाया न गया हो, बिना बुलाया हुआ।

अनिंद्य वि० [सं०] १. जो निन्दा के योग्य न हो, निर्दोष। २. उत्तम, अच्छा।

अनिच्छा स्त्री० [सं०] [वि० अनिच्छित] इच्छा का अभाव, जी न चाहना।

अनिच्छित वि० [सं०] १. जिसकी इच्छा या चाह न की गई हो। २. जो रुचिकर न हो, अच्छा न लगनेवाला।

अनिच्छुक वि० [सं०] १. जो इच्छा या चाह न करे। २. किसी की ओर प्रवृत्ति न रखनेवाला।

अनित्य वि० [सं०] [भाव० अनित्यता] १. जो सदा न रहे, अस्थायी, क्षणभंगुर। २. कभी न कभी नष्ट हो जानेवाला।

अनिद्र वि० [सं०] जिसे नींद न आती हो या न आई हो। पुं० नींद न आने का उन्निद्र नामक रोग।

अनिप* पुं०=सेनापति।

अनिमा स्त्री०=अणिमा।

अनिमिष, अनिमेष क्रि० वि० [सं०] १. बिना पलक गिराए, एकटक। २. निरन्तर, लगातार।

अनियंत्रित वि० [सं०] १. जिसपर नियन्त्रण न हो, प्रतिबन्ध-रहित, बिना रोक-टोक का। २. मनमाना।

अनियम पुं० [सं०] [वि० अनियमित] नियम, व्यवस्था आदि का अभाव।

अनियमित वि० [सं०] [भाव० अनियमितता] १. नियम-रहित। २. जिसमें नियमों का ठीक तरह से या पूरा पालन न हुआ हो, बेकायदा। (इर्रेगुलर) ३. अनिश्चित, अनिर्दिष्ट।

अनियमितता स्त्री० [सं०] १. अनियमित होने की अवस्था या भाव। २. ऐसी बात या काम जो नियम का उल्लंघन करे।

अनियाउ* पुं०=अन्याय।

अनियारा* वि० [हिं० अनी=नोक+आरा (प्रत्य०)] [स्त्री० अनियारी] १. नुकीला। २. धारदार, पैना।

अनिरुद्ध वि० [सं०] जो निरुद्ध या रुद्ध न हो, जिसके आगे कोई रुकावट न हो, बिना रोका हुआ। पुं० श्रीकृष्ण के पोते और प्रद्युम्न के लड़के जिन्हें ऊषा ब्याही थी।

अनिर्दिष्ट वि० [सं०] १. जो निर्दिष्ट न हो, जिसका निर्देश न हुआ हो। २. अनिश्चित।

अनिबंध वि० [सं०] १. जिसके लिए कोई बन्धन न हो, बन्धनरहित। २. स्वतन्त्र।

अनिर्वचनीय वि० [सं०] [भाव० अनिर्वचनीयता] जिसका निर्वचन या व्याख्या न हो सके।

अनिर्वाच्य वि० [सं०] १. जो कहा न जा सके, अकथनीय। २. जो निर्वाचन के योग्य न हो, जिसका चुनाव न हो सके, जो चुना न जा सके।

अनिर्वाप्य वि० [सं०] जिसका निर्वापण या शमन न हो सके, जैसे अनिर्वाप्य ज्वाला या वैमनस्य।

अनिल पुं० [सं०] वायु, पवन, हवा, समीर।

अनिलकुमार पुं० [सं०] हनुमान।

अनिवार* वि०=अनिवार्य।

अनिवार्य वि० [सं०] [भाव० अनिवार्यता] १. जिसका निवारण न हो सके, जिससे बचा न जा सके। (एसेन्शल) २. जो हटाया या छोड़ा न जा सके। (इनेविटेबुल) ३. जिसे लेना, रखना या मानना आवश्यक हो। (कम्पल्सरी)

अनिवार्यता स्त्री० [सं०] १. अनिवार्य होने की अवस्था या भाव। २. ऐसी परम्परा, मर्यादा या शर्त जिसका पालन अनिवार्य हो।

अनिवार्येतर वि० [सं०] अनिवार्य से भिन्न। (नान्-एसेंशल)

अनिवासी (-सिन्) वि० [सं०] जो निवास न करता हो; जैसे—अनिवासी भारतीय=वह भारतीय जो भारत में निवास न करता हो।

अनिश्चय पुं० [सं०] निश्चय का अभाव।

अनिश्चित वि० [सं०] १. जो निश्चित न हो, अनियत। २. आकस्मिक रूप से बीच में आ जानेवाला।

अनिष्ट वि० [सं०] जो इष्ट न हो, अनभिलषित। पुं० १. अमंगल, अहित। २. हानि।

अनिष्टकर वि० [सं०] अनिष्ट करनेवाला।

अनी[१] स्त्री० [सं० अणी] नुकीली चीज का अगला भाग, नोक।

अनी[२] स्त्री० [सं० अनीक] १. समूह, झुंड। २. सेना, फौज।

अनी[३] स्त्री० [हिं० आन] मन में होनेवाली लज्जा, ग्लानि।

अनीक[१] पुं० [सं०] १. समूह, झुंड। २. सेना, फौज। ३. युद्ध।

अनीक[२] वि० [हिं० अ+नीक] जो 'नीक' (अच्छा) न हो, बुरा, खराब।

अनीठ* वि०, पुं० दे० 'अनिष्ट'।

अनीति स्त्री० [सं०] १. नीति, न्याय, औचित्य आदि का न होना। २. अन्याय, अन्धेर। ३. अत्याचार।

अनीमिया पुं० [अं०] रक्त में होनेवाली रक्त कोषिकाओं की कमी, रक्ताल्पता।

अनीलन पुं० [अं० अनीलिंग] (धातु, शीशे आदि को) कठोर बनाने के लिए उसे पहले बहुत अधिक तपाना फिर ठंडा कर देना।

अनीश वि० [सं०] १. जिसका कोई ईश या स्वामी न हो। २. सबसे बड़ा।

अनीश्वरवाद पुं० [सं०] [वि० अनीश्वरवादी] ईश्वर का अस्तित्व न मानना, नास्तिकता।

अनीश्वरवादी (-दिन्) वि० [सं०] अनीश्वरवाद-सम्बन्धी। पुं० ईश्वर को न माननेवाला व्यक्ति, नास्तिक।

अनीह वि० [सं०] १. इच्छारहित, निस्पृह। २. लापरवाह।

अनीहा स्त्री० [सं०] ईहा का न होना; वासना, अनुराग आदि का अभाव।

अनु उप० [सं०] एक उपसर्ग जो शब्दों के पहले लगकर उनमें ये अर्थ लगाता है : (क) पीछे; जैसे अनुगमन, अनुसार, अनुरूप, अनुकूल, (ख) संग या साथ; जैसे अनुपान, (ग) हर एक; जैसे अनुदिन, (घ) बार-बार; जैसे अनुशीलन।

अनुकंपा स्त्री० [सं०] दूसरों का दुख देखकर उनके प्रति मन में उत्पन्न होनेवाली दया, कृपा, अनुग्रह। (कम्पैशन)

अनुकथन पुं० [सं०] किसी कथन, वक्तव्य, सुझाव आदि पर होनेवाली चर्चा।

अनुकरण पुं० [सं०] [वि० अनुकरणीय, अनुकृत] १. देखा-देखी किया जानेवाला कार्य, नकल। २. आदर्श व्यक्तियों के क्रियाकलापों को अपने जीवन में व्यवहार में लाने की क्रिया।

अनुकरणीय वि० [सं०] अनुकरण के योग्य।

अनुकर्ता (-र्तृ) पुं० [सं०] अनुकरण करनेवाला व्यक्ति।

अनुकलन पुं० [सं०] [वि० अनुकलित] १. गणितीय क्रिया करना। २. हिसाब लगाना।

अनुकल्प पुं० [सं०] १. गुरु के द्वारा सुझाया वह विकल्प जो मुख्य आदेश का पालन संभव न होने पर किया जाए। २. विकल्प।

अनुकारक वि०, पुं० [सं०] ज्यों-की-त्यों किसी की नकल करनेवाला। (इमीटेटर)

अनुकूल वि० [सं०] [भाव० अनुकूलता] १. अनुरूप, मुआफिक। २. पक्ष में रहकर सहायता करनेवाला। ३. विचारों आदि में समान होने या मेल खानेवाला। पुं० १. वह नायक जो एक ही विवाहिता स्त्री से सम्बन्ध और प्रेम रखे। २. साहित्य में एक अलंकार जिसमें प्रतिकूल से अनुकूल वस्तु की सिद्धि दिखाई जाती है।

अनुकूलता स्त्री० [सं०] १. अनुकूल होने का कार्य, अवस्था या भाव। २. अनुकूल बात।

अनुकूलन पुं० [सं०] १. अनुकूल करने या बनाने की क्रिया या भाव। २. नई अथवा विचित्र परिस्थितियों के अनुकूल अपने को ढालने की प्रक्रिया। (एडाप्टेशन)

अनुकूलना* अ० [सं० अनुकूलन] १. अनुकूल या मुआफिक होना। २. हितकर होना।

अनुकूलित वि० [सं० अनुकूलन] जिसे अनुकूल कर या बना लिया गया हो।

अनुकृत वि० [सं०] [भाव० अनुकृति] जिसका अनुकरण किया गया हो।

अनुकृति स्त्री० [सं०] १. दूसरे को देखकर वैसा ही किया हुआ कार्य, नकल। २. कोई चीज देखकर ज्यों-की-त्यों वैसी ही बनाई हुई चीज। (इमिटेशन) ३. साहित्य में एक अलंकार जिसमें एक वस्तु का कारणान्तर से दूसरी वस्तु के अनुसार होने का वर्णन होता है।

अनुक्त वि० [सं०] [स्त्री० अनुक्ता] बिना कहा हुआ, अकथित।

अनुक्रम पुं० [सं०] १. क्रम, सिलसिला। २. लगातार एक के बाद एक होने की क्रिया या भाव। (सक्सेशन)

अनुक्रमणिका स्त्री० [सं०] १. क्रम, सिलसिला। २. क्रम से दी हुई सूची। (इन्डेक्स)

अनुक्रिया स्त्री० [सं०] किसी क्रिया के फलस्वरूप होनेवाली क्रिया। (रिस्पांस)

अनुक्षण क्रि० वि० [सं०] १. क्षण-क्षण पर, हर समय। २. निरन्तर, लगातार।

अनुगत वि० [सं०] [स्त्री० अनुगता] [भाव० अनुगति] १. अनुगामी, अनुयायी। २. अनुकूल, मुआफिक। पुं० सेवक, नौकर।

अनुगम पुं० [सं०] तर्कशास्त्र में, कोई बात सिद्ध करने के लिए भिन्न-भिन्न तथ्यों या तत्त्वों के आधार पर स्थिर किया जानेवाला परिणाम। (इन्डक्शन)

अनुगमन पुं० [सं०] १. पीछे चलना, अनुसरण। २. समान आचरण। ३. विधवा का पति के साथ जल मरना।

अनुगामिता स्त्री० [सं०] १. अनुगामी होने की क्रिया या भाव। २. अनुगमन।

अनुगामी (-मिन्) वि० [सं०] [स्त्री० अनुगामिनी] १. पीछे चलनेवाला। २. समान आचरण करनेवाला। ३. आज्ञाकारी। ४. जो किसी के बाद आए; जैसे-परसर्ग नामपदों के अनुगामी होते हैं।

अनुगृहीत वि० [सं०] [स्त्री० अनुगृहीता] १. जिस पर अनुग्रह हुआ हो। २. उपकृत, कृतज्ञ।

अनुग्रह पुं० [सं०] १. कृपा, दया। २. सरकार या राज्य की ओर से होनेवाली रियायत।

अनुग्रहांक पुं० [सं०] वे अंक जो अनुग्रहपूर्वक (छात्र को उत्तीर्ण करने के लिए) दिए जाएँ। (ग्रेस मार्क्स)

अनुग्राहक वि० [सं०] [स्त्री० अनुग्राहिका] अनुग्रह करनेवाला, कृपालु।

अनुचर पुं० [सं०] १. दास, नौकर। २. सहचारी, साथी।

अनुचरवृंद पुं० बहु० [सं०] सेवकगण।

अनुचिंतन पुं० [सं०] किसी बात, कृति आदि के तत्त्वों, मूल्यों, आदि के सम्बन्ध में होनेवाला सोच-विचार।

अनुचित वि० [सं०] [भाव० अनौचित्य] १. जो उचित न हो, नामुनासिब। २. बुरा, खराब।

अनुच्चरित वि० [सं०](वर्ण) जिसका उच्चारण न हुआ हो।

अनुच्छेद पुं० [सं०] १. किसी साहित्यिक पुस्तक, विवेचन आदि के किसी प्रकरण के अन्तर्गत वह विशिष्ट विभाग जिसमें किसी एक विषय या उसके किसी अंग का विवेचन होता है। (पैराग्राफ) २. नियमावली, विधान, संविदा आदि का कोई एक विशिष्ट अंग, जिसमें किसी एक विषय आदि का विवेचन होता है। (आर्टिकल)

अनुज वि० [सं०] जिसका जन्म बाद में हुआ हो। पुं० [स्त्री० अनुजा] छोटा भाई।

अनुजीवी (-विन्) पुं० [सं०] [स्त्री० अनुजीविनी] १. आश्रित। २. सेवक, नौकर।

अनुज्ञप्त वि० [सं०] जिसके लिए अनुज्ञा या स्वीकृति मिल चुकी हो।

अनुज्ञप्ति स्त्री० [सं०] कोई विशेष व्यापार या उत्पादन करने का शासन द्वारा प्रदत्त अधिकार। (लाइसेंस)

अनुज्ञा स्त्री० [सं०] [वि० अनुज्ञप्त, अनुज्ञात] १. आज्ञा, हुकुम। २. वह अनुमति या स्वीकृति जो किसी बड़े अधिकारी से कोई काम करने के लिए मिले, इजाजत। (सैंक्शन, परमिशन) ३. बिना आपत्ति के किसी को कोई काम करने देना। ४. साहित्य में एक अलंकार जिसमें किसी बुरी चीज में भी कोई अच्छी बात देखकर उसे पाने की इच्छा का वर्णन होता है।

अनुज्ञात वि० [सं०] जिसके लिए अनुज्ञा मिली हो, अनुज्ञप्त। (एलाउड)

अनुज्ञापत्र पुं० [सं०] वह पत्र जिसमें किसी को किसी अधिकारी से कोई कार्य करने अथवा कुछ लेने की अनुज्ञा या स्वीकृति मिली हो। (परमिट)

अनुज्ञापन पुं० [सं०] [वि० अनुज्ञापित, अनुज्ञप्त] अनुज्ञा देने की क्रिया या भाव, अनुज्ञा देना।

अनुज्ञापित वि० दे० 'अनुज्ञप्त'।

अनुताप पुं० [सं०] [वि० अनुतप्त] १. तपन, दाह, जलन। २. दुख, रंज। ३. पछतावा, अफसोस।

अनुतोष पुं० [सं०] [वि० अनुतुष्ट] १. किसी काम से होनेवाला सन्तोष। २. वह धन आदि जो किसी को तुष्ट या प्रसन्न करने के लिए दिया जाए। (ग्रैटिफिकेशन)

अनुतोषण पुं० [सं०] [वि० अनुतुष्ट] १. किसी को अनुतुष्ट करने की क्रिया या भाव। २. किसी को कुछ देकर अनुकूल करना। (ग्रैटिफिकेशन)

अनुत्तम वि० [सं०] [सं० अन्+उत्तम] जो उत्तम न हो।

अनुत्तर वि० [सं०] जो उत्तर न दे सके, निरुत्तर।

पुं० [वि० अनुत्तरित] उत्तर का अभाव, उत्तर या जवाब न देना।

अनुत्तरदायी (-यिन्) वि०[सं०] १. जो अपने कर्तव्यपालन और उत्तरदायित्व का पूरा ध्यान न रखे। २. बिना उत्तरदायित्व का ध्यान रखे किया जानेवाला। (इर्रेस्पॉन्सिबुल)

अनुत्तरित वि० [सं०] जिसका उत्तर न दिया गया हो।

अनुत्तीर्ण वि० [सं०] जो परीक्षा में उत्तीर्ण न हुआ हो।

अनुत्पादक वि० [सं०] जो उत्पादक न हो, या जो उत्पादन न करता हो।

अनुदत्त वि० [सं०] अनुदान के रूप में दिया हुआ।

अनुदात्त वि० [सं०] १. छोटा, तुच्छ। २. नीचा (स्वर)। ३. लघु (उच्चारण)।

पुं० स्वर के तीन भेदों में से एक, जो उदात्त या ऊँचा नहीं, बल्कि कुछ नीचा होता है।

अनुदान पुं० [सं०] [वि० अनुदत्त] राज्य, शासन आदि से किसी विशेष कार्य के लिए सहायता के रूप में मिलनेवाला धन। (ग्रान्ट)

अनुदार वि० [सं०] १. जो उदार न हो, संकीर्ण। २. कृपण, कंजूस।

अनुदृष्टि स्त्री० [सं०] बहुत-सी वस्तुओं में से प्रत्येक वस्तु को उसके ठीक रूप में और सब वस्तुओं के अनुपात का ध्यान रखते हुए देखने की क्रिया या भाव, मुनासिबत। (पर्स-पेक्टिव)

अनुदेश पुं० [सं०] कार्यविधि की जानकारी-सम्बन्धी सूचना। (इंस्ट्रक्शन)

अनुदेशक पुं० [सं०] कार्य विधि के अनुरूप शिक्षा देनेवाला।

अनुद्घाटित वि० [सं० अन्+उद्घाटित] जिसका उद्घाटन न हुआ हो।

अनुद्यत वि० [सं०] जो उद्यत या तैयार न हो।

अनुधर्मक वि० [सं०] धर्म, आकृति, स्वरूप आदि के विचार से किसी के समान, सदृश। (एनैलोगस)

अनुधर्मता स्त्री० [सं०] अनुधर्मक होने का भाव या दशा। (एनैलाजी)

अनुधावन पुं० [सं०] पीछे चलना, अनुसरण करना।

अनुनय पुं० [सं०] १. विनय, विनती, प्रार्थना। २. रूठे हुए को मनाना।

अनुनाद पुं० [सं०] गूँज।

अनुनादित वि० [सं०] १. जो गूँज रहा हो। २. जिसमें गूँज हो।

अनुनासिक वि० [सं०] (स्वर) जिसके उच्चारण में मुख के अतिरिक्त नाक से भी कुछ स्वर निकलता हो; जैसे—अँ, आँ, एँ आदि।

पुं० अनुनासिक स्वर।

अनुनासिकता स्त्री० [सं०] अनुनासिक होने की अवस्था, गुण या भाव।

अनुपजाऊ वि० [सं० अन्+हिं० उपजाऊ] जो उपजाऊ न हो।

अनुपम वि० [सं०] [भाव० अनुपमता] १. जिसकी बराबरी का और कोई न हो, उपमारहित, बेजोड़। (यूनीक) २. बहुत अच्छा।

अनुपमेय वि० दे० 'अनुपम'।

अनुपयुक्त वि० [सं०] [भाव० अनुपयुक्तता] जो उपयुक्त या योग्य न हो।

अनुपयोग पुं० [सं०] उपयोग का अभाव या विरोधी भाव।

अनुपयोगिता स्त्री० [सं०] उपयोगिता का न होना, निरर्थकता।

अनुपयोगी (-गिन्) वि० [सं०] बेकाम, व्यर्थ का।

अनुपलब्ध वि० [सं०] [सं० अन्+उपलब्ध] [भाव० अनुपलब्धता] जो उपलब्ध न हो, अप्राप्य।

अनुपस्थित वि० [सं०] जो सामने, उपस्थित या मौजूद न हो, अविद्यमान, गैरहाजिर। (ऐबसेन्ट)

अनुपस्थिति स्त्री० [सं०] उपस्थित, वर्तमान या मौजूद न होने का भाव, सामने न होना, गैरमौजूदगी। (ऐबसेन्स)

अनुपात पुं० [सं०] [वि० आनुपातिक] १. गणित की त्रैराशिक क्रिया। २. मान, माप, उपयोगिता आदि की तुलना के विचार से एक वस्तु का दूसरी वस्तु से रहनेवाला सम्बन्ध या अपेक्षा, तुलनात्मक स्थिति। (प्रोपोर्शन)

अनुपान पुं० [सं०] वह वस्तु जो औषध के साथ या ऊपर से खाई जाए।

अनुपाय वि० [सं०] जिसके पास या जिसका कोई उपाय न हो।

अनुपालन पुं० [सं०] १. किसी मिली हुई आज्ञा का ठीक से पालन करना। (ऑब्ज़र्वेन्स) २. किसी पत्र या आज्ञा को उसके ठीक स्थान तक पहुँचाने का काम, तामील। (सरविस)

अनुपूरक वि० [सं०] १. किसी के साथ लग या मिलकर उसकी पूर्ति करनेवाला। (कॉम्प्लिमेन्टरी) २. छूट, त्रुटि, क्षति आदि की पूर्ति के लिए बाद में लगाया, मिलाया या बढ़ाया हुआ। (सप्लिमेन्टरी)

अनुपूरण पुं० [सं०] किसी प्रकार की त्रुटि या कमी पूरी करने के लिए बाद में उसमें कुछ और बढ़ाना, मिलाना या लगाना। (सप्लिमेन्ट)

अनुप्रमाणन पुं० [सं०] [वि० अनुप्रमाणित] तसदीक करना। (एटेस्टेशन)

अनुप्रमाणित वि० [सं०] जिसका अनुप्रमाणन हुआ हो, तसदीक किया हुआ।

अनुप्रस्थ वि० [सं०] जो चौड़ाई के बल हो। (लैटि-ट्युडिनल)

अनुप्राणन पुं० [सं०] [वि० अनुप्राणित] (किसी में) प्राण डालना, जीवन का संचार करना।

अनुप्रापण पुं० [सं०] [वि० अनुप्राप्त] (कर, दंड आदि के रूप में) प्राप्तव्य धन इकट्ठा करना या उगाहना, वसूली करने की क्रिया या भाव, वसूली। (कलेक्शन)

अनुप्राप्त वि० [सं०] जिसका अनुप्रापण हुआ हो, इकट्ठा किया या उगाहा हुआ, वसूला हुआ, वसूल।

अनुप्राप्ति स्त्री० [सं०] [वि० अनुप्राप्त] (कर, दंड आदि के रूप में) प्राप्तव्य धन इकट्ठा करने की क्रिया या भाव, वसूली।

अनुप्रास पुं० [सं०] [वि० आनुप्रासिक] एक अलंकार जो उस समय माना जाता है, जब कविता की किसी पंक्ति के दो या अधिक शब्द एक ही व्यंजन वर्ण से आरंभ होते हैं। 'सुनु सिय सत्य असीस हमारी' तुलसी की इस अर्धाली में 'सुनु सिय सत्य' इन तीन शब्दों में 'स' का अनुप्रास है।

अनुप्रेरित वि० [सं०] जो प्रेरणा मिलने पर प्रेरित हुआ हो।

अनुबंध पुं० [सं०] [वि० अनुबंधित, अनुबद्ध] १. बाँधनेवाली चीज या सम्बन्ध, बन्धन। २. किसी विषय की सब बातों का विवेचन। ३. कोई काम करने के लिए दो पक्षों में होनेवाला ठहराव या समझौता। (एग्रिमेन्ट)। ४. किसी भावी कार्य के सम्बन्ध में निश्चय। (एनगेजमेन्ट) ५. वस्तुओं, जीवों, अंगों आदि में आवश्यक या अनिवार्य रूप से होनेवाला घनिष्ट पारस्परिक सम्बन्ध। (को-रिलेशन)

अनुबंध चतुष्टय पुं० [सं०] किसी कृति के सम्बन्ध में यह जानने कि प्रक्रिया कि उसका अधिकारी, विषय, सम्बन्ध और प्रयोजन क्या है।

अनुबंध-पत्र पुं० [सं०] वह पत्र जिसमें किसी अनुबन्ध की शर्तें लिखी हों, इकरारनामा। (एग्रिमेन्ट)

अनुबंधित वि० [सं० अनुबंध] = अनुबद्ध।

अनुबद्ध वि० [सं०] १. बँधा हुआ। २. जिसके सम्बन्ध में कोई अनुबन्ध या समझौता हुआ हो। (एग्रीड)

अनुबोधन पुं० [सं०] किसी को कोई बात स्मरण कराने की क्रिया या भाव।

अनुभव पुं० [सं०] [वि० अनुभवी, अनुभाव्य, अनुभूत] वह ज्ञान जो कोई काम या प्रयोग करने से प्राप्त हो। (एक्सपीरिएन्स)

अनुभवसिद्ध पुं० [सं० अनुभव+सिद्ध] १. जिसे अनुभव से सिद्ध माना जाए। २. जिसे विशेष अनुभव प्राप्त हो, जानकार।

अनुभव-समृद्ध वि० [सं०] अत्यधिक अनुभवी, पूर्ण अनुभवी।

अनुभवी (-विन्) वि०, पुं० [सं०] अनुभव रखनेवाला, जिसने अनुभव प्राप्त किया हो।

अनुभाग पुं० [सं०] किसी विभाग के अन्तर्गत कोई छोटा विभाग। (सेक्शन)

अनुभागीय वि० [सं०] अनुभाग-सम्बन्धी।

अनुभाजन पुं० [सं०] [वि० अनुभक्त] वह क्रिया जिसमें कोई वस्तु लोगों की आवश्यकता का ध्यान रखते हुए उनके अंश या हिस्से के अनुसार उन्हें दी जाती है। (रैशनिंग)

अनुभाव पुं० [सं०] १. महिमा, बड़ाई। २. साहित्य या काव्य में रस के अन्तर्गत चित्त का भाव प्रकट करनेवाली कटाक्ष, रोमांच आदि चेष्टाएँ। ३. किसी वस्तु, वर्ग आदि में विशेष रूप से पाए जानेवाले गुण या लक्षण। (कैरेक्टरिस्टिक्स)

अनुभावी (-विन्) वि० [सं०] [स्त्री० अनुभाविनी] जिसमें अनुभव करने की शक्ति हो।

पुं० वह साक्षी जिसने सारी घटना स्वयं देखी हो, अक्षि-साक्षी। (आइ-विटनेस)

अनुभाव्य वि० [सं०] अनुभव के योग्य।

अनुभूत वि० [सं०] १. जिसका अनुभव या साक्षात् ज्ञान हुआ हो। २. परीक्षित, तजरुबा किया हुआ।

अनुभूति स्त्री० [सं०] ऐसा मानसिक व्यापार जिसकी बाहरी प्रतिक्रिया तो नहीं होती फिर भी जिससे सुख-दुख का अनुभव होता है।

अनुभूतिजन्य वि० [सं०] अनुभूति से उत्पन्न होनेवाला।

अनुभूयमान वि० [सं०] जिसका ज्ञान अनुभूति से हो।

अनुभोग पुं० दे० 'भोग'।

अनुमति स्त्री० [सं०] १. आज्ञा, हुकुम। २. कोई काम करने से पहले उसके सम्बन्ध में बड़ों से मिलने या ली जानेवाली स्वीकृति जो बहुत-कुछ आज्ञा के रूप में होती है, अनुज्ञा। (परमिशन) ३. कोई काम करते समय या कर चुकने पर

किसी बड़े या उच्चाधिकारी के द्वारा होनेवाला उसका अनुमोदन या समर्थन, स्वीकृति। (एस्सेन्ट)

अनुमन्य वि० [सं० अनुमति] जिसके लिए अनुमति हो। (पर्मिसिबल)

अनुमान पुं० [सं०] [वि० अनुमित, अनुमेय, अनुमानित] १. अपने मन से यह समझना कि ऐसा हो सकता है या होगा, अटकल, अन्दाज। (गेस) २. मोटा हिसाब लगाकर अन्दाज से यह समझना कि यह ऐसा या इतना होगा। (एस्टिमेट) ३. न्याय में प्रमाण के चार भेदों में से बह भेद जिससे प्रत्यक्ष साधन के द्वारा अप्रत्यक्ष साध्य की भावना होती है। (जैसे धुआँ देखकर अग्नि का होना सिद्ध करना।)

अनुमानतः क्रि० वि० [सं०] अनुमान, अटकल या अन्दाज से।

अनुमानना स० [सं० अनुमान] अनुमान करना, अन्दाज लगाना।

अनुमानित वि० [सं०] १. जो अनुमान से सोचा या समझा गया हो। (गेस्ड) २. जो अनुमान से मोटा हिसाब लगाकर ठहराया गया हो। (एस्टिमेटेड)

अनुमित वि०=अनुमानित।

अनुमिति स्त्री० [सं०] अनुमान।

अनुमेय वि० [सं०] जिसका अनुमान संभव हो, अनुमान में आने योग्य।

अनुमोदक पुं० [सं०] अनुमोदन करनेवाला।

अनुमोदन पुं० [सं०] [वि० अनुमोदनीय, अनुमोदित] १. प्रसन्नता प्रकट करना। २. किसी के किए हुए काम या सामने रखे हुए सुझाव को ठीक मानकर अपनी स्वीकृति देना या उसका समर्थन करना। (एप्रूवल)

अनुमोदनीय वि० [सं०] अनुमोदन के योग्य।

अनुमोदित वि० [सं०] १. (प्रस्ताव) जिसका किसी ने अनुमोदन किया हो। २. (बात या विचार) जिसे किसी उच्च अधिकारी ने ठीक मान लिया हो और जिसके अनुसार कार्य करने की स्वीकृति दे दी हो।

अनुयाचक पुं० [सं०] वह जो किसी को समझा-बुझाकर उससे अपने किसी काम के लिए कहे, अनुयाचन करनेवाला। (कैन्वेसर)

अनुयाचन पुं० [सं०] किसी को समझा-बुझाकर अपने अनुकूल करते हुए उससे कोई काम करने के लिए कहना। (कैन्वेसिंग)

अनुयान पुं० [सं०] वह यान जिसे कोई दूसरा यान खींचता हो। (ट्रेलर)

अनुयायी (-यिन्) वि० [सं०] [स्त्री० अनुयायिनी] १. किसी के पीछे-पीछे चलनेवाला, अनुगामी। २. अनुकरण करनेवाला। पुं० १. अनुचर, सेवक, दास। ३. किसी के सिद्धान्त मानने अथवा उसके आदर्शों के अनुसार चलनेवाला। (फॉलोअर)

अनुयोग पुं० [सं०] कोई बात जानने के लिए कुछ पूछना या उस पर आपत्ति करना, किसी बात की सत्यता में सन्देह प्रकट करना। (क्वेश्चन)

अनुरंजन पुं० [सं०] [वि० अनुरंजित] १. अनुराग, प्रीति करना। २. दिल-बहलाव। ३. (विवाह से पूर्व) किसी कन्या से पुरुष का प्रेमाचार करना। (कोर्टशिप)

अनुरंजित वि० [सं०] १. जिसका अनुरंजन हुआ हो। २. जिसका दिल बहलाया गया हो।

अनुरक्त वि० [सं०] १. जिसके मन में किसी के प्रति अनुराग हुआ हो। २. किसी की ओर झुका या ढला हुआ।

अनुरक्ति स्त्री० [सं०] अनुरक्त होने की क्रिया या भाव, अनुराग, प्रेम। (अफेक्शन)

अनुरक्षक पुं० [सं०] वह व्यक्ति जो किसी बालिका या स्त्री के साथ-साथ उसके रक्षार्थ सार्वजनिक स्थानों पर जाता हो। (एस्कार्ट)

अनुरणन पुं० [सं०] [वि० अनुरणित] किसी चीज का बोलना या बजना।

अनुराग पुं० [सं०] [वि० अनुरक्त] १. प्रीति, प्रेम। २. दे० 'अनुरक्ति'।

अनुरागना* अ० [सं० अनुराग] अनुराग या प्रेम से युक्त होना, प्रीति करना।

अनुरागी (-गिन्) वि०, पुं० [सं०] [स्त्री० अनुरागिनी] अनुराग रखनेवाला।

अनुराध पुं० [सं०] विनय, प्रार्थना।

अनुराधना* स० [सं० अनुराधन] विनय करना, मनाना।

अनुरूप वि० [सं०] [भाव० अनुरूपता] १. तुल्य रूप का, सदृश, समान। २. योग्य, उपयुक्त।

अनुरूप के सम्बन्धबोधक के जैसा कि तरह; जैसे-बेटी की शक्ल माँ के अनुरूप थी।

अनुरूपक पुं० [सं०] १. वह जो किसी के अनुरूप हो या अनुकरण पर बना हो। २. प्रतिमा, मूर्ति।

अनुरूपता स्त्री० [सं०] किसी के अनुरूप होने की अवस्था या भाव, जैसा कोई और हो, वैसा ही या उसके समान होना। (एग्रिमेन्ट)

अनुरूपना* अ० [सं० अनुरूप] किसी के अनुरूप होना। स० किसी को अपने अनुरूप करना।

अनुरेखन पुं० [सं०] रेखाचित्र की अनुकृति करना।

अनुरोध पुं० [सं०] विनयपूर्वक किसी बात के लिए किया जानेवाला हठ, आग्रह।

अनुर्वर वि० [सं० अन्+उर्वर] [भाव० अनुर्वरता] १. (स्थान या भूमि) जिसमें पेड़-पौधे उत्पन्न न होते हों। २. (स्त्री) जो बच्चों को जन्म न दे। ३. जिसमें उत्पादन क्षमता न हो।

अनुलंब पुं० [सं०] वह अवस्था जिसमें हाँ या न का कुछ निश्चय न हुआ हो, पर अभी होने को हो। (सस्पेन्स)

अनुलंब खाता पुं० दे० 'उचिन्त खाता'।

अनुलंबन पुं० [सं०]=विलंबन।

अनुलंबित वि० [सं०]=विलंबित।

अनुलग्न वि० [सं०] किसी के साथ लगा, मिला या जुड़ा हुआ। (अटैच्ड, एन्क्लोज्ड)

अनुलग्नक पुं० [सं०] वह पत्र या कागज जो किसी दूसरे पत्र के साथ लगा या जुड़ा हो। (एन्क्लोज़र)

अनुलाप पुं० [सं०] कही हुई बात फिर से कहना या दुहराना। (रिपीटीशन)

अनुलिखित वि० [सं०] नीचे लिखा हुआ।

अनुलेख पुं० [सं०] किसी लेख या पत्र पर अपनी स्वीकृति, सहमति आदि लिखकर उसका उत्तरदायित्व अपने ऊपर लेना। (एन्डोर्समेन्ट)

अनुलेखन पुं० [सं०] [कर्ता अनुलेखक, वि० अनुलेख्य] १. घटना या कार्य का लेखा आदि लिखना, जैसे वायु की गति या भूकम्प के धक्के का अनुलेखन। २. दे० 'अनुलेख'।

अनुलेपन पुं० [सं०] १. किसी के ऊपर लेप लगाना या चढ़ाना। २. शरीर में उबटन लगाना। ३. लीपने का कार्य।

अनुलोम पुं० [सं०] १. ऊँचे से नीचे की ओर आने का क्रम, उतार। २. संगीत में सुरों का उतार, अवरोह।

अनुलोमतः क्रि० वि० [सं०] अनुलोम क्रम से।

अनुल्लिखित वि० [सं० अन्+उल्लिखित] जिसका उल्लेख न हुआ हो।

अनुवचन पुं० [सं०] [कर्ता अनुवक्ता] १. किसी की कही हुई बात फिर से कहना या दोहराना। २. प्रकरण, अध्याय। ३. भाग, खंड, हिस्सा।

अनुवर्तन पुं० [सं०] [वि० अनुवर्ती] १. अनुकरण, अनुगमन। २. समान आचरण। ३. कोई नियम कई स्थानों पर बार-बार लगाना।

अनुवर्ती (-तिन्) वि० [सं०] १. अनुयायी। २. किसी के उपरान्त उसके परिणामस्वरूप होनेवाला। (कॉन्सिक्वेन्ट)

अनुवाक् पुं० [सं०] १. ग्रन्थ का विभाग, अध्याय या प्रकरण का एक भाग। २. वेद के अध्याय का एक अंश।

अनुवाद पुं० [सं०] [वि० अनुवादित, अनूदित] १. फिर से करना, दुहराना। २. एक भाषा में लिखी हुई चीज या कही हुई बात दूसरी भाषा में लिखना या कहना, भाषान्तर, उलथा, तरजुमा।

अनुवादक पुं० [सं०] [वि० अनुवादकीय] अनुवाद या भाषान्तर करनेवाला, एक भाषा से दूसरी भाषा में लिखने या कहनेवाला।

अनुवादकीय वि० [सं०] अनुवादक-सम्बन्धी। पुं० अनुवादक का वक्तव्य।

अनुवादित वि० दे० 'अनूदित'।

अनुवाद्य वि० [सं०] १. अनुवाद करने के योग्य। २. जिसका अनुवाद होने को हो।

अनुविष्ट वि० [सं०] [भाव० अनुविष्टि, अनुवेश] जो अपने स्थान पर लिख लिया गया हो, चढ़ा या चढ़ाया हुआ। (एन्टर्ड)

अनुवृत्ति स्त्री० [सं०] वेतन का वह अंश जो किसी कर्मचारी को बहुत दिनों तक काम करने पर, उसकी वृद्धावस्था में अथवा उसकी किसी सेवा के विचार से, वृत्ति के रूप में या भरण-पोषण के लिए मिलता है। (पेन्शन)

अनुवृत्तिक वि० [सं०] १. अनुवृत्ति-सम्बन्धी, अनुवृत्ति का। २. (पद, सेवा आदि) जिसके लिए अनुवृत्ति मिलती अथवा मिल सकती हो। (पेन्शनेबुल)

अनुवृत्तिधारी (-धारिन्) पुं० [सं०] वह जिसे अनुवृत्ति मिलती हो। (पेन्शनर)

अनुशंसा स्त्री० [सं०] किसी व्यक्ति या प्रार्थना आदि के सम्बन्ध में यह कहना कि यह अच्छा, उपयुक्त, ग्राह्य अथवा मान्य है, सिफारिश। (रिक्मेंडेशन)

अनुशंसित वि० [सं०] जिसके सम्बन्ध में अनुशंसा की गई हो, जिसकी सिफारिश की गई हो। (रिक्मेंडेड)

अनुशय पुं० [सं०] १. गहरा सम्बन्ध। २. घृणा। ३. वैमनस्य।

अनुशयाना स्त्री० [सं०] वह परकीया नायिका जो अपने प्रिय के मिलने के स्थान के नष्ट हो जाने से दुखी हो।

अनुशासक पुं० [सं०] [वि० अनुशासकीय] १. वह जो अनुशासन में रखता हो। २. दे० 'प्रशासक'।

अनुशासन पुं० [सं०] १. आज्ञा, आदेश, हुकुम। २. उपदेश, शिक्षा। ३. वह विधान जो किसी संस्था या वर्ग के सब सदस्यों को ठीक तरह से कार्य या आचरण करने के लिए बाध्य करे। (डिसिप्लिन) ४. 'प्रशासन'।

अनुशासनिक वि० [सं०] १. अनुशासन-सम्बन्धी। २. अनुशासन बनाए रखने के लिए किया जानेवाला; जैसे अनुशासनिक कार्रवाई।

अनुशासित वि० [सं०] १. जो अनुशासन में रहता हो, नियमों के अनुकूल आचरण करनेवाला। २. जिसे अनुशासित रखा गया हो।

अनुशासी वि० [सं० अनुसासन] दे० 'अनुशासनिक'।

अनुशीलन पुं० [सं०] [वि० अनुशीलित, कर्ता अनुशीलक] १. चिन्तन, मनन। २. बार-बार किया जानेवाला अध्ययन या अभ्यास।

अनुशीलनकर्ता (-र्तृ) पुं० [सं०] वह जो अनुशीलन करता हो।

अनुश्रुत वि० [सं०] जिसे बहुत दिनों से लोग सुनते चले आए हों।

अनुश्रुति स्त्री० [सं०] [वि० अनुश्रुत] परम्परा से चली आई हुई बात, कथा, उक्ति आदि।

अनुषंग पुं० [सं०] [वि० आनुषंगिक] १. करुणा, दया। २. सम्बन्ध, लगाव। ३. प्रसंग के अनुसार एक बात से उसके साथ होनेवाली दूसरी बात भी मान या समझ लेना।

अनुषंगी (-गिन्) वि० [सं०] किसी कार्य, विषय या तथ्य के बाद सहायक या सम्बद्ध रूप में होनेवाला।

अनुषक्ति स्त्री० [सं०] अपने राजा या राज्य के प्रति प्रजा, जनता या नागरिक के कर्तव्य और निष्ठा। (एलीजिएन्स)

अनुष्टुप पुं० [सं०] आठ-आठ अक्षरों के चार चरणों का एक संस्कृत छन्द।

अनुष्ठान पुं० [सं०] [वि० अनुष्ठित] १. कार्य का आरम्भ। २. नियमपूर्वक कोई काम करना। ३. शास्त्रविहित कर्म करना। ४. फल के निमित्त किसी देवता का आराधन, प्रयोग, पुरश्चरण।

अनुष्ठित वि० [सं०] १. जिसका अनुष्ठान हुआ हो। २. ठाना हुआ।

अनुसंधान पुं० [सं०] १. किसी व्यक्ति या बात के पीछे चलना या पड़ना। २. अच्छी तरह देखकर वास्तविक बात का पता लगाना, जाँच-पड़ताल। (इन्वेस्टिगेशन)

अनुसंधानना* स० [सं० अनुसन्धान] १. छान-बीन करके पता लगाना। २. सोचना, विचार करना।

अनुसंधानात्मक स० [सं०] अनुसंधान की दृष्टि से होने या किया जानेवाला।

अनुसंधायक पुं० [सं०] अनुसन्धान करनेवाला।

अनुसंधि स्त्री० [सं०] १. गुप्त परामर्श या सन्धि। २. षड्यन्त्र, कुचक्र।

अनुसमर्थन पुं० [सं०] समर्थन का समर्थन।

अनुसर* वि०, क्रि० वि०=अनुसार।

अनुसरण पुं० [सं०] [वि० अनुसारी] १. किसी के पीछे चलना, अनुगमन। (टु फॉलो) २. किसी बात, निर्णय या सिद्धान्त के अनुसार काम करना।

अनुसरता* पुं० [सं० अनुसरण] अनुसरण करनेवाला, अनुसारक।

अनुसरना* अ० [हिं० अनुसरण] १. किसी के पीछे-पीछे चलना, अनुगमन करना। २. कोई बात मानकर उसके अनुसार काम करना। ३. नियम या निश्चय के अनुसार चलना।

अनुसार वि० [सं०] जो किसी के अनुकूल या अनुकरण पर हो, किसी के समान या सदृश।

अनुसार, के सम्बन्धबोध० १. जैसा कि उल्लेख हो; जैसे खाते के अनुसार तीन बार बैंक से रुपए निकाले गए हैं, २. के मत से, की दृष्टि से; जैसे-थानेदार के अनुसार हम चोर हैं

अनुसारक पुं० [सं०] अनुसरण करनेवाला व्यक्ति।

अनुसारतः क्रि० वि० [सं०] किसी के अनुसार, तदनुसार।

अनुसारता स्त्री० [सं०] 'अनुसार' होने की क्रिया या भाव।

अनुसारना* स० [हिं० अनुसार] कोई काम पूरा करना। अ०, दे० 'अनुसरना'।

अनुसारिता स्त्री० दे० 'अनुसारता'।

अनुसारी* वि० [हिं० अनुसार] किसी के अनुसार चलनेवाला, अनुसरण करनेवाला।

अनुसूचित वि० [सं०] जिसका अनुसूची में उल्लेख हो।

अनुसूचित जाति स्त्री० ऐसी जाति जिसका उल्लेख (किसी विशिष्ट) सूची में हो।

अनुसूची स्त्री० [सं०] कोष्ठक आदि के रूप में वह नामावली जो किसी सूचना, विवरण, नियमावली आदि के अन्त में परिशिष्ट के रूप में हो। (शेड्यूल)

अनुसूया स्त्री०=अनसूया।

अनुस्मरण पुं० [सं०] भूली हुई बात फिर से याद होना या करना। (रिकलेक्शन)

अनुस्यूत वि० [सं०] सिला, गूँथा या पिरोया हुआ।

अनुस्वार पुं० [सं०] १. स्वर के पीछे उच्चरित होनेवाला कोई नासिक्य वर्ण जिसका चिह्न ( ) है। २. अक्षर के ऊपर की बिन्दी, जो उक्त वर्ण की सूचक है।

अनुस्वारता स्त्री० [सं० अनुस्वार] अनुस्वार के रूप में प्रयुक्त होने की अवस्था, गुण या भाव।

अनुहरना* अ० दे० 'अनुसरना'।

अनुहार वि० [सं०] १. सदृश, तुल्य, समान। २. अनुसार, अनुकूल।
पुं० १. भेद, प्रकार। २. चेहरे की बनावट, मुखारी। ३. सादृश्य। ४. किसी चीज की ज्यों-की-त्यों नकल, प्रतिकृति।

अनुहारना* स० [सं० अनुहारण] तुल्य, सदृश या समान करना।

अनुहारी (-रिन्) वि० [सं०] [स्त्री० अनुहारिणी] १. किसी का अनुकरण या नकल करनेवाला। २. किसी के अनुकरण पर या अनुरूप बना हुआ।

अनूअर* क्रि० वि० [सं० अनवरत] निरन्तर, लगातार।

अनूजरा* वि० [हिं० अन+ऊजरा] १. जो उज्ज्वल न हो। २. मैला।

अनूठा वि० [सं० अनुच्छिष्ट] [स्त्री० अनूठी, भाव० अनूठापन] १. अनोखा, विचित्र, विलक्षण, अद्भुत। २. अच्छा, बढ़िया। ३. असाधारण प्रकार का।

अनूढ़ा स्त्री० [सं०] वह बिना ब्याही स्त्री जो किसी पुरुष से प्रेम रखती हो।

अनूतर* वि०, पुं० दे० 'अनुत्तर'।

अनूदन पुं० [सं०] अनुवाद करना।

अनूदित वि० [सं० अनु+उदित] १. बाद में कहा हुआ। २. अनुवाद किया हुआ, उलथा किया हुआ, भाषान्तरित।

अनूप[1] पुं० [सं०] वह स्थान जहाँ जल अधिक हो, जलप्राय देश।

अनूप[2] वि० [सं० अनुपम] १. जिसकी उपमा न हो, बेजोड़। २. सुन्दर, अच्छा।

अनृत वि० [सं०] १. मिथ्या, असत्य, झूठा। २. अन्यथा, विपरीत।

अनेक वि० [सं०] एक से अधिक, कई या बहुत।

अनेकत्र क्रि०वि० [सं०] कई स्थानों पर, जगह-जगह।

अनेकमुखी (-खिन्) वि० [सं०] १. जिसके अनेक मुख हों। २. अनेक दिशाओं, रूपों आदि में प्रकट होनेवाला; जैसे अनेकमुखी प्रसार।

अनेग* वि०=अनेक।

अनेड़* वि० [सं० अनृत] १. बुरा, खराब। २. दुष्ट। ३. टेढ़ा। ४. मन में बैर रखनेवाला, कुटिल।

अनेरा[१] वि० [सं० अनृत] [स्त्री० अनेरी] १. झूठा। २. निष्प्रयोजन, व्यर्थ।

क्रि० वि० व्यर्थ, फजूल।

अनेरा[२] वि० [सं० अन्यायरत] [स्त्री० अनेरी] १. अन्यायी, अत्याचारी। २. दुष्ट, पाजी।

अनैक्य पुं० [सं०] एकता या एका न होना, मतभेद, फूट।

अनैच्छिक वि० [सं०] जो अपनी इच्छा से या जान-बूझकर न किया गया हो, बल्कि दूसरे की इच्छा से या परिस्थितियों आदि के कारण, कुछ विवश होकर या यों ही किया गया हो। (इनवालेन्टरी)

अनैठ पुं० [हिं० अ+पैठ] पैठ या बाजार न लगने का दिन।

अनैतिक वि० [सं०] जो नीतिसंगत न हो, नीति के विरुद्ध।

अनैतिकता स्त्री० [सं०] अनैतिक कार्य या बात, अनाचार।

अनैतिहासिक वि० [सं०] जो इतिहास से सिद्ध न हो, उसके अनुरूप न हो या उसमें न आया हो।

अनैस* वि० दे० 'अनिष्ट'।

अनैसना* अ० [हिं० अनैस] १. बुरा मानना। २. रूठना।

अनैसर्गिक वि० [सं०] निसर्ग या प्रकृति के विरुद्ध या उससे अलग, अस्वाभाविक। (अननैचुरल)

अनैसी* स्त्री० [हिं० अनैस] बुराई, दोष।

अनोखा वि० [सं० अ+ईक्ष्] [स्त्री० अनोखी, भाव० अनोखापन] १. जो सहसा देखने में न आता हो, अनूठा, निराला, विलक्षण, विचित्र। २. नया। ३. सुन्दर।

अनोखापन पुं० [हिं० अनोखा+पन (प्रत्य०)] १. अनूठापन, निरालापन, विलक्षणता, विचित्रता। २. नयापन। ३. सुन्दरता, खूबसूरती।

अनोपयोगी वि० = अनुपयोगी।

अनौचित्य पुं० [सं०] १. अनुचित होने का भाव, नामुनासिब होना। २. अनुचित बात।

अनौट* स्त्री० दे० 'अनवट'।

अनौपचारिक वि० [सं०] जो औपचारिक न हो। (इनफार्मल)

अनौपचारिकता स्त्री० [सं०] अनौपचारिक कार्य या बात।

अन्न पुं० [सं०] १. पौधों से उत्पन्न होनेवाले दाने (गेहूँ, चावल, दाल आदि) जो खाने के काम में आते हैं, अनाज, धान्य, गल्ला। २. इन दानों को पीस या उबालकर बनाया हुआ भोजन।

अन्नकूट पुं० [सं०] कार्तिक शुक्ल प्रतिपदा को होनेवाला एक उत्सव जिसमें देवता के सामने अनेक प्रकार के व्यंजनों की ढेरियाँ लगाते हैं।

अन्नचोर पुं० [हिं०] वह जो बाजार में महँगे दाम पर बेचने के लिए अन्न छिपाकर रखे।

अन्नछेत्र| पुं० दे० 'अन्नसत्र'।

अन्नजल पुं० [सं०] १. खाने-पीने की सामग्री। २. किसी की दृष्टि से उसके स्थान की खाने-पीने की स्थिति, जैसे अब यहाँ से हमारा अन्नजल उठ गया।

अन्नदाता पुं० [सं०] वह जिसकी कृपा से भोजन मिलता हो, पालन-पोषण करनेवाला, प्रतिपालक।

अन्नपूर्णा स्त्री० [सं०] शिव की पत्नी जो सबको भोजन देनेवाली मानी जाती हैं।

अन्नप्राशन पुं० [सं०] वह संस्कार जिसमें छोटे बच्चे को पहले-पहल अन्न चटाया जाता है।

अन्नसत्र पुं० [सं०] वह स्थान जहाँ दरिद्रों को पका हुआ भोजन बाँटा या खिलाया जाता है।

अन्ना स्त्री० [तु०] दूध पिलानेवाली स्त्री, धाय, दाई।

अन्नाभाव पुं० [सं०अन्न+अभाव] अन्न का अभाव, खाद्य-सामग्री या खाद्य-पदार्थों का अभाव।

अन्नाहार पुं० [सं०अन्न+आहार] अन्नों का भोजन करना।

अन्य वि० [सं०] कोई दूसरा, और, भिन्न। (अदर)

अन्यतम वि० [सं०] सबसे बढ़कर, सर्वश्रेष्ठ।

अन्यत्र क्रि० वि० [सं०] किसी और स्थान पर, किसी दूसरी जगह।

अन्यथा यो० [सं०] नहीं तो, दूसरी अवस्था में। (अदर-वाइज)

वि० १. विपरीत, उलटा। २. सत्य या वास्तविक से विपरीत, मिथ्या, झूठा।

मुहा० *अन्यथा करना*=पहले की आज्ञा या निश्चय रद करना या उलटना। (सेट एसाइड)

अन्यथा-सिद्धि स्त्री० [सं०] न्याय या तर्क में किसी अयथार्थ कारण के आधार पर कोई बात सिद्ध करना, जो दोष माना गया है।

अन्यपुरुष पुं० [सं०] व्याकरण में (वक्ता और श्रोता से भिन्न) वह व्यक्ति या वस्तु जिसके विषय में कुछ कहा जाए।

अन्यमनस्क वि० [सं०] [भाव० अन्यमनस्कता] १. जिसका जी या ध्यान किसी और तरफ हो, अनमना। २. खिन्न, उदास।

अन्यापदेश पुं० [सं०] अन्योक्ति।

अन्याय पुं० [सं०] [वि० अन्यायी] न्याय का न होना या उलटा होना। २. न्याय के विरुद्ध व्यवहार या आचरण, अनीति, अन्धेर। ३. अत्याचार।

अन्यायी (यिन्) वि० [सं०] १. अन्याय करनेवाला। २. अन्यायपूर्ण।

पुं० अन्याय करनेवाला व्यक्ति।

अन्यारा* वि० [हिं० अ+न्यारा] १. जो न्यारा या अलग न हो, मिला हुआ। २. दे० 'अनोखा'।

क्रि० वि० बहुत, अधिक।

अन्यास* क्रि० वि० दे० 'अनायास'।

अन्योक्ति स्त्री० [सं०] कोई बात कहने का वह ढंग जिसमें कुछ कहा तो किसी एक के सम्बन्ध में जाता है, पर वह बात घटती या ठीक बैठती किसी और पर है।

अन्योन्य पुं० [सं०] साहित्य में एक अलंकार जिसमें दो वस्तुओं के किसी कार्य या गुण का एक दूसरे के कारण उत्पन्न होना बतलाया जाता है।

अन्योन्याश्रय पुं० [सं०] १. दो वस्तुओं का एक दूसरी पर आश्रित होना। २. न्याय में एक वस्तु के ज्ञान से दूसरी वस्तु का ज्ञान, सापेक्ष ज्ञान।

अन्योन्याश्रित वि० [सं०] [भाव० अन्योन्याश्रित] एक दूसरे पर आश्रित।

अन्वय पुं० [सं०] १. दो वस्तुओं का आपसी सम्बन्ध या उनमें होनेवाली अनुरूपता। २. पद्य या कविता की वाक्यरचना को गद्य की वाक्यरचना के अनुसार बैठाने या ठीक करने की क्रिया। ३. किसी वाक्य की शब्दावली के अनुसार उसका ठीक और संगत अर्थ लगाना। ४. कार्य और कारण का पारस्परिक सम्बन्ध। ५. एक बात सिद्ध करने के लिए दूसरी बात की सिद्धि या उससे सम्बन्ध स्थापित करना।

अन्वित वि० [सं०] १. जिसका अन्वय हुआ हो। २. मिला हुआ, युक्त।

अन्वितार्थ पुं० [सं०] १. अन्वय करने पर निकलनेवाला अर्थ। २. अन्दर छिपा हुआ अर्थ, गूढ़ आशय।

अन्विति स्त्री० [सं०] अन्वित होने का भाव, अनुरूपता, एकता।

अन्वीक्ष पुं० [सं०] सूक्ष्मदर्शी यंत्र। (माइक्रोस्कोप)

अन्वीक्षण पुं० [सं०] [कर्ता अन्वीक्षक] १. भली-भाँति देखना या सोचना-समझना। २. ढूँढ़, खोज, तलाश।

अन्वीक्षा स्त्री० [सं०] अन्वीक्षण।

अन्वेषण पुं० [सं०] [कर्ता अन्वेषक, अन्वेषी] १. छान-बीन करके बीती हुई बात के तथ्य, इतिहास आदि का पता लगाना। (रिसर्च) २. दे० 'अनुसंधान'।

अन्वेषी (-षिन्) वि० [सं०] अन्वेषण करनेवाला।

अन्हवटा वि० [?] जुता हुआ।

अन्हाना* अ० दे० 'नहाना'।

अपंग वि० दे० 'अपांग'।

अप उप० [सं०] एक उपसर्ग जो शब्दों के पहले लगकर उनमें निषेध, अपकर्ष, विकार या किसी बुरी विशेषता का भाव उत्पन्न करता है, जैसे मान और अपमान, व्यय और अपव्यय, मृत्यु और अपमृत्यु, हरण और अपहरण या ह्रास और अपह्रास।

अपकर्तन पुं० [सं०] काटकर टुकड़े-टुकड़े करने की क्रिया या भाव।

अपकर्ता(-कर्तृ) वि० [सं०] [स्त्री० अपकर्त्री] अपकार करने या हानि पहुँचानेवाला, अपकारक।

अपकर्म पुं० [सं०] बुरा, अनुचित या निन्दनीय काम।

अपकर्ष पुं० [सं०] १. पीछे या नीचे खींचना या गिराना। २. गुण, योग्यता आदि का घटना या कम होना, उतार, ह्रास। ३. मान, महत्त्व आदि में होनेवाली कमी।

अपकर्षक वि० [सं०] अपकर्ष करनेवाला।

अपकर्षण पुं० [सं०] १. नीचे या उतार की ओर खींचना या जाना, अवनति की ओर जाना। २. पद, मर्यादा या मान-महत्त्व का घटना या कम होना (डेरोगेशन) ३. मूल्य आदि का कम होना या उतरना, घटाव, उतार। ४. किसी वस्तु में से उसका कुछ अंश निकल या कम हो जाना, घट जाना।

अपकाजी वि० [हिं० आप+काज=कार्य] अपना काम निकालनेवाला, स्वार्थी, मतलबी।

अपकार पुं० [सं०] [भाव० अपकारिता] 'उपकार' का विपरीत भाव, 'भलाई' का उलटा, हानि, अहित, नुकसान।

अपकारक वि० [सं०] अपकार या खराबी करनेवाला।

अपकारिता स्त्री० [सं०] अपकार या खराबी करने की क्रिया, भाव या गुण।

अपकारी वि० दे० 'अपकारक'।

अपकीरति* स्त्री० दे० 'अपकीर्ति'।

अपकीर्ण वि० [सं०] बिखरा, फैला या छितराया हुआ।

अपकीर्ति स्त्री० [सं०] 'कीर्ति' का विपरीत भाव, अपयश, बदनामी।

अपकृत वि० [सं०] जिसका अपकार हुआ हो, 'उपकृत' का उलटा।

अपकृति स्त्री० [सं०] अपकार।

अपकृत्य पुं० [सं०] अपकार।

अपकृष्ट वि० [सं०] जिसका अपकर्ष हुआ हो या किया गया हो, जिसका महत्त्व, मूल्य, मान आदि कम हुआ हो या किया गया है। विशेष दे० 'अपकर्ष'।

अपक्रम पुं० [सं०] विकृत क्रम।

अपक्रमण पुं० [सं०] किसी स्थान से रुष्ट या असन्तुष्ट होकर उठ जाना। (वॉक आउट)

अपक्व वि० [सं०] [भाव० अपक्वता] १. जो अभी पका न हो, कच्चा। २. जिसके पूरे, पके या ठीक होने में अभी कुछ कसर हो। (इम्मैच्योर)

अपगत वि० [सं०] [भाव० अपगति] १. भागा या हटा हुआ। २. मृत, मरा हुआ। ३. नष्ट।

अपगति स्त्री० [सं०] १. बुरी गति। २. अनुचित मार्ग पर जाना। ३. भागना या हटना। ४. नाश।

अपघटन पुं० [सं०] [वि० अपघटित] विभक्त होकर नष्ट हो जाना, सड़ जाना। (डिकम्पोजीशन)

अपघर्षण पुं० [सं०] [वि० अपघर्षित] (पत्थर, चट्टान आदि का) हवा, पानी आदि की रगड़ से घिसना। (ब्रेजन)

अपघात पुं० [सं०] १. किसी को मार डालना, हत्या, वध, हिंसा। २. आत्मघात।

अपघातक वि० [सं०] अपघात के रूप में होनेवाला, अपघात-सम्बन्धी।

अपघाती(-तिन्) पुं० [सं०] अपघात करनेवाला व्यक्ति या प्राणी।

अपच पुं० [सं०] १. भोजन आदि न पचने की क्रिया या भाव। २. भोजन न पचने का रोग, अजीर्ण। (इन्डाइज़ेशन)

अपचय पुं० [सं०] १. कम या थोड़ा होना, कमी, घटाव या ह्रास। (एबेटमेन्ट) २. नाश। ३. विफलता।

अपचरण पुं० [सं०] अपने अधिकार-क्षेत्र या सीमा से निकलकर दूसरे के अधिकार-क्षेत्र या सीमा में जाना, जो अनुचित और आपत्तिजनक माना जाता है। (ट्रेसपासिंग)

अपचार पुं० [सं०] १. अनुचित कार्य। २. निन्दा, बुराई। ३. ऐसा काम जिससे अपना स्वास्थ्य नष्ट हो। ४. अपने क्षेत्र या सीमा का उल्लंघन, अपचरण।

अपचारक पुं० [सं०] १. वह जो बुरा या अनुचित काम करे। २. वह जो ऐसे स्थान या क्षेत्र में जा पहुँचे, जहाँ जाना अनुचित या अधिकार-विरुद्ध हो। (ट्रेसपासर)

अपचारी पुं० दे० 'अपचारक'।

अपचाल* स्त्री० [हिं० अप+चाल] १. बुरी चाल या व्यवहार। २. पाजीपन।

अपची स्त्री० [सं०] एक प्रकार की गंडमाला। (रोग)

अपचेता(-तस्) वि० [सं०] किसी का बुरा सोचनेवाला।

अपछरा* स्त्री०=अप्सरा।

अपजस* पुं०=अपयश।

अपजात वि० [सं०] जिसमें अपने जनक, उत्पादक, वर्ग या मूल के पूरे-पूरे गुण न आए हों, अपेक्षाकृत कम या हीन गुणोंवाला। (डीजेनेरेटेड)

अपटन पुं० दे० 'उबटन'।

अपठित वि० [सं०] न पढ़ा हुआ।

अपडर* पुं० [क्रि० अपडरना] १. दे० 'डर'। २. अपनी ओर से होने वाला डर; उदा० इक मरे अपडर ही काँपि।—केशव।

अपड़ाना* अ० [सं० अपर] [भाव० अपड़ाव] खींचातानी या लड़ाई-झगड़ा करना।

अपड़ाव पुं० [?] [क्रि० अपड़ाना] १. लड़ाई-झगड़ा। २. खींचातानी।

अपढ़ वि० [सं० अपठ] जो कुछ पढ़ा-लिखा न हो, अशिक्षित।

अपढार* वि० दे० 'अवढर'।

अपत[1] वि० [हिं० अ+पत्ता] (वृक्ष) जिसमें पत्ते न हों, पत्रहीन।

अपत[2] वि० [हिं० अ+पत] निर्लज्ज, बेहया।
स्त्री० अप्रतिष्ठा, बेइज्जती।

अपत[3] वि० [सं० अपात्र] अधम, नीच।

अपतई* स्त्री० [हिं० अपत] १. निर्लज्जता, बेहयाई। २. धृष्टता, ढिठाई। ३. पाजीपन, नटखटी। ४. बखेड़ा, झंझट।

अपताना अ० [हिं० अपत] १. धृष्टता या ढिठाई करना। २. चंचलता या चपलता दिखाना।

अपत्ति* स्त्री० [हिं० अ+पत=प्रतिष्ठा] १. दुर्गति, दुर्दशा। २. अपमान, अप्रतिष्ठा, बेइज्जती। ३. दे० 'अपतई'।
स्त्री०=आपत्ति।

अपतोस* पुं०=अफसोस।

अपत्य पुं० [सं०] सन्तान, औलाद।

अपत्र, अपत्रित वि० [सं०] पत्तों से रहित।

अपथ पुं० [सं०] १. बुरा या खराब रास्ता, कुमार्ग। २. कठिन या विकट रास्ता।

अपथ्य वि० दे० 'कुपथ्य'।

अपदस्थ वि० [सं०] पद से हटाया हुआ, पदच्युत।

अपदेखा वि० [हिं० आप + देखना] १. अभिमानी, घमंडी। २. स्वार्थी, मतलबी।

अपद्म* वि० [सं० अ+पद्म] कमल से रहित, कमल विहीन।

अपद्रव्य पुं० [सं०] बुरी वस्तु या धन।

अपध्वंस पुं० [सं०] १. विध्वंस, विनाश। २. अपमान। ३. पराजित करने की क्रिया या भाव।

अपन वि० १. दे० 'अपना'। २. दे० 'हम'।

अपनपौ* पुं० [हिं० अपना] १. आत्मीयता, आपसदारी, अपनायत। २. सुध, ज्ञान, होश। ३. अभिमान, घमंड। ४. प्रतिष्ठा, इज्जत।

अपनयन पुं० [सं०] [वि० अपनीत] १. दूर या अलग करना, हटाना। २. एक स्थान से दूसरे स्थान पर ले जाना या पहुँचना। ३. स्त्री, बालक आदि को उसके पति या माता-पिता के पास से हटाकर दुष्ट उद्देश्य से किसी दूसरी जगह ले जाना, भगा ले जाना। (एबुडक्शन)

अपना सर्व० [सं० आत्मन:] [क्रि० अपनाना] १. हर एक की दृष्टि से उसका निज का, दूसरे का नहीं (तीनो पुरुषों में)। २. जो केवल उद्दिष्ट व्यक्ति से सम्बन्ध रखता हो, अभिप्रेत या सम्बद्ध व्यक्ति का, व्यक्तिगत। (पर्सनल)

पद० *अपने आप* = स्वत:। *अपने से* = अपनी इच्छा से, अपनी खुशी से।

अपनाना स० [हिं० अपना] १. अपना बनाना, अपना कर लेना। २. अपने अधिकार, शरण, रक्षा आदि में लेना।

अपनापा* पुं० [हिं० अपना+आपा(प्रत्य०)] अपनापन, आत्मीयता, आपसदारी।

अपनाम पुं० [सं०] बदनामी।

अपनायत स्त्री० [हिं० अपना] अपनापन, आत्मीयता, आपसदारी।

अपनास पुं० [हिं० अपना+सं० नाश] स्वयं किया हुआ अपना नाश।

अपनीत वि० [सं०] १. दूर किया या हटाया हुआ। २. एक स्थान से दूसरे स्थान पर पहुँचाया हुआ। ३. जिसे कोई भगा ले गया हो। (एब्डक्टेड)

अपने आप क्रि० वि० स्वतः, स्वयं।

अपनेता पुं० [सं०] किसी को भगाकर ले जानेवाला। (एब्डक्टर)

अपबस* वि० [हिं० आप+बस] जो अपने वश में हो, स्वतन्त्र, 'परबस' का उलटा।

अपभाषण पुं० [सं०] गन्दी बातों का कथन, अश्लील बातें कहना।

अपभ्रंश पुं० [सं०] [वि० अपभ्रष्ट] १. पतन, गिरना। २. बिगाड़, विकृति। ३. मूल शब्द से बिगड़कर उसका नया बना हुआ रूप।
स्त्री० प्राचीन काल की वह भाषा जो आधुनिक हिन्दी से पहले और प्राकृत भाषाओं के बाद इस देश में प्रचलित थी।

अपभ्रष्ट वि० [सं०] १. गिरा हुआ, पतित। २. बिगड़ा हुआ, विकृत। ३. (शब्द) जो किसी तत्सम शब्द से निकलकर कुछ बिगड़े हुए रूप में प्रचलित हुआ हो।

अपमान पुं० [सं०] [वि० अपमानित] १. वह काम या बात जिससे किसी का मान या प्रतिष्ठा कम हो, अनादर, बेइज्जती। (इनसल्ट) २. दे० 'अवमान'।

अपमानकारी (-रिन्) वि० [सं०] १. (बात) जिससे अपमान हो। २. (व्यक्ति) जो अपमान करे।

अपमानना* स०[हिं० अपमान] अपमान करना।

अपमानित वि० [सं०] जिसका अपमान हुआ हो।

अपमार्ग पुं० [सं०] बुरा मार्ग।

अपमिश्रण पुं० [सं०] १. किसी अच्छी या बढ़िया चीज में बुरी या घटिया चीज मिलाना। (एडल्टरेशन) २. मिलावट।

अपमृत्यु स्त्री० [सं०] वह मृत्यु जो किसी दुर्घटना के कारण और आकस्मिक हो, जैसे छत से गिरकर या लाठी की चोट से मरना।

अपयश पुं० [सं०] बुरा यश, अपकीर्ति, बदनामी।

अपयोग पुं० [सं०] १. बुरा योग। २. बुरा समय। ३. दे० 'अपयोजन'।

अपयोजन पुं० [सं०] [वि० अपयोजित] किसी का धन या सम्पत्ति अनुचित रूप से अपने काम में लाना। (मिस्-एप्रोप्रिएशन)

अपरंच यो० [सं०] १. और भी। २. फिर भी। ३. बाद, पीछे।

अपरंपार वि० [हिं० अपर+पार] १. जिसका पारावार या कूल-किनारा न हो, असीम। २. बहुत अधिक, बेहद।

अपर वि० [सं०] [स्त्री० अपरा, भाव० अपरत्व] १. पहले का, पूर्व का। २. पिछला। ३. अन्य, दूसरा। ४. जितना हो या हुआ हो, उससे और आगे या अधिक, अतिरिक्त रूप में होनेवाला।

अपरछन[१] वि० [सं० अ+प्रच्छन्न] जो प्रच्छन्न या ढका हुआ न हो, खुला हुआ।

अपरछन[२] वि० [सं० प्रच्छन्न] ढका या छिपा हुआ।

अपरती* स्त्री० [हिं० अप+सं० रति] १. स्वार्थ। २. बेईमानी।

अपरना* स्त्री० दे० 'अपर्णा'।

अपरबल वि० दे० 'प्रबल'।

अपरस वि० [सं० अ+स्पर्श] १. जिसे किसी ने छुआ न हो। २. न छूने योग्य। ३. दूर हटाया या अलग किया हुआ।
पुं० एक चर्मरोग जो हथेली या तलवे में होता है।

अपरा स्त्री० [सं०] १. अध्यात्म या ब्रह्मविद्या के अतिरिक्त अन्य विद्या, लौकिक विद्या, पदार्थ विद्या। २. पश्चिम दिशा।
वि० स्त्री० सं० 'अपर' का स्त्री०।

अपराग पुं० [सं०] १. वैर, द्वेष, शत्रुता। २. अरुचि।

अपराजिता स्त्री० [सं०] १. विष्णुक्रान्ता लता, कौआ-ठोठी। २. कोयल। ३. दुर्गा।

अपराजेय वि० [सं०] जो पराजित न किया जा सके।

अपराध पुं० [सं०] १. कोई ऐसा अनुचित कार्य जिससे किसी को हानि पहुँचे। (ऑफेन्स) २. कोई ऐसा काम जो किसी विधि या विधान के विरुद्ध हो और जिसके लिए कर्ता को दंड मिल सकता हो। (क्राइम)। ३. कोई अनुचित या बुरा काम, दोष, पाप। ४. भूल-चूक।

अपराध-बोध पुं० [सं०] किए हुए अपने अपराध का ज्ञान, अपराध का बोध।

अपराध विज्ञान पुं० [सं०] वह विज्ञान जिसमें इस बात का विवेचन होता है कि लोग अपराध क्यों करते हैं और उनकी आपराधिक प्रवृत्ति का किन उपायों से अन्त किया जा सकता है। (क्रिमिनॉलोजी)

अपराधशील वि० [सं०] जो स्वभावतः अपराध करता या अपराधों की ओर प्रवृत्त होता हो, जैसे अपराधशील जातियाँ। (क्रिमिनल)

अपराधिक वि० दे० 'आपराधिक'।

अपराधी (-धिन्) पुं० [सं०] [स्त्री० अपराधिनी] वह जिसने कोई अपराध किया हो, अपराध करनेवाला, मुजरिम।

अपरान्ह पुं०=अपराह्न।

अपराह्न पुं० [सं०] दिन का तीसरा पहर।

अपरिग्रह पुं० [सं०] १. दान न लेना। २. आवश्यक धन से अधिक का त्याग।

अपरिचय पुं० [सं०] परिचय का अभाव।

अपरिचित वि० [सं०] [भाव० अपरिचित] जिससे परिचय न हो, बिना जाना हुआ, 'परिचित' का उलटा।

अपरिच्छिन्न वि० [सं०] १. जिसका विभाग न हो सके, अभेद्य। २. मिला हुआ। ३. असीम।

अपरिणामी (-मिन्) वि० [सं०] [स्त्री० अपरिणामिनी] १. परिणामरहित। २. जिसकी दशा या रूप में परिवर्तन न हो।

अपरिमित वि० [सं०] [भाव० अपरिमितता] १. जिसकी कोई सीमा न हो, असीम। (अनलिमिटेड) २. असंख्य, अगणित।

अपरिमेय वि० [सं०] १. बेअन्दाज, अकूत। २. असंख्य, अनगिनत।

अपरिवर्तनीय वि० [सं०] १. जिसमें परिवर्तन या फेर-बदल न हो सके। २. जिसका अदल-बदल न हो सके। ३. जिसे लौटाया न जा सके।

अपरिष्कृत वि० [सं०] जो परिष्कृत न हो।

अपरिहार्य वि० [सं०] [भाव० अपरिहार्यता] १. जिसके बिना काम न चले, अनिवार्य। २. न छोड़ने योग्य, अत्याज्य। ३. जिसे रोका या टाला न जा सके।

अपरीक्षित वि० [सं०] जिसकी परीक्षा या परीक्षण न हुआ हो।

अपरूप वि० [सं०] १. भद्दा, बेडौल। २. अद्‌भुत, अपूर्व।

अपर्णा स्त्री० [सं०] १. पार्वती। २. दुर्गा।

अपलक वि० [हिं० अ+पलक] जिसकी पलकें न गिरें।
क्रि० वि० बिना पलक गिराए या झपकाए, एकटक।

अपलाप पुं० [सं०] व्यर्थ की बकबक।

अपवर्ग पुं० [सं०] १. मोक्ष, निर्वाण, मुक्ति। २. त्याग। ३. दान।

अपवर्जन पुं० [सं०] [वि० अपवर्जित] १. हटा या त्याग देना। २. मुक्ति, मोक्ष।

अपवर्तन पुं० [सं०] [वि० अपवर्त्य, अपवर्तित] १. पीछे की ओर अथवा अपने मूल स्थान की ओर लौटना। २. राज्य द्वारा किसी की धन-सम्पत्ति पर इस प्रकार अधिकार किया जाना कि उसके स्वामी का उसपर कोई अधिकार न रह जाए, जब्त होना, जब्ती। (फोरफीचर)

अपवर्तित वि० [सं०] १. पीछे लौटा हुआ। २. जिसपर राज्य ने अपना अधिकार कर लिया हो, जिसका अपवर्तन हुआ हो, जब्त किया हुआ। (फोरफीटेड)

अपवर्त्य वि० [सं०] (वह संख्या) जो दी हुई संख्या से विभाजित हो जाए। (मल्टिपल)

अपवाद पुं० [सं०] १. वह बात जो किसी व्यापक या सामान्य नियम के विरुद्ध हो। २. ऐसी निन्दा जिससे किसी के सम्मान को आघात पहुँचे, बदनामी।

अपवादक पुं० [सं०] वह जो दूसरों का अपवाद या बदनामी करे, निन्दक।
वि० १. विरोधी। २. बाधक।

अपवादस्वरूप वि० [सं०अपवाद+स्वरूप] जो अपवाद के रूप में हो। (एक्सेप्शनल)

अपवादिक वि० [सं०] १. अपवाद-सम्बन्धी। २. सामान्य नियम के विरुद्ध पड़नेवाला। ३. जिसके कारण या द्वारा किसी का अपमान हो। (स्लैंडरस)

अपवादी वि०=अपवादिक, पुं०=अपवादक।

अपवित्र वि० [सं०] [भाव० अपवित्रता] जो पवित्र या शुद्ध न हो, मलिन, गन्दा।

अपवित्रता स्त्री० [सं०] 'अपवित्र' होने की अवस्था या भाव, पवित्र या शुद्ध न होना।

अपव्यय पुं० [सं०] १. व्यर्थ किया जानेवाला व्यय, फजूलखर्ची। २. बुरे कार्यों में होनेवाला व्यय।

अपव्ययी(-यिन्) वि० [सं०] व्यर्थ और अधिक खर्च करनेवाला, फजूलखर्च।

अपशकुन पुं० [सं०] बुरा शकुन, असगुन।

अपशब्द पुं० [सं०] १. अशुद्ध शब्द। २. गाली, कुवाच्य।

अपशिष्ट वि० [सं०] १. शिष्टता के विचार से विहीन। २. अशिष्ट।

अपसंचय पुं० [सं०] वस्तुओं का अनियमित या अनुचित संचय।

अपसंचयी(-यिन्) वि०, पुं० [सं०] अपसंचय करनेवाला।

अपसंस्कृति स्त्री [सं० अप+संस्कृति] ऐसा आचार या पद्धति जो श्रेष्ठ मूल्यों के विरुद्ध हो।

अपसगुन* पुं०=अपशकुन।

अपसना अ० [?] पहुँचना, प्राप्त होना।

अपसरक पुं० [सं०] वह जो सेवा विशेषतः सैनिक सेवा से अथवा अपना कोई कर्तव्य या उत्तरदायित्व (पत्नी या सन्तान का भरण-पोषण आदि) छोड़कर भाग गया हो। (डिज़र्टर)

अपसरण पुं० [सं०] कार्य या उत्तरदायित्व छोड़कर भाग जाना, जैसे सैनिक सेवा से अथवा विवाहिता स्त्री को अथवा अपने बच्चे को छोड़कर चल देना। (डिज़र्शन)

अपसर्जन पुं० [सं०] [कर्ता अपसर्जक, वि० अपसर्जित] १. छोड़ना, त्यागना। २. अपने उत्तरदायित्व से बचने के लिए किसी को असहाय अवस्था में छोड़कर हट जाना, जैसे माता द्वारा शिशु का अपसर्जन।

अपसवना* अ० [सं० अपसरण] हट या खिसक जाना।

अपसव्य वि० [सं०] १. 'सव्य' का उलटा, दाहिना, दायाँ, दक्षिण। २. उलटा।

अपसारण पुं० [सं०] [वि० अपसारित] किसी व्यक्ति या वाक्य को कहीं से हटा या निकाल देना, दूर करना। (एक्सपल्शन)

अपसारी (-रिन्) वि० [सं०] एक दूसरे से भिन्न या विरुद्ध दिशा में जाने, चलने या रहनेवाले। (डाइवर्जेन्ट)

अपसृत वि० [सं०] १. जो कहीं से निकलकर हट गया हो या निकालकर हटा दिया गया हो, दूर हटा या हटाया हुआ। २. जिसे उसके स्वामी, पति या पत्नी ने परित्यक्त कर दिया हो और जिसकी देख-रेख करनेवाला कोई न रह गया हो। (डिज़र्टेड)

अपसोस* पुं० [क्रि० अपसोरना] दे० 'अफसोस'।

अपसौन* पुं० दे० 'अपशकुन'।

अपस्फीति स्त्री० [सं०] आर्थिक क्रियाकलापों में कमी जिससे चीजों के दाम घटने, बेकारी बढ़ने तथा उत्पादन घटने लगता है। (डिफ्लेशन)

अपस्मार पुं० [सं०] एक रोग जिसमें रोगी काँपता हुआ मूर्च्छित होकर पृथ्वी पर गिर पड़ता है, मिर्गी। (एपॉ-प्लेक्सी)

अपस्वर पुं० [सं०] बुरा, बेसुरा या कर्कश स्वर।

अपस्वार्थी वि०=स्वार्थी।

अपहत वि० [सं०] १. नष्ट किया हुआ, मारा हआ। २. दूर किया हुआ।

अपहरण पुं० [सं०] १. छीनकर या बलपूर्वक ले लेना। २. किसी व्यक्ति को कहीं से बलपूर्वक उठा ले जाना। (किडनैपिंग) ३. छिपाव, संगोपन।

अपहरना* स० [सं० अपहरण] १. बलपूर्वक ले लेना, लूटना, छीनना। २. अपहरण करना। ३. चुराना। ४. कम करना। ५. क्षय करना।

अपहर्ता (-र्तृ) पुं० [सं०] १. छीननेवाला, हर लेनेवाला, ले लेनेवाला। २. चोर, लुटेरा। ३. छिपानेवाला।

अपहार पुं० दे० 'अपहरण'।

अपहारक, अपहारी पुं०=अपहर्ता।

अपहास पुं० [सं०] १. उपहास। २. अकारण हँसी।

अपहृत वि० [सं०] १. जिसका अपहरण किया गया हो। २. चुराया हुआ। ३. लूटा हुआ।

अपह्नुति स्त्री० [सं०] १. दुराव, छिपाव। २. बहाना, टाल-मटोल। ३. साहित्य में एक अलंकार जिसमें उपमेय का निषेध करके उपमान का स्थापन किया जाता है।

अपांग वि० [सं०] जिसका कोई अंग टूटा हो या न हो।

अपा* पुं० [हिं० आपा] अभिमान।

अपाकरण पुं० [सं०] ऋण आदि का परिशोधन, देन चुकाना। (लिक्विडेशन ऑफ डेट)

अपाकर्म पुं० [सं०] वह कार्य जिसमें किसी प्रतिष्ठान या कम्पनी का देना-पावना चुकाकर उसका सारा व्यापार समेटा या बन्द किया जाता है। (लिक्विडेशन ऑफ कम्पनी)

अपाक्ष वि० [सं०] अपने अक्ष से हटा हुआ।

अपाठ्य वि० [सं०] १. जिसे ठीक-ठीक पढ़ा न जा सके। २. जिसे पढ़ना कठिन हो।

अपात्र वि० [सं०] [भाव० अपात्रता] १. जो पात्र होने के योग्य न हो। २. बुरा पात्र, कुपात्र। ३. मूर्ख।

अपात्रता स्त्री० [सं०] अपात्र होने की अवस्था या भाव, पात्रता का अभाव।

अपादान पुं० [सं०] १. हटाना, अलग करना। २. व्याकरण में पाँचवाँ कारक जिससे एक वस्तु से दूसरी वस्तु का अलग होना सूचित होता है, इसका चिह्न 'से' है, जैसे घर से चलना।

अपादान कारक पुं० [सं०] दे० 'अपादान' २.।

अपान पुं० [सं०] १. पाँच या दस प्राणों में से एक। २. गुदस्थ वायु जो मल-मूत्र बाहर निकालती है। ३. पाद। ४. गुदा।

अपानवायु स्त्री० [सं०] गुदा से निकलनेवाली वायु, पाद।

अपामार्ग पुं० [सं०] चिचड़ा (क्षुप)।

अपाय पुं० [सं०] १. अलगाव। २. नाश। ३. अनरीति।

अपार वि० [सं०] १. सीमारहित, अनन्त, असीम। २. असंख्य, अतिशय।

अपारग वि० [सं०] १. जो पारगामी न हो। २. अयोग्य। ३. असमर्थ।

अपारदर्शी (-दिन्) वि० [सं०] जो पारदर्शी न हो।

अपारिभाषिक वि० [सं०] जो पारिभाषिक न हो।

अपार्थ वि० [सं०] [भाव० अपार्थता] दूषित अर्थवाला।

अपार्थिव वि० [सं०] जो पार्थिव या मृण्मय न हो, अभौतिक, दैविक।

अपाव* पुं० [सं० अपाय] अन्याय।

अपावन वि० [सं०] [स्त्री० अपावनी] दे० 'अपवित्र'।

अपासन पुं० [सं०] [वि० अपासित] अपने सामने आई हुई प्रार्थना, कथन आदि की अस्वीकृति, नामंजूरी। (रिजेक्शन)

अपासित वि० [सं०] जो माना न गया हो, अस्वीकृत। (रिजेक्टेड)

अपाहज वि०, पुं०=अपाहिज

अपाहिज वि०, पुं० [सं० अपादहस्त, अप० अपाहेज] १. अंगहीन, खंज, लूला-लँगड़ा। २. काम करने के अयोग्य। ३. आलसी।

अपाहिज वि०=अपाहज।

अपि यो० [सं०] १. किन्तु। २. बल्कि।

अपीच* वि० [सं० अ+पीच्य] सुन्दर, मनोहर।

अपील स्त्री० [अं०] १. निवेदन, विचारार्थ प्रार्थना। २. नीचे की या छोटी अदालत के फैसले के विरुद्ध ऊँची और बड़ी अदालत में फिर से विचार के लिए अभियोग रखना।

अपीलकर्ता पुं० [अं०+सं०] अपील करनेवाला व्यक्ति।

अपीलीय वि० [अं० अपील] १. अपील-सम्बन्धी। २. जिसके विरुद्ध अपील की जा सके। (अपीलेबुल)

अपुत्र, अपुत्रक वि० [सं०] [स्त्री० अपुत्री] जिसे पुत्र न हो।

अपुनपौ* पुं०=अपनपौ।

अपूठना* स० [सं० आपोथन] १. विध्वंस या नाश करना। २. उलटना।

अपूठा[१]* वि० [सं० अपुष्ट] १. अपरिपक्व। २. अनजान, अनभिज्ञ।

अपूठा[२] वि० [सं० अस्फुट] जो विकसित न हुआ, बेखिला।

अपूत[१] वि० [सं०] अपवित्र, अशुद्ध।

अपूत[२] वि० [हिं० अ+पूत] पुत्रहीन, निपूता। पुं० कुपूत, बुरा लड़का।

अपूतित वि० [सं०] रोग तथा दुर्गन्ध फैलानेवाले कीटाणुओं से रहित। (एसेप्टिक)

अपूर वि० [सं० पूर्ण] १. पूरा या भरा हुआ। २. बहुत अधिक।

अपूरना* स० दे० 'पूरना'।

अपूरब* वि०=अपूर्व।

अपूरित वि० [सं०] जो भरा न हो।

अपूर्ण वि० [सं०] [भाव० अपूर्णता] १. जो पूर्ण या भरा न हो। २. अधूरा, असमाप्त। ३. कम।

अपूर्णता स्त्री० [सं०] १. अपूर्ण होने की अवस्था या भाव। २. कमी।

अपूर्णांक पुं० [सं०] अपूर्ण संख्या का सूचक अंक; जैसे-डेढ़, अढ़ाई, साढ़े तीन

अपूर्णीय वि० [सं०] जिसकी पुन: पूर्ति न की जा सके, जैसे अपूर्णीय क्षति।

अपूर्व वि० [सं०] [भाव० अपूर्वता] १. जो पहले न रहा हो। २. अद्‌भुत, अनोखा, विचित्र। ३. उत्तम, श्रेष्ठ।

अपूर्वता स्त्री० [सं० अपूर्व+ता (प्रत्य०)] नवीनता, अनोखापन; जैसे-गीता की अपूर्वता तो इस बात में है कि सिद्धान्तों को आचरण में कैसे लाया जाए। -विनोबा भावे

अपेक्षा स्त्री० [सं०] [वि० अपेक्षित] १. आकांक्षा, इच्छा, अभिलाषा, चाह। २. आवश्यकता, जरूरत। (रिक्वायर-मेन्ट) ३. भरोसा, आशा। ४. कार्य और कारण का अन्योन्य सम्बन्ध। ५. तुलना।

अपेक्षा, की *सम्बन्धबोध०* के विचार से, की तुलना में; जैसे राम कृष्ण की अपेक्षा बलवान है।

अपेक्षाकृत क्रि० वि० [सं०] तुलना या मुकाबले में।

अपेक्षाकृत, के *सम्बन्धबोध०* की तुलना में।

अपेक्षित वि० [सं०] १. जिसकी अपेक्षा या आवश्यकता हो, आवश्यक, जरूरी। २. चाहा हुआ, इच्छित, वांछित। (रिक्वायर्ड)

अपेक्ष्य वि० [सं०] १. जिसकी अपेक्षा करना उचित हो। २. अपेक्षित।

अपेय वि० [सं०] जिसे पीना ठीक न हो, न पीने योग्य।

अपेल* वि० [हिं० अ=नहीं+पेलना=दबाना] जो हटे या टले नहीं, अटल।

अपैठ* वि० [हिं० अ+पैठना] जिसमें कोई पैठ न सके, विकट, दुर्गम।

अपोहन पुं० [सं०] भ्रम का नष्ट हो जाना।

अपौरुषेय वि० [सं०] जो मनुष्य द्वारा निर्मित न हो अर्थात् ईश्वरकृत।

अप्रकट वि० [सं०] जो प्रकट न हो, छिपा हुआ, गुप्त।

अप्रकाशित वि० [सं०] १. जिसमें उजाला न हो, अँधेरा। २. जो प्रकट न हो, छिपा हुआ, गुप्त। ३. जो सर्व-साधारण के सामने न रखा गया हो। ४. जो छापकर प्रचलित या प्रकाशित न किया गया हो।

अप्रकृत वि० [सं०] १. जो प्रकृत या स्वाभाविक न हो। २. जो अपने उचित मान से घटा या बढ़ा हुआ हो, जो अपने ठीक ठिकाने पर न हो। (एब्नॉर्मल)

अप्रचलित वि० [सं०] जो प्रचलित न हो, अव्यवहृत, अप्रयुक्त।

अप्रच्छन्न वि० [सं०] जो प्रच्छन्न न हो, खुला, स्पष्ट।

अप्रतिबंध वि० [सं०] १. जिसपर या जिसके लिए कोई प्रतिबन्ध न हो। (अनकंडीशनल) २. पूर्ण, परम। (एबसोल्यूट)

अप्रतिबद्ध वि० [सं०] जो प्रतिबद्ध न हो।

अप्रतिभ वि० [सं०] १. प्रतिभाशून्य। २. चेष्टाहीन, उदास। ३. स्फूर्तिरहित, सुस्त, मन्द। ४. मतिहीन, निर्बुद्धि।

अप्रतिम वि० [सं०] अद्वितीय, अनुपम।

अप्रतिरोधक वि० [सं०] जो प्रतिरोध न करे।

अप्रतिष्ठा स्त्री० [सं०] [वि० अप्रतिष्ठित] १. अनादर, अपमान। २. अपयश, अपकीर्ति।

अप्रतिष्ठित वि० [सं०] १. जिसकी कोई प्रतिष्ठा न हो। २. जिसकी अप्रतिष्ठा या अपमान किया गया हो।

अप्रतिहत वि० [सं०अ+प्रतिहत] १. जिसका विरोध या प्रतिरोध न हुआ हो। २. हानि या बाधा से रहित।

अप्रत्यक्ष वि० [सं०] १. जो प्रत्यक्ष या सामने न हो। २. जो प्रत्यक्ष रूप से या सीधे मार्ग से न होकर किसी दूसरे मार्ग या हेर-फेर से हो। (इन्-डाइरेक्ट)

अप्रत्याशित वि० [सं०] जिसकी आशा न की गई हो, अचानक या अकस्मात् होनेवाला।

अप्रदूषित वि० [सं०] जो प्रदूषित न हो, स्वच्छ।

अप्रभावी वि० [सं०] प्रभावशून्य।

अप्रमेय वि० [सं०] १. जो नापा न जा सके, अपरिमित, अपार, अनन्त। २. जो तर्क या प्रमाण से सिद्ध न हो।

अप्रयुक्त वि० [सं०] १. जो काम में न लाया गया हो, अव्यवहृत। २. जिसका प्रयोग न होता हो।

अप्रशिक्षित वि० [सं०] जो प्रशिक्षित न हो।

अप्रसन्न वि० [सं०] [भाव० अप्रसन्नता] जो प्रसन्न न हो, नाराज।

अप्रसन्नता स्त्री० [सं०] प्रसन्न न रहने की अवस्था या भाव, नाराजगी।

अप्रसामान्य वि० [सं०] जो प्रसामान्य न हो। (एबनार्मल)

अप्रसिद्ध वि० [सं०] [भाव० अप्रसिद्धि] जो प्रसिद्ध न हो, अविख्यात।

अप्रस्तुत वि० [सं०] १. जो प्रस्तुत या सामने न हो। २. प्रच्छन्न।

अप्रस्तुत प्रशंसा स्त्री० [सं०] एक अलंकार जिसमें अप्रस्तुत की चर्चा से प्रस्तुत का ज्ञान कराते हैं।

अप्राकृत वि० [सं०] १. जो प्राकृत न हो, अस्वाभाविक। २. असाधारण।

अप्राकृतिक वि० [सं०] जो प्राकृतिक, नैसर्गिक या स्वाभाविक न हो, अनैसर्गिक। (अन-नैचुरल)

अप्राप्त वि० [सं०] [भाव० अप्राप्ति] १. जो प्राप्त न हो या न हुआ हो, दुर्लभ, अलभ्य। २. जिसे प्राप्त न हुआ हो। ३. अप्रत्यक्ष, अप्रस्तुत।

अप्राप्तवय वि० [सं०] नाबालिग। (माइनर)

अप्राप्य वि० [सं०] [भाव० अप्राप्यता] जो प्राप्त न हो सके।

अप्रामाणिक वि० [सं०] [भाव० अप्रामाणिकता] १. जो प्रमाण से सिद्ध न हो, ऊटपटाँग। २. जो मानने योग्य न हो।

अप्रायिक वि० [सं०] [भाव०अप्रायिकता] जो प्रायिक न हो।

अप्रासंगिक वि० [सं०] [भाव० अप्रासंगिकता] प्रसंग के विरुद्ध, प्रस्तुत विषय से जिसका कोई सम्बन्ध न हो। (इर्रेलेवेन्ट)

अप्रिय वि० [सं०] [भाव० अप्रियता] १. जो न रुचे, अरुचिकर। २. जिसकी चाह न हो।

अप्रौढ़ वि० [सं०] १. जो प्रौढ़ न हो। २. प्रौढ़तारहित।

अप्सरा स्त्री० [सं०] १. स्वर्ग की वेश्या। २. इन्द्र की सभा में नाचनेवाली देवांगना। ३. परम रूपवती स्त्री, परी।

अप्सरी* स्त्री०=अप्सरा।

अफगान पुं० [अ० अफ़ग़ान] अफगानिस्तान देश का निवासी।

अफगानिस्तान पुं० पाकिस्तान के पश्चिमी सीमाप्रान्त के उस पार का एक देश।

अफरन स्त्री० [हिं० अफरना] पेट फूलने की क्रिया या भाव।

अफरना अ० [सं० स्फार] १. पेट भर खाना, भोजन से तृप्त होना। २. पेट का फूलना। ३. और अधिक की इच्छा न रहना, ऊबना।

अफरा पुं० [सं० स्फार] अजीर्ण या वायु से पेट फूलना।

अफरातफरी स्त्री० [हिं० अफरा+तफरी (अनु०)] १. किसी भय के कारण लोगों में मचनेवाली खलबली। २. वह स्थिति जब किसी स्थान से बच निकलने के लिए लोग भाग निकलना चाहते हों।

अफराव पुं० [हिं० अफरना] अफरने या पेट फूलने की क्रिया, भाव या अवस्था।

अफलातून पुं० [अ०] १. सुप्रसिद्ध यूनानी दार्शनिक प्लेटो के नाम का अरबी रूप। २. वह जो अपने आपको औरों से बहुत बड़ा समझता हो।

अफवाह स्त्री० [फा० अफ़वाह] लोगों में फैली ऐसी बात जो मिथ्या हो अथवा जिसकी आधिकारिक पुष्टि न हुई हो।

अफसर पुं० [अं० ऑफ़िसर] [भाव० अफसरी] १. प्रधान, मुखिया। २. अधिकारी, हाकिम।

अफसोस पुं० [फा०] १. शोक, रंज, दुख। २. पश्चात्ताप, खेद, पछतावा।

अफसोसजनक वि० [फा०+सं०] खेदजनक, दुखद।

अफीम स्त्री० [ग्रीक ओपियम, अ० अफ़यून] पोस्त के डोडे का गोंद जो कड़वा, मादक और विषाक्त होता है।

अफीमची पुं० [हिं० अफीम+ची (तुर्की प्रत्य०)] वह पुरुष जिसे अफीम खाने की लत हो।

अफीमी वि० अफीम से बना हुआ, जिसमें अफीम मिली हो। पुं० अफीमची।

अफ्रीका पुं० एक महाद्वीप जो हिंद महासागर के पश्चिम में तथा मध्यसागर के दक्षिण में स्थित है।

अफ्रीकी पुं० अफ्रीकावासी। वि० अफ्रीका सम्बन्धी।

अफ्रेशिया, एफ्रोएशिया पुं० अफ्रीका और एशिया इन दोनो महाद्वीपों का संयुक्त नाम। (एफ्रो-एशिया)

अब क्रि० वि० [सं० अद्य] १. इस समय, इस क्षण, इस घड़ी। **मुहा०** *अब-तब लगना या होना*=मरने का समय निकट पहुँचना।

२. इन दिनों, आजकल। ३. भविष्य में।

अब की, अब के क्रि० वि० इस बार।

अब जाकर क्रि० वि० इतनी देर बाद।

अबटन पुं० दे० 'उबटन'।

अबध्य वि० [सं०] [स्त्री० अबध्या, भाव० अबध्यता] १. जिसे मारना उचित न हो। २. जिसे शास्त्रानुसार प्राणदंड न दिया जा सके। ३. जिसे कोई मार न सके।

अबर वि० [सं० अ+बल)] दुर्बल।

अबरक पुं० [सं० अभ्रक] १. एक धातु जिसकी तहें काँच की तरह चमकीली होती हैं, भोडल, भोडर। २. एक प्रकार का पत्थर।

अबरन[१]* वि०[सं० अ+वर्ण] १. जिसमें कोई वर्ण या रंग न हो, वर्णरहित। २. जिसका रंग आस-पास की चीजों से अलग प्रकार का हो, भिन्न या दूसरे रंग का।

अबरन[२]* वि० [सं० अ+ वर्णन] जिसका वर्णन न हो सके, अवर्णनीय।

अबरस पुं० [फा०] १. घोड़े का एक रंग जो सब्जे के रंग से कुछ अधिक साफ या उजला होता है। २. इस रंग का घोड़ा।

अबरा पुं० [फा०] १. दोहरे वस्त्र के ऊपर का पल्ला, उपल्ला। २. उलझन।

अबरी स्त्री० [फा०] १. एक प्रकार का धारीदार चिकना कागज। २. एक प्रकार का पीला पत्थर। ३. लाख की एक प्रकार की रँगाई।

अबल वि० [सं०] [स्त्री० अबला] निर्बल, कमजोर।

अबलख* वि० [सं० अवलक्ष] सफेद और काले या लाल रंगों से मिला-जुला, दो रंगों का, चितकबरा।

पुं० उक्त प्रकार के रंग का घोड़ा, बैल या और कोई पशु।

अबला स्त्री० [सं०] स्त्री, औरत।

अबवाब पुं० [फा० बाब का बहु०] किसानों पर लगनेवाला एक कर।

अबाँह* वि० [हिं० अ+बाँह] जिसकी रक्षा करनेवाला कोई न हो, असहाय।

अबाती[१]* वि० [हिं० अ+वात=वायु] १. जिसमें वायु न हो। २. जिसका वायु से कोई सम्पर्क न हो, वायुरहित।

अबाती[२]* वि० [हिं० अ+बाती=बत्ती] (बिना बत्ती या अग्नि के) आप-से-आप या अन्दर ही अन्दर जलनेवाला।

अबाध वि० [सं०] १. जिसके लिए कोई बाधा या रोक-टोक न हो, निर्विघ्न; जैसे स्वर अबाध उच्चरित ध्वनि को कहते हैं। २. बहुत अधिक, अपार असीम। ३. पूर्ण, परम। (एबसोल्यूट)

अबाधित वि० [सं०] १. बाधारहित, बेरोक। २. स्वच्छन्द, स्वतन्त्र।

अबाध्य वि० [सं०] [भाव० अबाध्यता] १. जो रोका न जा सके, बेरोक। २. अनिवार्य।

अबार* स्त्री० [सं० अ+बेला] देर।

अबास* पुं० दे० 'आवास'।

अबीर पुं० [अ०] [वि० अबीरी] रंगीन बुकनी या अबरक का चूरा जिसे लोग होली में इष्ट-मित्रों पर डालते हैं।

अबीरा| स्त्री० [अ+बीर (?)] विधवा।

अबूझ* वि० [हिं० अ+बूझना] १. जो बूझा, समझा या जाना न जा सके, अज्ञेय। २. दे० 'अबोध'।

अबूत[१] वि० [हिं० अ+पूत] निस्सन्तान।

अबूत[२] वि० [हिं० अ+बूझ] अबोध, अज्ञानी।

अबे विस्मय० [सं० अयि] अरे, हे। (बहुत छोटे या हीन व्यक्ति के लिए सम्बोधन)

मुहा० *अबे-तबे करना*=निरादरसूचक बातें कहना।

अबेर स्त्री० [सं० अबेला] विलम्ब।

अबेश[१] वि० [फा० बेश] अधिक।

अबेश[२] वि० [हिं० अ+बेश] १. थोड़ा, कम। २. मन्द, धीमा।

अबैन* वि० [हिं० अ+बैन] मौन।

अबोध पुं० [सं०] अज्ञान, मूर्खता।

वि० अनजान, नादान, मूर्ख।

अबोल* वि० [हिं० अ+बोलना] १. मौन, अवाक्। २. जिसके विषय में कुछ बोल या कह न सकें, अनिर्वचनीय।

पुं० कुबोल, बुरा बोल।

अबोला पुं० [हिं० अ+बोलना] १. रंज से न बोलना। २. रूठने के कारण होनेवाला मौन।

अब्ज पुं० [सं०] १. जल से उत्पन्न वस्तु। २. कमल। ३. शंख। ४. चन्द्रमा। ५. सौ करोड़ की संख्या, अरब।

अब्द पुं० [सं०] १. वर्ष, साल। २. मेघ, बादल। ३. आकाश।

अब्दकोश पुं० [सं०] प्रतिवर्ष प्रकाशित होनेवाला वह कोश जिसमें किसी देश, समाज या वर्ग आदि से सम्बन्ध रखनेवाली सभी जानने योग्य बातों का संग्रह हो।

अब्धि पुं० [सं०] १. समुद्र, सागर। २. सरोवर, ताल। ३. सात की संख्या।

अब्बा पुं० [अ०] पिता।

अब्रह्मण्य पुं० [सं०] १. वह कर्म जो ब्राह्मणों के योग्य न हो। २. हिंसा आदि कर्म। ३. वह जिसकी श्रद्धा ब्राह्मण में न हो।

अभंग[१] वि० [सं०] १. अखंड, अटूट, पूर्ण। २. न मिटनेवाला। ३. लगातार।

अभंग[२] पुं० [सं०] एक प्रकार का मराठी पद।

अभंगपद पुं० [सं०] श्लेष अलंकार का वह भेद या प्रकार जिसमें उसके अक्षरों या पदों को इधर-उधर नहीं लगाना पड़ता, बल्कि ज्यों-का-त्यों रखकर अर्थ लगाया जाता है।

अभंजनीय वि० [सं०] जो टूटे नहीं। (अन्ब्रेकबल)

अभक्ष्य वि० [सं०] १. अखाद्य, अभोज्य, जो खाने के योग्य न हो। २. जिसे खाने का धर्मशास्त्र में निषेध हो।

अभद्र वि० [सं०] [भाव० अभद्रता] १. अशिष्ट। २. अमांगलिक।

अभद्रता स्त्री० [सं०] अशिष्ट व्यवहार, अशिष्टता।

अभय वि० [सं०] [स्त्री० अभया] निर्भय, बेडर, बेखौफ।

अभयदान पुं० [सं०] भय से बचाने का वचन देना, शरण देना, रक्षा करना।

अभयपद पुं० [सं०] मुक्ति, मोक्ष।

अभयमुद्रा स्त्री० [सं०] शरीर की वह मुद्रा जो किसी को अभय या पूर्ण आश्वासन देने की सूचक होती है।

अभयवचन पुं० [सं०] भय से बचाने की प्रतिज्ञा, रक्षा का वचन।

अभरन* पुं० दे० 'आभरण'।

अभल* वि० [हिं० अ+भला] अश्रेष्ठ, बुरा, खराब।

अभाऊ* वि० [सं० अ+भावुक] १. जो भावुक या रसिक न हो, शुष्कहृदय, अरसिक। २. अशिष्ट, उजड्ड।

अभागा वि० [सं० अभाग्य+हिं० आ (प्रत्य०)] [स्त्री० अभागिन] भाग्यहीन, बदकिस्मत।

अभाग्य पुं० [सं०] बुरा भाग्य, बदकिस्मती।

अभाज्य वि० [सं०] (ऐसी संख्या) जिसके गुणनखंड न हों, जैसे २, ३, ५, ७, ११ आदि।

अभाव पुं० [सं०] १. न होना, अविद्यमानता। २. त्रुटि, कमी। ३. दुर्भाव।

अभावक वि० [सं० अ+भावक] भाव या सत्ता से रहित।

अभावग्रस्त वि० [सं०] [भाव० अभावग्रस्तता] १. (क्षेत्र) जिसमें किसी वस्तु का अभाव हो। २. (व्यक्ति) जिसके पास धन का अभाव हो, अत्यन्त गरीब, निर्धन।

अभावना* वि० दे० 'अप्रिय'।

अभावात्मक वि० [सं०] [भाव० अभावात्मकता] अभावसूचक, नकारात्मक।

अभास* पुं० दे० 'आभास'।

अभि उप० [सं०] एक उपसर्ग जो शब्दों में लगकर उनमें इन अर्थों की विशेषता करता है—सामने, बराबर, अच्छी तरह, बुरा, अच्छा आदि।

अभिकथन पुं० [सं०] किसी व्यक्ति या पक्ष की ओर से कही जानेवाली ऐसी बात अथवा किया जानेवाला ऐसा आरोप जो अभी प्रमाणित न हुआ हो अथवा जिसके प्रमाणित होने में कुछ सन्देह हो, आरोप। (एलिगेशन)

अभिकरण पुं० [सं०] १. किसी की ओर से, उसके अभिकर्ता के रूप में काम करना। २. वह स्थान जहाँ किसी व्यक्ति या संस्था की ओर से उसका अभिकर्ता रहता और काम करता हो। (एजेन्सी)

अभिकर्ता (-र्तृ) पुं० [सं०] वह जो किसी व्यक्ति या संस्था की ओर से उसके प्रतिनिधि के रूप में कुछ काम करने के लिए नियत हो। (एजेन्ट)

अभिकर्ता-पत्र पुं० [सं०] वह पत्र जिसके अनुसार कोई अभिकर्ता नियुक्त किया गया हो और उसे कोई काम करने का पूरा अधिकार दिया गया हो। (पॉवर ऑफ एटॉरनी)

अभिकर्तृत्व पुं० [सं०] १. अभिकर्ता होने की क्रिया या भाव। २. दे० 'अभिकरण'।

अभिकलन पुं० दे० 'अनुकलन'।

अभिकलित्र पुं० [सं०] कम्प्यूटर मशीन।

अभिक्रांति स्त्री० [सं०] [वि० अभिक्रान्त] किसी वस्तु का अपने स्थान से हट या हटा दिया जाना।

अभिक्रिया स्त्री० [सं०] १. किसी क्रिया, प्रभाव या स्थिति के उत्तर में होनेवाली क्रिया। २. दो या अधिक पदार्थों का योग होने पर होनेवाली रासायनिक क्रिया; जैसे—नाभिकीय अभिक्रियाएँ।

अभिगम पुं० [सं०] १. प्रवेश। २. पहुँच।

अभिगमन पुं० [सं०] [वि० अभिगामी] १. पास जाना। २. सहवास, सम्भोग।

अभिग्रहण पुं० [सं०] (जमीन आदि) अपने अधिकार में लेना।

अभिग्रहणवाद पुं० [सं०] भाषाविज्ञान का यह सिद्धान्त कि हमें अंतर्राष्ट्रीय वैज्ञानिक शब्दावली को जस का तस ग्रहण कर लेना चाहिए।

अभिग्रहणवादी वि० अभिग्रहणवाद सम्बन्धी।
पुं० अभिग्रहणवाद का समर्थक या पक्षधर।

अभिघात पुं० [सं०] [वि० अभिघातक, अभिघाती] चोट पहुँचाना, प्रहार, मार।

अभिचार पुं० [सं०] [कर्ता अभिचारी] मन्त्र-तन्त्र द्वारा मारण, उच्चाटन आदि कर्म, पुरश्चरण।

अभिचारी (-रिन्) पुं० [सं०] अभिचार करनेवाला, तांत्रिक।

अभिजन पुं० [सं०] १. श्रेष्ठ जन। २. अधिकार-सम्पन्न व्यक्ति।

अभिजात वि० [सं०] [भाव० आभिजात्य] १. अच्छे कुल में उत्पन्न, कुलीन। २. बुद्धिमान, पंडित। ३. योग्य, उपयुक्त। ४. मान्य, पूज्य। ५. सुन्दर, मनोहर।

अभिजातकी पुं० [सं०] १. कुलीन लोगों का समूह। २. समाज का धनी उच्च वर्ग।

अभिजात-तंत्र पुं० [सं०] वह शासन-प्रणाली जिसमें राज्य का सारा प्रबन्ध थोड़े से उच्च कुल के और सम्पन्न लोगों के हाथ में रहता है। (एरिस्टोक्रेसी, ऑलीगार्की)

अभिजात्य वि० = अभिजात्य। (अशुद्ध)

अभिजित वि० [सं०] [भाव० अभिजिति] जिसे जीत लिया गया हो, विजित।

अभिजिति स्त्री० [सं०] [वि० अभिजित] युद्ध में दूसरे को जीत लेना। (कान्क्वेस्ट)

अभिज्ञ वि० [सं० अभि+ज्ञ] १. जानकार, विज्ञ। २. निपुण, कुशल।

अभिज्ञता स्त्री० [सं०] जानकारी।

अभिज्ञा स्त्री० [सं०] १. पहले-पहल होनेवाला ज्ञान। २. स्मृति, याद। ३. अलौकिक ज्ञानबल। (बौद्ध)

अभिज्ञान पुं० [सं०] [वि० अभिज्ञात] १. स्मृति। २. पहचान, देखकर बतलाना कि यह वही है। (आइडेन्टिफिकेशन) ३. लक्षण, पहचान।

अभिदत्त वि० [सं०] अपने स्थान पर या उचित अधिकारी के पास पहुँचाया हुआ। (डिलिवर्ड)

अभिदान पुं० [सं०] [वि० अभिदत्त] किसी की वस्तु उसके पास पहुँचाना या उसे देना। (डिलिवरी)

अभिदिष्ट वि० [सं० अभिदेश] १. प्रसंगवश जिसकी चर्चा, उल्लेख या उद्धरण किया गया हो, या जिसकी ओर संकेत या निर्देश किया गया हो। (रेफर्ड टु) २. जिसके विषय में किसी का मत या आदेश माँगा गया हो। (रेफर्ड)

अभिदेश पुं० [सं० अभि+देश(आदेश)] [वि० अभिदिष्ट] १. पहले की किसी घटना, उल्लेख आदि की ऐसी चर्चा जो साक्षी, संकेत, प्रमाण आदि के रूप में की गई हो। २. किसी विषय में किसी का मत या आदेश लेने के लिए वह विषय या उसके कागज-पत्र उसके पास भेजना। (रेफरेन्स, उक्त दोनों अर्थों के लिए)

अभिदेश-ग्रंथ पुं० [सं०] वह ग्रन्थ जो साधारणतः अध्ययन के लिए न हो, बल्कि जिसका उपयोग कुछ विशिष्ट अवसरों पर कुछ विशेष बातें जानने के लिए किया जाता हो, सन्दर्भग्रन्थ; जैसे शब्दकोश, विश्वकोश आदि। (रेफरेन्स बुक)

अभिधा स्त्री० [सं०] शब्दों की वह शक्ति जिससे उनके नियत अर्थ ही निकलते हैं। (कोई शब्द सुनते ही उसके अर्थ का जो बोध होता है, वह इसी शक्ति के द्वारा होता है।)

अभिधान पुं० [सं०] १. नाम, संज्ञा। २. किसी पद का विशेष नाम या संज्ञा, जैसे मन्त्री, सचिव, निरीक्षक, आचार्य आदि। (डेज़िग्नेशन) ३. शब्दकोश। (डिक्शनरी)

अभिधावक पुं०, वि० [सं०अभि+धावक] १. सदा गतिशील रहनेवाला। २. अक्रामक।

अभिधेय वि० [सं०] १. प्रतिपाद्य, वाच्य। २. जिसका बोध नाम लेने ही से हो जाए।
पुं० नाम।

अभिनंदन पुं० [सं०] [वि० अभिनन्दनीय] १. आनन्द। २. सम्मान। ३. प्रशंसा। ४. विनति, प्रार्थना।

अभिनंदन-पत्र पुं० [सं०] वह सम्मानसूचक पत्र जो किसी बड़े या प्रतिष्ठित व्यक्ति के आने पर उसके कार्यों आदि से सन्तोष और कृतज्ञता प्रकट करने के लिए उसे सुनाया और दिया जाता है। (एड्रेस)

अभिनंदना* अ० [सं० अभिनन्दन] अभिनन्दन करना।

अभिनंदनीय वि० [सं०] १. अभिनन्दन किए जाने के योग्य। २. अत्यन्त प्रशंसनीय।

अभिनंदित वि० [सं०] [स्त्री० अभिनन्दिता] जिसका अभिनन्दन किया गया हो।

अभिनति स्त्री० [सं०] झुकाव।

अभिनय पुं० [सं०] [वि० अभिनीत] १. अभिनेता या अभिनेत्री की कला या वृत्ति। २. नाटक का क्रियाकलाप। ३. नाटक का खेल।

अभिनयात्मक वि० [सं०] [भाव० अभिनयात्मकता] जिसे रंगमंच पर खेला जा सके।

अभिनव वि० [सं०] [भाव० अभिनवता] १. नया। २. ताजा।

अभिनिर्णय पुं० [सं०] किसी के दोषी या निर्दोष होने के सम्बन्ध में अभिनिर्णायक (ज्यूरी) का दिया हुआ मत या निर्णय। (वरडिक्ट ऑफ ज्यूरी)

अभिनिर्णायक पुं० [सं०] वे लोग जो जज के साथ बैठकर किसी के दोषी या निर्दोष होने के सम्बन्ध में अपना निर्णय या मत देते हैं। (ज्यूरी)

अभिनिर्देश पुं० दे० 'अभिदेश'।

अभिनिर्धारण पुं० [सं०] पहचान, शनाख्त। (आइडैन्टिफिकेशन)

अभिनिविष्ट वि० [सं०] १. जिसका या जिसमें अभिनिवेश हुआ हो। २. घुसा, धँसा, गड़ा या समाया हुआ। ३. किसी काम में लगा हुआ, लिप्त, लीन, मग्न।

अभिनिवेश पुं० [सं०] [वि० अभिनिविष्ट] १. प्रवेश, पैठ, गति। २. मनोयोग, एकाग्र-चिन्तन। ३. दृढ़ संकल्प। ४. मरण के भय से उत्पन्न क्लेश या कष्ट।

अभिनीत वि० [सं०] १. निकट लाया हुआ। २. सुसज्जित, अलंकृत। ३. जिसका अभिनय हुआ हो, खेला हुआ (नाटक)।

अभिनेता (-तृ) पुं० [सं०] [स्त्री० अभिनेत्री] अभिनय करने या स्वाँग दिखानेवाला पुरुष, नट। (ऐक्टर)

अभिनेत्री स्त्री० [सं०] अभिनय करनेवाली स्त्री, नटी। (ऐक्ट्रेस)

अभिनेय वि० [सं०] १. अभिनय करने योग्य, खेलने योग्य। २. जिसका अभिनय हो सके, जो अभिनीत किया जा सके।

अभिन्न वि० [सं०] [भाव० अभिन्नता] १. जो भिन्न न हो। २. मिला या सटा हुआ, सम्बद्ध।

अभिन्नता स्त्री० [सं०] भिन्नता का न होना, अभेद।

अभिन्नपद पुं०=अभंगपद।

अभिपुष्ट वि० [सं०] जिसका अभिपोषण हुआ हो। (रैटिफाइड)

अभिपुष्टि स्त्री०=अभिपोषण।

अभिपोषण पुं० [सं०] [वि० अभिपुष्ट, अभिपोषित, अभिपोषणीय] प्रतिनिधियों के किए हुए काम को स्वीकृति देकर उसे पक्का करना या मान लेना। (रैटिफिकेशन)

अभिपोषणीय वि० [सं०] जिसका अभिपोषण होने को हो या होना उचित हो।

अभिपोषित वि०=अभिपुष्ट।

अभिप्राय पुं० [सं०] [वि० अभिप्रेत] १. आशय, मतलब, तात्पर्य। २. वह उद्देश्य या विचार जिसे मन में रखकर कोई काम किया जाता है, उद्देश्य। (इन्टेन्शन) ३. वह प्राकृतिक या काल्पनिक वस्तु जिसकी आकृति किसी चित्र में सजावट के लिए बनाई जाए। ४. साहित्य में वह विशिष्ट तत्त्व या रचना का विषय जिस पर उस रचना का ढाँचा बनता है। (मोटिव; अन्तिम दोनो अर्थों के लिए)

अभिप्रेत वि० [सं०] चाहा हुआ, इष्ट, अभिलषित। (इन्टेन्डेड)

अभिभव पुं० [सं०] १. पराजय, हार। २. तिरस्कार, अनादर। ३. विलक्षण घटना। ४. किसी को बलपूर्वक दबाकर कहीं रोक रखना या किसी ओर ले जाना। (कॉन्सट्रेन्ट)

अभिभावक पुं० [सं०] वह जो किसी बालक, स्त्री अथवा ऐसे व्यक्ति की देख-रेख करता हो जो अपनी देख-रेख करने में समर्थ न समझा जाता हो। (गार्जिअन)

अभिभावित वि० [सं०] जिसे किसी ने पूरी तरह से दबाकर निकम्मा या अपने अधीन कर लिया हो, किसी के नीचे दबा हुआ।

अभिभाषण पुं० [सं०] १. किसी विषय पर होनेवाला विवेचना-पूर्ण लिखित भाषण, वक्तृता। (एड्रेस) २. वह भाषण या वक्तव्य जो न्यायालय में विधिज्ञ किसी व्यवहार में किसी पक्ष की ओर से देता है।

अभिभूत वि० [सं०] १. पराजित, हराया हुआ। २. पीड़ित। ३. वशीभूत। ४. चकित या स्तब्ध।

अभिमंत्रण पुं० [सं०] [वि० अभिमंत्रित] १. मन्त्र द्वारा संस्कार करना। २. आवाहन।

अभिमत वि० [सं०] १. मनोनीत, वांछित। २. सम्मत, राय के मुताबिक।

पुं० १. मत, सम्मति, राय। (ओपीनिअन) २. विचार। ३. मनचाही बात; उदा० राम नाम कलि अभिमत दाता। -तुलसी।

अभिमन्यु पुं० [सं०] अर्जुन और सुभद्रा का पुत्र।

अभिमान पुं० [सं०] [वि० अभिमानी] यह समझना कि हम औरों से बहुत अधिक योग्य, समर्थ या बढ़कर हैं, अहंकार, गर्व, घमंड।

अभिमानी(-निन्) वि०, पुं० [सं०] [स्त्री० अभिमानिनी] अहंकारी, घमंडी।

अभिमुख क्रि० वि० [सं०] सामने, सम्मुख।

अभियंता पुं० [सं०] अभियांत्रिकी विद्या में निष्णात, इंजीनियर।

अभियांत्रिकी स्त्री० [सं०] विद्या की वह शाखा जो भौतिक उन्नति के लिए प्राकृतिक साधनों का उपयोग करने का ज्ञान तथा कला सिखाती है। (इंजीनियरिंग)

अभियाचन पुं० [सं०] [वि० अभियाचित] अपनी आवश्यकता, अधिकार अथवा प्राप्य बतलाते हुए किसी से कुछ माँगना, माँग। (डिमांड)

अभियान पुं० [सं०] १. सैनिकों का चढ़ाई करने के लिए जाना। २. कोई बहुत बड़ा उद्देश्य सिद्ध करने के लिए निकलना, विशिष्ट उद्देश्य की प्राप्ति के लिए होनेवाली यात्रा। (एक्सपेडिशन)

अभियानी(-निन्) वि० [सं०] अभियान-सम्बन्धी। पुं० अभियान पर निकलनेवाला।

अभियुक्त पुं० [सं०] वह जिसपर कोई अभियोग लगाया गया हो, मुजरिम। (अक्यूज्ड)

अभियोक्ता(-क्तृ) पुं० [सं०] वह जिसने किसी पर अभियोग लगाया हो।

अभियोग पुं० [सं०] १. किसी के सम्बन्ध में यह कहना कि इसने अमुक दोष या अनुचित कार्य किया है, फरियाद। (ऐक्युजेशन) २. न्यायालय के सामने न्याय के लिए किसी के विरुद्ध यह कहना कि इसने अमुक अपराध या नियमविरुद्ध कार्य किया है और इसका विचार होना चाहिए। (चार्ज) ३. इस सम्बन्ध का वाद या व्यवहार जो अभियुक्त को दंड दिलाने के लिए न्यायलय में चलता है। (प्रासिक्यूशन) ४. किसी प्रकार की नालिश या मुकदमा, मामला। (केस)

अभियोजन पुं० [सं०] अभियोग लगाने की क्रिया या भाव।

अभियोजनीय, अभियोज्य वि० [सं०] (कार्य) जिसके लिए अभियोग लगाना उचित हो, अभियोग लगाने के योग्य।

अभिरक्षक पुं० [सं०] १. वह जो रक्षा के उद्देश्य से किसी सम्पत्ति या व्यक्ति को अपने अधिकार में रखता हो। (कस्टोडिअन) २. वह जो किसी ऐसे व्यक्ति की देख-रेख करता हो, जो स्वयं अपनी देख-रेख न कर सके, अभिभावक। (गार्जिअन)

अभिरक्षण पुं० दे० 'अभिरक्षा'।

अभिरक्षा स्त्री० [सं०] किसी सम्पत्ति को रक्षित रखने के लिए अथवा किसी व्यक्ति को भागने आदि से रोकने के लिए अपने अधिकार या रक्षा में लेकर रखने की क्रिया या भाव। (कस्टडी)

अभिरत वि० [सं०] १. लीन, अनुरक्त। २. मिला हुआ, युक्त।

अभिरना* अ० [सं० अभि+रण=युद्ध] १. भिड़ना, लड़ना। २. टेकना।

अभिराम वि० [सं०] [स्त्री० अभिरामा, भाव० अभिरामता] मनोहर, सुन्दर।

अभिरुचि स्त्री० [सं०] १. प्राकृतिक रुझान। २. पसन्द।

अभिलक्षण पुं० [सं०] सुस्पष्ट तथा भेदकारी चिह्न, विशिष्टता-सूचक चिह्न।

अभिलषित वि० [सं०] जिसकी अभिलाषा की जाए, वांछित, चाहा हुआ।

अभिलाख* स्त्री० [क्रि० अभिलाखना] दे० 'अभिलाषा'।

अभिलाखना* स०=अभिलाषा करना।

अभिलाष पुं० [सं०] १. इच्छा, कामना, चाह। २. वियोग शृंगार में प्रिय से मिलने की इच्छा।

अभिलाषा स्त्री० [सं०] इच्छा, कामना, आकांक्षा, चाह।

अभिलाषी (-षिन्) वि० [सं०] [स्त्री० अभिलाषिणी] अभिलाषा या इच्छा करनेवाला, आकांक्षी। (एस्पायरेन्ट)

अभिलिखित वि० [सं०] जिसका अभिलेखन हुआ हो, अभिलेख के रूप में लाया हुआ, नियमित रूप से लिखा या अंकित किया हुआ। (रिकॉर्डेड)

अभिलेख पुं० [सं०] किसी विषय के सम्बन्ध में लिखी हुई सब बातें। (रेकॉर्ड)

अभिलेख-अधिकरण पुं० [सं०] किसी राज्य के प्रधान अभिलेख-विभाग का वह अधिकरण या न्यायालय जो अभिलेखों आदि में लिपि-सम्बन्धी अथवा इसी प्रकार की दूसरी भूलें सुधारने का एकमात्र अधिकारी होता है। (कोर्ट आफ रेकार्डस)

अभिलेखन पुं० [सं०] किसी विषय की सब बातें किसी विशेष उद्देश्य से लिखना। (रेकार्डिंग)

अभिलेखपाल पुं० [सं०] वह अधिकारी जिसकी देख-रेख में किसी कार्यालय के अभिलेख आदि रहते हों।

अभिलेखालय पुं० [सं०] वह स्थान जहाँ अभिलेख सुरक्षित रूप से रखे जाते हैं। (रेकॉर्ड रूम)

अभिलेखित्र, अभिलेखी पुं० [सं०] अभिलेखन करनेवाली मशीन। (रेकार्डर)

अभिवंदन पुं० [सं०] [स्त्री० अभिवंदना, वि० अभि-वंदनीय] १. प्रणाम, नमस्कार। २. स्तुति, प्रशंसा।

अभिवचन पुं० [सं०] वह बात जो न्यायालय में विधिक प्रतिनिधि या अभिवक्ता (वकील) अपने नियोजक की ओर से कहता है। (प्लीडिंग)

अभिवादन पुं० [सं०] १. प्रणाम, नमस्कार, वन्दना। २. स्तुति। ३. किसी बड़े के प्रति प्रकट की जानेवाली श्रद्धा या आदरभाव। (होमेज)

अभिवृत्ति स्त्री० [सं०] कोई काम करने की प्राकृतिक रुझान।

अभिवृद्धि स्त्री० [सं०] १. बहुत अधिक उन्नति या समृद्धि। २. अधिकता।

अभिव्यंजक वि० [सं०] प्रकट करनेवाला, प्रकाशक, सूचक, बोधक। (एक्सप्रेसिव)

अभिव्यंजन पुं० [सं०] मन के भाव आदि प्रकट, स्पष्ट या सूचित करना। (एक्सप्रेशन)

अभिव्यंजित वि० [सं०] जिसका अभिव्यंजन किया गया हो। (एक्सप्रेस्ड)

अभिव्यक्त वि० [सं०] [भाव० अभिव्यक्ति] जिसका अभिव्यंजन हुआ हो, प्रकट, स्पष्ट, जाहिर। (एक्सप्रेस्ड)

अभिव्यक्ति स्त्री० [सं०] [वि० अभिव्यक्त] १. अभिव्यक्त या प्रकट होने अथवा स्पष्ट रूप से सामने आने या दिखाई पड़ने की क्रिया या भाव, प्रकाशन, स्पष्टीकरण। विशेष दे० 'अभिव्यंजन'। २. सूक्ष्म या अप्रत्यक्ष कारण का प्रत्यक्ष या कार्य के रूप में सामने आना, जैसे बीज से अंकुर निकलना।

अभिव्यक्तीकरण पुं० [सं०अभिव्यक्ति+करण] अभिव्यक्त करने की क्रिया या भाव।

अभिशंसन पुं० [सं०] [वि० अभिशंसित] इस बात का निर्णय या कथन कि अभियुक्त पर लगाया हुआ दोष प्रमाणित हो गया है और उसके फलस्वरूप उसे कुछ दंड भी मिला है। (कन्विक्शन)

अभिशंसा स्त्री० दे० 'अभिशंसन'।

अभिशंसित वि० [सं०] न्यायालय में जिसका दोषी होना प्रामाणित हो गया हो और जिसे फलस्वरूप कुछ दंड भी मिला हो। (कन्विक्टिड)

अभिशप्त वि० [सं०] १. जिसे शाप दिया गया हो, शापित। २. जिसपर मिथ्या दोष लगा हो।

अभिशाप पुं० [सं०] [वि० अभिशप्त] १. शाप। २. मिथ्या दोषारोप।

अभिषंग पुं० [सं०] १. पराजय, हार। २. आक्रोश, कोसना। ३. मिथ्या अपवाद। ४. गले लगाना, आलिंगन। ५. शपथ, कसम। ६. भूत-प्रेत का आवेश। ७. किसी कार्य या बात में किसी के साथ होना, संग।

अभिषंगी (-गिन्) पुं० [सं०] वह जो किसी बुरे या अनुचित काम में किसी का साथ दे। (एकम्प्लिस)
वि० किसी के साथ होने या लगा रहनेवाला।

अभिषिक्त वि० [सं०] [स्त्री० अभिषिक्तता] १. जिसका अभिषेक हुआ हो। २. बाधा-शान्ति के लिए जिसपर मंत्र पढ़कर दूर्वा या कुश से जल छिड़का गया हो। ३. राजपद पर नियुक्त।

अभिषेक पुं० [सं०] [वि० अभिषिक्त] १. जल से सींचना, छिड़काव। २. ऊपर से जल डालकर किया जानेवाला स्नान। ३. बाधा-शान्ति या मंगल के लिए मन्त्र पढ़ते हुए तथा जल छिड़ककर राजगद्दी पर बैठाना। ४. विधिपूर्वक मन्त्र से जल छिड़ककर राजगद्दी पर बैठाना। ५. शिवलिंग के ऊपर छेदवाला घड़ा लटकाकर धीरे-धीरे पानी टपकाना।

अभिषेचन पुं० दे० 'अभिषेक'।

अभिसंधि स्त्री० [सं०] [वि० अभिसंधित] १. वंचना, धोखा। २. चुपचाप काम करने की कई आदमियों की सलाह, कुचक्र, षड्यन्त्र।

अभिसमय पुं० [सं०] [वि० अभिसामयिक] राष्ट्रों या राज्यों के पारस्परिक समान हित या व्यवहार से सम्बन्ध रखनेवाले विषयों पर उनमें आपस में होनेवाला वह समझौता जिसका पालन उन सबके लिए समान रूप से विधि या विधान के रूप में आवश्यक होता है, जैसे डाक-विभाग या युद्ध-संचालन-सम्बन्धी अभिसमय। २. परस्पर युद्ध करनेवाले राष्ट्रों के सैनिक अधिकारियों का युद्ध स्थगित करने अथवा इसी प्रकार की दूसरी बातों के सम्बन्ध में आपस में होनेवाला समझौता जिसका पालन सभी पक्षों के लिए आवश्यक होता है। ३. किसी प्रथा या परिपाटी के मूल में रहनेवाला सब लोगों का वह समझौता या सहमति जिसे मान्यता के रूप में मानना सबके लिए आवश्यक होता है, जैसे कला, काव्य या संविधान-सम्बन्धी अभिसमय। ४. उक्त प्रकार की बातें निश्चित करने के लिए आधिकारिक रूप से होनेवाला कोई सम्मेलन या सभा। (कन्वेन्शन; उक्त सभी अर्थों के लिए)

अभिसरण पुं० [सं०] १. आगे या पास जाना। २. प्रिय से मिलने जाना।

अभिसरना* अ० [सं० अभिसरण] १. आगे बढ़ना, जाना। २. किसी वांछित स्थान की ओर जाना। ३. प्रिय से मिलने के लिए संकेतस्थल की ओर जाना।

अभिसाधक पुं० दे० 'अभिकर्ता'।

अभिसाधन पुं० दे० 'अभिकरण'।

अभिसामयिक वि० [सं०] १. अभिसमय या समझौते से सम्बन्ध रखनेवाला। २. जो किसी चली आई हुई प्रथा या परिपाटी के अनुसार हो। (कन्वेन्शनल)

अभिसार पुं० [सं०] [वि० अभिसारिक, अभिसारी] प्रिय से मिलने के लिए संकेतस्थल पर जाना।

अभिसारिका स्त्री० [सं०] प्रिय से मिलने के लिए संकेतस्थल पर जानेवाली स्त्री या नायिका।

अभिसारी(-रिन्) वि० [सं०] [स्त्री० अभिसारिणी] १. जो कार्य सिद्ध करने में सहायक हो, साधक। २. एक दूसरे की ओर अथवा किसी एक केन्द्र पर पहुँचकर मिलने की प्रवृत्ति रखनेवाले। (कन्वर्जेन्ट) ३. प्रिय से मिलने के लिए संकेत स्थल पर जानेवाला (नायक)।

अभिसूचना स्त्री० दे० 'अधिसूचना'।

अभिस्त्रावणी स्त्री० [सं०] शराब आदि चुआने की भट्ठी या कारखाना। (डिस्टिलरी)

अभिहार पुं० [सं०] १. युद्ध की घोषणा। २. दंड, सजा।

अभिहित वि० [सं०] (इस) नामवाला, (इस) नाम से पुकारा जानेवाला।

अभी क्रि० वि० [हिं० अब+ही] १. ठीक इसी क्षण, २. वर्तमान समय में। ३. किसी इंगित कार्य के काल के विचार से; जैसे वह अभी दफ्तर से घर नहीं पहुँचा होगा। ४. इस समय तक; जैसे अभी आप यहीं रहें। ५. मुश्किल से; अभी वह दस वर्ष का था कि उसने हाई स्कूल कर लिया। **पद** *अभी अभी* = कुछ ही क्षण पहले; जैसे-पिताजी अभी अभी दफ्तर गए हैं। *अभी से* = इसी क्षण से; जैसे-अभी से परिश्रम करना शुरू कर दो।

अभीत* वि० [सं० अ+भीति] निडर, निर्भय।

अभीप्सक वि० [सं०] अत्यंत इच्छुक या अभिलाषी।

अभीप्सा स्त्री० [सं०] [वि० अभीप्सित] (कुछ पाने की) प्रबल इच्छा, तीव्र अभिलाषा।

अभीष्ट वि० [सं०] १. वांछित, चाहा हुआ। २. अत्यधिक प्रिय, पसन्द का। ३. आशय के अनुकूल, अभिप्रेत।

अभुआना अ० [सं० आह्वान] हाथ-पैर पटकना और सिर हिलाना जिससे सिर पर भूत आना समझा जाता है।

अभुक्त वि० [सं०] १. जो न खाया या न भोगा गया हो, न खाया या न भोगा हुआ। २. जो भुनाया न गया हो, जिसका नगद धन या प्राप्य वस्तु न ली गई हो।

अभू* क्रि० वि०=अभी।

अभूत वि० [सं०] १. जो हुआ न हो। २. अपूर्व, विलक्षण।

अभूतपूर्व वि० [सं०] १. जो पहले न हुआ हो। २. अपूर्व, अनोखा।

अभेद पुं० [सं०] १. भेद का अभाव, अभिन्नता। २. रूपक अलंकार के दो भेदों में से एक।
वि० भेदशून्य, एकरूप, समान।
वि० दे० 'अभेद्य'।

अभेदनीय वि० [सं०] = अभेद्य।

अभेद्य वि० [सं०] [भाव० अभेद्यता] १. जिसका भेदन, छेदन या विभाग न हो सके। २. जो टूट न सके।

अभेय* पुं०=अभेद।

अभेर* पुं० दे० 'भिड़ंत'।

अभेरना* स० [?] मिलाना।

अभेव* पुं०=अभेद।

अभोग वि० [सं०] १. जिसका भोग न किया गया हो। २. अछूता। ३. दे० 'अभोग्य'।

अभोगी (-गिन्) वि०, पुं० [सं०] १. जो भोग न करे। २. विरक्त।

अभोग्य वि० [सं०] [स्त्री० अभोग्या] १. जो भोग करने के योग्य न हो, जिसे भोगना अनुचित या वर्जित हो। २. (स्त्री) जिसके साथ समागम करना शास्त्र द्वारा वर्जित हो।

अभोज्य वि० [सं०] जो खाने के योग्य न हो।

अभ्यंग पुं० [सं०] [वि० अभ्यक्त, अभ्यंजनीय] १. पोतना, लेपना। २. शरीर में तेल लगाना।

अभ्यंतर पुं० [सं०] १. मध्य, बीच। २. हृदय।
वि० अन्दरूनी, भीतरी।

अभ्यधीन वि० [सं०] १. किसी नियम, प्रण, प्रतिबन्ध आदि के अधीन या उससे बँधा हुआ। (सबजेक्ट टु) २. दे० 'अधीन'।

अभ्यर्थन पुं० [सं०] [वि० अभ्यर्थनीय, अभ्यर्थित] निवेदन प्रार्थना।

अभ्यर्थना स्त्री० [सं०] निवेदन, प्रार्थना, विनय।

अभ्यर्थी (-र्थिन्) पुं० [सं०] १. निवेदन प्रार्थना करनेवाला। २. प्रत्याशी।

अभ्यर्पक पुं० [सं०] वह जो किसी को कोई वस्तु, उसका स्वामित्व अथवा अधिकार दे। (असाइनर)

अभ्यर्पण पुं० [सं०] [वि० अभ्यर्पक] अपनी कोई वस्तु, उसका स्वामित्व या अधिकार किसी को सौंपना या देना। (सरेन्डर)

अभ्यर्पणग्राही पुं० दे० 'अभ्यर्पिती'।

अभ्यर्पित वि० [सं०] (वस्तु उसका स्वामित्व या अधिकार) जो किसी को सौंप या दे दिया गया हो। (असाइन्ड)

अभ्यर्पिती (-तिन्) पुं० [सं०] वह जिसे कोई वस्तु, उसका स्वामित्व या अधिकार सौंप दिया गया हो। (असाइनी)

अभ्यसित वि०=अभ्यस्त।

अभ्यस्त वि० [सं०] १. जिसका अभ्यास किया गया हो। २. जिसने अभ्यास किया हो, दक्ष, निपुण।

अभ्यागत वि०, पुं० [सं०] १. सामने आया हुआ। २. अतिथि, पाहुन, मेहमान। ३. वह जो किसी से मिलने या भेंट करने आए। ४. साधु, संन्यासी आदि।

अभ्यास पुं० [सं०] [वि० अभ्यासी, अभ्यस्त] १. पूर्णता या दक्षता प्राप्त करने के लिए बार-बार एक ही क्रिया का साधन, आवृत्ति, मश्क। (प्रैक्टिस) २. आदत, स्वभाव।

अभ्यासतः क्रि० वि० [सं०] अभ्यास से।

अभ्यासरत वि० [सं०अभ्यास+रत] अभ्यास में लगा हुआ, अभ्यास करने में व्यस्त।

अभ्यासी (-सिन्) वि०, पुं० [सं०] [स्त्री० अभ्यासिनी] अभ्यास करनेवाला, साधक।

अभ्युत्थान पुं० [सं०] १. उठना। २. किसी के आने पर उसके आदर के लिए उठकर खड़े हो जाना, खड़े होकर स्वागत करना। ३. बढ़ती, समृद्धि। ४. उठान, आरम्भ।

अभ्युदय पुं० [सं०] १. सूर्य आदि ग्रहों का उदय। २. प्रादुर्भाव, उत्पत्ति। ३. मनोरथ की सिद्धि। ४. वृद्धि, बढ़ती। ५. नए सिरे से होनेवाली उन्नति।

अभ्युन्नति स्त्री० [सं०] उन्नति।

अभ्युपगम पुं० [सं०] तर्क में पहले कोई सिद्ध या असिद्ध बात मानकर तब उसकी सत्यता की जाँच करना और उससे कोई निष्कर्ष या परिणाम निकालना। (डिडक्शन)

अभ्र पुं० [सं०] १. मेघ, बादल। २. आकाश। ३. स्वर्ण, सोना।

अभ्रक पुं० दे० 'अबरक'।

अभ्रांत वि० [सं०] १. भ्रान्तिशून्य, भ्रमरहित। २. स्थिर।

अमंगल वि० [सं०] मंगलरहित, अशुभ।
पुं० अकल्याण, अहित, खराबी।

अमंद वि० [सं०] [भाव० अमंदता] १. जो मंद न हो, फुर्तीला, चुस्त। २. बुद्धिमान।

अमका* वि०=अमुक।

अमचूर पुं० [हिं० आम+चूर] सुखाए हुए कच्चे आम का चूर्ण।

अमत पुं० [सं०] १. अनुकूल मत का अभाव, असम्मति। २. रोग। ३. मृत्यु।

अमत्त वि० [सं०] जो मत्त न हो, जो नशे में न हो।

अमन पुं० [अ० अम्न] दे० 'शांति'।

अमनियाँ वि० [?] १. जिसमें कोई छूत न हो। २. शुद्ध, पवित्र।

अमनैक पुं० [सं० आम्नायिक] १. सरदार, नायक। २. अधिकारी, हकदार।

अमनैकी* स्त्री० [हिं० अमनैक] मनमाना आचरण।

अमर वि० [सं०] [भाव० अमरता] १. जो कभी न मरे, सदा जीवित रहनेवाला, चिरजीवी। २. जिसका कभी अन्त, नाश या क्षय न हो। (इम्मॉरटल)
पुं० देवता।

अमरख* पुं० दे० 'अमर्ष'।

अमरता स्त्री० [सं०] १. अमर होने की अवस्था या भाव, कभी न मरना, चिरजीवन। २. देवत्व।

अमरपक्ष पुं० दे० 'पितृपक्ष'।

अमरपद पुं० [सं०] मुक्ति, मोक्ष।

अमरबेल स्त्री० दे० 'आकाशबेल'।

अमरलोक पुं० [सं०] स्वर्ग।

अमरषा* वि० [सं० अमर्षिन्] क्रोधी।

अमरस पुं० [हिं० आम+रस] पके आम को निचोड़कर निकाला हुआ रस।

अमराई* स्त्री० [सं० आम्रराजि] आम का बाग।

अमराव* पुं० दे० 'अमराई'।

अमरावती स्त्री० [सं०] देवताओं की पुरी, इन्द्रपुरी।

अमरीका पुं० [अं० अमेरिका] १. पश्चिमी गोलार्ध का एकमात्र महादेश जो उत्तरी और दक्षिणी दो भागों में बँटा हुआ है। २. उत्तरी अमरीका का वह देश जो यूनाइटिड के नाम से जाना जाता है।

अमरीकी वि० अमरीका-सम्बन्धी, अमरीका का; जैसे अमरीकी अंग्रेजी।
पुं० अमरीका का वासी।

अमरीकी इंडियन पुं० अमरीका का मूल निवासी।

अमरीकीकरण पुं० [हिं०अमरीका+सं० करण] अमरीकी रीति-नीति या सभ्यता के अनुकूल बनाना।

अमरू पुं० [सं० अम्बर] एक प्रकार का बढ़िया रेशमी कपड़ा।

अमरूत, अमरूद पुं० [सं० अमृत (फल)] १. एक पेड़ जिसका फल खाया जाता है। २. उक्त पेड़ का फल।

अमरेश पुं० [सं०] इन्द्र।

अमरेस* पुं०=अमरेश।

अमर्त्य वि० [सं०] न मरनेवाला, अमर।

अमर्याद, अमर्यादित वि० [सं०] १. मर्यादा विहीन, मर्यादा के विपरीत। २. अप्रतिष्ठित।

अमर्ष, अमर्षण पुं० [सं०] [वि० अमर्षित, अमर्षी] १. क्रोध, विशेष अपमान या तिरस्कार से उत्पन्न क्षोभ। २. वह द्वेष या दुख जो विरोधी या शत्रु का कोई अपकार न कर सकने पर हो।

अमर्षी (-र्षिन्) वि० [सं०] [स्त्री० अमर्षिणी] १. क्रोधी। २. असहनशील। ३. जल्दी बुरा माननेवाला।

अमल[1] वि० [सं०] [स्त्री० अमला] १. निर्मल, स्वच्छ। २. निर्दोष, पापशून्य।

अमल[2] पुं० [अ०] १. शासनकाल। २. नशा। ३. व्यवहार, प्रयोग। ४. कार्य।
मुहा० *अमल में आना*=निश्चय, आज्ञा आदि का कार्य के रूप में परिणत होना। (टु टेक एफेक्ट)

अमलतास पुं० एक प्रसिद्ध पेड़ जिसकी फलियाँ दवा के काम आती हैं।

अमलतासी वि० [हिं० अमलतास] हलके पीले रंग का।

अमलदस्तूर पुं० [अ०+फा०] रीति-रिवाज।

अमलदारी स्त्री० [अ०+फा०] १. शासन। २. राज्यकाल।

अमलपट्टा पुं० [अ० अमल+हिं० पट्टा] वह दस्तावेज या अधिकार-पत्र जो किसी प्रतिनिधि या कारिन्दे को किसी कार्य पर नियुक्त करने के समय दिया जाए।

अमलबेल पुं० [सं० अम्लवेतस्] एक पेड़ जिसके फल की खटाई तीक्ष्ण होती है।

अमला पुं० [अ० अमल:] किसी संस्था के अधिकारियों तथा कार्यकर्ताओं का दल या समूह। (स्टाफ)

अमलारा वि० [अ० अमल+हिं० आरा (प्रत्य०)] १. अमल या नशा करनेवाला। २. नशे में मस्त या चूर।

अमली वि० [अ०] अमल या कार्य के रूप में होनेवाला।
पुं० वह जो नशा खाता या पीता हो, नशेबाज।

अमलोनी स्त्री० [सं० अम्ललोणी] एक प्रकार की घास जिसका साग बनाकर खाते हैं और जो नमकीन होता है।

अमलोल| पुं० [सं०] धन, संपत्ति या खजाना।

अमाँ विस्मयादि० [हिं० ऐ+मियाँ] ऐ मियाँ! (सम्बोधन)

अमा स्त्री० [सं०] १. अमावस्या। २. चन्द्रमा की सोलहवीं कला।

अमातना* स० [सं० आमन्त्रण] आमन्त्रित करना।

अमात्य पुं० [सं०] मन्त्री, वजीर।

अमात्र वि० [सं०] जिसकी मात्रा नष्ट या विलुप्त हो चुकी हो, मात्राविहीन।

अमान वि० [सं०] जिसका मान या प्रतिष्ठा न हो।

अमानक वि० [हिं० अ०+मानक] [भाव० अमानकता] जो मानक न हो, मानक स्तर से गिरा हुआ।

अमानत स्त्री० [अ०] १. अपनी वस्तु किसी दूसरे के पास कुछ काल के लिए रखना। २. इस प्रकार रखी हुई वस्तु।

अमानतदार पुं० [अ०+फा०] वह जिसके पास अमानत रखी गई हो।

अमानतनामा पुं० [अ० अमानत+फा० नामः] वह पत्र जो किसी के पास कुछ अमानत रखने के समय उसके प्रमाणस्वरूप लिखा जाता है।

अमाना अ० [सं० आ=पूरा+मान] १. पूरा-पूरा भरना, समाना, अँटना। २. फूलना, इतराना, गर्व करना।

अमानी[1] वि० [सं० अमानिन्] निरभिमान, घमंडरहित।

अमानी[2] स्त्री० [सं० आत्मन्] १. वह भूमि जिसकी जमींदार सरकार हो, खास। २. लगान की वह वसूली जिसमें फसल के विचार से रियायत हो। ३. दैनिक मजदूरी पर होनेवाला काम।

अमानी[3] स्त्री० [हिं० अ+मानना] मनमानी कार्रवाई, अन्धेर।

अमानुष पुं० [सं०] वह प्राणी जो मनुष्य न हो, बल्कि उससे भिन्न हो, जैसे देवता, राक्षस आदि।
वि० [भाव० अमानुषता] दे० 'अमानुषिक'।

अमानुषता स्त्री० [सं०] १. मनुष्योचित गुणों का अभाव। २. अमानवीय व्यवहार।

अमानुषिक वि० [सं०] १. मनुष्य की शक्ति के बाहर का। २. मनुष्य के स्वभाव, प्रकृति या आचरण के विरुद्ध पशुओं का-सा, पाशव; जैसे अमानुषिक अत्याचार।

अमान्य वि० [सं०] [भाव० अमान्यता] जो मान्य न हो।

अमान्यकरण पुं० [सं०] अमान्य करने की क्रिया या भाव।

अमापनीय वि० [सं०] जो मापा न जा सके।

अमाय वि० [सं०] १. मायारहित, निर्लिप्त। २. छल-कपट से रहित, सच्चा।

अमाया वि०=अमाय।

अमारी* पुं० [अ० अमल=शासन] शासक, हाकिम।

अमावट स्त्री० [हिं० आम+आवट (प्रत्य०)] आम के सुखाए हुए रस की परत या तह।

अमावस्या स्त्री० [सं०] कृष्ण पक्ष की अन्तिम तिथि जिसमें रात को चन्द्रमा बिल्कुल दिखाई नहीं देता।

अमिट वि० [हिं० अ+मिटना] १. जो न मिटे, जो नष्ट न हो, स्थायी। २. जिसका होना निश्चित हो, अवश्यम्भावी।

अमित वि० [सं०] १. अपरिमित, बेहद, असीम। २. बहुत अधिक।

अमिताभ वि० [सं०] अत्यधिक आभा से युक्त।

अमिय* पुं० दे० 'अमृत'।

अमिय मूरि* स्त्री० [सं० अमृतमूरि] अमृतबूटी, संजीवनी जड़ी।

अमियारी| स्त्री०=अमराई।

अमिल* वि० [हिं० अ=नहिं+मिलना] १. न मिलनेवाला, अप्राप्य। २. बेमेल, बेजोड़। ३. जिससे मेल-जोल न हो।

अमिश्र वि० [सं०] जिसमें मिलावट न हो, शुद्ध।

अमी* पुं० दे० 'अमृत'।

अमीकर* पुं० [सं० अमृतकर] चन्द्रमा।

अमीत* पुं० [सं० अमित्र] शत्रु, दुश्मन।

अमीन पुं० [अ० अमीन] [भाव० अमीनी] माल विभाग का वह कर्मचारी जो खेतों के बँटवारे आदि का प्रबन्ध करता है।

अमीनिधि पुं० [हिं० अमी+सं० निधि] १. अमृत का समुद्र। २. चन्द्रमा।

अमीर पुं० [अ०] [भाव० अमीरी] १. अफगानिस्तान के राजाओं की उपाधि। २. सरदार।
वि० १. धनी, धनाढ्य। २. उदार।

अमुक वि०, पुं० [सं०] जिसका नाम न लिया गया हो, कोई। (इस शब्द का प्रयोग किसी का नाम न लेकर किसी अज्ञात या कल्पित व्यक्ति के नाम के स्थान पर करते हैं।)

अमूर्त वि० [सं०] [भाव० अमूर्तता] १. जिसका भौतिक स्वरूप न हो, निराकार। २. जो विचार, अनुभूति, भाव या गुण के रूप में हो; जैसे-रूप अमूर्त संकल्पना है। 1. वह कविता, चित्र, मूर्ति आदि जिसमें किसी के बाह्य रूप का नहीं बल्कि काल्पनिक गुणों का अंकन हो। (एब्सट्रैक्ट)
पुं० १. परमेश्वर। २. आत्मा। ३. काल। ४. आकाश। ५. वायु।

अमूर्तवाद पुं० [सं०] यह सिद्धान्त कि मूर्त पदार्थों की अभिव्यक्ति अमूर्त प्रतीकों के द्वारा की जानी चाहिए।

अमूलक वि० [सं०] १. निर्मूल। २. मिथ्या।

अमूल्य वि० [सं०] १. जिसका मूल्य न लग सके, अनमोल। २. बहुमूल्य।

अमृत पुं० [सं०] [भाव० अमृतत्व] १. समुद्रमंथन के फलस्वरूप निकला वह पेय जिसे पीने से जीव अमर हो जाता है, सुधा, पीयूष। २. जल। ३. घी। ४. मीठी और स्वादिष्ट वस्तु।

अमृतकर पुं० [सं०] चन्द्रमा।

अमृतबान पुं० [सं० अमृत=घी+फा० बान] लाख का रोगन किया हुआ मिट्टी का बरतन।

अमृतमूरि स्त्री० [सं०] संजीवनी बूटी।

अमेजना स० [फा० आमेजन] मिलाना।

अमेय वि० [सं०] १. असीम, बेहद। २. जो जाना न जा सके, अज्ञेय।

अमेरिकन वि०, पुं० [अं०] अमरीकी।

अमेरिका पुं० [अं०] दे० 'अमरीका'।

अमेल वि० [हिं० अ+मेल] १. असम्बद्ध। २. जो किसी से मेल न खाता हो।

अमेव* वि० दे० 'अमेय'।

अमैंड* वि० [हिं० अ+मैंड] मर्यादा या बन्धन न माननेवाला।

अमैठना* स० दे० 'उमेठना'।

अमोघ वि० [सं०] निष्फल न होनेवाला, अव्यर्थ, अचूक।

अमोनिया स्त्री० [अं०] अप्रिय तीव्र गंधवाली एक गैस जिसका उपयोग विस्फोटक बनाने में होता है।

अमोर* वि०=अमोल (अमूल्य)।

अमोरी* स्त्री० दे० 'अमोला'।

अमोल वि० दे० 'अमूल्य'।

अमोला पुं० [हिं० आम] [स्त्री० अल्पा० अमोली] आम का नया निकला हुआ कल्ला या अंकुर।

अम्माँ स्त्री० [सं० अम्बा] माता, माँ।

अम्ल पुं० [सं०] १. खटाई। २. वह द्रव पदार्थ जिससे अन्य पदार्थों का योग होने पर रासायनिक प्रतिक्रिया हो, तेजाब। वि० खट्टा, तुर्श।

अम्लता स्त्री० [सं०] १. अम्ल का गुण। २. खट्टास, खटाई।

अम्लपित्त पुं० [सं०] एक रोग जिसमें जो कुछ भोजन किया जाता है, वह सब पित्त के दोष से खट्टा हो जाता है।

अम्ल वर्षा स्त्री० [सं०अम्ल+वर्षा] वह वर्षा जिसमें रासायनिक पदार्थों के कण मिले हों।

अम्लान वि० [सं०] [भाव० अम्लानता] १. जो म्लान न हो। २. निर्मल, स्वच्छ, साफ।

अम्लीय वि० [सं०] अम्ल-सम्बन्धी।

अम्हौरी स्त्री० दे० 'पित्ती'।

अयथा वि० [सं०] १. जो ठीक या सत्य न हो, मिथ्या, झूठा। २. जो उपयुक्त न हो, अनुपयुक्त।

अयथार्थ वि० [सं०] [भाव० अयथार्थता] जो यथार्थ न हो।

अयन पुं० [सं०] १. गति, चाल। २. सूर्य या चन्द्रमा की दक्षिण और उत्तर की गति या उससे सम्बन्ध रखनेवाली प्रवृत्ति, जिसको उत्तरायण और दक्षिणायन कहते हैं। ३. आश्रम। ४. स्थान। ५. घर। ६. काल, समय। ७. गाय या भैंस के थन का वह ऊपरी भाग जिसमें दूध रहता है।

अयश पुं० [सं०] १. अपयश, अपकीर्ति। २. निन्दा।

अयस्क पुं० [सं०] वह मिट्टी या शिलाखंड जिसमें से धातु निकलती हो। (ओर)

अयस्कांत पुं० [सं०] चुम्बक।

अयाचक वि० [सं०] १. न माँगनेवाला, जो न माँगे। २. सन्तुष्ट, पूर्णकाम।

अयाचन-वृत्ति स्त्री० [सं०] किसी से कुछ न माँगने की प्रकृति या कार्य।

अयाचित वि० [सं०] बिना माँगा हुआ।

अयाची पुं० दे० 'अयाचक'।

अयातउल्ला पुं० [अ०] ईरान के शिया संप्रदाय के मुसलमानों का धार्मिक नेता।

अयान वि० दे० 'अयाना'।

अयानपन* पुं० [हिं० अयाना+पन] १. अज्ञान, अनजानपन। २. भोलापन, सीधापन।

अयाना* वि० [सं० अज्ञानः, प्रा० अजाना] [स्त्री० अयानी] अज्ञान, बुद्धिहीन।

अयाल पुं० [फा०] घोड़े और सिंह आदि की गरदन के बाल, केसर।

अयास क्रि० वि० दे० 'अनायास'।

अयुक्त वि० [सं०] १. अयोग्य, अनुचित, बेठीक। २. असंयुक्त, अलग। ३. आपद्ग्रस्त। ४. अनमना। ५. असम्बद्ध, अंडबंड।

अयुक्ति स्त्री० [सं०] १. युक्ति का अभाव, असम्बद्धता, गड़बड़ी। २. योग न देना या न होना, अप्रवृत्ति।

अयुक्तियुक्त वि० [सं०] जो युक्तियुक्त न हो, अतर्कसंगत।

अयुद्ध पुं० [सं०अ+युद्ध] युद्ध का न होना, युद्ध का पूर्ण अभाव।

अयोग पुं० [सं०] १. योग का अभाव। २. बुरा योग। ३. कुसमय। ४. संकट।

अयोग्य वि० [सं०] [स्त्री० अयोग्या, भाव० अयोग्यता] १. जो योग्य न हो, अनुपयुक्त। २. नालायक, निकम्मा, अपात्र। ३. अनुचित, नामुनासिब।

अयोग्यता स्त्री० [सं०] १. 'योग्य' न होने या 'अयोग्य' होने का भाव। २. निकम्मापन। ३. अपात्रता। ४. अनौचित्य।

अयोध्या स्त्री० [सं०] १. उत्तर प्रदेश की प्रसिद्ध नगरी। भगवान राम का जन्म इसी नगरी में हुआ था। २. वह स्थान जहाँ युद्ध न होता हो।

अयौन वि० दे० 'अलैंगिक'।

अरंभ[१] पुं० दे० 'आरंभ'।

अरंभ[२] पुं० [सं० रंभ] १. हलचल। २. नाद, शब्द।

अरंभना[१] अ० [सं० अ+रंभ= शब्द करना] १. बोलना। २. शोर करना।

अरंभना[२] स० [सं० आरंभ] आरम्भ करना। अ० आरंभ होना, शुरू होना।

अर* स्त्री० दे० 'अड़'।

अरक[१] पुं० [अ० अर्क] १. किसी पदार्थ का वह रस जो भभके से खींचने से निकले, आसव। २. रस।

अरक[२] पुं० [अ०] पसीना, स्वेद।

अरक[३] पुं०=अर्क (सूर्य)।

अरकना* अ० [अनु०] १. अरराकर गिरना। २. टकराना। ३. फटना।

अरकला पुं० [सं० अर्गल] १. रोकथाम, रुकावट। २. मर्यादा, सीमा।

अरकाटी पुं० [दक्षिण भारत का अरकाट प्रदेश] वह ठेकेदार जो विदेशों के लिए कुली, मजदूर आदि भेजने का काम करता हो।

अरकान पुं० [अ०] १. राज्य के स्तम्भस्वरूप प्रमुख अधिकारी। २. वैभव, सम्पत्ति।

अरगजा पुं० [हिं० अगर+रजा] एक सुगन्धित द्रव्य जो केसर, चन्दन, कपूर आदि के मेल से बनता है।

अरगट* वि० [हिं० अलग] १. पृथक्, अलग। २. निराला, भिन्न।

अरगला स्त्री० दे० 'अर्गला'।

अरगा पुं० [फा० इर्कास] घोड़े की वह तेज चाल जिसमें उसके चारो पैर अलग-अलग पड़ते हैं।

अरगाना* अ० [हिं० अलगाना] १. अलग होना, पृथक् होना। २. चुप्पी साधना, मौन रहना।

स० अलग करना, छाँटना।

अरघ पुं०=अर्घ।

अरघा पुं० [सं० अर्घ] १. एक प्रसिद्ध पात्र जिसमें अर्घ का जल रखकर दिया जाता है। २. वह आधार जिसमें शिवलिंग स्थापित किया जाता है, जलधरी।

अरघान* स्त्री० [सं० आघ्रण] महक, वास, गन्ध।

अरचन* पुं०=अर्चन।

अरचना* स० [सं० अर्चन] पूजना।

अरज स्त्री०=अर्ज।

अरजी[1] स्त्री०=अर्जी।

अरजी[2] [अ० अर्ज़] अर्ज करनेवाला, प्रार्थी।

अरणी स्त्री० [सं०] १. गनियारी वृक्ष। २. सूर्य। ३. काठ का एक यन्त्र जिससे यज्ञों के लिए आग निकालते थे।

अरण्य पुं० [सं०] १. बन, जंगल। २. संन्यासियों का एक भेद।

अरण्यरोदन पुं० [सं०] १. ऐसी पुकार जिसे कोई सुननेवाला न हो। २. ऐसी बात जिस पर कोई ध्यान न दे।

अरण्यवास पुं० [सं०अरण्य+वास] वन में (जाकर) रहना।

अरत वि० [सं०] जो किसी ओर रत या प्रवृत्त न हो, बल्कि उदासीन हो।

अरति स्त्री० [सं०] १. रति, अनुराग, प्रवृत्ति, वासना आदि का न होना, उदासीनता। (एपैथी) २. रति, प्रेम; उदा० अति रति सों अति अरति सों पति पूजा अति रूपा।—केशव।

अरथाना* स० [सं० अर्थ] अर्थ करना, बतलाना या समझाना, व्याख्या करना।

अरथी[1] पुं० [सं० अ+रथी] जो रथ पर न हो, अर्थात् पैदल।

अरथी[2] स्त्री० [सं० रथ] वह बाँस की सीढ़ी, तख्ता या सन्दूक जिसपर या जिसमें शव रखकर श्मशान तक ले जाते हैं।

मुहा० *अरथी उठना/उठ जाना*=शव का श्मशान ले जाया जाना।

अरथी[3] वि० दे० 'अर्थी'।

अरदन पुं०=अर्दन।

अरदना* स० [सं० अर्दन] कुचलना।

अरदली पुं०=अर्दली।

अरदाना स० [सं० अर्दन] कुचलने का काम दूसरे से कराना।

अ० कुचला जाना।

अरदाबा वि० [सं० अर्दन] कुचला हुआ।

पुं० किसी चीज का कुचला हुआ रूप।

अरदास स्त्री० [अ० अर्ज़+फा० दाश्त] १. प्रार्थना, निवेदन। २. कोई शुभ कार्य करते समय किसी देवता से की जानेवाली वह मंगलकामना जिसके साथ उस देवता के नाम पर कुछ धन दिया जाता है।

अरध[1] वि० दे० 'अर्ध'।

अरध[2] क्रि० वि० [सं० अधः] अन्दर, भीतर।

अरधाली स्त्री० [सं० अर्धालि] आधी चौपाई।

अरना[1] पुं० [सं० अरण्य] जंगली भैंसा।

अरना[2] अ० दे० 'अड़ना'

अरनी स्त्री० दे० 'अरणी'।

अरपना* स० [सं० अर्पण] अर्पण करना।

अरब[1] पुं० [सं० अर्बुद] १. सौ करोड़। २. सौ करोड़ की संख्या।

अरब[2] पुं० [सं० अर्वन्] १. घोड़ा। २. इन्द्र।

अरब[3] पुं० [अ०] १. पश्चिमी एशिया का एक प्रसिद्ध रेगिस्तानी प्रदेश जिसके अन्तर्गत ईराक, कुवैत, मिस्र आदि कई देश हैं। २. उक्त प्रदेश का वासी।

अरबराना अ० [अनु० अर+बर] [भाव० अरबरी] १. घबराना, व्याकुल होना। २. चलने में लड़खड़ाना।

अरबरी* स्त्री० [हिं० अरबराना] आकुलता, घबराहट।

अरबी वि० [फा०] अरब देश का; जैसे-अरबी घोड़ा।

पुं० १. अरब देश का घोड़ा, ताजी। २. ताशा नामक राजा।

स्त्री० अरब देश की भाषा।

अरबीला* वि० [अनु०] १. आन-बानवाला। २. हठ करने या अड़नेवाला। ३. बिना सिर-पैर का, अंडबंड।

अरमान पुं० [तु०] लालसा, चाह, वासना।

अरराना अ० [अनु०] १. घोर शब्द करना। २. भहरा पड़ना, सहसा गिरना।

अरवा पुं० [?] धान को यों ही कूटकर (उबालकर नहीं) निकला हुआ चावल। (धान को उबालकर निकाला हुआ चावल 'भुजिया' कहलाता है।)

अरविंद पुं० [द्रविड़ से गृहीत सं०] १. कमल। २. सारस।

अरवी स्त्री० [सं० आलु] तरकारी के काम का एक प्रसिद्ध कन्द, अरुई।

अरस[1] पुं० [सं०] रस का अभाव।

वि० जिसमें रस न हो, रसहीन।

अरस[2] पुं० दे० 'आलस'।

अरसना* अ० [सं० अलस] शिथिल या ढीला पड़ना, मन्द होना।

अरसना-परसना* स० [सं० स्पर्शन] आलिंगन करना, गले लगाना।

अरस-परस पुं० [सं० दर्शन+स्पर्शन] देखना और छूना, दर्शन और स्पर्श करना।

अरसा पुं० [अ० अर्स:] १. समय, काल। २. देर, विलम्ब।

अरसाना* अ० दे० 'अलसाना'।

अरसी* स्त्री०=अलसी।

अरसीला* वि० [सं० अलस] आलस्यपूर्ण, आलस्य से भरा हुआ।

अरहन पुं० [सं० रंधन] १. वह आटा या बेसन जो तरकारी आदि पकाते समय उसमें मिलाया जाता है, रेहन। २. 'निहाई'।

अरहना स० [सं० अर्हण] पूजा करना।
स्त्री० अर्हण, आराधना या पूजा।

अरहर स्त्री० [?] एक अनाज जिसकी दाल खाई जाती है, तुअर।

अराग पुं०=अरति।

अराजक वि० [सं०] १. (स्थान, देश आदि) जिसमें राजा या शासन न हो। २. अराजकता से ग्रस्त।
पुं० १. वह जो राज्य या शासन का प्रभुत्व न मानता हो। २. वह जो उपद्रव आदि करके शासन-व्यवस्था, नियन्त्रण आदि तोड़ता और नष्ट करता हो। (अनार्किस्ट)

अराजकता स्त्री० [सं०] १. किसी देश की वह अवस्था जिसमें या तो राज्य या शासन का बिल्कुल अभाव होता है, अथवा राज्य या शासन अपना काम ठीक और पूरी तरह करने में असमर्थ होता है। २. किसी स्थान में उत्पन्न की जानेवाली वह अवस्था जिसमें व्यवस्था, नियन्त्रण आदि बिल्कुल शिथिल या अक्रिय हो जाते हैं। ३. आर्थिक, राजनीतिक, सामाजिक दृष्टि से व्याप्त अव्यवस्था। (अनार्की)

अराजनीतिक वि० [सं०] जिसका सम्बन्ध राजनीति या राजनीतिक दलों से न हो।

अराड़ पुं० [सं० अट्टाल] १. किसी चीज, विशेषतः काठ-कबाड़ का बहुत बड़ा और ऊँचा ढेर। २. वह स्थान जहाँ जलाने की लकड़ी बिकती हो।

अराधन* पुं०=आराधन।

अराधना* स० [सं० आराधन] १. आराधना करना, पूजा करना। २. जपना, ध्यान करना।
स्त्री० दे० 'आराधना'।

अराधी* वि० [सं० आराधन] आराधना या पूजा करनेवाला, आराधक, पूजक।

अरारूट, अरारोट पुं० [अं० ऐरोरूट] एक पौधा जिसके कन्द का आटा तीखुर की तरह काम में आता है।

अराल[1] वि० [सं०] वक्र, कुटिल, टेढ़ा।

अराल[2] पुं० [सं०] सिर के बाल, केश।

अरावल* पुं० दे० 'हरावल'।

अरिंद * पुं० [सं० अरि] शत्रु, दुश्मन।

अरि पुं० [सं०] १. शत्रु, वैरी। २. चक्र, चक्कर। ३. काम, क्रोध आदि। ४. छह की संख्या।

अरियाना* स० [सं० अरे] अरे कहकर बातें करना, तिरस्कार करना।

अरिराज पुं० [सं०] शत्रुओं का राजा।

अरिष्ट पुं० [सं०] १. दुख, कष्ट। २. आपत्ति, विपत्ति। ३. दुर्भाग्य। ४. अपशकुन। ५. दुष्ट ग्रहों का मरणकारक योग। ६. एक प्रकार का मद्य जो ओषधियों का खमीर उठाकर बनाया जाता है। ७. अनिष्ट, उत्पात, जैसे भूकम्प।
वि० [सं०] बुरा, अशुभ।

अरिहा* पुं०=अर्हत।

अरी विस्मयादि० [सं० अयि] स्त्रियों के लिए सम्बोधन।

अरीतिक वि० [सं०] जो रीति से हटकर अथवा उसके विपरीत हो।

अरुंधती स्त्री० [सं०] १. वशिष्ठ मुनि की स्त्री। २. दक्ष की एक कन्या जो धर्म से ब्याही गई थी। ३. एक बहुत छोटा तारा जो सप्तर्षि-मंडल में है।

अरु* यो० [सं० अपरं] और। (ब्रज०)

अरुई स्त्री०=अरवी।

अरुचि स्त्री० [सं०] १. रुचि का अभाव, अनिच्छा। २. अग्नि-मान्द्य रोग जिसमें भोजन की इच्छा नहीं होती। ३. घृणा।

अरुझना* अ० दे० 'उलझना'।

अरुण वि० [सं०] [स्त्री० अरुणा, भाव० अरुणता, अरुणिमा] लाल, रक्त। (रंग)

अरुणाई* स्त्री० दे० 'अरुणिमा'।

अरुणाभ वि० [सं०] लाल आभा से युक्त, लाली लिए हुआ।

अरुणिमा स्त्री० [सं०] ललाई, लाली, सुर्खी।

अरुणोदय पुं० [सं०] दिन निकलने से कुछ पहले का समय, उषाकाल, ब्राह्ममुहूर्त, तड़का, भोर।

अरुनाना* अ० [सं० अरुण] अरुण या लाल होना।
स० लाल करना।

अरुनारा* वि० [सं० अरुण] लाल रंग का।

अरूझना* अ० दे० 'उलझना'।

अरूढ़* वि० दे० 'आरूढ़'।

अरूरना* अ० [सं० अरुस्] दुखी या पीड़ित होना।
स० दुखी या पीड़ित करना।

अरे विस्मयादि० [सं०] [स्त्री० अरी] १. सम्बोधन का शब्द, ए, ओ। २. एक आश्चर्यसूचक शब्द।

अरेहना* स० [हिं० रेहना] १. रगड़ना। २. दे० 'रेहना'।

अरोगना* अ० [सं० आरोग्य] आरोग्य या स्वस्थ होना।
स० आरोग्य या स्वस्थ करना।

अरोच* स्त्री०=अरुचि।

अरोहना* अ० [सं० आरोहण] चढ़ना।

अरोही* वि०=आरोही (सवार)।

अर्क पुं० [सं०] १. सूर्य। २. इन्द्र। ३. ताँबा। ४. विष्णु। ५. आक, मदार। ६. बारह की संख्या।
पुं० दे० 'अरक'।

अर्गला स्त्री० [सं०] १. दरवाजे के पीछे आड़े बल में लगाया जानेवाला डंडा, अगरी, ब्योंड़ा। २. किवाड़। ३. अव-रोध, प्रतिबन्ध, रुकावट। ४. कल्लोल। ५. वे रंग-बिरंग के बादल जो सूर्योदय या सूर्यास्त के समय पूर्व या पश्चिम में दिखाई देते हैं।

अर्घ पुं० [सं०] १. षोडशोपचार में से एक जिसमें जल, दूध, दही, सरसों, जव आदि मिलाकर देवता को अर्पित करते हैं। २. सामने जल गिराना। ३. हाथ धोने के लिए जल देना। ४. मूल्य, दाम। ५. किसी वस्तु की उपयोगिता या महत्त्व का सूचक तत्त्व। (वैल्यू)

अर्घपतन पुं० [सं०] भाव का गिरना।

अर्घा पुं०=अरघा।

अर्घ्य वि० [सं०] १. पूजनीय। २. बहुमूल्य। ३. पूजा में देने योग्य (जल, फूल आदि)। ४. भेंट देने योग्य।

अर्चक वि०, पुं० [सं०] अर्चना या पूजा करनेवाला, पूजक।

अर्चन पुं० [सं०] १. पूजा, पूजन। २. आदर-सत्कार।

अर्चना स्त्री० [सं०] अर्चन।

अर्चमान* वि० अर्चना के योग्य, पूज्य।

अर्चा स्त्री० [सं०] १. पूजा। २. प्रतिमा।

अर्चि स्त्री० [सं०] लौ, लपट।

अर्ज स्त्री० [अ० अर्ज़] विनति, विनय।
पुं० चौड़ाई, आयत।

अर्जक वि० [सं०] अर्जन करने या कमानेवाला।

अर्जन पुं० [सं०] [वि० अर्जनीय] १. उपार्जन, पैदा करना, कमाना। २. इकट्ठा करना, संग्रह।

अर्जित वि० [सं०] १. व्यापार आदि में कमाया हुआ। (अर्न्ड) २. किसी प्रकार प्राप्त या इकट्ठा किया हुआ, संगृहीत। (एक्वायर्ड)

अर्जी स्त्री० [अ० अर्ज़ी] प्रार्थना-पत्र।

अर्जीदावा स्त्री० [फा० अर्ज़ीदावा] वह निवेदन-पत्र जो अदालत में दावा दायर करने के लिए दिया जाता है।

अर्जुन पुं० [सं०] १. एक प्रकार का बड़ा वृक्ष, काहू। २. पाँच पांडवों में से मझले का नाम।

अर्णव पुं० [सं०] १. समुद्र। २. सूर्य। ३. चार की संख्या।

अर्थ वि० [सं०] लोगों के स्वकीय अधिकारों और उपचारों से सम्बन्ध रखनेवाला, पर आपराधिक से भिन्न।
पुं० १. शब्दों का वह अभिप्राय जो बोल-चाल में लिया जाता है, मतलब, माने। २. वह अभिप्राय या आशय जो किसी शब्द, पद या वाक्य से निकलता है और जिसका बोध कराने के लिए वह शब्द या पद लोक में प्रचलित होता है। ३. हेतु, निमित्त। ४. धन-सम्पत्ति, दौलत।

अर्थक वि० [सं०] १. अर्थ या धन उपार्जित करने या करानेवाला। २. अर्थ या धन से सम्बन्ध रखनेवाला, आर्थिक। ३. अर्थ या मतलब से सम्बन्ध रखनेवाला।

अर्थगर्भ वि० [सं०] [भाव० अर्थगर्भता] जिसके गर्भ में अर्थ हो, गहरे अर्थवाला।

अर्थच्छवि स्त्री० [सं०अर्थ:+छवि] (शब्द के) अर्थ से निकलने या व्यक्त होनेवाला भाव, विवक्षा जैसे दिवाकर और प्रभाकर का अर्थ है सूर्य परन्तु दोनों की अर्थच्छवियाँ भिन्न भिन्न हैं। दिवाकर दिन करनेवाला है और प्रभाकर प्रकाश करनेवाला।

अर्थदंड पुं० [सं०] १. वह दंड जो अर्थ या धन के रूप में हो, जुरमाना। (फाइन) २. किसी प्रकार की क्षति या व्यय के बदले में लिया जानेवाला धन। (कॉस्ट्स)

अर्थ-न्यायालय पुं० [सं०] वह न्यायालय जिसमें केवल अर्थ-सम्बन्धी वादों का विचार होता हो, दीवानी कचहरी। (सिविल कोर्ट)

अर्थपिशाच पुं० [सं०] बहुत बड़ा कंजूस, धनलोलुप।

अर्थपूर्ण वि० [सं०] १. अर्थ से भरा हुआ। २. जिसमें उपयोगी या महत्त्वपूर्ण तत्त्व हो; जैसे-अर्थपूर्ण संवाद।

अर्थ-प्रकृति स्त्री० [सं०] नाटक में वह चमत्कारपूर्ण बात जो कथावस्तु को कार्य की ओर बढ़ाने में सहायक होती है। यह पाँच प्रकार की कही गई है—बीज, विन्दु, पताका, प्रकरी और कार्य।

अर्थ-प्रक्रिया स्त्री० [सं०] अर्थ-न्यायालय के द्वारा होनेवाली प्रक्रिया या कार्य। (सिविल प्रोसीजर)

अर्थप्रधान वि० [सं० अर्थ+प्रधान] जिसमें अर्थ की प्रधानता हो।

अर्थबंध पुं० [सं०] १. विशेष अवसर पर या विशेष कार्य के लिए होनेवाली आर्थिक व्यवस्था। २. व्यापारियों, संघों, राष्ट्रों आदि में पारस्परिक हित के विचार से होनेवाला कोई आर्थिक गुप्त समझौता। (डील)

अर्थभेद पुं० [सं०] (शब्दों में होनेवाला) अर्थ सम्बन्धी अंतर।

अर्थभेदकारी वि० [सं० अर्थभेद+कारिन्] अर्थभेद उत्पन्न करनेवाला।

अर्थमंत्री (-त्रिन्) पुं० [सं०] किसी राज्य या प्रान्त के अर्थ विभाग का वह प्रधान अधिकारी या मन्त्री जो आर्थिक विषयों की देख-रेख करता है। (फाईनान्स मिनिस्टर)

अर्थमूलक वि० [सं०] अर्थ या दीवानी विभाग से सम्बन्ध रखनेवाला।

अर्थलाभ पुं० [सं०] धन के रूप में होनेवाला लाभ, मुनाफा।

अर्थलिप्सा स्त्री० [सं०] धन प्राप्त करने की उत्कट इच्छा।

अर्थलिप्सु वि० [सं०] जिसे धन की लिप्सा हो।

अर्थलोलुप पुं० [सं०] [भाव० धनलोलुपता] धन के लिए लोलुप, लालची।

अर्थवत्ता स्त्री० [सं०] अर्थ की दृष्टि से महत्त्वपूर्ण होने की अवस्था या भाव।

अर्थवाद पुं० [सं०] १. किसी बात का अर्थ या प्रयोजन बतलाना। २. वह वाक्य जिसमें किसी विधि के करने की उत्तेजना या प्रोत्साहन हो, जैसे दान करने से स्वर्ग मिलता है। ३. विधान की नियमावली आदि के आरम्भ की वे बातें जिनसे उस विधान या नियमावली का अर्थ या प्रयोजन सूचित होता है। (प्रिएम्बुल)

अर्थविधि स्त्री० [सं०] वह विधि या कानून जो राज्य की ओर से जनता के अधिकारों की रक्षा के लिए (आपराधिक विधि से भिन्न) बनाया गया हो। (सिविल लॉ)

अर्थविवाद पुं० [सं०] वह विवाद (मुकदमा) जो केवल अर्थ या धन से सम्बन्ध रखता हो, दीवानी मुकदमा।

अर्थ-व्यवस्था स्त्री० [सं०] राष्ट्रीय आय-व्यय, उत्पादन-वितरण आदि के लिए अपनाई हुई व्यवस्था।

अर्थशास्त्र पुं० [सं०] १. वह शास्त्र जिसमें अर्थ या धन-सम्पत्ति की उत्पत्ति, उपयोग, विनिमय और वितरण का विवेचन होता है। २. राज्य के प्रबन्ध, समृद्धि, रक्षा आदि की विद्या। (ईकॉनॉमिक्स)

अर्थशास्त्री (-स्त्रिन्) पुं० [सं०] अर्थशास्त्र का ज्ञाता। वि० अर्थशास्त्र-सम्बन्धी। (ईकॉनॉमिक)

अर्थसौंदर्य पुं० [सं०] किसी रचना में होनेवाला अर्थगत सौंदर्य।

अर्थहीन वि० [सं०] निरर्थक, व्यर्थ।

अर्थांतरन्यास पुं० [सं०] साहित्य में एक अलंकार जिसमें सामान्य से विशेष का या विशेष से सामान्य का साधर्म्य या वैधर्म्य द्वारा समर्थन किया जाता है।

अर्थात, अर्थात् यो० [सं०] अर्थ यह है कि, मतलब यह कि।

अर्थाधिकरण पुं० दे० 'अर्थ-न्यायालय'।

अर्थाना* स० [सं० अर्थ] अर्थ लगाना।

अर्थापत्ति स्त्री० [सं०] १. मीमांसा में वह प्रमाण जिसमें एक बात से दूसरी बात की सिद्धि आप-से-आप हो जाए। २. एक अर्थालंकार जिसमें एक बात के कथन से दूसरी बात सिद्ध की जाती है।

अर्थापदेश पुं० [सं०] शब्द के मूल अर्थ का छूट जाना और नए अर्थ का आ लगना।

अर्थापन पुं० [सं०] किसी गूढ़ पद या वाक्य का अर्थ लगाना या बताना, यह कहना कि इसका यह अर्थ है।

अर्थालंकार पुं० [सं०] वह अलंकार जिसमें अर्थ-सम्बन्धी चमत्कार हो।

अर्थी (-र्थिन्) वि० [सं०] [स्त्री० अर्थिनी] १. इच्छा रखनेवाला, चाह रखनेवाला। २. कार्यार्थी, गर्जू। पुं० १. वादी, मुद्दई। २. सेवक। ३. धनी। स्त्री० दे० 'अरथी'।

अर्थोपचार पुं० [सं०] वह उपचार या क्षतिपूर्ति जो अर्थ-न्यायालय या अर्थविधि के द्वारा प्राप्त हो। (सिविल रेमेडी)

अर्थोपार्जन पुं० [सं०अर्थ+उपार्जन] धन कमाने की क्रिया या भाव।

अर्दना* स० [सं० अर्दन] पीड़ित करना, कष्ट देना।

अर्दली पुं० [अं० आर्डर्ली] बड़े अधिकारियों की सेवा में रहनेवाला चपरासी।

अर्द्ध वि० [सं०] = अर्ध।

अर्ध वि० [सं० अर्द्ध] १. पूरे के दो बराबर भागों में से एक, आधा। २. जिसमें कुछ अंश अपना और कुछ दूसरे का हो, 'पूरा' का उलटा, जैसे अर्धसरकारी, अर्धआर्य। (सेमी) ३. जिसमें बहुत कुछ कमी हो, अधूरा, जैसे अर्धशिक्षित।

अर्धक पुं० [सं०] किसी आकृति को दो समान विभागों में बाँटनेवाली रेखा। (बाइसेक्टर)

अर्धकुशल वि० [सं०] जिसने थोड़ी-बहुत ही कुशलता किसी काम में प्राप्त की हो। (सेमिस्किल्ड)

अर्धचंद्र पुं० [सं०] १. अष्टमी का चन्द्रमा जो आधा होता है। २. चन्द्रिका, मोरपंख की आँख। ३. नखक्षत। ४. अनुनासिक चिह्न, चन्द्रबिन्दु। ५. निकाल बाहर करने के लिए गले में हाथ लगाना, गरदनियाँ।

अर्धजल पुं० दे० 'अर्द्धोदक'।

अर्धदेव पुं० [सं०] मनुष्यों और देवताओं के बीच की योनि जिसमें किन्नर, यक्ष, गंधर्व, वसु आदि आते हैं।

अर्धनग्न वि० [सं०] [भाव०अर्धनग्नता] जिसने शरीर पर पूरे वस्त्र न पहने हों।

अर्धनारीश्वर पुं० [सं०] तन्त्र में शिव और पार्वती का सम्मिलित रूप।

अर्धनिमीलित वि० [सं०] आधा बंद या आधा खुला; जैसे-अर्धनिमीलित आँखें।

अर्धमागधी स्त्री० [सं०] प्राकृत का एक भेद, काशी और मथुरा के बीच के देश की पुरानी भाषा।

अर्धविवृत वि० [सं०] १. आधा खुला। २. (स्वर) जिसका उच्चारण करते समय मुँह आधा खुला रहे, जैसे 'ऐ' और 'औ'।

अर्धवृत्त पुं० [सं०] मध्यविन्दु से समान अन्तर पर खिंची हुई गोल रेखा का आधा अंश, आधा गोला या वृत्त।

अर्धसंवृत वि० [सं०] १. आधा बन्द। २. (स्वर) जिसका उच्चारण करते समय मुँह आधा बन्द रहे, जैसे 'ऐ' और 'औ'।

अर्धसत्र पुं० [सं०] कुछ विश्वविद्यालय में छह महीनों का पाठ्यक्रम या छह महीनों की अवधि। (सिमेस्टॅर)

अर्धसमवृत्त पुं० [सं०] वह छन्द जिसका पहला चरण तीसरे चरण के बराबर और दूसरा चौथे के बराबर हो, जैसे दोहा।

अर्धांग पुं० [सं०] १. आधा अंग। २. लकवा रोग, जिसमें आधा अंग बेकाम हो जाता है, पक्षाघात, लकवा। ३. शिव।

अर्धांगिनी स्त्री० [सं० अर्धांग का स्त्री०] स्त्री, पत्नी।

अर्धाली, अर्द्धाली स्त्री० [सं० अर्धालि] आधी चौपाई।

अर्धासन पुं० [सं०] किसी को अपने आसन पर बैठाना या अपने आसन का आधा अंश उसे देना।

अर्धोदक पुं० [सं०] मरते हुए व्यक्ति को अन्त समय में किसी नदी या जलाशय में इस प्रकार रखना कि उसका आधा अंग जल में और आधा बाहर रहे।

अर्धोदय पुं० [सं०] एक पर्व जो उस दिन होता है जिस दिन माघ की अमावस्या रविवार को होती है और श्रवण नक्षत्र और व्यतीपात योग पड़ता है।

अर्पण पुं० [सं०] [वि० अर्पित] १. श्रद्धापूर्वक देने या सौंपने की क्रिया या भाव। २. इस प्रकार दी हुई वस्तु।

अर्पना* स० [सं० अर्पण] अर्पण या भेंट करना।

अर्बदर्ब* पुं० [अनु०+सं० द्रव्य] धन-सम्पत्ति, दौलत।

अर्बुद पुं० [सं०] १. गणित में इकाई-दहाई के नवें स्थान की संख्या, दस करोड़। २. अरावल पहाड़। ३. बादल। ४. दो मास का गर्भ। ५. एक रोग जिसमें शरीर में एक प्रकार की गाँठ पड़ जाती है, बतौरी।

अर्भक वि० [सं०] १. छोटा। २. मूर्ख। ३. दुबला-पतला। पुं० [सं०] शिशु, बालक, लड़का।

अर्यमा पुं० [सं० अर्यमन्] १. सूर्य। २. बारह आदित्यों में एक।

अर्राटा पुं० [हिं० अर्राना] घोर शब्द।

अर्राना अ० [अनु०] १. घोर शब्द करना। २. अकड़ दिखाना।

अर्वाचीन वि० [सं०] [भाव० अर्वाचीनता] १. जिसका आरम्भ या प्रचलन कुछ ही दिनों से हुआ हो, हाल का, आधुनिक। २. नवीन, नया। (माडर्न)

अर्श पुं० [सं०] बवासीर नामक रोग।

अर्ह वि० [सं०] १. पूज्य। २. योग्य, उपयुक्त (यौगिक शब्दों के अन्त में) जैसे पूजार्ह, मानार्ह, दंडार्ह। पुं० १. ईश्वर। २. इन्द्र।

अर्हण* पुं० [सं०] १. पूजन, पूजा। २. जिन, देव।

अर्हत पुं० [सं०] १. जिन, देव। २. बुद्ध।

अर्हता स्त्री० [सं०] ऐसा गुण, ज्ञान, अनुभव, योग्यता, कुशलता आदि जो किसी को किसी पद, स्थिति, पेशे आदि के लिए उपयुक्त सिद्ध करती है। (क्वालिफिकेशन)

अर्हन पुं० [सं० अर्हण] १. पूजन, पूजा। २. जिन, देव।

अलं क्रि० वि० दे० 'अलम'।

अलंकरण पुं० [सं०] [वि० अलंकृत] १. अलंकारों आदि से सजाना, अलंकृत करना। २. सजावट, सज्जा।

अलंकार पुं० [सं०] १. आभूषण, गहना, जेवर। २. साहित्य में वर्णन करने की वह रीति जिससे चमत्कार और रोचकता आती है। (फिगर ऑफ स्पीच) ३. नायिका के सौंदर्य बढ़ानेवाले हावभाव।

अलंकारवादी वि० [सं०] जिसमें अलंकारों की प्रमुखता हो। पुं० अलंकारों के प्रयोग का समर्थक।

अलंकारशास्त्र पुं० [सं०] वह शास्त्र जिसमें यह बतलाया जाता है कि कथन या वर्णन किस प्रकार रोचक और प्रभावी बनाए जाते हैं। (रेटोरिक)

अलंकार्य वि० [सं०] जिसे अलंकृत किया जाए।

अलंकृत वि० [सं०] [स्त्री० अलंकृता] १. विभूषित, सँवारा हुआ। २. साहित्यिक अलंकारों से युक्त।

अलंग पुं० [सं० अल्=पूर्ण+अंग] ओर, तरफ, दिशा। **मुहा०** *अलंग पर आना या होना*=घोड़ी का मस्त होकर गर्भ धारण करने के योग्य होना।

अलंघनीय, अलंघ्य वि० [सं०] १. जो लाँघने योग्य न हो, जिसे लाँघ न सकें। २. जिसे टाल या छोड़ न सकें।

अलंब* पुं० दे० 'आलंब'।

अलंबरदार पुं० [अ० अलम=झंडा+फा० दार] १. ध्वजवाहक। २. मार्गदर्शक

अलंबुष स्त्री० [सं०] १. एक अप्सरा का नाम। २. हठयोग में लिंग की नाड़ी।

अलइक-पलवा* पुं० [सं० अलीक प्रलाप] व्यर्थ की, झूठी या बिना सिर-पैर की बात, गप।

अलक स्त्री० [सं०] १. मस्तक पर एक साथ लटकते हुए कुछ बालों का समूह, लट। २. छल्लेदार बाल।

अलकतरा पुं० [अ० अलकतरः] पत्थर के कोयले को उबाल या गलाकर निकाला हुआ एक प्रसिद्ध गाढ़ा काला पदार्थ।

अलकरचना स्त्री० [सं०] बालों की सुन्दर लटें बनाना या उन्हें घूँघरदार बनाना।

अलकलड़ैता* वि० [हिं० अलक=बाल+लाड़=दुलार] दुलारा, लाड़ला।

अलकसलोरा* [सं० अलक=बाल+हिं० सलोना] दुलारा।

अलका स्त्री० [सं०] कुबेर की पुरी का नाम।

अलकावलि, अलकावली स्त्री० [सं०] १. केशों का समूह, बालों की लटें। २. घुँघराले बाल, छल्लेदार बाल।

अलक्तक पुं० [सं०] अलता, जिसे स्त्रियाँ पैरों में लगाती हैं।

अलक्षण पुं० [सं०] [स्त्री० अलक्षणा] १. लक्षण का न होना। २. बुरा या अशुभ लक्षण। ३. वह जिसमें बुरे लक्षण हों।

अलक्षित वि० दे० 'अलक्ष्य'।

अलक्ष्य वि० [सं०] १. जो दिखाई न पड़े, अदृश्य, गायब। २. जिसका लक्षण न बतलाया जा सके।

अलख वि० [सं० अलक्ष्य] १. जो दिखाई न पड़े, अदृश्य, अप्रत्यक्ष। २. अगोचर, इन्द्रियातीत। (ईश्वर का एक विशेषण) **मुहा०** *अलख जगाना*=(क) पुकार-पुकारकर परमात्मा के नाम पर भिक्षा माँगना। (ख) भिक्षा माँगना। (ग) आह्वान करना।

अलखधारी (-रिन्) पुं० [सं०] एक प्रकार के साधु जो अलख जगाते हुए भीख माँगते हैं।

अलखनामी पुं० दे० 'अलखधारी'।

अलंगट वि० [हिं० अलग] सबसे अलग, न्यारा।

अलग वि० [हिं० अ+लगाव] १. जिसका किसी से लगाव न हो। २. जो किसी के साथ लगा या सटा न हो। ३. जो किसी के साथ न रहता हो या उसपर आश्रित न हो। **मुहा०** *अलग करना*=(क) दूर करना, हटाना। (ख) नौकरी से छुड़ाना, बरखास्त करना। 2. निराला या विशिष्ट। ५. बेलाग। ६. बचाया हुआ, रक्षित।

अलग-अलग क्रि० वि० १. एक साथ नहीं, एक दूसरे से दूर। २. स्वतंत्र रूप से, संयुक्त परिवार से बिना नाता रखे; जैसे— दोनों भाई अब अलग-अलग रहते हैं।

वि० भिन्न-भिन्न।

अलगनी स्त्री० [सं० आलग्न] आड़ी रस्सी या बाँस जो कपड़े टाँगने के लिए घर में बाँधा जाता है, डारा।

अलगरजी वि० [अ० गरज़] १. स्वार्थी, मतलबी। २. किसी की बहुत अधिक परवाह या चिन्ता न करनेवाला, लापरवाह।

अलगाऊ वि० [हिं० अलग+आऊ (प्रत्य०)] १. अलग करने या रखनेवाला। २. अलग करने या रखने का पक्षपाती।

अलगागुजारी स्त्री० [हिं० अलग+फा० गुज़ारी] कुटुम्ब, व्यापार आदि में सदस्यों आदि का अलग-अलग हो जाना।

अलगाना स० [हिं० अलग] १. अलग करना, छाँटना। २. जुदा करना, दूर करना, हटाना।

अलगाव पुं० [हिं० अ+लगाव] १. लगाव का न रह जाना, सम्बन्ध-विच्छेद। २. अलग होने की क्रिया या भाव, पार्थक्य।

अलगाववाद पुं० [हिं० अलगाव+सं० वाद] किसी देश या राष्ट्र को बाँटकर अलग देश या राष्ट्र बसाने का सिद्धान्त या आन्दोलन।

अलगाववादी वि० [हिं० अलगाववाद] अलगाववाद-सम्बन्धी।

पुं० अलगाववाद का समर्थक।

अलगोजा पुं० [अ०] एक प्रकार की बाँसुरी।

अलतई वि० [हिं० अलता] अलते के रंग का, लाल।

अलता पुं० [सं० अलक्तक] १. लाल रंग जो स्त्रियाँ पैरों में लगाती हैं। २. महावर। ३. खसी की मूत्रेन्द्रिय।

अलप* वि०=अल्प।

अलफ पुं० उर्दू (अरबी-फारसी) वर्णमाला का पहला अक्षर।

मुहा० *अलफ हो जाना*=अभिमान या क्रोध से अकड़ जाना।

अलफा पुं० [अ०] [स्त्री० अल्पा० अलफी] साधुओं के पहनने का, बिना बाँह का एक प्रकार का पहनावा।

अलबत्ता यो० [अ०] १. निस्सन्देह, निःसंशय, बेशक। २. हाँ, बहुत ठीक, दुरुस्त। ३. लेकिन, परन्तु।

अलबेला वि० [सं० अलभ्य] [स्त्री० अलबेली भाव० अलबेलापन] १. बाँका, बना-ठना, छैला। २. अनोखा, अनूठा। ३. सुन्दर। ४. अल्हड़, बेपरवाह, मनमौजी।

पुं० नारियल का बना हुआ हुक्का।

अलभ* वि०=अलभ्य।

अलभ्य वि० [सं०] [भाव० अलभ्यता] १. न मिलने योग्य, अप्राप्य। २. अमूल्य, अनमोल।

अलम[1], **अलम्** क्रि० वि० [सं०] यथेष्ट, पर्याप्त।

अलम[2] पुं० [अ०] ध्वजा, झंडा।

अलमबरदार पुं० [अ०+फा०] ध्वजवाहक (विशेषतः सैनिक)।

अलमस्त वि० [फा०] [भाव० अलमस्ती] १. मतवाला, मत्त, मस्त। २. निश्चिन्त, बेफिक्र।

अलमस्ती स्त्री० [फा०] १. मतवालापन, मत्तता। २. लापरवाही।

अलमारी स्त्री० [पुर्त० अलमारियो] वह खड़ा सन्दूक, जिसमें चीजें रखने के लिए खाने या दर बने रहते हैं, बड़ी भंडरिया।

अललटप्पू वि० [अनु०] अटकलपच्चू, बेठिकाने का, अंडबंड।

अललबछेड़ा पुं० [हिं० अल्हड़+बछेड़ा] १. घोड़े का जवान बच्चा। २. अल्हड़ आदमी। ३. मन-मौजी व्यक्ति।

अललहिसाब वि० [अ०] बाद में हिसाब लेने के लिए दिया जानेवाला (धन), उचिंत।

अललाना† अ० [सं० अर=बोलना] गला फाड़कर बोलना, चिल्लाना।

अलवाँती वि० [सं० बालवती] (स्त्री) जिसने अभी हाल में प्रसव किया हो, प्रसूता।

अलवान पुं० [अ०] ऊनी चादर।

अलविदा पुं० [अ०] विदा।

अलस वि० [द्रविड़ से गृहीत, सं०] [भाव० अलसता] आलसी, सुस्त।

अलसाना अ० [सं० अलस] आलस्य में पड़ना, शिथिलता अनुभव करना।

अलसी[1] स्त्री० [सं० अतसी] एक पौधा जिसके बीजों से तेल निकलता है।

अलसी[2]* वि०=आलसी।

अलसेट, अलसेठ स्त्री० [सं० अलस] [वि० अलसेटिया] १. ढिलाई या व्यर्थ की देर। २. टाल-मटोल। ३. भुलावा। ४. अवरोध, बाधा। ५. अड़चन। ६. झगड़ा या तकरार।

अलसौंहा* वि० [सं० अलस] [स्त्री० अलसौंही] १. आलस्य-युक्त, शिथिल। २. नींद से भरा हुआ, उनींदा।

अलह* वि० दे० 'अलभ्य'।

अलहदगी स्त्री० [अ०] अलहदा, अलग या जुदा होने की क्रिया या भाव, पार्थक्य।

अलहदा वि० [अ०] दे० 'अलग'।

अलहदी वि० [अ० अहदी] आलसी और अकर्मण्य।

अलाई[1] वि० [हिं० आलस] [स्त्री० अलाइन]=आलसी।

अलाई[2] स्त्री० [?] घोड़ों की एक जाति।

अलात पुं० [सं०] १. जलती हुई लकड़ी। २. अंगारा।

अलातचक्र पुं० [सं०] १. जलती हुई लकड़ी जोर से घुमाने से बना हुआ मंडल। २. बनेठी।

अलान पुं० [सं० आलान] १. हाथी बाँधने का खूँटा या सिक्कड़। २. बन्धन। ३. बेड़ी। ४. बेल चढ़ाने के लिए गाड़ी हुई लकड़ी या ढाँचा।

अलानिया क्रि० वि० [अ० अलानियः] खुले आम।

अलाप पुं० [सं० आलाप] एक ही सुर को दुगने या चौगुने सुरों में दुहराने की क्रिया या भाव।

अलापना अ० [सं० आलापन] १. बोलना, बात-चीत करना। २. गाने में तान लगाना। ३. गाना।

अलापी (-पिन्) वि० [सं०] बोलनेवाला, शब्द करने-वाला।

अलाभ पुं० [सं०] १. लाभ न होना। २. घाटा, घटी।

अलाभकर वि० [सं०] १. जिससे कोई लाभ न होता हो। २. जिसमें आर्थिक दृष्टि से कुछ लाभ या बचत न होती हो।

अलाम* वि० [अ० अल्लामा] १. बातें बनानेवाला। २. मिथ्यावादी।

अलामत स्त्री० [अ०] निशान, चिह्न।

अलामत-मलामत स्त्री० [अ०] डाँट-फटकार।

अलायक* वि०=अयोग्य।

अलाय-बलाय स्त्री० [फा० बला] विपत्ति या रोग।

अलार[१] पुं० [सं०] कपाट, किवाड़।

अलार[२]* पुं० [सं० अलात] १. अलाव। २. आँवाँ।

अलाल† वि०=आलसी।

अलाव पुं० [सं० अलात] तापने के लिए जलाई हुई आग, कौड़ा।

अलावा, के सम्बन्धबोध० [अ० अलावा] के सिवाए, के अतिरिक्त।

पद *अलावा इसके*=इसके अतिरिक्त, इसके अलावा।

विशेष—'के अलावे' असिद्ध प्रयोग माना जाता है।

अलिंग वि० [सं०] १. लिंगरहित, बिना चिह्न का। २. जिसकी कोई पहचान न बतलाई जा सके।

पुं० १. व्याकरण में वह शब्द जो दोनो लिंगों में समान रूप से व्यवहृत होता हो, जैसे हम, तुम, मित्र। २. ब्रह्म।

अलिंजर पुं० [सं०] पानी रखने का मिट्टी का घड़ा, झंझर, सुराही आदि।

अलिंद[१] पुं० [सं०] मकान के बाहरी द्वार के आगे का चबूतरा या छज्जा।

अलिंद[२] पुं० [सं० अलींद्र] भौंरा।

अलि पुं० [सं०] [स्त्री० अलिनी] १. भौंरा। २. कोयला। ३. कौआ। ४. बिच्छू। ५. वृश्चिक राशि। ६. कुत्ता। ७. मदिरा।

अलिखित वि० [सं०] जो लिखा तो न हो, फिर भी प्रायः लिखे हुए के समान हो, जैसे अलिखित विधान।

अलिजिह्वा स्त्री० [सं०] गले में लटकनेवाला मांसपिंड, कौआ।

अलिप्त वि० [सं०] [भाव० अलिप्तता] जो लिप्त न हो, निर्लिप्त।

अलियार पुं० दक्षिण के प्राचीन संतों का एक वर्ग।

अलिवृत्ति स्त्री० [सं०] भौंरों की तरह जगह-जगह रस लेते फिरने की आदत।

अली[१] स्त्री० [सं० आली] १. सखी, सहेली। २. पंक्ति, कतार।

अली[२] पुं० [सं० अलि] भौंरा।

अलीक[१] वि० [सं०] १. मिथ्या, झूठा। २. मर्यादारहित। ३. अप्रतिष्ठित। ४. सारहीन।

अलीक[२] पुं० [हिं० अ+अलीक] अप्रतिष्ठा।

अलीजा* वि० [अ० आलीजाह] बहुत, अधिक।

अलीन वि० [हिं० अ+लीन] १. जो किसी में लीन न हो, विरत, अलग। २. जो ठीक या उपयुक्त न हो, अनुचित।

अलीपित वि०=अलिप्त।

अलील वि० [अ०] १. बीमार, रुग्ण। २. करुणाजनक।

अलीह वि० [सं० अलीक] १. मिथ्या, असत्य, झूठा। २. अनुचित।

अलुक् पुं० [सं०] व्याकरण में समास का एक भेद जिसमें बीच की विभक्ति का लोप नहीं होता बल्कि वह ज्यों-की-त्यों बनी रहती है, जैसे मनसिज।

अलुझना* अ० दे० 'उलझना'

अलुटना* अ० [सं० लुट्=लोटना] लड़खड़ाना, गिरना-पड़ना।

अलूप* वि०=लुप्त।

पुं०=लोप।

अलूला* पुं० [हिं० बुलबुला] १. भभूका, बबूला, लपट। २. बुलबुला।

अलेख वि० [सं०] १. जिसके विषय में कोई भावना न हो सके, दुर्बोध। २. अज्ञेय।

अलेखा वि० [सं० अलेख] १. बेहद, बहुत। २. व्यर्थ, निष्फल। ३. जैसा कभी देखा न गया हो, अद्भुत, विचित्र।

अलेखी वि० [सं० अलेख] १. बेहिसाब या अंडबंड काम करनेवाला। २. गड़बड़ मचानेवाला। ३. अन्धेर करने-वाला। अन्यायी।

अलेल पुं० [?] क्रीड़ा, कलोल।

अलेलह क्रि० वि० [देश०] जितना चाहिए उससे अधिक।

अलैंगिक वि० [सं०] (जीव) जिसमें स्त्री या पुरुष में से किसी का लिंग या चिह्न वर्तमान न हो। (एसेक्सुअल)

अलोक वि० [सं०] १. जो देखने में न आए, अदृश्य। २. निर्जन, एकान्त।

पुं० १. पाताल आदि लोक, परलोक। २. मिथ्या दोष, कलंक। ३. निन्दा।

अलोकना[१] स० [सं० आलोकन] देखना।

अलोकना[२] स० [सं० आलोक] आलोक या प्रकाश से युक्त करना, आलोकित करना।

अ० आलोक या प्रकाश से युक्त होना, चमकना।

अलोना वि० [सं० अलवण] [स्त्री० अलोनी] १. जिसमें नमक न पड़ा हो, । २. जिसमें नमक न खाया जाए, जैसे अलोना व्रत। ३. फीका, स्वादरहित।

अलोप वि० दे० 'लोप'।

अलोपना अ० [सं० लोप] लुप्त होना।

स० लुप्त या गायब करना।

अलोल वि० [सं०] जो हिलता-डोलता न हो, स्थिर।

अलौकिक वि० [सं०] [भाव० अलौकिकता] १. जो इस लोक में दिखाई न दे, लोकोत्तर। २. अद्‌भुत, अपूर्व। ३. अमानुषी।

अल्प वि० [सं०] [भाव० अल्पता, अल्पत्व] १. थोड़ा, कम। २. छोटा।
पुं० साहित्य में एक अलंकार जिसमें आधेय की अपेक्षा आधार की अल्पता या छोटाई का वर्णन होता है।

अल्पकालिक वि० [सं०] १. जो कुछ ही दिनों से हो, या कुछ ही दिन रहे। २. थोड़े समय के लिए होने या दिया जानेवाला, जैसे अल्पकालिक ऋण।

अल्पकालीन वि०=अल्पकालिक।

अल्पजीवी (-विन्) वि० [सं०] जिसकी आयु कम हो, अल्पायु।

अल्पज्ञ वि० [सं०] [भाव० अल्पज्ञता] १. थोड़ा ज्ञान रखनेवाला, छोटी बुद्धि का। २. नासमझ।

अल्पज्ञता स्त्री० [सं०] १. अल्पज्ञ होने की अवस्था या भाव। २. नासमझी।

अल्पतंत्र पुं० [सं०] [वि० अल्पतंत्रीय] वह शासन-प्रणाली जिसमें थोड़े से लोगों का सत्ता पर कब्जा हो।

अल्पता स्त्री० [सं०] अल्प या थोड़ा होने की दशा या भाव।

अल्पना स्त्री० दे० 'साँझी'।

अल्पप्राण वि० [सं०] (व्यंजन) जिसके उच्चारण में अपेक्षया कम वायु निस्सृत होती है।

अल्पमत पुं० [सं०] १. थोड़े से लोगों का मत, 'बहुमत' का उलटा। २. वे लोग जिनकी संख्या और फलत: मत औरों के मुकबले में कम हो, अल्पसंख्यक। (माइनॉरिटी)

अल्पवयस्क वि० [सं०] १. छोटी अवस्था का, थोड़ी या कम उम्रवाला। २. दे० 'अवयस्क'।

अल्पविराम पुं० [सं०] एक प्रकार का विराम चिह्न जो पूर्णविराम की अपेक्षा कुछ थोड़े विराम का सूचक होता है।

अल्पश: क्रि० वि० [सं०] थोड़ा-थोड़ा करके, धीरे-धीरे, क्रमश:।

अल्पसंख्यक पुं० [सं०] वह समाज जिसके सदस्यों की संख्या औरों के मुकबले में कम हो। (माइनॉरिटी)
वि० गिनती में थोड़े या कम।

अल्पांग वि० [सं०अल्प+अंग] जिसमें कसी अंग या अवयव की कमी हो, अपूर्ण या खंडित।

अल्पायु वि० दे० 'अल्पजीवी'।

अल्पार्थक पुं० [सं०] वह शब्द जो किसी वस्तु के छोटे रूप का वाचक हो, जैसे 'फोड़ा' का अल्पार्थक 'फुड़िया' और 'घर' का अल्पार्थक 'घरौंदा' है। (डिम्यूनिटिव)

अल्पावधि स्त्री० [सं०अल्प+अवधि] कम समय की अवधि।

अल्पीकरण पुं० [सं०] कम करने की क्रिया या भाव।

अल्युमिनियम पुं० [अं०] रुपहले रंग का धातु-तत्त्व जिससे बरतन आदि बनाए जाते हैं।

अल्ल पुं० [अ० आल] वंश, गोत्र, जाति आदि के अनुसार चलनेवाला नाम, जैसे शर्मा, मिश्र, श्रीवास्तव।

अल्लामा पुं० [अ० अल्लाम:] बुद्धिमान तथा विद्वान व्यक्ति।

अल्लाह पुं० [अ०] ईश्वर, परमात्मा।

अल्लाहताला पुं० [अ०] सर्वोच्च परमात्मा।

अल्लाहबेली पद [अ०] ईश्वर तुम्हारा सहायक है।

अल्लाहो अकबर पद [अ०] ईश्वर महान है।

अल्हड़ वि० [सं० अल्=बहुत+हिं०=लल=लालसा] [भाव० अल्हड़पन] १. मनमौजी, बेपरवाह। २. जिसे व्यवहार का ज्ञान या अनुभव न हो। ३. उद्धत, उजड्ड। ४. गँवार।
पुं० वह नया बैल या बछड़ा जो निकाला न गया हो।

अवंती स्त्री० [सं०] उज्जैन या उज्जयिनी नामक नगरी जिसकी गिनती सात प्रसिद्ध पुरियों और तीर्थों में होती है।

अव उप० [सं०] एक उपसर्ग जो शब्दों के पहले लगकर उनमें निश्चय (जैसे अवधारण), अनादर (जैसे अवज्ञा), कमी (जैसे अवघात), उतार या निचाई (जैसे अवतार), बुराई या दोष (जैसे अवगुण), व्याप्ति (जैसे अवकाश) आदि भाव उत्पन्न करता है।
यो० दे० 'और'।

अवकलन पुं० [सं०] १. इकट्ठा होकर मिलना या इकट्ठा करके एक में मिलाना। २. देखना। ३. ग्रहण करना। ४. जानना, समझना।

अवकलना अ० [सं० अवकलन] बोध होना, समझ में आना।
स० १. इकट्ठा करना। २. देखना।

अवकाश पुं० [सं०] १. रिक्त या शून्य स्थान, खाली जगह। २. आकाश, अन्तरिक्ष। ३. दूरी, अन्तर। ४. अवसर, उपयुक्त समय। ५. खाली समय। ६. निरन्तर काम करते रहने पर बीच में कुछ समय के लिए मिलनेवाली छुट्टी।

अवकाशग्रहण पुं० [सं०] किसी पद या कार्य से अलग हो जाना, काम से अवकाश लेना या छुटकारा पाना।

अवकाशप्राप्त वि० [सं०] जो अवकाशग्रहण कर चुका हो।

अवकीर्ण वि० [सं०] १. फैला, बिखरा या छितराया हुआ। २. तोड़-फोड़कर नष्ट किया हुआ।

अवकृपा स्त्री० [सं०] 'कृपा' का विरोधी भाव, अप्रसन्नता, नाराजगी।

अवक्खन* पुं० [सं० अवेक्षण] देखना।

अवक्रय पुं० [सं०] १. किसी वस्तु के बदले में दिया जानेवाला धन, निष्क्रय। (कम्पेन्सेशन) २. मूल्य, दाम।

अवक्रांत वि० [सं०] (संस्था या संघ) जिसे वरिष्ट शक्ति या अधिकार के द्वारा हटा या दबाकर अपने अधिकार में ले लिया गया हो, जैसे अवक्रान्त नगरपालिका। (सुपरसीडेड)

अवक्षय पुं० [सं०] सड़-गलकर या जीर्ण होने के कारण क्षीण होना। (डिकेडेन्स)

अवक्षेपण पुं० [सं० अव+क्षेपण] [वि० अवक्षेपित] १. फेंकना, क्षेपण। २. सामने लाना या रखना। दृष्टि में लाना।

अवगत वि० [सं०] १. विदित, ज्ञात, जाना हुआ, मालूम। २. नीचे आया हुआ गिरा हुआ।

अवगतना* स० [सं० अवगत] समझना, विचारना।

अवगति स्त्री० [सं०] १. 'अवगत' होने की क्रिया या भाव, जानकारी। २. बुद्धि, धारणा, समझ। ३. बुरी गति (सद्गति का विपर्याय)।

अवगाधना* स० दे० 'अवगाहना'।

अवगारना* स० [सं० अव+गृ] १. समझाना-बुझाना। २. जताना।

अवगाह* वि० [सं० अवगाध] १. अथाह, बहुत गहरा। २. अनहोना। ३. कठिन।

पुं० गहरा स्थान। २. संकट का स्थान। ३. कठिनाई।

अवगाहन पुं० [सं०] १. नदी, तालाब आदि में पैठकर नहाना। २. प्रवेश, पैठ। ३. आलोड़न, मन्थन। ४. खोज, छान-बीन। ५. मन लगाकर विचार करना या सोचना।

अवगाहना* अ० [सं० अवगाहन] १. तालाब, नदी आदि में पैठकर नहाना। २. पैठना, घुसना, धँसना। ३. मगन या प्रसन्न होना।

स० १. किसी विषय या बात की छान-बीन करना। २. धारण या ग्रहण करना। ३. (कोई बात) सोचना।

अवगुंठन पुं० [सं०] [वि० अवगुंठित] १. ढकना, छिपाना। २. रेखा से घेरना। ३. घूँघट।

अवगुंफन पुं० [सं०] [वि० अवगुंफित] गूँथना, पिरोना।

अवगुण पुं० [सं०] १. 'गुण' का विरोधी भाव। २. कोई खराब बात या बुरा गुण, दोष, ऐब, बुराई, खोटाई। (वाइस)

अवग्रह पुं० [सं०] १. रुकावट, अड़चन, बाधा। २. वर्षा का अभाव, अनावृष्टि। ३. बाँध। ४. समस्त पदों का संधिविच्छेद। (व्या०) ५. 'अनुग्रह' का उलटा भाव। ६. शाप, कोसना।

अवघट वि० [सं० अव + घट्ट = घट] १. विकट, दुर्गम। २. मुश्किल, कठिन।

अवचट* स्त्री०, क्रि० वि० दे० 'औचट'।

अवचन वि० [सं० अ+वचन] मूक।

अवचनीय वि० [सं०] न कहने योग्य।

अवचय पुं० [सं०] फल-फूल आदि तोड़ या चुनकर इकट्ठा करना।

अवचेतन वि० [सं०] [भाव० अवचेतनता] जिसे या जिसमें ठीक या पूरी चेतना न हो। (सबकान्शस)

अवचेतन मन पुं० [सं०] मन का तन्द्रा की-सी दशा में रहनेवाला चेतन पक्ष जिसमें अनुभूतियों, कल्पनाओं, वासनाओं आदि की कुछ अस्पष्ट-सी चेतना बनी रहती है। (सबकान्शस माइन्ड)

अवचेतना स्त्री० [सं०] चेतना की वह सुस अवस्था जिसमें किसी वस्तु का स्पष्ट ज्ञान नहीं होता, अर्द्धचेतना।

अवच्छिन्न वि० [सं०] [भाव० अवच्छिन्नता] अलग किया हुआ, पृथक्।

अवच्छेद पुं० [सं०] [वि० अवच्छेद्य, अविच्छिन्न, कर्ता अवच्छेदक] १. अलगाव, पार्थक्य। २. भेद, अन्तर। ३. हद, सीमा। ४. अवधारण। ५. छान-बीन। ६. (ग्रन्थ का) परिच्छेद, प्रकरण।

अवछंग* पुं० दे० 'उछंग'।

अवज्ञा स्त्री० [सं०] [वि० अवज्ञात, अवज्ञेय] १. किसी के प्रति उचित मान या आदर का अभाव। २. आज्ञा या बात न मानना, अवहेलना। (डिस्ओबीडिएन्स) ३. पराजय, हार। ४. साहित्य में एक अलंकार जिसमें एक वस्तु के गुण या दोष का दूसरी वस्तु पर प्रभाव न पड़ने का वर्णन होता है।

अवज्ञात वि० [सं०] [संज्ञा अवज्ञा] १. जिसकी अवज्ञा, अपमान या अनादर किया गया हो। २. (आज्ञा) जिसका उल्लंघन किया गया हो। ३. हारा हुआ, पराजित।

अवज्ञेय वि० [सं०] १. अवज्ञा, अपमान या अनादर करने के योग्य। २. (आज्ञा या कथन) उल्लंघन करने के योग्य, न मानने योग्य।

अवटना स० [सं० आवर्तन] १. मथना, आलोड़न करना। २. किसी द्रव पदार्थ को आग पर चढ़ाकर गाढ़ा करना।

अ० घूमना, फिरना।

अवडेर पुं० [देश०] [क्रि० अवडेरना] १. फेर, चक्कर। २. झंझट, बखेड़ा। ३. रंग में भंग।

अवडेरना स० [हिं० अवडेर] १. झंझट या झगड़े में डालना या फँसाना। २. तंग, परेशान या दिक करना।

अवडेरा वि०[हिं० अवडेर] १. जिसमें घुमाव-फिराव हो, चक्करदार, पेचीला। २. जिसमें बहुत झगड़ा-बखेड़ा या झंझट हो। ३. विकट। ४. बेढंगा, बेढब।

अवढर वि० [हिं० अव+ढलना] [भाव० अवढरता] अकारण ही प्रसन्न या अनुरक्त होनेवाला।

अवतंश पुं० [सं०] [वि० अवतंशित] १. भूषण, अलंकार। २. शिरोभूषण, शिरोमणि। ३. मुकुट। ४. श्रेष्ठ व्यक्ति, उत्तम पुरुष। ५. माला, हार। ६. कान की बाली। ७. करनफूल। ८. दूल्हा।

अवतंस* पुं०=अवतंश।

अवतरण पुं० [सं०] [वि० अवतीर्ण] १. वायुयान का आकाश से धरती पर उतरना। २. पार होना। ३. घटना, कम होना। ४. जन्म ग्रहण करना। ५. सीढ़ी। ६. घाट। ७. किसी की कही या लिखी हुई वह बात जो कहीं ज्यों-की-त्यों लाकर प्रमाण, विचार आदि के लिए सामने रखी गई हो, उद्धरण, प्रोक्ति। (कोटेशन)

अवतरण-चिह्न पुं० [सं०] उलटे अल्पविराम चिह्न जिनके बीच किसी का कथन उद्धृत रहता है, जैसे" "।

अवतरणिका स्त्री० [सं०] १. ग्रन्थ की प्रस्तावना, भूमिका। २. परिपाटी, रीति, प्रथा।

अवतरना अ० [सं० अवतरण] १. प्रकट होना, उपजना। २. उतरना।

अवतरित वि० [सं०] १. ऊमर से नीचे उतरा हुआ। २. किसी दूसरे स्थान से लिया हुआ, उद्धृत। ३. जिसने अवतार धारण किया हो।

अवतल वि० [सं०] (चश्मे आदि का शीशा) जो अन्दर से कटोरीनुमा हो।

अवतार पुं० [सं०] [वि० अवतीर्ण, अवतरित] १. उतरना, नीचे आना। २. जन्म होना, शरीर धारण करना। ३. देवता का मनुष्य आदि संसारी प्राणियों के शरीर में आना। (इन्कारनेशन) ४. सृष्टि।

अवतारण पुं० [सं०] [स्त्री० अवतारणा] १. उतारना, नीचे लाना। २. नकल करना। ३. प्रस्तुत या उदाहृत करना।

अवतारना स० [सं० अवतारण] १. अवतार के रूप में पृथ्वी पर लाना। २. जन्म देना। ३. उत्पन्न या प्रस्तुत करना।

अवतारवाद पुं० [सं०] भगवान का अवतार के रूप में प्रकट होने का सिद्धान्त।

अवतारवादी वि० [सं०] अवतारवाद-सम्बन्धी।

अवतारी वि० [सं० अवतार] १. उतरनेवाला। २. जिसने अवतार लिया हो, अवतार लेनेवाला; जैसे अवतारी पुरुष ३. जिसमें ईश्वर या देवता का अंश हो या माना जाता हो, अलौकिक काम करनेवाला। ४. अलौकिक शक्तिवाला।

अवतीर्ण वि० [सं०] १. ऊपर से नीचे आया हुआ, उतरा हुआ। २. जिसने अवतार धारण किया हो, अवतरित। ३. उत्तीर्ण।

अवदमन पुं० [सं०] दमन करना।

अवदशा स्त्री० दे० 'दुर्दशा'।

अवदात वि० [सं०] १. उज्जवल, सफेद। २. स्वच्छ, निर्मल, साफ।

*पुं० श्रेष्ठ कार्य।

अवदान पुं० [सं०] [वि० अवदान्य] १. शुद्ध आचरण, अच्छा काम। २. खंडन, तोड़ना। ३. शक्ति, बल। ४. अतिक्रमण, उल्लंघन। 3. देन।

अवदान्य वि० [सं०] १. बलवान और वीर, पराक्रमी। २. जिसमें उदारता न हो।

अवदीर्ण वि० [सं०] १. नष्ट-भ्रष्ट। २. दुखी और चिन्तित।

अवद्य वि० [सं०] १. निकृष्ट, बुरा। २. नीच, अधम।

अवध[१] पुं० [सं०] हत्या न करना।

अवध[२] पुं० [सं० अयोध्या] १. कोशल देश। २. अयोध्या नगरी।

अवध[३]* स्त्री० दे० 'अवधि'।

अवधान पुं० [सं०] १. मन एकाग्र करके किसी ओर लगाना, मनोयोग। २. सावधानी, चौकसी। ३. किसी कार्य या वस्तु की देख-रेख। (केयर)

अवधारणा पुं० [सं०] [वि० अवधारित, अवधारणीय] किसी अमूर्त विषय के सम्बन्ध में सोच-समझकर बनाई हुई धारणा। (कान्सेप्ट)

अवधारना स० [सं० अवधारण] धारण करना, ग्रहण करना।

अवधारित वि० [सं०] १. जो अच्छी तरह सोच-समझकर निश्चित किया गया हो। २. जिसने कुछ करना निश्चित कर लिया हो, जैसे मैं यह काम करने के लिए अवधारित हूँ। (डिटरमिन्ड)

अवधि स्त्री० [सं०] १. सीमा, हद। २. किसी एक नियत समय से दूसरे नियत समय तक के बीच का काल। (पीरियड) ३. वह नियत या निश्चित समय जिसके पहले कोई काम होना आवश्यक हो, मियाद। (लिमिटेशन)

मुहा० *अवधि बदना*=यह कहना कि हम यह काम इतने समय के अन्दर कर लेंगे।

४. किसी पद या कार्य के एक बार आरम्भ होने से अन्त होने तक का समय। (टर्म)

निपा० तक, पर्यंत।

अवधि-बाधित वि० [सं०] (अधिकार, व्यवहार आदि) जिसकी अवधि बीत चुकी हो और इसीलिए जिसका विचार, प्रयोग या उपयोग न हो सकता हो। (बार्ड बाई लिमिटेशन)

अवधिमान पुं०=समुद्र।

अवधी वि० [सं० अयोध्या] अवध-सम्बन्धी, अवध का।

स्त्री० अवध की बोली।

अवधू* पुं०=अवधूत।

अवधूत पुं० [सं०] [स्त्री० अवधूतिन] संन्यासी, साधु, योगी।

अवधेस* पुं० [सं० अवध+ईश] अयोध्या का राजा।

अवध्य वि० [सं०] [भाव० अवध्यता] जिसका वध करना निषिद्ध हो।

अवन* स्त्री०=अवनि (पृथ्वी)।

अवनत वि० [सं०] १. नीचा, झुका हुआ। २. गिरा हुआ, पतित। ३. कम।

अवनति स्त्री० [सं०] १. घटती, कमी, न्यूनता। २. अधोगति, हीनदशा। ३. झुकाव। ४. नम्रता।

अवनमन पुं० [सं०] १. नतमस्तक होना। २. नीचे की ओर आना।

अवना* अ० [हिं० 'आना' का पुराना रूप] १. अस्तित्व में आना, रचा जाना। २. दे० 'आना'।

अवनि स्त्री० [सं०] पृथ्वी, जमीन।

अवनींद्र पुं० [सं०] राजा।

अवनीश्वर पुं० [सं०] [स्त्री० अवनीश्वरी] राजा, महीप।

अवपात पुं० [सं०] १. गिराव, पतन। २. गड्ढा। ३. नाटक के अंक की वह समाप्ति जिसमें लोग डर या घबराकर भागते हुए दिखाई देते है।

अवबोध पुं० [सं०] १. जागना। २. ज्ञान, बोध।
अवभृथ पुं० [सं०] १. वह शेष कर्म जिसके करने का विधान मुख्य यज्ञ के समाप्त होने पर हो। २. यज्ञ की समाप्ति पर होनेवाला स्नान।
अवम तिथि स्त्री० [सं०] चान्द्र मास की वह तिथि जिसका क्षय हो गया हो।
अवमर्दन पुं० [सं०] [वि० अवमर्दित] १. कष्ट पहुँचाना। २. कुचलना, रौंदना या दलना।
अवमर्ष पुं० दे० 'विमर्ष'।
अवमान पुं० [सं०] [वि० अवमानित] १. किसी के मान का पूरा ध्यान न रखना, जितना चाहिए उतना मान न करना। (कन्टेम्प्ट) २. अपमान।
अवमानना स्त्री० दे० 'अवमान'।
*स० किसी का अपमान करना।
अवमानव पुं० [सं०] निकृष्ट मानव।
अवमूल्यन पुं० [सं० अव+मूल्य] [वि० अवमूल्यित] १. गिरावट। २. एक देश की मुद्रा के मूल्य में अन्य देशों की मुद्राओं के मूल्य की तुलना में होनेवाली कमी। (डिवैलुएशन)
अवयव पुं० [सं०] [वि० अवयवी] १. अंश, भाग, हिस्सा। २. रचना या क्रिया की दृष्टि से शरीर अथवा पदार्थ का विशिष्ट अंग। (ऑर्गन) ३. तर्कपूर्ण वाक्य का कोई अंश या भेद। (न्याय)
अवयस्क वि० [सं०] [भाव० अवयस्कता] जिसने विधि की दृष्टि में पूर्ण वय न प्राप्त किया हो, जो अभी वयस्क न हुआ हो, नाबालिग। (माइनर)
अवयस्कता स्त्री० [सं०] अवयस्क होने की अवस्था या भाव।
अवर[1] वि० [सं० अ+वर] १. जो ऊँचा या बड़ा न हो, बल्कि किसी की अपेक्षा कुछ नीचा या छोटा हो, 'वर' का विपर्याय। (इन्फीरियर) २. अधम।
अवर[2] वि० [सं० अपर] १. अन्य, दूसरा। २. और।
यो० दे० 'और'।
अवरत वि०=विरत।
*पुं०=आवर्त्त।
अवरवर्ण पुं० [सं०] निचली या छोटी जाति।
वि० छोटी जाति का।
अवराधन पुं० दे० 'आराधन'।
अवराधना स०=आराधना करना।
अवराधी† वि०=आराधना करनेवाला।
अवरुद्ध वि० [सं०] १. रुँधा या रुका हुआ। २. चारो ओर से घेरकर बन्द किया हुआ। (इम्पाउंडेड) ३. छिपा हुआ, गुप्त।
अवरेखना स० [सं० अवलेखन] १. उरेहना, लिखना, चित्रित करना। २. देखना। ३. अनुमान करना, कल्पना करना, सोचना। ४. मानना। ५. जानना।
अवरेब पुं० दे० 'औरेब'।
अवरेबी वि०=औरेबी।
अवरोध पुं० [सं०] १. चारों ओर से घेरने की क्रिया या भाव, घेरा। २. काम या मार्ग में खड़ी की जानेवाली अड़चन, रुकावट, रोक। ३. मुँह या रास्ता बन्द करना, निरोध।
अवरोधक वि०, पुं० [सं०] [स्त्री० अवरोधिका] अड़चन डालने या रोकनेवाला।
अवरोधन पुं० [सं०] [वि० अवरोधक, अवरुद्ध, अवरोधित] १. चारो ओर से घेरकर रोकना। २. इस प्रकार घेरकर रोकना कि इधर-उधर न हो सके। (इम्पाउंडिंग)
अवरोधना* स० [सं० अवरोधन] १. रोकना। २. निषेध करना।
अवरोधित वि०=अवरुद्ध।
अवरोधी वि०, पुं०=अवरोधक।
अवरोह, अवरोहण पुं० [सं०] [वि० अवरोहक, अवरोहित] १. ऊपर से नीचे की ओर आना, उतार की ओर चलना, 'आरोह' का उलटा, उतार। २. गिरावट, अध:पतन। ३. अवनति।
अवरोहना[1] अ० [सं० अवरोहण] उतरना, नीचे आना।
अवरोहना[2] अ० [सं० आरोहण] चढ़ना।
अवरोहना[3] स० [हिं० उरेहना] खींचना, अंकित करना, चित्रित करना।
अवरोहना[4] स० [सं० अवरोधन] रोकना।
अवरोही (-हिन्) वि० [सं०] १. ऊपर से नीचे की ओर आनेवाला। २. जो क्रम के विचार से उतार की ओर हो, जैसे अवरोही स्वर-साधन=(संगीत में) निषाद से क्रमशः षड़ज तक के स्वरों का उच्चारण। षड़ज से क्रमशः निषाद तक का स्वर-साधन 'आरोही' कहलाता है।
अवर्ण वि० [सं०] १. वर्णरहित, बिना रंग का। २. बदरंग, बुरे रंग का। ३. वर्णधर्म से रहित।
अवर्ण्य वि० [सं०] जिसका वर्णन न हो सके।
अवर्तमान वि० [सं०] [भाव० अवर्तमानता] १. जो वर्तमान न हो। २. जो उपस्थित न हो।
अवर्त्त पुं०=आवर्त्त।
अवर्धमान वि० [सं०] जो बढ़ न रहा हो।
अवर्ष, अवर्षण पुं० [सं०] वर्षा न होना, अनावृष्टि।
अवलंघन पुं०=उल्लंघन।
अवलंघना स०=लाँघना।
अवलंब पुं० [सं०] वह जिससे किसी काम में विशेषतः जीवन-निर्वाह में सहायता मिले, आश्रय, सहारा।
अवलंबन पुं० [सं०] [वि० अवलंबनीय, अवलंबित, अवलंबी] १. आश्रय, आधार, सहारा। २. धारण, ग्रहण।
अवलंबना* स० [सं० अवलंबन] १. अवलम्बन करना, आश्रय लेना, टिकना। २. धारण करना।
अवलंबित वि० [सं०] १. किसी के आधार या सहारे पर ठहरा या टिका हुआ। २. जो किसी दूसरी बात के होने पर ही हो।

अवलंबी (-बिन्) वि० [सं०] [स्त्री० अवलंबिनी] १. अव-लम्बन करनेवाला, सहारा लेनेवाला। २. सहारा देनेवाला।

अवलि, अवली स्त्री० [सं० आवली] १. पंक्ति, श्रेणी। २. समूह, झुंड। ३. अन्न के वे डंठल या बालें जो नवान्न करने के लिए खेत से पहले-पहल काटी जाती हैं।

अवलेखना* स० [सं० अवलेखन] १. खोदना। २. खुरचना। ३. चिह्न या निशान लगाना।

अवलेप पुं०=उबटन।

अवलेपन पुं० [सं०] १. लेप के रूप में किसी चीज पर लगाना, पोतना। २. वह वस्तु जो पोती या लगाई जाए, लेप। ३. घमंड, अभिमान। ४. ऐब।

अवलेह पुं० [सं०] [वि० अवलेह्य] १. लेई जो न अधिक गाढ़ी हो न अधिक पतली हो। २. चटनी, माजूम। ३. वह ओषधि जो चाटी जाए।

अवलोकन पुं० [सं०] १. देखना। २. अच्छी तरह या जाँच-पड़ताल करने के लिए देखना। (पेरुज़ल)

अवलोकना* स० [सं० अवलोकन] १. देखना। २. जाँचना। ३. अनुसन्धान करना।

अवलोकनि* स्त्री० [सं० अवलोकन] १. आँख, दृष्टि। २. चितवन।

अवलोकनीय वि० [सं०] १. अवलोकन करने या देखने के योग्य। २. बहुत सुन्दर या अच्छा।

अवलोकितेश्वर पुं० [सं०] एक बोधिसत्व।

अवलोचना* स० [सं० आलुंचन] कहीं से हटाना या दूर करना।

अवश वि० [सं०] [भाव० अवशता] जिसका वश न चले, विवश, लाचार।

अवशिष्ट वि० [सं०] [संज्ञा अवशेष] (कार्य या धन) बाकी बचा हुआ, शेष। (एरियर)

अवशेष वि० [सं०] १. बचा हुआ, शेष, बाकी। २. समाप्त।
पुं० [सं०] [वि० अवशिष्ट] १. बची हुई वस्तु, कार्य, धन आदि। (एरियर्स) २. अन्त, समाप्ति।

अवश्यंभावी (-विन्) वि० [सं०] १. जो अवश्य होकर रहे, टले नहीं, अटल, ध्रुव। २. जिसे किसी प्रकार हटा, छोड़ या टाल न सकें, अनिवार्य। (इनेविटेबुल)

अवश्य क्रि० वि० [सं०] १. निश्चित रूप से, जरूर। २. बिना किसी सन्देह के, निस्सन्देह।
वि० [सं०] [स्त्री० अवश्या] १. जो वश में न आ सके। २. जो वश में न हो।

अवश्यमेव क्रि० वि० [सं०] अवश्य, निस्सन्देह, जरूर।

अवसन्न वि० [सं०] [भाव० अवसन्नता] १. जिसे विषाद हो, दुखी। २. नष्ट होनेवाला। ३. सुस्त, आलसी।

अवसर पुं० [सं०] १. समय, काल। २. ऐसा समय या परिस्थिति जिसमें कोई कार्य या उद्देश्य सहज में, जल्दी या सुविधा से हो सके, मौका। (अपरचुनिटी) ३. ऐसा कोई विशिष्ट समय जब कोई विशेष घटना हुई हो अथवा कोई अभीष्ट कार्य किया जा सकता हो। (अकेजन)
मुहा० *अवसर चूकना*=मौका हाथ से जाने देना।
४. अवकाश, फुरसत। ५. साहित्य में एक अलंकार जिसमें किसी घटना का ठीक या अपेक्षित समय पर घटित होने का वर्णन होता है।

अवसरबाज पुं० [सं० +फा० बाज़] अवसरवादी (दे०)

अवसरवाद पुं० [सं०] [वि० अवसरवादी] प्रत्येक उपयुक्त अवसर से पूरा-पूरा-लाभ उठाने का सिद्धान्त। (अपरच्यूनिज्म)

अवसरवादी (-दिन्) वि० [सं०] [भाव० अवसरवादिता] अवसरवाद-सम्बन्धी।
पुं० अपने लाभ के लिए सदा उपयुक्त अवसर की ताक में रहनेवाला। (अपरच्यूनिस्ट)

अवसर्ग पुं० [सं०] देन, दंड आदि में होनेवाली कमी या छूट। (रेमिशन)

अवसर्पिणी स्त्री० [सं०] जैन शास्त्रानुसार पतन का समय विशेषत: जिसमें रूप, गन्ध आदि का क्रमशः ह्रास होता है।

अवसाद पुं० [सं०] [वि० अवसादित, अवसन्न] १. नाश, क्षय। २. विषाद, खेद, रंज। ३. दीनता। ४. आशा या उत्साह का अभाव। ५. थकावट। ६. कमजोरी।

अवसादग्रस्त वि० [सं० अवसाद+ग्रस्त] [भाव० अवसादग्रस्तता] अवसाद से ग्रस्त, जिसे अवसाद ने जकड़ रखा हो।

अवसादी वि० [सं० अवसाद+हिं० (प्रत्य०)] अवसाद उत्पन्न करनेवाला।

अवसान पुं० [सं०] १. विराम, ठहराव। २. समाप्ति, अन्त। (डिस्सोल्यूशन) ३. सीमा। ४. सायंकाल। ५. मरण, मृत्यु।

अवसि क्रि० वि०=अवश्य।

अवसित* वि० [सं०] १. जिसका अवसान या अन्त हुआ हो, समाप्त। २. बीता हुआ, गत। ३. बदला हुआ।

अवसेख* वि०=अवशेष।

अवसेचन पुं० [सं०] १. सींचना, पानी देना। २. वह क्रिया जिसके द्वारा रोगी के शरीर से पसीना या रक्त निकाला जाए। (वैद्य)

अवसेर* स्त्री० [सं० अवसर] १. अटकाव, उलझन। २. देर, विलम्ब। ३. चिन्ता। ४. व्यग्रता। ५. प्रिय के विरह या प्रतीक्षा में होनेवाली विकलता।

अवसेरना* स० [हिं० अवसेर] तंग करना, दुख देना।

अवस्था स्त्री० [सं०] १. किसी विशिष्ट समय की सूचक वह स्थिति जिसमें कोई हो। २. समय, काल। ३. आयु, उम्र। ४. स्थिति, दशा, जैसे जाग्रत, स्वप्न, सुषुप्ति, तुरीय आदि।

अवस्थान पुं० [सं०] १. स्थान, जगह। २. ठहराने की क्रिया या भाव, ठहराव। ३. स्थिति। ४. उन्नति या विकास के क्रम

में कुछ समय तक रुकने या ठहरने का स्थान अथवा श्रेणी। (स्टेज) ५. वह परिमित और निश्चित स्थान, बात या स्थिति जिस पर कोई बात पूरी तरह से अवलम्बित या आश्रित हो, केन्द्रबिन्दु। (पॉइन्ट) ६. रेलगाड़ी के नियमित रूप से ठहरने का स्थान। (स्टेशन) ७. वह स्थान जहाँ पुलिस, सेना आदि के लोग रहते हों। (स्टेशन) ८. सम्पत्ति पर किसी व्यक्ति के स्वत्व की मात्रा, प्रकार या विस्तार। (एस्टेट)

अवस्थावृद्ध वि० [सं०] अवस्था में अधिक या बड़ा।

अवस्थित वि० [सं०] १. उपस्थित, मौजूद। २. ठहरा हुआ।

अवस्थिति स्त्री० [सं०] १. वर्तमानता, मौजूदगी। २. स्थिति, सत्ता।

अवहार पुं० [सं०] १. सन्धि की बात-चीत करने के लिए कुछ समय तक युद्ध रोकना। (आरमिस्टिज) २. युद्ध-विराम।

अवहित्था स्त्री० [सं०] मन का भाव छिपाना, दुराव। (साहित्य)

अवहेलना[1] स्त्री० [सं०] [वि० अवहेलित] १. अवज्ञा, तिरस्कार। २. उचित या आवश्यक ध्यान न देना, बेपरवाही। (डिस्रिगार्ड)

अवहेलना[2] स० [सं० अवहेलन] तिरस्कार करना, अवज्ञा करना।

अवहेला स्त्री० दे० 'अवहेलना'।

अवहेलित वि० [सं०] जिसकी अवहेलना या अवज्ञा हुई हो, उपेक्षित।

अवाँ पुं० दे० 'आँवाँ'।

अवांछनीय वि० [सं० अ+वांछनीय] [भाव० अवांछनीयता] १. जिसका होना या आना अभीष्ट न हो, जिसके होने की इच्छा न की जाए। २. अनुचित, बुरा।

अवांछनीय तत्त्व पुं० दुर्जन लोग।

अवांछित वि० [सं०] १. जिसकी वांछा या इच्छा न की गई हो। २. दे० 'अवांछनीय'।

अवांतर वि० [सं०] किसी के अन्तर्गत या बीच में होनेवाला, जैसे इस कथा में एक अवान्तर कथा भी है।

अवांतर दिशा स्त्री० [सं०] दो दिशाओं के बीच की दिशा, विदिशा।

अवांतर भेद पुं० [सं०] किसी भेद या विभाग के अन्तर्गत दूसरे छोटे भेद या विभाग।

अवाँसना* स० [सं० वासन] पहले-पहल काम में लाना।

अवाई[1] स्त्री० [हिं० आना] आने की क्रिया या भाव, आगमन, आना।

अवाई[2] स्त्री० [?] खेत की गहरी जोताई।

अवाक् वि० [सं० अवाच्] १. चुप, मौन। २. स्तम्भित, चकित, विस्मित।

अवाङ्मुख वि० [सं०] १. जिसका मुँह या सिर नीचे की ओर हो। २. उलटा किया या औंधाया हुआ।

अवाच्य वि० [सं०] १. जो कहने योग्य न हो, अकथ्य। २. जिससे बात करना उचित न हो, नीच।
पुं० [सं०] कुवाच्य, गाली।

अवाज* स्त्री०=आवाज।

अवाप्त वि० [सं०] जिस पर अधिकारपूर्वक कुछ देन लगाया गया हो और वह देन उचित प्राप्य के रूप में उगाहा जा सके। (लेवीड)

अवाप्ति स्त्री० [सं०] १. अधिकारपूर्वक कर, शुल्क, आदाय आदि के रूप में लगाना, लेना या उगाहना। २. अधिकार-पूर्वक लोगों को बुलाकर उन्हें सेना के रूप में रखना या उनकी सेना खड़ी करना। (लेवी)

अवाप्य वि० [सं०] अधिकारपूर्वक कर, शुल्क आदि के रूप में लेने के योग्य, जिसके सम्बन्ध में अधिकारपूर्वक धन, कर आदि लिया जा सके। (लेविएबुल)

अवार पुं० [सं०] नदी के इस ओर का भाग या तट जिधर वक्ता हो, 'पार' का उलटा।

अवारजा पुं० [फा०] १. वह बही जिसमें असामी की जोत आदि का लेखा रहता है। २. आय, व्यय आदि लिखने की बही।

अवारना* स० [सं० वारण] १. रोकना, मना करना। २. दे० 'वारना'।

अवारा वि० दे० 'आवारा'।

अवारी[1] स्त्री० [सं० अवार] किनारा, सिरा।

अवारी[2] स्त्री० [हिं० बार=द्वार] विवर, छेद।

अविकच वि० [सं० अ+विकच] १. बिना खिला हुआ। २. जो सफल न हुआ हो।

अविकल वि० [सं०] १. ज्यों-का-त्यों, बिना उलट-फेर का। २. पूर्ण, पूरा। ३. निश्चल, शान्त। ४. ज्यों-का-त्यों किसी का लिया हुआ (कथन आदि)। (वरबेटिम)

अविकल्प वि० [सं०] १. जिसमें कुछ हेर-फेर न हो सके, निश्चित। (एबसोल्यूट)। २. अन्तिम रूप से कहा या किया हुआ। (फाइनल) ३. जिसमें कुछ भी सन्देह न हो, असन्दिग्ध।

अविकार वि० [सं०] १. विकाररहित, निर्दोष। २. जिसका रूप-रंग न बदले।
पुं० [सं०] विकार का अभाव।

अविकारी (-रिन्) वि० [सं०] जिसमें किसी प्रकार का विकार न हो या न होता हो।
पुं० व्याकरण में ऐसा शब्द, जिसके रूप में कभी विकार नहीं होता, जैसे बहुधा, प्रायः, अतः आदि।

अविकृत वि० [सं०] जो बिगड़ा या बदला न हो।

अविगत वि० [सं०] १. अज्ञात। २. अज्ञेय।

अविचल वि० दे० 'अचल'।

अविचार पुं० [सं०] [कर्ता अविचारी] १. विचार का अभाव। २. अज्ञान, अविवेक। ३. अन्याय, अत्याचार।

अविचारित वि० [सं०] बिना विचार किए किया जानेवाला, अविवेकपूर्ण।

अविचारी वि० [सं०] १. बिना विचारे काम करनेवाला। २. अविवेकी। ३. अन्यायी।

अविच्छिन्न वि० [सं०] अटूट, लगातार चलनेवाला।

अविच्छेद पुं० [सं०] विच्छेद का अभाव, विच्छिन्न या अलग न होना, एक में मिला होना।

अविजेय वि० [सं०] जो जीता न जा सके, अजेय।

अविज्ञ वि० [सं०] [भाव० अविज्ञता] अनजान, अज्ञान।

अविज्ञात वि० [सं०] जिसके सम्बन्ध में अभी जानकारी प्राप्त न हुई हो।

अविद्यमान वि० [सं०] [भाव० अविद्यमानता] १. जो विद्यमान या उपस्थित न हो, अनुपस्थित। २. असत्य, मिथ्या।

अविद्या स्त्री० [सं०] १. विरुद्ध या मिथ्या ज्ञान, अज्ञान, मोह। २. माया का एक भेद। ३. कर्मकांड। ४. सांख्य के अनुसार प्रकृति, जड़ पदार्थ।

अविधिक वि० [सं०] विधि या नियम के विरुद्ध। (इल्लीगल)

अविनय पुं० [सं०] विनय का अभाव, ढिठाई, उद्दंडता।

अविनश्वर वि० [सं०] [भाव० अविनश्वरता] जिसका नाश न हो, जो बिगड़े नहीं, अक्षय, चिरस्थायी।

अविनाशी वि० दे० 'अविनश्वर'।

अविरत वि० [सं०] [भाव० अविरति] विरामशून्य, निरन्तर होता या चलता रहनेवाला। (कॉन्स्टेन्ट)

क्रि० वि० [सं०] १. निरन्तर, लगातार। २. नित्य, हमेशा, सदा।

अविरोध पुं० [सं०] विरोध का अभाव।

अविलंब क्रि० वि० [सं०] बिना विलम्ब के, तुरन्त, तत्काल, फौरन।

अविवाहित वि० [सं०] [स्त्री० अविवाहिता] जिसका ब्याह न हुआ हो, कुँआरा या कुँआरी।

अविवेक पुं० [सं०] १. विवेक का अभाव, अविचार। २. अज्ञान, नादानी। ३. अन्याय।

वि० जिसे विवेक न हो, जो विवेकपूर्वक काम न करता हो।

अविवेकी (-किन्) वि० [सं०] जिसे विवेक न हो, जो विवेकपूर्वक काम न करता हो।

अविश्रांत वि० [सं०] १. जो रुके नहीं। २. जो थके नहीं।

अविश्वसनीय वि० [सं०] जिस पर विश्वास न किया जा सके।

अविश्वस्त वि० [सं०] जिस पर विश्वास न हो।

अविश्वास पुं० [सं०] १. विश्वास का अभाव, बेएतबारी। २. अनिश्चय।

अवृष्टि स्त्री० [सं०] वर्षा का न होना।

अवक्षेण पुं० [सं०] [वि० अवेक्षित, अवेक्षणीय] १. अवलोकन, देखना। २. जाँच-पड़ताल, देख-भाल।

अवेक्षणीय वि० [सं०] (ऐसा अपराध) जिस पर विधि के अनुसार अधिकारियों को ध्यान देना आवश्यक हो। (कागनिज़ेबुल)

अवेक्षा स्त्री० [सं०] १. दे० 'अवेक्षण'। २. किसी दोष या अपराध आदि की ओर न्यायालय या अधिकारी का इस प्रकार ध्यान जाना कि वह उसके सम्बन्ध में कुछ उचित कार्य या उसका प्रतिकार करे। (कागनिज़ेन्स)

अवेज* पुं० [अ० एवज] बदला, प्रतिकार।

अवैज्ञानिक वि० [सं०] [भाव० अवैज्ञानिकता] जो विज्ञान के सिद्धान्तों के विरुद्ध हो।

अवैतनिक वि० [सं०] बिना वेतन या तनख्वाह के काम करनेवाला। (ऑनरेरी)

अवैध वि० [सं०] [भाव० अवैधता] १. विधि, कानून आदि के विरुद्ध, नियमविरुद्ध, जैसे अवैध अनुतोषण। (इल्लीगल) २. दे० 'अवैधानिक'।

अवैधाचरण पुं० [सं०] विधिक दृष्टि से अवैध (फलतः दंडनीय) आचरण।

अवैधानिक वि० [सं०] [भाव० अवैधानिकता] जो विधान या संविधान के नियमों के विरुद्ध हो। (अनकान्स्टिट्यूश्नल)

अव्यक्त वि० [सं०] [भाव० अव्यक्तता, अव्यक्ति] १. जो प्रकट या जाहिर न हो, अप्रत्यक्ष, अगोचर। २. अज्ञात। ३. अनिर्वचनीय। ४. जिसका कोई रूप न हो।

पुं० [सं०] १. विष्णु। २. कामदेव। ३. शिव। ४. प्रकृति (सांख्य) ५. सूक्ष्म शरीर और सुषुप्ति अवस्था। ६. ब्रह्म। ७. बीजगणित में वह राशि जिसका मान अज्ञात हो। ८. जीव।

अव्यय वि० [सं०] १. जिसमें विकार न हो, सदा एक रस रहनेवाला। २. आदि अन्त से रहित, अक्षय। ३. नित्य।

पुं० [सं०] १. व्याकरण में वह अविकारी शब्द जिसका सब लिंगों, विभक्तियों और वचनों में समान रूप से प्रयोग हो। २. परब्रह्म। ३. शिव। ४. विष्णु।

अव्ययशील वि० [सं० अव्यय+शील] [भाव० अव्ययशीलता] १. सदा एक से बना रहनेवाला। २. नित्य अक्षय।

अव्यर्थ वि० [सं०] [भाव० अव्यर्थता] १. जो व्यर्थ न हो, सफल। २. सार्थक। ३. अमोघ, न चूकनेवाला। ४. अवश्य असर करनेवाला।

अव्यवस्था स्त्री० [सं०] [वि० अव्यवस्थित] १. व्यवस्था, मर्यादा, क्रम आदि का ऐसा अभाव जो किसी के ठीक तरह से कर्तव्य पूरा न करने के कारण हो। (डिस्ऑर्डर) २. ऐसी स्थिति जिसमें मर्यादा का पालन न हो। ३. शास्त्र आदि के विरुद्ध व्यवस्था। ४. बेइंतजामी, गड़बड़ी।

अव्यवस्थित वि० [सं०] १. जिसमें व्यवस्था न हो या न रह गई हो। २. जो ठीक या उचित दशा या स्थिति में न हो। ३. जो ठीक क्रम से न हो।

अव्यवहार्य वि० [सं०] १. जो व्यवहार में न लाया जा सके। २. पतित।

अव्याख्य वि० = अव्याख्येय।

अव्याख्येय वि० [सं०] जिसकी व्याख्या न हो सके।

अव्याप्ति स्त्री० [सं०] [वि० अव्याप्त] १. व्याप्ति का अभाव। २. साहित्य और तर्क में कोई बात इस प्रकार कहना कि बतलाया हुआ लक्षण या विवरण सारे लक्ष्य पर पूरी तरह से न घटे। (इसकी गिनती दोषों में होती है।)

अव्याहत वि० [सं०] सभी दृष्टियों से सही, ठीक।

अशक्त वि० [सं०] [भाव० अशक्तता, अशक्ति] १. निर्बल, कमजोर। २. असमर्थ।

अशक्य वि० [सं०] [भाव० अशक्यता] १. न होने के योग्य, असाध्य। २. दे० 'अशक्त'।

अशक्यता स्त्री० [सं०] अशक्य या असमर्थ होने की अवस्था या भाव।

अशन पुं० [सं०] १. भोजन, आहार। २. खाने की क्रिया, खाना।

अशनि पुं० [सं०] १. वज्र। २. बिजली।

अशनिपात पुं० [सं०] वज्रपात।

अशरण वि० [सं०] जिसे कहीं शरण न मिले, अनाथ, निराश्रय।

अशरणशरण वि० [सं०] अशरण को शरण देनेवाला।

अशरफी स्त्री० [फा०] सोने का सिक्का, मोहर।

अशांत वि० [सं०] [भाव० अशांति] १. जो शान्त न हो, अस्थिर, चंचल। २. जिसमें शान्ति न हो।

अशांति स्त्री० [सं०] [वि० अशांत] १. अस्थिरता, चंचलता। २. क्षोभ। ३. असन्तोष।

अशिक्षा स्त्री० [सं०] शिक्षा का अभाव।

अशिक्षित वि० [सं०] जिसने शिक्षा न पाई हो, बेपढ़ा-लिखा, अनपढ़।

अशित वि० [सं०] (हथियार) जो धारदार न हो, बिना धार का, जैसे लाठी, डंडा आदि।

अशिष्ट वि० [सं०] [भाव० अशिष्टता] जो शिष्ट न हो, उजड्ड, बेहूदा।

अशिष्टता स्त्री० [सं०] असाधुता, बेहूदगी, उजड्डपन।

अशुद्ध वि० [सं०] [भाव० अशुद्धता, अशुद्धि] १. अपवित्र, नापाक। २. बिना शोधा हुआ, असंस्कृत। ३. गलत।

अशुद्धि स्त्री० [सं०] १. शुद्धि का अभाव। २. लिखने-पढ़ने आदि में वस्तुत: जो कुछ होना चाहिए, उसके स्थान पर होनेवाली ऐसी बात या लेख जो नहीं होना चाहिए, भूल, गलती।

अशुभ पुं० [सं०] १. अमंगल, अहित। २. पाप, अपराध। वि० [सं०] जो शुभ न हो, बुरा।

अशेष वि० [सं०] १. पूरा, समूचा। २. समाप्त, खतम। ३. अनन्त, बहुत।

अशोक वि० [सं०] शोक से रहित, दुखशून्य। पुं० १. एक पेड़ जिसकी पत्तियाँ आम की पत्तियों की तरह लम्बी होती हैं। २. पारा।

अशोभन, अशोभनीय वि० [सं०] १. जो शोभनीय न हो। २. अनुचित, भद्दा, गन्दा।

अशौच पुं० [सं०] [वि० अशुचि] १. अपवित्रता, अशुद्धता। २. हिन्दू शास्त्रानुसार वह अशुद्धि जो घर के किसी प्राणी के मरने या सन्तान होने पर परिवारवालों को कुछ दिनों तक माननी पड़ती है, सूतक।

अश्म पुं० [सं०] १. पहाड़। २. पत्थर। ३. बादल।

अश्मज पुं० [सं०] १. एक प्रकार का काला लसीला खनिज पदार्थ जो नलों आदि के जोड़ पर इसलिए लगाया जाता है कि उनमें का जल चू न सके, यह सड़कों पर अलकतरे की तरह बिछाने के भी काम आता है। (एस्फाल्ट)

अश्मरी स्त्री० [सं० अश्म] एक रोग जिसमें मूत्राशय के मार्ग में पत्थर के समान कण बनने तथा जमने लगते हैं।

अश्रद्धा स्त्री० [सं०] [वि० अश्रद्धेय] श्रद्धा का अभाव।

अश्राव्य वि० [सं०] जो किसी के सुनने योग्य न हो। पुं० दे० 'स्वगतकथन'।

अश्रु पुं० [सं०] आँसू।

अश्रुगैस स्त्री० [सं० अश्रु+अं० गैस] एक प्रकार की गैस जिसके लगने से चेहरा कुछ सूज जाता, आँसू बहने लगते हैं और जिसका प्रयोग प्राय: अवैध भीड़ हटाने में होता है। (टियर गैस)

अश्रुत वि० [सं०] १. जो सुना न गया हो। २. जिसने कुछ देखा-सुना न हो।

अश्रुतपूर्व वि० [सं०] १. जो पहले न सुना गया हो। २. अद्‌भुत, विलक्षण।

अश्रुपात पुं० [सं०] आँसू गिराना, रुदन, रोना।

अश्लिष्ट वि० [सं०] [भाव० अश्लिष्टता] जो श्लिष्ट न हो।

अश्लील वि० [सं०] [भाव० अश्लीलता] १. फूहड़ या भद्दा विशेषत: गुप्तांगों या मैथुन से संबद्ध। २. लज्जाजनक।

अश्लीलता स्त्री० [सं०] १. अश्लील होने की अवस्था या भाव। २. अश्लील काम, बात आदि।

अश्व पुं० [सं०] घोड़ा, तुरंग।

अश्वक पुं० [सं०] १. छोटा घोड़ा। २. टट्टू।

अश्वतर पुं० [सं०] [स्त्री० अश्वतरी] १. नागराज। २. खच्चर।

अश्वत्थ पुं० [सं०] पीपल।

अश्वत्थामा (-मन्) पुं० [सं०] १. वह जिसमें घोड़े की-सी शक्ति हो। २. द्रोणाचार्य के पुत्र का नाम।

अश्वमेध पुं० [सं०] प्राचीन काल में (विशेषत: त्रेता युग में) एक प्रकार का बड़ा यज्ञ जिसमें घोड़े के सिर पर जयपत्र

बाँधकर उसे भूमंडल में घूमने के लिए छोड़ देते थे, फिर उसको मारकर उसकी चरबी से हवन किया जाता था।

अश्वशाला स्त्री० [सं०] अस्तबल, तबेला।

अश्वायुर्वेद पुं० [सं०] आयुर्वेद या चिकित्साशास्त्र का वह अंग जिसमें घोड़ों तथा अन्य पशुओं की चिकित्सा का वर्णन रहता है, शालिहोत्र।

अश्वारोही (-हिन्) वि०, पुं० [सं०] घोड़े का सवार।

अश्विन पुं० [सं०] एक प्राचीन वैदिक देवता।

अश्विनी स्त्री० [सं०] १. घोड़ी। २. २७ नक्षत्रों में से पहला नक्षत्र।

अश्विनी कुमार पुं० [सं०] त्वष्टा की पुत्री प्रभा नाम की स्त्री से उत्पन्न सूर्य के दो पुत्र जो देवताओं के वैद्य माने जाते हैं।

अष्ट वि० [सं०] आठ।

अष्टक पुं० [सं०] १. आठ वस्तुओं का समूह या संग्रह। २. वह स्तोत्र या काव्य जिसमें आठ श्लोक या पद्य हों।

अष्टछाप पुं० [सं० अष्ट+हिं० छाप] गोसाईं विट्ठलनाथ जी का निश्चित किया हुआ आठ सर्वोत्तम पुष्टिमार्गी कवियों का एक वर्ग। (इन आठों कवियों के नाम ये हैं—सूरदास, कुंभनदास, परमानन्ददास, कृष्णदास, छीतस्वामी, गोविन्द स्वामी, चतुर्भुजदास और नन्ददास।)

अष्टधातु स्त्री० [सं०] ये आठ धातुएँ-सोना, चाँदी, ताँबा, राँगा, जस्ता, सीसा, लोहा और पारा।

अष्टभुज पुं० [सं०] आठ भुजाओंवाला क्षेत्र।

अष्टभुजा स्त्री० [सं०] दुर्गा।

अष्टम वि० [सं०] आठवाँ।

अष्टमी स्त्री० [सं०] शुक्ल या कृष्ण पक्ष की आठवीं तिथि।

अष्टवर्ग पुं० [सं०] १. आठ ओषधियों का समूह जीवक, ऋषभक, मेदा, महामेदा, काकोली, क्षीरकाकोली, ऋषि और बृद्धि। २. राज्य के ऋषि, वस्ति, दुर्ग, सेना, हस्तिबन्धन, खान, करग्रहण और सैन्य संस्थापन का समूह।

अष्टसिद्धि स्त्री० [सं०] योग से प्राप्त होनेवाली ये आठ सिद्धियाँ-अणिमा, महिमा, गरिमा, लघिमा, प्राप्ति, प्राकाम्य, ईशित्व और वशित्व।

अष्टांग पुं० [सं०] [वि० अष्टांगी] किसी वस्तु के आठ अंग, जैसे (क) योग के यम, नियम, आसन, प्राणायाम, प्रत्याहार, धारणा, ध्यान और समाधि, (ख) आयुर्वेद के शल्य, शालाक्य, कायचिकित्सा, भूतविद्या, कौमारभृत्य, अगदतन्त्र, रसायनतन्त्र और बाजीकरण, (ग) शरीर के जानु, पद, हाथ, उर, सिर, वचन, दृष्टि और बुद्धि जिनसे प्रणाम करने का विधान है।
वि० [सं०] १. आठ अंगों। २. अठ-पहला।

अष्टावक्र पुं० [सं०] १. एक ऋषि। २. टेढ़े-मेढ़े अंगोंवाला मनुष्य।

अष्टाध्यायी वि० [सं०] आठ अध्यायों वाला।

असंख्य वि० [सं०] अनगिनत, बेशुमार।

असंग* वि० [सं०] १. अकेला, एकाकी। २. किसी से वास्ता न रखनेवाला, निर्लिप्त। ३. जुदा, अलग। ४. विरक्त।

असंगत वि० [सं०] [भाव० असंगतता, असंगति] १. जो संगत या सम्बद्ध न हो, जो आगे-पीछे की परम्परा से मेल न खाता हो। (इन्-कॉन्सिस्टेन्ट) २. अलग, असम्बद्ध। ३. अनुचित, नामुनासिब।

असंगति स्त्री० [सं०] १. बेमेल होने का भाव। २. बेमेल बात या तत्त्व। ३. साहित्य में एक अलंकार जिसमें कारण कहीं बताया जाए और कार्य कहीं।

असंतुलन पुं० [सं०] [भाव० असंतुलित] संतुलन का न होना, संतुलन का अभाव।

असंतुलित वि० [सं०] १. जो संतुलित न हो। २. पागल, विक्षिप्त।

असंतुष्ट वि० [सं०] [भाव० असंतुष्टि] १. जो सन्तुष्ट न हो। २. जिसका मन न भरा हो, अतृप्त। ३. अप्रसन्न, नाराज।

असंतोष पुं० [सं०] [वि० असंतोषी] १. सन्तोष का अभाव, अधैर्य। २. अतृप्ति। ३. अप्रसन्नता, नाराजगी।

असंदिग्ध वि० [सं०] १. जिसमें कुछ भी सन्देह या शंका की जगह न हो। (अनईक्वीवोकल) २. स्पष्ट, सुस्पष्ट।

असंबद्ध वि० [सं०] १. जो मेल न खाता हो। २. पृथक्, अलग। ३. अनमिल, बेमेल, अंडबंड, जैसे असम्बद्ध प्रलाप।

असंभव वि० [सं०] [भाव० असंभवता] १. जो सम्भव न हो, जो न हो सके, नामुमकिन। २. जिसे प्राप्त न किया जा सके।
पुं० साहित्य में एक अलंकार जिसमें यह दिखाया जाता है कि जो बात हो गई, उसका होना असम्भव था।

असंभावना स्त्री० [सं०] [वि० असंभावित, असंभाव्य] सम्भावना का अभाव, अनहोनापन।

असंभावित वि० [सं०] जिसकी सम्भावना न हो।

असंभाव्य वि० [सं०] जिसकी सम्भावना न हो, अनहोना।

असंयत वि० [सं०] १. संयम से रहित। २. उग्र।

असंयम पुं० [सं०] संयम का अभाव।

असंसदीय वि० [सं०] जो संसदीय न हो, जो संसद की मर्यादा के अनुकूल न हो।

असंस्कृत वि० [सं०] जिसका संस्कार न किया गया हो, अपरिमार्जित।

अस* वि० [सं० ईदृश] १. इस प्रकार का, ऐसा। २. तुल्य, समान। (ब्रज०)

असकताना अ० [हिं० आसकत] आलस्य में पड़ना, आलसी होना।

असगंध स्त्री० [सं० अश्वगंधा] एक झाड़ जिसकी जड़ दवा के काम में आती है, अश्वगन्धा।

असत वि० [सं०] १. अस्तित्वविहीन, सत्ताराहित। २. बुरा, खराब। ३. असाधु।

असतत वि० [सं०] जो सतत न हो।

असत्य वि० [सं०] [भाव० असत्यता] जो सत्य या ठीक न हो, मिथ्या, झूठ।

असन* पुं० [सं० अशन] भोजन, आहार, खाना।

असफल वि० [सं०] जो सफल न हुआ हो, विफल।

असफलता स्त्री० [सं०] सफलता का न मिलना, विफलता।

असबाब पुं० [अ० अस्बाब] प्रयोजनार्थ पदार्थ, सामग्री, सामान।

असभ्य वि० [सं०] [भाव० असभ्यता] १. जो सभ्य न हो। २. अशिष्ट, गँवार। (अन्–सिविलाइज़्ड)

असभ्यता स्त्री० [सं०] १. असभ्य होने की अवस्था या भाव। २. असभ्यतापूर्ण व्यवहार।

असमंजस स्त्री० [सं०] १. दुविधा, आगा–पीछा। २. अड़चन, कठिनाई।

असमंत* [सं० अश्वमत] चूल्हा।

असम वि० [सं०] [भाव० असमता] १. जो सम या तुल्य न हो, असदृश। २. विषम, ताक। ३. ऊँचा–नीचा, ऊबड़–खाबड़। पुं० १. साहित्य में एक अलंकार जिसमें उपमान का मिलना असम्भव बतलाया जाता है। २. पूर्वी भारत की सीमा पर एक प्रदेश जो भूल से 'आसाम' कहलाता है।

असमता स्त्री० [सं०] समता का अभाव, विषमता।

असमय पुं० [सं०] विपत्ति का समय, बुरा समय। क्रि० वि० अनुपयुक्त समय में।

असमर्थ वि० [सं०] [भाव० असमर्थता] १. सामर्थ्यहीन। २. दुर्बल, अशक्त। ३. अयोग्य।

असमान वि० [सं०] [भाव० असमानता] जो समान न हो।

असमानता स्त्री० [सं०] समानता का अभाव।

असमास वि० [सं० अ+समास] समास न होनेवाला।

असमीया वि० [सं० असम] असम–सम्बन्धी, असम का। स्त्री० असम देश की भाषा। पुं० असम देश का निवासी।

असम्मत वि० [सं०] [भाव० असम्मति] १. जो राजी न हो, असहमत। २. जिस पर किसी की राय न हो।

असर पुं० [अ०] प्रभाव।

असरकारी[1] वि० [अ० असर+हिं० कारी] गुणकारी।

असरकारी[2] वि० [हिं० अ०+सरकारी] गैर–सरकारी।

असल वि० [अ०] १. सच्चा, खरा। २. उच्च, श्रेष्ठ। ३. बिना मिलावट का, शुद्ध, खालिस। ४. जो झूठा या बनावटी न हो। पुं० १. जड़, बुनियाद। २. मूलधन।

असल में क्रि० वि० वास्तव में।

असलह पुं० [अ०] हथियार, शस्त्र।

असलहखाना पुं० [अ०+फा० ख़ान:] शस्त्रागार।

असलियत स्त्री० [अ० अस्लियत] १. तथ्य, वास्तविकता। २. जड़, मूल। ३. मूल तत्त्व, सार।

असली वि० [अ० अस्ल] १. सच्चा, खरा। २. मूल, प्रधान। ३. बिना मिलावट का, शुद्ध।

असवर्ण वि० [सं०] जो सवर्ण न हो, छोटी जाति का।

असवार† पुं०=सवार। (ब्रज०)

असहज वि० [सं० अ+ सहज] [भाव० असहजता] १. जो सहज न हो, कठिन। २. जो सहज भाव से काम न करता हो, जिसके व्यवहार में सहजता न हो।

असहन वि० १. दे० 'असह्य'। २. दे० 'असहिष्णुता'।

असहनीय वि०=असह्य।

असहयोग पुं० [सं०] [वि० असहयोगी] १. किसी से किसी काम में सहयोग न करना, साथ मिलकर काम न करने का भाव। २. इस सिद्धान्त का वह आन्दोलन जो सन् १९२१ में महात्मा गाँधी ने भारत को स्वतन्त्र करने के लिए चलाया था और जिसमें लोगों से सरकारी सेवाएँ, पदवियाँ, न्यायालय, शिक्षा–संस्थाएँ आदि छोड़ने के लिए कहा जाता था।

असहाय वि० [सं०] [भाव० असहायता] जिसे कोई सहारा न हो।

असहिष्णु वि० [सं०] [भाव० असहिष्णुता] १. असहन–शील। २. चिड़चिड़ा।

असही* वि० [हिं० अ+सहना] १. जो सह न सके, असहिष्णु। २. जो दूसरों का उत्कर्ष या सुख न देख सके, ईर्ष्या करनेवाला।

असह्य वि० [सं०] जो अपनी उग्रता, कठोरता, अनौचित्य आदि के कारण सहा न जा सकता हो, असहनीय।

असांसद वि० [सं० अ+संसद] जो संसद के उपयुक्त या उसकी मर्यादा के अनुकूल न हो। (अन–पार्लमेन्टरी)

असाई* पुं० [सं० अशास्त्रीय] वह जिसे कुछ भी ज्ञान न हो, अज्ञानी।

असाढ़ पुं० दे० 'आसाढ़'।

असाढ़ी वि० [सं० आषाढ़] आसाढ़ का। स्त्री० १. वह फसल जो आसाढ़ में बोई जाए, खरीफ। २. आसाढ़ी पूर्णिमा।

असाधारण वि० [सं०] [भाव० असाधारणता] १. जो अपनी साधारण अवस्था में नहीं, बल्कि उससे कुछ घट या बढ़कर हो। (अन–कॉमन) २. जैसा साधारणतः होता हो, उससे भिन्न प्रकार का। (एक्स्ट्रा–आर्डिनरी, अन्–यूजुअल) ३. दे० 'असामान्य'।

असाधारणीकरण पुं० [सं०] [वि० असाधारणीकृत] साधारण को असाधारण करने / बनाने की क्रिया या भाव।

असाधित वि० [सं०] १. जिसकी साधना न की गई हो। २. जो साधा न गया हो।

असाधु वि० [सं०] १. (शब्द का प्रयोग) जो शिष्टसम्मत न हो। २. (व्यक्ति) जो भला न हो।

असाध्य वि० [सं०] १. जिसका साधन न हो सके, जो साधा न जा सके, दुष्कर, कठिन। २. न आरोग्य होने के योग्य, जैसे असाध्य रोग।

असाध्य साधन वि०, पुं० [सं०] (ऐसा काम) जो साधते रहने पर भी सध न सके।

असामंजस्य पुं० [सं०] सामंजस्य का अभाव, सामंजस्य का न होना।

असामयिक वि० [सं०] [भाव० असामयिकता] जो उपयुक्त या नियत समय से पीछे या पहले हो, ठीक या उचित समय से पहले या पीछे होनेवाला। (अन्-टाइमली)

असामान्य वि० [सं०] [भाव० असामान्यता] १. जो औसत दर्जे का न हो, जो अपनी सामान्य अवस्था में नहीं, बल्कि उससे कुछ घट या बढ़कर हो। (एब्नार्मल) २. दे० 'असाधारण'।

असामान्यता स्त्री० [सं०] १. असामान्य गुण, बात या शक्ति। २. अवगुण या विकार।

असामी पुं० [अ० आसामी] १. व्यक्ति, प्राणी। २. वह जिससे किसी प्रकार का लेन-देन हो। ३. वह छोटा किसान जो पहले लगान देकर किसी जमींदार का खेत जोतता-बोता था, पर अब जिसे उस जमीन पर स्थायी और मालिकाना अधिकार हो, छोटा काश्तकार। ४. देनदार। ५. अपराधी। ६. वह जिससे किसी प्रकार का मतलब निकालना हो।

असार वि० [सं०] [भाव० असारता] १. साररहित, निस्सार। २. शून्य, खाली। ३. तुच्छ।

असावधान वि० [सं०] जो सावधान न हो।

असावधानता स्त्री० [सं०] सावधान न रहने की अवस्था या भाव, पूरी तरह से सचेत न रहना, बेपरवाही।

असावधानी स्त्री० दे० 'असावधानता'।

असि स्त्री० [सं०] तलवार, खड्ग।

असित वि० [सं०] [स्त्री० असिता] १. काला। २. दुष्ट, बुरा। ३. टेढ़ा, कुटिल।

असिद्ध वि० [सं०] १. जो व्याकरण, नियम, सिद्धान्त आदि से सिद्ध या ठीक न हो, अप्रामाणिक। २. बेपका, कच्चा। ३. अपूर्ण, अधूरा। ४. निष्फल, व्यर्थ।

असिधारा स्त्री० [सं०] तलवार की धार।

असिधारा व्रत पुं० तलवार की धार पर चलने के समान कठिन व्रत।

असीम वि० [सं०] [भाव० असीमता] १. जिसकी सीमा न हो, बेहद। २. बहुत अधिक, अपार। ३. अनन्त और परम। (एब्सोल्यूट)

असीमित वि० [सं०] जिसकी कोई सीमा न हो।

असीस* स्त्री० दे० 'आशिष'।

असीसना स० [सं० आशिष] आशीर्वाद देना, दुआ देना।

असु* पुं० [सं० अश्व] घोड़ा।
*पुं०=प्राण; उदा०—जैसे ब्याध जंतु असु हरै। —केशव।

असुग* वि० [सं० अशुग] जल्दी चलनेवाला।
पुं० १. वायु। २. तीर, बाण।

असुर* पुं० [सं०] १. दैत्य, राक्षस। (डेमन) २. रात। ३. नीच वृत्ति का पुरुष। ४. पृथ्वी। ५. सूर्य। ६. बादल। ७. राहु। ८. एक प्रकार का उन्माद जिसका मूल असुरों के उत्पात से माना जाता है।

असुरविद्या स्त्री० [सं०] वह विद्या या शास्त्र जिसमें भिन्न-भिन्न देशों के असुरों और उनके कार्यों का विवेचन या अध्ययन होता है। (डेमनॉलोजी)

असुरारि पुं० [सं०] १. देवता। २. विष्णु।

असुविधा स्त्री० [सं० अ=नहीं+सुविधि=अच्छी तरह] १. कठिनाई, अड़चन। २. तकलीफ, दिक्कत।

असुविधाजनक वि० [हिं०+सं० जनक (प्रत्य०)] असुविधा या कठिनाई उत्पन्न करनेवाला।

असूझ* स्त्री० [हिं० अ+सूझना] नासमझी।

असूया स्त्री० [सं०] १. किसी के गुण को भी अवगुण समझना। २. ईर्ष्या, डाह। (जेलसी) (यह रस के अन्तर्गत एक संचारी भाव भी माना जाता है।)

असूर्यपश्या वि० स्त्री० [सं०] जिसको सूर्य भी न देख सके, परदे में रहनेवाली।

असूल पुं० [अ० उसूल] नियम।

असेग* वि० [सं० असह्य] न सहने के योग्य, असह्य।

असेष* वि० [सं० अशेष] बहुत अधिक; उदा०—एकै बरखति पुष्प असेष।—केशव।

असैनिक वि० [सं०] १. जिसका सम्बन्ध सेना से न हो। २. जो सैनिक न हो।

असैला* वि० [सं० अ=नहीं+शैली=रीति] [स्त्री० असेली] १. रीति-नीति के विरुद्ध काम करनेवाला। २. कुमार्गी। ३. प्रचलित शैली के विरुद्ध होनेवाला। ४. अनुचित।

असोच[१] वि० [हिं० अ+सोच] चिन्तारहित, निश्चिन्त।

असोच[२] वि० [सं० अशुचि] अपवित्र, अशुद्ध।

असोज* पुं० [सं० अश्वयुज] आश्विन मास।

असोस* वि० [सं० अ+शोष] न सूखनेवाला।

असोसिएशन पुं० [अं०] किसी विशेष उद्देश्य की पूर्ति के लिए बनाया गया संघटन।

असौंध* स्त्री० दे० 'दुर्गंध'।

अस्तंगत वि० [सं०] १. जो अस्त हो चुका हो। २. अवनत, हीन।

अस्त वि० [सं०] १. छिपा हुआ, तिरोहित। २. जो न दिखाई दे, अदृश्य। ३. डूबा हुआ (सूर्य, चन्द्र आदि)। ४. नष्ट, ध्वस्त।
पुं० [सं०] लोप, अदर्शन।

अस्तबल पुं० [अ०] घुड़साल, तबेला।

अस्तमन पुं० [सं०] [वि० अस्तमित] अस्त होना।

अस्तर पुं० [फा०, मि० सं० स्तर] १. नीचे की तह या पल्ला, भितल्ला। २. दोहरे कपड़े में नीचे का कपड़ा। ३. चन्दन का तेल जिसके आधार पर इत्र बनाए जाते हैं, जमीन।

४. वह कपड़ा जिसे स्त्रियाँ बारीक साड़ी के नीचे लगाकर पहनती हैं, अँतरौटा, अंतरपट। ५. वह मसाला जिससे किसी चित्र की जमीन या सतह तैयार की जाए। ६. स्तर, तह।

अस्तव्यस्त वि० [सं०] उलटा-पुलटा, छिन्न-भिन्न, तितर-बितर।

अस्ताचल पुं० [सं०] वह कल्पित पर्वत जिसके पीछे अस्त होने पर सूर्य का छिप जाना माना जाता है, पश्चिमाचल।

अस्ति स्त्री० [सं०] १. भाव, सत्ता। २. विद्यमानता, वर्तमानता। **मुहा०** *अस्ति अस्ति कहना*=वाह-वाह कहना, साधुवाद कहना।

अस्तित्व पुं० [सं०] सत्ता का भाव, विद्यमानता, होना, मौजूदगी।

अस्तु निपा० [सं०] १. जो हो, चाहे जो हो। २. खैर, भला, अच्छा।

अस्तुति स्त्री० [सं०] निन्दा, बुराई।
*स्त्री० दे० 'स्तुति'।

अस्तेय पुं० [सं०] चोरी का त्याग, चोरी न करना। (दस धर्मों में से एक)

अस्त्र पुं० [सं०] १. वह हथियार जो शत्रु पर फेंककर चलाया जाए, जैसे बाण, शक्ति। २. वह हथियार जिससे शत्रु के चलाए हुए हथियारों की रोक हो, जैसे ढाल। ३. वह हथियार जो मन्त्र द्वारा चलाया जाए। ४. वह हथियार जिससे चिकित्सक चीर-फाड़ करते हैं। ५. शस्त्र, हथियार।

अस्त्र-चिकित्सा स्त्री० [सं०] वैद्यक शास्त्र का वह अंश जिसमें चीर-फाड़ करके चिकित्सा की जाती है।

अस्त्रधारी (-रिन्) वि०, पुं० [सं०] जिसने अस्त्र धारण किए हों।

अस्त्रशाला स्त्री० [सं०] वह स्थान जहाँ अस्त्र-शस्त्र रखे जाएँ, अस्त्र-शस्त्रों का भण्डार।

अस्त्रीकरण पुं० [सं०] युद्ध के लिए नागरिकों को अस्त्र-शस्त्र से सज्जित करने की क्रिया या भाव। (मिलिटराइजेशन)

अस्थायी (-यिन्) वि० [सं०] [भाव० अस्थायित्व] १. जो स्थायी या सदा बना रहनेवाला न हो, थोड़े समय तक रहनेवाला। २. जो किसी के स्थान पर उसका काम चलाने के उद्देश्य से कुछ समय के लिए रखा गया हो। (टेम्परेरी)

अस्थि स्त्री० [सं०] हड्डी।

अस्थिपंजर पुं० [सं०] हड्डियों का ढाँचा।

अस्थिभंग पुं० [सं०] हड्डी का टूट जाना।

अस्थिर वि० [सं०] [भाव० अस्थिरता] १. चंचल, चलायमान, डाँवाँडोल। २. जिसका कुछ ठीक न हो, जो प्रायः बदलता, घटता-बढ़ता या इधर-उधर होता रहता हो।
वि० दे० 'स्थिर'।

अस्थिरता स्त्री० [सं०] अस्थिर (चंचल, अनिश्चित आदि) होने का भाव। (अन्स्टैबिलिटी)

अस्थिसंचय स्त्री० [सं०] अन्त्येष्टि संस्कार के बाद जलने से बची हुई हड्डियाँ एकत्र करने का काम।

अस्थूल*वि०=स्थूल।

अस्पताल पुं० [अं० हास्पिटल] औषधालय, चिकित्सालय, दवाखाना।

अस्पष्ट वि० [सं०] [भाव० अस्पष्टता] जो स्पष्ट न हो।

अस्पृश्य वि० [सं०] [भाव० अस्पृश्यता] जिसे छूना ठीक न हो, जो स्पर्श करने के योग्य न हो। (अन्टचेबल)
पुं० दे० 'अंत्यज'।

अस्पृश्यता वि० [सं०] १. अस्पृश्य या अछूत होने की अवस्था या भाव। २. धार्मिक और सामाजिक दृष्टियों से किसी अस्पृश्य को न छूने का विचार या भाव। (अन्टचेबिलिटी)

अस्पृष्ट वि० [सं०] अछूता, न छुआ हुआ।

अस्मिता स्त्री० [सं०] १. अपने होने का बोध। २. किसी समाज, राष्ट्र या जाति की पहचान करानेवाली प्रमुख विशेषता। ३. पहचान। ४. मान-सम्मान, गर्व-गरिमा। ५. दृक्, दृष्ट्या और दर्शन शक्ति को एक मानना या पुरुष (आत्मा) और बुद्धि में अभेद मानने की भ्रान्ति। (योग)

अस्मितावादी वि० [सं० अस्मिता+वादी + हिं० ई (प्रत्य०)] मान-सम्मान-सम्बन्धी।

अस्वस्थ वि० [सं०] [भाव० अस्वस्थता] १. रुग्ण, बीमार। २. अनमना।

अस्वस्थता स्त्री० [सं०] अस्वस्थ होने की अवस्था या भाव।

अस्वाभाविक वि० [सं०] [भाव० अस्वाभाविकता] जो स्वाभाविक न हो।

अस्वामिक वि० [सं०] (वस्तु) जिसका कोई स्वामी न हो, लावारिस।

अस्वामिकता स्त्री० [सं०] किसी वस्तु के सम्बन्ध की वह अवस्था जबकि उसके मिलने पर उसका कोई स्वामी दिखाई न देता हो, जैसे जमीन खोदने पर मिलनेवाला खजाना। (ऐसी अवस्था में मिलनेवाली वस्तु पर प्रायः राज्य का अधिकार हो जाता है।)

अस्वास्थ्यप्रद वि० [सं०] १. जो स्वास्थ्य के लिए हानिकारक हो। २. हानिकारक।

अस्वीकरण पुं० [सं०] अस्वीकृत करने की क्रिया या भाव, नामंजूर करना। (रिजेक्शन)

अस्वीकार पुं० [सं०] [वि० अस्वीकृत] 'स्वीकार' का उलटा, इन्कार, नामंजूरी।
वि० दे० 'अस्वीकृत'।

अस्वीकृत वि० [सं०] जो स्वीकृत या मंजूर न किया गया हो। (रिजेक्टेड)

अहं[1] सर्व० [सं०] मैं।

अहं[2] पुं० [सं०] १. मैं अर्थात् आत्मा होने का भाव। २. अहंकार, अभिमान।

अहंकार पुं० [सं०] [वि० अहंकारी] १. अभिमान, गर्व, घमंड। २. 'मैं हूँ' या 'मैं करता हूँ', की भावना।

अहंकारी(-रिन्) वि०, पुं० [सं०] [स्त्री० अहंकारिणी] अहंकार करनेवाला, घमंडी।

अहंता स्त्री० [सं०] अहंकार, गर्व।

अहंमन्य वि०=अहम्मन्य।

अहंवाद पुं० [सं०] अपने आपको तथा अपने स्वार्थ को सर्वोपरि समझने की प्रवृत्ति।

अह[1] पुं० [सं० अहन्] १. दिन। २. विष्णु। ३. सूर्य। ४. दिन का देवता।

अह[2] विस्मयादि० [सं० अहह] आश्चर्य, खेद या क्लेश आदि का सूचक शब्द।

अहक* स्त्री० [सं० ईहा] इच्छा।

अहकना स० [हिं० अहक] इच्छा करना, लालसा करना।

अहटाना* अ० [हिं० आहट] आहट लगना, पता चलना। स० आहट लगाना, टोह लेना।

अहद पुं० [अ०] १. परमसत्ता, परमात्मा। २. युग, जमाना।

अहदी वि० [अ०] १. आलसी, आसकती। २. अकर्मण्य। ३. निठल्लू।
पुं० अकबर के समय के एक प्रकार के सिपाही जिनसे विशेष आवश्यकता के समय काम लिया जाता था और जो यों ही सब दिन बैठे रहते थे।

अहन* पुं० [सं० अहन्] दिन।

अहना* अ० [सं० अस्=होना] होना। (अब यह क्रिया केवल वर्तमान रूप 'अहै' में ही आती है।)

अहम् सर्व० [सं०] १. मैं।
पुं० अभिमान, अहंकार।

अहम वि० [अ०] महत्त्वपूर्ण, मुख्य।

अहमक वि० [अ०] मूर्ख।

अहम्मन्य वि० [सं०] [भाव० अहम्मन्यता] अहं से भरा, अहंकारी।

अहरन| पुं० दे० 'निहाई'।

अहरह क्रि० वि० [सं०] १. प्रतिदिन। २. नित्य, सदा। ३. लगातार, निरन्तर।

अहरा| पुं० [सं० आहरण] १. कंडों का ढेर। २. वह स्थान जहाँ लोग ठहरें।

अहरी| स्त्री० [सं० आहरण] वह स्थान जहाँ पशु पानी पीने के लिए एकत्र होते हैं।

अहर्निश क्रि० वि० [सं०] १. रात-दिन। २. सदा, नित्य।

अहलकार पुं० [फा०] १. कर्मचारी। २. कारिन्दा।

अहलकारी वि० [फा० अहलकार] कर्मचारी-सम्बन्धी।

अहलना* अ० [सं० अहलन] हिलना-डुलना, काँपना।

अहलमद पुं० [फा०] न्यायालय का एक कर्मचारी।

अहलाद* पुं० दे० 'आह्लाद'।

अहवाल पुं० [अ०] हाल, दशा।

अहसान पुं० = एहसान।

अहा[1] विस्मयादि० [सं० अहह] आह्लाद और प्रसन्नतासूचक एक शब्द।

अहा[2] अ० अवधी और पूर्वी हिन्दी में 'होना' क्रिया का भूतकालिक रूप, था।

अहाता पुं० [अ०] १. घेरा, हाता, बाड़ा। २. चहार-दीवारी।

अहारना* स० [सं० आहरण] १. खाना, भक्षण करना। २. चपकाना। ३. कपड़े में माँड़ी लगाना।

अहिंसक वि० [सं०] जो हिंसा न कर सके।
पुं० अहिंसा का पुजारी।

अहिंसा स्त्री० [सं०] १. हिंसा न करने का भाव। २. किसी को न सताना, न मारना या दुख न देना।

अहि पुं० [सं०] १. साँप। २. वृत्रासुर। ३. पृथ्वी। ४. सूर्य।

अहित पुं० [सं०] १. अपकार, बुराई या खराबी, 'हित' का विरोधी भाव। २. शत्रु, वैरी।

अहिनाथ पुं० [सं०] शेषनाग।

अहिफेन पुं० [सं०] १. सर्प के मुँह की लार या फेन। २. अफीम।

अहिबाल* पुं० [सं० अहि+बाल] साँप का बच्चा, सँपोला।

अहिबेल* स्त्री० [सं० अहिवल्ली] पान की बेल।

अहिवात पुं० [सं० अभिवाद] [वि० अहिवाती] स्त्री का सौभाग्य, सोहाग।

अहीर पुं० [सं० आभीर] [स्त्री० अहीरिन] एक जाति जिसका काम गाय-भैंस रखना और दूध बेचना है, ग्वाला।

अहुटना* अ० [हिं० हटना] हटना, दूर होना, अलग होना।

अहेतु वि० [सं०] बिना हेतु का।
क्रि० वि० बिना हेतु के।

अहेर पुं० [सं० आखेट] [कर्ता अहेरी] १. शिकार, मृगया। २. वह जन्तु जिसका शिकार किया जाए।

अहेरी पुं० [सं० आखेटी] शिकारी।

अहै* अ० [सं० अस्ति] है। (ब्रज०)

अहैतुक वि० [सं० अहित] [स्त्री० वि० अहैतुकी] बिना किसी प्रयोजन के होनेवाला, जैसे-अहैतुकी कृपा।

अहोई स्त्री० [हिं० अ+होना] एक पूजा जो स्त्रियाँ दीपावली के आठ दिन पहले सन्तान की प्राप्ति और रक्षा के लिए करती हैं।

अहो विस्मयादिवोधक [सं०] आश्चर्य का सूचक विस्मयबोधक।

अहोभाव पुं० [सं०] १. आश्चर्य का सूचक भाव

अहोरात्र पुं० [सं०] दिन और रात।

अहोरिन स्त्री० [?] एक प्रकार की चिड़िया।

आ

आ[1] देवनागरी वर्णमाला का दूसरा अक्षर जो 'अ' का दीर्घ रूप है।

आ[2] उप० उपसर्ग के रूप में यह प्राय: गत्यर्थक धातुओं के पहले लगकर उनके अर्थों में कुछ विशेषता उत्पन्न करता है, जैसे आरोहण, आकर्षक। कभी-कभी यह कुछ शब्दों के पहले लगकर उनका अर्थ कुछ उलट भी देता है, जैसे गमन और आगमन, दान और आदान, नयन (ले जाना) और आनयन (ले आना)। कुछ संस्कृत शब्दों में 'तक' का अर्थ भी देता है, जैसे आजीवन, आजन्म।

आँक पुं० [सं० अंक] १. अंक, चिह्न। २. संख्या का चिह्न, अदद। ३. अक्षर, हरफ। ४. गढ़ी हुई बात। ५. अंश, हिस्सा। ६. किसी चीज का संकेत रूप में टाँका हुआ उसका दाम।

आँकड़ा पुं० [हिं० आँक+ड़ा (प्रत्य०)] १. अंक, अदद, संख्या का चिह्न। २. (प्राय: बहुवचन में) गणित की सहायता से किसी विषय या विभाग के सम्बन्ध में स्थिर किए हुए संख्या सूचक वे तथ्य जो उस विषय या विभाग की स्थिति सूचित करते हैं। (स्टैटिस्टिक्स)

आँकना स० [सं० अंकन] १. चिह्नित करना, निशान लगाना, दागना। २. कूतना, अन्दाज करना, मूल्य लगाना। ३. अनुमान करना, ठहराना। ४. चित्र बनाना।

आँका-बाँका वि० [अनु०+हिं०] टेढ़ा-तिरछा।

आँख स्त्री० [सं० अक्षि] १. वह इन्द्रिय जिससे प्राणियों को रूप, वर्ण, विस्तार तथा आकार का ज्ञान होता है, नेत्र, नयन। २. दृष्टि, नजर, ध्यान।

मुहा० *आँख आना*=आँख में लाली, पीड़ा और सूजन होना। *आँख उठाना*=(क) देखना। (ख) हानि पहुँचाने की चेष्टा करना। *आँख उलट जाना*=(मरने के समय) पुतली का ऊपर चढ़ जाना। *आँख की शरम*=लोक-लज्जा। *आँख खुलना*=(क) नींद टूटना (ख) ज्ञान होना, भ्रम दूर होना। *आँख दिखाना*=क्रोध की दृष्टि से देखना, क्रोध जताना। *आँख न ठहरना*=चमक या द्रुतगति के कारण दृष्टि न जमना। *आँख फड़कना*=आँख का बार-बार हिलना (शुभ-अशुभ सूचक)। *आँख भर देखना*=खूब अच्छी तरह से देखना। *आँख मारना*=(क) इशारा करना, सनकारना। (ख) आँख के इशारे से मना करना। *आँख मिलाना*=(क) आँख सामने करना, बराबर ताकना। (ख) सामने आना, मुँह दिखाना। *आँख लगना*=(क) प्रीति होना, प्रेम होना। (ख) नींद आना। *आँख लड़ना*=(क) देखादेखी होना, आँख मिलना। (ख) प्रेम होना, प्रीति होना। *आँख होना*=(क) परख होना, पहचान होना। (ख) ज्ञान होना, विवेक होना। *आँखें खोलना/खोल देना*=विषम परिस्थिति से परिचित कराना। *आँखें चढ़ना*=(क) क्रोध में भवें तनना। (ख) नशे का असर दिखना। *आँखें चार करना*=देखादेखी होना, सामने आना। *आँखें चुराना या छिपाना*=(क) सामने न होना। (ख) लज्जा से बराबर न ताकना। *आँखें डबडबाना*=आँखों में आँसू भर आना। *आँखें निकालना*=(क) क्रोध की दृष्टि से देखना। (ख) आँखों के डेले काटकर अलग कर देना। *आँखें नीची करना*=सिर नीचा होना, लज्जा उत्पन्न होना। *आँखें फिर जाना*=(क) पहले की-सी कृपा न रहना, बेमुरौअवती आ जाना। (ख) मन में बुराई आना। *आँखें बन्द करके*=(क) बिना ध्यान दिए या सोचे-विचारे (ख) बेतहाशा। *आँखें फेरना*=(क) पहले की-सी कृपा या स्नेहदृष्टि न रखना। (ख) मित्रता तोड़ना। (ग) विरुद्ध या प्रतिकूल होना। *आँखें बंद होना*=(क) आँख झपकना, पलक गिरना। (ख) मृत्यु होना, मरना। *आँखें बंद करके या मूँदकर*=बिना सब बातें देखे, सुने या विचार किए। *आँखें बिछाना*=(क) प्रेम से स्वागत करना। (ख) प्रेमपूर्वक प्रतीक्षा करना। *आँखें भर आना*=आँखों में आँसू आना। *आँखों पर परदा पड़ना*=अज्ञान या अन्धकार छाना, भ्रम होना। *आँखों में चरबी छाना*=गर्व से किसी की ओर ध्यान न देना। *आँखों में धूल झोंकना या डालना*=सरासर धोखा देना, भ्रम में डालना। *आँखों में समाना*=हृदय में बसना, चित्त में ध्यान बना रहना।

३. विचार, विवेक। ४. परख, पहचान। ५. कृपादृष्टि, दयाभाव। ६. आँख के आकार का छेद या चिह्न, जैसे सुई की आँख। ७. संतान।

आँख-मिचौली स्त्री० [हिं० आँख+मीचना] लड़कों का एक खेल जिसमें एक लड़का किसी दूसरे लड़के की आँखें मूँदकर बैठता है और बाकी लड़के इधर-उधर छिपते हैं, जिन्हें उस आँख मुँदानेवाले लड़के को ढूँढ़कर छूना पड़ता है।

आँखों-देखा वि० १. स्वत: प्रत्यक्ष रूप से देखा हुआ। २. सजीव, जो देखा जा रहा हो, ताजा।

आँग* पुं० [सं० अंग] स्तन, छाती।

आँगन पुं० [सं० अंगण] घर के अन्दर का सहन, चौक।

आँगना* अ०=अँगवना (सहन करना)।

आंगिक वि० [सं०] १. अंग-सम्बन्धी, अंग का। २. जो किसी के अंग के रूप में हो।

पुं० १. चित्त के भाव प्रकट करनेवाली चेष्टा, जैसे भौहें नचाना, हावभाव आदि। २. रस में कायिक अनुभाव। ३. नाटक के अभिनय के चार भेदों में से एक।

आंग्ल वि० [अं० एंग्लो] अंग्रेजों या इंग्लैंड से सम्बद्ध।

आंग्ल-भारतीय वि० जिसके माता-पिता में से एक अंग्रेज और दूसरा भारतीय हो। (एंग्लो-इंडियन)

आँघी स्त्री० [सं० घृ=क्षरण] महीन कपड़े या जाली से मढ़ी हुई चलनी।

आँच स्त्री० [सं० अर्चि] १. गरमी, ताप। २. आग की लपट, लौ। ३. आग।

मुहा० *आँच आना*=कुछ हानि पहुँचना या अपकार होना। *आँच खाना*=गरमी खाना, आग पर चढ़ना, तपना। *आँच दिखाना*=आग के सामने रखकर गरम करना।

४. एक बार पहुँचा हुआ ताप। ५. तेज, प्रताप। ६. आघात, चोट। ७. हानि, अहित, अनिष्ट। ८. विपत्ति, संकट, आफत। ९. प्रेम, मुहब्बत। १०. काम-वासना।

आँचल पुं० [सं० अंचल] १. धोती, दुपट्टे आदि के दोनो छोरों पर का भाग, पल्ला, छोर। २. साड़ी या ओढ़ना का वह भाग जो सामने छाती पर रहता है।

मुहा० *(किसी के आगे) आँचल फैलाना*=कुछ माँगने के लिए दीनतापूर्वक कपड़े का पल्ला फैलाना। *आँचल में बाँधना*=(क) हर समय साथ रखना, प्रतिक्षण पास रखना। (ख) किसी की कही हुई बात अच्छी तरह स्मरण रखना, कभी न भूलना।

आंचलिक वि० [सं०] अंचल-सम्बन्धी, क्षेत्र-सम्बन्धी।

आंचलिकता स्त्री० [सं०] किसी अंचल की विशिष्टता या विशिष्टताओं का समाहार, क्षेत्रियता।

आँजन पुं० दे० 'अंजन' (आँखों में लगाने का)।

आँजना स० [सं० अंजन] आँखों में अंजन लगाना।

आँट स्त्री० [हिं० अंटी] १. तर्जनी और अँगूठे के नीचे का स्थान। २. दाँव, पेच। ३. वैर, लाग-डाँट। ४. गिरह, गाँठ। ५. ऐंठन। ६. पूला, गट्ठा।

आँटना* अ० दे० 'अँटना'।

आँटी स्त्री० [हिं० आँटना] १. लम्बे तृणों का छोटा गट्ठा, पूला। २. लड़कों के खेलने की गुल्ली। ३. सूत का लच्छा। ४. धोती की गिरह, टेंट, मुर्री।

आँठी स्त्री० दे० 'अंठी'।

आँड़ी स्त्री० [सं० आंडीक=एक प्रकार का कमल] गाँठ के रूप में होनेवाले कन्द का कोई समूचा रूप; जैसे—प्याज या लहसुन की आँड़ी।

आँडू वि० [सं० अंड] जिसे अंडकोश हों, जिसके अंडकोश निकाले न गए हों, जो बधिया न हो।

आँत स्त्री० [सं० अन्त्र] प्राणियों के पेट के भीतर की वह लम्बी नली जो गुदा तक रहती है और जिससे होकर मल या रद्दी पदार्थ बाहर निकल जाता है, अंत्र, अँतड़ी, लाद।

मुहा० *आँत उतरना*=एक रोग जिसमें आँत ढीली होकर नाभी के नीचे उतर आती है और अंडकोश में पीड़ा उत्पन्न होती है। *आँतें कुलकुलाना या सूखना*=भूख के मारे बुरी दशा होना।

आँतर* पुं०=अंतर।

आंतर वि० [सं०] १. अन्दर का, भीतरी। २. किसी निश्चित क्षेत्र या सीमा के भीतरी भागों में होनेवाला। ३. किसी वस्तु के वास्तविक मूल्य, तत्त्व, महत्त्व आदि से सम्बन्ध रखनेवाला। (इनट्रिंजिक)

आंतरभारती वि० भारत के भीतरी भागों, प्रदेशों या राज्यों में प्रचलित।

आंतरिक वि० [सं०] १. अन्दर का, भीतरी। २. किसी देश के भीतरी भागों से सम्बन्ध रखनेवाला, जैसे आंतरिक व्यवस्था, 'वैदेशिक' या 'परराष्ट्रीय' का उलटा। (इन्टर्नल) ३. किसी इमारत या घिरे हुए क्षेत्र के भीतरी भागों से सम्बन्ध रखनेवाला। (इन्-डोर) ४. हृदय या मन में होनेवाला, जैसे आंतरिक प्रेम, आंतरिक द्वेष।

आंतिक वि० [सं० अंत] अन्त या समाप्ति के स्थान से सम्बन्ध रखनेवाला, जैसे आंतिक कर। (टरमिनल)

आंतिक कर पुं० [हिं० आंतिक+कर] वह कर जो किसी यात्रा की समाप्ति के स्थान पर पहुँचने के विचार से लिया जाता है। (टरमिनल टैक्स)

आंत्र पुं० [सं०] [वि० आंत्रिक] आँत।

आँदू पुं० [देश०] हाथी के पैर में बाँधने का सिक्कड़।

आंदोलन पुं० [सं०] १. किसी नियम, प्रथा, संस्था या धांधली के विरुद्ध पीड़ित लोगों का किया जानेवाला प्रदर्शन तथा नारेबाजी। २. बार-बार हिलना-डोलना।

आंदोलन करना = आंदोलन में योगदान करना या सम्मिलित होना।

आंदोलन चलाना = आंदोलन को आगे बढ़ाना।

आंदोलनकारी (-रिन्) वि०, पुं० [सं०] आन्दोलन करनेवाला, आन्दोलन में सम्मिलित होनेवाला।

आंदोलित वि० [सं०] १. जो हिल-डुल रहा हो। २. हलचल से भरा। ३. अशांत।

आँधना* अ० [हिं० आँधी] वेग से धावा करना, टूट पड़ना।

आँधी स्त्री० [सं० अंध=अँधेरा] बहुत वेग की हवा जिससे इतनी धूल उठे कि चारो ओर अँधेरा छा जाए, अंधड़। वि० आँधी की तरह तेज।

आंध्र पुं० [सं०] भारत का एक राज्य।

आंध्रवासी (-सिन्) पुं० [सं०] आन्ध्र प्रदेश का वासी।

आँय-बाँय-शाँय वि० [सं० अतिपात्य शान्ति या विशुद्ध अनु०] व्यर्थ का, बिना सिर-पैर का और असम्बद्ध (कथन या प्रलाप)।

आँव पुं० [सं० आम=कच्चा] वह चिकना, सफेद, लसदार मल जो अन्न न पचने से उत्पन्न होता है।

आँवठ* पुं० [सं० ओष्ठ] किनारा।

आँवड़ा पुं० [सं० आकुंड] गहरा।

आँवल पुं० [सं० उल्व] वह झिल्ली जिससे गर्भ में बच्चे लिपटे रहते हैं, खेड़ी, जेरी।

आँवलनाल स्त्री० दे० 'आँवल'।

आँवला पुं० [सं० आमलक] एक पेड़ जिसके गोल फल खट्टे होते तथा खाने और दवा के काम में आते हैं।

आँवाँ पुं० [सं० आपाक] वह गड्ढा जिसमें कुम्हार मिट्टी के बर्तन पकाते हैं।

मुहा० *आँवे का आँवाँ बिगड़ जाना*=किसी समाज के सब लोगों का बिगड़ जाना।

आंशिक वि० [सं०] अंश-सम्बन्धी, अंश-विषयक। २. जो अंश रूप में हो, थोड़ा, कुछ या कम। (पार्शल)

आँस[1] * स्त्री० [सं० काश] संवेदना, दर्द।

आँस[2] * स्त्री० [सं० पाश] १. डोरी। २. रेशा।

आँस[3] * पुं० 'आँसू'।

आँसना| अ० अखरना।

आँसला * वि० [हिं० आँसू] १. आँसुओं से युक्त। २. जिसके हृदय में बहुत वेदना हो।

आँसी * स्त्री० [सं० अंश] टुकड़ा।

आँसू पुं० [सं० अश्रु] वह जल जो आँखों से शोक या पीड़ा के समय निकलता है, अश्रु।

मुहा० *आँसू गिराना या ढालना*=रोना। *आँसू पीकर रह जाना*=मन ही मन रोकर रह जाना। *आँसू पुछना*=आश्वासन मिलना, ढारस बँधना। *(किसी के) आँसू पोंछना*=(किसी को) ढारस देना।

आँहड़ पुं० [सं० भांड] बरतन, भाँडा।

आइंदा क्रि० वि० [फा०] भविष्य में, आगे चलकर।

आइ * स्त्री० [सं० आयु] १. जीवन। २. दे० 'आयु'।

आईन पुं० [पहलवी से फा०, मि० सं० अयन (मार्ग)] १. नियम, कायदा। २. कानून, विधान।

आईना पुं० [फा०] दर्पण, शीशा।

मुहा० *आईना होना*=बिल्कुल स्पष्ट होना, अनायास समझ में आने के योग्य होना।

आउंकार * पुं०=ओंकार।

आउ * स्त्री०=आयु।

आउज * पुं० [सं० आ+वाद्य] ताशा नाम का बाजा।

आउटसोर्सिंग स्त्री० [सं०] किसी संस्था (या देश) द्वारा भुगतान देकर किसी दूसरी संस्था (या देश) द्वारा काम कराया जाना।

आऊ * स्त्री०=आयु।

आक पुं० [सं० अर्क] मदार, अकौवन।

आकबत स्त्री० [अ०] १. मरणोपरान्त अवस्था। २. अंतकाल।

आकबाक * स्त्री० दे० 'अकबक'।

आकर पुं० [सं०] १. खान, उत्पत्ति-स्थान। २. खजाना, भांडार। ३. प्रकार।

आकरखना * स०=आकर्षण करना।

आकरभाषा स्त्री० [सं०] वह मूल प्राचीन भाषा जिससे नई भाषा आवश्यकता पड़ने पर, शब्द ले, जैसे हिन्दी की आकरभाषा संस्कृत और उर्दू की अरबी-फारसी है।

आकरिक पुं० [सं०] खान खोदनेवाला।

वि० आकर या खान से सम्बन्ध रखनेवाला।

आकरी स्त्री० [सं०] खान खोदने का काम।

आकर्षक वि० [सं०] १. जिसमें आकर्षण हो, खींचनेवाला। २. अत्यंत सुंदर, मधुर या सुखद।

आकर्षण पुं० [सं०] [वि० आकर्षित, आकृष्ट] १. वह गुण जिसके फलस्वरूप लोग किसी वस्तु, व्यक्ति, स्थान आदि की ओर खिंचे चले आते हैं। २. इस प्रकार किसी ओर खिंचे चले आने की क्रिया या भाव, खिंचाव। ३. तन्त्र में एक प्रकार का प्रयोग जिसके द्वारा दूर देशस्थ पुरुष या पदार्थ पास आ जाता है।

आकर्षण-शक्ति स्त्री० [सं०] भौतिक पदार्थों की वह शक्ति जिससे वे अन्य पदार्थों को अपनी ओर खींचते हैं।

आकर्षणा * स० [सं० आकर्षण] खींचना।

आकर्षित = आकृष्ट (अशुद्ध)।

आकलन पुं० [सं०] [वि० आकलनीय, आकलित] १. किसी के गुण, मूल्य, महत्त्व आदि को आँकने की क्रिया या भाव। २. आँका हुआ तथ्य।

आकस्मिक वि० [सं०] [भाव० आकस्मिकता] १. यों ही किसी समय हो जानेवाला। (कैजुअल) २. अचानक या सहसा होनेवाला। (कन्टिंजेन्ट) ३. आप से आप, किसी घटनावश या संयोगवश हो जानेवाला। (ऐक्सिडेन्टल)

आकस्मिक छुट्टी स्त्री० [सं०+हिं०] वह छुट्टी जो यों ही अचानक कोई काम आ पड़ने पर ली जाए।

आकस्मिकता स्त्री० [सं०] १. अचानक, आप से आप या आकस्मिक रूप से होने का भाव। २. आकस्मिक स्थिति।

आकस्मिकतावाद पुं० [सं०] दर्शनशास्त्र में यह सिद्धांत कि संसार में जो कुछ होता है वह सब यों ही, अकस्मात् या घटनावश होता चलता है, 'नियतिवाद' का विरोधी सिद्धान्त। (एक्सिडेन्टलिज्म)

आकस्मिकी स्त्री० [सं० आकस्मिक] अकस्मात् या अचानक हो जानेवाली घटना या बात। (कैजुएलिटी)

आकांक्षा स्त्री० [सं०] १. कुछ बनने या प्राप्त करने की हार्दिक उत्कट इच्छा; जैसे उसकी आकांक्षा थी कि प्रेमचंद की तरह मैं भी सफल लेखक बनूँ, बलवती इच्छा। २. वाक्यार्थ के ठीक ज्ञान के लिए एक शब्द का दूसरे शब्द पर आश्रित होना। (न्याय)

आकांक्षित वि० [सं०] जिसकी आकांक्षा की गई हो।

आकांक्षी (-क्षिन्) वि० [सं०] [स्त्री० आकांक्षिणी] जिसमें आकांक्षा हो।

आकार पुं० [सं०] १. स्वरूप, आकृति, सूरत। २. किसी वस्तु या कार्य का वह निश्चित या लोक-प्रचलित रूप जिसमें वह साधारणत: होता या पाया जाता हो। (फार्म) ३. डील-डौल। ४. बनावट। ५. निशान, चिह्न। ६. चेष्टा। ७. 'आ' वर्ण। ८. बुलावा।

आकारबद्ध वि० [सं० आकार+बद्ध] [स्त्री० आकारबद्धता] जिसे निश्चित आकार दिया गया हो।

आकारांत वि० [सं०] (शब्द) जिसके अन्त में 'आ' स्वर हो।

आकारी वि० [सं०] [स्त्री० आकारिणी] आह्वान करनेवाला, बुलानेवाला।

आकालिक वि० [सं०] अपने समय से पहले या पीछे होनेवाला, असामयिक।

आकाश पुं० [सं०] १. खुले स्थान में ऊपर की ओर दिखाई देनेवाला खाली स्थान, व्योम, अन्तरिक्ष, आसमान।

मुहा० *आकाश छूना या चूमना*=बहुत ऊँचा होना। *आकाश-पाताल एक करना*=(क) भारी उद्योग करना। (ख) आन्दोलन या हलचल करना। *आकाश-पाताल का अंतर*=बहुत बड़ा अन्तर।

२. एक लचीला पारदर्शी तत्त्व जो उक्त खाली स्थान में व्याप्त माना जाता है और जिसमें से होकर सूर्य की किरणें पृथ्वी तक पहुँचती हैं। (ईथर) ३. वह खाली स्थान जिसमें वायु के सिवा और कुछ न हो।

आकाशकुसुम पुं० [सं०] आकाश में फूल खिलने की-सी असम्भव बात।

आकाशगंगा स्त्री० [सं०] १. बहुत से तारों का एक विस्तृत समूह जो आकाश में उत्तर-दक्षिण फैला है, डहर। २. पुराणानुसार स्वर्ग की गंगा, मन्दाकिनी।

आकाशगत वि० [सं०] आकाश या वायु से आनेवाला।

आकाशचारी (-रिन्) वि० [सं०] आकाश में फिरनेवाला, आकाशगामी।

पुं० १. सूर्य आदि ग्रह और नक्षत्र। २. वायु। ३. पक्षी। ४. देवता।

आकाशबेल स्त्री० [सं० आकाशवल्ली] वृक्षों आदि पर होनेवाली एक प्रकार की बेल जिसकी जड़ और पत्तियाँ नहीं होतीं, अमरबेल।

आकाशभाषित पुं० [सं०] नाटक के अभिनय में वक्ता का ऊपर की ओर देखकर इस तरह कोई प्रश्न कहना मानो वह आकाश से किया जा रहा हो, और तब फिर उसका उत्तर देना।

आकाश-भीति स्त्री० [सं०] खुले स्थान में जाने या रहने से होनेवाला भय।

आकाशयान पुं० [सं०] विमान, हवाई जहाज।

आकाशवाणी स्त्री० [सं०] १. वह बात जो ईश्वर की ओर से कही हुई और आकाश से सुनाई पड़नेवाली मानी जाए, देववाणी। (ओरेकल) २. दे० 'रेडियो'।

आकाशवृत्ति स्त्री० [सं०] ऐसी आमदनी जो बँधी न हो, अनिश्चित जीविका।

आकीर्ण वि० [सं०] [भाव० आकीर्णता] १. फैला हुआ। २. व्याप्त।

आकुंचन पुं० [सं०] [वि० आकुंचित] सिकुड़ना, सिमटना, संकोचन।

आकुल वि० [सं०] [भाव० आकुलता] १. व्यग्र, घबराया हुआ, उद्विग्न। २. विह्वल, कातर।

आकुलता स्त्री० [सं०] [वि० आकुलित] व्याकुलता, घबराहट।

आकृति स्त्री० [सं०] १. बनावट, गढ़न, ढाँचा। २. किसी वस्तु की वे बाहरी और दृश्य बातें जिनसे उसकी लम्बाई, चौड़ाई, प्रकार, स्वरूप आदि का ज्ञान होता है, रूप। (फिगर) ३. मुख, चेहरा। ४. मुख का भाव, चेष्टा।

आकृष्ट वि० [सं०] १. खींचा या खिंचा हुआ। २. जिसका ध्यान या दृष्टि किसी ओर लगी हो।

आक्रम* पुं० दे० 'पराक्रम'।

आक्रमण पुं० [सं०] [वि० आक्रमित] १. बलपूर्वक सीमा का उल्लंघन करके दूसरे के राज्य या क्षेत्र में जाना, चढ़ाई। २. आघात पहुँचाने के लिए किसी पर झपटना या उसे मारना। (एसॉल्ट) ३. खेल में किसी दल द्वारा अंक अर्जित करने के लिए तेजी से किया जानेवाला बढ़ाव। ४. किसी के कार्यों या विचारों पर किया जानेवाला आक्षेप या उसकी निन्दा।

आक्रमणकारी (-रिन्) पुं० [सं०] आक्रमण करनेवाला व्यक्ति, हमलावर।

वि० आक्रामक।

आक्रमित वि [सं०] जिसपर आक्रमण हुआ हो, आक्रान्त।

आक्रांत वि० [सं०] १. जिसपर आक्रमण हुआ हो। २. घिरा हुआ, आवृत। ३. वशीभूत, विवश। ४. व्याप्त। ५. पराजित।

आक्रांता पुं० [सं० आक्रान्त] आक्रमणकारी।

आक्रामक वि०, पुं० [सं०] १. आक्रमण करनेवाला, जो आक्रमण करे। २. उग्रता या आक्रोश प्रकट करनेवाला; जैसे आक्रामक तेवर।

आक्रामकता स्त्री० [सं०] आक्रामक होने की अवस्था या भाव।

आक्रोश पुं० [सं०] कष्ट पहुँचाने या हानि करनेवाले के विरुद्ध होनेवाली अप्रसन्नता की उग्र अभिव्यक्ति, क्रोध, रोष।

आक्षरिक वि० [सं०] अक्षर-सम्बन्धी।

आक्षिप्त वि० [सं०] १. फेंका हुआ। २. जिसपर आक्षेप हुआ हो। ३. बुरा, खराब, निन्दनीय।

आक्षीर पुं० [सं०] वनस्पति (पौधे) का दूध।

आक्षेप पुं० [सं०] १. ऐसी उक्ति या आरोप जो कटु तथा हानिकारक हो। २. एक वातरोग जिससे किसी अंग में कँपकँपी होती है।

आक्षेपक पुं० [सं०] आक्षेप करनेवाला।

आक्षेपण पुं० [सं०] १. फेंकने की क्रिया या भाव। २. क्षेप्यास्त्रों का चलाया जाना तथा उपग्रहों का छोड़ा जाना। ३. दोष लगाना।

आक्साइड पुं० [अं०] आक्सीजन और किसी तत्त्व के योग से बना हुआ यौगिक।

आखत* पुं० दे० 'अक्षत' (चावल)।

आखन* क्रि० वि० [सं० आ+क्षण] प्रतिक्षण, हर घड़ी।

आखना[1]* स० [सं० आख्यान] कहना।

आखना[2] अ० [सं० आकांक्षा] चाहना।

आखना[3] स० [हिं० आँख] देखना, ताकना।

आखर पुं० दे० 'अक्षर'।

आखात पुं० [सं०] खाड़ी।

आखातीज स्त्री० दे० 'अक्षय तृतीया'।

आखिर वि० [फा० आख़िर] अन्तिम, पीछे का।

पुं० १. अन्त। २. परिणाम, फल।

क्रि० वि० अन्त में, अन्त को।

आखिरी वि० [फा० आख़िरी] अन्तिम, पिछला।

आखीर पुं०=आखिर।

आखु पुं० [सं०] चूहा।

आखेट पुं० [सं०] [कर्ता आखेटक] जंगली पशु-पक्षियों को मारना, शिकार।

आखेटक पुं० [सं०] आखेट करनेवाला, शिकारी।

आख्ता वि० [फा०] बधिया'

आख्या स्त्री० [सं०] १. नाम, संज्ञा। २. कीर्ति, यश। ३. व्याख्या। ४. किसी घटना या कार्य का विवरण जो किसी को सूचित करने के लिए हो। (रिपोर्ट)

आख्यात वि० [सं०] १. प्रसिद्ध, विख्यात, मशहूर। २. जो आख्या, विवरण या सूचना के रूप में किसी को बतलाया गया हो। (रिपोर्टेड)

आख्याति स्त्री०=ख्याति।

आख्यान पुं० [सं०] १. वर्णन, वृत्तान्त, बयान। २. कथा, कहानी, किस्सा। ३. उपन्यास के नौ भेदों में से एक, वह कथा जो स्वयं कवि या लेखक कहे।

आख्यायिका स्त्री० [सं०] १. कथा, कहानी। २. वह कल्पित कथा जिससे कुछ शिक्षा निकले। ३. एक प्रकार का आख्यान जिसमें पात्र भी अपने चरित्र अपने मुँह से कुछ-कुछ कहते हैं।

आगंतुक पुं० [सं०] १. वह जो आए, आनेवाला। २. वह जो इधर-उधर से घूमता-फिरता आ जाए।

आग स्त्री० [सं० अग्नि] १. तेज और प्रकाश का पुंज जो तीव्र उष्णतावाली वस्तुओं में देखा जाता है, अग्नि, बसन्दर। २. जलन, ताप, गरमी। ३. काम का वेग। ४. वात्सल्य प्रेम। ५. डाह, ईर्ष्या।

मुहा० *आग धधकना*=घोर असंतोष या विरोध फैलना। *आग मूतना*=उपद्रव या हिंसा फैलना। *आग लगना*=बहुत क्रोध उत्पन्न होना। *आग बबूला होना*=अत्यन्त क्रुद्ध होना। *आग लगाना*=(क) आग से किसी वस्तु को जलाना। (ख) गरमी करना, जलन पैदा करना। (ग) क्रोध उत्पन्न करना। (घ) बिगड़ना, नष्ट करना। *पानी में आग लगाना*=(क) असम्भव कार्य करना। (ख) जहाँ लड़ाई की कोई बात न हो, वहाँ भी लड़ाई लगा देना।

वि० १. जलता हुआ, बहुत गरम। २. जो गुण में उष्ण हो।

आगज़नी स्त्री० [हिं०+फा०] १. जानबूझकर संपति को नष्ट करने के लिए भावन, गाड़ी, खेत आदि में आग लगाना। २. उक्त कार्य जिसकी गिनती अपराध में होती है।

आगत वि० [सं०] [स्त्री० आगता] १. आया हुआ। २. प्राप्त, उपस्थित।

पुं० आनेवाला समय, भविष्य; जैसे न विगत को वापस बुलाया जा सकता है और न आगत का कोई निश्चित आश्वासन ही दे सकता है।

आगतपतिका स्त्री० [सं०] वह नायिका जिसका पति अभी परदेस से लौटा हो।

आगत-स्वागत पुं० [सं० आगत+स्वागत] आए हुए व्यक्ति का आदर-सत्कार, आव-भगत।

आगम पुं० [सं०] १. आने की क्रिया या भाव, अवाई, आगमन। २. भविष्यतकाल, आनेवाला समय। ३. होनहार। ४. समागम, संगम। ५. आमदनी, आय। ६. व्याकरण में किसी शब्द-साधन में वह वर्ण जो बाहर से लाया जाए। ७. उत्पत्ति। ८. वेद और शास्त्र। ९. किसी धर्म के वे मुख्य ग्रन्थ जिनपर वह धर्म आश्रित हो, धर्मग्रन्थ। (स्क्रिपचर) १०. नीतिशास्त्र। ११. वह अधिकार या अधिकारसूचक पत्र जिसके आधार पर कोई किसी वस्तु का स्वामी या उत्तराधिकारी होता है। (टाइटिल)

आगमजानी वि० [सं० आगमज्ञानी] होनहार जाननेवाला, आगमज्ञानी।

आगमन पुं० [सं०] व्यक्ति, वस्तु, ऋतु आदि का आना; अवाई, आमद; जैसे वसंत का आगमन।

आगर[1] पुं० [सं० आकर] [स्त्री० आगरी] १. खान, आकर। २. समूह, ढेर। ३. कोष, निधि, खजाना। ४. वह गड्ढा जिसमें नमक जमाया जाता है।

आगर[2] पुं० [सं० आगार] १. घर, गृह। २. छाजन, छप्पर।

आगर[3] * वि० [सं० अग्र] १. श्रेष्ठ, उत्तम। २. चतुर, कुशल।

*क्रि० वि० बहुत अधिक।

आगरा* वि० [हिं० आगे] आगे बढ़ा हुआ।

आगल* वि० दे० 'अगला'।

आग-लगाऊ वि० [हिं० आग + लगाना] १. आग लगानेवाला। २. झगड़ा करानेवाला।

आगवन* पुं० दे० 'आगमन'।

आगा[1] पुं० [सं० अग्र] १. किसी चीज के आगे का भाग, अगला भाग। २. सामने का भाग, मुख, मुँह। ३. अंगरखे या कुरते आदि की काट में आगे का टुकड़ा। ४. सेना या फौज का अगला भाग, हरावल। ५. घर के सामने का मैदान। ६. आनेवाला समय, भविष्य।

आगा[2] * पुं० [तु० आग़ा] १. मालिक, सरदार। २. काबुली, अफगान।

आगान* पुं० [सं० आ+गान] १. बात, प्रसंग। २. वृत्तान्त।

आगा-पीछा पुं० [हिं० आगा+पीछा] १. हिचक, सोच-विचार, दुविधा। २. परिणाम, नतीजा। ३. शरीर का अगला और पिछला भाग।

आगामिक वि० [सं०] १. आगम से सम्बन्ध रखनेवाला। २. आनेवाला।

आगामी (-मिन्) वि० [सं०] [स्त्री० आगामिनी, वि० आगामिक] भावी, आनेवाला।

आगार पुं० [सं०] १. घर, मकान। २. स्थान, जगह। ३. खजाना।

आगाह वि० [फा०] [भाव० आगाही] जिसे पहले से किसी बात की सूचना मिल चुकी हो।

आगाही स्त्री० [फा०] १. आगाह होने की अवस्था या भाव। २. पहले से होनेवाली जानकारी, पूर्व-सूचना, पूर्वाभास।

आगू* पुं०=आगा।

आगृहीत वि० [सं०] आग्रहण किया हुआ, जमा किए हुए धन में से लिया या निकाला हुआ (धन)। (ड्रान)

आगृहीती पुं० [सं० आगृहीत] वह जो आग्रहण करे, कहीं से कुछ रुपए उठाने, निकालने या लेनेवाला। (ड्राई)

आगे क्रि० वि० [सं० अग्र] १. सामने, सामने की ओर; जैसे, आगे देखकर चलो। २. संख्या के विचार से जिसे अधिक अंक, मत आदि मिले हों; जैसे कांग्रेस प्रत्याशी अभी आगे चल रहा है। ३. दौड़, योग्यता, प्रगति, गुणवत्ता में बढ़कर; जैसे उसका बड़ा भाई हमसे दो कक्षाएँ आगे था। ४. जीवनकाल में, जीते जी। ५. भविष्य में, आगे चलकर। ६. अनन्तर, पीछे, बाद। ७. पूर्व, पहले। ८. गोद में, जैसे उसके आगे एक लड़का है।

पद *आगे का*=आनेवाला, भावी; जैसे आगे की पहले सोचें। *आगे से*=भविष्य में।

मुहा० *आगे आना*=(क) सामने आना या पड़ना, मिलना। (ख) सामना करना, भिड़ना। (ग) घटित होना, घटना। *आगे करना*=(क) उपस्थित या प्रस्तुत करना। (ख) अगुआ या मुखिया बनाना। *आगे को*=भविष्य में। *आगे चलकर*=कुछ दिनों बाद। *आगे निकलना*=बढ़ जाना।

आगे, के सम्बन्धबोध०=के सामने, के समक्ष; पाकिस्तान ने अमेरिका के आगे घुटने टेके।

आगे-पीछे क्रिवि० १. एक पीछे एक; जैसे पति पत्नी आगे-पीछे चल रहे थे। २. पहले या बाद में; जैसे—(क) काम आगे-पीछे होते ही रहते हैं। (ख) परिवार के सभी लोग वहाँ आगे-पीछे पहुँचे ही।

आगौन* पुं०=आगमन।

आग्नेय वि० [सं०] [स्त्री० आग्नेया] १. अग्नि-सम्बन्धी, अग्नि का। २. अग्नि से उत्पन्न। ३. जिससे आग निकले, जलानेवाला, जैसे आग्नेय अस्त्र।

पुं० १. सुवर्ण, सोना। २. अग्नि के पुत्र कार्तिकेय। ३. ज्वालामुखी पर्वत। ४. दक्षिण का एक देश जिसकी प्रधान नगरी महिष्मती थी। ५. वह पदार्थ जिससे आग भड़क उठे, जैसे बारूद। ६. अग्निकोण।

आग्रह पुं० [सं०] १. अनुरोध। २. हठ, जिद। ३. तत्परता, परायणता। ४. बल, जोर, जैसे आग्रहपूर्वक कहना।

आग्रहण पुं० [सं०] [वि० आग्राहक, आगृहीत] अपने जमा किए हुए रुपयों में से अपने नाम के देयादेश (चेक आदि) के आधार पर कहीं से कुछ रुपए निकालना या लेना। (ड्रॉ)

आग्रहमुक्त वि० [सं० आग्रह+मुक्त] जिसे किसी प्रकार का आग्रह न हो, जो किसी बात के प्रति आग्रहशील न हो।

आग्रहशील वि० [सं०] आग्रह करनेवाला।

आग्रहायण पुं० [सं०] अगहन (महीना)।

आग्रही (-हिन्) वि० [सं०] आग्रह करनेवाला, हठी, जिद्दी।

आग्राहक पुं० [सं०] आग्रहण करने या जमा किए हुए रुपयों में से कुछ रुपए निकालने या लेनेवाला। (ड्रॉअर)

आघ* पुं० [सं० अर्घ] मूल्य, दाम।

आघात पुं० [सं०] १. धक्का, ठोकर। २. मार, प्रहार, चोट। (इंजरी)

आघ्राण पुं० [सं०] [वि० आघ्रात, आघ्रेय] १. सूँघना, वास लेना। २. अघाना, तृप्ति।

आचमन पुं० [सं०] [वि० आचमनीय, आचमित] १. जल पीना। २. पूजा या धर्म-सम्बन्धी कर्म के आरम्भ में दाहिने हाथ में थोड़ा-सा जल लेकर मन्त्र पढ़ते हुए पीना।

आचमनी स्त्री० [सं० आचमनीय] एक छोटा चम्मच जिससे आचमन करते हैं।

आचरज* पुं०=आश्चर्य।

आचरण पुं० [सं०] [वि० आचरणी, आचरित] १. कोई कार्य करना, किसी कार्य का अनुष्ठान, करना। (ऐक्ट) २. व्यवहार, बरताव, चाल-चलन। (कॉण्डक्ट) ३. आचार-शुद्धि, सफाई।

आचरण-पंजी स्त्री०=आचरण-पुस्तिका।

आचरण-पुस्तिका स्त्री० [सं०] वह पुस्तिका जिसमें किसी कार्यकर्ता के कार्यों या कर्तव्य-पालन से सम्बन्ध रखनेवाले आचरणों या व्यवहारों का उल्लेख हो। (कैरेक्टर बुक)

आचरणीय वि० [सं०] व्यवहार करने योग्य, आचरण करने योग्य।

आचरन* पुं०=आचरण।

आचरना* अ० [सं० आचरण] आचरण करना, व्यवहार करना।

आचरित वि० [सं०] आचरण में लाया हुआ, कार्य के रूप में किया हुआ। (कमिटेड)

आचान* क्रि० वि० दे० 'अचानक'।

आचार पुं० [सं०] [वि० आचारिक] १. चाल-चलन और रहन-सहन। २ रीति-व्यवहार, जैसे देशाचार, कुलाचार। ३. चरित्र, चाल-ढाल। ४. अच्छा शील या स्वभाव।

आचारज* पुं०=आचार्य।

आचारवान, आचारवान् वि० [सं०] [स्त्री० आचारवती] पवित्रता से रहनेवाला, शुद्ध आचारवाला।

आचार-विचार पुं० [सं०] वह शास्त्र जिसमें मनुष्य के चरित्र, आचरण, कीर्ति और सामाजिक व्यवहारों आदि का विवेचन होता है। (ईथिक्स)

आचारिक वि० [सं०] १. आचार-सम्बन्धी, आचार का। २. जो किसी कुल, समाज आदि में बहुत दिनों से आचार या प्रथा के रूप में चला आ रहा हो। (कस्टमरी)

आचारी (-रिन्) वि० [सं०] [स्त्री० आचारिणी] आचारवान, चरित्रवान।

पुं० रामानुज सम्प्रदाय का वैष्णव।

आचार्य पुं० [सं०] [स्त्री० आचार्या, आचार्याणी] १. उपनयन के समय गायत्री मन्त्र का उपदेश करने-वाला। २. वेद पढ़ानेवाला गुरु। ३. वह जो यज्ञ के समय कर्मों का उपदेश करता हो। ४. पुरोहित। ५. अध्यापक। ६. किसी महाविद्यालय (कालेज) का वह सर्वप्रधान अधिकारी जिसकी अधीनता में सब प्राध्यापक काम करते हैं। (प्रिंसिपल) ७. ब्रह्मसूत्र के प्रधान भाष्यकार शंकर, रामानुज, माध्व, वल्लभाचार्य आदि। ८. वेद का भाष्यकार।

आचार्या स्त्री० [सं०] आचार्य का काम करनेवाली स्त्री।

आचार्याणी स्त्री० [सं०] आचार्य की पत्नी।

आचिंत्य वि० [सं०] चिन्तन या विचार करने योग्य।

आच्छन्न वि० दे० 'आच्छादित'।

आच्छादक वि० [सं०] आच्छादन करने या ढकनेवाला।

आच्छादन पुं० [सं०] [वि० आच्छादित] १. ढकना। २. वस्त्र, कपड़ा। ३. छाजन, छवाई।

आच्छादित वि० [सं०] जिसके ऊपर कोई आच्छादन हो, ढका हुआ।

आछत* क्रि० वि० [हिं० 'आछना' का कृदन्त रूप] होते हुए, रहते हुए, विद्यमानता में, मौजूदगी में।

आछना* अ० [सं० अस=होना] १. होना। २. रहना, विद्यमान होना।

आछा* वि०=अच्छा।

आछे* क्रि० वि० [हिं० अच्छा] भले प्रकार से, भली-भाँति, अच्छी तरह।

अ०=है।

आछेप* पुं०=आक्षेप।

आज क्रि० वि० [सं० अद्य] १. वर्तमान दिन में, जो दिन बीत रहा है, उसमें। २. वर्तमान समय में। ३. इस वक्त, अब।

आज-कल क्रि० वि० [हिं० आज+कल] इन दिनों, इस समय, वर्तमान दिनों में।

मुहा० *आज-कल करना*=टालमटोल करना, हीला-हवाली करना। *आज-कल लगना*=अब-तब लगना, मरणकाल निकट आना।

आजन्म क्रि० वि० [सं०] १. जन्म से अब तक, जीवन में आज तक। २. जीवन भर।

आजमाइश स्त्री० [फा० आज़माइश] परीक्षा, जाँच।

आजमाना स० [फा० आज़माइश] परीक्षा करना, परखना।

आजा पुं० [सं० आर्य] [स्त्री० आजी] पितामह, दादा।

आजाद वि० [फा० आज़ाद] स्वतन्त्र।

आजादी स्त्री० [फा० आज़ादी] स्वतन्त्रता।

आजानु वि० [सं०] जाँघ या घुटने तक लम्बा।

आजानुबाहु वि० [सं०] जिसके बाहु जानु तक लम्बे हों, जिसके हाथ घुटने तक पहुँचे। (वीरों का लक्षण)

आजी स्त्री० [हिं० आजा] दादी।

आजीवन क्रि० वि० [सं०] जब तक जीवन रहे, तब तक, जीवनपर्यन्त, जिन्दगी-भर। (लाइफ-लांग)

आजीविका स्त्री० दे० 'जीविका'।

आज्ञप्त वि० [सं०] जिसकी या जिसके सम्बन्ध में आज्ञा दी गई हो।

आज्ञप्ति स्त्री० [सं०] १. सर्वोच्च अधिकारी अथवा अधि-कारिक परिषद आदि की वह आज्ञा जो किसी कार्य, व्यवस्था आदि के सम्बन्ध में सर्वोपरि होती है और प्राय: विधान के रूप में भेजी जाती है। २. वह निर्णय-सूचक लेख जो किसी अर्थ-व्यवहार (दीवानी मुकदमे) में किसी पक्ष के विजयी होने पर उसके पक्ष में न्यायालय के निर्णय के रूप में लिखा जाता है। (डिक्री)

आज्ञा स्त्री० [सं०] १. बड़ों का छोटों को किसी काम के लिए कहना, हुकुम। २. राज्य, अधिकारी आदि का यह कहना कि अमुक कार्य इसी रूप में हो अथवा बिल्कुल न हो, हुकुम। (आर्डर) ३. हठयोग के अनुसार, शरीर के अन्दर के सात चक्रों में से छठा चक्र।

आज्ञाकारी (-रिन्) वि०, पुं० [सं०] [स्त्री० आज्ञाकारिणी] १. आज्ञा माननेवाला। २. सेवक, दास।

आज्ञाचक्र पुं० [सं०] शरीर में माने जानेवाले आठ चक्रों में से एक जो दोनो भौंहों के बीच स्थित है।

आज्ञापक वि० [सं०][स्त्री० आज्ञापिका] १. आज्ञा देनेवाला। २. प्रभु, स्वामी।

आज्ञापत्र पुं० [सं०] वह जिसमें कोई आज्ञा लिखी हो, हुकुमनामा।

आज्ञापन पुं० [सं०] [वि० आज्ञापित] सूचित करना, जताना।

आज्ञापालन पुं० [सं०] [वि० आज्ञापालक] किसी की दी हुई आज्ञा के अनुसार कोई काम करना।

आज्ञापित वि० [सं०] सूचित किया हुआ, जताया हुआ।

आज्ञाफलक पुं० [सं०] वह पत्र जिसपर किसी विषय या व्यवहार के संबंध की आज्ञा लिखी हो। (आर्डर शीट)

आज्ञाभंग पुं० [सं०] किसी की आज्ञा न मानना, या उसके विरुद्ध काम करना। (डिसओबीडिएन्स)

आज्ञार्थक वि० [सं०] आज्ञा का सूचक, आज्ञा के रूप होनेवाला।

आज्य पुं० [सं०] वे वस्तुएँ जिनकी यज्ञ में आहुति दी जाती है, हवि।

आटना* स० [सं० अट्ट] १. ढकना। २. दबाना।

आटा पुं० [सं० अटन=घूमना] १. किसी अन्न का चूर्ण, पिसान, चून।

मुहा० *आटे-दाल का भाव मालूम होना*=संसार के व्यवहार का ज्ञान होना। *आटे-दाल की फिक्र*=जीविका की चिन्ता।

२. किसी वस्तु का चूर्ण, बुकनी।

आटोप पुं० [सं०] १. फैलाव। २. साँप के फन का फैलाव। ३. फैला हुआ साँप का फन।

आटोमैटिक वि० [अं०] दे० 'स्वयंचालित'।

आटोमोबाइल पुं० [अं०] कार।

आठ वि० [सं० अष्ट] चार का दूना।

मुहा० *आठ-आठ आँसू रोना*=बहुत अधिक विलाप करना। *आठो पहर*=दिन रात।

कहा० *आठो गाँठ कुम्मैत*=बहुत ही चतुर या धूर्त, छँटा हुआ।

आडंबर पुं० [सं०] [वि० आडंबरी] १. गम्भीर शब्द। २. तुरही का शब्द। ३. हाथी की चिंग्घाड़। ४. ऊपरी बनावट, तड़क-भड़क, टीम-टाम, ढोंग। ५. आच्छादन। ६. तम्बू। ७. बड़ा ढोल जो युद्ध में बजाया जाता है।

आड़[१] स्त्री० [सं० अल्=रोक] १. ओट, परदा, आवरण। २. रक्षा, शरण, पनाह। ३. सहारा, आश्रय। ४. रोक, अड़ान। ५. थूनी, टेक।

आड़[२] स्त्री० [सं० आलि=रेखा] १. लम्बी कटीली बिंदी जो स्त्रियाँ माथे पर लगाती हैं। २. स्त्रियों के भाल पर का आड़ा तिलक। ३. माथे पर पहनने का एक गहना, टीका।

आड़ना स० [सं० अल्=वारण करना] १. रोकना, छेंकना। २. बाँधना। ३. मना करना, न करने देना। ४. गिरवी या रेहन रखना, गहने रखना।

आड़ा पुं० [सं० आलि] १. धारीदार कपड़ा। २. लट्ठा, शहतीर। वि० १. आँखों के समानान्तर दाहिने से बाँई ओर को या बाँए से दाहिनी ओर को गया हुआ। २. इस पार से उस पार तक रखा हुआ।

मुहा० *आड़े आना*=(क) सामने आना। (ख) रुकावट डालना, बाधक होना (ग) कठिन समय में सहायक होना। *आड़े हाथों लेना*=किसी को व्यंग्योक्ति द्वारा लज्जित करना।

आडिटोरियम पुं० [अं०] किसी हाल या आंगन का वह हिस्सा जहाँ दर्शक-श्रोता बैठकर कार्यक्रम देखते-सुनते हैं।

आडीशन पुं० [अं० आडिशन] किसी नाटक फिल्म, धारावाहिक के लिए अपनी पात्रता सिद्ध करने के लिए किसी अभिनेता, गायक नर्तक आदि का किया जानेवाला अपनी कला का संक्षिप्त प्रदर्शन।

आढ़[१] पुं० [सं० आढ़क] चार सेर की एक तौल।

आढ़[२] स्त्री० [हिं० आड़] १. चोट। २. अन्तर, फरक। ३. नागा।

आढ़[३] वि० [सं० आढ्य=सम्पन्न] कुशल, दक्ष।

आढ़त स्त्री० [हिं० आढ्य=जमानत देना] १. किसी अन्य व्यापारी के माल की बिक्री करा देने का व्यवसाय। २. वह स्थान जहाँ आढ़त का माल रहता हो। ३. वह धन जो इस प्रकार बिक्री करने के बदले में मिलता है।

आढ़तिया पुं० दे० 'अढ़तिया'।

आढ्य वि० [सं०] पूरी तरह से युक्त या सम्पन्न, जैसे धनाढ्य, गुणाढ्य।

आणविक वि० [सं०] १. अणु-सम्बन्धी, अणु का। २. अणु के विस्फोट से उत्पन्न होनेवाली शक्ति से सम्बन्ध रखनेवाला।

आतंक पुं० [सं०] १. रोब, दबदबा, प्रताप। २. भय, आशंका। ३. रोग। ४. किसी वस्तु या बात का ऐसा अधिक और विकट भय जो बहुत-कुछ रोग का रूप धारण कर ले, जैसे जलांतक। (फोबिया) ५. बहुत ही कठोर व्यवहारों, अत्याचारों, प्रकोपों आदि के कारण लोगों के मन में उत्पन्न होनेवाला भय। (टेरर)

आतंकवाद पुं० [सं०] यह सिद्धान्त कि अपना कोई बड़ा विशेषतः राजनीतिक उद्देश्य सिद्ध करने के लिए लोगों तथा शासन को हिंसा व अन्य दुष्कृत्यों से अत्यन्त भयभीत रखना चाहिए। (टेररिज्म)

आतंकवादी(-दिन्) पुं० [सं०] १. वह जो लोगों को आतंकित करता हो। २. राजनीतिक उद्देश्य से हिंसक कार्यों तथा अन्य दुष्कृत्यों में लिप्त व्यक्ति, आतंकी।

वि० आतंकवाद-सम्बन्धी।

आतंकित वि० [सं०] घबराया हुआ, भयभीत।

आतंकी वि० [सं० आतंक] आतंक या आतंकवादियों सम्बन्धी; जैसे—आतंकी हिंसा।

पुं०=आतंकवादी।

आततायी (-यिन्) पुं० [सं०] [स्त्री० आततायिनी] वह जो लोगों की धन-सम्पत्ति लूट ले, उनके घरों में आग लगा दे, स्त्रियाँ छीन ले या इस प्रकार का और उपद्रव या दुष्कर्म करे।

आतप पुं० [सं०] [भाव० आतपता] १. धूप, घाम। २. गर्मी, उष्णता। ३. सूर्य का प्रकाश।

आतपस्नान पुं० [सं०] धूप में इस प्रकार बैठना या लेटना कि सारे शरीर पर उसका प्रभाव पड़े। (सन्बाथ)

आतश, आतिश स्त्री० [फा०] आग, अग्नि।

आतशबाज़, आतिशबाज़ पुं० [फा०] वह जो आतिशबाजी बनाता तथा छोड़ता हो।

आतशबाज़ी, आतिशबाज़ी स्त्री० [फा०] बारूद, गन्धक, शोरे आदि के योग से बने हुए चक्र, अनार आदि जिनके जलने पर रंग-बिरंगी चिनगारियाँ निकलती हैं।

आतशी शीशा पुं० [फा०] एक प्रकार का शीशा जिसमें से सूर्य-किरणें निकलने पर अग्नि उत्पन्न होती है।

आता-जाता पुं० [हिं०] १. (कहीं) आने या जानेवाला व्यक्ति। २. अतिथि।

आतिथेय पुं० [सं०] वह जिसके यहाँ अतिथि ठहरा हो।

आतिथ्य पुं० [सं०] अतिथि का सत्कार, पहुनाई, मेहमानदारी।

अतिश स्त्री० दे० 'आतश'।

आतुर वि० [सं०] [भा० आतुरता] १. व्याकुल, व्यग्र, घबराया हुआ। २. उतावला, अधीर। ३. उद्विग्न, बेचैन। ४. उत्सुक। ५. दुखी। ६. रोगी।

क्रि० वि० शीघ्र, जल्दी।

आतुरी स्त्री० [सं० आतुर] १. घबराहट, व्याकुलता। २. शीघ्रता।

आत्म वि० [सं० आत्मन्] अपना।

आत्मक वि० [सं०] [स्त्री० आत्मिका] (यौगिक शब्दों के अन्त में) मय, युक्त; जैसे ध्वंसात्मक, व्यंगात्मक।

आत्मकथनात्मक वि० [सं० आत्म+कथन+आत्मक] अपने जीवन के सम्बन्ध में कहा हुआ।

आत्मकथा स्त्री० [सं०] १. अपने सम्बन्ध की आप कही हुई बातें। २. दे० 'आत्मचरित्र'।

आत्मकथ्य पुं० [सं०] अपने सम्बन्ध में या अपने अनुभव पर आधारित कही हुई बात।

आत्मकेंद्रित वि० [सं० आत्म+केंद्रित] [भाव० आत्मकेंद्रितता] अपने ही बारे या हित में जिसकी सोच सीमित हो।

आत्मगत वि० [सं०] १. अपने में आया या मिला हुआ। २. (अनुभव, विचार या धारणा) जो मन में जमा हो।

आत्मगोपन पुं० [सं०] अपने भावों को छिपाना।

आत्मगौरव पुं० [सं०] अपनी बड़ाई या प्रतिष्ठा का ध्यान, आत्मसम्मान।

आत्मग्रहण पुं० [सं०] स्वत: ग्रहण करने की क्रिया या भाव।

आत्मघात पुं० [सं०] आत्महत्या।

आत्मचरित्र पुं० [सं०] किसी का वह जीवनचरित्र जो उसने स्वयं लिखा हो। (ऑटोबायोग्रैफी)

आत्मज पुं० [सं०] [स्त्री० आत्मजा] १. पुत्र, लड़का। २. कामदेव।

आत्मज्ञान पुं० [सं०] १. जीवात्मा और परमात्मा के विषय में जानकारी। २. ब्रह्म का साक्षात्कार।

आत्मत्याग पुं० [सं०] दूसरों के हित के लिए अपना स्वार्थ छोड़ना।

आत्मदीप्त वि० [सं० आत्म+दीप्त] जिसकी आत्मा प्रकाशपूर्ण हो, ज्ञान-प्राप्त।

आत्मनियंत्रण पुं० [सं०] अपने ऊपर रखा हुआ नियन्त्रण।

आत्मनिर्भर वि० [सं०] [भाव० आत्मनिर्भरता] जो अपनी आवश्यकताओं की पूर्ति करने में समर्थ हो।

आत्मनिर्वासन पुं० [सं० आत्म+निर्वासन] सरकारी उत्पीड़न, कारावास का भय अथवा किसी अन्य कारण से अपने देश को छोड़कर विदेश में जा रहना।

आत्मनिवेदन पुं० [सं०] अपने आपको या अपना सर्वस्व अपने इष्टदेव पर चढ़ा देना, आत्मसमर्पण।

आत्मनिष्ठ वि० [सं०] [भाव० आत्मनिष्ठा] १. जिसकी आत्मा में निष्ठा हो। २. दे० 'आत्मगत'।

आत्मपूर्ण वि० [सं० आत्म+पूर्ण] [भाव० आत्मपूर्णता] जो अपने में पूर्ण हो, जिसमें किसी बात की कमी या अपेक्षा न हो।

आत्मप्रकाशन पुं० [सं० आत्म+प्रकाशन] अपनी इच्छाओं उपलब्धियों, गुणों, शक्तियों आदि का वर्णन।

आत्मप्रदर्शन पुं० [सं०] अपने गुणों, कृत्यों आदि का प्रदर्शन।

आत्मप्रधान वि० [सं०] जो आत्मा से सम्बन्ध रखता हो।

आत्मप्रशंसा स्त्री० दे० 'आत्मश्लाघा'।

आत्मबल पुं० [सं०] आत्मा का बल।

आत्मबलि स्त्री० [सं०] किसी कार्य के लिए दी जानेवाली बलि।

आत्मबोध पुं० [सं०] आत्मज्ञान।

आत्मभू वि० [सं०] १. अपने शरीर से उत्पन्न। २. आप-ही-आप उत्पन्न।

पुं० १. पुत्र। २. कामदेव। ३. ब्रह्मा। ४. विष्णु। ५. शिव।

आत्मरंजन पुं० [सं० आत्म+रंजन] अपना जी बहलाने का कार्य, अपना मनोरंजन।

आत्मरक्षा स्त्री० [सं०] अपनी रक्षा या बचाव।

आत्मलोचन पुं० [सं० आत्म+लोचन] अपने को देखना आत्मनिरीक्षण।

आत्मवाद पुं०=अध्यात्मवाद।

आत्मविकास पुं० [सं० आत्म+विकास] अपना विकास, अपने गुणों में होनेवाली वृद्धि।

आत्मविद्या स्त्री० [सं०] वह विद्या जिससे आत्मा और परमात्मा का ज्ञान हो, ब्रह्मविद्या, अध्यात्मविद्या।

आत्मविस्मृति स्त्री० [सं०] अपने आपको भूल जाना, अपना ध्यान न रखना।

आत्मश्लाघा स्त्री० [सं०] [वि० आत्मश्लाघी] स्वयं अपनी की जानेवाली प्रशंसा।

आत्मसंघर्ष पुं० [सं० आत्म+संघर्ष] मन में उठनेवाले परस्पर-विरोधी भावों या विचारों से पार पाने के लिए व्यक्ति (विशेषत: रचनाकार) द्वारा किया जानेवाला संघर्ष।

आत्मसंयम पुं० [सं०] अपने मन को रोकना, इच्छाओं को वश में करना।

आत्मसमर्पण पुं० [सं०] अपने आपको किसी के हाथ सौंपना, पूरी तरह किसी के वश में या अधीन हो जाना।

आत्मसमीक्षा स्त्री० [सं०] अपने विचारों तथा क्रियाओं की अच्छाई-बुराई के सम्बन्ध में चिंतन।

आत्मसम्मान पुं० [सं०] १. अपना सम्मान। २. अहं।

आत्मसात् वि० [सं०] जिसे पूरी तरह से अपने अन्तर्गत कर लिया गया हो, अपने आप में लीन किया या मिलाया हुआ।

आत्मस्पर्शी वि० [सं० आत्मा+स्पर्श] आत्मा को छूनेवाला, आत्मा को आन्दोलित करनेवाला।

आत्मस्मरण पुं० [सं०] १. स्वयं का स्मरण। २. आत्मा का स्मरण।

आत्मस्वरूप पुं० [सं०] आत्मा का वास्तविक रूप।

आत्महत्या स्त्री० [सं०] अपने आपको मार डालना, आत्मघात। (सुइसाइड)

आत्महनन पुं० [सं०] १. आत्महत्या। २. अपने हितों का खुद किया जानेवाला नाश।

आत्मा स्त्री० [सं०] [वि० आत्मिक, आत्मीय] १. मन या अन्त:करण के व्यापारों का ज्ञान करानेवाली सत्ता, जीवात्मा, चैतन्य। (सोल) २. मन, चित्त। ३. हृदय।

आत्मानंद पुं० [सं०] परमानन्द।

आत्मानुशासन पुं० [सं० आत्मा+अनुशासन] अपनी इच्छाओं, व्यवहारों आदि पर होनेवाला नियंत्रण।

आत्माभिमान पुं० [सं०] [वि० आत्माभिमानी] अपनी इज्जत या प्रतिष्ठा का खयाल, मान-अपमान का ध्यान।

आत्मावलंबी (-बिन्) वि० [सं०] जो सब काम अपने बल पर करे।

आत्मिक वि० [सं०] [स्त्री० आत्मिका] १. आत्मा-सम्बन्धी। २. अपना। ३. मानसिक।

आत्मीकरण पुं० [सं०] आत्मसात् कर लेना, अपना अंग बना लेना।

आत्मीय वि० [सं०] [भाव० आत्मीयता] निज का, अपना। पुं० अपना सम्बन्धी, रिश्तेदार।

आत्मोत्कर्ष पुं० [सं०] १. आत्मा का उत्कर्ष। २. अपना उत्कर्ष।

आत्मोत्सर्ग पुं० [सं०] दूसरे की भलाई के लिए अपने हिताहित का ध्यान छोड़ना।

आत्मोद्धार पुं० [सं०] १. अपनी आत्मा को संसार के दुख से छुड़ाना या ब्रह्म में मिलाना, मोक्ष। २. अपना उद्धार या छुटकारा।

आत्मोन्नति स्त्री० [सं०] १. आत्मा की उन्नति। २. अपनी उन्नति।

आत्यंतिक वि० [सं०] १. चरम सीमा पर पहुँचा हुआ, अत्यधिक। २. जो किसी शृंखला की अंतिम कड़ी के रूप में हो। (फाइनल)

आत्रेय वि० [सं० आत्रि] अत्रि गोत्रवाला। पुं० अत्रि के पुत्र दत्त, दुर्वासा और चन्द्रमा।

आत्रेयी स्त्री० [सं०] एक तपस्विनी जो वेदान्त की बहुत बड़ी पंडिता थी।

आथ* पुं० दे० 'अर्थ'।

आथन* पुं० [सं० अस्तमन] अस्त होने की क्रिया या भाव।

आथना* अ० [सं० अस्ति] होना।

आथि* स्त्री० [हिं० थाती] पूँजी, धन।

आदत स्त्री० [अ०] १. वह काम या बात जिसे व्यक्ति अनजाने या स्वभाववश नियमित रूप से या प्राय: करता हो; जैसे (क) सुबह देर से उठने की उसकी आदत है (ख) छाता कहीं छोड़ आने की उसकी पुरानी आदत है। २. ऐसा अनुचित काम या बात जिसे कोई प्राय: करता हो; जैसे-गाली बकने की उसकी आदत है। ३. अभ्यास।
पद० *आदत से लाचार*=अपनी आदत से विवश।

आदम पुं० [अ०] इबरानी और अरबी मतों के अनुसार मनुष्यों का आदि प्रजापति।

आदमियत स्त्री० [अ० आदमी+फा० इयत (प्रत्य०)] मनुष्यता।

आदमी पुं० [अ०] १. मनुष्य। २. कार्यकर्ता। ३. सेवक।

आदर पुं० [सं०] १. सम्मान, सत्कार। २. प्रतिष्ठा, इज्जत।

आदरणीय वि० [सं०] [स्त्री० आदरणीया] आदर किए जाने के लायक।

आदरना* स० [सं० आदर] आदर करना, सम्मान करना, मानना।

आदर्श पुं० [सं०] १. दर्पण, शीशा, आइना। २. टीका, व्याख्या। ३. वह जिसके रूप और गुण आदि का अनुकरण किया जाए, नमूना। (आइडियल)

आदर्शलोक पुं० [सं०] ऐसा राज्य जो आर्थिक, सामाजिक, राजनीतिक आदि दृष्टियों से आदर्श हो।

आदर्शवाद पुं० [सं०] [वि० आदर्शवादी] यह सिद्धान्त कि मनुष्य को सदा अपने आदर्श या अच्छी से अच्छी बातें अपने सामने रखकर उनकी सिद्धि या प्राप्ति के लिए सब कार्य करने चाहिए। (आइडियलिज्म)

आदर्शवादी (-दिन्) पुं० [सं०] आदर्शवाद को मानने और उसके अनुसार चलनेवाला। (आइडियलिस्ट)
वि० [भाव० आदर्शवादिता] आदर्शवाद-सम्बन्धी।

आदर्शविज्ञान पुं० [सं०] विज्ञान की दो शाखाओं में से एक, जिसमें वे विज्ञान आते हैं जो कल्पना आदि के आधार पर आदर्शों का विवेचन करते हैं। (नारमेटिव साइन्स)

आदर्शीकरण पुं० [सं०] किसी वस्तु, कार्य आदि को आदर्श रूप देना। (आइडियलाइजेशन)

आदर्शोन्मुख (-मुखिन्) वि० [सं०] आदर्शों को अपनानेवाला।

आदर्स* पुं०=आदर्श (दर्पण)।

आदाता पुं० [सं०] वह व्यक्ति जो किसी विवादग्रस्त संस्था का प्रशासन-भार न्यायालय के अनुरोध पर स्वीकार करता है। (रिसीवर)

आदान पुं० [सं०] १. किसी से कुछ लेना, ग्रहण करना, 'दान' का उलटा। २. वह जो कर, शुल्क आदि के रूप में लिया जाने को हो या प्राप्य हो।

आदान-प्रदान पुं० [सं०] १. किसी से कुछ लेना और उसे कुछ देना, जैसे वस्तुओं या विचारों का आदान-प्रदान।

आदाब पुं० [अ०] नमस्कार, सलाम।

आदाय वि० [सं०] जो किसी से लेने, ग्रहण करने या प्राप्त करने के योग्य हो, प्राप्य।

पुं० १. किसी से कुछ लेने या ग्रहण करने की क्रिया या भाव। २. वह धन या लेन जो किसी से अधिकारपूर्वक लिया जा सकता हो।

आदि पुं० [सं०] १. आरम्भ, बुनियाद या मूल कारण। २. परमेश्वर।

वि० [सं०] आरम्भ का, प्रथम, पहला, शुरू का, जैसे आदि कवि।

निपा० और इसी प्रकार अन्य भी, वगैरह।

आदिकारण पुं० [सं०] सृष्टि का मूल कारण, जैसे ईश्वर या प्रकृति।

आदित्य पुं० [सं०] १. अदिति के पुत्र। २. देवता। ३. सूर्य। ४. इन्द्र।

आदिनाथ पुं० [सं०] शिव, महादेव।

आदिपुरुष पुं० [सं०] १. परमेश्वर। २. वह जिससे किसी वंश का आरम्भ हुआ हो, मूल पुरुष।

आदिम वि० [सं०] पहले का, पुराना।

आदिम जाति स्त्री० [सं०] किसी देश में रहनेवाली सबसे पहली और पुरानी मनुष्यजाति। (प्रिमिटिव रेस)

आदिवासी (-सिन्) पुं० [सं०] किसी स्थान पर रहनेवाले वहाँ के मूल, असभ्य तथा जंगली निवासी।

वि० आदिवासियों का।

आदिष्ट वि० [सं०] १. जिसे आदेश मिला हो। २. जिसके विषय में कोई आदेश दिया गया हो।

आदी[1] वि० [अ०] जिसे कोई आदत पड़ी हो, अभ्यस्त; जैसे-लड़का नशे का आदी हो गया है।

आदी[2] स्त्री० दे० 'अदरक'।

आदृत वि० [सं०] जिसका आदर किया गया हो, सम्मानित।

आदृत्य वि० [सं०] आदर के योग्य।

आदेय वि० [सं०] १. किसी से लेने योग्य, जो लिया जा सके। २. जिस पर कर, शुल्क आदि लिया या लगाया जा सके। ३. जिस पर कर, शुल्क आदि लगाया गया हो।

आदेश पुं० [सं०] [वि० आदेशक, आदिष्ट] १. आज्ञा। २. उपदेश। ३. ज्योतिषशास्त्र में, ग्रहों का फल। ४. व्याकरण में, एक अक्षर के स्थान पर दूसरे अक्षर का आना, अक्षर-परिवर्तन।

आदेशक पुं० [सं०] आदेश अथवा आज्ञा देनेवाला।

आद्यंत क्रि० वि० [सं०] आदि से अन्त तक।

आद्य वि० [सं०] बिल्कुल आरम्भ या आदि का, सर्वप्रथम विशेषत: जिससे औरों की उत्पत्ति या विकास हुआ हो।

आद्यशेष पुं० [सं०] हिसाब में वह धन जो पहले रोकड़-बाकी के रूप में रहा हो और अब नए खाते या नए पृष्ठ में गया हो। (ओपनिंग बैलेन्स)

आद्या स्त्री० [सं०] १. दुर्गा। २. दस महाविद्याओं में से एक।

आद्याक्षर पुं० [सं०] [वि० आद्याक्षरित] व्यक्ति के नाम के शब्दों के आरम्भ के अक्षर जो पूरे नाम के सूचक होते हैं और संक्षिप्त हस्ताक्षर का काम देते हैं, जैसे कृष्णचन्द्र के कृ० च०। (इनिशियल)

आद्याक्षरित वि० [सं०] जिस पर हस्ताक्षर के रूप में नाम के शब्दों के आरम्भ के अक्षर लिखे हों। (इनिशियल्ड)

आद्योपांत क्रि० वि०=आद्यंत। (असिद्ध)

आद्रा स्त्री० दे० 'आर्द्रा'।

आध वि० [हिं० आधा] दो बराबर भागों में से एक, आधा। (यौगिक में)

आधर्षण पुं० [सं०] न्यायालय का अभियुक्त को दोषी पाकर अपराधी मानना और दंड देना। (कन्विक्शन)

आधर्षित वि० [सं०] जो अपराधी सिद्ध होने पर न्यायालय में दंडित हुआ हो। (कन्विक्टेड)

आधा वि० [सं० अर्द्ध] [स्त्री० आधी] दो समान भागों में से एक, अर्द्ध।

पद *आधो-आध*=दो बराबर भागों में।

मुहा० *आधा तीतर आधा बटेर*=कुछ एक तरह का और कुछ दूसरी तरह का।

आधा-अधूरा वि० [हिं०] जो पूरा न हो, अपूर्ण।

आधान पुं० [सं०] १. स्थापन, रखना। २. गिरवी या बन्धक रखना।

आधार पुं० [सं०] [वि० आधृत, आधारित] १. जिस पर कोई दूसरी चीज खड़ी या टिकी रहती हो, आश्रय, सहारा, जैसे प्राणाधार। (सपोर्ट) २. व्याकरण में, अधिकरण कारक। ३. त्रिभुज की वह भुजा जिस पर त्रिभुज स्थित माना जाता है। (बेस)

आधार-रेखा स्त्री० वह रेखा जहाँ से धावक दौड़ प्रारंभ करते हैं।

आधारवर्ष पुं० [सं०] वह वर्ष जिसके तथ्यों को आधार मानकर अन्य वर्षों के तथ्यों का आपेक्षित मान सूचित किया जाता हो। (बेस इयर)

आधार-शिविर पुं० वह मुख्य शिविर जिसमें उन सैलानियों, पर्वतारोहियों, सैनिकों आदि का खाने-पीने आदि का सामान रहता है जो किसी अभियान पर निकलते हैं।

आधार-स्तंभ पुं० [सं०] १. वह स्तंभ जिस पर पूरा ढाँचा आधारित हो। २. वह जिस पर सबकुछ आश्रित हो।

आधारिक वि० [सं०] १. आधार-सम्बन्धी। २. जिस पर कोई दूसरी बड़ी चीज स्थित हो, जो किसी के लिए आधार-स्वरूप हो, जैसे आधारिक शिक्षा, आधारिक भाषा। (बेसिक)

आधारित वि० [सं० आधार] किसी के आधार पर ठहरा हुआ, आधृत (शुद्ध रूप)।

आधारित वि० [सं० आधार] (समस्तपद के उत्तरपद के रूप में) पर टिका हुआ; जैसे अनुभव-आधारित। (शुद्ध रूप) आधृत था।

आधारी (-रिन्) पुं० [सं०] [स्त्री० आधारिणी] सहारा रखनेवाला, सहारे पर रहनेवाला।

स्त्री० साधुओं के टेकने की अड्डे के आकार की एक लकड़ी।

आधासीसी स्त्री० [हिं० आधा+सीस=सिर] आधे सिर का दर्द, अधकपारी।

आधि स्त्री० [सं०] १. मानसिक व्यथा, चिन्ता। २. रेहन, बन्धक।

आधिकरणिक वि० [सं०] १. अधिकरण या न्यायालय से सम्बन्ध रखनेवाला। २. अधिकरण या न्यायालय की आज्ञा से होनेवाला, जैसे आधिकरणिक विक्रय। (कोर्ट सेल)

आधिकारिक वि० [सं०] किसी प्रकार के अधिकार से युक्त, अधिकार-सम्पन्न।

पुं० साहित्य में दृश्य-काव्य की कथावस्तु।

आधिकारिकी स्त्री० [सं० आधिकारिक] व्यक्तियों का वह समूह जो किसी अधिकार का प्रयोग या व्यवहार करता हो। (ऑथारिटी)

आधिक्य पुं० दे० 'अधिकता'।

आधिदैविक वि० [सं०] १. देवता, भूत आदि द्वारा होनेवाला, देवताकृत (दुख या कष्ट)। २. जो साधारणतः प्राकृतिक या लोकगत न हो, बल्कि उससे बहुत बढ़-चढ़कर हो। (सुपर-नेचुरल)

आधिपत्य पुं० [सं०] 'अधिपति' होने की अवस्था या भाव, प्रभुत्व, स्वामित्व।

आधिभौतिक वि० [सं०] चीते, शेर, सर्प आदि प्राणियों के द्वारा प्राप्त होनेवाला, जीवों या शरीरधारियों द्वारा प्राप्त होनेवाला (दुख या कष्ट)।

आधीन वि० दे० 'अधीन'। (अशुद्ध)

आधुनिक वि० [सं०] [भाव० आधुनिकता] वर्तमान या इस समय का, आज-कल का। (माडर्न)

आधुनिका स्त्री० [सं०] १. आधुनिक युग की बाला। २. पाश्चात्य संस्कृति से प्रभावित बाला।

आधुनिकीकरण पुं० [सं० आधुनिक+करण] आधुनिक युग के अनुरूप बनाने का कार्य।

आधृत वि० [सं०] जो किसी के आधार पर टिका या ठहरा हो।

आधेय पुं० [सं०] किसी सहारे पर टिकी हुई चीज।

वि० १. ठहरने योग्य। २. रचने योग्य। ३. रेहन रखने योग्य।

आध्यात्मिक वि० [सं०] [भाव० आध्यात्मिकता] १. अध्यात्म या आत्मा-सम्बन्धी। १. ब्रह्म और जीव-सम्बन्धी।

पुं० आध्यात्मिक विषयों तथा क्रियाकलापों में रत व्यक्ति।

आनंद पुं० [सं०] [वि० आनंदित, आनंदी] मन का वह भाव जो किसी प्रिय या अभीष्ट वस्तु के प्राप्त होने या कोई अच्छा और शुभ कार्य होने पर होता है, 'कष्ट' का उलटा, हर्ष, प्रसन्नता, खुशी।

आनंदकंद पुं० [सं०] आनंद की वर्षा करनेवाला बादल।

वि० आनंद का मूल।

आनंदकंदनी वि० स्त्री० [सं० आनंदकंद] आनंद की वर्षा करनेवाली।

आनंददायी (-यिन्) वि० [सं०] [स्त्री० आनंददायिनी] आनंद देनेवाला।

आनंदना* अ० [सं० आनन्द] आनन्दित या प्रसन्न होना।

स० किसी को आनन्दित या प्रसन्न करना।

आनंद-पुलकित वि० [सं०] आनंद से पुलकित। आनंदमग्न।

आनंद-बधाई स्त्री० [सं० आनन्द+हिं० बधाई] १. मंगल उत्सव। २. मंगल अवसर।

आनंदमंगल पुं० [सं०] कोई ऐसी सुखद या शुभ बात अथवा अवसर जिसमें सब लोग मिलकर आनन्द उठाते हों।

आनंदमग्न वि० [सं०] [भाव० आनंदमग्नता] आनंद में खोया हुआ, आनंद में लीन।

आनंदमत्ता स्त्री० दे० 'आनंद-सम्मोहिता'।

आनंदवन पुं० [सं०] काशी नगरी।

आनंदविभोर वि० [सं०] [भाव० आनंदविभोरता] आनंद से विभोर, अत्यधिक आनंदित।

आनंद-सम्मोहिता स्त्री० [सं०] वह प्रौढ़ा नायिका जो रति के आनन्द में अत्यन्त निमग्न और मुग्ध हो रही हो।

आनंदित वि० [सं०] जिसे आनन्द हुआ हो, हर्षित, प्रसन्न।

आनंदी वि० [सं० आनंद] १. आनंद से भरा, आनंदमय। २. सदा प्रसन्न रहनेवाला।

आन[१] स्त्री० [सं० अणि=मर्यादा, सीमा] १. मर्यादा। २. शपथ, सौगन्ध, कसम। ३. विजय-घोषणा, दुहाई। ४. ढंग। ५. क्षण, लमहा। ६. अकड़, ऐंठ, ठसक। ७. अदब, लिहाज। ८. प्रतिज्ञा, प्रण, टेक। ९. आज्ञा, हुकुम।

मुहा० *आन की आन (में)*=चटपट।

आन[२] वि०=अन्य।

आनक वि० [सं०] १. झुका हुआ, नत। २. नम्र।

आन-तान स्त्री० दे० 'आन-बान'।

आनद्ध वि० [सं०] कसा या मढ़ा हुआ।

पुं० वह बाजा जो चमड़े से मढ़ा हुआ हो, जैसे ढोल, मृदंग आदि।

आनन पुं० [सं०] १. मुख, मुँह। २. चेहरा, मुखड़ा।

आनन-फानन क्रि०वि० [अ० आनन्+फानन्] तत्काल, फौरन, झटपट।

आनना* स० [सं० आनयन] लाना।

आन-बान स्त्री० [हिं० आन+बान] १. सज-धज, ठाठ-बाट, तड़क-भड़क। २. ठसक, अदा।

आनयन पुं० [सं०] १. कहीं से कोई चीज ले आना, लाना। २. उपनयन संस्कार।

आनर्त पुं० [सं०] [वि० आनर्तक] १. द्वारकापुरी या प्रदेश। २. इस देश का निवासी। ३. नृत्यशाला। ४. युद्ध।

आनलाईन वि० [अं०] (वह सूचना, सामग्री या सेवा) जो इंटरनेट द्वारा सुलभ हो।

आना[1] अ० [सं० आगमन] १. कहीं से चलकर वक्ता के पास पहुँचना, आगमन करना।

मुहा० *आ धमकना*=अचानक आ पहुँचना। *आ पड़ना*=(क) सहसा आ पहुँचना। (ख) सहसा गिर पड़ना, जैसे ऊपर से पेड़ या पत्थर आ पड़ना। *आ पड़ना*=गिर पड़ना। *आ लेना*=(क) पास पहुँच जाना। (ख)आक्रमण करना, टूट पड़ना। (किसी की) *आ बनना*=लाभ उठाने का अच्छा अवसर हाथ आना। (किसी को) *कुछ आना*=(किसी को) कुछ ज्ञान होना।

२. जाकर लौटना। ३. काल या समय का प्रारम्भ होना। ४. पौधों आदि में फल-फूल लगना। ५. मन में कोई भाव उत्पन्न होना, जैसे आनन्द आना।

आना[2] पुं० [सं० आणक] एक रुपए का सोलहवाँ हिस्सा। २. किसी वस्तु का सोलहवाँ अंश।

आना[3] * पुं० [सं० अर्ण] जल, पानी।

आनाक क्रि० वि० [सं०] स्वर्ग तक।

आनाकानी स्त्री० [सं० अनाकर्णन] १. सुनी अनसुनी करने का कार्य, न ध्यान देने का कार्य। २. टाल-मटोल, हीला-हवाली। ३. कानाफूसी।

आनि* क्रि० वि० [सं० आनीय] लाकर। (ब्रज०)

आनुतोषिक पुं० [सं०] वह धन जो किसी को सन्तुष्ट या प्रसन्न करने के लिए दिया जाए।

आनुपातिक वि० [सं०] अनुपात के विचार या दृष्टि से ठीक। (प्रोपोरशनल)

आनुपूर्वी वि० [सं० आनुपूर्वीय] क्रमानुसार, एक के बाद दूसरा। (सक्सेसिव)

आनुभविक वि० [सं०] अनुभव से प्राप्त, अनुभवजन्य।

आनुभूतिक वि० [सं०] १. अनुभूति-सम्बन्धी। २. अनुभूति के रूप में होनेवाला।

आनुमानिक वि० [सं०] अनुमान से सोचा या समझा हुआ।

आनुवंशिक वि० [सं०] जो किसी वंश में बराबर होता आया हो और जिसके आगे भी उस वंश में होते रहने की सम्भावना हो, वंशानुक्रमिक, जैसे आनुवंशिक रोग। (हेरिडेटरी)

आनुशासनिक वि० [सं०] अनुशासन-सम्बन्धी।

आनुशासनिक कार्रवाई स्त्री० अनुशासन भंग करनेवाले के विरुद्ध की जानेवाली कार्रवाई।

आनुषंगिक वि० [सं०] १. जिसका साधन कोई दूसरा प्रधान कार्य करते समय बहुत थोड़े प्रयास से या आप-से-आप हो जाए, गौण, अप्रधान। २. अनुषंग या प्रसंग से यों ही हो जानेवाला, प्रासंगिक, जैसे आनुषंगिक परिव्यय। (इन्सिडेन्टल)

आनुष्ठानिक वि० [सं० अनुष्ठान] [भाव० आनुष्ठिकता] अनुष्ठान के रूप में होनेवाला, अनुष्ठान-सम्बन्धी।

आनृत वि० [सं०] मिथ्या।

आनेवाला वि० [हिं० आना+वाला (प्रत्य०)] जो आने को हो, आगामी, भावी; जैसे-आनेवाला समय।

पुं० आनेवाला व्यक्ति।

आप[1] क्रि० वि० [सं० आप्त] १. अपने शरीर से, स्वयं, खुद। (तीनो पुरुषों में)

मुहा० *आप आपकी पड़ना*=अपनी-अपनी रक्षा या लाभ का ध्यान रहना। *आप-आपका*=सबको अलग-अलग। *अपने आपको भूलना*=(क) किसी मनोवेग के कारण बेसुध होना। (ख) घमंड में चूर होना। *आप से आप या आप ही आप*=(क) स्वयं, खुद। (ख) मन ही मन, स्वगत।

सर्व० 'तुम' और 'वे' के स्थान पर आदरार्थक प्रयोग।

आप[2] पुं० [सं० आपः] १. जल, पानी। २. रस।

आपचारी* स्त्री० [हिं० आप+आचरण] मनमाना आचरण करने की क्रिया या भाव, स्वेच्छाचार।

वि० मनमानी करनेवाला, स्वेच्छाचारी।

आपजात्य पुं० [सं०] [वि० अपजात] गुण आदि के विचार से अपने जनक, उत्पादक या मूल से कम और हीन होना। (डीजेनरेशन)

आपत्काल पुं० [सं०] [वि० आपत्कालिक] १. विपत्ति, २. दुर्दिन। ३. बुरा समय, कुसमय।

आपत्ति स्त्री० [सं०] १. दुख, क्लेश, कष्ट। २. विपत्ति, संकट, आफत। ३. कष्ट का समय। ४. जीविका का कष्ट। ५. दोषारोपण। ६. किसी बात को ठीक न मानकर उसके सम्बन्ध में कुछ कहना, उज्र, एतराज। (आब्जेक्शन)

आपत्तिकर्ता (-र्तृ) पुं० [सं०] आपत्ति करनेवाला, एतराज करनेवाला।

आपत्तिजनक वि० [सं०] जिस पर आपत्ति की जा सकती हो।

आपत्ति-पत्र पुं० [सं०] वह पत्र जिसमें किसी कार्य या विषय में अपनी आपत्ति और मतभेद लिखा हो। (पेटिशन ऑफ आब्जेक्शन)

आपत्य वि० [सं०] अपत्य या सन्तान-सम्बन्धी, औलाद का।

आपद, आपदा स्त्री० [सं०] विपत्तिकारक या दुर्भाग्यपूर्ण घटना या स्थिति।

आपद्धर्म पुं० [सं०] १. वह कर्म जिसका विधान केवल आपत्काल के लिए हो। २. किसी वर्ण के लिए वह व्यवसाय या काम जिसकी आज्ञा या विधान और कोई जीवनोपाय न होने की ही दशा में हो, जैसे ब्राह्मण के लिए वाणिज्य। (स्मृति)

आपन सर्व० मैं या हम।
क्रि० वि० अपने आप।

आपना* सर्व० [सं० आत्मन:] दे० 'अपना'।

आपनो* सर्व०=अपना। (ब्रज)

आपन्न वि० [सं०] १. आपद्ग्रस्त, दुखी। २. प्राप्त, जैसे संकटापन्न।

आपबीती स्त्री० [हिं० आप+बीतना] वह बात या घटना जो स्वयं अपने ऊपर बीती हो।

आपराधिक वि० [सं०] १. ऐसे कार्यों या बातों से सम्बन्ध रखनेवाला जिनकी गणना अपराधों में हो और जिनके लिए न्यायालय से दंड मिल सकता हो, जैसे आपराधिक प्रक्रिया। (क्रिमिनल) २. ऐसी बातों से सम्बन्ध रखनेवाला जिनमें अपराध का विचार, भाव या ईप्सा हो, आपराधिक प्रमाद। (कल्पेबुल) ३. दे० 'अपराधशील'।

आपस का वि० [हिं० आप] १. इष्ट-मित्रों या भाई-बन्धुओं के बीच का। २. पारस्परिक, एक दूसरे का, परस्पर का।

आपसदारी स्त्री० [हिं० आपस] आपसी व्यवहार या मेलजोल।

आपस में क्रि० वि० परस्पर, एक दूसरे से।

आपसी वि० [हिं० आपस] आपस का, पारस्परिक।

आपा पुं० [हिं० आप] १. अपनी सत्ता या अस्तित्व। २. अहंकार, घमंड, गर्व। ३. होश-हवास, सुध-बुध।
मुहा० *आपा खोना*=(क) अहंकार छोड़कर नम्र होना। (ख) अपना गौरव छोड़ना, (ग) बौखला उठना। *आपा तजना*=(क) अपनी सत्ता को भूलना, आत्मभाव का त्याग। (ख) अहंकार छोड़ना, निरभिमान होना। (ग) प्राण तजना, मरना। *आपे में आना*=होश-हवास में होना, चेत में होना। *आपे में न रहना या आपे से बाहर होना*=(क) अपने ऊपर वश न रखना, बेकाबू होना। (ख) घबराना, बदहवास होना। (ग) अत्यन्त क्रोध करना, बौखला उठना।

आपात पुं० [सं०] [वि० आपातिक] १. गिराव, पतन। २. किसी घटना का अचानक हो जाना। ३. आरम्भ। ४. अन्त। ५. वह घटना या बात जो अचानक ऐसे रूप में सामने आ जाए जिसकी पहले से कोई सम्भावना या कल्पना न हो। (एमर्जेन्सी)

आपातत: क्रि० वि० [सं०] १. अकस्मात्, अचानक। २. अन्त में।

आपातस्थिति स्त्री० [सं०] वह विकट स्थिति जिसमें शासन वैयक्तिक आधिकारों को स्थगित कर देता या स्वयं ग्रहण कर लेता है।

आपातिक वि० [सं०] अचानक ऐसे रूप में सामने आनेवाला, जिसकी कोई आशा या सम्भावना न हो।

आपादमस्तक क्रि० वि० [सं०] पैर से सिर तक।

आपाधापी स्त्री० [हिं० आप+धाप] १. अपनी-अपनी चिन्ता, अपनी-अपनी धुन। २. खींच-तान, लाग-डाँट।

आपुन* सर्व० वि० दे० 'अपना'।
क्रि० वि० स्वयं, खुद।

आपूरना* स० [सं० आपूरण] भरना।

आपूर्ति स्त्री० [सं०] पूर्ति करने की क्रिया या भाव।

आपेक्षिक वि० [सं०] १. सापेक्ष, अपेक्षा रखनेवाला। २. दूसरी वस्तु के अवलम्ब पर रहनेवाला, किसी की अपेक्षा में या किसी पर आश्रित रहनेवाला। ३. किसी की अपेक्षा, तुलना या अनुपात में होनेवाला। (रिलेटिव)

आप्त वि० [सं०] [भाव० आप्ति] १. प्राप्त, लब्ध। (यौगिक में) २. कुशल, दक्ष। ३. विषय को ठीक तौर से जाननेवाला। ४. पूर्ण तत्त्वज्ञ का कहा हुआ और इसी कारण प्रामाणिक।
पुं० [सं०] १. ऋषि। २. शब्द-प्रमाण। ३. गणित में भाग की लब्धि।

आप्तकाम वि०, पुं० [सं०] जिसकी सब कामनाएँ पूर्ण हो चुकी हों, पूर्णकाम।

आप्तपुरुष पुं० [सं०] ज्ञानी व्यक्ति।

आप्तवचन पुं० [सं०] १. न्याय के अनुसार चार प्रमाणों में से एक जिसमें श्रुति, स्मृति, पुराण, इतिहास आदि का प्रमाण उपस्थित करके किसी बात को सिद्ध करते हैं। २. आधिकारिक या प्रामाणिक वचन।

आप्य वि० [सं०] १. प्राप्त करने योग्य। २. उपनिषिदों में ऐसा कर्म जिसके द्वारा कोई वस्तु प्राप्त की जाती हो या मिलती हो।

आप्लावन पुं० [सं०] चारो ओर जल से भर जाना।

आप्लावित वि० [सं०] जल में डूबा हुआ।

आफत स्त्री० [अ० आफ़त] १. विपत्ति। २. कष्ट, दुख। ३. कष्ट या विपत्ति के दिन।
मुहा० *आफत उठाना या मचाना*=(क) भारी उपद्रव करना। (ख) जल्दी मचाना।

आफत का परकाला वि० बड़े-बड़े और विकट काम भी तुरन्त कर डालनेवाला।

आब स्त्री० [फा०] १. चमक, तड़क-भड़क, आभा, कान्ति, पानी। २. शोभा, रौनक, छवि। ३. प्रतिष्ठा।
पुं० पानी, जल।

आबकारी स्त्री० [फा०] १. वह स्थान जहाँ शराब चुआई या बेची जाती हो, शराबखाना, कलवरिया, भट्ठी। २. मादक वस्तुओं के उत्पादन, वितरण, नियन्त्रण आदि से सम्बन्ध रखनेवाला सरकारी विभाग।

आबकारी शुल्क पुं० [फा०+सं०] वह शुल्क जो राज्य की ओर से शराब, अफीम, भंग आदि मादक द्रव्यों के उत्पादन पर लगता है। (एक्साइज ड्यूटी)

आबदाना पुं० [फा०] १. अन्नजल, दाना-पानी, खानपान। २. जीविका। ३. रहने का संयोग।
मुहा० *आबदाना उठना*=जीविका न रहना, रहने का संयोग टलना।

आबदार वि० [फा०] [भाव० आबदारी] जिसमें आब या चमक हो, चमकीला।

पुं० वह व्यक्ति जो पुरानी तरह की तोप चलने के समय बीच-बीच में उस पर पानी का पुचारा देता था।

आबद्ध वि० [सं०] १. बँधा हुआ। २. कैद।

आबनूस पुं० [फा०] [वि० आबनूसी] एक प्रकार का पेड़ जिसके हीर की लकड़ी बहुत काली होती है।

आबनूस का कुंदा पुं० अत्यन्त काले रंग का मनुष्य।

आबपाशी स्त्री० [फा०] सिंचाई।

आबरवाँ स्त्री० [फा०] एक प्रकार की बढ़िया महीन मलमल।

आबरू स्त्री० [फा०] इज्जत, प्रतिष्ठा।

आबहवा स्त्री० [फा०] सर्दी-गर्मी, स्वास्थ्य आदि के विचार से किसी देश या स्थान की प्राकृतिक स्थिति, जलवायु।

आबाद वि० [फा०] १. बसा हुआ (गाँव, नगर, घर आदि)। २. जोतने योग्य, उपजाऊ (जमीन)।

आबादी स्त्री० [फा०] १. बस्ती। २. जनसंख्या, मर्दुमशुमारी। ३. वह भूमि जिस पर खेती हो।

आभरण पुं० [सं०] [वि० आभरित] १. गहना, आभूषण। २. पालन-पोषण, परवरिश।

आभा स्त्री० [सं०] चमक-दमक, कान्ति, दीप्ति। २. झलक, छाया। ३. रंगों आदि की दिखाई देनेवाली साधारण से कुछ हलकी या गहरी छाया। (शेड)

आभार पुं० [सं० आ+भार] १. बोझ, भार। २. गृहस्थी का बोझ, घर की देख-भाल की जिम्मेदारी। (ऑब्लिगेशन, अन्तिम दोनो अर्थों के लिए) ३. कृतज्ञता।

आभारक पुं० दे० 'आभारी'।

आभारी पुं० [हिं० आभार] जिसके साथ कोई उपकार किया गया हो, उपकृत।

आभास पुं० [सं०] [वि० आभासिक, आभासी] १. प्रतिबिम्ब, छाया, झलक। २. निशान, संकेत। ३. मिथ्या ज्ञान, जैसे रस्सी में सर्प का आभास। ४. वह जो पूरा न हो, पर जिसमें असल की झलक भर हो, जैसे रसाभास।

आभिजात्य पुं० [सं०] १. अभिजात या कुलीन होने की अवस्था, पद या भाव। २. कुलीनों के लक्षण और गुण, कुल-संस्कार। ३. अभिजात वर्ग का अहं।

आभीर पुं० [सं०] [वि० आभीरी] अहीर, ग्वाला, गो।

आभूषण पुं० [सं०] [वि० आभूषित] १. गहना, जेवर, आभरण, अलंकार। २. वह चीज या बात जिससे किसी दूसरी चीज या बात की शोभा या सौन्दर्य बढ़े। (ऑर्नामेन्ट)

आभोग पुं० [सं०] १. किसी वस्तु को लक्षित करनेवाली सब बातों की विद्यमानता, पूर्ण लक्षण। २. किसी पद्य में कवि के नाम का उल्लेख।

आभ्यांतर वि० [सं०] १. अन्दर का, भीतरी। २. किसी वस्तु के भीतरी भागों या कार्यों से सम्बन्ध रखनेवाला, आन्तरिक।

आभ्यांतरिक वि० [सं० आभ्यांतर] = आभ्यांतर।

आमंत्रण पुं० [सं०] [वि० आमंत्रित] १. बुलाना, आह्वान। २. निमन्त्रण, न्योता।

आमंत्रित वि० [सं०] १. बुलाया हुआ। २. निमन्त्रित, न्योता हुआ।

आम[1] पुं० [सं० आम्र] १. एक प्रसिद्ध बड़ा पेड़ जिसके फल खाए या चूसे जाते हैं। २. इस पेड़ का फल।

आम[2] वि० [सं०] कच्चा, अपक्व, असिद्ध।

पुं० खाए हुए अन्न का बिना पचा हुआ सफेद और लसदार मल जो मरोड़ के साथ थोड़ी-थोड़ी देर में शौच में निकलता है, आँव।

आम[3] वि० [अ०] १. साधारण, मामूली। २. जनसाधारण का, जनता का। ३. प्रसिद्ध, विख्यात।

आमद स्त्री० [फा०] १. अवाई, आगमन, आना। २. आय, आमदनी।

आमदनी स्त्री० [फा०] १. आनेवाला धन, आय, प्राप्ति। २. व्यापार की वस्तु जो और देशों से अपने देश में आए, आयात।

आमद-रफ्त स्त्री० [फा०] आना-जाना, आवाजाही।

आमन स्त्री० [देश०] १. वह भूमि जिसमें साल में एक ही फसल हो। २. जाड़े में होनेवाला धान।

आमना-सामना पुं० [हिं० सामना] १. मुकबला। २. भेंट।

आमने-सामने क्रि० वि० [हिं० सामने] एक दूसरे के समक्ष या मुकाबले में।

आमफहम वि० [अ० आम फ़हम] सबकी समझ में आनेवाला, सरल।

आमरखना* अ० [सं० आमर्ष] क्रुद्ध होना, दुखपूर्वक क्रोध करना।

आमरण क्रि० वि० [सं०] जब तक मृत्यु न आए तब तक, मरणकाल तक, जिन्दगी-भर।

आमर्ष पुं० [सं०] १. क्रोध, गुस्सा। २. रस में एक संचारी भाव, असहनशीलता।

आमलक पुं० [सं०] [स्त्री० अल्पा० आमलकी] आँवला।

आमवात पुं० [सं०] एक रोग जिसमें आँव गिरता है और शरीर सूजकर पीला पड़ जाता है।

आमा स्त्री० [सं० अंबा] नानी। (कुमा०)

आमादा वि० अविकारी [फा०] तत्पर, उतारू।

आमाशय पुं० [सं०] पेट के अन्दर की वह थैली जिसमें भोजन किए हुए पदार्थ इकट्ठे होते और पचते हैं।

आमिर* पुं० दे० 'आमिल'।

आमिल[1] पुं० [अ०] १. कार्यकर्ता। २. अधिकारी, हाकिम। ३. ओझा, सयाना।

आमिल[2] पुं० [हिं० आम] कच्चे आम को सुखाकर बनाई हुई एक प्रकार की खटाई।

आमिष पुं० [सं०] १. मांस, गोश्त। २. भोग्य वस्तु। ३. लोभ, लालच।

आमिषभोजी (-जिन्) वि० [सं०] मांसाहारी।

आमीन विस्मयादिक [अं०] धार्मिक प्रार्थना के बाद प्रयुक्त होनेवाला विस्मयादिक शब्द जिसका आशय है कि प्रार्थना में जो कुछ कहा गया है उससे हम सहमति व्यक्त करते हैं।

आमुख पुं० [सं०] १. नाटक की प्रस्तावना। २. पुस्तक के आरम्भ में दी जानेवाली उसकी भूमिका या प्रस्तावना। (प्रिफेस)

आमेजना* स० [फा० आमेजन] मिलाना।

आमोद पुं० [सं०] [वि० आमोदित, आमोदी] १. आनन्द, हर्ष, खुशी, प्रसन्नता। २. मन-बहलाव।

आमोद-प्रमोद पुं० [सं०] १. ऐसे काम जो केवल मन-बहलाव या चित्त प्रसन्न करने के लिए होते या किए जाते हों, जैसे खेल-तमाशे, संगीत, नृत्य, जादू के खेल आदि। (एन्टरटेन्मेंट) २. हँसी-ठट्ठा।

आम्र पुं० [सं०] आम का पेड़ या फल।

आम्रपाली पुं० [सं०] वैशाली नगरी के समीप स्थित एक प्राचीन वन।

आय स्त्री० [सं०] लाभ आदि के रूप में आने या प्राप्त होनेवाला धन, आमदनी, प्राप्ति, धनागम। (इन्कम)

आयकर पुं० [सं०] १. आय पर लगनेवाला कर। २. उक्त कर की राशि।

आयत[१] वि० [सं०] १. विस्तृत, लम्बा-चौड़ा, दीर्घ, विशाल। २. (क्षेत्र) जिसके चारो कोण सम हों।

पुं० चार भुजाओंवाला वह क्षेत्र जिसकी आमने-सामने की भुजाएँ बराबर और चारो कोण सम हों। (रेक्टैंगिल)

आयत[२] स्त्री० [अ०] इंजील या कुरान का कोई वाक्य।

आयतन पुं० [सं०] १. मकान, घर। २. ठहरने की जगह। ३. देवताओं की वन्दना की जगह, मन्दिर। ४. त्रिविम वस्तु द्वारा घेरा हुआ स्थान। (वाल्यूम)

आय-व्यय पुं० [सं०] आमदनी और खर्च।

आय-व्ययिक पुं० [सं० आयव्यय] भविष्य में कुछ निश्चित काल तक होनेवाली आय और व्यय का अनुमान से लगाया हुआ हिसाब। (बजट)

आय-व्यय-फलक पुं० दे० 'तलपट'।

आयसु* स्त्री० [सं० आदेश, अप० आएसु] आज्ञा।

आया* स्त्री० [पुर्त०] बच्चों को दूध पिलाने और उनको खिलानेवाली स्त्री, दाई।

आयात पुं० [सं०] वह वस्तु या माल जो व्यापार के लिए विदेश से अपने देश में मँगाया या लाया जाए। (इम्पोर्ट)

आयातित वि० [सं०] (माल आदि) जो दूसरे स्थान या देश से आया हो, बाहर से आया या मँगाया हुआ। (इम्पोर्टेड)

आयाम पुं० [सं०] १. लम्बाई, विस्तार। २. पक्ष। ३. नियमित करने की क्रिया, नियमन, जैसे प्राणायाम।

आयामी वि० [सं० आयाम] आयाम-सम्बन्धी, पक्षवाला।

आयास पुं० [सं०] परिश्रम, मेहनत।

आयु स्त्री० [सं०] १. जन्म से मृत्यु तक का समय, वय, उमर, जीवनकाल।

***मुहा०** *आयु सरना*=(क) जीवन बीतना। (ख) जीवन समाप्त होना।

२. वह अवधि जिसमें किसी का अस्तित्व बना रहे; जैसे-इन भवनों की आयु चार सौ वर्ष है। ३. अवस्था, उम्र।

आयुक्त पुं० [सं०] मंडल (कमिश्नरी) का प्रधान शासनिक अधिकारी। (कमिश्नर)

आयुध पुं० [सं०] लड़ाई के हथियार, शस्त्र। (आर्म्स)

आयुधविधान पुं० [सं०] वह विधान जिसमें जनता द्वारा आयुध रखने और उनके प्रयोग से सम्बन्ध रखनेवाले नियम रहते हैं। (आर्म्स ऐक्ट)

आयुधशाला स्त्री० [सं०] वह भवन जिसमें अस्त्र-शस्त्र, गोला-बारूद आदि रखे जाते हों। (ऑरस्नल)

आयुधीय वि० [सं०] आयुधों से सम्बन्ध रखनेवाला, शस्त्रों का।

पुं० युद्ध में काम आनेवाले अस्त्र-शस्त्र और उनके सभी आवश्यक उपकरण, जैसे गोला-बारूद, बन्दूकें, तोपें आदि। (एम्युनिशन)

आयुवर्ग पुं० [सं० आयु+वर्ग] समान अवस्थावाले लोगों का वर्ग; जैसे-२५ से ३५ आयुवर्ग के लोग इस पद के लिए आवेदन कर सकते हैं। (एजग्रुप)

आयुसीमा स्त्री० [सं० आयु+सीमा] वह आयु जिससे पहले या बाद में कुछ करने या न करने की अनुमति हो। (एजलिमिट)

आयुहीन वि० [सं०] जिसकी आयु समाप्त हो चुकी हो।

आयु-क्रम पुं० [सं०] आयु के कम-अधिक होने के आधार पर लगाया जानेवाला क्रम।

आयुर्वेद पुं० [सं०] [वि० आयुर्वेदीय] आयु-सम्बन्धी शास्त्र, चिकित्साशास्त्र।

आयुष्कर वि० [सं०] आयु बढ़ानेवाला।

आयुष्मान, आयुषमान् वि० [सं०] [स्त्री० आयुष्मती] दीर्घजीवी, चिरजीवी।

आयुष्य पुं० [सं०] आयु, उमर।

आयोग पुं० [सं०] वह व्यक्ति या लोग जिन्हें किसी बात की छान-बीन करने तथा उसके सम्बन्ध में अपनी रिपोर्ट देने के लिए सरकार द्वारा नियुक्त किया गया हो। (कमीशन)

आयोजक पुं० [सं०] वह व्यक्ति जिस पर किसी कार्यक्रम, उत्सव, समारोह आदि के आयोजन का दायित्व हो।

आयोजन पुं० [सं० आयोजना, कर्ता आयोजक, वि० आयोजित] १. किसी को किसी कार्य में लगाना, नियुक्ति। २. किसी काम के लिए पहले से किया जानेवाला प्रबन्ध। ३. उद्योग। ४. सामग्री।

आयोजनकर्ता पुं० [सं०] आयोजक (दे०)।

आयोजना स्त्री० [सं०] वह व्यवस्था जो किसी भावी कार्य के स्वरूप तथा सम्पादन के लिए प्रस्तुत की गई हो।

आरंभ पुं० [सं०] कोई काम हाथ में लेकर उसके पहले अंश का सम्पादन या प्रवर्तन करना। २. किसी कार्य, व्यापार आदि का पहलेवाला अंश या भाग, शुरू का हिस्सा, आदि। ३. शुरू होने की क्रिया या भाव, शुरुआत।

आरंभतः क्रि० वि० [सं०] १. बिल्कुल आरम्भ से, ठीक पहले से। २. बिल्कुल नए सिरे से। (एब-इनीशियो)

आरंभना* अ० [सं० आरम्भ] आरम्भ या शुरू होना।

आरंभिक वि० [सं०] १. आरम्भ का परिचायक, आरंभ में होनेवाला; जैसे-आरंभिक कक्षा, आरंभिक काल। २. पहले का। ३. कोई काम करने से पहले, उसकी तैयारी, व्यवस्था आदि से सम्बन्ध रखनेवाला, प्रारम्भिक। (प्रिलिमनरी)

आर[१] स्त्री० [सं० अल्=डंक] १. लोहे की पतली कील जो साँटे या पैने में लगी रहती है, अनी, पैनी। २. नर मुर्गे के पंजे के ऊपर का काँटा। ३. बिच्छू, बर्रे या मधुमक्खी आदि का डंक।

आर[२] स्त्री० [हिं० अड़] जिद, हठ।

आर[३] पुं० [सं०] १. किनारा, सिरा या पार्श्व। २. इस ओर का या अपनी ओर का सिरा या पार्श्व।

आरक्त वि० [सं०] १. ललाई लिए हुए, कुछ लाल। २. लाल।

आरक्षण पुं० [सं०] किसी सीट, कक्ष, स्थान आदि को किसी विशिष्ट व्यक्ति संस्था, जाति आदि के लिए निश्चित करना।

आरक्षित वि० [सं०] जिसका आरक्षण हुआ हो।

आरज* पुं०=आर्य। (ब्रज०)

आरजू स्त्री० [फा० आरजू] प्रार्थना, निवेदन।

आरण्यक वि० [सं०] [स्त्री० आरण्यकी] वन का, जंगली। पुं० [सं०] वेदों की शाखा का वह भाग जिसमें वानप्रस्थों के कृत्यों का विवरण और उनके लिए उपदेश हैं।

आरत* वि० दे० 'आर्त'।

आरती स्त्री० [सं० आरात्रिका] १. किसी मूर्ति के सामने दीपक घुमाना, नीरांजन। २. वह पात्र जिसमें बत्ती रखकर आरती की जाती है। ३. वह स्तोत्र जो आरती के समय पढ़ा जाता है।

आरन* पुं० [सं० अरण्य] वन, जंगल।

आर-पार पुं० [सं० आर (=इधर का किनारा)+पार=(उधर का किनारा)] यह और वह किनारा, यह छोर और वह छोर। क्रि० वि० एक किनारे या सिरे से दूसरे किनारे या सिरे तक, जैसे आर-पार या आर-पार छेद होना।

आरब्ध वि० [सं०] आरम्भ किया हुआ।

आरभटी स्त्री० [सं०] १. क्रोध आदि उग्र भावों का आवेग। २. नाटक में एक वृत्ति जिसमें संग्राम, क्रोध, इन्द्रजाल आदि का वर्णन या प्रदर्शन होता है और जिसका व्यवहार रौद्र, भयानक और वीभत्स रसों में होता है।

आरस[१]* पुं० [सं० आलस्य] सुखभोग के उपरान्त आनेवाला आलस्य।

आरस[२] पुं० [सं० आदर्श] दर्पण, शीशा।

आरसी स्त्री० [सं० आदर्शिका] १. शीशा, दर्पण। २. वह अँगूठी जिसमें शीशा जड़ा हो।

आरस्य वि० [सं०] अरसता, नीरसता।

आरा पुं० [सं० आर] [स्त्री० अल्पा० आरी] १. लोहे की वह दाँतीदार पटरी जिससे लकड़ी चीरी जाती है। २. लकड़ी की चौड़ी पटरी जो पहिए की गड़ारी और पुट्ठी के बीच जड़ी रहती है।

आराजी स्त्री० [अ० आराज़ी] १. भूमि, जमीन। २. खेत।

आराधक वि०, पुं० [सं०] [स्त्री० आराधिका] उपासक, पूजा करनेवाला।

आराधन पुं० [सं०] [वि० आराधक, आराधित, आराधनीय, आराध्य] १. किसी को पूज्य या कल्याणकारक मानकर की जानेवाली उसकी सेवा, पूजन, चिन्तन आदि, उपासना। (वरशिप) २. प्रसन्न करना, तोषण।

आराधना स० [सं० आराधन] १. उपासना करना, पूजना। २. सन्तुष्ट करना, प्रसन्न करना। स्त्री०=आराधन।

आराधनीय वि० [सं०] आराधना करने योग्य, पूज्य, उपास्य।

आराधित वि० [सं०] जिसकी आराधना की गई हो।

आराध्य वि०=आराधनीय।

आराम[१] पुं० [सं०] बाग, उपवन।

आराम[२] पुं० [फा०] १. चैन, सुख। **पद** *आराम से* (*i*) सुख-चैन से (*ii*) बिना किसी प्रयास से, सरलतापूर्वक। २. चंगापन, स्वास्थ्य। ३. थकावट मिटाना, दम लेना, विश्राम।

मुहा० *आराम करना*=सुस्ताना, थकावट मिटाना।

आराम-कुर्सी स्त्री० [फा०+अ०] एक प्रकार की लम्बी कुर्सी।

आरि* स्त्री० [?] जिद, हठ।

आरी स्त्री० [सं० आर=किनारा] १. ओर, तरफ। २. कोर, सिरा।

आरूढ़ वि० [सं०] [भाव० आरूढ़ता] १. चढ़ा हुआ, सवार। २. किसी बात पर जमा हुआ, दृढ़, स्थिर। ३. सन्नद्ध, तत्पर, उतारू।

आरोगना* स० [सं० आ+रोगना (रुज=हिंसा)] भोजन करना, खाना।

आरोग्य वि० [सं०] रोगरहित, स्वस्थ।

आरोग्याश्रम पुं० [सं०] स्वास्थ्य सुधार के लिए बना आश्रम।

आरोधना* स० [सं० आ+रुधन] रोकना, छेंकना, आड़ करना।

आरोप पुं० [सं०] १. बिना प्रमाण के किसी पर किसी अनुचित या अवैध काम का मढ़ा जानेवाला दोष; जैसे-(क) उनके आरोप सिद्ध होना कठिन हैं। (ख) उन पर रिश्वत लेने का

आरोप भी लग चुका है। २. किसी एक के गुण का किसी दूसरे में होने की कल्पना।

मुहा० *आरोप लगाना*=(किसी पर) दोष मढ़ना।

आरोपक वि० [सं०] आरोप या आरोपण करनेवाला, लगानेवाला।

आरोपण पुं० [सं०] १. आरोप लगाने या स्थापित करने का कार्य। २. लगाना, स्थापित करना।

आरोपना* स० [सं० आरोपण] १. लगाना। २. स्थापित करना।

आरोप-फलक पुं० [सं०] न्यायालय द्वारा प्रस्तुत किया हुआ वह फलक या पत्र जिसमें किसी पर लगाए हुए अभियोगों या आरोपों की सूची या विवरण होता हो। (चार्ज शीट)

आरोपित वि० [सं०] १. लगाया हुआ, स्थापित किया हुआ। २. रोपा हुआ।

आरोपी पुं० [सं० आरोप] १. जिस पर आरोप लगाया गया हो। २. आरोप लगानेवाला। (क्व०)

आरोह पुं० [सं०] [वि० आरोही] १. ऊपर की ओर बढ़ना, चढ़ाव। २. आक्रमण, चढ़ाई। ३. घोड़े, हाथी आदि पर चढ़ना, सवारी। ४. वेदान्त में क्रमानुसार जीवात्मा की उर्ध्व गति या क्रमशः उत्तमोत्तम योनियों की प्राप्ति। ५. कारण से कार्य का होना या पदार्थों का एक अवस्था से दूसरी अवस्था में पहुँचना, जैसे बीज से अंकुर। ६. क्षुद्र और अल्प चेतनावाले जीवों से क्रमानुसार उन्नत प्राणियों की उत्पत्ति, विकास। ७. संगीत में नीचे स्वर के बाद क्रमशः ऊँचे स्वर निकालना।

आरोहण पुं० [सं०] [वि० आरोहित] १. चढ़ना। २. सवार होना।

आरोही (-हिन्) वि० [सं०] [स्त्री० आरोहिणी] चढ़ने या ऊपर जानेवाला, जैसे पर्वतारोही।

पुं० १. संगीत में वह स्वरसाधन जो षड़ज से लेकर निषाध तक उत्तरोत्तर चढ़ता जाता है, 'अवरोही स्वरसाधन' का उलटा। २. सवार।

आर्जव पुं० [सं०] १. सीधापन, ऋजुता। २. सरलता, सुगमता। ३. व्यवहार की सरलता और शुद्धता, ईमानदारी। (ऑनेस्टी)

आर्त वि० [सं०] [भाव० आर्तता] १. पीड़ित, चोट खाया हुआ। २. दुखी, कातर। ३. अस्वस्थ।

आर्तनाद पुं० [सं०] दुखसूचक शब्द, पीड़ा के समय निकली हुई ध्वनि।

आर्थिक वि० [सं०] १. धन-सम्बन्धी, द्रव्य-सम्बन्धी, रुपए-पैसे का, माली। (पिक्यूनरी) २. अर्थशास्त्र-सम्बन्धी। (इकॉनामिक)

आर्थी वि० [सं०] अर्थ-सम्बन्धी।

आर्द्र वि० [सं०] [भाव० आर्द्रता] १. गीला, ओदा, तर। २. सना, लथपथ।

आर्द्रता स्त्री० [सं०] हवा में होनेवाली भाप की मात्रा, नमी।

आर्द्रा स्त्री० [सं०] १. सत्ताइस नक्षत्रों में से छठा नक्षत्र। २. आषाढ़ का आरम्भ, जब सूर्य आर्द्रा नक्षत्र का होता है।

आर्मेचर पुं० [अं०] बिजली की मोटर या डायनेमो का वह हिस्सा जो चक्कर लगाता है।

आर्य वि० [सं०] [स्त्री० आर्या, भाव० आर्यत्व] १. मान्य, पूज्य। २. श्रेष्ठ, उत्तम। ३. श्रेष्ठ कुल में उत्पन्न, कुलीन।

पुं० [सं०] मनुष्यों की एक प्रसिद्ध जाति जिसने संसार में बहुत पहले सभ्यता प्राप्त की थी। भारतवासी इसी जाति के हैं तथा इसकी शाखाएँ एशिया और यूरोप में दूर-दूर तक फैली हैं।

आर्यपुत्र पुं० [सं०] पति को पुकारने या सम्बोधन करने का संकेत।

आर्यसमाज पुं० [सं०] [वि० आर्यसमाजी] एक धार्मिक समाज जिसके संस्थापक स्वामी दयानन्द थे। इस समाज के लोग मूर्तिपूजा या पौराणिक रीतियाँ आदि नहीं मानते।

आर्यसमाजी वि० आर्यसमाज-सम्बन्धी।

पुं० आर्यसमाज के सिद्धातों तथा आदर्शों को माननेवाला।

आर्या स्त्री० [सं०] १. पार्वती। २. सास। ३. दादी, पितामही। ४. एक प्रकार का अर्द्धमात्रिक छन्द।

आर्यावर्त पुं० [सं०] उत्तरी भारत।

आर्ष वि० [सं०] १. ऋषि-सम्बन्धी। २. ऋषिप्रणीत, ऋषिकृत। ३. वैदिक।

आर्षप्रयोग पुं० [सं०] शब्दों का वह व्यवहार जो व्याकरण के नियम के विरुद्ध हो, पर प्राचीन ग्रन्थों में मिलता हो।

आर्षविवाह पुं० [सं०] आठ प्रकार के विवाहों में से तीसरा, जिसमें वर से कन्या का पिता दो बैल शुल्क में लेता था।

आलंकारिक वि० [सं०] १. अलंकार-सम्बन्धी, अलंकार का। २. जो सीधी तरह से नहीं, बल्कि अलंकारपूर्ण भाषा में कहा गया हो, अलंकारयुक्त। (फिगरेटिव) ३. जिसमें सजावट के लिए बेल-बूटे आदि बने हों, अलंकारयुक्त। (फ्लोरिड)

पुं० अलंकार जाननेवाला।

आलंब पुं० [सं०] १. अवलम्ब, आश्रय, सहारा। २. शरण।

आलंबन पुं० [सं०] [वि० आलंबित] १. सहारा, आश्रय, अवलम्ब। २. रस में वह तत्त्व जिसके आलम्बन से रस की उत्पत्ति होती है, जैसे शृंगार रस में नायक और नायिका, रौद्र रस में शत्रु।

३. साधन, करण।

आलकस पुं० दे० 'आलस्य'।

आलजाल वि० [हिं० आल=झंझट] व्यर्थ का, ऊटपटांग।

आलन पुं० [?] १. दीवार की मिट्टी में मिलाया जानेवाला घास-भूसा। २. साग में मिलाया जानेवाला आटा या बेसन।

आलपीन स्त्री० [पुर्त० आलफिनेट] एक घुंडीदार सुई जिससे कागज आदि के टुकड़े जोड़ते या नत्थी करते हैं।

आलम पुं० [अ०] संसार।

मुहा० *आलम इकट्ठा कर लेना*=भीड़ लगा लेना।

आलमनाथ* पुं० [अ०+सं०] जहाँगीर।

आलमारी स्त्री० दे० 'अलमारी'।

आलमी वि० [अ०] सांसारिक।

आलय पुं० [सं०] १. घर, मकान। २. स्थान।

आलवार पुं० दक्षिण के प्राचीन वैष्णव संतों का एक वर्ग।

आलवाल पुं० [सं०] वृक्षों के नीचे का थाला, थाँवला।

आलस पुं० दे० 'आलस्य'।

आलसी वि० [हिं० आलस] सुस्त, काहिल।

आलस्य पुं० [सं०] कार्य करने में अनुत्साह, सुस्ती, काहिली।

आला[१] पुं० [सं० आलय] दीवार में का ताखा।

आला[२] वि० [अ०] सबसे बढ़िया, श्रेष्ठ।

आला[३] पुं० [अ०] औजार, हथियार।

आला[४]* वि० [सं० आर्द्र] [स्त्री० आली] गीला।

आलान पुं० [सं०] १. हाथी बाँधने का खूँटा, रस्सा या सिक्कड़। २. बन्धन।

आलाप पुं० [सं०] [वि० आलापक, आलापित] १. कथोपकथन, सम्भाषण, बात-चीत। २. संगीत में स्वरों का विस्तारपूर्वक साधन, तान।

आलापना स० दे० 'अलापना'।

आलापी (-पिन्) वि० [सं०] [स्त्री० आलापिनी] १. बोलनेवाला। २. आलाप करनेवाला, तान लगानेवाला। ३. गानेवाला।

आलिंगन पुं० [सं०] [वि० आलिंगित] गले से लगाना, परिरम्भण।

आलि स्त्री० [सं०] १. सखी, सहेली। २. भ्रमरी। ३. पंक्ति।

आलिप्त वि० [सं०] पूरा लिपा-पुता।

आलिम वि० [अ०] विद्वान, पंडित।

आलिम फाज़िल वि०, पुं० [अ०] विद्वान तथा निष्णात।

आली[१] स्त्री० [सं० आलि] सखी।

आली[२] वि० [अ०] बड़ा, उच्च, श्रेष्ठ।

आलीशान वि० [अ०+फा०] शानदार, भव्य।

आलू पुं० [सं० आलु] एक प्रकार का कन्द जो खाया जाता है।

आलूचा पुं० [फा० आलूचः] एक प्रकार के वृक्ष का खटमीठा फल जो खाया जाता है।

आलूबुखारा पुं० [फा०] आलूचे की जाति के एक प्रकार के वृक्ष का फल जो सुखाकर रखा जाता है और औषध के काम में आता है।

आलेख पुं० [सं०] १. लिखावट, लिपि। २. रेखाओं का ऐसा अंकन जो किसी प्राकृतिक घटना या लौकिक व्यवहार में समय-समय पर होते रहनेवाले परिवर्तन, उतार-चढ़ाव आदि का सूचक होता है, जैसे जन्म-मरण के लेखे अथवा विदेशों से होनेवाले व्यापार का आलेख। (ग्राफ) ३. किए जानेवाले कार्य का आनुमानित रूप, खाका। (ड्राफ्ट)

आलेखन पुं० [सं०] [वि० आलैखिक, आलिखित, संज्ञा आलेखक] १. लिखना, लिपिबद्ध करना। २. चित्र आदि रेखाओं द्वारा अंकित करना। (स्केचिंग)

आलेख्य पुं० [सं०] १. चित्र। २. वह अंकन जिसमें रूप-रेखाएँ मात्र हों। (स्केच)

वि० लिखने के योग्य।

आलैखिक वि० [सं०] आलेख-सम्बन्धी।

आलोक पुं० [सं०] [वि० आलोक्य, आलोकित] १. प्रकाश, चाँदनी, उजाला। २. चमक, ज्योति। ३. किसी विषय पर लिखी हुई टिप्पणी या सूचना। (नोट)

आलोकन पुं० [सं०] १. प्रकाश डालना। २. चमकाना। ३. दिखलाना।

आलोकित वि० [सं०] १. जिसपर प्रकाश पड़ रहा हो। २. चमकता हुआ।

आलोचक पुं० [सं०] [स्त्री० आलोचिका] १. देखने-वाला। २. जो आलोचना करे।

आलोचन पुं० [सं०] [वि० आलोचित] १. दर्शन। २. गुण-दोष का विचार। ३. समालोचना।

आलोचना स्त्री० [सं०] १. किसी बात या कार्य के गुण, दोष आदि के संबंध में प्रकट किया जानेवाला विचार, टीका-टिप्पणी। (कॉमेन्ट्स) २. समालोचना।

आलोचित वि० [सं०] जिसमें आलोचना हुई हो।

आलोड़न पुं० [सं०] [वि० आलोड़ित] १. मथना, हिलोरना। २. विचार।

आलोप पुं० दे० 'उत्सादन'।

आल्हा पुं० [देश०] १. ३१ मात्राओं का एक छन्द, वीर छंद। २. महोबा के एक वीर का नाम जो पृथ्वीराज के समय में था। ३. बहुत लम्बा-चौड़ा वर्णन।

आल्हाद* पुं०=आहलाद।

आव* स्त्री०=आयु।

आवज पुं० [सं० वाद्य] ताशा नाम का बाजा।

आवटना* पुं० [सं० आवर्त] १. हलचल, उथल-पुथल, अस्थिरता। २. संकल्प-विकल्प, ऊहापोह।

आवधिक वि० [सं०] १. अवधि का। २. हर अवधि में होनेवाला।

आवन* पुं० [सं० आगमन] आगमन, आना।

आवनो* वि०=आनेवाला। (ब्रज०)

आवभगत स्त्री० [हिं० आना+भगति] आदर-सत्कार, खातिरदारी।

आवरण पुं० [सं०] [वि० आवरित, आवृत] १. वह चीज जिसकी आड़ में कोई दूसरी चीज छिपाई जाए, आड़ करने

या ढकनेवाली वस्तु, आच्छादन, पट, परदा। (कर्टेन) २. किसी वस्तु को ऊपर से या चारो ओर से ढकनेवाली कोई चीज। (एनवेलप) ३. वह चीज जिससे कोई चीज ढकी जाए या कोई मुँह बन्द किया जाए, ढकना। ४. वह कपड़ा जो किसी वस्तु के ऊपर लपेटा हो, बेठन। ५. ढाल। ६. चलाए हुए अस्त्र-शस्त्र को निष्फल करनेवाला अस्त्र।

आवरण-पृष्ठ पुं० [सं०] वह कागज जो किसी पुस्तक के ऊपर रक्षा के लिए मढ़ा रहता है और जिसपर उसका तथा लेखक का नाम रहता है। (टाइटिल)

आवरा* वि० [सं० अवर] १. पराया, विमुख, विपरीत। ३. मलिन, मैला।

आवरित वि० [सं०] जिस पर आवरण हो, ढका हुआ।

आवरी* स्त्री० [?] व्याकुलता।

आवर्जन पुं० [सं०] [वि० आवर्जित] छोड़ देना, परित्याग।

आवर्त पुं० [सं०] १. पानी का भँवर। २. ऐसा बादल जिससे पानी न बरसे। ३. एक प्रकार का रत्न, राजावर्त्त, लाजवर्द। वि० घूमा हुआ, मुड़ा हुआ।

आवर्तक वि० [सं०] १. घूमने या चक्कर खानेवाला। २. किसी निश्चित अवधि पर बार-बार होनेवाला, जैसे आवर्तक अनुदान। (रेकरिंग)

आवर्तन पुं० [सं०] [वि० आवर्तनीय, आवर्तित] १. चारो ओर घूमना या चक्कर लगाना। २. चक्कर, फेरा, घुमाव। ३. मथना, हिलाना। ४. किसी बात का बार-बार होना। (रिपीटीशन) ५. किसी घटना या कार्य का फिर से या फिर-फिर घटित होना। (रेकरेन्स)

आवर्ती वि० दे० 'आवर्तक'।

आवर्धन पुं० [सं०] [वि० आवर्धित] आकार-प्रकार में बड़ा करना या बनाना।

आवली स्त्री० दे० 'अवली'।

आवश्यक वि० [सं०] १. जो अवश्य और शीघ्र होना चाहिए, जरूरी। (अर्जेन्ट) २. जिसके बिना काम न चले, प्रयोजनीय। (नेसेसरी)

आवश्यकता स्त्री० [सं०] १. जरूरत, अपेक्षा। २. प्रयोजन।

आवश्यकीय वि० दे० 'आवश्यक'।

आवस* स्त्री० दे० 'ओस'।

आवह वि० [सं०] १. लानेवाला। २. उत्पन्न या आविर्भाव करनेवाला, जैसे भयावह।
पुं० १. आकाश के सात स्कन्धों में से पहले स्कन्ध की वायु, जिससे बिजली, ओले आदि की उत्पत्ति मानी गई है। २. दे० 'वातावरण'।

आवागमन पुं० [हिं० आवा=आना+सं० गमन] १. आना-जाना। २. बार-बार मरना और जन्म लेना।

आवाज स्त्री० [फा० आवाज़, मि० सं० आवद्य] १. शब्द, ध्वनि, नाद। २. बोली, वाणी, स्वर।
मुहा० *किसी के खिलाफ आवाज उठाना*=किसी के विरुद्ध कहना। *आवाज देना*=पुकारना। *आवाज बैठना*=गले में कफ के कारण स्वर का साफ न निकलना।

आवाजाही स्त्री० [हिं० आना+जाना] बार-बार आना और जाना।

आवाप पुं० [सं०] बीज बोने की क्रिया, वपन।

आवारा वि० [फा०] [भाव० आवारगी, आवारापन] १ व्यर्थ इधर-उधर घूमनेवाला, निकम्मा, निठल्लू। २. बेठौर-ठिकाने का। ३. बदमाश, लुच्चा।

आवारागर्द वि० [भाव० आवारागर्दी]=आवारा।

आवास पुं० [सं०] [वि० आवासिक, आवासीय] १. रहने की जगह, निवासस्थान। (एबोड) २. मकान, घर। ३. स्थायी रूप से बसकर रहने की जगह (रेजीडेन्स)

आवासिक वि० [सं०] स्थायी रूप से किसी स्थान पर रहने या बसनेवाला। (रेजीडेन्ट)

आवासीय वि० [सं०] आवास-सम्बन्धी, रिहायशी। (रेजीडेन्शल)

आवाहक पुं० [सं०] आवाहन करने या बुलानेवाला।

आवाहन पुं० [सं०] १. किसी को पुकारने या बुलाने का कार्य। २. आमन्त्रित करना, बुलाना।

आविर्भाव पुं० [सं०] [वि० आविर्भूत] १. सामने आना, प्रकट होना। २. उत्पत्ति। ३. प्रकट या उत्पन्न होकर सामने आना। (एडवेन्ट)

आविर्भूत वि० [सं०] १. प्रकाशित, प्रकटित। २. उत्पन्न। ३. सामने आया हुआ, उपस्थित।

आविष्करण पुं० [सं०] आविष्कार करना।

आविष्कर्ता (-र्तृ) वि० [सं०] आविष्कार करनेवाला।

आविष्कार पुं० [सं०] [वि० आविष्कारक, आविष्कर्ता, आविष्कृत] १. प्रकट होना। २. कोई ऐसी नई वस्तु तैयार करना या नई बात ढूँढ़ निकालना जो पहले किसी को मालूम न रही हो, किसी बात का पता पहले-पहले लगाना, ईजाद।

आविष्कृत वि० [सं०] १. प्रकाशित, प्रकटित। २. पता लगाया हुआ, जाना हुआ। ३. ईजाद किया हुआ।

आविष्ट वि० [सं०] आवेश से युक्त।

आवृत वि० [सं०] [स्त्री० आवृता] १. छिपा हुआ, ढका हुआ। २. लपेटा या घिरा हुआ।

आवृत्ति स्त्री० [सं०] १. बार-बार किसी बात का अभ्यास। २. पढ़ना। ३. किसी पुस्तक का पहली बार या फिर से ज्यों-का-त्यों छपना।

आवृत्तिपरक वि० [सं०] (व्या०) आवृत्ति का सूचक।

आवेग पुं० [सं०] १. चित्त की प्रबल वृत्ति, मन की झोंक। २. अकस्मात् इष्ट या अनिष्ट के प्राप्त होने से मन की विकलता, घबराहट। ३. मनोविकार। ४. सहसा मन में उत्पन्न होनेवाला वह विकार जो मनुष्य को बिना सोचे-समझे कुछ कर डालने में प्रवृत्त करता है। (इम्पल्स)

आवेदक वि०, पुं० [सं०] आवेदन करनेवाला, प्रार्थी।

आवेदन पुं० [सं०] [वि० आवेदनीय, आवेदित, आवेद्य] १. किसी वस्तु, काम या पद के लिए (लिखित रूप से) की जानेवाली प्रार्थना; जैसे प्रबंधक के पद के लिए मैंने भी आवेदन भेजा है। २. इस प्रकार लिखित प्रार्थना करने की क्रिया या भाव; जैसे-आप भी आवेदन कर सकते हैं।

आवेदन-पत्र पुं० [सं०] वह पत्र जिस पर कोई अपनी दशा या प्रार्थना लिखकर किसी को सूचित करे, अरजी।

आवेश पुं० [सं०] १. अति उत्साहित या उत्तेजित होने की अवस्था या भाव। २. झोंक, वेग, जोश। ३. भूत-प्रेत की बाधा। ५. मिर्गी रोग।

आवेष्टन पुं० [सं०] [वि० आवेष्टित] १. छिपाने या ढकने का कार्य। २. छिपाने, लपेटने या ढकने की वस्तु।

आव्रजक पुं० [सं० आव्रजन] किसी देश में रहने के लिए आया हुआ व्यक्ति।

आव्रजन पुं० [सं० आ+व्रजन] किसी देश में रहने के लिए आना।

आशंका स्त्री० [सं०] [वि० आशंकित] १. डर, भय। २. शक, सन्देह। ३. अप्रिय या अनिष्ट की सम्भावना से मन में होनेवाला भय, भीति, खुटका। (एप्रिहेन्शन)

आशंसा स्त्री० [सं०] [वि० आशंसित] १. आशा, उम्मीद। २. इच्छा, कामना, वासना। ३. सन्देह, शक। ४. प्रशंसा। ५. आदर-सत्कार, अभ्यर्थन, ६. आशीर्वचन।

आशय पुं० [सं०] १. अभिप्राय, मतलब, तात्पर्य। २. वासना, इच्छा। ३. उद्देश्य, नीयत। (इन्टेंशन)

आशा स्त्री० [सं०] मन का यह भाव कि अमुक कार्य हो जाएगा या अमुक पदार्थ हमें मिल जाएगा।

आशातीत वि० [सं०] जितनी आशा की गई हो, उससे अधिक, जैसे आशातीत सफलता या लाभ।

आशानुरूप क्रि० वि० [सं० आशा+अनुरूप] आशा के अनुरूप, आशा के अनुसार।

आशापूर्ण वि० [सं०] १. आशा से भरा। २. आशा को जाग्रत करनेवाला।

आशावाद पुं० [सं०] [वि० आशावादी] यह सिद्धान्त कि सदा अच्छी बातों की आशा रखनी चाहिए। (ऑप्टिमिज्म)

आशावादी (-दिन्) पुं० [सं०] सदा अच्छी बातों की आशा रखनेवाला। (ऑप्टिमिस्ट)

वि० आशावाद-सम्बन्धी।

आशिक पुं० [अ०] १. वह जो किसी पर मुग्ध हो। २. प्रेम करनेवाला मनुष्य, अनुरक्त पुरुष, आसक्त व्यक्ति।

आशिकमिजाज वि० [अ० आशिक मिज़ाज] [भाव० आशिक मिज़ाजी] जो कइयों से एक साथ प्रेम करता/करती हो।

आशिकी स्त्री० [अ०] प्रेम, अनुराग।

आशिर पुं० [सं०] सूर्य, सूरज।

आशिष स्त्री० [सं०] १. आशीर्वाद, आशीष, दुआ। २. एक अलंकार जिसमें अप्राप्त वस्तु के लिए प्रार्थना होती है।

आशियाँ, आशियाना पुं० [फा०] घोंसला।

आशीर्वाद पुं० [सं०] कल्याण या मंगल की कामना का सूचक कथन, आशिष, दुआ।

आशु क्रि० वि० [सं०] शीघ्र, जल्द।

आशुकवि पुं० [सं०] वह कवि जो तत्क्षण या बहुत जल्दी-जल्दी कविता करता हो।

आशुग वि० [सं०] १. बहुत जल्दी-जल्दी या शीघ्र चलनेवाला, जैसे आशुग रेल। (एक्सप्रेस) २. (पत्र, तार आदि) जो पानेवाले के पास बहुत जल्दी पहुँचाया जाने को हो। (एक्सप्रेस)

पुं० १. वायु, हवा। २. बाण, तीर।

आशुगामी (-मिन्) वि० [सं०] तेज़ गति से जाने या चलनेवाला।

आशुतोष वि० [सं०] शीघ्र सन्तुष्ट होनेवाला, जल्दी प्रसन्न होनेवाला।

पुं० शिव, महादेव।

आशुपत्र पुं० [सं०] वह पत्र जिसे डाक विभाग जल्दी वितरित करता हो। (स्पीड पोस्ट)

आशुलिपि स्त्री० [सं०] १. वह लिपि जिसमें बहुत तेज़ी से लिखा जा सके। २. विशिष्ट संकेतों वाली वह लिपि जिसमें उतनी गति से लिखा जाता है जितनी गति से कोई बोलता है।

आशुलिपिक पुं० [सं०] आशुलिपि में सिद्ध हस्त।

आश्चर्य पुं० [सं०] [वि० आश्चर्यित] १. किसी अप्रत्याशित, विलक्षण या असाधारण बात या वस्तु को देखने, सुनने या ध्यान में आने से उत्पन्न होनेवाला भाव, अचम्भा, विस्मय, ताज्जुब। २. रस के नौ स्थायी भावों में से एक।

आश्चर्यचकित वि० [सं०] जो आश्चर्यपूर्ण घटना या बात देख-सुनकर चौंक उठा हो।

आश्रम पुं० [सं०] [वि० आश्रमी] १. ऋषियों और मुनियों का निवासस्थान, तपोवन। २. साधु-सन्त के रहने की जगह। ३. विश्राम का स्थान, ठहरने की जगह। ४. हिन्दुओं के जीवन की चार अवस्थाएँ, ब्रह्मचर्य, गार्हस्थ्य, वानप्रस्थ और संन्यास।

आश्रय पुं० [सं०] [वि० आश्रयी, आश्रित] १. आधार, सहारा, अवलम्ब। २. आधार वस्तु, वह वस्तु जिसके सहारे पर दूसरी वस्तु हो। ३. शरण, पनाह। ४. जीवन-निर्वाह का आधार, सहारा। ५. घर।

आश्रयी वि० [सं० आश्रय] आश्रित होनेवाला; जैसे-रामाश्रयी, कृष्णाश्रयी।

आश्रव पुं० [सं०] १. नदी। २. अपराध, कसूर। ३. वह जो किसी के बन्धन का कारण हो।

आश्रित वि० [सं०] १. किसी के आधार, आश्रय या सहारे पर टिका हुआ, ठहरा हुआ। (बेस्ड) २. किसी के आश्रय में, आधीन या भरोसे रहनेवाला। (डिपेन्डेड) ३. जो

अल्पवयस्क या और किसी असमर्थता के कारण किसी दूसरे की देख-रेख में रहता हो, किसी प्रतिपालक के आश्रय या अधीनता में रहनेवाला। (वार्ड)

आश्वस्त वि० [सं०] १. जिसे आश्वासन मिला हो, जिसे तसल्ली दी गई हो। २. जिसकी घबराहट, बेचैनी या डर दूर हो गया हो। ३. जिसे अपने पर पूर्ण विश्वास हो, जिसे अपनी सामर्थ्य या सफलता पर भरोसा हो।

आश्वस्ति स्त्री० [सं०] आश्वस्त होने की अवस्था या भाव।

आश्वस्तिकारी (-रिन्) वि० [सं०] आश्वस्त करनेवाला। भरोसा दिलानेवाला।

आश्वासन पुं० [सं०] [वि० आश्वसनीय, आश्वासित, आश्वास्य] दिलासा, तसल्ली, सान्त्वना।

आश्विन पुं० [सं०] भारतीय महीनों में भाद्रपद के बाद और कार्तिक के पहले का महीना, कुआर का महीना।

आषाढ़ पुं० [सं०] जेठ के बाद का महीना, आसाढ़।

आसंग पुं० [सं०] १. साथ, संग। २. लगाव, सम्बन्ध। ३. आसक्ति। (एटैचमेन्ट)

आसंजन पुं० [सं०] १. दे० 'आसंग'। २. न्यायालय की ओर से किसी देनदार, अपराधी या ऋणी की सम्पत्ति पर वह अधिकार जो ऋण या अर्थदंड चुकाने के लिए होता है, कुर्की। (एटैचमेन्ट)

आसंजित वि० [सं०] (वह सम्पत्ति) जिसका आसंजन हुआ हो, कुर्क किया हुआ। (एटैच्ड)

आसंदी स्त्री० [सं० आशा] १. आशा, उम्मीद। २. लालसा, कामना। ३. सहारा, आधार, भरोसा।

आसकत स्त्री० [सं० आसक्ति] [वि० आसकती, क्रि० असकताना] सुस्ती, आलस्य।

आसक्त वि० [सं०] १. अनुरक्त, लीन, लिप्त। २. मोहित, लुब्ध, मुग्ध।

आसक्ति स्त्री० [सं०] १. अनुरक्ति, लिप्तता। २. लगन, चाह, प्रेम।

आसन पुं० [सं०] १. बैठने का ढंग या भाव, बैठने का ढब, स्थिति, बैठक।

मुहा० *आसन उखड़ना*=अपनी जगह से हिल जाना। *आसन जमना*=बैठने में स्थिरता आना। *आसन डिगना या डोलना*=(क) बैठने में स्थिर न रहना। (ख) चित्त चंचल होना, मन डोलना। *आसन देना*=सत्कारार्थ बैठने के लिए कोई वस्तु सामने रखना या बतलाना।

२. वह वस्तु जिसपर बैठें, जैसे चौकी, कुर्सी आदि। ३. निवासस्थान।

आसन्न वि० [सं०] १. निकट आया हुआ, समीपस्थ, प्राप्त। २. कुछ समय बाद घटित होनेवाला।

आसन्नभूत पुं० [सं०] भूतकालिक क्रिया का वह रूप जिससे क्रिया की पूर्णता और वर्तमान से उसकी समीपता पाई जाती है, जैसे मैं हो आया हूँ।

आस-पास क्रि० वि० [अनु० आस+हिं० पास] चारों ओर, इधर-उधर।

आस-पास, के सम्बन्धबो० के चारों ओर या के इधर-उधर।

आसमाँ पुं०=आसमान।

आसमान पुं० [फा० आस्मान] [वि० आसमानी] १. आकाश, गगन। २. स्वर्ग, देवलोक।

मुहा० *आसमान के तारे तोड़ना*=कठिन या असम्भव काम करना। *आसमान पर चढ़ना*=शेखी करना, घमंड दिखाना। *आसमान पर चढ़ाना*=बहुत प्रशंसा करके मिजाज बिगाड़ देना। *आसमान फट पड़ना*=आश्चर्यजनक घटना घटना; उदा० करोडों की आबादी में कुछ कमअक्ल चल भी बसे तो कौन-सा आसमान फट पड़ेगा।-गोपाल चतुर्वेदी। *आसमान में थिगली लगाना*=विकट काम करना। *दिमाग आसमान पर होना*=बहुत अभिमान होना।

आसमानी वि० [फा० आस्मानी] १. आकाश-सम्बन्धी, आकाशीय, आसमान का। २. आकाश के रंग का, हलका नीला।

आसमुद्र क्रि० वि० [सं०] १. समुद्र पर्यन्त। २. पूरे विश्व में।

आसरना* अ० [सं० आसरा] आश्रय या सहारा लेना।

आसरा पुं० [सं० आश्रय] १. सहारा, आधार, अवलम्ब। २. भरण-पोषण की आशा, भरोसा, आस। ३. किसी से सहायता पाने का निश्चय। ४. आश्रयदाता। ५. सहायक। ६. शरण। ७. प्रतीक्षा, प्रत्याशा। ८. आशा।

आसव पुं० [सं०] १. वह मद्य जो फलों के खमीर को निचोड़कर बनाया जाता हो। २. द्रव्यों का खमीर छानकर बनाया हुआ औषध। ३. अर्क।

आसवन पुं० [सं०] द्रव को वाष्प और पुनः वाष्प को द्रव्य में परिवर्तन करने की क्रिया या भाव। (डिस्टिलेशन)

आसवनी स्त्री० [सं०] वह स्थान जहाँ आसवन की क्रिया हो, मद्य चुआने का स्थान।

आसा पुं० [अ० असा] सोने या चाँदी का वह डंडा जो राजा-महाराजाओं अथवा बारात और जलूस के आगे चोबदार लेकर चलते हैं।

*स्त्री०=आशा।

आसान वि० [फा०] [भाव० आसानी] सहज, सरल।

आसानी स्त्री० [फा०] १. सरलता, सुगमता। २. सुविधा।

आसाम पुं०=असम (राज्य)।

आसार पुं० [अ०] लक्षण, चिह्न।

आसारद वि० [अ० आसार] वर्षा करनेवाला, वर्षक।

आसीन वि० [सं०] बैठा हुआ, स्थित।

आसीस स्त्री० दे० 'आशिष'।

आसु* पुं० [?] प्राण, जीवनी-शक्ति।

आसुत वि० [सं०] आसवन किया हुआ, चुआया हुआ।

आसुर वि० [सं०] असुर-सम्बन्धी।

आसुर विवाह पुं० [सं०] वह विवाह जो कन्या के माता-पिता को द्रव्य देकर किया जाए।

आसुरी वि० [सं०] असुर-सम्बन्धी, असुरों का, राक्षसी। स्त्री० असुर की स्त्री।

आसुरी संपदा स्त्री० [सं०] भगवद् गीता में मन और इंद्रियों के द्वारा अर्जित और एकत्र अज्ञान तथा प्रवृत्तियाँ।

आसेतु हिमाचल क्रि०वि० सेतु से हिमालय तक।

आसोज पुं० [सं० अश्वयुग] आश्विन मास, क्वार का महीना।

आसौ* क्रि० वि० [सं० ईह+संवत्] इस, वर्ष, इस साल।

आस्ट्रेलिया पुं० भारतीय महासागर के पूर्व में तथा पैसेफिक महासागर के पश्चिम में स्थित महाद्वीप।

आस्ट्रेलियन वि० आस्ट्रेलिया-सम्बन्धी। पुं० आस्ट्रेलिया का वासी।

आस्तरण पुं० [सं०] १. शय्या। २. बिस्तर। ३. दुपट्टा।

आस्तिक वि० [सं०] [भाव० आस्तिकता] १. वेद, ईश्वर और परलोक आदि पर विश्वास रखनेवाला। २. ईश्वर का अस्तित्व माननेवाला। (थीइस्ट)

आस्तिकता वि० [सं०] १. वेद, ईश्वर, परलोक आदि पर विश्वास रखने का भाव। (थीइज्म)

आस्तीन स्त्री० [फा०] पहनने के कपड़े का वह भाग जो बाँह को ढकता है, बाँह।

मुहा० *आस्तीन का साँप*=वह व्यक्ति जो मित्र होकर शत्रुता करे।

आस्थगित वि० [सं०] जिसके सम्बन्ध में अन्तिम निर्णय आगे के लिये टाल दिया गया हो।

आस्था स्त्री० [सं०] १. पूज्य बुद्धि, श्रद्धा। २. सभा, समाज। ३. आलम्बन, सहारा।

आस्थान पुं० [सं०] १. बैठने की जगह, बैठक। २. सभा, दरबार।

आस्पद पुं० [सं०] १. स्थान, जगह। २. आधार, अधिष्ठान। ३. कार्य, कृत्य। ४. पद, प्रतिष्ठा। ५. अल्ल, वंश का नाम, गोत्र। ६. कुल या जाति।

आस्फालन पुं० [सं०] [वि० आस्फालित] १. आत्मश्लाघा, डींग। २. संघर्ष। ३. उछल-कूद।

आस्मान पुं०=आसमान।

आस्मानी वि०=आसमानी।

आस्वाद पुं० [सं०] १. स्वाद। २. रस।

आस्वादन पुं० [सं०] [वि० आस्वाद्य, आस्वादनीय, आस्वादिता] १. चखना, स्वाद लेना। २. रस लेने की क्रिया या भाव।

आस्वाद्य वि० [सं०] जिसका स्वाद लिया जाने को हो।

आह[१] विस्मयादि० [सं० अहह] पीड़ा, शोक, दुख, खेद या ग्लानि का सूचक शब्द।

स्त्री० १. दुख या क्लेशसूचक शब्द। २. ठंडी साँस, उसास।

मुहा० *किसी की आह पड़ना*=शाप पड़ना, किसी को दुख देने का फल मिलना। *आह भरना*=ठंडी साँस लेना।

आह[२] पुं० [सं० साहस] १. साहस, हिम्मत। २. बल, जोर।

आहट स्त्री० [हिं० आ=आना+हट (प्रत्य०)] १. वह शब्द जो चलने में पैर तथा दूसरे अंगों से होता है, आने का शब्द, पाँव की धमक, खटका। २. किसी स्थान पर रहने के कारण होनेवाला शब्द। ३. पता, टोह।

आहत वि० [सं०] [भाव० आहति] १. चोट खाया हुआ, घायल, जख्मी। २. वह संख्या जिसको गुणित करें, गुण्य।

आहन पुं० [फा०] लोहा।

आहर[१] पुं० [अहः] समय।

आहर[२]* पुं० [सं० आहव] युद्ध, लड़ाई।

आहरण पुं० [सं०] [वि० आहरणीय, आहरित, आहृत] १. छीनना, हर लेना। २. कोई वस्तु दूसरे स्थान पर ले जाना। ३. ग्रहण, लेना। ४. (बैंक, व्यापार आदि में से) रुपया निकलना।

आहरित वि० [सं०] (धन) जो बैंक के खाते आदि से निकाला गया हो।

आहा विस्मयादि० [सं० अहह] आश्चर्य या हर्षसूचक शब्द।

आहार पुं० [सं०] १. भोजन, खाना। २. खाने की वस्तु।

आहार-विहार पुं० [सं०] खाना, पीना, सोना आदि शारीरिक व्यवहार, रहन-सहन।

आहार्य वि० [सं०] १. ग्रहण किया हुआ। २. खाने योग्य। पुं० [सं०] नायक और नायिका का एक दूसरे का वेष धारण करना।

आहि* अ० [सं० असि] 'असना' क्रिया का वर्तमान कालिक रूप है।

आहिनक पुं० [सं०] नित्य का, दैनिक।

आहिस्ता क्रि० वि० [फा०] [भाव० आहिस्तगी] धीरे, मंद गति से।

आहिस्ता-आहिस्ता क्रि० वि० धीरे-धीरे।

आहुति स्त्री० [सं०] १. मन्त्र पढ़कर देवता के लिए कुछ निश्चित पदार्थ अग्नि में डालना, होम, हवन। २. हवन में डालने की सामग्री। ३. होम द्रव्य की उतनी मात्रा जो एक बार यज्ञकुंड में डाली जाए।

आहू* पुं० [सं० आहव] साहस।

आहै* अ० [सं० अस्] 'असना' का वर्तमानकालिक रूप।

आहौ* अ० 'हूँ' का पुराना अवधी रूप।

आह्लाद पुं० [सं०] [वि० आह्लादक, आह्लादित] आनन्द, खुशी, हर्ष।

आह्लादिनी शक्ति स्त्री० [सं०] वह शक्ति जो आनंदस्वरूप हो।

आह्वान पुं० [सं०] १. बुलाना, बुलावा, पुकार। २. चुनौती। ३. राजा की ओर से बुलावे का पत्र, समन। ४. यज्ञ में मन्त्र द्वारा देवताओं को बुलाना।

इ

इ देवनागरी वर्णमाला का तीसरा स्वर, जिसका दीर्घ रूप 'ई' है। इसका उच्चारण तालु से होता है, और प्रयत्न संवृत होता है।

इंका स्त्री० इंदिरा गाँधी का कांग्रेस दल। (इसका उच्चारण 'इन्का' है, इड्का नहीं।)

इंगला स्त्री० [सं०] शरीर में इड़ा नाम की नाड़ी। (हठयोग)

इंगित पुं० [सं०] अभिप्राय प्रकट करने के लिए शरीर के किसी अंग से की जानेवाली कोई चेष्टा, संकेत।
वि० जिसकी ओर इशारा किया जाए।

इंगुदी स्त्री० [सं०] १. हिंगोट का पेड़। २. मालकँगनी।

इंच पुं० [अं०] एक फुट का बारहवाँ हिस्सा, तसू। (नाप)
पद *इंच भर*=स्वल्प मात्रा में, जरा भी।

इँचना* अ० दे० 'खिंचना'।

इंजन पुं० [अं० एंजिन] १. भाप या बिजली से चलनेवाला यन्त्र। २. रेल में वह आगेवाली यन्त्रयुक्त गाड़ी जो सब गाड़ियों को खींचती है। ३. कल, यन्त्र।

इंजीनियर पुं० [अं० एन्जीनियर] १. यन्त्र की विद्या जाननेवाला, कलों को बनाने, चलाने या मरम्मत करनेवाला। २. शिल्पविद्या में निपुण, विश्वकर्मा। ३. वह अधिकारी जो सड़कें, इमारतें और पुल आदि अपनी देख-रेख में बनवाने की व्यवस्था करता है।

इंजीनियरी स्त्री० [अं० एन्जीनियरिंग] १. यन्त्र आदि बनाने, सुधारने, चलाने आदि की विद्या या कला। २. इंजीनियर का कार्य या पद।

इंटरनेट पुं० [अं०] कम्प्यूटर के माध्यम से सूचनाओं के आदान-प्रदान का विश्वव्यापी तंत्र।

इँडुआ पुं० [सं० कुंडल] कपड़े की बनी हुई छोटी गोल गद्दी जो बोझ उठाते समय सिर पर रख लेते हैं, गेंडुरी।

इंतकाम पुं० [अ०] बदला, प्रतिशोध।

इंतखाब पुं० [अ०] १. चुनाव, निर्वाचन। २. पसन्द। ३. पटवारी के खाते की नकल।

इंतजाम पुं० [अ० इंतिज़ाम] दे० 'प्रबंध'।

इंतजार, इंतिजार स्त्री० [फा० इंतज़ार] प्रतीक्षा।

इंदराज पुं० [फा०] १. लेखे, बही, पंजी आदि में लिखा या चढ़ाया जाना। २. निविष्टि, लेखी। (एन्ट्री)

इंदिरा स्त्री० [सं०] लक्ष्मी।

इंदीवर पुं० [सं०] नीलकमल, नीलोत्पल।

इंदु पुं० [सं०] १. चन्द्रमा। २. कपूर। ३. एक की संख्या।

इंदुनंद पुं० [सं०] चन्द्रमा का पुत्र अर्थात् बुध।

इंद्र वि० [सं०] १. ऐश्वर्यवान। २. श्रेष्ठ, बड़ा, जैसे नरेन्द्र।
पुं० १. एक वैदिक देवता जो पानी बरसाता है। २. देवताओं का राजा। ३. बारह आदित्यों में से एक, सूर्य। ४. मालिक, स्वामी। ५. चौदह की संख्या।
मुहा० *इंद्र का कोप होना*=घोर वर्षा होना।

इंद्र का अखाड़ा पुं० १. इन्द्र की सभा जिसमें अप्सराएँ नाचती हैं। २. बहुत सजी हुई सभा जिसमें खूब नाच-रंग होता हो।

इन्द्र की परी स्त्री० १. अप्सरा। २. बहुत सुन्दर स्त्री।

इंद्रगोप पुं० [सं०] बीरबहूटी (कीड़ा)।

इंद्रजव पुं० [सं० इन्द्रयव] कुड़ा, कुरैया का बीज।

इंद्रजाल पुं० [सं०] [वि० ऐन्द्रजालिक] जादू के वे आश्चर्य-चकित करनेवाले खेल जो जल्दी समझ में न आएँ, जादूगरी।

इंद्रजित वि० [सं०] इन्द्र को जीतनेवाला।
पुं० रावण का पुत्र, मेघनाद।

इंद्रजीत पुं० दे० 'इंद्रजित'।

इंद्रधनुष पुं० [सं०] सात रंगों का वह अर्द्धवृत्त जो वर्षाकाल में सूर्य के सामने की दिशा में दिखाई देता है।

इंद्रनील पुं० [सं०] नीलम (रत्न)।

इंद्रप्रस्थ पुं० [सं०] यमुना के किनारे पर स्थित एक प्राचीन नगर जिसे पांडवों ने खांडव वन जलाकर बसाया था।

इंद्रलोक पुं० [सं०] स्वर्ग।

इंद्राणी स्त्री० [सं०] १. इन्द्र की पत्नी, शची। २. इन्द्रायन।

इंद्रायन स्त्री० [सं० इंद्राणी] एक लता जिसका लाल फल देखने में सुन्दर, पर खाने में कड़वा होता है, इनारू।

इंद्रासन पुं० [सं०] १. इन्द्र का सिंहासन। २. राजसिंहासन। ३. वह स्थान जहाँ हर प्रकार का सुख मिले।

इंद्रिय स्त्री० [सं०] [वि० ऐन्द्रिय] १. वह शक्ति जिससे बाहरी विषयों का ज्ञान होता है। २. शरीर के वे अवयव जिनके द्वारा उक्त शक्ति विषयों का ज्ञान प्राप्त करती है, ज्ञानेन्द्रिय, जैसे आँख, कान, जीभ, नाक और त्वचा। ३. वे अंग या अवयव जिनसे कर्म किए जाते हैं, कर्मेन्द्रियाँ, जैसे वाणी, हाथ, पैर, गुदा, उपस्थ। ४. लिंगेन्द्रिय। ५. पाँच की संख्या।

इंद्रियग्राह्य वि० [सं०] जो इन्द्रिय (या इंद्रियों) द्वारा ग्रहण हो सके।

इंद्रियनिग्रह पुं० [सं०] इन्द्रियों का वेग या वासना रोकना।

इंद्रियलोलुप वि० [सं०] जिसे इन्द्रियों के सुखभोग की बहुत अधिक लालसा हो।

इंद्रियातीत वि० [सं०] जिसका ज्ञान या अनुभव इन्द्रियों से न हो सके, अगोचर, जैसे आत्मा या ईश्वर।

इंद्रियारामी* वि० [हिं० इंद्रिय+अ० आराम] इन्द्रियों का सुख चाहनेवाला, इन्द्रियलोलुप।

इंद्रियार्थवाद पुं० [सं०] १. इन्द्रियों की सुख भोगने की वृत्ति। २. वह दार्शनिक सिद्धान्त जिसमें यह माना जाता है कि हमें सब प्रकार के ज्ञान इन्द्रियों की अनुभूति से ही प्राप्त होते हैं। (सेन्सुअलिज्म)

इंसान पुं० मनुष्य।

इंसानियत स्त्री० = इनसानियत।

इंसानी वि० = इनसानी।

इंसाफ पुं० = इनसाफ़।

इंस्पेक्टर पुं० [अं०] निरीक्षक।

इकत* क्रि० वि० [सं० एकांत] पूरी तरह से, भली भाँति। वि० पुं० दे० 'एकांत'।

इक* वि० दे० 'एक'।

इकट्ठा वि० [सं० एकस्थ] एकत्र, जमा।

इकतरफा वि०=एकतरफा।

इकता* स्त्री०=एकता।

इकतारा पुं० [हिं० एक+तारा] १. सितार की तरह का एक बाजा जिसमें एक ही तार रहता है। २. एक प्रकार का कपड़ा।

इकत्र* क्रि० वि० दे० 'एकत्र'।

इकबाल पुं० [अ०] दे० 'प्रताप'।

इकरार पुं० [अ०] १. प्रतिज्ञा, वादा। २. कोई काम करने का वचन।

इकरारनामा पुं० [अ० इकरार+फा० नाम:] वह पत्र जिसमें इकरार की शर्तें लिखी हों, अनुबन्धपत्र। (एग्रिमेंट)

इकला* वि० दे० 'अकेला'।

इकलाई स्त्री० [हिं० एक+लाई या लोई=परत] १. एक पाट का दुपट्टा या चादर। २. अकेलापन।

इकलौता पुं० [हिं० इकला+ऊत (पुत्र)] [स्त्री० इकलौती] वह लड़का जो अपने माँ-बाप का एक ही हो।

इकल्ला वि० दे० 'अकेला'।

इकसर* वि० [हिं० एक+सर (प्रत्य०)] अकेला, एकाकी।

इकसूत* वि० [सं० एक+सूत्र] एक में मिला हुआ, इकट्ठा, एकत्र।

इकहरा वि० [हिं० एक+धारा (प्रत्य०)] एक परतवाला।

इकहाई* क्रि० वि० [हिं० एक+हाई (प्रत्य०)] १. तुरन्त। २. अचानक, एकाएक।

इकहाऊ* क्रि० वि० दे० 'इकहाई'।

इकाई स्त्री० [हिं० एक+आई (प्रत्य०)] १. गिनती या संख्या में एक होने की अवस्था या भाव। २. गणित में पहला और सबसे छोटा पूर्णांक जो 'एक' है। ३. संख्याएँ लिखने के क्रम में वह अन्तिम स्थान जहाँ ९ या उससे कम के सूचक अंक लिखे जाते हैं जैसे यदि हम लिखें ७२३ तो इसमें का ७ सैकड़ेवाले स्थान पर २ दहाई वाले स्थान पर और ३ इकाई वाले स्थान पर लिखा हुआ कहलाएगा। ४. किसी पूरे वर्ग या समूह का कोई ऐसा अंग या भाग जो विश्लेषण के काम के लिए किसी प्रकार अलग और स्वतन्त्र माना या समझा जाता हो, जैसे (क) हमारा समाज वास्तव में बहुत से व्यक्तियों की इकाइयों से बना है। (ख) पैर, मुँह, हाथ अथवा खून, चमड़ा, हड्डी आदि हमारे शरीर की इकाइयाँ हैं। ५. कोई ऐसी मात्रा या मान जो किसी प्रकार की नाप-जोख के लिए मानक मान लिया गया हो। (यूनिट)

इकौंसा* वि० [हिं० एक] [स्त्री० इकौंसी] १. जहाँ कोई न हो, एकान्त। २. जिसके साथ कोई न हो, अकेला।

इकौना* वि० [हिं० एक] अनुपम, बेजोड़।

इक्का वि०, पुं० दे० 'एक्का'।

इक्का-दुक्का वि० दे० 'अकेला-दुकेला'।

इक्कीस वि० [सं० एकविंशति] १. बीस से एक अधिक। २. (किसी की अपेक्षा) अधिक अच्छा, श्रेष्ठतर।

इक्षु पुं० [सं०] ईख, गन्ना।

इक्ष्वाकु पुं० [सं०] सूर्यवंश का एक प्रसिद्ध राजा।

इख्तियार पुं० [अ०] १. दे० 'अधिकार'। २. दे० 'प्रभुत्व'। ३ घियाना† अ० उलट-पलट जाना।

इच्छना* स० [सं० इच्छा] इच्छा करना।

इच्छा स्त्री० [सं०] [वि० इच्छित, इच्छुक] वह मनोवृत्ति जो किसी बात या वस्तु की प्राप्ति की ओर ध्यान ले जाती है, कामना, लालसा, अभिलाषा, चाह।

इच्छापत्र पुं० [सं०] वह पत्र जिसमें व्यक्ति मृत्यु के बाद अपनी सम्पत्ति के निपटारे के सम्बन्ध में इच्छा व्यक्त करता है।

इच्छामृत्यु स्त्री० [सं०] अपनी इच्छा से मृत्यु के वरण का अधिकार।

इच्छाशक्ति स्त्री० [सं०] १. अपनी इच्छाओं को नियंत्रित करने की शक्ति। १. इच्छा की दृढ़ता।

इच्छित वि० [सं०] जिसकी इच्छा की जाए, चाहा हुआ, वांछित।

इच्छुक वि० [सं०] १. जिसमें इच्छा हो। २. कुछ पाने, देने या करने के लिए प्रस्तुत; जैसे वह जाने के लिए इच्छुक है।

इजमाल पुं० [अ०] [वि० इजमाली] १. सब मिलाकर एक, समष्टि। २. किसी वस्तु पर कुछ लोगों का संयुक्त स्वत्व, साझा।

इजरा, इजराय पुं० [अ०] १. जारी या प्रचलित करना। २. काम में लाना। ३. दीवानी न्यायालय से मिले हुए जयपत्र या डिगरी के अनुसार प्राप्य धन वसूल करने के लिए की जानेवाली विधिक क्रिया या कार्रवाई। (एक्जीक्यूशन)

इजलास पुं० [अ० इज्लास] १. अधिवेशन, बैठक। २. कचहरी, न्यायालय, अधिकरण।

इजहार पुं० [अ० इज़्हार] १. जाहिर या प्रकट करना, प्रकटीकरण। २. किसी के सामने दिया जानेवाला बयान। ३. साक्षी।

इजाज़त स्त्री० [अ० इजाज़त] १. आज्ञा, हुकुम। २. स्वीकृति।

इजाफा पुं० [अ० इज़ाफ़ा] बढ़ती, वृद्धि।

इजार स्त्री० [अ० इज़ार] पायजामा, सूथन।

इजारदार वि० [फा०] किसी पदार्थ को इजारे या ठीके पर लेनेवाला, ठेकेदार।

इजारबंद पुं० [फा०] वह डोरी जो पायजामे या लहँगे के नेफे में उसे कमर से बाँधने के लिए पड़ी रहती है, नारा।

इजारा पुं० [अ० इज़ार:] [भाव० इजारेदारी] १. ठेका। २. अधिकार, स्वत्व।

इजरायली वि०, पुं० =इस्राली।

इज्जत स्त्री० [अ० इज़्ज़त] मान, मर्यादा।

मुहा० *इज्जत उतारना*=मर्यादा नष्ट करना। *इज्जत रखना*= प्रतिष्ठा की रक्षा करना।

इज्जतदार वि० [अ०+फा०] प्रतिष्ठित।

इटेलियन वि० [अं०] इटली-सम्बन्धी।

स्त्री० इटली की भाषा।

इठलाना अ० दे० 'इतराना'।

इठाई* स्त्री० [सं० इष्ट] १. रुचि, चाह। २. मित्रता।

इड़ा स्त्री० [सं०] १. पृथ्वी, भूमि। २. हठयोग की साधना में बाँई ओर की एक कल्पित नाड़ी।

इत क्रि० वि० [सं० इतः] इस ओर, इधर।

इतना वि० [सं० एतावत अथवा हिं० ई (यह) तना (प्रत्य०)] [स्त्री० इतनी] इस मात्रा का, इस कदर।

क्रि० वि० १. इस मात्रा में; जैसे-उसने इतना दिया कि मैं घबरा गया। २. बहुत अधिक, अत्याधिक मात्रा में।

पुं० अपेक्षाकृत अधिक मात्रा।

पद *इतना भर*=मात्र इतना, इतना ही।

इतने में क्रि० वि० इसी बीच।

इतफाक स्त्री० [अ० इत्तिफ़ाक] संयोग।

इतमाम* पुं० [अ० एहतमाम] इन्तजाम, बन्दोबस्त, प्रबन्ध।

इतमीनान पुं० [अ० इत्मीनान] दे० 'संतोष'।

इतर वि० [सं०] १. दूसरा, अपर, अन्य। २. छोटा, तुच्छ।

पुं० दे० 'इत्र'।

इतराना अ० [सं० इतर] [भाव० इतराहट] १. घमंड करना। २. ठसक दिखाना, इठलाना।

इतरेतर क्रि० वि० [सं०] परस्पर।

इतरौंहाँ वि० [हिं० इतराना+औंहाँ (प्रत्य०)] जिससे इतराने का भाव प्रकट हो।

इतला स्त्री० [अ० इत्तला] सूचना, जानकारी।

इतस्ततः क्रि० वि० [सं०] इधर-उधर।

इतहि* क्रि० वि०=इधर।

इताअत स्त्री० [अ०] आज्ञापालन।

इताति* स्त्री० दे० 'इताअत'।

इति स्त्री० [सं०] समाप्ति, पूर्णता।

इतिश्री स्त्री० [सं०] समाप्ति, अन्त।

इतिवृत्त पुं० [सं०] १. पुरानी कथा या आख्यान। २. वर्णन, हाल। ३. इतिहास।

इतिवृत्तात्मक वि० [सं०] [भाव० इतिवृत्तात्मकता] जो इतिवृत्त या आख्यान के रूप में हो।

इतिहास पुं० [सं०] बीती हुई प्रसिद्ध घटनाओं और उनसे सम्बन्ध रखनेवाले पुरुषों का कालक्रम से वर्णन, तवारीख।

मुहा० *इतिहास बन चुकना/जाना*=बीते युग की (बात) हो जाना, पुराना पड़ जाना, अस्तित्व खो बैठना; जैसे राजा-रजवाड़े अब इतिहास बन चुके हैं। *इतिहास रचना*=ऐसी अभूतपूर्व सफलता या उपलब्धि प्राप्त करना जिसकी लंबे समय से प्रतीक्षा रही हो।

इतिहासबोध पुं० [सं०] इतिहास का ज्ञान।

इतिहासवृद्ध वि० [सं० इतिहास+वृद्ध] जिसका प्राचीन इतिहास हो, प्राचीन इतिहास में जिसका उल्लेख हो।

इतिहासी वि० [सं० इतिहास+हिं० ई (प्रत्य०)] =ऐतिहासिक।

इतेक वि० दे० 'इतना'।

इतै* क्रि० वि०=इधर।

इतौ* वि० दे० 'इतना'।

इत्तफाक पुं० = इत्तेफ़ाक।

इत्तला स्त्री० [अ० इत्तलाअ] सूचना।

इत्तलानामा पुं० [अ०+फा०] सूचनापत्र।

इत्तेफाक पुं० [अ० इत्तेफ़ाक़] संयोग, अवसर।

इत्थं क्रि० वि० [सं०] ऐसे, यों।

इत्थंभूत वि० [सं०] ऐसा।

इत्थे क्रि० वि०=यहाँ।

इत्यादि क्रि० वि० [सं०] इसी प्रकार और भी, आदि, वगैरह।

इत्र पुं० [अ०] फूलों का सुगन्धित सार, पुष्पसार।

इधर क्रि० वि० [सं० इतर] इस ओर, इस तरफ।

इधर-उधर क्रि० वि० १. आस-पास। २. चारो ओर।

मुहा० *इधर-उधर की करना*=(क) टाल-मटोल करना। (ख) उलट-पुलट करना, तितर-बितर करना। *इधर-उधर की बात*=(क) सुनी-सुनाई बात। (ख) बेठिकाने की बात। *इधर-उधर हो जाना*=अपने स्थान से हट-बढ़ जाना, अपनी सही जगह पर न होना। *इधर की उधर करना या लगाना*= झगड़ा लगाना।

इन सर्व० हिं० 'इस' का बहु० रूप।

इनकलाब पुं० [अ० इनकिलाब] क्रांति।

इनकार पुं० [अ०] दे० 'अस्वीकृति'।

इनतहा स्त्री० [अ० इन्तिहा] पराकाष्ठा, सीमा।

इनपुट पुं० [अं०] १. कम्प्यूटर में, भंडारण या संसाधन के लिए डाली जानेवाली सूचनाएँ, निवेश, भरान। २. इस प्रकार सूचनाएँ डालने का काम, निवेश।

इनवर्टर पुं० [सं०] विद्युत का ग्रहण करनेवाला उपकरण।

इनसान पुं० दे० 'मनुष्य'।

इनसानी वि०=मानवीय।

इनसाफ पुं० [अ०] न्याय।

इन्हें पद० इनको।

इनाम पुं० दे० 'पुरस्कार'।

इनायत स्त्री० [अ०] १. कृपा, दया, अनुग्रह। २. एहसास।

इने-गिने वि० [अनु० इन+हिं० गिनना] कतिपय, कुछ थोड़े से, चुने-चुने।

इफरात वि० [अ० इफ़्रात] बहुत अधिक।

इबलीस पुं० [अ०] शैतान।

इबादत स्त्री० [अ०] आराधना।

इबारत स्त्री० [अ०] [वि० इबारती] १. लेख। २. लेखन-शैली। ३. लिखावट।

इमदाद स्त्री० [अ०] सहायता।

इमरती स्त्री० [सं० अमृत] जलेबी की तरह की मिठाई।

इमला स्त्री० [अ० इम्ला] श्रुतलेख।

इमली स्त्री० [सं० अम्ल+हिं० ई (प्रत्य०)] १. एक प्रकार का बड़ा पेड़ जिसकी गूदेदार लम्बी फलियाँ खटाई के काम आती हैं। २. पेड़ का फल।

इमाम पुं० [अ०] १. अगुआ। २. मुसलमानों के धार्मिक कृत्य करानेवाला।

इमामबाड़ा पुं० [अ० इमाम+हिं० बाड़ा] वह अहाता जिसमें शीया मुसलमान ताजिया गाड़ते हैं।

इमारत स्त्री० [अ०] [वि० इमारती] १. ईंट, पत्थर आदि से बनाया हुआ, विशेषतः कोई बड़ा और पक्का मकान, भवन। (बिल्डिंग) २. दे० 'वास्तु'।

इमारती वि० [अ०] इमारत से सम्बन्ध रखने या वास्तु के काम में आनेवाला, जैसे इमारती लकड़ी, इमारती सामान।

इमारती लकड़ी स्त्री० [अ० इमारती+हिं० लकड़ी] अच्छे वृक्षों की वह पक्की लकड़ी जो इमारत बनाने के काम में आती है, वास्तुकाष्ठ। (टिम्बर)

इमि* क्रि० वि० [सं० एवम] इस प्रकार।

इम्तहान पुं० [अ०] दे० 'परीक्षा'।

इयत्ता स्त्री० [सं०] १. सीमा, हद। २. सदस्यों की वह कम-से-कम नियत संख्या जो किसी सभा का कार्य संचालित करने के लिए आवश्यक हो, गणपूर्ति। (कोरम)

इरषा* स्त्री० दे० 'ईर्ष्या'।

इराकी वि० [अ०] इराक देश का।

इरादा पुं० [अ०] विचार, संकल्प।

इर्दगिर्द क्रि० वि० [अनु० इर्द + फा० गिर्द] १. चारो ओर। २. आस-पास।

इर्षना* स्त्री० [सं० एषणा] प्रबल इच्छा।

इलजाम पुं० [अ० इल्ज़ाम] दे० 'अभियोग'।

इलहाम पुं० [अ० इल्हाम] पैगम्बरी मतों में, ऐसी बात जो ईश्वर की ओर से कही हुई मानी जाए, आकाशवाणी।

इला स्त्री० [सं०] १. पृथ्वी। २. पार्वती। ३. सरस्वती, वाणी। ४. गौ।

इलाका पुं० [अ० इलाक:] १. क्षेत्र, प्रदेश। २. कई गाँवों की जमींदारी।

इलाज पुं० [अ०] १. औषध। २. चिकित्सा। ३. उपाय, युक्ति।

इलाम पुं० [अ० ऐलान] १. इत्तलानामा। २. हुकुम, आज्ञा।

इलायची स्त्री० [सं० एला] एक सदाबहार पेड़ जिसके फल के सुगन्धित बीज मसाले में पड़ते हैं, यह छोटी और बड़ी दो प्रकार की होती है।

इलाही पुं० [अ०] ईश्वर, खुदा।
वि० दैवी, ईश्वरीय।

इलाही गज पुं० [फा०+अ० गज़] अकबर के समय से चला हुआ एक प्रकार का गज जो ४२ अंगुल लम्बा होता है।

इलीका स्त्री० [सं०] कीड़ा।

इलेक्ट्रान पुं० [अं०] वह सूक्ष्म कण जिसपर विद्युत का ऋण आवेश होता है।

इलेक्ट्रानिक वि० [अं०] अनेक छोटे-छोटे घटकों (विशेषतः माइक्रोचिपों) की सहायता से परिचालित।

इलेक्ट्रानिक मीडिया पुं० [अं०] रेडियो तथा टेलिविजन तथा उनके द्वारा सूचनाएँ प्रेषित-प्रसारित करनेवालों का वर्ग।

इल्तिजा स्त्री० [अ०] विनय, प्रार्थना।

इल्म पुं० [अ०] १. विद्या। २. ज्ञान।

इल्मी वि० [अ०] विद्या-सम्बन्धी।

इल्लत स्त्री० [अ०] १. रोग, बीमारी। २. झंझट, बखेड़ा। ३. दोष, अपराध।

इव क्रि० वि० [सं०] के जैसे, की तरह।

इशारा पुं० [अ० इशार:] १. संकेत। २. संक्षिप्त कथन। ३. हलका सहारा। ४. गुप्त प्रेरणा।

इशारेबाजी स्त्री० [अ० इशारा+फा० बाज़ी] १. इशारों से परस्पर बात-चीत करना। २. आपस में इशारों से की जानेवाली बात-चीत।

इश्क पुं० [अ०] [वि० आशिक] मुहब्बत, चाह, प्रेम। **मुहा०** *इश्क लड़ाना*=प्रेम करना।

इश्कबाज वि० [अ०+फा० बाज़] [भाव० इश्कबाजी] जो कई प्रेमिकाओं से प्रेम करता हो।

इश्केमिजाजी स्त्री० [अ०] वैयक्तिक प्रेम।

इश्केहकीकी स्त्री० [अ०] इश्वरीय प्रेम।

इश्तहार पुं० [अ०] विज्ञापन।

इषणा* स्त्री० दे० 'एषणा'।

इष्ट वि० [सं०] १. चाहा हुआ, वांछित। २. पूजित।
पुं० १. अग्निहोत्र आदि के शुभ कर्म। २. इष्टदेव, कुलदेव। ३. मित्र।

इस सर्व० [सं० एषः] 'यह' शब्द का परसर्ग या विभक्ति के पहले का रूप, जैसे इसको।

इसबगोल पुं० [फा० यशबगोल] एक झाड़ी या पौधा जिसके रेचक गोल बीज दवा में काम आते हैं।

इसराज पुं० [?] सारंगी की तरह का एक बाजा।

इसारत* स्त्री० दे० 'इशारा'।

इसे पद० [सं० एषः] 'यह' का कर्म कारक और सम्प्रदान कारक का रूप, इसको।

इस्तमरारी वि० [अ०] १. सदा रहनेवाला, नित्य। २. जो स्थायी रूप से निश्चित हुआ हो, दवामी। (परमानेन्ट)

इस्तमरारी पट्टा पुं० दे० 'दवामी पट्टा'।

इस्तमरारी बंदोबस्त पुं० दे० 'दवामी बंदोबस्त'।

इस्तरी स्त्री० [सं० स्तरी=तह करनेवाली] कपड़े की तह बैठाने का धोबियों या दरजियों का एक उपकरण।

इस्तीफा पुं० [अ० इस्तीफ़ा] दे० 'त्यागपत्र'।

इस्तेमाल पुं० [अ०] उपयोग।

इस्पंज पुं० [अ० स्पंज] समुद्र में एक प्रकार के बहुत छोटे कीड़ों के योग से बना हुआ रुई की तरह का मुलायम सजीव पिंड जो पानी खूब सोखता है, मुर्दा-बादल।

इस्पात पुं० [सं० अयस्पत्र, अथवा पुर्त० स्पेडा] एक प्रकार का बढ़िया लोहा।

इस्राइली वि० [इस्राइल देश] इस्राइल देश का।

पुं० इस्राइल का नागरिक या निवासी।

इस्लाम पुं० [अ०] [वि० इस्लामी] मुसलमानी धर्म।

इह क्रि० वि० [सं०] इस जगह।

वि० यह।

इहलीला स्त्री० [सं०] इस लोक की लीला या जीवन, जिन्दगी।

इहवाद पुं० [सं०] धर्मनिरपेक्षता।

इहाँ क्रि० वि० दे० 'यहाँ'।

इहै* क्रि० वि० [सं० अत्र एव, अप० इहई] यहीं।

ई

ई[1] देवनागरी वर्णमाला का चौथा वर्ण और 'इ' का दीर्घ रूप, जिसका उच्चारण तालु से होता है। प्रत्यय के रूप में यह (क) स्त्रीलिंग का वाचक (जैसे घोड़ी, पीली आदि), (ख) भाववाचकता का सूचक (जैसे लाली, हरियाली आदि) और (ग) सम्बन्धवाचक या वाला का बोधक (जैसे चैती, दरबारी आदि) होता है। कभी-कभी इसका प्रयोग 'यह' के अर्थ में सर्वनाम के रूप में और कभी-कभी जोर देने के लिए 'ही' के अर्थ में निपात के रूप में भी होता है।

ई[2] नि० [सं० हि] ही।

ईंगुर पुं० [सं० हिंगुल, प्रा० इंगुल] एक खनिज पदार्थ जिसकी ललाई बहुत चटकीली और सुन्दर होती है, सिंगरफ।

ईंचना* स० दे० 'खींचना'।

ईंट स्त्री० [सं० इष्टका] १. ढला हुआ मिट्टी का चौकोर लम्बा टुकड़ा जिसे जोड़कर दीवार बनाई जाती है।

पद० *कच्ची ईंट*=गारे को पाथकर तथा धूप में सेंककर बनाई हुई ईंट। *पक्की ईंट*=भट्ठे से पककर निकली हुई ईंट।

मुहा० *ईंट से ईंट बजाना*=किसी नगर या घर को ढाना या ध्वस्त करना। ईंटें *चुनना*=दीवार बनाने के लिए ईंट पर ईंट रखना, ईंटों से चुनाई करना। डेढ़ *ईंट की मसजिद अलग बनाना*=जो सब लोग कहते या करते हों, उसके विरुद्ध कहना या करना।

२. धातु का चौखूँटा टुकड़ा।

ईंट-पत्थर पुं० व्यर्थ की चीजें।

ईंडुरी स्त्री० [सं० कुंडली] कपड़े की गोल गद्दी जिसे घड़ा या बोझ उठाते समय सिर पर रख लेते हैं।

ईंधन पुं० [सं०] जलाने की लकड़ी या कंडा, जलावन।

ईकाई स्त्री०=इकाई।

ईक्षण पुं० [सं०] [वि० ईक्षणीय, ईक्षित, ईक्ष्य] १. दर्शन, देखना। २. आँख। ३. विवेचन। ४. विचार। ५. जाँच।

ईख स्त्री० [सं० इक्षु] शर जाति की एक घास जिसके डंठलों में मीठा रस रहता है, गन्ना।

ईखना* स० [सं० ईक्षण] १. देखने की क्रिया या भाव, दृष्टिपात। २. नेत्र, आँख।

ईछना* स० [सं० इच्छा] इच्छा करना।

ईजाद स्त्री० [अ०] दे० 'आविष्कार'।

ईठ* पुं० [सं० इष्ट] मित्र, सखा।

ईठना* स० [सं० इष्ट] इच्छा करना।

ईठि स्त्री० [सं० इष्टि] १. मित्रता, दोस्ती। २. चेष्टा, प्रयत्न।

ईढ़* स्त्री० [सं० इष्ट] जिद, हठ।

ईतर* वि० [हिं० इतराना] इतरानेवाला, ढीठ, शोख।

ईति स्त्री० [सं०] १. खेती को हानि पहुँचानेवाला उपद्रव, जैसे अतिवृष्टि, अनावृष्टि, टिड्डी पड़ना, चूहे लगना, पक्षियों की अधिकता या सेना की चढ़ाई। २. बाधा। ३. कष्ट।

ईद स्त्री० [अ०] मुसलमानों का एक प्रसिद्ध त्योहार।

ईदी स्त्री० [अ०] ईद पर बच्चों, नौकरों आदि को मिलनेवाली मिठाई और त्योहारी।

ईदृश क्रि० वि० [सं०] इस प्रकार।

वि० इस प्रकार का, ऐसा।

ईप्सा स्त्री० [सं०] [वि० ईप्सित, ईप्सु] १. इच्छा, अभिलाषा। २. कोई काम करने के लिए मन में होनेवाला विचार या उद्देश्य, इरादा। (इन्टेंशन)

ईमन पुं० [फा० यमन] संगीत में एक प्रकार की रागिनी।

ईमान पुं० [अ०] [वि० ईमानदार, भाव० ईमानदारी] १. धर्म पर विश्वास, आस्तिक्य बुद्धि। २. चित्त की सद्‌वृत्ति या अच्छी नीयत। ३. धर्म। ४. सत्य।

ईमानदार वि० [अ० ईमान+फा० दार] [भाव० ईमानदारी] चित्त में सद्‌वृत्ति या अच्छी नीयत रखनेवाला, चोरी या छल-कपट न करनेवाला। (आनेस्ट)

ईमानदारी वि० [अ० ईमान+फा० दारी] चित्त में सद्‌वृत्ति या अच्छी नीयत, चोरी या छल-कपट न करने की वृत्ति।

ईमेल पुं० [अं०] कम्प्यूटर १. के माध्यम से इंटरनेट पर भेजी जानेवाली सूचना। २. सूचना भेजने की उक्त पद्धति।

ईरखा* स्त्री० दे० 'ईर्ष्या'।

ईर्ष्या स्त्री० [सं०] दूसरे का लाभ या हित देखकर दुखी होना, जलना, डाह। (जेलसी)

ईर्ष्यापूर्ण वि० [सं०] ईर्ष्या के कारण होने या किया जानेवाला।

ईर्ष्यापूर्वक क्रि०वि० [सं०] ईर्ष्या से।

ईर्ष्यालु वि० [सं०] ईर्ष्या करनेवाला।

ईला (प्रत्य०) से युक्त या भरा हुआ; जैसे-कँटीला (काँटों से युक्त), पथरीला (पत्थरों से भरा), शरमीला (शरम से युक्त)।

ईश पुं० [सं०] [स्त्री० ईशा, ईशी भाव० ईशता] १. स्वामी, मालिक। २. राजा। ३. ईश्वर। ४. शिव। ५. ग्यारह की संख्या।

ईशन* पुं० दे० 'ईशान' ३.।

ईशान पुं० [सं०] [स्त्री० ईशानी] १. स्वामी, आधि-पति। २. शिव। ३. पूरब और उत्तर के बीच का कोना।

ईशिता स्त्री० [सं०] आठ प्रकार की सिद्धियों में से एक जिससे साधक सब पर शासन कर सकता है।

ईशित्व पुं० दे० 'ईशिता'।

ईश्वर पुं० [सं०] [स्त्री० ईश्वरी, भाव० ईश्वरता] १. परमेश्वर, भगवान। २. मालिक, स्वामी।

ईश्वरवाद पुं० [सं०] यह मानना कि ईश्वर है और वही सारी सृष्टि का रचयिता है।

ईश्वरवादी (-दिन्) पुं०[सं०] ईश्वरवाद के सिद्धान्त को माननेवाला।

वि० ईश्वरवाद-सम्बन्धी।

ईश्वरीय वि० [सं०] ईश्वर-सम्बन्धी, ईश्वर का।

ईषत् वि० [सं०] थोड़ा, कुछ।

ईषना* स्त्री० [सं० एषणा] प्रबल इच्छा।

ईषाण पुं०=ईशान (कोना)।

ईस* पुं०=ईश।

ईसर* पुं० १. दे० 'ईश्वर' २. दे० 'ऐश्वर्य'।

ईसवी वि० [फा०] ईसा से सम्बन्ध रखनेवाला, ईसा का।

ईसवी सन् पुं० ईसा मसीह के जन्म काल से चला हुआ संवत्।

ईसा पुं० [अ०] एक प्रसिद्ध धर्म प्रवर्तक जिनका चलाया हुआ धर्म 'ईसाई धर्म' कहलाता है।

ईसाइयत स्त्री० [अ० ईसाई+हिं० इयत (प्रत्य०)] १. ईसाइयों का धर्म। २. ईसाइयों का रीति-रिवाज या परम्परा।

ईसाई पुं० [अ०] ईसा को माननेवाला, ईसा के चलाए धर्म पर चलनेवाला।

वि० ईसाई या ईसाइयों का; जैसे—ईसाई दृष्टिकोण।

ईहा स्त्री० [सं०] १. प्रयत्न, चेष्टा। २. लोभ, लालसा। ३. इच्छा करना।

ईहामृग पुं० [सं०] चार अंकों का एक प्रकार का रूपक।

उ

उ देवनागरी वर्णमाला का पाँचवा संवृत स्वर जिसका उच्चारण ओष्ट से होता है। कभी-कभी कविता में इसका प्रयोग 'वह' के लिए होता है।

उँगली स्त्री० [सं० अंगुलि] हथेली के आगे निकले हुए पाँच अवयव जिनसे चीजें पकड़ी या छुई जाती हैं।

मुहा० *उँगली उठाना*=(क) निन्दा का लक्ष्य बनाना, लांछित करना, दोषी ठहराना। (ख) तनिक भी हानि पहुँचाना। *उँगली पकड़ते पहुँचा पकड़ना*=सहारा पाकर विशेष की प्राप्ति के लिए प्रयत्न करना। *उँगलियों पर नचाना*=(क) जैसा चाहे, वैसा करना। (ख) अपनी इच्छा के अनुसार चलाना। *कानों में उँगली देना*=किसी की बात से उदासीन होकर उसकी चर्चा न सुनना। *पाँचों उँगलियाँ घी में होना*=सब प्रकार से लाभ ही लाभ होना।

उँघाई स्त्री० दे० 'ऊँघ'।

उंचन स्त्री० दे० 'उनचन'।

उंचना स० दे० 'उनचना'।

उँचाना* स० [हिं० ऊँचा] ऊँचा करना।

अ० ऊँचा होना।

उंछवृत्ति स्त्री० [सं०] खेत में गिरे हुए दाने चुनकर जीवननिर्वाह करना।

उंछशील वि० [सं०] उंछवृत्ति से जीवननिर्वाह करनेवाला।

उँडेलना स० [सं० उद्धारण] १. तरल पदार्थ को एक बरतन से दूसरे बरतन में डालना, ढालना। २. तरल पदार्थ गिराना।

उँह विस्मयादि० [अनु०] १. अस्वीकार, घृणा या बेपरवाही का सूचक शब्द। २. वेदनासूचक शब्द, कराहने का शब्द।

उअना* अ० दे० 'उगना'।

उआना* स० १. दे० 'उगाना'। २. दे० 'उठाना'।

उऋण वि० [सं० उत्+ऋण] ऋण से मुक्त, जिसका ऋण से उद्धार हो गया हो।

उकचना* अ० दे० 'उखड़ना'।

स० दे० 'उखाड़ना'।

उकटना स० दे० 'उघटना'।

उकटा वि० [हिं० उकटना] [स्त्री० उकटी] १. उघटनेवाला। २. एहसान जतानेवाला।

पुं० किसी के किए हुए अपराध या अपने उपकार का बार-बार कथन।

उकटा पुराण पुं० गई-बीती और दबी-दबाई बातों का विस्तारपूर्वक कथन।

उकठना* अ० [हिं० काठ] सूखकर लकड़ी की तरह कड़ा होना या ऐंठना।

उकडूँ पुं० [सं० उत्कृतोरु] घुटने मोड़कर बैठने की मुद्रा।

उकढ़ना अ०=कढ़ना (बाहर निकलना)।

उकताना अ० [सं० आकुल] १. ऊबना। २. जल्दी मचाना।

उकति* स्त्री० दे० उक्ति।

उकलना* अ० दे० 'उधेड़ना'।

उकवत पुं० [सं० उत्कोथ] एक प्रकार का चर्मरोग।

उकसना अ० [सं० उत्कर्षण या उत्सुक] १. उभरना। २. निकलना, अंकुरित होना। ३. उधड़ना।

उकसाना स० [हिं० 'उकसना' का प्रे०] [भाव० उकसाहट] १. ऊपर उठाना। २. उभाड़ना, उत्तेजित करना। ३. उठा या हटा देना। ४. (दीए की बत्ती) बढ़ाना या खसकाना।

उकसौहाँ वि० [हिं० उकसना + ओहाँ (प्रत्य०)] [स्त्री० उकसौंही] उभड़ता हुआ।

उकासना* स० [हिं० उकसना] १. उभाड़ना। २. खोदकर ऊपर फेंकना। ३. खोलना।

उकेरना स० [सं० उत्कीर्ण] किसी कड़ी चीज पर खोदकर बेल-बूटे आदि बनाना, नक्काशी करना। (एनग्रेव)

उकेरी स्त्री० [हिं० उकेरना] उकेरने या खोदकर बेल-बूटे बनाने का काम, नक्काशी। (एनग्रेविंग)

उकेलना स० [हिं० उकलना] १. तह या परत अलग करना, उचाड़ना। २. लिपटी हुई चीज को छुड़ाना या अलग करना, उधेड़ना।

उक्त वि० [सं०] जो कहा गया हो, कहा हुआ, कथित।

उक्ति स्त्री० [सं०] १. कथन, वचन। २. चमत्कारपूर्ण कथन।

उखटना अ० [सं० उत्कर्षण] १. चलने में इधर-उधर पैर रखना, लड़खड़ाना। २. खोंटना, कुतरना।

उखड़ना अ० [सं० उत्खात] १. जमी या गड़ी हुई वस्तु का अपने स्थान से अलग हो जाना, 'जमाना' का उलटा। २. किसी दृढ़ स्थिति से अलग होना।

मुहा० *पैर उखड़ना*=मुकाबले में ठहर न सकने के कारण भागने को होना।

३. जोड़ से हट जाना।

मुहा० *उखड़ी-उखड़ी बातें करना*=उदासीनता या विराग दिखाते हुए बातें करना।

४. (घोड़े के सम्बन्ध में) चाल में भेद पड़ना, गति ठीक न रहना। ५. तितर-बितर हो जाना। ६. टूटना।

उखली स्त्री० दे० 'ऊखल'।

उखाड़ पुं० [हिं० उखाड़ना] १. उखाड़ने की क्रिया या भाव। २. उखाड़ने या रद्द करने की युक्ति।

उखाड़ना स० [हिं० उखड़ना का स०] १. किसी जमी या गड़ी हुई वस्तु को हटाकर अलग करना। २. हटाना। ३. नष्ट करना।

मुहा० *गड़े मुरदे उखाड़ना*=पुरानी बातों को फिर से छेड़ना। *पैर उखाड़ देना*=हटाना, भगाना।

उखाड़-पछाड़ स्त्री० उखाड़ने-पछाड़ने की क्रिया या भाव।

उखाड़ना-पछाड़ना स० [भाव० उखाड़-पछाड़] स्थापित व्यक्ति को विस्थापित तथा पराजित करना।

उखारी स्त्री० [हिं० ऊख] गन्ने या ईख का खेत।

उखेलना* स० [सं० उल्लेखन] चित्र बनाना।

उगना अ० [सं० उद्गम] १. सूर्य, चन्द्र आदि का निकलना, उदय या प्रकट होना। २. जमना, अंकुरित होना। ३. उपजना, उत्पन्न होना।

उगरना* अ० [सं० उद्गरण] (भरा हुआ पानी आदि) निकलना, बाहर आना।

उगलना* अ० [सं० उद्गिलन्] १. पेट या मुँह में गई हुई वस्तु मुँह से बाहर थूकना। २. पचाया हुआ माल विवश होकर वापस करना। ३. गुप्त बात प्रकट कर देना।

उगाना स० [हिं० उगना का स०] १. जमाना, अंकुरित करना, उत्पन्न करना। २. उदय करना, प्रकट करना।

उगारना* स० [सं० अग्र] १. सामने लाना। २. निकालना।

उगाल* पुं० [सं० उदगार, प्रा० उगाल] पीक, थूक, खखार।

उगालदान पुं० दे० 'पीकदान'।

उगाहना स० [सं० उद्ग्रहण] [भाव० उगाही] दूसरों से धन आदि लेकर इकट्ठा करना, वसूल करना।

उगाही स्त्री० [हिं० उगाहना] १. रुपया, पैसा वसूल करने का काम, वसूली। २. वसूल किया हुआ रुपया-पैसा।

उग्र वि० [सं०] [भाव० उग्रता] (रोग, स्वभाव, स्थिति आदि के विचार से) जिसका रूप आक्रामक या चिंत्य हो, प्रचंड, उत्कट, तेज।

पुं० १. महादेव, २. वत्सनाग विष, बछनाग जहर। ३. क्षत्रिय पिता और शूद्र माता से उत्पन्न एक संकर जाति। ४. केरल देश। ५. सूर्य।

उग्रह पुं० [सं०] सूर्य, चन्द्र या किसी ग्रह का ग्रहण से मुक्त होना।

उघटना स० [सं० उत्कथन] १. दबी-दबाई बात उभाड़ना। २. कभी के किए हुए अपने उपकार या दूसरे के अपराध का उल्लेख करके ताना देना। ३. बोलना, कहना।

उघटा वि० [हिं० उघटना] किए हुए उपकार को बार-बार कहनेवाला, एहसान जतानेवाला, उघटनेवाला।

पुं० उघटने का कार्य।

उघटापुराण पुं० (बेमतलब) पुरानी बातों का वर्णन।

उघड़ना अ० [सं० उद्घाटन] १. आगे पड़ा हुआ आवरण हटना, खुलना। २. नंगा होना। ३. प्रकट होना। ४. भंडा फूटना।

उघरना* अ०=उघड़ना।

उघरारा* वि० [हिं० उघरना] [स्त्री० उघरारी] खुला हुआ।

उघाड़ना स० [हिं० 'उघड़ना' का स०] १. आवरण हटाना, घोलना। २. नंगा करना। ३. प्रकट करना। ४. गुप्त बात खोलना, भंडा फोड़ना।

उघाड़ा वि० [हिं० उघड़ना] जिसके ऊपर कोई आवरण न हो, आवरण-रहित, नंगा।

उघार पुं० [हिं० उघारना] उघारने या खोलने की क्रिया या भाव।

उघारना* स०=उघाड़ना।

उघारा* वि०=उघाड़ा।

उघेलना* स०=खोलना।

उचकन पुं० [सं० उच्च+करण] ईंट आदि का वह टुकड़ा जिसे नीचे देकर कोई चीज एक ओर से ऊँची करते हैं।

उचकना अ० [सं० उच्च=ऊँचा+करण= करना] १. ऊँचा होने के लिए एड़ी उठाकर खड़े होना। २. उछलना।

स० उछलकर लेना या छीनना।

उचका* क्रि० वि० दे० 'औचक'।

उचक्का पुं० [हिं० उचकना] [स्त्री० उचक्की, भाव० उचक्कापन] चीज उठाकर ले भागनेवाला आदमी, चाईं।

उचटना अ० [सं० उच्चाटन] १. जमी हुई वस्तु का उखड़ना। २. अलग होना, छूटना। ३. भड़कना, बिचकना। ४. विरक्त होना।

उचटाना स० [सं० उच्चाटन] १. नोचना। २. अलग करना, छुड़ाना। ३. उदासीन या विरक्त करना।

उचड़ना अ० दे० 'उखड़ना'।

उचना अ० [सं० उच्च] १. ऊँचा होना। २. उचकना।

स० ऊँचा करना, उठाना।

उचरना स० [सं० उच्चारण] उच्चारण करना, बोलना।

अ० मुँह से शब्द निकलना।

अ० दे० 'उखड़ना'।

उचाट पुं० [सं० उच्चाट] मन का उचटना, विरक्ति, उदासीनता।

उचाटना स० [सं० उच्चाटन] १. उच्चाटन करना, जी हटाना, विरक्त करना। २. दे० 'उचाड़ना'।

उचाटी स्त्री० दे० 'उचाट'।

उचाड़ना स० दे० 'उखाड़ना'।

उचाना स० [सं० उच्च+करण] १. ऊँचा करना। २. ऊपर उठाना।

उचारना स० [सं० उच्चारण] उच्चारण करना, मुँह से शब्द निकालना।

स० दे० 'उखाड़ना'।

उचिंत वि० [हिं० उचाना] (वह दी हुई रकम) जिसका हिसाब बाद में या खर्च होने पर मिलने को हो। (सस्पेन्स)

उचित वि० [सं०] [भाव० औचित्य] १. जैसा होना चाहिए वैसा, योग्य, ठीक, मुनासिब, वाजिब। (प्रॉपर) २. आवश्यकता, अवसर आदि देखते हुए जो ठीक हो या जैसा करना ठीक हो। (फिट्)

उचिस्ट* वि०=उच्छिष्ट।

उचौंहा* वि० [हिं० ऊँचा+औंहाँ (प्रत्य०)] [स्त्री० उचौंही] ऊँचा उठा हुआ।

उच्च वि० [सं०] [भाव० उच्चता] १. ऊँचा। २. श्रेष्ठ।

मुहा० *उच्च के चंद्रमा होना*=सौभाग्य और उन्नति के दिन होना।

पुं० संगीत में 'तार' नामक सप्तक।

उच्चक वि० [सं० उच्च] ऊँचाई के विचार से उस निश्चित सीमा तक पहुँचनेवाला जिससे आगे बढ़ना या ऊपर चढ़ना निषिद्ध हो, जैसे सरकार ने गेहूँ का उच्चक मूल्य २५० रुपए प्रति क्विंटल रखा है। (सीलिंग)

उच्चतम वि० [सं०] सबसे ऊँचा।

उच्चतर वि० [सं०] किसी की अपेक्षा ऊँचा, अपेक्षाकृत ऊँचा।

उच्चता स्त्री० [सं०] १. ऊँचाई। २. श्रेष्ठता, उत्तमता।

उच्चरण पुं० [सं०] [वि० उच्चरणीय, उच्चरित] कंठ, तालू, जिह्वा आदि से शब्द निकलना, मुँह से शब्द निकलना।

उच्चरना* स० [सं० उच्चारण] उच्चारण करना, बोलना।

उच्चरित वि० [सं०] १. जिसका उच्चारण हुआ हो। २. जिसका उल्लेख हुआ हो।

उच्चवर्ग पुं० [सं०] समाज का वह वर्ग जिसमें सभी लोग धनिक होते हैं और इसीलिए जो ऊँचा माना जाता है। (अपर क्लास) (शेष दो वर्ग मध्यम और निम्न कहलाते हैं।)

उच्चवर्गीय वि० [सं०] ऊँचे वर्ग का संभ्रांत लोगों से संबद्ध।

उच्चस्तरीय वि० [सं०] जिसका उच्च स्तर हो, ऊँचे स्तरवाला।

उच्चाकांक्षा स्त्री० [सं०] ऊँचा पद या ऊँची सफलता प्राप्त करने की दृढ़ इच्छा, ऊँची आकांक्षा, महत्त्वाकांक्षा।

उच्चाकांक्षी (-क्षिन्) वि०, पुं० [सं०] जिसकी बहुत बड़ी आकांक्षा हो, महत्त्वाकांक्षी।

उच्चाट वि० [हिं० उचटना] उचटा हुआ।

उच्चाटन पुं० [सं०] [वि० उच्चाटनीय, उच्चाटित] १. उचाड़ना, उखाड़ना। २. किसी का चित्त कहीं से हटाना। (तन्त्र के छह अभिचारों में से एक) ३. अनमनापन, विरक्ति।

उच्चाधिकारी पुं० [सं० उच्च+अधिकारी] ऐसा अधिकारी जो किसी ऊँचे पद पर हो। (हाई आफिशल)

उच्चायुक्त पुं० [सं०] उच्चायोग का प्रधान, हाई कमिश्नर।

उच्चायोग पुं० [सं०] दूतावास के तुल्य राजकीय संस्थान। (हाई कमिशन)

उच्चार पुं० [सं०] मुँह से शब्द निकलना, बोलना, कथन।

उच्चारण पुं० [सं०] [वि० उच्चारणीय, उच्चरित, उच्चार्य औचारणिक] १. मनुष्यों का मुँह से व्यक्त और स्पष्ट ध्वनि निकालना, मुँह से स्वर और व्यंजनयुक्त शब्द निकालना। २. वर्णों या शब्दों के बोलने का ढंग (प्रोनन्सिएशन)

उच्चारित वि० दे० 'उच्चरित'।

उच्चित्रण पुं० [सं०] उभाड़दार चित्रण।

उच्चैःश्रवा पुं० [सं०] वह घोड़ा जो समुद्रमंथन के समय निकला था।

उच्छन्न वि० [सं०] दबा हुआ, लुप्त।

उच्छव* पुं० दे० 'उत्सव'।

उच्छाह* पुं० दे० 'उछाह'।

उच्छिन्न वि० [सं०] १. कटा हुआ, खंडित। २. उखड़ा हुआ। ३. नष्ट।

उच्छिष्ट वि० [सं०] १. किसी के खाने से बचा हुआ, जूठा। २. दूसरे का बरता हुआ।

उच्छू पुं० [सं० उत्थान, पं० उत्थू] वह खाँसी जो गले में पानी आदि रुकने से आती है।

उच्छृंखल वि० [सं०] [भाव० उच्छृंखलता] १. जो शृंखलाबद्ध न हो, क्रमरहित, अंडबंड। २. मनमाना काम करनेवाला, निरंकुश, स्वेच्छाचारी। ३. उद्दंड, अक्खड़।

उच्छृंखलता स्त्री० [सं०] १. उच्छृंखल होने की अवस्था या भाव। २. उच्छृंखल आचरण।

उच्छेद, उच्छेदन पुं० [सं०] १. उखाड़ने का कार्य। २. नाश।

उच्छ्वास पुं० [सं०] [वि० उच्छ्वसित, उच्छ्वासी] १. ऊपर को खींचा हुआ साँस, उसास। २. साँस, श्वास। ३. ग्रन्थ का प्रकरण।

उछंग* पुं० [सं० उत्संग] १. गोद, क्रोड़। २. हृदय, छाती।

उछरना* अ०=उछलना।

उछल-कूद स्त्री० [हिं० उछलना+कूदना] १. उछलने या कूदने की क्रिया या भाव। २. खेल-कूद। ३. किसी काम के लिए किया जानेवाला प्रयास।

उछलना अ० [सं० उच्छलन] १. वेग से ऊपर उठना। २. कूदना। ३. अत्यन्त प्रसन्न होना, खुशी से फूलना। ४. ऊपर या सामने आना, जैसे नाम उछलना।

उछाँटना स० १. दे० 'उचाटना'। २. दे० 'छाँटना'।

उछाल स्त्री० [सं० उच्छालन] १. उछलने की क्रिया या भाव। २. छलाँग, चौकड़ी, कुदान। ३. वह ऊँचाई जहाँ तक कोई उछल सके। ४. वमन, कै। ५. संगीत में स्थायी या पहला पद शुरू में गा चुकने पर वही पद या उसका कुछ अंश ऊँचे स्वरों तथा भिन्न प्रकार से गाने की क्रिया या भाव।

उछालना स० [सं० उच्छालन] १. ऊपर की ओर फेंकना। २. प्रकट करना, जैसे-नाम उछालना। (व्यंग्य)

उछाह* पुं०=उत्साह।

उछाही* वि० [हिं० उछाह] १. आनन्द मनानेवाला। २. उत्साही।

उछाहु* पुं०=उत्साह।

उछीर* पुं० [सं० छीर=किनारा] अवकाश, जगह।

उछेरना† स० [?] रोपना।

उजड़ना अ० [?] [वि० उजाड़] १. टूट-फूटकर नष्ट होना, उखड़ना-पुखड़ना, ध्वस्त होना। २. गिर-पड़ जाना। ३. तितर-बितर होना, बरबाद होना, नष्ट होना।

उजड्ड वि० [सं० उद्दंड] [भाव० उजड्डपन] १. वज्र मूर्ख। २. अशिष्ट, असभ्य।

उजबक पुं० [तु०] १. तातारियों की एक जाति। २. उजड्डु। ३. मूर्ख।

उजरत स्त्री० [अ० उज्रत] १. पारिश्रमिक। २. मजदूरी।

उजरा*वि० दे० 'उजला'।

उजराना* स० दे० 'उजालना'।

उजलत स्त्री० [अ० उज्लत] शीघ्रता, जल्दी।

उजला वि० [सं० उज्ज्वल] [स्त्री० उजली] [भाव० उजलापन] १. श्वेत, सफेद। २. स्वच्छ, साफ, निर्मल।

उजागर वि० [सं० उद्=ऊपर+जागर=जागना] [स्त्री० उजागरी] १. प्रकाशित, जगमगाता हुआ। २. प्रसिद्ध।

उजाड़ पुं० [हिं० उजड़ना] १. उजड़ा हुआ स्थान, वह जगह जहाँ बस्ती न रह गई हो। २. निर्जन स्थान। ३. बन।
वि० १. ध्वस्त, उच्छिन्न, गिरा-पड़ा। २. जो आबाद या बसा हुआ न हो।

उजाड़ना स० [हिं० उजड़ना] १. ध्वस्त करना, गिराना-पड़ाना। २. उधेड़ना। ३. उच्छिन्न या नष्ट करना।

उजान वि० दे० 'उज्ज्वल'।

उजार* वि० दे० 'उजाला'।
पुं० दे० 'उजाला'। २. दे० 'उजाड़'।

उजारना* स०=उजाड़ना।

उजारा* पुं० दे० 'उजाला'।

उजालना स० [सं० उज्ज्वलन] १. साफ करना, चमकाना, निखारना। २. प्रकाशित करना। ३. बालना, जलाना।

उजाला पुं० [सं० उज्ज्वल] [स्त्री० उजाली] प्रकाश, चाँदनी, रोशनी, 'अँधेरा' का उलटा।
वि० प्रकाशवान।

उजाली स्त्री० [हिं० उजाला] चाँदना, चन्द्रिका।

उजास† पुं० [सं० ओज+अंश] [क्रि० उजासना] प्रकाश, उजाला।

उजियारना स० दे० 'उजाला'।

उजियारा पुं० दे० [सं० उद्योत] 'उजाला'।

उजूर† पुं०=उज्र (आपत्ति)।

उजेला पुं० दे० 'उजाला'।

उज्जल क्रि० वि० [सं० उद्= ऊपर+जल=पानी] बहाव से उलटी ओर, नदी के चढ़ाव की ओर, उजान।
वि० दे० 'उज्ज्वल'।

उज्ज्वल वि० [सं०] [भाव० उज्ज्वलता] १. प्रकाशमान। २. शुभ्र, स्वच्छ, निर्मल। ३. बेदाग। ४. सफेद।

उज्यारा* पुं० दे० 'उजाला'।

उज्र पुं० [अ० उज्र] किसी कार्य या बात का विरोध करते हुए यह कहना कि यह ठीक नहीं है अथवा ऐसे नहीं होना चाहिए, आपत्ति। (आब्जेक्शन)

उज्रदार वि० [अ०+फा०] [भाव० उज्रदारी] उज्र या आपत्ति करनेवाला।

उज्रदारी वि० [फा० उज्रदारी] १. किसी विषय में उज्र या आपत्ति करने की क्रिया या भाव। (आब्जेक्शन) २. आपत्ति।

उझकना* अ० [हिं० उचकना] १. उचकना, उछलना। २. ऊपर उठना, उभड़ना, उछलना। ३. ऊपर उठना। ४. चौंकना।

उझल स्त्री० [हिं० उझलना] १. उझलने या उँडेलने की क्रिया या भाव। २ वर्षा, वृष्टि। ३. अचानक बहुत अधिक मात्रा में आ पड़ने का भाव, उमड़ाव।

उझलना स० दे० 'उड़ेलना'।

अ० *उमड़ना, बढ़ना।

उटंग वि० [सं० उत्तंग] पहनने में ऊँचा या छोटा (कपड़ा)।

उटकना* स० [सं०आकलन] अनुमान करना, अटकल लगाना।

उटकर* क्रि० वि०=अंधाधुंध।

उटज पुं० [सं०] झोंपड़ी।

उट्ठी स्त्री० [देश०] खेल या लाग-डाँट में अपनी हार मान लेने की क्रिया या भाव।

उठँगना अ० [सं० उत्थ+अंग] १. किसी ऊँची वस्तु का कुछ सहारा लेना, टेक लगाना। २. लेटना, पड़े रहना।

उठंगू वि० [हिं० उठंगना] पैरों के भार बैठा हुआ।

उठक-बैठक स्त्री० [हिं० उठना+बैठना] १. बार-बार उठने और बैठने की क्रिया। २. उक्त क्रिया जिसकी गिनती व्यायाम में होती है।

उठना अ० [सं० उत्थ+अंग] १. ऐसी स्थिति में होना जिससे विस्तार पहले से अधिक ऊँचाई तक पहुँचे, ऊँचा होना।

मुहा० *उठ जाना*=(क) समाप्त हो जाना, जैसे-बैठक उठ गई। (ख) मर जाना। *उठती जवानी*=युवावस्था का आरम्भ। *उठते-बैठते*=प्रति क्षण, हर समय।

२. ऊपर जाना या ऊपर चढ़ना। ३. बिस्तर छोड़ना, जागना। ४. निकलना, उदय होना। ५. उत्पन्न होना, पैदा होना, जैसे मन में विचार उठना, दर्द उठना। ६. तैयार होना, उद्यत होना, उभड़ना। ७. खमीर आना, सड़कर उफनना। ८. किसी दुकान या कारखाने का काम बन्द होना। ९. किसी प्रथा का बन्द या अन्त होना। १०. काम में लगना, व्यय होना, जैसे रुपया उठना। ११. बिकना या भाड़े पर जाना। १२. याद आना, ध्यान पर चढ़ना। १३. गाय, भैंस, घोड़ी आदि का मस्ताना, अलंग पर आना।

उठल्लू वि० [हिं० उठना+लू (प्रत्य०)] १. एक स्थान पर जमकर न रहनेवाला। २. बेठिकाने का, आवारा।

मुहा० *उठल्लू का चूल्हा या उठल्लू चूल्हा*=व्यर्थ इधर-उधर फिरनेवाला।

उठाईगीर वि० [हिं० उठाना+फा० गीर] उचक्का, चाईं।

उठाईगीरी स्त्री० उचक्कापन।

उठान स्त्री० [सं० उत्थान] १. उठने की क्रिया या भाव। २. बढ़ने का ढंग, बाढ़, वृद्धिक्रम। ३. गति की प्रारम्भिक अवस्था। ४. प्रारम्भ, शुरुआत।

उठाना स० [हिं० उठना का स०] १. पड़ी या बेड़ी स्थिति से खड़ी या उठी स्थिति में करना, जैसे लेटे हुए आदमी को उठाकर बैठाना। २. नीचे से ऊपर ले जाना। ३. जगाना। ४. आरम्भ करना, शुरू करना, उद्यत करना। ५. तैयार करना, उद्यत करना। ६. मकान या दीवार आदि तैयार करना। ७. कोई प्रथा बन्द करना। ८. खर्च करना, लगाना। ९. भाड़े या किराए पर देना। १०. प्राप्त या हस्तगत करना, जैसे-लाभ उठाना—उन्होंने जमींदारी प्रथा से लाभ उठाना चाहा। ११. अनुभव करना, जैसे मजा उठाना। १२. कोई वस्तु हाथ में लेकर कसम खाना, जैसे गंगाजल उठाना।

उठापटक स्त्री० [हिं० उठाना+पटकना] वह स्थिति जिसमें एक दूसरे को उठाया और पटका जाता है।

उठेल पुं० [हिं० ठेलना] १. धक्का देना, रेला। २. आघात, चोट।

उठेलना* स०=ठेलना।

उठौआ वि० [हिं० उठाना] १. जिसका कोई स्थान नियत न हो, जो नियत स्थान पर न रहता हो। २. जो उठाया जाता हो।

उठौनी स्त्री० [हिं० उठाना] १. उठाने की क्रिया या भाव। २. वह रुपया जो किसी फसल की पैदावार आदि खरीदने के लिए पेशगी दिया जाए। ३. वह धन या अन्न जो किसी देवता की पूजा के लिए अलग रखा जाए। ४. किसी के मरने के दूसरे या तीसरे दिन बिरादरी के लोगों का इकट्ठा होकर कुछ रस्म और लेन-देन करना।

उड़ंकू वि०, पुं० [हिं० उड़ना+अंकू (प्रत्य०)] उड़नेवाला।

उड़गन पुं० [सं० उडु+गण] तारा-समूह अर्थात् नक्षत्र।

उड़न-खटोला पुं० [हिं० उड़ना+खटोला] १. उड़नेवाला खटोला। (कल्पित) २. विमान, आकाशयान।

उड़नछू वि० [हिं० उड़ना+छू (मन्तर)] देखते-देखते अदृश्य हो जानेवाला, चम्पत, गायब।

उड़नझाँई स्त्री० [हिं० उड़ना+झाँई] चकमा, बुत्ता, धोखा।

उड़नतश्तरी स्त्री० एक प्रकार का अज्ञात ज्योतिर्मय पिंड जो आकाश में उड़ता हुआ दृष्टिगत होता है।

उड़नमीन स्त्री० [हिं०+सं०] उड़नेवाली मछली।

उड़ना अ० [सं० उड्डयन] १. चिड़ियों आदि का आकाश में एक स्थान से दूसरे स्थान पर जाना। २. आकाशमार्ग से एक स्थान से दूसरे स्थान पर जाना। ३. हवा में ऊपर उठना या फैलना, जैसे पतंग या गुड्डी उड़ना। ४. इधर-उधर हो जाना, छितराना, बिखरना। ५. फहराना, फरफराना, जैसे झंडा उड़ना। ६. खूब तेज चलना। ७. पृथक् होना, हटना। ८. खर्च होना। ९. किसी भोग्य वस्तु का भोगा जाना, जैसे लड्डू उड़ना। १०. आमोद-प्रमोद की वस्तु का व्यवहार होना। ११. रंग आदि का फीका या धीमा पड़ना। १२. फलाँग मारना, कूदना। (कुश्ती)

मुहा० उड़ *चलना*=(क) तेज दौड़ना, सरपट भागना। (ख) शोभित होना। (ग) स्वादिष्ट बनना। (घ) कुमार्ग में लगना। (च) इतराना, घमंड करना। उड़ *जाना*=अदृश्य हो जाना, अस्तित्व न रह जाना।

वि० उड़नेवाला, उड़ाका।

उड़ती खबर स्त्री० बाजारू खबर, किंवदन्ती।

उड़प पुं० [हिं० उड़ना] नृत्य का एक भेद।

पुं० दे० 'उडुप'।

उड़व पुं० दे० 'ओड़व'।

उड़सना अ० [?] भंग या नष्ट होना।
स० भंग या नष्ट करना।

उड़ाई स्त्री० [हिं० उड़ाना] १. दे० 'उड़ान'। २. उड़ाने का पारिश्रमिक।

उड़ाऊ वि० [हिं० उड़ना] १. उड़नेवाला, उड़ाका। २. बहुत खर्च करनेवाला, खर्चीला।

उड़ाका वि० [हिं० उड़ना] १. जो उड़ता हो, बहुत उड़नेवाला। २. वायुयान चलानेवाला।

उड़ाका दल पुं० पुलिस का वह दस्ता जो घटना-स्थल पर यथाशीघ्र पहुँचता है।

उड़ान स्त्री० [हिं० उड़ना] १. उड़ने की क्रिया या भाव। २. छलाँग, कुदान। ३. उतनी दूरी, जितनी एक दौड़ में तै करें। ४. कलाई, गट्टा, पहुँचा।

उड़ाना स० [हिं० उड़ना] १. किसी वस्तु या जीव को उड़ने में प्रवृत्त करना। २. हवा में फैलाना, जैसे धूल उड़ाना। ३. झटके से अलग करना, काटकर दूर फेंकना। ४. हटाना, दूर करना। ५. चुराकर ले लेना। ६. नष्ट करना, बरबाद करना। ७. खाने-पीने की चीज खूब स्वाद से खाना-पीना। ८. आमोद-प्रमोद की वस्तु का भोग करना। ९. प्रहार करना, मारना। १०. भुलावा या चकमा देना। ११. किसी की विद्या इस प्रकार सीखना कि उसे खबर न हो।

उड़ायक* वि० [हिं० उड़ान+क (प्रत्य०)] उड़ानेवाला।

उड़ास* स्त्री० [सं० वास] रहने का स्थान, वासस्थान।

उड़ासना स० [सं० उद्वासन] १. बिछौना समेटना। २. तहस-नहस करना, उजाड़ना। ३. बैठने या सोने में विघ्न डालना।

उड़िया पुं० [हिं० उड़ीसा] उड़ीसा देश का रहनेवाला।
वि० १. उड़ीसा का। २. उड़ीसा के निवासियों से सम्बद्ध।
स्त्री० उड़ीसा देश की भाषा।

उड़ी स्त्री० [हिं० उड़ना] १. मालखंभ की एक कसरत। २. कलाबाजी। ३. उड़ान।

उड़ीसा पुं० [सं० ओड्र] भारत का एक राज्य।

उडु पुं० [सं०] १. नक्षत्र, तारा। २. पक्षी, चिड़िया। ३. केवट, मल्लाह। ४. जल, पानी।

उडुप पुं० [सं०] १. चन्द्रमा। २. नाव। ३. बड़ा गरुड़।

उडुपति पुं० [सं०] चन्द्रमा।

उड़ेलना स० = उँड़ेलना।

उड़ैना* पुं० [स्त्री० अल्पा० उड़ैनी] दे० 'जुगनू'।

उड़ौहाँ वि० [हिं० उड़ना] उड़नेवाला।

उड्डयन-विभाग पुं० [सं०] राज्य का वह विभाग जिसके जिम्मे सब तरह के हवाई जहाजों आदि की व्यवस्था हो।

उड्डीन वि० [सं० उड्डयन] ऊँचा।

उड्डीयमान वि० [सं०] उड़ता हुआ।

उढरना[१] अ० [सं० ऊढ़ा] [स० उढारना] स्त्री का पर-पुरुष के साथ निकल भागना।

उढरना[२] वि० [सं० उत्तुंग] १. ऊँचा। २. श्रेष्ठ।

उतंग* वि० दे० 'उत्तुंग'।

उतंत वि० दे० 'उत्पन्न'।

उत* क्रि० वि० [सं० उत्तर] उधर।

उतन* क्रि० वि० [हिं० उ+तनु] उधर।

उतना वि० [हिं० उस+तना (हिं० प्रत्य०)] उस मात्रा का, जितना वह है, उसके बराबर।

उतपति* स्त्री० १. दे० 'उत्पत्ति'। २. दे० 'सृष्टि'।

उतपाटना* स०=उखाड़ना।

उतपात* पुं०=उत्पात।

उतपातना* स०=उत्पन्न करना।

उतपादना स० [सं० उत्पादन] उत्पन्न करना, उपजाना।

उतमंग* पुं० [सं० उत्तम+अंग] माथा, मस्तक।

उतरन* स्त्री० [हिं० उतरना] पहनकर उतारे हुए पुराने कपड़े।

उतरना[१] अ० [सं० अवतरण] १. ऊँचे स्थान से क्रम से नीचे की ओर आना।
मुहा० *चित्त से उतरना*=(क) विस्मृत होना, भूल जाना। (ख) पहले का-सा अनुराग, आदर, मान, प्रेम आदि कम होना।
२. सक्रिय होना, पदार्पण करना, अवतरित होना; जैसे-उन्होंने निश्चय किया है कि अब राजनीति में उतरेंगे। ३. अवनति पर होना, ढलना।
मुहा० *उतरकर*=नीचे दरजे का, (किसी की तुलना में) घटकर। *चेहरा उतरना*=(क) चेहरे पर उदासी आना। (ख) लज्जा, खिन्नता या उदासीनता प्रकट होना।
४. शरीर के किसी जोड़ या हड्डी का अपनी जगह से हट जाना। ५. कान्ति, तेज आदि का फीका पड़ना, प्रभाव या उद्वेग कम होना। ६. वर्ष, मास या नक्षत्र विशेष का समाप्त होना। ७. धीरे-धीरे होनेवाला काम पूरा होना, जैसे गंजी उतरना। ८. भाव का कम होना। ९. डेरा करना, ठहरना, टिकना। १०. प्रतिलिपि का अंकित होना। ११. भभके से खिंचकर तैयार होना, जैसे अरक उतरना। १२. धारण की हुई वस्तु का अलग होना। १३. तौल में ठहरना। १४. बाजे की कसन का ढीला होना। १५. अवतरित होना। १६. आदर के निमित्त किसी वस्तु का शरीर के चारो ओर घुमाया जाना, जैसे आरती उतरना। १७. वसूल होना, जैसे चन्दा उतरना।

उतरना[२] स० [सं० अवतार या उत्तरण] नदी आदि पार होना।

उतराँहीं* स्त्री० [हिं० उत्तर (दिशा)] उत्तर की ओर से आनेवाली हवा।

उतराई स्त्री० [हिं० उतरना] १. ऊपर से नीचे आने की क्रिया या भाव, उतार। २. नदी पार उतारने का महसूल। ३. नीचे की ओर ढलती हुई भूमि।

उतराना अ० [सं० उत्तरण] १. पानी के ऊपर आना, पानी की सतह पर तैरना। २. उबलना, उफान खाना। ३. प्रकट होना, हर जगह दिखाई देना।
अ० 'उतरना' का प्रे०।

उतरिन* वि० दे० 'उऋण'।

उतरौंहाँ* क्रि० वि० [सं० उत्तर+हिं० हा (प्रत्य०)] उत्तर की ओर।

उतलाना* अ० [हिं० आतुर] जल्दी करना।

उतहि* क्रि० वि०=उधर।

उताइल* वि०=उतावला।
स्त्री०=उतावली।

उतान वि०=उत्तान।

उतायली* स्त्री०=उतावली।

उतार पुं० [हिं० उतरना] १. उतरने की क्रिया या भाव। २. क्रमशः नीचे की ओर प्रवृत्ति। ३. उतरने योग्य स्थान। ४. किसी वस्तु की मोटाई या घेरे में क्रमशः होनेवाली कमी। ५. घटाव, कमी। ६. नदी में हलकर पार करने योग्य स्थान। ७. समुद्र का भाटा। ८. वह वस्तु या प्रयोग जिससे नशे, विष आदि का प्रभाव दूर हो, मारक, परिहार, जैसे भाँग का उतार खटाई है। ९. किसी चीज के भाव में होनेवाली कमी। (फ्लकचुएशन)

उतारना[1] स० [सं० अवतारणा] १. ऊँचे स्थान से नीचे स्थान में लाना। २. प्रतिलिपि या प्रतिरूप बनाना। ३. लगी हुई वस्तु को अलग करना, उचाड़ना। ४. उधेड़ना। ५. पहनी हुई चीज अलग करना। ६. ठहराना, ठिकाना, डेरा देना। ७. कोई वस्तु चारो ओर घुमाकर भूत-प्रेत की भेंट के रूप में चौराहे आदि पर रखना, उतारा करना। ८. निछावर करना, वारना। ९. वसूल करना, उगाहना, जैसे चन्दा उतारना। १०. कोई उग्र प्रभाव दूर करना। ११. पीना, घूँटना। १२. ऐसी वस्तु तैयार करना जो खराद, साँचे आदि पर चढ़ाकर बनाई जाए। १३. बाजे आदि की कसन ढीली करना। १४. भभके से खींचकर अरक बनाना।

उतारना[2] स० [सं० उत्तरण] नदी के पार पहुँचाना।

उतारा[1] पुं० [हिं० उतरना] १. डेरा डालने या ठहरने का कार्य। २. उतरने का स्थान।

उतारा[2] पुं० [हिं० उतारना] १. प्रेतबाधा या रोग के लिए किसी व्यक्ति के चारो ओर कुछ सामग्री घुमाकर चौराहे पर रखना। २. उतारे की सामग्री।

उतारू वि० [हिं० उतरना] किसी बात या काम के लिए उद्यत, तत्पर।

उताल* वि० [हिं० उताली] १. तेज, फुरतीला। २. उतावला।

उताला* वि०=उतावला।

उताली* स्त्री० [सं० उद्+त्वर] १. शीघ्रता, जल्दी। २. तेजी, फुरती। ३. उतावली, जल्दबाजी।
क्रि० वि० शीघ्रतापूर्वक, जल्दी से।

उतावला वि०, पुं० [सं० उद्+त्वर] [स्त्री० उतावली] जल्दी मचानेवाला, जल्दबाज।

उतावली स्त्री० [हिं० उतावला] जल्दी, शीघ्रता, जल्दबाजी।

उताहल* क्रि० वि० [सं० उद्+त्वर] जल्दी से।

उतिम* वि०=उत्तम।

उतृण वि० दे० 'उऋण'।

उतै* क्रि० वि० [हिं० उत] उधर।

उत्कंठा स्त्री० [सं०] [वि० उत्कंठित] १. किसी बात की प्रबल इच्छा, तीव्र अभिलाषा। (लांगिंग) २. किसी कार्य के होने में विलम्ब न सहकर उसे झटपट करने की अभिलाषा।

उत्कंठित वि० [सं०] उत्कंठायुक्त, चाव से भरा।

उत्कंठिता स्त्री० [सं०] संकेत स्थान पर प्रिय के न मिलने पर तर्क-वितर्क करनेवाली नायिका।

उत्कट वि० [सं०] [भाव० उत्कटता] तीव्र, विकट, उग्र।

उत्कर्ण वि० [सं० उत्+कर्ण] जिसके कान खड़े हों, अर्थात् सावधान।

उत्कर्ष पुं० [सं०] [वि० उत्कर्षित, उत्कृष्ट] १. बड़ाई, प्रशंसा। २. श्रेष्ठता, उत्तमता। ३. समृद्धि। ४. भाव, मूल्य, महत्त्व आदि का बढ़ना या चढ़ना। (राइज़, एप्रिसिएशन)

उत्कल पुं० [सं०] उड़ीसा देश।

उत्कलित वि० [सं०] १. लहराता हुआ। २. खिला हुआ।

उत्कीर्ण वि० [सं०] १. लिखा हुआ। २. खुदा हुआ।

उत्कृष्ट वि० [सं०] [भाव० उत्कृष्टता] उत्तम, श्रेष्ठ, अच्छा।

उत्कृष्टता स्त्री० [सं०] १. उत्कृष्ट होने की अवस्था या भाव। २. उत्कृष्ट गुण या बात।

उत्कोच पुं० [सं०] घूस, रिश्वत।

उत्क्रम पुं० [सं०] उलटा क्रम।

उत्क्रमी वि० [सं० उत्क्रम] उलटा।

उत्क्रांत वि० [सं०] [भाव० उत्क्रांति] १. ऊपर की ओर चढ़नेवाला। २. जिसका उल्लंघन या अतिक्रमण हुआ हो।

उत्क्रांति स्त्री० [सं०] उल्लंघन, अतिक्रमण।

उत्खनन पुं० [सं०] [वि० उत्खात] खोदने की क्रिया, खोदाई।

उत्तंग* वि० दे० 'उत्तुंग'।

उत्तंस* पुं० दे० 'अवतंस'।

उत्त* पुं० [सं० उत्त] १. आश्चर्य। २. सन्देह।

उत्तप्त वि० [सं०] १. खूब तपा हुआ, बहुत गरम। २. दुखी, पीड़ित, सन्तप्त।

उत्तम वि० [सं०] [स्त्री० उत्तमा] १. सबसे अच्छा, उच्चकोटि का। २. उपयोग, व्यवहार की दृष्टि से प्रशंसनीय।

उत्तमतया क्रि० वि० [सं०] अच्छी तरह से, भली भाँति।

उत्तमता स्त्री० [सं०] १. उत्तम होने की क्रिया या भाव। २. श्रेष्ठता, उत्कृष्टता।

उत्तम पुरुष पुं० [सं०] वह सर्वनाम जो बोलनेवाले पुरुष का सूचक होता है, जैसे 'मैं' या 'हम'। (फर्स्ट परसन)

उत्तमर्ण पुं० [सं०] ऋण देनेवाला व्यक्ति, महाजन। (क्रेडिटर)

उत्तमा दूती स्त्री० [सं०] वह दूती जो नायक या नायिका को मीठी बातों से समझा-बुझाकर मना लाती हो।

उत्तमा नायिका स्त्री० [सं०] वह स्वकीया नायिका जो पति के प्रतिकूल रहने पर भी स्वयं अनुकूल बनी रहे।

उत्तमोत्तम वि० बहु० [सं०] अच्छे-अच्छे।

उत्तर पुं० [सं०] १. दक्षिण दिशा के सामने की दिशा, उदीचि। २. किसी प्रश्न के समाधान के लिए कही हुई बात, जवाब। ३. किसी पत्र, विचार या बात के सम्बन्ध में व्यक्त प्रतिक्रिया। ४. किसी कार्य या व्यवहार के बदले में किया जानेवाला कार्य या व्यवहार, प्रतिकार, बदला। ५. साहित्य में एक अलंकार जिसमें उत्तर सुनते ही प्रश्न का अनुमान किया जाता है या प्रश्न के वाक्यों में ही उत्तर भी होता अथवा बहुत से प्रश्नों का एक ही उत्तर होता है।
वि० १. पिछला, बाद का। २. ऊपर का। ३. बढ़कर, श्रेष्ठ।
क्रि० वि० पीछे, बाद।

उत्तरजात वि० [सं०] पिता की मृत्यु के बाद उत्पन्न होनेवाला (बालक)। (पास्थमस)

उत्तरजीवी (-विन्) पुं० [सं०] वह जो औरों के किसी दुर्घटना, संहार आदि में मारे जाने के बाद बचा हो।

उत्तरण पुं० [सं०] १. पार उतरने की क्रिया या भाव। २. यानों आदि पर से पृथ्वी पर उतरना। (लैंडिंग)

उत्तरदाता (-तृ) पुं० [सं०] [स्त्री० उत्तरदात्री] वह जिससे किसी कार्य के बनने-बिगड़ने पर पूछ-ताछ की जाए, जवाबदेह, जिम्मेदार। (रिस्पॉन्सिबुल)

उत्तरदान पुं० [सं०] उत्तराधिकारी के रूप में मिली हुई वस्तु या सम्पत्ति। (लीगेसी)

उत्तरदायित्व पुं० [सं०] उत्तरदायी होने की अवस्था या भाव, जवाबदेही, जिम्मेदारी। (रेस्पांसिबिलिटी)

उत्तरदायी (-यिन्) वि० [सं०] जिसपर कोई उत्तरदायित्व हो, जिम्मेदार। (रेस्पांसिबुल)

उत्तरपद पुं० [सं०] समस्त पदों में वह शब्द जो अन्त में रहता है, 'पूर्वपद' का उलटा, जैसे कासमर्द में 'मर्द' और अमरकोट में 'कोट' उत्तरपद हैं।

उत्तर प्रदेश पुं० [सं०] आधुनिक भारत का वह उत्तरी मध्य भाग जो सहारनपुर, मेरठ आदि से बनारस और गोरखपुर तक है।

उत्तराखंड पुं० [सं० उत्तर+खंड] भारत का एक राज्य जिसकी राजधानी देहरादून है, उत्तरांचल।

उत्तराधिकार पुं० [सं०] १. वह अधिकार जिसके अनुसार कोई किसी व्यक्ति के मरने पर उसकी सम्पत्ति अथवा उसके हटने पर उसका पद या स्थान पाता है। (इन्हेरिटेन्स, सक्सेशन) २. किसी अधिकारी या संस्था के कार्य, अधिकार आदि उसके बाद आनेवाले दूसरे अधिकारी, संस्था आदि को मिलना।

उत्तराधिकारी (-रिन्) पुं० [सं०] [स्त्री० उत्तराधिकारिणी] १. वह जो किसी के मर जाने पर नियमतः उसकी सम्पत्ति आदि का अधिकारी हो, वारिस। (एयर) २. वह जो किसी के हट जाने या न रहने पर उसके पद या स्थान का अधिकारी हो। (सक्सेसर)

उत्तरापेक्षी (-क्षिन्) पुं० [सं०] वह जिसे उत्तर की अपेक्षा हो।

उत्तराभिमुख (-खिन्) वि० [सं०] जिसका मुख उत्तर की ओर हो।

उत्तरायण पुं० [सं०] १. मकर रेखा से उत्तर कर्क रेखा की ओर सूर्य की गति। २. वह छह महीने का समय जब सूर्य इस गति से बराबर उत्तर की ओर बढ़ता रहता है।

उत्तरार्द्ध पुं० [सं०] पिछला आधा, पीछे का आधा भाग।

उत्तरित वि० [सं०] जिसका उत्तर या जवाब दिया जा चुका हो। (रिप्लायड)

उत्तरीय पुं० [सं०] उपरना, दुपट्टा।
वि० १. ऊपर का, ऊपरवाला। २. उत्तर दिशा का। ३. उत्तर दिशा-सम्बन्धी।

उत्तरोत्तर वि० [सं०] एक के पीछे एक आने या होनेवाला, एक के अनन्तर दूसरा।
क्रि० वि० क्रमशः, लगातार।

उत्तरोत्तरता स्त्री० [सं०] 'उत्तरोत्तर' या एक के बाद एक होने की क्रिया या भाव। (सक्सेशन)

उत्तल वि० [सं०] (चश्मे आदि का शीशा) जिसका आकार उलटे कटोरे की तरह हो। (कानवेक्स)

उत्तान वि० [सं०] जमीन पर पीठ लगाए हुआ, चित्त, सीधा।

उत्ताप पुं० [सं०] [वि० उत्तप्त, उत्तापित] १. गरमी, तपन, ताप। २. वेदना, पीड़ा। ३. कष्ट, दुख।

उत्तारण पुं० [सं०] १. पार उतारना। २. कोई चीज एक जगह से दूसरी जगह ले जाकर पहुँचाना। (ट्रांसपोर्टेशन) ३. विपत्ति या संकट में पड़े हुए का उद्धार करना। (रेसक्यूइंग)

उत्तीर्ण वि० [सं०] १. पार गया हुआ, पारंगत। २. मुक्त। ३. परीक्षा में कृतकार्य, जो पारित या पास हो चुका हो।

उत्तुंग वि० [सं०] बहुत ऊँचा।

उत्तू पुं० [फा०] १. वह औजार जिससे बेल-बूटे या चुनट के निशान डालते हैं। २. बेल-बूटे का वह काम जो इस औजार से बनता है।
मुहा० *ऊत्तू करना*=बहुत मारना।
वि० १. बदहवास। २. नशे में चूर।

उत्तेजक वि० [सं०] १. उभाड़ने, बढ़ाने या उकसानेवाला, प्रेरक। २. मनोवेगों को तीव्र करनेवाला।

उत्तेजना स्त्री० [सं०] [वि० उत्तेजित, उत्तेजक] १. प्रेरणा, बढ़ावा, प्रोत्साहन। २. ऐसी बात या कार्य जिससे कोई वृत्ति या भाव जाग्रत या प्रबल होकर किसी को कोई काम करने के लिए प्रवृत्त करे। ३. आवेगों को तीव्र करने की क्रिया।

उत्तोलन पुं० [सं०] [वि० उत्तोलक] १. ऊँचा करना, तानना। २. तौलना।

उत्थनि* स्त्री० दे० 'उत्थान'।

उत्थवना स० [सं० उत्थापन] आरम्भ करना।

उत्थान पुं० [सं०] १. उठने का कार्य या भाव। २. उठान, आरम्भ। ३. उन्नति।

उत्थानक वि० [सं०] उत्थान करने, ऊपर उठाने या ऊँचा चढ़ानेवाला।

पुं० १ किसी व्यक्ति के एक दम से ऊँचे पद पर पहुँचने की क्रिया। २. बिजली के द्वारा चढ़ने-उतरनेवाला वह चौकोर सन्दूक जिसकी सहायता से लोग बहुत ऊँचे मकानों या गहरी खानों में चढ़ते-उतरते हैं। (लिफ्ट)

उत्थापन पुं० [सं०] १. ऊपर उठाना। २. जगाना।

उत्थित वि० [सं०] १. उठा हुआ, उन्नत। २. जो उठकर खड़ा हुआ हो।

उत्पत्ति स्त्री० [सं०] [वि० उत्पन्न] १. पहले-पहल अस्तित्व में आना, उद्भव। २. जन्म, पैदाइश। ३. उपज, पैदावार। ४. किसी वस्तु में उपयोगिता या उसके स्वरूप में कोई नवीनता आने की क्रिया या भाव। (प्रोडक्शन)

उत्पन्न वि० [सं०] [स्त्री० उत्पन्ना] १. जिसकी उत्पत्ति हुई हो, पैदा। २. जिसने जन्म लिया हो, जात, जैसे पुत्र उत्पन्न होना। ३. जो किसी प्रकार अस्तित्व में आया हो, उद्भूत, जैसे सन्देह उत्पन्न होना।

उत्पल पुं० [सं०] कमल।

उत्पाटन पुं० [सं०] [वि० उत्पाटित, कर्ता उत्पाटक] उखाड़ना।

उत्पात पुं० [सं०] १. कष्ट पहुँचानेवाली आकस्मिक घटना, उपद्रव, आफत। २. अशान्ति, हलचल। ३. ऊधम, दंगा। ४. शरारत।

उत्पाती (-तिन्) वि०, पुं० [सं०] [स्त्री० उत्पातिनी] १. उत्पात या उपद्रव मचानेवाला, उपद्रवी। २. नटखट, शरारती।

उत्पाद पुं० [सं०] ऐसी चीज जिसे प्रकृति ने उत्पन्न किया हो या व्यक्ति ने बनाया हो। (प्राडक्ट)

उत्पादक वि०, पुं० [सं०] [स्त्री० उत्पादिका] १. उत्पन्न करनेवाला। २. (वस्तु या कार्य) जिससे कुछ उत्पादन हो। (प्रोडक्टिव)। ३. लोगों के व्यवहार के लिए सामान या माल तैयार करनेवाला। (प्रोड्यूसर)

उत्पाद-कर पुं० [सं०] कुछ चीजों के उत्पादन पर लगनेवाला कर, उत्पाद-शुल्क।

उत्पादन पुं० [सं०] [वि० उत्पादित] १. उत्पन्न करना, पैदा करना। २. बनाना। ३. लोगों के व्यवहार के लिए सामान या माल तैयार करना। (प्रोडक्शन)

उत्पाद-शुल्क पुं० [सं०] वह शुल्क जो राज्य में बननेवाले कुछ विशिष्ट पदार्थों (जैसे कपड़े, दियासलाई, नमक आदि) के बनते ही और बाजार में बिकने के लिए आने से पहले ही राज्य की ओर से ले लिया जाता है। (एक्साइज ड्यूटी)

उत्पादिता स्त्री० [सं०] उत्पादन-सम्बन्धी कार्यक्षमता।

उत्पाद्य वि० [सं०] १. जिसका उत्पादन किया जा सके। २. उपनिषदों में ऐसा कर्म जिसके द्वारा कोई वस्तु उत्पन्न होती हो। जैसे मिट्टी से घड़ा बनाना उत्पाद्य कर्म है।

उत्पीड़न पुं० [सं०] [कर्ता उत्पीड़क, वि० उत्पीड़ित] किसी को पीड़ा या कष्ट पहुँचाना, बहुत दुख देना, सताना।

उत्पीड़ित वि० [सं०] जिसे पीड़ा या कष्ट पहुँचाया गया हो, सताया हुआ।

उत्प्रवास पुं० [सं०] विदेश में रहने के लिए जाना।

उत्प्रवासी (-सिन्) वि० [सं०] उत्प्रवास-सम्बन्धी।

पुं० विदेश में जाकर बसनेवाला।

उत्प्रेक्षक वि० [सं०] उत्प्रेक्षा करनेवाला।

उत्प्रेक्षा स्त्री० [सं०] [वि० उत्प्रेक्ष्य, उत्प्रेक्षणीय, कर्ता उत्प्रेक्षक] १. उद्भावना। २. उपेक्षा। ३. एक अर्थालंकार जिसमें भेदज्ञान पर भी उपमेय में उपमान की प्रतीति होती हो, जैसे पुस्तक मानो रत्न है।

उत्फुल्ल वि० [सं०] [भाव० उत्फुल्लता] १. विकसित, खिला हुआ। २. प्रसन्न।

उत्संग पुं० [सं०] १. गोद, क्रोड, अंक। २. मध्य भाग, बीच। ३. ऊपर का भाग।

वि० निर्लिप्त, विरक्त।

उत्स पुं० [सं०] १. झरना। २. स्रोत, ३. फव्वारा।

उत्सन्न वि० दे० 'उत्सादित'।

उत्सर्ग पुं० [सं०] १. किसी के नाम पर या किसी के उद्देश्य से छोड़ना, जैसे वृषोत्सर्ग। २. किसी उद्देश्य से कुछ छोड़ना, त्यागना। ३. दान। ४. निछावर। ५. समाप्ति, अन्त। ६. कोई साधारण या व्यापक नियम, जिसमें कोई अपवाद भी हो।

उत्सर्जन पुं० [सं०] [वि० उत्सर्जित, उत्सृष्ट] १. छोड़ने, त्यागने या फेंक देने की क्रिया या भाव। २. इस प्रकार छोड़ा, त्यागा या फेंका हुआ पदार्थ। ३. कारखानों द्वारा छोड़ी या फेंकी जानेवाली तथा प्रदूषण बढ़ानेवाली वस्तुएँ जैसे-धुआँ, गंदा पानी, राख आदि।

उत्सर्जित वि० [सं०] १. त्यागा या छोड़ा हुआ। २. अपने पद या कार्य से हटाया हुआ। ३. किसी के लिए दान रूप में या त्यागपूर्वक छोड़ा हुआ।

उत्सव पुं० [सं०] १. धूमधाम से होनेवाला कोई सार्वजनिक, बड़ा, शुभ या मंगल कार्य, समारोह। २. आनन्दमंगल का समय। ३. त्योहार, पर्व। (फंक्शन)

उत्सवी वि० [सं० उत्सव] १. उत्सव-सम्बन्धी २. उत्सव के रूप में होनेवाला; जैसे-उत्सवी वातावरण।

उत्सादन पुं० [सं०] [वि० उत्सादित] १. कोई पद, स्थान आदि न रहने देना। (एबॉलिशन) २. किसी की आज्ञा रद करना। (सेट एसाइड)

उत्सादित वि० [सं०] १. (पद आदि) जो न रहने दिया गया हो। (एबॉलिश्ड) २. (आज्ञा या निश्चय) जो रद कर दिया गया हो। (सेट-एसाइड)

उत्साह पुं० [सं०] [वि० उत्साहित, उत्साही] १. उमंग, उछाह, जोश, हौसला। २. हिम्मत, साहस। (वीर रस का स्थायी भाव)

उत्साहित* वि० दे० 'उत्साही'।

उत्साही (-हिन्) पुं० [सं०] वह जिसमें उत्साह हो। वि० उत्साह से भरा हुआ।

उत्सुक वि० [सं०] [भाव० उत्सुकता, औत्सुक्य] १. कुछ देखने, सुनने, जानने, प्राप्त करने आदि के लिए अत्यन्त इच्छुक। २. चाही हुई बात में देर न सहकर उसकी प्राप्ति में तत्पर होनेवाला।

उत्सुकता स्त्री० [सं०] १. उत्सुक होने की अवस्था या भाव। २. प्रबल इच्छा। ३. किसी कार्य में विलम्ब न सहकर उसमें तत्पर होना। (एक संचारी भाव)

उत्सृष्ट वि० [सं०] छोड़ा हुआ, त्यक्त।

उथपना* स० [सं० उत्थापन] १. उठाना। २. उखाड़ना। ३. उजाड़ना।
अ० १. उठना। २. उखड़ना। ३. उजड़ना।

उथरा वि० [भाव० उथराई] उथला।

उथलना अ० [सं० उत्+स्थल] १. डगमगाना, डाँवाडोल होना। २. उलट-पुलट होना। ३. पानी का उथला होना।
स० नीचे-ऊपर या इधर-उधर करना।

उथल-पुथल स्त्री० [हिं० उथलना+अनु०] १. उलट-पुलट, विपर्यय, क्रमभंग। २. उलटना-पलटना।
वि० उलट-पुलट।

उथला वि० [हिं० उथलना] [स्त्री० उथली] १. (जल या पात्र) जो अधिक गहरा न हो, छिछला। २. जिसकी ऊँचाई अधिक न हो, कम ऊँचा।

उथापना* स० [सं० उत्थापन] १. ऊपर उठाना। २. खड़ा करना। ३. उखाड़ना। ४. दे० 'थापना'।

उद् उप० [सं०] एक उपसर्ग जो शब्दों के पहले लगकर उनमें ये विशेष बातें उत्पन्न करता है—(क) ऊपर; जैसे उद्गमन। (ख) पार जाना; जैसे उत्तीर्ण। (ग) प्रबलता; जैसे उद्वेग। (घ) प्रकाश; जैसे उच्चारण।

उदंत* पुं० [?] वृत्तान्त, हाल।

उदक पुं० [सं०] जल, पानी।

उदकक्रिया स्त्री० [सं०] तिलांजलि।

उदकना* अ० [देश०] कूदना।

उदगरना अ० [सं० उद्गरण] १. निकलना, बाहर होना। २. प्रकाशित या प्रकट होना, सामने आना। ३. ऊपर उठना, उभड़ना।

उदगारना* स० [सं० उद्गार] १. बाहर निकालना, बाहर फेंकना। २. उभाड़ना, भड़काना, उत्तेजित करना।

उदगारी* वि० [सं० उद्गार] १. उगलनेवाला। २. बाहर निकलनेवाला।

उदगग* वि० दे० 'उदग्र'।

उदग्र वि० [सं०] [भाव० उदग्रता] १. उच्च, ऊँचा। २. विशाल, बड़ा। ३. उद्दंड। ४. विकट। ५. तीव्र, तेज। ६. बहुत प्रबल, प्रचंड। ७. महत्त्वपूर्ण या विशिष्ट।

उदघटना* अ० [सं० उद्घटन] प्रकट होना, उदय होना।

उदघाटना* स० [सं० उद्घटन] प्रकट करना, प्रकाशित करना, खोलना।

उदजन पुं० [सं० उद्+जन] एक प्रकार का अदृश्य, गन्धहीन और वर्णहीन वाष्प जिसकी गणना तत्वों में होती है। (हाइड्रोजन)

उदथ* पुं० [सं० उद्गीध] सूर्य।

उदधि पुं० [सं०] १. समुद्र। २. मेघ।

उदपान* पुं० [सं० उदक+पान (=पीना)] कमंडल, जिसमें साधु लोग पीने का जल रखते हैं।

उदबस* वि० [हिं० उद्वासन] १. उजाड़, सूना। २. एक स्थान पर न रहनेवाला, खानाबदोश।

उदबासना स० [सं० उद्वासन] १. तंग करके स्थान से हटाना, रहने में विघ्न डालना, भगा देना। २. उजाड़ना।

उदमद* वि० दे० 'उन्मत'।

उदमदना अ० [सं० उन्मत] उन्मत होना।

उदमादना स० [सं० उन्मत] उन्मत करना।
अ० दे० 'उदमदना'।

उदय पुं० [सं०] [वि० उदित, उदीयमान] १. (विशेषत: ग्रहों के लिए) ऊपर आना, निकलना, प्रकट होना। २. किसी नई चीज, बात, शक्ति, आदि का उत्पन्न होकर सामने आना जैसे किसी नए राष्ट्र या देश का उदय। (राइज) ३. वृद्धि, उन्नति, बढ़ती। ४. निकलने का स्थान, उद्गम। ५. दे० 'उदयाचल'।

उदयना* अ० [हिं० उदय] उदय होना।

उदयाचल पुं० [सं०] पुराणानुसार पूर्व दिशा का एक पर्वत जहाँ से सूर्य का निकलना माना जाता है।

उदर पुं० [सं०] १. पेट, जठर। २. अन्दर या बीच का भाग, मध्य, पेटा।

उदरना अ० दे० 'ओदरना'।

उदरीय वि० [सं०] उदर-सम्बन्धी।

उदसना अ० [सं० उद्सन] १. उजड़ना। २. उदास होना।

उदात्त वि० [सं०] १. ऊँचे स्वर से उच्चारण किया हुआ। २. दयावान, कृपालु। ३. दाता, उदार। ४. श्रेष्ठ, बड़ा। ५. स्पष्ट, विशद। ६. समर्थ।
पुं० [सं०] १. वेद के स्वर के उच्चारण का एक भेद। २. साहित्य में एक अलंकार जिसमें सम्भाव्य विभूति का वर्णन बहुत बढ़ा-चढ़ाकर किया जाता है।

उदात्तीकरण पुं० [सं०] उदात्त स्वरूप प्रदान करने की क्रिया या भाव।

उदान पुं० [सं०] वह प्राणवायु जिससे छींकें और डकार आते हैं।

उदाम वि० दे० 'उद्दाम'।

उदायन पुं० [सं० उद्यान] बाग।

उदार वि० [सं०] [भाव० उदारता] १. रूढ़ियों में सुधार चाहनेवाला तथा प्रगतिशील विचारों का समर्थक। २. दाता, दानशील। ३. सहिष्णु।

उदारचरित वि० [सं०] जिसका चरित्र उदार हो, ऊँचे दिल का।

उदारचेता वि० दे० 'उदारचरित'।

उदारता स्त्री० [सं०] १. उदार होने की अवस्था या भाव। २. दानशीलता। ३. सहिष्णुता।

उदारना स० [सं० उदारण] १. दे० 'ओदरना'। २. गिराना, तोड़ना।

उदाराशय वि० [सं०] जिसके विचारों में उदारता हो।

उदारीकरण पुं० [सं०] किसी वस्तु आदि को राजनीतिक, धार्मिक, नैतिक आदि नियमों या बन्धनों से मुक्त करने की क्रिया या भाव।

उदास वि० [सं० उदास्] [भाव० उदासी] १. जिसका चित्त किसी पदार्थ से दुखी होकर हट गया हो, विरक्त। २. झगड़े से अलग, निरपेक्ष, तटस्थ। ३. दुखी, रंजीदा।

उदासना[१] अ० [हिं० उदास] उदास होना। स० उदास करना।

उदासना[२] स० [सं० उदसन] १. उजाड़ना। २. तितर-बितर करना।

उदासी[१] पुं० [सं० उदास्+हिं० ई (प्रत्य०)] १. विरक्त या त्यागी पुरुष। २. सनातनधर्मी साधुओं का एक समुदाय जो गुरु नानक के पुत्र महात्मा श्रीचन्द्र का अनुयायी है।

उदासी[२] स्त्री० [हिं० उदास+ई (प्रत्य०)] १. उदास होने की क्रिया या भाव, खिन्नता। २. दुख।

उदासीन वि० [सं०] [भाव० उदासीनता] १. जिसका चित्त दुखी होकर किसी बात से हट गया हो, विरक्त। २. झगड़े-बखेड़े से अलग। ३. जो परस्पर विरोधी पक्षों में से किसी की ओर न हो, निष्पक्ष, तटस्थ।

उदासीनता स्त्री० [सं०] १. विरक्ति, त्याग। २. निरपेक्षता, तटस्था। ३. उदासी, खिन्नता।

उदाहरण पुं० [सं०] १. बहुत-सी घटनाओं या बातों में से ली हुई कोई ऐसी घटना या बात, जिससे उन सब घटनाओं या बातों का ठीक-ठाक और स्पष्ट स्वरूप मालूम हो जाए। (इलेस्ट्रेशन) २. ऐसा कार्य जो आदर्श रूप हो और जिसे देखकर लोग वैसा ही कार्य करने के लिए उत्साहित हों। (एग्ज़ाम्पुल) ३. कही या बतलाई हुई ऐसी घटना या तथ्य जिससे किसी विषय या परिस्थिति का ठीक स्वरूप समझ में आ जाए, दृष्टान्त, मिसाल। (इन्स्टेन्स)

उदिक वि० [सं०] १. जल-सम्बन्धी। २. उस जल से सम्बन्ध रखनेवाला जो नल आदि के द्वारा कहीं पहुँचता हो।

उदित वि० [सं०] [स्त्री० उदिता] १. जो उदय हुआ हो, निकला हुआ। २. प्रकट, जाहिर। ३. उज्ज्वल। स्वच्छ। ४. प्रचलित।

उदियाना* अ० [सं० उद्विग्न] उद्विग्न होना, घबराना। स० उद्विग्न करना।

उदीची स्त्री० [सं०] उत्तर दिशा।

उदीच्य वि० [सं०] १. उत्तर का रहनेवाला। २. उत्तर दिशा का।

उदीयमान वि० [सं०] [स्त्री० उदीयमाना] १. जिसका उदय हो रहा हो। २. उठता या उभड़ता हुआ। ३. जिसमें आरम्भ से ही बड़े और अच्छे होने के लक्षण दिखाई दें, होनहार।

उदीरण पुं० [सं०] कहना, कथन।

उदीरणा स्त्री० [सं०] प्रेरणा।

उदुंबर पुं० [सं०] [वि० औदुंबर] १. गूलर। २. देहली, ड्योढ़ी। ३. नपुंसक। ४. एक प्रकार का कोढ़।

उदेग* पुं० दे० 'उद्वेग'।

उदेस* पुं० दे० 'उद्देश्य'।

उदोत[१]* पुं० [सं० उद्योत] १. प्रकाश। २. चाँदनी। वि० १. प्रकाशित, दीप्त। २. उत्पन्न।

उदोत[२]* पुं० [सं० उदय] उदय।

उद्गत वि० [सं०] उत्पन्न, उद्भूत।

उद्गम पुं० [सं०] १. उदय, आविर्भाव। २. उत्पत्ति का स्थान, उद्भवस्थान, निकास। ३. वह स्थान जहाँ से कोई नदी निकलती हो।

उद्गाता (तृ) पुं० [सं०] १. सामवेद का गान करनेवाला २. गुणगान करनेवाला समर्थक।

उद्गार पुं० [सं०] [वि० उद्गारी, उद्गारित] १. उबाल, उफान। २. वमन, कै। ३. थूक, कफ। ४. घोर शब्द। ५. एकाएक मुँह से निकली हुई वह बात जो बहुत दिनों से मन में रखी रही हो। ६. मन का विचार या भाव।

उद्गीत वि० [सं०] ऊँचे स्वर में गाया हुआ।

उद्गीति स्त्री० [सं०] आर्या छंद का एक भेद।

उद्गीथ पुं० [सं०] १. सामगान। २. प्रणव।

उद्घाटक वि०, पुं० [सं०] उद्घाटन करनेवाला।

उद्घाटन पुं० [सं०] १. आगे पड़ा हुआ परदा उठाना, खोलना या उभाड़ना। २. छिपी हुई बात प्रकट या प्रकाशित करना, रहस्य खोलना। ३. किसी बड़े समारंभ, सार्वजनिक उत्सव, सम्मेलन आदि का महत्त्व और गौरव बढ़ाने के लिए किसी बड़े आदमी के द्वारा उसके कार्य का आरंभ किया जाना।

उद्घाटित वि० [सं०] जिसका उद्घाटन हुआ हो।

उद्घोष पुं० [सं०] १. घोष। २. घोषणा।

उद्घोषक पुं० [सं०] उद्घोषणा करनेवाला।

उद्घोषणा स्त्री० [सं०] सार्वजनिक घोषणा।

उद्घोषिका स्त्री० [सं०] उद्घोषणा करनेवाली महिला।

उद्दंड वि० [सं०] [भाव० उद्दंडता] जिसे दंड का भय न हो, अक्खड़, उद्धत।

उद्दाम वि० [सं०] १. बन्धनरहित। २. निरंकुश, उद्दंड, बेकहा। ३. स्वतन्त्र। ४. महान। ५. गम्भीर।

उद्दित* वि० १. 'उदित'। २. दे० 'उद्धत'। ३. दे० 'उद्यत'।

उद्दिम* पुं०=उद्यम।

उद्दिष्ट वि० [सं०] १. दिखाया हुआ, इंगित किया हुआ। २. जो उद्देश्य रूप में सामने हो, लक्षित, अभिप्रेत।

पुं० वह क्रिया जिससे यह जाना जाता है कि कोई छन्द मात्रा-प्रस्तार का कौन सा भेद है।

उद्दीपक वि० [सं०] [स्त्री० उद्दीपिका] उत्तेजित या उद्दीप्त करनेवाला।

उद्दीपन पुं० [सं०] [वि० उद्दीप्त, उद्दीप्य] १. उत्तेजित करने की क्रिया या भाव, उभाड़ना, बढ़ाना, जगाना। २. उद्दीप्त या उत्तेजित करनेवाला पदार्थ। ३. काव्य में वे पदार्थ जो रस को उत्तेजित करते हैं, जैसे ऋतु, पवन आदि।

उद्दीप्त वि० [सं०] १. जिसका उद्दीपन हुआ हो। २. उमड़ा, बढ़ा या जागा हुआ। ३. उत्तेजित।

उद्देश पुं० [सं०] [वि० उद्दिष्ट, उद्देशित] १. अभिलाषा, चाह। २. कुछ करने की कामना, इच्छा या विचार, मंशा। ३. मतलब, अभिप्राय। ४. न्यायशास्त्र में प्रतिज्ञा।

उद्देश्य पुं० [सं०] १. वह वस्तु, पद या स्थिति जिसे कोई प्राप्त करना, बनाए रखना अथवा उसका उद्धार-विकास करना चाहता हो; जैसे हमारा उद्देश्य इस परंपरा को जीवित रखना है। २. व्याकरण में वाक्य का वह नामपद जिसके सम्बन्ध में वक्ता या लेखक को कुछ कहना अभीष्ट हो। 'राम घर पर सो रहा है' वाक्य में लेखक 'राम' नामपद के सम्बन्ध में कुछ कहना चाहता है, अतः 'राम' उद्देश्य हुआ।

उद्ध* क्रि० वि० दे० 'ऊर्ध्व'।

उद्धत वि० [सं०] १. उग्र, प्रचंड। २. अक्खड़। ३. प्रगल्भ।

उद्धना* अ० [सं० उद्धरण] १. ऊपर उठना। २. उड़ना या फैलना।

उद्धरण पुं० [सं०] [वि० उद्धरणीय, उद्धृत] १. ऊपर उठना। २. मुक्त होना। ३. बुरी अवस्था से अच्छी अवस्था में आना। ४. पढ़ा हुआ पिछला पाठ अभ्यास के लिए फिर-फिर पढ़ना। ५. किसी लेख का कोई अंश दूसरे लेख में ज्यों-का-त्यों रखना, उपनय। (कोटेशन, साइटेशन) ६. प्रमाण, साक्षी के रूप में लिया हुआ किसी लेख आदि का कोई अंश। (एक्सट्रैक्ट)

उद्धरणी स्त्री० [सं० उद्धरण+हिं० ई (प्रत्य०)] १. पढ़ा हुआ पिछला पाठ अभ्यास के लिए बार-बार पढ़ना। २. दे० 'उद्धरण'।

उद्धरणीय वि० [सं०] उद्धरण के रूप में प्रस्तुत किए जाने के योग्य।

उद्धरना* स० [सं० उद्धरण] उद्धार करना, उबारना।

अ० बचना, छूटना।

उद्धव पुं० [सं०] १. उत्सव। २. कृष्ण के एक प्रसिद्ध सखा जिन्हें उन्होंने द्वारका से गोपियों को सान्त्वना देने के लिए ब्रज में भेजा था।

उद्धार पुं० [सं० उद्+हृ=ऊपर खींचना] [वि० उद्धार्य] १. नीचे से निकाल या उठाकर ऊपर ले जाना। (रेज़िंग, लिफ्टिंग) २. विपत्ति, संकट आदि से किसी को मुक्त करना, मुक्ति। (डेलिवरेन्स) ३. संकट या विपत्ति में पड़े हुए को बचाने के उद्देश्य से उसके पास पहुँचकर उसकी रक्षा करना। (रेस्क्यूइंग) ४. दुरवस्था में या व्यर्थ पड़ी हुई चीज को सुधार या ठीक करके काम में आने योग्य बनाना। ५. ऋण, देन आदि से होनेवाला छुटकारा। ६. प्राचीन व्यवहार या लेन-देन में वह ऋण जिस पर ब्याज न लगे, बिना सूद का कर्ज। ७. दे० 'उधार'।

उद्धारक वि०, पुं० [सं०] उद्धार करनेवाला।

उद्धारण पुं० [सं०] १. उद्धार करने की क्रिया या भाव। २. वाक्य, पद, शब्द आदि कहीं से जान-बूझकर निकाल या अलग कर देना। (डिलीशन)

उद्धारना* स० [सं० उद्धार] १. उद्धार करना। २. छुटकारा दिलाना।

उद्धृत वि० [सं०] १. उगला हुआ। २. ऊपर उठाया हुआ। ३. अपने कथन के समर्थन, प्रमाण आदि के लिए अन्य स्थान से उद्धरण के रूप में ज्यों-का-त्यों लिया हुआ।

उद्‌बुद्ध वि० [सं०] १. विकसित, खिला हुआ। २. प्रबुद्ध। ३. जिसे ज्ञान हो गया हो, चैतन्य। ४. जागा हुआ।

उद्‌बोधन पुं० [सं०] [वि० उद्‌बोधक, उद्‌बोधनीय, उद्‌बोधित] १. बोध या ज्ञान कराना, जताना। २. प्रकाशित, प्रकट या सूचित करना। ३. उत्तेजित करना। ४. प्रबोधन।

उद्‌भट वि० [सं०] [भाव० उद्‌भटता] १. प्रबल, प्रचंड। २. श्रेष्ठ। ३. बहुत बड़ा।

उद्‌भव पुं० [सं०] [वि० उद्‌भूत] १. उत्पत्ति, जन्म। २. किसी पूर्वज के वंश में उत्पन्न होने अथवा किसी मूल के निकलने का तथ्य या भाव। (डिसेन्ट) ३. वृद्धि, बढ़ती।

उद्‌भव केंद्र पुं० [सं० उद्‌भव+केन्द्र] वह केंद्र या स्थल जहाँ से किसी वस्तु आदि का उद्‌भव माना जाता हो।

उद्‌भव स्थल पुं०=उद्‌भव केंद्र।

उद्‌भावना स्त्री० [सं०] १. मन की उपज, कल्पना। २. उत्पत्ति।

उद्‌भासित वि० [सं०] प्रकाशयुक्त, प्रकाशित।

उद्‌भिज पुं० [सं० उद्‌भिज्ज] दे० 'उद्‌भिज्ज'।

उद्‌भिज्ज पुं० [सं०] वृक्ष, लता, गुल्म आदि जो भूमि फोड़कर निकलते हैं, वनस्पति, पेड़-पौधे।

उद्‌भिद पुं० दे० 'उदिभज्ज'।

उद्‌भूत वि० [सं०] उत्पन्न।

उद्‌भूति स्त्री० [सं०] [वि० उद्‌भूत] १. उत्पत्ति, जन्म। २. उन्नति।

उद्‌भेदन पुं० [सं०] १. तोड़ना-फोड़ना। २. फोड़कर निकालना।

उद्‌भ्रम पुं० [सं०] १. ऊपर की ओर उठना या भ्रमण करना। २. बुद्धि का विनाश, विभ्रम। ३. मन का उद्वेग।

उद्‌भ्रांत वि० [सं०] १. घूमता या चक्कर खाता हुआ। २. भूला-भटका हुआ। ३. चकित, भौचक्का। ४. उन्मत, पागल। ५. विकल, विह्वल।

उद्यत वि० [सं०] १. तैयार, तत्पर, प्रस्तुत, मुस्तैद। २. उठाया हुआ।

उद्यम पुं० [सं०] [वि० उद्यमी, उद्यत] १. प्रयास, प्रयत्न, उद्योग। २. मेहनत। ३. वह काम जिसके द्वारा कोई अपनी जीविका चलाता हो, पेशा। (अकुपेशन)

उद्यमी(-मिन्) वि०, पुं० [सं०] उद्यम करनेवाला, उद्योगी, प्रयत्नशील।

उद्यान पुं० [सं०] [वि० औद्यानिक] बगीचा, बाग।

उद्यानकरण पुं० [सं० उद्यान+करण] बाग-बगीचों में पौधे आदि लगाने, उनकी देख-रेख करने और ऐसे ही दूसरे कामों की विद्या या कला। (हॉर्टिकल्चर)

उद्यानगोष्ठी स्त्री० [सं०] उद्यान में होनेवाली प्रीतिगोष्ठी।

उद्यापन पुं० [सं०] किसी व्रत की समाप्ति पर किया जानेवाला कृत्य, हवन, ब्राह्मणभोजन आदि।

उद्युक्त वि० [सं०] उद्योग में लगा हुआ।

उद्योग पुं० [सं०] [वि० उद्योगी, उद्युक्त] १. प्रयत्न, प्रयास, कोशिश। २. उत्पादन में रत कारखाना या संस्थान। (इंडस्ट्री)

उद्योग-धंधे पुं० बहु० [सं० उद्योग+हिं० धन्धा] (किसी क्षेत्र के) उद्योग तथा व्यापारिक संस्थान।

उद्योगपति पुं० [सं०] वह जो कच्चे माल से पक्का माल तैयार करनेवाले किसी कारखाने का मालिक हो। (इन्डस्ट्रिअ-लिस्ट)

उद्योगीकरण पुं० [सं० उद्योग+करण] देश में बड़े-बड़े उद्योगों को स्थापित करने की क्रिया या भाव।

उद्योत पुं० [सं०] १. प्रकाश, उजाला। २. चमक, आभा।

उद्रेक पुं० [सं०] [वि० उद्रिक्त] १. वृद्धि, बढ़ती, अधिकता। २. साहित्य में एक अलंकार जिसमें वस्तु के कई गुणों या दोषों का किसी एक गुण या दोष के आगे मन्द पड़ने का वर्णन होता है।

उद्वहन पुं० [सं०] १. विवाह करना। २. ले जाना, पहुँचाना।

उद्वाप पुं० [सं०] उगलने की क्रिया या भाव।

उद्वासन पुं० [सं०] [वि० उद्वासनीय, उद्वासित, उद्वास्य, कर्ता उद्वासक] १. कहीं बसे हुए व्यक्ति को कष्ट पहुँचाकर उससे उसका निवासस्थान छुड़ाना, भगाना, खदेड़ना। २. उजाड़ना, वासस्थान नष्ट करना। ३. मारना।

उद्वासित वि० [सं०] १. (व्यक्ति) जिसे अपने निवास स्थान से मार या उजाड़कर भगा दिया गया हो।

उद्वाह पुं० [सं०] विवाह।

उद्विग्न वि० [सं०] [भाव० उद्विग्नता] उद्वेगयुक्त, आकुल, घबराया हुआ।

उद्विग्नता स्त्री० [सं०] आकुलता, घबराहट।

उद्वेग पुं० [सं०] [वि० उद्विग्न] १. चित्त की व्याकुलता, घबराहट। (संचारी भावों में से एक) २. मनोवेग, चित्त की तीव्र वृत्ति, आवेश, जोश। ३. झोंक। ४. किसी विकट या चिन्ताजनक घटना के कारण लोगों को होनेवाला भय जिसके फलस्वरूप लोग अपनी रक्षा के उपाय सोचने लगते हैं। (पैनिक)

उद्वेगशील वि० [सं०] जो बहुत जल्दी उद्विग्न या उत्तेजित हो जाता हो। (नर्वस)

उद्वेजक पुं० [सं०] उद्विग्न करेवाला।

उद्वेजन पुं० [सं०] उद्विग्न करना।

उद्वेलन पुं० [सं०] [वि० उद्वेलित] १. किसी चीज में भर जाने के कारण इधर-उधर बिखरना। २. छलकना, छलछलाना।

उधड़ना अ० [सं० उद्धरण] १. खुलना, उधड़ना। २. सिला, जमा या लगा न रहना। ३. उजड़ना।

उधम पुं० दे० 'ऊधम'।

उधर क्रि० वि० [सं० उत्तर] उस ओर, उस तरफ।

उधरना[1] स० [सं० उद्धार] उद्धार करना।
अ० १. मुक्त होना। २. दे० 'उधड़ना'।

उधरना[2] स० [सं० उद्धरण] उद्धरणी करना।

उधराणी स्त्री० [सं० उद्धार, हिं० उधार] उधार दिया हुआ धन वसूल करना, उगाही। (मारवाड़)

उधार पुं० [सं० उद्धार] १. वह धन जो चुका देने के वादे पर माँगकर लिया गया हो, कर्ज, ऋण।

मुहा० *उधार खाए बैठना*=(क) किसी भारी आसरे पर दिन काटते रहना। (ख) हर समय तैयार रहना।

२. इस प्रकार किसी से धन लेने की क्रिया या भाव। ३. किसी एक वस्तु का दूसरे के पास केवल कुछ दिनों के व्यवहार के लिए जाना, मँगनी।
पुं० दे० 'उद्धार'।

उधारक वि०, पुं० दे० 'उद्धारक'।

उधारकर्ता पुं० [हिं+सं०] बैंक आदि से ऋण प्राप्त करनेवाला व्यक्ति।

उधारना स० [सं० उद्धरण] उद्धार करना।

उधारी वि० दे० 'उद्धारक'।

उधेड़ना स० [सं० उद्धरण] १. मिली हुई परतों को अलग-अलग करना। २. सिलाई के टाँके खोलना। ३. छितराना, बिखराना।

उधेड़बुन स्त्री० [हिं० उधेड़ना + बुनना] १. सोच-विचार, ऊहापोह। २. युक्ति बाँधना।

उध्वंस* पुं०=विध्वंस।

उध्वस्त* वि०=विध्वस्त।

उनंत वि० [सं० अनुन्नत] झुका हुआ।

उन सर्व० हिं० 'उस' का बहुवचन।

उनचन स्त्री० [हिं० उनचना] वह रस्सी जो चारपाई में पैताने की ओर उसकी बुनावट कसने के लिए लगाई जाती है।

उनचना स० [हिं० ऐंचना] चारपाई की उनचन ढीली हो जाने पर कसना।

उनदौंहाँ* वि० दे० 'उनींदा'।

उनना[1]* अ० [सं० उदय] उफनना, उमड़ना।

उनना[2]* स०=बुनना।

उनमद* वि० दे० 'उन्मत'।

उनमान* पुं० [सं० उद्+मान] १. परिणाम। २. नाप-तौल, थाह। ३. शक्ति, सामर्थ्य।

वि० तुल्य, समान।

पुं० दे० 'अनुमान'।

उनमानना* स० [हिं० उनमान] अनुमान करना, खयाल करना।

उनमुना* वि० दे० 'अनमना'।

उनमुनी* स्त्री० दे० 'उन्मनी'।

उनमूलना* स० दे० 'उखाड़ना'।

उनमेख पुं० दे० 'उन्मेष'।

उनमेखना* स० [सं० उन्मेष] १. (आँखों का) खुलना, उन्मीलित होना। २. (फूलों आदि का) विकसित होना।

उनमेद पुं० [?] बरसात के आरम्भ में होनेवाले जल का जहरीला फेन, माँजा।

उनरना* अ० [सं० उन्नरण=ऊपर जाना] १. उठना, उमड़ना। २. कूदकर चलना।

उनवना अ० [सं० उन्नमन] १. झुकना, लटकना। २. (मेघ, मनोविकार आदि का) छाना, घिर आना। ३. टूटना, ऊपर पड़ना।

उनवर* वि० [सं० ऊन] कम, न्यून।

उनवान* पुं० दे० 'अनुमान'।

उनहानि* स्त्री० [हिं० अनुहार] समता, बराबरी।

उनहार* वि० दे० 'अनुसार'।

उनाना[1] स० [सं० उन्नमन] १. झुकाना। २. लगाना, प्रवृत्त करना।

उनाना[2] अ० [?] आज्ञा मानना।

उनारना* स० [सं० उन्नयन] १. उठाना। २. बढ़ाना। ३. दे० 'उनाना'।

उनि* सर्व० उन्होंने।

उनींदा वि० [सं० उन्निद्र] [स्त्री० उनींदी] बहुत जागने के कारण अलसाया हुआ, नींद से भरा हुआ, ऊँघता हुआ।

उनैना* अ० दे० 'उनवना'।

उन्नत वि० [सं०] १. ऊँचा, ऊपर उठा हुआ; जैसे-उन्नत भाल। २. अत्यधिक विकसित; उन्नत देश।

उन्नतांश पुं० [सं०] किसी आधार, स्तर या रेखा से ऊपर की ओर का विस्तार, ऊँचाई। (आल्टिट्यूड)

उन्नति स्त्री० [सं०] १. ऊँचाई, चढ़ाव। २. जितना हो, उससे कुछ और अधिक होना, वृद्धि, समृद्धि। ३. पहले की अवस्था से अच्छी या ऊँची अवस्था की ओर बढ़ना। ४. जितना या जहाँ तक हो, उससे अधिक होना या आगे बढ़ना, सुधार। (ऐडवान्समेन्ट, इम्प्रूवमेन्ट)

उन्नतोदर पुं० [सं०] १. चाप या वृत्तखंड का ऊपरी तल। २. वह वस्तु जिसका वृत्तखंड उठा या उभरा हुआ हो। (कॉन्वेक्स)

उन्नयन पुं० [सं०] [वि० उन्नीत] १. ऊपर की ओर उठाना या ले जाना। २. ऊँची कक्षा या पद पर भेजा जाना। (प्रोमोशन)

उन्नाब पुं० [अ०] एक प्रकार का बेर जो हकीमी दवाओं में पड़ता है।

उन्नाबी वि० [अ०] उन्नाब के रंग का, बैंगनीपन लिए लाल।

उन्नायक वि० [सं०] [स्त्री० उन्नायिका] १. ऊँचा करने-वाला, (उन्नति की ओर ले जानेवाला) उन्नत करनेवाला। २. बढ़ानेवाला।

उन्निद्र वि० [सं०] १. निद्रारहित, जैसे उन्निद्र रोग। २. जिसे नींद न आई हो।

पुं० एक रोग जिसमें मनुष्य को नींद बिल्कुल नहीं आती या कभी-कभी और बहुत कम आती है। (इन्सोम्निया)

उन्नीत वि० [सं०] १. ऊपर चढ़ाया या पहुँचाया हुआ। २. ऊपर की कक्षा में या पद पर पहुँचाया हुआ। (प्रोमोटेड)

उन्नीस वि० [सं० एकोनविंशति] एक कम बीस, दस और नौ। **मुहा०** *उन्नीस बिस्वे*=अधिकतर, प्राय:, अधिकांशत:। *उन्नीस होना*=(क) मात्रा में कुछ कम होना, थोड़ा होना (ख) गुण या विशेषता में किसी की अपेक्षा कुछ घटकर होना। *(दो वस्तुओं का परस्पर) उन्नीस-बीस होना*=दो वस्तुओं का प्राय: समान होने पर भी उनमें से एक का दूसरी से कुछ अच्छा होना।

उन्मत्त वि० [सं०] [भाव० उन्मत्तता] १. मतवाला, मदान्ध। २. जो आपे में न हो, बेसुध। ३. पागल, बावला।

उन्मथित वि० [सं०] उन्मादग्रस्त तथा विचलित।

उन्मद पुं० [सं०] १. पागल, बावला। २. उन्माद, पागलपन। वि०=उन्मत्त।

उन्मन* वि० दे० 'अन्यमनस्क'।

उन्मनी स्त्री० [सं०] हठयोग में नाक की नोक पर दृष्टि गड़ाना।

उन्माथना* स० [सं० उन्मथन] मथना।

उन्माद पुं० [सं०] १. मस्तिष्क का वह रोग जिसमें मन और बुद्धि का कार्यक्रम बिगड़ जाता है, पागलपन, विक्षिप्तता, चित्तविभ्रम। २. रस के तैंतीस संचारी भावों में से एक, जिसमें वियोग के कारण चित्त ठिकाने नहीं रहता।

उन्मादक वि० [सं०] उन्माद से युक्त करनेवाला।

उन्मादन पुं० [सं०] १. उन्मत या मतवाला करना। २. कामदेव के पाँच बाणों में से एक।

उन्मादी वि० [स्त्री० उन्मादिनी] दे० 'उन्मत्त'।

उन्मान पुं० [सं०] किसी वस्तु, व्यक्ति, गुण आदि का मान, मूल्य या महत्त्व समझना। (एप्रिसिएशन)

उन्मीलन पुं० [सं०] [वि० उन्मीलनीय, उन्मीलित] १. खुलना (नेत्र)। २. विकसित होना, खिलना।

उन्मीलित वि० [सं०] खुला हुआ।
पुं० साहित्य में एक अलंकार जिसमें दो वस्तुओं में इतना अधिक सादृश्य दिखाया जाता है कि केवल एक बात के कारण उनमें भेद दिखाई पड़ता है।

उन्मुक्त वि० [सं०] १. जो बँधा न हो, खुला हुआ, जैसे उन्मुक्त केश। २. जो किसी प्रकार के बन्धन से छोड़ दिया गया हो, मुक्त किया हुआ। (डिस्चार्ज्ड)

उन्मुक्ति स्त्री० [सं०] [वि० उन्मुक्त] १. मुक्त होने की क्रिया या भाव, छुटकारा। २. अभियोग आदि से छुटकारा। (एक्विटल) ३. नियम के बन्धनों से किसी विशेष कारण से मुक्त होना। (एग्जेमप्शन) ४. किसी प्रकार के अभियोग, बन्धन आदि से छोड़ा जाना। (डिस्चार्ज)

उन्मुख वि० [सं०] [स्त्री० उन्मुखा, भाव० उन्मुखता] १. जो ऊपर मुँह किए हो। २. उत्कंठित, उत्सुक। ३. उद्यत।

उन्मूलक वि० [सं०] समूल नष्ट करनेवाला, बरबाद करनेवाला।

उन्मूलन पुं० [सं०] [वि० उन्मूलनीय, उन्मूलित] १. जड़ से उखाड़ना, समूल नष्ट करना। २. पहले की आज्ञा, निश्चय या कार्य न रहने देना। ३. अस्तित्व मिटाना। (एबॉलिशन) ४. इस प्रकार नष्ट करना कि फिर उठ या पनप न सके। (एक्स्टर्पेशन)

उन्मूलित वि० [सं०] १. जिसका उन्मूलन हुआ हो। २. जिसका अस्तित्व न रहने दिया गया हो। (एबॉलिश्ड)

उन्मेष पुं० [सं०] [वि० उन्मेषित] १. खुलना (आँखों का)। २. विकास, खिलना। ३. थोड़ा प्रकाश।

उन्मेषी वि० [सं० उन्मेष] खोलनेवाला।

उन्मोचन पुं० [सं०] [कर्ता उन्मोचक] १. दे० 'मोचन'। २. किसी विशेष कारण से किसी को किसी नियम के बन्धन आदि से मुक्त या अलग रखना। (एग्ज़ेम्पशन)

उन्हारि स्त्री० [सं० अनुसार] १. समानता, एकरूपता। २. आकृति, शकल, सूरत।

उन्हें पद० उनको।

उपंग पुं० [?] एक प्रकार का बाजा।

उप उप० [सं०] एक उपसर्ग जो शब्दों के पहले लगकर उनमें इन अर्थों की विशेषता उत्पन्न करता है—(क) समीपता; जैसे उपकूल, उपनयन। (ख) विस्तार या अधिकता; जैसे उपकार। (ग) पद, मर्यादा आदि के विचार से होनेवाली कुछ छोटाई या गौणता। (वाइस) जैसे उपमंत्री, उपसभापति। (घ) व्याप्ति; जैसे उपकीर्ण।

उपकरण पुं० [सं०] १. किसी प्रयोग में आनेवाला औजार या तत्त्व। २. सामग्री।

उपकरना* स० [सं० उपकार] उपकार करना, भलाई करना।

उपकरणिका स्त्री० [सं०] ऐसा उपकरण जो सूक्ष्म अर्थात् कलापूर्ण या वैज्ञानिक कार्यों के सम्पादन में प्रयुक्त हो। (इंस्ट्रूमेंट)

उपकल्पन पुं० [सं०] किसी काम की तैयारी, आयोजन। (प्रिपरेशन)

उपकार पुं० [सं०] १. हित-साधन, भलाई, नेकी। २. लाभ, फायदा।

उपकारक वि० [सं०] [स्त्री० उपकारिका] उपकार या भलाई करनेवाला।

उपकारी(-रिन्) वि० [सं०] [स्त्री० उपकारिणी] १. उपकार करनेवाला। २. लाभ पहुँचानेवाला।

उपकुल पुं० [सं०] किसी कुल के अन्तर्गत उसका कोई छोटा विभाग। (सब-फैमिली)

उपकृत वि० [सं०] [स्त्री० उपकृता] १. जिसके साथ उपकार किया गया हो। २. कृतज्ञ।

उपकोषागार पुं० [सं०] किसी कोषागार के अधीन, उसकी शाखा के रूप में अथवा कुछ परिमित क्षेत्र में उसके कार्य करनेवाला कोई छोटा कोषागार। (सब-ट्रेज़री)

उपक्रम पुं० [सं०] १. कार्यारम्भ की पहली अवस्था, अनुष्ठान, उठान। २. कोई कार्य आरम्भ करने के पहले का आयोजन, तैयारी। (प्रिपरेशन) ३. भूमिका।

उपक्रमणिका स्त्री० [सं०] किसी पुस्तक के आदि में दी हुई विषयसूची।

उपक्षेप पुं० [सं०] १. अभिनय के आरम्भ में नाटक के समस्त वृत्तान्त का संक्षेप में कथन। (साहित्य) २. आक्षेप। ३. कोई वस्तु किसी के सामने ले जाकर रखना या उसे देना। (टेंडर) ४. कोई कार्य या ठेका पाने के लिए उसके व्यय आदि के विवरणों से युक्त पत्र जो वह कार्य या ठेका पाने के लिए (प्रायः प्रतियोगिता के रूप में) देना पड़ता है। (टेंडर)

उपखंड पुं० [सं०] विधि-विधानों में किसी धारा या उपधारा के अंश या खंड का कोई विभाग। (सब-क्लॉज़)

उपखान, उपखानु* पुं० दे० 'उपख्यान'।

उपगत वि० [सं०] १. प्राप्त। २. स्वीकार। ३. ज्ञात।

उपगति स्त्री० [सं०] प्राप्ति। २. स्वीकृति। ३. ज्ञान।

उपग्रह पुं० [सं०] १. पकड़ा जाना, गिरफ्तारी। २. कारावास, कैद। ३. बँधुआ, कैदी। ४. वह छोटा ग्रह जो किसी बड़े ग्रह के चारो ओर घूमता हो। (सैटेलाइट)

उपचना* अ० [सं० उपचय] १. उन्नत होना, बढ़ना। २. उफनना, उबलकर बाहर निकलना।

उपचय पुं० [सं०] १. वृद्धि, उन्नति, बढ़ती। २. संचय, जमा करना।

उपचयन पुं० [सं०] उन्नयन उन्नति।

उपचर्या स्त्री० [सं०] १. सेवा-सुश्रूषा। २. चिकित्सा, इलाज।

उपचार पुं० [सं०] १. व्यवहार, प्रयोग। २. रोगी का रोग दूर करने के लिए नियमपूर्वक की जानेवाली प्रक्रिया, चिकित्सा, इलाज। (ट्रीटमेंट) ३. रोगी की सेवा-सुश्रूषा। ४. किसी की हानि या अपकार का प्रतिकार। ५. नियम, परिपाटी, व्यवहार आदि का ठीक तरह से और पूरा-पूरा होनेवाला वह पालन जो विहित और आवश्यक हो। (फॉरमैलिटी) ६. वह आचरण या व्यवहार जो दिखाने भर को हो और जिसमें केवल बाह्य रूप का पालन या निर्वाह हुआ हो। (फॉरमैलिटी) ७. पूजन के अंग या विधान। सोलह उपचार हैं—आवाहन, आसन, अर्घ्यपाद्य, आचमन, मधुपर्क, स्नान, वस्त्राभरण, यज्ञोपवीत, गंध, पुष्प, धूप, दीप, नैवद्य, ताम्बूल, परिक्रमा, और वन्दना। ८. खुशामद। ९. घूस, रिश्वत। १०. एक प्रकार की सन्धि जिसमें विसर्ग के स्थान पर श या स हो जाता है, जैसे निःछल से निश्छल।

उपचारक पुं० [सं० उपचारिका] १. उपचार या सेवा करनेवाला। २. विधान करनेवाला। ३. चिकित्सा करने-वाला।

उपचारना* स० [सं० उपचार] १. व्यवहार में लाना। २. विधान करना।

उपचारी वि० दे० 'उपचारक'।

उपच्छाया स्त्री० [सं०] किसी वस्तु की मूल छाया के अतिरिक्त इधर-उधर पड़नेवाली उसकी कुछ आभा या हलकी काली झलक, जैसी ग्रहण के समय चन्द्रमा या पृथ्वी की मुख्य छाया के अतिरिक्त दिखाई पड़नेवाली छाया (पेनम्ब्रा)

उपज स्त्री० [हिं० उपजना] १. उपजने की क्रिया या भाव, उत्पत्ति, उद्भव। २. वह वस्तु जो उपज के रूप में प्राप्त हो, पैदावार, जैसे खेत की उपज। (प्रोडयूस) ३. नई सूझ, उद्भावना। ४. मनगढ़ंत बात। ५. गाने में राग की सुन्दरता के लिए उसमें बँधी हुई तानों के अतिरिक्त कुछ तानें अपनी ओर से मिलाना।

उपजना अ० [सं० उत्पद्यते] १. उत्पन्न होना, पैदा होना। २. उगना।
स० दे० 'उपजाना'।

उपजाऊ वि० [हिं० उपज+आऊ (प्रत्य०)] १. (भूमि) जिसमें अच्छी उपज हो, उर्वर। (फर्टाईल) २. दे० 'उर्वर'।

उपजाऊपन पुं० [हिं० उपजाऊ+पन (प्रत्य०)] भूमि की वह शक्ति जिससे उसमें फसल आदि उत्पन्न होती है, उर्वरता।

उपजात पुं० दे० 'उपसर्ग' ४.।

उपजाति[१] स्त्री० [सं०] किसी जाति के अन्तर्गत उसका कोई छोटा विभाग।

उपजाति[२] स्त्री० [सं०] वे वृत्त जो इंद्रव्रजा और वंशस्थ के मेल से बनते हैं।

उपजाना स० [हिं० उपजना का स०] उत्पन्न करना, पैदा करना।

उपजीविका स्त्री० [सं०] १. प्रधान जीविका के सिवा निर्वाह या जीवन बिताने का और कोई आर्थिक साधन। २. जीवन-निर्वाह के लिए कहीं से मिलनेवाली अतिरिक्त सहायता या वृत्ति। (एलाउएन्स)

उपजीवी(-विन्) वि०, पुं० [सं०] [स्त्री० उपजीविनी] दूसरे के सहारे जीवन बितानेवाला।

उपजीव्य वि० [सं०] १. उपजीविका के रूप में होनेवाला। २. जिसके सहारे जीवन बिताया जाए। ३. मुख्य आधार।

उपज्ञा स्त्री० [सं०] कोई नया पदार्थ, यन्त्र या प्रक्रिया ढूँढ़ निकालना, ईजाद। (इन्वेन्शन)

उपज्ञात वि० [सं०] ईजाद किया हुआ, आविष्कृत।

उपटन पुं० [सं० उत्पतन] वह अंक या चिह्न जो आघात, दबाने या लिखने से पड़ जाए, निशान, साँट।
पुं० दे० 'उबटन'।

उपटना अ० [सं० उपट=पट के ऊपर] १. आघात, दाब या लिखने का चिह्न पड़ना, निशान पड़ना। २. उखड़ना।

उपटाना[१] स० [हिं० 'उपटना' का प्रे०] उबटन लगाना।

उपटाना[२] स० [सं० उत्पाटन] १. उखड़वाना। २. उखाड़ना।

उपटारना* स० [सं० उत्पाटन] १. उच्चाटन करना। २. उठाना। ३. हटाना।

उपत्यका स्त्री० [सं०] पर्वत के पास की नीची भूमि, तराई।

उपदंश पुं० [सं०] गरमी या आतशक नामक रोग, फिरंग रोग।

उपदिशा स्त्री० [सं०] दो दिशाओं के बीच की दिशा, कोण, विदिशा।

उपदिष्ट वि० [सं०] १. (व्यक्ति) जिसे उपदेश दिया गया हो। २. (विषय या बात) जिसका उपदेश दिया गया हो, ज्ञापित।

उपदेश पुं० [सं०] [वि० उपदिष्ट] १. हित की बात बतलाना, अच्छी बात या अच्छा काम करने के लिए कहना, निर्देश, सीख, नसीहत। (प्रिसेप्ट). २. दीक्षा, गुरुमन्त्र।

उपदेशक पुं० [सं०] [स्त्री० उपदेशिका] १. उपदेश करनेवाला, अच्छी बातों की शिक्षा देनेवाला। २. वह जो घूम-घूमकर अच्छी बातों का प्रचार करता हो।

उपदेशना* स० [सं० उपदेश] उपदेश करना या देना।

उपदेशप्रद वि० [सं०] उपदेश देनेवाला, शिक्षाप्रद।

उपदेशात्मक वि० [सं०] [भाव० उपदेशात्मकता] उपदेश के रूप में होनेवाला।

उपदेष्टा पुं० [सं०] उपदेशक।

उपद्रव पुं० [सं०] [वि० उपद्रवी] १. हलचल, विप्लव। २. उत्पात, ऊधम, दंगा-फसाद। ३. किसी प्रधान रोग के बीच में होनेवाले दूसरे विकार या पीड़ाएँ।

उपद्रवी (-विन्) वि०, पुं० [सं०] १. उपद्रव या ऊधम मचानेवाला। २. नटखट।

उपद्वीप पुं० दे० 'प्रायद्वीप'।

उपधातु स्त्री० [सं०] अप्रधान धातु, जो या तो लोहे, ताँबे आदि धातुओं के योग से बनती है अथवा खानों से निकलती हो, जैसे काँसा।

उपधारा स्त्री० [सं०] किसी विधान या लेख की किसी धारा के अन्तर्गत उसका कोई विभाग या अंग। (सब-सेक्शन)

उपनगर पुं० [सं०] १. छोटा नगर। २. नगर के बाहरी हिस्से का कोई मुहल्ला।

उपनदी स्त्री० [सं०] किसी बड़ी नदी में मिलनेवाली उसकी सहायक नदी।

उपनना* अ० [सं० उत्पन्न] पैदा होना।

उपनय पुं० [सं०] १. किसी के पास या सामने ले जाना। २. उपनयन संस्कार। ३. कोई उदाहरण देकर उसका धर्म या सिद्धान्त और कहीं सिद्ध करना। ४. अपने पक्ष का समर्थन करने या इसी प्रकार के और किसी काम के लिए किसी उक्ति, सिद्धान्त, विधि आदि का उल्लेख या कथन करना, उद्धरण। (साइटेशन)

उपनयन पुं० [सं०] [वि० उपनीत] यज्ञोपवीत संस्कार।

उपना* अ०=उत्पन्न होना।

उपनागरिका स्त्री० [सं०] शब्दालंकार के अन्तर्गत वृत्त अनुप्रास का एक भेद जिसमें मधुर वर्ण आते हैं।

उपनाना* स० [हिं० उपनना] उत्पन्न या पैदा करना।

उपनाम पुं० [सं०] १. किसी व्यक्ति के वास्तविक नाम से भिन्न कोई दूसरा नाम जिससे वह प्रसिद्ध हो या पुकारा जाता हो, उर्फ, जैसे श्री गोविन्दचन्द उपनाम कल्लू बाबू। (एलिअस) २. कवियों आदि का अपना रखा हुआ कोई दूसरा छोटा और प्रचलित नाम अथवा वास्तविक नाम का वह अंश जो उनकी कविताओं में रहता है, तखल्लुस, जैसे पं० अयोध्या सिंह उपाध्याय का उपनाम 'हरिऔध' था तथा श्री जयशंकर प्रसाद का उपनाम 'प्रसाद' था। ३. किसी व्यक्ति के वास्तविक और मुख्य नाम के अन्त में रहनेवाला वह शब्द जो उसकेनिवासस्थान, वंश, परिवार, वृत्ति आदि का सूचक होता है और प्राय: उस व्यक्ति का वाचक होता है, जैसे 'मलिक मुहम्मद जायसी में 'जायसी' या पं० 'बालकृष्ण भट्ट' में 'भट्ट' उपनाम है।

उपनायक पुं० [सं०] नाटकों में प्रधान नायक का साथी या सहकारी।

उपनिधि स्त्री० [सं०] अमानत।

उपनिबंधक पुं० [सं०] वह जो किसी निबन्धक के अधीन रहकर या उसका या उसके समान काम करता हो। (सब-रजिस्ट्रार)

उपनियम पुं० [सं०] किसी नियम के अन्तर्गत बना हुआ कोई और छोटा नियम। (सबरूल)

उपनिर्वाचन पुं० [सं०] किसी स्थान, पद, सदस्यता आदि के लिए होनेवाला वह निर्वाचन जो किसी सत्र की अवधि पूरी होने से पहले, किसी विशेष कारण से किसी स्थान के रिक्त हो जाने पर उसकी पूर्ति के लिए होता है। (बाइ-इलेक्शन)

उपनिविष्ट वि० [सं०] दूसरे स्थान से आकर बसा हुआ।

उपनिवेश पुं० [सं०] १. एक स्थान से दूसरे स्थान पर जाकर बसना। २. अन्य स्थान से आए हुए लोगों की बस्ती। (कॉलोनी) ३. बाहरी तत्त्वों, कीटाणुओं आदि का किसी स्थान पर होनेवाला जमाव। (कॉलोनी)

उपनिवेशवाद पुं० [सं०] उपनिवेशों का अपने अधीन रखने का सिद्धान्त। (कॉलोनिअलिज्म)

औपनिषदिक वि० [सं०] १. उपनिषद-सम्बन्धी। २. उपनिषदों में उल्लिखित या मान्य।

उपनिषद् उभय० [सं०] [वि० औपनिषदिक] १. किसी के पास बैठना। २. ब्रह्मविद्या की प्राप्ति के लिए गुरु के पास बैठना। ३. वेद की शाखाओं के ब्राह्मणों के वे अन्तिम भाग जिनमें आत्मा, परमात्मा आदि का निरूपण है।

उपनीत वि० [सं०] १. जो किसी के सामने लाया गया हो। २. जिसका उपनयन संस्कार हो चुका हो। ३. (उल्लेख या चर्चा) जो अपने पक्ष का समर्थन करने अथवा इसी प्रकार के और किसी काम के लिए की गई हो।

उपनेत* वि०=उत्पन्न।

उपन्यास पुं० [सं०] [वि० औपन्यासिक] १. वाक्य का उपक्रम, बन्धान। २. अध्यायों या प्रकरणों में लिखी हुई वह कल्पित और बड़ी आख्यायिका जिसमें बहुत से पात्र और विस्तृत तथा सम्बद्ध घटनाएँ हों। (नॉवेल)

उपन्यासकार पुं० [सं०] वह जो उपन्यास लिखता हो। (नॉवेलिस्ट)

उपन्यासालोचन पुं० [सं० उपन्यास+आलोचन] १. उपन्यास या उपन्यासों का होनेवाला गहराई से अध्ययन। २. उपन्यास की समीक्षा।

उपन्यासीकरण पुं० [सं० उपन्यास+करण] किसी कृति या रचना को उपन्यास के रूप में ढाला जाना।

उपपति पुं० [सं०] वह पुरुष जिससे किसी दूसरे की स्त्री प्रेम करे, यार।

उपपत्ति स्त्री० [सं०] १. हेतु द्वारा किसी वस्तु की स्थिति का निश्चय। २. चरितार्थ होना, मेल मिलना, संगति। ३. युक्ति।

उपपन्न वि० [सं०] १. पास या शरण में आया हुआ। २. मिला हुआ, प्राप्त। ३. लगा हुआ, युक्त। ४. उपयुक्त।

उपपादक वि० [सं०] उपपादन करनेवाला। (डिमॉन्सट्रेटर)

उपपादन पुं० [सं०] [वि० उपपादित, उपपन्न, उपपाद्य] १. तर्क, प्रमाण, प्रयोग आदि की सहायता से कोई बात समझाते हुए ठीक सिद्ध करना। (डिमान्सट्रेशन) २. कार्य पूरा करना।

उपपाद्य वि० [सं०] (बात, तथ्य या सिद्धान्त) जो स्वयंसिद्ध न हो, बल्कि जिसे तर्क या प्रमाण से सिद्ध करना आवश्यक हो।

उपपुराण पुं० [सं०] अठारह मुख्य पुराणों के अतिरिक्त और छोटे पुराण जो अठारह हैं।

उपबरहन* पुं० दे० 'तकिया'।

उपभुक्त वि० [सं०] १. काम में लाया हुआ। २. जूठा, उच्छिष्ट।

उपभोक्ता (-क्तृ) वि० [सं०] उपभोग करनेवाला।

पुं० वह जो वस्तुएँ खरीदकर उनका उपभोग करता या उन्हें अपने काम में लाता हो। (कनज्यूमर)

उपभोक्तावाद पुं० [सं०] [वि० उपभोक्तावादी] १. यह सिद्धांत कि सुखी जीवन बिताने के लिए अधिक से अधिक वस्तुओं का उपभोग व्यक्ति तथा समाज को करना चाहिए। उपभोक्तावाद-सम्बन्धी। २. उपभोक्ताओं की हित-रक्षा का सिद्धांत।

उपभोक्तावादी वि० [सं० उपभोक्तावादी] पुं० उपभोक्तावाद का समर्थक।

उपभोक्ता-संस्कृति स्त्री० उपभोग की वस्तुओं को अधिक से अधिक मात्रा में खरीदने की रुचि या अभ्यास।

उपभोग पुं० [सं०] [वि० उपभोग्य] १. किसी वस्तु के व्यवहार का सुख या मजा लेना। २. बरतना। ३. कोई चीज लेकर अपने काम में लाना। (कन्जम्पशन)

उपभोग्य वि० [सं०] उपभोग या व्यवहार करने के योग्य।

उपमंडल पुं० [सं०] किसी मंडल या जिले का एक विशेष छोटा भाग, तहसील।

उपमंत्री पुं० [सं०] वह मन्त्री जो किसी मन्त्री के नीचे हो।

उपमर्दन पुं० [सं०] [वि० उपमर्दित] १. बुरी तरह से दबाना या रौंदना। २. उपेक्षा या तिरस्कार करना।

उपमा स्त्री० [सं०] किसी वस्तु, कार्य या गुण को दूसरी वस्तु, कार्य या गुण के समान बतलाना, तुलना, मिलान। (मेटाफर) २. साहित्य में एक अलंकार जिसमें दो वस्तुओं (उपमेय और उपमान) में भेद रहते हुए भी उन्हें समान बतलाया जाता है। (सिमली)

उपमाता (-तृ) पुं० [सं०] [स्त्री० उपमात्री] उपमा देनेवाला।

उपमान पुं० [सं०] १. वह वस्तु जिससे उपमा दी जाए, वह जिसके समान कोई दूसरी वस्तु बतलाई जाए। २. किसी पदार्थ के साधर्म्य से साध्य का साधन जो न्याय में चार प्रकार के प्रमाणों में से एक है। (जैसे गोलाई और छेद के आधार पर अँगूठी को सिद्ध करना।)

उपमाना* स० [सं० उपमा] उपमा देना।

उपमित वि० [सं०] जिसकी उपमा दी गई हो।

पुं० वह समास जो दो शब्दों के बीच उपमावाचक शब्द का लोप करके बनाया जाता है, जैसे पुरुषसिंह।

उपमिति स्त्री० [सं०] उपमा या सादृश्य से होनेवाला ज्ञान।

उपमेय वि० [सं०] जिसकी उपमा दी जाए।

उपमेयोपमा स्त्री० [सं०] वह उपमा अलंकार जिसमें उपमेय की उपमा उपमान हो और उपमान की उपमेय हो।

उपयना* अ० [सं० उत्प्रयाण] न रह जाना, उड़ जाना।

उपयुक्त वि०, पुं० [सं०] [भाव० उपयुक्तता] १. जो किसी के साथ ठीक बैठे, किसी के साथ पूरी तरह से मेल खानेवाला। (फिट) २. जैसा होना या करना ठीक हो, उचित, मुनासिब। (प्रॉपर) ३. जो नियम, विधि आदि के अनुसार ठीक अधिकारी हो, जैसे उपयुक्त न्यायालय।

उपयोग पुं० [सं०] [वि० उपयोगी, उपयुक्त] १. किसी वस्तु के काम में आने या लाए जाने का भाव, व्यवहार, इस्तेमाल, प्रयोग। (यूज) २. योग्यता। ३. फायदा, लाभ। ४. प्रयोजन, आवश्यकता।

उपयोगिता स्त्री० [सं०] १. काम में आने की योग्यता, लाभकारिता। २. किसी वस्तु में होनेवाला वह गुण या तत्त्व जिससे उस वस्तु के द्वारा किसी की कोई आवश्यकता पूरी होती है। २. उपयोग में आने की आवस्था या भाव (यूटिलिटी)

उपयोगितावाद पुं० [सं०] वह सिद्धान्त जिसमें प्रत्येक वस्तु और बात का विचार केवल उसकी उपयोगिता की दृष्टि से किया जाता है। (उसके नैतिक अंगों पर विशेष ध्यान नहीं दिया जाता)। (यूटिलिटेरियनिज्म)

उपयोगितावादी (-दिन्) पुं० [सं०] वह जो उपयोगितावाद के सिद्धान्तों का अनुयायी हो। (यूटिलिटेरिअन)

वि० १. उपयोगितावाद-सम्बन्धी। २. उपयोगिता की दृष्टि से होनेवाला।

उपयोगी (-गिन्) वि० [सं०] [स्त्री० उपयोगिनी] १. काम में आनेवाला, प्रयोजनीय। २. लाभदायक, फायदेमन्द। ३. अनुकूल, मुआफिक।

उपयोजन पुं० [सं०] १. अपने उपयोग या काम में लाना। २. दूसरे की वस्तु अनुचित रूप से लेकर अपने काम में लाना। (एप्रोप्रिएशन)

उपरंजन पुं० [सं०] [वि० उपरंजित, उपरक्त] एक वस्तु या बात का दूसरी वस्तु या बात पर पड़नेवाला ऐसा अनिष्ट प्रभाव जिससे प्रभावित होनेवाली वस्तु या बात की उपयोगिता कम होती हो।

उपरंजित वि० दे० 'उपरक्त'।

उपरक्त वि०[सं०] जिस पर किसी का कोई प्रतिकूल या अनिष्ट प्रभाव पड़ा हो। (एफेक्टेड)

उपरत वि० [सं०] जो रत न हो, विरक्त।

उपरति स्त्री० [सं०] १. फालतू कामों में अपने को न लगाने का भाव। २. विषय-वासना के भोग से विराग, विरति, त्याग। (ऐब्स्टिनेन्स) ३. उदासीनता। ४. मृत्यु, मौत।

उपरत्न पुं० [सं०] कम दाम के या घटिया रत्न, जैसे सीप, मरकत, मणि आदि।

उपरना पुं० [हिं० ऊपर] दुपट्टा या चादर जो ऊपर ओढ़ते हैं। अ० दे० 'उखड़ना'।

उपरफट्टू वि० [हिं० ऊपर+फटना] १. जो ऊपर से फट पड़ा हो। २. अनायास या आप से आप आ पहुँचनेवाला।

उपरला वि० [हिं० ऊपर+ला (प्रत्य०)] जो ऊपर की ओर हो, ऊपरवाला, ऊपरी।

उपरांत क्रि० वि० [सं०] अनन्तर, बाद, पीछे।

उपरांत, के सम्बन्धबोध० के बाद, के पीछे।

उपराग पुं० [सं०] १. रँगनेवाली वस्तु या तत्त्व, रंग। २. किसी वस्तु पर उसके पास की वस्तु का आभास। ३. विषयों में अनुरक्ति। ४. चन्द्रमा या सूर्य का ग्रहण।

उपरा-चढ़ी स्त्री० [सं० उपरि+हिं० चढ़ना] आपस में या एक दूसरे के साथ होनेवाली होड़।

उपराज पुं० [सं०] राजा का वह प्रतिनिधि जो किसी देश का शासक हो।

उपराजना* स० [सं० उपार्जन] १. पैदा या उत्पन्न करना। २. रचना, बनाना। ३. उपार्जन करना, कमाना।

उपराना[१] स० [हिं० उपराजना] पैदा या उत्पन्न करना, कमाना।

उपराना[२] अ० [सं० उपरि] १. तल से उछलकर ऊपर आना। २. सामने आना, प्रकट होना। ३. उतरना।
स० १. ऊपर करना, उठाना। २. प्रकट करना।

उपराहना* अ० [?] प्रशंसा करना।

उपराही* क्रि० वि० दे० 'ऊपर'।
वि० १. बढ़कर, श्रेष्ठ। २. अधिक, ज्यादा।

उपरी-उपरा* पुं० [सं० उपरि-उपरि] आपस में या एक दूसरे के साथ होनेवाली प्रतिस्पर्धा।

उपरूपक पुं० [सं०] साहित्य में एक प्रकार का छोटा नाटक जिसके १८ भेद कहे गए हैं।

उपरैना* पुं० दे० 'उपरना'।

उपरोक्त वि० = 'उपर्युक्त'।

उपरोध पुं० [सं०] [वि० उपरोधक, उपरोध्य] १. होते हुए काम को रोकनेवाली बात, बाधा, रुकावट। २. आच्छादन, ढकना।

उपर्युक्त वि० [सं०] जिसका उल्लेख ऊपर हो चुका हो, ऊपर कहा हुआ। (एफोर-सेड)

उपल पुं० [सं०] १. पत्थर। २. ओला। ३. रत्न। ४ मेघ, बादल।

उपलक्ष पुं०=उपलक्ष्य।

उपलक्ष्य पुं० [सं०] १. संकेत, चिह्न। २. लक्ष्य, उद्देश्य।

उपलक्ष्य में क्रि० वि० दृष्टि से, विचार से; जैसे—इस उपलक्ष्य में=इस दृष्टि से।

उपलब्ध वि० [सं०] [भाव० उपलब्धता, उपलब्धि] १. जिसे प्राप्त किया जा सके या उपयोग में लाया जा सके; जैसे—यहाँ माल ढोने के लिए खच्चर उपलब्ध हैं। २. जिससे सहज में मिला जा सके; जैसे—हमारे गुरुजी हर समय उपलब्ध रहते हैं।

उपलब्धता स्त्री० [सं०] उपलब्ध होने की अवस्था या भाव।

उपलब्धि स्त्री० [सं०] १. प्राप्त वस्तु। २. सफलता।

उपला पुं० [सं० उत्पल] [स्त्री० अल्पा० उपली] जलाने के लिए सुखाया हुआ गोबर, कंडा, गोहरा।

उपल्ला पुं० [हिं० ऊपर+ला (प्रत्य०)] किसी वस्तु की ऊपरी तह या परत।

उपवन पुं० [सं०] १. छोटा वन या जंगल। २. बाग, बगीचा, फुलवारी। ३. बड़ा बाग जिसमें कई खुले हुए और बड़े मैदान हों। (पार्क)

उपवना* अ० [सं० उत्प्रयाण] १. गायब होना। २. उदय होना।

उपवाक्य पुं० [सं०] किसी बड़े वाक्य का वह अंश जिसमें उद्देश्य और विधेय हो। (क्लॉज)

उपवास पुं० [सं०] [वि० उपवासी] १. नियत समय पर और उसके बाद कुछ समय तक भोजन न करना, फाका। २. वह व्रत जिसमें भोजन नहीं किया जाता। ३. रोग होने पर उसकी शांति के लिए भोजन न करना।

उपविधि स्त्री० [सं०] किसी विधि के अधीन या अन्तर्गत बनी हुई कोई छोटी विधि। (बाई-लॉ)

उपविभाग पुं० [सं०] [वि० उपविभागीय] विभाग के अन्तर्गत छोटा विभाग (सब-डिवीजन)

उपविष पुं० [सं०] हलका जहर, जैसे अफीम या धतूरा।

उपविष्ट वि० [सं०] बैठा हुआ।

उपवीत पुं० [सं०] [वि० उपवीती] १. जनेऊ, यज्ञसूत्र। २. उपनयन।

उपवेद पुं० [सं०] वे विद्याएँ जो वेदों से निकली हैं, जैसे धनुर्वेद।

उपवेशन पुं० [सं०] [वि० उपवेशित, उपवेशी, उपवेश्य, उपविष्ट] १. बैठना। २. स्थित होना, जमना।

उपशम पुं० [सं०] १. मन की इच्छाएँ या वासनाएँ दबाना, इन्द्रियनिग्रह। २. बढ़े हुए वेग या उग्र तत्त्व का कम होना या ठंडा पड़ना, शान्ति, जैसे रोग या विकार का उपशम। ३. किसी के कष्टों, विपत्तियों आदि के निवारण का उपाय, इलाज।

उपशमन पुं० [सं०] [वि० उपशमित] शांत करना या होना।

उपशाला स्त्री० [सं०] मकान के पास का, उठने-बैठने के लिए दालान या छोटा कमरा, बैठक।

उपसंपादक पुं० [सं०] [स्त्री० उपसंपादिका] १. किसी कार्य में मुख्य कर्ता का सहायक या उसकी अनुपस्थिति में उसका कार्य करनेवाला व्यक्ति।
२. किसी सामयिक पत्र में सम्पादक के अधीन रहकर उसके सहायक के रूप में काम करनेवाला व्यक्ति।

उपसंहार पुं० [सं०] १. परिहार। २. समाप्ति, अन्त। ३. किसी पुस्तक के अन्त का वह अध्याय जिसमें उसका सारांश या परिणाम संक्षेप में बतलाया गया हो। ४. सारांश।

उपसभापति पुं० [सं०] किसी संस्था का वह अधिकारी जिसका पद सभापति के उपरान्त या उससे छोटा, पर मन्त्री से बड़ा होता है और जो सभापति की अनुपस्थिति में उसके सब कार्य करता है। (वाइस-प्रेसिडेंट)

उपसमिति स्त्री० [सं०] किसी बड़ी समिति या सभा की बनाई हुई छोटी समिति। (सब-कमेटी)

उपसर्ग पुं० [सं०] १. वह उपशब्द जो किसी शब्द के पहले लगकर उसमें किसी अर्थ की विशेषता लाता है, जैसे अनुकरण में 'अनु' या उपयोग में 'उप' उपसर्ग है। २. अपशकुन। ३. दैवी उत्पात। ४. वह पदार्थ जो कोई दूसरा पदार्थ बनाते समय बीच में यों ही या आप-से-आप बन जाता या निकल आता हो, जैसे गुड़ बनाते समय शीरा। (बाई-प्राडक्ट)

उपसागर पुं० [सं०] समुद्र की खाड़ी, समुद्र का एक भाग, खाड़ी।

उपस्कर पुं० [सं०] १. सजावट की सामग्री, उपकरण। २. कोई चीज बनाने या कोई काम करने में प्रयुक्त सभी वस्तुएँ।

उपस्करण पुं० [सं०] घर, स्थान आदि सजाने की क्रिया या भाव। (फरनिशिंग)

उपस्कृत वि० [सं०] (घर या कक्ष) जो उपस्करों से सजा हो। (फरनिश्ड)

उपस्थ पुं० [सं०] १. नीचे या मध्य का भाग। २. पेड़ू। ३. पुरुष-चिह्न, लिंग। ४. स्त्री-चिह्न, भग। ५. गोद।

उपस्थान पुं० [सं०] [वि० उपस्थानीय, उपस्थित] १. पास या सामने आना। २. अभ्यर्थना या पूजा के लिए निकट आना। ३. सभा, समाज।

उपस्थापक पुं० [सं०] १. वह जो विचार और स्वीकृति के लिए कोई विषय किसी सभा में उपस्थित करे, उपस्थित करनेवाला। २. वह जो न्यायालय में अभियोगों और वादों आदि से सम्बन्ध रखनेवाले कागज-पत्र न्यायकर्ता अधिकारी के सामने उपस्थित करता और उनपर आज्ञाएँ आदि लिखता है,पेशकार। (रीडर)

उपस्थापन पुं० [सं०] [कर्ता उपस्थापक] किसी अधिकारी या सभा-समाज के सामने प्रस्ताव या स्वीकृति के लिए कोई विषय उपस्थित करना।

उपस्थित वि० [सं०] १. समीप बैठा हुआ, सामने या पास आया हुआ, विद्यमान, मौजूद, हाजिर। (प्रेजेन्ट) २. ध्यान में आया हुआ, याद।

उपस्थित-बुद्धि वि० [सं०] जो सही वक्त पर सही बात सोच लेता हो।

उपस्थिति स्त्री० [सं०] १. विद्यमानता, मौजूदगी, हाजिरी। २. किसी स्थान या अवसर पर उपस्थित लोगों की संख्या।

उपस्थिति-पंजिका स्त्री० [सं०] वह पंजिका (रजिस्टर) जिसमें विद्यार्थियों, कर्मचारियों आदि की उपस्थिति लिखी जाती हो। (एटेंडेन्स रजिस्टर)

उपस्थिति-पत्र पुं० [सं०] किसी राजकीय अधिकारी की ओर से अधिकारिक रूप से किसी के नाम भेजा जानेवाला वह पत्र जिसमें उसे उस अधिकारी के सामने उपस्थित होने की आज्ञा दी जाती है।

उपहत वि० [सं०] १. नष्ट या बरबाद किया हुआ। २. बिगाड़ा हुआ। ३. जिसे चोट लगी हो। ४. दे० 'उपरक्त'।

उपहसित पुं० [सं०] नाक फुलाकर, आँखें टेढ़ी करके और गर्दन हिलाते हुए हँसना। (हास का एक भेद)

उपहार पुं० [सं०] बड़े या प्रिय को दी जानेवाली कोई अच्छी वस्तु, भेंट, नजर। (प्रेजन्ट)

उपहास पुं० [सं०] [वि० उपहास्य] १. हँसी, दिल्लगी। २. हँसते हुए किसी को निन्दित ठहराना या उसकी बुराई करना, हास्ययुक्त निन्दा।

उपहास्यास्पद वि० [सं०] १. उपहास्य के योग्य, हँसी उड़ाने के लायक। २. निन्दनीय, खराब, बुरा।

उपहास्य वि० दे० 'उपहास्यास्पद'।

उपहासी* स्त्री० दे० 'उपहास'।

उपही* पुं० [हिं० ऊपर+हा (प्रत्य०)] अपरिचित, बाहरी या विदेशी आदमी।

उपहृत वि० [सं०] १. बलि के रूप में चढ़ाया जानेवाला। २. प्रस्तुत किया या परोसा हुआ। ३. लिया हुआ। ४. घायल।

उपांग पुं० [सं०] १. अंग का भाग, अवयव। २. किसी वस्तु के अंगों की पूर्ति करनेवाली वस्तु, जैसे वेद के उपांग।

उपांत पुं० [सं०] १. अन्त की ओर का भाग, आखिरी हिस्सा। २. आस-पास का भाग या स्थान। ३. कागज में, लिखने के समय, एक या दोनो ओर खाली छोड़ा जानेवाला वह स्थान जिसपर आवश्यकता होने पर कोई और छोटी-मोटी काम की बात या लेख्य की साक्षी, शीर्षक आदि लिखे जाते हैं, हाशिया। (मार्जिन)

उपांतस्थ वि० [सं०] उपान्त पर होने, रहने या लिखा जानेवाला, जैसे किसी लेख्य पर का उपान्तस्थ साक्षी। (मार्जिनल)

उपांतस्थ साक्षी पुं० वह साक्षी जिसने किसी लेख्य के उपान्त पर हस्ताक्षर किया या अँगूठे का चिह्न लगाया हो। (मार्जिनल विटनेस)

उपाउ* पुं० दे० 'उपाय'।

उपाकर्म पुं० [सं०] १. विधिपूर्वक वेदों का अध्ययन। २. यज्ञोपवीत संस्कार।

उपाख्यान पुं० [सं०] १. पुरानी कथा, पुराना वृत्तान्त। २. किसी कथा के अन्तर्गत कोई और कथा। ३. वृत्तान्त।

उपाटना* स० दे० 'उखाड़ना'।

उपाती* स्त्री० दे० 'उत्पत्ति'।

उपादान पुं० [सं०] [भाव० उपादानता] १. प्राप्ति, मिलना। २. ग्रहण, स्वीकार। ३. किसी की कोई चीज लेकर अपने काम में लाना। (एप्रोप्रिएशन) ४. ज्ञान,

बोध। ५. कारण का एक प्रकार जिसमें वह स्वयं कार्य के रूप में परिणत हो जाए। जैसे—मिट्टी का घड़ा बन जाना। ६. वह सामग्री या वे तत्त्व जिससे कोई वस्तु बनी हो। (कानस्टिचुएन्ट)

उपादेय वि० [सं०] [भाव० उपादेयता] १. ग्रहण करने योग्य। २. उपयोगी, लाभदायक। ३. उत्तम, श्रेष्ट।

उपाधि स्त्री० [सं०] १. कुछ को कुछ और बतलाने का छल, कपट। २. वह जिसके संयोग से कोई वस्तु और की और अथवा किसी विशेष रूप में दिखाई दे। ३. उपद्रव, उत्पात। ४. कर्तव्य का विचार। ५. किसी वस्तु, वर्ग आदि का सूचक नाम। (एपेलेशन) ६. योग्यता, सम्मान आदि का सूचक शब्द जो किसी नाम के साथ लगाया जाता है, पदवी, खिताब। (टाइटिल)

उपाधिधारी (-रिन्) पुं० [सं०] वह जिसे कोई उपाधि या खिताब मिला हो।

उपाध्यक्ष पुं० [सं०] किसी संस्था आदि में अध्यक्ष के सहायक रूप में, पर उसके अधीन काम करनेवाला अधिकारी। (वाइस चेयरमैन)

उपाध्याय पुं० [सं०] [स्त्री० उपाध्याया, उपाध्यायानी, उपाध्यायी] १. वेद-वेदांग पढ़ानेवाला। २. अध्यापक, शिक्षक।

उपानह पुं० [सं०] जूता।

उपाना* स० [सं० उत्पन्न] १. उत्पन्न करना, पैदा करना। २. सोचना।

अ० १. उत्पन्न होना। २. मन में आना, उद्भूत होना।

उपाय पुं० [सं०] [वि० उपायी, उपेय] १. पास पहुँचना, निकट आना। २. वह कार्य या प्रयत्न जिससे अभीष्ट तक पहुँचें, साधन, युक्ति, तरकीब।

उपायन पुं० [सं०] भेंट, उपहार।

उपारना* स० [सं० उत्पाटन] 'उखाड़ना'।

उपार्जन पुं० [सं०] [वि० उपार्जनीय, उपार्जित] १. परिश्रम या प्रयत्न करके धन प्राप्त करना, कमाना। २. अधिकार-पूर्वक या वैध उपायों से प्राप्त करके अपने अधिकार में लेना।

उपार्जित वि० [सं०] १. कमाया हुआ। २. प्राप्त किया हुआ। ३. संगृहीत।

उपालंभ पुं० [सं०] उलाहना, शिकायत, निन्दा।

उपाव*, उपावन* पुं० दे० 'उपाय'।

उपाश्रित वि० [सं०] (आज्ञा, नियम, विधि आदि) जो किसी दूसरी आज्ञा, नियम, विधि आदि पर अवलम्बित या आश्रित हो, जैसे यह नियम नीचे लिखी बातों का उपाश्रित है। (सबजेक्ट टु)

उपास* पुं० दे० 'उपवास'।

उपासक वि०, पुं० [सं०] [स्त्री० उपासिका] पूजा या उपासना करनेवाला, भक्त।

उपासना[1] स्त्री० [सं०] [वि० उपासनीय, उपास्य, उपासित] १. पास बैठने की क्रिया। २. ईश्वर, देवता या किसी बड़े और पूज्य की की जानेवाली आराधना, पूजा।

अ० उपासना, पूजा या सेवा करना, भजना।

उपासना[2] अ० [सं० उपवास] १. उपवास करना, भूखा रहना। २. निराहार व्रत करना।

उपासी[1] वि० [सं० उपासिन्] [स्त्री० उपासिनी] उपासना करनेवाला, उपासक।

उपासी[2] [सं० उपवास] उपवास करनेवाला।

उपास्य वि० [सं०] पूजा किए जाने के योग्य, जिसकी सेवा की जाती हो, आराध्य।

उपेंद्र पुं० [सं०] इन्द्र के छोटे भाई वामन या विष्णु भगवान।

उपेक्षणीय वि० दे० 'उपेक्ष्य'।

उपेक्षा स्त्री० [सं०] १. उदासीनता, लापरवाही, विरक्ति। २. किसी को तुच्छ या नगण्य समझना, अयोग्य समझकर ध्यान न देना या आदर न करना। (डिस-रिगार्ड)

उपेक्षित वि० [सं०] जिसकी उपेक्षा की गई हो, तिरस्कृत।

उपेत वि० [सं०] १. बीता हुआ, गत। २. मिला हुआ, प्राप्त। ३. साथ लगा हुआ, युक्त।

उपैना[1] वि० [सं० उ+पहनव] [स्त्री० उपैनी] १. खुला हुआ। २. नंगा।

उपैना[2] अ० [?] लुप्त होना, उड़ना।

उपोद्घात पुं० [सं०] १. पुस्तक के आरम्भ का वक्तव्य, प्रस्तावना, भूमिका। २. कोई व्यवस्था या कार्य आरम्भ करने से पहले उसकी तैयारी के लिए आरम्भ में किया जानेवाला कोई कृत्य। (प्रिलिमिनरी)

उपोषण पुं० दे० 'उपवास'।

उपोसथ पुं० [सं० उपवसथ] निराहार व्रत, उपवास।

उफनना, उफनाना* अ० [सं० उत्+फेन] १. उबलकर उठना, जोश खाना (दूध आदि का)। २. उभड़ना।

उफान पुं० [हिं० उफनना] गरमी पाकर फेन के साथ ऊपर उठना, उबाल।

उफाल स्त्री० [हिं० फाल] लम्बा डग।

उबकना* अ० [हिं० उबाक] कै करना।

उबकाई* स्त्री० [हिं० उबाक] वमन।

उबट* पुं० [सं० उद्वाट] बीहड़ रास्ता।

वि० ऊबड़-खाबड़, ऊँचा-नीचा।

उबटन पुं० [सं० उद्वर्तन] शरीर पर मलने के लिए सरसों, तिल, चीरौंजी का लेप, बटना।

उबटना अ०=पलटना।

स०=पलटाना।

उबना* अ० १. दे० 'उगना'। २. दे० 'ऊबना'। ३. दे० 'उबहना'।

उबरना अ० [सं० उद्वारण] उद्धार या निस्तार पाना, मुक्त होना, छूटना। २. शेष रहना, बाकी बचना।

उबलना अ० [सं० उद्=ऊपर+वलन=जाना] १. आग पर चढ़े हुए तरल पदार्थ का फेन के साथ ऊपर उठना, उफनना। २. वेग से निकलना, उमड़ना।

उबलवाना स० उबालने का काम दूसरे से कराना।

उबहना[१] स० [सं० उदूहन] १. हथियार उठाना, शस्त्र उठाना। २. पानी फेंकना, उलीचना। ३. जोतना। ४. दे० 'उबेहना'। अ० १. ऊपर उठना, उभरना। २. स्पष्ट या प्रगट होना, खुलना।

उबहना[२] वि० [सं० उपानह] बिना जूते का।

उबाँत* स्त्री० दे० 'वमन'।

उबाऊ वि० [हिं ऊबना] ऊबानेवाला, ऊब देनेवाला।

उबारना स० [सं० उदारण] उद्धार करना, कष्ट से छुड़ाना या बचाना।

उबाल पुं० [हिं० उबलना] १. उबलने की क्रिया या भाव, उफान। २. आवेश।

उबालना स० [सं० उद्वालन] तरल पदार्थ आग पर रखकर इतना गरम करना कि वह फेन के साथ ऊपर उठने लगे, खौलाना।

उबासी स्त्री० दे० 'जँभाई'।

उबीधना* अ० [सं० उद्विद्ध] १. फँसना, उलझना। २. धँसना, गड़ना।

उबीधा* वि० [सं० उद्विद्ध] [स्त्री० उबीधी] १. धँसा या गड़ा हुआ। २. काँटों से भरा या झाड़-झँखाड़वाला।

उबेना* वि० [हिं० उ=नहीं+सं० उपानह] नंगे पैर, बिना जूते का।

उबेहना* स० [सं० उद्वेधन] १. जड़ना, बैठाना। २. पिरोना। ३. दे० 'उभड़ना'।

उभड़ना अ० [सं० उद्भरण] १. किसी तल या सतह का आस-पास की सतह से कुछ ऊँचा होना, उकसना। २. ऊपर निकलना, उठना, जैसे अंकुर उभड़ना। ३. उत्पन्न होना, पैदा होना। ४. प्रकाशित होना, सामने आना। ५. अधिक या प्रबल होना, बढ़ना। ६. हट जाना। ७. जवानी पर आना। ८. गाय, भैंस आदि का मस्त होना।

उभना* अ० दे० 'उभड़ना'।

उभय वि० [सं०] दोनो।

उभयचर वि० [सं०] (जीव) जो जल और स्थल दोनों पर रह सके।

उभयतः क्रि० वि० [सं०] दोनो ओर से।

उभयनिष्ठ वि० [सं०] १. जो दोनों में निष्ठा रखता हो। २. जो दोनों में सम्मिलित हो।

उभयलिंग पुं० [सं०] [वि० उभयलिंगी] १. व्याकरण में वह संज्ञा जिसका प्रयोग स्त्रीलिंग और पुंलिंग दोनों में होता हो। २. वह जीव जिसमें स्त्री और पुरुष दोनों के लिंग या चिह्न समान रूप से पाए जाते हैं।

उभयसंकट पुं० [सं०] ऐसी स्थिति जिसमें दोनो ओर (कोई काम करने पर भी और न करने पर भी) संकट दिखाई दे, धर्मसंकट। (डिलेम्मा)

उभरना अ० [सं० उद्भरण] १. उभार आना, फूल उठना। २. सामने आना; जैसे—फिर हमारे लिए एक नई समस्या उभरी।

उभाड़ना स० [हिं० उभड़ना] १. भारी वस्तु को धीरे-धीरे ऊपर की ओर उठाना, उकसाना। २. उत्तेजित करना, उकसाना।

उभाना* अ०=अभुआना।

उभार पुं० [हिं० उभरना] उभरे हुए होने की अवस्था या भाव, फुलाव, उठाव।

उभारना स० [हिं० उभरना] उभाड़ना।

उभिटना* अ० [?] हिचकना।

उभै* वि० दे० 'उभय'। (दो या दोनों)।

उमंग स्त्री० [सं० उद्=ऊपर+मंग=चलना] १. मन में उत्पन्न होनेवाला वह सुखदायक मनोवेग जो कोई प्रिय या अभीष्ट काम करने के लिए प्रेरित करता है, मौज, लहर, उल्लास। २. उभाड़।

उमंगित वि० [हिं० उमंग+सं०इत् (प्रत्य०)] उमंग से भरा हुआ, उल्लासपूर्ण।

उमग* स्त्री० दे० 'उमंग'।

उमगना अ० [हिं० उमंग] १. भरकर ऊपर उठाना, उभड़ना, उमड़ना। २. उल्लास में होना, हुलसना। स० हिं० 'उमगना' का स०।

उमचना अ० [सं० उन्मंच] १. दे० 'हुमचना'। २. चौकन्ना होना।

उमड़ स्त्री० [हिं० उमड़ना] १. उमड़ने की क्रिया या भाव, अचानक बहुत अधिक मात्रा में आ पड़ना, उमड़ाव। २. धावा।

उमड़ना अ० [सं० उद्मन] १. द्रव वस्तु का बहुतायत के कारण ऊपर उठना, उतराकर बह चलना। २. उठकर फैलना, छाना, जैसे बादल उमड़ना।

उमड़ना-घुमड़ना अ० घूम-घूमकर फैलना या छाना।

उमड़ाना स० हिं० 'उमड़ना' का प्रे०। अ० दे० 'उमड़ना'।

उमड़ाव पुं० दे० 'उमड़'।

उमदना* अ० दे० 'उमगना'।

उमदाना[१] अ० दे० 'उमगना'।

उमदाना[२] स० [सं० उन्मद] उन्मत्त या मतवाला करना। अ० १. मतवाला होना। २. दे० 'उमगना'। वि० जो उन्मत्त हो गया हो, मतवाला, उन्मत्त।

उमर स्त्री० [अ० उम्र] १. वर्षों के विचार से जीवन के बीते हुए दिन, अवस्था, वय; जैसे-उसकी उमर कोई अस्सी वर्ष होगी। २. पूरा जीवनकाल, आयु; जैसे-उसने लंबी उमर पाई। ३. लंबा समय; जैसे-उमर हो गई उससे मिले।

उमरा पुं० बहु० [अ० 'अमीर' का बहुवचन] प्रतिष्ठित लोग।

उमराव* पुं० बहु० दे० 'उमरा'।

उमरि* स्त्री०=उमर।

उमस स्त्री० [सं० ऊष्म] [क्रि० उमसना] वह गरमी जो हवा न चलने पर होती है।

उमहना* अ० दे० 'उमड़ना'।

उमहाना* अ० दे० 'उमड़ना'।

उमा स्त्री० [सं०] १. पार्वती। २. दुर्गा। ३. कीर्ति। ४. कान्ति।

उमाकना* अ० [?] १. खोदकर फेंक देना। २. नष्ट करना।

उमाकांत पुं० [सं०] शिव।

उमाचना* स० दे० 'उभाड़ना'।

उमाद* पुं० दे० 'उन्माद'।

उमाह* पुं० दे० 'उमंग'।

उमाहना अ० दे० 'उमड़ना'।

स० उमड़ाना, उमगाना।

उमाहल* वि० [हिं० उन्माद] उमंग से भरा हुआ।

उमेठना स० [सं० उद्वेष्टन] [भाव० उमेठन] इस प्रकार मरोड़ना कि रस्सी की तरह बल पड़ जाएँ, ऐंठना।

उमेठवाँ वि० [हिं० उमेठना] जिसमें उमेठन पड़ी हो, ऐंठनदार।

उमेड़ना* स० दे० 'उमेठना'।

उमेलना* स० [सं० उन्मीलन] १. खोलना, प्रकट करना। २. वर्णन करना।

उमैना* अ० [हिं० उमंग] मनमाना आचरण करना।

उम्दगी स्त्री० [फा०] अच्छापन, भलापन, खूबी।

उम्दा वि० [अ० उम्द:] अच्छा, भला।

उम्मत स्त्री० [अ०] १. किसी मत के अनुयायियों की मंडली। २. समिति, समाज। ३. औलाद, सन्तान।

उम्मीद स्त्री० [फा०] १. आशा। २. भरोसा।

उम्मीदवार पुं० [फा०] १. आशा या उम्मीद रखनेवाला। २. काम सीखने या नौकरी पाने की आशा से कहीं बिना वेतन लिए या थोड़े वेतन पर काम करनेवाला आदमी, अन्तेवासी। ३. किसी पद पर चुने जाने के लिए, खड़ा होनेवाला आदमी।

उम्मीदवारी स्त्री० [फा०] १. उम्मीदवार होने की अवस्था या भाव। २. आशा, आसरा। ३. बिना वेतन या थोड़े वेतन पर उम्मीदवार होकर काम करना। ४. गर्भवती स्त्री को सन्तान होने की आशा।

उम्र स्त्री० दे० 'उमर'।

उर पुं० [सं० उरस्] १. वक्षस्थल, छाती। २. हृदय, मन, चित्त।

उरकना* अ० दे० 'रुकना'।

उरग* वि० [सं० उऋण] ऋणमुक्त।

पुं० ऋणमुक्ति, ऋणमोचन।

उरगना[1]* स० [सं० उरगीकरण] १. स्वीकार या अंगीकार करना। २. सहना।

उरगना[2]* अ० [हिं० उरग] ऋण उतर जाना, ऋण मुक्त होना।

उरगाना* स० [हिं० उरगना] ऋणमुक्त करना।

उरगावना* स० [हिं० उरगना] ऋणमुक्त कराना।

उरगीनी* स्त्री० [सं० उरगी] सर्पिणी।

उरज, उरजात पुं० दे० 'उरोज'।

उरझना* अ० दे० 'उलझना'।

उरझेर* पुं० [?] हवा का झोंका।

उरझेरी* स्त्री० [सं० अवरुंधन=उलझन] १. हृदय की व्याकुलता, विकलता। २. दे० 'उरझेर'।

उरण पुं० [सं०] १. भेड़ा, मेढ़ा। २. हमारे सौर जगत का एक ग्रह जो शनि और वरुण के बीच में पड़ता है। (यूरेनस)

उरद पुं० [सं० ऋद्ध, पा० उद्ध] [स्त्री० अल्पा० उरदी] एक प्रकार का पौधा जिसकी फलियों के बीजों या दानों की दाल होती है, माष।

उरदाहू वि० पुं० [सं० उरस्+दाह] हृदय की जलन, कष्ट।

उरध* वि०, क्रि० वि० दे० 'ऊर्ध्व'।

उरना* अ० १. दे० 'उड़ना'। २. दे० 'भागना'।

उरबी* स्त्री० दे० 'उर्वी'।

उरमना* अ० दे० 'लटकना'।

उरमाल* पुं० दे० 'रूमाल'।

उरमी* स्त्री० [सं० ऊर्मि] १. लहर, तरंग। २. दुख, पीड़ा, कष्ट।

उररना* अ० [?] १. जबरदस्ती घुसना या धँसना। २. उमंग या चाव से आगे बढ़ना।

उरबिज पुं० [सं० उर्वी] मंगल ग्रह।

उरला[1] वि० [सं० अपर, अवर+हिं० ला (प्रत्य०)] १. इधर का, इस ओर का, 'परला' का विरोधी। २. पिछला, पीछे का।

उरला[2] वि० [हिं० विरल] निराला।

उरस[1] वि० [सं० कुरस] फीका, नीरस।

उरस[2] पुं० [सं० उरस्] १. छाती, वक्षस्थल। २. हृदय, चित्त।

उरसना* अ० [हिं० उड़सना] ऊपर-नीचे करना, उथल-पुथल करना।

उरसिज पुं० [सं०] स्तन।

उरहना* पुं० दे० 'उलाहना'।

उरा स्त्री० [सं० उर्वी] पृथ्वी।

उराउ* पुं०=उराव।

उराना* अ० दे० 'ओराना'।

उरारा* वि० [सं० उरु] विस्तृत।

उराव पुं० [सं० उत्स्राव] १. चाव, चाह। २. उमंग, उत्साह।

उराहना* पुं० दे० 'उलाहना'।

उरिन* वि० दे० 'उऋण'।

उरु वि० [सं०] लम्बा-चौड़ा।

पुं० जंघा, जाँघ।

उरुग्गिनी* स्त्री०=उरगिनी (सर्पिणी)।

उरुवा* पुं० [सं० उलूक, प्रा० उल्लूअ] उल्लू की तरह की एक चिड़िया, रुरुआ।

उरूज पुं० [अ०] बढ़ती, वृद्धि।

उरे* क्रि० वि० [सं० अवर] १. परे, आगे। २. इस तरफ। ३. अलग, पृथक्। ४. दूर।

उरेखना* स० [सं० उल्लेखन] १. चित्र अंकित करना। २. दे० 'अवरेखना'।

उरेह* पुं० [सं० उल्लेख] १. चित्र। २. चित्रकारी।

उरेहना स० [सं० उल्लेखन] (चित्र) खींचना, लिखना।

उरैंड़* स्त्री० [हिं० उरैंड़ना] १. 'उरैंड़ना' का भाव। २. बहुत अधिक मात्रा में आ पड़ना। ३. प्रवाह, बहाव।

उरैंडना स० [हिं० उँडेलना का पुराना रूप] १. उँडेलना। २. गिराना।

उरैता वि० [?] एक ओर झुका हुआ।

उरोज पुं० (बहु०) [सं०] किशोरावस्था में उभरते हुए कन्या के वक्ष के दो मांसपिंड, स्तन, कुच।

उर्द पुं० दे० 'उरद'।

उर्दू स्त्री० [तु०] १. छावनी का बाजार। २. हिन्दी का वह रूप जिसमें अरबी-फारसी के शब्द अधिक होते हैं और जो फारसी लिपि में लिखा जाता है।

उर्ध* वि० [सं०] ऊर्ध्व।

उर्फ पुं० [अ०] पुकारने का या प्रसिद्ध नाम, उपनाम।

उर्बि* स्त्री० [सं० उर्वी] पृथ्वी।

उर्मिका स्त्री० [सं०] छोटी और हल्की लहर।

उर्मिल वि० [सं०] लहरों से भरा, लहराता हुआ।

उर्वर वि० [सं०] [भाव० उर्वरता] १. (भूमि) जिसमें फसलें अच्छी तरह उपजती हों, उपजाऊ। (फर्टाइल) २. जिससे बहुत-सी बातें या चीजें निकलती या उत्पन्न होती हों, जैसे उर्वर मस्तिष्क।

उर्वरक पुं० [सं०] रासायनिक खाद।

उर्वरण पुं० [सं०] उर्वर बनाने की क्रिया या भाव।

उर्वरता स्त्री० [सं०] उर्वर होने की अवस्था या भाव, उपजाऊपन। (फर्टिलिटी, प्रॉडक्टिविटी)

उर्वरा स्त्री० [सं०] उपजाऊ भूमि।

उर्वशी स्त्री० [सं०] एक अप्सरा।

उर्वी स्त्री० [सं०] पृथ्वी।

वि० स्त्री० १. विस्तृत। २. सपाट।

उर्वीजा स्त्री० [सं०] सीता।

उर्स पुं० [अ०] किसी पीर या फकीर की पुण्यतिथि पर होनेवाला आयोजन।

उलंग* वि० [सं० उन्नग्न] नंगा।

उलंघन* पुं० दे० 'उल्लंघन'।

उलंघना स० [सं० उल्लंघन] १. लाँघना। २. उल्लंघन करना।

उलका* स्त्री० दे० 'उल्का'।

उलचना स० दे० 'उलीचना'।

उलछना* स० [हिं० उलीचना] १. छितराना, बिखराना। २. उलीचना। ३. उछालना।

अ० उछलना।

उलछारना* स० दे० 'उछालना'।

उलझट्टा पुं० [हिं० उलझना+टा प्रत्य०] १. उलझाव। २. धागे का उलझा हुआ पिंड।

उलझन स्त्री० [हिं० उलझना] १. उलझने की क्रिया या भाव, अटकाव, फँसान। २. गिरह, गाँठ। ३. बाधा। ४. समस्या। ५. चिन्ता, फिक्र।

उलझना अ० [सं० अवरुंधन] १. फँसना, अटकना, 'सुलझना' का उलटा, जैसे काँटों में उलझना। २. बहुत से घुमावों के कारण फेर में फँसना। ३. लिपटना। ४. काम में लिप्त होना। ५. हुज्जत करना, झगड़ना। ६. कठिनाई या अड़चन में पड़ना।

उलझा* पुं० दे० 'उलझन'।

उलझाना स० [हिं० उलझना] १. फँसाना, अटकाना। २. लगाए रखना, लिप्त रखना। ३. टेढ़ा करना।

अ० उलझना, फँसना।

उलझाव पुं० [हिं० उलझना+आव (प्रत्य०)] १. उलझने की अवस्था या भाव। २. उलझन।

उलझौंहाँ वि० [हिं० उलझना] १. अटकाने या फँसानेवाला। २. लुभानेवाला।

उलट* स्त्री० [?] उल्लास, आनन्द।

उलटना अ० [सं० आवर्तते] १. ऊपर का भाग नीचे या नीचे का भाग ऊपर होना, औंधा होना, पलटना। २. पीछे मुड़ना, घूमना। ३. तितर-बितर या अस्त-व्यस्त होना। ४. जैसा पहले रहा हो, उसके पुराने रूप के विरुद्ध रूप में होना। ५. बरबाद होना, नष्ट होना। ६. बेहोश होना, बेसुध होना। ७. गिरना। ८. मादा चौपाए का पहली बार का गर्भ न ठहरना।

स० १. नीचे का भाग ऊपर या ऊपर का भाग नीचे करना। २. औंधा गिराना। ३. पटकना, गिरा देना। ४. लटकती हुई वस्तु को समेटकर ऊपर उठाना। ५. अंडबंड करना, अस्तव्यस्त करना। ६. जैसा पहले रहा हो, उसके विरुद्ध या विपरीत करना, पुराने रूप के विरुद्ध रूप में लाना। ७. उत्तर-प्रत्युत्तर करना, विवाद करना। ८. खोदकर फेंकना, उखाड़ डालना। ९. बीज मारे जाने पर फिर से बोने के लिए खेत जोतना। १०. बेसुध करना, बेहोश करना। ११. कै करना, वमन करना। १२. उँडेलना, ढालना। १३. नष्ट करना।

मुहा० *उलट पड़ना*=(प्रहार करने के उद्देश्य से) पीछे लौटना।

उलट-पलट स्त्री० [हिं०] १. अदल-बदल। २. अव्यवस्था, गड़बड़ी।

उलट-पलट स्त्री० = उलट-पुलट।

उलटना-पलटना स० १. ऊपर-नीचे या नीचे-ऊपर अथवा इधर से उधर या उधर से इधर करना। २. पुस्तक के पन्नों को कई बार या बराबर उलटना।

उलटना-पुलटना स० = उलटना-पलटना।

उलट-फेर पुं० [हिं० उलटना + फेर] १. परिवर्तन, अदल-बदल, हेर-फेर। २. जीवन की दशा में होनेवाला बदलाव।

उलटबाँसी स्त्री० [हिं० उलटा+ ?] ऐसा पद या कविता जिसका अर्थ शब्दार्थ से विपरीत-सा हो परन्तु जिसका कुछ गूढ़ आशय भी हो।

उलटा वि० [हिं० उलटना] [स्त्री० उलटी] १. जो सीधा न हो, जिसके ऊपर का भाग नीचे या नीचे का भाग ऊपर हो, औंधा।
मुहा० *उलटी साँस चलना*=(मरने के समय) रुक-रुककर साँस चलना। *उलटे मुँह गिरना*=धोखा खाकर बुरी तरह विफल होना।
२. जिसका आगे का भाग पीछे अथवा दाहिनी ओर का भाग बाईं ओर हो, इधर का उधर, क्रम-विरुद्ध।
मुहा० *उलटा फिरना या लौटना*=तुरन्त लौट आना। *उलटी गंगा बहना*=अनहोनी या नियम-विरुद्ध बात होना। *उलटी माला फेरना*=अहित चाहना। *उलटे पाँव फिरना*=तुरन्त लौट पड़ना।
३. (कालक्रम में) जो आगे का पीछे या पीछे का आगे हो। ४. विरुद्ध, विपरीत। ५. बायाँ, वाम, 'सीधा' का विपरीत, जैसे उलटा हाथ। ६. उचित के विरुद्ध, अयुक्त।
मुहा० *उलटा जमाना*=ऐसा समय, जब भली बात बुरी समझी जाए, अन्धेर का समय। *उलटी खोपड़ी का*=जड़, मूर्ख। *उलटी-सीधी सुनाना*=खरी-खोटी सुनाना, भला-बुरा कहना।
क्रि० वि० १. विरुद्ध क्रम से। २. बेठिकाने, अंडबंड। ३. जैसा होना चाहिए, उसके विरुद्ध प्रकार से।
पुं० १. सामने की या सीधे पक्ष की विरुद्ध दिशा या पीछे रहनेवाला पक्ष, जैसे छापे के कपड़े का उलटा या सिक्के का उलटा। (रिवर्स) २. बेसन से बननेवाला एक पकवान, चिलड़ा, चिल्ला।

उलटाना स० हिं० 'उलटना' का स०।
अ० दे० 'उलटना'।

उलटा-पलटा, उलटा-पुलटा वि० [हिं० उलटना+पलटना] इधर का उधर, अंडबंड।

उलटा-पलटी, उलटा-पुलटी स्त्री० [हिं० उलटना+ पुलटना] फेर-पार, अदल-बदल।

उलटाव पुं० [हिं० उलटना] १. उलटने की क्रिया या भाव। (रिवर्सल) २. पलटाव, फेर।

उलटा-सीधा वि० [हिं०] क्रमरहित, अव्यवस्थित।

उलटी स्त्री० [हिं० उलटना] १. वमन, कै। २. कलैया, कलाबाजी।

उलटे क्रि० वि० [हिं० उलटा] १. विरुद्ध या विपरीत क्रम से। २. विपरीत व्यवस्था से, विरुद्ध न्याय से।

उलत्थना* स०=उलटना।

उलत्थना-पलत्थना| स०=उलटना-पलटना।

उलथना* अ० [सं० उद्=नहीं+स्थल=जमना] १. ऊपर नीचे होना, उथल-पुथल होना। २. उछलना। ३. उमड़ना।
स० ऊपर-नीचे करना, उलटना-पलटना।

उलथा पुं० [हिं० उलथना] १. नाचने के समय ताल के अनुसार उछलना। २. कलाबाजी, कलैया।
पुं० दे० 'उल्था'।

उलदना* स० [हिं० उलटना] [भाव० उलद] उँड़ेलना, उलटना, ढालना।
अ० खूब बरसना।

उलमना* अ० [सं० अवलम्बन] लटकना, झुकना।

उलरना* अ० [सं० उल्लन] १. उछलना। २. नीचे या ऊपर होना। ३. झपटना। ४. (बादल) घिर आना या छाना।

उलसना* अ० [सं० उल्लसन] १. शोभित होना, सोहना। २. उल्लसित होना, प्रसन्न होना, हुलसना।

उलहना* अ० [सं० उल्लंभन] १. उभड़ना। २. बाहर या सामने आना, निकलना, प्रस्फुटित होना। ३. प्रसन्न होना, हुलसना।
पुं० दे० 'उलाहना'।

उलही* स्त्री० दे० 'उलाहना'।

उलात, उलायत स्त्री० [?] जल्दी।

उलार वि० [हिं० ओलरना=लेटना] जो बोझ के कारण एक ओर झुका हो।
पुं० बोझ के कारण एक ओर होनेवाला झुकाव।

उलारना* स० दे० 'उछालना'।

उलाह* पुं० दे० 'उल्लास'।

उलाहना पुं० [सं० उपालंभन] १. किसी की भूल या दोष उसे दुखपूर्वक जताना, यह कहना कि तुमने ऐसा नहीं किया या अनुचित किया, शिकायत। २. किसी के दोष या अपराध को उससे सम्बन्ध रखनेवाले किसी और आदमी से कहना, शिकायत।
स० १. उलाहना देना। २. दोष देना, निन्दा करना।

उलीचना स० [सं० उल्लुंचन] १. हाथ या बरतन से पानी उछालकर फेंकना। २. कोई चीज निकालकर बाहर करना।

उलूक[१] पुं० [सं०] १. उल्लू नामक पक्षी। २. इन्द्र। ३. कणाद मुनि का एक नाम।

उलूक[२] पुं० [सं० उल्का] आग की लपट, लुक, लौ।

उलूक दर्शन पुं० [सं०] वैशेषिक दर्शन।

उलूखल पुं० [सं०] १. ओखली, ऊखल। २. खल, खरल।

उलेड़ना* स० दे० 'उँडेलना'।

उलेल* स्त्री० [हिं० कुलेल] १. उमंग, जोश। २. उछल-कूद। ३. पानी की बाढ़।
वि० १. बेपरवाह। २. अल्हड़।

उल्का स्त्री० [सं०] १. प्रकाश, तेज। २. जलती लकड़ी, लुक। ३. मशाल। ४. दीया, दीपक। ५. एक प्रकार के चमकीले पिंड जो कभी-कभी रात को आकाश में इधर-उधर जाते या पृथ्वी पर गिरते हुए दिखाई देते हैं।

उल्कापात पुं० [सं०] आकाश से पृथ्वी पर उल्का गिरना, तारा टूटना।

उल्कामुख पुं० दे० 'छलावा'।

उल्काश्म पुं० [सं०] गिरी हुई उल्का जो पत्थर के रूप में होती है।

उल्टा वि०=उलटा।

उल्था पुं० [हिं० उलथना] अनुवाद, भाषान्तर।

उल्लंघन पुं० [सं०] १. लाँघना, डाँकना। २. सीमा के बाहर जाना, अतिक्रमण। ३. निश्चय, प्रतिज्ञा, नियम या विधि तोड़ना और उसके विरुद्ध कार्य करना।

उल्लसन पुं० [सं०] [वि० उल्लसित, उल्लासी] १. हर्ष करना, खुशी मनाना। २. रोमांच।

उल्लसित वि० [सं०] १. उल्लास या हर्ष से भरा हुआ, प्रसन्न। २. जिसे रोमांच हुआ हो, रोमांचित।

उल्लास पुं० [सं०] [वि० उल्लसित] १. प्रकाश, चमक। २. आनन्द, प्रसन्नता। ३. ग्रन्थ का भाग, अध्याय, पर्व। ४. एक अलंकार जिसमें एक के गुण या दोष से दूसरे में गुण या दोष का होना बतलाया जाता है।

उल्लासना स० [सं० उल्लासन] १. प्रकट करना। २. प्रसन्न करना।

उल्लिखित वि० [सं०] १. जिसका ऊपर या पहले उल्लेख हुआ हो, पूर्वोक्त, पूर्वकथित। २. जिसका उल्लेख या कथन हुआ हो, कथित। (मेन्शन्ड)

उल्लू पुं० [सं० उलूक] दिन में न देखनेवाला एक प्रसिद्ध पक्षी, खूसट।

मुहा० *अपना उल्लू सीधा करना*=अपना स्वार्थ साधने में लगे रहना। *उल्लू का पट्ठा*=बहुत बड़ा मूर्ख। *कहीं उल्लू बोलना*=किसी स्थान का उजाड़ होना।

वि० बेवकूफ, मूर्ख।

उल्लेख पुं० [सं०] [वि० उल्लेखनीय] १. लिखना, लेख। २. वर्णन, बयान। ३. चर्चा, जिक्र। (मेन्शन) ४. चित्र खींचना। ५. साहित्य में एक अलंकार जिसमें एक ही वस्तु का अनेक रूपों में दिखाई पड़ने का वर्णन होता है।

उल्लेखनीय, उल्लेख्य वि० [सं०] १. लिखने के योग्य। २. उल्लेख करने के योग्य।

उल्व पुं० [सं०] १. वह झिल्ली जिसमें बच्चा बँधा हुआ पैदा होता है, आँवल। २. गर्भाशय।

उवना* अ० दे० 'उगना'।

उशीर पुं० [सं०] गाँड़र की जड़, खस।

उषः स्त्री० दे० 'उषा'।

उषःकाल पुं०=उषाकाल।

उषःपान पुं० [सं०] (हठयोग, वैद्यक आदि में) बहुत तड़के नाक के द्वारा पानी पीना या पीकर मुँह से निकालना जो स्वास्थ्यवर्धक माना जाता है, अमृतपान।

उषा स्त्री० [सं०] १. प्रभात, तड़का, ब्रह्मवेला। २. अरुणोदय की लाली। ३. बाणासुर की कन्या, अनिरुद्ध की पत्नी।

उषाकाल पुं० [सं०] प्रभात।

उषागान पुं० [सं०] प्रभाती।

उष्ट्र पुं० [सं०] ऊँट।

उष्ण वि० [सं०] [भाव० उष्णता] १. तासीर में गरम। २. फुरतीला, तेज।

उष्ण कटिबंध पुं० [सं०] पृथ्वी का वह भाग जो कर्क और मकर रेखाओं के बीच में पड़ता है। (ट्रॉपिक ज़ोन)

उष्णता स्त्री० [सं०] गरमी, ताप।

उष्णीस पुं० [सं०] १. पगड़ी, साफा। २. मुकुट, ताज।

उष्णोत्स पुं० [सं०] गर्म पानी का सोता।

उष्म पुं० [सं०] १. गरमी, ताप। २. धूप। ३. गरमी की ऋतु।

उष्मज पुं० [सं०] छोटे कीड़े जो पसीने और मैल आदि से पैदा होते हैं, जैसे खटमल, मच्छर आदि।

उष्मा स्त्री० [सं०] १. गरमी। २. धूप। ३. गुस्सा, क्रोध।

उष्माघात पुं० [सं०] तेज धूप से होनावाला आघात या विकार।

उस सर्व० उभ० [हिं० वह] 'वह' शब्द का रूप जो विभक्ति लगने पर उसे प्राप्त होता है, जैसे उसने, उसमें, उसका।

उसकन पुं० [सं० उत्कर्षण] वह घास-पात जिससे बरतन माँजते हैं।

उसकाना स० दे० 'उकसाना'।

उसटना अ० [सं० उत्सरण] १. उखड़ना। २. भागना।

उसटाना स० हिं० 'उसटना' का स०।

उसनना स० दे० 'उबालना'।

अ० दे० 'उबलना'।

उसरना अ० [सं० उद्+सरण=जाना] १. हटना, दूर होना। २. बीतना, गुजरना। ३. भूलना, विस्मृत होना। ४. छिन्न-भिन्न होना।

उससना[1] अ० [सं० उत्+सरण] खिसकना, टलना।

उससना[2] अ० [हिं० उसास] साँस लेना।

उसाँस पुं० [सं० उत्+श्वास] १. ऊपर को खींचा हुआ श्वास। २. मानसिक कष्ट, पश्चाताप आदि के कारण ली जानेवाली ठंडी साँस।

उसार पुं० [सं० अवसार=फैलाव] विस्तार, फैलाव।

पुं०=ओसार।

उसारना* स० [हिं० उसार] १. उखाड़ना। २. हटाना, टालना; उदा० मनो उसारनि धाइ धूल।—केशव। ३. बनाकर खड़ा करना, जैसे घर उसारना। ४. बाहर निकालना या सामने लाना।

उसारा पुं० [हिं० उसार] [स्त्री० उसारी] १. दलान। २. छाजन। ३. बरामदा।

उसालना* स० [सं० उत्+सारण] १. उखाड़ना। २. टालना। ३. भागना।

उसास पुं० दे० 'उसाँस'।

उसीजना* अ०, स०=उसनना।

उसीर* पुं० =उशीर (खस)।

उसूल पुं० [अ०] नियम, सिद्धान्त।

उसूलन क्रि० वि० [अ०] नियम के अनुसार, सिद्धान्ततः।

उसे पद० उसको।

उस्तरा पुं० [फा०] बाल मूँड़ने का छुरा।

उस्ताद पुं० [फा०] [स्त्री० उस्तानी] १. गुरु, शिक्षक, अध्यापक। २. वह जो वेश्याओं को संगीत, नृत्य आदि की शिक्षा देता है। ३. किसी विषय का बहुत बड़ा पंडित या ज्ञाता।

वि० १. चालाक, धूर्त। २. निपुण, दक्ष।

उस्तादी स्त्री० [फा०] १. शिक्षक की वृत्ति, गुरुआई। २. दक्षता, निपुणता। ३. विज्ञता। ४. चालाकी, धूर्तता।

उस्तानी स्त्री० [फा० उस्ताद] १. उस्ताद की स्त्री, गुरु-पत्नी। २. वह स्त्री जो शिक्षा दे, शिक्षिका।

उस्वाँस पुं० दे० 'उसाँस'।

उहटना* अ० १. दे० 'उघड़ना'। २. दे० 'हटना'।

उहाँ क्रि० वि० दे० 'वहाँ'।

ऊ

ऊ देवनागरी वर्णमाला का छठा स्वर जिसका उच्चारण-स्थान ओष्ठ है, कहीं-कहीं निपात के रूप में यह 'भी' और सर्वनाम के रूप में 'वह' का अर्थ देता है, प्रत्यय के रूप में यह प्राय: 'वाला' का अर्थ देता है, जैसे खाऊ, लेऊ आदि।

ऊँघ स्त्री० [सं० अवाङ्= नीचे मुँह] ऊँघाई, झपकी, अर्द्धनिद्रा।

ऊँघना अ० [सं० अवाङ् =नीचे मुँह] झपकी लेना, नींद में झूमना।

ऊँच* वि० दे० 'ऊँचा'।

ऊँच-नीच पुं० [हिं०] हानि और लाभ, भला और बुरा; जैसे—पहले अपना ऊँच-नीच देख लो।

ऊँचा वि० [सं० उच्च] १. दूर तक ऊपर की ओर गया हुआ, उठा हुआ, उन्नत। २. जिसका सिरा बहुत नीचे तक न हो, जिसका लटकाव कम हो, जैसे ऊँचा पाजामा। ३. श्रेष्ठ, बड़ा, महान।

पद *ऊँची नाकवाला*=जो अपने को औरों से श्रेष्ठ समझता हो, अभिमानी तथा उच्चवर्गीय।

मुहा० *ऊँचा-नीचा या ऊँची-नीची सुनाना*=खोटी-खरी सुनाना, भला-बुरा कहना।

४. जोर का (शब्द), तीव्र (स्वर)।

मुहा० *ऊँचा सुनना*=केवल जोर की ही आवाज सुनना, कम सुनना।

५. संपन्न और प्रतिष्ठित; जैसे-समाज के ऊँचे लोग।

ऊँचाई स्त्री० [हिं० ऊँचा+ई (प्रत्य०)] १. ऊपर की ओर का विस्तार, उठान, उच्चता। २. समुद्र तल से होनेवाली ऊँचाई; जैसे-वायुयान ५००० फुट की ऊँचाई पर उड़ रहा था। ३. गौरव, बड़ाई।

ऊँचा खेल पुं० ऐसा काम जो पद या अत्यधिक धन कमाने के लिए किया जाए।

ऊँचा-नीचा वि० [हिं०] ऊबड़-खाबड़, जो समतल न हो।

पुं० भला-बुरा, हानि-लाभ।

ऊँचे क्रि० वि० [हिं० ऊँचा] १. ऊँचाई पर, ऊपर की ओर। २. जोर से (शब्द करना)।

मुहा० *ऊँचे-नीचे पैर पड़ना*=बुरे काम में प्रवृत्त होना।

ऊँट पुं०[सं० उष्ट्र, पा० उट्ट] [स्त्री० ऊँटनी] १. एक प्रसिद्ध ऊँचा चौपाया जो सवारी और बोझ लादने में काम आता है और जो अधिकतर रेगिस्तान में सवारी के लिए उपयुक्त होता है। २. हठयोग में, मन।

ऊँड़ा* पुं० [सं० कुंड] १. वह बरतन जिसमें धन रखकर भूमि में गाड़ देते हैं। २. चहबच्चा, तहखाना।

वि० गहरा, गम्भीर।

ऊँदर पुं० [सं० इंदुर] चूहा।

ऊँहूँ विस्मयादि० [अनु०] १. नहीं। २. कभी नहीं, कदापि नहीं। (उत्तर में)

ऊअना* अ० दे० 'उगना'।

ऊक[1] पुं० [सं० उल्का] १. दे० 'उल्का'। २. दाह, जलन, ताप।

ऊक[2] स्त्री० [हिं० चूक का अनु०] भूल, चूक, गलती।

ऊकना[1]* अ० [हिं० चूकना का अनु०] १. वार खाली जाना, लक्ष्य पर न पहुँचना। २. भूल करना, गलती करना।

स० १. भूल जाना। २. उपेक्षा करना।

ऊकना[2] स० [हिं० ऊक] १. जलाना। २. सताना।

अ० जलना।

ऊका* स्त्री०=उल्का।

ऊख[1] पुं० [सं० इक्षु] ईख, गन्ना।

ऊख[2] वि० [सं० उष्ण] तपा हुआ, गरम।

ऊखम* पुं० दे० 'ऊष्म'।

ऊखल पुं० [सं० उलूखल] काठ या पत्थर का वह गहरा बरतन जिसमें धान, आदि मूसल से कूटते हैं, ओखली।

मुहा० *ऊखल में सिर देना*=झंझट या जोखिम के काम में पड़ना।

ऊखिल* वि० [सं० ऊष्म] १. पराया। २. अपरिचित। ३. उष्ण, गरम।

ऊज* पुं० [सं० उद्धम] १. उपद्रव, ऊधम। २. अन्धेर।

ऊजड़ वि० दे० 'उजाड़'।

ऊजना* अ० [हिं० पूजना] १. पूरा होना। २. परिपूर्ण होना, भरना।

ऊजर* वि० दे० 'उजला'। २. दे० 'उजाड़'।

ऊजर* पुं०=उजाड़।

ऊजू* पुं० दे० 'वजू'।

ऊटक-नाटक पुं० [सं० उत्कट+नाटक] १. व्यर्थ का काम। २. इधर-उधर का साधारण काम।

ऊटना* अ० [हिं० औंटना] १. उत्साहित होना, उमंग में आना। २. तर्क-वितर्क या सोच-विचार करना।

ऊटपटाँग वि० [सं० उत्+पत्+अंग] १. अटपट, टेढ़ा-मेढ़ा, बेढंगा, बेमेल। २. निरर्थक, व्यर्थ, वाहियात।

ऊठ* स्त्री० [?] १. उमंग। २. बहाना।

ऊड़ना* स० [सं० ऊढ़] १. विवाह करना। २. किसी स्त्री को रखेल बनाकर अपने पास रखना।

ऊड़ा पुं० [सं० ऊन] १. कमी, टोटा, घाटा। २. महँगी। ३. अकाल। ४. नाश, लोप। ५. लक्ष्य, निशान।

ऊड़ी* स्त्री० [हिं० उड़ना ?] १. पनडुब्बी नाम की चिड़िया। २. लक्ष्य, निशाना।

ऊढ़ना[१] अ० [सं० ऊह] तर्क-वितर्क करना, सोच-विचार करना।

ऊढ़ना[२] स० [सं० ऊढ़] विवाह करना।

ऊढ़ा स्त्री० [सं०] १. विवाहित स्त्री। २. वह ब्याही हुई स्त्री जो अपने पति को छोड़कर दूसरे से प्रेम करे।

ऊत वि० [सं० अपुत्र] १. बिना पुत्र का, निपूता। २. उजड्ड।

ऊतक पुं० [सं०] जीव या वनस्पति की कोशिकाओं का वह समूह जिसकी हर कोशिका आकार-प्रकार, कार्य-व्यवहार में समान होती है। (टीशू)

ऊतक-परीक्षा स्त्री० [सं०] शल्य-चिकित्सा में किसी रोगी के किसी अंग के ऊतक निकालकर उनकी की जानेवाली परीक्षा जिससे रोग के सम्बन्ध में अधिक जानकारी हो सके। (बाह-आपसी)

ऊतर* पुं० १. दे० 'उत्तर'। २. दे० 'बहाना'।

ऊतला* वि० [हिं० उतावला] १. चंचल, चपल। २. वेगवान, तेज।

ऊद पुं० [अ०] १. अगर का पेड़ या लकड़ी। २. अगर की बत्ती जो सुगन्ध के लिए जलाते हैं, अगरबत्ती।

ऊदबिलाव पुं० [सं० उद्+बिडाल] नेवले की तरह का एक जन्तु जो जल और स्थल दोनों में रहता है।

ऊदल पुं० [उदयसिंह का संक्षिप्त रूप] महोबे के राजा परमाल के मुख्य सामन्तों में से एक वीर।

ऊदा वि० [अ० ऊद अथवा फा० कबदू] लाली लिए हुए काले रंग का, बैंगनी।

ऊधम पुं० [सं० उद्धम] उपद्रव, उत्पात।

ऊधमी वि० [हिं० ऊधम] [स्त्री० ऊधमिन] ऊधम करनेवाला, उत्पाती।

ऊधो* पुं० दे० 'उद्धव'।

ऊन[१] पुं० [सं० ऊर्ण, अप० उण्ह] भेड़, बकरी आदि के रोएँ जिनसे कम्बल और दूसरे गरम कपड़े बनते हैं।

ऊन[२] वि० [सं०] [भाव० ऊनता] १. कम, थोड़ा। २. तुच्छ। पुं० स्त्रियों के व्यवहार के लिए एक प्रकार की छोटी तलवार।

ऊनता स्त्री० [सं०] १. कमी, त्रुटि। २ घाटा।

ऊना[१] वि० [सं० ऊन] १. कम, न्यून, थोड़ा। २. तुच्छ, हीन।

ऊना[२] स्त्री०=ऊन (तलवार)।

ऊनी[१] वि० [सं०ऊन] कम, न्यून, थोड़ा।
स्त्री० १. कमी, न्यूनता। २. उदासी।

ऊनी[२] वि० [हिं० ऊन] ऊन का बना हुआ।

ऊप* स्त्री० दे० 'ओप'।

ऊपर क्रि० वि० [सं० उपरि] [वि० ऊपरी] १. ऊँचे स्थान पर, ऊँचाई पर। २. आधार पर, सहारे पर। ३. ऊँची श्रेणी में, उच्च कोटि में। ४. (लेख पुस्तक आदि में) पहले। ५. अधिक, ज्यादा; जैसे-बुखार सौ से ऊपर है। ६. प्रकट में, देखने में। ७. तट पर, किनारे पर। ८. अतिरिक्त, सिवा।
मुहा० *ऊपर ऊपर*=बिना और किसी के जताए, चुपके से। *ऊपर का*=सामान्य से अलग या भिन्न, जैसे ऊपर की कमाई। *ऊपर की आमदनी*=इधर-उधर से मिलनेवाली रकम। *ऊपर-तले के*=वे दो भाई या बहनें जिनके बीच में और कोई भाई या बहनें न हुई हों। *ऊपर लेना*=(किसी कार्य का) जिम्मा लेना, हाथ में लेना। *ऊपर से* = (क) ऊँचाई से (ख) इसके अतिरिक्त, इसके सिवा। (ग) वेतन से अधिक (घूस या रिश्वत के रूप में), (घ) दिखाने के लिए। *ऊपर से देखने पर*=जो रूप दिखाई देता हो, उसके विचार से। (प्राइमा फेसी)

ऊपरी वि० [हिं० ऊपर] १. ऊपर का, बाहर का, बाहरी। ३. बँधे हुए के सिवा। ४. दिखौआ, नुमाइशी।

ऊब[१] स्त्री० [हिं० ऊबना] ऊबने की क्रिया या भाव, व्याकुलता, उद्वेग, घबराहट।

ऊब[२] स्त्री० [हिं० ऊभ] उत्साह, उमंग।

ऊबट* वि० दे० 'ऊबड़-खाबड़'।
पुं० १. कठिन या विकट मार्ग। २. नीतिविरुद्ध या बुरा मार्ग।

ऊबड़-खाबड़ वि० [अनु०] ऊँचा-नीचा, जो समतल न हो, अटपट।

ऊबना अ० [सं० उद्वेजन] उकताना, घबराना, अकुलाना।

ऊबरना* अ० उबरना (बच जाना)।

ऊबाऊ वि० उबाऊ।

ऊबार पुं० [हिं० उबरना] उबरने की क्रिया या भाव।
वि० किसी चीज के अन्दर भरे जाने पर बचा या निकला हुआ, अवशिष्ट।

ऊभ[१] वि० [हिं० ऊभना] १. खड़ा हुआ। २. ऊँचा। ३. ऊपर उठा या उभरा हुआ।

ऊभ[२] स्त्री० [?] १. व्याकुलता। २. उमस, गरमी। ३. हौसला, उमंग।

ऊभ-चूभ स्त्री० [हिं० ऊभना+चूभना] १. उतराने और डूबने का भाव; डूबना और उतराना। २. असमंजस की स्थिति।
उदा०-व्यस्त महाकच्छप सी धरणी, ऊभ-चूभ थी विचलित सी। -प्रसाद।

ऊभना* अ० दे० 'उठना'। २. दे० 'ऊबना'।

ऊभा* वि० [हिं० ऊभना] १. उठा हुआ। २. जो खड़ा हो।

ऊमक* स्त्री० [सं० उमंग] झोंक, वेग।

ऊमना* अ० दे० 'उमड़ना'।

ऊमर* पुं० [सं० औदुबंर] गूलर।

ऊरध* वि० दे० 'ऊर्ध्व'।

ऊरस* वि० [सं० अव+रस] १. जिसमें रस न हो। २. बिना स्वाद का या बुरे स्वादवाला।

पुं० नीरस या बुरे स्वादवाला पदार्थ।

ऊरु पुं० [सं०] जानु, जाँघ।

ऊरुस्तंभ पुं० [सं०] एक रोग जिसमें पैर जकड़ जाते हैं।

ऊर्ज वि० [सं०] बलवान, शक्तिमान।

पुं० [सं०] [वि० ऊर्जस्वी] १. बल, शक्ति। २. साहित्य में एक अलंकार जिसमें सहायकों के घटने पर भी अहंकार न टूटने का वर्णन होता है।

ऊर्जस्वित वि० [सं०] ऊर्जा से युक्त।

ऊर्जस्विता स्त्री० [सं०] ऊर्जा से युक्त होने की अवस्था या भाव।

ऊर्जस्वी (-स्विन्) वि० [सं०] [भाव० ऊर्जस्विता] १. बलवान, शक्तिमान। २. तेजवान। ३. प्रतापी।

ऊर्जा स्त्री० [सं०] १. कार्य करने की शक्ति। २. वह शक्ति जिससे मशीनें चलती हैं। (एनर्जी) ३. जीवनशक्ति।

ऊर्जित वि० दे० 'ऊर्ज'।

ऊर्ण पुं० [सं०] ऊन।

ऊर्णकर्तन पुं० [सं०] भेड़ों की ऊन काटने की क्रिया।

ऊर्द्ध्व क्रि० वि० [सं०] ऊपर।

वि० १. जो ठीक और सीधा ऊपर की ओर गया हो। (वर्टिकल) २. ऊँचा। ३. खड़ा।

ऊर्द्ध्वगति स्त्री० [सं०] १. ऊपर की ओर गति। २. स्वर्ग।

ऊर्द्ध्वगामी (-मिन्) वि० [सं०] १. ऊपर की ओर जानेवाला। २. मुक्त।

ऊर्द्ध्वरेता (-रेतस्) वि० [सं०] जिसका वीर्य कभी स्खलित न हुआ हो।

ऊर्द्ध्वलोक पुं० [सं०] आकाश।

ऊर्द्ध्वश्वास पुं० [सं०] (मरने या दम फूलने के समय) ऊपर चढ़ता हुआ श्वास।

ऊर्ध क्रि० वि० दे० 'ऊर्द्ध्व'।

ऊर्मि स्त्री० [सं०] [वि० ऊर्मिल] १. लहर, तरंग। २. पीड़ा, दुख।

ऊर्मिल वि० [सं०] जिसमें लहरें उठती हों, तरंगित।

ऊल-जलूल वि० [देश०] १. असम्बद्ध, बेसिर-पैर का, अंडबंड। २. वाहियात।

ऊलना*अ० [हिं० उछलना] १. उछलना। २. प्रसन्न होना।

ऊलरना* अ० दे० 'उलरना'।

ऊषा स्त्री० [सं०] पौ फटने की लाली, अरुणोदय।

ऊषाकाल पुं० [सं०] सवेरा।

ऊष्म पुं० [सं०] १. गर्मी। २ भाप।

वि० गरम।

ऊष्म वर्ण पुं० [सं०] श, ष, स और ह अक्षर।

ऊष्मा स्त्री० [सं०] ताप।

ऊष्मायन पुं० [सं०] (गर्मी पहुँचाकर) अंडे सेने की क्रिया या भाव।

ऊष्मासह वि० [सं०] जिस पर ताप का कोई असर न होता हो। (हीटप्रूफ)

ऊसर पुं० [सं० ऊषर] १. वह भूमि जिसमें रेह अधिक हो और जो खेती के योग्य न हो। (बैरन लैंड) २. ऊजाड़।

ऊह पुं० [सं०] १. अनुमान। २. तर्क।

ऊहापोह पुं० [सं० ऊह+अपोह] मन में होनेवाला तर्क-वितर्क, सोच-विचार।

ऋ

ऋ देवनागरी वर्णमाला का सातवाँ वर्ण, जिसका उच्चारण स्थान मूर्द्धा है। आज-कल लोग इसका वास्तविक और मूल उच्चारण भूल गए हैं और यह 'रि' के समान बोला जाने लगा है।

ऋक् स्त्री० [सं०] १. स्तुति। २. वेद की ऋचा जिसमें परमात्मा की महिमा की स्तुति का गान होता है।

पुं० दे० 'ऋग्वेद'।

ऋक्ष पुं० [सं०] [स्त्री० ऋक्षी] १. रीछ, भालू। २. तारा, नक्षत्र।

ऋक्षपति पुं० [सं०] १. चन्द्रमा। २. जाम्बवान्।

ऋग्वेद पुं० [सं०] चार वेदों में से एक, जो पद्य में है तथा जिसमें परमात्मा की स्तुति-सम्बन्धी मन्त्र हैं।

ऋचा स्त्री० [सं०] १. वह वेदमन्त्र जो पद्य में हो। २. स्तोत्र।

ऋजु वि० [सं०] [भाव० ऋजुता] १. जो टेढ़ा न हो, सीधा। २. सरल, सहज। ३. सरल चित्त का, सज्जन। ४. जो चोरी, छलकपट आदि से सदा बचता हो, ईमानदार। (ऑनेस्ट) ५. अनुकूल। ६. प्रसन्न।

ऋजुता स्त्री० [सं०] १. ऋजु होने का भाव, सीधापन, सिधाई। २. चोरी, छल-कपट आदि से सदा बचे रहने की वृत्ति, ईमानदारी। (ऑनेस्टी)

ऋण पुं० [सं०] [भाव० ऋणत्व, वि० ऋणी] १. कुछ समय के लिए ब्याज पर धन लेना, कर्ज, उधार। (लोन)

मुहा० *ऋण उतरना*=कर्ज अदा होना। *ऋण पटाना*=उधार लिया हुआ रुपया चुकता करना।

वि० १. नकारात्मक। २. ऋणात्मक।

ऋणग्राही पुं० [सं० ऋण+ग्रहण] वह जिसने किसी से ऋण लिया हो। (बॉरोवर)

ऋणपत्र पुं० [सं०] १. वह पत्र जिसके आधार पर कोई किसी से ऋण लेता है। २. वह पत्र जिसके आधार पर कोई संस्था जन-साधारण से ऋण लेती है। (डिबेन्चर)

ऋणात्मक वि० [सं०] [भाव० ऋणात्मकता] नकारात्मक, नहिक।

ऋणी वि० [सं० ऋणिन्] १. जिसने ऋण लिया हो, कर्ज लेनेवाला, अधमर्ण। (डेटर) २. किसी के उपकार से दबा हुआ, अनुगृहीत।

ऋत् पुं० [सं०] शाश्वत सत्य।

विशेष: सत्य को ऋत् का अंश माना जाता है।

ऋतात्मक वि० [सं०] ऋत् के रूप में होनेवाला।

ऋतु स्त्री० [सं०] १. प्राकृतिक अवस्थाओं के अनुसार वर्ष के दो-दो महीने के छह विभाग जो ये हैं-वसन्त, ग्रीष्म, वर्षा, शरद, हेमन्त और शिशिर। २. रजोदर्शन के उपरान्त वह काल जिसमें, स्त्रियाँ गर्भधारण के योग्य होती हैं।

ऋतुचर्या स्त्री० [सं०] ऋतुओं के अनुसार आहार-विहार रखना।

ऋतुमती वि० स्त्री० [सं०] १. रजस्वला। २. जिस (स्त्री) के रजोदर्शन के उपरान्त सोलह दिन न बीते हों और जो गर्भाधान के योग्य हो।

ऋतुराज पुं० [सं०] वसन्त ऋतु।

ऋतुवर्णन पुं० [सं०] ऋतुओं का वर्णन।

ऋतुस्नान पुं० [सं०] [वि० स्त्री० ऋतुस्नाता] रजोदर्शन के चौथे दिन का स्त्रियों का स्नान।

ऋत्विज पुं० [सं०] वह जिनका यज्ञ में वरण किया जाए, इनकी संख्या सोलह होती है जिनमें होता, अध्वर्यु, उदगाता और ब्रह्मा मुख्य हैं।

ऋद्ध वि० [सं०] सम्पन्न, समृद्ध।

ऋद्धि स्त्री० [सं०] १. एक लता जिसका कन्द दवा के काम आता है। २. समृद्धि, बढ़ती।

ऋद्धि-सिद्धि स्त्री० [सं०] १. गणेश जी के साथ रहनेवाली उनकी दो दासियाँ, ऋद्धि और सिद्धि। २. सब प्रकार की समृद्धि और वैभव।

ऋषभ पुं० [सं०] १. बैल। २. श्रेष्ठतावाचक शब्द। ३. संगीत के सात स्वरों में से दूसरा।

ऋषि पुं० [सं०] [भाव० ऋषिता, ऋषित्व] १. वेदमन्त्रों का प्रकाश करनेवाला, मन्त्रद्रष्टा। २. आध्यात्मिक और भौतिक तत्त्वों का ज्ञाता, परम बुद्धिमान, दूरदर्शी, सच्चरित्र और त्यागी।

ऋषिकल्प वि० [सं०] ऋषियों के समान।

ए

ए देवनागरी वर्णमाला का ग्यारहवाँ और नागरी वर्णमाला का आठवाँ स्वरवर्ण जो अ और इ के योग से बना है। गद्य में कभी-कभी यह 'हे' या 'ऐ' की तरह तथा सम्बोधन के रूप में और कविता में 'यह' या 'ये' के अर्थ में भी प्रयुक्त होता है।

एँचपेंच पुं० [फा० पेच] १. उलझन। २. दे० 'दाँव-पेच'।

एंजिन पुं० दे० 'इंजन'।

एँड़ा-बेड़ा वि० [हिं० बेड़ा] उलटा-पुलटा, अंडबंड।

एकंगा वि० [हिं० एक+सं० अंग] [स्त्री० एकंगी] एक पक्ष का, एकतरफा।

एकंत* वि० दे० 'एकांत'।

एक वि०, पुं० [सं०] १. इकाइयों में सबसे छोटी और पहली पूरी संख्या, वह सबसे छोटा पूरा अंक जिससे गिनती आरम्भ होती है।

मुहा० *एक आँख से देखना*=सबके साथ समान भाव रखना। *एक एक करके*=(क) इस तरह कि एक के बाद एक हो। (ख) धीरे-धीरे। (ग) क्रम से। *एक टक*= (क) अनिमेष या स्थिर दृष्टि से। (ख) लगातार देखते हुए। *एक तार*=(क) एक ही रूप रंग का, समान। (ख) लगातार। *एक तो*=पहले तो, पहली बात तो यह है कि। *एक दम*=(क) बिना रुके, लगातार। (ख) तुरन्त, उसी समय। (ग) एकबारगी। *एक दूसरे का, को, पर, में या से*=परस्पर। *एक न चलना*=कोई युक्ति काम न आना। *एक बात*=(क) दृढ़ प्रतिज्ञा। (ख) ठीक या सच्ची बात। *एक-सा*=समान, बराबर। *एक-से-एक*=एक-से-एक बढ़कर। *एक से बढ़कर एक*=अनेक बड़े बड़े; जैसे-एक से बढ़कर एक खर्चे हैं। -राजी सेठ।

२. अद्वितीय, बेजोड़। ३. समान, तुल्य। ४. समस्त पदों में उत्तरपद के रूप में अनिश्चित संख्या का सूचक; जैसे-दो-एक, पाँच-एक, दस-एक, बीस-एक।

एक-आध वि० [सं० एक+हिं० आधा] बहुत कम, कुछ ही। [विशेष-इसके साथ सदा एकवचन संज्ञा का प्रयोग होता है; जैसे-एक-आध दिन और रुक जाओ]

एक-एक सर्व० प्रत्येक व्यक्ति; जैसे—मैं एक-एक से समझ लूँगा।

वि० हर व्यक्ति के विचार से एक (वस्तु); जैसे—मैं एक-एक घड़ी हर विद्यार्थी को दूँगा।

एकक पुं० [सं०] कोई एक वस्तु या समूह जो अपने में पूर्ण हो। (यूनिट)

एकचक्र पुं० [सं०] १. सूर्य का रथ। २. सूर्य।

वि० चक्रवर्ती।

एकछत्र वि० [सं०] जिसमें कहीं और किसी का प्रभुत्व या अधिकार न हो; जैसे—एकछत्र राज्य। (एबसोल्यूट मॉनर्की) क्रि० वि० एकाधिपत्य के साथ।

पुं० [सं०] वह राज्य-प्रणाली जिसमें देश के शासक का सारा अधिकार केवल एक (राजा या अधिनायक) को प्राप्त हो।

एकज* वि० [सं० एक+एव] एक ही।

एकटक क्रि० वि० [हिं० एक+टकटकी] टकटकी लगाकर बिना पलकें गिराए।

एकड़ पुं० [अं० एकर] भूमि की एक नाप जो डेढ़ बीघे से कुछ बड़ी होती है।

एकतंत्र पुं० वि० दे० 'एकछत्र'।

एकतः क्रि० वि० [सं०] एक ओर से।

एकत* क्रि० वि० दे० 'एकत्र'।

एकतरफा वि० [फा० यकतरफ़ा] १. एक ओर का, एक पक्ष का। २. जिसमें पक्षपात हुआ हो। ३. एकरुखा, एक पार्श्व का।

एकतरफा डिगरी स्त्री० वह डिगरी जो मुद्दालेह के हाजिर न होने के कारण मुद्दई को प्राप्त हो।

एकता[१] स्त्री० [सं०] १. सबसे मिलकर एक होने का भाव, ऐक्य। (यूनिटी) २. समानता, बराबरी।

एकता[२] वि० [फा० यकता] अद्वितीय, बेजोड़।

एकतान वि० [हिं० एक+तान] १. तन्मय, लीन, एकाग्रचित्त। २. मिलकर एक।

एकतार क्रि० वि० लगातार निर्विघ्न रूप से।

एकतारा पुं० [हिं० एक+तार] एक तार का सितार या बाजा, इकतारा।

एकत्र वि० [सं०] इकट्ठा किया या एक जगह लाया हुआ।

एकत्रित वि० दे० 'एकत्र'। (अशुद्ध)

एकत्रीकरण पुं० [सं०] एकत्र करने या होने की क्रिया या भाव।

एकत्व पुं० [सं०] १. एकता। २. एक ही तरह का या बिल्कुल एक-सा होना, पूरी समानता।

एकदंत पुं० [सं०] गणेश।

एकदम क्रि० वि० [फा० यकदम] १. एकाएक, एकबारगी। २. पूरी तरह से, पूर्ण रूप से।

एकदिल वि० (बहु०) १. जिनके दिल एक हों। २. एकरस।

एकदिश वि० [सं०] एक ही दिशा में होनेवाला, एक ही दिशा से सम्बद्ध।

एकदेशीय वि० [सं०] १. किसी एक देश, स्थान, विभाग या अंग से सम्बन्ध रखनेवाला। २. (सिद्धान्त या नियम) जो एक ही अवसर या स्थल के लिए हो, जो सर्वत्र न घटे।

एकनिष्ठ वि० [सं०] एक ही पर निष्ठा या श्रद्धा रखनेवाला।

एकपक्षीय वि० [सं०] [भाव० एकपक्षीयता] किसी एक पक्ष, दल या अंग से सम्बन्ध रखनेवाला, एकतरफा। (युनिलेटरल)

एकपत्नीव्रत पुं० [सं०] एक को छोड़कर दूसरी स्त्री से विवाह या प्रेम-सम्बन्ध न रखने का नियम।

एकपन पुं० [हिं० एक+पन (प्रत्य०)] एकता।

एकबारगी क्रि० वि० [फा० यकबारगी] १. एक बार में, एक समय में। २. अचानक, अकस्मात्। ३. बिल्कुल, निपट।

एकभाषी वि० [सं० एक+भाषा+हिं० (प्रत्य०)] १. (प्रदेश या राज्य) जिसमें कोई एक भाषा बोली जाती हो। २. व्यक्ति या समाज जो एक ही भाषा जानता हो।

एकमत वि० [सं०] एक या समान मत रखनेवाले, एक राय के।

एकमात्र वि० [सं०] मात्र एक, केवल एक, एक ही।

एकमुश्त क्रि०वि० [फा० युकमुश्त] इकट्ठे, एक साथ, एक बार में।

एकरंग वि० [हिं० एक+रंग] १. समान, तुल्य। २. कपट-शून्य। ३. जो सब तरह से एक-सा हो।

एकरदन पुं० [सं०] गणेश।

एकरस वि० [सं०] आदि से अन्त तक एक-सा।

एकरूप वि० [सं०] [भाव० एकरूपता] रूप, बनावट, प्रकार आदि के विचार से एक-सा या औरों से बिल्कुल मिलता-जुलता हुआ। (युनिफॉर्म)

एकरूपता स्त्री० [सं०] रूप, बनावट, प्रकार आदि के विचार से एक-सा या औरों के समान होने की अवस्था या भाव। (युनिफॉर्मिटी)

एकल वि० [हिं० एक] १. अकेला। २. अनुपम, बेजोड़। ३. एक से सम्बन्ध रखनेवाला, जिसमें एक ही हो।

एकलिंग पुं० [सं०] शिवलिंग जो मेवाड़ के गहलौत राजपूतों के कुलदेवता हैं।

एकलौता पुं० दे० 'इकलौता'।

एकवचन पुं० [सं०] [वि० एकवचनीय] व्याकरण में वह वचन जिससे एक का बोध होता है। (सिंग्युलर)

एकवर्षी वि० [सं० एक+वर्ष] (पेड़ या पौधा) जो एक ही वर्ष तक रहकर नष्ट हो जाता हो। (एनुअल)

एकवांज स्त्री० [हिं० एक+बाँझ] वह स्त्री जिसे एक बच्चे के सिवा दूसरा बच्चा न हो, काकवंध्या।

एकवेणी स्त्री० [सं०] वह स्त्री जो अपने बालों की एक ही लट या वेणी बनाकर रखती हो। (वियोगिनी या विधवा का लक्षण)

एकसमान वि० [सं०][भाव० एकसमानता] एक-जैसा, समतुल्य।

एकसर[१] वि० [हिं० एक+सर (प्रत्य०)] एक पल्ले या परत का।

एकसर[२] वि० [फा०] बिल्कुल, तमाम, सारा।

एकसाँ वि० [फा० यकसाँ] तुल्य, समान।

एक-सा वि०=एकसमान।

एकहत्था वि० [हिं० एक+हाथ] (काम या व्यवसाय) जो एक ही के हाथ में हो।

एकहरा वि० [सं० एक + हरा (प्रत्य०)] [स्त्री० एकहरी] १. एक परत का, जैसे एकहरा कुरता। २. एक लड़ी का। ३. शरीर से दुबला-पतला।

एकांकी पुं० [सं०] १. दस प्रकार के रूपकों में से एक। (इसमें ऐसे प्रसिद्ध नायक का चरित्र होता है, जिसका आख्यान रसयुक्त हो। इसकी भाषा सरल और वाक्य छोटे होने चाहिए।) २. एक ही अंक में समाप्त होनेवाला नाटक।

एकांगी वि० [सं०] [भाव० एकांगिता] १. एक अंगवाला। २. एकतरफा, एकपक्षीय। ३. हठी, जिद्दी।

एकांत वि० [सं०] १. अत्यन्त, बिल्कुल। २. सूना।
पुं० [सं०] निर्जन या सूना स्थान।

एकांतर, एकांतरित वि० [सं०] बीच में एक अथवा एक-एक को छोड़कर उसके बाद होने या एक-एक को छोड़कर उनके परवर्ती से सम्बन्ध रखनेवाला। (आल्टरनेट)

एकांतवास पुं० [सं०] [वि० एकांतवासी] निर्जन स्थान या अकेले में रहना।

एकांतवासी (-सिन्) वि०, पुं० [सं०] एकांत में रहनेवाला।

एकांतिक वि० [सं०] १. एकांत में किया जाने या होनेवाला। २. एकदेशीय।

एका[१] स्त्री० [सं०] दुर्गा।

एका[२] पुं० [सं० एक] बहुत से लोगों के मिलकर एक होने का भाव, एकता।

एकाई स्त्री० [हिं० एक+आई (प्रत्य०)] इकाई।

एकाएक क्रि० वि० [हिं० एक+आ (मध्य प्रत्य०)+एक] सहसा और अप्रत्याशित रूप से, जैसे-गाड़ी एकाएक उछल पड़ी।

एकाएकी वि० [सं० एकाकी] अकेला।
क्रि० वि० दे० 'एकाएक'।

एकाकार पुं० [सं०] किसी के साथ मिल-मिलाकर एक होने की दशा।
वि० १. एक-से आकार का, समान। २. कइयों के योग से जिसने एक रूप या आकार धारण कर लिया हो। ३. जो किसी में मिलकर उसी के आकार का हो गया हो।

एकाकी (-किन्) वि० [सं०] [स्त्री० एकाकिनी] १. अकेला। २. अकेलेपन से दुखी।

एकाकीपन पुं० [सं० एकाकी+हिं० पन (प्रत्य०)] अकेलापन। १. अकेले होने की अवस्था या भाव। २. अकेले होने के कारण होनेवाला दुख या उदासी; जैसे-अकेलापन उसे खाए जा रहा था।

एकाक्ष वि० [सं०] १. जिसकी एक ही आँख हो, काना। २. एक ही अक्ष पर घूमनेवाला।
पुं० १. कौआ। २. शुक्राचार्य।

एकाक्षरी (-रिन्) वि० [सं०] जिसमें एक अक्षर हो। २. एक अक्षर से सम्बन्ध रखनेवाला।

एकाग्र वि० [सं०] [भाव० एकाग्रता] १. एक रूप में स्थिर, चंचलता-रहित। २. जिसका ध्यान एक ओर लगा हो।

एकाग्रता स्त्री० [सं०] मन के एकाग्र होने की दशा, वृत्ति या भाव। (एसिड्युइटी)

एकात्मता स्त्री० [सं०] १. एकता, अभेद। २. मिल-मिलाकर एक होना। ३. रूप, प्रकृति, गुण आदि के विचार से किसी के इतना समान होना कि दोनों एक जान पड़ें।

एकात्मवाद पुं० [सं०] [वि० एकात्मवादी] यह सिद्धान्त कि सारे संसार के प्राणियों और वस्तुओं में एक ही आत्मा व्याप्त है।

एकादश वि० [सं०] ग्यारह।
स्त्री० हाकी, फुटबाल, क्रिकेट आदि के खेलों में ग्यारह खिलाड़ियों की टीम।

एकादशाह पुं० [सं०] मरने के दिन से ग्यारहवें दिन का कृत्य। (हिन्दू)

एकादशी स्त्री० [सं०] चान्द्र मास के शुक्ल और कृष्ण पक्ष की ग्यारहवीं तिथि जिसे व्रत का दिन माना जाता है।

एकाध वि० =एक-आध। (अशुद्ध)

एकाधिक वि० [सं० एक+अधिक] एक से अधिक, कई।

एकाधिकार पुं० [सं०] किसी वस्तु, कार्य या व्यापार पर किसी व्यक्ति, दल या समाज का होनेवाला पूरा-पूरा अधिकार।

एकाधिपत्य पुं० [सं०] १. किसी कार्य या देश पर एक व्यक्ति या दल या समाज का होनेवाला पूर्ण आधिपत्य। २. दे० 'एकाधिकार'।

एकान्वित वि० [सं० एक+अन्वित] एक में मिला हुआ या मिले हुए।

एकायामी वि० [सं० एक+आयाम] एक ही दिशा, कार्य या क्षेत्र तक सीमित।

एकायन पुं० [सं०] १. वह मार्ग जिस पर एक ही व्यक्ति चल सके। २. एकांत स्थल। ३. संकेत-स्थल।

एकार्थक वि० [सं०] १. जिसका एक ही अर्थ हो। २. जिनके अर्थ समान हों, समानार्थक।

एकावली स्त्री० [सं०] १. साहित्य में एक अलंकार जिसमें पूर्व का और पूर्व के प्रति उत्तरोत्तर वस्तुओं का विशेष भाव से स्थापन अथवा निषेध दिखलाया जाता है। २. एक लड़ का हार।

एकाह वि० [सं०] एक दिन में पूरा होनेवाला, जैसे रामायण का एकाह पाठ।

एकीकरण पुं० [सं०] [वि० एकीकृत] १. दो या अधिक वस्तुओं, कार्यों, देशों आदि को मिलाकर उनमें एकता स्थापित करना। (युनिफिकेशन)

एकीकृत वि० [सं०] जिसका एकीकरण हुआ हो, संघटित।

एकीकृत सरकिट पुं० [सं०+अं०] कम्प्यूटर में अतिलघु माइक्रोचिप जो इलेक्ट्रानिक सरकिट का काम करता है। (इंटिग्रेटिड सरकिट)

एकीभूत वि० [सं०] १. मिला हुआ, मिश्रित। २. जो मिलकर एक हो गया हो।

एकीय वि० [सं०] एक से सम्बद्ध। (सिंगल)

एकेंद्रिय पुं० [सं०] वह जीव जिसके केवल एक इन्द्रिय अर्थात् त्वचा मात्र होती है, जैसे जोंक, केंचुआ आदि।

एकेश्वरवाद पुं० [सं०] [वि० एकेश्वरवादी] यह धारणा कि ईश्वर एक है, सब का स्वामी है और सब से अलग है।

एकोत्तर वि० [सं० एक+उत्तर] एक अधिक; सौ=एक सौ एक।

एकोद्दिष्ट (श्राद्ध) पुं० [सं०] एक श्राद्ध जो एक उद्देश्य से किया जाए।

एकौंझा वि० दे० 'अकेला'।

एक्का वि० [हिं० एक+का (प्रत्य०)] १. एक से सम्बन्ध रखनेवाला। २. अकेला।
पुं० १. वह पशु या पक्षी जो अकेला चरता या घूमता हो। २. एक प्रकार की दो पहियों की गाड़ी जिसमें एक घोड़ा जोता जाता है। ३. वह वीर या सैनिक जो अकेला बड़े-बड़े काम कर सकता है। ४. 'ब्रह्म' का वाचक शब्द।

एक्का-दुक्का वि० अकेला-दुकेला।

एक्कावान पुं० [हिं० एक्का+वान (प्रत्य०)] एक्का नाम की सवारी हाँकनेवाला।

एक्की स्त्री० [हिं० एक] १. वह बैल-गाड़ी जिसमें एक ही बैल जोता जाए। २. दे० 'एक्का'।

एक्टिंग स्त्री० [अं०] फिल्म, नाटक आदि में होनेवाला पात्र का अभिनय।

एक्युपंचर पुं० [अं०] रोग, पीड़ा आदि के निदान की एक (जापानी) पद्धति जिसमें विशिष्ट स्नायु-केंद्रों के आसपास बाह्य त्वचा के ठीक नीचे सुइयाँ लगाई जाती हैं।

एक्शन पुं० [अं०] १. प्रतिक्रिया। २. कार्रवाई।

एक्सरे पुं० [अं०] एक प्रकार की बिना चमकवाली विद्युत किरणें जिनकी सहायता से ठोस पदार्थों के भीतरी अंगों के चित्र लिए जाते हैं।

एजेंट पुं० [अं०] वह जो किसी व्यक्ति या संस्था के प्रतिनिधि के रूप में काम करे; अभिकर्ता।

एजेंडा पुं० [अं०] १. बैठक में विचारार्थ विषयों की सूची, कार्यावली। २. किए जानेवाले कामों की सूची।

एजेंसी स्त्री० दे० 'अभिकरण'।

एटीएम पुं० [अं०] वह मशीन जिससे एक कार्ड की सहायता से अपने बैंक खाते से धन निकाल सकते हैं।

एड़ स्त्री० [सं० एडुक] एड़ी।
मुहा० *एड़ करना*=(क) एड़ लगना। (ख) चलना, रवाना होना। *एड़ देना या लगाना*=(क)लात मारना। (ख) घोड़े को आगे बढ़ाने के लिए एड़ से मारना। (ग) उकसाना, उत्तेजित करना। (घ) बाधा डालना।

एड्ज पुं० [अं० एड्ज़] एक भयावह रोग जो वाइरस से उत्पन्न होता है तथा शरीर की प्रतिरोध क्षमता को नष्ट करता और मृत्यु का कारण बनता है।

एड़ी स्त्री० [सं० एडुक=हड्डी] पैर के नीचे का पिछला भाग।
मुहा० *एड़ियाँ रगड़ना*=बहुत दौड़-धूप करना। *एड़ी से चोटी तक*=(क) सिर से पैर तक। (ख) आदि से अन्त तक।

एत* वि०=इतना।

एतद् सर्व० [सं०] यह।

एतदर्थ क्रि० वि० [सं०] इस उद्देश्य के लिए।
वि० दे० 'तदर्थ'।

एतद्देशीय वि० [सं०] इस देश का।

एतद्द्वारा क्रि० वि० [सं०] इसके द्वारा।

एतना* वि०=इतना।

एतबार पुं० [अ०] विश्वास, प्रतीति।

एतराज पुं० [अ०] विरोध, आपत्ति।

एतवार पुं० [सं० आदित्यवार] रविवार।

एता* वि० [स्त्री० एती] दे० 'इतना'।

एतावता* क्रि० वि० इसलिए।

एतिक वि० [हिं० एती] इतनी।

एती* वि० स्त्री०=इतनी।

एनिमेशन पुं० [अ०] ऐसा फिल्मांकन जिसके पात्र चलते-फिरते चित्र होते हैं।

एप्रिल फूल पुं० [अं० अप्रेल फूल] वह व्यक्ति जिसका पहली अप्रैल को उपहास किया गया हो।

एमन* वि० [स्त्री० एमनी] ऐसा।
पुं० दे० 'ईमान'।

एम्बुलेंस स्त्री० [सं०] दे० 'रोगी-वाहन'।

एरंड पुं० [सं०] रेंड़, रेड़ी।

एराक पुं० [अ०] [वि० एराकी]=ईराक।

एराकी वि० [फा०]=ईराकी।

एलची पुं० [तु०] १. दूत। २. राजदूत।

एला स्त्री० [सं०] इलायची।

एलान पुं० घोषणा, मुनादी।

एल्यूमिनम पुं० [अं० एल्यूमिनिअम] एक धातु।

एवं क्रि० वि० [सं०] ऐसे ही, इसी प्रकार।

एव निपा० [सं०] १. एक निश्चयार्थक शब्द, ही। २. भी।

एवज पुं० [अ० एवज़] १. प्रतिफल, प्रतिकार। २. परिवर्तन, बदला; जैसे एवज में=बदले में। ३. दूसरे की जगह पर कुछ दिनों के लिए काम करनेवाला, स्थानापन्न पुरुष।

एवजी स्त्री० दे० 'एवज' ३।

एवमस्तु पद [सं०] ऐसा ही हो। (शुभ आशीर्वाद)

एषण पुं० [सं०] १. जाना, गमन। २. छान-बीन, अन्वेषण। २. तलाश, खोज। ४. इच्छा। ५. लोहे का बाण।

एषणा स्त्री० [सं०] इच्छा, अभिलाषा।

एस पुं० [अं०] टेनिस के खेल में एक खिलाड़ी द्वारा सर्व किया हुआ वह बाल जिसे दूसरा खिलाड़ी लौटा न पाए।

एशिया पुं० [अं०] प्रसिद्ध महाद्वीप जिसके अंतर्गत भारत, चीन, जापान आदि देश आते हैं।

एशियाई वि० [एशिया] एशिया-सम्बन्धी, एशिया मूल का। पुं०=एशियावासी।

एशियावासी पुं० एशिया में रहनेवाला, एशिया का निवासी।

एसएमएस पुं० [अं० शार्ट मैसिज सर्विस] मोबाइल फोन द्वारा भेजा गया लिखित संदेश।

एसिटोन पुं० [अं०] एक प्रकार का तीव्र गंधवाला रंगहीन द्रव जिसका उपयोग रसायनों के निर्माण में होता है।

एस्फाल्ट पुं० [अं०] एक प्रकार का अलकतरा।

एह* सर्व०, वि० दे० 'यह'।

एहतमाम पुं० [अ०] रक्षा आदि के लिए किया जानेवाला प्रयत्न या बरती जानेवाली सतर्कता।

एहतियात स्त्री० [अ० इहतियात] [वि० एहतियाती] १. बुरे या अनुचित काम से बचना, परहेज। २. सतर्कता, सावधानी।

एहर| क्रि० वि०=इधर।

एहसान पुं० [अ०] कृतज्ञता, निहोरा।

एहसानफ़रामोश वि० [अ०+फा०] कृतघ्न।

एहसानफरामोशी स्त्री० [अ०+फा०] कृतघ्नता।

एहसानमंद वि० [वि०] [भाव० एहसानमन्दी] कृतज्ञ।

एहसानमंदी स्त्री० [फा०] कृतज्ञता।

एहि* सर्व० [हिं० एह] एह का वह रूप जो उसे विभक्ति लगने पर प्राप्त होता है, इसको, इसे, यही।

ऐ

ऐ देवनागरी वर्णमाला का नवाँ स्वर वर्ण, जिसका उच्चारण स्थान कंठ और तालु है। विस्मयादिबोधक के रूप में इसका व्यवहार सम्बोधन के लिए होता है, जैसे ऐ लड़के! कविता में यह कभी-कभी 'इतना' के अर्थ में भी आता है, जैसे ऐ परि=इतने पर भी।

ऐं विस्मयादि० [अनु०] १. एक शब्द जिसका प्रयोग अच्छी तरह न सुनी हुई बात फिर से जानने के लिए होता है। २. एक आश्चर्यसूचक शब्द।

ऐंग्लो उप० [अं०] इंगलैंड का।

ऐंग्लो-इंडियन पुं० [अं०] वह व्यक्ति जिसके माता-पिता में से एक इंग्लैंड का निवासी हो और दूसरा भारत का।

ऐंचना स० [हिं० खींचना] १. खींचना। २. दूसरे का कर्ज अपने जिम्मे लेना।

ऐंचाताना वि० [हिं० ऐंचना+तानना] ताकने में जिसकी पुतली दूसरी ओर को खिंचती हो, भेंगा।

ऐंचातानी* स्त्री० दे० 'खींचतान'।

ऐंछना स० [सं० उच्छन्=चुनना] १. झाड़ना, साफ करना। २. (बालों में) कंघी करना।

ऐंटीना, ऐंटेना पुं० [अं०] वह तार जो विद्युत की चुम्बकीय तरंगों का प्रेषण या ग्रहण करता हो।

ऐंटीसेप्टिक वि० [सं०] दे० 'पूति-विरोधी'।

ऐंठ स्त्री० [हिं० ऐंठन] १. ऐंठने की क्रिया या भाव। २. अकड़, ठसक। ३. गर्व, घमंड।

ऐंठन स्त्री० [हिं० ऐंठना] १. ऐंठने की क्रिया या भाव। २. मरोड़, बल। ३. तनाव।

ऐंठना स० [सं० आवेष्टते] १. घुमाव या बल देना, मरोड़ना। २. दबाव डालकर या धोखा देकर लेना, झँसना। अ० १. बल खाना, घुमाव के साथ तनना। २. तनना, खिंचना। ३. मरना। ४. अकड़ दिखाना, घमंड करना।

ऐंड़ स्त्री० [हिं० ऐंठ] १. ऐंठ, गर्व। २. पानी का भँवर। वि० १. निकम्मा, रद्दी। २. जो (धन) डूब गया हो या वसूल न हो सके, जैसे वह रकम ऐंड़ हो गई।

ऐंड़दार वि० [हिं० ऐंड़+फा० दार] १. ठसकवाला, घमंडी। २. बाँका-तिरछा।

ऐंड़ना अ० [सं० अवगुंठन] १. ऐंठना, बल खाना। २. अँगड़ाई लेना। ३. इतराना, घमंड करना। स० ऐंठना या बल देना।

ऐंड़बैंड़* वि० दे० 'अंडबंड'।

ऐंड़ा वि० [सं० अकांड, प्र० अयंड] [स्त्री० ऐंड़ी] ऐंठा हुआ, टेढ़ा।

ऐंड़ाना अ० [हिं० ऐंड़ना] अंगड़ाई लेना। २. इतराना। ३. अकड़ दिखाना।

ऐंड़ा-बैंड़ा वि० [सं० अकांड+विकांड] १. जो अपनी ठीक स्थिति में न हो। २. टेढ़ा, तिरछा। ३. अंडबंड, ऊटपटाँग।

ऐंद्रजालिक पुं० [सं०] इन्द्रजाल के खेल करनेवाला, जादूगर।

ऐंद्रिक वि०=ऐंद्रिय। (अशुद्ध)

ऐंद्रिय वि० [सं०] [भाव० ऐंद्रियता] इन्द्रिय-सम्बन्धी।

ऐंद्रियक वि० एन्द्रिय।

ऐंपियर पुं० [अं०] वह मानक इकाई जिससे विद्युतप्रवाह की शक्ति मापी जाती है।

ऐक* पुं० [?] गहराई की थाह।

ऐकमत्य पुं० [सं०] किसी विषय में कुछ लोगों के एकमत होने का भाव, मतैक्य। (यूनैनिमिटी)

ऐकांतिक वि० [सं०] [भाव० ऐकांतिकता] १. एकान्त-सम्बन्धी, एकान्त का, जैसे एकान्तिक निवास। २. सबसे अलग और निराला। ३. विशेष रूप से किसी एक ही विषय, व्यक्ति या कार्य के लिए रक्षित या व्यासिद्ध। (एक्स्क्लूसिव)

ऐक्टर पुं० [अं०] [स्त्री० ऐक्ट्रेस] अभिनेता।

ऐक्टिंग स्त्री० [अं०] अभिनय।

ऐक्य पुं० [सं०] दे० 'एकता'।

ऐक्यता स्त्री०=एकता। (अशुद्ध)

ऐगुन* पुं० दे० 'अवगुण'।

ऐच्छिक वि० [सं०] १. अपनी इच्छा या पसन्द से किया, लिया या दिया जानेवाला। २. वैकिल्पक। (ऑपशनल)

ऐत* वि० दे० 'इतना'।

ऐतिहासिक वि० [सं०] [भाव० ऐतिहासिकता] १. इतिहास-सम्बन्धी। २. जो इतिहास में हो। (हिस्टारिकल)

ऐतिह्य पुं० [सं०] यह प्रमाण कि लोक में बहुत दिनों से ऐसा ही सुनते आए हैं।

ऐन[1] पुं० दे० 'अयन'।

ऐन[2] वि० [अ०] १. ठीक, उपयुक्त, सटीक। २. बिल्कुल, पूरा-पूरा।

ऐनक स्त्री० [अ०] आँखों में लगाने का चश्मा।

ऐनस्थिसिया पुं० [अं०] चिकित्साशास्त्र में, वह औषधि जिसके द्वारा व्यक्ति को बेसुध या उसके किसी अंग को सुन्न किया जाता है।

ऐपन पुं० [सं० लेपन] हल्दी के साथ गीला पिसा हुआ चावल जिससे देवताओं की पूजा में थापा लगाते हैं।

ऐब पुं० [अ०] [वि० ऐबी] १. दोष। २. अवगुण।

ऐबी वि० [अ०] १. जिसमें ऐब हो, खोटा, बुरा। २. नटखट, दुष्ट। ३. विकलांग, विशेषतः काना।

ऐया स्त्री० [सं० आर्या, प्रा० अज्जा] १. बूढ़ी स्त्री। २. दादी।

ऐयार पुं० [अ०] [स्त्री० ऐयारा, भाव० ऐयारी] १. चालाक, धूर्त या धोखेबाज व्यक्ति। २. वह जो भेस बदलकर विकट और विलक्षण कार्य करता हो।

ऐयाश वि०, पुं० [अ०] [भाव० ऐयाशी] १. बहुत ऐश या आराम करनेवाला। २. विषयी, लम्पट।

ऐरा-गैरा वि० [अ० गैर] १. बेगाना, अजनबी। २. तुच्छ, हीन।

ऐरापति* पुं० दे० 'ऐरावत'।

ऐरावत पुं० [स्त्री० ऐरावती] १. बिजली से चमकता हुआ बादल। २. इन्द्रधनुष। ३. इन्द्र का हाथी जो पूर्व दिशा का दिग्गज है।

ऐरावती स्त्री० [सं०] १. ऐरावत (हाथी) की पत्नी। २. बिजली। ३. रावी नदी।

ऐल[1] पुं० [सं०] इला का पुत्र, पुरूरवा।

ऐल[2] पुं० [?] १. बाढ़। २. अधिकता, बहुतायत। ३. कोलाहल।

ऐलोपैथी स्त्री० [अं०] पाश्चात्य चिकित्सा पद्धति।

ऐश पुं० [अ०] भोग-विलास।

ऐश्वर्य पुं० [सं०] १. विभूति, धन-सम्पत्ति। २. अणिमा आदि सिद्धियाँ। ३. प्रभुत्व, आधिपत्य।

ऐश्वर्यवान, ऐश्वर्यवान् वि० [सं०] [स्त्री० ऐश्वर्यवती] वैभवशाली, सम्पन्न।

ऐस* वि० दे० 'ऐसा'।

ऐसन* वि०=ऐसा। (अवधी)

ऐसा वि० [सं० ईदृश] इस प्रकार का, इस ढंग का।

ऐसा-वैसा वि० १. साधारण, सामान्य; जैसे—हमारी नगर महापालिका भी कुछ ऐसी-वैसी नहीं। —अमृतराय। २. अनुचित, घटिया या तुच्छ; जैसे—मैंने उन्हें कुछ ऐसा-वैसा नहीं कहा।

ऐसे क्रि० वि० [हिं० ऐसा] इस प्रकार।

ऐसो* वि०=ऐसा। (ब्रज०)

ऐस्ट्रोटर्फ वि० [अं०] कृत्रिम घास की सतह जिसे खेल के मैदान में बिछाते हैं।

एहि* सर्व० [सं० एतस्मात्] इस। (ब्रज०)

ऐहिक वि० [सं०] जिसका सम्बन्ध केवल इस लोक या संसार से हो, अर्थात् परलोक, अध्यात्म आदि से न हो, लौकिक, सांसारिक। (सेक्युलर)

ओ

ओ देवनागरी वर्णमाला का दसवाँ स्वर वर्ण जिसका उच्चारण ओष्ठ और कंठ से होता है। विस्मयादि बोधक के रूप में यह सम्बोधन तथा आश्चर्यसूचक शब्द के रूप में प्रयुक्त होता है।
पुं० हिं० में विशेषण के रूप में कहीं-कहीं 'वह' का वाचक होता है, जैसे ओकार=उसका।

ओं पुं० [सं०] परब्रह्म का वाचक शब्द, प्रणव मन्त्र।

ओंइछना* स० [सं० अंचन] निछावर करना।

ओंकना* अ० [अनु०] (मन का) हट या फिर जाना।
अ० दे० 'ओकना'।

ओंकार पुं० [सं०] परमात्मा का सूचक 'ओं' शब्द।

ओंठ पुं० [सं० ओष्ठ, प्रा० औट्ट] मुँह के बाहर ऊपर-नीचे उभरे हुए अंश जिनसे दाँत ढके रहते हैं, होंठ।
मुहा० *ओंठ काटना या चबाना*=चुप रहकर केवल मुद्रा से क्रोध प्रकट करना। *ओंठ चाटना*=कोई वस्तु खा चुकने पर स्वाद के लालच से ओंठों पर भी जीभ फेरना।

ओंड़ा* वि० [सं० कुंड] गहरा।

पुं० १. गड्ढा। २. सेंध।

ओंहटा क्रि० वि० [हिं० 'ओट' का पु० रूप] १. ओट या आड़ में। २. दूर।

ओऊ* सर्व० [?] वह भी।

ओक[१] पुं० [सं०] १. घर, निवास स्थान। २. आश्रय, ठिकाना।

ओक[२] स्त्री० [अनु०] मिचली, कै।

ओक[३] पुं० [हिं० बूक] हथेली की पात्र के समान मुद्रा, अंजलि।

ओकना अ०[अनु०] कै करना।

ओकपति पुं० [सं०] १. सूर्य। २. चन्द्रमा।

ओकाई स्त्री० [हिं० ओकना] वमन, कै।

ओखली स्त्री दे० 'ऊखल'।

ओखा* पुं० [सं० ओख] मिस, बहाना।

वि० [भाव० ओखापन] १. रूखा-सूखा। २. कठिन, विकट। ३. जो शुद्ध या खालिस न हो, खोटा। ४. झीना, विरल।

ओखाण, ओखान पुं० दे० 'उपाख्यान'

ओग* पुं० [?] १. कर। २. चन्दा।

ओघ पुं० [सं०] १. समूह, ढेर। २. घनत्व, घनापन। ३. बहाव। ४. धारा।

ओछा*वि० [सं० अप+तुच्छक] [भाव० ओछापन] [स्त्री० ओछी] १. जो गम्भीर या उच्चाशय न हो, तुच्छ, क्षुद्र, छिछोरा। २. जो गहरा न हो, छिछला। ३. हलका, जैसे ओछा वार।

ओज पुं० [सं० ओजस्] १. प्रताप, तेज। २. उजाला, प्रकाश, रोशनी। ३. कविता का वह गुण जिससे सुननेवाले के चित्त में वीरता आदि का आवेश उत्पन्न हो। ४. शरीर के अन्दर के रसों का सार भाग।

ओजना* स० [सं० अपरुन्धन] अपने ऊपर लेना, सहना।

ओजस्विता स्त्री० [सं०] तेज, कान्ति।

ओजस्वी (-स्विन्) वि० [सं०] [स्त्री० ओजस्वनी] १. शक्तिशाली। २. प्रभावशाली। ३. तेजपूर्ण।

ओझर पुं० [सं० उदर, हिं० औझल] १. पेट की थैली, पेट। २. आँत।

ओझा पुं० [सं० उपाध्याय] १. सरजूपारी और गुजराती ब्राह्मणों की एक जाति। २. मैथिलों की उपाधि। ३. भूत-प्रेत झाड़नेवाला, सयाना।

ओझाई स्त्री० [हिं० ओझा] ओझा की वृत्ति, भूत-प्रेत झाड़ने का काम।

ओट स्त्री० [सं० उट=घास-फूस] १. ऐसी रोक जिससे सामने की वस्तु दिखाई न पड़े, व्यवधान, आड़। २. शरण, पनाह, रक्षा।

ओटना[१] स० [सं० आवर्तन] १. कपास को चरखी में रखकर रुई और बिनौले अलग-अलग करना। २. बराबर अपनी ही बात करते जाना।

ओटना[२] अ० [हिं० ओट] अपने ऊपर सहना।

ओटनी स्त्री० [हिं० ओटनी] कपास ओटने की चरखी, बेलनी।

ओटपाई* स्त्री० दे० 'औठपाय'।

ओटपाय* पुं० दे० 'औठपाय'।

ओटा* पुं० [हिं० ओटा] ओट या आड़ करने के लिए खड़ी की हुई दीवार।

ओठँगना अ० दे० 'उठँगना'।

ओड़न* स्त्री० [हिं० ओड़ना] १. ओड़ने की क्रिया या भाव। २. वह चीज जिससे वार या आघात रोका जाए। ३. आड़ करने या रोकनेवाली चीज। ४. ढाल, फरी।

ओड़ना स० [हिं० ओट] १. रोकना, वारण करना। २. फैलाना, पसारना, उदा० मोदासन पहँ ओड़त हाथ।—केशव। ३. (आघात या प्रहार) अपने ऊपर लेना।

ओड़व-षाड़व पुं० [सं०] वह राग जिसमें कोई पाँच स्वर ही लगें, कोई दो न लगें।

ओड़ा पुं० [?] १. दे० 'ओटा'। २. बड़ा टोकरा, खाँचा। ३. कमी, टोटा।

ओढ़न* स्त्री० दे० 'ओड़न'।

ओढ़ना स० [सं० उपवेष्टन] १. शरीर के किसी भाग को वस्त्र आदि से आच्छादित करना। २. अपने सिर लेना, अपने ऊपर या जिम्मे लेना।

पुं० ओढ़ने का वस्त्र, चादर।

ओढ़नी स्त्री० [हिं० ओढ़ना] स्त्रियों के ओढ़ने का वस्त्र या चादर।

ओतप्रोत वि० [सं०] बहुत मिला-जुला, इतना मिला हुआ कि उसे अलग-अलग करना असम्भव-सा हो।

ओता* वि० दे० 'उतना'।

ओदन पुं० [सं०] पका हुआ चावल।

ओदर* पुं० दे० 'उदर'।

ओदरना अ० [हिं० ओदारना] १. विदीर्ण होना, फटना। २. छिन्न-भिन्न करना, नष्ट करना। ३. गिरना, ढहना।

ओदा* वि० [स्त्री० ओदी] दे० 'गीला'।

ओदारना स० [सं० अवदारण] १. विदीर्ण करना, फाड़ना। २. छिन्न-भिन्न करना, नष्ट करना।

ओधना* स० [सं० आबद्ध] काम का उपक्रम करना, ठानना, जैसे युद्ध ओधना।

ओधा* वि० [सं० आबद्ध] १. किसी के साथ लगा हुआ या बँधा हुआ। २. उलझा या फँसा हुआ।

ओनंत वि० [सं० अनुन्नत] १. झुका हुआ। २. नत।

ओनवना† अ० [सं० अनुन्नत] १. झुकना। २. उमड़ना।

स० १. झुकाना। २. उमड़ने में प्रवृत्त करना, उमड़ाना।

ओनहना† अ० दे० 'उनवना'।

ओना† पुं० [सं० उद्‌गम] तालाब में से पानी निकलने का मार्ग, निकास।

ओनाना† अ० [सं० उन्नयन ?] किसी ओर उठना, लगना या प्रवृत्त होना।

स० किसी ओर लगना या प्रवृत्त करना।

ओनामासी स्त्री० [सं० ऊँ नमः सिद्धम्] १. पढ़ाई का आरम्भ। २. आरम्भ, शुरू।

ओनाह* वि० [?] कहीं भर जाने के कारण उमड़कर इधर-उधर चारो ओर फैला हुआ।

पुं० उलटी धारा।

ओप स्त्री० [हिं० ओपना] १. चमक, दीप्ति, आभा, कान्ति। २. शोभा, जिला। (पॉलिश)

ओपची* पुं० [?] कवचधारी योद्धा।

ओपना स० [सं० आवपन] चमकाना।

अ० चमकना।

ओपनि स्त्री० दे० 'ओप'।

ओपनी स्त्री० [हिं० ओपना] १. यशब या अकीक पत्थर का वह टुकड़ा जिससे रगड़कर चित्र पर का सोना या चाँदी चमकाते हैं, बट्टी।

ओपित वि० [हिं० ओप] १. चमकीला। २. सुन्दर।

ओपी* वि० [हिं० ओप] प्रकाशमान, चमकीला।

ओबरी स्त्री० [?] कोठरी। (पूरब)

ओर स्त्री० [सं० अवार] १. किसी नियत स्थान के आस-पास का विस्तार जिसे दाहिना, बायाँ, ऊपर, सामने आदि शब्दों से सूचित करते हैं, तरफ, दिशा। २. पक्ष।

पुं० १. सिरा, छोर, किनारा।

मुहा० *ओर निभाना*=अन्त तक साथ देना।

२. आदि, आरम्भ।

ओर, की सम्बन्धबो० की दिशा में, की तरफ।

ओरना* अ० दे० 'ओराना'।

ओरमना* अ० दे० 'लटकना'।

ओराना अ० [हिं० ओर] समाप्त होना।

स० दे० समाप्त करना, खत्म करना।

ओराहना पुं० दे० 'उलाहना'।

ओरी स्त्री० दे० 'ओलती'।

ओलंदेज, ओलंदेजी वि० [हॉलैंड (देश)] हॉलैंड देश-सम्बन्धी, हॉलैंड देश का।

पुं० हॉलैंड देश का निवासी।

ओलंबा* पुं० दे० 'उलाहना'।

ओल[१] पुं० [सं०] सूरन, जिमीकन्द।

ओल[२] वि० [?] गीला, तर।

ओल[३] स्त्री० [सं० क्रोड], १. गोद। २. आड़, ओट। ३. शरण, पनाह। ४. बहाना, मिस। ५. स्मृति, याद। ६. विरह, वियोग। ७. किसी वस्तु या प्राणी का किसी दूसरे के पास जमानत के रूप में तब तक रहना, जब तक कुछ रुपया न मिले या कोई शर्त पूरी न हो। (होस्टेज)। ८. वस्तु या व्यक्ति जो इस प्रकार जमानत में रहे।

ओलगिया पुं० [राज०] परदेशी।

ओलती स्त्री० [हिं० ओलना] छप्पर का वह किनारा जहाँ से वर्षा का पानी नीचे गिरता है, ओरी।

ओलना[१] स० [हिं० ओल] १. परदा करना, आड़ करना। २. रोकना। ३. ऊपर सहना।

ओलना[२] पुं० [हिं० ओल] १. परदा, ओट। २. गुप्त बात, भेद।

ओला प्रत्य० [सं० पोतलक, प्रा० ओलअ=बच्चा या छोटा रूप] एक प्रत्यय जो कुछ शब्दों के अन्त में लगकर किसी चीज के बच्चे अथवा छोटे या आरम्भिक रूप का अर्थ देता है, जैसे साँप से सँपोला, खाट से खटोला आदि।

ओलियाना[१]* स० [हिं० ओल = गोद] १. गोद में भरना। २. गिराकर ढेर लगाना।

ओलियाना[२]* स० [हिं० हूलना] घुसाना।

ओली स्त्री० [हिं० ओल] १. गोद। २. झोली। ३. आँचल।

मुहा० *ओली ओड़ना*=आँचल फैलाकर कुछ माँगना।

ओवन पुं० [अं०] खाने की वस्तुएँ पकाने का एक डिब्बेनुमा उपकरण जो बिजली से चलता है और जिसके अंदर कुछ रखने तथा निकालने के लिए खिड़की बनी होती है।

ओवर पुं० [अं०] क्रिकेट के खेल में गेंदबाज द्वारा छह बार गेंद फेंकने का कार्य।

ओवरड्राफ्ट पुं० [अं०] बैंक के खाते में जमा राशि से अधिक राशि (बैंक की अनुमति से) निकालना।

ओशो पुं० आचार्य राजनीश की उपाधि या उपनाम।

ओषधि स्त्री० [सं०] वह वनस्पति या जड़ी-बूटी जो दवा के काम आती है।

ओष्ठ पुं० [सं०] होठ, ओंठ।

ओष्ठ्य वि० [सं०] १. ओंठ-सम्बन्धी। २. (वर्ण) जिसका उच्चारण ओंठ से हो, जैसे उ, ऊ, प, फ, ब, भ, म।

ओस स्त्री० [सं० अवश्याय] हवा में मिली हुई भाप जो रात की सरदी से जमकर कणों के रूप में गिरती है, शबनम।

मुहा० *ओस पड़ना या पड़ जाना*=(क) कुम्हलाना, रौनक न रह जाना। (ख) उमंग बुझ जाना।

ओसरी स्त्री० [सं० अवसर] पारी, बारी।

ओसाना स० [सं० आवर्षण] [भाव० ओसाई] दाँए हुए अनाज को हवा में उड़ाना, जिससे भूसा अलग हो जाए, बरसाना, डाली देना।

ओसार, ओसारा पुं० [सं० अपसार] १. कमरे के आगे का कुछ अधिक चौड़ा छज्जा। २. उक्त के नीचे की खुली जगह, दालान।

ओह[१] विस्मयादि० [अनु०] आश्चर्य, दुख या बेपरवाही का सूचक शब्द।

ओह| सर्व०=उस; ओहसे=उससे।

ओहदा पुं० [अ०] किसी विभाग में कार्यकर्ता का पद या स्थान।

ओहदेदार पुं० दे० 'पदाधिकारी'।

ओहार पुं० [सं० अवधार] रथ या पालकी के ऊपर आड़ करने का कपड़ा।

औ

औ देवनागरी वर्णमाला का ग्यारहवाँ स्वर वर्ण। इसका उच्चारण-स्थान कंठ और ओष्ठ है। यह अ और ओ के संयोग से बना है। योजक के रूप में कविता में यह 'और' का अर्थ देता है।

औंगना स० [सं० अंचन] गाड़ी के पहियों की धुरी में तेल देना।

औंगा वि० [भाव० औंगी] दे० 'गूँगा'।

औंघना अ० दे० 'ऊँघना'।

औंघाई* स्त्री=ऊँघ या उँघाई।

औंजना[1] अ० [सं० आवेजन] ऊबजाना, घबरा जाना।

औंजना[2] स० [देश०] झालना, उँडेलना।

औंटना अ० दे० 'औटाना'।

औंटाना स० दे० 'औटाना'।

औंठ स्त्री० [सं० ओष्ठ] उठा या उभड़ा हुआ किनारा, बारी, बाढ़।

औंड़* पुं० [सं० कुंड] मिट्टी खोदनेवाला मजदूर, बेलदार।

औंदना* अ० [सं० उन्माद या उद्विग्न] १. उन्मत या बेसुध होना। २. व्याकुल होना, घबराना।

औंधना अ० [हिं० औंधा] उलट जाना।

स० उलटा कर देना।

औंधा वि० [सं० अव+मूर्ध] [स्त्री० औंधी] १. जिसका मुँह नीचे की ओर हो, उलटा। २. पेट के बल लेटा हुआ, पट।

मुहा० *औंधे मुँह गिरना*=धोखा खाना।

पुं० उलटा या चिलड़ा नाम का पकवान।

औंधाना स० [सं० अध:] १. ऊपर का भाग नीचे और नीचे का ऊपर करना, औंधा करना, उलटना। २. लटकाना।

औंधी खोपड़ी पुं० मूर्ख व्यक्ति।

औंसना अ० [हिं० उमस] उमस होना।

औकात स्त्री० [सं० 'वक्त' का बहु०] १. वक्त, समय। २. हैसियत, बिसात, वित्त।

मुहा० *औकात दिखाना या दिखा देना*=यह दिखला देना कि तुम कितने पानी में हो, तुम्हारे में दम कितना है ही।

औखवाना सं० = खौलवाना।

औगत* स्त्री० दे० 'दुर्गति'।

वि० दे० 'अवगत'।

औगाहना* स० दे० 'अवगाहना'।

औगुन* पुं० दे० 'अवगुण'।

औघट* वि० दे० 'अवघट'।

औघड़[1] पुं० [स्त्री० औघड़िन] दे० 'अघोरी'।

औघड़[2] वि० [सं० अव=घट] अटपट, अनगढ़, अंडबंड, उलटा-पुलटा।

औघर* वि० [सं० अव+घट] १. अटपट, अनगढ़, । २. अनोखा, विलक्षण।

औचक पुं० [हिं० अव+चट=जल्दी] १. अचानक का भाव। २. कठिनाई या असमंजस की स्थिति, अंडस।

क्रि० वि० अकस्मात्, अचानक।

औचट स्त्री० [?] संकट, कठिनता।

क्रि० वि० १. अचानक। २. भूल से।

औचारणिक वि० [सं० उच्चारण] १. उच्चार-सम्बन्धी। २. उच्चारण के रूप में होनेवाला।

औचिंत* वि० [सं० अव+चिन्ता] १. निश्चिन्त। २. बेखबर।

औचित्य पुं० [सं०] उचित या ठीक होने का भाव, उपयुक्तता।

औज* पुं० दे० 'ओज'।

औजार पुं० [अ० औज़ार] वे यन्त्र जिनसे लोहार, बढ़ई आदि कारीगर अपना काम करते हैं, हथियार, उपकरण।

औझकना* अ०=उझकना।

औझड़ क्रि० वि० [सं० अव+हिं० झड़ी] लगातार, निरन्तर।

वि० [भाव० औझड़पन] १. झक्की। २. अक्खड़।

औटन स्त्री० [हिं० औटना] १. औटने की क्रिया। २. तपन, ताप।

औटना स० [सं० उत्तापन] [भाव० औटन] दूध या कोई पतली चीज आँच पर चढ़ाकर गाढ़ी करना, खौलाना।

अ० १. तरल वस्तु का आँच या गरमी पाकर गाढ़ा होना। २. व्यर्थ घूमना।

औटाना स० [सं० उत्तापन] तरल पदार्थ को आग पर रखकर गरम या गाढ़ा करना।

औठपाय* पुं० [सं० उत्पात] शरारत, पाजीपन, नटखटी।

औड़ा* वि० [हिं० चौड़ा का अनु०] गहरा; उदा० अति औड़ी खाइ खनि लई।—केशव।

औढर वि० [सं० अव+हिं० ढार या ढाल] जिस ओर मन हो, उसी ओर ढल पड़नेवाला, मनमौजी।

औढरदानी वि० मनमाने ढंग से अर्थात् अत्यन्त उदारतापूर्वक दान करनेवाला। पुं० शिव।

औतरना* अ० दे० 'अवतरना'।

औतार* पुं० दे० 'अवतार'।

औत्तापिक वि० [सं०] उत्ताप-सम्बन्धी।

औत्पत्तिक वि० [सं०] उत्पत्ति-सम्बन्धी।

औत्सुक्य पुं० [सं०] उत्सुकता।

औथरा* वि० दे० 'उथला'।

औदारिक वि० [सं०] १. उदर-सम्बन्धी। २. बहुत खानेवाला, पेटू।

औदार्य पुं० [सं०] उदारता।

औदासीन्य पुं० [सं०] उदासीनता।

औदसा* स्त्री० दे० 'दुर्दशा'।

औदुंबर पुं० [सं०] १. गूलर की लकड़ी का बना एक यज्ञ-पात्र। २. एक प्रकार के मुनि।

औदात्य पुं० [सं०] उदात्त होने की अवस्था, गुण या भाव।

औद्धत्य पुं० [सं०] उद्धतता।

औद्यानिक वि० [सं०] उद्यान-सम्बन्धी; जैसे-औद्यानिक बाजार।

औद्योगिक वि० [सं०] १. उद्योग-सम्बन्धी। २. वस्तुएँ तैयार करने के काम से सम्बन्ध रखनेवाला। (इन्डस्ट्रियल)

औद्योगिकी स्त्री० [सं०] उद्योगों को उन्नत करने तथा उन्हें सही ढंग से चलाने की विद्या।

औद्योगीकरण पुं० [सं० उद्योग+करण]=उद्योगीकरण।

औध* पुं० दे० 'अवध'।

*स्त्री० दे० 'अवधि'।

औन* पुं० [सं० अवनि] १. पृथ्वी। २. जगह, स्थान। ३. घर, मकान।

औनना स० [?] लीपना, पोतना या लगाना।

औना-पौना वि० [हिं० ऊन (कम)]+पौना] आधा-तीहा, थोड़ा-बहुत।

औने-पौने क्रि० वि० कमती-बढ़ती दर पर।

मुहा० *औने-पौने करना*=जितना दाम मिले, उतने पर बेच डालना।

औनि* स्त्री० दे० ' अवनि'।

औनिप* पुं० [सं० अवनिप] राजा।

औपचारिक वि० [सं०] १. उपचार-सम्बन्धी। २. जो मान्य आचारों से बँधा-जकड़ा हो, रीति, नियम प्रकृति या मान्यता के पूर्णतः अनुरूप। (फार्मल) ३. बनावटी, दिखौआ।

औपचारिकता स्त्री० [सं०] ऐसा आचरण या कार्य जो आवश्यक न होने पर भी परिपाटी के पालनार्थ किया जाता है।

औपनिवेशिक पुं० [सं०] उपनिवेश में रहनेवाला।

वि० उपनिवेश-सम्बन्धी। (कालोनियल)

औपनिवेशिक स्वराज्य पुं० [सं०] ब्रिटिश साम्राज्य-प्रणाली के अनुसार एक प्रकार का स्वराज्य जो अधीनस्थ उपनिवेशों, (जैसे कनाडा, आस्ट्रेलिया आदि) को प्राप्त है। इसमें उपनिवेशों को ब्रिटिश सम्राट की अधीनता तथा इसी प्रकार की दो तीन छोटी-छोटी बातें माननी पड़ती हैं तथा शेष बातों में वे स्वतन्त्र रहते हैं।

औपनिषद, औपनिषदिक वि० [सं०] उपनिषद-सम्बन्धी।

औपन्यासिक वि० [सं०] [भाव० औपन्यासिकता] १. उपन्यास-विषयक, उपन्यास-सम्बन्धी। २. उपन्यास में वर्णन करने के योग्य। २. अद्‌भुत।

पुं० उपन्यास-लेखक, उपन्यासकार।

औपपत्तिक वि० [सं०] तर्क या युक्ति के द्वारा सिद्ध होनेवाला।

औपम्य पुं० [सं०]=उपमा।

औपल वि० [सं०] उपल-सम्बन्धी।

औपहारिक वि० [सं०] उपहार-सम्बन्धी।

औम* स्त्री० दे० 'अवम तिथि'।

और यो० [सं० अपर] दो शब्दों या वाक्यों को एक साथ जोड़ने-वाला शब्द।

वि० १. दूसरा, अन्य, भिन्न; जैसे-इन्हें और साड़ियाँ दिखाएँ। **पद** *और का और*=कुछ का कुछ, विपरीत, अंडबंड। *और क्या*=हाँ ऐसी ही है। (उत्तर में) *और तो क्या*=और बातों का तो जिक्र ही क्या।

२. अधिक, ज्यादा; जैसे-उसे और पैसा चाहिए।

औरत स्त्री० [अ०] १. स्त्री, महिला। २. पत्नी, जोरू। ३. नौकरानी, मजदूरनी।

औरस वि० [सं०] जो विवाहिता स्त्री से उत्पन्न हो।

औरसना* अ० [सं० अव=बुरा+रस] रुष्ट होना।

औरे* वि० [सं० अपर+हि] और ही।

औरेब पुं० [सं० अव+रेव=गति] १. वक्र गति। २. तिरछी काट। ३. पेंच, उलझन। ४. पेंच या चाल की बात। ५. साधारण या थोड़ी हानि अथवा खराबी।

औरेबी वि० [हिं० औरेब] तिरछी काटवाला।

औलना* अ० १. दे० 'जलना'। २. दे० 'औंसना'।

औला प्रत्य० [सं० पोतलक, प्रा० ओलअ=बच्चा या छोटा रूप] एक प्रत्यय जो कुछ शब्दों के अन्त में लगकर उसके बच्चे अथवा छोटे या अमरम्भिक रूप का अर्थ देता है, जैसे बिनौला=बन या कपास का आरम्भिक रूप, अगौला=गन्ने का अगला भाग या आरम्भिक रूप आदि।

औलाद स्त्री० [अ०] सन्तान, सन्तति।

औला-दौला वि० [अ० औला=सर्वश्रेष्ठ=दौला (अनु०) या दौलत] जो कोई काम करने, विशेषतः उदारता दिखाने के समय कुछ भी सोच-विचार न करे।

औलिया पुं० [अ० वली का बहु०] मुसलमान सिद्ध, पहुँचा हुआ फकीर।

औवल वि० [अ० अव्वल] १. पहला। २, प्रधान, मुख्य। ३. सर्वश्रेष्ठ, सर्वोत्तम।

औषध पुं० [सं०] रोग दूर करनेवाली औषधियों का मिश्रित रूप, दवा। (मेडिसिन)

औषधशाला स्त्री० [सं०] वह स्थान जहाँ औषधियों का निर्माण होता हो।

औषधालय पुं० [सं०] वह स्थान जहाँ दवाएँ मिलती, बनती या बिकती हों। (डिस्पेन्सरी)

औषधीय वि० [सं०] औषध-सम्बन्धी।

औष्ट्र वि० [सं०] ऊँट का।

औष्ठ्य वि० [सं०] होठ-सम्बन्धी।

औसत स्त्री० [अ०] १. दो या दो से अधिक राशियों के जोड़ को उनकी संख्या से भाग देने पर प्राप्त होनेवाली राशि। २. सामान्य स्तर।

वि० १. औसत के रूप में प्राप्त; जैसे-औसत आय। २. सामान्य स्तर का; जैसे औसत वर्षा।

औसर* पुं०= अवसर।

औसान[१]* पुं० दे० 'अवसान'।

औसान[२] पुं० [फा०] सुध-बुध, होश-हवास।

औसार, औसारा पुं०=ओसार।

औसि* क्रि० वि० दे० 'अवश्य'।

औसिला* पुं० [अ० वसीलः] साधन, माध्यम।

औसेर* स्त्री० दे० 'अवसेर'।

औहत* स्त्री० [सं० अपघात] १. अपमृत्यु। २. दुर्गति, दुर्दशा।

औहाती* स्त्री० दे० 'अहिवाती'।

क

क देवनागरी वर्णमाला का पहला व्यंजन वर्ण, इसका उच्चारण कंठ से होता है, इसे स्पर्श वर्ण भी कहते हैं। प्रत्य० कुछ अवस्थाओं में यह शब्दों के अन्त में प्रत्यय के रूप में लगकर ये अर्थ देता है—(क) छोटा या अल्प; जैसे माणवक; (ख) करनेवाला; जैसे सूचक, लेखक आदि; (ग) सम्बन्ध रखनेवाला; जैसे संख्यक; (घ) किसी तत्त्व या भाव का सूचक; जैसे श्रेष्ठक, दीनक आदि।

कं पुं० कौए की बोली।

कंक पुं० [द्रविड़ से गृहीत, सं०] [स्त्री० कंका] सफेद चील।

कंकड़ पुं० [सं० कर्कर] [स्त्री० अल्पा० कंकड़ी, वि० कंकड़ीला] १. चिकनी मिट्टी और चूने से बने रोड़े जिनसे सड़क बनती है। २. पत्थर या और किसी वस्तु का छोटा टुकड़ा, अँकड़ा। ३. सूखा या सेंका हुआ तमाकू का पत्ता।

कँकड़ीला वि० [हिं० कंकड़] [स्त्री० कँकड़ीला] जिसमें कंकड़ हों।

कंकण पुं० [सं०] १. कलाई में पहनने का एक गहना, कंगन। २. वह धागा जो विवाह से पहले वर और वधू के हाथ में रक्षार्थ बाँधते हैं।

कंकरीट स्त्री० [अं० कांक्रीट] १. चूने, कंकड़, बालू आदि के मेल से बना गच बनाने का मसाला, छर्रा, बजरी। २. छोटी कंकड़ियाँ जो सड़कों पर बिछाई और कूटी जाती हैं। (कांक्रीट)

कंकाल पुं० [सं०] अस्थिपंजर।

कंकालिनी स्त्री० [सं०] १. दुर्गा। २. दुष्ट और लड़ाकी स्त्री, कर्कशा।

कंकाली* स्त्री० [सं० कंकाल] प्रेतिनी।

कंखना* अ० [सं० कांक्षा] किसी बात की इच्छा या कामना करना।

कंगन पुं० [सं० कंकण] १. हाथ में पहनने का एक गहना, कंकण। २. लोहे का चक्र जो अकाली सिर पर बाँधते हैं।

कँगनी[१] स्त्री० [हिं० कँगना] १. छोटा कंगन। २. दीवार के ऊपरी भाग में बाहर की ओर बहुत थोड़ा-सा निकला हुआ अंश जो शोभा के लिए बनाया जाता है। ३. गरदनी, कारनिस।

कँगनी[२] स्त्री० [सं० कंगु] एक अन्न जिसके चावल खाए जाते हैं, काकुन।

कंगला वि०=कंगाल।

कंगाल वि० [सं० कंकाल] [भाव० कंगाली] जिसके पास कुछ न हो, बहुत दरिद्र या गरीब।

कंगाली स्त्री० [हिं० कंगाल+ई(प्रत्य०)] बहुत अधिक गरीबी, घोर दरिद्रता।

कँगूरा पुं० [फा० कंगुर:] [वि० कँगूरेदान] १. शिखर, चोटी। २. किले की दीवार में थोड़ी-थोड़ी दूर पर बने हुए वे ऊँचे स्थान जहाँ खड़े होकर सिपाही लड़ते हैं, बुर्ज। ३. छपाई, गहनों आदि में शिखर के आकार की बनावट।

कंघा पुं० [सं० कंक] [स्त्री० अल्पा० कंघी] १. लकड़ी, सींग या धातु की बनी हुई वह चीज जिससे सिर के बाल झाड़ते हैं। २. जुलाहों का एक औजार जिससे वे तागे कसते हैं, बय, बौला।

कंघी स्त्री० [सं० कंकती] १. छोटा कंघा। २. एक पौधा जिसकी पत्तियाँ दवा के काम में आती हैं। ३. दे० 'कंघा'।

कंघी-चोटी स्त्री० १. (स्त्रियों का) बालों में कंघी करके उन्हें चोटी में गूँथने की क्रिया या भाव। २. बनाव-सिंगार।

कँघेरा पुं० [हिं० कंघी+एरा (प्रत्य०)] कंघियाँ बनानेवाला कारीगर।

कंचन पुं० [सं० कांचन] १. सोना, सुवर्ण। २. धन, सम्पत्ति। ३. धतूरा। ४. [स्त्री० कंचनी] एक जाति जिसकी स्त्रियाँ प्राय: वेश्या का काम करती हैं।

वि० १. निरोग, स्वस्थ। २. स्वच्छ।

कंचनी स्त्री० [हिं० कंचन] वेश्या।

कंचुक पुं० [सं०] [स्त्री० कंचुकी] १. जामे या चपकन की तरह का एक पुराना पहनावा। २. चोली, अँगिया। ३. वस्त्र, कपड़ा। ४. बकतर, कवच। ५. साँप की केंचुली।

कंचुकधारी (-रिन्) वि०, पुं० [सं० केंचुली धारण करनेवाला, साँप]।

कंचुकी[१] स्त्री० [सं०] अँगिया, चोली।

कंचुकी (-किन्)[२] पुं० [सं०] प्राचीन काल में राजाओं के रनिवास की दास-दासियों का अध्यक्ष, अंत:पुर का रक्षक।

कँचेरा पुं० [हिं० काँच+ऐरा (प्रत्य०)] १. काँच तैयार करनेवाला। २. काँच के बर्तन तैयार करनेवाला।

कंज पुं० [सं०] १. ब्रह्मा। २. कमल। ३. अमृत। ४. सिर के बाल, केश।

कंजई वि० [हिं० कंजा] कंजे या धुएँ के रंग का, खाकी।

कंजक, कंजका स्त्री० [सं० कन्यका] कुमारिका, कुमारी।

कंजकी* वि० [सं० कंज+हिं० ई (प्रत्यय०)] कमल का, कमल जैसा।

कंजड़ पुं० दे० 'कंजर'।

कंजर पुं० [देश या कालिंजर] [स्त्री० कंजरिन] एक घूमने-फिरनेवाली जाति जो रस्सी बटने, सिरकी बनाने आदि का काम करती है।

कंजा[१] पुं० [सं० करंज] एक कँटीली झाड़ी जिसकी फली औषध के काम आती है।

कंजा[2] वि० [स्त्री० कंजी] १. कंजे के रंग का, गहरा खाकी। २. जिसकी आँखें इस रंग की हों।

कंजूस वि० [सं० कण+हिं० चूस] [भाव० कंजूसी] जो धन का भोग या व्यय कम से कम या न करता हो, कृपण, सूम।

कंजूसी स्त्री० [हिं० कंजूस] १. कंजूस होने की अवस्था या भाव। २. धन का व्यय न करने की प्रवृत्ति।

कंटक पुं० [सं०] [वि० कंटकित] १. काँटा। २. कार्य में होनेवाली बाधा, विघ्न, बखेड़ा। ३. ऐसी बात या कार्य जिससे किसी को कष्ट पहुँचे। (नुएज़ेन्स) ४. रोमांच। ५. कवच।

वि० कष्टकारक, विघ्नकारक; जैसे-कंटक परिस्थितियाँ।

कंटककाल पुं० [सं० कंटक+काल] कठिन या विकट समय, कष्टप्रद समय।

कँटकहीन वि० [सं०] काँटों से रहित, निष्कंटक।

कंटकाकीर्ण वि० [सं०] १. काँटों से भरा। २. विकट तथा कष्टप्रद।

कंटकित वि० [सं०] १. काँटेदार, कँटीला। २. जिसे रोमांच हो आया हो, पुलकित।

कंटर पुं० [अं० कन्टेनर] शीशे की वह सुराही जिसमें शराब, सुगन्धित द्रव्य आदि रखे जाते हैं।

कटाहा* वि०=कँटीला।

कंटाहा बामन| पुं०=महापात्र।

कंटिका स्त्री० [सं०] सुई के आकार की लोहे, पीतल आदि की छोटी तीली जिससे कागज एक में नत्थी किए जाते हैं, आलपीन। (पिन)

कँटिया स्त्री० [हिं० काँटी] १. छोटा काँटा या कील। २. मछली मारने की पतली नोकदार अँकुसी। ३. अँकुसियों का वह गुच्छा जिससे कुएँ में गिरी हुई चीजें निकालते हैं। ४. सिर का एक गहना।

कँटीला वि० [हिं० काँटा+ईला (प्रत्य०)] [भाव० कँटीलापन] जिसमें काँटे हों।

कंठ पुं० [सं०] [वि० कंठ्य, भाव० कंठता] १. गला। २. गले की वे नलियाँ जिनसे भोजन पेट में उतरता है और आवाज निकलती है, घाँटी।

मुहा० *कंठ फूटना*=(क) वर्णों के स्पष्ट उच्चारण का आरम्भ होना। (ख) मुँह से शब्द निकलना।

३. किनारा, तट, तीर।

वि० (विषय, बात, पद्य आदि) जो जबानी याद हो या याद की गई हो, जैसे उन्हें सारी गीता कंठ है।

पुं० दे० 'कंठा'।

कंठतालव्य वि० [सं०] (वर्ण) जिसका उच्चारण कंठ और तालु दोनो स्थानों से मिलकर हो, जैसे 'ए' और 'ऐ' वर्ण।

कंठमाला स्त्री० [सं०] गले का एक रोग जिसमें फोड़े निकलते हैं।

कंठसंगीत पुं० [सं०] गले से गाया जानेवाला या होनेवाला संगीत। (वोकल म्यूजिक)

कंठस्थ वि० [सं०] [भाव० कंठस्थता] १. गले में अटका हुआ, कंठगत। २. जबानी याद, कंठाग्र।

कंठा पुं० [हिं० कंठ] [स्त्री० अल्पा० कंठी] १. वह रेखा जो तोते आदि पक्षियों के गले के चारो ओर होती है, हँसली। २. गले का एक गहना जिसमें बड़े-बड़े मनके होते हैं। ३. कुरते या अँगरखे का वह अर्ध-चन्द्राकार भाग जो गले पर रहता है।

कंठाग्र वि० [सं०] कंठस्थ, जबानी, याद।

कंठी स्त्री० [हिं० कंठा का अल्पा०] १. छोटी गुरियों का कंठा। २. तुलसी आदि मनियों की माला। (वैष्णव)

कंठोष्ठ्य वि० [सं०] वर्ण जो एक साथ कंठ और होंठ के सहारे से बोला जाए, जैसे 'ओ' और 'औ' वर्ण।

कंठ्य वि० [सं०] १. कंठ-सम्बन्धी, गले का। २. गले से उत्पन्न (वर्ण), जिसका उच्चारण कंठ से हो। (गटरल) पुं० वह वर्ण जिसका उच्चारण कंठ से हो—अ, आ, क, ख, ग, घ, ङ; ह और विसर्ग।

कंडरा स्त्री० [सं०] रक्त की नाड़ी।

कंडा पुं० [सं० स्कंदन] [स्त्री० अल्पा० कंडी] १. सूखा गोबर जो जलाने के काम में आता है, उपला। ३. सूखा मल, गोटा, सुद्दा।

कंडाल[1] पुं० [सं० करनाल] तुरही।

कंडाल[2] पुं० [सं० कंडोल] पानी रखने का लोहे, पीतल आदि का बड़ा बरतन।

कंडिहार* पुं० [सं० कर्णधार] केवट, मल्लाह।

कंडी स्त्री० [हिं० कंडा] १. छोटा कंडा, गोहरी, उपली। २. सूखा मल, गोटा।

कंडील स्त्री० [अ० कंदील] मिट्टी, अबरक, कागज आदि की बनी हुई वह लालटेन जिसका मुँह ऊपर की ओर होता है।

कंडु स्त्री० [सं०] खुजली।

कंडोम पुं० [अं०] परिवार-नियोजन सम्बन्धी, रबड़ की थैली।

कंडोल पुं० [सं०] वह बड़ा पात्र जो सड़कों पर कूड़ा फेंकने के लिए रखा रहता है।

कंत, कंथ पुं० दे० 'कांत'।

कंथरी* स्त्री०=कथरी।

कंथा स्त्री० [सं०] गुदड़ी।

कंथी पुं० [सं० कंथा=गुदड़ी] १. गुदड़ी पहननेवाला साधु। २. भिखमंगा।

कंद[1] पुं० [सं०] १. गूदेदार और बिना रेशे की जड़, जैसे सूरन, शकरकन्द आदि। २. बादल।

कंद[2] पुं० [फा०] १. जमाई हुई चीनी, मिसरी। २. बरफी नाम की मिठाई।

कंदन पुं० [सं०] नाश, ध्वंस।

कंदरा स्त्री० [सं०] गुफा, गुहा।

कंदर्प पुं० [सं०] कामदेव।
कंदला पुं० [सं० कंदल=सोना] १. चाँदी का वह लम्बा छड़ जिससे तारकश तार बनाते हैं, पासा, गुल्ली। २. सोने या चाँदी का पतला तार।
स्त्री० दे० 'कंदरा'।
कंदा पुं० [सं० कंद] १. दे० 'कंद'। २. शकरकन्द।
कंदील स्त्री० दे० 'कंडील'।
कंदुक पुं० [सं०] १. गेंद। २. छोटा गोल तकिया।
कँदेला वि० [हिं० काँदो] कीचड़ से भरा।
कंद्रप* पुं०=कंदर्प (कामदेव)।
कंध* पुं० [सं० स्कंध] १. डाली, शाखा। २. दे० 'कंधा'।
कंधनी* स्त्री० दे० 'करधनी'।
कंधर पुं० [सं०] १. गरदन। २. बादल।
कंधा पुं० [सं० स्कंध] १. शरीर का वह भाग जो गले और मोढ़े के बीच में होता है। २. बाहुमूल, मोढ़ा।
कँधार* पुं० [सं० कर्णधार] १. केवट। २. पार लगानेवाला।
कंधार पुं० [सं० गान्धार] अफगानिस्तान का एक नगर और प्रदेश।
कंधारी वि० [हिं० कंधार] कंधार देश का।
पुं० घोड़ों की एक जाति।
कँधावर स्त्री० [हिं० कंधा+आवर (प्रत्य०)] १. जुए का वह भाग जो बैल के कंधों पर रहता है। २. चादर।
कँधेला पुं० [हिं० कंधा+एला (प्रत्य०)] स्त्रियों की साड़ी का वह भाग जो कन्धे पर पड़ता है।
कंप[१] पुं० [सं०] कँपकँपी, काँपना। (सात्विक अनुभावों में से एक)
कंप[२] पुं० [अं० कैंप] पड़ाव, छावनी।
कँपकँपी स्त्री० [हिं० काँपना] थरथराहट, काँपना, कम्पन।
कंपन पुं० [सं०] [वि० कंपित] काँपना, थरथराहट, कँपकँपी।
कँपना अ० दे० 'काँपना'।
कंपनी स्त्री० [अं०] १. व्यापारियों या व्यवसायियों का वह समूह या दल जो एक साथ मिलकर कोई व्यापार या व्यवसाय करता हो, पूग, समवाय। (कंपनी) २. मंडली।
कँपनी* स्त्री० दे० 'कँपकँपी'।
कंपा पुं० [हिं० काँपा] बाँस की तीलियाँ जिनमें बहेलिए लासा लगाकर चिड़ियाँ फँसाते हैं।
कँपाना स० हिं० 'काँपना' का प्रे०।
कंपायमान वि० दे० 'कंपित'।
कंपास पुं० [अं०] दिक्सूचक यन्त्र, कुतुबनुमा।
कंपित वि० [सं०] १. काँपता या हिलता हुआ। २. भयभीत, डरा हुआ।
कंपू पुं० दे० 'छावनी'।
कंपोस्ट पुं० [अं०] हरी खाद; हरे पत्ते, कूड़ा, गोबर आदि को सड़ाकर बनाई हुई खाद।
कंप्यूटर पुं० [अं०] एक इलेक्ट्रानिक उपकरण जो निर्देश-समूह के अनुसार उपलब्ध कराई जानेवाली सूचनाओं या तथ्यों को क्रमबद्ध करके अर्थपूर्ण आँकड़ों में रूपान्तरित करता है।
कंप्यूटरी वि० [अं० कम्प्यूटर] कम्प्यूटर-सम्बन्धी।
कंबख्त वि० [फा०] [भाव० कंबख्ती] अभागा, भाग्यहीन।
कंबख्ती स्त्री० [फा०] १. दुर्भाग्य। २. शामत, दुर्दशा।
मुहा० *कंबख्ती का मारा*=अभागा। *कंबख्ती की मार*=दैवी आघात।
कंबल पुं० [?] [स्त्री० अल्पा० कमली] १. ऊन का बना हुआ वह मोटा कपड़ा जो ओढ़ने-बिछाने के काम में आता है। २. बरसाती कीड़ा, कमला।
कंबुक पुं० [सं०] १. शंख। २. शंख की चूड़ी। ३. घोंघा।
कंबोज पुं० [सं०] [वि० कांबोज] सोवियत रूस के एक भाग का प्राचीन नाम।
कँवर पुं० दे० 'कुँवर'।
कँवल पुं० दे० 'कमल'।
कँवार पुं० दे० 'कुँवर'।
कंस पुं० [सं०] १. काँसा। २. कटोरा। ३. सुराही। ४. मँजीरा, झाँझ। ५. मथुरा के राजा उग्रसेन का लड़का जिसे कृष्ण ने मारा था।
कँसताल पुं० 'झाँझ'।
कई वि० [सं० कति, प्रा० कइ] एक से अधिक, अनेक।
सर्व० बहु० अनेक लोग।
कउड़ पुं० [?] अलाव।
ककड़ी स्त्री० [सं० कर्कटी] १. बेल जिसमें लम्बे फल लगते हैं। २. उक्त बेल का फल।
ककनू* पुं० दे० 'कुकनुस'। (पक्षी)
ककार पुं० [सं०] १. क् ध्वनि। २. क् वर्ण।
ककुद पुं० [सं०] १. बैल के कन्धे पर का कूबड़, डिल्ला। २. राजचिह्न।
ककुभ पुं० [सं०] दिशा।
ककहरा पुं० [हिं० क+ह] क से ह तक के अक्षर।
कक्कड़ पुं० [सं० कर्कर] सूखी या सेंकी हुई सुरती का भुरभुरा चूर जिसे छोटी चिलम पर रखकर पीते हैं।
कक्का[१] पुं० [सं० केकय] केकय देश।
कक्का[२] पुं० [सं०] नगाड़ा, दुंदुभी।
कक्का[३] पुं० दे० 'काका'।
कक्ष पुं० [सं०] १. काँख, बगल। २. काछ, कछोटा, लाँग। ३. कछार। ४. जंगल। ५. सूखी घास। ६. कमरा, कोठरी। ७. पाप, दोष। ८. काँख का फोड़ा, कखौरी। ९. दरजा, श्रेणी। १०. सेना के अगल-बगल का भाग।
कक्षा स्त्री० [सं०] १. परिधि, घेरा। २. ग्रह के भ्रमण करने का मार्ग। ३. श्रेणी, दर्जा, जैसे विद्यालय की सातवीं कक्षा। (क्लास) ४. काँख, बगल। ५. घर की दीवार या पाख। ६. कछौटा।

कक्षानायक पुं० [सं०] कक्षा-सम्बन्धी कार्य करनेवाला प्रमुख विद्यार्थी। (मानीटर)

कखौरी स्त्री० [हिं० काँख] १. दे० 'काँख'। २. काँख का फोड़ा।

कगर पुं० [सं० क=जल+अग्र] १. ऊँचा किनारा। २. मेंड़।

कगार पुं० [हिं० कगर] १. ऊँचा किनारा। २. नदी का करारा। ३. टीला।

मुहा० *कगार पर खड़ा होना*=ऐसे स्थान पर आ पहुँचना जहाँ से पतन अवश्यम्भावी हो।

कच[1] पुं०[सं०] १. बाल। २. फोड़ा या घाव। ३. झुंड। ४. बादल।

कच[2] पुं० [अनु०] १. धसने या चुभने का शब्द या भाव। २. कुचले जाने का शब्द।

कच[3] वि० 'कच्चा' का अल्पा० रूप जो समास में शब्द के पहले लगने पर होता है, जैसे कचलहू।

कचक स्त्री० [हिं० कच] वह चोट जो दबने या कुचले जाने से लगे।

कचकच स्त्री० दे० 'किचकिच'।

कचकोल पुं०[फा० कशकोल] दरियाई नारियल का भिक्षापात्र।

कचदिला वि० [हिं० कच्चा+फा० दिल] जिसे कष्ट, पीड़ा आदि सहने या देखने का साहस न हो, कच्चे दिल का।

कचनार पुं० [सं० काञ्चनार] एक छोटा पेड़ जिसमें सुन्दर फूल लगते हैं।

कचपच स्त्री० [अनु०] १. थोड़े से स्थान में बहुत-सी चीजों या लोगों का भर जाना। २. गिचपिच।

कचपची* स्त्री० [हिं० कचपच] १. कृत्तिका नक्षत्र। २. वे चमकीली बिन्दियाँ जो स्त्रियाँ माथे पर लगाती हैं।

कचर-कचर स्त्री० [अनु०] १. कच्चे फल के खाने का शब्द। २. दे० 'किचकिच'।

कचरकूट पुं० [हिं० कचरना+कूटना] १. खूब मारना-पीटना। २. खूब पेट भर भोजन, इच्छा-भोजन। ३. कूड़ा-करकट।

कचरना* स० [सं० कच्चरण] १. पैर से कुचलना, रौंदना। २. खूब खाना।

कचरा पुं० [हिं० कच्चा] १. कच्चा खरबूजा या ककड़ी। २. कूड़ा-करकट, रद्दी।

कचरी स्त्री० [हिं० कच्चा] १. ककड़ी की जाति की एक बेल जिसके फल पकाकर खाए जाते हैं, पेंहटा। २. कचरी या कच्चे पेंहटे या किसी और फल के सुखाए हुए टुकड़े, जो तलकर खाए जाते हैं।

कचहरी स्त्री० [सं० कृत्यगृह] १. अदालत, न्यायालय। २. वह स्थान जहाँ राजा या कोई अधिकारी न्याय, व्यवस्था आदि सम्बन्धी कार्य करता था।

कचाई स्त्री० [हिं० कच्चा+ई (प्रत्य०)] १. कच्चापन। २. कमी, त्रुटि।

कचाना अ० [हिं० कच्चा] साहस छोड़ देना।

कचारना स० [अनु०] पटक या पीटकर कपड़े धोना।

कचीची स्त्री० [अनु०] क्रोध में दाँत पीसने की मुद्रा।

कचूमर पुं० [हिं० कुचलना] किसी वस्तु का कुचला हुआ रूप, मलीदा।

मुहा० *कचूमर निकाल देना*=(क) बुरी तरह पिटाई करना। (ख) दुर्दशा करना।

कचूर पुं० [सं० कर्चूर] हल्दी की जाति का एक पौधा जिसकी जड़ दवा के काम आती है।

कचोटना अ० [अनु०] (मन में) चुभना, (मन को) पीड़ा देना।

कचौंदना* स०=कुचलना।

कचौड़ी स्त्री०=कचौरी।

कचौरी स्त्री० [तमिल कच (=दाल)+ सं० पूरिका] ऐसी पूरी जिसमें पीठी आदि भरी हो।

कच्चा वि० [सं० कषण] [भाव० कच्चापन] १. जो पका न हो, हरा और बिना रस का, अपक्व। २. जो आँच पर पका न हो, जैसे कच्चा चावल। ३. जो पुष्ट न हुआ हो, अपरिपुष्ट। ४. जिसके तैयार होने में कसर हो। ५. जो दृढ़ या पुष्ट न हो, कमजोर।

मुहा० *कच्चा जी या दिल*=कम साहसवाला और विचलित होनेवाला चित्त। *कच्चा करना*=डराना, भयभीत करना।

६. जो प्रमाणों से पुष्ट न हो, बेठीक।

मुहा० *कच्चा करना*=(क) अप्रामाणिक ठहराना, झूठा सिद्ध करना। (ख) लज्जित करना, शर्मिंदा करना।

७. जो प्रामाणिक तौल या मान से कम हो, जैसे कच्चा सेर। ८. जिसमें से लागत, परिव्यय आदि निकाले न गए हों, स्थूल, 'पक्का' का उलटा। (ग्रॉस) ९. जिसे अभी पूरा ज्ञान या अभ्यास न हो, अपटु।

पुं० १. दूर-दूर पर पड़ा हुआ तागे का डोभ जिसपर बखिया करते हैं। २. ढाँचा, ढड्ढा। ३. पांडुलेख, मसौदा।

कच्चा चिट्ठा पुं० [हिं० कच्चा+चिट्ठा] १. ज्यों का त्यों कहा जानेवाला भीतरी हाल या लेखा। २. गुप्त भेद, रहस्य। ३. आय, व्यय आदि का वह लेखा जो अभी कार्यालय से पूरी तरह जाँचा न गया हो।

कच्चा माल पुं० [हिं० कच्चा+माल] वह द्रव्य जिससे व्यवहार की चाजें बनती हों, सामग्री, जैसे रुई, तिल आदि।

कच्ची-पक्की स्त्री० गाली।

कच्ची बही स्त्री० [हिं० कच्ची+बही] वह बही जिसमें ऐसा हिसाब लिखा हो जो पूर्ण रूप से निश्चित न हो।

कच्ची बात स्त्री० अपमानजनक बात, गाली।

कच्ची रसोई स्त्री० [हिं० कच्ची+रसोई] केवल पानी में पकाया हुआ अन्न, जैसे रोटी, दाल, भात, आदि।

कच्छ[1] पुं० [सं०] [वि० कच्छी] १. जलप्राय देश, अनूप देश। २. गुजरात के समीप का एक प्रदेश।

कच्छ[2] पुं० [सं० कक्ष] धोती की लाँग।

कच्छ[3] पुं० [सं० कच्छप] कछुआ।

कच्छप पुं० [सं०] [स्त्री० कच्छपी] १. कछुआ। २. विष्णु के चौबीस अवतारों में से एक।

कच्छा पुं० [सं० कच्छ] १. एक प्रकार की बड़ी नाव। २. कई नावों को मिलाकर बनाया हुआ बड़ा बेड़ा।

कच्छी वि० [हिं० कच्छ] कच्छ देश का।

पुं० १. कच्छ देश का निवासी। २. घोड़े की एक जाति। ३. कच्छ देश का घोड़ा।

स्त्री० कच्छ देश की भाषा।

कच्छू पुं० दे० 'कछुआ'।

कछनी स्त्री० [हिं० काछना] १. घुटने तक ऊपर चढ़ाकर पहनी हुई धोती। २. वह वस्तु जिससे कोई चीज काछी जाए, कछान, कछाना।

कछान, कछाना पुं० [हिं० काछना] धोती पहनने का वह प्रकार जिसमें वह घुटनों के ऊपर चढ़ाकर कसी जाती है।

कछार पुं० [सं० कच्छ] समुद्र या नदी के किनारे की उपजाऊ नीची भूमि। (एल्यूवियल लैंड)

कछारी स्त्री० [हिं० कछार] छोटा कछार।

वि० कछार-सम्बन्धी, कछार का।

कछारी क्षेत्र पुं० [हिं० कछार+सं० क्षेत्र] वह क्षेत्र या भूभाग जिसमें कछार हों। (एल्यूवियल एरिया)

कछु* वि० दे० 'कुछ'।

कछुआ पुं० [सं० कच्छप] [स्त्री० कछुई] एक प्रसिद्ध जन्तु जिसकी पीठ पर कड़ी ढाल की तरह खोपड़ी होती है।

कछुआ चाल स्त्री० ऐसी मन्द गति जो अखरती हो।

कछुक* वि० दे० 'कुछ'।

कछौटा पुं० [सं० कच्छपट्ट] १. धोती पहनने का 'कछाना' नाम का प्रकार या ढंग। २. दे० 'कछनी'।

कज पुं० [फा०] १. टेढ़ापन। २. दोष, ऐब।

कजरा पुं० [सं० कज्जल] १. दे० 'काजल'। २. काली आँखोवाला बैल।

वि०=कजरारा।

कजरारा वि० [हिं० काजल+आरा (प्रत्य०)] [स्त्री० कजरारी] १. (नेत्र) जिसमें काजल लगा हो, अंजनयुक्त। २. काजल के समान काला।

कजरी[1] स्त्री० १. दे० 'कजली'। २. दे० 'कदली'।

कजरी[2] पुं० [?] एक प्रकार का धान या उसका चावल।

कजरौटा पुं० [स्त्री० अल्पा० कजरौटी] दे० 'कजलौटा'।

कजलाना अ० [हिं० काजल] १. काला पड़ना। २. आग का बुझना।

कजली स्त्री० [हिं० काजल] १. कालिख। २. पिसे हुए पारे और गंधक की बुकनी। ३. रस फूँकने में धातु का वह अंश जो पात्र में लग जाता है। ४. वह गाय जिसकी आँखों के किनारे काला घेरा हो। ५. एक बरसाती त्योहार। ६. एक प्रकार का गीत जो बरसात में गाया जाता है।

कजली वन पुं० दे० 'कदली वन'।

कजलौटा पुं० [हिं० काजल+औटा(प्रत्य०)] [स्त्री० अल्पा० कजलौटी] काजल रखने की डंडीदार लोहे की डिबिया।

कजाक पुं० दे० 'डाकू'।

कजाकी स्त्री० [फा० क़ज्ज़ाक] १. लुटेरापन। २. छल-कपट, धोखेबाजी।

कजावा पुं० [फा०] ऊँट की काठी।

कजिया पुं० [अ०] झगड़ा, बखेड़ा।

कजी स्त्री० [फा०] १. टेढ़ापन। २. दोष।

कज्जल पुं० [सं०] [वि० कज्जलित, भाव० कज्जलता] १. अंजन, काजल। २. सुरमा। ३. कालिख।

कज्जाक पुं० दे० 'डाकू'।

कट[1] पुं० [सं०] १. हाथी का गंडस्थल। २. खस, सरकंडा आदि घास या उनकी टट्टी। ३. शव, लाश। ४. श्मशान।

कट[2] पुं० [हिं० कटना] 'काट' का संक्षिप्त रूप, जिसका व्यवहार यौगिक शब्दों में होता है, जैसे कटखना।

कटक पुं० [सं०] १. सेना, फौज। २. राज-शिविर। ३. कंकण, कड़ा। ४. पर्वत का मध्य भाग। ५. समूह, झुंड।

कटकई* स्त्री० [सं० कटक=सेना] १. सेना, फौज। २. सेना या दल-बल के साथ चलने की तैयारी।

कटकट स्त्री० [अनु०] १. दाँतों के बजने का शब्द। २. लड़ाई-झगड़ा।

कटकटाना अ० [हिं० कटकट] क्रोध में आकर दाँत पीसना।

कटका पुं० [सं० कटक] किसी चीज का बड़ा टुकड़ा, पिंड, डला।

कटकाई* स्त्री० दे० 'कटकई'।

कटकीना पुं० [हिं० काट] गहरी चाल या युक्ति, हथकंडा।

कटखना वि० [हिं० काटना+खाना] [भाव० कटखनापन] काट खानेवाला, दाँत से काटनेवाला।

कटघरा पुं० [हिं० काठ+घर] १. काठ का वह घर जिसमें जँगला लगा हो। २. बड़ा पिंजरा।

कटत स्त्री० [हिं० कटना] बिक्री के माल की खपत, बिक्री।

कटनंस* पुं० [हिं० काटना+सं० नाश] काटने और नष्ट करने की क्रिया।

कटनांस पुं० [देश०] नीलकंठ (पक्षी)।

कटना अ० [हिं० काटना] १. धारदार अस्त्र से किसी चीज या व्यक्ति का दो या कई हिस्सों में विभाजित होना, काटा जाना। २. फसल की कटाई होना। ३. बड़ी संख्या का छोटी संख्या से विभाजित होना; अलग किया जाना।

पद० *कटा हुआ*=अलग-थलग; जैसे-समाज से कटा हुआ व्यक्ति।

कटनि* स्त्री० [हिं० कटना] १. काट। २. आसक्ति, रीझ।

कटनी स्त्री० [हिं० कटना] १. काटने का औजार। २. काटने का काम। ३. खेत की फसल का काटा जाना।

कटपीस पुं० [अं०] (बिक्री के लिए) नए कपड़े का टुकड़ा (जिससे कमीज, कोट, पैंट, ब्लाउज आदि बन सके)।

कटर पुं० [अं०] १. वह जिससे कुछ काटें। २. काटनेवाला। ३. एक प्रकार की नाव।

कटरा[1] पुं० [हिं० कटहरा] छोटा चौकोर बाजार।

कटरा[2] पुं० [सं० कटाह] भैंस का नर बच्चा।

कटवाँ वि० [हिं० कटना+वाँ(प्रत्य०)] १. जो कटकर बना हो, कटा हुआ। २. (ब्याज) जो एक-एक रकम और एक-एक दिन के हिसाब से जोड़ा जाए।

कटवाना स० [हिं० काटना] काटने का काम दूसरे से कराना।

कटहरा पुं० दे० 'कटघरा'।

कटहल पुं० [सं० कंटकिफल] १. एक पेड़ जिसमें बड़े और भारी फल लगते हैं। २. इस पेड़ का फल।

कटहा* वि० [हिं० काटना+हा(प्रत्य०)] [स्त्री० कटही] काट खानेवाला।

कटा* पुं० [हिं० काटना] १. मार-काट। २. वध, हत्या।

कटाइक* वि० [हिं० काटना] काटनेवाला।

कटाई स्त्री० [हिं० काटना] काटने का काम, भाव या मजदूरी (विशेषत: फसल की)।

कटाकटी स्त्री० [हिं० काट] १. कट-कट शब्द। २. लड़ाई। ३. वैमनस्य, वैर।

कटाक्ष पुं० [सं०] १. तिरछी चितवन, तिरछी नजर। २. किसी पर आक्षेप करने के लिए कही जानेवाली कोई व्यंग्यपूर्ण बात। (सरकैस्ज़्म)

कटाक्षिक वि० [सं० कटाक्ष+इक(प्रत्य०)] (उक्ति) जिसमें कटाक्ष हो, कटाक्ष से युक्त, कटाक्षपूर्ण। (सरकैस्टिक)

कटाग्नि स्त्री० [सं०] घास-फूस की आग।

कटाछ* पुं०=कटाक्ष।

कटाछनी, कटाछिनी स्त्री० दे० 'कटाकटी'।

कटान स्त्री० [हिं० काटना] काटने की क्रिया, भाव या ढंग।

कटाना स० हिं० 'काटना' का प्रे० रूप।

कटा-फटा वि० जो कटा भी हो फटा भी हो; जैसे-नोट।

कटार स्त्री० [सं० कट्टार] [स्त्री० अल्पा० कटारी] १. प्राय: एक बित्ते का दुधारा हथियार। २. दे० 'कटाव'।

कटाव पुं० [हिं० काटना] १. कटने या काटने की क्रिया या भाव। २. काट-छाँट, कतर-ब्योंत। ३. काटकर बनाए हुए बेल-बूटे। ४. वर्षा, बाढ़ आदि के कारण जमीन का कटकर बह जाना। (इरोजन)

कटावदार वि० [हिं० कटाव+फा० दार] १. जिसमें कटाव हो। २. आरी के दाँतों की शक्ल का।

कटास स्त्री० [हिं० काटना] काटने की इच्छा।

कटाह पुं० [सं०] १. कड़ाहा, बड़ी कड़ाही। २. कछुए की खोपड़ी। ३. भैंस का बच्चा।

कटिंग स्त्री० [अं०] १. काटने की क्रिया या भाव। २. नाई के द्वारा बालों का काटा या छाँटा जाना।

कटि स्त्री० [सं०] १. कमर। २. हाथी का गंडस्थल।

कटिबंध पुं० [सं०] १. कमर में बाँधने का कपड़ा या और कोई चीज, कमरबन्द। २. भूगोल में गरमी-सरदी के विचार से किए हुए पृथ्वी के पाँच भागों में से कोई एक, जैसे उष्ण कटिबन्ध, शीत कटिबन्ध। (ज़ोन)

कटिबद्ध वि० [सं०] [भाव० कटिबद्धता] १. जो कमर बाँधे हुए हो। २. तैयार, तत्पर, उद्यत।

कटिबद्धता स्त्री० [सं०] कटिबद्ध होने की अवस्था या भाव।

कटिसूत्र पुं० [सं०] मेखला।

कटीला वि० [हिं० काटना] [स्त्री० कटीली] १. काट करने-वाला, तीक्ष्ण, चोखा। २. बहुत तीव्र प्रभाव डालनेवाला। ३. मोहित करनेवाला।

कटु वि० [सं०] [भाव० कटुता] १. छह रसों में से एक, चरपरा, कड़ुआ। २. बुरा लगनेवाला, अप्रिय।

कटुआ वि० [हिं० काटना] काटकर टुकड़े-टुकड़े किया हुआ।

कटुआ ब्याज पुं० दे० 'मिती-काटा'।

कटुता स्त्री० [सं०] एक दूसरे के प्रति होनेवाली दुर्भावना।

कटूक्ति स्त्री० [सं०] अप्रिय बात।

कटैया पुं० [हिं० काटना] काटनेवाला।

स्त्री० काटे जाने की क्रिया या भाव।

कटोरदान पुं० [हिं० कटोरा+दान(प्रत्य०)] वह ढक्कनदार बरतन जिसमें भोजन आदि रखते हैं।

कटोरा पुं० [सं० करोट] नीची दीवार और चौड़े पेंदे का एक छोटा बरतन, प्याला।

कटोरी स्त्री० [हिं० कटोरा का अल्पा०] १. छोटा कटोरा, प्याली। २. अँगिया या चोली का वह भाग जिसमें स्तन रहते हैं। ३. फूल के सींके का सिरा जिसपर दल रहते हैं।

कटौती स्त्री० [हिं० कटना] १. काटकर कम करने की क्रिया या भाव। २. काटी हुई रकम। ३. कोई रकम देते समय उसमें से कुछ बँधा हक या धर्मार्थ द्रव्य निकाल लेना।

कटौती प्रस्ताव पुं० (विधान सभा में) यह प्रस्ताव कि अमुक प्रस्तावित व्यय में इतनी कमी की जाए। (कट-मोशन)

कट्टर वि० [हिं० काटना] [भाव० कट्टरपन] १. काट खाने-वाला, कटहा। २. अपने विश्वास पर बहुत दृढ़ रहने और उसके विरुद्ध कोई बात न सुनने या न माननेवाला, अंधविश्वासी। (फैनेटिक) ३. हठी, दुराग्रही।

कट्टा वि० [हिं० काठ] १. मोटा-ताजा, हट्टा-कट्टा। २. बलवान, बली।

पुं० १. जबड़ा। २. बन्दूक की नकल पर बनी हुई आधे नालवाली पिस्तौल।

मुहा० *कट्टे लगना*=किसी की वस्तु का अनुचित रूप से दूसरे के उपयोग में आना।

कठ पुं० हिं० 'काठ' का अल्पार्थक रूप।

कठकरेज| वि० जिसका काठ का कलेजा हो, निष्ठुर।

कठड़ा पुं० [हिं० कठघरा] १. कठघरा, कटहरा। २. काठ का बड़ा सन्दूक। ३. कठौता।

कठपुतली स्त्री० [हिं० काठ+पुतली] १. काठ की गुड़िया या पुतली जिसे डोरे की सहायता से नचाते हैं। २. वह जो केवल दूसरे के कहने पर, दूसरों की ओर से और दूसरों के स्वार्थ-साधन के लिए सब काम करे। (पपेट)

कठप्रेम पुं० [हिं० काठ+प्रेम] प्रिय के रुष्ट, उदासीन या विमुख होने पर उसके प्रति बना रहनेवाला प्रेम।

कठफोड़वा पुं० [हिं० काठ+फोड़ना] एक चिड़िया जो पेड़ों की छाल छेदती है।

कठबाप पुं० [हिं० काठ+बाप] सौतेला बाप।

कठभाई पुं० [हिं० काठ+भाई)] विमाता का पुत्र।

कठमलिया पुं० [हिं० काठ+सं० माला] १. काठ की माला या कंठी पहननेवाला, वैष्णव। २. झूठ-मूठ कंठी पहननेवाला, बनावटी साधु या सन्त।

कठमस्त वि० [हिं० काठ+फा० मस्त] [भाव० कठमस्ती] संड-मुसंड।

कठमुल्ला पुं० [हिं० काठ+अ० मुल्ला)] कट्टर धर्मगुरु।

कठला पुं० [हिं० कठ+ला(प्रत्य०)] बच्चों के पहनने की एक प्रकार की माला।

कठवत पुं० दे० 'कठौत'।

कठिन वि० [सं०] १. कड़ा, सख्त, कठोर। २. जिसे करना आसान या सहज न हो, मुश्किल, दुष्कर। ३. दुर्बोध।

कठिनई* स्त्री०=कठिनता (दिक्कत)।

कठिनता स्त्री० [सं०] १. कठोरता, सख्ती। २. कठिनाई, दिक्कत। ३. निर्दयता, बेरहमी। ४. मजबूती, दृढ़ता।

कठिनाई स्त्री० [सं० कठिन+हिं० आई (प्रत्य)] १. कठिन होने की अवस्था या भाव। २. ऐसा काम या बात जिसे करना कठिन हो, दिक्कत, मुश्किल। ३. बाधा।

कठिया वि० दे० 'काठा'।

कठियाना, कठुआना अ० [हिं० काठ+आना] सूखकर काठ की तरह कड़ा होना।

कठूमर पुं० [हिं० काठ+ऊमर] जंगली गूलर।

कठेठ* वि० [सं० काठ] [स्त्री० कठेठी] १. कड़ा, कठोर, सख्त। २. कटु, अप्रिय। ३. अधिक बलवाला।

कठोर वि० [सं०] [स्त्री० कठोरा, भाव० कठोरता] १. कठिन, सख्त, कड़ा। २. निर्दय, निष्ठुर, बेरहम।

कठोरता स्त्री० [सं०] १. कड़ाई, सख्ती। २. निर्दयता, बेरहमी।

कठोरीकरण पुं० [सं०] कठोर या कड़ा बनाने की क्रिया।

कठौत, कठौता पुं० [सं० काष्ठपात्र] काठ का बना एक बड़ा और चौड़ा बरतन।

कड़क स्त्री० [हिं० कड़कड़] १. कड़कने की क्रिया या भाव। २. कड़कड़ाहट का कठोर शब्द। ३. तड़प, डपट। ४. गाज, वज्र। ५. वह दर्द जो रुक-रुककर हो, कसक।

कड़कड़ स्त्री० [अनु०] १. लकड़ी के चिटकने का शब्द। २. गरम तेल में जल का कण गिरने से होनेवाला शब्द।

कड़कड़ाता वि० [हिं० कड़कड़ाना] १. कड़कड़ शब्द करता हुआ, जैसे कड़कड़ाता तेल। २. कड़ाके का, बहुत तेज, प्रचंड, जैसे कड़कड़ाता जाड़ा।

कड़कड़ाना अ० [अनु०] [भाव० कड़कड़ाहट] १. कड़कड़ शब्द होना। २. कड़कड़ शब्द के साथ टूटना। ३. घी, तेल आदि का आँच पर तपकर कड़कड़ शब्द करना।

स० १. 'कड़कड़' शब्द करना या 'कड़कड़' शब्द के साथ तोड़ना। २. घी, तेल आदि खूब तपाना।

कड़कड़ाहट स्त्री० [हिं० कड़कड़] १. कड़कड़ाने की क्रिया या भाव। २. कड़कड़ शब्द, घोर नाद, गरज।

कड़कना अ० [हिं० कड़कड़] १. कड़कड़ शब्द होना। २. चिटकने का शब्द होना। ३. चिटकना, फटना।

कड़कनाल स्त्री० [हिं० कड़क+नाल] एक प्रकार की तोप।

कड़क-बिजली स्त्री० [स्त्री० कड़क+बिजली] १. कान का एक गहना, चाँदबाला। २. तोड़ेदार बन्दूक।

कड़खा| पुं० [हिं० कड़क] लड़ाई के समय गाया जानेवाला एक तरह का गीत।

कड़खैत| पुं० [हिं० कड़खा+ऐत(प्रत्य०)] १. कड़खा गानेवाला। २. भाट, चारण।

कड़वा वि० [सं० कटुका] [स्त्री० कड़वी] १. स्वाद में उग्र और अप्रिय, जैसे नीम, चिरायता आदि। २. तीखी प्रकृति का, अक्खड़, गुस्सैल। ३. जो भला न लगे, अप्रिय; जैसे-कड़वी बात।

मुहा० *कड़वा करना*=(क) व्यर्थ रुपए लगाना। (ख) कुछ दाम खड़ा करना। *कड़वा होना*=(क) बुरा बनना। (ख) क्रोध करना। *कड़वे फल चखना*=दुष्परिणाम भोगना।

४. विकट, टेढ़ा, कठिन।

मुहा० *कड़वे-कसैले दिन*=(क) बुरे दिन, कष्ट के दिन। (ख) दो-रसे दिन, जिनमें रोग फैलते हैं। (ग) गर्भ के दिन। *कड़वा घूँट*=कठिन काम।

कड़वा तेल पुं० [हिं० कड़ुआ+तेल] सरसों का तेल।

कड़वापन पुं० कड़वा होने की अवस्था, गुण या भाव।

कड़वी स्त्री० [सं० कांड, हिं० काँड़ा] ज्वार का वह पेड़ जो चारे के लिए छोड़ा हो।

कड़ा[१] पुं० [सं० कटक] [स्त्री० कड़ी] १. हाथ या पाँव में पहनने का प्रसिद्ध गहना। २. इस आकार का लोहे या और किसी धातु का छल्ला या कुंडा।

कड़ा[२] वि० [सं० कड्डु] [स्त्री० कड़ी भाव० कड़ाई] १. जो दबाने से जल्दी न दबे, कठोर, कठिन, सख्त। २. जिसकी प्रकृति कोमल न हो, उग्र। ३. जो जल्दी या आसानी से तोड़ा या भेदा न जा सके, पक्का; जैसे-कड़ा प्रबंध। ४. जो बहुत गीला न हो। ५. हृष्ट-पुष्ट, तगड़ा, दृढ़। ६. जोर का, प्रचंड, तेज, जैसे कड़ी चोट, कड़ा जाड़ा। ७. सहनशील, झेलनेवाला। ८. दुष्कर, दुस्साध्य, कठिन; जैसे-कड़ा सवाल। ९. तीव्र प्रभाववाला, तेज।

कड़ाई स्त्री० [हिं० कड़ा+ई(प्रत्य०)] सख्ती, कठोरता।

कड़ाका पुं० [हिं० कड़कड़] १. किसी कड़ी वस्तु के टूटने का शब्द।

मुहा० *कड़ाके का*=जोर का, तेज।

२. उपवास, लंघन, फाका।

कड़ाबीन स्त्री० [तु० कारबीन] १. चौड़े मुँह की बन्दूक। २. छोटी बन्दूक।

कड़ाहा पुं० [सं० कटाह प्रा० कड़ाह], लोहे, पीतल आदि का [स्त्री० अल्पा० कड़ाही] आँच पर चढ़ाने का लोहे का बड़ा गोल बरतन।

कड़ाही स्त्री० [हिं० कड़ाह] छोटा कड़ाहा।

कड़ियल वि० [हिं० कड़ा] कड़ा।

कड़ी[1] स्त्री० [हिं० कड़ा=मोटी चूड़ी] १. सिकड़ी की लड़ी का कोई छल्ला। २. वह छोटा छल्ला जो किसी वस्तु को अटकाने के लिए लगाया जाए। ३. जोड़नेवाली बात। ४. गीत का एक पद।

कड़ी[2] स्त्री० [सं० कांड] काठ की छोटी धरन।

कड़ी[3] स्त्री० [हिं० कड़ा=कठिन] संकट, दुख।

कडुआ वि० = कड़वा।

कडुआना अ० [हिं० कडुआ] १. कडुआ लगना। २. बिगड़ना, खीझना। ३. आँख में किरकिरी पड़ने का-सा दर्द होना।

कढ़ना अ० [सं० कर्षण] १. निकलना, बाहर आना। २. उदय होना। ३. (प्रतिद्वन्द्विता में) आगे निकल जाना, बढ़ जाना। ४. स्त्री का उपपति के साथ घर छोड़कर चला जाना। ५. दूध आदि का औटकर गाढ़ा होना।

कढ़लाना* स० [हिं० काढ़ना+लाना] घसीटकर बाहर करना।

कढ़ाई स्त्री० [हिं० काढ़ना] कढ़ने या कढ़ाने की क्रिया या भाव।

कढ़ाव पुं० [हिं० कढ़ना] १. कढ़ने या कढ़ाने की क्रिया या भाव। २. कशीदे का काढ़ा हुआ काम। ३. बेल-बूटों का उभार।

कढ़िहार* वि० [हिं० काढ़ना] १. काढ़ने या निकालनेवाला। २. उद्धार करनेवाला। ३. उधार या ऋण लेनेवाला।

कढ़ी स्त्री० [हिं० कढ़ना=गाढ़ा होना] एक प्रकार का सालन जो बेसन को गाढ़ा पकाने से बनता हो।

मुहा० *कढ़ी का-सा उबाल*=शीघ्र ही घट जानेवाला आवेश।

कढ़ुआ वि० [हिं० कढ़ना] कढ़ा या औंटाया हुआ (दूध)।

कढ़ुई स्त्री० [हिं० काढ़ना] मिट्टी का छोटा पुरवा जिससे बड़े बरतन में से कोई चीज निकाली जाती हो।

कढ़ैया पुं० दे० 'कढ़िहार'।

कढ़ोरना* स० [सं० कर्षण] घसीटना।

कण पुं० [सं०] १. बहुत छोटा टुकड़ा, तिनका, रवा। २. चावल का छोटा टुकड़ा, कना। ३. अन्न के कुछ दाने।

पद *कण-कण में*=हर कण में हर जर्रे में।

कत* क्रि० वि० [सं० कतः] क्यों, किसलिए।

कतई क्रि० वि० [अ०] कदापि, किसी अवस्था में भी।

पद *कतई नहीं*=बिल्कुल नहीं, कदापि नहीं।

कतक* क्रि० वि० [सं० कुतः] किसलिए, क्यों।

वि० दे० 'कितना'।

कतना अ० [हिं० कातना] (सूत का) काता जाना।

कतरन स्त्री० [हिं० कतरना] कपड़े, कागज आदि के वे छोटे रद्दी टुकड़े जो कोई चीज काटने पर बचे रहते हैं।

कतरना स० [सं० कर्तन] १. कैंची आदि से काटना। २. दे० 'कुतरना'।

कतरनी स्त्री० [हिं० कतरना] बाल, कपड़े, धातु आदि काटने की कैंची।

कतर-ब्योंत स्त्री० [हिं० कतरना+ब्योंत] १. काट-छाँट। २. उलट-फेर, इधर का उधर करना। ३. उधेड़-बुन, सोच-विचार। ४. युक्ति, जोड़-तोड़।

कतरवाँ वि० [हिं० कतरना] कतरकर बनाया हुआ।

कतरवाना स० [हिं० कतरना] कतरने का काम दूसरे से करवाना।

कतरा[1] पुं० [हिं० कतरना] कटा हुआ टुकड़ा, खंड।

कतरा[2] पुं० [अ० कतरः] बूँद, बिन्दु।

कतराना[1] अ० [हिं० कतरना] [भाव० कतराई] किसी वस्तु या व्यक्ति से बचकर किनारे से निकल जाना।

कतराना[2] स० [हिं० 'कतरना' का प्रे०] कतरने का काम दूसरे से कराना।

कतल पुं० [अ० कत्ल] वध, हत्या।

कतलाम पुं० [अ० कत्ले-आम] जन-साधारण का वध, जनसंहार।

कतली स्त्री० [अ० कतरः] मिठाई आदि का चौकोर टुकड़ा।

कतवार[1] पुं० [हिं० पतवार=पताई] कूड़ा-करकट।

कतवार[2] पुं० [हिं० कातना] कातनेवाला।

कतवारखाना पुं० कूड़ा फेंकने की सार्वजनिक जगह।

कतहुँ, कतहूँ क्रि० वि० [सं० कुत्रापि] कहीं पर।

कताई स्त्री० [हिं० कातना] कातने की क्रिया, भाव या मजदूरी।

कतान स्त्री० [फा०] १. अलसी की छाल का बढ़िया कपड़ा जो पहले बनता था। २. एक प्रकार का बढ़िया रेशमी कपड़ा।

कताना स० हिं० 'कातना' का प्रे०।

कतार स्त्री० [अ०] १. पंक्ति, श्रेणी। २. समूह, झुंड।

कतारा पुं० [सं० कांतार] [स्त्री० अल्पा० कतारी] एक प्रकार का मोटा गन्ना।

कति, कतिक* वि० [सं० कति] १. कितना। २. बहुत।

कतिपय वि० [सं०] १. कितने ही, कई। २. कुछ, थोड़े से।

कतीरा पुं० [अ० कतीरः] गुलू नामक वृक्ष का गोंद।

कतेक* वि० दे० 'कतिक'।

कतेब* स्त्री० [फा० किताब] १. पुस्तक, किताब। २. धर्मग्रन्थ।

कत्ती स्त्री० [सं० कर्त्तरी] १. चाकू, छुरी। २. छोटी तलवार। ३. कटारी। ४. सुनारों की कतरनी। ५. बत्ती की तरह बटकर बाँधी जानेवाली पगड़ी।

कत्थई वि० [हिं० कत्था] कत्थे या खैर के रंग का।

कत्थक पुं० [सं० कथक] १. एक जाति जिसका काम गाना-बजाना है। २. नृत्य का एक प्रकार या शैली।

कत्था पुं० [सं० क्वाथ] [वि० कत्थई] १. खैर की लकड़ियों को उबालकर निकाला हुआ एक प्रसिद्ध पदार्थ जो पान पर लगाकर खाते हैं। २. खैर का पेड़।

कत्ल पुं० दे० 'कतल'।

कथंचित् क्रि० वि० [सं०] कदाचित, शायद।

कथक पुं० [सं०] १. कथा कहनेवाला, पौराणिक। २. कत्थक।

कथक्कड़ पुं० [सं० कथा+हिं० कड़(प्रत्य०)] बहुत कथा कहनेवाला।

कथन पुं० [सं०] [वि० कथित, कथनीय, कथ्य] १. कुछ कहना या बोलना। २. कही हुई बात, उक्ति। ३. किसी के सम्बन्ध में कही हुई कोई ऐसी बात जो अभी प्रमाणित न हुई हो। (एलीगेशन) ४. किसी के सामने दिया हुआ वक्तव्य, बयान। (स्टेटमेन्ट)

कथना* स० [सं० कथन] १. कहना,बोलना। २. निन्दा या बुराई करना।

कथनाश्रय पुं० [सं० कथन+आश्रय] वह पद या शब्दसमूह जो कुछ लोगों की बात-चीत में अभ्यासवश पर निरर्थक रूप से प्राय: आता है, सखुन-तकिया, जैसे जो है सो, क्या नाम आदि।

कथनी* स्त्री० [सं० कथन+ई(प्रत्य०)] १. कहने की क्रिया या भाव, कथन, बात। २. कोरी बकवाद। ३. हुज्जत, तकरार, जैसे कथनी बहुत-कुछ, करनी कुछ भी नहीं।

कथनीय वि० [सं०] १. कहने योग्य, वर्णनीय। २. निन्दनीय, बुरा।

कथमपि क्रि० वि० दे० 'कदापि'।

कथरी स्त्री० [सं० कंथा+हिं० री(प्रत्य०)] पुराने चिथड़ों को जोड़कर बनाया हुआ बिछौना, गुदड़ी।

कथा स्त्री० [सं०] १. वह जो कहा जाए, बात। २. धर्म-विषयक व्याख्यान। ३. चर्चा, जिक्र। ४. समाचार, हाल। ५. कहानी।

कथा-कृति स्त्री० [सं०] उपन्यास या कहानी।

कथाक्रम पुं० [सं० कथा+क्रम] कथा में वर्णित घटना का क्रमिक स्वरूप।

कथानक पुं० [सं०] १. कथा का सार। २. छोटी कथा, कहानी। ३. नाटक, उपन्यास, कहानी आदि का मूल ढाँचा, कथावस्तु।

कथा-नायक पुं० [सं०] १. कथा का नायक। २. उपन्यास, नाटक, धारावाहिक आदि का नायक।

कथा-पाठक पुं० कथा साहित्य का पाठक वर्ग; जैसे-कथा-पाठक मुंशी प्रेमचंद को तलाशते रहते हैं। -सुरेश निर्मल।

कथाफल पुं० [सं० कथा+फल] कथा कहने, सुनने आदि से प्राप्त होनेवाला फल।

कथाबंध पुं० [सं० कथा+बंध] कथा के रूप में पद्यात्मक रचना।

कथावस्तु स्त्री० [सं०] वह सारी कहानी जो किसी नाटक, उपन्यास या कहानी के मूल आधार या ढाँचे में होती है। (प्लॉट)

कथा-वार्ता स्त्री० [सं०] १. अनेक प्रकार की बात-चीत। २. पौराणिक आख्यान।

कथित वि० [सं०] १. कहा हुआ। २. जो अभी कहा तो गया हो, पर प्रमाणित न किया गया हो। (अलेज्ड)

कथी* स्त्री० दे० 'कथनी'।

कथीर पुं० [सं० कस्तीर] राँगा नामक धातु।

कथोद्घात पुं० [सं०] १. प्रस्तावना, कथा का प्रारम्भ। २. (नाटक में) सूत्रधार की बात अथवा उसके आशय के अनुसार पहले-पहल पात्र का आना और अभिनय आरम्भ करना।

कथोपकथन पुं० [सं०] १. कुछ व्यक्तियों में होनेवाली कोई औपचारिक या कल्पित बात-चीत, बनाया या माना हुआ वार्तालाप। (डॉयलॉग) २. किसी प्रकार की बात-चीत, वार्तालाप।

कथ्य वि० [सं०] १. कहने योग्य, कथनीय। २. साधारण बोलचाल की भाषा में प्रचलित। ३. जो कहा जाता हो, कहा जानेवाला।

पुं० वह जो कुछ कहा जाए, अभिव्यक्त किया जानेवाला विचार या भाव।

कदंब पुं० [सं० कदम्ब] १. एक प्रसिद्ध वृक्ष, कदम। २. समूह। ३. ढेर, राशि।

कद[1] स्त्री० [फा० कद्द] [वि० कद्दी] १. द्वेष, शत्रुता। २. हठ, जिद।

कद[2] क्रि० वि० [सं० कदा] कब, किस समय।

कद[3] पुं० [अ० कद] ऊँचाई (प्राणियों, वृक्षों आदि की)।

कदन पुं० [सं०] १. विनाश। २. वध, हिंसा। ३. युद्ध। ४. पाप। ५. दुख।

वि० संहार या नाश करनेवाला। (यौ० के अन्त में जैसे मदन-कदन=शिव)

कदन्न पुं० [सं०] घटिया या मोटा अन्न, कोदों, साँवाँ आदि।

कदम[1] पुं० [सं० कदम्ब] १. एक सदा-बहार बड़ा पेड़ जिसमें गोल फल लगते हैं। २. इस वृक्ष का फल।

कदम[2] पुं० [अ० क़दम] १. पैर, पाँव।

मुहा० *कदम उठाना*=(क) चलना। (ख) कोई काम करने के लिए आगे बढ़ना। *कदम छूना*=(क) प्रणाम करना। *किसी के कदम छूकर कुछ कहना*=किसी की शपथ खाकर कुछ कहना। *कदम बढ़ाना*=(क) तेज चलना (ख) उन्नति करना। *कदम रखना*=प्रवेश करना। *कदम चूम लेना*=पूरा मान-सम्मान देना।

२. पैर का चिह्न।

मुहा० *कदम पर कदम रखना*=अनुकरण करना।

३. चलने में वह दूरी जो एक पैर आगे बढ़ाने से लाँघी जाती है, पग, फाल। ४. घोड़े की वह चाल जिसमें उसके पैरों में गति होती है, पर बदन नहीं हिलता।

कदर स्त्री० [अ० कद्र] १. मात्रा, मिकदार। २. मान, प्रतिष्ठा, आदर।

कदरई* स्त्री० दे० 'कायरता'।

कदरदान वि०, पुं० [फा० कद्रदाँ] गुणग्राहक।

कदरमस* स्त्री० [सं० कदन] मार-पीट।

कदराई* स्त्री० दे० 'कायरता'।

कदराना* अ० [हिं० कादर] १. कायरता दिखाना। २. डरना। स० किसी में कायरता उत्पन्न करना, कायर बनाना।

कदर्थ वि० [सं०] कुत्सित, बुरा।

कदर्थना स्त्री० [सं०] [वि० कदर्थित] १. दुर्दशा, दुर्गति। २. निन्दा, तिरस्कार।

कदली स्त्री० [सं०] १. केला। २. एक प्रकार का हिरन।

कदली वन पुं० [सं०] वह स्थान जहाँ केले के बहुत अधिक पौधे हों।

कदा क्रि० वि० [सं०] कब, किस समय।

कदाकार वि० [सं०] बुरे आकार का, बदशकल, भद्दा।

कदाच* क्रि० वि० दे० 'कदाचित'।

कदाचार पुं० [सं०] [वि० कदाचारी] अनुचित या बुरा व्यवहार अथवा आचरण। (मिस-बिहेवियर)

कदाचित् क्रि० वि० [सं०] १. कभी, किसी समय। २. शायद।

कदापि क्रि० वि० [सं०] कभी, हर्गिज। (इसके बाद 'नहीं' या 'न' आना आवश्यक होता है, जैसे मैं वहाँ कदापि न जाऊँगा।)

कदाशय वि० [सं०] बुरे आशय या उद्देश्यवाला।

कदाशयता स्त्री० [सं०] बुरा आशय या उद्देश्य।

कदी* क्रि० वि०=कभी।

कदीम, कदीमी वि० [अ०] पुराना, प्राचीन।

कदूरत स्त्री० [अ०] मन-मुटाव।

कद्दू पुं० [फा० कदू] एक प्रकार की गोल लौकी, घीया।

कद्र स्त्री० [अ०] आदर, मान, प्रतिष्ठा।

कधी* क्रि० वि० दे० 'कभी'।

कन[१] पुं० [सं० कण] १, बहुत छोटा टुकड़ा, कण। २. अन्न का दानां या उसका टुकड़ा। ३. अनाज। ४. देवता या बड़े का प्रसाद। ५. भीख का अन्न। ६. शारीरिक शक्ति।

कन[२] पुं० 'कान' का संक्षिप्त रूप जो यौगिक शब्दों के पहले आता है, जैसे कनपटी।

कनउड़ा *वि० पुं० दे० 'कनौड़ा'।

कनक[१] पुं० [सं०] १. सोना, सुवर्ण। २. धतूरा। ३. पलाश।

कनक[२] पुं० [सं० कणक] गेहूँ।

कनक-चंपा पुं० [सं० कनक+हिं० चंपा] एक प्रकार का चम्पा। (फूल)

कनकटा वि० [हिं० कान+कटना] १. जिसका कान कटा हो, बूचा। २. कान काट लेनेवाला।

कनकथार*, कनकंथाल* पुं० [सं० कनक+हिं० थाल] सोने का थाल।

कनकना वि० [हिं० कनकनाना] [स्त्री० कनकनी] १. जिससे कनकनाहट उत्पन्न हो, चुनचुनानेवाला। ३. अरुचिकर। ४. चिड़चिड़ा।

कनकनाना[१] अ० [हिं० काट, पु० हिं० कान] [भाव० कनकनाहट] १. सूरन, अरवी आदि तरकारियों के स्पर्श से अंगों में चुनचुनाहट होना, चुनचुनाना। २. अरुचिकर लगना।

कनकनाना[२] अ० [हिं० ?] १. चौकन्ना होना। २. रोमांचित होना।

कनका पुं० [सं० कण] [स्त्री० कनकी] किसी चीज का कण।

कनकानी पुं० [फा० खाकान देश ?] एक प्रकार का घोड़ा।

कनकूत स्त्री० [सं० कण+हिं० कूत] खेत में खड़ी फसल की उपज का अनुमान।

कनकौआ पुं० [हिं० कन्ना+कौआ] कागज की बड़ी गुड्डी, पतंग।

कनकौएबाज पुं० [भाव० कनकौएबाजी] पतंग उड़ाने वाला।

कनखजूरा पुं० [हिं० कान+खर्जु= एक कीड़ा] एक जहरीला छोटा कीड़ा जिसके बहुत से पैर होते हैं, गोजर।

कनखा पुं० [सं० काण्ड] १. कोंपल। २. शाखा, डाली।

कनखियाना स० [हिं० कनखी] १. कनखी या तिरछी निगाह से देखना। २. आँख से इशारा करना।

कनखी स्त्री० [हिं० कोना+आँख] १. पुतली को आँख के कोने पर ले जाकर और दूसरों की दृष्टि बचाकर देखना। २. आँख का इशारा।

मुहा० *कनखी मारना*=कुछ करने या न करने के लिए आँख से इशारा करना।

कनखोदनी स्त्री० [हिं० कान+खोदना] कान से मैल निकालने का चम्मच की शक्ल का एक छोटा उपकरण।

कनछेदन पुं० [हिं० कान+छेदना] हिन्दुओं का एक संस्कार जिसमें बच्चों के कान छेदे जाते हैं, कर्णवेध।

कनटोप पुं० [हिं० कान+टोपी] वह टोपी जिससे सिर और दोनो कान ढक जाएँ।

कनपटी स्त्री० [हिं० कान+सं० पट] कान और आँख के बीच का स्थान।

कनपेड़ा पुं० [हिं० कान+पेड़ा] एक रोग जिसमें कान के पास सूजन होती है।

कनफटा पुं० [हिं० कान+फटना] गोरखपन्थी योगी जो कानों में बिल्लौर की मुद्राएँ पहनते हैं।

कनफुँका वि० [हिं० कान+फूँकना] [स्त्री० कनफुँकी] १. कान में मन्त्र सुनाकर दीक्षा देनेवाला। २. जिसने इस प्रकार से दीक्षा ली हो।

कनमनाना अ० [अनु०] १. किसी की आहट पाकर कुछ हिलना-डोलना। २. किसी बात के विरुद्ध धीरे से कुछ कहना या चेष्टा करना।

कनय* पुं० [सं० कनक] सोना, सुवर्ण।

कनरस पुं० [हिं० कान+रस] भाषण, संगीत आदि सुनने का आनन्द।

कनरसिया पुं० [हिं० कान+रसिया] गाना-बजाना सुनने का शौकीन, संगीत प्रेमी।

कनवा वि०=काना।

कनसुई स्त्री० [हिं० कान+सुनना] आहट, टोह।

मुहा० *कनसुई या कनसुइयाँ लेना*=छिपकर किसी की बात सुनना।

कनस्तर पुं० [अं० कैनिस्टर] टीन का चौखूँटा पीपा, जिसमें घी, तेल आदि रखे जाते हैं।

कनहार* पुं० [सं० कर्णधार] मल्लाह।

कनागत पुं० [सं० कन्यागत (सूर्य)] पितृपक्ष (जिसमें श्राद्ध होते हैं)।

कनाड़ी वि० = कन्नड़।

कनात स्त्री० [तु०] कपड़े का वह परदा जिससे कोई स्थान घेरा जाता है।

कनावड़ा* वि० दे० 'कनौड़ा'।

कनिगर* पुं० [हिं० कानि+फा० गर] अपनी मर्यादा का ध्यान रखनेवाला।

कनियाना अ० [?] १. गोद में उठाना। २. कन्धे पर लादना। अ० दे० 'कतराना'।

कनियार पुं० दे० 'कनक-चंपा'।

कनिष्ठ वि० [सं०] [स्त्री० कनिष्ठा, भाव० कनिष्ठता] १. बहुत छोटा, सबसे छोटा। २. जो पीछे या बाद में उत्पन्न हुआ हो। ३. वय या अवस्था में किसी से कम, उमर में किसी से छोटा। (यंगर) ४. पद, मर्यादा, अवस्था आदि में छोटा, 'वरिष्ठ' का उलटा। (जूनियर) ५. हीन, निकृष्ट।

कनिहार* पुं० [सं० कर्णधार] मल्लाह।

कनी स्त्री० [सं० कण] १. छोटा टुकड़ा। २. हीरे का बहुत छोटा टुकड़ा।

मुहा० *कनी खाना या चाटना*=हीरे की कनी निगलकर प्राण देना।

३. चावल के टुकड़े, कनकी। ४. वर्षा की बूँद।

कनीज स्त्री० [फा० कनीज़] दासी।

कनूका* पुं० दे० 'कनका'।

कने क्रि० वि० [सं० किरणे=स्थान में] १. पास, निकट। २. ओर, तरफ।

कनेक्शन पुं० [अं०] १. दो वस्तुओं को जोड़ने या जुड़े होने की अवस्था या भाव।

कनेठी स्त्री० [हिं० कान+ऐंठना] कान मरोड़ने की सजा।

कनेर पुं० [सं० कणेर] एक पेड़ जिसमें लाल या पीले सुन्दर फूल लगते हैं।

कनेरी स्त्री० [अं० कैनरी] एक गानेवाली चिड़िया।

कनेव पुं० [हिं० काना+एव] चारपाई का टेढ़ापन।

कनोखा वि० [हिं० कनखी] कनखियों से देखनेवाला।

कनोखी* वि०, स्त्री० दे० 'कनखी'।

कनौजिया वि० [हिं० कन्नौज+इया (प्रत्य०)] कन्नौज का। पुं० कनौज का निवासी।

कनौड़ स्त्री० [हिं० कनौड़ा] १. कनौड़े या खंडित होने का भाव। २. कलंक। ३. लज्जा, संकोच। ४. तुच्छता, हीनता।

कनौड़ा[1] वि० [हिं० काना+औड़ा (प्रत्य०)] [स्त्री० कनौड़ी] १. काना। २. जिसका कोई अंग खंडित हो, अपंग, खोंड़ा। ३. कलंकित, निन्दित। ४. लज्जित, संकुचित। ५. किसी के उपकार या भार से दबा हुआ, दबैल। ६. तुच्छ, हीन। ७.दुर्बल या असमर्थ।

कनौड़ा[2] पुं० [हिं० कीनना=मोल लेना] मोल लिया हुआ दास।

कनौती स्त्री० [हिं० कान+औती (प्रत्य०)] १. पशुओं के कान। २. घोड़ों के कान उठाए रखने का ढंग। ३. कान में पहनने की बाली।

कन्नड़ पुं० दक्षिण भारत का एक प्रदेश।
स्त्री० उक्त प्रदेश की भाषा।
वि० कन्नड़ प्रदेश या कन्नड़ भाषा से संबद्ध।

कन्ना[1] पुं० [सं० कर्ण, प्रा० कण्ण] [स्त्री० कन्नी] १. पतंग के बीच में बाँधा जानेवाला डोरा। २. किनारा, कोर।

कन्ना[2] पुं० [सं० कण] चावल का टुकड़ा।

कन्नी स्त्री० [हिं० कन्ना] १. पतंग या कनकौए के दोनो ओर के किनारे। २. किनारा।

मुहा० *कन्नी काटना*=सामने न आना।

कन्यका स्त्री० दे० 'कन्या'।

कन्या स्त्री० [सं०] १. अविवाहिता लड़की, कुँआरी लड़की। २.पुत्री, बेटी। ३. बारह राशियों में से छठी राशि। (वर्गो)

कन्याकुमारी स्त्री० [सं० कन्या+कुमारी] भारत के दक्षिण में रामेश्वर के पास का एक अन्तरीप, रासकुमारी।

कन्यात्व पुं० [सं०] १. कन्या होने की अवस्था या भाव। २. कौमार्य।

कन्यादान पुं० [सं०] विवाह में वर को दान रूप में कन्या देने की रीति।

कन्या-पक्ष पुं० [सं०] वैवाहिक सम्बन्ध के विचार से विवाहिता के पक्ष का व्यक्ति या लोग।

कन्यारासी वि० [सं० कन्या+राशि] १. जिसके जन्म के समय चन्द्रमा कन्या राशि में हो। २. सत्यानाशी।

कन्हाई पुं० दे० 'कन्हैया'।

कन्हैया[1] पुं० [सं० कृष्ण, प्रा० कण्ह] श्रीकृष्ण।

कन्हैया[2] स्त्री० [सं० स्कंध] १. कन्धा। २. बच्चों का बड़ों के कन्धे पर बैठकर चलना। ३. लड़कों का एक प्रकार का खेल जिसमें दो लड़के अपनी बाहों पर किसी दूसरे लड़के को बैठाकर ले चलते हैं।

कपट पुं० [सं०] [वि० कपटी] १. अभिप्राय साधने के लिए हृदय की बात छिपाना, छल, धोखा। २. दुराव, छिपाव।

कपट-कौशल पुं० [सं०] तिकड़म।

कपटना स० [सं० कल्पन] १. काट या निकालकर अलग करना। २. चोरी या छल से कुछ अंश निकालकर अपने लिए अलग कर लेना।

कपटपूर्ण वि० [सं०] कपट से भरा।

कपटा पुं० [सं० क्लृप्ता=कपटने या काटनेवाला] खेत की फसल को काटनेवाला मजदूर, लावा।

कपटी (-टिन्) वि०, पुं० [सं०] कपट करनेवाला।

कपड़गंध स्त्री० [हिं० कपड़ा+गंध] कपड़ा जलने की गंध।

कपड़छन पुं० [हिं० कपड़ा+छानना] पिसी हुई बुकनी को कपड़े में छानना।

कपड़द्वार पुं० [हिं० कपड़ा+सं० द्वार] कपड़ों का भंडार, वस्त्रागार, तोशाखाना।

कपड़मिट्टी स्त्री० [हिं० कपड़ा+मिट्टी] औषध फूँकने के सम्पुट पर गीली मिट्टी के लेप के साथ कपड़ा लपेटने की क्रिया, कपड़ौटी।

कपड़ा पुं० [सं० कर्पट] १. रुई, रेशम, ऊन आदि के तागों से बुना हुआ शरीर का आच्छादन, वस्त्र, पट।

मुहा० *कपड़ों से होना*=(स्त्रियों का) मासिक धर्म से होना, रजस्वला होना।

२. पहनावा, पोशाक।

कपड़ा-लत्ता पुं० पहनने के कपड़े।

कपरा* पुं०=कपड़ा।

पुं०=कपार (कपाल)।

कपर्द, कपर्दक पुं० [सं०] [स्त्री० कपर्दिका] १. (शिव का) जटाजूट। २. कौड़ी।

कपर्दिका स्त्री० [सं०] कौड़ी।

कपर्दी (-र्दिन्) पुं० [सं०] शिव।

कपाट पुं० [सं०] १. किवाड़, दरवाजा। २. पल्ला।

कपार* पुं० दे० 'कपाल'।

कपाल पुं० [सं०] [वि० कपाली, कपालिका] १. खोपड़ा, खोपड़ी। २. ललाट, मस्तक। ३. अदृष्ट, भाग्य। ४. मिट्टी का भिक्षापात्र, खप्पर।

कपालक* वि० दे० 'कापालिक'।

कपालक्रिया स्त्री० [सं०] शवदाह का एक कृत्य जिसमें शव की खोपड़ी बाँस या लट्ठे से तोड़ते हैं।

कपालिका स्त्री० [सं०] रणचंडी।

कपाली(-लिन्) पुं० [सं०] [स्त्री० कपालिनी] १. शिव, महादेव। २. भैरव। ३. ठीकरा लेकर भीख माँगनेवाला।

कपास स्त्री० [सं० कर्पास] [वि० कपासी] एक प्रसिद्ध पौधा जिसके डोडों से रुई निकलती है।

कपिंजल पुं० [सं०] १. पपीहा। २. गौरा पक्षी। ३. तीतर।

वि० पीले रंग का।

कपि पुं० [सं०] १. बन्दर। २. हाथी। ३. सूर्य।

कपित्थ पुं० [सं०] कैथ का पेड़ या फल।

कपिल वि० [सं०] [स्त्री० कपिला, भाव० कपिलता] १. भूरा, मटमैला, तामड़े के रंग का। २. सफेद। ३. भोला-भाला।

पुं० १. अग्नि। २. महादेव। ३. सूर्य। ४. सांख्यशास्त्र के कर्ता एक मुनि।

कपिला स्त्री० [सं०] १. सफेद रंग की गाय। २. सीधी गाय।

कपिश वि० [सं०] १. मटमैला। २. पीला-भूरा या लाल-भूरा।

कपीश पुं० [सं०] वानरों का राजा, जैसे हनुमान, सुग्रीव आदि।

कपूत पुं० [सं० कुपुत्र] बुरी चाल-चलन का पुत्र, बुरा लड़का।

कपूर पुं० [सं० कर्पूर] सफेद रंग का एक प्रसिद्ध सुगन्धित द्रव्य जो दारचीनी की जाति के पेड़ों से निकलता है।

कपूर-कचरी स्त्री० [हिं० कपूर+कचरी] एक बेल जिसकी सुगन्धित जड़ दवा के काम में आती है।

कपूरा पुं० [हिं० कपूर] एक प्रकार का धान या उसका चावल।

कपूरी वि० [हिं० कपूर] १. कपूर का बना हुआ। २. हलके पीले रंग का।

पुं० १. कुछ हलका पीला रंग। २. एक प्रकार का पान।

कपोत पुं० [सं०] [स्त्री० कपोतिका, कपोती] १. कबूतर। २. परेवा। ३. पक्षी, चिड़िया।

कपोतव्रत पुं० [सं०] चुपचाप दूसरे के अत्याचार सहने का व्रत, या वृत्ति।

कपोती स्त्री० [सं०] १. कबूतरी। २. पेंडुकी। ३. कुमरी।

कपोल पुं० [सं०] गाल।

कपोल-कल्पना स्त्री० [सं०] मन-गढ़ंत या बनावटी बात।

कपोल-कल्पित वि० [सं०] मन-गढ़ंत।

कप्तान पुं० [अं० कैप्टन] १. टीम का नायक। २. सेना का बड़ा अधिकारी।

कप्तानी स्त्री० [हिं० कप्तान] १. कप्तान होने की अवस्था या भाव। २. कप्तान बने रहने का समय। (कैपिटेन्सी)

कप्तानी पारी स्त्री० क्रिकेट के खेल में किसी टीम के कप्तान द्वारा की हुई उत्तम बल्लेबाजी।

कफ[१] पुं० [सं०] शरीर के अन्दर की वह गाढ़ी लसीसी वस्तु जो खाँसने या थूकने से मुँह या नाक से निकलती है, बलगम।

कफ[२] पुं० [अ०] कमीज या कुरते में आस्तीन का वह अगला भाग जिसमें दोहरी पट्टी होती और बटन लगते हैं।

कफज्वर पुं० [सं०] कफ के कारण होनेवाला ज्वर।

कफन पुं० [अ०] वह कपड़ा जिसमें शव लपेटकर गाड़ा या फूँका जाता है।

मुहा० *कफन को कौड़ी न होना*=अत्यन्त दरिद्र होना। *कफन फाड़कर बोल उठना*=ज़ोर से चिल्लाने लगना।

कफन-खसोट वि० [अ० कफन+हिं० खसोटना] अत्यन्त लोभी और निन्दनीय कर्म करनेवाला।

कफनाना स० [हिं० कफन] शव को कफन में लपेटना।

कफनी स्त्री० [हिं० कफन] १. वह कपड़ा जो शव के गले में पहनाते हैं। २. गले में पहनने का साधुओं का कपड़ा।

कफस पुं० [अ० क़फ़स] पिंजरा।

कबंध पुं० [सं०] १. कंडाल। २. बादल। ३. पेट। ४. बिना सिर का धड़, रुंड।

कब क्रि० वि० [सं० कदा] किस समय? किस वक्त?

पद *कब का, कब के, कब से*=देर से। *कब नहीं*=बराबर, सदा।

कबड्डी स्त्री० [सं० कपर्दी] लड़कों का एक खेल जो दो दलों में होता है।

कबर स्त्री० दे० 'कब्र'।

कबरा वि० दे० 'चितकबरा'।

कबरी स्त्री० [सं० कवरी] स्त्रियों के सिर की चोटी।

कबल क्रि० वि० [अ०] पहले, पूर्व।

कबहूँ* क्रि० वि० [हिं० कब+हूँ] कभी।

कबा पुं० [अ०] एक प्रकार का लम्बा ढीला पहनावा।

कबाड़ पुं० [सं० कर्पट] [वि० कबाड़ी] १. काम में न आनेवाली वस्तु। २. व्यर्थ का काम।

कबाड़खाना पुं० [हिं० कबाड़+फा० ख़ानः] १. वह स्थान जहाँ व्यर्थ समझी जानेवाली वस्तु गँजी हो। २. वह कमरा या घर जिसका सारा सामान अस्त-व्यस्त हो।

कबाड़ा पुं० [हिं० कबाड़] झंझट, बखेड़ा।

कबाड़िया, कबाड़ी पुं० [हिं० कबाड़] १. पुरानी, रद्दी या टूटी-फूटी चीजें खरीदने तथा बेचनेवाला आदमी। २. झगड़ालू व्यक्ति।

कबाब पुं० [अ०] सीखों पर भूना हुआ मांस।

कबाब-चीनी स्त्री० [अ० कबाब+हिं० चीनी] एक झाड़ी जिसके गोल फल दवा के काम में आते हैं।

कबाबी वि० [अ० कबाब] १. कबाब बेचनेवाला। २. मांसाहारी।

कबायली पुं० [अ०] पश्चिमी पाकिस्तान में रहनेवाले किसी कबीले का आदमी।

कबार पुं० [हिं० कबाड़] १. रोजगार, व्यवसाय। २. दे० 'कबाड़'।

कबारना* स०=उखाड़ना।

कबाला पुं० [अ०] वह दस्तावेज जिसके द्वारा कोई जायदाद दूसरे के अधिकारों में चली जाए, जैसे बैनामा।

कबाहट* स्त्री०=कबाहत (झंझट)।

कबाहत स्त्री० [अ०] १. बुराई, खराबी। २. झंझट, अड़चन।

कबीर पुं० [अ० कबीर=बड़ा, श्रेष्ठ] १. भक्तिकाल के एक प्रसिद्ध कवि तथा भक्त जो जुलाहे थे। २. एक प्रकार का अश्लील गीत जो होली में गाया जाता है।

कबीर-पंथ पुं० कबीर का सम्प्रदाय।

कबीर-पंथी वि० कबीर के सम्प्रदाय का।

पुं० कबीर-पंथ का अनुयायी।

कबीराई वि० [अ० कबीर+हिं आई (प्रत्य०)] कबीर द्वारा प्रतिपादित या समर्थित।

कबीरी वि० [अ० कबीर+हिं ई (प्रत्य०)] कबीर सम्बन्धी।

कबीला पुं० [अ० कबील:] १. समूह, झुंड। २. एक वंश के सब लोगों का वर्ग।

स्त्री० जोरू, पत्नी।

कबीलाई वि० [हिं० कबीला] कबीला-सम्बन्धी।

कबुलवाना स० हिं० 'कबूलना' का प्रे०।

कबूतर पुं० [फा०, मि० सं० कपोत] [स्त्री० कबूतरी] झुंड में रहनेवाला एक प्रसिद्ध पक्षी।

कबूतरबाजी स्त्री० कबूतर पालने तथा उड़ाने का काम।

कबूल पुं० [अ०] स्वीकार, मंजूर।

कबूलना स० [अ० कबूल+ना(प्रत्य०)] स्वीकार करना, मंजूर करना, सकारना।

कबूलियत स्त्री० [अ०] वह कागज जो पट्टा लेनेवाला पट्टे की स्वीकृति में पट्टा देनेवाले को लिखकर देता है।

कबूली स्त्री० [फा०] चने की दाल की खिचड़ी।

कब्ज पुं० दे० 'कब्जियत'।

कब्जा पुं० [अ० कब्ज़:] १. मूठ, दस्ता। २. किवाड़ या सन्दूक में जड़े जानेवाले लोहे या पीतल की चादर के बने हुए दो चौखूँटे टुकड़े जो पेंच से जड़े होते हैं। ३. वह स्वत्व जो किसी वस्तु या सम्पत्ति पर उसके भोग आदि के सम्बन्ध में किसी को प्राप्त होता है, अधिकार। (पजेशन) ४. वश, इख्तियार।

कब्जाना स० [अ० कब्ज़:+हिं० आना (प्रत्य०)] कब्जा कर ले लेना, कब्जे में ले लेना।

कब्जियत स्त्री० [अ० कब्ज़ियत] पाखाना साफ न आना, मलावरोध।

कब्र स्त्री० [अ०] १. वह गड्ढा जिसमें मुसलमान, ईसाई आदि मुरदा गाड़ते हैं। २. वह चबूतरा जो ऐसे गड्ढे के ऊपर बनाया जाता है।

मुहा० *कब्र में पैर लटका होना*=मरने के समीप होना।

कब्रिस्तान पुं० [फा०] [वि० कब्रिस्तानी] वह स्थान जहाँ मुरदे गाड़े जाते हैं। (बरियल ग्राउंड)

कभी क्रि० वि० [हिं० कब+ही] १. किसी समय, किसी अवसर पर।

पद *कभी-कभी*=कुछ अवसरों पर अर्थात् सदा नहीं। *कभी का*=बहुत देर से। *कभी न कभी*=आगे चलकर किसी अवसर पर।

२. किसी समय भी, कदापि, हरगिज।

कभू* क्रि० वि० दे० 'कभी'।

कमंगर पुं० [फा० कमानगर] १. कमान बनानेवाला। २. जोड़ की उखड़ी हुई हड्डी बैठानेवाला। ३. चित्रकार।

कमंडल पुं० [सं० कमंडलु] संन्यासियों का जलपात्र जो धातु या दरियाई नारियल आदि का होता है।

कमंद[1]* पुं० दे० 'कबंध'।

कमंद[2] स्त्री० [फा०] १. वह फन्देदार रस्सी जिसे फेंककर, जंगली पशु फँसाए जाते हैं, फन्दा, पाश। २. वह फन्देदार रस्सी जिसके सहारे चोर ऊँचे मकानों पर चढ़ते हैं।

कम वि० [फा०] [भाव० कमी] १. थोड़ा, न्यून, अल्प।
 मुहा० *कम-से-कम*=अधिक नहीं, तो इतना तो अवश्य; और नहीं, तो इतना जरूर।
 २. बुरा, जैसे कमबख्त।
 क्रि० वि० प्रायः नहीं, बहुधा नहीं।

कम-अक्ल वि० [फा० कम+अ० अक्ल] जो अकल में कम हो; मूर्ख, बुद्धू।

कम-असल वि० [फा० कम+अ० अस्ल] १. वर्णसंकर, दोगला। २. नीच।

कमखर्च वि० [फा० कमख़र्च] [भाव० कमखर्ची] कम खर्च करनेवाला, मितव्ययी।
 कहा० *कमखर्च बाला नशीन*=मितव्ययी ही श्रेष्ठ होता है।

कमखाब पुं० [फा०] एक प्रकार का बूटीदार रेशमी कपड़ा।

कमची स्त्री० [तु०, मि० सं० कंचका] १. वह पतली लचीली टहनी जिससे टोकरियाँ बनाते हैं। २. पतली लचीली छड़ी।

कमच्छा स्त्री० दे० 'कामाख्या'।

कमजोर वि० [फा० कमज़ोर] दुर्बल, अशक्त।

कमजोरी स्त्री० [फा० कमज़ोरी] १. दुर्बलता। २. अवगुण।

कमठ पुं० [सं०] [स्त्री० कमठी] १. कछुआ। २. साधुओं का तूँबा। ३. बाँस।

कमठी स्त्री० [सं० कमठ] बाँस की पतली लचीली धज्जी, फट्टी।
 *स्त्री० कछुई।

कमतर वि० [फा०] तुलना में किसी से गुण, शक्ति, परिमाण आदि में कम, अल्पतर।

कमतरीन वि० [फा०] तुलना में सबसे गुण, शक्ति, परिमाण आदि में कम, अल्पतर।

कमना* अ० [फा० कम] कम होना।

कमनी* वि० दे० 'कमनीय'।

कमनीय वि० [सं०] [भाव० कमनीयता] सुन्दर, मनोहर।

कमनैत पुं० [फा० कमान+हिं० ऐत (प्रत्य०)] [भाव० कमनैती] कमान चलानेवाला, तीरंदाज।

कमबख्त वि० [फा० कमबख़्त] अभागा।

कमबख्ती स्त्री० [फा० कमबख़्ती] दुर्भाग्य।
 पद *कमबख्ती की मार*=दुर्भाग्यवश।

कमरंग स्त्री०=कमरख।

कमर स्त्री० [फा०] शरीर में पेट और पीठ के नीचे और पेड़ू तथा चूतड़ के ऊपर का अंग।
 मुहा० *कमर कसना या बाँधना*=(क) तैयार होना, उद्यत होना। (ख) चलने की तैयारी करना। *कमर टूटना*=कुछ करने के योग्य न रह जाना।
 २. किसी लम्बी वस्तु के बीच का पतला भाग, जैसे कोल्हू की कमर।

कमरख स्त्री० [सं० कर्मरंग, फा० कम्मरंग] एक पेड़ जिसके फाँकवाले लम्बे फल खट्टे होते हैं, कमरंग।

कमरखी वि० [हिं० कमरख] जिसमें कमरख की तरह उभड़ी हुई फाँकें हों।

कमरतोड़ वि० [हिं० कमर+तोड़ना] १. कमर तोड़ देनेवाला। २. शक्तिहीन या बेदम कर देनेवाला; जैसे-कमरतोड़ महँगाई।

कमरबंद पुं० [फा०] वह लम्बा कपड़ा जिससे कमर बाँधते हैं, पटका। २. पेटी। ३. इजारबन्द, नारा।

कमर-बल्ला पुं० [फा० कमर+हिं० बल्ला] १. वह छोटी दीवार जो किलों और चारदीवारियों के ऊपर होती है और जिसमें कँगूरे और झरोखे होते हैं। २. वह छोटी दीवार जो किसी बड़ी दीवार के सहारे के लिए उसके नीचेवाले भाग के साथ, प्रायः ढालुएँ रूप में खड़ी की जाती है।

कमरा पुं० [लै० कैमेरा] १. कोठरी। २. छाया-चित्र या फोटो उतारने का यन्त्र।

कमरी स्त्री० दे० 'कमली'।

कमल पुं० [सं०] १. पानी में होनेवाला एक पौधा जो अपने सुन्दर फूलों के लिए प्रसिद्ध है। २. इस पौधे का फूल। ३. इस फूल के आकार का एक मांसपिंड जो पेट में दाहिनी ओर होता है, क्लोम। ४. जल, पानी। ५. योनि के अन्दर की एक कमलाकार गाँठ, फूल, धरन। ६. एक प्रकार का पित्त रोग जिसमें आँखें पीली पड़ जाती हैं, पीलिया। ७. कमल के फूल या बड़े गिलास के आकार का शीशे का एक आधान जिसमें प्रकाश के लिए मोमबत्ती जलाते हैं।

कमल-ककड़ी स्त्री० दे० 'भसींड़'।

कमलगट्टा पुं० [सं० कमल+हिं० गट्टा] कमल का बीज, पद्मबीज।

कमलनयन वि० [सं०] [स्त्री० कमलनयनी] जिसकी आँखें कमल की तरह बड़ी और सुन्दर हों।
 पुं० विष्णु।

कमलनयनी स्त्री० [सं०] वह स्त्री जिसकी आँखें कमल जैसी हों।

कमलनाभ पुं० [सं०] विष्णु।

कमलनाल स्त्री० [सं०] कमल की डंडी, जिस पर फूल रहता है, मृणाल।

कमलबाई स्त्री० दे० 'कमल' (रोग)।

कमला[1] स्त्री० [सं०] १. लक्ष्मी। २. धन-सम्पत्ति। ३. एक प्रकार की बड़ी नारंगी, सन्तरा।

कमला[2] पुं० [सं० कम्बल] १. एक प्रकार का कीड़ा जिसके शरीर से छू जाने से खुजली होती है, सूँड़ी। २. अनाज या सड़े फलों आदि में पड़नेवाला कीड़ा, ढोला।

कमलाकर पुं० [सं०] कमलों से भरा जलाशय।

कमलाकांत पुं० [सं०] विष्णु।

कमलाक्ष वि० [सं०] कमलनयन।

कमलानाथ पुं० [सं०] विष्णु।

कमलासन पुं० [सं०] १. ब्रह्मा। २. योग का पद्मासन।

कमलिनी स्त्री० [सं०] १. छोटा कमल। २. वह तालाब जिसमें कमल हों।

कमली स्त्री० [हिं० कम्बल] छोटा कम्बल।

कमवाना स० [हिं० 'कमाना' का प्रे०] कमाने का काम दूसरे से कराना।

कमाई स्त्री० [हिं० कमाना] १. कमाया हुआ धन, अर्जित द्रव्य। २. कमाने का काम।

कमाऊ वि० [हिं० कमाना] १. कमानेवाला। २. जिसकी खूब कमाई हो; जैसे-कोचिंग इन दिनों कमाऊ व्यवसाय है।

कमाच पुं० [?] १. एक प्रकार का रेशमी कपड़ा। २. दे० 'कौंछ'।

कमाची स्त्री० [तु० कमची] १. छोटी पतली छड़ी। २. सारंगी बजाने की कमानी।

कमान[1] स्त्री० [फा०] १. धनुष।

मुहा० *कमान चढ़ना*=(क) दौर-दौरा होना। (ख) त्योरी चढ़ना, क्रोध में होना।

२. इन्द्रधनुष। ३. मेहराब। ४. तोप। ५. बन्दूक।

कमान[2] स्त्री० [अं० कमांड] १. आज्ञा, हुक्म। २. फौजी आज्ञा। ३. फौजी नौकरी।

मुहा० *कमान पर जाना*=लड़ाई पर जाना। *कमान बोलना*= सिपाही को नौकरी या लड़ाई पर जाने की आज्ञा देना।

कमाना[1] स० [हिं० काम] १. काम-धन्धा करके धन पैदा करना। २. सुधारकर काम के योग्य बनाना।

पद *कमाई हुई हड्डी या देह*=कसरत से बलिष्ठ किया हुआ शरीर। *कमाया साँप*=वह साँप जिसके विषैले दाँत उखाड़ लिए गए हों।

३. सेवा-सम्बन्धी छोटे काम करना, जैसे पाखाना कमाना (उठाना), दाढ़ी कमाना (हजामत बनाना)। ४. कर्म का संचय करना, जैसे पाप कमाना।

अ० १. मेहनत-मजदूरी करना। २. स्त्री का व्यभिचार से धन उपार्जित करना, कसब करना।

कमाना[2] स० [हिं० कम] कम करना, घटाना।

कमाना-धमाना स० काम-धन्धे, नौकरी-चाकरी या मेहनत-मजदूरी के काम में लगे होना।

कमानी स्त्री० [फा० कमान] [वि० कमानीदार] १. तार अथवा और कोई लचीली वस्तु, जो इस प्रकार बैठाई हो कि दब और उठ जाए। २. झुकाई हुई लोहे की लचीली तीली। ३. एक प्रकार की चमड़े की पेटी जिसे आँत उतरने के रोगी कमर में बाँधते हैं।

कमाल पुं० [अ०] [भाव० कमालियत] १. परिपूर्णता, पूरापन। २. निपुणता, कुशलता। ३. अद्भुत या अनोखा काम।

कमासुत वि० [हिं० कमाना+सुत] कमाई करनेवाला, धन कमानेवाला।

कमिया पुं० [फा० काम+हिं० इया (प्रत्य०)] मजदूरी करनेवाला, मजदूर।

कमी स्त्री० [फा० कम] १. कम होने की अवस्था का भाव, न्यूनता, अल्पता। २. कम किए जाने की क्रिया या भाव। (रिडक्शन) ३. त्रुटि, दोष। ४. हानि, नुकसान।

कमीज स्त्री० [अ० कमीज़] कुरते की तरह का कालरदार प्रसिद्ध पहनावा।

कमीना वि०, पुं० [फा०] [भाव० कमीनापन] नीच, क्षुद्र।

कमीशन पुं० [अं०] १. कोई माल बेचने, बिकवाने अथवा इसी प्रकार का कोई काम करने-कराने के बदले में मिलनेवाला धन, दलाली। २. दे० 'आयोग'।

कमीशनखोर वि०पुं० [अं० +फ़ा०खोर] कमीशन या दलाली खानेवाला।

कमीशनखोरी स्त्री० [अं० +फ़ा०ख़ोरी] कमीशन खाने का धंधा।

कमुकंदर* पुं० [सं० कार्मुक+दर] शिव का धनुष तोड़नेवाले, रामचन्द्र।

कमेंट्री स्त्री० [अं०] रेडियो या टीवी पर प्रसारित होनेवाला किसी घटना का मौखिक विवरण।

कमेरा पुं० [हिं० काम+एरा(प्रत्य०)] छोटा-मोटा काम करनेवाला, जैसे मजदूर।

कमेला पुं० [हिं० काम+एला(प्रत्य०)] वह जगह जहाँ पशु मारे जाते हैं, वधस्थान, कसाईखाना।

कमोड पुं० [अं०] विदेशी ढंग का पाखाने का ऊँचा गमला।

कमोदिन* स्त्री० दे० 'कुमुदिनी'।

कमोबेश वि० [फा० कम+बेश] १. कम या अधिक। २. लगभग, करीब-करीब।

कमोरा पुं० [सं० कुंभ+हिं० ओरा(प्रत्य०)] [स्त्री० कमोरी, कमोरिया] मिट्टी का वह बड़ा बरतन जिसमें दूध, दही या पानी रखा जाता है, घड़ा।

कम्युनिज्म पुं० [अं०] साम्यवाद।

कम्युनिस्ट वि०, पुं० [अं०] साम्यावादी।

कम्यून पुं० [अं०] स्थानीय शासन के अन्तर्गत कोई प्रशासनिक क्षेत्र।

कया* स्त्री० दे० 'काया'।

कयाम पुं० [अ०] १. ठहराव, टिकाव। २. ठहरने की जगह, विश्राम-स्थान। ३. निश्चय, स्थिरता।

कयामत स्त्री० [अ०] १. मुसलमानों, ईसाइयों आदि के अनुसार सृष्टि का वह अन्तिम दिन जब सब मुरदे उठकर खड़े होंगे। २. प्रलय।

कयास पुं० [अ०] अनुमान।

करंज[1] पुं० [सं०] १. कंजा। २. एक प्रकार का जंगली पेड़।

करंज[2] पुं० [सं० कलिंग] मुरगा।

करंजुआ वि० [सं० करंज] करंज के रंग का, खाकी।

करंड[1] पुं० [सं०] १. मधुमक्खी का छत्ता। २. तलवार। ३. कारंड या कारंडव नाम का हंस।

करंड[2] पुं० [सं० कुरविंद] कुरुल पत्थर जिसपर रखकर हथियार आदि तेज किए जाते हैं।

कर[1] पुं० [सं०] १. हाथ। २. हाथी की सूँड़ जिससे वह हाथ के समान काम लेता है। ३. सूर्य या चन्द्रमा की किरण। ४. आकाश से गिरनेवाला पत्थर, ओला। ५. वह नियत धन जो किसी व्यक्ति या किसी सम्पत्ति, व्यापार आदि की आय में से सरकार अपने लिए लेती है, महसूल, जैसे आयकर, मार्गकर। (टैक्स)

कर[2] प्रत्य० [सं०] [स्त्री० करी] करने, देने या प्राप्त करानेवाला (समस्त पदों के अन्त में; जैसे दिनकर सुखकर आदि)।

कर[3] विभ० [सं० कृत] सम्बन्धकारक का चिह्न, का, जैसे तिनकर।

कर[4] प्रत्य० [हिं० करना] पूर्वकालिक क्रिया का सूचक प्रत्यय जो धातुओं में लगता है; जैसे-आकर, खाकर, सोकर।

करकंज* पुं० [सं०] कमल जैसा हाथ, करकमल।

करक स्त्री० दे० 'कसक' (पीड़ा)।

करकच[1] पुं० [देश०] समुद्री नमक।

करकच[2] पुं० [अनु०] १. झगड़ा, बखेड़ा। २. हुज्जत, तकरार।

करकट पुं० [हिं० खर+सं० कट] कूड़ा, कतवार।

कर-कटौती स्त्री० [सं०+हिं०] कर के रूप में काटी हुई राशि।

करकना* अ० दे० 'कड़कना'।

वि० दे० 'करकरा'।

करकमल* पुं० [सं०] कमल जैसा हाथ।

करकरा[1] पुं० [सं० कर्करेटु] एक प्रकार का सारस।

करकरा[2] वि० [सं० कर्कर] १. खुरखुरा। २. करारा। ३. कड़ा। ४. दृढ़, पक्का।

करकराहट स्त्री० [हिं० करकरा + आहट (प्रत्य०)] १. कड़ापन। २. खुरखुराहट। ३. आँख में किरकिरी पड़ने की-सी पीड़ा।

करका पुं० दे० 'ओला'।

करक्खना*, करखना* अ० [सं० कर्षण] १. खींचना। २. आवेश में आना।

करखा* पुं० [सं० कर्ष] उत्तेजना, बढ़ावा।

पुं० १. दे० 'कालिख'। २. दे० 'कड़खा'।

करखाना* अ० [हिं० कालिख] कालिख से युक्त होना, काला पड़ना।

स० कालिख लगाकर काला करना।

अ० हिं० 'करखना' का प्रे०।

करगत वि० [सं०] हाथ में आया हुआ, हस्तगत।

करगता पुं० दे० 'करधनी'।

करगह पुं० दे० 'करघा'।

करगी[1] स्त्री० [सं० कर+ग्रहण] जमी हुई चीज खुरचने का एक उपकरण।

करगी[2] स्त्री० [देश०] १. पानी की बाढ़। २. ओला, पत्थर।

करघा पुं० [फा० कारगाह] जुलाहों का वह यन्त्र जिससे वे कपड़ा बुनते हैं, खड्डी।

करचंग पुं० [हिं० कर+चंग] ताल देने का एक बाजा, डफ।

करछी स्त्री० दे० 'कलछी'।

करज पुं० [सं०] १. नाखून। २. उँगली।

करट पुं० [सं०] कौआ।

करण पुं० [सं०] [भाव० करणता] १. कोई काम करने की क्रिया, कुछ करना, आचरण, जैसे साधारणीकरण, सरलीकरण। (एक्ट) २. वह जो कुछ किया जाए, कार्य। (एक्ट) ३. वह वस्तु या साधन जिसके द्वारा कोई कार्य किया जाए, करने का साधन, जैसे हथियार, औजार आदि। (इन्स्ट्रूमेंट) ४. विधिक क्षेत्र में वह लेख्य जो किसी कार्य, व्यवहार, प्रक्रिया आदि का सूचक हो और जिसके द्वारा कोई अधिकार या दायित्व, उत्पन्न अन्तरित, परिमित, विस्तारित, निर्वापित या अभिलिखित होता हो, साधन-पत्र। (इन्स्ट्रूमेन्ट) ५. व्याकरण में वह कारक जिसके द्वारा कर्ता कोई क्रिया सिद्ध करता है। (इसका चिह्न 'से' है) ६. गणित में वह संख्या जिसका पूरा-पूरा वर्गमूल न निकल सके।

वि० (यौगिक शब्दों के अन्त में) करनेवाला, कर्ता, जैसे मंगलकरण।

पुं० दे० 'कर्ण'।

करण कारक पुं० [सं०] दे० 'करण' ५.।

करणिक पुं० [सं०] १. वह जो किसी का कोई काम करता हो, कार्यकर्ता। २. किसी कार्यालय में लिखा-पढ़ी का काम करनेवाला कर्मचारी। (क्लर्क)

करणी चिह्न पुं० वर्गमूल का सूचक चिह्न।

करणीय वि० [सं०] करने योग्य।

करतब पुं० [सं० कर्तव्य] [वि० करतबी] १. कार्य, काम। २. कला, हुनर। ३. करामात, ४. जादू।

करतबी वि० [हिं० करतब] १. अच्छा और बहुत काम करनेवाला। २. निपुण।

पुं० बाजीगर।

करतरी* स्त्री० दे० 'कर्तरी'।

करतल पुं० [सं०] [वि० करतली] हाथ की हथेली।

करतलगत वि० [सं० करतल+गत] हस्तगत, प्राप्त।

करतलध्वनि स्त्री० [सं०] ताली, थपोड़ी।

करता* वि०, पुं० दे० 'कर्ता'।

करतार पुं० [सं० कर्तार] ईश्वर।

पुं० दे० 'करताल'।

करतारी स्त्री० [हिं० करतार] कर्तार या ईश्वर की लीला।

स्त्री० दे० 'करताली'।

करताल पुं० [सं०] १. दोनो हथेलियों के परस्पर आघात का शब्द, ताली। २. ताल देने का बाजा। ३. झाँझ, मजीरा।

करताली स्त्री० [सं० कर+ताल] ताली।

करतूत स्त्री० [सं० कर्तृत्व] १. कर्म, करनी, काम। २. कला, हुनर। ३. अनुचित काम।

करतूती वि० [हिं० करतूत] करतूत करनेवाला।

*स्त्री०=करतूत।

करद[1] वि० [सं०] किसी प्रकार का कर या राजस्व देनेवाला।

करद[2] स्त्री० [फा० कार्द] चाकू, छुरी।

करदा पुं० [हिं० गर्द] १. बिक्री की वस्तु में मिला हुआ कूड़ा-करकट। २. दाम में वह कमी जो ऐसे कूड़े-करकट के कारण की जाए, कटौती।

करदाता पुं० [सं० कर+दाता] वह जो कर देता हो, कर देनेवाला।

करधनी स्त्री० [सं० किंकिणी] कमर में पहनने का एक गहना।

करनफूल पुं० [सं० कर्ण+हिं० फूल] कान का एक गहना, तरौना, काँप।

करना[1] स० [सं० करण] १. क्रिया को आरम्भ से समाप्ति की ओर ले जाना, निपटाना, भुगताना, सम्पादित करना। २. पकाकर तैयार करना। ३. पति या पत्नी के रूप में ग्रहण करना। ४. भाड़े पर सवारी ठहराना। ५. रोशनी बुझाना। ६. एक रूप से दूसरे रूप में लाना, बनाना।

पद *करके*=के रूप में, जैसे हम आपको बड़ा करके मानते हैं। ७. कोई वस्तु पोतना, जैसे रंग करना।

पुं० करने की क्रिया या भाव।

करना[2] पुं० [सं० कर्ण] १. सुदर्शन नामक पौधा, जिसमें सफेद फूल लगते हैं। २, इस पौधे का फूल।

पुं० दे० 'करनी'।

करनाटक पुं० [सं० कर्णाटक] दक्षिण भारत का एक राज्य।

करनाटकी पुं० [सं० कर्णाटकी] १. करनाटक राज्य का निवासी। २. कसरत दिखानेवाला मनुष्य। ३. जादूगर।

करनाल पुं० [अ० करनाय] १. सिंघा, नरसिंहा, भोंपा। २. एक प्रकार की तोप।

कर-निर्धारण पुं० [सं०] १. आय, सम्पत्ति आदि पर कर निर्धारित करना।

करनी स्त्री० [सं० करणीय] १. कार्य, कर्म, करतब। २. अन्त्येष्टि-कर्म, मृतक-संस्कार। ३. दीवार पर गारा लगाने का एक औजार, कन्नी।

करपर[1] स्त्री० [सं० कर्पर] खोपड़ी।

करपर[2] वि०, पुं० [सं० कृपण] कंजूस।

करपरी* स्त्री० [देश०] पीठी की बरी।

करपलई स्त्री० दे० 'करपल्लवी'।

करपल्लवी स्त्री० [सं०] उँगलियों के संकेत से शब्द या भाव प्रकट करना।

करपिचकी स्त्री० [सं० कर+हिं० पिचकना] हथेलियों से पिचकारी की तरह पानी का छींटा छोड़ने की मुद्रा या कार्य।

करबर* पुं० [सं० कर+वर] १. श्रेष्ठ हाथ। २. बलवती भुजा।

करबरना* अ० [अनु०] १. कुलबुलाना। २. पक्षियों का चहकना।

करबला पुं० [अ०] १. अरब में वह स्थान जहाँ अली के छोटे लड़के हुसैन मारे गए थे। २. ताजिए दफन करने का स्थान।

करबूस पुं० [?] घोड़े के जीन में लगी वह रस्सी या तस्मा जिसमें हथियार लटकाते हैं।

करभ पुं० [सं०] [स्त्री० करभी] १. हथेली के पीछे का भाग। २. ऊँट का बच्चा। ३. हाथी का बच्चा। ४. कमर।

करभोरु पुं० [सं०] हाथी की सूँड़ के समान जाँघ।

वि० सुन्दर जाँघोंवाली (स्त्री)।

करम[1] पुं० [सं० कर्म] १. कर्म, काम। २. कर्म का फल, भाग्य, किस्मत।

मुहा० *करम ठोंकना*=भाग्य को कोसना। *करम फूटना*=भाग्य मन्द होना, हानि होना।

करम[2] पुं० [अ०] मेहरबानी, कृपा, दया।

करमकल्ला पुं० [फा० करमकल्ल:] बन्दगोभी।

करमजला वि०=अभागा। (गाली)

करमठ* वि० [सं० कर्मठ] १. कर्मनिष्ठ। २. कर्मकांडी।

करमभोग पुं० [सं० कर्मभोग] वह दुख जो अपने किए हुए कर्मों के कारण हो।

करमात* पुं० [सं० कर्म] भाग्य।

करमाला स्त्री० [सं०] उँगलियों के पोर पर उँगली रखकर जप की गिनती करना।

करमाली (-लिन्) पुं० [सं०] सूर्य।

करमिया वि०, पुं०=करमी (कर्मी)।

करमी वि० [सं० कर्म] १. कर्म करनेवाला। २. कर्मठ। ३. कर्मकांडी।

करमुक्त वि० [सं०] जिस पर कर न लगता हो।

करमुखा* वि० दे० 'कलमुँहाँ'।

करर पुं० [देश०] १. एक प्रकार का जहरीला कीड़ा। २. रंग के अनुसार घोड़े का एक भेद।

कररना* अ० [अनु०] १. चरमराकर टूटना। २. कर्कश शब्द करना।

करल* पुं० [सं० कटाह] कड़ाही।

करवंचन पुं० [सं०] उचित कर से शासन को वंचित करना, कर की चोरी।

करवट[1] स्त्री० [सं० कटिवर्त] हाथ या पार्श्व के बल लेटने की स्थिति या मुद्रा।

मुहा० *करवट बदलना या लेना*=(क) एक ओर से दूसरी ओर घूमकर लेटना। (ख) और का और हो जाना, बदल जाना। *करवट न लेना*=किसी कर्तव्य का ध्यान न रखना, सन्नाटा खींचना। *करवटें बदलना*=बिस्तर पर बेचैन रहना, तड़पना।

करवट[2] पुं० [सं० करपत्र] १. करवत, आरा। २. वह प्राचीन आरा जिससे कटकर लोग शुभ फल की आशा से मरते थे।

करवत पुं० [सं० करपत्र] आरा।

करवर स्त्री० [देश०] विपत्ति, आफत।

करवरना अ० [सं० कलरव] कलरव करना, चहकना।

करवा पुं० [सं० करक] मिट्टी, धातु आदि का एक प्रकार का टोंटीदार लोटा।

करवाचौथ पुं० उत्तर भारत का एक प्रसिद्ध त्योहार जिस दिन स्त्रियाँ अपने पति की दीर्घ आयु के लिए व्रत रखती हैं।

करवानक पुं० दे० 'गौरैया'।

करवाना स० हिं० 'करना' का प्रे०।

करवार* स्त्री० [सं० करवाल] तलवार।

करवाल पुं० [सं०] १. नाखून। २. तलवार।

करवीर पुं० [सं०] १. कनेर का पेड़। २. तलवार। ३. श्मशान।

करवैया वि० [हिं०] करनेवाला।

करश्मा पुं०=करिश्मा।

करष पुं० [सं० कर्ष] १. खिंचाव, तनाव। २. मन-मुटाव, द्वेष। ३. लड़ाई का जोश।

करषना स० [सं० कर्षण] १. खींचना। २. घसीटना। ३. सोख लेना। ४. बुलाना। ५. समेटना।

करषा* पुं० [सं० कर्ष] १. खिंचाव। २. जोश। ३. क्रोध।

करसंपुट पुं० [सं०] हाथ की हथेलियों की वह मुद्रा जिसमें वे पात्र या दोने के रूप में हो जाती हैं, अंजलि।

करसर पुं० [अं०] कम्प्यूटर में वह बिन्दु के आकार का सचल चिह्न जो विशिष्ट स्थितियों का संकेत करता है।

करसान पुं० दे० 'कृषाण'।

करसायल पुं० [सं० कृष्णसार] काला हिरन।

करसी स्त्री० [सं० करीष] १. उपला, कंडा। २. उपले की आग। ३. उपले या कंडे की राख।

करह[१] पुं० [सं० करभ] ऊँट।

करह[२] पुं० [सं० कलिका] फल की कली।

करहाट, करहाटक पुं० [सं०] १. कमल की जड़, भसींड़। २. कमल का छत्ता।

कराँकुल पुं० [सं० कलांकुर] जलाशयों के पास रहनेवाला कूँज नामक जलपक्षी।

करा* स्त्री०=कला।

कराई[१] स्त्री० [हिं० केराना] उर्द, अरहर आदि की भूसी।

कराई[२] स्त्री० [हिं० काल] कालापन।

करात पुं० [अ० कीरात] चार जौ की एक तौल जो सोना-चाँदी और रत्न आदि तौलने के काम में आती है। (कैरट)

कराना स० हिं० 'करना' का प्रे०।

कराबा पुं० [अ०] शीशे का वह बड़ा बरतन जिसमें अर्क आदि रखते हैं।

कराबीन स्त्री० [तु०] पुरानी चाल की छोटी बन्दूक।

करामात स्त्री० [अ० करामत का बहुवचन परंतु हिंदी में एकवचन] कोई अद्‌भुत और अलौकिक कार्य या व्यापार जो कर दिखलाया जाए, चमत्कार। (मिरैकल)

करामाती वि० [हिं० करामात] १. करामात-सम्बन्धी, जिसमें करामात हो। २. करामात या करिश्मा दिखानेवाला।

करार पुं० [अ०] १. किसी काम या बात के सम्बन्ध में कुछ लोगों में होनेवाला निश्चय या निर्णय, ठहराव। २. धैर्य, तसल्ली, सन्तोष। ३. आराम, चैन। ४. वादा। ५. प्रतिज्ञा।

करारना* अ० [अनु०] कर्कश स्वर निकालना।

करारा[१] पुं० [सं० कराल] १. नदी का वह ऊँचा किनारा जो जल के काटने से बना हो। २. टीला, ढूह। ३. ऊँची जगह। ४. कगार।

करारा[२] वि० [हिं० कड़ा, कर्रा] १. कठोर, कड़ा; जैसे-करारा थपड़। करारा व्यंग्य। २. दृढ़चित्त। ३. इतना तला या सेंका हुआ कि तोड़ने से या चबाते समय कुरकुर शब्द करे। ४. तेज, तीक्ष्ण; जैसे करारा प्रहार। ५. अधिक गहरा या भारी। ६. बहुत कड़ा, बड़ा या पूरा, जैसे करारा जवान, करारा जवाब।

करारी वि० [अ०] जिसके सम्बन्ध में करार हुआ हो।

कराल वि० [सं०] [स्त्री० कराली] डरावना, भयानक।

कराव पुं० [हिं० करना] कुछ जातियों में विधवा के साथ किया जानेवाला विवाह।

करावल पुं० [तु०] १. घुड़सवार सैनिक। २. पहरेदार।

कराहना अ० [हिं० करना+आह] मुँह से व्यथासूचक शब्द निकालना, आह-आह करना।

करिंद* पुं० [सं० करीन्द्र] १. बड़ा हाथी। २. इन्द्र का हाथी।

करि पुं० [सं०] [स्त्री० करिणि] हाथी।

करिआ* वि०=काला।

करिकुल* पुं० [सं० करि+कुल] हाथियों का समूह।

करिया[१]* पुं० [सं० कर्णिक] १. नाव की पतवार। २. केवट, मल्लाह।

करिया*[२] वि० [सं० कालिक, ब्रज कालिय] काले रंग का।

करिल स्त्री० [हिं० कोंपल] कोंपल, नया कल्ला।

वि० दे० 'काला'।

करिवदन पुं० [सं०] गणेश।

करिहाँवँ* पुं०=कमर।

करिश्मा पुं० [फा० किरिश्म:] अद्‌भुत काम, चमत्कार, करामात।

करिश्माई वि० [फा०+हिं० आई (प्रत्य०)] चमत्कारपूर्ण।

करी[१] वि० [सं०] १. 'कर' (करनेवाला) का स्त्री०, करनेवाली, जैसे प्रलयकरी, शुभकरी। २. प्राप्त या उत्पन्न करनेवाली, जैसे अर्थकरी विद्या।

करी[२] स्त्री० [सं० करि] हाथी की मादा, हथिनी।

करी[३] स्त्री० १. दे० 'कली'। २. दे० 'कड़ी'।

करीजै* स० करना क्रिया के 'कीजिए' का पुराना रूप।

करीना पुं० [अ० क़रीन:] ढंग, तरीका।

करीब क्रि० वि० [अ०] १. समीप, पास, निकट। २. लगभग।

करीब, के सम्बन्धबो० १. के पास। २. के लगभग।

करीम वि० [अ०] कृपा या अनुग्रह करनेवाला।

पुं० ईश्वर।

करील पुं० [सं० करीर] एक कँटीली झाड़ी जिसमें पत्तियाँ नहीं होतीं।

करुआ वि० दे० 'कड़ुआ'।

पुं० दे० 'करवा'।

करुआना* अ० दे० 'कड़ुआना'।

करुखी* स्त्री० दे० 'कनखी'।

करुण पुं० [सं०] १. दे० 'करुणा'। २. परमेश्वर।
वि० १. जिसके मन में करुणा हो, करुणायुक्त, दयार्द्र। २. हृदयविदारक।

करुणांत वि० [सं०] जिसका अन्त करुणा में हो।

करुणा स्त्री० [सं०] १. मन का वह दुखद भाव जो दूसरों के कष्ट देखने से उत्पन्न होता है और जो कष्ट दूर करने की प्रेरणा करता है, दया, रहम। २. प्रिय के वियोग से होनेवाला दुख।

करुणानिधि वि० [सं०] जिसका हृदय करुणा से भरा हो, बहुत बड़ा दयालु।

करुणामय वि० [सं०] जिसमें बहुत अधिक करुणा हो।

करुणार्द्र वि० [सं० करुण+आर्द्र] जो करुणा से पसीज गया हो।

करेजा*, करेजो* पुं० दे० 'कलेजा'।

करेणु पुं० [सं०] हाथी।

करेब स्त्री० [अं० क्रेप] एक प्रकार का महीन रेशमी कपड़ा।

करेर वि० दे० 'कठोर'।

करेला पुं० [सं० कारुवेल्ल] एक बेल जिसके हरे कडुए फल तरकारी के काम में आते हैं।

करेवा पुं० [हिं० करना] कुछ विशिष्ट जातियों में विधवा स्त्री को पत्नी के रूप में रखने की प्रथा, धरेवा।

करैत पुं० [हिं० काला] काला साँप।

करैया* स्त्री० [हिं० काला] एक प्रकार की काली मिट्टी जो प्राय: तालों के किनारे मिलती है।

करोछना* स०=खुरचना।

करोटी* स्त्री० दे० 'करवट'।

करोड़ वि० [सं० कोटि] सौ लाख की संख्या, १०००००००।
पुं० १. करोड़ की संख्या। २. करोड़ रुपए।

करोड़पति वि० [हिं० करोड़+सं० पति] वह जिसके पास करोड़ों रुपए हो।

करोड़ी पुं० [हिं० करोड़] मुसलमानी शासनकाल का एक राजकीय पद।

करोड़ों वि० [हिं० करोड़] १. कई करोड़। २. बहुत अधिक, जैसे करोड़ों जीवजन्तु।

करोदना| स०=कुरेदना।

करोर* वि०=करोड़।

करौंछना* स० दे० 'खुरचना'।

करौंछा* वि० [हिं० काला] कुछ-कुछ काला।

करौंदा पुं० [सं० करमर्द] १. एक कँटीला झाड़ जिसके फल छोटे और खट्टे होते हैं। २. उक्त झाड़ के फल।

करौट* स्त्री० दे० 'करवट'।

करौत पुं० दे० 'आरा'।

करौला* पुं० [हिं० रौला] हाँका करनेवाला शिकारी।

करौली स्त्री० [सं० करवाली] एक प्रकार की सीधी छुरी।

कर्क पुं० [सं०] १. केकड़ा। २. बारह राशियों में से चौथी राशि, जिसमें पुनर्वसु नक्षत्र का अन्तिम चरण तथा पुष्य और आश्लेषा नक्षत्र हैं। (कैन्सर)

कर्कट पुं० [सं०] केकड़ा।

कर्कर पुं० दे० 'कुरंड'।

कर्कश वि० [सं०] [भाव० कर्कशता] १. कठोर, कड़ा, जैसे कर्कश स्वर। २. खुरखुरा। ३. तीव्र, प्रचंड।

कर्कशा वि० स्त्री० [सं०] झगड़ालू, झगड़ा करनेवाली, लड़ाकी।

कर्ज पुं० [अ० कर्ज़] ऋण, उधार।
मुहा० *कर्ज उतारना*=कर्ज चुकाना। *कर्ज खाना*=(क) कर्ज लेना। (ख) उपकृत होना, वश में होना।

कर्जदार वि० [अ०+फा०] [भाव० कर्जदारी] उधार लेनेवाला।

कर्जदारी स्त्री० [अ०+फा०] कर्जदार होने की अवस्था या भाव।

कर्जा पुं०=कर्ज।

कर्ण पुं० [सं०] १. सुनने की इन्द्रिय, कान। २. कुन्ती का सबसे बड़ा पुत्र जो बहुत दानी था।
मुहा० *कर्ण का पहरा*=प्रभात काल (दान-पुण्य का समय)।
३. नाव की पतवार। ४. किसी समकोण त्रिभुज के समकोण के सामने की रेखा।

कर्णकटु वि० [सं०] [भाव० कर्णकटुता] कानों को अप्रिय लगनेवाला, जो सुनने में कर्कश लगे।

कर्णधार पुं० [सं०] १. माँझी, मल्लाह। २. पतवार, किलवारी। ३. वह जिसके संरक्षण में कोई काम होता हो।

कर्णप्रिय वि० [सं०] [भाव० कर्णप्रियता] कानों को प्रिय लगनेवाला, सुरीला, मधुर।

कर्णफूल पुं० दे० 'करनफूल'।

कर्णभूषण पुं० [सं०] कान में पहनने का एक गहना।

कर्णमुग्धा वि० स्त्री० [सं०] कर्णप्रिय, मधुर, सुरीला।

कर्णवेध पुं० दे० 'कनछेदन'।

कर्णाटी स्त्री० [सं०] १. कर्णाट देश की स्त्री। २. कर्णाट देश की भाषा। ३. शब्दालंकार की एक वृत्ति जिसमें केवल कवर्ग के अक्षर आते हैं।

कर्णिका स्त्री० [सं०] १. करनफूल। २. हाथ की बिचली उँगली। ३. कलम।

कर्णिकार पुं० [सं०] कनकचम्पा।

कर्तक वि० [सं०] काटनेवाला।
पुं० काटने का उपकरण।

कर्तन पुं० [सं०] १. काटना, कतरना। २. कातना। (सूत आदि)

कर्तनी स्त्री० [सं०] कैंची।

कर्तरी स्त्री० [सं०] १. कैंची, कतरनी। २. कटारी। ३. करताल।

कर्तव्य पुं० [सं०] १. करने के योग्य काम। २. वह काम या बात जिसे करना धर्मानुकूल या आवश्यक हो।

कर्तव्यता स्त्री० [सं०] १. कर्तव्य का भाव। २. कर्मकांड कराने की दक्षिणा।

कर्तव्यनिष्ठ वि० [सं०] [भाव० कर्तव्यनिष्ठा] अपने कर्तव्यों का निर्वाह निष्ठापूर्वक करनेवाला (व्यक्ति)।

कर्तव्याकर्तव्य पुं० [सं०] करने और न करने योग्य काम।

कर्तित वि० [सं०] कटा हुआ।

कर्ता वि० [सं०] १. करनेवाला। २. रचने या बनानेवाला।

पुं० १. वह जो घर का मालिक हो और जिसकी आज्ञा से घर के सब काम होते हैं। २. व्याकरण के सात कारकों में से पहला जिससे क्रिया के करनेवाले का बोध होता है। ३. कर्तार, ईश्वर।

कर्ताकारक पुं० [सं०] दे० 'कर्ता' २.।

कर्ता-धर्ता पुं० [सं० कर्ता+अनु०] १. जिसे किसी कार्य में सब प्रकार के अधिकार प्राप्त हों। २. सब-कुछ करने धरनेवाला।

कर्तार पुं० [सं० कर्तृ] ईश्वर।

कर्तृ पुं० [सं०] कर्ता।

कर्तृक वि० [सं०] किया हुआ, सम्पादित।

पुं० कार्यकर्ताओं या कर्मचारियों का सारा समूह। (स्टाफ)

कर्तृत्व पुं० [सं०] १. कर्ता का भाव। २. कर्ता का धर्म।

कर्तृ-निरीक्षक पुं० [सं०] वह जो कर्तृवर्ग या कर्मचारियों के कामों का निरीक्षण करता हो। (स्टाफ इन्स्पेक्टर)

कर्तृवाचक वि० [सं०] कर्ता का बोध करानेवाला। (व्या०)

कर्तृवाच्य पुं० [सं०] व्याकरण में वाच्य (देखें) के दो भेदों में से एक, जो इस बात का सूचक होता है कि जो कुछ कहा गया है वह कर्ता की प्रधानता के विचार से है, 'कर्मवाच्य' का उलटा, जैसे राम पुस्तक पढ़ता है। (एक्टिव वॉयस)

कर्दम पुं० [सं०] १. कीचड़। २. पाप।

कर्पटी(-टिन्) पुं० [सं०] [स्त्री० कर्पटिनी] चिथड़े-गुदड़े पहननेवाला, भिखारी।

कर्पर पुं० [सं०] १. कपाल, खोपड़ी। २. खप्पर। ३. कछुए की खोपड़ी। ४. एक प्रकार का शस्त्र।

कर्बुर पुं० [सं०] १. सोना, स्वर्ण। २. धतूरा। ३. जल। ४. पाप। ५. राक्षस।

वि० रंग-बिरंगा, चितकबरा।

कर्म पुं० [सं० कर्मन् का प्रथमा रूप] १. वह जो किया जाए, क्रिया, कार्य, काम। २. धार्मिक कृत्य। ३. व्याकरण में वह शब्द जिस पर कर्ता की क्रिया का प्रभाव पड़े। ४. भाग्य।

कर्मकांड पुं० [सं०] [कर्ता कर्मकांडी] १. धर्म-सम्बन्धी कृत्य। २. वह शास्त्र जिसमें यज्ञादि कर्मों का विधान हो। ३. किसी धर्म के वे धार्मिक और औपचारिक कृत्य जो विशेष अवसरों पर होते हैं।

कर्मकांडी(-डिन्) पुं० [सं०] वह जो कर्मकांड करता हो।

कर्मकार पुं० [सं०] १. लोहे या सोने का काम करनेवाला। २. नौकर, सेवक।

कर्मकारक पुं० [सं०] दे० 'कर्म' ३.।

कर्मक्षेत्र पुं० [सं०] १. कार्य करने का स्थान। २. भारतवर्ष।

कर्मचारी(-रिन्) पुं० [सं०] किसी कार्यालय या संस्था में वेतन पर काम करनेवाला व्यक्ति, कार्यकर्ता।

कर्मचारीगण पुं० बहु० सब कर्मचारी या कर्मचारियों का समूह।

कर्मजन्य वि० [सं०] कर्मों से उत्पन्न।

कर्मजाल पुं० [सं० कर्म+जाल] व्यक्ति को संसार से आबद्ध करनेवाले कर्मों का समूह।

कर्मठ वि० [सं०] १. काम में चतुर। २. धर्म-सम्बन्धी कृत्य करनेवाला, कर्मनिष्ठ।

कर्मणा क्रि० वि० [सं०] कर्म से, कर्म के अनुसार।

कर्मणि प्रयोग पुं० [सं०] वह अवस्था जिससे क्रियापद कर्म के लिंग-वचन के अनुसार चलते हैं।

कर्मण्य वि० [सं०] [भाव० कर्मण्यता] बहुत और अच्छा काम करनेवाला।

कर्मदृष्टि स्त्री० [सं० कर्म+दृष्टि] वह दृष्टिकोण जिसे ध्यान में रखकर कोई किसी कार्य को करता है।

कर्मधारय पुं० [सं०] वह समास जिसमें पहला पद विशेषण हो, जैसे कमलनयन।

कर्मनाश पुं० [सं०] कर्मों का नाश अर्थात् कर्मों के फलभोग से छुटकारा।

कर्मनिष्ठ वि० [सं०] १. संध्या, अग्निहोत्र आदि करनेवाला, क्रियावान्। २. अच्छी तरह कार्य करनेवाला।

कर्मपटु वि० [सं०] [भाव० कर्मपटुता] कार्य-निपुण।

कर्मप्रधान वि० [सं०] जिसमें कर्म की प्रधानता हो।

कर्मफल पुं० [सं० कर्म+फल] वह फल जो कोई कर्म करने पर मिलता हो, कार्य का पुरस्कार या परिणाम।

कर्मभूमि स्त्री० [सं०] वह स्थान जहाँ किसी ने महत्त्वपूर्ण कार्य संपादित किए हों।

कर्मभोग पुं० [सं०] किए हुए कर्मों का फल।

कर्ममय वि० [सं०] जिसमें कर्म की प्रधानता हो; जैसे-कर्ममय जीवन।

कर्मयोग पुं० [सं०] १. चित्त शुद्ध करनेवाला शास्त्रविहित कर्म। २. कर्तव्य का वह पालन जो सिद्धि और विफलता में समान भाव रखकर किया जाए।

कर्मयोगी(-गिन्) पुं० [सं०] वह जो कर्मयोग के सिद्धान्तों के अनुसार काम करे।

कर्मरेख, कर्मरेखा स्त्री० [सं० कर्म+रेखा] कर्म या भाग्य का लेख।

कर्मवाच्य पुं० [सं०] व्याकरण में वाच्य (देखें) के दो भेदों में से एक जो इस बात का सूचक होता है कि जो कुछ कहा गया है, वह कर्म की प्रधानता के विचार से है, 'कर्तृवाच्य' का उलटा, जैसे राम के द्वारा पुस्तक पढ़ी गई। (पैसिव वॉयस)

कर्मवाद पुं० [सं०] १. मीमांसा-दर्शन, जिसमें कर्म की प्रधानता है। २. दे० 'कर्मयोग'।

कर्मविपाक पुं० [सं०] पूर्व जन्म में किए हुए कर्मों का फल।

कर्मशाला स्त्री० [सं०] वह स्थान जहाँ बहुत से मजदूर तथा कारीगर कार्य करते हों। (वर्कशाप)

कर्मशील वि०, पुं० [सं०] [भाव० कर्मशीलता] १. जो फल की अभिलाषा छोड़कर काम करे, कर्मवान्। २. उद्योगी।

कर्मस्थली स्त्री० [सं० कर्म+स्थल] वह स्थान जो किसी की कर्मभूमि हो, जहाँ जिसने साधना या निर्माण कार्य किया हो।

कर्महीन वि० [सं०] [भाव० हीनता] अभागा।

कर्मिष्ठ वि० दे० 'कर्मनिष्ठ'।

कर्मी (-र्मिन्) पुं० [सं०] [स्त्री० कर्मिणी] १. काम करनेवाला। २. मजदूर।

कर्मीदल पुं० [सं०] एक साथ काम करनेवालों का दल।

कर्मेंद्रिय स्त्री० [सं०] हाथ, पाँव, वाणी, गुदा और शिश्न इन पाँच इंद्रियों में से कोई एक। [इन इंद्रियों से भीतरी निर्णयों को बाहर क्रियान्वित करते हैं]

कर्रा वि० [हिं० कड़ा] कड़ा, सख्त।

कर्राना अ० [हिं० कर्रा] कड़ा होना।

कर्ष पुं० [सं०] १. खिंचाव, तनाव। २. वैद्यक में १६ माशे की तौल। ३. एक प्रकार का पुराना सिक्का। ४. खेत की जोताई। ५. वह भार या दबाव जिससे कुछ अनिष्ट की आशंका हो।

कर्षक पुं० [सं०] १. खींचनेवाला। २. किसान, खेतिहर।

कर्षण पुं० [सं०] [वि० कर्षित, कर्षक] १. खींचना। २. खरोंचकर लकीर बनाना। ३. जमीन जोतना।

कर्षना स० दे० 'खींचना'।

कलंक पुं० [सं०] [वि० कलंकित] १. दाग, धब्बा। २. चन्द्रमा पर का काला धब्बा। ३. कालिख, कजली। ४. लांछन, बदनामी। ५. ऐब, दोष। ६. वह व्यक्ति जिसके फलस्वरूप परिवार, समाज आदि की बदनामी हुई हो; जैसे–वह समाज के लिए कलंक है।

कलंकित वि० [सं०] जिस पर कलंक लगा हो।

कलंकी[1] वि० [सं० कलंकित] [स्त्री० कलंकिनी] जिसे कलंक लगा हो, दोषी।

कलंकी[2] पुं० [सं० कल्कि] कल्कि अवतार।

कलंगी स्त्री० = कलगी।

कलंदर पुं० [अ० कलंदर] १. एक प्रकार के मुसलमान फकीर। २. रीछ और बन्दर नाचनेवाला।

कल[1] पुं० [सं०] अव्यक्त मधुर ध्वनि।

वि० १. सुन्दर। २. मधुर।

कल[2] स्त्री० [सं० कल्प] १. आरोग्य, तन्दुरुस्ती। २. आराम, सुख।

पद *कल से*=(क) चैन से। (ख) धीरे-धीरे।

कल[3] क्रि० वि० [सं० कल्य] १. आगामी दूसरा दिन, आनेवाला दिन। २. बीता हुआ, अन्तिम दिन।

पद *कल का*=थोड़े दिनों का।

कल[4] स्त्री० [सं० कला] १. पार्श्व, बगल, पहलू, जैसे किसी कल चैन नहीं पड़ता। २. अंग, अवयव। ३. युक्ति, ढंग। ४. पेचों और पुरजों से बनी हुई वह वस्तु या उपकरण जिससे कोई काम लिया जाए, यन्त्र। ५. पेंच, पुर्जा।

कल[5] वि० [हिं०] 'काला' शब्द का संक्षिप्त रूप, जैसे कलमुँहा।

कलई स्त्री० [अ०] [वि० कलईदार] १. राँगा। २. राँगे आदि का वह पतला लेप जो बरतनों आदि पर उन्हें चमकाने के लिए लगाते हैं, मुलम्मा। ३. बाहरी चमक-दमक, तड़क-भड़क।

मुहा० *कलई खुलना या खुल जाना*=असली भेद खुलना, वास्तविक रूप प्रकट होना। *कलई न लगना*=युक्ति न चलना।

४. दीवारों पर चूने का लेप, सफेदी।

कलईगर पुं० [अ०+फा०] वह जो बरतनों पर कलई करता हो।

कलईदार वि० [अ०+फा०] (बरतन) जिसमें कलई लगी हो।

कलकंठ पुं० [सं०] १. कोयल। २. हंस।

वि० [स्त्री० कलकंठी] मीठी ध्वनि करनेवाला।

कलक पुं० [अ० क़लक़] १. बेचैनी, घबराहट। २. रंज, दुख, खेद।

कलकना अ० [हिं० कलकल] १. चिल्लाना, शोर करना। २. चीत्कार करना।

कलकल[1] पुं० [सं०] १. झरनों आदि के जल के गिरने या चलने का शब्द। २. कोलाहल, शोर।

कलकल[2] स्त्री० [अनु०] झगड़ा, वादविवाद।

कलगा पुं० [तु० कलगी] १. मरसे की जाति का एक पौधा, जटाधारी। २. दे० 'कलगी'।

कलगी स्त्री० [तु०, मि० सं० कलिंग] कुछ पक्षियों के सुन्दर पर या इस आकार के बने गुच्छे, जो टोपी, पगड़ी आदि में खोंसे या लगाए जाते हैं।

कलछी स्त्री० [सं० कर+रक्षा] बड़ी डाँड़ी का चम्मच जिससे बटलोई की दाल आदि चलाते या निकालते हैं।

कलजिब्भा वि० [हिं० काला+जीभ] [स्त्री० कलजिब्भी] १. (पशु) जिसकी जीभ काली हो। २. (मनुष्य) जिसके मुँह से निकली हुई अशुभ बातें प्रायः होकर रहें।

कलत* स्त्री० [सं० कलत्र] पत्नी, जोरू।

कलत्थना* अ०=छटपटाना।

कलत्र पुं० [सं०] पत्नी, जोरू।

कलदार वि० [हिं० कल+दार] जिसमें कल या पेंच लगा हो।

पुं० सरकारी रुपया।

कलधौत पुं० [सं०] १. सोना। २. चाँदी।

कलन पुं० [सं०] [वि० कलित] १. उत्पन्न करना, बनाना। २. धारण करना। ३. आचरण। ४. लगाव, सम्बन्ध। ५. गणित की क्रिया करना, हिसाब लगाना। (कैलकुलेशन) ६. ग्रहण।

कलना स्त्री० [सं०] १. धारण या ग्रहण करना। २. विशेष बातों का ज्ञान प्राप्त करना। ३. गणना, विचार। ४. लेन-देन, व्यवहार।

कलप पुं० [सं० कल्प] १. कलफ। २. खिताब। ३. दे० 'कल्प'।

कलपना अ० [सं० कल्पन] १. विलाप करना, बिलखना। २. कल्पना करना।

स० [सं० कल्पन] काटना या कतरना।

कल-परसों क्रि० वि० [हिं०] १. कल या परसों। २. आने वाले दिनों में।

कलपाना स० हिं० 'कलपना' का प्रे०।

कलफ पुं० दे० 'माँड़ी'।

कल-बल[1] पुं० [सं० कला+बल] उपाय, दाँव-पेंच, युक्ति।

कल-बल[2] पुं० [सं० कल+अनु०] शोर-गुल।

कलबूत पुं० [फा० कालबुद] १. साँचा। २. वह ढाँचा जिसपर चढ़ाकर जूता सिया या टोपी, पगड़ी आदि बनाई जाती है।

कलभ पुं० [सं०] १. हाथी या उसका बच्चा। २. ऊँट का बच्चा।

कलम स्त्री० [अ०] १. वह उपकरण जिसकी सहायता से, स्याही के संयोग से, कागज आदि पर लिखते हैं, लेखनी।

मुहा० *कलम चलना*=लिखाई होना। *कलम चलाना*=लिखना। *कलम तोड़ना*=अच्छी चीज लिखने की हद कर देना।

२. बही-खाते आदि में लिखी जानेवाली कोई मद, जैसे इसमें एक कलम छूट गई है। ३. पेड़ की वह टहनी जो दूसरी जगह बैठाने या दूसरे पेड़ में पैबन्द लगाने के लिए काटी जाए।

मुहा० *कलम करना*=काटना-छाँटना।

४. कनपटी के पास का वह स्थान जिसपर गाल की ओर कुछ दूर तक बाल रहते हैं। ५. बालों या गिलहरी की पूँछ की बनी वह कूँची जिससे चित्रकार चित्र बनाते या रंग भरते हैं। ६. चित्र अंकित करने की किसी विशेष स्थान या परम्परा की शैली, जैसे पहाड़ी कलम, राजस्थानी कलम। ७. शीशे का कटा हुआ लम्बा टुकड़ा जो झाड़ में लटकाया जाता है। ८. किसी चीज का जमा हुआ छोटा टुकड़ा, रवा। ९. वह औजार जिससे महीन चीज काटी, खोदी या नकाशी जाए।

कलम* पुं० दे० 'कल्मष'।

कलमकश वि०, पुं० [अ०+फा०] १. कलम से लिखनेवाला। २. लेखन से जीविका उपार्जित करनेवाला।

कलमतराश पुं० [फा०] कलम बनाने का चाकू।

कलमदान पुं० [फा०] कलम, दावात आदि रखने का पात्र।

कलम-रोको हड़ताल स्त्री० किसी कार्यालय या विभाग में लिखने-पढ़नेवाले कर्मचारियों की वह हड़ताल जिसमें वे अपने स्थान पर बैठे रहकर कुछ समय के लिए लिखने-पढ़ने का काम बिल्कुल बन्द कर देते हैं। (पेन-डाउन स्ट्राइक)

कलमबंद वि० [अ०+फा०] लिखा हुआ, लिखित।

कलमबंदी स्त्री० [अ०+फा०] एक पौधे में दूसरे पौधे की कलम लगाने का काम।

कलमलना अ० [देश०] १. दाब में पड़ने के कारण अंगों का हिलना-डोलना। २. विकल या बेचैन होना। ३. उद्विग्न और विचलित होना।

कलमलाना* स० व्याकुल होना, परेशान होना।

कलमस* पुं० दे० 'कल्मष'।

कलमा पुं० [कल्मः] १. वाक्य। २. वह वाक्य जो मुसलमानी धर्म का मूल मन्त्र है।

मुहा० *कलमा पढ़ लेना*=मुसलमान हो जाना।

कलमी वि० [फा०] १. लिखा हुआ, लिखित। २. जो कलम लगाने से उत्पन्न हुआ हो, जैसे कलमी आम। ३. जो कलम या रवे के रूप में हो, जैसे कलमी शोरा।

कलमुँहाँ वि० [हिं० काला+मुँह] १. जिसका मुँह काला हो। २. कलंकित, लांछित। ३. अभागा। (गाली)

कलयाना अ० [सं० कलि+हिं० आना (प्रत्य०)] कलि या कलियों का निकलना।

कलयिता पुं० [सं० कलयितृ] कलन करने या हिसाब लगानेवाला, गणित करनेवाला।

कलरव पुं० [सं०] [वि० कलरवित] १. मधुर शब्द। २. पक्षियों की चहचहाहट। ३. कोकिल, कोयल।

कलल पुं० [सं०] गर्भाशय में का वह बुलबुला जो बढ़कर गर्भ का रूप धारण करता है।

कलवरिया स्त्री० [हिं० कलवार] कलवार की दुकान, शराब बिकने की जगह।

कलवार पुं० [सं० कल्यपाल] एक जाति जो शराब बनाती और बेचती है।

कलश पुं० [सं०] [स्त्री० अल्पा० कलशी] १. घड़ा, गगरा। २. मन्दिर आदि का शिखर या ऊपरी भाग। ३. चोटी, सिरा।

कलस* पुं०=कलश।

*वि० श्रेष्ठ।

कलसा पुं० [सं० कलश] [स्त्री० अल्पा० कलशी] १. पानी रखने का बरतन, गगरा, घड़ा। २. मन्दिर का शिखर।

कलहंस पुं० [सं०] १. हंस। २. राजहंस। ३. श्रेष्ठ राजा। ४. परमात्मा।

कलह पुं० [सं०] [वि० कलहकारी, कलही] विवाद, झगड़ा।

कलहांतरिता स्त्री० [सं०] वह नायिका जो नायक का अपमान करके पछताती हो।

कलहार वि० [स्त्री० कलहारी] दे० 'कलही'।

कलही(-हिन्) वि० [सं०] [स्त्री० कलहिनी] झगड़ालू, लड़ाका।

कलाँ वि० [फा०] बड़ा, दीर्घाकार।

कला स्त्री० [सं०] १. ऐसी कृति की रचना करने या भावाभिव्यक्ति करने का ढंग या कार्य जिससे सौंदर्य की अभिव्यक्ति हो; जैसे-काव्यकला, मूर्तिकला, संगीतकला। २. अंश, भाग।

३. चन्द्रमा या उसके प्रकाश का सोलहवाँ भाग। ४. सूर्य या उसके प्रकाश का बारहवाँ भाग। ५. समय का एक विभाग जो तीस काष्ठा का होता है। ६. राशि के तीसवें अंश का साठवाँ भाग। ७. राशिचक्र के एक अंश का साठवाँ भाग। ८. छन्दशास्त्र में मात्रा। ९. उपाय।

कलाई[1] स्त्री० [सं० कलाची] हाथ के पहुँचे का वह भाग जहाँ हथेली का जोड़ रहता है, मणिबन्ध, गट्टा।

कलाई[2] स्त्री० [सं० कलाप] सूत का लच्छा।

कलाकंद पुं० [फा०] बरफी (मिठाई)।

कलाकार पुं० [सं०] [भाव० कलाकारिता] वह जो कोई कलापूर्ण कार्य करता हो; जैसे-अभिनेता, गायक, नर्तक आदि।

कलाकारिता स्त्री० [सं० कलाकार] १. कलाकार की कला। २. कलाकृति।

कलाकारी स्त्री० [सं० कलाकार+हिं ई (प्रत्य०)] १. कलाकार का गुण या कौशल। २. कलात्मक अभिव्यक्ति या प्रदर्शन। स्त्री० कलाकार का काम। ३. कलाकृति।

कलाकृति स्त्री० [सं०] कलाकार की कलापूर्ण कृति या रचना।

कला-कौशल पुं० [सं०] १. किसी कला की निपुणता, कारीगरी। २. शिल्प।

कलात्मक पुं० [सं०] [भाव० कलात्मकता] जिसमें कला का सुन्दर प्रदर्शन हुआ हो, कलापूर्ण।

कलादा* पुं० दे० 'कलावा'।

कलाधर पुं० [सं०] १. चन्द्रमा। २. शिव। ३. वह जो कलाओं का ज्ञाता हो।

कलानिधि वि० कला का मर्मज्ञ। पुं० [सं०] १. चन्द्रमा। २. कलाकार।

कलाप पुं० [सं०] १. समूह, झुंड, जैसे क्रियाकलाप। २. मोर की पूँछ। ३. तूणीर, तरकश। ४. कमरबन्द, पेटी। ५. चन्द्रमा। ६. कलावा। ७. व्यापार। ८. जेवर, गहना।

कलापिनी स्त्री० [सं०] रात्रि, रात।

कलापी (-पिन्) पुं० [सं०] [स्त्री० कलापिनी] १. मोर। २. कोकिल।
वि० १. जिसके पास तूणीर या तरकश हो। २. झुंड में रहनेवाला।

कलापूर्ण वि० [सं०] जिससे कला की अभिव्यक्ति हो।

कलाबत्तू पुं० [तु० कलाबतून] रेशम पर बटा हुआ सोने-चाँदी आदि का तार।

कलाबाज वि० [हिं०+फा०] [भाव० कलाबाजी] नट की क्रिया करने या कसरत दिखानेवाला।

कलाम पुं० [अ०] १. वाक्य, वचन। २. बात-चीत। ३. आपत्ति।

कलार, कलाल पुं० दे० 'कलवार'।

कलाली स्त्री०=कलवरिया।

कलावंत पुं० [सं० कलावन्] १. गवैया। २. कलाबाजी करनेवाला, नट। ३. गाने-बजाने का काम करनेवाली एक मुसलमानी जाति।
वि० किसी कला का ज्ञाता, कलाकार।

कलावस्तु स्त्री० [सं० कला+वस्तु] १. कला का विषय। २. कलाकृति।

कलावा पुं० [फा० कलावः मिलाओ सं० कलापक] १. सूत का लच्छा। २. वह डोरा जो विवाह आदि शुभ अवसरों पर हाथ पर बाँधते हैं। ३. हाथी की गरदन।

कलावाद पुं० [सं०] शैली, कौशल आदि की दृष्टि से चित्रकला, मूर्तिकला आदि दृश्य कलाओं में नवीन उद्‌भावनाएँ करने का सिद्धांत या प्रवृत्ति।

कलावादी (-दिन) पुं० [सं०] कलावाद का समर्थक। वि० कलावाद-सम्बन्धी।

कलावान, कलादान् वि० [सं०] [स्त्री० कलावती] कला का ज्ञाता, कलाकुशल।

कला-विलास पुं० [सं०] विलास या मौज-मस्ती के लिए की जानेवाली कलाओं की चर्चा या रचना।

कलिंग पुं० [सं०] १. कुलंग पक्षी। २. तरबूज। ३. एक प्राचीन देश जो गोदावरी और वैतरणी नदी के बीच में था।

कलिंद पुं० [सं०] १. सूर्य। २. एक पर्वत जहाँ से यमुना नदी निकलती है।

कलिंदजा स्त्री० [सं०] सूर्य की पुत्री, यमुना।

कलिंदी स्त्री० दे० 'कालिंदी'।

कलि पुं० [सं०] १. कलह, झगड़ा। २. पाप। ३. क्लेश। ४. संग्राम, युद्ध। ५. दे० 'कलियुग'।

कलिका स्त्री० [सं०] (फूल की) कली।

कलिकाल पुं० [सं०] कलियुग।

कलित वि० [सं०] १. कल-कल करता हुआ। २. रचित। ३. सुंदर।

कलिया पुं० [अ० कलियः] पकाया हुआ रसेदार मांस।

कलियुग पुं० [सं०] चार युगों में से अंतिम और वर्तमान युग जिसमें पाप और अनीति की प्रधानता मानी जाती है। (इसका कालमान ४ लाख ३२ हजार वर्ष माना गया है।)

कलींदा पुं० [सं० कलिन्द] तरबूज।

कली[1] स्त्री० [सं० कलिका] १. बिना खिला हुआ फूल। **मुहा०** *दिल की कली खिलना*=चित्त प्रसन्न होना। २. कुरते आदि में लगनेवाला तिकोना टुकड़ा। ३. हुक्के का नीचेवाला भाग।

कली[2] स्त्री० [अ० कलई या सं० कलिका] १. पत्थर का चूना जो दीवारों पर पोता जाता है। २. इस प्रकार चूने से दीवारों पर की जानेवाली पोताई, सफेदी।

कलीट वि० [हिं० काला] काला-कलूटा।

कलुआ वि० [स्त्री० कलुई] १. मलिन, मैला। २. निन्दित, बुरा।

कलुष पुं० [सं०] [वि० कलुषित, कलुषी] १. मलिनता, मैल। २. पाप। ३. क्रोध। ४. कोई बुरी बात या दूषित भाव।

कलूटा वि० [हिं० काला] [स्त्री० कलूटी] काले रंग का, बहुत काला।

कलेऊ* पुं० दे० 'कलेवा'।

कलेजा पुं० [सं० यकृत्, अप० कृज्ज] १. प्राणियों का वह अवयव जो छाती में बाईं ओर होता है और जिससे शरीर में रक्त चलता है, हृदय, दिल।

मुहा० *कलेजा काँपना*=बहुत डर लगना। *कलेजा थामकर बैठ या रह जाना*=दुख का वेग दबाकर रह जाना। *कलेजा धड़कना*=भय से व्याकुल होना। *कलेजा निकालकर रख देना*= अत्यन्त प्रिय वस्तु या सर्वस्व दे देना। *कलेजा पक जाना*=दुख सहते-सहते तंग आ जाना। *कलेजा फटना या फट जाना*=मन में अत्यंत कष्ट होना। *कलेजा मुँह को आना*=बहुत घबराना। *कलेजे पर साँप लोटना*=अत्यंत दुख अनुभूत करना।

२. छाती, वक्षस्थल।

मुहा० *कलेजे से लगाना*=गले से लगाना, आलिंगन करना। ३. जीवट, साहस, हिम्मत।

कलेजी स्त्री० [हिं० कलेजा] बकरे आदि के कलेजे का मांस।

कलेजे का टुकड़ा वि० परम प्रिय।

कलेवर पुं० [सं०] १. शरीर, देह।

मुहा० *कलेवर बदलना*=(क) एक शरीर छोड़कर दूसरा शरीर धारण करना। (ख) जगन्नाथ जी की पुरानी मूर्ति के स्थान पर नई मूर्ति स्थापित होना।

२. ढाँचा।

कलेवा पुं० [सं० कल्पवर्त] १. जलपान। २. विवाह की एक रीति जिसमें वर ससुराल में भोजन करने जाता है, खिचड़ी।

कलैया स्त्री० [सं० कला] सिर नीचे और पैर ऊपर करके उलट जाना, कलाबाजी।

मुहा० *कलैया खाना*=एक पक्ष को छोड़कर दूसरे पक्ष में हो जाना।

कलोर स्त्री० [सं० कल्या] वह गाय जो बरदाई या ब्याई न हो।

कलोल पुं० [सं० कल्लोल] [क्रि० कलोलना] आमोद-प्रमोद, आनन्द-क्रीडा।

कलोलना अ० [सं० कल्लोल] कल्लोल करना।

कलौंछ स्त्री० [हिं० काला+औंछ (प्रत्य०)] १. कालापन, कालिमा। २. धुएँ की कालिख। ३. कलंक।

कलौंजी स्त्री० [सं० कालाजाजी] १. मँगरैला। २. भूनी हुई मसालेदार साबुत तरकारी।

कलौंस स्त्री० दे० 'कलौंछ'।

कल्क पुं० [सं०] १. चूर्ण, बुकनी। २. पीठी। ३. गूदा। ४. मैल, कीट। ५. पाप। ६. अवलेह।

कल्कि पुं० [सं०] विष्णु का दसवाँ अवतार जो एक कुमारी कन्या के गर्भ से होगा।

कल्प पुं० [सं०] १. विधान, विधि। २. वेद के छह अंगों में से एक जिसमें यज्ञ आदि का विधान है। ३. वैद्यक में शरीर या किसी अंग को फिर से नया और नीरोग करने की युक्ति, जैसे केशकल्प। ४. काल का एक मान जो एक हजार चतुर्युगियों के बराबर (अर्थात् चार अरब बत्तीस करोड़ वर्ष) होता है।

वि० तुल्य, समान, जैसे ऋषिकल्प।

कल्पक पुं० [सं०] नाई, हज्जाम।

वि० १. रचनेवाला। २. काटनेवाला। ३. कल्पना करनेवाला।

कल्पतरु पुं० [सं०] कल्पवृक्ष।

कल्पद्रुम पुं० [सं०] कल्पवृक्ष।

कल्पनक वि० [सं० कल्पना] १. (व्यक्ति) जिसमें कल्पना-शक्ति यथेष्ट या बहुत हो। २. (कार्य) जिसमें कल्पना-शक्ति का विशेष रूप से प्रयोग हुआ हो। (इमैजिनेटिव)

कल्पना स्त्री० [सं०] १. अच्छी रचना, सजावट। २. वह शक्ति जो मन में नई, अनोखी, अनदेखी, अनसुनी आदि बातों के स्वरूप उपस्थित करती है, उद्भावना। (इमैजिनेशन) ३. किसी वस्तु में दूसरी वस्तु का आरोप। ४. मान लेना, अनुमान करना।

कल्पनालोक पुं० [सं०] कल्पना का संसार।

कल्पनाशील वि० [सं०] [भाव० कल्पनाशीलता] जो नई-नई कल्पनाएँ करता हो।

कल्पनीय वि० [सं०] १. जिसकी कल्पना करनी हो। २. जिसकी कल्पना की जा सकती हो, कल्पना में आने के योग्य। (इमैजिनेबुल)

कल्पलता स्त्री० दे० 'कल्पवृक्ष'।

कल्पवास पुं० [सं०] माघ में महीने भर गंगा-तट पर रहना।

कल्पवृक्ष पुं० [सं०] वह (कल्पित) वृक्ष जिसके नीचे पहुँचने पर सभी कामनाएँ पूरी हो जाती हैं।

कल्पांत पुं० [सं०] कल्प का अन्त जिसमें सारी सृष्टि नष्ट हो जाती है, प्रलय।

कल्पित वि० [सं०] १. जिसकी कल्पना की गई हो। २. मन में गढ़ा हुआ, मनगढ़ंत। ३. बनावटी, नकली।

कल्पितार्थ पुं० [सं०] १. केवल तर्क के उद्देश्य से कोई बात कुछ देर के लिए मान लेना। २. यह सोचना या मान लेना कि यदि कहीं ऐसा हुआ (तो क्या होगा)। (हाइपॉथेसिस)

कल्मश पुं० [सं०] १. पाप। २. मैल।

कल्यपाल पुं० [सं०] कलवार।

कल्याण पुं० [सं०] १. मंगल, भलाई। २. संगीत में एक प्रकार का राग।

कल्लर पुं० [देश०] १. नोनी मिट्टी। २. रेह। ३. ऊसर, बंजर।

कल्ला[१] पुं० [सं० करीर] १. पौधे का अंकुर। २. नई टहनी। ३. मनुष्य की गरदन का पिछला भाग। ४. लालटेन या लम्प का सिरा, जिसमें बत्ती जलती है। (बर्नर)

कल्ला[२] पुं० [फा० कल्ल:] जबड़ा।

कल्लातोड़ वि० [फा० कल्ल:+हिं० तोड़] १. जबड़ा तोड़ देनेवाला। २. जबरदस्त, जोर का।

कल्लेदराज वि० [फा० कल्ल:दराज़] [भाव० कल्लेदराजी] बहुत बढ़-बढ़कर बातें करनेवाला, वाचाल।

कल्लोल पुं० [सं०] १. पानी की लहर, तरंग। २. आमोद-प्रमोद, क्रीड़ा।

कल्लोलिनी स्त्री० [सं०] नदी।

कल्हार पुं० [सं०] पीले रंग का कमल का फूल।

कल्हारना[1] स० [हिं० कड़ाह] कड़ाही में भूनना या तलना।

कल्हारना[2] स० [सं० कल्ल=शोर] चिल्लाना।

कवक पुं० [सं०] कुकरमुत्ता।

कवच पुं० [सं०] [वि० कवची] १. वह ऊपरी मोटा छिलका या आवरण जिसके अन्दर या नीचे कोई फल या जीव रहता हो, जैसे बादाम या कछुए का ऊपरी आवरण। (शेल) २. लोहे की कड़ियों का वह आवरण जो लड़ाई के समय योद्धा शरीर की रक्षा के लिए पहनते थे, सन्नाह। ३. नगाड़ा, डंका। ४ तन्त्र के अनुसार वे मन्त्र जो अपने शरीर के अंगों की रक्षा के लिए पढ़े जाते हैं। ५. वह मन्त्र, यन्त्र आदि जो लिखकर और जन्तर में भरकर विपत्ति आदि से रक्षा के लिए पहने जाते हैं, जन्तर, तावीज।

वि० जिसमें किसी उग्र प्रभाव से स्वयं रक्षित रहने अथवा आवृत्त पदार्थ को रक्षित रखने की शक्ति या गुण हो, जैसे अग्निकवच, जलकवच आदि। (प्रूफ)

कवचधारी (-धारिन्) पुं० [सं०] वह जिसके ऊपर कवच हो या जो कवच पहने हो।

कवर[1] पुं० [सं०] [स्त्री० कवरी] १. केशपाश। २. गुच्छा।

कवर[2] पुं० दे० 'कौर'।

कवर[3] पुं० [अं०] १. ढकना। २. पुस्तक का आवरण-पृष्ठ।

कवरी स्त्री० [द्रविड़ से गृहीत, सं०] चोटी, जूड़ा।

कवल पुं० [द्रविड़ से गृहीत सं०] [वि० कवलित] कौर, ग्रास।

कवलित वि० [सं०] खाया हुआ, जैसे काल-कवलित।

कवायद स्त्री० [अ० कायदा का बहु०] १. नियम, व्याकरण। २. सिपाहियों की युद्ध-नियमों के अभ्यास की क्रिया।

कवि पुं० [सं०] काव्य या कविता रचनेवाला, शायर।

कवि-कल्पना स्त्री० कोरी कल्पना।

कवि-गोष्ठी स्त्री० वह गोष्ठी जिसमें कवि अपनी-अपनी रचनाओं का पाठ करते हैं।

कविता स्त्री० [सं०] १. कवि की की हुई पद्यात्मक रचना, काव्य, शायरी। २. भाव की रसमय कलात्मक अभिव्यक्ति। (पोएट्री)

कवित्त पुं० [सं० कवित्व] १. कविता, काव्य। २. इक्कीस अक्षरों का एक वृत्त।

कवित्व पुं० [सं०] कविता का भाव या गुण।

कविराज पुं० [सं०] १. श्रेष्ठ कवि। २. भाट। ३. वैद्यों की उपाधि।

कविलास* पुं० दे० 'कैलास'।

कवि-सम्मेलन पुं० वह जन-सभा जिसमें अनेक कवि कविताओं का पाठ करते हैं।

कवि-सम्मेलनी वि० कवि-सम्मेलन-सम्बन्धी।

कवींद्र पुं० [सं०] वह जो कवियों में इन्द्र अर्थात् श्रेष्ठ हो।

कव्वाल पुं०=कौवाल।

कव्वाली स्त्री०=कौवाली।

कश[1] पुं० [सं०] [स्त्री० कशा] चाबुक।

कश[2] पुं० [फा०] १. खिंचाव। २. हुक्के या चिलम का दम, फूँक। वि० खींचनेवाला, आकर्षक, जैसे—दिलकश।

कशमकश स्त्री० [फा०] १. खींच-तान। २. सोच-विचार, दुविधा।

कशा स्त्री० [सं०] कोड़ा।

कशाघात पुं० [सं०] कोड़े की मार।

कशिश स्त्री० [फा०] आकर्षण।

कशेरूका स्त्री० [सं०] रीढ़ की छल्ले के आकार की हड्डियों में से कोई एक।

कश्चित् वि० [सं०] कोई, कोई एक।

सर्व० कोई (व्यक्ति)।

कश्ती स्त्री० दे० 'किश्ती'।

कश्मल पुं० [सं०] १. पाप। २. मोह।

कश्मीर पुं० [सं०] जम्मू-कश्मीर राज्य का एक हिस्सा।

कश्मीरी वि० [सं० कश्मीर+हिं० ई] कश्मीर-सम्बन्धी, कश्मीर देश का।

पुं० कश्मीर देश का निवासी।

स्त्री० कश्मीर देश की भाषा।

कश्मीरी कुंडल पुं० कानों में पहनने का एक प्रकार का कुंडल जो स्फटिक का बना होता था।

कष पुं० [सं०] १. सान। २. कसौटी (पत्थर)। ३. परीक्षा, जाँच।

कषाय वि० [सं०] १. कसैला। २. सुगन्धित। ३. गेरू के रंग का, गैरिक।

पुं० क्रोध, लोभ आदि विकार।

कष्ट पुं० [सं०] १. मन या शरीर में होनेवाला वह अप्रिय अनुभव जिससे मनुष्य बचना या छुटकारा पाना चाहता है, पीड़ा, तकलीफ। २. संकट, मुसीबत।

कष्ट-कल्पना स्त्री० [सं०] बहुत खींच-खींचकर कठिनता से बैठानेवाली युक्ति।

कष्टकारक, कष्टदायक, कष्टप्रद वि० [सं०] कष्ट देनेवाला।

कष्टसाध्य वि० [सं०] कठिनता से होनेवाला।

कस[1] पुं० [सं० कष] १. कसे जाने या होने की क्रिया या भाव, कसावट। २. खींच-तान। ३. परीक्षा, जाँच। ४. कसौटी। ५. तलवार की लचक जिससे उसकी उत्तमता की परख होती है। ६. बल, जोर। ७. वश, काबू।

मुहा० *कस का*=जिसपर वश या अधिकार हो।

८. रोक, अवरोध।

कस[2] पुं० [सं० कषाय] १. 'कसाव' का संक्षिप्त रूप। २. सार, तत्त्व। ३. किसी चीज का निकाला हुआ रस (अरक या आसव)।

कस[3] क्रि० वि० [सं० कीदृश] १. कैसे। २. क्यों।

कसक स्त्री० [सं० कष] १. हलका या मीठा दर्द, टीस।
२. बहुत दिनों का भीतरी द्वेष या वैर। ३. इच्छा।

कसकना अ० [हिं० कसक] हलका दर्द करना, सालना, टीसना।

कसकुट पुं० [हिं० काँसा] एक प्रकार की मिश्र धातु जिससे बरतन बनते हैं।

कसना[1] स० [सं० कर्षण] [भाव० कसन] १. बन्धन दृढ़ करने के लिए डोरी आदि खींचना। २. बन्धन खींचकर बँधी हुई वस्तु को खूब दबाना।
पद *कसकर*=(क) जोर से। (ख) अच्छी तरह।
३. जकड़कर बाँधना। ४. पुरजों को दृढ़ करके बैठाना। ५. साज रखकर सवारी के लिए घोड़ा-गाड़ी आदि तैयार करना। ६. ठूसकर भरना। ७. कद्दूकस पर रगड़ना।
अ० १. बन्धन का खिंचना जिससे वह अधिक जकड़ जाए। २. बँधना। ३. खूब भर जाना।

कसना[2] स० [सं० कर्षण] १. परखने के लिए सोने को कसौटी पर रगड़ना। २. परखना, जाँचना। ३. तलवार को लचाकर उसके लोहे की परीक्षा करना। ४. दूध गाढ़ा करके खोया बनाना।

कसना[3] स० [?] कष्ट देना।

कसनी स्त्री० [हिं० कसना] स्त्रियों के पहनने की अँगिया, चोली।

कसब पुं० [अ० कस्ब] १. परिश्रम, मेहनत। २. पेशा, रोजगार। ३. वेश्यावृत्ति।

कसबा पुं० [अ० कस्बः] [वि० कसबाती] गाँव से बड़ी और शहर से छोटी बस्ती। (टाउन)

कसबाती वि० [हिं० कसबा] कसबे का।

कसबानुमा वि० [अ०+फा०] जो देखने में कसबे के जैसा हो।

कसबी स्त्री० [अ० कसब] १. वेश्या, रंडी। २. व्यभिचारिणी स्त्री।

कसम स्त्री० [अ०] शपथ, सौगन्ध।
मुहा० *कसम उतारना*=(क) शपथ का प्रभाव दूर करना। (ख) नाम मात्र के लिए कोई काम करना। *कसम खाने को*=नाम मात्र के लिए।

कसमल पुं० दे० 'कश्मल'।

कसमसाना अ० [अनु०] [भाव० कसमसाहट] १. उकताकर हिलना-डोलना। २. घबराना। ३. हिचकना।

कसमीर पुं० दे० 'कश्मीर'।

कसर स्त्री० [अ० कस्र] १. कमी, न्यूनता, त्रुटि। २. द्वेष, वैर।
मुहा० *कसर निकालना*=बदला लेना।
३. टोटा, घाटा। ४. दोष, ऐब। ५. किसी वस्तु के सूखने या उसमें कूड़ा-करकट निकालने से होनेवाली कमी।

कसरत[1] स्त्री० [अ० कस्रत] [वि० कसरती] १. व्यायाम।
क्रि० प्र० करना। २. मेहनत, परिश्रम।

कसरत[2] स्त्री० [अ० कस्रत] अधिकता, ज्यादती।

कसरती वि० [अ० कसरत] १. कसरत करनेवाला।
२. (कसरत से) पुष्ट और बलवान, जैसे कसरती बदन।

कसहँड़ा पुं० [हिं० काँसा] [स्त्री० कसहँड़ी] काँसे का एक प्रकार का बड़ा बरतन।

कसाई[1] स्त्री० [हिं० कसना] कसने की क्रिया, भाव या पारिश्रमिक।

कसाई[2] पुं० [अ० कस्साब] [स्त्री० कसाइन] वधिक, बूचड़।
वि० [भाव० कसाईपन] निर्दय, निष्ठुर, बेरहम।

कसाईखाना पुं०=बूचड़खाना।

कसा-कसाया वि० [हिं० कसना+कसाना] बँधा हुआ।

कसाना अ० [हिं० काँसा] काँसे के योग से कसैला हो जाना।
स० हिं० 'कसना' का प्रे०।

कसार पुं० [सं० कृसर] चीनी मिला हुआ भुना आटा या सूजी, पँजीरी।

कसाला पुं० [सं० कष] १. कष्ट, तकलीफ। २. कठिन परिश्रम।
मुहा० *कसाले में कटना*=कष्ट में बितना।

कसाव[1] पुं० [हिं० कसना+आव (प्रत्य०)] १. कसे हुए होने की अवस्था या भाव। २. खिंचाव।

कसाव[2] पुं० [सं० कषाय] कसैलापन।

कसीटना स० दे० 'कसना'।

कसीदा पुं० [फा० कशीदः] १. कपड़े पर सुई-डोरे से बेल-बूटे बनाने का काम। २. वह उर्दू कविता जिसमें कम से कम १५ शेरों में किसी विषय का क्रमबद्ध विवेचन हो।

कसीस पुं० [सं० कासीस] एक खनिज पदार्थ जो लोहे का एक विकार है।

कसीसना अ० दे० 'खींचना'।

कसूँभ पुं० दे० 'कुसुम' (पौधा और उसका फूल)।

कसूँभी वि० [हिं० कसूँभ] १. कुसुम (पौधा) के रंग का।
२. कुसुम (पौधा) के फूलों के रंग से रँगा हुआ।

कसूमल वि० [हिं० कुसुम या कसूँभ] कुसुम के रंग का, कसूँभी।

कसूर पुं० [अ० क़ुसूर] १. अपराध। २. दोष।

कसूरवार वि० [अ० क़ुसूर+फा०] १. अपराधी। २. दोषी।

कसेरा पुं० [हिं० काँसा] काँसे, फूल आदि के बरतन बनाने और बेचनेवाला।

कसेरू पुं० [सं० कशेरुक] एक प्रकार के मोथे की जड़ जो फल के रूप में खाई जाती है।

कसैया पुं० [हिं० कसना] कसने, परखने या जाँचनेवाला।

कसैला वि० [हिं० कसाव] जिसके स्वाद में कसाव हो, जैसे आँवला, हड़ आदि।

कसैली स्त्री० [हिं० कसैला] सुपारी।

कसोरा पुं० [हिं० काँसा+ओरा(प्रत्य०)] १. कटोरा। २. मिट्टी का प्याला।

कसौटी स्त्री० [सं० कषपट्टी] १. एक प्रकार का काला पत्थर जिसपर रगड़कर सोने की उत्तमता परखते हैं। २. परख की

कोई ऐसी बात या तत्त्व जिसके आधार पर किसी बात के ठीक या किसी काम के पूरे होने की जाँच हो सके। (क्राइटीरिया)

मुहा० *मसौटी पर कसना*=शुद्धता की परख करना, खरापन जानने की जाँच करना।

कस्तूरी स्त्री० [सं०] एक प्रसिद्ध सुगन्धित द्रव्य जो एक प्रकार के मृग की नाभि से निकलता है।

कस्तूरी मृग पुं० [सं०] बहुत ठंडे पहाड़ों पर रहनेवाला एक प्रकार का हिरन जिसकी नाभि से कस्तूरी निकलती है।

कस्द पुं० [अ०] निश्चय, संकल्प।

कस्दन क्रि० वि० [अ०] जान-बूझकर।

कस्बा पुं० = कसबा।

कस्मिया क्रि० वि० [अ० कस्मियः] कसम से, शपथपूर्वक।

कहँ विभ० [सं० कः] के लिए। (अवधी)

क्रि० वि० दे० 'कहीं'।

कहँवा क्रि० वि० दे० 'कहाँ'।

कह वि० [सं० कः] क्या।

कहक* स्त्री० [?] ध्वनि, आवाज।

कहकहा पुं० [फा० कहकहः] ठहाका।

कहगिल| स्त्री० [फा० कार=घास+गिल=मिट्टी] दीवार में लगाने का गारा।

कहत पुं० [अ० कह्त] दुर्भिक्ष, अकाल।

कहन स्त्री० [सं० कथन] १. कथन, उक्ति। २. बात। ३. कहावत।

कहना स० [सं० कथन] १. मुँह से बात निकालना, बोलना।

पद *कह-बदकर*=प्रतिज्ञा करके। *कहने को*=(क) नाम मात्र को। (ख) भविष्य में स्मरण के लिए।

मुहा० *कहने की बात*=वह बात जो वास्तव में न हो। *कहने भर को*=मात्र कहने के लिए।

२. सूचना देना। ३. नाम रखना।

पुं० कही हुई बात, कथन।

कहनूत स्त्री० दे० 'कहावत'।

कहर पुं० [अ० कह्र] विपत्ति, आफत।

पद कहर का=(क) विकट, भीषण। (ख) बहुत अधिक, अपार।

मुहा० *कहर ढाना*=घोर अत्याचार करना।

कहरना* अ० दे० 'कराहना'।

कहरवा पुं० [हिं० कहार] १. पाँच मात्राओं का एक ताल। २. नाच या गाना जो इस ताल पर होता है।

कहरी वि० [अ० कह्र] कहर करने या आफत ढानेवाला।

कहल पुं० [देश०] १. उमस, औस। २. ताप। ३. कष्ट।

कहलना* अ० [हिं० कहल] १. विकल या बेचैन होना, व्याकुल होना। २. दहलना।

कहलाना स० [हिं० 'कहना' के प्रे०] १. दूसरे के द्वारा कहने की क्रिया कराना। २. सँदेसा भेजना।

अ० पुकारा जाना।

अ० दे० 'कहलना'।

कहवा पुं० [अ० कह्वः] एक पेड़ का बीज जिसका चूर्ण चाय की तरह पिया जाता है।

कहवैया वि० [हिं० कहना] कहनेवाला।

कहाँ क्रि० वि० [सं० कुहः] किस जगह, किस स्थान पर।

पद *कहाँ का*=(क) न जाने किस स्थान का। (ख) असाधारण, बहुत भारी। (ग) कहीं का कहीं। *कहाँ का कहाँ*=बहुत दूर। *कहाँ की बात*=यह बात ठीक नहीं है।

कहा[1] पुं० [सं० कथन] आज्ञा या उपदेश के रूप में कही हुई बात।

कहा[2] सर्व० [सं० किम्] क्या।

कहा-अनकहा पुं० [हिं०] वे बातें जो कही गई हैं तथा जो चाहने पर भी न कही जा सकीं।

कहा-कही स्त्री० दे० 'कहा-सुनी'।

कहाना स० दे० 'कहलाना'।

कहानी स्त्री० [सं० कथानिका] १. मन से गढ़ा हुआ या किसी वास्तविक घटना के आधार पर प्रस्तुत किया हुआ विवरण, कथा, किस्सा, आख्यायिका। २. झूठी या मनगढ़न्त बात।

कहार पुं० [सं० कं=जल+हिं० हार] एक जाति जो पानी भरने और डोली ढोने का काम करती है।

कहाल पुं० [देश०] एक प्रकार का बाजा।

कहावत स्त्री० [हिं० कहना] [वि० कहावती] १. लोक में प्रचलित ऐसा बँधा चमत्कारपूर्ण वाक्य जिसमें कोई अनुभव या तथ्य की बात संक्षेप में कही गई हो, लोकोक्ति, मसल। (प्रावर्ब, मैक्सिम) २. कही हुई बात, उक्ति।

कहासुनी स्त्री० [हिं० कहना+सुनना] जबानी लड़ाई, वाद-विवाद, तकरार।

कहिया| क्रि० वि० [सं० कुहः] कब।

कहीं क्रि० वि० [हिं० कहाँ] १. किसी अनिश्चित या अनजाने स्थान में।

पद *कहीं और*=दूसरी जगह, अन्यत्र। *कहीं-कहीं*=कुछ स्थानों में/पर; जैसे कहीं-कहीं वर्षा भी हुई है। *कहीं का*=न जाने कहाँ का। *कहीं न कहीं*=किसी न किसी स्थान पर अवश्य।

मुहा० *कहीं का न रहना*=किसी काम का अथवा कहीं मान्य न रहना।

२. नहीं, कभी नहीं, प्रश्न रूप में और निषेधार्थक, जैसे यह भी कहीं होता है! ३. यदि, अगर, जैसे कहीं वह न आया तो? ४. बहुत अधिक, जैसे यह उससे कहीं बढ़कर है।

कही स्त्री० [हिं० कहना] विधि, उपदेश आदि के रूप में कही हुई बात, कथन, जैसे हमारी कही मानो।

कहुँ, कहूँ क्रि० वि० दे० 'कहीं'।

कहैया* वि०, पुं० [हिं० कह+ऐया (प्रत्य०)] कहनेवाला।

काँइया वि० [हिं० काक=कौआ] चालाक, धूर्त।

काँकड़ पुं० [?] चीते की जाति का हिंसक वन्य पशु।

काँकड़ी, काँकरी स्त्री० दे० 'कंकड़'।

मुहा० *काँकरी चुनना*=वियोग के कारण किसी काम में मन न लगना।

कांक्षा स्त्री० [वि० कांक्षित] दे० 'आकांक्षा'।

कांक्षी (-क्षिन्) वि०, पुं० [सं०] [स्त्री० कांक्षिणी] कांक्षा करने या चाहनेवाला।

काँख स्त्री० [सं० कक्ष] बाहुमूल के नीचे का गड्ढा, बगल।

काँखना अ० [अनु०] १. श्रम या पीड़ा से ऊँह, आँह आदि शब्द करना। २. मलत्याग के लिए पेट की वायु नीचे दबाना।

काँखासोती स्त्री० [हिं० काँख+सं० श्रोत] दाहिनी बगल के नीचे से ले जाकर बाएँ कन्धे पर दुपट्टा डालना।

काँगड़ी स्त्री० [काँगड़ा] (काँगड़ा, कश्मीर आदि में) आग तापने की अँगीठी।

काँगन* पुं० दे० 'कंगन'।

कांग्रेस स्त्री० [अं०] १. महासभा। २. भारत का एक राजनीतिक दल।

काँच[1] स्त्री० [सं० कक्ष] १. धोती का वह छोर जो जाँघों के बीच से ले जाकर पीछे खोंसा जाता है। २. गुदेन्द्रिय के अन्दर का भाग, गुदाचक्र।

मुहा० *काँच निकलना*=आघात, परिश्रम आदि से दुर्दशा होना।

काँच[2] पुं० [सं० काच] एक प्रसिद्ध पारदर्शक मिश्र वस्तु जो बालू, रेह आदि के योग से बनती है, शीशा।

कांचन पुं० [सं०] [वि० कांचनीय] १. स्वर्ण, सोना। २. कचनार। ३. चम्पा। ४. धतूरा।

काँचली स्त्री० दे० 'केंचुली'।

काँचा वि० [स्त्री० काँची] दे० 'कच्चा'।

कांची स्त्री० [सं०] १. मेखला, करधनी। २. घुँघची। ३. हिन्दुओं की सात पुरियों में से एक, कांजीवरम।

कांचुरी स्त्री० दे० 'केंचुली'।

काँचू स्त्री०=कंचुकी (चोली)।

कांजिक वि० [सं०] सिरके, काँजी आदि से सम्बन्ध रखनेवाला या इनके स्वाद का, खट्टा। (एसेटिक)

पुं० दे० 'काँजी'।

काँजी स्त्री० [सं० कांजिक] १. पिसी हुई राई आदि घोलकर बनाया हुआ एक प्रकार का खट्टा रस। २. मठा, छाछ। ३. फटा या बिगड़ा हुआ दूध।

काँजीहौद पुं० [अं० काइन-हाउस] सरकारी मवेशीखाना जिसमें लोगों के छूटे हुए पशु बन्द करके रखे जाते हैं।

काँटवा* वि०= कँटीला।

काँटा पुं० [सं० कंटक] १. बहुत कड़ा नुकीला अंकुर, कंटक।

मुहा० *काँटा निकालना*=बाधा या संकट दूर होना। *(रास्ते में) काँटे बिछाना*=बाधाएँ डालना। *काँटे बोना*=(क) बुराई या अनिष्ट करना। (ख) अड़चन डालना। *काँटे-सा खटकना*=बुरा लगना, दुखदायी होना। *काँटों पर लोटना*=कष्ट से तड़पना। *काँटों में घसीटना*=परेशानी में डालना।

२. इस आकार का वह अंग जो नर मोर, तीतर आदि के पंजे में निकलता है, खाँग। ३. वे छोटी नुकीली फुंसियाँ जो जीभ में निकलती हैं। ४. लोहे की बड़ी कील। ५. मछली पकड़ने की अँकुड़ी। ६. लोहे की अँकुड़ियों का वह गुच्छा जिससे कुएँ में गिरे हुए बरतन आदि निकालते हैं। ७. कोई लम्बी नुकीली वस्तु, जैसे साही का काँटा। ८. लोहे का वह तराजू जिसकी डाँड़ी पर सुई लगी होती है।

पद *काँटे की तौल*=उसी प्रकार ठीक, जिस प्रकार काँटे पर तौली हुई चीज तौल में ठीक होती है, न कम न अधिक, पूरा और ठीक।

९. नाक या कान में पहनने की कील, लौंग। १०. कुछ गहनों आदि में वह छोटी उभारदार कीलें जिनमें से हर एक कील किसी जड़े हुए नगीने को पकड़े रहती है। ११. पंजे के आकार का वह उपकरण जिससे पाश्चात्य लोग खाना खाते हैं। १२. गणित में गुणनफल के शुद्धाशुद्ध की जाँच की एक क्रिया।

काँटी स्त्री० [हिं० काँटा] १. छोटा काँटा। २. कील। ३. अँकुड़ी। ४. बेड़ी।

काँटेदार वि० [हिं० कौटा+फा० दार] जिसमें काँटे हों।

काँटेदार तार स्त्री० वह तार जिसमें जगह-जगह नुकीले काँटे जैसे टुकड़ लगे होते हैं।

काँठा[1] पुं० [सं० कंठ] १. गला। २. किनारा, तट। ३. पार्श्व, बगल।

काँठा[2] पुं० [सं० काष्ठा] [स्त्री० काँठी] जलाने की लकड़ी, ईंधन।

कांड पुं० [सं०] १. बाँस आदि का वह अंश जो दो गाँठों के बीच में होता है, पोर। २. सरकंडा। ३. वृक्षों का तना। ४. शाखा, डाली। ५. किसी कार्य या विषय का विभाग। ६. बहुत बड़ा झगड़ा, बखेड़ा या कोई अशुभ घटना, जैसे आज वहाँ बहुत बड़ा कांड हो गया।

काँड़ना स० [सं० कंडन] १. रौंदना, कुचलना। २. खूब मारना।

काँड़ी स्त्री० [सं० कांड] लकड़ी का पतला लट्ठा।

काँड़ी-कफन पुं० मुरदे की अरथी का सामान।

कांत पुं० [सं०] १. पति, शौहर। २. चन्द्रमा। ३. एक प्रकार का बढ़िया लोहा, कान्तिसार।

वि० १. सुन्दर, मनोहर। २. प्रिय।

कांता स्त्री० [सं०] १. सुन्दर स्त्री। २. भार्या, पत्नी।

कांतार पुं० [सं०] भयानक वन।

कांतासक्ति स्त्री० [सं० कांता+आसक्ति] स्त्री या पत्नी के प्रति होनेवाली आसक्ति, स्त्रीप्रेम, पत्नीप्रेम।

कांति स्त्री० [सं०] १. दीप्ति, चमक। २. शोभा, छवि।

कांतिमान, कांतिमान् वि० [सं० कांतिमत्] [स्त्री० कांतिमती] १. कान्तिवाला, दीप्तियुक्त। २. सुन्दर।

कांतिसार पुं० [सं० कांत] एक प्रकार का बढ़िया लोहा।

काँथीर* स्त्री० दे० 'कथरी'।

काँदना अ० दे० 'रोना'।

कांदो* पुं० [सं० कर्दम] कीचड़।

काँध पुं० दे० 'कंधा'।

काँधना स० [हिं० कंधा] १. कन्धे पर उठाना।

मुहा० *(किसी की) बात काँधना*=बात स्वीकृत करना, कहना मान लेना।

२. ठानना, मचाना। ३. किसी को कुछ समझना या उसका महत्त्व स्वीकृत करना।

काँधर, काँधा पुं० दे० 'कान्ह'।

काँधि* स्त्री०=कंधा।

काँप पुं० [सं० कंपा] १. बाँस आदि की पतली लचीली तीली। २. सुअर का खाँग। ३. हाथी का दाँत। ४. कान का एक गहना।

काँपना अ० [सं० कंपन] बार-बार हिलाना, थरथराना, थर्राना।

काँपा पुं०=कंपा।

काँबी स्त्री० [?] कान में पहनने का एक प्रकार का गहना।

काँव-काँव स्त्री० [अनु०] १. कौए का शब्द। २. व्यर्थ की बकवाद।

मुहा० *काँव-काँव करना*=शोर करना।

काँवर स्त्री० [हिं० काँध+आवर(प्रत्य०) या सं० कामार्थी ?] १. बाँस के डंडे के दोनो सिरों पर छीकों में लटकी हुई दो दौरियाँ जिनमें यात्री गंगा जल आदि भरकर तीर्थयात्रा के लिए निकलते हैं। २. दे० 'बहँगी'।

काँवरा वि० [पं० कमला] घबराया हुआ।

काँवरिया पुं० दे० 'काँवाँरथी'।

काँवरी स्त्री० दे० 'काँवर'।

काँवरूप* पुं० दे० 'कामरूप'।

काँवाँरथी पुं० [सं० कामार्थी] वह जो किसी कामना से काँवर लेकर तीर्थयात्रा करने जाए।

काँस पुं० [सं० काश] एक प्रकार की लम्बी घास।

काँसा[1] पुं० [सं० कांस्य] [वि० काँसी] ताँबे और जस्ते या ताँबे और टीन के योग से बनी हुई एक मिश्र धातु। (ब्रांज)

काँसा[2] पुं० [फा० कास] भीख माँगने का ठीकरा।

कांस्य वि० [सं०] काँसे (धातु) का बना हुआ। (ब्रांज)

कांस्य युग पुं० [सं०] पुरातत्व में प्रागैतिहासिक काल का वह विभाग जो प्रस्तर युग के बाद का और लौह युग के पहले का माना जाता है और जिसमें हथियार, औजार, बरतन आदि काँसे के ही बनते थे, 'ताम्र युग'।

का परसर्ग [सं० प्रत्य० कः] १. सम्बन्धकारक या षष्ठी का चिह्न, जैसे पुस्तक का मूल्य। २. पु० हिन्दी में 'को' का एक रूप, जैसे ओका=उसको।

काइयाँ पुं०=काँइयाँ।

काई स्त्री० [सं० कावार] १. जल में होनेवाली एक प्रकार की छोटी घास। २. मल, मैल।

मुहा० *काई छुड़ाना*=(क) मैल दूर करना। (ख) दरिद्रता दूर करना। *काई-सा फट जाना*=तितर-बितर हो जाना।

काउंसिल स्त्री० [अं०] कुछ विशिष्ट विषयों पर विचार करनेवाली सभा या समिति।

काऊ[1]* क्रि० वि० [सं० कदा] कभी।

काऊ[2]* सर्व० [सं० कः] १. कोई। २. कुछ।

काक पुं० [सं०] कौआ।

काक-गोलक पुं० [सं०] कौए की आँख की पुतली। (कहते हैं कि कौए की आँखें हैं तो दो, पर पुतली एक ही होती है और वही दोनो आँखों में आती-जाती रहती है।

काकचक्षु वि० [सं०] जो कभी इधर और कभी उधर देखता हो, अस्थिर दृष्टिवाला।

काकटेल स्त्री० [अं०] १. दो अलग-अलग मदिराओं का मिश्रित पेय। २. सभा या गोष्ठी जिसमें उक्त प्रकार का पेय चलता हो।

काकतालीय वि० [सं०] केवल संयोगवश होनेवाला।

काकतालीय न्याय पुं० [सं०] उसी प्रकार संयोगवश कोई काम हो जाना, जिस प्रकार कौए के बैठते ही ताड़ का पेड़ गिर जाए।

काकपक्ष पुं० [सं०] बालों के पट्टे जो पुराने जमाने में दोनो ओर कानों के ऊपर रखे जाते थे।

काकपद पुं० [सं०] वह चिह्न जो छूटे हुए शब्द का स्थान जताने के लिए पंक्ति के नीचे बनाया जाता है।

काकरी स्त्री० दे० 'काँकरी'।

काकरेजा पुं० [हिं० काकरेजी] काकरेजी रंग का कपड़ा।

काकरेजी पुं० [फा०] लाल और काले के मेल से बननेवाला एक रंग।

वि० इस रंग का।

काकली स्त्री० [सं०] मधुर ध्वनि, कल नाद।

काकवंध्या वि० स्त्री० [सं०] (स्त्री) जो एक बार सन्तान प्रसव करके फिर प्रसव न करे, एकबाँझ।

काक-स्नान पुं० [सं०] नाम मात्र का स्नान।

काका पुं० [फा० कोका=बड़ा भाई] [स्त्री० काकी] बाप का भाई, चाचा।

काकातुआ पुं० [मला० ककातुआ] एक प्रकार का बड़ा तोता।

काकु पुं० [सं०] १. व्यंग्य, ताना। २. अलंकार में वक्रोक्ति का एक भेद, जिसमें शब्दों की ध्वनि से ही दूसरा अभिप्राय लिया जाता है; जैसे—भला आप वहाँ क्यों जाएँगे, अर्थात् आप वहाँ नहीं जाएँगे।

काकुन स्त्री० दे० 'कँगना' (मोटा अन्न)।

काकुल स्त्री० [फा०] कनपटी पर लटकते हुए लम्बे बाल, जुल्फ।

काग[1] पुं० [सं० काक] कौआ पक्षी।

काग[2] पुं० [अं० कार्क] १. बलूत की जाति का एक बड़ा पेड़। २. बोतल या शीशी की डाट जो इस पेड़ की छाल से बनती है।

कागज पुं० [अ० कागज़] [वि० कागजी] १. घास, बाँस आदि सड़ाकर बनाया हुआ वह महीन पत्र जिसपर अक्षर लिखे या छापे जाते हैं।

मुहा० *कागज काला करना या रँगना*=व्यर्थ कुछ लिखना। *कागज की नाव*=न टिकनेवाली चीज।

२. लिखा हुआ प्रामाणिक लेख, लेख्य। ३. समाचार-पत्र, अखबार।

कागज-पत्र पुं० १. लिखे हुए कागज। २. प्रामाणिक लेख, लेख्य।

कागजात पुं० बहु० [अ० कागज़ात, कागज़ का बहु०] बहुत-से कागज-पत्र, दस्तावेज।

कागजी वि० [अ० कागज़ी] १. कागज-सम्बन्धी, कागज का। २. कागज पर लिखा हुआ, जैसे कागजी सबूत।

मुहा० *कागजी घोड़े दौड़ाना*=किसी कार्य के लिए कोई विशेष प्रयत्न न करके केवल लिखा-पढ़ी या पत्र-व्यवहार करना।

३. ऐसा फल जिसका छिलका अपेक्षाकृत पतला हो, जैसे कागजी बादाम।

कागजी नीबू पुं० पतले छिलकेवाला नीबू जो अपेक्षाकृत बहुत छोटा और रसदार होता है।

कागद, कागर* पुं० दे० 'कागज'।

कागभगोड़ा पुं० चीते की जाति का हिंसक वन्य पशु जो स्वभाव से भीरु होता है।

कागरी वि० [हिं० कागज] तुच्छ, हेय।

कागला पुं० [सं० काकलक] गले के अन्दर की घाँटी, कौआ।

कागारौल पुं० [हिं० काग=कौआ+रोर=शोर] कौओं की तरह मचाया जानेवाला हल्ला, हुल्लड़।

काची स्त्री० [हिं० कच्चा] १. दूध रखने ही हाँड़ी। २. तीखुर, सिंघाड़े आदि का हलुआ।

काछ स्त्री० [सं० कक्ष] १.पेड़ू और जाँघ तथा उसके नीचे का स्थान। २. धोती का वह भाग जो पीछे खोंसा जाता है, लाँग। ३. अभिनय के लिए नटों का वेश धारण करना।

मुहा० *काछ काछना*=भेस बनाना।

काछना[1] स० [हिं० काछ] १. धोती का पल्ला पीछे खोंसना। २. बनाना, सँवारना।

काछना[2] स० [सं० कर्षण] उँगली आदि से तरल पदार्थ किनारे की ओर खींचकर उठाना।

काछनी स्त्री० [हिं० काछना] १. धोती पहनने का वह ढंग जिसमें दोनो लाँगें पीछे खोंसी जाती हैं, कछनी। २. घाघरे की तरह का एक पहनावा।

काछा पुं० १. दे० 'काछनी'। २. दे० 'काछ'।

काछी पुं० [सं० कच्छ=जलप्राय देश] एक जाति जो तरकारी बोती और बेचती है, कोइरी।

काछे क्रि० वि० [सं० कक्ष] निकट, पास।

काज[1] पुं० [सं० कार्य] १. कार्य, काम। २. व्यवसाय, रोजगार। ३. प्रयोजन, मतलब। ४. कोई शुभ कर्म।

काज[2] पुं० [पुर्त०] पहनने के कपड़ों में वह छेद जिसमें बटन फँसाते हैं।

काजर पुं० दे० 'काजल'।

काजरी स्त्री० [सं० कज्जली] वह गौ जिसकी आँखों पर काला घेरा हो. कजरी।

काजल पुं० [सं० कज्जल] दीपक के धुएँ की कालिख जो आँखों में लगाई जाती है।

मुहा० *काजल घुलाना, डालना या सारना*=(आँखों में) काजल लगाना। *काजल पारना*=दीपक के धुएँ से काजल बनाना या जमाना।

काजल की कोठरी स्त्री० वह स्थान जहाँ जाने से कलंक लगे।

काजी पुं० [अ० काज़ी] न्याय की व्यवस्था करनेवाला अधिकारी। (मुसल०)

काजू-भोजू वि० [हिं० काज+भोग] जो अधिक दिनों तक काम में न आ सके।

काट स्त्री० [हिं० काटना] १. काटने की क्रिया या भाव। २. काटने का ढंग, कटाव, तराश। ३. घाव, जखम। ४. कपट, चालबाजी। ५. कुश्ती में पेंच का तोड़।

काट-छाँट स्त्री० १. (लेख, शब्द, वाक्य आदि) काटकर निकालने की क्रिया। २. (पेड़, पौधों के अनावश्यक अंग) काटकर अलग करने की क्रिया। ३. काट या छाँटकर निकाला हुआ अंश।

काटना स० [सं० कर्त्तन] १. धारदार शस्त्र आदि से किसी वस्तु के दो या कई खंड करना।

पद *काटो तो खून नहीं*=बिल्कुल सन्न या स्तब्ध हो जाना।

२. दाँत गड़ाकर खंड, क्षत या घाव करना। ३. पीसकर चूर करना, पीसना। ४. नष्ट करना। ५. किसी वस्तु में से कोई अंश निकालना। (डिडक्ट) ६. युद्ध में मारना। ७. समय बिताना, जैसे दिन काटना। ८. रास्ता तै करना। ९. अनुचित ढंग से प्राप्त करना। १०. कलम की लकीर से लिखावट रद करना, मिटाना। ११. ऐसे काम तैयार करना जो लम्बाई में दूर तक चले गए हों, जैसे सड़क काटना, नहर काटना। १२. जेलखाने में कैद भोगना। १३. विषैले जन्तु का डंक मारना, डसना, जैसे साँप या मच्छर का काटना। १४. किसी तीक्ष्ण वस्तु का शरीर में लगकर जलन पैदा करना। १५. एक रेखा का किसी एक स्थान पर दूसरी रेखा के ऊपर से होते हुए आगे निकल जाना। १६. (किसी मत, विचार या कथन का) खंडन करना। १७. कष्टकर प्रतीत होना, जैसे अब तो यह घर काटता है।

मुहा० *काटने खाना या दौड़ना*=(क) बहुत बुरा लगना। (ख) सूना और उजाड़ लगना।

काट-छाँट स्त्री० [हिं० काटना+छाँटना] १. काटने और छाँटने की क्रिया या भाव। २. काटने और छाँटने से अलग किया हुआ अंश। ३. लेख आदि में काटे और निकाले हुए अंश।

काटना-छाँटना स० १. पेड़ों, पौधों आदि के अनावश्यक अंग काटकर अलग करना। २. लेख आदि में से अनावश्यक या अनुचित अंश काटकर निकाल देना।

काटर वि० [सं० कठोर] १. कड़ा, कठिन। २. कट्टर। ३. काटनेवाला।

काटू पुं० [हिं० काटना] १. काटनेवाला। २. डरावना, भयानक।

काठ पुं० [सं० काष्ठ] १. पेड़ का कोई स्थूल अंग जो कटकर सूख गया हो, लकड़ी।

मुहा० *काठ का उल्लू*=बहुत बड़ा मूर्ख। *काठ की हाँड़ी*=ऐसी दिखाऊ वस्तु जिसका धोखा एक बार से अधिक न चल सके। *(किसी को) काठ मार जाना*=बहुत अधिक चकित, स्तब्ध या हतप्रभ हो जाना। *काठ हो जाना*=(क) सूखकर बहुत ही कड़ा हो जाना। (ख) डर या घबराकर सन्न हो जाना, स्तब्ध होना।

२. जलाने की लकड़ी, ईंधन। ३. लकड़ी की बनी हुई बेड़ी।

मुहा० *काठ मारना या काठ में पाँव देना*=काठ की बेड़ी पहनाना।

काठ-कबाड़ पुं० टूटा-फूटा, फालतू या अनुपयोगी (विशेषत: लकड़ी का) सामान।

काठा वि० [हिं० काठ] जिसका छिलका मोटा और कड़ा हो, कठिया, जैसे काठा बादाम।

काठिन्य पुं० [सं०] कठिनता।

काठी[1] स्त्री० [हिं० काठ] [भाव० कढ़ाई] १. घोड़ों आदि की पीठ पर कसने की जीन। २. शरीर की गठन या बनावट।

काठी[2] वि० [काठियावाड़ देश] काठियावाड़ का।

काढ़ना[1] स० [सं० कर्षण] १. अन्दर से बाहर करना, निकालना। २. अलग करना। ३. आवरण हटाकर दिखाना। ४. कपड़े पर बेल-बूटे बनाना। ५. उधार लेना। ६. बनाना या लगाना, जैसे टीका काढ़ना।

काढ़ना[2] स० [हिं० कड़ाही] उबालकर गाढ़ा करना, औंटाना।

काढ़ा पुं० [हिं० काढ़ना] ओषधियों को पानी में उबालकर बनाया हुआ रस, क्वाथ।

कातना स० [सं० कर्त्तन] चरखे, तकली आदि पर रुई या ऊन बटकर तागा बनाना।

कातर वि० [सं०] [भाव० कातरता] १. अधीर, व्याकुल। २. डरा हुआ, भयभीत। ३. आर्त, दुखित।

कातिब पुं० [अ०] दस्तावेज आदि लिखनेवाला, लेखक।

कातिल वि० [अ०] १. प्राणों पर संकट लानेवाला, घातक। २. मार डालनेवाला, हत्यारा। ३. बहुत उग्र या विकट।

काती स्त्री० [सं० कर्त्री] १. कैंची। २. चाकू, छुरी या तलवार। ३. छोटी तलवार।

कात्यायनी स्त्री० [सं०] दुर्गा।

काथा| पुं० दे० 'कत्था'

कादंबरी स्त्री० [सं०] १. बादलों का समूह, मेघमाला। २. उपन्यास। (महाराष्ट्र)

कादर वि० [सं० कातर] १. डरपोक, भीरु। २. अधीर। ३. व्याकुल।

कान पुं० [सं० कर्ण] १. वह इन्द्रिय जिससे शब्द सुनाई पड़ता है, श्रवण, श्रुति, श्रोत्र।

मुहा० *(किसी का) कान उमेठना*=(क) दंड के रूप में किसी का कान मरोड़ना। *(अपना) कान उमेठना*=कोई काम फिर से न करने की प्रतिज्ञा करना। *कान करना*=ध्यानपूर्वक सुनना। *(किसी के) कान काटना*=मात करना, बढ़कर होना। *कान खाना या खा जाना*=बहुत शोर करना। *कान खिंचवाना*=बेइज्जत होना। *कान गरम करना*=दे० (किसी का) 'कान उमेठना'। *(बात पर) कान देना या धरना*=ध्यान से सुनना। *(किसी बात से) कान पकड़ना*=कोई काम फिर न करने की प्रतिज्ञा करना। *कान पर जूँ न रेंगना*=कुछ भी परवाह या अनुभूति न होना। *कान फूँकना*=दीक्षा देना, चेला बनाना। *कान भरना*=किसी के विरुद्ध किसी के मन में कोई दूषित बात बैठा देना। *कान मलना*=दे० 'कान उमेठना'। *(किसी का) कान में तेल डालकर बैठना*=कुछ ध्यान न देना। *कान में डाल देना*=सुना या जता देना। *कानों-कान खबर न होना*=किसी को जरा भी खबर न होना। *कानों में छाले पड़ना*=संतप्त होना।

पद *कान का कच्चा*=जो किसी के कहने पर बिना सोचे-समझे विश्वास कर ले।

२. कान में पहनने का सोने का एक गहना। ३. चारपाई का टेढ़ापन, कनेव। ४. किसी वस्तु का ऐसा निकला हुआ कोना जो भद्दा जान पड़े। ५. नाव की पतवार।

स्त्री० दे० 'कानि'।

कानफा* पुं०=कान्हपा (कृष्णपाद)।

कानन पुं० [सं०] १. जंगल। २. घर।

काना[1] वि० [सं० काण] [स्त्री० कानी] जिसकी एक आँख फूट गई हो, एकाक्ष।

काना[2] वि० [सं० कर्णक] १. (फल) जिसका कुछ भाग कीड़ों ने खा लिया हो। २. जिसमें किसी प्रकार का दोष या न्यूनता हो, त्रुटिपूर्ण जैसे कानी कौड़ी।

कानाफूसी स्त्री० [हिं० कान+फुसफुस (अनु०)] वह बात जो कान के पास धीरे से कही जाए।

कानाबाती स्त्री० दे० 'कानाफूसी'।

कानि स्त्री० [?] १. लोक या समाज की मर्यादा का ध्यान, लोकलज्जा।

मुहा० *कानि पड़ना*=लोक या समाज की मर्यादा का ध्यान रखना।

२. वंश या कुल की अथवा स्वयं अपनी प्रतिष्ठा, इज्जत। ३. संकोच, लिहाज।

कानी वि० हिं० 'काना' का स्त्री०।

मुहा० कानी का काजल=कमजोर की अच्छाई

कानी उँगली स्त्री० [सं० कनीनी+हिं० उँगली] हाथ या पैर की सबसे छोटी और आखिरी उँगली।

कानी कौड़ी स्त्री० [हिं० काना=त्रुटिपूर्ण+कौड़ी] १. फूटी या खराब कौड़ी। २. बहुत ही थोड़ा या नाम मात्र का धन, जैसे मैं तो उन्हें कानी कौड़ी भी न दूँगा।

कानीन पुं० [सं०] १. वह जो किसी कुमारी कन्या के गर्भ से पैदा हुआ हो। २. कृष्ण द्वैपायन, महर्षि व्यास।

कानून पुं० [अ०, यु० केनन] [वि० कानूनी] १. राज्य में व्यवस्था, शान्ति, न्याय आदि संबंधी नियम, राज-नियम, विधि।

मुहा० *कानून छाँटना*=तुच्छ नियमों के आधार पर कुतर्क या हुज्जत करना।

२. किसी विषय के नियमों का संग्रह, विधान।

कानूनगो पुं० [अ० कानून+फा० गो] माल विभाग का वह कर्मचारी जो पटवारियों के कागजों की जाँच करता है।

कानूनदाँ पुं० [अ० कानून+फा० दाँ] कानून का जानकार।

कानूनदानी स्त्री० [अ०+फा०] कानून का ज्ञान।

कानूनन क्रि० वि० [अ० कानूनन्] कानून की दृष्टि से, कानून के अनुसार।

कानूनी वि० [अ०] कानून-सम्बन्धी, विधि का।

कान्यकुब्ज पुं० [सं०] १. एक प्राचीन प्रान्त जो वर्तमान समय के कन्नौज के आस-पास था। २. इस देश का निवासी। ३. उक्त प्रदेश से आए हुए ब्राह्मण जिनकी एक अलग जाति बन गई है।

कान्ह* पुं० [सं० कृष्ण] श्रीकृष्ण।

कान्हपा* पुं० गोरखनाथ के शिष्य कृष्णपाद।

कापर* पुं० दे० 'कपड़ा'।

कापालिक पुं० [सं०] शैव मत का तान्त्रिक साधु, जो खोपड़ियों की माला पहनता था।

कापाली स्त्री० [सं०] खोपड़ियों की माला।

कापी स्त्री० [अं०] १. नकल, प्रतिलिपि। २. लिखने की कोरे कागजों की पुस्तिका।

कापुरुष पुं० दे० 'कायर'।

काफिया पुं० [अ० क़ाफ़िय:] अन्त्यानुप्रास, तुक, जैसे काल का काफिया ताल और माल है।

मुहा० *काफिया तंग करना*=हैरान करना, नाकों दम करना।

काफिर वि० [अ०] १. मुसलमानों के अनुसार उनसे भिन्न धर्म माननेवाला। २. ईश्वर को न माननेवाला। ३. निर्दय।

काफिला पुं० [अ०] यात्रियों का दल।

काफी[1] वि० [अ०] जितना अनावश्यक हो उतना, पर्याप्त।

काफी[2] स्त्री० [अं०] १. एक प्रसिद्ध पेय। २. वह चूर्ण या बीज जिससे उक्त पेय बनता है।

काफूर पुं० [अ०, सं० कर्पूर] कपूर।

मुहा० *काफ़ूर हो जाना*=अन्तर्धान या लुप्त हो जाना।

काफूरी वि० [अ०] १. कपूर मिश्रित। २. कपूर के रंग का।

काबर वि० दे० 'चितकबरा'।

काबा पुं० [अ०] अरब के मक्के शहर का एक स्थान जहाँ मुसलमान हज करने जाते हैं।

काबिज वि० [अ० काबिज़] जिसका कब्जा या अधिकार हो। पुं० वह जो किसी जमीन पर या मकान में रहकर उसका उपभोग करता हो। (आकुपेन्ट)

काबिल वि० [अ०] [भाव० काबिलियत] १. योग्य, लायक; काबिले तारीफ़=तारीफ के लायक। २. विद्वान।

काबिलियत स्त्री० [अ०] योग्यता।

काबुक स्त्री० [फा०] कबूतरों का दरबा।

काबुल पुं० [सं० कुभा] [वि० काबुली] अफगानिस्तान की राजधानी।

काबू पुं० [तु०] वश, अधिकार।

काम[1] पुं० [सं०] [वि० कामुक, कामी] १. इच्छा, मनोरथ। २. इन्द्रियों की अपने अपने विषयों की ओर प्रवृत्ति। ३. सहवास या मैथुन की इच्छा। ४. चुतर्वर्ग या चार पदार्थों में से एक।

काम[2] पुं० [सं० कर्म, प्रा० कम्म] १. वह क्रिया जिसके संपादन में शक्ति, बुद्धि आदि लगाई जाए, कार्य।

पद० *काम का पहाड़*=उन बचे हुए कामों का समूह जिन्हें निपटाना इस समय आवश्यक हो।

मुहा० *काम आना*=(क) उपयोग में आना। (ख) लड़ाई में मारा जाना। *काम करना*=प्रभाव दिखलाना।

२. कठिन परिश्रम या कौशल का कार्य। ३. प्रयोजन, अर्थ, मतलब।

मुहा० *काम निकलना*=(क) प्रयोजन सिद्ध होना। (ख) आवश्यकता पूरी होना। *काम पड़ना*=आवश्यकता होना।

४. सम्बन्ध, वास्ता, सरोकार।

मुहा० *किसी से काम पड़ना*=किसी प्रकार का व्यवहार या सम्बन्ध होना। *काम से काम रखना*=केवल अपने कार्य, प्रयोजन, कर्तव्य आदि से सम्बन्ध रखना।

५. उपभोग, व्यवहार, इस्तेमाल।

मुहा० *(वस्तु का) काम देना*=व्यवहार में आना, उपयोगी होना। *काम में लाना*=व्यवहार करना।

६. व्यवसाय, रोजगार। ७. अच्छी रचना, कारीगरी। ८. बेल-बूटा या नक्काशी।

काम[3] पुं० [फा०] १. इच्छा। २. उद्देश्य।

कामकला स्त्री० [सं०] १. कामदेव की स्त्री, रति। २. सम्भोग, रति।

काम-काज पुं० [हिं० काम+काज] १. काम-धन्धा, कार्य। २. व्यापार।

काम-काजी वि० [हिं० काम+काज] काम या उद्योग में लगा रहनेवाला।

कामगार वि० [फा०] जिसकी इच्छा पूर्ण हुई हो, सफल। पुं० १. दे० 'कामदार'। २. दे० 'मजदूर'।

काम-चलाऊ वि० [हिं० काम+चलाना] जिससे किसी प्रकार काम निकल सके।

काम-चोर वि० [हिं० काम+चोर] काम से जी चुरानेवाला।

कामज वि० [सं०] काम या वासना से उत्पन्न।
कामतः क्रि० वि० [सं०] मन में कोई कामना या इच्छा रखकर, जान-बूझकर कोई उद्देश्य पूरा करने के लिए। (परपज़ली)
कामतरु पुं० दे० 'कल्पवृक्ष'।
कामद वि० [सं०] [स्त्री० कामदा] मनोरथ पूरा करनेवाला, जैसे कामद मणि=चिन्तामणि।
कामदानी स्त्री० [हिं० काम+दानी(प्रत्य०)] बादले के तार या सलमे-सितारे से बने बेल-बूटे।
कामदार[1] पुं० [हिं० काम+दार(प्रत्य०)] कर्मचारी, कारिन्दा, अमला।
कामदार[2] वि० [फा०] (वस्त्र आदि) जिसपर कलाबत्तू आदि के बेल-बूटे बने हों, जैसे कामदार टोपी।
कामदी स्त्री० [अं० कामेडी] १. चरित्र-चित्रण का वह प्रकार जिसमें मानवीय दुर्बलताओं का इस प्रकार अंकन किया जाता है कि लोग उन पर हँसें और उनसे बचें भी। २. ऐसा नाटक, धारावाहिक, फिल्म, पुस्तक आदि जिसका ध्येय दर्शकों, पाठकों आदि का मनोरंजन करना हो।
कामदुध वि० [सं०] कामनाओं को दुहने अर्थात् पूरी करनेवाला।
कामदुहा* स्त्री० दे० 'कामधेनु'।
कामदेव पुं० [सं०] स्त्री-पुरुष के संयोग की प्रेरणा करनेवाला देवता या शक्ति, मदन।
काम-धाम पुं० दे० 'काम-काज'।
कामधुक स्त्री० दे० 'कामधेनु'।
कामधेनु स्त्री० [सं०] पुराणानुसार सभी कामनाओं की पूर्ति करनेवाली गाय, सुरभि।
कामना स्त्री० [सं०] मन की इच्छा, मनोरथ, ख्वाहिश।
कामपीड़ा स्त्री० [सं०] काम-वासना से उत्पन्न पीड़ा।
कामपीड़ित वि० [सं० कामपीड़ित] काम-वासना से ग्रस्त।
कामबाम* स्त्री० [सं० काम+वामा] कामदेव की स्त्री, रति।
कामभाव पुं० [सं०] सहवास या मैथुन की इच्छा।
कामयाब वि० [फा०] [भाव० कामयाबी] दे० 'सफल'।
कामयाबी स्त्री० [फा०] सफलता।
कामरिपु पुं० [सं०] शिव।
कामरी स्त्री० दे० 'कंबल'।
कामरूप पुं० [सं०] १. असम (आसाम) प्रदेश का एक जिला जहाँ कामाख्या देवी का स्थान है। २. देवता।
वि० जो मनमाना रूप बना सके।
कामरेड पुं० [अं०] किसी राजनैतिक संघटन का सदस्य।
कामवश वि० [सं० काम+वश] [भाव० कामवशता] काम वासना से उत्प्रेरित, कामपीड़ित।
कामला पुं० दे० 'कमल' (रोग)।
कामली स्त्री० दे० 'कमली'।
काम-वासना स्त्री० [सं०] काम की इच्छा, सम्भोग की इच्छा।
कामवृत्ति स्त्री० [सं०] काम भाव का असंयमित या विकृत रूप जिसे सामाजिक दूषण माना जाता है।
कामशास्त्र पुं० [सं०] वह विद्या जिसमें स्त्री-पुरुष के परस्पर समागम आदि के व्यवहारों का वर्णन हो।
काम-सम्बन्ध पुं० [सं०] स्त्री और पुरुष में होनेवाला शारीरिक सम्बन्ध, यौन-सम्बन्ध।
कामांध वि० [सं०] [भाव० कामांधता] काम के वेग से व्याकुल या उद्विग्न।
कामाक्षी स्त्री० [सं०] काम की देवी।
कामायिनी स्त्री० [सं०] वैवस्वत मनु की पत्नी, श्रद्धा।
कामारि पुं० [सं०] महादेव।
कामित* स्त्री दे० 'कामना'।
कामिता स्त्री० [सं०] १. 'कामी' होने का भाव। २. वह शक्ति, वृत्ति या गुण जो जीवों में काम-वासना उत्पन्न करता है।
कामिनी स्त्री० [सं०] १. कामवती स्त्री। २. सुन्दर स्त्री। ३. मदिरा।
कामिल वि० [अ०] १. पूरा, पूर्ण, समूचा। २. योग्य।
कामी (-मिन्) वि० [सं०] [स्त्री० कामिनी] १. कामना रखनेवाला। २. कामुक, विषयी।
कामुक वि० [सं०] [स्त्री० कामुका] जिसे कामवासना बहुत हो, विषयी।
कामेच्छा स्त्री० [सं०] काम या रति की (तीव्र) इच्छा।
कामोद्गार पुं० [सं० काम+उद्गार] मनोरथ को सहसा अभिव्यक्त करनेवाले वचन।
कामोद्दीपक वि० [सं०] [भाव० कामोद्दीपन] जिससे स्त्री-सहवास या प्रसंग की इच्छा बढ़े।
कामोन्माद पुं० [सं०] वह अवस्था जिसमें काम-वासना अत्यन्त प्रबल हो उठी हो।
काम्य वि० [सं०] १. जिसकी कामना की जाए। २. जिससे कामना सिद्ध हो।
पुं० [सं०] वह धर्म-कार्य जो किसी कामना की सिद्धि के लिए किया जाए, जैसे पुत्रेष्टि यज्ञ।
काय-चिकित्सक पुं० [सं०] ओषधियों द्वारा शरीर की चिकित्सा करनेवाला चिकित्सक। (फिज़िशियन)
काय-चिकित्सा स्त्री० [सं०] ओषधियों द्वारा शरीर के रोगों की चिकित्सा।
कायजा पुं० [अ० कायज:] घोड़े की लगाम में लगी हुई वह डोरी जो उसकी पूँछ तक बँधी रहती है।
कायथ* पुं० दे० 'कायर'।
कायदा पुं० [अ० कायद:] १. विधि, नियम। २. चाल, दस्तूर। ३. रीति, ढंग। ४. क्रम, व्यवस्था।
कायफल पुं० [सं० कट्फल] एक वृक्ष जिसकी छाल दवा के काम में आती है।
कायम वि० [अ०] १. दृढ़तापूर्वक ठहरा हुआ, स्थिर। २. स्थापित। ३. निर्धारित, निश्चित, मुकर्रर।
कायर वि० [सं० कातर] [भाव० कायरता] डरपोक, भीरु।

कायल वि० [अ० क़ायल] १. जिसने तर्क-वितर्क से सिद्ध बात मान ली हो। २. किसी व्यक्ति या वस्तु का महत्त्व स्वीकार करनेवाला।

कायली[1] स्त्री० [सं० क्ष्वेलिका] मथानी।

कायली[2] स्त्री० [हिं० कायर] ग्लानि, लज्जा।

कायली[3] स्त्री० [अ० कायल] (तर्क में) कायल या परास्त होने का भाव।

कायली-माकूली स्त्री० [अ०] तर्क करना और तर्क-सिद्ध बात मानना।

कायस्थ वि० [सं०] काया में स्थित, शरीर में रहनेवाला। पुं० [सं०] १. जीवात्मा। २. परमात्मा। ३. हिन्दुओं की एक जाति का नाम।

कायांतरण पुं० [सं० काया+अंतरण] १. एक काया से दूसरी काया में होनेवाला परिवर्तन। २. एक काया छोड़कर दूसरी काया में प्रवेश।

काया स्त्री० [सं० काय] १. शरीर, तन। २. भौतिक ढाँचा। **मुहा०** *काया पलट जाना*=रूपान्तर हो जाना, और से और हो जाना।

कायाकल्प पुं० [सं०] औषध के द्वारा वृद्ध या रुग्ण शरीर को फिर से तरुण या स्वस्थ करने की क्रिया, जैसे पं० मदनमोहन मालवीय जी ने अपना कायाकल्प कराया था।

काया-पलट पुं० [हिं० काया+पलटना] १. बहुत बड़ा परिवर्तन। २. एक शरीर या रूप छोड़कर दूसरा शरीर या रूप धारण करना।

कायिक वि० [सं०] १. काया या शरीर-सम्बन्धी। २. शरीर से किया हुआ या उत्पन्न, जैसे कायिक पाप।

कायिकी स्त्री० [सं०] जीवों, जन्तुओं तथा वनस्पतियों की काया का अध्ययन करनेवाला विज्ञान। (फिजिऔलॉजी)

कारंड, कारंडव पुं० [सं०] हंस या बत्तख की जाति का एक पक्षी।

कारंधमी(-मिन्) पुं० [सं०] लोहे आदि को सोना बनानेवाला, कीमियागर।

कार[1] पुं० [सं०] १. क्रिया, कार्य, जैसे उपकार, स्वीकार। २. बनाने या रचनेवाला, जैसे चित्रकार। ३. एक शब्द जो वर्णमाला के अक्षरों के साथ लगकर उनका स्वतन्त्र बोध कराता है, जैसे ककार, मकार। ४. एक शब्द जो अनुकृत ध्वनि के साथ लगकर उसका संज्ञावत् बोध कराता है, जैसे फूत्कार।

कार[2] पुं० [फा०] कार्य, काम।

कार[3] स्त्री० [अं०] मोटर (गाड़ी)।

कार[4] वि० दे० 'काला'।

कारआमाद वि० [फा०] उपयोगी।

कारक वि० [सं०] [स्त्री० कारिका] १. करनेवाला, जैसे हानिकारक। २. किसी के स्थान पर या प्रतिनिधि के रूप में काम करनेवाला। (ऐक्टिंग) पुं० [सं०] १. व्याकरण में संज्ञा या सर्वनाम शब्द की वह अवस्था या रूप जिसके द्वारा किसी वाक्य में उसका क्रिया के साथ सम्बन्ध प्रकट होता है। हिन्दी में सात कारक हैं—कर्ता,. कर्म, करण, सम्प्रदान, अपादान, सम्बन्ध और अधिकरण। २. अभिकर्ता। ३. वह जो किसी कार्य में कारण रूप हो, घटक।

कारकुन पुं० [फा०] १. प्रबन्धकर्ता। २. कारिन्दा।

कारखाना पुं० [फा० कारख़ानः] वह स्थान जहाँ व्यापार के लिए कोई वस्तु अधिक मात्रा या मान में बनती हो। (फैक्टरी)

कारगर वि० [फा०] अपना प्रभाव दिखानेवाला, लाभदायक।

कारगुजार वि० [फा० कारगुज़ार] [भाव० कारगुजारी] अच्छी तरह काम पूरा करनेवाला।

कारचोब पुं० [फा०] [वि० कारचोबी] १. लकड़ी का वह चौकठा, जिस पर कपड़ा तानकर जरदोजी का काम बनाया जाता है, अड्डा। २. दे० 'जरदोज'।

कारज पुं० दे० 'कार्य'।

कारटा* पुं० [सं० करट] कौआ।

कारण[1] पुं० [सं०] १. जिससे कार्य हो, वजह, सबब। (काज़) **विशेष**—सामान्यतः किसी कार्य के तीन कारण हो सकते हैं—उपादान कारण, निमित्त कारण और कर्तृ कारण। २. वह जिसके विचार से या जिसका ध्यान रखकर कोई काम किया जाए, हेतु, निमित्त, प्रयोजन; जैसे—आपसे मिलने का एक कारण था। (रीजन) ३. वह जिससे कुछ उत्पन्न या प्रकट हो, आदि, मूल, जैसे सृष्टि का कारण ब्रह्मा है। ४. साधन। ५. तान्त्रिक उपचार या कर्म।

कारण[2] पुं० [सं० करुणा] दुख; उदा० कारण करि करि रौवे बाला। —जायसी

कारण, के सम्बन्धबोधक की वजह से, घोर वर्षा के कारण गाड़ियाँ रद्द हो गईं।

कारणता स्त्री० दे० 'कारणिकता'।

कारणमाला स्त्री० [सं०] १. कारणों या हेतुओं की शृंखला। २. साहित्य में एक अर्थालंकार जिसमें किसी कारण से उत्पन्न होनेवाले कार्य से पुनः किसी अन्य कार्य के होने का वर्णन होता है।

कारण-शरीर पुं० [सं०] शरीर का स्थूल और सूक्ष्म से भिन्न एक अन्य रूप।

कारणिक वि० [सं०] [भाव० कारणिकता] १. कारण-सम्बन्धी, कारण का। २. कारण के रूप में होनेवाला। (कॉज़ल)

कारणिकता स्त्री० [सं०] 'कारण' या 'कारणिक' होने की अवस्था या भाव, 'कारण' और 'कार्य' में रहनेवाला सम्बन्ध या उसका स्वरूप। (कॉज़ैलिटी)

कारतूस पुं० [पुर्त० कारटूश] बारूद भरी एक नली जो बन्दूकों में भरकर चलाते हैं, गोली।

कारन[1] पुं० दे० 'कारण'।

कारन[2] स्त्री० [सं० कारुण्य] रोने का, आर्त या करुण स्वर।

कारनामा पुं० [फा० कारनामः] कोई बड़ा या महत्त्वपूर्ण कार्य। (विशेषतः उपेक्षासूचक)

क्रि० प्र० दिखाना, देखना।

कारनिस स्त्री दे० 'कँगनी'।

कारनी[1] वि० [सं० कारण] कारण के रूप में होने या प्रेरणा करनेवाला, प्रेरक।

कारनी[2] पुं० [सं० कारीर्नि] १. भेद करानेवाला, भेदक। २. बुद्धि पलटनेवाला।

कार-परदाज वि०, पुं० [फा०] [भाव० कार-परदाजी] १. किसी की ओर से उसका कोई काम करनेवाला, कारिन्दा। २. प्रबन्धकर्ता। ३. वह जो बहुत से अथवा अपने सब काम बहुत अच्छी तरह कर सकता हो, कार्यकुशल।

कारपोरेट वि०, [अं०] बड़े-बड़े औद्योगिक संस्थानों से संबद्ध या उनके द्वारा संचालित।

कारबार पुं० [फा०] [वि० कारबारी] १. काम-काज, व्यापार। २. पेशा, व्यवसाय।

कारबारी वि० [फा०] काम-काजी।

पुं० १. वह जो काम-धन्धे में लगा हो। २. कारिन्दा।

कारयिता वि० [सं० कारयितृ] [स्त्री० कारयित्री] कुछ रचने, बनाने या सृष्ट करनेवाला। (क्रिएटिव)

कारसाज वि० [फा०] [भाव० कारसाजी] बिगड़ा हुआ काम बनाने या कोई काम पूरा करने की युक्ति निकालनेवाला।

कारसेवक पुं० [हिं० कारसेवा] कारसेवा करनेवाला स्वयंसेवक।

कारसेवा स्त्री० [सं० कर+सेवा] किसी धार्मिक स्थल के निर्माण अथवा किसी धार्मिक आयोजन में किया जानेवाला शारीरिक श्रम।

कारस्तानी स्त्री० [फा०] १. कार्रवाई। २. चालबाजी।

कारा स्त्री० [सं०] १. कैद। २. कारागार। ३. पीड़ा, क्लेश।

वि० पुं० 'काला'।

कारागार पुं० [सं०] वह स्थान जिसमें दंड पाए हुए लोगों को बन्द करके रखा जाता है, बन्दीगृह, जेलखाना। (जेल)

कारागृह पुं० दे० 'कारागार'।

कारादंड पुं० [सं०] कारागार में बन्द रखने का दंड, जेल की सजा।

कारापाल पुं० [सं०] कारा का प्रधान अधिकारी। (जेलर)

काराबंदी पुं० [सं०] वह जो कैद में हो।

कारारुद्ध वि० [सं०] जो कारागार में बन्द किया गया हो।

कारारोध पुं० [सं०] [वि० कारारुद्ध] कारागार में बन्द करने या होने की क्रिया या भाव। (इम्प्रिज़नमेन्ट)

कारावास पुं० [सं०] कारागार में बन्द होकर रहना, बन्दी रहना, कैद में रहना। (इम्प्रिजनमेन्ट)

कारिंदा पुं० [फा०] किसी के अधीन रहकर उसकी ओर से उसका कोई काम करनेवाला, गुमाश्ता।

कारिका स्त्री० [सं०] किसी सूत्र की श्लोकबद्ध व्याख्या।

कारिख स्त्री दे० 'कालिख'।

कारिणी वि० स्त्री० [सं० 'कारी' का स्त्री०] करनेवाली (शब्दों के अन्त में, जैसे प्रबन्धकारिणी समिति)।

कारित वि० [सं०] कराया हुआ।

कारिता स्त्री० [सं०] कारी या कारक (करनेवाला) होने का भाव (यौ० के अन्त में, जैसे गुणकारिता)।

कारी[1] वि० [सं० कारिन्] [स्त्री० कारिणी] करनेवाला, बनानेवाला, जैसे कार्यकारी।

कारी[2] स्त्री० [सं० कारिता] करने का काम, जैसे पत्रकारी, चित्रकारी आदि।

कारी[3] वि० [फा०] घातक, मर्मभेदी।

कारीगर पुं० [फा०] [भाव० कारीगरी] १. लकड़ी, पत्थर आदि से सुन्दर वस्तुओं की रचना करनेवाला, शिल्पकार। २. चमत्कार दिखानेवाला।

वि० हाथ से काम बनाने में कुशल, निपुण, हुनरमन्द।

कारीगरी स्त्री० [फा०] कोई काम बहुत अच्छे ढंग से करने का कौशल।

कारु पुं० [सं०] [भाव० कारुता] शिल्पी, कारीगर, दस्तकार।

कारुणिक वि० [सं०] १. जिसे देखकर मनमें करुणा उत्पन्न हो, जैसे कारुणिक दृश्य। २. जिसके मन में करुणा हो, कृपालु, दयालु, कारुण्य।

पुं० [सं०] 'करुणा' का भाव, दया, मेहरबानी।

कारूँ पुं० [अ०] हजरत मूसा का चचेरा भाई जो बहुत बड़ा धनी पर कंजूस था।

कारूँ का खजाना पुं० अनन्त सम्पत्ति।

कारूती स्त्री० [अ०] एक प्रकार का हकीमी या यूनानी मलहम।

कारूनी स्त्री० [?] घोड़ों की एक जाति।

कारूरा पुं० [अ०] मूत्र, पेशाब।

कारोबार पुं०=कारबार।

कार्ड पुं० [अं०] १. मोटे कागज का तख्ता। २. ऐसे कागज का वह टुकड़ा जिस पर समाचार और पता आदि लिखा जाता है, पोस्टकार्ड।

कार्तिक पुं० [सं०] वह चान्द्र मास जो क्वार और अगहन के बीच में पड़ता है।

कार्तिकेय पुं० [सं०] शिव के पुत्र, स्कन्दजी, षडानन।

कार्मण पुं० [सं०] मन्त्र, तन्त्र आदि का प्रयोग।

कार्मुक पुं० [सं०] १. धनुष। २. परिधि का एक भाग, चाप। ३. इन्द्रधनुष।

कार्य पुं० [सं०] १. वह जो कुछ किया जाए, काम, व्यापार। (ऐक्ट) २. काम करने की अवस्था, क्रिया। (ऐक्शन) ३. वह जो कारण का विकार या परिणाम हो, अथवा जिसे लक्ष्य करके कोई काम किया जाए। ४. किसी सिद्धि के लिए होनेवाला प्रयत्न, काम। (वर्क) ५. व्यवसाय, सेवा, जीविका आदि के विचार से किया जानेवाला काम। ६. नाटक में पाँच प्रकार की अर्थ-प्रकृतियों में से एक, जो नाटक के अन्तिम फल या परिणाम के रूप में होती है।

कार्यकर्ता पुं० [सं०] १. वह जो कोई काम करता हो, कोई विशेष काम करनेवाला। २. कर्मचारी।

कार्यकारिणी स्त्री० [सं०] प्रबन्ध-समिति।

कार्यकारी (-रिन्) वि० [सं०] [स्त्री० कार्यकारिणी] १. विशेष रूप से कोई कार्य करनेवाला। २. जो किसी पदाधिकारी की अनुपस्थिति में उसके पद पर अस्थायी रूप से काम करे। (एक्टिंग) ३. प्रभावी।

कार्यकाल पुं० [सं०] १. वह काल या अवधि जिसमें कोई किसी पद पर रहकर कार्य/शासन करता रहा हो। २. दिन में किसी कार्यालय या संस्था में काम करने का निर्धारित समय।

कार्यकुशल वि० [सं०] [भाव० कार्यकुशलता] जो किसी काम में विशेष कुशल हो।

कार्यकुशलता स्त्री० [सं०] अच्छे ढंग से कोई कार्य करने की योग्यता।

कार्यक्रम पुं० [सं०] १. होने या किए जानेवाले कार्यों का क्रम। २. इस प्रकार का क्रम बतलानेवाली कार्यों की सूची।

कार्यक्षम वि० [सं०] जिसमें कोई कार्य करने की क्षमता हो।

कार्यक्षमता स्त्री० [सं०] कार्यक्षम होने की अवस्था या भाव।

कार्यक्षेत्र पुं० [सं०] १. वह क्षेत्र जिसमें कोई कार्य करने का अधिकारी हो। २. वह विषय जिसमें कोई कार्य करता हो; जैसे-उसका कार्यक्षेत्र रीतिकाल है।

कार्यदिवस पुं० [सं०] दिवस या दिन का उतना अंश जितने में बराबर कोई आदमी कुछ कार्य करता रहता है और जिसकी गिनती एक पूरे दिन में होती है। (वर्किंग डे)

कार्यनीति स्त्री० [सं०] किसी कार्य, योजना या प्रक्रिया के सम्बन्ध में अपनाई गई नीति।

कार्यपालन पुं० [सं० कार्य+पालन] कार्यों का किया जाना कर्तव्य-निर्वाह।

कार्य-प्रणाली स्त्री० [सं०] कोई काम करने का ढंग, प्रकिया।

कार्य-प्रधान वि० जिसमें कार्य की प्रधानता हो।

कार्यभार पुं० [सं० कार्य+भार] किसी कार्य या पद से सम्बन्ध रखनेवाला कर्तव्यों का भार, किसी काम या बात की जिम्मेदारी, उत्तरदायित्व। (चार्ज)

कार्यभारी पुं० [सं० कार्यभार] वह जिसने किसी कार्य या पद से सम्बन्ध रखनेवाले कर्तव्यों के पालन आदि का भार अपने ऊपर लिया हो। (इन्चार्ज)

कार्य-योजना स्त्री० [सं० कार्य+योजना] किसी कार्य को कार्यान्वित करने के सम्बन्ध में बनी योजना।

कार्यवाहक वि०=कार्यकारी।

कार्यवाही वि०=कार्रवाई।

कार्यविधि स्त्री० [सं०] कार्य करने की विधि। (प्रोसिजर)

कार्य-विवरण पुं० [सं०] सभा-समिति आदि में जो कार्य हो चुके हों, उनका विवरण। (प्रोसीडिंग्स)

कार्यवृत्त पुं० [सं०] किसी बैठक या अधिवेशन में जो कुछ हुआ हो उसका विवरण। (मिनट्स)

कार्यवृत्त पंजी स्त्री० वह रजिस्टर या पंजी जिसमें कार्यवृत्त लिखते हैं। (मिनट्स बुक)

कार्यशील वि० [सं०] किसी विशिष्ट कार्य या प्रयोजन के लिए होनेवाला। (फंक्शनल)

कार्यसप्ताह पुं० [सं०] सप्ताह के वे दिन जिनमें नियमित रूप से काम पर जाना होता है।

कार्यसमय पुं० [सं०] वह समय जब कोई कार्यालय, कारखाना, विद्यालय खुला रहता हो। (आफिस आवर्स)

कार्य-समिति स्त्री० [सं०] १. किसी विशिष्ट कार्य या व्यवस्था आदि के लिए बनी हुई समिति। २. प्रबन्ध-कारिणी या कार्य-कारिणी समिति।

कार्यहेतु पुं० [सं०] वह कारण या हेतु जिससे कोई कार्य या व्यवहार (मुकदमा) न्यायालय के सामने विचार के लिए रखा जाता है। (कॉज ऑफ ऐक्शन)

कार्यांश पुं० [सं० कार्य+अंश] कार्य का अंश, काम का हिस्सा।

कार्याधिकारी (-रिन्) पुं० [सं०] [स्त्री० कार्याधिकारिणी] वह अधिकारी या कार्यकर्ता जिस पर कोई विशेष कार्य या प्रबन्ध करने का भार हो। (फन्क्शनरी)

कार्याध्यक्ष पुं० [सं०] वह जो सबके ऊपर रहकर किसी कार्य या उसके प्रबन्ध आदि की देख-रेख करता हो।

कार्यान्वयन पुं० [सं०] कार्यरूप में परिणत करना।

कार्यान्वित वि० [सं० कार्य+अन्वित] जो कार्यरूप में परिणत किया जा चुका हो।

कार्यार्थी (-र्थिन्) वि०, पुं० [सं०] [स्त्री० कार्यार्थिनी] १. कार्य की सिद्धि चाहनेवाला। २. कोई गरज रखनेवाला।

कार्यालय पुं० [सं०] वह स्थान जहाँ किसी विशेष व्यापार या कार्य की व्यवस्था करनेवाले अधिकारी बैठकर सब काम बराबर नियमित रूप से करते हों, दफ्तर। (ऑफिस)

कार्यालयीन वि० [सं० कार्यालय] कार्यालय-सम्बन्धी।

कार्यावली स्त्री० [सं०] उन कार्यों की सूची जो किसी सभा-समिति में किसी एक दिन अथवा एक बैठक में होने को हों।

कार्रवाई स्त्री० [फा०] कोई कार्य करने की प्रक्रिया।

कार्षापण पुं० [सं०] एक प्रकार का पुराना सिक्का।

काल[1] पुं० [सं०] १. मिनटों, घंटों, वर्षों आदि में नापी जानेवाली दूरी या गति जिससे भूत, वर्तमान आदि का बोध होता है, समय, वक्त। (टाइम)

पद *काल पाकर*=कुछ दिनों के बाद।

२. किसी एक समय से किसी दूसरे समय तक की अवधि; संस्कृत से अपभ्रंश काल तक। (पीरियड) ३. अन्तिम समय, मृत्यु। ४. यमराज जो मृत्यु के अधिष्ठाता देवता माने जाते हैं।

मुहा० *काल के गाल में जाना*=(क) मर जाना। (ख) ऐसे संकट में पड़ना, जिसमें मर जाने का डर हो।

५. उपयुक्त समय, अवसर, मौका। ६. अकाल, दुर्भिक्ष। ७. [स्त्री० काली] शिव का एक नाम। ८. व्याकरण में वह तत्त्व या क्रिया का वह रूप जिससे यह सूचित होता है कि

वर्णित बात या कार्य हो चुका है, हो रहा है या होगा, जैसे भूत, वर्तमान या भविष्य काल। (टेन्स)

काल[२] वि० [हिं० काला] काले रंग का।

काल[३] क्रि० वि० दे० 'कल'।

काल-कवलित वि० [सं०] जिसे समय निगल गया हो, मृत।

कालकूट पुं० [सं०] समुद्रमंथन के समय निकला विष जिसका पान शिव ने किया था।

काल-कोठरी स्त्री० [सं० काल+हिं० कोठरी] जेलखाने की वह बहुत छोटी और अँधेरी कोठरी जिसमें कैद-तनहाई की सजा पानेवाले कैदी रखे जाते हैं।

कालक्रम पुं० [सं०] कार्यों, घटनाओं आदि का वह क्रम जो उनके घटित होने के काल या समय के विचार से लगाया जाता है, कालानुक्रम। (क्रोनालॉजी)

कालक्रमिक वि० [सं०] कालक्रम से होनेवाला।

कालक्षेप पुं० [सं०] १. दिन काटना, वक्त बिताना। ३. निर्वाह, गुजर, बसर।

कालखंड पुं० [सं०] किसी एक नियत समय से दूसरे नियत समय तक के बीच का अंश या काल। (पीरियड)

कालगति स्त्री० [सं०] काल का प्रवाह, काल का चक्र।

कालचक्र पुं० [सं०] १. समय का हेर-फेर, जमाने की गर्दिश। २. एक अस्त्र।

कालजयी वि० [सं० काल+जय+हिं ई (प्रत्य०)] १. जिसने काल को जीत लिया हो। २. चिरायु, चिरंतन, अमर।

काल-जलधि पुं० [सं०] काल रूपी सागर।

कालज्ञ पुं० [सं०] १. समय का हेर-फेर जाननेवाला। २. ज्योतिषी।

कालज्ञान पुं० [सं०] १. स्थिति और अवस्था की जानकारी। २. अपनी मृत्यु का समय पहले से जान लेना।

कालदोष पुं० [सं०] वस्तुओं, कार्यों आदि का कालक्रम निश्चित करने में वह दोष जो उन्हें अपने ठीक समय से कुछ पहले या कुछ बाद का मान लेने में होता है। (एनाक्रानिज्म)

कालनिर्धारण पुं० [सं०] किसी व्यक्ति, युग आदि की समय-सीमाओं को निर्धारित करना अर्थात् यह निश्चित करना कि उसका जन्म या आरंभ कब हुआ और अंत कब हुआ।

कालनेमि पुं० [सं०] १. रावण के मामा का नाम। २. एक राक्षस जिसने स्वर्ग पर अधिकार किया था।

कालपुरुष पुं० [सं०] १. ईश्वर का विराट् रूप। २. काल।

काल-बंजर पुं० [सं० काल+हिं० बंजर] वह भूमि जो बहुत दिनों से जोती या बोई न गई हो।

कालबाह्य वि० [सं०] जो काल के क्षेत्र से बाहर हो।

कालबूत पुं० दे० 'कलबूत'।

कालयात्रा स्त्री० [सं०] समय का व्यतीत होना।

कालयापन पुं० [सं०] १. समय बिताना। २. दिन काटना, गुजारा करना।

कालर पुं० [अं० कॉलर] १. कुत्तों आदि के गले में बाँधने का पट्टा। २. कोट या कमीज की वह पट्टी जो गले के चारो ओर रहती है।

पुं० दे० 'कल्लर'।

वि० दे० 'काला'।

कालरात्रि स्त्री० [सं०] १. अँधेरी और भयावनी रात। २. ब्रह्मा की रात। ३. दीवाली की रात।

कालसर्प पुं० [सं० काल (मृत्यु)+सर्प] [स्त्री० कालसर्पिणी] वह साँप जिसके काटने से आदमी तुरन्त मर जाए।

काला वि० [सं० काल] [स्त्री० काली, भाव० कालापन] १. काजल या कोयले के रंग का, स्याह।

कहा० *काला अक्षर भैंस बराबर*=ज्ञान का अभाव।

मुहा० *(अपना) मुँह काला करना*=कुकर्म, पाप या व्यभिचार करना। *(दूसरे का) मुँह काल करना*=(क) किसी अरुचिकर या बुरी वस्तु अथवा व्यक्ति को दूर करना। (ख) कलंक का कारण होना, बदनामी का सबब होना; जैसे—अपने कुकर्म से बड़ों का मुँह काला करना। *काला मुँह होना या मुँह काला होना*=कलंकित होना, बदनाम होना।

२. बुरा; जैसे-काला शासन। ३. बुरा। ४. भारी, प्रचंड।

पद *काले कोसों*=बहुत दूर।

कालांतर पुं० [सं०] (काफी) समय बीत जाना।

काला अजार पुं० एक घातक ज्वर।

काला-कलूटा वि० [हिं० काला+कलूटा (अनु०)] बहुत काला, अत्यन्त श्याम। (मनुष्य)

कालाग्नि स्त्री० [सं०] प्रलय-काल की अग्नि।

काला चोर पुं० [हिं०] १. बहुत भारी चोर। २. बुरे से बुरा आदमी।

कालातीत वि० [सं०] जिसका समय बीत गया हो, बीता हुआ, विगत। (टाईम बार्ड)

काला नमक पुं० [हिं० काला+फा० नमक] काले रंग का एक प्रकार का पाचक लवण, सोंचर।

काला नाग पुं० [हिं० काला+नाग] १. काला साँप, विषधर सर्प। २. बहुत दुष्ट या खोटा आदमी।

कालानुक्रम पुं० दे० 'कालक्रम'।

कालानुरूप क्रि०वि० [सं० काल+अनुरूप] समय के अनुसार।

काला पानी पुं० [हिं० काला+पानी] १. बंगाल की खाड़ी का वह अंश जहाँ का पानी अत्यन्त काला है। २. अंडमन, निकोबार आदि द्वीप जहाँ देश-निकाले के कैदी भेजे जाते थे। ३. देश-निकाले का दंड, द्वीपान्तर-वास का दंड। ४. शराब, मदिरा।

काला भुजंग वि० [हिं० काला+सं० भुजंग] बहुत काला।

कालावधि स्त्री० [सं०] १. दो घटनाओं, तिथियों आदि के बीच की अवधि। २. किसी काम के लिए निश्चित की हुई अवधि, कोई काम पूरा करने के लिए नियत समय।

कालास्त्र पुं० [सं०] एक प्रकार का बाण जिसके प्रहार से शत्रु का मरना निश्चित समझा जाता था।

कालिंदी स्त्री० [सं०] १. कलिन्द पर्वत से निकली हुई, यमुना नदी। २. अफीम। (बोल-चाल)

कालि* क्रि० वि० दे० 'कल'।

कालिक वि० [सं०] १. किसी विशेष काल या समय से संबंध रखनेवाला, कालीन, जैसे पूर्वकालिक। २. समयोचित। ३. जिसका समय नियत हो। ४. रह-रहकर कुछ निश्चित समय पर होनेवाला। (पीरिऑडिक)

कालिका स्त्री० [सं०] काली देवी।

कालिख स्त्री० [सं० कालिका] वह काला अंश जो धुएँ के जमने से बन जाता है।

मुहा० *मुँह में कालिख लगना*=बदनामी के कारण मुँह दिखाने लायक न रह जाना।

कालिदास पुं० [सं० कालिन् (शिव)+दास] १. शिव का दास, शिवभक्त। २. रघुवंश, अभिज्ञान शाकुंतल, कुमारसंभव आदि ग्रंथों के रचयिता महाकवि।

कालिब पुं० दे० 'कलबूत'।

कालिमा स्त्री० [सं०] १. कालापन। २. कालिख। ३. अँधेरा। ४. कलंक, लांछन।

काली[1] स्त्री० [सं०] १. चंडी, कालिका। २. पार्वती, गिरिजा।

काली(-लिन्)[2] पुं० [सं०] एक नाग जो यमुना में रहता था और जिसे कृष्ण ने मारा था।

काली टोपी स्त्री० न्यायाधीश की वह काली टोपी जिसे वह अपराधी को मृत्युदंड देते समय पहन लेता है।

काली जबान स्त्री० [हिं० काली+फा० ज़बान] वह जबान जिससे निकली हुई अशुभ बातें प्राय: सत्य घटा करें।

कालीदह पुं० [सं० कालिय+हिं० दह] वृन्दावन में यमुना का एक दह या कुंड जिसमें काली नामक नाग रहा करता था।

कालीन[1] वि० [सं०] किसी विशेष काल या समय से सम्बन्ध रखनेवाला, कालिक, जैसे मध्यकालीन।

कालीन[2] पुं० [अ०] एक प्रकार का प्रसिद्ध मोटा बिछावन जिसकी बुनावट में बेल-बूटे बने रहते हैं, गलीचा।

काली मिर्च स्त्री० [हिं० काली+मिर्च] १. गोल मिर्च। २. काली मिर्च का चूर्ण।

काली रात स्त्री० वह समय जब घोर संकट सामने आ खड़ा हुआ हो।

काली सूची स्त्री० ऐसी सूची जिसमें काले कारनामे करनेवालों का नाम दर्ज हो। (ब्लैक लिस्ट)

कालू पुं० [हिं० काला] संबोधन रूप में प्रयुक्त; काला व्यक्ति। (उपेक्षासूचक)

कालौंछ| स्त्री दे० 'कलौंछ'।

काल्पनिक पुं० [सं०] कल्पना करनेवाला।
वि० जिसकी कल्पना की गई हो पर जो वास्तव में न हो, मन-गढ़ंत, कल्पित। (इमैजिनरी)

कावा पुं० [फा०] घोड़े को एक वृत्त में चक्कर देने की क्रिया।
मुहा० *कावा काटना*=(क) वृत्त में दौड़ना, चक्कर खाना। (ख) आँख बचाकर दूसरी ओर निकल जाना। *कावा देना*=चक्कर देना।

काव्य पुं० [सं०] १. वह रचना, विशेषत: पद्य की रचना, जिससे चित्त किसी रस या मनोवेग से पूर्ण हो जाए, भाव की कलात्मक अभिव्यक्ति, कविता। (पोएम) २. वह पुस्तक जिसमें कविता हो, काव्य का ग्रंथ।

काव्यगोष्ठी पुं० [सं० काव्य+गोष्ठी] वह गोष्ठी जिसमें एक या अनेक कवि अपनी-अपनी कविताएँ श्रोताओं को सुनाएँ।

काव्य-पाठ पुं० [सं०] कविता या कविताओं का पढ़ा जाना।

काव्यमय वि० [सं०] [भाव० काव्यमयता, वि० स्त्री० काव्यमयी] काव्य से ओतप्रोत।

काव्यमर्मज्ञ पुं० [सं० काव्य+मर्मज्ञ] [भाव० काव्यमर्मज्ञता] वह जिसे काव्य के गुण-दोषों को परखने की क्षमता हो।

काव्यरस पुं० [सं०] काव्य का रस, आनंद।

काव्यरसिक पुं० [सं०] वह जिसे काव्य से रस मिलता हो, काव्य का रसिक।

काव्य-संकलन पुं० [सं०] वह संग्रह जिसमें कविताएँ संकलित हों।

काव्यानुवाद पुं० [सं०] किसी कृति का काव्य में होनेवाला अनुवाद।

काव्यास्वादन पुं० [सं०] काव्य के रस का पान करना, काव्य का आनंद लेना।

काश[1] नि० [फा०] १. ईश्वर करता कि। २. ईश्वर करे कि।

काश[2] पुं० [सं०] १. एक प्रकार की घास, काँस। २. खाँसी। (रोग)।

काशमीर पुं० दे० 'कश्मीर'।

काशिका स्त्री० [सं०] १. काशीपुरी। २. काशी जनपद की भाषा।

काशी स्त्री० [सं०] उत्तर भारत की एक प्रसिद्ध पुरी या नगरी।

काशी करवट पुं० [सं० काशी+करवट (करपत्र)] काशी का एक तीर्थ जहाँ लोग अगले जन्म में अपनी कोई कामना पूरी करने के लिए एक आरे के नीचे अपनी गरदन कटवाते थे।

काशीफल पुं० [सं० कोशफल] कुम्हड़ा।

काश्त स्त्री० [फा०] १. खेती, कृषि। २. जमींदार को कुछ वार्षिक लगान देकर उसकी जमीन पर खेती करने का स्वत्व।

काश्तकार पुं० [फा०] [भाव० काश्तकारी] १. किसान, कृषक, खेतिहर। २. वह जिसने जमींदार को लगान देकर उसकी जमीन पर खेती करने का स्वत्व प्राप्त किया हो। (टेनेन्ट)

काश्तकारी स्त्री० [फा०] १. खेत जोतने-बोने का काम, खेती-बारी। २. किसान का अधिकार।

काश्मीर पुं० दे० 'कश्मीर'।

काश्मीरी वि० पुं०, स्त्री० दे० 'कश्मीरी'।

काषाय वि० [सं०] १. हड़, बहेड़े आदि कसैली वस्तुओं में रँगा हुआ। २. गेरू में रँगा हुआ, गेरुआ।

काष्ठ पुं० [सं०] १. काठ। २. ईंधन।

काष्ठामौन पुं० [सं०] मौन की पराकाष्ठा की सूचक अवस्था।

कास[1] पुं० [सं०] खाँसी।

कास[2] पुं० [सं० काश] काँस नामक घास।

कासनी स्त्री० [फा०] १. एक पौधा जिसकी जड़, डंठल और बीज दवा के काम में आते हैं। २. इस पौधे का बीज।

वि० कासनी के फूल के रंग की तरह नीला।

कासा पुं० [फा०] १. प्याला, कटोरा। २. दरियाई नारियल का वह बरतन जो फकीर भीख माँगने के लिए रखते हैं।

कासीस* पुं० [सं० काशी+ईश] काशीनरेश।

काहँ क्रि० वि० दे० 'कहँ'।

काह[1] स्त्री० [फा०] सूखी घास।

काह[2] क्रि० वि० [हिं० काँह] १. किसको, किसे। २. किससे।

काहि* सर्व०=किसे।

काहिल वि० [अ०] [भाव० काहिली] सुस्त, आलसी।

काहिली स्त्री० [अ०] सुस्ती, आलस्य।

काही वि० [फा०] सूखी घास के रंग का।

काहु* सर्व० दे० 'काहू'।

काहू[1] *सर्व० [हिं० का+हू (प्रत्य०)] १. किसी। २. किसी का।

काहू[2] * पुं० [फा०] गोभी की तरह का एक पौधा जिसके बीज दवा के काम आते हैं।

काहे| क्रि० वि० [सं० कथं] क्यों?

पद *काहे को*=किस लिए, क्यों?

किं नि० [सं०] १. क्या? २. क्यों?

किंकर पुं० [सं०] [स्त्री० किंकरी] १. दास। २. राक्षसों का एक वर्ग।

किंकर्तव्य-विमूढ़ वि० [सं०] [भाव० किंकर्तव्य-विमूढ़ता] जिसे यह न सूझ पड़े कि अब क्या करना चाहिए, हक्का-बक्का, भौचक्का।

किंकणी स्त्री० [सं०] १. क्षुद्र-घंटिका। २. करधनी।

किंगरी स्त्री० [सं० किन्नरी] छोटी सारंगी जिसे बजाकर जोगी भीख माँगते हैं।

किंचन पुं० [सं०] थोड़ी वस्तु।

किंचित् वि० [सं०] कुछ, थोड़ा।

किंचिन्मात्र वि० [सं०] बहुत ही थोड़ा।

क्रि० वि० कुछ, थोड़ा।

किंजल्क पुं० [सं०] १. कमल का केसर। २. कमल।

वि० कमल के केसर के रंग का।

किंतु यो० [सं०] १. पर, लेकिन, परन्तु। २. वरन्, बल्कि।

किंपुरुष पुं० [सं०] १. किन्नर। २. प्राचीन काल की एक मनुष्य जाति।

किंभूत वि० [सं०] १. किस प्रकार का, कैसा। २. विलक्षण, अद्भुत, अजीब। ३. भौंडा, भद्दा।

किंवदंती स्त्री० [सं०] अफवाह, उड़ती खबर, जनरव।

किंवा यो० [सं०] या, अथवा।

किंशुक पुं० [सं०] पलाश, ढाक, टेसू।

कि[1] नि० [सं० किम्] १. क्या? २. किस प्रकार?

कि[2] यो० [सं० किम् से फा०] १. एक संयोजक शब्द जो कहना, देखना आदि क्रियाओं के बाद उनके विषय-वर्णन के पहले आता है। २. या।

क्रि० वि० इतने में।

किचकिच अ० [अनु०] १. व्यर्थ का वादविवाद, बकवाद। २. झगड़ा।

किचकिचाकर क्रि० वि० दाँत पीसते हुए, अत्यंत क्रोधपूर्वक।

किचकिचाना अ० [अनु०] [भाव० किचकिचाहट] १. (क्रोध से) दाँत पीसना। २. भर-पूर बल लगाने के लिए दाँत पर दाँत रखकर दबाना।

किचड़ना अ० [हिं० कीचड़+आना (प्रत्य०)] (आँख का) कीचड़ से भरना।

किछु वि० दे० 'कुछ'।

किटकिटाना अ० [अनु०] [भाव० किटकिट] १. क्रोध से दाँत पीसना। २. दाँत के नीचे कंकड़ी की तरह कड़ा लगना।

किटकिना पुं० [सं० कृतक] १. वह दस्तावेज जिसके द्वारा ठेकेदार अपने ठेके की चीज का ठेका दूसरे असामियों को देता है। २. युक्ति, तरकीब।

किट्ट पुं० [सं०] १. धातु की मैल। २. तेल आदि में नीचे बैठी हुई मैल।

कित क्रि० वि० [सं० कुत्र] १. कहाँ। २. किस ओर, किधर। ३. ओर, तरफ।

कितक वि० [सं० कियत्] [स्त्री० कितनी] १. किस परिमाण, मात्रा या संख्या का? (प्रश्नवाचक) २. अधिक, बहुत।

क्रि० वि० १. किस परिमाण या मात्रा में? कहाँ तक? २. अधिक, बहुत, ज्यादा।

कितना वि० सर्व० [सं० कियत्] १. किस मात्रा या परिमाण का। २. मात्रा में बहुत अधिक।

पद *कितने बजे*=किस समय।

क्रि० वि० १. किस मात्रा या परिमाण में? २. बहुत अधिक।

किता पुं० [अ० कितऽ] १. सिलाई के लिए कपड़े की काट-छाँट, ब्योंत। २. ढंग, चाल। ३. संख्या, अदद, जैसे दो किता मकान।

किताब स्त्री० [अ०] १. पुस्तक, ग्रंथ। २. पंजी, बही।

किताबी वि० [अ० किताब] १. किताब के आकार का। २. लम्बोतरा, जैसे किताबी चेहरा। ३. किताब-सम्बन्धी, किताब का।

किताबी कीड़ा पुं० वह व्यक्ति जो सदा पुस्तक पढ़ता रहता हो, ग्रंथों का निरंतर अध्येता।

कितिक वि० दे० 'कितना'।

कितेक वि० [सं० कियदेक] १. कितना। २. बहुत।

कितेब स्त्री०=किताब।

कितो क्रि० वि० [सं० कुत्र] १. कहाँ ? किस जगह ? २. किधर ?

कित्ति स्त्री० दे० 'कीर्ति'।

किधर क्रि० वि० [सं० कुत्र] किस ओर ? किस तरफ ?

किधौं यो० [सं० किम्] १. अथवा, या। २. या तो, न जाने।

किन[1] सर्व हिं० 'किस' का बहुवचन।

किन[2] नि० [सं० किम्+न] क्यों न, चाहे, क्यों नहीं ?

किन[3] पुं० [सं० किण] चिह्न, दाग।

किन[4] पुं० [सं० कणिक] [स्त्री० अल्पा० किनकी] अन्न का टूटा हुआ दाना।

किनर* पुं०=किन्नर।

किनारदार वि० [फा० किनारा+दार] (कपड़ा) जिसमें किनारा बना हो।

किनारा पुं० [फा० किनारः] किसी वस्तु का वह भाग जहाँ उसकी लम्बाई या चौड़ाई समाप्त होती है, अन्तिम सिरा। २. नदी या जलाशय का तट, तीर।

मुहा० *किनारे लगना*=(किसी कार्य का) समाप्ति पर पहुँचना, समाप्त होना। *किनारे लगा देना*=खत्म कर देना, न रहने देना; जैसे—आज-कल ३० करोड़ रुपया हमारे यहाँ ३१ मार्च तक किनारे लगा देना है।—अमृतराय।

३. कपड़े आदि में छोर पर का वह भाग जो भिन्न रंग या बुनावट का होता है, हाशिया। ४. पार्श्व, बगल।

मुहा० *किनारा करना, कर लेना या खींचना*=दूर या अलग हो जाना। *किनारे न जाना*=अलग रहना, पास न जाना, बचना। *किनारे बैठना, रहना या होना*=अलग हो जाना, छोड़कर दूर हटना।

किनाराकशी स्त्री० [फा०] किसी से किनारा कर लेने की अवस्था या भाव; किसी से दूर ही रहने की स्थिति या भाव।

किनारी स्त्री० [फा० किनारः] १. सुनहला या रुपहला पतला गोटा। २. दे० 'किनारा'।

किनारे क्रि० वि० [हिं० किनारा] १. सीमा की ओर, सिरे पर। २. तट पर। ३. अलग।

किन्नर पुं० [सं०] [स्त्री० किन्नरी] १. एक प्रकार के देवता जिनका मुख घोड़े के समान माना जाता है। २. गाने-बजाने का पेशा करनेवाली एक जाति।

किन्नरी स्त्री० [सं०] १. किन्नर जाति की स्त्री। २. एक प्रकार का तँबूरा (जिसे किन्नरियाँ बजाती थीं)। ३. छोटी सारंगी, किंगरी।

किफायत स्त्री० [अ० किफ़ायत] कमखर्ची, मितव्यय।

किफायती वि० [अ० किफ़ायती] १. कम खर्च करनेवाला। २. कम दाम का, सस्ता।

किबला पुं० [अ० किबलः] १. पश्चिम दिशा (जिस ओर मुख करके मुसलमान नमाज पढ़ते हैं)। २. मक्का नगर। ३. पूज्य व्यक्ति। ४. पिता, बाप।

किबलानुमा पुं० [फा०] दिग्दर्शक यन्त्र।

किम् नि० [सं०] १. क्या ? २. क्यों ?

किमपि क्रि० वि० [सं०] १. तो। २. किसी हद तक।

किमाकार वि० [सं०] भोंडे आकारवाला।

किमाम पुं० [अ० किवाम] १. गाढ़ा रस। २. अवलेह।

किमि* क्रि० वि० [सं० किम्] कैसे।

किम्मत स्त्री० [अ० हिकमत] १. चतुराई, होशियारी। २. वीरता, बहादुरी।

कियत् वि० [सं०] कितना।

कियामत स्त्री० [अ०] महाप्रलय।

पद *कियामत का*=अत्यधिक, गजब ढानेवाला; जैसे—कियामत की सुन्दरी।

कियारी| स्त्री०=क्यारी।

कियाह पुं० [सं०] कुछ लाली लिए या ताड़ के पके हुए फल के रंग का घोड़ा।

किरंटा* पुं०=किरानी। (उपेक्षासूचक)

किरकिरा वि० [सं० कर्कट] जिसमें महीन और कड़े रवे हों।

मुहा० *मजा किरकिरा हो जाना*=रंग में भंग हो जाना, आनन्द में विघ्न पड़ना।

किरकिराना अ० [हिं० किरकिरा] [भाव० किरकिराहट] १. किरकिरी पड़ने की-सी पीड़ा करना। २. दे० 'किटकिटाना'।

किरकिरी स्त्री० [सं० कर्कर] १. धूल या तिनके आदि का कण जो आँख में पड़कर पीड़ा देता है। २. अपमान, हेठी।

किरकिल| पुं० दे० 'गिरगिट'।

किरच स्त्री० [सं० कृति=कैंची (अस्त्र)] १. एक प्रकार की सीधी तलवार जो नोक के बल सीधी भोंकी जाती है। २. छोटा नुकीला टुकड़ा, जैसे हीरे, काँच आदि का।

किरचा पुं० दे० 'किरच' २.।

किरण स्त्री० [सं०] १. ज्योति की वे अति सूक्ष्म रेखाएँ जो प्रवाह के रूप में सूर्य, चन्द्र, दीपक आदि प्रज्वलित पदार्थों में से निकलकर फैलती हुई दिखाई देती हैं, रोशनी की लकीर। **मुहा०** *किरण फूटना*=सूर्योदय होना। २. बादले की झालर।

किरण-चित्र पुं० [सं०] किरणों की सहायता से आँखों की पुतलियों पर बननेवाला वह चिह्न जो किसी चमकीले रंगीन पदार्थ पर से सहसा दृष्टि हटा लेने पर भी कुछ समय तक बना रहता है।

किरणमाली (-लिन्) पुं० [सं०] सूर्य।

किरदार पुं० [अ० किर्दार] [भाव० किरदारी] किसी रचना का वह पात्र जिसके लिए अभिनय किया जाए; जैसे—पृथ्वीराज कपूर ने अकबर का किरदार निभाया।

किरन स्त्री० दे० 'किरण'।

किरनारा वि० [हिं० किरन+आरा(प्रत्य०)] किरणोंवाला, किरणों से युक्त।

किरपा* स्त्री० दे० 'कृपा'।

किरपान* पुं० दे० 'कृपाण'।

किरम* पुं० [सं० कृमि] कीड़ा।

किरमाल पुं० [सं० करवाल] तलवार।

किरमिच पुं० [अं० कैन्वस] एक प्रकार का मोटा विलायती कपड़ा जिससे परदे, जूते आदि बनते और जिसपर तैलचित्र अंकित होते हैं। (कैन्वस)

किरमिज पुं० [सं० कृमि+ज] [वि० किरमिजी] १. मटमैलापन लिए हुए करौंदिया रंग, हिरमिजी। २. इस रंग का घोड़ा।

किरराना| अ० [अनु०] क्रोध से दाँत पीसना।

किरवान* पुं० दे० 'कृपाण'।

किरवार* पुं० दे० 'करवाल'।

किराएदार पुं० [फा० किरायादार] जिसने मकान, दुकान, जमीन आदि किराए पर ली हो।

किराएनामा पुं० [फा० किरायानाम:] किराएदार और मकान मालिक के बीच निश्चित हुई शर्तों का लिखित विवरण।

किराएदारी स्त्री० [फा० किरायादारी] किराएदार होने की अवस्था या भाव।

किरात पुं० [सं०] [स्त्री० किरातिनी, किरातिन, किराती] १. एक प्राचीन जंगली जाति। २. हिमालय का पूर्वी भाग तथा उसके आस-पास का देश।
स्त्री० दे० 'करात'। (तौल)

किराना पुं० [सं० क्रयण] हल्दी, मिर्च आदि मसाले जो पंसारियों के यहाँ बिकते हैं।

किरानी पुं० [अं० क्रिश्चियन] १. वह जिसके माता-पिता में से एक युरोपीय और दूसरा भारतीय हो। २. दे० 'लिपिक'।

किराया पुं० [अ०] १. वह दाम जो दूसरे की कोई वस्तु निश्चित समय तक काम में लाने के बदले में उसके मालिक को दिया जाए, भाड़ा। (रेन्ट) २. वह धन जो किसी वाहन से यात्रा करते समय दिया जाए।

किराया-खरीद स्त्री० मकान आदि खरीदने का वह ढंग जिसमें खरीदी हुई चीज का कुछ निश्चित आंशिक मूल्य पहले चुका दिया जाता है और शेष मूल्य ब्याज सहित किश्तों में चुकाया जाता है। (हायर-परचेज)

किरावल पुं० [तु० करावल] वह सेना जो लड़ाई का मैदान ठीक करने के लिए आगे जाती है।

किरासन पुं० 'मिट्टी का तेल'।

किरिया स्त्री० [सं० क्रिया] १. शपथ, सौगन्ध, कसम। २. मृत व्यक्ति के श्राद्ध आदि कर्म।

किरिश्मा पुं० [फा० किरिश्म:] १. चमत्कार। २. चमत्कारपूर्ण घटना।

किरिया-करम| पुं० क्रियाकर्म।

किरीट पुं० [सं०] [वि० किरीटी] सिर पर बाँधने का एक आभूषण।

किरीरा* स्त्री०=क्रीड़ा।

किरोध* पुं०=क्रोध।

किल क्रि० वि० [सं०] १. निश्चय ही, अवश्य। २. सचमुच।

किलक[1] स्त्री० [हिं० किलकना] १. किलकने या हर्षध्वनि करने की क्रिया। २. हर्षध्वनि, किलकार।

किलक[2] स्त्री० [फा० किलिक] एक प्रकार का नरकट जिसकी कलम बनती है।

किलकना अ० [हिं० किलकनि] इस प्रकार हँसना कि मुँह से ध्वनियाँ मात्र निकले (शब्द नहीं)।

किलकनि* स्त्री० [हिं० किलकारी] किलकने की क्रिया या भाव।

किलकारना अ० [हिं० किलकारी] आनन्द या उत्साह के समय जोर से अस्पष्ट और गम्भीर शब्द करना, हर्षध्वनि करना।

किलकारी स्त्री० [सं० किलकिला] बहुत प्रसन्न होकर चिल्लाने की क्रिया या भाव, हर्षध्वनि।
क्रि० प्र०-भरना।

किलकिंचित पुं० [सं०] संयोग शृंगार के ग्यारह हावों में से एक, जिसमें नायिका एक साथ कई भाव प्रकट करती है।

किलकिला[1] स्त्री० [सं०] किलकारी।
पुं० १. प्राचीन कवियों के अनुसार एक समुद्र का नाम। २. समुद्र में लहरों का घोर शब्द।

किलकिला[2] पुं० [सं० कृकल] एक प्रकार की छोटी चिड़िया।

किलकिलाना अ० [अनु०] [भाव० किलकिलाहट] १. दे० 'किलकारना'। २. चिल्लाना। ३. झगड़ा करना।

किलना अ० [सं० कीलन] १. कीलन होना, कीला जाना। २. वश में किया जाना। ३. गति का रोका जाना।

किलनी स्त्री० [सं० कीट, हिं० कीड़ा] पशुओं के शरीर में चिमटनेवाला एक छोटा कीड़ा।

किलबिल| स्त्री०=कुलबुल।

किलबिलाना| अ०=कुलबुलाना।

किललाई स्त्री० दे० 'चिल्लाहट'।

किललाना अ० दे० 'चिल्लाना'।

किलवाँक पुं० [देश०] एक प्रकार का काबुली घोड़ा।

किलवार*, किलवारी* स्त्री०=पतवार (नाव की)।

किलविष पुं० दे० 'किल्विष'।

किला पुं० [अ० किल्अ:] लड़ाई के समय बचाव के लिए बनाया हुआ सुदृढ़ स्थान, दुर्ग, गढ़, कोट।

किलाया पुं० दे० 'किलावा'।

किलावा पुं० [अ० कलाब:] १. हाथी के गले में पड़ा हुआ रस्सा या बन्धन जिसमें पैर फँसाकर महावत हाथी को चलाता है। २. हाथी का मस्तक जिसपर महावत बैठता है।

किलेदार पुं० [अ० किल्अ:+फा० दार] [भाव० किलेदारी] किले का प्रधान अधिकारी, दुर्गपति।

किलेबंदी स्त्री० [फा०] [अ० किल्अ:+फा० बन्दी] १. लड़ाई के लिए किले या मोरचे बनाने का काम। २. किसी प्रकार के आक्रमण से अपनी रक्षा करने की योजना।

किलोग्राम पुं० [सं०] एक हजार ग्राम का तौल।

किलोल पुं० दे० 'कलोल'।

किलोवाट पुं० [अं०] एक हजार वाट।

किल्लत स्त्री० [अ०] १. कमी। २. तंगी। ३. कठिनता।

किल्ला पुं० दे० 'खूँटा'।

किल्ली स्त्री० [हिं० कीला] १. कीला, खूँटी, मेख। २. सिटकिनी, बिल्ली। ३. कल या पेंच चलाने की मुठिया।

मुहा० *किसी की किल्ली किसी के हाथ में होना*=किसी का वश किसी पर होना। *किल्ली घुमाना या ऐंठना*=(क) युक्ति लगाना। (ख) किसी ओर घुमाना।

किल्विष पुं० [सं०] [वि० किल्विषी] १. पाप। २. अपराध, दोष। ३. रोग।

किवाँच* पुं० दे० 'काँछ'।

किवाड़ पुं० [सं० कपाट] [स्त्री० किवाड़ी] लकड़ी का पल्ला जो दरवाजा बन्द करने के लिए चौखट में जड़ा रहता है, पट, कपाट।

किवाड़ा* पुं०=किवाड़।

किवाम पुं० [अ०] अवलेह।

किशमिश स्त्री० [फा०] [वि० किशमिशी] सुखाया हुआ छोटा बेदाना अंगूर।

किशलय पुं० [सं०] नया निकला हुआ कोमल पत्ता, कल्ला।

किशोर पुं० [सं०] [स्त्री० किशोरी] १. ग्यारह से पन्द्रह वर्ष तक की अवस्था का बालक। २. पुत्र, बेटा।

किश्त स्त्री० [फा०] शतरंज के खेल में बादशाह का किसी मोहरे के घात में पड़ना, शह।

किश्ती स्त्री० [फा० कश्ती] १. नौका, नाव। २. पान, मिठाई आदि रखने की एक प्रकार की लम्बी थाली।

पुं० शतरंज में हाथी या रुख नाम का मुहरा।

किश्तीनुमा वि० [फा०] जो देखने में किश्ती या नाव की तरह लम्बोतरा और दोनो सिरों पर नुकीला हो, जैसे किश्तीनुमा टोपी।

किष्किंध स्त्री० [सं०] किष्किंध देश की एक पर्वत श्रेणी।

किष्किंधा पुं० [सं०] मैसूर के आस-पास के प्रदेश का प्राचीन नाम।

किस सर्व० [सं० कस्य] 'कौन' का वह रूप जो विभक्ति लगने पर उसे प्राप्त होता है।

किसन* वि०=कृष्ण।

पुं०=कृष्ण।

किसनई स्त्री० दे० 'किसानी'।

किसबत स्त्री० [अ०] वह थैली जिसमें नाई अपने उस्तरे, कैंची आदि रखते हैं।

किसबार* वि० [सं० कृश+बाल] जिसके बाल पतले हों।

किसमी पुं० [अ० कसबी] श्रमजीवी।

किसलय पुं० दे० 'किशलय'।

किसा* पुं०=किस्सा।

किसान पुं० [सं० कृषाण] कृषि या खेती करनेवाला, खेतिहर।

किसानी स्त्री० [हिं० किसान] किसान का काम, खेती-बारी। वि० किसान-सम्बन्धी; जैसे किसानी हत्याओं को लेकर काफी कुछ कहा गया।

किसी सर्व०, वि० [हिं० किस+ही] 'कोई' का वह रूप जो उसे विभक्ति लगने पर प्राप्त होता है।

किसी तरह क्रि० वि० १. किसी न किसी उपाय के द्वारा २. बड़ी कठिनाई से; जैसे-किसी तरह पहुँच ही गया।

किसुन* पुं०=कृष्ण।

किसू सर्व० दे० 'किसी'।

किस्त स्त्री० [अ०] १. कई बार करके ऋण या देना चुकाने का ढंग, खंडी। २. ऋण या देने का वह भाग जो इस प्रकार दिया जाए। (इनस्टॉलमेन्ट)

किस्तबंदी स्त्री० [अ०+फा०] थोड़ा-थोड़ा करके देन अदा करने का बाँधा हुआ ढंग।

किस्तवार क्रि० वि० [अ०+फा०] किस्तों में।

किस्ती वि० [अ०] किस्त-सम्बन्धी, किस्त का।

स्त्री० रुपए उधार देने और लेने की एक रीति जिसमें उधार दिए हुए रुपए ब्याज समेत कुछ नियत किस्तों में वसूल किए जाते हैं।

किस्बत स्त्री० [अ०] हजामत का सामान रखने का नाई का बस्ता।

किस्म स्त्री० [अ०] १. प्रकार, भाँति, तरह। २. ढंग, तर्ज।

किस्मत स्त्री० [अ०] भाग्य।

पद *किस्मत का खेल*=दुर्भाग्य या सौभाग्य की बात।

मुहा० *किस्मत आजमाना*=कोई काम हाथ में लेकर देखना कि उसमें सफलता होती है या नहीं। *किस्मत चमकना या जागना*=भाग्य प्रबल होना, बहुत भाग्यवान होना। *किस्मत फूटना*=भाग्य मन्द हो जाना, दुर्भाग्यपूर्ण स्थिति हो जाना।

किस्मतवर वि० [अ०+फा०] सौभाग्यशाली।

किस्सा पुं० [अ०] १. कहानी। २. वृत्तान्त, हाल। ३. झगड़ा-बखेड़ा।

पद *किस्सा कोतह यह कि*=सारांश यह कि।

किस्सागोई स्त्री० [अ०] किस्से सुनाने की क्रिया, कला या ढंग।

किस्सा-पट्टी स्त्री० स्त्री० मनगढंत कथा।

किस्सेख्वाँ पुं० [अ० किस्सा+फा० ख्वाँ] किस्से सुनानेवाला व्यक्ति।

किहिं सर्व० [सं० क:] १. किसका। २. किसको, किसे।

कींगरी स्त्री० दे० 'किंगरी' (बीना)।

कीक पुं० [अनु०] चीत्कार, चीख।

कीकट पुं० [सं०] १. मगध देश का प्राचीन वैदिक नाम। २. इस देश का निवासी। ३. घोड़ा।

कीकना अ० [अनु०] की-की करके चिल्लाना, चीत्कार करना।

कीकर पुं० [सं० किकराल] बबूल।

कीका पुं० [सं० केकाण] घोड़ा।

कीकान पुं० [सं० केकाण (देश)] १. पश्चिमोत्तर का केकाण देश। २. इस देश का घोड़ा। ३. घोड़ा।

कीच पुं० दे० 'कीचड़'।

कीचड़ पुं० [हिं० कीच+ड़(प्रत्य०)] १. पानी में मिली हुई धूल या मिट्टी, कर्दम, पंक। २. किसी चीज का गाढ़ा मल, जैसे आँखों का कीचड़, तेल का कीचड़।

मुहा० *कीचड़ उछालना*=बदनामी करना।

कीट[1] पुं० [सं०] कीड़ा-मकोड़ा।

कीट[2] स्त्री० [सं० किट्ट] जमी हुई मैल।

कीटभोजी(-जिन्) वि० [सं०] कीड़े-मकोड़े खानेवाला।

कीटविज्ञान पुं० [सं०] वह विज्ञान जिसमें कीड़े-मकोड़ों की जीवनचर्या आदि का विचार होता है। (एन्टामॉलोजी)

कीटाणु पुं० [सं० कीट+अणु] केवल सूक्ष्मदर्शक यन्त्र से दिखाई देनेवाले वे बहुत छोटे-छोटे कीड़े जो हवा या खाने-पीने की चीजों में मिले रहते और अनेक प्रकार के रोगों के मूल कारण माने जाते हैं। (जर्म्स)

कीड़ना* अ० [सं० क्रीड़न] क्रीड़ा करना।

कीड़ा पुं० [सं० कीट, प्रा० कीड़] १. जूँ, खटमल, फतिंगा आदि जैसे क्षुद्र जीव। २. साँप।

कीड़ी स्त्री० दे० 'च्यूँटी'।

कीदहुँ यो० दे० 'किधौं'।

कीनना| स० [सं० क्रीणन] खरीदना।

कीना पुं० [फा० कीनः] द्वेष, वैर।

कीनिया वि० [फा० कीनः] जिसके मन में वैर हो।

कीप स्त्री० [अ० कीफ] वह चोंगी जिसे तंग मुँह के बरतन पर रखकर द्रव पदार्थ डालते हैं, छुच्छी।

कीमत स्त्री० [अ०] १. मूल्य। २. महत्त्व।

कीमती वि० [अ०] अधिक कीमत या दाम का, बहुमूल्य।

कीमा पुं० [अ० कीमः] बहुत छोटे-छोटे टुकड़ों में कटा हुआ गोश्त।

की मार्फत सम्बन्धबो० [हिं० की+अ० मअरिफ़त] के द्वारा, के जरिए।

कीमिया स्त्री० [अ० कीमिआ] रासायनिक क्रिया, रसायन।

कीमियागर पुं० [अ० कीमिआ+फा०] [भाव० कीमियागरी] १. रसायन तैयार करनेवाला। २. लोहे, ताम्बे आदि को सोने में बदलनेवाला।

कीर पुं० [सं०] तोता।

कीरति* स्त्री० दे० 'कीर्ति'।

कीरतिदा* स्त्री० [सं० कीर्तिदा] यशोदा।

कीर्ण वि० [सं०] १. बिखरा या फैला हुआ। २. छाया हुआ।

कीर्तन पुं० [सं०] १. भगवान के नाम गुण, लीला आदि का कुछ समय तक बराबर श्रद्धापूर्वक सस्वर किया जानेवाला उच्चारण या गायन। २. किसी की उपलब्धियों या विशेषताओं आदि का बार-बार किया जानेवाला वर्णन।

कीर्तनियाँ पुं० [सं० कीर्तन] कीर्तन करनेवाला।

कीर्ति स्त्री० [सं०] १. पुण्य। २. ख्याति, यश। ३. वह अच्छा या बड़ा काम जिससे किसी के बाद उसका नाम चले।

कीर्तिदा स्त्री० [सं०] यशोदा।

कीर्तिमान वि० [सं०] यशस्वी।

पुं० १. कीर्ति का सूचक, उच्चतम मान। २. प्रतियोगिता आदि में स्थापित सर्वकालिक उच्चतम मान। (रिकार्ड)

कीर्तिस्तंभ पुं० [सं०] १. वह स्तम्भ जो किसी की कीर्ति का स्मरण कराने के लिए बनाया जाए। २. वह कार्य या वस्तु जिससे किसी की कीर्ति स्थायी हो।

कील स्त्री० [सं०] १. कहीं ठोंकने या जड़ने के लिए लोहे या काठ की मेख, काँटा। २. वह मूढ़गर्भ जो योनि में अटक जाता है। ३. कान या नाक में पहनने का लौंग नाम का गहना। ४. मुँहासे का कुछ उभरा हुआ मांस।

कीलक पुं० [सं०] १. खूँटी, कील। २. वह मन्त्र जिससे दूसरे मन्त्रों की शक्ति या प्रभाव नष्ट किया जाए।

वि० कीलनेवाला।

कील-काँटा पुं० [हिं० कील+काँटा] १. कील, मेख आदि सामग्री। २. कोई कार्य सम्पन्न करने के लिए समस्त उपयोगी और आवश्यक सामग्री।

कीलन पुं० [सं०] [वि० कीलित] १. बाँधना या रोकना। २. मन्त्र का प्रभाव रोकना या नष्ट करना।

कीलना स० [सं० कीलन] १. मेख जड़ना, कील लगाना। २. कील ठोंककर मुँह बन्द करना, जैसे तोप कीलना। ३. किसी मन्त्र या युक्ति का प्रभाव नष्ट करना। ४. साँप को ऐसा मोहित कर देना कि वह किसी को काट न सके।

कीला पुं० दे० 'खूँटा'।

कीलाक्षर पुं० [सं० कील+अक्षर] एक बहुत प्राचीन लिपि जिसके अक्षर देखने में कील या काँटे के आकार के होते थे।

कीलाल पुं० [सं०] १. पानी। २. रक्त, लहू। ३. अमृत। ४. शहद। ५. पशु।

वि० बन्धन दूर करनेवाला।

कीली स्त्री० [सं० कील] १. चक्र के बीच की वह कील जिस पर वह घूमता है। २. दरवाजा बन्द करने के लिए अन्दर से लगाया जानेवाला डंडा, ब्योंड़ा। ३. दे० 'कील'।

कीश पुं० [सं०] बन्दर।

कीसा पुं० [फा० कीसः] १. थैली। २. जेब।

कुंअर पुं० दे० 'कुँवर'।

कुँआँ पुं० दे० 'कुआँ'।

कुंआरा वि० [सं० कुमार] [स्त्री० कुँआरी] जिसका ब्याह न हुआ हो, अविवाहित, बिन-ब्याहा।

कुंई स्त्री० दे० 'कुमुदिनी'।

कुंकुम पुं० [सं०] १. केसर। २. रोली।

कुंचन पुं० [सं०] सिकुड़ना।

कुंचित वि० [सं०] १. घूमा हुआ, टेढ़ा। २. घुँघरवाला, छल्लेदार।

कुंची स्त्री०=कुंजी (चाभी)।

कुंज पुं० [सं०] वृक्षों या लताओं के झुरमुट से मंडप की तरह ढका हुआ स्थान।

कुंजक पुं० दे० 'कंचुकी'।

कुंजगली स्त्री० [हिं० कुंज+गली] १. बगीचों में लताओं से छाई हुई पगडंडी। २. पतली तंग गली।

कुंजड़ा पुं० [सं० कुंज+ड़ा(प्रत्य०)] [स्त्री० कुँजड़ी, कुँजड़िन] तरकारी बोने और बेचनेवाली एक जाति।

कुंजर पुं० [सं०] [स्त्री० कुंजरा, कुंजरी] १. हाथी। २. बाल। ३. आठ की संख्या।

वि० श्रेष्ठ; जैसे—नरकुंजर।

कुंजरगामी (-मिन्) वि० [सं०] हाथी की चालवाला।

कुंजरी स्त्री० [सं०] हथिनी।

कुंजल पुं० दे० 'कुंजर'।

कुंजबिहारी पुं० [सं०] श्रीकृष्ण।

कुंजित वि० [सं०] कुंजों से युक्त।

कुंजी स्त्री० [सं० कुंचिका] १. चाभी, ताली।

मुहा० *(किसी की) कुंजी हाथ में होना*=किसी का वश में होना।

२. वह पुस्तक जिससे किसी दूसरी पुस्तक का अर्थ खुले, टीका।

कुंठ वि० [सं०] जो चोखा या तेज न हो, भोथरा।

कुंठा स्त्री० [सं०] १. भोथरापन। २. विफलताजन्य घोर निराशा। (फ्रस्ट्रेशन)

कुंठित वि० [सं०] १. जिसकी धार चोखी या तीक्ष्ण न हो, कुन्द, गुठला। २. मद्धिम या धीमा पड़ा हुआ, मन्द। ३. विफलताओं से निराश। (फ्रस्ट्रेटिड)

कुंड पुं० [सं०] १. चौड़े मुँह का मिट्टी का गहरा और बड़ा बरतन, कुंडा। २. छोटा तालाब। ३. खोदा हुआ वह गड्ढा अथवा धातु आदि का बना हुआ वह पात्र, जिसमें आग जलाकर हवन करते हैं। ४. सधवा स्त्री का जारज लड़का। ५. दे० 'कूँड'।

कुंडल पुं० [सं०] १. कान में पहनने का एक गहना। २. वह वलय जो कनफटे साधु कानों में पहनते हैं। ३. रस्सी आदि का गोल घेरा, मंडल, जैसे साँप का कुंडल। ४. गोल घेरे या चक्कर के रूप में लपेटी हुई रस्सी, तार आदि का वह रूप जिसमें एक के ऊपर एक छल्ले से बनते चले जाते हैं। (क्वॉयल) ५. वह मंडल जो बदली में चन्द्रमा या सूर्य के चारो ओर दिखाई देता है। (हैलो)

कुंडलित वि० [सं०] (रस्सी, तार आदि) जो इस प्रकार घेरे या चक्कर के रूप में लपेटा गया हो कि एक के ऊपर एक छल्ले से पड़े हों। (क्वॉयल्ड)

कुंडलिनी स्त्री० [सं०] शरीर में मूल शक्ति का सूक्ष्म अंग जो कुंडल के आकार में मूलाधार में सुषुम्ना नाड़ी के नीचे माना गया है। (यह शक्ति कुंडल पिंडों और ब्रह्मांड दोनों का आधार है।)

कुंडलिया स्त्री० [सं० कुंडलिका] दोहे और रोले के योग से बननेवाला एक छन्द।

कुंडली स्त्री० [सं०] १. कुंडलिनी। २. जन्मकाल में ग्रहों की स्थिति सूचित करनेवाला वह चक्र जिसमें बारह घर होते हैं। (ज्योतिष) ३. गेंडुरी। ४. साँप के गोलाकार बैठने की मुद्रा।

कुंडा[१] पुं० [सं० कुंड] [स्त्री० अल्पा० कुंडी] मिट्टी का चौड़े मुँह का बड़ा बरतन, बड़ा मटका।

कुंडा[२] पुं० [सं० कुंडल] दरवाजे की चौखट में लगा हुआ कोंढ़ा जिसमें साँकल फँसाकर ताला लगाया जाता है।

कुंडी[१] स्त्री० [सं० कुंड] १. कटोरे के आकार का पत्थर या मिट्टी का बरतन।

कुंडी[२] स्त्री० [हिं० कुंडा] १. जंजीर की कड़ी, कुंडा। २. किवाड़ में लगी हुई साँकल।

कुंत पुं० [सं०] भाला, बरछी।

कुंतल पुं० [सं०] १. सिर के (घुँघराले) बाल, केश। २. एक देश जो कोंकण और बरार के बीच में था। ३. बहुरूपिया।

पुं०=क्विंटल।

कुंतलन पुं० [सं०] बालों को घुंघराला बनाना।

कुंती[१] स्त्री० [सं०] पांडु की पत्नी तथा युधिष्ठिर, अर्जुन और भीम की माता, पृथा।

कुंती[२] स्त्री० [सं० कुंत] बरछी, भाला।

कुंद[१] पुं० [सं०] १. जूही की तरह का एक पौधा। २. कनेर का पेड़। ३. कमल।

कुंद[२] पुं० [हिं० कुनना] खराद।

कुंद[३] वि० [फा०] १. भोथरा, गुठला। २. मन्द।

कुंदन पुं० [सं० कुंद] १. बढ़िया सोने का पतला पत्तर जिसे लगाकर नगीने जड़ते हैं। २. बढ़िया सोना।

वि० १. कुन्दन की तरह चोखा। २. नीरोग।

कुंदा[१] पुं० [फा०, मिलाओ सं० स्कंध] १. लकड़ी का बड़ा टुकड़ा, लक्कड़। २. लकड़ी का वह टुकड़ा जिसपर रखकर बढ़ई लकड़ी गढ़ते या कुन्दीगर कपड़े की कुन्दी करते हैं। ३. बन्दूक का पिछला चौड़ा भाग। ४. दस्ता, मूठ, बेंट। ५. लकड़ी की बड़ी मुँगरी। ६. कुश्ती में एक दाँव।

कुंदा[२] पुं० [सं० स्कंद] डैना, पंख।

कुंदी स्त्री० [हिं० कुंदा] १. कपड़ों की तह जमाने के लिए उन्हें मुँगरी से कूटने की क्रिया। २. खूब मारना, ठोंक-पीट।

कुंदीगर पुं० [हिं० कुंदी+गर(प्रत्य०)] कपड़ों की कुन्दी करनेवाला।

कुंदुर पुं० [सं०] एक प्रकार का पीला गोंद।

कुंभ पुं० [सं०] १. मिट्टी का घड़ा। २. हाथी के सिर के दोनो ओर का ऊपरी भाग। ३. मस्तक, सिर। ४. ज्योतिष में, ग्यारहवीं राशि जिसमें धनिष्ठा का उत्तरार्द्ध, पूरा शतभिषा और पूर्व भाद्रपद के प्रथम तीन पाद हैं। ५. एक पर्व जो प्रति बारहवें वर्ष पड़ता है।

कुंभक पुं० [सं०] प्राणायाम में साँस लेकर वायु को शरीर में रोकना।

कुंभकर्ण वि० जिसके घंटे के जैसे बड़े-बड़े कान हों। रावण का भाई जो छह-छह महीने सोता था।

कुंभकर्णी वि० [सं० कुंभकर्ण] कुंभकर्ण के जैसा; जैसे- कुंभकर्णी निद्रा।

कुंभज पुं० [सं०] अगस्त्य मुनि जो घटयोनि भी कहलाते हैं।

कुंभाकार वि० [सं०] कुम्भ की शक्ल का।

कुंभी (-भिन्) पुं० [सं०] हाथी।

कुंभीनस पुं० [सं०] १. साँप। २. रावण।

कुंभीपाक पुं० [सं०] एक नरक।

कुंभीर पुं० [सं०] नक्र या नाक नामक जलजन्तु।

कुँवर पुं० [सं० कुमार] [स्त्री० कुँवरी] १. लड़का, बालक। २. पुत्र, बेटा। ३. राजा का लड़का, राजपुत्र।

कुँवरेटा पुं० [हिं० कुँवर] (बड़े आदमियों का) छोटा लड़का।

कुँवारा वि० दे० 'कुँआरा'।

कुँहकुँह पुं० दे० 'कुंकुम'।

कु उप० [सं०] एक उपसर्ग जो संज्ञा के पहले लगकर उसके अर्थ में 'नीच', 'कुत्सित' आदि का भाव बढ़ाता है, जैसे कुमार्ग, कुलक्षण।

कुअंक पुं० [सं० कु+अंक] १. दूषित अंक। २. दुर्भाग्य।

कुअर बिलास। पुं० एक प्रकार का धान या उसका चावल।

कुआँ पुं० [सं० कूप] जमीन में खोदा हुआ गड्ढा जिसमें से पीने तथा सिंचाई के लिए पानी निकालते हैं।

मुहा० *(किसी के लिए) कुआँ खोदना*=किसी को हानि पहुँचाने का प्रयास करना। *(अपने लिए) कुआँ खोदना*=रोजी कमाना। *कुएँ में गिरना*=विपत्ति में पड़ना। *कुएँ में बाँस डालना*=बहुत खोज-ढूँढ़ करना। *कुएँ में भाँग पड़ी होना*=सबकी बुद्धि भ्रमित होना।

कुआर* पुं० दे० 'आश्विन'।

कुइयाँ[१] स्त्री० [हिं० कुआँ] छोटा कुआँ।

कुइयाँ[२] स्त्री०=कुमुदिनी।

कुईं स्त्री० [सं० कुव] कुमुदिनी।

कुकड़ी[१] स्त्री० [सं० कुक्कुटी] तकले पर लपेटा हुआ कच्चे सूत का लच्छा।

कुकड़ी[२] स्त्री० [पं०] मुर्गी।

कुकनुस पुं० [फा०, यू० कुकनू] एक कल्पित पक्षी जिसके सम्बन्ध में कहा जाता है कि इसके गाने पर आग निकलती है जो इसे भस्म कर देती है।

कुकर। पुं०=कुत्ता।

कुकरगत स्त्री० कुत्ते की गति।

कुकरा* पुं० [स्त्री० कुकरी] कुत्ता।

कुकरी स्त्री०=कुकड़ी।

कुकर्म पुं० [सं०] [वि० कुकर्मी] १. बुरा काम। २. पाप।

कुकर्मी (-मिन्) वि० [सं०] १. बुरा काम करनेवाला। २. पापी।

कुकुरमुत्ता पुं० [हिं० कुक्कुर+मूत] एक प्रकार की बदबूदार खुमी। (वनस्पति)

कुकुही स्त्री० [सं० कुक्कुभ] बनमुर्गी।

कुक्कुट पुं० [सं०] मुरगा, मुर्ग।

कुक्कुर पुं० [सं०] [स्त्री० कुक्कुरी] कुत्ता।

कुक्ष पुं० [सं०] पेट, उदर।

कुक्षि स्त्री० [सं०] १. पेट। २. कोख।

कुखेत* पुं० [सं० कुक्षेत्र] बुरा स्थान।

कुख्यात वि० [सं०] [भाव० कुख्याति] बदनाम।

कुगति स्त्री० [सं०] बुरी गति, दुर्दशा।

कुगहनि* स्त्री० [सं० कु+ग्रहण] अनुचित आग्रह या हठ।

कुघा* स्त्री० [सं० कुक्षि] दिशा, ओर।

कुघात पुं० [हिं० कु+घात] १. अनुपयुक्त अवसर, बेमौका। २. बुरी तरह से किया हुआ घात।

कुच पुं० [सं०] स्तन, छाती।

कुचकुचाना स० [अनु० कुचकुच] १. लगातार कोंचना। २. बार-बार नुकीली चीज गड़ाना या धँसाना।

कुचक्र पुं० [सं०] षड्यन्त्र।

कुचक्री (-किन्) पुं० [सं०] कुचक्र रचनेवाला, षड्यन्त्रकारी।

कुचना अ० दे० 'सिकुड़ना'।

कुचलना स० [अनु०] १. बार-बार ऐसी दाब या चोट पहुँचाना कि विकृत हो जाए।

मुहा० *सिर कुचलना*=पूरी तरह से पराजित करना।

२. पैरों से रौंदना।

कुचला पुं० [सं० कच्वीर] एक वृक्ष के विषैले बीज जो औषध के काम में आते हैं।

कुचाल स्त्री० [सं० कु+हिं० चाल] [वि० कुचाली] १. बुरा आचरण या चाल-चलन। २. पाजीपन, शरारत।

कुचाली वि० [हिं० कुचाल] १. बुरे चाल-चलन या आचरण-वाला। २. दुष्ट, पाजी।

कुचाह स्त्री० [सं० कु+हिं० चाह] बुरी इच्छा।

कुचील वि० [सं० कुचैल] १. जो मैले वस्त्र पहने हो। २. मैला-कुचैला।

कुचेष्टा स्त्री० [सं०] १. हानि पहुँचाने का यत्न, बुरी चाल। २. चेहरे का बुरा भाव।

कुचैन स्त्री० [सं० कु+हिं० चैन] कष्ट।

वि० बेचैन, व्याकुल।

कुचैला वि० [सं० कुचैल] १. मैले कपड़ोंवाला। २. मैला।

कुच्छि स्त्री० दे० 'कुक्षि'।

कुच्छित वि० दे० 'कुत्सित'।

कुछ[१] वि० [सं० किंचित्] १. थोड़ी संख्या या मात्रा का, जरा, थोड़ा-सा।

पद *कुछ-कुछ*=थोड़ा। *कुछ-न-कुछ*=थोड़ा-बहुत।

२. गण्य, मान्य, प्रतिष्ठित।

मुहा० *(अपने को) कुछ लगाना*=(अपने को) बड़ा या श्रेष्ठ समझना। *(स्वयं) कुछ हो जाना*=किसी योग्य हो जाना।

कुछ[2] सर्व० [सं० कश्चित्] कोई (वस्तु)।

पद *कुछ का कुछ*=और का और, उलटी बात या उलटा क्रम।

मुहा० *कुछ कहना*=कड़ी बात कहना। *कुछ कर देना*=जादू-टोना कर देना। *(किसी को) कुछ हो जाना*=कोई रोग या भूत-प्रेत की बाधा हो जाना। *कुछ हो*=चाहे जो हो। २. बड़ी या अच्छी बात। ३. सार वस्तु, काम की वस्तु।

कुजंत्र पुं० [सं० कुयंत्र] बुरा या दुष्ट अभिचार, टोटका, टोना।

कुज पुं० [सं०] मंगल ग्रह।

कुजाति स्त्री० [सं०] बुरी या छोटी जाति।

पुं० १. छोटी जाति का आदमी। २. पतित या अधम पुरुष। ३. जाति से निकाला हुआ व्यक्ति।

कुजोग पुं० [सं० कुयोग] १. बुरा मेल। २. बुरा अवसर।

कुट[1] पुं० [सं०] [स्त्री० कुटी] १. घर, गृह। २. किला। ३. कलश।

कुट[2] स्त्री० [सं० कुष्ठ] एक झाड़ी जिसकी जड़ दवा के काम में आती है।

कुट[3] पुं० [सं० कुट=कूटना] कूटकर बनाया हुआ खंड, जैसे तिलकुट।

कुट[4] पुं० दे० 'कालकूट'।

कुटकी स्त्री० [सं० कटु+कीट] उड़नेवाला कोई छोटा कीड़ा।

कुटनपन पुं० [सं० कुट्टनी] १. कुटनी का काम। २. झगड़ा लगाने का काम।

कुटना[1] पुं० [हिं० कुटनी] [स्त्री० कुटनी] १. स्त्रियों को बहकाकर उन्हें परपुरुष से मिलानेवाला, दलाल। २. दो आदमियों में झगड़ा करानेवाला व्यक्ति।

कुटना[2] पुं० [हिं० कूटना] कूटने का उपकरण।

अ० कूटा जाना।

कुटनाना स० [हिं० कुटना] किसी स्त्री को बहकाकर परपुरुष से मिलाना।

कुटनी स्त्री० [सं० कुट्टनी] १. स्त्रियों को बहकाकर उन्हें परपुरुष से मिलानेवाली स्त्री, दूती। २. झगड़ा करानेवाली स्त्री।

कुटम्मस स्त्री० [हिं० कूटना] पिटाई।

कुटाई स्त्री० [हिं० कूटना] १. कूटने की क्रिया, भाव या पारिश्रमिक। २. पिटाई।

कुटिया स्त्री० [सं० कुटी] झोंपड़ी, कुटी।

कुटिल वि० [सं०] [स्त्री० कुटिला, भाव० कुटिलता] १. वक्र, टेढ़ा। २. घूमा या बल खाया हुआ। ३. छल्लेदार, घुँघराला। ४. कपटी, छली।

कुटिलगति वि० [सं०] १. वक्रगामी। २. छली।

कुटिलता स्त्री० [सं०] १. टेढ़ापन। २. छल, कपट।

कुटिला पुं० [सं० कुटिल] एक कीड़ा जिसकी मादा के संबंध में प्रसिद्ध है कि वह बच्चा जनने के तुरन्त बाद मर जाती है।

कुटिलाई स्त्री० दे० 'कुटिलता'।

कुटी, कुटीर स्त्री० [सं०] घास-फूस से बना छोटा घर, कुटिया, झोंपड़ी।

कुटीर-उद्योग पुं० [सं०] ऐसे उद्योग-धन्धे जो लोग अपने घर में बैठकर करते हैं और जिनके लिए बड़े-बड़े कल-कारखानों में नहीं जाना पड़ता, जैसे दीया-सलाई, साबुन, खिलौने आदि बनाना। (कॉटेज इन्डस्ट्री)

कुटुंब पुं० [सं०] [वि० कौटुम्बिक] एक साथ रहनेवाले परिवार के लोग, परिवार, कुनबा। (फैमिली)

कुटुम* पुं० दे० 'कुटुंब'।

कुटेक स्त्री० [सं० कु+हिं० टेक] अनुचित हठ।

कुटेव स्त्री० [सं० कु+हिं० टेव] खराब या बुरी आदत।

कुटौनी स्त्री० [हिं० कूटना] धान कूटने की क्रिया, भाव या पारिश्रमिक।

कुट्टनी स्त्री० दे० 'कुटनी'।

कुट्टमित पुं० [सं०] संभोग के समय स्त्रियों की बनावटी दुखसूचक चेष्टा जो हावों में मानी गई है।

कुट्टा वि० [सं० कुट्टन] (पक्षी) जिसके पर काट दिए गए हों।

कुट्टी स्त्री० [हिं० काटना] १. चारे के छोटे-छोटे टुकड़े। २. कूटा और सड़ाया हुआ कागज जिससे टोकरियाँ बनती हैं। ३. लड़कों का एक शब्द जिसका प्रयोग वे मित्रता तोड़ने के समय करते हैं।

कुठला पुं० [सं० कोष्ठ] [स्त्री० अल्पा० कुठली] अनाज रखने का मिट्टी का बड़ा बरतन।

कुठाँव पुं० [सं० कु+हिं० ठाँव] बुरा ठौर, बुरी जगह।

मुहा० *कुठाँव मारना*=ऐसे स्थान पर मारना, जहाँ बहुत कष्ट हो।

कुठार पुं० [सं०] [स्त्री० कुठारी] १. कुल्हाड़ी। २. परशु, फरसा।

वि० नाशक (यौ० के अन्त में; जैसे कुल-कुठार)।

कुठाराघात पुं० [सं०] १. कुल्हाड़ी का आघात। २. बहुत बड़ा आघात। ३.ऐसा आघात जिससे कोई चीज पूरी तरह से नष्ट हो जाए।

कुठारिक पुं० [सं०] लकड़हारा।

कुठाली स्त्री० [सं० कु+स्थाली] मिट्टी की घरिया जिसमें सोना-चाँदी गलाते हैं।

कुठाहर* पुं० दे० 'कुठौर'।

कुठिया| स्त्री०=कोठी (अन्न रखने का मिट्टी का पात्र)।

कुठौर पुं० [सं० कु+हिं० ठौर] १. कुठाँव, बुरी जगह। २. बेमौका।

कुड़क स्त्री० [फा० कुटक] वह मुर्गी जिसने अंडे देना बन्द कर दिया हो।

कुड़बुड़ाना अ० [अनु०] मन में कुढ़ना।

कुडमल पुं० [सं० कुड्मल] कली।

कुड़व पुं० [सं०] अन्न नापने का एक पुराना मान।

कुड़ा पुं० [सं० कुष्ठ, प्रा० कुंट्ठ] इन्द्रजव नामक पौधे के बीज, कौरैया।

कुडौल वि० [सं० कु०+हिं० डौल] बेढंगा, भद्दा, भोंडा।

कुढंग पुं० [सं० कु+हिं० ढंग] बुरा ढंग, कुचाल, बुरी रीति।

कुढंगा वि० [हिं० कुढंग] [स्त्री० कुढंगी] १. जो काम करने का ढंग न जानता हो, बेशऊर, उजड्ड। २. बेढंगा, भद्दा।

कुढंगी वि० [हिं० कुढंग] कुमार्गी, बुरे चाल-चलन का।

कुढ़, कुढ़न स्त्री० [सं० क्रुद्ध] मन-ही-मन होनेवाला दुख।

कुढ़ना अ० [सं० क्रुद्ध] १. मन-ही-मन दुख करना, खीजना या चिढ़ना। २. डाह करना, जलना।

कुढब वि० [सं० कु+हिं० ढब] १. बेढब। २. कठिन। पुं० बुरा ढब, खराब आदत।

कुढर वि० [सं० कु+हिं० ढर=ढलना] १. जो ठीक तरह से न ढला हो। २. भद्दा, भोंडा।

कुढ़ाना स० [हिं० कुढ़ना] ऐसा काम करना जिससे कोई कुढ़े, दुखी करना।

कुतका पुं० [हिं० गतका] १. गतका। २. मोटा डंडा, सोंटा।

कुतना अ० हिं० 'कूतना' का अ०।

कुतरना स० [सं० कर्त्तन] १. किसी चीज में से दाँतों से छोटा टुकड़ा काट लेना। २. बीच ही में से कुछ अंश उड़ा लेना।

कुतर्क पुं० [सं०] [वि० कुतर्की] बुरा तर्क, बेढंगी दलील।

कुतर्की (-किन्) पुं० [सं० कुतर्किन्] व्यर्थ तर्क करनेवाला, बकवादी, वितंडावादी।

कुतवार, कुतवाल पुं० दे० 'कोतवाल'।

कुतिया स्त्री० हिं० 'कुत्ता' का स्त्री०।

कुतुब पुं० [अ० कुत्ब] ध्रुव तारा।

कुतुबनुमा पुं० [अ० कुत्ब फा०+नुमा] दिग्दर्शक यन्त्र।

कुतूहल पुं० [सं०] १. कोई वस्तु या बात देखने या सुनने की प्रबल इच्छा, विनोदपूर्ण उत्कंठा। २. क्रीड़ा, कौतुक, खिलवाड़। ३. आश्चर्य, अचंभा।

कुतूहलपूर्ण वि० [सं०] कुतूहल से भरा हुआ।

कुतूहली वि० [सं० कुतूहल+हिं ई (प्रत्य०)] कुतूहलपूर्ण।

कुत्ता पुं० [सं० कुक्कुर] [स्त्री० कुत्ती, कुतिया] १. भेड़िए, गीदड़ आदि की जाति का एक प्रसिद्ध पशु जो घर की रखवाली के लिए पाला जाता है, श्वान, कूकुर। **मुहा०** *क्या कुत्ते ने काटा है?* क्या पागल हुए हैं? *कुत्ते की मौत मरना*=बहुत बुरी तरह से मरना।
२. लपटौवाँ नामक घास। ३. वह पुरजा जो किसी चक्कर को पीछे की ओर घूमने से रोकता है। ४. लकड़ी का वह टुकड़ा जिसके नीचे गिरा देने पर दरवाजा नहीं खुल सकता, बिल्ली। ५. बंदूक का घोड़ा। ६. नीच व्यक्ति।

कुत्तेखसी वि० व्यर्थ और तुच्छ। स्त्री० गन्दा कार्य।

कुत्सा स्त्री० [सं०] [वि० कुत्सित] निन्दा।

कुत्सित वि० [सं०] १. नीच, अधम। २. निन्दित, गर्हित। ३. बुरा, खराब।

कुदकना अ० दे० 'कूदना'।

कुदक्कड़ वि० [हिं० कूदना] खूब कूदनेवाला।

कुदक्कड़ा पुं० [हिं० कूदकड़] उछल-कूद।

कुदरत स्त्री० [अ० कुद्रत] [वि० कुदरती] १. शक्ति, अधिकार, प्रभुत्व। २. प्रकृति, निसर्ग। ३. ईश्वरीय शक्ति। ४. रचना।

कुदरती वि० दे० 'प्राकृतिक'।

कुदर्शन वि० [सं०] जो देखने में अच्छा न हो, कुरूप, बदसूरत।

कुदलाना अ० [हिं० कूदना] कूदते हुए चलना।

कुदाँई वि० [हिं० कुदाँव] विश्वासघाती।

कुदाँय पुं० दे० 'कुदाँव'।

कुदाँव पुं० [सं० कु+हिं० दाँव] १. बुरा दाँव, कुघात। २. विश्वासघात, दगा, धोखा। ३. संकट की स्थिति। ४. बुरा या विकट स्थान। ५. मर्मस्थान।

कुदान[1] पुं० [सं०] १. (लेनेवाले के लिए) बुरा दान, जैसे शय्यादान, गजदान आदि। २. कुपात्र, अयोग्य आदि को दिया जानेवाला दान।

कुदान[2] स्त्री० [हिं० कूदना] १. कूदने की क्रिया या भाव। २. उतनी दूरी, जितनी एक बार में कूदकर पार की जाए।

कुदाना स० [हिं० 'कूदना' का प्रे०] किसी को कूदने में प्रवृत्त करना।

कुदाम पुं० [सं० कु+हिं० दाम] खोटा सिक्का, खोटा रुपया।

कुदार| स्त्री० [सं० कु+दार] १. कुदाल। २. सुअर।

कुदाल स्त्री० [सं० कुद्दाल] [स्त्री० अल्पा० कुदाली] १. मिट्टी खोदने और खेत गोड़ने का एक औजार। २. सुअर।

कुदिन पुं० [सं०] १. विपत्ति का समय, बुरे दिन। २. वह दिन जिसमें ऋतुविरुद्ध या कष्ट देनेवाली घटनाएँ हों।

कुदृष्टि स्त्री० [सं०] बुरी नजर, पापदृष्टि, बदनिगाह।

कुदेव* पुं० [सं० कु=बुरा+देव] राक्षस।

कुधर* पुं० [सं० कुध्र] १. पहाड़, पर्वत। २. शेषनाग।

कुनकुना वि० [सं० कदुष्ण] थोड़ा गरम, गुनगुना (तरल पदार्थ)।

कुनना स० [सं० क्षुणन] १. चिकने और चमकीले करने के लिए बरतन आदि खरादना। २. खरोंचना।

कुनबा पुं० [सं० कुटुंब] कुटुंब, परिवार।

कुनबापरस्त वि० [हिं०+फा०] परिवारवादी। (दे०)

कुनबापरस्ती स्त्री० [हिं०+फा०] परिवारवाद। (दे०)

कुनबी पुं० दे० 'कुर्मी'।

कुनमुनाना अ० [अनु० कुनमुन] भुनभुनाना।

कुनह स्त्री० [फा० कीन:] [वि० कुनही] मन में होनेवाली शत्रुता, द्वेष, मनोमालिन्य।

कुनाई स्त्री० [हिं० कुनना] १. किसी वस्तु को खरादने या खुरचने पर निकलनेवाला चूरा, बुरादा। २. कुनने या खरादने की क्रिया, भाव या मजदूरी।

कुनाथ* पुं० [सं० कु=पृथ्वी+नाथ] राजा।

कुनाम पुं० [सं०] बदनामी, अपयश।

कुनित वि० दे० 'क्वणित'।

कुनैन स्त्री० [अं० क्विनीन] सिनकोना नामक पेड़ की छाल का सत जो शीतज्वर के लिए उपकारी माना जाता है।

कुपंथ पुं० [सं० कुपथ] [वि० कुपंथी] १. बुरा मार्ग। २. निषिद्ध आचरण, कुचाल। ३. बुरा मत, कुत्सित सिद्धान्त।

कुपढ़ वि० [सं० कु+हिं० पढ़ना] अनपढ़।

कुपथ पुं० [सं०] १. बुरा रास्ता। २. निषिद्ध आचरण, बुरी चाल।

कुपथगामी (-मिन्) वि० [सं०] निषिद्ध आचरणवाला।

कुपथ्य पुं० [सं०] वह आहार-विहार जो स्वास्थ्य को खराब करे, बदपरहेजी।

कुपना* अ० दे० 'कोपना'।

कुपाठ पुं० [सं०] दुष्टता का परामर्श या शिक्षा, बुरी सलाह।

कुपात्र वि०, पुं० [सं०] [भाव० कुपात्रता] १. बुरा या अयोग्य पात्र, अनाधिकारी। २. नालायक। ३. जिसे दान देना शास्त्रों में निषिद्ध हो।

कुपार पुं० [सं० अकूपार] समुद्र।

कुपित वि० [सं०] १. क्रुद्ध। २. अप्रसन्न, नाराज।

कुपटना स० दे० 'कपटना'।

कुपुत्र पुं० [सं०] [स्त्री० कुपुत्री] वह पुत्र जो कुपथगामी हो, दुष्ट पुत्र, कपूत।

कुपोषण पुं० [सं०] सही पोषण न होना।

कुप्पा पुं० [सं० कूपक] [स्त्री० अल्पा० कुप्पी] घड़े के आकार का चमड़े का वह बरतन जिसमें घी, तेल आदि रखते हैं। **मुहा०** *फूलकर कुप्पा होना या हो जाना*=(क) फूल जाना। (ख) बहुत मोटा हो जाना। (ग) बहुत प्रसन्न होना।

कुप्पी स्त्री० [हिं० कुप्पा] तेल आदि रखने की खाल की बनी छोटी थैली।

कुप्रथा स्त्री० [सं०] ऐसी प्रथा जो सामाजिक आदर्श या हित के विरुद्ध हो।

कुप्रबंध पुं० [सं० कु+प्रबंध] बुरा या खराब प्रबन्ध, बद-इन्तजामी। (मिसमैनेजमेन्ट)

कुप्रयोग पुं० [सं०] किसी वस्तु, पद, अधिकार आदि का अनुचित या बुरा प्रयोग। (एब्यूज)

कुफर पुं० दे० 'कुफ्र'।
पुं० दे० 'कुफल'।

कुफल पुं० [सं०] बुरा फल या परिणाम।

कुफ्र पुं० [अ०] १. मुसलमानी मत से भिन्न अन्य मत। २. मुसलमानी धर्म के विरुद्ध बात।

कुबंड[१] पुं० [सं० कोदंड] धनुष।

कुबंड[२] वि० [हिं० कूबड़] टूटे-फूटे अंगोंवाला, विकृतांग।

कुब पुं० दे० 'कूबड़'।

कुबजा स्त्री०=कुब्जा।

कुबड़ा पुं० [सं० कुब्ज] [भाव० कुबड़ापन, स्त्री० कुबड़ी] वह जिसकी पीठ फूली, टेढ़ी या झुकी हुई हो।
वि० झुका हुआ, टेढ़ा।

कुबड़ी स्त्री० [हिं० कुबड़ा] १. दे० 'कबरी'। २. वह मोटी छड़ी जिसका सिरा झुका हो।

कुबत स्त्री० [सं० कु+हिं० बात] १. बुरी बात। २. निन्दा। ३. बुरी चाल।

कुबद* पुं०=कूबड़।

कुबरी स्त्री० दे० 'कुब्जा'।

कुबाक पुं० दे० 'कुवाच्य'।

कुबानि* स्त्री० [सं० कु+हिं० बानि] बुरी बान या आदत, बुरी लत, कुटेव।

कुबानी[१]* स्त्री० [सं० कु+बानी (वाणिज्य)] बुरा और निन्दित या दूषित व्यवसाय या वाणिज्य।

कुबानी[२] स्त्री० [सं० कु+वाणी] बुरी या अशुभ बात।

कुबुज* वि०=कुबड़ा।
पुं० दे० 'कुब्जक'।

कुबुद्धि वि० [सं०] दुर्बुद्धि, मूर्ख।
स्त्री० १. बुरी बुद्धि, खराब अक्ल। २. मूर्खता, बेवकूफी। ३. बुरी सलाह।

कुबुधि* स्त्री०=कुबुद्धि।

कुबेला स्त्री० [सं० कुवेला] १. बुरा समय, अनुपयुक्त समय।

कुबोल पुं० [सं० कु+हिं० बोलना] [स्त्री० कुबोलनी] बुरी या अशुभ बातें करनेवाला।

कुब्ज वि० [सं०] [स्त्री० कुब्जा] जिसकी पीठ टेढ़ी हो, कुबड़ा।

कुब्जक पुं० [सं०] १. दे० 'कुबड़ा'। २. सफेद गुलाब। (फूल)

कुब्जा स्त्री० [सं०] १. कुबड़ी स्त्री। २. कंस की एक कुबड़ी दासी जो श्रीकृष्ण से प्रेम रखती थी, कुबरी।

कुभाखा स्त्री० [सं० कु+भाषा] बुरी भाषा, अपवचन।

कुभाव पुं० [सं०] बुरा या दुष्ट भाव।

कुमंडी स्त्री० [हिं० कमठबाँस] पतली लचीली टहनी।

कुमंत्रित वि० [सं०] जिसे गलत मन्त्रणा दी गई हो।

कुमइत* पुं० दे० 'कुम्मैत'।

कुमक स्त्री० [तु०] १. सहायता, मदद। २. सैनिक कार्यों के लिए या सैनिकों आदि के रूप में मिलनेवाली सहायता।

कुमकुम पुं० [सं० कुंकुम] १. केसर। २. रोली।
पुं० दे० 'कुमकुमा'।

कुमकुमा पुं० [तु० कुमकुम:] १. लाख का बना वह पोला गोला जिसमें अबीर या गुलाल भरकर एक दूसरे पर फेंकते हैं। २. एक प्रकार का तंग मुँह का लोटा। ३. काँच का बना हुआ पोला छोटा गोला।

कुमरी स्त्री० [अ० कुम्री] एक तरह की छोटी चिड़िया।

कुमाच पुं० [अ० कुमाश] एक प्रकार का रेशमी कपड़ा।

कुमार पुं० [सं०] [स्त्री० कुमारी] [भाव० कौमार्य] १. पाँच वर्ष की अवस्था का बालक। २. युवावस्था या उससे कुछ पहले की अवस्था का पुरुष। ३. पुत्र, बेटा। ४. युवराज। ५. सनक, सनन्दन, सनत और सुजात आदि कई ऋषि जो

सदा बालक ही रहते हैं। ६. कार्तिकेय। ७. एक ग्रह जिसका उपद्रव बालकों पर होता है।

वि० बिना ब्याहा, कुँआरा।

कुमारग* पुं० दे० 'कुमार्ग'।

कुमारतंत्र पुं० [सं०] बच्चों के रोगों के निदान और चिकित्सा का शास्त्र, बालतन्त्र।

कुमारभृत्य पुं० [सं०] १. गर्भिणी को सुख से प्रसव कराने की विद्या। २. गर्भिणी और नवप्रसूत बालकों के रोगों की चिकित्सा।

कुमारामात्य पुं० [सं०] प्राचीन भारतीय राज्यों में वह अधिकारी जो किसी मन्त्री या दंडनायक के अधीन और उसके सहायक के रूप में रहकर काम करता था। (इस पद पर प्रायः राज-परिवार के लोग रखे जाते थे; इसीलिए इसमें 'अमात्य' के पहले 'कुमार' लगता था।)

कुमारिका स्त्री० [सं०] कुमारी।

कुमारी स्त्री० [सं०] १. बारह वर्ष तक की अवस्था की कन्या। २. कन्या, देवहूति पुनि तासु कुमारी। -तुलसी। ३. घीकुवार। ४. पार्वती। ५. दुर्गा। ६. एक अन्तरीप जो भारतवर्ष के दक्षिण में है।

वि० स्त्री० बिना ब्याही, कुँआरी।

कुमारी-पूजन पुं० [सं०] वह देवीपूजा जिसमें कुमारी बालिकाओं का पूजन करके उन्हें भोजन या जलपान कराया जाता है।

कुमार्ग पुं० [सं०] [वि० कुमार्गी] १. बुरा मार्ग, बुरी राह। २. अधर्म।

कुमार्गी (-र्गिन्) वि० [सं०] [स्त्री० कुमार्गिनी] १. बदचलन, कुचाली। २. अधर्मी, धर्महीन।

कुमुक स्त्री० [तु०] १. सहायता। २. सैनिक सहायता।

कुमुद पुं० [सं०] १. कुईं, कोका। २. लाल कमल। ३. चाँदी। ४. विष्णु।

कुमुदिनी स्त्री० [सं०] सफेद कमल का पौधा, कुईं, कोईं।

कुमेदान पुं० [अ० कुम्मः+फा० दान] मुसलमानी शासनकाल में एक सैनिक पद, जैसे शाही में अब्बा कुमेदान थे।

कुमेरु पुं० [सं०] 'सुमेरु' का विपर्याय, दक्षिणी ध्रुव।

कुमैत* पुं०=कुम्मैत।

कुमोद पुं० दे० 'कुमुद'।

कुमोदिनी स्त्री० दे० 'कुमुदिनी'।

कुम्मैत पुं० [तु० कुमैत] १. घोड़े का रंग, जो कुछ कालापन लिए लाल होता है, लाखी। २. इस रंग का घोड़ा, कुरंग, हाँसल, हिनाई।

मुहा० *आठो गाँठ कुम्मैत*=अत्यन्त चतुर, छँटा हुआ, चालाक, धूर्त।

कुम्हड़ा पुं० [सं० कूष्मांड] एक बेल जिसके फलों की तरकारी होती है।

पद *कुम्हड़े की बतिया*=(क) कुम्हड़े का छोटा कच्चा फल। (ख) अशक्त और निर्बल मनुष्य।

कुम्हड़ौरी स्त्री० [हिं० कुम्हड़ा+बरी] पीठी में कुम्हड़े के टुकड़े मिलाकर बनाई हुई बरी।

कुम्हरा* पुं०=कुम्हार।

कुम्हलाना अ० [सं० कु+म्लान] १. पौधे का हरापन जाता रहना, मुरझाना। २. सूखने पर होना। ३. कान्ति का मलिन पड़ना, प्रभाहीन होना।

कुम्हार पुं० [सं० कुम्भकार] [स्त्री० कुम्हारिन्] मिट्टी के बरतन बनानेवाला।

कुम्हारी स्त्री० [हिं० कुम्हार] कुम्हार का धन्धा, मिट्टी के बरतन बनाने का काम।

कुम्ही स्त्री० [सं० कुम्भी] जलकुम्भी।

कुयश पुं० [सं० कु+यश] अपयश, बदनामी।

कुरंग[1] पुं० [सं०] [स्त्री० कुरंगी] १. बादामी या तामड़े रंग का हिरन। २. हिरन।

कुरंग[2] पुं० [सं० कु+हिं० रंग] बुरा ढंग या लक्षण।

वि० बदरंग।

कुरंग[3] पुं० दे० 'कुम्मैत' (घोड़ा)।

कुरंड पुं० [सं० कुरुविंद] एक खनिज पदार्थ जिसका चूर्ण लाख आदि में मिलाकर हथियार तेज करने की सान बनाते हैं।

कुर* पुं०=कुल।

कुरकी स्त्री० दे० 'कुर्की'।

कुरकुरा वि० [अनु० कुरकुर] [भाव० कुरकुरापन] १. जिसे चबाने या तोड़ने पर कुरकुर शब्द हो। २. खस्ता और करारा।

कुरता पुं० [तु० कुर्तः] [स्त्री० कुरती] धड़ और कमर को ढकनेवाला एक पहनावा जो सिर डालकर पहना जाता है।

कुरबान वि० [अ० क़ुर्बान] निछावर।

मुहा० *क़ुरबान जाना*=बलिहारी जाना, न्योछावर होना।

कुरबानी स्त्री० [अ० क़ुर्बानी] बलिदान।

कुरमी पुं० दे० 'कुर्मी'।

कुररी स्त्री० दे० 'टिटिहरी'।

कुरलना अ० [सं० कलरव] मधुर स्वर से पक्षियों का बोलना।

कुरला स्त्री० [हिं० कुरलना] क्रीड़ा।

कुरलाई स्त्री० [हिं० कुरलना] पक्षियों के बोलने का शब्द, कलरव, चहक।

कुरव पुं० [सं० कु+रव] बुरा या अशुभ शब्द।

वि० बुरी बोली बोलनेवाला।

कुरवना स० [हिं० कुरा=ढेर] एकबारगी बहुत-सा पदार्थ एक जगह रख देना, ढेर या राशि लगाना।

कुरवारना स० [सं० कर्तन] १. बार-बार या थोड़ा-थोड़ा करके या रह-रहकर खोदना, जैसे पक्षियों का चोंच से फल कुरवारना। २. खरोचना, कुरेदना।

कुरविंद पुं० दे० 'कुरुविंद'।

कुरसी स्त्री० [अ० कुर्सी] १. एक प्रकार की ऊँची चौकी जिसमें पीठ के सहारे के लिए पटरी लगी रहती है। २. वह

चबूतरा जिस पर इमारत बनाई जाती है। ३. पीढ़ी, पुश्त। ४. पद; जैसे-मुख्यमंत्री राजनीतिक शत्रुतावश कुरसी का दुरुपयोग कर रही हैं।

कुरसीनामा पुं० [अ० कुर्सी+फा० नामः] दे० 'वंशवृक्ष'।

कुराई* स्त्री०=कुराह।

कुरान पुं० [अ० कुर्आन] मुसलमानों का प्रसिद्ध धार्मिक ग्रन्थ।

कुराय स्त्री० [सं० कु+फा० राह] जमीन में पड़ा हुआ गड्ढा।

कुराह स्त्री० [सं० कु+फा० राह] [वि० कुराही] १. कुमार्ग, बुरी राह। २. बुरी चाल, खोटा आचरण।

कुराहर* पुं० दे० 'कोलाहल'।

कुरिया* स्त्री०=कुटिया।

कुरियाल स्त्री० [सं० कल्लोल] चिड़ियों का मौज में बैठकर पंख खुजलाना।

मुहा० *कुरियाल में आना*=(क) चिड़ियों का आनन्द में होना। (ख) मौज में आना।

कुरिहार* पुं० दे० 'कोलाहल'।

कुरी[१] स्त्री० [हिं० कूरा] १. छोटा धुस या टीला। २. खंड, टुकड़ा।

कुरी[२] स्त्री० [सं० कुल] १. वंश, घराना। २. मकान, घर। ३. ढेर, समूह, राशि।

कुरीति स्त्री० [सं०] १. बुरी रीति, कुप्रथा। २. बुरी चाल।

कुरु पुं० [सं०] १. वैदिक आर्यों का एक कुल। २. हिमालय के पश्चिम और दक्षिण का एक प्रदेश। ३. एक राजा जिसके वंश में पाण्डु और धृतराष्ट्र हुए थे।

कुरुई। स्त्री० [सं० कुडव] बाँस या मूँज की बनी हुई छोटी डलिया, मौनी।

कुरुक्षेत्र पुं० [सं०] एक बहुत प्राचीन तीर्थ जो अम्बाला और दिल्ली के बीच में है। (महाभारत का युद्ध यहीं हुआ था।)

कुरुम* पुं० [सं० कूर्म] कछुवा।

कुरुविंद पुं० [सं०] १. माणिक नामक रत्न। २. दर्पण, शीशा।

कुरूप वि० [सं०] [स्त्री० कुरूपा, भाव० कुरूपता] १. बुरी शकल का, बदसूरत। २. बेडौल, बेढंगा।

कुरेदना स० [सं० कर्तन] १. खुरचना, खरोचना, करोदना। २. खोदना। ३. राशि या ढेर को इधर-उधर चलाना।

कुरेर* स्त्री० दे० 'कुलेल'।

कुरेलना स० दे० 'कुरेदना'।

कुरैना स० दे० 'कुरवना'।

कुरैया स्त्री० [सं० कुटज] सुन्दर फूलोंवाला एक पेड़ जिसके बीज 'इन्द्रजौ' कहलाते हैं।

कुरैश पुं० [अ०] अरबों का एक कबीला। (मुहम्मद साहब इसी कबीले के थे।)

कुरैशी वि० [अ०] कुरैश कबीले का।

कुरौना स० [हिं० कूरा=ढेर] ढेर लगाना।

कुर्क वि० [तु० कुर्क़] [भाव० कुर्की] (माल) जिसकी कुर्की हुई हो, जब्त।

कुर्क अमीन पुं० [तु० कुर्क़+फा० अमीन] वह सरकारी कर्मचारी जो जायदाद कुर्क करता है।

कुर्की स्त्री० [तु० कुर्क़ी] कर्जदार का ऋण या अपराधी का जुरमाना वसूल करने के लिए राज्य द्वारा होनेवाला किसी की सम्पत्ति पर अधिकार। (एटैचमेन्ट)

कुर्चिका स्त्री० [सं०] कूची।

कुर्द* पुं० [कुर्दिस्तान] कुर्दिस्तान का घोड़ा।

कुर्मी पुं० [सं० कूर्मि] १. तरकारियाँ आदि बोनेवाली एक जाति, कुनबी। २. उक्त जाति का व्यक्ति। ३. गृहस्थ।

कुर्राना अ० [सं० कलरव] पक्षियों का चहचहाना।

कुर्री स्त्री० [देश०] १. हेंगा, पटरा। २. कुरकुरी हड्डी। ३. गोल टिकिया।

कुर्सी स्त्री० = कुरसी।

कुलंग पुं० [फा०] १. मटमैले रंग का एक पक्षी। २. मुर्गा।

कुल[१] पुं० [सं०] १. एक ही पूर्वपुरुष से उत्पन्न व्यक्तियों का वर्ग या समूह, वंश, घराना, खानदान। २. जाति। ३. समूह, समुदाय, झुंड। ४. घर, मकान। ५. वाममार्ग, कौलधर्म।

कुल[२] वि० [अ०] समस्त, सब, सारा।

पद *कुल जमा*=(क) सब मिलाकर। (ख) केवल, मात्र।

कुलक पुं० [सं०] एक ही प्रकार की, एक साथ काम में आनेवाली या एक दूसरी से सम्बद्ध वस्तुओं का समूह, जैसे एक ही लेखक, प्रकाशक या ग्रन्थमाला के सब ग्रन्थों का कुलक। (सेट)

कुलकना अ० [हिं० किलकना] प्रसन्न होकर उछलना।

कुलकलंक वि०, पुं० [सं०] अपने वंश की कीर्ति में धब्बा लगानेवाला।

कुलकानि* स्त्री० [सं० कुल+हिं० कानि=मर्यादा] कुल की मर्यादा, कुल की लज्जा।

कुलकुल स्त्री० [अनु०] सुराही, बोतल से जल आदि निकलने पर होनेवाला शब्द।

कुलकुलाना अ० [अनु०] कुलकुल शब्द होना।

मुहा० *आँतें कुलकुलाना*=भूख लगना।

कुलक्षण पुं० [सं०] १. बुरा लक्षण। २. कुचाल, बदचलनी। वि० [स्त्री० कुलक्षणा, कुलक्षणी] बुरे लक्षणवाला।

कुलचा पुं० [फा० कुलीचः] एक प्रकार की मुलायम मैदे की छोटी रोटी।

कुलचे-छोले पुं० बहु० कुलचे और काबुली चने की तरकारी।

कुलच्छन। पुं०, वि० दे० 'कुलक्षण'।

कुलज वि० [सं०] अच्छे कुल में उत्पन्न, कुलीन।

कुलट वि०, पुं० [सं०] [स्त्री० कुलटा] १. व्यभिचारी, बदचलन। २. औरस के अतिरिक्त और प्रकार का पुत्र, जैसे क्षेत्रज, दत्तक आदि।

कुलटा वि०, स्त्री० [सं०] १. अनेक पुरुषों से अनुचित संबंध रखनेवाली, छिनाल, बदचलन स्त्री। २. वह परकीया नायिका जो कई पुरुषों से प्रेम रखती हो।

कुलतंत्र पुं० [सं०] १. प्राचीन काल की वह शासन-प्रणाली जिसमें किसी विशिष्ट कुल के नायक ही राज्य के शासन का सब काम करते थे, सरदार-तन्त्र। २. वह राज्य जिसमें उक्त प्रकार का शासन हो।

कुलतारन वि० [सं० कुल+हिं० तारना] [स्त्री० कुलतारनी] कुल को तारने या उसका यश बढ़ानेवाला।

कुलथी स्त्री० [सं० कुलस्थिका] एक प्रकार का मोटा अन्न।

कुलदेवता पुं० [सं०] [स्त्री० कुलदेवी] वह देवता जिसकी पूजा किसी कुल में परम्परा से होती आई हो।

कुलधर्म पुं० [सं०] किसी परिवार में प्रचलित नियम या परम्परा, कुल की रीति।

कुलपति पुं० [सं०] १. घर का मालिक। २. वह अध्यापक जो विद्यार्थियों का भरण-पोषण करता हुआ उन्हें शिक्षा दे। ३. वह ऋषि जो दस हजार ब्रह्मचारियों को अन्न और शिक्षा दे। ४. किसी विश्वविद्यालय का सर्वोच्च प्रशासनिक अधिकारी।

कुलपूज्य वि० [सं०] जिसका मान कुल-परम्परा से होता आया हो।

कुलफ पुं० [अ० कुल्फ़] ताला।

कुलफा पुं० [फा० खुर्फ़ः] एक प्रकार का साग, बड़ी जाति की अमलोनी।

कुलफी स्त्री० [अ० कुल्फ़ी] १. टीन का चोंगा जिसमें दूध आदि भरकर बर्फ की तरह जमाते हैं। २. इस प्रकार जमा हुआ दूध या शरबत। ३. धातु का वह टुकड़ा जो किसी चीज में घूमने अथवा उसे घुमाने के लिए पेंच से कसा जाता हो।

कुलबुल स्त्री० [अनु०] १. बोतल, सुराही आदि से जल उँड़ेलने पर होनेवाला शब्द। २. कुलबुलाने की अवस्था या भाव।

कुलबुलाना अ० [अनु० कुलबुल] [भाव० कुलबुली, कुल-बुलाहट] १. बहुत से छोटे-छोटे जीवों का एक साथ मिलकर हिलना-डोलना या इधर-उधर रेंगना। २. चंचल होना, आकुल होना।

कुलबुलाहट, कुलबुली स्त्री० [अनु० कुलबुल] १. कुलबुलाने की क्रिया या भाव। २. मन में होनेवाली किसी बात की आतुरता या चंचलता।

कुलबोरन वि०, पुं० [सं० कुल+हिं० बोरना] [स्त्री० कुलबोरनी] वंश की मर्यादा नष्ट करनेवाला।

कुलवंत वि० [स्त्री० कुलवंती] दे० 'कुलीन'।

कुलवट स्त्री० [हिं० कुल=वंश+वाट=मार्ग] कुल या वंश की परम्परागत मर्यादा या धर्म।

कुलवधू स्त्री० [सं०] अच्छे कुल या घर की और मर्यादा से रहनेवाली स्त्री।

कुलह स्त्री० [फा० कुलाह] १. टोपी। २. शिकारी चिड़ियों की आँखों पर बाँधी जानेवाली पट्टी या ढक्कन, अँधियारी।

कुलहाटना* [हिं० कुलाँट] इस प्रकार लटकना कि पैर ऊपर हों और सिर नीचे।

कुलही स्त्री० [फा० कुलाह] १. बच्चों के पहनने की टोपी। २. कनटोप।

कुलांगार पुं० [सं०] कुल को कलंकित करनेवाला।

कुलाँच स्त्री० [तु० कुलाच] चौकड़ी, छलांग, उछाल।

कुलाँट स्त्री०=कुलाँच।

कुलाचार पुं० [सं०] वह आचार या रीति-व्यवहार जो किसी वंश या कुल में बहुत दिनों से होता आया हो।

कुलाबा पुं० [अ० कुल्लाबः] १. लोहे का वह छल्ला जिसके द्वारा चौखट से किवाड़ जकड़ा रहता है, पायजा। २. नाली जिसमें से होकर पानी निकलता है, मोरी।
मुहा० *कुलाबे मिलाना*=असंभव कार्य करना।

कुलाल पुं० [सं०] [स्त्री० कुलाली] मिट्टी के बरतन बनानेवाला, कुम्हार।

कुलाह स्त्री० [फा०] पश्चिमी भारत की एक प्रकार की टोपी जिसके ऊपर पगड़ी बाँधी जाती है।

कुलाहल पुं० दे० 'कोलाहल'।

कुलिंग पुं० [सं०] चिड़िया, पक्षी।

कुलिक पुं० [सं०] १. शिल्पकार, दस्तकार, कारीगर। २. अच्छे कुल में उत्पन्न पुरुष। ३. कुल का प्रधान पुरुष।

कुलिश पुं० [सं०] १. हीरा। २. वज्र, बिजली, गाज। ३. कुठार।

कुली पुं० [तु०] बोझ ढोनेवाला, मजदूर।

कुली-कबारी पुं० मेहनत-मजदूरी या छोटा-मोटा काम करनेवाले लोग।

कुलीय वि० [सं०] कुल-सम्बन्धी।

कुलीन वि० [सं०] [भाव० कुलीनता] उत्तम कुल में उत्पन्न, अच्छे वंश या घराने का, खानदानी।

कुलुफ पुं० [अ० कुफ़्ल] ताला।

कुलेल स्त्री० [सं० कल्लोल] [क्रि० कुलेलना] प्रसन्न होकर की जानेवाली उछल-कूद, क्रीड़ा, कलोल।

कुल्या स्त्री० [सं०] १. नहर। २. नाली।

कुल्ल* वि०=कुल (सब या पूरा)।

कुल्ला[1] पुं० [सं० कवल] [स्त्री० कुल्ली] मुँह साफ करने के लिए उसमें पानी लेकर फेंकने की क्रिया, गरारा।

कुल्ला[2] पुं० [?] वह घोड़ा जिसकी रीढ़ पर काली धारी हो।

कुल्ला[3] पुं० [फा० काकुल] बालों की लट, जुल्फ, काकुल।

कुल्ला[4] पुं० दे० 'कुलाह'।

कुल्ली स्त्री० [सं० कवल] मुँह साफ करने के लिए उसमें पानी लेकर फेंकने की क्रिया, कुल्ला।
पुं०=कुली।

कुल्हड़ पुं० [सं० कुल्हर] [स्त्री० कुल्हिया] मिट्टी का छोटा गोल पात्र, पुरवा, चुक्कड़।

कुल्हा* पुं०=कुल्ला।

कुल्हाड़ा पुं० [सं० कुठार] [स्त्री० अल्पा० कुल्हाड़ी] पेड़ काटने और लकड़ी चीरने का एक औजार।

कुल्हाड़ी स्त्री० हिं० 'कुल्हाड़ा' का अल्पा०।

कुल्हार* पुं० [सं० कुह्लार] श्वेत कमल।

कुल्हिया स्त्री० [हिं० कुल्हड़] छोटा पुरवा या कुल्हड़।

मुहा० *कुल्हिया में गुड़ फोड़ना*=इस प्रकार कोई कार्य करना, जिसमें किसी को कुछ भी खबर न हो।

कुवलय पुं० [सं०] [स्त्री० कुवलयिनी] १. नीली कोईं, कोका। २. नीलकमल। ३.भूमंडल।

कुवाच्य वि० [सं०] जो कहने योग्य न हो, गन्दा, बुरा (कथन)। पुं० दुर्वचन, गाली।

कुविचार पुं० [सं०] बुरा विचार।

कुबेर पुं० [सं०] यज्ञों के राजा जो इन्द्र की निधियों के भंडारी माने जाते हैं।

कुव्यवहार पुं० [सं०] बुरा या अनुचित व्यवहार।

कुश पुं० [सं०][स्त्री० कुशा, कुशी] १. काँस की तरह की एक घास जिसका यज्ञों में उपयोग होता था। २. जल, पानी। ३. श्री रामचन्द्र जी के एक पुत्र का नाम। ४. हल की फाल, कुसी।

कुशतम-पछाड़ स्त्री० [हिं० कुशती+पछाड़ना] उठापटक।

कुशल वि० [सं०] [स्त्री० कुशला, भाव० कुशलता] १. किसी कार्य को अच्छी तरह कर सकने में समर्थ, दक्ष, प्रवीण। (एफीशिएन्ट) २. श्रेष्ठ, अच्छा, भला। ३. पुण्यशील। पुं० कुशलता, क्षेम, मंगल, खैरियत।

कुशलक्षेम पुं० [सं०] राजी-खुशी, खैर-आफियत।

कुशलता स्त्री० [सं०] १. चतुराई, चालाकी। २. योग्यता, प्रवीणता। ३. मंगल, खैरियत।

कुशल-मंगल पुं० [सं०] राजी-खुशी।

कुशलाई* स्त्री० दे० 'कुशलता'।

कुशलात* स्त्री०=कुशलता।

कुशा स्त्री० दे० 'कुश'।

कुशाग्र वि० [सं०] कुश की नोक की तरह तीखा, तीव्र, तेज, जैसे कुशाग्र बुद्धि।

कुशादा वि० [फा०] [भाव० कुशादगी] १. चारो ओर से खुला हुआ। २. लम्बा-चौड़ा।

कुशावती स्त्री० राम के पुत्र कुश की राजधानी।

कुशासन[1] पुं० [सं० कुश+आसन] कुश का बना हुआ आसन।

कुशासन[2] पुं० [सं० कु+शासन] बुरा शासन।

कुशीलव पुं० [सं०] १. कवि। २. नट।

कुशेशय पुं० [सं०] कमल।

कुश्ता पुं० [फा० कुश्तः] धातुओं को रासायनिक क्रिया से फूँककर बनाया हुआ चूर्ण, भस्म।

कुश्ती स्त्री० [फा०] दो आदमियों का एक दूसरे को बलपूर्वक पछाड़ने या पटकने के लिए लड़ना, मल्लयुद्ध।

मुहा० *कुश्ती खाना*=कुश्ती में हार जाना। *कुश्ती मारना*=कुश्ती में दूसरे को पछाड़ना।

कुष्ट पुं० [सं०] कोढ़। (रोग)

कुष्टी वि०=कोढ़ी।

कुष्मांड पुं० [सं०] कुम्हड़ा।

कुसंग पुं० दे० 'कुसंगति'।

कुसंगति स्त्री० [सं०] बुरों का संग-साथ, बुरे लोगों के साथ उठना-बैठना।

कुसंस्कार पुं० [सं०] बुरा संस्कार (जिससे चित्त में बुरी बातें आती हैं), बुरी वासना।

कुस स्त्री० [फा०] स्त्री की योनि, भग।

कुसगुन पुं० [सं० कु+हिं० सगुन] बुरा सगुन, असगुन।

कुसना स० [सं० कुश] खेत में से घास निकालना।

कुसमय पुं० [सं० कु+समय] १. बुरा समय, खराब वक्त। २. वह समय जो किसी कार्य के लिए ठीक न हो, अनुपयुक्त अवसर। ३. नियत से आगे या पीछे का समय।

कुसल*वि० दे० 'कुशल'।

कुसलई* स्त्री० दे० 'कुशलता'।

कुसलाई* स्त्री० १. दे० 'कुशलता'। २. दे० 'कुशलक्षेम'।

कुसलात* स्त्री० [सं० कुशल] कुशल-क्षेम, खैरियत, कल्याण।

कुसली* स्त्री० [हिं० कसैला] १. आम आदि फलों की बड़ी गुठली। २. गोझा या पिराक नामक पकवान। स्त्री०= कुशलता।

कुसस्थली* स्त्री०=कुशावती।

कुसाइत स्त्री० [सं० कु+अ० साअत] १. बुरी साइत या मुहूर्त। २. अनुपयुक्त समय।

कुसी पुं० [सं० कुशी] हल की फाल।

कुसुंभ पुं० [सं०] १. कुसुम, बर्रै। २. केसर, कुमकुम।

कुसुंभा पुं० [सं० कुसुंभ] १. कुसुम का रंग। २. अफीम और भाँग के योग से बना हुआ एक मादक द्रव्य।

कुसुंभी वि० [सं० कुसुंभ] कुसुम (फूल) के रंग का, लाल।

कुसुम[1] पुं० [सं०] [वि० कुसुमित] १. फूल, पुष्प। २. वह गद्य जिसमें छोटे-छोटे वाक्य हों। ३. स्त्रियों का रज।

कुसुम[2] पुं० [सं० कुसुंभ] एक पौधा जिसमें पीले फूल लगते हैं और जिसके बीजों से तेल निकलता है, बर्रै।

कुसुमवाण पुं० [सं०] कामदेव।

कुसुमशर पुं० [सं०] कामदेव।

कुसुमांजलि स्त्री० [सं०] हाथ की अँजुली में फूल भरकर देवता पर चढ़ाना, पुष्पांजलि।

कुसुमाकर पुं० [सं०] १. वसन्त ऋतु। २. फुलवारी, बगीचा।

कुसुमायुध पुं० [सं०] कामदेव।

कुसुमित वि० [सं०] पुष्पित।

कुसूत* पुं० [सं० कु+सूत्र] कुप्रबन्ध, अव्यवस्था।

कुसूर पुं० दे० 'कसूर'।

कुसेस पुं० [सं० कुशेशय] कमल।

कुहक[1] पुं० [सं०] १. माया, धोखा, जाल, फरेब। २. धूर्त, मक्कार। ३. मुर्गे की बाँग। ४. इन्द्रजाल जाननेवाला, जादूगर।

कुहक[2] स्त्री० [सं० कुहुक] कोयल का मधुर शब्द।

कुहकना अ० [सं० कुहुक] नर कोयल का मधुर शब्द में बोलना, पीकना। (मादा कोयल नहीं कुहकती।)

कुहकह* पुं० दे० 'कुंकुम'।

कुहकिनी* स्त्री० [हिं० कुहक] कोयल।

कुहकुहाना अ० दे० 'कुहकना'।

कुहना* स० [सं० कु+हनन] जान से मार डालना।

कुहर पुं० [सं०] १. छेद, सुराख जैसे कर्णकुहर। २. गले का छेद।

कुहराम पुं० [अ० कह्र + आम] १. विलाप, रोना-पीटना। क्रि० प्र० मचना, मचाना।
२. हलचल।

कुहाना* अ० दे० 'रूठना'।

कुहारा* पुं० दे० 'कुल्हाड़ा'।

कुहासा पुं० दे० 'कोहरा'।

कुही[1] स्त्री० [सं० कुधि] एक प्रकार की शिकारी चिड़िया।

कुही[2] पुं० [फा० कोही=पहाड़ी] घोड़े की एक जाति, टाँगन।

कुही[3] वि० [हिं० कोह=क्रोध] क्रोधी।

कुहुँवा पुं० दे० 'पहुँचा' (कलाई)।

कुहुक स्त्री० दे० 'कुहक'।

कुहुकना अ० दे० 'कुहकना'।

कुहुक-बान पुं० [हिं० कुहकना+बाण] एक प्रकार का बाण जिसके चलते समय शब्द निकलता है।

कुहुकिनी* स्त्री० दे० 'कुहकिनी'।

कुहूँ स्त्री० दे० 'कुहू'।

कुहू स्त्री० [सं०] १. अमावस्या की रात। २. मोर या कोयल की बोली।

कुहौ* स्त्री० दे० 'कूक'।

कूँख* स्त्री०=कोख।

कूँच स्त्री० दे० 'घोड़ा-नस'।

कूँचना स० दे० 'कुचलना'।

कूँचा पुं० [सं० कूर्च] [स्त्री० कूँची] झाड़ू।

कूँची स्त्री० [हिं० कूँचा] १. छोटा कूँचा या झाड़ू। २. कूटी हुई मूँज का वह गुच्छा जिससे चीजों की मैल साफ करते या दीवारों पर रंग लगाते हैं। ३. चित्रकार की रंग भरने की कलम।

कूँज स्त्री० [सं० क्रौंच] जलाशयों के किनारे रहनेवाला एक प्रकार का पक्षी, कराँकुल।

कूँजी* स्त्री०=कुंजी।

कूँड पुं० [सं० कुंड] १. लोहे की वह ऊँची टोपी जिसे लड़ाई के समय योद्धा लोग पहनते थे, खोद। २. सिंचाई के लिए कुएँ से पानी निकालने का एक प्रकार का डोल। ३. जुताई में हल की फाल से बननेवाली लकीर।

कूँड़ा पुं० [सं० कुंड] [स्त्री० कूँड़ी] १. पानी रखने का काठ या मिट्टी का गहरा बरतन। २. गमला। ३. रोशनी करने की शीशे की बड़ी हाँड़ी।

कूँड़ी स्त्री० [हिं० कूँड़ा] १. पत्थर की प्याली, पथरी। २. छोटी नाँद।

कूँदना स० दे० 'कुनना'।

कूआँ पुं०=कुआँ।

कूईं स्त्री०=कुईं।

कूक[1] स्त्री० [सं० कूजन] १. लम्बी सुरीली ध्वनि। २. मोर या कोयल की बोली।

कूक[2] स्त्री० [हिं० कुंजी] घड़ी, बाजे आदि में कुंजी देने की क्रिया या भाव।

कूकना[1] अ० [सं० कूजन] कोयल, मोर आदि का बोलना।

कूकना[2] स० [हिं० कुंजी] घड़ी या बाजे में कुंजी देना।

कूकर पुं० दे० 'कुत्ता'।

कूकस पुं० [?] अन्न की भूसी।

कूकुर[1] पुं० [स्त्री० कूकुरी] कुत्ता।

कूकर[2] पुं० [अं०] दाल, सब्जी आदि पकाने का आधुनिक उपकरण।

कूख* स्त्री० दे० कोख।

कूच पुं० [तु०] कहीं से यात्रा आरम्भ करना, प्रस्थान, रवानगी। **मुहा०** *कूच कर जाना*=मर जाना। *(किसी के) देवता कूच कर जाना*=भय से स्तब्ध हो जाना। *कूच बोलना*=प्रस्थान करना।
*पुं०=क्रौंच (पक्षी)।

कूचा पुं० [फा० कूच:] छोटा रास्ता, गली।
पुं० दे० 'कूँचा'
पुं०=क्रौंच (पक्षी)।

कूचिका स्त्री० [सं०] कूँची।

कूज स्त्री० [हिं० कूजना] ध्वनि।
पुं० दे० 'कूजा' (गुलाब)।

कूजन पुं० [सं०] [वि० कूजित] (पक्षियों का) मधुर शब्द करना।

कूजना अ० [सं० कूजन] कोमल और मधुर शब्द करना।

कूजा[1] पुं० [फा० कूज:] १. मिट्टी का पुरवा, कुल्हड़। २. मिट्टी के पुरवे में जमाई हुई मिश्री।

कूजा[2] पुं० [सं० कुब्जक] एक प्रकार का सफेद गुलाब।

कूजित वि० [सं०] १. बोला या कहा हुआ, ध्वनित, गूँजा हुआ या ध्वनिपूर्ण। ३. पक्षियों के मधुर शब्दों से युक्त (स्थान)।

कूट[1] पुं० [द्रविड़ से गृहीत, सं०] [भाव० कूटता] १. पहाड़ की ऊँची चोटी, शृंग, जैसे चित्रकूट। २. जानवर का सींग। ३. राशि, ढेर, जैसे अन्नकूट। ४. छल, धोखा। ५. गुप्त रहस्य। ६. वह पद जिसमें श्लिष्ट शब्दों का प्रयोग हो और इसीलिए जिसका अर्थ जल्दी सब लोगों की समझ में न आए, जैसे सूर के कूट। ७. वह हास्य या व्यंग्य जिसका अर्थ गूढ़ हो।

कूट[2] वि० [सं०] १. झूठा, मिथ्यावादी। २. धोखा देनेवाला, कपटी, छली। ३. कृत्रिम, बनावटी, नकली, जाली, जैसे कूटमुद्रा। ४. प्रधान, श्रेष्ठ, मुख्य।

कूट[3] स्त्री० [हिं० कूटना] कूटने, पीटने आदि की क्रिया या भाव।

कूटन स्त्री० [हिं० कूटना] कूटने की क्रिया या भाव।
स्त्री० दे० 'कुटनी'।

कूटना स० [सं० कुट्टन] [भाव० कूट, कूटन] १. कोई चीज तोड़ने, पीसने आदि के लिए उसपर बार-बार किसी बड़ी और भारी चीज से आघात करना, जैसे धान कूटना।
मुहा० *कूट-कूटकर भरना*=खूब कसकर भरना, ठसाठस भरना।
२. मारना, पीटना। ३. सिल, चक्की आदि में टाँकी से छोटे-छोटे गड्ढे करके उसे खुरदुरा करना।

कूटनीति स्त्री० [सं०] व्यक्तियों अथवा राष्ट्रों के पारस्परिक व्यवहार में दाँव-पेंच की नीति या चाल, छिपी हुई चाल।

कूटनीतिक वि० [सं० कूटनीति] कूटनीति-सम्बन्धी, कूटनीति-भरा।

कूटप्रश्न पुं० [सं०] पहेली।

कूटबुद्धि वि० [सं०] छल या दाँव-पेंच करनेवाला।

कूटमुद्रा स्त्री० [सं०] खोटा या जाली सिक्का।

कूटयुद्ध पुं० [सं०] १. वह लड़ाई जिसमें शत्रु को धोखा दिया जाए। २. नकली लड़ाई।

कूटयोजना स्त्री० [सं०] षड्यन्त्र।

कूटसाक्षी(-क्षिन्) पुं० [सं०] झूठा गवाह।

कूटस्थ वि० [सं०] १. कूट या ऊँचाई पर का, सबसे ऊपर का। २. अटल। ३. अविनाशी। ४. छिपा हुआ, गुप्त।

कूटू पुं० [देश०] एक पौधा जिसके बीजों का आटा फलाहार के रूप में खाया जाता है, कूल्टू, कोटू।

कूड़ा पुं० [सं० कूट, प्रा० कूड़=ढेर] १. जमीन पर पड़ी हुई धूल और टूटी-फूटी या रद्दी चीजें जिन्हें साफ करने के लिए झाड़ू देते हैं, कतवार। २. बिल्कुल रद्दी और निकम्मी चीज।

कूड़ा-करकट पुं० १. कूड़ा। २. बिल्कुल रद्दी और निकम्मी चीज।

कूड़ाखाना पुं० [हिं० कूड़ा+फा० ख़ान:] वह स्थान जहाँ कूड़ा फेंका जाता है।

कूढ़ वि० [हिं० कूह, प्रा० कूध] नासमझ, मूढ़, बेवकूफ।

कूढ़मग्ज वि० [हिं० कूढ़+फा० मग्ज़] [भाव० कूढ़मग्जी] मन्दबुद्धि, मूढ़।

कूत स्त्री० [हिं० कूतना] कोई चीज देखकर अनुमान या अन्दाज से यह समझना कि यह इतनी अथवा इतने मूल्य की होगी, तखमीना। (एप्रेजमेन्ट)

कूतना स० [हिं० कूत] १. अनुमान करना, अन्दाज लगाना। २. बिना गिने, नापे या तौले संख्या, मूल्य, मात्रा आदि का अनुमान करना।

कूद स्त्री० [हिं० कूदना] कूदने की क्रिया या भाव।

कूदना अ० [सं० स्कुदन] १. पृथ्वी पर से वेगपूर्वक उछलकर शरीर को किसी ओर गिराना, उछलना, फाँदना।
मुहा० *किसी के बल पर कूदना*=किसी का सहारा पाकर बहुत बढ़-बढ़कर बातें करना।
२. जान-बूझकर ऊपर से नीचे को गिरना।
मुहा० *कूद पड़ना*=अचानक कहीं आ पहुँचना। *बीच में कूद पड़ना*=हस्तक्षेप करने लगना।
स० उल्लंघन करना, लाँघना।

कूद-फाँद स्त्री० १. कूदना और उछलना। २. व्यर्थ का प्रयत्न।

कूनना स० दे० 'कुनना'।

कूप पुं० [सं०] १. कुआँ। २. छेद, सुराख, जैसे रोमकूप। ३. गहरा गड्ढा।
*पुं० दे० कुप्पा।

कूपकार पुं० [सं०] कुआँ खोदनेवाला।

कूपतोय पुं० [सं०] कुएँ का जल।

कूपन पुं० [अं०] कागज धातु आदि का वह छपा टुकड़ा जो इस बात का सूचक होता है कि इसके स्वामी को अमुक वस्तु इतनी मात्रा में प्राप्त करने का अधिकार है।

कूपमंडूक वि० [सं०] [भाव० कूपमंडूकता] १. जो कुएँ में रहनेवाले मेंडक की तरह बहुत ही छोटे क्षेत्र में रहता और बाहरी जगत का कुछ भी ज्ञान न रखता हो। २. बहुत थोड़ी जानकारी रखनेवाला।

कूबड़ पुं० [सं० कूबर] १. पीठ का टेढ़ापन या उभाड़ जो एक प्रकार का रोग है। २. किसी चीज का उभारदार टेढ़ापन।

कूबरी स्त्री० दे० 'कुब्जा'।

कूबा* वि०=कुबड़ा।
पुं० दुपलिया छाजन के लिए खपरैल के मकान में दोनो दीवालों पर रखी जानेवाली टेढ़ी लकड़ी का आधार जिस पर बँड़ेर (धरनें) टिकाते हैं।

कूर वि० [सं० क्रूर] [भाव० कूरता, कूरपन] १. दयारहित, निर्दय। २. भयंकर, डरावना। ३. दुष्ट, नीच। ४. अकर्मण्य, निकम्मा। ५. मूर्ख, जड़, बेवकूफ।

कूरा[1] पुं० [सं० कूट] [स्त्री० कूरी] १. ढेर, राशि। २. भाग, अंश, हिस्सा। ३. दे० 'कूड़ा'।

कूरा[2] वि० [सं० क्रूट] १. निर्दय। २. बुरा।

कूरी स्त्री० [हिं० कूरा] छोटा टीला, धुस्स।

कूर्म पुं० [सं०] १. कच्छप या कछुआ नामक जन्तु। २. विष्णु का दूसरा अवतार जो कछुए के रूप में हुआ था।

कूल पुं० [सं०] १. नदी या जलाशय का किनारा, तट, तीर। २. नहर। ३. तालाब। ४. किसी बात की सीमा, सिरा, हद या किनारा।
क्रि० वि० समीप, पास, निकट।

कूलवती, कूलिनी स्त्री० [सं०] नदी।

कूल्टू पुं० दे० 'कूटू'।

कूल्हा पुं० [सं० क्रोड़] कमर या पेड़ू के दोनो ओर निकली हुई हड्डियाँ।

कूवत स्त्री० [अ० कुव्वत] शक्ति, बल, ताकत।

कूवा पुं० दे० 'कुआँ'।

कूष्मांड पुं० [सं०] १. कुम्हड़ा। २. पेठा।

कूह स्त्री० [हिं० कूक] १. हाथी की चिंग्घाड़। २. चीख।

कृच्छ्र पुं० [सं०] १. कष्ट, दुख। २. पाप। ३. मूत्रकृच्छ्र रोग। ४. वह व्रत जिसमें पंचगव्य खाकर दूसरे दिन उपवास किया जाता है।
वि० कष्टसाध्य, मुश्किल, कठिन।

कृत वि० [सं०] १. किया हुआ, सम्पादित, जैसे ईश्वरकृत, तुलसीकृत (रामायण)। २. (कार्य) जो किया जा चुका हो, पूरा किया हुआ। (डन) ३. बनाया हुआ, रचित। (कम्पोज़्ड)

कृतकार्य वि० [सं०] [भाव० कृतकार्यता] जिसका कार्य सिद्ध हो चुका हो, अपना कार्य अच्छी तरह पूरा कर लेनेवाला, सफल-मनोरथ, कृतार्थ।

कृतकृत्य वि० [सं०] कार्य सम्पन्न होने पर जो अत्यन्त प्रसन्न हो।

कृतघ्न वि० [सं०] [भाव० कृतघ्नता] अपने साथ किया हुआ उपकार न माननेवाला, अकृतज्ञ।

कृतघ्नी* वि० दे० 'कृतघ्न'।

कृतज्ञ वि० [सं०] [भाव० कृतज्ञता] अपने साथ किया हुआ उपकार माननेवाला, एहसान माननेवाला।

कृतनिश्चय वि० [सं०] संकल्पवान।

कृतयुग पुं० [सं०] सतयुग।

कृतविद्य पुं० [सं०] जिसे किसी विद्या का बहुत अच्छा ज्ञान हो, पंडित।

कृतसंकल्प वि० [सं०] जिसने कोई काम करने का संकल्प कर रखा हो।

कृतांत पुं० [सं०] १. यम, धर्मराज। २. मृत्यु। ३. पाप। ४. देवता।

कृतार्थ वि० [सं०] [भाव० कृतार्थता] जो अपना कार्य हो जाने के कारण सन्तुष्ट और प्रसन्न हो।

कृति स्त्री० [सं०] १. किया हुआ काम, कार्य। २. चित्र, ग्रन्थ, वास्तु आदि के रूप में बनाई हुई वस्तु। ३. कोई अच्छा या बड़ा काम। ४. इन्द्रजाल, जादू।

कृती पुं० [सं०] १. वह जिसने कोई बहुत अच्छा काम या बड़ा काम किया हो, कृति करनेवाला। २. कुशल या दक्ष व्यक्ति। ३. साधु। ४. पुण्यात्मा।

कृत्ति स्त्री० [सं०] १. हिरन का चमड़ा, मृगचर्म। २. चमड़ा, खाल।

कृत्तिका स्त्री० [सं०] १. सत्ताईस नक्षत्रों में से तीसरा नक्षत्र। २. छकड़ा।

कृत्तिवास पुं० [सं०] महादेव।

कृत्य पुं० [सं०] १. वह जो कुछ किया जाए, कार्य, काम। (ऐक्ट) २. वह कार्य जो धार्मिक दृष्टि से आवश्यक और कर्तव्य हो, जैसे यज्ञ, सन्ध्या आदि। ३. वह कार्य जो किसी पद पर रहनेवाले अधिकारी के कर्तव्य के अन्तर्गत हो। ४. विशेष रूप से होनेवाला कोई बड़ा या महत्त्वपूर्ण काम। (फंक्शन; अन्तिम दोनो अर्थों के लिए)

कृत्या स्त्री० [सं०] १. तान्त्रिकों के अनुसार एक भयंकर राक्षसी जो शत्रुओं को नष्ट करनेवाली मानी गई है। २. मन्त्र-तन्त्र द्वारा किए जानेवाले घातक कर्म। ३. दुष्टा और कर्कशा स्त्री।

कृत्रिम वि० [सं०] [भाव० कृत्रिमता] १. जो असली न हो, जो किसी की प्रतिकृति हो; जैसे-कृत्रिम दाँत, बनावटी, नकली। २. जो वास्तविक न हो, ऊपरी; जैसे कृत्रिम हँसी। ३. नैसर्गिक से भिन्न; कृत्रिम गर्भाधान।

कृत्रिमता स्त्री० [सं०] १. कृत्रिम होने की अवस्था या भाव। २. अस्वाभाविक आचरण।

कृदंत पुं० [सं०] १. संस्कृत व्याकरण में वह शब्द जो धातु में कृत् प्रत्यय लगाने से बने। २. क्रिया से बना हुआ विशेषण।

कृपण वि० [सं०] [भाव० कृपणता] १, कंजूस, सूम। २. नीच।

कृपन* वि० [भाव० कृपनाई]=कृपण।

कृपया क्रि० वि० [सं०] कृपा करके, अनुग्रहपूर्वक।

कृपा स्त्री० [सं०] १. बिना किसी प्रतिफल की आशा के होनेवाली हृदय की कोमल वृत्ति, उदारता, दया आदि की भावना या प्रेरणा से दूसरे की भलाई, रक्षा, उन्नति आदि करने की वृत्ति, अनुग्रह, दया, मेहरबानी। २. उदारतापूर्ण कृत्य या सहायता।

कृपाकर[1] वि० [सं०] कृपा करनेवाला, कृपालु।

कृपाकर[2] क्रि० वि० [सं०+हिं०] कृपापूर्वक।

कृपाण स्त्री० [सं०] १. तलवार। २. कटार।

कृपानी* स्त्री०=कृपाण।

कृपापात्र पुं० [सं०] वह जो कृपा प्राप्त करने का अधिकारी हो।

कृपालु वि० [सं०] [भाव० कृपालुता] कृपा करनेवाला।

कृमि पुं० [सं०] [वि० कृमिज] १. छोटा कीड़ा, कीट। २. हिरमजी कीड़ा या मिट्टी, किरमिजी। ३. लाह, लाख।

कृश वि० [सं०] [भाव० कृशता] १. दुबला-पतला, क्षीण। २. अल्प, सूक्ष्म। ३. छोटा।

कृशकाय वि० [सं०] शरीर से दुबला-पतला।

कृशान पुं० दे० 'कृशानु'।

कृशानु पुं० [सं०] अग्नि।

कृशित वि० दे० 'कृश'।

कृषक पुं० [सं०] १. किसान, खेतिहर। २. काश्तकार। ३. हल की फाल।

कृषि स्त्री० [सं०] [वि० कृष्य] खेतों में अनाज आदि बोने और उनमें पैदावार करने का काम, खेती। (एग्रिकलचर)

कृषिक वि० [सं० कृषि] कृषि-सम्बन्धी।

कृषिकर्म पुं० [सं०] खेती-बारी।

कृषित वि० [सं०] (खेत) जो जोता-बोया गया हो। (कल्टिवेटेड)

कृषिवर्ष पुं० [सं०] वर्ष का वह मान जो कृषि-सम्बन्धी कार्यों और फसल के विचार से स्थिर होता है।

कृष्ट वि० [सं०] जो जोता-बोया गया हो।

कृष्टि स्त्री० दे० 'कर्षण'।

कृष्ण वि० [सं०] [स्त्री० कृष्णा] १. काले रंग का, श्याम, काला। २. नीला ३. बुरा और निन्दनीय, जैसे कृष्ण कर्म। पुं० १. यदुवंशी वसुदेव के पुत्र जो विष्णु के मुख्य अवतारों में हैं। २. अथर्ववेद के अन्तर्गत एक उपनिषद्। ३. वेदव्यास। ४. अर्जुन। ५. अँधेरा पक्ष।

कृष्णक्रांति स्त्री० एथोनोल बनानेवाली चीजों की खेती के विस्तार से बायो डीजल में आत्मनिर्भरता लाने का आंदोलन।

कृष्णचन्द्र पुं० [सं०] दे० 'श्रीकृष्ण'।

कृष्णपक्ष पुं० [सं०] पूर्णिमा से आमावस्या तक का पखवारा, जिसमें चंद्रमा निरंतर क्षीण होता चलता है, अँधेरा पाख।

कृष्णपक्षीय वि० [सं०] १. कृष्णपक्ष में होनेवाला, कृष्णपक्ष-सम्बन्धी। २. अर्थ के विचार से अपकर्षसूचक, 'शुक्लपक्षीय' का विरुद्धार्थक।

कृष्णसार पुं० [सं०] काले रंग का हिरन।

कृष्णसूची स्त्री०=काली सूची।

कृष्णा स्त्री० [सं०] १. द्रौपदी। २. दक्षिण देश की एक नदी। ३. काली दाख। ३. काली (देवी)।

कृष्णाभिसारिका स्त्री० [सं०] वह अभिसारिका नायिका जो अँधेरी रात में प्रेमी से मिलने के लिए उसके पास संकेत-स्थान में जाए।

कृष्य वि० [सं०] खेती करने योग्य (जमीन)।

केंचुआ पुं० [सं० किंचिलिक] १. सूत की तरह का एक बरसाती कीड़ा जो एक बित्ता लम्बा होता है। २. केंचुए के आकार का एक सफेद कीड़ा जो पेट से मल के साथ निकलता है।

केंचुली स्त्री० [सं० कंचुक] सर्प आदि के शरीर पर का वह झिल्लीदार चमड़ा जो हर साल गिर या उतर जाता है। **मुहा०** *केंचुली बदलना*=पुराना रूप छोड़कर नया रूप धारण करना। (व्यंग्य)

केंद्र पुं० [सं०] १. किसी वृत्त या परिधि के ठीक बीचोबीच का बिन्दु, नाभि। २. वह मूल या मुख्य स्थान जहाँ से चारो ओर दूर-दूर तक फैले हुए कार्यों का संचालन या प्रबन्ध होता है। ३. बीच या मध्य। ४. केन्द्रीय सरकार। (सेंटर)

केंद्रक पुं० [सं० केंद्र] १. केंद्रबिंदु। २. केंद्रीय स्थल।

केंद्रबिंदु पुं० [सं० केंद्र+बिंदु] १. वृत्त का मध्य बिंदु। २. वह स्थल जहाँ से सभी गतिविधियों का संचालन होता हो; केंद्रस्थल।

केंद्रवर्ती वि० [सं०] १. केंद्रीय। २. महत्त्वपूर्ण।

केंद्रस्थल पुं० [सं० केंद्र+स्थल] १. केंद्रीय भू-भाग, मध्यभाग। २. क्रियाक्षेत्र, क्रिया-कलापों या गतिविधियों का मुख्य स्थल।

केंद्रित वि० [सं०] एक ही केन्द्र में इकट्ठा किया हुआ, एक जगह लाया या आया हुआ। (सेन्ट्रलाइज्ड)

केंद्री वि० [सं० केंद्रिन] केन्द्र में स्थित, केन्द्र में रहनेवाला।

केंद्रीकरण पुं० [सं०] चीजों, शक्तियों, अधिकारों आदि को किसी एक केन्द्र में लाकर इकट्ठा करना। (सेन्ट्रलाइजेशन)

केंद्रीकृत, केंद्रीभूत वि० [सं०] जो किसी एक स्थान पर एकत्र हो, या लाया गया हो।

केंद्रीय वि० [सं०] [भाव० केंद्रीयता] १. केन्द्र से सम्बन्ध रखनेवाला, केन्द्र या मध्य भाग का। २. किसी राज्य या राष्ट्र के केन्द्र या राजधानी से संबंध रखनेवाला, जैसे केन्द्रीय शासन। (सेन्ट्रल)

केंद्रीय शासन पुं० [सं०]=केंद्रीय सरकार।

केंद्रीय सरकार स्त्री० [सं०+फा०] किसी राज्य या राष्ट्र की वह सर्वप्रधान सरकार या शासन-सत्ता जिसका प्रमुख स्थान उसकी राजधानी में होता है और जो वहाँ से सारे देश का शासन या व्यवस्था करती है। (सेन्ट्रल गवर्नमेन्ट)

के[१] विभ०, परसर्ग [हिं० का] १. सम्बन्धसूचक 'का' विभक्ति का वह रूप जो उसे सम्बन्धवान में विभक्ति लगने से प्राप्त होता है, जैसे राम के घर पर। ३. धारणकर्ता का सूचक परसर्ग, जैसे राम के लड़का है।

के[२] सर्व० [सं० क:] कौन।

केउ सर्व० [हिं० के+उ] कोई।

केउर* पुं० दे० 'केयूर'।

केक पुं० [अं०] मैदे, चीनी और अंडे के योग से बननेवाली मिठाई।

केकड़ा पुं० [सं० कर्कट] पानी में रहनेवाला एक छोटा जन्तु जिसके आठ पैर और दो पंजे होते हैं।

केकय पुं० [सं०] १. उत्तर भारत के एक प्रदेश का प्राचीन नाम। २. केकय देश का राजा या निवासी। ३. दशरथ के श्वसुर और कैकेयी के पिता।

केकयी स्त्री० दे० 'कैकेयी'।

केकी पुं० [सं० केकिन्] मोर, मयूर।

केचित् सर्व० [सं०] कोई-कोई।

के जरिए सम्बन्धबो० के द्वारा, के हस्ते।

केत पुं० [सं०] १. घर, मकान। २. स्थान, जगह। ३. ध्वजा। पुं०=केतकी (केवड़ा)।

केतक[१] पुं० [सं०] केवड़ा।

केतक[२] वि० [सं० कति+एक] १. कितने। २. बहुत। ३. बहुत-कुछ।

केतकर स्त्री० दे० 'केतकी'।

केतकी स्त्री० दे० 'केवड़ा'।

केतन पुं० [सं०] १. किसी को बुलाना, आह्वान, निमन्त्रण। २. ध्वजा। ३. चिह्न। ४. घर, भवन, मकान। ५. स्थान, जगह।

केता वि० [स्त्री० केती] दे० 'कितना'।

केतारा पुं० [देश०] एक तरह का ऊख।

केतिक* वि० [सं० कियत्] दे० 'कितना'।

केतु पुं० [सं०] १. ज्ञान। २. दीप्ति, चमक। ३. ध्वजा, पताका। ४. निशान, चिह्न। ५. पुराणानुसार एक राक्षस का कबन्ध जो नौ ग्रहों में माना जाता है। ६. एक प्रकार का तारा

जिसके साथ प्रकाश की एक पूँछ-सी दिखाई देती है, पुच्छल तारा। (कॉमेट)

केतो* वि० दे० 'कितना'।

केदार पुं० [सं०] शिवलिंग।

के द्वारा सम्बन्धबो० के माध्यम से, की मार्फत।

केन पुं० [सं०] एक प्रसिद्ध उपनिषद् का नाम।

केनना स० दे० 'कीनना'।

केना पुं० [हिं० कीनना] १. खरीदने की क्रिया या भाव, खरीद। २. जो कुछ खरीदा जाए, सौदा।

पुं० दे० 'पोई'। (वनस्पति)

केबल पुं० [अं०] १. बिजली, फोन आदि का तार। २. वह तार जो टीवी को चैनलों से जोड़ता है।

केम* पुं० दे० 'कदम्ब'।

के माफिक सम्बन्धबो० की तरह।

के मारे सम्बन्धबो० के कारण।

केयूर पुं० [सं०] बाँह में पहनने का आभूषण, अंगद, भुजबन्द।

केर[१] प्रत्य० [सं० कृत] [स्त्री० केरी] सम्बन्धसूचक विभक्ति का। (अवधी)

केर[२] क्रि० वि० की तरह, के समान।

केरल पुं० [सं०] (भारत) एक राज्य जो दक्षिण में है।

के लिए सम्बन्धबोध० व्याकरण में, सम्प्रदान कारक का चिह्न।

केरली वि० केरल-सम्बन्धी।

केरा[१] पुं० दे० 'केला'।

केरा[२] प्रत्य० [स्त्री० केरी] दे० 'केर'।

केराना पुं० दे० 'किराना'।

केराव पुं० [सं० कलाय] मटर।

केरि* प्रत्य० [सं० कृत] दे० 'केरी'।

स्त्री० दे० 'केलि'।

केरी[१] प्रत्य० [सं० कृत] की, 'केरा' का स्त्रीलिंग रूप।

केरी[२] स्त्री० [देश०] अँबिया।

केरोसिन आयल पुं० [अं०] मिट्टी का तेल।

केल* स्त्री०=केलि।

केला पुं० [सं० कदल, प्रा० कयल] गुच्छों में लगनेवाला प्रसिद्ध गूदेदार लम्बोतरा मीठा फल जिसका छिलका मोटा होता है।

केलि स्त्री० [सं०] १. खेल, क्रीड़ा। २. रति, मैथुन, स्त्रीप्रसंग। ३. हँसी-ठट्ठा, दिल्लगी।

के लिए सम्बन्धबो० अधिकरण कारक का चिह्न। (व्याकरण)

केलिकला स्त्री० [सं०] स्त्रीप्रसंग, समागम, रति।

केव वि० दे० 'कोई'।

केवट पुं० [सं० कैवत] एक जाति जो नाव खेने का काम करती है, मल्लाह।

केवटी दाल स्त्री० [?] दो या अधिक प्रकार की एक में मिली हुई दालें।

केवड़ई वि० [हिं० केवड़ा] जिसमें केवड़ा पड़ा हो।

केवड़ा पुं० [सं० केविका] १. सफेद केतकी का पौधा। २. इस पौधे का प्रसिद्ध, सुगन्धित, काँटेदार फूल। ३. इस फूल का उतारा हुआ अरक।

केवल वि० [सं०] १. एकमात्र, अकेला। २. शुद्ध, पवित्र। ३. उत्कृष्ट, उत्तम। ४. जिसमें और किसी चीज या बात का मेल या योग न हो। (एब्सोल्यूट)

क्रि० वि० मात्र, सिर्फ।

पुं० [वि० केवली] भ्रांतिशून्य और विशुद्ध ज्ञान।

केवलज्ञानी पुं० [सं०] वह साधु जिसे विशुद्ध ज्ञान हो।

केवली पुं० दे० 'केवलज्ञानी'।

केवाँच स्त्री० दे० 'कौंछ'।

केवा[१] पुं० [सं० कुव=कमल] १. कमल। २. केतकी, केवड़ा।

केवा[२] पुं० [सं० किवा] बहाना, टाल-मटोल।

के वास्ते सम्बन्धबो० के लिए। (व्याकरण)

केश पुं० [सं०] १. सिर के बाल। २. रश्मि, किरण। ३. विश्व। ४. विष्णु। ५. सूर्य।

केश-कर्तनालय पुं० [सं०] वह दुकान जहाँ बालों की कटाई होती है; नाई की दुकान, सैलून।

केशकीट पुं० [सं०] जूँ।

केशपाश पुं० [सं०] बालों की लट।

केशर पुं० दे० 'केसर'।

केशरी पुं० दे० 'केसरी'।

केशव पुं० [सं०] १. विष्णु। २. कृष्णचन्द्र। ३. ब्रह्मा, परमेश्वर।

केशविन्यास पुं० [सं०] बालों को सजा या सँवारकर उनका जूड़ा बाँधना।

केशी (-शिन्) पुं० [सं०] १. एक असुर जिसे कृष्ण ने मारा था। २. घोड़ा।

वि० [स्त्री० केशिनी] १. किरण या प्रकाशवाला। २. अच्छे बालोंवाला।

के समानांतर सम्बन्धबोधक की सीध में; जैसे यह पतली गली मुख्य मार्ग के समानांतर जाती है

केस पुं०=केश।

केसर पुं० [सं०] १. वे पतले सींके या सूत जो फूलों के बीच में होते हैं। २. ठंडे देशों में होनेवाला एक पौधा जिसके सींके उत्कृष्ट सुगन्ध के लिए प्रसिद्ध हैं, कुंकुम, जाफरान। ३. घोड़े, सिंह आदि जानवरों की गरदन के बाल, अयाल। ४. नागकेसर।

केसरिया वि० [सं० केसर+हिं० इया (प्रत्य०)] १. केसर के रंग का, पीला जर्द। २. जिसमें केसर मिला या पड़ा हो।

केसरिया बाना पुं० केसरिया वस्त्र जिसे राजपूत युद्ध में पहनकर लड़ते थे।

केसरी (रिन्) पुं० [सं०] १. सिंह। २. घोड़ा। ३. नागकेसर। ४. हनुमान जी के पिता का नाम।

केसारी† स्त्री० दे० 'खेसारी'।

केसू* पुं० दे० 'टेसू'।

केहरी* पुं० दे० 'केसरी'।

केहा पुं० [सं० केका] मोर, मयूर।

पुं० दे० 'खेहा'।

केहि सर्व० [हिं० के+हि] किसको, किसे। (अवधी)

केहूँ क्रि० वि० [सं० कथम्] किसी प्रकार, किसी भाँति, किसी तरह।

केहू सर्व० [हिं० के] कोई।

कैं विभ० दे० 'के' (या 'के लिए')।

यो० दे० 'कैंधों'।

कैंचा[1] वि० [हिं० काना+ऐंचा=कनैचा] ऐंचा-ताना, भेंगा।

कैंचा[2] पुं० [तु० कैंची] बड़ी कैंची।

कैंची स्त्री० [तु०] १. बाल, कपड़े आदि कतरने का एक प्रसिद्ध औजार, कतरनी। **पद०** *मुहब्बत की कैंची*=ऐसा काम या बात जो आपसी सौहार्द को समाप्त कर दे। २. वे दो सीधी तीलियाँ या बलियाँ जो कैंची की तरह एक दूसरी के ऊपर तिरछी रखी या जड़ी हों।

कैंड़ा पुं० [सं० कांड] १. वह यंत्र जिससे किसी चीज का नक्शा ठीक किया जाता है। २. नापने का पात्र, पैमाना, मान, नपना। ३. कोई काम अच्छी तरह करने का ढंग, ढब। ४. नवीन पेड़, विकासोन्मुख छोटा पेड़।

कैंडेदार वि० [हिं० कैंडा+फा० दार(प्रत्य०)] ढब से काम करनेवाला, युक्तियुक्त।

कै[1] वि० [सं० कति, प्र० कह] १. कितना, किस कदर। २. कई, अनेक।

कै[2] यो० [सं० किम्] या, वा, अथवा।

कै[3] स्त्री० [अ० क़ै] वमन, उलटी।

कैकस पुं० [सं०] [स्त्री० कैकसी] राक्षस।

कैकेयी स्त्री० [सं०] १. केकय गोत्र या देश में उत्पन्न स्त्री। २. राजा दशरथ की वह रानी जो भरत की माता थी तथा जिसने रामचंद्र को वनवास दिलवाया था।

कैच पुं० [अं०] १. हवा में उड़ती हुई कोई चीज लपकने की क्रिया या भाव। २. लपकी हुई वस्तु।

कैटभ पुं० [सं०] एक दैत्य जिसे विष्णु ने मारा था।

कैटभारि पुं० [सं०] विष्णु।

कैतव पुं० [सं०] १. धोखा, छल, कपट। २. जुआ, द्यूत। ३. वैदूर्यमणि, लहसुनियाँ।

वि० १. धोखेबाज, छली। २. धूर्त, मक्कार। ३. जुआरी।

कैतवापह्नुति स्त्री० [सं०] वह अपह्नुति अलंकार, जिसमें वास्तविक विषय का गोपन या निषेध स्पष्ट रूप से न करके किसी बहाने से किया जाता है।

कैतून स्त्री० [अ०] एक प्रकार की पतली लैस या सुनहरी किनारी जो कपड़ों पर टाँकी जाती है।

कैथ पुं० [सं० कपित्थ] एक कँटीला पेड़ जिसमें बेल के आकार के कसैले और खट्टे फल लगते हैं।

कैथिन स्त्री० [हिं० कायस्थ] कायस्थ जाति की स्त्री।

कैथी स्त्री० [हिं० कायस्थ] बिहार में प्रचलित एक पुरानी लिपि जिसमें शीर्ष रेखा नहीं होती।

कैद स्त्री० [अ०] [पुं० कैदी] १. बन्धन, अवरोध। २. अपराधी को दंड देने के लिए बन्द स्थान में रखना, कारावास। **मुहा०** *कैद काटना या भोगना*=कैद में दिन बिताना। ३. वह शर्त जिसके पूरे होने पर ही कोई बात या काम हो।

कैदखाना पुं० [फा०] वह स्थान जहाँ कैदी रखे जाते हैं, कारागार, बन्दीगृह, जेलखाना।

कैद-तनहाई स्त्री० [अ०+फा० तन्हाई] वह कैद जिसमें कैदी को तंग कोठरी में अकेले रखा जाता है।

कैद-बा-मुशक्कत स्त्री० सपरिश्रम कारावास।

कैद-बे-मुशक्कत स्त्री० साधारण कारावास, सादी सजा।

कैदी वि० [अ०] जो कैद में हो।

पुं० वह जिसे कैद की सजा दी गई हो, बन्दी।

कैदु यो० [हिं० कै=या+दु(धौ)] हो सकता है कि, कदाचित्।

कैधों यो० [हिं० कै+धौं] या, अथवा।

कैफियत स्त्री० [अ० कैफ़ीयत] १. विवरण, हाल, वर्णन। **मुहा०** *कैफियत तलब करना*=कोई भूल या अनुचित कार्य होने पर उसके कारण आदि का विवरण माँगना या कारण पूछना। २. कोई विलक्षण या सुखद घटना।

कैफे पुं० [अ०] १. ऐसा जलपान-गृह जिसमें खाने-पीने की सामान्य चीजें मिलती हों। २. पूर्व में ऐसा जलपान-गृह जिसमें काफी की व्यवस्था हो।

कैबर* स्त्री० [देश०] तीर का फल।

कैबा स्त्री० क्रि० वि० [हिं० कै = कई + बार] १. कितनी बार। २. कई बार।

कैम पुं० दे० 'कदंब'।

कैमरा पुं० [अं०] छायाचित्र, रंगीनचित्र आदि खींचने का उपकरण।

कैमराई वि० [अं० कैमरा+हिं० आई (प्रत्य०)] १. कैमरे से संबद्ध। २. कैमरे के जैसा; जैसे-कैमराई आँख।

कैर पुं० दे० 'करील' (पौधा)।

कैरट पुं० [अं०] १. दे० 'करात'। (तौल) २. सोने की चीज में विशुद्ध सोने का मान। (सोना २४ कैरट का माना जाता है, यदि कोई चीज २० कैरट की कही जाए, तो इसका अर्थ यह होगा कि उसमें २० हिस्सा सोना और ४ हिस्सा मेल है।)

कैरव पुं० [सं०] [स्त्री० कैरवी] १. कुमुद। २. सफेद कमल। ३. शत्रु।

कैरवाली स्त्री० [सं०] कैरवों का समूह।

कैरा पुं० [सं० कैरव] [स्त्री० कैरी] १. भूरा रंग। २. वह सफेदी जिसमें लाली की झलक या आभा हो। ३. वह बैल जिसके चमड़े पर लाली झलकती हो, सोकन।

वि० १. कैरे रंग का। २. जिसकी आँखें भूरी हों, कंजा।

कैलकुलेटर पुं० [अं०] एक प्रकार का छोटा इलेक्ट्रानिक उपकरण जो संख्याओं की गणना करता है।

कैलास पुं० [सं०] १. हिमालय की एक चोटी जो तिब्बत में है और जिस पर शिव का निवास माना जाता है।

कैलासनाथ, कैलासपति पुं० [सं०] शिव।

कैलासवास पुं० [सं०] मरण, मृत्यु।

कैलेंडर पुं० [अं०] वह पत्र या पत्रों का समूह जिसमें वार, तारीख आदि अंकित होते हैं।

कैवर्त पुं० [सं०] केवट, मल्लाह।

कैवल्य पुं० [सं०] १. 'केवल' का भाव, एक ही होने की अवस्था या भाव। २. शुद्धता। ३. निर्लिप्तता। ४. मुक्ति, मोक्ष।

कैशिक वि० [सं०] केशों या रोओं से युक्त, रोएँदार।

कैशिकी स्त्री० [सं०] नाटक की एक वृत्ति जिसमें नृत्य, गीत तथा भोग-विलास आदि के वर्णन होते हैं। यह करुण, हास्य और शृंगार रसों के लिए उपयुक्त होती है और इससे स्त्रियों के कार्यों या व्यापारों में मधुरता आती है।

कैस पुं० [अ०] मजनूँ का एक नाम।

कैसर पुं० [लै० सीज़र] सम्राट।

कैसा वि० [सं० कीदृश] [स्त्री० कैसी] १. किस प्रकार का, किस ढंग का, किस रूप या गुण का। २. (निषेधार्थक, प्रश्न में) किसी प्रकार का नहीं, जैसे जब काम ही नहीं किया, तब वेतन कैसा? ३. अद्‌भुत या विचित्र। ४. सदृश, समान, जैसा।

कैसे क्रि० वि० [हिं० कैसा] १. किस प्रकार से, किस ढंग से। २. किसलिए, किस काम से। ३. जैसे।

कैसो वि० दे० 'कैसा'।

कैहूँ क्रि० वि० [हिं० कै=कैसे+हूँ (प्रत्य०)] किसी तरह, किसी प्रकार।

कोंई* स्त्री० दे० 'कुमुदिनी'।

कोंचना स० [सं० कुंच्] १. नुकीली चीज चुभाना, गड़ाना, धँसाना। २. किसी को बार-बार कोई बात कहकर परेशान करना। ३. बार-बार छेड़ना या उकसाना।

कोंचा पुं० [हिं० कोंचना] १. बहेलियों का वह लम्बा छड़ जिसके सिरे पर वे चिड़ियाँ फँसाने के लिए लासा लगाते हैं। २. ज्वार-बाजरे आदि की मोटी रोटी या लिट्टी।
पुं० दे० 'क्रौंच' (पक्षी)।

कोंछ| स्त्री० [हिं० काँछ] धोती का पल्ला।

कोंछना स० [हिं० काँछ] (स्त्रियों का) आँचल या कोने में कोई चीज बाँध या रखकर कमर में खोंसना।

कोंढ़ा पुं० [सं० कुंडल] [स्त्री० अल्पा० कोंढ़ी] धातु का वह छल्ला या कड़ा जिसमें कोई वस्तु अटकाई जाए।

कोंप* स्त्री० दे० 'कोंपल'।

कोंपन* स्त्री० दे० 'कोंपल'।

कोंपर पुं० [हिं० कोंपल] छोटा अधपका या डाल का पका हुआ आम।

कोंपल स्त्री० [सं० कोमल या कुपल्लव] नई और मुलायम पत्ती, अंकुर, कल्ला।

कोंवरा* वि० [स्त्री० कोंवरी] दे० 'कोमल'।

कोंहड़ा पुं० दे० 'कुम्हड़ा'।

कोंहड़ौरी स्त्री० दे० 'कुम्हड़ौरी'।

कोंहरा* पुं० 'कुम्हार'।

कोंहार* पुं०=कुम्हार।

को परसर्ग [सं० क:] कर्मकारक का सूचक परसर्ग, जैसे 'बैल को हटाओ' में 'को'।
विशेष : कुछ अवस्थाओं में यह, कर्ता, सम्प्रदान तथा अधिकारण कारकों में भी प्रयुक्त होता है।
*सर्व०=कौन। उदा० उतहिं चमू चतुरंग इतहि तैं संग को है।—केशव।

कोआ पुं० [सं० कोश या हिं० कोसा] १. रेशम के कीड़े का कोश या घर, कुसियारी। २. टसर नामक रेशम का कीड़ा। ३. महुए का पका फल, गोलैंदा। ४. कटहल का पका बीज। ५. आँख का डेला। ६. आँख का कोना।

कोइरी पुं० दे० 'काछी' (जाति)।
स्त्री० दे० 'कुसली'।

कोइलपद्दा पुं० [सं० कोकिलापाद] दे० 'कोइली' १।

कोइली स्त्री० [हिं० कोयल] १. काले दागवाला वह कच्चा आम जिसमें एक विशेष प्रकार की सुगन्ध होती है। २. आम की गुठली।

कोई सर्व०, वि० [सं० कोपि] १. ऐसा (मनुष्य या पदार्थ) जो अज्ञात हो, न जाने कौन-सा।
पद *कोई न कोई*=एक नहीं तो दूसरा, यह न सही, तो वह।
२. बहुतों में से चाहे जो, अविशिष्ट वस्तु या व्यक्ति। ३. एक भी। ४. कुछ या थोड़ा।
क्रि० वि० लगभग, करीब-करीब, जैसे कोई सौ आदमी गए थे।

कोउ, कोऊ* सर्व० दे० 'कोई'।

कोक पुं० [सं०] [स्त्री० कोकी] १. चकवा पक्षी, चक्रवाक। २. मेंडक।

कोकई वि० [तु० कोक] ऐसा नीला (रंग) जिसमें गुलाबी (रंग) की झलक हो।

कोकनद पुं० [सं०] लाल कमल।

कोकशास्त्र पुं० [सं०] कामशास्त्र।

कोका[१] उभय० [तु०] दूध-भाई या दूध-बहन।

कोका[२] पुं० [सं० कोक] [स्त्री० कोकी] चकवा।
स्त्री० दे० 'कोकाबेली'।

कोकाबेली स्त्री० [सं० कोकनद+हिं० बेल] नीली कुमुदिनी।

कोकाह पुं० [?] सफेद रंग का घोड़ा।

कोकिल, कोकिला स्त्री० [सं०] कोयल।

कोकी स्त्री० [सं०] मादा चकवा।

कोकेन स्त्री० [अं०] कोका नामक वृक्ष की पत्तियों से बना एक नशीला पदार्थ जिसका प्रयोग शरीर को सुन्न करने के लिए भी चिकित्सक करते हैं।

कोको स्त्री० [अनु०] एक कल्पित जीव का नाम, जिसका प्रयोग बच्चों को बहकाने के लिए होता है; जैसे—जल्दी खा लो, नहीं तो कोको ले जाएगी।

कोख स्त्री० [सं० कुक्षि] १. उदर, जठर, पेट। २. पेट के दोनो तरफ का स्थान। ३. गर्भाशय।

मुहा० *कोख ठंडी होना*=स्त्री का सन्तान प्रसव करके सुखी होना। *कोख उजड़ जाना*=(क) सन्तान मर जाना। (ख) गर्भ गिर जाना। *कोख बंद होना*=बन्ध्या होना। *कोख या कोख-माँग से ठंडी या भरी रहना*=बालक, या बालक और पति का सुख भोगते रहना। (आसीस)

कोखजली वि० स्त्री० [हिं० कोख+जलना] (स्त्री) जिसकी सन्तान मर गई हो या हो-होकर मर जाती हो।

कोगी पुं० [देश०] कुत्ते की तरह का एक छोटा जंगली जानवर जो झुंड में रहता है।

कोच पुं० [अं०] १. एक प्रकार की चौपहिया घोड़ा-गाड़ी। २. गद्देदार बढ़िया पलंग, बेंच या कुरसी। ३. रेलगाड़ी का डिब्बा।

कोचकी पुं० [?] एक रंग जो लाली लिए भूरा होता है। स्त्री० इस रंग की जनानी साड़ी।

कोचना पुं० [हिं० कोंचना] नुकीले काँटोंवाला एक यन्त्र जिससे अचार-मुरब्बे आदि के लिए फल कोंचे जाते हैं। स० दे० 'कोंचना'।

कोच-बकस पुं० [अं० कोच+बॉक्स] घोड़ा-गाड़ी आदि में वह ऊँचा स्थान जहाँ हाँकनेवाला बैठता है।

कोचवान पुं० [अं० कोचमैन] घोड़ा-गाड़ी हाँकनेवाला।

कोचा पुं० [हिं० कोंचना] १. तलवार, कटार आदि का हलका घाव। २. लगती हुई बात, व्यंग्य, ताना।

कोजागर पुं० [सं०] आश्विन मास की पूर्णिमा, शरद पूनो (जागने की रात)।

कोट[1] पुं० [सं०] १. दुर्ग, गढ़, किला। २. प्राचीर। ३. महल।

पद कोट-कंगूरे=ऊँचे-ऊँचे किले और महल।

कोट[2] पुं० [सं० कोटि] समूह, यूथ।

कोट[3] पुं० [अं०] अंग्रेजी ढंग का एक प्रसिद्ध पहनावा।

कोटपाल पुं० [सं०] दुर्ग की रक्षा करनेवाला, किलेदार।

कोटर पुं० [सं०]१. पेड़ का खोखला भाग। २. दुर्ग के आस-पास का वह वन जो रक्षा के लिए लगाते हैं।

कोटा पुं० [अं०] १. सम्पूर्ण राशि या उपलब्ध संख्या का वह भाग या प्रतिशत जो किसी के लिए निर्धारित या आरक्षित हो। २. किसी के लिए निश्चित किया हुआ हिस्सा जो उसे दिया जाए या उससे लिया जाए, यथांश।

कोटि स्त्री० [सं०] १. धनुष का सिरा। २. अस्त्र की नोक या धार। ३. एक तरह की चीजों या व्यक्तियों की वह श्रेणी या विभाग जो क्रमिक उत्तमता या श्रेष्ठता के विचार से किया गया हो, वर्ग, श्रेणी, दर्जा। (ग्रेड) ४. किसी वाद-विवाद का पूर्व पक्ष। ५. उत्कृष्टता, उत्तमता। ६. समूह, जत्था। वि० [सं०] सौ लाख, करोड़।

कोटिक वि० [सं० कोटि] १. करोड़। २. अनगिनत, बहुत अधिक।

कोटिच्युत वि० [सं०] जो अपनी कोटि (ग्रेड) से नीचेवाली कोटि में भेज दिया गया हो। (डिग्रेडेड)

कोटिबद्ध वि० [सं०] जो कोटियों में विभक्त हो। (ग्रेडेड)

कोटिशः क्रि० वि० [सं०] अनके प्रकार से, बहुत तरह से। वि० बहुत अधिक, अनेकानेक।

कोटू पुं० दे० 'कुटू'।

कोठ[1] वि० [सं० कंठ] १. ऐसा खट्टा (पदार्थ) कि चबाया न जा सके। २ अधिक खट्टा होने से कोई वस्तु न चबा सकनेवाला (दाँत)।

कोठ[2] पुं० [हिं० कोठी] वह स्थान जहाँ बहुत-से बाँस घेरा बाँधकर उगते हैं, बाँसों की कोठी।

कोठरा पुं० [हिं० कोठा] १. बड़ी कोठरी। २. पेट। ३. शरीर।

कोठरी स्त्री० [हिं० कोठा] चारो ओर दीवारों से घिरा और छाया हुआ छोटा कमरा।

कोठा पुं० [सं० कोष्ठक] १. बड़ी कोठरी। २. भंडार। ३. मकान में छत के ऊपर का कमरा, अटारी। ४. उदर, पेट।

मुहा० *कोठा बिगड़ना*=अपच आदि रोग होना। *कोठा साफ होना*=साफ दस्त होना।

५. गर्भाशय। ६. घिरा हुआ छोटा स्थान, खाना, घर।

कोठार पुं० [हिं० कोठा] भंडार।

कोठारी पुं० [हिं० कोठार+ई (प्रत्य०)] वह अधिकारी जो भंडार का प्रबन्ध करता हो, भंडारी।

कोठी[1] स्त्री० [सं० कोष्ठी] १. बड़ा और पक्का मकान, हवेली। २. मकान जिसमें रुपयों का लेन-देन या कोई कारोबार होता हो, बड़ी दुकान। ३. अनाज रखने का कुठला। ४. कुएँ की दीवार या पुल के खम्भे में पानी के नीचे जमीन तक होनेवाली ईंट-पत्थर की जुड़ाई।

कोठी[2] स्त्री० [सं० कोटि=समूह] एक जगह मंडलाकार उगे हुए बाँसों का समूह।

कोठीवाल पुं० [हिं० कोठी+वाला (प्रत्य०)] महाजन, साहूकार, बड़ा व्यापारी।

कोठीवाली स्त्री० [हिं० कोठी] १. कोठी चलाने का काम। २. महाजनों में प्रचलित एक प्रकार की लिपि।

कोठेवाली स्त्री० [हिं० कोठा(=अटारी)+वाली] कोठे पर बैठनेवाली वेश्या।

कोड़ना स० [सं० कुंड] १. खेत की मिट्टी खोदकर उलटना। २. खोदना।

कोड़ा पुं० [सं० कवर] १. वह बटे हुए सूत या चमड़े की डोर जिससे जानवरों को चलाने के समय मारते हैं, चाबुक। २. उत्तेजक या मर्मस्पर्शी बात।

कोड़ाई स्त्री० [हिं० कोड़ना] कोड़ने की क्रिया, भाव या मजदूरी।

कोड़ी स्त्री० [अं० स्कोर] बीस का समूह, बीसी।

कोढ़ पुं० [सं० कुष्ट] [वि० कोढ़ी] रक्त और त्वचा का एक प्रसिद्ध रोग जिसमें अंग गलने लगते हैं।

मुहा० *कोढ़ चूना या टपकना*=कोढ़ के कारण अंगों का गल-गलकर गिरना। *कोढ़ में खाज*=दुख पर दुख।

कोढ़ी पुं० [हिं० कोढ़] [स्त्री० कोढ़िन] १. वह जिसे कोढ़ रोग हुआ हो, कुष्टी। २. कामचोर या आलसी व्यक्ति।

कोण पुं० [सं०] १. एक दूसरे को छूनेवाली दो रेखाओं के बीच का स्थान, कोना। २. ज्यामिति में उक्त स्थान जो अंशों में नापा जाता है। ३. दो दिशाओं के बीच की दिशा, विदिशा, यथा अग्नि, नेऋत्य, ईशान और वायव्य।

कोणिक, कोणीय वि० [सं० कोणीय] कोण-संबंधी।

कोत* स्त्री० दे० 'कूवत'।

कोतल पुं० [फा०] १. बिना सवार का कसा हुआ सजा-सजाया घोड़ा। २. राजा की सवारी का घोड़ा।

कोतवाल पुं० [सं० कोटपाल] १. नगर की पुलिस का एक प्रधान कर्मचारी। २. पंडितों की सभा, बिरादरी अथवा साधुओं की बैठक, भोजन आदि का निमन्त्रण देनेवाला व्यक्ति।

कोतवाली स्त्री० [हिं० कोतवाल] १. कोतवाल का पद या काम। २. वह स्थान जहाँ पुलिस के कोतवाल का कार्यालय रहता है।

कोता* वि० दे० 'कोताह'।

कोताह वि० [फा०]१. छोटा। २. कम, थोड़ा।

कोताही स्त्री० [फा०] त्रुटि, कमी।

कोति* स्त्री० दे० 'कोद'।

कोदंड पुं० [सं०] धनुष, कमान।

कोद स्त्री० [सं० कोण] १. दिशा। २. ओर, तरफ; चहूँ कोद=चारो तरफ। ३. कोना।

कोदों पुं० [सं० कोद्रक] एक प्रसिद्ध मोटा अन्न जो प्राय: सारे भारत में होता है।

मुहा० *कोदों देकर पढ़ना या सीखना*=अधूरी या बेढंगी शिक्षा पाना। *छाती पर कोदों दलना*=किसी को दिखलाकर कोई ऐसा काम करना जो उसे बहुत बुरा लगे।

कोध* स्त्री० दे० 'कोद'।

कोना पुं० [सं० कोण] १. किसी विन्दु पर मिलती हुई या एक दूसरी को काटती हुई दो दिशाओं के बीच का स्थान, अन्तराल। २. वह स्थान जहाँ दो सिरे मिलते हों, अन्तराल। ३. एकान्त स्थान।

मुहा० *कोना झाँकना*=भय या लज्जा से मुँह छिपाना, बगलें झाँकना। *कोने में फँसाना*=असहाय कर देना, लाचार बना देना।

कोनियाँ स्त्री० [हिं० कोना] १. दीवार के कोने पर चीजें रखने की पटरी या पटिया। २. चित्र या मूर्ति आदि के चारो कोनों का अलंकरण।

कोप पुं० [सं०] [वि० कुपित] क्रोध।

कोपन वि० दे० 'कोपी'।

कोपना* अ० [सं० कोप] क्रोध करना।

कोपभवन पुं० [सं०] वह स्थान जहाँ कोई मनुष्य रूठकर जा रहे।

कोपर पुं० [?] एक प्रकार की बड़ी थाली या परात।

कोपी(-पिन्) वि० [सं०] कोप करनेवाला, क्रोधी।

कोपीन पुं० दे० 'कौपीन'।

कोफ़्ता पुं० [फा० कोफ़्त:] १. कीमे या पिसी हुई सब्जी की तली हुई टिकिया। २. उक्त की सब्जी।

कोफ़्त स्त्री० [फा०] मानसिक कष्ट, कुढ़न।

कोमल वि० [सं०] [स्त्री० कोमला] [भाव० कोमलता] १. मुलायम, नरम। २. सुकुमार, नाजुक। ३. अपरिपक्व, कच्चा। ४. सुन्दर, मनोहर। ५. वह स्वर जो साधारण से कुछ नीचा हो। (संगीत)

कोमलता स्त्री० [सं०] १. 'कोमल' होने का भाव, नरमी। २. मधुरता। ३. नजाकत।

कोमलताई* स्त्री० दे० 'कोमलता'।

कोमलांग वि० [सं०] कोमल अंगोंवाला।

कोमला स्त्री० [सं०] वह वृत्ति या अक्षर-योजना जिसमें कोमल पद हों।

कोमलाई* स्त्री० दे० 'कोमलता'।

कोय* सर्व० दे० 'कोई'।

कोयर* पुं० [हिं० कोंपल] हरा चारा।

कोयल स्त्री० [सं० कोकिल] बहुत सुन्दर बोलनेवाला काले रंग का एक पक्षी।

कोयला पुं० [सं० कोकिल=अंगारा] १. लकड़ी का बुझा हुआ काला टुकड़ा जो आग जलाने के काम आता है। २. इसी प्रकार का एक प्रसिद्ध खनिज पदार्थ, पत्थर का कोयला।

कोया पुं० दे० 'कोआ'।

कोर स्त्री० [सं० कोण] १. किनारा, सिरा। २. कोना।

मुहा० *कोर दबना*=किसी प्रकार के दबाव या वश में होना। ३. द्वेष, वैर, वैमनस्य। ४. दोष, ऐब, खराबी। ५. हथियार की धार, बाढ़।

कोरक पुं० [सं०] १. कली। २. फूल या कली के आधार के रूप में हरी पत्तियाँ, फूल की कटोरी। ३. कमल की नाल।

कोर-कसर स्त्री० [हिं० कोर+फा० कसर] दोष और त्रुटि, ऐब और कमी।

कोरना स० [हिं० कोर+ना (प्रत्य०)] १. लकड़ी आदि में कोर या किनारा निकालना। २. गढ़-छीलकर ठीक करना। ३. खोलना, खरोंचना।

कोरम पुं० [अं०] सभा, समिति आदि को आरम्भ करने के लिए आवश्यक सदस्यों की उपस्थिति।

कोरमा पुं० [तु० कोरम:] भुना हुआ मांस।

कोरहन पुं० [?] एक प्रकार का धान या उसका चावल।

कोरा[1] वि० [सं० कर्बुर?] [स्त्री० कोरी] १. जो काम में न लाया गया हो, नया।

पद *कोरी धार या बाढ़*=हथियार की वह धार जिसपर अभी सान चढ़ी हुई हो।

२. (कपड़ा या मिट्टी का बरतन) जो धोया न गया हो, जिसपर पानी न पड़ा हो। ३. (कागज) जिसपर कुछ लिखा या चित्रित न हो। ४. जो रँगा न हो, सादा।

पद *कोरा जवाब*=स्पष्ट शब्दों में अस्वीकृति।

५. जो पूर्ण न हुआ हो, या कार्य रूप में परिणत न हुआ हो; जैसे-मेरा वह संकल्प कोरा ही सिद्ध हुआ। ६. दोषों आदि से रहित, बेदाग। ७. मूर्ख या अपढ़। ८. धनहीन, दरिद्र। ९. अनभ्यस्त।

क्रि० वि० केवल, सिर्फ।

कोरा[2] पुं० [?] बिना किनारे की रेशमी धोती।

कोरा[3] पुं० [सं० क्रोड़] गोद, उछंग।

कोरा चेक पुं० वह चेक जिस पर चेक धारक के हस्ताक्षर तो हों परंतु राशि न लिखी हो।

कोरि वि० दे० 'कोटि'।

कोरी पुं० दे० 'कोली'।

कौरैया पुं० 'इंद्रजव'।

कोर्ट-कचहरी स्त्री०=न्यायालय।

कोल पुं० [सं०] १. सुअर, शूकर। २. गोद, उत्संग। ३. बेर, बदरी फल। ४. काली मिर्च। ५. एक जंगली जाति।

कोलना अ० [?] १. विह्वल या बेचैन होना। २. स्थिर या काम के योग्य न रहना, जैसे मति कोलना।

कोलाहल पुं० [सं०] शोर, हौरा।

कोली[1] स्त्री० [सं० क्रोड] गोद।

कोली[2] पुं० [?] हिन्दू जुलाहा, कोरी।

कोल्हू पुं० [हिं० कूल्हा?] बीजों का तेल या गन्ने का रस निकालने का यन्त्र।

मुहा० *कोल्हू का बैल*=बहुत कठिन परिश्रम करनेवाला। *कोल्हू में डालकर पेरना*=बहुत अधिक कष्ट पहुँचाना।

कोविद वि० [सं०] [स्त्री० कोविदा] पंडित, विद्वान।

पुं० दे० 'कोविदार'।

कोविदार पुं० [सं०] कचनार।

कोश पुं० [सं०] १. अंड, अंडा। २. अंडकोश। ३. डिब्बा, गोलक। ४. फूल की कली। ५. आवरण, गिलाफ। ६. वेदान्त के अनुसार अन्नमय, प्राणमय, मनोमय, विज्ञानमय और आनंदमय ये पाँच सम्पुट जो मनुष्यों के शरीर के अन्दर होते हैं। ७. संचित धन। ८. वह ग्रन्थ जिसमें किसी विशेष क्रम से बहुत से शब्द और उनके अलग-अलग अर्थ या पर्याय हों। (डिक्शनरी, लेक्सिकन) ९. रेशम का कोआ, कुसियारी। १०. दे० 'कोष'।

कोशकार पुं० [सं०] १. म्यान, तलवारों आदि को बनानेवाला। २. शब्दों का क्रमानुसार संग्रह करके उनके अर्थ बतानेवाला, शब्दकोश बनानेवाला। (लेक्सिकोग्राफर) ३. रेशम का कीड़ा।

कोशपाल पुं० [सं०] खजाने का रक्षक या अधिकारी।

कोशल पुं० [सं०] १. सरयू नदी के दोनो ओर का प्रदेश। २. अयोध्या नगरी।

कोशिश स्त्री० [फा०] १. प्रयत्न, चेष्टा। २. उद्योग, परिश्रम।

कोशिश-पैरवी स्त्री० [फा०] प्रयास और दौड़-धूप।

कोष पुं० [सं०] १. सोना, चाँदी, मुद्राएँ, रत्न आदि। २. खोल। ३. दे० 'कोश'।

कोषाणु पुं० [सं०] बहुत ही सूक्ष्म कणों या छोटे-छोटे कोषों के रूप में वह मूल तत्त्व जिससे जीव-जन्तुओं के शरीर और खनिज पदार्थ आदि बने होते हैं। (सेल)

कोषागार पुं० [सं०] १. वह स्थान जहाँ कोष या बहुत-सा धन रहता हो, खजाना। २. वह स्थान जहाँ सरकारी धन रखा हो। (ट्रेजरी)

कोषाध्यक्ष पुं० [सं०] १. वह जिसके पास कोष रहता हो, खजानची। (ट्रेजरर) २. वह जिसके पास आय-व्यय का हिसाब और रोकड़ आदि रहती हो, रोकड़िया।

कोष्ठ पुं० [सं०] १. पेट का भीतरी भाग। २. शरीर के अन्दर का वह भाग जिसमें कोई विशेष शक्ति हो, जैसे पक्वाशय या आमाशय। ३. कोठरी। ४. वह स्थान जहाँ अन्न रखा जाता है, गोला। ५. कोश, भंडार, खजाना। ६. प्राकार, शहर-पनाह। ७. एक विशेष प्रकार की खुली अलमारी जिसमें कागज-पत्र अलग-अलग रखने के लिए कबूतर के दरबे की तरह के बहुत से छोटे-छोटे खाने बने रहते हैं। (पिजन-होल) ८. दे० 'कोष्ठक'।

कोष्ठक पुं० [सं०] १. दीवार, लकीर आदि से घिरा हुआ स्थान, खाना, कोठा। २. वह चक्र जिसमें बहुत-से खाने या घर हों, सारिणी। ३. लिखने में एक प्रकार के चिह्नों का जोड़ा जिसके अन्दर केवल व्याख्या या सूचना के रूप में कुछ लिखा जाता है, कंडिका, जैसे [ ], ( )। (ब्रैकेट)

कोष्ठबद्ध वि० [सं०] पेट में रुका हुआ (मल)।

कोष्ठबद्धता स्त्री० [सं०] पेट में मल का रुकना, दस्त न होना, कब्जियत।

कोस पुं० [सं० क्रोश] दूरी की एक नाप जो आज-कल लगभग तीन किलोमीटर की होती है।

मुहा० *काले कोसों*=बहुत दूर। *कोसों दूर रहना*=बहुत दूर या अलग रहना।

कोसना स० [सं० क्रोशण] शाप के रूप में गालियाँ देना, बुरा मनाना।

मुहा० *पानी पी-पीकर कोसना*=बहुत अधिक कोसना।

कोसना-काटना स० शाप और गालियाँ देना।

कोसा पुं० [सं० कोश] एक प्रकार का रेशम।

पुं० दे० 'कसोरा'।

कोसाकाटी स्त्री० [हिं० कोसना+काटना] १. कोसने की क्रिया। २. शाप और गाली।

कोहँड़ौरी स्त्री० दे० 'कुम्हड़ौरी'।

कोह[1] पुं० [फा०] पर्वत, पहाड़।

कोह[2] पुं० [सं० क्रोध] क्रोध, गुस्सा।

कोहनी स्त्री० [सं० कफोणि] बाँह के बीच का वह जोड़ जहाँ से हाथ और कलाई मुड़कर ऊपर उठती है।

कोहनूर पुं० [फा० कोहेनूर] भारत का एक बड़ा प्रसिद्ध हीरा।

कोहबर पुं० [सं० कोष्ठवर] वह स्थान जहाँ विवाह के समय कुल-देवता स्थापित किए जाते हैं।

कोहरा पुं० [सं० कुहेड़ी] ओले के वे सूक्ष्म कण जो वातावरण में भाप के रूप में जम जाते हैं।

कोहराम पुं०=कुहराम।

कोहान पुं० [फा०] ऊँट की पीठ का कूबड़, डिल्ला।

कोहाना अ० [हिं० कोह] १. रूठना, मान करना। २. क्रोध करना।

कोही[1] वि० [हिं० कोह] क्रोधी।

कोही[2] वि० [फा० कोह] पहाड़ का, पहाड़ी।

कौं विभ०=को। (ब्रज)

कौंछ स्त्री० [सं० कच्छ] एक बेल जिसमें तरकारी के रूप में खाई जानेवाली फलियाँ लगती हैं, केवाँच।

कौंतेय पुं० [सं०] १. कुन्ती का पुत्र। २. कर्ण, युधिष्ठिर, भीम या अर्जुन।

कौंध स्त्री० [हिं० कौंधना] १. कौंधने की क्रिया या भाव। २. बिजली की चमक।

कौंधना अ० [सं० कनन=चमकना+अंध] बिजली का चमकना।

कौंप* स्त्री० दे० 'कोंपल'।

कौंसिल स्त्री० [अं०] विधान-परिषद।

कौ[1] क्रि० वि०=कब, जैसे कौलौं=कब तक। (ब्रज)

कौ[2]* वि०=कौन। (ब्रज)

कौआ पुं० [सं० ककुत, प्रा० कउअ=गले के अन्दर की घाँटी] १. एक काला पक्षी जो अपने कर्कश स्वर, गन्दी प्रकृति और चालाकी के लिए प्रसिद्ध है, काक।

मुहा० *कौआ उड़ाना*=कहीं बैठे हुए कौए को उड़ाकर किसी प्रिय के आने या न आने का शकुन देखना। *कौए उड़ाना*=व्यर्थ के और तुच्छ काम करना।

पद *कौआ-गुहार या कौआ-रोर*=(क) बहुत अधिक बकबक। (ख) बहुत शोर।

२. बहुत धूर्त मनुष्य, काइयाँ। ३. छाजन की वह लकड़ी जो बँडेरी के सहारे के लिए लगाई जाती है। ४. गले के अन्दर का लटकता हुआ मांस का टुकड़ा, घाँटी, लंगर। ५. एक तरह की मछली।

कौटिल्य पुं० [सं०] १. कुटिलता, टेढ़ापन। २. कपट। ३. चाणक्य का एक नाम।

कौटुंबिक वि० [सं०] १. कुटुम्ब-सम्बन्धी। २. परिवारवाला, गृहस्थ।

कौड़ा[1] पुं० [सं० कपर्दक] बड़ी कौड़ी।

कौड़ा[2] पुं० [सं० कंड] तापने के लिए जलाई हुई आग, अलाव।

कौड़िया| पुं०=कौड़िल्ला।

कौड़ियाला वि० [हिं० कौड़ी] कौड़ी के रंग का, नीला और गुलाबी, कोकई।

पुं० १. एक प्रकार का जहरीला साँप। २. एक पौधा जिसमें छोटे फूल लगते हैं। ३. कौड़िल्ला पक्षी।

कौड़िल्ला पुं० [हिं० कौड़ी] मछली खानेवाली एक चिड़िया, किलकिला।

कौड़ी स्त्री० [सं० कपर्दिका] [वि० कौड़िया] १. घोंघे की तरह का एक कीड़ा जो अस्थिकोश में रहता है। २. उक्त अस्थिकोश जो सबसे कम मूल्य के सिक्के के रूप में चलता था, वराटिका।

मुहा० *कौड़ी काम का न होना*=निकम्मा या निकृष्ट होना। *कौड़ी के तीन होना*=(क) बहुत सस्ता होना। (ख) तुच्छ होना। *कौड़ी-कौड़ी जोड़ना*=बहुत कष्ट से थोड़ा-थोड़ा करके धन इकट्ठा करना।

पद *कौड़ी या दो कौड़ी का*=बहुत ही तुच्छ, हीन या निकृष्ट। *कौड़ी भर*=बहुत थोड़ा।

३. धन, द्रव्य। ४. वह कर जो सम्राट अपने अधीनस्थ राजाओं से लेता था। ५. जंघे, काँख या गले की गिल्टी जो कभी-कभी सूज जाती है। ५. कटार की नोक।

कौणिक वि० [सं०] जिसमें कोण या नोक हो, नुकीला।

कौतिक, कौतिय* पुं० दे० 'कौतुक'।

कौतुक पुं० [सं०] [वि० कौतुकी] १. कुतूहल। २. आश्चर्य, अचम्भा। ३. विनोद, दिल्लगी। ४. आनन्द, प्रसन्नता। ५. खेल-तमाशा। ६. केवल मनोविनोद के लिए किया जानेवाला काम या बात, क्रीड़ा, खेल।

कौतुकिया वि० दे० 'कौतुकी'।

कौतुकी(-किन्) वि०, पुं० [सं०] १. कौतुक करनेवाला, विनोदशील। २. विवाह-सम्बन्ध स्थिर करानेवाला। ३. खेल-तमाशा करनेवाला।

कौतूहल पुं० दे० 'कुतूहल'।

कौध स्त्री० [हिं० कौन] १. कौन तिथि? २. क्या सम्बन्ध? क्या वास्ता?

कौधा वि० [हिं० कौथ] गणना में किस स्थान का?

कौन[1] सर्व० [सं० कः+नु; प्रा० कवन] एक प्रश्नवाचक सर्वनाम जो अभिप्रेत व्यक्ति या वस्तु की जिज्ञासा करता है।

वि० किस; उदा० कौन गली गए घनश्याम।

कौन[2]* पुं०=कोना।

कौन-सा वि० प्रस्तुत या उल्लिखित व्यक्तियों या वस्तुओं में से अभीष्ट या विशिष्ट।

कौपीन पुं० [सं०] संन्यासियों आदि के पहनने की लँगोटी, चीर।

कौम स्त्री० [अ०] [वि० कौमी] जाति।

कौमार पुं० [सं०] [स्त्री० कौमारी] १. कुमार होने की अवस्था या भाव। २. जन्म से १६ वर्ष तक की अवस्था। ३. कुमार।

कौमारभृत्य पुं० दे० 'कुमारभृत्य'।

कौमारव्रत पुं० [सं०] सदा कुँआरे रहने का व्रत या संकल्प।

कौमार्य पुं० [सं०] 'कुमार' होने की अवस्था या भाव, कुमारता।

मुहा० *कौमार्य भंग करना*=किसी पुरुष का किसी कुमारी कन्या से अथवा किसी स्त्री का किसी कुँआरे पुरुष से पहले-पहल संभोग करना जिससे उसका कौमार्य नष्ट हो।

कौमी वि० [अ० कौम] १. कौम का, जातीय। २. राष्ट्रीय।

कौमुदी स्त्री० [सं०] १. ज्योत्स्ना, चाँदनी। २. कार्तिकी पूर्णिमा।

कौमोदकी स्त्री० [सं०] विष्णु की गदा।

कौर पुं० [सं० कवल] उतना भोजन, जितना एक बार मुँह में डाला जाए, ग्रास, गस्सा, निवाला।

मुहा० *मुँह का कौर छीनना*=किसी को मिलता हुआ अंश छीन लेना।

कौर-बराबर वि० [हिं०+फा०] इतना छोटा कि कौर के समान मुँह में डाला जा सके।

कौरव पुं० [सं०] [स्त्री० कौरवी] कुरु राजा की सन्तान, कुरु का वंशज।

वि० कुरु-सम्बन्धी।

कौरा पुं० [सं० क्रोड़] क्रोड़, गोद।

कौरी* स्त्री० १. दे० 'कौरा' २. दे० 'कबरी'।

कौल[1] पुं० [अ०] १. कथन। २. वादा, प्रतिज्ञा।

कौल[2] वि० [सं०] १. उत्तम कुल या वंश का। २. वाममार्गी।

कौल-करार पुं० पक्की बात।

कौला[1] पुं० [?] [स्त्री० कौली] सुअर, शूकर।

कौला[2] पुं० [हिं० कमला] कमला नीबू, नारंगी या सन्तरा।

कौवाल पुं० [अ० क़व्वाल] कौवाली गानेवाला।

कौवाली स्त्री० [अ० क़व्वाली] १. एक प्रकार का ईश्वरीय प्रेम-सम्बन्धी मुसलमानी गीत, कव्वाली। २. इसकी धुन में गाई जानेवाली गजल।

कौशल पुं० [सं०] १. कोई काम बहुत अच्छी तरह से करने का ढंग, कुशलता, निपुणता। (एफीशिएन्सी) २. कोशल देश का निवासी।

कौशल-बाध पुं० [सं०] कार्यालयों की या राजकीय सेवा में उन्नति के मार्ग में वह बन्धन जो अपना काम कुशलतापूर्वक करने पर दूर होता है। (एफीशिएन्सी बार)

कौशल्या स्त्री० [सं०] राजा दशरथ की सबसे बड़ी स्त्री और रामचन्द्र की माता।

कौशांबी स्त्री० [सं०] कुश के पुत्र कौशाम्ब की राजधानी।

कौशिक पुं० [सं०] १. इन्द्र। २. कुशिक राजा के पुत्र, विश्वमित्र। ३. विश्वामित्र।

कौशिकी स्त्री० [सं०] १. चंडिका। २. दे० 'कैशिकी' (वृत्ति)।

कौषिक वि० [सं०] १. रेशम का, रेशमी। २. रेशम की तरह चिकना और कोमल।

कौषेय वि० [सं०] रेशम का, रेशमी।

पुं० रेशमी कपड़ा।

कौसिला* स्त्री० दे० 'कौशल्या'

कौस्तुभ पुं० [सं०] एक रत्न जो विष्णु अपने वक्षस्थल पर पहने रहते हैं।

क्या सर्व० [सं० किम्] अभिप्रेत वस्तु की जिज्ञासा का सूचक शब्द, कौन-सी वस्तु या बात?

मुहा० *क्या कहना या क्या खूब!*=धन्य! वाह-वाह! बहुत अच्छा है! *क्या जाता है!*=क्या हानि है! कुछ हर्ज नहीं। *क्या जानें*=कुछ नहीं जानते, ज्ञात नहीं, मालूम नहीं। *क्या पड़ी है?*=क्या आवश्यकता है? कुछ जरूरत नहीं। *और क्या*=हाँ, ऐसा ही है।

वि० १. कितना। २. बहुत अधिक। ३. अपूर्व, विलक्षण।

क्रि० वि० क्यों? किसलिए?

निपा० वाक्यों को प्रश्नसूचक बनानेवाला शब्द।

क्यारी स्त्री० [सं० केदार] १. खेतों, बगीचों आदि में थोड़ी-थोड़ी दूर पर मेड़ों से बनाए हुए वे विभाग जिनमें पौधे बोए या लगाए जाते हैं। २. इसी प्रकार का वह विभाग जिसमें नमक बनाने के लिए समुद्र का पानी भरते हैं।

क्यों क्रि० वि० [सं० कथम्, अप० काइँ] १. (किसी बात के कारण की जिज्ञासा करने का शब्द) किस वास्ते? किस लिए? २. किस तरह? किस प्रकार?

क्योंकर क्रि० वि० कैसे? किस प्रकार?

क्योंकि यो० [हिं० क्यों+कि] इसलिए कि, कारण यह है कि, जैसे वह नहीं आया क्योंकि बीमार था।

क्यों नहीं क्रि० वि० अवश्य, निस्सन्देह।

क्यौंहू* क्रि० वि० किसी प्रकार।

क्रंदन पुं० [सं०] रोना, विलाप।

क्रतु पुं० [सं०] १. निश्चय। २. इच्छा। ३. विवेक। ४. यज्ञ।

क्रम पुं० [सं०] १. पैर रखने या डग भरने की क्रिया। २. वस्तुओं या कार्यों के आगे-पीछे होने की योजना, सिलसिला, तरतीब। (ऑर्डर) ३. उचित रूप से काम करने का ढंग।

मुहा० *क्रम-क्रम से*=(क) धीरे-धीरे। (ख) सिलसिलेवार।

४. वेदपाठ की प्रणाली। ५. वह काव्यालंकार जिसमें कही हुई बातों या वस्तुओं का क्रम से वर्णन किया जाता है।

पुं० दे० 'कर्म' (जैसे मन-क्रम-बचन)।

क्रमदोष पुं० [सं० क्रम+दोष] शब्दों को अक्षरक्रम से न रखे जाने के कारण उत्पन्न दोष।

क्रम-परिवर्तन पुं० [सं०] क्रम में आगे से पीछे या पीछे से आगे होना, विपर्यय। (ट्रांस्पोजीशन)

क्रमबद्ध वि० [सं०] [भाव० क्रमबद्धता] क्रम से लगा हुआ।

क्रमभंग पुं० [सं० क्रम+भंग] १. क्रम का भंग होना। २. (सूची, कोश आदि में) शब्दों, प्रविष्टियों आदि का अक्षरक्रम से न होना।

क्रमशः क्रि० वि० [सं०] १. क्रम से, सिलसिलेवार। २. धीरे-धीरे, थोड़ा-थोड़ा करके।

क्रमसंख्या स्त्री० [सं०] एक क्रम से लिखे जानेवाले नामों, बातों या चीजों के पहले क्रम से लिखी जानेवाली संख्या, क्रमांक। (सीरियल नम्बर)

क्रमांक पुं० दे० 'क्रमसंख्या'।

क्रमागत वि० [सं०] १. जो क्रम-क्रम से आया या बना हो। २. जो क्रम से बराबर होता आया हो, परम्परागत। ३. जिसका क्रम न टूटे, धारावाहिक।

क्रमात् क्रि० वि० [सं०] १. क्रम या सिलसिले से। २. जिस क्रम या सिलसिले से पहले कुछ बातें कही गई हों, उसी क्रम या सिलसिले से आगे भी। (रिस्पेक्टिवली) ३. क्रम-क्रम से, धीरे-धीरे।

क्रमात्मक वि० [सं०] क्रम का ज्ञान करनेवाला; जैसे-पहला, दूसरा, तीसरा क्रमात्मक संख्याएँ हैं।

क्रमानुसार क्रि० वि० [सं०] क्रम के अनुसार, क्रम-क्रम से।

क्रमिक वि० [सं०] १. क्रमयुक्त। २. परम्परागत। ३. क्रम-क्रम से होनेवाला, जैसे क्रमिक मान। (ग्रेजुएटेड)

क्रमीकरण पुं० [सं० क्रम+करण] क्रम लगाने का काम।

क्रमेलक पुं० [सं०, युना० क्रमेलस] ऊँट।

क्रय पुं० [सं०] मोल लेना या खरीदना।

क्रयमूल्य पुं० [सं०] वह मूल्य जिस पर कोई चीज खरीदी गई हो। (कास्ट प्राइस)

क्रय-विक्रय पुं० चीजें खरीदने और बेचने का काम।

क्रयशक्ति स्त्री० [सं०] किसी समाज या राष्ट्र का वह आर्थिक बल या सामर्थ्य जिसमें वह जीवन-निर्वाह के लिए आवश्यक वस्तुएँ खरीदता है। (परचेज़िंग पावर)

क्रयी (-यिन्) पुं० [सं०] मोल लेनेवाला।

क्रव्य पुं० [सं०] मांस।

क्रांत वि० [सं०] १. अपनी परिधि, सीमा, मर्यादा से आगे बढ़ा हुआ। २. दबा या ढका हुआ। ३. जिस पर आक्रमण हुआ हो, आक्रांत। ४. दबाया या दबोचा हुआ। ५. अभिभूत।

क्रांतदर्शी (-र्दिन्) पुं० [सं०] १. वह जो परिधि, सीमा आदि से आगे देखता हो। २. भावी परिवर्तन का पहले से आकलन करनेवाला।

क्रांति स्त्री० [सं०] १. गति, चाल। २. दे० 'क्रांतिवृत्त'। ३. वह बहुत भारी परिवर्तन या फेर-फार जिससे किसी स्थिति का स्वरूप बिल्कुल बदलकर और का और हो जाए, उलट-फेर। (रिवोल्यूशन)

क्रांतिकारी (-रिन्) पुं० [सं०] [स्त्री० क्रांतिकारिणी, भाव० क्रांतिकारिता] किसी प्रकार की क्रांति या बहुत बड़ा और आमूल परिवर्तन करने या चाहनेवाला। (रिवोल्यूशनरी) वि० १. क्रांतिकारियों से सम्बद्ध। २. क्रांति लानेवाला।

क्रांतिदर्शी (-र्शिन्) वि०, पुं० [सं०] [भाव० क्रांतिदर्शिता] क्रांति का विवेचन करनेवाला।

क्रांतिमंडल पुं० दे० 'क्रांतिवृत्त'।

क्रांतिवादी (-दिन्) पुं० [सं०] वह जो किसी अथवा सब बातों में क्रांति या बहुत बड़ा और आमूल परिवर्तन करने का पक्षपाती हो। (रिवोल्यूशनिस्ट)

क्रांतिवृत्त पुं० [सं०] वह वृत्त जिसपर सूर्य पृथ्वी के चारो ओर घूमता हुआ जान पड़ता है। (एक्लिप्टिक)

क्रास पुं० [अं०] क्रूस।

क्रासित वि० [अं० क्रास] क्रूस के रूप में होनेवाला।

क्रिकेट पुं० [अं०] [वि० क्रिकेटीय] दो दलों में खेला जानेवाला गेंद और बल्ले का खेल, जिसमें हार-जीत बनाए गए कम-बेशी रनों के आधार पर होती है।

क्रियमाण वि० [सं०] १. जो किया जा रहा हो। २. जो कार्यरूप में चल या हो रहा हो। ३. जो सक्रिय होकर अपना काम कर रहा हो। (आपरेटिव)

पुं० इस समय किए जानेवाले कर्म जिनका फल आगे मिलेगा।

क्रिया स्त्री० [सं०] १. किसी काम का होना या किया जाना, कर्म। (ऐक्शन) २. प्रयत्न, चेष्टा। ३. हिलना-डोलना, गति, हरकत। ४. कार्य का अनुष्ठान या आरम्भ। ५. व्याकरण में शब्द का वह भेद जिससे किसी व्यापार का होना या किया जाना सूचित होता है, जैसे खाना, तोड़ना आदि। ६. स्नान, पूजन आदि नित्यकर्म। ७. मृतक के श्राद्ध आदि कर्म।

क्रियाकलाप पुं० [सं०] १. किसी व्यक्ति या संस्था के द्वारा किया जानेवाला कार्य। २. (बहु०) किसी व्यक्ति या संस्था के विशिष्ट कार्य।

क्रियात्मक वि० [सं०] १. जिसमें क्रिया हो, क्रियायुक्त। २. क्रिया-सम्बन्धी। ३. क्रिया या कार्य के रूप में आया हुआ, जो सचमुच करके दिखलाया गया हो। ४. जिसका क्रिया या कार्य के रूप में व्यवहार या उपयोग हो सकता हो, व्यावहारिक। (प्रैक्टिकल)

क्रियार्थक संज्ञा स्त्री० [सं०] व्याकरण में वह संज्ञा जो किसी क्रिया या कार्य का भी अर्थ देती हो, जैसे करना, कहना, खाना, सोना आदि। (वर्बल नाउन)

क्रिया-विशेषण पुं० [सं०] व्याकरण में वह शब्द जो क्रिया, विशेषण, क्रिया-विशेषण अथवा वाक्य के सम्बन्ध में विशेष विवरण देता हो।

क्रियाशील वि० [सं०] [भाव० क्रियाशीलता] १. सक्रिय। २. सक्रियतापूर्वक काम करनेवाला, फुर्तीला।

क्रिस्तान पुं० [अं० किश्चियन] [वि० क्रिस्तानी] ईसा का अनुयायी, ईसाई।

क्रीट* पुं० दे० 'किरीट'।

क्रीड़न पुं० [सं०] १. क्रीड़ा करना, खेलना-कूदना। २. क्रीड़ा, आमोद-प्रमोद।

क्रीड़ना* अ० [सं० क्रीड़न] क्रीड़ा करना, खेलना-कूदना।

क्रीड़ा स्त्री० [सं०] [वि० क्रीड़ित] केवल मन बहलाने के लिए किया जानेवाला काम, खेल-कूद, आमोद-प्रमोद।

क्रीड़ास्थल पुं० [सं०] १. वह स्थान जहाँ किसी ने क्रीड़ाएँ की हों, जैसे मथुरा भगवान कृष्णचन्द्र का क्रीड़ास्थल है। २. वह स्थान जहाँ तरह-तरह के खेल होते हों, खेलने की जगह। (प्ले-ग्राउंड)

क्रीत वि० [सं०] मोल लिया हुआ, खरीदा हुआ।

क्रीतदास पुं० [सं०] १. किसी से मोल लेकर अपना बनाया हुआ पुत्र। २. मोल लिया हुआ दास, गुलाम।

क्रुद्ध वि० [सं०] जिसे क्रोध हुआ हो, क्रोध से भरा हुआ।

क्रूर वि० [सं०] [भाव० क्रूरता] १. दूसरे को कष्ट पहुँचाकर सन्तुष्ट या सुखी होनेवाला, परपीड़क। २. निर्दय, निष्ठुर। ३. कठिन। ४. तीक्ष्ण।

क्रूस पुं० [अं० क्रास] ईसाइयों का एक धर्मचिह्न जो उस सूली का सूचक है जिसपर ईसा मसीह चढ़ाए गए थे। (क्रॉस)

क्रेडिट कार्ड पुं० [अं०] वह प्लास्टिक कार्ड जिसके जरिए वस्तुएँ, सेवाएँ आदि बिना नकद भुगतान किए खरीद सकते हैं।

क्रेता पुं० [सं०] कोई चीज मोल लेने या खरीदनेवाला, खरीदार।

क्रोड़ पुं० [सं०] १. आलिंगन के समय दोनो बाहों के बीच का भाग। २. गोद।

क्रोड़पत्र पुं० [सं०] वह अलग छपा हुआ पत्र जो समाचारपत्रों या मासिक पत्रों आदि के साथ बँटता है, अतिरिक्त पत्र। (सप्लिमेन्ट)

क्रोध पुं० [सं०] चित्त का वह मनोविकार या उग्र भाव जो कष्ट या हानि पहुँचानेवाले अथवा अनुचित काम करनेवाले के प्रति होता है, कोप, रोष, गुस्सा।

क्रोधवश क्रि० वि० [सं०] क्रोध के कारण।

क्रोधित वि० = क्रुद्ध। (अशुद्ध)

क्रोधी(-धिन्) वि०, पुं० [सं०] [स्त्री० क्रोधिनी] स्वभाव से ही अधिक क्रोध करनेवाला, गुस्सावर।

क्रोशिया पुं० [अं० क्रॉचेट] लोहे आदि की वह तीली या सलाई जिसकी सहायता से गंजी, मोजे, रूमाल आदि केवल हाथों से (करघे पर नहीं) बुने जाते हैं।

क्रौंच पुं० [सं०] १. कराँकुल नामक पक्षी। २. हिमालय की एक चोटी। ३. पुराणानुसार सात द्वीपों में से एक। ४. एक प्रकार का अस्त्र।

क्लब पुं० [अं०] खेल-कूद, मनोरंजन आदि के लिए बनी कोई संस्था।

क्लांत वि० [सं०] थका हुआ।

क्लांति स्त्री० [सं०] [वि० क्लांत] थकावट।

क्लासिक, क्लासिकी वि० [अं० क्लासिक] १. शास्त्रीय। २. उच्चकोटि का।

क्लिष्ट वि० [सं०] [भाव० क्लिष्टता] १. जिसका अर्थ कठिनता से निकले। २. कठिन, मुश्किल। ३. बेमेल या पूर्वापर-विरुद्ध (बात)। ४. क्लेशयुक्त, दुख से पीड़ित, दुखी।

क्लिष्टता स्त्री० [सं०] क्लिष्ट होने की अवस्था या भाव।

क्लिष्टत्व पुं० [सं०] क्लिष्टता।

क्लीनिक स्त्री० [अं०] चिकित्सा सम्बन्धी परामर्श लेने या उपचार कराने का स्थान चिकित्सा-गृह।

क्लीव| वि०, पुं० [सं०] [भाव० क्लीवता] १. नपुंसक। २. डरपोक।

क्लीवता स्त्री० [सं०] १. नपुंसकता। २. डरपोकपन।

क्लेद पुं० [सं०] १. गीलापन। २. पसीना।

क्लेश पुं० [सं०] १. दुख, कष्ट। २. व्यथा, वेदना। ३. झगड़ा, लड़ाई।

क्लेशकर वि० [सं०] क्लेश उत्पन्न करनेवाला, सन्तापदायक।

क्लोन पुं० [अं०] वह जीव या प्राणी जो किसी पूर्वज के कोषाणुओं के द्वारा कृत्रिम रूप से उत्पन्न किया गया हो। ऐसा जीव अपने पूर्वज के ठीक जैसा होता है।

क्लोम पुं० [सं०] फेफड़ा।

क्वचित् क्रि० वि० [सं०] कभी, शायद ही, बहुत कम।

क्वण पुं० [सं०] १. घुँघरू का शब्द। २. वीणा की झंकार।

क्वणित वि० [सं०] १. शब्द करता हुआ। २. गुंजार करता हुआ। ३. बजता हुआ।

क्वथन पुं० [सं०] तरल पदार्थ को आग पर चढ़ाकर चलाना और गाढ़ा करना।

क्वथनांक पुं० [सं०] वह तापमान जिस पर कोई द्रव खौलने लगता है।

क्वाँरा पुं०, वि० दे० 'क्वारा'।

क्वाथ पुं० [सं०] ओषधियों को पानी में उबालकर निकाला हुआ गाढ़ा रस, काढ़ा, जोशान्दा।

क्वान पुं० [सं० क्वण] १. घुँघरुओं के बजने का शब्द। २. वीणा की झंकार।

क्वारपन पुं० [हिं० क्वारा+पन(प्रत्य०)] क्वारा होने का भाव, कुमारता।

क्वारा पुं०, वि० [सं० कुमार] [स्त्री० क्वारी]=कुँआरा।

क्वालिटी स्त्री० [अं०] गुणवत्ता, विशिष्टता।

क्विंटल पुं० [अं०] सौ किलो का परिमाप, तौल या बटखरा।

क्वैला* पुं० दे० 'कोयला'।

क्ष पुं० क् और ष के संयोग से बना हुआ एक संयुक्त वर्णचिह्न।

क्षंतव्य वि० दे० 'क्षम्य'।

क्षण पुं० [सं०] [वि० क्षणिक] १. काल या समय का सबसे छोटा मान, पल का चौथाई भाग।

पद *हर क्षण*=हर समय।

२. काल। ३. अवसर, मौका।

क्षणदा स्त्री० [सं०] रात।

क्षणभंगुर वि० [सं०] [भाव० क्षणभंगुरता] १. शीघ्र या क्षण भर में नष्ट हो जानेवाला। २. अनित्य।

क्षणांश पुं० [सं० क्षण+अंश] क्षण का अंश।

क्षणिक वि० [सं०] [भाव० क्षणिकता] १. क्षण भर ठहरने-वाला। २. क्षणभंगुर, अनित्य।

क्षणेक क्रि० वि० [सं० क्षण+एक] क्षण भर, बहुत थोड़ी देर।

क्षत वि० [सं०] जिसे क्षति या आघात पहुँचा हो, घायल।
पुं० चोट से होनेवाला घाव।

क्षतचिह्न पुं० [सं०] घाव का निशान।

क्षतज वि० [सं०] क्षत से उत्पन्न, जैसे क्षतज ज्वर।
पुं० रक्त, रुधिर, खून।

क्षतविक्षत वि० [सं०] जिसे बहुत चोटें लगी हों, लहू-लुहान।

क्षति स्त्री० [सं०] १. हानि, नुकसान। २. क्षय, नाश। ३. वह घाटा या हानि जो किसी को किसी कार्य में हो। (डैमेज)

क्षतिग्रस्त वि० [सं०] [भाव० क्षतिग्रस्तता] जिसे क्षति पहुँची हो।

क्षतिपूर्ति स्त्री० [सं०] १. किसी की क्षति या हानि पूरी करके उसे फिर ज्यों-का-त्यों करने का काम। २. उक्त काम के लिए या बदले में दिया जानेवाला धन। (डैमेजेज़)

क्षत्र पुं० [सं०] १. बल। २. राष्ट्र। ३. धन। ४. शरीर। ५. जल। ६. (स्त्री० क्षत्राणी) क्षत्रिय।

क्षत्रधर्म पुं० [सं०] क्षत्रियों के काम, यथा अध्ययन, दान, प्रजापालन आदि।

क्षत्रप पुं० [सं० या पुरानी फा०] ईरान के प्राचीन मांडलिक राजाओं की उपाधि, जो भारत के शक राजाओं ने धारण की थी।

क्षत्रपति पुं० [सं०] राजा।

क्षत्रिय पुं० [सं०] [स्त्री० क्षत्रिया, क्षत्राणी, भाव० क्षत्रियत्व] हिन्दुओं के चार वर्णों में दूसरा, इस वर्ण के लोगों का काम देश का शासन और शत्रुओं से उसकी रक्षा करना था।

क्षपणक वि० [सं०] निर्लज्ज।
पुं० [सं०] १. नंगा रहनेवाला जैन यति। २. बौद्ध संन्यासी।

क्षपा स्त्री० [सं०] रात, रात्रि।

क्षपाकर पुं० [सं०] चन्द्रमा।

क्षम वि० [सं०] जिसमें कोई काम करने की शक्ति या योग्यता हो, योग्य, समर्थ (यौगिक में; जैसे कार्यक्षम)। (कैपेबुल)
पुं० [सं०] शक्ति, बल।

क्षमता स्त्री० [सं०] १. सामर्थ्य, शक्ति। (एबिलिटी) २. योग्यता, विशेषत: कोई काम करने या कुछ धारण करने की योग्यता या शक्ति। (कैपेसिटी)

क्षमतावान वि० [सं० क्षमता+वान (प्रत्य०)] जिसमें क्षमता हो। जिसने क्षमता अर्जित की हो।

क्षमना* स० [सं० क्षमा] क्षमा करना।

क्षमवाना* स० क्षमा करवाना।

क्षमा स्त्री० [सं०] १. चित्त की वह वृत्ति जिससे मनुष्य दूसरे द्वारा पहुँचाया हुआ कष्ट सह लेता है और उसके प्रतिकार या दंड की इच्छा नहीं करता, क्षान्ति, माफी। २. सहिष्णुता, सहनशीलता। ३. पृथ्वी। ४. दुर्गा।

क्षमाई* स्त्री० [हिं० क्षमा] क्षमा करने की क्रिया या भाव।

क्षमाप्रार्थी वि० पुं० [सं० क्षमा+प्रार्थी] [स्त्री० क्षमाप्रार्थिनी] क्षमा के लिए प्रार्थना करनेवाला।

क्षमा-याचना स्त्री० [सं०] यह कहना कि मुझे या हमें क्षमा कर दिया जाए, अपनी भूल या गलती के लिए दंड न देने के लिए कहना।

क्षमावान वि० दे० 'क्षमाशील'।

क्षमाशील वि० [सं०] [भाव० क्षमाशीलता] १. क्षमा करने-वाला, क्षमावान। २. शान्त प्रकृति का।

क्षमी* वि०=क्षमाशील।

क्षम्य वि० [सं०] क्षमा किए जाने के योग्य, जो क्षमा किया जा सके, क्षन्तव्य।

क्षय पुं० [सं०] [भाव० क्षयित्व] [वि० क्षयिष्णु] १. धीरे-धीरे घटना या नष्ट होना, ह्रास। २. अपचय, नाश। ३. एक प्रसिद्ध असाध्य रोग, जिसमें रोगी का फेफड़ा सड़ जाता है और सारा शरीर धीरे-धीरे गल जाता है, तपेदिक, यक्ष्मा। ४. अन्त, समाप्ति।

क्षयकारक वि० [सं०] नष्ट या समाप्त कर देनेवाला।

क्षयमास पुं० [सं०] प्रति तीसरे वर्ष पड़नेवाला एक चान्द्र मास, जिसमें दो संक्रांतियाँ होती हैं और जिसके तीन मास पहले और तीन मास पीछे, एक-एक मलमास भी पड़ता है।

क्षयिष्णु वि० [सं०] जिसका क्षय हो सकता हो या होने को हो।

क्षयी[1] **(-यिन्)** वि० [सं०] १. क्षीण होनेवाला। २. जिसे क्षय रोग हो।
पुं० चन्द्रमा।

क्षयी[2] स्त्री० = क्षय (रोग)।

क्षर वि० [सं०] नाशवान, नष्ट होनेवाला।
पुं० [सं०] १. जल। २. मेघ। ३. जीवात्मा। ४. शरीर। ५. अज्ञान।

क्षरण पुं० [सं०] [वि० क्षरित] १. रस-रसकर चूना, स्राव होना, रसना। २. क्षीण होना।

क्षरित वि० [सं०] १. जिसका क्षरण हुआ हो। २. क्षीण।

क्षांत वि० [सं०] क्षमा करनेवाला।

क्षात्र वि० [सं०] क्षत्रिय-सम्बन्धी।

क्षाम वि० [सं०] [स्त्री० क्षामा] १. क्षीण। २. दुबला-पतला, कृश।

क्षार पुं० [सं०] [वि० क्षारीय] १. दाहक या जारक ओषधियों अथवा खनिज पदार्थों से रासायनिक प्रक्रिया द्वारा तैयार की हुई राख का नमक जो औषध के रूप में काम आता है, खार। (एलकली) २. शोरा। ३. सोहागा। ४. भस्म, राख।

क्षारोद पुं० [सं०] वे वनस्पतियाँ, जीव-जन्तुओं के अंग या दूसरे पदार्थ जिनमें क्षार का अंश हो। (अल्कलॉयड)

क्षालन पुं० [सं०] [वि० क्षालित] धोना।

क्षिति स्त्री० [सं०] १. पृथ्वी। २. वासस्थान, जगह। ३. क्षय।

क्षितिज पुं० [सं०] १. मंगल ग्रह। २. वृक्ष, पेड़। ३. दृष्टि की पहुँच की अन्तिम सीमा पर का वह गोलाकार स्थान जहाँ आकाश और पृथ्वी दोनों मिले हुए जान पड़ते हैं। (होराइज़न)
वि० दे० 'भूमिज'।

क्षितिधर पुं० [सं०] पर्वत, पहाड़।

क्षितिपति पुं० [सं०] राजा।

क्षिप्त वि० [सं०] १. फेंका हुआ। २. छोड़ा या त्यागा हुआ। ३. तिरस्कृत, अपमानित। ४. पतित। ५. उचटा हुआ या चंचल (चित्त)।

क्षिप्त स्थिति स्त्री० [सं०] मन की पाँच स्थितियों में से वह स्थिति जब मन अन्य या दूरस्थ स्थान, विषय के सम्बन्ध में सोचने लगता है।

क्षिप्र क्रि० वि० [सं०] १. शीघ्र, जल्दी। २. तत्काल, तुरन्त।
वि० [सं०] १. तेज, जल्द। २. चंचल।

क्षीण वि० [सं०] [भाव० क्षीणता] १. दुबला-पतला। २. सूक्ष्म। ३. क्षयशील। ४. घटा हुआ।

क्षीणक वि० [सं०] क्षीण करनेवाला।

क्षीणक रोग पुं० [सं०] वह रोग जिसमें शरीर दिन पर दिन क्षीण होता या गलता जाता है। (वेस्टिंग डिजीज)

क्षीर पुं० [सं०] १. दूध। २. द्रव या तरल पदार्थ। ३. जल, पानी। ४. पेड़ों का रस या दूध। ५. खीर।

क्षीरधि पुं० [सं०] समुद्र।

क्षीरशायी वि० [सं०] क्षीर सागर में शयन करनेवाला।
पुं० विष्णु।

क्षीरसागर पुं० [सं०] सात समुद्रों में से एक, जो दूध का माना जाता है।

क्षीरोद-तनय पुं० [सं०] चन्द्रमा।

क्षीरोद-तनया स्त्री० [सं०] लक्ष्मी।

क्षुण्ण वि० [सं०] १. अभ्यस्त। २. टुकड़े-टुकड़े या चूर्ण किया हुआ। ३. जिसका कोई अंश टूट या कट गया हो, खंडित।

क्षुद्र वि० [सं०] [भाव० क्षुद्रता] १. कृपण, कंजूस। २. अधम, नीच। ३. छोटा या थोड़ा। ४. दरिद्र।

क्षुद्रग्रह पुं० [सं०] सूर्य की परिक्रमा करनेवाले पदार्थ जिनका विस्तार ९०० किलोमीटर तक होता है।

क्षुद्र-घटिका स्त्री० [सं०] घुंघरुदार करधनी।

क्षुद्र-प्रकृति वि० [सं०] ओछे या तुच्छ स्वभाववाला, नीच प्रकृति का।

क्षुद्रबुद्धि, क्षुद्रमति वि० [सं०] १. दुष्ट या नीच बुद्धिवाला। २. नासमझ, मूर्ख।

क्षुद्राशय वि० [सं०] नीच प्रकृतिवाला, कमीना।
पुं० नीच प्रकृति का व्यक्ति, 'महाशय' का उलटा।

क्षुधा स्त्री० [सं०] [वि० क्षुधित] भोजन करने की इच्छा, भूख।

क्षुधानाश पुं० [सं०] भूख का न लगना।

क्षुधावर्धक वि० [सं०] भूख बढ़ानेवाला।

क्षुधार्त वि० [सं०] क्षुधा से पीड़ित, अत्यधिक भूखा।

क्षुधित वि० [सं०] भूखा।

क्षुप पुं० [सं०] छोटी डालियोंवाला छोटा वृक्ष, पौधा, झाड़ी।

क्षुब्ध वि० [सं०] १. जिसे क्षोभ हुआ हो। २. चंचल, चपल। ३. व्याकुल, विकल। ४. कुपित, क्रुद्ध।

क्षुभित वि० दे० 'क्षुब्ध'।

क्षुर पुं० [सं०] १. छुरा। २. उस्तरा। ३. पशुओं के पाँव का खुर।

क्षेत्र पुं० [सं०] १. खेत। २. भूमि का बड़ा या लम्बा-चौड़ा टुकड़ा, भूखंड। (ट्रैक्ट) ३. प्रदेश। ४. स्थान। ५. रेखाओं या सीमा आदि से घिरा हुआ स्थान। ६. प्राकृतिक, भौगोलिक, राजनीतिक आदि विचारों से कोई ऐसा भूभाग जिसमें कोई विशेषता हो अथवा लाई या मानी गई हो। (ज़ोन) ७. धार्मिक या पुण्यस्थान, तीर्थ। ८. कार्यक्षेत्र; जैसे-भाषाविज्ञान मेरा क्षेत्र नहीं है।

क्षेत्रगणित पुं० [सं०] क्षेत्रों को नापकर उनका क्षेत्रफल निकालने का गणित।

क्षेत्रज वि० [सं०] जो क्षेत्र में या क्षेत्र से उत्पन्न हो।
पुं० वह पुत्र जो किसी मृत या असमर्थ पति की स्त्री ने दूसरे पुरुष के संयोग से उत्पन्न किया हो।

क्षेत्रज्ञ पुं० [सं०] १. जीवात्मा। २. परमात्मा। ३. खेतिहर, किसान।

क्षेत्रपति पुं० [सं०] क्षेत्र या भूमि का वह स्वामी जिसे वह भूमि जोतने-बोने आदि का अधिकार होता है।

क्षेत्रपाल पुं० [सं०] १. खेत का रखवाला। २. किसी स्थान का प्रधान प्रबन्धकर्ता, भूमियाँ।

क्षेत्रफल पुं० [सं०] किसी भूमि, स्थान या पदार्थ का वर्गात्मक परिमाण जो, उसकी लम्बाई-चौड़ाई के घात या गुणन से जाना जाता है, वर्गफल। (एरिया)

क्षेत्रमिति स्त्री० [सं०] गणित की वह शाखा या अंग जिसमें रेखाओं की लम्बाई, धरातल का क्षेत्रफल और ठोस पदार्थों का घनफल निकालने के नियमों का विवेचन होता है। (मेन्सुरेशन)

क्षेत्ररक्षण पुं० [सं०] (क्रिकेट के खेल में) गेंद को रोकने, लपकने तथा वापस भेजने का काम। (फील्डिंग)

क्षेत्रसंन्यास पुं० [सं०] संन्यास का एक प्रकार जिसमें इस बात की प्रतिज्ञा होती है कि अमुक क्षेत्र या भूभाग के अन्दर ही रहेंगे, इसके बाहर नहीं जाएँगे।

क्षेत्रिक वि० [सं०] १. क्षेत्र-सम्बन्धी। २. खेत या कृषि से सम्बन्ध रखनेवाला। (एग्रेरियन)

क्षेत्री(-त्रिन्) पुं० [सं०] १. खेत का मालिक। २. नियोग करनेवाली स्त्री का विवाहित पति। ३. स्वामी।

क्षेत्रीय वि० [सं०] [भाव० क्षेत्रीयता] क्षेत्र-सम्बन्धी।

क्षेत्रीयता स्त्री० [सं०] किसी क्षेत्र का विशिष्ट गुण या विशिष्ट गुणों का समाहार।

क्षेप पुं० दे० 'क्षेपण'।

क्षेपक वि० [सं०] १. फेंकनेवाला। २. ऊपर से या बाद में मिलाया हुआ। पुं० ग्रन्थों आदि में ऊपर से या बाद में मिलाया हुआ वह अंश जो उसके मूल कर्ता की रचना न हो।

क्षेपण पुं० [सं०] १. फेंकना। २. गिराना। ३. चिताना, गुजारना।

क्षेप्यास्त्र पुं० [सं० क्षेप्य+अस्त्र] (गोली, गोला) जिसे लक्ष्य को भेदने के लिए हवा में फेंका जाए।

क्षेमंकरी स्त्री० [सं०] १. एक प्रकार की चील। २. एक देवी का नाम।

क्षेम पुं० [सं०] १. संकट, हानि, घटी, नाश आदि से किसी वस्तु को बचाना, रक्षा, सुरक्षा। (सेफ्टी) २. कुशल-मंगल। ३. सुख, आनन्द। ४. मुक्ति।

क्षैतिज वि० [सं०] जो क्षितिज के समान अन्तर पर हो, जो दोनो आँखों के सामने उनसे समान अन्तर पर एक सीध में गया हो। (हॉरिजन्टल)

क्षोणि स्त्री० [सं०] पृथ्वी।

क्षोणिप, क्षोणिपति पुं० [सं०] राजा।

क्षोणी स्त्री० [सं०] पृथ्वी।

क्षोनी* स्त्री०=क्षोणि।

क्षोभ पुं० [सं०] [वि० क्षुब्ध, क्षुभित] १. क्षुब्ध होने की अवस्था या भाव। २. खलबली। ३. व्याकुलता। ४. भय, डर। ५. रंज, शोक। ६. क्रोध।

क्षोभित वि० दे० 'क्षुब्ध'।

क्षोभी(-भिन्) वि० [सं०] १. जल्दी क्षुब्ध होनेवाला, उद्वेगशील। २. व्याकुल, विकल। ३. चंचल।

क्षौम पुं० [सं०] १. सन आदि के रेशों से बुना हुआ कपड़ा। २. कपड़ा, वस्त्र।

क्षौर पुं० [सं०] हजामत।

ख

ख देवनागरी वर्णमाला में स्पर्श व्यंजनों के अन्तर्गत कवर्ग का दूसरा अक्षर। संज्ञा के रूप में, यह खाली स्थान, आकाश, स्वर्ग, बिन्दु, ब्रह्म, शब्द आदि का वाचक होता है।

खंख वि० [सं० कंक] १. रिक्त, खाली। २. उजाड़, वीरान। ३. निर्धन, दरिद्र।

खंखड़| वि०=खँखरा।

खँखरा[1] पुं० [?] चावल आदि पकाने का ताँबे का बड़ा देग।

खँखरा[2] वि० [देश०] १. जिसमें बहुत-से छेद हों। २. झीना। ३. जर्जर।

खंग पुं० [सं०] १. तलवार। २. गैंडा।

खंगना अ० [सं० क्षय] कम होना।

खँगहा वि० [हिं० खाँगा] जिसे खाँग हो, खाँगवाला।

खँगालना स० [सं० क्षालन] १. बरतन, कपड़ा आदि साफ पानी से धोना। २. कपड़ों, बरतनों आदि में से साबुन, राखी आदि निकालने के लिए उन्हें साफ पानी से धोना। ३. सब-कुछ उड़ा ले जाना, एकदम खाली कर देना। ४. ढूँढ़ना।

खँगी स्त्री० [हिं० खँगना] कमी, घटी।

खँगैल वि० [हिं० खाँग] जिसे खाँग या दाँत निकले हों।

खँचना अ० हिं० 'खाँचना' का अ०।

खँचाना स० १. दे० 'खाँचना'। २. दे० 'खींचना'।

खँचिया स्त्री० दे० 'खाँची'।

खंज[1] पुं० [सं०] एक रोग, जिसमें मनुष्य के पैर जकड़ जाते हैं। वि० लँगड़ा।

खंज[2] पुं० [सं० खंजन] खंजन पक्षी।

खंजन पुं० [सं०] १. एक प्रसिद्ध पक्षी जो शरत् और शीतकाल में दिखाई देता है, खँड़रिच, ममोला। २. खँडरिच के रंग का घोड़ा।

खंजर पुं० [फा०] कटार।

खंजरी[1] स्त्री० [अ०] डफली की तरह का एक छोटा बाजा।

खंजरी[2] स्त्री० [फा० खंजर] धारीदार कपड़ा।

खंड पुं० [सं०] १. काटकर अलग किया हुआ भाग, टुकड़ा। २. कुछ विशेष कार्यों के लिए व्यवस्थित रूप से किया हुआ विभाग। (डिवीजन) ३. भारतीय आचार्यों के अनुसार पृथ्वी के नौ विभाग, जो इस प्रकार हैं; भरत, इलावृत, किंपुरुष, भद्र, केतुमाल, हरि, हिरण्य, रमा और कुश। ४. नौ की संख्या का सूचक शब्द। ५. खाँड़, कच्ची चीनी। ६. विधि-विधान में कोई धारा या उपधारा का कोई स्वतन्त्र अंश। (क्लॉज)
वि० १. खंडित। २. छोटा।
पुं० दे० 'खाँड़ा'।

खंडक वि० [सं०] १. खंड या टुकड़े करनेवाला। २. किसी मत या सिद्धान्त का खंडन करनेवाला।

खंडकाव्य पुं० [सं०] वह छोटा प्रबन्धकाव्य जिसमें कोई पूरी कथा हो।

खंडग्रहण पुं० [सं०] वह अवस्था जब ग्रहण सूर्य, चन्द्रमा आदि के कुछ अंश पर ही लगता है।

खंडन पुं० [सं०] [वि० खंडनीय, खंडित] १. तोड़ने-फोड़ने या काटने का काम, छेदन। २. किसी की कही हुई कोई बात गलत ठहराना, काटना, 'मंडन' का उलटा। (कन्ट्राडिक्शन) ३. अपने ऊपर लगाए हुए अभियोग आदि अथवा ऐसी ही किसी और बात के सम्बन्ध में यह कहना कि यह झूठ है। (रेफ्यूटेशन)

खँडना* पुं० दे० 'खँडरा'।

खंडना स० [सं० खंडन] १. खंड या टुकड़े करना, तोड़ना। २. बात काटना।

खंडनी स्त्री० [सं० खंडन] १. मालगुजारी या कर की किस्त, खंडी।

खंडपाल पुं० [सं०] हलवाई।

खँडपूरी स्त्री० [हिं० खाँड़+पूरी] एक प्रकार की भरी हुई मीठी पूरी।

खंडप्रलय पुं० [सं०] वह प्रलय जो एक चतुर्युगी बीत जाने पर होता है।

खँडबरा पुं० [हिं० खाँड़+बरा] १. मीठा बड़ा (पकवान)। २. दे० 'खँड़ौरा'।

खँडरना* स० दे० 'खंडना'।

खँडरा पुं० [सं० खंड+हिं० बरा] बेसन का एक प्रकार का चौकोर बड़ा।

खँडरिच पुं० [सं० खंजरीट] खंजन।

खँडवर्षा स्त्री० [सं०] ऐसी वर्षा जो किसी नगर या स्थान के कुछ भागों में हो और कुछ में न हो।

खँडवानी स्त्री० [हिं० खाँड़+पानी] १. पानी में खाँड़ घोलकर बनाया हुआ रस, शरबत। २. बरातियों को जलपान या शरबत भेजने की रसम।

खँडविला पुं० [?] एक प्रकार का धान या उसका चावल।

खँडसाल स्त्री० [सं० खंड+शाल] खांड या शक्कर बनाने का कारखाना।

खँडहर पुं० [सं० खंड+हिं० धर] १. टूटे या गिरे हुए मकान का बचा हुआ अंश। २. वह जिसका रूप, यौवन आदि चला गया हो।

खंडिका स्त्री० [सं०] कुछ निश्चित समयों पर थोड़ा-थोड़ा करके दिया जानेवाला देन का अंश, किस्त। (इन्स्टॉलमेन्ट)

खंडित वि० [सं०] १. टूटा हुआ, भग्न। २. जो पूरा न हो, अपूर्ण।

खंडिता स्त्री० [सं०] वह नायिका जिसका नायक रात को किसी अन्य स्त्री के पास रहकर सबेरे उसके पास आए।

खंडिनी स्त्री० [सं०] पृथ्वी।

खंडी स्त्री० [सं० खंडिका] १. राजकर। २. चौथ नाम का कर जो मरहठे वसूल करते थे।

खँडौरा पुं० [हिं० खाँड़] मिसरी का लड्डू, ओला।

खंता पुं० [सं० खनित्र] १. कुदाल। २. फावड़ा।

खंती स्त्री० [सं० खं+तृ(प्रत्य०)] १. छोटा फावड़ा, कुदाल। २. एक जाति जो प्राय: जमीन खोदने का काम करती है, खाती।

खंदक स्त्री० दे० 'खाई'।

खंदा वि० [सं० खंतृ] खोदनेवाला।

खँधना* स०=खोदना।

खँधवाना* स० [?] खाली कराना।

खंधा पुं० [सं० खंड] खंडिका, खंडी, किस्त।

खंधार[१] पुं० [सं० स्कन्धावार] १. स्कंधावार, छावनी। २. डेरा, खेमा।

खँधार[२] पुं० [सं० खंडपाल] सामन्त, सरदार।

खंभ पुं० दे० 'खंभा'।

खंभा पुं० [सं० स्कंभ या स्तंभ] [स्त्री० खँभिया] १. पत्थर, लकड़ी आदि का वह गोल चौकोर ऊँचा खड़ा टुकड़ा या इस आकार की कोई बनावट जिसके सहारे छत या कोई दूसरी ऊँची भारी चीज रहती है, स्तम्भ। (कॉलम) २. आश्रय। ३. आधार।

खँभार पुं० [सं० क्षोभ, प्रा० खोभ] १. आशंका, भय। २. घबराहट, व्याकुलता। ३. चिन्ता। ४. शोक, रंज।

खँभिया स्त्री० [हिं० खंभा+इया (प्रत्य०)] छोटा खम्भा।

खई स्त्री० [हिं० क्षयी] १. क्षय। २. युद्ध। ३. लड़ाई, झगड़ा।

खक्खा* पुं० [अनु०] १. जोर की हँसी, अट्टहास। २. अनुभवी पुरुष। ३. बड़ा हाथी।

खखार पुं० [अनु० खखारना] वह कफ जो खखारने से निकले।

खखारना अ० [अनु०] गले से शब्द करते हुए थूक या कफ बाहर करना।

खखेटना* स० [हिं० खदेड़ना] १. दबाना। २. भगाना। ३. घायल करना।

खखेटा पुं० [हिं० खखेटना] १. भगदड़। २. घाव, चोट। ३. शंका, खटका। ४. छेद।

खग[१] पुं० [सं०] १. पक्षी, चिड़िया। २. गन्धर्व। ३. बाण, तीर। ४. ग्रह, तारे आदि। ५. सूर्य। ६. चन्द्रमा।

खग[२]* पुं० [सं० खड्ग] तलवार।

खगना[१] अ० [हिं० खाँग=काँटा] १. धँसना। २. चित्त में बैठना या जमना। ३. लग जाना, लीन होना। ४. चिह्नित या अंकित होना। ५. रुकना। ६. कसा जाना।
स० १. बाँधना। २. कसना।

खगना[२] अ० [सं० क्षीण] १. क्षीण होना, छीजना। २. कम होना, घटना।

खगनाथ पुं० [सं०] १ सूर्य २ गरुड़।

खगहा पुं० [सं० खग] १. गरुड़। २. बाज।

खगेश पुं० [सं०] गरुड़।

खगोल पुं० [सं०] १. आकाशमंडल। २. खगोल विद्या।

खगोल विद्या स्त्री० [सं०] आकाश के ग्रहों, नक्षत्रों आदि की गतिविधि का विवेचन करनेवाली विद्या, ज्योतिषशास्त्र। (एस्ट्रॉनोमी)

खग्ग* पुं० [सं० खड्ग] तलवार।

खग्रास पुं० [सं०] वह ग्रहण जिसमें सूर्य या चन्द्र का पूरा बिम्ब ढक जाए।

खच पुं० [अनु०] किसी चीज को किसी धारदार अस्त्र से झटके से काटने पर होनेवाला शब्द।

खचड़ा वि० १. खचरा। २. जीर्ण-शीर्ण।

खचन पुं० [सं०] [वि० खचित] १. बाँधना, जड़ना। २. अंकित करना।

खचना अ० [सं० खचन] १. जड़ा जाना। २. अंकित या चित्रित होना। ३. बहुत भरना। ४. अटकना, फँसना।
स० १. जड़ना। २. अंकित करना।

खचरा वि० [हिं० खच्चर] १. वर्णसंकर, दोगला। २. चालाक।

खच से क्रि० वि० १. खच शब्द करते हुए। २. एक ही झटके में।

खचाक से क्रि० वि० खच से।

खचाखच क्रि० वि० [अनु०] कसकर भरा हुआ, ठसाठस।

खचित वि० [सं०] १. खींचा या अंकित किया हुआ, चित्रित या लिखित। २. जड़ा हुआ।

खचेरना* स० [हिं० खदेरना] दबाकर वश में करना, दबाना।

खच्चर पुं० [देश०] गधे और घोड़ी के संयोग से उत्पन्न एक प्रसिद्ध पशु।

खज* वि० दे० 'खाद्य'।

खजमज| स्त्री० = गड्डमड्ड।

खजला* पुं० दे० 'खाजा'।

खजहजा* पुं० [सं० खाद्यान्न] उत्तम खाद्य पदार्थ या खाने के फल।

खजानची पुं० [फा० ख़ज़ान्ची] १. खजाने का अधिकारी, कोषाध्यक्ष। (ट्रेजरर) २. वह जिसके पास रोकड़ और आय-व्यय का हिसाब रहता हो। (कैशियर)

खजाना पुं० [अ० ख़ज़ानः] १. धन आदि का कोश। २. वह स्थान जहाँ किसी स्थान, विभाग या राज्य की आय का धन रहता है, और जहाँ से व्यय करने के लिए धन निकलता है। (ट्रेजरी) ३. वह स्थान जहाँ कोई वस्तु व्यय, उपयोग आदि के लिए संचित करके रखी जाती हो, जैसे लालटेन के नीचेवाला भाग, जिसमें तेल रहता है, उसका 'खजाना' कहलाता है। ४. राजस्व, कर।

खजीना* पुं० दे० 'खजाना'।

खजूर स्त्री० [सं० खर्जूर] १. ताड़ की तरह का एक पेड़, जिसके फल खाए जाते हैं। २. एक प्रकार की मिठाई।

खजूरी वि० [हिं० खजूर] १. खजूर-संबंधी, खजूर का। २. तीन लड़ों में गूँथा हुआ, जैसे खजूरी चोटी।

खट[1] पुं० [अनु०] टकराने, टूटने या ठोंकने-पीटने का शब्द। **पद** *खट से*=तुरन्त, तत्काल।

खट[2] स्त्री० हिं० खाट का अल्पा०, जैसे खटमल।

खटक स्त्री० [अनु०] १. खटकने की क्रिया या भाव। २. मन में होनेवाली वेदना, खेद आदि। ३. खटका, आशंका।

खटकना अ० [अनु०] १. 'खटखट', शब्द होना। २. रह-रहकर हलकी पीड़ा होना। ३. ठीक न जान पड़ना, बुरा मालूम होना। ४. झगड़ा होना। ५. अनिष्ट की आशंका होना।

खटका पुं० [हिं० खटकना] १. बार-बार होनेवाला 'खटखट' शब्द। २. आपत्ति, अनिष्ट आदि का भय या डर, आशंका। ३. चिन्ता, फिक्र। ४. वह पेंच या कमानी, जिसके घुमाने, दबाने आदि से कोई काम होता हो, जैसे बन्दूक का खटका, जिसे दबाते ही आवाज होती या गोली चलती है। ५. पेड़ में बँधा हुआ वह बाँस, जिसे खड़खड़ाकर चिड़ियाँ उड़ाते हैं। ६. संगीत में किसी स्वर के उच्चारण के बाद उससे कुछ ही नीचे के स्वर पर होते हुए फिर ऊँचे स्वर की ओर बढ़ाव जो बहुत कलापूर्ण और सुन्दर होता है।

खटकाना स० हिं० 'खटकना' का स०।

खटकीड़ा पुं० दे० 'खटमल'।

खटखट स्त्री० [अनु०] १. ठोंकने, पीटने आदि का शब्द। २. हाथ से दरवाजे पर किया हुआ शब्द। ३. झंझट, बखेड़ा। ४. लड़ाई-झगड़ा।

खटखटाना स० [अनु०] १. 'खटखट' शब्द करना, खड़खड़ाना। २. दरवाजे पर हाथ से खटखट करना।

खटखटिया स्त्री० [खटखट से अनु०] खूँटीदार खड़ाऊँ।

खटना स० [?] धन कमाना।
अ० १. काम में लगना। २. परिश्रम करना।

खट-पट स्त्री० [अनु०] अनबन, झगड़ा।

खटमल पुं० [हिं० खाट+मल=मैल] एक कीड़ा जो मैली खाटों, कुरसियों आदि में रहता है, खटकीड़ा।

खटमीठा वि० [हिं० खट्टा+मीठा] कुछ खट्टा और कुछ मीठा।

खटराग पुं० [सं० षट्राग] १. झगड़ा, बखेड़ा। २. झंझट का या टेढ़ा-मेढ़ा काम।

खटाई स्त्री० [हिं० खट्टा] १. खट्टापन, तुर्शी। २. खट्टी चीज। **मुहा०** *खटाई में डालना*=अनिश्चित अवस्था में रखना, कुछ निर्णय न करना।

खटाखट क्रि० वि० [अनु०] १. 'खटखट' शब्द के साथ। २. जल्दी-जल्दी।

खटाना[1] अ० [हिं० खट्टा] किसी वस्तु का खट्टा हो जाना।

खटाना[2] अ० [सं० स्कब्ध] १. निर्वाह होना, निभना। २. टिकना, ठहरना; उदा० सहज सबकिन्ह के भवन कबहुँ कि नारि खटाहिं। -तुलसी। ३. जाँच में पूरा उतरना।

खटाना[3] स० [हिं० खटना] १. परिश्रम कराना। २. आर्थिक लाभ कराना।

खटास[1], **खट्टास** पुं० [सं० खट्वास] गंधबिलाव की जाति का एक जंगली जंतु।

खटास[2], **खट्टास** स्त्री० [हिं० खट्टा] १. खट्टापन। २. सम्बन्धों में उत्पन्न होनेवाली कुभावना या दुर्भावना।
मुहा० *खटास आना*=भेद उत्पन्न होना।

खटिक पुं० [सं० खट्टिक] [स्त्री० खटकिन] १. तरकारी बेचनेवाली एक जाति। २. उक्त जाति का व्यक्ति।

खटिया स्त्री० दे० 'खाट'।
मुहा० *खटिया खडी कर देना*=बहुत अधिक परेशान करना।

खटोला पुं० [हिं० खाट+ओला(प्रत्य०)] [स्त्री० अल्पा० खटोली] छोटी खाट।

खट्टा वि० [सं० कटु] [भाव० खट्टापन, खट्टास] कच्चे आम, इमली आदि के स्वाद का, तुर्श, अम्ल।
मुहा० *जी खट्टा होना*=चित्त विरक्त होना, मन फिर जाना।
पुं० नीबू की तरह का एक बहुत खट्टा फल, गलगल।

खट्टा-मीठा वि० [फल, शरबत आदि] १. जिसमें खटास और मिठास दोनों हों। २. हर्ष और विषाद से मिश्रित; जैसे- खट्टी-मीठी यादें।

खट्टू पुं० [हिं० खटना] कमानेवाला।

खड़ंजा पुं० [हिं० खड़ा+अंग] रास्ते या फर्श के लिए खड़े या बेड़े बल में ईंटों की बिछाई।

खड़खड़ाना अ० [अनु०] [भाव० खड़खड़ाहट] खड़खड़ शब्द होना।
स० खड़खड़ शब्द उत्पन्न करना, जैसे किवाड़ खड़खड़ाना।

खड़खड़िया स्त्री० [अनु०] पालकी।

खड़ग* पुं० दे० 'खड्ग'।

खड़गी[1] वि० [सं० खड्गिन्] जो तलवार लिए हो।

खड़गी[2] पुं० [सं० खड्ग] गैंडा।

खड़बड़ाना अ० [अनु०] [भाव० खड़बड़, खड़बड़ी] १. विचलित होना, घबराना। २. इधर-उधर होना।

स० १. कुछ उलट-पुलटकर खड़बड़ शब्द करना। २. उलट-फेर करना। ३. घबरा देना।

खड़मंडल पुं० [सं० खंड+मंडल] अव्यवस्था, गड़बड़ी।

वि० १. उलट-पुलट। २. नष्ट-भ्रष्ट।

खड़ा वि० [सं० खदति] १. ऊपर की ओर सीधा उठा हुआ, जैसे झंडा खड़ा करना। २. जो टाँगे सीधी करके उनके आधार पर शरीर ऊँचा किए हुए हो, दंडायमान। ३. ठहरा या टिका हुआ, स्थिर। ४. प्रस्तुत, तैयार। ५. (घर, दीवार आदि) निर्मित, बना हुआ। ६. जो अभी उखाड़ा या काटा न गया हो, जैसे खड़ी फसल। ७. समूचा।

खड़ाऊँ स्त्री० [सं० काष्ठ पादू] काठ के तल्ले का खुला जूता, पादुका।

खड़ा जवाब पुं० साफ इन्कार।

खड़िया स्त्री० [सं० खटिका] एक प्रकार की सफेद मिट्टी।

खड़ी फसल स्त्री० [हिं० खड़ी+फसल] खेत की वह फसल या उपज जो तैयार तो हो गई हो, पर अभी खेत में से काटी न गई हो। (स्टैण्डिंग क्रॉप)

खड़ी बोली स्त्री० [हिं० खड़ी(खरी ?)+बोली] वर्तमान हिन्दी का वह पूर्व रूप जिसमें संस्कृत के शब्द मिलाकर वर्तमान हिन्दी भाषा और फारसी तथा अरबी के शब्द मिलाकर उर्दू भाषा बनाई गई है, ठेठ हिन्दी।

खड़ूस| पुं० उल्लू का पट्ठा।

खड़े-खड़े क्रि० वि० चटपट, बिना विश्राम किए या बातचीत में समय गँवाए।

खड्ग पुं० [सं०] १. एक प्रकार की तलवार, खाँड़ा। २. गैंड़ा।

खड्गदान पुं० [सं०] युद्ध में खड्ग या तलवार चलाना।

खड्ड* पुं० [सं० खात] गड्ढा।

खत[1] पुं० [सं० क्षत] घाव, जख्म।

खत[2] पुं० [अ० ख़त] १. पत्र, चिट्ठी। २. रेखा, लकीर। ३. ललाट के ऊपरी बाल।

पुं० दे० 'खाता'।

खतना[1] अ० [हिं० खाता] खाते में लिखा जाना, खतियाया जाना।

खतना[2] पुं० [अ० खतन:] लिंग के अगले भाग का ऊपरी चमड़ा काटने की मुसलमानी रसम, सुन्नत, मुसलमानी।

खतम वि० [अ० ख़त्म] (काम) जिसका अन्त हो गया हो, समाप्त।

मुहा० *खतम करना*=मार डालना।

खतमा* पुं० [अ० ख़ुत्ब:] १. प्रशंसा, तारीफ। २. दे० 'खुतबा'।

खतरनाक वि० [अ० खतरनाक] (वस्तु या व्यक्ति) जिससे हानि की संभावना हो।

खतरा पुं० [अ० ख़तर:] १. किसी प्रकार की हानि या मौत की संभावना; जैसे (क) इन बाहुबलियों से हमारी जान को खतरा है। (ख) ऊँचे पहाड़ों पर चढ़ना खतरा होता है। २. ऐसी वस्तु या प्राणी जो हानि पहुँचा सकता हो; जैसे गली के ये आवारा कुत्ते खतरा हैं।

मुहा० *खतरा उठाना*=ऐसा काम करना जिससे हानि हो सकती हो। *खतरे की घंटी*=किसी अनहोनी की पूर्व-सूचना। *खतरे से बाहर*=जो मौत की आशंका से बच निकला हो।

खतरेटा पुं० दे० 'खत्री'। (उपेक्षासूचक)

खता स्त्री० [अ० ख़ित:] १. कसूर, अपराध। २. धोखा। ३. भूल, गलती।

खताई स्त्री० दे० 'नानखताई'।

खतियाना स० [अ० खत=लकीर] अलग-अलग खातों या मदों में हिसाब लिखना।

खतौनी स्त्री० [हिं० खतियाना] १. वह बही जिसमें सब मदों के अलग-अलग खाते हों, खाता। २. खतियाने का काम।

खत्ता पुं० [सं० खाता] [स्त्री० खत्ती] १. गड्ढा। २. अन्न रखने का स्थान।

खत्म वि० दे० 'खतम'।

खत्री पुं० [सं० क्षत्रिय] [स्त्री० खत्रानि, खतरानी] पंजाब के क्षत्रियों की एक जाति।

खद* वि०=खाद्य।

खदान स्त्री० दे० 'खान'।

खदेड़ना स० [हिं० खनना] डरा-धमकाकर हटाना, दूर करना।

खद्दड़, खद्दर पुं० [?] हाथ के काते हुए सूत का हाथ से बुना कपड़ा, खादी।

खद्योत पुं० [सं०] जुगनूँ।

खन* पुं० १. =क्षण। २. =खंड।

खनक[1] पुं० [सं०] जमीन खोदनेवाला।

खनक[2] स्त्री० [अनु०] धातुखंडों के टकराने या बजने की क्रिया या शब्द।

खनकना अ० [अनु०] धातुखंडों के टकराने से खनखन शब्द होना।

खनन पुं० [सं०] खानों में से कोयला या खनिज पदार्थ निकालने की क्रिया या भाव।

खनना स० दे० 'खोदना'।

खनिज वि० [सं०] खान में से खोदकर निकाला हुआ। (मिनरल)

खनिज विज्ञान पुं० [सं०] वह विज्ञान जिसमें खानों का पता लगाने, उनमें से चीजें निकालने और खनिज पदार्थों के स्वरूप आदि का विवेचन होता है। (मिनरॉलोजी)

खनोना* स० दे० 'खनना'।

खपची स्त्री० [तु० कमची] बाँस की पतली तीली, कमठी।

खपड़ा पुं० [सं० खर्पर] मिट्टी का पका टुकड़ा जो छप्पर छाने के काम आता है।

खपत स्त्री० [हिं० खपना] १. खपने की क्रिया या भाव। २. समाई, गुंजाइश। ३. माल की कटती या बिक्री।

खपना अ० [सं० क्षेपण] [भाव० खपत] १. काम में आना या लगना। २. गुजारा होना, निभना। ३. नष्ट होना। ४. बहुत परिश्रम करना।

खपर* पुं०=खपड़ा।

खपरा* पुं०=खपड़ा।

खपरी† स्त्री० छोटा खप्पर।

खपरैल स्त्री० [हिं० खपड़ा] खपड़े से छाई हुई छाजन।

खपाना स० [सं० क्षेपण] १. किसी प्रकार काम में लाना या लगाना। २. नष्ट करना। ३. समाप्त करना। ४. तंग करना।

खपुआ* पुं० [?] एक प्रकार की तलवार।

खपुष्प पुं० दे० 'अकाशकुसुम'।

खप्पर पुं० [सं० खर्पर] १. तसले के आकार का कोई पात्र। २. भिक्षापात्र। ३. मरे हुए प्राणी की खोपड़ी।

खफा वि० [अ० ख़फ़ा] [भाव० खफगी] अप्रसन्न, नाराज।

खफीफ वि० [अ० ख़फ़ीफ़] १. थोड़ा, कम। २. हलका, लघु। ३. साधारण से भी कम। ४. लज्जित।

खबर स्त्री० [अ० ख़बर] १. समाचार, वृत्तान्त।

मुहा० *खबर उड़ना*=चर्चा फैलना, अफवाह होना। *खबर लेना*=प्रताड़ित करना।

२. ज्ञान, जानकारी। ३. सूचना। ४. सुधि, होश।

खबरदार वि० [फा० ख़बरदार] सावधान।

खबरदारी स्त्री० [फा० ख़बरदारी] सावधानी।

खबीस वि०, पुं० [अ० ख़बीस] पुराना दुष्ट।

खब्त पुं० [अ० ख़ब्त] [वि० ख़ब्ती] सनक, झक्क।

खब्ती वि० [अ० ख़ब्त] सनकी, झक्की।

खब्बर† स्त्री० = दोमट।

खभरना* स० [हिं० भरना] १. मिलाना। २. उथल-पुथल मचाना।

खभार* पुं० [?] मन का कष्ट या दुख।

खम पुं० [फा० ख़म] टेढ़ापन, झुकाव।

मुहा० *खम खाना*=टेढ़ा होना, झुकना। *खम ठोंकना*= चुनौती देना, ललकारना।

वि० टेढ़ा।

खमीर पुं० [अ० ख़मीर] गूँधे हुए आटे, फल आदि का सड़ाव।

खमीरा वि० [अ० ख़मीरः] [स्त्री० खमीरी] खमीर उठाकर बनाया या खमीर मिलाकर बनाया हुआ।

खय* स्त्री० दे० 'क्षय'।

खयना* अ०=क्षीण होना।

स०=क्षीण करना।

खया पुं० दे० 'खवा'।

खयानत स्त्री० [अ० ख़यानत] धरोहर या अमानत में से कुछ दबा रखना।

खयाल पुं० [अ० ख़्याल] [वि० खयाली] १. मन की वृत्ति या प्रवृत्ति, ध्यान। २. स्मृति, याद।

मुहा० *खयाल से उतरना*=याद न रहना।

३. मत, विचार। ४. किसी राग या रागिनी के समस्त शास्त्रीय लक्षणों से युक्त कोई गेय पद या गीत जो गाए जाने की गति के विचार से तीन प्रकार का (विलंबित, मध्य और द्रुत) होता है।

खयालात पुं० [अ० ख़्याल का बहु०] अनेक विचार।

खर[1] पुं० [सं०] [स्त्री० खरी] १. गधा। २. खच्चर। ३. तृण, तिनका।

वि० [सं०] १. कड़ा, सख्त। २. तेज, तीक्ष्ण। ३. अशुभ, जैसे खर मास। ४. तेज धारवाला।

खर[2] पुं० [फा० ख़र] गधा।

खरक पुं० [सं० खड्] १. चौपायों को रखने का घेरा, बाड़ा। २. पशुओं के चरने का स्थान, चरागाह।

स्त्री० दे० 'खटक'।

खरका पुं० [हिं० खर] तिनका।

पुं० दे० 'खरक'।

खरखौकी स्त्री० [हिं० खर+खाना] आग।

खरग* पुं० दे० 'खड्ग'।

खरगोश पुं० [फा० ख़र (गधा)+गोश (कान)] चूहे की तरह का, पर उससे बड़ा, एक प्रसिद्ध जन्तु, जिसके कान गधे जैसे होते हैं, खरहा।

खरच पुं० दे० 'खर्च'।

खरचना स० [फा० खर्च] १. धन व्यय करना, खर्च करना। २. किसी वस्तु को व्यवहार या उपयोग में लाना।

खरतल वि० [हिं० खरा] १. खरा, स्पष्टवादी। २. शुद्ध हृदयवाला। ३. साफ, स्पष्ट। ४. प्रचंड, उग्र।

खरदिमाग वि० [फा०+अ०] [भाव० खरदिमागी] (ऐसा मूर्ख) जो बहुत समझाने पर भी मूर्खता करता चले।

खरदुक पुं० [?] एक प्रकार का पुराना पहनावा।

खरधार वि० [सं०] तेज धारवाला।

खरबंदा पुं० [फा० ख़रबन्दः] गधे का मालिक।

खरब पुं० [सं० खर्व] सौ अरब की संख्या।

खरबूजा पुं० [फा० खर्पजः] एक प्रसिद्ध गोल फल।

खरभर पुं० [अनु०] १. शोर-गुल। २. हलचल।

खरभरना अ० [हिं० खरभर] १. क्षुब्ध होना। २. घबराना; उदा० गजदल हय पयदल खरभरे।—केशव।

खरभराना स० हिं० 'खरभरना' का स०।

खरमंडल वि० दे० 'खड़मंडल'।

खरमस्त वि० [फा० ख़रमस्त] गधे की तरह मस्त रहनेवाला।

खरमस्ती स्त्री० [फा० ख़रमस्त] हँसी में किया जानेवाला पाजीपन।

खरमास पुं० [सं०] पूस और चैत के महीने जिनमें विवाह आदि शुभ कार्य वर्जित हैं।

खरमिटाव| पुं० दे० 'जलपान'।

खरल पुं० [सं० खल] पत्थर की वह कूँड़ी जिसमें चीजें कूटी जाती हैं, खल।

खरवाँस* पुं० दे० 'खरमास'।

खरसा पुं० [सं० षड्रस] एक प्रकार का पकवान।

खरसान स्त्री० [हिं० खर+सान] एक प्रकार की सान।

खरहरना[1] स० [हिं० खर=तिनका+हरना] झाड़ू देना।

खरहरना[2] स० [हिं० खरहरा] घोड़े का शरीर रगड़ना।

खरहरा पुं० [हिं० खरहरना] [स्त्री० अल्पा० खरहरी] १. अरहर के डंठलों का झाड़ू, झँखरा। २. घोड़े के रोएँ साफ करने की दाँतेदार कंघी या बुरुश।

खरहरी स्त्री० [देश०] एक प्रकार का फल या मेवा।

खरहा| पुं० दे० 'खरगोश'।

खरही| स्त्री० सूखी घास की ढेरी।

खरा वि० [सं० खर=तीक्ष्ण] [भाव० खरापन] १. अच्छा, बढ़िया। २. बिना मिलावट का, विशुद्ध। ३. सेंककर करारा किया हुआ। ४. जिसमें किसी प्रकार की बेईमानी या धोखा न हो। ६. नगद (दाम)।

मुहा० *रुपए खरे होना*=रुपए मिलना या मिलने का निश्चय होना।

७. साफ कहनेवाला, स्पष्टवक्ता।

मुहा० *खरी-खरी सुनाना*=सत्य परन्तु कठोर वचन दृढ़तापूर्वक कहना।

खराई[1] स्त्री० [हिं० खरा+ई(प्रत्य०)] खरापन।

खराई[2] स्त्री० [देश०] सबेरे जलपान न करने के कारण तबीयत खराब होना।

खरा-खोटा वि० १. असली-नकली। २. भला-बुरा।

खराद स्त्री० [फा० खर्राद] १. लकड़ी, धातु आदि की सतह चिकनी करने का एक यन्त्र। २. खरादने का भाव या काम।

खरादना स० [हिं० खराद] १. खराद पर चढ़ाकर साफ और सुडौल करना। २. काट-छाँटकर ठीक करना।

खरादी पुं० [हिं० खराद] खराद का काम करनेवाला, खरादनेवाला।

खराब वि० [अ० ख़राब] [भाव० खराबी] १. जो अच्छा या ठीक न हो, बुरा, निकृष्ट। २. मर्यादा-भ्रष्ट, पतित।

खरायँध स्त्री० [सं० क्षार+गंध] मूत्र या क्षार की-सी दुर्गन्ध।

खरारि पुं० [सं० खर+अरि] १. रामचन्द्र। २. विष्णु। ३. कृष्णचन्द्र।

खरिया स्त्री० [हिं० खर+इया(प्रत्य०)] १. घास-भूसा बाँधने की जाली। २. झोली।

स्त्री० दे० 'खड़िया'।

खरियान, खरिहान पुं० दे० 'खलियान'।

खरियाना स० [हिं० खरिया=झोली] १. झोली या थैले में भरना। २. झोली में से गिराना या उलटना।

खरी* स्त्री० दे० 'खली'।

खरी-खोटी स्त्री० [हिं० खरा+खोटा] कुछ बिगड़कर कही जानेवाली कटु बातें।

खरीता पुं० [अ० ख़रीत:] [स्त्री० अल्पा० खरीती] १. थैली। २. जेब, खीसा। ३. वह बड़ा लिफाफा जिसमें राजकीय आज्ञापत्र आदि भेजे जाते हैं।

खरीद स्त्री० [फा० ख़रीद] १. मोल लेने की क्रिया या भाव, क्रय। २. खरीदी हुई चीज़।

खरीददार, खरीदार पुं० [फा०] १. ग्राहक। २. चाहनेवाला।

खरीददारी, खरीदारी स्त्री० १. दुकान या बाजार से सामान खरीदने की क्रिया या बाव। २. खरीदा हुआ सामान।

खरीदना स० [फा० ख़रीदन] मोल लेना, क्रय करना।

खरीफ स्त्री० [अ० ख़रीफ़] असाढ़ से अगहन तक में काटी जानेवाली फसल।

खरुआ पुं० = खादी।

खरेई* क्रि० वि० [हिं० खरा] सचमुच।

खरोंट पुं० [हिं० खरोंटना] खरोंटने से पड़नेवाला निशान।

खरोंटना स० [सं० क्षुरण] १. नाखून गड़ाकर शरीर में घाव करना। २. दे० 'खरोचना'।

खरोष्ट्री स्त्री० [सं०] एक प्राचीन लिपि जो दाहिने से बाएँ को लिखी जाती थी, गान्धार लिपि।

खर्ग* पुं० दे० 'खड्ग'।

खर्च पुं० [अ० ख़र्च] १. किसी काम में किसी वस्तु का लगना या लगाना, व्यय, खपत। २. वह धन जो कोई वस्तु खरीदने में अथवा किसी काम में लगाया जाए।

खर्चीला वि० [अ० खर्च+हिं० ईला (प्रत्य०)] [भाव० खर्चीलापन, खर्चीलापना] बहुत खर्च करनेवाला।

खर्पर पुं० दे० 'खप्पर'।

खर्रा पुं० [अनु०] १. कोई लम्बा कागज जिस पर कोई लेख या विवरण लिखा हो। (स्केल, रोल) २. एक रोग जिसमें पीठ पर फुन्सियाँ निकलती हैं।

खर्राटा पुं० [अनु०] वह शब्द जो सोते समय किसी के नाक से निकलता है।

मुहा० *खर्राटा भरना या लेना*=बेसुध होकर सोना।

खर्व[1] वि० [सं०] १. जिसका अंग टूटा हो, जो अपूर्ण हो। २. छोटा, लघु। ३. वामन, बौना। ४. नाटा।

खर्व[2] पुं० [सं०] सौ अरब की संख्या, खरब।

खल[1] वि० [सं०] [भाव० खलता] १. क्रूर। २. नीच, अधम। ३. दुष्ट।

खल[2] पुं० [सं०] खरल।

खलक पुं० [अ० ख़लक] १. सृष्टि के प्राणी या लोग। २. दुनिया, संसार।

खलकत स्त्री० [अ० ख़लकत] १. संसार के सब लोग। २. जनसमूह, भीड़।

खलड़ी स्त्री० दे० 'खाल'।

खलनायक पुं० [सं०] [स्त्री० खलनायिका] १. फिल्म, कहानी, उपन्यास आदि के नायक का प्रमुख प्रतिद्वन्द्वी। २. वह व्यक्ति जो दुष्टों का नेता हो।

खलबल स्त्री० [अनु०] १. शोर, हल्ला। २. कुलबुलाहट।

खलबलाना अ० [हिं० खलबल] १. खलबल शब्द करना। २. खौलना। ३. हिलना-डोलना।

स० खलबली मचाना।

खलबलाहट स्त्री० = खलबली।

खलबली स्त्री० [हिं० खलबल] १. हलचल। २. घबराहट, व्याकुलता।

खलल पुं० [अ० ख़लल] विघ्न, बाधा।

खलाना[१] स० [हिं० खाली] १. खाली करना। २. गड्ढा करना। ३. तल नीचे धँसाना, पिचकाना।

मुहा० *पेट खलाना*=दे० 'पेट' के अन्तर्गत मुहा०।

खलाना[२] स० [हिं० खाल] मरे हुए पशु की खाल या चमड़ा उतारना।

खलार* पुं० [हिं० खाल=नीचा] नीची भूमि।

खलास वि० [अ० ख़लास] १. छूटा हुआ, मुक्त। २. समाप्त। ३. च्युत, गिरा हुआ।

खलासी[१] पुं० [फा० ख़लासी] जहाज पर के छोटे-मोटे काम करनेवाला कर्मचारी।

खलासी[२] स्त्री० [हिं० खलास] मुक्ति, छुटकारा, छुट्टी।

खलित* वि० [सं० स्खलित] १. चलायमान, चंचल। २. गिरा हुआ।

खलियान, खलिहान पुं० [सं० खल+धान] वह स्थान जहाँ फसल काटकर रखी जाती है।

मुहा० *खलियान करना*=किसी चीज का ढेर लगाना।

खलियाना स० [हिं० खाली] खाली करना।

स० दे० 'खलाना'।

खली स्त्री० [सं० खल] तेल निकल जाने पर तिलहन की बची हुई सीठी।

खलीता पुं० दे० 'खरीता'।

खलीफा पुं० [अ० ख़लीफ़ः] १. अध्यक्ष, अधिकारी। २. कोई बूढ़ा व्यक्ति। ३. खुर्राट। ४. दरजी। ५. हज्जाम, नाई।

खलु क्रि० वि० [सं०] निश्चयपूर्वक।

निपा० मत, नहीं।

खल्लड़ पुं० [सं० खल्ल] १. चमड़े की मशक या थैला। २. चमड़ा। ३. खरल।

खल्वाट पुं० [सं०] गंज रोग, जिसमें सिर के बाल झड़ जाते हैं।

वि० जिसके बाल झड़ गए हों, गंजा।

खवा* पुं० [सं० स्कंध] कन्धा।

खवाना* स० दे० 'खिलाना'।

खवास पुं० [अ० ख्वास] [स्त्री० खवासिन, भाव० खवासी] राजा या रईस का खास खिदमतगार।

खवासी स्त्री० [हिं० खवास] खवास का काम या पद।

खवैया पुं० [हिं० खाना] खानेवाला।

खस[१] पुं० [सं०] १. गढ़वाल प्रदेश का प्राचीन नाम। २. इस प्रदेश में रहनेवाली एक प्राचीन जाति।

खस[२] स्त्री० [फा० ख़स] गाँडर नामक घास की प्रसिद्ध सुगन्धित जड़।

खसकना अ० [अनु०] धीरे-धीरे किसी ओर बढ़ना, सरकना।

खसकाना स० [हिं० खसकना] १. धीरे-धीरे किसी ओर बढ़ाना, सरकाना। २. गुप्त रूप से कोई चीज हटाना।

खसखस स्त्री० [सं० खस्‌खस] पोस्ते का दाना।

खसखसा[१] वि० [अनु०] भुरभुरा।

खसखसा[२] वि० [हिं० खसखस] बहुत छोटा।

खसखाना पुं० [फा० ख़सख़ानः] खस की टट्टियों से घिरा हुआ घर या कोठरी।

खसना अ० [सं० कषण] १. अपनी जगह से धीरे-धीरे हटना, खिसकना। २. नीचे की ओर आना, गिरना।

खसम पुं० [अ० ख़स्म] १. पति, खाविन्द। २. स्वामी, मालिक।

खसरा[१] पुं० [अ० ख़सरा] १. पटवारी का वह कागज जिसमें खेत का नम्बर, रकबा आदि लिखे रहते हैं। २. हिसाब का कच्चा चिट्ठा।

खसरा[२] पुं० [फा० ख़ारिश] एक प्रकार की खुजली।

खसाना स० [हिं० खसना] नीचे गिराना।

खसिया वि० [अ० खस्सी] १. जिसके अंडकोश निकाल लिए गए हों, बधिया। २. नपुंसक, हिजड़ा।

खसी पुं० [अ० खस्सी] बकरा।

खसीस वि० [अ०] कंजूस, कृपण।

खसोट स्त्री० [हिं० खसोटना] १. उखाड़ने या नोचने की क्रिया। २. उचकने या छीनने की क्रिया, जैसे नोच-खसोट।

खसोटना स० [सं० कृष्ट] १. झटके से उखाड़ना, नोचना। २. छीनना।

खसोटी स्त्री० दे० 'खसोट'।

खस्ता वि० [फा० खस्तः] बहुत थोड़े दबाव से टूट जानेवाला, भुरभुरा।

खस्वस्तिक पुं० [सं०] वह कल्पित बिन्दु, जो सिर के ऊपर आकाश में माना जाता है, शीर्षबिन्दु। (ज़ेनिथ)

खस्सी पुं० [अ०] बकरा।

खाँखर* वि० दे० 'खँखरा'।

खाँग[१] पुं० [सं० खड्ग] १. काँटा, कंटक। २. वह काँटा जो तीतर आदि पक्षियों के पैरों में निकलता है। ३. गैंडे के मुँह पर का सींग। ४. जंगली सुअर का बड़ा दाँत।

खाँग[२] स्त्री० [हिं० खाँचना] त्रुटि, कमी।

खाँगना अ० [?] कमी या कसर करना।

खाँच स्त्री० [हिं० खाँचना] १. सन्धि, जोड़। २. खींचकर बनाया हुआ चिह्न, निशान।

पुं० दे० 'खाँचा'।

खाँचना* स० [सं० कर्षण] [वि० खँचैया] १. अंकित करना, चिह्न बनाना। २. खींचना। ३. जल्दी-जल्दी लिखना।

खाँचा पुं० [हिं० खाँचना] [स्त्री० खाँची] बड़ा टोकरा, झाबा।

खाँड़ स्त्री० [सं० खंड] बिना साफ की हुई चीनी, शक्कर।

खाँड़ना स० [सं० खंड=टुकड़ा] १. कुचल-कुचलकर खाना, चबाना। २. दे० 'खंडना'।

खाँडर पुं० [सं० खंड] १. छोटा टुकड़ा। २. पकवान आदि के रूप में बने हुए अलग-अलग छोटे टुकड़े।

खाँड़ा[1] पुं० [सं० खड्ग] खड्ग (अस्त्र)।

खाँड़ा[2] पुं० [सं० खंड] भाग, टुकड़ा।

खाँदना स० [सं० खादन] खाना।

खाँवाँ पुं० [सं० स्कंधक=कन्धे के बराबर ऊँची दीवार] १. मिट्टी की चहारदीवारी। २. चौड़ी खाईं।

खाँसना अ० [सं० कास्] गले में कफ या और कोई अटकी हुई चीज निकालने के लिए वायु को, कुछ शब्द करते हुए, गले से बाहर निकालना।

खाँसी स्त्री० [हिं० खाँसना] १. अधिक खाँसने का रोग,काश रोग। २. खाँसने का शब्द या भाव।

खाई स्त्री० [सं० खानि] १. वह छोटी नहर जो किले आदि के चारों ओर रक्षा के लिए खोदी जाती है, खन्दक। २. वह गड्ढा जिसमें सैनिक बैठ तथा छिपकर बन्दूक चलाते हैं।
मुहा० *खाई में ढकेलना*=घोर कष्ट में डालना।

खाई-खंदक स्त्री० (बहु०) १. खाइयाँ और खंदकें। २. मार्ग के अवरोध।

खाऊ वि० [हिं० खाना] १. बहुत खानेवाला, पेटू। २. दूसरे का धन या अंश हड़पनेवाला।

खाक स्त्री० [फा० ख़ाक] १. मिट्टी। २. धूल।
मुहा० *खाक उड़ाना*=आवारागर्दी करना। खाक उड़ाना=मारे-मारे फिरना। *(किसी चीज पर) खाक डालना*=(किसी चीज को) उपेक्ष्य समझकर छोड़ देना।

खाकसार वि० [फा०] [भाव० खाकसारी] १. धूल में मिला हुआ। २. तुच्छ, अकिंचन। (नम्रतासूचक)
पुं० १. मुसलमानों का एक आधुनिक संघटन या दल जो अपने आपको लोकसेवक कहता है। २. इस दल का सदस्य।

खाका पुं० [फा० ख़ाक:] १. चित्र, नकशे आदि का डौल, ढाँचा। २. कच्चा चिट्ठा। ३. मसौदा, आलेख।

खाकी[1] वि० [फा० ख़ाकी] १. मिट्टी के रंग का, भूरा। २. बिना सींची हुई (भूमि)।
स्त्री० भूरे रंग के कपड़े की सैनिकों की वर्दी।

खाकी[2] स्त्री० = काकी। (चाची)

खाखरा पुं० [?] पुरानी चाल का एक प्रकार का बाजा।

खागना* अ० [?] साथ लगना या मिलना, सटना।
स० साथ लगाना या मिलाना, सटाना।

खाज स्त्री० [सं० खर्जु] खुजली।
मुहा० *कोढ़ में खाज*=दुख में दुख बढ़ानेवाली बात।

खाजा पुं० [सं० खाद्य, प्रा० खज्ज] १. भक्ष्य या खाद्य पदार्थ। २. एक प्रकार की मिठाई।

खाजी* स्त्री० दे० 'खाजा'।

खाट स्त्री० [सं० खट्वा] चारपाई।

खाटा वि० १. दे० 'खट्टा'। २. दे० 'खोटा'।

खाड़* पुं० [सं० खात] गड्ढा, गर्त।

खाड़ी स्त्री० [हिं० खाड़] समुद्र का वह छोटा भाग जो तीन ओर स्थल से घिरा हो, उपसागर।

खात पुं० [सं०] १. खोदना, खोदाई। २. तालाब। ३. कुआँ। ४. गड्ढा। ५. खाद के लिए कूड़ा-करकट इकट्ठा करने का गड्ढा।

खातमा पुं० [फा० खात्म:] अन्त।

खाता[1] पुं० [हिं० खतियाना] १. वह व्यवस्था जिसके अंतर्गत व्यक्ति बैंक में अपना धन जमा कर सकता और निकाल सकता है। २. किसी व्यक्ति, कार्य, विभाग आदि के लेन-देन या आय-व्यय का अलग लेखा। (एकाउन्ट) ३. भूमि-कर, कृषि आदि के क्षेत्रों या विभागों में प्रत्येक आसामी या क्षेत्रपति का वह अलग लेखा जिसमें उसके पास रहनेवाले खेतों आदि की नाप-जोख आदि का विवरण रहता है। (होल्डिंग) ४. दे० 'खाता-बही'।

खाता[2] पुं० [सं० खात] अनाज भरकर रखने का खत्ता।

खाता-पीता वि० [हिं० खाना+पीना] (व्यक्ति या परिवार) जिसे जीवन-निर्वाह सम्बन्धी सुख-सुविधाएँ प्राप्त हों।

खाता-बही स्त्री० [हिं० खाता+बही] वह बही जिसमें लोगों या मदों के अलग-अलग खाते या हिसाब रखते हैं। (लेज़र)

खाताधारक पुं० [हिं० खाता+सं० धारक] वह व्यक्ति जिसका खाता किसी संस्था विशेषत: बैंक में हो।

खातिर[1] स्त्री० [अ०] आदर, सम्मान।

खातिर[2], **की** परसर्ग के वास्ते, के लिए।

खातिरजमा स्त्री० [अ०+फा०] सन्तोष, इतमीनान, तसल्ली।

खातिरदारी स्त्री० [फा०] आए हुए का सम्मान तथा सत्कार, आवभगत।

खातिरी स्त्री० [फा०] खातिरदारी।

खाती[1] स्त्री० [सं० खात] खोदी हुई भूमि, गड्ढा।

खाती[2] पुं० [सं० ख्या+तृ (प्रत्य०)] एक जाति जो प्राय: जमीन खोदने का काम करती है, खंती।

खातेदार पुं० [हिं० खाता+फा० दार] वह असामी या खेतिहर जिसके नाम पर कोई जमीन जोतने-बोने के लिए चढ़ी हो।

खाद[1] स्त्री० [सं० खात, प्रा० खाद] वे सड़े-गले पदार्थ जो खेत की उपज बढ़ाने के लिए उसमें डाले जाते हैं, पाँस।

खाद[2]* वि० जो खाया जा सकता हो या खाने के योग्य हो, खाद्य।

खादक वि० [सं०] खानेवाला।

खादन पुं० [सं०] [वि० खादित, खाद्य] भक्षण, भोजन, खाना।

खादर पुं० [हिं० खात] नीची जमीन, 'बाँगर' का उलटा, कछार।

खादित वि० [सं०] खाया हुआ।

खादिम पुं० [अ०] नौकर, सेवक।

खादी स्त्री० दे० 'खद्दड़'।

खाद्य वि० [सं०] खाने योग्य।
पुं० खाने की वस्तु, भोजन।

खाद्य पदार्थ पुं० [सं०] खाया जानेवाला पदार्थ।

खाद्यान्न पुं० [सं०] वे अन्न जो खाने के काम में आते हैं, जैसे गेहूँ, चना, चावल, मूँग आदि। (फूड ग्रेन्स)

खाध* पुं०=खाद्य।

खाधु* पुं० [सं० खाद्य] भोज्य पदार्थ।

खाधुक* वि० [सं० खादक] बहुत खानेवाला।

खाधू* वि० दे० 'खाधुक'।

खान[1] पुं० [हिं० खाना] १. खाने की क्रिया, भोजन। २. भोजन की सामग्री, भोजन करने का ढंग या आचार।

खान[2] स्त्री० [सं० खानिः] १. वह स्थान जहाँ से धातुएँ आदि खोदकर निकाली जाती हैं, आकर, खदान। २. वह स्थान जहाँ कोई वस्तु अधिकता से होती हो।

खान[3] पुं० [तु० ख़ान] १. सरदार। २. पठानों की उपाधि।

खानगी वि० [फा०] १. घर-सम्बन्धी, घर-गृहस्थी का, घरेलू। २. अपना, निज का। ३. आपस का।
स्त्री० कसब करनेवाली, कसबी।

खानदान पुं० [फा० ख़ानदान] वंश, कुल।

खानदानी वि० [फा०] १. ऊँचे वंश या कुल का। २. वंश-परम्परागत, पैतृक।

खानपान पुं० [सं०] १. अन्न-पानी, आबदाना। २. खाना-पीना। ३. खाने-पीने का ढंग। ४. साथ बैठकर खाने-पीने का सम्बन्ध या व्यवहार।

ख़ानसामाँ पुं० [फा०] अंग्रेजों, मुसलमानों आदि का रसोइया।

खाना[1] स० [सं० खादन] १. भोजन करना।
मुहा० *खाना-कमाना*=काम-धन्धा करके जीविका उपार्जित करना। *खा-पका जाना या डालना*=खर्च कर डालना, उड़ा डालना। *खाना न पचना*=चैन न पड़ना, जी न मानना।
२. हिंसक जन्तुओं का शिकार पकड़ना और भक्षण करना। ३. विषैले कीड़ों का काटना, डसना। ४. तंग करना, कष्ट देना। ५. उड़ा देना, न रहने देना। ६. बेईमानी से लेना, हड़प जाना। ७. रिश्वत आदि लेना ८. (आघात, प्रहार आदि) सहना, बर्दाश्त करना।
पुं० भोजन।

खाना[2] पुं० [फा०] १. घर, मकान। २. स्थान, जगह, जैसे डाकखाना, दवाखाना। ३. किसी चीज के रखने का घर। (केस) ४. सारिणी, क्षेत्र, घर आदि में बना हुआ विभाग, कोष्ठक।

खाना-तलाशी स्त्री० [फा०] कोई खोई या चुराई हुई चीज किसी के घर ढूँढ़ना।

खाना-पीना पुं०=भोजन।

खानापुरी, खानापूरी स्त्री० [फा० खाना+पूर=पूर्ण] किसी चक्र या सारिणी के कोठों में यथास्थान संख्या, विवरण आदि लिखना, नकशा भरना।

खानाबदोश वि० [फा०] [भाव० खानाबदोशी] जिसका घर-बार न हो, इधर-उधर घूमनेवाला।

खानि स्त्री० [सं० खानिः] १. दे० 'खान'। २. ओर, तरफ। ३. प्रकार, तरह।

खानिक वि० [हिं० खान] खान से निकलनेवाला, खनिज। (मिनरल)

खाम[1] पुं० [हिं० खामना] १. चिट्ठी रखने का लिफाफा। २. सन्धि, जोड़।

खाम[2] वि० [सं० क्षाम] कटा-फटा या टूटा-फूटा, क्षीण।

खाम[3] वि० [फा०] १. कच्चा। २. जिसे अनुभव न हो।

खामखा क्रि०वि० बेकार ही।

खामख्याली स्त्री० [फा०] गलत विचार, वहम, भ्रम।

खामना स० [सं० स्कंभन] १. गीली मिट्टी आदि से पात्र का मुँह बन्द करना। २. अन्दर चिट्ठी रखकर लिफाफा बन्द करना।

खामी स्त्री० [फा० ख़ामी] १. दोष। २. त्रुटि, कमी।

खामोश वि० [फा० ख़ामोश] चुप, मौन।

खामोशी स्त्री० [फा०] मौन, चुप्पी।

खार[1] पुं० [सं० क्षार] १. सज्जी। २. नोना। ३. रेह। ४. धूल, राख। विशेष दे० 'क्षार'।

खार[2] पुं० [हिं० खाल=स्थान] बरसाती नाला, खाल। (व्रज)

खार[3] वि० [सं० क्षर] १. खरा। २. वास्तविक।

खार[4] पुं० [फा० ख़ार] १. काँटा, कंटक। २. खाँग। ३. डाह, जलन। ४. मन में दबा रहनेवाला द्वेष, गहरा मनोमालिन्य।
मुहा० *खार खाना*=(क) मन में वैर रखना। (ख) द्वेषभाव से हानि पहुँचाने की घात में रहना।

खारना स० [हिं० खार] कुछ विशिष्ट खारे पदार्थों के घोल में कपड़ा या और कोई पदार्थ डालकर धोना।

खारा[1] पुं० [सं० क्षार] [स्त्री० खारी, भाव० खारापन] १. क्षार या नमक के स्वाद का। २. अरुचिकर, अप्रिय।

खारा[2] पुं० [सं० क्षारक] १. एक प्रकार का धारीदार कपड़ा। २. घास बाँधने का जाल। ३. टोकरा, खाँचा। ४. सरकंडे की बनी एक प्रकार की चौकी।

खारिक* पुं० [सं० क्षारक] छोहारा।

खारिज वि० [अ० ख़ारिज] १. बाहर किया या निकाला हुआ, बहिष्कृत। २. भिन्न, अलग। ३. (अभियोग) जिसकी सुनवाई करने से इन्कार किया गया हो, या जो ठीक न माना गया हो।

खारी स्त्री० [हिं० खारा] एक प्रकार का क्षार या नमक।
वि० क्षारयुक्त, जिसमें खार हो।

खाल[1] स्त्री० [सं० क्षाल] १. त्वचा। २. चमड़ा।
मुहा० *खाल उधेड़ना या खींचना*=बहुत मारना, पीटना या कड़ा दंड देना।
२. धौंकनी। ३. मृत शरीर।

खाल[2] स्त्री० [सं० खात] १. नीची भूमि जिसमें बरसात का पानी जमा हो जाता हो। २. कोई गड्ढा या नीचा स्थान। ३. खाड़ी। ४. खाली जगह। ५. बरसाती नाला, खार। ६. पर्वतीय क्षेत्र में पशुओं के चरने की जगह, मुख्यतः ऐसी जगह जिसके बीच में कोई छोटा ताल भी हो।

खालसा वि० [अ० ख़ालिस=शुद्ध] १. जिसपर केवल एक का अधिकार हो। २. राज्य का, सरकारी।
पुं० सिक्खों का एक सम्प्रदाय।

खाला[१] वि० [हिं० खाल] [स्त्री० खाली] नीचा, निम्न।

खाला[२] स्त्री० [अ० खालः] १. मौसी, मासी। २. वेश्या।

खालिक पुं० [अ० ख़ालिक] सृष्टिकर्ता।

खालिस वि० [अ० ख़ालिस] जिसमें कोई दूसरी वस्तु न मिली हो, बेमेल, विशुद्ध।

खाली वि० [अ० ख़ाली] [भाव० खालीपन] १. जिसमें अन्दर का स्थान शून्य हो, भरा न हो, रीता, रिक्त। २. जिसमें कोई विशेष वस्तु न हो। ३. रहित, विहीन। ४. जिसे कुछ काम न हो। ५. (वस्तु) जो व्यवहार में न हो, जिसका काम न हो। ६. व्यर्थ, निष्फल,जैसे निशाना या बात खाली जाना।

खालू पुं० [हिं० खाला] खाला (मौसी) का पति, मौसा।

खाविंद पुं० [फा०] १. पति। २. मालिक।

खास वि० [अ० ख़ास] १. विशेष। २. निजी। ३. ठेठ, विशुद्ध।
क्रि० वि० विशेषतः, प्रधानतः।

खासा[१] पुं० [अ०] १. राजा का भोजन, राजभोग। २. राजा की सवारी का घोड़ा या हाथी। ३. एक प्रकार का सूती कपड़ा।

खासा[२] वि० [देश०] [स्त्री० खासी] १. अच्छा, बढ़िया। २. सुडौल, सुन्दर। ३. भरपूर, पूरा।
क्रि० वि० [अविकारी] अत्यधिक; जैसे-गोली चलाए जाने से भीड़ खासा उत्तेजित हो उठी।

खासियत स्त्री० [अ० ख़ासियत] १. स्वभाव, प्रकृति। २. गुण। ३. विशेषता।

खासुलख़ास वि० [फा० ख़ास-उल-ख़ास] अतिविशिष्ट।

खाहिश स्त्री० [फा० ख़्वाहिश] इच्छा, आकांक्षा।

खाहिस| स्त्री०=खाहिश।

खिंग* पुं० [?] सफेद रंग का घोड़ा।

खिंचना अ० [सं० कर्षण] १. किसी ओर ताना या घसीटा जाना, तनना। २. आकृष्ट होना, प्रवृत्त होना। ३. काम में आना, लगना, खपना। ४. भभके से अरक, शराब आदि तैयार होना। ५. प्रभाव, गुण आदि निकल जाना, जैसे दर्द खिंचना। ६. अंकित या चित्रित होना। ७. अनुराग या सम्बन्ध कम होना। ८. माल कहीं जाना या खपना।

खिंचवाना स० हिं० 'खींचना' का प्रे०।

खिंचाव पुं० [हिं० खींचना] १. खींच। २. आकर्षण।

खिंडाना स० [सं० क्षिप्त] बिखरना।

खिखिंध* पुं० दे० 'किष्किंधा'।

खिचड़वार पुं० [हिं० खिचड़ी+वार] मकर संक्रान्ति।

खिचड़ी स्त्री० [सं० कृसर] १. एक में मिला या पका हुआ चावल और दाल।
मुहा० *खिचड़ी पकाना*=गुप्त रूप से सलाह करना, षड्यंत्र रचना। *ढाई चावल की खिचड़ी अलग पकाना*=सबसे अलग होकर कोई कार्य करना या मत रखना।
२. विवाह के बाद की एक रसम जिसमें वर और उसके भाई-बन्धु लड़कीवाले के यहाँ जाकर कच्ची रसोई खाते हैं। ३. एक ही में मिले हुए कई प्रकार के पदार्थ। ४. मकर संक्रान्ति।
वि० मिला-जुला, जैसे खिचड़ी बाल, खिचड़ी दाढ़ी।

खिजना अ० दे० 'खिजलाना'।

खिजमत* स्त्री० दे० 'खिदमत'।

खिजलाना अ० [हिं० खीजना] झुँझलाना, चिढ़ना।
स० हिं० 'खीजना' का प्रे०।

खिजाँ स्त्री० [फा० ख़िजाँ] १. हेमन्त ऋतु। २. पतझड़। ३. अवसाद या दुख का समय।

खिझना अ० दे० 'खीजना'।

खिझौना वि० [हिं० खिझना] [स्त्री० खिझौनी] खिझाने या दिक करनेवाला।

खिड़की स्त्री० [सं० खटक्किका] दीवार में छोटे दरवाजे की तरह की बनावट, दरीचा, झरोखा।

खिड़की-बंद वि० [हिं०+फा०] (मकान) जो पूरा किराए पर लिया गया हो और जिसमें कोई दूसरा किराएदार न हो।

खिताब पुं० [अ० ख़िताब] पदवी, उपाधि।

खित्ता पुं० [अ०] प्रान्त, देश, भूभाग।

खिदमत स्त्री० [फा० ख़िदमत] सेवा, टहल।

खिदमतगार पुं० [फा० ख़िदमतगार] छोटी-मोटी सेवाएँ करनेवाला, सेवक, टहलुआ।

खिन* पुं०=क्षण।

खिन्न वि० [सं०] [भाव० खिन्नता] १. उदासीन। २. चिन्तित। ३. अप्रसन्न।

खियाना अ० [सं० ख्या=घिसना] किसी चीज का घिसने आदि के कारण क्षीण होना।

खिराज पुं० [अ०] राजस्व, कर।

खिरिना* स० [अनु०] १. अनाज छानना। २. खुरचना।

खिरौरी स्त्री० [हिं० खैर=कत्था] खैर या कत्था पकाकर बनाई हुई उसकी टिकिया।

खिलंदड़, खिलंदड़ी पुं० [अ० खिलंदड़पन] = खिलवाड़ी।

खिलअत स्त्री० [अ०] राजा या बड़े की ओर से मिलनेवाले सम्मानसूचक कपड़े।

खिलकत स्त्री० [अ०] १. सृष्टि। २. भीड़।

खिलखिलाना अ० [अनु०] खिलखिल शब्द करके हँसना, जोर से हँसना।

खिलत स्त्री० [हिं० खिलना] खिलने की क्रिया या भाव।
स्त्री० दे० 'खिलअत'।

खिलना अ० [सं० स्खलन] १. कली के फूल के रूप में होना, फूल विकसित होना। २. प्रसन्न होना। ३. शोभित होना, अच्छा या सुन्दर लगना। ४. बीच से फटना, दरार पड़ना।

खिलवत स्त्री० [अ०] एकान्त स्थान।

खिलवाड़ पुं० [हिं० खेल+वाड़] १. खेल, क्रीड़ा। २. मन-बहलाव, दिल्लगी। ३. तुच्छ अथवा बहुत ही साधारण रूप से किया हुआ काम।

खिलवाड़ी पुं० वह जो खिलवाड़ में लगा रहता हो, दत्तचित्त होकर या निष्ठापूर्वक काम न करनेवाला।

खिलाई[१] स्त्री० [हिं० खाना] खाने या खिलाने का काम, भाव या नेग।

खिलाई[२] स्त्री० [हिं० खेलना (खेल)] बच्चों को खेलानेवाली दाई।

खिलाड़ी पुं० [हिं० खेल] [स्त्री० खिलाड़िन्] १. खेलने का शौकीन, खेलनेवाला। २. प्रतियोगिता आदि के खेलों में किसी पक्ष या दल की ओर से खेलने के लिए सम्मिलित होनेवाला। (प्लेयर) ३. कुश्ती लड़ने, पटा-बनेठी खेलने आदि का काम करनेवाला, बाजीगर।

खिलाना[१] स० [हिं० खाना] भोजन कराना।

खिलाना[२] स० हिं० 'खेलना' का प्रे०।

खिलाना[३] स० हिं० 'खिलना' का प्रे०।

खिलाफ[१] वि० [फा०] [भाव० खिलाफत] विरुद्ध, प्रतिकूल, उलटा।

खिलाफ[२], **के** परसर्ग १. की तुलना में। २. के मुकाबले में, के सामने।

खिलौना पुं० [हिं० खेल+औना (प्रत्य०)] बच्चों के खेलने की चीज, जैसे मूर्ति, लट्टू, चरखी आदि।

खिल्ली[१] स्त्री० [हिं० खिलना] ऐसी हँसी की बात जिससे किसी को नीचा देखना पड़े, दिल्लगी।

क्रि० प्र०=उड़ाना।

खिल्ली[२] स्त्री० [हिं० खील] पान का बीड़ा।

खिदना* अ०=चमकना।

खिसकना अ० [?] बैठे-बैठे अपनी जगह से जरा आगे बढ़ना या इधर-उधर होना (जिससे दूसरे को बैठने की जगह मिल सके)।

खिसकाना स० [हिं० खिसकना] किसी वस्तु को जोर लगाकर अपने स्थान से कुछ हटाना-बढ़ाना।

खिसियाना अ० [हिं० खीस=दाँत] १. लज्जित होना, शरमाना। २. नाराज होना, बिगड़ना।

खिसौंहाँ* वि० [हिं० खिसियाना] खिसियाया हुआ, लज्जित, संकुचित।

खींच स्त्री० [हिं० 'खींचना' का भाव०] १. माँग। २. आकर्षण।

खींच-तान स्त्री० [हिं० खींचना+तानना] १. कुछ पाने के लिए विभिन्न पक्षों का उसे अपनी अपनी ओर खींचना। २. जबरदस्ती किया जानेवाला (अर्थ का) विस्तार।

खींचना स० [हिं० खींचना+तानना] १. बलपूर्वक अपनी तरफ लाना।

मुहा० *हाथ खींचना*=देना या और कोई काम रोकना।

२. कोश आदि में से अस्त्र बाहर निकालना। ३. सोखना, चूसना। ४. भभके से अर्क, शराब आदि बनाना। ५. किसी वस्तु का गुण या प्रभाव निकाल देना। ६. लकीरों से आकार या रूप बनाना। ७. वर्णन करना।

खींचातानी स्त्री०=खींचतान।

खीज स्त्री०=खीझ।

खीजना अ०=खीझना।

खीझ स्त्री० [हिं० खीझना] १. खीझने का भाव। २. खिझाने-वाली बात।

खीझना अ० [सं० खिद्यते, प्रा० खिज्जइ] दुखी होकर क्रोध करना, झुँझलाना, खिजलाना।

खीन* वि० [सं० क्षीण] क्षीण।

खीर स्त्री० [सं० क्षीर] १. दूध। २. दूध में पकाए हुए चावल।

खील स्त्री० [हिं० खिलना] भूना हुआ धान, लावा।

खीवन* स्त्री० [सं० क्षावन] मतवालापन, मत्तता।

खीस[१] स्त्री० [फा० खीस=हल की फाल] १. नुकीला, लम्बा दाँत, जैसे जंगली सुअर की खीस या खाँग। २. खुले हुए और बाहर से दिखाई देनेवाले दाँत।

मुहा० *खीस या खीसें निकालना*=कोई भूल हो जाने पर या असमर्थ होने पर भी निर्लज्जतापूर्वक हँसना।

३. लज्जा, शरम। ४. गौ, भैंस आदि के बच्चा देने पर पहले-पहल कई दिनों तक निकलनेवाला दूध जो पीने के योग्य नहीं होता, पेउस।

खीस[२]* वि० [सं० कृश] नष्ट, बरबाद; उदा० सती मरन सुनि संभु गन लगे करन मख खीस। -तुलसी।

खीस[३]* स्त्री० [हिं० खीज] १. अप्रसन्नता, नाराजगी। २. क्रोध, गुस्सा।

खीसना* स० [सं० कृश] नष्ट या बरबाद करना, न रहने देना।

खीसा पुं० [फा० कीस:] [स्त्री० अल्पा० खीसी] १. थैला। २. जेब।

खुँदाना स० [सं० क्षुण्ण] (घोड़ा) कुदाना।

खुंभी स्त्री० [सं० कुंभ] कान में पहनने का एक गहना।

खुआर* वि० दे०='ख्वार'।

खुआरी* स्त्री० दे० 'ख्वारी'।

खुक्ख वि० [सं० शुष्क] १. जिसके पास कुछ न हो। २. परम निर्धन।

खुखड़ी स्त्री० [देश०] १. तकुए पर चढ़ाकर लपेटा हुआ सूत, कुकड़ी। २. नैपाली छुरा।

खुगीर पुं० [फा०] १. वह ऊनी कपड़ा जो घोड़ों के चारजामे के नीचे रखा जाता है, नमदा। २. चारजामा, जीन।

मुहा० *खुगीर की भरती*=व्यर्थ के लोगों या पदार्थों का समूह।

खुचर स्त्री० [सं कुचर] झूठ-मूठ किसी की गलती या दोष दिखाने के लिए कही हुई बात।

खुजलाना स० [सं० खर्जु] खुजली मिटाने के लिए नाखूनों से अंग रगड़ना, सहलाना।

अ० खुजली मालूम होना।

खुजली स्त्री० [हिं० खुजलाना] १. वह स्थिति जिसमें खुजलाने को जी चाहे, खुजलाहट, सुरसुरी। २. एक रोग जिसमें शरीर बहुत खुजलाता है।

खुजाना स०, अ० दे० 'खुजलाना'।

खुटक स्त्री० [हिं० खटका] आशंका।

खुटकना स० [सं० खुड्] ऊपर से तोड़ना या नोचना।

खुटका पुं० दे० 'खुटक'।

खुटचाल स्त्री० [हिं० खोटी+चाल] [वि० खुटचाली] १. दुष्टता, पाजीपन। २. खराब चाल-चलन।

खुटना* अ० [सं० खुज्] खुलना।

अ० १. समाप्त होना, खतम होना। २. कम होना, घटना।

खुटपन पुं० [हिं० खोटा] खोटापन।

खुटला पुं० [देश०] कान में पहनने का एक प्रकार का गहना।

खुटाई स्त्री० [हिं० खोटा] खोटाई। (दे०)

खुटाना अ० [हिं० खुटना] समाप्त होना।

खुट्टी स्त्री० [हिं० खुट से अनु०] रेवड़ी।

खुड्डी स्त्री० [हिं० गड्ढा] १. पाखाने में पैर रखने का पावदान। २. पाखाना फिरने का गड्ढा।

खुतकना* अ०=खुटना (समाप्त होना)।

खुतबा पुं० [अ० खुतब:] १. तारीफ, प्रशंसा। २. नए राजा के गद्दी पर बैठने की घोषणा।

मुहा० *किसी के नाम का खुतबा पढ़ा जाना*=किसी के सिंहासनासीन होने की घोषणा होना।

खुत्थी* स्त्री० [हिं० खूँटी] १. फसल कट जाने पर पौधों का बचा भाग, खूँटी। २. थाती, धरोहर, अमानत। ३. हिमयानी, बसनी। ४. धन, दौलत।

खुद क्रि० वि० [फा०] स्वयं, आप।

खुदकाश्त स्त्री० [फा०] वह जमीन जिसका मालिक उसे स्वयं जोते।

खुदगरज वि० दे० 'स्वार्थी'।

खुदना अ० हिं० 'खोदना' का अ०।

खुदबखुद क्रि० वि० [फा०] आप-से-आप।

खुदमुख्तार वि० [फा०] जिस पर किसी का शासन न हो, स्वतन्त्र।

खुदरा पुं० [सं० क्षुद्र] १. छोटी और साधारण वस्तु। २. फुटकर चीजें। ३. विक्रय का वह प्रकार जिसमें थोड़ी-थोड़ी करके या एक-एक करके चीजें बेची जाती हैं, 'थोक' का उलटा।

वि० १. जो छोटे-छोटे टुकड़ों या अंशों के रूप में हो, जैसे खुदरा सौदा, खुदरा नोट। २. थोड़ा-थोड़ा करके (इकट्ठा नहीं) बिकनेवाला, 'थोक' का उलटा। (रिटेल)

खुदवाना स० हिं० 'खोदना' का प्रे०।

खुदा पुं० [फा० ख़ुदा] ईश्वर।

मुहा० *खुदा खुदा करके*=बड़ी कठिनाई से।

खुदाई[१] स्त्री० [हिं० खोदना] १. खोदे जाने की क्रिया, भाव या मजदूरी। २. जमीन की मिट्टी निकालकर उसमें गड्ढे आदि करने का काम, जैसे नींव की खुदाई, या सारनाथ, नालन्दा आदि की खुदाई। (एक्सकैवेशन)

खुदाई[२] वि० [फा० ख़ुदाई] ईश्वरीय।

स्त्री० १. ईश्वरता। २. सृष्टि।

खुदाई खिदमतगार पुं० [फा० ख़ुदाई ख़िदमतगार] १. विभाजन से पूर्व, पश्चिमी सीमाप्रान्त के राष्ट्रीय स्वयं-सेवकों की संस्था। २. उक्त संस्था का सदस्य।

खुदादाद वि० [फा० ख़ुदादाद] ईश्वर का दिया हुआ।

खुदा न ख्वास्ता पद [फा०] ईश्वर न करे कि।

खुदावंद पुं० [फा० ख़ुदावंद] १. ईश्वर। २. हुजूर, सरकार।

खुदाव पुं० [हिं० खोदना] १. खोदे जाने की क्रिया या भाव। २. खोदकर बनाए हुए बेल-बूटे, नक्काशी।

खुदी स्त्री० [फा० ख़ुदी] १. स्वाभिमान। २. अहंकार।

खुद्दक† वि० बेशर्म।

खुद्दी स्त्री० [सं० क्षुद्र] अन्न के बहुत छोटे टुकड़े।

खुनस स्त्री० [सं० खिन्न-मनस्] [वि० खुनसी, क्रि० खुनसाना] १. क्रोध, गुस्सा। २. वैर-विरोध

खुफिया वि० [फा० ख़ुफिया] गुप्त, छिपा हुआ।

खुफिया पुलिस स्त्री० [फा० ख़ुफिया+अं० पुलीस] सरकारी जासूस, भेदिया।

खुबानी स्त्री० [?] पीले रंग का गुठलीदार छोटा गोल फल। (एप्रिकॉट)

खुभना* अ० दे० 'चुभना'।

खुभराना* अ० [सं० क्षुब्ध] उपद्रव करने के लिए इधर-उधर घूमना।

खुभाना स० [अनु०] कोई बड़ी चीज जोर से दबाते या गड़ाते हुए धँसाना, जैसे बरछी खुभाना।

खुभी स्त्री० [हिं० खुभना] कान में पहनने का फूल।

खुमान* वि० [सं० आयुष्मान्] बड़ी आयुवाला, दीर्घजीवी।

खुमार पुं० [अ०]=खुमारी।

खुमारी स्त्री० [अ० खुमार] १. मद, नशा। २. नशा उतरने के समय की या रात भर जागने से होनेवाली थकावट।

खुमी स्त्री० [अ० कुम:] एक उद्‌भिज्ज वर्ग जिसके अन्तर्गत ढिंगरी, गुच्छी, कुकुरमुत्ता आदि वनस्पतियाँ हैं।

खुरंड पुं० [सं० क्षुर] सूखे घाव पर जमनेवाली पपड़ी।

खुर पुं० [सं० क्षुर] सींगवाले चौपायों के पैर का निचला भाग, जो बीच से फटा होता है।

खुरक* स्त्री०=खुजली।

खुरकना* स०=खुजलाना।

खुर-खार पुं० [हिं० खुर+खार (अनु०)] साधारण हलका-फुलका काम; जैसे घर में रहते होंगे तो कुछ तो खुर-खार करते ही होंगे।—चंद्रकिशोर जायसवाल।

खुरखुरा वि० दे० 'खुरदरा'।

खुरचन स्त्री० [हिं० खुरचना] १. खुरचकर निकाली हुई वस्तु। २. एक प्रकार की गाढ़ी रबड़ी।

खुरचना अ० [सं० क्षुरण] किसी जमी हुई वस्तु को छीलकर अलग करना।

खुरचनी स्त्री० [हिं० खुरचना] खुरचने का उपकरण।

खुरचाल* स्त्री० दे० 'खुटचाल'।

खुरजी स्त्री० [फा०] घोड़े, बैल आदि पर सामान लादने का थैला।

खुरदरा वि० [हिं० खुर+दर (अनु०)] जिसका ऊपरी तल जगह-जगह ऊँचा-नीचा हो, जो चिकना न हो।

खुरपका पुं० [हिं० खुर+पकना] खुर पकने का रोग।

खुरपा पुं० [सं० क्षुरप्र] [स्त्री० अल्पा० खुरपी] घास छीलने का एक औजार।

खुरमा पुं० [अ० खुर्मः] १. छुहारा। २. एक प्रकार की मिठाई।

खुराक स्त्री० [फा०] १. भोजन, खाना। २. (औषध की) मात्रा।

खुराकी स्त्री० [फा०] वह धन जो खुराक के लिए दिया जाए, भोजन-व्यय।

खुराफ़ात स्त्री० [अ०] १. बेहूदी और वाहियात बात। २. झगड़ा, बखेड़ा।

खुरासान पुं० [फा०] [वि० खुरासानी] ईरान का एक नगर और उसके आस-पास का प्रदेश।

खुरासानी वि० [फा०] खुरासान नगर या उसके आस-पास के प्रदेश का।

पुं० खुरासान का निवासी।

स्त्री० १. खुरासान की भाषा। २. खुरासान की बनी, पुरानी चाल की एक प्रकार की तलवार।

खुरुक* स्त्री० [हिं० खुटका] आशंका।

खुर्दा पुं० [फा० ख़ुर्दा] रेजगारी, चिल्लर।

खुर्राट वि० [देश०] १. बूढ़ा। २. अनुभवी। ३. चालाक।

खुलता वि० [हिं० खुलना] १. खुला हुआ। २. जिसका रंग साफ हो, जिसमें गौर वर्ण की झलक हो।

खुलना अ० [सं० खुड्, खुल=भेदन] १. सामने का अवरोध या ऊपर का आवरण हटना, बन्द न रहना, जैसे किवाड़ या सन्दूक खुलना। २. दरार होना, फटना। ३. बाँधने या जोड़नेवाली वस्तु का हटना। ४. प्रचलित होना, चलना, जैसे सड़क या नहर खुलना। ५. नित्य का कार्य आरम्भ होना। ६. किसी सवारी का रवाना हो जाना। ७. गुप्त या गूढ़ बात प्रकट होना।

पद *खुले आम, खुले खजाने, खुले मैदान*=सबके सामने, छिपाकर नहीं।

८. अपने मन की बात या भेद कहना। ९. खिलना, विकसित होना।

खुलवाना स० [हिं० 'खोलना' का प्रे०] किसी को कुछ खोलने में प्रवृत्त करना।

खुला वि० [हिं० खुलना] १. जो बंद या बँधा न हो; जैसे-खुला दरवाजा, खुला कुत्ता। २. जो घिरा या ढका न हो, अनावृत्त; जैसे-खुला मैदान। ३. विस्तृत; जैसे-खुला आकाश। ४. (स्कूल, दुकान, बाजार, कार्यालय आदि) जिसमें कामकाज नियमित रूप से हो या चल रहा हो। ५. (मार्ग) जिस पर आवागमन चालू हो। ६. जिसमें दुराव-छिपाव न हो; जैसे उनसे आज खुली बातचीत हुई। ७. (मशीन) जिसके पुर्जे-पुर्जे अलग-अलग कर दिए गए हों। ८. (उपकरण) जो कार्यरत या सक्रिय हों; जैसे-कमरे के सभी पंखे खुले थे। ९. उदार, सहृदय; जैसे-खुला दिल। १०. संकीर्ण या रूढ़ विचारों को न माननेवाला; जैसे खुला समाज।

पुं० वह स्थान जो घिरा या आच्छादित न हो।

पद *खुला खेला*=स्पष्ट व्यवहार। *खुले में*=खुले स्थान में, मैदान में।

खुलाई स्त्री० [हिं० खोलना] खोलने की क्रिया, भाव या मजदूरी।

खुलासगी स्त्री० [अ०] 'खुलासा' होने की अवस्था या भाव।

खुलासा[1] पुं० [अ०] सारांश।

खुलासा[2] वि० [हिं० खुलना] १. खुला हुआ। २. अवरोधरहित। ३. साफ, स्पष्ट।

खुली किताब स्त्री० ऐसा व्यक्ति जिसके आचार व्यवहार या विचार से सभी लोग भली भाँति अवगत हों।

खुली छूट स्त्री० पूरी स्वतन्त्रता।

खुले आम क्रि० वि० [हिं० खुलना+फा० आम] सबके सामने, सार्वजनिक रूप से।

खुल्लमखुल्ला क्रि० वि० [हिं० खुलना] प्रकट रूप से, खुले आम।

खुश वि० [फा०] १. प्रसन्न, आनन्दित। २. (यौगिक के आरम्भ में) अच्छा, जैसे खुशकिस्मत।

खुशकिस्मत वि० [फा०] [भाव० खुशकिस्मती] भाग्यवान।

खुशखबरी स्त्री० [फा०] प्रसन्न करनेवाला या शुभ समाचार, अच्छी खबर।

खुशबू स्त्री० [फा० ख़ुशबू] सुगन्ध।

खुशामद स्त्री० [फा० ख़ुशामद] [वि० खुशामदी] किसी को प्रसन्न करने के लिए झूठी प्रशंसा करना, चापलूसी।

खुशामदपसंद वि० [भाव० ख़ुशामदपसंदगी] जिसे खुशामद पसंद हो, जो अपनी खुशामद सुनने का इच्छुक हो।

खुशामदी वि० [फा०] खुशामद करनेवाला, चापलूस।

खुशाल वि० [फा० ख़ुशहाल] १. सब प्रकार से सम्पन्न और सुखी, सुसम्पन्न। २. सब तरह से भरा हुआ, पूरित, पूर्ण।

खुशी स्त्री० [फा० ख़ुशी] प्रसन्नता।

खुश्क वि० [फा० ख़ुश्क, मि० सं० शुष्क] [भाव० खुश्की] १. जो तर न हो, सूखा, शुष्क। २. जिसमें रसिकता न हो, रूखा। ३. (वेतन) जिसके साथ भोजन न हो।

खुश्की स्त्री० [फा०] १. शुष्कता। २. नीरसता। ३. स्थल या भूमि, 'तरी' का विपरीत।

खुसर-पुसर, खुसर-फुसर स्त्री [अनु०] किसी बात की अप्रत्यक्ष जानकारी होने पर उसके सम्बन्ध में (प्राय: विरोध में) की जानेवाली छिपे तौर पर चर्चा।

खुसाल* वि० [फा० खुशहाल] प्रसन्न, आनन्दित।

खुसिया पुं० [अ० खुसियः] अंडकोश।

खुस्याल* वि० दे० 'खुसाल'।

खुस्स| वि०=खुश।

खुही स्त्री० [सं० खोलक?] वर्षा आदि से बचने के लिए सिर पर ओढ़ने के लिए एक विशेष प्रकार से लपेटी हुई चादर, घुग्घी।

खूँट[1] पुं० [सं० खंड] १. छोर, सिरा। २. कोना। ३. ओर, तरफ। ४. भाग, हिस्सा।

खूँट[2] स्त्री० [हिं० खोट] कान की मैल।

खूँट[3] स्त्री० [हिं० खुटना=समाप्त होना] कोई ऐसी कमी या त्रुटि जिसकी पूर्ति करना आवश्यक हो।

खूँट[4] स्त्री० [?] कान में पहनने का एक गहना।

खूँटा पुं० [सं० क्षोड] पशु या खेमे की रस्सी आदि बाँधने के लिए गड़ी लकड़ी।

खूँटी स्त्री० [हिं० खूँटा] १. छोटा खूँटा। २. दीवार में लगी वह छोटी पतली गोल, लकड़ी जिसपर चीजें टाँगते हैं। ३. पौधों का वह अंश जो फसल काट लेने पर खेत में रह जाता है। ४. हजामत के बाद मुँड़े हुए बालों के बचे हुए अंकुर। ५. सीमा, हद।

खूँद स्त्री० हिं० 'खूँदना' का भाव।

खूँदना अ० [सं० खुंदन=तोड़ना] [भाव० खूँद] १. चंचल घोड़ों का पैर उठाकर जमीन पर पटकना। २. पैरों से रौंदकर खराब करना। ३. अव्यवस्थित या तितर-बितर करना। ४. उछलना या कूदना।

खूँरेजी स्त्री० [फा० ख़ून+रेज़ी] रक्तपात।

खूटना| अ० [सं० खुंडन] छेड़ना, रोक-टोक करना।

अ० दे० 'खुटना'।

खूटा* वि० [हिं० खोट] १. जिसमें किसी प्रकार की न्यूनता या कमी हो। २. दे० 'खोटा'।

खूद पुं० दे० 'सीठी'।

खून पुं० [फा० ख़ून] १. रक्त, लहू।

मुहा० *खून उबलना या खौलना*=बहुत क्रोध होना। *खून का घूँट पीकर रह जाना*=क्रोध को दबा लेना। *खून का पानी करना या खून पानी एक करना*=बहुत अधिक शारीरिक परिश्रम या प्रयत्न करना। *खून पसीना एक करना*=घोर परिश्रम करना। *सिर पर खून सवार होना*=किसी को मार डालने या कोई अनिष्ट करने पर उद्यत होना। *खून पीना*=(क) मार डालना। (ख) बहुत तंग करना, सताना। *खून बहाना*=रक्तपात करना। *खून सफेद हो जाना*=मोह-ममता बिल्कुल न रह जाना।

पद *नया खून*=युवा तथा ऊर्जा से भरा व्यक्ति।

२. वध, हत्या, कत्ल।

पद *खून से सना*=जिस पर खून के दाग लगे हों, खून से लथपथ; विशेषतः हत्यारे होने का सूचक।

खून-खराबी स्त्री० [हिं०] मार-काट।

खूनी पुं० [फा०] १. हत्यारा। २. अत्याचारी।

वि० खून-सम्बन्धी, जैसे खूनी बवासीर।

खूब वि० [फा०] [भाव० खूबी] १. अच्छा, भला, उत्तम। २. बहुत।

खूबसूरत वि० [फा०] सुन्दर।

खूबसूरती स्त्री० [फा०] सुन्दरता।

खूबी स्त्री० [फा०] १. भलाई, अच्छाई, अच्छापन। २. गुण, विशेषता।

खूसट पुं० [सं० कौशिक] उल्लू पक्षी।

वि० १. शुष्कहृदय, अरसिक। २. मूर्ख।

खेचर पुं० [सं०] वह जो आसमान में चले या उड़े, आकाश-चारी, जैसे पक्षी, विमान, वायु, राक्षस आदि।

खेटक पुं० [सं० आखेट] शिकार।

खेटकी[1] पुं० [सं०] भड्डर।

खेटकी[2] पुं० [सं० आखेट] १. शिकारी। २. वधिक, हत्यारा।

खेड़ा पुं० [सं० खेटक] १. छोटा गाँव। २. छोटा कच्चा घर।

खेड़ी स्त्री० [देश०] वह मांसखंड जो जरायुज जीवों के तुरन्त के जन्मे बच्चों की नाल के दूसरे सिरे पर लगा रहता है।

खेत पुं० [सं० क्षेत्र] १. अनाज पैदा करने के लिए जोतने-बोने की जमीन। २. खेत में खड़ी हुई फसल। ३. किसी चीज, विशेषतः पशुओं आदि के उत्पन्न होने का प्रदेश। ४. समतल भूमि, चौरस मैदान।

मुहा० *खेत करना*=(क) भूमि समतल करना। (ख) चन्द्रमा का उदित होकर प्रकाश फैलाना।

५. समरभूमि।

मुहा० *खेत आना या रहना*=युद्ध में मारा जाना; जैसे-इराक युद्ध में १०९ अमेरिकी और ३० ब्रितानी फौजी भी खेत रहे। *खेत रखना*=समर में विजय प्राप्त करना।

६. तलवार का फल।

खेतिहर पुं० [सं० क्षेत्रधर] खेती करनेवाला, कृषक, किसान।

खेती स्त्री० [हिं० खेत+ई (प्रत्य०)] १. खेत में अनाज बोने और उपजाने का काम, कृषि, किसानी। २. खेत में बोई हुई फसल।

खेती-बारी स्त्री० दे० 'खेती'।

खेद पुं० [सं०] [वि० खेदित, खिन्न] १. किसी उचित, आवश्यक या प्रिय बात के न होने पर मन में होनेवाला दुःख, रंज। २. शिथिलता, थकावट।

खेदना* स० दे० 'खदेड़ना'।

खेदा पुं० [हिं० खेदना] १. पशुओं को मारना या पकड़ने के लिए घेरकर एक स्थान पर लाना। २. शिकार, आखेट।

खेना स० [सं० क्षेपण] १. डाँड़ों से नाव चलाना। २. समय बिताना या काटना।

खेप स्त्री० [सं० क्षेप] १. उतनी वस्तु, जितनी एक बार में लाद या ढोकर ले जाई जाए। २. ढोनेवाले व्यक्ति, गाड़ी आदि की एक बार की यात्रा।

खेपना स० [सं० क्षेपण] बिताना (समय)।

खेम* पुं० दे० 'क्षेम'।

खेमटा पुं० [देश०] १. बारह मात्राओं का एक ताल। २. इस ताल पर होनेवाला गान या नाच।

खेमा पुं० [अ०] १. तम्बू, डेरा। २. किसी विशिष्ट विचारधारा या रीति-नीति के लोगों का गुट या समूह।

खेमेबाज पुं० [अ० खेमा+फा० बाज़] किसी गुट या समूह की विचारधारा का समर्थक।

खेमेबाजी स्त्री० १. खेमों में विभक्त होने की अवस्था या भाव। २. गुटों या समूहों में होनेवाली खींचातानी।

खेरा पुं० दे० 'खेड़ा'।

खेरौरा पुं० [हिं० खाँड़] मिसरी का लड्डू, खँडौरा, ओला।

खेल पुं० [सं० केलि] १. मन बहलाने या व्यायाम के लिए उछल-कूद, दौड़-धूप या और कोई मनोरंजक कृत्य, जिसमें हार-जीत भी होती है, क्रीड़ा।

मुहा० *खेल खेलाना*=व्यर्थ की बातों या कामों में फँसाए रखना। २. बहुत हलका या तुच्छ काम। ३. अभिनय, तमाशा, स्वाँग, करतब आदि। ४. अद्भुत या विचित्र लीला।

खेलक* पुं० दे० 'खिलाड़ी'।

खेल-तमाशा पुं०=खेल या तमाशा, जैसे-वह कोई खेल-तमाशा देखने गया होगा।

खेलना अ० [सं० केलि, केलिन] [प्रे० खेलाना] १. मन बहलाने या व्यायाम के लिए इधर-उधर उछलना, कूदना आदि, क्रीड़ा करना।

मुहा० *जान या जी पर खेलना*=ऐसा काम करना जिसमें मृत्यु का भय हो। *खेल समझना*=कुछ न समझना, तुच्छ समझना। स० १. ऐसा काम करना जो खेल के रूप में हो, जैसे क्रिकेट खेलना। २. किसी वस्तु के संयोग से कोई क्रिया या कार्य करना, जैसे *तलवार खेलना*=तलवार चलाना, *पानी खेलना*=ऐसा काम करना, जिसमें हाथ-पैर बहुत भींगे। ३. नाटक या अभिनय करना।

खेल-भूमि स्त्री० [हिं० खेल+सं० भूमि] खिलाड़ियों के खेलने का मैदान, खिलाड़ियों के खेलने की जगह।

खेलवाड़ पुं०=खिलवाड़।

खेलवाड़ी वि०=खिलवाड़ी।

खेला पुं० १. दे० 'खेल'। २. दे० 'सट्टा'।

खेलाड़ी वि० 'खिलाड़ी'।

खेलाना स० हिं० 'खेलना' का प्रे०।

खेलौना पुं० दे० 'खिलौना'।

खेवक* पुं० [सं० क्षेपक] मल्लाह।

खेवट[१] पुं० [हिं० खेत+वट (प्रत्य०)] पटवारी का वह कागज जिसमें पट्टीदार का हिस्सा लिखा रहता है।

खेवट[२] पुं० [सं० केवट, हिं० खेना] मल्लाह, माँझी।

खेवटिया* पुं०=खेवट।

खेवड़ा पुं० [सं० क्षपणक] बौद्धमत का साधु, भिक्षु।

खेवनहार पुं० [हिं० खेवना=खेना+हारा (प्रत्य०)] १. वह जो नाव खेता या चलाता हो, माँझी, मल्लाह। २. वह जो किसी को संकट आदि से पार करता हो, विकट कार्य के निर्वाह में सहायक होनेवाला।

खेवना* स० दे० 'खेना'।

खेवरना स० [हिं० खौर] १. खौर या चन्दन का टीका लगाना। २. स्त्रियों का चन्दन, केसर आदि से अपना मुँह चित्रित करना।

खेवा पुं० [हिं० खेना] [भाव० खेवाई] १. नाव का किराया। २. नाव द्वारा नदी पार करने का काम। ३. बोझ से लदी नाव। ४. धार्मिक मत या मार्ग। ५. बार, दफा।

खेवैया पुं० [हिं० खेना+वैया (प्रत्य०)] १. नाव खेनेवाला। २. भवसागर पार करानेवाला।

खेस पुं० [फा० खेश] बहुत मोटे सूत की एक प्रकार की लम्बी चादर।

खेसारी स्त्री० [सं० कृसर] एक प्रकार का मटर, दुबिया मटर, लतरी।

खेह स्त्री० [सं० क्षार] धूल, राख।

मुहा० *खेह खाना*=(क) धूल फाँकना। (ख) व्यर्थ समय खोना। (ग) दुर्दशाग्रस्त होना।

खेहा पुं० [?] बटेर की तरह की एक छोटी चिड़िया।

खैंचना स० दे० 'खींचना'।

खैना* अ० दे० 'खयना' (क्षीण होना)। *स०=खाना।

खैनी स्त्री० [हिं० खाना] खाने का तमाकू या सुरती का पत्ता जो मलकर चूने के साथ खाया जाता है।

खैर[१] पुं० [सं० खदिर] १. एक प्रकार का बबूल, कथकीकर। २. इस वृक्ष की लकड़ी का सत्त, कत्था।

खैर[२] स्त्री० [फा० ख़ैर] कुशल, क्षेम।

विस्मयादि० १. कुछ परवाह नहीं! २. अस्तु! अच्छा।

खैर-आफियत स्त्री० [फा०+अ०] कुशल-मंगल।

खैरख्वाह वि० [फा० ख़ैरख़्वाह] [भाव० खैरख्वाही] शुभचिन्तक।

खैरबाद पुं० [फा० ख़ैरवाद] विदा, अलविदा।

खैरभैर पुं० [अनु०] १. हो-हल्ला। २. हलचल।

खैरा वि० [हिं० खैर] खैर के रंग का, कत्थई।

खैरात स्त्री० [अ० ख़ैरात] [वि० खैराती] दान।

खैराती वि० [अ० ख़ैरात] १. दानी। २. (वह स्थान) जहाँ गरीबों को मुफ्त सेवाएँ उपलब्ध कराई जाएँ, जैसे खैराती अस्पताल।

खैरियत स्त्री० [फा०] १. कुशल-क्षेम, राजी-खुशी। २. भलाई, कल्याण।

खैलर| स्त्री दे० 'मथानी'।

खैला| पुं० दे० 'मथानी'।

खोंगाह पुं० [?] पीलापन लिए सफेद रंग का घोड़ा।

खोंच स्त्री० [सं० कुंच] १. खरोंच। २. काँटे आदि में फँसकर कपड़े का फट जाना। ३. झोली।

खोंचा पुं० [सं० कुंचन] बहेलियों का चिड़ियाँ फँसाने का लम्बा बाँस।

खोंची[१] स्त्री० [हिं० खूँट] भिक्षा, भीख।

खोंची[२] स्त्री० [हिं० खींचा] जमीन या मकान आदि का किसी ओर निकला या बढ़ा पतला लम्बा टुकड़ा।

खोंट* स्त्री०=खरोंट।

खोंटना स० [सं० खुड्] [भाव० खोंट] किसी वस्तु का ऊपरी भाग तोड़ना।

खोंडर पुं० [सं० कोटर] पेड़ का भीतरी खोखला भाग या गड्ढा।

खोंड़ा वि० [सं० खुंड] जिसका कोई अंग-भंग हो।

खोंप, खोंपन स्त्री० [हिं० खोंपना] १. खोंपने या चुभाने के कारण फटा हुआ अंश, चीर, दरार। २. दे० 'खोंच'।
*स्त्री० दे० 'कोंपल'।

खोंपना स० [अनु०] जोर से गड़ाना, चुभाना या धँसाना।

खोंपा पुं० [तमिल कोप्पु, मि० सं० कोष] स्त्रियों के सिर के बालों का बँधा हुआ जूड़ा, गोलाकार बँधी वेणी।

खोंसना स० [सं० कोश+ना (प्रत्य०)] किसी वस्तु को स्थिर रखने के लिए उसका कुछ भाग दूसरी वस्तु में घुसेड़ना या अटकाना।

खोआ पुं०=खोया।

खोई[1] स्त्री० [सं० क्षोद] १. रस निकल जाने पर बची हुई गन्ने के टुकड़ों की सीठी। २. भुने हुए धान आदि की खील, लावा। ३. एक प्रकार के दाने जिनसे लड्डू आदि बनते हैं।

खोई[2] स्त्री० [हिं० खोना] सट्टे आदि में होनेवाली हानि, जैसे आज खोई है तो कल कमाई होगी।

खोखला वि० [हिं० खुक्ख+ला (प्रत्य०)] १. जिसके अन्दर कुछ न हो, पोला। २. जो अपना सार तत्त्व या ऊर्जा गवाँ चुका हो।

खोखा वि० [हिं० खुक्ख] १. वह कागज जिस पर हुंडी लिखी जाती है। २. वह हुंडी जिसका रुपया चुका दिया गया हो।

खोगीर पुं० दे० 'खुगीर'।

खोज स्त्री० [सं० क्षोद्य, प्रा० खोज्ज=पैर का चिह्न] १. पैरों का वह निशान जो चलने से मिट्टी या जमीन पर बनता है। २. गाड़ी के पहिए की लीक अथवा पैर आदि के चिह्न।
मुहा० *खोज मिटाना*=वे चिह्न या लक्षण नष्ट करना जिनसे किसी बात या घटना का पता चल सकता हो।
३. खोजने या ढूँढ़ने की क्रिया या भाव, अनुसन्धान, तलाश। ४. चिह्न, निशान, पता।

खोजना स० दे० 'ढूँढ़ना'।

खोजा पुं० [फा० ख़्वाज:] १. वह नपुंसक जो मुसलमानी महलों में सेवक की भाँति रहता था। २. सेवक। ३. माननीय व्यक्ति, सरदार। ४. गुजराती मुसलमानों की एक जाति।

खोजी वि० [हिं० खोज] १. वह जो पैरों के चिह्न या पहियों की लीक देखकर चोरों, अपराधियों, जंगली जानवरों आदि का पता लगाता हो। २. ढूँढ़ने या खोजनेवाला।

खोजी पत्रकारिता स्त्री० पत्रकारिता की वह शाखा जो अपराधियों, भ्रष्टाचारियों आदि समाजविरोधियों का भंडाफोड़ करती हो।

खोजू स्त्री० दे० 'खोजी'।

खोझ* स्त्री० [हिं० खोज] निशान।

खोट स्त्री० [हिं० खोटा] १. दोष, ऐब, बुराई। २. किसी उत्तम वस्तु में निकृष्ट वस्तु की मिलावट।

खोटता* स्त्री० दे० 'खोटाई'।

खोटा वि० [सं० क्षुद्र] [भाव० खोटाई, खुटाई] जिसमें ऐब हो, बुरा, 'खरा' का उल्टा।

खोटाई स्त्री० [हिं० खोटा+ई (प्रत्य०)] १. बुराई। २. दुष्टता। ३. छल, कपट। ४. दोष, ऐब।

खोटाना अ० दे० 'खुटाना'।

खोटापन पुं० दे० 'खोटाई'।

खोटा सिक्का पुं० १. जाली सिक्का। २. गलत आदमी।

खोड़ स्त्री० [हिं० खोट] भूत-प्रेत आदि की बाधा।

खोड़हा पुं० [हिं० खोड़+हा(प्रत्य०)] टूटे दाँतोंवाला।

खोद पुं० [फा० ख़ोद] युद्ध में पहनने का लोहे का टोप, कूँड, शिरस्त्राण।

खोदना स० [सं० क्षुद्र, प्रा० खुद्=भेदना] १. ऊपर की मिट्टी आदि हटाकर गहरा गड्ढा करना, खनना। २. इस प्रकार मिट्टी हटाकर कोई चीज उखाड़ना या गिराना। ३. किसी कड़ी चीज में धारदार पदार्थ से बेल-बूटे बनाना, नक्काशी करना। ४. उँगली, छड़ी आदि से दबाना, गड़ाना। ५. छेड़-छाड़ करना। ६. उत्तेजित करना, उकसाना, उभाड़ना।

खोदवाना स० हिं० 'खोदना' का प्रे०।

खोद-विनोद पुं० विशेष रूप से पूछी जानेवाली छोटी-छोटी बातें।

खोदाई स्त्री० दे० 'खुदाई'।

खोना स० [सं० क्षेपण] १. अपने पास की वस्तु असावधानी से निकल जाने देना, गँवाना। २. नष्ट करना, बिगाड़ना।
अ० पास की वस्तु का असावधानी से कहीं छूट, रह या निकल जाना।
पुं० दे० 'दोना'।

खोन्चा पुं० [फा० ख्वान्च:] बड़ी परात या थाल, जिसमें रखकर फेरीवाले मिठाई आदि बेचते हैं।

खोपड़ा पुं० [सं० खर्पर] १. दे० 'खोपड़ी'। २. सिर। ३. गरी का गोला। ४. नारियल।

खोपड़ी स्त्री० [हिं० खोपड़ा] १. सिर की हड्डी, कपाल। २. सिर। ३. मस्तिष्क, दिमाग।
मुहा० *अन्धी या औंधी खोपड़ी का*=नासमझ, मूर्ख। *खोपड़ी खा या चाट जाना*=बहुत बातें करके दिक करना। *खोपड़ी गंजी होना*=मार या व्यय आदि के कारण परेशान होना।
४. गोलाकार और बहुत कड़ा ऊपरी आवरण, जैसे नारियल की खोपड़ी या कछुए की खोपड़ी।

खोपन† स्त्री० [हिं० खोंपना] छप्पर का कोना।

खोपा पुं० [सं० खर्पर, हिं० खोपड़ा] १. छप्पर का कोना। २. स्त्रियों की गुथी हुई चोटी की तिकोनी बनावट, जूड़ा। ३. गरी का गोला।

खोभना स० दे० 'खुभाना'।

खोभरा* पुं० [हिं० खुभना] १. रास्ते में पड़नेवाली वह उभरी हुई चीज, जो चुभती हो या जिससे ठोकर लगती हो। २. कूड़ा-करकट।

खोभार पुं० [?] कूड़ा-करकट फेंकने का गड्ढा।

खोम* पुं० [अ० क़ौम] समूह।

खोया पुं० [सं० क्षोद] दुध को गाढ़ा करने से बना ठोस रूप जिससे मिठाई बनाते हैं।

खोर[१] स्त्री० [हिं० खर] १. तंग गली, कूचा। २. चौपायों को चारा देने की नाँद।

खोर[२] स्त्री० [हिं० खोट] १. खराब, बुरा। २. निकम्मा, बेकाम। ३. नटखट।

खोर[३] वि० [फा० ख़ूर] एक विशेषण जो शब्दों के अन्त में प्रत्यय के रूप में लगकर ये अर्थ देता है—(क) खानेवाला, जैसे आदमखोर=नरभक्षी। (ख) लेकर अपने उपयोग में लानेवाला, जैसे रिश्वतखोर=घूस लेनेवाला। (ग) निर्लज्जता-पूर्वक सहन करनेवाला, जैसे जूताखोर। (घ) किसी के प्रभाव से बहुत कुछ रक्षित रखनेवाला, जैसे गर्दखोर, मैलखोर आदि।

खोरना* अ० [सं० क्षालन] स्नान करना, नहाना।

खोरा पुं० [सं० खोलक या फा० आबखोरा] [स्त्री० अल्पा० खोरिया] कटोरा।

वि० दे० 'खोंड़ा'।

खोरि[१]* स्त्री० [हिं० खुर] तंग गली।

खोरि[२]* स्त्री० [सं० खोट या खोर] १. ऐब, दोष। २. बुराई।

खोरिया स्त्री० [हिं० खोरा] १. छोटी कटोरी। २. माथे पर लगाने के चमकीले बुंदे। (स्त्रियाँ)

खोरी स्त्री० दे० 'कटोरी'।

खोल पुं० [सं० खोल=कोश] १. आवरण, गिलाफ। २. कीड़ों का वह ऊपरी चमड़ा जिसे समय-समय पर वे बदला करते हैं। ३. मोटी चादर।

खोलना स० [सं० क्षुड्] १. ढकने, बाँधने, जोड़ने या रोकनेवाली वस्तु हटाना। २. दरार या छेद करना। ३. कोई क्रम चलाना या जारी करना। ४. सड़क, नहर आदि चलती करना। ५. व्यापार या दैनिक कार्य आरम्भ करना। ६. गुप्त या गूढ़ बात प्रकट या स्पष्ट कर देना।

खोली स्त्री० [हिं० खोल] १. आवरण, गिलाफ, जैसे तकिए की खोली। २. छोटा कमरा, कोठरी।

खोब* पुं० [हिं० खोना] १. खोने या गँवाने की क्रिया या भाव। २. क्षति, हानि।

खोसना स० दे० 'छीनना'।

खोह स्त्री० [सं० गोह] गुफा, कन्दरा।

खोही स्त्री० [सं० खोलक] १. पत्तों की छतरी। २. घोघी।

खौं† स्त्री० [सं० खन्] अन्न रखने का गड्ढा, खाती।

खौंखोरना अ०, स०=खिजलाना।

खौंट* स्त्री० [हिं० खोंटना] १. खोटने की क्रिया या भाव। २. दे० 'खरोंट'।

खौंदना* स०=खूँदना।

खौफ पुं० [अ० ख़ौफ़] [वि० खौफनाक] डर, भय, दहशत।

खौर[१] पुं० [सं० क्षौर या क्षुर] [क्रि० खौरना] १. चन्दन का तिलक, टीका। २. स्त्रियों के सिर का एक गहना।

खौर[२]* वि० [हिं० खोर] नटखट, शरारती।

खौरना* अ० [हिं० खौर] शरारत करना।

खौरहा वि० [हिं० खौरा+हा (प्रत्य०)] [स्त्री० खौरही] १. जिसके बाल झड़ गए हों। २. (पशु) जिसे खौरा रोग हुआ हो।

खौरई* स्त्री० [हिं० खौर] नटखटपन।

खौरा पुं० [सं० क्षौर, या फा० बालखोरा] पशुओं की एक प्रकार की खुजली, जिसमें उनके बाल झड़ जाते हैं।

वि० जिसे खौरा रोग हुआ हो।

खौरी* स्त्री० 'खोरि'।

खौलना अ० दे० 'उबलना'।

खौलवाना स०=उबलवाना।

खौलाना स०=उबालना।

ख्यात[१] वि० [सं०] [भाव० ख्याति] प्रसिद्ध।

ख्यात[२] स्त्री० [सं० ख्याति] वह कविता जिसमें किसी की वीरता, कीर्ति आदि का वर्णन हो।

ख्याति स्त्री० [सं०] १. प्रसिद्धि, शोहरत। (रेपुटेशन) २. अच्छा काम करने से होनेवाली बड़ाई, कीर्ति, यश।

ख्यातिलब्ध वि० [सं०] जिसने ख्याति प्राप्त की हो, यशस्वी।

ख्यापन पुं० [सं०] घोषणा करना।

ख्यापित वि० [सं०] १. प्रसिद्ध। २. घोषित।

ख्याल* पुं० [हिं० खेल] १. खेल। २. दिल्लगी।

पुं० दे० 'खयाल'।

ख्रिष्टान पुं० [अं० क्रिश्चन] दे० 'ईसाई'।

ख्रिष्टीय वि० दे० 'ख्रिस्तीय'।

ख्रिस्तान पुं०='ईसाई'।

ख्रिस्तीय वि० खीस्त-सम्बन्धी।

खीष्ट, खीस्त पुं० [अं० क्राइस्ट] दे० 'ईसा'।

ख्वाजा पुं० [फा० ख़्वाजः] १. मालिक। २. सरदार। ३. ऊँचे दरजे का मुसलमान फकीर। ४. रनिवास का नपुंसक भृत्य, खोजा।

ख्वाब पुं० [फा० ख़्वाब] सपना, स्वप्न।

ख्वार वि० [फा० ख़्वार] [भाव० ख्वारी] १. खराब। २. बरबाद। ३. तिरस्कृत।

ख्वारी स्त्री० [फा० ख़्वारी] १. ख्वार या बरबाद होने की क्रिया या भाव, खराबी। २. दुर्दशा।

ख्वाह योज० [फा० ख़्वाह] या, अथवा।

ख्वाहमख्वाह क्रि० वि० [फा० ख़्वाहमख़्वाह] १. कोई चाहे या न चाहे, जबर्दस्ती। २. अवश्य।

ख्वाहिश स्त्री० [फा० ख़्वाहिश] इच्छा।

ख्वैना* स० दे० 'खोना'।

ग

ग देवनागरी वर्णमाला में कवर्ग का तीसरा वर्ण जो अल्पप्राण तथा घोष है और जिसका उच्चारण-स्थान कंठ है। प्रत्यय रूप में इसके अर्थ होते हैं—(क) गानेवाला; जैसे-सामग। (ख) जानेवाला; जैसे—निम्नग। संगीत में यह 'गन्धार' (स्वर) का संक्षिप्त रूप और सूचक माना जाता है।

गंग स्त्री० दे० 'गंगा'।

गंगबरार पुं० दे० 'दरिया-बरार'।

गंगा स्त्री० [सं०] भारतवर्ष की एक प्रधान और प्रसिद्ध नदी।
विशेष पुराणों में गंगा की महिमा ब्रह्मांड-व्यापिनी के रूप में हुई है। इसका आकाश में मंदाकिनी, धरती पर भागीरथी और पाताल में भोगवती नामों से प्रवाहित होना माना जाता है।
मुहा० *गंगा उठाना*=गंगाजली उठाना। *गंगा नहाना*=मुक्ति पाना।

गंगागति स्त्री० [सं०] मृत्यु।

गंगा-जमनी, गंगा-जमुनी वि० [हिं० गंगा+जमुना] १. मिला-जुला, दुरंगा, जैसे गंगा-जमनी संस्कृति। २. जिसमें दो या कई धातुएँ, वस्तुएँ या रंग मिले हों।

गंगाजल पुं० [सं०] १. गंगा का जल। २. एक प्रकार का रेशमी कपड़ा।

गंगाजली स्त्री० [सं० गंगाजल] वह सुराही या बरतन जिसमें यात्री गंगाजल ले जाते हैं।
मुहा० *गंगाजली उठाना*=गंगा जल हाथ में लेकर शपथपूर्वक कहना।

गंगाधर पुं० [सं०] शिव।

गंगापुत्र पुं० [सं०] १. भीष्म। २. एक प्रकार के ब्राह्मण जो नदियों के तट पर बैठकर दान लेते हैं।

गंगाल पुं० दे० 'कंडाल'।

गंगालाभ पुं० [सं०] मृत्यु।

गंगावतरण पुं० [सं०] गंगा का स्वर्ग से पृथ्वी पर आना।

गंगासागर पुं० [सं० गंगा+सागर] १. एक तीर्थ जो उस स्थान पर है, जहाँ गंगा समुद्र में मिलती है। २. बड़ी झारी।

गँगेऊ* पुं० दे० 'गांगेय'।

गंगोझ* पुं० [सं० गंगोदक] गंगाजल।

गंगोदक पुं० [सं०] गंगाजल।

गँगौटी स्त्री० [हिं० गंगा+मिट्टी] गंगा के किनारे की मिट्टी।

गंज[1] पुं० [सं० कंज या खंज] सिर के बाल झड़ने का रोग, खल्वाट।

गंज[2] पुं० [फा०] १. खजाना, कोष। २. ढेर, राशि। ३. समूह, झुंड। ४. अनाज की मंडी। ५. हाट, बाजार।

गंजकाना* स०=गंजना (नष्ट करना)।

गंजन पुं० [सं०] १. अवज्ञा, तिरस्कार। २. पीड़ा, कष्ट। ३. नाश। वि० मारने या नष्ट करनेवाला।

गंजना* स० [सं० गंजन] १. अवज्ञा करना, निरादर करना। २. चूर-चूर करना। ३. नष्ट करना। ४. पूरी तरह से परास्त करना।

गँजहा| वि० = गंजा।

गंजा वि०, पुं० [हिं० गंज] जिसके सिर के बाल झड़ गए हों।

गँजाना* स० हिं० 'गाँजना' का प्रे०।

गंजी[1] स्त्री० [हिं० गंज] १. ढेर, समूह। २. शकरकन्द, कन्दा।

गंजी[2] स्त्री० [?] बनियान।

गंजी[3] पुं० दे० 'गँजेड़ी'

गंजीफा पुं० [फा० गंजीफ़ः] १. एक खेल जो आठ रंग के ९६ पत्तों से खेला जाता है। २. ताश।

गँजेड़ी वि०, पुं० [हिं० गाँजा+एड़ी (प्रत्य०)] गाँजा पीनेवाला।

गँठजोड़ा पुं० [हिं० गाँठ+जोड़ना] १. धार्मिक कृत्य के समय एक रीति जिसमें पति और पत्नी के दुपट्टों को परस्पर बाँध देते हैं। २. दो चीजों या व्यक्तियों का प्रायः बना रहनेवाला साथ।

गंड पुं० [सं०] १. कपोल, गाल। २. कनपटी। ३. गंडा, जो गले में पहना जाता है। ४. फोड़ा। ५. चिह्न या निशान। ६. गोल मंडलाकार चिह्न या लकीर, गंडा। ७. गाँठ। ८. गिलटी।

गंडक स्त्री० [सं०] गंगा में मिलनेवाली एक नदी।

गँडदार पुं० [सं० गंड या गँड़ासा+फा० दार (प्रत्य०)] महावत, हाथीवान।
पुं० दे० 'गड़दार'।

गंडमाला स्त्री० दे० 'कंठमाला'। (रोग)

गंडमूर्ख वि० [सं०] महामूर्ख।

गंडस्थल पुं० [सं०] कनपटी।

गंडा[1] पुं० [सं० गंडक] १. गाँठ। २. गिनने में चार का समूह; दस गंडा=चालीस। ३. मन्त्र पढ़कर गाँठ लगाया हुआ वह धागा जो रोग या प्रेतबाधा दूर करने के लिए गले या हाथ में बाँधते हैं।

गंडा[2] पुं० [सं० गंड=चिह्न] १. आड़ी लकीरों की पंक्ति। २. तोते आदि पक्षियों के गले की रंगीन धारी, कंठी, हँसली।

गँडासा पुं० [हिं० गेंडी+सं० असि] [स्त्री० अल्पा० गँडासी] चौपायों का चारा या घास काटने का उपकरण।

गँडेरी स्त्री० [सं० गंड] ईख या गन्ने का छोटा टुकड़ा।

गंतव्य पुं० [सं०] वह स्थान जहाँ कोई जाना या पहुँचना चाहता हो या कोई अथवा कुछ भेजा जाता हो।

गंतव्यगामी वि० [सं० गंतव्य+गामिन्] जो अपने गंतव्य की ओर जा रहा हो।

गंद स्त्री० [फा०] दुर्गन्ध, बदबू।

गंदगी स्त्री० [फा०] १. गन्दा होने का भाव, मैलापन, मलिनता। २. अपवित्रता, अशुद्धता। ३. विष्ठा, मल।

गंदना पुं० [सं० गंधन] लहसुन या प्याज की तरह का एक कन्द।

गँदला वि० दे० 'गंदा'।

गंदा वि० [फा० गन्दः] [स्त्री० गंदी] १. मैला, मलिन। २. अपवित्र, अशुद्ध। ३. घृणित।

गंदी बस्ती स्त्री० वह स्थान जहाँ गरीब लोग रहते हों और जहाँ सफाई आदि का प्रबन्ध न हो।

गंदुम पुं० [फा०] गेहूँ।

गंदुमी वि० [फा० गंदुम=गेहूँ] १. गेहूँ या उसके आटे का बना हुआ। २. गेहूँ के रंग का, गेहुँआ।

गंध स्त्री० [सं०] १. वायु में मिले हुए किसी वस्तु के सूक्ष्म कणों का प्रसार, जिसका ज्ञान या अनुभव नाक से होता है, वास, महक, सुगन्ध। ३. वह सुगन्धित द्रव्य जो शरीर में लगाया जाता है। ४. सूक्ष्म अंश, लेश। ५. बहुत ही सूक्ष्म रूप से किसी बात का पता, जैसे-देखो! इस बात की गन्ध न लगने पाए।

पुं०=गंधमादन।

गंधक स्त्री० [सं० गंध] [वि० गंधकी] एक जलनेवाला पीला खनिज पदार्थ।

गंधकारी (रिन्) वि० [सं०] गन्ध उत्पन्न करनेवाला।

गंधकी वि० [हिं० गन्धक] गन्धक के रंग का, हलका पीला।

गंधद्रव्य पुं० [सं०] वह चीज जिससे अच्छी गन्ध निकलती हो और जिसका उपयोग दूसरी वस्तुओं को सुगन्धित करने के लिए होता हो, जैसे कस्तूरी, केसर, चन्दन आदि।

गंधबंधु पुं० [सं०] आम का वृक्ष।

गंधबिलाव पुं० [सं० गंध+विडाल] नेवले की जाति का एक पशु जिसके अंडकोश से सुगंधित द्रव्य निकलता है।

गंधमादन पुं० [सं०] पुराणानुसार इलावृत और भद्राश्व खंडों के बीच एक पर्वत जो श्याम रंग का माना गया है।

गंधमार्जार पुं० [सं०] गंधबिलाव।

गंधराज पुं० [सं०] चंदन, केसर आदि गंधद्रव्य।

गंधर्व पुं० [सं०] [स्त्री० गंधर्वी, हिं० स्त्री० गंधर्विन] १. देवताओं की एक कोटि या योनि जो गाने में निपुण है। २. प्रेतात्मा। ३. एक जाति जिसकी कन्याओं का काम नाचना-गाना है।

गंधर्वनगर पुं० [सं०] १. मिथ्या या काल्पनिक नगर। २. मिथ्या ज्ञान। ३. चन्द्रमा के किनारे का मंडल जो हलकी बदली में दिखाई पड़ता है।

गंधवह पुं० [सं०] १. वायु। २. चन्दन।

वि० १. गन्ध ले जाने या पहुँचानेवाला। २. सुगन्धित, खुशबूदार।

गंध-सफेदा पुं० दे० 'सफेदा' (वृक्ष)। (युक्लिप्टस)

गंधसार पुं० [सं०] १. गंधद्रव्य (दे०)। २. चन्दन।

गंधहारक वि० [सं०] गन्ध दूर करनेवाला।

गंधा वि० स्त्री० [सं०] गन्धवाली (यौगिक शब्दों के अन्त में; जैसे मत्स्यगंधा)।

गंधाना अ० [सं० गंध] महकना, गंध देना।

गंधाबिरोजा पुं० [हिं० गंध+बिरोजा] चीड़ नामक वृक्ष का गोंद।

गंधार पुं० दे० 'गांधार'।

गंधिया वि० [सं० गंध+हिं० इया (प्रत्य०)] जिससे गन्ध निकलती हो।

गंधी (-धिन्) पुं० [सं०] [स्त्री० गंधिनी, गंधिन] १. सुगन्धित तेल आदि बेचनेवाला, अत्तार। २. गँधिया घास, गाँधी। ३. गँधिया कीड़ा।

गँधीला वि० [हिं० गंध] अप्रिय या बुरी गन्धवाला, बदबूदार।

गंभीर वि० [सं०] [भाव० गंभीरता, गांभीर्य] १. बहुत गहरा। २. घना। ३. जिसका अर्थ कठिन हो, गूढ़, जटिल। ४. जिसका निराकरण, उपचार, प्रतिकार या शमन सहज में न हो सके, विकट, भारी। (सीरिअस) ५. शान्त, धीर।

गँव स्त्री० [सं० गम्य] १. घात, दाँव। २. मतलब, प्रयोजन। ३. अवसर, मौका।

पद *गँव से*=(क) अच्छे ढंग या युक्ति से। (ख) धीरे से, चुपके से।

गँवई वि० [सं० ग्रामेयिक, प्रा० गाँवेइअ] ग्राम या गाँव-सम्बन्धी, गाँव का।

पुं० १. गाँव का रहनेवाला, देहाती। २. दे० 'गँवार'।

गँवर-मसला पुं० [हिं० गँवार+अ० मसल] ग्रामीण कहावत या उक्ति, देहातियों में प्रचलित कहावत।

गँवाना स० दे० 'खोना'।

गँवार वि०, पुं० [हिं० गाँव+आर(प्रत्य०)] १. ग्रामीण, देहाती। २. असभ्य। ३. बेवकूफ, मूर्ख।

गँवारी स्त्री० [हिं० गँवार] १. गँवारपन, मूर्खता, बेवकूफी। ३. गँवार स्त्री।

वि० १. ग्राम्य, गाँव का। २. गँवारों का-सा। ३. जिसमें शिष्टता, शालीनता आदि का अभाव हो, भद्दा। (वल्गर)

गँवारू वि० [हिं० गँवार] १. गँवारों का। २. गँवारों के जैसा।

गँवेला वि० [स्त्री० गँवेली] दे० 'गँवार'।

गंस[1] * पुं० [सं० ग्रंथि] १. द्वेष, बैर। २. चुभनेवाली बात, ताना।

गंस[2] स्त्री० [सं० कषा] तीर की नोक।

गँसना * स० [सं० ग्रंथन] १. कसना, जकड़ना या घेरना। २. बुनावट में सूतों को खूब पास-पास सटाना।

अ० १. बुनावट का ठस होना। २. कसा या जकड़ा जाना।

गँसाव पुं० [हिं० गँसना+आव (प्रत्य०)] कसाव, कसावट।

गँसीला वि० [हिं० गंस] [स्त्री० गँसीली] तीर के समान नोकदार।

गइंद * पुं० दे० 'गयंद'।

गइनाही * स्त्री० [सं० ज्ञान] जानकारी।

गइयर स्त्री० दे० 'नीलगाय'।

गई-बहोर वि० [हिं० गया+बहुरना] खोई हुई वस्तु वापस दिलानेवाला अथवा बिगड़ा हुआ काम बनानेवाला।

गउमुख * पुं०, वि० दे० 'गोमुख'।

गऊ स्त्री० [सं० गो] गाय, गौ।

गगन पुं० [सं०] आकाश, आसमान।

गगनगढ़ पुं० [सं० गगन+हिं० गढ़] बहुत ऊँचा महल या इमारत।

गगनचुंबी (-बिन्) वि० [सं०] इतना ऊँचा जो आकाश को चूमता या छूता जान पड़े, बहुत ऊँचा।

गगनधूल स्त्री० [सं० गगन+हिं० धूल] १. एक प्रकार का कुकुरमुत्ता। २. केतकी के फूल की धूल।

गगनभेड़ स्त्री० [हिं० गगन+भेड़] जलाशयों के पास रहनेवाली कराकुल या कूँज नामक चिड़िया।

गगनभेदी (दिन्) वि० [सं०] १. (स्वर या शब्द) जो आकाश को फाड़ता या आकाश में गूँजता-सा जान-पड़े। २. दे० 'गगनचुंबी'।

गगन-वाटिका स्त्री० [सं०] वैसी ही असम्भव बात, जैसी आकाश में वाटिका या बाग-बगीचे के होने की होती है, आकाशकुसुम।

गगनस्पर्शी वि० दे० 'गगनचुंबी'।

गगरा पुं० [सं० गर्गर] [स्त्री० अल्पा० गगरी] धातु का बड़ा घड़ा, कलसा।

गच स्त्री० [चीनी कचु, तुर्की गज] १. किसी नरम वस्तु में किसी कड़ी या पैनी वस्तु के धँसने का शब्द। २. चूने-सुर्खी से बनी जमीन, पक्का फर्श।

गचकारी स्त्री० [हिं० गच+फा० कारी] गच का काम, चूने-सुर्खी का काम।

गचना स० [अनु० गच] १. बहुत कसकर भरना। २. दे० 'गाँसना'।

गछना* अ० [सं० गच्छ] १. जाना, चलना। २. नष्ट होना। स० १. चलाना, निभाना। २. अपने जिम्मे लेना, अपने ऊपर लेना।

गजंद* पुं० दे० 'गयंद'।

गज[1] पुं० [सं०] [स्त्री० गजी] १. हाथी। २. आठ की संख्या का सूचक शब्द। (आठ दिग्गजों के कारण)

गज[2] पुं० [फा० गज़] १. लम्बाई नापने की एक नाप जो कपड़ों के लिए सोलह गिरह या तीन फुट और लकडी के लिए दो फुट की होती है। २. इस नाप का लोहे या लकड़ी का छड़। ३. लोहे या लकड़ी का वह छड़ जिससे पुराने ढंग की बन्दूक या तोप भरी जाती थी। ४. एक प्रकार का तीर।

गजक स्त्री० [फा० कज़क] १. वह चीज जो शराब पीने के समय खाई जाती है, चाट, जैसे कबाब आदि। २. तिल, दाल आदि की बनी हुई एक प्रकार की पपड़ी। ३. जलपान।

गजकुंभ पुं० [सं०] हाथी का माथा।

गजगति स्त्री० [सं०] हाथी की-सी मन्द और मस्त चाल।

गजगती स्त्री० [फा० गज़+सं० गत] गज से नापकर कपड़े की होनेवाली बिक्री (पूरे थान की बिक्री से भिन्न)।

गजगा पुं० [सं० गज] हाथियों का एक प्रकार का गहना।

गजगामिनी वि० स्त्री० [सं०] हाथी के समान मन्द गति से चलनेवाली।

गजगाह पुं० दे० 'झूल' (हाथी की)।

गजगौन* पुं० [सं० गजगमन] हाथी की-सी मस्त चाल।

गजगौहर* पुं०=गजमुक्ता।

गजट पुं० [अं० गज़ट] सरकारी पत्र या प्रपत्र।

गजदंत पुं० [सं०] [वि० गजदंती] १. हाथी का दाँत। २. दीवार में गड़ी खूँटी। ३. दाँत के ऊपर निकला हुआ दाँत।

गजदान पुं० [सं०] हाथी का मद।

गजनवी वि० [फा० गज़नवी] गजनी नगर-सम्बन्धी। पुं० गजनी नगर का निवासी।

गजना* अ० दे० 'गाजना'।

गजनाल स्त्री० [सं०] वह बड़ी तोप जिसे हाथी खींचते थे।

गजपति पुं० [सं०] १. बहुत बड़ा हाथी। २. वह जिसके पास बहुत से हाथी हों। ३. कलिंग देश के कुछ राजाओं की एक उपाधि।

गजब पुं० [अ० गज़ब] १. कोप, गुस्सा। २. विपत्ति, आफत। ३. अन्धेर, अन्याय। ४. विलक्षण बात।

पद *गजब का*=बहुत विलक्षण।

मुहा० *गजब गुजारना या ढाना*=घोर अत्याचार करना।

गजबाँक (बाग) पुं० [सं० गज+हिं० बाँक या बाग] हाथी का अंकुश।

गजमणि पुं०=गजमुक्ता।

गजमुक्ता स्त्री० [सं०] वह कल्पित मोती जिसका हाथी के मस्तक से निकलना प्रसिद्ध है, गजमणि।

गजमोती पुं० दे० 'गजमणि'।

गजर पुं० [सं० गर्जन, हिं० गरज] १. पहर-पहर पर घंटा बजने का शब्द। २. बहुत सबेरे के समय घंटा बजना। ३. समय-सूचक घंटा जो ४, ८ या १२ बजने पर एक बार फिर जल्दी-जल्दी चार, आठ या बारह बार बजाया जाना।

गजरदम क्रि० वि० [हिं० गजर+फा० दम] प्रभात के समय, बहुत सबेरे, तड़के।

गजरा पुं० [हिं० गंज] १. फूलों की बड़ी माला। २. एक गहना जो कलाई पर पहना जाता है।

गजराज पुं० [सं०] बड़ा हाथी।

गजल स्त्री० [फा० गज़ल] फारसी, उर्दू तथा हिन्दी में एक प्रकार का पद्य।

गजलकार पुं० [फा० + सं०] [भाव० गजलकारी] गजलें लिखने तथा पढ़नेवाला।

गजबदन पुं० [सं०] गणेश।

गजवान पुं० [हिं० गज+वान] हाथीवान।

गजशाला स्त्री० [सं०] हाथियों के बाँधने का स्थान, फीलखाना।

गजा पुं० [फा० गज़] नगाड़ा बजाने का डंडा।

गजाधर पुं० दे० 'गदाधर'।

गजाधिप पुं० [सं०] इन्द्र का हाथी, ऐरावत।

गजानन पुं० [सं०] गणेश, गौरी पुत्र, विनायक।

गजाना* स०=गाँजना।

गजासीन वि० [सं० गज+आसीन] हाथी पर बैठा हुआ।

गजी[1] स्त्री० [फा० गज़] एक प्रकार का मोटा देशी कपड़ा, गाढ़ा।

गजी[2] स्त्री० [सं०] हाथी की मादा, हथिनी।

गजेंद्र पुं० [सं०] बड़ा हाथी।

गज्जना* अ०=गरजना।

गज्जर* पुं०=गजर।

गजव्हू* पुं० [सं० गज+व्यूह] हाथियों का झुंड।

गझिन वि० [हिं० गछना] १. सघन, घना। २. ठस बुनावट का।

गटकना स० [गट से अनु०] १. निगलना। २. हड़पना।

गटकीला वि० [हिं० गटकना] गटकने या निगलनेवाला।

गटगट स्त्री० [अनु०] निगलने या घोंटने के समय गले में होनेवाला शब्द।

गटना* अ० [सं० ग्रन्थन] किसी से लगा, मिला या बँधा होना, युक्त होना।

स० किसी से युक्त या सम्बद्ध करना, मिलाना या लगाना।

गटपट स्त्री० [अनु०] १. बहुत अधिक मेल, घनिष्ठता। २. सहवास, सम्भोग।

गटा* स्त्री० [सं० ग्रंथि] गाँठ।

गटी* [हिं० गटा] छोटी गाँठ।

गट्टा पुं० [सं० ग्रंथ, प्रा० गंट, हिं० गाँठ] १. हथेली और पहुँचे के बीच का जोड़, कलाई। २. पैर की नली और तलवे के बीच की गाँठ। ३. एक प्रकार की मिठाई।

गट्ठर पुं० [हिं० गाँठ] बड़ी गठरी।

गट्ठा पुं० [हिं० गाँठ] [स्त्री० अल्पा० गट्ठी, गठिया] १. घास, लकड़ी आदि का बोझ। २. बड़ी गठरी, गट्ठर।

गठजोड़ पुं०=गठबंधन।

गठजोड़ा पुं० [हिं० गठ+जोड़ना] धार्मिक कृत्य के समय पति और पत्नी के दुपट्टों में गाँठ लगाने की क्रिया या भाव।

गठन पुं० [सं० घटन] रचना, रचाव; जैसे-संस्थान का गठन, वाक्यों का गठन।

गठना अ० [सं० ग्रंथन] १. वस्तुओं का मिलकर एक होना, जुड़ना, सटना। २. कोई गुप्त विचार या कुचक्र होना। ३. अनुकूल या ठीक होना, सधना। ४. अच्छी तरह बनना या होना। ५. बहुत मेल-मिलाप होना।

गठबंधन पुं० [हिं० गाँठ+सं० बंधन] १. गाँठ का बँधना या बाँधा जाना। २. हिन्दू धार्मिक कृत्यों में पति और पत्नी क दुपट्टों में लगाई जानेवाली गाँठ। ३. दो या अधिक दलों आदि का एक साथ मिलकर काम करने के लिए बनाया हुआ संघटन।

गठरी स्त्री० [हिं० गट्ठर] १. कपड़े में गाँठ लगाकर बाँधा हुआ सामान, बड़ी पोटली। २. माल, रकम, धन।

मुहा० *गठरी मारना*=अनुचित रूप से किसी का धन ले लेना।

गठवाना स० [हिं० गाँठना] १. गठाना। २. सिलवाना। ३. जोड़ लगवाना।

गठा वि० [हिं० गठना] जिसकी बनावट सघन हो तथा जो कम जगह घेरता हो; जैसे-गठा बदन।

पुं०=गट्ठा।

गठान| स्त्री० = गाँठ।

गठित वि० [हिं० गठना] गठा हुआ। (अशुद्ध रूप)

गठिबंध* पुं० दे० 'गँठजोड़ा'।

गठिया स्त्री० [हिं० गाँठ] १. बोझ लादने का बोरा या थैला। २. बड़ी गठरी।

पुं० एक रोग जिसमें जोड़ों में सूजन, अकड़न और पीड़ा होती है।

गठियाना स० [हिं० गाँठ] १. गाँठ लगाना। २. गाँठ में बाँधना।

गठीला[1] वि० [हिं० गाँठ+इला (प्रत्य०)] [स्त्री० गठीली] जिसमें बहुत-सी गाँठें हों।

गठीला[2] वि० [हिं० गठना] १. गठा हुआ, चुस्त। २. मजबूत, दृढ़।

गठौत स्त्री० [हिं० गठना] १. मेल-मिलाप, मित्रता। २. मिलकर पक्की की हुई गुप्त बात, अभिसन्धि।

गडंग पुं० [सं० गर्व] [वि० गडंगिया] १. घमंड, शेखी। २. आत्मश्लाघा, अपनी बड़ाई, डींग।

गड| पुं० दे० 'गड्ड'।

गड़कना* अ० [अ० गर्क] डूबना।

अ० दे० 'गरजना'।

गड़काव* [हिं० गड़कना] डूबने की अवस्था या भाव।

गड़गड़ा पुं० [अनु०] बड़ा हुक्का।

गड़गड़ाना अ० [हिं० गड़गड़] [भाव० गड़गड़ाहट] गड़गड़ शब्द होना।

स० गड़गड़ शब्द उत्पन्न करना।

गड़गड़ाहट स्त्री० [गड़गड़ से अनु०] रह-रहकर गड़गड़ होने का शब्द या भाव, गरज, जैसे-बादलों की गड़गड़ाहट।

गड़दार पुं० [हिं० गँड़ासा+फा० दार] १. वह नौकर जो मस्त हाथी के साथ उसे सँभाले रखने के लिए भाला लेकर चलता है। २. महावत।

गड़ना अ० [सं० गर्त] १. धँसना, चुभना। २. खुरखुरा लगना। ३. दर्द करना, दुखना। ४. मिट्टी के नीचे दबना, दफन होना।

मुहा० *गड़े मुरदे उखाड़ना*=दबी-दबाई या पुरानी बातें उठाना। *मारे शर्म के गड़ जाना*=बहुत लज्जित होने के कारण मुँह न दिखा सकना।

गड़पना स० [अनु०] १. निगलना। २. अनुचित रूप से दबा बैठना।

गड़प्पा पुं० [हिं० गाड़] १. गड्ढा। २. धोखा खाने का स्थान।

गड़बड़ वि० [हिं० गड्ढा+बड़=ऊँचा] [वि० गड़बड़िया] १. ऊँचा-नीचा। २. अव्यवस्थित। ३. खराब, बुरा।

पुं० १. कुप्रबन्ध, अव्यवस्था। २. भूल-चूक, गलती या उलटा-पलटा काम।

गड़बड़-झाला, गड़बड़-घोटाला पुं० दे० 'गड़बड़'।

गड़बड़ाना अ० [हिं० गड़बड़] १. भूल करना, चूक जाना, भ्रम में पड़ना। २. क्रम भ्रष्ट होना, अव्यवस्थित होना।

स० १. गड़बड़ी या चक्कर में डालना। २. भ्रम में डालना, भुलवाना। ३. गड़बड़ी या खराबी करना।

गड़बड़ी स्त्री० दे० 'गड़बड़'।

गड़रिया पुं० [सं० गड्डुरिक] [स्त्री० गड़ेरिन] भेड़-बकरी पालनेवाली एक जाति।

गड़हा पुं० [स्त्री० अल्पा० गड़ही] दे० 'गड्ढा'।

गड़ा पुं० [सं० गण] ढेर, राशि।

पुं० दे० 'गड्ढा'।

गड़ाना स० [हिं० गड़ना] चुभाना।

स० हिं० 'गाड़ना' का प्रे०।

गड़ायत* वि० [हिं० गड़ना] गड़ने या चुभनेवाला।

गड़ारा* वि० [हिं० गगरी] अर्धवृत्ताकार।

गड़ारी स्त्री० [हिं० गीड़=गड्ढा या सं० गंड] १. अर्धवृत्ताकार गड्ढा जो कुछ दूर तक चला गया हो। २. गोल घेरा या गहरी लकीर। ३. पास-पास रहनेवाली आड़ी रेखाओं की श्रृंखला, गंडा, जैसे रुपए की गड़ारी। ४. लकड़ी या धातु का मंडलाकार टुकड़ा जो छड़ आदि में पहनाया रहता है और जिसके सहारे कोई चीज खींचते, चढ़ाते या उतारते हैं, घिरनी, जैसे कुएँ की गड़ारी। (पुली)

गडुआ पुं० [हिं० गेरना] टोंटीदार लोटा।

गडुई स्त्री० [हिं० गडुआ] पानी रखने का टोंटीदार छोटा बरतन, झारी।

गड़ेरिया पुं० दे० 'गड़रिया'।

गड़ोई* पुं०=गढ़पति।

गड़ोना स० दे० 'गड़ाना'।

गडोना पुं० [?] एक प्रकार का पान।

गड्डु पुं० [सं० गण] [स्त्री० गड्डी] १. एक पर एक रखी हुई एक-सी वस्तुओं की राशि, ढेर। २. लागत, मूल्य आदि के विचार से एक साथ रहनेवाली छोटी-बड़ी या कई तरह की चीजों का समूह।

पद० *गड्डु में*=छोटी-बड़ी या सब तरह की चीजें एक साथ लेने पर। (मूल्य, भाव आदि के विचार से)

*पुं० [सं० गर्त] गड्ढा।

गड्डुमड्डु पुं० [हिं० गड्डु] बेमेल वस्तुओं की मिलावट, घाल-मेल।

वि० १. बेसिलसिले रखा हुआ। २. अंडबंड।

गड्डुर† पुं०=गड़रिया।

गड्डी स्त्री० [हिं० गड्डु] एक ही आकार-प्रकार की एक पर एक रखी हुई चीजों का समूह, जैसे ताश की गड्डी।

गड्ढा पुं० [सं० गर्त, प्रा० गड्ढ] १. गहरा तल या स्थान, गड़हा। २. थोड़े घेरे की गहराई।

मुहा० *किसी के लिए गड्ढा खोदना*=किसी के अनिष्ट का उपाय करना।

गढ़ंत वि० [हिं० गढ़ना] कल्पित, बनावटी (बात), जैसे मन-गढ़ंत।

स्त्री० गढ़ने की क्रिया या भाव।

गढ़ पुं० [सं० गढ़=खाईं] [स्त्री० अल्पा० गढ़ी] १. खाईं। २. किला, दुर्ग।

मुहा० *गढ़ जीतना या तोड़ना*=(क) किला जीतना। (ख) बहुत कठिन काम पूरा करना।

गढ़न स्त्री० [हिं० गढ़ना] १. गढ़ने की क्रिया या भाव। २. बनावट, गठन।

गढ़ना स० [सं० घटन] १. काट-छाँटकर काम की चीज बनाना, रचना। २. सुडौल करना, सँवारना। ३. बात बनाना। ४. मारना, पीटना।

गढ़ना-छीलना स० काट-छाँटकर दुरुस्त या ठीक करना।

गढ़पति पुं० [हिं० गढ़+सं० पति] १. किलेदार। २. राजा, सरदार।

गढ़वै* पुं० दे० 'गढ़पति'।

गढ़ाई स्त्री० [हिं० गढ़ना] गढ़ने की क्रिया, भाव या मजदूरी।

गढ़ाना स० हिं० 'गढ़ना' का प्रे०।

गढ़िया वि० [हिं० गढ़ना] गढ़नेवाला।

गढ़ी स्त्री० [हिं० गढ़] १. छोटा किला। २. छोटा तालाब।

गढ़ीश पुं० [हिं० गढ़+सं० ईश] गढ़ का स्वामी या प्रधान अधिकारी।

गढ़ैया वि० [हिं० गढ़ना] गढ़नेवाला।

गण पुं० [सं०] १. समूह, झुंड, जैसे लेखकगण। २. ऐसे मनुष्यों का समुदाय जिनमें किसी विषय में समानता हो। ३. शिव के पारषद। ४. दूत। ५. सेवक। ६. अनुचरों का दल। ७. वस्तुओं, जीवों आदि का वह बड़ा विभाग जिसके अन्तर्गत और भी उपविभाग या भेद हों। ८. छन्दशास्त्र में लघु-गुरु के विचार से तीन-तीन मात्राओं के आठ समूह या वर्ग, यथा—यगण, मगण, तगण, रगण, जगण, भगण, नगण और सगण।

गणक पुं० [सं०] १. गणना करने या गिननेवाला। २. ज्योतिषी। ३. लेखाकार, मुनीम।

गणतंत्र पुं० [सं०] [वि० गणतंत्री] वह शासन-प्रणाली जिसमें राजा या रानी नहीं होते बल्कि जनता प्रधान शासक चुनती है। (रिपब्लिक)

गणतंत्री वि० [सं० गणतंत्र] १. गणतन्त्र-सम्बन्धी। २. जो गणतन्त्र के सिद्धान्तों के अनुसार हो।

पुं० गणतन्त्र का पक्षपाती। (रिपब्लिकन)

गणन पुं० [सं०] [वि० गणित] गिनने की क्रिया या भाव, गिनना।

गणना स्त्री० [सं०] १. संख्या जानने कि लिए गिनती करना, गिनना। २. गिनकर या हिसाब लगाकर यह देखना कि कुल कितना हुआ या है। (कैलकुलेशन, कम्प्यूटेशन) ३. इस प्रकार लगाया हुआ हिसाब या तैयार किया हुआ लेखा। ४. गिने जाने की क्रिया या भाव, गिनती, जैसे आपकी गणना बहुत बड़े पंडितों में है। ५. किसी स्थान या देश में रहनेवाले लोगों अथवा होनेवाले पदार्थों आदि की पूरी गिनती, जैसे मनुष्यगणना, पशुगणना, गृहगणना आदि।

गणनात्मक वि० [सं०] गिनती का ज्ञान करानेवाला, गिनती बतानेवाला; जैसे-एक, दो, तीन गणनात्मक संख्याएँ हैं।

गणनायक पुं० [सं०] गणेश।

गणनीय वि० [सं०] [भाव० गणनीयता] १. जो गिना जा सके। २. जो गिना जाने को हो।

गणपति पुं० [सं०] गणेश।

गणराज्य पुं० [सं०] वह राज्य जिसमें गणतन्त्री शासन-प्रणाली हो।

गणशः क्रि० वि० [सं०] १. गणों या समूहों में। २. एक-एक गण करके।

गणागण* पुं० [सं० गण+अगण] शुभ और अशुभ गण।

गणिका स्त्री० [सं०] १. वेश्या, रंडी। २. साहित्य में वह नायिका जो धन के लोभ से पर पुरुषों से प्रेम करती हो।

गणित पुं० [सं०] [वि० गणितिक] वह शास्त्र जिसमें संख्या, परिमाण आदि निश्चित करने के उपायों का विचार होता है, हिसाब। (यह तीन प्रकार का होता है—पाटीगणित, बीजगणित और रेखागणित।)

गणितज्ञ पुं० [सं०] वह जो गणित (शास्त्र) में प्रवीण हो।

गणितीय वि० [सं०] १. गणित-सम्बन्धी। २. गणित के विचार से होनेवाला।

गणित्र पुं० [सं०] गणना करनेवाला यन्त्र। (कैलकुलेटर)

गणेश पुं० [सं०] हिन्दुओं के एक प्रधान देवता जिनका शरीर मनुष्य का-सा और सिर हाथी का-सा माना गया है।

गण्य वि० [सं०] १. जिसकी गिनती हो सके; जैसे-गण्य संज्ञाएँ। २. गिनने के योग्य। ३. प्रतिष्ठित।

गण्यमान वि० = गण्यमान्य। (असिद्ध)

गण्यमान्य वि० [सं०] प्रतिष्ठित।

गत[1] वि० [सं०] [स्त्री० गता] १. बीता हुआ। २. मरा हुआ। ३. (शब्द के आरम्भ में) रहित, हीन, जैसे गतवैभव। प्रत्य० (क) से संबद्ध, सम्बन्धी, जैसे-सिद्धांतगत। (ख) किसी में आया, मिला या लगा हुआ, जैसे-अन्तर्गत।

गत[2] स्त्री० [सं० गति] १. अवस्था, दशा।

मुहा० *गत बनाना*=दुर्दशा करना।

२. रूप, वेष। ३. प्रयोग, उपयोग। ४. दुर्दशा। ५. बाजों के कुछ बँधे हुए बोल।

गतका पुं० [सं० गदा] १. पैंतरा खेलने का वह डंडा जिसके ऊपर चमड़ा मढ़ा रहता है। २. वह खेल जो फरी और गतके से खेला जाता है।

गतर-गतर क्रि० वि० दुर्दशापूर्वक।

गतप्राय वि० [सं० गत+प्राय] बीता हुआ।

गतांक पुं० [सं० गत+अंक] समाचार-पत्र, पत्रिका आदि का पिछला अंक।

गतागत पुं० [सं०] आने और जाने की क्रिया या भाव, गमनागमन, आवाजाही। २. एक छंद जिसमें कविता के चरणों की शब्द योजना दोनों ओर से एक-सी होती है। ३. उक्त शब्द योजना जिसकी गिनती शब्दालंकारों में होती है।

वि० गया और आया हुआ।

गतात्मा स्त्री० [सं०] मृत व्यक्ति की आत्मा।

गतानुगतिक वि० [सं०] १. पुराना आदर्श देखकर उसी के अनुसार चलनेवाला। २. अनुकरण करनेवाला।

गति स्त्री० [सं०] १. किसी स्थान से दूसरे स्थान पर जाने की क्रिया, चाल, गमन। २. हिलना-डोलना, हरकत। ४. अवस्था, दशा। ५. बाना, वेष। ६. प्रवेश, पैठ। ७. रहस्य; उदा० हद, अन्तिम उपाय। ८. सहारा, अवलम्ब। ९. लीला, माया। १०. ढंग, रीति। ११. मृत्यु के उपरान्त जीवात्मा को प्राप्त होनेवाली अवस्था। १२. मृतक का क्रियाकर्म। १३. मोक्ष, मुक्ति।

गतिकी स्त्री० [सं०] [वि० गतिकीय] वह विज्ञान या शास्त्र जिसमें इस बात का विवेचन होता है कि वस्तुओं या तत्त्वों में गति अथवा आगे-पीछे हटने-बढ़ने की शक्ति कहाँ से, कैसे और कितनी आती है। (डायनामिक्स)

गतिमय वि० [सं०] [भाव० गतिमयता] गति से युक्त, गति से ओतप्रोत।

गतिमान वि० [सं०] जो गति में हो, आगे बढ़नेवाला।

गतिज वि० [सं०] गति से उत्पन्न।

गतिज ऊर्जा स्त्री० [सं०] गति से उत्पन्न ऊर्जा।

गतिरोध पुं० [सं०] १. गति अवरुद्ध होने की स्थिति। २. वह स्थिति जब समस्या का समाधान वार्ता द्वारा न निकला हो। ३. बाधा।

गतिविधि स्त्री० [सं०] १. चेष्टा। २. किसी की चाल-ढाल या कार्यों आदि का रंग-ढंग। ३. क्रियाकलाप।

गतिशील वि० [सं०] [भाव० गतिशीलता] १. जिसमें गति हो, चलने-फिरनेवाला। २. जो स्वयं चलकर दूसरे को भी चलाता हो। (डॉयनामिक) ३. आगे की ओर बढ़नेवाला, उन्नतिशील।

गत्ता पुं० [देश०] कागज की दफ्ती।

गत्ता-बक्स पुं० गत्ते का बना बक्स।

गत्ताल-खाता पुं० [सं० गर्त+हिं० खाता] डूबी हुई रकम का लेखा, बट्टा-खाता।

गत्यवरोध पुं० [सं० गति+अवरोध] किसी बात, विशेषतः झगड़े आदि के निपटारे की बात-चीत में बाधा पड़ना, जिच।

गथ* पुं० [सं० ग्रंथि] १. पूँजी, जमा। २. माल। ३. झुंड।

गथना* स० [सं० ग्रंथन] १. एक में जोड़ना, गूँथना। २. बात बनाना।

अ० १. मिलकर इकट्ठा या एक होना। २. घुसना, पैठना।

गदका पुं० दे० 'गतका'।

गदकारा वि० [हिं० गूदा+कारा (प्रत्य०)] [स्त्री० गदकारी] मुलायम और दब जानेवाला, गुलगुला।

गदना स० [सं० गदन] कहना।

गदर पुं० [अ०] १. खलबली, हलचल। २. बलवा, बगावत, विद्रोह।

गदराना अ० [हिं० गूदा] १. फल आदि का पकने पर होना। २. जवानी के समय अंगों का भरना, उठान पर होना। ३. आँखों में कीचड़ आना।

गदहा पुं० दे० 'गधा'।

गदा[1] स्त्री० [सं०] एक प्राचीन अस्त्र जिसमें एक डंडे में बड़ा लट्टू लगा रहता था।

गदा[2] पुं० [फा०] १. फकीर। २. दरिद्र व्यक्ति।

गदाई वि० [फा० गदा] १. तुच्छ, नीच। २. वाहियात, रद्दी।

गदाधर पुं० [सं०] विष्णु, नारायण।

गदेला पुं० [हिं० गद्दा] मोटा गद्दा।

गद्‌गद वि० [सं०] १. हर्ष, प्रेम आदि के आवेश से पूर्ण। २. हर्ष, प्रेम आदि के आवेग से रुँधा हुआ, अस्पष्ट और असम्बद्ध (स्वर)। ३. बहुत अधिक प्रसन्न।

गद्द पुं० [अनु०] किसी गरिष्ठ चीज के खाने के कारण होनेवाला पेट का भारीपन।

गद्दा पुं० [हिं० गद्द से अनु०] रुई, पयाल आदि से भरा हुआ मोटा और गुदगुदा बिछौना, भारी तोशक।

गद्दार वि० [अ०] १. राष्ट्र के हित के विरुद्ध काम करनेवाला, द्रोही। २. निष्ठा के बदले घात करनेवाला, विद्रोही। ३. विश्वासघाती।

गद्दारी स्त्री० [अ०] १. गद्दार होने की अवस्था या भाव। २. ऐसा काम जिससे राष्ट्र का अहित हो तथा शत्रु लाभ में रहे, विद्रोह। ३. विश्वासघात।

गद्दी[1] स्त्री० [हिं० गद्दा का स्त्री० और अल्पा०] १. छोटा गद्दा। २. घोड़े, ऊँट आदि की जीन। ३. व्यवसायी, दुकान के मालिक आदि के बैठने का स्थान। ४. कोठी या बड़ी दुकान। ५. बड़ा पद। ६. राजा का सिंहासन। ७. राजा के पहले-पहल सिंहासन पर बैठने का कृत्य और उत्सव, राज्याभिषेक।

गद्दी[2] पुं० [सं० गड्डुरिक] भेड़ चरानेवाला, गड़ेरिया।

गद्दीनशीन वि० [हिं० गद्दी+फा० नशीन] [भाव० गद्दीनशीनी] १. सिंहासन पर बैठा हुआ, जिसे राज्याधिकार मिला हो। २. किसी का उत्तराधिकारी।

गद्दीनशीनी स्त्री० दे० 'गद्दी' ७।

गद्य पुं० [सं०] वह लेख जिसमें मात्रा और वर्ण की संख्या, क्रम आदि का विचार न होता हो, 'पद्य' का उलटा। (प्रोज)

गद्यानुवाद पुं० [सं०] किसी कृति का गद्य में होनेवाला अनुवाद।

गधा पुं० [सं० गर्दभ] १. घोड़े की तरह का, पर उससे आकार में छोटा एक प्रसिद्ध चौपाया।

मुहा० *गधे पर चढ़ाना*=बहुत बेइज्जत करना। *गधे का हल चलाना*=पूरी तरह से नष्ट या ध्वस्त करना।

२. मूर्ख, बेवकूफ।

गधापचीसी स्त्री० [हिं० गधा+पचीसी] १६ से २५ वर्ष तक की अवस्था जिसमें मनुष्य को अनुभव कम रहता है।

गधेरा| पुं० [स्त्री० गधेरी]=गधा।

गन* स्त्री० [अं०] बन्दूक।

पुं०=गण।

गनक पुं० [सं० गणक] ज्योतिषी।

गनगनाना अ० [अनु० गनगन] १. जाड़े से काँपना। २. (शरीर का) रोमांचित होना।

गनगौर स्त्री० [सं० गण+गौरी] चैत्र शुक्ला तृतीया (इस दिन स्त्रियाँ गणेश और गौरी की पूजा करती हैं)।

गनना* स० दे० 'गिनना'।

स्त्री०=गणना।

गनराउ पुं० [सं० गण+राजा] गणों के देवता, गणेश।

गनाना* अ० [हिं० गिनना] गिना जाना, गिनती में आना।

गनाल* स्त्री० [सं० घननाल] पुरानी चाल की बड़ी तोप।

गनि* क्रि० वि० गिन-गिनकर।

गनी[1]* स्त्री० [हिं० गिनना] गिनती।

गनी[2] वि० [अ० ग़नी] १. बहुत अधिक सम्पन्न, मालदार। २. बहुत बड़ा दाता और उदार।

गनीम पुं० [अ०] १. डाकू, लुटेरा। २. शत्रु, दुश्मन।

गनीमत स्त्री० [अ०] १. लूट का माल। २. मुफ्त का माल। ३. विकट अवस्था में भी होनेवाली सन्तोष की बात।

गन्ना पुं० [सं० कांड] ईख, ऊख।

गप[1] स्त्री० [सं० कल्प] [वि० गप्पी] १. इधर-उधर की बात, असत्य बात। २. केवल मन को बहलाने की बात, बकवाद। ३. झूठी खबर, झूठी बड़ाई, डींग।

गप[2] पुं० [अनु०] १. झट से निगलने की क्रिया या शब्द।

पद *गप से*=झट से।

२. किसी मुलायम वस्तु में घुसने का शब्द।

गपकना स० [अनु० गप+हिं० करना] चटपट खा जाना।

गपड़चौथ| स्त्री० = गड़बड़झाला।

गपड़धेसला| पुं० = बखेड़ा।

गपना* स० [हिं० गप] गप हाँकना।

गप-शप स्त्री० इधर-उधर की बात, बकवाद।

गपोड़ा पुं० [हिं० गप] मिथ्या बात, कपोल-कल्पना, गप।

गप्प स्त्री० दे० 'गप'।

गप्पी वि० [हिं० गप] बढ़-बढ़कर व्यर्थ की बातें करनेवाला, गप मारनेवाला।

गफ वि० [अ० ग़फ़्स] घनी बुनावट का, गाढ़ा (कपड़ा)।

गफलत स्त्री० [अ०] १. असावधानी, बेपरवाही। २. चेत या सुध का अभाव, बेखबरी। ३. भूल, चूक।

गफिलाई* स्त्री० दे० 'गफलत'।

गबन पुं० [अ०] दूसरे का धन अनुचित रूप से काम में लाना।

गबरा| वि० दे० 'गब्बर'।

गबरू वि० [फा० खूबरू] १. उभड़ती जवानी का, पट्ठा। २. भोला-भाला।

पुं० दूल्हा, पति।

गब्ब* पुं०=गर्व (अभिमान)।

गब्बर वि० [सं० गर्व, पा० गब्ब] १. घमंडी, अहंकारी। २. जल्दी काम न करने या उत्तर न देनेवाला, मट्ठर। ३. बहुमूल्य, कीमती। ४. धनी।

गब्बी* वि० [सं० गर्विन्] अभिमानी, घमंडी।

गभरू वि०, पुं० दे० 'गबरू'।

गभस्ति[1] पुं० [सं०] १. किरण। २. सूर्य। ३. बाँह, हाथ।

गभस्ति[2] स्त्री० अग्नि की स्त्री, स्वाहा का एक नाम।

गभस्तिमान् पुं० [सं०] सूर्य।

गभीर* वि० [स्त्री० गभीरा] दे० 'गंभीर'।

गभुआर वि० [सं० गर्भ+हिं० आर (प्रत्य०)] १. गर्भ का, जन्म के समय का (जैसे सिर के बाल) २. जिसका मुंडन न हुआ हो ३. अनजान।

गम[1]* स्त्री० [सं० गम्य] पहुँच, गति।

गम[2] पुं० [अ० ग़म] १. दुख। २. शोक।

मुहा० *गम खाना*=क्षमा करना, जाने देना, ध्यान न देना। *गम गलत करना*=ऐसा उपाय करना जिससे शोक या दुख को भुलाया जा सके।

३. चिन्ता, फिक्र।

गमक[1] पुं० [सं०] १. जानेवाला। २. बतलानेवाला, सूचक।

गमक[2] स्त्री० [अनु० गमगम] १. संगीत में एक श्रुति या स्वर से दूसरी श्रुति या स्वर पर जाने का ढंग। २. तबले की गम्भीर आवाज। ३. सुगन्ध। ४. गन्ध, महक।

गमकना अ० [हिं० गमक] महकना।

गमखोर वि० [फा० ग़मख्वार] [भाव० गमखोरी] सहनशील।

गमगीं, गमगीन वि० [अ०+फा०] दुखी, शोकसन्तप्त।

गमजदा वि० [अ० ग़म+फा० ज़दा] दुखी, शोकसन्तप्त।

गमन पुं० [सं०] [वि० गम्य] १. जाना, रवाना होना, प्रस्थान। २. सम्भोग, जैसे-वेश्यागमन।

गमना[1] अ० [सं० गमन] १. जाना। २. चलना।

गमना[2]* अ० [अ० गम] १. सोच या चिन्ता करना। २. रंज करना। ३. ध्यान देना।

गमनागमन पुं० [सं०] १. जाना और आना। २. एक स्थान से दूसरे स्थान पर आने-जाने की क्रिया, भाव या साधन, यातायात। (कम्युनिकेशन)

गमला पुं० [?] १. फूलों के पौधे लगाने का पात्र। २. पाखाना फिरने का पात्र।

गमाना* स० दे० 'गँवाना'।

गमी स्त्री० [अ० ग़मी] १. वह शोक जो किसी आत्मीय के मरने पर मनाते हैं, सोक। २. मृत्यु, मरनी।

गम्मत स्त्री० [हिं० गमक = तबले की आवाज़] गाना-बजाना।

गम्य वि० [सं०] १. जाने योग्य। २. प्राप्य, लभ्य। ३. सरल, सहज।

गयंद* पुं० [सं० गजेन्द्र] बड़ा हाथी।

गय* पुं० [सं० गज] हाथी।

गयण, गयन* पुं० [सं० गगन] आकाश, आसमान।

गयनाल* स्त्री० दे० 'गजनाल'।

गया[1] पुं० [सं०] बिहार का एक प्रसिद्ध तीर्थ, जहाँ हिन्दू पिंडदान करते हैं।

मुहा० *गया करना*=गया जाकर पिंडदान करना।

गया[2] अ० [सं० गम] जाना क्रिया का भूतकालिक एक वचन रूप।

मुहा० *गई करना*=ध्यान न देना।

गया-गुजरा, गया-बीता* वि० १. दुर्दशाग्रस्त। २. निकृष्ट।

गर[1] पुं० [सं०] रोग, बीमारी।

गर[2]* पुं० [हिं० गल] गला, गरदन।

गर[3] प्रत्य० [फा०] करने या बनानेवाला, जैसे कारीगर, सिकलीगर।

गर[4] योज० दे० 'अगर'।

गरक वि० [अ० ग़र्क] [भाव० गरकी] १. डूबा हुआ, निमग्न। २. नष्ट, बरबाद।

गरकना अ० [अ० ग़र्क] १. डूब जाना। २. नष्ट हो जाना।

गरकी स्त्री० [अ० ग़र्क] १. डूबने की क्रिया या भाव। २. पानी की बाढ़।

गरगज पुं० [हिं० गढ़+गज] १. किले का बुर्ज। २. वह ऊँची भूमि जहाँ से शत्रु का पता लगाया जाता है। ३. फाँसी की टिकठी।

वि० बहुत बड़ा, विशाल।

गरज[1] स्त्री० [सं० गर्जन] बहुत गम्भीर शब्द, जैसे बादल या सिंह का।

गरज[2] स्त्री० [अ०] १. आशय, प्रयोजन, मतलब। २. आवश्यकता। ३. इच्छा। ४. स्वार्थ।

पद *गरज यह कि*=(क) इतना होने पर भी, आखिरकार। (ख) मतलब यह कि।

गरजदार वि० [हिं० गरज+फा० दार] गर्जन करता हुआ, गर्जन-भरा।

गरजना अ० [सं० गर्जन] १. गम्भीर और घोर शब्द करना। २. मोती का चटकना, तड़कना या फूटना।

*वि० गरजनेवाला।

गरजमंद वि० [फा०] [भाव० गरजमंदी] १. जिसे गरज या आवश्यकता हो। २. इच्छुक, चाहनेवाला।

गरजी* वि० दे० 'गरजमंद'।

गरजू वि० [हिं० गरजना] गरजनेवाला, चलना।

वि०=गरजमंद

गरट्ट* पुं० [सं० ग्रंथ] झुंड।

गरट्टना* अ० [हिं० गरट्ट] झुंड में होकर चलना।

गरद स्त्री० दे० 'गर्द'।

गरदन स्त्री० [फा० गर्दन] १. धड़ और सिर को जोड़नेवाला अंग, गला।

मुहा० *गरदन उठाना*=(क) विरोध करना। (ख) हानि पहुँचना। (ग) सर्वनाश करना। *गरदन नापना*=हानि पहुँचाना।

गरदन मारना=सिर काटकर जान से मार डालना। *गरदन में हाथ देना या डालना*=गरदन पकड़कर बाहर निकाल देना।

२. बरतनों आदि में मुँह के नीचे का भाग।

गरदनियाँ स्त्री० [हिं० गरदन] १. कमीज, कुरते, कोट आदि में गले के चारो ओर रहनेवाला अंश। २. गले में पहनने की हँसुली या कंठी। ३. घोड़े की पीठ और गरदन पर डाला जानेवाला कपड़ा। ४. दे० 'कँगनी' २।

गरदा पुं० [फा० गर्द] धूल, गुबार।

गरदान वि० [फा०] घूम-फिरकर एक ही जगह पर आनेवाला।

पुं० १. शब्दों का रूप साधन। २. वह कबूतर जो घूम-फिरकर पुनः अपने स्थान पर आ जाता हो। ३. फेर, चक्कर।

गरदानना स० [फा० गरदान] १. शब्दों के रूप साधना। २. उद्धरणी करना। ३. किसी को कुछ समझना या मानना।

गरना* अ० [हिं० 'गारना' का अ०] १. गारा या निचोड़ा जाना, निचुड़ना। २. किसी चीज के निकल जाने पर उससे रहित या हीन होना।

*अ० दे० 'गलना'। २. दे० 'गड़ना'।

गरनाल स्त्री० [हिं० गर+नली] बहुत चौड़े मुँह की तोप, घननाल।

गरब* पुं० [सं० गर्व] १. दे० 'गर्व'। २. हाथी का मद।

गरबई* स्त्री०=गर्व।

गरब-गहेला वि०, पुं० [सं० गर्व=अभिमान+सं० गृहीत, प्रा० गहिल्ल] [स्त्री० गरब-गहेली] घमंडी।

गरबना* अ० [सं० गर्व] गर्व करना।

गरबीला वि० [सं० गर्व] घमंडी।

गरभ* पुं०=गर्भ।

गरभाना अ० [सं० गर्भ] १. गर्भवती होना। २. धान, गेहूँ आदि में बाल लगना।

गरम वि० [फा० गर्म] १. जलता हुआ, तप्त, उष्ण। ३. क्रुद्ध।

मुहा० *मिजाज गरम होना*=(क) क्रोध आना। (ख) पागल होना।

४. तीव्र, प्रचंड, विकट। ५. गरमी पैदा करने या बढ़ानेवाला। ६. उत्साहपूर्ण, जोश से भरा हुआ।

गरम कपड़ा पुं० ऊनी कपड़ा।

गरम-ठंडे वि० [बहु०] गरम और ठंडे (दोनों); जैसे-जाते ही वहाँ हमें गरम-ठंडे पेय परोसे गए।

गरम मसाला पुं० धनियाँ, लौंग, इलायची, जीरा, मिर्च आदि मसालों का मिश्रण।

गरमाई स्त्री० १. दे० 'गरमी'। २. दे० 'गरमाहट'।

गरमागरम वि० [फा० गर्म] १. बहुत गरम। २. ताजा।

गरमागरमी स्त्री० [हिं० गरम] १. मुस्तैदी। २. आवेशपूर्ण कहासुनी।

गरमाना अ० [हिं० गरम] १. गरम या उष्ण होना। २. उमंग में आना, मस्त होना। ३. क्रोध या आवेश में आना। ४. उग्र रूप धारण करना। ५. कुछ देर तक परिश्रम करने पर शरीर का ठीक तरह से काम करना, जैसे-गला गरमाना।

स० १. गरम करना, तपाना। २. किसी में किसी प्रकार की गरमी, आवेश आदि लाना।

गरमाहट स्त्री० [हिं० गरम+आहट (प्रत्य०)] १. 'गरम' होने का भाव। २. साधारण या हलका ताप।

गरमी स्त्री० [फा० गर्मी] १. उष्णता, ताप। २. जलन। ३. तेजी, उग्रता, प्रचंडता। ४. क्रोध, गुस्सा।

मुहा० *गरमी खाना*=गुस्से में आना, क्रोध करना। *गरमी निकालना*=गर्व दूर करना।

५. उमंग, जोश। ६. ग्रीष्मकाल। ७. दुष्ट मैथुन से जननेन्द्रिय में होनेवाला एक रोग, आतशक या फिरंग रोग।

गररा* पुं० दे० 'गर्रा'।

गरराना अ० [अनु०] गरजना।

गरल पुं० [सं०] विष, जहर।

गरवा* वि० [सं० गुरु] १. भारी। २. महान।

पुं० दे० 'गला'।

गरसना स०=ग्रसना।

गरह* पुं०=ग्रह।

गरहन* पुं०=ग्रहण।

गराँव* पुं० [हिं० गर=गला] वह रस्सी जो चौपायों के गले में बाँधी जाती है, पगहा।

गरा* पुं० दे० 'गला'।

गराज[1]* स्त्री० [सं० गर्जन] गरजने की क्रिया या भाव, गरज।

गराज[2] पुं० [अं० गैरेज] मोटरों, गाड़ियों आदि के रहने का स्थान, गाड़ी-खाना। (गैरेज)

गराड़ी स्त्री० दे० 'गड़ारी'।

गराना[1] स० दे० 'गलाना'।

गराना[2] स० [हिं० 'गारना' का प्रे०] किसी को मारने में प्रवृत्त करना।

गरानि* स्त्री० दे० 'ग्लानि'।

गरारा[1] वि० [सं० गर्व+आरा (प्रत्य०)] १. गर्वयुक्त। २. मस्ती में इधर-उधर घूमता या इठलाता हुआ। ३. प्रबल, प्रचंड।

गरारा[2] पुं० [अ० गरगरा] १. कुल्ला। २. कुल्ला करने के पानी में मिलाई जानेवाली दवा।

गरारा[3] पुं० [हिं० घेरा] १. पायजामे की ढीली मोहरी। २. बड़ा थैला।

गरावना* स०=गलाना।

गरास पुं० दे० 'ग्रास'।

गरासना* स० दे० 'ग्रसना'।

गरिमा स्त्री० [सं० गरिमन्] १. गुरुत्व, भारीपन। २. महिमा, महत्त्व, गौरव। ३. घमंड, अहंकार। ४. आत्मश्लाघा, शेखी। ५. आठ सिद्धियों में से एक, जिसके द्वारा साधक अपना शरीर भारी कर सकता है।

गरियाना अ० [हिं० गारी=गाली] गालियाँ देना।
पुं० गालियाँ देने की क्रिया या भाव, जैसे-अब हर समय उसे गरियाना बंद करो।

गरियार वि० [हिं० गड़ना=एक जगह रुक जाना] (चौपाया) जो चलने में धीमा हो, सुस्त, मट्ठर।

गरियारा पुं० [स्त्री० अल्पा० गरियारी] दे० 'गलियारा'।

गरिष्ठ वि० [सं०] १. बहुत गुरु, बहुत भारी। २. (भोजन या खाद्य पदार्थ) जो जल्दी न पचे।

गरी स्त्री० [सं० गुलिका] १. नारियल के फल के अन्दर का मुलायम गूदा। २. बीज के अन्दर की गिरी, मींगी।

गरीब वि० [अ० ग़रीब] [भाव० गरीबी] १. नम्र। २. दीनहीन। ३. दरिद्र, निर्धन।

गरीबनिवाज वि० [फा० ग़रीब+निवाज़] गरीबों पर दया करनेवाला, दयालु।

गरीबपरवर वि० [फा० ग़रीब+परवर] गरीबों को पालनेवाला, दीन-प्रतिपालक।

गरीबी स्त्री० [अ० ग़रीबी] १. दीनता, नम्रता। २. दरिद्रता, निर्धनता।

गरीयस वि० [सं०] [स्त्री० गरीयसी] १. बहुत भारी, गुरु। २. महान।

गरु* वि० [सं० गुरु] [स्त्री० गरुई, भाव० गरुआई] १. भारी, वजनी। २. गौरवशाली। ३. जिसका स्वभाव गम्भीर हो, शान्त, धीर।

गरुआ वि० दे० 'गरु'।
पुं० दे० 'गडुआ'।

गरुआना अ० [सं० गुरु] भारी होना।
स० ऊपर भार रखकर भारी करना या बनाना।

गरुड़ पुं० [सं०] एक प्रकार का पक्षी जो सब पक्षियों का राजा, और विष्णु का वाहन माना जाता है।

गरुड़ध्वज पुं० [सं०] विष्णु।

गरुड़सिंह पुं० [सं०] वह कल्पित आकृति, जिसका अगला भाग गरुड़ के समान तथा पिछला सिंह के समान हो।

गरुता* स्त्री०=गुरुता।

गरुवाई* स्त्री०=गुरुता।

गरू| वि०=गुरु (भारी)।

गरूर पुं० [अ० ग़रूर] घमंड, अभिमान।

गरूरत* स्त्री०=गरूर।

गरूरी वि० [अ० ग़रूर] घमंडी।
*स्त्री० अभिमान, घमंड।

गरेठा वि०=टेढ़ा।

गरेबान पुं० [सं० ग्रीवा से फा०] १. कुरते, अंगे आदि का वह भाग जो गरदन के चारों ओर रहता है, गला।

गरेरना* स० दे० 'घेरना'।

गरेरा[1] पुं०=घेरा।

गरेरा[2] वि० [स्त्री० गरेरी] जिसमें घुमाव-फिराव हो, चक्करदार।

गरेरी स्त्री०=गराड़ी।

गरोह पुं० [फा०] झुंड, जत्था, दल।

गर्ज स्त्री० दे० 'गरज'।

गर्जक वि० [सं०] गरजने या जोर से बोलनेवाला।
पुं० एक प्रकार का यन्त्र जिसकी सहायता से कही हुई बात कुछ जोर से और अधिक दूर तक सुनाई पड़ती है। (लाउड स्पीकर)

गर्जन पुं० [सं०] घोर शब्द करना, गरजना।

गर्जना अ० दे० 'गरजना'।
स्त्री० दे० 'गर्जन'।

गर्त पुं० [सं०] १. गड्ढा। २. दरार।

गर्द स्त्री० [फा०] धूल, मिट्टी।
मुहा० *गर्द छँटना*=शोर थमना।

गर्दखोर वि० [फा० गर्दखोर] जो गर्द या धूल पड़ने से जल्दी मैला न हो।
पुं० पैर पोंछने का टाट आदि।

गर्द-गुबार पुं० [फा०] धूल-मिट्टी।

गर्दन स्त्री०=गरदन।

गर्दभ पुं० [सं०] गधा।

गर्दिश स्त्री० [फा०] १. घुमाव, चक्कर। २. विपत्ति, आफत।

गर्भ पुं० [सं०] १. पेट के अन्दर की कोठरी जिसमें बच्चा पलता है। २. पेट में ठहरा हुआ बच्चा। ३. आँगन। ४. मन्दिर में वह कोठरी जिसमें मूर्ति रहती है।
मुहा० *गर्भ गिरना या गिर जाना*=प्राकृतिक कारण या दुर्घटनावश पेट के बच्चे का नष्ट हो जाना। *गर्भ गिराना या गिरा देना*=शल्य क्रिया अथवा किसी अन्य अप्राकृतिक साधन से पेट के बच्चे को नष्ट कर देना।

गर्भनाल स्त्री० [सं०] फूलों के अन्दर की वह पतली नाल जिसके सिर पर गर्भ केसर रहता है।

गर्भपात पुं० [सं०] १. जन्म लेने से पहले ही बच्चे का गर्भ से गिर जाना या (शल्य क्रिया आदि में) गिरा दिया जाना। (ॲबार्शन) २. पूर्ण अवस्था की प्राप्ति से पहले ही होनेवाला विनाश; जैसे हमारी इस योजना का अधिकारियों ने गर्भपात करा दिया। -गोपाल चतुर्वेदी।

गर्भपात-विरोधी वि० गर्भपात का विरोध करनेवाला; जैसे गर्भपात विरोधी आंदोलन।

गर्भवती वि० स्त्री० [सं०] (स्त्री) जिसके पेट में बच्चा हो।

गर्भविज्ञान पुं० [सं०] वह विज्ञान जिसमें इस बात का विवेचन होता है कि गर्भ में कलल किस प्रकार उत्पन्न होता है, और उसकी वृद्धि या विकास किस प्रकार होता है। (एम्ब्रायॉलोजी)

गर्भस्थ वि० [सं०] जो गर्भ में हो।

गर्भस्त्राव पुं० [सं०] चार महीने से कम का गर्भ गिरना।

गर्भांक पुं० [सं०] १. नाटक में किसी दूसरे नाटक का दृश्य। २. नाटक के अंक में का कोई दृश्य।

गर्भागार पुं० दे० 'गर्भगृह'।

गर्भाधान पुं० [सं०] १. गर्भ ठहरना, गर्भधारण। २. गर्भधारण के समय का संस्कार।

गर्भावधि स्त्री० [सं० गर्भ+अवधि] गर्भ में रहने की अवधि।

गर्भाशय पुं० [सं०] [वि० गर्भाशयी] स्त्रियों के पेट का वह स्थान जिसमें गर्भ या बच्चा रहता है।

गर्भिणी स्त्री० [सं०] गर्भवती।

गर्भित वि० [सं०] किसी के अन्दर भरा या पड़ा हुआ।

गर्भीला वि० [सं० गर्भ+हिं० ईला (प्रत्य०)] (रत्न) जिसके अन्दर से आभा निकलती हो।

गर्म वि० [फा०] दे० 'गरम'।

गर्मी स्त्री० [फा०] दे० 'गरमी'।

गर्रा पुं० [देश०] १. लाख का रंग। २. इस रंग का घोड़ा। ३. इस रंग का कबूतर। ४. गर्व।

गर्व पुं० [सं०] १. अहंकार, घमंड, शेखी। २. अपने किसी काम या बात के सम्बन्ध में होनेवाली सुखद और संतोषप्रद भावना।

गर्वाना* अ० [सं० गर्व] गर्व करना।

गर्विणी वि० स्त्री० [सं०] घमंड करनेवाली।

गर्विता वि० स्त्री० [सं०] वह नायिका जिसे अपने रूप, गुण आदि का घमंड हो।

गर्विष्ठ वि० [सं०] जिसे गर्व या अभिमान हो, घमंडी।

गर्वीला वि० [सं० गर्व+इला (प्रत्य०)] [स्त्री० गर्वीली] १. जिसे किसी बात पर गर्व हो। २. घमंडी, अभिमानी।

गर्हण पुं० [सं०] [वि० गर्हणीय, गर्हित] निन्दा, शिकायत।

गर्हणा स्त्री० [सं०] निन्दा।

गर्हित वि० [सं०] बहुत अधिक दूषित, निन्दनीय और घृणित, बहुत बुरा, खराब।

गल पुं० [सं०] गला, कंठ।

गलकंबल पुं० [सं०] गौ के गले के नीचे की झालर।

गलका पुं० [हिं० गलना] १. एक प्रकार का फोड़ा जो हाथ की उँगलियों में होता है। २. एक प्रकार का चाबुक।

गलगंज पुं० [हिं० गाल+गाँजना] [क्रि० गलगंजना] शोर-गुल, हल्ला।

गलगंजना* अ० [हिं० गलगंज] १. गरजना। २. शोर मचाना।

गलगज्ज* पुं० [हिं० गलगजना] १. गर्जन। २. शोर।

गलगल स्त्री० [देश०] १. मैना की तरह की एक चिड़िया, सिरगोटी। २. एक प्रकार का बहुत बड़ा नीबू।

गलगला* वि० [हिं० गीला] भीगा हुआ, तर।

गलगलाना अ० [हिं० गाल] १. डींग मारना। २. हर्षित होना।

गलगुथना वि० [हिं० गाल] जिसका बदन खूब भरा हो और गाल खूब फूले हों।

गलग्रह पुं० [सं०] आई हुई वह विपत्ति जो कठिनता से टले।

गलछट स्त्री० दे० 'गलफड़ा'।

गलजँदड़ा पुं० [सं० गल+यंत्र, पं० जंदरा] १. पीछा न छोड़नेवाला व्यक्ति, पदार्थ आदि। २. चोट लगे हुए हाथ को सहारा देने के लिए गले से बँधी हुई पट्टी।

गलझंप पुं० [हिं० गला+झाँपना] हाथी के गले की लोहे की जंजीर।

गलतंस पुं० [सं० गलित+वंश] निस्सन्तान व्यक्ति की सम्पत्ति, लावारिस जायदाद या माल।

गलत वि० [अ० ग़लत] [संज्ञा गलती] १. जो ठीक या सही न हो। २. अशुद्ध। ३. असत्य, मिथ्या।

गलतकिया पुं० [हिं० गाल+तकिया] गालों के नीचे रखने का तकिया।

गलतबयानी स्त्री० [अ० ग़लत+फा० बयान] १. गलत बात कहने की क्रिया या भाव। २. इस प्रकार कही हुई गलत बात।

गलतान[1] वि० [फा० गल्ताँ] लुढ़कता या लड़खड़ाता हुआ।

गलतान[2] पुं० [?] एक प्रकार का रेशमी कपड़ा।

गलत-शलत वि० [फा० ग़लत+अनु०] कुछ का कुछ, गलत।

गलती स्त्री० [अ० ग़लत+हिं० ई (प्रत्य०)] १. भूल, चूक। २. अशुद्धि। ३. दोष।

गलथना पुं० [सं० गलस्तन] वे झूठे थन जो कुछ बकरियों के गले में होते हैं।

गलन[1] पुं० [सं०] १. गिरना। २. गलना।

गलन[2] स्त्री० [हिं० गलना] कड़ाके की सर्दी जिसमें हाथ-पैर गलते से प्रतीत होते हैं।

गलना अ० [सं० गरण] १. किसी चीज का घनत्व घटना, द्रव या कोमल होना। २. बहुत जीर्ण होना। ३. शरीर क्षीण होना। ४. सर्दी से हाथ पैर ठिठुरना। ५. बेकाम होना।

गलफड़ा पुं० [हिं० गाल+फटना] १. जलजन्तुओं का वह अवयव जिससे वे पानी में साँस लेते हैं। २. गाल का चमड़ा।

गलफाँसी स्त्री० [हिं० गला+फाँसी] १. गले की फाँसी। २. कष्टदायक बात।

गलबल* पुं० [हिं० गला+सं० बल] कोलाहल।

गलबहियाँ (बाँही) स्त्री० [हिं० गला+बाँह] १. गले में बाँहें डालना, आलिंगन, गले लगाना। २. मेलजोल।

गलबा पुं० [अ० गलबा] आधिपत्य।

गलमँदरी स्त्री० [हिं० गाल+सं० मुद्रा] शिव के पूजन के समय गाल बजाना, गुलमुद्रा।

गलमुच्छ, गलमुच्छा पुं० [हिं० गाल+मूँछ] गालों तक बढ़ी हुई मूँछें, गलमुच्छा।

गलमुद्रा स्त्री० दे० 'गलमँदरी'।

गलवाना स० हिं० 'गलाना' का प्रे०।

गलशुंडी स्त्री० [सं०] १. जीभ की जड़ के पास की छोटी घंटी, जीभी, कौआ। २. एक रोग जिसमें तालू की जड़ सूज जाती है।

गलसुआ पुं० एक रोग जिसमें गले की ग्रंथियाँ सूज जाती हैं।

गलसुई* स्त्री० [हिं० गाल+सं० सूची (तकिया) से हिं० सुई] गालों के नीचे रखा जानेवाला छोटा गोल तकिया।

गलस्तन पुं० [सं०] गलथना।

गलही स्त्री० [हिं० गला] नाव का अगला उठा कोना।

गला पुं० [सं० गल] १. सिर को धड़ से जोड़नेवाला अंग, कंठ, गरदन।

मुहा० *गला काटना*=(क) धड़ से सिर अलग करना। (ख) बहुत हानि पहुँचाना। (ग) सूरन आदि का गले में जलन उत्पन्न करना। *गला घुटना*=साँस रुकना। *गला घोंटना*= (क) जोर से गला दबाना। (ख) जबरदस्ती करना। *गला छूटना*=छुटकारा मिलना। *गला दबाना*=अनुचित दबाव डालना। *गला नापना*=हानि पहुँचाना। *गला रेतना*=(क) गला काटना। (ख) हानि पहुँचाना। *गले का हार होना*=अत्यंत प्रिय होना। *(बात) गले के नीचे या गले में उतरना*=मन में बैठना, मन में जँचना। *गले पड़ना*=इच्छा के विरुद्ध प्राप्त होना। *गले बाँधना या मढ़ना*=किसी की इच्छा के विरुद्ध उसे देना। *गले लगाना*=छाती से लगाकर मिलना।

२. गले की नली जिससे शब्द निकलता और भोजन अन्दर जाता है।

मुहा० *गला फाड़ना*=बहुत जोर से चिल्लाना। *गला मारना*= बोलना या गाना आरम्भ करने पर कुछ देर बाद स्वर का तेज होना।

३. कंठ का स्वर। ४. बरतन के मुँह के नीचे का भाग।

गलाकाटू वि० [हिं० गला+काटना] उग्र, प्रचंड, भयानक जैसे- गलाकाटू प्रतियोगिता।

गलाघोंटू वि० [अ० गला+घोंटना] संतसकारी।

गलाज़त स्त्री० [अ० ग़लाज़त] १. गंदगी। २. अश्लीलता।

गलाना स० [हिं०] 'गलना' का स०।

गलानि* स्त्री० दे० 'ग्लानि'।

गलित वि० [सं०] १. गिरा हुआ, च्युत। २. गला हुआ। ३. अत्यन्त जीर्ण और खंडित। ४. चुआ हुआ। ५. बहुत पका या सड़ा हुआ।

गलित कुष्ट पुं० [सं०] वह कोढ़ जिसमें अंग गल-गलकर गिरने लगते हैं।

गलितयौवना स्त्री० [सं०] वह स्त्री जिसका यौवन ढल गया हो।

गलियारा पुं० [हिं० गली] १. गली की तरह का छोटा तंग रास्ता। २. किसी देश में से होकर जानेवाला पतला रास्ता जिस पर आने-जाने आदि का विशिष्ट और एकान्त अधिकार किसी पराए राज्य या देश को प्राप्त हो।

गली स्त्री० [सं० गल] बस्ती में का तंग रास्ता, कूचा।

मुहा० *गली-गली मारे फिरना*=(क) इधर-उधर व्यर्थ घूमना या भटकना। (ख) चारों ओर अधिकता से मिलना।

गलीच† वि०=गलीज।

गलीचा पुं० [अ० गलीचः] कालीन नामक मोटा बिछौना।

गलीज वि० [अ० ग़लीज़] १. गन्दा, मैला। २. अशुद्ध, अपवित्र। पुं० १. गन्दगी। २. मल, गुह।

गलीत* वि० [अ० ग़लीज़] मैला-कुचैला।

गलीम* पुं० दे० 'गनीम'।

गलेबाज पुं० [हिं० गला+फा० बाज़] [भाव० गलेबाजी] १. वह जो बहुत बढ़-बढ़कर बातें करता हो। २. पक्के गाने गानेवाला गवैया जिसके संगीत में रस अपेक्षाकृत कम हो।

गलेबाजी स्त्री० [हिं० गलेबाज] १. बहुत बढ़-बढ़कर बातें बनाना, डींग हाँकना। २. पक्का गाना गाते समय तानें आदि लेना।

गल्प स्त्री० [सं० जल्प या कल्प] १. मिथ्या प्रलाप, गप्प। २. छोटी कहानी।

गल्बा पुं० = गलबा।

गल्ला[1] पुं० [फा० गल्लः] (पशुओं का) झुंड।

गल्ला[2] पुं० [अ० गल्लः] १. अन्न, अनाज। २. वह सन्दूक जिसमें दुकान की रोज की बिक्री के रुपए रहते हैं, गोलक।

गल्हाना* अ० [सं० गल्प] बात करना।

गवड़ी* वि० स्त्री० [सं० गौरी] गोरे रंगवाली, गौरवर्णा।

गवन* पुं० [सं०] १. गमन, जाना। २. गति, चाल। ३. गौना।

गवनचार पुं० [हिं० गवन+चार] गौना।

गवनना* अ० [सं० गमन] जाना।

गवना अ० [सं० गमन] जाना।

पुं० दे० 'गौना'।

गवय पुं० [सं०] नीलगाय।

गवर्नर पुं० [अं०] १. किसी राज्य का सर्वप्रधान अधिकारी और शासक, राज्यपाल। २. किसी प्रदेश या प्रान्त का सर्वप्रधान अधिकारी और शासक, प्रान्तपति।

गवर्नर-जनरल पुं० [अं०] किसी देश का प्रधान शासक।

गवाक्ष पुं० [सं०] छोटी खिड़की।

गवाख* पुं० दे० 'गवाक्ष'।

गवाना स० हिं० 'गाना' का प्रे०।

*स०=गँवाना।

गवारा वि० [फा०] १. अंगीकार करने योग्य। २. सह्य।

गवास[1] स्त्री० [हिं० गानेवाला+आस] गाने की इच्छा।

गवास[2] पुं० [सं० गवाशन] कसाई।

गवाह पुं० [फा०] [भाव० गवाही] १. वह मनुष्य जिसने कोई घटना स्वयं देखी हो। २. वह जो किसी विवाद के विषय में अपनी जानकारी बतलाए, साक्षी। (विटनेस)

गवाही स्त्री० [फा०] किसी के सामने यह कहना कि हाँ, ऐसा ही हुआ है, गवाह का कथन या बयान, साक्षी, साक्ष्य।

गवेजा* पुं० [?] वार्तालाप, बात-चीत।

गवेला* वि०=गँवार।

गवेषक पुं० [सं०] गवेषणा करनेवाला।

गवेषणा स्त्री० [सं०] १. खोज, अन्वेषण। २. किसी विषय का अच्छी तरह अनुशीलन करके उसके सम्बन्ध में नई बातों या तथ्यों का पता लगाना। (रिसर्च)

गवेषी(-षिन्) वि० [सं०] [स्त्री० गवेषणी] खोजनेवाला।

गवेसना* स० [सं० गवेषणा] ढूँढ़ना।

स्त्री०=गवेषणा।

गवेसी* वि० [सं० गवेषण] गवेषणा या छान-बीन करनेवाला।

गवैया पुं० [हिं० गाना] गायक, गानेवाला।

गव्य वि० [सं०] जो गाय से उत्पन्न या प्राप्त हो, जैसे दूध, दही।

पुं० १. गायों का झुंड। २. पंचगव्य।

गश पुं० [अ० गशी से फा०] मूर्छा, बेहोशी।

मुहा० *गश खाना*=बेहोश हो जाना।

गश्त पुं० [फा०] [वि० गश्ती] १. टहलना, घूमना, भ्रमण। २. पहरा देने के लिए चक्कर लगाना, पहरा।

गश्ती वि० [फा०] १. घूमनेवाला। २. चलता-फिरता हुआ। २. कुछ विशेष प्रकार के लोगों के पास पहुँचनेवाला (पत्र या चिट्ठी आदि)।

वि० स्त्री० व्यभिचारिणी, कुलटा।

गश्ती चिट्ठी स्त्री०=परिपत्र।

गसना स० दे० 'ग्रसना'।

गसीला[१] वि० [हिं० गसना] [स्त्री० गसीली] १. जकड़ा, गठा या गुथा हुआ। २. गफ (कपड़ा)।

गसीला[२] वि० [हिं० गास] छली, कपटी।

गस्सा पुं० [सं० ग्रास] ग्रास, कौर।

गह स्त्री० [सं० ग्रह] १. पकड़ने की क्रिया या भाव, पकड़। २. हथियार आदि की मूठ। २. दस्ता।

गहकना अ० [सं० गर्ध+क] १. चाह या लालसा से भरना, ललकना। २. उमंग में आना।

गहगड्ड वि० [सं० गर=गहरा+गड्ड=ढेर] १. गहरा। २. घोर (नशा)। ३. गहरे गड्ढों से भरा।

गहगह वि० [सं० गद्गद] १. उमंग से भरा हुआ, प्रफुल्लित, प्रसन्न। २. धूम-धामवाला।

गहगहा वि० [सं० गम्भीर] १. गम्भीर। २. गाढ़ा। ३. प्रफुल्ल।

गहगहाना अ० [हिं० गहगहा] १. आनन्द से फूलना, बहुत प्रसन्न होना। २. पौधों का फूलों या फलों से लदना।

गहगहे क्रि० वि० [हिं० गहगहा] १. बहुत प्रसन्नता से। २. धूमधाम से।

गहडोरना स० [देश०] पानी मथकर गन्दा कना।

गहन[१] वि० [सं०] [भाव० गहनता] १. गम्भीर। २. दुरूह, कठिन। ३. दुर्गम, दुर्भेद्य। ४. निविड़, घना।

पुं० १. गहराई, थाह। २. दुर्गम स्थान। ३. वन में का गुप्त स्थान।

गहन[२] पुं० [सं० ग्रहण] १. ग्रहण, उपराग। २. लेना, पकड़ना। ३. कलंक। ४. कष्ट, विपत्ति। ५. बन्धक, रेहन।

गहन[३] स्त्री० [हिं० गहना=पकड़ना] १. गहने या पकड़ने की क्रिया या भाव, पकड़। २. हठ, जिद।

गहनता स्त्री० [सं०] गहन, दुर्गम या गम्भीर होने का भाव।

गहना[१] पुं० [सं० गहन+क] १. आभूषण, जेवर। २. रेहन, बन्धक।

मुहा० *गहने रखना*=रेहन या बन्धक रखना।

गहना[२] स० [सं० ग्रहण] पकड़ना।

गहबर* वि० [सं० गह्वर] १. दुर्गम, विषम। २. व्याकुल, उद्विग्न। ३. मनोवेग से विकल। ४. आँसुओं से भरा हुआ (नेत्र)।

गहबरन* स्त्री० [हिं० गहबरना] व्याकुलता, घबराहट।

गहबरना* अ० [सं० गह्वर] १. घबराना, व्याकुल होना। २. करुणा आदि से जी भर आना।

गहभरना* स० [हिं० भरना] अच्छी तरह भरना।

गहमह* स्त्री० [अनु०] चहल-पहल, रौनक।

गहमागहमी स्त्री० [हिं० गहमह+गहमह] चहल-पहल, रौनक।

गहर[१] स्त्री० [?] देर, विलम्ब।

गहर[२] वि० [सं० गह्वर] १. दुर्गम। २. गूढ़। ३. प्रबल।

*स्त्री० दे० 'गहराई'। *वि० दे० 'गहरा'।

गहरना[१] अ० [हिं० गहर=देर] देर लगाना, विलम्ब करना।

गहरना[२] अ० [सं० गहर] १. झगड़ना। २. कुढ़ना।

गहरा वि० [सं० गंभीर] [भाव० गहराई] १. (पानी) जिसकी थाह बहुत नीचे हो, गम्भीर।

पद *गहरा पेट*=ऐसा हृदय जिसमें सब बातें छिप जाएँ। २. जिसका विस्तार नीचे की ओर अधिक हो। ३. बहुत अधिक, ज्यादा।

पद *गहरा असामी*=बड़ा या मालदार आदमी। *गहरे लोग*=चतुर लोग, धूर्त लोग। *गहरा हाथ*=(क) भारी आघात। (ख) भारी रकम।

४. भारी, विकट। ५. गाढ़ा।

मुहा० *गहरी घुटना या छनना*=(क) खूब गाढ़ी भंग छनना। (ख) बहुत मित्रता या घनिष्टता होना।

गहराई स्त्री० [हिं० गहरा+ई (प्रत्य०)] 'गहरा' होने की अवस्था या भाव, गहरापन।

गहराना अ० [हिं० गहरा] गहरा होना।

स० गहरा करना।

अ० दे० 'गहरना'।

गहरा पेंच पुं० [हिं०] फँसावड़ा।

गहराव पुं०=गहराई।

गहवाना स० हिं० 'गहना' का प्रे०।

गहवारा* पुं० [हिं० गहना=पकड़ना] १. पालना। २. झूला।

गहाई* स्त्री० [हिं० गहना] गहने का भाव, पकड़।

गहाना स० हिं० 'गहना' का प्रे०।

गहासना* स०=ग्रसना।

गहिर* वि० [सं० गंभीर] १. गहरा। २. गंभीर।

गहीला वि० [स्त्री० गहीली] दे० 'गहेला'।

गहेजुआ| पुं० दे० 'छछूँदर'।

गहेलरा| वि०=गहेला।

गहेला* वि० [सं० गृहीत, प्रा० गहिल्ल] [स्त्री० गहेली] १. कोई चीज ग्रहण या धारण करनेवाला, जैसे गरब-गहेला। २. हठी, जिद्दी। ३. घमंडी। ४. पागल। ५. गँवार।

गहैया वि०, पुं० [हिं० गहना+ऐया (प्रत्य०)] १. पकड़नेवाला। २. स्वीकार करनेवाला।

गह्वर पुं० [सं०] १. अँधेरी जगह। २. विवर, बिल। ३. विषम स्थान। ४. गुफा। ५. कुंज, लतागृह। ६. जंगल।

वि० १. दुर्गम। २. विषम। ३. गुप्त।

गांग पुं० [सं०] गंगा-सम्बन्धी, गंगा का।

गांगेय पुं० [सं०] १. भीष्म। २. कार्तिकेय।

वि० १. गंगा-सम्बन्धी, गंगा का। २. गंगा से उत्पन्न या निकला हुआ।

गाँज पुं० [फा० गंज] राशि, ढेर।

गाँजना स० [हिं० गाँज, फा० गंज] इकट्‌ठा करना, राशि या ढेर लगाना।

गाँजा पुं० [फा० गंजा] भाँग की तरह का एक पौधा जिसकी कलियों का धुआँ नशे के लिए पीते हैं।

गाँठ स्त्री० [सं० ग्रंथि, प्रा० गंठि] [वि० गँठीला] १. रस्सी, कपड़े आदि में विशेष प्रकार से फेरा देकर बनाया हुआ बन्धन, गिरह।

मुहा० *गाँठ खुलना*=कमजोरी सामने आना। *(हृदय की) गाँठ खोलना*=भीतरी इच्छा या बात प्रकट करना। *गाँठ जोड़ना*= गठबन्धन करना। *(मन में) गाँठ पड़ना*=मनमुटाव होना, वैमनस्य होना।

२. कपड़े के पल्ले में रुपया आदि लपेटकर लगाया हुआ बन्धन।

पद *गाँठ का*=पल्ले का, पास का। *गाँठ का पूरा*=धनी। *गाँठ की पूँजी*=पास का पैसा।

मुहा० *गाँठ में बाँधना*=बात सदा स्मरण रखना।

३. कहीं भेजने के लिए एक में बाँधकर रखी हुई चीजों का समूह, जैसे दो गाँठ कपड़ा, चार गाँठ रुई। ४. अंग का जोड़। ५. शरीर में रक्तविकार आदि के कारण होनेवाला कोई गोल कड़ा उभार। ६. बाँस आदि का पोर। ७. कुछ विशेष प्रकार की वनस्पतियों में वह उपयोगी गोल और कड़ा अंश जो जमीन के अन्दर होता है, जैसे प्याज की गाँठ, हल्दी की गाँठ। (बल्ब) ८. जड़। ९. बोझ, गट्ठा।

गाँठगोभी स्त्री० [हिं० गाँठ+गोभी] गोभी की एक जाति जिसकी जड़ में बड़ी गोल गाँठें होती हैं।

गाँठना स० [सं० ग्रंथन, पा० गंठन] १. गाँठ लगाना, जोड़ना। २. मिलाना, सटाना। ३. गूँथना। ४. क्रम लगाना। ५. अपने अनुकूल या वश में करना।

मुहा० *मतलब गाँठना*=प्रयोजन या स्वार्थ सिद्ध करना।

६. वार रोकना।

गाँठी स्त्री०=गाँठ।

गाँड़ स्त्री० [सं० गंड] गुदा, मलद्वार। (अपशब्द)

गाँडर स्त्री० [सं० गंडाली] १. गंडदूर्वा नाम की घास। २. दे० 'गाडर'।

गांडीव पुं० [सं०] अर्जुन का धनुष।

गाँती स्त्री० दे० 'गाती'।

गाँथना* स० [सं० ग्रंथन] गूँथना।

गांधर्व वि० [सं०] गन्धर्व-सम्बन्धी।

गांधर्व विवाह पुं० [सं०] वह विवाह जो वर और कन्या स्वेच्छा से कर लेते हैं।

गांधर्व वेद पुं० [सं०] १. सामवेद का उपवेद। २. संगीतशास्त्र।

गांधार पुं० [सं०] [वि० गांधारी] १. सिन्धु नद के पश्चिम का देश। २. इस देश का निवासी। ३. संगीत के सात स्वरों में से तीसरा स्वर।

गांधारी स्त्री० [सं०] १. गांधार देश की स्त्री। २. दुर्योधन की माता का नाम। ३. संगीत में एक रागिनी। ४. हठयोग में दाहिनी आँख की एक नाड़ी।

गाँधी स्त्री० [सं० गान्धिक] १. गँधिया कीड़ा। २. गँधिया घास। ३. गंधी। ४. गुजराती वैश्यों की एक जाति।

गाँधी टोपी स्त्री० [(महात्मा) गाँधी+टोपी] पुरानी तरह की एक प्रकार की किश्तीनुमा या लम्बोतरी टोपी।

गाँधीवाद पुं० गाँधी जी का यह सिद्धान्त कि अपने अधिकारों की प्राप्ति या उद्देश्य की सिद्धि के लिए उत्तम साधन अपनाने चाहिए; अहिंसा, सत्याग्रह और असहयोग की नीति।

गांभीर्य पुं० [सं०] गंभीरता।

गाँव पुं० [सं० ग्राम] १. बहुत छोटी बस्ती। २. गाँव के लोग।

गाँवटी† वि० [हिं० गाँव] गँवार।

गाँव-पंचायत स्त्री० स्वतंत्र भारत में गाँवों के चुने हुए प्रतिनिधियों का वह दल जो साधारण झगड़ों और मुकदमों के फैसले और सफाई, स्वास्थ्य आदि की व्यवस्था करता है।

गाँव-सभा स्त्री० [हिं० गाँव+सं० सभा] गाँववालों के चुने हुए लोगों की वह सभा या समिति जो गाँव के स्थानिक कार्यों की व्यवस्था करती है।

गाँस स्त्री० [हिं० गाँसना] १. गँसने या गाँसने की क्रिया, अवस्था या भाव। २. ईर्ष्या, द्वेष। ३. कपट। ४. भेद, रहस्य। ५. गाँठ। ६. तीर या बरछी का फल। ७. अंकुश। ८. शासन। ९. संकट।

गाँसना स० [सं० ग्रंथन] १. गूँथना। २. सालना, छेदना। ३. (ताने में) सूत कसना, जिससे बुनावट ठस हो। ४. वश या शासन में रखना। ५. तेजी से पकड़ना, दबोचना। ६. कसकर भरना, ठूँसना।

गाँसी स्त्री० [हिं० गाँस] १. तीर आदि का फल। २. हथियार की नोक। ३. गाँठ, गिरह। ४. कपट। ५. मनोमालिन्य।

गाइ, गाई स्त्री० [सं० गावी] गाय।

गाउन पुं० [अं०] एक विशेष प्रकार का लंबा ढीला-ढाला पहनावा जिसे वकील न्यायाधीश, डॉक्टर आदि पहनते हैं।

गाकरी स्त्री० [?] १. लिट्टी, बाटी। २. रोटी।

गागर स्त्री० दे० 'गगरी'।

गाछ पुं० [सं० गच्छ] पेड़, वृक्ष।

गाछी स्त्री० [हिं० गाछ] १. छोटा पेड़। २. वह स्थान जहां बहुत से पेड़ हों।

गाज[१] स्त्री० [सं० गर्ज] १. गर्जन। २. बिजली की कड़क। ३. बिजली, वज्र।

मुहा० *गाज पड़ना*=(क) बिजली गिरना। (ख) आफत आना। (ग) नाश होना।

गाज[२] पुं० [अनु० गजगज] फेन, झाग।

गाजना अ० [सं० गर्जन, पा० गज्जन] १. हुंकार करना, गरजना। २. प्रसन्न होना।

गाजर स्त्री० [फा० गज़र] एक पौधा जिसका कन्द मीठा होता है।

गाजर-मूली स्त्री० तुच्छ वस्तु।

गाजा-बाजा पुं० दे० 'बाजा-गाजा'।

गाजि* क्रि० वि० गरजकर।

गाजी पुं० [अ०] १. मुसलमानों में वह वीर पुरुष जो धर्म के लिए युद्ध करे या प्राण दे। २. बहादुर, वीर।

गाटा पुं० [देश०] भूमि या खेत का वह टुकड़ा जो पूरी ईकाई के रूप में माना जाता है। (प्लॉट)

गाड़ स्त्री० [सं० गर्त] १. गड्ढा। २. वह गड्ढा जिसमें अन्न रखा जाता है।

गाड़ना स० [हिं० गाड़] १. गड्ढा खोदकर उसमें कोई चीज मिट्टी से ढकना, दफनाना। २. लम्बी चीज का एक सिरा गड्ढे में जमाकर उसे खड़ा करना। ३. धँसाना। ४. छिपाना।

गाडर स्त्री० [सं० गड्डुरी] भेड़।

गाड़ा[१]* पुं० [सं० शकट] बड़ी बैलगाड़ी, छकड़ा।

गाड़ा[२] पुं० [सं० गर्त, प्रा० गड्डु] वह गड्ढा जिसमें छिपकर शत्रु का पता लेते हैं।

गाड़ी स्त्री० [प्रा० गाड्डा] एक जगह से दूसरी जगह सामान या आदमियों को पहुँचानेवाला यान।

गाड़ीखाना पुं० [हिं०+फा० खानः] वह स्थान जिसमें गाड़ी या गाड़ियाँ रखी जाती हों।

गाड़ीवान पुं० [हिं० गाड़ी+वान (प्रत्य०)] गाड़ी हाँकनेवाला।

गाढ़ वि० [सं०] [भाव० गाढ़ता] १. अधिक, बहुत। २. दृढ़, मजबूत। ३. घना। ४. गाढ़ा। ५. बहुत गहरा। ६. विकट, संकटपूर्ण।

स्त्री० विपत्ति, संकट।

गाढ़ा[१] वि० [सं० गाढ़] [भाव० गाढ़ापन] १. जिसमें जल के साथ कोई चूर्ण मिला हो। २. घना, ठस, मोटा (कपड़ा आदि) ३. घनिष्ठ, गहरा। ४. कठिन, विकट, जैसे गाढ़े दिन। ५. जिसमें कठिन परिश्रम हुआ हो, जैसे गाढ़ी कमाई।

पुं० १. संकट, विपत्ति।

पद *गाढ़े का साथी*=विपत्ति के समय सहायक होने और उससे बचानेवाला।

२. कठिन परिश्रम।

पद *गाढ़े पसीने की कमाई*=मेहनत से कमाया हुआ धन।

३. मोटा सूती कपड़ा, गजी। ४. मस्त हाथी।

गाढ़े* क्रि० वि० [हिं० गाढ़ा] १. दृढ़ता से, जोर से। २. अच्छी तरह।

गात पुं० [सं० गात्र] शरीर, देह।

गाता पुं० [सं० गातृ] गानेवाला।

पुं० दे० 'गत्ता'।

गाती स्त्री० [सं० गात्री] १. वह चादर जो गले में बाँधते हैं। २. चादर ओढ़ने का एक विशेष ढंग।

गात्र पुं० [सं०] देह, शरीर।

गाथ स्त्री० [सं० गाथा] १. यश, कीर्ति। २. प्रशंसा, तारीफ।

गाथना स० [हिं० गथना] १. अच्छी तरह पकड़ना। २. कसना, जकड़ना।

गाथा स्त्री० [सं०] १. स्तुति, प्रशंसा। २. प्राकृत भाषा का एक प्रसिद्ध छन्द। ३. कथा, वृत्तान्त। ४. छोटे-छोटे पद्यों में बहुत ही सीधे-सादे ढंग से और विस्तारपूर्वक कही हुई वह प्रभावोत्पादक कथा जिसमें प्रायः सत्य घटनाओं का वर्णन होता है। (बैलड)

गाद स्त्री० [सं० गाध] १. तरल पदार्थ के नीचे बैठी हुई गाढ़ी मैल, तलछट। २. तेल की कीट।

गादर* वि० १. दे० 'कायर'। २. दे० 'शिथिल'।

गादा पुं० [सं० गाध=दलदल] खेत में का अधपका अन्न, बिना पकी फसल।

गादी स्त्री० [हिं० गद्दी] १. एक प्रकार का पकवान। २. दे० 'गद्दी'।

गादुर पुं० दे० 'चमगादड़'।

गाध[१] पुं० [सं०] १. स्थान, जगह। २. जल के नीचे का स्थल, थाह।

गाध[२] वि० [स्त्री० गाधा] १. कम गहरा। २. थोड़ा, स्वल्प।

गाधी* स्त्री० दे० 'गद्दी'।

गान पुं० [सं०] [वि० गेय] १. गाने की क्रिया, गाना। २. गाने की चीज, गीत।

गाना स० [सं० गान] १. ताल और स्वर के नियम के अनुसार या आलाप के साथ ध्वनि निकालना। २. मधुर ध्वनि करना। ३. विस्तार से कहना।

मुहा० *अपनी ही गाना*=अपनी ही बात कहते जाना।

४. स्तुति करना, प्रशंसा करना।

पुं० १. गाने की क्रिया। २. गीत।

गाफिल वि० [अ०] [भाव० गफलत] १. बेसुध, बेखबर। २. असावधान।

गाभ* पुं० [सं० गर्भ, पा० गब्भ] १. पशुओं का गर्भ। २. किसी चीज का मध्य भाग। ३. दे० 'गाभा'

गाभा पुं० [सं० गर्भ] १. नया निकला हुआ नरम पत्ता, कल्ला, कोंपल। २. केले आदि के डंठल के अन्दर का कोमल भाग। ३. कच्चा अनाज। ४. खड़ी खेती।

गाभिन वि० स्त्री० [सं० गर्भिणी] गर्भिणी। (चौपायों के लिए)

गाम* पुं० [सं० ग्राम] गाँव।

गामी(-मिन्) वि० [सं०] [स्त्री० गामिनी] १. चलनेवाला, जैसे शीघ्रगामी। २. सम्भोग करनेवाला, जैसे वेश्यागामी।

गाय स्त्री० [सं० गो] १. सींगवाला एक प्रसिद्ध मादा पशु जो अपने दूध के लिए प्रसिद्ध है। २. सीधा मनुष्य।

गायक पुं० [सं०] [स्त्री० गायिका, गायिनी] गानेवाला, गवैया।

गायकी[1] स्त्री० [सं० गायक] गानेवाली स्त्री।

गायकी[2] स्त्री० [सं० गायन] १. गायन-विद्या का पूरा ज्ञान। २. गायन-विद्या के नियमों के अनुसार ठीक तरह से गाना। ३. गायन-विद्या।

गाय-गोट स्त्री०=गोशाला।

गायत्री स्त्री० [सं०] १. एक वैदिक मन्त्र जो हिन्दू-धर्म में सबसे अधिक पवित्र माना जाता है। २. दुर्गा। ३. गंगा।

गायन पुं० [सं०] [स्त्री० गायिनी] १. गाने की क्रिया या भाव। २. गाना, गीत।

गायब वि० [अ० ग़ायब] लुप्त, अन्तर्धान।

गायित्री स्त्री० दे० 'गायत्री'।

गारंटी स्त्री० [अं०] १. कुछ करने या बदलने के लिए दिया हुआ लिखित वचन। २. विक्रयार्थ वस्तु किसी अवधि के अंदर में खराबी आने पर उसकी मरम्मत करने या बदलने का वचन।

गार पुं० [अ०] १. गहरा गड्ढा। २. गुफा, कन्दरा।

गारत वि० [अ० ग़ारत] नष्ट, बरबाद।

गारद स्त्री० [अं० गार्ड] १. सिपाहियों का वह दल जो रक्षा के लिए नियत होता है। २. पहरा, चौकी।
वि०=गारत।

गारना[1] स० [सं० गालन] १. निचोड़ना। २. पानी के साथ घिसना, जैसे चन्दन गारना। ३. निकालना। ४. त्यागना।

गारना[2]* स० [सं० गल] १. गलाना।
मुहा० *तन या शरीर गारना*=तप करके शरीर को कष्ट देना, तप करना।
२. नष्ट या बरबाद करना। ३. परिश्रम आदि के द्वारा (शरीर को) क्षीण करना।

गारा पुं० [सं० ग्रावन् (पत्थर) या हिं० गारना] मिट्टी, चूने आदि का वह गाढ़ा घोल जिससे ईंटों की जोड़ाई होती है, ईंटें जोड़ने का मसाला।
वि० १. गीला, तर। २. खिन्न और उदासीन।
मुहा० *जी गारा करना*=किसी की ओर से खिन्न होना।

गारी* स्त्री० दे० 'गाली'।

गारु* वि० [सं० गुरु] भारी।

गारुड़ पुं० [सं० गारुड] १. साँप के काटने पर चढ़ा हुआ विष उतारने का मन्त्र या विद्या। २. स्वर्ण, सोना।

गारुड़ी(डिन्) पुं० [सं०] मन्त्र से साँप का विष उतारनेवाला।

गारो, गारौ* पुं० [सं० गौरव, प्रा० गारव] १. अहंकार, घमंड। २. गौरव।

गार्हपत्याग्नि स्त्री० [सं०] वह प्रधान अग्नि जिसकी रक्षा शास्त्रानुसार अपने घर में प्रत्येक गृहस्थ को करनी चाहिए।

गार्हस्थ्य पुं० [सं०] गृहस्थाश्रम।

गाल[1] पुं० [सं० गड, गल्ल] १. मुँह के दोनों ओर ठुड्डी और कनपटी के बीच का कोमल अंग, गंड, कपोल।
मुहा० *गाल फुलाना*=रूठना। *गाल बजाना या मारना*=डींग हाँकना। *गाल बजाना*=शेखी हाँकना।
२. बकवाद करने की लत।
मुहा० *गाल करना*=बढ़-चढ़कर या उद्दंडतापूर्वक बातें करना। *गाल बजाना*=शेखी हाँकना
३. मध्य, बीच। ४. कौर, ग्रास।

गाल[2] स्त्री० [हिं० गाली] १. कलंक, लांछन। २. दुर्वचन, गाली।

गालक वि० पुं० [सं० गल] गलानेवाला।

गाल-गूल* पुं० [अनु०] व्यर्थ की बातें, गपशप।

गालन पुं० [सं०] [वि० गालित] १. गलाने की क्रिया या भाव। २. किसी तरल पदार्थ को किसी वस्तु में इस प्रकार इस पार से उस पार निकालना कि उसमें की मैल आदि बीच में रुककर निकल जाए। (फिल्टरेशन)

गाला पुं० [हिं० गाल] १. धुनी हुई रुई का वह पहल जो चरखे पर कातने के लिए बनाया जाता है, पूनी।
पद *रुई का गाला*=बहुत उज्ज्वल।
२. उद्दंडतापूर्ण बात। ३. ग्रास। ४. व्यर्थ और भद्दी बात या ऐसी बातें करने की आदत।

गालिब वि० [अ० ग़ालिब] १. जिसने दूसरे पर विजय पा ली हो। २. दूसरे या दूसरों पर छाया रहनेवाला।
मुहा० *गालिब आना*=छा जाना।

गालिम* वि० [अ० ग़ालिब] जिसने किसी को दबा लिया हो।

गाली स्त्री० [सं० गालि] १. निन्दा या कलंक की बात, दुर्वचन।
मुहा० *गाली खाना*=दुर्वचन या गालियाँ सुनना। *गाली देना*=दुर्वचन कहना।
२. कलंकपूर्ण आरोप।

गाली-गलौज स्त्री० [हिं० गाली+गलौज (अनु०)] १. आमने-सामने होकर एक-दूसरे को गालियाँ देना। २. एक-दूसरे को इस प्रकार दी जानेवाली गालियाँ।

गाली-गुफ्ता पुं० दे० 'गाली-गलौज'।

गालू वि० [हिं० गाल] गाल बजानेवाला, बकवादी।

गाल्हना अ० [हिं० गाल] बातें करना, बोलना।

गाव पुं० [सं० गो से फा०] गाय।

गावतकिया पुं० [फा०] बड़ा और लम्बा तकिया, मसनद।

गावदी वि० [हिं० गाव+दी (प्रत्य०)] १. कुंठित बुद्धि का। २. अबोध, नासमझ।

गावदुम वि० [फा०] जो ऊपर से गौ की पूँछ की तरह पतला होता आया हो।

गासिया पुं० [अ० गाशिय:] जीनपोश।

गाह पुं० [सं० ग्राह] १. ग्राहक, गाहक। २. पकड़, घात। ३. ग्राह।

गाहक[1] पुं० [सं०] अवगाहन करनेवाला।

गाहक[2] पुं० [सं० ग्राहक] १. मोल लेनेवाला, खरीदार, क्रेता।
मुहा० *जी या प्राण का गाहक होना*=किसी के प्राण लेने पर उतारू होना।
२. कदर करनेवाला, चाहनेवाला।

गाहकताई* स्त्री० [सं० ग्राहकता] गुण-ग्राहकता, कदरदानी।

गाहकी स्त्री० [हिं० गाहक] १. गाहक या ग्राहक होने की क्रिया या भाव। २. ग्राहक के हाथ होनेवाली बिक्री। ३. ग्राहक समुदाय।

गाहन पुं० [सं०] [वि० गहित] गोता लगाना, स्नान करना।

गाहना स० [सं० अवगाहन] १. डूबकर थाह लेना। २. मथना, बिलोना। ३. धान आदि के डंठल झाड़ना जिसमें दाने नीचे गिर जाएँ, ओसाना। ४. गड़बड़ा देना।

गाहा* स्त्री० [सं० गाथा] १. दे० 'गाथा'। २. आर्या छन्द।

गाही स्त्री० [हिं० गहना=ग्रहण करना] फल आदि गिनने का पाँच-पाँच का एक मान।

गिंजना अ० [हिं० गींजना] किसी चीज (विशेषतः कपड़े) का उलटे-पुलटे जाने से खराब हो जाना, गींजा जाना।

गिंजाई[1] स्त्री० [सं० गुंजन] एक प्रकार का बरसाती कीड़ा।

गिंजाई[2] स्त्री० [हिं० गींजना] गींजने की क्रिया या भाव।

गिंडुरी| स्त्री० दे० 'इँडुआ'।

गिंदौड़ा पुं० [हिं० गेंद] मोटी रोटी के आकार में ढाली हुई चीनी।

गिआन* पुं०=ज्ञान।

गिउ* पुं० [सं० ग्रीवा] गला, गरदन।

गिचपिच वि० [अनु०] (लिखाई) जो स्पष्ट या ठीक क्रम से न हो।

गिजगिजा वि० [अनु०] १. ऐसा गीला और मुलायम जो खाने में अच्छा न लगे। २. जो छूने पर कोमल मालूम हो।

गिजा स्त्री० [अ० गिज़ा] भोजन, खुराक।

गिटकिरी स्त्री० [अनु०] गाने में तान लेते समय विशेष प्रकार से स्वर कँपाना।

गिटपिट स्त्री० [अनु०] १. निरर्थक शब्द। २. अंग्रेजी भाषा। (उपेक्षासूचक)
मुहा० *गिटपिट करना*=टूटी-फूटी या साधारण भाषा बोलना।

गिट्टक, गिट्टिक स्त्री० [सं० किट्टक] १. चिलम के छेद पर रखने का कंकड़, गिट्टी। २. धातु आदि का छोटा और मोटा टुकड़ा।

गिट्टी स्त्री० [सं० किट्टक] १. पत्थर के वे छोटे टुकड़े जो प्रायः सड़क कूटने में काम आते हैं। २. चिलम की गिट्टक।

गिड़गिड़ाना अ० [अनु०] [भाव० गिड़गिड़ाहट] अत्यन्त नम्र होकर कोई बात करना या प्रार्थना करना।

गिड़गिड़ाहट स्त्री० [हिं० गिड़गिड़ाना] गिड़गिड़ाने का भाव।

गिद्ध पुं० [सं० गृध्र] एक प्रसिद्ध मांसाहारी बड़ा पक्षी।

गिद्धदृष्टि स्त्री० [हिं०+सं०] पैनी दृष्टि।

गिधना* अ० [?] हिलना-मिलना, परचना।

गिनती स्त्री० [हिं० गिनना+ती (प्रत्य०)] १. गिनने की क्रिया या भाव, गणना।
पद *गिनती में आना या होना*=कुछ महत्त्व का समझा जाना। *गिनती गिनने के लिए*=नाम मात्र को।
२. संख्या, तादाद।
पद *गिनती का*=गिना हुआ (थोड़ा या थोड़ा-सा)। *गिनती के*=बहुत थोड़े।
३. उपस्थिति की जाँच, हाजिरी।

गिनना स० [सं० गणन] १. गिनती करना, संख्या जानना।
मुहा० *दिन गिनना*=(क) आशा में समय बिताना। (ख) किसी प्रकार समय बिताना।
२. गणित करना, हिसाब लगाना। ३. कुछ महत्त्व का समझना।

गिनवाना स०=गिनाना।

गिनाना स० हिं० 'गिनना' का प्रे०।
अ० गिनती में आना, गिना जाना।

गिन्नी स्त्री० [अं०] सोने का एक आंग्ल सिक्का।

गिय* पुं० दे० 'गिउ'।

गियाह* पुं० [?] एक तरह का घोड़ा।

गिर पुं० [सं० गिरि] १. पहाड़। २. दे० 'गिरि'।

गिरगिट पुं० [सं० गलगति] छिपकली की जाति का एक जन्तु जो दिन में दो बार रंग बदलता है।
मुहा० *गिरगिट की तरह रंग बदलना*= वृत्ति, व्यवहार, आचरण आदि जल्दी-जल्दी बदलते रहना।

गिरजा पुं० [पुर्त० इंग्रिजिया] ईसाइयों का प्रार्थना-मन्दिर।

गिरदा पुं० [फा० गिर्द] १. चक्कर। २. तकिया। ३. काठ की थाली। ४. ढाल, फरी। ५. वह जो दूसरों को अपने जाल या चक्कर में फँसाता हो।

गिरदान पुं०=गिरगिट।

गिरदार पुं० दे० 'गिर्दावर'।

गिरधर पुं० दे० 'गिरिधर'।

गिरना अ० [सं० गलन] १. ऊपर से, बीच में आधार न रहने के कारण, नीचे आ जाना। २. जमीन पर पड़ या लेट जाना। ३. अवनति या घटाव पर होना, बुरी दशा में होना। ४. किसी जलधारा का किसी बड़े जलाशय में जा मिलना। ५. शक्ति मूल्य आदि का कम या मन्द होना। ६. बहुत चाव या तेजी से आगे बढ़ना, टूट पड़ना। ७. किसी ऐसे रोग का होना जिसका वेग ऊपर से नीचे को आता हुआ माना जाता है, जैसे फालिज गिरना। ८. लड़ाई में मारा जाना।

गिरनार पुं० [सं० गिरि+नार=नगर] [वि० गिरनारी] गुजरात में रैवतक नाम का पर्वत जो जैनियों का तीर्थ है।

गिरफ्त स्त्री० [फा० गिरिफ्त] १. पकड़। २. दोष या भूल का पता लगाने का ढंग।

गिरफ्तार वि० [फा० गिरिफ़्तार] १. पकड़ा हुआ। २. जो राज्य की ओर से किसी अभियोग आदि के विचार के लिए पकड़ा गया हो। ३. विपत्ति आदि में फँसा हुआ।

गिरफ्तारी स्त्री० [फा० गिरिफ़्तारी] १. गिरफ्तार होने की अवस्था या भाव। २. कोई अभियोग लगने या अपराध करने पर उसके विचार के लिए राज्य द्वारा किसी को पकड़ने की क्रिया, अवस्था या भाव। (अरेस्ट)

गिरबान पुं० [फा० गरेबान] १. गर्दन, गला। २. दे० 'गरेबान'।

गिरमिट[1] पुं० [अं० गिलमेट] (लकड़ी में छेद करने का) बड़ा बरमा।

गिरमिट[2] पुं० [अं० एग्रीमेन्ट=इकरारनामा] १. इकरारनामा, शर्तनामा। २. स्वीकृति की प्रतिज्ञा, इकरार।

गिरमिटया पुं० [हिं० गिरमिट] वह भारतीय मजदूर जो इकरारनामे द्वारा काम करने के लिए उन्नीसवीं सदी में विदेश ले जाया जाता था।

वि० गिरमिट की तरह रंग बदलनेवाला।

गिरवान* पुं० [फा० गरेबान] १. कुरते आदि में गले का भाग। २. गर्दन, गला।

पुं० दे० 'गीर्वाण'।

गिरवाना स० हिं० 'गिरना' का प्रे०।

गिरवी वि० [फा०] गिरो रखा हुआ, बंधक, रेहन।

गिरवीदार पुं० [फा०] वह व्यक्ति जिसके यहाँ कोई वस्तु बन्धक रखी हो।

गिरह स्त्री० [फा०] १. गाँठ, ग्रन्थि। २. जेब, खीसा, खरीता। ३. दो पैरों के बीच का संधि-स्थान, गाँठ। ४. एक गज का सोलहवाँ भाग। ५. कलैया, कलाबाजी।

गिरहकट वि० [फा० गिरह+हिं० काटना] जेब या गाँठ में बँधा हुआ माल काट लेनेवाला।

गिरहबाज पुं० [फा० गिरहबाज़] एक प्रकार का कबूतर जो उड़ते-उड़ते उलटकर कलैया खा जाता हो।

गिरही* पुं० १. दे० 'ग्रही'। २. दे० 'गृह'।

गिराँ वि० [फा० गराँ] १. बहुमूल्य। २. महँगा। ३. भारी। ४. अप्रिय।

गिराँव पुं० [अनु०] गाँव का अनुकरणवाचक शब्द।

गिरा स्त्री० [सं०] १. वाणी। २. बोलने की शक्ति। ३. जिह्वा। ४. सरस्वती।

गिराना स० [हिं० गिरना का स०] १. खड़ा न रहने देकर जमीन पर या नीचे डाल देना। २. बल, महत्त्व आदि कम करना, अवनत करना, घटाना। ३. प्रवाह को ढाल की ओर ले जाना। ४. लड़ाई में मार डालना।

गिरिनाथ पुं० [सं० गिरि+नाथ] पर्वत के स्वामी, शंभु, शिव।

गिरानी स्त्री० [फा०] १. महँगी। २. अकाल। ३. कमी। ४. पेट का भारीपन।

गिरापितु* पुं० [सं० गिरा+पितृ] सरस्वती के पिता, ब्रह्मा।

गिरा बाजार पुं० ऐसा बाजार जिसमें गाहक न हों।

गिरामी वि०=ग्रामी (ग्राम्य)।

गिरावट स्त्री० [हिं० गिरना+आवट (प्रत्य०)] १. गिरने की क्रिया, भाव या ढंग। २. मूल्य, माँग आदि में होनेवाली कमी। ३. आचरण, व्यवहार आदि में होनेवाला पतन।

गिरास* पुं० दे० 'ग्रास'।

गिरासना*स० दे० 'ग्रसना'।

गिराह* पुं० दे० 'ग्राह'।

गिरि पुं० [सं०] १. पहाड़। २. दशनामी सम्प्रदाय के एक प्रकार के संन्यासी। ३. परिव्राजकों की एक उपाधि।

गिरिका स्त्री० [सं०] छोटी पहाड़ी।

गिरिजा स्त्री० [सं०] १. पार्वती। २. गंगा।

गिरिताल पुं० [सं०] पहाड़ों में स्थित जलाशय।

गिरिधर पुं० [सं०] श्रीकृष्ण।

गिरिनाथ पुं० [सं०]१. हिमालय पर्वत। २. गोवर्धन पर्वत।

गिरिपथ पुं० [सं०] १. पर्वतों के बीच का तंग रास्ता, दर्रा। २. पहाड़ी रास्ता।

गिरिराज पुं० [सं०] १. बड़ा पर्वत। २. हिमालय। ३. गोवर्धन पर्वत। ४. सुमेरु पर्वत।

गिरिव्रज पुं० [सं०] १. केकय देश की राजधानी। २. जरासंघ की राजधानी, जिसे बाद में राजगृह कहते थे।

गिरिसंकट पुं० [सं०] दो पहाड़ों के बीच का सँकरा मार्ग, दर्रा।

गिरिसुत पुं० [सं०] मैनाक पर्वत।

गिरिसुता स्त्री० [सं०] पार्वती।

गिरींद्र पुं० [सं०] १. बड़ा पर्वत। २. हिमालय। ३. शिव।

गिरी स्त्री० [हिं० गरी] बीज के अन्दर का गूदा।

स्त्री० दे० 'गीरी'।

गिरीश पुं० [सं०] १. शिव। २. हिमालय पर्वत। ३. सुमेरु पर्वत। ४. गोवर्धन पर्वत। ६. बड़ा पहाड़।

गिरेबान पुं० [फा० गिरीबाँ, मिलाओ सं० ग्रीवा] कमीज, कुरते आदि का गला।

मुहा० *अपने गिरेबान में झाँकना*=अपनी ओर देखना, अपनी कमियाँ देखने का प्रयत्न करना।

गिरैया वि० [हिं० गिराना+ऐया (प्रत्य०)] गिरानेवाला।

स्त्री० दे० 'गेराँव' (पगहा)।

गिरो स्त्री० [फा०] रेहन, बन्धक, गिरवी।

गिरो गाँठ स्त्री० [फा०+हिं०] बंधक, गिरवी।

गिर्द क्रि० वि० [फा०] १. आस-पास। २. चारों ओर।

गिर्दावर पुं० [फा०] घूम-घूमकर दौरा करने या काम की जाँच करनेवाला कर्मचारी।

गिल स्त्री० [फा०] १. मिट्टी। २. गारा।

गिलकार पुं० [फा०] गारे से दीवारों पर पलस्तर करने और बेल-बूटे आदि बनानेवाला कारीगर।

गिलकारी स्त्री० [फा०] गारा लगाने या पलस्तर करने और बेल-बूटे आदि बनाने का काम।

गिलगिली पुं० [देश०] घोड़ों की एक जाति।

गिलट पुं० [अं० गिल्ड] १. किसी धातु पर सोना, चाँदी आदि चढ़ाने का काम। २. चाँदी-सी सफेद पर बहुत हलकी और कम मूल्य की एक धातु।

गिलटी स्त्री० [सं० ग्रन्थि] १. शरीर के अन्दर की वह छोटी गोल गाँठ जो रक्त के कुछ तत्त्व खींचकर शरीर के किसी भाग में पहुँचाती या शरीर के बाहर निकालती है। (ग्लैंड) २. वह रोग जिसमें ऐसी गाँठें सूज जाती हैं।

गिलन पुं० [सं०] [वि० गिलित] निगलना, लीलना।

गिलना स० [सं० गिलन] १. निगलना। २. मन में छिपाकर रखना।

गिलम स्त्री० [फा० गिलीम=कम्बल] १. नरम और चिकना ऊनी कालीन। २. मोटा मुलायम गद्दा या बिछौना।

वि० कोमल, नरम, मुलायम।

गिलमिल* स्त्री० [अनु०] पुरानी चाल का एक प्रकार का कपड़ा।

गिलहरी स्त्री० [फा० कलहरी] चूहे की तरह का, सफेद और काली धारियोंवाला तथा मोटी रोएँदार पूँछवाला एक जन्तु जो पेड़ों पर रहता है।

गिला पुं० [फा०] १. उलाहना। २. शिकायत, निन्दा।

गिलान* स्त्री० दे० 'ग्लानि'।

गिलाफ पुं० [अ० गिलाफ़] १. लिहाफ आदि की खोल। २. बड़ी रजाई, लिहाफ। ३. कोश, म्यान।

गिलावा पुं० [फा० गिल+आब] गारा।

गिलास पुं० [अं० ग्लास] १. पानी पीने का एक गोल लम्बोतरा बरतन। २. द्रव्य की उतनी मात्रा जितनी गिलास में समाए।

गिलौरी स्त्री० [देश०] १. पान का बीड़ा। २. बीड़े की तरह बनी हुई मिठाई।

गिल्टी स्त्री०=गिलटी।

गींजना स० [हिं० मींजना] किसी कोमल पदार्थ, विशेषत: कपड़े आदि को इस प्रकार मलना कि वह खराब हो जाए।

गीउ* स्त्री० दे० 'गीव'।

गीड, गीडर स्त्री० [सं० कीट] आँखों से निकलनेवाला कीचड़ या मल।

गीत पुं० [सं०] वह वाक्य, पद या छन्द जो गाया जाता है, गाना। (लिरिक)

मुहा० *(किसी के) गीत गाना*=बड़ाई करना। *(अपना ही) गीत गाना*=(अपनी ही) बात कहते जाना।

वि० गाया हुआ, गान के रूप में आया या लाया हुआ।

गीतकार पुं० [सं०] [भाव० गीतकारी] वह कवि जो गाने के लिए गीत बनाता हो। (लिरिक पोएट)

गीता स्त्री० [सं०] १. ज्ञानमय उपदेश। २. भगवद्गीता। ३. वृत्तान्त, कथा।

गीति स्त्री० [सं०] गान, गीत।

गीतिका स्त्री० [सं०] १. एक मात्रिक छन्द। २. गीत, गाना।

गीतिकाव्य पुं० [सं०] वह काव्य-ग्रन्थ जिसमें गाने योग्य गीत हों। (लिरिकल पोयम्स)

गीतिनाट्य पुं० [सं०] अभिनय जो मुख्यत: गीतों के सहारे होता हो। (ओपेरा)

गीतिरूपक पुं० [सं०] वह रूपक जिसमें गद्य कम और पद्य अधिक हो।

गीदड़ पुं० [?] कुत्ते की तरह का एक जंगली पशु, सियार, शृगाल।

वि० डरपोक, कायर।

गीदड़-भबकी स्त्री० मन में डरते हुए परन्तु ऊपर से प्रकट किया जानेवाला बनावटी क्रोध।

गीध पुं० दे० 'गिद्ध'।

गीधना* अ० [सं० गृध्र=लुब्ध] १. गिद्ध की तरह किसी काम, बात या चीज के पीछे पड़ना। २. बहुत ही बुरी तरह से लोभ करना। ३. एक बार कोई लाभ उठाकर सदा उसकी इच्छा रखना, परचना।

गीर* स्त्री०=गिरा (वाणी)।

-गीर प्रत्य० [फा०] [भाव० गीरी] एक प्रत्यय जो कुछ शब्दों के अन्त में लगकर उन्हें धारण या ग्रहण करनेवाले का अर्थ देता है, जैसे राहगीर (रास्ता चलनेवाला)।

-गीरी प्रत्य० [फा०] प्रत्यय के रूप में यह कुछ शब्दों के अन्त में लगकर उन्हें भाववाचक संज्ञा का रूप देता है।

गीर्वाण पुं० [सं०] देवता, सुर।

गीला वि० [हिं० गलना] [स्त्री० गीली, भाव० गीलापन] भींगा हुआ, तर।

गीला बिस्तर पुं० बच्चे के सोए-सोए पेशाब करने से गीला होनेवाला बिस्तर।

गीव, गीवा* स्त्री० दे० 'ग्रीवा'।

गुंगा पुं० दे० 'गूँगा'।

गुंची स्त्री० दे० 'घुंघुची'।

गुंज स्त्री० [सं० गुंजन] १. भौंरों के भनभनाने का शब्द, गुंजार। २. आनन्द-ध्वनि, कलरव। ३. दे० 'गुंजा'।

गुंजन पुं० [सं०] १. भौंरों की गूँज, भनभनाहट। २. कोमल मधुर ध्वनि।

गुँजना अ० दे० 'गूँजना'।

गुंजना अ० [सं० गुंज] १. भौंरों का भनभनाना। २. मधुर ध्वनि का निकलना, गुंजरना।

गुंजरना अ० [हिं० गुंजार] १. गुंजार करना। २. शब्द करना। ३. गरजना।

गुंजलक स्त्री० [फा०] १. इंडुआ, गेंडुरी। २. शिकन, सिलवट। ३. समस्या, उलझन।

गुंजा स्त्री० [सं०] घुंघुची।

गुंजाइश स्त्री० [फा०] १. अटने या समाने की जगह, अवकाश, समाई। २. सुभीता। ३. किसी बात के घटित होने की सम्भावना; जैसे-यहाँ शक की गुंजाइश नहीं।

गुंजान वि० [फा०] घना, सघन।

गुंजायमान वि० [सं०] गूँजता हुआ।

गुंजार स्त्री० [सं० गुंजन] भौंरों की गूँज।

गुंजारित वि० दे० 'गुंजित'।

गुंजित वि० [सं०] १. भौंरों आदि के गुंजार से युक्त। २. किसी प्रकार की गूँज से युक्त।

गुंठा* वि० [हिं० गठना] १. गठा हुआ। २. छोटे आकार का।
पुं० छोटे आकार का एक प्रकार का घोड़ा।

गुंडई स्त्री० [हिं० गुंडा+ई (प्रत्य०)] अकारण लोगों से झगड़ना या उन्हें मारना-पीटना।

गुंडली स्त्री० [सं० कुंडली] १. फेटा, कुंडली। २. गेंडुरी, ईंडुरी।

गुंडा पुं० [सं० गुंडक] [स्त्री० गुंडी, भाव० गुंडई, गुंडापन] १. अकारण लोगों से लड़ने या उन्हें मारने-पीटनेवाला, बदमाश। २. छैला।

गुंडापन पुं० [हिं० गुंडा+पन (प्रत्य०)] १. गुंडा होने का भाव, गुंडई। २. गुंडों का-सा आचरण या व्यवहार।

गुंथना अ० [सं० गुत्स=गुच्छा] १. (तागों, बालों की लटों आदि का) उलझना। २. मोटे टाँकों से सिलना।

गुंधना अ० [सं० गुध] गूँधा या माँड़ा जाना।
अ० दे० 'गुंथना'।

गुंधवाना स० हिं० 'गूँधना' का प्रे०।

गुंधाई स्त्री० हिं० 'गूँधना' का भाव।

गुंधावट स्त्री० [हिं० गूँधना] गूँधने का भाव या ढंग।

गुंफ पुं० [सं०] [वि० गुंफित] १. उलझन, फँसाव। २. गुच्छा। ३. दाढ़ी, गलमुच्छा।

गुंफन पुं० [सं०] [वि० गुंफित] १. गूँथने की क्रिया या भाव। २. गुँथा हुआ रूप।

गुंबज, गुंबद पुं० [फा० गुम्बद] गोल, ऊँची और उभरी हुई छत।

गुंभ* स्त्री० [सं० गुंफ] अंकुर, गाभ।

गुग्गुल पुं० [सं०] एक पेड़ जिसका गोंद सुगन्ध के लिए जलाते हैं, गूगल।

गुच्ची स्त्री० [?] गुल्ली रखने का गड्ढा।

गुच्छ पुं० [सं०] [वि० गुच्छीय] १. गुच्छा। २. वह पौधा जिसमें केवल पत्तियाँ या पतली टहनियाँ फैलें, झाड़। ३. मोर की पूँछ।

गुच्छक पुं० [सं०] गुच्छा।

गुच्छा पुं० [सं० गुच्छ] १. एक में लगे या बँधे हुए पत्तों, फलों या फूलों का समूह। २. एक में लगी या बँधी हुई छोटी वस्तुओं का समूह, जैसे तालियों का गुच्छा, व्यंजनों का गुच्छा। ३. फुँदना, झब्बा।

गुच्छी स्त्री० [सं० गुच्छ] १. करंज, कंजा। २. एक प्रकार की खुमी, जिसकी तरकारी बनती है।

गुच्छीय वि० [सं०] गुच्छों में लगनेवाला।

गुजर पुं० [फा० गुज़र] १. निकास, गति। २. पैठ, पहुँच, प्रवेश। ३. निर्वाह।

गुजरना अ० [फा० गुज़र+हिं० ना (प्रत्य०)] १. (समय) बीतना या कटना।
मुहा० *किसी पर गुजरना*=किसी पर (संकट या विपत्ति) पड़ना।
२. किसी स्थान से होकर आना या जाना।
मुहा० *गुजर जाना*=मर जाना।
३. निर्वाह होना, निभना।

गुजर-बसर पुं० [फा०] निर्वाह, गुजारा, कालक्षेप।

गुजरात पुं० [सं० गुर्जर] [वि० गुजराती] भारत का एक दक्षिण-पश्चिमी राज्य।

गुजराती वि० [हिं० गुजरात] गुजरात-सम्बन्धी, गुजरात का।
पुं० गुजरात का निवासी।
स्त्री० गुजरात की भाषा।

गुजरान पुं० दे० 'गुजर' ३.।

गुजराना* स० दे० 'गुजारना'।

गुजरिया स्त्री० दे० 'गूजरी'।

गुजरी स्त्री० [हिं० गूजर] १. कलाई में पहनने की एक प्रकार की पहुँची। २. कनकटी भेड़। ३. दे० 'गूजरी'।

गुजरेटा पुं० [हिं० गूजर] [स्त्री० गुजरेटी] १. गूजर जाति का लड़का। २. दे० 'गूजर'।

गुजारना स० [फा० गुज़र] १. बिताना। २. सामने रखना, पेश करना।

गुजारा पुं० [फा० गुज़ारा] १. निर्वाह। २. वह वृत्ति जो जीवन-निर्वाह के लिए मिलती हो। ३. महसूल चुकाने का स्थान।

गुजारिश स्त्री० [फा० गुज़ारिश] निवेदन, प्रार्थना।

गुजारी स्त्री० [?] गले में पहनने का एक प्रकार का हार (गहना)।

गुझ* वि० दे० 'गुह्य'।

गुझना* अ० [सं० गुह्य] छिपना।

गुझकना* [सं० गुह्य] छिपना।

गुझरौट पुं० [सं० गुह्य+आवर्त] १. कपड़े की सिकुड़न, शिकन, सिलवट। २. स्त्रियों की नाभि के आस-पास का भाग।

गुझाना* स० दे० 'छिपाना'।

गुझिया स्त्री० [सं० गुह्यक] १. एक प्रकार का पकवान, कुसली, पिराक। २. खोए की एक मिठाई।

गुझौट* पुं० दे० 'गुझरौट'।

गुट पुं० [सं० गोष्ठ] १. किसी दल या संस्था के कुछ लोगों का गिरोह। २. दल।

गुटकना[1] अ० [अनु०] कबूतर की तरह गुटरगूँ करना।

गुटकना[2] स० [हिं० गटकना] १. निगलना। २. खा जाना।

गुटका पुं० [सं० गुटिका] १. दे० 'गुटिका'। २. साधारण से अपेक्षाकृत छोटे आकार की पुस्तक जो प्रायः जेब में रखी

जा सकती हो, जैसे गुटका रामायण। ३. लट्टू। ४. गुपचुप नाम की मिठाई।

गुटबाज पुं० [हिं० गुट+फा० बाज़] वह जो दल के कुछ लोगों को अपने साथ मिलाता हो।

गुटबाजी स्त्री० [हिं० गुटबाज] १. गुट बनाने की क्रिया या भाव। २. गुटों में होनेवाली प्रतिद्वन्द्विता।

गुटरगूँ स्त्री० [अनु०] १. कबूतरों की बोली। २. दो प्रेमियों या मित्रों में एकान्त में होनेवाली बातचीत।

गुटिका स्त्री० [सं०] १. गोली। २. एक प्रकार की सिद्धि जिसमें एक गोली मुँह में रखने से मनुष्य दिखाई नहीं देता।

गुट्ठ पुं० [सं० गोष्ठ] १. समूह। २. दल।

गुट्ठल वि० [हिं० गुठली] १. (फल) जिसमें बड़ी गुठली हो। २. जड़, मूर्ख। ३. गुठली के आकार का।

पुं० १. गाँठ, गुलथी। २. गिलटी।

गुट्ठी स्त्री० [सं० गोष्ठ] मोटी गाँठ।

गुठला[1] पुं० [हिं० गुठली] १. बड़ी गुठली। २. बड़ी गुठली की तरह कोई गोल कड़ी चीज, जैसे शरीर में मांस का गुठला।

वि० गुठलियों से भरा।

गुठला[2] पुं० [सं० अंगुस्थल, प्रा० अंगुठ्ठल] अँगूठे में पहनने का एक प्रकार का गहना।

गुठला[3] वि० [सं० कुंठ] जिसकी धार खराब हो, कुंठित, भोथरा।

गुठली स्त्री० [सं० गुटिका] ऐसे फल का बीज, जिसमें एक ही बड़ा बीज होता हो, जैसे आम की गुठली।

गुठाना अ० [हिं० गुठली] १. गुठली-सी बँध जाना। २. गुठली का रूप धारण करना। ३. निकम्मा हो जाना।

गुड़ंबा पुं० [हिं० गुड़+आँब=आम] शीरे में पकाया कच्चा आम।

गुड़ पुं० [सं० गुड] ऊख, खजूर आदि का रस पकाकर जमाई हुई बट्टी या भेली।

मुहा० *कुल्हिया में गुड़ फोड़ना*=गुप्त रीति से कोई ऐसा कार्य या सलाह करना जो बिना किसी भय के प्रकाश्य रूप में भी किया जा सकता हो।

गुड़गुड़ाना अ० [अनु०] गुड़गुड़ शब्द होना।

स० [अनु०] १. गुड़गुड़ शब्द करना। २. हुक्का पीना।

गुड़गुड़ाहट स्त्री० [हिं० गुड़गुड़+आहट (प्रत्य०)] गुड़गुड़ शब्द होने की क्रिया या भाव, गुड़गुड़ी।

गुड़गुड़ी स्त्री० [हिं० गुड़गुड़ाना] १. एक प्रकार का हुक्का, फरशी। २. गुड़गुड़ाहट।

गुड़धानी[1] स्त्री० [हिं० गुड़+धान] भुने हुए गेहूँ को गुड़ में पागकर बाँधा लड्डू।

गुड़धानी[2] स्त्री० [हिं० गुड़+धनियाँ] गुड़ के साथ मिलाया हुआ धनियाँ जो कुछ विशिष्ट अवसरों पर खायी जाती है।

गुड़ना* स्त्री० दे० 'गुणना'।

गुड़मुड़ाना| स० = मरोड़ना। अ० = सिकुड़ना।

गुड़रू पुं० [सं० गरुड़] एक प्रकार का पक्षी।

गुड़हल पुं० [हिं० गुड़+हर] अड़हुल का पेड़ या फूल, जवा।

गुड़ाकू पुं० [हिं० गुड़+तमाकू] १. गुड़ मिला हुआ पीने का तम्बाकू। २. एक प्रकार का मंजन।

गुड़ाकेश पुं० [सं०] १. वह जिसने नींद पर विजय पा ली हो, अर्जुन। २. शिव।

गुड़ारीदार| पुं० [?] एक रुपए का सिक्का।

गुड़िया स्त्री० [हिं० गुड्डा] कपड़े की वह पुतली जिससे लड़कियाँ प्रायः खेलती हैं।

पद *गुड़ियों का खेल*=सहज काम।

गुड़िला* पुं० [सं० गुड़, हिं० गुड्डा का पुराना रूप] १. मनुष्य की आकृति का पुतला। २. दे० 'गुड्डी'।

गुड़ी* स्त्री०=गुड्डी।

गुडुप पुं० [अनु०] जल के अन्दर से साँस छोड़ने पर होनेवाली ध्वनि।

मुहा० *गुडुप हो जाना*=डूब जाना।

गुडूची स्त्री० [सं०] गुरुच, गिलोय।

गुड्डा[1] पुं० [सं० गुड्=खेलने की गोली] कपड़े का बना हुआ पुतला।

मुहा० *किसी के नाम का गुड्डा बाँधना*=किसी की निन्दा करते फिरना।

गुड्डा[2] पुं० [हिं० गुड्डी] बड़ी पतंग।

गुड्डी[1] स्त्री० [सं० कुड्डक=कौड़िल्ल पक्षी] कागज का वह प्रसिद्ध खिलौना जो हवा में उड़ाया जाता है, पतंग।

गुड्डी[2] स्त्री० [सं० गुटिका] १. घुटने की हड्डी। २. एक प्रकार का छोटा हुक्का।

गुढ़* पुं० [सं० गूढ़] छिपकर रहने का स्थान।

गुढ़ना अ० [सं० गूढ़] १. छिपना। २. गूढ़ अर्थ समझना, जैसे पढ़ना-गुढ़ना।

गुढ़ा पुं० [सं० गूढ़] छिपने की जगह, गुप्त स्थान।

गुढ़ाना* स० [हिं० गुढ़ना का स०] छिपाना।

गुढ़ासी* पुं० [सं० गूढाशय] १. गुप्तचर, भेदिया। २. दुष्ट उद्देश्य से लोगों में उपद्रव या लड़ाई-झगड़ा करानेवाला।

गुढ़ी स्त्री० [सं० गुढ] गाँठ, गुत्थी।

गुण[1] पुं० [सं०] [वि० गुण्य, गुणीय, गुणित, गुणी] १. किसी वस्तु में पाई जानेवाली विशेष बात या तत्त्व जिसके द्वारा वह दूसरी वस्तुओं से अलग मानी जाए, धर्म। (प्रॉपर्टी)। २. अच्छापन, खूबी।

मुहा० *गुण गाना*=प्रशंसा करना। *गुण मानना*=एहसान मानना।

३. प्रकृति के अन्तर्गत मानी जानेवाली तीन प्रकार की वृत्तियाँ या भाव, जो मनुष्यों, जीव-जन्तुओं, वनस्पतियों आदि में पाई जाती हैं, यथा- सत्व, रज और तम। ४. (उक्त वृत्तियों के आधार पर) तीन की संख्या का सूचक शब्द। ५. निपुणता, प्रवीणता। ६. कला या विद्या, हुनर। ७. किसी प्रकार की क्रिया या विशेषता आदि के फलस्वरूप

पड़नेवाला प्रभाव, असर। (एफेक्ट) ८. विशेषता। (क्वालिटी) ९. प्रकृति। १०. डोरी।

गुण[२] प्रत्य० एक प्रत्यय जो संख्यावाचक शब्दों के आगे लगकर, उतनी ही बार और होना सूचित करता है, गुना, जैसे त्रिगुण, चतुर्गुण आदि।

गुणक पुं० [सं०] वह अंक जिससे किसी अंक को गुणा करते हैं।

गुणकारक वि० [सं०] गुण या फायदा करनेवाला, लाभदायक।

गुणकारी वि०=गुणकारक।

गुणगौरी स्त्री० [सं०] १. पतिव्रता। २. सुहागिन। ३. स्त्रियों का एक व्रत।

गुणग्राम वि० [सं०] गुणज्ञ।
पुं० गुणों का समहू।

गुणग्राहक वि०, पुं० [सं०] गुणों या गुणियों का आदर करनेवाला, कदरदान।

गुणग्राही वि० पुं० दे० 'गुणग्राहक'।

गुणज्ञ वि० [सं०] १. अच्छी बातों या गुणों को पहचानने या उनकी परख करनेवाला, गुणों का पारखी। २. गुणी।

गुणता स्त्री० [सं०] गुण-सम्बन्धी विशिष्टता। (क्वालिटी)

गुण-दोष पुं० [सं०] किसी वस्तु के गुण या अच्छी बातें और दोष या बुरी बातें, भले और बुरे दोनो पक्ष या अंग।

गुणन पुं० [सं०] [वि० गुण्य, गुणनीय, गुणित] १. गणित में एक संख्या को दूसरी संख्या से गुणा करना, जरब देना। २. गिनना। ३. अनुमान करना। ४. उद्धरणी करना, रटना। ५. मनन करना, सोचना।

गुणनखंड पुं० [सं०] दी हुई संख्या को विभाजित करनेवाली संख्या। (फैक्टर)

गुणनफल पुं० [सं०] वह संख्या जो एक संख्या को दूसरी से गुणा करने से निकले। (प्रॉडक्ट)

गुणना स० [सं० गुणन] १. गुणा करना। २. दे० 'गुणना'।

गुणनिधान वि० [सं०] जिसमें बहुत से गुण हों।

गुणनिधि वि० [सं० गुण+निधि] जिसमें बहुत से गुण हों।

गुणवंत वि० दे० 'गुणवान'।

गुणवत्ता स्त्री० [सं०] गुण-सम्बन्धी उत्कृष्टता या विशिष्टता।

गुणवाचक वि० [सं०] १. गुणों का वर्णन करनेवाला। २. व्याकरण में गुणसूचक विशेषण।

गुणवान, गुणवान् वि०, पुं० [सं० गुणवत्] [स्त्री० गुणवती] जिसमें गुण हों, गुणवाला, गुणी।

गुणसूत्र पुं० [सं० गुण+सूत्र] सूत्र की तरह का प्राणियों, पौधों आदि के कोषाणुओं में होनेवाला वह अंश, जिससे पुश्तैनी गुणों की जानकारी मिलती है।

गुणांक पुं० [सं०] वह राशि जिससे दूसरी राशि को गुणा किया जाए। (को-एफिशंट)

गुणा पुं० [सं० गुणन] [वि० गुण्य, गुणित] गणित में जोड़ की एक संक्षिप्त रीति, जिसमें कोई संख्या एक बार में ही कई गुनी कर ली जाती है, जरब।

गुणाकर वि० [सं०] जिसमें बहुत-से गुण हों, गुणनिधान।

गुणा-गणित पुं० [सं०] १. आकलन। २. हिसाब-किताब, जोड़-तोड़।

गुणानुवाद पुं० [सं०] गुणों का वर्णन।

गुणित वि० [सं०] गुणा किया हुआ।

गुणी (णिन्) वि० [सं०] गुणवाला, जिसमें कोई या कई गुण हों।
पुं० १. हुनरमन्द। २. झाड़-फूँक करने-वाला, ओझा।

गुण्य पुं० [सं०] १. वह अंक जिसको गुणा करना हो। २. गुणी।

गुत्थमगुत्था क्रि० वि० [हिं० गुथना] इस प्रकार लड़ते हुए कि दोनो व्यक्ति एक-दूसरे को दबोचे हों।

गुत्थी स्त्री० [हिं० गुथना] १. एक में गुथने से बनी हुई गाँठ, उलझन। २. समस्या, उलझन।

मुहा० *गुत्थी या गुथियाँ सुलझाना*=(क) जटिल समस्याओं की मीमांसा करना। (ख) कठिनाइयों से बचने का मार्ग निकालना।

गुथना अ० [सं० गुत्सन] १. कई वस्तुओं का एक में उलझ जाना। २. भद्दी तरह से सिया जाना। ३. किसी से लड़ने के लिए उससे लिपट जाना।

गुथवाँ वि० [हिं० गूथना] गूथकर बनाया हुआ।

गुथवाना स० हिं० 'गूथना' का प्रे०।

गुथीला† वि० गाँठदार।

गुद* स्त्री०=गुदा।
पुं०=गूदा

गुदकारा वि० [हिं० गूदा या गूदर] १. गुदेदार। २. गुदगुदा।

गुदगुदा वि० [हिं० गूदा] १. गूदेदार। २. मांस से भरा हुआ, मांसल। ३. मुलायम।

गुदगुदाना अ० [हिं० गुदगुदा] १. हँसाने या छेड़ने के लिए किसी का तलवा, बगल आदि सहलाना, गुदगुदी करना। २. विनोद या परिहास के लिए छेड़ना। ३. किसी के मन में किसी बात की वासना या उत्कंठा उत्पन्न करना।

गुदगुदी स्त्री० [हिं० गुदगुदाना] १. वह मधुर अनुभव जो बगल आदि कोमल अंगों को छूने या सहलाने से होता है। २. उत्कंठा, उमंग। ३. मन का उल्लास।

गुदड़ी स्त्री० [हिं० गूदड़] १. फटे-पुराने टुकड़ों को जोड़कर बनाया हुआ बिछौना या ओढ़ना, कन्था।

पद *गुदड़ी में का लाल*=(क) विपन्न परिस्थितियों में पला होनहार बालक। (ख) तुच्छ स्थान में उत्तम वस्तु।
२. कपड़ों के फटे-पुराने टुकड़े या चिथड़े, गूदड़।

गुदड़ी बाजार पुं० [हिं० गुदड़ी+फा० बाज़ार] वह बाजार जिसमें पुरानी या टूटी-फूटी चीजें बिकती हैं।

गुदना अ० [हिं० गोदना] गोदा जाना।
पुं० दे० 'गोदना'।

गुदर* स्त्री० [फा० गुज़र] १. दे० 'गुजर'। २. निवेदन, प्रार्थना। ३. निवेदन आदि के लिए किसी की सेवा में होनेवाली उपस्थिति, हाजिरी।

गुदरना* अ० [हिं० गुजरना] १. किसी के सामने उपस्थित या पेश होना। २. दे० 'गुजरना'।

गुदराना* स० [फा० गुज़रान] १. पेश करना। २. निवेदन करना।

गुदरैन* स्त्री० [हिं० गुदराना] १. पढ़ा हुआ पाठ सुनाना। २. परीक्षा।

गुदा स्त्री० [सं०] वह छिद्र जिसमें से अँतड़ियों का मल बाहर निकलता है, मलद्वार।

गुदाना स० [हिं० गोदना का प्रे०] गोदने का काम करना।

गुदार* वि० [हिं० गूदा] गूदेदार।

गुदारना स० [फा० गुज़र, हिं० गुदरना] १. उपेक्षा करना, ध्यान न देना। २. निवेदन करना, सेवा में उपस्थित करना। ३. बिताना, गुजारना।

गुदारा पुं० [फा० गुज़ारा] १. नाव से नदी पार करने का काम, उतारा।

मुहा० *गुदारे लगना*=(क) नाव का किनारे पहुँचना। (ख) किसी काम की समाप्ति या अन्त होना।

२. दे० 'गुजारा'।

गुद्दी स्त्री० [हिं० गूदा] १, बीज के अन्दर का गूदा, गिरी। २. सिर का पिछला भाग।

गुन* पुं० दे० 'गुण'।

गुनगन* पुं० [सं० गुण+गण] गुणों का समूह।

गुनगुन स्त्री० [अनु०] भौंरे का शब्द।

गुनगुना वि० दे० 'कुनकुना'।

गुनगुनाना अ० [अनु० गुनगुन] १. गुनगुन शब्द करना। २. नाक में बोलना। ३. बहुत धीरे-धीरे अस्पष्ट स्वर में गाना।

गुनना स० [सं० गुणन] १. गुणा करना, जरब देना। २. गिनना। ३. रटना। ४. मनन करना। ५. किसी को कुछ महत्त्व का समझना, मानना, जैसे-वह तुम्हें क्या गुनता है।

गुननिधि वि०=गुणनिधि।

गुनरखा| पुं० दे० 'गोनरखा'

गुनवान वि० [स्त्री० गुनवती]=गुणवान।

गुनह| पुं०=गुनाह।

गुनही पुं० दे० 'गुनहगार'।

गुना[१] पुं० [सं० गुणन] १. प्रत्यय की तरह का एक शब्द जो किसी संख्या के अन्त में लगकर उसका उतनी ही बार और होना सूचित करता है, जैसे सातगुना। २. गुणा। (गणित)

गुना[२] पुं० [?] एक प्रकार का मीठा पकवान।

गुनावन* स्त्री० [हिं० गुनना] गुनने की क्रिया या भाव।

गुनाह पुं० [फा०] १. पाप, पातक। २. कसूर, अपराध।

पद *गुनाह बेलज्जत*=ऐसा अनुचित कार्य जिससे कुछ लाभ न हो।

गुनाहगार वि० [फा०] १. पापी। २. दोषी, अपराधी।

गुनाही* पुं० दे० 'गुनाहगार'।

गुनिया वि० [हिं० गुणी] गुणवान।

गुनियाला* वि० दे० 'गुनिया'।

गुनी वि०, पुं० दे० 'गुणी'।

गुपचुप[१] क्रि० वि० [हिं० गुप+चुप] गुप्त रीति से, चुपचाप।

गुपचुप[२] पुं० एक प्रकार की मिठाई।

गुपाल* पुं०=गोपाल।

गुपुत* वि०=गुप्त।

गुप्त वि० [सं०] [भाव० गुप्तता] १. छिपा हुआ; गुप्त रूप से = छिपे-छिपे, छिपकर। २. जिसे जानना कठिन हो, गूढ़।

गुप्तचर पुं० [सं०] [भाव० गुप्तचरी] गुप्त रूप से किसी बात का पता लगानेवाला, दूत, भेदिया, जासूस।

गुप्तदान पुं० [सं०] वह दान जिसे देते समय केवल दाता जाने, दूसरों को पता न लगे।

गुप्ता स्त्री० [सं०] प्रेम-सम्बन्ध छिपानेवाली नायिका।

गुप्ति स्त्री० [सं० गुप्त] वह छड़ी जिसके अन्दर किरच या पतली तलवार छिपी हो।

गुप्पा-चुप्पा वि० लुक-छिपकर काम करनेवाला।

गुफा स्त्री० [सं० गुहा] जमीन या पहाड़ के नीचे या अन्दर विस्तृत और अँधेरी खाली जगह जिसमें प्रायः पशु आदि रहते हों, कन्दरा, गुहा।

गुफावासी (-सिन्) वि० [सं०] गुफा में रहनेवाला।

गुबरैला पुं० [हिं० गोबर+ऐला (प्रत्य०)] गोबर आदि में रहनेवाला एक कीड़ा।

गुबार पुं० [अ०] १. गर्द, धूल। २. मन में दबा हुआ क्रोध, दुख, द्वेष आदि।

गुबिंद* पुं० दे० 'गोविंद'।

गुब्बारा पुं० [फा० गुबारा] १. प्लास्टिक, रबर आदि का वह थैला जिसमें धुआँ या गैस-भरकर आकाश में उड़ाते हैं। २. वह बड़ा गुब्बारा जो गैस आदि के द्वारा लोगों को एक स्थान से दूसरे स्थान पर ले जाता है।

मुहा० *गुब्बारा हो जाना*=(क) गुब्बारे की तरह फूल जाना; (ख) आकार-प्रकार, भार, महत्त्व आदि में बढ़ जाना।

गुब्बारेवाला पुं० वह जो गुब्बारे बेचता हो।

गुम वि० [फा०] १. जो खो गया हो या मिल न रहा हो। २.अप्रसिद्ध।

गुमटा पुं० [सं० गुम्बा+टा (प्रत्य०)] [स्त्री० अल्पा० गुमटी] वह सूजन जो सिर पर चोट लगने से होती है।

गुमटिहा वि० [हिं० गुमटी+इहा(प्रत्य०)] गुमटी में रहने या काम करनेवाला।

गुमटी स्त्री० [हिं० गुमटा] १. मकान के ऊपरी भाग में सीढ़ी आदि के ऊपर की छत। २. चौकीदार के रहने का छोटा कमरा। ३. टीन, लकड़ी आदि की बनी अस्थायी दुकान।

गुमना| अ० [फा० गुम] खो जाना, गुम होना।

गुमनाम वि० [फा०] १. अप्रसिद्ध, अज्ञात। २. जिसका नाम न हो। ३. जिस पर लेखक का नाम न हो, जैसे गुमनाम चिट्ठी।

गुमर पुं० [फा० गुमान] १. घमंड, शेखी। २. मन का गुब्बार। ३. कानाफूसी।

गुमराह वि० [फा०] [भाव० गुमराही] १. रास्ता भूला हुआ। २. कुमार्ग पर चलनेवाला।

गुमशुदा वि० [फा० गुमशुदः] १. जो गुम हो गया हो। २. भटका हुआ।

गुमान पुं० [फा०] १. अनुमान, कल्पना। २. किसी विषय में मन में होनेवाला बुरा सन्देह। २. घमंड, अभिमान।

गुमाना स० दे० 'गँवाना'।

गुमानी वि० [हिं० गुमान] घमंडी।

गुमाश्ता पुं० [फा० गुमाश्त:] किसी की ओर से माल खरीदने और बेचने के लिए नियुक्त मनुष्य, एजेन्ट।

गुमुज* पुं०=गुंबद।

गुम्मट पुं० [फा० गुंबद] गुम्बद।

गुरंब* पुं० दे० 'गुडंबा'।

गुर पुं० [सं० गुरुमंत्र] १. मंत्र। २. उपाय, युक्ति।
*पुं० १. दे० 'गुरु'। २. दे० 'गोनरखा'।

गुरगा पुं० [सं० गुरुग] १. चेला। २. नौकर। ३. जासूस।

गुरगाबी पुं० [फा०] एक प्रकार का मुंडा जूता।

गुरचना अ० [अनु०] १. बल या सिकुड़न पड़ना। २. उलझना।

गुरची स्त्री० [हिं० गुरचना] १. सिकुड़न, बल। २. उलझन।

गुरचो स्त्री० [अनु०] दूसरों से छिपाकर आपस में बहुत धीरे-धीरे होनेवाली बात-चीत।

गुरज| स्त्री०=गरज।

गुरझ, गुरझन* स्त्री० [सं० अवरुंधन, पु० हिं० उरझन] १. पेच की बात, उलझन। २. ग्रन्थि, गाँठ।

गुरझना| अ०=उलझना।

गुरझाना| स०=उलझाना।

गुरदा पुं० [फा० गुर्दः] १. रीढ़दार जीवों का एक भीतरी अंग जो कलेजे के पास होता है। २. साहस, हिम्मत। ३. मध्य युग की एक तरह की छोटी तोप।

गुरमुख वि० दे० 'गुरुमुख'।

गुरमुखी स्त्री० [सं० गुरु+मुख+पं० ई (प्रत्य०)] सिक्खों के पाँचवें गुरु अर्जुन देव की चलाई हुई एक लिपि जो पंजाब में प्रचलित है और जो देवनागरी का एक रूपान्तर ही है।

गुरम्मर| पुं० [हिं० गड़+आम] १. आम का वह वृक्ष जिसके फल मीठे होते हों। २. दे० 'गुड़ंबा'।

गुरवी* वि० [सं० गर्व] घमंडी।

गुरसी| स्त्री० दे० 'गोरसी'।

गुराँवट स्त्री० [?] अदला-बदली की शादी।

गुरा| पुं० [हिं० गुल्ला] गुलेला।

गुराई* स्त्री०=गोरापन।

गुराब पुं० [देश०] तोप लादने की गाड़ी।

गुरिद* पुं० दे० 'गदा'। (अस्त्र)

गुरिया स्त्री० [सं० गुटिका] १. माला में का दाना या मनका। २. चौकोर या गोल कटा हुआ छोटा टुकड़ा। ३. मछली के माँस की बोटी या टुकड़ा।

गुरीरा* वि० [हिं० गुड़+ईरा (प्रत्य०)] १. गुड़ का-सा मीठा। २. उत्तम, बढ़िया।

गुरु वि० [सं०] [स्त्री० गुर्वी, भाव० गुरुत्व] १. बड़े आकार का। २. भारी, वजनी। ३. देर से पचनेवाला (भोजन)। पुं० [स्त्री० गुरुआनी] १. बृहस्पति नामक आचार्य। २. बृहस्पति नामक ग्रह। ३. बृहस्पतिवार। ४. किसी मन्त्र का उपदेष्टा। ५. विद्या या कला सिखानेवाला, उस्ताद। ६. दो मात्राओं वाला या दीर्घ अक्षर जिसका संकेत या चिह्न 'ऽ' है। (पिंगल)

गुरुआई स्त्री० [सं० गुरु+हिं० आई (प्रत्य०)] १. गुरु का पद या काम। २. धूर्तता, चालाकी।

गुरुआनी स्त्री० [सं० गुरु+हिं० आनी (प्रत्य०)] १. गुरु की स्त्री। २. पढ़ानेवाली स्त्री।

गुरुकुल पुं० [सं०] १. वह स्थान जहाँ गुरु विद्यार्थियों को अपने पास रखकर शिक्षा देता हो। २. विद्यालय। ३. गुरु का घराना या वंश।

गुरुघंटाल पुं० बहुत बड़ा धूर्त।

गुरुच स्त्री० [सं० गुडूची] एक प्रकार की कड़वी बेल जो दवा के काम में आती है, गिलोय।

गुरुज* पुं० दे० 'गुर्ज'।

गुरुजन पुं० बहु० [सं०] माता, पिता, गुरु आदि बड़े लोग।

गुरुडम पुं० [सं० गुरु+अं० डम (प्रत्य०)] स्वयं गुरु बनकर दूसरों से अपनी पूजा कराना, अहंवादिता।

गुरुता स्त्री० [सं०] १. दे० 'गुरुत्व'। २. महत्त्व।

गुरुताई* स्त्री०=गुरुता।

गुरुत्व पुं० [सं०] १. गुरु या भारी होने का भाव, भारीपन। २. वजन, बोझ। ३. वह शक्ति जो आकाशस्थ पिंडों को अपनी-अपनी ओर खींचती है। (ग्रैविटी) ४. गुरु या शिक्षक होने का भाव। ५. महत्त्व, बड़प्पन।

गुरुत्वाकर्षण पुं० [सं०] पृथ्वी की वह शक्ति जिसके द्वारा सभी आकाशस्थ वस्तुएँ उसी की ओर खिंचकर आती हैं।

गुरु-दक्षिणा स्त्री० [सं०] १. वह दक्षिणा जो विद्या पढ़ लेने पर गुरु को दी जाती है। २. (गुरु पूर्णिमा के अवसर पर) गुरु को दी जानेवाली दक्षिणा।

गुरु-दीक्षा स्त्री० [सं०] १. गुरु द्वारा दी जानेवाली दीक्षा। २. दीक्षा या नाम देने का अनुष्ठान या उत्सव।

गुरुद्रोही(-हिन्) वि० [सं०] गुरु के प्रति घात करनेवाला।

गुरुद्वारा पुं० [सं० गुरु+द्वार] सिक्खों का धर्मस्थान या मन्दिर।

गुरुबिनी* स्त्री० दे० 'गुर्विणी'।

गुरु-भाई पुं० [सं० गुरु+हिं० भाई] एक ही गुरु के शिष्य।

गुरुमंत्र पुं० [सं०] वह मन्त्र जो गुरु किसी को अपना शिष्य बनाने के समय देता है।

गुरुमार वि० [सं०+हिं०] गुरुद्रोही।

गुरुमुख वि०, पुं० [सं० गुरु+मुख] १. जिसने गुरु से धार्मिक दृष्टि से दीक्षा ली हो। २. गुरु ग्रंथ साहब का अनुयायी।

गुरुमुखी स्त्री० दे० 'गुरमुखी'।

गुरुवार पुं० [सं०] बृहस्पति का दिन, बृहस्पतिवार।

गुरुस पुं० [सं० गुरु] १. अध्यापक। २. धूर्त।

गुरू पुं० [सं० गुरु] १. अध्यापक, गुरु। २. धूर्त व्यक्ति।

गुरू-घंटाल पुं० बहुत बड़ा चालाक।

गुरूर पुं०=गरूर।

गुरेज स्त्री० [अ० गुरेज़] अप्रिय या हानिप्रद काम या बात से किया जानेवाला बचाव।

मुहा० *गुरेज न करना*=कुछ करने से पीछे न हटना।

गुरेरना स० [सं० गुरु=बड़ा+हेरना] क्रोध से देखना, घूरना।

गुरेरा* पुं० [हिं० गुरेरना] १. किसी को गुरेरने या क्रोधपूर्वक देखने की क्रिया या भाव। २. साक्षात्कार। ३. दे० 'गुलेला'।

गुरेरा-गुरेरी स्त्री० एक दूसरे को क्रोधपूर्वक देखने की क्रिया या भाव।

गुर्गा पुं० [फा० गुर्ग=भेड़िया] पिछलगू।

गुर्ज पुं० [फा०] १. गदा नामक अस्त्र। २. मोटा डंडा या सोंटा।

गुर्जबर्दार पुं० [फा०] गदाधारी योद्धा।

गुर्जर पुं० [सं०] १. गुजरात देश। २. इस देश का निवासी। ३. गूजर।

गुर्जरी स्त्री० [सं०] १. गुजरात देश की स्त्री। २. गुर्जर जाति की स्त्री। ३. संगीत में एक प्रकार की रागिनी।

गुर्राना अ० [अनु०] [भाव० गुर्राहट] १. कुत्ते आदि का गुरगुर शब्द करना। २. क्रोध में आकर कर्कश स्वर से बोलना।

गुर्राहट स्त्री० [हिं० गुर्राना] गुर्राने की क्रिया या शब्द।

गुर्विणी वि० स्त्री० [सं०] गर्भवती।

गुर्वी स्त्री० [सं०] गुरु की पत्नी।

वि० स्त्री० १. बड़ी या भारी। २. गौरवशाली। ३. गर्भवती।

गुल[1] पुं० [फा०] १. गुलाब का फूल। २. फूल, पुष्प।

मुहा० *गुल खिलना*=(क) विलक्षण घटना होना। (ख) नया बखेड़ा खड़ा होना। *गुल खिलाना*=बखेड़ा खड़ा करना।

३. पशुओं के शरीर पर का फूल के आकार का दाग। ४. वह गड्ढा जो हँसने के समय कुछ लोगों के गालों में पड़ता और सौन्दर्यवर्धक माना जाता है। ५. गरम धातु से दागने से शरीर पर पड़नेवाला चिह्न, दाग, छाप। ६. दीए की बत्ती का जला हुआ अंश।

मुहा० *(चिराग) गुल कर देना*=(दीपक) बुझा देना।

७. तमाकू का जला हुआ अंश, जट्टा।

गुल[2] पुं० [अ० गुल] शोर, हल्ला।

गुलकंद पुं० [फा०] चीनी मिलाकर धूप में सिझाई हुई गुलाब के फूलों की पंखुड़ियाँ जो दस्तावर होती हैं।

गुलकारी स्त्री० [फा०] बेल-बूटे का काम।

गुल-गपाड़ा पुं० [अ० गुल+हिं० गप्प] चिल्लाहट, शोरगुल।

गुलगुल| वि० [अ० गुलगुला] कोमल।

गुलगुला पुं० [हिं० गोल] एक प्रकार का मीठा पकवान।

वि० १. दे० 'गुदगुदा'। २. कोमल।

गुलगुलाना स० [हिं० गुलगुल] १. गूदेदार चीज को बार-बार दबाकर मुलायम करना। २. स्वाद लेना।

गुलगोथना वि० दे० 'गुलगुथना'।

गुलचना* स० दे० 'गुलचाना'।

गुलचा पुं० [अ० गुल या हिं० गाल] प्रेमपूर्वक गालों पर धीरे से किया हुआ हाथ का आघात।

गुलचाना* स० [हिं० गुलचा+ना (प्रत्य०)] गुलचा मारना या लगाना।

गुलछर्रा पुं० [हिं० गुल+छर्रा?] स्वच्छन्दतापूर्वक और अनुचित रीति से किया जानेवाला भोगविलास।

मुहा० *गुलछर्रे उड़ाना*=बहुत ही असंयत रूप से भोगविलास करना, खूब मौज करना।

गुलजार पुं० [फा० गुलज़ार] बाग, वाटिका।

वि० १. हरा-भरा। २. रौनक या चहल-पहल से भरा।

गुलझरी* स्त्री० [हिं० उलझन] १. उलझन। २. सिकुड़न, बल।

गुलथी स्त्री० [हिं० गोल+सं० अस्थि] १. किसी तरल पदार्थ के गाढ़े होकर जमने से बनी हुई गुठली। २. मांस की जमी हुई गाँठ।

गुलदस्ता पुं० [फा०] फूलों का गुच्छा।

गुलदाउदी स्त्री० [फा० गुल+दाउदी] एक सुन्दर फूलोंवाला पौधा।

गुलदान पुं० [फा०] फूलों का गुच्छा रखने का पात्र।

गुलदार वि० [फा०] बेल-बूटोंवाला, फूलदार।

गुलदुपहरिया स्त्री० [फा० गुल+हिं० दुपहरिया] एक छोटा पौधा जिसमें सफेद सुगन्धित फूल लगते हैं।

गुलनार पुं० [फा०] [वि० गुलनारी] १. अनार का फूल। २. इस फूल का-सा गहरा लाल रंग।

गुलबकावली स्त्री० [फा० गुल+सं० बकावली] हल्दी की तरह का एक पौधा जिसमें सफेद सुन्दर फूल होते हैं।

गुलबदन पुं० [फा०] एक प्रकार का रेशमी कपड़ा।

वि० फूल जैसे कोमल शरीरवाला।

गुलमेंहदी स्त्री० [फा० गुल+हिं० मेंहदी] अच्छे फूलोंवाला एक प्रकार का पौधा।

गुलमेख स्त्री० [फा०] बड़े गोल सिरवाली कील, फुलिया।

गुललाला पुं० दे० 'गुल्लाला'।

गुलशन पुं० [फा०] वाटिका, बाग।

गुलशब्बो स्त्री० [फा०] रजनीगन्धा का पौधा या फूल, सुगन्धिराज।

गुलाब पुं० [फा०] १. एक प्रसिद्ध कँटीला पौधा जिसमें सुन्दर सुगन्धित फूल लगते हैं। २. गुलाब-जल।

गुलाब-जल पुं० [फा० गुलाब+सं० जल] गुलाब के फूलों का अरक।

गुलाब-जामुन पुं० [फा० गुलाब+हिं० जामुन] १. एक प्रकार की मिठाई। २. एक पेड़ जिसका स्वादिष्ट फल कुछ चटपटा होता है।

गुलाबपाश पुं० [फा०] वह पात्र जिसमें गुलाब-जल भरकर लोगों पर छिड़कते हैं।

गुलाब-बाड़ी स्त्री० [फा० गुलाब+हिं० बाड़ी=क्यारी] आनन्द-मंगल का वह उत्सव जिसमें आस-पास के स्थान और चीजें गुलाब के फूलों से सजाई गई हों।

गुलाबी वि० [फा०] १. गुलाब के रंग का। २. हलका; जैसे गुलाबी जाड़ा, गुलाबी नशा।

गुलाम पुं० [अ०] १. मोल लिया हुआ दास। २. साधारण सेवक, नौकर। ३. पराधीन व्यक्ति।

गुलामी स्त्री० [अ० गुलाम+ई (प्रत्य०)] १. दासत्व। २. सेवा, नौकरी। ३. पराधीनता।

गुलाल पुं० दे० 'गुल्लाला'।

गुलियाना† स० [?] चोंगे में भरकर गाय, भैंस आदि को दवा पिलाना।

गुलिस्ताँ पुं० [फा०] बाग, वाटिका।

गुलुफ* पुं०=गुल्फ।

गुलू पुं० [देश०] एक प्रकार का बड़ा वृक्ष जिसका गोंद 'कतीरा' कहलाता है।

गुलूबंद पुं० [फा०] १. सिर पर या गले में लपेटने की एक लम्बी पट्टी। २. गले में पहनने का गहना।

गुलेनार पुं० दे० 'गुलनार'

गुलेल स्त्री० [फा० गुलूलः] वह छोटा उपकरण जिससे मिट्टी की गोलियाँ चलाई जाती हैं।

गुलेला पुं० [फा० गुलूलः] १. मिट्टी की वह गोली जो गुलेल से फेंकी या चलाई जाती है। २. गुलेल।

गुल्फ पुं० [सं०] एड़ी पर की गाँठ।

गुल्म पुं० [सं०] १. ऐसा पौधा जो एक जड़ से कई तनों के रूप में निकले, जैसे ईख, बाँस आदि। २. सेना की वह टुकड़ी जिसमें ९ हाथी, ९ रथ, २७ घोड़े और ४५ पैदल होते थे। ३. पेट का एक रोग।

गुल्लक स्त्री० दे० 'गोलक'।

गुल्ला पुं० [अ० गुल] शोर, हल्ला।
पुं० दे० 'गुलेला'।

गुल्लाला पुं० [फा० गुलेलालः] एक पौधा जिसमें लाल फूल होते हैं।

गुल्ली स्त्री० [सं० गुलिका=गुठली] १. गुठली। २. महुए की गुठली। ३. काठ या धातु आदि का गोल लम्बोतरा टुकड़ा।

गुल्ली-डंडा पुं० [सं० गुल्ली+हिं० डंडा] लड़कों का एक प्रसिद्ध खेल जो गुल्ली और डंडे से खेला जाता है।

गुवा* पुं० दे० 'गुवाक'।

गुवाक पुं० [सं०] सुपारी।

गुवार* पुं०=ग्वाला।

गुविंद* पुं० दे० 'गोविंद'।

गुष्टि* स्त्री०=गोष्ठी।

गुसल पुं० [अ० गुस्ल] स्नान, नहाना।

गुसलखाना पुं० [अ० गुस्ल+फा० ख़ानः] स्नानागार।

गुसाँई पुं० दे० 'गोसाईं'।

गुसा* पुं० दे० 'गुस्सा'।

गुस्ताख वि० [फा०] [भाव० गुस्ताखी] बड़ों का संकोच न करनेवाला, धृष्ट, अशालीन।

गुस्ताखी स्त्री० [फा०] [वि० गुस्ताख] धृष्टतापूर्ण आचरण, उद्दंडता।

गुस्ल पुं० [अ० ग़ुसल] स्नान, नहाना।

गुस्लखाना पुं० [अ० ग़ुस्ल+फा० ख़ानः] नहाने का कमरा, स्नानागार।

गुस्सा पुं० [अ० गुस्सः] [वि० गुस्सावार, गुस्सैल] क्रोध, कोप।
मुहा० *गुस्सा उतरना या निकलना*=क्रोध शान्त होना। *(किसी पर) गुस्सा चढ़ना*=क्रोध का आवेश होना।

गुस्सैल वि० [हिं० गुस्सा+ऐल (प्रत्य०)] जल्दी क्रोध करनेवाला, क्रोधी।

गुह[1] पुं० [सं०] १. कार्तिकेय। २. घोड़ा। ३. विष्णु। ४. राम का मित्र एक निषाद। ५. गुफा। ६. हृदय।

गुह[2] पुं० [सं० गूः] गू, मैला, मल।

गुहरना† स०=पुकारना।

गुहराना† स०=पुकारना।

गुहवाना स० हिं० 'गुहना' (गूथना) का प्रे०।

गुहाँजनी स्त्री० [सं० गुह्य+अंजन] आँख की पलक पर होनेवाली फुन्सी, बिलनी।

गुहा स्त्री० [सं०] १. गुफा, कन्दरा। २. छेद, गड्ढा।

गुहाई स्त्री० [हिं० गुहना] गुहना या गूँथने की क्रिया, ढंग, भाव या मजदूरी।

गुहार स्त्री० [हिं० गोहार] सहायता या रक्षा के लिए लगाई जानेवाली आवाज़।

गुहारना* अ० [हिं० गुहार] रक्षा के लिए पुकार मचाना, दुहाई देना।

गुहेरा[1] पुं० [सं० गौधेरक] गोह नामक जन्तु।

गुहेरा[2] पुं० [हिं० गुहना=पिरोना] डोरों से गहने आदि गूंथनेवाला, पटवा।

गुहेरी स्त्री० [सं० गौधेरिका] आँख की पलक पर होनेवाली फुन्सी, बिलनी।

गुह्य वि० [सं०] [भाव० गुह्यता] १. छिपा हुआ, गुप्त। २. गोपनीय, छिपाने योग्य। ३. जिसका तात्पर्य सहज में न खुले, गूढ़।

गूँ पुं० = गूह

गूँगा वि० [फा० गुंग] [स्त्री० गूँगी] १. जिसमें बोलने की शक्ति न हो।
पद *गूँगे का गुड़*=वह सुखद अनुभव, जिसका शब्दों में वर्णन न हो सके।
२. निरर्थक; जैसे गूँगा ज्ञान।

गूँज वि० [सं० गुंज] १. भौंरों के गूँजने का शब्द, गुंजार। २. प्रतिध्वनि। ३. खेलने के लट्टू में की कील। ४. नथ या

बाली में लपेटा हुआ पतला तार। ५. छोटे-छोटे छल्लों के रूप में लपेटा या घुमाया हुआ तार या ऐसी ही और कोई चीज।

गूँजना अ० [सं० गुंजन] १. भौंरों का मधुर ध्वनि करना, गुंजारना। २. प्रतिध्वनि से व्याप्त होना या भरना।

गूँथना स० १. दे० 'गूथना'। २. दे० 'पिरोना'।

गूँदना* अ० [हिं० गोदना] १. गोदा जाना। २. चुभना। स० गोदना।

गूँधना स० [सं० गुध=क्रीड़ा] [भाव० गुँधाई, गुँधावट] पानी में मिलाकर हाथों से दबाना या मलना, माँड़ना।

गू पुं० = गूह।

गूजर पुं० [सं० गुर्जर] [स्त्री० गूजरी, गुजरिया] अहीरों की एक जाति, ग्वाला।

गूजरी स्त्री० [सं० गुर्जरी] १. गूजर जाति की स्त्री, ग्वालिन। २. एक प्रकार का गहना।

गूढ़ वि० [सं०] [भाव० गूढ़ता] १. छिपा हुआ। २. जिसमें कुछ विशेष अभिप्राय छिपा हो, गहरे या गम्भीर आशयवाला। ३. जिसका आशय समझना कठिन हो।

गूढ़गेह* पुं० [सं० गूढ़+हिं० गेह] १. मकान के अन्दर का छिपा हुआ कमरा, तहखाना। २. मन्त्रणा-गृह। ३. यज्ञशाला।

गूढ़पुरुष पुं० [सं०] जासूस, गुप्तचर, भेदिया।

गूढ़ातिगूढ़ वि० [सं० गूढ़+अति+गूढ़] अत्यंत गूढ़।

गूढ़ाशय पुं० [सं०]=गूढ़पुरुष।

गूढ़ोक्ति स्त्री० [सं०] १. गूढ़ कथन या बात। २. किसी को सुनाकर किसी और से कही हुई कोई गुप्त बात।

गूथना स० [सं० गुम्फन] १. तागे आदि में एक ही तरह की बहुत सी चीजें पिरोना। २. दे० 'गूँधना'।

गूदड़ पुं० [सं० क्षुद्र, हिं० खूद] फटा-पुराना कपड़ा, चिथड़ा।

गूदा पुं० [अ० गुद:] [स्त्री० गूदी] १. फल के अन्दर का कोमल खाद्य अंश। २. खोपड़ी का सार भाग, भेजा। ३. मींगी, गिरी।

गूदेदार वि० [हिं०+फा०] जिसमें (खूब) गूदा हो।

गून स्त्री० [सं० गुण] गोन, नाव खींचने की रस्सी।

गूलर पुं० [सं० उदुंबर] १. बरगद की जाति का एक पेड़ जिसके फल के अन्दर छोटे-छोटे कीड़े होते हैं। २. इस पेड़ का फल, उदुंबर, ऊमर।

पद *गूलर का फूल*=दुर्लभ व्यक्ति या पदार्थ।

गूला| पुं० [?] लाठी के सिरा का लोहे का छल्ला।

गूलू पुं० दे० 'गूलर' (वृक्ष)।

गूह पुं० [सं० गुह्य] मैला, विष्ठा।

गृध्र पुं० [सं०] गिद्ध पक्षी।

गृह पुं० [सं०] घर।

गृहपति पुं० [सं०] १. घर का मालिक। २. अग्नि।

गृह-पत्रिका स्त्री० [सं०] किसी संस्था द्वारा अपने कर्मचारियों, सदस्यों आदि को अपनी गतिविधियों से परिचित कराने के उद्देश्य से निकाली जानेवाली पत्रिका।

गृहपरता स्त्री० [सं०] घर तथा घरवालों के प्रति होनेवाली आसक्ति।

गृहमंत्री पुं० [सं०] वह मन्त्री जो देश की भीतरी बातों की व्यवस्था करता हो। (होम मिनिस्टर)

गृहयुद्ध पुं० [सं०] १. घर का झगड़ा। २. देश के अन्दर की या देशवासियों की आपसी लड़ाई। (सिविल वार)

गृहरक्षक पुं०=होमगार्ड। दे०

गृहसंन्यास पुं० [सं०] घर के अन्दर ही रहकर सब काम करने और घर के बाहर न निकलने की प्रतिज्ञा या व्रत, जिसकी गिनती एक प्रकार के संन्यास में होती है।

गृहस्थ पुं० [सं०] १. गृहस्थाश्रम में रहनेवाला व्यक्ति, ज्येष्ठाश्रमी। २. घर-बार या बाल-बच्चोंवाला। ३. किसान।

गृहस्थाश्रम पुं० [सं०] चार आश्रमों में से दूसरा आश्रम जिसमें लोग विवाह करके घर का काम-काज देखते हैं।

गृहस्थी स्त्री० [सं० गृहस्थ—हिं० ई(प्रत्य०)] १. गृहस्था-श्रम। २. घर के काम-धन्धे। ३. परिवार। ४. घर का सामान। ५. खेती-बारी।

गृहिणी स्त्री० [सं०] १. घर की मालकिन। २. पत्नी।

गृही(-हिन्) पुं० [सं०] [स्त्री० गृहिणी] १. गृहस्थ, गृहस्थाश्रमी। २. यात्री। (भंडुरों की बोली)

गृहीत वि० [सं०] [स्त्री० गृहीता] १. जो ग्रहण किया गया हो, स्वीकृत। २. लिया, पकड़ा या रखा हुआ। ३. जिसपर किसी उग्र मनोविकार आदि का पूरा प्रभाव पड़ चुका हो, जैसे गर्व-गृहीत। ४. जिसपर भूत-प्रेत आदि की बाधा हो, भूतबाधा से ग्रस्त।

गृह्य वि० [सं०] गृह-सम्बन्धी, घर का।

गृह्यसूत्र पुं० [सं०] विवाह आदि संस्कारों की वैदिक पद्धति।

गेंडुआ| पुं० दे० 'गेंदुआ'।

गेंडुरी स्त्री० [सं० कुंडली] १. दे० 'इँडुआ'। २. गोल चक्कर, कुंडली।

गेंद पुं० [सं० गेंडक, कंदुक] कपड़े, चमड़े आदि का वह गोला जिससे लड़के खेलते हैं, कन्दुक।

गेंद-तड़ी स्त्री० [हिं० गेंद+तड़ (अनु०)] एक खेल जिसमें लड़के एक दूसरे को गेंद से मारते हैं।

गेंद-बल्ला पुं० [हिं० गेंद+बल्ला] गेंद और बल्ले से खेला जानेवाला एक प्रकार का विलायती खेल, क्रिकेट।

गेंदबाज पुं० [हिं० गेंद+फा० बाज़] (क्रिकेट के खेल में) वह जो बल्लेबाज़ को गेंद फेंकता हो।

गेंदबाजी स्त्री० [हिं० गेंदबाज+ई (प्रत्य०)] गेंदबाज द्वारा बल्लेबाज को गेंद फेंकने की क्रिया या भाव।

गेंदा पुं० [हिं० गेंद] १. पीले रंग का एक फूल। २. इस फूल का पौधा।
*पुं०=गेंद।

गेंदुआ| पुं० [सं० गेंडुक] १. गोल तकिया। २. गेंद।

गेंदुक* पुं० दे० 'गेंद'।

गेड़ना स० [सं० गंड=चिह्न या हिं० गंडा] १. लकीर आदि से घेरना। २. स्थान आदि की परिक्रमा करना, चारों ओर घूमना। ३. खेत की मेंड़ बनाना। ४. रहट चलाना।

गेड़ी स्त्री० दे० 'पैरबाँसा'।

गेय वि० [सं०] [भाव० गेयता] गाने के योग्य, जो गाया जा सके, जैसे गेय पद।

गेयता स्त्री० [सं०] गेय होने की अवस्था भाव या गुण।

गेयात्मक वि० [सं०] जो गेय हो या गाया जा सकता हो।

गेयात्मकता स्त्री० [सं०] गेयात्मक होने की अवस्था या भाव।

गेर† पुं०=गला।

गेरना† स० [हिं० 'गिराना' का पुराना रूप] १. गिराना। २. डालना। ३. (गले आदि में ऊपर से डालकर) पहनना।

गेरुआ वि० [हिं० गेरू+आ (प्रत्य०)] १. मटमैले लाल रंग का। २. गेरू से रँगा हुआ, गैरिक, जोगिया।

गेरुई† वि०=गेरुआ।

गेरू पुं० [सं० गवेरुक] एक प्रकार की लाल कड़ी मिट्टी, गिरमाटी, गैरिक।

गेह पुं० [सं० गृह] घर, मकान।

गेहनी* स्त्री० दे० 'गृहिणी'।

गेही* पुं० [स्त्री० गेहिनी] दे० 'गृहस्थ'।

गेहुँअन पुं० [हिं० गेहूँ] गेहूँ के रंग का एक जहरीला साँप।

गेहुँआ वि० [हिं० गेहूँ] गेहूँ के रंग का।

गेहूँ पुं० [सं० गोधूम] एक प्रसिद्ध अनाज जिसके आटे की रोटी बनती है।

गैंड़* पुं०=गैंड़ा।

गैंड़ा पुं० [सं० गंडक] भैंसे के आकार का कड़ी खालवाला एक जंगली पशु।

गैंता पुं० [सं० खनित्र] फरसा।

गैंती स्त्री० [छोटा] फरसा।

गैन* पुं० [सं० गमन] गैल, मार्ग।

*पुं० १. दे० 'गगन'। २. दे० 'गमन'।

गैनी* वि० स्त्री० [हिं० गैन (गमन)+ई (प्रत्य०)] (यौगिक शब्दों के अन्त में) चलनेवाली, गामिनी।

स्त्री० दे० 'खंती'।

गैब पुं० [अ० ग़ैब] वह जो प्रत्यक्ष या सामने न हो, परोक्ष।

गैबर* पुं० [सं० गजवर] १. बड़ा हाथी। २. एक प्रकार की चिड़िया।

गैबी वि० [अ० ग़ैब] १. छिपा हुआ, गुप्त। २. अजनबी, अपरिचित। ३. ईश्वरीय। ४. आफती।

गैयर* पुं० दे० 'हाथी'।

स्त्री० दे० 'नील गाय'।

गैया स्त्री० [सं० गविका, प्रा० गाइआ] गाय, गौ।

गैर वि० [अ० ग़ैर] [भाव० गैरियत] १. अन्य, दूसरा। २. अपने कुटुम्ब या समाज से बाहर का, पराया। ३. अभाव या निषेधसूचक शब्द, जैसे गैरहाजिर।

गैरजिम्मेदार वि० [अ० ग़ैर+फा० ज़िम्म:वार] [भाव० गैरजिम्मेदारी] अपनी जिम्मेदारी या उत्तरदायित्व न समझनेवाला।

गैरत स्त्री० [अ० ग़ैरत] लज्जा, शरम।

गैरदखीलकार पुं० [अ०+फा०] वह असामी या खेतिहर जिसे दखीलकारीवाले अधिकार प्राप्त न हों। (नॉन्-अकुपेन्सी टेनेन्ट)

गैरमनकूला वि० [अ० ग़ैर+मन्कूल:] (सम्पत्ति) जिसे एक स्थान से उठाकर दूसरे स्थान पर न ले जा सकें, स्थावर, अचल।

गैरमामूली वि० [अ०] असाधारण।

गैरमुनासिब वि० [अ०] अनुचित।

गैरमुमकिन वि० [अ०] असम्भव।

गैरवाजिब वि० [अ०] अनुचित।

गैर-सरकारी वि० [अ०+फा०] जो सरकारी न हो।

गैरहाजिर वि० [अ० ग़ैरहाज़िर] अनुपस्थित।

गैरहाजिरी स्त्री० [अ० ग़ैरहाज़िरी] अनुपस्थिति।

गैरिक पुं० [सं०] १. गेरू। २. सोना।

वि० १. गेरू के रंग का। २. गेरू से रँगा हुआ।

गैरियत स्त्री० [अ० ग़ैरियत] बेगानापन।

गैल स्त्री० [हिं० गली] छोटा रास्ता।

गोंजिया स्त्री०=गोभी (घास)।

गोंठ स्त्री० [सं० गोष्ठ] धोती की लपेट जो कमर पर पड़ती है।

गोंठना[1] स० [सं० गुंठन] १. किसी अस्त्र की नोक या धार कुंठित करना। २. गुझिया या मालपुए की कोर मोड़ना।

गोंठना[2] स० [सं० गोष्ठ] चारो ओर से घूमना।

गोंड़ पुं० [सं० गोंड] मध्य प्रदेश की एक जंगली जाति।

गोंड़रा पुं० [सं० कुंडल] [स्त्री० गोंड़री] १. चरसे का मेंड़रा। २. गोल आकार की कोई वस्तु, मेंड़रा। ३. गोल घेरा।

गोंद पुं० [सं० कुंदुरु या हिं० गूदा] पेड़ों के तने से निकला हुआ चिपचिपा या लसदार स्राव, निर्यास।

गोंददानी स्त्री० वह बरतन जिसमें गोंद भिगोकर रखते हैं।

गोंद-पँजीरी स्त्री० [हिं० गोंद+पँजीरी] गोंद मिली हुई पँजीरी जो प्रसूता स्त्रियों को खिलाई जाती है।

गोंदरी स्त्री० [सं० गुंद्रा] १. पानी में होनेवाली एक घास। २. इस घास की बनी चटाई।

गोंदी वि० [हिं० गोंद] गोंद-सम्बन्धी।

गो[1] स्त्री० [सं०] १. गाय, गौ। २. किरण। ३. वृष राशि। ४. इन्द्रिय। ५. वाणी। ६. सरस्वती। ७. आँख, दृष्टि। ८. बिजली। ९. पृथ्वी। १०. दिशा। ११. माता। १२. बकरी, भैंस आदि दूध देनेवाले पशु। १३. जीभ, जबान।

पुं० [सं०] १. बैल। २. नन्दी नामक शिवगण। ३. घोड़ा। ४. सूर्य। ५. चन्द्रमा। ६. बाण, तीर।

गो[2] यो० [फा०] यद्यपि।

गोइंठा पुं० दे० 'उपला'।

गोइंदा पुं० [फा०] गुप्तचर, जासूस।

गोइ* पुं० दे० 'गेंद'।

गोइन पुं० [?] एक प्रकार का हिरन।

गोइयाँ पुं० [हिं० गोहन] सखा, साथी।
स्त्री० सखी, सहेली।

गोई स्त्री० [हिं० गोती] हल, गाड़ी आदि में जोती जानेवाली बैलों की जोड़ी।
*स्त्री० दे० 'गोइयाँ'।

गोऊ वि० [हिं० गोना+ऊ (प्रत्य०)] छिपानेवाला।

गोकर्ण वि० [सं०] गौ के-से कानोंवाला।
पुं० [सं०] १. मालाबार का एक शैव क्षेत्र। २. यहाँ की शिवमूर्ति।

गोकुल पुं० [सं०] १. गौओं का झुंड या समूह। २. गोशाला। ३. मथुरा के पूर्व-दक्षिण का एक प्राचीन गाँव।

गोखरू पुं० [सं० गोक्षुर] १. एक छोटी झाड़ी जिसमें छोटे कँटीले फल लगते हैं। २. धातु के वे गोल कँटीले टुकड़े जो प्रायः हाथियों को पकड़ने के लिए उनके रास्ते में बिछाए जाते हैं। ३. गोटे और बादले के तारों से बना कपड़ों पर लगाने का एक साज। ४. कड़े के आकार का हाथ का एक गहना।

गोखा पुं० दे० 'झरोखा'।

गोग्रास पुं० [सं०] पके हुए अन्न का वह थोड़ा-सा अंश जो भोजन या श्राद्ध आदि के समय गौ के लिए निकाला जाता है।

गोचर[1] पुं० [सं०] वह जिसका ज्ञान इन्द्रियों से हो सके।

गोचर[2] पुं० [सं०] चरागाह।

गोचरभूमि स्त्री० [सं०] वह भूमि जो गौओं के चरने के लिए खाली छोड़ दी गई हो। (पास्चर लैंड)

गोज पुं० [फा० गोज़] अपान वायु, पाद।

गोजई स्त्री० [हिं० गेहूँ+जौ] एक में मिला हुआ गेहूँ और जौ।

गोजर पुं० [सं० खर्जु] कनखजूरा।

गोजाह स्त्री० [हिं० गोजी] पतली टहनी।

गोजी पुं० [सं० गवाजन] बड़ी लाठी।

गोझनवट स्त्री० [देश०] साड़ी का आँचल, पल्ला।

गोझा पुं० [सं० गुह्यक] [स्त्री० अल्पा० गुझिया] १. गुझिया। २. एक कँटीली घास, गुज्झा। ३. जोंक।

गोट[1] स्त्री० [सं० गोष्ठ] १. वह पट्टी जो कपड़े के किनारे पर लगाई जाती है, मगजी। २. किसी प्रकार का लगा हुआ किनारा।

गोट[2] स्त्री० [सं० गोष्ठि] १. गोष्ठी, दावत, पार्टी। २. चौपड़ आदि खेलने का मोहरा, नरद, गोटी।

गोटा पुं० [हिं० गोट] १. बादले का वह पतला फीता जो कपड़ों पर लगाया जाता है। २. धनिया। ३. गरी या नारियल का गोला। ४. कतरकर एक में मिलाई हुई इलायची, सुपारी और खरबूजे या बादाम की गिरी। ५. सूखा हुआ मल, कंडी।
*पुं० दे० 'गोला'।

गोटी स्त्री० [सं० गुटिका] १. पत्थर या मिट्टी का वह छोटा टुकड़ा जिससे लड़के खेलते हैं। २. चौपड़ खेलने का मोहरा, नरद। ३. गोटियों का एक प्रकार का खेल। ४. लाभ का योग।

गोठ स्त्री० [सं० गोष्ठ] १. गोशाला। २. गोष्ठी। ३. श्राद्ध। ४. सैर।

गोठड़ी, गोठरी* स्त्री०=गोष्ठी।

गोड़ पुं० [सं० गम, गो] पैर।

गोड़इत पुं० [हिं० गोइँड़+ऐत (प्रत्य०)] १. गाँव में पहरा देनेवाला चौकीदार। २. हरकारा।

गोड़ना स० दे० 'कोड़ना'।

गोड़ा† पुं० [हिं० गोड़] १. पलंग आदि का पाया। २. घोड़िया।

गोड़ाई स्त्री० [हिं० गोड़ना] गोड़ने की क्रिया, भाव या मजदूरी।

गोड़ाना स० हिं० 'गोड़ना' का प्रे०।

गोड़ापाई स्त्री० [हिं० गोड़+पाई=जुलाहों का ढाँचा] बार-बार आना-जाना।

गोड़ारी स्त्री० [हिं० गोड़=पैर+आरी (प्रत्य०)] १. पैताना। २. जूता।

गोत पुं० [सं० गोत्र] १. कुल, वंश, खानदान। २. समूह, जत्था।
मुहा० *गोत बढ़ाना*=वंश का विस्तार करना।

गोतना स० [हिं० गोता] १. गोता देना, डुबाना। २. नीचे की तरफ ले जाना।
अ० १. नीचे की तरफ झुकना। २. निद्रा, तन्द्रा आदि के वश में होना।

गोतम पुं० [सं०] एक प्रसिद्ध ऋषि।

गोतमी स्त्री० [सं०] गोतम की पत्नी अहल्या।

गोता पुं० [अ० गोत:] डुबकी।
मुहा० *गोता खाना*=धोखे में आना, छल में फँसना। *गोता मारना*=(क) डुबकी लगाना। (ख) बीच में अनुपस्थित रहना।

गोताखोर पुं० [अ० गोत:+फा० ख़ोर] १. पानी में डुबकी लगाकर चीजें ढूँढ़नेवाला। २. डुबकनी नाव।

गोतिया पुं० दे० 'गोती'।

गोती पुं० [सं० गोत्रीय] अपने ही गोत्र या कुल का कोई दूसरा व्यक्ति जिसके साथ घनिष्ठ पारिवारिक और अशौच आदि का सम्बन्ध हो, गोत्रीय, भाई-बंद।

गोत्र पुं० [सं०] १. सन्तान। २. नाम। ३. राजा का छत्र। ४. दल, जत्था। ५. वंश। ६. हिन्दू कुल या वंश की वह विशिष्ट संज्ञा जो किसी मूल पुरुष या गुरु के नाम पर होती है।

गोत्रोच्चार पुं० [सं०] विवाह के समय वर और वधू के वंश, गोत्र और पूर्वजों आदि का दिया जानेवाला परिचय।

गोद स्त्री० [सं० क्रोड़] जाँघों के ऊपर का वह भाग जिसपर बच्चों आदि को दोनो हाथों से घेरकर बैठाते हैं, उछंग, क्रोड़।

पद *गोद का बच्चा*=बहुत छोटा बच्चा जो गोद में ही रहता हो।

मुहा० *गोद पसारना*=कुछ माँगने के लिए दीनतापूर्वक पल्ला फैलाना। *गोद बैठाना या लेना*=किसी को अपना दत्तक पुत्र बनाना। *गोद भरना*=सौभाग्यवती स्त्री के आँचल में मंगल-कामना से नारियल, मिठाई आदि रखने की रसम पूरी करना। *गोद भरी होना*=स्त्री के आगे बाल-बच्चे होना, सन्तानवती होना।

गोदनहारी स्त्री० [हिं० गोदना+हारी (प्रत्य०)] गोदना गोदने का व्यवसाय करनेवाली स्त्री।

गोदना स० [सं० खुद्=भेदना] १. चुभाना, गड़ाना। २. उत्तेजित करना, उकसाना। ३. चुभती या लगती हुई बात कहना, ताना देना।

पुं० तिल के आकार का वह नीला चिह्न या वे फूल-पत्ते जो शरीर में सुइयों से पाछकर बनाए जाते हैं। (टैटू)

गोदान पुं० [सं०] १. विधिवत् संकल्प करके ब्राह्मण को गौ दान करने की क्रिया। २. मुंडन संस्कार।

गोदाम पुं० [अं० गोडाउन] वह स्थान जहाँ बिक्री का बहुत-सा माल इकट्ठा करके रखा जाता हो। (गोडाउन)

गोदी स्त्री० [?] वह स्थान जहाँ पर जलयानों पर माल चढ़ाया तथा उतारा जाता है।

स्त्री०=गोद।

गोदी-मजदूर पुं० वह मजदूर जो जलयानों पर माल चढ़ाने-उतारने का काम करता हो।

गोधन[1] पुं० [सं०] १. गौएँ। २. गौ रूपी सम्पत्ति। ३. एक प्रकार का तीर।

गोधन[2]* पुं० [सं० गोवर्धन] गोवर्धन पर्वत।

गोधना पुं० [सं० गोधन] भाई-दूज के दिन का एक कृत्य जिसमें स्त्रियाँ गोबर से मनुष्य की आकृति बनाकर उसे मूसल से मारती हैं।

गोधिका स्त्री० [सं०] गिरगिट (जन्तु)।

गोधूम पुं० [सं०] गेहूँ।

गोधूलि स्त्री० [सं०] सन्ध्या का वह समय जब चरकर लौटनेवाली गौओं के खुरों से धूल उड़ती है।

गोधूलिक वि० [सं०] गोधूलि-सम्बन्धी।

गोन[1] स्त्री० [सं० गोणी] वह दोहरा बोरा जो बैलों की पीठ पर लादा जाता है।

गोन[2] स्त्री० [सं० गुण] वह रस्सी जो नाव खींचने के लिए मस्तूल में बाँधते हैं।

गोनरखा पुं० [सं० गुण-रक्षक] १. बड़ी नाव का वह मस्तूल जिसमें रस्सी बाँधकर उसे खींचते हैं। २. नाव के मस्तूल में रस्सी बाँधकर खींचनेवाला मल्लाह या मजदूर।

गोना* स० [सं० गोपन] छिपाना।

गोप[1] पुं० [सं०] १. गौ का रक्षक। २. ग्वाला, अहीर। ३. गोशाला का अध्यक्ष। ४. राजा। ५. गाँव का मुखिया।

गोप[2] पुं० [सं० गुंफ] गले में पहनने का एक गहना।

गोपति पुं० [सं०] १. शिव। २. विष्णु। ३. श्रीकृष्ण। ४. ग्वाला, गोप। ५. राजा। ६. सूर्य।

गोपन पुं० [सं०] १. छिपाव, दुराव। २. छिपाना, लुकाना। ३. रक्षा।

गोपनता* स्त्री० = गोपन।

गोपना* स० [सं० गोपन] छिपाना।

गोपनीय वि० [सं०] [भाव० गोपनीयता] छिपाने के लायक।

गोपांगना स्त्री० [सं०] गोपी।

गोपाचल पुं० [सं०] ग्वालियर नगर का पुराना नाम।

गोपाल पुं० [सं०] १. गौ का पालक। २. अहीर, ग्वाला। ३. श्रीकृष्ण।

गोपिका स्त्री० दे० 'गोपी'।

गोपित वि० [सं० गोपन] १. छिपाया हुआ। २. छिपा हुआ गुप्त।

गोपी स्त्री० [सं०] १. ग्वालिनी, गोपपत्नी। २. ब्रज की गोप जाति की कोई स्त्री। (श्रीकृष्ण के समय की सब गोपियाँ उनकी प्रेमिकाएँ मानी जाती हैं।)

गोपीचंदन पुं० [सं०] एक प्रकार की पीली मिट्टी।

गोपीता* स्त्री०=गोपी।

गोपुर पुं० [सं०] १. नगर या किले का बड़ा फाटक। २. फाटक। ३. स्वर्ग।

गोपेंद्र पुं० [सं०] श्रीकृष्ण।

गोप्ता वि० [सं० गोप्त] रक्षा करनेवाला, रक्षक।

गोप्य वि० [सं०] [भाव० गोप्यता] गुप्त रखने योग्य, छिपाने योग्य, गोपनीय। (सीक्रेट)

गोफन पुं० [सं० गोफण] छींकें की तरह का जाल जिसमें ढेले आदि भर कर शत्रुओं पर चलाते हैं, ढेलवाँस, फन्नी।

गोबर पुं० [फा० गो (गाय)+अ० बअर (मेंगनी] गौ का मल या विष्ठा।

गोबर-गणेश वि० [हिं० गोबर+सं० गणेश] १. कुरूप, भद्दा, बदसूरत। २. मूर्ख, बेवकूफ।

गोबरी स्त्री० [हिं० गोबर+ई (प्रत्य०)] गोबर से की जानेवाली लिपाई।

गोभा स्त्री० [?] लहर।

पुं० दे० 'गाभा'।

गोभी स्त्री० [सं० गोजिह्वा] १. एक प्रकार की घास, गोंजिआ, बनगोभी। २. एक प्रकार की वनस्पति का बहुत बड़ा फूल जो तरकारी के रूप में खाया जाता है, फूलगोभी।

गोमय पुं० [सं०] गोबर।

गोमांस पुं० [सं०] गाय का मांस। (बीफ़)

गोमुख पुं० [सं०] १. गौ का मुँह।

पद *गोमुख नाहर या व्याघ्र*=देखने में सीधा, पर वास्तव में क्रूर (व्यक्ति)।

२. गौ के मुँह के आकार का शंख। ३. नरसिंहा नाम का बाजा। ४. एक तीर्थ जहाँ से गंगा जी निकलती हैं।

वि० गौ के मुँह की तरह कुछ नीचे लटकता हुआ।

गोमुखी (-खिन्) स्त्री० [सं०] एक प्रकार की थैली जिसमें हाथ डालकर माला फेरते हैं, जपमाली, जपगुथली।

गोमूत्रिका स्त्री० [सं०] एक प्रकार का चित्रकाव्य जो लहरिएदार रेखा के रूप में होता है। २. चित्रण आदि में लहरिएदार बेल, बैल-मुतनी, बरध-मुतान।

गोमेद, गोमेदक पुं० [सं०] लाल-काले या लाल-पीले मिश्रित रंगा का एक प्रसिद्ध मणि या रत्न, जो राहू का प्रतिनिधि माना जाता है। राहु नामक रत्न।

गोमेध पुं० [सं०] एक प्रकार का प्राचीन यज्ञ जिसमें गौ के मांस से हवन किया जाता था।

गोय* पुं० दे० 'गेंद'।

गोया यो० [फा०] मानो, जैसे।

गोर[१] स्त्री० [फा०] कब्र।

गोर[२] वि० [सं० गौर] गोरा (रंग)।

गोरक्ष* पुं० = गोरख (गोरखनाथ)।

गोरख-धंधा पुं० [गोरखनाथ के नाम पर] १. कई तारों, कड़ियों या लकड़ी के टुकड़ों का वह समूह या रचना जिन्हें जोड़ने या अलग करने के लिए विशेष युक्ति या बुद्धिबल की आवश्यकता होती है। २. बहुत उलझन की कोई बात या काम जिसे समझना या करना कठिन हो।

गोरखनाथ पुं० [सं० गोरक्षनाथ] एक प्रसिद्ध प्राचीन हठयोगी अवधूत जिन्होंने अपना एक प्रसिद्ध सम्प्रदाय चलाया था।

गोरख-पंथ पुं० [गोरखनाथ+पंथ] गोरखनाथ का चलाया हुआ एक साधु सम्प्रदाय।

गोरख-पंथी पुं० [हिं० गोरख-पंथ] गोरख-पन्थ का अनुयायी। वि० गोरख-पन्थ-सम्बन्धी।

गोरखा पुं० [हिं० गोरख] १. नेपाल के अन्तर्गत एक प्रदेश। २. इस देश का निवासी।

गोरज पुं० [सं०] गौ के खुरों से उड़नेवाली धूल।

गोरटा* वि०=गोरा।

गोरमदाइन स्त्री० [?] इन्द्रधनुष। (बुन्देल०)

गोरस पुं० [सं०] १. गौ का दूध। २. दही। ३. मट्ठा, छाछ। ४. इन्द्रियों का सुख।

गोरसी स्त्री० [सं० गोरस+हिं० ई (प्रत्य०)] दूध गरम करने की मिट्टी की एक प्रकार की छोटी अँगीठी, बोरसी।

गोरा वि० [सं० गौर] जिसका रंग साफ हो।

पुं० युरोप या अमेरिका का निवासी जिसके शरीर का वर्ण बहुत गौर या सफेद होता है, फिरंगी।

गोराई स्त्री० [हिं० गोरा+ई (प्रत्य०)] १. गोरापन। २. सुन्दरता, सौन्दर्य।

गोरा पत्थर पुं० [हिं० गोरा (गौर)+पत्थर] एक प्रकार का पत्थर जो साबुन की तरह मुलायम और चिकना होता है, घीया-पत्थर। (सोप स्टोन)

गोरिला पुं० [अं०] बहुत बड़े आकार का एक प्रकार का वन-मानुस।

गोरिल्ला-युद्ध पुं० किसी संघटन के स्वयंसेवकों द्वारा चलाया जानेवाला अनियमित युद्ध।

गोरी स्त्री० [सं० गौरी] सुन्दर और गोरे रंग की स्त्री।

गोरू पुं० [सं० गो] सींगवाला पशु, चौपाया, मवेशी।

गोरू-चोर पुं० [हिं० गोरू+चोर] वह जो दूसरों की गौएँ, भैंसें आदि चुराता हो।

गोरो* वि०=गोरा (गोरे रंग का)। (ब्रज)

गोरोचन पुं० [सं०] एक पीला सुगन्धित द्रव्य जो गौ के पित्ताशय में से निकलता है।

गोलंदाज पुं० [फा० गोलंदाज़] [संज्ञा गोलंदाजी] तोप में गोला रखकर चलानेवाला, तोपची।

गोलंदाजी स्त्री० [फा० गोलंदाज़ी] तोप में गोला भरकर चलाने का काम।

गोलंबर पुं० [हिं० गोल+अंबर] १. गुम्बद। २. गुम्बद के आकार का कोई अर्धगोलाकार पदार्थ या रचना। ३. गोलाई। ४. कलबूत, कालिब।

गोल[१] वि० [सं०] १. वृत्त या चक्र के आकार का। २. ऐसे घनात्मक आकार का जिसके तल का प्रत्येक बिन्दु उसके अन्दर के मध्य बिन्दु से समान दूरी पर हो, गेंद आदि के आकार का, सर्ववर्तुल।

पद *गोल बात*=ऐसी अस्पष्ट बात जिसके कई अर्थ हों या हो सकते हों।

मुहा० *गोल करना*=कोई चीज कहीं से चुपके से हटा देना, गायब करना। *गोल रहना*=बिल्कुल चुप रहना। *गोल होना*= कहीं से चुपचाप हट जाना, खिसक जाना।

पुं० १. मंडलाकार क्षेत्र, वृत्त।

मुहा० *गोल बाँधना*=घेरा बनाना।

२. गोलाकार पिंड, गोला।

गोल[२] पुं० [अ० ग़ोल] मंडली, झुंड।

गोल[३] पुं० [अं०] १. लक्ष्य या उद्देश्य। २. खेल के मैदान में दोनों ओर बना हुआ वह स्थान जहाँ बाजी जीतने के लिए गेंद आदि को पहुँचा देना किसी पक्ष के खिलाड़ियों को अभीष्ट होता है।

गोलक पुं० [सं०] १. गोलोक। २. गोल पिंड। ३. विधवा का जारज पुत्र। ४. मिट्टी का बड़ा कुंडा। ५. आँख का डेला। ६. आँख की पुतली। ७. गुम्बद।

स्त्री० १. वह सन्दूक या थैली जिसमें धन संग्रह किया जाए, गल्ला, गुल्लक। २. वह कोश जिसमें बिक्री, चन्दे, आय आदि का धन रखा जाए। (पूल)

गोलकी पुं०=गोलकीपर।

गोलकीपर पुं० [अं०] गोली, गोल-रक्षक।

गोल-गप्पा पुं० [हिं० गोल+अनु० गप] एक प्रकार की छोटी करारी फुलकी।

गोलबंद वि० [सं०+फा०] [भाव० गोलबंदी] एकजुट, संघटित।

गोल-माल पुं० गड़बड़ी, अव्यवस्था।

गोल मिर्च स्त्री० दे० 'काली मिर्च'।

गोल मेज स्त्री० [हिं० गोल+फा० मेज] वह गोल मेज (या मेजों का मंडलाकार विन्यास) जिसके चारों ओर बैठकर कुछ लोग पूर्ण समानता के भाव से कुछ विचार करें, जैसे गोल मेज कान्फरेन्स।

गोलयोग पुं० [सं०] ज्योतिष में एक ही राशि में छह या सात ग्रहों का इकट्ठा होना जो अशुभ माना जाता है। २. अव्यवस्था, गड़बड़ी, गोल-माल।

गोला पुं० [हिं० गोल] १. वृत्त या पिंड की तरह की बड़ी गोल चीज। २. लोहे, बारूद आदि का वह गोल पिंड जो तोपों में भरकर शत्रुओं पर फेंकते हैं। ३. वायु-गोला (रोग)। ४. जंगली कबूतर। ५. गरी का गोला। ६. वह बाजार जहाँ अनाज या किराने की बड़ी दुकानें हों।

पद *गोला-बाजार से*=गोले या बाजार से।

७. लकड़ी का लम्बा लट्ठा। ८. रस्सी, सूत आदि की लपेटी हुई गोल पिंडी।

गोलाई स्त्री० [हिं० गोल+आई (प्रत्य०)] गोल होने का भाव, गोलापन।

गोलाकार वि० [सं०] जिसका आकार गोल हो, गोल शक्ल-वाला।

गोला-बारूद पुं० [हिं० गोला+फा० बारूद] युद्ध में काम आनेवाले विस्फोटक पदार्थ। (अम्यूनिशन्स)

गोलार्ध पुं० [सं० गोलार्द्ध] भूगोल में पृथ्वी का कोई आधा भाग जो उसे एक ध्रुव से दूसरे ध्रुव तक बीचोंबीच सीधी रेखा से काटने से बनता है। इनमें एक पूर्वी और दूसरा पश्चिमी गोलार्ध कहलाता है। (हेमिस्फियर)

गोलित वि० [हिं० गोल] गोल किया या बनाया हुआ।

गोली[१] स्त्री० [हिं० गोला का अल्पा०] १. छोटा गोलाकार पिंड, वटिका। २. औषध की वटिका, बटी। ३. मिट्टी, काँच आदि का छोटा गोल पिंड जिससे लड़के खेलते हैं। ४. सीसे आदि की ढली हुई गोली जो बन्दूक में भरकर किसी को मारने के लिए चलाई जाती है।

गोली[२] पुं० [अं० गोल+हिं० ई (प्रत्य०)] गोल-रक्षक, गोलकीपर।

गोलीयन पुं० [हिं० गोली] गोलियाँ बनाने का कार्य।

गोलोक पुं० [सं०] कृष्ण का निवासस्थान जो सब लोकों से ऊपर माना गया है।

गोवना* स० दे० 'गोना'।

गोवर्धन पुं० [सं०] वृन्दावन का एक पवित्र पर्वत।

गोविंद पुं० [सं०] श्रीकृष्ण।

गोश पुं० [फा०] कान।

गोशवारा पुं० [फा०] १. कान का बाला, कुंडल। २. वह बड़ा मोती जो सीप में एक ही हो। ३. तुर्रा, कलगी, सिर-पेच। ४. जोड़, योग। ५. वह संक्षिप्त लेखा जिसमें हर मद का आय-व्यय अलग-अलग दिखलाया गया हो।

गोशा पुं० [फा०] १. कोना। २. एकान्त स्थान। ३. नोक। ४. धनुष की कोटि।

गोशाला स्त्री० [सं०] १. गौओं के रहने का स्थान, गोष्ठ। २. वह स्थान जहाँ गौएँ रखी जाती हैं और उनका दूध, मक्खन, घी आदि बेचा जाता है। (डेअरी)

गोश्त पुं० [फा०] मांस।

गोष्ठ पुं० [सं०] १. गोशाला। २. परामर्श, सलाह। ३. दल, मंडली।

गोष्ठी स्त्री० [सं०] १. सभा, मंडली। २. बात-चीत। ३. परामर्श, सलाह।

गोस पुं० दे० 'गोश'।

गोसा* पुं०=गोशा।

गोसाई पुं० [सं० गोस्वामी] १. गौओं का स्वामी। २. ईश्वर। ३. संन्यासियों का एक भेद। ४. विरक्त साधु। ५. मालिक, प्रभु।

गोसैयाँ पुं० दे० 'गोसाईं'।

गोस्वामी (-मिन्) पुं० [सं०] १. जितेन्द्रिय। २. वैष्णव सम्प्रदाय में आचार्यों के वंशधरों या उनकी गद्दी का अधिकारी।

गोह स्त्री० [सं० गोधा] छिपकली की तरह का परन्तु उससे बड़ा एक विषैला जंगली जानवर।

गोहन* पुं० [सं० गोधन] १. संग रहनेवाला, साथी। २. संग, साथ।

गोहरा[१] पुं० [सं० गो+ईल्ल या गोहल्ल] [स्त्री० अल्पा० गोहरी] सुखाया हुआ गोबर, कंडा, उपला।

गोहरा[२] पुं० [सं० गो+गृह] गौशाला।

गोहराना* अ० दे० 'पुकारना'।

गोहार स्त्री० [सं० गो+हार (हरण)] १. रक्षा या सहायता के लिए लगाई गई आवाज, गुहार। २. हल्ला-गुल्ला, शोर।

गोही* स्त्री० [सं० गोपन] १. दुराव, छिपाव। २. छिपी हुई बात, गुप्त वार्ता।

गौं स्त्री० [सं० गम, प्रा० गँव] १. प्रयोजन सिद्ध होने का अवसर, सुयोग, मौका। २. प्रयोजन, मतलब। ३. गरज, स्वार्थ।

पद *गौं का यार*=मतलबी, स्वार्थी।

मुहा० *गौं निकलना*=काम निकलना, स्वार्थ निकलना। *गौं पड़ना*=गरज होना।

४. ढंग, ढब, तर्ज। ५. तरह, प्रकार, उदा० भोग करौ जोइ गौं—सूर। ६. पार्श्व, पक्ष।

गौंस* स्त्री० दे० 'गौं'।

गौ स्त्री० [सं०] गाय, गऊ।

गौख स्त्री० [सं० गवाक्ष] १. छोटी खिड़की। २. दालान या बरामदा। ३. आला, ताक, ताखा।

गौखा पुं० दे० 'गौख'।

गौगा पुं० [अ०] १. शोर, गुल-गपाड़ा, हल्ला। २. जनश्रुति, अफवाह।

गौचरी स्त्री० [हिं० गौ+चरना] किसी स्थान पर गौएँ चराने का कर।

गौड़ पुं० [सं०] १. बंग देश का एक प्राचीन विभाग। २. ब्राह्मणों का एक वर्ग। ३. राजपूतों की एक शाखा।

गौड़ी स्त्री० [सं०] १. गुड़ से बनी शराब। २. काव्य में एक रीति या वृत्ति जिसमें संयुक्त अक्षर और समास अधिक आते हैं।

गौण वि० [सं०] [भाव० गौणता] १. मुख्य से कम महत्त्व का, अप्रधान। (सकेंडरी) २. साधारण।

गौतम पुं० [सं०] १. गोतम ऋषि के वंशज ऋषि। २. न्याय-शास्त्र के आचार्य एक प्रसिद्ध ऋषि। ३. बुद्धदेव।

गौतमी स्त्री० [सं०] १. अहल्या जो गोतम ऋषि की पत्नी थी। २. गोदावरी नदी। ३. दुर्गा।

गौदुग्ध पुं० [सं० गौ+दुग्ध] गाय का दूध।

गौन* पुं० दे० 'गमन'।

पुं० दे० 'गाउन'।

गौनहर[१] स्त्री० [हिं० गौना+हर (प्रत्य०)] वह स्त्री जो वधू के साथ उसकी ससुराल जाती है।

गौनहर[२] स्त्री० [हिं० गाना+हर (प्रत्य०)] गाने का पेशा करनेवाली स्त्री।

गौनहारी स्त्री० दे० 'गौनहर'।

गौना पुं० [सं० गमन] विवाह के बाद की एक रस्म जिसमें वधू को वर पहली बार अपने घर लाता है, वधूप्रवेश।

गौनि* स्त्री० दे० 'गून'।

गौमुखी स्त्री० दे० 'गोमुखी'।

गौर[१] वि० [सं०] [भाव० गौरता] १. गोरा। २. सफेद।

पुं० १. लाल रंग। २. पीला रंग। ३. चन्द्रमा। ४. सोना। ५. केसर।

गौर[२] पुं० [अ० ग़ौर] १. सोच-विचार, चिन्तन। २. ख्याल, ध्यान।

पुं० दे० 'गौड़'।

गौरव पुं० [सं०] [वि० गौरवान्वित] १. गुरु या भारी होने का भाव, भारीपन। २. बड़प्पन, महत्त्व। ३. सम्मान, इज्जत।

गौरवबोध पुं० [सं० गौरव+बोध] गौरव का बोध।

गौरवान्वित वि० [सं०] १. गौरव या महिमा से युक्त। २. मान्य, सम्मानित।

गौरवित वि० दे० 'गौरवान्वित'।

गौरा पुं० १. दे० 'गौरैया' (पक्षी)। २. दे० 'गोरोचन'।

गौरिपति पुं० [सं०] शिव।

गौरिया स्त्री० [?] १. एक काला जलपक्षी। २. मिट्टी का छोटा हुक्का।

गौरी स्त्री० [सं०] १. गोरे रंग की स्त्री। २. पार्वती, गिरिजा। ३. आठ वर्ष की कन्या। ४. तुलसी। ५. सफेद गौ। ६. चमेली।

गौरी-पति पुं० [सं०] शिव।

गौरीशंकर पुं० [सं०] १. शिवजी। २. हिमालय पर्वत की एक ऊँची चोटी।

गौरैया स्त्री० दे० 'गौरिया'।

पुं० [?] चटक या चिड़ा नामक पक्षी।

गौहर पुं० [फा०] मोती।

ग्याति स्त्री० दे० 'जाति' या 'ज्ञाती'।

ग्यान पुं० दे० 'ज्ञान'।

ग्यानधाम पुं० [सं० ज्ञानधाम] ज्ञान का भंडार।

ग्यारस, ग्यारसि स्त्री० [हिं० ग्यारह] चान्द्र मास के किसी पक्ष की ग्यारहवीं तिथि, एकादशी।

ग्यासि* स्त्री०=ग्यारस (एकादशी)।

ग्रंथ पुं० [सं०] १. पुस्तक, किताब। २. गाँठ लगाना, ग्रन्थन।

ग्रंथकर्ता, ग्रंथकार पुं० [सं०] ग्रन्थ की रचना करनेवाला, लेखक।

ग्रंथकीट पुं० [सं० ग्रंथ+कीट] १. ग्रंथों का निरंतर अध्येता किताबी कीड़ा। २. ग्रंथों में लगनेवाला कीड़ा।

ग्रंथन पुं० [सं०] १. गोंद लगाकर चिपकाना। २. गोंद लगाकर जोड़ना या बाँधना। ३. गूँथना।

ग्रंथना* स०=गूँथना।

ग्रंथसाहब पुं० [सं०+ अ० साहब] सिक्खों की धार्मिक पुस्तक।

ग्रंथि स्त्री० [सं०] [वि० ग्रंथित] १. गाँठ। २. शरीर की गाँठ के रूप में होनेवाला वह अवयव जो शरीर के लिए उपयोगी रस उत्पन्न करता हो। (ग्लैंड) ३. बन्धन। ४. मायाजाल।

ग्रंथित वि० [सं०] १. जिसमें गाँठ लगी या लगाई गई हो। २. किसी के साथ गूँथा हुआ।

ग्रंथिबंधन पुं० [सं०] गँठबन्धन।

ग्रंथी पुं० [ग्रंथ साहब] वह जो गुरुद्वारे में ग्रन्थ साहब का पाठ करता हो।

ग्रथित वि०=ग्रंथित।

ग्रसन पुं० [सं०] १. निगलना। २. पकड़ना। ३. ग्रहण।

ग्रसना स० [सं० ग्रसन] १. बुरी तरह से पकड़ना। २. सताना।

ग्रसित वि० = ग्रस्त। (अशुद्ध)

ग्रस्त वि० [सं०] [भाव० ग्रस्तता] १. पकड़ा हुआ। २. पीड़ित। ३. खाया हुआ। ४. (उत्तर पद के रूप में) से पीड़ित; जैसे-रोगग्रस्त, संकटग्रस्त।

ग्रस्तास्त पुं० [सं०] ग्रहण के समय चन्द्रमा या सूर्य का बिना मोक्ष हुए अस्त होने का भाव।

ग्रस्तोदय पुं० [सं०] चन्द्रमा या सूर्य का ग्रहण लगे रहने की अवस्था में उदित होने का भाव।

ग्रह पुं० [सं०] १. वह पिंड जो सूर्य की परिक्रमा करता हो, जैसे-पृथ्वी, बुध आदि।

पद *अच्छे ग्रह*=अच्छा या सुख का समय। *बुरे ग्रह*=संकट या दुख के दिन।

२. ग्रहों की संख्या के आधार पर नौ की संख्या का सूचक शब्द। ३. ग्रहण करना, लेना। ४. चन्द्रमा या सूर्य का ग्रहण। ५. छोटे बच्चों को होनेवाले कुछ विशिष्ट रोग जो अलग-अलग नामों से प्रसिद्ध हैं। ६. कोई कष्टदायक बात या अवांछित व्यक्ति।

ग्रहण पुं० [सं०] १. कोई चीज लेने, पकड़ने, धारण करने या अंगीकार करने की क्रिया या भाव। २. मान्य, स्वीकृत या अपने अन्तर्गत करने की क्रिया या भाव, स्वीकार। (एडमिशन) ३. सूर्य, चन्द्रमा या दूसरे ज्योति-पिंड के प्रकाश की वह रुकावट जो उस पिंड के सामने किसी दूसरे पिंड के आ जाने से होती है।

ग्रहदशा स्त्री० [सं०] १. ग्रहों की स्थिति के अनुसार किसी मनुष्य की भली या बुरी अवस्था। २. अभाग्य।

ग्रहवेध पुं० [सं०] १. वेध करके ग्रहों की स्थिति, गति आदि जानना।

ग्रहीत* वि०=गृहीत।

ग्रहेस* पुं० [सं० ग्रह+ईश] १. सूर्य। २. शनि।

ग्रांडील वि० [अं० ग्रैंडिअर] ऊँचे कद का।

ग्राम[1] पुं० [सं०] १. गाँव। २. बस्ती, आबादी। ३. समूह; उदा० महिषी सुरभी हय गय ग्राम।—केशव। ४. शिव। ५. संगीत में सात स्वरों का समूह, सप्तक।

ग्राम[2] पुं० [अं०] किलोग्राम का हजारवाँ भाग।

ग्रामणी पुं० [सं०] १. गाँव का मालिक। २. प्रधान, मुखिया।

ग्रामदेवता पुं० [सं०] किसी ग्राम में पूजा जानेवाला और वहाँ का अधिष्ठाता या रक्षक माना जानेवाला प्रधान देवता।

ग्रामवासी (-सिन्) पुं० [सं०] गाँव का निवासी, देहाती।

ग्रामसिंघ* पुं०=ग्रामसिंह।

ग्रामसिंह पुं० [सं० ग्राम+सिंह] कुत्ता।

ग्राम-सुधार पुं० [सं०+हिं०] गाँवों की सामाजिक, आर्थिक, नैतिक और शुचिता-सम्बन्धी अवस्था सुधारने का काम। (रूरल अपलिफ्ट)

ग्रामी* वि० १. दे० 'ग्राम्य'। २. दे० 'ग्रामीण'।

ग्रामीण वि० [सं०] गाँव में रहनेवाला, देहाती।
वि० देहात-सम्बन्धी, देहात का।

ग्रामोन्नति स्त्री० दे० 'ग्राम-सुधार'।

ग्राम्य वि० [सं०] १. गाँव या देहात से सम्बन्ध रखनेवाला। (रूरल) २. ग्रामीण, देहाती। ३. प्रकृत, ठेठ। ४. जो सुनने, देखने आदि में भद्दा जान पड़े, अश्लील, अशिष्ट।

ग्राम्या स्त्री० [सं० ग्राम्य] ग्रामीण स्त्री।

ग्राव पुं० [सं०] १. पत्थर। २. ओला। ३. पहाड़।

ग्रास पुं० [सं०] [वि० ग्रस्त, कर्ता ग्रासक] १. उतना भोजन, जितना एक बार मुँह में डाला जाए, कौर, निवाला। २. पकड़ने की क्रिया। ३. ग्रहण, उपराग।

ग्रासना स० दे० 'ग्रसना'।

ग्रासित* वि० दे० 'ग्रस्त'।

ग्राह पुं० [सं०] १. मगर, घड़ियाल। २. ग्रहण, उपराग। ३. पकड़ना, लेना।

ग्राहक पुं० [सं०] १. ग्रहण करनेवाला। २. खरीदनेवाला, खरीददार। ३. लेने का इच्छुक, चाहनेवाला।

ग्राहक-अनुकूल वि० [सं०] जो ग्राहकों के लिए लाभप्रद या हितकर हो।

ग्राहना* स० [सं० ग्रहण] ग्रहण करना, लेना।

ग्राही (-हिन्) वि० [सं०] [स्त्री० ग्राहिणी] १. ग्रहण या स्वीकार करनेवाला। २. मल रोकनेवाला (खाद्य पदार्थ या औषध)।

ग्राह्य वि० [सं०] [भाव० ग्राह्यता] १. जो ग्रहण किया या लिया जा सकता हो, लेने योग्य। (रिसीवेबुल) २. जो नियमानुसार विचार आदि के लिएं लिया जा सकता हो। ३. जो ठीक होने के कारण माना जा सकता हो। (एडमिसिबुल)

ग्रीज स्त्री० [अं० ग्रीज़] एक प्रकार का चिकना पदार्थ जो मशीन के घूमनेवाले पुर्जों में उन्हें सुचारु रूप से चलाने के लिए डाला जाता है।

ग्रीजन पुं० [अं० ग्रीज़िंग] ग्रीज देना या डालना।

ग्रीवा स्त्री० [सं०] गर्दन, गला।

ग्रीषम* स्त्री० दे० 'ग्रीष्म'।

ग्रीष्म स्त्री० [सं०] [वि० ग्रीष्मी, ग्रीष्मीय] १. गरमी की ऋतु, जेठ-आषाढ़ के दिन। २. उष्णता, गरमी।

ग्रीष्मावकाश पुं० [सं०] कुछ विशिष्ट गरम स्थानों या प्रदेशों में कड़ी गरमी के समय लगातार कुछ दिनों तक होनेवाली छुट्टी, गरमियों की छुट्टी। (समर वेकेशन)

ग्रुप, ग्रूप पुं० [अं० ग्रूप] समूह, दल।

ग्रेह* पुं० दे० 'गेह'।

ग्रेही* पुं० दे० 'गृहस्थ'।

ग्लानि स्त्री० [सं०] १. शारीरिक या मानसिक शिथिलता। २. अपनी दशा या दोष आदि देखकर मन में होनेवाला खेद। ३. पश्चात्ताप।

ग्लेजन पुं० [अं० ग्लेजिंग] चिकना बनाने का कार्य।

ग्लोब पुं० [अं०] वह गोला जिसपर सम्पूर्ण पृथ्वी का नक्शा बना हो।

ग्लोबी वि० [अं० ग्लोब] ग्लोब-सम्बन्धी।

ग्लोबीकरण पुं० [अं० ग्लोब+सं० करण] भूमंडलीकरण।

ग्वार[1] स्त्री० [सं० गोराणी] एक पौधा जिसकी फलियों की तरकारी और बीजों की दाल बनती है, कोरी, खुरथी।

ग्वार[2]* पुं० [स्त्री० ग्वारिन] दे० 'ग्वाला'।

ग्वारपाठा पुं० दे० 'घीकुआँर'।

ग्वाल पुं० [सं० गो+पाल, प्रा० गोवाल्] [स्त्री० ग्वालिन] अहीर।

ग्वाल-गीत पुं० [सं०] वे गीत जो ग्वाले और चरवाहे गौएँ, भैंसें, बकरियाँ आदि चराने के समय गाते हैं। (पैसचोरल पोइट्री)

ग्वाला पुं० [सं० ग्वाल] दूध-दही बेचनेवाली एक जाति, अहीर।

ग्वालिन स्त्री० [हिं० ग्वाला] १. ग्वाले की स्त्री, ग्वाल जाति की स्त्री। २. ग्वार की फली।

ग्वैंठना* स० [सं० गुंठन, हिं० गुमेठना] १. मरोड़ना, ऐंठना, घुमाना। २. दे० 'गोंठना'।

ग्वैंठा* पुं० दे० 'गोइँठा'।

घ

घ देवनागरी वर्णमाला में कवर्ग का चौथा व्यंजन जो घोष तथा महाप्राण है तथा जिसका उच्चारण कंठ से होता है।

घँघोना* स० दे० 'घँघोलना'।

घँघोरना स० दे० 'घँघोलना'।

घँघोलना स० [हिं० घन+घोलना] १. पानी में हिलाकर घोलना या मिलाना। २. पानी को हिलाकर मैला करना।

घंट पुं० [सं० घट] १. वह घड़ा जो मृतक की क्रिया में पीपल के पेड़ में बाँधा जाता है। २. दे० 'घंटा'।

घंटा पुं० [सं०] [स्त्री० अल्पा० घंटी] १. धातु का एक प्रसिद्ध बाजा, घड़ियाल। २. घड़ियाल बजाकर दी जानेवाली समय की सूचना। ३. दिन-रात का चौबीसवाँ भाग, साठ मिनट का समय।

घंटा-घर पुं० [हिं० घंटा+घर] वह मीनार जिसपर लगी हुई घड़ी चारो ओर से दूर तक दिखाई देती हो और जिसके घंटे का शब्द दूर तक सुनाई दे। (क्लॉक टावर)

घंटिका स्त्री० [सं०] १. छोटा घंटा। २. घुँघरू। ३. कमर में पहनने की करधनी। ४. दे० 'क्षुद्र-घटिका'।

घंटी[१] स्त्री० [सं० घटी] पीतल या फूल की छोटी लुटिया।

घंटी[२] स्त्री० [सं० घंटा] १. धातु का बना वह उपकरण जिसमें से घनघन या टनटन की ध्वनि निकलती हो। २. घंटी बजने का शब्द। ३. गरदन की वह हड्डी जो कुछ आगे निकली रहती है। ४. गले के अन्दर मांस की वह छोटी पिंडी जो जीभ की जड़ के पास होती है, कौआ।

घई[१]* स्त्री० [?] १. पानी का चक्कर, भँवर। २. थूनी, टेक।

घई[२] वि० [सं० गंभीर] बहुत गहरा।

घघरा पुं० दे० 'घाघरा'।

घघुरा* पुं०=घाघरा।

घट[१] पुं० [सं०] १. घड़ा। २. शरीर। ३. मन या हृदय।

मुहा० *घट में बसना या बैठना*=मन में बसना, ध्यान पर चढ़ा रहना।

४. शीशे की हाँड़ी जो प्रकाश के लिए छत में लटकाई जाती है।

घट[२] वि० [हिं० घटना] घटा हुआ, कम।

घटक पुं० [सं०] १. बीच में पड़नेवाला, मध्यस्थ। २. वह बात या तत्त्व जो किसी परिणाम में सहायक हुआ हो, कारक। ३. विवाह-सम्बन्ध ठीक करानेवाला, बरेखिया। ४. दलाल। ५. काम पूरा करनेवाला चतुर व्यक्ति।

घटका पुं० ['घट' शब्द से अनु०] मरने के समय से कुछ पहले गले में होनेवाला घरघर शब्द या घरघराहट जो प्रायः गले में कफ रुकने के कारण होती है।

घटकी* पुं० [सं० घटक] मध्यस्थ।

घट-घाट* वि० [हिं० घटना] किसी की अपेक्षा थोड़ा हलका या कम, घटकर।

घटती स्त्री० [हिं० घटना] १. कमी, न्यूनता।

पद *घटती से*=अंकित या नियत मूल्य से कम मूल्य पर। (बिलो पार)

२. हीनता।

वि० जिसमें कुछ घटी, कमी या न्यूनता हो, जैसे घटती का आय-व्ययक=वह आय-व्ययक जिसमें आय की अपेक्षा व्यय अधिक दिखाया गया हो। (डेफ़िशिट)

घटतौली स्त्री० [हिं० घटना+तौलना] तौल में कम होना।

घटन पुं० [सं०] [वि० घटनीय, घटित] १. भिन्न-भिन्न तत्त्वों का एक में मिलकर किसी एक वस्तु का रूप धारण करना। (कम्पोजीशन) २. बना या गढ़कर तैयार करने की क्रिया या भाव, गढ़ा जाना। ३. उपस्थित होना।

घटना[१] अ० [सं० घटन] १. होना। २. ठीक बैठना, लगना। ३. ठीक उतरना।

घटना[२] अ० [हिं० कटना] १. कम होना, थोड़ा होना। २. पूरा न रह जाना।

घटना[३] स्त्री० [सं०] कोई विलक्षण या विकट बात जो हो जाए, वाक्या, वारदात। (एक्सिडेन्ट)

घटनास्थल पुं० [सं०] वह स्थल या स्थान जहाँ कोई घटना हुई हो। (प्लेस ऑफ अकरेन्स)

घट-बढ़ स्त्री० [हिं० घटना+बढ़ना] १. कुछ घटा और कुछ बढ़ाकर किसी वस्तु या बात का रूप कुछ बदलने की क्रिया या भाव, परिवर्तन। (वेरिएशन) २. किसी प्रकार होनेवाली कमी-बेशी, न्यूनाधिकता।

घटयोनि पुं० [सं०] अगस्त्य मुनि जो कुम्भज के नाम से प्रसिद्ध हैं।

घटवाई पुं० [हिं० घाट+वाई] घाट का कर लेनेवाला।

स्त्री० घाट से पार उतारने की मजदूरी या कर।

घटवादन पुं० [सं०] संगीत में मिट्टी का घड़ा औंधा करके उसे तबले की तरह बजाने की क्रिया।

घटवाना स० हिं० 'घटाना' का प्रे०।

घटवार, घटवाल पुं० [हिं० घाट+पाल या वाला] १. घाट का महसूल लेनेवाला। २. वह जो घाट पर रहकर नावों के आर-पार जाने का प्रबन्ध करता हो। ३. मल्लाह। ४. घाटिया, गंगापुत्र।

घटवाही स्त्री० दे० 'घट्टकर'।

घटवैया वि०, पुं० [हिं० घटाना] घटानेवाला।

पुं० दे० 'घटवार'।

घट-स्थापन पुं० [सं०] १. मंगलकार्य के पहले जल से भरा घड़ा पूजन के स्थान पर रखना। २. नवरात्र का पहला दिन।

घटा स्त्री० [सं०] मेघों का घना समूह, उमड़े हुए बादल, मेघमाला।

घटाई* स्त्री० [हिं० घटना+ई (प्रत्य०)] १. हीनता। २. अप्रतिष्ठा, बेइज्जती।

घटाऊ वि० [हिं० घटाना] घटानेवाला, कम करनेवाला; जैसे-मोटापा-घटाऊ।

घटाकाश पुं० [सं०] न्याय या तर्क में, घड़े के अन्दर का आकाश या खाली स्थान।

घटा-घिरा वि० १. घटाओं से घिरा। २. विपदाग्रस्त।

घटाटोप पुं० [सं०] १. घनघोर घटा। २. गाड़ी या पालकी को ढकने का परदा, ओहार।

घटाना[1] स० [हिं० घटना] १. गुरुत्व, मान आदि कम करना, क्षीण करना। (एबेट) २. अधिक मान, संख्या आदि में से छोटा मान, संख्या आदि निकालकर अलग करना, बाकी निकालना। (डिडक्ट) ३. प्रतिष्ठा कम करना।

घटाना[2] स० [सं० घटन] १. घटित करना। २. अर्थ आदि के विचार से ठीक या पूरा उतारना।

घटा-बढ़ी स्त्री०=घट-बढ़।

घटाव पुं० [हिं० घटना] १. थोड़े या कम होने का भाव, न्यूनता, कमी। २. अवनति। ३. नदी के पानी का उतार।

घटावना* स०=घटाना।

घटिका स्त्री० [सं०] १. छोटा घड़ा या नाँद। २. घटी यन्त्र, घड़ी। ३. एक घड़ी या २४ मिनट का समय।

घटित वि० [सं०] १. जो घटना के रूप में हुआ हो। २. रचित, निर्मित। ३. अर्थ आदि के विचार से ठीक या पूरा उतरा हुआ।

घटिताई* स्त्री० [हिं० घटी] न्यूनता, कमी।

घटिया वि० [हिं० घट+इया (प्रत्य०)] १. जो बढ़िया न हो, अपेक्षाकृत खराब या सस्ता। २. तुच्छ।

घटी[1] स्त्री० [सं०] १. चौबीस मिनट का समय, घड़ी। २. समयसूचक यन्त्र, घड़ी। २. पीतल आदि की लुटिया।

घटी[2] स्त्री० [हिं० घटना] १. कमी, न्यूनता। २. हानि, नुकसान, घाटा। ३. मूल्य या महत्त्व आदि में होनेवाली कमी।

घटी[3] स्त्री० [सं० घट] शरीर।

घटूका* पुं० दे० 'घटोत्कच'।

घटोत्कच पुं० [सं०] हिडिंबा राक्षसी से उत्पन्न भीमसेन का पुत्र।

घटौती स्त्री० [हिं० घटना] १. घटाने की क्रिया या भाव। २. घटाई जानेवाली रकम, छूट।

घट्ट पुं० [सं०] नदी आदि का घाट।

घट्टकर पुं० [सं०] वह कर जो किसी घाट पर नदी पार करने-वालों से लिया जाता है। (फेरी टोल)

घट्टा पुं० [सं० घट्ट] शरीर पर उभड़ा हुआ चेतनाशून्य मांसल भाग जो किसी वस्तु की रगड़ से पड़ जाता है।

घट्ठा| पुं०=घट्टा।

घड़घड़ाना अ० [अनु०] [भाव० घड़घड़ाहट] घड़घड़ शब्द होना।

स० घड़घड़ शब्द उत्पन्न करना।

घड़घड़ाहट स्त्री० [अनु० घड़घड़+आहट (प्रत्य०)] बार-बार घड़घड़ शब्द होने की क्रिया या भाव।

घड़नई स्त्री० [हिं० घड़ा+नैया (नाव)] बाँसों में घड़े बाँधकर बनाया हुआ ढाँचा, जिसपर छोटी नदियाँ पार करते हैं।

घड़ना स० दे० 'गढ़ना'।

घड़ा पुं० [सं० घट] पानी भरने का धातु या मिट्टी का बरतन, बड़ी गगरी।

मुहा० *घड़ों पानी पड़ जाना*=अत्यन्त लज्जित होना, लज्जा के मारे गड़ जाना।

पद *चिकना घड़ा*=वह जिस पर डाँट-फटकार आदि का कोई प्रभाव न पड़ता हो, निर्लज्ज।

घड़ाना स० दे० 'गढ़ाना'।

घड़िया स्त्री० दे० 'घरिया'।

घड़ियाल[1] पुं० [सं० घटिकालि] वह बड़ा घंटा जो पूजा करते समय या समय की सूचना देने के लिए बजाया जाता है।

घड़ियाल[2] पुं० [?] प्रसिद्ध बड़ा और हिंसक जलजन्तु, ग्राह।

घड़ियाली[1] पुं० [हिं० घड़ियाल] घड़ियाल या घंटा बजानेवाला।

घड़ियाली[2] वि० [हिं० घड़ियाल] १. घड़ियाल-सम्बन्धी। २. नकली मिथ्या।

घड़ियाली आँसू पुं० [बहु०] नकली आँसू।

घड़िला* पुं० दे० 'घड़ोला'।

घड़ी[1] स्त्री० [सं० घटी] १. दिन-रात का ६०वाँ भाग, २४ मिनट का समय।

पद *घड़ी-घड़ी*=क्षण-क्षण पर। *हर घड़ी*=हर समय।

मुहा० *घड़ियाँ गिनना*=(क) उत्सुकतापूर्वक आसरा देखना। (ख) मरने के निकट होना।

२. समय। ३. अवसर। ४. वह यन्त्र जिससे घंटे और मिनट के हिसाब से समय का पता लगता है।

घड़ी[2] स्त्री० [हिं० घड़ना] कपड़ों आदि की लगाई जानेवाली तह।

घड़ी-दीया पुं० [हिं० घड़ी+दिया=दीपक] वह घड़ा और दीया जो किसी के मरने पर घर में रखा जाता है।

घड़ीसाज पुं० [हिं० घड़ी+फा० साज़] [भाव० घड़ीसाजी] घड़ी मरम्मत करनेवाला।

घड़ोला पुं० [हिं० घड़ा] छोटा घड़ा।

घड़ौंची स्त्री० [हिं० घड़ा+औंची (प्रत्य०)] वह चौकी या ढाँचा जिसपर पानी का घड़ा रखा जाता है।

घणी| पुं०=पति।

घतिया वि० [हिं० घात+इया (प्रत्य०)] विश्वासघात करनेवाला, धोखेबाज।

घतियाना स० [हिं० घात] १. अपने घात या दाँव में लाना, मतलब पर चढ़ाना। २. चुरा या छिपाकर लेना।

घन पुं० [सं०] १. ऐसी ठोस आकृति जिसके छह वर्गफल हों। २. किसी संख्या का तीसरा घात। ३. हथौड़ा। ४. बादल।

वि० १. घना, गझिन। २. गठा या भरा हुआ, ठोस। ३. दृढ़, मजबूत। ४. बहुत अधिक, ज्यादा।

घनक स्त्री० [अनु०] गड़गड़ाहट, गरज।

घनकना अ० [अनु०] गरजना।

घनकारा वि० [हिं० घनक] गरजनेवाला।

घनगरज स्त्री० [सं० घन+गर्जन] १. बादल की गरज। २. एक प्रकार की तोप।

घनघनाना अ० [अनु०] [भाव० घनघनाहट] १. घंटे की-सी ध्वनि निकलना। २. गरजना।

घनघोर पुं० [सं० घन+घोर] १. भीषण ध्वनि। २. बादल की गरज। वि० १. बहुत घना या गहरा, जैसे घनघोर घटा। २. भीषण, विकट।

घनचक्कर पुं० [सं० घन+हिं० चक्कर] १. चंचल बुद्धिवाला। २. मूर्ख। ३. वह जो व्यर्थ इधर-उधर फिरता हो, आवारा।

घनता स्त्री० [सं०] १. 'घना' होने का भाव, घनापन। २. लम्बाई, चौड़ाई और मोटाई के सम्मिलित रूप का भाव। ३. ठोसपन।

घनत्व पुं० [सं०] घनता।

घनफल पुं० [सं०] १. लम्बाई, चौड़ाई और मोटाई (गहराई या ऊँचाई) तीनों के मान का गुणनफल। २. वह गुणनफल जो किसी संख्या को उसी संख्या से दो बार गुणा करने पर निकलता है।

घनबान पुं० [हिं० घन+बान] एक प्रकार का बाण, जिसके प्रयोग से बादल छा जाते थे। (कल्पित)

घनबेला पुं० एक प्रकार का बेला (पौधा और फूल)।

घनबेली स्त्री० दे० 'घनबेला'।

घनमूल पुं० [सं०] गणित में किसी घन (राशि) का मूल अंक, जैसे ६४ का घनमूल ४ होगा।

घनवर्धन पुं० [सं०] [वि० घनवर्धनीय, भाव० घनवर्धनीयता] धातुओं आदि को पीटकर बढ़ाना।

घनश्याम पुं० [सं०] १. काले बादल। २. श्रीकृष्ण।

घनसागर पुं०=घनसार (कपूर)।

घनसार पुं० [सं०] कपूर।

घना वि० [सं० घन] [स्त्री० घनी, भाव० घनापन] १. जिसके अवयव या अंश पास-पास या सटे हों, सघन। २. पास-पास बसा हुआ। ३. बहुत पास का, घनिष्ठ। ४. बहुत अधिक।

घनाक्षरी स्त्री० [सं०] कवित्त नामक छन्द।

घनाघन क्रि० वि० निरन्तर घनघन शब्द करते हुए।

घनात्मक वि० [सं०] जिसकी लम्बाई, चौड़ाई और मोटाई (ऊँचाई या गहराई) समान हो।

घनाली स्त्री० [सं० घन+अवली] बादलों की पंक्ति या समूह।

घनिष्ठ वि० [सं०] [भाव० घनिष्ठता] १. घना। २. निकट का, अन्तरंग।

घनु* पुं०=घनसार।

घने* वि० [सं० घन] बहुत-से, अनेक। क्रि० वि० अच्छी तरह से; उदा० सुर नर सुनत चहूँ दिसि घनै।—केशव।

घनेरा* वि० [हिं० घना] [स्त्री० घनेरी] १. बहुत, अधिक। २. घना।

घपला पुं० [अनु०] [भाव० घपलेबाजी] १. बिना क्रम की मिलावट। २. जान-बूझकर या मनमाने ढंग से उत्पन्न की जानेवाली अथवा अपटुता के कारण होनेवाली गड़बड़ी, हेर-फेर, गोल-माल। (बंग्लिंग)

घपलेबाजी स्त्री० [हिं०+फा०] घपला या गड़बड़ी उत्पन्न करने की क्रिया या भाव। (बंग्लिंग)

घबरना* अ०=घबराना।

घबराना अ० [सं० गह्वर या हिं० गड़बड़ाना] १. भय या दुख से मन चंचल होना, व्याकुल होना। २. भौचक्का होना, किंकर्तव्यविमूढ़ होना। ३. उतावली में होना। ४. मन न लगना। स० १. व्याकुल या अधीर करना। २. भौचक्का करना। ३. हैरान करना।

घबराहट स्त्री० [हिं० घबराना+आहट (प्रत्य०)] १. व्याकुलता, उद्विग्नता। २. किंकर्तव्य-विमूढ़ता। ३. उतावली, जल्दी।

घमंड पुं० [?] १. किसी विषय या कार्य में अपने को औरों से बढ़कर समझना, अभिमान, शेखी, अहंकार। २. किसी का भरोसा।

घमंडी वि० [हिं० घमंड] घमंड या अभिमान करनेवाला, अभिमानी।

घमकना अ० [अनु० घम] 'घमघम' का-सा गम्भीर शब्द होना, घहराना। स० घूँसा मारना।

घमघमा पुं० [हिं० घाम=धूप] ऐसा समय (विशेषतः वर्षा के बाद या जाड़े के दिनों में) जबकि खूब धूप निकली हो।

घमघमाना अ० [अनु०] १. 'घमघम' शब्द होना। २. धूप निकलना। स० घम घम करके मारना।

घमड़ स्त्री० दे० 'घुमड़'।

घमड़ना स० [?] सजाना। अ० दे० 'घुमड़ना'।

घमर पुं० [अनु०] नगाड़े, ढोल आदि का घोर शब्द, गम्भीर तान।

घमस स्त्री० [अनु०] १. किसी चीज के बजने का शब्द। २. दे० 'ऊमस'।

घमसान वि० दे० 'घमासान'।

घमाका पुं० [अनु० घम] १. गदा या घूँसे का प्रहार। २. भारी आघात का शब्द।

घमाघम स्त्री० [अनु० घम] १. 'घमघम' की ध्वनि। २. धूम-धाम, चहल-पहल। क्रि० वि० 'घमघम' शब्द के साथ।

घमाना अ० [हिं० घाम=धूप] १. धूप तापने के लिए सूर्य के सामने बैठना। २. घाम या धूप से गरमा जाना, जैसे कपड़ा घमा गया है।

घमासान वि॰ [अनु॰] तीव्र, भीषण, जैसे घमासान युद्ध।

घमोई, घमोय* स्त्री॰ दे॰ 'भड़भाँड़'।

घमौरी स्त्री॰ दे॰ 'पित्ती'।

घर पुं॰ [सं॰ गृह] [वि॰ घराऊ, घरू, घरेलू] १. मनुष्यों का छाया हुआ वह स्थान, जो दीवारों से घेरकर बनाया जाता है, आवास, मकान।

मुहा॰ *घर करना*=(क) घर बनाकर कहीं बस जाना। (ख) समाने या अटने की जगह निकालना। (ग) घुसना, धँसना। *मन में घर करना*=बहुत पसन्द आना, अत्यन्त प्रिय होना। *घर डालना*=(क) किसी के घर कलह या दुख फैलाना। (ख) कुल में कलंक लगाना। *(किसी स्त्री का किसी पुरुष के) घर बैठना*=किसी की पत्नी बनकर रहना।

पद *घर का*=(क) निज का, अपना। (ख) आपस का, सम्बन्धियों या आत्मीय जनों के बीच का। *घर का बाढ़ा*= घर में डींग मारनेवाला। *घर से*=(क) पास से, पल्ले से। (ख) पत्नी।

कहा॰ *घर का न घाट का*=(क) बेठिकाने का। (ख) निकम्मा, आवारा।

२. जन्मभूमि, स्वदेश। ३. घराना, वंश, कुल। ४. कोठरी, कमरा। ५. रेखाओं आदि से घिरा हुआ स्थान, कोठा, खाना। ६. कोई वस्तु रखने का डिब्बा, कोश, खाना। (केस) ७. भंडार। ८. अटने या समाने की जगह। ९. मूल कारण, जैसे रोग का घर खाँसी। १०. गृहस्थी।

घर-गृहस्थ पुं॰ [हिं॰+सं॰] वह जिसके घर में पत्नी, बाल-बच्चे और परिवार के लोग हों। (मर्यादा का सूचक)

घर-गृहस्थी स्त्री॰ [हिं॰ घर+गृहस्थी] घर और उसमें की सब सामग्री।

घरघराना अ॰ [अनु॰] कफ के कारण साँस लेते समय गले से घरघर शब्द निकलना।

घर-घराना पुं॰ [हिं॰ घर+घराना] कुल, वंश और उसकी मर्यादा आदि, जैसे ब्याह के पहले किसी का घर-घराना देखना। पुं॰ १. रंग-ढंग, चाल-ढाल। २. ढब, ढंग। ३. ठौर-ठिकाना, घर-बार। ४. स्थिति, हैसियत।

घर-घालक वि॰ [हिं॰ घर+घालना] [स्त्री॰ घर-घालिनी] १. अपना या दूसरों का घर बिगाड़नेवाला। २. कुल में दाग लगानेवाला।

घर-घालन वि॰=घर-घालक।

घर-घुस्सू वि॰ [हिं॰ घर+घुसना] घर में ही घुसा रहनेवाला।

घर-घूमन| वि॰ घर-घर घूमनेवाला।

घर-घेरा| पुं॰ दे॰ 'घर-गृहस्थी'।

घर-जाया पुं॰ [हिं॰ घर+जाया=पैदा] गृहजात दास, घर का गुलाम।

घरणि* स्त्री॰ दे॰ 'घरनी'।

घरदारी स्त्री॰ [हिं॰ घर+फा॰ दारी] गृहस्थी के सब काम-धन्धे।

घरदासी स्त्री॰ दे॰ 'घरनी'।

घर-द्वार पुं॰ दे॰ 'घर-बार'।

घरनाल स्त्री॰ [हिं॰ घड़ा+नाली] एक प्रकार की पुरानी तोप, रहकला।

घरनी स्त्री॰ [सं॰ गृहिणी, प्रा॰ घरणी] घरवाली, पत्नी, गृहिणी।

घर-परिवार पुं॰ [हिं॰+सं॰] १. घर और परिवार। २. घर और परिवार के लोग तथा उनसे संबद्ध समस्याएँ।

घर-फूँक वि॰ [हिं॰ घर+फूँकना] अपना घर फूँकनेवाला। स्त्री॰ सब-कुछ नष्ट करने की क्रिया या भाव।

घर-फोरा पुं॰ [हिं॰ घर+फोड़ना] [स्त्री॰ घर-फोरी] दूसरों के परिवार में कलह फैलानेवाला, घर में लड़ाई करानेवाला।

घर-बसा पुं॰ [हिं॰ घर+बसना] [स्त्री॰ घर-बसी] १. पति। २. उपपति।

घर-बार पुं॰ [हिं॰ घर+बार=द्वार] [वि॰ घर-बारी] १. निवासस्थान। २. घर का सामान और परिवार, गृहस्थी।

घर-बारी पुं॰ [हिं॰ घर+बार] गृहस्थ, कुटुम्बी।

घर बैठे क्रि॰वि॰ १. बिना कुछ करे-धरे। २. बेमतलब।

घरमना* अ॰ [सं॰ घर्म+हिं॰ ना (प्रत्य॰)] प्रवाह के रूप में गिरना, बहना।

घरवात पुं॰ [हिं॰ घर+वात (प्रत्य॰)] घर-गृहस्थी का सामान।

घरवाल* पुं॰ [हिं॰ घड़ी+वाल] घड़ियाँ गिननेवाला, समय की गणना करनेवाला।

घरवाला पुं॰ [हिं॰ घर+वाला (प्रत्य॰)] [स्त्री॰ घरवाली] १. घर का मालिक। २. पति। ३. घर में रहनेवाला व्यक्ति।

घरसा पुं॰ [सं॰ घर्ष] रगड़, घिस्सा।

घरहाई* वि॰ स्त्री॰ [हिं॰ घर+सं॰ घाती, हिं॰ घाई] १. घर में फूट डालनेवाली। २. लोगों की अपकीर्ति फैलानेवाली।

घरहाया* वि॰ [हिं॰ घर+घात] घर में फूट डालनेवाला।

घरा* पुं॰ [स्त्री॰ अल्पा॰ घरी]=घड़ा।

घराती पुं॰ [हिं॰ घर+आती (प्रत्य॰)] विवाह में कन्या-पक्ष के लोग। [घराती शब्द बराती के अनुकरण से बना है।]

घराना पुं॰ [हिं॰ घर+आना (प्रत्य॰)] १. खानदान, वंश, कुल। २. गायकों, संगीतज्ञों, वादकों आदि के विचार से किसी विशिष्ट पद्धति के गुरु ओर उसके शिष्यों का वर्ग या समूह।

घरारी| घर की जमीन।

घरिया स्त्री॰ [सं॰ घटिका] १. मिट्टी का प्याला। २. वह पात्र जिसमें रखकर सोना, चाँदी आदि धातुएँ गलाते हैं।

घरियाना* स॰ [हिं॰ घरी=तह] कपड़े, कागज आदि की तह लगाना।

घरियार* पुं॰ दे॰ 'घड़ियाल'।

घरी स्त्री॰ [?] तह, परत।

स्त्री॰ घड़ी (कालमान)।

घरीक* क्रि॰ वि॰ [हिं॰ घड़ी+एक] एक घड़ी, घड़ी भर।

घरू वि॰ [हिं॰ घर+ऊ (प्रत्य॰)] घर से सम्बन्ध रखनेवाला।

घरेलू वि॰ [हिं॰ घर+एलू (प्रत्य॰)] १. पालतू। २. घर का, निज का, घरू। ३. घर का बना हुआ या घर में होनेवाला।

घरैया पुं० [हिं० घर] घर या कुटुम्ब का आदमी।
वि० दे० 'घरू' या 'घरेलू'।

घरोबा| पुं० [हिं० घर] आपसदारी। घरेलू सम्बन्ध।

घरौंदा पुं० [हिं० घर+आँदा (प्रत्य०)] १. कागज, मिट्टी आदि का छोटा घर, जिससे बच्चे खेलते हैं। २. छोटा घर।

घरौंधा* पुं०=घरौंदा।

घर्म पुं० [सं०] धूप, घाम।

घर्रा पुं० [अनु०] १. गले की घरघराहट जो कफ के कारण होती है। २. (जेल में) कोल्हू पेरने या कुएँ से चरसा खींचने का कठिन काम।

घर्राटा पुं० दे० 'खर्राटा'।

घर्षण पुं० [सं०] किसी वस्तु के एक पार्श्व या अंग से दूसरी वस्तु के किसी पार्श्व या अंग का रगड़ खाना, रगड़, घिस्सा।

घर्षित वि० [सं०] [स्त्री० घर्षिता] १. रगड़ा हुआ। २. रगड़ खाया हुआ।

घलना अ० [हिं० 'घालना' का अ०] १. रखा या डाला जाना। २. (अस्त्र) फेंका या चलाया जाना।

घलाघल* स्त्री० [हिं० घलना] आपस में होनेवाली मार-काट।

घलाघली* स्त्री० [हिं० घालना] मार-काट, खून-खराबी।

घलुआ पुं० [हिं० घालना] खरीदने में तौल से कुछ अधिक मिली हुई वस्तु।

घवरि* स्त्री० दे० 'घौद'।

घसखुदा पुं० [हिं० घास+खोदना] १. घसियारा। २. अनाड़ी या मूर्ख व्यक्ति।

घसना* अ०=घिसना।

घसारा पुं० [सं० घर्षण] १. घिसाई। २. टूट-फूट।

घसिटना अ० [हिं० घसीटना] घसीटा जाना।

घसियारा पुं० [हिं० घास] [स्त्री०घसियारी, घसियारिन] १. घास छील या खोदकर बेचनेवाला। २. अत्यन्त हीन व्यक्ति।

घसीट स्त्री० [हिं० घसीटना] १. घसीटने की क्रिया या भाव। २. जल्दी-जल्दी लिखने का भाव। ३. जल्दी में लिखा हुआ अस्पष्ट लेख।

घसीटना स० [सं० घृष्ट+हिं० ना (प्रत्य०)] १. किसी वस्तु को इस प्रकार खींचना कि वह भूमि से रगड़ खाती हुई आए। २. जल्दी-जल्दी लिखकर चलता करना। ३. किसी को किसी काम में जबरदस्ती शामिल करना।

घस्सा| [?] १. धक्का। २. चकमा।

घहनना* अ० [अनु०] घंटे आदि से ध्वनि निकलना, घहरना।

घहरना अ० [अनु०] गरजने का-सा शब्द करना।

घहराना अ० [अनु०] [भाव० घहरात] १. घहरना। २. भारी आवाज के साथ गिरना। ३. सहसा आ उपस्थित होना, टूट पड़ना।

घहरारा* पुं० [हिं० घहराना] घोर शब्द, गम्भीर ध्वनि, गरज।
वि० [स्त्री० घहरारी] घोर शब्द करनेवाला।

घाँ* स्त्री० [सं० ख, या घाट=ओर ?] दिशा, ओर।

घाँघरा पुं० दे० 'घाघरा'।

घाँटी[1] स्त्री० [सं० घंटिका, प्रा० घंटिआ] १. गले के अन्दर की घंटी, कौआ। २. गला।

घाँटी[2] वि० [हिं० घटना] अपेक्षाकृत कम, घटकर।

घाँह* स्त्री० [हिं० घाँ] ओर, तरफ।

घा* स्त्री० दे० 'घाँ'।

घाइ* पुं० दे० 'घाव'।

घाइल* वि०=घायल।

घाईं स्त्री० [हिं० घाँ] १. ओर, तरफ। २. जोड़, सन्धि। ३. बार, दफा। ४. पानी में का भँवर।
स्त्री० दे० 'घाई'।

घाई स्त्री० [सं० गभस्ति=उँगली] दो उँगलियों के बीच की जगह, अंटी।
स्त्री० १. दे० 'घाव'। २. दे० 'घाई'।

घाऊ* पुं० दे० 'घाव' (क्षत)।

घाऊघप वि०, पुं० [हिं० खाउ+गप (पं० गपना=निगलना)] चुपचाप दूसरों का माल हजम करनेवाला।

घाघ पुं० १. एक प्रसिद्ध अनुभवी और चतुर व्यक्ति, जिसकी कहावतें उत्तरी भारत में प्रसिद्ध हैं। २. भारी चालाक व्यक्ति।

घाघरा[1] पुं० [सं० घर्घर=क्षुद्र घंटिका] [स्त्री० अल्पा० घाघरी] स्त्रियों का कमर में पहनने का चुननदार और घेरदार पहनावा जिससे नीचे का अंग ढका रहता है, बड़ा लँहगा।

घाघरा[2] स्त्री० [सं० घर्घर] सरयू नदी।

घाघस स्त्री० [देश०] एक प्रकार की मुर्गी।

घाट[1] पुं० [सं० घट्ट] १. नदी या जलाशय के किनारे का वह स्थान जहाँ लोग पानी भरते, नहाते या नाव पर चढ़ते हैं।
मुहा० *घाट-घाट का पानी पीना*=(क) तरह-तरह के काम करना। (ख) तरह-तरह की चीजों का स्वाद लेना। (ग) जगह-जगह की सैर करना।
२. चढ़ाव-उतार का पहाड़ी मार्ग। ३. किसी चीज की बनावट में वह अंश जिसमें कुछ चढ़ाव-उतार या गोल रेखा का-सा रूप हो। ४. पहाड़, जैसे पूर्वी या पश्चिमी घाट। ५. ओर, तरफ, दिशा। ६. रंग-ढंग, चाल-ढाल। ७. तलवार की धार।

घाट[2] स्त्री० [हिं० घटना] घटने या घटकर होने की क्रिया या भाव, न्यूनता, कमी।
वि० १. थोड़ा। २. घटिया। ३. किसी की तुलना में हल्का या कम।

घाटना* अ०=घटना।

घाटवाल पुं० दे० 'घाटिया'।

घाटा पुं० [हिं० घटना] १. घटने की क्रिया या भाव। २. घटी, हानि।

घाटारोह* पुं० [हिं० घाट+सं० रोध] घाट से जाने न देना, घाट रोकना।

घाटि[1]* वि० [हिं० घटना] कम मान का, घटकर।

घाटि[2] स्त्री० [सं० घात] १. नीच कर्म। २. पाप।

घाटिया पुं० [हिं० घाट] घाट पर बैठकर दान लेनेवाला ब्राह्मण, गंगापुत्र।

घाटी स्त्री० [हिं० घाट] १. दो पर्वतों के बीच का तंग रास्ता, दर्रा। २. दो नदियों के बीच का प्रदेश, जैसे गंगा घाटी।

घात पुं० [सं०] [वि० घाती] १. प्रहार, चोट। २. वध, हत्या। ३. अहित, बुराई। ४. (गणित में) किसी संख्या से गुणा करने पर निकलनेवाला गुणनफल।

स्त्री० १. सुयोग, दाँव।

मुहा० *घात पर चढ़ना*=अभिप्राय साधन के अनुकूल होना, हत्थे चढ़ना।

पद *घात में* =(क) मुफ्त में। (ख) प्राप्य के अतिरिक्त। (ग) यों ही, व्यर्थ।

२. आक्रमण करने या किसी के विरुद्ध कोई कार्य करने के लिए अनुकूल अवसर की खोज, ताक।

मुहा० *घात लगाना*=किसी पर आक्रमण करने के लिए आड़ में बैठकर प्रतीक्षा करना।

३. दाँव-पेंच, छल। ४. रंग-ढंग, तौर-तरीका।

घातक वि० [सं०] १. जो घात करे, घात करनेवाला। २. (प्रहार या आघात) जिसके कारण या द्वारा कोई मर सकता हो या मर जाए, जैसे घातक रोग, घातक प्रहार। (फैटल)

पुं० वह जो किसी को मार डाले, हत्यारा।

घात-प्रतिघात पुं० [सं०] एक दूसरे को हानि पहुँचाने के लिए किए जानेवाले कार्य, परस्पर किए जानेवाले आघात।

घातिनी वि० हिं० 'घाती' का स्त्री०।

घातिया* वि० पुं०=घातक।

घाती (-तिन्) वि० [सं०] [स्त्री० घातिनी] १. घातक। २. नाश करनेवाला। ३. धोखेबाज, छली।

घान[1] पुं० [सं० घन=समूह] १. जितना एक बार कोल्हू में डालकर पेरा या चक्की में डालकर पीसा जाए, उतना अंश। २. जितना एक बार में बनाया या पकाया जाए, उतना अंश।

घान[2] पुं० [हिं० घन] प्रहार, चोट।

घाना* स० [सं० घात] मारना।

घानी स्त्री० दे० 'घान'।

घाम पुं० [सं० घर्म] १. धूप, सूर्याताप। २. कष्ट, विपत्ति।

मुहा० *घाम बचाना या बराना*=कष्टदायक बात से बचना।

घामड़ वि० [हिं० घाम] १. घाम या धूप से व्याकुल (चौपाया)। २. मूर्ख।

घामड़पना| पुं०=मूर्खता।

घामरी* स्त्री० [हिं० घामड़] १. विकलता, बेचैनी। २. प्रेम के कारण होनेवाली विह्वलता। ३. मूर्खता।

घाय* पुं० दे० 'घाव'।

घायक* वि०=घातक।

घायल वि० [हिं० घाय] जिसे घाव लगा हो, आहत, जख्मी, चुटैल।

घाल पुं० [हिं० घलना] किसी चीज के खरीदने-बेचने के बाद, उसी में की थोड़ी-सी वह और चीज जो बिना मूल्य ली या दी जाती है, घलुआ।

मुहा० *घाल न गिनना*=कुछ भी न समझना या गिनना, तुच्छ समझना।

घालक पुं० [हिं० घालना] मारने या नाश करनेवाला।

घालना स० [सं० घटन] १. रखना, डालना। २. फेंकना, चलाना। ३. बिगाड़ना, नष्ट करना। ४. मार डालना।

घाल-मेल पुं० [हिं० घालना+मेल] १. भिन्न प्रकार की वस्तुओं की मिलावट, गड्डमड्ड। २. गहरा मेलजोल।

घाव पुं० [सं० घात, प्रा० घाअ] १. शरीर पर का कटा या चिरा हुआ स्थान। २. वार, आघात। ३. चोट, क्षत, जख्म।

मुहा० *घाव पर नमक या नोन छिड़कना*=दुख देना। *घाव पूजना या भरना*=घाव का अच्छा होना। *घाव हरा होना*=भूला हुआ कष्ट स्मरण हो आना।

घाव-पत्ता पुं० [हिं० घाव+पत्ता] एक लता जिसके पत्ते घाव, फोड़े आदि पर बाँधे जाते हैं।

घावरा* वि०=घामड़ (मूर्ख)।

घावरिया* पुं० [हिं० घाव+ ?] घावों की चिकित्सा करनेवाला।

घावरी* स्त्री० [हिं० घाव] घाव, जख्म।

घास स्त्री० [सं०] वे प्रसिद्ध छोटे उद्‌भिज्ज जो चौपाए चरते हैं, तृण।

मुहा० *घास काटना, खोदना या छीलना*=(क) तुच्छ काम करना। (ख) व्यर्थ का काम करना।

घास-पात, घास-फूस पुं० १. तृण और वनस्पति। २. कूड़ा-करकट।

घास-भूसा पुं० १. पशुओं का चारा। २. व्यर्थ की और रद्दी चीज।

घासलेट पुं० [अं० गैस+लाइट] [वि० घासलेटी] १. मिट्टी का तेल। २. तुच्छ, निन्दनीय या अग्राह्य पदार्थ।

घासलेटी वि० [हिं० घासलेट+ई (प्रत्य०)] १. तुच्छ, निन्दनीय और निम्न कोटि का। २. अश्लील, गन्दा।

घासस्थली स्त्री० [सं०] घास से भरा मैदान।

घासाहारी(-रिन्) वि० [सं०] घास खानेवाला, घास-भक्षक।

घाह* स्त्री० १. दे० 'घाई'। २. दे० 'घाव'।

घिग्घी स्त्री० [अनु०] १. लगातार रोने से साँस के तीव्र गति से रुक-रुककर चलने की अवस्था। २. भय के कारण बोलने में रुकावट।

घिघियाना अ० [हिं० घिग्घी] करुण स्वर से प्रार्थना करना, गिड़गिड़ाना।

घिचपिच स्त्री० [सं० घृष्ट-पिष्ट] थोड़े स्थान में बहुत-सी वस्तुओं का जमाव।

वि०=गिचपिच।

घिन| स्त्री० दे० 'घृणा'।

घिनाना| अ० [हिं० घिन] घृणा करना।

घिनौना वि० [हिं० घिन] [स्त्री० घिनौनी] जिसे देखने से मन में घृणा उत्पन्न हो।

घिन्नी स्त्री० १. दे० 'धरनी'। २. दे० 'गिन्नी'।

घिय* पुं०=घी।

घिरत* पुं०=घृत (घी)।

घिरना अ० [सं० ग्रहण] १. सब ओर से घेरा या रोका जाना, आवृत्त होना। २. चारो ओर से एक साथ आना।

घिरनी स्त्री० [सं० घूर्णन] १. गराड़ी, चरखी। २. चक्कर, फेरा।

घिराई स्त्री० [हिं० घिरना] १. घिरने या घेरने की क्रिया या भाव। २. पशुओं को (घेरकर) चराने की मजदूरी।

घिराव पुं० [हिं० घेरना] १. घेरने या घिरने की क्रिया या भाव। २. घेरा।

घिरित* पुं० दे० 'घृत'।

घिर्राना| स०=घसीटना।

अ०=गिड़गिड़ाना।

घिसघिस स्त्री० [हिं० घिसना] १. धीरे-धीरे या रुक-रुककर काम करने की क्रिया या प्रवृत्ति। २. व्यर्थ का अनिश्चय।

घिसना स० [सं० घर्षण] एक वस्तु को दूसरी वस्तु पर दबाकर शीघ्रता से चलाना या फिराना, रगड़ना।

अ० रगड़ खाकर कम होना, छीजना।

घिसना-पिसना अ० रगड खाने या पीसे जाने के कारण छीजना।

घिसपिस स्त्री० [हिं० घिसना+पिसना] १. घिसने तथा पिसने की क्रिया या भाव। २. छीजन। ३. बहुत अधिक मेल-जोल या पारस्परिक-सम्बन्ध

घिसवाना स० हिं० 'घिसना' का प्रे०।

घिसाई स्त्री० [हिं० घिसना] घिसने या घिसाने की क्रिया, भाव या मजदूरी। २. दैनिक उपयोग के कारण वस्तु की कीमत में होनेवाली कमी।

घिस्सा पुं० [हिं० घिसना, सं० घर्षण] १. रगड़। २. धक्का, टक्कर। ३. कोहनी और कलाई से गरदन पर किया जानेवाला आघात, कुन्दा, रद्दा। (पहलवान)

घी पुं० [सं० घृत, प्रा० घीअ] दूध का वह प्रसिद्ध चिकना सार जो भोजन का मुख्य अंग है, तपाया हुआ मक्खन, घृत।

मुहा० *घी के दीए जलाना*=(क) मनोरथ सफल होना। (ख) खुशियाँ मनाना, आनन्दमंगल होना। *पाँचों उँगलियाँ घी में होना*=(क) खूब सुख-चैन का अवसर मिलना। (ख) खूब लाभ होना।

घीकुँआर पुं० [सं० घृतकुमारी] ग्वारपाठा, गोंडपट्ठा।

घीन* वि०=घृणित।

स्त्री० घृणा।

घीया स्त्री० [हिं० घी] एक बेल के फल जिसकी तरकारी बनती है, कद्दू।

घीयाकश पुं० दे० 'कद्दूकश'।

घीयातोरी स्त्री० [हिं० घीया+तोरी] एक प्रकार की तोरी या फली जिसकी तरकारी बनती है।

घीया-पत्थर पुं० दे० 'गोरा-पत्थर'।

घीव* पुं०=घी (घृत)।

घुँगची| स्त्री०=घुँघची।

घुँघची स्त्री० [सं० गुंजा-चिंचिका या कन्नड़ गुरु-गुंजि] एक प्रकार की बेल जिसके बीज लाल होते हैं, गुंजा।

घुँघनी स्त्री० [अनु०] भिगोकर तला हुआ चना, मटर या और कोई अन्न।

घुँघराला वि० [हिं० घुमरना+वाला] [स्त्री० घुँघराली] (बाल) घूमा हुआ और बल खाया हुआ, छल्लेदार।

घुँघरू पुं० [अनु० घुनघुन] १. पीतल की वह पोली गुरिया जो हिलने से घुनघुन बजती है। २. ऐसी गुरियों की लड़ी, चौरासी, मंजीर। ३. ऐसी गुरियों का बना हुआ पैर का गहना।

घुँघुवारा वि० दे० 'घुँघराला'।

घुंडी स्त्री० [सं० ग्रंथि] १. कपड़े का गोल बटन। २. पहनने के कपड़ों के सिरे पर की गाँठ। ३. कोई गोल गाँठ।

घुंडीदार वि० [हिं० +फा०] जिसमें घुंडी लगी हो।

घुइयाँ स्त्री०=अरवी या अरुई (कन्द)।

घुग्घी स्त्री० [देश०] १. सिर पर चादर आदि ओढ़ने का एक प्रकार। २. इस प्रकार ओढ़ने का वस्त्र, घोघी।

घुग्घू पुं० [सं० घूक] उल्लू पक्षी।

घुघुआ| पुं०=घुग्घू।

घुघुआना अ० [हिं० घुग्घू] १. उल्लू का बोलना। २. बिल्ली का गुर्राना।

घुटकना स० [हिं० घूँट+करना] १. घूँट-घूँट करके पीना। २. निगलना।

घुटन स्त्री० [हिं० घुटना] १. ऐसी अवस्था या वातावरण जिसमें साँस घुटता हो। २. ऐसा वातावरण जिसमें व्यक्ति अपने को विकल और विवश अनुभव करता हो।

घुटना[1] पुं० [सं० घुंटक] टाँग और जाँघ के बीच की गाँठ।

घुटना[2] अ० [हिं० घोटना] १. साँस रुकना।

मुहा० *घुट-घुटकर मरना*=साँस रुकने के कारण साँसत से मरना।

२. उलझकर कड़ा पड़ जाना, फँसना। ३. गाँठ के बन्धन का दृढ़ होना।

पद *घुटा हुआ*=बहुत बड़ा धूर्त या चालाक।

४. घिसकर चिकना होना। ५. पिसकर महीन होना। ६. आपस में बहुत घनिष्ठता या मेल-जोल होना।

स० बाँधने, पकड़ने आदि के लिए अच्छी तरह कसना, बन्धन कड़ा करना, जैसे घुटकर बाँधना या पकड़ना।

घुटनों क्रि० वि० [हिं० घुटना] घुटनों के बल; जैसे—घुटनों चलना=(बच्चों का) घुटनों के बल चलना।

घुटन्ना पुं० [हिं० घुटना] पायजामा।

घुटरूँ| पुं० = घुटना।

क्रि० वि० घुटनों के बल।

घुटवाना स० हिं० 'घोटना' का प्रे०।

घुटाई स्त्री० [हिं० घुटना] घोटने की क्रिया, भाव या मजदूरी।

घुटाना स० हिं० 'घोटना' का प्रे०।

घुटुरुअन* क्रि० वि० [हिं० घुटना] घुटनों के बल (चलना, विशेषत: बच्चों का)।

घुट्टी स्त्री० [हिं० घूँट] छोटे बच्चों को दी जानेवाली जनम-घूँटी, विशेष दे० 'जनम-घूँटी'।
मुहा० *घुट्टी में पड़ना*=स्वभाव में होना।

घुड़कना स० [अनु० घुरघुर] जोर से बोलकर डराना, कड़ककर डाँटना, घुड़की देना।

घुड़की स्त्री० [हिं० घुड़कना] १. घुड़कने की क्रिया या भाव। २. डाँट-डपट, फटकार।

घुड़चढ़ा पुं० दे० 'घुड़सवार'।

घुड़चढ़ी स्त्री० [हिं० घोड़ा+चढ़ना] १. विवाह की वह रीति जिसमें दुल्हा घोड़े पर चढ़कर ब्याहने जाता है। २. घुड़नाल। ३. निम्न कोटि की वेश्या जो प्राय: घोड़े पर चढ़कर गाँव-देहातों में नाचने-गाने जाती हो।

घुड़दौड़ स्त्री० [हिं० घोड़ा+दौड़] घोड़ों की वह दौड़ जिसके लिए हार-जीत की बाजी लगती हो।

घुड़नस स्त्री० दे० 'घोड़ा-नस'।

घुड़नाल स्त्री० [हिं० घोड़ा+नाल] एक प्रकार की तोप जो घोड़ों पर चलती थी।

घुड़सवार पुं० [हिं० घोड़ा+फा० सवार] [भाव० घुड़सवारी] वह जो घोड़े पर सवार हो।

घुड़सवारी स्त्री० [हिं० घोड़ा+सवारी] घोड़े पर सवार होने की क्रिया या भाव।

घुड़साल स्त्री० [हिं० घोड़ा+सं० शाला] अश्वशाला, अस्तबल।

घुड़िया स्त्री० दे० 'घोड़िया'।

घुणाक्षर-न्याय पुं० [सं०] १. घुन के कारण लकड़ी आदि पर बने हुए अक्षरों के समान चिह्नों का दृष्टान्त। २. अनजान में ही कोई काम हो या बन जाना।

घुन पुं० [सं०घुण] अनाज, लकड़ी आदि में लगनेवाला छोटा कीड़ा।
मुहा० *घुन लगना*=अन्दर ही अन्दर किसी वस्तु का क्षीण होना।

घुनना अ० [हिं० घुन] १. लकड़ी आदि में घुन लगना। २. दोष आदि के कारण अन्दर ही अन्दर क्षीण होना, अन्दर से छीजना।

घुन्ना वि० [अनु० घुनघुनाना] [स्त्री० घुन्नी] क्रोध, द्वेष आदि भाव मन में ही रखनेवाला, चुप्पा।

घुमंडना अ० दे० 'घुमड़ना'।

घुमंतू† पुं०=घुमक्कड़।

घुमक्कड़ वि०, पुं० [अनु० घूमना] बहुत घूमनेवाला।

घुमटा पुं० [हिं० घूमना] सिर का चक्कर, सिर घूमना।

घुमड़ स्त्री० [हिं० घुमड़ना] बादलों की घेर-घार।

घुमड़ना अ० [हिं० घूम+अटना] (बादलों का) घिरना, उमड़ना, छा जाना।

घुमड़ी स्त्री० [हिं० घूमना] सिर में आनेवाला चक्कर, घुमटा।

घुमरी† स्त्री०=घुमड़ी।

घुमाना स० [हिं० घूमना] १. घूमने में प्रवृत्त करना, चारों ओर फिराना। २. टहलाना, सैर कराना। ३. मोड़ना। ४. प्रवृत्त करना।

घुमाव पुं० [हिं० घुमाना] [वि० घुमावदार] चक्कर, मोड़।

घुमाव-फिराव पुं० [हिं० घुमाना+फिराना] (रास्ते, रेखा आदि का) टेढ़े-मेढ़े घुमाते हुए या चक्कर लगाते हुए आगे बढ़ना।
मुहा० *घुमाव-फिराव की बात*=पेचीली या हेर-फेर की बात।

घुम्मट पुं० [हिं० घूमना] देवमन्दिर के ऊपर की गोल बनावट।

घुरघुराना अ० [अनु० घुरघुर] गले से घुरघुर शब्द निकलना।

घुरड़ पुं० [?] चीते की जाति का हिंसक वन्य पशु।

घुरना[1] अ० दे० 'घुलना'।

घुरना[2] अ० [सं० घोर] शब्द होना।
स० शब्द उत्पन्न करना।

घुरना[3] अ० [सं० घर्णन] १. घूमना। २ (आँख) झपकना।

घुर-बिनिया स्त्री० [हिं० घूरा+बीनना] कूड़े में से दाने चुनने या गली-कूचों में टूटी-फूटी चीजें चुनने का काम।

घुरमना* अ०=घूमना।

घुराना* स० १. =घुलाना। २. =घुमाना।

घुर्मित* वि० [सं० घूर्णित] घूमता हुआ।

घुलना अ० [सं० घूर्णन, प्रा० घुलन] १. किसी द्रव वस्तु में अच्छी तरह मिल जाना, हल होना।
मुहा० *घुल-मिलकर बातें करना*=खूब मिल-जुलकर बातें करना।
२. पिघलना। ३. पककर पिलपिला होना। ४. रोग या चिन्ता से दुर्बल होना।
मुहा० *घुल-घुलकर मरना*=बहुत दिनों तक रोग आदि का कष्ट भोगकर मरना।

घुलवाना स० हिं० 'घोलना' का प्रे०।

घुलाना स० [हिं० घुलना] १. पिघलाना। २. शरीर से दुर्बल करना। ३. यन्त्रणा देना। ४. गरमी या दाब पहुँचाकर नरम करना।

घुलावट स्त्री० [हिं० घुलना] घुलने या घुलाने की क्रिया या भाव।

घुसड़ना अ०=घुसना।

घुसड़पंच† पुं० जबरदस्ती पंच बनानेवाला।

घुसना अ० [सं० कुश=आलिंगन; अथवा घर्षण] १. प्रवेश करना, अन्दर जाना। २. जबरदस्ती या छल-बल से कहीं प्रविष्ट होना। ३. धँसना। ४. बिना अधिकार के कहीं पहुँचना। ५. बात की तह तक पहुँचना।

घुसपैठ स्त्री० [हिं० घुसना+पैठना] १. पहुँच, गति, प्रवेश। २. अनधिकार-प्रवेश।

घुसपैठिया पुं० [हिं० घुसपैठ] १. घुसपैठ करनेवाला। २. अनधिकारिक रूप से दूसरे देश में घुस जानेवाला।

घुसाना स० [हिं० घुसना] १. अन्दर घुसेड़ना, धँसाना। २. चुभाना।

घुसेड़ना स०=घुसाना।

घूँघट पुं० [सं० गुंठक] १. साड़ी का वह खिंचा हुआ भाग जो मुँह ढके रहता है। २. ओट, परदा। ३. सेना का अचानक दाहिने-बाएँ घूम पड़ना।

घूँघर पुं० [हिं० घुमरना] बालों में पड़े हुए छल्ले या मरोड़।
पुं० दे० 'घूँघट'।

घूँट पुं० [अनु० घुटघुट] उतना द्रव पदार्थ, जितना एक बार गले के नीचे उतारा जाए।

घूँटना स० [हिं० घूँट] द्रव पदार्थ गले के नीचे उतारना, पीना।

घूँटा पुं० दे० 'घुटना'।

घूँटी स्त्री० दे० 'घुट्टी'।

घूँसा पुं० [हिं० घिस्सा] १. मारने के लिए तानी हुई मुट्ठी, मुक्का।

घूआ पुं० [देश०] [स्त्री० अल्पा० घूई] १. काँस, मूँज आदि के फूल। २. कपास, सेमल आदि के फूलों में से निकलनेवाला अंश।

घूमघुमैया वि० [हिं० घूमना+घुमाना] चक्करदार।

घूमता-फिरता वि० जो बराबर घूमता रहता हो।

घूमते-फिरते क्रि० वि० घूमते रहने के समय।

घूमना अ० [सं० घूर्णन] १. चारो ओर फिरना, चक्कर खाना। २. किसी ओर मुड़ना।
मुहा० *(किसी पर) घूम पड़ना*=किसी पर सहसा क्रोध प्रकट करना।
३. व्यायाम, वायुसेवन आदि के लिए चलना, टहलना। ४. यात्रा करना। ५. गोलाई में मुड़ना।

घूमना-फिरना अ० १. इधर-उधर आते-जाते रहना। २. मौज-मस्ती के लिए भ्रमण करना।
पद *घूम-फिरकर*=अंततोगत्वा, आखिरकार।

घूमरा वि० [हिं० घूमना] १. घूमने या चक्कर लगानेवाला। २. मतवाला, मस्त, मत्त।

घूर पुं० [सं० कूट, हिं० कूरा] कूड़े-करकट का ढेर, कतवार।

घूरना[1] अ० [सं० घूर्णन] बुरे भाव से आँखें गड़ाकर देखना।

घूरना[2] अ०=घूमना।

घूरा[1] पुं० दे० 'घूर'।

घूरा[2] पुं० [अनु०] बँधी हुई हथेली से किया जानेवाला आघात, मुक्का, घूँसा।

घूर्णन पुं० [सं०] किसी काया या पिंड का अपनी धुरी पर घूमना।

घूर्णायमान वि० [सं०] १. घूमता रहनेवाला। २. अपनी धुरी पर घूमता रहनेवाला।

घूस[1] स्त्री० [देश०] चूहे की तरह का, पर उससे बड़ा एक जन्तु।

घूस[2] स्त्री० [हिं० घुसना] १. अपने अनुकूल कार्य कराने के लिए अनुचित रीति से दिया जानेवाला द्रव्य, रिश्वत, उत्कोच। २. किसी के अनुकूल कार्य करने के लिए लिया जानेवाला धन, रिश्वत।

घूसखोर पुं० [हिं०+फा०] घूस खानेवाला।

घृणा स्त्री० [सं०] बुरी बात या चीज को देखकर उससे दूर रहने की इच्छा या भावना, घिन, नफरत।

घृणित वि० [सं०] घृणा करने योग्य।

घृत पुं० [सं०] घी।

घेंघा† पुं०=घेघा।

घेंड़ी स्त्री० [हिं० घी+हंडी, सं० घृत-हंडिका] वह हंडी या मिट्टी का बरतन जिसमें घी रखा जाता है।

घेघा पुं० [देश०] १. गले की नली जिससे खाना-पानी पेट में जाता है। २. गला सूजने का एक रोग।

घेर[1] पुं० [हिं० घेरना] १. घेरने की क्रिया या भाव। २. घेरा, मंडल। ३. परिधि।

घेर[2] स्त्री० [?] निन्दा; उदा० जाय ऐरछे में घेर होत घनी घर घर।—केशव।

घेर-घार स्त्री० [हिं० घेरना] १. घेरने की क्रिया या भाव। २. विस्तार, घेरा। ३. किसी को चारों ओर से बहुत दबाव डालकर कोई काम करने के लिए विवश करना। ४. खुशामद मिली हुई विनती।

घेरना स० [हिं० घिरना] १. किसी स्थान, नगर आदि को सेना द्वारा चारों ओर से घेर लेना। २. किसी व्यक्ति के चारों ओर लोगों का इकट्ठा होना जिससे वह कहीं आ-जा न सकें या निकल न भागे। ३. घेरे में ले आना; जैसे हँकैवालों ने सिंह शावक को घेर लिया। ४. किसी बिंदु, चित्र, शब्द आदि के चारों ओर गोलाकार रेखा खींचना।

घेरा पुं० [हिं० घेरना] १. किसी चीज को चारों ओर से घेरनेवाली कोई रेखा या और कोई चीज, परिधि। २. सीमा या परिधि का मान। ३. घेरनेवाली चीज, (जैसे दीवार, रेखा आदि) ४. दीवार, बाढ़ आदि से चारों ओर से घिरा हुआ स्थान, अहाता। (एन्-क्लोज़र) ५. सेना का किसी दुर्ग आदि का घेरना या उसका मार्ग बन्द करना।

घेराबंदी स्त्री०=घेरेबंदी।

घेराव पुं० [हिं० घेरना] किसी अधिकारी से अपनी बात मनवाने के लिए कर्मचारियों, विद्यार्थियों आदि द्वारा उसे घेरना (जिससे कहीं आ-जा न पाए और न कोई काम ही कर पाए)।

घेरेबंदी स्त्री० [हिं० घेरा+फा० बंदी] किसी स्थान को चारों ओर से इस प्रकार घेर लेने की क्रिया जिससे कोई या कुछ वहाँ न आ-जा पाए।

घेवर पुं० [हिं० घी] एक प्रकार की बढ़िया मिठाई जिसमें बहुत घी लगता है।

घैया[1] स्त्री० [हिं० घी या सं० घात] १. गौ के थन से निकलती हुई दूध की धार जो मुँह लगाकर पी जाए। २. ताजे दूहे हुए दूध के ऊपर से मक्खन उठाने की क्रिया।

घैया[2] स्त्री० [हिं० घाई या घा] ओर, तरफ।

घैर* पुं० [देश०] १. अपयश, बदनामी। २. चुगली, शिकायत।

घैला पुं० [सं० घट][स्त्री० अल्पा० घैली] मिट्टी का घड़ा।

घोंघा पुं० [देश०] [स्त्री० घोंघी] शंख की तरह का एक कीड़ा, शंबुक।
वि० १. जिसमें कुछ सार न हो। २. मूर्ख।

घोंघा-बसंत वि० परम मूर्ख।

घोंघी स्त्री० [देश०] १. पत्तों का बना हुआ छाता। २. कौड़ी। (दलाल) ३. दे० 'घुग्घी'।

घोंचुआ| पुं०=घोंसला।

घोंचू| वि०=बूढ़्ढू।

घोंटना स० १. दे० 'घूँटना'। २. दे० 'घोटना'।

घोंपना स० [अनु०] जोर से गड़ाना, धँसाना या चुभाना।

घोंसला पुं० [सं० कुशालय या कुलाय?] १. घास-फूस से बना हुआ पक्षी का घर, नीड़। २. रहने का स्थान।

घोंसुआ* पुं० दे० 'घोंसला'।

घोखना स० [सं० घुष्] बार-बार याद करना, रटना।

घोघी स्त्री० दे० 'घुग्घी'।

घोटक पुं० [सं०] घोड़ा।

घोटना स० [सं० घृष्ट] [प्रे० घुटाना, घुटवाना] १. रगड़ना, माँजना। २. महीन पीसना। ३. रगड़कर मिलाना, हल करना। ४. अभ्यास करना, मश्क करना। ५. (गला) इस प्रकार दबाना कि साँस रुक जाए। ६. उस्तरे से बाल साफ करना, जैसे दाढ़ी घोटना।

पुं० [स्त्री० घोटनी] घोटने का औजार, घोटा।

घोटा पुं० [हिं० घोटना] १. घोटने की क्रिया या भाव। २. वह डंडा या और कोई उपकरण जिससे कोई चीज़ घोटी जाए।

घोटाई स्त्री० [हिं० घोटना+आई (प्रत्य०)] घोटने का काम, भाव या मजदूरी।

घोटाला पुं० [देश०] धन हड़पने के लिए धोखेधड़ी की योजना, कपटपूर्ण योजना।

घोड़साल स्त्री० दे० 'घुड़साल'।

घोड़ा पुं० [सं० घोटक, प्रा० घोडा] [स्त्री० घोड़ी] १. एक प्रसिद्ध चौपाया जो गाड़ी खींचने और सवारी के काम में आता है, अश्व।

मुहा० *घोड़ा कसना*=घोड़े पर जीन कसना। *घोड़ा डालना या फेंकना*=वेग से घोड़ा दौड़ाना। *घोड़ा निकालना*=घोड़े को सिखलाकर सवारी के योग्य बनाना। *घोड़ा बेचकर सोना*=बेफिक्र होकर सोना।

२. बन्दूक का वह खटका जिसे दबाने से गोली चलती है। ३. दीवार से बाहर निकला हुआ पत्थर का वह टुकड़ा जो ऊपरी भार सँभालने के लिए लगाया जाता है। ४. शतरंज का एक मोहरा।

घोड़ा-गाड़ी स्त्री० [हिं० घोड़ा+गाड़ी] वह गाड़ी जिसे, घोड़ा या घोड़े खींचते हैं।

घोड़ा-नस स्त्री० [हिं० घोड़ा+नस] एड़ी के पीछे की मोटी नस, कूँच, पै।

घोड़िया स्त्री० [हिं० घोड़ी+इया (प्रत्य०)] छज्जे का भार सँभालनेवाला पत्थर, विशेष दे० 'घोड़ा' ३.।

घोड़ी स्त्री० [हिं० घोड़ा] १. घोड़े की मादा। २. विवाह के समय वर का घोड़ी पर चढ़कर कन्या पक्ष के यहाँ जाना। ३. इस अवसर पर वरपक्ष की ओर से गाए जानेवाले गीत। ४. दे० 'घोड़िया'।

घोर वि० [सं०] १. भयंकर, विकराल। २. सघन। ३. दुर्गम, कठिन। ४. बहुत अधिक। ५. गम्भीर और भयानक।

पुं० १. गर्जना, ध्वनि।

पुं० दे० 'घोड़ा'।

पुं० दे० 'घोल'।

घोरना अ० [सं० घोर] घोर या भारी शब्द करना, गरजना।

स० दे० 'घोलना'।

घोरा* पुं०=घोड़ा। (ब्रज०)

घोरिला* पुं० [हिं० घोड़ा] लड़कों के खेलने का काठ आदि का घोड़ा।

घोल पुं० [हिं० घोलना] १. वह पानी जिसमें कोई चीज घोली गई हो। २. मठा, छाछ।

घोलना स० [हिं० घुलना] पानी या अन्य द्रव पदार्थ में चूर्ण आदि अच्छी तरह मिलाना, हल करना।

घोष पुं० [सं०] १. अहीरों की बस्ती। २. अहीर। ३. गोशाला। ४. शब्द, नाद। ५. जोर से की हुई पुकार, चिल्लाहट या घोर शब्द, गर्जन, गरज। ६. किसी विशेष सिद्धान्त, पक्ष या दल की वह पुकार या पद जो लोगों को अपनी ओर आकृष्ट करने के लिए होता है, नारा। (स्लोगन)

वि० (वर्ण) जिसका उच्चारण करते समय स्वरतंत्रियाँ झंकृत होती हों।

घोषणा स्त्री० [सं०] १. उच्च स्वर से दी हुई सूचना। २. आधिकारिक तथा सार्वजनिक रूप से दी हुई सूचना। (प्रोक्लेमेशन) ३. मुनादी, डुग्गी।

घोषणा-पत्र पुं० [सं०] १. वह पत्र जिसमें सर्वसाधारण के सूचनार्थ राजाज्ञा आदि लिखी हो। २. राजनीतिक दल के कार्यक्रमों का सूचक पत्र।

घोषित वि० [सं०] जिसकी घोषणा हुई हो।

घोसी पुं० [सं० घोष] अहीर, ग्वाल।

घौद पुं० [देश०] एक डंठल में एक साथ फलनेवाले बहुत से फलों का गुच्छा, जैसे केलों का घौद।

घौर| पुं० दे० 'घौद'।

घ्राण पुं० [सं०] [वि० घ्रेय] १. सूँघने की इन्द्रिय, नाक। २. सूँघने की शक्ति। ३. सुगन्ध।

ङ

ङ देवनागरी वर्णमाला में कंठ और नासिका से उच्चारित होनेवाला कवर्ग का अन्तिम व्यंजन वर्ण।

च

च देवनागरी वर्णमाला का छठा तथा चवर्ग का पहला व्यंजन वर्ण, जिसका उच्चारण-स्थान तालु है।

चंक पुं० [सं० चक्र] सारा, पूरा, सब।

चंक्रमण पुं० [सं०] टहलना, घूमना।

चंग[1] स्त्री० [फा०] डफ की तरह का एक बाजा।

चंग[2] स्त्री० [सं० चं=चन्द्रमा] १. पतंग, गुड्डी।

मुहा० *चंग चढ़ना या उमहना*=वैभव या प्रताप की वृद्धि होना, खूब बढ़ती होना। *चंग पर चढ़ाना*=(क) बढ़ावा देना। (ख) किसी का मन बढ़ाकर उसे अपने अनुकूल करना।

२. निन्दा या कलंकपूर्ण चर्चा, बदनामी।

चंगना* स० [हिं० चंगा या फा० तंग] १. कसना। २. खींचना।

चंगा वि० [प्रा० चंग] [स्त्री० चंगी] १. स्वस्थ, नीरोग। २. अच्छा, बढ़िया।

चंगु* पुं० दे० 'चंगुल'।

चंगुल पुं० [हिं० चौ=चार+अंगुल] १. पक्षियों या पशुओं का मुड़ा हुआ पंजा। २. हाथ के पंजे की वह मुद्रा जो उँगलियों से कोई वस्तु पकड़ने के समय होती है, बकोटा।

मुहा० *चंगुल में फँसना*=वश में आना।

चँगेर स्त्री० [सं० चंगोरिक] १. बाँस की छोटी टोकरी या डलिया, डगरी। २. वह टोकरी जिसमें बच्चों को सुलाकर पालने की तरह झुलाते हैं।

चंगेरी*, चँगेली स्त्री० दे० 'चँगेर'।

चंच* पुं० दे० 'चंचु'।

चंचरी स्त्री० [सं०] १. भ्रमर की मादा, भौंरी, भ्रमरी। २. एक प्रकार का वर्णवृत्त। ३. छब्बीस मात्राओं के एक छन्द का नाम। ४. होली में गाया जानेवाला चाँचर नामक गीत।

चंचरीक पुं० [सं०] भौंरा।

चंचल वि० [सं०] [स्त्री० चंचला, भाव० चंचलता] १. जो स्थिर न रहकर हिलता-डुलता रहे, चलायमान, अस्थिर, हिलता-डोलता। २. एकाग्र न रहनेवाला, अव्यवस्थित। ३. घबराया हुआ, उद्विग्न। ४. नटखट। ५. चुलबुला।

चंचलता स्त्री० [सं०] १. अस्थिरता। २. चपलता। ३. नटखटी, शरारत।

चंचलताई* स्त्री० दे० 'चंचलता'।

चंचला स्त्री० [सं०] १. लक्ष्मी। २. बिजली।

चंचलाई| स्त्री०=चंचलता।

चंचु पुं० [सं०] १. चेंच नाम का साग। २. मृग, हिरन।

स्त्री० पक्षी की चोंच।

चंचुप्रवेश पुं० [सं०] किसी विषय का बहुत थोड़ा विशेषतः आरम्भिक ज्ञान।

चंट वि० [सं० चंड] चालाक, धूर्त।

चंड वि० [सं०] [स्त्री० चंडा] [भाव० चंडता] १. तेज, तीक्ष्ण। २. उग्र, प्रखर। ३. जिसे दबाना कठिन हो, दुर्दमनीय। ४. कठोर, कठिन, ५. उद्धत। ६. क्रोधी।

पुं० १. ताप, गरमी। २. एक दैत्य जिसे दुर्गा ने मारा था।

चंडकर पुं० [सं०] सूर्य।

चंडांशु पुं० [सं०] सूर्य।

चँड़ाई* स्त्री० [सं० चंड=तेज+हिं० आई (प्रत्य०)] १. शीघ्रता, जल्दी। २. प्रबलता। ३. ऊधम, उपद्रव। ४. अत्याचार।

चंडाल पुं० दे० 'चांडाल'।

चंडालिका स्त्री० [सं०] १. प्राचीन काल की एक प्रकार की वीणा। २. दुर्गा का एक नाम।

चंडालिनी स्त्री० [सं०] १. चंडाल की स्त्री। २. दुष्टा या पापिनी स्त्री।

चंडावल पुं० [सं० चंड+अवलि] १. सेना के पीछे का भाग, 'हरावल' का उलटा। २. वीर सिपाही। ३. सन्तरी।

चँडासा पुं० [हिं० चाँड] जल्दी।

मुहा० *चँडासा चढ़ाना*=जल्दी मचाना।

चंडिका स्त्री० दे० 'चंडी'।

चंडी स्त्री० [सं०] १. दुर्गा। २. कर्कशा और दुष्ट स्त्री।

चंडीपति* पुं० [सं०] चंडी का पति, रुद्र, शिव।

चंडीस* पुं० [सं० चंडीश] शिव।

चंडीस-कोदंड* पुं० [सं० चंडीश-कोदंड] शिव का धनुष।

चंडू पुं० [सं० चंड=तीक्ष्ण] अफीम का वह किवाम जो नशे के लिए तमाकू की तरह पीते हैं।

चंडूखाना पुं० [हिं० चंडू+फा० खानः] १. वह स्थान जहाँ लोग चंडू पीते हैं। २. नशेड़ियों का अड्डा।

मुहा० *चंडूखाने की गप*=नशेड़ियों की झूठी बकवाद, बिल्कुल झूठी बात।

चंडूबाज पुं० [हिं० चंडू+फा० बाज़ (प्रत्य०)] चंडू पीनेवाला।

चंडूल पुं० [देश०] १. खाकी रंग की एक छोटी चिड़िया। २. परम मूर्ख।

चंडोल पुं० [सं० चन्द्र+दोल] एक प्रकार की पालकी।

चंद[1] पुं० [सं० चंद्र] चाँद।

चंद[2] वि० [फा०] थोड़े से, कुछ।

चंदक पुं० [सं० चन्द्र] चन्द्रमा।

स्त्री० १. चाँदनी। २. माथे पर पहनने का एक गहना। ३. गहनों में चन्द्रमा या पान के आकार की बनावट।

चंदकी* स्त्री० [हिं० चंदक] १. चंद्रमा की किरण। २. चाँदनी।

चंदचूर* पुं० दे० 'चंद्रचूड़'।

चंदन पुं० [सं०] १. एक पेड़ जिसके हीर की लकड़ी सुगन्धित होती है, श्रीखंड, सन्दल (सैंडल)। २. उक्त वृक्ष की लकड़ी का टुकड़ा जिसे घिसकर शरीर पर लेप लगाते हैं। ३. पानी से उक्त लकड़ी को घिसकर तैयार किया हुआ लेप।

मुहा० *किसी के मुँह पर चंदन पोतना*=किसी की कीर्ति पर कलंक लगाना, कालिख पोतना। (व्यंग्य)

चंदनगिरि पुं० [सं०] मलयाचल।

चंदनसार पुं० [सं०] पानी में रगड़ा हुआ चन्दन जिसे लोग माथे तथा शरीर पर लगाते हैं।

चंदनहार पुं०=चंद्रहार।

चंदना पुं० दे० 'चंद्रमा'।

चंदनी वि० [हिं० चंदन+ई (प्रत्य०)] १. चन्दन-सम्बन्धी, चन्दन का। २. चन्दन का बना हुआ। ३. चन्दन के रंग का, कुछ-कुछ लाली लिए हुए भूरा।

स्त्री० दे० 'चाँदनी'।

चँदनौटी स्त्री० [सं० चंदन+हिं० औटी] चंदन की कटोरी या डिबिया।

चँदनौता पुं० [हिं० चन्द्र] एक प्रकार का लहँगा।

चंदबधू* स्त्री०=चंद्रबधू (बीर-बहूटी)।

चंदबान पुं० [सं० चंद्रबाण] एक प्रकार का बाण जिसके सिरे पर चन्द्रमा के आकार का लोहा लगा रहता था।

चंदर पुं०=चंद्र।

चँदराना अ० [हिं० चन्दर] १. चन्द्रमा के प्रभाव से युक्त होने के कारण पागल होना, सनकना। २. जान-बूझकर अनजान बनना।

स० १. किसी को झूठा बनाना, झुठलाना। २. धोखे में डालना, चकमा देना, बहकाना।

चँदला वि० [हिं० चाँद+खोपडी] जिसके सिर या चाँद के बाल उड़ गए हों, गंजा।

चँदवा[१] पुं० [सं० चन्द्र या चन्द्रोदय] कपड़े, फूलों आदि का छोटा मंडप।

चँदवा[२] पुं० [सं० चन्द्रक] १. गोल चकती। २. मोर की पूँछ पर का अर्द्धचन्द्राकार चिह्न।

चंदसिरि, चंदसिरी* स्त्री० [सं० चन्द्र+श्री] एक बड़ा गहना जो हाथियों के मस्तक पर पहनाया जाता है।

चंदा[१] पुं० [सं० चंद या चन्द्र] १. चन्द्रमा। २. पीतल आदि की गोल चद्दर या टुकड़ा।

चंदा[२] पुं० [फा० चंद=कई एक] १. थोड़ी-थोड़ी करके दान रूप में कई आदमियों से ली हुई आर्थिक सहायता। २. किसी पत्र-पत्रिका आदि का वार्षिक मूल्य। ३. किसी संस्था को उसके सदस्यों से नियत समय पर नियमित रूप से मिलनेवाला धन। (सब्सक्रिप्शन)। ४. किसी प्रकार का बीमा कराने पर उसके लिए निर्धारित समय पर दिया जानेवाला धन। (प्रीमियम)

चंदा मामा पुं० [हिं० चंदा=चन्द्रमा+मामा] बच्चों का एक प्रिय शब्द जो उनके लिए चन्द्रमा का वाचक होता है।

चंदावल पुं० दे० 'चंडावल'।

चंदिका स्त्री० दे० 'चंद्रिका'।

चंदिनि* स्त्री० दे० 'चाँदनी'।

चंदुक* पुं०=चंद्रक।

चंदेल पुं० से० चेदि क्षत्रियों की एक जाति।

चँदोआ पुं० दे० 'चँदवा'।

चंद्र पुं० [सं०] १. चन्द्रमा। २. साहित्य में एक की संख्या का सूचक शब्द। ३. मोर की पूँछ पर का चन्द्राकार चिह्न। ४. कपूर। ५. जल। ६. सोना, सुवर्ण। ७. सानुनासिक वर्ण के ऊपर लगाई जानेवाली बिन्दी।

चंद्रक पुं० [सं०] १. चन्द्रमा। २. चन्द्रिका, कौमुदी, ज्योत्स्ना, चाँदनी। ३. मोर के पर की चन्द्रिका। ४. कपूर।

चंद्रकला स्त्री० [सं०] १. चन्द्रमंडल का सोलहवाँ अंश। २. चन्द्रमा की ज्योति। ३. माथे पर पहनने का एक गहना।

चंद्रकांत पुं० [सं०] एक कल्पित रत्न जिसके विषय में कहा जाता है कि वह चन्द्रमा के सामने रखने पर पसीजता है।

चंद्रकांता स्त्री० [सं०] १. चन्द्रमा की स्त्री। २. रात्रि, रात।

चंद्रग्रहण पुं० [सं०] चन्द्रमा का ग्रहण जो सूर्य और चन्द्रमा के बीच पृथ्वी के आने से होता है।

चंद्रचूड पुं० [सं०] शिव।

चंद्रधनु पुं० [सं०] रात के समय चन्द्रमा के प्रकाश में दिखाई देनेवाला इन्द्रधनुष।

चंद्रधर पुं० [सं०] शिव।

चंद्रप्रभा स्त्री० [सं०] चन्द्रमा की ज्योति, चाँदनी, चन्द्रिका।

चन्द्रबंधु पुं० [सं०] कुमुद।

चंद्रबधू, चंद्र-बधूटी स्त्री० दे० 'बीर-बहूटी'।

चंद्रबाण पुं० [सं०] एक प्रकार का बाण जिसका फल अर्द्धचन्द्राकार होता था।

चंद्रबिंब पुं० [सं०] चन्द्रमा का मंडल।

चंद्रभागा स्त्री० [सं०] चनाब नदी का पुराना नाम।

चंद्रभान* पुं० [सं० चंद्र+भानु] एक पौधा और उसका फूल जो सफेद रंग का होता है।

चंद्रभाल पुं० [सं०] शिव।

चंद्रमणि पुं० [सं०] चन्द्रकान्त मणि।

चंद्रमा पुं० [सं० चंद्रमस्] रात को प्रकाश देनेवाला वह उपग्रह जो सूर्य के प्रकाश के प्रतिबिम्ब से चमकता है, चाँद।

चंद्रमुखी (-खिन्) वि०, पुं० [सं०] चन्द्रमा के समान सुन्दर मुखवाला, परम रूपवान।

वि० स्त्री० [सं० चंद्रमुख+हिं ई (प्रत्य०) चन्द्रमा के समान सुन्दर मुखवाली, परम रूपवती।

चंद्रमौलि पुं० [सं०] शिव।

चंद्ररेखा, चंद्रलेखा स्त्री० [सं०] १. चन्द्रमा की कला या किरण। २. द्वितीया का चन्द्रमा।

चंद्रवंश पुं० [सं०] क्षत्रियों के दो आदि कुलों में से एक। (दूसरा सूर्यवंश है।)

चंद्रवदन वि० [सं०] [स्त्री० चन्द्रवदनी] चन्द्रमा के समान सुन्दर मुखवाला, परम रूपवान।

चंद्रवार पुं० [सं०] सोमवार।

चंद्रबिंदु पुं० [सं०] स्वर के अनुनासिक होने का चिह्न, ँ ।

चंद्रशाला स्त्री० [सं०] १. चाँदनी, चन्द्रमा का प्रकाश। २. घर के ऊपर की कोठरी जिसमें बैठकर चाँदनी का आनन्द लेते हैं, अटारी।

चंद्रशेखर पुं० [सं०] शिव।

चंद्रसुत पुं० [सं०] बुध।

चंद्रहार पुं० [सं०] १. एक प्रकार की माला या हार, नौलखा हार। २. एक प्रकार की आतिशबाजी।

चंद्रहास पुं० [सं०] १. चन्द्रमा का प्रकाश। २. खड्ग, तलवार।

चंद्रा स्त्री० [सं०] मरने के समय आँखों की वह अवस्था, जब टकटकी बँध जाती है।

चंद्रातप पुं० [सं०] १. चाँदनी, चन्द्रिका। २. चँदवा।

चंद्रार्क पुं० [सं०] १ चन्द्र और सूर्य। २. चाँदी और ताँबे या सोने के योग से बनी एक मिश्रित धातु।

चंद्रिका स्त्री० [सं०] १. चन्द्रमा का प्रकाश, चाँदनी, कौमुदी। २. मोर की पूँछ पर का गोल चिह्न। ३. माथे पर पहनने का एक गहना, बेंदी, बेंदा।

चंद्रिकोत्सव पुं० [सं०] शरद पूर्णिमा को मनाया जानेवाला उत्सव।

चंद्रोदय पुं० [सं०] १. चन्द्रमा का उदय होना। २. वैद्यक में एक रस।

चंपई वि० [हिं० चंपा] चम्पा के फूल के रंग का, पीला।

चंपक पुं० [सं०] १. चम्पा का फूल। २. चम्पा-केला।

चंपत वि० [देश०] गायब, अन्तर्धान।

चँपना अ० [सं० चंप्] १. बोझ से दबना। २. गुण, बल या उपकार आदि के सामने दबना।

चंपा पुं० [सं० चंपक] १. एक पेड़ जिसमें हलके पीले रंग के सुगन्धित फूल लगते हैं। २. एक पुरी जो अंग देश की राजधानी थी। ३. एक प्रकार का बढ़िया केला। ४. एक प्रकार का घोड़ा।

चंपाकली स्त्री० [हिं० चंपा+कली] गले में पहनने का एक गहना।

चंपारण्य पुं० [सं०] वह भूभाग जिसे आज-कल चम्पारन कहते हैं।

चंपी स्त्री० दे० 'मुक्की'।

चंपू पुं० [सं०] गद्य-पद्य मिश्रित काव्य।

चंबल स्त्री० [सं० चर्मण्वती] १. मध्य भारत की एक नदी। २. पानी की बाढ़।

चँवर पुं० [सं० चामर] [स्त्री० अल्पा० चँवरी] १. सुरागाय की पूँछ के बालों का गुच्छा जो डंडी में बाँधकर राजाओं या देव-मूर्तियों के ऊपर डुलाया जाता है।

मुहा० *चँवर डुलाना या ढुलाना*=मुर्तियों, राजाओं आदि के सिर के ऊपर और इधर-उधर चँवर हिलाना।

२. घोड़ों आदि के सिर पर लगाई जानेवाली कलगी। ३. झालर।

चँवरढार पुं० [हिं० चँवर+ढारना] चँवर ढुलानेवाला सेवक।

चउरिंदी* वि० [सं० चुरींद्रिय] जिसे चार इन्द्रियाँ हों, चार इन्द्रियोंवाला।

चउहट्ट* पुं०=चौहट्टा।

चउहा* वि० [हिं० चौ=चार+हा (प्रत्य०)] चार या चारों प्रकार का।

क्रि० वि० १. चार या चारों प्रकार से। २. दे० 'चहूँधा'।

चक[१] पुं० [सं० चक्र] १. चक्रवाक, चकवा पक्षी। २. चक्र नामक अस्त्र। ३. पहिया। ४. जमीन का बड़ा टुकड़ा। ५. छोटा गाँव।

चक[२] वि० [हिं० चकाचक] भरपूर, यथेष्ट।

चक[३] वि० [सं०] चकपकाया हुआ, चकित।

चक[४]* पुं०=चक्रवाक।

चकई[१] स्त्री० [हिं० चकवा] मादा चकवा, मादा सुरखाब।

चकई[२] स्त्री० [सं० चक्र] गड़ारी के आकार का एक खिलौना जिसे लपेटे हुए सूत की सहायता से घुमाते हैं, लट्टू।

चकचक* वि०=चकाचक।

चकचकाना अ० [अनु०] १. द्रव पदार्थ का रिसकर ऊपर या बाहर आना। २. भींगना।

चकचाना* अ० दे० 'चौंधियाना'।

चकचाल स्त्री० [सं० चक+हिं० चाल] चक्कर, फेरा।

चकचाव पुं० [अनु०] चकाचौंध।

चकचून* वि०=चकनाचूर।

चकचूर वि० [सं० चक्र+चूर्ण] चूर-चूर किया हुआ, चकनाचूर।

चकचूरना* स० [हिं० चकचूर] चूर-चूर करना, चकनाचूर करना।

चकचोह* स्त्री० [अनु०] [वि० चकचोही] हँसी-ठट्ठा, चुहल।

चकचौंध स्त्री० दे० 'चकाचौंध'।

चकचौंधना* अ० [सं० चक्षु+अंध] चकाचौंध होना।

स० चकाचौंध उत्पन्न करना।

चकचौंह* स्त्री० दे० 'चकाचौंध'।

चकचौंहना वि० [हिं० चकाचौंध] १. चकाचौंध उत्पन्न करनेवाला। २. देखने योग्य, सुन्दर।

चकडोर स्त्री० [हिं० चक+डोर] चकई नाम का खिलौना।

चकती स्त्री० [सं० चक्रवत्] १. चमड़े, कपड़े आदि का गोल या चौकोर छोटा टुकड़ा। २. पैबन्द, थिगली।

मुहा० *बादल में चकती लगाना*=असम्भव कार्य करने का प्रयत्न करना।

चकत्ता[१] पुं० [सं० चक्र+वर्त] रक्तविकार आदि के कारण शरीर पर पड़नेवाला गोल दाग या सूजन, ददोरा।

चकत्ता[२] पुं० [तु० चग़ताई] १. तातार अमीर चगताई खाँ, जिसके वंश में बाबर, अकबर आदि हुए थे। २. चगताई वंश का पुरुष। ३. बहुत बड़ा राजा, महाराज, बादशाह।

चकन* पुं० [सं० चक्र] १. एक प्रकार का पौधा और उसका फूल, गुलचाँदनी। २. चक्रवाक।

चकना* अ० [सं० चक=भ्रांत] १. चकित या भौचक्का होना। २. चौंकना।

चकनाचूर वि० [हिं० चक=भरपूर+चूर] १. जो बिल्कुल टुकड़े-टुकड़े हो गया हो, चूर-चूर। २. बहुत थका हुआ।

चकपक वि० [हिं० चकपकाना] चकित, स्तम्भित।

चकपकाना अ० [सं० चक=भ्रांत] १. आश्चर्य से इधर-उधर देखना, भौचक्का होना। २. चौंकना।

चकफेरी स्त्री० [हिं० चक+फेरा] किसी चीज के चारों ओर घूमने की क्रिया या भाव।

चकबंदी स्त्री० [हिं० चक+फा० बंदी] १. भूमि को कई भागों या चकों में बाँटना। २. आस-पास के कई खेतों को एक में मिलाकर उनका एक चक बनाना।

चकबक* वि० दे० 'चकपक'।

चकमक पुं० [तु०] एक प्रकार का पत्थर, जिसपर चोट पड़ने से आग निकलती है।

चकमा पुं० [सं० चक्र=भ्रांत] भुलावा, धोखा।

चकर* पुं० दे० 'चकवा'।

चकरदंड। पुं० [सं० चक्र+दंड] व्यर्थ प्रयास या दौड़-धूप।

चकरा वि० [सं० चक्र] [स्त्री० चकरी] चौड़ा, विस्तृत।

पुं० १. दे० 'चक्कर'। २. दे० 'चकला'।

चकराना अ० [सं० चक्र] १. (सिर का) चक्कर खाना या घूमना। २. चक्कर या धोखे में पड़ना, भ्रान्त होना। ३. चकपकाना, चकित होना।

स० चकित करना।

चकरी स्त्री० [सं० चक्री] १. एक प्रकार की छोटी चक्की। २. चकई (खिलौना)।

चकलई* स्त्री०=चौड़ाई।

चकला पुं० [सं० चक्र, हिं० चक+ला (प्रत्य०)] [स्त्री० अल्पा० चकली] १. पत्थर या काठ का वह गोल पटरा जिसपर रोटी, पूरी आदि बेलते हैं। २. भूखंड, इलाका या छोटी जागीर। ३. वेश्याओं का बाजार।

वि०=चौड़ा।

चकलेदार पुं० [हिं० चकला] किसी भूखंड या चकले का कर संग्रह करनेवाला।

चकल्लस स्त्री० [अनु० चक] १. झगड़ा-बखेड़ा, झंझट। २. चार मित्रों में होनेवाला हास-परिहास।

चकवँड़ पुं० [सं० चक्रमर्द] जंगली बरसाती पौधा।

चकवा पुं० [सं० चक्रवात] [स्त्री० चकवी, चकई] एक जलपक्षी जिसके विषय में प्रसिद्ध है कि यह रात को अपने जोड़े से दूर हो जाता है, सुरखाब।

चकवाना* अ० दे० 'चकपकाना'।

चकवार* पुं० दे० 'कछुआ'।

चकवाह* पुं० दे० 'चकवा'।

चकवै* पुं० १. दे० 'चक्रवर्ती' (राजा)। २. दे० 'चकोर'।

चकहा* पुं० दे० 'पहिया'।

चका* पुं० [सं० चक्र] १. पहिया। २. चकवा पक्षी।

चकाचक वि० [अनु०] १. चटकीला। २. मजेदार। ३. बहुत अधिक। ४. बहुत बढ़िया।

क्रि० वि० बहुत, भरपूर।

चकाचौंध स्त्री० [सं० चक्=चमकना+चौ=चारो ओर+अंध] बहुत तेज चमक जिससे आँखें झपकने लगें, तिलमिली।

चकाना* अ० दे० 'चकपकाना'।

चकाबू पुं० १. दे० 'चक्रव्यूह' २. दे० 'भूल-भुलैया'।

चकासना* अ० दे० 'चमकना'।

चकित वि० [सं०] [स्त्री० चकिता] १. अप्रत्याशित घटना या बात से चौंक गया हो, चकपकाया हुआ, हक्का-बक्का। २. घबराया हुआ। ३. सशंकित।

चकिताई* स्त्री० [हिं० चकित] चकित होने की क्रिया या भाव, आश्चर्य।

चकुला* पुं० [देश०] चिड़िया का बच्चा, चेंटुआ।

चकृत* वि० दे० 'चकित'।

चकेंड़ी स्त्री० [सं० चक्रभाण्डिका, प्रा० चक्कहंडिया] मिट्टी की वह हाँड़ी जिसमें पानी भरकर कुम्हार अपने चाक के पास रखे रहते हैं।

चकेवा* पुं०=चकवा।

चकेवै* पुं० दे० 'चकवै' १.।

चकैया वि० [हिं० चाक या चकई] चाक या चकई की तरह गोल।

*स्त्री० दे० 'चकई'।

चकोट स्त्री० [हिं० चकोटना] १. चकोटने की क्रिया या भाव। २. चकोटने से होनेवाला क्षत या घाव।

चकोटना स० [हिं० चिकोटी] चुटकी या चिकोटी काटना।

चकोटा-चकोटी स्त्री० एक-दूसरे को चकोटने की क्रिया या भाव।

चकोतरा पुं० [सं० चक्र=गोला] एक प्रकार का बड़ा नीबू।

चकोर पुं० [सं० चकोर्य] [स्त्री० चकोरी, चकोरिया] एक प्रकार का तीतर जो चन्द्रमा का प्रेमी और अंगार खानेवाला माना जाता है।

चकौंध* स्त्री० दे० 'चकाचौंध'।

चक्क पुं० [सं० चक्र] १. चक्रवाक पक्षी। २. कुम्हार का चाक। ३. दिशा, ओर। ४. दे० 'चक'।

वि०=चकाचक।

चक्कर पुं० [सं० चक्र] १. पहिए की तरह (घूमनेवाली) कोई गोल वस्तु, चाक। २. गोल घेरा, मंडल। ३. गोलाई में घूमना, परिक्रमा, फेरा। ४. पहिए की तरह अक्ष पर घूमना।

मुहा० *चक्कर काटना*=चारों ओर घूमना, मँडराना। *चक्कर खाना*=(क) पहिए की तरह घूमना। (ख) भटकना, हैरान होना।

५. रास्ते का घुमाव-फिराव, फेर। ६. हैरानी। ७. बखेड़ा, झंझट।

मुहा० *किसी के चक्कर में आना या पड़ना*=किसी के धोखे में फँसना, किसी के फेर में पड़ना।

८. सिर का घूमना, घुमटा।

चक्कवई* वि० दे० 'चक्रवर्ती'।

चक्का पुं० [सं० चक्र, प्रा० चक्क] १. पहिया। २. पहिए के आकार की कोई गोल वस्तु। ३. कोई ठोस बड़ा टुकड़ा।

चक्काजाम पुं० [हिं०+अं०जैम] १. विरोधी प्रदर्शन के लिए सड़क पर होनेवाला यातायात पूरी तरह से रोक देना। २. हड़ताल।

चक्की स्त्री० [सं० चक्री] आटा आदि पीसने का पत्थर का यन्त्र, जाँता।

मुहा० *चक्की पीसना*=कठोर परिश्रम का काम करना।

चक्कू| पुं०=चाकू।

चक्खी स्त्री० [हिं० चखना] चखने या थोड़ा खाने के लिए कोई चटपटी और स्वादिष्ट चीज, चाट।

चक्र पुं० [सं०] [वि० चक्रीय] १. कोई ऐसी गोल (वर्तुल) चीज जो प्रायः घूमती रहती हो या घूमते रहने के लिए बनाई गई हो, जैसे गाड़ी का पहिया, आटा पीसने की चक्की या कुम्हार का चाक जिसपर मिट्टी के बरतन बनते हैं। २. फेरा, चक्कर। ३. उतना समय जितने में कुछ विशिष्ट घटनाएँ किसी क्रम से होती हैं और फिर उतने ही समय में जिनकी पुनरावृत्ति होती है। (साइकिल) ४. प्राचीन काल का एक प्रकार का अस्त्र जो छोटे पहिए के आकार का होता था। ५. योग के अनुसार शरीर में के सात पद्म या विशिष्ट स्थान जो आधुनिक विज्ञान के अनुसार कुछ विशिष्ट जीवन-रक्षिणी गिल्टियों के आस-पास पड़ते हैं। इनके नाम हैं—मूलाधार (रीढ़ के ठीक नीचे) स्वाधिष्ठान (जननेंद्रिय के ठीक पीछे), मणिपूर (नाभि के क्षेत्र में), अनाहत (हृदय प्रदेश में), विशुद्ध (कंठ में), आज्ञा (दोनों बरौनियों के मध्य) और सहस्रार (सिर में)। ६. कुछ विशेष प्रकार या वर्ग के लोगों का दल या मंडली। ७. चुपचाप एक जगह बैठकर गुप्त या अदृश्य रूप से की जानेवाली कार्रवाई, जैसे-यह सारा चक्र आपका ही चलाया हुआ है। ८. बन्दूक से गोली चलाने की क्रिया (संख्या के विचार से), जैसे पुलिस ने चार चक्र गोलियाँ चलाईं। (राउन्ड) ९. धातु का एक विशेष आकार का टुकड़ा जो प्रायः सैनिकों को कोई अच्छा या वीरतापूर्ण काम करने पर पदक या तमगे के रूप में दिया जाता है, जैसे वीरचक्र।

चक्रक्रम पुं० [सं०] कुछ कार्यों या बातों के बार-बार या रह-रहकर होने का वैसा ही क्रम, जैसा चक्र के घूमते रहने से होता है, चक्र की तरह बार-बार घूमकर आनेवाला क्रम। (साइक्लिक आर्डर)

चक्रधर पुं० [सं०] १. विष्णु। २. श्रीकृष्ण।

चक्रपाणि पुं० [सं०] वह जिसके हाथ में चक्र हो, विष्णु।

चक्रपूजा स्त्री० [सं०] तान्त्रिकों की एक प्रकार की पूजा।

चक्रबंध पुं० [सं०] चक्र के आकार का एक प्रकार का चित्रकाव्य।

चक्रवर्ती पुं० [सं० चक्रवर्तिन्] [स्त्री० चक्रवर्तिनी] वह राजा जिसका राज्य बहुत दूर-दूर तक चारों तरफ फैला हो।

चक्रवाक पुं० [सं०] चकवा पक्षी।

चक्रवात पुं० [सं०] बवंडर।

चक्रवृद्धि स्त्री० [सं०] ऋण देने का वह ढंग जिसमें ब्याज पर भी ब्याज लगता है, सूद-दर-सूद।

चक्रव्यूह पुं० [सं०] १. प्राचीन काल के युद्ध में एक प्रकार की सैनिक मोरचेबन्दी। २. दे० 'भूल-भुलैया'।

चक्रांक पुं० [सं०] [वि० चक्रांकित] विष्णु के चक्र का चिह्न जो वैष्णव अपने शरीर पर दगवाते हैं।

चक्रित* वि० दे० 'चकित'।

चक्री (क्रिन्) पुं० [सं०] १. वह जो चक्र धारण करे। २. विष्णु। ३. चक्रवाक, चकवा। ४. चक्रवर्ती राजा। ५. सर्प।

चक्रीय वि० [सं०] १. चक्र-सम्बन्धी, चक्र का। २. चक्र की तरह घूम-घूम या रह-रहकर बार-बार होनेवाला। (साइक्लिक)

चक्षु पुं० [सं० चक्षुस्] आँख, नेत्र।

चक्षुरिंद्रिय स्त्री० [सं०] नेत्र, आँख।

चख* पुं० [सं० चक्षुस्] आँख।

चखकोर* पुं० [सं० चक्षुकोटि] आँख का कोना।

चखचख स्त्री० [अनु०] तकरार, कलह।

चखचौंध स्त्री० दे० 'चकाचौंध'।

चखना स० [सं० चष] थोड़ा खाकर स्वाद देखना।

चखाचखी स्त्री० [हिं० चख=झगड़ा] १. लाग-डाँट, प्रतियोगिता। २. दे० 'चखचख'।

चखाना स० [हिं० 'चखना' का प्रे०] स्वाद का परिचय कराना।

चखु* पुं० दे० 'चक्षु'।

चखोड़ा* पुं० दे० 'डिठौना'।

चगड़ वि० [देश०] चतुर, चालाक।

चगताई पुं० [तु०] तुर्कों की एक प्रसिद्ध जाति।

चगर पुं० [?] बाज की तरह की एक शिकारी चिड़िया।

चचा| पुं० दे० 'चाचा'।

चचिया वि० [हिं० चाचा] सम्बन्ध में चाचा के स्थान पर पड़नेवाला, जैसे चचिया ससुर।

चचींड़ा पुं० [सं० चिचिंडा] एक लता और उसमें लगनेवाला ककड़ी की तरह का फल जिसकी तरकारी बनाते हैं।

चचेरा वि० [हिं० चाचा] १. चाचा से उत्पन्न, जैसे चचेरा भाई। २. चाचा के विचार से सम्बद्ध, जैसे चचेरी सास।

चचोड़ना स० [अनु०] दाँत से नोचकर या खींचकर खाना।

चचोरना| स०=चूसना।

चट[1] क्रि० वि० [सं० चटुल=चंचल] जल्दी से, झट, तुरन्त।

चट[2] स्त्री० [अनु०] शीशे, हड्डी आदि के टूटने का शब्द।

चट[3] वि० [हिं० चाटना] चाट-पोंछकर खाया हुआ।

मुहा० *चटकर जाना*=सब खा जाना।

चटक[1] पुं० [सं०] [स्त्री० चटका] गौरैया, चिड़ा। (पक्षी)

चटक[2] स्त्री० [सं० चटुल=सुन्दर] १. चटकीलापन, चमक-दमक। २. शोभा, छटा।

वि० १. चटकीला। २. फुर्तीला।

चटक[3] स्त्री० [सं० चटुल] तेजी, फुरती।

चटक[4] वि० [हिं० चाटना] चटपटा, चटकारा।

स्त्री० चस्का।

चटकदार वि० दे० 'चटकीला'।

चटकना[1] अ० [अनु० चटपट] १. चटचट शब्द करते हुए टूटना, चिटकना। २. क्रुद्ध होना।

चटकना[2] पुं० [अनु० चट] तमाचा, थप्पड़।

चटक-मटक स्त्री० [हिं० चटक+मटक] १. बनाव-सिंगार। २. नाज-नखरा।

चटकाई* स्त्री० [हिं० चटक] चटकीलापन।

चटकाना स० [अनु० चट] १. किसी वस्तु को चटकने में प्रवृत्त करना, तोड़ना। २. ऐसा करना जिसमें चटपट शब्द हो।

मुहा० *जूतियाँ चटकाना*=व्यर्थ इधर-उधर मारा-मारा फिरना।

३. अलग या दूर करना। ४. चिढ़ाना। ५. चटकीला बनाना।

चटकारा* वि० १. दे० 'चटपटा'। २. दे० 'चटकीला'।

पुं० स्वादिष्ट वस्तु के चाटते समय होनेवाला शब्द।

चटकाली स्त्री० [सं० चटक+आलि] चिड़ियों की पंक्ति या समूह।

चटकीला वि० [हिं० चटक+ईला (प्रत्य०)] [भाव० चटकीलापन] १. जिसका रंग तेज हो, शोख, भड़कीला। २. चमकीला, चमकदार। ३. चटपटा।

चटकोरा पुं० [देश०] एक प्रकार का खिलौना।

चटखना अ०, पुं० दे० 'चटकना'।

चटखारा पुं० [हिं० चट+कार] आनंद, मजा।

चटचट स्त्री० [अनु०] किसी चीज के चटकने आदि के कारण होनेवाला शब्द।

चटचटा वि० चटचट शब्द करनेवाला।

चटचटाना अ० [सं० चट=भेदन] १. चटचट करते हुए टूटना, फूटना या जलना। २. खारिश होना

चटचेटक पुं० [सं० चेटक] इन्द्रजाल।

चटनी स्त्री० [हिं० चाटना] १. वह चीज जो चाटकर खाई जाए, अवलेह। २. भोजन के साथ चाटने की चटपटी वस्तु।

चटपट क्रि० वि० [अनु०] तुरन्त।

चटपटा वि० [हिं० चाट] [स्त्री० चटपटी] मिर्च, मसाले आदि से युक्त और खाने में मजेदार।

चटपटाना* अ० दे० 'छटपटाना'।

चटपटी स्त्री० [हिं० चटपट] [वि० चटपटिया] १. जल्दी, शीघ्रता। २. उतावली, व्यग्रता। २. व्याकुलता, घबराहट।

चटमट* वि० [हिं० चटकना+चटकना] १. चटकने-मटकनेवाला। २. चंचल।

चटवाना स० हिं० 'चाटना' का प्रे०।

चटशाला स्त्री० दे० 'चटसार'।

चटसार* स्त्री० [हिं० चट्टा=चेला+सार=शाला] पाठशाला, विद्यालय।

चटाई[1] स्त्री० [सं० चट=चटाई] फूस, सींक आदि का बना हुआ बिछावन।

चटाई[2] स्त्री० [हिं० चाटना] चाटने या चटाने की क्रिया या भाव।

चटाक पुं० [हिं० चटकना अनु०] मारने, गिरने, टूटने आदि के कारण होनेवाला (चट) शब्द।

क्रि० वि० १. चट शब्द उत्पन्न करते हुए। २. तुरन्त।

चटाक-पटाक क्रि० वि० चटपट, तुरन्त।

चटाना स० [हिं० चाटना का प्रे०] १. चाटने में प्रवृत्त करना। २. थोड़ा-थोड़ा खिलाना। ३. घूस या रिश्वत के रूप में किसी को कुछ देना। ४. छुरी, तलवार आदि की धार तेज करना।

चटापटी स्त्री० [हिं० चटपट] १. शीघ्रता। २. महामारी आदि, जिसमें लोग चटपट मर जाते हैं।

चटावन पुं० [हिं० चटाना] अन्नप्राशन।

चटिक* क्रि० वि० [हिं० चट] चटपट।

चटियर, चटियल वि० [देश०] (मैदान) जिसमें पेड़-पौधे न हों, निचाट।

चटिया* पुं० [हिं० चटशाला] किसी की चटशाला में पढ़ा हुआ, चेला, शिष्य।

चटी स्त्री० दे० 'चटसार'।

स्त्री० दे० 'चट्टी'।

चटुल वि० [सं०] [स्त्री० चटुला] १. चंचल, चपल। २. सुन्दर। ३. मधुरभाषी।

चटुला स्त्री० [सं०] १. बिजली। २. प्राचीन काल का स्त्रियों का एक प्रकार का केश-विन्यास।

चटोरपन पुं० [हिं० चाटोरा+पन] चटोरे होने की अवस्था या भाव।

चटोरा वि० [हिं० चाट+ओरा (प्रत्य०)] [भाव० चटोरापन] जिसे स्वादिष्ट चीजें खाने की लत हो, स्वादलोलुप।

चट्ट वि० [हिं० चाटना] १. खा-पीकर समाप्त किया हुआ। २. जिसका कुछ भी अंश न बच रहा हो।

क्रि० वि० दे० 'चट'।

चट्टा[1] पुं० [देश०] १. चटियल मैदान। २. चकत्ता, ददोरा। ३. एक पर एक रखी हुई ईंटों की पंक्तियों की समूह।

चट्टा[2] पुं० [सं० चटक] १. दास। २. चेला।

चट्टान स्त्री० [हिं० चट्टा] १. पहाड़ी भूमि में पत्थर का चिपटा बड़ा टुकड़ा। २. भारी और बड़ा पत्थर।

चट्टानी वि० [हिं० चट्टान] १. चट्टानों से भरा। २. चट्टान-जैसा अटल या अडिग।

चट्टा-बट्टा पुं० [हिं० चट्ट+बट्टा=गोल] १. बच्चों के खेलने का लकड़ी का बना खरल और मूसल। २. वे गोले आदि जो बाजीगर झोले में से निकालकर तमाशे में दिखाते हैं।
मुहा० *एक ही थैली के चट्टे-बट्टे*=एक ही तरह के लोग। *चट्टे-बट्टे लड़ाना*=झगड़ा या लड़ाई कराना।

चट्टी[1] स्त्री० [देश०] टिकान, पड़ाव।

चट्टी[2] स्त्री० [अनु० चटचट] खुली एड़ी का एक प्रकार का जूता जिसमें पंजे के ऊपर चमड़ा रहता है, स्लीपर।

चट्टू[1] वि० [हिं० चाट] चटोरा।

चट्टू[2] पुं० [अनु०] पत्थर का बड़ा खरल।

चड़ाका पुं० [अनु० चड़चड़] चड़चड़ शब्द।

चड्ढी स्त्री० [हिं० चढ़ना] एक खेल जिसमें लड़के एक दूसरे की पीठ पर चढ़कर कुछ दूर तक चलते हैं।

चढ़त स्त्री० [हिं० चढ़ना] देवता पर चढ़ाई हुई वस्तु या धन।

चढ़ती जवानी स्त्री० वह उमर जब जवानी चढ़ रही हो।

चढ़न स्त्री०=चढ़त।

चढ़ना अ० [सं० उच्चलन] १. ऊपर की ओर जाना, चढ़ाई या ऊँचाई की तरफ जाना।
मुहा० *चढ़ बनना*=सफलता मिलने या बात रह जाने के कारण डींग हाँकने का अवसर मिलना।
२. ऊपर की ओर अग्रसर होना। ३. ऊपर से मढ़ा जाना। ४. उन्नति करना। ५. (नदी या पानी का) तल ऊँचा होना या बढ़ना। ६. धावा या चढ़ाई होना। ७. महँगा होना, दाम या भाव बढ़ना। ८. बाजों आदि के कसे होने के कारण उनका सुर ऊँचा होना। ९. देवता आदि को भेंट दिया जाना। १०. सवार होना। ११. संवत्, मास, नक्षत्र आदि आरम्भ होना। १२. खाते आदि में दर्ज होना। १३. पकने के लिए चूल्हे पर रखा जाना। १४. देन, भार आदि के रूप में किसी के ऊपर होना या आना।

चढ़वाना स० [हिं० 'चढ़ाना' का प्रे०] चढ़ने या चढ़ाने का काम दूसरे से कराना।

चढ़ाई स्त्री० [हिं० चढ़ना] १. चढ़ने की क्रिया या भाव। २. ऊँचाई की ओर जानेवाली भूमि। ३. धावा, आक्रमण।

चढ़ा-ऊपरी स्त्री० [हिं० चढ़ना+ऊपर] किसी को पीछे करके आप उससे आगे बढ़ने का प्रयत्न, लाग-डाँट, होड़।

चढ़ा-चढ़ी स्त्री० = चढ़ा-ऊपरी।

चढ़ान स्त्री० = चढ़ाई।

चढ़ाना स० [हिं० 'चढ़ना' का स०] १. चढ़ाई या ऊपर की ओर ले जाना। २. भेंट के रूप में देना। ३. पीना; जैसे-उसने एक बोतल चढ़ा ली थी। ४. पद, मर्यादा, वर्ग आदि में बढ़ाना। ६. खाते, हिसाब आदि में लिखना। ७. देन, भार आदि के रूप में किसी के ऊपर बैठाना या रखना, जैसे सवारी या माल चढ़ाना। ९. किसी में कुछ अभिमान उत्पन्न करना, बढ़ाना।

चढ़ा-बढ़ा वि० [हिं० चढ़ना+बढ़ना] उन्नत।

चढ़ाव पुं० [हिं० चढ़ना] १. चढ़ने या चढ़ाने की क्रिया या भाव। २. तेजी, महँगी। ३. वृद्धि, बढ़ती। ४. वह दिशा जिधर से जल की धारा बहकर आती हो, 'बहाव' का उलटा। ५. दे० 'चढ़ावा'।

चढ़ावा पुं० [हिं० चढ़ना] १. विवाह के दिन दुल्हे की ओर से दुल्हिन के लिए दिए जानेवाले गहने। २. देवता पर चढ़ाई जानेवाली सामग्री, पुजापा। ३. उत्तेजना, बढ़ावा।

चढ़ैती* स्त्री० [हिं० चढ़ना] १. आक्रमण, २. जोर-जबरदस्ती।

चढ़ैया* वि० [हिं० चढ़ान+ऐया (प्रत्य०)] चढ़ने या चढ़ाने-वाला।

चढ़ोत्रा| पुं०=चढ़ावा।

चणक पुं० [सं०] चना।

चतर* पुं० दे० 'छत्र'।

चतुःसीमा स्त्री० [सं०] किसी भवन या क्षेत्र आदि के चारों ओर की सीमा, चौहद्दी। (एब्बटल)

चतुरंग वि० [सं०] जिसके चार अंग हों।
पुं० [सं०] १. सेना के ये चार अंग—हाथी, घोड़े, रथ और पैदल। २. चतुरंगिणी सेना। ३. शतरंज।

चतुरंगिणी वि० स्त्री० [सं०] जिसके चार अंग हों, चतुरंग।
स्त्री० हाथी, घोड़े, रथ और पैदल इन चार अंगोंवाली सेना।

चतुरंग चमू* पुं० [सं०] चतुरंगिणी सेना।

चतुर वि० [सं०] [स्त्री० चतुरा] [भाव० चतुरता, चतुराई] १. बुद्धिमान। २. व्यवहार-कुशल। ३. निपुण, दक्ष। ४. धूर्त, चालाक।

चतुरई| स्त्री०=चतुराई।

चतुर सुजान वि० सयाना और समझदार।

चतुरा* वि० दे० 'चतुर'।
पुं० साहित्य में एक प्रकार का नायक।

चतुराई स्त्री० [हिं० चतुर+आई (प्रत्य०)] १. चतुरता। २. चालाकी, धूर्तता। ३. कपट, छल।

चतुरानन पुं० [सं०] ब्रह्मा जिसके चार मुँह माने जाते हैं।

चतुराश्रम पुं० [सं०] चारो आश्रम—ब्रह्मचर्य, गार्हस्थ्य, वानप्रस्थ और संन्यास।

चतुर्थ वि० [सं०] चौथा।

चतुर्थांश पुं० [सं०] चौथाई।

चतुर्थी स्त्री० [सं०] किसी पक्ष की चौथी तिथि, चौथ।

चतुर्दशी स्त्री० [सं०] किसी पक्ष की चौदहवीं तिथि, चौदस।

चतुर्दिक, चतुर्दिश क्रि० वि० [सं०] चारों ओर।

चतुर्धाम पुं० [सं०] चारो धाम—द्वारिका, रामेश्वर, पुरी और बदरिकाश्रम।

चतुर्भुज वि० [सं०] [स्त्री० चतुर्भुजा] चार भुजाओंवाला।
पुं० १. विष्णु। २. चार भुजाओंवाला क्षेत्र।

चतुर्भुजी वि० दे० 'चतुर्भुज'।

चतुर्मास पुं०=चातुर्मास।

चतुर्मुख पुं० [सं०] ब्रह्मा।
क्रि० वि० चारों ओर।

चतुर्युग पुं० [सं०] चारों युग—सत्य, द्वापर, त्रेता और कलि।

चतुर्युगी स्त्री० [सं०] चारों युगों का समूह या समय, चार लाख बत्तीस हजार वर्ष का समय, चौकड़ी।

चतुर्वर्ग पुं० [सं०] अर्थ, धर्म, काम और मोक्ष ये चारों पदार्थ।

चतुर्वर्ण पुं० [सं०] चारों वर्ण—ब्राह्मण, क्षत्रिय, वैश्य और शूद्र।

चतुर्वेदी (-दिन्) पुं० [सं०] १. चारों वेदों का ज्ञाता। २. ब्राह्मणों का एक वर्ग।

चतुष्कल वि० [सं०] जिसमें चार कलाएँ या मात्राएँ हों।

चतुष्कोण वि० [सं०] चौकोर।

चतुष्टय पुं० [सं०] चार चीजों का समूह।

चतुष्पथ पुं० [सं०] चौराहा।

चतुष्पद पुं० [सं०] चार पैरोंवाला, चौपाया।

चतुष्पदी स्त्री० [सं०] १. चार पदोंवाली कविता या गीत। २. चौपाई नामक छन्द।

चतुष्पाद पुं० [सं०] चौपाया।

चत्वर पुं० [सं०] १. चौराहा। २. चबूतरा, वेदी।

चदरा। पुं०=चादर।

चद्दर स्त्री० [फा० चादर] १. किसी धातु का लम्बा-चौड़ा चौकोर पत्तर। २. एक प्रकार की छोटी तोप। ३. दे० 'चादर'।

चनक* पुं० [सं० चणक] दे० 'चना' (अन्न)।

चनकट पुं० [?] थप्पड़, तमाचा।

चनकना अ० दे० 'चटकना'।

चनन पुं० दे० 'चंदन'।

चना पुं० [सं० चणक] एक प्रसिद्ध अन्न, बूट, छोला।
मुहा० *नाकों चने चबवाना*=बहुत तंग या परेशान करना। *लोहे के चने चबाना*=बहुत कठिन काम करना।

चना फुटाना पुं० भूना हुआ चना।

चपकन स्त्री० [हिं० चपकना] १. एक प्रकार का अंगा, अँगरखा। २. किवाड़, सन्दूक आदि में लोहे, पीतल आदि का वह दोहरा साज जिसमें ताला लगाकर वह बन्द किया जाता है।

चपकना अ० दे० 'चिपकना'।

चपकनिया वि० [हिं० चिपकना] चिपकनेवाला।

चपकुलिश स्त्री० [तु०] १. झंझट। २. असमंजस। ३. भीड़-भाड़।

चपटना अ० दे० 'चिपकना'।

चपटा वि०=चिपटा।

चपटी स्त्री० [?] योनि। (बाजारू)

चपटी नत्थी स्त्री० गत्ते की बनी वह साधारण नत्थी या दफ्ती, जिस पर कागज की नत्थियाँ रखकर बाँधी जाती हैं।

चपड़कनाती। वि०=मूर्ख।

चपड़-चपड़ स्त्री० [अनु०] बिल्ली, कुत्ते आदि का पानी आदि पीते समय होनेवाला शब्द।
मुहा० *चपड़-चपड़ करना*=बढ़-बढ़कर बोलना।

चपड़ा पुं० [हिं० चपटा] १. साफ की हुई लाख का पत्तर। २. एक प्रकार का लाल फतिंगा।

चपत स्त्री० [सं० चर्पट] १. तमाचा, थप्पड़। २. आर्थिक हानि।

चपना अ० दे० 'चँपना'।

चपनी स्त्री० [हिं० चपना] १. कोई चीज ढकने का छोटा कटोरा, कटोरी। २. दरियाई नारियल का कमंडल।

चपरगट्टू वि० [हिं० चौफेर+गटपट] १. चारों ओर से पकड़कर दबाया हुआ। २. विपत्ति का मारा, अभागा।

चपरना[1]* स० [अनु० चपचप] १. दे० 'चुपड़ना'। २. परस्पर मिलाना।

चपरना[2] अ० [सं० चपल] १. जल्दी मचाना। २. चुपके से हट जाना, खिसक जाना।

चपरास स्त्री० [हिं० चपरासी] चौकीदार, अरदली आदि का बिल्ला।

चपरासी पुं० [फा० चप=बायाँ+रास्त=दाहिना] १. वह नौकर जो चपरास लगाता हो। २. कार्यालय के कागज-पत्र आदि लाने-ले जानेवाला नौकर।

चपरि* क्रि० वि० [सं० चपल] १. चटपट, एकदम से। २. जल्दी से। (ब्रज०)

चपल वि० [सं०] [स्त्री० चपला, भाव० चपलता] १. स्थिर या शान्त न रहनेवाला। २. फुरतीला। ३. चंचल, चुलबुला। ४. उतावला, जल्दबाज। ५. चालाक।

चपलता स्त्री० [सं०] १. 'चपल' का भाव। २. चंचलता। ३. तेजी। ४. धृष्टता, ढिठाई।

चपला स्त्री० [सं०] १. लक्ष्मी। २. बिजली। ३. दुश्चरित्रा स्त्री। ४. जीभ, जिह्वा।

चपलाई* स्त्री०=चपलता।

चपलाना* अ० [सं० चपल] १. चलना। २. हिलना-डोलना।
स० १. चलाना। २. हिलाना।

चपली स्त्री०=चप्पल।

चपाक* क्रि० वि० दे० 'चटपट'।

चपाचप क्रि०वि० [अनु०] १. चपचप शब्द करते हुए। २. जल्दी-जल्दी।

चपाती स्त्री० [हिं० चर्पटी] पतली रोटी।

चपाना स० [हिं० चपना] १. किसी को चपने में प्रवृत्त करना। २. लज्जित या शर्मिन्दा करना।

चपेट स्त्री० [सं० चर्पट] १. थप्पड़। २. धक्का। ३. झोंका। ४. संकट। ५. लपेट, घेरा।

चपेटना स० [हिं० चपेट] १. दबाना, दबोचना। २. फटकार बताना, डाँटना।

चपेटा पुं० दे० 'चपेट'।

चपेड़ स्त्री० [सं० चर्पट] थप्पड़, तमाचा।

चपेरना* स०=चाँपना।

चप्पड़ पुं० दे० 'चिप्पड़'।

चप्पल स्त्री० [चपचप से अनु०] खुली एड़ी का एक प्रकार का जूता, जिसके ऊपर चमड़े की पट्टियाँ लगी रहती हैं।

चप्पा पुं० [सं० चतुष्पाद] १. थोड़ा या छोटा भाग। २. छोटा भूखंड। ३. चौड़ा टुकड़ा, चिप्पड़।

चप्पू पुं० [हिं० चाँपना] नाव का वह डाँड़ जो पतवार का भी काम देता है, किलवारी।

चबच्चा पुं०=चहबच्चा।

चबड़-चबड़ स्त्री० [अनु०] १. दाँतों से कड़ी चीज चबाने पर होनेवाला शब्द। २. फूहड़ ढंग से बोलने का शब्द।

चबर-चबर* स्त्री०=चबड़-चबड़।

चबाना स० [सं० चर्वण] खाद्यपदार्थ को खाते समय इस प्रकार दाँतों से कुचलना कि उसके छोटे-छोटे टुकड़े हो जाएँ।

मुहा० *चबा-चबाकर बातें करना*=रुक-रुककर एक-एक शब्द बोलना, मठार-मठारकर बातें करना।

चबाव पुं० दे० 'चवाव'।

चबूतरा पुं० [सं० चत्वर] बैठने के लिए चौरस और ऊँची जगह, चौंतरा।

चबेना पुं० [हिं० चबाना] भुना हुआ अनाज जो चबाकर खाया जाता है, चर्वण।

चबेनी स्त्री० दे० 'चबेना'।

चब्भो स्त्री० [?] किसी को पानी में दिया जानेवाला गोता।

चभड़-चभड़ स्त्री०=चबड़-चबड़।

चभाना स० [हिं० चाभना] भोजन कराना।

चभोरना स० [हिं० चुभकी] १. डुबाना। २. तरल पदार्थ से तर करना।

चमक स्त्री० [हिं० चमकना] १. प्रकाश, रोशनी। २. आभा। ३. अचानक उठा हुआ दर्द, चिलक।

चमकताई* स्त्री० दे० 'चमक'।

चमक-दमक स्त्री० [हिं० चमक+दमक] १. दीप्ति, आभा। २. तड़क-भड़क।

चमकदार वि० दे० 'चमकीला'।

चमकना अ० [सं० चमत्करोति] १. कान्ति या आभा से युक्त होना, जगमगाना, दमकना। २. उन्नति करना। ३. वृद्धि पर होना। ४. चौंकना, भड़कना। ५. उँगलियाँ आदि हिलाकर स्त्रियों की तरह मटकना। ६. झटका लगने से अचानक कहीं दर्द होना।

मुहा० *चमक उठना*=प्रसन्नता या उत्तेजना प्रकट करना; जैसे-उसकी आँखें शरारत से चमक उठीं।

चमकाना स० [हिं० चमकना] १. हिं० 'चमकना' का स०। २. घोड़े को तेजी से बढ़ाना। ३. उँगलियाँ आदि हिलाकर चिढ़ाना या नकल उतारना, मटकाना।

चमकारा* वि० दे० 'चमकीला'। पुं० दे० 'चमक'।

चमकारी* स्त्री० दे० 'चमक'।

चमकी स्त्री० [हिं० चमक] रुपहले या सुनहले पत्तरों के छोटे गोल टुकड़े, सितारे, तारे।

चमकीला वि० [हिं० चमक+ईला (प्रत्य०)] [स्त्री० चमकीली] जिसमें चमक हो, चमकनेवाला, चमकदार।

चमकौअल स्त्री० [हिं० चमकना] स्त्रियों की तरह उँगलियाँ चमकाने की क्रिया या भाव।

चमगादड़ वि० [सं० चर्मचटक] एक प्रकार का उड़नेवाला प्रसिद्ध जन्तु, जिसके पैर जालदार होते हैं।

चमगुदड़ा† वि० [हिं० चाम+गूदड़] महत्त्वहीन।

चमचम स्त्री० [देश०] एक मिठाई।
वि० दे० 'चमाचम'।

चमचमाना अ० दे० 'चमकना'।
स० चमकाना, चमक लाना।

चमचा पुं० [तु० चम्च:] १. चम्मच। २. खुशामदी व्यक्ति।

चमड़ा पुं० [सं० चर्म] १. प्राणियों के शरीर का ऊपरी आवरण, चर्म, त्वचा। २. मृत पशुओं की उतारी हुई खाल, जिससे जूते आदि बनते हैं। ३. छाल, छिलका।

मुहा० *चमड़ा उधेड़ना या खींचना*=(क) शरीर से चमड़ा खींचकर अलग करना। (ख) बहुत अधिक पिटाई करना। (ग) बहुत कड़ा दंड देना।

चमड़ी स्त्री० दे० 'चमड़ा'।

चमत्कार पुं० [सं०] [वि० चमत्कारक, चमत्कारी, चमत्कृत] १. कोई ऐसा आश्चर्यजनक कार्य या व्यापार जो साधारणत: देखने में न आता हो और जो अलौकिक और असम्भव-सा समझा जाता हो, आश्चर्य का विषय या विचित्र घटना, करामात। (मिराकिल) २. अनूठापन, विचित्रता।

चमत्कारक वि० [सं०] चमत्कार से भरा हुआ, अद्‌भुत।

चमत्कारिक वि० = चमत्कारक। (अशुद्ध)

चमत्कारी वि० [सं० चमत्कार] १. चमत्कार दिखानेवाला। २. जिसमें कोई चमत्कार या करामात हो।

चमत्कृत वि० [सं०] चकित, विस्मित।

चमत्कृति स्त्री० [सं०] १. चमत्कार। २. आश्चर्य।

चमन पुं० [फा०] १. हरी क्यारी। २. बगीचा, फुलवारी।

चमर पुं० [सं०] [स्त्री० चमरी] १. सुरागाय। २. दे० 'चँवर'।

चमरख स्त्री० [हिं० चाम+रक्षा] चमड़े की वह चकती जिसमें चरखे का तकला पहनाया रहता है।

चमरही स्त्री० [हिं० चमरा] चमारों की बस्ती।

चमरा पुं० १. दे० 'चमार'। २. दे० 'चमड़ा'।

चमरी स्त्री० १. दे० 'चमर'। २. दे० 'सुरागाय'।

चमरौंधा† पुं० चमड़े का बना देसी जूता।

चमरौटी† स्त्री० चमारों की बस्ती

चमाऊ* पुं० [सं० चामर] चँवर।

चमाचम वि० [अनु०] खूब चमकता हुआ।

चमार पुं० [सं० चर्मकार] [स्त्री० चमारिन, चमारी] १. एक जाति जो चमड़े की चीजें बनाती है। २. एक जाति जो गलियों में झाड़ू देती है।

चमारी स्त्री० [हिं० चमार] १. चमार जाति की स्त्री। २. चमार का काम।

चमीकर पुं० [सं०] सोने की खान।

चमू स्त्री० [सं०] १. सेना, फौज। २. वह सेना जिसमें ७२९ हाथी, ७२९ रथ, २१८७ सवार और ३६४५ पैदल हों।

चमेली स्त्री० [सं० चम्पकवेलि] १. सुगन्धित फूलोंवाला एक पौधा। २. इस पौधे का सफेद छोटा फूल।

चमोटा पुं० [हिं० चाम+ओटा (प्रत्य०)] चमड़े का वह टुकड़ा जिस पर नाई छुरे की धार तेज करते हैं।

चमोटी स्त्री० [हिं० चाम+ओटी (प्रत्य०)] १. चाबुक, कोड़ा। २. पतली छड़ी, कमची, बेंत। ३. चमड़े की पेटी। ४. दे० 'चमोटा'।

चमौवा पुं० [हिं० चाम] एक तरह का भद्दा देशी जूता।

चम्मच पुं० [तु० चम्च:] १. खाने, परोसने, मिलाने आदि के काम आनेवाला एक प्रकार का उपकरण, चमचा। २. उतनी सामग्री जितनी चम्मच में अटे।

चय पुं० [सं०] १. समूह, राशि। २. टीला, ढूह। ३. गढ़, किला। ४. चहार-दीवारी। ५. चबूतरा।

चयन पुं० [सं०] १. संग्रह, संचय। २. चुनने का काम, चुनाई। ३. यज्ञ के लिए अग्नि का एक संस्कार।

चयनक पुं० [सं०] कुछ चुने हुए व्यक्तियों का वह वर्ग या समूह, जिसमें से किसी विशेष कार्य के लिए कोई या कुछ व्यक्ति फिर से चुने या नियत किए जाते हैं।

चयना* स० [सं० चयन] चयन करना, चुनना।

चयनिका स्त्री० [सं०] चुनी हुई रचनाओं का संग्रह।

चयनीय वि० [सं०] चुनने योग्य।

चयित वि० [सं०] चुना हुआ।

चर पुं० [सं०] १. राजा या राज्य की ओर से नियुक्त वह मनुष्य जो घूम-घूमकर भीतरी बातों का पता लगाता हो, भेदिया, जासूस। २. विशेष कार्य के लिए भेजा हुआ आदमी, दूत। ३. नदी के किनारे की भूमि। ४. नदियों के बीच का टापू, रेता।
वि० [सं०] १. चलनेवाला, जैसे गुप्तचर, जलचर। २. जो इधर-उधर हटाया जा सके, जंगम, चल।

चरई स्त्री० [सं० चारिका] जुलाहों की परिभाषा में वह स्थान जहाँ ताने के सूत छोटे तागों से बाँधे जाते हैं।
स्त्री० दे० 'चरनी'।

चरकटा पुं० [हिं० चारा+काटना] वह जो जानवरों के लिए चारा, घास आदि काटने का काम करता हो।

चरकना* अ० दे० 'तड़कना'।

चरका पुं० [फा० चरक:] १. हलका घाव या जख्म। २. हानि। ३. धोखा, छल।

चरख पुं० [फा० चर्ख़] १. घूमनेवाला गोल चक्कर। २. खराद। ३. ढेलवाँस। ४. वह गाड़ी जिसपर तोप चढ़ी रहती है। ५. दे० 'चरग'।

चरखा पुं० [फा० चर्ख़] १. घूमनेवाला बड़ा गोल चक्कर। २. सूत कातने का लकड़ी का एक प्रसिद्ध यन्त्र। ३. कुएँ से पानी निकालने का एक यन्त्र। ४. गाड़ी का वह ढाँचा जिसमें जोतकर नया घोड़ा निकाला जाता है, खड़खड़िया। ५. झंझट का काम।

चरखी स्त्री० [हिं० चरखा का स्त्री० अल्पा०] १. घूमनेवाली कोई गोल वस्तु, छोटा चरखा। २. कपास ओटने का यन्त्र, ओटनी। ३. कुएँ से पानी खींचने की गड़ारी। ४. चक्कर की तरह घूमनेवाली एक प्रकार की अतिशबाजी।

चरखुला पुं० दे० 'चरखा' (सूत कातने का)।

चरग पुं० [फा० चरग़] १. एक शिकारी चिड़िया, चरख। २. लकड़बग्घा।

चरचना[१]* स० [सं० चर्चन] १. शरीर में चन्दन आदि का लेप करना। २. ताड़ना, भाँपना, लखना। ३. अनुमान करना।

चरचना[२] स० [?] पहचानना।

चरचरा† वि०=चरपरा।

चरचराना अ० [अनु० चरचर] १. चरचर शब्द के साथ टूटना। २. शरीर के अंग का तनाव या रगड़ से दर्द करना, चर्राना।
स० चरचर शब्द करते हुए तोड़ना।

चरचा स्त्री० दे० 'चर्चा'।

चरचारी* पुं० [हिं० चरचा] १. चर्चा करनेवाला। २. निन्दक।

चरजना* अ० [सं० चर्चन] १. भुलावा या धोखा देना, बहकाना। २. अन्दाज लगाना, अनुमान करना।

चरण पुं० [सं०] १. पग, पैर। २. बड़ों का संग, विद्वानों की मंडली। ३. पद्य या श्लोक का कोई पद। ४. चौथाई भाग। ५. किसी कार्यक्रम, योजना आदि के किए हुए विभागों में से कोई एक। ६. आचरण। ७. सूर्य आदि की किरण। ८. चलना। ९. भक्षण करना, खाना।

चरणगत वि० [सं०] एक-एक चरण के रूप में होनेवाला।

चरणचुंबक वि० [सं०] चरण चूमनेवाला, चापलूस, खुशामदी।

चरणदासी स्त्री० [सं० चरण+दासी] १. जोरू, पत्नी। २. जूता।

चरण-पादुका स्त्री० [सं०] १. खड़ाऊँ, पाँवड़ी। २. पूजन के लिए बनाया हुआ चरणचिह्न।

चरणपीठ पुं०=चरण-पादुका।

चरणबद्ध वि० [सं० चरण+बद्ध] [भाव० चरणबद्धता] १. चरणों में बँधा हुआ। २. एक-एक चरण के अनुसार कार्यान्वित किया जानेवाला।

चरणरज पुं० [सं० चरण+रज] पैरों की धूल।
मुहा० *चरणरज पड़ना*=आगमन या पदार्पण होना।
उदा० मेरे घर पर कई बार उनकी चरणरज पड़ी।

चरणसेवा स्त्री० [सं० चरण+सेवा] १. पैर दबाना। २. बड़ों की सेवा।

चरणामृत पुं० [सं०] १. पूज्य व्यक्ति के चरणों की धोवन। २. दूध, दही, घी, चीनी और शहद का वह मिश्रण, जिसमें किसी देवमूर्ति को स्नान कराया गया हो या उसके चरण धोए गए हों।

चरणोदक पुं० [सं०] चरणामृत।

चरत पुं० [हिं० चरना] भक्षण करने का काम, 'उपवास' का उलटा।

चरन* पुं० दे० 'चरण'।

चरना[१] स० [सं० चर=चलना] पशुओं का खेत में उगी हुई घास आदि खाना।

चरना[२]* अ० [सं० चर] १. घूमना-फिरना, विचरण करना, चलना। २. आचरण करना।

चरनायुध* पुं० [सं० चरणायुद्ध] मुर्गा।

चरनि* स्त्री० [सं० चर=गमन] चाल।

चरनी स्त्री० [हिं० चरना] १. चरी, चरागाह। २. वह नाँद जिसमें पशुओं को चारा दिया जाता है। ३. पशुओं का चारा।

चरपट वि०, पुं० [?] १. उचक्का। २. धूर्त। पुं० दे० 'चर्पट'।

चरपरा वि० [अनु०] [स्त्री० चरपरी] तीक्ष्ण स्वादवाला, झालदार, तीता।

चरपराहट स्त्री० [हिं० चरपरा] १. स्वाद की तीक्ष्णता, चरपरापन, झाल। २. डाह, ईर्ष्या। (क्व०)

चरफराना* अ० दे० 'तड़फना'।

चरबाँक वि० [सं० चार्वाक] १. चतुर, चालाक। २. उद्धत, उद्दंड।

चरबा पुं० [फा० चरब:] १. लेखे आदि का लिखा हुआ पूर्व रूप, खाका। २. प्रतिलिपि, नकल।

चरबी स्त्री० [फा०] वह चिकना, लसीला और सफेद पदार्थ जो कुछ प्राणियों के शरीर में पाया जाता है, मेद, वसा।
मुहा० *चरबी चढ़ना या छाना*=(क) बहुत मोटा होना। (ख) मद में अन्धा होना।

चरम वि० [सं०] १. पराकाष्ठा या हद तक पहुँचा हुआ। २. अन्तिम। ३. सबसे आगे या ऊपर का।

चरम प्रत्यय पुं० [सं०] विभक्ति।

चरमर पुं० [अनु०] कड़ी या चिमड़ी वस्तु के दबने या मुड़ने का शब्द।

चरमराना अ०, स० [अनु०] चरमर शब्द होना या करना।

चरमराहट स्त्री० [हिं० चरमराना] चरमराने की अवस्था, भाव या शब्द।

चरमवती* स्त्री० दे० 'चर्मण्वती'।

चरमोत्कर्ष पुं० [सं० चरम+उत्कर्ष] उत्कर्ष का चरम पर पहुँचना, उत्कर्ष की परम स्थिति।

चरवाई स्त्री० [हिं० चराना] चराने का काम, भाव या मजदूरी।

चरवारा। पुं०=चरवाहा।

चरवाहा पुं० [हिं० चरना+वाहा=वाहक] गौएँ, भैंसें आदि चरानेवाला।

चरवाही स्त्री० चरवाहे का काम।

चरवैया* वि० [हिं० चरना+वैया (प्रत्य०)] १. चरानेवाला। २. चरनेवाला।

चरस स्त्री० [सं० चर्म] १. चमड़े का बहुत बड़ा थैला जिससे खेत सींचने के लिए कुएँ से पानी निकाला जाता है, चरसा, मोट। २. भूमि की एक नाप जो २१०० हाथ की होती है। ३. गाँजे के पेड़ का गोंद या चेप, जिसका धुआँ तमाकू की तरह पीने से नशा होता है।

चरसा पुं० [हिं० चरस] १. चरस, मोट। २. भैंस, बैल आदि का चमड़ा।

चरसी पुं० [सं० चरस+ई (प्रत्य०)] वह जो चरस पीता हो।

चराई स्त्री० [हिं० चरना] १. पशुओं के चरने या चराने का काम। २. पशुओं के चरने का मैदान, चरनी, चरी।

चरागाह स्त्री० [फा०] वह स्थान जहाँ गाय, भैंसों को चरने के लिए ले जाया जाता है।

चरागाह-युग पुं० [फा०+सं०] वह आदिम युग जिसमें मुख्य व्यवसाय पशुओं को चराना था।

चराचर वि० [सं०] चर और अचर, चेतन और जड़। पुं० जगत, संसार।

चराना स० [हिं० चरना] [प्रे० चरवाना] १. पशुओं को चरने के लिए अवसर देना।

चरावर* स्त्री०=बकवाद।

चरिंदा पुं० [फा०] चरनेवाला पशु।

चरित पुं० [सं०] १. आचरण। २. कार्य। ३. किसी के जीवन की विशेष घटनाओं का वर्णन, जीवनकथा, जीवनी।

चरितनायक पुं० [सं०] वह प्रधान पुरुष जिसके चरित्र का किसी काव्य, नाटक आदि में वर्णन हो।

चरितार्थ वि० [सं०] [भाव० चरितार्थता] १. आचरण में लाया हुआ। २. प्रयोग द्वारा सिद्ध। ३.ठीक उतरनेवाला, सार्थक।

चरित्तर पुं० [सं० चरित्र] १. बुरा चरित्र। २. छलपूर्ण आचरण।

चरित्र पुं० [सं०] १. स्वभाव। २.जीवन में किए जानेवाला कार्य या आचरण। ३. इस प्रकार के कार्यों या आचरणों का स्वरूप जो किसी की योग्यता, मनुष्यत्व आदि का सूचक होता है। (कैरेक्टर) ४. करनी, करतूत। ५. दे० 'चरित'।

चरित्रनायक पुं० दे० 'चरितनायक'।

चरित्र-पंजी स्त्री० दे० 'आचरण-पंजी'।

चरित्रवान, चरित्रवान् वि० [सं०] [स्त्री० चरित्रवती] सदाचारी, अच्छे चरित्रवाला।

चरी स्त्री० [हिं० चरना] १. चरागाह। २. चारे के लिए ज्वार के हरे पेड़।

चरू पुं० [सं०] [वि० चरव्य] १. हवन के लिए पकाया हुआ अन्न, हविष्यान्न। २. ऐसा अन्न पकाने का पात्र।

चरेरू पुं० [हिं० चरना+एरू (प्रत्य०)] चरनेवाला जानवर, गौ, भैंस, बकरी आदि।

चरैया पुं० [हिं० चरना] १. चरनेवाला। २. चरानेवाला।

चर्च पुं० [अं०] गिरजाघर।

चर्चक पुं० [सं०] चर्चा करनेवाला।

चर्चन पुं० [सं०] १. चर्चा। २. लेपन, पोतना, जैसे अंग में चन्दन का चर्चन।

चर्चरी स्त्री० [सं०] १. दे० 'चाचर'। २. करतल-ध्वनि।

चर्चा[1] स्त्री० [सं०] १. किसी विषय की बात-चीत, जिक्र, वर्णन। २. किसी प्रकार का कथन या उल्लेख। (मेन्शन) ३. जनश्रुति अफवाह।

चर्चा[2] स्त्री० [सं० चर्चन] लेपन।

चर्चा-पर्व पुं० [सं०] वह अवसर या समारोह जिसमें किसी की कृतियों, गुणों आदि का उल्लेख हो।

चर्चित वि० [सं०] १. लगाया या पोता हुआ, लेपित; उदा० तनुचर्चित चंदन कापूर।—केशव। २. युक्त। ३. जिसकी चर्चा, कथन या उल्लेख हुआ हो। (मेन्शन्ड)

चर्पट पुं० [सं०] तमाचा, थप्पड़।

चर्म पुं० [सं०] १. चमड़ा। २. ढाल। (अस्त्र)

चर्मकार पुं० [सं०] [भाव० चर्मकारी] चमड़े का काम करनेवाली जाति, चमार।

चर्मचक्षु पुं० [सं०] नेत्र, आँख, 'ज्ञानचक्षु' का विपर्याय।

चर्मण्वती स्त्री० [सं०] चंबल नदी।

चर्मदंड पुं० [सं०] चमड़े का कोड़ा।

चर्मदृष्टि स्त्री० [सं०] आँख 'ज्ञानदृष्टि' का विपर्याय।

चर्या स्त्री० [सं०] १. कार्य। २. आचरण। ३. रहन-सहन, प्रतिदिन का कार्यक्रम। ४. वृत्ति, जीविका। ५. सेवा। ६. चलना, गमन।

चर्राना अ० [अनु०] १. टूटने के समय लकड़ी आदि में चरचर शब्द होना। २. सूखने, सिकुड़ने या तनने से (चमड़ी) में दर्द होना। ३. सूखने या सिकुड़ने के कारण चिटकना या फटना। ४. इच्छा प्रबल होना, जैसे शौक चर्राना।

चर्री स्त्री० [हिं० चर्राना] लगती या चुभती हुई बात, व्यंग्यपूर्ण उक्ति।

मुहा० *चर्री छोड़ना*= व्यंग्यपूर्ण या लगती हुई बात कहना।

चर्वण पुं० [सं०] [वि० चर्व्य] १. चबाना। २. चबाने के लिए भूना हुआ दाना, चबेना। ३. पिष्टपेषण।

चर्वित वि० [सं०] चबाया हुआ।

चर्वित चर्वण पुं० [सं०] किया हुआ काम या कही हुई बात फिर से करना या कहना, पिष्टपेषण।

चर्व्य वि० [सं०] चबाने योग्य।

चल वि० [सं०] [भाव० चलता] १. चल, अस्थिर। २. चलता हुआ। ३. (सम्पत्ति आदि) जो एक स्थान से दूसरे स्थान पर जा सके, जंगम, जैसे गहने, कपड़े, बरतन आदि। (मूवेबुल)। पुं० [सं०] १. पारा। २. शिव। ३. विष्णु।

चलक पुं० [सं०] माल, असबाब। (गुड्स)

चलचलाव पुं०=चलाचली।

चलचित्र पुं० [सं०] वे चित्र जो परदे पर जीवित मुनष्यों की भाँति काम करते हुए दिखाए जाते हैं। (सिनेमा)

चलचूक स्त्री० [सं० चल=चंचल+चूक] धोखा, छल, कपट।

चलता[1] वि० [हिं० चलना] [स्त्री० चलती] १. चलता हुआ, गतियुक्त।

मुहा० *चलता करना*=(क) रवाना करना, भेजना। (ख) कोई काम जैसे-तैसे निपटाना। *चलता बनना*=चल देना।

२. जिसका क्रम बराबर चलता रहे, चालू, जारी। (रनिंग) ३. प्रचलित, जैसे चलता खाता। (करेंट) ४. काम चलाने या करने योग्य। ५. चालाक।

चलता[2] पुं० [देश०] १. एक बड़ा पेड़ जिसमें बेल के से गोल फल लगते हैं। २. कवच।

चलताऊ वि० [हिं० चलाना+ऊ (प्रत्य०)] चलता हुआ साधारण, विशेषता से रहित।

चलता खाता पुं० [हिं० चलता+खाता] बैंक आदि का वह खाता जिसमें लेन-देन बराबर जारी रहे और जब कोई चाहे, तब रुपए जमा कर सके या ले सके। (करेंट एकाउन्ट)

चलता गाना पुं० [हिं० चलता=साधारण+गाना] गजल, दादरा या इसी तरह का कोई और गाना जो राग-रागिनियों के क्षेत्र के बाहर हो, 'पक्का गाना' का विपर्याय।

चलता पुर्जा पुं० चालाक व्यक्ति।

चलता-फिरता वि० [हिं० चलना+फिरना] २. जो चल-फिर रहा हो, बराबर घूमता रहनेवाला। २. सजीव, जीवंत।

चलती स्त्री० [हिं० चलना] किसी की आज्ञा या महत्त्व सब जगह माना जाना, अधिकार या प्रभुत्व चलना।

चलती भाषा स्त्री० ऐसी भाषा जिसे साधारण आदमी भी समझ तथा बोल लेता हो।

चलतू वि० दे० 'चलता'।

चलदल पुं० [सं०] पीपल।

चलते, के सम्बन्धबोध के कारण, की वजह से।

चलदल पुं० [सं०] पीपल।

चलद्रव्य पुं० [सं०] माल, असबाब।

चलन[1] पुं० [हिं० चलना] १. चलने का भाव, चाल। २. प्रथा, रिवाज। ३. बराबर होता रहनेवाला व्यवहार या आचरण, प्रचलन। ४. प्रचार।

चलन[2] पुं० [सं०] १. गति, चाल। २. कम्पन। ३. पैर।

चलन-कलन पुं० [सं०] गणित ज्योतिष में वह गणना जिससे दिन और रात का मान स्थिर किया जाता या उनके घटने-बढ़ने का हिसाब लगाया जाता है।

चलनसार वि० [हिं० चलन+सार (प्रत्य०)] व्यवहार में प्रचलित, चलता हुआ, टिकाऊ।

चलना अ० [सं० चलन] १. पैर उठाते हुए एक जगह से दूसरी जगह जाना, गमन करना। २. हिलना-डोलना।

मुहा० *पेट चलना*=(क) दस्त आना। (ख) निर्वाह होना। *बस चलना*=शक्ति का काम करना। *मन चलना*=इच्छा या लालसा होना। *चल बसना*=मर जाना। *चलता रहना*=जारी रहना। *अपने चलते*=भर-सक, यथाशक्ति। *चलते हुए बैल को आर लगाना*=ठीक तरह से काम करनेवाले को बीच में

इस प्रकार छेड़ना कि उस काम में और भी बाधा हो। ३. सपरना, निभना। ४. उन्नति पर होना। ५. आगे बढ़ना। ६. आरम्भ होना, छिड़ना। ७. जारी रहना। ८. बराबर काम देना, टिकना। ९. लेन-देन में काम करना। १०. प्रचलित या जारी होना। ११. उपयोग में आना। १२. तीर, गोली, लाठी आदि का प्रयोग या प्रहार होना। १३. पढ़ा जाना, बाँचा जाना। १४. उपाय या युक्ति लगाना। १५. आचरण या व्यवहार होना।

स० ताश, चौसर, शतरंज आदि खेलों में पत्ता या मोहरा सामने रखना या आगे बढ़ना।

चलना-फिरना अ० १. आना-जाना या घूमना-फिरना। २. टहलना।

चलनी स्त्री० दे० 'छाननी'।

चलप* वि०=चपल।

चलपत्र पुं० [सं०] १. पीपल। २. कागज के रूप में नित्य चलनेवाला वह धन जो सिक्के की जगह काम में आता है। (करेन्सी नोट)

चल-फोन पुं० [सं०+अं०] फोन करने का वह उपकरण जिसे अपने साथ ला-ले जा सकते हैं।

चलवंत पुं० [हिं० चलना] पैदल सिपाही।

चलवाना स० [हिं० 'चलना' का प्रे०] किसी को चलने में प्रवृत्त करना।

चल-विचल वि० [सं० चल+विचल] १. अस्त-व्यस्त, उखड़ा-पुखड़ा, बेठिकाने का। २. अस्थिर, डाँवाँडोल।

चलवैया वि० [हिं० चलना] चलने या चलानेवाला।

चल-संपत्ति स्त्री० [सं०] ऐसी सम्पत्ति जो उठाकर एक जगह से दूसरी जगह ले जा सकें। (मूवेबुल प्रॉपर्टी)

चलाई* स्त्री० [हिं० चलना] चलन, मान्यता।

चलाऊ वि० [हिं० चलना] १. चलने या चलाने लायक। २. टिकाऊ।

चलाक* वि० दे० 'चालाक'।

चलाका*, चलाकान* स्त्री० [सं० चला] बिजली।

चलाचल[१]* स्त्री० [हिं० चलन] १. चलाचली। २. गति, चाल।

चलाचल[२] वि० [सं०] १. चल और अचल दोनों। २. चंचल, चपल।

चलाचली । स्त्री० [हिं० चलना] १. प्रस्थान या चलने की तैयारी। २. प्रस्थान। ३. मरने का समय निकट होना।

चलान पुं० [हिं० चलाना] [वि० चलानी] १. माल या सामान एक स्थान से दूसरे स्थान पर भेजने या भेजे जाने का कार्य। २. अपराधी का पकड़ा जाकर न्याय के लिए भेजा जाना। ३. बाहर से आया हुआ अथवा बाहर भेजा जानेवाला माल। (कन्साइन्मेन्ट) ४. (किसी की सूचना के लिए) भेजी हुई चीजों की सूची या धन का विवरण, रवन्ना।

चलाना स० [हिं० चलना] [प्रे० चलवाना] १. चलने में प्रवृत्त करना, ऐसा करना कि चले।

मुहा० *किसी की चलाना*=किसी की बात कहना। *मुँह चलाना*=खाना। *हाथ चलाना*=(क) मारना। (ख) कुछ करना। २. व्यवहार या आचरण कराना। ३. कार्य आदि की ऐसी व्यवस्था कि वह अच्छी तरह से आगे बढ़ता रहे। (कन्डक्ट) ४. अस्त्र-शस्त्र आदि व्यवहार में लाना, जैसे लाठी या गोली चलाना। ५. भेजना।

चलानी वि० [हिं० चलान] १. चलान-सम्बन्धी, चलान का, जैसे चलानी मुकदमा।

स्त्री० बिक्री के लिए माल बाहर भेजने का काम, चलान का व्यवसाय।

वि० बाहर से आया हुआ, स्थानीय से भिन्न; जैसे-चलानी परवल।

चलायमान वि० [सं०] १. चलता हुआ। २. चंचल। ३. विचलित।

चलावना* स०=चलाना।

चलावा पुं० [हिं० चलना] १. रीति, रस्म, रिवाज। २. द्विरागमन, गौना। ३. गाँवों में संक्रामक रोग फैलने के समय का एक प्रकार का उतारा।

चलित वि० [सं०] १. जो चलता या चल रहा हो, चलायमान। २. जिसका प्रचलन या व्यवहार हो। (करेन्ट) ३. जो इस समय हो या होता हो, जैसे चलित प्रथा।

चवंथो* वि०=चौथा।

चवना* स०[प्रा० चव] कहना, बतलाना।

चवन्नी स्त्री० [हिं० चार+आना] चार आने मूल्य का पुराना सिक्का।

चवर्ग पुं० [सं०] चवर्ग के व्यंजन-च, छ, ज, झ और ञ।

चवा* स्त्री० [सं० चौ+बाई=वायु] चारों ओर से एक साथ बहनेवाली हवा।

चवाई पुं० [हिं० चवाव] [स्त्री० चवाइन] बदनामी फैलाने-वाला, निन्दक।

चवालीस वि० पुं० [सं०] संख्या में चालीस और चार।

चवाव । पुं० [हिं० चौ+बाई=वायु] १. चारों ओर फैली हुई चर्चा, अफवाह। २. बदनामी। ३. निन्दा, चुगली।

चवैया* स्त्री० दे० 'चवाव'।

चश्म स्त्री० [फा०] नेत्र, आँख।

चश्मदीद वि० [फा०] १. आँखों से देखा हुआ। २. जिसने कोई घटना देखी हो।

चश्मदीद गवाह पुं० प्रत्यक्षदर्शी गवाह या साक्षी।

चश्मपोशी स्त्री० [फा०] अनदेखी।

चश्मा पुं० [फा० चश्मः] १. ऐनक। २. पानी का सोता या नाला।

चष* पुं० [सं० चक्षु] आँख।

चषक पुं० [सं०] १. मद्य पीने का प्याला। २. मधु, शहद।

चषचारि* वि० [हिं० चष+चार] चार आँखोंवाला, अर्थात् चतुर।

चषचोल* पुं० [हिं० चष+चोल=वस्त्र] आँख की पलक।
चसक* स्त्री० [?] हलकी तथा रह-रहकर होनेवाली पीड़ा।
चसचस| स्त्री०=चसक।
चसना अ० [हिं० चाशनी] १. दो चीजों का एक में सटना, लगना, चिपकना। २. मरना। ३. कपड़े का खिंच या दबकर जरा-सा फट जाना।
चसम* स्त्री० दे० 'चश्म'।
चसमना* स० [फा० चश्म] दिखाई देना।
चसीला* वि० [हिं० चसना] सटा या चिपका हुआ।
चस्पाँ वि० [फा०] चिपका हुआ।
चस्म* स्त्री० दे० 'चश्म'।
चह[१] पुं० [सं० चय] १. नाव पर चढ़ने के लिए बना हुआ चबूतरा। २. नदी पर बना हुआ अस्थायी पुल।
चह[२]* स्त्री० [फा० चाह] गड्ढा।
चहक स्त्री० [हिं० चहकना] पक्षियों का कलरव, चहचह।
चहकना अ० [अनु०] १. पक्षियों का आनन्दित होकर मधुर शब्द करना। २. प्रसन्न होकर खूब बोलना। ३. चमकना।
चहकार स्त्री०=चहक।
चहचह स्त्री० [अनु०] पक्षियों का कलरव, चहक।
चहचहा* वि०=चुहचुहाता।
चहचहाना अ० [अनु०] [भाव० चहचहाहट] चिड़ियों का चहचह शब्द करना, चहकना।
चहना स० दे० 'चाहना'।
चहनि* स्त्री० [हिं० चाहना=देखना] १. देखने की क्रिया या भाव। २. दृष्टि। ३. दे० 'चाह'।
चहबच्चा पुं० [फा० चाह=कुआँ+बच्चा] पानी जमा करने का छोटा तहखाना, गड्ढा या टंकी।
चहर* स्त्री० दे० 'चहल'।
चहरना* अ० [हिं० चहल] १. प्रसन्न होना। २. चढ़ना।
चहल स्त्री० [अनु० चहचह] १. आनन्द की धूम, आनन्दोत्सव। २. चहल-पहल। ३. पक्षियों के कलरव और क्रीड़ा के समान जल्दी ही समाप्त हो जानेवाली बात या काम।
स्त्री० दे० 'चहला'।
चहल-कदमी स्त्री० [हिं० चहल+फा० कदम] धीरे-धीरे टहलना या घूमना।
चहलना स० [हिं० चहल] पैरों से बार-बार रौंदना।
अ० प्रसन्न होना।
चहल-पहल स्त्री० [अनु०] १. घूमने-फिरने या आने-जानेवाले लोगों की भीड़-भाड़, धूम-धाम। २. रौनक।
चहला पुं० [सं० चिकिल] कीचड़।
चहवारा* वि० [हिं० चहचह+(अनु०) वार (प्रत्य०)] चहचहानेवाला (पक्षी)।
चहार-दीवारी स्त्री० [फा०] किसी मकान या बड़े मैदान के चारों ओर बनी हुई दीवार, घेरा, प्राचीर।
चहारुम पुं० [फा०] चौथाई, चतुर्थांश।
चहीचहा पुं० [हिं० चाहना=देखना] एक दूसरे को देखने की क्रिया।
चहुँ* वि० [हिं० चार] चारों; चहुँ ओर=चारों ओर।
चहुँकना* अ०=चौंकना।
चहुँपदारथ* पुं० चारों पदार्थ अर्थात् पुरुषार्थ।
चहुँबरन* पुं० चारों वर्ण—ब्राह्मण, क्षत्रिय, वैश्य और शूद्र।
चहूँ* वि० दे० 'चहुँ'।
चहूँधा क्रि० वि० [हिं० चारों+धा=ओर] चारों ओर, सब तरफ।
चहूँटना अ० [हिं० चिमटना] सटना, लगना, मिलना।
चहेटना स० [?] १. गारना, निचोड़ना। २. खदेड़ना, भगाना।
चहेता वि० [हिं० चाहना+एता (प्रत्य०)] [स्त्री० चहेती] जिसे चाहा जाए, प्यारा, प्रिय।
चहोरना अ० [देश०] १. पौधा रोपना या बैठाना। २. सहेजना। ३. अच्छी तरह से कोई काम करना।
चाँई पुं० [देश०] १. ठग, उचक्का। २. चालाक, धूर्त।
चाँकना स० दे० 'चाकना'।
चाँगला वि० [हिं० चंगा] [स्त्री० चाँगली] १. अच्छा, बढ़िया। २. हृष्टपुष्ट, स्वस्थ, तन्दुरुस्त। ३. धूर्त, चालाक, सयाना।
चाँचर (रि) स्त्री० दे० 'चाचर'।
चाँचु* पुं० दे० 'चोंच'।
चाँटचूँट| स्त्री०=हड़पाहड़पी।
चाँटा पुं० [अनु०] थप्पड़।
पुं० दे० 'च्यूँटा'।
चाँटी स्त्री० [अनु०] तबले के किनारे पर तर्जनी उँगली से किया जानेवाला आघात।
स्त्री० दे० 'च्यूँटी'।
चाँड़ वि० [सं० चंड] १. प्रबल, बलवान। २. उद्धत, उद्दंड। ३. श्रेष्ठ। ४. प्रचंड।
स्त्री० [सं० चंड=प्रबल] १. भार सँभालने के लिए नीचे लगाया जानेवाला खम्भा, टेक, थूनी।
२. अत्यन्त आवश्यकता। ३. प्रबल इच्छा।
मुहा० *चाँड सरना*=इच्छा या आवश्यकता पूरी होना।
चाँड़ना स० [?] १. खोदकर गिराना। २. कसकर दबाना। ३. उखाड़ना। ४. उजाड़ना।
चाँड़ा* वि० [सं० चंड] प्रचंड।
चांडाल पुं० [सं०] [स्त्री० चांडाली, चांडालिन] १. एक छोटी जाति, डोम, श्वपच। २. पतित मनुष्य। (गाली)
चाँडिला* वि० दे० 'चाँड़'।
चाँद पुं० [सं० चन्द्र] १. चन्द्रमा।
पद *चाँद का टुकड़ा*=अत्यन्त सुन्दर।
मुहा० *किधर चाँद निकला है?*=आज आप बहुत दिनों पर कैसे दिखाई पड़े? इतने दिनों तक आप कहाँ थे? चाँद

पर थूकना=ऐसे व्यक्ति की निन्दा करना जिससे लांछन लगाने या निन्दा करनेवाला ही बुरा समझा जाए।

२. दूज के चाँद के आकार का गहना। ३. वह काला दाग जिस पर अभ्यास के लिए निशाना लगाया जाता है।

स्त्री० खोपड़ी का बिचला भाग।

मुहा० *चाँद गंजी होना*=बहुत मार पड़ना।

चाँद-तारा पुं० एक प्रकार का बूटीदार पतला कपड़ा।

चाँदना पुं० [हिं० चाँद] १. प्रकाश, उजाला। २. चाँदनी।

चाँदनी[1] स्त्री० [हिं० चाँद] चन्द्रमा का प्रकाश, चाँद का उजाला।

पद *चार दिन की चाँदनी*=थोड़े दिनों का सुख या आनन्द।

चाँदनी[2] स्त्री० [हिं० चंदनी=चंदन के रंग का] बिछाने या ऊपर तानने की चादर। (नूरजहाँ ने एक बार चन्दन के रंग का फर्श बनवाया था, जो फर्श-ए-चन्दनी कहलाता था। इसी में के चन्दनी शब्द से यह चाँदनी शब्द बना है।)

चाँदबाला पुं० [हिं० चाँद=चन्द्रमा+बाला] कान में पहनने का एक प्रकार का चन्द्राकार बाला।

चाँदमारी स्त्री० [हिं० चाँद=चन्द्रमा+ मारना] किसी तल पर बने हुए बिन्दुओं पर निशाना लगाने का अभ्यास।

चाँदी स्त्री० [हिं० चाँद] एक सफेद चमकीली धातु जिसके सिक्के, गहने, बर्तन आदि बनते हैं, रजत।

मुहा० *चाँदी काटना*=खूब कमाई करना। *चाँदी होना*= (क) बहुत लाभ होना। (ख) जलकर राख होना।

पद *चाँदी का चेरा*=पैसे का दास। *चाँदी का जूता*=घूस, रिश्वत।

चांद्र वि० [सं०] १. चन्द्रमा-सम्बन्धी। २. जो चन्द्रमा के विचार से हो, जैसे चान्द्रमास।

चांद्रमास पुं० [सं०] उतने दिन जितने चन्द्रमा को पृथ्वी की एक बार परिक्रमा करने में लगते हैं, पूर्णिमा से पूर्णिमा तक का महीना।

चांद्रायण पुं० [सं०] महीने भर का एक व्रत जिसमें चन्द्रमा के घटने-बढ़ने के अनुसार भोजन के कौर घटाने-बढ़ाने पड़ते हैं।

चाँप[1] स्त्री० [हिं० चपना] १. दे० 'चाप'। २. बलवान की प्रेरणा या दबाव।

चाँप[2]* पुं० [हिं० चंपा] चम्पा का फूल।

चाँपना स० [देश० चंपन] दबाना।

चाँवचाँव स्त्री० [अनु०] शोरगुल।

चाई पुं० दे० 'चाव'।

चाउ* पुं०=चाव। (ब्रज०)

चाए[1] क्रि० वि० [हिं० चाव] चाव या चाह से।

चाए[2] स्त्री०=चाय।

चाक[1] पुं० [सं० चक्र] १. कील पर घूमनेवाली लकड़ी का वह चक्राकार ढाँचा जिस पर कुम्हार बर्तन बनाते हैं, कुलालाचक्र। २. पहिया। ३. गराड़ी। ४. मंडलाकार रेखा।

चाक[2] पुं० [फा०] दरार, चीर।

मुहा० *चाक करना*=चीरना।

चाक[3] वि० [तु०] १. दृढ़, मजबूत। २. हृष्टपुष्ट, हट्टा-कट्टा।

चाकचक* वि०=मजबूत।

चाकचिक्य पुं० [सं०] १. चमक-दमक, उज्ज्वलता। २. सुन्दरता।

चाक-चौबंद वि० [तु० चाक+हिं० चौबंद] १. हृष्ट-पुष्ट। २. चालाक और फुर्तीला।

चाकना* स० [हिं० चाक] १. चारों ओर रेखा खींचकर किसी वस्तु को घेरना, हद बनाना। २. खलियान में अनाज की राशि पर मिट्टी आदि से छापा लगाना, जिसमें से कोई कुछ निकाले तो पता चल जाए। ३. पहचान के लिए किसी चीज पर निशान लगाना।

चाकर पुं० [फा०] भृत्य, सेवक, नौकर।

चाकरी स्त्री० [फा०] १. सेवा, टहल। २. नौकरी।

चाकसू पुं० [सं० चाक्षुष] निर्मली नामक पौधा या उसके बीज जिनका चूर्ण आँखों में डाला जाता है।

चाकी स्त्री० [सं० चक्र] बिजली।

*स्त्री० दे० 'चक्की'।

चाकू पुं० [तु०] छुरी।

चाक्षुष वि० [सं०] १. चक्षु-सम्बन्धी। २. जिसका ज्ञान नेत्रों से हो, दिखाई देनेवाला, दृश्य। (विज़ुअल)

पुं० न्याय में ऐसा प्रमाण जिसकी सत्यता आँखों की सहायता से जानी जा सकती हो या जानी गई हो।

चाखना* स० दे० 'चखना'।

चाखुर[1] स्त्री० [देश०] खेतों आदि को निराकर निकाली हुई घास।

चाखुर[2] स्त्री० [सं० चिकुर] गिलहरी।

चाचर| स्त्री०=चाचरी।

चाचरी स्त्री० [सं० चर्चरी] १. होली का एक गीत, चर्चरी। २. होली में होनेवाला खेल-तमाशा। ३. हल्ला-गुल्ला। ४. योगशास्त्र के अनुसार एक प्रकार की मुद्रा।

चाचा पुं० [सं० तात] [स्त्री० चाची] पिता का छोटा भाई।

चाट स्त्री० [हिं० चाटना] १. चटपटी चीज खाने की प्रबल इच्छा। २. एक बार किसी वस्तु का स्वाद पाकर फिर उसे पाने की चाह, चसका, शौक, लालसा। ३. प्रबल इच्छा। ४. लत, आदत। ५. चटपटी और नमकीन चीजें, गोल-गप्पे, आलू की टिकिया, दही बड़े आदि।

मुहा० *चाट पड़ना या लगना*=चस्का लगना।

चाटक* पुं० [सं० चेटक] जादू, इन्द्रजाल।

चाटना स० [अनु० चटचट] १. जीभ से रगड़कर या उठाकर खाना। २. पोंछकर खा लेना। ३. (प्यार से) किसी वस्तु पर जीभ फेरना। ४. कीड़ों का कागज, कपड़े आदि खा जाना।

चाटी* स्त्री०=चाटुकारी।

चाटुकार पुं० [सं०] खुशामदी।

चाटुकारिता स्त्री० [सं०] खुशामद।

चाटुकारी स्त्री०=खुशामद।

चाड़* स्त्री० दे० 'चाँड़'।

चाढ़ा* वि० [हिं० चाँड़] [स्त्री० चाढ़ी] प्यारा, प्रिय।

चाणक्य पुं० [सं०] राजनीति के एक प्रसिद्ध आचार्य और सम्राट चन्द्रगुप्त मौर्य के मन्त्री, कौटिल्य।

चातक पुं० [सं०] [स्त्री० चातकी] पपीहा नामक पक्षी।

चातुर* वि०=चतुर।

चातुरी स्त्री० [हिं० चतुर] १. चतुर होने की क्रिया या भाव, चतुरता। २. चालाकी, होशियारी। ३. धूर्तता।

चातुर्मासिक वि० [सं०] चार महीने में (या पर) होनेवाला (यज्ञ, कर्म आदि)।

चातुर्मास्य पुं० [सं०] चौमासे या वर्षाकाल में किया जानेवाला एक व्रत।

चातुर्य पुं० [सं०] चतुरता।

चातुर्वर्ण्य पुं० [सं०] ब्राह्मण, क्षत्रिय, वैश्य और शूद्र ये चारों वर्ण।

चादर स्त्री०[फा०] १. बिछाने या ओढ़ने का लम्बा-चौड़ा कपड़ा। २. हल्का ओढ़ना, दुपट्टा। ३. किसी पहाड़ या चट्टान से गिरनेवाली पानी की चौड़ी धार। ४. पवित्र स्थान पर चढ़ाए जानेवाले फल। (मुसल०) ५. दे० 'चद्दर'।

चान* पुं०=चन्द्रमा।

चानक* क्रि० वि० दे० 'अचानक'

चानन* पुं० १. दे० 'चन्दन'। २. दे० 'चाँदना'।

चाना* अ० [हिं० चाव+ना (प्रत्य०)] चाव या उमंग में आना।

चाप[1] पुं० [सं०] १. धनुष, कमान। २. वृत्त की परिधि का कोई भाग। ३. दो खंभों या दीवारों पर आधारित चापाकार ढाँचा जिस पर छत टिकी हो, मेहराब।

चाप[2] स्त्री० [हिं० चापना=दबाना] १. चापने की क्रिया या भाव, दबाव, दाब। २. पैर की आहट।

चापट वि० १. दे० 'चौपट'। २. दे० 'चिपटा'।

चापना स्त्री० [सं० चाप] दबाना।

चापल* वि० दे० 'चपल'

चापलूस वि० [फा०] खुशामदी।

चापलूसी स्त्री० [फा०] खुशामद।

चापल्य पुं० [सं०] चपलता।

चापाकार वि० [सं०] चाप के आकार का।

चाब स्त्री० [हिं० चाबना] चबानेवाले चौखूँटे दाँत, दाढ़, चौभड़।

चाबना स० [सं० चर्वण] १. चबाना। २. खूब भोजन करना, भर-पेट खाना।

चाबी स्त्री० [हिं० चाप] कुंजी, ताली।

चाबुक पुं० [फा०] १. कोड़ा। २. तीव्र प्रेरणा।

चाबुक-सवार पुं० [फा०] [भाव० चाबुक-सवारी] घोड़े को चाल सिखानेवाला।

चाभना स० [हिं० चाबना] १. चबाना। २. खाना।

चाभी स्त्री० दे० 'चाबी'।

चाम पुं० [सं० चर्म] चमड़ा, खाल।

मुहा० *चाम के दाम चलाना*=मनमानी या अन्धेर करना।

चामर पुं० दे० 'चँवर'।

चामीकर पुं० [सं०] १. सोना, सुवर्ण। २. धतूरा।

चामुंडा पुं० [सं०] एक देवी जिसने चंड, मुंड आदि दैत्यों का नाश किया था।

चाय स्त्री० [चीनी चा] १. एक पौधा जिसकी पत्तियाँ उबलते हुए पानी में डालकर चीनी और दूध मिलाकर एक गरम पेय बनाते हैं। २. उक्त पौधे की पत्तियों से इस प्रकार बनाया हुआ प्रसिद्ध पेय पदार्थ। ३. किसी वनस्पति से उक्त प्रकार से बनाया हुआ पेय पदार्थ, जैसे तुलसी की चाय, चोकर की चाय। ४. शाम के समय का नाश्ता।

*पुं० दे० 'चाव'।

चायक* पुं० [हिं० चाव] चाहनेवाला।

चाय-पानी पुं०=जलपान।

चार[1] वि० [फा० चहार या सं० चतुः] तीन से एक अधिक, दो का दूना।

मुहा० *चार आँसू बहाना*=अत्यधिक विलाप करना। *चार चाँद लगना*=सौन्दर्य या प्रतिष्ठा बहुत बढ़ जाना। *चार दिन का मेहमान*=क्षणिक, अल्पजीवी। *चारों खाने चित्त गिरना*=पूरी तरह से पस्त होना। *चारों फूटना*=धर्मचक्षुओं तथा ज्ञानचक्षुओं का नाश होना।

चार[2] पुं० [सं०] [वि० चरित] १. गति, चाल, गमन। २. कारागार। ३. गुप्तचर, जासूस। ४. हरकारा। ५. दास, सेवक। ६. रीति, रसम। ७. ढब, ढंग।

चार-आइना पुं० [फा०] एक प्रकार का कवच या बकतर।

चारकर्म पुं० [सं०] भेदिए, गुप्तचर या जासूस का काम, जासूसी। (एस्पाऍयनेज)

चारखाना पुं० [फा० चार+ख़ान:] वह कपड़ा जिसमें धारियों से चौखूँटे घर बने हों।

चारजामा पुं० [फा०] घोड़े की जीन।

चारण पुं० [सं०] १. राजाओं और बड़े आदमियों के यश और कीर्ति का वर्णन करनेवाला, भाट, बन्दीजन। (बार्ड) २. राजपूतों की एक जाति।

चारदीवारी स्त्री० [फा०] १. चहारदीवारी। २. शहरपनाह, प्राचीर।

चारन* पुं० दे० 'चारण'।

चारना* स० [सं० चारण] चराना।

चारपाई स्त्री० [हिं० चार+पाया] छोटा पलंग, खाट, खटिया।

मुहा० *चारपाई धरना, पकड़ना या चारपाई से लगना*=चारपाई से न उठ सकना, बहुत बीमार होना।

चारबाग पुं० [फा०] १. चौकोर बाग या बगीचा। २. एक प्रकार का चौकोर रूमाल जो कन्धों पर फैलाकर ओढ़ा जाता था।

चारयारी स्त्री० [हिं० चार+फा० यार] १. चार मित्रों की गोष्ठी। २. सुन्नी मुसलमानों का एक वर्ग।

चारा[१] पुं० [हिं० चरना] १. पशुओं के खाने की घास, डंठल आदि। २. किसी जंगली हिंसक पशु के शिकार के लिए बँधा हुआ पशु (भेड़, बकरी आदि)।

मुहा० *चारा फेंकना*=किसी को फँसाने के लिए लोभ दिखाना।

चारा[२] पुं० [फा०] उपाय, तदबीर।

चाराजोई स्त्री० [फा०] फरियाद।

चारि* वि०=चार।

चारिणी स्त्री० [सं० चारण] चारण जाति की स्त्री।

वि० 'चारी' का स्त्री०।

चारित वि० [सं०] चलाया हुआ।

चारित्र पुं० [सं०] १. कुल की रीति। २. चरित्र। ३. व्यवहार।

चारी (-रिन्)[१] वि० [सं०] [स्त्री० चारिणी] १. चलने-वाला। २. आचरण करनेवाला।

पुं० पैदल सिपाही।

चारी[२] स्त्री० [सं० चर] १. जासूसी। २. निन्दा।

चारु वि० [सं०] [भाव० चारुता] सुंदर, मनोहर।

पुं० दे० 'चार'।

चारुता स्त्री० [सं०] १. सुंदरता। २. काव्य में, शब्द-सौंदर्य।

चारुहासिनी वि० स्त्री० [सं०] सुन्दर हँसी हँसनेवाली, मनोहर मुस्कानवाली।

चार्जन पुं० [अं० चार्जिंग] बिजली के आवेश से युक्त करना।

चार्ट पुं० [अं०] वह रेखाचित्र जो विभिन्न स्थितियों या सूचनाओं को अंकित करने के लिए चारखानेदार कागज पर बनाया जाए।

चार्वाक पुं० [सं०] १. प्रसिद्ध नास्तिक तार्किक। २. इनका चलाया हुआ मत या दर्शन जिसमें ईश्वर का अस्तित्व नहीं माना जाता।

चाल स्त्री० [हिं० चलना] १. चलने की क्रिया, गति। २. चलने का ढंग। ३. आचरण, व्यवहार या प्रवृत्ति। ४. रीति-रिवाज, प्रथा, परिपाटी। ५. युक्ति, तरकीब। ६. छल, धूर्तता। ७. प्रकार, तरह। ८. शतरंज, ताश, चौसर आदि के खेल में, पत्ता या मोहरा दाँव पर रखने या आगे बढ़ाने का काम। ९. चलने का शब्द, आहट। १०. कोठरी।

चालक वि० [सं०] चलानेवाला, जैसे इंजन का चालक।

चाल-चलन पुं० [हिं० चाल+चलन] चरित्र-सम्बन्धी गुणों और विशेषताओं का समाहार। (कैरेक्टर)

चाल-ढाल स्त्री० [हिं० चाल+ढाल] १. आचरण, व्यवहार। २. रंग-ढंग।

चालन[१] पुं० [सं०] कोई चीज चलाने की क्रिया या भाव, चलाना।

चालन[२] पुं० [हिं० चालना] भूसी या चोकर जो कोई चीज छानने से निकलता है।

स्त्री०=चलनी।

चालना[१] स० [सं० चालन] १. दे० 'चलाना'। २. (बहू) बिदा कराके अपने घर ले आना।

अ० दे० 'चलना'।

चालना[२] स० [हिं० चलनी] १. चलनी या छाननी में रखकर छानना। २. छिद्रयुक्त करना। ३. नष्ट करना।

चाल-पेंच पुं०=दाँव-पेंच।

चालबाज वि०, पुं० [हिं० चाल+फा० बाज़] [भाव० चालबाजी] धूर्त, छली।

चालबाजी स्त्री० [हिं० चालबाज] धूर्तता, चालाकी, छल-कपट।

चाला पुं० [हिं० चाल] १. प्रस्थान। २. नई बहू का पहले-पहल ससुराल या मैके आना या जाना। ३. यात्रा का मुहूर्त। ४. उतारा या टोटका एक गाँव से दूसरे गाँव में ले जाना।

चालाक वि० [फा०] [भाव० चालाकी] १. चतुर, दक्ष, होशियार। २. धूर्त, चालबाज।

चालाकी स्त्री० [फा०] १. चतुराई, दक्षता। २. धूर्तता, चालबाजी।

चालान पुं० दे० 'चलान'।

चालिया वि० दे० 'चालबाज'।

चाली वि० [हिं० चाल] १. चालबाज। २. चंचल। ३. नटखट।

चालीस वि० [सं० चत्वारिंशत्] जो गिनती में तीस से दस अधिक हो, बीस का दूना।

पुं० बीस की दूनी संख्या या अंक।

चालीसा पुं० [हिं० चालीस] चालीस पद्यों आदि का संग्रह या समूह, जैसे हनुमान चालीसा।

चालू वि० [हिं० चलना] १. जो चल रहा हो या वर्तमान हो। (सबसिस्टिंग)। २. जिसका चलन रुका न हो, प्रचलित, चलता हुआ। (करेन्ट) ३. (विधि या व्यवहार) जो प्रयोग या कार्य रूप में लाया जा रहा हो। (इन ऑपरेशन) ४. (व्यक्ति) धूर्त, छली, तिकड़मी।

चाल्हा| स्त्री० दे० 'चेल्हवा' (मछली)।

चाव पुं० [हिं० चाह] १. अभिलाषा, वासना। २. प्रेम, अनुराग। ३. शौक, चाह। ४. उमंग, उत्साह।

चावड़ी स्त्री० [?] १. ठहरने का स्थान, पड़ाव। २. सराय।

चावना* स० दे० 'चाहना'।

स्त्री०=चाहत।

चावल पुं० [सं० तंडुल] १. एक प्रसिद्ध अन्न जो भूसी उतारा हुआ धान है, तंडुल। २. भात। ३. चावल के आकार के दाने। ४. एक रत्ती की तौल।

चाशनी स्त्री० [फा०] १. आँच पर चढ़ाकर गाढ़ा और लसीला किया हुआ चीनी, मिसरी, गुड़ आदि का रस। २. चस्का, मजा। ३. सोने का वह नमूना जो मिलान के लिए सुनार को सोना देनेवाला गाहक अपने पास रखता है।

चाष पुं० [सं०] १. नीलकंठ पक्षी। २. चाहा पक्षी।

चासा पुं० [देश०] १. हलवाहा। २. खेतिहर।

चाह[१] स्त्री० [सं० इच्छा] १. इच्छा, अभिलाषा। २. प्रेम, प्रीति। ३. पूछ, आदर, कदर। ४. आवश्यकता, जरूरत।

चाह[2] स्त्री० [हिं० चाल=आहट] १. खबर, समाचार। २. टोह, आहट। ३. गुप्त भेद, मर्म।

चाहक* वि०, पुं० [हिं० चाहना] १. चाहनेवाला। २. प्रेमी।

चाहत स्त्री० [हिं० चाह] १. इच्छा, चाह। २. प्रेम, प्रीति।

चाहना स० [हिं० चाह] १. इच्छा या अभिलाषा करना। २. प्रेम करना। ३. माँगना। ४. देखना। ५. ढूँढ़ना।

स्त्री० दे० 'चाह'।

चाहा पुं० [सं० चाष] बगुले की तरह का एक जलपक्षी।

चाहि* क्रि० वि० [सं० चैव=और भी] अपेक्षाकृत, तुलना में।

चाहिए क्रियापद [हिं० चाहना] १. उचित है। २. आवश्यक है।

चाही[1] वि० स्त्री० [हिं० चाह] चहेती, प्यारी।

चाही[2] वि० स्त्री० [फा० चाह=कुआँ] कुएँ से सींची जानेवाली (जमीन)।

चाहे योज० [हिं० चाहना] १. यदि इच्छा हो तो। २. यदि उचित हो तो। ३. अथवा, या।

चिउँटी स्त्री० दे० 'च्यूँटी'।

चिंघाड़ना अ० [सं० चीत्कार] [भाव० चिंघाड़] १. चीखना, चिल्लाना। २. हाथी का बोलना या चिल्लाना।

चिंचिनी* स्त्री० [सं० तिंतिड़ी] इमली का पेड़ या फल।

चिंज* पुं० [सं० चिरंजीव] [स्त्री० चिंजी] १. लड़का। २. पुत्र, बेटा।

चिंड पुं० [?] नाच का एक प्रकार।

चिंतक वि०, पुं० [सं०] [भाव० चिंतकता] चिंतन करनेवाला।

चिंतन पुं० [सं०] [स्त्री० चिंतना] १. बार-बार होनेवाला स्मरण, ध्यान, भावना। २. विचार, गौर।

चिंतना* स० [सं० चिंतन] १. किसी का चिन्तन या ध्यान करना। २. चिन्ता या फिक्र करना। ३. सोचना।

चिंतनार्थ क्रि०वि० [सं० चिंतन+अर्थ] चिंतन के लिए, विचारार्थ।

चिंतनीय वि० [सं०] १. चिन्तन या चिन्ता करने योग्य। २. जिसका ठीक होना अभी मान्य न हो, सन्दिग्ध, विचारणीय।

चिंतवन* पुं० दे० 'चिंतन'।

चिंता स्त्री० [सं०] १. चिन्तन। २. किसी विषय या कार्य की सिद्धि के सम्बन्ध में मन में बार-बार होनेवाला विचार, सोच। ३. बेचैनी, व्याकुलता।

चिंताग्रस्त वि० [सं०] चिन्ता से ग्रस्त, चिंता से पीड़ित।

चिंताजनक वि० [सं०] चिन्ता उत्पन्न करनेवाला, गम्भीर।

चिंतामग्न वि० [सं०] चिन्ता में लीन, चिन्तित।

चिंतामणि पुं० [सं०] १. सब मनोरथ सिद्ध करनेवाला एक कल्पित रत्न। २. ब्रह्मा। ३. परमेश्वर। ४. सरस्वती का एक मन्त्र जो लड़के की जीभ पर इसलिए लिखा जाता है कि उसे विद्या आए।

चिंतित वि० [सं०] [स्त्री० चिंतिता] जिसे चिन्ता हो, चिन्तायुक्त, बेचैन, विकल।

चिंत्य वि० दे० 'चिंतनीय'।

चिंदी स्त्री० [देश०] बहुत छोटा टुकड़ा।

मुहा० *चिंदी चिंदी करना*=तार-तार करना, क्षत-विक्षत करना। *हिंदी की चिंदी निकालना*=व्यर्थ के सूक्ष्म तर्क करना।

चिंधरना* स०=चीथना।

चिंपांजी पुं० [अं०] एक प्रकार का वनमानुस।

चिउँटी स्त्री० दे० 'च्यूँटी'।

चिउड़ा| पुं० दे० 'चिड़वा'।

चिक स्त्री० [तु० चिक़] बाँस की तीलियों का बना हुआ परदा, चिलमन।

पुं० पशुओं को मारकर उनका माँस बेचनेवाला, जिसकी दुकान के आगे चिक पड़ी रहती है, कसाई।

चिक-चिक स्त्री० [अनु०] तू तू-मैं मैं।

चिकट वि० [सं० चिल्किद] तेल और मैल से गन्दा और चिपचिपा।

चिकटना अ० [हिं० चिकट] बहुत मैल से चिपचिपा होना।

चिकन स्त्री० [फा०] एक प्रकार का बूटीदार सूती कपड़ा।

चिकना वि० [सं० चिक्कण] [स्त्री० चिकनी, भाव० चिकनाई, चिकनापन, चिकनाहट] १. जो खुरदरा न हो, साफ और बराबर। २. जिसमें तेल लगा या मिला हो। ३. कृत्रिम व्यवहार करनेवाला, खुशामदी। ४. स्नेही, प्रेमी। ५. धनवान, सम्पन्न। ६. हृष्ट-पुष्ट और स्वस्थ।

पुं० तेल, घी आदि चिकने पदार्थ।

चिकनाई स्त्री० [हिं० चिकना] १. चिकनाहट। २. चिकना पदार्थ, जैसे घी, तेल।

चिकना घड़ा वि० निर्लज्ज, बेहया।

चिकना-चुपड़ा वि० खुशामद भरा।

चिकनाना स० [हिं० चिकना+आना (प्रत्य०)] १. चिकना करना या बनाना। २. मीठी-मीठी या खुशामद की बातें कहकर किसी को प्रसन्न करना। ३. कोई बिगड़ी हुई बात बनाने के लिए इधर-उधर की या बनावटी बातें करना।

अ० १. चिकना होना। २. स्निग्ध होना। ३. हृष्ट-पुष्ट होना।

चिकनापन पुं०=चिकनाहट।

चिकनाहट स्त्री० [हिं० चिकना+हट (प्रत्य०)] 'चिकना' होने का भाव या दशा, चिकनापन, चिकनाई।

चिकनिया वि० [हिं० चिकना] छैला।

चिकनी बात स्त्री० खुशामद-भरी बात।

चिकनी सुपारी स्त्री० [सं० चिक्कणी] एक प्रकार की उबाली हुई सुपारी।

चिकर पुं० [?] एक प्रकार का रेशमी कपड़ा।

चिकरना अ० दे० 'चिंघाड़ना'।

चिकलना| स०=तोड़ना।

चिकवा पुं० १. दे० 'चिकर'। २. दे० 'चिक' (कसाई)।

चिकार* पुं०=चिंघाड़।

चिकारा पुं० [हिं० चिकार] [स्त्री० अल्पा० चिकारी] १. सारंगी की तरह का एक बाजा। २. हिरन की तरह का एक जानवर।

चिकारी* स्त्री०=चीत्कार।

चिकित्सक पुं० [सं०] रोग का इलाज या चिकित्सा करनेवाला, वैद्य।

चिकित्सन वि० [सं० चिकत्सा] चिकित्सा या चिकित्सक से सम्बन्ध रखनेवाला, जैसे चिकित्सन अधिकारी, चिकित्सन प्रमाणपत्र। (मेडिकल)

चिकित्सन प्रमाणक पुं० [सं०] वह प्रमाण-पत्र जो अस्वस्थता, वयस्कता आदि सिद्ध करने के लिए किसी चिकित्सक से प्राप्त किया जाता है। (मेडिकल सर्टिफिकेट)

चिकित्सन-वैचारिक विज्ञान पुं० [सं०] वह विज्ञान या शास्त्र जिसमें चिकित्सा-सम्बन्धी मूल सिद्धान्तों या तत्त्वों का विवेचन हो। (मेडिकल ज्यूरिसप्रूडेन्स)

चिकित्सा स्त्री० [सं०] [वि० चिकित्सक, चिकित्स्य] रोग दूर करने की युक्ति या प्रक्रिया, इलाज।

चिकित्सा अधिकारी पुं० [सं०] वह अधिकारी जो किसी राजकीय विभाग या नगर-पालिका आदि में लोगों की चिकित्सा की व्यवस्था करता हो। (मेडिकल ऑफिसर)

चिकित्सालय पुं० [सं०] वह स्थान जहाँ रोगियों की चिकित्सा या दवा होती हो, दवाखाना, अस्पताल। (हॉस्पिटल)

चिकित्सावकाश पुं० [सं०] वह अवकाश या छुट्टी जो किसी रोगी कर्मचारी को चिकित्सा कराने के लिए मिलती है।

चिकित्साविज्ञान पुं० [सं०] विज्ञान की वह शाखा जिसमें रोगों, घावों, चोटों आदि की चिकित्सा सम्बन्धी उपायों पर विचार होता है।

चिकित्साविज्ञानी पुं० चिकित्साविज्ञान में निष्णात व्यक्ति।

चिकित्स्य वि० [सं०] (रोग या रोगी) जो चिकित्सा करने से अच्छा हो सके। २. जिसकी चिकित्सा हो सके।

चिकुटी* स्त्री० दे० 'चुटकी'।

चिकुर पुं० [सं०] १. केश, बाल। २. पर्वत। ३. रेंगनेवाले जन्तु, सरीसृप।

चिकोटी स्त्री० दे० 'चुटकी' ४.।

चिक्कचाक वि० [अनु०] चमक-दमकवाला, चमकीला।

चिक्कट वि० दे० 'चिकट'।

चिक्कण वि० [सं०] चिकना।

चिक्करना अ० दे० 'चिंघाड़ना'।

चिक्कार पुं०=चिंघाड़।

चिचड़ा पुं० [देश०] एक जंगली पौधा जो दवा के काम में आता है, अपामार्ग, लटजीरा।

चिचड़ी स्त्री० दे० 'किलनी'।

चिचान* पुं० [सं० सचान] बाज पक्षी।

चिचियाना* अ०=चीखना।

चिचुकना| अ० दे० 'चुचुकना'।

चिचुका| [हिं० चिचुकना] सूखा।

चिचोड़ना स० दे० 'चचोड़ना'।

चिजारा पुं० दे० 'मेमार' या 'राज'।

चिट स्त्री० [सं० चीर] १. कागज का कम चौड़ा पर कुछ लम्बा टुकड़ा जिस पर कोई बात या लेखा लिखा जाए, पर्ची। (स्लिप) २. कपड़े की ऐसी ही धज्जी।

चिटकना अ० [अनु०] [स० चिटकाना] १. चिट शब्द करके टूटना। २. जगह-जगह से फटना। ३. लकड़ी का जलते समय चिट-चिट करना। ४. चिढ़ना। ५. कली का फूटकर खिलना।

चिट-फंड पुं० [अं०] वह निधि या उसका कुछ अंश जो उस व्यक्ति को दिया जाता है जिसकी पर्ची निकलती है।

चिट्टा[1] वि० [सं० सित्] सफेद, श्वेत।

चिट्टा[2] पुं० [?] झूटा बढ़ावा।

मुहा० *चिट्टा लड़ाना*=ऐसी बात कहना जिससे दो आदमियों में झगड़ा हो।

चिट्ठा पुं० [हिं० चिट] १. आय-व्यय का हिसाब, लेखा। २. वर्ष भर की लाभ-हानि का पत्रक, फर्द। ३. सिलसिलेवार सूची या विवरण। ४. मजदूरी या वेतन में बाँटा जानेवाला धन।

चिट्ठी स्त्री० [हिं० चिट] १. वह कागज जिसपर किसी के जानने के लिए कोई बात या समाचार लिखा हो, पत्र, खत। २. पुरजा, रुक्का।

मुहा० *किसी को अपनी चिट्ठी पर चढ़ाना*=किसी को कुछ गिनना या समझना, किसी को कुछ महत्त्व का समझना।

३. वह कागज जिससे कोई काम करने या माल पाने, लाने या ले जाने का अधिकार मिले।

चिट्ठी-पत्री स्त्री० [हिं० चिट्ठी+सं० पत्र] १. किसी के यहाँ पत्र जाना और उसके यहाँ से उत्तर आना, पत्र-व्यवहार। २. इस प्रकार भेजे हुए पत्र और उनके उत्तर।

चिट्ठीरसाँ पुं० दे० 'डाकिया'।

चिड़चिड़ा वि० [हिं० चिड़चिड़ाना] [भाव० चिड़चिड़ापन] जरा-सी बात में चिढ़ने या अप्रसन्न हो जानेवाला।

चिड़चिड़ाना अ० [अनु०] [भाव० चिड़चिड़ाहट] जरा-जरा-सी बातों पर बिगड़ पड़ना।

चिड़वा पुं० [सं० चिविट] हरे धान को भून और कूटकर बनाया हुआ चिपटा दाना, चिउड़ा।

चिड़ा पुं० [सं० चटक] गौरा पक्षी।

चिड़इन, चिड़ायन| स्त्री०=चिरायँध।

चिडार* पुं०=चांडाल।

चिड़िया स्त्री० [सं० चटिका] पंख और चोंचवाला द्विपद, पक्षी, पखेरू।

चिड़ियाखाना पुं० [हिं० चिड़िया+फा० ख़ाना] वह स्थान जहाँ अनेक प्रकार के पशु-पक्षी देखने के लिए रखे जाते हैं।

चिड़िया-स्नान स्त्री० [हिं०+सं०] वह स्नान जिसमें कुछ जलकण शरीर पर छिड़क लिए गए हों।

चिड़िहार* पुं० दे० 'बहेलिया'।

चिड़ीमार पुं० दे० 'बहेलिया'।

चिड़ौला पुं० [हिं० चिड़ा+औला (प्रत्य०)] चिड़िया का बच्चा।

चिढ़ स्त्री० [हिं० चिढ़ना] १. चिढ़ने की अवस्था या भाव। २. वह वस्तु, बात या शब्द जिससे कोई चिढ़े; खिझाने-चिढ़ानेवाला व्यक्ति या वस्तु; जैसे-मिर्जा की चिढ़ सिरका थी।

चिढ़ना अ० [हिं० चिड़चिड़ाना] [भाव० चिढ़] १. अप्रसन्न होना, बिगड़ना। २. द्वेष रखना।

चिढ़ाना स० [हिं० चिढ़ना] जान-बूझकर ऐसा काम करना कि कोई चिढ़े।

चित् स्त्री० [सं०] चेतना या ज्ञान।

चित[1] पुं० [सं० चित्त] चित्त, मन।

चित[2] वि० [सं० चित=ढेर किया हुआ] पीठ के बल लेटा हुआ, 'पट' का उलटा।

चितउन* स्त्री० दे० 'चितवन'।

चितकबरा वि० [सं० चित्र+कर्बुर] [स्त्री० चितकबरी] भिन्न-भिन्न रंगों के धब्बोंवाला।

चितचोर पुं० [हिं० चित+चोर] चित्त चुरानेवाला, प्यारा, प्रिय।

चितरना* स० [सं० चित्र] १. चित्रित या अंकित करना, चीतना। २. लगाना, जैसे काजल चितरना।

चितरसारी* स्त्री०=चित्रशाला।

चितला| वि०=चितकबरा।

चितवन स्त्री० [हिं० चेतना] ताकने या देखने का भाव या ढंग, अवलोकन, दृष्टि।

चितवना* स० [हिं० चेतना] देखना।

चिता स्त्री० [सं० चित्या] चुनी हुई लकड़ियों का वह ढेर जिसपर मुरदा जलाते हैं।

चिताना स० दे० 'चेताना'।

चितारना[1] स० दे० 'चितरना'।

चितारना[2] स० [सं० चित्त] ध्यान में लाना।

चितावनी स्त्री० दे० 'चेतावनी'।

चिति स्त्री० [सं०] १. चिता। २. समूह, ढेर। ३. चुनना, चयन। ४. चैतन्य। ५. ज्ञान। ६. दुर्गा।

चितेरा* पुं० [सं० चित्राकर] १. चित्रकार। २. चित्र-समूह। (ब्रज०)

चितैला* पुं०=चित्रकार।

चितौन, चितौनी स्त्री० दे० 'चितवन'।

चित्त पुं० [सं०] १. अन्तःकरण, मन, दिल।

मुहा० *चित्त चढ़ना*=दे० 'चित्त पर चढ़ना'। *चित्त चुराना*=मन मोहना। *चित्त देना*=ध्यान देना। *चित्त पर चढ़ना*=(क) मन में ध्यान बना रहना। ख) याद आना। *चित्त बँटना*=चित्त एकाग्र न रहना। *चित्त में जमना या बैठना*=(क) हृदय में दृढ़ होना। (ख) समझ में आना। *चित्त लगाना*=मन लगाना, ध्यान देना। *चित्त से उतरना*=(क) (कोई बात) भूल जाना। (ख) (किसी व्यक्ति के प्रति) मन में पहले का-सा प्रेम या आदर न रह जाना।

२. अंतःकरण की अनुसंधान करनेवाली वृत्ति।

चित्तविक्षेप पुं० [सं०] चित्त की चंचलता या अस्थिरता जो मन के एकाग्र होने में बाधक होती है।

चित्तविभ्रम पुं० [सं०] १. भ्रान्ति, भ्रम, धोखा। २. उन्माद।

चित्तवृत्ति स्त्री० [सं०] चित्त की वह अवस्था, जिसके अनुसार मनुष्य कोई विचार या काम करता है।

चित्ती[1] स्त्री० [सं० चित्र] छोटा धब्बा।

चित्ती[2] स्त्री० [हिं० चित] जुआ खेलने की एक प्रकार की चिपटी कौड़ी।

चित्तौर पुं० [सं० चित्रकूट] राजपूताने का एक प्रसिद्ध ऐतिहासिक नगर।

चित्र पुं० [सं०] [वि० चित्रित, चित्रीय] १. चन्दन आदि का तिलक। २. रेखाओं या रंगों से बनी हुई किसी वस्तु की आकृति, तस्वीर। (पिक्चर) ३. किसी वस्तु की वह प्रतिकृति जो किसी कथन, विवेचन, विवरण आदि को स्पष्ट करने के लिए उपस्थित की जाए। (इलस्ट्रेशन) ४. किसी वस्तु की ज्यों-की-त्यों तैयार की हुई प्रतिकृति। (फोटो) ५. सजीव और विस्तृत वर्णन।

मुहा० *चित्र उतारना या खींचना*=ऐसा वर्णन करना कि सब बातें चित्र के दृश्य की तरह सामने आ जाएँ।

६. काव्य का एक भेद जिसमें व्यंग्य का चमत्कार नहीं रहता। ७. काव्य में वह रचना जिसमें विशेष क्रम से लिखे पद्य के अक्षरों से घोड़े, रथ, कमल आदि के आकार बन जाते हैं। ८. आकाश। ९. एक प्रकार का कोढ़। १०. चित्रगुप्त।

वि० १. अद्भुत, विचित्र। २. रंग-बिरंगा।

चित्रक पुं० [सं०] १. चित्रकार। २. चीता, बाघ। ३. चीता नामक ओषधि।

चित्रकला स्त्री० [सं०] चित्र बनाने की विद्या या कला।

चित्रकार पुं० [सं०] चित्र बनानेवाला, चितेरा।

चित्रकारी स्त्री० [हिं० चित्रकार] १. चित्र बनाने की कला। २. बनाए हुए चित्रों का संकलन या समूह।

चित्रकाव्य पुं० [सं०] ऐसा काव्य जिसके अक्षर किसी विशेष क्रम से लगाने पर किसी वस्तु का चित्र बन जाता है।

चित्रकूट पुं० [सं०] १. एक प्रसिद्ध पर्वत, जिसपर बनवास में राम और सीता बहुत दिनों तक रहे थे। २. चित्तौर।

चित्रगुप्त पुं० [सं०] वह देवता जो प्राणियों के पाप-पुण्य का लेखा रखता है।

चित्रण पुं० [सं०] १. किसी सम अथवा असम तल पर रंगों से आकृति बनाकर उसमें लम्बाई, चौड़ाई और गोलाई, रूप आदि दिखलाना, चित्र अंकित करना, तसवीर बनाना। २. सजीव वर्णन।

चित्रना* स० [सं० चित्र+हिं० ना (प्रत्य०)] १. चित्रित करना। २. रंग भरना। ३. बेल-बूटे बनाना। ४. शोभा के लिए स्त्रियों के मुख पर सितारों, चन्दन, केसर आदि से बेल-बूटे बनाना।

चित्रपट पुं० [सं०] [स्त्री० चित्रपटी] १. सिनेमा का पर्दा। २. सिनेमा; जैसे—चित्रपट संगीत। ३. वह कपड़ा, कागज आदि जिसपर चित्र बनाए जाते हैं, चित्राधार।

चित्रलिपि स्त्री० [सं०] लिपि का वह प्रकार जिसमें किसी वस्तु या भाव का सूचक चित्र-सा बना दिया जाता है, जैसे चीन की प्राचीन लिपियाँ। (आइडिओग्राफ)

चित्रवंत* पुं०=चित्रकार।

चित्र-विचित्र वि० [सं०] १. रंग-बिरंगा, कई रंगों का। २. बेल-बूटेदार। ३. अनेक प्रकार का, तरह-तरह का।

चित्रशाला स्त्री० [सं०] वह भवन जिसमें चित्रों का प्रदर्शन हो।

चित्रसार* स्त्री० [सं० चित्रशाला] चित्रशाला।

चित्रसारना* स० दे० 'चित्रना'।

चित्रसारी स्त्री० [सं० चित्र+शाला] १. चित्रशाला। २. सजा हुआ शयनगृह, विलासभवन, रंग-महल। ३. चित्रकारी।

चित्रस्थ वि० [सं०] १. चित्र में अंकित किया हुआ। २. चित्र में अंकित व्यक्ति के समान निस्तब्ध या निश्चल।

चित्रा स्त्री० [सं०] १. सत्ताईस नक्षत्रों में से एक। २. ककड़ी या खीरा।

चित्रात्मक वि० [सं०] [भाव० चित्रात्मकता] १. चित्रों से युक्त। २. चित्रित।

चित्रात्मकता स्त्री० [सं०] चित्रित होने की अवस्था या भाव।

चित्राधार पुं० [सं०] १. वह पुस्तक जिसमें अनेक प्रकार के चित्र रखे जाते हैं, चित्रसंग्रह। (एल्बम) २. चित्रपट।

चित्रिणी स्त्री० [सं०] कामशास्त्र में स्त्रियों के चार भेदों में से एक।

चित्रित वि० [सं०] १. चित्र में खींचा हुआ। २. बेल-बूटों, चित्तियों या धारियों से युक्त। ३. वर्णित। ४. अंकित।

चित्रोपम वि० [सं०] (वर्णन) जो चित्र के समान सजीव हो उठा हो।

चित्शक्ति स्त्री० [सं०] वह शक्ति जो चेतना के रूप में सर्वत्र व्याप्त हो।

चिथड़ा पुं० [सं० चीर्ण या चीर] फटा-पुराना कपड़ा।

चिथाड़ना स० [सं० चीर्ण] १. चीरना, फाड़ना। २. डाँटना, डपटना।

चिदात्मा पुं० [सं०] ब्रह्म।

चिदानंद पुं० [सं०] ब्रह्म।

चिदाभास पुं० [सं०] अन्तःकरण में होनेवाला ब्रह्म का आभास या प्रतिबिम्ब।

चिद्रूप पुं० [सं०] ज्ञानस्वरूप परमात्मा।

चिद्विलास पुं० [सं०] चैतन्य स्वरूप ईश्वर की माया।

चिनगारी स्त्री० [सं० चूर्ण, हिं० चून+अंगार] आग का छोटा कण या टुकड़ा, अग्निकण।

मुहा० *आँखों से चिनगारियाँ छूटना*=क्रोध से आँखें लाल होना।

चिनगी स्त्री० [हिं० चिनगारी] चिनगारी।

पुं० वह लड़का जो नटों के साथ बाँस पर चढ़ता और तरह-तरह के खेल दिखाता है।

चिनाना* स० दे० 'चुनवाना'।

चिनाब स्त्री० [सं० चंद्रभागा] पश्चिमी पंजाब की एक नदी।

चिनिया[१] वि० [हिं० चीनी] चीनी के रंग का।

पुं० एक प्रकार का रेशा या नकली रेशम।

चिनिया[२] वि० [चीन देश] चीन का।

चिनिया बादाम पुं० दे० 'मूँगफली'।

चिनिया बेगम स्त्री० दे० 'अफीम'।

चिन्मय वि० [सं०] [स्त्री० चिन्मयी] ज्ञानमय, चेतनायुक्त।

पुं० परमेश्वर।

चिन्ह* पुं० दे० 'चिह्न'।

चिन्हानी स्त्री० [हिं० चिह्न] १. याद दिलानेवाली वस्तु। २. स्मारक।

चिन्हारना स० [सं० चिह्न से] पहचानना।

चिन्हारी स्त्री०=चिन्हानी।

चिप पुं० [अं०] दे० 'माइक्रोचिप'।

चिपकना अ० [अनु० चिपचिप] १. गोंद आदि लसीली चीजों से दो वस्तुओं का आपस में जुड़ना। २. लिपटना, चिपटना।

चिपकाना स० [हिं० चिपकना] १. लसीली वस्तु से जोड़ना। २. गले लगाना।

चिपचिपा वि० [अनु० चिपचिप] चिपकनेवाला, लसीला।

चिपचिपाना अ० [हिं० चिपचिप] छूने से चिपचिपा लगना।

चिपटना अ० [अनु० चिपचिप] १. (व्यक्ति या जीव का) किसी से जुड़ जाना या किसी के गले लग जाना। २. पीछे पड़ जाना। ३. चिपकना।

चिपटा वि० [सं० चिपिट] [स्त्री० चिपटी] जिसकी सतह उठी हुई न हो, दबा हुआ।

चिपड़ी स्त्री० दे० 'उपला'।

चिप्पड़, चिप्पड़ा पुं० दे० 'चप्पड़'।

चिप्पी स्त्री० [हिं० चिपकना] कागज का वह छोटा टुकड़ा जो किसी वस्तु पर चिपकाया जाए।

चिबुक पुं० [सं०] ठोड़ी।

चिमगोई† स्त्री० बातचीत, चर्चा।

चिमटना अ० [हिं० चिमटना] १. चिपकना। २. कसकर लिपटना। ३. पीछा या पिंड न छोड़ना।

चिमटा पुं० [हिं० चिमटना] [स्त्री० अल्पा० चिमटी] १. दबाकर पकड़ने या उठानेवाला फैले मुँह का एक औजार। २. उक्त जैसा एक प्रकार का वाद्य।

मुहा० *चिमटा गाड़ना*=अधिकार कर लेना, कब्जा जमा लेना।

चिमटाना स० हिं० 'चिमटना' का स०।

चिमटावादी वि० पाखंडी, ढोंगी।

चिमड़ा वि० दे० 'चीमड़'।

चिमनी स्त्री० [अं०] १. मकान का धुआँ निकालनेवाला छेद या नल। २. लम्प या लालटेन पर का शीशा।

चिमिकना* अ०=चमकना।

चिरंजीव वि० [सं०] बहुत दिनों तक जीवित रहनेवाला, चिरजीवी।
पुं० पुत्र, बेटा।
विस्मयादि० यह आशीर्वाद कि बहुत दिनों तक जीते रहो।

चिरंतन वि० [सं०] पुराना, प्राचीन।

चिर वि० [सं०] दीर्घ, बहुत (समय)।
क्रि० वि० बहुत दिनों तक।

चिरई स्त्री० दे० 'चिड़िया'।

चिरकाल पुं० [सं०] दीर्घकाल।

चिरकालिक, चिरकालीन वि० [सं०] बहुत दिनों का, पुराना।

चिरकुट पुं० दे० 'चिथड़ा'।

चिरगा पुं० [?] कुछ लाली लिए हरे रंग का घोड़ा।

चिरजीवन पुं० [सं०] सदा बना रहनेवाला जीवन, अमर जीवन।
वि० दे० 'चिरजीवी'।

चिरजीवी वि०[सं०] १. दीर्घजीवी। २. अमर।

चिरता* पुं० दे० 'चिलता' (कवच)।

चिरना[1] अ० [सं० चीर्ण] सीध में फटना।

चिरना[2] अ० [हिं० चीरना] चीरा जाना।

चिरना[3] अ०=चिढ़ना।

चिरनिद्रा स्त्री० [सं०] [वि० चिरनिद्रित] मृत्यु, मौत।

चिर-परिचित वि० [सं०] १. जिससे बहुत दिनों का परिचय हो। २. जाना-बूझा या समझा हुआ।

चिर-प्रतीक्षित वि० [सं०] जिसकी चिरकाल से प्रतीक्षा की जा रही हो।

चिरम स्त्री० [?] घुंघची।

चिरमिटी स्त्री० [देश०] घुंघची।

चिरमी स्त्री० [देश०] घुँघची।

चिरयुवा वि० [सं०] [स्त्री-चिर यौवना] १. चिरकाल तक युवा बना रहनेवाला। २. जो सदा युवा रहे।

चिरवाना स० हिं० 'चीरना' का प्रे०।

चिरस्थायी (-मिन्) वि० [सं०] [भाव० चिरस्थायित्व] बहुत दिनों तक बना रहनेवाला।

चिरहँटा| पुं० बहेलिया।

चिराई स्त्री० [हिं० चीरना] चीरने का भाव, काम या मजदूरी।

चिराक* पुं० दे० 'चिराग'।

चिराग पुं० [फा०] दीपक, दीया।

चिरागदान पुं० [फा०] दीयट।

चिरातन* वि० दे० 'चिरंतन'।

चिराना[1] स० [हिं० 'चीरना' का प्रे०] चीरने का काम दूसरे से कराना।

चिराना[2] वि० [सं० चिरंतन] १. पुराना। २. टूटा-फूटा, जीर्ण।

चिरायँध स्त्री० [सं० चर्म+गंध] चमड़ा, बाल, मांस आदि के जलने की दुर्गन्ध।

चिरायता पुं० [सं० चिरतिक्त या चिरात्] दवा के काम में आनेवाला एक बहुत कड़वा पौधा।

चिरायु वि० [सं०] बड़ी आयुवाला।

चिरार| स्त्री० [हिं० चीर] दरार।

चिरिहार पुं० दे० 'बहेलिया'।

चिरी* स्त्री० दे० 'चिड़िया'।

चिरौंजी स्त्री० [सं० चार+बीज] पयाल नामक वृक्ष के बीजों की गिरी।

चिरौरी स्त्री० [अनु०] दीनतापूर्वक की जानेवाली प्रार्थना।

चिलक स्त्री० [हिं० चिकना] १. चमक, कान्ति। २. हड्डी या नस में अचानक उठनेवाला दर्द, चमक।
पुं०=तिलक (पौधा)।

चिलकई| स्त्री०=चिलकाई।

चिलकना अ० [हिं० चिल्ली=बिजली, या अनु०] १. रह-रहकर चमकना। २. चिलक (दर्द) होना।

चिलका| पुं०=चिलकाई।

चिलका, चिलकाई* स्त्री० [हिं० चिलक+आई (प्रत्य०)] १. चकाचौंध, चमचमाहट, चमक। २. उतार-चढ़ाव। ३. उत्तेजना।

चिलकाना स० [हिं० चिलक] चमकाना।

चिलकौआ| पुं० [हिं० चील+कौआ] लोभी व्यक्ति।

चिलगोजा पुं० [फा० चिलगोज़:] एक प्रकार का मेवा जो चीड़ या सनोवर का फल है।

चिलचिलाना[1] अ० दे० 'चिलकना'।

चिलचिलाना[2] स० [अनु०] चमकाना।

चिलड़ा पुं० [देश०] चिल्ला या उलटा नामक पकवान।

चिलता पुं० [फा० चिल्त:] एक प्रकार का बख्तर या कवच।

चिलबिल पुं० [सं० चिलबिल्व] १. एक प्रकार का बड़ा जंगली वृक्ष। २. एक प्रकार का बरसाती पौधा।

चिलबिला, चिलबिल्ला वि० [सं० चल+बल] [स्त्री० चिलबिली(ल्ली)] चंचल, चपल।

चिलम स्त्री० [सं० चिलमिलिका से फा० चिलिम] मिट्टी की एक तरह की नलीदार कटोरी जिस पर तम्बाकू रखकर उसका धुआँ पीते हैं।

चिलमची स्त्री० [तु०] चौड़े मुँह का बरतन।

चिलमन स्त्री० दे० 'चिक'।

चिलवाँस पुं० [?] चिड़ियाँ फँसाने का फन्दा।

चिलिग स्त्री० दे० 'चिलक'।

चिल्लड़ पुं० [सं० चिल=वस्त्र] जूँ के आकार का एक सफेद कीड़ा।

चिल्लपों स्त्री० [हिं० चिल्लाना+(अनु०) पों] चिल्लाहट, शोर।

चिल्लर| पुं० रेजगारी।

चिल्ला[1] पुं० [फा० चिल्ल:] चालीस दिनों का समय।
मुहा० *चिल्ले का जाड़ा*=कड़ी सर्दी जो प्राय: ४० दिनों तक रहती है।

चिल्ला[2] पुं० [देश०] १. चने, मूँग आदि की घी में सिकी रोटी, उलटा। २. धनुष की डोरी, पतंचिका।

चिल्लाना अ० [हिं० चीत्कार] विपत्ति, क्रोध, आवेश आदि के समय जोर से बोलना, शोर या हल्ला करना।

चिल्लाहट स्त्री० [हिं० चिल्लाना] १. चिल्लाने की क्रिया या भाव। २. चिल्लाने की आवाज, शोर।

चिल्लिका स्त्री० [सं०] १. झिल्ली या झींगुर नाम का कीड़ा। २. धूप।

चिल्ली स्त्री० [सं०] झिल्ली (कीड़ा)।
स्त्री० दे० 'बिजली'।

चिहुँकना* अ० दे० 'चौंकना'।

चिहुँटना* स० [हिं० चिमटना] १. चुटकी काटना। २. चिपटना, लिपटना।

चिहुँटी स्त्री० दे० 'चुटकी'।

चिहुर* पुं० [सं० चिकुर] केश, बाल।

चिह्न पुं० [सं०] १. दिखाई देने या समझ में आनेवाला ऐसा लक्षण, जिससे कोई चीज पहचानी जा सके या किसी बात का कुछ प्रमाण मिले, निशान। (मार्क) २. कोई ऐसी छोटी बात जो किसी दूसरी बड़ी बात या घटना की सूचक हो, संकेत। (साइन) ३. किसी चीज या बात का पता देनेवाला कोई तत्त्व। ४. किसी चीज की पहचान के लिए उसपर लगाया हुआ अंक या निशान। ५. किसी चीज के सम्पर्क, संघर्ष या दाब से पड़ा हुआ निशान, छाप, जैसे चरणचिह्न। (इम्प्रेशन) ६. पताका, झंडा।

चिह्न पुं०=चिह्नांकन।

चिह्नांकन पुं० [सं०] चिह्न बनाने या लगाने का काम।

चिह्नित वि० [सं०] १. चिह्न किया हुआ। २. जिसपर चिह्न या निशान लगा हो। (मार्क्ड)

चींचपड़ स्त्री० [अनु०] विरोध में बहुत दबते हुए कहे हुए शब्द।

चींचीं| स्त्री० चिल्लपों।

चींटवा पुं० दे० 'च्यूँटा'।

चींटी स्त्री० दे० 'च्यूँटी'।

चींतना* स० दे० 'चित्रना'।

चींथना स० [सं० चीर्ण] नोचकर फाड़ना, टुकड़े-टुकड़े करना।

चींपों| स्त्री०=चिल्लपों।

-ची प्रत्य० [तु०] -वाला; जैसे अफीमची, तोपची, बन्दूकची।

चीक स्त्री० दे० 'चिल्लाहट'।

चीकट पुं० [हिं० कीचड़] १. तेल की मैल। २. लसदार मिट्टी।
वि० दे० 'चिकट'।

चीकना अ० [सं० चीत्कार] जोर से चिल्लाकर बोलना, चिल्लाना।
*वि० दे० 'चिकना'

चीकू पुं० [देश०] महोगनी वृक्ष का गूदेदार मीठा फल।

चीख स्त्री० दे० 'चिल्लाहट'।

चीखना स० दे० 'चखना'।
अ० दे० 'चीकना'।

चीखर, चीखल पुं० दे० 'कीचड़'।

चीज स्त्री० [फा० चीज़] १. पदार्थ, वस्तु, द्रव्य। २. अलंकार, गहना। ३. गीत। ४. विलक्षण या महत्त्व की वस्तु या बात।

चीठी| स्त्री० दे० 'चिट्ठी'।

चीड़ पुं० [सं० चीड़ा] एक बहुत ऊँचा और लम्बा पेड़ जिसके गोंद से गन्धाबिरोजा निकलता है।

चीड़ा पुं० [?] काँच की बनी हुई छोटी गुरिया या मनका।

चीत* पुं० [सं० चित्रा] चित्रा नक्षत्र।
स्त्री०=चेतना।

चीतना[१] * अ० [हिं० चेतना] १. मन में सोचना, जैसे किसी का बुरा चीतना। २. दे० 'चेतना'।

चीतना[२] स० [सं० चित्र] चित्र या बेल-बूटे बनाना।

चीतर* पुं० १. दे० 'चीतल'। २. दे० 'चित्र'।

चीतल पुं० [हिं० चित्ती] १. एक प्रकार का हिरन। २. एक प्रकार का बड़ा साँप।

चीता[१] पुं० [सं० चित्रक] १. एक प्रसिद्ध हिंसक जंगली पशु। २. औषधि के काम का एक पेड़।

चीता[२] वि० [हिं० चेतना] मन में सोचा हुआ।

चीत्कार पुं० [सं०] १. कष्ट या पीड़ा के कारण मुँह से निकलनेवाला शब्द, कराह। २. चिल्लाहट, शोर।

चीत्कारी| वि० चीत्कार करनेवाला।

चीथड़ा पुं० दे० 'चिथड़ा'।

चीथना स० [सं० चीर्ण] १. दाँतों से विदीर्ण करना। २. फाड़कर टुकड़े-टुकड़े करना।

चीन पुं० [सं०] १. झंडा, पताका। २. तागा। ३. एक प्रकार का रेशमी कपड़ा। ४. एशिया का एक प्रसिद्ध देश।

चीनांशुक पुं० [सं०] १. चीन देश की लाल बनात। २. एक प्रकार का रेशमी कपड़ा, जो पहले चीन से आता था।

चीना वि० [सं० चीन] चीन देश का।
पुं० एक प्रकार का कपूर।

चीनी स्त्री० [चीन(देश)+ई(प्रत्य०)] सफेद चूर्ण के रूप में मिठास का सार, जो ईख या खजूर आदि के रस से बनता है, शक्कर।
वि० चीन देश का।
पुं० चीन देश का निवासी।
स्त्री० चीन देश की भाषा।

चीनी मिट्टी स्त्री० [हिं० चीनी (वि०)+मिट्टी] एक प्रकार की सफेद मिट्टी जिसके बरतन, खिलौने आदि बनते हैं।

चीन्हना| स० दे० 'पहचानना'।

चीप पुं० १. दे० 'चिप्पड़'। २. दे० 'चेप'।

चीमड़ वि० [हिं० चमड़ा] १. जो बिना टूटे खींचा, मोड़ा या झुकाया जा सके। २. जो किसी के साथ लगा हो और पिंड न छोड़ता हो।

चीयाँ पुं० [सं० चिंचा] इमली का बीज।

चीर[१] पुं० [सं०] १. वस्त्र, कपड़ा। २. पेड़ की छाल। ३. चिथड़ा, लत्ता। ४. मुनियों या बौद्ध भिक्षुओं का वस्त्र।

चीर[२] स्त्री० [हिं० चीरना] १. चीरने की क्रिया या भाव। २. चीरने से बनी हुई दरार।

चीरक पुं० [सं०] १. लेख्य। (डाकुमेन्ट) २. मुट्ठे की तरह लपेटा हुआ लम्बा कागज। (रोल, स्क्रोल)

चीर-घर पुं० वह स्थान जहाँ शवों को चीर-फाड़ करके मृत्यु का कारण जानने के लिए भेजते हैं। (मॉर्च्युअरी)

चीरचरम* पुं० दे० 'बाघंबर'।

चीरना स० [सं० चीर्ण] १. तेज धारवाले हथियार से बीच में से काटना। २. फाड़ना।

मुहा० *माल या रुपया चीरना*=अनुचित रूप से धन प्राप्त करना।

चीर-फाड़ स्त्री० [हिं० चीरना+फाड़ना] १. चीरने-फाड़ने का काम या भाव। २. अंगों या फोड़ों को चीरने का काम या भाव, अस्त्र-चिकित्सा। (ऑपरेशन) ३. निर्मम विश्लेषण, कटु आलोचना।

चीरहरण पुं० [सं० चीर+हरण] १. वस्त्रों का छीना या हर लिया जाना। २. स्त्री के वस्त्रों को उतरवाकर उसे नग्न करने की क्रिया या भाव।

चीरा पुं० [हिं० चीर] १. एक प्रकार का धारीदार रंगीन कपड़ा जिसकी पगड़ी बनती है। २. शल्य चिकित्सा के समय त्वचा आदि का काटा जाना।

चीरी* स्त्री० दे० 'चिड़िया'।

चीर्ण वि० [सं०] फटा या चिरा हुआ।

चील स्त्री० [सं० चिल्ल] गिद्ध की जाति की एक बड़ी चिड़िया।

चील-झपट्टा पुं० [हिं० चील+झपटना] चील की तरह झपटकर किसी से कोई चीज छीन या ले लेने की क्रिया या भाव।

चीलर पुं० दे० 'चिल्लड़'।

चीवर पुं० [सं०] १. संन्यासियों या भिक्षुओं के पहनने का कपड़ा।

चुंगल| पुं० दे० 'चंगुल'।

चुंगी स्त्री० [सं० शुल्क, प्रा० शुंक] १. शहर में आनेवाले बाहरी माल पर लगनेवाला महसूल।

चुँघाना स० [हिं० चुसाना] चुसाना।

चुंडित वि० [हिं० चुंदी] चुंदीवाला।

चुँदरी स्त्री० दे० 'चूनरी'।

चुंदी स्त्री० [सं० चूड़ा] शिखा, चोटी।

चुंधा वि० [हिं० चौ=चार+अंध] [स्त्री० चुंधी] १. अन्धा। २. छोटी आँखोंवाला।

चुंधियाना अ० दे० 'चौंधियाना'।

चुंबक वि० [सं०] चुंबन लेनेवाला; जैसे-चरणचुंबक।

पुं० १. वह जो चुंबन करे। २. ग्रंथों को केवल इधर-उधर से उलटने-पलटनेवाला। ३. वह पत्थर या धातु जो लोहे को अपनी ओर खींचता है।

चुंबकत्व पुं० [सं०] १. चुम्बक का गुण या भाव। २. आकर्षण-शक्ति।

चुंबकीय वि० [सं०] चुम्बक-सम्बन्धी।

चुंबन पुं० [सं०] [वि० चुंबक, चुंबनीय, चुंबित] १. चूमने की क्रिया। २. चुम्मा, बोसा। ३. स्पर्श।

चुंबना* स०=चूमना।

चुंबी (-बिन्) वि० [सं०] १. चूमनेवाला। २. छूनेवाला।

चुअना* अ० दे० 'चूना'।

चुआना स० हिं० 'चूना' का स०।

चुकंदर पुं० [फा०] गाजर की तरह का एक कन्द।

चुक पुं० दे० 'चूक'।

चुकता वि० [हिं० चुकना] (हिसाब या ऋण) जो चुका दिया गया हो, निश्शेष, अदा।

चुकती स्त्री० [हिं० चुकना] भरपाई।

चुकना अ० [सं० च्युत्कृत] १. समाप्त होना, बाकी न रहना। २. दिया जाना, चुकता होना। ३. तै होना, निपटना। ४. दे० 'कूकना'। ५. समाप्तिसूचक संयोज्य क्रिया, जैसे-खा चुकना।

चुकरना| अ० = रंभाना।

चुकाना स० [हिं० चुकना] १. चुकता कर देना, बाकी न रखना। २. तै करना, निपटारा करना।

चुकाव पुं० [हिं० चुकना] चुकने या चुकाए जाने की क्रिया या भाव।

चुक्क वि० [?] अत्यधिक खट्टा।

चुक्कड़| पुं० [सं० चषक] मिट्टी का छोटा बरतन, कुल्हड़, पुरवा।

चुखाना अ०, स० दे० 'चोखाना'।

चुगत स्त्री० [हिं० चुगना] चुगने की क्रिया या भाव।

चुगना स० [फा० चुंग] चिड़ियों का चोंच से दाने या चारा उठाकर खाना।

चुगलखोर पुं० [तु० चुग्ल+फा० ख़ोर] चुगली खाने या शिकायत करनेवाला, लुतरा।

चुगली स्त्री० [तु० चुग्ली] झगड़ा लगानेवाली किसी की वह बात जो उसके परोक्ष में किसी से कही जाती है, शिकायत।

चुगा* पुं० [हिं० चुगना] चिड़ियों के चुगने का चारा।

पुं० दे० 'चोगा'।

चुगाना स० हिं० 'चुगना' का स०।

चुगुल* पुं० दे० 'चुगलखोर'।

चुग्गड़| पुं०=चुक्कड़ (पुरवा)।

चुचकना अ० [सं० चुच्यते] ऐसा सूखना कि झुर्रियाँ पड़ जाएँ।

चुचकारना स० दे० 'चुमकारना'।

चुचाना* अ० दे० 'चूना'।

चुटकना स० [हिं० चुटकी] १. चुटकी से तोड़ना। २. साँप का काटना।

चुटकी स्त्री० [अनु० चुटचुट] १. पकड़ने के लिए अँगूठे और तर्जनी का योग।

मुहा० *चुटकी बजाना*=एक विशेष प्रकार से अँगूठे को बीच की उँगली पर छटकाकर शब्द निकालना। *चुटकी बजाते*=बात की बात में, तुरन्त। *चुटकियों में उड़ाना*=बहुत सहज समझना।

पद *चुटकी भर*=जरा-सा। *चुटकियों में*=बहुत शीघ्र।

२. चुटकी बजने का शब्द। ३. चुटकी भर अन्न, थोड़ा अन्न।

मुहा० *चुटकी माँगना*=भिक्षा माँगना।

४. अँगूठे और तर्जनी से किसी के शरीर का चमड़ा पकड़कर दबाना जिससे उसे कुछ पीड़ा हो, चिकोटी।

मुहा० *चुटकी भरना या काटना*=(क) अँगूठे और तर्जनी से चमड़ी को दबाकर पीड़ित करना। (ख) चुभती हुई बात कहना। *चुटकी लेना*=(क) हँसी उड़ाना, उपहास करना। (ख) चुभती हुई बात कहना।

चुटकुला पुं० [हिं० चोट+कला] १. चमत्कारपूर्ण हँसी की या छोटी मजेदार बात।

मुहा० *चुटकुला छोड़ना*=ऐसी बात कहना जिससे झगड़ा खड़ा हो।

२. दवा का छोटा और गुणकारी नुस्खा, लटका।

चुटकुलेबाज पुं० [हिं० चुटकला+फा० बाज़] चुटकुले सुनाने में निपुण।

चुटकुलेबाजी स्त्री० [चुटकलेबाज] निरंतर चुटकुले सुनाने का चलता क्रम।

चुटफुट स्त्री० [अनु०] फुटकर वस्तु।

चुटर-पुटर| स्त्री० [अनु०] इधर-उधर।

चुटार| वि०=चुटैल।

चुटिया स्त्री० [हिं चोटी] शिखा, चोटी।

चुटीला वि० [हिं० चोट] जिसे चोट लगी हो, घायल।

चुटैल वि० [हिं० चोट] १. घायल। २. चोट करनेवाला।

चुड़िहार पुं० [हिं० चूड़ी+हारा (प्रत्य०)] [स्त्री० चुड़िहारिन] चूड़ियों का व्यवसायी।

चुड़ैल स्त्री० [सं० चूड़ा+हिं० ऐल (प्रत्य०)] १. भूतनी, डायन। २. कुरूप स्त्री। ३. क्रूर और लड़ाकी स्त्री।

चुनचुनाना अ० [अनु०] [भाव० चुनचुनाहट] कुछ जलन लिए हुए खुजली होना।

चुनट स्त्री० [हिं० चुनना] कपड़े आदि में बनाई हुई सिलवट।

चुनन स्त्री० दे० 'चुनन'।

चुनना स० [सं० चयन] १. छोटी-छोटी चीजें हाथ से उठाकर इकट्ठी करना, जैसे फूल चुनना। २. बहुत-सी चीजों में से कुछ अच्छी चीजें पसन्द करके अलग करना, छाँटना। ३. कुछ लोगों में से किसी को अपना प्रतिनिधि बनाने के लिए कहना, निर्वाचित करना। ४. अच्छी चीज में से खराब या कूड़ा-करकट छाँटकर अलग करना, जैसे दाल या चावल चुनना। ५. सजाकर या एक पर एक करके ठीक तरह से रखना, जैसे मेज पर खाना या दीवार की ईंटें चुनना।

मुहा० *किसी को दीवार में चुनना*=किसी के प्राण लेने के लिए उसे खड़ा करके उसके चारों ओर दीवार उठाना।

६. कपड़े में छोटी-छोटी तह लगाना या उसे सुन्दर बनाने के लिए उसमें जगह-जगह बल या सिकुड़न डालना।

चुनरी स्त्री० [हिं० चुनना] १. दे० 'चूनरी'। २. चुन्नी (रत्न)।

चुनाई स्त्री० [हिं० चुनना] १. चुनने की क्रिया, भाव या मजदूरी। २. चुनाव

चुनाव पुं० [हिं० चुनना] १. चुनने की क्रिया या भाव। (सेलेक्शन) २. किसी कार्य के लिए किसी व्यक्ति को चुनना, निर्वाचन। (इलेक्शन)

मुहा० *चुनाव लड़ना*=किसी चुनाव या निर्वाचन में स्वयं खड़े होकर या किसी उम्मीदवार की ओर से किसी दूसरे उम्मीदवार को हराने का प्रयत्न करना।

३. वह वस्तु या व्यक्ति जिसे काम के लिए चुना जाए, जैसे आपका यह चुनाव कुछ अच्छा नहीं हुआ।

चुनाव-प्रचार पुं० [हिं०+सं०] चुनाव में खड़े किसी प्रत्याशी या दल को जिताने के लिए मतदाताओं से उसे मत देने के लिए निवेदन करने का कार्य।

चुनाव-याचिका स्त्री० (अनियमितता या धाँधली के कारण) चुनाव को अवैध घोषित करने के लिए दिया जानेवाला प्रार्थना-पत्र।

चुनावी वि० [हिं० चुनावी] चुनाव-सम्बन्धी।

चुनावी सभा स्त्री० वह सभा जिसमें चुनाव में खड़े किसी प्रत्याशी के लिए मत देने का आग्रह किया जाता है।

चुनिंदा वि० [फा०] १. चुना हुआ। २. बढ़िया।

चुनी* स्त्री० दे० 'चुन्नी'।

चुनींदा वि० [फा० चुनीद:] चुना हुआ, चयनित।

चुनौटी स्त्री० दे० 'चूनेदानी'।

चुनौती स्त्री० [हिं० चुनना] १. शत्रु या प्रतिद्वन्द्वी को दी जानेवाली ललकार। २. किसी से यह कहना कि तुममें शक्ति हो तो अमुक काम कर दिखलाओ, आह्वान। (चैलेंज)

चुनौतीपूर्ण वि० [हिं०+सं०] चुनौती देनेवाला, ललकारनेवाला।

चुनौती-भरा वि० [हिं०] चुनौती देनेवाला, ललकारनेवाला।

चुन्नी स्त्री० [सं० चूर्ण] १. मानिक आदि का बहुत छोटा टुकड़ा, बहुत छोटा रत्न, रत्नकण। २. अनाज या लकड़ी का चूरा। ३. चमकी, सितारा।

चुप वि० [सं० चूप्] जो कुछ न बोले, अवाक्, मौन।

चुपका वि० [हिं० चुप] मौन।

मुहा० *चुपके से*=(क) बिना कुछ कहे-सुने। (ख) गुप्त रूप से, चुपचाप।

चुपचाप क्रि० वि० १. बिना कुछ कहे-सुने, शान्त भाव से। २. छिपे-छिपे। ३. चेष्टा या प्रयत्न से रहित। ४. निर्विरोध।

चुपड़ना स० [हिं० चिपचिपा] १. लेप करना। २. इधर-उधर की बातों से दोष या भूल छिपाना। ३. चिकनी-चुपड़ी बातें कहना।

चुपना* अ०=चुप होना।

चुपाना* अ० [हिं० चुप] चुप होना।

स० किसी को चुप कराना।

चुप्पा वि० [हिं० चुप] [स्त्री० चुप्पी] १. प्राय: चुप रहने और कम बोलनेवाला। २. जो चुप्पी साध ले।

चुप्पी स्त्री० [हिं० चुप] पूछे जाने पर या आवश्यक होने पर भी चुप रहने की अवस्था या भाव, मौन।

चुभन स्त्री० [हिं० चुभना] १. चुभने की अवस्था या भाव। २. कोई चीज चुभने से होनेवाली पीड़ा। ३. कष्ट या पीड़ा देनेवाली बात।

चुभना अ० [अनु०] [सं० चुभाना] १. नुकीली वस्तु का नरम स्तर में घुसना, गड़ना, धँसना। २. खटकना, बुरा लगना। ३. मन में बैठना।

चुभलाना स० [अनु०] रस लेने के लिए मुँह में रखी हुई किसी वस्तु को जीभ से बार-बार हिलाना-डुलाना।

चुभाना स० हिं० 'चुभना' का स०।

चुमकार स्त्री० [हिं० चूमना+कार] चूमने का-सा प्यार का शब्द, पुचकार।

चुमकारना स० [हिं० चुमकार] प्रेमपूर्वक चूमने का-सा शब्द करना, पुचकारना, दुलारना।

चुम्मा पुं० दे० 'चुंबन'।

चुर[1] पुं० [देश०] जंगली पशुओं की माँद, विवर।

चुर[2] वि० [सं० प्रचुर] बहुत, अधिक।

चुरकुस* वि० [हिं० चूर] तोड़-फोड़कर टुकड़े-टुकड़े किया हुआ, चकनाचूर।

चुरना[1] अ० [सं० चूर=जलना, पकना] १. पानी में उबलकर पकना, सीझना। २. गुप्त मन्त्रणा होना।

चुरना[2] अ० [हिं० चुराना] १. चोरी होना। २. छिप जाना।

चुरमुरा वि० [अनु०] चुरमुर शब्द करके सहज में टूटनेवाला।

चुरमुराना अ० [अनु०] चुरमुर शब्द करके टूटना।
स० चुरमुर शब्द करके तोड़ना।

चुराना[1] स० [सं० चूर=चोरी करना] [प्रे० चुरवाना] १. दूसरे की चीज बिना उसकी अनुमति से तथा छिपकर लेना, चोरी करना।
मुहा० *चित चुराना*=मन मोह लेना। *जी चुराना*=कोई काम करने से भागना।
२. आड़ में करना, छिपाना।
मुहा० *आँखें चुराना*=सामना करने से बचना।

चुराना[2] स० [हिं० चुरना] उबालना, पकाना।

चुरी* स्त्री० दे० 'चूड़ी'।

चुरुट पुं० [सं० शेरूट] पत्तों में लपेटा हुआ तम्बाकू का चूरा जिसका धुआँ पीते हैं। (सिगार)

चुरू* पुं० दे० 'चुल्लू'।

चुल स्त्री० [सं० चल=चंचल] १. अंग के सहलाए जाने की इच्छा, खुजली। २. कोई काम करने की प्रबल वासना।

चुलचुलाना अ० [हिं० चुल] चुलचुली या खुजली होना।

चुलचुली स्त्री० दे० 'चुल'।

चुलबुला वि० [सं० चल+बल] [स्त्री० चुलबुली] १. चंचल, चपल। २. नटखट।

चुलबुलाना अ० [हिं० चुलबुल] [भाव० चुलबुलाहट] चंचल होना, चपलता करना।

चुलाना स० दे० 'चुआना'।

चुलुकित वि० [हिं० चुल्लू] आचमन किया हुआ।

चुल्लू पुं० [सं० चुलुक] कुछ लेने या पीने के लिए गहरी की हुई हथेली, अंजुली।
पद *चुल्लू-भर*=उतनी राशि जो चुल्लू में समाए।
मुहा० *चुल्लू भर पानी में डूब मरना*=लज्जा के मारे गड़ जाना, अत्यंत लज्जित होना।

चुवना* अ० दे० 'चूना'।
वि० जो चूता हो, चूनेवाला।

चुवाना* स० दे० 'चुआना'।

चुसकी स्त्री० [हिं० चूसना] १. चखने या स्वाद जानने के लिए मुँह में सुरककर लिया जानेवाला किसी पेय का बहुत थोड़ा-सा अंश।

चुसना अ० [हिं० चूसना] १. चूसा जाना। २. सार या रस से हीन किया जाना। ३. धन देते-देते निर्धन हो जाना।

चुसनी स्त्री० [हिं० चूसना] १. (बच्चों का) मुँह में डालकर चूसने का खिलौना। २. छोटे बच्चों को दूध पिलाने की शीशी।

चुसाना स० हिं० 'चूसना' का प्रे०।

चुसुआ वि० [अवि०] [हिं० चूसना] चूसकर खाया जानेवाला, जैसे-चुसुआ आम।

चुस्त वि० [फा०] १. कसा हुआ, तंग। २. फुरतीला। ३. दृढ़।

चुस्ती वि० [फा०] १. फुरती, तेजी। २. कसावट, 'ढीलापन' का विपर्याय। ३. दृढ़ता, मजबूती।

चुहचुहा वि० [हिं० चुहचुहाना] [स्त्री० चुहचुही]=चुह-चुहाता।

चुहचुहाता वि० [हिं० चुहचुहाना] १. सरस, मजेदार। २. चटकीला। ३. सुन्दर, मनोरम।

चुहचुहाना अ० [अनु०] १. रिसना। २. चटकीला होना। ३. चहचहाना।

चुहट स्त्री० [हिं० चुहटना] १. चुहटने की क्रिया या भाव। २. कसक, पीड़ा।

चुहटना अ० [देश०] १. कसकना, दुखना। २. लिपटना।

चुहड़ा पुं० [देश०] १. भंगी, मेहतर। २. श्वपच, चांडाल।

चुहना| स०=चूसना।

चुहल स्त्री० [अनु० चुहचुह=चिड़ियों की बोली] १. हँसी, ठिठोली। २. छेड़-छाड़।

चुहलबाज वि० [हिं० चुहल+फा० बाज़] [भाव० चुहलबाजी] दिल्लगीबाज, विनोदशील, विनोदी।

चुहान वि० [?] बिना दाढ़ी-मूँछ का युवा।

चुहिया स्त्री० [हिं० चूहा] 'चूहा' का स्त्री० और अल्पा० रूप।

चुहुँटना* स० [अनु०] १. चिकोटी काटना। २. तंग करना।
अ० दे० 'चिमटना'।

चुहुँटनी स्त्री० [देश०] गुंजा, घुँघची।

चुहुल स्त्री० दे० 'चुहल'।

चूँ स्त्री० [अनु०] १. छोटी चिड़ियों की बोली। २. बहुत धीमा शब्द।
मुहा० *चूँ करना*=नाम मात्र का प्रतिवाद करना।

चूँकि योज० [फा०] क्योंकि।

चूँचूँ स्त्री०=चीं चीं।
पद *चूँचूँ का मुरब्बा*=बेमेल संग्रह।

चूक[1] स्त्री० [हिं० चूकना] १. भूलने या चूकने की क्रिया या भाव। (स्लिप) २. भूल या चूक से छूटी हुई बात या काम।

चूक[2] पुं० [सं०] १. खट्टे फलों के रस से बना हुआ एक बहुत खट्टा पदार्थ। २. एक प्रकार का खट्टा साग।
वि० बहुत अधिक खट्टा।

चूकना अ० [सं० च्यवति] १. भूल करना। २. लक्ष्य से विचलित होना। ३. अवसर खो देना।

चूखना| स०=चूसना।

चूची स्त्री० [सं० चूचुक] स्तन, कुच।

चूजा पुं० [फा० चूज़ा] मुर्गी का बच्चा।

चूजा-दिल वि० कायर, डरपोक।

चूडांत वि० [सं०] चरम सीमा का।
क्रि० वि० अत्यन्त, बहुत अधिक।
पुं० वह अन्तिम सीमा जहाँ तक कोई बात हो या पहुँच सकती हो, पराकाष्ठा। (क्लाइमेक्स)

चूड़ा स्त्री० [सं०] १. शिखा, चोटी। २. मोर की कलगी। ३. घुँघची। ४. चूड़ाकरण संस्कार।
पुं० [सं०] १. हाथ में पहनने का कड़ा। २. हाथी-दाँत की चूड़ियों का कुलक या सेट।

चूड़ाकर्म पुं० [सं०] मुंडन संस्कार।

चूड़ापाश पुं० [सं०] १. स्त्रियों के सिर के बालों का जूड़ा। २. स्त्रियों का एक प्रकार का केश-विन्यास।

चूड़ामणि पुं० [सं०] १. सिर का एक गहना, सीसफूल। २. सबसे श्रेष्ठ व्यक्ति या वस्तु।

चूड़ामनि* पुं०=चूड़ामणि।

चूड़ी स्त्री० [हिं० चूड़ा] १. कोई वृत्ताकार वस्तु। २. पेच, पाइप आदि को घुमाकर कसने के लिए उसपर बना उभारदार घेरा। ३. स्त्रियों के हाथ का गहना।
मुहा० *चूड़ियाँ ठंडी करना*=स्त्रियों का नई चूड़ियाँ पहनने के लिए पुरानी चूड़ियाँ तोड़ना। *चूड़ियाँ पहनना*=स्त्रियों की तरह कायर बनना।

चूड़ीदार वि० [हिं० चूड़ी+फा० दार] जिसमें चूड़ियाँ, छल्ले या घेरे पड़े हों।

चूड़ीदार पाजामा पुं० तंग मोहरी का एक प्रकार का पाजामा।

चूत[1] स्त्री० [?] स्त्री की योनि।

चूत[2] वि० [सं०] जो चूसा जाए। पुं० आम (जिसे चूसा जाता है)।

चूतिया वि० [अविकारी] १. स्त्री की योनि से उत्पन्न। २. मूर्ख। (गाली)

चूतड़ पुं० [हिं० चूत+तल] पीठ की ओर का, कमर और जाँघ के बीच का मांसल भाग, नितम्ब।
मुहा० *चूतड़ मटकाना*=भद्दे ढंग से नाचना।

चून पुं० [सं० चूर्ण] १. चूर्ण, चूरा। २. आटा। ३. मानिक आदि का छोटा टुकड़ा, चुन्नी।

चूनरी स्त्री० [हिं० चुनना] स्त्रियों के पहनने या ओढ़ने का वह रंगीन कपड़ा जिसमें छोटी-छोटी बुन्दकियाँ होती हैं।

चूना[1] पुं० [सं० चूर्ण] पत्थर, कंकड़, शंख, मोती आदि पदार्थों को फूँककर बनाया जानेवाला एक प्रकार का सफेद क्षार।
मुहा० *चूना लगाना*=हानि पहुँचाना।

चूना[2] अ० [सं० च्यवन] १. बूँद-बूँद गिरना, टपकना। २. अचानक ऊपर से नीचे गिरना। ३. किसी चीज में ऐसा छेद हो जाना जिसमें से कोई द्रव पदार्थ टपके। ४. गर्भपात होना।

चूनी स्त्री० दे० 'चुन्नी'।

चूनेदानी स्त्री० [हिं० चूना+फा० दान] चूना रखने की डिबिया।

चूभना अ० [हिं० चूभना] १. प्रविष्ट होना, धँसना। २. डूबना।

चूमना स० [सं० चुंबन] चुम्मा लेना।

चूमा पुं० दे० 'चुंबन'।

चूर पुं० दे० 'चूर्ण'।
वि० थका हुआ, शिथिल।

चूरणि* स्त्री० दे० 'चूर्णी'।

चूरन पुं० दे० 'चूर्ण'।

चूरना* स० [सं० चूर्णन] १. चूर या छोटे टुकड़े करना। २. तोड़ना।

चूरमा पुं० [सं० चूर्ण] घी और चीनी मिला हुआ रोटी या बाटी का चूर।

चूरा पुं० [सं० चूर्ण] १. चूर्ण। २. बुरादा।
*पुं० दे० 'चूड़ा'।

चूर्ण पुं० [सं०] १. किसी पदार्थ के टूटे या पिसे हुए बारीक टुकड़े, चूरा, बुकनी। २. पाचक दवा की बुकनी, चूरन।
वि० १. चूर। २. टूटा-फूटा।

चूर्णन पुं० [सं०] चूर्ण करना या बनाना।

चूर्णिका स्त्री० [सं०] कठिन पदों की व्याख्या अथवा कठिन शब्दों के अर्थ बतानेवाली पुस्तक।

चूर्णित वि० [सं०] चूर किया हुआ।

चूर्णी स्त्री० [सं० चूर्णि] १. भाष्य, टीका। २. दे० 'चूर्ण'।

चूल[1] पुं० [सं०] १. शिखा। २. बाल।

चूल[2] स्त्री० [देश०] दूसरी लकड़ी के छेद में बैठाने के लिए किसी लकड़ी का पतला सिरा।
मुहा० *चूलें ढीली करना*=कमजोर कर देना।

चूल्हा पुं० [सं० चुल्लि] आग का वह पात्र जिस पर भोजन पकाते हैं।
मुहा० *चूल्हा जलाना या फूँकना*=भोजन बनाना।
पद *चूल्हे में जाए या चूल्हे छोड़ भाड़ में जाए*=जो दुर्दशा भोगने को हो उससे भी बढ़कर दुर्दशा भोगे। (उपेक्षासूचक)

चूवना* स०=चूमना।

चूषण पुं० [सं०] चूसना।

चूष्य वि० [सं०] चूसने योग्य।

चूसना स० [सं० चूषण] १. कोई चीज मुँह से दबाकर उसका रस पीना। २. धीरे-धीरे अनुचित रूप से किसी से रुपए ऐंठना।

चूहड़ा पुं० [?] [स्त्री० चूहड़ी] १. भंगी या मेहतर। २. चांडाल, श्वपच।

चूहा पुं० [अनु० चू+हा (प्रत्य०)] [स्त्री० अल्पा० चूही, चुहिया] एक छोटा जन्तु जो घरों, खेतों या बिलों में रहता और अन्न आदि खाता है, मूस।
कहा० *चूहे बिल्ली का खेल*=लुकाछिपी का खेल।

चूहादंती स्त्री० [हिं० चूहा+दाँत] स्त्रियों के पहनने की एक प्रकार की पहुँची।

चूहादान| पुं० दे० 'चूहेदानी'।

चूहेदानी स्त्री० [हिं० चूहा+फा० दान] चूहों को फँसाने का एक प्रकार का पिंजरा।

चें स्त्री० [अनु०] चिड़िया की बोली।

चेंचें स्त्री० [अनु०] १. चिड़ियों, बच्चों आदि के बोलने का शब्द, चींचीं। २. बकवाद, बकबक।

चेंटुआ पुं० [?] चिड़िया का बच्चा।

चेंपें स्त्री० [अनु०] चिल्लाहट।

चेक पुं० [अं०] १. आड़ी और बेड़ी पड़ी हुई धारियाँ, चारखाना। २. वह कागज जिस पर किसी बैंक के नाम यह लिखा जाता है, कि अमुक व्यक्ति को हमारे खाते में से इतना धन दे दो। ३. यह देखना कि कोई काम ठीक तरह से या नियमर्पूक हुआ है या नहीं।

चेचक स्त्री० [फा०] शीतला रोग।

चेट पुं० [सं०] [स्त्री० चेटी या चेटिका] १. दास। २. पति। ३. कुटना। ४. भाँड़।

चेटक पुं० [सं०] [स्त्री० चेटकी] १. दास। २. दूत। ३. जादू, माया।

वि० दे० 'कनौड़ा'।

चेटकनी* स्त्री०=चेटी।

चेटका* स्त्री० [सं० चित्या] १. चिता। २. श्मशान, मरघट।

चेटकी पुं० [सं०] १. जादूगर। २. कौतुक करनेवाला, कौतुकी। स्त्री० 'चेटक' का स्त्री०।

चेटिया पुं० [सं० चेटक] १. चेला, शिष्य। २. दास।

चेटी स्त्री० [सं०] १. चेली। २. दासी।

चेत पुं० [सं० चेतस्] १. चेतन, होश। २. ज्ञान, बोध। ३. सावधानी, चौकसी। ४. स्मृति, सुध, ख्याल।

चेतक वि० [सं०] १. चेतना उत्पन्न करनेवाला। २. चेतानेवाला। पुं० राणा प्रताप के घोड़े का नाम।

चेतता स्त्री० दे० 'चेतना'।

चेतन वि० [सं०] १. जिसमें चेतना या ज्ञान हो, चेतनायुक्त। (एनिमेट) २. जागरूक।

पुं० १. आत्मा। २. प्राणी। ३. ईश्वर।

चेतनता स्त्री० [सं०] चेतन का धर्म, चैतन्य, संज्ञा, होश।

चेतनशक्ति स्त्री० [सं० चेतन+शक्ति] १. संपूर्ण जड़-चेतन, सृष्टि का निर्माण, नियंत्रण तथा संचालन करनेवाली शक्ति। २. संपूर्ण सृष्टि में व्याप्त सत्ता।

चेतना[१] स्त्री० [सं०] १. बुद्धि। २. बोध करने की वृत्ति या शक्ति। ३. जागरूकता, चेतनता। ४. चेतनशक्ति।

चेतना[२] अ० [हिं० चेत+ना(प्रत्य०)] १. ध्यान देना। २. सावधान होना। ३. होश में आना।

चेतवनि* स्त्री० १. दे० 'चेतावनी'। २. दे० 'चितवन'।

चेता वि० [सं०] १. जिसे चेतना या ज्ञान हो। २. चित्तवाला (यौ० के अन्त में, जैसे दृढ़चेता)।

चेताना स० [हिं० चेतना] १. सावधान या होशियार करना। २. स्मरण या याद कराना। ३. उपदेश करना। ४. (आग) जलाना या सुलगाना, प्रज्वलित करना।

चेतावनी स्त्री० [हिं० चेतना] १. चेताने या सावधान करने के लिए कही जानेवाली बात। २. उपदेश, शिक्षा।

चेतिका* स्त्री० [सं० चिति] चिता।

चेदि पुं० [सं०] एक प्राचीन देश।

चेदिराज पुं० [सं०] शिशुपाल।

चेप| पुं० दे० 'लासा'।

चेरा* पुं० [सं० चेटक] [स्त्री० चेरी, भाव० चेराई] १. सेवक, दास। २. चेला।

चेरी* स्त्री० [हिं० चेरा] १. 'चेरा' का स्त्री०, चेली, शिष्या। २. दासी, सेविका।

चेला पुं० [सं० चेटक] [स्त्री० चेलिन, चेली] १. दीक्षित शिष्य। २. वह जिसे कुछ सिखाया गया हो, शिष्य।

पद *चेले-चाँटे*=शिष्यगण।

चेल्हवा स्त्री० [?] एक प्रकार की मछली।

चेल्हा स्त्री० दे० 'चेल्हवा'।

चेष्टा स्त्री० [सं०] १. अंगों की गति। २. मन का भाव प्रकट करनेवाली अंगों की स्थिति, मुद्रा। ३. प्रयत्न, कोशिश। ४. कार्य। ५. परिश्रम। ६. इच्छा।

चेहरई स्त्री० [हिं० चेहरा] चित्र या मूर्ति आदि में चेहरे की रंगत या बनावट।

चेहरा पुं० [फा० चेहर:] १. गले के ऊपर के अंग का अगला भाग, मुख, बदन। २. चेहरे पर अभिव्यक्त भाव।

मुहा० *चेहरा उतरना*=चेहरा मुरझा जाना, चेहरे का रंग फीका पड़ना।

३. किसी चीज का अगला भाग, आगा। ४. मुख की आकृति का साँचा जो स्वाँग बनाने के लिए चेहरे पर पहना जाता है। ५. व्यक्ति का सूचक चेहरा; जैसे वे चेहरे अब नहीं रहे। -रामदरश मिश्र

चेहराशाही पुं० नकद रुपया, प्रचलित रुपया।

चै* पुं० [सं०] 'चय'।

चैत पुं० [सं० चैत्र] शक संवत् का पहला महीना।

चैतन्य पुं० [सं०] १. चेतन आत्मा। २. ज्ञान, चेतना। ३. ब्रह्म। ४. ईश्वर। ५. बंगाल के एक प्रसिद्ध वैष्णव महात्मा।

वि० जो होश में हो, सचेत।

चैती स्त्री० [हिं० चैत+ई(प्रत्य०)] १. चैत में कटनेवाली फसल। २. चैत-बैसाख में गाया जानेवाला एक चलता गाना।

वि० चैत-सम्बन्धी, चैत का।

चैत्य पुं० [सं०] १. घर, मकान। २. देव-मन्दिर। ३. यज्ञशाला। ४. किसी देवी-देवता के नाम पर बना हुआ चबूतरा। ५. बुद्ध की मूर्ति। ६. बौद्धमठ, विहार। ७. चिंता।

चैत्र पुं० [सं०] १. चैत का महीना। २. बौद्ध भिक्षु। ३. यज्ञभूमि। ४. मन्दिर।

चैन पुं० [फा० मिलाओ सं० चनस्] १. शान्ति। २. आराम, सुख। **मुहा०** *चैन उड़ाना*=मौज करना।

चैनखारी स्त्री० [?] संगीत में आलाप।

चैनल पुं० [अं०] टेलिविजन का स्टेशन।

चैल पुं० [सं०] कपड़ा, वस्त्र।

चैला पुं० [हिं० छीलना] [स्त्री० अल्पा० चैली] जलाने के लिए चीरी हुई लकड़ी का टुकड़ा।

चोंक स्त्री० [देश०] चूमने पर दाँत लगने से पड़नेवाला निशान।

चोंगा पुं० [?] कुछ रखने के लिए कागज, टीन आदि का लिफाफा या डिब्बा।

चोंच स्त्री० [सं० चंचु] पक्षी का मुँह।

मुहा० *दो-दो चोंचें होना*=साधारण कहासुनी होना।

चोंटना स० [हिं० चिकोटी] नोचना।

चोंथ पुं० [अनु०] एक बार में गिरा हुआ गोबर।

चोंथना अ० [अनु०] नोचना, खसोटना।

चोंधर वि० [हिं० चौंधियाना] १. बहुत छोटी आँखोंवाला। २. जिसे कम दिखाई दे। ३. मूर्ख।

चोंहका| पुं० [सं० चूषण] वह थोड़ा-सा दूध, जो गौ, भैंस आदि दुहने के पहले उसके बच्चे को चुसाया जाता है।

चोआ पुं० [हिं० चुआना] १. कई सुगन्धित वस्तुओं का एक प्रकार का सार या रस। २. किसी वस्तु का वह थोड़ा सा अंश जो बाद में, ऊपर या अलग से लगाया, रखा या दिया जाए। ३. दे० 'चोटा'।

चोकर पुं० [हिं० चुन=आटा+कराई=छिलका] पिसे हुए गेहूँ, जौ आदि को छानने पर निकलनेवाला छिलका, भूसी।

चोका पुं० [सं० चूषण] १. चूसने की क्रिया, चूसना। २. स्तन, छाती (विशेषतः वह छाती जिसमें दूध भरा हो)।

चोख[१]* पुं० [हिं० चोखा] १. चोखापन, तेजी। २. वेग, फुर्ती। वि० दे० 'चोखा'।

चोख[२]* पुं० [सं० चक्षु] आँख, नेत्र।

चोखना स०=चूसना।

चोखरा| वि० [हिं० चोखा] चालाक, धूर्त।

चोखा वि० [सं० चोक्ष] १. विशुद्ध, बेमिलावट का। २. उत्तम। ३. पैना, धारदार। ४. निष्कपट, अच्छा।
पुं० नमक-मिर्च के साथ मसला हुआ, उबाला या भूना हुआ बैंगन, आलू आदि, भरता।

चोखाना स० [सं० चूषण] १. गौ, भैंस, आदि दुहने से पहले उसके बच्चे को उसका स्तन इसलिए चुसाना कि दूध स्तन में उतर आए। २. गौ, भैंस आदि दुहाना।
अ० १. गौ, भैंस आदि का दुहा जाना। २. चूसा जाना।

चोगा पुं० [तु०] घुटनों तक लटकता हुआ पहनावा, लबादा।

चोगान पुं० दे० 'चौगान'।

चोचला पुं० [अनु०] १. जवानी या उमंग की चेष्टा, हावभाव। २. नखरा।

चोज पुं० [सं० चोद्य ?] १. चमत्कारपूर्ण और विनोदात्मक उक्ति, सुभाषित। २. हँसी-ठट्टा। ३. व्यंग्यपूर्ण उपहास। ४. प्रसन्नता के समय किया जानेवाला कोई विनोदपूर्ण कार्य।

चोट स्त्री० [सं० चुट] १. किसी वस्तु पर किसी दूसरी वस्तु के वेगपूर्वक आकर गिरने से होनेवाला परिणाम जो बहुधा अनिष्ट या हानि करता है, आघात। २. इस क्रिया से होनेवाली हानि या अनिष्ट। ३. इस क्रिया से शरीर पर होनेवाला चिह्न या घाव, जख्म। (इंजरी) ४. आक्रमण के समय होनेवाला हथियार का वार। ५. जीव-जन्तुओं के द्वारा किसी पर होनेवाला आक्रमण, जैसे शेर या साँप का चोट करना। ६. किसी को हानि पहुँचाने के लिए चली जानेवाली चाल। ७. चुभती हुई बातों की बौछार, व्यंग्य, ताना। ८. बार, दफा, जैसे आज तीन चोट भोजन हुआ है।

चोटा पुं० [हिं० चोआ] राब का छाना हुआ पसेव, चोआ।

चोटियाना स० [हिं० चोटी] चोटी पकड़ना, वश में करना। *चोटी पकड़ना*=अधिकार में लेना। *चोटी बाँधना*=प्रतिज्ञा करना।

चोटी स्त्री० [सं० चूड़ा] १. शिखा, चुन्दी।

मुहा० *चोटी दबना*=किसी से दबने के कारण लाचार होना। *(किसी की) चोटी हाथ में होना*=(किसी का) अपने वश में होना, जैसे उनकी चोटी हमारे हाथ में है।
२. एक में गुँथे हुए स्त्रियों के सिर के बाल। ३. सिर के बाल बाँधने का डोरा। ४. जूड़े में पहनने का एक गहना। ५. मुर्गे आदि के सिर पर के उठे हुए बाल, कलगी। ६. ऊपरी भाग, शिखर।

पद *चोटी का*=सर्वोत्तम।

चोट्टीबाज| वि० चोटी रखनेवाला।

चोट्टा पुं० [हिं० चोर] [स्त्री० चोट्टी] चोर।

चोड़ पुं० दे० 'चोल'।

चोडक पुं० [सं०] चोली।

चोप* पुं० [हिं० चाव] १. इच्छा। २. शौक। ३. उत्साह।
*स्त्री० १. दे० 'चोब'। २. दे० 'चेप'।

चोपना* अ० [हिं० चोप] रीझना, मुग्ध होना।

चोपी* वि० [हिं० चोप] १. उत्साही। २. चेप से युक्त।

चोब स्त्री० [फा०] १. शामियाने का बड़ा खम्भा। २. नगाड़ा बजाने की लकड़ी। ३. सोने या चाँदी से मढ़ा सोंटा।

चोबदार पुं० [फा०] १. चोब रखनेवाला, नौकर, आसाबरदार। २. द्वारपाल।

चोया| पुं० [प्रा० चोय] भूसी, छिलका या छाल।

चोर पुं० [सं० चौर] १. दूसरे की वस्तु, धन आदि चुरा लेनेवाला व्यक्ति।

कहा० *चोर चोर मौसेरे भाई*=एक ही पेशे या प्रवृत्ति के लोग।
२. मन का सन्देह, खटका।

मुहा० *मन में चोर बैठना*=(क) सन्देह होना। (ख) मन में दुर्भाव आना।

३. घाव का अन्दर ही अन्दर बढ़नेवाला विकार। ४. सन्धि, दरज। ५. खेल में दूसरों को दाँव देनेवाला व्यक्ति, जिसे दंडस्वरूप कोई काम करना पड़ता है।
वि० आन्तरिक भावों को छिपानेवाला।

चोरकट पुं० [हिं० चोर] उचक्का।

चोरटा पुं० दे० 'चोट्टा'।

चोर-दरवाजा पुं० [हिं० चोर+दरवाजा] १. गुप्त द्वार विशेषतः मकान के पीछे की ओर का गुप्त द्वार। २. ऐसा गौण और छिपा हुआ मार्ग या साधन जो सार्वजनिक और प्रमुख मार्ग या साधन से भिन्न हो और जिसके द्वारा किसी का गुप्त रूप से छलपूर्वक कहीं प्रवेश हो। (बैकडोर)

चोरना स० दे० 'चुराना'।

चोर-बाजार पुं० [हिं० चोर+बाजार] [भाव० चोर-बाजारी] १. वह बाजार या क्रय-विक्रय का स्थान, जिसमें चोरी की चीजें अपेक्षाकृत बहुत अधिक या बहुत कम मूल्य पर बिकती हैं। २. आज-कल ऐसा स्थान जहाँ नियन्त्रित वस्तुएँ उचित से बहुत अधिक मूल्य पर बिकती हैं। (ब्लैक मार्केट)

चोर-बाजारी स्त्री० [हिं० चोर+बाजार] १. चोरी से कोई चीज बहुत अधिक या बहुत कम मूल्य पर खरीदना या बेचना।
२. आज-कल नियन्त्रित मूल्य से बहुत अधिक मूल्य पर कोई वस्तु चुराकर या छिपाकर बेचना।

चोर-महल पुं० [हिं० चोर+अ० महल] राजा या रईस की रखेली का महल।

चोर-मिहीचनी* स्त्री०=आँख-मिचौली।

चोरा-चोरी* क्रि० वि० [हिं० चोरी] छिपे-छिपे, चुपके-चुपके, चोरी से।

चोरी स्त्री० [हिं० चोर] १. बिना अनुमति के तथा छिपाकर दूसरे की वस्तु या धन ले लेने की क्रिया या भाव।
पद *चोरी-चमारी*=बहुत ही छोटे और निन्दनीय काम।
२. किसी से कोई बात गुप्त रखना या छिपाना।
स्त्री० दे० 'चोली'।

चोरी-छिनाली स्त्री० चोरी और व्यभिचार।

चोल पुं० [सं०] १. दक्षिण का एक प्राचीन देश। २. इस देश का निवासी। ३. बड़ी चोली। ४. ढीला कुरता, चोला। ५. कवच, बकतर।

चोलना* पुं० दे० 'चोला'।

चोला पुं० [सं० चोल] १. साधुओं-फकीरों का ढीला-ढाला और लम्बा पहनावा; मेरा रंग दे बसंती चोला। (गीत)
२. नए जनमे हुए बालक को पहले-पहल कपड़े पहनाने की रसम। ३. शरीर, देह।
मुहा० *चोला छोड़ना या बदलना*=शरीर त्याग करना, मरना।

चोली स्त्री० [सं० चेलिका] अँगिया की तरह का स्त्रियों का एक पहनावा।
पद *चोली दामन का साथ*=गहरा संग-साथ।

चोवा पुं० दे० 'चोआ'।

चोषण पुं० [सं०] [वि० चोष्य] चूसना।

चौंकना अ० [?] [भाव० चौंक] १. भय आदि से अचानक काँप उठना। २. चौकन्ना या खबरदार होना। ३. चकित होना, भौचक्का होना। ४. शंकित होना, भड़कना।

चौंकाऊ वि० [हिं० चौंकाना] चौंकानेवाला, आश्चर्य में डालनेवाला।

चौंकाना स० [हिं० चौंकना] आश्चर्य में डालनेवाला, आश्चर्यचकित कर देनेवाला।

चौंचौं स्त्री० [अनु०] हुज्जत या शोरगुल।

चौंतीस वि० [हिं० चौं (चार)+तीस] जो संख्या में तैंतीस से एक अधिक और पैंतीस से एक कम हो।

चौंतीसवाँ वि० [हिं० चौंतीस+वाँ (प्रत्य०)] जो क्रम से चौंतीस के स्थान पर पड़े।

चौंध स्त्री० [सं० चक्=चमकना] चमक।

चौंधना* अ० [हिं० चौंध] इस प्रकार चमकना कि किसी की आँखों के आगे चकाचौंध हो।

चौंधियाना अ० [हिं० चौंध] १. तेज चमक के सामने आँखें झिलमिलाना, चकाचौंध होना। २. आँख से न सूझना। ३. हतप्रभ होना।

चौंधी स्त्री० दे० 'चकाचौंध'।

चौंर पुं० दे० 'चँवर'।

चौंराना* स० [हिं० चँवर] १. चँवर डुलाना। २. झाड़ू देना।

चौंरी स्त्री० [हिं० चौर] १. चँवर। २. चोटी बाँधने की डोरी, चोटी। ३. सफेद पूँछवाली गाय। ४. दे० 'सुरागाय'।

चौंसर* पुं० [सं० चतुरसृक] चार लड़ोंवाला हार।

चौ वि० [सं० चतुः] चार (केवल यौगिक में, जैसे चौपहल)।
पुं० मोती तौलने की एक तौल।

चौअर वि० दे० चौहरा।

चौआ पुं० [हिं० चौ=चार] १. हाथ की चार उँगलियों का समूह। २. हाथ की उँगलियों की पंक्ति पर लपेटा हुआ तागा। ३. चार अंगुल की नाप। ३. चौका। (क्रिकेट)
पुं० दे० 'चौपाया'।

चौआना* अ० [हिं० चौंकना] चकपकाना, चकित होना।

चौक पुं० [सं० चतुष्क, प्रा० चउक्क] १. चौकोर खुली भूमि। २. घर के बीच में चौकोर खुला स्थान, आँगन, सहन। ३. नगर या बस्ती के प्रायः मध्य का वह खुला, बड़ा और चौकोर स्थान जहाँ से चारों ओर रास्ते जाते हों। ४. चौखूँटा चबूतरा, बड़ी वेदी। ५. पूजा के लिए या मंगल अवसरों पर आटे, अबीर आदि की लकीरों से बना चौकोर चित्रण।
मुहा० *चौक पूरना*=जमीन पर उक्त प्रकार का चित्रण या अंकन करना।
६. चौहट्टा। ७. चौसर खेलने की बिसात। ८. सामने के चार दाँतों की पंक्ति।

चौकड़ी[१] स्त्री० [हिं० चौ=चार+सं० कला=अंग] १. हिरन का चारो पैर एक साथ उठाते हुए दौड़ना, छलाँग।

मुहा० *चौकड़ी भूल जाना*=सिटपिटा या घबरा जाना।

२. चार आदमियों का गुट, मंडली। ३. एक प्रकार का गहना। ४. चार युगों का समूह, चतुर्युगी। ५. जाँघें और घुटने जमीन पर टेककर बैठने की एक मुद्रा, पलथी।

चौकड़ी[२] स्त्री० [हिं० चौ+घोड़ा] वह गाड़ी जिसमें चार घोड़े जुते हों।

चौकन्ना वि० [हिं० चौ=चारो ओर+कान] १. सावधान। २. चौंका हुआ, सशंकित।

चौकस वि० [हिं० चौ=चार+कस=(कसना)] १. सावधान। २. ठीक, दुरुस्त।

चौकसी स्त्री० [हिं० चौकस] १. सावधानी। २. रखवाली।

चौका पुं० [सं० चतुष्क] १. पत्थर का चौकोर टुकड़ा, चौखूँटी सिल। २. रोटी बेलने का चकला। ३. अगले चार दाँतों की पंक्ति। ४. सीसफूल। ५. हिन्दुओं की रसोई का स्थान। ६. सफाई के लिए धरती पर मिट्टी या गोबर का लेप।

मुहा० *चौका देना, फेरना या लगाना*=चौपट करना।

७. एक ही तरह की चार चीजों का समूह, जैसे अँगोछा का चौका। ८. क्रिकेट में, गेंद पर होनेवाला ऐसा प्रहार जिससे गेंद सीमा से पार चली जाती है और चार रन मिलते हैं।

चौका-बरतन पुं० रसोई बन चुकने पर चौका, बरतन आदि साफ करने की क्रिया या भाव।

चौकिया* स्त्री०=चौकी।

चौकी स्त्री० [सं० चतुष्की] १. चार पायों का चौकोर आसन, छोटा तख्त। २. मन्दिर में मंडप का प्रवेशद्वार। ३. पड़ाव, टिकान। ४. वह स्थान जहाँ रक्षा के लिए कुछ सिपाही रहते हों। ५. वह स्थान जहाँ बाहर से आनेवाले माल पर कर, चुंगी आदि लेने के लिए कुछ लोग रहते हों। (आउटपोस्ट; अन्तिम दोनों अर्थों के लिए) ६. पहरा। ७. देवता या पीर आदि को चढ़ाई जानेवाली भेंट। ८. गले का एक गहना।

चौकी-घर पुं० [हिं० चौकी=पहरा+घर] वह स्थान या छोटा-सा घर जिसमें चौकीदार खड़ा होकर पहरा देता है।

चौकीदार पुं० [हिं० चौकी+फा० दार] पहरा देनेवाला।

चौकीदारी स्त्री० [हिं० चौकीदार] १. चौकीदार का काम या पद। २. चौकीदार रखने के लिए लगनेवाला चन्दा या कर।

चौकोना वि० [सं० चतुष्कोण] चार कोनोंवाला, चौखूँटा।

चौकोर वि० [सं० चतुष्कोण] जिसके चारों कोने समकोण हों।

चौखट स्त्री० [हिं० चौ=चार+काठ] १. चार लकड़ियों का वह ढाँचा जिसमें किवाड़ जड़े रहते हैं। २. देहली, डेहरी।

चौखटबंद वि० नियमों या सिद्धांतों से जकड़ा हुआ; जैसे चौखटबंद फार्मूला।

चौखटा पुं० [हिं० चौखट] चित्र या शीशा जड़ने का चौकोर ढाँचा। (फ्रेम)

मुहा० *चौखटे में जकड़ा होना*=सीमाओं से बँधा होना।

चौखानि* पुं० [हिं० चौ=चार+खानि=जाति] चार प्रकार के जीव—अंडज, पिंडज, स्वेदज और उद्भिज।

चौखूँटा वि० दे० 'चौकोना'।

चौगड़ा† पुं० खरगोश।

चौगड्डा पुं० दे० 'चौराहा'।

चौगान पुं० [फा०] १. गेंद-बल्ले का एक खेल। २. यह खेल खेलने का मैदान। ३. किसी प्रकार की प्रतियोगिता का स्थान। ४. नगाड़ा बजाने की लकड़ी, चोब।

चौगिर्द क्रि० वि०=चारों तरफ।

चौगुना वि० [सं० चतुर्गुण] [स्त्री० चौगुनी] जितना हो, उतना ही चार बार और, चतुर्गुण।

चौगोड़ा पुं० [हिं० चौ=चार+गोड़=पैर] १. वह जिसके चार पैर हों; अर्थात् चौपाया, पशु। २. खरगोश नामक जन्तु। ३. दे० 'चौघड़िया'।

चौगोशिया वि० [हिं० चौ=चार+फा० गोशा=कोना] जिसमें चार कोने हों।

स्त्री० पुरानी चाल की एक प्रकार की अर्द्धगोलाकार टोपी जो चार तिकोने टुकड़ों को जोड़कर बनाई जाती थी।

पुं० तुर्की घोड़ा।

चौघड़ पुं० [हिं० चौ=चार+दाढ़] चौड़ा और चिपटा चबानेवाला दाँत, चौभर।

पुं०=चौघड़ा।

चौघड़ा पुं० [हिं० चौ=चार+घर=खाना] १. पान-इलायची रखने का चार खानों का डिब्बा। २. तरकारियाँ या मसाले रखने का चार खानों का बरतन। ३. पत्ते में बँधे हुए चार बीड़े पान।

चौघड़िया स्त्री० [हिं० चौगोड़ा] वह छोटी और ऊँची चौकी जिसके चार पैर या पाए हों।

चौघर पुं० [हिं० चौ=चार+घर] घोड़े की सरपट चाल, पोइया।

चौचंद* पुं० [हिं० चौथ+चंद] १. कलंकसूचक चर्चा, बदनामी, निन्दा। २. शोर, हल्ला।

चौचंदहाई* वि० स्त्री० [हिं० चौचंद+हाई (प्रत्य०)] वह जो सबकी निन्दा करती फिरती हो।

चौड़ा वि० [सं० चतुष्पदक, प्रा० चउवड़ा] [स्त्री० चौड़ी] १. जिसमें चौड़ाई हो। २. विस्तृत।

मुहा० *चौड़े आना*=सामने आना

चौड़ाई स्त्री० [हिं० चौड़ा+ई (प्रत्य०)] लम्बाई से कम या थोड़ा और उसका उलटा विस्तार, अर्ज, पनहा।

चौड़ान स्त्री० दे० 'चौड़ाई'।

चौतनी स्त्री० [हिं० चौ=चार+तनी=बंद] चार बन्दोंवाली बच्चों की टोपी।

चौताल पुं० [हिं० चौ+ताल] १. होली में गाया जानेवाला एक प्रकार का गीत। २. एक प्रकार का ताल। (संगीत)

चौथ स्त्री० [सं० चतुर्थी] १. चतुर्थी, चौथी तिथि।

पद *चौथ का चाँद*=भाद्रपद शुक्ला चतुर्थी का चन्द्रमा, जिसे देखने से झूठा कलंक लगना माना जाता है।

२. आमदनी का चतुर्थांश जो मराठे कर के रूप में लेते थे।

चौथपन* पुं०=बुढ़ापा।

चौथा वि० [सं० चतुर्थ] तीसरे के बाद का।

पुं० मृतक के चौथे दिन होनेवाला कृत्य।

चौथाई पुं० [हिं० चौथा+ई (प्रत्य०)] चौथा भाग, चतुर्थांश।

चौथी स्त्री० [हिं० चौथा] १. विवाह के चौथे दिन वर-कन्या के कंगन खोलने की रसम। २. जमींदार को मिलनेवाला फसल का चौथाई अंश।

चौदंता वि० [हिं० चौ+दाँत] १. चार दाँतोंवाला। २. उद्दंड, उद्धत।

चौदाँत* पुं० [हिं० चौ=चार+दाँत] दो हाथियों की लड़ाई।

चौधराई स्त्री० [हिं० चौधरी] चौधरी का काम, भाव या पद।

चौधरी पुं० [सं० चतुर+धर] [भाव० चौधराहट] [स्त्री० चौधरानी] किसी समाज, बिरादरी या मंडली का मुखिया या प्रधान जो प्राय: झगड़े आदि निपटाता और विकट अवसरों पर लोगों को उनके कर्तव्य आदि बताता है।

चौपट क्रि० वि० [हिं० चौ=चार+पट=किवाड़] चारों ओर से (खुला हुआ)।

वि० नष्ट-भ्रष्ट, बरबाद, तबाह।

चौपटा वि० [हिं० चौपट] चौपट करनेवाला।

चौपड़ स्त्री० [सं० चतुस्सारि] चौसर नामक खेल जो बिसात पर गोटियों से खेला जाता है।

मुहा० *चौपड़ मढ़ना*=चौपड़ खेलने के लिए बिसात बिछाना।

चौपथ पुं० [सं० चतुष्पथ] चौराहा।

चौपद* पुं० दे० 'चौपाया'।

चौपहल वि० [हिं० चौ+फा० पहलू] जिसके चार पहल या पार्श्व हों, वर्गात्मक।

चौपहिया वि० [हिं० चौ=चार+पहिया] (गाड़ी) जिसके नीचे चार पहिए लगे हों।

चौपाई स्त्री० [सं० चतुष्पदी] सोलह मात्राओं का प्रसिद्ध छन्द।

चौपाया पुं० [सं० चतुष्पद] चार पैरोंवाला पशु, जैसे-गौ, घोड़ा, बकरी।

चौपाल पुं० [हिं० चौबार] १. चारों ओर से खुली हुई बैठक। २. दालान। ३. एक प्रकार की पालकी।

चौपेजी वि० [हिं० चौ=चार+अं० पेज] (पुस्तकों आदि की छपाई में) जिसे कागज के पूरे ताव या तख्ते को दो बार मोड़कर चार पेजों या पृष्ठों का रूप दिया गया हो। (क्वारटो)

चौफेर| क्रि० = चारों ओर।

चौबगला पुं० [हिं० चौ=चार+अ० बगल] कुरते में दाहिने-बाएँ दोनों ओर लगाई जानेवाली वे दो-दो कलियाँ या कपड़े की पट्टियाँ जो बगल से नीचे की ओर होती हैं।

चौबारा पुं० [हिं० चौ+बार] छत के ऊपर का कमरा।

चौबोला पुं० [सं० चौ+बोल] एक प्रकार का मात्रिक छन्द।

चौभड़, चौभर पुं० दे० 'चौघड़'।

चौमसिया[1] वि० [हिं० चौ+मास] चौमासे में होनेवाला, वर्षाकालीन।

चौमसिया[2] स्त्री० [हिं० चौ+माशा] चार माशे का बटखरा।

चौमास* पुं० दे० 'चौमासा'।

चौमासा पुं० [सं० चातुर्मास] १. वर्षा ऋतु के आषाढ़, श्रावण, भाद्रपद और आश्विन इन चार महीनों का समाहार। २. वर्षा ऋतु-सम्बन्धी गीत या कविता। ३. किसी स्त्री के गर्भवती होने के चौथे महीने का कृत्य या उत्सव।

वि० हर चार महीनों पर अथवा चौथे महीने होनेवाला।

चौमुखा वि० [हिं० चौ=चार+मुख] [स्त्री० चौमुखी] १. जिसके चारों ओर चार मुख हों। २. चौतरफा।

मुहा० *चौमुखा दीया जलाना*=दिवाला निकालना, दिवालिया बनना।

चौमुहानी स्त्री० [हिं० चौ=चार+फा० मुहाना०] वह स्थान जहाँ चारों ओर से आकर चार रास्ते मिलते हों, चौराहा, चौरास्ता।

चौरंग पुं० [हिं० चौ=चार+रंग] तलवार चलाने का एक ढंग।

वि० १. तलवार से पूरा कटा हुआ। २. दे० 'चौरंगा'।

चौरंगा वि० [हिं० चौ=चार+रंग] चार रंगोंवाला।

चौर पुं० [सं०] १. दूसरों का माल चुरानेवाला, चोर। २. एक गन्धद्रव्य।

चौरकर्म, चौरकृत्य पुं० [सं०] चोर का काम चोरी।

चौरस वि० [हिं० चौ=चार+(एक) रस=समान] [भाव० चौरसाई] १. जो ऊँचा-नीचा न हो, समतल, बराबर। २. चौपहल।

चौरसाना स० [हिं० चौरस] चौरस या समतल करना।

चौरस्ता पुं० दे० 'चौमुहानी'।

चौरा पुं० [सं० चतुर्] [स्त्री० अल्पा० चौरी] १. चबूतरा, वेदी। २. किसी देवता, सती, मृत, महात्मा या भूत-प्रेत आदि के नाम पर बना हुआ चबूतरा। ३. चौपाल। ४. चौबारा।

चौराई स्त्री० दे० 'चौलाई'।

चौरासी वि० [सं० चतुरशीति] जो संख्या में अस्सी से चार अधिक हो।

पुं० १. अस्सी और चार की संख्या। २. जीवों की योनियाँ जो चौरासी लाख मानी गई हैं।

मुहा० *चौरासी में पड़ना या भरमना*=बार-बार अनेक योनियों में जन्म लेना और मरना।

३. वे घुँघरू जो नाचते समय पैरों में बाँधे जाते हैं।

चौराहा पुं० दे० 'चौमुहानी'।

चौरिंदी* वि० दे० 'चउरिंदी'।

चौरेठा पुं० [हिं० चावल+पीठा] पीसा हुआ चावल।

चौर्य पुं० [सं०] चोरी।

चौलाई स्त्री० [सं० तंडुलीय] एक प्रकार का साग।

चौवर| वि० दे० 'चौहरा'।

चौवा| पुं० दे० 'चौआ'।

चौसट्टी स्त्री० [सं० चतु:षष्ठी] १. चौसठ योगिनियों का समूह। २. काशी स्थित इनका मन्दिर।

चौसर[1] स्त्री० [सं० चतुस्सारि] बिसात पर चार रंगों की चार-चार गोटियों से खेला जानेवाला एक खेल, चौपड़।

चौसर[2] पुं० [सं० चतुः+सृक] चार लड़ों का हार।

चौहट्ट पुं० दे० 'चौहट्टा'।

चौहट्टा पुं० [हिं० चौ=चार+हाट] १. वह चौकोर बाजार जिसमें चारों ओर दुकानें हों, चौक। २. चौमुहानी।

चौहद्दी स्त्री० [हिं० चौ=चार+हद] किसी मकान या जमीन के चारों ओर के मकानों, जमीनों आदि का विस्तार या विवरण।

चौहरा वि० [हिं० चौ=चार+हरा (प्रत्य०)] १. जिसमें चार परतें या तहें हों। २. चौगुना।

चौहैं* क्रि० वि० [हिं० चौ] चारों ओर।

च्युत वि० [सं०] [भाव० च्युति] १. गिरा या झड़ा हुआ। २. भ्रष्ट। ३. अपनी जगह से हटा या गिरा हुआ। ४. विमुख।

च्यूँटा पुं० [हिं० चिमटना] च्यूँटी की जाति का, पर उससे बड़ा एक कीड़ा।

च्यूँटी स्त्री० [हिं० चिमटना] एक प्रसिद्ध छोटा कीड़ा, चींटी।
मुहा० *च्यूँटी की चाल चलना* = बहुत धीमी चाल से चलना। *च्यूँटी के पर निकलना* = मृत्यु या विनाश का समय पास आना।

च्वैना* स०=चूना।

छ

छ देवनागरी वर्णमाला में चवर्ग का दूसरा तालव्य व्यंजन।

छंग* पुं० दे० 'उछंग'।

छँगुली स्त्री० [हिं० छोटी+उँगली] सबसे छोटी उँगली, कनिष्ठिका।

छँटना अ० [सं० चटन] १. काटा या छाँटा जाना, छिन्न होना। २. चुनकर अलग कर लिया जाना।
पद *छँटा हुआ*=चालाक, धूर्त।
३. दूषित अंश निकलना, साफ होना। ४. (मोटाई या आकार) कम होना, क्षीण होना।

छँटनी स्त्री० [हिं० छाँटना+ई (प्रत्य०)] १. छाँटने की क्रिया या भाव, छँटाई। (रिडक्शन) २. निकालने या हटाने के लिए छाँटने का काम; विशेषतः कार्यालय के कर्मचारियों को। (रिट्रेन्चमेन्ट)

छँटवाना स० हिं० 'छाँटना' का प्रे०।

छँटाई स्त्री० [हिं० छाँटना] १. छाँटने या चुनकर अलग करने का काम, भाव या मजदूरी। २. दे० 'छँटनी'।

छँटैल वि० [हिं० छँटना] १. छाँटा या चुना हुआ। २. धूर्त, चालाक।

छँड़ना* स० [हिं० छोड़ना] १. त्यागना। २. अन्न कूटना, छाँटना।

छँड़ाना* स० [हिं० छुड़ाना] १. छुड़ाना। २. छीन लेना। स० हिं० 'छाँड़ना' का प्रे०।

छंदःशास्त्र पुं० [सं०] छंदशास्त्र (दे०)।

छंद[1] पुं० [सं० छंदस्] १. वेद। २. वर्ण, मात्रा आदि की गिनती के विचार से होनेवाली वाक्य रचना, पद्य। ३. अभिलाषा, इच्छा। ४. मनमाना आचरण।

छंद[2] पुं० [सं० छंदक] हाथ का एक गहना।

छंदना* स० [सं० छंद] छंद या छंदों की रचना करना, काव्य रचना।

छंदशास्त्र, छंदःशास्त्र पुं० [सं०] वह शास्त्र जिसमें छन्दों, वृत्तों आदि की रचना के नियमों और सिद्धान्तों का विवेचन होता है, पिंगल। (प्रॉसॅडी)

छंदात्मक वि० [सं०] १. जो छंद पर आधारित हो। २. छंदों से सज्जित।

छंदोबद्ध वि० [सं०] १. छन्द के रूप में बँधा या रचा हुआ।

छंदोभंग पुं० [सं०] छन्द रचना में नियम-पालन की वह त्रुटि जिससे उसमें ठीक गति का अभाव होता है।

छः वि० [सं० षड्, प्रा० छ] छह (दे०)।

छकड़ा पुं० [सं० शकट] बोझ लादने की बैलगाड़ी।

छकना[1] अ० [सं० चकन] [भाव० छाक] १. खा-पीकर तृप्त होना, अघाना। २. नशे में चूर होना।

छकना[2] अ० [सं० चक्र=भ्रांत] १. चकराना। २. धोखा खाना। ३. परेशान होना।

छकाना स० हिं० 'छकना' का स०।

छकीला वि० [हिं० छकना] १. छका हुआ, तृप्त। २. मस्त, मत्त।

छकौहाँ वि० [हिं० छकना] १. छकाने या तृप्त करनेवाला। २. पूरी तरह से छका हुआ, तृप्त।

छक्करा* पुं० [हिं० छक्का-पंजा या छल] छल-कपट।

छक्का पुं० [सं० षट्] १. छह का समूह। २. छह अवयवोंवाली वस्तु। ३. जुए का वह दाँव जिसमें छह कौड़ियाँ चित्त पड़ें। ४. क्रिकेट के खेल में बल्लेबाज द्वारा गेंद पर किया गया वह आघात जिसमें गेंद बिना टप्पा खाए सीमा के बाहर छह रनों के लिए चली जाती है। ५. धूर्तता, चालाकी। ६. साहस।
मुहा० *छक्के छूटना*=चालाकी या उपाय न सूझना या न चलना।

छक्का-पंजा पुं०=छल-कपट।

छगन पुं० [सं० छगट=एक छोटी मछली] छोटा बालक। (प्यार का शब्द)

छगुनी स्त्री० दे० 'छँगुली'।

छगोड़ी| स्त्री० [हिं० छह+गोड़] (छह पैरोंवाली) मकड़ी या भ्रमरी।

छछिया स्त्री० [हिं० छाछ] छाछ पीने या रखने का एक प्रकार का छोटा बरतन।

छछूँदर पुं० [सं० छछुंदरी] १. चूहे की तरह का एक जन्तु। २. एक प्रकार की आतिशबाजी।

छजना अ० [सं० सज्जा] १. शोभित होना, शोभा देना, सजना। २. ठीक जँचना।

छज्जा पुं० [हिं० छाजन या छाना] १. कोठे या पाटन का दीवार से बाहर निकला हुआ भाग। २. ओलती, ओरी।

छटकना अ० [अनु० या हिं० छूटना] १. भार या धक्के से किसी वस्तु का वेग से दूर जाना। २. दूर या अलग रहना। ३. बन्धन से निकल जाना। ४. कूदना।

छटकाना स० हिं० 'छटकना' का स०।

छटपटाना अ० [अनु०] १. पीड़ा से हाथ-पैर पटकना या फेंकना, तड़फड़ाना। २. बेचैन होना, व्याकुल होना।

छटपटी स्त्री० [अनु०] १. बेचैनी। २. प्रबल उत्कंठा।

छटाँक स्त्री० [हिं० छह+टाँक] एक तौल जो एक सेर का सोलहवाँ भाग होती थी।

पद *छटाँक-भर*=थोड़ा-सा, ज़रा-सा।

छटा स्त्री० [सं०] १. शोभा, सौन्दर्य। २. बिजली। वि० दे० 'छठा'।

छठ स्त्री० [सं० षष्ठी] शुक्ल या कृष्ण पक्ष की छठी तिथि।

छठवाँ वि० = छठा।

छठा वि० [सं० षष्ठ] गिनती में छह के स्थान पर पड़नेवाला।

पद *छठे-छमासे*=बहुत दिनों के अंतर पर, कभी-कभी।

छठी स्त्री० [सं० षष्ठी] बालक के जन्म से छठे दिन होनेवाला उत्सव तथा कृत्य।

मुहा० *छठी का दूध याद आना*=(क) शेखी या हेकड़ी भूल जाना। (ख) बहुत दुख या कष्ट का अनुभव करना।

छड़ पुं० [सं० शर] [स्त्री० अल्पा० छड़ी] धातु, लकड़ी आदि का लम्बा पतला टुकड़ा।

छड़ा पुं० [हिं० छड़] पैर का एक गहना।

छड़िया पुं० [हिं० छड़ी] द्वारपाल।

छड़ी स्त्री० [हिं० छड़] १. हाथ में लेकर चलने की सीधी पतली लकड़ी। २. पीरों की मजार पर चढ़नेवाली झंडी।

छत[१] स्त्री० [सं० छत्र] १. चूने, कंकड़, सीमेंट आदि से बनी हुई घर की छाजन, पाटन। २. ऊपर का ढका भाग। ३. रहने का स्थान। ४. आश्रय।

छत[२] क्रि० वि० [सं० सत्] रहते हुए, आछत। *पुं० दे० 'क्षत'।

छतगीर स्त्री० [हिं० छत+फा० गीर] छत पर तानी जानेवाली चाँदनी।

छतना पुं० [हिं० छाता] १. मधुमक्खियों का छत्ता। २. बड़े पत्तों से बना हुआ छाता।

छतनार वि० [हिं० छाता या छतना] [स्त्री० छतनारी] (वृक्ष) जिसकी शाखाएँ छितरी या फैली हुई हों।

छतफोड़ वि० [हिं० छत+फोड़ना] १. छत फोड़नेवाला। २. जोरदार; जैसे-छतफोड़ ठहाका।

छतरी स्त्री० [सं० छत्र] १. छाता। २. एक प्रकार का बहुत बड़ा छाता, जिसके सहारे आज-कल सैनिक लोग हवाई जहाजों से जमीन पर उतरते हैं। (पैराशूट) ३. मंडप। ४. समाधि का मंडप। (कैनोपी) ५. कबूतरों के बैठने के लिए बाँस की पट्टियों का टट्टर। ६. खुमी।

छतरी-फौज पुं० छतरियों के सहारे हवाई जहाजों से उतरनेवाली सेना।

छतियाना स० [हिं० छाती] १. छाती के पास ले आना। २. छाती से लगाना।

छतीसा वि०, पुं० [हिं० छत्तीस] [स्त्री० छतीसी] १. चतुर, चालाक। २. धूर्त।

छत्तरा पुं० १. दे० 'छत्र'। २. दे० 'क्षेत्र'।

छत्ता पुं० [सं० छत्र] १., छाता, छतरी। २. रास्ते के ऊपर की छत या पटाव। ३. मधुमक्खी आदि का घर। ४. छतनारी चीज। ५. कमल का बीजकोश।

छत्तीसा वि०=छतीसा।

छत्तेदार वि० [हिं० छत्ता+ फा० दार (प्रत्य०)] १. जिस पर पटाव या छत हो। २. मधुमक्खी के छत्ते के आकार का'

छत्र पुं० [सं०] राजचिह्न के रूप में राजाओं पर लगाया जानेवाला बड़ा छाता।

छत्रक पुं० [सं०] १. खुमी, कुकुरमुत्ता। २. तालमखाने की जाति का एक पौधा। ३. मन्दिर। ४. मंडप। ५. शहद की मक्खियों का छत्ता।

छत्रछाँह* स्त्री०=छत्रछाया।

छत्रछाया स्त्री० [सं०] १. छत्र की छाया। २. शरण।

छत्रधनी* पुं० दे० 'छत्रधारी'।

छत्रधर पुं० [सं०] वह जो राजाओं पर छत्र लगाता हो।

छत्रधारी (-रिन्) वि० [सं०] छत्र धारण करनेवाला, जैसे-छत्रधारी राजा।

छत्रपति पुं० [सं०] राजा।

छत्रपन* पुं० दे० 'क्षत्रियत्व'।

छत्रबंध पुं० [सं०] एक प्रकार का चित्रकाव्य जिसमें कविता के अक्षर एक विशिष्ट प्रकार से सजाने पर छत्र या छाता बन जाता है।

छत्रबंधु पुं० [सं०] वह जो क्षत्रियों में नीच माना जाता हो।

छत्रभंग पुं० [सं०] १. राजा का नाश या मृत्यु। २. ज्योतिष का एक योग जो राजा का नाशक माना गया है। ३. अराजकता।

छत्री (-त्रिन्) वि० [सं०] छत्रयुक्त। पुं० दे० 'क्षत्रिय'।

छद पुं० [सं०] १. आवरण। २. चिड़िया का पंख। ३. पत्ता।

छदन* पुं० [सं० छदि] १. खाद्य पदार्थ। २. भोजन।

छदाम पुं० [हिं० छह+दाम] पैसे का चौथाई भाग।

छद्म पुं० [सं० छद्मन्] १. छिपाव, गोपन। २. व्याज, बहाना। ३. कपट। वि० छिपा हुआ, गुप्त; जैसे-छद्म प्रशंसक।

छद्मयुद्ध पुं० [सं०] युद्ध का वह प्रकार जिसमें परोक्ष रूप से किसी राष्ट्र में कलह, मारकाट, ध्वंस आदि कार्यों में लोगों को लगाया जाता है। (प्रॉक्सी वॉर)

छद्मी(-मिन्) वि० [सं०] [स्त्री० छद्मिनी] १. कृत्रिम वेशवाला। २. छली, कपटी।

छन* पुं० दे० 'क्षण'।

छनक[1] पुं० [अनु०] छनछन शब्द।

छनक[2] पुं० [हिं० छन+एक] एक क्षण, क्षण भर।

छनकना अ० [अनु० छनछन] १. छनछन शब्द करना।
अ० [अनु०] चौकन्ना होकर भागना।

छनक-मनक स्त्री० [अनु०] १. गहनों की झनकार। २. सज-धज। ३. ठसक। ४. चोचला।

छनछनाना अ० [अनु०] १. तपी हुई कड़ाही या तवे पर अथवा खौलते हुए घी में तरल पदार्थ पड़ने से छनछन शब्द होना। २. छनछन बजना। ३. क्रोध से तिलमिलाना।

छनछबि* स्त्री० [सं० क्षण+छवि] बिजली, चंचला।

छनदा* स्त्री० दे० 'क्षणदा'।

छनना अ० [सं० क्षरण] १. किसी चूर्ण या तरल पदार्थ का कपड़े आदि में से इस प्रकार गिरना कि मैल या सीठी ऊपर रह जाए।

मुहा० *गहरी छनना*=खूब मेल-जोल होना, गाढ़ी मैत्री होना।
२. लड़ाई होना। ३. कड़ाही में से पूरी, पकवान आदि निकलना।

छना| वि० [सं० छादित] छाया या ढका हुआ।

छनिक[1]* वि० दे० 'क्षणिक'।

छनिक[2] पुं०, क्रि० वि० [हिं० छन+एक] एक क्षण।

छन्न पुं० [अनु०] १. तपी हुई चीज पर पानी आदि पड़ने का शब्द। २. झनकार।

छन्ना पुं० [हिं० छानना] वह कपड़ा जिसमें से कोई चीज छानी जाए, साफी।

छप स्त्री० [अनु०] १. पानी पर किसी चीज के गिरने का शब्द। २. जोर से छींटा पड़ने का शब्द।

छपका पुं० [अनु०] १. पानी का छींटा। २. सिर पर पहनने का एक गहना।

छपछपाना अ० [अनु०] छपछप शब्द होना।
स० छपछप शब्द उत्पन्न करना।

छपद पुं० [सं० षट्पद] भौंरा।

छपन[1] वि० [हिं० छिपना] छिपा हुआ।

छपन[2] पुं० [सं० क्षपण] नाश।

छपनहार* वि० नाश करनेवाला, नाशक।

छपना अ० [हिं० चपना=दबना] १. छापे के यन्त्र या ठप्पे आदि से छापा जाना, मुद्रित होना। २. चिह्नित या अंकित होना।
अ० दे० 'छिपना'।

छपरखट स्त्री० [हिं० छप्पर+खाट] मसहरीदार पलंग।

छपरी* स्त्री० [हिं० छप्पर] झोंपड़ी।

छपवाना स० दे० 'छपाना'।

छपा* स्त्री० दे० 'क्षपा' (रात)।

छपाई स्त्री० [हिं० छापना] १. किसी चीज पर अंकित चिह्न, रेखाएँ आदि (स्याही, रंग आदि की सहायता से) दाब पहुँचाकर ज्यों-की-त्यों दूसरी वस्तु पर उतारना, छापने की क्रिया या भाव, मुद्रण। (प्रिंटिंग) २. छापने की मजदूरी।

छपाकर पुं०=क्षपाकर।

छपाका पुं० [अनु०] १. पानी पर जोर से गिरने का शब्द। २. दे० 'छपका'।

छपाना स० हिं० 'छापना' का प्रे०।
*स० दे० 'छिपाना'।
*अ० दे० 'छिपना'।

छपावन| पुं० [हिं० छह+पाँव] छह पाँवों वाला भ्रमर या मकड़ा।

छप्पय पुं० [सं० षट्पद] एक मात्रिक छन्द जिसमें छह चरण होते हैं।

छप्पर पुं० [हिं० छोपना] घर की फूस आदि की छाजन, छान।

मुहा० *छप्पर फाड़कर देना*=अनायास या अकस्मात् देना।

छप्परबंद पुं० [हिं०+फा०] १. वह जो छप्पर छाकर उसके नीचे रहता हो। २. वह जो छप्पर छाने का काम करता हो।

छब-तखत स्त्री० [हिं० छवि+अ० तकतीअ] शरीर की सुन्दर बनावट।

छबना अ० [हिं० छवि] छवि से युक्त होना, सुन्दर होना या लगना।

छबि* स्त्री० दे० 'छवि'।

छबिकारी* वि० [हिं० छबि+कारी] सुन्दरता बढ़ानेवाला।

छबिमान वि० दे० 'छबीला'।

छबीला वि० [हिं० छबि+ईला (प्रत्य०)] [स्त्री० छबीली] छविवाला, सुन्दर।

छम स्त्री० [अनु०] घुँघरू बजने का शब्द।
*पुं० दे० 'क्षम'।

छमकना अ० [हिं० छमछम (अनु०)] १. घुँघरुओं या गहनों की झनकार होना। २. चमकना।

छमछम स्त्री० [अनु०] १. दे० 'छम'। २. पानी बरसने का शब्द।
क्रि० वि० १. छमछम शब्द के साथ। २. चमकते हुए।

छमछमाना अ० [अनु०] १. छमछम शब्द उत्पन्न करना। २. चमकना।

छमता* स्त्री० दे० 'क्षमता'।

छमना स० [सं० क्षमन्] क्षमा करना।

छमा* स्त्री०=क्षमा।

छमाछम क्रि० वि० [अनु०] जोर से छमछम शब्द करते हुए।

छमासी[1] स्त्री० [हिं० छह+मास] मृत्यु के छह महीने बाद होनेवाला श्राद्ध।

छमासी[2] स्त्री० [हिं० छह+माशा] छह माशे की तौल या बटखरा।

छमी* वि० [सं० क्षम] क्षमतावान, शक्तिशाली।

छमुख पुं० दे० 'षड़ानन'।

छय* पुं० दे० 'क्षय'।

छयना* अ० [हिं० छय] क्षीण होना, छीजना।

अ० दे० 'छाना'।

छर* वि० [सं० क्षर] भारी, जैसे छर भार=बहुत भारी बोझ।

पुं० दे० १. 'छल्ला'। २. दे० 'क्षर'।

छरकना अ० १. दे० 'छिटकना'। २. दे० 'छलकना'।

स० दे० 'छिटकाना'।

छरछंद* पुं० दे० 'छलछंद'।

छरछराना अ० [सं० क्षार] [भाव० छरछराहट] घाव पर नमक आदि लगने से जलन या चुनचुनी होना।

छरद, छरदी* स्त्री० [सं० छर्दि] वमन, कै।

छरन* वि० [पु० हिं० छरना=छलना] [स्त्री० छरनि] छलनेवाला, उदा० कपटु बटु बलि छरन।

छरना अ० [सं० क्षरण] चूना, टपकना।

*स० दे० 'छलना'।

छरबर* पुं०=छल-बल।

छरभार* पुं० [सं० सार+भार] १. कार्य का भार। २. झंझट, बखेड़ा। ३. भारी बोझ।

छरहरा वि० [हिं० छड़+हरा (प्रत्य०)] [स्त्री० छरहरी] १. दुबला-पतला और हलका। २. तेज, फुरतीला।

छरा* पुं० [?] १. माला या हार का लड़। २. इजारबन्द।

छरिंदा वि० दे० 'छरीदा'।

छरिया| पुं० [हिं० छड़ी] १. जिसके हाथ में छड़ी हो। २. द्वारपाल।

छरी* स्त्री० १. दे० 'छड़ी'। २. दे० 'अप्सरा'।

वि०=छली।

छरीदा वि० [अ० जरीदः] १. अकेला। २. (यात्री) जिसके पास बोझ या असबाब न हो।

छरुभारू पुं० दे० 'छरभार'।

छर्रा पुं० [अनु० छरछर] १. कंकड़ी या कण। २. बन्दूक की छोटी गोली।

छल पुं० [सं०] १. कपट का व्यवहार, धोखा। २. वह काम जो किसी को धोखे में डालकर कोई स्वार्थ साधने के लिए किया जाए, जाल। (फ्रॉड) ३. मिस, बहाना। ४. धूर्तता। ५. कपट।

वि० छलपूर्वक बना या बनाया हुआ, नकली, जैसे छल ज्ञानी=कपट रूप से बना हुआ ज्ञानी।

छलक स्त्री० [हिं० छलकना] १. छलकने की क्रिया या भाव। २. छलका हुआ अंश।

छलकना अ० [सं० क्षर्+क] १. बरतन हिलने से किसी तरल पदार्थ का उछलकर बाहर गिरना। २. भरे होने के कारण उमड़ना।

छल-कपट पुं० [सं०] चालबाजी और धूर्तता का व्यवहार, धोखेबाजी।

छलकाना स० हिं० 'छलकना' का स०।

छलछंद पुं० [हिं० छल+छंद] [वि० छलछंदी] धूर्तता, चालबाजी।

छलछलाना अ० [अनु०] भर जाने के कारण पानी आदि थोड़ा-थोड़ा करके गिरना या गिरने को होना।

छलछिद्र पुं० [सं०] धूर्तता, धोखेबाजी।

छलना[1] स० [सं० छलन] १. धोखे या भुलावे में डालना। २. मोहित करना।

छलना[2] स्त्री० [सं०] धोखा, छल।

छलनी स्त्री० [सं० क्षरण] आटा आदि चालने का एक उपकरण, चलनी।

मुहा० *छलनी हो जाना*=बहुत जीर्ण हो जाना। *कलेजा छलनी हो जाना*=दुख सहते-सहते हृदय जर्जर हो जाना।

छल-बल पुं० [सं० छल+बल] काम निकालने के लिए किया जानेवाला कपटपूर्ण व्यवहार और बलप्रयोग।

छलमलना* अ०=छलकना।

छलमलाना* अ०=छलकना।

स०=छलकाना।

छलहाया* वि० [स्त्री० छलहाई] दे० 'छली'।

छलाँग स्त्री० [हिं० उछल+अंग] उछलकर कहीं पहुँचना, कुदान, फलाँग।

छला* पुं० दे० 'छल्ला'।

छलाई* स्त्री० दे० 'छल'।

छलावरण पुं० [सं०] [वि० छलावृत] १. युद्ध-क्षेत्र में अपनी तोपों, मोरचों आदि को शत्रु की दृष्टि से बचाने के लिए वृक्षों की डालियों, पत्तियों आदि से ढकना। २. वास्तविक रूप या बात छिपाने के लिए ऊपर से उसे कोई ऐसा रूप देना जिससे देखनेवाले धोखे में पड़ जाएँ। (कैमोफ्लॉज)

छलावा पुं० [हिं० छल] १. भूत, प्रेत आदि की वह छाया जो एक बार सामने आकर अदृश्य हो जाती है। २. दलदलों या जंगलों में रह-रहकर दिखाई पड़नेवाला प्रकाश, अगिया बैताल, उल्कामुख प्रेत। ३. इन्द्रजाल या जादू।

छलिया वि० [सं० छलिन्] छल करनेवाला, कपटी, धोखेबाज।

छली वि० दे० 'छलिया'।

छल्ला पुं० [सं० छल्ली=लता] १. मुँदरी। २. मंडलाकार वस्तु, कड़ा, वलय।

छल्लेदार वि० [हिं० छल्ला+फा० दार] मंडलाकार चिह्न या घेरेवाला।

छवना* पुं० दे० 'छौना'।

छवा* पुं० [देश०] पैर का टखना या एड़ी; उदा० छवा छबीले छुवे न जाहिं।—केशव।

पुं० दे० 'छौना'

छवाई स्त्री० [हिं० छाना] छाने या छवाने का काम, भाव या मजदूरी।

छवाना स० हिं० 'छाना' का प्रे०।

छवि स्त्री० [सं०] [वि० छवीला] १. शोभा, सौन्दर्य। २. कान्ति, प्रभा।

छविसिंधु पुं० [सं०] शोभा का सागर, सौंदर्य का समुद्र।

छवी स्त्री० [?] एक प्रकार का बड़ा चाकू या छोटी कृपाण जो सिक्ख लोग अपने पास रखते हैं।

छह वि०, पुं० [सं० षड्] पाँच और एक छ:।

छहरना* अ० [सं० क्षरण] बिखरना, छितराना।

छहराना अ० दे० 'छहरना'।

स० बिखराना, छितराना।

छहरीला वि० [हिं० छरहरा] [स्त्री० छहरीली] छितराने या बिखेरनेवाला।

छहियाँ स्त्री० दे० 'छाँह'।

छाँउँ स्त्री० दे० 'छाँह'।

छाँगुर पुं० [हिं० छह+अंगुल] वह जिसके हाथ में अथवा पैर में छह उँगलियाँ हों।

छाँछ स्त्री० दे० 'छाछ'।

छाँछी* स्त्री०=छाछ।

छाँट[१] स्त्री० [हिं० छाँटना] १. छाँटने या चुनकर अलग करने की क्रिया या ढंग। २. छाँटकर अलग की हुई निकम्मी वस्तु।

छाँट[२] स्त्री० [सं० छर्दि] वमन, कै।

छाँटना स० [सं० खंडन] [भाव० छँटाई] १. काटकर अलग करना। २. किसी वस्तु को किसी विशेष आकार में लाने के लिए काटना या कतरना। ३. अनाज में से कन या भूसी कूट या फटककर अलग करना। ४. अच्छी या काम की चीजें चुनना, बराना। ५. दूर या अलग करना। ६. साफ करना। ७. अनावश्यक रूप से अपनी योग्यता दिखाना, जानकारी बघारना। ८. उलटी, वमन या कै करना।

छाँटा पुं० [हिं० छाँटना] १. छाँटने की क्रिया या भाव। २. किसी को छल से अलग या दूर करने की प्रक्रिया।

मुहा० *छाँटा देना*=किसी को छलपूर्वक संग-साथ से अलग करना।

छाँड़ना स० [हिं० छाँटना] १. सूप में अनाज आदि रखकर फटकना। २. वमन करना, कै करना।

*स०=छोड़ना।

छाँदना स० [सं० छंदन] १. बाँधना, कसना। २. पशु के पिछले पैर सटाकर इसलिए बाँधना कि वह भाग न सके।

छाँदा पुं० [हिं० छाँदना] १. वह भोजन जो ज्योनार आदि में से अपने घर लाया जाए, परोसा। २. हिस्सा, भाग।

छाँव स्त्री० दे० 'छाँह'।

छाँवड़ा* पुं० [सं० शावक] [स्त्री० छाँवड़ी, छौड़ी] १. जानवर का बच्चा, छौना। २. छोटा बच्चा, बालक।

छाँह स्त्री० [सं० छाया] १. वह स्थान जहाँ धूप या प्रकाश आने में रुकावट हो, छाया। २. ऊपर से छाया हुआ स्थान। ३. रक्षा का स्थान, शरण, परछाँई।

मुहा० *छाँह न छूना*=पास तक न जाना। *छाँह बचाना*=बहुत दूर रहना।

५. प्रतिबिम्ब। ६. भूत-प्रेत का प्रभाव।

छाक स्त्री० [हिं० छकना] १. छकने या तृप्त होने की क्रिया या भाव, इच्छा की पूर्ति, तृप्ति। २. दुपहर का कलेवा। ३. शराब पीने के समय खाई जानेवाली चटपटी चीज, गजक। ४. नशा। ५. मस्ती।

छाकना* अ० दे० 'छकना'।

छाग पुं० [सं०] बकरा।

छागर पुं०=छागल (बकरा)।

छागल[१] पुं० [सं०] बकरा।

छागल[२] स्त्री० [हिं० साँकल] पैर का एक गहना।

छाछ स्त्री० [सं० छच्छिका] मक्खन निकाला हुआ पनीला दही या दूध, मट्ठा।

छाछरी* स्त्री०=मछली।

छाज[१] पुं० [सं० छाद] १. अनाज फटकने का सींकों का बना एक उपकरण, सूप। २. छप्पर।

३. दे० 'छज्जा'।

छाज[२] पुं० [हिं० छजना] १. छजने या सजने की क्रिया या भाव। २. किसी को छलने या ठगने के लिए बनाया जानेवाला रूप, स्वाँग। ३. सजावट, सज्जा, साज।

छाजन पुं० [सं० छादन] वस्त्र, कपड़ा।

स्त्री० १. छाने का काम, छवाई। २. छप्पर। ३. छाया के लिए ऊपर की बनावट।

स्त्री० दे० 'छजना'।

छाजना अ० दे० 'छजना'।

छात स्त्री०=छत।

*पुं०=छत्र।

*पुं०=क्षत (घाव)।

छाता पुं० [सं० छत्र] १. वर्षा या धूप से बचने के लिए पत्तों या कपड़े का बना हुआ एक प्रसिद्ध आच्छादन। २. दे० 'छतरी'। ३. जलाशय में पानी पर छाए हुए फूल-पत्तों का समूह।

छाती स्त्री० [सं० छादिन्] १. पेट और गरदन के बीच की हड्डी की ठठरियों की बनावट, वक्ष:स्थल, सीना।

मुहा० *छाती पत्थर की करना*=हृदय कठोर करना। *छाती पर मूँग या कोदों दलना*=किसी को दिखाकर उसका जी दुखानेवाला काम करना। *छाती पर पत्थर रखना*=दुख सहने के लिए जी कड़ा करना। *छाती पर साँप लोटना या फिरना*=(क) कलेजा दहल जाना। (ख) ईर्ष्या से व्यथा होना। *छाती पीटना*=बहुत दुखी होकर छाती पर आघात करना। *छाती फटना*=बहुत अधिक दुख से हार्दिक कष्ट होना। *छाती लगाना*=गले लगाना।

२. हृदय, मन, जी।

मुहा० *छाती का दाग*=हृदय पर हुआ प्रहार, दिल की चोट; उदा० भूल सी खोज रही कुछ जीवन की छाती के दाग। प्रसाद। *छाती जलना*=शोक, ईर्ष्या या दबाए हुए क्रोध से हृदय में सन्ताप होना। *छाती ठंडी होना*=मन को शान्ति मिलना।

३. स्तन, कुच। ४. हिम्मत, साहस।

छात्र [सं०] [स्त्री० छात्रा] १. शिष्य। २. विद्यार्थी।

छात्रवृत्ति स्त्री० [सं०] विद्यार्थी को सहायतार्थ मिलनेवाली वृत्ति या धन। (स्कॉलरशिप)

छात्रालय पुं० दे० 'छात्रावास'।

छात्रावास पुं० [सं०] विद्यार्थियों या छात्रों के रहने का स्थान। (बोर्डिंग हाउस)

छादन पुं० [सं०] [वि० छादित] १. छाने या ढकने का काम। २. वह जिससे कुछ छाया या ढका जाए, आवरण, आच्छादन। ३. छिपाव। ४. कपड़ा।

छाद्मिक वि० [सं०] वह जिसने छद्मवेश धारण किया या भेष बदला हो। २. बहुरूपिया। ३. ढोंगी, मक्कार।

छान[1] स्त्री० [सं० छादन] छप्पर।

छान[2] स्त्री० [हिं० छानना] छानने की क्रिया या भाव।

छानना स० [सं० चालन या क्षरण] १. चूर्ण या तरल पदार्थ को महीन कपड़े आदि से पार निकालना, जिससे उसका कूड़ा-करकट या मोटा अंश ऊपर रह जाए। ३. कोई चीज ढूँढ़ने के लिए सब जगह या सब चीजें अच्छी तरह देखना-भालना, जैसे-सारा घर या शहर छानना। ४. भेदकर पार करना। ५. नशा पीना, जैसे भाँग छानना।

* पुं० दे० 'छादन'।

छाननी स्त्री० [हिं० छानना] वह गोल जालीदार पात्र जिसमें आटा छानते हैं, चलनी, छलनी।

छान-बीन स्त्री० [हिं० छानना+बीनना] अच्छी तरह की जाने-वाली जाँच-पड़ताल, गहरी खोज।

छाना स० [सं० छादन] १. ढकना, आच्छादित करना। २. छाया के लिए ऊपर से कोई वस्तु तानना या फैलाना।

अ० १. फैलना, पसरना। २. डेरा डालकर या जमकर कहीं रहना।

छानी स्त्री० [हिं० छाना] घास-फूस की छाजन, छप्पर।

छाप स्त्री० [हिं० छापना] १. छापने से पड़ा हुआ चिह्न, मुद्रा, अंक। २. किसी बात के विशेष प्रभावशाली होने या ठीक जान पड़ने के कारण मन पर पड़नेवाला उसका प्रभाव। (इम्प्रेशन, अन्तिम दोनो अर्थों के लिए) ३. वैष्णवों के अंगों पर गरम धातु से अंकित शंख, चक्र आदि के चिह्न, मुद्रा। ४. ठप्पेदार अँगूठी। ५. कविता के अन्त में रहनेवाला कवि का उपनाम। ६. निशान, चिह्न। ७. कर्ता की विशेषता के कारण उसकी कृति में दिखाई देनेवाली विशेषता या उसका सूचक चिह्न।

छापना स० [सं० क्षिप्यते] १. स्याही आदि की सहायता से एक वस्तु को दूसरी वस्तु पर दबाकर उसकी आकृति उतारना। २. ठप्पे से निशान डालना। ३. मोहर से अंकित करना। ४. छापे की कल से अक्षर या चित्र अंकित करना, मुद्रित करना, मुद्रण करना।

छापा पुं० [हिं० छापना] १. वह साँचा जिस पर स्याही या रंग लगाकर उस पर खुदे चिह्न या आकार वस्तु पर छापते या उतारते हैं, ठप्पा। २. मोहर, मुद्रा। ३. ठप्पे या मोहर पर अंकित चिह्न या अक्षर। ४. मंगल अवसरों पर हल्दी आदि से (दीवार, कपड़े आदि पर) छापा हुआ पंजे का चिह्न। ५. छपाई, छापे की भूल=छपाई की अशुद्धि। ६. बेखबर लोगों पर होनेवाला आक्रमण। ७. अवैध वस्तुओं को पकड़ने के लिए पुलिस तथा सरकारी विभागों द्वारा की जानेवाली अचानक जाँच-पड़ताल या ली जानेवाली तलाशी।

छापाखाना पुं० [हिं० छापा+फा० ख़ाना] वह स्थान जहाँ पुस्तकें आदि छापी जाती हैं, मुद्रणालय। (प्रिंटिंग प्रेस)

छापामार पुं० [हिं० छापा=अचानक आक्रमण+ मार (प्रत्य०)] वह जो आक्रमण करता हो, छापा मारनेवाला विशेषत: सैनिक या हवाई जहाज।

वि० छापा मारनेवाला।

छाबड़ी स्त्री० [देश०] वह दौरी या थाल जिसमें खाने-पीने की चीजें रखकर बेची जाती हैं, खोनचा।

छाम* वि० दे० 'क्षाम'।

छाय* स्त्री०=छाया।

स्त्री०=छार।

छायल स्त्री० [?] एक प्रकार की जनानी कुरती।

छाया स्त्री० [सं०] १. सूर्य या किसी प्रकाशमान वस्तु के बीच में किसी दूसरी वस्तु के आ जाने से होनेवाला आपेक्षिक अन्धकार। २. ऐसा स्थान जहाँ ऊपर या सामने से आनेवाला ताप या प्रकाश न पड़ता हो, छाँह। ३. उक्त प्रकार से बीच में आ पड़नेवाले पदार्थ की वह छाया जो आकार-प्रकार में उस पदार्थ के बहुत-कुछ अनुरूप होती है। ४. प्राय: किसी के पीछे या साथ लगा रहनेवाला व्यक्ति या पदार्थ। ५. ऐसी तत्त्वहीन या निस्सार बात या पदार्थ जो किसी वास्तविक और महत्त्वपूर्ण बात या पदार्थ के अनुरूप हो या उसके समान जान पड़े; व्यर्थ की, निकम्मी और भ्रामक प्रतिकृति। ६. किसी बात या पदार्थ का बहुत ही क्षीण या नाम-मात्र का अवशेष जो उस मूल बात या पदार्थ का बहुत ही सामान्य आभास देता हो। (शैडो, उक्त सभी अर्थों के लिए) ७. भूत-प्रेत या उसके कारण होनेवाली बाधा, रोग आदि। ८. किसी वस्तु के अनुकरण पर बनी हुई और कुछ-कुछ वैसी ही जान पड़नेवाली, पर कम महत्त्व की वस्तु, प्रतिकृति, अनुहार। ९. दे० 'छाँह'।

छायाचित्र पुं० [सं०] १. वह चित्र जो किसी वस्तु की छाया या प्रतिबिम्ब मात्र पड़ने से एक विशेष प्रकार के शीशे पर उतर

आता और उस शीशे पर से छापा जाता है। (फोटो) २. दे० 'रजतपट'।

छाया-चित्रण पुं० [सं०] वह कला या क्रिया जिससे किसी वस्तु की छाया या प्रतिबिम्ब मात्र से उसका चित्र एक विशेष प्रकार के शीशे या फिल्म पर से एक विशेष प्रकार के कागज पर छापा जाता है। (फोटोग्राफी)

छायापथ पुं० [सं०] आकाशगंगा।

छायाभ वि० [सं० छाया+भा (प्रत्य०)] १. छाया-युक्त। २. जिस पर छाया पड़ी हो।

छायाभास पुं० [सं०] १. हलका आभास। २. कुछ कुछ समानता।

छायावाद पुं० [सं०] १. वह सिद्धान्त जिसके अनुसार अव्यक्त या अज्ञात को विषय या लक्ष्य बनाकर उसके प्रति प्रणय, विरह आदि के भाव प्रगट करते हैं। २. दे० 'रहस्यवाद'।

छायावादी (-दिन्) वि० [सं०] छायावाद-सम्बन्धी, छायावद का।

पुं० छायावाद का सिद्धान्त मानने या उसके अनुसार कविता करनेवाला।

छार पुं० [सं० क्षार] १. जली हुई वनस्पतियों या धातुओं की राख का नमक, क्षार। २. खारा नमक। ३. खारा पदार्थ। ४. भस्म, राख।

मुहा० *छार खार करना*=नष्ट-भ्रष्ट करना।

५. धूल, गर्द।

छारना* स० [सं० क्षारण] १. भस्म करना, जलाना। २. चौपट या नष्ट करना, बरबाद करना।

छाल स्त्री० [सं० छल्ल] पेड़ों के धड़ आदि का ऊपरी आवरण, वल्कल।

*पुं० चिट्ठी या पत्र (जो पहले छाल पर लिखा जाता था)।

छालक* वि० [सं० क्षालक] [स्त्री० छालिका] धोने या धोकर साफ करनेवाला, उदा० त्रिपथ गासि पुन्य राशि पाप छालिका-तुलसी।

छालना सं० 'छीलना' का अनु०; जैसे छील-छाल कर उसने केले फेंक दिए।

छाला[१] पुं० [हिं० छाल] १. ऊपरी छाल या चमड़ा, जैसे मृगछाला। २. जलने आदि से चमड़े का जल-भरा उभार, फफोला।

छाला[२] वि० [?] स्वच्छ, साफ।

छालित* वि० [सं० प्रक्षालित] धोया हुआ।

छालिया स्त्री०=सुपारी।

छावनी स्त्री० [हिं० छाना] १. छप्पर। २. डेरा, पड़ाव। ३. सैनिकों का पड़ाव। ४. सैनिकों के पड़ाव के आस-पास की बस्ती, जिसकी व्यवस्था कुछ अलग नियमों के अनुसार होती है। (कैन्टूमेन्ट)

छावरा| पुं० दे० 'छौना'।

छावा पुं० [सं० शावक] १. बच्चा। २. पुत्र, बेटा।

छिउँकी स्त्री० [हिं० च्यूँटी] १. एक प्रकार की च्यूँटी। २. एक छोटा उड़नेवाला कीड़ा। ३. चिकोटी।

छिंछ* स्त्री० [अनु०] छींटा।

छि विस्मयादि० [अनु०] घृणा, तिरस्कार आदि का सूचक शब्द।

छिउल| पुं० [?] पलाश, ढाक, टेसू।

छिकना अ० [हिं० छेंकना] १. छेंका या घेरा जाना, घिरना। २. काटा या मिटाया जाना (नाम पड़ी हुई रकम)।

छिगनी स्त्री० [सं० क्षुद्र+अंगुली] सबसे छोटी उँगली, कनिष्ठिका।

छिच्छ* स्त्री० दे० 'छींटा'।

छिछकारना स० दे० 'छिड़कना'।

छिछड़ा पुं० दे० 'छीछड़ा'।

छिछला वि० [सं० उच्छल] [स्त्री० छिछली, भाव० छिछलापन] १. कम गहरा, उथला। २. जिसमें अल्प ज्ञान हो।

छिछिल* वि० दे० 'छिछला'।

छिछोरा वि० [हिं० छिछला] [स्त्री० छिछोरी, भाव० छिछोरापन, छिछोरपन] क्षुद्र, ओछा।

छिटकना अ० [सं० क्षिप्त] इधर-उधर फैलना, बिखरना।

छिटकाना स० चारों ओर फैलाना, बिखेरना।

छिटपुट क्रि० वि० थोड़ी मात्रा में और कहीं-कहीं।

छिड़कना स० [हिं० छींटा+करना] पानी आदि के छींटे डालना।

छिड़का पुं० दे० 'छिड़काव'।

छिड़काव पुं० [हिं० छिड़कना] पानी आदि छिड़कने की क्रिया या भाव।

छिड़ना अ० [हिं० छेड़ना] १. किसी बात या कार्य का आरम्भ होना, शुरू होना, जैसे-चर्चा छिड़ना, पित्ती छिड़ना, लड़ाई छिड़ना। २. छेड़े जाने पर उग्र रूप धारण कर लेना।

छितनी स्त्री० [?] छोटी छिछली टोकरी।

छितराना अ० [सं० क्षिप्त+करण] बिखरना, फैलना।

स० १. बिखराना, फैलाना। २. दूर-दूर या विरल करना। ३. तितर-बितर करना।

छिति* स्त्री० दे० 'क्षिति'।

छितिज पुं० दे० 'क्षितिज'।

छितिपाल* पुं० [सं० क्षिति+पाल] राजा।

छितीस* पुं० [सं० क्षितीश] राजा।

छिदना* अ० [हिं० छेदना] १. छेदा जाना। २. घायल होना। ३. चुभना।

छिदाना स० हिं० 'छेदना' का प्रे०।

छिद्र पुं० [सं०] [वि० छिद्रित] १. छेद, सुराख। २. गड्ढा, विवर, बिल। ३. दोष, ऐब। ४. अवकाश, जगह।

छिद्रान्वेषण पुं० [सं०] [वि० छिद्रान्वेषी] किसी व्यक्ति या बात के दोष ढूँढ़ना, खुचुर निकालना।

छिद्रान्वेषी (-षिन्) वि० [सं०] [स्त्री० छिद्रान्वेषिणी] दूसरों के दोष ढूँढ़नेवाला।

छिन* पुं० दे० 'क्षण'।

छिनक* क्रि० वि० [हिं० छिन+एक] क्षण भर, थोड़ी देर।

छिनकना स० [हिं० छिड़कना] जोर से साँस निकालकर नाक साफ करना।

छिनछबि* स्त्री० दे० 'बिजली'।

छिनना अ० हिं० 'छीनना' का अ०।

छिनभंग* वि० दे० 'क्षणभंगुर'।

छिनरा| वि०=छिनाल।

छिनाना स० दे० 'छिनवाना'।

छिनाल वि० [सं० छिन्ना+नारी] [भाव० छिनालपन] १. व्यभिचारिणी, कुलटा। २. व्यभिचारी।

छिनाला पुं० [हिं० छिनाल] स्त्री-पुरुष का अनुचित सहवास, व्यभिचार।

छिन्न वि० [सं०] कटा हुआ, खंडित।

छिन्न-भिन्न वि० [सं०] १. कटा हुआ, टूटा-फूटा। २. तितर-बितर। ३. नष्ट-भ्रष्ट।

छिपकली स्त्री० [हिं० चिपकना] एक रेंगनेवाला जन्तु जो प्रायः दीवारों पर दिखाई देता है, गृह-गोधिका, बिस्तुइया।

छिपना अ० [सं० क्षपयति] आड़ में होना, दिखाई न पड़ना।

छिपाना स० [हिं० छिपना] [भाव० छिपाव] १. आँख से ओझल करना। २. दूसरों की दृष्टि से बचाना, प्रकट न करना, गुप्त करना। (कन्सील)

छिपाव पुं० [हिं० छिपाना] छिपने या छिपाने की क्रिया या भाव। (कन्सीलमेन्ट)

छिपिया स्त्री० [हिं० छीपा] छोटा छीपा या डलिया।
पुं० दे० 'छीपी'।

छिप्र* क्रि० वि० दे० 'क्षिप्र'।

छिमा* स्त्री० दे० 'क्षमा'।

छियना* सं०=छूना।

छिया स्त्री० [सं०] १. घृणित वस्तु। २. मल, गूह।

छिरकना* स० दे० 'छिड़कना'।

छिरना* अ० दे० 'छिलना'।

छिरियाना अ० दे० 'छिटकना'।
स० दे० 'छिड़कना'।

छिलक पुं०=तिलक (पौधा)।

छिलका पुं० [हिं० छाल] १. फल आदि का आवरण। २. ऊपरी परत।

छिलन स्त्री० [हिं० छिलना] १. छिलने की क्रिया या भाव। २. शरीर की बाहरी त्वचा के छिलने होने की अवस्था या भाव, खरोंच के कारण होनेवाला घाव। (ऐब्रेज़न)

छिलना अ० [हिं० छीलना] १. छिलका अलग होना। २. रगड़ के कारण बाहरी त्वचा पर खरोंच लगना।

छिलौरी स्त्री० [हिं० छीलना+उँगरी] नाखून के नीचे की त्वचा का वह अंश जो छिल या उखड़ चला हो।

छिहानी| स्त्री० [?] श्मशान, मरघट।

छींक स्त्री० [सं० छींका] एक शारीरिक व्यापार जिसमें नाक की वायु बहुत जोर से और कुछ शब्द करती हुई निकलती है।

छींकना अ० [हिं० छींक] छींक निकालना।

छींका पुं० [सं० शिक्य] १. रस्सियों या तारों का वह जाल जो खाने-पीने की चीजें रखने के लिए छत में या दीवार से लटकाया जाता है, सिकहर। २. बैलों के मुँह पर बाँधा जानेवाला जाल। ३. रस्सियों का बना हुआ झूलनेवाला पुल, झूला।

छींट स्त्री० [सं० क्षिप्त] १. महीन बूँद, जलकण। २. रंगीन बेल-बूटेदार एक प्रकार का सूती कपड़ा।

छींटना स० दे० 'छितराना'।

छींटा पुं० [सं० क्षिप्त, प्रा० छिप्त] १. द्रव पदार्थ की छिटकी हुई बूँदें, जलकण, सीकर। २. हलकी वृष्टि। ३. बूँद की तरह का चिह्न या दाग। ४. मदक या चंडू की एक मात्रा। ५. व्यंग्यपूर्ण उक्ति।
मुहा० *छींटा कसना*=आक्षेप करना, व्यंग्य करना।

छींटाकशी स्त्री० [हिं० छींटा+फा० कशी=खींचना] छींटा कसने की क्रिया या भाव।

छींद| स्त्री०=छिनार।

छींबी स्त्री० [सं० शिम्बी] १. मटर की फली। २. गौ या बकरी के स्तनों में से कोई वह अंश जो फली की तरह नीचे लटका रहता है।

छी विस्मयादि० [सं० छिः] घृणासूचक शब्द।
मुहा० *छी-छी करना*=अरुचि या घृणा करना।

छीआना* स०=छूना।

छीछड़ा पुं० [सं० तुच्छ, या हिं० छी?] खाए जानेवाले मांस का छोटा और निकम्मा टुकड़ा।

छीछालेदर स्त्री० [हिं० छी-छी+अं० लेदर (?)] दुर्दशा, दुर्गति।

छीछी स्त्री० [अनु०] बच्चों की टट्टी, पैखाना।

छीजन स्त्री० [हिं० छीजना] १. छीजने की क्रिया या भाव। २. वह अंश जो छीजने के कारण कम हो। (वेस्टेज)

छीजना अ० [सं० क्षयण] [भाव० छीज] रगड़ खाने या काम में आने से कम होना।

छीट* स्त्री०=छींट।

छीतना* स० [सं० क्षति] १. क्षति पहुँचाना। २. नष्ट करना।

छीति* स्त्री० [सं० क्षति] १. हानि, घाटा। २. बुराई, खराबी।

छीन* वि० दे० 'क्षीण'।

छीनना[1] स० दे० [सं० छिन्न+ना (प्रत्य०)] १. काटना। २. जबरदस्ती लेना, हरण करना।

छीनना[2] [सं० क्षीण] नष्ट कर देना।

छीनाछीनी स्त्री०=छीनाझपटी।

छीनाझपटी स्त्री० [हिं० छीनना+झपटना] कई या बहुत से लोगों द्वारा कोई वस्तु एक साथ छीनकर लेने की क्रिया या भाव।

छीप वि० [सं० क्षिप्र] वेगवान, तेज।
*स्त्री०=छाप।

छीपा पुं० [?] [स्त्री० अल्पा० छीपी] १. बाँस आदि का बड़ा डला। २. थाली।
पुं० दे० 'छीपी'।

छीपी पुं० [हिं० छापा] [स्त्री० छीपिन] कपड़ों पर बेल-बूटे आदि छपानेवाला।

छीर¹ पुं० दे० 'क्षीर'।

छीर² पुं० [हिं० छोर] कपड़े की लम्बाईवाले सिरे का किनारा।

छीरज* पुं० [सं० क्षीरज] चन्द्रमा।

छीरप* पुं० [सं० क्षीरप] दूध-पीता बच्चा।
वि० दूध पीनेवाला।

छीलना अ० [हिं० छाल] १. छिलका उतारना। २. खुरचकर अलग करना।

छीलना-छालना स० छीलने आदि का काम करना।

छीलर| पुं० [हिं० छिछला] पानी भरा हुआ छोटा गड्ढा, तलैया।

छीवना* स०=छूना।

छुँगनी* स्त्री० दे० 'छँगुली'।

छुँगली* स्त्री० [हिं० छँगुली] एक प्रकार की घुँघरूदार अँगूठी।

छुआछूत स्त्री० [हिं० छूना+छूत] अस्पृश्य को न छूने या उससे बचने का विचार या प्रथा।

छुआना स० दे० 'छुलाना'।

छुगुनूँ* वि० दे० 'घुँघरू'।

छुच्छा वि० दे० 'छूँछा'।

छुच्छी स्त्री० [हिं० छूछा] पतली नली।

छुच्छू वि० [हिं० छूछा] मूर्ख और फलतः तुच्छ।

छुट क्रि० वि० [हिं० छूटना] छोड़कर, सिवा, अतिरिक्त।

छुटकाना* स० [हिं० छूटना] १. अलग करना, छोड़ना। २. मुक्त करना।

छुटकारा पुं० [हिं० छूटना] १. मुक्ति, रिहाई। २. छुट्टी, निस्तार।

छुटपन पुं० [हिं० छोटा+पन (प्रत्य०)] १. छोटाई, लघुता। २. बचपन।

छुटपुट क्रि० वि०=छिटपुट।

छुटभैया पुं० [हिं० छोटा+भैया] वह व्यक्ति जिसे उच्च तथा मध्यवर्ग के लोग निम्नवर्ग का समझते हों।

छुटाई स्त्री० [हिं० छोटा+आई (प्रत्य०)] छोटे होने की अवस्था या भाव।

छुटाई-बड़ाई स्त्री० छुटाई और बड़ाई।

छुट्टा वि० [हिं० छूटना] [स्त्री० छुट्टी] १. जो बँधा न हो, खुला (पशु)। २. एकाकी, अकेला। ३. सब प्रकार के बन्धनों से रहित, स्वतन्त्र। ४. फुटकर।

छुट्टी स्त्री० [हिं० छूटना] १. छूटने या छोड़े जाने की क्रिया या भाव, छुटकारा। २. काम कर चुकने पर मिलनेवाला खाली समय, अवकाश, फुरसत।
मुहा० *छुट्टी पाना या मिलना*=फुर्सत मिलना। *छुट्टी पा जाना या पा लेना*=दायित्व से मुक्त हो जाना। जैसे-तैसे मैंने उस नौकरी से छुट्टी पाने में खैरियत समझी।
३. काम बन्द रहने का वह दिन जिसमें नियमित रूप से लोग काम पर उपस्थित नहीं रहते, तातील। (हॉलीडे) ४. काम से मिलनेवाला वह अवकाश जो किसी विशेष कारण से अधिकारियों से प्राप्त किया जाता है, अवकाश, रुखसत। (लीव) ५. कहीं से चलने या जाने की अथवा इसी प्रकार के और किसी काम की अनुमति या आज्ञा। ६. पद से हटाया जाना, पदच्युति।

छुड़वाना स० [हिं० छोड़ना] किसी को कुछ छोड़ने में प्रवृत्त करना।

छुड़ाना स० [हिं० छोड़ना] १. बन्धन या उलझन से निकालना। २. दूसरे को अधिकार से अलग करना। ३. (धब्बा) मिटाना, साफ करना। ४. नौकरी से हटाना, बरखास्त करना। ५. (आदत) दूर करना। ६. किसी को कुछ देते समय उसमें कमी करना।

छुत* स्त्री० [सं० क्षुत्] भूख।

छुतहा वि० १. दे० 'संक्रामक'। २. दे० 'छुतिहा'।

छुतिहा वि० [हिं० छूत+हा (प्रत्य०)] १. छूतवाला। २. अस्पृश्य।

छुद्र* वि० दे० 'क्षुद्र'।

छुद्रघट* पुं० दे० 'क्षुद्रघंटिका'।

छुद्रावालि* स्त्री० दे० 'क्षुद्रघटिका'।

छुधा* स्त्री० दे० 'क्षुधा'।

छुप* पुं० दे० 'क्षुप'।

छुपना* पुं० दे० 'छिपना'।

छुभित* वि० [सं० क्षुभित] क्षुब्ध।

छुभिराना* अ०, स० [हिं० क्षोभ] १. क्षुब्ध होना या करना। २. विचलित होना या करना।

छुरधार* स्त्री० [सं० क्षुरधार] छुरे की धार।

छुरहँड़ी स्त्री० [सं० क्षुर-भांडिक] वह पात्र या आधान जिसमें नाई उस्तरा, कैंची आदि औजार रखते हैं, किसबत।

छुरा पुं० [सं० क्षुर] [स्त्री० अल्पा० छुरी] १. बड़ी छुरी। २. उस्तरा।

छुरी स्त्री० [हिं० छुरा] काटने या चीरने आदि का एक छोटा औजार, चाकू।

छुलछुलाना अ० [अनु०] थोड़ा-थोड़ा करके मूतना।

छुलाना स० [हिं० छूना] 'छूना' का प्रेरणार्थक रूप, स्पर्श करना।

छुवाना स० दे० 'छुलाना'।

छुहना* अ० [हिं० छूना] छुआ जाना।
स० दे० 'छूना'।

छुहा* वि०=छुआ (स्पर्श किया हुआ)।

छुहारा पुं० [सं० क्षुत+हारा (प्रत्य०)] १. एक प्रकार की खजूर, खुरमा। २. पिंडखजूर।

छुहावना* वि०=सुहावना।

छूँछा वि० दे० 'छूछा'।

छू पुं० [अनु०] मन्त्र पढ़कर फूँक मारने का शब्द।

मुहा० *छू-मंतर होना*=गायब होना।

छूआछूत स्त्री० = छुआछूत।

छूई-मूई स्त्री० [हिं० छूना+मूना=मरना] लजालू या लज्जावती नाम का पौधा।

छूछा वि० [सं० तुच्छ] [स्त्री० छूछी, भाव० छूछापन] १. खाली, रिक्त। २. निस्सार। ३. निर्धन।

छूट स्त्री० [हिं० छूटना] १. छूटने की क्रिया या भाव, छुटकारा। २. असावधानता के कारण कार्य के किसी अंग पर ध्यान न जाने या उसके छूट अथवा रह जाने का भाव, चूक। (ओमिशन) ३. वह अनुमति जो किसी को विशेष अवस्था में कोई कार्य करने अथवा अपना कर्तव्य अथवा दायित्व पूरा करने के लिए मिले। (एग्जेम्पशन) ४. किसी प्राप्य धन का पूरा अथवा कुछ अंश छोड़ दिया जाना, पूरा या बाकी रुपया न लिया जाना। (एबेटमेन्ट, रेमिशन, रिबेट) ५. मूल्य, पारिश्रमिक आदि लेने के समय कुछ विशेष अवस्थाओं में या कारण से होनेवाली कमी या रिआयत। (डिस्काउन्ट) ६. किसी बात या कार्य की स्वतन्त्रता। ७. दयापूर्वक की जानेवाली कोई रिआयत। (कन्सेशन) ८. गाली-गलौज की या गन्दी दिल्लगी करने की अनुमति।

छूटना अ० [सं० छुट] १. किसी वस्तु का बन्धन आदि से अलग या मुक्त होना।

मुहा० *शरीर छूटना*= मृत्यु होना।

२. बन्धन खुलना। ३. साफ होना, मिटना, जैसे कपड़े का दाग या धब्बा छूटना। ४. मुक्त होना। ५. चलनेवाली चीज का चलना आरम्भ होना, जैसे गाड़ी छूटना, आतिशबाजी छूटना। ६. अलग होना, बिछुड़ना। ७. पीछे रह जाना। ८. अस्त्र का चलना। ९. बन्द होना, न रह जाना।

मुहा० *नाड़ी छूटना*=नाड़ी की गति बन्द हो जाना। (मरने का लक्षण)

१०. व्रत, नियम आदि भंग होना। ११. तेजी से निकलना। १२. रिस-रिसकर (पानी) निकलना। १३. कण या छींटे निकलकर फैलना, जैसे फुहारा या आतिशबाजी छूटना। १४. भूल से रह जाना। १५. काम या नौकरी से हटाया जाना।

छूटा स्त्री० [हिं० छूटना] एक प्रकार की बरछी।

छूत स्त्री० [हिं० छूना] १. छूने की क्रिया या भाव। २. ऐसा निषिद्ध संसर्ग जिससे रोग आदि का संचार होता है। ३. गन्दी वस्तु का संसर्ग।

पद *छूत का रोग*= रोगी के संसर्ग से फैलनेवाला रोग, संक्रामक रोग।

४. अपवित्र वस्तु छूने का दोष। ५. अस्पृश्यता। ६. भूत-प्रेत का प्रभाव।

छूना अ० [सं० छुप] एक वस्तु का दूसरी से सटना या लगना, स्पर्श होना।

स० १. किसी वस्तु से अपना कोई अंग सटाना या लगाना, स्पर्श करना।

मुहा० *आकाश छूना*=बहुत ऊँचा होना।

२. उँगली या हाथ लगाना। ३. दान के लिए कोई वस्तु स्पर्श करना। ४. दौड़ या खेल की बाजी में जा पकड़ना। ५. लेप करना, पोतना।

छेंकन स्त्री० [हिं० छेंकना] १. छेंकने की क्रिया या भाव। २. मकान आदि बनाने के समय नींव आदि खोदकर यह निश्चित करना कि कहाँ-कहाँ और किस तरह से कोठरियाँ, दीवारें, दालान आदि रहेंगे।

छेंकना स० [सं० छंद] १. स्थान घेरना। २. जाने से रोकना, न जाने देना। ३. लकीरों से घेरना। ४. काटना, मिटाना, जैसे-किसी के नाम लिखी हुई रकम छेंकना।

छेकानुप्रास पुं० [सं०] एक प्रकार का अनुप्रास जिसमें एक ही चरण में दो या अधिक वर्णों की आवृत्ति कुछ अन्तर पर होती है।

छेकोक्ति स्त्री० [सं०] ऐसी बात या कथन जिसके अन्दर कुछ और अर्थ भी छिपा हो।

छेड़ स्त्री० [सं० छेद?] १. छेड़ने की क्रिया या भाव। २. किसी को कुढ़ाने या चिढ़ानेवाली बात, चुटकी। ३. रगड़ा-झगड़ा। ४. किसी कार्य का आरम्भ।

छेड़खानी स्त्री० [हिं० छेड़] किसी को तंग करने के लिए छेड़ने की क्रिया या भाव, छेड़-छाड़।

छेड़-छाड़ स्त्री०=छेड़खानी।

छेड़ना स० [हिं० छेदना] १. खोद-खाद करना, खोंचना। २. तंग करना। ३. विरोधी को चिढ़ाना। ४. मजाक करना, चुटकी लेना। ५. (बात या कार्य) आरम्भ करना, ठानना। ६. बाजा बजाने के लिए उसमें से स्वर निकालना आरम्भ करना।

छेड़वाना स० हिं० 'छेड़ना' का प्रे०।

छेत* पुं० [सं० छेद] १. अलग होने की क्रिया या भाव, पार्थक्य, अलगाव। २. वियोग, विच्छेद।

छेति* स्त्री० [सं० छेदन] बाधा।

छेत्र* पुं० दे० 'क्षेत्र'।

छेद[1] पुं० [सं०] १. छेदन, काटना। २. विनाश।

छेद[2] पुं० [सं० छिद्र] १. किसी तल या पदार्थ में होनेवाली खुली जगह, सुराख, छिद्र। २. बिल, विवर। ३. दोष।

छेदक वि० [सं०] १. छेदनेवाला। २. काटकर अलग करनेवाला।

छेदन पुं० [सं०] [वि० छेदक=छेदन करनेवाला] १. छेद या काटकर अलग करना। २. नाश, ध्वंस।

छेदना स० [सं० छेदन] १. छेद करना, बेधना, भेदना। २. क्षत या घाव करना। ३. छिन्न करना, काटना।

छेना पुं० [सं० छेदन] फाड़ा हुआ दूध, जिसका पानी निकाल लिया गया हो।

छेनी स्त्री० [हिं० छेना] पत्थर आदि काटने का लोहे का एक औजार, टाँकी।

छेम* पुं० दे० 'क्षेम'।

छेरा पुं०=छोरा (बच्चा, बालक)।

छेरी स्त्री० [सं० छेलका] बकरी।

छेव* पुं० [सं० छेद] १. क्षत, घाव। २. नाश। ३. आशंका। ४. कपटपूर्ण व्यवहार।

छेवना[1]* स्त्री० [हिं० छेना] ताड़ी।

छेवना[2] स० [हिं० छेदना] १. काटना, छिन्न करना। २. चिह्न लगाना।

छेवना[3] स० [सं० क्षेपण] १. फेंकना। २. डालना।

छेवना[4] अ० [?] झेलना, सहना।

छेहना* अ० [सं० क्षय] १. क्षीण हो जाना। २. नष्ट हो जाना।

छैना[1] पुं० [?] करताल या जोड़ी की तरह का एक बाजा, झाँझ।

छैना[2] अ० [सं० क्षय] १. क्षीण होना। २. नष्ट होना।
स०१. क्षीण करना। २. नष्ट करना।

छैया* पुं० [हिं० छावना] बच्चा।

छैल* पुं० १. दे० 'छैला'। २. दे० 'हठ'।

छैल-चिकनिया पुं० दे० 'छैला'।

छैल-छबीला पुं० दे० 'छैला'।

छैला पुं० [सं० छवि+हिं० ऐला (प्रत्य०)] बना-ठना सुन्दर आदमी, बाँका।

छैलाना अ० [हिं० छैल] लड़कों का कोई चीज लेने के लिए हठ करना।

छोंड़ा* पुं० [सं० क्ष्वे] मथानी।

छोआ पुं० दे० 'खोई'।

छोई स्त्री० [प्रा० छोइआ] १. दे० 'खोई'। २. निस्सार वस्तु।

छोकरा पुं० [सं० शावक] [स्त्री० छोकरी] लड़का, बालक।

छोटा वि० [सं० क्षुद्र] [स्त्री० छोटी, भाव० छुटाई, छोटाई] १. लम्बाई, विस्तार या डील-डौल में कम। २. अवस्था या उम्र में कम। ३. पद या प्रतिष्ठा में घटकर। ४. तुच्छ, हीन। ५. ओछा, क्षुद्र।

छोटाई स्त्री० [हिं० छोटा+आई (प्रत्य०)] छोटे होने की अवस्था या भाव, छुटाई।

छोटापन पुं० [हिं० छोटा+पन (प्रत्य०)] ओछापन, क्षुद्रता।

छोटा परदा पुं० टीवी के लिए प्रयुक्त शब्द।

छोटा मुँह पुं० ऐसा व्यक्ति जिसकी अवस्था कम हो (परंतु उक्ति वजनदार हो)।

छोटा-मोटा वि० साधारण।

छोटी इलायची स्त्री० एक प्रकार की इलायची जो छोटी और सफेद होती है, गुजराती इलायची।

छोटी हाजिरी स्त्री० युरोपियनों आदि का सबेरे का जलपान।

छोड़ना स० [सं० छोरण] १. अपनी पकड़ से अलग या बन्धन से मुक्त करना। २. अपना अधिकार, प्रभुत्व या स्वामित्व हटा लेना, परित्याग करना। ३. ग्रहण न करना, न लेना। ४. कहीं से प्रस्थान करना, स्थान से हटना। ५. चलनेवाली चीज को गति में लाना, जैसे गाड़ी छोड़ना, आतिशबाजी छोड़ना। ६. किसी का पीछा करने के लिए किसी को लगाना, जैसे किसी आदमी पर जासूस छोड़ना। ७. किसी को पीछे रखकर आप आगे बढ़ना। ८. वेग से बाहर निकालना या गिराना। ९. पद, कार्य या कर्तव्य से अलग या विरत होना। १०. रोग या व्याधि का किसी के शरीर से हट जाना। ११. बचाकर रखना।
पद *को छोड़कर*=के अतिरिक्त, के सिवा।
१२. अभियोग आदि से मुक्त करना। (डिस्चार्ज) १३. कारागार या बन्धन से मुक्त करना। (डिस्चार्ज)

छोनिप* पुं० दे० 'क्षोणिप'।

छोनी* स्त्री० दे० 'क्षोणी'।

छोप स्त्री० [हिं० छोपना] १. छोपने की क्रिया या भाव। २. वह अंश जो ऊपर से छोपकर लगाया जाए, छोपकर चढ़ाई हुई तह या स्तर।

छोपना स० [सं० क्षपण] १. अधिक मात्रा में गीली वस्तु किसी दूसरी वस्तु पर रखना, गाढ़ा लेप करना, थोपना। २. धर दबाना, दबोचना। ३. ढकना।

छोभक* पुं० [सं० क्षोभ] क्षोभ उत्पन्न करनेवाला अर्थात् दुष्ट या राक्षस।

छोभन* पुं०=क्षोभ।

छोभना* अ० [सं० क्षोभ] क्षुब्ध होना।
स० क्षुब्ध करना।

छोभित* वि० दे० 'क्षोभित'।

छोम वि० [सं० क्षोम] १. चिकना। २. कोमल, मुलायम।

छोर* पुं० [हिं० ओर का अनु०] १. चौड़ाई का अन्तिम भाग, किनारा, सिरा।
पद *ओर-छोर*=आदि और अंत।
२. अन्तिम सीमा, सिरा। ३. नोक।

छोरना* स० [सं० छोरण] १. छोड़ना। २. खोलना। ३. छीनना।

छोरा पुं० [सं० शावक] [स्त्री० छोरी] छोकरा, लड़का।

छोराछोरी स्त्री० [हिं० छोरना] छीनाझपटी, छीनाछीनी।

छोलदारी स्त्री० [पुं०] छोटा तंबू।

छोलना स०=छीलना।
पुं० वह औजार जिससे कोई चीज छीली जाए।

छोलि छालि* क्रि० वि० छील-छालकर। (ब्रज)

छोह पुं० [सं० क्षोभ] १. प्रेम, स्नेह। २. दया, अनुग्रह।

छोहना* अ० [हिं० छोह] १. विचलित या क्षुब्ध होना। २. प्रेमपूर्वक दया करना।

छोहरा* पुं० [स्त्री० छोहरी] दे० 'छोरा'।

छोहाना* अ० दे० 'छोहना'।

छोहिनी* स्त्री० दे० 'अक्षौहिणी'।

छोही* वि० [हिं० छोह] प्रेमपूर्वक दया रखनेवाला,अनुरागी।

छौंक स्त्री० [अनु०] बघार, तड़का।

छौंकना[1] स० [अनु० छाँवछाँव] १. सुगन्धित या सोंधा करने के लिए हींग, मिर्च आदि से मिला हुआ कड़कड़ाता घी दाल आदि में डालना। २. बघारना।

छौंकना[2] अ० [सं० चतुष्क] वार करने के लिए झपटना।

छौंड़ा[1]* पुं० दे० 'छोकरा'।

छौंड़ा[2] पुं० [सं० चुंडा] अनाज रखने का गड्ढा, खत्ता।

छौंड़ी* स्त्री० दे० 'छोकरी'।

छौआ* पुं०=छौना।

छौना पुं० [सं० शावक] [स्त्री० छौनी] १. पशु का बच्चा, जैसे मृगछौना। २. बालक, बच्चा।

छौलदारी स्त्री० [देश०] एक प्रकार का छोटा तम्बू।

ज

ज देवनागरी वर्णमाला का एक व्यंजन वर्ण जो चवर्ग का तीसरा अक्षर है। छन्दशास्त्र में यह जगण का सूचक या संक्षिप्त रूप माना जाता है। प्रत्यय रूप में यह शब्दों के अन्त में लगकर 'में उत्पन्न' या 'से उत्पन्न' का अर्थ देता है, जैसे देशज, जलज आदि।

जंग[1] स्त्री० [फा०] [वि० जंगी] युद्ध।

जंग[2] पुं० [फा० ज़ंग] लोहे का मोरचा।

जंगम वि० [सं०] १. चलने-फिरनेवाला, चर। २. जो एक जगह से दूसरी जगह लाया या पहुँचाया जा सके, चल, जैसे जंगम सम्पत्ति। (मूवेबुल)

पुं० दाक्षिणात्य लिंगायत शैव सम्प्रदाय के एक प्रकार के आचार्य।

जंगल पुं० [सं०] [वि० जंगली] वह स्थान जहाँ बहुत दूर तक पेड़, क्षुप आदि आप-से-आप उगे हों, वन। (फॉरेस्ट)

जँगला पुं० [पुर्त० जेंगिला] १. वह खिड़की या दरवाजा, जिसमें लोहे के छड़ लगे हों।

जंगली वि० [सं० जंगल] १. जंगल-सम्बन्धी, जंगल का, जाँगलू, वन्य। २. जंगल में होने या मिलनेवाला। ३. आप-से-आप उगनेवाला (पौधा)। ४. जंगल में रहनेवाला, जैसे-जंगली जाति, जंगली हाथी। ५. (प्रदेश या स्थान) जिसमें जंगल हों, जैसे-जंगली द्वीप।

जंगार पुं० [फा०] [वि० जंगारी] तूतिया।

जंगाल पुं० दे० 'जंगार'।

जंगी वि० [फा०] १. लड़ाई से सम्बन्ध रखनेवाला, जैसे-जंगी तैयारी। २. सेना-सम्बन्धी, फौजी, सैनिक। ३. बहुत बड़ा, दीर्घकाय।

जंगी कानून पुं० दे० 'फौजी कानून'।

जंगी जहाज पुं० [हिं० जंगी+जहाज] जलयुद्ध में काम आनेवाला वह बहुत बड़ा जहाज जिसपर बहुत-सी तोपें लगी रहती हैं, युद्धपोत।

जंघा स्त्री० [सं०] जाँघ, रान।

जँचना अ० [हिं० जाँचना] १. जाँचा जाना। २. अच्छा या भला लगना। ३. जान पड़ना, प्रतीत होना।

जंजर* वि० दे० 'जर्जर'।

जंजल* वि० दे० 'जर्जर'।

जंजाल पुं० [हिं० जग+जाल] १. झंझट, बखेड़ा। २. उलझन। ३. पानी का भँवर। ४. पुराने ढंग की एक प्रकार की बड़ी पलीतेदार बन्दूक। ५. चौड़े मुँह की एक प्रकार की तोप। ६. मछलियाँ पकड़ने का बहुत बड़ा जाल।

जंजीर स्त्री० [फा०] १. कड़ियों की लड़ी। २. बेड़ी। ३. किवाड़ की कुंडी, सिकड़ी।

जँजीरी स्त्री० [फा० जंजीर] १. गले में पहनने की सिकड़ी। २. हथेली के पिछले भाग पर पहना जानेवाला एक प्रकार का गहना, नेवर।

जंतर पुं० [सं० यंत्र] १. कल, यन्त्र। २. तान्त्रिक यन्त्र। ३. गले आदि में पहनने का धातु का वह छोटा आधान जिसके अन्दर कोई तान्त्रिक यन्त्र या टोटके की वस्तु भरी रहती है।

जंतर-मंतर पुं० [हिं० यंत्र+मंत्र] १. यन्त्र-मन्त्र, टोना-टोटका, जादू-टोना। २. वेधशाला।

जंतरी स्त्री० [सं० यंत्र] १. छोटा जन्ता, जिससे सोनार तार खींचते हैं। २. पंचांग, तिथिपत्र।

पुं० १. जादूगर। २. बाजा-बजानेवाला, वादक।

जँतसर पुं० [हिं० जाँता] वह गीत जो स्त्रियाँ चक्की पीसते समय गाती हैं।

जँतसार स्त्री० [हिं० जाँता] वह स्थान जहाँ जाँता या चक्की गड़ी रहती है।

जंता[1] पुं० [सं० यंत्र] [स्त्री० अल्पा० जंती, जंतरी] १. यन्त्र, कल। २. सुनारों आदि का तार खींचने का एक औजार।

जंता[2] वि० [सं० यंतृ=यंता] दंड देनेवाला।

जंती* स्त्री० दे० 'जननी'।

जंतु पुं० [सं०] १. जन्म लेनेवाला। २. जीव, प्राणी। ३. पशु, जानवर।

जंतुघ्न वि० [सं०] कीड़ों का नाश करनेवाला, जन्तुनाशक।

जंतुविज्ञान पुं० [सं०] वह विज्ञान जिसमें जन्तुओं या प्राणियों की उत्पत्ति, विकास, स्वरूप और विभागों आदि का विवेचन होता है। (जूलॉजी)

जँतैत पुं० [हिं० जाँता] जाँता या चक्की पीसनेवाला।

जंत्र* पुं० दे० 'यंत्र'।

जंत्रना स० [हिं० जंत्र] १. ताला बन्द करना। २. बाँध या रोक रखना।

*स्त्री० दे० 'यंत्रणा'।

जंत्र-मंत्र पुं० दे० 'जंतर-मंतर'।

जंत्रित वि० [सं० यंत्रित] १. दे० 'यंत्रित'। २. बन्द किया या बँधा हुआ। ३. जो किसी के वश में हो, अधीन।

जंत्री[१] स्त्री० दे० 'जंतरी'।

जंत्री[२] पुं० [सं० यंत्रिन्] बाजा बजानेवाला।

जंद पुं० [फा० जंद, मि० सं० छंद] १. पारसियों का प्रसिद्ध धर्मग्रन्थ। २. वह भाषा जिसमें यह धर्मग्रन्थ है।

जंदरा पुं० [सं० यंत्र] १. दरवाजे में बन्द करने का ताला। २. बड़ी चक्की, जाँता।

जंपना* स० [सं० जल्पन्] बोलना, कथन करना।

जंबीरी नीबू पुं० एक प्रकार का बड़ा नीबू।

जंबु पुं० [सं०] जामुन (फल)।

जंबुक पुं० [सं०] १. बड़ा जामुन, फरेंदा। २. शृगाल, गीदड़।

जंबुद्वीप पुं० [सं०] पुराणानुसार सात द्वीपों में से एक, जिसमें भारतवर्ष है।

जंबू पुं० [सं०] जामुन (फल)।

जंबूर पुं० दे० 'जंबूरा'।

जंबूरची पुं० [फा०] तोपची।

जंबूरा पुं० [फा० जंबूर=भौंरा] १. वह गाड़ी जिस पर तोप लादी जाती है। २. एक प्रकार की छोटी तोप। ३. भँवर-कली। ४. संडसी या चिमटी की तरह का एक बड़ा औजार जिससे कोई जमी या गड़ी हुई चीज घुमाई या निकाली जाती है।

जंभ पुं० [सं०] १. दाढ़, चौभड़। २. जबड़ा। ३. जँभाई। ४. एक दैत्य का नाम। ५. जँबीरी नीबू।

जँभाई स्त्री० [सं० जृंभा] निद्रा या आलस्य के कारण होनेवाली मुँह के खुलने की एक स्वाभाविक क्रिया, उबासी।

जँभाना अ० [सं० जृंभन] जँभाई लेना।

जई स्त्री० [हिं० जौ] १ जौ की तरह का एक पौधा। २. जौ का छोटा अंकुर जो मंगलद्रव्य माना जाता है। ३. वह फूल जिसमें कली के रूप में फल का मूल रूप भी हो, जैसे कुम्हड़े की जई।

*वि० दे० 'जयी'।

जऊ* योज० दे० 'यद्यपि'।

जकंद स्त्री० [फा०] छलाँग।

जकंदना अ० [फा० जकंद] १. कूदना, उछलना। २. टूट पड़ना।

जक[१]* पुं० [सं० यक्ष] १. यक्ष। २. कंजूस. कृपण।

जक[२] स्त्री० [हिं० झक] [वि० जक्की] १. जिद, हठ, अड़। २. धुन, रट; उदा० हजरति के जक भहई हियें। —केशव।

जक[३] स्त्री० [सं० चक् (तृप्त होना)] चैन, आराम।

जक[४] स्त्री० [अ० ज़क] १. हार, पराजय। २. हानि, घाटा। ३. लज्जा।

जकड़ स्त्री० [हिं० जकड़ना] १. जकड़ने की क्रिया या भाव। २. जकड़े जाने की दशा या स्थिति।

जकड़ना स० [सं० युक्त+करण] [भाव० जकड़] कसकर बाँधना या पकड़ना।

अ० तनाव, सूजन आदि के कारण अंगों का हिल-डुल न सकना।

जकड़बंद वि० [हिं० जकड़ना+बंद] [भाव० जकड़बंदी] चारों ओर से अच्छी तरह बँधा हुआ।

जकड़बंदी स्त्री० [हिं० जकड़+बंदी] इस प्रकार बाँधने की क्रिया कि कोई या कुछ हिल-डुल न सके।

जकना* अ० [हिं० जक या चक] १. भौचक्का होना। २. व्यर्थ बकना। ३. रटना।

जकाजक* पुं० [अनु०] घोर युद्ध, जोरों की लड़ाई।

क्रि० वि० खूब जोरों से, वेगपूर्वक।

जकात स्त्री० [अ० ज़कात] १. दान, खैरात। २. कर, महसूल।

जकित* वि० दे० 'चकित'।

जक्ष* पुं०=यक्ष।

जखम पुं० [फा० ज़ख्म] १. क्षत, घाव। २. मानसिक आघात।

मुहा० *जखम हरा हो आना*=पिछला कष्ट फिर याद आना।

जखमी वि० [फा० ज़ख्मी] घायल।

जखीरा पुं० [अ० ज़खीरः] १. वह स्थान जहाँ एक ही प्रकार की बहुत-सी चीजें हों। २. ढेर, समूह। ३. वह स्थान जहाँ पेड़-पौधे और बीज बिकते हों।

जग[१] पुं० [सं० जगत्] १. संसार, दुनिया। २. संसार के लोग।

जग[२] वि० [हिं० जागना] जगा हुआ, जागृत, उदा० अग जग रूप भूप सीताबरु। —तुलसी।

*पुं० दे० 'यज्ञ'।

जगजग† वि०=चमकीला।

जगजगाना अ० दे० 'जगमगाना'।

जगजाल* पुं०=जंजाल।

जगजाहिर वि० [सं०] [सं० जग+अ० ज़ाहिर] जिसे संसार जानता हो।

जगजीव* पुं० [सं० जगत्+जीव] संसार के प्राणी।

जगड्वाल पुं० [सं०] व्यर्थ का आयोजन या आडम्बर।

जगण पुं० [सं०] पिंगल में एक गण जिसमें मध्य का अक्षर गुरु और आदि तथा अन्त के अक्षर लघु होते हैं, जैसे रमेश। (लिखने में इसका सांकेतिक रूप यह है ।ऽ।)

जगत् पुं० [सं०] संसार, दुनिया।

जगत[१] पुं० [सं० जगत्] संसार।

जगत[२] स्त्री० [सं० जगति] कुएँ के ऊपर का चबूतरा।

जगतपति पुं० [सं० जगत्+पति] जगत के स्वामी, ईश्वर।

जगत सेठ पुं० [हिं० जगत+सेठ] बहुत बड़ा महाजन या सेठ।

जगती स्त्री० [सं०] १. संसार, दुनिया। २. पृथ्वी। ३. जीवन।

जगत्पति पुं० [सं०] संसार का स्वामी, ईश्वर।

जगदंत पुं० [सं० जगत्+अंत] १. वह जो जगत का अन्त या नाश करता हो। २. यमराज। ३. शिव, महादेव।

जगदंबा स्त्री० दे० 'जगदंबिका'।

जगदंबिका स्त्री० [सं०] १. जगत की माता। २. दुर्गा।

जगदात्मा पुं० [सं० जगदात्मन्] ईश्वर।

जगदाधार पुं० [सं०] ईश्वर।

जगदीश पुं० [सं०] परमेश्वर।

जगद्गुरु पुं० [सं०] १. संसार का गुरु, परमेश्वर। २. अनेक देशों में अत्यन्त पूज्य और मान्य व्यक्ति।

जगद्धात्री स्त्री० [सं०] दुर्गा।

जगद्वंद्य वि० [सं०] जिसकी वन्दना सारा जगत करे, संसार भर में पूज्य।

जगना अ० [सं० जागरण] १. नींद छोड़कर उठना, जागना। २. सचेत या सावधान होना। ३. देवी, देवता आदि का अपना प्रभाव दिखाना। ४. उत्तेजित होना। ५. (आग का) अच्छी तरह जलना। ६. जगमगाना, चमकना।

जगन्नाथ पुं० [सं० जगत्+नाथ] १. ईश्वर। २. पुरी (उड़ीसा) के एक प्रसिद्ध देवता।

जगन्नियंता पुं० [सं० जगन्नियंतृ] ईश्वर।

जगबंद* वि० दे० 'जगद्वंद्य'।

जगमग वि० [हिं० जगमगाना] १. जो प्रकाश पड़ने पर चमकता हो। २. चमकीला। ३. जहाँ बहुत से दीपक या चमकते हुए पदार्थ हों।

जगमगाना अ० [सं० झगझगायते] [भाव० जगमगाहट] खूब चमकना।

जगमित्र* पुं० [सं० जगत्+मित्र] संसार का मित्र।

जगमोहन पुं० दे० 'सभामंडप'।

जगरन* पुं० दे० 'जागरण'।

जगर-मगर वि० दे० 'जगमग'।

जगलोचन* पुं० [हिं० जग+सं० लोचन] जगत का नेत्र अर्थात् सूर्य।

जगह स्त्री० [फा० जायगाह] १. स्थान, स्थल। २. मौका, अवसर। ३. पद, ओहदा।

पद *अपनी जगह*=अपने हित दृष्टिकोण के विचार से।

मुहा० *जगह देना*=शामिल करना; जैसे-मंत्रिमंडल में इस बार नए लोगों को भी जगह दी गई है।

क्रि० वि० (विकारी सर्वनामों के साथ) स्थान पर; *किस जगह*=किस स्थान पर; *जिस जगह*=जिस स्थान पर।

पद *जगह-जगह*=प्राय: हर स्थान पर।

जगा* पुं०=यज्ञ।

जगात पुं० दे० 'जकात'।

जगाती पुं० [हिं० जगात] जगात या कर उगाहने वाला। वि० कर-सम्बन्धी।

जगाना स० [हिं० जागना] १. हिं० 'जागना' का प्रे०, सोए हुए को उठने में प्रवृत्त करना। २. होश या चेत में लाना। ३. उत्पन्न करना; जैसे-भूख जगाना, कामवासना जगाना। ४. (आग) सुलगाना। ५. ऐसा साधन करना कि यन्त्र-मन्त्र अपना प्रभाव दिखलाए।

जगीत* स्त्री० दे० 'जगत'

जगीला वि० [हिं० जागना] जागने के कारण थका और आलस्य से भरा हुआ, उनींदा।

जग्य* पुं० दे० 'यज्ञ'।

जघन पुं० [सं०] १. पेड़ू। २. चूतड़।

जघन्य वि० [सं०] बहुत बुरा या निन्दनीय, गर्हित।

जच्चा स्त्री० [फा० जच्च:] प्रसूता स्त्री।

जच्चाखाना पुं० [फा० जच्च: खान:] सूतिकागृह, सौरी।

जच्छ* पुं० दे० 'यज्ञ'।

जज पुं० [अं०] १. किसी प्रकार का निर्णय करनेवाला, निर्णायक। २. न्याय-विभाग का वह अधिकारी जो प्राय: जिले भर के मुकदमे सुनता या उनपर पुनर्विचार करता है।

जजमान* पुं० दे० 'यजमान'।

जजाती* पुं०=ययाति।

जजिया पुं० [अ० जज़िय:] १. दंड। २. मुसलमानी राज्य काल में अन्य धर्मवालों पर लगनेवाला एक प्रकार का कर।

जजी स्त्री० [अं० जज] १. जज का पद या काम। २. जज की कचहरी।

जज्ञ* पुं० दे० 'यज्ञ'।

जज्ञेय* पुं०=यज्ञेश।

जज्ब वि० [अ० जज़्ब] सोखा हुआ।

जज्बा पुं० [अ० जज़्बा] भाव, भावना।

जज्बात पुं० [अ० जज़्बात; जज़्बा का बहु०] भाव भावनाएँ।

जज्बाती वि० [अ० जज़्बाती] भावुक।

जटना[1] स० [हिं० जाट या सं० जटन ?] धोखा देकर अधिक मूल्य या कोई वस्तु लेना, ठगना।

जटना[2] *स० [सं० जटन] जड़ना।

जटल स्त्री० [सं० जटिल] व्यर्थ की बकवाद, गप्प।

मुहा० *जटल काफिए उड़ाना या मिलाना*=बे-सिर-पैर की और व्यर्थ बातें करना।

जटा स्त्री० [सं०] १. लट के रूप में गुथे हुए सिर के बहुत बड़े-बड़े बाल। २. वृक्षों की जड़ के पतले सूत, झकरा। ३. जूट, पटसन।

*वि०=जड़ित।

जटाजूट पुं० [सं०] १. जटा या लम्बे बालों का जूड़ा। २. शिव की जटा।

जटाधर पुं० [सं०] शिव।

जटाधारी (-रिन्) वि० [सं०] जिसके सिर पर जटा हो। पुं० शिव, महादेव।

जटाना अ० [हिं० जटना] ठगा जाना।

जटामासी स्त्री० [सं० जटामांसी] एक सुगन्धित वनस्पति, बालछड़।

जटित वि० [सं०] जड़ा हुआ।

जटिल वि० [सं०] [भाव० जटिलता] १. जटाओं से युक्त, जटावाला। २. जिसमें बहुत हेर-फेर या पेच हों और जो इसीलिए जल्दी समझ में न आए, दुरूह, दुर्बोध, पेचीदा। (इन्ट्रिकेट, कॉम्प्लेक्स)

जठर पुं० [सं०] १. पेट। २. गर्भ।

वि० १. वृद्ध, बूढ़ा। २. कठिन।

जठर-अगिनी* स्त्री० दे० 'जठराग्नि'।

जठराग्नि स्त्री० [सं०] पेट में की अन्न पचानेवाली गरमी।

जड़[1] वि० [सं० जड] १. जिसमें चेतनता न हो, चेतनारहित। २. चेष्टाहीन, स्तब्ध। ३. वह जिसमें बहुत ही थोड़ी बुद्धि हो, बहुत बड़ा मूर्ख। (ईडियट) ४. ठंडा।

जड़[2] स्त्री० [सं० जटा] १. वृक्षों आदि का जमीन के अन्दर रहनेवाला वह भाग जिसके द्वारा उन्हें जल और आहार मिलता है, मूल, सोर। २. नींव, बुनियाद।

मुहा० *जड़ उखाड़ना या खोदना*=(क) ऐसा नष्ट करना कि फिर जल्दी न उभड़ सके (ख) अपकार या अहित करना। *जड़ जमना*=चल या बढ़ सकने की स्थिति में होना।

३. आरम्भ, मूल। ४. कारण, सबब। ५. आधार, आश्रय।

जड़कना* अ० [हिं० जड़] जड़ या स्तब्ध हो जाना।

जड़जमाया वि० १. [पौधा या वृक्ष] जिसकी जड़ें जमी हों। २. पूर्णरूप से अवस्थित जमा हुआ।

जड़ता स्त्री० [सं०] १. जड़ का भाव, चेतनता का विपरीत भाव, अचेतनता। २. बहुत अधिक मूर्ख या जड़ होने का भाव। (ईडिएसी) ३. चेष्टा न करने या स्तब्ध रहने की दशा, जो साहित्य में एक संचारी भाव है। ४. नवीनता, आधुनिकता या प्रगतिशीलता का अभाव।

जड़त्व पुं० दे० 'जड़ता'।

जड़ना स० [सं० जटन] १. एक चीज को दूसरी चीज में इस प्रकार बैठाना कि वह जल्दी उखड़ या निकल न सके। (फासेन) २. प्रहार करना, मारना। ३. ठोंकना। ४. चुगली खाना।

जड़वाना स० हिं० 'जड़ना' का प्रे०।

जड़विहिन वि० [सं० जड़+विहिन] १. जिसकी जड़ या जड़ें न हों। २. जिसका कोई घर-बार न हो।

जड़हन पुं० [सं० जाड्यधान्य] वह धान जो पहले एक जगह बोया और तब वहाँ से उखाड़कर दूसरी जगह रोपा जाता हो, शालि।

जड़ाई स्त्री० [हिं० जड़ना] जड़ने का काम, भाव या मजदूरी।

जड़ाऊ वि० [हिं० जड़ना] जिसपर नगीने या रत्न जड़े हों।

जड़ाना[1] स० दे० 'जड़वाना'।

जड़ाना[2] अ० [हिं० जाड़ा] सरदी खाना।

जड़ाव पुं० [हिं० जड़ना] १. जड़ने की क्रिया या भाव। २. ऐसा काम या चीज जिसपर दूसरी छोटी चीजें जड़ी हुई हों, जड़ाऊ काम।

जड़ावर पुं० [हिं० जाड़ा] जाड़े में पहनने के गरम कपड़े।

जड़ित* वि० [सं० जटित] १. अच्छी तरह बैठाया या जड़ा हुआ। २. जिसमें नगीने जड़े हों। ३. अच्छी तरह बँधा या जकड़ा हुआ।

जड़िमा स्त्री० [सं०] जड़ता।

जड़िया पुं० [हिं० जड़ना] गहनों पर नगीने जड़ने का काम करनेवाला।

जड़ी स्त्री० [हिं० जड़] वनस्पति की वह जड़ जो औषध के काम में आती हो।

जड़ीभूत वि० [सं० जडीभूत] जो बिल्कुल जड़ के समान हो गया हो, सुन्न।

जड़ैया[1] स्त्री० दे० 'जूड़ी'।

जड़ैया[2] पुं० दे० 'जड़िया'।

जत वि० [सं० यत्] जितना।

जतन पुं० दे० 'यत्न'।

जतलाना स० दे० 'जताना'।

जताना स० [सं० ज्ञप्त] १. बतलाना, परिचित कराना। २. पहले से सूचना देना।

जति* पुं०=यति (जितेन्द्रिय या साधु)।

स्त्री०=यति (कविता की)।

जती पुं० दे० 'यति'।

जतेक* क्रि० वि० दे० 'जितना'।

जत्त* पुं० दे० १. 'जगत'। २. दे० 'यति' (जितेन्द्रिय या साधु)।

जत्था पुं० [सं० यूथ] झुंड, दल; जैसे यात्रियों का जत्था।

जथा* क्रि० वि० दे० 'यथा'।

जदपि* योज० दे० 'यद्यपि'।

जदवार स्त्री० [अ०] निर्विषी नामक ओषधि।

जदि क्रि० वि० दे० 'जब'।

योज० दे० 'यदि'।

जदु* पुं० दे० 'यदु'।

जदुपति* पुं० दे० 'यदुपति'।

जदुपुर पुं० [सं० यदुपुर] मथुरा नगरी।

जदुराई, जदुराय पुं० [सं० यदुराज] श्रीकृष्ण।

जद्द[1]* वि० [अ० ज्याद:] ज्यादा।

जद्द[2] वि० [फा० जद] प्रचंड, प्रबल।

जदपि* योज० 'यद्यपि'।

जद्दी वि० [अ० जद] बाप-दादा के समय का।

वि० बहुत बड़ा या भारी।

जद्दोजहद स्त्री० [जद (चेष्टा)+जहद (परिश्रम)] १. एक दूसरे से बढ़कर होनेवाला परिश्रम। २. स्पर्धा, प्रतिद्वंद्विता।

जन[1] पुं० [सं०] १. लोक, लोग। २. प्रजा। ३. सेवक, दास, अनुयायी, अनुचर। ५. समूह, समुदाय। ६. सात लोकों में से पाँचवाँ लोक।

जन[2] निपा० [हिं० जनि] मत, नहीं।

जन[3] स्त्री० [अ० ज़न] १. स्त्री। २. पत्नी।

जनक पुं० [सं०] १. जन्मदाता। २. पिता, बाप। ३. सीता के पिता।

जनक-जननी पुं० बहु० [सं०] माता और पिता, माता-पिता।

जनकजा स्त्री० [सं०] सीता।

जनकवि पुं० [सं० जन+कवि] जनता की भाषा में कविता करनेवाला कवि।

जनकौर* पुं० [सं० जनक+पुर] १. जनकपुर। २. राजा जनक के परिवार के लोग।

जनक्रांति स्त्री० [सं० जन+क्रांति] वह क्रांति जिसमें जनता की पूर्ण सहभागिता हो।

जनखा पुं० [फा० ज़नख:] हिजड़ा, नपुंसक।

जनगणना स्त्री० [सं० जन+गणना] किसी राज्य के निवासियों की गिनती।

जनग्राह्य वि० [सं०] जनता के द्वारा ग्राह्य।

जनजागरण पुं० [सं०] १. जनता को जगाने अर्थात् सचेत और सावधान करने का काम। २. जनता को अपनी समस्याओं, अधिकारों, कर्तव्यों आदि के सम्बन्ध में जानकारी कराने का काम।

जनजाति स्त्री० [सं०] कुछ विशिष्ट स्थानों में पाए जानेवाले ऐसे लोगों का समूह या वर्ग जो साधारणतः एक ही पूर्वज के वंशज होते हैं और जो सभ्यता, संस्कृति आदि के विचार से आस-पास के निवासियों से बिल्कुल भिन्न और कुछ निम्न स्तर पर होते हैं। (ट्राइब)

जनजीवन पुं० [सं०] सामान्य लोगों का जीवन, सामान्य रहन-सहन।

जनतंत्र पुं० [सं०] १. जनता का शासन। २. वह देश जिसमें जनता का शासन हो।

जनतंत्री वि० [सं०] जनतन्त्र-सम्बन्धी।

जनतंत्रीकरण पुं० दे० 'लोकतंत्रीकरण'।

जनतांत्रिक वि० [सं०] जनतन्त्र-सम्बन्धी।

जनता स्त्री० [सं०] १. 'जन' का भाव। २. जनसमूह। ३. किसी देश या स्थान के सब या बहुत से निवासी, सर्वसाधारण। (पब्लिक)

जनन पुं० [सं०] १. उत्पत्ति, उद्भव। २. जन्म। ३. आविर्भाव।

जनना स० [सं० जनन] १. जन्म देना। २. उत्पन्न करना।

जननि* स्त्री० दे० 'जननी'।

जननी स्त्री० [सं०] १. माता, माँ। २. उत्पन्न करनेवाली।

जननेंद्रिय स्त्री० [सं०] वह इन्द्रिय जिससे प्राणी सन्तान उत्पन्न करते हैं, जैसे पुरुष जाति का लिंग या शिश्न, और स्त्री जाति की भग या योनि।

जनपद पुं० [सं०] १. बसा हुआ स्थान, बस्ती, आबादी। २. जिला।

जनपरस्त वि० पुं० [सं० जन+फा० परस्त] जन-हितैषी, जनसेवी।

जनप्रतिनिधि पुं० [सं०] १. जनता का प्रतिनिधि। २. वह जो जनता का प्रतिनिधित्व कर रहा हो।

जन-प्रतिबद्ध वि० [सं०] [भाव० जनप्रतिबद्धता] जो जनहित के लिए प्रतिबद्ध हो।

जनप्रिय वि० [सं०] [भाव० जयप्रियता] जनता का प्रिय, सर्वप्रिय।

जनभाषा स्त्री० [सं०] जनता की भाषा, जन-जन की भाषा।

जनम पुं० [सं० जन्म] १. सारा जीवनकाल, जिन्दगी।

मुहा० *जनम हारना*=(क) व्यर्थ सारा जीवन बिताना। (ख) जन्म भर किसी का दास होकर रहने की प्रतिज्ञा करना।

जनम-घुट्टी (घूँटी) स्त्री० [हिं० जनम+घूँटी] पौष्टिक ओषधियों का बना हुआ वह पेय पदार्थ जो बच्चों को जन्म के समय से एक दो वर्ष तक पिलाया जाता है।

मुहा० *(किसी बात का) जनम-घूँटी में पड़ना*=जन्म से ही (किसी बात का) अभ्यास या चसका होना।

जनमत पुं० [सं०] जनता का मत।

जनमत सर्वेक्षण पुं० [सं०] किसी विषय के पक्ष-विपक्ष आदि के सम्बन्ध में किसी विशिष्ट क्षेत्र, वर्ग आदि के कतिपय लोगों के मत के आधार पर पूरे समाज के मत के आकलन की प्रक्रिया। (पब्लिक पोल)

जनमना अ० [सं० जन्म] जन्म लेना।

जनम-सँघाती पुं० [हिं० जन्म+संघाती] १. वह जो जन्म से ही साथ रहा हो। २. वह जो जन्म भर साथ रहे।

जनमाना स० [सं० जन्म] जन्म देने या प्रसव करने में सहायता देना।

जनमानस पुं० [सं०] १. जनता का मन। २. जनता।

जनमेजय पुं० [सं०] पुराणानुसार राजा परीक्षित के पुत्र जिन्होंने सर्पयज्ञ किया था।

जनयात्रा स्त्री० [सं०] बहुत लोगों का मिलकर प्रदर्शन के लिए निकलना, जलूस, शोभायात्रा।

जनयिता पुं० [सं० जनयितृ] पिता।

जनयित्री स्त्री० [सं०] माता, जननी।

जनरंजन पुं० [सं०] जनता का मनोरंजन।

वि० जनता का मनोरंजन करनेवाला।

जनरव पुं० [सं०] १. किंवदन्ती, अफवाह। २. बदनामी। ३. कोलाहल, शोर।

जन-रुचि स्त्री० [सं०] जनता की रुचि।

जनलोक पुं० [सं०] पुराणानुसार सात लोकों में से एक।

जनवाई स्त्री० दे० 'जनाई'।

जनवाद पुं० [सं०] [वि० जनवादी] १. यह सिद्धान्त कि राजनीतिक, सामाजिक आदि कार्यों में सब लोगों के अधिकार, कर्तव्य, उत्तरदायित्व आदि बराबर और एक-से होने चाहिए। २. दे० 'लोकतंत्र'।

जनवादिक वि० [सं०] जनवाद-सम्बन्धी, जनवाद का। (डिमोक्रेटिव)

जनवादी (-दिन्) पुं० [सं०] वह जो जनवाद के सिद्धान्त को मानता हो। (डेमोक्रेट)
वि०=जनवादिक।

जनवाना स० दे० 'जनाना'।

जनवासा पुं० [सं० जन+वास] १. सब लोगों के ठहरने या टिकने का स्थान। २. बरातियों के ठहरने का स्थान।

जन-विनाशक वि० [सं०]=जन-संहारक।

जन-व्यवहार पुं० [सं०] लोगों का पारस्परिक व्यवहार।

जनव्यापी वि० [सं० हिं०] जनता में व्याप्त।

जनशक्ति स्त्री० [सं०] वे लोग या उन लोगों का समूह जो कार्यक्षम हैं।

जनश्रुति स्त्री० [सं०] लोक में प्रचलित खबर, अफवाह, किंवदन्ती, प्रवाद। (ह्यूमर)

जनसंख्या स्त्री० [सं०] किसी नगर या देश में बसनेवाले मनुष्यों की गिनती या तायदाद, आबादी। (पापुलेशन)

जनसंचार पुं० [सं० जन+संचार] संचार के वे साधन जो अधिकतम लोगों तक पहुँचते हों। (मास मीडिया)

जन-संपत्ति स्त्री० [सं०] जनता की संपत्ति।

जन-संहारक वि० [सं० जन+संहारक] १. जनता का संहार करनेवाला। २. जनता के संहार के लिए बनाया हुआ या जिससे जनता का संहार हो सके।

जन-समर्थन पुं० [सं०] जनता का समर्थन।

जन-सहयोग पुं० [सं०] जनता का सहयोग।

जन-सामान्य पुं० [सं०] सामान्य जन, आम आदमी।

जनसुलभ वि० [सं०] जो सबके लिए सुलभ हो।

जनसेवक पुं० [सं०] १. वह जो जन-साधारण या जनता की सेवा के काम करता हो। २. दे० 'लोकसेवक'। (पब्लिक-सर्वेन्ट)

जनसेवा स्त्री० [सं०] ऐसे काम जो जन-साधारण या जनता के उपकार या हित के लिए हों। (पब्लिक सर्विस)

जनसेवी वि०, पुं० [सं० जनसेवा] जनता की सेवा में लगा हुआ; जैसे-जनसेवी संस्थाएँ।

जनस्थान पुं० [सं०] १. मनुष्यों का निवासस्थान। २. दंडकारण्य का एक पुराना प्रदेश।

जनहित पुं० [सं० जन+हित] जनता का हित, समाज की भलाई।

जनहितैषी वि० [सं० हितैषी] जनता की भलाई करने या चाहनेवाला, जिससे जनता का हित हो; जैसे-जन-हितैषी कार्यक्रम।
पुं० वह जो जनता का हित करता हो, जनता के हितों की रक्षा में लगा हुआ।

जना[१] पुं० [सं० जन] [स्त्री० जनी] मनुष्य, आदमी।

जना[२] वि० [सं० जन्म] [स्त्री० जनी] किसी से जनमा हुआ (व्यक्ति), जैसे राम-जना।
पुं० जन्म, उत्पत्ति, पैदाइश।

जनाई स्त्री० [हिं० जनना] १. बच्चा जनाने का काम करनेवाली स्त्री, दाई। २. बच्चा जनाने का पारिश्रमिक।

जनाऊ* पुं० दे० 'जनाव'।

जनाजा पुं० [अ० जनाज़ा] अरथी या वह सन्दूक जिसमें लाश रखकर गाड़ने के लिए ले जाते हैं।

जनानखाना पुं० [फा० ज़नानख़ान:] घर का वह भाग जिसमें स्त्रियाँ रहती हैं, अन्त:पुर।

जनाना[१] स० [हिं० जनना] बच्चा जनाने का काम करना, सन्तान प्रसव कराना।

जनाना[२] स० [हिं० जानना का प्रे०] किसी को जानने में प्रवृत्त करना, जताना।

जनाना[३] वि० [फा०] [स्त्री० जनानी, भाव० जनानापन] १. स्त्रियों का, स्त्री-सम्बन्धी। २. स्त्रियों का-सा।
पुं० १. हिजड़ा, जनखा। २. अन्त:पुर, जनानखाना। ३. पत्नी, जोरू।

जनाब पुं० [अ०] [स्त्री० जनाबा] महाशय, महोदय, श्रीमान्।

जनाबे आली पुं० [अ०] सम्मानीय महाशय, महापुरुष।

जनाबेवाला पुं० [अ० जनाब+हिं० वाला] जनाबे आली।

जनार्दन पुं० [सं०] विष्णु।

जनाव पुं० [हिं० जनाना=जानकारी कराना] जानकारी या परिचय कराने की क्रिया या भाव।

जनावनी स्त्री० दे० 'सुनावनी'।

जनाश्रय पुं० [सं०] १. धर्मशाला। २. सराय। ३. घर, मकान।

जनि स्त्री० [सं०] १. उत्पत्ति, जन्म। २. नारी, स्त्री। ३. माता। ४. पत्नी।
*निपा० मत, नहीं, न।

जनित वि० [सं०] [स्त्री० जनिता] १. जिसने जन्म लिया हो, जनमा हुआ, उत्पन्न। २. (समस्त पदों में) किसी के कारण होनेवाला या किसी से उद्‌भूत, जैसे-रोगजनित, स्वाध्यायजनित।

जनित्री स्त्री० [सं०] माता, माँ।

जनिया स्त्री० दे० 'जानी' (प्रेमी या प्रेमिका के लिए संबोधन)।

जनी स्त्री० [सं० जन] १. सबको उत्पन्न करनेवाली प्रकृति। २. जन्म देनेवाली माता। ३. दासी, अनुचरी। ४. स्त्री। ५. बेटी।

जनु यो० [हिं० जानना] मानो। (उत्प्रेक्षावाचक)

जनून पुं० [अ०] पागलपन, उन्माद।

जनूनी वि०, पुं० [अ०] पगलाया हुआ, उन्मादग्रस्त (व्यक्ति)।

जनेऊ पुं० [सं० यज्ञ] १. यज्ञोपवीत, ब्रह्मसूत्र। २. यज्ञोपवीत संस्कार।

जनेत स्त्री० दे० 'बरात'।

जनेव* पुं० दे० 'जनेऊ'।

जनेश पुं० [सं०] १. ईश्वर। २. राजा।

जनेस* पुं०=जनेश।

जनैया वि० [हिं० जानना+ऐया (प्रत्य०)] जाननेवाला, जानकार।

जनौ यो० [हिं० जानना] मानो।

जन्म पुं० [सं०] १. गर्भ से निकलकर जीवन धारण करना, उत्पत्ति, पैदाइश। २. अस्तित्व में आना, आविर्भाव।

३. सारा जीवन, जिन्दगी, जैसे-अगला या पिछला जन्म। ४. आयु, जीवनकाल, जैसे-जन्म-भर। (मुहावरों के लिए दे० 'जनम'।)

जन्म-अधिकार पुं० [सं० जन्म+अधिकार] वह अधिकार जो जन्म के साथ ही मनुष्य को प्राप्त होता है।

जन्मकुंडली स्त्री० [सं०] वह चक्र जिसमें किसी के जन्म के समय के ग्रहों की स्थिति लिखी रहती है। (फलित ज्योतिष)

जन्म-जन्मांतर पुं० [सं०] यह जन्म और दूसरा जन्म।

जन्मजात वि० [सं०] जो किसी के जन्म लेने के समय से ही उसके साथ उत्पन्न या लगा हो।

जन्म-दर स्त्री० [सं०+फा०] किसी काल-अवधि में किसी स्थान पर जन्म लेनेवाले बच्चों की संख्या।

जन्मदिन पुं० [सं०] किसी के जन्म लेने का दिन जो प्रायः उत्सव के रूप में मनाया जाता है, वर्षगाँठ।

जन्मना[1] क्रि० वि० [सं०] जन्म से, जैसे जन्मना जाति मानना।

जन्मना[2] अ०[सं० जन्म] १. जन्म लेना, जनमना। २. अस्तित्व में आना, आविर्भूत होना।

जन्मपत्रिका स्त्री० [सं०] जन्मकुंडली।

जन्मपत्री स्त्री० [सं० जन्मपत्रिका] वह पत्र या खर्रा जिसमें किसी के जीवनकाल के ग्रहों की स्थितियाँ और उनके फलों आदि का उल्लेख रहता है।

जन्म-प्रमाणक पुं० [सं०] इस बात का प्रमाणपत्र कि अमुक व्यक्ति का जन्म अमुक तिथि को हुआ था। (बर्थ सर्टिफिकेट)

जन्मभूमि स्त्री० [सं०] वह स्थान (या देश) जहाँ किसी का जन्म हुआ हो।

जन्म-मरण पुं० [सं०] जन्म लेने और मरने का भाव।

पद *जन्म-मरण से छुटकारा*=बार-बार जन्म लेने और बार-बार मरने से होनेवाली मुक्ति।

जन्मसिद्ध वि० [सं०] जिसकी सिद्धि जन्म से ही हो, जन्म मात्र से प्राप्त, जैसे जन्मसिद्ध अधिकार।

जन्मस्थल पुं० [सं०] दे० 'जन्मस्थान'।

जन्मस्थली स्त्री० = जन्मस्थल।

जन्मस्थान पुं० [सं०] वह स्थान जहाँ पर किसी का जन्म या उत्पत्ति हुई हो।

जन्मांतर पुं० [सं०] दूसरा जन्म।

जन्मा पुं० [सं० जन्मन्] वह जिसका जन्म हुआ हो (समस्त पदों के अन्त में; जैसे अग्रजन्मा)।

वि० जो पैदा हुआ हो, उत्पन्न।

जन्माना स० [हिं० जन्मना] १. उत्पन्न करना, जन्म देना। २. जनमाना।

जन्माष्टमी स्त्री० [सं०] भाद्रपक्ष कृष्ण अष्टमी जो भगवान कृष्णचन्द्र का जन्मदिन और पर्व है।

जन्मेजय पुं० [सं०] परीक्षित के पुत्र एक प्रसिद्ध राजा जिन्होंने नागयज्ञ किया था।

जन्मोत्सव पुं० [सं०] किसी के जन्म के समय या जन्मदिन पर होनेवाला उत्सव।

जन्य पुं० [सं०][स्त्री० जन्या] १. साधारण मनुष्य। २. राष्ट्र। ३. पुत्र, बेटा। ४. पिता। ५. जन्म।

वि० १. पैदा करने योग्य। २. जन-सम्बन्धी। ३. राष्ट्रीय, जातीय। ४. जो किसी से उत्पन्न हुआ हो, उद्भूत, जैसे-रोगजन्य दुर्बलता।

जन्हु* पुं० दे० 'जह्नु'।

जप पुं० [सं०] किसी मन्त्र, नाम या वाक्य का बार-बार किया जानेवाला उच्चारण।

जप-तप पुं० [सं० जप+तप] पूजा, जप और पाठ आदि, पूजा-पाठ।

जपना स० [सं० जपन] १. कोई नाम, वाक्य, या शब्द बार-बार कुछ देर तक कहना या रटना, जप करना। २. अनुचित रूप से दूसरे की चीज ले लेना।

जपनी स्त्री० [हिं० जपना] १. जपमाला। २. गोमुखी।

जपमाला स्त्री० [सं०] वह माला जिसे हाथ में रखकर जप करते हैं।

जपा[1] स्त्री० [सं०] जवा, अड़हुल।

जपा[2] पुं० [सं० जप] जपनेवाला।

जपिया वि०, पुं० [हिं० जप] जपने या जप करनेवाला।

जप्त वि० दे० 'जब्त'।

जफील स्त्री० [अ० ज़फील] [क्रि० जफीलना] दे० 'सीटी'।

जफ्फी स्त्री० [अ० जफ़्फ़ी] आलिंगन।

जब क्रि० वि० [सं० यावत्] जिस समय।

पद *जब जब*=जब कभी कुछ हो, जिस जिस समय कोई बात हो। *जब तक*=किसी निर्दिष्ट समय-सीमा तक। *जब तब*=कभी-कभी।

मुहा० *जब देखो, तब*=प्रायः, अक्सर।

जबड़ा पुं० [सं० ज़ंभ] मुँह में ऊपर-नीचे की वे हड्डियाँ जिनमें दाँत उगे होते हैं, कल्ला।

जबर वि० [अ० ज़बर] १. बलवान। २. पक्का, दृढ़।

जबरई स्त्री०=जबरदस्ती।

जबरदस्त वि० [फा० ज़बरदस्त] १. बहुत ऊँचा, गंभीर या जोरदार तीव्र; जैसे-जबरदस्त धमाका, जबरदस्त चोट। २. जबरदस्ती करनेवाला, कठोरता से दूसरों से काम लेनेवाला।

जबरदस्ती स्त्री० [फा० ज़बरदस्ती] १. बलात् या बेगार काम करवाने की क्रिया या भाव। २. किसी को कुछ करने के लिए बाध्य किया जाना। ३. हठ।

क्रि० वि० बाध्य करके या बलपूर्वक; जैसे-पिताजी ने बहु को जबरदस्ती मायके भेज दिया है।

जबह पुं० [अ० ज़ब्ह] पशु या पक्षी का गला काटकर प्राण लेने की क्रिया।

जबहा पुं० [?] जीवट, साहस।

जबहिं* क्रि० वि० [सं० यावत्हि] १. जभी। २. ज्योंही।

जबान स्त्री० [फा० ज़बान] १. जीभ, जिह्वा।

पद *बेजबान*=बहुत सीधा।

मुहा० *जबान खींच लेना*=ऐसा कठोर दंड देना कि दंडित व्यक्ति बोलने योग्य न रह जाए। *जबान पर आना*=मुँह से निकलना। *जबान में लगाम न होना*=सोच-समझकर बोलने का ज्ञान न होना। *दबी जबान से बोलना या कहना*=अस्पष्ट रूप से या धीरे से बोलना। विशेष दे० 'जीभ' के मुहा०। २. बात, बोल। ३. प्रतिज्ञा। ४. भाषा।

जबानदराज वि० [फा०] [भाव० जबानदराजी] बढ़-बढ़कर अनुचित बातें कहनेवाला, बातचीत करने में उद्दंड।

जबानबंदी स्त्री० [फा०] १. किसी घटना के सम्बन्ध में लिखा जानेवाला विवरण या गवाही। २. मौन, चुप्पी। ३. चुप रहने या न बोलने की आज्ञा।

जबानी वि० [हिं० जबान] १. जो केवल जबान से कहा गया हो, मौखिक। २. जो कहा तो गया हो, पर लिखित न हो, मौखिक।

जबार पुं० [सं० यवांकुर] जौ के अंकुर।

जब्त वि० [अ० ज़ब्त] किसी अपराध में राज्य के द्वारा हरण किया हुआ, सरकार द्वारा छीना हुआ, जैसे मकान जब्त होना। (कन्फिस्केटिड)

जब्ती स्त्री० [अ० ज़ब्ती] जब्त होने की क्रिया या भाव। (कन्फिस्केशन)

जब्र पुं० [अ०] ज्यादती, सख्ती।

जभी क्रि० वि० [हिं० जब+ही (प्रत्य०)] १. जिस समय ही। २. ज्यों ही।

जम* पुं० दे० 'यम'।

जमकात* पुं० दे० 'जमकातर'।

जमकातर[१] पुं० [सं० यम+कातर] पानी का भँवर।

जमकातर[२] पुं० [सं० यम+कर्तरी] १. यम का खाँड़ा। २. खाँड़ा।

जमघंट पुं० दे० 'यमघंट'।

जमघट पुं० [हिं० जमना+घट्ट] मनुष्यों की भीड़-भाड़, जमावड़ा।

जमडाढ़ स्त्री० [सं० यम+हिं० डाढ़] कटारी की तरह का एक हथियार।

जमधर पुं० दे० 'जमडाढ़'।

जमन* पुं० दे० 'यवन'।

जमना[१] अ० [अ० जम्द] १. तरल पदार्थ का ठोस या गाढ़ा हो जाना, जैसे दही जमना। २. अच्छी तरह बैठना। ३. स्थिर या निश्चल होना। ४. एकत्र या इकट्ठा होना, जमा होना। ५. हाथ से काम करने का पूरा अभ्यास होना। ६. मानव समाज के सामने होनेवाले काम का अच्छी तरह सम्पन्न होना, जैसे गाना जमना। ७. काम का अच्छी तरह चलने योग्य होना।

पद *जमा रहना*=डटे रहना; जैसे-वह महीनों ससुराल में जमा रहा।

जमना[२] अ० [सं० जन्म+ना (प्रत्य०)] उगना, उपजना, जैसे बाल जमना।

स्त्री० दे० 'यमुना'।

जमनिका* स्त्री० [सं० यवनिका] १. यवनिका, परदा। २. काई। २. मैल।

जमल* वि०=यमल (दोनों)।

जमवट स्त्री० [हिं० जमना] काठ का वह चक्कर जो कुआँ बनाने के समय उसके तल में रखा जाता है।

जमवार* पुं० [सं० यमद्वार] यम का द्वार अथवा न्यायसभा।

जमा वि० [अ०] १. संग्रह किया हुआ, एकत्र, इकट्ठा। २. किसी प्रकार के देन के रूप में कहीं दिया हुआ। ३. किसी खाते में आय-पक्ष में लिखा हुआ (धन या पदार्थ)।

स्त्री० [अ०] १. मूलधन, पूँजी। २. पास का धन, रुपया-पैसा। ३. भूमिकर, लगान। ४. खाते का वह अंग या पक्ष जिसमें कहीं से आया हुआ धन या माल लिखा जाता है।

जमाई[१] पुं० [सं० जामातृ] दामाद।

जमाई[२] स्त्री० [हिं० जमना] जमने या जमाने की क्रिया, भाव या मजदूरी।

जमा-खर्च पुं० [फा० जमा+ख़र्च] १. आय और व्यय। २. किसी के यहाँ से आई हुई रकम जमा करके उसके नाम पड़ी हुई रकम का हिसाब पूरा करना।

जमात स्त्री० [अ० जमाअत] १. मनुष्यों का समूह। २. कक्षा, श्रेणी, दरजा।

जमाति* स्त्री०=जमात।

जमाती पुं० [हिं० जमात+ई] १. जमात या कक्षा में साथ रहनेवाला, सहपाठी। २. साधुओं की संगत में रहनेवाला।

जमादार पुं० [फा०] [भाव० जमादारी] सिपाहियों, सैनिकों, सफाई कर्मचारियों आदि का सरदार।

जमान* वि०=जवान।

जमानत स्त्री० [अ० ज़मानत] किसी व्यक्ति या कार्य की वह जिम्मेदारी जो जबानी, कुछ लिखकर अथवा कुछ रुपए जमा करके अपने ऊपर ली जाती है, जामिनी। (सिक्योरिटी)

जमानतनामा पुं० [अ० ज़मानत+फा० नामः] वह कागज जो किसी की जमानत करते समय लिखा जाता है।

जमाना[१] स० हिं० 'जमना' का स०।

जमाना[२] पुं० [फा० ज़मानः] १. समय, काल, वक्त। २. बहुत अधिक समय, मुद्दत। ३. प्रताप या गौरव के दिन, जैसे आज-कल आपका जमाना है। ४. संसार, जगत, दुनियाँ।

पद *जमाने भर का*=जितना अधिक मिल या हो सके, उतना सब।

जमापूँजी स्त्री० [अ०+हिं० पूँजी] एकत्र धनराशि।

जमाबंदी स्त्री० [फा०] पटवारी का वह खाता जिसमें असामियों के लगान की रकमें लिखी रहती हैं।

जमामार वि०, पुं० [हिं० जमा+मारना] दूसरों का माल दबा रखनेवाला।

जमाराशि स्त्री० [अ०+सं०] जमा किया हुआ कुल धन।

जमालगोटा पुं० [सं० जयपाल] एक पौधा जिसके बीज अत्यन्त रेचक होते हैं।

जमाव पुं० [हिं० जमाना] १. जमा या इकट्ठा होने की क्रिया या भाव; जैसे-जलजमाव। २. जमने या जमाने की क्रिया या भाव। ३. दे० 'जमावड़ा'।

जमावट स्त्री० [हिं० जमना] [वि० जमावटी] जमने या जमाने की क्रिया, अवस्था या भाव।

जमावड़ा पुं० [हिं० जमना=एकत्र होना] बहुत से लोगों का एक जगह इकट्ठा होना, भीड़।

जमींकंद पुं० दे० 'सूरन'।

जमींदार पुं० [फा० ज़मींदार] वह जो अंग्रेजी शासन में जमीन का मालिक होता और उसे किसानों को लगान पर जोतने-बोने के लिए देता था।

जमींदारी स्त्री० [फा० ज़मींदार] १. जमींदार की जमीन। २. जमींदार का पद। ३. जमींदार होकर जमीनें दूसरों को लगान पर देने की प्रथा।

जमी* स्त्री०=यमी।

वि०=संयमी।

जमीन स्त्री० [फा० ज़मीन] [वि० जमीनी] १. पृथ्वी (ग्रह)। २. (जल से भिन्न) पृथ्वी का वह ऊपरी भाग, जिसपर हम लोग रहते हैं, भूमि, धरती।

मुहा० *जमीन-आसमान एक करना*=बड़े-बड़े प्रयत्न करना। *जमीन आसमान का फरक*=बहुत अधिक अन्तर। *जमीन देखना*=(क) कुश्ती में पटका जाना। (ख) नीचा देखना।

३. वह आधार जिसपर बेल-बूटे आदि बने हों। ४. वह वस्तु जिसका उपयोग किसी द्रव्य के प्रस्तुत करने में आधार रूप से हुआ हो। ५. चित्र बनाने के लिए मसाले से तैयार की हुई सतह या तल।

मुहा० *जमीन बाँधना*=अस्तर या मसाला लगाकर चित्र के लिए सतह तैयार करना।

६. आधार।

मुहा० *नई जमीन तोड़ना*=नए क्षेत्र के विकास में महत्त्वपूर्ण कार्य करना; जैसे गोस्वामी जी ने मध्य युगीन साहित्य के विषय में नई जमीन तोड़ी थी। -विद्यानिवास मिश्र।

७. डौल, उपक्रम।

जमीन-जायदाद स्त्री०=अचल सम्पत्ति।

जमीनी वि० [फा० ज़मीनी] १. जमीन पर होनेवाला। २. जो स्पष्ट रूप से दिखाई पड़े; जैसे-जमीनी सचाई।

जमुहाना अ० दे० 'जँभाना'।

जमूरक* पुं० [फा० जंबूरक] एक प्रकार की छोटी तोप।

जमोग पुं० [हिं० जमोगना] जमोगने अर्थात् स्वीकार करने या कराने की क्रिया।

जमोगना स० [सं० समायोग] १. आय-व्यय की जाँच करना। २. भार या देन से मुक्त होने के लिए दूसरे को वह भार या देन सौंपकर उससे स्वीकृति लेना, सरेखना। (एसाइन्मेन्ट)

जमौआ वि० [हिं० जमाना] बुनकर नहीं, बल्कि सूत या रोएँ जमाकर बनाया हुआ, जैसे जमौआ कम्बल या बनात।

जम्हाना अ० दे० 'जँभाना'।

जयंत वि० [सं०] [स्त्री० जयंती] १. विजयी। २. बहुरूपिया। पुं० [सं०] १. रुद्र। २. इन्द्र के पुत्र उपेन्द्र का एक नाम। ३. स्कन्द, कार्तिकेय।

जयंती स्त्री० [सं०] १. किसी महापुरुष की जन्मतिथि अथवा किसी महत्त्वपूर्ण घटना की तिथि जिसे उत्सव के रूप में भी मनाया जाता है; जैसे-प्रताप जयंती, विवाह जयंती। २. पताका, ध्वजा।

जय स्त्री० [सं०] युद्ध, विवाद आदि में विपक्षियों का पराभव, जीत।

मुहा० *जय बोलना या मनाना*=विजय या समृद्धि की कामना करना।

पुं० १. विष्णु के एक पार्षद का नाम। २. महाभारत नामक महाकाव्य का पुराना नाम।

जयकारा पुं० [सं० जयकार] किसी देवी-देवता की जय बुलाने के लिए किया जानेवाला उद्घोष या नाद।

जयजयकार पुं० [सं०] किसी की जय मनाने का घोष।

जयजीव* पुं० [हिं० जय+जीओ=जीवित रहो] एक प्रकार का अभिवादन, जिसका अर्थ है-जय हो और जीते रहो।

जयति पद [सं०] जय हो। (मंगलकामना)

जयद्रथ पुं० [सं०] महाभारत के समय का एक प्रसिद्ध राजा जो दुर्योधन का बहनोई था।

जयना* स०=जीतना।

जयपत्र पुं० [सं०] १. वह पत्र जो हारा हुआ पुरुष अपनी हार के प्रमाणस्वरूप विजयी को लिखकर देता है, विजयपत्र। २. दे० 'आज्ञप्ति'।

जयफर* पुं० दे० 'जायफल'।

जयमाल स्त्री०=जयमाला।

जयमाला स्त्री० [सं०] १. किसी के विजयी होने पर उसे पहनाई जानेवाली माला। २. वह माला जो विवाह या स्वयंवर के समय कन्या अपने भावी पति को पहनाती है। ३. माला पहनाने का उक्त अवसर।

जयश्री स्त्री० [सं०] विजयश्री।

जयस्तंभ पुं० [सं०] युद्ध में किसी की विजय के चिह्न या स्मारक के रूप में बनाया हुआ स्तम्भ, धरहरा।

जया स्त्री० [सं०] १. दुर्गा। २. पार्वती। ३. हरी दूब। ४. पताका, ध्वजा।

वि० जय दिलानेवाली।

जयाजय पुं० [सं० जय+अजय] जय और पराजय, जीत और हार।

जयी वि० [सं० जयिन्] विजयी।

जर[१]* पुं० [सं०] जरा, बुढ़ापा।

जर[२] पुं० [सं० ज्वर] ज्वर, बुखार।

जर[3] पुं० [फा० ज़र] १. सोना, स्वर्ण। २. धन, दौलत।

जरकटी स्त्री० [देश०] एक तरह की शिकारी चिड़िया।

जरकस, जरकसी* वि० [फा० ज़रकश] (कपड़ा) जिस पर सुनहले या रुपहले तार आदि लगे हों या उनके बेल-बूटे बने हों।

जरखरीद वि० [फा० ज़रख़रीद] धन से खरीदा हुआ।

जरठ वि० [सं०] १. कठोर, कड़ा। २. वृद्ध, बुड्ढा। ३. जीर्ण, पुराना।

जरतई* स्त्री० [हिं० जरना=जलना] १. जलन। २. ईर्ष्या, डाह।

जरतार* पुं० दे० 'जरी'।

जरतुश्त पुं० दे० 'जरदुश्त'।

जरद वि० [फा० ज़र्द] पीला, पीत। (रंग)

जरदा पुं० [फा० ज़र्द:] १. चावलों से बननेवाला एक व्यंजन। २. पान के साथ खाने की सुगन्धित सुरती। ३. पीले रंग का घोड़ा।

जरदी स्त्री० [फा० ज़र्दी] १.पीलापन। २. अंडे के अन्दर का पीला गूदा।

जरदुश्त पुं० [फा०] पारसी धर्म के प्रवर्तक एक प्रसिद्ध महापुरुष।

जरदोज पुं० [फा० ज़रदोज] जरदोजी का काम करनेवाला।

जरदोजी स्त्री० [फा० ज़रदोज़ी] कपड़े पर सलमे-सितारे आदि से किया हुआ काम।

जरन* स्त्री० दे० 'जलन'।

जरना* अ० दे० 'जलना'।

स० दे० 'जड़ना'।

जरनि* स्त्री० दे० 'जलन'।

जरब स्त्री० [अ० ज़र्ब] १. आघात, चोट।

मुहा० *(किसी को) जरब देना*=नीचा दिखाना।

२. गुणा। (गणित)

जरबफ्त पुं० [फा०] वह रेशमी कपड़ा जिसमें जरी या कलाबत्तू के बेल-बूटे बने हों।

जरबाफ पुं० दे० 'जरदोज'।

जरबाफी स्त्री० दे० 'जरदोजी'।

जरबीला* वि० [फा० ज़रब] जिसमें चमक-दमक हो, भड़कीला।

जरमन पुं० [जर्मनी देश] जरमनी देश का निवासी।

स्त्री० जरमनी देश की भाषा।

वि० जरमनी देश का।

जरमन सिलवर पुं० [अं०] एक प्रसिद्ध सफेद मिश्र धातु, जिसके बरतन बनते हैं।

जरमनी पुं० मध्य युरोप का एक प्रसिद्ध देश।

जरर पुं० [अ०] १. हानि, क्षति। २. आघात।

जरल* स्त्री० दे० 'जलन'।

जरवारा* वि० [फा० ज़र=हिं० वाला] धनी, सम्पन्न।

जरा[1] स्त्री० [सं०] बुढ़ापा।

जरा[2] वि० [अ० ज़र:] थोड़ा, कम।

जराऊ* वि० दे० 'जड़ाऊ'।

जराग्रस्त वि० [सं०] वृद्ध, बुड्ढा।

जराना* स०=जलाना।

जरायु पुं० [सं०] १. वह झिल्ली, जिसमें गर्भ से उत्पन्न होनेवाला बच्चा बँधा रहता है, आँवल, खेड़ी। २. गर्भाशय।

जरायुज पुं० [सं०] वह प्राणी जो जरायु में लिपटा हुआ गर्भ से उत्पन्न हो। (पिंडज का एक भेद)

जराव* पुं०=जड़ाव।

वि०=जड़ाव।

*पुं०=जलाव।

जरासंध पुं० [सं०] मगध का एक राजा जिसे भीम ने मारा था।

जरित* वि०=जटित।

जरिमा स्त्री० [सं०] बुढ़ापा।

जरिया[1] पुं० [अ० ज़रीअ] १. सम्बन्ध, लगाव। २. सबब, हेतु। ३. साधन।

जरिया[2] वि० [हिं० जलना] जो जलाकर बनाया गया हो, जैसे जरिया नमक।

*पुं० दे० 'जड़िया'।

जरी स्त्री० [फा० ज़री] १. बादले से बुना हुआ ताश नामक कपड़ा। २. सोने के वे तार, जिनसे कपड़ों पर बेल-बूटे बनाते हैं।

*स्त्री०=चड़ी।

जरीब स्त्री० [फा०] भूमि नापने की जंजीर।

जरूर क्रि० वि० [अ० ज़रूर] अवश्य।

जरूरत स्त्री० [अ० ज़रूरत] आवश्यकता।

जरूरतमंद वि० [अ० ज़रूरत+फा० मंद (प्रत्य०)=वाला] जिसे जरूरत या आवश्यकता हो।

जरूरी वि० [अ० ज़रूर से फा०] १. जो जरूर होने को हो। २. जिसकी जरूरत या आवश्यकता हो, आवश्यक।

जरौट वि० [हिं० जड़ना] जड़ाऊ।

जर्जर वि० [सं०] १. जो पुराना होने के कारण काम का न रह गया हो, जीर्ण। २. टूटा-फूटा, खंडित। ३. शरीर से जर्जर अर्थात् वृद्ध, बुड्ढा।

जर्जरित वि० दे० 'जर्जर'।

जर्द वि० [फा० ज़र्द] पीला, पीत।

जर्दा पुं० दे० 'जरदा'।

जर्दी स्त्री० [फा० जर्दी] पीलापन।

जर्मनी वि०, पुं० स्त्री०=जरमनी।

जर्राह पुं० [अ०] [भाव० जर्राही] फोड़ों आदि की चीर-फाड़ करनेवाला चिकित्सक, अस्त्र-चिकित्सक।

जलंधर पुं० [सं०] एक राक्षस जो समुद्र से उत्पन्न हुआ था और जिसे विष्णु ने मारा था।

पुं० दे० 'जलोदर'। (रोग)

जल पुं० [सं०] [वि० जलीय] पानी।

वि० जल में होने या रहनेवाला; जैसे-जलजीवन।

जल-अलि पुं० दे० 'जल-भौंरा'।

जलकर पुं० [हिं० जल+कर] १. जलाशयों में होनेवाले पदार्थ, जैसे मछली, कमल-गट्टा आदि। २. ऐसे पदार्थों पर लगनेवाला कर। ३. जल के उपयोग पर लगनेवाला कर।

जलकल स्त्री० [सं० जल+हिं० कल] १. नगर के सब घरों में नल या कल के द्वारा पानी पहुँचाने की व्यवस्था करनेवाला विभाग। (वाटर वर्क्स) २. घर-घर पानी पहुँचानेवाली कल का नल।

जलकुंभी स्त्री० [सं०] जलाशयों में होनेवाली एक प्रकार की वनस्पति।

जलकुकुही स्त्री० [हिं० जल+कुमुदिनी] जल में होनेवाला एक प्रकार का पौधा।

जलक्रीड़ा स्त्री० [सं०] वे क्रीड़ाएँ या खेल जो जलाशय में किए जाते हैं।

जलखई* स्त्री०=जलपान।

जलखावा* पुं०=जलपान।

जल-घड़ी स्त्री० [हिं० जल+घड़ी] एक प्राचीन यन्त्र जिसमें नाँद में भरे हुए जल में एक छोटे छेदवाली कटोरी रहती थी; और उस कटोरी में भरनेवाले जल के परिमाण से समय का ज्ञान होता था।

जलचर पुं० [सं०] [स्त्री० जलचरी] जल में रहनेवाला जन्तु।

जलचारी पुं० दे० 'जलचर'।

जलजंतु पुं० [सं०] जल में रहनेवाला जन्तु।

जलज वि० [सं०] जो जल में या जल से उत्पन्न हो।

पुं० [सं०] १. कमल। २. शंख। ३. मछली। ४. जलजन्तु। ५. मोती।

जल-जमाव पुं० [सं० जल+हिं० जमना] किसी निचले स्थान पर बाढ़, वर्षा आदि का पानी जमा होने की अवस्था या भाव।

जलजहार* पुं० [सं० जलज=मोती+हार] मोतियों का हार।

जलजात* वि०, पुं० दे० 'जलज'।

जलजान* पुं०=जलयान।

जलजावलि* स्त्री० [सं० जलज+अवलि] एक प्रकार की मोतियों की माला।

जल-डमरूमध्य पुं० [सं०] भूगोल में जल की वह पतली प्रणाली या धारा जो दो बड़े समुद्रों या खाड़ियों के मध्य में हो और उन्हें मिलाती हो। (स्ट्रेट)

जलतरंग पुं० [सं०] जल से भरी कटोरियों पर आघात करके बजाया जानेवाला बाजा।

जलतोरी स्त्री०=मछली। (परिहास और व्यंग्य)

जलत्रास पुं० दे० 'जलातंक'।

जलद वि० [सं०] जल देनेवाला।

पुं० [सं०] १. मेघ, बादल। २. वंशज, जो पितरों को तर्पण के द्वारा जल देता है।

जलदस्यु पुं० [सं^] समुद्र में रहकर जहाजों और समुद्री यात्रियों को लूटनेवाला डाकू, समुद्री डाकू।

जलदागम पुं० [सं०] १. वर्षा ऋतु का आगमन या आरम्भ। २. आकाश में बादलों का घिरना।

जलद्वार पुं० [सं०] नदी, नहर आदि में बनाया हुआ द्वार जिससे धारा को नियन्त्रित किया जाता है। (वाटरगेट)

जलधर पुं० [सं०] १. बादल। २. समुद्र।

जलधरी स्त्री० [सं०] वह अर्घा या आधान जिसमें शिवलिंग स्थापित रहता है, जलहरी।

जलधि पुं० [सं०] समुद्र।

जलन स्त्री० [हिं० जलना] १. जलने से होनेवाली पीड़ा या कष्ट, दाह। २. ईर्ष्या के कारण होनेवाला मानसिक कष्ट।

जलना अ० [सं० ज्वलन] १. आग के सम्पर्क से अंगारे या लपट के रूप में होना, दग्ध होना, बलना। २. आग पर रखे जाने के कारण भाप आदि के रूप में होना। ३. अग्नि के स्पर्श से किसी अंग का पीड़ित होना, झुलसना।

मुहा० *जल मरना*=(क) दुर्घटनावश जलने से मृत्यु हो जाना। (ख) आत्महत्या के उद्देश्य से जानबूझकर अपने को जलाना; जैसे-पति के साथ वह भी जल मरी। *जले पर नमक छिड़कना*=दुखी को और दुख देना।

४. ईर्ष्या, द्वेष आदि के कारण मन में बहुत दुखी होना।

मुहा० *जल मरना*=ईर्ष्यावश तड़पना। *जली-कटी सुनाना*=डाह या क्रोध आदि के कारण कड़वी बातें कहना।

जलनाथ पुं० [सं०] १. इन्द्र। २. वरुण। ३. समुद्र।

जलनिधि पुं० [सं०] सागर, समुद्र।

जलपक* वि०=जल्पक।

जलपक्षी (-क्षिन्) पुं० [सं०] जल, जलाशय, समुद्र आदि के आस-पास रहनेवाला पक्षी।

जलपति पुं० [सं०] जल के देवता, वरुण।

जलपात्र पुं० [सं०] वह पात्र जिसमें जल रखा जाता हो।

जलपना* अ० [सं० जल्पन] १. लम्बी-चौड़ी बातें करना। २. बकवाद करना।

जलपान पुं० [सं०] पूरे भोजन से पहले किया जानेवाला थोड़ा और हलका भोजन, कलेवा, नाश्ता।

जलपूर्ति स्त्री० [सं०] नगर, मुहल्ले आदि में जल की की जानेवाली पूर्ति। (वाटर सप्लाई)

जल-प्रदूषण पुं० [सं०] जल का प्रदूषित हो जाना। (वाटर-पल्यूशन)

जलप्रपात पुं० दे० 'प्रपात'।

जलप्रवाह पुं० [सं०] १. पानी का बहाव। २. कोई चीज नदी में डालकर बहाना, भसान।

जलप्रांगण पुं० [सं०] किसी समुद्रतट पर के देश के तट से मिला हुआ समुद्र का वह अंश जो उसके अधिकार और अधिकार-क्षेत्र में माना जाता है। विशेषत: साधारण तट से तीन मील तक का समुद्र इसके अन्तर्गत आता है। (टेरिटोरियल वाटर्स)

जलप्लावन पुं० [सं०] १. पानी की बाढ़। २. एक प्रकार का प्रलय। (दे० 'प्रलय')

जल-भराव पुं० [सं०+हिं०] किसी क्षेत्र या स्थान के जल से भरे होने की अवस्था या भाव।

जलभीति स्त्री० [सं०] जल देखकर लगनेवाला डर।

जलभीरु वि० [सं०] जल से डरनेवाला।

जलभौंरा पुं०[हिं० जल+भौंरा] पानी पर चलनेवाला एक प्रकार का काला कीड़ा, भौंतुआ।

जलमार्ग पुं० [सं०] नदियों, नहरों आदि के रूप में बना हुआ, मार्ग या रास्ता। (वाटरवेज)

जलयात्रा स्त्री० [सं०] नदी या समुद्र से की जानेवाली यात्रा।

जलयान पुं० [सं०] जल में चलनेवाला यान या सवारी, जैसे नाव या जहाज। (वेसेल)

जलराई* पुं०=जलराशि।

जलराशि पुं० [सं०] समुद्र।

जलरुह पुं० [सं०] कमल।

जलवाना स० हिं० 'जलाना' का प्रे०।

जलवायु स्त्री० [सं०] किसी स्थान की वह प्राकृतिक स्थिति जिसका प्राणियों आदि के विकास और स्वास्थ्य पर प्रभाव पड़ता है, हवा-पानी। (क्लाइमेट)

जल-विद्युत पुं० [सं०] ऊपर से गिरती हुई जल की धारा से जेनरेटर की धुरी घुमाने से उत्पन्न होनेवाली बिजली। (हाइड्रो इलेक्ट्रिसिटी)

जलविहार पुं० [सं०] १. नदी, तालाब, आदि में नाव पर घूमना या सैर करना। २. दे० 'जलक्रीड़ा'।

जलशायी (-यिन्) पुं० [सं०] विष्णु।

जलशाला स्त्री० [सं०] वह स्थान जहाँ जलीय पौधों तथा जीवों को पाला-पोसा जाता है।

जलसंत्रास पुं० [सं०] जलभीति।

जल-समाधि स्त्री० [सं०] १. जल में डूबकर प्राण देना। २. किसी वस्तु का जल में डूबकर नष्ट होना।

जलसा पुं० [अ० जल्स:] १. खाने-पीने या गाने-बजाने का समारोह। २. सभा-समिति आदि का बड़ा अधिवेशन, बैठक।

जलसाईं पुं० [हिं० जलाना] वह स्थान जहाँ मुर्दे जलाए जाते हैं, श्मशान, मरघट।

जलसेना स्त्री० [सं०] समुद्र में रहकर जहाजों पर से लड़नेवाली फौज। (नेवी)

जलस्तंभ पुं० [सं०] एक प्राकृतिक घटना जिसमें जलाशय या समुद्र का जल कुछ समय के लिए ऊपर उठकर स्तम्भ का रूप धारण कर लेता है, सूँड़ी।

जलस्तम्भन पुं० [सं०] मन्त्रों द्वारा जल का प्रवाह या वर्षा आदि रोकने का कार्य।

जलहर वि० दे० 'जलहल'।
*पुं० दे० 'जलधर'।

जलहरी स्त्री० दे० 'जलधरी'।

जलहल* वि० [हिं० जल] जल से भरा हुआ, जलमय।
*पुं०=जलाशय।

जलांक पुं० [सं०] [वि० जलांकित] कागज की बनावट में जल की सहायता से एक विशिष्ट प्रकार से बनाया हुआ चिह्न या अंकन जो कागज को प्रकाश में खड़ा करने पर दिखाई देता है। (वाटर मार्क)

जलांकन पुं० [सं०] [वि० जलांकित] कागज बनाते समय जल की सहायता से एक विशिष्ट प्रक्रिया से उसमें जलांक या कुछ अक्षर, चिह्न आदि बनाना। (वाटर मार्किंग)

जलांकित वि० [सं०] (कागज) जिस पर जलांक बना हो। (वाटर मार्क्ड)

जलांजलि स्त्री० [सं०] १. मृतक के उद्देश्य से दी जानेवाली जल की अंजलि। २. तिलांजलि।

जलाऊ वि० [हिं० जलाना+आऊ (प्रत्य०)] जलाने के योग्य, जैसे जलाऊ लकड़ी।

जलाक* स्त्री० [हिं० जलाना] (जलानेवाली) गरम हवा, लू।

जलातंक पुं० [सं०] जल से लगनेवाला वह डर जो कुत्ते आदि के काटने पर होता है। (हाइड्रोफोबिया)

जलाद* पुं० दे० 'जल्लाद'।

जलाना स० [हिं० 'जलना' का स०] १. आग के संयोग से किसी वस्तु को जलने में प्रवृत्त करना, प्रज्वलित करना, सुलगाना। २. आग पर रखकर भाप आदि के रूप में लाना या उड़ाना। ३. किसी के मन में सन्ताप या ईर्ष्या उत्पन्न करना।

जलापा पुं० [हिं० जलाना] ईर्ष्या, जलन।

जलाभाव पुं० [सं०] जल का अभाव।

जलाल पुं० [अ०] १. प्रकाश। २. तेज।

जलालदीन* पुं०=जलालुद्दीन (अकबर)।

जलाव पुं० [हिं० जलना] १. जलने की क्रिया या भाव। २. जलने के कारण कम होनेवाला अंश।

जलावतरण पुं० [सं०] १. जल में उतरना। २. नए जहाज का तैयार होने पर पहले-पहल पानी या समुद्र में उतरना या पहुँचना।

जलावन पुं० [हिं० जलाना] १. ईंधन। २. किसी वस्तु का वह अंश जो जलाए जाने पर कम हो जाता है।

जलावर्त पुं० [सं०] १. पानी का भँवर, नाल। २. एक प्रकार का मेघ।

जलाशय पुं० [सं०] वह स्थान जहाँ पानी जमा होकर ठहरा या बना रहता हो, जैसे झील, नदी आदि।

जलाहल वि० [हिं० जलाजल] जलमय।

जलीय वि० [सं०] १. जल-सम्बन्धी, जल का। २. जल या पानी में होनेवाला; जैसे-जलीय पादप। ३.जिसमें पानी या उसका कुछ अंश हो।

जलील[१] वि० [अ०] प्रतिष्ठित, गौरवशाली।

जलील[२] वि० [अ० ज़लील] कमीना, अधम।

जलूस पुं० [फा० जुलूस] बहुत से लोगों का किसी सवारी के साथ या प्रदर्शन के लिए निकलना, जनयात्रा, शोभायात्रा।

जलेंद्र पुं० [सं०] १. जलदेवता। २. महासागर।

जलेबी स्त्री० [फा० जलीबिया] १. एक प्रकार की मिठाई। २. गोल घेरा, कुंडली।

जलेस* पुं० [सं० जला+ईश] १. जल के देवता, वरुण। २. जल का स्वामी।

जलोदर पुं० [सं०] एक रोग जिसमें पेट के भीतरी भाग में पानी भरने से वह फूल जाता है।

जलौका स्त्री० [सं०] जोंक नामक जन्तु।

जल्द क्रि० वि० दे० 'जल्दी'।

जल्दबाज वि० [फा० जल्दबाज़] [भाव० जल्दबाजी] हर काम में बहुत जल्दी मचानेवाला।

जल्दबाजी स्त्री० [फा० जल्दबाज़ी] बहुत जल्दी काम करने की क्रिया जो अनुचित समझी जाती है।

जल्दी स्त्री० [अ०] शीघ्रता।

क्रि० वि० [अ० जल्द] १. शीघ्र, चटपट। २. फुरती से।

जल्प पुं० [सं०] १. कथन, कहना। २. व्यर्थ बहुत बोलना, बकवाद, प्रलाप।

जल्पक वि० [सं०] जल्पना करने या व्यर्थ बहुत बोलनेवाला, बकवादी, वाचाल।

जल्पना* अ० [सं० जल्पन] १. व्यर्थ बकबक करना, जलपना। २. डींग मारना।

जल्पवाद पुं० [सं०] युक्ति के आधार पर अपने पक्ष का समर्थन और दूसरे के पक्ष का खंडन करना।

जल्पित वि० [सं०] कहा हुआ, कथित।

जल्लाद पुं० [अ०] १. प्राणदंड पाए हुए अपराधियों को मार डालनेवाला पुरुष, वधिक, बँधुआ। २. क्रूर व्यक्ति।

जव पुं० १. दे० 'जौ'। २. दे० 'जवा'।

जवन पुं० दे० 'यवन'।

सर्व० दे० 'जो'।

जवनिका स्त्री० दे० 'यवनिका'।

जवाँ वि० = जवान।

जवा[१] स्त्री० दे० 'जपा'।

जवा[२] पुं० [सं० यव] लहसुन का दाना।

जवाई स्त्री० [हिं० जाना] जाने की क्रिया या भाव, गमन।

जवान वि० [फा०] [भाव० जवानी] १. युवा, तरुण। २. वीर, बहादुर। ३. जो अपने यौवन पर हो, जैसे-रात जवान थी।

पुं० १. पुरुष, आदमी। २. सिपाही।

जवानी स्त्री० [फा०] १. जवान होने की दशा, भाव या काल, यौवन। २. युवा व्यक्ति।

जवाब पुं० [अ०] [वि० जवाबी] १. कोई प्रश्न होने पर उसके समाधान के लिए कही जानेवाली बात, उत्तर। २. किसी काम का बदला चुकाने के लिए किया जानेवाला काम। ३. मुकाबले या बराबरी की चीज, जोड़। ४. एक ओर रखी हुई किसी चीज के सामने रखी जानेवाली उसी तरह की दूसरी चीज। ५. नौकरी से अलग किया जाना।

मुहा० *जवाब तलब करना*=आधिकारिक रूप से किसी से पूछना कि ऐसा क्यों हुआ।

जवाबदार वि० दे० 'जवाबदेह'।

जवाबदावा पुं० [अ०] वह पत्र या लेख जो वादी के अभियोगों के उत्तर में प्रतिवादी न्यायालय में देता है।

जवाबदेह वि० [फा०] [भाव० जवाबदेही] १. जवाब या उत्तर देने की जिस पर जिम्मेदारी हो। २. किसी कार्य अथवा उसके परिणाम का दायित्व जिस पर हो।

जवाबी वि० [फा०] १. जवाब का, जैसे जवाबी कार्ड। २. जिसका जवाब देना हो। ३. जो किसी के जवाब में हो।

जवारा पुं० [हिं० जौ] जौ के नए निकले हुए अंकुर।

जवारी स्त्री० [हिं० जौ] १. एक प्रकार की माला जो जौ, छुहारे, मोती आदि गूँथकर बनाई जाती है। २. सींग, हाथी-दाँत आदि का वह टुकड़ा जिस पर सितार, बीन आदि के तार टिके रहते हैं।

जवारीदार गला पुं० ऐसा गला जिससे कुछ बोलने या गाने के समय कोई स्वर निकलने पर उसी के साथ-साथ उसी स्वर का बहुत महीन या हलकी रेखा भी छाया के रूप में सुनाई पड़ती है। (संगीत में स्वर का एक प्रकार का सौन्दर्य)

जवारू* पुं०=जवाल (झंझट)।

जवाल पुं० [अ० ज़वाल] १. अवनति, पतन। २. जंजाल, आफत, झंझट।

जवास पुं० दे० 'जवासा'।

जवासा पुं० [सं० यवासक] एक प्रकार का कँटीला पौधा जो वर्षा में जलकर सूख जाता है और जिसका उपयोग औषध आदि में होता है।

जवाहर पुं० [अ० मूलतः 'गौहर' (रत्न) का बहु०] रत्न, मणि।

जवाहरात पुं० [अ०] रत्नों की राशि या समूह।

जवाहरी* पुं० दे० 'जौहरी'।

जवाहिर पुं० दे० 'जवाहर'।

जवैंज्यू पुं० [सं० जामातृ] जमाई, दामाद।

जवैया* वि०, पुं० [हिं० जाना] जानेवाला।

जशन पुं० [फा० जश्न] नाच-रंग आदि का बहुत बड़ा समारोह या जलसा।

जस* वि० [सं० यथा] जैसा।

पद *जस का तस*=वैसे का वैसा, वैसा ही जैसे पहले रहा। पुं० दे० 'यश'।

जसमाल* स्त्री० [सं० यश+माला] यश की माला।

जसोदा, जसोवै* स्त्री० दे० 'यशोदा'।

जस्ता पुं० [सं० जसद] मटमैले रंग की एक प्रसिद्ध धातु।

जहँ* क्रि० वि० दे० 'जहाँ'।

जहँड़ना अ० [सं० जहन] १. घाटा उठाना। २. धोखे में आना या ठगा जाना।

स० धोखा देना, ठगना।

जहँड़ाना अ० दे० 'जहँड़ना'।

जहीं* क्रि० वि० ज्योंही।

जहतिया पुं० [हिं० जगात] जगात या कर उगाहनेवाला।

जहदजहल्लक्षणा स्त्री० [सं०] लक्षणा का वह प्रकार जिसमें वक्ता के शब्दों के कई अर्थों में से केवल एक अर्थ या भाव ग्रहण किया जाता है।

जहद्दम* पुं० दे० 'जहन्नुम'।

जहना* अ० [सं० जहन] १. त्यागना, छोड़ना। २. नष्ट करना।

जहन्नुम पुं० [अ०] नरक, दोजख।

जहमत स्त्री० [अ० ज़हमत] १. विपत्ति, मुसीबत। २. झंझट, बखेड़ा।

जहर स्त्री० [अ० ज़ह्] १. विष, गरल।

मुहा० *जहर उगलना*= लगती हुई और बहुत कटु बात कहना। *(कोई चीज या काम) जहर कर देना*=बहुत अधिक कटु, अप्रिय या असम्भव कर देना, जैसे लड़ाई-झगड़ा करके खाना-पीना जहर कर देना। *जहर का घूँट पीकर रह जाना*=बहुत अधिक क्रोध आने पर भी चुप रह जाना।

२. बहुत अधिक अप्रिय बात या काम।

वि० १. मार डालनेवाला, घातक। २. बहुत हानि पहुँचानेवाला (खाद्य पदार्थ)।

*पुं० दे० 'जौहर'।

जहर का बुझा वि० बहुत अधिक दुष्ट या पाजी।

जहरवाद पुं० [फा० ज़हबाद] एक तरह का जहरीला बड़ा फोड़ा।

जहर-मोहरा पुं० [फा० ज़हमुहर:] एक काला पत्थर जिसमें शरीर में से साँप का विष सोखने का गुण माना जाता है।

जहरी वि० [हिं० जहर] १. जिसमें जहर हो, विषैला। २. जहर उगलनेवाला।

जहरीला वि० [हिं० जहर+ईला (प्रत्य०)] १. जिसमें जहर हो। २. (जन्तु) जिसके दंश या डंक में जहर हो।

जहाँ क्रि० वि० [सं० यत्र, अप० जहिं] जिस स्थान पर, जिस जगह।

पद *जहाँ का तहाँ*=जिस जगह था या हो, उसी जगह पर। *जहाँ-जहाँ*=जिस जिस जगह, जहाँ कहीं भी। *जहाँ-तहाँ*=(क) इधर-उधर। (ख) जगह-जगह।

जहाँगीरी स्त्री० [फा०] हाथ में पहनने का एक जड़ाऊ गहना।

जहाँ-तहाँ क्रि० वि० १. इधर-उधर। २. प्रायः हर जगह।

जहाँपनाह पुं० [फा०] संसार को शरण देनेवाला। (बादशाहों के लिए सम्बोधन)

जहाज पुं० [अ० जहाज़] [वि० जहाजी] समुद्र में चलनेवाली बड़ी नाव।

जहाजी वि० [अ० जहाज़] जहाज-सम्बन्धी, जहाज का, जैसे जहाजी कौआ।

पुं० १. वह जो जहाज पर नौकरी करता हो, लशकरी। २. जहाज पर यात्रा करनेवाला।

स्त्री० एक प्रकार की पुरानी चाल की तलवार।

जहाजी कौआ पुं० [हिं० जहाजी+कौआ] १. जहाज पर ही रहनेवाला कौआ जो समुद्र पर चारों ओर घूम-फिरकर फिर उसी जहाज पर आ जाता है। २. बहुत बड़ा धूर्त या चालाक।

जहाजी-बेड़ा पुं० एक साथ चलनेवाले समुद्री जहाजों का समूह।

जहाजी सुपारी स्त्री० [हिं० जहाजी+सुपारी] विदेशों से (जहाज पर) आनेवाली एक प्रकार की सुपारी जो साधारण सुपारी से प्रायः दूनी बड़ी और चिपटी होती है।

जहाद पुं० [अ० जिहाद] मुसलमानों का वह धर्मयुद्ध जो इस्लाम का प्रचार या रक्षा करने के लिए किया जाता है।

जहादी वि० [हिं० जहाद] जहाद-सम्बन्धी, जहाद का।

पुं० वह जो इस्लाम का प्रचार करने अथवा उसकी रक्षा के लिए युद्ध या जहाद करता हो।

जहान पुं० [फा०] संसार, जगत।

जहानु* पुं०=जहान (संसार)।

जहिया क्रि० वि० [सं० यद्] जिस दिन।

जहीं क्रि० वि० [सं० यत्र] जहाँ ही।

*क्रि० वि० दे० 'ज्यों ही'।

जहेज पुं० [अ० जहेज़] दे० 'दहेज'।

जह्नु पुं० [सं०] १. विष्णु। २. एक राजर्षि जिन्होंने गंगा को पीकर कान से निकाला था। (इसी से गंगा का नाम जाह्नवी पड़ा है।)

जह्नुतनया स्त्री० [सं०] गंगा, भागीरथी।

जाँग पुं० [देश०] घोड़ों की एक जाति।

जाँगर[१] पुं० [हिं० जान या जाँघ] शरीर का बल, बूता।

जाँगर[२]* पुं० [सं० जांगल] वह डंठल जिसमें से (अन्न के) दाने निकाल लिए गए हों।

पुं० दे० 'जाँगरा'।

जाँगरा पुं० [?] भाट, चारण।

जांगल पुं० [सं०] ऊसर देश।

वि० जंगल-सम्बन्धी, जंगली।

जाँगलू † वि० जंगली।

जाँघ स्त्री० [सं० जंघा] कमर के नीचे और घुटनों के ऊपर का अंग, रान।

मुहा० *अपनी जाँघ उघाड़ना*=अपनी बदनामी या कलंक की बात स्वयं प्रकट करना।

जाँघिया पुं० [हिं० जाँघ+इया (प्रत्य०)] जाँघों में पहनने का घुटनों तक का एक पहनावा, काछा।

जाँघिल वि० [हिं० जाँघ] जिसका पैर, चलने में, लचकता हो। (पशु)

जाँघिला पुं० [देश०] एक प्रकार की चिड़िया।

जाँच स्त्री० [हिं० जाँचना] १. जाँचने की क्रिया या भाव। २. यह देखना कि कोई काम ठीक तरह से हुआ है या नहीं।

(चेक) ३. घटना आदि के कारणों का वास्तविक स्वरूप अथवा तथ्यों का पता लगाने का कार्य, अनुसन्धान। (एन्क्वायरी) ४. किसी घटना या विषय के मूल कारणों या रहस्यों का पता लगाना, छान-बीन। (इनवेस्टिगेशन)

जाँच-आयोग पुं० [हिं०+सं०] किसी दुर्घटना या घोटाले की जाँच करनेवाला आयोग। (इन्क्वायरी कमीशन)

जाँचक[1] पुं० दे० 'याचक'।

जाँचक[2] पुं०[हिं० जाँच] जाँच, परीक्षा या आलोचना करनेवाला।

जाँच-घर पुं० किसी बड़े कार्यालय से सम्बद्ध वह स्थान जहाँ उस कार्यालय से सम्बन्ध रखनेवाली बातों का (पूछने पर) पता चलता है, पूछताछ कार्यालय। (एन्क्वायरी ऑफिस)

जाँचना स० [सं० याचन] १. यह देखना कि कोई काम ठीक हुआ है या नहीं। २. परखना। ३. माँगना।

जाँच-पड़ताल स्त्री० तथ्यों का पता लगाने के लिए किया जानेवाला अनुसन्धान-कार्य।

जाँजरा* वि० दे० 'जाजरा'।

जाँझ* स्त्री० [सं० झंझा] वह वर्षा जिसके साथ तेज हवा भी हो।

जाँत* पुं०=जाँता (बड़ी चक्की)।

जांतव वि० [सं० जान्तव] १. जन्तु-सम्बन्धी, जीव-जन्तुओं का। २. जीव-जन्तुओं से उत्पन्न होने या मिलनेवाला, जैसे जान्तव विष।

जाँता पुं० [सं० यंत्र] आटा पीसने की बड़ी चक्की।

जाँब* पुं० दे० 'जामुन'।

जांबवान पुं० सुग्रीव का मन्त्री जो राम की ओर से रावण से लड़ा था।

जाँबाज वि० [फा० जाँबाज़] १. जान तक देने को तैयार रहनेवाला, जान की बाजी तक लगानेवाला। २. वीर, शूर।

जाँबाजी स्त्री० [फा० जाँबाज़ी] जान की लगाई जानेवाली बाजी, प्राण न्योछावर करना।

जाँवत* क्रि० वि० दे० 'यावत्'।

जाँवर पुं० [हिं० जाना] जाना।

जा[1] स्त्री० [सं०] १. माता, माँ। २. देवर की स्त्री, देवरानी। वि० स्त्री० उत्पन्न, सम्भूत (यौ० के अन्त में, जैसे जनक-जा)।

जा[2] सर्व० [हिं० जो] जिस।

जा[3] वि० [फा०] मुनासिब, उचित।

जाइ[1] वि० [हिं० जाना] व्यर्थ, वृथा।

जाइ[2] वि० [अ० ज़ाए] उचित, वाजिब।

जाई स्त्री० [हिं० 'जाया' का स्त्री०] बेटी, पुत्री।

जाउनि* स्त्री० दे० 'जामुन'।

जाउर* स्त्री० दे० 'जावर'।

जाक[1]* पुं० [सं० यक्ष] यक्ष।

जाक[2] स्त्री० [हिं० जकना] जकने की क्रिया या भाव।

जाकड़ पुं० [हिं० जाकर] १. इस शर्त पर कोई चीज ले आना कि यदि यह पसन्द न होगी तो फेर दी जाएगी। २. उक्त प्रकार से ली या दी हुई कोई चीज।

जाके† सर्व० जिसके द्वारा। जिनके द्वारा

जाकेट स्त्री० [अं० जैकेट] एक प्रकार की सदरी।

जाको* सर्व० [सं० यस्य] जिसका। (ब्रज०)

जाखिनी* स्त्री० दे० 'यक्षिणी'।

जाग[1] पुं० [सं० यज्ञ] १. यज्ञ। २. हवन, पूजन आदि की विधि।

जाग[2] स्त्री० [हिं० जगह] जगह, स्थान।

जाग[3] स्त्री० [हिं० जगाना] १. जागने की क्रिया, भाव या दशा। २. जागरण।

जागता वि० [हिं० जागना] १. अपनी महिमा, महत्त्व या प्रभाव तुरन्त और प्रत्यक्ष दिखानेवाला, जैसे जागता जादू, जागती ज्योति। २. प्रकाशमान।

जागतिक वि० [सं०] . जगत या संसार से सम्बन्ध रखनेवाला, संसार का, जैसे जागतिक स्थिति। २. जगत के रूप में होनेवाला; जैसे जागतिक गाँव, जाग जाना।

जागना अ० [सं० जागरण] १. सोकर उठना, नींद त्यागना। २. निद्रारहित रहना, जाग्रत होना। ३. सजग या सावधान होना। ४. उदित होना। ५. विख्यात होना। ६. जलना।

जागरण पुं० [सं०] १. जागना। २. किसी उत्सव या पर्व पर रात भर जागना, जागा। ३. किसी वर्ग या जाति की वह अवस्था जिसमें वह गिरी हुई दशा से निकलकर उन्नत होने का प्रयत्न करती है। (अवेकनिंग)

जागरित वि० [सं०] १. जो जागता या होश में हो। २. जो गिरी हुई दशा से निकलकर उन्नति का प्रयत्न कर रहा हो।

जागरूक वि० [सं०] जो जाग्रत अवस्था में हो। पुं० रखवाला, पहरेदार।

जागरूकता स्त्री०[सं०] जागरूक होने की अवस्था या भाव।

जागरूप वि० [हिं० जागना+रूप] जो बिल्कुल स्पष्ट और प्रत्यक्ष हो।

जागर्ति स्त्री० [सं०] १. जागरण, जागृति। २. चेतनता।

जागा पुं० दे० 'जागरण' २.।

जागी* पुं० [सं० याजी] भाट।

जागीर स्त्री० [फा०] [वि० जागीरी] राज्य की ओर से मिली हुई भूमि या प्रदेश।

जागीरदार पुं० [फा०] वह जो जागीर का मालिक हो।

जागृत वि० दे० 'जाग्रत'।

जागृति स्त्री० [सं० जागर्ति] १. जाग्रत होने की अवस्था या भाव। २. अपनी स्थिति, दोषों, कमियों आदि का होनेवाला भान। ३. उक्त, दोषों, कमियों आदि को दूर करने के लिए होनेवाली तत्परता।

जाग्रत वि० [सं०] १. जो जाग रहा है, जागता हुआ। २. (शक्ति, गुण आदि) जो अपना काम कर रहा हो, निष्क्रिय न हो, 'सुप्त' का उलटा। पुं० वह अवस्था जिसमें सब बातों का परिज्ञान होता या रहता है।

जाग्रति स्त्री० [सं० जाग्रत] जागरण।

जाचक* पुं० [भाव० जाचकता] दे० 'याचक'।

जाचन* पुं० [सं० याचन] माँगने की क्रिया या भाव, याचना। पुं०=याचक।

जाचना[1] स० [सं० याचन] माँगना।

जाचना[2]† स्त्री०=यातना, जैसे भैरवी जाचना।

जाजरा, जाजरो* वि० दे० 'जर्जर'। (ब्रज०)

जाजिम स्त्री० [तु० जाजम] फर्श पर बिछाने की छपी हुई चादर।

जाज्वल्य, जाज्वल्यमान वि० [सं०] १. प्रज्वलित, दीप्तिमान। २. तेजस्वी।

जाट पुं० [?] भारतवर्ष की एक प्रसिद्ध जाति।

जाठ पुं० [सं० यष्टि] १. वह लट्ठा जो कोल्हू की कूँड़ी के बीच में लगा रहता है। २. तालाब के बीच में पड़ा हुआ लट्ठा।

जाठर वि० [सं०] १. जठर-सम्बन्धी, जठर का। २. जठर से उत्पन्न।

पुं० १. जठर, पेट। २. भूख।

जाड़* पुं० [सं० जाड्य] जड़ता।

पुं०=जाड़ा।

जाड़ा पुं० [सं० जड़] १. वह ऋतु जिसमें बहुत सरदी पड़ती है, शीतकाल। २. सरदी, शीत, ठंड।

जाड्य पुं० [सं०] जड़ता।

जात[1] पुं० [सं०] १. जन्म। २. पुत्र, बेटा। ३. जीव, प्राणी।

जात[2] वि० [स्त्री० जाता] १. उत्पन्न, जनमा हुआ, जैसे नवजात। २. जनन या प्रसव से सम्बन्ध रखनेवाला, जैसे-जात पीर=प्रसव की पीड़ा। ३. व्यक्त, प्रकट।

जात[3] स्त्री० दे० 'जाति'।

जात[4] स्त्री० [अ० ज़ात] १. शरीर। २. व्यक्तित्व।

जातक पुं० [सं०] १. बच्चा। २. महात्मा बुद्ध के पूर्वजन्मों-सम्बन्धी कथा।

जातकर्म पुं० [सं०] बालक के जन्म के समय होनेवाला संस्कार।

जातना* स्त्री० दे० 'यातना'।

जात-पाँत स्त्री० [सं० जाति+पंक्ति] जाति और उपजाति के विभाग।

जातरूप पुं० [सं०] स्वर्ण, सोना। (धातु)

जाति स्त्री० [सं०] १. जन्म, पैदाइश। २. हिन्दुओं का वह सामाजिक विभाग, जो पहले कर्मानुसार था, पर अब जन्मानुसार माना जाने लगा है। (कास्ट) ३. देशभेद या वंश-परम्परा के विचार से किया हुआ मानव समाज का विभाग। (रेस) ४. पदार्थों या जीव-जन्तुओं के धर्म, आकृति आदि की समानता के विचार से किया हुआ विभाग, कोटि, वर्ग। (जेन्स)

जातिच्युत वि० [सं०] जाति से निकाला हुआ, जाति-बहिष्कृत।

जाति-पाँति स्त्री० दे० 'जात-पाँत'।

जाती[1] स्त्री० [सं०] चमेली की जाति का एक पौधा और फूल, जाही।

जाती[2] वि० [अ० ज़ाती] १. व्यक्तिगत। २. अपना, निज का।

जातीय वि० [सं०] १. जाति-सम्बन्धी। २. सारी जाति या राष्ट्र का। (नेशनल)

जातीयता स्त्री० [सं०] १. 'जातीय' का भाव। २. अपनी जाति की उन्नति, रक्षा आदि की उत्कट भावना। जो प्रायः अन्य जातियों के लिए अहितकार होती है।

जातीयता-विरोधी वि० उत्कट जातीय भावनाओं के विरोध का सूचक; जैसे जातीयता-विरोधी आंदोलन।

जातीय समस्या स्त्री० [सं०] विभिन्न जातियों के पारस्परिक विरोध के कारण खड़ी होनेवाली समस्या।

जातुधान* पुं० [सं० यातुधान] [वि० जातुधानी] राक्षस।

जातुधानपति* [सं० यातुधानपति] राक्षसों का सेनापति।

जातुधानी वि० [सं० यातुधान] राक्षसों का-सा, राक्षसी।

जाद वि० [फा० ज़ाद] किसी से उत्पन्न, किसी का जनमा हुआ, जात (यौ० के अन्त में, जैसे आदमजाद, परीजाद आदि)।

जादरू* पुं० [?] एक जाति का घोड़ा।

जादव पुं० दे० 'यादव'।

जादवराय* पुं० [सं० यादवराय] श्रीकृष्णचन्द्र।

जादा वि० [फा० ज़ादः] [स्त्री जादी] सन्तान के रूप में (किसी से) उत्पन्न, जात, जैसे-रईसजादा, साहबजादा।

*वि० दे० 'ज्यादा'

जादुई वि० [फा० जादू] १. जादू का-सा प्रभाव दिखाने में समर्थ। २. चमत्कारपूर्ण, चमत्कारी।

जादू पुं० [पहलवी याषत् से फा०, मि० सं० यातु] १. ऐसा आश्चर्यजनक काम जिसका आधार हाथ की सफाई हो। २. वह अद्भुत खेल या कृत्य जिसका रहस्य दर्शकों की समझ में न आए। (मैजिक) ३. टोना, टोटका। ४. दूसरे को मोहित करने की शक्ति, मोहिनी।

जादूगर पुं० [फा०] [भाव० जादूगरी, स्त्री० जादूगरनी] वह जो जादू के खेल करता हो।

जादूगरी स्त्री० [फा०] १. जादूगर का काम या कृति। २. जादूगर का दिखलाया हुआ खेल। ३. वह अद्भुत काम जो जादू का-सा जान पड़े।

जादौ* पुं० दे० 'यादव'।

जादौराय* पुं०=जादवराय (श्रीकृष्ण)।

जान[1] स्त्री० [सं० ज्ञान] १. ज्ञान, जानकारी, परिचय। २. ख्याल, अनुमान।

वि० १. ज्ञानवान, ज्ञानी। २. सुजान, चतुर।

जान[2] पुं० दे० 'यान'।

जान[3] स्त्री० [फा०] १. प्राण, जीवन।

मुहा० *जान के लाले पड़ना*= प्राण बचना कठिन होना। *जान खाना*=तंग या दिक करना। *जान छुड़ाना या बचाना*=किसी

झंझट से अपना पीछा छुड़ाना। *(किसी पर) जान देना*=(किसी से) इतना प्रेम करना कि उसके बिना रहा न जाए। *जान निकलना*=(क) मरना। (ख) भय या चिन्ता से प्राण सूखना। *जान पर खेलना*=अपना जीवन भारी संकट में डालना। *जान में जान आना*=विपत्ति से छुटकारा मिलने पर निश्चिंतता होना। *जान लड़ा देना*=जी-जान से किसी काम में लग जाना, अपनी पूरी शक्ति लगा देना। *जान सांसत में रहना या होना*=चिंता या परेशानी से दुखी होना या रहना। *जान से जाना*=मरना।

पद *जान जोखिम या जोखों*=ऐसा काम जिसमें जान जाने का डर हो।

२. प्रियतमा, प्रेयसी। ३. पत्नी। ४. बल, शक्ति, बूता, सामर्थ्य। ५. सार, तत्त्व। ६. शोभा बढ़ानेवाली वस्तु।

मुहा० *जान आना*=शोभा बढ़ना, खिल उठना।

जानकार वि०, पुं० [हिं० जानना+कार (प्रत्य०)] [भाव० जानकारी] १. जाननेवाला, ज्ञाता। २. विज्ञ, चतुर।

जानकारी स्त्री० [हिं० जानकार] १. जानकार का ज्ञान। २. सूचना।

जानकी स्त्री० [सं०] सीता।

जानकीजीवन पुं० [सं०] रामचन्द्र।

जानदार वि० [फा०] १. जिसमें जान हो। २. प्रबल, बलवान।

जाननहार* वि०=जाननेवाला।

जानना स० [सं० ज्ञान] १. ज्ञान प्राप्त करना, अभिज्ञ या परिचित होना, मालूम करना। २. सूचना या खबर रखना। ३. अनुमान करना, समझना।

जानपद वि० [सं०] १. जनपद-सम्बन्धी, जनपद का, जैसे जानपद न्यायालय। २. सारे देश से सम्बन्ध रखनेवाला परन्तु सैनिक और धार्मिक क्षेत्रों से भिन्न, जैसे जानपद सेवा (सिविल सर्विस), जानपद विधि (सिविल लॉ)। (सिविल)

पुं० १. जनपद का निवासी। २. देश।

जान-पहचान स्त्री० [हिं० जानना+पहचानना] परिचय।

जान-बीमा पुं० [फा०+अ०] संविदा या ठीके के रूप में होनेवाली वह व्यवस्था जिसमें बीमा करानेवाले को कुछ निश्चित अवधि तक समय-समय पर किस्त के रूप में कुछ धन देना पड़ता है, और बीमा करनेवाला उस व्यक्ति के मरने पर उसके उत्तराधिकारियों को अथवा उसके जीवित रहने पर स्वयं उसे नियत धन और उसके लाभ का कुछ अंश देता है। (लाइफ इन्स्योरेन्स)

जान-बूझकर क्रि० वि० अच्छी तरह जानते और समझते हुए, संकल्पपूर्वक।

जानमनि* पुं० [सं० ज्ञान+मणि] ज्ञानियों में श्रेष्ठ, बहुत बड़ा ज्ञानी।

जान-माल पुं० [फा०+अ०] प्राणी और सम्पत्ति; जैसे-इस युद्ध में जान-माल की भारी हानि हुई।

जानराय पुं० दे० 'जानमनि'।

जानलेवा वि० (अविकारी) [फा० जान+हिं० लेवा] १. जान लेनेवाला, मार डालनेवाला, घातक। २. घोर कष्टदायक।

जानवर पुं० [फा०] १. प्राणी, जीव। २. पशु, हैवान। ३. असभ्य, अशिष्ट या निदर्य व्यक्ति।

जानशीन पुं० [फा०] उत्तराधिकारी।

जानहार* वि० १. जाननेवाला। २. जानेवाला।

जानहु क्रि० वि० [हिं० जानना] मानो।

जाना[1] अ० [सं० या+हिं० ना (प्रत्य०)] १. एक स्थान से दूसरे स्थान पर पहुँचने के लिए चलना, गमन करना। २. प्रस्थान करना।

मुहा० *जा पड़ना या पहुँचना*=संयोगवश या यों ही कहीं जाकर उपस्थित होना। *जाने दो*=ध्यान मत दो। *किसी बात पर जाना*=(क) किसी बात के अनुसार कुछ अनुमान या निश्चय करना। (ख) किसी बात पर ध्यान देना। *जा लेना*=आगे बढ़कर किसी के पास पहुँचना या साथ होना।

३. किसी वस्तु का अधिकार से निकलना। ४. गायब या गुम होना, खोना। ५. बीतना, गुजरना। ६. नष्ट होना। ७. निकलना या बहना, जैसे खून जाना।

पुं० जाने की क्रिया या भाव।

जाना[2] स० [सं० जनन] प्रसव करके उत्पन्न करना, जन्म देना।

जाना-माना वि० प्रसिद्ध तथा प्रतिष्ठित।

जानि* वि०=जानकार।

*स्त्री०=जान (प्रियतमा)।

जानिब स्त्री० [अ०] १. दिशा, ओर। २. पक्ष, पहलू।

जानी वि० [फा०] जान से सम्बन्ध रखनेवाला, जान का।

जानी[2]* वि० पुं०=ज्ञानी। (ब्रज०)

जानी दुश्मन पुं० जान लेने को तैयार दुश्मन।

जानी दोस्त पुं० गहरा दोस्त।

जानु[1] पुं० [सं०] जाँघ और पिंडली के बीच का भाग, घुटना।

जानु[2]* पुं०=यान (वाहन)।

जानू पुं० [फा०] घुटना।

जानो क्रि० वि० [हिं० जानना] मानो, जैसे।

जाप पुं० दे० 'जप'।

जापक वि० [सं०] जप करने या जपनेवाला।

जापा पुं० [सं० जनन्+हिं० आपा (प्रत्य०)] प्रसूतिकागृह, सौरी।

जापी (-पिन्) पुं० [सं०] जपनेवाला।

जाप्ता पुं० [अ० ज़ाब्ता] नियम-विधान, तौर-तरीका, ढंग; जैसे—सब काम जाप्ते से करना पड़ता है।

जाफ स्त्री० [अ० जोफ़] १. बेहोशी, मूर्च्छा। २. चक्कर, घुमटा। ३. वृद्धावस्था, बुढ़ापा। (उर्दू में 'जोफ' पुंलिंग होने पर भी हिन्दी में जाफ स्त्रीलिंग में प्रयुक्त होता है।)

जाफत स्त्री० [फा० ज़ियाफ़त] भोज, दावत।

जाफरान पुं० [अ० ज़ाफ़रान] केसर नामक सुगन्धित द्रव्य।

जाफरानी वि० [अ० ज़ाफ़रानी] केसरिया।

जाफरी स्त्री० [अ० ज़ाफ़री] १. बाँस की पट्टियों का ढाँचा, जो परदे का काम करता है। २. खरा सोना। ३. एक पौधा और उसका फूल।

जाबालि पुं० [सं०] राजा दशरथ के गुरु, एक प्रसिद्ध ऋषि।

जाब्ता पुं० [अ०] नियम, विधान।

जाब्ता दीवानी पुं० आर्थिक व्यवहार या लेन-देन से सम्बन्ध रखनेवाला विधान।

जाब्ता फौजदारी पुं० दंडनीय अपराधों से सम्बन्ध रखनेवाला विधान।

जाम[1] पुं० [सं० याम] पहर, प्रहर।

जाम[2] पुं० [फ़ा०] १. प्याला, कटोरा (विशेषत: शराब पीने का)। २. एक प्रकार का बढ़िया फल।

जाम[3] वि० [अं० जैम, मि० हिं० जमना] १. अधिकता, दबाव आदि के कारण रुका हुआ। २. जिसमें चलने के लिए अवकाश न हो, जैसे रास्ता जाम होना। ३. मल आदि के कारण अपने स्थान पर दृढ़तापूर्वक जमा, ठहरा या रुका हुआ।

जामगी स्त्री० [?] वह पलीता जिसे जलाकर तोप या बन्दूक चलाते थे।

जामदानी स्त्री० [फ़ा० जाम:दानी] एक प्रकार का फूलदार कपड़ा।

जामन पुं० [अ० ज़ामिन] दूध जमाकर दही बनाने के लिए उसमें डाला जानेवाला थोड़ा दही या खट्टा पदार्थ।

जामना* अ० दे० 'जमना'।

जामनी* स्त्री० [सं० यामिनी] रात।

जामा पुं० [फ़ा० जाम:] १. पहनावा, पोशाक। २. चुननदार घेरे का एक विशेष प्रकार का पहनावा। ३. शरीर।

मुहा० *जामे से बाहर होना*=आपे से बाहर होना, बहुत क्रोध करना।

जामाता (-तृ) पुं० [सं०] दामाद।

जामिक* पुं० [सं० यामिक] पहरेदार।

जामिन पुं० [अ०] जमानत करनेवाला।

जामिनदार पुं० [अ०] जमानत करनेवाला, प्रतिभू।

जामिनी* स्त्री० दे० 'यामिनी'।

स्त्री० दे० 'जमानत'।

जामी* स्त्री० दे० 'जमीन'।

जामुन पुं० [सं० जंबु] [वि० जामुनी] १. छोटा गोल बैंगनी या काले रंग का प्रसिद्ध फल। २. गुलाब जामुन।

जामुनी वि० [हिं० जामुन] जामुन के रंग, कालापन लिए बैंगनी।

जामेवार पुं० [फ़ा० जाम:+वार] १. एक प्रकार का दुशाला जिसमें सब जगह बेल-बूटे बने रहते हैं। २. इसी प्रकार की छींट।

जायँ वि० दे० 'जाय'।

जाय* क्रि० वि० [फ़ा० जा] वृथा, व्यर्थ। (ब्रज०)

वि० उचित, वाजिब, ठीक।

जायका पुं० [अ० ज़ाइक:] स्वाद विशेषत: खाने-पीने की चीजों का।

जायज वि० [अ० जायज़] उचित, मुनासिब।

जायजा पुं० [अ० जाइज़:] १. जाँच-पड़ताल। २. हाजिरी।

जायद फसल स्त्री० [फ़ा०] वर्ष की दो प्रमुख फसलों के बीच में उगाई जानेवाली फसल।

जायदाद स्त्री० [फ़ा० जायदाद] भूमि, धन या सामान आदि जिनका कुछ मूल्य हो, सम्पत्ति।

जायपत्री* स्त्री० दे० 'जावित्री'।

जायफल पुं० [सं० ज़ातिफल] एक सुगन्धित फल जो औषध और मसाले के काम में आता है।

जायसी वि० जायस (गाँव) का रहनेवाला।

पुं० मध्य युग के हिन्दी के प्रसिद्ध कवि मलिक मुहम्मद जायसी जो जायस में रहते थे और जिनकी प्रसिद्ध रचना 'पद्मावत' है।

जाया[1] स्त्री० [सं०] वह जिसने बच्चे को जन्म दिया हो, पत्नी, जोरू।

जाया[2] पुं० [सं० जनन, हिं० जाना=जन्म देना] [स्त्री० जाई] १. वह जो प्रसव करके उत्पन्न किया गया हो। २. पुत्र, बेटा।

वि० [स्त्री० जाई] उत्पन्न, पैदा हुआ।

जाया[3] वि० [अ० ज़ाया] बेकार, व्यर्थ।

जायो* पुं०=जाया (बेटा)।

जार[1] पुं० [सं०] १. परस्त्री से अनुचित सम्बन्ध रखनेवाला पुरुष। २. उपपति, यार।

जार[2] पुं० [रूसी] रूस के राजाओं की उपाधि।

जारकर्म पुं० [सं०] व्यभिचार, छिनाला।

जारज पुं० [सं०] ऐसे माता-पिता की संतान जिनमें विवाह न हुआ हो, दोगला।

जारज योग पुं० [सं०] फलित ज्योतिष में एक योग जिसमें उत्पन्न होनेवाला बालक अपने पिता से नहीं बल्कि अपनी माता के किसी दूसरे प्रेमी से उत्पन्न माना जाता है।

जारण पुं० [सं०] जलाना।

जारन* स्त्री० [हिं० जारना=जलाना] जलाने की क्रिया या भाव।

पुं० जलाने की लकड़ी, जलावन, ईंधन।

जारना* स० दे० 'जलाना'।

जारशाही स्त्री० [रूसी+फ़ा०] जारों (रूसी राजाओं) का शासन।

जारिणी स्त्री० [सं०] दुश्चरित्रा स्त्री।

जारी[1] वि० [अ०] १. बहता हुआ, प्रवाहित। २. चलता हुआ, प्रचलित।

जारी[2] स्त्री० [सं० जार] छिनाला।

जालंधर पुं० [सं०] १. एक ऋषि। २. एक राक्षस।

जालंधरी विद्या स्त्री० [सं० जालंधर (राक्षस)+विद्या] इन्द्रजाल, जादू।

जाल[1] पुं० [सं०] १. एक में बुने या गुथे हुए बहुत से डोरों का समूह। २. तार या सूत आदि का वह पट जिसका व्यवहार मछलियों और चिड़ियों आदि को फँसाने के लिए होता है। ३. किसी को फँसाने या वश में करने का षड्यन्त्र। ४. वह स्थिति जिसमें किसी संस्था की शाखाएँ, कार्यकर्ता आदि विभिन्न स्थानों पर कार्यरत हों। ५. किसी वस्तु आदि का विस्तार या फैलाव, जैसे–सड़कों का जाल। ६. समूह। ७. एक प्रकार की तोप।

जाल[2] पुं० [अ० जअल, मि० सं० जाल] किसी को फँसाने के लिए चली हुई चाल या की हुई झूठी कार्रवाई, फरेब।

जालदार वि० [सं० जाल+हिं० दार] जिसमें जाल की तरह बहुत-से छोटे-छोटे छेद हों।

जालना* स०=जलाना।

जालरंध्र पुं० [सं०] छोटी खिड़की, झरोखा।

जालसाज पुं० [अ० जअल+फा० साज़] [भाव० जालसाजी] धोखा देने के लिए किसी प्रकार की झूठी कार्रवाई करनेवाला।

जालसाजी स्त्री० [अ० जअल+फा० साज़ी] धोखा देने के लिए किसी प्रकार की झूठी कार्रवाई या लेख तैयार करना।

जाला पुं० [सं० जाल] १. मकड़ी का जाल जिसमें वह कीड़े-मकोड़ों को फँसाती है। २. आँख का एक रोग जिसमें पुतली के आगे झिल्ली-सी पड़ जाती है। ३. घास-भूसा बाँधने का जाल। ४. पानी रखने का मिट्टी का बड़ा घड़ा।

*स्त्री० दे० 'ज्वाला'।

जालिम वि०, पुं० [अ० ज़ालिम] जुल्म करनेवाला, आततायी।

जालिया वि० दे० 'जालसाज'।

जाली[1] स्त्री० [हिं० जाल] १. किसी चीज में बने हुए बहुत से छोटे-छोटे छेदों का समूह। २. एक प्रकार का कपड़ा जिसमें बहुत से छोटे-छोटे छेद होते हैं। ३. कच्चे आम के अन्दर का तन्तुजाल।

जाली[2] वि० [अ० जअल] नकली, बनावटी।

जावक पुं० दे० 'अलता' (महावर)।

जावत* क्रि० वि० दे० 'यावत्'।

जावन* पुं० दे० 'ज़ामन'।

जावर पुं० [?] ऊख के रस में पकाई हुई, एक प्रकार की खीर।

जावित्री स्त्री० [सं० जातिपत्री] जायफल के ऊपर का सुगन्धित छिलका।

जाषिनी स्त्री०=यक्षिणी।

जासु* सर्व० [हिं० जो] जिसको।

जासूस पुं० [अ०] [भाव० जासूसी] गुप्त रूप से किसी बात या अपराध का पता लगानेवाला, भेदिया, गुप्तचर।

जासूसी स्त्री० [अ०] जासूस का काम या भाव।

वि० जासूस-सम्बन्धी, जासूस का, जैसे जासूसी उपन्यास।

जासों| सर्व० जिससे, जिनसे।

जास्ती| स्त्री०=ज्यादती।

जाहि* सर्व० [सं० यं] जिसको। (ब्रज०)

जाहिर वि० [अ० ज़ाहिर] १. प्रकट, स्पष्ट, खुला हुआ। २. विदित, जाना हुआ। ३. प्रसिद्ध, मशहूर।

जाहिरा क्रि० वि० [अ० ज़ाहिरा] देखने में, प्रकट रूप में, प्रत्यक्ष में।

जाहिरी वि० [अ०] जो जाहिर हो, प्रकट।

जाहिल वि० [अ०] १. मूर्ख, नासमझ। २. अनपढ़, अशिक्षित।

जाही स्त्री० [सं० जति] चमेली की तरह का एक सुगन्धित पौधा और उसका फूल।

जाह्नवी स्त्री० [सं०] जह्नु ऋषि से उत्पन्न, गंगा नदी।

जिंद* स्त्री० दे० 'जिंदगी'।

पुं० दे० 'जिन' (प्रेत)।

जिंदगानी स्त्री० दे० 'जिंदगी'।

जिंदगी स्त्री० [फा० ज़िन्दगी] १. जीवन। २. जीवनकाल, आयु।

मुहा० *जिंदगी के दिन पूरे करना*=जैसे-तैसे या बहुत कष्ट से जीवन बिताना।

जिंदा वि० [सं० ज़िंदः] जीवित, जीता हुआ।

जिंदादिल वि० [फा०] [संज्ञा जिंदादिली] सदा प्रसन्न रहने और हँसने-हँसानेवाला।

जिंदाबाद पद [फा० ज़िंद:बाद] अमर रहो, जीवित रहो, बने रहो।

जिंवाना स० दे० 'जिमाना'।

जिंस स्त्री० दे० 'जिन्स'। (जिंस के यौगिक तथा विकारों के लिए दे० 'जिन्स' के यौगिक तथा विकार।)

जिअरा पुं० दे० 'जियरा'।

जिआना स० दे० 'जिलाना'।

जिउ पुं० १. दे० 'जीव' २. दे० 'जीवन'।

जिउकिया पुं० [हिं० जीविका] १. जीविका के लिए कोई काम करनेवाला। २. वह जो जंगलों से चीजें लाकर नगरों में बेचता हो।

जिउतिया स्त्री० दे० 'जिताष्टमी'।

जिक्र पुं० [अ० ज़िक्र] चर्चा।

जिगर पुं० [फा०, मि० सं० यकृत] [वि० जिगरी] १. कलेजा। २. चित्त, मन। ३. साहस, हिम्मत।

जिगरा पुं० [हिं० जिगर] साहस, हिम्मत।

जिगरी वि० [फा०] १. आन्तरिक, दिली। २. अत्यन्त घनिष्ठ, अभिन्न हृदय।

जिगीषा स्त्री० [सं०] १. जीतने की इच्छा। २. उद्योग, प्रयत्न।

जिच, जिच्च स्त्री० [?] १. बेबसी, मजबूरी। २. शतरंज के खेल में वह अवस्था जिसमें किसी एक पक्ष को कोई मोहरा चलने की जगह न मिले। ३. पारस्परिक विवाद में वह अवस्था, जिसमें दोनो पक्ष अपनी शर्तों पर अड़े रहें और समझौते या निपटारे का कोई मार्ग दिखाई न दे। (डेड लॉक)

वि० विवश, मजबूर, बेबस।

जिजीविषा स्त्री० [सं०] जीने की उत्कट इच्छा।

जिज्ञासा स्त्री० [सं०] १. कोई बात जानने की इच्छा। २. पूछताछ।

जिज्ञासावश क्रि० वि० [सं०] जिज्ञासा की पूर्ति के लिए।

जिज्ञासु वि०, पुं० [सं०] १. जिज्ञासा करने या जानने की इच्छा रखनेवाला। २. जिज्ञासा से भरा; जैसे–जिज्ञासु प्रवृत्ति।

जित् वि० [सं०] जीतनेवाला, जेता।

जितना वि० [हिं० जिस+तना (प्रत्य०)] [स्त्री० जितनी] जिस मात्रा या परिणाम का।

क्रि० वि० जिस मात्रा या परिणाम में।

*स०=जीतना।

जितवार, जितवैया वि० [हिं० जीतना] जीतनेवाला।

जिताऊ वि० [हिं० जिताना] जितानेवाला।

जितात्मा वि० दे० 'जितेंद्रिय'।

जिताना स० हिं० 'जीतना' का प्रे०।

जिताष्टमी स्त्री० [सं०] आश्विन कृष्ण अष्टमी (इस दिन स्त्रियाँ अपनी सन्तान के जीवित रहने की कामना से व्रत और पूजन करती हैं)।

जितेंद्रिय वि० [सं०] जिसने अपनी इन्द्रियों को वश में कर लिया हो।

जिते* वि० (बहु०)=जितने।

जितै* क्रि० वि० [सं० यत्र] जिधर।

जितैया वि० [हिं० जीतना] जीतनेवाला।

जितो वि०, क्रि० वि० दे० 'जितना'।

जिद स्त्री० [अ० ज़िद] [वि० जिद्दी] हठ, अड़, दुराग्रह।

जिद्दी वि० [फा०] जिद करनेवाला, हठी, दुराग्रही।

जिधर क्रि० वि० [हिं० जिस+धर (प्रत्य०)] जिस ओर, जिस तरफ।

जिन[१] पुं० [सं०] १. विष्णु। २. बुद्ध। ३. जैनों के तीर्थंकर।

जिन[२] वि०, सर्व० [सं० यानि] 'जिस' का बहु०।

जिन[३] पुं० [अ०] भूत, प्रेत।

जिनगी| स्त्री०=जिंदगी।

जिना पुं० [अ० ज़िना] व्यभिचार।

जिनि निपा० [हिं० जनि] मत, नहीं।

जिनिस स्त्री० दे० 'जिन्स'।

जिन्नी पुं० [अ० जिन] वह जिसने जिन को वश में किया हो।

जिन्स स्त्री० [फा०] [वि० जिन्सी] १. प्रकार, तरह। २. चीज, वस्तु। (काइन्ड) ३. सामग्री, सामान। ४. गेहूँ, चावल आदि अनाज।

जिन्सवार पुं० [फा०] पटवारियों का वह कागज जिसमें वे खेतों में बोई हुई फसलों का विवरण लिखते हैं।

जिन्सी वि० [फा०] १. जिन्स-सम्बन्धी, जिन्स का। २. जिन्स या चावल, गेहूँ आदि अनाजों के रूप में होनेवाला, जैसे–जिन्सी लगान। (इन काइन्ड)

जिन्सी लगान पुं० [फा०+हिं०] खेत का वह लगान जो रुपए-पैसे के रूप में नहीं बल्कि गेहूँ, चावल आदि पैदावारों के रूप में हो। (रेन्ट इन काइन्ड)

जिन्ह| सर्व० दे० 'जिन'।

जिन्हैं* सर्व० [सं० येषु] जिन पर।

जिप्सी पुं० [ईजिप्ट (मिश्र) देश के नाम से] १. भारतीय मूल से उत्पन्न एक यायावर जाति जो पहले मिस्र देश में रहती थी और जो अब संसार के अनेक भागों में फैल गई है। २. इस जाति का कोई व्यक्ति।

जिबह पुं० दे० 'जबह'।

जिब्भा स्त्री० दे० 'जिह्वा'।

जिमनास्टिक पुं० [अं० जिमनास्टिक्स] शारीरिक क्षमता तथा स्फूर्ति-सम्बन्धी व्यायाम।

जिमाना स० [हिं० 'जीमना' का स०] भोजन कराना, खिलाना।

जिमि* क्रि० वि० जैसे, जिस प्रकार।

विभ० १. के समान। २. के जैसे।

जिमी स्त्री०=जमीन (पृथ्वी)।

जिम्मा पुं० [अ० ज़िम्म:] १. किसी कार्य विषय या बात का लिया जानेवाला भार, दायित्वपूर्ण प्रतिज्ञा, जवाबदेही। २. सुपुर्दगी, देख-रेख, संरक्षा।

जिम्मी पुं० [अ०] इस्लामी राज्य में वह प्रजा जो मुसलमान न हो और जिसके जिम्मे कुछ विशिष्ट हीन कर्तव्य तथा कर लगे हों।

जिम्मे, के सम्बन्धबोध० की जिम्मेदारी पर, के हवाले।

जिम्मेदार, जिम्मेवार वि० पुं० [फा० ज़िम्मदार] उत्तरदायी।

जिय पुं० [सं० जीव] मन, चित्त।

जियबधा* पुं० [सं० जीव+वध] हत्यारा।

जियरा पुं० [हिं० जीव] जी, हृदय, मन।

जियाजंतु* पुं० दे० 'जीवजन्तु'।

जियान पुं० [अ०] १. घाटा, टोटा। २. हानि, नुकसान।

जियाना* स० दे० 'जिलाना'।

जियारी* स्त्री० [हिं० जीना] १. जीवन, जिन्दगी। २. जीविका। ३. वृत्ति, साहस।

जिरगा पुं० [फा० जिर्ग:] १. झुंड, गिरोह। २. मंडली, दल। ३. पठानों आदि में कई वर्गों या दलों के लोगों की सभा।

जिरह[१] स्त्री० [अ० जिरह] १. हुज्जत, तकरार। २. किसी की कही हुई बातों की सत्यता की जाँच के लिए की जानेवाली पूछ-ताछ।

जिरह[२] स्त्री० [फा० ज़िरह] लोहे की कड़ियों से बना हुआ कवच, वर्म, बकतर।

जिरही वि० [हिं० जिरह] जो जिरह पहने हो, कवचधारी।

जिराफा पुं० दे० 'जुराफा'।

जिला[१] स्त्री० [अ०] १. माँजकर या रोगन आदि चढ़ाकर चमकाने का काम।

मुहा० *जिला देना*=माँजकर चमकाना।

२. चमक-दमक।

जिला[2] पुं० [अ० ज़िलअ] १. प्रान्त, प्रदेश। २. किसी प्रान्त का वह विभाग जो एक कलक्टर या डिप्टी-कमिश्नर के अधीन हो। (डिस्ट्रिक) ३. किसी क्षेत्र या इलाके का छोटा विभाग।

जिला जज पुं० [अ० जिला+अं० जज] न्याय विभाग का वह अधिकारी जिसे जिले भर की दीवानी और फौजदारी मुकदमों की अपीलें सुनने का अधिकार होता है। (डिस्ट्रिक्ट जज)

जिलाधिकारी पुं० [अ० जिलअ+सं० अधिकारी] जिले का अधिकारी, वह जिस पर जिले के प्रशासन का भार हो।

जिलाना स० [हिं० 'जीना' का स०] १. जीवित रहने में सहायता करना। २. पालना, पोसना। ३. मृत शरीर में जान डालना।

जिला बोर्ड पुं० [अ० जिला+अं० बोर्ड] किसी जिले के चुने हुए प्रतिनिधियों का वह बोर्ड या संस्था जिसके जिम्मे जिले भर के देहातों की शिक्षा, स्वास्थ्य, वास्तु, यातायात आदि की व्यवस्था रहती है। (डिस्ट्रिक्ट बोर्ड)

जिलाह* पुं० [अ० जल्लाद] अत्याचारी।

जिलेदार पुं० [अ०] जमींदार का वह कर्मचारी जो किसी जिले या इलाके में कर या लगान उगाहता है।

जिलेवार वि० [हिं० जिला+फा० वार] जिले या जिलों के अनुसार होनेवाला।

जिल्द स्त्री० [अ०] [वि० जिल्दी] १. खाल, चमड़ा, त्वचा। २. वह दफती जो किसी किताब के ऊपर-नीचे उसकी रक्षा के लिए मढ़ी जाती है। ३. पुस्तक की एक प्रति। ४. पुस्तक का भाग, खंड।

जिल्दबंद पुं० [फा०] किताबों की जिल्द बाँधनेवाला, दफ्तरी।

जिल्लत स्त्री० [अ० ज़िल्लत] १. अपमान, बेइज्जती। २. दुर्दशा, दुर्गति।

जिव* पुं०=जीव।

जिवन* पुं०=जीवन।

जिवाना* स० १. दे० 'जिलाना'। २. दे० 'जिमाना'।

जिवारा* वि० दे० 'ज्यारा'।

जिष्णु वि० [सं०] सदा जीतनेवाला, परम विजयी।

पुं० १. विष्णु। २.कृष्ण। ३. इन्द्र। ४. सूर्य। ५. अर्जुन।

जिस सर्व०, वि० [सं० यस्य>जस्स>जिस] 'जो' का वह रूप जो उसे विभक्ति युक्त विशेष्य के पहले रहने पर प्राप्त होता है, जैसे जिस स्थान पर।

जिस्ता पुं० १. दे० 'जस्ता' (धातु)। २. दे० 'दस्ता' (कागज का)।

जिस्म पुं० [फा०] शरीर, देह।

जिह* स्त्री० [फा० जद, सं० ज्या] धनुष की डोरी, पतंचिका, चिल्ला, रोदा।

जिहाद पुं० दे० 'जहाद'।

जिह्वा स्त्री० [सं०] जीभ, जबान।

जिह्वाग्र वि० [सं०] जो जीभ की नोक पर हो, कंठस्थ (बात या पाठ)।

जिह्वामूल पुं० [सं०] जिह्वा की जड़।

जिह्वामूलीय वि० [सं०] (वर्ण) जिसका उच्चारण जिह्वा के मूल से किया जाए। क, ख और ग, जिह्वामूलीय वाक्ध्वनियाँ हैं। (उर्दू के माध्यम से अरबी की इन ध्वनियों का प्रयोग भी कुछ लोग करते हैं।)

जींगन* पुं० दे० 'जुगनूँ'।

जी पुं० [सं० जीव] १. मन, दिल।

मुहा० *जी अच्छा होना*=शरीर स्वस्थ या नीरोग होना। *(किसी पर) जी आना*=किसी पर प्रेम होना। *(किसी के) जी को जी न समझना*=(किसी के) कष्टों आदि की कुछ भी परवाह न करना। *जी खट्टा होना*=मन में विरक्ति होना। *जी खोलकर*=बिना किसी संकोच के, दिल खोलकर। *जी चलना*=जी चाहना, इच्छा होना। *जी चुराना*=कुछ करने से भागना। *जी छोटा करना*=(क) हताश होना। (ख) उदारता छोड़ना। कंजूसी करना। *जी दुखना*=मन में कष्ट होना। *जी निढाल होना*=श्रम, चिन्ता आदि के कारण चित्त ठिकाने न रहना। *जी पर आ बनना*=प्राणों पर संकट आना। *जी पर खेलना*=ऐसा काम करना, जिसमें मरने तक का डर हो। *जी बहलना*=चिन्ता से छूटकर प्रसन्न होना। *(किसी की ओर से) जी बुरा होना*=किसी के प्रति मन में खिन्नता या दुर्भाव होना। *जी मिचलाना*=उलटी या कै मालूम होना। *जी में आना*=मन में विचार उत्पन्न होना। *(किसी का) जी रखना*=(किसी को) प्रसन्न करने के लिए कोई प्रिय या अनुकूल काम करना। *जी लगना*=कोई काम या वातावरण अच्छा लगने पर मन का उसमें प्रवृत्त और लीन होना। *जी लगाकर*=पूरे मन से, दत्तचित्त होकर। *जी से*=मन लगाकर, ध्यान देकर। *जी से जाना*=मर जाना।

२. हिम्मत, साहस। ३. संकल्प, विचार।

निपा० [सं० जित् या श्री (युत)] १. कुछ कहने या बुलाए जाने पर उत्तर में कहा जानेवाला एक आदरसूचक शब्द। २. नाम के साथ लगनेवाला सम्मानसूचक शब्द। ३. बड़े के कथन, प्रश्न या सम्बोधन के उत्तर में संक्षिप्त प्रतिसम्बोधन के रूप में कहा जानेवाला शब्द।

जीअ* पुं० दे० 'जी' और 'जीव'।

जीअन* पुं० दे० 'जीवन'।

जीगन* पुं० दे० 'जुगनूँ'।

जीजा पुं० [हिं० जीजी] बड़ी बहन का पति, बड़ा बहनोई।

जीजी स्त्री० [सं० आर्यिका, प्रा० अज्जि या] १. बड़ी बहन। २. जेठानी।

जीत स्त्री० [सं० जिति] १. जीतने की क्रिया या भाव, लड़ाई में शत्रु या विपक्षी को दबाकर प्राप्त की जानेवाली सफलता, जय, विजय, फतह। २. ऐसी प्रतियोगिता में मिलनेवाली सफलता, जिसमें दो या अधिक विरुद्ध पक्ष हों। ३. लाभ।

जीतना स० [हिं० जीत+ना (प्रत्य०)] १. लड़ाई में शत्रु या विपक्षी के विरुद्ध सफल होना, विजय पाना। २. प्रतियोगिता में सफलता प्राप्त करना।

जीता वि० [हिं० जीना] १. जिसमें जीवन या जान हो, जीवित। २. तौल या नाप में उचित से थोड़ा अधिक।

जीता-जागता वि० जीवित, जीवंत।

जीते-जागते क्रि०वि० जीवित रहते, जीवनकाल में।

जीन[1] स्त्री० [फा० ज़ीन] १. घोड़े की पीठ पर रखने की गद्दी, चारजामा। २. एक प्रकार का मोटा सूती कपड़ा।

जीन[2] पुं० [अं०] वह गुणसूत्र जिसमें पुश्तैनी गुण समाहित होते हैं।

जीन[3] स्त्री० [अं० ज़ीन्ज़] सूती मोटे कपड़े की बनी चुस्त पतलून। *वि० दे० 'जीर्ण'।

जीनपोश पुं० [फा० ज़ीनपोश] वह कपड़ा जो घोड़े की जीन के ऊपर रखा जाता है।

जीनसवारी स्त्री० [फा० ज़ीनसवारी] घोड़े की पीठ पर जीन रखकर की जानेवाली सवारी (घोड़े को गाड़ी में जोतने से भिन्न)।

जीना[1] अ० [सं० जीवन] १. जीवित रहकर जीवन बिताना, जिन्दा रहना।

मुहा० *जीना भारी हो जाना*=जीवन कष्टकर होना।

२. अभीष्ट वस्तु पाकर बहुत प्रसन्न होना।

जीना[2] वि० १. दे० 'जीर्ण'। २. दे 'झीना'।

जीना[3] पुं० [फा० ज़ीनः] सीढ़ी।

जीप स्त्री० [अं०] प्रसिद्ध चौपहिया मजबूत वाहन।

जीभ स्त्री० [सं० जिह्वा] १. मुँह के अन्दर का वह लम्बा चिपटा मांसपिंड जिससे रसों का आस्वादन और शब्दों का उच्चारण होता है, रसना, जबान।

मुहा० *जीभ चलना*=(क) भिन्न-भिन्न वस्तुओं का स्वाद लेने की इच्छा होना। (ख) मुँह से बहुत बढ़-बढ़कर बातें निकलना, वाचालता होना। *जीभ निकालना*=दंड देने के लिए जीभ उखाड़ लेना। *जीभ पकड़ना*=बोलने न देना, बोलने से रोकना। *जीभ हिलाना*=मुँह से कुछ कहना। *जीभ के नीचे जीभ होना*=झूठ बोलने की आदत होना।

२. जीभ के आकार की कोई लम्बी वस्तु।

जीभी स्त्री० [हिं० जीभ] १. धातु का वह पतला धनुषाकार पत्तर जिससे जीभ छीलकर साफ करते हैं। २. कलम के आगे लगनेवाला धातु का विशेष आकार का वह टुकड़ा जिससे लिखा जाता है। (निब)

जीमना† स० [सं० जेमन] भोजन करना।

जीमूत पुं० [सं०] १. पर्वत। २. बादल। ३. इन्द्र। ४. सूर्य।

जीय* पुं० दे० 'जी'।

जीयट पुं० दे० 'जीवट'।

जीयति* स्त्री० [हिं० जीना] जीवन।

जीया[1] पुं० [सं० जीव, प्रा० जीय] मन।

जीया[2]* स्त्री० [सं० आर्यिका, प्रा० अज्जिया] बड़ी बहन।

जीर[1]* पुं० [फा० जिरह] जरह, कवच।

जीर[2] वि० [सं० जीर्ण] जीर्ण, पुराना।

जीरन* वि० दे० 'जीर्ण'।

जीरना* अ० [सं० जीर्ण] १. जीर्ण या पुराना होना। २. कुम्हलाना, मुरझाना। ३. फटना।

जीरा पुं० [सं० जीरक] १. एक पौधा जिसके सुगन्धित छोटे फूल सुखाकर मसाले के काम में लाए जाते हैं। २. इस आकार की कोई छोटी, महीन, लम्बी चीज। ३. फूलों का केसर।

जीर्ण वि० [सं०] [भाव० जीर्णता] १. बुढ़ापे के कारण दुर्बल, क्षीण। २. टूटा-फूटा और पुराना। ३. बहुत दिनों का पुराना, जैसे जीर्ण ज्वर। ४. पेट में अच्छी तरह पचा हुआ, हजम।

जीर्णता स्त्री० [सं०] १. शारीरिक दुर्बलता। २. बुढ़ापा।

जीर्णशीर्ण वि० [सं०] फटा-पुराना।

जीर्णावस्था स्त्री० [सं०] जर्जर स्थिति।

जीर्णोद्धार पुं० [सं०] टूटी-फूटी पुरानी वस्तु, मुख्यत: भवन आदि का फिर से उद्धार, सुधार या मरम्मत।

जीला वि० दे० 'झीना'।

जीवंत वि० [सं०] [भाव० जीवंतता] १. जीवित। २. जीवनी शक्ति से युक्त।

जीवंतता स्त्री० [सं०] १. जीवित होने की अवस्था या भाव। २. स्फूर्ति या जीवनी शक्ति।

जीव पुं० [सं०] १. प्राणियों का वह चेतन तत्त्व जिससे वे जीवित रहते हैं, प्राण, जान। २. जीवात्मा, आत्मा। ३. प्राणी, जीवधारी।

जीव-जंतु पुं० [सं०] पशु-पक्षी और कीड़े-मकोड़े आदि।

जीवट पुं० [सं० जीवथ] हृदय की दृढ़ता, साहस, हिम्मत।

जीवत* वि० दे० 'जीवित'।

जीवदया स्त्री० [सं०] जीवों या प्राणियों पर उनके जीवन की रक्षा के विचार से की जानेवाली दया।

जीवदान पुं० [सं०] १. अपने वश में आए हुए शत्रु या अपराधी को बिना उसके प्राण लिए छोड़ देना, प्राणदान। २. किसी मरते हुए प्राणी की रक्षा करके उसे मरने से बचाना।

जीवधन पुं० [सं०] १. जीवों और पशुओं के रूप में सम्पत्ति। २. जीवनधन।

जीवधातु स्त्री० [सं०] कुछ विशिष्ट रासायनिक तत्त्वों से बना हुआ वह पारदर्शक स्वच्छ तत्त्व या धातु जिसमें जीवनी शक्ति होती है और जो जीव-जन्तुओं, वनस्पतियों आदि के भौतिक स्वरूप का मूल आधार है। (प्रोटोप्लाज़्म)

जीवधारी (-रिन्) पुं० [सं०] प्राणी, जानवर।

जीवन पुं० [सं०] [वि० जीवित] १. जीवित रहने का भाव। २. जन्म से मृत्यु तक का समय, जिन्दगी। ३. जीवित रखनेवाली वस्तु, जैसे हवा, पानी, अन्न आदि।

जीवनकाल पुं० [सं०] [वि० जीवनकालिक] वह पूर्ण समय जिसमें कोई प्राणी जीवित रहे।

जीवनक्रम पुं० [सं०] नित्य किए जानेवाले कार्यों का क्रम।

जीवनक्षम वि० [सं०] जिसमें जीवित रहने की क्षमता हो, बना रहनेवाला।

जीवनचरित पुं० [सं०] १. सारे जीवन में किसी के किए हुए कार्यों आदि का वर्णन, जिन्दगी भर का हाल। २. जीवन, कार्यकलापों और उपलब्धियों का विवरण। (बायोग्राफी)

जीवनदान पुं० [सं०] किसी उद्देश्य या संस्थान के लिए अपने को पूरी तरह से समर्पित कर देने की क्रिया या भाव।

जीवनदायी (-यिन्) वि० [सं०] जीवन देनेवाला।

जीवन-दृष्टि[1] स्त्री० [सं०] जीवनयापन सम्बन्धी दृष्टिकोण।

जीवन-दृष्टि[2] स्त्री० [सं०] राष्ट्र, समाज आदि के भावी प्रारूप के सम्बन्ध में सुचिंतित विचार या योजना। (विजन)

जीवनधन पुं० [सं०] सबसे प्रिय वस्तु या व्यक्ति।
वि० प्राणप्रिय।

जीवन-नौका स्त्री० [सं० जीवन=हिं० नौका] वह छोटी नौका जो बड़े जहाजों पर इसलिए रखी रहती है कि जब जहाज डूबने लगे तब लोग उसपर सवार होकर अपनी जान बचा सकें। (लाइफ बोट)

जीवन-पद्धति स्त्री० [सं०] जीवनयापन की पद्धति।

जीवनप्रद वि० [सं०] जीवन देनेवाला।

जीवन-प्रमाणक पुं० [सं०] इस बात का प्रमाणपत्र कि अमुक व्यक्ति अमुक दिन या तिथि तक जीवित था, अथवा इस समय जीवित है। (लाइफ सर्टिफिकेट)

जीवन-बूटी स्त्री० [सं० जीवन+हिं० बूटी] एक पौधा या बूटी जिसके सम्बन्ध में कहा जाता है कि यह मरे हुए आदमी को जिला देती है, संजीवनी।

जीवनमुक्त वि० [सं०] जिसने इसी जीवन में मुक्ति प्राप्त कर ली हो, बार-बार जन्म लेने (तथा मरने) से जिसे छुटकारा मिल गया हो।

जीवनमुक्ति स्त्री० [सं०] जीवनमुक्त होने की अवस्था या भाव, जान से छुटकारा।

जीवनमूरि स्त्री० दे० 'जीवन-बूटी'।

जीवनमूल्य पुं० [सं० जीवन+मूल्य] ऐसा आदर्श या सिद्धांत जो किसी समाज के लिए प्रेरणा स्रोत हो।

जीवन-यात्रा स्त्री० [सं०] जन्म से मृत्यु की अग्रसरता।

जीवनयापन पुं० [सं०] जीवन बिताने की क्रिया या भाव।

जीवन-लक्ष्य पुं० [सं०] जीवन का लक्ष्य, वह वस्तु या तत्त्व जिसे प्राप्त करना जीवन का उद्देश्य हो।

जीवनवृत्त पुं० दे० 'जीवनचरित'।

जीवनवृत्ति स्त्री० [सं०] जीवन-निर्वाह के लिए मिलने या दी जानेवाली वृत्ति। (लिविंग एलाउएन्स)

जीवनशकट पुं० [सं०] जीवन की गाड़ी, जीवनरूपी गाड़ी।

जीवनसंग्राम पुं० दे० 'जीवन-संघर्ष'।

जीवनसंघर्ष पुं० [सं०] प्रतिकूल और विकट परिस्थितियों में रहकर अथवा प्रबल शक्तियों का सामना करते हुए अपना अस्तित्व बनाए रखने के लिए किया जानेवाला बहुत बड़ा प्रयत्न। (स्ट्रगल फॉर एक्ज़िस्टेन्स)

जीवन-सहचर पुं० [सं०] [स्त्री० जीवन-सहचरी] जीवन-साथी। (दे०)

जीवन-साथी पुं० [सं०+हिं] १. वह जो जीवन-भर का साथ निभाता हो। २. पति या पत्नी की दृष्टि से उसकी पत्नी या पति।

जीवना* अ०=जीवित रहना।

जीवनानंद पुं० [सं० जीवन+आनंद] जीवन का आनंद।

जीवनानुभव पुं० [सं०] जीवन का अनुभव।

जीवनी स्त्री० [सं० जीवन] १. जीवन, जिन्दगी। २. दे० 'जीवनचरित'।
वि० १. जीवन-सम्बन्धी, जैसे जीवनी शक्ति। २. जीवन देनेवाली।

जीवनी शक्ति स्त्री० [सं०] जीवित रहने की शक्ति।

जीवनोन्मुख वि० [सं० जीवन+उन्मुख] [भाव० जीवनोन्मुखता] जो जीवन को प्रमुखता देता हो, जीवन की ओर बढ़नेवाला।

जीवनोपयोगी वि० [सं०] जीवन के लिए उपयोगी।

जीवनोपाय पुं० [सं०] जीविका।

जीव-रसायन पुं० [सं०] वह शास्त्र जिसमें जीव-जंतुओं तथा वनस्पतियों के रसायन का अध्ययन होता है।

जीव-भौतिकी स्त्री०=जैव-भौतिकी।

जीवरा वि० [हिं० जीव] जीव, प्राणी।

जीवलोक पुं० [सं०] भूलोक, पृथ्वी।

जीवविज्ञान पुं० [सं०] वह विज्ञान जिसमें जीव-जन्तुओं और वनस्पतियों आदि की प्राकृतिक प्रक्रियाओं का अध्ययन होता है। (बायॅलोजी)

जीवहत्या स्त्री० [सं०] प्राणियों का वध, मार डालना।

जीवांतक वि० [सं०] जीवों या जीवन का अन्त या नाश करनेवाला।

जीवाणु पुं० [सं०] १. सेन्द्रिय जीवों का वह मूल और बहुत सूक्ष्म रूप जो विकसित होकर एक नए जीव का रूप धारण करता है। २. जीवयुक्त अणु जो प्रायः अनेक प्रकार के रोग उत्पन्न करते हैं। (जर्म)

जीवात्मा पुं० [सं०] वह तत्त्व जो प्राणियों की चेतन वृत्ति या जीवन का मूल कारण है, जीव, आत्मा।

जीवावशेष पुं० [सं०] बहुत प्राचीन काल के जीव-जन्तुओं, वनस्पतियों आदि के वे अवशिष्ट रूप जो जमीन खोदने पर उसके भीतरी स्तरों में दबे हुए मिलते हैं। (फॉसिल)

जीवाश्म पुं० दे० 'जीवावशेष'।

जीविका स्त्री० [सं०] १. वह काम जो जीवन के निर्वाह के लिए किया जाए, जावनोपाय, रोजी, वृत्ति। २. जीवन की आवश्यकताओं की पूर्ति के लिए धन कमाने का ढंग या साधन, पेशा, व्यवसाय।

जीविकोपार्जन पुं० [सं०] जीविका चलाने के लिए धन अर्जित करने का कार्य।

जीवित वि० [सं०] जीता हुआ, जिन्दा।

जीवित मृत्यु स्त्री० [सं०] जीवित होने की वह अवस्था जो मृत्यु से भी बुरी हो।

जीवितेश पुं० [सं०] १. ईश्वर। २. स्वामी, पति।

जीवी(-विन्) वि० [सं०] १. जीवनवाला, प्राणधारी। २. किसी जीविका से पेट भरनेवाला, जैसे श्रमजीवी।

जीवीय वि० [सं०] जीव-सम्बन्धी।

जीवेतर* वि० [सं०] जीव से भिन्न।

जीवेश पुं० [सं०] १. जीवों का स्वामी, ईश्वर, परमात्मा। २. प्रियतम।

जीह, जीहा* स्त्री० [सं० जिह्वा, प्रा० जिब्भा] जीभ, जबान।

जुंबिश स्त्री० [फा०] हिलना-डोलना, गति।

जु* वि०, क्रि० वि० दे० 'जो'।

जुआ[१] पुं० [सं० युग] १. गाड़ी के आगे की वह लकड़ी जो बैलों के कन्धे पर रहती है। २. चक्की में की वह लकड़ी जिसे पकड़कर वह चलाई जाती है।

जुआ[२] पुं० [सं० द्यूत, प्रा० जूआ] वह खेल जिसमें हारनेवाले को कुछ धन देना पड़ता है और वह धन जीतनेवाले को मिलता है, हार-जीत का खेल, द्यूत। (गैम्बलिंग)

जुआ-घर पुं० [हिं० जुआ+घर] वह स्थान जहाँ बैठकर लोग जुआ खेलते हों, द्यूतशाला, जुआखाना।

जुआ-चोर पुं० [हिं० जुआ+चोर] भारी धूर्त और ठग।

जुआ-चोरी स्त्री० [हिं० जुआ-चोर] बहुत बड़ी धूर्तता या छल, विशेषतः किसी का धन हड़पने के लिए।

जुआठा पुं० [?] गाय, भैंस आदि के मुँह पर बाँधी जानेवाली जाली।

जुआरी पुं० [हिं० जुआ] वह जो प्रायः जुआ खेलता हो, जुआ खेलनेवाला। (गैम्बलर)

जुआल* स्त्री०=ज्वाला।
पुं० दे० 'जवाल'।

जुकाम पुं० [अ० जुकाम] एक प्रसिद्ध रोग जिसमें नाक तथा मुँह से कफ या पानी निकलता है, प्रतिश्याय, सरदी। (कोल्ड)

मुहा० *मेंडकी को भी जुकाम होना*=छोटे मनुष्य का भी बड़ा काम करने का साहस करना या बड़ों की बराबरी करना।

जुक्ति* स्त्री० दे० 'युक्ति'।

जुग पुं० [सं० युग्म] १. जोड़ा, युग्म। २. चौसर के खेल में दो गोटियों का एक ही घर में आकर बैठना।
पुं० दे० 'युग'।

जुगजुग क्रि० वि० [सं० युग] अनेक युगों तक, बहुत दिनों तक, चिर काल तक।

जुगजुगाना अ० [हिं० जगना] १. रह-रहकर थोड़ा-थोड़ा चमकना, टिमटिमाना। २. नया जीवन पाकर हीन दशा से कुछ अच्छी दशा में आना, उभरना।

जुगत स्त्री० [सं० युक्ति] कोई विकट काम ठीक तरह से पूरा करने की युक्ति, उपाय।

जुगतबंदी [हिं० जुगत+फा० बंदी] जुगत या युक्ति निकालने या स्थिर करने की क्रिया।

जुगती वि०, पुं० [हिं० जुगत] १. अनेक प्रकार की युक्तियाँ निकालने या लगानेवाला। २. चालाक।
स्त्री० दे० 'जुगत' (युक्ति)।

जुगनी स्त्री० दे० 'जुगनूँ'।

जुगनूँ पुं० [हिं० जुगजुगाना] १. एक बरसाती कीड़ा जिसका पिछला भाग रात को खूब चमकता है, खद्योत, पटबीजना। २. पान के आकार का गले का एक गहना, रामनामी।

जुगम* वि० दे० 'युग्म'।

जुगमुँहाँ| वि०=दुमुँहाँ।

जुगराफिया पुं० [अ० जुगराफ़िय:] १. भूगोल। २. भूगोल की पुस्तक।

जुगल* वि० दे० 'युगल'।

जुगवना* स० [सं० योग+अवना (प्रत्य०)] १. संचित या इकट्ठा करना। २. सँभालकर रखना।

जुगाड़ पुं० [सं० युक्ति ?] १. युक्ति, तरकीब, ढब। २. साधन।

जुगाड़िया, जुगाड़ी, जुगाड़ू पुं० [हिं० जुगाड़] जुगाड़ करने या साधन जुटाने में कुशल।

जुगाना स० दे० 'जुगवना'।

जुगालना अ० [सं० उदगिलन] चौपायों का जुगाली या पागुर करना।

जुगाली स्त्री० [हिं० जुगालना] सींगवाले चौपायों की वह चर्या जिसमें वे निगले हुए चारे को गले से थोड़ा-थोड़ा निकालकर फिर से चबाते हैं, पागुर।

जुगुत स्त्री० दे० 'जुगत'।

जुगुप्सा स्त्री० [सं०] [वि० जुगुप्सित] १. निन्दा, बुराई। २. अश्रद्धा। ३. घृणा।

जुज पुं० [फा० जुज़, मि० सं० युज्] १. अंग, अंश। २. कागज की वह शीट जिसपर फार्म छापा जाता है।

जुजबंदी स्त्री० [फा० जुज़+बंदी] पुस्तकों की एक प्रकार की सिलाई जिसमें एक-एक फार्म को बारी-बारी से सिया जाता है।

जुज्झ* पुं० दे० 'युद्ध'।

जुझवाना स० [हिं०] 'जूझना' का प्रे०।

जुझाऊ वि० [हिं० जूझ+आऊ (प्रत्य०)] १. दे० 'जुझार'। २. लड़ाई में काम आनेवाला, युद्ध-सम्बन्धी, सैनिक।

जुझारू वि० [हिं० जूझना+आरू (प्रत्य०)] [भाव० जुझारूपन] १. जूझने या लड़नेवाला, लड़ाका। २. वीर और योद्धा, बहादुर।

जुट पुं० [सं० युक्त] १. जोड़ा। २. गुट।

जुटना अ० [सं० युक्त+ना (प्रत्य०)] १. चीजों का इस प्रकार मिलना कि उनका कोई अंग या तल दूसरी वस्तु के किसी अंग या तल से दृढ़तापूर्वक लग जाए, संबद्ध या संश्लिष्ट होना, जुड़ना। २. लिपटना, गुथना। ३. सम्भोग करना।

४. एकत्र होना, इकट्ठा होना। ५. कार्य में अध्यवसाय या दृढ़तापूर्वक लगना। ६. मिलना।

जुटाना स० [हिं० जुटना] १. इकट्ठा करना, एकत्र करना। २. जुड़ने में प्रवृत्त करना।

जुटाव पुं० [हिं० जुटना] जुटने की क्रिया या भाव, जमावड़ा।

जुठारना स० [हिं० जूठा] जूठा या उच्छिष्ट करना।

जुठिहारा* पुं० [हिं० जूठा] [स्त्री० जुठिहारी] दूसरों का जूठा खानेवाला।

जुड़ना अ० [हिं० जुटना] १. कुछ वस्तुओं का इस प्रकार परस्पर मिलना या सटना कि एक का अंग या तल दूसरी के साथ दृढ़तापूर्वक लग जाए, सम्बद्ध होना। २. इकट्ठा होना, एकत्र होना। ३. प्राप्त होना, मिलना। ४. ठंडा होना। ५. दे० 'जुतना'।

जुड़पित्ती स्त्री० [हिं० जूड़+पित्ती] एक प्रकार का रोग जिसमें सारे शरीर में बड़े-बड़े चकत्ते पड़ जाते हैं और उनमें बहुत खुजली तथा जलन होती है।

जुड़वाँ वि० [हिं० जुड़ना] गर्भकाल से ही एक में सटे या जुड़े हुए, यमल (छोटे बच्चे)।

जुड़वाना स० [हिं० जुड़ी] १. शीतल या ठंडा करना। २. शान्त और सुखी करना।

स० दे० 'जोड़वाना'।

जुड़ाई[1] स्त्री० दे० 'जोड़ाई'।

जुड़ाई[2] स्त्री० [हिं० जुड़ाना=ठंडा होना] ठंडे होने की क्रिया या भाव, शीतलता, ठंडक।

जुड़ाना[1] स्त्री० [हिं० जूड़ी] १. ठंडा होना। २. शान्त होना। ३. तृप्त होना।

स० १. ठंडा करना, शीतल करना। २. शांत करना। ३. सन्तुष्ट या तृप्त करना।

जुड़ाना[2] स० [हिं० 'जोड़ना' का प्रे०] १. जोड़ने का काम दूसरे से कराना। २. फलित ज्योतिष के अनुसार योग और फल का मिलान कराना, जैसे जन्मपत्री जुड़ाना=वर और कन्या की जन्मपत्रियों का मिलान कराके यह जानना कि दोनों का वैवाहिक सम्बन्ध या संयोग कैसा होगा।

जुड़ाव पुं० [हिं० जुड़ना+आव (प्रत्य०)] जुड़ने की क्रिया या भाव।

जुड़ावना* अ०=जुड़ाना।

स०=जुड़वाना।

जुत* वि० दे० 'युक्त' या 'युत'।

जुतना अ० [हिं० युक्त] १. बैल, घोड़े आदि पशुओं का हल, गाड़ी आदि में लगना, जोता जाना, नधना। २. किसी काम में परिश्रमपूर्वक लगना।

जुतवाना स० हिं० 'जोतना' का प्रे०।

जुताई स्त्री० [हिं० जोतना] जोतने की क्रिया, भाव या मजदूरी।

जुतियाना स० [हिं० जूता+इयाना (प्रत्य०)] १. जूते से मारना। २. अत्यन्त अनादर करना।

जुत्थ* पुं० दे० 'यूथ'।

जुदा वि० [फा०] १. पृथक्, अलग। २. भिन्न, निराला।

जुदाई स्त्री० [फा०] १. जुदा होने का भाव। २. विछोह, वियोग।

जुदेन* वि०=जुदा (भिन्न)।

जुद्ध* पुं० दे० 'युद्ध'।

जुनब्बा स्त्री० [?] एक प्रकार की तलवार।

जुन्हाई स्त्री० [सं० ज्योत्सना, प्रा० जोन्हा] चाँदनी, चन्द्रिका।

जुन्हैया स्त्री० दे० 'जुन्हाई'।

जुपना अ० [हिं० जुड़ना] (दीपक का) बुझना।

जुपै* यो० (?) यदि, लेकिन।

जुबली स्त्री० [अं०] दे० 'जयन्ती'।

जुबान स्त्री०=जबान।

जुमकना* अ० [हिं० जमना] दृढ़तापूर्वक किसी जगह खड़े रहना, डटना।

जुमला वि० [फा० जुम्लः] सब, कुल।

पुं० वाक्य।

जुमा पुं० [अ० जुमअः] शुक्रवार।

जुमिल पुं० [?] एक प्रकार का घोड़ा।

जुमेरात स्त्री० [अ० जुमअः+हिं० रात] गुरुवार, बृहस्पतिवार।

जुम्मा पुं०=जुमा।

जुर* पुं०=ज्वर।

जुरझना* अ०, स०=झुलसना।

जुरना* अ० दे० 'जुड़ना'।

जुरमाना पुं० [फा० जुर्मानः] वह दंड जिसमें अपराधी से कुछ धन लिया जाए, अर्थदंड। (फाइन)

जुरा* स्त्री०=जरा (बुढ़ापा)।

जुराना* अ० दे० 'जुड़ाना'।

जुराफ पुं० [अ० ज़ुराफ़] एक जंगली पशु जिसकी टाँगें और गर्दन ऊँट की-सी लम्बी होती है।

जुरूर क्रि० वि०=जरूर।

जुर्म पुं० [अ०] अपराध।

जुर्रत स्त्री० [अ० जुरअत] साहस।

जुर्रा पुं० [फा०] नर बाज जो प्राय: पक्षियों का शिकार करने के लिए पाला जाता है।

जुर्राब स्त्री० [तु०] मोजा, पायताबा।

जुल पुं० [सं० छल या अ० जुल्लाब का संक्षिप्त रूप ?] धोखा, दमबुत्ता।

जुलकरन* पुं० [अ० जुल्कर्नैन] एक उपाधि जो पहले-पहल अपने मूल रूप में सिकन्दर के नाम के साथ लगाई गई थी और बाद में विकृत रूप में कुछ भारतीय बादशाहों, नवाबों आदि के नाम के साथ लगने लगी थी।

जुलकरनैन पुं० [अ० जुल्कर्नैन] युनान के प्रसिद्ध विजयी बादशाह सिकन्दर की एक उपाधि। (विशेष दे० जुलकरन)

जुलना अ० 'मिलना' की अनुकरणवाची क्रिया।

जुलहा* पुं० दे० 'जुलाहा'।

जुलाई स्त्री० [अं०] अंग्रेजी वर्ष का सातवाँ महीना।

जुलाब पुं० [अ०] दस्त लाने की औषधि।

जुलाहा पुं० [फा० जौलाह] [स्त्री० जुलाहिन] कपड़ा बुननेवाला, तन्तुवाय, तन्तुकार।

जुलूस पुं० दे० 'जलूस'।

जुल्फ स्त्री० [फा० ज़ुल्फ़] सिर के वे लम्बे बाल जो पीछे या इधर-उधर लटके रहते हैं, पट्टा, कुल्ला।

जुल्फी स्त्री० दे० 'जुल्फ'।

जुल्म पुं० [अ० ज़ुल्म] [वि० जुल्मी] अत्याचार।

मुहा० *जुल्म ढाना*=(क) अत्याचार करना। (ख) अद्भुत काम कर दिखाना।

जुल्मी वि० [अ० ज़ुल्मी] १. जुल्म करनेवाला अत्याचारी। २. बहुत ही उग्र, प्रबल या विकट, गजब का।

जुल्लाब पुं० दे० 'जुलाब'।

जुव* पुं०=युवक।

जुवती* स्त्री०=युवती।

जुवा* पुं० १. दे० 'युवा'। २. दे० 'जुआ'।

जुहाना स० [सं० यूथ] १. एकत्र करना, संचित करना। २. इमारत के काम में लकडी, पत्थर आदि यथास्थान बैठाना। ३. चित्र में प्रभाव या रमणीयता लाने के लिए आकृतियों को यथास्थान बैठाना, संयोजन।

जुहार स्त्री० [सं० अवहार] १. क्षत्रियों में प्रचलित एक प्रकार का अभिवादन। २. अभिवादन, प्रणाम।

जुहारना अ० [हिं० जुहार] जुहार या अभिवादन करना।

जुही स्त्री० दे० 'जूही'।

जूँ स्त्री० [सं० यूका] सिर के बालों में होनेवाला एक छोटा स्वेदज कीड़ा।

मुहा० *कानों पर जूँ तक न रेंगना*= किसी पर किसी घटना का कुछ भी प्रभाव न पड़ना।

जू निपा० [सं० (श्री) युक्त] एक आदरसूचक शब्द जो ब्रज, बुन्देलखंड आदि में बड़ों के नाम के साथ लगता है, जी। *वि०=जो। *क्रि० वि०=ज्यों (जैसे)।

जूआ पुं०=जुआ।

जूजू पुं० [अनु०] बच्चों को डराने के लिए एक कल्पित जीव, हौआ।

जूझ* स्त्री० [सं० युद्ध] लड़ाई।

जूझना* अ० [सं० युद्ध] १. लड़ना। २. लड़कर मर जाना।

जूझबूझ* स्त्री० [हिं० जूझ+बूझ] युद्ध-सम्बन्धी ज्ञान या जानकारी।

जूट[1] पुं० [सं०] १. जटा की गाँठ, जूड़ा। २. लट, जटा।

जूट[2] पुं० [अ०] पटसन।

जूठन स्त्री० [हिं० जूठा] १. किसी के खाने-पीने से बची हुई वस्तु, उच्छिष्ट भोजन। २. वह पदार्थ जो एक-दो बार पहले काम में लाया जा चुका हो।

जूठा वि० [सं० जुष्ट] [स्त्री० जूठी, क्रि० जुठारना] १. किसी के खाने से बचा हुआ, उच्छिष्ट। २. जिसका किसी ने पहले उपभोग कर लिया हो, भुक्त। पुं० दे० 'जूठन'।

जूड़ा पुं० [सं० जूट] १. सिर के बालों को लपेटकर उनकी बाँधी हुई गाँठ। २. चोटी, कलगी। ३. मूँज आदि का पूला।

जूड़ी[1] स्त्री० [हिं० जूड़=जाड़ा] जाड़ा देकर आनेवाला ज्वर। (मलेरिया)

जूड़ी[2] स्त्री० [हिं० जूड़ा] १. छोटा जूड़ा। २. रेशों, डंठलों आदि का बँधा पुलिंदा; जैसे-पालक की जूड़ी।

जूत| पुं०=जूता।

जूत-पैजार पुं० [हिं० जूता+फा० पैज़ार=जूता] दो व्यक्तियों में होनेवाली जूतों से लड़ाई।

जूता पुं० [सं० युक्त, प्रा० जुत्त] चमड़े आदि का वह उपकरण जो ठोकर, काँटों आदि से बचने के लिए पैरों में पहना जाता है, पादत्राण।

मुहा० *(किसी का) जूता उठाना*=(क) किसी की तुच्छ सेवा करना। (ख) खुशामद करना। *जूता उछलना या चलना*=मार-पीट होना, झगड़ा होना। *जूता खाना*=(क) जूतों की मार सहना। (ख) तिरस्कृत या अपमानित होना। *जूतों दाल बँटना*=आपस में लड़ाई-झगड़ा होना।

जूताखोर पुं० [हिं० जूता+फा० ख़ोर=खानेवाला] वह बहुत बड़ा निर्लज्ज जो बराबर घुड़कियाँ-झिड़कियाँ सहकर भी बुरी बातें या आदतें न छोड़ता हो।

जूताचोर पुं० जूते चुरानेवाला व्यक्ति।

जूती स्त्री० [हिं० जूता] १. स्त्रियों का जूता। २. जूता।

मुहा० *जूतियाँ चटकाना*=व्यर्थ इधर-उधर मारा-मारा फिरना।

जूती-पैजार स्त्री० [हिं० जूती+पैजार] १. जूतों की मार-पीट। २. बहुत ही भद्दी तरह की लड़ाई।

जूथ* पुं० दे० 'यूथ'।

जूथप* पुं० [सं० यूथप] सेनापति।

जून[1] पुं० [सं० द्युवन] समय, काल।

जून[2] पुं० [सं० जूर्ण] तृण, घास।

जून[3]* वि० [सं० जीर्ण] १. जीर्ण। २. पुराना; उदा० तरुवर जून, जवान अरु नए। -केशव।

जूप पुं० [सं० द्यूत] जुआ, द्यूत। पुं० दे० 'यूप'।

जूमना अ० [अ० जमा] इकट्ठा होना।

जूर* पुं० [अ० जुरना] १. जोड़। २. संचय। ३. ढेर, राशि।

जूरना* स० [हिं० जूरी=पूला या गड्डी] एक पर एक रखकर गड्डी या थाक लगाना। स० दे० 'जोड़ना'।

जूरा* पुं० दे० 'जूड़ा'।

जूरी[1] स्त्री० [हिं० जुरना] १. घास या पत्तों का पूला, जुट्टी। २. एक प्रकार का पकवान।

जूरी[2] पुं० [अं० ज्यूरी] एक प्रकार के परामर्शदाता जो जज के साथ बैठकर मुकदमा सुनते हैं।

जूस[1] पुं० [सं० जूष] पकी हुई दाल या उबाली हुई चीज का रस, रसा।

जूस[2] पुं० [फा० जुफ़्त] युग्म या सम संख्य, जैसे दो, चार, दस आदि।

जूसी स्त्री० [हिं० जूस] ईख के पके हुए रस में की गाढ़ी तल-छट, चोटा।

जूह* पुं० दे० 'यूथ'।

जूहर* पुं० दे० 'जौहर'।

जूही स्त्री० [सं० यूथी] एक प्रसिद्ध पौधा जिसके फूल चमेली से मिलते हुए होते हैं।

जृंभ पुं० [सं०] [स्त्री० जृंभा, वि० जृंभक] १. जँभाई। २. आलस्य।

जृंभक वि० [सं०] जंभाई लेनेवाला। पुं० एक अस्त्र जिसके विषय में कहा जाता है कि इसके चलने पर शत्रु जँभाई लेने लगते या सो जाते थे।

जृंभा स्त्री० [सं०] जँभाई।

जेंउँ क्रि० वि० 'ज्यों'।

जेंगना पुं० दे० 'जुगनूँ'।

जेंना स० दे० 'जेंवना'।

जेंवन पुं० [सं० जेमन] १. भोजन करना, खाना। २. खाने की चीजें। ३. ज्योनार।

जेंवना स० [सं० जेमन] १. भोजन करना, खाना। २. अनुचित रूप से दूसरों का धन या वस्तु ले लेना।

जेंवा पुं० [हिं० जेंवना] १. जेंवने या भोजन करने की क्रिया या भाव। २. भोजन के साथ मिलनेवाली दक्षिणा। ३. पका हुआ भोजन। ४. ज्योनार।

जेंवाना स० [हिं० जेंवना] भोजन कराना, खिलाना।

जे* सर्व० [सं० ये] 'जो'। (ब्रज०)

जेइ, जेउ* सर्व० १. दे० 'जो'। २. जिसने।

जेजे* सर्व० जो-जो। (ब्रज०)

जेटी स्त्री० [अं०] वह स्थान जहाँ जहाजों पर माल चढ़ता या उन पर से उतरता है।

जेठ पुं० [सं० ज्येष्ठ] १. वैशाख और असाढ़ के बीच का महीना, ज्येष्ठ। २. [स्त्री० जेठानी] पति का बड़ा भाई, भसुर।

जेठरा वि० [सं० जेठरी] दे० 'जेठा'।

जेठा वि० [सं०ज्येष्ठ] [स्त्री० जेठी] १. अग्रज, बड़ा। २. सबसे अच्छा।

जेठाई स्त्री० [हिं० जेठा] १. 'जेठा' या 'बड़ा' होने का भाव। २. महत्त्व, बड़प्पन।

जेठानी स्त्री० [हिं० जेठ] सम्बन्ध के विचार से पति के बड़े भाई की स्त्री।

जेठी वि० [हिं० जेठ] जेठ मास का या जेठ में होनेवाला, जैसे जेठी धान, जेठी कपास। स्त्री० जेठ मास का शेषांश जिसमें अगली फसल के लिए जमीन जोती जाती है।

जेठी मधु स्त्री० [सं० यष्टिमधु] मुलेठी।

जेता[1] पुं० [सं० जेतृ] जीतनेवाला, विजयी।

जेता[2] वि० [सं० यति, अप० जेत्तलो] [स्त्री० जेती] दे० 'जितना'। (ब्रज०)

जेतिक क्रि० वि० [सं० य:] जितना।

जेते वि० बहु० [हिं० जेता] जितने।

जेतो वि० [सं०] १. उच्च कुल में उत्पन्न, अभिजात। २. जो बनावटी न हो, असली, सच्चा। (जेनुइन)

जेनरेटर पुं० [अं०] बिजली उत्पादक यंत्र।

जेपी पुं० जयप्रकाश नारायण के लिए प्रयुक्त संकेताक्षर।

जेब पुं० [फा०] पहनने के कपड़ों में की वह छोटी थैली जिसमें चीजें रखते हैं, खीसा, खरीता।

जेबकट पुं० [फा० जेब+हिं० काटना] वह जो दूसरों के जेब काटकर रुपए-पैसे निकालता हो, गिरहकट।

जेबखर्च पुं० [फा०] खास अपने खर्च के लिए मिलनेवाला धन।

जेबघड़ी स्त्री० [फा० जेब+घड़ी] वह छोटी घड़ी जो जेब में रखी जाती है।

जेबी वि० [फा०] १. जो जेब में रखा जा सके। २. जिसका आकार-प्रकार नियमित या साधारण से बहुत छोटा हो।

जेय वि० [सं०] जीतने योग्य।

जेर[1] स्त्री० दे० 'आँवल' (खेड़ी)।

जेर[2] वि० [फा० ज़ेर] [संज्ञा जेरबारी] १. परास्त, पराजित। २. जो बहुत दबाया या तंग किया गया हो।

जेरी स्त्री०=आँवल (खेड़ी)।

जेल पुं० [अं०] वह जगह जहाँ राज्य द्वारा दंडित अपराधी कुछ समय के लिए बन्द रखे जाते हैं, कारागार, बन्दीगृह।

जेलखाना पुं० दे० 'जेल'।

जेलर पुं० [अं०] जेल का अधिकारी।

जेलाटिन पुं० [अं०] सरेस की तरह का एक पदार्थ जो मांस, हड्डी और खाल से निकाला जाता है।

जेवना| स०=जीमना।

जेवनार स्त्री० दे० 'ज्योनार'।

जेवर पुं० [फा० जेवर] गहना, आभूषण।

जेवरात पुं० [फा० ज़ेवरात] आभूषणों का समूह।

जेवरी स्त्री० [सं० ज्या+वटी] रस्सी।

जेह स्त्री० [फा० जिह=चिल्ला] धनुष की डोरी में का वह अंश जो आँख के पास लाया जाता है और जो निशाने की सीध में रखा जाता है, चिल्ला।

जेहन पुं० [अ० ज़ेहन] [वि० जहीन] बुद्धि, समझ।

जेहनी वि० [अ० जेहन] जेहन-सम्बन्धी, बुद्धि-सम्बन्धी, बौद्धिक।

जेहर स्त्री० [?] पाजेब (जेवर)।

जेहल| स्त्री०= जेल।

जेहाद पुं० [अ० जिहाद] [वि० जेहादी] धर्म की रक्षा के लिए किया जानेवाला युद्ध, धर्मयुद्ध।

जेहादी वि० [अ० जिहादी] जेहाद-सम्बन्धी।
पुं० जेहाद करनेवाला।

जेहि* सर्व० [सं० येन] १. जिसने। २. जिसको, जिसे। ३. जिससे।

जेहिके* सर्व० [सं० यस्य] जिसके।

जै[1] स्त्री० दे० 'जय'।

जै[2] वि० [सं० यावत्] जितने।

जैजैकार स्त्री० दे० 'जयजयकार'।

जैत स्त्री० [सं० जयति] विजय।

जैतपत्र* पुं० [सं० जयति+पत्र] जयपत्र।

जैतवार पुं० [हिं० जैत+वार(वाला)] जीतनेवाला, विजयी।

जैतून पुं० [अ०] एक सदाबहार पेड़ जिसके फल दवा के काम में आते हैं।

जैन पुं० [सं०] १. भारत का एक अनीश्वरवादी धर्म-सम्प्रदाय जिसमें अहिंसा परम धर्म माना जाता है। २. जैनी।
वि० जैनियों का।

जैनी पुं० [सं० जैन] जैन मतावलम्बी।
वि० १. जैन धर्म-सम्बन्धी। २. जैन लोगों का, जैन लोगों से सम्बद्ध।

जैनु पुं० [हिं० जेंवना] भोजन।

जैनेतर वि० [सं०] जैनियों से भिन्न।

जैमाल स्त्री० दे० 'जयमाला'।

जैमिनी पुं० [सं०] एक प्रसिद्ध ऋषि और आचार्य जो पूर्वमीमांसा के कर्ता और प्रवर्तक हैं।

जैव वि० [सं०] १. जीव या जीवन-सम्बन्धी। २. जीवों या उनके शारीरिक अंगों से सम्बन्ध रखनेवाला। ३. जिसमें जीवनी-शक्ति और शारीरिक अंग या इन्द्रियाँ हों। (ऑर्गेनिक)

जैव-आतंकवाद पुं० लोगों की हत्या करने के लिए जैविक कोषिकाओं तथा जीवाणुओं का उपयोग।

जैव-प्रौद्योगिकी स्त्री० औद्योगिक प्रक्रिया में जीव-जन्तुओं विशेषत: उनकी कोषिकाओं और जीवाणुओं का उपयोग। (बायोटेकनोलॉजी)

जैव-भौतिकी स्त्री० विज्ञान की वह शाखा जो जीव-विज्ञान की व्याख्या भौतिक शास्त्र के सिद्धांतों के आधार पर करती है।

जैविक वि० [सं०] जैविकी-सम्बन्धी।

जैविकी स्त्री० [सं०] विज्ञान की वह शाखा जिसमें जीवों का अध्ययन किया जाता है।

जैस* वि० दे० 'जैसा'।

जैसा वि० [सं० यादृश] [स्त्री० जैसी] १. जिस प्रकार का, जिस तरह का।
पद *जैसे का तैसा*=ज्यों-का-त्यों, जैसा पहले था, वैसा ही।
२. जितना (केवल विशेषण के साथ) ३. समान, सदृश, तुल्य।
क्रि० वि० जिस परिमाण का, जितना।

जैसें-कैसें* क्रि० वि०=जैसे-तैसे।

जैसे क्रि० वि० [हिं० जैसा] १. जिस तरह, जिस प्रकार। २. उदाहरण के लिए।

जैसे-तैसे क्रि० वि० १. किसी प्रकार। २. कुछ कठिनता से।

जैसो† वि०, क्रि० वि० दे० 'जैसा'।

जों क्रि० वि० दे० 'ज्यों'।

जोंक स्त्री० [सं० जलौका] १. पानी में रहनेवाला एक लम्बा कीड़ा जो जीवों के शरीर में लगकर उनका खून चूसता है। २. वह जो अपना मतलब निकालने के लिए पीछे पड़ जाए।

जोंकी स्त्री० [हिं० जोंक] लोहे की एक प्रकार की अँकुड़ी जो पत्थर या लकड़ी के दो टुकड़ों को जोड़ने या एक साथ रखने के लिए लगाई जाती है।

जोंधरी स्त्री० [सं० जोन्तालिका] १. छोटी ज्वार। २. बाजरा।

जोंधैया* स्त्री० दे० 'जुन्हाई'।

जो सर्व० [सं० य:] एक सम्बन्धवाचक सर्वनाम जिसका प्रयोग पहले कही हुई किसी बात अथवा पहले आई हुई संज्ञा, सर्वनाम या पद के सम्बन्ध में कुछ और कहने से पहले किया जाता है, जैसे वह किताब जो आप ले गये थे, लौटा दीजिए।
योज० [सं० यद्] जदि, अगर।

जोअना* स० दे० 'जोवना'।

जोइ* स्त्री० [सं० जाया] जोरू।
सर्व० दे० 'जो'।

जोइनि* स्त्री० [सं० योनि] १. योनि (पशु)। २. आकर, खान।

जोइसी* पुं०=ज्योतिषी।

जोखना† स० [सं० जोषण=जाँचना] १. तौलना, वजन करना। २. जाँचना।

जोखा† पुं० [हिं० जोखना] जोखने या नापने-तौलने की क्रिया या भाव।

जोखिउँ* स्त्री० दे० 'जोखिम'।

जोखिता* स्त्री० दे० 'योषिता'।

जोखिम स्त्री० [सं० जोषण] १. संकट या विपत्ति की सम्भावनावाली स्थिति।
मुहा० *जोखिम उठाना या सहना*= ऐसा काम करना, जिसमें अनिष्ट की सम्भावना हो।
२. कोई ऐसा पदार्थ या कार्य जिसके कारण भारी विपत्ति आ सकती हो।

जोखों स्त्री० दे० 'जोखिम'।

जोगंधर पुं० [सं० योगंधर] शत्रु के चलाए हुए अस्त्र से अपना बचाव करने की एक प्राचीन युक्ति।

जोग* पुं० दे० 'योग'।

जोग, के सम्बन्धसू० [सं० योग्य] को, के निकट, के वास्ते, जैसे भइया जोग प्रमाण। (पुरानी हिन्दी)

जोगड़ा पुं० [हिं० जोग+ड़ा (प्रत्य०)] १. बना हुआ योगी, पाखंडी। २. बहुत साधारण योगी या साधु।

जोगवना* स० [सं० योग+हिं० वना (प्रत्य)] १. यत्न से रखना। २. संचित या एकत्र करना। ३. ध्यान रखना। ४. आदर करना। ५. जाने देना, ध्यान न देना। ६. पूरा करना।

जोगवाट पुं० दे० 'जोगौटा'।

जोगानल पुं० [सं० योगानल] योगशक्ति के द्वारा उत्पन्न की जानेवाली अग्नि।

जोगिंद पुं० दे० 'योगींद्र'।

जोगिन स्त्री०[सं० योगिनी] १. 'जोगी' का स्त्री। २. साधुनी। ३. पिशाचिनी।

जोगिनी स्त्री० दे० 'योगिनी'।

जोगिया वि० [हिं० जोगी] १. जोगी-सम्बन्धी, जोगी का। २. गेरू के रंग में रँगा हुआ, गैरिक।
पुं० एक प्रकार का रंग।

जोगी पुं० [सं० योगी] [स्त्री० जोगिन] १. एक प्रकार के साधु जो सारंगी पर भजन गाकर भीख माँगते हैं। २. दे० 'योगी'।

जोगीड़ा पुं० [हिं० योगी+ड़ा (प्रत्य०)] १. एक प्रकार का चलता गाना। २. गाने-बजानेवालों का विशेष प्रकार का दल।

जोगेश्वर पुं० दे० 'योगीश्वर'।

जोगौटा पुं० [सं० योगपट्ट, प्रा० जोगपट्ट] वह चादर जो योगी लोग योग साधने के समय सिर से पैर तक ओढ़ते हैं।

जोजन* पुं० दे० 'योजन'।

जोट* पुं० [सं० योटक] १. दो चीजों का जोड़ा या जोड़ी। २. साथी।

जोटा पुं० [सं० योटक] १. जोड़ा, युग। २. प्रतिपक्षी।

जोटिंग पुं० [सं०] शिव।

जोटी* स्त्री० दे० 'जोड़ी'।

जोड़ पुं० [सं० योग] १. कई संख्याओं को जोड़ने की क्रिया। (ऐडिशन) २. कई संख्याओं को जोड़ने से निकलनेवाली संख्या, योग। (टोटल) ३. दो या अधिक अंगों, टुकड़ों, पुरजों या पदार्थों के जुड़ने का चिह्न या स्थान, सन्धि। (जाएँण्ट) ४. वह टुकड़ा जो किसी चीज में जुड़ा या लगा हो। ५. एक ही तरह की अथवा साथ-साथ काम में आनेवाली दो चीजें, जोड़ा। ६. बराबरी, समानता। ७. वह जो किसी की बराबरी का हो, जोड़ा। (मैच) ८. वे दो व्यक्ति या दल जो किसी प्रतियोगिता में सम्मिलित हों। (मैच) ९. एक बार में पहनने के सब कपड़ों का समूह, पूरी पोशाक। १०. दाँव-पेंच।

जोड़-तोड़ पुं० [हिं० जोड़ना+तोड़ना] १. दाँव-पेंच, छल-कपट। २. विशेष युक्ति या उपाय, तरकीब।

जोड़ती स्त्री० दे० 'जोड़' १.।

जोड़न स्त्री० दे० 'जामन'।

जोड़ना स० [हिं० जोड़=बाँधना या सं० युक्त] १. दो वस्तुओं को किसी प्रकार मिलाकर एक करना। २. किसी प्रकार का सम्बन्ध स्थापित करना; जैसे-दो परिवारों को जोड़ना। ३. लेख, पुस्तक आदि में कोई पद, वाक्य, परिच्छेद, अध्याय आदि बढ़ाना; जैसे-पुस्तक के अंत में परिशिष्ट जोड़ना। ४. वस्तुएँ या सामग्री क्रम से रखना या लगाना। ५. संचित या एकत्र करना, इकट्ठा करना, जैसे धन जोड़ना, कुनबा जोड़ना। ६. संख्याओं का योगफल निकालना, जोड़ लगाना। ७. वाक्यों या पदों की योजना करना। ८. भद्दी कविता या तुकबन्दी करना। ९. (दीया या आग) जलाना।

जोड़-फल पुं० [हिं०+सं०] कुल योग।

जोड़-बाकी स्त्री० [हिं० जोड़+अ० बाक़ी] जोड़ और बाकी; जैसे-गणितशास्त्र अंकों की जोड़-बाकी है।

जोड़वाना स० हिं० 'जोड़ना' का प्रे०।

जोड़ा पुं० [सं० जकुट या युतक] [स्त्री० जोड़ी] १. एक ही तरह की दो चीजें। २. जूते, उपानह। ३. एक आदमी के पहनने के सब कपड़े, पूरी पोशाक। ४. स्त्री और पुरुष या नर और मादा का युग्म। ५. वह जो बराबरी का हो, जोड़।

जोड़ाई स्त्री० [हिं० जोड़ना+आई (प्रत्य०)] १. जोड़ने की क्रिया, भाव या मजदूरी। २. दीवार आदि बनाने में ईंटों पर ईंटें रखने की क्रिया, भाव या मजदूरी।

जोड़ी स्त्री० [सं० जोडिका या हिं० जोड़ा] १. एक ही तरह की दो चीजें, जोड़ा। २. दो घोड़ों या दो बैलों का युग्म।
मुहा० *जोड़ी मिलाना*=(क) बराबरी की चीज लाकर सामने रखना। (ख) तुलना करना। (ग) उपमा देना।
३. कसरत या व्यायाम करने के दोनों मुग्दर। ४. मँजीरा।

जोड़ीदार पुं० [हिं०+फा०] वह जो हमेशा किसी के साथ रहता हो।

जोत स्त्री० [हिं० जोतना] १. चमड़े का वह तस्मा या मोटी रस्सी जो एक ओर जोते जानेवाले जानवर के गले में और दूसरी ओर खींची जानेवाली चीज में बँधी रहती है। २. वह रस्सी जिसमें तराजू के पल्ले बँधे रहते हैं। ३. किसी की वह भूमि जिस पर जोतने-बोनेवाले को कुछ विशिष्ट अधिकार मिल गए हों। (होल्डिंग)
स्त्री० दे० 'ज्योति'।

जोतदार पुं० [हिं०+फा०] दूसरे का खेत जोतने-बोनेवाला व्यक्ति।

जोतना स० [सं० योजना या युक्त] १. गाड़ी, कोल्हू, हल आदि चलाने के लिए उनके आगे घोड़े, बैल आदि बाँधना। २. जबरदस्ती किसी काम में लगाना। ३. खेत में कुछ बोने से पहले हल चलाना।

जोता पुं० [हिं० जोतना] १. बहुत बड़ा शहतीर। २. वह जो हल जोतता हो। ३. दे० 'जोत'।

जोताई स्त्री० [हिं० जोतना+आई (प्रत्य०)] जोतने का काम, भाव या मजदूरी।

जोति स्त्री० दे० 'ज्योति'।

जोतिक* क्रि० वि०=जैसा।

जोती स्त्री० [हिं० जोतना] जोतने-बोने योग्य भूमि।

जोधा* पुं०=योद्धा।

जोनि* स्त्री०=योनि।

जोन्ह, जोन्हाई स्त्री० दे० 'जुन्हाई'।

जोन्हैया* स्त्री० दे० 'जुन्हाई'।

जोपै योज० [हिं० जो+पर] १. यदि, अगर। २. यद्यपि।

जोबन पुं० [सं० यौवन] १. युवावस्था, यौवनकाल। २. युवावस्था का सौन्दर्य (विशेषत: स्त्रियों का) ३. स्तन (विशेषत: युवती स्त्रियों का) ४. किसी वस्तु का ऊपर से दिखाई पड़नेवाला सौन्दर्य या शोभा, यौवन, रौनक, बहार।

जोम पुं० [अ० ज़ोम] १. उमंग, उत्साह। २. जोश, आवेश। ३. अभिमान, शेखी।

जोय[1] स्त्री० [सं० जाया] १. पत्नी, जोरू। २. स्त्री, औरत।

जोय[2] सर्व० १. जो। २. जिस।

जोयना † स० दे० 'जलाना'।
स० दे० 'जोवना'।

जोयसी † पुं० दे० 'ज्योतिषी'।

जोर पुं० [फा० ज़ोर] १. बल, शक्ति।
मुहा० *(किसी बात पर) जोर देना*=किसी बात को बहुत आवश्यक या महत्त्वपूर्ण ठहराना। *जोर करना, मारना या लगाना*=पूरा प्रयत्न करना।
२. प्रबलता, तेजी।
पद *जोरों का*=बहुत तेज या प्रबल।
मुहा० *जोरों पर होना*=(क) पूरे बल पर या बहुत प्रबल होना। (ख) खूब उन्नत होना।
३. उन्नति, बढ़ती। ४. वश, अधिकार। ५. वेग। ६. भरोसा, आसरा। ७. व्यायाम, कसरत।
*पुं०=जोड़।

जोर-जुल्म पुं० [फा० ज़ोर-ज़ुल्म] घोर अत्याचार।

जोरदार वि० [फा० ज़ोरदार] जिसमें बहुत जोर या बल हो, जोरवाला, बलवान।

जोरना स० दे० 'जोड़ना'।

जोर-शोर पुं० [फा० ज़ोर-शोर] बहुत अधिक प्रबलता, तीव्रता या तेजी।

जोरा* पुं०=जोड़ा।

जोराजोरी स्त्री०, क्रि० वि० दे० 'जबरदस्ती'।

जोरावर वि० [फा० ज़ोरावर] [संज्ञा जोरावरी] शक्तिशाली, बलवान, ताकतवर।

जोरी[1] स्त्री० दे० 'जोड़ी'।

जोरी[2] स्त्री० [फा० ज़ोर] जबरदस्ती।

जोरू स्त्री० [हिं० जोड़ा] स्त्री, पत्नी।

जोलहा पुं० दे० 'जुलाहा'।

जोला पुं० [हिं० जोड़?] गाँठ।

जोलाहल* स्त्री० दे० 'ज्वाला'।

जोलाहा पुं०=जुलाहा।

जोली† स्त्री० [हिं० जोड़ी] बराबरी।

जोवना* स० दे० 'जोहना'।

जोश पुं० [फा०] १. उत्साह। २. आवेश। ३. उफान, उबाल। ४. सगे-सम्बन्धियों में होनेवाले रक्तसम्बन्ध की उत्कट भावना या आवेश।
पद *खून का जोश*=प्रेम का वह आवेश जो अपने सगे-सम्बन्धी के लिए हो।

जोश-खरोश पुं० [फा० जोश-ख़रोश] अत्यधिक उत्साह।

जोशन पुं० [फा०] १. भुजाओं पर पहनने का एक गहना। २. जिरह-बख्तर।

जोशी पुं० दे० 'जोषी'।

जोशीला वि० [फा० जोश+हिं० ईला (प्रत्य०)] [स्त्री० जोशीली] जिसमें खूब जोश हो, आवेशपूर्ण, जोशवाला।

जोषिता स्त्री० [सं०] स्त्री, नारी।

जोषी पुं० [सं० ज्योतिषी] १. गुजराती, महाराष्ट्री और पहाड़ी ब्राह्मणों में एक जाति। २. ज्योतिषी। (क्व०)

जोह स्त्री० [हिं० जोहना] १. जोहने की क्रिया या भाव। २. खोज, तलाश। ३. प्रतीक्षा, इन्तजार। ४. कृपादृष्टि।

जोहड़ पुं० दे० 'जौहड़'।

जोहन* स्त्री० दे० 'जोह'।

जोहना स० [सं० जुषण=सेवन] १. देखना, ताकना। २. पता लगाना, ढूँढ़ना। ३. प्रतीक्षा करना, रास्ता देखना।

जोहर पुं० दे० 'जौहड़'।

जोहार स्त्री० दे० 'जुहार'।
पुं० दे० 'जौहर'।

जोहारना अ० दे० 'जुहारना'।

जौं, जौ योज० [सं० यदि] यदि, जो।
क्रि० वि० दे० 'ज्यों'।

जौंकना अ०=जलपना।

जौंरा-भौंरा पुं० [हिं० भुँइहरा] राजमहलों, किलों आदि में खजाना रखने का तहखाना या तलघर।

जौं-लौं* क्रि० वि० जबतक। (ब्रज०)

जौरे* क्रि० वि० [फा० जवार] पास, निकट।

जौ[1] पुं० [सं० यव] १. गेहूँ की तरह का एक पौधा जिसके दानों का आटा बनता है। २. छह राई की एक तौल।

जौ[2] योज० [सं० यदि] यदि, अगर।
क्रि० वि० जब।

जौक* पुं० [तु० जूक] १. झुंड, जत्था। २. सेना, फौज।

जौन सर्व० वि० [सं० यः] जौ।
*पुं० दे० 'यवन'।

जौपै योज० [हिं० जौ+पै] यदि।

जौबति* स्त्री० दे० 'युवती'।

जौहड़ पुं० [पहलवी आबे जोहर=पवित्र जल?] १. वह गड्ढा जिसमें बरसात का जल भर जाता है। २. छोटा ताल।

जौहर[1] पुं० [फा० गौहर का अरबी रूप] १. रत्न, बहुमूल्य पत्थर। २. सार वस्तु, सारांश, तत्त्व। ३. धारदार हथियार की चमक, ओप, पानी। ४. विशेषता, खूबी। ५. उत्तमता, श्रेष्ठता।

जौहर[2] पुं० [हिं० जीवहर] १. राजपूतों की एक प्रथा जिसमें अपने नगर या गढ़ का पतन निश्चित होने पर स्त्रियाँ और बच्चे दहकती हुई चिता में जल मरते थे। २. सम्मान की रक्षा के लिए होनेवाली आत्महत्या; उदा० राजा बिन पुर जौहर करे। -केशव।

जौहर[3] पुं० दे० 'जौहड़'।

जौहरी पुं० [फा०] १. रत्न परखने या बेचनेवाला, रत्नपारखी या रत्नों का विक्रेता। २. किसी वस्तु के गुण-दोष परखनेवाला, पारखी।

ज्ञ ज् और ञ के योग से बना हुआ एक संयुक्तवर्ण जो अब एक स्वतन्त्र वर्ण या अक्षर के रूप में माना जाता है। हिन्दी में इसका उच्चारण 'ग्यँ', मराठी में 'द्न्य' और गुजराती में 'ग्न' होता है। प्रत्यय के रूप में यह शब्दों के अन्त में लगकर ज्ञाता या जाननेवाले का अर्थ देता है, जैसे बहुज्ञ, विशेषज्ञ।

ज्ञप्त वि० [सं०] जाना हुआ।

ज्ञप्ति स्त्री० [सं०] १. किसी को कोई बात जतलाने या सूचित करने की क्रिया या भाव। २. वह बात जो किसी को जतलाई या बतलाई जाए। (इन्फ़ॉरमेशन) ३. जानकारी। ४. बुद्धि।

ज्ञात वि० [सं०] जाना हुआ, विदित।

ज्ञातयौवना स्त्री० [सं०] वह मुग्धा नायिका जो यह समझती हो कि मेरा पूर्ण यौवनकाल आ गया है।

ज्ञातव्य वि० [सं०] १. जो जाना जा सके, ज्ञेय, बोधगम्य। २. जिसे जानना हो, जानने योग्य (विषय या बात) ३. जो दूसरों को जतलाया जाने को हो।

ज्ञाता वि० [सं० ज्ञातृ] [स्त्री० ज्ञात्री] ज्ञान रखनेवाला, जानकार।

ज्ञाति स्त्री० दे० 'जाति'।

ज्ञातृत्व पुं० [सं०] जानकारी।

ज्ञान पुं० [सं०] [वि० ज्ञानीय, ज्ञात, ज्ञातव्य] १. वस्तुओं और विषयों की वह जानकारी जो मन या विवेक को सूचनाओं के द्वारा होती है, बोध, जानकारी। (नॉलेज) २. यथार्थ बात या तत्त्व की पूरी जानकारी, तत्त्वज्ञान।

ज्ञानधाम पुं० [सं० ज्ञान+धाम] ज्ञान का भंडार।

ज्ञानयोग पुं० [सं०] ज्ञान द्वारा मोक्ष प्राप्त करने का उपाय या साधन।

ज्ञानराशि स्त्री० [सं०] ज्ञान का भंडार।

ज्ञानवर्धक वि० [सं० ज्ञान+वर्धक] ज्ञान बढ़ानेवाला।

ज्ञानवर्धन पुं० [सं०] ज्ञान का बढ़ना या बढ़ाना।

ज्ञानवान, ज्ञानवान् वि० [सं०] ज्ञानी।

ज्ञानवृद्ध पुं० [सं०] वह जो अपने बहुत अधिक ज्ञान या पांडित्य के कारण पूज्य और महान हो।

ज्ञानस्वरूप वि० [सं०] जिसका अपना स्वरूप ही ज्ञान हो।

ज्ञानी (-निन्) वि० [सं०] १. जिसे ज्ञान हो, ज्ञानवान। २. आत्मज्ञानी या ब्रह्मज्ञानी।

ज्ञानेंद्रिय स्त्री० [सं०] आँख, कान, नाक, त्वचा और रसना इन पाँच इंद्रियों में से कोई, जो बाहर की जानकारी भीतर पहुँचाती है।

ज्ञापक वि० [सं०] जतानेवाला, सूचक।

ज्ञापन पुं० [सं०] [वि० ज्ञापित, ज्ञाप्य] १. जताने या बताने का कार्य या भाव। २. अपने कष्टों के निवारण के लिए किसी अधिकारी को दिया हुआ पत्र। (मेमोरेंडम)

ज्ञापित वि० [सं०] जताया हुआ, सूचित।

ज्ञेय वि० [सं०] १. जानने योग्य। २. जो जाना जा सके।

ज्ञानोपार्जन पुं० [सं०ज्ञान+उपार्जन] ज्ञान प्राप्त करने का कार्य।

ज्या स्त्री० [सं०] १. धनुष की डोरी। २. किसी चाप के एक सिरे से दूसरे सिरे तक की रेखा। ३. पृथ्वी।

ज्यादती स्त्री० [फा० ज़्यादती] १. अधिकता, बहुतायत। २. अत्याचार, जबरदस्ती।

ज्यादा वि० [फा० ज़्यादा] अधिक, बहुत।

ज्यादातर वि० [फा० ज़्यादा+सं० तर] अपेक्षाकृत अधिक।

ज्यान पुं० [फा० जियान] १. हानि, नुकसान। २. घाटा, टोटा।

ज्याना* स० दे० 'जिलाना'।

ज्यामिति स्त्री० [सं०] गणित का वह अंग जिसमें पिंडों की नाप-जोख, रेखा, कोण, तल आदि का विवेचन होता है, रेखागणित। (ज्यामेट्री)

ज्यामितिक वि० [सं०] ज्यामितीय।

ज्यामितीय वि० [सं०] ज्यामिति-सम्बन्धी।

ज्यारना स० दे० 'जिलाना'।

ज्यारा* वि० [हिं० जिलाना] [स्त्री० ज्यारी] जीवन देने या जिलानेवाला।

ज्यावना स० दे० 'जिलाना'।

ज्यू नियात = जी।

ज्यूँ क्रि० वि० दे० 'ज्यों'।

ज्येष्ठ वि० [सं०] [भाव० ज्येष्ठता, स्त्री० ज्येष्ठा] १. बड़ा, जेठा। २. वृद्ध, बड़ा-बूढ़ा। ३. पद, मर्यादा, वय आदि में किसी से बड़ा या बढ़कर। (सीनियर)
पुं० १. जेठ का महीना। २. परमेश्वर।

ज्येष्ठता स्त्री० [सं०] १. ज्येष्ठ होने का भाव। २. पद, मर्यादा, वय आदि में किसी से बड़े या ज्येष्ठ होने की क्रिया या भाव।

ज्येष्ठा स्त्री० [सं०] १. अठारहवाँ नक्षत्र जो तीन तारों का है। २. अपने पति की सबसे अधिक प्यारी स्त्री। ३. सपत्नियों में जो सबसे पहले ब्याहकर आई हो। ४. मध्यमा उँगली।

ज्यों क्रि० वि० [सं० यथा] १. जिस प्रकार, जैसे, जिस तरह या ढंग से।
पद ज्यो-का-त्यों=जैसा है ठीक वैसे ही, उसी रूप में। *ज्यों-त्यों*=किसी न किसी प्रकार।

२. जिस क्षण, जिस समय।

पद *ज्यों-ज्यों*=(क) जिस क्रम से। (ख) जिस मात्रा में। (ग) जैसे-जैसे।

*क्रि० वि० मानो, जैसे।

ज्योति स्त्री० [सं० ज्योतिस्] १. प्रकाश, उजाला। २. लपट, लौ। ३. अग्नि। ४. सूर्य। ५. दृष्टि। ६. परमात्मा।

ज्योतिक पुं०=ज्योतिषी।

ज्योतित वि० [सं० ज्योति] ज्योति से भरा हुआ, प्रकाशमान, चमकता हुआ।

ज्योतिपिंड पुं० [सं०] प्रकाश का गोला, प्रकाशपुंज।

ज्योतिमान वि० दे० 'ज्योतिर्मय'।

ज्योतिर्मय वि० [सं०] [स्त्री० ज्योतिर्मयी] प्रकाशमय, जगमगाता या चमकता हुआ।

ज्योतिर्मान वि० दे० 'ज्योतिर्मय'।

ज्योतिर्लिंग पुं० [सं०] १. शिव। २. शिव के प्रधान लिंग जो बारह हैं।

ज्योतिविंद, ज्योतिर्विद् पुं० [सं०] ज्योतिषी।

ज्योतिष पुं० [सं०] वह विद्या जिससे ग्रहों, नक्षत्रों आदि की दूरी, गति आदि जानी जाती है। यह गणित (एस्ट्रॉनोमी) और फलित (एस्ट्रॉलोजी) दो प्रकार का होता है।

ज्योतिषी (-षिन्) पुं० [सं०] ज्योतिषशास्त्र विशेषत: फलित ज्योतिष का ज्ञाता, दैवज्ञ।

ज्योतिष्मान वि० [सं० ज्योतिष्मान्] [स्त्री० ज्योतिष्मती] चमकता हुआ, प्रकाशमान।

पुं० सूर्य का एक नाम।

ज्योत्स्ना स्त्री० [सं०] १. चन्द्रमा का प्रकाश, चाँदनी। २. चाँदनी रात।

ज्योत्स्नात वि० [सं०] चाँदनी में नहाया हुआ।

ज्योनार स्त्री० [सं० जेमन=खाना] १. बहुत से निमंत्रित लोगों का एक साथ बैठकर होनेवाला भोजन, भोज, दावत। २. पका हुआ भोजन, रसोई।

ज्योरी* स्त्री० [सं० जीवा] रस्सी।

ज्योहित*, ज्योहर* पुं० १. दे० 'आत्महत्या'। २. दे० 'जौहर' (राजपूतों की एक रसम)।

ज्यौं* क्रि० वि० [सं० यथा] जिस प्रकार, जैसे।

ज्यौ* पुं० दे० 'जीव'। २. दे० 'जी' (मन)।

ज्यौतिष वि० [सं०] ज्योतिष-सम्बन्धी।

ज्वर पुं० [सं०] शरीर की अस्वस्थता का सूचक ताप, बुखार।

ज्वरनाशक वि० [सं०] ज्वर को दूर करनेवाला।

ज्वरा* स्त्री० [सं० जरा] मृत्यु।

जवर्रा दे० पुं० 'जुर्रा' (पक्षी)।

ज्वलंत वि० [सं०] १. प्रकाशमान, चमकता हुआ। २. अत्यन्त स्पष्ट।

ज्वलन पुं० [सं०] १. जलने की क्रिया या भाव। २. जलन, दाह। ३. अग्नि, आग।

ज्वलनशील वि० [सं०] जो सहज ही जल सके।

ज्वलनशीलता स्त्री० [सं०] ज्वलनशील होने की अवस्था, गुण या भाव।

ज्वलित वि० [सं०] १. जलता हुआ। २. चमकता हुआ। ३. उज्ज्वल, स्वच्छ।

ज्वार[1] स्त्री० [सं० यवनाल] एक प्रकार का पौधा जिसके दानों की गिनती अनाजों में होती है।

ज्वार[2] पुं० [सं०] १. समुद्र के जल का खूब लहराते हुए आगे बढ़ना या ऊपर उठना, 'भाटा' का उलटा।

२. अधिकता या तेजी; उदा० उन्हें लगा कि पिताजी के क्रोध का ज्वार कुछ उतर गया है। -मनु शर्मा।

*स्त्री० दे० 'ज्वाला'।

ज्वार-भाटा पुं० [हिं० ज्वार+भाटा] समुद्र के जल का खूब लहराते हुए आगे बढ़ना और पीछे हटना, जो चन्द्रमा और सूर्य के आकर्षण से होता है। (इसके चढ़ाव को 'ज्वार' और उतार को 'भाटा' कहते हैं। (टाइडल वाटर्स)

ज्वालक वि० [सं०] प्रज्वलित करने या जलानेवाला।

ज्वाला स्त्री० [सं०] १. अग्निशिखा, लपट। २. विष आदि की जलन या गरमी। ३. बहुत अधिक गरमी, ताप।

ज्वालामुखी (पर्वत) पुं० [सं०] वह पर्वत जिसकी चोटी के गड्ढे में से धुआँ, आग, राख या लावा बराबर अथवा समय-समय पर निकला करता हो। (वॉल्केनो)

झ

झ देवनागरी वर्णमाला का नवाँ व्यंजन और चवर्ग का चौथा वर्ण जिसका उच्चारण-स्थान तालु है।

झंकना अ० दे० 'झीखना'।

झंकार स्त्री० [हिं० झाँझ] १. झाँझ के बजने का शब्द, पायल का शब्द । २. दे० 'झनकार'।

झंकारना अ०, स० दे० 'झनकारना'।

झंकृत वि० [सं०] जिसमें झनकार हुई हो।

झंकृति स्त्री० दे० 'झनकार'।

झंखना अ० दे० 'झीखना'।

झंखाड़ पुं० [हिं० झाड़ का अनु०] १. घनी या कँटीदार झाड़ी या पौधा। २. व्यर्थ की और रद्दी चीजों का समूह।

झंगुली* स्त्री० [?] छोटे बच्चों का ढीला-ढाला कुर्ता, झग्गा।

झंझट स्त्री० [अनु०] बखेड़ा, प्रपंच।

झंझर स्त्री० [सं० अलिंजर] पानी रखने का मिट्टी का एक प्रकार का छोटा बरतन।

झंझरा वि० [अनु०] [स्त्री० झँझरी] जिसमें बहुत से छोटे-छोटे छेद हों।

झँझरी स्त्री० [हिं० झरझर से अनु०] १. लकड़ी, लोहे आदि में बनाए हुए बहुत-से छोटे-छोटे छेदों का समूह, जाली। २. झरोखा।

झंझा स्त्री० [हिं० झंझरा] वह तेज आँधी जिसके साथ पानी भी बरसता हो।

झंझानिल, झंझावात पुं० दे० 'झंझा'।

झंझी वि० स्त्री० [हिं० झंझरा] जिसमें बहुत से छेद हों, बेकार, जैसे झंझी कौड़ी।

झँझोड़ना स० [सं० झंझन] कोई चीज झटके से इस तरह हिलाना कि वह टूट-फूट जाए, झकझोरना।

झंडा पुं० [सं० जयंत] [स्त्री० अल्पा० झंडी] वह तिकोना या चौकोर कपड़ा जिसका एक सिरा डंडे में लगा रहता है और जिसका व्यवहार सत्ता, संकेत या उत्सव आदि सूचित करने के लिए होता है, पताका, निशान, ध्वजा।

मुहा० *झंडा गाड़ना या फहराना*=किसी स्थान पर अपना अधिकार करके उसके चिह्नस्वरूप वहाँ झंडा लगाना।

मुहा० *(किसी के) झंडे के नीचे आना*=अधीनता में आकर अनुयायी बनना।

झंडाभिवादन पुं० [हिं० झंडा+सं० अभिवादन] झंडे के आगे सिर झुकाकर उसका अभिवादन और सम्मान करना।

झंडी स्त्री० [हिं० झंडा] छोटा झंडा।

झंडी-पद्धति स्त्री० [हिं०+सं०] दो झंडियों द्वारा संकेत या संदेश भेजने की पद्धति।

झँडूला वि० [हिं० झंड+ऊला (प्रत्य०)] १. (बालक) जिसका अभी मुंडन-संस्कार न हुआ हो। २. घनी पत्तियोंवाला, सघन (वृक्ष)।

झंडोत्तोलन पुं० [हिं० झंडा+सं० उत्तोलन] झंडा फहराने की क्रिया या रस्म।

झंप[1] पुं० [सं०] उछाल, फलाँग।

झंप[2] पुं० [देश०] घोड़ों के गले का एक गहना।

झँपकना अ० दे० 'झँपना'।

झँपना अ० [सं० झंप] १. आड़ में होना, छिपना। २. उछलना, कूदना। ३. एकदम से जा पहुँचना। ४. टूट पड़ना। ५. झेंपना।

झंपान पुं० [सं० झंप] पहाड़ी सवारी के लिए एक प्रकार की खटोली, झप्पान।

झंपित* वि० [सं० झंप] ढका या छिपा हुआ।

झँपोला पुं० [सं० झाँपा] [स्त्री० अल्पा० झँपोली] छोटा झाँपा या झाबा, टोकरी।

झंब* पुं० [देश०] गुच्छा।

झँवकार* वि०=झाँवला।

झँवराना अ० [हिं० झाँवला] १. कुछ काला पड़ना। २. कुम्हलाना। ३. फीका या मन्द पड़ना।

झँवाँ पुं० दे० 'झाँवाँ'।

झँवाना अ० [हिं० झाँवाँ] १. झाँवें के रंग का या कुछ काला हो जाना। २. आग का मन्द होकर बुझने को होना। ३. कुम्हलाना, मुरझाना। ४. फीका या मन्द होना।
स० १. झाँवें के रंग का या कुछ काला कर देना। २. चमक या आभा घटाना। ३. झाँवें से रगड़ना या रगड़वाना।

झँवैला* वि० [हिं० झाँवा+ऐला (प्रत्य०)] [स्त्री० झँवैली] झाँवे से रगड़ा हुआ (पैर आदि)।

झँसना स० [अनु०] १. सिर या तलुए आदि पर कोई चिकना पदार्थ रगड़ना। २. धोखे से धन आदि ले लेना।

झई* स्त्री० दे० 'झाईं'।

झक स्त्री० [अनु०] पागलों की-सी धुन, सनक, खब्त।
*वि० चमकीला, उज्ज्वल।
*स्त्री० दे० 'झख'।

झकझक स्त्री० [अनु०] १. व्यर्थ की कहासुनी, हुज्जत, तकरार। २. बकवाद।
*वि०=झकाझक।

झकझोर स्त्री० [अनु०] १. झूलने या बार-बार हिलने-डोलने की क्रिया या भाव। २. झटका।

झकझोरना स० दे० 'झँझोड़ना'।

झकझोरा पुं० [हिं० झकझोरना] झटका।

झकझोलना स० [अनु०] जोर-जोर से झटके देना, झँझोड़ना।
अ० १. बार-बार हिलना। २. काँपना।

झकना* अ० [हिं० झक] झकझक या बकवाद करना।

झका* वि० [अनु०] चमकीला।

झकाझक* वि० [अनु०] खूब साफ और चमकता हुआ, उज्ज्वल।

झकुराना* अ० [हिं० झकोरा] झकोरा लेना, झूमना।

झकोर* स्त्री० [अनु०] १. हवा का झोंका। २. झटका, धक्का। ३. लहर।

झकोरना अ० [अनु०] हवा का झोंका मारना।

झकोरा पुं० [अनु०] हवा का झोंका।

झक्क वि०=झक।
स्त्री० दे० 'झक'।

झक्कड़ पुं० [अनु०] तेज आँधी।
वि० दे० 'झक्की'।

झक्की वि० [हिं० झक] जिसे कुछ झक या सनक हो, सनकी।

झक्खना* अ० दे० 'झीखना'।

झख[1] स्त्री० [हिं० झीखना] झीखने की क्रिया या भाव।

मुहा० *झख मारना*=(क) व्यर्थ के कामों में समय नष्ट करना; जैसे-लड़का दिन भर झख मारता रहता है। (ख) विवश होना; जैसे अन्त में मुझे वहाँ झख मारकर जाना पड़ा।

झख[2] स्त्री० [सं० झष] मछली।

झखराज* पुं० मछलियों का राजा, मगर, घड़ियाल।

झखना अ० दे० 'झीखना'।

झखमारी स्त्री० [हिं० झख+मारना] झख मारने की क्रिया या भाव।

झखी* स्त्री० [सं० झष] मछली।

झगड़ना अ० [अनु०] झगड़ा करना।

झगड़ा| पुं० [प्रा० झगड] किसी बात पर होनेवाली कहा-सुनी या विवाद, लड़ाई, हुज्जत, तकरार।

झगड़ालू वि० [हिं० झगड़ा] बात-बात पर झगड़नेवाला, कलहप्रिय, लड़ाका।

झगड़ू वि० दे० 'झगड़ालू'।

झगरा* पुं०=झगड़ा।

झगरी* वि० स्त्री० दे० 'झगड़ालू'।

झगरू* वि० दे० 'झगड़ालू'।

झगा पुं० [तु० चुगा] बच्चों के पहनने का एक प्रकार का कुरता।

झगुली* स्त्री० दे० 'झगा'।

झज्झर स्त्री० दे० 'झंझर'।

झझक स्त्री० [हिं० झझकना] १. झझकने की क्रिया या भाव। २. झुँझलाहट। ३. रह-रहकर होनेवाला पागलपन का हलका दौरा।

झझकन* स्त्री० दे० 'झझक'।

झझकना अ० [अनु०] १. डर या चौंककर अकस्मात् रुक जाना, ठिठकना। २. भड़कना, झुँझलाना।

झझकारना स० [अनु०] [भाव० झझकार] १. डाँटना। २. दुरदुराना।

झट क्रि० वि० [सं० झटिति] तत्काल, उसी समय, तुरन्त, झटपट।

झटकना स० [हिं० झट] १. इस प्रकार झोंके से हिलाना कि गिर पड़े, जोर से झटका या झोंका देना। २. धोखा देकर या जबरदस्ती किसी से कुछ ले लेना, ऐंठना।
अ० रोग या चिन्ता से क्षीण होना, झटक जाना।

झटका पुं० [अनु०] १. झटकने की क्रिया या भाव। २. हलका धक्का, झोंका। ३. मांस खाने के लिए पशु-पक्षी काटने का वह प्रकार जिसमें उसे हथियार के एक ही वार से काट डाला जाता है। ४. विपत्ति, रोग, शोक आदि का आघात।

झटकारना स० दे० 'झटकना'।

झटपट क्रि० वि० [हिं० झट+अनु० पट] बहुत शीघ्र, तुरन्त, तत्काल।

झटिति* क्रि० वि० [सं०] १. झट, चटपट। २. बिना समझे-बूझे।

झड़ स्त्री० दे० 'झड़ी'।

झड़कना स० दे० 'झिड़कना'।

झड़झड़ाना स० १. दे० 'झिड़कना'। २. दे० 'झँझोड़ना'।

झड़न स्त्री० [सं० झड़ना] १. झड़ने की क्रिया या भाव। २. झड़ी हुई चीज।

झड़ना अ० [सं० क्षरण] १. किसी चीज के छोटे-छोटे अंगों या अंशों का कट या टूटकर गिरना। २. झाड़ा या साफ किया जाना।

झड़प स्त्री० [अनु०] थोड़ी कहा-सुनी, सामान्य झगड़ा या तकरार।

झड़पना अ० [हिं० झपटना] वेग से किसी पर आक्रमण करना। अ० दे० 'झटकना'।

झड़पान स्त्री० दे० 'झड़प'।

झड़बेरी स्त्री० [हिं० झाड़+बेर] जंगली बेर।

झड़वाना स० हिं० 'झाड़ना' का प्रे०।

झड़ाका पुं० [अनु०] मुठभेड़, झड़प।
*क्रि० वि० झट से, चटपट।

झड़ाझड़ क्रि० वि० [अनु०] लगातार।

झड़ी स्त्री० [हिं० झड़ना] १. किसी चीज से लगातार कुछ झड़ने की क्रिया। २. कुछ समय तक लगातार होनेवाली वर्षा। ३. लगातार बहुत-सी बातें कहते जाना या चीजें रखते जाना। ४. लगातार होती रहनेवाली कोई क्रिया।

झनक स्त्री० [अनु०] झनझन शब्द।

झनकना अ० [अनु०] १. झनकार का शब्द करना। २. क्रोध आदि में हाथ-पैर पटकना। ३. दे० 'झीखना'।

झनकवात स्त्री० [हिं० झनक+सं० वात] एक प्रकार का वातरोग।

झनकवाह वि० [हिं० झनकना] झनकनेवाला।

झनकार स्त्री० [अनु० झनझन] १. झनझन शब्द, झनझनाहट। २. झींगुर आदि छोटे कीड़ों के बोलने के शब्द।

झनझकारना अ०, स० [अनु०] झनझन शब्द होना या करना।

झनझन स्त्री० [अनु०] छैने के बजने का शब्द।

झनझनाना अ०, स० झनझन शब्द होना या करना।

झनस पुं० [?] एक प्रकार का बाजा।

झनाझन स्त्री० [अनु०] झंकार का शब्द।
क्रि० वि० झनझन शब्द के साथ।

झनिया| वि० दे० 'झीना'।

झन्नाटा पुं० [हिं० झनझन] जोर से होनेवाला झनझन शब्द।

झन्नाटा एक्का पुं० बिना छाजन का एक प्रकार का एक्का जिस पर बैठकर (काशीवासी) रईस सैर-सपाटे को निकलते थे तथा जिसके दौड़ते समय बराबर झनझन घंटियाँ बजती चलती थीं।

झन्नाटेदार वि० १. झनझन शब्द करनेवाला। २. खूब तेज (चलने या दौड़नेवाला)।

झन्नाहट स्त्री० [हिं० झनझनाना+आहट (प्रत्य०)] झनझनाने की क्रिया या भाव।

झप क्रि० वि० [सं० झंप] जल्दी से।

झपक स्त्री० [हिं० झपकना] १. पलक गिरने भर का समय। २. झपकी।

झपकना अ० [अनु०] १. पलक का गिरना। २. झपकी लेना, ऊँघना।

झपकाना स० [अनु०] पलक गिराना।

झपकी स्त्री० [हिं० झपकना] १. हलकी नींद। २. आँख झपकने की क्रिया या भाव।

झपकौहाँ वि० [हिं० झपकना] [स्त्री० झपकौंहीं] नींद या नशे से झपकता हुआ (नेत्र)।

झपट स्त्री० [सं० झंप] १. झपटने की क्रिया या भाव। २. दे० 'झड़प'।

झपटना अ० [सं० झंप] कुछ छीन लेने, आक्रमण करने या चलने के लिए तेजी से आगे बढ़ना।

झपटान स्त्री० [हिं० झपटना] झपटने की क्रिया या भाव, झपट।

झपटाना स० हिं० 'झपटना' का प्रे०।

झपटानी पुं० [हिं० झपटना] एक प्रकार का लड़ाई का हवाई जहाज, जो झपटकर शत्रुओं के हवाई जहाजों पर आक्रमण करता है।

झपट्टा पुं० [हिं० झपटना] सहसा झपटने की क्रिया या भाव।

झपड़ियाना स० [हिं० झापड़] एक पर एक झापड़ मारते चलना।

झपताल पुं० [सं० झंप+ताल] संगीत में एक प्रकार का ताल।

झपना अ० [अनु०] १. (पलकों का) गिरना, आँखें झपकना। २. झुकना। ३. झेंपना। ४. हैरान या परेशान होना, जैसे लपना-झपना।

पुं० [स्त्री० अल्पा० झपनी] किसी चीज के ऊपर का आवरण, ढकना।

झपनी स्त्री० [हिं० झाँपना] झाँपे, पिटारी आदि के ऊपर का ढकना।

झपलैया* स्त्री० दे० 'झँपोला'।

झपाका पुं० [हिं० झप] शीघ्रता।

क्रि० वि० झट से, चटपट।

झपाटा‡ पुं० [हिं० झपट] झपट, झपट्टा।

झपाना स० [हिं० झपना] १. झपका या मुँदा हुआ। २. नशे या नींद से झपकता हुआ (नेत्र)। ३. लज्जित।

झपेट स्त्री० दे० 'झपट'।

झपेटना स० [अनु०] १. आक्रमण करके दबा लेना, दबोचना, झपटना। २. झिड़कना।

झपेटा पुं० [अनु०] १. चपेट, झपट। २. भूत, प्रेत आदि की बाधा। ३. झिड़की।

झप्पान पुं० दे० 'झपान'।

झबरा वि० [अनु०] [स्त्री० झबरी] बहुत लम्बे-लम्बे बिखरे हुए बालोंवाला।

झबरीला वि० दे० 'झबरा'।

झबा* पुं० दे० 'झब्बा'।

झबार* पुं०=झगड़ा।

झबिया स्त्री० [हिं० झब्बा] छोटा झब्बा।

झबूका* पुं० [?] एकदम से चौंक उठने की क्रिया या भाव।

झब्बा पुं० [अनु०] तारों या सूतों आदि का गुच्छा या फुँदना जो कपड़ों या गहनों में शोभा के लिए लगाते हैं।

झमक स्त्री० [अनु०] १. 'चमक' का अनुकरण। २. प्रकाश, उजाला। ३. झमझम शब्द। ४. नखरे या ठसक की चाल।

झमकना अ० [हिं० झमक] १. रह-रहकर चमकना। २. झमझम शब्द या झनकार होना। ३. लड़ाई में हथियारों का चमकना और खनकना।

झमकाना स० [हिं० झमकना का स०] १. चमकाना। २. गहने या हथियार आदि दिखाने के लिए बजाना और चमकाना।

झमकार* वि० [हिं० झमझम] बरसनेवाला (बादल)।

झमकीला वि० [हिं० झमकना] १. चमकीला। २. चंचल।

झमझम स्त्री० [अनु०] १. घुँघरू आदि के बजने का शब्द, छमछम। २. पानी बरसने का शब्द।

क्रि० वि० १. झमझम शब्द के साथ। २. चमक-दमक के साथ, झमाझम।

झमझमाना अ० [अनु० झमझम] झमझम शब्द करना।

झमना* अ० [अनु०] १. झुकना। २. दबना।

झमरना अ० [अनु०] मिलकर एक जगह होना, इकट्ठा या एकत्र होना।

झमा* पुं० दे० 'झाँवाँ'।

झमाका पुं० [अनु०] १. पानी बरसने या गहनों के बजने का झमझम शब्द। २. ठसक, नखरा।

झमाझम क्रि० वि० [अनु०] कान्ति या चमक-दमक के साथ।

झमाना अ० दे० 'झँवाना'।

झमार पुं० [?] हवा, वर्षा आदि का हलका झोंका।

झमेला पुं० [अनु० झाँवझाँव] १. बखेड़ा, झंझट, झगड़ा। *२. भीड़-भाड़।

झमेलिया पुं० [हिं० झमेला+इया (प्रत्य०)] झमेला करनेवाला, झगड़ालू।

झर स्त्री० [सं०] १. पानी का झरना, सोता। २. समूह। ३. लगातार वृद्धि, झड़ी।

*स्त्री० १. दे० 'झाल'। २. दे० 'झलक'।

झरक* स्त्री०=झलक।

झरकना* अ० १. दे० 'झलकना'। २. दे० 'झिड़कना'।

झरझर स्त्री० [अनु०] जल के बहने या बरसने अथवा हवा के चलने का शब्द।

झरझराना स० [हिं० झरझर] १. झरझर शब्द के साथ गिराना। २. दे० 'झड़झड़ाना'।

झरन स्त्री० [हिं० झरना] १. झरने की क्रिया या भाव। २. दे० 'झड़न'।

झरना[1]* अ० [सं० क्षरण] १. दे० 'झड़ना'। २. ऊँची जगह से पानी या और कोई चीज लगातार गिरना। ३. गिरना; उदा० कढ़ी तेग बिजुरी सी झरैं। -केशव।

झरना[2] पुं० [सं० क्षरण, प्रा० झरण] १. ऊँचे स्थान से गिरनेवाला जलप्रवाह। २. लगातार बहनेवाली पानी की छोटी धारा, सोता, चश्मा।

झरना[3] पुं० [सं० क्षरण] १. अनाज छानने की एक प्रकार की छलनी। २. लम्बी डंडी की झँझरीदार चिपटी कलछी, पौना।

झरना[4] वि० [स्त्री० झरनी] झरनेवाला।

झरप* स्त्री० [अनु०] १. झोंका, झकोर। २. वेग, तेजी। ३. चिक, चिलमन। ४. दे० 'झड़प'।

झरपना* अ० [अनु०] १. बौछार मारना। २. दे० 'झड़पना'।

झरसना* अ०, स० दे० 'झुलसना'।

झरहरना* अ० [अनु०] झरझर शब्द करना।

झरहराना* स० दे० 'झरझराना'।

झराझर क्रि० वि० [अनु०] १. झरझर शब्द के साथ। २. लगातार, बराबर। ३. वेगपूर्वक, जोर या तेजी से।

झरि* क्रि० वि० [हिं० झार] बिल्कुल।
वि० पूरे या सब, कुल।

झरिफ* पुं० [सं० झरप] चिलमन, चिक।

झरी स्त्री० [हिं० झरना] १. पानी का झरना, सोता। २. वह दैनिक कर जो किसी बाजार में सौदा रखकर बेचनेवालों से लिया जाता है। ३. दे० 'झड़ी'।

झरोखा पुं० [अनु० झरझर+गौखा] वायु और प्रकाश आने के लिए दीवारों में बनी हुई जालादीर छोटी खिड़की, गवाक्ष।

झरोखेदार वि० जिसमें झरोखे हों।

झल स्त्री० [सं० ज्वल=ताप] १. दाह, जलन। २. उत्कट इच्छा, उग्र कामना। ३. क्रोध, गुस्सा।

झलक स्त्री० [सं० झल्लिका] १. चमक, दमक, आभा। २. आकृति का आभास या प्रतिबिम्ब। ३. बहुत थोड़े समय के लिए या एक बार जरा-सा होनेवाला सामना या दर्शन। ४. वह प्रधान रंगत या आभा जो किसी समूचे चित्र में व्याप्त हो।

झलकना अ० [सं० झल्लिका] १. चमकना। २. कुछ-कुछ प्रकट होना, आभास होना।

झलकनि* स्त्री० दे० 'झलक'।

झलका पुं० दे० 'फफोला'।

झलकाना स० हिं० 'झलकना' का स०।

झलझल स्त्री० [हिं० झलकना] चमक।
क्रि० वि० रह रह-कर चमकते हुए प्रकाश या आभा के साथ।

झलझलाना अ०=चमकना।
स०=चमकाना।

झलझलाहट स्त्री० [हिं० झलझलाना+आहट (प्रत्य०)] झलझलाने की क्रिया या भाव।

झलना स० [हिं० झलझल] हवा करने के लिए पंखा या और कोई चीज हिलाना।
अ० १. इधर-उधर हिलाना। २. झेलना।
अ० हिं० 'झालना' का अ० रूप।

झलमल पुं० [सं० ज्वल=दीप्ति] १. अँधेरे में रह-रहकर होनेवाला हलका या सूक्ष्म प्रकाश। २. चमक-दमक।
क्रि० वि० दे० 'झलझल'।

झलमलाना अ० [हिं० झलमल] १. रह-रहकर चमकना, चमचमाना। २. प्रकाश का हिलना-डोलना।
स० प्रकाश को हिलाना-डुलाना।

झलरा* पुं० दे० 'झालर'।

झलराना अ० [हिं० झालर] झालर के रूप में या यों ही फैलकर छाना।
स० झालर के रूप में लगाना या बनाना, झालर का रूप देना।

झला पुं० [हिं० झड़] १. हलकी वर्षा, झड़ी। २. झालर। ३. पंखा। ४. समूह।

झलाई स्त्री० [हिं० झालना] झालने की क्रिया, भाव तथा पारिश्रमिक।

झलाईगर पुं० [हिं०+फा०] झालने का काम करनेवाला कारीगर।

झलाऊ वि० [हिं० झलना या झोल] ढीला-ढाला और लहराता हुआ, झोलदार (कपड़ा)।

झलाझल वि० [अनु०] चमकता हुआ।
पुं० एक प्रकार का चमकीला कपड़ा।

झलाबोर पुं० [हिं० झलमल] १. कलाबत्तू का बुना हुआ साड़ी या दुपट्टे का चौड़ा आँचल। २. कारचोबी।
वि० चमकीला।

झलामल वि० [अनु०] चमकनेवाला, चमकीला।
स्त्री० चमक, दीप्ति।

झल्ल स्त्री० [अनु०] पागलपन।

झल्ला[1] पुं० [हिं० झल्लाना] [स्त्री० अल्पार्थक झल्ली] १. बड़ा टोकरा, झाबा। २. वर्षा, वृष्टि। ३. बौछार।

झल्ला[2] वि० [हिं० झल] [स्त्री० झल्ली] १. पागल। २. मूर्ख।

झल्लाना अ० [हिं० झल] क्रुद्ध या खिन्न होकर बोलना, खिजलाना।

झवा* पुं० दे० 'झाँवाँ'

झष पुं० [सं०] १. मछली। २. मगर।
स्त्री० दे० 'झख'।

झषकेतु पुं० [सं०] कामदेव, मदन।

झहनना* अ० [अनु०] १. सन्नाटे में आना। २. रोएँ खड़े होना, रोमांच होना। ३. झनझन शब्द होना।

झहरना* अ० [अनु० झरझर] १. झरझर शब्द होना। २. शिथिल या ढीला होना। ३. क्रुद्ध होना। ४. हिलना। ५. युद्ध होना।

झहराना* अ० दे० 'झहरना'।
स० हिं० 'झहरना' का स०।

झाँई स्त्री० [सं० छाया] १. परछाई, छाया। २. अन्धकार, अँधेरा। ३. धोखा, छल।
मुहा० *झाँई देना या बताना*=इधर-उधर की बातें कहकर धोखा देना।
४. रक्तविकार से पड़नेवाले हलके काले धब्बे। ५. किसी प्रकार की काली छाया या हलका दाग। ६. आभा, झलक।

झाँक स्त्री० [हिं० झाँकना] १. झाँकने की क्रिया या भाव, जैसे ताक-झाँक। २. झलक।

झाँकना अ० [सं० अध्यक्ष, प्रा० अज्झक्ख] १. आड़ में से या इधर-उधर से कुछ झुक या छिपकर देखना।

झाँकनी* स्त्री० दे० 'झाँकी'।

झाँका पुं० दे० 'झरोखा'।

झाँकी स्त्री० [हिं० झाँकना] १. झाँकने की क्रिया या भाव। २. दर्शन, अवलोकन। ३. दृश्य। ४. झरोखा।

झाँखना अ० दे० 'झीखना'।

झाँखर पुं० दे० 'झंखाड़'।

झाँगा* पुं० [?] ढीला-ढाला बड़ा कुर्ता।

झाँझ स्त्री० [झनझन से अनु०] १. मँजीरे की तरह के गोलाकार पीतल के टुकड़ों का जोड़ा जो पूजन आदि के समय बजाया जाता है, छैना। २. क्रोध, गुस्सा। ३. पाजीपन, शरारत। ४. दे० 'झाँझन'।

झाँझड़ी स्त्री० दे० 'झाँझन'।

झाँझन स्त्री० [अनु०] पैर में पहनने का एक गहना, पैजनी, पायल।

झाँझर स्त्री० [अनु०] १. झाँझन, पायल, पैजनी। २. छलनी। वि० १. पुराना, जर्जर। २. दे० 'झंझर'।

झाँझरी स्त्री० दे० 'झाँझ'।

झाँझिया पुं० [हिं० झाँझ] झाँझ या छैना बजानेवाला।

झाँझी स्त्री० [हिं० झँझरी] एक उत्सव जिसमें झँझरीदार हाँडी में दीप जलाते हैं।

झाँट स्त्री० गुप्तांग पर के बाल।

झाँप स्त्री० [हिं० झाँपना] १. वह जिससे कोई चीज ढाँकी जाए, ऊपरी आवरण। २. झपकी। ३. कान का एक गहना।

झाँपना स० [सं० उत्थापन] १. आवृत्त करना, आड़ में करना, ढकना। २. दबोचना।
अ० झेंपना, लजाना, शरमाना।

झाँपा पुं० [हिं० झाँपना] [स्त्री० अल्पा० झाँपी] टोकरा, दौरा।

झाँव* स्त्री० [हिं० छाँव=छाया] १. झलक। २. आँख से किया हुआ संकेत, कनखी।

झाँव-झाँव स्त्री० [अनु०] १. बकवाद, बकबक। २. हुज्जत।

झाँवना* स० दे० 'झँवाना'।

झाँवरा वि० दे० 'झाँवला'।

झाँवला वि० [सं० श्यामल] १. झाँवें के रंग का, कुछ-कुछ काला। २. मुरझाया या कुम्हलाया हुआ। ३. मैला, मलिन। ४. मन्द, धीमा।

झाँवाँ पुं० [सं० झामक] जली हुई ईंट जिससे रगड़कर पैर साफ करते हैं।
पुं० दे० 'झाँसा'।

झाँसना स० दे० 'झँसना'।

झाँसा पुं० [सं० अध्यास] बहकाने की चाल, धोखा, दम-बुत्ता।

झाँसापट्टी स्त्री० बातें बनाकर दिया जानेवाला धोखा।

झा पुं० [सं० उपाध्याय] १. मैथिल ब्राह्मणों की उपाधि, ओझा। २. गुजराती ब्राह्मणों में एक वर्ग की उपाधि।

झाऊ पुं० [सं० झावुक] एक प्रसिद्ध पौधा।

झाग पुं० [हिं० गाज] फेन, गाज।

झागड़* पुं० दे० 'झगड़ा'।

झाझ| पुं०=जहाज।

झाड़[१] पुं० [सं० झाट] १. वह छोटा पेड़ जिसकी डालियाँ जमीन के बहुत पास से निकलकर चारों ओर फैलती हैं। २. इस आकार का रोशनी करने का शीशे का वह उपकरण जो छत में लटकाया या जमीन पर रखा जाता है।

झाड़[२] स्त्री० [हिं० झाड़ना] १. झाड़ने की क्रिया या भाव। २. फटकार, डाँट-डपट। ३. मन्त्र पढ़कर झाड़ने या फूँकने की क्रिया।

झाड़खंड पुं० [हिं० झाड़+खंड] जंगल।

झाड़-झंखाड़ पुं० [हिं० झाड़+झंखाड़] १. काँटेदार या व्यर्थ के पेड़-पौधों का समूह। २. निकम्मी और टूटी-फूटी चीजें।

झाड़दार वि० [हिं० झाड़+फा० दार (प्रत्य०)] १. घनी डालियों या शाखाओं वाला (वृक्ष)। २. कँटीला।

झाड़न स्त्री० [हिं० झाड़ना] १. वह जो झाड़ने पर निकले, गर्द, धूल, कूड़ा। २. वह कपड़ा जिससे चीजें झाड़ी या साफ की जाती हैं। (डस्टर)

झाड़ना[१] स० [सं० शरण या शायन] १. ऊपर पड़ी हुई चीज झटके से हटाना या गिराना। २. दूर करना, हटाना। ३. अपनी योग्यता दिखलाने के लिए गढ़-गढ़कर बातें करना।

झाड़ना[२] स० [सं० क्षरण] १. किसी चीज पर पड़ी हुई धूल हटाने के लिए उसे उठाकर झटका देना या उसपर झाड़ू देना। २. किसी चीज पर पड़ी या लगी हुई कोई दूसरी चीज झटके से गिराना, झटकारना। ३. किसी से धन ऐंठना, झटकना। ४. रोग या प्रेतबाधा दूर करने के लिए मन्त्र पढ़कर फूँकना। ५. फटकारना, डाँटना। ६. प्रहार करने के लिए चलाना, जैसे हाथ झाड़ना, तलवार झाड़ना।

झाड़-फानूस पुं० [हिं० झाड़+फा० फानूस] शीशे के झाड़, हाँड़ियाँ आदि जो छत में रोशनी और शोभा के लिए टाँगे जाते हैं।

झाड़-फूँक स्त्री० [हिं० झाड़ना+फूँकना] रोग या भूत, प्रेत आदि की बाधा दूर करने के लिए मन्त्र पढ़कर झाड़ना-फूँकना।

झाड़ा पुं० [हिं० झाड़ना] १. झाड़-फूँक। २. तलाशी। ३. मल, गुह; झाड़ा फिरना=पाखाना करना। ४. पाखाना फिरने की जगह, टट्टी।

झाड़ी स्त्री० [हिं० झाड़] १. छोटा झाड़ या पौधा। २. छोटे पेड़ों का समूह।

झाड़ू पुं० [हिं० झाड़न] १. लम्बी सींकों या रेशों आदि का बना हुआ वह उपकरण जिससे जमीन या फर्श झाड़ते हैं, कूचा, बुहारी।

मुहा० *झाड़ू फिरना*=कुछ न बचना। *झाड़ू मारना*=बहुत ही अवज्ञा या तिरस्कारपूर्वक दूर हटाना।

२. पुच्छल तारा, केतु।

झापड़ पुं० [सं० चपट] थप्पड़, तमाचा।

झाबर पुं० दलदली जमीन।

झाबा पुं० [हिं० झाँपना] १. टोकरा, खाँचा। २. दे० 'झब्बा'।

झाम पुं० [देश०] [वि० झामी] १. झब्बा, गुच्छा। २. डाँट-फटकार। ३. धोखा, छल।

झामर* पुं० दे० 'झूमर'।

झामरा* वि० [हिं० झाँवल] मैला।

झामा पुं० दे० 'झाँवा'

झामी पुं० [हिं० झाँवाँ=झाँसा] चकमा या धोखा देनेवाला, चालबाज, धूर्त।

झार[१] वि० [सं० सर्व] १. एक मात्र, निपट, केवल। २. समस्त, कुल, सब।

मुहा० *झार-झार*=बहुत अधिक।

पुं० समूह, झुंड।

झार[२] पुं० [?] प्रयत्न, कोशिश।

स्त्री० दे० 'झाल'।

झारखंड पुं० [हिं० झाड़+खंड] १. गोंड़वाने के अन्तर्गत एक प्राचीन प्रदेश जो वैद्यनाथ से जगन्नाथपुरी तक था। २. आधुनिक भारत का एक राज्य जिसकी राजधानी राँची है। ३. जंगल।

झारना* स० दे० 'झाड़ना'।

झारी स्त्री० [हिं० झरना] पानी रखने का एक प्रकार का लम्बा टोंटीदार बरतन।

*वि० दे० 'झार'।

झाल[१] पुं० [सं० झल्लक] झाँझ (बाजा)।

झाल[२] स्त्री० [सं० झाला] १. चरपराहट, तीतापन। २. तरंग, लहर। ३. वर्षा की झड़ी। ४. ज्वाला, जलन, ताप। ५. ईर्ष्या, डाह। ६. अन्धकार।

झाल[३] स्त्री० [हिं० झड़] १. वर्षा की झड़ी। २. बादलों के कारण होनेवाला अँधेरा।

झालना स० [?] १. धातु की चीजों को टाँका लगाकर जोड़ना। २. पीने की चीज ठंडी करने के लिए बरफ में रखना।

झालर[१] स्त्री० [सं० झल्लरी] १. किसी चीज के किनारे पर शोभा के लिए बनाया या लगाया हुआ लटकनेवाला किनारा। २. इस आकार की लटकती हुई कोई चीज। ३. झाँझ।

झालर[२] पुं० [?] एक प्रकार का पकवान।

झालरना* स० दे० 'झलराना'।

झाला पुं० [सं० झल्ला] १. कान में पहनने का एक आभूषण। २. मकड़ी द्वारा बुना गया जाल, जाला।

झिंगुली स्त्री० छोटा झग्गा।

झिकझिक स्त्री० [हिं० झींकना] १. अप्रसन्नता तथा आक्रोश-पूर्वक एक पर एक कही हुई बातें; जैसे-इधर पिताजी पता नहीं क्यों झिकझिक करते रहते हैं। २. दो व्यक्तियों में होनेवाली कहासुनी।

झिक्का पुं० [?] जोरों की लड़ाई, विकट युद्ध।

झिझक स्त्री० [अनु०] १. झिझकने की क्रिया या भाव। २. कोई काम करने में भय आदि के कारण होनेवाला संकोच।

मुहा० *झिझक खुलना*=एक बार कुछ कर चुकने पर उसके विषय में भय या संकोच दूर होना।

झिझकना अ० दे० 'झझकना'।

झिझकारना स० १. दे० 'झझकारना'। २. दे० 'झटकना'। ३. दे० 'झिड़कना'।

झिड़कना स० [अनु०] अवज्ञा या तिरस्कारपूर्वक बिगड़कर कड़ी बात कहना।

झिड़की स्त्री० [हिं० झिड़कना] झिड़ककर कही हुई बात, डाँट, फटकार।

झिन वि० दे० 'झीना'।

झिनवा पुं० [?] एक प्रकार का धान या उसका चावल।

झिपना अ० दे० 'झेंपना'।

झिपाना स० हिं० 'झेंपना' का स०।

झिरना* अ० दे० 'झरना'।

झिरी स्त्री० [हिं० झरना] १. वह छोटा छेद जिसमें से कोई चीज निकलती रहे। २. पानी का छोटा सोता। ३. पाला, तुषार।

झिलना अ० [?] १. जबरदस्ती अन्दर घुसना या धँसना। २. तृप्त होना, अघाना। ३. झेला या सहा जाना।

झिलम स्त्री० [हिं० झिलमिला] लोहे की वह टोपी जो युद्ध के समय सिर और मुँह पर पहनी जाती थी, खोद।

झिलमिल स्त्री० [अनु०] १. हिलता हुआ प्रकाश। २. एक प्रकार का बढ़िया और मुलायम कपड़ा। ३. दे० 'झिलम'।

वि० रह-रहकर चमकता हुआ।

झिलमिला वि० [अनु०] १. चमकता हुआ। २. जो बहुत स्पष्ट न हो।

झिलमिलाना अ० [अनु०] [भाव० झिलमिलाहट] १. रह-रहकर चमकना। २. प्रकाश का रह-रहकर हिलना।

स० १. किसी चीज को हिलाकर बार-बार चमकाना। २. हिलना।

झिलमिली स्त्री० [हिं० झिलमिल] १. बेड़ी तीलियों या पटरियों की वह बनावट जो किवाड़ों में हवा या प्रकाश आने के लिए लगी रहती है, खड़खड़िया। २. चिक, चिलमन।

झिलाना* स० हिं० 'झेलना' का प्रे०।

झिल्लड़ वि० [हिं० झिल्ली] पतला और झँझरा, 'गफ' का उलटा।

झिल्ली[१] स्त्री० [सं०] झींगुर।

झिल्ली[२] स्त्री० [सं० चैल] १. ऊपर की ऐसी पतली परत या तह जिसके नीचे की चीज दिखाई दे। २. मलाई की पतली-सी परत।

झींकना अ० दे० 'झींखना'।

झींका पुं० [देश०] उतना अन्न जितना एक बार चक्की में पीसने के लिए डाला जाए।

झींख स्त्री०=झीख।

झींखना अ०=झीखना।

झींगा मछली स्त्री० नदियों में मिलनेवाली एक प्रकार की मछली।

झींगुर पुं० [अनु० झींझीं] एक छोटा बरसाती कीड़ा जो बहुत तेज झींझीं शब्द करता है, झिल्ली।

झींसी स्त्री० [अनु० या हिं० झीना] छोटी-छोटी बूँदों की वर्षा, फुहार।

झीख स्त्री० [हिं० खीज] खीझने की क्रिया या भाव, कुढ़न।

झीखना अ० [हिं० खीजना] १. पछताना और कुढ़ना। २. अपना दुखड़ा रोना।

झीझा वि० [हिं० झीना] मन्द, धीमा।

झीना वि० [सं० क्षीण] १. बहुत महीन, झिल्लड़, बारीक (कपड़ा) २. जिसमें पास-पास बहुत से छेद हों, झँझरा। ३. दुबला, दुर्बल।

झीनासारी* पुं० [?] एक प्रकार का धान या उसका चावल।

झील[१] स्त्री० [सं० क्षीर] लम्बा-चौड़ा प्राकृतिक जलाशय या तालाब, सर।

झील[२] स्त्री० [?] झोंका, झटका।

झीलर पुं० [हिं० झील] बरसाती पानी का प्राकृतिक गड्ढा या छोटी झील। (पांड)

झीवर| पुं० [सं० धीवर] मल्लाह।

झुँझलाना अ० [अनु०] खिझलाना, चिड़चिड़ाना।

झुँझलाहट स्त्री० झुँझलाने की क्रिया या भाव।

झुंड पुं० [सं० यूथ] बहुत से मनुष्यों, पशुओं आदि का समूह, वृन्द, गिरोह।

झुकना अ० [सं० अध्युक्त] १. ऊपरी भाग का नीचे की ओर कुछ लटक आना, निहुरना, नवना। २. किसी पदार्थ के एक या दोनो सिरों का किसी ओर दबना। ३. मन का किसी ओर प्रवृत्त होना। ४. नम्र या विनीत होना। ५. हार मानना। ६. किसी के ऊपर क्रुद्ध या नाराज होना, बिगड़ना।

झुकरना* अ०=झुंझलाना।

झुकराना अ० [हिं० झोंका] झोंका खाना।

झुकाना स० [हिं० झुकना] १. किसी खड़ी चीज को झुकने में प्रवृत्त करना, नवाना। २. प्रवृत्त करना। ३. नम्र करना, विनीत बनाना। ४. हार मनवाना।

झुकामुखी स्त्री० दे० 'झुटपुटा'।

झुकाव पुं० [हिं० झुकना] १. झुकने की क्रिया या भाव। २. किसी ओर कुछ झुके हुए या प्रवृत्त होने का भाव, नति। (इनक्लिनेशन) ३. किसी बात या वस्तु की ओर मन के प्रवृत्त होने का भाव, प्रवृत्ति। (टेन्डेन्सी)

झुगिया| स्त्री० दे० 'झोंपड़ी'।

झुग्गी स्त्री० दे० 'झोंपड़ी'।

झुटपुटा पुं० [अनु०] ऐसा समय जबकि कुछ अँधेरा और कुछ प्रकाश हो।

झुटुंग वि० [हिं० झोंटा] बड़े और बिखरे हुए बालोंवाला। पुं० भूत-प्रेत।

झुठकाना स० [हिं० झूठ] झूठी बातें कहकर बहकाना या विश्वास दिलाना।

झुठलाना स० [हिं० झूठ] १. सच्चे को झूठा ठहराना या बनाना। २. झूठ कहकर धोखा देना, फुसलाना।

झुठाई स्त्री० [हिं० झूठ] झूठापन।

झुठाना स० [हिं० झूठ+आना (प्रत्य०)] झूठा ठहराना।

झुनक स्त्री० [अनु०] [क्रि० झुनकना, झुनकाना] नूपुर का शब्द।

झुनझुन पुं० [अनु०] घुँघरू आदि के बजने का शब्द।

झुनझुना पुं० [झुनझुन से अनु०] बच्चों का वह खिलौना जिसे हिलाने से झुनझुन शब्द होता है, घुनघुना।

झुनझुनाना अ० [अनु०] झुनझुन शब्द होना। स० झुनझुन शब्द उत्पन्न करना।

झुनझुनी स्त्री० [हिं० झुनझुनाना] १. हाथ या पैर में रक्त का संचार रुकने से होनेवाली सनसनाहट। २. एक प्रकार का रोग जिसमें ऐसी सनसनाहट होती है।

झुबझुबी स्त्री० [देश०] कान में पहनने का एक गहना।

झुमका पुं० [हिं० झूमना] कान में पहनने का एक प्रसिद्ध गहना।

झुमाना स० हिं० 'झूमना' का स०।

झुरझुरी स्त्री० [अनु०] कँपकँपी।

झुरना अ० [हिं० झूरा या चूर] १. सूखना, खुश्क होना। २. किसी व्यक्ति या बात के लिए बहुत अधिक दुखी होना, मन ही मन अफसोस करना।

झुरमुट पुं० [सं० झुंट (झाड़ी)=मुष्ट (घासपात)] १. पास-पास उगे हुए कई झाड़ या क्षुप। २. बहुत से लोगों का समूह, गिरोह। ३. कपड़े से शरीर को चारों ओर से ढक लेने की क्रिया।

झुरसना अ०, स० दे० 'झुलसना'।

झुराना स० [हिं० झुरना] सुखाना। अ० १. सूखना। २. झुरना।

झुर्री स्त्री० [हिं० झुरना] शरीर के चमड़े पर होनेवाली सिकुड़न, शिकन।

झुलनी स्त्री० [हिं० झूलना] मोतियों का वह गुच्छा जो स्त्रियाँ नथ में लगाती हैं।

झुलसन स्त्री० [हिं० झुलसना] १. झुलसने की क्रिया या भाव। २. शरीर झुलसानेवाली गरमी।

झुलसना अ० [सं० ज्वल+अंश] अधिक गरमी या जलने के कारण किसी चीज के ऊपरी भाग का सूख या जलकर काला पड़ना। स० ऊपरी तल इस प्रकार थोड़ा जलाना कि उसका रंग काला हो जाए, झाँसना, अधजला करना।

झुलाना स० [हिं० झूलना] १. किसी को झूलने में प्रवृत्त करना। २. कुछ देने या करने के लिए किसी को आसरे में रखना और बार-बार दौड़ाना।

झुलावना* स० दे० 'झुलाना'।

झुल्ला पुं० [देश०] एक प्रकार का कुरता।

झूँक पुं० दे० 'झोंका'।

झूँलना* अ० दे० 'झीखना'।

झूँझल स्त्री० दे० 'झुँझलाहट'।

झूँका पुं० दे० 'झोंका'।

झूक पुं० दे० 'झोंका'।

झूकना* अ० [हिं० झुकना या झोंकना] किसी चीज में झोंका, डाला या गिराया जाना, पड़ना।
स० दे० 'झोंकना'।

झूठ पुं० [देश०] कोई बात जैसी हो, उसके विपरीत रूप में बनाकर कहना, 'सच' का उलटा।
मुहा० *झूठ-सच कहना या लगाना*=झूठी शिकायत करना।

झूठमूठ क्रि० वि० [हिं० झूठ+मूठ (अनु०)] १. बिना किसी आधार के। २. यों ही, व्यर्थ।

झूठा वि० [हिं० झूठ] १. जो सच्चा, ठीक या वास्तविक न हो, मिथ्या, असत्य। २. झूठ बोलनेवाला, मिथ्यावादी। ३. केवल रूप, रंग आदि में असली चीज के समान, नकली, बनावटी। ४. (पुरजे या अंग आदि) बिगड़ जाने के कारण ठीक काम न देनेवाला। (फॉल्स, उक्त सभी अर्थों के लिए)
वि० दे० 'जूठा'।

झूठों क्रि० वि० दे० 'झूठ-मूठ'।

झूना* वि० [सं० जीर्ण] १. पुराना। २. जीर्णशीर्ण।

झूमक पुं० [हिं० झूमना] १. एक प्रकार का गीत जो फागुन में स्त्रियाँ झूम-झूमकर नाचती हुई गाती हैं, झूमर। २. इस गीत के साथ होनेवाला नाच। ३. गुच्छा। ४. छोटे झुमकों या गुच्छों की वह पंक्ति जो साड़ी आदि में सिर पर पड़नेवाले भाग में टँकी रहती है। ५. दे० 'झुमका'।

झूमक साड़ी स्त्री० [हिं० झूमक+साड़ी] वह साड़ी जिसमें झूमक या मोती आदि की झालर लगी हो।

झूमड़| पुं० दे० 'झूमर'।

झूमना अ० [सं० झंप] [भाव० झूम] १. बार-बार आगे-पीछे, नीचे-ऊपर या इधर-उधर हिलना, झोंके खाना। २. मस्ती या नशे में सिर और धड़ आगे-पीछे और इधर-उधर हिलाना।

झूमर पुं० [हिं० झूमना] १. सिर पर पहनने का एक गहना। २. झुमका। ३. झूमक नाम का गीत और नाच। ४. एक प्रकार का काठ का खिलौना। ५. एक ही तरह की कई चीजों का एक स्थान पर एकत्र होना।

झूर वि० दे० 'झूरा'।

झूरझार| पुं० [हिं० झूरा+अनु०] मजदूरी के रूप में दी जानेवाली मात्र नकदी।

झूरा वि० [सं० ज्वर?] [स्त्री० झूरी] १. सूखा, खुश्क। २. फीका, नीरस।
पुं० १. वर्षा का अभाव, अवर्षण, सूखा। २. सूखी जमीन, स्थल।

झूरै* क्रि० वि० [हिं० झूरा] १. झूठ-मूठ, यों ही। २. व्यर्थ, बेफायदा।

झूल स्त्री० [हिं० झूलना] १. शोभा के लिए चौपायों की पीठ पर डाला जानेवाला कपड़ा। २. दे० 'झूला'।

झूलन पुं० [हिं० झूलना] वर्षाऋतु का वह उत्सव जिसमें मूर्तियाँ झूले पर बैठाकर झुलाई जाती हैं, हिंडोला।

झूलना अ० [सं० दोलन] १. लटकी हुई चीज का बार-बार आगे-पीछे या इधर-उधर झोंके से दूर तक हिलना। २. झूले पर बैठकर पेंग लेना। ३. किसी बात या काम की आशा में बराबर कहीं आते-जाते रहना।
वि० झूलनेवाला, जो झूलता हो, जैसे झूलना पुल, झूलना बिस्तर।
*पुं० दे० 'झूला'।

झूला पुं० [सं० दोला] १. पेड़ या छत आदि में लटकाई हुई रस्सियाँ या रस्से जिनपर बैठकर झूलते हैं, हिंडोला। २. बड़े रस्सों आदि का बना हुआ झूलनेवाला पुल। ३. एक प्रकार का बिस्तर जिसके दोनों सिरे दोनों ओर ऊँची जगहों में बँधे रहते हैं। ४. दे० 'झूलन'।

झेंपना अ० [हिं० झिपना] लज्जित होना, शरमाना।

झेर स्त्री० [फा० देर] १. विलम्ब, देर। २. बखेड़ा, झंझट। ३. दे० 'झिल'।

झेरना स० [हिं० झेलना] १. तैरने आदि में हाथ-पैर से पानी हटाना। २. हलका झटका या झोंका खाना।

झेल[1] स्त्री० [हिं० झेलना] १. झेलने की क्रिया या भाव। २. हल्का धक्का या झोंका। ३. पानी की लहर या हिलोर। ४. लहर के कारण किनारे पर होनेवाला आघात।

झेल[2] स्त्री० [फा० देर] विलम्ब, देर।

झेलना स० [सं० क्ष्वेल] १. अपने ऊपर लेना, सहना, बरदाश्त करना। २. तैरते समय हाथों-पैरों से पानी हटाना। ३. ढकेलना।
अ० पानी में उतरना, हेलना।

झेलाझेली* स्त्री० [हिं० झेलना] १. खींच-तान। २. जीव के बार-बार शरीर में आने और उसमें से निकलकर जाने की क्रिया या भाव, आवागमन।

झोंक स्त्री० [हिं० झुकना] १. झुकाव, प्रवृत्ति। २. बोझ, भार। ३. प्रबल या तीव्र गति, वेग, तेजी।

झोंकना स० [हिं० झोंक] १. कोई वस्तु जलाने के लिए आग में फेंकना।
मुहा० *भाड़ झोंकना*=व्यर्थ के और निकम्मे काम करना।
२. जबरदस्ती आगे की ओर या संकट की स्थिति में ढकेलना। ३. बुरी जगह की ओर धक्का देकर बढ़ाना। ४. किसी काम में अन्धाधुन्ध धन खर्च करना।

झोंका पुं० [हिं० झोंक] १. झटका, धक्का, रेला, जैसे हवा का झोंका। २. वर्षा के पानी का तेज हवा के साथ किसी ओर आना। ३. इधर से उधर झुकने या हिलने की क्रिया।

झोंकी| स्त्री० [हिं० झोंक] १. उत्तरदायित्व, जवाबदेही। २. जोखिम।

झोंझ स्त्री० [देश०] १. पक्षियों का घोंसला। २. कुछ पक्षियों के गले का नीचे लटकता हुआ मांस या थैली। ३. कोलाहल, हल्ला, शोर।

झोंझल स्त्री० दे० 'झुँझलाहट'।

झोंझो स्त्री० [अनु०] कहासुनी, नोक-झोंक।

झोंटा[१] पुं० [सं० जूट] [स्त्री० अल्पा० झोंटी] १. सिर के बड़े-बड़े बालों का समूह।

झोंटा[२] पुं० [हिं० झोंका] झुले की पेंग।

झोंटाझोंटी स्त्री० [हिं० झोंटा] आपस में एक दूसरे का झोंटा पकड़कर होनेवाली लड़ाई।

झोंटी स्त्री० हिं० 'झोंटा' का स्त्री० अल्पा०।

झोंपड़ा पुं० बड़ी झोंपड़ी।

झोंपड़ी स्त्री० [हिं० छोपना] घास, फूस आदि का वह छोटा घर जो गाँवों या जंगलों में कच्ची मिट्टी की छोटी दीवारें उठाकर बनाते हैं, कुटी, पर्णशाला।

झोटिंग वि० दे० 'झुटुंग'।
पुं० भूत, प्रेत या पिशाच।

झोरना स० [सं० दोलन] झटका देते हुए कोई चीज इस प्रकार हिलाना कि उसपर पड़ी या लगी हुई दूसरी चीजें गिर जाएँ।

झोरा| पुं० दे० 'झोला'।

झोरी[१] स्त्री० दे० 'झोली'।

झोरी[२] स्त्री० [?] एक प्रकार की रोटी।

झोल[१] पुं० [हिं० झाल] १. तरकारी आदि का गाढ़ा रस, शोरबा। २. चावलों का माँड़, पीच। ३. धातु पर किया हुआ मुलम्मा। ४. झंझट, बखेड़े या धोखे की बात। ५. निस्सार या तत्त्वहीन बात। ६. भस्म, राख।

झोल[२] पुं० [हिं० झूलना] १. कपड़े का वह अंश जो ढीला होने के कारण झूल या लटक जाए, 'तनाव' या 'कसाव' का उलटा। २. शिथिलता, ढिलाई। ३. दोष, ऐब। ४. त्रुटि, कमी। ५. पल्ला, आँचल। ६. परदा। ७. ओट, आड़।

झोल[३] पुं० [हिं० झिल्ली] १. थैली के आकार की वह झिल्ली जिसमें गर्भ से निकलने के समय बच्चे या अंडे बन्द रहते हैं। २. गर्भ।

झोल[४] पुं० [सं० ज्वाल] १. राख, भस्म। २. दाह, जलन।

झोलदार वि० [हिं० झोल+फा० दार] १. जिसमें झोल या रसा हो। २. जिसपर गिलट या मुलम्मा हुआ हो। ३. इधर-उधर लटकता और लहराता हुआ, ढीला-ढाला (कपड़ा)।

झोला[१] पुं० [हिं० दोलना] १. झोंका, झटका। २. आघात, धक्का। ३. हिलोर, लहर। ४. बाधा, अड़चन। ५. असमंजस, दुविधा। ६. चंचलता।

झोला[२] पुं० [हिं० झूलना] [स्त्री० अल्पा० झोली] १. कपड़े टाट आदि की बड़ी झोली, थैला। २. साधुओं का ढीला कुरता, चोला। ३. एक वात रोग जिसमें कोई अंग विशेषत: हाथ निर्जीव होकर झूलने लगता और बेकाम हो जाता है, लकवा। ४. पाले, लू आदि के कारण पेड़ों के कुम्हला या सूख जाने का रोग।

झोली[१] स्त्री० [हिं० झूलना] १. चीजें रखने की कपड़े की थैली। २. घास बाँधने का जाला। ३. मोट, चरसा, पुर। ४. दे० 'झूला'।

झोली[२] स्त्री० [सं० ज्वाल] राख, भस्म।
मुहा० *झोली बुझाना*=(क) सब काम हो चुकने पर पीछे उसे करने का ढोंग रचना। (ख) निराश होकर या व्यर्थ बैठना।

झौंर* पुं० [सं० युग्म] १. झुंड, समूह। २. फूलों या फलों का गुच्छा। ३. एक प्रकार का गहना, झब्बा।

झौंरना अ० [अनु०] गूँजना, गुंजारना।
स० दे० 'झौरना'।

झौंरा पुं० [?] १. झुंड, दल। २. गुच्छा।

झौंराना[१] अ० [हिं० झूमना] इधर-उधर हिलना, झूमना।
स० [हिं० झूमना] किसी को हिलने या झूमने में प्रवृत्त करना।

झौंराना[२] अ० [हिं० झाँवला] १. रंग काला पड़ जाना। २. मुरझाना, कुम्हलाना।
स० १. रंगत में कुछ कालापन लाना। २. मुरझाने में प्रवृत्त करना।

झौंसना अ० दे० 'झुलसना'।

झौंसाना* स० दे० 'झुलसाना'।
अ० दे० 'झुलसना'।

झौआ पुं० [हिं० झाबा] खँचिया।

झौर पुं० [अनु० झाँवझाँव] १. हुज्जत, तकरार। २. डाँट- फटकार।
*पुं०=झौंर।

झौरना स० [हिं० झपटना] दबाने के लिए झपटकर पकड़ना, छोप लेना।

झौरे क्रि० वि० [हिं० धौरे] १. समीप, पास, निकट। २. साथ, संग।

झौलना* स० [सं० ज्वाल] जलाना।

झौहाना अ० [अनु०] बहुत क्रोध से बिगड़कर कुछ कहना।

ञ

ञ देवनागरी वर्णमाला का दसवाँ व्यंजन जो चवर्ग का पाँचवाँ वर्ण है। इसका उच्चारण स्थान तालु और नासिका है।

ट

ट देवनागरी वर्णमाला में ग्यारहवाँ व्यंजन और टवर्ग का पहला वर्ण, जिसका उच्चारण मूर्धा से होता है।

टंक[१] पुं० [सं०] १. चार माशे की एक पुरानी तौल। २. सिक्का। ३. पत्थर गढ़ने की टाँकी, छेनी। ४. कुल्हाड़ी। ५. सुहागा।

टंक[२] पुं० [अं० टैंक] १. तालाब। २. पानी रखने का बड़ा हौज या खजाना। ३. लोहे की एक प्रकार की बख्तरदार गाड़ी जिसपर तोपें चढ़ी रहती हैं। (यह ऊबड़-खाबड़ जमीन पर भी चल सकता है और पहाड़ियों पर भी चढ़ या उनपर से उतर सकता है)।

टंकक पुं० [सं०] वह जो टंकण-यन्त्र पर टंकण का काम करता हो। (टाइपिस्ट)

टंकण पुं० [सं०] १. सुहागा। २. धातु की चीज में टाँका या जोड़ लगाना। ३. घोड़े की एक जाति। ४. टंकण-यंत्र पर उसकी सहायता से कुछ लिखने या मुद्रित करने का काम।

टंकण-यंत्र पुं० [सं०] एक प्रसिद्ध यन्त्र जिसकी सहायता से थोड़ी संख्या में पत्र, सूचनाएँ आदि प्राय: उसी प्रकार छापी जाती हैं, जिस प्रकार छापे के यन्त्र से छपती हैं।

टँकना अ० [सं० टंकण] १. टाँका जाना। २. सीकर अटाकाया जाना, सिलना। ३. लिखा जाना, दर्ज किया जाना। ४. सिल, चक्की आदि का खुरदुरा किया जाना, कुटना।

टंकशाला स्त्री० [सं०] टकसाल।

टंका पुं० [सं० टंक] १. एक तोले की तौल। २. ताँबे का एक पुराना सिक्का।

टँकाई स्त्री० [हिं० टाँकना] टाँकने की क्रिया, भाव या मजदूरी।

टँकाना स० [हिं० टाँकना] १. टाँकों से जुड़वाना या सिलवाना। २. याद रखने के लिए लिखवाना।

टंकार स्त्री० [सं०] [क्रि० टंकारना] १. टनटन शब्द जो कसे हुए डोरे, तार आदि पर उँगली का आघात करने से होता है। २. धातु के टुकड़े पर आघात लगने का शब्द, टनाका।

टंकारना स० [सं० टंकार] धनुष की डोरी खींचकर उससे शब्द उत्पन्न करना।

टंकी स्त्री० [सं० टंक=गड्ढा या अं० टैंक] पानी रखने का छोटा कुंड या बड़ा बरतन, टाँका।

टँकुआ वि० [हिं० टाँकना] जिसपर कुछ टाँका गया हो, जैसे टँकुआ साड़ी।

टंकोर पुं० दे० 'टंकार'।

टँगड़ी स्त्री० [हिं० टाँग+ड़ी (प्रत्य०)] टाँग। (उपेक्षा सूचक)
मुहा० टँगड़ी मारना=लंगड़ी मारना (दे०)।

टँगना अ० [सं० टंगण] टाँगा या लटकाया जाना।
पुं० १. दोनों ओर दो जगहों पर बँधी हुई वह रस्सी जिस पर कपड़े टाँगे जाते हैं, अलगनी। २. इस काम के लिए कुछ इसी प्रकार का बना हुआ काठ का ढाँचा।

टँगाना स० हिं० 'टाँगना' का प्रे०।
अ०*=टँगना।

टँगारी स्त्री० [सं० टंग] कुल्हाड़ी।

टंच[१] वि० [सं० चंड] १. कंजूस। २. निष्ठुर। ३. धूर्त।

टंच[२] वि० [हिं० टिन] तैयार, मुस्तैद।

टंट-घंट पुं० [अनु० टनटन+घंट] १. घड़ी, घंटा आदि (बजाकर पूजा करने का मिथ्या प्रपंच)। २. रद्दी सामान।

टंटा पुं० [अनु० टनटन] १. व्यर्थ की झंझट, खटराग। २. उपद्रव, उत्पात। ३. झगड़ा, लड़ाई।

टंडैल पुं० [अं० टेंडर] मजदूरों का सरदार।

टई* स्त्री० १. दे० 'टही'। २. दे० 'टहल'।

टक स्त्री० [सं० टक या त्राटक] १. बिना पलक गिराए देर तक देखना। २. स्थिर दृष्टि।
मुहा० *टकटक देखना*=चकित होकर कुछ देर तक देखते रहना। *टक लगाना*=आसरा देखते रहना।

टकटका* पुं० दे० 'टकटकी'।

टकटकाना स० [हिं० टक] देर तक इस प्रकार देखना कि पलक न गिरे, स्थिर दृष्टि से देखना।

टकटकी स्त्री० [हिं० टक] देर तक इस प्रकार देखना कि पलक न गिरे, स्थिर दृष्टि।
मुहा० *टकटकी लगाना*=आशापूर्वक लगातार देखते रहना।

टकटोरना[१] स० दे० 'टटोलना'।

टकटोरना[२] स० [हिं० टकटकी] टकटकी लगाकर देखना।

टकराना अ० [हिं० टक्कर] [भाव० टकराहट] १. जोर से भिड़ना; जैसे-यहाँ दो विचारधाराएँ आपस में टकरा रही हैं। -युगेश्वर। २. टक्करें खाना, मारे-मारे फिरना, व्यर्थ घूमना।
स० एक चीज पर दूसरी चीज जोर से मारना, जैसे-उसने अपना सिर दीवार से जा टकराया।

टकसार स्त्री० दे० 'टकसाल'।

टकसाल स्त्री० [सं० टंकशाला] वह स्थान जहाँ सिक्के ढलते हैं।
पद *टकसाल बाहर*=(वाक्य या प्रयोग) जिसका व्यवहार शिष्टसम्मत या सर्वमान्य न हो।

टकसाली वि० [हिं० टकसाल] १. टकसाल का, टकसाल-सम्बन्धी। २. खरा, चोखा। ३. विशेषज्ञों या शिष्टों द्वारा माना हुआ, शिष्टसम्मत, प्रामाणिक। ४. जँचा हुआ, बिल्कुल ठीक।
पुं० टकसाल का अधिकारी।

टकहा, टकहिया वि० [हिं० टका] सस्ता और रद्दी।

टका पुं० [सं० टंक] १. चाँदी का एक पुराना सिक्का। २. उन्नीसवीं शताब्दी का ताँबे का एक भारतीय सिक्का जो दो पैसों के बराबर होता था, अधन्नी। ३. रुपया-पैसा।
पद *टके सेर*=कौड़ियों में, कौड़ी के मोल, सस्ते में।

टकासी स्त्री० [हिं० टका] टके या दो पैसे फी रुपए सूद पर ऋण लेने या देने का व्यवहार।

टकाही स्त्री० [हिं० टका] बहुत ही निम्न कोटि की वेश्या या दुश्चरित्रा स्त्री।

टकी* स्त्री० दे० 'टकटकी'।

टकुआ पुं० दे० 'तकला'।

टकोर स्त्री० [सं० टंकार] [क्रि० टकोरना] १. हलकी चोट या आघात, ठेस। २. नगाड़े का शब्द। ३. धनुष की डोरी खींचने का शब्द, टंकार। ४. दवा की गरम पोटली से किसी अंग पर किया जानेवाला सेंक। (फोमेन्टेशन)

टक्कर स्त्री० [अनु० ठक] १. दो वस्तुओं के वेगपूर्वक एक दूसरी से भिड़ने से होनेवाला आघात, कड़ी ठोकर।

मुहा० *टक्कर खाना*=(क) जोर से टकराना। (ख) मारा-मारा फिरना।

२. मुकाबला, सामना।

पद *टक्कर का*=बराबरी का, जोड़ का।

मुहा० *टक्कर खाना*=(क) मुकाबला करना, भिड़ना। (ख) समान या तुल्य होना। *(किसी से) टक्कर लेना*=योग्यता, प्रतिद्वन्द्विता आदि में किसी के सामने होकर उससे लड़ना या मुकाबला करना।

३. पशुओं या मनुष्यों का एक दूसरे के सिर पर अपना सिर जोर से मारना।

मुहा० *टक्कर मारना*=व्यर्थ का बहुत अधिक प्रयत्न करना।

४. घाटा, हानि।

टक्करदार वि० [हिं०+फा०] बराबरी का।

टखना पुं० [सं० टंक] एड़ी के ऊपर और पिंडली के नीचे की गाँठ, गुल्फ।

टग* स्त्री० दे० 'टकटकी'।

टगण पुं० [सं०] छह मात्राओं का एक गण।

टघरना अ० दे० 'पिघलना'।

टटका वि० [स्त्री० टटकी] दे० 'ताजा'।

टटकाई* स्त्री० [हिं० टटका] ताजापन।

टटोना स० दे० 'टटोलना'।

टटोलना स० [सं० त्वक्+तोलन] [भाव० टटोल] १. मालूम करने के लिए उँगलियों से छूना या दबाना। २. ढूँढ़ने के लिए इधर-उधर हाथ फैलाना या दौड़ाना। ३. बात-चीत करके किसी के मन का भाव जानना, थाह लेना।

टटोहना* स० दे० 'टटोलना'।

टट्टर पुं० [सं० स्थाता?] [स्त्री० अल्पा० टटरी] ओट या रक्षा के लिए बाँस की पट्टियाँ जोड़कर बनाया हुआ ढाँचा या परदा।

टट्टिया| स्त्री० छोटा टट्टर।

टट्टी स्त्री० [हिं० टट्टर] १. बाँस की पट्टियों का बना हुआ छोटा और हलका टट्टर।

मुहा० *टट्टी की आड़ (या ओट) से शिकार खेलना*=(क) किसी की आड़ में रहकर औरों के साथ कोई चाल चलना। (ख) छिपकर बुरा काम करना।

२. चिक, चिलमन। ३. पतली दीवार। ४. पाखाना। ५. बाँस की पट्टियों का वह परदा या छाजन जिसपर बेलें चढ़ाई जाती हैं, जैसे अंगूर की टट्टी।

टट्टू पुं० [अनु०] छोटा घोड़ा, टाँगन।

टन[1] पुं० [अनु०] घड़ी या घंटे का शब्द।

टन[2] पुं० [अं०] १०० किलोग्राम का तौल या बटखरा।

टनकना अ० [अनु० टनटन] १. टनटन, बजना। २. धूप या गरमी लगने के कारण सिर में दर्द होना।

टनकार स्त्री०=टनटन (शब्द)।

टनटन स्त्री० [अनु०] घंटे का शब्द।

टनटनाना स० [हिं० टनटन] १. धातु के टुकड़े पर कोई चीज मारकर 'टनटन' शब्द उत्पन्न करना। २. ठोक-बजाकर देखना।

अ० 'टनटन' शब्द होना।

टनभार पुं० [अं० टन+हिं० भार] टनों में बताया जानेवाला भार।

टनमन पुं० दे० 'टोना'।

वि० दे० 'टनमना'।

टनमना वि० [सं० तन्मनस्] स्वस्थ, चंगा।

टनाटन स्त्री० [अनु०] लगातार होनेवाला 'टनटन' शब्द।

वि० १. बिल्कुल ठीक दशा में और दृढ़। २. तगड़ा।

क्रि० वि० 'टनटन' शब्द के साथ।

टन्न वि० [?] नशे में धुत।

टप[1] पुं० [हिं० टोप] किसी चीज के ऊपर का छाजन, जैसे गाड़ी का टप।

टप[2] पुं० [अं० टब] १. पानी रखने का एक बड़ा खुला बरतन, टाँका। २. कान में पहनने का फूल।

टप[3] स्त्री० [अनु०] १. बूँद-बूँद करके गिरने या टपकने का शब्द। २. अचानक ऊपर से गिरने का शब्द।

टपक स्त्री० [हिं० टपकना] १. टपकने की क्रिया या भाव। २. बूँद-बूँद गिरने का शब्द। ३. रह-रहकर होनेवाला दर्द।

टपकना अ० [अनु० टपटप] १. बूँद-बूँद करके गिरना, चूना, रसना। २. ऊपर से सहसा आकर गिरना या पड़ना। ३. कोई भाव प्रकट होना, जाहिर होना, झलकना। ४. रह-रहकर दर्द करना, चिलकना, टीस मारना।

टपका पुं० [हिं० टपकना] बूँद-बूँद करके गिरने का भाव, रसाव। २. टपकी हुई वस्तु। ३. पककर आपसे आप गिरा हुआ फल। ४. दे० 'टपक'।

टपकाटपकी स्त्री० [हिं० टपकना] १. बार-बार या रह-रहकर टपकने की क्रिया या भाव। २. बहुत थोड़ी या हलकी वर्षा, बूँदाबाँदी।

टपकाना स० [हिं० टपकना] १. बूँद-बूँद करके गिराना, चुआना। २. भबके से अर्क खींचना, चुआना।

टपटप स्त्री० [अनु०] बूँदों के गिरने का शब्द।

क्रि० वि०=टपाटप।

टपना अ० [हिं० तपना] व्यर्थ आसरे में रहकर कष्ट उठाना। स० १. किसी चीज को पार करके आगे बढ़ना, लाँघना। २. कूदना, फाँदना।

टपरना स० [अनु०] दीवार, फर्श आदि की दरज भरने से पहले उसे कुछ खोदकर चौड़ा या बड़ा करना जिसमें मसाला अच्छी तरह भरा जा सके।

टपरिया, टपरी* स्त्री०=झोंपड़ी।

टपाटप क्रि० वि० [अनु०] १. लगातार टपटप शब्द के साथ (गिरना)। २. जल्दी-जल्दी।

टपाना[१] स० [हिं० टपना] व्यर्थ आसरे में रखकर कष्ट देना।

टपाना[२] स० [हिं० टापना] पार कराना, फँदाना।

टप्पा पुं० [हिं० टाप] १. उतनी दूरी जितनी कोई फेंकी हुई वस्तु पार करे। २. उछाल, फलाँग।

मुहा० *टप्पा खाना*=उछलना।

३. दो स्थानों के बीच में पड़नेवाला बड़ा मैदान। ४. जमीन का छोटा टुकड़ा। ५. अन्तर, फरक। ६. एक प्रकार का पक्का गाना, जिसमें गले से स्वरों के बहुत छोटे-छोटे टुकड़े या दाने एक विशेष प्रकार से निकाले जाते हैं।

टप्पैत वि० [हिं० टप्पा] टप्पे (गाने) से सम्बन्ध रखनेवाला, जैसे टप्पैत गला।

पुं० टप्पा गानेवाला।

टब पुं० [अं०] १. पानी रखने का एक प्रकार का बड़ा बरतन। २. दे० 'टप'।

टमकना| अ०=तमकना।

टमटम स्त्री० [अं० टैंडम] ऊँचे पहियों की एक प्रकार की हल्की घोड़ा-गाड़ी।

टमाटर पुं० [अं० टोमैटो] एक प्रकार का खट्टा विलायती बैंगन।

टर स्त्री० [अनु०] १. कर्कश या कर्णकटु शब्द, कड़ुवी बोली। २. मेंढ़क की बोली। ३. उद्दंडता। ४. हठ, जिद, टेक।

टरकना अ० दे० 'टलना'।

टरकाऊ वि० [हिं० टरकाना] टालनेवाला।

टरकाना स० [अनु०] इधर-उधर की बातें करके किसी को हटाना, टालना।

टरटर स्त्री० [अनु०] तोते या मेंढ़क का शब्द।

मुहा० *टरटर करना या लगाना*=ढिठाई से या व्यर्थ बहुत बोलते चलना।

टरटराना अ० [हिं० टर] टरटर शब्द करना।

टरना| अ० दे० 'टलना'।

टरबाइन पुं० [अं०] वह यंत्र या मोटर जिसका पहिया पानी, भाप, गैस आदि की शक्ति से घूमने लगता है।

टर्रा वि० [अनु० टरटर] [भाव० टर्रापन] अविनीत भाव से कठोर उत्तर देनेवाला, टर्रानेवाला, उद्धत, उद्दंड।

टर्राना अ० [अनु० टरटर] १. टरटर करना। २. अविनीत भाव से कठोर उत्तर देना।

टलना अ० [सं० टलति] १. सामने से हटना, खिसकना। २. जगह से हटना।

मुहा० *अपनी बात से टलना*=प्रतिज्ञा पूरी न करना, कहकर मुकरना।

३. (किसी कार्य के लिए) निश्चित समय से और आगे का समय स्थिर होना, स्थगित होना। ४. (किसी बात का) अन्यथा सिद्ध होना। ५. (किसी आदेश या अनुरोध का) न माना जाना, उल्लंघन होना। ६. समय बीतना। ७. छोड़कर अलग होना।

टलाटली स्त्री० दे० 'टाल-मटोल'।

टल्लो| स्त्री० [?] छोटी टहनी।

टवर्ग पुं० [सं०] ट, ठ, ड ढ और ण इन पाँच वर्णों का वर्ग।

टस स्त्री० [अनु०] किसी भारी चीज के खिसकने या टसकने का शब्द या भाव।

मुहा० *टस से मस न होना*=(क) भारी चीज का अपने स्थान से न हिलना। (ख) अपना हठ न छोड़ना, बात पर अड़े रहना।

टसक स्त्री० [अनु०] टीस, कसक।

टसकना अ० [हिं० टसक] १. टलना, खिसकना। २. रह-रहकर दर्द करना, टीसना। ३. हठ छोड़ना।

टसकाना स० [हिं० टसकना] किसी को अपने स्थान से हिलाना या हटाना, खिसकाना।

टसर पुं० [सं० त्रसर] एक प्रकार का घटिया मोटा रेशम।

टसुआ पुं० [हिं० अँसुआ] आँसू।

टहकन स्त्री० [हिं० टहकना] टहकने की क्रिया या भाव।

टहकना अ० [अनु०] १. रह-रहकर दर्द करना, कसकना। २. पिघलना। ३. टकटक शब्द करना।

टहनी स्त्री० [सं० तनुः] वृक्ष की पतली या छोटी शाखा, डाली।

टहल स्त्री० [हिं० टहलना] छोटी और हीन सेवा, खिदमत।

टहलना अ० [सं० त्सर्=धीरे-धीरे चलना] मन-बहलाव और विशेषतः स्वास्थ्य-लाभ के लिए धीरे-धीरे चलना, घूमना-फिरना।

मुहा० *टहल जाना*=खिसक जाना।

टहलनी स्त्री० [हिं० टहल] दासी।

टहलाना स० [हिं० टहलना] १. धीरे-धीरे चलाना। २. सैर कराना, घुमाना-फिराना।

टहलुआ पुं० [हिं० टहल] [स्त्री० टहलुई, टहलनी] सेवक, दास।

टही स्त्री० [?] काम निकालने की युक्ति।

क्रि० प्र० बैठाना।

टहोका पुं० [हिं० ठोकर] हाथ या पैर से दिया हुआ धक्का, झटका।

टाँक[१] स्त्री० [सं० टंक] १. तीन या चार माशे की एक तौल। (जौहरी) २. कूत, अन्दाज, आँक।

टाँक[२] स्त्री० [हिं० टाँकना] १. टाँके जाने की क्रिया या भाव। २. कलम की नोक।

टाँकना स० [सं० टंकन] १. सुई-डोरे आदि से कोई छोटी चीज किसी बड़ी चीज के साथ जोड़ना या लगाना, सीकर अटकाना। २. सिल-चक्की आदि में छोटे गड्ढे करके उन्हें खुरदुरा करना, रेहना। ३. कोई बात याद रखने के लिए लिख लेना। ४. खाते आदि में लिखना या चढ़ाना। ५. भोजन करना, खाना। ६. अनुचित रूप से ले लेना, हड़पना।

टाँका[1] पुं० [हिं० टाँकना] १. वह चीज जो दो चीजों को जोड़कर एक करती हो। २. धातु जोड़ने का मसाला। ३. सिलाई, सीवन। ४. टँकी हुई चकती या टुकड़ा, थिगली।

टाँका[2] पुं० [सं० टंक] [स्त्री० अल्पा० टाँकी] पानी रखने का छोटा कुंड या बड़ा बरतन।

टाँकी स्त्री० [सं० टंक] पत्थर गढ़ने या काटने की छेनी।

टाँग स्त्री० [सं० टंग] कमर के नीचेवाले दोनो अंग जिनसे प्राणी चलते या दौड़ते हैं, चलने का अवयव।

मुहा० *टाँग अड़ाना*=(क) व्यर्थ किसी काम में दखल देना। (ख) विघ्न डालना। *टाँग तले से (या नीचे से) निकलना*=हार मानना। *टाँग फँसना*=झमेले में पड़ना।

टाँगन पुं० [सं० तुरंगम] छोटा घोड़ा, टट्टू।

टाँगना स० [हिं० टँगना] १. एक वस्तु किसी दूसरी वस्तु पर इस प्रकार रखना कि उसका सब या बहुत-सा भाग नीचे लटकता रहे, लटकाना। २. फाँसी पर चढ़ाना।

टाँगा पुं० [हिं० टँगना] दो पहियों की एक प्रकार की घोड़ा-गाड़ी।

टाँगी स्त्री० [हिं० टाँगा] कुल्हाड़ी।

टाँच, टाँचन स्त्री० [हिं० टाँकी] १. टाँचने की क्रिया या भाव। २. दूसरे का काम बिगाड़नेवाली बात या कथन, भाँजी।

टाँचना स०[हिं०टाँकना] १. टाँका लगाना, टाँकना। २. ठीक करने के लिए काटना या छीलना। ३ काटकर कुछ अंश निकाल देना, जैसे सौ रुपए आपने बीच में टाँच लिए। अ० बहुत प्रसन्न होकर या फूले-फूले फिरना।

टाँठा* वि० [?] १. कठोर। २: तगड़ा।

टाँड़[1] स्त्री० [सं० स्थाणु] लकड़ी के खम्भों पर बनाई हुई वह पाटन, जिस पर चीजें रखते हैं। (रैक)

टाँड़[2] पुं० [सं० ताड़] बाँह पर पहनने का एक गहना।

टाँड़ा पुं० [हिं० टाँड़=समूह] १. व्यापार की वस्तुओं से लदे हुए पशुओं का झुंड, जो व्यापारी लेकर चलते हैं, बरदी। २. वह माल जो इस प्रकार एक जगह से दूसरी जगह जाता है। ३. बिक्री के माल की खेप। ४. कुटुम्ब, परिवार।

टाँयटाँय स्त्री० [अनु०] १. कर्कश शब्द, टेंटें। २. व्यर्थ की बकवाद।

पद *टाँयटाँय फिस*=बातें बहुत, पर काम या फल कुछ भी नहीं।

टाइप पुं० [अं०] छापने के लिए सीसे के ढले हुए अक्षर।

टाइपराइटर पुं० दे० 'टंकण-यंत्र'।

टाइम पुं० [अं०] समय।

टाइम-टेबुल पुं० [अं०] दे० 'समय-सारिणी'।

टाई स्त्री० [अं०] नकटाई।

टाउन पुं० [अं०] कसबा, नगर।

टाउनहाल पुं० [अं०] नगर के मध्य का वह सार्वजनिक हाल जिसमें गोष्ठियाँ, सभाएँ आदि होती हों।

टाट पुं० [सं० तंतु] १. सन या पटुए की डोरी या मोटे धागे का बना हुआ मोटा कपड़ा, जिससे बोरे, परदे, बिछावन आदि बनते हैं। २. साथ बैठनेवाली बिरादरी या उसका विभाग। ३. कोठीवाल या महाजन की गद्दी।

मुहा० *टाट उलटना*=दिवाला मारना।

४. टाट की वह थैली, जिसमें एक हजार रुपए आते हैं। ५. महाजनी बोल-चाल में एक हजार रुपए, जैसे इस मुकदमे में चार टाट लग गए।

टाटिका* स्त्री०=टट्टी, उदा० बिरचि हरिभगति को वेष बर टाटिका।- तुलसी।

टाटी* स्त्री० दे० 'टट्टी'।

टाड़| स्त्री० दे० 'टाँड़'।

टान स्त्री० [सं० तान] १. तानने की क्रिया या भाव। २. आकर्षण। ३. छापे के यन्त्र में कागज हर बार छापे जाने का भाव, जैसे हजार टान, दो हजार टान। ४. खींच।

टानना स० [सं० तान] १. तानना। २. खींचना। ३. छापे के यन्त्र में कागज लगाकर कुछ छापना।

टाप स्त्री० [सं० स्थापन] १. घोड़े के पैर का वह भाग जो जमीन पर पड़ता है, सुम, खुर। २. घोड़े के पैरों के जमीन पर पड़ने का शब्द। ३. दे० 'टापा'।

टापना अ० [हिं० टाप+ना (प्रत्य०)] १. घोड़ों का खड़े-खड़े पैर पटकना, खूँद करना। २. दे० 'टपना'।

मुहा० *टापते रह जाना*=वंचित रह जाना।

टापा पुं० [सं० स्थापन] १. लम्बा-चौड़ा मैदान, टप्पा। २. उछाल। ३. किसी वस्तु को ढककर या बन्द करके रखने का टोकरा या झाबा।

टापू पुं० [हिं० टप्पा] चारों ओर जल से घिरा हुआ स्थल या जमीन, द्वीप।

टाबर पुं० [पंजाबी टब्बर] १. बालक, लड़का। २. परिवार, कुटुम्ब।

टारन* वि० [हिं० टालना का पुराना रूप, टारना] टालने, हटाने या दूर करनेवाला।

टारना स० दे० 'टालना।'

टाल[1] पुं० [सं० अट्टाल] १. ऊँचा ढेर, राशि, अटाला। २. लकड़ी, भूसे आदि की दुकान।

टाल[2] स्त्री० [हिं० टालना] टालने का भाव।

टाल[3] पुं० [सं० टार] स्त्री और पुरुष का समागम करानेवाला दलाल, कुटना।

टाल-टूल स्त्री० दे० 'टाल-मटोल'।

टालना स० [सं० टालयति या हिं० टलना] १. हटाना, दूर करना। २. न रहने देना, मिटाना। ३. किसी कार्य के लिए आगे का समय स्थिर करना, स्थगित या मुलतवी करना। ४. (आदेश या अनुरोध) न मानना। ५. बहाना करके पीछा छुड़ाना। ६. हिलाना।

टाल-मटोल स्त्री० [हिं० टालना] केवल टालने के लिए किया जानेवाला बहाना।

टाला वि० [?] आधा। (दलाल)

टाली स्त्री० [देश०] १. गाय, बैल आदि के गले में बाँधने की घंटी। २. चंचल जवान गाय या बछिया। ३. अठन्नी। (दलाल)

टालू वि० [हिं० टालना] १. टाला जानेवाला, बेकार। २. टालने वाला।

टाहली* पुं० [हिं० टहल] टहलुआ।

टिकट[१] पुं० [अं०] १. कागज, गत्ते आदि का वह छोटा टुकड़ा जो कोई विशेष कार्य करने का अधिकार पाने के लिए मूल्य देने पर मिलता है, जैसे तमाशे का टिकट, रेल का टिकट, डाक का टिकट। २. कागज का वह छोटा टुकड़ा जो किसी वस्तु पर उसके परिचय के लिए लगाया जाता है, चिप्पी।

टिकट[२] पुं० [अं० टैक्स] किसी प्रकार का कर या महसूल।

टिकट-घर पुं० वह स्थान जहाँ टिकट बिकते हों।

टिकट बाबू पुं० टिकट बेचनेवाला कर्मचारी।

टिकटी स्त्री० [सं० त्रिकाष्ठ] १. वह ढाँचा जिससे अपराधियों के हाथ-पैर बाँधकर उनके शरीर पर बेंत या कोड़े लगाए जाते हैं या उनके गले में फाँसी का फन्दा लगाया जाता है। २. अरथी, जिस पर शव लेकर चलते हैं।

टिकड़ा पुं० [हिं० टिकिया] [स्त्री० अल्पा० टिकड़ी] १. वह चिपटा गोल टुकड़ा जो किसी चीज में, विशेषतः गहनों में लगाया जाता है। २. अंगारों पर सेंकी हुई रोटी।

टिकना अ० [सं० टीकते] [भाव० टिकाव] १. कुछ समय के लिए रुकना या ठहरना। २. कुछ दिनों तक काम देना, स्थित रहना, बना या अड़ा रहना। ३. टिका होना, आश्रित होना; जैसे आज की बिक्री प्रचार-प्रसार पर टिकी हुई है।

टिकरी स्त्री० [हिं० टिकिया] १. एक प्रकार का नमकीन पकवान। २. टिकिया।

टिकली स्त्री० [सं० टीका+हिं० ली (प्रत्य०)] १. पन्नी, काँच या धातु की बहुत छोटी बिन्दी, जो स्त्रियाँ माथे पर लगाती हैं। २. छोटी टिकिया।

टिकस पुं० १. दे० 'टिकट'। २. दे० 'टैक्स'।

टिकसार* वि० दे० 'टिकाऊ'।

टिकाऊ वि० [हिं० टिकना] टिकने या कुछ दिनों तक काम देनेवाला, मजबूत। (ड्यूरेबुल)

टिकान स्त्री० [हिं० टिकना] १. टिकने या ठहरने की क्रिया या भाव। २. टिकने का स्थान, पड़ाव।

टिकाना स० [हिं० टिकना] १. टिकने या ठहरने के लिए जगह देना, ठहराना। २. दे० 'टेकाना'।

टिकाव पुं० [हिं० टिकना] १. स्थिति, ठहराव। २. स्थिरता, स्थायित्व।

टिकिया स्त्री० [सं० वटिका] १. गोल और चिपटा छोटा टुकड़ा, जैसे रंग या दवा की टिकिया। २. कोयले की बुकनी से बना हुआ वह गोल टुकड़ा जिसे सुलगाकर तमाकू पीते हैं। ३. इस आकार की एक मिठाई।

टिकुली स्त्री० दे० 'टिकली'।

टिकैत पुं० [हिं० टीका+ऐत (प्रत्य०)] १. राजा का उत्तराधिकारी कुमार, युवराज। २. अधिष्ठाता। ३. सरदार।

टिकोरा पुं० [हिं० टिकिया] आम का छोटा, कच्चा फल।

टिक्कड़ पुं० [हिं० टिकिया] १. बड़ी टिकिया। २. सेंकी हुई मोटी रोटी।

टिक्की[१] स्त्री० [हिं० टिकिया] छोटा टिक्कड़।

टिक्की[२] स्त्री० [हिं० टीका] १. माथे पर लगाने की बिन्दी। २. ताश पर की बूटी।

टिखटी स्त्री० दे० 'टिकठी'।

टिघलना अ० दे० 'पिघलना'।

टिचन वि० [अं० अटेन्शन] १. तैयार, प्रस्तुत। २. उद्यत। ३. मुस्तैद। ४. ठीक, दुरुस्त।

टिटकारना स० [अनु०] [भाव० टिटकारी] 'टिकटिक' करके हाँकना।

टिटिंबा पुं० [?] व्यर्थ का बखेड़ा।

टिटिहरी स्त्री० [सं० टिट्टिभ] पानी के पास रहनेवाली एक छोटी चिड़िया, कुररी।

टिट्टिभ पुं० [सं०] [स्त्री० टिट्टिभी] १. टिटिहरी। २. टिड्डी।

टिड्डा पुं० [सं० टिट्टिभ] छोटा काला पतिंगा।

टिड्डी स्त्री० [सं० टिट्टिभ] एक प्रकार का उड़नेवाला कीड़ा जो दल बाँधकर चलता और पेड़-पौधों की पत्तियाँ या खेतों की पैदावार खा जाता है। (लोकस्ट)

टिड्डी दल पुं० [हिं० टिड्डी+सं० दल] मनुष्यों, जीव-जन्तुओं आदि का बहुत बड़ा दल या समूह।

टिपका पुं० दे० 'टपका'।

टिपटाप वि० [अं०] १. बना-ठना, चुस्त-दुरुस्त। २. सही, दुरुस्त। ३. उत्कृष्ट।

टिपटिप स्त्री० [अनु०] टाइपराइटर के चलने से होनेवाला शब्द।

टिपाई स्त्री० [हिं० टीपना] १. टीपने की क्रिया, भाव या मजदूरी। २. चित्रकला में आकृतियों आदि की आरम्भिक रूपरेखा अंकित करना। ३. दे० 'टीप' २, ६, और ७।

टिपारा पुं० [हिं० तीन+फा० पारः=टुकड़ा] मुकुट के आकार की एक प्रकार की तिकोनी टोपी।

टिप्पणी स्त्री० [सं०] १. गूढ़ वाक्य आदि का विस्तृत और स्पष्ट अर्थ बतानेवाला छोटा लेख। २. घटना आदि का संक्षिप्त विवरण या उसके सम्बन्ध में सम्पादक का विचार जो समाचार-पत्र में प्रकाशित होता है। (नोट) ३. किसी व्यक्ति

विषय या कार्य के सम्बन्ध में प्रकट किया जानेवाला संक्षिप्त विचार। (रिमार्क) ४. स्मरण रखने के लिए लिखी हुई छोटी बात। (नोट)

टिप्पन पुं० [सं०] १. टीका, व्याख्या, टिप्पणी। २. जन्मकुंडली। ३. जन्मपत्री।

टिप्पस स्त्री० [देश०] विकट परिस्थिति में अपना काम निकालने के लिए लगाई जानेवाली कोई सहज युक्ति।

मुहा० *टिप्पस भिड़ाना या लगाना*=उक्त प्रकार की कोई युक्ति या उपाय करना।

टिफन पुं० [अं०] दोपहर का वह भोजन जो विद्यार्थी स्कूल या कर्मचारी दफ्तर ले जाते हैं।

टिमटिमाना अ० [सं० तिम=ठंडा होना] १. (दीपक का) मन्द रूप से जलना, थोड़ा प्रकाश देना। २. बुझने पर हो-होकर फिर जल उठना।

टिर| स्त्री० दे० 'टर'।

टिर्राना| अ० दे० 'टर्राना'।

टी स्त्री० [अं०] १. चाय की पत्ती। २. उसे उबालकर तैयार किया हुआ पेय। ३. शाम के समय का नाश्ता।

टीक स्त्री० [सं० तिलक] १. गले में पहनने का एक गहना। २. माथे पर पहनने का एक गहना।

टीकना* स० [हिं० टीका] १. टीका या तिलक लगाना। २. चिह्न या रेखा बनाना।

टीका[१] पुं० [सं० टंकित] १. चन्दन, केसर आदि से मस्तक या बाँहों पर सम्प्रदायसूचक संकेत के लिए लगाया जानेवाला चिह्न, तिलक। २. कन्यापक्ष के लोगों का वर के मस्तक पर तिलक लगाकर विवाह निश्चित करना, तिलक। ३. शिरोमणि, श्रेष्ठ पुरुष। ४. वह जो किसी से सब बातों में बढ़ा-चढ़ा हो, जैसे पतितों का टीका=सबसे बढ़कर पतित। ५. राजसिंहासन या गद्दी पर बैठने के समय होनेवाला धार्मिक कृत्य, राज-तिलक। ६. राज्य का उत्तराधिकारी, युवराज। ७. किसी रोग को रोकने के लिए उस रोग का चेप या रस शरीर में सुई के द्वारा प्रविष्ट करने की क्रिया।

टीका[२] स्त्री० [सं०] १. गूढ़ लेखों, काव्यों आदि के अर्थ स्पष्ट करनेवाला वाक्य, पद या ग्रन्थ, व्याख्या, तिलक। (कॉमेन्टरी) २. किसी विषय की चर्चा छिड़ने पर उसके गुण-दोष के सम्बन्ध में प्रकट किया जानेवाला मत।

टीकाकार पुं० [सं०] किसी गूढ़ ग्रन्थ का अर्थ या आशय बतलाने के लिए उसकी टीका लिखनेवाला। (कॉमेन्टेटर)

टीकाकारी स्त्री० [सं० टीकाकार+हिं० ई (प्रत्य०)] १. टीका करने का काम। २. की हुई टीका।

टीका-टिप्पणी स्त्री० [सं०] कोई प्रसंग छिड़ने या बात सामने आने पर उसके गुण-दोष आदि के सम्बन्ध में प्रकट किया जानेवाला विचार या मत। (कमेन्ट)

टीकी| स्त्री० [हिं० टीका] १. सिर के बालों की छोटी चोटी। २. माथे पर लगाई जानेवाली छोटी बिन्दी।

टीन पुं० [अं० टिन] १. राँगा। २. राँगे की कलई की हुई लोहे की पतली चद्दर। ३. इस चद्दर का बना हुआ डिब्बा।

टीप स्त्री० [हिं० टीपना] १. टीपने की क्रिया या भाव, टिपाई। २. दबाव, दाब। ३. गच कूटने का काम। ४. गाने में खींची हुई लम्बी तान। विशेष दे० 'पुकार' ४।

मुहा० *टीप लगाना*=संगीत में टीप लगाते हुए गाना।

५. स्मरण के लिए किसी बात को झटपट लिख लेने की क्रिया, टाँक लेने का काम। ६. सूचना, व्याख्या या आलोचना के रूप में लिखी हुई कोई बात। (नोट) ७. दस्तावेज। ८. इमारत के काम में ईंट-पत्थर के जोड़ों में मसाला भरने का काम। ९. जन्मपत्री।

टीप-टाप स्त्री० [हिं० टाप] १. बनावटी सिंगार। २. आडम्बर।

टीपन स्त्री० [हिं० टीपन] जन्मपत्री।

टीपना[१] स० [सं० टेपन] १. दबाना, चाँपना, जैसे किसी का गला टीपना। २. धीरे-धीरे ठोंकना या दबाना। ३. चित्र बनाने से पहले उसकी रेखाएँ खींचना, रेखाकर्म, खतकशी। (स्केचिंग) ४. इमारत के काम में ईंटों या पत्थरों के सन्धि-स्थानों पर मसाला लगाकर उन्हें बन्द करना।

टीपना[२] स० [सं० टिप्पनी] याद रखने के लिए लिख या टाँक लेना, टाँकना।

टीबा पुं० दे० 'टीला'।

टीम स्त्री० [अं०] १. किसी खेल में एक पक्ष के खिलाड़ियों का समूह, दल। २. एक साथ काम करनेवालों का समूह।

टीम-टाम स्त्री० [अनु०] १. बनाव-सिंगार। २. ऊपरी दिखावा।

टीला पुं० [सं० अष्टीला] १. मिट्टी-पत्थर का कुछ उभरा हुआ भूभाग, ढूह, भीटा। २. मिट्टी का ऊँचा ढेर, धुस। ३. छोटी पहाड़ी।

टीवी पुं० [अं०] १. वह इलैक्ट्रानिक उपकरण जिसके पर्दे पर प्रसारित विद्युत तरंगें चित्र का रूप ले लेती हैं। २. टीवी में प्रसारित कार्यक्रम।

टीस स्त्री० [अनु०] [क्रि० टीसना] रह-रहकर उठनेवाला दर्द, कसक।

टीसना अ० [हिं० टीस] रह-रहकर पीड़ा देना, कसकना।

टुंडा वि० [सं० तुंड] १. (वृक्ष) जिसकी डाल या टहनी कट गई हो, ठूँठ। २. जिसका हाथ कटा हो, लूला, लुंजा। ३. जिसका कोई अंग खंडित हो।

टुक वि० [सं० स्तोक] थोड़ा, जरा।

टुकड़खोर पुं० [हिं० टुकड़ा+फा० ख़ोर] दे० टुकड़तोड़।

टुकड़-गदाई पुं० [हिं० टुकड़ा+फा० गदा] भिखारी, भिखमंगा।
वि० १. तुच्छ। १. दरिद्र, कंगाल।
स्त्री० टुकड़े या भीख माँगने का काम।

टुकड़तोड़ पुं० [हिं० टुकड़ा+तोड़ना] दूसरों का दिया हुआ अन्न खाकर रहनेवाला (तुच्छ व्यक्ति)।

टुकड़ा पुं० [सं० स्तोक] [स्त्री० अल्पा० टुकड़ी] १. किसी वस्तु का वह भाग जो उससे कट-छँटकर अलग हो गया हो,

खंड; जैसे-टुकड़े (या टुकड़े-टुकड़े) कर देना, टुकड़ों-टुकड़ों में (थोड़ा-थोड़ा करके)। २. चिह्न आदि के द्वारा विभक्त अंश, भाग। ३. रोटी का तोड़ा हुआ अंश या खंड।

मुहा० *दूसरों के टुकड़े तोड़ना*= दूसरों के दिए हुए भोजन पर निर्वाह करना। *टुकड़ा माँगना*= भीख माँगना।

टुकड़ी स्त्री० [हिं० टुकड़ा] १. छोटा टुकड़ा, खंड, जैसे मिठाई की टुकड़ी। २. दल, जत्था, विशेषत: छोटा दल।

टुक्का पुं० [हिं० टूक] १. टुकड़ा, खंड। २. किसी चीज का बहुत थोड़ा अंश।

मुहा० *टुक्का-सा जवाब देना*=साफ इन्कार करना, कोरा जवाब देना। *टुक्का-सा मुँह लेकर रह जाना*=लज्जित होकर रह जाना।

टुच्चा वि० [सं० तुच्छ] १. ओछा। २. अपूर्ण या खंडित और भद्दा।

टुटपुँजिया वि०, पुं० [हिं० टूटी+पूँजी] जिसके पास बहुत थोड़ी पूँजी हो।

टुटरूँ पुं० [अनु०] छोटा पेंडुकी।

टुटरूँटूँ स्त्री० [अनु०] पंडुकी या फाख्ता के बोलने का शब्द। वि० १. अकेला। २. दुबला-पतला।

टुनगा पुं० [सं० तनु+अग्र=अगला] १. टहनी का सिरा. २. टहनी।

टुनटुन स्त्री० [अनु०] घंटी के बजने का शब्द।

टुनहाया| स०=टोनहा।

टुल्ला पुं० [पं०] गुल्ली पर डंडे से किया जानेवाला प्रहार।

टुल्लेबाजी स्त्री० [पं० टुल्ला+फा० बाजी] गुल्ली, गेंद आदि पर अपनी बारी आने पर प्रहार करना।

टूँगना स० [हिं० टुनगा] थोड़ा-थोड़ा काटकर खाना।

टूँड़ पुं० [सं० तुंड] [स्त्री० अल्पा० टूँड़ी] १. कीड़ों के मुँह पर की वे पतली नालियाँ जिन्हें गड़ाकर वे कुछ खाते या चूसते हैं। २. अनाज की बाल में दाने के कोश के सिरे पर निकला हुआ नुकीला अंश। ३. ढोंढ़ी, नाभि। ४. किसी वस्तु की दूर तक निकली हुई नोक।

टूक* पुं० दे० 'टुकड़ा'।

टूट स्त्री० [हिं० टूटना का भाव०] १. टूटकर अलग निकला हुआ खंड, टूटन, टुकड़ा। २. भूल, त्रुटि। ३. टोटा, घाटा। ४. न्यूनता, कमी।

टूटन स्त्री० [हिं० टूटना] १. टूटने की अवस्था या भाव। २. टूटने या बिखरने के सूचक चिह्न।

टूटना अ० [सं० त्रुटति] १. कई टुकड़े होना, खंडित होना, भग्न होना। २. किसी अंग के जोड़ का उखड़ जाना। ३. लगातार चलनेवाली क्रिया का क्रम रुकना। ४. किसी ओर एकबारगी वेग से बढ़ना। ५. एकबारगी बहुत-सा आ पड़ना। ६. अचानक धावा करना। ७. पृथक् या अलग होना। ८. दुर्बल, क्षीण या अशक्त होना। ९. वैभव, गुण-योग्यता आदि में ह्रास या बहुत कमी होना। १०. युद्ध में किले का शत्रु के हाथ में जाना। ११. घाटा या कमी होना। १२. शरीर में ऐंठन या तनाव लिए हुए पीड़ा होना।

मुहा० *टूट पड़ना*=जोरदार आक्रमण करना; जैसे-उसी रात हमारी सेना शत्रु पर टूट पड़ी।

टूट-फूट स्त्री० [हिं० टूटना+फूटना] १. टूटे या फूटे हुए होने की अवस्था या भाव। २. टूटने-फूटने के कारण होनेवाली हानि।

टूठना* अ० [सं० तुष्ट] सन्तुष्ट होना। स० सन्तुष्ट या तृप्त करना।

टूठनि* स्त्री० [हिं० टूठना] सन्तोष, तुष्टि।

टूम स्त्री० [अनु०] गहना, आभूषण।

टूरनामेंट स्त्री० [अं०] कुछ खिलाड़ियों, प्रतिस्पर्धियों या टीमों के बीच होनेवाली प्रतियोगिता।

टें स्त्री० [अनु०] तोते की बोली।

मुहा० *टें होना या बोलना*= चटपट मर जाना।

टेंट स्त्री० [देश०] धोती की वह घुमावदार ऐंठन जो कमर पर पड़ती है।

टेंटर पुं० दे० 'ढेंढर'।

टेंटी[1] स्त्री० [देश०] १. करील। २. उसका पका फल।

टेंटी[2] पुं० [हिं० टेंटें (अनु०)] १. जड़तापूर्वक टेंटें करनेवाला, टर्रा। वि० चंचल, चपल।

टेंटें स्त्री० [अनु०] २. तोते की बोली। २. व्यर्थ की बकवाद।

टेंडर पुं० [अं०] व्यय का अनुमानित ब्योरा जो प्रस्ताव के रूप में हो, निविदा।

टेक स्त्री० [हिं० टिकना] १. भारी वस्तु को टिकाए रखने के लिए उसके नीचे लगाई हुई लकड़ी, चाँड़, थूनी, थम्भ। २. ढासना, सहारा। ३. आश्रय, अवलम्ब। ४. ऊँचा टीला। ५. मन में ठानी हुई बात, संकल्प। ६. हठ, जिद।

मुहा० *टेक निभना या रहना*=प्रतिज्ञा या जिद पूरी होना। *टेक पकड़ना या गहना*=हठ करना, अड़ना।

७. गीत का पहला पद, स्थायी।

टेकना स० [हिं० टेक] १. सहारे के लिए किसी वस्तु पर भार रखना, सहारा लेना या ढासना लगा लेना। २. ठहराना या रखना।

मुहा० *(किसी के आगे) माथा टेकना*=(क) प्रणाम करना। (ख) अधीनता प्रकट करना।

३. सहारे के लिए पकड़ना, हाथ का सहारा लेना। ४. ग्रहण करना, पकड़ना या लेना। ५. हठ करना। ६. बीच में रोकना या पकड़ना। ७. (वार या आघात) रोकना या सहना। ८. ग्रहण करना, लेना या पकड़ना।

टेकरा* पुं० [हिं० टेक] [स्त्री० अल्पा० टेकरी] १. ऊँचा टीला। २. छोटी पहाड़ी।

टेकला स्त्री० [हिं० टेक] धुन, रट।

टेकान स्त्री० [हिं० टेकना] १. टेक, चाँड़। २. वह स्थान जहाँ बोझ ढोनेवाले बोझ रखकर सुस्ताते हैं। ३. वह स्थान जहाँ से जुआरियों को जुए के अड्डे का पता मिलता है।

टेकाना स० हिं० 'टेकना' का प्रे०।

टेकी पुं० [हिं० टेक] अपनी टेक या हठ पर अड़ा रहनेवाला।

टेकुआ| पुं० 'तकला'।

टेकुरी| स्त्री० दे० 'तकली'।

टेटका पुं० [सं० ताटंक] कान में पहनने का एक गहना।

टेढ़* स्त्री० [हिं० टेढ़ा] १. टेढ़ापन, वक्रता। २. कठिनाई।
वि० दे० 'टेढ़ा'।

टेढ़-बिड़ंगा वि० [हिं० टेढ़ा+बेढंगा] टेढ़ा।

टेढ़ा वि० [सं० टेटक] [स्त्री० टेढ़ी] १. जो बीच में इधर-उधर झुका या घूमा हो, जो सीधा न हो, वक्र, कुटिल। २. जो समानान्तर या सीधा न हो, तिरछा। ३. कठिन, मुश्किल।
पद *टेढ़ी खीर*=मुश्किल काम।
४. बात-बात में लड़ जानेवाला, उद्धत।
मुहा० *टेढ़ा पड़ना या होना*=(क) उग्र रूप धारण करना, बिगड़ना। (ख) अकड़ना, टर्राना। *टेढ़ी-सीधी सुनाना*=भला-बुरा कहना, कटु बातें कहना।

टेढ़ाई स्त्री०=टेढ़ापन।

टेढ़ापन पुं० [हिं० टेढ़ा+पन] टेढ़े होने का भाव, वक्रता।

टेढ़े क्रि० वि० [हिं० टेढ़ा] घुमाव-फिराव के साथ, सीधी तरह से नहीं।

टेना स० [देश०] १. तेज करने के लिए पत्थर आदि पर हथियार रगड़ना। २. मूँछ के बालों को खड़ा और तना रखने के लिए उमेठना।
वि० पैना।

टेप पुं० [अं०] पतले प्लास्टिक की वह चुंबकीय पट्टी जिस पर ध्वनि (और चित्र भी) रिकॉर्ड किए जाते हैं।

टेबुल पुं० [अं०] १. एक प्रकार की बड़ी ऊँची चौकी, मेज। २. सारिणी, जैसे टाइम टेबुल।

टेबुल-फैन पुं० [अं०] मेज पर रखकर चलाया जानेवाला बिजली का पंखा।

टेम[1] स्त्री० [हिं० टिमटिमाना] दीप-शिखा, दीए की लौ, लाट।

टेम[2]**|** पुं० [अं० टाइम] समय।

टेर स्त्री० [हिं० टेरना] १. गाने में ऊँचा स्वर, तान, टीप। २. बुलाने का ऊँचा शब्द, पुकार।

टेरना[1] स० [सं० त्वरते] १. ऊँचे स्वर में चिल्लाना। २. पुकारना।

टेरना[2] स० [सं० तीरण=तै करना] (कष्ट का समय) बिताना, व्यतीत करना।

टेलिग्राम पुं० [अं०] दे० 'तार'।

टेलिफोन पुं० [अं०] वह उपकरण जिसके द्वारा एक स्थान पर कही हुई बात दूसरे स्थान पर सुनाई देती है, दूरभाष।

टेलिविजन पुं० [अं० टेलिविज़न] दे० 'टीवी'।

टेव स्त्री० [हिं० टेक] आदत, बान।

टेवना स० दे० 'टेना'।

टेवा पुं० [सं० टिप्पन] जन्मकुंडली।

टेसू पुं० [सं० किंशुक] १. पलाश, ढाक। २. शारदीय नवरात्र का एक उत्सव जिसमें लड़के गाते हुए घूमते हैं। ३. इस उत्सव पर गाया जानेवाला गीत।

टैंक पुं० [अं०] १. पानी, तेल आदि की बड़ी टंकी। २. बड़ी तोप-गाड़ी।

टैंकमार वि० [हिं० टैंक+मारना] टैंक पर प्रहार करनेवाला।

टैक्स पुं० [अं०] कर, महसूल।

टैक्सी स्त्री० [अं०] किराए पर चलनेवाली कार।

टोंच स्त्री० [हिं० टोंचना] १. सिलाई। २. सिलाई का टाँका।

टोंचना स० [सं० टंकन या अनु०] १. सिलाई करना, सीना। २. गड़ाना, चुभाना।
अ० गड़ना, चुभना।

टोंटा पुं० [सं० तुंड] [स्त्री० अल्पा० टोंटी] १. पानी आदि ढालने के लिए बरतन में लगा हुआ नल। २. कारतूस।

टोंटी स्त्री० [हिं० टोंटा] किसी पात्र या नल में आगे की ओर लगा हुआ वह छोटा मुँह जिसमें से होकर कोई तरल पदार्थ गिरता हो, जैसे झारी की टोंटी, कल की टोंटी।

टोक स्त्री० [सं० स्तोक] १. टोकने की क्रिया या भाव। २. किसी के टोकने से लगनेवाली नजर या होनेवाला अनिष्ट परिणाम। ३. उक्त प्रकार से कही हुई कोई ऐसी बात जो किसी काम में बाधक होने या नजर लगानेवाली मानी जाती है। (स्त्रियाँ)
मुहा० *टोक लगना*=किसी के टोकने का अनिष्ट प्रभाव पड़ना।

टोकन पुं० [अं०] वह चिह्नित संकेत जिसे देने पर किसी चीज को प्राप्त किया जा सकता हो।

टोकना[1] स० [हिं० टोक] किसी के कोई काम करने पर उसे कुछ कहकर रोकना या उससे कुछ पूछ-ताछ करना।

टोकना[2] पुं० [?] [स्त्री० टोकनी] १. टोकरा, झाबा। २. एक प्रकार का हंडा। (बरतन)

टोकरा पुं० [?] [स्त्री० अल्पा० टोकरी] १. बाँस या पतली टहनियों का बना हुआ गोल और गहरा आद्यान या पात्र, डला, झाबा। २. टोकरी में रखी हुई सामग्री।

टोकरी स्त्री० हिं० 'टोकरा' का अल्पा०।

टोका पुं० [सं० स्तोक] १. सिरा, छोर, जैसे डोरे या तागे का टोका। २. कपड़े आदि का कोना या पल्ला। ३. नोक।

टोकारा पुं० [हिं० टोक] वह बात जो किसी को कुछ चेताने या स्मरण दिलाने के लिए रोक या टोककर कही जाए।

टोट* स्त्री० [हिं० टूटना=कम होना] कमी, अभाव।

टोटकहाया स्त्री० [हिं० टोटका] [स्त्री० टोटकहाई] टोटका, टोना या जादू करनेवाला।

टोटका पुं० [सं० त्रोटक] दैवी बाधा दूर करने के लिए वह प्रयोग जो किसी अलौकिक शक्ति या भूत-प्रेत पर विश्वास करके किया जाए, टोना।

टोटा[1] पुं० [सं० तुंड] बचा या कटा हुआ खंड, टुकड़ा।

टोटा[2] पुं० [हिं० टूटना] १. घाटा, हानि। २. कमी, त्रुटि। ३. अभाव।

टोड पुं० [सं० तुंड] उदर, पेट।

टोडिक पुं० [हिं० टोड] वह जिसे सदा पेट भरने की चिन्ता रहे, पेटू।

टोडिस| वि० [?] उपद्रवी, नटखट, शरारती।

टोडी पुं० [अं०] नीच और तुच्छ वृत्ति का मनुष्य, कमीना और खुशामदी व्यक्ति।

टोड़ी स्त्री० [?] प्रातःकाल के समय गाई जानेवाली एक रागिनी।

टोडी-बच्चा पुं० (ब्रिटिश भारत में) सरकारी अफसरों का खुशामदी।

टोनहा, टोनहाया पुं० [हिं० टोना] [स्त्री० टोनहाई] टोना या जादू करनेवाला।

टोना पुं० [सं० तंत्र] १. टोटका, जादू। २. विवाह का एक प्रकार का गीत।

स०=टटोलना।

टोप[1] पुं० [हिं० तोपना=ढाँकना] १. बड़ी टोपी। २. शिरस्त्राण।

टोप[2] पुं० [अनु० टप] बूँद।

टोपा[1] पुं० [हिं० टोप] बड़ी टोपी।

टोपा[2] पुं० [हिं० तोपन] टोकरा।

टोपा[3] पुं० [हिं० तोपना] सिलाई का टाँका, डोभ।

टोपी स्त्री० [हिं० तोपना] १. सिर पर पहना जानेवाला सिला हुआ परिधान।

मुहा० *टोपी बदलना*=दल बदलना।

२. इस आकार की कोई गोल और गहरी चीज। ३. इस आकार का धातु का वह गहरा ढक्कन जिसे बन्दूक पर चढ़ाकर घोड़ा गिराने से आग पैदा होती है। ४. वह थैली जो शिकारी जानवर के मुँह पर चढ़ाई रहती है।

टोरना स० [सं० त्रुट] तोड़ना।

मुहा० *आँख टोरना*=लज्जाजनक बात से दृष्टि हटाना या नीची करना।

टोरी* स्त्री० दे० 'टोली'।

टोल[1] स्त्री० [सं० तोलिका] १. मंडली, जत्था, झुंड। २. चटसार, पाठशाला।

टोल[2] पुं० [अं०] वह कर जो किसी विशेष सुभीते के लिए यात्रियों आदि पर लगता है।

टोलना स० दे० 'टटोलना'।

टोला पुं० [सं० तोलिका=घेरा, बाड़ा] [स्त्री० टोली] आदमियों की बड़ी बस्ती या नगर का एक भाग, महल्ला, पाड़ा।

टोली स्त्री० [सं० तोलिका] १. छोटा महल्ला, नगर या बस्ती का छोटा भाग। २. समूह, जत्था।

टोवना स० दे० 'टोना' (स्पर्श करना)।

टोस्ट पुं० [अं०] सिका हुआ पाव रोटी का चौकोर टुकड़ा।

टोह स्त्री० [हिं० टटोलना] १. टटोल, खोज, ढूँढ़। २. खबर, पता।

टोहना* अ० [हिं० टोह] टोह या थाह लेना।

स० दे०'टटोलना'।

टोही स्त्री० [हिं० टोह] टोह लेने या पता लगानेवाला।

टौर* पुं० [?] घात, दाँव।

टौरना स० [हिं० टेरना] १. जाँच करना, परखना। २. पता लगाना।

ट्रंक पुं० [अं०] लोहे की चादर का बना हुआ बड़ा सन्दूक।

ट्रंककाल पुं० [अं०] एक नगर से दूसरे नगर किया जानेवाला फोन।

ट्रक पुं० [अं०] माल ढोनेवाली मोटर गाड़ी।

ट्रांसमीटर पुं० [अं० ट्रांसमीटर] रेडियो, टीवी आदि के संकेत या संदेश प्रसारित करनेवाला उपकरण, संकेत-प्रसारक, संदेश-प्रसारक।

ट्राम स्त्री० [अं०] (रेल की तरह) लोहे की पटरियों पर बिजली से चलनेवाली एक प्रकार की लम्बी गाड़ी जो प्रायः बड़े-बड़े नगरों में चलती है।

ट्रामवे स्त्री०=ट्राम।

ट्रिलियन पुं० [अं०] दस खरब की सूचक संख्या, १०००,०००,०००,००० वि० जो संख्या में दस खरब हो।

ट्रे स्त्री०[अं०] थाली की तरह का छिछला पात्र।

ट्रैफिक पुं० [अं०] यातायात।

ठ

ठ देवनागरी वर्णमाला के व्यंजनों में, बारहवाँ और टवर्ग का दूसरा व्यंजन, जिसका उच्चारण मूर्धा से होता है।

ठंठ वि० [सं० स्थाणु] ठूँठ (पेड़)।

ठंड स्त्री० [हिं० ठंडा] शीत, सरदी।

ठंडई स्त्री० दे० 'ठंडाई'।

ठंडक स्त्री० [हिं० ठंडा] १. शीत, सरदी, जाड़ा। २. ताप या जलन का विपरीत तत्त्व, तरी। ३. सन्तोष, तृप्ति।

ठंडा वि० [?] [स्त्री० ठंडी] १. जिसमें ठंडक हो, सर्द, शीतल।

पद *ठंडी साँस*=दुख से भरी लम्बी साँस, शोकोच्छ्वास, आह।

२. जो जलता या दहकता हुआ न हो, बुझा हुआ। ३. जिसके स्वभाव में क्रोध या आवेश न हो, धीर, शान्त।

मुहा० *ठंडा करना*=(क) क्रोध शान्त करना। (ख) ढारस या तसल्ली देना।

४. जिसमें उग्रता या भीषणता न हो, जैसे ठंडा युद्ध। ५. जिसमें उत्साह न हो। ६. सुस्त, धीमा। ७. जिसमें पुंसत्व न हो या कम हो। ८. मरा हुआ, मृत।

मुहा० *ठंडा होना*=मर जाना। *ठंडे बस्ते में डाल देना*=(किसी नियम, दंड आदि को) कुछ समय के लिए लागू होने से रोक देना।

ठंडाई स्त्री० [हिं० ठंडा] १. वे मसाले जिनसे शरीर की गरमी शान्त होती और ठंडक आती है। २. पिसी हुई भाँग।

ठंडा युद्ध पुं० [हिं० ठंडा+सं० युद्ध] अन्दर ही अन्दर की जानेवाली ऐसी कार्रवाई जो प्रत्यक्ष रूप से युद्ध का रूप

धारण न करने पर भी युद्ध के मुख्य उद्देश्य सफल या सिद्ध करती हो, शीतयुद्ध। (कोल्ड वार)

ठंडे-ठंडे क्रि० वि० बिना विरोध या प्रतिक्रिया किए, चुपचाप।

ठँसना अ०=ठसना।

ठक स्त्री० [अनु०] ठोंकने का शब्द।

वि० सन्नाटे में आया हुआ, भौचक्का।

ठक-ठक स्त्री० [अनु०] बार-बार ठोंकने से होनेवाला शब्द।

ठकुरसुहाती स्त्री० [हिं० ठाकुर+सुहाना] लल्लो-चप्पो, खुशामद।

ठकुराइत स्त्री० [हिं० ठाकुर+आइत(प्रत्य०)] १. ठाकुर होने का भाव। २. राज्य और उससे सम्बन्ध रखनेवाला अधिकार या वैभव। ३. बड़ों के प्रति होनेवाली श्रद्धा या प्रीति। ४. दे० 'ठकुराई'।

ठकुराइन स्त्री० दे० 'ठकुरानी'।

ठकुराई स्त्री० [हिं० ठाकुर] १. ठाकुर का अधिकार, पद या भाव। २. सरदारी, प्रधानता। ३. वह प्रदेश जो किसी ठाकुर या सरदार के अधिकार में हो। ४. बड़प्पन। महत्त्व।

पुं० ठाकुर या राजपूत क्षत्रिय।

ठकुरानी स्त्री० [हिं० ठाकुर] १. ठाकुर की स्त्री। २. रानी। ३. स्वामिनी।

ठकुरायत स्त्री० दे० 'ठकुराई'।

ठक्कर स्त्री० दे० 'टक्कर'।

ठग पुं० [सं० स्थग] [स्त्री० ठगनी, भाव० ठगी] १. वह जो छल और धूर्तता से दूसरों का माल ले लेता हो। २. धूर्त।

ठगण पुं० [सं०] पिंगल में ५ मात्राओं का एक गण।

ठगना स० [हिं० ठग] १. धोखा देकर माल ले लेना। २. धोखा देना।

पद *ठगा-सा*= चकित, भौचक्का।

३. सौदा बेचने में अधिक दाम लेना, या रद्दी चीज देना।

अ० १. धोखा खाना, किसी के चक्कर में आना। २. चकित होना, दंग रह जाना।

ठगनी स्त्री० दे० 'ठगिनि'।

ठगपना पुं० [हिं० ठग+पन] १. ठगने का भाव या काम, धूर्तता।

ठगमूरी स्त्री० [हिं० ठग+मूरि] वह नशीली चीज जो किसी को बेहोश करके उसका माल लूटने के लिए ठग उसे खिलाते थे।

ठगमोदक पुं० दे० 'ठगलाड़ू'।

ठगयारीमूरि स्त्री० दे० 'ठगमूरि'।

ठगलाड़ू पुं० [हिं० ठग+लड्डू] ठगों का वह लड्डू जिसमें नशीली या बेहोश करनेवाली चीज मिली रहती थी।

मुहा० *ठगलाड़ू खाना*=मतवाला या बेसुध होना।

ठगवाइ स्त्री० दे० 'ठग'।

ठगविद्या स्त्री०=धूर्तता।

ठगाना अ० [हिं० ठगना] ठगा जाना।

ठगिन, ठगिनी स्त्री० [हिं० ठग] १. धोखा देकर लूटनेवाली स्त्री, लुटेरिन। २. ठग की स्त्री। ३. कुटनी।

ठगिया पुं० दे० 'ठग'।

ठगी स्त्री० [हिं० ठग] १. धोखा देकर दूसरों का माल लूटने का काम या भाव। २. धूर्तता, चालबाजी।

ठगोरी स्त्री० [हिं० ठग+मूरि] १. ठगने की विद्या। २. सुध-बुध भुलानेवाली बात या शक्ति, उदा० जानहु लाई काहु ठगोरी। -जायसी।

मुहा० *(किसी पर) ठगोरी डालना*=मोहित करके अथवा और किसी प्रकार अपने वश में कर लेना।

३. टोना, जादू।

ठगौरी स्त्री० दे० 'ठगोरी'।

ठटकारी स्त्री० [हिं० ठाठ] वह टट्टी, जिसकी आड़ से शिकार किया जाता है।

ठट्ठा पुं० [सं० अट्टहास] परिहास, हँसी-दिल्लगी।

ठठ पुं० [सं० स्थाता] १. बहुत-सी वस्तुओं या व्यक्तियों का समूह। २. दे० 'ठाठ'।

ठठई* स्त्री० दे० 'ठट्ठा'।

ठठकना अ० दे० 'ठिठकना'।

ठठकीला वि० [हिं० ठाठ] ठाठदार।

ठठना[1] स० [हिं० ठाठ] १. ठहराना, निश्चित करना। २. सजाना।

अ० १. खड़ा रहना, अड़ना, डटना। २. ठाठ बनना, सुसज्जित होना।

ठठना[2] स० [हिं० ठठ=समूह] समूह या दल बनाना।

ठठनि* स्त्री० [हिं० ठठना] १. बनावट, रचना। २. ठाठ, सजावट।

ठठरी स्त्री० [हिं० ठाठ] १. किसी के शरीर की हड्डियों का ढाँचा। २. किसी वस्तु का ढाँचा। ३. मुरदा ले चलने की अरथी, रथी।

ठठाना[1] स० [अनु० ठक] १. ठक-ठक या खट-खट करना। २. मारना, पीटना।

ठठाना[2] अ० [सं० अट्टहास] जोर से हँसना।

ठठेर† पुं०=ठठेरा।

ठठेरा पुं० [अनु० ठकठक] [स्त्री० ठठेरिन] बरतन बनानेवाला, कसेरा।

पद *ठठेरे की बिल्ली*=ठठेरे की बिल्ली का-सा मनुष्य जो कोई विकट बात देखकर न डरे। *ठठेरे-ठठेरे बदलौअल*=जैसे के साथ तैसा व्यवहार।

ठठेरी स्त्री० [हिं० ठठेरा] १. ठठेरे की स्त्री। २. ठठेरे का काम।

वि० ठठेरों का।

ठठेरी बाजार पुं० कसेरों का बाजार।

ठठोल पुं० [हिं० ठट्ठा] १. दिल्लगीबाज, मसखरा। २. दे० 'ठठोली'।

ठठोली स्त्री० [हिं० ठट्ठा] हँसी, दिल्लगी।

ठड्ढा पुं० =ठट्ठा।

ठड़ा वि० दे० 'खड़ा'।

ठन स्त्री० [अनु०] धातु पर आघात पड़ने या उसके बजने का शब्द।

ठनक स्त्री० [अनु० ठनठन] १. चमड़े से मढ़े हुए बाजे पर आघात पड़ने का शब्द। २. टीस, कसक।

ठनकना अ० [अनु० ठनठन] १. ठनठन शब्द होना।

मुहा० *तबला ठनकना*=नाच-गाना होना।

२. हलकी-पीड़ा होना, टीस मारना।

मुहा० *माथा ठनकना*=कुछ खटका या सन्देह होना।

ठनकार स्त्री० [अनु०] ठनठन शब्द।

ठनगन स्त्री० [अनु० ठनठन] मंगल अवसरों पर नेगियों का अधिक पाने के लिए आग्रह या हठ।

ठनठन गोपाल पुं० [अनु० ठनठन+गोपाल] १. निस्सार वस्तु। २. निर्धन मनुष्य।

ठनठनाना स० [अनु०] ठनठन शब्द उत्पन्न करना, बजाना।

अ० ठनठन शब्द होना।

ठनना अ० [हिं० ठानना] १. (किसी कार्य का) तत्परता से आरम्भ किया जाना, अनुष्ठित होना, छिड़ना। २. (मन में) ठहरना, पक्का होना। ३. उद्यत या तैयार होना।

ठनाठन क्रि० वि० [अनु० ठनठन] ठनठन शब्द के साथ।

ठप वि० [अनु०] (कार्य या व्यापार) जो चलता-चलता किसी कारण से रुक या बन्द हो गया हो, जैसे मँहगी के कारण व्यापार या हड़ताल के कारण यातायात ठप हो जाना।

ठप्पा पुं० [सं० स्थापन] १. लकड़ी या धातु का वह खंड जिस पर कोई आकृति या बेल-बूटे आदि खुदे हों और उसे किसी दूसरी वस्तु पर रखकर दबाने से आकृतियाँ उतर या बन जाएँ, साँचा। २. साँचे के द्वारा बनाए हुए बेल-बूटे आदि, छापा।

ठमकना अ० [सं० स्तम्भ] [भाव० ठमक] चलते-चलते ठहर जाना, ठिठकना, कुछ रुकना।

ठमकाना, ठमकारना स० [हिं० ठमकना] चलते हुए को रोकना, ठहराना।

ठयऊ* पुं० दे० 'ठौर' (स्थान)।

ठयना[1] स० [सं० अनुष्ठान] १. ठानना। २. पूरी तरह से करना। ३. निश्चित करना। ४. आकार रूप, अस्तित्व आदि देना, बनाना।

ठयना[2] स० [सं० स्थापन] १. स्थापित करना, बैठाना, ठहराना। २. प्रयुक्त करना।

अ० १. स्थित होना, बैठना, जमना। २. काम में आना, प्रयुक्त होना। ३. दे० 'ठनना'।

ठरना अ० [सं० स्तब्ध] १. सरदी से अकड़ना या सुन्न होना। २. बहुत अधिक सरदी पड़ना या लगना।

ठर्रा पुं० [देश०] १. बहुत मोटा सूत। २. महुए की निकृष्ट शराब।

ठवन स्त्री० [सं० स्थापन] १. बैठने का भाव, स्थिति। २. बैठने या खड़े होने का ढंग, मुद्रा। (पोज, पोस्चर)

ठवना* स० दे० 'ठयना'।

ठवनि* स्त्री० दे० 'ठवन'।

ठवर*पुं० दे० 'ठौर'।

ठस वि० [सं० स्थास्नु] १. ठोस, कड़ा। २. (कपड़ा) जिसकी बुनावट घनी हो, गफ। ३. दृढ़, मजबूत। ४. भारी, वजनी। ५. सुस्त, आलसी। ६. (रुपया) जिसकी खनखनाहट या झनकार ठीक न हो। ७. कृपण, कंजूस। ८. मंदबुद्धि।

ठसक स्त्री० [हिं० ठस] १. गर्वपूर्ण चेष्टा। २. नखरा। ३. ठाट-बाट, शान।

ठसका पुं० [अनु०] १. सूखी खाँसी जिसमें कफ न निकले। २. ठोकर, धक्का।

ठसका अ० [हिं० ठस+ठस] जबरन अन्दर प्रविष्ट होना।

ठसाठस क्रि० वि० [हिं० ठस] खूब कसकर भरा हुआ, खचाखच।

ठस्सा पुं० [देश०] १. ठसक। २. घमंड। ३. ठाठ-बाट।

ठस्सू वि० [हिं० ठसना] जबरन अन्दर प्रविष्ट होनेवाला।

ठहना[1]* अ० [अनु०] १. घोड़ों का हिनहिनाना। २. शब्द करना, बजना। ३. ठहरना, रुकना।

ठहना[2] स० [सं० संस्था] १. बनाना, सँवारना। २. रक्षा करना, बचाना, जैसे किसी की लाज ठहना।

ठहर* पुं० [सं० स्थल] १. स्थान, जगह। २. रसोई का स्थान, चौका।

ठहर-ठहर* क्रि० वि० जगह-जगह, स्थान-स्थान पर।

ठहरना अ० [सं० स्थावर] १. चलते-चलते कुछ रुकना, थमना। २. डेरा डालना, टिकना। ३. एक स्थान पर बना रहना, स्थित रहना। ४. जल्दी खराब या नष्ट न होना, टिकाऊ होना, चलना। ५. घुली हुई वस्तु के नीचे बैठ जाने पर पानी का थिराना। ६. धैर्य रखना। ७. निश्चित रूप से होना; जैसे-तुम मेरे मेधावी विद्यार्थी ठहरे।

मुहा० *किसी बात का ठहरना*=किसी बात का पक्का होना, जैसे वह हमारा मित्र ठहरा। (बोल-चाल)

८. मादा पशु का गर्भवती होना।

ठहराना स० [हिं० ठहरना] [भाव० ठहराई, ठहराव] १. चलने से रोकना, गति बन्द करना। २. डेरा देना, टिकाना। ३. अड़ाना, टिकाना। ४. इधर-उधर न जाने देना। ५. पक्का करना, तै करना।

ठहराव पुं० [हिं० ठहरना] १. ठहरने की क्रिया या भाव। २. गति का अभाव, स्थिरता। ३. कोई बात ठहरने या निश्चित होने का भाव, समझौता। (एग्रिमेन्ट)

ठहरौनी स्त्री० [हिं० ठहरना] विवाह में टीके, दहेज आदि के लेन-देन का निश्चय या करार।

ठहाका पुं० [अनु०] जोर की हँसी, अट्टहास।

ठाँ पुं० दे० 'ठाँव'।

ठाँई स्त्री० [हिं० ठाँव] स्थान, जगह।

वि० समीप, पास।

ठाँउँ पुं० दे० 'ठाँय'।

ठाँठ वि० [अनु० ठनठन] १. जिसका रस सूख गया हो, नीरस। २. (गाय या भैंस) जो दूध न देती हो।

ठाँय[१] स्त्री० [सं० स्थान] स्थान, जगह।

क्रि० वि० समीप, निकट, पास।

ठाँय[२] स्त्री० [अनु०] बन्दूक छूटने का शब्द।

ठाँयठाँय स्त्री० [अनु०] १. बन्दूक चलने का शब्द। २. कहा-सुनी, बक-झक, झगड़ा।

ठाँव* पुं० [सं० स्थान] १. स्थान, जगह। २. ठिकाना।

ठाँसना स० दे० 'ठूसना'।

अ० ठन-ठन शब्द करते हुए खाँसना।

ठाँह* पुं०=जगह।

ठाउँ* पुं०=ठाँव।

ठाकुर पुं० [सं० ठक्कुर] [स्त्री० ठकुराइन, ठकुरानी] १. देवता, देवमूर्ति। २. ईश्वर, भगवान। ३. श्री कृष्ण। ४. पूज्य व्यक्ति। ५. किसी प्रदेश का अधिपति या नायक, सरदार। ६. जमींदार। ७. क्षत्रियों की उपाधि। ८. नाइयों की उपाधि।

ठाकुर-द्वारा पुं० [हिं० ठाकुर+द्वारा] मन्दिर, देवस्थान।

ठाकुर-बाड़ी स्त्री० दे० 'ठाकुर-द्वारा'।

ठाकुरी स्त्री० [हिं० ठाकुर] १. स्वामित्व, आधिपत्य। २. शासन। ३. दे० 'ठकुराई'।

ठाठ[१] पुं० [सं० स्थातृ] १. लकड़ी या बाँस की पट्टियों का बना हुआ ढाँचा। २. खेमा गाड़ने के खूँटों का समूह, उदा० सब ठाठ पड़ा रह जाएगा जब लाद चलेगा बंजारा। -नजीर। ३. किसी वस्तु के मूल अंगों और पार्श्वों का वह समूह जिसके आधार पर शेष रचना होती है, ढड्डा। (फ्रेम) ४. श्रृंगार, सजावट।

मुहा० *ठाठ पर रह जाना*=उद्देश्य सिद्ध करने में विफल होकर ज्यों-का-त्यों रह जाना। *ठाठ बदलना*=(क) वेष बदलना। (ख) झूठ-मूठ अधिकार या बड़प्पन जताना, रंग बाँधना।

५. आडम्बर, तड़क-भड़क।

पद *ठाठ से* = (क) शान से, प्रभावपूर्ण ढंग से। (ख) उत्कृष्टतापूर्वक।

६. ढंग, शैली। ७. आयोजन, तैयारी। ८. सामान, सामग्री।

ठाठ[२] पुं० [हिं० ठठ] १. समूह, झुंड। २. बहुतायत, अधिकता।

ठाठना स० [हिं० ठाठ] १. निर्मित करना, रचना, बनाना। २. अनुष्ठान या आयोजन करना, ठानना। ३. सजाना।

अ० ठाठ या वेष बनाना।

ठाठ-बाट पुं० [हिं० ठाठ] १. सजावट, सज-धज। २. तड़क-भड़क, आडम्बर।

ठाठर पुं० [हिं० ठाठ] १. टट्टर, टट्टी। २. ठठरी, पंजर। ३. ढाँचा। ४. कबूतरों आदि के बैठने की छतरी। ५. ठाट-बाट।

ठाठें स्त्री० बहु० [?] ऊँची उठती और उफनती हुई लहरें।

मुहा० *ठाठें मारना*=(नदी या समुद्र में) ऊँची-ऊँची और उफनती हुई लहरें उठना।

ठाड़ा वि० [सं० स्थितः] [स्त्री० ठाढ़ी] १. खड़ा। २. समूचा, साबुत, पूरा।

ठाढ़ेश्वरी पुं० [हिं० ठाढ़ा] एक प्रकार के साधु जो आध्यात्मिक साधना के लिए बराबर खड़े ही रहते हैं, कभी बैठते या लेटते नहीं।

ठान[१] * पुं०=अनुष्ठान।

ठान[२] स्त्री० [हिं० ठानना] ठानने की क्रिया या भाव, कोई काम करने के लिए किया हुआ दृढ़ निश्चय या संकल्प।

ठानना स० [सं० अनुष्ठान] [भाव० ठान] १. कार्य तत्परता के साथ आरम्भ करना, अनुष्ठित करना, छेड़ना। २. पक्का करना, ठहराना। ३. दृढ़ संकल्प करना।

ठाना स० [सं० अनुष्ठान] १. ठानना। २. स्थापित करना, रखना।

ठाम पुं० [सं० स्थान] १. स्थान, जगह। २. ठवन, मुद्रा।

ठार पुं० [सं० स्तब्ध] १. कड़ा जाड़ा, गहरी सरदी। २. पाला, हिम।

ठाला पुं० [हिं० निठल्ला] १. रोजगार का न चलना या आमदनी का न होना। २. किसी वस्तु या बात का पास में बिल्कुल न होना, अभाव।

वि० जिसे कुछ काम-धन्धा न हो, निठल्ला।

ठाली वि० [हिं० निठल्ला] १. जिसे कुछ काम न हो, निठल्ला। २. खाली, रिक्त।

ठावना* स० दे० 'ठाना'।

ठाह[१] स्त्री० [हिं० ठहना] १. ठहने की क्रिया या भाव। २. संगीत में बहुत ठहर-ठहरकर अर्थात् अपेक्षाकृत अधिक समय लगाकर कुछ गाने या बजाने की क्रिया या भाव, विलम्बित।

ठाह[२] स्त्री० [हिं० ठाहना] दृढ़ निश्चय, पक्का विचार।

ठाहना स० [हिं० ठहरना] संकल्प करना, मन में विचार पक्का करना।

ठाहर, ठाहरू* पुं० [हिं० ठहर] १. स्थान। २. ठिकाना।

ठिंगना वि० [हिं० हेठ+अंग] [स्त्री० ठिंगनी]=ठिगना।

ठिक[१] वि० दे० 'ठीक'।

ठिक[२] स्त्री० [हिं० टिकना] स्थिरता, ठहराव।

ठिकठान* पुं० दे० 'ठौर-ठिकाना'।

ठिकठैना* पुं० [हिं० ठीक ठयना] व्यवस्था, प्रबन्ध, आयोजन।

ठिकरा पुं० दे० 'ठीकरा'।

ठिकाना[१] पुं० [हिं० टिकान] १. स्थान, जगह। २. रहने या ठहरने की जगह, निवास-स्थान।

मुहा० *ठिकाने आना*=बहुत सोच-विचार के बाद यथार्थ निर्णय पर पहुँचना। *ठिकाने का*=ठीक, उचित या समझदारी-भरा; जैसे ठिकाने की बात, ठिकाने के शब्द। *ठिकाने पहुँचाना या लगाना*=(क) नष्ट कर देना, न रहने देना। (ख) समाप्त करना।

३. निर्वाह या आश्रय का स्थान। ४. निश्चित अस्तित्व या स्थिति, स्थिरता, ठहराव। ५. प्रबन्ध, आयोजन, बन्दोबस्त। ६. सीमा, अन्त, हद। ७. जागीर।

ठिकाना² स० [हिं० टिकाना] अपने पास रख, छिपा या ठहरा लेना। (दलाल)

ठिकानेदार पुं० [हिं० ठिकाना+फा० दार] वह जिसे रियासत की ओर से ठिकाना या जागीर मिली हो।

ठिगना वि० [हिं० हेठ+अंग] छोटे कद का, नाटा।

ठिठकना अ० [सं० स्थित+करण] १. चलते-चलते अचानक रुक जाना। २. स्तम्भित होना।

ठिठुरना अ० [सं० स्थित] सरदी से काँपना, ऐंठना या सिकुड़ना।

ठिठुरता वि० [हिं० ठिठुरना] जो ठिठुर रहा हो।

ठिठोल पुं० [हिं० ठिठोली] ठिठोली करनेवाला, परिहास करनेवाला।

ठिठोली स्त्री० [अनु० ठीठी+ओली (प्रत्य०)] १. ऐसी बात जो किसी की हँसी उड़ाने के लिए कही गई हो। २. हास-परिहास।

ठिनकना अ० [अनु०] (बच्चों का) रुक-रुककर रोना।

ठिरना| अ० दे० 'ठरना'।

ठिलना अ० [हिं० ठेलना का अ०] १. ठेला या ढकेला जाना। २. घुसना, धँसना।

ठिलिया स्त्री० [सं० स्थाली] मिट्टी का छोटा घड़ा, गगरी।

ठिलुआ वि०, पु० [हिं० निठल्ला] निठल्ला।

ठिल्ला पुं० [हिं० ठिलिया] मिट्टी का घड़ा।

ठीक वि० [सं० टीक्] १. जैसा हो या होना चाहिए, वैसा ही, बहुत अच्छा, यथार्थ, प्रामाणिक।

पद *ठीक से*=ढंग से, करिने से; जैसे-ठीक से बोलना सीखो, मेरे बेटे। *ठीक ही*=संतोषजनक परंतु विशिष्टता से रहित; जैसे-फिल्म ठीक ही रही। यथार्थ, प्रामाणिक।

मुहा० *ठीक करना या कर देना*=(क) दोष या विकार दूर करना; जैसे-घड़ीसाज ने घड़ी ठीक कर दी है। (ख)दंडित करके किसी को रास्ते पर लाना; जैसे-ऐसे गुंडों को ठीक करना पुलिस जानती है। व्यवस्थित करना; जैसे-पहले बालों को तो ठीक कर लो।

२. उपयुक्त, उचित, मुनासिब। ३. शुद्ध। ४. दुरुस्त। ५. जो किसी स्थान पर अच्छी तरह बैठे या जमे। ६. सीधे रास्ते पर आया हुआ। ७. ठहराया या निश्चित किया हुआ, स्थिर, पक्का।

क्रि० वि० जैसे चाहिए, वैसे; उचित रूप या प्रकार से। पुं० १. पक्की बात। २. निश्चय। ३. स्थिर प्रबन्ध, ठहराव। ४. जोड़, योग।

ठीक-ठाक पुं० [हिं० ठीक] १. निश्चित प्रबन्ध, पक्का बन्दोबस्त या आयोजन। २. निश्चय, ठहराव, पक्की बात।

वि० अच्छी तरह दुरुस्त या तैयार।

क्रि०वि० ठीक ढंग से।

ठीकरा पुं० [हिं० टुकड़ा] [स्त्री० अल्पा० ठीकरी] १. मिट्टी के बरतन का टुकड़ा। २. भीख माँगने का बरतन, भिक्षापात्र। ३. तुच्छ वस्तु।

ठीका पुं० [हिं० ठीक] १. कुछ धन आदि के बदले में किसी का कोई काम पूरा करने का जिम्मा लेना। (कन्ट्रैक्ट) २. कुछ काल के लिए कोई चीज इस शर्त पर दूसरे के सुपुर्द करना कि वह आमदनी वसूल करके बराबर मालिक को देता रहेगा, इजारा, पट्टा।

ठीकेदार पुं० [हिं० ठीका+फा० दार] वह जिसने कोई काम करने का ठीका लिया हो, ठीका लेनेवाला। (कंट्रैक्टर)

ठीलना स० दे० 'ठेलना'।

ठीवन* पुं० [सं० ष्ठीवन] थूक।

ठीहा पुं० [सं० स्थान] १. लकड़ी का वह कुन्दा जिसपर लोहार, बढ़ई आदि कोई चीज पीटते, छीलते या गढ़ते हैं। २. बैठने के लिए कुछ ऊँचा स्थान, गद्दी। ३. हद, सीमा।

ठुंठ पुं० दे० 'ठूँठ'।

ठुकना अ० [अनु०] १. ठोंका जाना। २. आर्थिक हानि या नुकसान होना।

ठुकराना स० [हिं० ठोकर] १. ठोकर लगाना, पैर के पंजे से आघात करना। २. तुच्छ समझकर दूर हटाना।

ठुकवाँ वि० [हिं० ठोकना] ठोककर तैयार किया जानेवाला।

ठुड्डी स्त्री० दे० 'ठोढ़ी'।

ठुड्ढी स्त्री० [हिं० ठड़ी] वह भुना हुआ दाना जो फूटकर खिला न हो, ठुर्री; जैसे-मकई, कमलगट्टे आदि की ठुड्डी।

ठुनक स्त्री० ठुनठुन शब्द।

ठुनकना अ० [हिं० ठुनठुन] १. ठुनठुन करना। २. ठुनठुन करते हुए जिद करना।

मुहा० *ठुनठुन लगाए रहना*=(क) बच्चों का किसी बात के लिए जिद करते चलना। (ख) बच्चों की तरह ठुनठुन लगाए रखना।

ठुनकार स्त्री० [अनु०] १. ठुनका। २. ठुन ठुन।

ठुनठुन स्त्री० [अनु०] बच्चों के रोने का शब्द।

ठुमकना अ० [अनु०] [भाव० ठुमक] १. बच्चों का उमंग में थोड़ी-थोड़ी दूर पर पैर पटकते हुए चलना। २. नाच में पैर पटककर चलना, जिसमें घुँघरू बजें।

ठुमकी स्त्री० [अनु०] १. ठुमकने या रुक-रुककर चलने की क्रिया या भाव, ठिठक, रुकावट। २. छोटी पूरी।

ठुमरी स्त्री० [देश०] एक प्रकार का चलता गाना, जिसमें एक स्थायी और एक ही अन्तरा होता है।

ठुर्री स्त्री० [हिं० ठड़ा=खड़ा] वह भूना दाना जो भूनने पर भी खिला न हो, ठुड्डी।

ठुसना अ० [हिं० ठूँसना] कसकर भरा या ठूसा जाना।

ठुसाना स० [हिं० ठूँसना] १. कसकर भरवाना। २. पेट भरकर खिलाना। (व्यंग्य)

ठूँठ पुं० [सं० स्थाणु] १. वह पेड़ जिसकी डालें, पत्तियाँ आदि न रह गई हों, सूखा पेड़। २. जिसका हाथ कटा हो।

ठूँठा वि० [सं० स्थाणु] १. बिना पत्तियों और टहनियों का (पेड़)। २. कटे हुए हाथवाला, लूला। ३. रिक्त, खाली।

ठूँसना स० [हिं० ठस] १. खूब कसकर भरना। २. घुसेड़ना, घुसाना। ३. खूब पेट भरकर खाना।

ठूँसाठासी स्त्री० [हिं० ठूँसना-अनु०] ठूँस-ठूँसकर भरते चलने की क्रिया।

ठूसना स०=ठूँसना।

ठेंगा पुं० [हिं० अँगूठा] अँगूठा।

मुहा० *ठेंगा दिखाना*=आशा में रखकर भी अन्त में उपेक्षापूर्वक निराश करना।

पद *ठेंगे से*=बला से। (उपेक्षासूचक)

ठेंठी स्त्री० [देश०] १. कान की मैल। २. कोई चीज बन्द करने के लिए उस पर लगाई हुई डाट।

ठेक स्त्री० [हिं० टिकना] १. सहारे के लिए नीचे लगाई जानेवाली चीज, टेक, चाँड़। २. पेंदा, तल। ३. घोड़ों की एक चाल। ४. अनाज रखने के लिए टट्टियों आदि से घेरकर बनाया हुआ स्थान।

ठेकना स० [हिं० टेक] टेक या सहारा लगाना।

अ० टिकना, ठहरना।

ठेका पुं० [हिं० टिकना] १. सहारे की वस्तु, ठेक। २. ठहरने या रुकने की जगह, अड्डा। ३. तबला, या ढोल बजाने का वह प्रकार जिसमें केवल ताल दिया जाता है। ४. तबले के साथ बजाया जानेवाला बाँयाँ। ५. सखुन-तकिया। ६. ठोकर, धक्का।

पुं०=ठीका।

ठेकेदार पुं० दे० 'ठीकेदार'।

ठेगना* स० [हिं० टेकना] १. टेकना, सहारा लेना। २. सहारा लगाना। ३. मना करना, रोकना।

ठेछना* स०=ठेगना।

अ०=टिकना।

ठेठ वि० [देश०] १. निपट, निरा, बिल्कुल। २. जिसमें कुछ मेल-जोल न हो, खालिस। ३. जिसमें किसी प्रकार की बनावट या कृत्रिमता न हो। ४. शुद्ध, निर्मल।

स्त्री० वह बोली जिसमें लिखने-पढ़ने की भाषा के शब्दों का मेल न हो, केवल बोल-चाल के शब्द हों, सीधी-सादी बोली, जैसे ठेठ हिन्दी, ठेठ मराठी।

ठेठर पुं० [अं० थियेटर] दे० 'थिएटर'।

ठेपी स्त्री० [?] छेद बंद करने की वस्तु, डाट।

ठेल स्त्री० [हिं० ठेलना] ठेलने की क्रिया या भाव।

ठेल-ठाल स्त्री० दे० 'ठेल'।

ठेलना स० [सं० त्वरयति] १. धक्का देकर आगे बढ़ाना, धकेलना। २. पीछे की ओर धकेलना। ३. अपना, भार या दायित्व दूसरे पर रखना।

*अ० बलप्रयोग या जबरदस्ती करना; उदा० ताही पैं ठगावै ठेली जाही को ठगतु है। -केशव।

ठेलमठेल स्त्री० भीड़-भाड़ के कारण एक दूसरे को ठेलने की क्रिया या भाव।

ठेला पुं० [हिं० ठेलना] १. ठेलने की क्रिया या भाव। २. वह छोटी गाड़ी जिस पर चीजें रखकर हाथ से ठेलते या ढकेलते हुए, एक स्थान से दूसरे स्थान पर पहुँचाते हैं। ३. धक्का, टक्कर। ४. भीड़-भाड़।

ठेस स्त्री० [हिं० ठस] हलका आघात, साधारण धक्के की चोट।

ठैन* स्त्री० [सं० स्थान] स्थान, जगह।

स्त्री० दे० 'ठवनि'।

ठोंक स्त्री० [हिं० ठोंकना] १. ठोंकने की क्रिया या भाव। २. अन्न के दानों, फलों आदि पर, कीड़े-मकोड़ों के दंश या पक्षियों की चोंच से लगा हुआ आघात या उसका चिह्न।

ठोंकना स० [अनु० ठकठक] १. अन्दर धँसाने के लिए जोर से ऊपर चोट लगाना।

मुहा० *ठोंकना-पीटना*=(क) मारना-पीटना। (ख) किसी चीज को ठीक करने के लिए उस पर आघात करना। *ठोंकना-बजाना*=(क) कोई चीज लेने से पहले उसे अच्छी तरह जाँचना, परखना। (ख) बात-चीत पक्की करने से पहले उसके सब अंगों पर विचार करके, उसके सम्बन्ध में निश्चय करना।

२. प्रहार करना, मारना-पीटना। ३. नालिश, अरजी आदि दाखिल करना, दायर करना। ४. बद या लिख देना; जैसे—विधाता ने कैसा मरद मेरी तकदीर में ठोंक दिया। ५. काठ में डालना, बेड़ियों से जकड़ना। (दंड)

ठोंक-पीट स्त्री० [हिं० ठोंकना+पीटना] ठोंकने, पीटने या मारने की क्रिया या भाव।

ठोँर[1] पुं० [देश०] एक प्रकार की मीठी मठरी। (पकवान)

ठोँर[2] पुं० [सं० तुंड] १. पक्षियों की चोंच, चंचु। २. कीड़े-मकोड़ों का वह अंग, जिससे वे काटते या आघात करते हैं।

ठोंसना स०=ठूँसना।

ठोग स्त्री० [सं० तुंड] १. चोंच या उसकी मार। २. उँगली की ठोकर।

ठोंगा पुं० [देश०] कागज का बना हुआ एक खास तरह का दोना या पात्र।

ठो निपा० [हिं० ठौर] एक शब्द जो संख्यावाचक शब्दों में लगता है, संख्या, अदद, जैसे—चार ठो आम। (पूरब)

ठोक स्त्री० दे० 'ठोंक'।

ठोकना स०=ठोंकना।

ठोकर स्त्री० [हिं० ठोकना] १. वह आघात जो चलने में कंकड़, पत्थर आदि के धक्के से पैर में लगता है।

मुहा० *ठोकर मारना/मार देना*=ठुकरा देना। *ठोकर लेना*=चलते समय ठोकर खाना।

२. वह उभरा हुआ पत्थर या कंकड़ जिससे पैर में चोट लगे। ३. पैर या पहने हुए जूते के अगले भाग से किसी पर किया जानेवाला आघात। ४. किसी प्रकार का भारी या कड़ा आघात, धक्का।

मुहा० *ठोकर या ठोकरें खाना*=(क) किसी भूल के कारण या दुर्दशा में पड़कर दुख सहना। (ख) धोखे में आना।

ठोढ़ी स्त्री० [सं० तुंड] ओठों के नीचे का गोलाई लिए हुए उभरा हुआ भाग, ठुड्डी, चिबुक, दाढ़ी।

ठोली[1] स्त्री० दे० 'ठठोली'।

ठोली[2] स्त्री० [देश०] रखेली, उपपत्नी।

ठोस वि० [हिं० ठस] १. जो पोला या खोखला न हो। २. दृढ़, मजबूत। ३. गंभीर, महत्त्वपूर्ण।

ठोसा पुं० दे० 'ठेंगा'।

ठोहना स० [हिं० ढूँढ़ना] टोह या पता लगाना, खोजना, ढूँढ़ना।

ठौनि* स्त्री० १. दे० 'ठवन'। २. दे० 'ठौर'।

ठौर पुं० [सं० स्थावर] १. जगह, स्थान।

मुहा० *ठौर रखना*=मार गिराना। *ठौर रहना*=(क) जहाँ का तहाँ पड़ा रहना। (ख) मर जाना।

२. मौका, अवसर।

ठौर-कुठौर क्रि० वि० बुरे ठिकाने, अनुपयुक्त स्थान पर।

ठौर-ठिकाना पुं० १. रक्षित रूप से रहने का कोई साधारण स्थान। २. (बात में) दृढ़ता या निश्चय।

ठौर-ठौर* क्रि० वि० स्थान-स्थान पर।

ड

ड देवनागरी वर्णमाला में व्यंजनों का तेरहवाँ और टवर्ग का तीसरा वर्ण जिसका उच्चारण स्थान मूर्धा है। इसके दो रूप और उच्चारण हैं (क) जैसे—डंडा में के दोनो ड, और (ख) जैसे—गड़बड़ में के दोनो ड़।

डंक पुं० [सं० दंश] १. बिच्छू, मधुमक्खी आदि कीड़ों के पीछे का जहरीला काँटा जिसे वे जीवों के शरीर में धँसाकर जहर पहुँचाते हैं। २. कीड़े-मकोड़ों के मुँह पर का वह लम्बा, पतला अंग जिसे वे किसी चीज में का रस चूसने के लिए गड़ाते हैं। ३. कलम की जीभी। (निब)

पुं० दे० 'डंका'।

डंकना अ० [अनु०] गरजना।

डंका पुं० [सं० ढक्का] एक प्रकार का बड़ा नगाड़ा।

मुहा० *डंके की चोट कहना*=खुल्लम-खुल्ला और सबके सामने कहना, सबको सुनाकर कहना।

डंका-निशान पुं० [हिं० डंका+निशान=झंडा] राजाओं की सवारी के आगे बजनेवाला डंका और उसके साथ चलनेवाला झंडा।

डंकिनी स्त्री० दे० 'डाकिनी'।

डंकिनी बंदोबस्त पुं० दे० 'दवामी बंदोबस्त'।

डंख* पुं० दे० 'ढंख'।

डंगर पुं० [देश०] चौपाया, पशु।

डँगरी स्त्री० १. =ककड़ी २. =चुड़ैल।

डँगवारा पुं० [हिं० डंगर] किसानों में होनेवाली पारस्परिक हल-बैल आदि की सहायता या लेन-देन का व्यवहार।

डंगूज्वर पुं० [अं० डेंगू] एक प्रकार का ज्वर जिसमें शरीर पर चकते निकल आते हैं।

डँटैया* वि० [हिं० डाँटना+इया (प्रत्य०)] डाँटनेवाला। (ब्रज०)

डंठल पुं० [सं० दंड] छोटे पौधों की पेड़ी और शाखा।

डंठी स्त्री० [सं० दंड] १. डंठल। २. किसी चीज में लगा हुआ कोई लम्बा अंश।

डंड पुं० [सं० दंड] १. डंडा, सोंटा। २. बाहुदंड, बाँह। ३. हाथ-पैर के पंजों के बल की जानेवाली एक प्रकार की कसरत।

मुहा० *डंड पेलना*=आनन्द करना।

४. दंड, सजा। ५. अर्थदंड, जुरमाना। ६. किसी प्रकार की आर्थिक हानि, (अपराध या विवशता के कारण) नुकसान।

मुहा० *डंड भरना*=किसी की आर्थिक हानि की पूर्ति करना।

डंडक* पुं०=दंडकारण्य।

डंडना स० [सं० दंड] दंडित करना, दंड देना।

डंडवत पुं० दे० 'दंडवत्'।

डँडवा पुं० [सं० मेरुदंड में का दंड] कमर, कटि।

डँडवी† पुं० दे० 'करद'।

डँडहरा पुं० [हिं० डंडा+हरा] दरवाजे को खुलने से रोकने के लिए लगाया जानेवाला डंडा।

डंडा पुं० [सं० दंड] [स्त्री० अल्पा० डंडी] १. लकड़ी या बाँस का सीधा लम्बा टुकड़ा। २. मोटी और बड़ी छड़ी, सोंटा, लाठी। ३. लकड़ी, बाँस आदि की सीढ़ी में पैर रखने का आधार। ४. किसी चीज का लम्बोतरा टुकड़ा, जैसे—साबुन का डंडा।

डंडाकरन* पुं० दे० 'दंडकारण्य'।

डंडा-डोली स्त्री० दे० 'डोली-डंडा'।

डँड़िया[1] स्त्री० [हिं० डाँड़ी=रेखा] १. वह साड़ी जिसके बीच में गोटे टाँककर लकीरें या डंडियाँ बनाई गई हों। २. गेहूँ केपौधे की सींकोंवाली बाल।

डँड़िया[2] पुं० [हिं० डाँड़] कर उगाहनेवाला।

डंडी[1] स्त्री० [हिं० डंडा] १. छोटी लम्बी पतली लकड़ी। २. किसी वस्तु का वह लम्बा पतला अंग जो मुट्ठी में पकड़ा जाता है, दस्ता, हत्था, मुठिया। ३. तराजू की वह लकड़ी जिसमें पलड़े बँधे रहते हैं, डाँडी। ४. वह लम्बा डंठल जिसमें फूल या फल लगते हैं, नाल। ५. झप्पान नाम की पहाड़ी सवारी जिसे आदमी उठाकर ले चलते हैं।

डंडी² वि० [सं० द्वंद्व] चुगलखोर।
पुं० दे० 'दंडी' (साधु)।

डँडोरना स० [अनु०] ढूँढ़ना, खोजना।

डंफना अ० [अनु०] १. जोर से चिल्लाना। २. जोर-जोर से रोना।

डंबर पुं० [सं०] १. आडम्बर। २. विस्तार। ३. एक प्रकार का चँदवा।

पद *अंबर डंबर*=वह लाली जो संध्या समय आकाश में दिखाई देती है। *मेघ-डंबर*=बड़ा शामियाना, दल-बादल।

डंस पुं० [सं० दंश] १. एक प्रकार का बड़ा मच्छर, डाँस। २. दे० 'दंश'।

डक¹ पुं० [अं०] एक प्रकार का टाट जिससे जहाजों के पाल बनते हैं। २. एक प्रकार का मोटा कपड़ा।

डक² पुं० [डेक] जहाज की ऊपरी छत।

डकरना अ० [अनु०] बैल या भैंसे का बोलना।

डकार पुं० [अनु०] १. शब्द करते हुए मुँह से निकलने वाली पेट की वायु।

मुहा० *डकार जाना*=खा या पचा जाना, हथिया लेना। *डकार तक न लेना*=किसी का धन चुपचाप हजम कर जाना।
२. शेर आदि की गरज, दहाड़।

डकारना अ० [हिं० डकार+ना] १. पेट की वायु शब्दपूर्वक मुँह से निकालना, डकार लेन। २. शेर आदि का दहाड़ना।
स० किसी का माल लेकर पचा जाना।

डकैत पुं० [हिं०] डाका डालनेवाला, डाकू।

डकैती स्त्री० १. डकैत का धन्धा। २. डाका।

डग पुं० [सं० दघ्=लाँघना] १. एक जगह से पैर उठाकर दूसरी जगह रखना, फाल, कदम।

मुहा० *डग भरना या मारना*=कदम बढ़ाना, लम्बे पैर रखना।
२. उतनी दूरी, जितनी पर एक जगह से दूसरी जगह पैर पड़ता है, पग, पैंड़।

डगडगाना अ० दे० 'डगमगाना'।

डगडोलना* अ० दे० 'डगमगाना'।

डगण पुं० [सं०] पिंगल में चार मात्राओं का एक गण।

डगना अ० [हिं० डग] १. हिलना, खिसकना। २. भूल करना, चूकना। ३. डगडगाना, लड़खड़ाना।

डगमग वि० [हिं० डग+मग] १. लड़खड़ाता हुआ। २. विचलित।

डगमगाना अ० [हिं० डगमग] १. चलने में कभी इस ओर कभी उस ओर झुकना, लड़खड़ाना। २. विचलित होना, दृढ़ न रहना।
स० १. इस प्रकार हिलाना कि इधर-उधर झूलने या लटकने लगे। २. दृढ़ न रहने देना, विचलित करना।

डगमगाहट स्त्री० डगमग होने की अवस्था या भाव।

डगर स्त्री० [हिं० डग] मार्ग, रास्ता।

डगरना अ० [हिं० डगर] (डगर में या डग भरते हुए) चलना।

डगरा पुं० [देश०] बाँस की पतली पट्टियों का बना हुआ छिछला पात्र।

डगाना स० दे० 'डिगाना'।

डटना¹ अ० [हिं० डाट] [स० डटाना] जमकर खड़ा होना, अपनी जगह पर अड़ना या ठहरा रहना।

डटना² स० [सं० दृष्टि या हिं० डीठ] देखना।

डट्टा पुं० दे० 'डाट'।

डड़ा| पुं० [?] बाँह पर पहनने का एक गहना।

डड्ढार* वि० [हिं० डाढ़ी] १. बड़ी दाढ़ीवाला। २. वीर, बहादुर।

डढ़कौआ पुं० [हिं० डढ़ना+कौआ] कर्कश और कठोर।

डढ़न* स्त्री० [सं० दग्ध] जलन।

डढ़ना* अ० [सं० दग्ध] १. जलना। २. समाप्त होना।
स० १. जलाना। २. समाप्त करना।

डढार वि० [हिं० डाढ़] १. जिसकी दाढ़ी के बाल बहुत लम्बे हों। २. वह जिसे दाढ़ी हो।

डढ़ियल वि० दे० 'दढ़ियल'।

डढ्ढ़ना* स० [सं० दग्ध] जलाना।

डढ्योरा* वि० 'दढ़ियल'।

डपट¹ स्त्री० [सं० दर्प] [क्रि० डपटना] १. डाँटने या डपटने की क्रिया या भाव २. डाँट, झिड़की, घुड़की।

डपट² स्त्री० [हिं० रपट] घोड़े की तेज चाल।

डपटना स० [हिं० डपट] डाँटना, घुड़कना।

डपेट स्त्री० दे० 'डपट'।

डपेटना स० दे० 'डपटना'।

डपोरशंख पुं० [सं० दर्पवत्, प्रा० दप्पुल, दप्पडल+सं० शंख] १. जो कहे बहुत, पर करे कुछ भी न, डींग मारनेवाला। २. बड़े डील-डौल का, परम मूर्ख।

डफ स्त्री० [अ० दफ़] चमड़ा मढ़ा हुआ एक प्रकार का बड़ा बाजा, चंग। (ब्रज में इस शब्द का प्रयोग स्त्री० में होता है)

डफली स्त्री० [हिं० डफ+ली (प्रत्य०)] छोटा डफ।

कहा० *अपनी अपनी डफली अपना अपना राग*=वह स्थिति जिसमें सब लोग अपनी-अपनी बात कहते हैं और एक का मत दूसरे से नहीं मिलता।

डफारना अ० [?] १. चिल्लाना। २. जोर-जोर से रोना।

डफाली पुं० [हिं० डफ़] डफ, ताशा, ढोल आदि बजानेवाला।

डबकना¹ अ० [हिं० डब] पीड़ा करना, टीस मारना।

डबकना² अ० [हिं० डबडबाना] (आंखों में) आँसू आना।

डबकौंहाँ* वि० [हिं० डबकना] [स्त्री० डबकौंही] आँसू भरा हुआ, डबडबाया हुआ (नेत्र)।

डबडबाना अ० [अनु०] आँसुओं से (आँखें) भर आना, अश्रुपूर्ण होना।

डबरा पुं० [सं० दभ्र] [स्त्री० डबरी] पानी का छिछला गड्ढा।

डबल वि० [अं० डब्ल] १. दोहरा। २. मोटा, बड़ा या भारी।
पुं० एक पैसेवाला ब्रिटिश काल का सिक्का, पैसा।

डबल क्राउन पुं० ३० इंच लम्बे और २० इंच चौड़े कागज का नाप।

डबल रोटी स्त्री० दे० 'पाव रोटी'।

डबी* स्त्री०=डब्बी (छोटा डब्बा)।

डबोना स० दे० 'डुबाना'।

डब्बा पुं० [फा० दब्ब:] [स्त्री० अल्पा० डब्बी] १. ढक्कनदार छोटा गहरा बरतन, सम्पुट। २. रेलगाडी का खाना।

डब्बू पुं० [हिं० डब्बा] खाने की चीजें रखने का एक प्रकार का डब्बा।

डभकना अ० [अनु० डभडभ] १. पानी में डूबना-उतराना, डुबकियाँ लेना। २. आँखों में जल भर आना। ३. डभडभ शब्द करते हुए चुरना।

डभकौहाँ वि० दे० 'डबकौहाँ'।

डभकौरी स्त्री० दे० 'डुभकौरी'।

डमडम पुं० [अनु०] डमरू के बजने का शब्द।

डमरू पुं० [सं० डमरु] चमड़ा मढ़ा हुआ एक छोटा बाजा जो बीच में पतला और दोनो सिरों पर मोटा होता है।

डमरूमध्य पुं० [सं० डमरू+मध्य] वह तंग या पतला भाग जो दो बड़े खंडों के बीच में हो और दोनों को मिलाता हो, इसके दो भेद हैं—जल-डमरूमध्य और स्थल-डमरूमध्य।

डयन पुं० [सं०] १. उड़ान। २. पंख।

डर पुं० [सं० दर] १. अनिष्ट की आशंका से उत्पन्न होनेवाला भाव, भय, भीति, खौफ। २. अनिष्ट की सम्भावना की मन में होनेवाली कल्पना, आशंका।

डरना[१] अ० [हिं० डर] १. अनिष्ट या हानि की आशंका से आकुल होना, भयभीत होना। २. आशंका करना।

मुहा० डर *जाना*=भयभीत होना।

डरना[२] अ० [हिं० डलना] १. दे० 'डलना'। २. कहीं पड़े होना या रहना; उदा० तहँ देखिये डरे बलबीर। -केशव।

डरपना* अ० दे०=डरना।

डरपाना* स०=डराना।

डरपोक वि०, पुं० [हिं० डरना+पोंकना] बहुत डरनेवाला, भीरु।

डरवाना स० हिं० 'डराना' का प्रे०।

डरा* पुं० [स्त्री० अल्पा० डरी] दे० 'डला'।

डराना स० [हिं० डरना] किसी के मन में डर उत्पन्न करना, भयभीत करना।

डरारा* वि० [स्त्री० डरारी] दे० 'डरावना'।

डरावना वि० [हिं० डर] [स्त्री० डरावनी; भाव० डरावनापन] जिसे देखने से डर लगे, भयानक, भयंकर।

स० डराना।

डरावा पुं० [हिं० डराना] डराने के लिए कही हुई बात।

मुहा० *डरावा दिखाना*=भयभीत करना।

डल[१] पुं० [सं० दल] टुकड़ा, खंड।

डल[२] स्त्री० [सं० तल] झील।

डलना अ० [हिं० डालना] डाला या उँड़ेला जाना, पड़ना।

डला[१] पुं० [सं० दल] [स्त्री० अल्पा० डली] १. मोटा बड़ा टुकड़ा, खंड। २. बड़ी डली, ढेला, जैसे नमक का डला।

डला[२] पुं० [सं० डलक] [स्त्री० डलिया] बड़ी डलिया, टोकरा, दौरा।

डलिया स्त्री० [हिं० डला] १. छोटा डला, टोकरी, दौरी। २. एक प्रकार की तश्तरी।

डली स्त्री० [हिं० डला] १. छोटा टुकड़ा या खंड। २. कटी हुई सुपारी।

स्त्री० दे० 'डलिया'।

डवा| पुं०=थैला।

डसना स० [सं० दशन] [भाव० डसन] १. विषवाले कीड़े का दाँत से काटना। २. डंक मारना।

डसाना[१] स० हिं० 'डसना' का प्रे०।

डसाना[२] स० [हिं० डासन] (बिछौना) बिछाना, उदा० जागे पुनि न डसैहौं।-तुलसी।

डहकना[१] स० [हिं० ठगना?] १. धोखा देना, ठगना। २. ललचाकर न देना।

अ० धोखा खाना।

डहकना[२] अ० [हिं० दहाढ़, धाड़] १. बिलखना, विलाप करना। २. दहाड़ मारना।

डहकना[३] स० [देश०] छितराना, फैलाना।

डहकाना अ० [हिं० जहकना] धोखे में आकर पास का धन गँवाना, ठगा जाना।

स० १. धोखा देकर किसी की चीज ले लेना, ठगना, जटना। २. कोई वस्तु दिखाकर या ललचाकर भी न देना।

डहडहा वि० [अनु०] [स्त्री० डहडही] [भाव० डहडहाट] १. जो सूखा या मुरझाया न हो, हरा-भरा, ताजा। २. प्रसन्न, आनन्दित। ३. तुरन्त का, ताजा।

डहडहाना अ० [हिं० डहडहा] १. पेड़-पौधों का हरा-भरा या ताजा होना। २. प्रसन्न या आनन्दित होना।

डहन पुं० [सं० उड्डयन] १. पंख, पर। २. डैना।

डहना अ० [सं० दहन] १. जलना, भस्म होना। २. द्वेष करना, बुरा मानना।

स० १. जलाना, भस्म करना। २. सन्तप्त करना, कष्ट पहुँचाना।

डहर| पुं० [हिं० डगर] १. रास्ता, मार्ग, पथ। २. आकाशगंगा।

डहरना अ० [हिं० डहर] चलना।

डहार* पुं० [हिं० डाहना] डाहने या सन्तप्त करनेवाला।

डाँक[१] स्त्री० [हिं० दमक] ताम्बे या चाँदी का वह बहुत पतला पत्तर जो नगीनों के नीचे उनकी चमक बढ़ाने के लिए लगाया जाता है।

डाँक[२] स्त्री० [हिं० डाँकना] कै, वमन।

स्त्री० दे० 'डाक'।

*पुं० दे० 'डंका'।

डाँकना[१] स० दे० 'लाँघना'।

डाँकना[२] अ० [हिं० डाँक] वमन करना, कै करना।

डाँग[1] पुं० [सं० टंक=पहाड़ का किनारा और चोटी] जंगल, विशेषतः पहाड़ी जंगल।

डाँग[2] स्त्री० [पं०] बड़ा डंडा या लाठी।

*पुं० दे० 'डंका'।

डाँगर पुं० [देश०] १. पशु, चौपाया। २. मूर्ख। वि० दुबला-पतला।

डाँट स्त्री० [सं० दांति] १. डाँटने या डपटने की क्रिया या भाव। २. डाँट या बिगड़कर कही हुई बात, डपट। ३. दबाव।

डाँट-डपट स्त्री० [हिं० डाँटना+डपटना] क्रोधपूर्वक और डाँटकर कही जानेवाली बात।

डाँटना स० [हिं० डाँट] डराने के लिए क्रोधपूर्वक जोर से बोलना, घुड़कना।

डाँट-फटकार स्त्री०=डाँट-डपट।

डाँड़ पुं० [सं० दंड] १. सीधी लकड़ी, डंडा। २. गदका। ३. नाव खेने का बल्ला, चप्पू। ४. ऊँची मेड़। ५. सीमा, हद। ६. अर्थदंड, जुरमाना। ७. कर्तव्य, प्रतिज्ञा या निश्चय का पालन न कर सकने के बदले में दिया जानेवाला धन, हरजाना।

डाँड़ना स० [हिं० डाँड़] १. अर्थदंड से दंडित करना, जुरमाना करना। २. डाँड़ या हरजाना लेना। ३. दंड देना। ४. दे० 'डाँटना'।

डाँड़ी स्त्री० [हिं० डाँड़] १. दे० 'डंडी'। २. हिंडोले में की वे चारों लकड़ियाँ या डोरी की लड़ें जिनपर बैठने की पट्टी रखी जाती है। ३. डाँड़ खेनेवाला आदमी। ४. लीक, मर्यादा। ५. डंडे में बँधी हुई झोली के आकार की पहाड़ी सवारी, झप्पान।

डाँवाँडोल वि० [हिं० डोलना] अपनी ठीक या एक स्थिति में न रहनेवाला, जो कभी इधर होता हो और कभी उधर, अस्थिर।

डाँस[1] पुं० [सं० दंश] १. बड़ा मच्छर। २. एक प्रकार की मक्खी।

डाँस[2] पुं० [अं०] नृत्य, नाच।

डाइन स्त्री० [सं० डाकिनी] १. भूतनी, चुड़ैल। २. वह स्त्री जिसकी कुदृष्टि के प्रभाव से बच्चे मर जाते या बीमार पड़ जाते हों, टोनहाई। ३. कुरूपा और डरावनी स्त्री।

डाइनमो पुं० [अं०] एक उपकरण जो किसी ऊर्जा को बिजली में बदल देता हो।

डाक[1] पुं० [हिं० डाँकना] १. सवारी का ऐसा प्रबन्ध जिसमें हर पड़ाव पर बराबर जानवर या यान आदि बदले जाते हों। **मुहा०** *डाक बैठाना या लगाना*=शीघ्र यात्रा पूरी करने के लिए स्थान-स्थान पर सवारी बदलने की व्यवस्था करना। २. राज्य की ओर से, चिट्ठियों, पार्सलों आदि के आने-जाने की व्यवस्था। ३. कागज-पत्र आदि जो इस प्रकार कहीं भेजे जाएँ या कहीं से आएँ। (पोस्ट)

डाक[2] स्त्री० [अनु०] वमन, कै।

डाक[3] पुं० [बँग०] नीलाम की बोली, विशेष दे० 'बोली'।

डाकखाना पुं० दे० 'डाक-घर'।

डाक-गाड़ी स्त्री० वह रेल-गाड़ी जो साधारण गाड़ियों से बहुत तेज चलती है और जिसमें डाक जाती है।

डाक-घर पुं० [हिं० डाक+घर] वह सरकारी दफ्तर जहाँ से लोग चिट्ठी-पत्री आदि भेजते हैं और जहाँ से चिट्ठियाँ आदि बाँटी जाती हैं। (पोस्ट ऑफिस)

डाक-चौकी स्त्री० [हिं० डाक+चौकी] प्राचीन काल में मार्ग में पड़नेवाला वह स्थान जहाँ यात्रा के घोड़े, हरकारे या सवारियाँ बदली जाती थीं।

डाकना[1] अ० [हिं० डाक] कै करना।

डाकना[2] स० [हिं० डाक+ना] फाँदना, लाँघना।

डाक-बँगला पुं० [हिं० डाक+बँगला] वह मकान जो सरकार की ओर से परदेसियों या सरकारी अधिकारियों के ठहरने के लिए बना हो।

डाकर पुं० [पश्तो डाग=सूखी कड़ी भूमि] नदी के किनारे की वह भूमि जिस पर बरसात में नदी में बहकर आई हुई चिकनी मिट्टी जम जाती है, कड़ी तथा उपजाऊ भूमि।

डाक-व्यय पुं० [हिं०+सं०]डाक से कोई पत्र या वस्तु भेजने पर होनेवाला व्यय।

डाका पुं० [हिं० डाकना या सं० दस्यु] माल-असबाब लूटने के लिए दल बाँधकर किया जानेवाला धावा, बटमारी।

डाकाजनी स्त्री० [हिं० डाका+फा० ज़नी] डाका मारने का काम, बटमारी।

डाकिन स्त्री० दे० 'डाकिनी'।

डाकिनी स्त्री० [सं०] डाइन, चुड़ैल।

डाकू पुं० [हिं० डाक या सं० दस्यु] डाका डालनेवाला, डकैत।

डाकेट पुं० दे० 'खरीता' ३.।

डाकोर पुं० [सं० ठक्कुर] १. ठाकुर, देवता। २. विष्णु भगवान। (गुजरात)

डाक्टर पुं० [अं०] [स्त्री० डाक्टरनी, डाक्टरानी] १. किसी विषय का बहुत बड़ा विद्वान या पंडित। २. वह जिसे अंग्रेजी ढंग से चिकित्सा करने की शिक्षा मिली हो और चिकित्सा करने का अधिकार प्राप्त हो। ३. एक प्रकार की उपाधि जो बहुत बड़े विद्वानों को कोई उच्च परीक्षा पारित करने पर अथवा यों ही उनके सम्मानार्थ दी जाती है।

डाक्टरी स्त्री० [अं० डाक्टर+हिं० ई (प्रत्य०)] डाक्टर या चिकित्सक का काम, पद, भाव या उपाधि।

डाग स्त्री० [?] डुग्गी, ढोल आदि बजाने की लकड़ी।

डागा पुं० बड़ी डाग।

डाट स्त्री० [सं० दाँति] १. वह वस्तु जो बोझ सँभालने के लिए उसके नीचे लगाई जाए, टेक, चाँड़। २. छेद बन्द करने की वस्तु। ३. बोतल, शीशी आदि का मुँह बन्द करने की वस्तु, काग, डट्टा। ४. मेहराब को रोके रखने के लिए ईंटों की जोड़ाई।

स्त्री० दे० 'डाँट'।

डाटना स० [हिं० डाट] १. एक वस्तु को दूसरी वस्तु पर कसकर बैठाना। २. टेक या चाँड़ लगाना। ३. छेद या मुँह बन्द करना, कसकर या ठूसकर भरना। ५. खूब पेट भर खाना। ६. ठाठ से कपड़े गहने आदि पहनना।

अ० १. डटकर सामने बैठना। २. ठाट या वेष बनना।

स० दे० 'डाँटना'।

डाटपेन पुं० [अं०] बालपेन।

डाढ़ स्त्री० [सं० दाढक] चबाने का चौड़ा दाँत, चौभड़, दाड़।

डाढ़ना* स० [सं० दग्ध] १. भस्म करना, जलाना। २. सन्तप्त या दुखी करना।

डाढ़ा[१] स्त्री० [सं० दग्ध] १. दावानल, बन की आग। २. आग। ३. ताप।

वि० जला हुआ।

डाढ़ा[२] पुं० [हिं० दाढ़ी] बहुत बड़ी दाढ़ी।

डाढ़ी स्त्री० दे० 'दाढ़ी'।

डान पुं० [अं० डॉन] १. ऑक्सफोर्ड विश्वविद्यालय का अध्यापक। २. सरगना, अपने दल, वर्ग या क्षेत्र का वरिष्ठ व्यक्ति।

डाबर पुं० [सं० दभ्र] १. वह नीची जमीन या छोटा गड्ढा जिसमें बरसाती पानी ठहरा रहे। २. वह बरतन जिसमें हाथ-मुँह धोते हैं, चिलमची। ३. मैला या गँदला पानी।

डाभ पुं० [सं० दर्भ] १. एक प्रकार का कुश। २. आम की मंजरी या मौर। ३. कच्चा नारियल जिसके अन्दर का पानी पिया जाता है।

डामर[१] पुं० [सं०] १. शिव द्वारा प्रणीत माना जानेवाला एक तन्त्र। २. हलचल। ३. धूम। ४. आडम्बर। ५. चमत्कार।

डामर[२] पुं० [देश०] १. साल वृक्ष का गोंद, राल। २. एक प्रकार की मधुमक्खी जो राल बनाती है।

डामल पुं० [अ० दायमुल हब्स] १. उम्र-कैद। २. देश-निकाला।

डामाडोल* वि० दे० 'डाँवाँडोल'।

डायन स्त्री० दे० 'डाइन'।

डायरी स्त्री०=दैनिकी।

डार[१]* स्त्री० दे 'डाल'।

डार[२] स्त्री० [सं० डलक] डलिया, चँगेरी।

डारना स० १. दे० 'डालना'। २. दे० 'फेंकना'।

डारा पुं० [हिं० डाल] वह रस्सी या लकड़ी जिस पर कपड़े लटकाए जाते हैं।

डारी स्त्री० दे० 'डाल'।

डाल[१] स्त्री० [सं० दारु] १. पेड़ के धड़ में की वह लम्बी लकड़ी जिसमें पत्तियाँ और कल्ले निकलते हैं, शाखा, शाख। २. शीशे के गिलास लगाने के लिए दीवार में लगी हुई एक प्रकार की खूँटी। ३. तलवार का फल। ४. डंडी, डाँडी।

डाल[२] स्त्री० [हिं० डला] वे कपड़े और गहने जो डलिया में रखकर विवाह के समय वर की ओर से वधू को दिए जाते हैं।

डालडा पुं० १. वानस्पतिक तेल। (एक कंपनी के तेल का व्यापारिक नाम है।) २. रद्दी वस्तु। ३. नकली या जाली वस्तु।

डालना स० [सं० तलन] १. किसी चीज में गिराना या छोड़ना। **मुहा०** *डाल रखना*=(क) रख छोड़ना। (ख) रोक रखना।

२. एक वस्तु या पात्र में ऊपर से कोई वस्तु गिराना, छोड़ना। ३. मिलाना। ४. प्रविष्ट करना, घुसाना। ५. फैलाना, बिछाना। ६. शरीर पर धारण करना, पहनना। ७. गर्भपात करना। (चौपायों के लिए) ८. कै करना, वमन करना। ९. (स्त्री को) पत्नी की तरह घर में रखना।

डालर पुं० [अं० डॉलर] अमेरिका, कैनेडा, आस्ट्रेलिया आदि देशों की मुद्रा।

डाला| पुं० बड़ी डाली।

डाली स्त्री० [हिं० डला] १. डलिया, चँगेरी। २. फल, फूल और मेवे जो डलिया में सजाकर किसी बड़े के पास उसके सम्मानार्थ भेजे जाते हैं। ३. दाँई हुई फसल का अनाज अलग करना, ओसाना, बरसाना।

मुहा० *डाली देना*=उक्त प्रकार से भूसे से अनाज अलग करना, ओसाना, बरसाना।

स्त्री० दे० 'डाल'।

डावरा* पुं० [सं० डिंब] बेटा।

डासन* पुं० [सं० डाभ=दर्भ+आसन] बिछौना।

डासना* स० [हिं० डासन] बिछौना।

पुं० दे० 'बिछौना'।

स्त्री०=डसना।

डाह स्त्री० [सं० दाह] ईर्ष्या, जलन।

डाहना स० [सं० दाहन] १. किसी के मन में ईर्ष्या या डाह उत्पन्न करना, जलाना। २. कष्ट पहुँचाना, पीड़ित करना।

डाही वि० [हिं० डाह] डाह या ईर्ष्या करनेवाला।

डिंगर पुं० [सं०] १. मोटा आदमी। २. दुष्ट या पाजी व्यक्ति। ३. दास, गुलाम।

डिंगल[१] वि० [सं० डिंगर] नीच, बुरा।

डिंगल[२] स्त्री० [सं० पिंगल का अनु०] राजपूताने की मध्ययुगीन वह प्राचीन भाषा जिसमें भाट और चारण वीर रस-प्रधान काव्य और वंशावलियाँ लिखते थे।

डिंडिम पुं० [तमिल तराणु से सं०] १. प्राचीन काल का एक प्रकार का ढोल। २. डुगडुगी, डुग्गी।

डिंब पुं० [सं०] १. जीव-जंतुओं में स्त्री जाति का वह जीवाणु जो पुरुष जाति के वीर्य के संयोग से अथवा यों ही आप-से आप बढ़कर नए जीव या प्राणी का रूप धारण करता है। (ओवम) २. अंडा। ३. कीड़े का बच्चा। ४. रोना-धोना। ५. बावेला, दंगा, फसाद।

डिंबाणु पुं० दे० 'डिंब' १.।

डिंबाशय पुं० [सं०] स्त्री जाति के जीवों में वह भीतरी अंग जिसमें डिंब रहता या उत्पन्न होता है।

डिंभ[1] पुं० [सं०] १. छोटा बच्चा। २. मूर्ख व्यक्ति।

डिंभ[2] पुं० [सं० दंभ] १. आडम्बर, पाखंड। २. अभिमान, घमंड।

डिक्री स्त्री० दे० 'डिगरी'।

डिगना अ० [सं० टिकति] १. अपनी जगह से टलना, खिसकना। २. निश्चय या विचार पर दृढ़ न रहना, विचलित होना। ३. हिलना।

डिगरी[1] स्त्री० [अं०] १. विश्वविद्यालय की परीक्षा की पदवी। २. कोण, ताप आदि के नाप की इकाई, अंश, कला।

डिगरी[2] स्त्री० [अं० डिक्री] दीवानी अदालत का वह फैसला जिसमें वादी को कोई अधिकार मिलता है, जयपत्र। (डिक्री)

डिगरीदार वि० [हिं० डिगरी+फा० दार] वह जिसके पक्ष में डिगरी या अधिकार का निर्णय हुआ हो।

डिगरीधारी वि०, पुं० [अं० डिगरी+हिं० धारी] जिसे डिगरी या पदवी मिली हो।

डिगलाना* अ० दे० 'डगमगाना'।

डिगाना स० [हिं० डिगना] गिरा देना।

डिजाइन पुं० [अं० डिज़ाइन] रेखाओं, चित्रों आदि से बना हुआ कोई नमूना, प्रतिरूप, प्रतिमान।

डिजाइनदार वि० [अं०+फा०] प्रतिमान के रूप में होनेवाला, प्रतिमान से युक्त।

डिजाइनर पुं० [अं० डिज़ाइनर] वह जो प्रतिमान बनाने या डिजाइन करने में कुशल हो।

डिठार, डिठियार वि० [हिं० डीठ=दृष्टि] जिसे दिखाई दे, दृष्टिवाला।

डिठौना पुं० [हिं० डीठ] वह काला टीका जो बच्चों को नजर से बचाने के लिए लगाया जाता है।

डिठौरा* पुं० दे० 'डिठौना'।

डिढ़* वि० दे० 'दृढ़'।

डिढ़या स्त्री० [देश०] अत्यन्त लालच, परम लोभ या लालसा।

डिनर पुं० [अं०] रात के समय का भोजन।

डिप्लोमा पुं० [अं०] किसी विषय में प्रशिक्षण प्राप्त करने का प्रमाणपत्र।

डिबिया स्त्री० [हिं० डिब्बा] छोटा डिब्बा या सम्पुट।

डिब्बा पुं० [फा० दब्ब:] ढक्कनदार छोटा गहरा टिन का पात्र।

डिब्बेबंद वि० [हिं० डिब्बा+फा० बंद] (वस्तु) जो बन्द डिब्बे में उपलब्ध हो।

डिब्बेबंदी स्त्री० डिब्बों में सामग्री बन्द करने की क्रिया या भाव।

डिभगना* स० [देश०] १. मोहित करना। २. छलना।

डिम पुं० [सं०] वह नाटक जिसमें इन्द्रजाल, युद्ध आदि के दृश्य हों।

डिमडिम स्त्री० [अनु०] डुग्गी का शब्द।

डिमडिमी स्त्री० [सं० डिंडिम] डुग्गी।

डिल्ल पुं० [हिं० टीला] बैल के कन्धे पर का उठा हुआ कूबड़, कूजा, ककुत्थ।

डिश स्त्री० [अं०] १. प्लेट। २. व्यंजन।

डिस्क स्त्री० [अं०] चपटी और वर्तुल प्लेट।

डींग स्त्री० [सं० डीन] शेखी से बहुत बढ़कर कही जानेवाली बात, सीट।

डीजल पुं० [अं० डीज़ल] ऊर्जा उत्पन्न करनेवाला तेल।

डीजल इंजन पुं० डीजल से चलनेवाला इंजन।

डीठ स्त्री० [सं० दृष्टि] १. दृष्टि, नजर, निगाह। २. देखने की शक्ति। ३. ज्ञान, समझ। ४. बुरी नजर।

डीठना† अ० [हिं० डीठ] दिखाई देना। स० १. देखना। २. नजर लगाना।

डीठबंध* पुं० दे० 'इन्द्रजाल'।

डीठमूठि स्त्री० [हिं० डीठि+मूठ] टोना, जादू।

डील पुं० [देश०] बैल, साँड़ आदि की पीठ और गरदन के बीच का उठा हुआ भाग।

डील-डौल [हिं० डील+डौल] देह की लम्बाई-चौड़ाई।

डीली* स्त्री०=दिल्ली (नगर)।

डीह पुं० [फा० देह] १. छोटा गाँव। २. ग्राम-देवता।

डुंड* पुं०=डुगडुगी (डौंडी)।

डुक† पुं०=मुक्का (घूँसा)।

डुक्का† पुं०=मुक्का (घूँसा)।

डुगडुगी स्त्री० [अनु०] चमड़ा मढ़ा हुआ एक छोटा बाजा, जिसे बजाकर किसी बात की घोषणा की जाती है, डुग्गी, डौंडी।

डुग्गी स्त्री० दे० 'डुगडुगी'।

डुप्लिकेटर पुं० [अं०] अनुलिपि तैयार करनेवाला यन्त्र।

डुबकनी स्त्री० [हिं० डुबकी] पानी के अन्दर डूबकर चलनेवाली एक प्रकार की नाव, पनडुब्बी। (सब-मरीन)

डुबकी स्त्री० [हिं० डूबना] १. पानी में डूबने की क्रिया या भाव, गोता। २. पीठी की बनी हुई बिना तली बरी।

डुबाना स० [हिं० डूबना] १. पानी या किसी द्रव पदार्थ में समूचा डालना, गोता देना। २. चौपट या नष्ट करना।

मुहा० *नाम डुबाना*=नाम या मर्यादा नष्ट करना। *लुटिया डुबाना*=(क) महत्त्व या प्रतिष्ठा नष्ट करना। (ख) काम बिगाड़ना।

डुबाव पुं० [हिं० डूबना] पानी की डूबने भर की गहराई।

डुबोना स० दे० 'डुबाना'।

डुब्बा पुं० दे० 'पनडुब्बा'।

डुब्बी स्त्री० १. दे० 'डुबकी'। २. दे० 'डुबकनी'।

डुभकौरी स्त्री० [हिं० डुबकी+बरी] पीठी की बिना तली बरी।

डुलना† अ० दे० 'डोलना'।

डुलाना स० [हिं० डोलना] १. डोलने में प्रवृत्त करना, चलाना। २. हटाना।

डूँगर पुं० [सं० तुंग] १. टीला। २. छोटी पहाड़ी। ३. बस्ती।

डूँगा पुं० दे० 'डूँगर'।

डूबना अ० [अनु० डुबडुब] १. पानी या और किसी तरल पदार्थ में पूरा समाना, गोता खाना।

मुहा० *(चुल्लू भर पानी में) डूब मरना*=लज्जा के मारे मुँह दिखाने योग्य न रहना। *जी डूबना*=(क) चित्त व्याकुल होना। (ख) हृदय की धड़कन बन्द होती जान पड़ना।

२. सूर्य, चन्द्रमा आदि ग्रहों या नक्षत्रों का अस्त होना। ३. चौपट होना, नष्ट होना; जैसे—रकम डूब गई हो। ४. लीन या तन्मय होना, लिप्त होना।

मुहा० *नाड़ी डूबना*=नाड़ी बन्द होने से पहले रुक-रुककर चलना। *नाम डूबना*=प्रतिष्ठा नष्ट होना।

५. व्यवसाय में लगाया या ऋण स्वरूप दिया हुआ धन नष्ट होना।

डेंड़सी स्त्री० [सं० टिंडिश] ककड़ी की तरह की एक तरकारी, टिंडा।

डेड़हा† पुं० [सं० डुंडुभ] पानी में रहनेवाला विषहीन साँप।

डेढ़ वि० [सं० अध्यर्द्ध] पूरा एक और उसका आधा।

मुहा० *डेढ़ चावल की खिचड़ी अलग पकाना*=अपना तुच्छ या अमान्य विचार या कार्य सबसे अलग रखना या चलाना।

डेढ़ा वि० दे० 'ड्योढ़ा'।

डेमरेज पुं० [अं०] बन्दरगाह या रेल के मालगोदाम में पड़े रहनेवाले माल का किराए के रूप में लिया जानेवाला हरजाना जो माल छुड़ानेवाले को देना पड़ता है।

डेरा[1] पुं० [हिं० डालना या ठहरना] १. थोड़े समय के लिए रहने का स्थान या व्यवस्था, टिकान, पड़ाव।

मुहा० *डेरा डालना*= (क) स्थायी रूप से निवास करना, टिकना, ठहरना। (ख) कहीं जमकर बैठ जाना।

२. खेमा, तम्बू। ३. नाचने-गानेवालों का दल। ४. वेश्या का घर। ५. मकान, घर। (पूरब)

डेरा[2] वि० [सं० डहर?] [स्त्री० डेरी] बाँया, वाम, 'दाहिना' का विपर्याय।

डेराना अ० दे० 'डरना'।

स० दे० 'डराना'।

डेरी[1]* स्त्री०=डेरा।

डेरी[2] स्त्री० [अं० डेअरी] दूध, घी, पनीर आदि का उत्पादन, संग्रह तथा पूर्ति करनेवाली संस्था।

डेल पुं० [हिं० डला] १. बड़ी डलिया, झाबा। २. वह झाबा जिसमें बहेलिए फँसाई हुई चिड़ियाँ बन्द करके रखते हैं।

डेला पुं० [सं० दल] १. आँख में का वह सफेद उभरा हुआ भाग जिसमें पुतली रहती है, कोया। २. डला। ३. ढेला।

डेवढ़ वि० [हिं० डेवढ़ा] डेढ़ गुना, ड्योढ़ा।

पुं० १. सिलसिला, क्रम, तार। २. विकट अवस्था में भी काम निकालने या ठीक करने की व्यवस्था। (ऐडजस्टमेन्ट)

डेवढ़ा वि०, पुं० 'ड्योढ़ा'।

डेसीग्राम पुं० [अं०] एक ग्राम का दसवाँ भाग।

डेसीमीटर पुं० [अं०] एक मीटर का दसवाँ भाग।

डेसीलीटर पुं० [अं०] एक लीटर का दसवाँ भाग।

डेहरी स्त्री० [?] अन्न रखने का एक प्रकार का छोटा बरतन।

स्त्री० दे० 'दहलीज'।

डैन* पुं० दे० 'डैना'।

डैना पुं० [सं० डयन] चिड़ियों के एक ओर के परों का समूह, पक्ष।

डोंगर पुं० [सं० तुंग] [स्त्री० अल्पा० डोंगरी] १. पहाड़ी। २. टीला।

डोंगा पुं० [सं० द्रोण] बड़ी नाव।

डोंगी स्त्री० [सं० द्रोणी] छोटी नाव।

डोंडी स्त्री० [हिं० तुंड] पोस्ते का फल जिसमें से अफीम निकलती है।

डोई स्त्री० [हिं० डोकी] वह कलछी जिससे चाशनी चलाते या घी निकालते हैं।

डोकी स्त्री० [हिं० डोका] काठ की कटोरी।

डोडा पुं० [सं० तुंड] १. कपास, सेमल आदि का बीज जिसके चारों ओर रुई लिपटी रहती है। २. पोस्ते की फली।

डोब पुं० दे० 'डुबकी'।

डोभ पुं० [हिं० डुबाना] सिलाई का टाँका।

डोम पुं० [सं० डम] [स्त्री० डोमिन, डोमिनी] १. एक जाति जो श्मशान पर शव को आग देती और टोकरियाँ आदि बनाकर बेचती है। २. उक्त जाति का व्यक्ति। ३. ढाढ़ी, मीरासी।

डोमकौआ पुं० [हिं० डोम (डोम जाति)+कौआ] एक प्रकार का बड़ा कौआ।

डोमड़ा पुं० दे० 'डोम' २.।

डोमनी स्त्री० [हिं० डोम] १. डोम जाति की स्त्री। २. ढाढ़ी या मीरासी की स्त्री जो गाने-बजाने का काम करती है।

डोर स्त्री० [सं०] १. पतला तागा, डोरा।

मुहा० *डोर पर लगाना*=प्रयोजन सिद्धि को अनुकूल करना, ढब पर लाना। *(किसी की) डोर लगना*=(क) किसी के पीछे-पीछे चलना। (ख) अनुयायी बनना, अनुकरण करना।

२. सहारा, आसरा।

डोरा पुं० [सं० डोरक] १. रुई, रेशम, ऊन आदि को बटकर बनाया हुआ मोटा सूत या तागा, धागा। २. धारी, लकीर। ३. आँखों की वे महीन लाल नसें जो नशे या यौवन की उमंग में दिखाई देने लगती हैं। ४. तलवार की धार। ५. तपे हुए घी की धार। ६. स्नेहसूत्र, प्रेम का बन्धन।

मुहा० *किसी पर डोरे डालना*=किसी को अपने प्रेमपाश में फँसाने का प्रयत्न करना।

७. काजल या सुरमे की रेखा।

डोरिया पुं० [हिं० डोरा] एक प्रकार का कपड़ा जिसमें कुछ मोटे सूतों की या रंगीन धारियाँ होती हैं।

डोरिहार* पुं० दे० 'पटवा'।

डोरी स्त्री० [हिं० डोरा] १. रस्सी, रज्जु।

मुहा० *डोरी ढीली छोड़ना*=नियन्त्रण या देख-रेख कम करना।

२. पाश, बन्धन। ३. डंडीदार कटोरा, डोई।

डोरे* क्रि० वि० [हिं० डोर] साथ, संग।

डोल[1] पुं० [सं० दोल] १. हिलने-डोलने की क्रिया या भाव। २. हलचल। ३. पानी रखने या भरने का लोहे का बरतन। ४. हिंडोला, झूला। ५. डोली, पालकी।

डोल[2]* वि० [हिं० डोलना] चंचल।

डोलची स्त्री० [हिं० डोल] छोटा डोल।

डोलना अ० [सं० दोलन] १. गति में होना, हिलना। २. चलना, फिरना। ३. (चित्त) विचलित होना, डिगना।

डोला पुं० [सं० दोल] [स्त्री० डोली] १. स्त्रियों के बैठने की बड़ी डोली, जिसे कहार ढोते हैं।

मुहा० *डोला देना*= (क) किसी राजा या सरदार को भेंट की तरह अपनी लड़की देना। (ख) कन्या को वर के घर इसलिए भेजना कि वहीं उसका ब्याह हो।

२. झूले का झोंका, पेंग।

डोलाना स० [हिं० डोलना] डोलने में प्रवृत्त करना, चलाना।

डोली स्त्री० [हिं० डोला] १. एक प्रकार की सवारी जो कहार कन्धे पर लेकर चलते हैं। २. वह पालकी जिसमें बैठकर दुल्हिन ससुराल जाती है। ३. दुल्हिन की विदाई।

डोली-डंडा पुं० [हिं० डोली+डंडा] लड़कों का एक खेल, जिसमें दो लड़के आपस में बाँहें मिलाकर और उन पर किसी लड़के को बैठाकर ले चलते हैं।

डौंड़ी स्त्री० [हिं० डुग्गी] १. दे० 'डुगडुगी'। २. घोषणा, मुनादी।

डौर* पुं०=डौल।

डौल पुं० [?] १. ढाँचा, ढड्ढा।

मुहा० *डौल पर लाना*=काट-छाँटकर सुडौल या दुरुस्त करना।

२. बनावट का ढंग, रचना-प्रकार। ३. तरह, प्रकार। ४. युक्ति, उपाय।

मुहा० *डौल बाँधना या लगाना*=उपाय करना, युक्ति बैठाना।

५. रंग-ढंग, लक्षण।

डौलियाना स० [हिं० डौल] १. फुसलाकर अपने अनुकूल करना। २. गढ़कर दुरुस्त करना।

ड्योढ़ा वि० [हिं० डेढ़] जितना हो, उसका आधा और, डेढ़ गुना। पुं० अंकों की डेढ़ गुनी संख्या का पहाड़ा।

ड्योढ़ी स्त्री० [सं० देहली] १. फाटक, दरवाजा। २. मकान में घुसने का स्थान, द्वार।

ड्योढ़ीदार पुं० [हिं० ड्योढ़ी+फा० दार] ड्योढ़ी पर रहनेवाला पहरेदार, द्वारपाल, दरबान।

ड्राफ्ट पुं० [अं०] बैंक की एक शाखा का दूसरी शाखा के नाम लिखा हुआ आदेशपत्र कि अमुक व्यक्ति को अमुक मात्रा में रुपया दिया जाए।

ड्राफ्ट्समैन पुं० [अं०] मकान आदि का नक्शा बनानेवाला व्यक्ति।

ड्रामा पुं० [अं०] नाटक।

ड्रामेबाज पुं० [अं० ड्रामा+फा० बाज़] चालाक व्यक्ति।

ढ

ढ देवनागरी वर्णमाला का चौदहवाँ और टवर्ग का चौथा व्यंजन वर्ण। इसका उच्चारण स्थान मूर्धा है। इसके दो रूप होते हैं-(क) जैसे 'ढकना' में का 'ढ'; और (ख) बढ़ना में का 'ढ़'।

ढँकना स० दे० 'ढाँकना'।

ढँकाव पुं० [हिं० ढँकना] ढँके होने की अवस्था या भाव।

ढंख पुं० [सं० आषाढ़क] १. ढाक या पलास का पौधा। २. ढाक या पलास का जंगल।

ढंग पुं० [सं० दिग्] १. कोई काम करने की प्रणाली या शैली, ढब, रीति। (मेथड, मोड) २. कोई काम करने का प्रकार, तरह। (वे, मैनर) ३. रचना, बनावट। ४. युक्ति, उपाय।

मुहा० *ढंग पर चढ़ाना या लाना*=अभिप्राय-साधन के अनुकूल करना।

५. चाल-चलन, आचरण। ६. लक्षण।

पद *ढंग का*=ठीक ढंग से काम करनेवाला (व्यक्ति) या काम आनेवाला (पदार्थ), सही प्रकार का।

ढँगलाना स० दे० 'लुढ़काना'।

ढंगी वि० [हिं० ढंग] १. चालबाज, धूर्त। २. चतुर, चालाक। ३. दे० 'ढोंगी'।

ढँढोरना स० दे० 'ढूँढ़ना'।

ढँढोरा पुं० [अनु० ढम+ढोल] १. घोषणा करने का ढोल, डुगडुगी, डौंडी। २. ढोल बजाकर की जानेवाली घोषणा।

ढँढोरिया पुं० [हिं० डँढोरा] ढँढोरा पीटने या मुनादी करनेवाला।

ढँपना अ० दे० 'ढकना'।

ढकना पुं० [सं० ढक=छिपना] [स्त्री० अल्पा० ढकनी; भाव० ढकाव] ढाँकने की वस्तु, ढक्कन।

अ० किसी वस्तु के नीचे या आड़ में होने पर दिखाई न देना, छिपना।

स० दे० 'ढाँकना'।

ढकनी स्त्री० [हिं० ढकना] ढाँकने की वस्तु, ढक्कन।

ढका पुं० [सं० ढक्का] बड़ा ढोल।

ढकेलना स० [हिं० धक्का] धक्के से या ठेलकर आगे गिराना या बढ़ाना।

ढकोसला पुं० [हिं० ढंग+सं० कौशल] प्रयोजन सिद्ध करने के लिए बनाया हुआ झूठा रूप, आडम्बर।

ढक्कन पुं० [सं०] ढाँकने की वस्तु, ढकना।

ढक्का पुं० [सं०] बड़ा ढोल।

ढगण पुं० [सं०] तीन मात्राओं का एक गण। (पिंगल)

ढचर पुं० [हिं० ढाँचा?] १. झंझट, बखेड़ा। २. आडम्बर, ढकोसला।

ढड्ढा[१] वि० [देश०] आवश्यकता से अधिक बड़ा और बेढंगा।

ढड्ढा[२] पुं० [हिं० ठाट] १. ढाँचा। २. झूठा ठाट-बाट, आडम्बर।

ढड्ढो स्त्री० [हिं० ढड्ढा] बुढ़िया। (व्यंग्य)

ढपना पुं० दे० 'ढकना'।

अ० ढका होना।

ढपोरशंख पुं० दे० 'डपोरशंख'।

ढब पुं० [सं० धव=गति] १. कोई काम करने की विशेष प्रक्रिया, ढंग, रीति, तरीका। २. प्रकार, तरह। ३. बनावट, गढ़न। ४. युक्ति, उपाय, तदबीर।

पद ढब का=ढंग का, सही प्रकार का।

मुहा० *ढब पर चढ़ाना, लगाना या लाना*=किसी को इस प्रकार फुसलाना कि उससे कुछ काम निकले।

५. प्रकृति, स्वभाव। ६. आदत, बान।

ढमक स्त्री० [अनु०] ढमढम शब्द।

ढमकना अ० ढमढम शब्द करना।

ढमढम स्त्री० [अनु०] ढोलक के बजने का शब्द।

ढयना अ० दे० 'ढहना'।

ढरक स्त्री० [हिं० ढरकना] १. ढरकने की क्रिया या भाव। २. दयालुता। ३. दे० 'ढरनि'।

ढरकना अ० [हिं० ढार या ढाल]१. ढलकना। २. लेटना।

ढरका पुं० [हिं० ढरकना] बाँस की वह नली जिससे चौपायों को दवा पिलाते हैं।

ढरकाना स्त्री० स०=ढलकाना।

ढरकी स्त्री० [हिं० ढरकना] करघे का वह किश्तीनुमा उपकरण जिससे बाने का सूत ताने के इधर-उधर आता-जाता है।

ढरकौंहाँ वि० [हिं० ढरकना] ढरकने या ढलनेवाला।

ढरना अ० दे० 'ढलना'।

ढरनि स्त्री० [हिं० ढरना] १. ढलने या गिरने की क्रिया या भाव। २. हिलने-डोलने की क्रिया, गति। ३. चित्त की प्रवृत्ति, झुकाव। ४. दयालुता, अनुग्रह।

ढरहरना अ० [हिं० ढलना का पुराना रूप] १. ढाला या उँडेला जाना। २. ढलना। ३. पूरी तरह से भरा जाना।

ढरहरा* वि० दे० 'ढरारा'।

ढरारा* वि० [हिं० ढार या ढाल] [स्त्री० ढरारी] १. शीघ्र ढलने, लुड़कने या प्रवृत्त होनेवाला। २. ढालुआँ।

ढरिआना| अ० [हिं० ढारना] १. ढालना, गिराना या बहाना। २. आँसू बहाना।

ढर्रा पुं० [हिं० ढरना] १. काम करने की बँधी हुई शैली, ढंग, पद्धति, तरीका। २. आचरण, चाल-चलन।

ढर्रेदारी स्त्री० [हिं० ढर्रा+फा० दारी (प्रत्य०)] क्रियाओं के निर्वाह का सिलसिला; जैसे-इन अनुष्ठानों में एक ढर्रेदारी आती जा रही है, मानो जैसे-तैसे रसम अदा कर देनी है। -विद्यानिवास मिश्र।

ढलकना अ० [हिं० ढाल] १. द्रव पदार्थ का आधार से नीचे की ओर जाना, ढलना। २. लुढ़कना। ३. (किसी पर) अनुरक्त या कृपालु होना।

ढलका पुं० [हिं० ढलकना] आँखों से पानी ढलने या बहने का रोग।

ढलकाना स० [हिं० ढलकना] ढलकने में प्रवृत्त करना।

ढलना अ० [हिं० ढाल] १. द्रव पदार्थ का नीचे की ओर आना, बहना। २. विगत होना, बीत जाना, जैसे जोबन ढलना। ३. उतार पर होना, जैसे उमर ढलना।

मुहा० *दिन ढलना*= संध्या होना। *सूरज या चाँद ढलना*=सूर्य या चन्द्रमा का डूबने के समीप होना।

४. उँड़ेला या लुढ़काया जाना। ५. किसी ओर आकृष्ट या प्रवृत्त होना। ६. किसी पर प्रसन्न होना, रीझना। ७. साँचें में ढाला जाना।

ढलवाँ वि० [हिं० ढालना] १. जिसमें ढाल या नीचे की ओर उतार हो। २. साँचे में ढालकर बनाया हुआ।

ढलवाना स० हिं० 'ढालना' का प्रे०।

ढलाई स्त्री० [हिं० ढलना] ढालने की क्रिया, भाव या मजदूरी।

ढलाना स० दे० 'ढलवाना'।

ढलैत पुं० [हिं० ढाल] ढाल रखनेवाला सिपाही।

ढवरी| स्त्री० [हिं० ढलना] लौ, लगन।

ढहना अ० [सं० ध्वंसन] १. (मकान आदि का) गिर पड़ना, ध्वस्त होना। २. नष्ट होना मिट जाना।

ढहरना* अ० दे० 'ढलना'।

ढहाना स० [सं० ध्वंसन] किसी से ढाने का काम कराना, ध्वस्त कराना।

ढाँकना स० [सं० ढक=छिपाना] ऊपर से कोई वस्तु रखकर (किसी वस्तु को) ओट में करना, ढकना।

ढाँख* पुं०=ढाक (पलाश)।

ढाँचा पुं० [सं० स्थाता] १. कोई चीज बनाने के पहले उसके अंगों को जोड़कर तैयार किया हुआ पूर्व रूप, ठाठ, डौल। २. इस प्रकार जोड़े हुए खंड कि उनके बीच में कोई वस्तु जमाई या लगाई जा सके। (फ्रेम) ३. पंजर, ठठरी। ४. गढ़न, बनावट।

ढाँढा पुं० [पश्तो] छोटा कुआँ।

ढाँपना स० दे० 'ढाँकना'।

ढाँसना अ० [अनु०] सूखी खाँसी खाँसना।

ढाँसी स्त्री० [हिं० ढाँसना] सूखी खाँसी।

ढाई वि० [सं० सार्द्धद्वि पा० साढद्धि, पुं० हिं० अढ़ाई] दो और आधा।

ढाक[१] पुं० [सं० आषाढ़क] पलाश का पेड़।

मुहा० *ढाक के तीन पात*=सदा एक-सा या ज्यों-का-त्यों। (व्यंग्य)

ढाक[2] पुं० [सं० ढक्का] लड़ाई का ढोल।

ढाड़ स्त्री० [अनु०] १. चिंघाड़। २. दहाड़। ३. चिल्लाहट।
मुहा० *ढाड़ मारना*=चिल्लाकर रोना।

ढाड़स* पुं० दे० 'ढारस'।

ढाढ़ी पुं० [देश०] [स्त्री० ढाढ़िन] मुसलमान गायकों का एक वर्ग।

ढाना स० [हिं० ढाहना] १. दीवार, मकान आदि तोड़कर गिराना। २. गिराना।

ढाबा पुं० [देश०] सामान्य-सा भोजनालय, देसी भोजनालय।

ढार* स्त्री० [सं० धार] १. 'ढालुआँ' होने का भाव, ढाल, उतार। २. पथ, मार्ग। ३. ढाँचा। ४. रचना, बनावट। ५. दे० 'ढरनि'।
स्त्री०=ढाल (तलवार का वार रोकने की)।

ढारना[1]* स० ढाहना (गिराना)।

ढारना[2]* स० दे० 'ढालना'।

ढारस पुं० [सं० धृष् या दार्ढ्य] १. सान्त्वना, आश्वासन। २. साहस, हिम्मत।

ढाल[1] स्त्री० [सं०] तलवार आदि का अथवा और किसी प्रकार का वार रोकने का एक प्रसिद्ध उपकरण, चर्म, फलक।

ढाल[2] स्त्री० [सं० धार] १. वह जगह जो बराबर नीची होती चली गई हो, उतार। २. ढंग, तरीका, प्रकार।

ढाल[3] स्त्री० [हिं० ढालना] ढालने की क्रिया या भाव।

ढालना स० [सं० धार] १. पानी की कोई तरल पदार्थ नीचे गिराना, उँडेलना। २. शराब पीना। ३. बेचना। ४. कोई चीज बनाने के लिए उसकी सामग्री साँचे में डालना।

ढालवाँ, ढालुआँ वि० [हिं० ढाल] [स्त्री० ढालवीं, ढालुई] १. जो बराबर नीचा होता गया हो। २. जिसमें ढाल हो, ढालू (स्थान)। ३. जो साँचे में ढालकर बनाया गया हो।

ढालू वि० दे० 'ढालवाँ'।

ढासना पुं० [सं० धारण+आसन] वह चीज जिस पर पीठ का सहारा लगाया जाए, सहारा, टेक।

ढाहना स० दे० 'ढाना'।

ढिंढोरा पुं० [सं० डिंडम+रव] १. वह ढोल जिसे बजाकर किसी बात की घोषणा की जाती है, डुगडुगिया, डुग्गी। २. घोषणा, मुनादी।

ढिग क्रि० वि० [सं० दिक्] पास, निकट।
स्त्री० १. निकटतम, सामीप्य। २. किनारा।

ढिठाई स्त्री० [हिं० ढीठ] १. ढीठ होने की अवस्था या भाव, धृष्टता। २. अनुचित साहस।

ढिबरी[1] स्त्री० [हिं० डिब्बी] मिट्टी का तेल जलाने के लिए डिबिया के आकार का दीपक।

ढिबरी[2] स्त्री० [हिं० ढपना] कसे जानेवाले पेंच के दूसरे सिरे पर लगाया जानेवाला लोहे का चूड़ीदार चौकोर छल्ला।

ढिलाई स्त्री० [हिं० ढीला] १. ढीला होने का भाव। २. शिथिलता, सुस्ती।

ढिसरना अ० [सं० ध्वंसन] १. फिसल या सरक पड़ना। २. प्रवृत्त होना, झुकना।

ढींगर पुं० [सं० डिंगर] १. हट्ट-कट्टा आदमी। २. पति। ३. उपपति, यार।

ढींढ़ा पुं० [सं० ढुंडि=लंबोदर, गणेश] १. निकला हुआ पेट। २. गर्भ, हमल।

ढीठ वि०, पुं० [सं० धृष्ट] १. बड़ों का उचित आदर या संकोच न करनेवाला, धृष्ट, बेअदब। २. अनुचित या आवश्यकता से अधिक साहस करनेवाला। ३. निडर, निर्भय।

ढीठक* वि०=ढीठ।

ढीठता स्त्री० दे० 'ढिठाई'।

ढील[1] स्त्री० [देश०] सिर के बालों का कीड़ा जूँ।

ढील[2] स्त्री० [हिं० ढीलना] १. ढीलने की क्रिया या भाव। २. आचरण-सम्बन्धी छूट या स्वतन्त्रता।
वि० दे० 'ढीला'।

ढीलना स० [हिं० ढीला] १. ढील करना। २. बन्धन से अलग करना, छोड़ देना। ३. (रस्सी या डोर) इस प्रकार ढीली करना, जिसमें वह बराबर आगे की ओर बढ़ती जाए। ४. नियन्त्रण कम करना, थोड़ी स्वतन्त्रता देना।

ढीला वि० [सं० शिथिल] १. जो कसा या तना हुआ न हो। २. जो दृढ़ता से बँधा, जकड़ा या लगा न हो। ३. जो बहुत गाढ़ा न हो, गीला। ४. जो अपने संकल्प या कर्तव्य पर स्थिर न रहे। ५. धीमा, मन्द ६. सुस्त, आलसी।

ढीलापन पुं० [हिं० ढीला+पन (प्रत्य०)] ढीला होने का भाव, शिथिलता।

ढीह* पुं०=ढूह।

ढुंढ़वाना स० हिं० 'ढूँढ़ना' का प्रे०।

ढुंढिराज पुं० [सं०] गणेश।

ढुकना अ० [देश०] १. घुसना, प्रवेश करना (विशेषत: झुक या छिपकर)। २. अचानक धावा करना, टूट पड़ना। ३. टोह लेने के लिए आड़ में छिपना, कहीं छिपकर पता लेना। ४. किसी के पास पहुँचना।

ढुकाना स० हिं० 'ढुकना' का प्रे०।

ढुटौना* पुं० दे० 'ढोटा'।

ढुर* क्रि० वि० दे० 'धुर' (ठिकाने तक)।

ढुरकना† अ० दे० 'ढुलकना'।

ढुरना अ० [हिं० ढार] १. किसी ओर मुड़ना या ढुलकना। २. कभी इधर और कभी उधर होना। ३. प्रवृत्त होना, झुकना। ४. अनुकूल या प्रसन्न होना।

ढुलकना अ० [हिं० ढाल] १. बराबर नीचे-ऊपर चक्कर खाते हुए नीचे गिरना, लुढ़कना। २. किसी पर अनुरक्त या प्रसन्न होना।

ढुलकाना स० हिं० ढुलकना का स०।

ढुलना[1] अ० [हिं० ढाल] ढुलकना।

ढुलना[2] अ० [हिं० ढोना] ढोया जाना।

ढुलमुल वि० [हिं० ढुलवा+अनु० मुलना] जो किसी बात पर स्थिर न रहता हो, विचार बदलते रहनेवाला।

ढुलमुलची पुं० [हिं०+तु० ची (प्रत्य०)] ढुलमुल विचारोंवाला व्यक्ति।

ढुलवाना स० हिं० 'ढोना' का प्रे०।

ढुलाई स्त्री० [हिं० ढोना] ढोने या ढुलाने का काम, भाव या मजदूरी।

ढुलाना[१] स० [हिं० ढुलना] १. लुढ़काना, गिराना। २. प्रवृत्त करना, झुकाना। ३. अनुकूल करना, प्रसन्न करना। ४. इधर-उधर घुमाना, जैसे चँवर ढुलाना।

ढुलाना[२] स० [हिं० ढोना] ढोने का काम दूसरों से कराना।

ढूँढ़-खोज स्त्री० ढूँढ़ने या खोजने की क्रिया या भाव, तलाश, अनुसन्धान।

ढूँढ़ना स० [सं० ढुंढन] यह देखना कि कोई व्यक्ति या वस्तु कहाँ है, पता लगाना, तलाश करना, खोजना।

ढूकना* अ० दे० 'ढुकना'।

ढूह पुं० [सं० स्तूप] १. ढेर, अटाला। २. टीला, भींटा।

ढेंक स्त्री० [सं० ढेक] पानी के किनारे रहनेवाली एक प्रकार की चिड़िया।

ढेंकली, ढेंकी स्त्री० [हिं० ढेंक (चिड़िया)] १. सिंचाई के लिए कुएँ से पानी निकालने का एक यन्त्र। २. धान कूटने का एक यंत्र।

ढेंढर पुं० [देश०] आँख के डेले पर का उभरा या निकला हुआ मांस। (रोग)

ढेंढ़ी स्त्री० दे० 'डोडा'।

ढेंपी स्त्री०=ढेपनी।

ढेकुली स्त्री०=ढेंकुली।

ढेपनी स्त्री० [हिं० ढेप] १. पत्ते या फल का वह भाग जिससे वह टहनी से जुड़ा रहता है, ढेंपी। २. स्तन के ऊपर का काला गोल दाना।

ढेर पुं० [हिं० धरना?] [स्त्री० अल्पा० ढेरी] एक जगह रखी हुई बहुत सी वस्तुओं का कुछ ऊँचा समूह, राशि, अटाला। **मुहा०** *ढेर करना*=मार डालना। *ढेर हो रहना या जाना*=मरकर अथवा बहुत शिथिल होकर गिर पड़ना।

वि० बहुत, अधिक, ज्यादा।

ढेरी स्त्री० [हिं० ढेर] ढेर, राशि।

ढेरों क्रि०वि० [हिं० ढेर] अत्यधिक मात्रा में।

वि० ढेर के रूप में होनेवाला, मात्रा में बहुत अधिक।

ढेलवाँस स्त्री० [हिं० ढेला+सं० पाश] रस्सी का वह फन्दा जिसमें ढेले भरकर चारों ओर फेंकते हैं, गोफना।

ढेला[१] पुं० [सं० दल] १. मिट्टी, ईंट, कंकड़ आदि का छोटा कड़ा टुकड़ा, चक्का। २. टुकड़ा, डला।

ढेला[२] पुं० [?] एक प्रकार का धान या उसका चावल।

ढेलेदार वि० [हिं० ढेला+फा० दार] ढेलों के रूप में होनेवाला।

ढेवा पुं० [हिं० ढोना?] १. उतना बोझ जितना एक बार में ढोया जाए, खेप। २. गीली मिट्टी का वह ढेर जो कच्ची दीवार बनाते समय उस पर डाला जाता है।

ढैया पुं० [हिं० ढाई] १. ढाई सेर का बटखरा। २. ढाई गुने का पहाड़ा।

ढोंका पुं० [?] पत्थर या और किसी चीज का बड़ा अनगढ़ टुकड़ा।

ढोंग पुं० [हिं० ढंग] ढकोसला, पाखंड।

ढोंगी वि०, पुं० [हिं० ढोंग] ढोंग रचनेवाला, पाखंडी।

ढोंढ़ पुं० [सं० तुंड] १. कपास, पोस्ते आदि का डोडा। २. कली।

ढोंढ़ी स्त्री० [हिं० ढोंढ़] नाभि।

स्त्री० दे० 'ढोढ़'।

ढोका स्त्री० [हिं० ढुकना=झुकना] प्रणाम, नमस्कार।

ढोटा पुं० [हिं० ढोटी का पुं०] १. पुत्र, बेटा, उदा० देखत छोट खोट नृप ढोटा।– तुलसी। २. बालक, लड़का।

ढोटी स्त्री०[सं० दुहितृ] १. पुत्री, बेटी। २. लड़की, बाला।

ढोना स० [सं० वोढ़] १. सिर या पीठ पर बोझ लादकर ले जाना, भार ले चलना। २. कहीं से सम्पत्ति आदि उठा ले जाना। ३. विपत्ति, कष्ट आदि में निर्वाह करना, दिन बिताना।

ढोर पुं० [हिं० ढुरना] चौपाया, पशु।

ढोरना† स० [हिं० ढारना] १. ढरकाना, ढालना। २. लुढ़काना। ३. डुलाना (चँवर आदि)। ४. (अपने या किसी के) पीछे या साथ चलने में प्रवृत्त करना, पीछे लगाना। अ० १. जमीन पर लोटना या लुढ़कना। २. किसी का अनुयायी बनकर उसके साथ या पीछे चलना।

ढोल पुं० [सं०] १. एक प्रकार का लम्बोतरा बाजा जिसके दोनो सिरों पर चमड़ा मढ़ा होता है। २. कान के अन्दर का परदा।

ढोलक स्त्री० [सं० ढोल] छोटा ढोल।

ढोलकिया पुं० [हिं० ढोलक] ढोलक बजानेवाला।

ढोलकी स्त्री०=ढोलक।

पुं०=ढोलकिया।

ढोलन पुं० [हिं० ढोला] १. पति। २. वर, दूल्हा।

ढोलना पुं० [हिं० ढोल] १. ढोलक के आकार का छोटा जन्तर।

स० १. दे० 'ढालना'। २. दे० 'डोलाना'।

ढोला पुं० [हिं० ढोल] १. सड़े हुए फल आदि में का एक प्रकार का छोटा कीड़ा। २. हद या निशान। ३. पिंड, शरीर, देह। ४. प्रियतम। ५. पति। ६. एक प्रकार का गीत।

ढोली स्त्री० [हिं० ढोल] २०० पानों की गड्डी।

ढोवा पुं० [हिं० ढोना] १. ढोए जाने की क्रिया या भाव, ढोवाई, ढुलाई। २. दूसरों का माल अनुचित रूप से बहुत अधिक मात्रा में उठा ले जाना। ३. लूट। ४. आक्रमण। ५. वे पदार्थ जो मंगल अवसरों पर राजा या सरदार को भेंट करते हैं।

ढोहना* स० १. दे० 'ढोना'। २. दे० 'ढूँढ़ना'।

ढौंचा पुं० [सं० अर्द्ध+हिं० चार] साढ़े चार का पहाड़ा।

ढौर* पुं०=ढंग।

ढौरना स० [हिं० ढाल] इधर-उधर घुमाना, जैसे चँवर ढौरना।

ढौरी स्त्री० [हिं० ढरना] ढंग, तरीका।

ण

ण देवनागरी वर्णमाला का पन्द्रहवाँ व्यंजन, जिसका उच्चारण स्थान मूर्धा है। कविता में यह 'णगण' का सूचक चिह्न या संक्षिप्त रूप माना जाता है।

णगण पुं० [सं०] दो मात्राओं के एक गण।

त

त देवनागरी वर्णमाला का सोलहवाँ और तवर्ग का पहला वर्ण, जिसका उच्चारण स्थान दन्त है। छन्दशास्त्र में यह तगण का संक्षिप्त रूप माना जाता है; और कविता में क्रिया-विशेषण के रूप में यह 'तो' का अर्थ देता है।

तंग[१] वि० [फा०] १. जितना खुला या चौड़ा होना चाहिए, उससे कम, सँकरा। २. सिकुड़ा हुआ, संकुचित। ३. चुस्त, कसा। ४. विकल, परेशान।

मुहा० *तंग करना*=सताना, दुख देना। *हाथ तंग होना*= रुपए-पैसे की कमी होना।

तंग[२] पुं० [फा० तंग=तस्मा, या बंद] घोड़ों की जीन कसने का तस्मा।

तंगदस्त वि० [फा०] १. जिसका हाथ तंग हो। २. आर्थिक दृष्टि से कमजोर।

तंगदस्ती स्त्री० [फा०] पैसे की कमी।

तंगनजरी स्त्री० [फा० तंगनज़री] संकीर्ण दृष्टिकोण।

तंगी स्त्री० [फा०] १. तंग होने का भाव। २. संकीर्णता, सँकरापन। ३. आर्थिक कष्ट। ४. न्यूनता, कमी।

तंजेब स्त्री० [फा०] एक प्रकार की महीन और बढ़िया मलमल।

तंडुल पुं० [सं०] चावल।

तंत[१] पुं० १. दे० 'तंतु'। २. दे० 'तत्त्व'। ३. दे० 'तंत्र'।

तंत[२] स्त्री० [हिं० तुरंत] आतुरता।

तंत[३] वि० [?] जो तौल में ठीक हो।

तंतु पुं० [सं०] १. सूत, तागा, डोरा। २. सन्तान, औलाद। ३. विस्तार, फैलाव। ४. ताँत।

तंतुवाय पुं० [सं०] जुलाहा।

तंत्र पुं० [सं०] १. तंतु, ताँत। २. सूत। ३. कुटुम्ब का भरण-पोषण। ४. झाड़ने-फूँकने का मन्त्र या शास्त्र। ५. कोई कार्य करने की प्रणाली या ढाँचा; जैसे—पाचन-तंत्र। ६. देश के राज्य या शासन की कोई प्रणाली, जैसे प्रजातंत्र, गणतंत्र आदि। ७. अधीनता, परवशता। ८. हिन्दुओं का उपासना सम्बन्धी एक शास्त्र जो शिव का चलाया हुआ माना जाता है और जिसके सिद्धान्त गुप्त रखे जाते हैं।

तंत्रकार पुं० [सं०] बाजा बजानेवाला।

तंत्री[१] स्त्री० [सं०] १. सितार आदि बाजों में लगा हुआ तार। २. तारों की सहायता से बजनेवाला बाजा। ३. शरीर की नस। ४. रस्सी।

वि० १. जिसमें तार लगे हों, तन्त्र-सम्बन्धी।

तंत्री[२] पुं० [सं० तंत्रिन्] १. बृहस्पति। २. वह जो बाजा बजाता हो।

तंदुरुस्त वि० [फा०] नीरोग, स्वस्थ।

तंदुरुस्ती स्त्री० [फा०] तंदुरुस्त होने की अवस्था या भाव, स्वास्थ्य।

तंदुल पुं० दे० 'तंडुल'।

तंदूर पुं० [फा० तनूर] रोटी पकाने की मिट्टी की एक प्रकार की बड़ी भट्ठी।

तंदेही स्त्री० [फा० तनदिही] १. परिश्रम, मेहनत। २. प्रयत्न, कोशिश। ३. ताकीद। ४. तल्लीनता।

तंद्रा स्त्री० [सं०] १. वह अवस्था जो पूरी नींद आने के आरम्भ में होती है, ऊँघ। २. हलकी बेहोशी।

तंद्रालस पुं० [सं० तंद्रा+आलस्य] तन्द्रा या ऊँघ के कारण होनेवाला आलस्य।

तंद्रिल वि० [सं०] जो उँघ रहा हो।

तंबाकू पुं० दे० 'तमाकू'।

तंबिया पुं० [हिं० ताँबा] ताँबे, पीतल आदि का छोटा तसला।

तंबीह स्त्री० [अ०] १. नसीहत, शिक्षा। २. ताकीद, चेतावनी।

तंबू पुं० [हिं० तनना] कपड़े, टाट आदि का बना हुआ बड़ा खेमा, शामियाना।

तंबूर पुं० [फा०] एक प्रकार का ढोल।

तंबूरची पुं० [फा०] तम्बूर नामक ढोल बजानेवाला।

तंबूरा पुं० [हिं० तानपूरा] सितार की तरह का, पर उससे कुछ बड़ा एक बाजा, तानपूरा।

तंबूल पुं० दे० 'तांबूल'।

तँबोली पुं० दे० 'तमोली'।

तंभ, तंभन* पुं० [सं० स्तम्भ] शृंगार रस में स्तम्भ नामक भाव।

तँवाई स्त्री० [सं० ताप, हिं० ताव] ताप, दाह, जलन।

तँवार* पुं० [सं० ताप, पु० हिं० ताँवर] १. ताप, गर्मी। २. मूर्छा, बेहोशी।

तः प्रत्य० [सं०] एक संस्कृत प्रत्यय जो शब्दों के अन्त में लगकर ये अर्थ देता है- (क) रूप से; जैसे साधारणतः। (ख) के अनुसार; जैसे नियमतः।

तई[1]* प्रत्य० [हिं० ते] से।

तई[2] प्रत्य० [प्रा० हुंतो] १. प्रति, को। २. से।

तई[3] क्रि० वि० [सं० तावद्] लिए, वास्ते।

तई[4] स्त्री० [हिं० तवा] छोटा तवा।

तउ क्रि० वि० १. दे० 'तब'। २. दे० 'त्यों'।

तऊ क्रि० वि० [हिं० तब+ऊ (प्रत्य०)] तो भी, तथापि, तिसपर भी।

तक[1] निपा० [सं० अंत+क] किसी बात या कार्य की सीमा अथवा अवधि सूचित करनेवाला एक निपात, पर्यंत।

विशेष इस निपात में परसर्ग के लक्षण भी निहित हैं। यह अन्य परसर्गों की तरह संज्ञापद के उपरांत प्रयुक्त होता है और साथ ही आकारांत पुंलिंग एकवचन संज्ञा इसके कारण एकारांत (तिर्यक) हो जाती है; जैसे वह एक घंटे तक आएगा।

तक[2] स्त्री० [हिं० ताकना] १. ताकने की क्रिया या भाव, तकाई। २. लगातार या एक टक देखने की क्रिया, टकटकी।

तकदमा पुं० [अ० तख़मीना] तखमीना, अन्दाज, कूत।

तकदीर स्त्री० [अ० तक्दीर] भाग्य, प्रारब्ध।

तकदीरवर वि० [अ० तक्दीर+फा० वर (प्रत्य०)] भाग्यवान।

तकना अ० [हिं० ताकना] १. दृष्टिपात करना, देखना। २. शरण लेना।

स० १. आश्रय, सहायता आदि के लिए किसी की ओर देखना। २. आसरा देखना, प्रतीक्षा करना।

पुं० बहुत ताकनेवाला।

तकनीक स्त्री० [अं० टेकनालोजी] अधिक मात्रा में तथा शीघ्रतापूर्वक कोई काम करने की वैज्ञानिक पद्धति या प्रक्रिया।

तकनीकी वि० [हिं० तकनीक] तकनीक-सम्बन्धी।

तकब्बर* पुं० [अ० तकब्बुर] [वि० तकब्बरी] अभिमान, घमंड।

तकमा पुं० १. दे० 'तमगा'। २. दे० 'तुकमा'।

तकरार स्त्री० [अ० तक्रार] हुज्जत, विवाद।

तकरीर स्त्री० [अ० तक्रीर] १. बात-चीत। २. वक्तृता, भाषण।

तकला पुं० [सं० तर्कु] [स्त्री० अल्पा० तकली] १. चरखे में लोहे की वह सलाई, जिसपर कता हुआ सूत लिपटता है, टेकुआ। २. रस्सी बटने का एक उपकरण।

तकली स्त्री० [हिं० तकला] सूत कातने का एक छोटा-सा यन्त्र, जिसमें काठ के एक लट्टू में छोटा-सा तकला लगा रहता है।

तकलीफ स्त्री० [अ० तक्लीफ़] १. कष्ट, क्लेश, दुख। २. विपत्ति, संकट।

तकलीफदेह वि० [फा० तकलीफ़देह] कष्टदायक।

तकल्लुफ पुं० [अ०] शिष्टाचार।

तकसीम स्त्री० [अ० तक्सीम] बाँटने की क्रिया या भाव, भाग, बँटाई।

तकसीर स्त्री० [अ० तक्सीर] अपराध, कसूर।

तकाजा पुं० दे० 'तगादा'।

तकाई स्त्री० [हिं० ताकना] ताकने या देखने की क्रिया या भाव।

तकाना स० हिं० 'ताकना' का प्रे०।

तकाव पुं० [हिं० ताकना] ताकने या तकाने की क्रिया या भाव।

तकावी स्त्री० [अ०] वह धन जो खेतिहरों को बीज, चारा आदि खरीदने के लिए सरकार की ओर से उधार दिया जाता है।

तकिया पुं० [फा०] १. रुई आदि से भरा हुआ वह थैला जो लेटने या सोने के समय सिर के नीचे रखते हैं, बालिश। २. रोक या सहारे के लिए लगाई जानेवाली पत्थर की पटिया, मुतक्का। ३. विश्राम करने का स्थान। ४. आश्रय, सहारा, आसरा। ५. मुसलमान फकीर या पीर के रहने का स्थान।

तकियाकलाम पुं० दे० 'सखुनतकिया'।

तकुआ पुं० दे० 'तकला'।

तक्कर* वि० दे० 'तगड़ा'।

तक्र पुं० [सं०] मट्ठा, छाछ।

तक्षक पुं० [सं०] १. पुराणानुसार, एक नाग जिसने राजा परीक्षित को काटा था। २. भारत की एक प्राचीन अनार्य जाति। ३. साँप, सर्प। ४. बढ़ई।

तक्षण पुं० [सं०] लकड़ी, पत्थर आदि गढ़कर मूर्तियाँ आदि बनाना।

तक्षशिला स्त्री० [सं०] भरत के पुत्र तक्ष की राजधानी जो रावलपिंडी के पास खोदकर निकाली गई है।

तखमीना पुं० [अ० तख़्मीनः] (व्यय आदि का) अन्दाज, अनुमान, अटकल।

तखल्लुस पुं० [अ०] उपनाम।

तख्त पुं० [फा०] १. राजसिंहासन। २. तख्तों की बनी हुई बड़ी चौकी।

तख्तपोश पुं० [फा०] तख्त या चौकी पर बिछाने की चादर।

तख्तबंदी स्त्री० [फा०] तख्तों की बनी हुई दीवार।

तख्ता पुं० [फा० तख़्तः] १. लकड़ी का अधिक लम्बा और कम चौड़ा टुकड़ा, पल्ला।

मुहा० *तख्ता उलटना या पलटना*=(क) बना-बनाया काम बिगड़ना या बिगाड़ना। (ख) व्यवस्था आदि का स्वरूप बिल्कुल बदल जाना या बदल देना। *तख्ता हो जाना*=अकड़ जाना।

२. अरथी, टिकठी। ३. कागज का ताव। (शीट)

तख्तापलट वि० [फा० तख़्त:+हिं० पलट] १. जो तख्ता पलटना चाहता हो। २. तख्ता पलटने सम्बन्धी; जैसे—तख्तापलट कार्रवाई।

पु० बलात् एकाएक सरकार को गिरा देने की क्रिया या भाव।

तख्ती स्त्री० [हिं० तख्ता] १. छोटा तख्ता। २. काठ की वह पटरी जिसपर लड़कों को लिखना सिखाते हैं, पटिया।

तगड़ा वि० [हिं० तन+कड़ा] [स्त्री० तगड़ी] १. सबल, बलवान, मजबूत। २. अच्छा और बड़ा।

तगण पुं० [सं०] पहले दो गुरु और तब एक लघु वर्ण (ऽऽ।) का समूह या गण, जैसे दायाद।

तगदमा पुं० दे० 'तकदमा'।

तगमा पुं० दे० 'तमगा'।

तगा पुं० दे० 'तागा'।

तगाई स्त्री० [हिं० तागना] तागने की क्रिया, भाव या मजदूरी।

तगादा पुं० [अ० तकाज़ः] किसी से अपना प्राप्य धन पाने या आवश्यक कार्य करने के लिए फिर से कहना या स्मरण कराना।

तगाना स० हिं० 'तागना' का प्रे०।

तगार पुं० [फा० तगार] [स्त्री० अल्पा० तगारी] १. उखली गाड़ने का गड्ढा। २. वह स्थान जहाँ इमारत के लिए चूना, गारा आदि साना जाता है। ३. बड़ा तसला।

तगीर* पुं० [अ० तग़य्युर] परिवर्तन।

तचना अ० [हिं० तपना] १. गरम होना, तपना। २. जलना। ३. दुखी या सन्तप्त होना।

तचा* स्त्री० दे० 'त्वचा'।

तचाना स० [हिं० तपाना] १. तपाना, गरम करना। २. सन्तप्त या दुखी करना।

तचित* वि० [हिं० तचना] १. तपा हुआ, तप्त। २. दुखी, सन्तप्त।

तच्छक* पुं० दे० 'तक्षक'।

तच्छिन* क्रि० वि० दे० 'तत्क्षण'।

तज पुं० [सं० त्वच] १. दारचीनी की तरह का एक सदाबहार पेड़ जिसके पत्ते 'तेजपत्ता' कहलाते हैं। २. इस पेड़ की सुगन्धित छाल या लकड़ी।

तजन[१] पुं० [सं० त्यजन] त्याग।

तजन[२] पुं० [सं० तजीन? मि० फा० ताजियाना] कोड़ा, चाबुक।

तजना स० [सं० त्यजन] त्यागना।

तजरबा पुं० [अ० तजरुबा] १. अनुभव। २. प्रयोग।

तजरबाकार पुं०=अनुभवी।

तजवीज स्त्री० [अ० तज्वीज] १. सम्मति, राय। २. फैसला, निर्णय। ३. बन्दोबस्त। ४. प्रस्ताव।

तजवीजसानी स्त्री० [अ० तज्वीज+सानी (दूसरा)] एक बार निर्णय हो जाने पर कुछ विशिष्ट कारणों से किसी अभियोग की फिर से होनेवाली सुनवाई।

तज्जनित, तज्जन्य वि० [सं०] उससे उत्पन्न।

तज्ज्ञ वि० [सं०] तत्वज्ञ।

तटंक* पुं० दे० 'ताटंक'।

तट पुं० [सं०] १. नदी, समुद्र आदि का किनारा, तीर। २. किनारे के आस-पास की भूमि।

क्रि० वि० पास, निकट।

तटनी* स्त्री० [सं० तटिनी] नदी।

तटबंध पुं० [सं०] नदी, नहर आदि के तट पर बनाई हुई दीवार।

तटवर्ती (-र्तिन्) वि० [सं०] तट पर स्थित।

तटवासी (-सिन्) वि०, पुं० [सं०] तट पर रहनेवाला।

तटस्थ वि० [सं०] [भाव० तटस्थता] १. तट या किनारे रहनेवाला। २. पास रहनेवाला। ३. परस्पर विरोधी पक्षों से अलग रहनेवाला, उदासीन, निरपेक्ष। (न्यूट्रन)

तटस्थता स्त्री० [सं०] तटस्थ होने या विरोधी दलों के लड़ाई-झगड़े से दूर रहने की दशा या भाव। (न्यूट्रैलिटी)

तटस्थीकरण पुं० [सं० तटस्थ+करण] १. तटस्थ या अलग करने की क्रिया या भाव। २. किसी वस्तु का कोई गुण हटाकर उस गुण का फल या प्रभाव नष्ट करने की क्रिया या भाव। (न्यूटलाइजेशन)

तटावरोध पुं० [सं० तट+अवरोध] वह आदेश जिसके फलस्वरूप तट पर पोतों विशेषतः कुछ निषिद्ध वस्तुओं से लदे पोतों को आने से रोक दिया जाता है। (इम्बार्गो)

तटिनी स्त्री० [सं०] नदी।

तटी स्त्री० [सं०] नदी।

तड़[१] पुं० [सं० तट] एक ही जाति या समाज के अलग-अलग विभाग।

तड़[२] पुं० [अनु०] कोई चीज पटकने या मारने से उत्पन्न होनेवाला शब्द।

तड़क स्त्री० [हिं० तड़कना] १. तड़कने की क्रिया या भाव। २. तड़कने के कारण पड़नेवाला चिह्न।

तड़कना अ० [अनु० तड़] १. 'तड़' शब्द के साथ फटना, फूटना या टूटना, चटकना। २. किसी चीज का सूखकर फट जाना। ३. तड़का लगाना, छौंकना।

तड़क-भड़क स्त्री० [अनु०] रईसी या ठाठ दिखाने के लिए किया हुआ आयोजन या प्रबन्ध, ठाट-बाट।

तड़का पुं० [हिं० तड़कना] १. सबेरा, सुबह, प्रातःकाल। २. छौंक, बघार।

तड़काना स० हिं० 'तड़कना' का प्रे०।

तड़तड़ाना अ०, स० [अनु०] तड़तड़ शब्द होना या करना।

तड़प स्त्री० [हिं० तड़पना] १. तड़पने की क्रिया या भाव। २. चमक, आभा।

तड़पन स्त्री० [हिं० तड़पना] १. तड़पने की अवस्था या भाव।

तड़पना अ० [अनु०] १. अधिक पीड़ा के कारण छटपटाना। २. गरजना।

तड़पाना स० [हिं० तड़पना] ऐसा काम करना जिससे कोई तड़पे।

तड़बंदी स्त्री० दे० 'दलबंदी'।

तड़ाक स्त्री० [अनु०] तड़कने का शब्द।

क्रि० वि० १. 'तड़' या 'तड़ाक' शब्द के साथ। २. जल्दी से, चटपट, तुरन्त।

तड़ाका पुं० [अनु०] 'तड़' शब्द।

क्रि० वि० चटपट, तुरन्त।

तडाग, तड़ाग पुं० [सं०] तालाब, सरोवर।

तड़ागना* अ० [अनु०] १. डींग हाँकना। २. हाथ-पैर हिलाना, प्रयत्न करना।

तड़ातड़ क्रि० वि० [अनु०] १. तड़तड़ शब्द के साथ। २. जल्दी-जल्दी।

तड़ाना स० [हिं० ताड़ना] अनजान बनकर इस तरह कोई काम करना जिसमें लोग ताड़ें या देखें।

तड़ावा पुं० [हिं० तड़ाना] केवल तड़ाने या दिखाने के लिए धारण किया हुआ रूप।

तड़ित स्त्री० [सं० तड़ित्] बिजली, सौदामिनी, चंचला।

तड़ित-झंझा पुं० [सं० तडित्+हिं०] ऐसा तूफान जिसमें बिजली की चमक भी हो।

तड़ी स्त्री० [तड़ से अनु०] १.चपत, धौल। २. धोखा, छल, (दलाल)।

तत् पुं० [सं०] १.ब्रह्म, परमात्मा। २. वायु, हवा।

सर्व० वह, उस, जैसे तत्काल।

तत[1] पुं [सं०] १. वायु। २. विस्तार। ३. पिता। ४. पुत्र। ५. वह बाजा जिसमें बजाने के लिए तार लगे हों, जैसे बीन, सितार, सारंगी आदि।

तत[2] वि० [सं० तप्त] तपा हुआ, गरम।

पुं० दे० 'तत्त्व'।

ततकार पुं० [अनु०] नृत्य या नाच के बोल।

ततखन* क्रि० वि० दे० 'तत्क्षण'।

ततबाउ पुं० दे० 'तंतुवाय'।

ततबीर* स्त्री०=तदबीर।

ततसार स्त्री० [सं० तत्त्वशाला] कोई चीज तपाने की जगह।

तताई स्त्री० [हिं० तत्ता] १. गरमी। २. तेजी। ३. उग्रता, प्रचंडता।

ततु* पुं० दे० 'तत्त्व'।

ततुवाऊ पुं० दे० 'तंतुवाय'।

ततोधिक वि० [सं०] उनसे बढ़कर।

तत्काल क्रि० वि० [सं०] १. उसी समय। २. तुरन्त, फौरन।

तत्कालिक वि० दे० 'तात्कालिक'। (अशुद्ध)

तत्कालीन वि० [सं०] उस समय का।

तत्क्षण क्रि० वि० [सं०] १. उसी समय। २. उसी क्षण।

तत्त पुं० दे० 'तत्त्व'।

तत्ता* वि० [सं० तप्त] गरम, उष्ण।

तत्ताथेई स्त्री० [अनु०] नाचने में पैरों के जमीन पर पड़ने का शब्द।

तत्तोथंबो पुं० [हिं० तत्ता=गरम+थामना] १. दम-दिलासा, बहलावा। २. लड़ते हुए लड़कों को शान्त करते हुए समझाना-बुझाना, बीच-बचाव।

तत्त्व पुं० [सं०] १. वास्तविक या मौलिक बात, गुण या आधार, असलियत। २. जगत का मूल कारण। (सांख्य में २५ तत्त्व माने गये हैं।) (मैटर) ३. पृथ्वी, जल, तेज, वायु और आकाश ये पाँचों भूत। (एलिमेन्ट) ४. ब्रह्म। ५. मुख्य और महत्त्वपूर्ण बात, गुण या अंश, सार वस्तु या भाग। (मैटर, सब्स्टेन्स)

तत्त्वज्ञ पुं० [सं०] १. तत्त्व या यथार्थता जाननेवाला, तत्त्वज्ञानी। २. ब्रह्मज्ञानी। ३. दार्शनिक।

तत्त्वज्ञान पुं० [सं०] १. ब्रह्म, आत्मा और ईश्वर आदि के सम्बन्ध का सच्चा और ठीक ज्ञान। २. ब्रह्मज्ञान।

तत्त्वज्ञानी पुं० दे० 'तत्त्वज्ञ'।

तत्त्वतः क्रि० वि० [सं०] महत्त्वपूर्ण गुण या तत्त्व के विचार से। (सब्स्टेंशली)

तत्त्वदर्शी पुं० दे० 'तत्त्वज्ञ'।

तत्त्वमसी पद [सं०] वेदान्त का एक प्रसिद्ध पद जिसका अर्थ है—तू वही है अर्थात् ब्रह्म है।

तत्त्वविद्या स्त्री० [सं०] दर्शनशास्त्र।

तत्त्ववेत्ता पुं० दे० 'तत्त्वज्ञ'।

तत्त्वशास्त्र पुं० दे० 'दर्शनशास्त्र'।

तत्त्वात्मक वि० [सं०] तत्त्व के रूप में होनेवाला।

तत्त्वान्वेषी (-षिन्) पुं० [सं०] तत्त्व का अन्वेषण करनेवाला, ब्रह्मज्ञानी।

तत्त्वावधान पुं० [सं०] किसी काम की ऊपर से होनेवाली देख-रेख।

पद के *तत्त्वावधान में=की देख-रेख में।*

तत्पर वि० [सं०] [संज्ञा तत्परता] १. उद्यत, मुस्तैद, सन्नद्ध। २. चतुर।

तत्पुरुष पुं० [सं०] १. वह समास जिसमें पहले पद में कर्ता कारक तो होता ही नहीं, और शेष कारकों की विभक्तियाँ लुप्त होती हैं और अन्तिम पद का अर्थ प्रधान होता है, जैसे नभचर।

तत्फलस्वरूप क्रि० वि० [सं० तत्+फलस्वरूप] उसके फलस्वरूप।

तत्र क्रि० वि० [सं०] उस जगह, वहाँ।

तत्व पुं०=तत्त्व।

तत्वज्ञ पुं०=तत्त्वज्ञ।

तत्सम्बन्धी वि० [सं०] उससे (अर्थात् पहले कहे या बतलाए हुए से) सम्बन्ध रखनेवाला। (कनेक्टेड देयर विद)

तत्सम पुं० [सं०] किसी भाषा का विशेषतः संस्कृत का वह शब्द जिसका व्यवहार दूसरी अथवा देशी भाषाओं में उसके मूल रूप में या ज्यों-का-त्यों हो, जैसे सूर्य, पृथ्वी, समय आदि।

तत्सामयिक वि० [सं०] उस समय के विचार से उपयुक्त या उपयोगी।

तथपि* यो०=तथापि।

तथा योज० [सं०] १. और व। २. इसी तरह, ऐसे ही।

तथाकथित वि० [सं०] जो कोई काम करनेवाला या कुछ होनेवाला कहा तो जाए, पर जिसके सम्बन्ध में उस कार्य के कर्ता होने अथवा स्वयं उसके वैसे होने का कोई पुष्ट प्रमाण न हो या जिसके वास्तविक कर्ता आदि होने में किसी प्रकार का सन्देह आदि या आपत्ति हो, यों ही अथवा केवल कहा जाने या कहलानेवाला, परन्तु सर्वमान्य नहीं। (सो-कॉल्ड)

तथाकथ्य वि० दे० 'तथाकथित'।

तथागत पुं० [सं०] गौतम बुद्ध।

तथापि क्रि० वि० [सं०] तो भी, फिर भी।

तथास्तु पद [सं०] ऐसा ही हो, एवमस्तु।

तथैव क्रि० वि० [सं०] १. वैसे ही, उसी प्रकार। २. जो ऊपर या पहले है, वही यहाँ भी। (डिट्टो)

तथोक्त वि० दे० 'तथाकथित'।

तथ्य वि० [सं०] १. सच्चाई, यथार्थता। २. कोई ऐसी बात जो किसी विशेष अवस्था में वस्तुतः हुई हो। ३. कोई ऐसी बात जिसकी अनुभूति या ज्ञान किसी विशेष अवस्था में या कोई काम करते समय हुआ हो। (फैक्ट, उक्त सभी अर्थों के लिए)

तथ्यक वि० [सं०] तथ्य-सम्बन्धी, तथ्य का।

तथ्यहीन वि० [सं० तथ्य+हीन] [भाव-तथ्यहीनता] जो तथ्य या तथ्यों पर आधारित न हो।

तथ्यान्वेषी (-षिन्) पुं० [सं०] तथ्यों का अन्वेषण करनेवाला।

तदनंतर क्रि० वि० [सं०] उसके बाद।

तद् वि० [सं०] वह (यौगिक के आरम्भ में), जैसे तद्गत, तदन्तर।

तदंतर क्रि० वि० [सं०] उसके उपरान्त।

तदनुकूल वि० [सं०] उसके अनुकूल या अनुसार।

तदनुरूप वि० [सं०] १. (जैसा पहले कोई हो) उसके अनुरूप, सदृश या समान। २. (पहलेवाले से) मेल मिलाने या मेल खानेवाला। (कारेस्पांडिंग)

तदनुसार क्रि० वि० [सं०] जो हो या हुआ हो, उसके अनुसार, पहलेवाले के मुताबिक।

वि० किसी के अनुसार होनेवाला।

तदपि क्रि० वि० [सं०] तो भी, तथापि।

तदबीर स्त्री० [अ० तद्बीर] काम पूरा या ठीक करने का उपाय, युक्ति, तरकीब।

तदर्थ क्रि० वि० [सं०] उसके लिए।

वि० किसी विशेष की पूर्ति या संपादन के लिए बना या बनाया हुआ, जैसे तदर्थ समिति। (ऐड हॉक)

तदर्थ समिति स्त्री० [सं०] किसी विशेष कार्य के लिए बनी हुई समिति। (ऐड हॉक कमिटी)

तदर्थीय वि० [सं०] (वह शब्द या पद) जो किसी दूसरी भाषा के शब्द का अर्थ सूचित करने के लिए उसके अनुकरण पर बना हो, जैसे 'रजतपट' अंग्रेजी के 'सिलवर स्क्रीन' का तदर्थीय है।

तदाकार वि० [सं०] [भाव० तदाकारता] १. उसी आकार या रूप का, तद्रूप, वैसा ही। २. तन्मय, तल्लीन।

तदारुक पुं० [अ०] १. अभियुक्त आदि की खोज। २. दुर्घटना की जाँच। ३. दुर्घटना रोकने के लिए पहले से किया जानेवाला प्रबन्ध या उपाय, पेशबंदी। ४. दंड, सजा।

तदीय सर्व० [सं०] [भाव० तदीयता] १. उससे सम्बन्ध रखनेवाला। २. उसका।

तदुपरांत क्रि० वि० [सं०] उसके बाद।

तद्गत वि० [सं०] १. उससे सम्बन्ध रखनेवाला। २. उसके अन्तर्गत, उसमें व्याप्त।

तद्गुण पुं० [सं०] वह अर्थालंकार जिसमें किसी एक वस्तु का अपना गुण त्यागकर पास के किसी दूसरे उत्तम पदार्थ का गुण ग्रहण करने का वर्णन हो।

तद्धित पुं० [सं०] व्याकरण में वह प्रत्यय जिसे संज्ञा के अन्त में लगाकर भाववाचक संज्ञा या विशेषण बनाते हैं, जैसे—'मित्रता' में का 'ता' या 'पाश्चात्य' में का 'त्य'।

तद्भव वि० पुं० [सं०] [भाव०-तद्भावता] उससे उत्पन्न किसी भाषा के (विशेषतः संस्कृत के) शब्द का दूसरी अथवा देशी भाषाओं में कुछ बदला या बिगड़ा हुआ रूप, अपभ्रंश रूप, जैसे—संस्कृत 'सूत्र' से बना हुआ हिन्दी 'सूत' तथा अंग्रेजी 'लैन्टर्न' से बना हिं० 'लालटेन' तद्भव हैं।

तद्भवता स्त्री० [सं०] तद्भव होने की अवस्था या भाव।

तथपि* योज०=तथापि।

तद्रूप वि० [सं०] [भाव० तद्रूपता] किसी के रूप के समान, सदृश।

तद्वत् वि० [सं०] उसी के समान।

तद्वत्ता स्त्री० [सं०] तद्वत् होने की अवस्था या भाव।

तन पुं० [सं० तनु] शरीर, देह।

मुहा० *तन कसना*=तपस्या, कष्टसहन आदि के द्वारा अपने आपको सहनशील बनाना। *तन को लगना*=(क) मन में पूरी चिन्ता या ध्यान होना। (ख) (खाद्य पदार्थ का) पचकर शरीर को पुष्ट करना। *तन देना*=मन लगाना।

*क्रि० वि० तरफ, ओर।

*वि० दे० 'तनिक'।

तनक* वि० [सं० तनुक] तनिक।

तनकीह स्त्री० [अ० तन्क़ीह] १. जाँच, तहकीकात।

२. किसी मुकदमे की वे मूल बातें जिनका विचार और निर्णय करना आवश्यक हो।

तनखाह स्त्री० [फा० तनख्वाह] वेतन।

तनखैया पुं० सिख पंथ में, धर्म-विरोधी कार्य करनेवाला घोषित अपराधी।

तनगना* अ० दे० 'तिनकना'।

तनज्जुल वि० [अ०] [भाव० तनज्जुली] १. नीचे आया हुआ, अवनत। २. पद या महत्त्व से उतारा या घटाया हुआ।

तनतनाना अ० [अनु०] क्रोध दिखलाना, बिगड़ना।

तनत्राण पुं० दे० 'तनुत्राण'।

तनना अ० [सं० तन्] १. खिंचाव आदि के कारण अपने पूरे विस्तार तक पहुँचना। २. ताना जाना। ३. अकड़कर सीधा खड़ा होना। ४. अभिमानपूर्वक रुष्ट होना।

तनपात पुं० दे० 'तनुपात'।

तनय पुं० [सं०] बेटा, पुत्र।

तनया पुं० [सं०] बेटी, पुत्री।

तनरुह* पुं० दे० 'तनुरुह'।

तनवाना स० हिं० 'तानना' का प्रे०।

तनसुख पुं [सं० तन+सुख] पुरानी चाल का एक प्रकार का कपड़ा।

तनहा वि० [फा०] [भाव० तनहाई] जिसके साथ और कोई न हो, अकेला, एकाकी।

क्रि० वि० बिना किसी साथी के, अकेले।

तनहाई स्त्री० [फा०] १. तनहा या अकेले होने का भाव, अकेलापन। २. एकान्त स्थान।

तना पुं० [सं० तनु] वृक्ष का वह नीचेवाला भाग जिसमें डालियाँ नहीं होतीं, पेड़ का धड़।

तनाई स्त्री० [हिं० तानना] तानने की क्रिया, भाव या मजदूरी।

तनाउ* स्त्री०=तनाब।

तनाकु* क्रि० वि० 'तनिक'।

तनाजा पुं० [अ० तनाज़ा] झगड़ा, संघर्ष।

तनातनी स्त्री० [हिं० तनना] झगड़ा, विवाद।

तनाना स० दे० 'तनवाना'।

तनाब स्त्री० [अ०] खेमे आदि खींचकर बाँधने की रस्सी।

तनाव पुं० [हिं० तनना] १. तनने की क्रिया या भाव। २. भय, चिन्ता आदि के कारण मस्तिष्क की नसों का तन जाना जिससे विकलता बढ़ जाती है। ३. दो पक्षों में आपसी विरोध के फलस्वरूप होनेवाली विकलताजन्य उग्रता जो आगे चलकर संघर्ष का रूप भी ले सकती हो।

तनावपूर्ण वि० [हिं०+सं०] तनाव से भरा।

तनावग्रस्त वि० [हिं०+सं०] तनाव से विकल, चिंतित, परेशान।

तनावशामक वि० [हिं०+सं०] तनाव का शमन करनेवाला, तनाव से मुक्त करनेवाला।

तनि, तनिक वि० [सं० तनु (=अल्प)+क] १. थोड़ा, कम। २. छोटा।

क्रि० वि० बहुत थोड़ा, जरा, टुक।

तनिमा स्त्री० [सं०] शरीर का दुबलापन, कृशता।

तनिया स्त्री० [हिं० तनी] १. लँगोटी, कौपीन। २. कछनी, काछा। ३. स्त्रियों के पहनने की चोली या कुरती। ४. दे० 'तनी'।

तनी[१] स्त्री० [हिं० तानना] १. डोरी की तरह बटा हुआ वह कपड़ा जो पहनने के कपड़ों में उनके पल्ले बाँधने के लिए लगाया जाता है, बन्द, बन्धन। २. दे० 'तनिया'।

तनी[२] वि० स्त्री० [सं० स्तनी] स्तनोंवाली।

वि० दे० 'तनिक'।

तनु[१] वि० [सं०] [भाव० तनुता] १. दुबला-पतला। २. थोड़ा, कम। ३. कोमल, नाजुक। ४. सुन्दर, बढ़िया।

तनु[२] स्त्री० [सं०] १. शरीर। २. स्त्री।

क्रि० वि० ओर, तरफ, उदा० चितै जानकी लखन तनु। -तुलसी। *जितन तनु दियो ताँहि बिसरायो* -सूरदास।

तनुक* क्रि० वि० [सं० तनुक] 'तनिक'।

तनुकरण पुं० [सं०] द्रव को पतला करना।

तनुकारी (-रिन्) वि० [सं०] द्रव को पतला करनेवाला।

तनुज पुं० [सं०] बेटा, पुत्र।

तनुजा स्त्री० [सं०] पुत्री, बेटी।

तनुत्राण पुं० [सं०] कवच, बखतर।

तनुधारी (-धारिन्) वि० [सं०] शरीरधारी।

तनूज* पुं० दे० 'तनुज'।

तनूजा स्त्री० [सं० तनुजा] पुत्री, बेटी।

तनुरुह पुं० [सं०] १. रोम, रोआँ। २. पुत्र, बेटा।

तनेना वि० [हिं० तनना] [स्त्री० तनेनी] १. तननेवाला। २. टेढ़ा, तिरछा। ३. क्रुद्ध, नाराज।

तनैया[१]* स्त्री० [सं० तनया] बेटी।

तनैया[२] वि० [हिं० तानना] ताननेवाला।

तनोज* पुं० [सं० तनूज] १. रोम, रोआँ। २. पुत्र, बेटा।

तनोरुह* पुं० दे० 'तनुरुह'।

तन्मय वि० [सं०] [स्त्री० तन्मयी, भाव० तन्मयता] किसी काम में बहुत मग्न या लगा हुआ, दत्तचित्त, लवलीन।

तन्मयीभवन पुं० [सं०] तन्मय होने की अवस्था या भाव।

तन्मात्रा स्त्री० [सं०] पंचभूतों का आदि, अमिश्र और सूक्ष्म रूप। ये पाँच हैं—शब्द, स्पर्श, रूप, रस और गन्ध।

तन्यक वि० [सं० तन्य] १. जो खींचने पर लम्बा हो सके या बढ़ जाए। (इलैस्टिक) २. (धातु) जिसका तार खींचा जा सके।

तन्यता स्त्री० [सं०] १. वस्तुओं का वह गुण जिससे वे खिंचने पर बड़ी हो जाती और फिर ज्यों-की-त्यों हो जाती हैं। (इलैस्टिसिटी) २. धातुओं आदि का वह गुण जिससे उनके तार खींचे जाते हैं।

तन्वंग वि० [सं० तनु०+अंग] [स्त्री० तन्वंगी] दुबले-पतले अंगोंवाला।

तन्वी वि० स्त्री० [सं०] दुबली या कोमल अंगोंवाली।

तप[१] पुं० [सं० तपस्] १. वे कष्टकर धार्मिक कार्य जो चित्त को भोगविलास से हटाने के लिए किए जाएँ, तपस्या। २. शरीर या इन्द्रियों को वश में रखना।

तप[२] पुं० [सं०] १. ताप, गरमी। २. ग्रीष्मऋतु। ३. ज्वर, बुखार।

तपकना*अ० [हिं० टपकना] १. धड़कना, उछलना। २. चमकना। ३. दे० 'टपकना'।

तपन[1] पुं० [सं०] १. तपने की क्रिया या भाव, ताप। २. सूर्य। ३. धूप। ४. वह शारीरिक व्यापार जो नायक के वियोग में नायिका में होते हैं।

तपन[2] स्त्री० [हिं० तपना] गरमी, ताप।

तपना[1] अ० [सं० तपन] १. अधिक गरमी के कारण खूब गरम होना, तप्त होना। २. प्रभुत्व या अधिकार दिखाना। ३. बुरे कामों में बहुत अधिक खर्च करना।

तपना[2] *अ० [सं० तप] तपस्या करना।

तपनि* स्त्री०=तपन।

तपरितु स्त्री० [हिं० तपना=ऋतु] गरमी का मौसम।

तपश्चरण पुं० दे० 'तपश्चर्या'।

तपश्चर्या स्त्री० [सं०] तपस्या।

तपस पुं० दे० 'तपस्या'।

तपसा स्त्री० [सं० तपस्या] १. तपस्या, तप। २. तापती नदी।

तपसी पुं०=तपस्वी।

तपस्या स्त्री० [सं०] तप करने की क्रिया या भाव। दे० 'तप'।

तपस्विनी स्त्री० [सं०] १. तपस्या करनेवाली स्त्री। २. तपस्वी की स्त्री।

तपस्वी(-स्विन्) पुं० [सं०] [स्त्री० तपस्विनी] तपस्या करनेवाला।

तपा* पुं०=तपस्वी।

तपाक पुं० [फा०] १. आवेश, जोश। २. वेग, तेजी।

तपाकर पुं० [सं०] १. सूर्य। २. बहुत बड़ा तपस्वी।

तपाना स० [हिं० तपना] १. गरम करना, तप्त करना। २. आग पर रखकर पकाना। ३. दुख देना।

तपावंत पुं० दे० 'तपस्वी'।

तपित* वि० [सं०] तपा हुआ, गरम।

तपिया* पुं० दे० 'तपस्वी'।

तपिश स्त्री० [फा०] गरमी, तपन।

तपी* पुं० [हिं० तप] तपस्वी।

तपेदिक पुं० [फा० तपेदिक] क्षय (रोग)।

तपोधन पुं० [सं०] बहुत बड़ा तपस्वी।

तपोबल पुं० [सं०] तप का प्रभाव या शक्ति।

तपोभूमि स्त्री० [सं०] १. वह स्थान जहाँ किसी ने तप किया हो। २. कर्मभूमि।

तपोवन पुं० [सं०] वह वन जो तपस्वियों के रहने या तपस्या करने के योग्य हो।

तप्त वि० [सं०] १. तपाया या तपा हुआ, गरम, उष्ण। २. जिसमें आवेश, उग्रता या गरमागरमी हो। (हीटेड) ३. दुखित, पीड़ित।

तप्तकुंड पुं० [सं०] वह कुंड जिसका पानी गरम हो।

तप्तमुद्रा पुं० [सं०] शंख, चक्र आदि के वे छापे जो वैष्णव लोग अपने अंगों पर दगवाते हैं।

तफरीह स्त्री० [अ० तफ़्रीह] १. खुशी, प्रसन्नता। २. मनबहलाव, दिल्लगी, हँसी।

तफसील स्त्री० [अ० तफ़्सील] १. विस्तृत वर्णन या विवरण। २. टीका, व्याख्या।

तब क्रि० वि० [सं० तदा] १. उस समय, उस वक्त। २. इस कारण से, इस वजह से।

तबक पुं० [अ०] १. तल। २. परत, तह। ३. चाँदी, सोने के पत्तरों को पीटकर बनाया हुआ बहुत पतला वरक। ४. एक प्रकार की चौड़ी थाली।

तबकगर पुं० [अ० तबक+फा० गर] सोने, चाँदी के पत्तर कूटकर तबक बनानेवाला, तबकिया।

तबका पुं० [अ० तबक:] १. भूमि का खंड या विभाग। २. तल। ३. आदमियों का समूह।

तबकिया पुं० दे० 'तबकगर'।

तबदील वि० [अ०] [संज्ञा तबदीली] १. बदला हुआ, परिवर्तित। २. स्थानांतरित।

तबदीली स्त्री०=तबादला।

तबर पुं० [फा०] कुल्हाड़ी।

तबल पुं० [अ०] १. बहुत बड़ा ढोल। २. नगाड़ा।

तबलची पुं० [अ० तबल:+तु० ची (प्रत्य०)] वह जो तबला बजाता हो, तबलिया।

तबला पुं० [अ० तबल:] ताल देने का एक प्रसिद्ध बाजा। (इसमें दो बाजे एक साथ बजते हैं, जिनमें से एक तबला और दूसरा बाँया कहलाता है।)

तबलिया पुं० दे० 'तबलची'।

तबादला पुं० [अ० तबादुल=बदलना] १. चीजों का बदला जाना, परिवर्तन। २. किसी कर्मचारी का एक स्थान से दूसरे स्थान पर भेजा जाना, अंतरण।

तबाशीर पुं० [सं० तवक्षीर] बंसलोचन।

तबाह वि० [फा०] [संज्ञा तबाही] पूरी तरह से चौपट, नष्ट, बरबाद।

तबाही स्त्री० [फा०] नाश, बरबादी।

तबीयत स्त्री० [अ० तबीअत] १. चित्त, मन। २. मौज, रुचि। **मुहा०** *(किसी पर) तबीयत आना*=(किसी पर) प्रेम होना, अनुराग होना। *तबीयत फड़क उठना*=किसी बात से चित्त बहुत प्रसन्न होना। *तबीयत लगना*=(क) मन को अच्छा लगना। (ख) ध्यान लगा रहना। (ग) किसी से अनुराग या प्रेम होना।

३. बुद्धि, समझ, ज्ञान।

तबीयतदार वि० [अ० तबीअत+फा० दार] १. समझदार। २. भावुक, रसिक, मौजी।

तबेला पुं० [अ० तवेल:] घोड़ों, एक्कों, गाड़ियों आदि के रहने की जगह, अस्तबल।

मुहा० *तबेले में लत्ती चलना*=आपस में लड़ाई-झगड़ा होना।

तब्बर* पुं० १. दे० 'टाबर'। २. दे० 'तबर'।

तभी क्रि० वि० [हिं० तब+ही] १. उसी समय। २. इसी कारण।

तमंचा पुं० [फा०] १. छोटी बन्दूक, पिस्तौल। २. वह पत्थर जो दरवाजे के बगल में खड़े बल में लगाया जाता है।

तम[1] पुं० [सं० तमस्] [भाव० तमता] १. अन्धकार, अँधेरा। २. राहु। ३. पाप। ४. क्रोध। ५. अज्ञान। ६. कालिख, कालिमा। ७. नरक। ८. मोह। ९. दे० 'तमोगुण'।

तम[2] प्रत्य० एक प्रत्यय जो विशेषण के अंत में लगकर 'सबसे बढ़कर' का अर्थ देता है, जैसे श्रेष्ठतम।

तमक स्त्री० [सं० ताम्रक] १. जोश, आवेश, उद्वेग। २. तेजी, तीव्रता। ३. क्रोध।

तमकना अ० [हिं० तमक] १. क्रोध या आवेश दिखलाना। २. दे० 'तमतमाना'।

तमका पुं० [हिं० तमक] आवेश, जोश।

तमगा पुं० [तु०] पदक।

तमचर पुं० [सं० तमीचर] राक्षस।

तमचुर पुं० [सं० ताम्रचूड़] मुरगा (पक्षी)।

तमचोर* पुं० दे० 'तमचुर'।

तमच्छन वि० दे० 'तमाच्छन्न'।

तमतमाना अ० [सं० ताम्र] धूप या क्रोध आदि के कारण (चेहरा) लाल होना।

तमन्ना स्त्री० [अ०] कामना, इच्छा।

तमयी* स्त्री० [सं० तम+मयी] रात।

तमराज पुं० [सं०] अन्धकार का राजा।

तमस पुं० [सं०] १. अन्धकार। २. पाप।

तमसा स्त्री० [सं०] टौंस नदी।

तमस्विनी स्त्री० [सं०] अँधेरी रात।

तमस्वी (-स्विन्) वि० [सं०] अन्धकारपूर्ण।

तमस्सुक पुं० [अ०] वह कागज जो ऋण लेनेवाला उसके सम्बन्ध में महाजन को लिखकर देता है, दस्तावेज।

तमहाया* वि० [सं० तम+हाया (प्रत्य०)] १. तम या अन्धकार से भरा हुआ, अँधेरा। २. तमोगुण से युक्त।

तमा[1] पुं० [सं० तमस्] राहु।

स्त्री० रात, रात्रि।

तमा[2] स्त्री० [अ० तमअ] लोभ, लालच।

तमाकू पुं० [पुर्त० टुबैको] १. एक प्रसिद्ध पौधा जिसके पत्ते अनेक रूपों में नशे के लिए काम में लाए जाते हैं, सुरती। २. इन पत्तों से बना एक विशेष प्रकार का कुछ गीला पदार्थ जिसे चिलम पर रख और सुलगाकर उसका धुआँ पीते हैं। ३. दे० 'सुरती'।

तमाखू पुं० दे० 'तमाकू'।

तमाचा पुं० [फा० तमान्चः] पूरी हथेली से गाल पर किया जानेवाला आघात, थप्पड़, झापड़।

तमाच्छन्न वि० [सं०] तम या अन्धकार से घिरा या भरा हुआ।

तमाच्छादित वि० दे० 'तमाच्छन्न'।

तमादी स्त्री० [अ०] किसी बात की विधिविहित अवधि या मियाद गुजर जाना। (टाइम-बार्ड)

वि० विधि, नियम आदि के द्वारा जिसकी अवधि समाप्त हो चुकी हो, अवधिबाधित। (बार्ड बाइ लिमिटेशन)

तमाम वि० [अ०] १. पूरा, सम्पूर्ण, कुल। २. समाप्त, खतम।

तमारि पुं० [हिं० तम+अरि] सूर्य।

स्त्री० दे० 'तमादी'।

तमाल पुं० [सं०] १. एक बहुत ऊँचा सुन्दर सदाबहार वृक्ष। २. तेजपत्ता। ३. एक प्रकार की तलवार। ४. तमाकू।

तमाशबीन पुं० [अ० तमाश:+फा० बीन] [भाव० तमाशबीनी] १. तमाशा देखनेवाला। २. वेश्यागामी, ऐयाश।

तमाशा पुं० [अ० तमाश:] १. वह खेल या कार्य जिसे देखने से मन प्रसन्न हो। २. अद्‌भुत व्यापार, अनोखी बात। ३. बहुत ही बेढंगी, अनियमित और हास्यास्पद बात या चीज, जैसे—सभा क्या है, तमाशा है। (फार्स) ४. पुरानी चाल की एक प्रकार की तलवार।

तमासा* पुं० दे० 'तमाशा'।

तमिल पुं० [?] १. दक्षिण भारत की एक जाति। २. इस जाति का सदस्य।

स्त्री० उक्त जाति की भाषा।

तमिलनाडू पुं० दक्षिण भारत का एक राज्य।

तमिस्र पुं० [सं०] १. अन्धकार, अँधेरा। २. क्रोध, गुस्सा।

वि० [स्त्री० तमिस्रा] अन्धकारपूर्ण।

तमिस्रा स्त्री० [सं०] काली या अँधेरी रात।

तमी स्त्री० [सं०] रात।

तमीचर पुं० [सं०] राक्षस।

तमीज स्त्री० [अ० तमीज़] १. भले और बुरे का ज्ञान या परख, विवेक। २. ज्ञान, बुद्धि।

तमीपति, तमीश पुं० [सं०] चन्द्रमा।

तमोगुण पुं० [सं०] [वि० तमोगुणी] प्रकृति के तीन गुणों में से अन्तिम जो दूषित तथा निकृष्ट माना गया है।

तमोर पुं० [सं० तांबूल] पान।

तमोरी पुं० दे० 'तमोली'।

तमोल पुं० [सं० तांबूल] पान का बीड़ा।

तमोली पुं० [हिं० तमोल] सादे पान या पान के लगे हुए बीड़े बेचनेवाला, पनवाड़ी।

तमोहर वि० [सं०] १. तम या अन्धकार दूर करनेवाला।

पुं० १. सूर्य। २. चन्द्रमा।

तय वि० दे० 'तै'।

तयना अ० दे० 'तपाना'।

स० दे० 'तपाना'।

तयार, तय्यार वि० दे० 'तैयार'।

तरंग स्त्री० [सं०] १. पानी की लहर, हिलोर। २. प्राकृतिक अथवा कृत्रिम कारणों से उत्पन्न होनेवाली किसी वस्तु की लहर जो किसी शरीर या वातावरण में दौड़ती है, जैसे संगीत में स्वरों

की लहर। (वेव) ३. लकड़ी, धातु आदि के विशिष्ट आकार के टुकड़ों अथवा सब स्वर उत्पन्न करनेवाले एक ही तरह के दूसरे साधनों के द्वारा बाजे के रूप में संगीत उत्पन्न करने की क्रिया, जैसे जलतरंग, तबला-तरंग, घुँघरू-तरंग आदि। ४. चित्त की उमंग, मन की मौज। (ह्विम)

तरंगवती स्त्री० [सं०] नदी।

तरंगायित वि० [सं०] १. जिसमें तरंगें उठती हों, तरंगित। २. तरंगों की तरह का लहरिएदार, लहरदार।

तरंगावलि, तरंगावली स्त्री० [सं०] तरंगों की पंक्ति।

तरंगिणी वि० [सं०] जिसमें तरंगें हों।

स्त्री० नदी।

तरंगित वि० [सं०] १. जिसमें तरंगें हों या उठ रही हों, हिलोरें मारता या लहराता हुआ। २. नीचे-ऊपर उठता हुआ।

तरंगी (-गिन्) वि० [सं०] [स्त्री० तरंगिणी] १. जिसमें तरंगें हों। २. मनमौजी, मौजी। (विम्सिकल)

तर[1] वि० [फा०] १. भींगा हुआ, गीला। २. शीतल, ठंडा। ३. जो सूखा न हो, हरा। ४. मालदार, धनवान, जैसे तर असामी।

तर[2] क्रि० वि० [सं० तल] तले, नीचे, उदा० प्रभु तरु तर कपि डार पर। -तुलसी।

तर[3] प्रत्य० [सं०] एक प्रत्यय जो गुणवाचक शब्दों के अन्त में आकर दूसरों की अपेक्षा उनका आधिक्य या विशेषता सूचित करता है, जैसे अधिकतर, कोमलतर।

तरई† स्त्री०=तारा (नक्षत्र)।

तरक[1] पुं० [अ०] परित्याग।

तरक[2] पुं० [हिं० तर=नीचे] लेख का कोई पृष्ठ समाप्त होने पर उसके नीचे लिखा जानेवाला वह शब्द जिससे बादवाला पृष्ठ आरम्भ होता है।

*स्त्री० दे० 'तड़क'।

पुं० दे० 'तर्क'।

तरकना[1] अ० दे० 'तड़कना'।

तरकना[2] अ० [सं० तर्क] १. तर्क करना, बहस करना। २. मन में सोच-विचार करना।

तरकना[3] अ० [अनु०] उछलना, कूदना।

तरकश पुं० [फा०] तीर रखने का चोंगा, भाथा, तूणीर।

तरकस* पुं० दे० 'तरकश'।

तरकसी† स्त्री०=छोटा तरकश।

तरका पुं० [अ० तर्कः] मरे हुए व्यक्ति की वह सम्पत्ति जो उसके उत्तराधिकारी को मिलती है।

तरकारी स्त्री० [फा० तरः=सब्जी+कारी] १. डंठल, फल, कन्द आदि जिन्हें पकाकर रोटी, चावल आदि के साथ खाते हैं, भाजी, सब्जी। २. रसेदार सब्जी। ३. पकाया हुआ मांस। (पं०)

पद *सूखी तरकारी*=बिना रसे की सब्जी।

तरकी स्त्री० [सं० तांडकी] कान में पहनने का एक प्रकार का फूल। (गहना)

तरकीब स्त्री० [अ० तर्कीब] १. बनावट, रचना। २. रचना-प्रणाली। ३. युक्ति, उपाय। ४. ढंग, ढब।

तरकुली† स्त्री०=तरौना।

तरक्की स्त्री० [अ० तरक्की] १. वृद्धि। २. उन्नति। ३. प्रगति।

तरक्कीपसंद वि० [अ०+फा०] प्रगतिशील।

तरखा पुं० [सं० तरंग] नदी आदि के पानी का तेज बहाव।

तरखान पुं० [सं० तक्षण] बढ़ई।

तरछत* क्रि० वि० [हिं० तर=तले] नीचे की ओर से, नीचे से।

तरछाना*अ० [हिं० तिरछा] १. तिरछी नजर से देखना। २. आँख से इशारा करना।

तरजन* पुं० दे० 'तर्जन'।

तरजना* स० [सं० तर्जन] डाँटना, डपटना, बिगड़ना।

तरजनी[1] स्त्री० दे० 'तर्जनी'।

तरजनी[2] स्त्री० [सं० तर्जन] भय, डर।

तरजीला वि० [सं० तर्जन] १. क्रोधपूर्ण। २. उग्र, प्रचंड।

तरजीह स्त्री० [अ०] वरीयता (दे०)

तरजुमा पुं० [अ० तर्जुमः] अनुवाद, उलथा।

तरजुमान पुं० [अ० तर्जुमान] १. अनुवादक। २. दुभाषिया।

तरजुमानी स्त्री० [अ० तर्जुमान] १. अनुवाद करने की क्रिया या भाव। २. अनुवाद, उलथा।

तरजौहाँ वि० दे० 'तरजीला'।

तरण पुं० [सं०] १. तरना। २. तैरना। ३. पार जाना।

तरणि पुं० [सं०] सूर्य।

स्त्री० [सं०] नाव।

तरणिजा स्त्री० [सं०] यमुना।

तरणि-तनुजा स्त्री० [सं०] यमुना नदी।

तरणी स्त्री० [सं०] नौका, नाव।

पुं० सूर्य।

तरणीसुता स्त्री० [सं०] यमुना।

तरतराना* अ० [अनु०] १. तड़तड़ शब्द करना, तड़तड़ाना। २. घी आदि में बिल्कुल तर करना।

तरतीब स्त्री० [अ०] वस्तुओं का उपयुक्त स्थानों पर लगाया हुआ क्रम, सिलसिला।

तरद्दुद पुं० [अ०] १. सोच, फिक्र, चिन्ता। २. अन्देशा, खटका।

तरन[1]* पुं० १. दे० 'तरण'। २. दे० 'तरौना'।

तरन[2] पुं० [सं० तरणी] १. नाव। २. बेड़ा। ३. उद्धार, निस्तार।

तरनतार पुं० [सं० तरण] निस्तार, मोक्ष, मुक्ति।

वि०=तरनतारन।

तरनतारन पुं० [सं० तरण+हिं० तारना] १. उद्धार, निस्तार। २. भवसागर से पार करनेवाला। (ईश्वर)।

तरना स० [सं० तरण] तैरकर या नाव आदि से पार करना।

अ० पार होना।

अ० मुक्त होना, सद्गति प्राप्त करना।

*अ० दे० 'तलना'।

तरनि, तरनी स्त्री० [सं० तरणि] १. नाव, नौका। २. वह ऊँचा मोढ़ा जिसपर खोन्चा रखा जाता है, तन्नी।

तरन्नुम पुं० [अ०] लय, स्वर-माधुर्य।

तरपट पुं० [?] अन्तर, भेद, फरक।

तरपना[१] * अ० दे० 'तड़पना'।

तरपना[२] स० [सं० तर्पण] तर्पण करना।

तर-पर क्रि० वि० [हिं० तर=तले+पर] १. नीचे, ऊपर। २. एक के बाद दूसरा।

तरपीला * वि० [हिं० तड़प] चमकदार।

तरफ स्त्री० [अ० तरफ़] १. ओर, दिशा। २. पार्श्व, बगल। ३. पक्ष।

तरफ, की *सम्बन्धबोधक* १. की दिशा में, जैसे—सेना फिर दक्षिण की तरफ बढ़ी। २. के पक्ष या दल में, जैसे फिर हम जनता पार्टी की तरफ हो गए।

मुहा० *की तरफ से*=के प्रतिनिधि के रूप में, का प्रतिनिधित्व करते हुए, जैसे—अमरसिंह समाजवादी पार्टी की तरफ से बोल रहे थे।

तरफदार वि०, पुं० [अ० तरफ़+फा० दार] [संज्ञा तरफदारी] पक्ष में रहनेवाला, हिमायती, समर्थक।

तरफदारी स्त्री० [अ०+फा०] १. पक्ष-समर्थन। २. पक्षपात।

तरफराना अ० दे० 'तड़पना'।

तर-बतर वि० [फा०] भींगा हुआ, आर्द्र।

तरबूज पुं० [फा० तरबुज़] एक प्रकार की बेल जिसके बड़े गोल फल खाने के काम में आते हैं, कलींदा, हिन्दवाना।

तरबोना * अ० [हिं० तर] तर करना, भिगाना।

तरराना * अ० [अनु०] मरोड़ना, ऐंठना।

तरल वि० [सं०] [भाव० तरलता] १. हिलता-डोलता, चलायमान। २. क्षणभंगुर। ३. चंचल। ४. पानी की तरह बहनेवाला, द्रव। ५. चमकीला। ६. कोमल, मन्द।

तरलाई * स्त्री०=तरलता।

तरवन पुं० [हिं० तरौना] कान में पहनने की तरकी या फूल। (गहना)

तरवर पुं० दे० 'तरुवर'।

तरवरिया * वि० [हिं० तलवार] तलवार चलानेवाला।

तरवार स्त्री० दे० 'तलवार'।

पुं० दे० 'तरुवर'।

तरस पुं० [सं० त्रस] दया, रहम।

मुहा० *(किसी पर) तरस खाना*=दयार्द्र होना, रहम करना।

तरसना[१] अ० [सं० तर्षण] बिल्कुल न पाने के कारण किसी वस्तु के लिए लालायित या विकल रहना।

तरसना[२] स० [सं० त्रसन] त्रस्त या पीड़ित करना।

तरसाना[१] स० [हिं० 'तरसना' का स०] ऐसा काम करना जिसमें कोई तरसे।

तरसाना[२] स० [सं० त्रसन] त्रस्त या पीड़ित करना, कष्ट पहुँचाना।

तरसौंहाँ वि० [हिं० तरसना] तरसनेवाला।

तरह स्त्री० [अ०] १. प्रकार, भाँति, किस्म। (विशेष दे० 'प्रकार') २. अलंकारिक रचना-प्रकार, बनावट और रूप-रंग। ३. प्रणाली, रीति, ढंग।

पद *अच्छी तरह* १. ठीक ढंग से, २. सकुशल, ३. असन्तोषजनक ढंग या भयावह रूप से, बुरी तरह ४. बहुत अधिक।

मुहा० *तरह देना*=खयाल न करना, जाने देना।

तरह, की सम्बन्धबोध० के जैसे, (उस) तरह से, जैसे—बेटी माँ की तरह सुन्दर थी।

तरहदार वि० [फा०] [संज्ञा तरहदारी] १. सुन्दर बनावट का, सजीला। २. शौकीन।

तरहर (हारि) क्रि० वि० [हिं० तर+हर (प्रत्य०)] तले, नीचे।

वि० १. नीचे का। २. निकृष्ट, बुरा।

तरहुँड़ * क्रि० वि० दे० 'तरहर'।

तरहेल वि० [हिं० तर+हेल (प्रत्य०)] १. अधीन। २. वश में आया हुआ।

क्रि० वि० नीचे।

तराइन स्त्री० बहु० [सं० तारक] आकाश के तारे, नक्षत्र आदि।

तराई स्त्री० [हिं० तर=नीच] १. पहाड़ के नीचे का मैदान या प्रदेश। २. नीची भूमि।

स्त्री०=तारा (नक्षत्र)।

तराजू पुं० [फा० तराजू] १. चीज तौलने का वह प्रसिद्ध उपकरण जिसमें एक डाँड़ी के दोनों सिरों पर दो पल्ले लटकते रहते हैं, तुला। २. दे० 'काँटा' ८.।

तराटक * पुं० दे० 'त्राटिका'।

तराना पुं० [फा० तरान:] १. एक प्रकार का चलता गाना जिसमें सितार, नाच आदि के बोल होते हैं, जैसे ता नूम त ना ना दे रा ना। २. गीत, गान।

तराप * स्त्री० [अनु०] बन्दूक, तोप आदि का तड़ाक शब्द।

तराबोर वि० [फा० तर+हिं० बोरना] पूरी तरह से भींगा हुआ, तर-बतर।

तराभर * स्त्री० [अनु०] १. जल्दी-जल्दी होनेवाली कार्रवाई। २. धूम।

तरायला * वि० [हिं० तर ?] १. तरल। २. चपल, चंचल।

तरारा पुं० [सं० तरतर से अनु०] १. उछाल, छलाँग। २. कुछ देर तक बराबर गिरती रहनेवाली पतली धार।

तरावट स्त्री० [फा० तर+आवट (प्रत्य०)] १. तर होने का भाव, गीलापन, नमी। २. ठंडक, शीतलता। ३. शरीर की गरमी शान्त करनेवाले आहार आदि। ४. स्निग्ध भोजन।

तराश स्त्री० [फा०] १. काटने का ढंग या भाव, काट। २. बनावट, रचना-प्रकार।

तराशना स० [फा०] काटना, कतरना।

तरास * पुं० दे० 'त्रास'।

तरासना * स० [सं० त्रसन] त्रास या कष्ट देना।

स० दे० 'तराशना'।

तराही * क्रि० वि० [हिं० तले] नीचे।

तरिका स्त्री० [सं० तडित्] बिजली।

तरियाना[१] स० [हिं० तर=नीचे] १. नीचे कर देना, तह में या नीचे बैठा देना। २. ढाँकना।

अ० तले बैठ जाना, तह में जमना।

तरियाना[2] स० [फा० तर] तर या गीला करना, जैसे—मसाला रखने से पहले जमीन तरियाना।

तरिवन पुं० दे० 'तरवन'।

तरिवर* पुं० दे० 'तरुवर'।

तरी[1] स्त्री० [सं०] नाव, नौका।

तरी[2] स्त्री० [फा० तर] १. गीलापन, आर्द्रता, नमी। २. ठंडक, शीतलता।

तरी[3] स्त्री० [हिं० तर=तले] १. वह नीची भूमि जहाँ बरसाती पानी जमा होकर जमीन में समाता हो, कछार, तराई, तरहटी। *स्त्री० दे० 'तरवन'।

तरीका पुं० [अ० तरीक़:] १. ढंग, विधि, रीति। २. चाल, व्यवहार। ३. उपाय, तदबीर।

तरीनि स्त्री० [हिं० तर=तले] पहाड़ के नीचे का भाग, तलहटी। (बुन्देल०) उदा० फूटे हैं सुगंध घट श्रवण तरीनि में। –केशव।

तरु पुं० [सं०] वृक्ष, पेड़।

तरुण वि० [सं०] [भाव० तरुणता] १. जिसने अभी बाल्यावस्था पार की हो, युवा, जवान। २. नया, नूतन।

तरुणाई* स्त्री० [सं० तरुण] युवावस्था, जवानी।

तरुणाना* अ० [सं० तरुण] तरुण होना, जवानी पर आना।

तरुणिमा स्त्री० [सं०] तरुण होने की दशा या भाव, तारुण्य, यौवन।

तरुणी स्त्री० [सं०] जवान स्त्री, युवती।

तरुन* पुं० दे० 'तरुण'।

तरुनाई* स्त्री+ दे० 'तरुणाई'।

तरुनापा* पुं० दे० 'तरुणाई'।

तरुबाँही* स्त्री० [सं० तरु०हिं० बाँह] पेड़ की भुजा, शाखा, डाल।

तरुरोपण पुं० [सं०] १. वृक्ष लगाने की क्रिया। २. वह विद्या जिसमें वृक्ष लगाने, बढ़ाने और उनकी रक्षा करने की कला सिखाई जाती है। (आरबोरीकल्चर)

तरुवर पुं० [सं०] श्रेष्ठ या बड़ा वृक्ष।

तरेंदा पुं० [हिं० तरना] पानी पर तैरनेवाला काठ, बाँस आदि का बना हुआ बेड़ा।

तरे क्रि० वि० [सं० तल] नीचे, तले।

तरेटी स्त्री० दे० 'तोरी'।

तरेरना स० [फा० तरीर=सावधान करनेवाला] क्रोध या असन्तोष की दृष्टि से देखना।

तरेरा पुं० [अ० तरार:] १. लगातार डाली जानेवाली पानी की धार। २. जल की लहरों का आघात, थपेड़ा।

तरैया[1] स्त्री० [हिं० तारा] तारा, नक्षत्र।

तरैया[2] वि० [हिं० तरना] १. तरनेवाला। २. तारनेवाला।

तरोई स्त्री० दे० 'तोरी'।

तरोताज़ा वि० [फा० तर+ताज़ा] पूर्ण रूप से ताजा, शान्त और स्वस्थ।

तरोवर* पुं० दे० 'तरुवर'।

तरौँछ स्त्री० दे० 'तलछट'।

तरौँस पुं० [हिं० तर+आँस (प्रत्य०)] तट, तीर, किनारा।

तरौना पुं० [सं० तालपर्ण, प्रा० तालउन्न] १. कान में पहनने का तरवन नाम का गहना जो ताड़ के पत्ते की तरह गोल और फाँकदार होता है।

तर्क[1] पुं० [सं०] किसी बात या विषय के समर्थन या विरोध में प्रस्तुत कारण, दलील।

तर्क[2] पुं० [अ०] परित्याग, छोड़ना।

तर्कना* अ० [सं० तर्क] तर्क या बहस करना। अ० दे० 'तरकना'।

तर्क-वितर्क पुं० [सं०] १. यह सोचना कि यह होगा या यह नहीं होगा, ऊहापोह, सोच-विचार। २. वादविवाद, बहस। (डिस्कशन)

तर्कश पुं० दे० 'तरकश'।

तर्कशास्त्र पुं० [सं०] १. तर्क या विवेचना करने के नियम और सिद्धान्तों के खंडन-मंडन का ढंग बतानेवाला शास्त्र। (लॉजिक) २. न्यायशास्त्र।

तर्कसंगत वि० [सं०] [स्त्री० तर्कसंगति] १. जो तर्क करने पर या तर्क के अनुसार ठीक हो। २. तर्क-वितर्क करने पर उसके परिणाम के रूप में निकलने या ठीक सिद्ध होनेवाला। (लॉजिकल) ३. जो युक्ति या बुद्धि के अनुसार ठीक हो। (रीज़नेबुल)

तर्कसिद्ध वि० [सं०] जो तर्क की दृष्टि से बिल्कुल ठीक हो।

तर्कातीत वि० [सं० तर्क+अतीत] जिसे तर्क से न जाना जा सके।

तर्काभास पुं० [सं०] ऐसा तर्क जो वास्तव में ठीक न हो, यों ही देखने पर ठीक-सा जान पड़े।

तर्की पुं० [सं० तर्किन्] [स्त्री० तर्किनी] तर्क करनेवाला।

तर्क्य वि० [सं०] जिसके सम्बन्ध में कुछ तर्क या सोच-विचार करने की जगह हो, विचारणीय, चिन्तनीय।

तर्ज पुं० [अ० तर्ज़] १. प्रकार, तरह। २. शैली, ढंग। ३. रचना-प्रकार, बनावट।

तर्जन पुं० [सं० तर्जन] [वि० तर्जित] १. क्रोधपूर्वक या बिगड़ते हुए कुछ कहना। २. डाँटना, डपटना। ३. डराना, धमकाना। ४. क्रोध। ५. फटकार।

पद *तर्जन-गर्जन*=क्रोधपूर्वक जोर से बोलना या बिगड़ना।

तर्जना अ० [सं० तर्ज्जन] १. डाँटना, डपटना। २. धमकाना।

तर्जनी स्त्री० [सं० तर्ज्जनी] अँगूठे के बादवाली उँगली।

तर्जुमा पुं०=तरजुमा।

तर्ज़ेबयाँ पुं० [फा०] बयान करने का ढंग, वर्णन-प्रणाली।

तर्पण पुं० [सं०] [वि० तर्पित] १. किसी को तृप्त या सन्तुष्ट करना। २. हिन्दू कर्मकांड का वह कृत्य जिसमें देवों, ऋषियों और पितरों को तृप्त करने के लिए उनके नाम से जल दिया जाता है।

तर्योना* पुं० दे० 'तरौना'।

तर्ष* पुं० दे० 'तृष्णा'।

तल पुं० [सं०] १. नीचे का भाग, पेंदा, तला। २. जलाशय के नीचे की भूमि। ३. किसी के नीचे पड़नेवाला स्थान। ४. पैर का तलवा। ५. हथेली। ६. किसी वस्तु का ऊपरी या बाहरी फैलाव, सतह। ७. सात पातालों में से पहला। ८. स्तर, जैसे बच्चे की मानसिकता को समझा जाए, उसे अपने तल से नहीं उसके तल पर जाकर देखा जाए।

तलक निपा० [हिं०] तक का पुराना रूप, तक, पर्यन्त।

तलकर पुं० [हिं० ताल+कर] ताल या तालाब में होनेवाली वस्तुओं पर लगनेवाला कर।

तलगृह पुं० [सं०] तहखाना।

तलघर पुं० [सं० तलगृह] जमीन की सतह के नीचे बना हुआ कमरा या कमरों का समूह, तहखाना।

तलछट स्त्री० [हिं० तल+छँटना] तरल पदार्थ के नीचे बैठी हुई मैल, तलौंछ।

तलना स० [सं० तरण] गरम घी या तेल में डालकर पकाना।

तलप* पुं० दे० 'तल्प'।

तलपट पुं० [सं०] वह पट या फलक, जिसमें आय और व्यय का संक्षिप्त विवरण रहता है, तुलापत्र, आय-व्ययफलक।

तलपद पुं० [सं० तल+पद] १. असल चीज या बात, मूल, जड़। २. मूलधन, पूँजी।

तलफना अ० दे० 'तड़फना'।

तलब स्त्री० [अ०] १. खोज, तलाश। २. पाने की इच्छा, चाह। ३. आवश्यकता। ४. बुलावा, बुलाहट। ५. वेतन, तनखाह।

तलबगार वि०, पुं० [फा०] चाहनेवाला।

तलबाना पुं० [फा० तलबानः] गवाहों को तलब करने के लिए अदालत में जमा किया जानेवाला व्यय।

तलबी स्त्री० [अ०] १. बुलाहट, बुलावा। २. माँग।

तलबेली स्त्री० [हिं० तलफना] बहुत अधिक उत्कंठा, छटपटी।

तलमलाना अ० दे० 'तिलमिलाना'।

तलमार्ग पुं० [सं०] जमीन के नीचे होनेवाली सड़क या रेलपथ।

तलवा पुं० [सं० तल] पैर के नीचे की ओर का वह भाग जो चलने में पृथ्वी पर पड़ता है।

मुहा० *(किसी के) तलवे चाटना*=बहुत खुशामद करना। *(किसी के) तलवे धो-धोकर पीना*=बहुत सेवा-सुश्रूषा या आदर-सत्कार करना।

तलवार स्त्री० [सं० तरवारि] एक प्रसिद्ध धारदार हथियार, असि।

मुहा० *तलवारों की छाँह में*=ऐसे स्थान में जहाँ अपने ऊपर तलवारें ही तलवारें दिखाई देती हों। *तलवार खींचना*=वार करने के लिए म्यान से तलवार निकालना।

तलवार का खेत पुं० लड़ाई का मैदान।

तलवार का घाट पुं० तलवार में वह स्थान जहाँ से वह कुछ टेढ़ी होने लगती है।

तलवार का पानी पुं० तलवार की चमक जो उसके अच्छे होने की सूचक है।

तलवारिया पुं० [हिं० तलवार] वह जो अच्छी तरह तलवार चलाना जानता हो।

तलवारी वि० [हिं० तलवार] तलवार-सम्बन्धी, तलवार का, जैसे—तलवारी हाथ।

तलस्पर्शी (-र्शिन्) वि० [सं०] तल को स्पर्श करनेवाला, गहरा, गंभीर।

तलहटी स्त्री० दे० 'तराई'।

तला पुं० [सं० तल] १. नीचे का भाग, पेंदा। २. जूते के नीचे का चमड़ा।

*पुं०=ताल।

तलाई[1] स्त्री० दे० 'तलैया'।

तलाई[2] स्त्री० [हिं० तलना] तलने या तलाने की क्रिया, भाव या मजदूरी।

तलाक पुं० [अ० तलाक़] विधि या नियम के अनुसार पति-पत्नी का सम्बन्ध-विच्छेद।

तलातल पुं० [सं०] सात पातालों में से एक।

तलामली* स्त्री० दे० 'तलबेली'।

तलाव पुं० दे० 'तालाब'।

तलाश स्त्री० [तु०] १. कोई चीज पाने या देखने के लिए पता लगाना कि वह कहाँ है और कैसी है, अनुसन्धान, खोज। (सर्च) २. आवश्यकता पूरी करने के लिए होनेवाली खोज।

तलाशना स० [तु० तलाश+हिं० ना (प्रत्य०)तलाश करना, ढूँढ़ना।

तलाशी स्त्री० [फा०] खोई या छिपाई हुई वस्तु को पाने के लिए किसी के शरीर या घर आदि की जाँच-पड़ताल। (सर्च)।

मुहा० *तलाशी लेना*=खोई या छिपाई हुई वस्तु ढूँढ़ने के लिए सन्दिग्ध व्यक्ति के घर जाकर जाँच-पड़ताल करना।

तली स्त्री० [सं० तल] १. नीचे की जगह या भाग, पेंदी, तल। २. तल-छट। ३. हाथ की हथेली। ४. तलवार।

तलीय वि० [सं०] १. तल, पेंदे या नीचे के भाग से सम्बन्ध रखनेवाला। २. ऊपरी अंश निकाल, हटा या बाँट देने पर बाद में या नीचे बचा रहनेवाला, जैसे तलीय अधिकार=वह अधिकार जो प्रान्तीय शासनों को बाँट देने के बाद सुरक्षा, कार्य-संचालन की सुविधा आदि के विचार से बाँटनेवाला अथवा केंद्रीय शासन अपने हाथ में बचा रखता है। (रेसिडुअरी)

तलुआ पुं० दे० 'तलवा'

तले क्रि० वि० [सं० तल] नीचे।

तले-ऊपर क्रि० वि० नीचे और ऊपर।

पद *तले-ऊपर का*=(जन्म के विचार से) ठीक एक के बाद दूसरा।

तलेटी स्त्री० दे० 'तराई'।

तलैया स्त्री० [हिं० ताल] छोटा ताल।

तलौंछ स्त्री० दे० 'तल-छट'।

तल्प पुं० [सं०] १. शय्या, सेज। २. बिछौना, बिस्तर।

तल्ला पुं० [सं० तल] १. पहनने के दोहरे कपड़े के नीचे का अस्तर, भितल्ला, परत। २. ऊपर-नीचे के विचार से मकान के खंड, मंजिल। ३. जूते के नीचे का वह चमड़ा जिसपर तलवा रहता है। ४. निकटता, सामीप्य।

तल्लीन वि० [सं०] [भाव० तल्लीनता] किसी विषय या कार्य में लीन, निमग्न।

तव सर्व० [सं०] तुम्हारा।

तवक्षीर पुं० [सं०, मि० फा० तबाशीर] १. तबाशीर, तीखुर। २. बंसलोचन।

तवज्जोह स्त्री० [अ०] १. किसी बात की ओर दिया जानेवाला ध्यान, रुख। २. कृपादृष्टि।

तवना अ० [सं० तपन] १. तपना, गरम होना। २. दुख आदि से पीड़ित होना। ३. प्रताप या तेज दिखलाना। ४. गुस्से से लाल होना।

तवर्ग पुं० [सं०] त, थ, द, ध और न इन पाँच ध्वनियों या वर्णों का वर्ग।

तवा पुं० [सं० तपाक] [स्त्री० अल्पा० तवी, तौनी] लोहे का वह प्रसिद्ध गोल बरतन जिस पर रोटी पकाई जाती है।

मुहा० *तवे पर की बूँद होना*=इतनी कम मात्रा में किसी वस्तु का होना कि क्षण में समाप्त हो जाए।

तवाई स्त्री० [हिं० ताव=ताप] १. ताप, गरमी। २. गरम हवा, लू।

तवाना* स०=तपाना।

तवारीख स्त्री० [अ०] इतिहास।

तवारीखी वि० [अ०] तवारीख-सम्बन्धी, ऐतिहासिक।

तवालत स्त्री० [अ०] १. लम्बाई। २. अधिकता। ३. झंझट।

तवेला पुं० दे० 'तबेला'।

तशरीफ स्त्री० [अ० तशरीफ़] १. महत्त्व, बड़प्पन। २. सम्मानित व्यक्तित्व।

मुहा० *तशरीफ रखना*=विराजना। *तशरीफ लाना*=पदार्पण करना, पधारना।

तश्त पुं० [फा०] बड़ा थाल।

तश्तरी स्त्री० [फा०] छोटी छिछली थाली के आकार का छिछला हल्का बरतन, रिकाबी।

तष्टा[1] पुं० [सं०] छील या गढ़कर ठीक करनेवाला, विश्वकर्मा।

तष्टा[2] पुं० [फा० तश्त] [स्त्री० अल्पा० तष्टी] ताँबे की छोटी तश्तरी।

तस वि० [सं० तादृश] तैसा, वैसा।

तसदीक स्त्री० [सं० तस्दीक] १. सचाई। २. प्रमाणों के आधार पर होनेवाली सचाई की परीक्षा या निश्चय। ३. गवाही।

तसदीह स्त्री० [अ० तस्दीअ] १. सिर का दर्द। २. कष्ट, दुख।

तसबीह* स्त्री० [अ० तस्बीह] वह माला जिससे मुसलमान जाप करते हैं।

तसमई स्त्री० [?] खीर।

तसमा पुं० [फा० तस्मः] कोई चीज बाँधने के लिए चमड़े या कपड़े का फीता।

तसला पुं० [देश०] [स्त्री० तसली] एक प्रकार का बड़ा और गहरा बरतन।

तसलीम स्त्री० [अ० तस्लीम] १. सलाम, अभिवादन। २. मान्यता, स्वीकृति।

तसल्ली स्त्री० [अ०] १. ढारस, सान्त्वना। २. धैर्य।

तसवीर स्त्री० [अ० तस्वीर] चित्र।

वि० चित्र के समान सुन्दर, मनोहर।

तसू पुं० [सं० त्रि+शूक] इमारती काम के लिए प्रायः डेढ़ इंच की एक नाप।

तस्कर पुं० [सं०] [भाव० तस्करता] १. विदेशों से चोरी-छीपे माल मँगाकर बेचनेवाला। २. चोर।

तस्करी स्त्री० [सं० तस्कर] १. विदेशों से चोरी-छिपे माल मँगाकर बेचने का व्यवसाय। २. चोरी। ३. चोर की स्त्री। ४. चोर स्त्री।

तस्मात् क्रि० वि० [सं०] इसलिए।

तस्य सर्व० [सं०] उसका।

तस्सू पुं० दे० 'तसू'।

तहँ क्रि० वि०=तहाँ (वहाँ)।

तहँ, तहँवाँ क्रि० वि० दे० 'तहाँ'।

तह स्त्री० [फा०] १. किसी वस्तु पर पड़ा हुआ उसी या किसी दूसरी वस्तु का मोटा विस्तार, परत।

मुहा० *तह करना या गाना*=फैली हुई वस्तु मोड़कर समेटना। *तहकर रखो*=अपने पास रहने दो, हमें नहीं चाहिए। *(किसी चीज की) तह देना*=हल्का पुट या रंग देना।

२. नीचे का विस्तार, तल, पेंदा।

मुहा० *तह मोड़ना*=झगड़े का मूल नष्ट कर देना। *(किसी बात की) तह तक पहुँचना*=वास्तविक बात जान लेना।

३. जलाशय के नीचे की जमीन, तल, सतह।

मुहा० *तह तोड़ना*=कुएँ का सब पानी निकाल देना।

४. महीन परत, वरक, झिल्ली।

तहई* क्रि० वि० [हिं० तहाँ] उसी जगह, वहीं।

तहकीकात स्त्री० [अ० तहकीक का बहु०] किसी विषय या घटना की मूल बातों का पता लगाना, अनुसन्धान, जाँच।

तहखाना पुं० [फा० तहख़ानः] जमीन के अंदर बना हुआ कमरा या कमरों का समूह।

तहत वि० [अ०] अधीन।

तहत, के सम्बन्धबोध० १. के अधीन। २. के अन्तर्गत।

तहदरज वि० [फा०] (कपड़ा या और कोई चीज) जिसकी तह तक न खुली हो, बिल्कुल नया।

तहना[1]* अ० दे० 'तपना'।

तहना[2] अ० [हिं० तेह] बहुत क्रोध करना।

तहमत स्त्री० दे० 'लुंगी'।

तहरी स्त्री० [देश०] १. पेठे की बरी। २. मटर और चावल की खिचड़ी।

तहरीर स्त्री० [अ०] [वि० तहरीरी] १. लिखावट, लिखाई। २. लेखन-शैली। ३. लिखी हुई बात या कागज, लेख्य। ४. (अदालत के मुंशियों आदि का) लिखने का पारिश्रमिक, लिखाई।

तहलका पुं० [अ०] खलबली, हलचल।

तहवील स्त्री० [अ० तह्वील] खजाना, कोश।

तहस-नहस वि० [अनु०+अ० नह्स] पूरी तरह से नष्ट-भ्रष्ट।

तहसील स्त्री० [अ० तह्सील] १. लोगों से रुपए वसूल करने की क्रिया या भाव, वसूली, उगाही। २. वह धन जो वसूल करने से इकट्ठा हो। ३. तहसीलदार की कचहरी।

तहसीलदार पुं० [अ० तह्सील+फा० दार] १. कर उगाहनेवाला अधिकारी। २. तहसील का वह प्रधान अधिकारी जो जमींदारों से सरकारी मालगुजारी वसूल करता और माल के छोटे मुकदमे सुनता है।

तहसीलना स० [अ० तह्सील] कर, लगान, चन्दा आदि उगाहना या वसूल करना।

तहाँ क्रि० वि० दे० 'वहाँ'।

तहाना स० [हिं० तह] तह करना या लगाना।

तहिया* क्रि० वि० [सं० तद्] उस दिन (जहिया का सम्बन्ध पूरक)।

तहियाना स० दे० 'तहाना'।

तहियो क्रि० वि० [सं० तद्] तो भी, तिस पर भी, तब भी, तथापि।

तहीं क्रि० वि० [हिं० तहाँ] १. उसी जगह। २. त्यों ही।

ताँई क्रि० वि० दे० 'ताईं'।

ताँगा पुं० दे० 'टाँगा'।

ताँगी स्त्री० [फा० तंग=बन्द] किसी चीज को कसकर बाँधनेवाली डोरी या तस्मा, बन्द, जैसे चोली की ताँगी।

तांडव पुं० [सं०] १. शिव का नृत्य। २. पुरुषों का नृत्य। ३. वह नाच जिसमें बहुत उछल-कूद हो।

ताँत स्त्री० [सं० तंतु] १. पशुओं की अँतड़ियों या पुट्ठों को काटकर बनाया हुआ तागा। २. धनुष की डोरी। ३. जुलाहों की राछ। ४. तन्तु।

ताँता पुं० [सं० तति=श्रेणी] १. पंक्ति, कतार। २. क्रम, सिलसिला।
मुहा० *ताँता लगना*=लोगों या चीजों का एक के बाद एक लगातार आते या होते चलना।

ताँती[1] स्त्री० दे० 'ताँता'।

ताँती[2] पुं० [हिं० ताँत] कपड़ा बुननेवाला, जुलाहा।

तांत्रिक वि० [सं०] तन्त्र-सम्बन्धी, तन्त्र का।
पुं० तन्त्रशास्त्र का जानने और प्रयोग करनेवाला।

ताँबा पुं० [सं० ताम्र] लाल रंग की एक प्रसिद्ध धातु जिससे बरतन आदि बनते हैं।

तांबूल पुं० [सं०] १. पान। २. पान का बीड़ा।

ताँवर* पुं०=ताप।

ताँवरना अ० [हिं० ताँवर] १. गरम होना, तपना। २. क्रोध आदि के आवेश में आना।

ताँवरा पुं० [सं० ताप] १. ताप, जलन। २. जाड़ा देकर आनेवाला बुखार, जूड़ी।

ताँसना* स० [सं० त्रास] १. डाँटना। २. धमकाना। ३. सताना।

ता[1] प्रत्य० [सं०] एक भाववाचक प्रत्यय जो विशेषण और संज्ञा के अन्त में लगता है, जैसे उत्तमता या विशेषता में का 'ता'।

ता[2] सर्व० [सं० तद्] १. उस। २. उसे।

ता[3] क्रि० वि० [फा०] तक, पर्यन्त।

ताईं क्रि० वि० [सं० तावत्] १. तक, पर्यन्त। २. पास, समीप, निकट। ३. (किसी के) प्रति, को। ४. लिए, वास्ते।

ताउ पुं० दे० 'ताव'।

ताऊ पुं० [सं० तात] पिता का बड़ा भाई, ताया।
पद *बछिया के ताऊ*=परम मूर्ख व्यक्ति।

ताक[1] स्त्री० [हिं० ताकना] १. ताकने की क्रिया या भाव, अवलोकन। २. टकटकी। ३. अवसर की घात।
मुहा० *ताक में रहना या ताक लगाना*=किसी व्यक्ति या अवसर की प्रतीक्षा में रहना।
४. खोज, तलाश।

ताक[2] पुं० [अ० ताक़] (दीवार में का) आला, ताखा।
मुहा० *ताक पर रखना*=अनावश्यक या व्यर्थ समझकर अलग करना।
वि० १. जो बिना खंडित हुए दो सम भागों में न बँट सके, 'जूस' का उलटा, विषम, जैसे पाँच, सात, नौ आदि। २. अद्वितीय, अनुपम, बेजोड़।

ताक-झाँक स्त्री० [हिं० ताकना+झाँकना] १. कुछ जानने या देखने के लिए रह-रहकर ताकने-झाँकने की क्रिया। २. छिपकर देखने की क्रिया।

ताकत स्त्री० [अ०] १. जोर, बल। २. शक्ति, सामर्थ्य।

ताकतवर वि० [फा०] १. शक्तिशाली, बलिष्ठ। २. समर्थ।

ताकना स० [सं० तर्कण] १. अवलोकन करना, देखना (विशेषतः कुछ बुरे भाव या विचार से)। २. मन में सोचना, विचार करना, जैसे किसी का बुरा ताकना। ३. समझ जाना, ताड़ना। ४. पहले से देखकर स्थिर करना, तजवीज करना। ५. देख-रेख या रखवाली करना। ६. अवसर की प्रतीक्षा या घात में रहना।

ताकि यो० [फा०] इसलिए कि, जिससे।

ताकीद स्त्री० [अ०] १. किसी काम या बात के लिए चेत कर जोर देकर कहना। २. अच्छी तरह चेताकर कही जानेवाली बात।

ताको* सर्व० [सं० तस्य अप० तस्सु] उसका।

ताखा[1] पुं० [?] गत्ते पर लपेटा हुआ कपड़े का थान।

ताखा[1] पुं० [अ० ताक़] आला, ताक (दीवार में का)।

ताग स्त्री० [हिं० तागना] तागने की क्रिया या भाव।

*पुं० दे० 'तागा'।

तागड़ी स्त्री० दे० 'करधनी'।

तागना स० [हिं० तागा] तागे से दूर-दूर मोटी सिलाई करना।

तागा पुं० [पहलवी ताक=रेशा, मि० सं०, तार्गव] रुई, रेशम, ऊन आदि का वह लम्बा रूप जो बटने से तैयार होता है, डोरा, धागा।

ताछन पुं० [सं० तक्षण] शत्रु के आक्रमण से बचने और उस पर वार करने के लिए बगल से होते हुए आगे बढ़ना, कावा।

ताछना *अ० [हिं० ताछना] वार करने के लिए बगल से होकर आगे बढ़ना।

ताज पुं० [फा०] १. राजमुकुट। २. मोर, मुरगे आदि के सिर पर की चोटी, शिखा। ३. आगरा का ताजमहल नामक प्रसिद्ध मकबरा।

ताजक पुं० [फा०] एक ईरानी जाति।

ताजगी स्त्री० [फा० ताज़गी] १. ताजापन। २. प्रफुल्लतापूर्ण स्वस्थता।

ताजदार पुं० [फा०] बादशाह।

ताजन *पुं० [फा० ताजियान:] कोड़ा।

ताजपोशी स्त्री० [फा०] राजसिंहासन पर बैठकर राजमुकुट धारण करने का कृत्य, राज्याभिषेक।

ताजा वि० [फा० ताज़:] [स्त्री० ताजी] [भाव० ताजापन, ताजगी] १. जो अभी बनकर तैयार हुआ हो, बिल्कुल नया। २. जो सूखा या कुम्हलाया न हो, हरा-भरा। ३. (फल, फूल आदि) जो अभी पेड़ से तोड़ा गया हो। ४. जो थका-माँदा न हो, स्वस्थ और प्रसन्न। ५. जो अभी व्यवहार में आने को हो, बिल्कुल नया।

ताजिया पुं० [फा०] मकबरे के आकार का बनाया हुआ वह छोटा मंडप जो मुहर्रम में शीया मुसलमान दस दिन तक रखकर गाड़ते हैं।

ताजी वि० [फा०] अरब देश का।

पुं० १. अरब देश का घोड़ा। २. एक प्रकार का शिकारी कुत्ता।

ताजीर स्त्री० [अ०] [वि० ताजीरी] दंड।

ताजीरात पुं० [अ०] आपराधिक दंडों से सम्बन्ध रखनेवाले कानूनों का संग्रह।

ताजीरी वि० [अ०] दंड के रूप में लगाया या बैठाया हुआ, जैसे ताजीरी कर, ताजीरी पुलिस।

ताजीरी कर पुं० [अ०+सं०] वह कर जो किसी स्थान पर दंडस्वरूप पुलिस नियत होने पर उसका खर्च निकालने के लिए लगता है।

ताजीरी पुलिस स्त्री० [अ० ताजीरी+अं० पुलिस] पुलिस के सिपाहियों के वे दस्ते जो किसी ऐसे स्थान में दंडस्वरूप रखे जाते हैं, जहाँ कोई विशेष उपद्रव होता है और जिनका खर्च उस स्थान के निवासियों से लिया जाता है।

ताज्जुब पुं० [सं० तअज्जुब] आश्चर्य, विस्मय, अचम्भा।

ताटक पुं० [सं०] कान में पहनने का करनफूल, तरकी।

ताटस्थ्य पुं० [सं०] तटस्थता।

ताड़ पुं० [सं०] १. एक बड़ा और प्रसिद्ध पेड़ जो खम्भे के रूप में सीधा ऊपर बढ़ता है और जिसके सिरे पर बड़े-बड़े पत्ते होते हैं। २. ताड़न, प्रहार।

ताड़का स्त्री० [सं०] एक राक्षसी जिसे रामचन्द्र जी ने मारा था।

ताड़न पुं० दे० 'ताड़ना'।

ताड़ना[1] स्त्री० [सं०] १. प्रहार, मार। २. डाँट, डपट। ३. दंड, सजा। ४. उत्पीड़न, कष्ट देना। ५. दोषी, अपराधी आदि को विशेष दंड न देकर उसके कार्य के सम्बन्ध में रोष या असन्तोष प्रकट करते हुए उसे भविष्य में सचेत रहने के लिए कही जानेवाली बात, झिड़की। (रेप्रिमान्ड)

ताड़ना[2] स० [सं० ताड़न] १. मारना, पीटना। २. डाँटना-डपटना। ३. कष्ट पहुँचाना।

ताड़ना[3] स० [सं० तर्कण] छिपी हुई बात लक्षणों से समझ लेना, भाँपना, लखना।

ताड़ित वि० [सं०] जिसे ताड़ना की या दी गई हो।

ताड़ी स्त्री० [हिं० ताड़] ताड़ के डंठलों का नशीला रस, जो मद्य की तरह पिया जाता है, नीरा।

तात पुं० [सं०] १. पिता, बाप। २. पूज्य या मान्य व्यक्ति। ३. भाई या मित्र और विशेषत: छोटों के लिए व्यवहृत एक प्रेमपूर्ण सम्बोधन।

*वि० दे० 'ताता'।

तातपर्य पुं०=तात्पर्य।

ताता *वि० [सं० तप्त] [स्त्री० तप्ती] तपा हुआ, गरम।

ताताथेई स्त्री० दे० 'तत्ताथेई'।

तातार पुं० [फा०] मध्य एशिया का एक देश जो फारस के उत्तर में है।

तातारी वि० [फा०] तातार देश का।

पुं० तातार देश का निवासी।

स्त्री० तातार देश की भाषा।

तातील स्त्री० [अ०] छुट्टी का दिन।

तातें *योज० इसलिए।

तात्कालिक वि० [सं०] [भाव० तात्कालिकता] १. तत्काल या तुरन्त का। २. उस समय का।

तात्त्विक वि० [सं०] १. तत्त्व या मूल सिद्धान्त-सम्बन्धी, जैसे तात्त्विक मतभेद। (फन्डामेन्टल) २. तत्त्वज्ञानयुक्त। ३. यथार्थ, वास्तविक। ४. किसी महत्त्वपूर्ण गुण या तत्त्व से युक्त। (सबस्टेन्शल)

तात्पर्य पुं० [सं०] आशय, अभिप्राय।

तादात्मीकरण पुं० [सं०] [वि० तादात्मीकृत] एक वस्तु, व्यक्ति या गुण का दूसरी वस्तु, व्यक्ति या गुण में मिलकर एक हो जाने की क्रिया या भाव, एकत्व स्थापित करना।

तादात्म्य पुं० [सं०] १. एक वस्तु का दूसरी वस्तु में मिलकर उसके साथ एक हो जाना। २. समरसता। ३. अभिन्नता।

तादाद स्त्री० [अ०] संख्या, गिनती।

तादृश वि० [सं०] [स्त्री० तादृशी] उसके समान, वैसा।

तान स्त्री० [सं०] १. तानने की क्रिया या भाव, खींच। २. संगीत में स्वरों का कलापूर्ण विस्तार।

मुहा० *अपनी तान में पस्त होना*=अपनी धुन में रहना। *तान उड़ाना या लड़ाना*=तान लेते हुए गीत गाना। *(किसी पर) तान तोड़ना*=किसी पर सारा दोष मढ़ना या गुस्सा उतारना।

तानता स्त्री० [सं०] वह गुस्सा या शक्ति जिसमें वस्तुएँ या उनके अंग आपस में दृढ़तापूर्वक सटे, जुड़े या मिले रहते हैं। (टेनैसिटी)

तानना स० [सं० तान] १. कसने के लिए जोर से अपनी ओर या ऊपर खींचना। २. खींचकर फैलाना।

मुहा० *तानकर सोना=निश्चिन्त हो जाना।*

३. ऊपर फैलाकर बाँधना। ४. मारने के लिए हाथ या हथियार उठाना।

तानपूरा पुं० [सं० तान+हिं० पूरना] सितार की तरह का, पर उससे बड़ा, एक प्रकार का प्रसिद्ध बाजा, तम्बूरा।

तान-बान* पुं० दे० 'ताना-बाना'।

ताना[1] पुं० [हिं० तानना] कपड़े की बुनावट में लम्बाई के बल के सूत।

ताना[2] स० [हिं० ताप+ना (प्रत्य०)] १. तपाना, गरम करना। २. (सोना आदि धातुएँ) तपाकर परीक्षा करना। ३. जाँचना, परखना।

ताना[3] पुं० [अ० तान:] आक्षेपपूर्ण बात, बोली-ठोली, व्यंग्य।

ताना-पाई स्त्री० [हिं० ताना+पाई] व्यर्थ बार-बार आना-जाना।

ताना-पाही* स्त्री०=ताना-पाई।

ताना-बाना पुं० [हिं० ताना+बाना] १. कपड़े की बुनावट में लम्बाई और चौड़ाई के बल बुने हुए सूत। २. रचना के तत्त्व या तार।

तानारीरी स्त्री० [हिं० तान+अनु० रीरी] साधारण गाना।

तानाशाह पुं० [अ० तान:+फा० शाह] [भाव० तानाशाही] वह जो अपने अधिकारों का बहुत मनमाना दुरुपयोग करे।

तानाशाही स्त्री० १. अधिकारों का मनमाना उपयोग। २. वह राज्य-व्यवस्था जिसमें सारा अधिकार एक ही आदमी के हाथ में हो।

तानी स्त्री० [हिं० ताना] कपड़े की बुनावट में करघे में लम्बाई के बल लगे हुए या लगनेवाले सूत।

ताप पुं० [सं०] [वि० तापक] १. वह प्राकृतिक, विद्युत या अग्नि से उत्पन्न होनेवाली शक्ति जिसके प्रभाव से चीजें गरम होकर पिघलने या भाप के रूप में हो जाती हैं और जिसका अनुभव गरमी या जलन के रूप में होता है, 'शीत' का विरोधी भाव या तत्त्व, उष्णता, गरमी। (हीट) २. आँच, लपट। ३. ज्वर, बुखार। ४. शारीरिक, मानसिक आदि कष्ट, दुख। (हमारे यहाँ यह तीन प्रकार का माना गया है—आध्यात्मिक, आधिदैविक और आधिभौतिक)।

तापक वि० [सं०] १. ताप उत्पन्न करने या गरमी लानेवाला। २. सन्तप्त करने या कष्ट पहुँचानेवाला।

पुं० बिजली की सहायता से काम करनेवाला एक उपकरण जिससे कमरे, कोठरियाँ आदि गरम की जाती हैं। (हीटर)

तापक्रम पुं० [सं०] किसी विशिष्ट स्थान या पदार्थ का वह तापमान जो विशेष अवस्थाओं में घटता-बढ़ता रहता है।

तापक्रम-यंत्र पुं० [सं०] वह यन्त्र जिससे किसी स्थान या पदार्थ के घटने या बढ़नेवाले तापम का पता चलता है। (बैरोमीटर)

तापचालक पुं० [सं०] वह पदार्थ जिसमें ताप एक सिरे से चलकर दूसरे सिरे तक पहुँचता या उसमें व्याप्त होता हो, जैसे धातु।

तापचालकता स्त्री० [सं०] पदार्थों का वह गुण जिससे गरमी या ताप उनके एक सिरे से चलकर दूसरे सिरे तक पहुँचता या उसमें व्याप्त होता है।

तापतरंग स्त्री० [सं०] ग्रीष्म ऋतु में ताप या गरमी की वह तरंग जो कुछ विशिष्ट प्राकृतिक कारणों से उत्पन्न होकर किसी दिशा में बढ़ती है और जिसके कारण कुछ दिनों के लिए गरमी साधारण से बहुत अधिक हो जाती है। (हीट वेव)

ताप-तिल्ली स्त्री० [हिं० ताप=ज्वर+तिल्ली] तिल्ली बढ़ने और सूजने का रोग।

तापती स्त्री० [सं०] १. सूर्य की कन्या, ताप्ती। २. भारत की एक पवित्र नदी।

तापत्रय पुं० [सं०] आध्यात्मिक, आधिदैविक और आधि-भौतिक ये तीनों ताप या कष्ट।

तापन पुं० [सं०] १. ताप देनेवाला। २. सूर्य। ३. कामदेव के पाँच बाणों में से एक। ४. शत्रु को पीड़ित करनेवाला एक प्रकार का तान्त्रिक प्रयोग।

तापना अ० [सं० तापन] आग की आँच से अपना शरीर गरम करना।

स० १. आग पर रखकर गरम करना या तपाना। २. जलाना। ३. (धन) नष्ट करना।

तापमान पुं० [सं०] किसी पदार्थ अथवा शरीर में की गरमी या सरदी की वह स्थिति जो कुछ विशेष प्रकार से नापी जाती है, जैसे वातावरण का तापमान या शरीर का तापमान।

तापमापी पुं० [सं० ताप+मापन्] ज्वर के समय शरीर का ताप नापने का एक विशेष प्रकार का यन्त्र। (थरमामीटर)

तापस पुं० [सं०] [स्त्री० तापसी] तप करनेवाला, तपस्वी।

तापसी स्त्री० [सं०] १. तपस्या करनेवाली स्त्री। २. तपस्वी की स्त्री।

तापाघात पुं० [सं०] धूप में चलने-फिरने से होनेवाला रोग। (सनस्ट्रोक)

तापित वि० [सं०] १. जो तपाया गया हो। २. जिसे कष्ट दिया गया हो। ३. ताप से उत्पन्न होनेवाला। (थर्मल)।

तापी (-पिन्) वि० [सं०] १. ताप देने या तपानेवाला, ताप-सम्बन्धी। २. ताप से उत्पन्न, जैसे—तापीय ऊर्जा। (थर्मल इनर्जी)

ताफ्ता पुं० [फा०] एक प्रकार का रेशमी कपड़ा।

ताब स्त्री० [फा०] १. ताप, गरमी। २. चमक, आभा, दीप्ति। ३. कोई काम करने की शक्ति, सामर्थ्य, ताकत।

ताबड़-तोड़ क्रि० वि० [अनु०] १. लगातार, निरन्तर। २. तुरन्त, तत्काल।

ताबूत पुं० [अ०] वह सन्दूक जिसमें लाश रखकर गाड़ी जाती है।

ताबे वि० [अ० ताब्अ] १. वशीभूत, अधीन। २. आज्ञा माननेवाला।

ताबेदार वि० [अ० ताब्अ+फा० दार] [संज्ञा ताबेदारी] १. आज्ञाकारी। २. सेवक, नौकर।

ताम[1] पुं० [सं०] १. दोष, विकार। २. व्याकुलता, बेचैनी। ३. दुख, क्लेश। ४. इच्छा, वासना। ५. थकावट।

वि० १. भीषण, डरावना। २. व्याकुल।

ताम[2] पुं० [सं० तमस्] १. क्रोध। २. अँधेरा।

तामजान, तामजाम पुं० [?] एक प्रकार की छोटी खुली पालकी।

तामझाम पुं० १. तामजाम। २. ठाठ-बाट।

तामड़ा वि० [हिं० ताँबा] ताँबे के रंग का, कुछ लाली लिये हुए भूरा।

तामरस पुं० [सं०] १. कमल। २. सोना। ३. ताँबा। ४. धतूरा।

तामलेट पुं० [अं० टंबलर] लोहे, टीन आदि का ऐसा बरतन जिस पर चीनी मिटटी की तरह का चमकीला रोगन किया रहता है।

तामस वि० [सं०] [स्त्री० तामसी] तमोगुण से युक्त, तमोगुणवाला।

पुं० १. साँप। २. दुर्जन। ३. क्रोध। ४. अपकार। ५. अज्ञान, मोह।

तामसी वि० स्त्री० [सं०] तमोगुणवाली, तामसिक।

वि० दे० 'तामस'।

तामा† पुं०=ताँबा।

तामिल पुं० [देश०] दक्षिण भारत की एक जाति।

स्त्री० उक्त जाति के लोगों की भाषा, तमिल।

तामिस्र पुं० [सं०] १. एक नरक का नाम। २. क्रोध। ३. द्वेष।

तामीर स्त्री० [अ०] [बहु० तामीरात] इमारत बनाने का काम।

तामील वि० [अ० तअमील] १. (आज्ञा) जिसका पालन हुआ हो। २. (सूचना, आदेश आदि) जो यथास्थान पहुँचाया या उद्दिष्ट व्यक्ति को दे दिया गया हो। (सर्व्ड)

स्त्री० दे० 'तामीली'

तामीली स्त्री० [अ०] १. (आज्ञा का) पालन, निष्पादन। (एग्जीक्यूशन) २. (सूचना आदि का) अभीष्ट स्थान पर पहुँचाया जाना। (सर्विस)

तामोर* पुं० दे० 'तांबूल' (पान)।

ताम्र पुं० [सं०] ताँबा।

ताम्रचूड़ पुं० [सं०] मुर्गा।

ताम्रपट पुं० दे० 'ताम्रपत्र'।

ताम्रपत्र पुं० [सं०] ताँबे की चद्दर का वह टुकड़ा जिस पर प्राचीन काल में दानपत्र आदि लिखे जाते थे। (कापर प्लेट)

ताम्रपर्णी स्त्री० [सं०] १. बावली, तालाब। २. मदरास की एक छोटी नदी।

ताम्रयुग पुं० [सं०] पुरातत्तव के अनुसार किसी या जाति के इतिहास का वह समय, जब वह पहले-पहल ताँबे आदि धातुओं का व्यवहार करने लगी थी। यह युग प्रस्तरयुग के बाद और लौहयुग के पहले पड़ता है, इसे कांस्ययुग भी कहते हैं। (ब्रांज एज)

ताम्रलिप्त पुं० [सं०] मेदिनीपुर (बंगाल) जिले का तमलूक नामक स्थान।

ताम्रलेख पुं० दे० 'ताम्रपत्र'।

ताय* पुं० दे० 'ताप'।

* सर्व० दे० 'ताहि'।

तायना* स० [हिं० ताप] तपाना।

तायफा पुं० [फा० तायफ़ा] वेश्या और उसके समाजियों की मंडली।

स्त्री० गाने-बजानेवाली वेश्या।

ताया पुं० [सं० तात] [स्त्री० ताई] पिता का बड़ा भाई, बड़ा चाचा।

तार[1] पुं० [सं०] १. रूपा, चाँदी। २. धातु को खींचकर बनाया हुआ तन्तु, धातु-तन्तु। ३. उक्त स्वरूप का वह तन्तु जिसके द्वारा बिजली की सहायता से समाचार भेजे जाते हैं। (टेलिग्राफ) ४. इस प्रकार भेजा या आया हुआ समाचार। (टेलिग्राम) ५. सूत, तागा।

मुहा० *तार-तार कर देना*=१. कपड़ा नोचकर उसके टुकड़े-टुकड़े कर देना। २. छिन्न-भिन्न कर देना।

६. अखंड परम्परा, सिलसिला, क्रम। ७. कार्यसिद्धि का योग या सुविधा। ८. संगीत में एक ऊँचा सप्तक जिसे 'उच्च' भी कहते हैं।

तार[2] * पुं० [सं०] निर्मल, स्वच्छ।

तार[3] * पुं० [सं० ताल] करताल। (बाजा)

तार[4] * पुं० [सं० तल] तल, सतह।

तार[5] * पुं० [सं० तल्ल] तालाब।

तार[6] * पुं० [हिं० ताड़] ताडंकी या तरकी नाम का गहना।

तार[7] * पुं० १. दे० 'तारा'। २. दे० 'ताल'।

तारक पुं० [सं०] १. नक्षत्र, तारा। २. छापे आदि में आकाश के तारे की तरह का एक चिह्न जो प्राय: पाद-टिप्पणी के संकेत या शब्दसूची आदि में किसी शब्द की कोई विशेषता सूचित करने के लिए लगाया जाता है। इसका रूप है—*। (एस्टरिस्क) ३. आँख की पुतली। ४. दे० 'तारकासुर'। ५. 'ओं रामाय नम:' का मन्त्र।

वि० तारने या पार लगानेवाला।

तारकचिह्न पुं० दे० 'तारक' २.।

तारकमय वि० [सं०] तारों से युक्त, तारों से भरा।

तारकश पुं० [हिं० तार+फा० कश] [भाव० तारकशी] धातु के तार खींचने या बनानेवाला कारीगर।

तारका स्त्री० [सं०] १. नक्षत्र, तारा। २. आँख की पुतली।
*स्त्री० दे० 'ताड़का'।

तारकासुर पुं० [सं०] एक असुर जिसे कार्तिकेय ने मारा था।

तारकेश पुं० [सं० तारका+ईश] चन्द्रमा।

तारकेश्वर पुं० [सं०] शिव।

तारकोल पुं० दे० 'अलकतरा'।

तार-घर पुं० [हिं० तार+घर] वह स्थान जहाँ से तार द्वारा समाचार भेजे जाते हैं।

तार-घाट पुं० [हिं० तार+घाट] मतलब निकलने का मौका।

तारण पुं० [सं०] १. पार उतारने का काम। २. उद्धार, निस्तार।
वि० तारनेवाला।

तारतम्य पुं० [सं०] [वि० तारतम्यिक] १. एक-दूसरे की तुलना में कमी-बेशी का विचार, न्यूनाधिक्य। २. कमी-बेशी, ऊँच-नीच, महत्त्व, अधिकार आदि के विचार से लगाया जानेवाला क्रम। (आर्डर ऑफ प्रिफरेन्स) ३. गुण, परिमाण आदि का पारस्परिक मिलान।

तार-तोड़ पुं० [हिं० तार] कारचोबी का काम।

तारन* पुं० दे० 'तारण'।

तारना स० [सं० तारण] १. पार लगाना, पार करना। २. डूबते हुए को बचाना। ३. सांसारिक कष्टों से मुक्त करना, सद्‌गति या मोक्ष देना।

तारपीन पुं० [अ० टरपेन्टाइन] चीड़ के वृक्ष से निकला हुआ तेल जो औषध आदि के काम में आता है।

तारल्य पुं० [सं०] १. तरलता, द्रवत्व। २. चंचलता, चपलता।

तारहीन वि० [हिं० तार+हीन] १. जिसमें तार न हो, बिना तार का, बेतार। २. (समाचार) जो तारहीन प्रणाली से आए या जाए।
पुं० १. विद्युत की सहायता से समाचार भेजने की एक प्रणाली या प्रक्रिया जिसमें समाचार भेजनेवाले और पानेवाले स्थानों में तार का सम्बन्ध नहीं रहता। (वायरलेस)

तारा पुं० [सं०] १. नक्षत्र, सितारा।
मुहा० *आकाश के तारे तोड़ लाना*=बहुत ही कठिन काम कर दिखाना। *तारा टूटना*=आकाश से चमकता हुआ पिंड पृथ्वी पर गिरना, उल्कापात होना। *तारा डूबना*=शुक्र का अस्त होना। *तारों की छाँह में*=बहुत सबेरे, तड़के। *तारे गिनना*=चिन्ता या वियोग में जागकर रात काटना।
२. आँख की पुतली। ३. भाग्य, किस्मत।
स्त्री० [सं०] १. दस महाविद्याओं में से एक।
२. बृहस्पति की स्त्री जिसे चन्द्रमा ने रख लिया था और जिससे बुध का जन्म हुआ था। ३. बालि नामक वानर की स्त्री।
पुं० दे० 'ताला'।

ताराधिप पुं० [सं०] १. चन्द्रमा। २. शिव। ३. बृहस्पति।
४. बालि नामक वानर।

ताराधीश पुं० दे० 'ताराधिप'।

तारापथ पुं० [सं०] आकाश।

तारामंडल पुं० [सं०] तारों या नक्षत्रों का समूह।

तारिका* स्त्री० दे० 'तारका'।

तारिणी वि० स्त्री० [सं०] तारनेवाली।
*स्त्री० तारादेवी।

तारी स्त्री० [अ० तारी=बेहोशी] १. ईश्वर के ध्यान में तन्मय हो जाना, समाधि। २. टकटकी। ३. दे० 'ताली'। ४. दे० 'ताड़ी'।

तारीक वि० [फा०] [संज्ञा तारीकी] १. काला, स्याह।
२. धुँधला, अँधेरा।

तारीख स्त्री० [फा० तारीख़] [वि० तारीखी] १. महीने का हर एक दिन (२४ घंटों का), तिथि। २. वह तिथि जिसमें कोई विशेष घटना हुई हो। ३. नियत तिथि।
मुहा० *तारीख डालना*=तारीख या दिन नियत करना।

तारीखी वि० [अ० तारीख़] १. किसी निश्चित तारीख को होने या पड़ने वाला। २. जिसका आयोजन या उत्सव किसी विशिष्ट तारीख पर होता हो।

तारीफ स्त्री० [अ० तारीफ़] १. किसी बात या चीज के लक्षण, स्वरूप, गुण, विशेषता आदि बतलानेवाला कथन, परिभाषा।
२. वर्णन, विवरण। ३. प्रशंसा। ४. विशेषता, मुख्य गुण।

तारुण्य पुं० [सं०] जवानी।

तारू* पुं०=तालू।

तारेश पुं० [हिं० तार+ईश] चन्द्रमा।

तार्किक पुं० [सं०] १. तर्कशास्त्र का जाननेवाला। २. तत्त्ववेत्ता, दार्शनिक।

ताल[1] पुं० [सं०] १. करतल, हथेली। २. करतल ध्वनि, ताली।
३. नाचने-गाने में उसके समय का परिमाण ठीक रखने का एक साधन। ४. जाँघ या बाँह पर जोर से हथेली मारकर उत्पन्न किया जानेवाला शब्द। (पहलवान)
मुहा० *ताल ठोंकना*=लड़ने के लिए ललकारना।
५. मँजीरा, झाँझ। ६. चश्मे में लगा पत्थर या काँच का टुकड़ा। (लेन्स) ७. ताड़ का पेड़। ८. ताला।

ताल[2] पुं० [सं० तल्ल] तालाब।

तालपत्र पुं० [सं०] ताड़ वृक्ष का पत्ता, जिसका व्यवहार प्राचीन काल में ग्रन्थ आदि लिखने के लिए, कागज की तरह, होता था।

तालबद्ध वि० [सं०] [भाव० तालबद्धता] (काव्य, संगीत, चित्रकला आदि ऐसी रचना) जो ताल पर आधारित हो।

ताल-बैताल पुं० [सं० ताल+बैताल] दो कल्पित यक्ष जिनके विषय में कहा जाता है कि राजा विक्रमादित्य ने इन्हें सिद्ध करके वश में किया था।

तालमखाना पुं० [हिं० ताल+मखाना] एक पौधा जिसके गोल या चिपटे सफेद बीज खाए जाते हैं।

तालमेल पुं० [हिं० ताल+मेल] १. ताल और स्वर का सामंजस्य। २. उपयुक्त और ठीक संयोग या मेल।

तालव्य वि० [सं०] तालु-सम्बन्धी।
पुं० तालु से उच्चारण किया जानेवाला वर्ण, जैसे—ई, ई, च, छ, या श आदि। (पैलेटल)

ताला पुं० [सं० तलक] १. धातु का वह यन्त्र जो किवाड़, सन्दूक आदि बन्द करने के लिए कुंडी में लगाया जाता है।
मुहा० *ताला/ताले लग या पड़ जाना*=(क) बंद हो जाना)। (ख) निष्क्रिय हो जाना।
२. लोहे का वह तवा जो योद्धा लोग युद्ध के समय छाती पर पहनते थे।

तालाब पुं० [सं० तल्ल] पानी का बड़ा कुंड, सरोवर, पोखरा।

तालबेली* स्त्री० दे० 'तलबेली'।

तालिका स्त्री० [सं०] १. ताली, कुंजी। २. सूची, फेहरिस्त। (लिस्ट) ३. व्यक्तियों की नामावली। (रोल)

तालिबान पुं० बहु० [अ० तालिब (विद्यार्थी) का बहु०] अफगातिस्तान की सत्ता हथियानेवाला चरमपंथी विद्यार्थी समूह या दल।

तालिबानी वि० [अ० तालिबान] १. तालिबान-सम्बन्धी। २. दुराग्रहपूर्ण तथा नृशंस।
पुं० तालिबान का सदस्य।

तालिबानीकरण पुं० [अ० तालिबानी+सं० करण] दुराग्रह तथा नृशंसतापूर्वक अपने धर्मान्ध या उग्र विचारों को दूसरों पर थोपने की क्रिया।

तालिम* स्त्री० [सं० तल्प] बिछौना।

ताली[1] स्त्री० [हिं० ताला] १. ताले के साथ का वह उपकरण जिससे वह खोला और बन्द किया जाता है, कुंजी, चाबी। २. ताड़ का मद या रस, ताड़ी, नीरा।

ताली[2] स्त्री० [सं० ताल] १. शब्द उत्पन्न करने के लिए हथेलियों को एक दूसरी पर मारने की क्रिया, करतलध्वनि, थपोड़ी। २. इस प्रकार हथेलियाँ मारने से उत्पन्न शब्द, करतलध्वनि।

ताली[3] स्त्री० [हिं० ताल] छोटा ताल, तलैया।

तालीम स्त्री० [अ०] शिक्षा।

तालु पुं० [सं०] तालू। (पैलेट)

तालुका पुं० दे० 'ताल्लुका'।

तालू पुं० [सं० तालु] जिसके नीचे जीभ रहती है, तालु। (पैलेट)
मुहा० *तालू में दाँत जमना*=दुर्दशा या विनाश के दिन निकट होना। *तालू से जीभ न लगना*=चुपचाप न रहा जाना, बराबर कुछ न कुछ बोलते ही जाना।

ताल्लुक पुं० [अ० तअल्लुक] सम्बन्ध, लगाव, वास्ता।

ताल्लुका पुं० [अ० तअल्लुक:] बहुत से गाँवों का समूह, बड़ा इलाका।

ताल्लुकेदार पुं० [अ० तअल्लुक:+फा० दार] १. किसी ताल्लुके का जमींदार। २. अवध में एक विशेष प्रकार के जमींदार जिन्हें कुछ विशिष्ट अधिकार होते थे।

ताव[1] पुं० [सं० ताप] १. कोई चीज तपाने या पकाने के लिए पहुँचाई जानेवाली गरमी।
मुहा० *ताव खाना*=आँच पर गरम होना। ताव देना=तपाना, गरम करना। मूँछों पर ताव देना=विजय, अभिमान आदि के कारण मूँछों पर हाथ फेरना।
२. अधिकार मिश्रित क्रोध का आवेश।
मुहा० *ताव दिखाना*=अभिमानपूर्वक क्रोध प्रकट करना।
३. शेखी या ऐंठ की झोंक।
मुहा० *ताव दिखाना*=ऐसी ऐंठ या क्रोध दिखाना जिससे लड़ाई या झगड़ा हो सके।
४. ऐसी इच्छा जिसमें उतावलापन अधिक हो।
मुहा० *ताव चढ़ना*=प्रबल इच्छा या प्रवृत्ति होना।

ताव[2] पुं० [देश०] कागज का तख्ता। (शीट)

तावत् क्रि० वि० [सं०] १. उतनी देर तक, तब तक। २. उतनी दूर तक, वहाँ तक। (यावत् का सम्बन्ध पूरक)

तावना* स० [सं० तापन] १. तपाना, गरम करना। २. दुख या कष्ट पहुँचाना।

तावर पुं० दे० 'ताँवर'।

तावरी स्त्री० [सं० ताप] १. ताप, गरमी। २. धूप, घाम। ३. बुखार, ज्वर। ४. गरमी के कारण सिर में आनेवाला चक्कर। ५. ईर्ष्या, जलन।

तावान पुं० [फा०] किसी क्षति की पूर्ति के लिए दिया जानेवाला धन, दंड, डाँड़।

तावीज पुं० [अ० तअवीज़] १. वह यन्त्र, मन्त्र या कवच जो कष्ट, रोग या परेशानी से बचने के लिए किसी सम्पुट में बन्द करके पहना जाए। २. धातु का वह सम्पुट जिसमें लिखित यन्त्र आदि भरकर गले में या बाँह पर पहनते हैं, जन्तर।

ताश पुं० [अ० तास] १. एक प्रकार का जरदोजी का कपड़ा। २. खेलने के लिए मोटे कागज के ५२ चौखूँट छपे टुकड़े, जिन पर रंगों की बूटियाँ या तसवीरें बनी रहती हैं। ३. वह छोटी दफ्ती जिस पर कपड़े सीने का तागा लपेटा रहता है।

ताशा पुं० [अ० तास] चमड़ा मढ़ा हुआ एक प्रकार का बाजा।

तास* पुं०=ताशा।

तासीर स्त्री० [अ०] १. प्रभाव, असर। २. किसी वस्तु के गुण की सूचक प्रकृति।

तासु* सर्व० [सं० तव्य] उसका।

तासों* सर्व० [हिं० तासु] १. उसे। २. उससे।

ताहम क्रि० वि० [फा०] तो भी, तिस पर भी।

ताहि* सर्व० [हिं० ता] उसको, उसे।

ताहीं क्रि० वि० दे० 'ताई' या 'तई'

ताही* सर्व०=उसी।

ताहूँ* क्रि० वि० [हिं० ता+हूँ (प्रत्य०)] तो भी, तिसपर भी।

तिआ* स्त्री० दे० 'तिया'।

तिआह पुं० [हिं० ति=तीन+विवाह] १. तीसरा विवाह। २. वह जिसका तीसरा ब्याह हुआ हो या होने को हो।

तिउरी† स्त्री०=तेवर या त्योरी।

तिकड़म पुं० [सं० त्रि+क्रम?] [कर्ता–तिकड़मी] गहरी और गुप्त युक्ति या चाल।

तिकड़मी पुं० [हिं० तिकड़म] तरह-तरह की चालें चलकर अपना काम निकालनेवाला, चालबाज।

वि० तिकड़म से भरा।

तिकतिक स्त्री० [अनु०] घोड़ों, गधों को आगे बढ़ने का आदेश देने के लिए मुँह से किया जानेवाला शब्द।

तिकोना वि० [सं० त्रिकोण] जिसमें तीन कोने हों, तीन कोनोंवाला।

पुं० समोसा नामक पकवान।

तिकोनिया वि० दे० 'तिकोना'।

तिक्का पुं० [फा० तिक:] मांस की बोटी।

तिक्ख* वि० [सं० तीक्ष्ण] १. तीखा। २. चोखा, तेज। ३. तीव्रबुद्धि, चालाक।

तिक्त वि० [सं०] [भाव० तिक्तता] नीम या चिरायते के-से स्वादवाला, तीता।

तिक्त-मिष्ट वि० [सं०] तीता और मीठा।

तिक्ष* वि० दे० 'तीक्ष्ण'।

तिक्षता* स्त्री०=तीक्ष्णता।

तिखटी* स्त्री० दे० 'टिकठी'।

तिखारना अ० [सं० त्रि०+हिं० आखर=अक्षर] जोर देने के लिए कोई बात कई बार कहना, ताकीद करना।

तिखूँटा वि० दे० 'तिकोना'।

तिग* पुं० दे० 'त्रिक'।

तिगना स० [देश०] देखना। (दलाल)

तिगुना वि० [सं० त्रिगुण] [स्त्री० तिगुनी] जितना हो, उसका तीन गुना।

तिच्छ* वि० दे० 'तीक्ष्ण'।

तिच्छन* वि० दे० 'तीक्ष्ण'।

तिजरा पुं० [हिं० तीन (दिन)+ज्वर] हर तीसरे दिन आनेवाला ज्वर, तिजारी।

तिजहरी* स्त्री० [हिं० तीन+पहर] दिन का तीसरा पहर।

तिजारत स्त्री० [अ०] [वि० तिजारती] वाणिज्य, व्यापार, रोजगार।

तिजारती वि० [अ०] व्यापार-सम्बन्धी, व्यावसायिक।

पुं० व्यवसायी, व्यापारी।

तिजारी स्त्री० [हिं० तीजा=तीसरा] हर तीसरे दिन आनेवाला ज्वर।

तिजोरी स्त्री० [देश०] लोहे का वह सन्दूक या छोटी अलमारी जिसमें रुपए आदि रखे जाते हैं। (सेफ)

तिड़ी स्त्री० [हिं० तीन] ताश का वह पत्ता जिस पर तीन बूटियाँ होती हैं।

वि० जो चुपचाप धीरे से गायब हो गया हो।

तिड़ी-बिड़ी वि० दे० 'तितर-बितर'।

तित* क्रि० वि० [सं० तत्र] १. वहाँ, उस जगह। २. उधर, उस ओर।

तितना क्रि० वि० दे० 'उतना'।

तितर-बितर वि० [हिं० तिधर+अनु०] १. जो यथास्थान या क्रम से न हो, छितराया या बिखरा हुआ। २. अस्त-व्यस्त।

तितली स्त्री० [हिं० तीतर?] १. एक उड़नेवाला सुन्दर फतिंगा, जो फूलों पर मँडराता है। २. एक प्रकार की घास।

तितलौकी स्त्री० [हिं० तीता+लौआ] कड़वा कद्दू।

तितारा पुं० [हिं० त्रि+तार] सितार की तरह का तीन तारोंवाला एक बाजा।

तितिक्षा स्त्री० [सं०] [वि० तितिक्षु] १. दुख, कष्ट आदि सहन कर लेने की शक्ति, सहिष्णुता। २. क्षमा, क्षान्ति। ३. उपवास, ब्रह्मचर्य, मौन आदि ऐसा उपाय जिससे संयम पुष्ट तथा परिपक्व हो।

तितिक्षु वि० [सं०] जिसमें तितिक्षा हो, सहिष्णु।

तिते* वि० [सं० तति] उतने।

तितेक* वि० [हिं० तिते+एक] उतना।

तिथि स्त्री० [सं०] चान्द्र मास के किसी पक्ष का कोई दिन, जिसका नाम संख्या के विचार से होता है, मिती (प्रतिपदा से अमावस या पूर्णिमा तक १५ तिथियाँ होती हैं)।

तिथिपत्र पुं० [सं०] वह पुस्तिका जिससे यह जाना जाता है कि किस दिन कौन तिथि या तारीख होगी, पंचांग, पत्रा। (एलमैनक)

तिदरा विं० [हिं० तीन+फा० दर] तीन दरोंवाला।

तिन[१] सर्व० [सं० तैः] 'तिस' का बहु०, उन्होंने।

तिन[२]* पुं० [सं० तृण] तिनका, तृण।

तिनउर पुं० [सं० तृण+उर या ओर (प्रत्य०)] तिनकों का ढेर, तृनसमूह।

तिनकना अ० [अनु०] कुछ नाराज होना, चिड़चिड़ाना, चिढ़ना।

तिनका पुं० [सं० तृण] सूखी घास आदि का टुकड़ा, तृण।

पद *तिनके का सहारा*=बहुत थोड़ा या नाम मात्र का सहारा।

मुहा० *दाँतों में तिनका पकड़ना या लेना*=क्षमा या कृपा के लिए गौ की तरह दीनता प्रकट करना। *तिनका तोड़ना*=(क) किसी के मरने पर उसका शव जलाकर तिनका तोड़ना, जो सब प्रकार के सम्बन्ध टूटने का सूचक होता है। (ख) किसी से पूरी तरह से सब प्रकार से सम्बन्ध तोड़ना। (ग) बच्चे को नजर से बचाने के लिए टोटका करना। *तिनके को पहाड़ बनाना*=जरा-सी बात को बहुत बढ़ाना।

तिनका-तोड़ पुं० [हिं० तिनका+तोड़ना] पारस्परिक सम्बन्ध इस प्रकार टूटना कि फिर स्थापित न हो सके। (मृतक की दाहक्रिया के उपरान्त उसके नाम पर जो तिनका तोड़ा जाता है, उसी से यह प्रयोग चला है)।

तिनगना अ० दे० 'तिनकना'।

तिनपहला वि० [हिं० तीन+पहल] जिसमें तीन पहल या पार्श्व हों।

तिनि* सर्व०=उन्होंने।

तिनूका* पुं० दे० 'तिनका'।

तिन्नी स्त्री० [सं० तृण] एक प्रकार का जंगली धान।

तिन्ह* सर्व० दे० 'तिन'।

तिपति* स्त्री० दे० 'तृप्ति'।

तिपाई स्त्री० [हिं० तीन+पाया] तीन पायों की छोटी ऊँची चौकी।

तिबारा[1] क्रि० वि० [हिं० तीन+बार] तीसरी बार।

तिबारा[2] पुं० [हिं० तीन+बार=दरवाजा] वह कोठा या भवन जिसमें तीन दरवाजे हों।

तिबासी वि० [हिं० तीन+बासी] तीन दिनों का बासी (खाद्य पदार्थ)

तिमंजिला वि० [हिं० तीन+अ० मंज़िल] [स्त्री० तिमंजिली] तीन खंडों का, तीन मरातिन का। (मकान)

तिमिंगिल पुं० [सं०] १. एक प्रकार का बहुत बड़ा समुद्री स्तनपायी जन्तु जो बहुत-कुछ मछली के आकार का होता है, प्रायः इसकी चर्बी और हड्डियों के लिए इसका शिकार किया जाता है। २. कोई बहुत बड़ी मछली। (व्हेल)

तिमि* क्रि० वि० [सं० तद्+इमि] उस प्रकार, उस तरह, वैसे।

तिमिर पुं० [सं०] १. अन्धकार, अँधेरा। २. आँखों से धुँधला दिखाई देना।

तिमिरारि पुं० [सं०] सूर्य।

तिमिरारी* स्त्री० [सं० तिमिराली] अन्धकार।

तिमुहानी स्त्री०=तिरमुहानी।

तिय* स्त्री० [सं० स्त्री] १. स्त्री, औरत। २. पत्नी, जोरू।

तिया* स्त्री०=स्त्री।

तिर् उप० [सं० त्रि] तीन का सूचक उपसर्ग, जैसे—तिरमुहानी।

तिरक पुं० [सं० त्रिक] १. रीढ़ के नीचे का वह स्थान जहाँ दोनों कूल्हों की हड्डियाँ मिलती हैं। २. दोनों टाँगों के ऊपरवाले जोड़ का स्थान। ३. हाथी के शरीर का वह पिछला भाग जहाँ से दुम निकलती है।

तिरकना अ० [?] बाल सफेद होना।
अ० दे० 'तड़कना'।

तिरखूँटा वि० दे० 'तिकोना'।

तिरगुन पुं०, वि० दे० 'त्रिगुण'।

तिरछई स्त्री० दे० 'तिरछापन'।

तिरछा वि० [सं० तिरश्चीन] [क्रि० तिरछाना] १. जो सीधा नहीं, बल्कि इधर-उधर हट-बढ़कर हो। २. जिसमें टेढ़ापन या वक्रता हो, टेढ़ा, वक्र।

तिरछी चितवन स्त्री० बिना सिर फेरे हुए बगल की ओर देखना। (प्रेम, क्रोध आदि का सूचक)

तिरछौंहाँ वि० [हिं० तिरछा+औंहाँ (प्रत्य०)] जो कुछ तिरछा हो।

तिरना अ० [सं० तरण] १. पानी पर तैरना या उतराना। २. पार होना। ३. भवसागर से पार या आवागमन से मुक्त होना।

तिरप पुं० [सं० त्रि] नृत्य में तिहाई आने पर तीन बार पैर पटकना।

तिरपट वि० [देश०] १. तिरछा, टेढ़ा। २. मुश्किल, कठिन, विकट।

तिरपाई स्त्री० दे० 'तिपाई'।

तिरपाल पुं० [अं० टरपोलिन] रोगन किया हुआ एक प्रकार का टाट जो धूप और वर्षा से रक्षा के लिए चीजों के ऊपर डाला या ताना जाता है।

तिरपित* वि० दे० 'तृप्त'।

तिरबेनी स्त्री० दे० 'त्रिवेणी'।

तिरमिरा पुं० [सं० तिमिर] [क्रि० तिरमिराना] १. आँखों का एक रोग जिसमें कभी अँधेरा और कभी उजाला दिखाई देता है। २. तेज रोशनी में नजर न ठहरना, चकाचौंध।

तिरमिराना अ० [हिं० तिरमिरा] प्रकाश या चमक के सामने (आँखों का) चौंधियाना।

तिरमुहानी स्त्री० [हिं० तीन+मुहाना] वह स्थान जहाँ तीन रास्ते मिलते हों।

तिरलोक पुं० दे० 'त्रिलोक'।

तिरवाहाँ पुं० [सं० तीर=किनारा] नदी का किनारा।

तिरविक्रम पुं० दे० 'त्रिविक्रम'।

तिरस्कार पुं० [सं०] [वि० तिरस्कृत] १. अनादर, अपमान। २. डाँट-डपट, फटकार। ३. अनादर या उपेक्षापूर्वक त्याग।

तिरस्कृत वि० [सं०] [स्त्री० तिरस्कृता] जिसका तिरस्कार हुआ हो, अनादृत।

तिरहुत पुं० बिहार के मिथिला प्रदेश के आस-पास के भूभाग का पुराना नाम।

तिराना स० [हिं० तिरना] १. पानी पर तैराना। २. पार करना। ३. उबारना, उद्धार करना।
अ० दे० 'तिरना'।

तिराहा पुं० दे० 'तिरमुहानी'।

तिराही* क्रि० वि०=नीचे।

तिरिन* पुं० दे० 'तृण'।

तिरियक* पुं० दे० 'तिर्यक'।

तिरिया स्त्री० [सं० स्त्री] स्त्री, औरत।

तिरिया-चरित्तर पुं० स्त्रियों की स्वाभाविक धूर्तता या कपट, जिसे पुरुष जल्दी नहीं समझ सकता।

तिरिस्कार पुं०=तिरस्कार। (अशुद्ध)

तिरिस्कृत वि०=तिरस्कृत। (अशुद्ध)

तिरोधान पुं० [सं०] अन्तर्धान।

तिरोभाव पुं० [सं०] अन्तर्धान, अदर्शन, गोपन, छिपाव।

तिरोहित वि० [सं०] १. छिपा हुआ, अन्तर्हित। २. गायब, लुप्त।

तिरीछा वि० दे० 'तिरछा'

तिर्पित* वि०=तृप्त।

तिर्यक् वि० [सं०] तिरछा, टेढ़ा।

पुं० पशु, पक्षी आदि जीव।

तिर्यग्गति स्त्री० [सं०] १. तिरछी या टेढ़ी चाल। २. पशु योनि में जन्म लेना।

तिर्यग्योनि स्त्री० [सं०] पशु, पक्षी आदि जीव या उनकी दशा।

तिलंगा पुं० [सं० तैलंग] भारतीय सैनिक, देशी सिपाही।

तिलंगाना पुं० [सं० तैलंग] तैलंग देश।

तिलंगी[1] पुं० [सं० तैलंग] तिलंगाने का निवासी।

वि० तिलंगाने का।

तिलंगी[2] स्त्री० [हिं० तीन+लंग] आकाश में उड़ाने की गुड्डी, पतंग।

तिल पुं० [सं०] १. एक प्रसिद्ध पौधा जिसके दानों से तैल निकलता है।

मुहा० *तिल का ताड़ करना या बनाना*=जरा-सी बात को बहुत बढ़ा देना। *तिल-तिल करके*=थोड़ा-थोड़ा करके। *तिल धरने की जगह न होना*=जरा-सी भी जगह खाली न रहना।

कहा० *तिल की ओट पहाड़*=जरा-सी आड़ के पीछे होनेवाली कोई बहुत बड़ी बात या काम।

२. शरीर में होनेवाला काले रंग का बहुत छोटा प्राकृतिक चिह्न या काला दाग। ३. उक्त चिह्न के आकार का गोदना। ४. आँख की पुतली के बीच की बिन्दी।

तिलक पुं० [सं०] १. चन्दन, केसर आदि से मस्तक, बाहु आदि पर, लगाया जानेवाला साम्प्रदायिक चिह्न, टीका। २. राज्याभिषेक, राजगद्दी। ३. विवाह पक्का करने की एक रीति जिसमें भावी वर के मस्तक पर टीका लगाकर उसे कुछ दिया जाता है, टीका। ४. माथे पर पहनने का एक गहना, टीका। ५. ग्रन्थ की अर्थसूचक व्याख्या, टीका। ६. बसन्त ऋतु में फूलनेवाला एक प्रकार का पौधा।

वि० १. उत्तम, श्रेष्ठ। २. शोभा, कीर्ति आदि बढ़ानेवाला, जैसे रघुकुल तिलक।

तिलक कामोद पुं० [सं०] संगीत में एक प्रकार का राग।

तिलकना† अ० दे० 'फिसलना'।

तिलक-मुद्रा स्त्री० [सं०] चन्दन आदि का टीका और शंख, चक्र आदि के छापे या मुद्राएँ जो धार्मिक लोग अपने अंगों पर लगाते हैं।

तिलकुट पुं० [हिं० तिल] कुटे हुए तिलों की मीठी टिकिया या पट्टी।

तिलचटा पुं० [हिं० तेल+चाटना] एक प्रकार का झींगुर, चपड़ा।

तिल-चावला वि० [हिं० तिल+चावल] काला और सफेद मिला हुआ, जैसे—तिल-चावली दाढ़ी।

तिलछना* अ० [अनु०] विकल होना, छटपटाना, बेचैन रहना।

तिलठी स्त्री० [हिं० तिल+यष्टि] तिल के पेड़ का वह डंठल जिसमें से तिल झाड़ लिया गया हो।

तिलड़ी स्त्री० [हिं० तीन+लड़] तीन लड़ों की माला या हार।

तिलतंडुलवत् क्रि०वि० [सं०] तिलों और चावलों की तरह।

वि० तिल और चावल के समान मिश्रित।

तिलमिल स्त्री० [हिं० तिरमिर] चकाचौंध, तिरमिराहट।

तिलमिलाना अ० [अनु०] अचानक कष्ट या पीड़ा होने से विकल होना।

तिलस्म पुं०=तिलिस्म।

तिलांजलि स्त्री० [सं०] १. किसी के मरने पर अँजुली में जल और तिल लेकर उसके नाम से छोड़ना। २. सदा के लिए परित्याग करने का संकल्प।

मुहा० *तिलांजलि दे देना*=सदा के लिए परित्याग कर देना, पिंड छुड़ा लेना।

तिला पुं० [अ०] वह औषध-मिश्रित तेल जिसका व्यवहार पुंसत्व की शक्ति बढ़ाने के लिए (पुरुषेंद्रिय पर मालिश के रूप) में होता है।

तिलाक† पुं० दे० 'तलाक'।

तिलाम पुं० [अ० गुलाम से अनु०] गुलाम का गुलाम, दासानुदास, परम तुच्छ व्यक्ति या सेवक।

तिलिस्म पुं० [अ०] ऐसा अद्भुत कार्य-योजना या ढाँचा जिसकी रचना कोई अलौकिक शक्तिसम्पन्न व्यक्ति ही कर पाता हो तथा जिसका रहस्य न जाना जा सकता हो, माया।

तिलिस्मी वि० [अ० तिलिस्म] तिलिस्म-सम्बन्धी।

तिलेदानी स्त्री० [हिं० तिल्ला+फा० दानी] सिलाई के लिए सुई-तागा आदि रखने की थैली।

तिलोक* पुं० [सं० त्रिलोक] तीनो लोक।

तिलोत्तमा स्त्री० [सं०] पुराणानुसार इंद्र की अप्सराओं में से एक। [कहते हैं कि विश्वकर्मा ने इसके शरीर के तिल-तिल स्थान पर रत्न जड़े थे।]

तिलोदक पुं० दे० 'तिलांजलि'।

तिलोना* वि० दे० 'तिलौना'।

तिलौंछना स० [हिं० तेल+औंछना] थोड़ा-सा तेल लगाकर चिकना करना।

तिलौंछा वि० [हिं० तेल+औंछना] जिसमें तेल का मेल, स्वाद, गन्ध या रंगत हो।

तिलौरी स्त्री० [हिं० तेल+बरी] वह बरी जिसमें तिल भी मिला हो।

स्त्री० दे० 'तेलिया मैना'।

तिल्ला पुं० [अ० तिला] १. कलाबत्तू, बादले आदि का काम। २. दुप्पटे, साड़ी आदि का बादले या कलाबत्तू का आँचल।

तिल्लाना पुं० दे० 'तराना' १।

तिल्ली[1] स्त्री० [सं० तिलक] १. पेट के भीतरी भाग का वह छोटा अवयव जो पसलियों के नीचे बाईं ओर होता है, प्लीहा। २. इस अंग के सूजने का रोग।

तिल्ली[2] स्त्री० [सं० तिल] तिल नाम का बीज।

तिल्लेदार वि० [हिं० तिल्ला+फा० दार] (कपड़ा) जिसमें बादले या कलाबत्तू का काम हो।

तिवई* स्त्री०=स्त्री।

तिवान पुं० [?] चिन्ता, फिक्र।

तिवारी पुं० दे० 'त्रिवेदी'।

तिष्टना* स० [सं० सृष्टि] बनाना, रचना।

तिष्ठना* अ० [सं० तिष्ठ] १. ठहरना, रुकना। २. बैठना।

तिष्न* वि० दे० 'तीक्ष्ण'।

तिस सर्व० [सं० तस्मिन्, प्रा० तिस्स] पुरानी हिन्दी में आधुनिक 'उस' का रूप।

तिसना* स्त्री० दे० 'तृष्णा'।

तिस पर योज० इतना होने पर भी।

तिसरैत पुं० [हिं० तीसरा] १. परस्पर विरोधी पक्षों से अलग, तीसरा मनुष्य, तटस्थ। २. तीसरे हिस्से का मालिक।

तिसाना* अ० [सं० तृषा] प्यासा होना।

तिसार* पुं० दे० 'अतिसार'।

तिहाई स्त्री० [सं० त्रि+भाग] १. तीसरा भाग या हिस्सा, तृतीयांश। २. संगीत में सम पर का और उसके ठीक पहलेवाले दो ताल या उनके खंड।

तिहायत* पुं० दे० 'तिसरैत'।

तिहारा, तिहारो* सर्व० [स्त्री० तिहारी] दे० 'तुम्हारा'।

तिहिं सर्व० दे० 'तेहि'।

तिहूँ वि० [हिं० तीन] तीनो, जैसे—तिहूँ लोक=तीनो लोक।

ती* स्त्री० [सं० स्त्री] १. औरत। २. जोरू, पत्नी।

तीक्ष्ण* स्त्री० [सं०] [भाव० तीक्ष्णता] १. तेज नोक या धारवाला। २. प्रखर, तीव्र, तेज। ३. उग्र, प्रचंड। ४. जिसका स्वाद तीखा या चरपरा हो। ५. सुनने में अप्रिय, कर्णकटु। ६. जो सहा न जा सके।

तीक्ष्णबुद्धि वि० [सं०] जिसकी बुद्धि बहुत तीव्र या तेज हो।

तीक्ष्णाग्र वि० [सं०] जिसका सिरा तीक्ष्ण हो।

तीखन वि० [सं० तीक्ष्ण] १. तेज धारवाला, तीक्ष्ण। २. तीव्र गतिवाला, तीव्रगामी, तेज। ३. जिसका स्वाद बहुत चरपरा हो। ४. सुनने में अप्रिय, कटु। ५. अच्छा, बढ़िया।

तीखुर पुं० [सं० तवक्षीर] एक प्रकार का पौधा जिसकी जड़ के सत्त का व्यवहार पकवान आदि बनाने में होता है।

तीछन, तीछा* वि० दे० 'तीक्ष्ण'।

तीज स्त्री० [सं० तृतीया] १. चान्द्रमास के किसी पक्ष की तीसरी तिथि। २. दे० 'हरतालिका'।

तीजा पुं० [हिं० तीन] मुसलमानों में किसी के मरने पर तीसरे दिन का कृत्य।
वि० दे० 'तीसरा'।

तीतर पुं० [सं० तित्तिर] एक प्रसिद्ध पक्षी जो लड़ाने के लिए पाला जाता है।
कहा० *आधा तीतर आधा बटेर*=कुछ एक प्रकार का और कुछ दूसरे प्रकार का, भद्देपन से मिला-जुला।

तीता वि० [सं० तिक्त] १. तीखे और चरपरे स्वादवाला, तिक्त। २. कड़ुआ, कटु।

तीतुरी* स्त्री० दे० 'तितली'।

तीतुल* पुं० दे० 'तीतर'।

तीन वि० [सं० त्रीणि] दो और एक।
पुं० दो और एक के जोड़ की सूचक संख्या।
मुहा० *तीन पाँच करना*=घुमाव-फिराव या चालाकी की बातें करना। *तीन तेरह होना*=तितर-बितर या छिन्न-भिन्न होना, अलग-अलग होना।
कहा० *न तीन में न तेरह में*=जो किसी गिनती में न हो।

तीन-चौथाई वि० किसी वस्तु, क्षेत्र आदि के चार बराबर भागों में से तीन का सूचक, जैसे उसे उस संपत्ति का तीन-चौथाई अंश मिला।

तीनो वि० सभी तीन।

तीनों सर्व० तीनो व्यक्ति या वस्तुएँ।

तीय स्त्री० [सं० स्त्री] स्त्री, औरत।

तीरंदाज पुं० [फा० तीरंदाज] [भाव० तीरंदाजी] तीर चलानेवाला।

तीर¹ पुं० [सं०] १. नदी का किनारा, कूल, तट। २. स्थान, गृह।
क्रि० वि० पास, निकट।

तीर² पुं० [फा०] १. बाण, शर। २. उक्त का सूचक चिह्न जो किसी दिशा का परिचायक होता है।

तीरथ पुं० दे० 'तीर्थ'।

तीरवर्ती (-र्तिन्) वि० [सं०] १. तट या किनारे पर होनेवाला। २. पास रहनेवाला, पार्श्ववर्ती।

तीर्थंकर पुं० [सं०] जैनियों के २४ उपास्य देवता जो सब देवताओं से श्रेष्ठ और मुक्तिदाता माने जाते हैं।

तीर्थ पुं० [सं०] १. वह पवित्र स्थान जहाँ लोग धर्मभाव से पूजा, दर्शन या उपासना के लिए जाते हैं। २. कोई पवित्र स्थान। ३. शास्त्र। ४. यज्ञ। ५. संन्यासियों का एक भेद।
वि० तारने या मोक्ष प्रदान करनेवाला।

तीर्थयात्रा स्त्री० [सं०] तीर्थ स्थानों में धार्मिक फल प्राप्त करने के लिए जाना।

तीर्थयात्री (-त्रिन्) पुं० [सं०] तीर्थयात्रा पर निकला हुआ व्यक्ति।

तीर्थराज पुं० [सं०] प्रयाग।

तीर्थाटन पुं० [सं०] तीर्थयात्रा।

तीला पुं० [फा० तीर] [अल्पा० तीली] बड़ा या लम्बा तिनका, सींक।

तीली स्त्री० [हिं० तीला] १. छोटा तीला। २. सलाई के आकार की वे लम्बी सींकें जिनसे पिंजरे बनते हैं। ३. मोजे, गंजी आदि बुनने की सलाई, क्रोशिया।

तीव* स्त्री० [सं० स्त्री] स्त्री, औरत।

तीवर पुं० [सं०] १. समुद्र। २. व्याध, शिकारी। ३. मछुआ।

तीव्र वि० [सं०] [भाव० तीव्रता] १. अतिशय, अत्यन्त। २. तीक्ष्ण, तीखा, तेज। ३. कटु, कड़ुआ। ४. न सहने योग्य, असह्य। ५. द्रुत गतिवाला, वेगवान, तेज। ६. कुछ ऊँचा और अपने स्थान से बढ़ा या चढ़ा हुआ (स्वर)।

तीव्रगामी (-मिन्) वि० [सं० तीव्रगामिन्] तीव्र गति से चलनेवाला।

तीव्रता स्त्री० [सं०] तीव्र होने की अवस्था, गुण या भाव, तेजी।

तीसरा वि० [हिं० तीन] १. गिनती या क्रम में तीन के स्थान पर पड़नेवाला। २. जिसका प्रस्तुत विषय या विवाद से कोई संबंध न हो, तटस्थ।

तीसी स्त्री० दे० 'अलसी'।

तुंग वि० [सं०] [भाव० तुंगता] १. उन्नत, ऊँचा। २. उग्र, प्रचंड। ३. प्रधान, मुख्य।
पुं० पर्वत, पहाड़।

तुंगता स्त्री० [सं०] ऊँचाई।

तुंड पुं० [सं०] १. मुख, मुँह। २. चंचु, चोंच। ३. कुछ आगे निकला हुआ मुँह, थूथन। ४. शिव, महादेव।

तुंडि स्त्री० [सं०] १. मुँह। २. चोंच। ३. नाभि।

तुंडी वि० [सं० वक्रतुंड] आगे निकले हुए मुँह, चोंच या थूथनवाला।
पुं० गणेश।

तुंद[१] पुं० [सं०] पेट, उदर।

तुंद[२] वि० [फा०] तेज, प्रचंड, विकट।

तुंदिल वि० [सं०] तोंदवाला।

तुंदेल वि० [सं० तुंदिल] जिसकी तोंद बड़ी हो, बड़े पेटवाला।

तुंबर* पुं० दे० 'तुंबुरू'।

तुंबा पुं० [दे०] 'तूँबा'।

तुंबुरु पुं० [सं०] १. धनिया। २. एक प्रकार के पौधे का बीज जो धनिए के आकार का होता है।

तुअ* सर्व० १. दे० 'तुव'। २. दे० 'तव'।

तुअना अ० [हिं० चूना] १. चूना, टपकना। २. खड़ा न रह सकना, गिर पड़ना। ३. (गर्भ) गिरना।

तुअर पुं० दे० 'तूअर'।

तुक* अ० [हिं० चूना] १. किसी कविता या गीत का कोई चरण या पद, कड़ी। २. पद्य के अन्तिम अक्षरों की ध्वनि-संबंधी एकता या मेल, अन्त्यानुप्रास, काफिया।
मुहा० *तुक जोड़ना*=भद्दी या बहुत साधारण कविता करना।
३. दो बातों या कार्यों का पारस्परिक सामंजस्य। ४. किसी बात की उपयुक्तता या संगति, जैसे आखिर इस विरोध में क्या तुक है ?

तुकबंद पुं० [हिं० तुकबंदी] तुकबंदी करनेवाला, कवि।
वि० तुकबंदियों से भरा।

तुकबंदी स्त्री० [हिं० तुक+फा० बंदी] १. काव्य के गुणों से रहित और केवल तुक जोड़कर साधारण कविता रचने का काम। २. भद्दी या साधारण कविता जिसमें काव्य के गुण न हों।

तुकमा पुं० [फा० तुक्मः] वह फन्दा जिसमें पहनने के कपड़ों की घुंडी फँसाई जाती है।

तुकांत पुं० [हिं० तुक+सं० अंत] पद्य के चरणों के अन्तिम अक्षरों या तुक का मेल, अन्त्यानुप्रास, काफिया।

तुकार स्त्री० [हिं० तू+सं० कार] 'तू' का प्रयोग जो अपमान-जनक या अशिष्टतासूचक माना जाता है।

तुकारना स० [हिं० तुकार] तूतू करके बुलाना, अशिष्ट सम्बोधन करना।

तुक्कल स्त्री० [फा० तुक:] बड़ी पतंग या गुड्डी।

तुक्का पुं० [फा० तुक:] वह तीर जिसमें गाँसी या फल न हो। (इसका प्रयोग केवल निशाना साधने में होता है)।

तुखार पुं० [सं०] १. हिमालय के उत्तर-पश्चिम का एक प्राचीन देश। (यहाँ के घोड़े बहुत अच्छे होते थे।) २. इस देश का निवास। ३. इस देश का घोड़ा।
*पुं० दे० 'तुषार'।

तुचा* स्त्री० दे० 'त्वचा'।

तुच्छ वि० [सं०] [भाव० तुच्छता] १. हीन, क्षुद्र, हेय। २. ओछा। ३. नीच। ४. अल्प, थोड़ा।

तुच्छातितुच्छ वि० [सं०] बहुत ही तुच्छ, अत्यन्त हेय या क्षुद्र।

तुझ सर्व० [सं० तुभ्यम्] 'तू' शब्द का वह रूप जो उसे प्रथमा और षष्ठी के सिवा दूसरी विभक्तियाँ लगने से पहले प्राप्त होता है।

तुझे सर्व० [हिं० तुझ] 'तू' का कर्म और सम्प्रदान कारकों का रूप, तुझको।

तुट* वि० [सं० त्रुट] बहुत थोड़ा।

तुट्ठना* स० [सं० तुष्ट] तुष्ट या प्रसन्न करना, राजी करना।
अ० तुष्ट या प्रसन्न होना।

तुड़वाना स० [हिं० 'तोड़ना' का प्रे०] [भाव० तुड़ाई] १. दूसरे से तोड़ने का काम कराना, तुड़ाना। २. सम्बन्ध छोड़कर अलग होना। ३. बड़े सिक्के को उतने ही मूल्य के छोटे-छोटे सिक्कों से बदलना, भुनाना।

तुड़ाना स०=तुड़वाना।

तुतरा† वि० दे० 'तोतला'।

तुतराना* अ० दे० 'तुतलाना'।

तुतरौंहाँ वि० दे० 'तोतला'।

तुतलाना अ० [हिं०तोता (तोते की तरह) शब्दों और वर्णो का रुक-रुककर अधूरा और अस्पष्ट उच्चारण करना, जैसे बच्चों का तुतलाना।

तुत्थ पुं० [सं०] तूतिया।

तुन पुं० [सं० तुन्न] एक बड़ा पेड़ जिसके फूलों से बसन्ती रंग निकलता है।

तुनक वि० [फा०] १. दुर्बल, कमजोर, २. कोमल, नाजुक।

तुनकमिजाज वि० [फा० तुनकमिज़ाज] [भाव० तुनक-मिजाजी] बात-बात पर रूठने या बिगड़नेवाला।

तुनतुन स्त्री० [अनु०] सितार का शब्द।

तुनीर* पुं० दे० 'तूणीर'।

तुपक स्त्री० [तु० तोप] १. छोटी तोप। २. बन्दूक, कड़ाबीन।

तुफंग स्त्री० [तु० तोप] १. हवाई बन्दूक। २. वह नली जिसमें मिट्टी की गोलियाँ भरकर फूँक के जोर से चलाते हैं।

तुभना* अ० [सं० स्तोभन] स्तब्ध होना, चकित रह जाना।

तुम सर्व० [सं० त्वम्] 'तू' शब्द का बहुवचन रूप, जिसका व्यवहार सम्बोधित पुरुष के लिए होता है।

तुमड़ी स्त्री० दे० 'तूँबी'।

तुमरा सर्व० दे० 'तुम्हारा'।

तुमुर, तुमरो* पुं० दे० 'तुमुल'।

तुमुल पुं० [सं०] १. सेना या युद्ध का कोलाहल या धूम। २. सेना की गहरी मुठभेड़, घोर युद्ध।

तुम्ह* सर्व०=तुम।

तुम्हारा सर्व० [हिं० तुम] 'तुम' का संबंधकारक का रूप।

तुम्हें सर्व० [हिं० तुम] कर्म और सम्प्रदान में 'तुम' का विभक्तियुक्त रूप, तुमको।

तुरंग पुं० [सं० तुरग] १. घोड़ा। २. चित्त। ३. सात की संख्या।

तुरंज पुं० [फा०] १. चकोतरा नीबू। २. बिजौरा नीबू।

तुरंत क्रि० वि० [सं० तुर] १. जल्दी से, अत्यन्त शीघ्र, चटपट। २. उसी समय, तत्काल। (एट वन्स)

तुर* क्रि० वि [सं० त्वरा] जल्दी से, शीघ्र, सत्वर।
स्त्री० शीघ्रता, जल्दी।

तुरई स्त्री० दे० 'तोरी'।

तुरक पुं०=तुर्क।

तुरकटा पुं० [फा० तुर्क] मुसलमान। (उपेक्षासूचक)

तुरकाना पुं० [फा० तुर्क] १. तुर्कों का देश, तुर्किस्तान। २. तुर्कों का मुहल्ला या बस्ती। ३. मुसलमान।
वि० तुर्कों का-सा।

तुरकिन स्त्री० [फा० तुर्क] १. तुर्क जाति की स्त्री। २. मुसलमान स्त्री।

तुरकी वि० [फा०] तुर्क देश का।
स्त्री० [फा०] तुर्किस्तान की भाषा।

तुरग पुं० [सं०] घोड़ा।

तुरत क्रि० वि० [सं० तुर] तुरन्त, चटपट।

तुरत-फुरत क्रि० वि० बहुत जल्दी।

तुरपन स्त्री० [हिं० तुरपना] १. तुरपे या सिए जाने की क्रिया या भाव। २. सीवन।

तुरपना स० [हिं० तोपा] तोपे लगाना, सिलाई करना।

तुरपनी स्त्री० [हिं० तुरपना] सुई।

तुरय* पुं० [सं० तुरग] घोड़ा।

तुरही स्त्री० [सं० तूर] फूँककर बजाया जानेवाला एक प्रकार का लम्बा बाजा।

तुरा* [सं० तुरग] घोड़ा।
*पुं० स्त्री० १. दे० 'त्वरा'। २. दे० 'तुरही'।

तुराई[1]* स्त्री० [सं० तूलिका] १. गद्दा। २. दुलाई।

तुराई[2] स्त्री० [सं० त्वरा] शीघ्रता, जल्दी।

तुराना* अ० [सं० तुर] आतुर होना, जल्दी मचाना।
स० दे० 'तुड़ाना'।

तुरावती वि० स्त्री० [सं० त्वरावती] वेगपूर्वक चलने या बहनेवाली।

तुरस* वि०=तुर्श।

तुरसि* स्त्री० [सं० त्वरा] १. वेग तेजी। २. जल्दबाजी। ३. फुरती।

तुरसी* स्त्री०=तुर्शी।

तुरित* वि० दे० 'त्वरित'।
क्रि० वि०=तुरंत।

तुरिया* स्त्री० दे०='तुरीय'।
वि० दे० 'तुरीय'।

तुरी स्त्री० दे० 'तुरीय'।

तुरीय वि० [सं०] चतुर्थ, चौथा।
स्त्री० १. वाणी का वह रूप या अवस्था, जब वह मुँह में आकर उच्चरित होती है, बैखरी। २. प्राणियों की चार अवस्थाओं में से अन्तिम अवस्था जो मोक्ष है। (वेदान्त)
पुं० निर्गुण ब्रह्म।

तुरुक* पुं० [स्त्री० तुरुकिन, तुरुकी]=तुर्क।

तुरुष्क पुं० [सं०] १. तुर्क जाति, तुर्किस्तान का रहनेवाला मनुष्य। २. तुर्किस्तान देश। ३. इस देश का घोड़ा।

तुर्क पुं० [फा०, सं० तुरुष्क] १. तुर्किस्तान का निवासी। २. मुसलमान।

तुर्कमान पुं० [फा० तुर्क] १. तुर्क जाति का मनुष्य। २. तुर्की घोड़ा।

तुर्की वि० [फा० तुर्क] तुर्किस्तान का।
स्त्री० १. तुर्किस्तान की भाषा। २. तुर्किस्तान का घोड़ा। ३. तुर्कों का-सा अभिमान या अक्खड़पन।

तुर्रा पुं० [अ०] १. वह पर या कलगी जो पगड़ी में लगाई जाती है, गोशवारा।
पद *तुर्रा यह कि*=तिसपर विशेषता यह कि।
२. फूलों का वह गुच्छा जो दूल्हे के कान के पास लटकता रहता है। ३. पक्षियों के सिर पर की कलगी या चोटी।

तुर्श वि० [फा०] [भाव० तुर्शी] [संज्ञा तुर्शी] खट्टा।

तुर्शी स्त्री० [फा०] १. खट्टापन, खटाई। २. व्यवहार, बातचीत आदि में दिखाई जानेवाली कटुता।

तुल* वि० दे० 'तुल्य'।

तुलना[1] स्त्री० [सं०] १. कई वस्तुओं के गुण, मान आदि के एक दूसरे से कम या अधिक अथवा अच्छी या बुरी होने का विचार, मिलान, तारतम्य। २. सादृश्य, समानता। ३. उपमा।

तुलना[2] अ० [सं० तुल] १. तराजू पर तौला जाना। २. तौल या मान में बराबर उतरना। ३. आधार पर इस प्रकार जमकर खड़ा होना या ठहरना कि कोई भाग किसी ओर झुका न रहे। ४. नियमित होना, बँधना। ५. गाड़ी के पहियों का औंगा जाना। ६. उद्यत होना। ७. किसी से युक्त होना।

तुलनात्मक वि० [सं०] तुलना के विचार से होने या किया जानेवाला।

तुलनीय वि० [सं०] तुलना के योग्य।

तुलवाना स० [हिं० तौलाना] [संज्ञा तुलवाई] १. तौल या वजन कराना। २. गाड़ी के पहियों में तेल दिलाना, औंगवाना।

तुलसी स्त्री० [सं०] पवित्र माना जानेवाला एक छोटा पौधा, जिसकी पत्तियों में गन्ध होती है।

तुलसीदल पुं० [सं०] तुलसी के पौधे की पत्तियाँ जो देवताओं पर चढ़ाई जाती हैं।

तुलसीदास पुं० एक महान कवि एवं प्रसिद्ध संत जिन्होंने रामचरितमानस, विनय पत्रिका इत्यादि अनेक धार्मिक ग्रन्थों की रचना की है।

तुलसीवन पुं० [सं०] वृन्दावन।

तुला स्त्री० [सं०] १. तुलना, मिलान। २. गुरुत्व या भार नापने का यन्त्र, तराजू, काँटा। ३. मान, तौल। ४. बारह राशियों में से सातवीं राशि।

तुला (हुआ) वि० [हिं० तुलना] कुछ करने के लिए जिसने दृढ़ निश्चय कर लिया हो।

मुहा० *तुला होना*=कुछ करने के लिए जिसने दृढ़ निश्चय किया हो।

तुलाई स्त्री० [सं० तुलपटी] १. तौलने का काम, भाव या मजदूरी। २. तूलने या औंगने का भाव या मजदूरी।

स्त्री० दे० 'दुलाई'।

तुलादान पुं० [सं०] सोलह महादानों में से एक जिसमें किसी मनुष्य की तौल के बराबर अन्न या दूसरे पदार्थ दान किए जाते हैं।

तुलाना[1] *अ० [हिं० तुलना] १. आ पहुँचना। २. पूरा उतरना। ३. नष्ट हो जाना, न रह जाना।

तुलाना[2] अ० [सं० तुल्य] किसी के तुल्य या समान होना, बराबर होना।

स० दे० **'तुलवाना'**।

तुलापत्र पुं० [सं०] वह पत्र जिसमें आय, व्यय, बचत, लाभ आदि का लेखा लिखा रहता है, तलपट। (बैलेन्स शीट)

तुल्य वि० [सं०] [भाव० तुल्यता] १. समान, बराबर। २. सदृश्य, अनुरूप।

प्रत्य० के समान, जैसे अमृत तुल्य=अमृत के समान।

तुल्य, के सम्बन्धबोधक के समान।

तुल्ययोगिता स्त्री० [सं०] एक अलंकार जिसमें बहुत से उपमेयों का एक ही धर्म बतलाया जाता है।

तुल्यरूप वि० [सं०] रूप में तुल्य।

तुव* सर्व० दे० 'तव'।

तुष पुं० [सं०] १. अन्न का छिलका, भूसी। २. अंडे का ऊपरी छिलका।

तुषानल पुं० [सं०] भूसी या घास-फूस की आग, जिसमें लोग प्रायश्चित्त करने के लिए जल मरते थे।

तुषार पुं० [सं०] १. हवा में मिली हुई भाप जो जमकर पृथ्वी पर गिरती है, पाला। २. हिम, बरफ। ३. दे० 'तुखार'।

तुषाररेखा स्त्री० [सं०] पर्वतों पर की वह कल्पित रेखा, जिसके ऊपरी भाग पर बरफ बराबर जमा रहता है, कभी गलता नहीं, और नीचे के भाग का बरफ गरमी के दिनों में गल जाता है। (स्नो-लाइन)

तुषारापत पुं० [सं० तुषार+आपात] १. पाला पड़ना। २. ऐसा प्रहार जो विनाश का सूचक हो।

तुष्ट वि० [सं०] [भाव० तुष्टता] १. जिसका तोष या तृप्ति हो चुकी हो, तृप्त। २. प्रसन्न, खुश।

तुष्टना* अ० [सं० तुष्ट] तुष्ट या प्रसन्न होना।

तुष्टि स्त्री० [सं०] १. किसी विषय या कार्य के ठीक तरह से होने पर मन में होनेवाली प्रसन्नता और सन्तोष, परितोष। २. मर्यादा या नियम का उल्लंघन करते हुए किसी वर्ग, जाति या सम्प्रदाय को रियायत देने का कार्य।

तुष्टिकरण पुं० [सं० तुष्ट+करण] १. तुष्ट करने की क्रिया या भाव। २. मर्यादा या नियम का उल्लंघन करते हुए किसी वर्ग, जाति या संप्रदाय को रियायत देने का कार्य।

तुसी[1] स्त्री० [सं० तुष] भूसी।

तुसी[2] सर्व० वि० [पं०] आप।

तुहिं सर्व० [हिं० तू] तुझको।

तुहिन पुं० [सं०] १. पाला, कुहरा, तुषार। २. हिम, बरफ। ३. चाँदनी, ज्योत्सना। ४. ठंडक, शीत।

तुहिनांशु पुं० [सं०] चन्द्रमा, सुधांशु।

तुहिनाचल पुं० [सं०] हिमालय।

तूँ सर्व० दे० 'तू'।

तूँबा पुं० [सं० तुंबक] [स्त्री० अल्पा० तूँबी] १. कड़वा गोल कद्दू, तितलौकी। २. कद्दू को खोखला करके बनाया हुआ वह पात्र जो साधु जल के लिए अपने साथ रखते हैं, तुम्बा।

तूँबा-फेरी स्त्री० इधर की चीज उधर करना या एक की चीज दूसरे को देना।

तू सर्व० [सं० त्वम्] मध्यम पुरुष एकवचन सर्वनाम।

मुहा० *तू-तुकार या तूतू-मैंमैं करना*=अशिष्ट शब्दों में झगड़ा करना।

तूअर पुं० [सं० तूवरी] अरहर का पौधा और उसके दाने या बीज।

तूखना* स० [सं० तोषण] तुष्ट या प्रसन्न करना।

अ० तुष्ट या प्रसन्न होना।

तूटना* अ० दे० 'टूटना'।

तूठना* अ० [सं० तुष्ट] १. सन्तुष्ट होना, तृप्त होना। २. प्रसन्न होना।

तूण पुं० [सं०] तूणीर।

तूणीर पुं० [सं०] तीर रखने का चोंगा, तरकश, भाथा।

तूत† पुं०=शहतूत।

तूतिया पुं० दे० 'नीलाथोथा'।

तूती स्त्री० [फा०] १. छोटी जाति का तोता। २. एक छोटी चिड़िया जो बहुत सुन्दर बोली बोलती है। ३. मुँह से बजाने का एक छोटा बाजा।

मुहा० *किसी की तूती बोलना*=किसी की खूब चलती होना या प्रभाव जमना। *नक्कारखाने में तूती की आवाज*=भीड़-

भाड़ या बड़े-बड़े लोगों के सामने कही हुई ऐसी बात, जिस पर किसी का ध्यान न जाए।

तूदा पुं० [फा०] १. राशि, ढेर। २. सीमा का चिह्न, हदबन्दी। ३. मिट्टी का वह ढूह जिस पर निशाना साधते हैं।

तून पुं० [सं० तुन्न] १. तुन का पेड़। २. तूल नाम का लाल कपड़ा।

*पुं० दे० 'तूण' (तूणीर)।

तूफान पुं० [अ०, चीनी ताईफू] १. समुद्रतल पर चलनेवाली बहुत तेज आँधी। २. वह तेज आँधी जिसमें खूब धूल उड़े और पानी बरसे। ३. विपत्ति, आफत। ४. हल्ला-गुल्ला। ५. झगड़ा, बखेड़ा। ६. झूठा दोषारोपण या अभियोग, तोहमत।

तूफानी वि० [फा०] १. बखेडा करनेवाला, उपद्रवी। २. झूठा अभियोग या कलंक लगानेवाला। ३. उग्र, प्रचंड।

तूफानी दौरा पुं० वह दौरा जिसमें थोड़ी-थोड़ी देर के लिए अनेक स्थानों पर कोई निरीक्षण, भाषण या प्रचार करने के लिए जाता तथा रुकता हो।

तूमड़ी स्त्री० [हिं० तूँबा] १. छोटा तूँबा। २. तूँबी का बना हुआ सँपेरों का एक प्रकार का बाजा।

तूमतड़ाक स्त्री० [अ० तूमार+अनु० तड़ाक] १. तड़क-भड़क, शान-शौकत। २. ठसक।

तूमना स० [सं० स्तोम] १. रुई के रेशे या पहल अलग-अलग करना। २. धज्जी-धज्जी करना। ३. हाथ से मसलना।

तूमरी स्त्री० दे० 'तूँबी'।

तूमार पुं० [अ०] साधारण बात का व्यर्थ विस्तार, बात का बतंगड़।

तूर[१] पुं० [सं०] १. नगाड़ा। २. तुरही।

तूर[२] पुं० [अ०] मध्य एशिया का एक प्रसिद्ध पहाड़ जिस पर हजरत मूसा को ईश्वरीय प्रकाश दिखाई पड़ा था।

तूरज* पुं० दे० 'तूर्य'।

तूरण, तूरन* क्रि० वि० [सं० तूर्ण] १. चट-पट, तुरन्त। २. शीघ्र, जल्दी।

तूरना स० दे०='तोड़ना'।

तूरा पुं० दे० 'तुरही'।

तूर्ण क्रि० वि० [सं०] शीघ्र, जल्दी।

तूर्य पुं० [सं०] १. तुरही। २. नगाड़ा।

तूल[१] पुं० [सं०] १. आकाश। २. कपास, सेमल आदि के डोडों के अन्दर का घुआ, रुई।

तूल[२] पुं० [हिं० तून] १. चटकीले लाल रंग का सूती कपड़ा। २. गहरा लाल रंग।

तूल[३] वि० [सं० तुल्य] तुल्य, समान।

तूल[४] पुं० [अ०] लम्बाई, विस्तार।

मुहा० *तूल खींचना या पकड़ना*=किसी बात का बहुत बढ़ जाना।

पद *तूल-कलाम*=(क) लम्बी-चौड़ी बातें। (ख) कहा-सुनी। *तूल-तबील*=लम्बा चौड़ा।

तूलना स० [हिं० तुलना] पहिए की धुरी में तेल या चिकना देना, औंगना।

तूलमतूल क्रि० वि० [अ० तूल=लम्बाई] १. लम्बाई के बल। २. आमने-सामने।

तूलिका स्त्री० [सं०] चित्र अंकित करने की कलम या कूँची।

तूली स्त्री० दे० 'तूलिका'।

तूस[१] पुं० [सं० तुष] १. भूसी। २. भूसा।

तूस[२] पुं० [सं० दूष्य, तिब्बती थोश] १. एक प्रकार का बढ़िया ऊन जिससे दुशाले बनते हैं, पशम, पशमीना। २. इस ऊन का बना कपड़ा, विशेषतः चादर।

तूसना* अ०, स० [सं० तुष्ट] सन्तुष्ट, तृप्त या प्रसन्न होना या करना।

तृखा* स्त्री० दे० 'तृषा'।

तृजग* वि० दे० 'तिर्यक्'।

तृण पुं० [सं०] १. वह उद्भिज जिसमें हीर या काठ नहीं होता, जैसे घास, सरपत आदि।

मुहा० *(मुँह या दाँतों में) तृण गहना या पकड़ना*=गौ की तरह हीनता या दीनता प्रकट करना। *तृण तोड़ना*=कोई सुन्दर वस्तु या प्राणी देखकर उसे नजर से बचाने के लिए टोटके के रूप में तिनका तोड़ने की प्रक्रिया करना।

तृणमय वि० [सं०] घास का बना हुआ।

तृणवत् वि० [सं०] तृण के समान, अत्यन्त तुच्छ।

तृतीय वि० [सं०] तीसरा।

तृतीयांश पुं० [सं०] तीसरा भाग।

तृतीया स्त्री० [सं०] १. चान्द्र मास के किसी पक्ष की तीसरी तिथि, तीज। २. व्याकरण में करणकारक।

तृन* पुं० दे० 'तृण'।

तृपति* स्त्री० दे० 'तृप्ति'।

तृप्त वि० [सं०] जिसकी इच्छा या वासना पूरी हो चुकी हो, अघाया हुआ।

तृप्ति स्त्री० [सं०] इच्छा या वासना पूरी होने पर मिलनेवाली शान्ति, सन्तोष या आनन्द।

तृषा स्त्री० [सं०] १. प्यास। २. इच्छा, अभिलाषा। ३. लोभ, लालच।

तृषित वि० [सं०] १. प्यासा। २. अभिलाषी, इच्छुक। ३. ललचाया हुआ।

तृष्ण वि० [सं०] १. जिसे तृषा लगी हो, प्यासा। २. किसी प्रकार की अभिलाषा या कामना रखनेवाला।

तृष्णा स्त्री० [सं०] १. कोई वस्तु पाने के लिए आकुल करनेवाली इच्छा, वासना। २. लोभ, लालच। ३. प्यास।

करनेवाली इच्छा, वासना। २. लोभ, लालच। ३. प्यास।

तृस्ना* स्त्री०=तृष्णा।

तें* विभ० [सं० तस्] से; जैसे—दुख तें=दुख के साथ; सुख तें=सुखपूर्वक। (ब्रज०)

तेंदुआ पुं० [देश०] चीते की तरह का एक हिंसक पशु।

तेंदू पुं० [सं० तिंदुका] मझोले आकार का एक वृक्ष जिसकी लकड़ी आबनूस कहलाती है।

ते[1]* विभ०, परसर्ग दे० 'से'।

ते[2] सर्व० [सं० ते] वे लोग।

तेइ* सर्व०=उसे। (ब्रज)

तेउ* पुं० [सं० तेजस्, हिं० तेज] १. तेज। २. अग्नि, आग।

तेऊ* सर्व० [हिं० ते=वे+ऊ=भी] वे भी।

तेखना* अ० [हिं० तेहा] क्रुद्ध होना।

तेग स्त्री० [अ०] तलवार।

तेगा[1] पुं० [अ० तेग] खड्ग।

तेगा[2] स्त्री० [अ० तेग] एक प्रकार की मछली जिसका जबड़ा तलवार के समान होता है।

तेज[1] पुं० [सं० तेजस्] १. दीप्ति, कान्ति, चमक, आभा। २. पराक्रम, बल। ३. वीर्य। ४. सार भाग, तत्त्व। ५. ताप, गरमी। ६. तेजी, प्रखरता। ७. प्रताप, रोब-दाब। ८. पाँच महाभूतों में से तीसरा, जिसमें ताप और प्रकाश होता है, अग्नि।

तेज[2] वि० [फा० तेज़] [भाव० तेजी] १. तीक्ष्ण धारवाला, जिसकी धार पैनी हो। २. जल्दी चलनेवाला। ३. चटपट काम करनेवाला, फुरतीला। ४. तीक्ष्ण, तीता, झालदार। ५. भाव या दर में बढ़ा हुआ, महँगा। ६. उग्र, प्रचंड। ७. तुरन्त अधिक प्रभाव दिखलानेवाला। ८. प्रखर या तीव्र बुद्धिवाला।

तेजकदमी स्त्री० [फा०] तेज कदम बढ़ाना।

तेजना* स० दे० 'तजना'।

तेजपत्ता पुं० [सं० तेजपत्र] दारचीनी की जाति के एक पेड़ का पत्ता जो तरकारियों में मसाले की तरह डाला जाता है।

तेजपात पुं० दे० 'तेजपत्ता'।

तेजमान वि० दे० 'तेजवान'।

तेजवान, तेजवान् वि० [सं०] १. जिसमें तेज हो, तेजस्वी। २. वीर्यवान। ३. बलवान।

तेजस् पुं० दे० 'तेज'।

तेजसी* वि० दे० 'तेजस्वी'।

तेजस्वी (-स्विन्) वि० [सं०] [भाव० तेजस्विता] १. जिसमें तेज हो, तेज से युक्त। २. प्रतापी।

तेजाब पुं० [फा० तेज़ाब] [वि० तेजाबी] क्षार का वह तरल और अम्ल सार जो द्रावक होता है। (एसिड)

तेजाबी वि० [फा० तेज़ाब] १. तेजाब-संबंधी। २. तेजाब की सहायता से बनाया या ठीक किया हुआ। ३. तेजाब की सी उग्रतावाला या विनाशक; जैसे—आज-कल कई दल आक्रामक भाषा और तेजाबी मुहावरों का प्रयोग कर रहे हैं।

पुं० वह सोना जो पुराने गहनों को गलाकर और तेजाब की सहायता से अच्छी तरह साफ करके तैयार किया जाता है।

तेजायतन पुं० [सं० तेज+आयतन] तेज का भंडार, परम तेजस्वी, उदा० घोर तेजायतन घोर राशी।-तुलसी।

तेजी स्त्री० [फा० तेज़ी] १. तेज होने का भाव। २. तीव्रता, प्रखरता। ३. उग्रता, प्रचण्डता। ४. शीघ्रता, जल्दी। ५. भाव या दर का तेज होना, महँगी, 'मंदी' का उलटा।

तेजोदीप्त वि० [सं० तेज+उद्दीप्त] तेजपूर्ण, तेजोमय।

तेजोमय वि० [सं०] बहुत आभा, कान्ति, तेज या ज्योतिवाला।

तेजोहत वि० [सं०] जिसका तेज नष्ट हो गया हो, श्रीहत।

तेता* वि०, पुं० [स्त्री० तेती] दे० 'उतना'।

तेतिक* वि० [हिं० तेता] उतना।

तेते* वि० उतने।

तेतो* वि० दे० 'उतना'।

तेपि* सर्व० दे० 'तेऊ'।

तेरस स्त्री० [सं० त्रयोदशी] किसी पक्ष की तेरहवीं तिथि, त्रयोदशी।

तेरह वि० [सं० त्रयोदश] दस और तीन।

पुं० दस और तीन का जोड़।

मुहा० *तीन तेरह होना*=नष्ट-भ्रष्ट या छिन्न-भिन्न होना। *तेरह बाइस करना*=इधर-उधर की बात करना, बहानेबाजी करना।

तेरहीं स्त्री० [हिं० तेरह] किसी के मरने के दिन से तेरहवाँ दिन जिसमें पिंडदान होता हैं और ब्राह्मण-भोजन कराके घर के लोग शुद्ध होते हैं।

तेरा सर्व० [सं० तव] [स्त्री० तेरी] मध्यम पुरुष एक वचन सर्वनाम 'तू' का संबंधकारक रूप।

तेरुस पुं० दे० 'त्योरस'।

स्त्री० दे० 'तेरस'।

तेल पुं० [सं० तैल] १. बीजों आदि से निकाला जानेवाला अथवा आपसे आप निकलनेवाला प्रसिद्ध चिकना तरल पदार्थ, चिकना, रोगन। २. विवाह से पहले एक रीति जिसमें वर और वधू को हल्दी मिलाकर तेल लगाया जाता है।

मुहा० *तेल उठना या चढ़ना*=विवाह से पहले उक्त रस्म का होना।

३. किसी पशु की चरबी जिसका उपयोग प्रायः औषध के रूप में होता है, जैसे मछली का तेल, साँड़े का तेल।

तेलगू स्त्री० [सं० त्रिकलिंग] तैलंग देश की भाषा।

तेलहन पुं० [हिं० तेल+हन (अन्न)] वे बीज जिनसे तेल निकलता है, जैसे सरसों, तिल।

तेलहा वि० [हिं० तेल+हा (प्रत्य०)] [स्त्री० तेलही] १. जिसमें तेल हो या लगा हो। २. तेल के योग से बना या पका हुआ, जैसे तेलही पूरी।

तेलिया वि० [हिं० तेल+इया (प्रत्य०)] तेल की तरह काला, चिकना और चमकीला।

पुं० १. काला रंग। २. इस रंग का घोड़ा। ३. सींगिया नामक विष।

तेलिया पखान पुं० [हिं० तेलिया+पाषाण] एक प्रकार का चिकना पत्थर।

तेलिया मैना स्त्री० एक प्रकार की मैना। (चिड़िया)

तेली पुं० [हिं० तेल] [स्त्री० तेलिन] एक जाति जो तिल, सरसों आदि पेरकर तेल निकालने का काम करती है।

कहा० *तेली का बैल*=हर समय काम में जुता रहनेवाला व्यक्ति।

तेलौना वि० [हिं० तेल+औना (प्रत्य०)] १. जिसमें तेल हो, लगा हो या तेल से युक्त, स्निग्ध। २. जिसमें सुगन्धित तेल या फुलेल लगा हो।

तेवन* पुं० [सं० अंतेवन] १. घर या महल के सामने का छोटा बाग, नजर-बाग। २. आमोद-प्रमोद का स्थान या वन। ३. क्रीड़ा, मनोविनोद।

तेवर[1] पुं० [सं० त्रिकुटी, पु० हिं० तिउरी] १. देखने का ढंग, दृष्टि, चितवन।

मुहा० *तेवर चढ़ना*=दृष्टि का क्रोधपूर्ण होना। *तेवर बदलना या बिगड़ना*=व्यवहार में क्रोध या उदासीनता प्रकट करना।

२. भौंह, भृकुटी।

तेवर[2] पुं० [हिं० तीन] स्त्रियों के पहनने के तीन कपड़ों (साड़ी, ओढ़नी और चोली) का समूह।

तेवान* पुं० [?] १. चिन्ता, फिक्र। २. सोच, विचार।

तेवाना* अ० [?] १. चिन्ता या फिक्र करना। २. विचार करना, सोचना।

तेह* पुं० [हिं० तेखना] १. क्रोध, रोष, गुस्सा। २. घमंड। ३. तेजी, प्रचंडता। ४. तीखापन, तीव्रता।

तेहरा वि० [सं० त्रि+सर] १. तीन परतों या लपेटों का। २. जो एक साथ तीन हों। ३. तिगुना। (क्व०)

तेहराना स० [हिं० तेहरा] कोई काम दोहराने के बाद फिर तीसरी बार करना, देखना या जाँचना।

तेहवार| पुं० दे० 'त्योहार'।

तेहा पुं० [हिं० तेह] १. क्रोध, गुस्सा। २. अहंकार, घमंड। ३. उग्रता, तेजी।

तेहि* सर्व० [सं० ते] उसको, उसे।

तेही* वि० [हिं० तेह+ई(प्रत्य०)] १. गुस्सा करनेवाला, क्रोधी। २. अभिमानी, घमंडी। ३. उग्र स्वभाववाला।

सर्व०=तेहि।

तैं[1] सर्व० [सं० त्वम्] तू।

तैं[2]* सर्व० [सं० त्वया] तूने। (ब्रज०)

तैं[3] विभ० [हिं० ते] से। (ब्रज०)

तै[1] क्रि० वि० [सं० तत्] उतना।

तै[2] पुं० [अ०] निपटारा, फैसला।

वि० १. जिसका निपटारा या फैसला हो चुका हो, निपटा हुआ, निर्णीत। २. जो पूरा हो चुका हो। ३. ठहराया या पक्का किया हुआ, निश्चित।

तै-तमाम वि० [अ०] १. जिसका निपटारा हो चुका हो। २. जो पूरा या निष्पन्न हो चुका हो।

तैना* स० दे० 'तपाना'।

अ० दे० 'तपना'।

तैनात वि० [अ० तअय्युन] [संज्ञा तैनाती] किसी काम पर लगाया या नियत किया हुआ, नियुक्त, मुकर्रर।

तैयार वि० [अ०] १. जो काम में आने के योग्य और ठीक हो गया हो, दुरुस्त, लैस।

मुहा० *हाथ तैयार होना*=किसी काम में हाथ का अभ्यस्त और कुशल होना।

२. उद्यत, तत्पर, मुस्तैद। ३. प्रस्तुत। ४. उपस्थित, मौजूद। ५. हृष्टपुष्ट।

तैयारी स्त्री० [अ० तैयार+हिं० ई(प्रत्य०)] १. तैयार होने की क्रिया या भाव, दुरुस्ती। २. तत्परता, मुस्तैदी। ३. शरीर की पुष्टता, मोटाई। ४. किसी बड़े काम के लिए प्रबन्ध आदि के रूप में पहले से होनेवाले काम। ५. सजावट।

वि० (फल) जो पका हो और तत्काल खाने के योग्य हो; जैसे—तैयारी आम।

तैयो* क्रि० वि० [सं० तद्यपि] तिसपर भी, तो भी।

तैरना अ० [सं० तरण] १. पानी पर उतराना। २. हाथ, पैर आदि हिलाकर पानी में उतराते हुए आगे-पीछे होना, तरना, पैरना।

तैराई स्त्री० [हिं० तैरना+आई(प्रत्य०)] तैरने की क्रिया, भाव या पुरस्कार।

तैराक पुं० [हिं० तैरना+आक (प्रत्य०)] बहुत अच्छी तरह तैरनेवाला।

तैराकी स्त्री० [हिं० तैराक+ई] १. तैरने की कला या विद्या। २. तैरने का कार्य।

तैराना स० [हिं० तैरना का प्रे०] १. दूसरे को तैरने में प्रवृत्त करना। २. घुसाना, जैसे पेट में कटार तैराना।

तैलंग पुं० [सं० त्रिकलिंग] दक्षिण भारत का एक प्राचीन देश।

तैलंगी पुं० [हिं० तैलंग+ई (प्रत्य०)] तैलंग देश का निवासी।

स्त्री० तैलंग देश की भाषा।

तैल पुं० [सं०] [भाव० तैलत्व] तेल।

तैलचित्र पुं० [सं०] मोटे कपड़े पर तेल मिले हुए रंगों की सहायता से बना हुआ चित्र जो बहुत स्थायी होता है। (ऑयल पेन्टिंग)

तैलपट पुं० [सं०] तेल के योग से बना हुआ एक प्रकार का कपड़ा जिसमें से पानी नहीं रिसता।

तैसा वि० [सं० तादृश] उस प्रकार या तरह का, 'वैसा' का पुराना रूप।

तैसे क्रि० वि० दे० 'वैसे'।

तों* क्रि० वि० दे० 'त्यों'।

तोंअर* पुं० दे० 'तोमर'।

तोंद स्त्री० [सं० तुंड] फूले हुए पेट का आगे बढ़ा या निकला हुआ भाग।

तोंदल वि० [हिं० तोंद+ल(प्रत्य०)] जिसका पेट आगे निकला हो, तोंदवाला।

तोंदी स्त्री० [सं० तुंड] नाभी, ढोंढ़ी।

तोर पुं० दे० 'तोमर'।

तोहका| सर्व०=तुम्हें।

तो[१] निपा० [सं० तु या तत्] एक निपात जिसका प्रयोग किसी शब्द या बात पर जोर देने या ऐकान्तिकता प्रकट करने के लिए अथवा कभी-कभी यों ही होता है,जैसे मेरे तो गिरिधर गोपाल, दूसरों न कोई। -मीरा।

तो[२] क्रि० वि० [सं० तद्] उस दशा में, तब।

तो[३] सर्व० [सं० तव] १. तुझ। (ब्रज) २. तेरा।

तो[४]* अ० [हिं० हतो=था] था। (क्व०)

तोइ* पुं० [सं० तोय] पानी, जल।

तोई स्त्री० [देश०] मगजी, गोट।

तोख* पुं० दे० 'तोष'।

तोटक पुं० [सं०] एक वर्णवृत्त जिसके प्रत्येक चरण में चार-चार सगण होते हैं।

तोड़ पुं० [हिं० तोड़ना] १. तोड़ने की क्रिया या भाव। २. नदी आदि के जल का तेज बहाव, तरखा। ३. प्रभाव, वार या दाँव से बचने के लिए की हुई युक्ति, प्रतिकार, मारक। ४. वह पानी जो दही छोड़ता है या दूध के फट जाने पर निकलता है।

क्रि० वि० बार, दफा,जैसे आज चार तोड़ पानी बरसा।

तोड़क वि० [हिं० तोड़ना] तोड़नेवाला।

तोड़ना स० [सं० तोडन] १. आघात या झटके से किसी पदार्थ के खंड या टुकड़े करना, अंग को मूल वस्तु से जुदा करना। २. किसी वस्तु का कोई अंग खंडित, भग्न या बेकाम करना। ३. खेत में पहले-पहल हल चलाना। ४. क्षीण, दुर्बल या अशक्त करना। ५. वैभव, गुण, योग्यता आदि कम करना या घटाना। ६. संघठन, व्यवस्था, स्वरूप आदि नष्ट-भ्रष्ट करना। ७. निश्चय, आज्ञा, नियम आदि का उल्लंघन करना।

तोड़-फोड़ स्त्री० [हिं० तोड़ना+फोड़ना] १. किसी चीज को तोड़-फोडकर नष्ट करने की क्रिया या भाव। २. दे० 'ध्वंसन' २.।

तोड़र* पुं० [हिं० तोड़ा] हाथ या पैर में पहनने का तोड़ा नामक गहना।

तोड़वाना स० दे० 'तुड़वाना'।

तोड़ा[१] पुं० [हिं० तोड़ना] १. सोने, चाँदी आदि की लच्छेदार और चौड़ी जंजीर जो हाथों, पैरों या गले में पहनी जाती है। २. रुपए रखने की टाट की वह थैली जिसमें १०००) आते हैं।

मुहा० *तोड़े उलटना या गिनना*=बहुत धन देना।

३. घटी, टोटा, कमी। ४. किसी चीज का आवश्यकता से कम होना, ऊनता, घटती। (डेफिसिट) ५. नाच का कुछ विशेष प्रकार का कोई टुकड़ा या विभाग।

तोड़ा[२] पुं० [सं० तुंड या हिं० टोटा] तोड़ेदार बन्दूक छोड़ने की नारियल की जटा की रस्सी।

तोड़ेदार बंदूक स्त्री० पुरानी चाल की वह बन्दूक जो तोड़ा या पलीता लगाकर छोड़ी जाती थी।

तोण* पुं० [सं० तूण] तरकश।

तोत पुं० [फा० तोदः] ढेर, राशि।

तोतई वि० [हिं० तोता+ई(प्रत्य०)] तोते के रंग का-सा, धानी।

तोतक* पुं० [हिं० तोता] पपीहा।

तोतराना* अ० दे० 'तुतलाना'।

तोतला वि० [हिं० तुतलाना] [भाव० तोतलापन] तुतलाकर या अस्पष्ट बोलनेवाला।

तोता पुं० [फा० तूती] हरे या लाल रंग का एक प्रसिद्ध पक्षी जो आदमियों की बोली की नकल करता और इसीलिए पाला जाता है, शुक, कीर, सूआ, सुग्गा।

मुहा० *हाथों के तोते उड़ जाना*=भारी अनिष्ट के कारण बहुत घबरा जाना। *तोते की तरह आँखें फेरना या बदलना*= बहुत बेमुरौवत होना। *तोता पालना*=जान-बूझकर कोई दुर्व्यसन या रोग अपने पीछे लगाना या बढ़ाना।

तोतापरी पुं० एक प्रकार का आम। (फल)

तोतारटंत स्त्री० तोते की तरह रटी हुई बात कहने की क्रिया या भाव।

तोतें* सर्व० तुमसे।

तोतेचश्म वि०, पुं० [हिं० तोता+फा० चश्म] तोते की तरह आँखें फेर लेनेवाला, बेमुरौवत।

तोद पुं० [सं०] १. कष्ट। २. पीड़ा, वेदना।

तोदन पुं० [सं०] १. चाबुक, कोड़ा। २. व्यथा, कष्ट। ३. पीड़ा, दर्द।

तोप स्त्री० [तु०] एक प्रसिद्ध आधुनिक अस्त्र जिसमें गोला रखकर युद्ध के समय शत्रुओं पर छोड़ा जाता है।

मुहा० *तोप कीलना*=तोप की नली इस प्रकार बन्द करना कि वह गोला न छोड़ सके। *तोप की सलामी उतारना*=किसी मान्य अधिकारी के आने अथवा किसी महत्त्वपूर्ण घटना के समय तोप में खाली बारूद भरकर तुमुल शब्द करना।

तोपखाना पुं० [तु० तोप+फा० ख़ानः] १. वह स्थान जहाँ तोपें रहती हैं। २. युद्ध के लिए प्रस्तुत तोपों का समूह।

तोपची पुं० [तु० तोप+फा०ची (प्रत्य०)] तोप चलानेवाला, गोलन्दाज।

तोपना[१] स० [सं० स्थापन] १. ढकना। २. ठसाठस भरना।

तोपना[२] स० [हिं० तोपा] तुपाई करना।

तोपा पुं० [देश०] एक टाँके में होनेवाली या टाँके भर की सिलाई।

तोबड़ा पुं० [फा० तोबरः] १. चमड़े या टाट की वह थैली जिसमें दाना भरकर घोड़े को खिलाने के लिए उसके मुँह पर बाँधते हैं।

मुहा० *किसी के मुँह पर तोबड़ा चढ़ाना*=किसी को बोलने से रोकना।

२. थोबड़ा, थूथन। ३. पेट। (उपेक्षासूचक)

तोबा स्त्री० [अ० तौबः] भविष्य में कोई बुरा या अनुचित काम न करने की दृढ़ प्रतिज्ञा।

मुहा० *तोबा-तिल्ला करना या मचाना*=रोते, चिल्लाते या दीनता दिखलाते हुए रक्षा की प्रार्थना करना। *तोबा बुलवाना*= (क) पूर्ण रूप से परास्त करना। (ख) भविष्य में कोई काम न करने की पक्की प्रतिज्ञा कराना।

तोम पुं० [सं० स्तोम] समूह, ढेर।

तोमर पुं० [सं०] १. एक प्रकार का पुराना अस्त्र जिसमें लकड़ी के डंडे में लोहे का बड़ा फल लगा रहता था। २. एक प्रकार का छन्द। ३. एक प्राचीन देश। ४. इस देश का निवासी। ५. क्षत्रियों की एक प्रसिद्ध शाखा।

तोय पुं० [सं०] जल, पानी।

तोयधर पुं० [सं०] मेघ, बादल।

तोयधि पुं० [सं०] समुद्र।

तोयनिधि पुं० [सं०] समुद्र।

तोर* पुं० दे० 'तोड़'।

*वि० दे० 'तेरा'।

तोरई स्त्री० दे० 'तोरी'।

तोरण पुं० [सं०] १. घर या नगर का बाहरी बड़ा फाटक। २. सजावट के लिए खम्भों और दीवारों में लटकाई जानेवाली मालाएँ, पत्तियाँ आदि, बन्दनवार।

तोरन* पुं० दे० 'तोरण'।

तोरना* स० दे० 'तोड़ना'।

तोरा* सर्व० दे० 'तेरा'।

पुं०=तुर्रा (कलगी)।

तोराना* स० दे० 'तुड़ाना'।

तोरावान* वि० [सं० त्वरावत्] [स्त्री० तोरावती] वेगवान, तेज।

तोरी स्त्री० [सं० तूर] १. एक प्रकार की बेल जिसके फलों की तरकारी बनती है। २. उक्त बेल का फल।

पद *जल-तोरी*=मछली। (परिहास में)

तोल स्त्री० दे० 'तौल'।

वि० दे० 'तुल्य'।

तोलन पुं० [सं०] १. वजन करना, तौलना। २. ऊपर उठाना।

तोलना पुं० [सं० तोलक] १. बारह माशे की तौल। २. इस तौल का बाट।

तोशक स्त्री० [तु०] बिछाने का रुईदार हल्का गद्दा।

तोशदान पुं० [फा० तोशःदान] १. वह थैली जिसमें यात्रा के समय जलपान आदि आवश्यक चीजें रहती हैं। २. सिपाहियों की कारतूस रखने की थैली।

तोशा पुं० [फा० तोशः] वह खाद्य पदार्थ जो यात्री मार्ग के लिए अपने साथ रखता है, पाथेय।

तोशाखाना पुं० [फा० तोशः या तु० तोशक+फा० ख़ान] वह स्थान जहाँ राजाओं या अमीरों के पहनने के कपड़े, गहने आदि रहते हैं।

तोष पुं० [सं०] [वि० तोषक, तोषित, तुष्ट] १. अघाने या मन भरने का भाव। २. असन्तोष, कष्ट, हानि आदि का प्रतिकार हो जाने पर मन में होनेवाली तुष्टि, तृप्ति। (सोलेस) ३. प्रसन्नता, आनन्द।

तोषक वि० [सं०] सन्तुष्ट करनेवाला।

तोषण वि० [सं०][वि० तुष्ट, तोषणीय और तोषित] १. तृप्ति, सन्तोष। २. सन्तुष्ट करने की क्रिया या भाव, तोष।

वि० सन्तुष्ट या प्रसन्न करनेवाला। (यौ० शब्दों के अन्त में)

तोषणिक पुं० [सं०] वह धन जो किसी को तुष्ट करने के लिए दिया जाए।

वि० तोष-संबंधी।

तोषन* पुं०, वि० दे० 'तोषण'।

तोषना* अ०, स० [सं० तोष] सन्तुष्ट होना या करना।

तोस* पुं० दे० 'तोष'।

तोसा* पुं० दे० 'तोशा'।

तोसागार* पुं० दे० 'तोशाखाना'।

तोसो, तोसों* सर्व० [सं० तव सदृश] तुझ-सा, तेरे समान।

तोहफा पुं० [अ० तुहफ़ः] सौगात, उपहार।

वि० [भाव० तोहफगी] बढ़िया।

तोहमत स्त्री० [अ० तुहमत] झूठमूठ लगाया हुआ दोष, झूठा अभियोग या कलंक।

तोहमती वि०, पुं० [अ० तुहमत] तोहमत लगानेवाला।

तोहिं, तोहीं* सर्व० [हिं० तू या] तुझको, तुझे।

तौंकना* अ० दे० 'तौंसना'।

तौंस* स्त्री० [हिं० ताप+ऊमस] १. गरमी, ताप। २. ऊमस।

तौंसना* अ० [हिं० तौंस] [भाव० तौंस] १. गरमी से झुलसना। २. प्यास से विकल होना। ३. ऊमस होना।

तौ[१] * क्रि० वि० दे० 'तो'।

तौ[२] * अ० [हिं० हतो] था।

तौ[३] * वि० [सं० तव] तेरा या तुम्हारा।

तौ[४]† निपा० [हिं० तो] हाँ, ठीक है।

तौक पुं० [अ०] १. वह भारी गोल पटरी जो अपराधी या पागल के गले में उसे कहीं भागने से रोकने के लिए पहनाई जाती थी। २. इस आकार का गले में पहनने का एक गहना। ३. इस आकार का वह प्राकृतिक चिह्न जो कुछ पक्षियों के गले में होता है, हँसुली।

तौन सर्व० [सं० ते] वह।

तौनी स्त्री० [हिं० तवा का स्त्री० अल्पा०] रोटी पकाने का छोटा तवा, तई, तवी।

तौबा स्त्री० दे० 'तोबा'।

तौर पुं० [अ०] १. ढंग, तरीका। २. प्रकार, भाँति, तरह। ३. चाल-चलन।

तौर-तरीका पुं० [अ०] १. चाल-चलन। २. काम करने का रंग-ढंग।

तौरि* स्त्री० [हिं० ताँवरि] सिर में आनेवाला चक्कर, घुमटा।

तौरेत पुं० [इब०] हजरत मूसा कृत यहूदियों का प्रधान धर्मग्रन्थ।

तौल स्त्री० [सं० तोलन] १. किसी पदार्थ के गुरुत्व या भारीपन का परिमाण, भार का मान, वजन। (वेट) २. तौलने की क्रिया या भाव। ३. बटखरों के मान के विचार से तौलने की नियत प्रणाली या मानक, जैसे छोटी या बड़ी तौल, कच्ची या पक्की तौल। ४. महत्त्व, गम्भीरता आदि की थाह।

तौलना स० [सं० तोलन] [प्रे० तौलाना] १. तराजू, काँटे आदि पर रखकर किसी वस्तु के गुरुत्व या भारीपन का परिमाण जानना, वजन करना। २. अस्त्र आदि चलाने के लिए हाथ में लेकर ठीक स्थिति में लाना, साधना। ३. तुलना करके कमी और अधिकता जानना, मिलान करना। ४. दे० 'तूलना'।

तौलवाना स० हिं० 'तौलना' का प्रे०।

तौला पुं० [हिं० तौलना] अनाज आदि तौलनेवाला, बया।

तौलाई स्त्री० [हिं० तौलना] तौलने की क्रिया, भाव या मजदूरी।

तौलना स०=तौलवाना।

तौलिया पुं० [अं० टॉवेल] एक विशेष प्रकार का मोटा अँगोछा।

तौलौं* क्रि० वि० तब तक।

तौहीन स्त्री० [अ०] अपमान।

त्यक्त वि० [सं०] जिसका त्याग किया गया हो, छोड़ा या त्यागा हुआ।

त्यजन पुं० [सं०] [वि० त्यक्त त्यजनीय] त्यागने या छोड़ने का काम, तजना, त्याग।

त्याग पुं० [सं०] १. किसी पदार्थ पर से अपना स्वत्व हटा लेने अथवा उसे अपने अधिकार से निकालने की क्रिया या भाव, उत्सर्ग। २. कोई काम या संबंध छोड़ने की क्रिया। ३. वैराग्य आदि के कारण सांसारिक भोगों और पदार्थों आदि को छोड़ने की क्रिया या भाव। ४. किसी अच्छे काम के लिए अपना सुख, लाभ आदि छोड़ने की क्रिया या भाव। (सैक्रिफ़ाइस)

त्यागना स० [सं० त्याग] छोड़ना, तजना।

त्यागपत्र पुं० [सं०] वह पत्र जो अपने कार्य या पद से अलग होते समय उसके त्याग के प्रमाणस्वरूप लिखकर दिया जाता है, इस्तीफा। (रेज़िग्नेशन)

त्यागी(-गिन्) वि० [सं०] १. सांसारिक सुखों को छोड़ने-वाला। २. अपने स्वार्थ या हित का त्याग करनेवाला (विशेषत: किसी अच्छे काम के लिए)।

त्याजना स० दे० 'त्यागना'।

त्याज्य वि० [सं०] त्यागने या छोड़ने योग्य।

त्यूँ क्रि० वि० दे० 'त्यों'।

त्यों क्रि० वि० [सं० तथैव] १. उस प्रकार, उस तरह। २. उसी समय।

*पुं० ओर, तरफ, उदा० हरि त्यों टुक डीठि पसारत ही...। -केशव।

*यो० और, तथा।

त्योरस पुं० [हिं० ति=तीन+बरस] १. पिछले दो वर्षों से पहले का तीसरा वर्ष। २. आनेवाला तीसरा बरस।

त्योराना* अ० [?] सिर में चक्कर आना।

त्योरी स्त्री० [सं० त्रिकुटी, पु० हिं० तिउरी] देखने का ढंग या भाव, अवलोकन, दृष्टि, निगाह।

मुहा० *त्योरी चढ़ाना या बदलना*=आँखों से क्रोध और अप्रसन्नता प्रकट करना।

त्योहार पुं० [सं० तिथि+वार] कोई बड़ा धार्मिक या जातीय उत्सव मनाने का दिन, पर्व।

त्योहारी स्त्री० [हिं० त्योहार] वह धन जो किसी त्योहार के दिन छोटों या आश्रितों को दिया जाता है।

त्यौं* क्रि० वि० दे० 'त्यों'।

त्यौनार* पुं० [हिं० तेवर] ढंग, तर्ज।

त्यौनारा* वि० [हिं० त्योनार] जिसका रंग-ढंग या तर्ज़ अच्छा हो, बढ़िया।

त्यौर पुं० दे० 'त्यौरी'।

त्यौहार पुं०=त्योहार।

त्र त् और र के योग से बना हुआ एक संयुक्त वर्ण जो अब स्वतन्त्र अक्षर या वर्ण के रूप में माना जाता है। कुछ शब्दों के अन्त में प्रत्यय के रूप में लगकर यह 'एक स्थान पर' (किया या लाया हुआ आदि) का अर्थ देता है, जैसे एकत्र, सर्वत्र।

त्रय वि० [सं०] १. तीन। २. तीसरा।

त्रयताप पुं० [सं०] आधिदैविक, आधिभौतिक तथा आध्यात्मिक कष्ट।

त्रयी स्त्री० [सं०] तीन वस्तुओं का समूह, जैसे वेदत्रयी, देवत्रयी।

त्रयोदशी स्त्री० [सं०] चान्द्र मास के किसी पक्ष की तेरहवीं तिथि, तेरस।

त्रसन पुं० [सं०] १. त्रस्त करने की क्रिया या भाव। २. भय, डर।

त्रसना* अ० [सं० त्रसन] १. भय से काँप उठना, बहुत डरना। २. कष्ट पाना।

स० १. डराना। २. कष्ट देना।

त्रसरेणु स्त्री० [सं०] वायु में भरे हुए वे बहुत सूक्ष्म कण जो प्राय: छेद में से आनेवाली धूप में उड़ते हुए दिखाई देते हैं। (पुराणों के अनुसार यह सूर्य की पत्नी है।)

त्रसरैनि* स्त्री०=त्रसरेणु।

त्रसाना* स० [हिं० त्रसना] डराना।

त्रसित* वि० दे० 'त्रस्त'।

त्रस्त वि० [सं०] १. भयभीत, डरा हुआ। २. जिसे कष्ट पहुँचा हो, पीड़ित। ३. घबराया हुआ, व्याकुल।

त्राटक पुं० [सं०] एक क्रिया जिसमें किसी बिन्दु पर दृष्टि जमायी जाती है।

त्राण पुं० [सं०] [वि० त्राता] १. रक्षा, बचाव। २. वह वस्तु जिसके द्वारा रक्षा हो। ३. कवच, बकतर।

त्राता, त्रातार पुं० [सं० त्रातृ] रक्षक।

त्रास पुं० [सं०] १. डर, भय। २. कष्ट, तकलीफ।

त्रासक पुं० [सं०] [स्त्री० त्रासिका] १. डरानेवाला। २. कष्ट देनेवाला। ३. हटाने या दूर करनेवाला, निवारक।

त्रासद वि० [सं० त्रास+द] १. त्रास देनेवाला, दुख देनेवाला। २. दुर्घटना, मृत्यु, विनाश आदि का परिचायक तथा संतापदायक।

त्रासदी स्त्री० [अं० ट्रेजडी का अनु०] १. नैसर्गिक आपदा। २. दुर्घटना। ३. नाटक, फिल्म आदि जिसका अंत त्रासद हो।

त्रासना* स० [सं० त्रासन] १. डराना। २. कष्ट पहुँचाना।

त्रासमान* वि० [सं० त्रास+मान(प्रत्य०)] डरा हुआ, भयभीत।

त्रासित वि० दे० 'त्रस्त'।

त्राहि पद [सं०] रक्षा करो, बचाओ।

त्रिंबक* पुं० दे० 'त्र्यंबक'।

त्रि वि० [सं०] तीन, जैसे त्रिकाल।

त्रि-आयामी वि० [सं० त्रि+आयाम)] [त्रि-आयामिता] जिसके तीन आयाम या पक्ष हों।

त्रिक पुं० [सं०] १. तीन चीजों का समूह या वर्ग। २. वह स्थान जहाँ से तीन चीजें तीन ओर से आकर मिलती हों। ३. कमर के बीच का वह स्थान जहाँ कूल्हे की दोनो हड्डियाँ रीढ़ के अन्तिम सिरे से मिलती हैं। ४. कमर, कटि।

त्रिकाल पुं० [सं०] १. भूत, वर्तमान और भविष्य ये तीनों काल। २. प्रातः, मध्याह्न और सायं ये तीनों काल।

त्रिकालज्ञ वि०, पुं० [सं०] वह जो भूत, वर्तमान और भविष्य की सब बातें जानता हो, सर्वज्ञ।

त्रिकालदर्शी(-र्शिन्) वि०, पुं० [सं०] दे० 'त्रिकालज्ञ'

त्रिकुटी स्त्री० [सं० त्रिकूट] भौंहों के बीच का ऊपरी भाग।

त्रिकूट पुं० [सं०] हठयोग के अनुसार शरीर के अन्दर का एक चक्र जिसका स्थान दोनो भौंहों के मध्य माना गया है।

त्रिकोण पुं० [सं०] १. ऐसा क्षेत्र जिसके तीन कोने हों, त्रिभुज क्षेत्र। २. तीन कोनोंवाली कोई चीज।

त्रिकोणमिति स्त्री०[सं०] गणित की वह प्रकिया या अंग जिसमें त्रिभुज के कोण, बाहु, वर्ग, विस्तार आदि का मान निकाला जाता है।

त्रिकोणात्मक वि० [सं०] १. जो त्रिकोण के रूप में हो। २. तीन व्यक्तियों के पारस्परिक प्रेम-प्रपंच से संबद्ध।

त्रिकोणीय वि० [सं०] तीन कोणोंवाला।

त्रिखा*स्त्री० दे० 'तृषा'।

त्रिगर्त्त पुं० [सं०] जालन्धर और काँगड़े के आस-पास के क्षेत्र का पुराना नाम।

त्रिगुण पुं० [सं०] सत्व, रज और तम प्रकृति के तीनो गुण। वि० तीन गुना, तिगुना।

त्रिचक्री पुं० [सं० त्रिचक्र+हिं० ई (प्रत्य०)] तीन पहियोंवाली साइकिल। (ट्राइसिकल)

त्रिजग* पुं० १. दे० 'तिर्यक्'। २. दे० 'त्रिलोक'।

त्रिजामा* स्त्री० दे० 'रात्रि'।

त्रिज्या स्त्री० [सं०] वृत्त के केन्द्र से परिधि तक की रेखा जो व्यास की आधी होती है।

त्रिण* पुं० दे० 'तृण'।

त्रिताप पुं० [सं०] दैहिक, दैविक और भौतिक ताप या कष्ट।

त्रिदेव पुं० [सं०] ब्रह्मा, विष्णु और महेश ये तीनों देवता।

त्रिदोष पुं० [सं०] १. वात, पित्त और कफ ये तीनों दोष। २. सन्निपात रोग जिसमें उक्त तीनों दूषित हो जाते हैं।

त्रिदोषना* अ० [सं० त्रिदोष] १. वात, पित्त और कफ के प्रकोप में पड़ना। २. काम, क्रोध और लोभ के फेर में फँसना।

त्रिधा क्रि० वि० [सं०] तीन प्रकार से। वि० तीन प्रकार का।

त्रिन* पुं० दे० 'तृण'।

त्रिनयन पुं० [सं०] महादेव।

त्रिपथगा स्त्री० [सं०] गंगा।

विशेष इसकी तीन धाराएँ मानी जाती हैं : आकाश में मंदाकिनी, धरती पर भागीरथी और पाताल में भोगवती।

त्रिपाठी पुं० दे० 'त्रिवेदी'।

त्रिपाद पुं० [सं०] तिपाई।

त्रिपिटक पुं० [सं०] भगवान बुद्ध के उपदेशों का तीन खंडों (सूत्रपिटक, विनयपिटक और अभिधम्म पिटक) का वह संग्रह जो बौद्धों का प्रधान धर्मग्रन्थ है।

त्रिपिताना अ०, स० [सं० तृप्त+आना (प्रत्य०)] तृप्त या सन्तुष्ट होना या करना।

त्रिपुंड पुं० [सं० त्रिपुंड] भस्म की तीन आड़ी रेखाओं का वह तिलक जो शैव लोग माथे पर लगाते हैं।

त्रिपुरारि पुं० [सं०] शिव।

त्रिफला स्त्री० [सं०] आँवले, हड़ और बहेड़े का समूह।

त्रिबली स्त्री० [सं०] पेट के ऊपर दिखाई पड़नेवाले तीन बल या रेखाएँ। (सौन्दर्यसूचक)

त्रिबेनी स्त्री० दे० 'त्रिवेणी'।

त्रिभंग पुं० [सं०] खड़े होने की वह मुद्रा जिसमें टाँग, कमर और गरदन तीनो अंग कुछ-कुछ टेढ़े रहते हैं।

त्रिभुज पुं० [सं०] तीन भुजाओं या रेखाओं से घिरा हुआ धरातल या क्षेत्र। (ट्रैंगिल)

त्रिभुजाकार वि० [सं०] तीन भुजाओंवाला, त्रिभुज के आकार का।

त्रिभुजीय वि० [सं०] त्रिभुज-संबंधी।

त्रिभुवन पुं० [सं०] स्वर्ग, मर्त्य और पाताल ये तीनो लोक।

त्रिमात्रिक वि० [सं०] तीन मात्राओंवाला, प्लुत।

त्रिमास पुं० [सं०] [वि० त्रैमासिक] १. तीन महीनों का समय। २. वर्ष के तीन-तीन महीनों के चार विभागों में कोई एक, जैसे यह चन्दा इस वर्ष के तीसरे त्रिमास का है। (क्वार्टर)

त्रिमूर्ति स्त्री० [सं०] ब्रह्मा, विष्णु और शिव ये तीनों देवता।

त्रिय, त्रिया* स्त्री० [सं० स्त्री] औरत।

पद *त्रिया चरित्र*=दे० 'तिरिया' के अन्तर्गत 'तिरिया चरित्तर'।

त्रियना* अ० [सं० तरण] १. पानी के ऊपर ठहरना, तरना। २. तैरकर पार होना।

त्रियामा स्त्री० [सं०] रात्रि, रात।

त्रिलिंगी वि० [सं० त्रि+लिंग] तीनों लिंगों में प्रयुक्त।

त्रिलोक पुं० [सं०] स्वर्ग, मर्त्य और पाताल ये तीनों लोक।

त्रिलोकी स्त्री० दे० 'त्रिलोक'।

त्रिलोचन पुं० [सं०] शिव, महादेव।

त्रिवर्ग पुं० [सं०] १. अर्थ, धर्म और काम का वर्ग या समूह। २. सत्व, रज और तम ये तीनों गुण। ३. ब्राह्मण, क्षत्रिय और वैश्य ये तीनों जातियाँ या वर्ण। ४. शरीर, प्राण और चेतना जो व्यक्तित्व का अंग माने जाते हैं। ५. शिव, विष्णु और ब्रह्मा इन तीनों देवों का समूह। ६. सृष्टि के तीन अंग-प्रकृति, प्राण और ब्रह्म। ७. योग के तीन अंग-ज्ञानयोग, कर्मयोग और भक्तियोग। ८. शरीर के तीन रूप-स्थूल, सूक्ष्म और कारण।

त्रिवाचा स्त्री० [सं०] तीन बार कोई बात कहने की क्रिया।

मुहा० *त्रिवाचा बाँधना*=तीन बार कोई बात कहकर अपना अडिग निश्चय जतलाना।

त्रिविक्रम पुं० [सं०] विष्णु का वामन नामक अवतार।

त्रिविध वि० [सं०] तीन प्रकार का।

क्रि० वि० तीन प्रकार से।

त्रिवेणी स्त्री० [सं०] १. वह स्थान जहाँ तीन नदियाँ मिलती हों। २. गंगा, यमुना और सरस्वती का संगम जो प्रयाग में है। ३. इड़ा, पिंगला और सुषुम्ना इन तीनों नाड़ियों का संगम-स्थान। (हठयोग)

त्रिवेदी[1] पुं० [सं०] १. ऋक्, यजु: और साम इन तीनों वेदों का ज्ञाता। २. ब्राह्मणों का एक भेद, तिवारी, त्रिपाठी।

त्रिवेदी[2]* स्त्री० [सं० त्रिपदी] १. तिरपाई, तिपाई। २. छोटी चौकी।

त्रिशंकु पुं० [सं०] सत्यव्रत नामक एक प्रसिद्ध सूर्यवंशी राजा जिन्होंने इसी शरीर से स्वर्ग जाने के लिए यज्ञ किया था, पर जो देवताओं के विरोध के कारण बीच आकाश में ही रोक दिए गए थे।

वि० १. जो बीच ही में लटक रहा हो। २. जिसमें किसी दल या गठबंधन को बहुमत न मिला हो; जैसे—त्रिशंकु लोकसभा।

त्रिशूल पुं० [सं०] १. एक अस्त्र जिसके सिरे पर तीन फल होते हैं। (शिवजी का अस्त्र) २. दे० 'त्रिताप'।

त्रिषित वि० दे० 'तृषित'।

त्रिसंकु* पुं०=त्रिशंकु।

त्रिसंध्या स्त्री० [सं०] प्रातः, मध्याह्न और सायं ये तीनों संधिकाल।

त्रिसना* पुं०=तृष्णा।

त्रुटि स्त्री० [सं०] १. ऐसा अभाव जिससे कोई बात या कार्य अधूरा रहे या ठीक और उपयुक्त न माना जाए, कमी, न्यूनता। (डिफेक्ट) २. भूल, चूक।

त्रुटित वि० [सं०] १. कटा या टूटा हुआ। २. आहत, घायल। ३. त्रुटिपूर्ण।

त्रेता पुं० [सं०] चार युगों में से दूसरा, जो १२९६००० वर्षों का माना गया है।

त्रै वि० [सं० त्रय] तीन।

त्रैकालिक वि० [सं०] १. भूत, भविष्य और वर्तमान तीनों कालों में या सदा होनेवाला। २. प्रातः, मध्याह्न और सायं तीनों कालों में होनेवाला।

त्रैत पुं० [सं०] तीन का समूह।

त्रैभाषिक वि० [सं०] १. जो तीन भाषाएँ जानता हो। २. (देश, प्रदेश, स्थान) जिसमें तीन भाषाओं का प्रयोग हो।

त्रैमासिक वि० [सं०] १. हर तीन महीने पर या हर तीसरे महीने होनेवाला। २. तीन मास तक चलनेवाला।

पुं० ऐसी पत्रिका जो हर तीसरे महीने छपती हो।

त्रैराशिक पुं० [सं०] गणित की वह प्रक्रिया जिसमें तीन ज्ञात राशियों की सहायता से चौथी अज्ञात राशि का मान जाना जाता है।

त्रैलोक्य पुं० दे० 'त्रिलोक'।

त्रैवार्षिक वि० [सं०] हर तीन वर्षों पर होनेवाला। २. तीन वर्षों का। (ट्रीनियल)

त्रोटक पुं० [सं०] नाटक का एक भेद जिसमें ५, ७, ८ या ९ अंक होते हैं।

त्र्यंबक पुं० [सं०] शिव, महादेव।

त्वक पुं० [सं०] १. छाल। २. चमड़ा, खाल। ३. पाँच ज्ञानेन्द्रियों में से एक जो सारे शरीर के ऊपरी भाग पर फैली हुई है।

त्वकचना* अ० [सं० त्वचा] वृद्धावस्था के कारण शरीर का चमड़ा झूलना।

त्वचा स्त्री० [सं०] १. शरीर पर का चमड़ा। २. छाल, वल्कल। ३. साँप की केंचुली।

त्वचारोपण पुं० [सं०] चिकित्साशास्त्र में, घाव आदि पर स्वस्थ त्वचा लगाने की प्रक्रिया या पद्धति।

त्वचीय वि० [सं०] त्वचा-संबंधी।

त्वदीय सर्व० [सं०] तुम्हारा।

त्वरक वि० [सं०] गति बढ़ानेवाला।

त्वरा स्त्री० [सं०] १. तेजी, तीव्रता। १. शीघ्रता, जल्दी।

त्वरित वि० [सं०] १. जल्दी चलने, जाने या पहुँचनेवाला। २. जिसका जल्दी पहुँचना या जिसके संबंध में जल्दी कारवाई होना आवश्यक हो।

क्रि० वि० शीघ्रतापूर्वक, जल्दी से।

त्वेष पुं० [सं० त्वेषस्] १. उत्साह, उमंग। २. भाव का आवेग, आवेश।

थ

थ देवनागरी वर्णमाला का सत्रहवाँ व्यंजन वर्ण और तवर्ग का दूसरा वर्ण, जिसका उच्चारण स्थान दन्त है।

थंडिल* पुं० [सं० स्थंडिल] यज्ञ की वेदी।

थंब, थंभ पुं० [सं० स्तंभ] [स्त्री० थंभी] १. खम्भा, स्तम्भ। २. सहारा, टेक।

थंभन पुं० दे० 'स्तम्भन'।

थँभना† अ०=थमना (रुकना)।

थंभा पुं० [सं० स्तम्भ] खम्भा।

थंभित* वि० [सं० स्तम्भित] १. रुका या ठहरा हुआ। २. अचल, स्थिर। ३. स्तम्भित, चकित।

थकन स्त्री० दे० 'थकावट'।

थकना अ० [सं० स्थगित] १. परिश्रम करते-करते इतना शिथिल होना कि फिर और परिश्रम न हो सके, क्लान्त होना। २. ऊबना। ३. बुढ़ापे के कारण अशक्त होना। ४. मोहित होना।

थकाऊ वि० [हिं० थकाना] थका देनेवाला।

थकाथक क्रि० वि० [अनु०] १. थकथक शब्द करते हुए। २. लगातार, निरन्तर।

थकान स्त्री० दे० 'थकावट'।

थकाना स० हिं० 'थकना' का स०।

थका-माँदा वि० [हिं० थकना+माँदा] जो थक कर चूर हो गया हो, श्रान्त।

थकावट स्त्री० [हिं० थकना] थकने का शारीरिक परिणाम या भाव, शिथिलता, थकान।

थकित* वि० [हिं० थकना] १. थका हुआ, श्रान्त, शिथिल। २. मोहित, मुग्ध।

थकौंहाँ वि० [हिं० थकना] [स्त्री० थकौंही] थका हुआ, शिथिल।

थक्कर पुं० [हिं० थक्का] १. किसी चीज का जमा हुआ पिंड, थक्का। २. समूह, झुंड।

थक्का पुं० [सं० स्था=कृ] [स्त्री० थक्की, थकिया] जमी हुई गाढ़ी चीज की मोटी तह या दल, जैसे खून का थक्का।

थगित* वि० [हिं० थकित] १. ठहरा या रुका हुआ। २. शिथिल, ढीला। ६. मन्द, धीमा।

थड़ा पुं० [सं०] चबूतरा।

थति* स्त्री० दे० 'थाती'।

थन पुं० [सं० स्तन] दूध देनेवाले चौपायों का स्तन।

थनु* पुं०=स्थाणु।

थनुसुत* पुं० [सं० स्थाणु+सुत] शिव के पुत्र, गणेश और कार्तिकेय।

थनैत पुं० [हिं० थान] १. गाँव का मुखिया। २. गाँव का लगान वसूल करनेवाला कर्मचारी। २. दे० 'थाँगी'।

थपक स्त्री० दे० 'थपकी'।

थपकना स० [अनु० थपथप] १. प्यार से या आराम पहुँचाने के लिए किसी के शरीर पर धीरे-धीरे हथेली से आघात करना। २. धीरे-धीरे ठोंकना। ३. शाबाशी देना।

थपका* पुं० १. दे० 'थक्का'। २. दे० 'थपकी'।

थपकी स्त्री० [हिं० थपकना] थपकने की क्रिया या भाव।

थपथप स्त्री० [अनु०] थापने का शब्द।

थपथपाना स० [हिं० थपथप] थपकी देना।

थपथपी स्त्री० दे० 'थपकी'।

थपन* पुं० दे० 'स्थापन'।

थपना* स० [सं० स्थापन] १. स्थापित करना, बैठाना, जमाना। २. थोपना।

अ० स्थापित होना, जमना।

थपेड़ना स० [हिं० थपेड़ा] थपेड़ा लगाना।

थपेड़ा पुं० [हिं० थपथप] १. थप्पड़। २. आघात। ३. धक्का, टक्कर।

थपोड़ी स्त्री० दे० 'ताली' (करतल-ध्वनि)।

थप्पड़ पुं० [अनु० थपथप] १. हथेली के द्वारा जोर से किया जानेवाला आघात, तमाचा, झापड़। २. भारी आघात, भारी धक्का।

थप्पन* वि० [हिं० थापना] थापने या स्थापित करनेवाला।

थप्पना* स०=थपना।

थम* पुं० दे० 'स्तम्भ'।

थमकारी* वि० [सं० स्तम्भन] स्तम्भन करने या रोकनेवाला।

थमना अ० [सं० स्तम्भन] १. चलते-चलते रुकना, ठहरना। २. प्रचलित या चलता न रहना, बन्द हो जाना। ३. धीरज धरना, सब्र करके ठहरा रहना।

थमाव पुं० [हिं० थमना] थमने की अवस्था या भाव।

थर[१] स्त्री० [सं० स्तर] तह, परत।

थर[२] पुं० [सं० स्थल] १. दे० 'थल'। २. हिंसक पशु की माँद।

थरकना* अ० दे० 'थर्राना'।

थरकौंहाँ* वि० [हिं० थरकना] काँपता या हिलता हुआ।

थरथर स्त्री० [अनु०] काँपने की अवस्था या भाव।

क्रि० वि० डर से काँपते हुए।

थरथराना अ० [अनु० थरथर] १. डर से काँपना। २. काँपना, हिलना।

स० थरथर करके काँपने, हिलने आदि में प्रवृत्त करना।

थरथराहट स्त्री० [अनु० थरथर] थरथराने की क्रिया या भाव।

थरथरी † स्त्री०=कँपकँपी।

थरसना* अ० [सं० त्रसन] त्रस्त या पीड़ित होना, कष्ट भोगना।

थरिया† स्त्री०=थाली।

थरी स्त्री० [सं० स्थली] १. शेरों आदि की माँद। २. गुफा।

थरु* पुं० [सं० स्थल] जगह।

थर्ड वि० [अं०] तृतीय, तीसरा।

थर्डक्लास वि० [अं०] तीसरे दर्जे का।

थर्डपार्टी स्त्री० [अं०] किसी अनुबंध या विवाद से अप्रत्यक्ष रूप से संबद्ध वह पक्ष जो मुख्य दोनों पक्षों से अतिरिक्त हो।

थर्राना अ० [अनु० थरथर] १. डर से काँपना। २. भयभीत होना, दहलना।

थल पुं० [सं० स्थल] १. स्थान, जगह। २. जल से रहित भूमि। ३. स्थल का मार्ग। ४. शेर, चीते आदि जंगली पशुओं की माँद।

थलकना अ० [सं० स्थूल] १. भारी चीज का कुछ ऊपर-नीचे हिलना। २. मोटाई के कारण शरीर के माँस का हिलना।

थलचर पुं० [सं० स्थलचर] पृथ्वी पर या स्थल में रहनेवाला जीव।

थलज पुं० [हिं० थल] १. वह जो स्थल में उत्पन्न हो, जैसे पेड़, पौधे आदि। २. गुलाब।

थलथलाना अ० [हिं० थलकना] मोटे शरीर के माँस का झूलकर या ऊपर-नीचे हिलना, थलकना।

थलथल* क्रि० वि० जगह जगह।

थलपति पुं० [सं० स्थल+पति] राजा।

थलरुह* वि० [सं० स्थलरुह] स्थल पर उत्पन्न होनेवाला जीव, वृक्ष आदि।

थली स्त्री० [सं० स्थली] १. स्थान, जगह। २. जल के नीचे की भूमि। ३. ठहरने या बैठने का स्थान।

थवई पुं० [सं० स्थपति] मकान बनानेवाला कारीगर, राज, राजगीर।

थसर* वि०=शिथिल।

थसरना* अ०=शिथिल होना।

थहना* स० [हिं० थाह] थाह लेना।

थहरना अ० [अनु० थरथर] १. दुर्बलता, भय आदि से काँपना। २. थर्राना।

थहाना स० [हिं० थाह] गहराई, गुण आदि की थाह लेना या पता लगाना।

थाँग स्त्री० [सं० स्थान] १. चोरों या डाकुओं के छिपकर रहने का स्थान। २. खोज, तलाश।

थाँगी पुं० [हिं० थाँग] १. चोरी का माल खरीदने या अपने पास रखनेवाला आदमी। २. चोरों का सरदार। ३. जासूस, भेदिया।

थाँवला पुं० दे० 'थाला'।

था अ० [सं० भूत:] 'होना' क्रिया का भूतकालिक रूप।

थाक पुं० [सं० स्था] १. गाँव की हद। २. एक पर एक रखी हुई चीजों का ढेर।

थाकना* अ० दे० 'थकना'।

थागी* स्त्री० [?] लाठी।

थात* वि० दे० 'स्थित'।

थाती स्त्री० [सं० स्थाता] १. कठिन समय पर काम आने के लिए बचाकर रखा हुआ धन। २. जमा, पूँजी। ३. धरोहर, अमानत।

थान पुं० [सं० स्थान] १. जगह, स्थान। २. निवास स्थान, डेरा।

मुहा० *(कहीं) थान करना*=जम या अड़कर बैठ जाना।

३. घोड़ों या चौपायों के बाँधे जाने का स्थान। ४. कुछ निश्चित लम्बाई का कपड़े, गोटे आदि का पूरा टुकड़ा। ५. संख्या, अदद, जैसे चार थान मोती।

थानसुत* पुं० [सं० स्थानु+सुत] गणेशजी।

थाना पुं० [सं० स्थान] १. टिकने या बैठने का स्थान, अड्डा। २. पुलिस की बड़ी चौकी। (पुलिस स्टेशन)

थानेदार पुं० [हिं० थाना+फा० दार] थाने का प्रधान अधिकारी।

थानैत[१] पुं० [हिं० थाना+ऐत (प्रत्य०)] चौकी या अड्डे का प्रधान।

थानैत[२] पुं० [सं० स्थान] ग्राम देवता।

थाप स्त्री० [सं० स्थापन] १. तबले, मृदंग आदि पर पूरे पंजे से किया जानेवाला आघात। २. थप्पड़। ३. छाप। ४. गुण, प्रधानता आदि की धाक। ५. शपथ, कसम। ६. प्रतिष्ठा। ७. मर्यादा

थापन पुं० [सं० स्थापन] स्थापित करने, जमाने या बैठाने की क्रिया या भाव।

थापना[१]* स० [सं० स्थापन] १. स्थापित करना, जमाकर बैठाना या लगाना। (प्राय: पूजा, सम्मान आदि के विचार से), जैसे देवी थापना। २. हाथ से पीट या साँचे से दबाकर कोई चीज बनाना, जैसे कंडे थापना।

थापना[२] स्त्री० [सं० स्थापना] १. स्थापन, प्रतिष्ठा। २. नवरात्र में दुर्गा-पूजा के लिए घट-स्थापन।

थापर* पुं० दे० 'थप्पड़'।

थापा पुं० [हिं० थाप] १. दीवारों आदि पर लगाई जानेवीली पंजे की छाप। २. खलियान में अनाज के ढेर पर मिट्टी, आदि से लगाया हुआ चिह्न। ३. वह साँचा जिससे कोई चिह्न अंकित किया जाए, छापा। ४. ढेर, राशि।

थापी स्त्री० [हिं० थापना] १. वह चिपटी मुँगरी जिससे राज-मजदूर गच पीटकर उसका मसाला अच्छी तरह अपने स्थान पर जमाते हैं। २. प्रशंसा, आशीर्वाद आदि के रूप में किसी की पीठ ठोंकने की क्रिया या भाव।

थामना स० [सं० स्तम्भन] १. पकड़ना। २. गिरती या चलती हुई चीज को रोकना। ३. सहारा देना, सँभालना। ४. अपने ऊपर कार्य का भार लेना।

थायी* वि० दे० 'स्थायी'।

थारा† सर्व०=तुम्हारा।

थाल पुं० [हिं० थाली] १. बड़ी थाली। २. थाल में रखी हुई सामग्री।

थाला पुं० [सं० स्थालक] १. किसी पेड़ या पौधे के चारों ओर का वह घेरदार गड्ढा जिसमें उसे सींचने के लिए पानी डाला जाता है। २. थाँवला, आल-बाल। ३. ईंट, मिट्टी आदि का वह छोटा गोल चबूतरा जो वृक्ष की जड़ के चारों ओर

बनाया जाता है। ४. शरीर में फोड़े, फुन्सी आदि के चारों ओर कुछ दूर तक होनेवाली सूजन।

क्रि० प्र०, बँधना, बाँधना।

थालिका* स्त्री० [सं० स्थालिका] वृक्ष के नीचे का थाला, उदा० भजन भव-भार, भक्ति कल्प थालिका। -तुलसी।

थाली स्त्री० [सं० स्थालिका] १. भोजन करने का एक प्रसिद्ध छिछला बरतन, बड़ी गोल तश्तरी। २. थाली में रखा भोजन या सीधा।

मुहा० *किसी के आगे की थाली खींचना*=किसी के निश्चित लाभ में बाधक होना। *थाली का बैंगन*=लाभ और हानि देखकर कभी इस पक्ष में और कभी उस पक्ष में हो जानेवाला आदमी।

थावर* वि० दे० 'स्थावर'।

थाह स्त्री० [सं० स्ताध] १. गहराई, ज्ञान, महत्त्व आदि की सीमा (ज्ञान प्राप्त करने की दृष्टि से) जैसे नदी की थाह, किसी के पांडित्य की थाह आदि। २. गहराई, ज्ञान, महत्त्व आदि का पता या परिचय। ३. सीमा, हद।

थाहना स० [हिं० थाह] थाह लेना, गहराई का पता लगाना।

थाहरा वि० [हिं० थाह] छिछला।

थिंक टैंक पुं० [अ०] विचारशील विशेषज्ञों का समूह।

थिएटर पुं० [अं०] किसी प्रकार का रंगमंच, विशेषतः नाटक आदि के अभिनय का रंगमंच, रंगशाला।

थिगली स्त्री० [हिं० टिकली] कपड़े, चमड़े आदि का छेद बन्द करने के लिए ऊपर से लगाया जानेवाला टुकड़ा चकती, पैबन्द।

मुहा० *बादल में थिगली लगाना*=अत्यन्त कठिन काम करना।

थित† वि० दे० 'स्थित'।

थिति* स्त्री० दे० 'स्थिति'।

थियेटर पुं० [अं०] १. वह स्थान जहाँ नाटक आदि खेले जाते हों। २. सिनेमागृह।

थिर* वि० दे० 'स्थिर'।

थिरकना अ० [सं० अस्थिर+करण] [भाव० थिरक] नाचने के समय पैर बार-बार, रह-रहकर और धीरे-धीरे उठाना और पटकना।

थिरकौंहा[1] वि० [हिं० थिरकना] थिरकने या बार-बार ऊपर उठने और नीचे गिरनेवाला।

थिरकौंहा[2] वि० [हिं० स्थिर] ठहरा हुआ, स्थिर।

थिर-चर* वि० [सं० स्थिर+चर] जड़ और चेतन।

थिरजीह* स्त्री० [सं० स्थिरजिह्व] मछली।

थिरता, थिरताई* स्त्री० [सं० स्थिरता] १. ठहराव। २. स्थायित्व। ३. शान्ति।

थिरथानी वि० [सं० स्थिर+स्थान] एक जगह जमकर रहनेवाला।

थिरना अ० [सं० स्थिर] १. पानी आदि का हिलना-डोलना बन्द होना। २. स्थिर होना। ३. निथरना।

थिरा* स्त्री० [सं० स्थिरा] पृथ्वी।

थिराना स० [हिं० थिरना] १. हिलते-डोलते हुए जल को स्थिर होने देना। २. स्थिर करना। ३. निथारना।

थीता पुं० [सं० स्थित] १. स्थिरता। २. शान्ति। ३. आराम, चैन, सुख।

थीथी स्त्री० [सं० स्थिति] १. स्थिरता। २. दृढ़ता। ३. स्थिति, अवस्था। ४. धैर्य, धीरज।

थीर* वि० दे० 'थिर'।

थीरा* वि० दे० 'थिर'।

थुकना वि० [हिं० थूकना] जिसे थूकते रहने की आदत पड़ी हो।

थुकाना स० [हिं० थूकना का प्रे०] १. किसी को थूकने में प्रवृत्त करना। २. उगलवाना। ३. अत्यधिक निन्दा करना।

थुक्का-फजीहत स्त्री० [हिं० थूक+अ० फ़ज़ीहत] बहुत निकृष्ट कोटि का लड़ाई-झगड़ा।

थुड़ी स्त्री० [अनु० थूथू] १. घृणा और तिरस्कारपूर्वक थूकने का शब्द। २. धिक्कार, लानत।

मुहा० *थुड़ी-थुड़ी करना*=अत्यधिक घृणा प्रकट करते हुए धिक्कारना।

थुथकार स्त्री० [हिं० थूक] थूकने की क्रिया, भाव या शब्द।

थुथकारना स० थुड़ी-थुड़ी करना, परम घृणा प्रकट करना।

थुरहथा* वि० [हिं० थोड़ा+हाथ] [स्त्री० थुरहथी] १. हाथ छोटे होने के कारण जिसकी हथेली में थोड़ी चीज आए, उदा० कन दैबो सौंप्यो ससुर बहु थुरहथि जान। -बिहारी। २. कम खर्च करनेवाला, मितव्ययी, कंजूस।

थुलथुल वि० [देश०] फूला हुआ और मोटा।

थुलमा पुं० [?] एक प्रकार का कम्बल।

थू विस्मयादि० [अनु०] १. थूकने का शब्द। २. घृणा या तिरस्कार का शब्द, छी।

थूक स्त्री० [अनु० थूथू] वह गाढ़ा, लसीला सफेद रस जो मुँह से निकलता है, खखार, लार।

मुहा० *थूकों सत्तू सानना*=बहुत किफायत से कोई बड़ा काम करने चलना।

थूकना अ० [हिं० थूक] मुँह से थूक निकालकर बाहर फेंकना।

मुहा० *(किसी व्यक्ति या वस्तु) पर न थूकना*=अत्यन्त तुच्छ या घृणित समझकर दूर रहना। *थूककर चाटना*=(क) कहकर मुकर जाना अथवा देकर लौटा लेना। (ख) भविष्य में कोई अनुचित काम न करने की प्रतिज्ञा करना।

स० मुँह में रखी हुई वस्तु बाहर गिराना, उगलना।

थूथन पुं० [देश०] कुछ लम्बा और मोटा आगे निकला हुआ मुँह; जैसे—सुअर का थूथन।

थून* पुं० [सं० स्थूण] १. खम्भा, स्तम्भ। २ चाँड़, टेक।

थूनी स्त्री० [सं० स्थूणा] किसी बोझ को गिरने से रोकने के लिए उसके नीचे लगाया जानेवाला खम्भा, चाँड़, टेक।

थूरना स० [सं० थुर्वण] १. कूटना। २. मारना, पीटना। ३. कसकर भरना।

थूल* वि० [सं० स्थूल] १. जो स्पष्ट दिखाई दे, 'सूक्ष्म' का उलटा। २. मोटा और भारी। ३. भद्दा।

थूल्ह* वि०=स्थूल।

थूहर पुं० [सं० स्थूण] एक छोटा पेड़ जिसके डंठल डंडे के आकार के होते हैं, सेंहुड़।

थेई-थेई स्त्री० [अनु०] १. थिरक-थिरककर नाचने की मुद्रा। २. नाच के बोल।

थेगली| स्त्री० दे० 'थिगली'।

थेटर पुं० दे० 'थियेटर'।

थेथर वि० [देश०] [भाव० थेथरई] १. लस्त-पस्त, बहुत थका हुआ। २. परेशान।

थैला पुं० [सं० स्थल] [स्त्री० अल्पा० थैली] कपड़े आदि का एक प्रकार का झोला जिसमें चीजें रखी जाती हैं, बड़ा बटुआ, झोला।

थैली स्त्री० [हिं० थैला] १. छोटा थैला। २. वह धन (मुख्यत: चन्दे से इकट्ठा किया हुआ) जो प्राय: थैली में रखकर किसी बड़े आदमी को उसके शुभागमन पर अथवा किसी महत्त्वपूर्ण अवसर पर, किसी अच्छे काम में लगाने के लिए भेंट किया जाता है। (पर्स)

थोक पुं० [सं० स्तोमक (समूह), प्रा० थोबँक] १. ढेर, राशि। २. दल, झुंड। ३. एक साथ बहुत-सा या इकट्ठा माल खरीदने या बेचने का काम 'खुदरा' का उलटा। (होल सेल) ४. सारी वस्तु, कुल या पूरी चीज।

पद *थोक भाव से*=किसी एक विचारधारा को आधार बनाकर; जैसे-साहित्य का मूल्यांकन थोक भाव से करना समीचीन नहीं।

थोड़ा वि० [सं० स्तोक, प्रा० थोआ] [स्त्री० थोड़ी] मात्रा या परिमाण में उचित या आवश्यकता से कम या घटकर, न्यून, अल्प, कम।

क्रि० वि० जरा, तनिक।

थोड़ा-बहुत वि० थोड़ा ही या थोड़े से कुछ अधिक।

थोथा वि० [देश०] [स्त्री० थोथी] १. जिसमें कुछ सार या तत्त्व न हो। २. खोखला, पोला। ३. व्यर्थ का। ४. जिसकी धार तेज न हो, कुंठित।

थोपना स० [सं० स्थापन] १. गीली वस्तु का पिंड ऊपर से डाल, रख या जमा देना, मोटा लेप चढ़ाना। २. (दोष) मत्थे मढ़ना, (झूठा अभियोग) लगाना।

थोबड़ा पुं० दे० 'तोबड़ा'।

थोर* वि० दे० 'थोड़ा'।

थोरिक* वि० [सं० स्तोक, प्रा० थोव] थोड़ा-सा।

थौंद* स्त्री० दे० 'तोंद'।

थ्यावस* स्त्री० [?] १. स्थिरता। २. धैर्य।

द

द देवनागरी वर्णमाला का अठारहवाँ व्यंजन और तवर्ग का तीसरा वर्ण। इसका उच्चारण दन्त मूल में जिह्वा के अगले भाग के स्पर्श से होता है। शब्दों के अन्त में लगकर यह 'देनेवाला' का अर्थ देता है, जैसे करद, जलद आदि।

दंग वि० [फा०] विस्मित, चकित।

दंगई पुं० [फा० दंगा] दंगा करनेवाला, उपद्रवी।

वि० प्रचंड, विकट।

स्त्री० दे० 'दंगा'।

दंगल पुं० [फा०] १. बराबर के पहलवानों की वह कुश्ती जो जोड़ बदकर लड़ी जाए और जिसमें जीतनेवाले को कुछ इनाम मिले। २. किसी प्रकार के कौशल की प्रतियोगिता।

वि० बहुत बड़ा, भारी जैसे-दंगल मकान।

दंगली वि० [फा० दंगल] १. दंगल-सम्बन्धी। २. बहुत बड़ा।

दंगा पुं० [फा० दंगल] बहुत से लोगों का ऐसा झगड़ा जिसमें मार-पीट भी हो, हिंसक प्रतिवाद या उपद्रव।

दंड पुं० [सं०] १. डंडा, सोंटा, लाठी। २. डंडे की तरह की कोई चीज, जैसे भुजदंड। ३. किसी चीज में लगी हुई लम्बी लकड़ी। ४. दंडवत्। ५. अपराधी को उसके अपराध के फलस्वरूप पहुँचाई हुई पीड़ा या आर्थिक हानि, सजा। ६. हरजाने के रूप में दिया जानेवाला धन, हरजाना। (पेनैलिटी)

मुहा० *दंड भरना*=दूसरे का नुकसान धन देकर पूरा करना। *दंड सहना*=हानि या घाटा सहना।

७. दमन, शमन। ८. एक प्रकार का व्यायाम जो पंजों के बल औंधे लेटकर किया जाता है। ९. साठ पल या चौबीस मिनट का समय, घड़ी।

दंडक पुं० [सं०] १. डंडा। २. दंड देनेवाला पुरुष, शासक। ३. वह छन्द (क) जिसमें वर्णों की संख्या २६ से अधिक हो अथवा (ख) जिसके प्रत्येक चरण में ३२ से अधिक मात्राएँ हों।

दंडकवन पुं० दे० 'दंडकारण्य'।

दंडकारण्य पुं० [सं०] विन्ध्य पर्वत से गोदावरी के किनारे तक फैला हुआ एक प्राचीन वन।

दंडधर पुं० [सं०] १. यमराज। २. शासनकर्ता। ३. संन्यासी। ४. चोबदार। ५. दे० 'दंडनायक'।

दंडना* स० [सं० दंडन] दंड देना।

दंडनायक पुं० [सं०] १. सेनापति। २. दंडविधान करने या अपराधियों को दंड देनेवाला एक प्राचीन अधिकारी।

दंडनीति स्त्री० [सं०] दंड देकर शासन या वश में रखने की नीति।

दंडनीय वि० [सं०] [स्त्री० दंडनीया] १. (व्यक्ति) जो दंडित होने के योग्य हो, जिसे दंड देना उचित हो। २. (कार्य या

अपराध) जिसके लिए किसी को दंड दिया जाना उचित हो या दिया जा सकता हो। (पनिशेबुल)

दंडपाणि पुं० [सं०] १. यमराज। २. भैरव की एक मूर्ति।

दंडपाल पुं० [सं०] दरबान।

दंड-प्रणाम पुं० [सं०] दंडवत्, सादर अभिवादन।

दंडमान* वि० दे० 'दंडनीय'।

दंडवत् पुं० [सं०] १. दंड के समान सीधे पृथ्वी पर लेटकर किया जानेवाला नमस्कार, साष्टांग प्रणाम। २. प्रणाम।

दंडविधान पुं० १. दे० 'दंडविधि'। २. दे० 'दंडसंहिता'।

दंडविधि स्त्री० [सं०] वह नियम या विधान जिसमें अपराधों के लिए दंडों का विवेचन या विधान होता है।

दंडसंहिता स्त्री० [सं०] वह ग्रंथ जिसमें किसी देश के अपराधों के लिए दिए जानेवाले दंडों का विधान हो। (पेनल कोड)

दंडाकरन* पुं० दे० 'दंडकारण्य'।

दंडाकार वि० [सं०] डंडे के आकारवाला।

दंडाज्ञा स्त्री० [सं० दंड+आज्ञा] न्यायालय द्वारा दिया हुआ दंड, सजा।

दंडात्मक वि० [सं०] दंड के रूप में होनेवाला।

दंडाधिकारी पुं० [सं० दंड+अधिकारी] वह राजकीय अधिकारी जिसे अपराधिक अभियोगों का विचार करने और अपराधियों को दंड देने का अधिकार होता है। (मजिस्ट्रेट)

दंडायमान वि० [सं०] खड़ा।

दंडित वि० [सं०] [स्त्री० दंडिता] जिसे दंड मिला हो, सजा पाया हुआ।

दंडी(-डिन्) पुं० [सं०] १. वह जो दंड धारण करता हो। २. एक विशेष प्रकार के संन्यासी जो सदा हाथ में दंड रखते हैं।

दंड्य वि० दे० 'दंडनीय'।

दंत पुं० [सं०] १. दाँत। २. बत्तीस की संख्या।

दंतकथा स्त्री० [सं०] वह बात जो परम्परा से लोग सुनते चले आए हों, पर जिसके ठीक होने का कोई प्रमाण न हो।

दंतकार पुं० [सं०] दाँत बनाने तथा लगानेवाला डॉक्टर। (डेन्टिस्ट)

दंतचक्र पुं० [सं०] दाँतेदार चक्र।

दंतधावन पुं० [सं०] १. दाँत और मुँह धोना या साफ करना। २. दातून।

दंतबीज पुं० [सं०] अनार।

दंतमूलीय वि० [सं०] दाँतों के मूल से उच्चरित होनेवाला (वर्ण), जैसे तवर्ग। (पोस्ट डेन्टल)

दँतार वि० [हिं० दाँत] बड़े-बड़े दाँतोंवाला।

दँतिया स्त्री० [हिं० दाँत] छोटा दाँत।

दँतुरिया स्त्री० दे० 'दँतिया'।

दँतुला वि० [सं० दंतुल] जिसके दाँत बड़े हों।

दंद † पुं० १. दे० 'द्वंद्व'। २. दे० 'दाँत'।

दंदन वि० [सं० द्वंद्व] [स्त्री० दंदनी] दमन करनेवाला।

दंदाना पुं० [फा०] [वि० दंदानेदार] दाँत की तरह उभरी हुई सींकों या दानों की पंक्ति; जैसे-कंघी या आरे का दंडाना।

दंपति पुं० बहु० [सं० दंपती] पति और पत्नी का जोड़ा।

दंपती पुं० [सं०] दंपति। (हिंदी में दंपति ही विशेष रूप से प्रचलित है।)

दंपा स्त्री० [हिं० दमकना] बिजली।

दंभ पुं० [सं०] [वि० दंभी] अपने को औरों से अधिक योग्य, ज्ञाता या महत्त्वपूर्ण समझने का भाव या उसका प्रदर्शन, अकड़, अभिमान।

दंभपूर्ण वि० [सं०] दंभ से भरा, दंभ का परिचायक।

दंभपूर्वक क्रि०वि० [सं०] दंभ का प्रदर्शन करते हुए।

दंभान पुं० दे० 'दंभ'।

दंभी(-भिन्) वि० [सं०] [स्त्री० दंभिनी] १. जिसे दम्भ हो, अभिमानी, घमंडी।

दँवरी स्त्री० [सं० दमन, हिं० दाँवना] फसल की बालों से दाने निकलवाने का काम जो प्रायः बैलों से लिया जाता है।

दँवारि स्त्री० दे० 'दावानल'।

दंश पुं० [सं०] १. वह घाव जो दाँत काटने या लगने से हुआ हो, दन्तक्षत। २. दाँत काटने या गड़ाने की क्रिया। ३. विषैले जन्तुओं का डंक।

दंशक पुं० [सं०] १. दाँत से काटनेवाला। २. डसनेवाला।

दंशन पुं० [सं०] [वि० दंशित, दंशी] १. दाँत से काटना। २. डंक मारना, डसना।

दंशना स० दे० 'दंशन'।

दंष्ट्र पुं० [सं०] दाँत।

दंस पुं० दे० 'दंश'।

दइत| पुं० दे० 'दैत्य'।

दई[1] पुं० [सं० दैव] १. ईश्वर, विधाता।

मुहा० *दई का खोया या दई का मारा*=जिस पर ईश्वर का कोप हो, अभागा, कम्बख्त। दई दई=हे दैव! हे दैव (रक्षा के लिए ईश्वर से की जानेवाली पुकार)।

२. दैवी संयोग। ३. अदृष्ट, प्रारब्ध, भाग्य।

दई[2] वि० [सं० दया] दया करनेवाला, दयालु। उदा० 'निराधार को आधार दीनबन्धु दई।' -तुलसी।

दई-मारा वि० [हिं० दई+मारना] [स्त्री० दई-मारी] १. जिस पर दैव या ईश्वर का कोप हो। २. अभागा, कम्बख्त।

दए स० [सं० दान] व्रजभाषा में 'देना' क्रिया का बहु० भूतकालिक रूप, दिए।

दकन पुं० [सं० दक्षिण] दक्षिण भारत।

दकनी पुं० [हिं० दकन] दक्षिण भारत का निवासी।

स्त्री० १. दक्षिण भारत की भाषा। २. उर्दू भाषा का पुराना नाम।

वि० दक्षिण भारत का।

दकियानूस पुं० [यू० से० अ०] फारस और अरब का एक बहुत पुराना बादशाह जो अपने अत्याचारों के लिए प्रसिद्ध है। वि०=दकियानूसी।

दकियानूसी वि० [अ०] १. बहुत ही पुराना और प्रायः रद्दी तथा निकम्मा। २. बहुत ही पुराने और संकीर्ण विचारोंवाला।

दक्खिन पुं० [सं० दक्षिण] [वि० दक्खिनी] १. उत्तर के सामने की दिशा। २. दे० 'दकन'।

दक्खिनी वि० [हिं० दक्खिन] दक्खिन का।

पुं० दक्षिण का निवासी।

स्त्री० दक्षिण में बोली जानेवाली हिन्दी का एक रूप।

दक्ष वि० [सं०] [भाव० दक्षता] १. कोई काम करने में निपुण, कुशल। (एडेप्ट)। २. चतुर, होशियार। ३. दक्षिण, दाहिना।

पुं० एक प्रजापति जिनसे देवता उत्पन्न हुए थे।

दक्षकन्या स्त्री० [सं०] शिवजी की पहली पत्नी, सती।

दक्षसुता स्त्री० [सं०] सती।

दक्षिण वि० [सं०] १. 'बाँया' का उलटा, दाहिना। २. जो किसी की कार्यसिद्धि में अनुकूल या सहायक हो। ३. निपुण, दक्ष। ४. चतुर।

पुं० १. उत्तर के सामने की दिशा। (साउथ) २. वह नायक जो अपनी सब नायिकाओं पर एक-सा प्रेम रखता हो।

दक्षिणपंथ पुं०=दक्षिणमार्ग।

दक्षिणपंथी पुं०=दक्षिणमार्गी।

दक्षिणमार्ग पुं० [सं०] [वि० दक्षिणमार्गी] १. वैदिक धर्म या मार्ग जिसके विपरीत होने के कारण तान्त्रिक मत या धर्म 'वाममार्ग' कहलाया । २. परवर्ती तान्त्रिक मत के अनुसार एक प्रकार का आचार जो वैदिक, वैष्णव और शैव मार्गों की अपेक्षा अच्छा, परन्तु वाममार्ग से निम्न कोटि का बताया गया है। ३. आधुनिक राजनीति में वह मार्ग या पक्ष जो साधारण और वैधानिक रीति तथा शान्त उपायों से विकास चाहता हो और उग्र उपायों से क्रान्ति करने का विरोधी हो। (राइटविंग)

दक्षिणमार्गी(-र्गिन्) वि०, पुं० [सं० दक्षिणमार्गिन्] दक्षिण मार्ग का अनुयायी।

दक्षिणा स्त्री० [सं०] १. दक्षिण दिशा। २. वह धन जो किसी दान की हुई चीज के साथ ब्राह्मणों को दिया जाता है। ३. भेंट के रूप में नगद दिया जानेवाला धन। ४. वह नायिका जो नायक के अन्य स्त्रियों से सम्बन्ध रखने पर भी उससे पूरी प्रीति रखती और सद्व्यवहार करती हो।

दक्षिणापथ पुं० [सं०] विन्ध्य पर्वत के दक्षिण की ओर का प्रदेश।

दक्षिणायन वि० [सं०] भूमध्य रेखा से दक्षिण की ओर होनेवाला, जैसे दक्षिणायन सूर्य।

पुं० सूर्य का कर्क रेखा से दक्षिण मकर रेखा की ओर जाना या खिसकना, जो २१ जून से २२ दिसम्बर तक होता है।

दक्षिणावर्त वि० [सं०] १. जिसका मुख या प्रवृत्ति दाहिनी ओर हो। २. जो परिभ्रमण करने या घूमने में दाहिनी ओर से आगे बढ़ता हो, 'वामावर्त' का उलटा। (काउन्टर-क्लॉकवाइज़)

दक्षिणी वि० [सं० दक्षिणीय] दक्षिण का।

दक्षेस पुं० 'दक्षिण एशियाई क्षेत्रीय सहयोग संघटन' का संक्षिप्त रूप। (सार्क)।

दखलंदाज पुं० [फा० दख़्लंदाज़] दखल देनेवाला, हस्तक्षेप करनेवाला।

दखलंदाजी स्त्री० [फा० दख़्लंदाज़ी] हस्तक्षेप।

दखल पुं० [अ० दख़्ल] १. अधिकार, कब्जा। २. हस्तक्षेप। ३. पहुँच, प्रवेश।

दखलदिहानी स्त्री० [अ० दख़्ल+फा० दिहानी] अदालत से किसी को किसी सम्पत्ति पर अधिकार, कब्जा या दखल दिलाने का काम। (डिलेवरी ऑफ पज़ेशन)

दखिन| पुं० दे० 'दक्षिण'।

दखील वि० [अ० दख़ील] जिसका दखल या कब्जा हो, अधिकार रखनेवाला।

दखीलकार पुं० [अ० दख़ील+फा० कार] [भाव० दखील-कारी] वह किसान जिसे किसी जमींदार का खेत कम-से-कम बारह वर्षों तक जोतने-बोने के कारण उसपर सदा के लिए अधिकार मिल गया हो।

दखीलकारी स्त्री० [फा० दख़ीलकार] १. दखीलकार का कार्य, भाव या पद। २. दखीलकार को मिले हुए अधिकार। (ऑकुपेन्सी राइट)

दगड़ पुं० [सं० द्रगड] बड़ा ढोल।

दगदगा पुं० [अ०] १. डर, भय। २. सन्देह।

दगदगी स्त्री० दे० 'दगदगा'।

दगध पुं० दे० 'दाह'।

वि० दे० 'दग्ध'।

दगधना अ० [सं० दग्ध] जलना।

स० १. जलाना। २. दुख देना।

दगना अ० [सं० दग्ध+हिं० ना (प्रत्य०)] १. दागा या चिह्नित किया जाना, अंकित होना। २. दागा या दग्ध किया जाना। ३. (बन्दूक, तोप आदि का) दागा या छोड़ा जाना, छूटना, चलना। ४. झुलस जाना। ५. कलंकित होना। ६. किसी नए या विशेष नाम से प्रसिद्ध होना।

स० दे० 'दागना'।

दगल, दगला| पुं० [?] १. रुईदार अँगरखा। २. मोटा और भारी लबादा।

दगवाना स० हिं० 'दागना' का प्रे०।

दगहा[१] वि० [हिं० दाग] जिसमें या जिसपर दाग हो, दागवाला।

दगहा[२] वि० [हिं० दाह=प्रेतकर्म+हा (प्रत्य०)] जिसने मृतक का दाहकर्म किया हो और जो अभी श्राद्ध आदि करके शुद्ध न हुआ हो।

दगहा[३] वि० [सं० दग्ध] १. दग्ध किया या जलाया हुआ। २. दागा हुआ, चिह्न लगाया हुआ।

दगा पुं० [अ० दग़ा] छल-कपट, धोखा।

दगादार पुं० दे० 'दगेबाज'।

दगेबाज वि० [फा० दग़ाबाज़] [भाव० दगेबाजी] धोखा देनेवाला, धोखेबाज, छली।

दगैल वि०, पुं० [अ० दाग़+एल (प्रत्य०)] १. जिसमें या जिस पर दाग हो, दागदार। २. जो कारागार का दंड भोग चुका हो।

दग्ध वि० [सं०] १. जला या जलाया हुआ। २. जिसे कष्ट पहुँचा हो, पीड़ित।

दग्धाक्षर पुं० [सं०] छन्दशास्त्र में झ, ह, र, भ और ष ये पाँचों अक्षर जिनका छंद के आरंभ में रखना अशुभ मानते हैं।

दग्धित वि० दे० 'दग्ध'।

दचक स्त्री० [हिं० दचकना] दचकने की क्रिया या भाव।

दचकना अ० [अनु०] [भाव० दचक] १. झटका, ठेस या हलकी ठोकर खाना। २. कुछ दब जाना।

स० १. हलका धक्का लगाना, झटका देना। २. दबाना।

दचका पुं० दे० 'दचक'।

दच्छना स्त्री० दे० 'दक्षिणा'।

दच्छिन वि० दे० 'दक्षिण'।

दड़बा पुं० [?] १. पालतू कबूतरों के रहने के लिए बनाया हुआ अल्मारीनुमा घर। २. घर। (उपेक्षासूचक)

दढ़ना अ० [सं० दहन] जलना।

दढ़ाना* स० [हिं० दढ़ना] जलाना।

दढ़ियल वि० [हिं० दाढ़ी+इयल(प्रत्य०)] जिसे दाढ़ी हो, दाढ़ीवाला।

दतना अ० [?] मग्न या लीन होना।

दतवन स्त्री० दे० 'दतुअन'।

दतुअन, दतुवन स्त्री० [सं० दन्तधावन] १. नीम, बबूल आदि की वह छोटी टहनी, जिससे दाँत साफ करते हैं, दातुन। २. दाँत और मुँह साफ करने की क्रिया।

दतौन स्त्री० दे० 'दतुअन'।

दत्त पुं० [सं०] १. ब्रह्मा, विष्णु एवं महेश का संयुक्त स्वरूप। २. दान। ३. दत्तक।

वि० [स्त्री० दत्ता] १. जो दिया जा चुका हो, दिया हुआ। २. जिसका कर, देन, परिव्यय आदि चुका दिया गया हो, चुकता किया हुआ। (पेड)

दत्तक पुं० [सं०] वह जो अपना पुत्र न होने पर भी शास्त्र या विधि के अनुसार अपना पुत्र बना लिया गया हो, गोद लिया हुआ लड़का, मुतबन्ना। (एडॉप्टेड सन)

दत्तकग्रहण पुं० [सं०] किसी लड़के को गोद लेकर अपना दत्तक पुत्र बनाने की क्रिया या विधान। (एडॉप्शन)

दत्तकग्राही(-हिन्) वि० [सं०] जो किसी लड़के को गोद में लेकर अपना लड़का बनाए, दत्तक लेनेवाला।

दत्तचित्त वि० [सं०] जिसका किसी काम में खूब जी लगा हो; जैसे-वे दत्तचित होकर नाटक देखते हैं।

दत्तविधान पुं० [सं०] किसी लड़के को विधिसम्मत दत्तक के रूप में अपना लड़का बनाना, गोद लेना। (एडॉप्शन)

दत्ता पुं० दे० 'दत्तात्रेय'।

दत्तात्रेय पुं० [सं०] एक प्रसिद्ध पौराणिक ऋषि जिनकी गिनती चौबीस अवतारों में होती है।

ददिऔरा पुं० दे० 'ददिहाल'।

ददिहाल पुं० [हिं० दाद+सं० आलय] १. दादा का वंश। २. दादा का घर।

ददोड़ा, ददोरा पुं० [हिं० दाद] किसी जन्तु के काटने या रक्तविकार आदि के कारण चमड़े पर होनेवाली थोड़ी सूजन, चकत्ता।

दद्रु पुं० [सं०] दाद रोग।

दध पुं० दे० 'दधि'।

दधि[१] पुं० [सं०] १. दही। २. कपड़ा।

दधि[२]* पुं० [सं० उदधि] समुद्र, सागर।

दधिकाँदो पुं० [सं० दधि+हिं० काँदो=कीचड़] जन्माष्टमी के बाद होनेवाला एक उत्सव जिसमें हलदी मिला हुआ दही लोग एक दूसरे पर छिड़कते हैं।

दधिसुत पुं० [सं० उदधि+सुत] चन्द्रमा।

दधीचि पुं० [सं०] पुराणानुसार एक राजा जो परोपकारी थे तथा जिनकी हड्डियों से अकाट्य वज्र का निर्माण वृत्रासुर के वध के लिए हुआ था।

दन पुं० [अनु०] गोली चलने या ढोल बजने का शब्द।

पद *दन से*=(क) दन शब्द करते हुए। (ख) झट से।

दनदन स्त्री० [अनु०] गोलियाँ चलने का शब्द।

दनदनाना अ० [अनु०] १. दनदन शब्द करना। २. आनन्द करना। ३. निश्शंक होकर कोई काम करना।

दनादन क्रि० वि० [अनु०] १. दनदन शब्द के साथ। २. लगातार, निरन्तर।

दनु स्त्री० [सं०] कश्यप ऋषि की पत्नी जिसकी संतान दानव कहलाती है।

दनुज पुं० [सं०] [भाव० दनुजता, दनुजत्व] असुर, राक्षस।

दपट स्त्री० [हिं० डपट] डाँटने या डपटने की क्रिया या भाव, डपट।

दपटना अ० [हिं० डपट] डाँटना।

दपु* पुं० दे० 'दर्प'।

दपेट स्त्री० 'दपट'।

दफन पुं० [अ० दफ़्न] कोई चीज विशेषत: मृत शरीर जमीन में गाड़ना।

दफनाना स० [अ० दफ़्न+हिं० आना (प्रत्य०)] १. दफन करना, गाड़ना (विशेषत: मृत शरीर)। २. मन या स्मृति से हटाना।

दफतर पुं० [फा० दफ़्तर] १. कार्यालय। २. सविस्तर वृत्तान्त, चिट्ठा।

दफतरी पुं० [फा० दफ़्तरी] १. किसी दफ्तर के कागज आदि सँभालकर रखनेवाला कर्मचारी। २. किताबों की जिल्द बाँधनेवाला, जिल्दसाज, जिल्दबंद।

दफतरीखाना पुं० [अ०+फा० ख़ाना] वह स्थान जहाँ दफ़तरी पुस्तकों पर जिल्द चढ़ाते हैं

दफती स्त्री० [अ० दफ़्तीन] कागज की परतों को जोड़कर बनाया हुआ मोटा वरक, पतला गत्ता। (कार्ड बोर्ड)

दफा[1] स्त्री० [फा० दफ़ा] १. बार, मरतबा। २. विधान आदि का वह कोई एक अंश जिसमें किसी एक अपराध, विषय या कार्य के सम्बन्ध में कोई बात कही गई या कोई विधान किया गया हो, धारा।

मुहा० *दफा लगाना*=अभियुक्त पर किसी दफा के नियम घटाते हुए, अधिकारी का यह निश्चय करना कि अभियुक्त इस दफा (धारा) के अनुसार दंडित हो सकता है।

दफा[2] [अ० दफ़्अ:] वि० दूर किया या हटाया हुआ, तिरस्कृत।

दबंग वि० [हिं० दबाव या दबाना] प्रभावशाली, दबाववाला।

दब वि० [हिं० दबना] किसी की तुलना में कम या घटिया।
पुं० दे० 'दबाव'।

दबकगर पुं० [फा० तबकगर] धातु के पत्तर पीटकर तबक या परत बनानेवाला।

दबकना[1] अ० [हिं० दबना] १. भय, संकोच, लज्जा आदि के कारण छिपना। २. लुकना, छिपना।

दबकना[2] स० [फा० तबक] धातु का पत्तर पीटकर बड़ा करना।

दबकाना स० [हिं० दबकना] आड़ में करना, छिपाना।

दबकिया पुं० दे० 'दबकगर'।

दबदबा पुं० [अ० दबदब:] १. आतंक। २. रोब-दाब।

दबना अ० [हिं० दबाना] १. भारी चीज के नीचे आना या होना, बोझ के नीचे पड़ना। २. किसी ओर से बहुत जोर पड़ने पर अपने स्थान से पीछे हटना। ३. ऊपरी तल का कुछ नीचा हो जाना। ४. किसी के दबाव में पड़कर उसके इच्छानुसार काम करने के लिए विवश होना। ५. किसी के सामने हलका ठहरना। ६. किसी बात का जहाँ-का-तहाँ रह जाना और उस पर कोई कार्रवाई न होना। ७. अपनी चीज या प्राप्य धन का किसी दूसरे के अधिकार में चला या रह जाना। ८. बात-चीत या झगड़े में धीमा या मन्द पड़ना। ९. संकोच करना।

मुहा० *दबी जबान से कहना*=संकोचपूर्वक कोई बात कहना, डरते-डरते और दबते हुए कुछ कहना।

दबाऊ वि० [हिं० दबाना] १. दबानेवाला। २. दबा या रोक रखनेवाला।
पुं० बैलगाड़ी की वह स्थिति जब उस पर लदे भार के कारण अगला हिस्सा दब जाता है और पिछला हिस्सा ऊपर उठ जाता है।

दबा-कुचला वि० [हिं० दबना+कुचलना] समाज द्वारा उपेक्षित, तिरस्कृत तथा शोषित, पददलित।

दबा-ढका वि० [हिं० दबना+ढकना] जो औरों से छिपाकर रखा गया हो।

दबाना स० [सं० दमन] [भाव० दाब, दबाव] १. ऊपर से इस प्रकार भार रखना, जिसमें कोई चीज नीचे की ओर धँसे या इधर-उधर हट न सके। २. किसी पर किसी ओर से इस प्रकार जोर पहुँचाना कि उसे पीछे हटना पड़े। ३. किसी पर ऐसा जोर पहुँचाना कि वह कुछ कर न सके। ४. मुकाबले में मन्द या हल्का कर देना। ५. किसी बात को आगे बढ़ने न देना। ६. जमीन में गाड़ना। ७. उभड़ते हुए वेग, विरोध आदि का दमन करना, शान्त करना। ८. अपने हाथ में आई हुई किसी दूसरे की चीज अपने पास रोक रखना।

दबाव पुं० [हिं० दबाना] दबाने की क्रिया या भाव, चाँप।

दबैल वि० [हिं० दबना+ऐल(प्रत्य०)] १. जिसपर किसी का प्रभाव या दबाव हो। २. बहुत दबने या डरनेवाला। ३. किसी के उपकार, आतंक आदि से दबा हुआ।

दबोचना स० [हिं० दबाना] १. किसी को झट से पकड़कर दबा लेना, धर दबाना। २. छिपाना।

दबोरना* स०=दबाना।

दब्बू वि० [हिं० दबना] स्वभाव से दुर्बल, दूसरों से दब जानेवाला।

दमंकना* अ०=दमकना।

दम[1] पुं० [सं०] १. वह दंड जो दमन करने के लिए दिया जाता है, सजा। २. जो न्यायोचित हो उसका भी भोग न करने की क्रिया या भाव। ३. इन्द्रियों को वश में रखना और उन्हें बुरे मार्ग पर न लगने देना।

दम[2] पुं० [फा०] १. साँस, श्वास।

मुहा० *दम अटकना*=मरने के समय साँस रुकना। *दम खींचना*=(क) चुप रह जाना, कुछ न बोलना। (ख) साँस ऊपर चढ़ाना। *दम घुटना*=हवा की कमी के कारण साँस लेने में कष्ट होना। *दम तोड़ना*=मरने के समय अन्तिम साँस लेना। *दम फूलना*=अधिक परिश्रम या दमे के रोग आदि के कारण साँस का जोर-जोर से चलना। *दम भरना*=(क) किसी के प्रेम, मित्रता आदि का पूरा भरोसा रखकर अभिमानपूर्वक उसकी चर्चा करना। (ख) परिश्रम के कारण इतना अधिक थक जाना कि और अधिक परिश्रम न हो सके। *दम मारना*=न बोलना, कुछ न कहना। *दम लेना*=विश्राम करना, सुस्ताना। *दम साधना*=(क) श्वास की गति रोकना। (ख) आवश्यकता होने पर भी चुप रहना, मौन रहना।

२. नशे आदि के लिए मुँह से धुआँ खींचने की क्रिया।

मुहा० *दम मारना या लगाना*=गाँजे का धुआँ खींचना या पीना।

३. उतना समय, जितना एक बार साँस लेने में लगता है, पल।

पद *दम के दम*=क्षण भर, थोड़ी देर। *दम पर दम*=बहुत ही थोड़े-थोड़े समय पर।

४. प्राण, जान, जी।

मुहा० *नाक में दम आना*=बहुत तंग या परेशान होना। *दम निकलना*=मृत्यु होना, मरना। *दम सूखना*=बहुत डर के कारण साँस लेने तक का साहस न होना, प्राण सूखना।

५. किसी व्यक्ति या पदार्थ की वह जीवनी-शक्ति जिससे वह अपना अस्तित्व बनाए रखता और काम चलाता है। ६. व्यक्ति का अस्तित्व, व्यक्तित्त्व।

मुहा० *(किसी का) दम गनीमत होना*=(किसी के) अस्तित्व या जीवित रहने के कारण कुछ-न-कुछ उपयोगिता या लाभ होता रहना।

७. किसी बरतन में कोई चीज रखकर और उसका मुँह बन्द करके उसे आग पर पकाना। ८. धोखा, छल, कपट।

मुहा० *दम देना*=बहकाना, धोखा देना।

९. एक प्रकार का पुराना हथियार।

दमक स्त्री० दे० 'चमक'।

दमकना अ० [प्रा० चमक्क] चमकना।

दमकल स्त्री० [हिं० दम+कल] वह यन्त्र जिसके द्वारा कोई तरल पदार्थ हवा के दबाव से, ऊपर अथवा और किसी ओर झोंक से फेंका जाता है। (पंप) २. वह यन्त्र जिसकी सहायता से पानी डालकर लगी हुई आग बुझाई जाती है। (पंप) ३. कुएँ से पानी निकालने का एक प्रकार का यन्त्र। (पंप) ४. दे० 'दमकला'।

दमकला पुं० [हिं० दमकल] १. एक प्रकार का बड़ा पात्र जिसमें लगी हुई पिचकारी से जनसमूह पर गुलाब-जल या रंग छिड़का जाता है। २. दे० 'दमकल'। ३. दे० 'दम-चूल्हा'।

दमखम पुं० [फा० दमख़म] १. दृढ़ता, मजबूती। २. जीवनी-शक्ति, प्राण। ३. तलवार की धार, घाट और लचीलापन। ४. मूर्ति का सुन्दर और सुडौल गढ़न। ५. गोलाई लिए लगातार चलनेवाली वे रेखाएँ जिनसे कोई चित्र जानदार मालूम होता है।

दमघोंटू वि० [हिं० दम+घोटना] दम घोटनेवाला।

दम-चूल्हा पुं० [हिं० दम+चूल्हा] एक प्रकार का लोहे का गोल चूल्हा।

दम-झाँसा पुं० दे० 'दम-बुत्ता'।

दमड़ी स्त्री० [सं० द्रम्म+हिं० ड़ी(प्रत्य०)] पैसे का आठवाँ भाग।

मुहा० *दमड़ी का पूत*=बहुत ही हीन और अयोग्य व्यक्ति।

दमदमा पुं० [फा०] मोरचा, धुस।

दमदार वि० [फा०] १. जिसमें पूरा दम या जीवनी-शक्ति हो। २. मजबूत।

दम-दिलासा पुं० दे० 'दम-बुत्ता'।

दमन पुं० [सं०] १. दबाने या रोकने की क्रिया, निग्रह, जैसे इन्द्रियों या वासनाओं का दमन। २. विरोध, उपद्रव, विद्रोह आदि को बल का प्रयोग करके दबाना। (रिप्रेशन) ३. दंड, सजा।

स्त्री० 'दमयन्ती'।

दमनकारी (-रिन्) वि०, पुं० [सं०] दमन करनेवाला, पीड़क।

दमन-चक्र पुं० [सं०] विरोधियों, उपद्रवियों आदि को दबाने में निरंतर चलनेवाली हिंसक कार्रवाई।

दमनशील वि० [सं०] [भाव० दमनशीलता] जिसकी प्रकृति दमन करने की हो।

दमना अ० [हिं० दम+ना (प्रत्य०)] अधिक परिश्रम के कारण दम भर जाना, साँस फूलना।

पुं०=दौना (पौधा)।

दमनीय वि० [सं०] १. जिसका दमन किया जा सके। २. जिसका दमन करना आवश्यक हो।

दम-पट्टी स्त्री० दे० 'दम-बुत्ता'।

दमबाज वि० [फा० दम+बाज़] [भाव० दमबाजी] १. दम-बुत्ता या चकमा देनेवाला, फुसलानेवाला। २. गाँजा, चरस आदि पीनेवाला, गाँजे का दम लगानेवाला।

दम-बुत्ता पुं० [हिं० दम] केवल फुसलाने या शान्त रखने के लिए कही जानेवाली झूठी बात।

दमयंती स्त्री० [सं०] विदर्भ के राजा भीमसेन की कन्या जो नल को ब्याही थी।

दमरी स्त्री० दे० 'दमड़ी'।

दमशील वि० [सं०] १. इन्द्रियों को वश में रखनेवाला। २. दे० 'दमनशील'।

दमा पुं० [फा० दमः] एक प्रसिद्ध रोग जिसमें श्वास नलिकाओं के अवरुद्ध या संकुचित हो जाने पर श्वास लेने में बहुत कष्ट होता है तथा हाँफना पड़ता है।

दमाद पुं० [सं० जामातृ] कन्या का पति, जँवाई, जामाता।

दमामा पुं० [फा०] नगाड़ा, डंका।

दमारि* स्त्री०=दावाग्नि (दावानल)।

दमावति स्त्री०= दमयंती।

दमैया वि० दे० 'दमनशील' (दमन करनेवाला)।

दयंत पुं० दे० 'दैत्य'।

दया स्त्री० [सं०] वह मनोवेग जो दूसरे का दुख देखकर वह दुख दूर करने की प्रेरणा करता है, करुणा, रहम।

दयाकृत वि० [सं० दया+कृत] दयापूर्वक किया हुआ।

दयादरिया* पुं० [सं० दया+फा० दर्या] दया का सागर, दयासागर।

दयादृष्टि स्त्री० [सं०] दया की दृष्टि, मेहरबानी की नजर।

दयानत स्त्री० [अ०] सत्यनिष्ठा, ईमानदारी।

दयानतदार वि० [अ०+फा०] [भाव० दयानतदारी]= ईमानदार।

दयाना अ० [हिं० दया+ना(प्रत्य०)] दया करना, कृपालु होना।

दयानिधान पुं० दे० 'दयानिधि'।

दयानिधि पुं० [सं०] १. बहुत दयालु पुरुष। २. ईश्वर।

दयापर* वि०=दयालु।

दयापात्र पुं० [सं०] वह जो दया किए जाने के योग्य हो अथवा जिसपर दया करना उचित या आवश्यक हो।

दयामय पुं० [सं०] १. दया से पूर्ण, दयालु। २. ईश्वर।

दयार पुं० [अ०] १. प्रान्त, प्रदेश। २. आस-पास का स्थान।

दयार्द्र वि० [सं०] [भाव० दयार्द्रता] दयापूर्ण, दयालु।

दयाल वि० दे० 'दयालु'।

*पुं०=दयार (स्थान)।

दयालु वि० [सं०] [भाव० दयालुता] बहुत दया करनेवाला, दयाशील।

दयावंत वि० दे० 'दयालु'।

दयावना वि० [हिं० दया] [स्त्री० दयावनी] दया का पात्र, दया के योग्य, दयनीय।

अ० दया या कृपा करना।

दयावान, दयावान् वि० [सं०] [स्त्री० दयावती] जिसके मन में दया हो, दयालु।

दयासागर पुं० दे० 'दयानिधि'।

दयो स० [सं० दान] ब्रज० में 'देना' क्रिया का एक वचन भूतकालिक रूप, दिया।

दर[1] पुं० [सं०] १. शंख। २. गड्ढा, दरार। ३. गुफा, कन्दरा। ४. फाड़ने की क्रिया या भाव, विदारण।

दर[2] पुं० [फा०] १. द्वार, दरवाजा। २. जगह, स्थान। ३. मकान के अन्दर का विभाग। ४. मकान की मंजिल, खंड। ५. राजद्वार या राजसभा।

मुहा० दर-दर *भटकना या मारा फिरना*=दुर्दशाग्रस्त होकर इधर-उधर घूमना।

दर[3] स्त्री० [फा०] १. वह निश्चित या स्थिर मूल्य या पारिश्रमिक जिसपर कोई चीज बिकती या कोई काम होता हो, भाव, निर्ख। (रेट) २. प्रतिष्ठा, आदर।

मध्य प्रत्य० एक के बाद एक; जैसे-पीढ़ी-दर-पीढ़ी, घूँट-दर-घूँट।

दर[4] स्त्री० [सं० दारु] ईख, ऊख।

पुं० १. दे० 'दल'। २. दे० 'डर'।

दरअसल क्रि० वि० [फा० दरअस्ल] वास्तव में, असल में।

दरक[1] स्त्री० [हिं० दरकना] १. दरकने की क्रिया या भाव। २. सन्धि, दरज।

दरक[2] वि० [सं०] डरपोक, कायर।

दरकन स्त्री०=दरक।

दरकना अ० [सं० दर=फाड़ना] दाब पड़ने या आघात लगने से फटना, चिरना।

मुहा० *दरक-दरककर रोना*=फूट-फूटकर रोना, बहुत अधिक विलाप करना।

दरका पुं० [हिं० दरकना] १. दरक, दरार। २. ऐसी चोट या धक्का जिससे कोई चीज दरक या फट जाए।

दरकार वि० [फा०] १. जिसकी जरूरत हो, आवश्यक। २. अभिलषित।

स्त्री० आवश्यकता, जरूरत।

दरकारी स्त्री० [फा० दरकार] १. आवश्यकता। २. अभिलाषा।

दरकिनार क्रि० वि० [फा०] बिल्कुल अलग, एक किनारे, दूर।

दरकिराएदार पुं० [फा० दर+किरायःदार] वह जो किसी किराएदार का किराएदार हो।

दरखत* पुं० दे० 'दरख्त'।

दरखास्त स्त्री० [फा० दरख़्वास्त] १. निवेदन, प्रार्थना। २. प्रार्थनापत्र।

दरखास्ती वि० [फा० दरख़्वास्त] दरखास्त से सम्बन्ध रखनेवाला, जैसे दरखास्ती कागज।

दरख्त पुं० [फा० दरख़्त] वृक्ष, पेड़।

दरगाह स्त्री० [फा०] किसी सिद्ध पुरुष का समाधि-स्थान, मकबरा। (मुसल०)

दरज स्त्री०=दरार।

दरजन पुं० [अं० डज़न] गिनती में बारह का समूह।

दरजा पुं० [फा० दरजः] १. ऊँचे-नीचे या छोटे-बड़े क्रम के विचार से नियत स्थान, श्रेणी, वर्ग। २. इस प्रकार किया हुआ विभाग। ३. पद, ओहदा।

दरजी पुं० [फा० दर्ज़ी] [स्त्री० दरजिन] १. वह जो कपड़े सीने का व्यवसाय करता हो। २. एक प्रकार का पक्षी।

दरण पुं० [सं०] १. दलने या पीसने की क्रिया या भाव। २. ध्वंस, विनाश।

दरद पुं० [फा० दर्द] १. पीड़ा, व्यथा। २. दया, करुणा।

पुं० १. कश्मीर के पश्चिम का एक प्राचीन देश। २. एक प्राचीन म्लेच्छ जाति जो उक्त देश में रहती थी।

दर-दर क्रि० वि० [फा० दर] द्वार-द्वार, लोगों के दरवाजे-दरवाजे।

दरदरा वि० [सं० दरण=दलना] [क्रि० दरदराना, स्त्री० दरदरी] जिसके कण या रवे महीन न हों, कुछ मोटे हों।

दरदवंत, दरदवंद वि० [फा० दर्दमंद] १. दूसरों का कष्ट समझनेवाला, कृपालु। २. पीड़ित, दुखी।

दरदीला वि० [हिं० दरद+ईला] जो दूसरे का दुख-दर्द समझता हो।

दरन वि०, पुं० दे० 'दलन'।

दरना स० दे० 'दलना'।

दरप* पुं० दे० 'दर्प'।

दरपन* पुं० दे० 'दर्पण'।

दरपना* अ० [सं० दर्पण] १. दर्प या क्रोध करना। २. घमंड करना।

दरबंदी स्त्री० [फा०] १. अलग-अलग दर या विभाग बनाना। २. चीजों की दर या भाव निश्चित करना।

दरब* पुं० [सं० द्रव्य] धन, दौलत।

दरबर स्त्री० [अनु०] आतुरता, उतावली।

दरबा पुं० [फा० दर=दरवाजा+बा के साथ] पक्षियों के रहने के लिए काठ का बना हुआ खानेदार घर।

दरबान पुं० [फा०, मि० सं० द्वारपाल] ड्योढ़ीदार, द्वारपाल।

दरबानी स्त्री० [फा० दरबान] दरबान का पद या काम।

दरबार पुं० [फा०] [वि० दरबारी] १. वह स्थान जहाँ राजा-महाराजा अपने सरदारों या मुसाहबों के साथ बैठते हैं। २. राजसभा। ३. महाराज, राजा। (रियासतों में)

दरबारदारी स्त्री० [फा०] किसी बड़े आदमी के यहाँ प्रायः जाकर बैठना और उसे प्रसन्न करनेवाली बातें या काम करना।

दरबारविलासी पुं० दे० 'दरबान'।

दरबारी पुं० [फा०] किसी के दरबार में प्रायः जाकर बैठनेवाला आदमी।

वि० १. दरबार का। २. दरबार के योग्य।

दरबी स्त्री० [सं० दर्वी] कलछी।

दरभ पुं० दे० 'दर्भ'।

पुं० [?] बन्दर।

दरमाहा पुं० [फा०] मासिक वेतन।

दरमियान पुं० [फा०] मध्य, बीच।

क्रि० वि० बीच या मध्य में।

दरमियानी वि० [फा०] बीच का।

दररना स० दे० 'दरेरना'।

दरलोहा पुं० [दर ? हिं० लोहा] अस्त्र-शस्त्र, हथियार।

दरवाजा पुं० [फा० दरवाज़:] १. द्वार, फाटक। २. किवाड़, कपाट। ३. वह चौखटा जिसमें किवाड़े जड़े रहते हैं। ३. रास्ता, मार्ग; जैसे-पहले-पहल ज्ञान-विज्ञान अनुवाद के दरवाजे से हिंदी में पहुँचा।

दरवी स्त्री० [सं० दर्वी] १. कलछी, पौनी। २. साँप का फन।

दरवेश पुं० [फा०] १. साधु, फकीर। २. मुसलमान त्यागी भिक्षुओं का एक सम्प्रदाय।

दरशन पुं० दे० 'दर्शन'।

दरशनी स्त्री० [सं० दर्शन] दर्पण।

दरशनी हुंडी स्त्री० दे० 'दर्शनी हुंडी'।

दरशाना अ०, स० दे० 'दरसाना'।

दरस पुं० [सं० दर्श] १. देखादेखी, दर्शन, दीदार। २. भेंट, मुलाकात। ३. छवि, शोभा।

दरसन* पुं०=दर्शन।

दरसना अ० [सं० दर्शन] दिखाई देना।

स० देखना।

दरसनियाँ पुं० [सं० दर्शन] वह जो शीतला आदि की शान्ति के लिए पूजा-पाठ और उपचार करता हो।

दरसनी स्त्री० [सं० दर्शन] दर्पण।

दरसाना स० [सं० दर्शन] १. दिखलाना। २. कुछ-कुछ प्रकट करना, झलकाना।

अ० दिखाई देना।

दराँती स्त्री० [सं० दात्र] हँसिया की तरह का एक औजार जो घास, वनस्पति, फसल आदि काटने के काम में आता है।

दराज[1] वि० [फा० दराज़] १. बहुत। २. लम्बा।

दराज[2] स्त्री० [अं० ड्रॉअर] टेबुल या मेज में लगा हुआ वह खाना जो बाहर खींचा या खोला जा सकता हो।

दरार स्त्री० [सं० दर] किसी चीज के फटने पर बीच में पड़नेवाली खाली जगह, संधि, दरज।

दरिद्र वि० [सं०] [स्त्री० दरिद्रा] १. जिसके पास कुछ भी धन-सम्पत्ति न हो, बहुत गरीब, निर्धन, कंगाल। २. जिसे सन्तोष न हो, असन्तुष्ट।

दरिद्रता स्त्री० [सं०] निर्धनता, गरीबी।

दरिद्र-नारायण पुं० [सं०] दरिद्रों और दीन-दुखियों के रूप में रहने या माने जानेवाले नारायण या ईश्वर।

दरिद्री वि० दे० 'दरिद्र'।

दरिया पुं० [फा० दर्या] १. नदी। २. समुद्र।

दरियाई[1] वि० [फा० दर्याई] १. दरिया या नदी-सम्बन्धी। २. नदी के पास या किनारे का। ३. समुद्र-सम्बन्धी।

दरियाई[2] स्त्री० [फा० दाराई] एक प्रकार का पतला रेशमी कपड़ा।

दरियाई घोड़ा पुं० गैंड़े की तरह का एक जानवर जो जलाशयों के पास रहता है।

दरियाई नारियल पुं० एक प्रकार का बड़ा नारियल जिसके खोपड़े का पात्र या कमंडल बनता है।

दरियादिल वि० [फा०] [भाव० दरियादिली] उदार, दानी, दाता।

दरियाफ्त वि० [फा० दरियाफ़्त] जिसके सम्बन्ध की बातें जान ली गई हों, ज्ञात, मालूम।

पुं० पूछकर कुछ जानने की क्रिया या भाव।

दरियाबरार पुं० [फा०] किसी नदी की धारा पीछे हट जाने से निकली हुई भूमि।

दरियाबुर्द पुं० [फा०] वह भूमि जिसे कोई नदी काट ले गई हो।

दरियाव पुं० [फा० दरिया] १. नदी। २. समुद्र।

दरियाशिकस्त पुं० [फा०] वह भूमि जो किसी नदी की धार या बाढ़ के कारण कटकर उसके साथ बह गई हो।

दरी[1] स्त्री० [सं०] १. गुफा, खोह। २. वह पहाड़ी नीचा स्थान जहाँ कोई नदी या नाला गिरता हो।

दरी[2] स्त्री० [सं० स्तर] मोटे सूतों का बुना हुआ एक प्रकार का बिछौना, शतरंजी।

दरीखाना पुं० [हिं० दरी+फा० ख़ाना:] बड़े आदमियों के मकान में वह बड़ा कमरा या बैठक जिसमें आने-जानेवाले लोग बैठते हैं।

दरीचा पुं० [फा० दरीच:] [स्त्री० अल्पा० दरीची] खिड़की, झरोखा।

दरीबा पुं० [?] वह बाजार जिसमें पान बिकते हों।

दरेरना स० [सं० दरण] १. रगड़ना। २. मोटा या दरदरा पीसना।

दरेरा पुं० [हिं० दरेरना] १. दरेरने या रगड़ने की क्रिया या भाव। २. दरेरे जाने के कारण पड़नेवाला दबाव, चाप, दाब, उदा०—'मन को दुसह दरेरो'।- तुलसी। ३. बहाव का जोर, पानी का तोड़, तरखा।

दरेस स्त्री० [अं० ड्रेस] १. एक प्रकार का फूलदार महीन कपड़ा। २. पोशाक।

वि० बना-बनाया, तैयार।

दरेसी स्त्री० [हिं० दरेस] ऊबड़-खाबड़ जमीन समतल या बराबर करना।

दरैया पुं० [सं० दरण] १. दलनेवाला। २. घातक, विनाशक।

दरोग पुं० [अ० दरोग़] झूठ, असत्य।

दरोगहल्फी स्त्री० [अ० दरोग़हल्फ़ी] न्यायालय के सामने सच बोलने की कसम खाकर या हलफ लेकर भी झूठ बोलना।

दरोगा पुं० दे० 'दारोगा'।

दर्ज वि० [फा०] बही, रजिस्टर आदि में लिखा हुआ।

स्त्री० दे० 'दरज'।

दर्जन पुं० दे० 'दरजन'।

दर्जा पुं० दे० 'दरज'।

दर्जी पुं० दे० 'दरजी'।

दर्द पुं० [फा०] १. पीड़ा, व्यथा। २. दुख, तकलीफ, कष्ट। ३. किसी का कष्ट देखकर मन में उत्पन्न होनेवाली दया।

दर्दनाक वि० [फा०] करुणाजनक।

दर्दमंद वि० [फा०] [भाव० दर्दमंदी] १. पीड़ित, दुखी। २. दयावान।

दर्दशामक वि० [फा० दर्द+फा० शामक] पीड़ा को शमन देनेवाला।

दर्दी वि० दे० 'दर्दमंद'।

दर्दुर पुं० [सं०] मेंडक।

दर्प पुं० [सं०] [वि० दर्पित] १. घमंड, अभिमान, गर्व। २. अहंकार मिला हुआ क्रोध, मान। ३. उद्दंडता, अक्खड़पन। ४. आतंक, रोब।

दर्पण पुं० [सं०] वह शीशा जिसमें मुँह देखते हैं, आईना।

दर्पी (-र्पिन्) पुं० [सं०] दर्प से भरा हुआ, अभिमानी, घमंडी।

दर्ब पुं० [सं० द्रव्य] १. द्रव्य, धन। २. धातु (सोना, चाँदी आदि)।

दर्भ पुं० [सं०] कुश, डाभ।

दर्रा पुं० [फा०] दो पहाड़ों के बीच का तंग रास्ता, घाटी।

दर्श पुं० [सं०] १. दर्शन। २. अमावस्या तिथि। ३. अमावस्या के दिन होनेवाला एक प्रकार का यज्ञ।

दर्शक पुं० [सं०] १. दिखानेवाला; जैसे—मार्गदर्शक, दिग्दर्शक। २. वह जो कहीं उपस्थित होकर कोई काम होता हुआ देखता हो, देखनेवाला; जैसे—सिनेमा या दूरदर्शन का दर्शक।

दर्शकगण पुं० बहु० [सं०] समूह में होनेवाले दर्शक।

दर्शन पुं० [सं०] १. नेत्रों के द्वारा होनेवाला बोध या ज्ञान, साक्षात्कार। २. किसी देवता, देवमूर्ति या बड़े व्यक्ति से होनेवाला साक्षात्कार। (श्रद्धा, भक्ति और नम्रतासूचक) ३. दिखाई पड़नेवाला आकार या रूप। ४. दे० 'दर्शनशास्त्र'। ५. विचारधारा।

दर्शनशास्त्र पुं० [सं०] वह विद्या या शास्त्र जो तर्क और प्रमाण के द्वारा सत्य का अन्वेषण करता है तथा जिसमें विशेष रूप से प्रकृति, आत्मा, परमात्मा और जीवन के अन्तिम लक्ष्य आदि का विवेचन होता है, तत्त्वज्ञान।

दर्शनार्थ क्रि० वि० [सं०] दर्शन करने के लिए।

दर्शनीय वि० [सं०] १. दर्शन करने या देखने योग्य। २. सुन्दर, मनोहर।

दर्शनी हुंडी स्त्री० [सं० दर्शन] वह हुंडी जिसे देखते ही उसमें लिखा हुआ धन चुका देना आवश्यक हो। (ऐसी हुंडी प्रायः किसी से अपना पावना प्राप्त करने के लिए उसके नाम भेजी जाती है।)

दर्शाना स० दे० 'दरसाना'।

दर्शित वि० [सं०] जो दिखलाया गया हो, दिखलाया हुआ।

पुं० वे पत्र, लेख्य या वस्तुएँ जो किसी पक्ष की ओर से प्रमाण के रूप में न्यायालय में उपस्थित की जाएँ। (एग्ज़िबिट)

दर्शी (-र्शिन्) वि० [सं०] देखनेवाला।

दल पुं० [सं०] १. किसी वस्तु का वह खंड जो उसी प्रकार के दूसरे खंड से जुड़ा हो, पर जरा-सा दबाव पड़ने से अलग हो जाए, जैसे दाल के दो दल। २. पौधों का पत्ता, पत्र। ३. फूल की पंखुड़ी, जैसे कमल के दल। ४. समूह, झुंड, गिरोह। ५. किसी एक कार्य या उद्देश्य की सिद्धि के लिए बना हुआ लोगों का गुट। (पार्टी) ६. सेना, फौज। ७. परत की तरह फैली हुई किसी लम्बी चीज की मोटाई। ८. भुना हुआ मैदा जो कुछ विशेष प्रकार के पकवान बनाने के काम में आता है, जैसे दल का लड्डू।

दलक, दलकन स्त्री० [हिं० दलकना] १. दलकने की क्रिया या भाव। २. आघात। ३. धमक। ४. टीस।

दलकना[1] अ० [सं० दलन] १. फटना, चिरना। २. थर्राना, काँपना। ३. चौंकना। ४. उद्विग्न या विकल होना।

दलकना[2] स० [सं० दर] डराना।

दलगत वि० [सं० दल+गत] दलों के विचार से होनेवाला।

दलगत राजनीति स्त्री० विभिन्न दलों द्वारा राष्ट्रीय कार्यों को महत्त्व न देकर निजी हितों को महत्त्व देने की नीति।

दलदल स्त्री० [सं० दलाढ्य] [वि० दलदली] वह गीली जमीन जिसपर खड़े होने से पैर नीचे धँसता हो।

मुहा० *दलदल में फँसना*=झंझट या बखेड़े में पड़ना।

दलदार वि० [हिं० दल+फा० दार] मोटे दल, तह या परतवाला।

दलन पुं० [सं०] [वि० दलनीय, दलित] १. दलने की क्रिया या भाव। २. संहार।

वि० संहार या नाश करनेवाला।

दलना स० [सं० दलन] १. चक्की आदि में पीसकर छोटे-छोटे टुकड़े करना, मोटा चूर्ण करना। २. रौंदना, कुचलना। ३. मसलना, मींडना। ४. नष्ट या ध्वस्त करना। ५. मारना।

दलपति पुं० [सं०] १. मुखिया, सरदार। २. सेनापति।

दलबंदी स्त्री० [हिं० दल+फा० बंदी] किसी उद्देश्य की सिद्धि के लिए लोगों का अपने अलग-अलग दल बनाना।

दल-बदल पुं० [सं० दल+हिं० बदलना] एक दल छोड़कर दूसरे दल में मिलने की क्रिया या भाव।

दल-बदलू पुं० [हिं० दल-बदल] दल-बदल करनेवाला, एक दल छोड़कर जो दूसरे में जा मिला हो।

दल-बल पुं० [सं०] १. लाव-लश्कर, फौज। २. संगी-साथी, नौकर-चाकर और अनुयायी आदि।

दल-बादल पुं० [हिं० दल+बादल] १. भारी सेना। २. बहुत बड़ा शामियाना।

दल-भावना स्त्री० [सं०] दल के लोगों के द्वारा अपने दल के हितों को सर्वोपरि प्रमुखता देने की भावना।

दलमलना स० [सं० दलन+मलन] १. मसलना। २. कुचलना। ३. नष्ट करना।

दलवाल पुं० दे० 'दलपति'।

दलवैया पुं० [हिं० दलना] १. दलन या नाश करनेवाला। २. दलने या चूर्ण करनेवाला।

दलहन पुं० [सं० दलधान्य] वह अन्न जिसकी दाल बनती है, जैसे अरहर, मूँग आदि।

दलाई स्त्री० [हिं० दलना+आई] दलने की क्रिया, भाव अथवा पारिश्रमिक।

दलान| पुं० दे० 'दालान'।

दलाल पुं० [अ० दल्लाल] [भाव० दलाली] १. वह जो लोगों को सौदा खरीदने या बेचने में, कुछ पारिश्रमिक लेकर, सहायता देता हो। २. कुटना।

दलाली स्त्री० [अ० दल्लाली] १. दलाल का काम। २. दलाल का पारिश्रमिक।

दलित वि० [सं०] [स्त्री० दलिता] १. मसला, रौंदा या कुचला हुआ। २. नष्ट किया हुआ। ३. दरिद्र और पीड़ित।
पुं० दलित वर्ग का व्यक्ति।

दलित वर्ग पुं० [सं०] समाज का वह वर्ग जो सबसे नीचा माना गया हो या दुखी और दरिद्र हो और जिसे उच्च वर्ग के लोग उठने न देते हों। (डिप्रेस्ड क्लास)

दलित विमर्श पुं० [सं०] दलितों द्वारा अपनी स्थिति तथा अधिकारों के सम्बन्ध में किए जानेवाले विचार।

दलितोद्धार पुं० [सं० दलित+उद्धार] दलितों का उद्धार, दलितों के जीवन-स्तर को ऊँचा उठाने का काम।

दलिदर पुं० = दारिद्रय।

दलिया पुं० [हिं० दलना] मोटा या दरदरा पीसा हुआ अन्न।

दली वि० [हिं० दल] १. दलवाला। २. पत्तोंवाला।

दलीय स्त्री० [सं०] दल-सम्बन्धी, जैसे दलीय विवाद।

दलील स्त्री० [अ०] १. तर्क। २. सोच-विचार।

दलेल स्त्री० [अं० ड्रिल] सिपाहियों की वह कवायद या कठिन कार्य जो उन्हें मिलनेवाले दंड के रूप में करना पड़े।

दलैया पुं० [हिं० दलना] दलनेवाला।

दवँगरा पुं० [?] वर्षा ऋतु में होनेवाली पहली वर्षा।

दव पुं० [सं०] १. वन, जंगल। २. जंगल में आप-से-आप लगनेवाली आग, दावाग्नि, दावानल।

दवन पुं० [सं० दमन] नाश।

दवना[१] पुं० दे० 'दौना'।

दवना[२] अ० [सं० दव] जलना।
स० जलाना।

दवनी स्त्री० [हिं० दवना] फसल के सूखे डंठलों को बैलों से रौंदवाकर उनमें से दाने निकालने का काम, दँवरी।

दवरि| स्त्री० दे० 'दँवरी'।

दवा स्त्री० [फा०] १. रोग दूर करनेवाली औषधि या औषध। २. रोग दूर करने का उपाय, चिकित्सा, इलाज। ३. ठीक या दुरुस्त करने की तरकीब।
स्त्री० दे० 'दव' या 'दावानल'।

दवाई स्त्री० दे० 'दवा'।

दवाखाना पुं० [फा० दवाख़ान:] औषधालय।

दवागि* स्त्री० दे० 'दावानल'।

दवाग्नि स्त्री० दे० 'दावानल'।

दवात स्त्री० [अ० दावात] वह छोटा बरतन जिसमें लिखने की स्याही रहती है, मसिपात्र।

दवामी वि० [अ०] जो सदा के लिए हो, स्थायी। (परमानेन्ट)

दवामी काश्तकार पुं० [अ०+फा०] वह काश्तकार जिसे जमींदार से सदा के लिए काश्तकारी का अधिकार मिल गया हो। (परमानेन्ट टेन्योर होल्डर)

दवामी पट्टी पुं० [अ०+हिं०] किसी चीज के विषय में लिखा हुआ वह पट्टा जिसमें उसके भोग का सदा के लिए अधिकार दे दिया जाता है, इस्तमरारी पट्टा। (परमानेन्ट लीज़)

दवामी बंदोबस्त पुं० [अ०+फा०] खेती की जमीन का वह बन्दोबस्त जिसमें कुछ दिन पहले सरकारी मालगुजारी सदा के लिए स्थिर कर दी गई थी। (परमानेन्ट सेटेलमेन्ट)

दवारि*, दवारी* स्त्री० दे० 'दावानल' (जंगल की आग)।

दशकंठ पुं० [सं०] रावण।

दशकंधर पुं० [सं०] रावण।

दशक पुं० [सं०] १. दस वस्तुओं, वर्षों आदि का समूह। २. सन्, संवत आदि में हर एक इकाई से दहाई तक के दस-दस वर्षों के समूह। (डीकेड)

दशगात्र पुं० [सं०] किसी के मरने से दस दिनों तक होनेवाला पिंडदान आदि।

दशन पुं० [सं०] १. दाँत। २. कवच।

दशना वि० स्त्री० [सं०] दशन या दाँतोंवाली। (यौ० के अन्त में)

दशनाम पुं० [सं०] संन्यासियों के ये दस भेद-तीर्थ, आश्रम, वन, अरण्य, गिरि, पर्वत, सागर, सरस्वती, भारती और पुरी।

दशनामी पुं० [हिं० दश+नाम] संन्यासियों का दशनाम वर्ग जो शंकराचार्य के शिष्यों से चला है।
वि० दशनाम-सम्बन्धी।

दशनावरण पुं० [सं०] होंठ, जिससे दाँत ढके रहते हैं।

दशनावली स्त्री० [सं०] दाँतों की पंक्ति।

दशभुज स्त्री० [सं०] दस भुजाओंवाली आकृति।

दशभुजा स्त्री० [सं०] दुर्गा।

दशम वि० [सं०] गिनती में दस के स्थान पर पड़नेवाला, दसवाँ।

दशम अवस्था स्त्री० [सं०] मनुष्य जीवन में मानी जानेवाली दस अवस्थाओं में से अन्तिम अर्थात् मृत्यु।

दशमलव पुं० [सं०] गणित में इकाई से कम मान अथवा इकाई का कोई अंश सूचित करनेवाले वे अंक (भिन्न) जिनको भाग देनेवाला अंक (हर) १० या उसका दस गुना, सौ गुना, हजार गुना आदि (कोई अंक) हो, जैसे ३.७ का अर्थ होगा—पूरे तीन और एक के दस भागों में से सात भाग, या ४.८४ का अर्थ होगा पूरे चार और एक के सौ भागों में से चौरासी भाग। (डेसिमल)

दशमिक वि० [सं०] दसवें से सम्बन्ध रखनेवाला। (डेसिमल)

दशमिक प्रणाली स्त्री० [सं०] सिक्के, तौल आदि का मान स्थिर करने की वह पद्धति जिसमें हर मान अपने निकटस्थ बड़े मान का दसवाँ भाग और निकटस्थ छोटे मान का दस गुना होता है। जैसे यदि दस पैसे का एक आना और दस आने का एक रुपया या दस तोले की एक छटाँक और दस छटाँक का एक सेर माना जाए तो यह दशमिक प्रणाली के अनुसार होगा। (डेसिमल सिस्टम)

दशमी स्त्री० [सं०] चान्द्र मास के किसी पक्ष की दसवीं तिथि।

दशमुख पुं० [सं०] रावण।

दशरथ पुं० [सं०] अयोध्या के सुप्रसिद्ध रघुवंशी राजा जो राम, लक्ष्मण आदि के पिता थे।

दशशीश पुं० [सं० दशशीर्ष] रावण।

दशहरा पुं० [सं०] १. वह जो दश (दस) का हरण करे। २. ज्येष्ठ शुक्ला दशमी, गंगा दशहरा। [ऐसा शास्त्रों में, उल्लेख है कि गंगाजी दस प्रकार के अवगुणों का हरण करती हैं।] ३. विजयदशमी। [इस दिन दस अवगुणों के प्रतीक रावण का पतन हुआ था। उसके दस अवगुण मानस के अनुसार ये थे—अनीति, हिंसा, मोह, महाभिमान, काम, क्रोध, मद, लोभ, परद्रोह और पापौघमय तन।]

दशांग पुं० [सं०] देवपूजन के समय जलाने का एक प्रकार का सुगन्धित धूप।

दशा स्त्री० [सं०] १. अवस्था, हालत। २. कोई ऐसी विशेष अवस्था, जिसमें कोई विशेष बात हुई हो, हो सकती हो या होने को हो। (केस) ३. साहित्य में रस के अन्तर्गत विरही या विरहिणी की अवस्था। ४. मनुष्य के जीवन में अलग-अलग ग्रहों के निश्चित भोगकाल। (फलित ज्योतिष) ५. दीपक की बत्ती, उदा० 'ज्योति बड़ावत दशा उनारि'। -केशव।

दशानन पुं० [सं०] रावण।

दशार्ण पुं० [सं०] १. विन्ध्य पर्वत के पूर्व-दक्षिण का एक प्राचीन प्रदेश। २. उक्त प्रदेश का निवासी।

दशाह पुं० [सं०] १. दस दिनों का समय। २. किसी के मरने के दिन से दसवाँ दिन, जिसमें कुछ विशेष कृत्य होते हैं।

दशी स्त्री० दे० 'दशक'।

दस वि० [सं० दश] जो गिनती में नौ से एक अधिक हो, आठ और दो का योग।

दसकंठ* पुं०=दशकंठ (रावण)।

दसकंधर* पुं०=दशकंधर (रावण)।

दसखत † पुं० दे० 'दस्तखत'।

दसन पुं० दे० 'दशन'।

दसना अ० [हिं० डासना] बिछाया जाना, बिछना।

स०=बिछाना।

पुं० बिछौना, बिस्तर।

दसमाथ पुं०=रावण।

दसमी स्त्री० दे० 'दशमी'।

दसमौलि पुं० [सं० दश+मौलि=सिर] रावण।

दसवाँ वि० [हिं० दस] गिनती में दस के स्थान पर पड़नेवाला, दशम।

पुं० किसी की मृत्यु के दसवें दिन होनेवाला कृत्य।

दससत* वि०, पुं० [सं० दश+शत] एक हजार।

दसस्यंदन पुं०=दशरथ (राजा)।

दसा* स्त्री० [सं० दशा] दीपक की बत्ती।

*स्त्री०=दशा।

दसाना स० [हिं० डासना] बिछाना।

दसियों वि० दस से कुछ कम या अधिक।

दसों सर्व० सभी दस चीजें या व्यक्ति।

दसो वि० सभी दस।

दसौंधी पुं० [सं० दास+बंदी=भाट] चारणों या भाटों की एक जाति, ब्रह्मभट्ट।

दस्तंदाज वि० [फा० दस्तंदाज़] हस्तक्षेप करनेवाला।

दस्तंदाजी स्त्री० [फा० दस्तंदाज़ी] हस्तक्षेप।

दस्त पुं० [फा०, मि० सं० हस्त] १. हाथ। २. पतला पाखाना।

दस्तक स्त्री० [फा०] १. बुलाने के लिए हाथ से दरवाजे का कुंडा खटखटाने की क्रिया। २. मालगुजारी वसूल करने या माल ले जाने का परवाना। ३. कर या प्राप्य के रूप में लिया जानेवाला धन। ४. महसूल।

मुहा० *दस्तक माफ करना*=किसी को उसके उत्तरदायित्व या भार से मुक्त करना, क्षमा करना।

दस्तकार पुं० [फा०] कारीगर, शिल्पी।

दस्तकारी स्त्री० [फा०] [कर्ता दस्तकार] हाथ की कारीगरी, शिल्प।

दस्तखत पुं० [फा० दस्तख़त] हस्ताक्षर।

दस्तबरदार वि० [फा०] [भाव० दस्तबरदारी] जिसने किसी वस्तु पर से अपना अधिकार या स्वत्व छोड़ दिया हो।

दस्तरखान पुं० [फा० दस्तरख़्वान] वह कपड़ा जो भोजन करने के समय थालियाँ, कटोरियाँ आदि रखने के लिए बिछाया जाता है।

दस्ता पुं० [फा० दस्त:] १. औजार, हथियार आदि का वह अंग जो हाथ में पकड़ा जाता है, मूठ, बेंट। २. वर्दी पहने हुए सैनिकों, सिपाहियों आदि का छोटा दल। (स्क्वाड्रन) ३. कागज के चौबीस या पचीस तावों की गड्डी।

दस्ताना पुं० [फा० दस्तान:] १. हाथ की उँगलियों या हथेली में पहनने का कपड़े, चमड़े आदि का आवरण। २. पुरानी चाल की एक प्रकार की तलवार।

दस्तावर वि० [फा०] जिसे खाने या पीने से दस्त आएँ, दस्त लानेवाला, विरेचक।

दस्तावेज पुं० [फा० दस्तावेज़] वह कागज जिसपर कुछ लोगों के पारस्परिक व्यवहार या लेन-देन की शर्तें लिखी हों और जिस पर उन लोगों के दस्तखत हों, व्यवहार-सम्बन्धी लेख्य।

दस्ती वि० [फा० दस्त=हाथ] १. हाथ में रहनेवाला, जैसे दस्ती छड़ी, दस्ती मशाल। २. किसी आदमी के हाथ में आने या जानेवाला, जैसे दस्ती वारन्ट।

क्रि० वि० अपने हाथ से या किसी व्यक्ति के द्वारा।

स्त्री० हाथ में लेकर चलने की बत्ती।

दस्तूर पुं० [फा०] १. रिवाज, चाल, प्रथा। २. नियम, विधि, कायदा।

दस्तूरी स्त्री० [फा० दस्तूर] वह वस्तु या धन जो मालिक का सौदा खरीदने पर नौकर को दुकानदार से पुरस्कार के रूप में मिले।

दस्यु पुं० [सं०] [भाव० दस्युता] १. डाकू, चोर। २. असुर, राक्षस। ३. अनार्य, म्लेच्छ। ४. दास गुलाम।

दस्युवृत्ति स्त्री० [सं० दस्यु+वृत्ति] चोर का काम या व्यवसाय, चोरी, चौरकर्म।

दह[1] पुं० [सं० ह्रद] १. नदी में वह स्थान जहाँ आस-पास की अपेक्षा पानी बहुत अधिक गहरा हो, पाल। २. कुंड, हौज।

दह[2] स्त्री० [सं० दहन] ज्वाला, लपट।

दह[3] वि०=दस (संख्या)।

दहकना अ० [सं० दहन] १. लपट फेंकते हुए जलना, धधकना। २. उत्तम होना, तपना। ३. सन्तप्त होना, बहुत दुखी होना।

दहकाना स० [हिं० दहकना] १. आग अच्छी तरह सुलगाना, धधकाना। २. क्रोध दिलाना, भड़काना।

दहन पुं० [सं०] [वि० दहनीय] १. जलने की क्रिया या भाव, दाह। २. आग।

दहना[1] अ० [सं० दहन] १. जलना, भस्म होना। २. क्रोध से सन्तप्त होना।

स० १. जलाना, भस्म करना। २. क्रोध दिलाना, भड़काना।

दहना[2] अ० [हिं० दह] धँसना, नीचे बैठना।

वि० दे० 'दाहिना'।

दहपटना स० [देश०] [भाव० दहपट] १. ध्वस्त या नष्ट करना, न रहने देना,। २. कुचलना, रौंदना।

दहर पुं० [फा०] १. युग, ज़माना। २. समय।

दहरना अ० दे० 'दहलना'।

स० दे० 'दहलाना'।

दहरौरा पुं० [हिं० दही+बड़ा] १. दही में पड़ा हुआ बड़ा। २. एक प्रकार का गुलगुला।

दहल स्त्री० [हिं० दहलना] दहलने की क्रिया या भाव।

दहलना अ० [सं० दर=डर+ल+ना] (प्रत्य०)] [भाव० दहल] डरकर थम जाना, भय से स्तम्भित होकर रुक जाना।

दहला पुं० [हिं० दह=दस] ताश या गंजीफे का वह पत्ता जिस पर दस बूटियाँ होती हैं।

दहलाना स० [हिं० दहलना] ऐसा डराना कि कोई काम करने से आदमी रुक जाए।

दहलीज स्त्री० [फा०] द्वार के चौखट में नीचेवाली लकड़ी या पत्थर, देहली।

दहशत स्त्री० [फा०] १. आतंक। २. डर, भय।

दहशतगर्द पुं० [फा०] आतंकित करनेवाला, आतंकवादी।

दहशतगर्दी स्त्री० [सं०] लोगों को आतंकित करने का काम, आतंकवाद।

दहाई स्त्री० [फा० दह=दस] १. दस का मान या भाव। २. कई अंक लिखने के समय स्थानों की गिनती के विचार से दूसरा स्थान, जिस पर लिखे हुए अंक से उसके दस गुने अंक का बोध होता है।

दहाड़ स्त्री० [अनु०] [क्रि० दहाड़ना] १. शेर आदि का घोर शब्द, गरज। २. चिल्लाकर रोने की आवाज, आर्तनाद।

दहाड़ना अ० [अनु०] १. घोर शब्द करना, गरजना। २. चिल्लाकर रोना।

दहाना पुं० [फा० दहान:] १. चौड़ा मुँह। २. वह स्थान जहाँ एक नदी दूसरी नदी या समुद्र में मिलती है, मुहाना।

दहिना † वि० दे० 'दाहिना'।

दही पुं० [सं० दधि] खटाई के योग से जमाया हुआ दूध।

मुहा० *दही-दही करना*=सबसे कहते फिरना कि यह ले लो, यह ले लो।

दहु योज० [सं० अथवा] १. अथवा, या। २. कदाचित्, शायद।

दहेंड़ी स्त्री० [हिं० दही+हंडी, सं० दधिहंडिका] दही जमाने का मिट्टी का बरतन या हाँडी, उदा० अहे दहेंड़ी जनी धरै, जनी तू ले ही उतार।– बिहारी।

दहेज पुं० [अ० जहेज़] वह धन, वस्त्र और गहने आदि जो विवाह के समय कन्यापक्ष से वरपक्ष को मिलते हैं, दायजा, यौतुक।

दहेजी वि० [हिं० दहेज] दहेज चाहनेवाला; जैसे बेटियाँ दहेजी दरिंदों की भूख कभी पूरी नहीं कर सकतीं।

दहेला वि० [सं० दहन+हिं० ऐला (प्रत्य०)] [स्त्री० दहेली] १. जला हुआ, दग्ध। २. सन्तप्त, दुखी। ३. भींगा हुआ, गीला।

दह्य वि० [सं०] जो जल सकता हो, जलने योग्य। (कम्बसचिबुल)

दह्यमान वि० [सं०] जलता हुआ।

दह्यो पुं० दे० 'दही'।

दाँ[1] पुं० [सं० दाच् (प्रत्य०) जैसे एकदा] दफा, बार, बारी।

दाँ[2] पुं० [फा०] ज्ञाता, जाननेवाला; जैसे कानूनदाँ।

दाँकना अ० [हिं० जाकना] १. पुकारना। २. गरजना।

दाँग[1] पुं० [हिं० डंका] नगाड़ा, धौंसा।

दाँग[2] पुं० [हिं० डूँगर] छोटी पहाड़ी, टीला।

दाँज स्त्री० [सं० उदाहार्य] बराबरी।

दाँड़ना स० [सं० दंड] १. दंड या सजा देना। २. जुरमाना करना।

दाँत पुं० [सं० दंत] १. जीवों के मुँह, तालू, गले आदि में अंकुर के रूप में निकली हुई वह हड्डी या हड्डियों के ऊपर-नीचे की वे पंक्तियाँ जिनसे वे कुछ खाते, किसी को काटते या जमीन खोदते हैं, दंत, रद, दशन।

मुहा० *दाँत काटी रोटी होना*=अत्यन्त घनिष्ठ मित्रता होना। *दाँत खट्टे करना*=प्रतिद्वन्द्विता या लड़ाई में बहुत परेशान करना। *दाँत किटकिटाना या पीसना*=(क्रोध में) दाँत पर दाँत रखकर इस प्रकार गड़ाना कि जान पड़े कि यह खा जाएगा। *दाँत गड़ाना*=दाँत लगाना। *दाँत निपोरना*= निर्लज्जतापूर्वक असमर्थता प्रकट करना। *दाँत बजना*= सरदी से दाँतों के हिलने या काँपने के कारण उनके टकराने का शब्द होना। *दाँत बैठ जाना*=दाँतों की पंक्तियों का परस्पर इस प्रकार सट जाना कि मुँह न खुल सके। *दाँत लगाना*= कोई चीज पाने की ताक में रहना। *दाँतों तले उँगली दबाना*=परम चकित होना, दंग रह जाना। *दाँतों में तिनका लेना*=दया के लिए गौ की तरह दीन बनकर विनती करना।

२. (किसी वस्तु पर) दाँतों की तरह निकली या उभरी हुई कोई वस्तु या पंक्ति, दाँता।

दांत वि० [सं०] १. जिसका दमन हुआ हो, दबाया हुआ। २. इन्द्रियों को वश में रखनेवाला, संयमी।

दाँता पुं० [हिं० दाँत] दाँतों की तरह का उभरा हुआ कोई भाग, जैसे आरी के दाँते, किसी यन्त्र में लगे हुए पहिए के दाँते।

दाँताकिटकिट स्त्री० [हिं० दाँत+किटकिट (अनु०)] नित्य या बराबर होती रहनेवाली कहा-सुनी या झगड़ा।

दांति स्त्री० [सं०] १. इन्द्रियनिग्रह, इन्द्रियों का दमन। २. विनयशीलता।

दाँती[1] स्त्री० [सं० दात्री] हँसिया, विशेष दे० 'दराँती'।

दाँती[2] स्त्री० [हिं० दाँत] १. दाँतों की पंक्ति, दन्तावलि। २. छोटा दाँत। ३. दे० 'दर्रा'।

दाँतेदार वि० [हिं० दाँता+फा० दार] जिसमें दाँते बने हों।

दाँना स० [सं० दमन] फसल के डंठलों से दाने अलगाना।

दांपत्य वि० [सं०] दम्पति या पति-पत्नी से सम्बन्ध रखनेवाला, जैसे दाम्पत्य प्रेम।

दांपत्यसूत्र पुं० [सं० दांपत्य+सूत्र] १. एक साथ बाँधे रखनेवाला उपाय या तत्त्व। २. विवाह।

दांभिक वि० [सं०] १. दम्भ करने या अपने को बड़ा समझने वाला। २. आडम्बर रचनेवाला, पाखंडी। ३. अभिमानी।

दाँव पुं० [सं० द्रव्य] १. वह धन जो जुए में हार-जीत के विचार से लगाया जाए। २. इस प्रकार हार-जीत के लिए धन लगाने की क्रिया, भाव या बारी। ३. ऐसा अवसर जिसमें चली हुई चाल से सफलता मिलने की संभावना हो; जैसे- कभी दाँव लगा तो मैं भी उसे मजा चखाऊँगा। ४. कुश्ती में विरोधी को पटकनी देने अथवा उसकी पकड़ से अपने को छुड़ाने की युक्ति। ५. कार्य-साधन की युक्ति।

मुहा० *दाँव चढ़ना*=ऐसी स्थिति में पहुँचना कि विरोधी लाभ की स्थिति में हो। *दाँव पर लगाना*=ऐसी स्थिति में अपने को लाना कि भावी परिणाम लाभप्रद या हानिप्रद हो सकता है। *दाँव लगना*=सफलता आदि प्राप्त करने का अवसर मिलना।

दाँवरी स्त्री० [सं० दाम] रस्सी, डोरी।

दा* विभ० हिं० 'का' विभक्ति का पंजाबी रूप।

दाइ पुं० १. दे० 'दाय'। २. दे० 'दाँव'।

दाइज पुं० दे० 'दहेज'।

दाइरा पुं० [अ० दाइरः] १. वृत्त, घेरा, दायरा। २. घेरा।

दाई[1] वि० स्त्री० [हिं० दायाँ] दाहिनी।

दाई[2] स्त्री० [सं० दाक्] दफा, बार।

दाई स्त्री० [सं० धात्री, मि० फा० दायः] १. दूसरे के बच्चे को अपना दूध पिलाने या उसकी देख-रेख करनेवाली स्त्री, धाय। २. प्रसूता का उपचार और सेवा-सुश्रूषा करनेवाली स्त्री। ३. दासी, मजदूरनी।

वि० दे० 'दायी' १.।

दाउँ पुं० दे० 'दाँव'।

दाउ पुं० दे० 'दाँव' (बाजी)।

दाऊ पुं० [सं० देव] १. बड़ा भाई। २. कृष्ण के बड़े भाई, बलदेव।

दाऊदखानी पुं० [दाऊदखाँ] एक प्रकार का धान या चावल।

दाएँ क्रि० वि० [हिं० दायाँ] दाहिनी तरफ।

दाएँ, के सम्बन्धबोध० के दाहिनी तरफ।

दाक्षायण वि० [सं०] दक्ष-सम्बन्धी।

दाक्षायणी स्त्री० [सं०] १. दक्ष कन्या, सती। २. दुर्गा।

दाक्षिणात्य वि० [सं०] दक्षिण का।

पुं० १. भारतवर्ष का वह विभाग जो विन्ध्याचल के दक्षिण में है, दक्षिण भारत। २. इस भाग का निवासी।

दाक्षिण्य पुं० [सं०] १. दक्षिण (अनुकूल, कुशल, प्रसन्न आदि) होने का भाव। २. दूसरे को अनुकूल या प्रसन्न करने की शक्ति। ३. कौशल, दक्षता।

वि० १. दक्षिण का। २. दक्षिण भारत-सम्बन्धी।

दाख स्त्री० [सं० द्राक्षा] १. अंगूर। २. मुनक्का। ३. किशमिश।

दाखिल वि० [फा० दाख़िल] १. घुसा या पैठा हुआ, प्रविष्ट। २. दिया या जमा किया हुआ। ३. पहुँचा या आया हुआ।

४. किसी विशेष उद्देश्य से नियत स्थान पर पहुँचाया, भेजा या दिया हुआ। (फाइल्ड)

दाखिल-खारिज पुं० [फा०] सरकारी कागजों पर किसी सम्पत्ति के पुराने मालिक की जगह नए मालिक का नाम चढ़ना।

दाखिल-दफ्तर वि० [फा०] बिना विचार के दफ्तर में डाल रखा हुआ (कागज)।

दाखिला पुं० [फा० दाख़िलः] प्रवेश।

दाग[1] पुं० [सं० दग्ध] १. जलाने का काम, दाह। २. मुरदा जलाने की क्रिया। ३. जलन, दाह। ४. जले होने का चिह्न।

दाग[2] पुं० [फा० दाग़] [वि० दागी] १. धब्बा, चित्ती (विशेषतः किसी वस्तु के दूषित होने के कारण दिखाई देनेवाला धब्बा)। २. निशान, चिह्न, अंक। ३. फलों आदि पर पड़ा हुआ सड़ने या दबने का चिह्न। ४. ऐब, दोष। ५. जले होने का चिह्न।

दागदार वि० [फा० दाग़दार] जिस पर या जिसमें दाग या धब्बा हो।

दागना स० [हिं० दाग] १. किसी प्रकार का दाग या चिह्न लगाना, अंकित या चिह्नित करना, निशान लगाना। २. तपे हुए लोहे, तेजाब या दवा आदि से किसी अंग को इतना जलाना कि उस पर दाग पड़ जाए। ३. दाग या कलंक लगाना, कलंकित करना। ४. कष्ट या दुख पहुँचाना, जलाना। ५. तोप, बन्दूक आदि छोड़ना।

दागबेल स्त्री० [फा० दाग़+बेल] भूमि पर के वे चिह्न जो सड़कें बनाने, नींव खोदने आदि से पहले सीमा या विस्तार सूचित करने के लिए बनाए जाते हैं।

दागर वि० [हिं० दागना ?] नष्ट करनेवाला, नाशक।

दागी वि० [फा० दाग़] १. जिसपर किसी प्रकार का दाग या धब्बा हो। २. कलंकित। ३. लांछित। ४. जिसको जेल की सजा मिल चुकी हो।

दाघ पुं० [सं०] गरमी, ताप।

दाजना, दाझना* अ० [सं० दाहन] १. जलना। २. सन्तप्त या दुखी होना। ३. ईर्ष्या या डाह करना।

स० १. जलाना। २. बहुत कष्ट देना।

दाटना† अ० [?] प्रतीत होना। जान पड़ना।

स० दे० 'डाटना'।

दाड़िम पुं० [सं०] अनार (वृक्ष और फल)।

दाढ़ स्त्री० [सं० दाढक] जबड़े के अन्दर के बड़े चौड़े दाँत, चौभर।

स्त्री० दे० 'दहाड़'।

दाढ़ना स० [सं० दाहन] १. जलाना। २. सन्तप्त या दुखी करना। ३. किसी के मन में ईर्ष्या उत्पन्न करना, जलाना।

दाढ़ा[1] पुं० दे० 'डाढ़ा'।

दाढ़ा[2] पुं० [हिं० दाह] १. वन की आग, दावानल। २. आग। ३. जलन।

दाढ़ा[3] पुं० [हिं० दाढ़ी] बहुत बड़ी दाढ़ी।

दाढ़ी स्त्री० [हिं० दाढ़] १. ओंठ के नीचे का उभरा हुआ गोल भाग, चिबुक, ठोढ़ी। २. इस स्थान पर उगनेवाले बाल, श्मश्रु।

दाढ़ीजार वि०, पुं० [हिं० दाढ़ी+जारना=जलाना] जिसकी दाढ़ी जलाई गई हो। (एक प्रकार की गाली)।

दात पुं० [सं० दातव्य] दान।

पुं० दे० 'दाता'।

दातव्य वि० [सं०] १. दिए जाने के योग्य। २. जो दिया जाने को हो। ३. दान-सम्बन्धी, दान का।

पुं० १. दान। २. वह धन जो दिया जाने को हो। ३. वह धन जो देना या चुकाना आवश्यक या अनिवार्य हो, जैसे कर या महसूल। (ड्यू)

दाता पुं० [सं०] १. वह जो प्रायः दान देता हो, दानशील। २. देनेवाला, जैसे सुखदाता।

दातार पुं० [सं० दाता का बहु०] दाता।

दाती† स्त्री० [सं० दात्री] देनेवाली।

दातुन स्त्री० दे० 'दतुअन'।

दातुरी स्त्री०=दातृत्व।

दातृत्व पुं० [सं०] 'दाता' का भाव, दानशीलता।

दात्र पुं० [सं०] फसल आदि काटने का दराँती या हँसिया नाम का औजार।

दात्री स्त्री० [सं०] देनेवाली।

स्त्री० दे० 'दराँती'।

दाद[1] स्त्री० [सं० दद्रु] एक प्रसिद्ध चर्म रोग जिसमें बहुत खुजली होती है।

दाद[2] स्त्री० [फा०] १. न्याय, इन्साफ। २. न्यायोचित प्रशंसा।

मुहा० *दाद देना*=किसी अच्छे काम की न्यायोचित प्रशंसा करना।

दाद[3] वि० [फा०] दिया हुआ, जैसे—खुदादाद=खुदा का दिया हुआ।

पुं० दान।

दादनी स्त्री० [फा०] १. वह रकम जो चुकानी हो, दातव्य, देन। २. वह रकम जो पेशगी दी जाए, अग्रिम।

दादरा पुं० [?] एक प्रकार का चलता गाना।

दादा पुं० [सं० तात] [स्त्री० दादी] १. पिता का पिता, पितामह। २. बड़ा भाई। ३. बड़ों के लिए आदरसूचक शब्द।

दादि* स्त्री० [फा० दाद] १. न्याय। २. न्याय की याचना।

दादी वि० स्त्री० [सं० दाता] देनेवाली।

दादुर पुं० [सं० दर्दुर] मेंडक।

दादूदयाल पुं० अहमदाबाद के एक साधु जो अकबर के समय हुए थे और जिनके नाम पर एक पन्थ चला आ रहा है।

दादूपंथी पुं० [दादूदयाल+पंथी] दादूदयाल के चलाए हुए पन्थ का अनुयायी।

दाध स्त्री० [हिं० दाधना] जलन, दाह।

दाधना स० [सं० दग्ध] जलाना।

दान[1] पुं० [सं०] १. देने का कार्य, देना। २. वह धर्मार्थ कृत्य जिसमें श्रद्धा या दयापूर्वक किसी को धन आदि दिया जाता है, खैरात। ३. वह वस्तु जो इस प्रकार या और किसी रूप में किसी को सदा के लिए दी जाए। (गिफ्ट) ४. कर, महसूल, चुंगी आदि। ५. प्राचीन राजनीति में धन-सम्पत्ति देकर शत्रु या विरोधी को दबाने और अपना काम निकालने की नीति। ६. हाथी का मद। ७. मत्तता, मस्ती।

दान[2] पुं० [सं० आधान से फा०] [स्त्री० अल्पा० दानी] एक शब्द जो कुछ विशिष्ट शब्दों के अन्त में लगकर (क) आधान या पात्र का अर्थ देता है, जैसे नमकदान, पानदान आदि; और (ख) जाननेवाला का सूचक होता है, जैसे कद्रदान।

दानपत्र पुं० [सं०] वह लेख या पत्र जिसमें कोई सम्पत्ति किसी को सदा के लिए दे दिए जाने का उल्लेख हो।

दानपात्र पुं० [सं०] वह पात्र जिसमें दान के निमित्त धन डाला जाता है।

दानप्रतिष्ठा स्त्री० दे० 'दक्षिणा'।

दानलेख पुं० [सं०] वह लेख जिसमें किसी किए हुए दान का उल्लेख हो।

दानव पुं० [सं०] [स्त्री० दानवी] कश्यप के वे पुत्र जो उनकी 'दनु' नाम की पत्नी से उत्पन्न हुए थे और जो देवताओं के घोर शत्रु थे, असुर, राक्षस।

दानवारि[1] पुं० [सं० दानव+अरि] वह जो दानवों का शत्रु और नाश करनेवाला हो।

दानवारि[2] पुं० [सं० दान+वारि] हाथी का मद।

दानवी वि० [सं० दानवीय] दानव का।
स्त्री० दानव जाति की स्त्री, राक्षसी।

दानवीर[2] वि० [सं०] [भाव० दानवीरता] वह जो प्रायः बहुत अधिक दान देता हो, बहुत बड़ा दानी।
पुं० कुंती पुत्र कर्ण जो बहुत बड़े दानी थे।

दानशील वि० [सं०] [भाव० दानशीलता] बहुत बड़ा दानी।

दाना[1] पुं० [फा० दानः] १. अनाज का बीज या कण, कन।
मुहा० *दाने-दाने को तरसना या मोहताज होना*=दरिद्रता आदि के कारण भोजन का बहुत अधिक कष्ट सहना।
२. अनाज, अन्न। ३. सूखा भुना हुआ अन्न, चबेना। ४. फल या उसका छोटा बीज। ५. कोई छोटी गोल वस्तु, जैसे मोती, अनार या घुँघरू का दाना। ६. उक्त प्रकार की वस्तुओं की संख्या का सूचक शब्द, अदद, जैसे चार दाना आम। ७. रवा, कण। ८. कोई छोटा गोल उभार। ९. गाने, विशेषतः टप्पा गाने के समय किसी स्वर का बहुत ही छोटे-छोटे खंडों में गले से निकलनेवाला रूप।

दाना[2] वि० [फा०] [भाव० दानाई] बुद्धिमान, समझदार।

दानाई स्त्री० [फा०] बुद्धिमत्ता, समझदारी।

दानादेश पुं० [सं०] वह पत्र या आदेश जिसके अनुसार किसी को कुछ दिया या कोई देन चुकाया जाता है, देयादेश। (पेमेन्ट आर्डर)

दानापन पुं० [फा० +हिं०] समझदारी।

दाना-पानी पुं० [फा० दाना=हिं० पानी] खान-पान, अन्नजल (किसी स्थान पर रहने या किसी से जीविका प्राप्त होने के विचार से)।
मुहा० *दाना-पानी उठना*=दूसरी जगह जाने का संयोग होना। *दाना-पानी छोड़ना*=अन्नजल ग्रहण न करना।

दानि* वि०, पुं०=दानी।

दानिश स्त्री० [फा०] समझ, बुद्धि।

दानिशमंद वि०, पुं० [फा०] बुद्धिमान, समझदार।

दानिशमंदी स्त्री० [फा०] बुद्धिमानी, समझदारी।

दानी[1] वि०, पुं० [सं० दानिन्] [स्त्री० दानिनी] बहुत दान करनेवाला, उदार, दाता।

दानी[2] पुं० [सं० दानीय] कर उगाहनेवाला।

दानी[3] पुं० [हिं० दान] दान या भिक्षा लेनेवाला।

दानी[4] स्त्री० [सं० आधान से फा०] एक शब्द जो कुछ विशिष्ट शब्दों के अन्त में लगकर आधान या पात्र का अर्थ देता है, जैसे चूहेदानी, सुरमेदानी, बालूदानी आदि।

दाप* पुं०=दर्प (घमंड)।

दाबना स० [हिं० 'दबाना' का पुराना रूप] १. दबाना। २. गाड़ना। ३. परास्त करना, हराना। ४. नष्ट-भ्रष्ट करना।

दाबा पुं० [हिं० दबाना] कलम लगाने के लिए पौधे की टहनी जमीन में गाड़ने की क्रिया।

दाभ पुं० [सं० दर्भ] कुश, डाभ।

दाम[1] पुं० [सं० दामन्] १. रस्सी, डोरी। २. गले में पहनने की माला या हार। ३. समूह।

दाम[2] पुं० [फा०] जाल, फन्दा, पाश।

दाम[3] पुं० [सं० द्रम्भ] १. एक प्रकार का बहुत छोटा पुराना सिक्का।
मुहा० *दाम-दाम भर देना*=पाई-पाई चुका देना, कुछ (देन) बाकी न रहना।
२. वह धन जो बेची हुई वस्तु के बदले में बेचनेवाले को मिलता है, मूल्य, कीमत। (प्राइस)
मुहा० *दाम खड़ा करना*=कुछ बेचकर रुपए लेना। *दाम चुकाना*=(क) मूल्य दे देना। (ख) मूल्य ठहराना। *दाम भरना*=किसी चीज के खोने या टूट-फूट जाने पर दंडस्वरूप उसका दाम देना।
३. धन, रुपया-पैसा। ४. सिक्का।
मुहा० *चाम के दाम चलाना*=अधिकार पाकर उसका मनमाना और अनुचित उपयोग करना।

दाम[4] पुं० [सं० दामन्] राजनीति में शत्रु-पक्ष के लोगों को धन द्वारा वश में करना।

दामन पुं० [फा०] १. गले में या वक्षःस्थल पर पहने जानेवाले कपड़ों में कमर से नीचे का भाग, पल्ला। २. पहाड़ के नीचे की भूमि।

दामर* स्त्री० [सं० दामन्] रस्सी।

दामा[1]* स्त्री० [सं० दाव] दावानल।

दामा[2] स्त्री० [देश०] काले रंग की एक चिड़िया।

दामाद पुं० दे० 'दमाद'।

दामिन, दामिनि* स्त्री० दे० 'दामिनी'।

दामिनी स्त्री० [सं०] १. बिजली, विद्युत। २. दे० 'दावनी' (गहना)।

दामी वि० [हिं० दाम] अधिक मूल्य का, कीमती।

दामोदर पुं० [सं०] १. श्रीकृष्ण। २. विष्णु।

दावँ पुं० दे० 'दाँव'।

दाय[1] पुं० [सं०] १. वह धन जो किसी को दिया जाने को हो, दातव्य। २. दान, दहेज आदि के रूप में दिया जाने-वाला धन। ३. वह पैतृक या किसी सम्बन्धी का धन जो उत्तराधिकारियों में बँटता या बँट सकता हो। ४. दान।

दाय[2]* पुं० [सं० दायित्व] १. जिम्मेदारी, दायित्व। २. जवाब-देही, उत्तरदायित्व, जैसे जमदाय=यमराज के सामने उपस्थित होनेवाला लेखा या दिया जानेवाला उत्तर।

*पुं० १. दे० 'दाँव'। २. दे० 'दाव'।

दायक वि० [सं०] [स्त्री० दायिका] देनेवाला, दाता (यौ० के अन्त मे; जैसे सुखदायक)।

दायज पुं० दे० 'दहेज'।

दायभाग पुं० [सं०] पैतृक धन-सम्पत्ति को पुत्रों, पौत्रों या दूसरे उत्तराधिकारी संबंधियों में बाँटे जाने की व्यवस्था। (हिन्दू धर्मशास्त्र का एक प्रधान विषय)

दायमुल्हब्स पुं० [अ०] जन्म-भर कैद में रहने की सजा, काला पानी।

दायर वि० [फा० दाइर] १. चलता, जारी। २. न्यायालय में उपस्थित किया हुआ (अभियोग)।

दायरा पुं० [अ० दाइरः] १. कुंडल, मंडल। २. वृत्त, घेरा।

दायाँ वि० दे० 'दाहिना'।

दाया[1]* १. स्त्री० दे० 'दया'।

दाया[2] स्त्री० [फा०] दाई, धाय।

दायाद पुं० [सं०] [स्त्री० दायादा] वह जो दायभाग के नियमों के अनुसार किसी की सम्पत्ति में हिस्सा पाने का अधिकारी हो, सपिंड, कुटुम्बी।

दायित्व पुं० [सं०] १. किसी बात या काम के लिए उत्तरदायी होने का भाव, जिम्मेदारी। (ऑब्लिगेशन) २. किसी देन के देनदार होने का भाव। (लायबिलिटी)

दायित्वबोध पुं० [सं०] दायित्व या जिम्मेदारी का बोध या भान।

दायी (-यिन्) वि० [सं०] [स्त्री० दायिनी] १. दायक, देनेवाला जैसे सुखदायी। २. जिस पर किसी प्रकार का दायित्व या भार हो। (लायबुल)

दार[1] स्त्री० [सं०] पत्नी, भार्या, जोरू।

दार[2] *पुं० दे० 'दारु'।

दार[3] प्रत्य० [फा०] रखनेवाला (यौ० के अन्त में; जैसे मकानदार, दुकानदार)।

दारचीनी स्त्री० [सं० दारु+चीन (देश)] एक प्रकार का वृक्ष जिसकी सुगन्धित छाल दवा और मसाले के काम आती है।

दारण पुं० [सं०] [वि० दारित] १. चीरने-फाड़ने का काम, शस्त्र-चिकित्सा। ३. इस काम में आनेवाले औजार।

दारना* स० [सं० दारण] १. फाड़ना। २. नष्ट करना।

दारपरिग्रह पुं० [सं०] पुरुष का विवाह।

दारमदार पुं० [फा० दारोमदार] १. आश्रय, ठहराव। २. किसी कार्य या बात का किसी दूसरे कार्य या बात पर अवलम्बन।

दारा स्त्री० [सं० दार] पत्नी, भार्या।

दारि* स्त्री० १. दे० 'दाल'। २. 'दार'।

दारिउँ* पुं० दे० 'दाड़िम'।

दारिका स्त्री० [सं०] १. पत्नी, भार्या। २. स्त्री, औरत। ३. कठपुतली।

दारिद* पुं० [सं० दारिद्र्य] दरिद्रता।

दारिद्र्य पुं० [सं०] दरिद्रता, निर्धनता।

दारिम* पुं० दे० 'दाड़िम'।

दारी[1] स्त्री० [सं० दारिका] दासी, लौंडी।

दारी[2] स्त्री० प्रत्य० [फा०] दार का भाववाचक रूप; दुकानदारी, पल्लेदारी।

दारीजार पुं० [हिं० दारी+सं० जार] दासी या लौंडी का पति या पुत्र। (गाली)।

पुं० दे० 'दाढ़ीजार'।

दारु पुं० [सं०] १. काठ, लकड़ी। २. बढ़ई। ३. कारीगर, शिल्पी।

दारुण वि० [सं०] १. भयंकर, भीषण, घोर। २. कठिन, प्रचंड, विकट। ३. (रोग) जो बहुत बढ़ गया हो और सहज में अच्छा न हो सकता हो। (सीरियस)

दारुन* वि० दे० 'दारुण'।

दारुयोषित स्त्री० [सं०] कठपुतली।

दारुहलदी स्त्री० [सं० दारुहरिद्रा] एक पौधा जिसकी जड़ और डंठल दवा के काम में आते हैं।

दारू स्त्री० [फा०] १. दवा, औषध। २. मद्य, शराब। ३. बारूद।

दारों* पुं० दे० 'दाड़िम'।

दारोगा पुं० [फा०] १. किसी काम की ऊपर से देख-भाल रखने या प्रबन्ध करनेवाला व्यक्ति। २. थाने का प्रधान अधिकारी, थानेदार।

दार्‍यों* पुं० दे० 'दाँड़िम'।

दार्‍यौं* पुं०=दाड़िम (अनार नामक फल)।

दार्शनिक पुं० [सं०] १. दर्शनशास्त्र का ज्ञाता, तत्त्वज्ञानी।

वि० [भाव० दार्शनिकता] दर्शनशास्त्र का, दर्शनशास्त्र-सम्बन्धी।

दार्शनिकता स्त्री० [सं०] १. दार्शनिक चिंतन। २. दार्शनिक अभिवृत्ति।

दाल स्त्री० [सं० दालि] १. दले हुए अरहर, मूँग आदि अन्न, जो सालन की तरह पकाकर खाया जाता है। २. रोटी, भात आदि के साथ खाने के लिए उक्त अन्नों का उबाला या पकाया हुआ रूप।

मुहा० *(किसी की) दाल गलना*=(किसी का) प्रयोजन सिद्ध होना, मतलब निकलना। *दाल में कुछ काला होना*=कुछ खटके या सन्देह की जगह होना। *जूतियों दाल बँटना*=आपस में खूब लड़ाई-झगड़ा होना।

३. दाल के आकार की कोई गोल, चिपटी चीज। ४. चेचक, फुन्सी आदि के अच्छे हो जाने पर उनके ऊपर का वह गोल चमड़ा जो सूखकर गिर जाता है, खुरंड।

दालचीनी स्त्री० दे० 'दारचीनी'।

दाल-दलिया पुं० रूखा-सूखा भोजन।

दालमोठ स्त्री० [हिं० दाल+मोट=एक कदन्न] घी आदि में तली हुई दाल या उसके साथ मिले हुए कुछ और पदार्थ।

दाल-रोटी स्त्री० सामान्य भोजन।

मुहा० *दाल-रोटी चलना*=परिवार का भरण-पोषण बराबर होते चलना।

दालान पुं० [फा०] १. कमरे का वह सामनेवाला लम्बा भाग जो ऊपर से छाया और सामने से खुला हो। २. बरामदा।

दालिद* पुं० दे० 'दरिद्रता'।

दालिम* पुं० दे० 'दाड़िम'।

दावँ पुं० दे० 'दाँव'।

दाव[1] पुं० [सं०] १. वन, जंगल। २. वन की आग। ३. आग। ४. जलन।

दाव[2] पुं० [सं० दात्र] बड़े डंठल आदि काटने का एक प्रकार का औजार।

पुं० दे० 'दाँव'।

दावत स्त्री० [अ० दअवत] १. ज्योनार, भोज। २. निमन्त्रण, बुलावा।

दावन[1]* वि० देनेवाला; दुखदावन=दुख देनेवाला।

दावन[2]* पुं० [सं० दमन] दमन।

दावना[1]* स० दे० 'दाँना'।

दावना[2] स० [सं० दमन] दमन करना।

दावनी स्त्री० [सं० दामिनी] माथे पर पहनने का एक प्रकार का गहना।

दावा पुं० [अ० दअवा] १. यह कहना कि अमुक वस्तु के अधिकारी हम हैं, किसी चीज पर अपना हक बतलाना, मताग्रह, अध्यर्थन। (क्लेम) २. स्वत्व, हक। ३. सम्पत्ति या अधिकार की रक्षा या प्राप्ति के लिए चलाया हुआ मुकदमा। ४. नालिश, अभियोग। ५. वश, जोर, जैसे उन पर हमारा इतना दावा है कि हम उनसे जो चाहें, वह करा लें। ६. दृढ़तापूर्वक कुछ कहना।

स्त्री० दे० 'दावानल'।

दावाग्नि स्त्री० दे० 'दावानल'।

दावात स्त्री० दे० 'दवात'।

दावानल पुं० [सं०] वन में वृक्ष की रगड़ से आप-से-आप लगनेवाली आग।

दावेदार पुं० [अ० दावा+फा० दार] [भाव० दावेदारी] दावा करनेवाला, अपना हक जतानेवाला।

दावेदारी स्त्री० [हिं० दावेदार] १. दावेदार होने की अवस्था या भाव। २. किसी वस्तु या स्थान पर जतलाया हुआ दावा।

दाशमिक वि० [सं०] १. दशम सम्बन्धी, 'दशम' का। २. जिसका सम्बन्ध प्रत्येक दस या उसके घात से हो। ३. दशमलव के अनुसार दस या उसके घात से सम्बन्ध रखनेवाला।

विशेष दे० 'दशमलव'।

दाशरथि (थिन्) पुं० [सं०] दशरथ के पुत्र, श्री रामचन्द्र आदि।

वि० दशरथ का, दशरथ-सम्बन्धी।

दाशरथी वि०=दाशरथि।

दास पुं० [सं०] [स्त्री० दासी] [भाव० दासता] १. अपनी सेवा कराने के लिए मूल्य देकर लिया हुआ व्यक्ति, गुलाम। (स्लेव) २. दूसरे की सेवा करनेवाला, सेवक, चाकर, नौकर। ३. दूसरे के अधीन या वश में रहनेवाला। ४. एक उपाधि जो शूद्रों के नामों के पीछे लगती थी।

*पुं० दे० 'डासन'।

दासता स्त्री० [सं०] १. 'दास' होने की अवस्था या भाव। २. सेवा कराने के लिए मूल्य देकर किसी को खरीदने और बेचने की प्रथा, गुलामी। (स्लेवरी)

दासन* पुं० दे० 'डासन'।

दासपन पुं०=दासता।

दासप्रथा स्त्री० [सं०] व्यक्ति को दास बनाकर रखने की प्रथा।

दासरथी वि० [सं० दाशरथि] दशरथ का।

दासा पुं० [सं० दासी=वेदी] १. दीवार से सटाकर बनाया हुआ पुश्ता या चबूतरा। २. वह तख्ता या पत्थर जो दरवाजे के चौखटे के ऊपर रहता है।

दासानुदास पुं० [सं०] सेवक का सेवक, अत्यन्त तुच्छ सेवक। (नम्रतासूचक)।

दासी स्त्री० [सं०] सेवा करनेवाली स्त्री, मजदूरनी, लौंडी।

दासेय वि० [सं०] [स्त्री० दासेयी] दास से उत्पन्न, दास या गुलाम का वंशज।

दास्तान स्त्री० [फा०] १. वृत्तान्त, हाल। २. कहानी, किस्सा।

दास्य पुं० [सं०] १. दासता, सेवा। २. भक्ति के नौ भेदों में से एक, जिसमें उपासक अपने उपास्य देवता को स्वामी और अपने आपको दास समझता है।

वि० दास-सम्बन्धी।

दाह पुं० [सं०] १. जलाने की क्रिया या भाव। २. शव जलाने या मुरदा फूँकने का काम। ३. जलन, ताप। ४. अत्यन्त दुख, सन्ताप। ५. डाह, ईर्ष्या।

दाहक वि० [सं०] [भाव० दाहकता] १. जलानेवाला। २. जलन पैदा करनेवाला।

दाहकर्म पुं० दे० 'दाह' २.।

दाहन पुं० [सं०] जलाना।

दाहना स० [सं० दाहन] १. भस्म करना, जलाना। २. बहुत दुख पहुँचाना।

वि० दे० 'दाहिना'।

दाहिं* स्त्री०=दाईं।

दाहिना वि० [सं० दक्षिण] [स्त्री० दाहिनी] १. शरीर के उस पार्श्व का, जिसके अंग में अपेक्षाकृत अधिक शक्ति होती है और जिससे मनुष्य अधिकतर काम लेता है। 'बायाँ' का उलटा, दक्षिण।

मुहा० *(किसी का) दाहिना हाथ होना*=बहुत बड़ा सहायक होना।

२. दाहिने हाथ की ओर पड़नेवाला, जैसे मकान का दाहिना। ३. अनुकूल, प्रसन्न।

दाहिनावर्त* वि० दे० 'दक्षिणावर्त'।

दाहिने क्रि० वि० [हिं० दाहिना] दाहिने हाथ की तरफ, दाहिनी ओर।

दाहिने, के सम्बन्धबोध० दाहिने हाथ की तरफ।

दाहिने-बाएँ क्रि० वि० इधर-उधर, दोनों ओर।

दाहिने-बाएँ, के सम्बन्धबोध० के दाहिने और बाएँ दोनों तरफ; जैसे-ये सभी लोग मेरे दाहिने-बाएँ खड़े रहते थे।

दाही वि० दे० 'दाहक'।

दिअना पुं० [सं० दीपक] दीया, चिराग, उदा० 'सबके महल में दिअना जरतु हैं, हमरी झोंपड़िया प्रभु कीन्ह अन्धेरा'। -गीत।

दिअली स्त्री० [हिं० 'दीया' का स्त्री० अल्पा०] मिट्टी का बहुत छोटा दीया।

दिआ पुं० दे० 'दीया'।

दिआना स० दे० 'दिलाना'।

दिउली स्त्री० १. दे० 'दाल'। २. दे० 'दिअली'।

दिक् स्त्री० [सं०] दिशा, ओर।

दिक वि० [अ०] १. जिसे बहुत कष्ट पहुँचा हो, पीड़ित। २. हैरान, परेशान। ३. अस्वस्थ, बीमार।

पुं० क्षय रोग, तपेदिक।

स्त्री०=दिक्(दिशा)।

दिक्कत स्त्री० [अ०] १. 'दिक' का भाव, परेशानी। २. तकलीफ। ३. कठिनता।

दिक्करी* पुं० दे० 'दिग्गज'।

दिक्देश पुं० [सं०] दिशा और देश।

दिक्पाल पुं० [सं०] दिशा का स्वामी, जैसे उत्तर के कुबेर, दक्षिण के यम आदि।

दिक्यामिनी स्त्री० [सं०] दिशारूपी स्त्री।

दिक्शूल पुं० [सं०] कुछ विशिष्ट दिनों में विशिष्ट दिशाओं में काल का वास, जो यात्रा के लिए अशुभ माना जाता है। (फलित ज्योतिष)

दिक्सूचक पुं० [सं०] दिशा का ज्ञान करानेवाला एक उपकरण। (कम्पास)

दिखना अ० [हिं० देखना] दिखाई देना।

दिखराना† स० दे० 'दिखलाना'।

दिखरावनी† स्त्री० [हिं० दिखलाना] दिखाने की क्रिया या भाव या पुरस्कार।

दिखलाई स्त्री० [हिं० दिखलाना] १. दिखाने की क्रिया, भाव, पारिश्रमिक या पुरस्कार। २. वह धन जो देखने या दिखाने के बदले में दिया जाए।

दिखलाना स० हिं० 'देखना' का प्रे०।

दिखहार † पुं०=देखनेवाला।

दिखाई स्त्री० दे० [हिं० दिखना] दिखने की अवस्था या भाव।

दिखाऊ वि० दे० 'दिखौआ'।

दिखादिखी स्त्री० दे० 'देखादेखी'।

दिखाना स० हिं० 'देखना' का प्रे०।

दिखाव पुं० [हिं० देखना] १. देखने की क्रिया या भाव। २. दृश्य, नजारा।

दिखावट स्त्री० [हिं० दिखाना] १. ऊपर से दिखाई देनेवाला रूप-रंग, ऊपरी बनावट। २. दिखौआ ठाट-बाट, ऊपरी तड़क-भड़क।

दिखावटी वि० [हिं० दिखावट] [भाव० दिखावटीपन] १. जो केवल रूप-रंग, आकार-प्रकार आदि के विचार से दिखाने के लिए हो, दिखौआ। २. जो नाम-मात्र के लिए प्रतीक के रूप में या औपचारिक रूप में हो, जैसे दिखावटी मालगुजारी, दिखावटी बैनामा आदि।

दिखावा पुं० [हिं० दिखना] १. केवल ऊपर से दिखलाने के लिए किया हुआ काम। २. ऊपरी तड़क-भड़क, आडम्बर।

दिखैया पुं० [हिं० देखना+ऐया (प्रत्य०)] देखने या दिखानेवाला।

दिखौआ वि० [हिं० दिखाना] जो देखने भर को हो, पर काम का या सारयुक्त न हो।

दिग् स्त्री० दे० 'दिक्'।

दिगंगना स्त्री० [सं०] दिशा-रूपिणी स्त्री।

दिगंत[१] पुं० [सं०] १. दिशा का छोर या अन्त। २. क्षितिज। ३. सब दिशाएँ।

दिगंत[२] पुं० [सं० दृक्+अंत] आँख का कोना।

दिगंतर पुं० [सं०] दो दिशाओं के बीच की दिशा, कोण।

दिगंबर पुं० [सं०] [स्त्री० दिगंबरा, भाव० दिगंबरता] १. शिव, महादेव। २. नंगा रहनेवाला जैन यति।

वि० दिशाएँ ही जिसका वस्त्र हों, नग्न, नंगा।

दिगंश पुं० [सं०] क्षितिज वृत का ३६० वाँ भाग या अंश।

दिगांगना स्त्री०=दिगंगना।

दिग्कन्या स्त्री० [सं०] दिशा का वह रूप जिसमें उसे कन्या या लड़की मानते हैं।

दिग्गज पुं० [सं०] पुराणानुसार वे आठो हाथी जो आठो दिशाओं में पृथ्वी को दबाए रखते और उनकी रक्षा करते हैं।

वि० बहुत बड़ा या भारी।

दिग्गयंद* पुं० [सं० दिग्गजेन्द्र] दिशा का हाथी।

दिग्ध वि० दे० 'दीर्घ'।

दिग्दंत पुं०=दिग्गज।

दिग्दर्शक वि० [सं०] दिशा बतानेवाला।

पुं० घड़ी के आकार का यन्त्र जिससे दिशाओं का पता चलता है, कुतुबनुमा, दिक्सूचक।

दिग्दर्शन पुं० [सं०] १. वह जो उदाहरणस्वरूप उपस्थित किया जाए, नमूना। २. नमूना दिखाने या स्वरूप का साधारण परिचय कराने का काम।

दिग्दाह पुं० [सं०] एक अशुभ दैवी घटना जिसमें संध्या समय दिशाएँ लाल हो जाती और जलती हुई जान पड़ती हैं।

दिग्देवता पुं०=दिक्पाल।

दिग्पति पुं०=दिक्पाल।

दिग्पाल पुं०=दिक्पाल।

दिग्भ्रम पुं० [सं०] दिशाओं के सम्बन्ध में भ्रम होना, दिशा भूल जाना।

दिग्भ्रांत वि० [सं०] जिसे दिशा का भ्रम हो रहा हो, भ्रमित।

दिग्मंडल पुं० [सं०] दिशाओं का समूह, सब दिशाएँ।

दिग्वधू स्त्री० [सं०] दिशा का वह रूप जिसमें उसे वधू या सुहागिन स्त्री मानते हैं।

दिग्विजय स्त्री० [सं०] १. प्राचीन काल के राजाओं का अपना प्रभुत्व दिखलाने के लिए दूसरे देशों में अपनी सेनाएँ ले जाकर युद्ध करना और उन्हें जीतना। २. अपने गुणों के द्वारा आस-पास के देशों में अपना महत्त्व स्थापित करना।

दिग्विजयी वि०, पुं० [सं०] [स्त्री० दिग्विजयिनी] जिसने दिग्विजय की हो।

दिग्शूल पुं० दे० 'दिक्शूल'।

दिच्छित पुं०, वि० दे० 'दीक्षित'।

दिज* पुं०=द्विज।

दिजराज* पुं०=द्विजराज।

दिठवन स्त्री० दे० 'देवोत्थान'।

दिठादिठी स्त्री० दे० 'देखादेखी'।

दिठाना अ० [हिं० दीठ] बुरी दृष्टि या नजर लगना।

स० बुरी दृष्टि या नजर लगाना।

दिठियार वि० [हिं० दीठ+आर (प्रत्य०)] १. जिसे दिखाई देता हो। २. समझदार, बुद्धिमान। ३. जो दिखाई देता हो।

दिठौना पुं० [हिं० दीठ=दृष्टि+औना (प्रत्य०)] वह काली बिन्दी जो बालकों को नजर से बचाने के लिए उनके माथे, गाल आदि पर लगाई जाती है।

दिढ़* वि० दे० 'दृढ़'।

दिढ़ाना* स० [सं० दृढ़+आना (प्रत्य०)] १. दृढ़ या मजबूत करना। २. निश्चित करना, पक्का करना।

अ० दृढ़ या पक्का होना।

दिढ़ाव* पुं०=दृढ़ता।

दिति स्त्री० [सं०] कश्यप ऋषि की पत्नी जो दैत्यों की माता थी।

दितिसुत पुं० [सं०] दैत्य, राक्षस।

दित्सा स्त्री० [सं०] १. देने की इच्छा। २. वह व्यवस्था जिसके अनुसार कोई व्यक्ति यह निश्चय करता है कि मेरे मरने पर मेरी सम्पत्ति अमुक-अमुक व्यक्तियों को इस प्रकार दी या बाँटी जाए, वसीयत। (विल)

दित्साक्रोड़ पुं० [सं०] १. दित्सापत्र या वसीयतनामे के अन्त में लिखा हुआ परिशिष्ट रूप में कोई संक्षिप्त लेख या टिप्पणी जो किसी प्रकार की व्यवस्था या स्पष्टीकरण के रूप में होती है। २. दित्सापत्र का वह अंश जिसमें उक्त प्रकार का लेख होता है। (क्रोडिसिल)

दित्सापत्र पुं० [सं०] वह पत्र या लेख जिसमें कोई व्यक्ति यह लिखता है कि मेरी सम्पत्ति अमुक-अमुक व्यक्तियों को इस प्रकार मिले, वसीयतनामा। (विल)

दिदार* पुं० दे० 'दीदार'।

दिन पुं० [सं०] १. सूर्य निकलने से उसके अस्त होने तक का समय।

मुहा० *दिन को तारे दिखाई देना*=इतना कष्ट पहुँचना कि बुद्धि ठिकाने न रहे। *दिन को दिन, रात को रात न समझना*=कोई काम करते समय अपने विश्राम का ध्यान छोड़ देना। *दिन छिपना या डूबना*=सूर्य अस्त होना। *दिन ढलना*=सन्ध्या का समय निकट आना। *दिन दहाड़े*=ठीक दिन के समय। *दिन दूना, रात चौगुना होना या बढ़ना*=बहुत जल्दी-जल्दी और बराबर बढ़ते रहना।

२. एक सूर्योदय से दूसरे सूर्योदय तक का समय, आठ पहर या चौबीस घंटों का समय। (ब्रह्मा का एक दिन चार अरब बत्तीस करोड़ मानव वर्ष के बराबर होता है।)

पद *गाढ़े दिन*=कष्ट या विपत्ति के दिन। *दिन-दिन या दिन-पर-दिन*=नित्य प्रति, सदा, हर रोज। *दिन-पर-दिन*=हर दिन के विचार से निरंतर; जैसे-ब्याज-दिन-पर-दिन बढ़ता चला गया। *दिन-प्रति-दिन*=दिन-पर-दिन।

३. समय, काल, वक्त।

पद *अगले दिनों*=आनेवाले दिनों में। *पिछले दिनों*=अभी जो दिन बीते हैं उनमें।

मुहा० *दिन काटना या पूरे करना*=किसी प्रकार कष्ट का समय बिताना। *दिन बिगड़ना*=संकट या अवनति के दिन आना।

४. नियत, उपयुक्त या उचित समय।

मुहा० *दिन धरना*=दिन निश्चित करना।

५. उतना समय जितने में कोई विशेष कार्य या बात हो, जैसे जाड़े के दिन, छुट्टी के दिन।

मुहा० *दिन चढ़ना*=गर्भकाल का आरम्भ होना। *दिन फिरना*=विपत्ति या दरिद्रता के दिनों के बाद सुख या सम्पन्नता के दिन आना।

दिनअर* पुं०=दिनकर (सूर्य)।

दिनकंत* पुं० [सं० दिन+कांत] सूर्य।

दिनकर पुं० [सं०] सूर्य।

दिनकार* पुं०=दिनकर (सूर्य)।

दिनगाढ़े* क्रि० वि० [सं० गाढदिवसेषु] गाढ़े दिनों में।

दिनचर्या स्त्री० [सं०] नित्य दिन भर में किया जानेवाला काम-धन्धा।

दिनदान* पुं०, वि०=दिनदानी।

दिनदानी* वि०, पुं० [सं० दिन+दानी] नित्य बहुत दान करनेवाला, बड़ा दानी।

दिन-दिन क्रि० वि० दिन ही दिन में, दिन के रहते।

दिननाथ पुं०=सूर्य।

दिनपत्र पुं० [सं०] वह पत्र या पत्रसमूह जिसमें दिन या वार, तिथियाँ और तारीखें आदि दी रहती हैं। (कैलेंडर)

दिनमणि पुं० [सं०] सूर्य।

दिनमान पुं० [सं०] सूर्योदय से सूर्यास्त तक का समय या दिन भर का मान।

दिन-रात क्रि० वि० सदा, हर समय।

दिनवान| वि० [?] भाग्यशाली।

दिनांक पुं० [सं० दिन+अंक] गिनती के विचार से महीने का कोई दिन, तारीख, जैसे दिनांक ९ चैत्र संवत् २००६।

दिनांत पुं० [सं०] संध्या।

दिनांध पुं० दे० 'दिवांध'।

दिनाई* स्त्री० [सं० दिन+हिं० आना] १. वह जहरीली चीज जिसके खाने से तुरन्त मृत्यु हो जाए। २. मृत्यु का दिन या समय पास लानेवाली चीज या बात।

स्त्री०=दाद (रोग)।

दिनातीत वि० [सं०] आज-कल की रुचि या प्रचलन के विचार से पिछड़ा हुआ, जिसका अब प्रचलन या उपयोगिता न रह गई हो। (आउट-आफ-डेट)

दिनानुदिन क्रि०वि० [सं० दिन+अनुदिन] दिन-प्रति-दिन, दिन-पर-दिन।

दिनाप्त वि० [सं०] आज-कल की रुचि, उपयोगिता या प्रचलन के अनुसार, ठीक। (अप-टु-डेट)

दिनार* पुं० दे० 'दीनार'।

दिनिआ* पुं० [सं० दिनकर] सूर्य।

दिनियर* पुं० [सं० दिनकर] सूर्य।

दिनोदिन क्रि० वि० दिन-प्रतिदिन, एक-एक दिन पर।

दिनौंधी स्त्री० [हिं० दिन+अंध] दिन के समय न दिखाई देने का रोग।

दिपति* स्त्री० [सं० दीप्ति] चमक।

दिपाना अ० दे० 'दिपना'।

स० [हिं० दिपना] दीप्त करना, चमकाना।

दिब* पुं० दे० 'दिव्य'।

दिमाक* पुं० दे० 'दिमाग'।

दिमाग पुं० [अ० दिमाग़] १. सिर के अन्दर का गूदा, मस्तिष्क, भेजा।

मुहा० *दिमाग खाना या चाटना*=व्यर्थ की बातें करके तंग करना। *दिमाग खाली करना*=ऐसा काम करना जिसमें मानसिक शक्ति क्षीण हो, मगजपच्ची करना।

२. मानसिक शक्ति, बुद्धि, समझ।

मुहा० *दिमाग लड़ाना*=अच्छी तरह सोचना-समझना।

३. अभिमान, घमंड, शेखी।

दिमागचट वि० [हिं० दिमाग+चाटना] बक-बककर सिर खानेवाला, बकवादी।

दिमागदार वि० [अ० दिमाग़+फा० दार] [भाव० दिमागदारी] १. अच्छी मानसिक शक्तिवाला, बहुत समझदार। २. घमंडी।

दिमागी वि० [अ० दिमाग़ी] १. दिमाग-सम्बन्धी, दिमाग का। २. दे० 'दिमागदार'।

दिमात[१]* वि० [सं० द्विमातृ] जिसकी दो माताएँ हों।

दिमात[२] वि० [सं० द्विमात्रा] जिसमें दो मात्राएँ हों।

दिमान पुं०=दीवान।

दिमाना* पुं०, वि० दे० 'दीवाना'।

दियना* पुं०=दीया (दीपक)।

दियरा पुं० [हिं० दीया+रा(प्रत्य०)] १. एक प्रकार का पकवान। २. दे० 'दीया'।

दियारा[१] पुं० [फा० दयार=प्रदेश] १. नदी के पास की जमीन, कछार, खादर। २. छोटा भूभाग।

दियारा[२] पुं० [सं० दिवाकर] १. मृगतृष्णा। २. रात के समय मैदान में दिखाई पड़नेवाला लुक, छलावा।

दिया-लिया पुं० [हिं० देना+लेना] उपकार की भावना से किया हुआ कार्य अथवा उसका सुफल; जैसे-इस घड़ी तो कुछ दिया-लिया ही काम आया जिससे बच्चा मौत के मुँह से बच निकला।

दिरद* पुं० दे० 'द्विरद'।

दिरमान पुं० [फा० दरमान] १. औषध, दवा। २. इलाज, चिकित्सा।

दिरमानी पुं० [हिं० दिरमान] चिकित्सा या इलाज करनेवाला, चिकित्सक।

दिल पुं० [फा०] १. कलेजा, हृदय। २. मन, चित्त।

मुहा० *दिल कड़ा करना*=हिम्मत या साहस करना। *दिल का गवाही देना*=मन का किसी काम के लिए अनुकूल या सम्मत होना। *दिल के फफोले फोड़ना*=भली-बुरी बातें कहकर मन का क्रोध या दुख कम करना। *दिल जमना*=(क) किसी काम में ध्यान या जी लगना। (ख) सन्तोष होना, जी भरना। *दिल ठिकाने होना*=(क) मन में शान्ति, सन्तोष या धैर्य होना। (ख) चित्त स्थिर होना। *दिल देना*=किसी से प्रेम करना। *दिल बुझना*=मन में उत्साह या उमंग न रह जाना। *दिल मिल जाना*=रुचि तथा स्वभाव एक-से होने के कारण परस्पर प्रेम होना; उदा० आप लोगों से दिल मिल गया था इसलिए हृदय का बोझ हलका कर लेता हूँ। —शिवपूजन सहाय। *दिल में फरक आना*=पहले का-सा सद्‌भाव न रह जाना, मन-मुटाव होना। *दिल से दूर करना*=भुला देना, ध्यान छोड़ देना।

३. साहस, हिम्मत। ४. प्रवृत्ति, इच्छा।

पद *दिल का दौरा*=दिल पर होनेवाले रोग का आक्रमण।

दिलगरी* स्त्री० दे० 'दिलगीरी'।

दिलगीर वि० [फा०] जिसके मन में कोई दुख या कष्ट हो, दुखी।

दिलगीरी स्त्री० [फा०] मन में होनेवाला दुख या कष्ट।

दिलचला वि० दे० 'मनचला'।

दिलचस्प वि० [फा०] [भाव० दिलचस्पी] जिसमें दिल लगे, मनोरंजक।

दिलचस्पी स्त्री० [फा०] १. किसी चीज में होनेवाला वह गुण या बात जो मन को आकृष्ट करे। २. किसी वस्तु या बात के प्रति मन में होनेवाला अनुराग।

दिलजमई स्त्री० [फा० दिल+अ० जमअ:+हिं० ई (प्रत्य०)] किसी विषय में मन का सन्देह दूर हो जाना, इत्मीनान, तसल्ली।

दिलजला वि० [फा० दिल+हिं० जलना] जिसे बहुत मानसिक कष्ट पहुँचा हो।

दिलदार वि०, पुं० [फा०] [भाव० दिलदारी] १. उदार, दाता। २. रसिक। ३. प्रेमी। ४. प्रिय।

दिलदारी स्त्री० [फा०] १. उदारता। २. रसिकता।

दिलबर वि० [फा०] प्यारा, प्रिय।

दिल-बहलाव पुं० [फा०+हिं०] १. दिल बहलाने का काम। २. दिल बहलाने की क्रिया या भाव।

दिलरुबा स्त्री० [फा०] प्रेयसी, प्रेमिका।

दिलहा पुं० दे० 'दिल्ला'।

दिलाना स० हिं० 'देना' का प्रे०।

दिलासा पुं० [फा० दिल+हिं० आस] आश्वासन, ढारस, तसल्ली।

पद *दम-दिलासा*=(क) तसल्ली, धैर्य। (ख) धोखे या चकमे की बात।

दिली वि० [फा० दिल] १. हृदय या दिल-सम्बन्धी, हार्दिक। २. बहुत घनिष्ठ।

दिलेर वि० [फा०] [भाव० दिलेरी] १. बहादुर, वीर। २. साहसी, हिम्मती।

दिलेरपन पुं०=दिलेरी।

दिलेरी स्त्री० [फा०] १. दिलेर होने की अवस्था या भाव। २. साहस, हिम्मत। ३. बहादुरी, वीरता।

दिलोदिमाग पुं० [फा० दिल+अं० दिमाग़] दिल और दिमाग, मन और मस्तिष्क।

दिलोजान स्त्री० [फा०] जैसे पूरी शक्ति से, पूरी निष्ठा से।

दिल्लगी स्त्री० [फा० दिल+हिं० लगना] १. दिल लगने या लगाने की क्रिया या भाव। २. केवल मन बहलाने या हँसने-हँसाने की बात, परिहास, ठट्ठा, मजाक।

मुहा० *दिल्लगी उड़ाना*=(किसी को) अमान्य या तुच्छ ठहराने के लिए (उसके सम्बन्ध में) हँसी की बातें कहना, उपहास करना।

दिल्लगीबाज पुं० [हिं० दिल्लगी+फा० बाज़] हँसी-दिल्लगी करनेवाला, ठठोल।

दिल्ला पुं० [देश०] किवाड़ के पल्ले में के वे चौकोर टुकड़े जो शोभा के लिए लगाए जाते हैं, दिलहा।

दिवंगत वि० [सं०] जो इस संसार से चला गया हो, स्वर्गीय।

दिव पुं० [सं०] [भाव० दिवता] १. स्वर्ग। २. आकाश। ३. दिन।

दिवला* पुं० दे० 'दीया'।

दिवस पुं० [सं०] दिन, रोज।

दिवस्पति पुं० [सं०] सूर्य।

दिवांध वि० [सं०] जिसे दिन में दिखाई न देता हो। पुं० १. दिन में भी न दिखाई देने का रोग। २. उल्लू।

दिवा पुं० [सं०] दिन, दिवस।

दिवाकर पुं० [सं०] सूर्य।

दिवान पुं० दे० 'दीवान'।

दिवाना पुं० दे० 'दीवाना'।

*स० दे० 'दिलाना'।

दिवाभिसारिका स्त्री० [सं०] दिन के समय अपने प्रेमी से मिलने के लिए संकेतस्थल पर जानेवाली नायिका।

दिवाल वि० [हिं० देना+वाल(प्रत्य०)] जो देता हो, देनेवाला। स्त्री० दे० 'दीवार'।

दिवाला पुं० [हिं० दीया+बालना] १. वह आर्थिक हीन अवस्था जिसमें ऋण चुकाने के लिए पास में कुछ भी शेष न रह जाए।

मुहा० *दिवाला निकालना या मारना*=ऋण चुकाने में असमर्थता प्रकट करना।

२. कोई चीज या गुण बिल्कुल न रह जाना, जैसे बुद्धि का दिवाला।

दिवालिया वि० [हिं० दिवाला+इया (प्रत्य०)] १. जिसके पास ऋण चुकाने के लिए कुछ भी न रह गया हो। २. जिसमें कोई गुण न रह गया हो; जैसे नैतिक दृष्टि से हमारा समाज दिवालिया बन चुका है।

दिवालियापन पुं० दिवालिया होने की अवस्था या भाव।

दिवाली स्त्री० दे० 'दीवाली'।

दिवालोक पुं० [सं०] दिन का प्रकाश।

दिवास्वप्न पुं० [सं०] दिन के समय, जागते रहने पर भी, स्वप्न देखने के समान, तरह-तरह की असम्भव कल्पनाएँ करना, हवाई किले बनाना, मन के लड्डू खाना। (डे-ड्रीम)

दिवैया* वि० [हिं० देना] देनेवाला।

दिव्य वि० [सं०] [स्त्री० दिव्या; भाव० दिव्यता] १. स्वर्ग अथवा आकाश से सम्बन्ध रखनेवाला। २. अलौकिक; जैसे—दिव्य सौन्दर्य। ३. खूब साफ, सुन्दर, चमकीला या बढ़िया। पुं० १. तीन प्रकार के नायकों में से वह जो स्वर्ग में रहनेवाला या अलौकिक हो, जैसे राम, कृष्ण आदि। २. एक प्रकार की पुरानी परीक्षा जिससे किसी मनुष्य के दोषी या निर्दोष होने का निर्णय किया जाता था। ३. शपथ, सौगन्ध, कसम।

दिव्यदृष्टि स्त्री० [सं०] १. वह अलौकिक दृष्टि जिससे गुप्त पदार्थ या अदृश्य तत्त्व आदि दिखाई दें। २. ज्ञानदृष्टि। ३. बहुत दूर के या छिपे हुए पदार्थों या बातों को देखने और समझने की वह शक्ति जो कुछ विशिष्ट व्यक्तियों या विशिष्ट अवस्थाओं में होनेवाली मानी जाती है। (क्लेयरवाएन्स)

दिव्यपुरुष पुं० [सं०] वह व्यक्ति जो लौकिक न हो, बल्कि जिसके स्वर्गीय होने की कल्पना की गई हो, जैसे देवी, देवता, यक्ष, गन्धर्व आदि।

दिव्यलोक पुं० [सं०] १. ऐसा लोक जो दिव्य हो। २. अनुपम लोक, स्वर्ग।

दिव्यांगना स्त्री० [सं०] १. किसी देवता की स्त्री। २. अप्सरा।

दिव्या स्त्री० [सं०] तीन प्रकार की नायिकाओं में से वह जो स्वर्ग में रहनेवाली या अलौकिक हो, जैसे राधा।

दिव्यानुभूति स्त्री० [सं० दिव्य+अनुभूति] अत्यंत आनंददायक अनुभूति।

दिव्यालोक पुं० [सं०] स्वर्ग।

दिव्यास्त्र पुं० [सं०] देवता का दिया हुआ या मन्त्र से चलनेवाला अस्त्र।

दिश स्त्री० [सं०] दिशा, दिक्।

दिशा स्त्री० [सं०] [वि० दिश्य] १. नियत या वर्ण्य स्थान के इधर-उधर का शेष विस्तार, ओर, तरफ। २. क्षितिज वृत्त के चार कल्पित (पूर्व, पश्चिम, उत्तर और दक्षिण) विभागों में से किसी ओर का विस्तार। (हर दो दिशाओं के बीच के चारों कोणों की भी चार दिशाएँ तथा इनके सिवा, सिर के ऊपर की और पैर के नाचे की ये दो दिशाएँ और मानी जाती हैं।) ३. उक्त के आधार पर दस की संख्या।

दिशानिर्देश पुं० [सं० दिशा+निर्देश] वे सूचनाएँ या आदेश जिनके अनुसार कार्य करना होता है।

दिशा-निर्धारण पुं० [सं०] कार्य करने की पद्धति निर्धारित करना।

दिशाबोधक वि० [सं०] दिशा का बोध करानेवाला।

दिशाभ्रम पुं० दे० 'दिग्भ्रम'।

दिशा-मैदान पुं० [सं०+फा०] निवृत्त होने के लिए खुला मैदान।

दिशाशूल पुं० दे० 'दिक्शूल'।

दिशाहीन वि० [सं० दिशा+हीन] [भाव० दिशाहीनता] १. जिसकी कोई निश्चित दिशा न हो। २. उद्देश्यहीन।

दिशि स्त्री० दे० 'दिशा'।

दिश्य वि० [सं०] दिशा-सम्बन्धी।
वि० दे० 'निर्दिष्ट'।

दिष्टबंधक पुं० दे० 'दृष्टबंधक'

दिष्टि स्त्री० दे० 'दृष्टि'।

दिसंतर* पुं० [सं० देशांतर] परदेश।
क्रि० वि० बहुत दूर तक।

दिस* स्त्री० दे० 'दिशा'।

दिसना* अ० दे० 'दिखना'।

दिसा स्त्री० [सं० दिशा=ओर] मलत्याग।
स्त्री० दे० 'दिशा'।

दिसावर पुं० [सं० देशांतर] [वि० दिसावरी] दूसरा देश, परदेश, विदेश।

दिसि* स्त्री० दे० 'दिशा'।

दिसिप* पुं० दे० 'दिक्पाल'।

दिसिराज* पुं० दे० 'दिक्पाल'।

दिसैया* वि० [हिं० दिसना] देखने या दिखानेवाला।

दिस्ता पुं० दे० 'दस्ता'।

दिहंदा वि० [फा०] देनेवाला (यौ० के अन्त में, जैसे राहदिहंदा)।

दिहल स० [पू० हिं० में 'देना' क्रिया का भूतकालिक रूप] दिया, उदा० 'हमहिं दिहल करि कुटिल करमचँद'। - तुलसी।

दिहाड़ा पुं० दे० 'दिन' १.।

दिहाड़ी स्त्री० [हिं० दिहाड़ा] १. दिन, दिवस। २. काम का दिन। ३. एक दिन का काम करने की मजदूरी।

दीक्षक पुं० [सं०] १. दीक्षा देनेवाला, गुरु। २. शिक्षक।

दीक्षांत पुं० [सं०] १. वह अवभृथ यज्ञ या स्नान जो किसी यज्ञ के अन्त में उसकी त्रुटियों या दोषों की शान्ति के लिए हो। २. किसी महाविद्यालय की पढ़ाई का सफलतापूर्ण अन्त।

दीक्षांत भाषण पुं० [सं०] किसी बड़े विद्वान का वह भाषण जो किसी विश्वविद्यालय के उत्तीर्ण छात्रों के समक्ष उन्हें उपाधि या प्रमाणपत्र आदि देने के समय होता है। (कॉन्वोकेशन एड्रेस)

दीक्षा स्त्री० [सं०] १. यज्ञों का संकल्पपूर्वक अनुष्ठान, यजन। २. गुरु या आचार्य का मन्त्रोपदेश।

दीक्षागुरु पुं० [सं०] वह गुरु जिससे किसी मन्त्र का उपदेश या दीक्षा मिली हो।

दीक्षार्थी (-र्थिन्) पुं० [सं०] वह जो दीक्षा लेना चाहता हो।

दीक्षित वि० [सं०] १. जिसने संकल्प करके यज्ञ आरम्भ किया हो। २. जिसने गुरु से दीक्षा या मन्त्र लिया हो।
पुं० ब्राह्मणों की एक जाति।

दीक्ष्य वि० [सं०] दीक्षा के योग्य।

दीखना अ० [हिं० देखना] दिखाई देना।

दीघी स्त्री० [सं० दीर्घिका] तालाब।

दीच्छा* स्त्री० दे० 'दीक्षा'।

दीठ स्त्री० [सं० दृष्टि] १. दृष्टि, नजर, निगाह।
मुहा० *दीठ मिलाना*=किसी के सामने होकर उसे देखना।
२. किसी अच्छी वस्तु पर ऐसी बुरी दृष्टि लगना जिसका बुरा प्रभाव पड़े, नजर।
मुहा० *दीठ उतारना या झाड़ना*=किसी उपचार से बुरी दृष्टि का प्रभाव नष्ट करना। *दीठ जलाना*=बुरी दृष्टि का प्रभाव दूर करने के लिए राई-नोन आदि आग में डालना।
३. देख-भाल। ४. परख, पहचान। ५. कृपादृष्टि। ६. आशा की भावना।

दीठबंदी* स्त्री० [हिं० दीठ+बंद] जादू।

दीठवंत वि० [सं० दृष्टि+वंत] १. जिसे दिखाई दे, सुजाखा। २. ज्ञानी।

दीता* स० [हिं० देना] हिं० 'देना' क्रिया का स्थानिक भूतकालिक रूप जो 'दिया' का वाचक है।

दीदा पुं० [फा० दीदः] १. दृष्टि, नजर। २. आँख, नेत्र।
मुहा० *दीदा लगना*=किसी काम में मन लगना।

दीदार पुं० [फा०] दर्शन, देखादेखी।

दीदी स्त्री० [पु० हिं० दादा=बड़ा भाई] बड़ी बहन।

दीन[1] वि० [सं०] [स्त्री० दीना, भाव० दीनता] १. दरिद्र, गरीब। २. दुखी। ३. सन्तप्त। ४. नम्र, विनीत।

दीन[2] पुं० [अ०] १. धर्म। २. मत, मजहब।

दीनता स्त्री० [सं०] १. दीन होने की अवस्था या भाव। २. गरीबी। ३. नम्रता।

दीनताई* स्त्री० दीनता।

दीनदयालु वि० [सं०] दीनों पर दया करनेवाला।

दीनदार वि०, पुं० [अ० दीन+फा० दार] अपने धर्म पर विश्वास रखनेवाला।

दीनदारी स्त्री० [अ०+फा०] १. अपने धर्म पर विश्वास। २. धर्मानुकूल आचरण करने का भाव।

दीन-दुनिया स्त्री० [अ० दीन+दुनिया] यह लोक और परलोक।

दीनबंधु पुं० [सं०] १. दीन-दुखियों का साथी और मित्र। २. ईश्वर। वि० [भाव० दीनबंधुता] दीन-दुखियों का साथी।

दीनानाथ पुं० [सं० दीन+नाथ] १. दीनों का नाथ या रक्षक। २. ईश्वर।

दीनार पुं० [फा०] स्वर्णमुद्रा, मोहर।

दीप पुं० [सं०] दीया, चिराग, दीपक।
पुं० दे० 'द्वीप'।

दीपक पुं० [सं०] १. दीया, चिराग। २. एक अर्थालंकार जिसमें वर्णित वस्तु का एक ही धर्म कहा जाता है अथवा कई उपमान क्रियाओं का एक ही कर्ता होता है। ३. छह रागों में से दूसरा राग।
वि० [सं०] [स्त्री० दीपिका] १. प्रकाश या उजाला करनेवाला। २. पाचन शक्ति बढ़ानेवाला। ३. मन की उमंग बढ़ानेवाला, उत्तेजक।

दीपकर पुं० [सं०] वह जिसका काम दीपक जलाना हो, दीया जलानेवाला।

दीप-ज्वालक पुं० दे० 'दीपकर'।

दीपति* स्त्री० दे० 'दीप्ति'।

दीपदान पुं० [सं०] १. देवता के सामने दीपक जलाना। २. मरते हुए व्यक्ति से आटे के जलते हुए दीए का दान या संकल्प कराना।

दीपन पुं० [सं०] [वि० दीप्त, दीप्य] १. प्रकाश करने के लिए जलाना, प्रकाशन। २. भूख तेज करना। ३. मन में आवेग उत्पन्न करना, उत्तेजन।
वि० १. पाचन शक्ति बढ़ानेवाला। २. उत्तेजना उत्पन्न करनेवाला।

दीपना अ० [सं० दीपन] चमकना।
स० चमकाना।

दीपमालिका स्त्री० [सं०] १. दीपों की पंक्ति। २. दीवाली।

दीपशिखा स्त्री० [सं०] दीए की लौ।

दीपस्तंभ पुं० [सं०] १. वह स्तम्भ जिसके ऊपर या चारों ओर रखकर दीपक जलाए जाते हों। २. समुद्र में जहाजों को रात के समय रास्ता दिखाने या उन्हें चट्टानों आदि से बचाने के लिए बना हुआ उक्त प्रकार का स्तम्भ। (लाइट हाउस)

दीपावली स्त्री० दे० 'दीवाली'।

दीपिका स्त्री० [सं०] १. छोटा दीया। २. किसी ग्रन्थ का अर्थ बतलानेवाली पुस्तक।
वि० स्त्री० प्रकाश फैलानेवाली।

दीपित वि० दे० 'दीप्त'।

दीप्त वि० [सं०] १. जलता हुआ। २. चमकता हुआ, चमकीला।

दीप्ति स्त्री० [सं०] १. प्रकाश, उजाला। २. चमक, द्युति। ३. शोभा, छवि।

दीप्तिमान वि० दे० 'दीप्त'।

दीबोई स्त्री० [हिं० देना] देने की क्रिया या भाव; उदा० दीनदयाल दीबोई भावै, जाचक सदा सोहाहीं। -तुलसी।

दीमक स्त्री० [फा०] च्यूँटी की तरह का एक सफेद कीड़ा जो लकड़ी, कागज आदि में लगकर उन्हें खा जाता है, वल्मीक।

दीयट स्त्री० [हिं० दीया] लकड़ी या धातु का वह आधार जिसपर रखकर दीया जलाते हैं।

दीयर स्त्री० [?] नदी के किनारे की उपजाऊ भूमि।

दीया पुं० [सं० दीपक] १. प्रकाश करने के लिए किसी आधार में रखकर जलाई जानेवाली बत्ती, दीपक, चिराग।

मुहा० *दीया ठंडा करना या बढ़ाना*=दीया बुझाना।

२. [अल्पा० दियली] छोटा कसोरा।

दीया-सलाई स्त्री० [हिं०] लकड़ी की वह छोटी पतली तीली जिसका एक सिरा गंधक आदि मसाले लगे रहने के कारण रगड़ने से जल उठता है।

दीरघ वि० दे० 'दीर्घ'।

दीर्घ वि० [सं०] [भाव० दीर्घता, दीर्घत्व] १. विस्तृत, लम्बा। २. बड़ा, विशाल।

पुं० 'ह्रस्व' का उलटा, जैसे 'अ' का दीर्घ 'आ' या 'उ' का दीर्घ 'ऊ' है।

दीर्घकाय वि० [सं०] बड़े डील-डौलवाला, बहुत बड़ा।

दीर्घकालिक वि० [सं०] दीर्घकालीन।

दीर्घकालीन वि० [सं०] दीर्घकाल तक चलनेवाला।

दीर्घजीवी (-विन्) वि० [सं०] जो बहुत दिनों तक जीता रहे।

दीर्घता स्त्री० [सं०] १. लंबाई। २. विस्तार।

दीर्घसूत्र पुं० [सं०] एक प्रकार का प्राचीन यज्ञ जो बहुत दिनों तक चलता था।

दीर्घसूत्रता स्त्री० [सं०] १. हर काम में आवश्यक या उचित से अधिक समय लगाने की वृत्ति, हर काम धीरे-धीरे और बहुत देर में करना। २. कार्यालयों, विशेषत: सरकारी कार्यालयों में व्यर्थ की और पेचीली कार्रवाइयों के कारण होनेवाली बहुत देर। (रेड टेप)

दीर्घसूत्री (-त्रिन्) वि०, पुं० [सं०] [भाव० दीर्घसूत्रता] हर काम में बहुत देर लगानेवाला।

दीर्घा स्त्री० [सं०] १. आने-जाने के लिए कोई लम्बा और ऊपर से छाया हुआ मार्ग। २. किसी भवन के अन्दर कुछ ऊँचाई पर दर्शकों आदि के बैठने के लिए बना हुआ स्थान।

दीर्घायु वि० दे० 'दीर्घजीवी'।

दीर्घावधि वि० [सं० दीर्घ+अवधि] लम्बी अवधिवाला।

दीर्घिका स्त्री० [सं०] छोटा तालाब।

दीर्घित वि० [सं०] जिसे दीर्घ रूप दिया गया हो।

दीर्घीकरण पुं० [सं०] दीर्घ रूप देने की क्रिया या भाव।

दीर्ण वि० [सं०] १. फटा हुआ, विदीर्ण। २. टूटा हुआ, भग्न।

दील* पुं०=दिल।

दीवट पुं० दे० 'दीयट'।

दीवा| पुं० दे० 'दीया'।

दीवान पुं० [फा०] १. वह स्थान जहाँ राजा का दरबार लगता हो, राजसभा। २. राज्य का मन्त्री, वजीर। ३. किसी शायर की सब गजलों का संग्रह।

दीवानखाना पुं० [फा० दीवानख़ान:] वह कमरा जिसमें बड़े आदमी बैठकर लोगों से मिलते और बातें करते हैं, बैठक।

दीवाना वि०, पुं० [फा० दीवान:] [स्त्री० दीवानी] १. पागल, विक्षिप्त। २. मुग्ध प्रेमी।

दीवानी स्त्री० [फा०] १. दीवान का पद या कार्य। २. दीवानी न्यायालय।

दीवानी न्यायालय पुं० [फा०+सं०] वह न्यायालय जिसमें सम्पत्ति या अर्थ-सम्बन्धी व्यवहारों या मुकदमों का विचार और निर्णय होता है। (सिविल कोर्ट)

दीवाने-आम पुं० [फा०+अ०] वह दरबार जिसमें साधारणत: सब लोग राजा के सामने जा सकते हों।

दीवाने-खास पुं० [फा०+अ०] वह दरबार जिसमें राजा अपने मन्त्रियों या मुख्य सरदारों के साथ बैठकर परामर्श करता है, खास दरबार।

दीवार स्त्री० [फा०] १. पत्थर, ईंट, मिट्टी आदि के द्वारा खड़ा किया हुआ वह परदा जिससे कोई स्थान घेरकर कोठरी या मकान आदि बनाते हैं, भीत। २. किसी वस्तु का कुछ ऊपर उठा हुआ घेरा।

दीवारगीर पुं० [फा०] दीया आदि रखने का दीवार में लगा आधार।

दीवारी वि० [फा० दीवार+ई(प्रत्य०)] दीवारों से घिरा हुआ; जैसे दीवारी नगर।

दीवाल स्त्री० दे० 'दीवार'।

दीवाली स्त्री० [सं० दीपावली] कार्तिक की अमावस्या का एक प्रसिद्ध उत्सव जिसमें रात को बहुत से दीपक जलाकर लक्ष्मी का पूजन किया जाता और प्राय: जुआ खेला जाता है।

दीसना अ० [सं० दृश्=देखना] दिखाई देना, दृष्टिगोचर होना।

दीह* वि० [सं० दीर्घ] १. लम्बा और बड़ा। २. बहुत ऊँचा।

पुं० चहारदीवारी, परकोटा।

दुंद[१] पुं० [सं० द्वंद्व] १. दे० 'द्वंद्व'। २. उत्पात, उपद्रव। ३. झगड़ा-बखेड़ा।

दुंद[२] पुं० [सं० दुंदुभि] नगाड़ा, डंका।

दुंदभ[१] पुं० [सं० दुंदुभि] नगाड़ा।

दुंदभ[२] पुं० [सं० द्वंद्व] बार-बार जन्म लेने और मरने का कष्ट।

दुंदुभि स्त्री० [सं०] नगाड़ा, धौंसा।

दुंदुर* पुं० [सं० द्वंद्व] झगडालू व्यक्ति।

दुंदुह पुं० [सं० डुंडुभ] पानी में रहनेवाला साँप, डेड़हा।

दुंबा पुं० [फा० दुम्बाल:] एक प्रकार का मेढ़ा, जिसकी दुम बहुत भारी और मोटी होती है।

दुःख, दुख पुं० [सं० दु:ख] १. मन की वह अप्रिय और कष्ट देनेवाली अवस्था या बात जिससे छुटकारा पाने की स्वाभाविक प्रवृत्ति होती है, 'सुख' का उलटा, दुख, तकलीफ, कष्ट, क्लेश।

मुहा० *दु:ख बाँटना*= किसी के संकट के समय उसका साथ देना। *दु:ख भरना*= दु:ख सहना, कष्ट भोगना।

२. संकट, आपत्ति। ३. मानसिक कष्ट, खेद, रंज। ४. पीड़ा, दर्द। ५. रोग।

दुःखकर पुं० दे० 'दु:खद'।

दुःखद (दायक) वि० [सं०] [स्त्री० दु:खदायिका] दु:ख या कष्ट देनेवाला।

दुःखदायी वि० दे० 'दु:खद'।

दुःखवाद पुं० [सं०] [वि० दुःखवादी] दे० 'निराशावाद'।

दुःखांत वि० [सं०] १. जिसका अन्त दुःखपूर्ण हो। २. जिसके अन्त का वर्णन दुःखपूर्ण हो, जैसे दुःखान्त कहानी।

पुं० १. दुख की समाप्ति। २. दुख की पराकाष्ठा या हद।

दुःखित वि० [सं०] जिसे दुख पहुँचा हो, दुखी।

दुःखी वि० दे० 'दुःखित'।

दुःशील वि० [सं०] [भाव० दुःशीलता] बुरे शील या स्वभाववाला।

दुःसह वि० [सं०] जिसे सहन करना बहुत कठिन हो, दुस्सह।

दुःसाध्य वि० [सं०] १. जिसका साधन कठिन हो। २. बहुत कठिनता से होनेवाला। ३. जिसका उपाय या प्रतिकार करना कठिन हो, दुस्साध्य।

दुःसाहस पुं० [सं०] [वि० दुःसाहसी] १. व्यर्थ का, बुरा या अनुचित साहस, दुस्साहस। २. ढिठाई, धृष्टता।

दुःस्वप्न पुं० [सं०] बुरा स्वप्न।

दु वि० [हिं० दो] 'दो' का संक्षिप्त रूप जो समास बनाने में शब्द के पहले लगता है, जैसे—दुविधा, दुचित्ता।

उप० दे० 'दुर्'।

दुअन* पुं० दे० 'दुवन'।

दुअन्नी स्त्री० [सं० दो+आना] दो आने का पुराना सिक्का।

दुआ स्त्री० [अ०] १. ईश्वर से की जानेवाली प्रार्थना। २. आशीर्वाद।

मुहा० *दुआ लगना*=आशीर्वाद फलदायक होना।

दुआबा पुं० दे० 'दोआबा'।

दुआल स्त्री० दे० 'दुवाल'।

दुआ-सलाम पुं० [फा०+अ०] अभिवादन, प्रणाम।

दुआह पुं० [हिं० दो+विवाह] पहली स्त्री मर जाने पर पुरुष का होनेवाला दूसरा विवाह।

दुइ वि० दे० 'दो'।

दुइज[1] स्त्री० दे० 'दूज'।

दुइज[2] पुं० [हिं० द्विज] १. अपने को ईश्वर से अलग समझना, उसका अंश न समझना। २. दे० 'दुजायगी'।

दुऔ* वि०=दोनों।

दुकड़ा पुं० [हिं० दु+कड़ा(प्रत्य०)] [स्त्री० टुकड़ी] १. एक साथ या एक में लगी हुई दो वस्तुएँ, जोड़ा। २. एक पैसे का चौथाई भाग, छदाम।

दुकड़ी स्त्री० [हिं० दो] १. दो रुपए। २. धोतियों आदि का जोड़ा। (दलाल)

दुकना† अ० [देश०] लुकना, छिपना।

दुकान स्त्री० [फा०] १. वह स्थान जहाँ बिक्री की चीजें रहती और बिकती हैं, माल बिकने का स्थान, हट्ट।

मुहा० *दुकान बढ़ाना*=दुकान बन्द करना। *दुकान लगाना*=दुकान का सामान सजाकर बिक्री के लिए रखना।

२. इधर-उधर फैली बहुत-सी चीजें।

दुकानदार पुं० [फा०] [भाव० दुकानदारी] १. दुकान पर बैठकर चीजें बेचनेवाला, दुकानवाला। २. वह जिसने धन कमाने के लिए परोपकारी होने का ढोंग रचा रखा हो।

दुकानदारी स्त्री० [फा० दुकानदार] १. दुकानदार का काम या भाव। २. चीजों का दाम बहुत बढ़ाकर कहना। ३. किसी को अपने जाल में फँसाने या ठगने के लिए तरह-तरह की बातें करना।

दुकाल पुं० दे० 'अकाल'।

दुकूल पुं० [सं०] १. वस्त्र, कपड़ा। २. स्त्रियों के पहनने की साड़ी।

दुकूलिनी स्त्री० [सं०] नदी।

दुकेला पुं० [हिं० दुक्का] [स्त्री० दुकेली] जिसके साथ कोई एक और भी हो।

पद *अकेला-दुकेला*=जो अकेला हो या जिसके साथ कोई एक और साथी हो।

दुक्कड़ पुं० [हिं० दो+कूँड़] १. शहनाई के साथ बजनेवाले दो (चमड़े से मढ़े) बाजों का जोड़ा। २. एक में बँधी हुई दो बड़ी नावों का जोड़ा।

दुक्का वि० [सं० द्विक्] [स्त्री० दुक्की] जो एक साथ दो हों।

पद *इक्का-दुक्का*=दे० 'दुकेला' के अन्तर्गत 'अकेला-दुकेला'।

दुक्की स्त्री० [हिं० दो] ताश का वह पत्ता जिस पर दो बूटियाँ होती हैं।

दुख पुं० दे० 'दुःख'। (अब 'दुख' ही अधिक प्रचलित है।)

दुखड़ा पुं० [हिं० दुख+ड़ा(प्रत्य०)] १. किसी के दुख या कष्ट का वर्णन।

मुहा० *दुखड़ा रोना*=अपना दुख दीनतापूर्वक किसी से कहना।

२. विपत्ति, संकट, आफत।

दुखदानि वि० दे० 'दुःखद'।

दुख-दुंद पुं० [सं० दुःखद्वन्द्व] दुख और विपत्ति अथवा उनसे होनेवाला सन्ताप।

दुखना अ० [हिं० दुख] (शरीर के किसी अंग का) दर्द करना, पीड़ा होना।

दुखहाया वि० [हिं० दुख+हाया (प्रत्य०)] [स्त्री० दुखदाई] जिसे बहुत दुख पहुँचा हो, परम दुखी।

दुखांतिका स्त्री० [सं० दुख+अंत] ऐसा नाटक जिसका अंत मृत्यु या घोर कष्ट में हो। (ट्रेजडी)

दुखाना स० [हिं० दुख] १. दुखी करना या दुख देना।

मुहा० *जी दुखाना*=किसी को मानसिक कष्ट पहुँचाना।

२. किसी का मर्मस्थान या पका घाव आदि छूना, जिससे उसे पीड़ा हो।

अ० दे० 'दुखना'।

दुखारा, दुखारी वि० दे० 'दुखी'।

दुखित वि० दे० 'दुःखित'।

दुखिया वि०=दुखी।

दुखी, दुःखी वि० [सं० दुःखिन्] १. दुख से भरा; जैसे–दुखी जीवन। २. किसी के दुर्व्यवहार से जिसे दुख या कष्ट पहुँचा हो, दुख में पड़ा हुआ। ३. जिसके मन में खेद हुआ हो, खिन्न। ४. रोगी, बीमार।

दुखौंहाँ वि० [हिं० दुख+औहाँ(प्रत्य०)] [स्त्री० दुखौंहीं] दुख देनेवाला।

दुग* वि० [सं० द्विक्] दो।

दुगई स्त्री० [?] मकान के आगे का उसारा, दालान, उदा०–'अति अद्‌भुत थम्मन की दुगई'। –केशव। (बुन्देल०)

दुगद, दुगदा* वि०=दुर्गम।

दुगदुगी स्त्री० दे० 'धुकधुकी'।

दुगना वि० दे० 'दूना'।

दुगम* वि०=दुर्गम।

दुगुण वि० दे० 'दूना'।

दुग्ग* पुं० दे० 'दुर्ग'।

दुग्ध पुं० [सं०] दूध।

दुग्धचूर्ण पुं० [सं०] रासायनिक प्रक्रिया से दूध का बनाया हुआ चूर्ण।

दुग्धमुख वि० दे० 'दुधमुँहाँ'।

दुग्धिल वि० [सं० दुग्ध+धवल] दूध की तरह सफेद।

दुघड़िया पुं० दे० 'दोघड़िया' (मुहुर्त)।

दुघरी स्त्री०=दुघड़िया।

दुचंद वि० [फा० दोचन्द] दूना, दुगना।

दुचित वि० दे० 'दुचित्ता'।

दुचितई, दुचिताई स्त्री० [हिं० दुचित्ता] १. चित्त की अस्थिरता, दुविधा, उदा० 'जब आनि भई सबको दुचिताई'। –केशव। २. खटका, आशंका।

दुचित्ता वि० [हिं० दो+चित्त] [स्त्री० दुचित्ती, भाव० दुचित्तापन] १. जिसका चित्त विशेषत: परस्पर विपरीत दो बातों में लगा हो। २. सन्देह में पड़ा हुआ।

दुचित्ती स्त्री० चित्त के दो तरफ लगे होने की अवस्था या भाव।

दुज* पुं० दे० 'द्विज'। ('दुज' के यौ० के लिए दे० 'द्विज' के यौ०)

दुजन* पुं० [सं० द्विज] ब्राह्मण।

दुजायगी स्त्री० [हिं० दो+?] किसी को अपना न समझकर, पराया, भिन्न या गैर समझना, औरों से किया जानेवाला भेदभाव।

दुटूक वि० [हिं० दो+टूक] दो टुकड़ों या खंडों में बँटा हुआ। क्रि०वि० स्पष्ट शब्दों में।

दुत विस्मयादि० [अनु०] एक शब्द जो किसी को घृणा या उपेक्षापूर्वक दूर हटाने के लिए कहा जाता है। *स्त्री०=द्युति।

दुतकार स्त्री० [हिं० दुतकारना] फटकार, धिक्कार, लानत।

दुतकारना स० [हिं० दुतकारना] [भाव० दुतकार] १. दुत-दुत कहकर किसी को अपने पास से तिरस्कारपूर्वक हटाना। २. धिक्कारना।

दुताबी स्त्री० [हिं० दो+फा० ताब] पुराने चाल की एक प्रकार की (कदाचित् दुधारी) तलवार।

दुति* स्त्री० दे० 'द्युति'।

दुतिय* वि० दे० 'द्वितीय'।

दुतिया| स्त्री० दे० 'द्वितीया'।

दुतिवंत* वि० [हिं० दुति+वंत (प्रत्य०)] १. चमकीला। २. सुन्दर।

दुतीय| वि० दे० 'द्वितीय'।

दुदलाना| स० दे० 'दुतकारना'।

दुदिला वि० दे० 'दुचित्ता'।

दुद्धी स्त्री० [हिं० दूध] खड़िया मिट्टी।

दुधमुँहाँ वि० [हिं० दूध+मुँह] १. जिसके दूध के दाँत न टूटे हों। २. (बच्चा) जो अभी माता के दूध से ही पलता हो, बहुत छोटा।

दुधहंड| पुं० दूध की हँडिया।

दुधार वि० स्त्री०[हिं० दूध+आर (प्रत्य०)] जो दूध देती हो, दुध देनेवाली (गौ, भैंस आदि)।

दुधारा वि०[हिं० दो+धार] (शस्त्र) जिसमें दोनों ओर धार हो। पुं० एक प्रकार का खाँड़ा।

दुधारी, दुधारू वि० स्त्री० दे० 'दुधार'।

दुधिया वि० पुं० दे० 'दूधिया'।

दुधैल वि० दे० 'दुधार'।

दुनना स० [?] १. कुचलना। २. नष्ट करना।

दुनरना, दुनरवना* अ० [हिं० दो+नवना=झुकना] लचकर दोहरा-सा हो जाना। स० लचाकर दोहरा-सा करना।

दुनाली वि०स्त्री० [हिं० दो+नाल] दो नालियों या नलोंवाली, जैसे दुनाली बन्दूक।

दुनियाँ स्त्री०=दुनिया।

दुनिया स्त्री० [अ० दुनिया] १. संसार, जगत। २. संसार के लोग, जनता।

मुहा० *दुनियाँ की हवा लगना*=(क) सांसारिक अनुभव या ज्ञान होना। (ख) सांसारिक छल-कपट या दुर्व्यसनों में लगना।

पद *दुनिया के परदे पर*=सारे संसार में। *दुनिया भर का*=बहुत-सा।

दुनियाई वि० [हिं० दुनियाँ+ई (प्रत्य०)] दुनिया या संसार से संबद्ध, सांसारिक।

दुनियादार पुं० [फा०] [भाव० दुनियादारी] १. सांसारिक झगड़ों में पड़ा हुआ मनुष्य, गृहस्थ। २. युक्ति से अपना काम निकालनेवाला मनुष्य। ३. व्यवहारकुशल व्यक्ति।

दुनियादारी स्त्री० [फा०] १. लोगों का परस्पर होनेवाला व्यवहार। २. परस्पर व्यवहार में दिखनेवाला कौशल।

दुनियावी वि०=दुनियाई।

दुनी* स्त्री० दे० 'दुनियाँ'।

दुपटा* पुं० दे० 'दुपट्टा'।

दुपटी स्त्री० [हिं० दो+पट] १. चादर। २. छोटा दुपट्टा।

दुपट्टा पुं० [हिं० दो+पाट] [अल्पा० दुपट्टी] १. ओढ़ने का कपड़ा, चादर।

मुहा० *दुपट्टा तानकर सोना*=निश्चिन्त हो जाना।

२. कन्धे पर रखने का कपड़ा।

दुपट्टी* स्त्री० दे० 'दुपट्टा'।

दुपद* वि०, पुं० दे० 'द्विपद'।

दुपहर स्त्री० दे० 'दोपहर'।

दुपहरिया स्त्री० [हिं० दो+पहर] १. दिन का मध्य भाग, मध्याह्न, दोपहर। २. एक छोटा फूलदार पौधा।

दुपहरी स्त्री० दे० 'दोपहर'।

दुपहिया वि० [हिं० दो+ पहिया] दो पहियोंवाला।

दुफसली वि० [हिं० दो+अ० फस्ल] १. रबी और खरीफ दोनों फसलों में उत्पन्न होनेवाला। २. दुरंगी। स्त्री० दुविधा की बात।

दुबकना| अ० छिपना।

दुबधा| स्त्री० दे० 'दुविधा'।

दुबरा| वि० दे० 'दुबला'।

दुबला वि० [सं० दुर्बल] [स्त्री० दुबली] [भाव० दुबलापन] १. हल्के और पतले बदनवाला, कृश। २. अशक्त, निर्बल।

दुबारा क्रि० वि० दे० 'दोबारा'।

दुबाह पुं० [हिं० दो+बाहना=चलाना] दोनों हाथों से एक साथ दो तलवारें चलाने की क्रिया या भाव।

दुबाहना स० [हिं० दुबाह] दोनो हाथों से साथ-साथ दो तलवारें चलाना।

दुबिधा स्त्री० दे० 'दुविधा'।

दुभाषिया पुं० [सं० द्विभाषिन्] दो भाषाएँ जाननेवाला वह मनुष्य जो उन भाषाओं में बात-चीत करनेवाले दो मनुष्यों को एक दूसरे की बात समझाता है। (इन्टरप्रेटर)

दुमंजिला वि० [फा० दुमंज़िल+हिं० आ (प्रत्य०)] [स्त्री० दुमंजिली] दो मरातिब या दो खंड का (मकान)।

दुम स्त्री० [फा०] १. पूँछ, पुच्छ।

मुहा० *दुम दबाकर भागना*=डरकर चुपचाप भागना। *दुम में तेल लगाना*=खुशामद करना। *दुम हिलाना*=दीनतापूर्वक प्रसन्नता या अधीनता प्रकट करना।

२. पूँछ की तरह पीछे लगी हुई वस्तु या व्यक्ति। ३. किसी काम का अन्तिम और सूक्ष्म अंश।

दुमची स्त्री० [फा०] घोड़े के साज में का वह दोहरा तसमा जो उसकी पूँछ या दुम के नीचे दबा रहता है।

दुमट स्त्री० [सं०] चिकनी मिट्टी जो फसल के लिए अधिक उपयुक्त मानी जाती है।

दुमटी वि० दुमट-सम्बन्धी।

दुमदार वि० [फा०] १. दुम या पूँछवाला। २. जिसके पीछे पूँछ जैसी कोई चीज लगी हो, जैसे दुमदार सितारा।

दुमन, दुमना| वि० दे० 'दुचित्ता'।

दुमहिलाऊ वि० [हिं० दुम+हिलाना] दुम हिलानेवाला, आज्ञाकारी।

दुमाता स्त्री० [सं० दुर्मातृ] १. बुरी या दुष्ट माता, कुमाता। २. सौतेली माँ, विमाता।

दुमाहा वि० [हिं० दो+माह] हर दो महीने में या पर होनेवाला।

दुमुँहाँ वि० दे० 'दोमुँहाँ'।

दुरंगा वि० [हिं० दो+रंग] [भाव० दुरंगापन] १. जिसमें दो रंग हों। २. दो तरह का। ३. दोहरी चाल चलनेवाला।

दुरंगी स्त्री० [हिं० दुरंगा] १. दो रंग या प्रकार का होने का भाव, दोरंगापन। २. कभी इस पक्ष में और कभी उस पक्ष में हो जाना, दोनों तरफ रहना या चलना। ३. कभी एक प्रकार का और कभी दूसरे प्रकार का व्यवहार या आचरण करना।

दुरंत वि० [सं०] १. बहुत बड़ा या भारी। २. दुस्तर, कठिन। ३. घोर, भीषण। ४. जिसका अन्त या परिणाम बुरा हो। ५. दुष्ट, पाजी।

दुरंतर वि० [सं० दुरंत] दुर्गम, कठिन।

दुरंधा* वि० [सं० द्विरंध्र] १. दो छेदोंवाला। २. आर-पार छेदा हुआ।

दुर् उप० [सं०] दूषण या निषेध का सूचक एक उपसर्ग, जैसे दुर्दशा, दुराग्रह।

दुर[1] विस्मयादि० [हिं० दूर] 'दूर हो' का संक्षिप्त रूप।

मुहा० *दुर-दुर करना*=तिरस्कारपूर्वक कुत्ते की तरह हटाना या भगाना।

दुर[2] पुं० [फा०] १. नथ या नाक में पहना जानेवाला मोती का लटकन, लोलक। २. कान में पहनने की छोटी बाली।

दुरजन* पुं० दे० 'दुर्जन'।

दुरथल* पुं० [सं० दुः+स्थल] बुरी जगह।

दुरद* पुं० दे० 'द्विरद'।

दुरदाम* वि० दे० 'दुर्दम्य'।

दुरदाल* पुं० [सं० द्विरद] हाथी।

दुरदुराना स० [हिं० दुरदुर] तिरस्कारपूर्वक 'दुरदुर' कहकर हटाना।

दुरदृष्ट पुं० [सं०] १. दुर्भाग्य, अभाग्य। २. अभागा व्यक्ति। ३. पाप, दुष्कर्म।

दुरना* अ० [हिं० दूर] १. सामने से दूर होना। २. छिपना।

दुरपदी* स्त्री०=द्रौपदी।

दुरभिसंधि स्त्री० [सं०] दुष्ट अभिप्राय से गुट बाँधकर की हुई सलाह।

दुरभेद| पुं० [सं० दुर्भाव] १. बुरा भाव। २. मन-मुटाव।

दुरमति स्त्री०, वि० =दुर्मति।

दुरमुस पुं० [सं० दुर (उप०) मुस=कूटना] कंकड़ या मिट्टी पीटकर सड़क बनाने का एक उपकरण।

दुरलभ* वि० दे० 'दुर्लभ'।

दुरवस्था स्त्री० [सं०] १. बुरी दशा, बुरा हाल। २. दुख, कष्ट आदि की दशा।

दुराग्रह पुं० [सं०] [वि० दुराग्रही] १. किसी व्यर्थ की या अनुचित बात के लिए अड़ना, अनुचित हठ। २. अपने मत के ठीक न सिद्ध होने पर भी उसपर अड़े रहना।

दुराग्रही(-हिन्) वि०, पुं० [सं०] दुराग्रह करनेवाला।

दुराचरण पुं० दे० 'दुराचार'।

दुराचार पुं० [सं०][वि० दुराचारी] दुष्ट आचरण, बुरा चाल-चलन, बदचलनी।

दुराचारी(-रिन्) वि०, पुं० [सं०] बुरे आचरण या चाल-चलनवाला, बदचलन।

दुराज* पुं० [सं० दुर्+राज्य] अत्याचारपूर्ण और बुरा राज्य या शासन।

दुराजी वि० [सं० द्विराज्य] दो राजाओं का, जिसमें दो राजा हों (देश)।

पुं० दे० 'दराज'।

दुरात्मा वि० [सं० दुरात्मन्] दुष्ट और नीच प्रकृति का, नीचाशय।

पुं० दुष्ट जीव, प्राणी या व्यक्ति।

दुरादुरी स्त्री० [हिं० दुरना=छिपना] छिपाव, गोपन।

दुराधर्ष वि० [सं०] १. जिसका दमन करना कठिन हो। २. प्रचंड, उग्र।

दुराना[१] अ० [सं० दुर] १. दूर होना, टलना। २. छिपना।

स० १. दूर करना, हटाना। २. छोड़ना, त्यागना। ३. छिपाना।

दुराना[२]* स० [?] (हाथ, आँख आदि अंग) नचाना, मटकाना।

दुराप वि० [सं०] जिसे पाना कठिन हो, दुष्प्राप्य।

दुराराध्य वि० [सं०] आराधना के द्वारा जिसे प्रसन्न करना बहुत कठिन हो।

दुरारूढ़ वि० [सं० दुर+आरूढ़] किसी बात, मत या सिद्धांत पर से टस से मस न होनेवाला हठी।

दुराव पुं० [हिं० दुराना+आव (प्रत्य०)] किसी से कोई बात गुप्त रखने या छिपाने का भाव।

दुरावस्था स्त्री० [सं० दुरावस्था] १. बुरी अवस्था। २. दुर्गति।

दुराशय पुं० [सं०] [भाव० दुराशयता] दुष्ट आशय या उद्देश्य।

वि० बुरे आशय या उद्देश्यवाला, खोटा, नीच।

दुराशा स्त्री० [सं०] वह आशा जो पूरी न हो सके, व्यर्थ की आशा।

दुरासा* स्त्री०=दुराशा।

दुराहा पुं०=दोराहा।

दुरित पुं० [सं०] पाप, पातक।

वि० [स्त्री० दुरिता] पापी, पातकी।

दुरितन* पुं० [दुरित का बहुवचन रूप] सभी पाप। (ब्रज०)

दुरियाना स० [हिं० दूर]दूर करना।

दुरुक्त वि० [सं०] जो दुबारा कहा गया हो।

दुरुक्ति स्त्री० [सं०] १. किसी शब्द या बात का दुहराया जाना। २. इस प्रकार दुहराए हुए शब्द या बात।

दुरुत्साहक वि०, पुं० [सं०] जो किसी को किसी अनुचित या नियमविरुद्ध कार्य में या किसी दुष्ट उद्देश्य से प्रवृत्त करे या लगाए। (एबेटर)

दुरुत्साहन पुं० [सं०][वि० दुरुत्साहित, कर्ता दुरुत्साहक] किसी को किसी अनुचित या विधिविरुद्ध कार्य के लिए या किसी दुष्ट उद्देश्य से उत्साहित या प्रवृत्त करना, बुरे काम के लिए उकसाना। (एबेटमेन्ट)

दुरुत्साहित वि० [सं०] जिसे किसी से किसी अनुचित कार्य के लिए प्रोत्साहन मिला हो।

दुरुपयोग पुं० [सं०] किसी चीज का अनुचित या बुरे ढंग से किया जानेवाला उपयोग, वह उपयोग जो ठीक या अच्छा न हो। (एब्यूज)

दुरुस्त वि० [फा०] [भाव० दुरुस्ती] १. जो अच्छी या ठीक दशा में हो, जो टूटा-फूटा या खराब न हो, ठीक। २. जिसमें दोष या त्रुटि न हो। ३. उचित।

दुरुस्ती स्त्री० [फा०] दुरुस्त या ठीक होने अथवा किए जाने की क्रिया या भाव, संशोधन।

दुरूह वि० [सं०] [भाव० दुरूहता] जल्दी समझ में न आनेवाला, कठिन।

दुर्गंध स्त्री० [सं०] बुरी गन्ध या महक, बदबू।

दुर्गंधक वि० [सं०] बदबू करनेवाला।

दुर्ग वि० [सं०] दे० 'दुर्गम'।

पुं० विशेष प्रकार का वह बड़ा और दृढ़ भवन जिसमें राजा, सिपाही आदि रहते हैं, गढ़, कोट, किला।

दुर्गत स्त्री० दे० 'दुर्गति'।

दुर्गति स्त्री० [सं०] बुरी गति, दुर्दशा।

दुर्गपति पुं० [सं०] दुर्ग या गढ़ का स्वामी या प्रधान अधिकारी, किलेदार।

दुर्गपाल पुं० [सं०] दुर्ग या गढ़ का रक्षक, किलेदार।

दुर्गम वि० [सं०] [भाव० दुर्गमता] १. (स्थान) जहाँ पहुँचना कठिन हो, औघट। २. जिसे जानना या समझना कठिन हो, दुर्ज्ञेय। ३. कठिन, विकट।

दुर्गा स्त्री० [सं०] १. देवी का एक रूप। (यह आदि शक्ति मानी जाती है।) २. एक देवी जिसका अनेक असुरों को मारना प्रसिद्ध है। (काली, भवानी, अंबा, अपर्णा, चंडी आदि इसी के रूप हैं)। ३. नौ वर्ष की कन्या।

दुर्गुण पुं० [सं०] [वि० दुर्गुणी] बुरा गुण, दोष, ऐब।

दुर्गोत्सव पुं० [सं०] नवरात्र में होनेवाला दुर्गापूजा का उत्सव।

दुर्घट वि० [सं०] १. जिसका होना कठिन हो। २. जो संभव न हो।

दुर्घटना स्त्री० [सं०] ऐसी आकस्मिक बात जिसमें कष्ट या शोक हो, अशुभ और बुरी घटना, वारदात। (एक्सिडेंट)

दुर्घटनाभिमुखी(-खिन्) वि० [सं०] जो दुर्घटना की ओर बढ़ रहा हो।

दुर्घात पुं० [सं०] १. बुरी तरह से किया जानेवाला घात या प्रहार। २. बुरी तरह से किया जानेवाला छल, धोखेबाजी।
दुर्जन पुं० [सं०] [भाव० दुर्जनता] दुष्ट या खोटा आदमी, खल।
दुर्जय वि० [सं०] जो जल्दी जीता न जा सके।
दुर्जेय वि० दे० 'दुर्जय'।
दुर्ज्ञेय वि० [सं०] जिसे सरलता से जाना न जा सके।
दुर्दम वि० दे० 'दुर्दमनीय'।
दुर्दमनीय वि० [सं०] [भाव० दुर्दमनीयता] जिसका दमन करना या जिसे दबाना बहुत कठिन हो।
दुर्दम्य वि० दे० 'दुर्दमनीय'।
दुर्दर* वि० दे० 'दुर्द्धर'।
दुर्दशा स्त्री० [सं०] बुरी दशा या अवस्था, दुर्गति।
दुर्दांत वि० [सं०] जिसे दबाना बहुत कठिन हो, दुर्दमनीय।
दुर्दिन पुं० [सं०] १. बुरे दनि। २. ऐसा दिन जिसमें बादल छाए हों और पानी बरसता हो, मेघाच्छन्न दिन। ३. दुर्दशा, दुख और कष्ट के दिन।
दुर्दैव पुं० [सं०] दुर्भाग्य।
दुर्द्धर वि० [सं०] १. जिसे पकड़ना कठिन हो। २. प्रबल, प्रचंड।
दुर्धर्ष वि० [सं०] जिसे वश में करना कठिन हो, प्रबल।
दुर्नम्य वि० [सं०] जिसे झुकाना सम्भव न हो।
दुर्नाम पुं० [सं० दुर्नामन्] १. बदनामी, कलंक। २. गाली।
दुर्निवार वि० दे० 'दुर्निवार्य'।
दुर्निवार्य वि० [सं०] १. जो जल्दी रोका या हटाया न जा सके। २. जिसका होना प्रायः निश्चित हो।
दुर्नीति स्त्री० [सं०] १. बुरी नीति। २. अन्याय। ३. बुरा आचरण।
दुर्बल वि० [सं०] [भाव० दुर्बलता] १. जिसमें बल न हो, कमजोर। २. दुबला।
दुर्बलकाय वि० [सं०] दुर्बल शरीरवाला।
दुर्बलता स्त्री०[सं०] १. बल न होना, कमजोरी। २. कृशता, दुबलापन। ३. कोई ऐसा चारित्रिक दोष जो किसी व्यक्ति में विशेष रूप से और प्रायः स्वाभाविक हो। ४. चाहत; जैसे—जैसे गुलाबजामुन मेरी कमजोरी है।
दुर्बुद्धि वि० [सं०] बुरी बुद्धिवाला, बुरी बातें सोचते रहनेवाला।
दुर्बोध वि० [सं०] [भाव० दुर्बोधता] जो जल्दी समझ में न आए, कठिन।
दुर्भाग्य पुं० [सं०] मन्द या बुरा भाग्य, खोटी किस्मत।
दुर्भाग्यवश क्रि० वि० [सं०] दुर्भाग्य के कारण।
दुर्भाव पुं० [सं०] १. बुरा भाव। २. भीतरी वैर या द्वेष।
दुर्भावना स्त्री० [सं०] बुरी भावना। २. खटका, आशंका।
दुर्भाषा स्त्री० [सं०] १. बुरी बातें। २. गाली-गलौज, दुर्वाच्य।
दुर्भिक्ष पुं० [सं०] ऐसा समय जिसमें अन्न बहुत कठिनता से मिले, अकाल।
दुर्भेद्य वि० [सं०] [भाव० दुर्भेद्यता] १. जो जल्दी भेदा न जा सके। २. जिसे पार करना बहुत कठिन हो। ३. जिसे तोड़-फोड़कर अधिकार में करना कठिन हो, जैसे दुर्भेद्य दुर्ग।
दुर्भेद्यता स्त्री० [सं०] दुर्भेद्य होने की अवस्था या भाव।
दुर्मद वि० [सं०] १. घमंडी। २. मदमत्त।
दुर्मर वि० [सं०] १. जो सहज में न मरे, जिसका मरना कठिन हो। २. जो उन्नति, सुधार अथवा उदार विचारों का घोर विरोधी हो। (डाई-हार्ड)
दुर्योग पुं० [सं०] बुरा अवसर, बुरी घड़ी।
दुर्रा पुं० [फा० दुर्रः] कोड़ा, चाबुक।
दुर्लंघ्य वि० [सं०] जिसे जल्दी या सहज में लाँघ न सकें।
दुर्लक्ष्य पुं० [सं०] १. वह जो कठिनता से देखा जा सके। २. बुरा लक्ष्य या उद्देश्य।
दुर्लभ वि० [सं०] [भाव० दुर्लभता] १. जिसे पाना सहज न हो, जो जल्दी न मिले, दुष्प्राप्य। २. जो कभी-कभी, कहीं-कहीं या बहुत कम मिलता हो। (रेयर) ३. अनोखा, बहुत विलक्षण और बढ़िया।
दुर्ललित वि० [सं०] १. जिसका रंग-ढंग अच्छा न हो। २. बुरा, खराब।
दुर्लेख्य पुं० [सं०] वह लेख या विलेख जो विधिक व्यवहार में नियमविरुद्ध या अप्रमाणिक माना जाए। (इनवैलिड डीड)
दुर्वचन पुं० [सं०] गाली।
दुर्वह वि० [सं०] जिसे वहन करना कठिन हो।
दुर्वाद पुं० [सं०] १. दुर्वचन, गाली। २. अपवाद, बदनामी।
दुर्विनियोग पुं० [सं०] धन का अनुचित विनियोग।
दुर्विनीत वि० [सं०] जो विनीत या नम्र न हो, अशिष्ट, अक्खड़।
दुर्विपाक पुं० [सं०] १. अशुभ और दुःखद घटना, दुर्घटना। (ट्रेजेडी)। २. बुरा परिणाम या फल।
दुर्वृत्त वि० [सं०] [भाव० दुर्वृत्ति] दुश्चरित्र, दुराचारी।
दुर्वृत्तफलक पुं० [सं०] वह पत्र या फलक जिस पर किसी दुर्वृत्त या दुश्चरित्र व्यक्ति के किए हुए अपराधों आदि का लेखा लिखा रहता है। (हिस्ट्री शीट)
दुर्व्यवस्था स्त्री० [सं०] कुप्रबन्ध, बुरी व्यवस्था।
दुर्व्यवहार पुं० [सं०] बुरा या अनुचित व्यवहार, बुरा बरताव।
दुर्व्यसन पुं० [सं०] बुरी आदत, बुरा व्यसन, लत।
दुर्व्यसनी वि० [सं० दुर्व्यसन] बुरी आदतों वाला।
दुलकना स० दे० 'दुलखना'।
दुलकी स्त्री० [हिं० दलकना] घोड़े की एक चाल जिसमें वह हर पैर अलग-अलग उठाकर उछलता हुआ दौड़ता है।
दुलखना स० [हिं० दो+लक्षण] कोई बात दोबारा कहना या बतलाना।
अ० कहकर मुकरना।
दुलड़ी स्त्री० [हिं० दो+लड़] दो लड़ों की माला या हार।
दुलत्ती स्त्री० [हिं० दो+लात] गाय, गधे, घोड़े आदि चौपायों का पिछले दोनों पैर एक साथ उठाकर किसी पर किया जानेवाला आघात।

दुलदुल स्त्री० [अ०] वह खच्चरी जो असकन्दरिया (मिस्र) के हाकिम ने मुहम्मद साहब को भेंट की थी। (लोग इसे भूल से घोड़ा समझते और मुहर्रम में इसका जुलूस निकालते हैं।)

दुलना* अ० दे० 'डुलना'।

दुलरा* वि० [स्त्री० दुलरी] दे० 'दुलारा'।

दुलराना अ० [हिं० दुलार] १. बच्चों का दुलार या लाड़ करना। २. दुलारे का-सा व्यवहार या आचरण करना। स० बच्चों से दुलार या लाड़ करना।

दुलरी* स्त्री० दे० 'दुलड़ी'।

दुलहन स्त्री० [हिं० दुलहा] नई ब्याही हुई स्त्री, नववधू।

दुलहा पुं० [सं० दुर्लभ] १. वह जिसका ब्याह तुरन्त होने को हो या हुआ हो, वर। २. पति, स्वामी।

दुलहिन, दुलही स्त्री० दे० 'दुलहन'।

दुलहेटा पुं० [हिं० दुलारा+बेटा] १. दुलारा लड़का। २. दुलहा।

दुलाई स्त्री० [सं० तूल] ओढ़ने की रुईदार चादर, हलकी रजाई।

दुलाना* स० दे० 'डुलाना'।

दुलार पुं० [हिं० दुलारना] बच्चों को प्रसन्न करने के लिए की जानेवाली प्रेमपूर्ण चेष्टा, लाड़-प्यार।

दुलारना स० [सं० दुर्लाल] दुलार करना।

दुलारा वि० [हिं० दुलार] [स्त्री० दुलारी] जिसका बहुत दुलार हो, लाड़ला।

दुलारी स्त्री० [हिं० दुलार] छोटे दानोंवाली एक प्रकार की माता (रोग)।

दुलीचा, दुलैचा पुं० दे० 'गलीचा'।

दुलैंडी स्त्री० = धुलेंडी

दुलोही स्त्री० [हिं० दो+लोहा] एक प्रकार की तलवार।

दुल्लभ* वि० दे० 'दुर्लभ'।

दुल्हन स्त्री०=दुलहन।

दुल्हा पुं०=दुलहा।

दुल्हिन स्त्री०=दुलहन।

दुव वि० [सं० द्वि] दो।

दुवन पुं० [सं० दुर्मनस्] १. दुर्जन। २. शत्रु। ३. राक्षस। वि० बुरा, खराब।

दुवाज पुं० [?] एक प्रकार का घोड़ा।

दुवादस| वि० दे० 'द्वादश'।

दुवादसबानी* वि० [सं० द्वादश=सूर्य+वर्ण] बारह बानी का, खरा (विशेषत: स्वर्ण या सोना)।

दुवार| पुं० दे० 'द्वार'।

दुवाल स्त्री० [फा०] रिकाब में का चमड़ा या तस्मा।

दुवाली[१] स्त्री० [देश०] वह घोंटा जिससे घोंटकर कपड़ों पर चमक लाते हैं।

दुवाली[२] स्त्री० [फा० दुवाल] कमर में तलवार आदि लटकाने का चमड़े का परतला।

दुविधा स्त्री० [सं० द्विविधा] १. उपस्थित दो बातों में से कोई बात स्थिर न कर सकने की क्रिया या भाव, मन का अनिश्चय या अस्थिरता। २. संशय, सन्देह। ३. असमंजस, आगा-पीछा। ४. आशंका, खटका।

दुविधाग्रस्त वि० [हिं०+सं०] असमंजस में पड़ा हुआ।

दुविधाहीन वि० [हिं० दुविधा+सं० हीन] दुविधा से रहित।

दुवो* वि० [हिं० दुव+दो] दोनो।

दुशवार वि० [फा० दुश्वार] [भाव० दुश्वारी] १. कठिन, दुरूह। २. विपत्तियों से भरा।

दुशवारी स्त्री० [फा० दुश्वारी] १. कठिनाई। २. विपत्ति।

दुशाला पुं० [सं० द्विशाट] एक प्रकार की ऊनी (प्राय: दोहरी) चादर जिसके किनारों पर बेल-बूटे बने रहते हैं।

दुश्चक्र पुं० [सं०] १. किसी दुष्ट उद्देश्य से चली जानेवाली छिपी हुई चाल, षड्यन्त्र। २. ऐसा बुरा चक्र या क्षेत्र जिसके दोष बराबर बढ़ते ही चलें और जिससे निकल सकना बहुत कठिन हो। (विशस सर्किल)

दुश्चरित्र वि० [सं०] [स्त्री० दुश्चरित्रा] बुरे या निन्दनीय चरित्रवाला, बदचलन।

दुश्चिंतन पुं० [सं०] दूषित बातों पर विचार करते रहना।

दुश्चिंता स्त्री० [सं०] बुरी या विकट चिन्ता।

दुश्मन पुं० [फा०] शत्रु, वैरी।

दुश्मनी स्त्री० [फा०] शत्रुता, वैर।

दुष्कर वि० [सं०] जिसे करना कठिन हो, दुसाध्य।

दुष्कर्म पुं० [सं०] बुरा या अनुचित काम।

दुष्कीर्ति स्त्री० [सं०] बदनामी, अपयश।

दुष्कृती (-तिन्) पुं० [सं०] अनाचार, शास्त्रविरुद्ध कर्म, हिंसा आदि पापकर्म करनेवाला व्यक्ति।

दुष्ट वि० [सं०] [स्त्री० दुष्टा] १. अनैतिक या अन्यायपूर्ण कार्य करनेवाला। २. दूसरों को सतानेवाला।

दुष्टता स्त्री० [सं०] अनैतिक या अन्यायपूर्ण कार्य।

दुष्टतापूर्ण वि० [सं०] दुष्टता से भरा अनैतिक या अन्यायपूर्ण।

दुष्टदलन वि० [सं०] दुष्टों का दलन अर्थात् विनाश करनेवाला। पुं० दुष्टों का विनाश।

दुष्टात्मा वि० [सं०] जिसका अन्त:करण बुरा हो, दुराशय।

दुष्पार वि० [सं०] १. जिसे पार करना कठिन हो। २. जिसका पार, थाह या अन्त पाना कठिन हो।

दुष्पूर वि० [सं० दुष्पूरण] जिसे बड़ी कठिनाई से पूरा किया जा सके, जैसे—तृष्णा की दुष्पूर दौड़।

दुष्प्रचार पुं० [सं०] किसी सम्बन्ध में गलत बातों का किया जानेवाला प्रचार।

दुष्प्रभाव पुं० [सं०] बुरा प्रभाव।

दुष्प्रयोग पुं० दे० 'दुरुपयोग'।

दुष्प्रवृत्ति स्त्री० [सं०] बुरी या दूषित प्रवृत्ति। वि० दुष्ट या बुरी प्रवृत्तिवाला।

दुष्प्राप्य वि० [सं०] कठिनता से मिलनेवाला।

दुष्प्रेक्ष्य वि० [सं०] जो कठिनता से देखा जा सके, जिसे देखना सहज न हो।

दुष्प्रेरण पुं० [सं०] उकसावा।

दुष्प्रेरित वि० [सं०] उकसाया हुआ।

दुसराना| स० दे० 'दोहराना'।

दुसरिह* पुं० [हिं० दूसरा] १. साथी, संगी। २. प्रतिद्वन्द्वी।

दुसह* वि० दे० 'दुस्सह'।

दुसार[1]* पुं० [हिं० दो+सालना] आर-पार किया हुआ छेद। क्रि० वि० इस पार से उस पार तक।

दुसार[2]* वि० [सं० दुःशल्य] बहुत कष्ट देनेवाला।

दुसूती स्त्री० [हिं० दो+सूत] दोहरे सूतों का मोटा कपड़ा।

दुसेजा| पुं० [हिं० दो+सेज] बड़ा पलंग।

दुस्कर* वि०=दुष्कर।

दुस्तर वि० [सं०] [भाव० दुस्तरता] १. जिसे पार करना कठिन हो। २. विकट, कठिन।

दुस्तर्क्य वि० [सं०] १. जिसके सम्बन्ध में तर्क करना कठिन हो। २. जिसे तर्क से सिद्ध करना कठिन हो।

दुस्सह वि० [सं०] जिसे सहन करना कठिन हो।

दुस्साध्य वि० [सं०] जिसका साधन बड़ी कठिनाई से हो।

दुस्सेवा स्त्री० [सं०] ऐसी सेवा जो वास्तव में सेवित को हानि पहुँचानेवाली या उसका अपकार करनेवाली हो। (डिस्सरविस)

दुहता पुं० दे० 'दोहता'।

दुहत्थड़ क्रि० वि० [हिं० दो+हाथ] दोनो हाथों से (मारना)। पुं० दोनो हाथों से होनेवाला प्रहार।

दुहत्था वि० [हिं० दो+हाथ] [भाव० दुहत्थापन] दोनो हाथों से समान रूप से काम करने में कुशल।

दुहना स० [सं० दोहन] १. गौ, भैंस आदि के स्तन से दूध निकालना। ('दूध' और 'दूहा जानेवाला पशु', दोनों के लिए) २. सत्त या सार खींचना। ३. खूब धन वसूल करना।

दुहनी स्त्री० दे० 'दोहनी'।

दुहरा वि० दे० 'दोहरा'।

दुहराव पुं० [हिं० दुहराना+आव (प्रत्य०)] १. दुहराने की क्रिया या भाव। २. पुनरुक्ति।

दुहाई[1] स्त्री० [सं० द्वि+आह्वान] १. उच्च स्वर से या चिल्लाकर सबको दी जानेवाली सूचना, मुनादी, घोषणा। २. अपनी रक्षा के लिए किसी को चिल्लाकर बुलाना, गुहार।

मुहा० *दुहाई देना*=अपने बचाव के लिए किसी को पुकारना।

३. शपथ, कसम, सौगन्ध।

दुहाई[2] स्त्री० [हिं० दुहना] गाय, भैंस आदि दुहने का काम, भाव या मजदूरी।

दुहाग पुं० [सं० दुर्भाग्य] [वि० दुहागी] १. दुर्भाग्य। २. वैधव्य, रँड़ापा।

दुहागिन स्त्री० [हिं० दुहाग] विधवा, 'सुहागिन' का उलटा।

दुहागिल वि० [हिं० दुहाग] १. अभागा। २. अनाथ। ३. सुनसान, सूना, निर्जन।

दुहाना स० [हिं० 'दुहना' का प्रे०] दूहने का काम किसी और से कराना।

दुहावनी स्त्री० [हिं० दुहना] दूध दुहने की मजदूरी, दुहाई।

दुहिता स्त्री० [सं० दुहितृ] बेटी, पुत्री।

दुहितृ स्त्री० [सं०] बेटी, पुत्री।

दुहुँधा* क्रि० वि० [हिं० दु=दो+धा=ओर] दोनो ओर से।

दुहूँ वि० [हिं० दो] दोनों।

दुहेल* पुं० [सं० दुर्हेल] दुख, विपत्ति।

दुहेला* वि० [सं० दुर्हेल] [स्त्री० दुहेली] १. दुखदायी। २. दुस्साध्य, कठिन। ३. जिसके मन में दुख हो, दुखी। ४. दःखमय, दुःखपूर्ण।

दुहैया वि० [हिं० दुहना] गो, भैंस आदि दुहनेवाला। स्त्री० दे० 'दुहाई'।

दुहोतरा* वि० [सं० दु या द्वि+उत्तर] दो अधिक, दो ऊपर या और।

दूँद* पुं० दे० 'दुंद'।

दूँदना* अ० [हिं० दुंद] लड़ाई-झगड़ा या उपद्रव करना।

दूँदि* स्त्री० दे० 'दुंद'।

दू † वि०=दो।

दूआ पुं० [हिं० दो] १. जुए आदि के खेलों में दो से सम्बन्ध रखनेवाला दाँव। २. ताश का वह पत्ता जिस पर दो बूटियाँ होती हैं, दुक्की। ३. दे० 'दुई'।

*वि०=दूसरा।

दूइज स्त्री० दे० 'दूज'।

दूक* वि० [सं० द्वैक] दो-एक, कुछ।

दूकान पुं० दे० 'दुकान'।

दूखना[1]* स० [सं० दूषण+हिं० ना (प्रत्य०)] दोष या ऐब लगाना।

दूखना[2] अ० [?] नष्ट होना।

अ० दे० 'दुखना'।

दूज स्त्री० [सं० द्वितीया] चान्द्रमास के किसी पक्ष की दूसरी तिथि, द्वितीया।

मुहा० *दूज का चाँद होना*=बहुत दिन पर मिलना या दिखाई देना।

दूजा* वि० [सं० द्वितीय] दूसरा।

दूत पुं० [सं०] [स्त्री० दूती] [भाव० दूतता] १. वह जो कोई विशेष कार्य करने या सँदेशा पहुँचाने के लिए कहीं भेजा जाए, बसीठ। २. प्रेमी और प्रेमिका का सँदेशा एक दूसरे तक पहुँचानेवाला मनुष्य। ३. इधर की बातें उधर लगाकर आपस में लड़ाई-झगड़ा करानेवाला।

दूतकर्म पुं० [सं०] दूत का काम या भाव।

दूतता स्त्री० [सं०] दूत का काम या भाव।

दूतपन पुं० दे० 'दूतता'।

दूतमंडल पुं० [सं०] किसी काम के लिए भेजे हुए दूतों का समूह या दल।

दूतर* वि० दे० 'दुस्तर'।

दूतसंवाद पुं० [सं०] दूत द्वारा भेजा हुआ संवाद।

दूतायन पुं० दे० 'दूतावास'।

दूतावास पुं० [सं०] किसी नगर का वह स्थान जहाँ दूसरे राष्ट्र या राज्य का दूत और उसके साथी, कर्मचारी आदि रहते हों।

दूतिका स्त्री० दे० 'दूती'।

दूती स्त्री० [सं०] प्रेमी और प्रेमिका का समाचार एक दूसरे तक पहुँचानेवाली स्त्री, कुटनी।

दूध पुं० [सं० दुग्ध] १. वह प्रसिद्ध सफेद तरल पदार्थ जो स्तनपायी जीवों की मादा के स्तनों से निकलता है और जो उनके छोटे बच्चे पीते हैं, पय, दुग्ध।

मुहा० *दूध की मक्खी की तरह निकालकर फेंक देना*=किसी को तुच्छ या पराया समझकर बिल्कुल अलग कर देना। *दूध के दाँत न टूटना*=बहुत छोटा या बच्चा होना, सयाना न होना। *दूध फटना या बिगड़ना*=खटाई आदि पड़ने या किसी और प्राकृतिक कारण से दूध का जल अलग और सार भाग अलग हो जाना। *(छाती में) दूध भर आना*=बच्चे के प्रेम से माता के स्तनों में दूध उतर आना।

कहा० *दूध का दूध और पानी का पानी*=ऐसा न्याय होना जिसमें किसी पक्ष के साथ तनिक भी अन्याय न हो। *दूधों नहाओ पूतों फलो*=धन, सन्तान आदि की यथेष्ट वृद्धि हो। (आशीर्वाद या शुभ कामना)

२. अनाज के हरे बीज या पौधों की पत्तियों और डंठलों का वह सफेद रस जो उन्हें तोड़ने पर निकलता है।

दूध-छुड़ाई स्त्री० बालक का स्तनपान छुड़ाने की क्रिया या भाव।

दूध-पिलाई स्त्री० [हिं० दूध+पिलाना] १. दूध पिलानेवाली दाई। २. दूध पिलाने के बदले में मिलनेवाला धन।

दूध-पूत पुं० [हिं० दूध+पूत] धन और सन्तति।

दूध-भाई पुं० [हिं० दूध+भाई] [स्त्री० दूध-बहन] पारस्परिक सम्बन्ध के विचार से ऐसे बालकों में से आपस में हर एक, जो एक स्त्री का दूध पीकर पले हों, पर अलग-अलग माता-पिता से उत्पन्न हों।

दूधमुँहाँ वि० दे० 'दुधमुँहाँ'।

दूधमुख वि० दे० 'दुधमुँहाँ'।

दूधिया वि० [हिं० दूध+इया (प्रत्य०)] १. जिसमें दूध मिला हो या जो दूध से बना हो। २. जिसमें दूध होता हो। ३. दूध के रंग का, सफेद।

पुं० १. एक प्रकार का सफेद रत्न। २. एक प्रकार का सफेद, मुलायम और चिकना पत्थर। ३. दुद्धी नाम की घास। ४. खड़िया मिट्टी। ५. दूध बेचनेवाला।

दून[१] स्त्री० [हिं० दूना] १. दूना होने का भाव।

मुहा० *दून की लेना या हाँकना*=बढ़कर बातें करना, शेखी हाँकना, ढींग हाँकना।

२. संगीत में गाने की गति का अपेक्षाकृत कुछ बढ़ या तेज हो जाना।

दून[२] पुं० [देश०] तराई, घाटी।

दूनर* वि० [सं० द्विनम्र] जो लचककर दोहरा हो गया हो।

दूना वि० [सं० द्विगुण] [स्त्री० दूनी] जितना हो, उतना ही और, दुगुना।

दूनी* स्त्री०=दुनियाँ।

वि० हिं० 'दूना' का स्त्री०।

दूनौं* वि० दे० 'दोनों'।

दूब स्त्री० [सं० दूर्वा] एक बहुत प्रसिद्ध घास, जो हरी और सफेद दो प्रकार की होती है।

दूबदू क्रि० वि० [फा०] आमने-सामने, मुकाबले में।

मुहा० *दुबदू करना*=विवाद करना।

दूबरा* वि० [स्त्री० दूबरी] दे० 'दुबला'।

दूबस्थली स्त्री० [सं०] दूब से भरा मैदान।

दूबा* स्त्री० दे० 'दूब'।

दूभर वि० [सं० दुर्भर] कठिनता से सहा जानेवाला।

दूमना* अ० [सं० द्रुम] हिलना।

दूर क्रि० वि० [सं०] [भाव० दूरता, दूरी] विस्तार, काल, सम्बन्ध आदि के विचार से बहुत अन्तर पर, 'पास' या 'निकट' का उलटा।

मुहा० *दूर करना*=अलग करना, हटाना। (ख) न रहने देना, नष्ट करना। *दूर भागना या रहना*=बहुत बचकर और अलग रहना। *दूर की कौड़ी लाना*=दूर की किसी बात से सम्बन्ध जोड़ना।

पद *दूर की बात*=(क) बहुत बारीक और समझदारी की बात। (ख) कठिन बात। *दूर तक*=एक दिशा में बहुत आगे तक। *दूर दूर तक*=अनेक या चारों दिशाओं में बहुत आगे तक।

वि० जो अन्तर या फासले पर हो।

दूरगामिता स्त्री० [सं०] दूरगामी होने की अवस्था या भाव।

दूरगामी (-मिन्) वि० [सं०] १. जिसका प्रभाव भविष्य में लंबे समय तक दिखे। २. जिसके होने में अभी यथेष्ट विलंब हो।

दूरता स्त्री० [सं०] दूर होने का भाव, अन्तर, दूरी, फासला।

दूर-दराज क्रि० वि० [सं० दूर+फा० दराज] बहुत दूर।

पद *दूर-दराज का*=बहुत दूर का।

दूरदर्शक वि०, पुं० [सं०] १. दूर तक की बात देखने या समझनेवाला। २. दूरदर्शन देखनेवाला।

दूरदर्शन पुं० [सं०] [वि० दूरदर्शनी] १. वह व्यवस्था जिसमें घर बैठे उपकरणों से अन्यत्र घटित होते हुए दृश्य देखे जाते हैं। २. वह राष्ट्रीय संस्था जो दूर घटित होनेवाले दृश्य टीवी पर दिखाती है।

दूरदर्शनी वि० [सं० दूरदर्शन] दूरदर्शन सम्बन्धी; जैसे दूरदर्शनी हिंदी।

दूरदर्शिता स्त्री० [सं०] दूर की बात सोचने या समझने का गुण।

दूरदर्शी (-शिन्) वि० [सं०] [भाव० दूरदर्शिता] बहुत आगे की या दूर तक की बातें देखने या सोचनेवाला, अग्रशोची।

दूरपूर्व पुं० [सं०] एशिया का पूर्वी भाग जिसमें जापान, कोरिया, चीन आदि देश हैं। (फार ईस्ट)

दूरबीन स्त्री० [फा०] वह प्रसिद्ध यन्त्र जिससे दूर की चीजें पास, साफ और बड़ी दिखाई देती हैं।

दूरभाष पुं० [सं०] टेलिफोन।

दूरमुद्रक पुं० [सं०] टेलिप्रिंटर।

दूरवर्ती वि० [सं०] दूर का, जो दूर हो।

दूरसंचार पुं० [सं०] १. तार, बेतार, फोन आदि द्वारा दूर-दूर सन्देश भेजने तथा प्राप्त करने की व्यवस्था। २. दूर-दूर सन्देश भेजने के सभी साधन।

दूरस्थ वि० [सं०] दूर का, जो दूर हो।

दूरागत वि० [सं०] दूर से आया हुआ।

दूरी स्त्री० [सं० दूर+हिं० ई(प्रत्य०)] १. दूर होने की अवस्था या भाव। २. दो वस्तुओं के बीच का स्थान, अन्तर, फासला। ३. अंतर, फरक; जैसे-इधर अमीरी और गरीबी में दूरी बढ़ी है। (डिस्टेन्स)

दूर्वा स्त्री० [सं०] दूब।

दूलन* पुं० दे० 'दोलन'।

दूलह पुं० दे० 'दुलहा'।

दूलित* वि० दे० 'दोलित'।

दूल्हा पुं० दे० 'दुलहा'।

दूषक वि० [सं०] १. दोष लगानेवाला। २. दोषपूर्ण।

दूषण पुं० [सं०] [वि० दूषणीय] १. अवगुण, दोष, ऐब, बुराई। २. दोष या ऐब लगाने का कार्य।

दूषना* स० [सं० दूषण] दोष लगाना।

दूषित वि० [सं०] १. जिसमें दोष हो, दोषयुक्त। २. बुरा, खराब।

दूष्य वि० [सं०] १. जिसमें दोष लगाया या निकाला जा सके। २. निन्दनीय।

दूसना स० दे० 'दूषना'।

दूसर* वि० दे० 'दूसरा'।

दूसरा वि० [हिं० दो] १. क्रम में पहले के बाद पड़नेवाला, द्वितीय। २. जिसका प्रस्तुत विषय या बात से कोई सम्बन्ध न हो, अन्य, अपर, कोई और। ३. जिसका सम्बन्ध अपने या अपने से न हो। (अदर)

दूहना स० दे० 'दुहना'।

दूहा* पुं० दे० 'दोहा'।

दृक्पथ पुं० [सं०] दृष्टिपथ।

दृक्पात पुं० [सं०] दृष्टिपात।

दृगंचल पुं० [सं०] १. पलक। २. कटाक्ष, चितवन, उदा० चंचल चारु दृगंचल सों।- केशव।

दृगंबु पुं० [सं०] आँसू।

दृग* पुं० [सं० दृक्] १. आँख। २. दृष्टि। ३. दो की संख्या।

दृग-मिचाव पुं० दे० 'आँख-मिचौली'।

दृग्गोचर वि० [सं०] जो आँख से दिखाई दे।

दृढ़ वि० [सं०] [भाव० दृढ़ता] १. अच्छी तरह बँधा या मिला हुआ, प्रगाढ़। २. पुष्ट, मजबूत। ३. कड़ा, ठोस। ४. बलवान। ५. हृष्टपुष्ट। ६. जो जल्दी खराब न हो, स्थायी। ७. निश्चित, ध्रुव, पक्का। ८. उतारू, सन्नद्ध।

दृढ़चेता वि० [सं० दृढ़चेतस्] पक्के विचारोंवाला।

दृढ़ता स्त्री० [सं०] १. दृढ़ या पक्के होने का भाव। २. अपने विचार, प्रतिज्ञा आदि पर जमे रहने का भाव।

दृढ़प्रतिज्ञ वि० [सं०] अपनी प्रतिज्ञा पर दृढ़ रहनेवाला।

दृढ़ाई* स्त्री०=दृढ़ता।

दृढ़ाना* स० [सं० दृढ़] दृढ़ या पक्का करना।
अ० दृढ़ या पक्का होना।

दृढ़ाव* पुं०=दृढ़ता।

दृढ़ीभवन पुं० [सं०] दृढ़ करने की क्रिया या भाव।

दृढ़ीभूत वि० [सं०] दृढ़ किया हुआ।

दृप्त वि० [सं०] १. उग्र, प्रचंड। २. प्रज्वलित। ३. तेजयुक्त। ४. अभिमानी।

दृप्ति स्त्री० [सं०] १. चमक, आभा। २. तेजस्विता। ३. प्रकाश, रोशनी। ४. अभिमान, गर्व। ५. उग्रता, प्रचंडता।

दृश्य वि० [सं०] १. देखने से संबद्ध, जो देखने में आ सके, जिसे देख सकें, चाक्षुष। (विज़ुअल) ३. देखने योग्य, दर्शनीय। ४. सुन्दर।
पुं० १. वह पदार्थ, घटना स्थल आदि जो आँखों के सामने हो, दिखाई देनेवाली चीजें या घटना। (व्यू) २. कोई प्राकृतिक या अंकित स्थल या घटना, विशेषतः देखने योग्य। (सीनरी) ३. नाटक के किसी अंक का वह भाग जो एक बार में एक साथ सामने आता है और जिसमें किसी एक घटना का अभिनय होता है। (सीन) ४. वह काव्य जिसका अभिनय हो, नाटक। ५. दे० 'दृश्य जगत'।

दृश्य जगत पुं० यह जगत जो हमें प्रत्यक्ष अपने सामने दिखाई देता है, वास्तविक जगत।

दृश्यमान वि० [सं०] दिखाई देनेवाला।

दृश्य-श्रव्य वि० [सं०] देखने और सुनने से संबद्ध।

दृश्यांकन पुं० [सं०] दृश्य को अंकित करने का कार्य।

दृश्यादृश्य वि० [सं० दृश्य+अदृश्य] दृश्य और अदृश्य, जो दिखाई देता दे रहा हो अथवा नहीं।

दृष्ट वि० [सं०] १. देखा हुआ। २. जाना हुआ, ज्ञात। ३. गोचर, प्रत्यक्ष।

दृष्टकूट पुं० [सं०] १. पहेली। २. वह कविता जिसका अर्थ शब्दों के वाच्यार्थ से नहीं, बल्कि प्रसंग या रूढ़ अर्थों से निकलता हो।

दृष्टमान* वि० [सं० दृश्यमान] प्रकट।

दृष्टवाद* वि० [सं०] वह दार्शनिक सिद्धान्त जो केवल प्रत्यक्ष को मानता है।

दृष्टव्य वि०=द्रष्टव्य। (असिद्ध)

दृष्टांत पुं० [सं०] १. दे० 'उदाहरण'। २. एक अर्थालंकार जिसमें उपमेय और उसके साधारण धर्म का वर्णन करके उसकी तुलना में उपमान और उसके धर्म का वर्णन होता है।

दृष्टा पुं०=द्रष्टा। (असिद्ध)

दृष्टार्थ पुं० [सं०] वह शब्द जिसका अर्थ स्पष्ट हो या समझ में आए।

दृष्टि स्त्री० [सं०] १. वह वृत्ति या शक्ति जिससे मनुष्य या जीव सब चीजें देखते हैं। २. आँख की पुतली की सीध में किसी वस्तु के होने की स्थिति, नजर, निगाह। ३. आँख का वह व्यापार, जिससे वस्तुओं के रूप, रंग आदि का ज्ञान होता है।

मुहा० *(किसी से) दृष्टि जुड़ना*= देखा-देखी या सामना होना। *(किसी से) दृष्टि जोड़ना*=आँखें मिलाना, सामना करना। *दृष्टि मिलाना*=दे० 'दृष्टि जोड़ना'। *दृष्टि रखना*=(क) ध्यान या देख-रेख रखना। (ख) पहचान होना।

४. किसी वस्तु को देखने या किसी विषय पर विचार करने की वृत्ति या ढंग; जैसे—समय की दृष्टि से यह बात अनुचित है; जैसे-सभी दृष्टियों से यह सौदा अच्छा रहा। (व्यू) ५. परख, पहचान। ६. कृपादृष्टि। ७. आशा की दृष्टि, आशा, उम्मीद।

दृष्टिक वि० [सं०] दृष्टि-सम्बन्धी।

दृष्टिकूट पुं० दे० 'दृष्टकूट'।

दृष्टिकोण पुं० [सं०] १. वह अंग या कोण जिससे कोई बात सोची-समझी जाए। (एंगिल ऑफ विज़न) २. किसी विषय में किसी के विचार या दृष्टि से निश्चित किया हुआ मत। (व्यू-पॉइन्ट)

दृष्टिक्रम पुं० [सं०] चित्रों आदि में वह अभिव्यक्ति जिससे दर्शक को यथाक्रम प्रत्येक वस्तु अपने उपयुक्त स्थान पर और ठीक मान में दिखाई दे, मुनासिबत। (पर्सपेक्टिव)

दृष्टिगत वि० [सं०] जो दिखाई पड़ता हो।

दृष्टिगोचर वि० [सं०] जो देखने में आए।

दृष्टिदोष पुं० [सं०] १. दृष्टि में होनेवाली कमी या खराबी। २. पढ़ने में होनेवाली भूल।

दृष्टि-परंपरा स्त्री० दे० 'दृष्टिक्रम'।

दृष्टिपात पुं० [सं०] देखना।

दृष्टिबंध पुं० [सं०] इन्द्रजाल, जादू।

दृष्टिबंधक पुं० [सं०+हिं०] कोई चीज बन्धक या रेहन रखने का वह प्रकार जिसमें रुपए देनेवाले को सिर्फ सूद ही मिलता है, सम्पत्ति की आय या देख-रेख से उसका कोई सम्बन्ध नहीं होता। (सिम्पुल मॉर्टगेज)

दृष्टिभ्रम पुं० [सं०] देखने में होनेवाला भ्रम।

दृष्टिमंदता स्त्री० [सं०] आँखों से कम दिखाई देने की अवस्था या भाव।

दृष्टिमांद्य पुं० [सं०] आँखों से कम दिखाई देने की अवस्था या रोग।

दृष्टिवंत वि० [सं० दृष्टि+ हिं० वंत (प्रत्य०)] १. जिसे दृष्टि हो। २. ज्ञानी, ज्ञानवान।

दृष्टिसंपन्न वि० [सं०] १. जिसे दृष्टि हो। २. दूरदर्शी।

दृष्टिहीन वि० [सं०] [भाव० दृष्टिहीनता] १. जिसे आँख न हो। २. जिसे कुछ सूझता न हो। ३. विवेकहीनता।

देख स्त्री० [हिं० देखना] देखने की क्रिया या भाव, (यौ० में; जैसे देख-रेख)।

देखन* स्त्री० दे० 'देख'।

देखनहारा* पुं० [हिं० देखना+हारा (प्रत्य०)] [स्त्री० देखनहारी] देखनेवाला।

देखना स० [सं० दृश्] १. आँखों से किसी व्यक्ति या पदार्थ के रूप-रंग और आकार-प्रकार आदि का ज्ञान प्राप्त करना, अवलोकन करना।

मुहा० *देखते-देखते*=तुरन्त, चटपट। *देखते रह जाना*=चकित होकर चुपचाप रह जाना। *देखना-सुनना*=जानकारी प्राप्त करना, पता लगाना। *देखा जाएगा*=जो कुछ होगा, वह समझ लिया जाएगा। (उपेक्षा)

२. जाँच या निरीक्षण करना। ३. ढूँढ़ना, पता लगाना। ४. परीक्षा करना, आजमाना, परखना। ५. देख-भाल या निगरानी करना। ६. अनुभव करना, भोगना। ७. ग्रन्थ, पत्र आदि पढ़ना।

देखना-परखना स० निरीक्षण करना, जाँचना।

देख-भाल स्त्री० [हिं० देखना+भालना] १. जाँच-पड़ताल। २. देख-रेख, निगरानी।

देखराना* स० दे० 'दिखलाना'।

देखरावना* स० दे० 'दिखलाना'।

देख-रेख स्त्री० [हिं० देखना+सं० प्रेक्षण] १. देख-भाल। २. निरीक्षण, निगरानी।

देखादेखी स्त्री० [हिं० देखना] एक दूसरे को देखने की क्रिया, दशा या भाव, साक्षात्कार।

क्रि० वि० दूसरे को कुछ करते देखकर उसी के अनुकरण पर (कोई काम करना)

देखाना* स० दे० 'दिखाना'।

देखावना स० दे० 'दिखाना'

देग पुं० [फा० देग़] दाल, चावल आदि पकाने का चौड़े मुँह का बड़ा बरतन।

देगचा पुं० [फा० देग़चः] [स्त्री० अल्पा० देगची] छोटा देग।

देदीप्यमान वि० [सं०] चमकता हुआ।

देन स्त्री० [हिं० देना] १. देने की क्रिया या भाव, दान। २. किसी की दी हुई या किसी से मिली हुई वस्तु, प्रदत्त या प्राप्त वस्तु, जैसे ईश्वरीय देन। (गिफ्ट) ३. वह धन जो किसी को देना या चुकाना हो, बाकी रकम। ४. किसी प्रकार का देन चुकाने का भार, देयता। (लायबिलिटी; अन्तिम दोनो अर्थों के लिए)

देनदार पुं० [हिं० देना+फा० दार] १. ऋणी, कर्जदार। २. वह जिसके जिम्मे कुछ देन या देना बाकी हो। (लायबुल)

देन-लेन पुं० [हिं० देना+लेना] कुछ लेने और देने का व्यवहार।

देनहारा* वि० [हिं० देना] देनेवाला।

देना स० [सं० दान] १. अपने अधिकार से दूसरे के अधिकार में पहुँचाना, दान करना। (कॉन्फर) २. हवाले करना, सौंपना। (डिलिवर) ३. सूचना, लेख आदि के रूप में या यों ही लिखकर यथास्थान रखना या पहुँचाना, जैसे मासिकपत्र में लेख देना। ४. अनुभव कराना, भोगाना, जैसे कष्ट देना। ५. अपने में से उत्पन्न करके या निकालकर किसी को लाभ पहुँचाना। ६. प्रहार करना, मारना। ७. किसी प्रकार पूरा करना, रखना, लगाना, डालना आदि (संयोज्य क्रिया के रूप में), जैसे रख देना, खपा देना, मिटा देना।
पुं० १. देने की क्रिया या भाव। २. उधार लिया हुआ रुपया, कर्ज।

देमान* पुं० दे० 'दीवान'।

देय वि० [सं०] १. जो दिया जा सके। २. जो बाकी होने के कारण दिया जाने को हो, जैसे किसी पर कुछ देय रखना। ३. (धन) जो दिया जाने को हो। (पेएबुल) ४. (वस्तु) जो किसी दूसरे को दी जा सकती हो। (अलीनिएबुल)

देयक पुं० [सं० देय+क(प्रत्य०)] वह पत्र, जिसमें किसी के नाम, विशेषत: बैंक के नाम यह लिखा हो कि अमुक व्यक्ति को हमारे खाते में से इतने रुपये दे दो। (चेक)

देयता स्त्री० [सं०] धन चुकाने या कर्ज़ अदा करने की जिम्मेदारी। (लाइबिलिटी)

देयादेश पुं० [सं०] किसी को कुछ धन देने के सम्बन्ध में दिया जानेवाला आदेश, यह आज्ञा कि अमुक व्यक्ति को इतना धन दे दिया जाए, धनादेश। (पे-आर्डर या पेमेन्ट-आर्डर)

देयासी वि० [?] [स्त्री० देयासिन] झाड़-फूँक करनेवाला, ओझा।

देर, देरी स्त्री० [फा०] १. जितना समय लगना चाहिए, उससे अधिक समय, अतिकाल, विलम्ब। २. समय, वक्त, जैसे यह काम कितनी देर में होगा?
पद *देर से*=विलंब से; जैसे-लड़का रात को देर से घर लौटा।

देव[1] पुं० [सं०] [स्त्री० देवी] १. देवता। २. पूज्य व्यक्ति। ३. बड़ों के लिए आदरसूचक सम्बोधन।

देव[2] पुं० [फा०] दैत्य, राक्षस।

देवऋण पुं० [सं०] देवताओं के ऋण से मुक्त होने के लिए किए जानेवाले यज्ञादि धार्मिक कृत्य।

देवऋषि पुं० दे० 'देवर्षि'।

देवकन्या स्त्री० [सं०] देवता की कन्या या पुत्री।

देवकार्य पुं० [सं०] देवताओं को प्रसन्न करने के लिए किए जानेवाले होम, पूजा आदि धार्मिक कार्य।

देवकी स्त्री० [सं०] वसुदेव की स्त्री जिसके गर्भ से श्रीकृष्ण का जन्म हुआ था।

देवकीनन्दन पुं० [सं०] श्रीकृष्ण।

देवगज पुं० [सं०] इन्द्रदेव का हाथी, ऐरावत।

देवगुरु पुं० [सं०] देवताओं के गुरु, बृहस्पति।

देवठान पुं० दे० 'देवोत्थान'।

देवता पुं० [सं०] स्वर्ग में रहनेवाले वे अमर प्राणी जो पूज्य माने जाते हैं, सुर।

देवतार्चन पुं० [सं०] देवताओं का अर्चन, देवताओं की आराधना।

देवता-स्वरूप वि० [सं०] देवता के जैसा।

देवत्व पुं० [सं०] 'देवता' का गुण या भाव।

देवदार पुं० [सं० देवदारु] एक बहुत बड़ा पेड़ जिससे अलकतरा और तारपीन की तरह का तेल निकलता है।

देवदासी स्त्री० [सं०] किसी देवता के नाम पर उत्सर्ग की हुई या उसके मन्दिर में रहनेवाली दासी या नर्तकी। (दक्षिण भारत)

देवदूत पुं० [सं०] वह जो देवता या ईश्वर की ओर से कोई सन्देश लेकर आनेवाला माना जाता हो, पैगम्बर।

देवदेव* पुं०=देवाधिदेव (शिव)।

देवधरा पुं० [सं० देवगृह] देवालय (मन्दिर)।

देवधुनि स्त्री० [सं०] गंगा नदी।

देवनागरी स्त्री० [सं०] भारत की राष्ट्रलिपि, जिसमें संस्कृत तथा हिन्दी, मराठी, राजस्थानी आदि अनेक देशी भाषाएँ लिखी जाती हैं। इसके जिस रूप में ऋ, लृ और ऌ स्वर नहीं होते, वह हिन्दी वर्णमाला कहलाती है। (बंगला, गुजराती, गुरुमुखी आदि लिपियाँ इसी की रूपान्तर हैं।)

देवपथ पुं० [सं०] आकाश।

देवपुर पुं० [सं०] स्वर्ग।

देवपुरी स्त्री० [सं०] अमरावती।

देवभाषा स्त्री० [सं०] संस्कृत भाषा।

देवमंदिर पुं० [सं०] देवता का मन्दिर, देवालय।

देवमानव पुं० [सं०] ऐसा मनुष्य जिसमें देवताओं जैसे गुण हों।

देवयज्ञ पुं० [सं०] पंच महायज्ञों में से एक जिसमें होम आदि कृत्य किए जाते हैं।

देवयान पुं० [सं०] वह मार्ग जिससे जीवात्मा ब्रह्मलोक को जाता है।

देवयानी स्त्री० [सं०] शुक्राचार्य की कन्या और राजा ययाति की पत्नी का नाम।

देवयोनि स्त्री० [सं०] स्वर्ग, अन्तरिक्ष आदि में रहनेवाले वे जीव, जो देवताओं के समान माने जाते हैं, जैसे अप्सरा, यक्ष, किन्नर आदि।

देवर पुं० [सं०] [स्त्री० देवरानी] स्त्री के विचार से उसके पति का छोटा भाई।

देवरा† पुं० [सं० देव] छोटा देवता।

देवराज पुं० [सं०] इन्द्र।

देवरानी स्त्री० [हिं० देवर+आनी (प्रत्य०)] पति के छोटे भाई अर्थात् देवर की स्त्री।

देवराय* पुं० दे० 'देवराज'।

देवर्षि पुं० [सं०] नारद, अत्रि, मरीचि, भृगु आदि जो ऋषि होने पर भी देवता माने जाते हैं।

देवल[1] पुं० [सं० देवालय] देवमन्दिर।

देवल[2] पुं० [?] एक प्रकार का धान या उसका चावल।

देवलोक पुं० [सं०] स्वर्ग।

देववधू स्त्री० [सं०] १. देवी। २. अप्सरा।

देववल्भा स्त्री० [सं०] देवता की प्रिया।

देववाणी स्त्री० [सं०] १. देवता या ईश्वर के मुँह से निकली हुई बात। २. ऐसी बात जो देवता या ईश्वर की कही हुई मानी जाए। ३. आकाशवाणी। (ओरेकल) ४. संस्कृत भाषा जो देवताओं की भाषा मानी गई है।

देववाद पुं० [सं०] देवताओं की सत्ता स्वीकार करने का सिद्धान्त।

देवसभा स्त्री० [सं०] देवताओं की सभा या समाज।

देवस्थान पुं० [सं०] देवमन्दिर।

देवांगना स्त्री० [सं०] १. देवता की स्त्री। २. अप्सरा।

देवाधिदेव पुं० [सं०] १. शंकर। २. विष्णु।

देवाधिप पुं० [सं०]=देवाधिदेव।

देवान* पुं०=दीवान।

देवानीक पुं० [सं०] देवताओं की सेना।

देवार्पण पुं० [सं०] देवता के निमित्त किसी वस्तु का अर्पण, दान या उत्सर्ग।

देवाल† वि० [हिं० देना] १. देनेवाला। २. बेचनेवाला।

देवालय पुं० [सं०] १. स्वर्ग। २. वह स्थान जहाँ देवता की मूर्ति हो, मन्दिर।

देवासुर पुं० बहु० [सं० देव+असुर] देवता और असुर। जिसका सम्बन्ध देवताओं और असुरों से हो।

देवासुर संग्राम पुं० [सं०] देवताओं और असुरों के बीच का संग्राम जो समुद्र-मन्थन के समय हुआ था।

देवी स्त्री० [सं०] १. देवता की स्त्री। २. प्राचीन भारत में वह रानी जिसका राजा के साथ अभिषेक होता था, पटरानी। ३. सदाचारिणी स्त्री। ४. स्त्रियों के नाम के साथ लगनेवाली एक आदरसूचक उपाधि।

देवेन्द्र पुं० [सं०] इन्द्र।

देवैया वि० [हिं० देना] देनेवाला।

देवोत्तर पुं० [सं०] देवता को चढ़ाया हुआ धन या सम्पत्ति।

देवोत्थान पुं० [सं०] कार्तिक शुक्ला एकादशी को विष्णु का सोकर उठना, जो एक पर्व माना जाता है।

देश पुं० [सं०] १. पृथ्वी का वह विशिष्ट विभाग जिसमें अनेक प्रान्त, नगर आदि हों, मुल्क। २. एक राजा या शासक के अधीन अथवा एक शासन-पद्धति के अन्तर्गत रहनेवाला भूभाग, राष्ट्र। ३. स्थान, जगह।

देशगत वि० [सं०] देश से संबद्ध, किसी स्थान-विशेष से संबद्ध।

देशज वि० [सं०] १. देश में उत्पन्न। २. (शब्द) जो किसी दूसरी भाषा से न निकला हो, बल्कि किसी प्रदेश में लोगों की बोल-चाल से बन गया हो।

पुं० देशवासी; उदा० उन शहीदों को सदा सब देशज देश के साथ स्मरण करते हैं। -विराट

देशना स्त्री० [सं०] सीख, हिदायत।

देश-निकाला पुं० [सं० देश+हिं० निकाला] देश से निकाले जाने का दण्ड, निर्वासन।

देशबंधु पुं० [सं०] देशवासी, जो भाई के समान होता है, हमवतन।

देशभक्त पुं० [सं०] [भाव० देशभक्ति] जो अपने देश की सच्चे हृदय से उन्नति और कल्याण चाहता और उसकी सिद्धि के लिए प्रयत्न करता हो। (पेट्रिऑट)

देशभक्ति स्त्री० [सं०] अपने देश का कल्याण और उन्नति चाहने तथा उसके लिए प्रयत्न करते रहने की वृत्ति।

देशभाषा स्त्री० [सं०] किसी देश या प्रदेश की भाषा, जैसे बंगला या पंजाबी।

देशभेद पुं० [सं०] दो स्थानों में होनेवाला अंतर; जैसे-देशभेद-जनित।

देशव्यापी वि० [सं०+हिं०] पूरे देश में व्याप्त।

देशांतर पुं० [सं०] १. दूसरा देश, विदेश, परदेश। २. पृथ्वी के मानचित्र पर उत्तर-दक्षिण खींची हुई एक सर्वमान्य मध्यरेखा से पूर्व या पश्चिम के देशों या स्थानों की दूरी, लम्बांश। (भूगोल)

देशांतरीय वि० [सं०] दूसरे देश का।

देशाचर पुं० [सं०] वह आचार या रीति-व्यवहार जो किसी देश में बहुत दिनों से होता आया हो।

देशाटन पुं० [सं०] दूर-दूर के देशों की यात्रा या भ्रमण।

देशी वि० [सं० देशीय] १. देश का, देश-सम्बन्धी। २. अपने देश में उत्पन्न या बना हुआ, स्वदेश का, जैसे देशी कपड़ा।

पुं० संगीत में एक प्रकार का राग।

देशीकरण पुं० किसी विदेशी वस्तु, विचार या शब्द को ऐसा रूप देना कि वह देशी प्रतीत हो।

देशीय वि० दे० 'देशी'।

देशी राज्य पुं० वे अनेक छोटे-बड़े राज्य जो ब्रिटिश शासनकाल में सारे भारत में जगह-जगह राजाओं-महाराजाओं के अधीन थे और जिनका बाद में स्वतन्त्र भारत में विलय हो गया, रियासत।

देश्य वि० [सं०] १. देश-सम्बन्धी, देश का। २. जो अपने ही देश में हो या उत्पन्न हुआ हो, देशी, जैसे देश्य भाषा।

देसंतर* पुं०=देशांतर।

देस† पुं० दे० 'देश'।

देसावर पुं० दे० 'दिसावर'।

देसी† वि० = 'देशी'।

देह स्त्री० [सं०] शरीर, बदन, तन।

देह-चटुलता स्त्री० [सं०] शारीरिक चंचलता।

देहत्याग पुं० [सं०] मृत्यु, मौत।

देहधारण पुं० [सं०] १. शरीर की रक्षा और पालन। २. जन्म।

देहधारी(-रिन्) वि० [सं०] [स्त्री० देहधारिणी] जिसने देह या शरीर धारण किया हो, शरीरी।

पुं० आत्मा।

देहपात पुं० [सं०] मृत्यु, मौत।

देहयष्टि स्त्री० [सं०] देह रूपी छड़ी।

देहरा[1] पुं० [हिं० देव+घर] देवालय।

देहरा[2] पुं० [हिं० देह] मनुष्य का शरीर।

देहरी* स्त्री० दे० 'देहली'।

देहली स्त्री० [सं०] दरवाजे में चौखट के नीचे की लकड़ी या पत्थर, देहलीज।

देहली-दीपक पुं० [सं०] १. देहली पर रखा हुआ दीपक जो अन्दर और बाहर दोनों ओर प्रकाश फैलाता है। २. एक अर्थालंकार जिसमें बीच के किसी शब्द का अर्थ आगे और पीछे दोनों ओर अथवा दोनों ओर के पदों में लगता है, जैसे 'रहे बाँस न बजे बाँसुरी' में का 'न' जो 'रहे बाँस' और 'बजे बाँसुरी' दोनो के साथ लगता है।

देहली-दीपक न्याय पुं० [सं०] (देहली पर रखे हुए दीपक की तरह) दोनों तरफ लगनेवाला शब्द या बात।

देहवान, देहवान् वि० [सं०] शरीरधारी।

देह-व्यापार पुं० [सं०] धन कमाने के विचार से सहवास करना-कराना।

देहांत पुं० [सं०] मृत्यु, मौत।

देहात पुं० [फा० देह (गाँव) का बहु०] [वि० देहाती] गाँव, ग्राम।

देहाती वि० [फा० देहात] देहात-सम्बन्धी, गाँव का।

पुं० गाँव में रहनेवाला, ग्रामीण।

देहात्मवाद पुं० [सं०] [वि० देहात्मवादी] देह को ही आत्मा मानने का सिद्धान्त। (इसमें भौतिक बातों की ही प्रधानता मानी जाती है, अध्यात्म को कोई महत्त्व नहीं दिया जाता।)

देहावसान पुं० [सं०] मृत्यु।

देहासक्त वि० [सं० देह+आसक्त] जिसकी देह में आसक्ति हो।

देहासक्ति स्त्री० [सं० देह+आसक्ति] देह में होनेवाली आसक्ति, शरीर का मोह।

देहोत्सर्ग पुं० [सं० देह+उत्सर्ग] देह का त्याग, मृत्यु।

देही पुं० [सं० देहिन्] १. आत्मा। २. शरीरधारी, प्राणी।

*स्त्री० दे० 'देह'।

दैं* विभ० [अनु०] से; आदिदैं=आदि से।

दैअ* पुं० दे० 'दैव'।

दैआ* स्त्री० दे० 'दैया'।

दैउ* पुं० दे० 'दैव'।

दैत्य पुं० [सं०] १. कश्यप की दिति नामक पत्नी से उत्पन्न पुत्र, असुर, राक्षस। २. लम्बा-चौड़ा या असाधारण बलवाला मनुष्य।

दैत्यारि पुं० [सं०] १. विष्णु। २. इन्द्र।

दैनंदिन वि० [सं०] प्रतिदिन का; जैसे दैनंदिन जीवन।

दैनंदिनी स्त्री० दे० 'दैनिकी'।

दैन* वि०=दायक (यौगिक के अन्त में; जैसे सुखदैन)।

दैनदिन वि० [सं०] नित्य का।

क्रि० वि० १. प्रति दिन। २. दिनोदिन।

दैनिक वि० [सं०] १. प्रति दिन से सम्बन्ध रखनेवाला, नित्य या रोज का, जैसे दैनिक कार्यक्रम। २. प्रति दिन या नित्य होनेवाला।

पुं० दे० 'दैनिक पत्र'।

दैनिक पत्र पुं० [सं०] वह समाचार-पत्र जो नियमित रूप से नित्य प्रकाशित होता हो, हर रोज छपनेवाला अखबार।

दैनिकी स्त्री० [सं० दैनिक] वह पुस्तिका जिसमें नित्य दिन भर के किए हुए कार्य, उनके विवरण आदि लिखे जाते हैं। (डायरी)

दैन्य पुं० [सं०] १. दीन का भाव, दीनता। २. वियोग, दुख आदि से चित्त का बहुत नम्र हो जाना, जो काव्य में एक संचारी भाव माना गया है, कातरता।

दैया[1]* पुं० [हिं० दैव] दैव, ईश्वर।

दैया[2] स्त्री० [हिं० दाई] माता, माँ।

दैव वि० [सं०] १. देवता-सम्बन्धी। २. देवता का किया हुआ।

पुं० १. प्रारब्ध, भाग्य। २. होनेवाली बात, होनहार। ३. ईश्वर। ४. आकाश।

मुहा० *दैव बरसना*=पानी बरसना।

दैवकृत वि० [सं०] ईश्वर का किया हुआ (मनुष्य का नहीं), दैवी।

दैवगति स्त्री० [सं०] १. ईश्वरी बात या घटना। २. भाग्य।

दैवज्ञ पुं० [सं०] फलित ज्योतिष का ज्ञाता, ज्योतिषी।

दैवत वि० [सं०] १. देवता-सम्बन्धी। २. देवता या ईश्वर का किया हुआ।

दैवयोग पुं० [सं०] संयोग, इत्तफाक।

दैववश, दैववशात् क्रि० वि० [सं०] संयोग से, दैवयोग से, अकस्मात्।

दैववाणी स्त्री० [सं०] १. आकाशवाणी। २. संस्कृत भाषा।

दैववाद पुं० [सं०] [वि० दैववादी] १. यह सिद्धान्त कि जो कुछ होता है, वह सब ईश्वर की प्रेरणा से ही होता है, नियतिवाद। २. यह सिद्धान्त कि सब बातें भाग्य से ही होती हैं।

दैववादी(-दिन्) पुं० [सं०] १. दैव को ही प्रधान कर्ता माननेवाला। २. भाग्य के भरोसे रहनेवाला।

वि० दैववाद-सम्बन्धी।

दैवविवाह पुं० [सं०] हिन्दू धर्मशास्त्रों के अनुसार आठ प्रकार के विवाहों में से वह, जिसमें यज्ञ करानेवाला पुरोहित को अपनी कन्या विवाह में देता है।

दैवागत वि० [सं०] १. देवता या ईश्वर के कारण होनेवाला, दैवी। २. आकस्मिक।

दैवात् क्रि० वि० [सं०] अकस्मात्, दैवयोग से, अचानक।

दैविक वि० [सं०] १. देवता-सम्बन्धी। २. प्राकृतिक कारणों से प्राप्त होनेवाला; **उदा०** दैहिक, दैविक, भौतिक तापा। —तुलसी। [बिजली का गिरना, बाढ़ आना, सूखा पड़ना, भूकंप आना—ये सब दैविक ताप हैं]।

दैवी वि० [सं०] १. देवता-सम्बन्धी। २. देवताओं का किया हुआ। ३. प्रारब्ध या संयोग से होनेवाला। ४. अचानक और आप-से-आप होनेवाला, आकस्मिक।

दैवेच्छा स्त्री० [सं०] ईश्वर की इच्छा, प्रभु की मर्जी।

दैशिक वि० [सं०] १. देश-सम्बन्धी, देश का। २. दे० 'जानपद'।

दैष्टिक वि० [सं०] भाग्य में बदा हुआ, पूर्वनियत।

दैहिक वि० [सं०] १. देह-सम्बन्धी, शारीरिक। २. देह से उत्पन्न। ३. आध्यात्मिक; जैसे—दैहिक ताप (काम, क्रोध, लोभ, मोह आदि)।

दो वि० [सं० द्वि] एक और एक का योग।

मुहा० *दो दिन का*=थोड़े दिनों का। *दो नावों पर सवारी करना*=दो माध्यमों का एक साथ प्रयोग करना।

दोआब पुं० [फा०] किसी देश का वह भाग जो दो नदियों के बीच में पड़ता हो।

दोइ* वि०=दोनों।

दोउ, दोऊ वि०, सर्व० [सं० द्वौ] दोनों।

दो-एक वि० कुछ, थोड़े।

दोख* पुं०=दोष।

दोखना* स० [हिं० दोष] दोष लगाना।

दोखिल* वि०=दोषपूर्ण।

दोखी* पुं०=दोषी।

दोगला पुं० [अ० दोग़लः] [स्त्री० दोगली] १. वह जो अपनी माता के उपपति से उत्पन्न हुआ हो, जारज। २. वह जीव जिसके माता-पिता भिन्न-भिन्न जातियों के हों।

दोघड़िया (मुहूर्त) पुं० [हिं० दो+घड़ी] फलित ज्योतिष में एक प्रकार का मुहूर्त जो किसी कार्य का बहुत जल्दी होने पर तुरन्त निकाला जाता है।

मुहा० *दोघड़िया साधना*=तुरन्त उक्त प्रकार का मुहूर्त निकालकर उसके अनुसार कार्य करना।

दोच, दोचन* स्त्री० [हिं० दबोचना] १. दुविधा, असमंजस। २. दबाव। ३. दुख।

दोचना* स० [हिं० दोच] दबाव डालना।

दोचित्ता वि० [हिं० दो+चित्त] [भाव० स्त्री० दोचित्ती] जिसका मन दो तरह की बातों में लगा हो, दुचित्ता, उद्विग्नचित्त।

दोजख पुं० [फा० दोज़ख़] [वि० दोज़ख़ी] नरक।

दोजखी पुं० [फा० दोज़ख़ी] बहुत बड़ा पापी जो दोजख या नरक में जाने को हो, नारकी।

दो टूक वि० पूरी तरह से स्पष्ट और अंतिम; जैसे—उन्हें दो टूक शब्दों में बता दिया गया है कि वे अपना बोरिया-बिस्तर बाँध लें।

दोतरफा वि० [फा० दुतर्फ़ः] दोनों ओर होने या लगनेवाला। क्रि० वि० दोनों तरफ से, दोनों ओर से।

दोतल्ला वि० [हिं० दो+तल] दो तल्ले या खंड का, दो मंजिला (मकान)।

दोतारा पुं० [हिं० दो+तार] (धातु का) दो तारों का एक प्रकार का बाजा।

दोधारा वि० [हिं० दो+धार] [स्त्री० दोधारी] (शस्त्र) जिसमें दोनों ओर से धारें हों।

दोधी स्त्री० [हिं० दूध] एक प्रकार का पौष्टिक पेय पदार्थ जो बादाम, कमलगट्टे, खसखस आदि को पीसकर दूध में उबालने से बनता है।

दोन पुं० [हिं० दून] १. तराई, दून। २. दो नदियों के बीच का प्रदेश, दोआबा।

दोनली वि० [हिं० दो+नल] जिसमें दो नलियाँ हों; जैसे—दोनली बन्दूक।

दोना पुं० [सं० द्रोण] [स्त्री० दोनी] पत्तों का बना, कटोरे के आकार का पात्र।

दोनों सर्व० दोनों व्यक्ति या वस्तुएँ।

दोनो वि० [हिं० दो] ऐसे दो, जिनमें से कोई छोड़ा न जा सके, उभय।

दोपल्ला वि० [हिं० दो+पल्ला] [स्त्री० दोपल्ली] जिसमें दो पल्ले हों।

स्त्री० एक प्रकार की हलकी टोपी।

दोपहर पुं० [हिं० दो+पहर] दिन में बारह बजे के आस-पास का समय जब सूरज सिर के ऊपर रहता है, पूर्वाह्न और अपराह्न के बीच का समय, दुपहर।

पद *भरी दोपहर में*=ठीक दोपहर के समय (गर्मी के दिनों में) सूरज का ताप अत्यंत प्रखर होता है।

दोपाया वि० [हिं० दो+पाया] दो पैरों वाला। पुं० मनुष्य।

दोपीठा वि० [हिं० दो+पीठ] १. दे० 'दोरुखा'। २. दोनों ओर से छपा या लिखा हुआ (कागज)।

दोफसली वि० [हिं० दो+फसल] १. रबी और खरीफ दोनों फसलों से सम्बन्ध रखनेवाला। २. जो दोनों ओर लग सके और संदिग्ध हो, जैसे दो-फसली बात।

दोफुटा पुं० [सं० दो+अं० फुट] दो फुट का नापने का गज।

दोबल पुं० [?] दोष, अपराध।

दोबा* पुं० दे० 'दुविधा'।

दोबारा क्रि० वि० [फा० दुबारः] एक बार हो चुकने पर फिर दूसरी बार, दुबारा, एक बार और।

दोमंजिला वि० दे० 'दोतल्ला'।

दोमुँहाँ वि० [हिं० दो+मुँह] [भाव० दोमुँहापन] १. जिसके दो मुँह हों, जैसे दोमुँहाँ साँप। २. दोहरी चाल चलनेवाला, कपटी। ३. दो काम करनेवाला; जैसे-शिकायत तो दो-मुँहाँ तीर है।

दोय* वि० १. दे० 'दो'। २. दे० 'दोनों'।

दोयम वि० [फा०] दूसरा; दोयम दर्जे का=दूसरे दर्जे का।

दोरंगा वि० [हिं० दो+रंग] [स्त्री० दोरंगी] १. दो रंगोंवाला। २. जो दोनों ओर लग या चल सके।

दोरसा वि० [हिं० दो+रस] दो प्रकार के रस या स्वादवाला।
पद *दोरसे दिन*=(क) गर्भावस्था के दिन। (ख) दो ऋतुओं के बीच के दिन।

दोरी स्त्री०=डोरी (रस्सी)।

दोराहा पुं० [हिं० दो+फा० राह] १. वह स्थान जहाँ दो रास्ते मिलते हों। २. वह स्थल जहाँ दो में से एक चुनना आवश्यक हो।

दोरुख़ा वि० [फा० दुरुख़:] [स्त्री० दोरुखी] १. जिसके दोनों ओर समान रंग या बेल-बूटे हों। २. जिसके एक ओर एक रंग और दूसरी ओर दूसरा रंग हो।

दोल पुं० दे० 'दोला'।

दोलत्ती स्त्री० दे० 'दुलत्ती'।

दोलन पुं० [सं०] इधर से उधर और उधर से इधर झूलते रहने की अवस्था या भाव।

दोला पुं० [सं०] [वि० दोलित] १. हिंडोला, झूला। २. डोली या चंडोल।

दोलित वि० [सं०] [स्त्री० दोलिता] हिलता या झूलता हुआ।

दोष[1] पुं० [सं०] [वि० दूषित, दूष्य, दूषणीय] १. ऐसी बात जो नियम, विधि या नीति की दृष्टि से अनुचित या आपत्तिजनक हो, अवगुण, बुराई, खराबी। (फॉल्ट)
मुहा० *दोष लगाना*=किसी के सम्बन्ध में यह कहना कि उसमें अमुक दोष है।
२. कोई ऐसी बात या अभाव जिसके कारण कोई वस्तु पूरी तरह से उपयोगी न हो, अपूर्णता, त्रुटि, कमी। (डिफेक्ट) ३. किसी पर लगाया हुआ अभियोग। ४. अपराध, कसूर। ५. पाप, पातक। ६. शरीर में के वात, पित्त और कफ, जिनके बिगड़ने से रोग उत्पन्न होते हैं।

दोष[2] *पुं० [सं० द्वेष] द्वेष, वैर।

दोषन* पुं० [सं० दूषण] दोष।

दोषना* स० [सं० दूषण+ हिं० ना (प्रत्य०)] १. दोष लगाना। २. अपराध लगाना।

दोषपूर्ण वि० [सं०] १. जिसमें दोष हो। २. दोषों से युक्त।

दोषमार्जन पुं० [सं०] लगाए गए दोषों को दूर करने की क्रिया या भाव।

दोषरहित वि० [सं०] १. जिसमें दोष न हो। २. जिसका दोष न हो।

दोषविहिन वि० [सं०]=दोषरहित।

दोषारोपण पुं० [सं० दोष+आरोपण] [वि० दोषारोपित] किसी पर कोई दोष लगाना, यह कहना कि इसने अमुक दोष या अपराध किया है।

दोषिन स्त्री० [हिं० दोषी] १. अपराधिनी। २. पाप करनेवाली स्त्री। ३. दुष्ट स्वभाववाली स्त्री।

दोषिल* वि० दे० 'दूषित'।

दोषी(-षिन्) पुं० [सं०] १. जिसने नियम, विधि या नीति का उल्लंघन किया हो। २. अपराधी, कसूरवार। ३. पापी। ४. अभियुक्त।

दो शब्द पुं० बहु० [हिं०+सं०] १. कुछ वाक्य। २. पुस्तक आदि की संक्षिप्त भूमिका।

दोस* पुं० दे० 'दोष'।

दोसदारी* स्त्री० दे० 'दोस्ती'।

दोस्त पुं० [फा०] [भाव० दोस्ती] मित्र, स्नेही।

दोस्ताना पुं० [फा०] मित्रता।
वि० दोस्ती का, मित्रता का।

दोस्ती स्त्री० [फा०] १. दोस्तों या मित्रों में होनेवाला पारस्परिक सम्बन्ध, मित्रता। २. घनिष्टता, सम्बन्ध; जैसे-रंग और कूची से उसकी बचपन में ही हो गई थी।

दोस्ती रोटी पुं० वह रोटी या पराँठा जो दो अलग-अलग पेड़े बेलकर और तब दोनों एक साथ सटाकर पकाते हैं।

दोह* पुं० दे० 'द्रोह'।

दोहग* पुं०=दुर्भाग्य।

दोहता पुं० [सं० दौहित्र] [स्त्री० दोहती] लड़की का लड़का, नाती।

दोहत्थड़ वि० [हिं० दो+हाथ] दोनों हाथों से मारा जानेवाला (थप्पड़)।

दोहद स्त्री० [सं०] १. गर्भवती स्त्री की इच्छा या वासना। २. गर्भावस्था। ३. गर्भ के लक्षण या चिह्न। ४. यह प्राचीन भारतीय विश्वास कि सुन्दर स्त्री के स्पर्श से प्रियंगु, पान की पीक थूकने से मौलिसिरी, पैरों के आघात से अशोक, देखने से तिलक, मधुर गान से आम, और नाचने से कचनार आदि वृक्ष खूब फलते-फूलते हैं।

दोहदवती स्त्री० [सं०] गर्भवती।

दोहन पुं० [सं०] १. गाय, भैंस आदि का दूध दुहना। २. दोहनी।

दोहना* स० [सं० दूषण] १. दोष लगाना। २. तुच्छ ठहराना।
स० दे० 'दुहना'।

दोहनी स्त्री० [सं०] १. वह बरतन जिसमें दूध दुहते हैं। २. दूध दुहने का काम।

दोहर स्त्री० [हिं० दो+घड़ी=तह] दो पल्लों या परतों की एक प्रकार की चादर।

दोहरना अ० [हिं० दोहरा] १. दे० 'दोहराना'। २. दोहरा करना।

दोहरा वि० [हिं० दो+हरा(प्रत्य०)] [स्त्री० दोहरी] १. जिसमें दो पल्ले, परतें या तहें हों। २. दो बार या दूसरी बार का।
*पुं० दोहा नाम का छन्द।

दोहराई स्त्री० [हिं० दोहराना] दोहराने की क्रिया, भाव या पारिश्रमिक।

दोहराना स० [हिं० दोहरा] १. कोई बात या काम दूसरी बार कहना या करना, पुनरावृत्ति करना। (रिपीट) २. किसी किए

हुए काम को जाँचने के लिए फिर से अच्छी तरह देखना। (रिवाइज़) ३. कपड़े कागज आदि की दो तहें करना, दोहरा करना।

दोहराव पुं० [हिं० दोहराना+आव (प्रत्य०)] दोहराने की क्रिया या भाव।

दोहा पुं० [हिं० दो+हा(प्रत्य०)] दो चरणों का एक प्रसिद्ध हिन्दी छन्द। (इसके चरण के खंडों को उलट देने से सोरठा हो जाता है।)

दोहाई स्त्री० दे० 'दुहाई'।

दोहाग* पुं० दे० 'दुहाग'।

दोहिला* वि० [स्त्री० दोहिली]=कठिन।

दोही* स्त्री० दे० 'दुहाई'।

दौं* निपा० १. दे० 'धौं'। २. दे० 'दैं'।

दौंकना* अ० दे० 'दमकना'।

दौंचना* स० दे० दोचना।

दौरी स्त्री० दे० 'दँवरी'।

दौ स्त्री० [सं० दव] १. जंगल की आग। २. वन या जंगल। ३. सन्ताप, कष्ट। ४. दाह, जलन।

दौग्ध वि० [सं०] दूध से बना हुआ।

दौड़ स्त्री० [हिं० दौड़ना] १. दौड़ने की क्रिया या भाव।

मुहा० *दौड़ मारना या लगाना*=(क) दौड़ते हुए जाना। (ख) लम्बी यात्रा करना। अंधी दौड़।

पद अविवेकपूर्ण दौड़।

२. धावा, चढ़ाई। ३. प्रयत्न में इधर-उधर घूमना। ४. दौड़ने की प्रतियोगिता। ५. गति, बुद्धि, उद्योग आदि की सीमा, पहुँच। ६. विस्तार, लम्बाई। ७. अपराधियों को छापा मारकर पकड़ने के लिए दौड़ते हुए जानेवाले सिपाहियों का दल।

दौड़-दौड़ी स्त्री० दौड़ते हुए को पकड़ने के लिए लगाई जानेवाली दौड़।

दौड़-धूप स्त्री० [हिं० दौड़+धपना] वह प्रयत्न जिसमें इधर-उधर दौड़ना पड़े।

दौड़ना अ० [सं० धोरण] १. बहुत जल्दी-जल्दी पैर उठाकर चलना।

मुहा० *चढ़ दौड़ना*=धावा या चढ़ाई करना। *दौड़-दौड़कर जाना*=बार-बार किसी के पास जाना।

२. प्रयत्न में इधर-उधर आना-जाना। ३. फैलना, व्याप्त होना, जैसे बिजली दौड़ना।

दौड़-भाग स्त्री०=दौड़-धूप।

दौड़हा| पुं० हरकारा।

दौड़ाई स्त्री० [हिं० दौड़ना] १. दौड़ने की क्रिया या भाव। २. लम्बाई, विस्तार।

दौड़ाना स० [हिं० दौड़ना का स०] १. दूसरे को दौड़ने में प्रवृत्त करना। २. किसी को जल्दी या बार-बार कहीं भेजना। ३. कोई चीज एक जगह से दूसरी जगह तक खींच या तानकर ले जाना, जैसे रस्सी या तार दौड़ाना।

दौत्य पुं० [सं०] दूत का काम।

दौत्य-सम्बन्ध पुं० [सं०] दो देशों के बीच होनेवाली वह स्थिति जिसमें दोनों में एक दूसरे के दूत कार्यरत होते हैं।

दौन* पुं० दे० 'दमन'।

दौना[१] पुं० [सं० दमनक] एक पौधा जिसकी पत्तियों से तेज गन्ध निकलती है।

दौना[२]* स० [सं० दमन] दमन करना।

पुं० दे० 'दोना'।

दौर पुं० [अ०] १. चक्कर, भ्रमण, फेरा। २. उन्नति, वैभव या प्रताप के दिन। ३. बारी, पारी। ४. दे० 'दौरा'।

दौरना* अ० दे० 'दौड़ना'।

दौरा[१] पुं० [अ० दौर:] १. चक्कर, भ्रमण। २. अधिकारी का अपने अधिक्षेत्र में जाँच-पड़ताल के लिए अनेक स्थानों पर जाना।

मुहा० *(मुकदमा) दौरा सुपुर्द करना*=विचार के लिए सेशन जज के न्यायालय में भेजना। *दौरे पर जाना*=अधिकारी का अपने अधिक्षेत्र में जाँच-पड़ताल या निरीक्षण के लिए जाना।

३. बीच-बीच में आते-जाते रहना, फेरा। ४. उस रोग का प्रकट होना जो समय-समय पर या रह-रहकर होता हो।

दौरा[२] पुं० [सं० द्रोण] बाँस की पट्टियों का बना टोकरा।

दौरा जज पुं० [हिं० दौरा+अं० जज] सत्र न्यायालय का प्रधान अधिकारी या विचारक।

दौरात्म्य पुं० [सं०] दुरात्मा होने का भाव, दुर्जनता।

दौरान, इस क्रि० वि० [हिं० इस+फा० दौरान] इस बीच।

दौरान, के सम्बन्धबोध० [हिं० के+फा० दौरान] इस बीच के समय में, इस बीच।

दौरी स्त्री० [हिं० दौरा] छोटी टोकरी।

दौर्बल्य पुं० [सं०] दुर्बलता।

दौलत स्त्री० [अ०] धन, सम्पत्ति। (वेल्थ)

दौलतखाना पुं० [अ० दौलत+फा० ख़ान:] निवासस्थान, घर। (बड़ों के लिए आदरार्थक)

दौलतमंद वि० [अ० दौलत+फा० मंद] [भाव० दौलतमंदी] धनवान, अमीर।

दौवारिक पुं० [सं०] द्वारपाल।

दौहित्र पुं० [सं०] दोहता, नाती।

द्याना, द्यावना* स० दे० 'दिलाना'।

द्यु पुं० [सं०] १. आकाश। २. स्वर्ग. ३. सूर्यलोक।

द्युति स्त्री० [सं०] १. दीप्ति, चमक। २. शोभा।

द्युतिमान, द्युतिमान् वि० [सं० द्युतिमत्] [स्त्री० द्युतिमती] जिसमें चमक या आभा हो।

द्युलोक पुं० [सं०] स्वर्गलोक।

द्यूत पुं० [सं०] दाँव लगाकर खेला जानेवाला हार-जीत का खेल, जुआ।

द्यूतक्रीड़ा स्त्री० [सं०] १. हार जीत के लिए कुछ धन या दाँव लगाकर खेला जानेवाला जुआ। २. इस प्रकार का होनेवाला खेल।

द्यूतशाला स्त्री० [सं०] जुआखाना, जुए का अड्डा। (गैम्बलिंग डेन)

द्योत पुं० [सं०] १. प्रकाश। २. चमक।

द्योतक वि० [सं०] १. प्रकाश करनेवाला, प्रकाशक। २. चमकानेवाला। ३. दिखलाने या बतलानेवाला, सूचक।

द्योतन पुं० [सं०] [वि० द्योतित] प्रकाशित करना, दिखलाना या बतलाना।

द्योतित वि० [सं०] प्रकाशित, प्रकट।

द्योहरा* पुं० दे० 'देवालय'।

द्यौ पुं० [सं०] १. पृथ्वी और स्वर्ग के बीच का भाग। २. अंतरिक्ष और नरक के बीच का भाग।

द्यौस* पुं० [सं० दिवस] दिन।

द्रव वि० [सं०] १. पानी की तरह पतला, तरल। २. गीला। ३. गला या पिघला हुआ।

पुं० द्रव पदार्थ, तरल पदार्थ।

द्रवण पुं० [सं०] [वि० द्रवित] १. गलने, पिघलने या पसीजने की क्रिया या भाव। २. चित्त के कोमल होने की वृत्ति।

द्रवणशील वि० [सं०] [भाव० द्रवणशीलता] जो पिघलता या पसीजता हो।

द्रवना* अ० [सं० द्रवण] १. प्रवाहित होना, बहना। २. पिघलना, पसीजना। ३. दयार्द्र होना।

द्रविड़ पुं० [सं० तिरमिक या द्रामिल] १. दक्षिण भारत का एक प्रदेश। २. इस प्रदेश का निवासी। ३. ब्राह्मणों का एक विभाग जिसके अन्तर्गत आन्ध्र, कर्णाटक, गुर्जर, द्रविड़ और महाराष्ट्र ये पाँच वर्ग हैं।

वि० द्रविड़ों का।

द्रवित वि० दे० 'द्रवीभूत'।

द्रवीभूत वि० [सं०] १. जो तरल या द्रव हो गया हो। २. पिघला हुआ। ३. जिसके मन में दया आ गई हो, दयार्द्र, दयालु।

द्रव्य पुं० [सं०] [भाव० द्रव्यता] १. वस्तु, पदार्थ, चीज। २. वह मूल तथा विशुद्ध तत्त्व जिसमें कोई दूसरा तत्त्व या द्रव्य न मिला हो। (विशैषिक में ये नौ द्रव्य कहे गए हैं–पृथ्वी, जल, तेज, वायु, आकाश, काल, दिक्, आत्मा और मन।) ३. सामग्री, सामान। ४. धन, दौलत। ५. लेन-देन के लिए रुपए-पैसे या दूसरे सिक्के, नोट आदि। (मनी)

द्रव्यमान पुं० [सं०] ऐसे पदार्थ की बड़ी राशि जिसका अपना कोई विशिष्ट आकार-प्रकार न हो। (मास)

द्रष्टव्य वि० [सं०] १. देखने योग्य, दर्शनीय। २. जो दिखाया जाने को हो।

द्रष्टा वि० [सं०] देखनेवाला, दर्शक।

पुं० १. अपने ज्ञान चक्षुओं से सत्य का दर्शन करनेवाला, ऋषि। २. सांख्य के अनुसार आत्मा।

द्राक्षशर्करा स्त्री० [सं०] दाख या अंगूर के रस में से निकली हुई चीनी। (ग्ल्यूकोज)

द्राक्षा स्त्री० [सं०] दाख, अंगूर।

द्राव पुं० [सं०] १. गमन। २. क्षरण। ३. बहने या पसीजने की क्रिया।

द्रावक वि० [सं०] [स्त्री० द्राविका] १. ठोस चीज को पानी की तरह पतला करने, गलाने या बहानेवाला। २. हृदय को दयार्द्र बनानेवाला।

द्रावण पुं० [सं०] गलाने या पिघलाने की क्रिया या भाव।

द्राविड़ वि० [सं०] [स्त्री० द्राविड़ी] द्रविड़ देश का।

द्राविड़ प्राणायाम पुं० [सं०]कोई काम सीधी तरह से नहीं बल्कि कुछ घुमा-फिराकर या उलटे ढंग से करना।

द्राविड़ी वि० [सं०] द्रविड़-सम्बन्धी।

द्रुत वि० [सं०] १. द्रवीभूत, गला या पिघला हुआ। २. शीघ्रगामी, तेज। ३. अत्यंत व्यस्तता-भरा, हड़बड़ी-भरा; जैसे-द्रुत जीवन। (फास्ट लाइफ़)

पुं० १. संगीत में ताल की एक मात्रा का आधा। २. संगीत में मध्यम से कुछ तेज लय, दून।

द्रुतगामी(-मिन्) वि० [सं०] [स्त्री० द्रुतगामिनी] जल्दी या तेज चलनेवाला।

द्रुत-विलंबित पुं० [सं०] एक प्रकार का वर्णवृत्त जिसका प्रत्येक चरण एक नगण, दो भगण और एक रगण का होता है, सुन्दरी।

द्रुम पुं० [सं०] वृक्ष, पेड़।

द्रोण पुं० [सं०] १. जल आदि रखने का लकड़ी का एक पुराना बरतन, कठवत। २. सोलह सेर की एक पुरानी तौल। ३. पत्तों का दोना। ४. बड़ी नाव, डोंगा। ५. दे० 'द्रोणाचार्य'। ६. वह पर्वत जिस पर हनुमान संजीवनी बूटी लेने गए थे।

द्रोणाचार्य पुं० [सं०] महाभारत काल के प्रसिद्ध ब्राह्मण वीर जो भरद्वाज ऋषि के पुत्र थे।

द्रोणी स्त्री० [सं०] १. डोंगी, नाव। २. छोटा दोना। ३. काठ का बड़ा थाल, कठवत। ४. दो पहाड़ों के बीच की भूमि, दून। ५. दर्रा।

द्रोह पुं० [सं०] [वि० द्रोही] दूसरे को हानि पहुँचाने की वृत्ति, वैर, द्वेष।

द्रोही(-हिन्) वि०, पुं० [सं०] [स्त्री० द्रोहिणी] द्रोह करने या हानि पहुँचानेवाला।

द्रौपदी स्त्री० [सं०] राजा द्रुपद की कन्या कृष्णा, जो प्रवाद के अनुसार पाँचों पांडवों को ब्याही गई थी।

द्वंद पुं० [सं०] १. युग्म, मिथुन, जोड़ा। २. प्रतिद्वन्द्वी, जोड़। ३. दो पक्षों या आदमियों के बीच चलनेवाला (वैचारिक) लंबा संघर्ष। ४. झगड़ा, कलह। ५. राग, द्वेष आदि मनोविकार। ६. दो वस्तुओं का जोड़ा, जैसे रात-दिन या सुख-दुख आदि। ७. कष्ट, दुख। ८. उपद्रव, ऊधम। ९. दुविधा।

द्वंदर स्त्री० [सं० द्वंद्व] झगड़ालू।

द्वंद्व पुं० [सं०] १. दे० 'द्वंद'। २. एक प्रकार का समास जिसमें दोनो पद प्रधान होते हैं और उनका अन्वय एक ही क्रिया के साथ होता है, जैसे दाल-चावल।

द्वंद्वयुद्ध पुं० [सं०] दो पुरुषों या दलों में होनेवाली बराबरी की लड़ाई।

द्वंद्वातीत वि० [सं० द्वंद्व+अतीत] १. द्वंद्व से रहित। २. बिना झगड़े-झमेले का।

द्वय वि० [सं०] दो।

द्वयता स्त्री० [सं० द्वय+ता (प्रत्य०)] १. दो का भाव, द्वैत। २. अपनेपन और परायेपन का भाव।

द्वयर्थ वि० [सं०] १. जिसके दो अर्थ हों। २. भ्रामक।

द्वयर्थता स्त्री० [सं०] दो अर्थों के निकलने से होनेवाला भ्रम।

द्वात* स्त्री० दे० 'दवात'।

द्वादश वि० [सं०] १. दस और दो का योग, बारह। २. बारहवाँ।

द्वादशबानी* वि० दे० 'बारहबानी'।

द्वापर पुं० [सं०] चार युगों में से तीसरा युग, जो ८६४००० वर्षों का माना गया है।

द्वार पुं० [सं०] १. इधर-उधर घिरे हुए स्थान के बीच का वह खुला स्थान जिससे होकर लोग अन्दर-बाहर आते-जाते हैं। २. घर में आने-जाने के लिए दीवार में बना हुआ थोड़ा-सा खुला स्थान, दरवाजा। ३. इन्द्रियों के मार्ग या छेद, जैसे आँख, नाक, कान आदि। ४. मार्ग, रास्ता; द्वार खुल जाना=मार्ग खुल जाना; जैसे संभावनाओं के द्वार खुल जाना। ५. कोई काम करने का वह विधिविहित मार्ग जो उपाय या साधन के अंग के रूप में हो। (चैनेल)

द्वारका स्त्री० [सं०] काठियावाड़ की एक प्राचीन पवित्र पुरी या नगरी जो श्रीकृष्ण की राजधानी थी।

द्वारकाधीश पुं० [सं०] श्रीकृष्ण।

द्वारकानाथ पुं०=श्रीकृष्ण।

द्वारचार पुं० दे० 'द्वारपूजा'।

द्वारपटी स्त्री० [सं०] दरवाजे पर टाँगने का परदा।

द्वारपाल पुं० [सं०] दरबान।

द्वारपूजा स्त्री० [सं०] विवाह की एक रसम जो लड़कीवाले के द्वार पर बरात पहुँचने के समय होती है और जिसमें वर का पूजन होता है।

द्वारा पुं० [सं० द्वार] द्वार, दरवाजा।

द्वारा, के सम्बन्धबो० [सं० द्वारात्] जरिए से, साधन से।

द्वारावती स्त्री० [सं०] द्वारकापुरी।

द्वारी* स्त्री० [सं० द्वार] छोटा दरवाजा।

पुं० दे० 'द्वारपाल'।

द्वि वि० [सं०] दो।

द्वि-ओष्ठीय वि० [सं०] (व्यंजन वर्ण) जिसके उच्चारण में दोनों होठों का योग हो। प, फ, ब, भ म और व द्वि-ओष्ठीय वर्ण हैं।

द्विक वि० [सं०] जिसमें दो हों।

द्विकर्मक वि० [सं०] (क्रिया) जिसके दो कर्म हो। (व्याकरण)

द्विकल पुं० [हिं० द्वि+कला] छन्दशास्त्र में दो मात्राओं का समूह या वर्ग।

द्वि-केंद्री वि० [सं० द्वि+केंद्रीय] जिसके दो केंद्र हों।

पुं० चश्मे का वह शीशा जिसमें दूर की वस्तुएँ और साथ ही पढ़ने-लिखने के अक्षर स्पष्ट दिखाई दें।

द्विखुर* वि० [सं० द्वि+क्षुर] दो खुरोंवाला।

द्विगु पुं० [सं०] वह कर्मधारय समास जिसमें पूर्व पद संख्यावाचक होता है।

द्विगुण वि० [सं०] दुगना, दूना।

द्विगुणित वि० [सं०] १. दो से गुणा किया हुआ। २. दूना, दुगना।

द्विगूढ़ पुं० [सं०] वह गीत जिसमें सब पद सम और सुन्दर हों, सन्धियाँ वर्तमान हों तथा जो रस और भाव से पूर्ण रूप से युक्त हो। (नाट्यशास्त्र)

द्विज वि० [सं०] दो बार जनमा हुआ।

पुं० [सं०] १. अंडज प्राणी जो पहले अंडे में आते और तब अंडे से निकलकर दोबारा जन्म लेते हैं, जैसे चिड़िया, साँप आदि। २. ब्राह्मण, क्षत्रिय और वैश्य जिनका यज्ञोपवीत संस्कार के समय फिर से जन्म लेना माना जाता है। ३. ब्राह्मण। ४. चन्द्रमा। ५. दाँत, जो एक बार गिरकर फिर निकलते हैं, उदा० नासिका चारु, सुकपोल, द्विज ब्रजदुति।-तुलसी।

द्विजन्मा वि० पुं०=द्विज।

द्विजपति पुं०=द्विजराज।

द्विजपुंज पुं० [सं०] ब्राह्मण समाज।

द्विजराज पुं० [सं०] १. ब्राह्मण। २. चन्द्रमा।

द्विजाति पुं० दे० 'द्विज'।

द्विजेन्द्र, द्विजेश पुं० दे० 'द्विजपति'।

द्वितक पुं० [सं०] १. किसी को दी जानेवाली पावती, रसीद, प्राप्यक या सूचना आदि की वह प्रतिलिपि जो अपने पास रखी जाती है। २. किसी दिए हुए लेख आदि की वह दूसरी प्रतिलिपि जो पानेवाले को फिर से दी जाए। ३. किसी चीज की ठीक वैसी प्रति। (डुप्लिकेट)

द्वितीय वि० [सं०] [स्त्री० द्वितीया] दूसरा।

द्वितीयक वि० [सं०] जिसका स्थान प्रमुख या सबसे पहलेवाले के बाद हो, दूसरे स्थान का।

द्वितीया स्त्री० [सं०] चान्द्रमास के किसी पक्ष की दूसरी तिथि, दूज।

द्वित्व पुं० [सं०] १. दो का भाव। २. दोहरे होने का भाव, दोहरापन।

द्वित्वीकरण पुं० [सं० द्वित्व+ई+करण] द्वित्व रूप का प्रयोग।

द्विदल वि० [सं०] जिसमें दो दल हों।

पुं० दो दलोंवाला अन्न, दाल।

द्विदिश वि० [सं० द्वि+दिशा] जो दो दिशाओं की ओर उन्मुख या सक्रिय हो।

द्विदिशात्मक वि० [सं० द्वि+दिशात्मक] दो दिशाओं में उन्मुख या सक्रिय।

द्विधा क्रि० वि० [सं०] १. दो प्रकार से, दो तरह से। २. दो भागों में।

द्विपक्षीय वि० [सं०] दो पक्षों, दलों, राष्ट्रों आदि के बीच होनवाला; जैसे–द्विपक्षीय समझौता। (बाई-लेटरल)

द्विपद वि० [सं०] दो पैरोंवाला।
पुं० मनुष्य।

द्विपार्श्विक वि० [सं०] १. दो पार्श्वोंवाला। २. दोनो पक्षों की ओर से होनेवाला।

द्विभाजन पुं० [सं०] [वि० द्विभाजित] दो बराबर हिस्सों में बाँटने की क्रिया या भाव।

द्विभाजित वि० [सं०] दो हिस्सों में विभाजित; जैसे–द्विभाजित दृष्टि।

द्विभाषी (-षिन्) वि० [सं० द्विभाषिन्] १. जो दो भाषाएँ बोलता हो। २. जहाँ दो भाषाएँ बोली जाती हैं।
पुं० दे० 'दुभाषिया'।

द्विरद पुं० [सं०] हाथी।
वि० [स्त्री० द्विरदा] दो दाँतोंवाला।

द्विरसन पुं० [सं०] वह जिसकी दो रसनाएँ हों, साँप।

द्विरागमन पुं० [सं०] विवाह के बाद वधू का अपने ससुराल में दूसरी बार आना, गौना।

द्विरुक्त पुं० [सं०] दो बार या दूसरी बार कहा हुआ।

द्विरुक्ति स्त्री० [सं०] १. पहले या एक बार कही हुई बात फिर से कहना। २. इस प्रकार कही हुई बात।

द्विरूपी वि० [सं० द्वि+रूप] १. जिसके दो रूप हों। २. दो तरह का। ३. दुमुँहाँ।

द्विरेफ पुं० [सं०] भ्रमर, भौंरा।

द्विलिंगी वि० [सं० द्वि+लिंग] १. जो (शब्द) दो लिंगों में प्रयुक्त होता हो, दोनों लिंगों में प्रयुक्त होनेवाला। २. जो पुरुष और स्त्री दोनों के प्रति आकृष्ट हो।

द्विवर्षी वि० [सं०] हर दो वर्ष पर होनेवाला।

द्विविध वि० [सं०] दो तरह का।
क्रि० वि० दो तरह से।

द्विविधा स्त्री० दे० 'दुविधा'।

द्विविम वि० [सं० द्वि+विमा] दो विमाओंवाला।

द्विवेदी (-दिन्) पुं० [सं०] ब्राह्मणों की एक जाति, दूबे।

द्विशाखा (-खिन्) वि० [सं०] दो शाखाओंवाला।

द्विसत्री वि० [सं० द्वि+सत्र] दो सत्रोंवाला।

द्विसदनी वि० [सं० द्वि+सदन] दो सदनोंवाला।

द्वि-साप्ताहिक वि० [सं०] हर दो सप्ताह के बाद होनेवाला। (बाई वीकली)

द्विसूत्री वि० [सं० द्वि+सूत्र] दो सूत्रोंवाला।

द्विस्तरी वि० [सं० द्वि+स्तर] दो स्तरोंवाला।

द्वींद्रिय पुं० [सं०] वह जन्तु जिसे दो ही इंद्रियाँ हों।

द्वीप पुं० [सं०] १. चारों ओर जल से घिरा हुआ स्थल, टापू। २. पुराणानुसार, पृथ्वी के सात बड़े विभाग, यथा जम्बू द्वीप, लंका द्वीप, शाल्मलि द्वीप, कुश द्वीप, क्रौंच द्वीप, शाक द्वीप और पुष्कर द्वीप।

द्वीपपुंज पुं० [सं०] समुद्र में होनेवाला बहुत से छोटे-छोटे और पास-पास के द्वीपों या टापुओं का समूह। (आर्कीपैलेगो)

द्वीपवासी (-सिन्) पुं० [सं०] द्वीप में रहनेवाला।

द्वीपसमूह पुं० [सं०] द्वीपपुंज । (दे०)

द्वीपांतरण पुं० [सं०] १. किसी को एक द्वीप या देश से दूसरे द्वीप में भेजने की क्रिया या भाव। २. किसी बड़े या विकट अपराधी को कठोर दंड के रूप में देश के बाहर किसी द्वीप में रहने के लिए भेजना, काला पानी। (ट्रान्सपोर्टेशन)

द्विपीय वि० [सं०] [भाव० द्विपीयता] द्विपीय-संबंधी।

द्वेष पुं० [सं०] १. कोई बात मन को अप्रिय लगने की वृत्ति, चिढ़। २. शत्रुता, वैर।

द्वेषी(-षिन्) वि० [सं०] [स्त्री० द्वेषिणी] १. द्वेष रखने या करनेवाला। २. शत्रु।

द्वेष्टा वि० दे० 'द्वेषी'।

द्वै* वि० [सं० द्वे] १. दो। २. दोनों।

द्वैक* वि० [हिं० दो+एक] एक या दो अर्थात् बहुत थोड़े, कुछ (व्यक्ति या पदार्थ)।

द्वैज* स्त्री० दे० 'दूज'।

द्वैत पुं० [सं०] १. दो का भाव, युग्म, युगल। २. अपने और पराए का भाव, भेदभाव।

द्वैतवाद पुं० [सं०] १. वह दार्शनिक सिद्धान्त जिसमें आत्मा और परमात्मा या जीव और ईश्वर को दो भिन्न तथ्य मानकर विचार किया जाता है। २. दो स्वतन्त्र और भिन्न सिद्धान्त एक साथ माननेवाली विचारशैली। (ड्यूअलिज्म)

द्वैध पुं० [सं०] १. विरोध। २. राजनीति में दूसरे राष्ट्रों के साथ व्यवहार करते समय मुख्य उद्देश्य छिपाकर दूसरा उद्देश्य प्रकट करना। (डिप्लोमेसी)

द्वैधवृत्ति स्त्री० [सं०] किसी के प्रति घृणा और प्रेम परस्पर विरोधी भावों का एक साथ होने की स्थिति।

द्वैभाषिक वि० [सं०] [भाव० द्वैभाषिकता] (नगर या राज्य) जिसमें दो भाषाएँ बोली जाती हों।

द्वैभाषी (-षिन्) वि० [सं०] दो भाषाओं का प्रयोग करनेवाला।

द्वैमातुर पुं० [सं०] गणेश, विनायक।

द्वैमासिक वि० [सं०] १. हर दो मास पर होने या निकलनेवाला, द्वैमासिक पत्रिका। २. जिसका कार्यकाल दो मास हो; जैसे-द्वैमासिक सत्र।

द्वैराज्य पुं० [सं०] वह शासन-प्रणाली जिससे किसी छोटे और दुर्बल देश पर दो बड़े और प्रबल राज्य मिलकर शासन करते और उसे अपने सम्मिलित नियन्त्रण में रखते हैं। (कॉन्डोमीनियम)

द्वैवार्षिक वि० [सं०] प्रति दो वर्षों पर होनेवाला। (बाइनियल)

द्वैस* पुं०=दिवस (दिन)।

द्वौ* वि०[हिं० दो+ऊ] दोनों।
वि० दे० 'दव'।

ध

ध देवनागरी वर्णमाला का उन्नीसवाँ व्यंजन और तवर्ग का चौथा वर्ण, जिसका उच्चारण दन्तमूल से होता है, संगीत में यह 'धैवत' स्वर का संक्षिप्त रूप और सूचक है।

धंधक* पुं० [हिं० धंधा] संसार के काम-धन्धों का झगड़ा, जंजाल।

धंधक-धोरी पुं० [हिं० धंधक+धोरी] सदा किसी न किसी काम या जंजाल में लगा या फँसा रहनेवाला, बहुधन्धी।

धंधरक* पुं० दे० 'धंधक'।

धँधला* पुं० [हिं० धंधा] १. आडम्बर, ढोंग। २. बहाना।

धँधलाना अ० [हिं० धँधला] १. छल-कपट करना। २. आडम्बर या ढोंग रचना।

धंधा पुं० [सं० धन-धान्य] १. जीविका के लिए किया जानेवाला काम, उद्योग, काम-काज। २. व्यवसाय, कारबार। ३. भोजन बन जाने के बाद बरतन आदि माँजने और चूल्हा-चौका साफ करने या धोने आदि का काम। ४. वेश्यावृत्ति।

धँधार स्त्री० [हिं० धुआँ] आग की लपट।

धँधारी स्त्री० दे० 'गोरख-धंधा'।

धंधेबाज पुं० [हिं०+फा०] व्यापारी।

धँधोर* पुं० [अनु० धाँय-धाँय=आग जलना] १. होली। २. आग की लपट।

धँवना* स० दे० 'धौंकना'।

धँसना[१] अ० [सं० दंशन] [भाव० धँसन, धँसान] १. ऊपर से दाब पाकर कड़ी वस्तु का किसी वस्तु में घुसना, गड़ना।
मुहा० *जी या मन में धँसना*=मन पर प्रभाव उत्पन्न करना।
२. अपने लिए जगह निकालते हुए आगे या अन्दर घुसना। ३. नीचे की ओर धीरे-धीरे बैठाना या जाना।

धँसना[२]* अ० [सं० ध्वंसन] नष्ट होना।

धँसान स्त्री० [हिं० धँसना] १. धँसने की क्रिया, भाव या ढंग। २. वह जगह जिसपर कोई चीज धँसे।

धँसाना स० हिं० 'धँसना' का स०।

धँसाव पुं० दे० 'धँसान'।

धक स्त्री० [अनु०] १. भय आदि से हृदय की गति तीव्र होने का भाव या शब्द।
मुहा० *जी धक हो जाना*= (क) डर, दुख आदि से जी दहल जाना। (ख) चौंक उठना।
२. मन की उमंग।
क्रि० वि० अचानक, सहसा।

धकधक स्त्री० [अनु०] दिल के धड़कने का शब्द।
मुहा० *जी धकधक करना*=कलेजा धड़कना।

धकधकाना* अ० [अनु० धक] १. भय, उद्वेग आदि से हृदय की गति तीव्र होना। २. (आग) दहकना, सुलगना।

धकधकी स्त्री० [अनु० धक] १. हृदय की धड़कन। २. पेट और छाती के बीच का वह गड्ढा जिसके नीचे धड़कन होती है। ३. हृदय, कलेजा। ४. किसी बात की आशंका या भय।

धकना* अ०=दहकना।

धकपक स्त्री० [अनु०] १. किसी अनिश्चित या भावी बात के संबंध में मन में होनेवाली दुविधा या आशंका। २. भय।

धकपकाना अ० [अनु० धक] जी में धकधक होना, डर या आशंका होना।

धकपेल* स्त्री० दे० 'धक्कमधक्का'।

धका* पुं० दे० 'धक्का'।

धकाधक क्रि० वि० [अनु०] बड़ी तेजी से।

धकाना स० = धकियाना।

धकापेल पुं० दे० 'धक्कमधक्का'।

धकियाना स० [हिं० धक्का] धक्का देना।

धकेलना स० दे० 'ढकेलना'।

धक्कमधक्का पुं० [हिं० धक्का] १. भीड़ में आदमियों का एक दूसरे को धक्का देना, धकापेल। २. ऐसी भीड़ जिसमें लोगों के शरीर एक दूसरे से धक्के खाते हों।

धक्का पुं० [हिं० धम, हिं० धमक] १. एक वस्तु का दूसरी वस्तु के साथ वेगपूर्ण स्पर्श, टक्कर। २. झोंका। ३. ढकेलने की क्रिया या भाव। ४. बहुत भीड़, कशमकश। ५. दुख, शोक, हानि आदि का आघात। ६. विपत्ति, संकट। ७. हानि।
मुहा० *धक्का लगना*=आघात लगना, ठोकर लगना।

धक्काड़ वि० [अनु० धाक] १. जिसकी खूब धाक जमी हो। २. किसी विषय या बात में बहुत बढ़ा-चढ़ा। ३. बहुत बड़ा।

धक्का-मुक्की स्त्री० [हिं० धक्का-मुक्की] एक दूसरे को ढकेलना और मुक्के मारना।

धगमगाना* अ० दे० 'धकपकाना'।

धगड़ा पुं० [सं० धव=पति] [स्त्री० धगड़ी] स्त्री का यार, उपपति।

धगा* पुं० दे० 'धागा'।

धचका पुं० [अनु०] १. धक्का। २. झटका।

धज स्त्री० [सं० ध्वज] १. सजावट या बनावट का सुन्दर ढंग। २. सुन्दर चाल या ढंग। ३. बैठने-उठने का ढंग, ठवन। ४. शोभा।

धजा* स्त्री० दे० 'ध्वजा'।

धजी स्त्री०=धज्जी।

धजीला वि० [हिं० धज+ईला (प्रत्य०)] [स्त्री० धजीली] अच्छी धजवाला, सजीला, सुन्दर।

धज्जी स्त्री० [सं० धटी] धातु, लकड़ी, कपड़े, कागज आदि में से कटकर निकली हुई लम्बी पतली पट्टी।
मुहा० *धज्जियाँ उड़ाना*=(क) टुकड़े-टुकड़े या तार-तार करना। (ख) (किसी की) पूरी दुर्गति या खंडन करना।

धड़ंग वि० [हिं० धड़+अंग] नंगा।

धड़[1] पुं० [सं० धर] १. शरीर में गले के नीचे से कमर तक का सारा भाग। २. पेड़ का तना।

धड़[2] स्त्री० [अनु०] अचानक गिरने या टकराने आदि का गम्भीर शब्द।

धड़क स्त्री० [अनु० धड़] १. हृदय के उछलने की क्रिया, भाव या शब्द, हृदय का स्पन्दन, धकधकी। २. आशंका, खटका।

पद *बेधड़क*=बिना भय या संकोच के।

३. कोई कार्य करने से पहले होनेवाली हिचक।

धड़कन स्त्री० [हिं० धड़क] भय, दुर्बलता आदि के कारण होनेवाला हृदय का स्पन्दन, कलेजा धकधक करना।

धड़कना अ० [हिं० धड़क] [भाव० धड़कन] भय, दुर्बलता आदि के कारण हृदय का स्पन्दित होना, हृदय का धकधक करना।

मुहा० *कलेजा, छाती, जी या दिल धड़कना*=भय या आशंका से हृदय का स्पन्दन या धड़कन बढ़ जाना।

धड़का पुं० [अनु० धड़] १. हृदय या कलेजे में होनेवाली धड़क। २. आशंका, खटका।

मुहा० *धड़का खुलना*= कोई काम एक-दो बार कर चुकने पर उसके सम्बन्ध की हिचक दूर होना।

३. चिड़ियों को डराने के लिए खेतों में खड़ा किया हुआ पुतला आदि, धोखा।

धड़काना स० हिं० 'धड़कन' का स०।

धड़की| स्त्री०=धड़कन।

धड़धड़ाना अ० [अनु० धड़धड] भारी चीज के गिरने का-सा धड़धड़ शब्द होना।

पद *धड़धड़ाते हुए*=बिना किसी प्रकार के भय या संकोच के, बेधड़क।

स० धड़धड़ शब्द करना।

धड़प्रतिमा स्त्री० [हिं०+सं०] मुंडविहीन प्रतिमा।

धड़ल्ला पुं० [अनु० धड़] किसी काम में दिखाई देनेवाली वह फुरती या तेजी, जिसमें कहीं कुछ भी हिचक या रुकावट न हो।

पद *धड़ल्ले से*=(क) बिना रुके, तेजी से। (ख) बेधड़क।

धड़ा[1] पुं० [सं० धट] १. बँधी हुई तौल की वह चीज जिसके बराबर तराजू पर कोई चीज तौलते हैं, बाट, बटखरा। २. तौलने से पहले तराजू के दोनों पलड़ों की बराबर और ठीक स्थिति। ३. पसंगा न रहना।

मुहा० *धड़ा करना या बाँधना*=कोई वस्तु तौलने से पहले आवश्यकतानुसार किसी ओर कुछ भार रखकर तराजू के दोनो पलड़ों को बराबर कर लेना।

३. चार सेर की एक तौल। ४. तराजू।

धड़ा[2] पुं० [पं०] गुट।

धड़ाका पुं० [अनु० धड़] जोर से गिरने का 'धड़' शब्द, धमाका।

पद *धड़ाके से*=जल्दी से, चटपट।

धड़ाधड़ क्रि० वि० [अनु० धड़] १. लगातार 'धड़-धड़' शब्द के साथ। २. लगातार और जल्दी-जल्दी, बड़ी तेजी से।

धड़ाम पुं० [अनु० धड़] ऊँचाई से कूदने या गिरने का शब्द।

धड़ी स्त्री० [सं० धटिका, धटी] १. पाँच सेर की एक तौल। (पश्चिम) २. मिस्सी लगाने या पान खाने से ओठों पर पड़नेवाली लकीर।

धड़ेबंदी स्त्री० [हिं० धड़ा+बंद] १. तौलने के समय धड़ा बाँधना। २. युद्ध के समय दोनो पक्षों का अपना सैनिक बल, शत्रु के सैनिक बल के बराबर करना। ३. गुटबन्दी।

धड़ेबाजी स्त्री० [पं०] गुटबाजी।

धत्, धत विस्मयादि० [अनु०] तिरस्कारपूर्वक हटाने या दुतकारने अथवा किसी को तुच्छ या बुरा सूचित करने का शब्द, जैसे धत् तेरे की।

धतकरम| पुं० तुच्छ कर्म।

धतकारना स० दे० 'दुतकारना'।

धता वि० [अनु० धत] दूर भगाया हुआ।

मुहा० *धता करना या बताना*=किसी को उपेक्षापूर्वक हटाना या भगाना।

धतूरा पुं० [सं० धुस्तूर] एक पौधा जिसके फलों के बीज बहुत विषैले होते हैं।

धतूरी वि० [हिं० धतूरा] १. धतूरे से बना हुआ। २. जिसमें धतूरा मिला हो।

धधकना अ० [हिं० धधक] [भाव० धधक, स० धधकाना] १. आग की लपट के साथ जलना, दहकना। २. भड़कना, उद्वेलित हो उठना।

धधाना* अ० दे० 'धधकना'।

धनंजय पुं० [सं०] १. वह जिसने धन जीत लिया हो, धन का विजेता अर्थात् अर्जुन। [कहते हैं कि राजाओं-महाराजाओं द्वारा छिपा तथा दबाकर रखे हुए धन का अर्जुन ने उद्धार किया था तथा उसे जनहित के कार्यों में लगाया था।] २. अग्नि, आग। ३. विष्णु। ४. शरीर में रहनेवाली एक प्रकार की वायु जिससे उसका पोषण होता है।

धनंतर* पुं० दे० 'धन्वंतरि'।

धन[1] पुं० [सं०] १. रुपया-पैसा, सोना-चाँदी आदि, द्रव्य, दौलत, धन-सम्पत्ति। २. वह सभी मूल्यवान सामग्री जो किसी के पास हो और जो खरीदी और बेची जा सकती हो, सम्पत्ति, जायदाद। ३. एक ही प्रकार की उपयोगी और मूल्यवान वस्तुओं आदि का वर्ग या समूह या बहुत अधिक मात्रा, जैसे गोधन, गजधन, विद्याधन। ४. अत्यन्त प्रिय व्यक्ति। ५. गणित में जोड़ का चिह्न, 'ऋण' का उलटा। ६. मूल, पूँजी। वि० १. महत्त्व आदि के विचार से जो श्रेष्ठ, मान्य या ग्राह्य हो, 'ऋण' का विपर्याय। (पॉजिटिव) २. वह रुपया-पैसा जो हिसाब-किताब, लेखे आदि में किसी के यहाँ से आया और उसके नाम से जमा हो, 'ऋण' का विपर्याय। (क्रेडिट)

धन[2]* स्त्री० [सं० धन्या] १. युवती स्त्री या वधू। २. नायिका या प्रेमिका।

*वि० दे० 'धन्य'।

धनकुबेर पुं० [सं०] बहुत बड़ा धनवान, अत्यन्त धनी।

धनतर* पुं० दे० 'धन्वंतरि'।

धनद वि० [सं०] धन देनेवाला।
पुं० कुबेर।

धनधान्य पुं० [सं०] धन और अन्न आदि, जो सम्पन्नता के सूचक माने गए हैं।

धनधाम पुं० [सं० धन+धामन्] घर-बार और रुपया-पैसा।

धनधारी पुं० [सं० धन+धारिन्] १. कुबेर। २. बहुत बड़ा अमीर।

धनपक्ष पुं० [सं०] १. बही, खाते आदि में वह पक्ष या अंग जिसमें आने या दूसरों से मिलनेवाले रुपए आदि लिखे जाते हैं, जमावाला पक्ष। (क्रेडिट साइड)। २. वह पक्ष जिसमें पूँजी, लाभ या उपयोगी बातों का विचार या उल्लेख हो।

धनपक्षीय वि० [सं०] १. धनपक्ष से संबद्ध। २. शुभ भाववाला, शुक्लपक्षीय।

धनपति पुं० [सं०] १. कुबेर। २. धनी।

धनपत्र पुं० [सं०] वह धन जो छपे हुए सरकारी पत्र या कागज के रूप में हो और जो सिक्कों की जगह चलता हो, नोट। (करेन्सी नोट)

धनपाश पुं० [सं०] धन का फन्दा।

धनराशि स्त्री० [सं०] १. धन का ढेर, बहुत अधिक धन। २. लेन-देन आदि विशेष कार्यों के लिए देय या प्राप्य नियत धन, रकम। (एमाउन्ट, सम)

धनवंत वि० दे० 'धनवान'।

धनवान, धनवान् वि० [सं०] [स्त्री० धनवती] धनी, सम्पन्न, अमीर।

धन-संचय पुं० [सं०] धन को एकत्र या संचित करने का कार्य।

धन-संपत्ति स्त्री० [सं०] रुपया-पैसा, जमीन-जायदाद आदि मूल्यवान वस्तुएँ जो खरीदी या बेची जा सकती हों, दौलत। (वेल्थ)

धनहीन वि० [सं०] निर्धन, गरीब।

धनांक पुं० [सं० धन+अंक] लेन-देन आदि के लिए किसी निश्चित धनराशि का सूचक शब्द, रकम। (एमाउन्ट)

धना* स्त्री० [सं० धन्या] पत्नी, वधू।
पुं० दे० 'धनिया'।

धनाढ्य वि० [सं०] धनवान, अमीर।

धनाणु पुं० [सं०] वह अणु जो सदा धनात्मक विद्युत से आविष्ट रहता है।

धनात्मक वि० [सं०] १. धनवाले तत्त्व से युक्त। २. धन पक्ष से संबंध रखनेवाला। ३. सकारात्मक। (पॉजिटिव)

धनाधिप* पुं० [सं०] १. बहुत बड़ा धनी। २. धन का स्वामी, कुबेर।

धनाभाव पुं० [सं०] धन का अभाव, धन की कमी।

धनार्जन पुं० [सं० धन+अर्जन] १. धन कमाने का काम। २. कमाया हुआ धन।

धनासी* स्त्री० [सं० धन्या+श्री] १. पत्नी। २. प्रेमिका।

धनि* स्त्री० [सं० धन्या] पत्नी, वधू।
वि० दे० 'धन्य'।

धनिक पुं० [सं०] १. धनी मनुष्य। २. पति।

धनिया[1] पुं० [सं० धन्या] १. सुगन्धित पत्तियोंवाला एक छोटा पौधा। २. इस पौधे के दाने जो मसाले के काम आते हैं।

धनिया[2] पुं० [?] एक प्रकार का धान या उसका चावल।

धनिया[3] *स्त्री० [सं० धन्या] युवती स्त्री या वधू।

धनी[1] वि० [सं० धनिन्] १. धनवान। २. स्वामी, मालिक। ३. वह जो किसी को अपने आश्रय में रखकर उसकी रक्षा करता हो, रक्षक।
पुं० १. धनवान पुरुष। २. अधिपति, स्वामी, मालिक। ३. पति।

धनी[2] स्त्री० [सं०] युवती स्त्री या वधू।

धनीजोग वि० (चेक) जिसे उसका धारक बैंक से भुनवा सके।

धनी-धोरी पुं० मालिक और रक्षक।

धनु पुं० [सं०] १. दे० 'धनुष'। २. बारह राशियों में से नवीं राशि, जिसके अन्तर्गत मूल और पूर्वाषाढ़ा नक्षत्र तथा उत्तराषाढ़ा का एक चरण आता है। (सैगिटेरिअस)

धनुआ पुं० [सं० धन्या] [स्त्री० धनुई] १. धनुष, कमान। २. रुई धुनने की धुनकी।

धनुक* पुं० १. दे० 'धनुष'। २. दे० 'इन्द्रधनुष'

धनुक-धुरंधर* वि० धनुर्विद्या में निपुण।

धनुर्धर पुं० [सं०] १. धनुष धारण करनेवाला पुरुष। २. धनुष चलाने में निपुण व्यक्ति।

धनुर्धारी पुं० दे० 'धनुर्धर'।

धनुर्वात पुं० [सं०] १. एक प्रकार का लकवा (रोग)। २. दे० 'धनुषटंकार'।

धनुर्वादन पुं० [सं०] धनुष की डोरी को स्पन्दित करना।

धनुर्विद्या स्त्री० [सं०] धनुष चलाने की क्रिया या कला, तीर चलाने का हुनर।

धनुर्वेद पुं० [सं०] यजुर्वेद का उपवेद, जिसमें धनुर्विद्या का विवेचन है।

धनुष पुं० [सं० धनुस्] १. बाँस या लोहे के छड़ को कुछ झुकाकर उसके दोनो सिरों के बीच डोरी बाँधकर बनाया हुआ अस्त्र, जिससे तीर चलाते हैं, कमान। २. दूरी की चार हाथ की एक माप।

धनुषटंकार स्त्री० [सं०] वह 'टन' शब्द जो धनुष पर बाण रखकर खींचने से होता है।
पुं० व्रण या क्षत के विषाक्त होने के कारण होनेवाला एक भीषण और घातक रोग जिसमें रोगी की गरदन और पीठ अकड़कर धनुष के समान कुछ टेढ़ी हो जाती है। (टिटनस)

धनुषधर, धनुषधारी (-रिन्) पुं० [सं०] धनुष धारण करनेवाला व्यक्ति।

धनुषयज्ञ पुं० [सं०] वह यज्ञ जो राजा जनक ने सीता के स्वयम्वर के लिए किया था और जिसमें रामचन्द्र ने शिव का धनुष तोड़कर सीता को प्राप्त किया था।

धनुस* पुं० =धनुष।

धनुहाई स्त्री० [हिं० धनु+हाई (प्रत्य०)] धनुष से होनेवाली लड़ाई।

धनुही स्त्री० [हिं० धनु+ही (प्रत्य०)] लड़कों के खेलने का छोटा धनुष।

धनेस पुं० [हिं० धन+ईश] कुबेर।

धनोपार्जन पुं० [सं० धन+उपार्जन] धन का उपार्जन, धन का कमाया जाना।

धन्न* वि० दे० 'धन्य'।

धन्नासेठ पुं० [हिं० धन+सेठ] बहुत बड़ा धनी, परम धनाढ्य। (परिहास और व्यंग्य)

धन्य वि० [सं०] [स्त्री० धन्या, भाव० धन्यता] १. साधुवाद, प्रशंसा या बड़ाई के योग्य। २. पुण्यवान, सुकृती। ३. भाग्यशाली। ४. धन देनेवाला।

धन्यभागी वि० [सं०+हिं० भागी] धन्यवाद का पात्र, धन्यवाद का अधिकारी।

धन्यवाद पुं० [सं०] १. साधुवाद, प्रशंसा। २. उपकार, अनुग्रह आदि के बदले में कृतज्ञता प्रकट करने का शब्द।

धन्यवाद-प्रकाश पुं० [सं०] धन्यवाद प्रकट करने की क्रिया या भाव।

धन्यवादी पुं० [सं०+फा० वादिन] धन्यवाद करने/देनेवाला।

धन्या स्त्री० [सं०] १. पत्नी, जोरू। २. धाय, दाई।

धन्वंतरि पुं० [सं०] एक देवता जो आयुर्वेद के सबसे बड़े आचार्य और देवताओं के वैद्य माने जाते हैं (कहते हैं कि समुद्र-मन्थन के समय वे समुद्र से निकले थे)।

धन्वा पुं० [सं० धन्वन्] धनुष।

धन्वाकार वि० [सं०] धनुष के आकार का, आधी गोलाई के रूप में झुका हुआ।

धपना¹ अ० [सं० धावन, या हिं० धाप] तेजी से आगे बढ़ना, झपटना।

धपना² स० [हिं० धप्पा] मारना, पीटना।

धप्पड़ पुं०=थप्पड़।

धप्पा पुं० [धप से अनु०] थप्पड़।

धब्बा पुं० [देश०] १. किसी तल पर पड़ा हुआ भद्दा चिह्न या निशान, दाग। २. कलंक, लांछन।

मुहा० *नाम में धब्बा लगाना*=कीर्ति नष्ट करनेवाला काम करना।

धमंकना* स० [?] नष्ट करना।

धम स्त्री० [अनु०] भारी चीज के गिरने का शब्द, धमाका।

धमक स्त्री० [अनु० धम] १. भारी वस्तु गिरने का शब्द। २. चलने से पृथ्वी पर होनेवाला कम्प और शब्द। ३. आघात आदि से होनेवाला कम्प।

धमकना अ० [हिं० धमक] १. 'धम' शब्द करते हुए गिरना, धमाका करना।

मुहा० *आ धमकना*=अवांछित रूप से आ पहुँचना।

२. (सिर) दर्द करना ।

धमकाना स० [हिं० धमक] डराना, भय दिखाना।

धमकियाना स० [हिं० धमकी] १. धमकी देना। २. भयभीत करना।

धमकी स्त्री० [हिं० धमकाना] दंड देने या हानि पहुँचाने का भय दिखाना।

मुहा० *धमकी में आना*=किसी के डराने से डरकर कोई काम कर बैठना।

धमगजर पुं० [देश०] उपद्रव, उत्पात।

धमधमाना अ० [अनु० धम] 'धमधम' शब्द उत्पन्न करना।

धमधूसर* वि० [देश०] १. मूर्ख। २. मोटा-ताजा।

धमनभट्ठी स्त्री० वह भट्ठी जिसमें धौकनी की गरम हवा से लोहा आदि गलाया जाता है।

धमनी स्त्री० [सं०] १. शरीर में की वे नलियाँ जिनके द्वारा हृदय से चलकर रक्त सारे शरीर में पहुँचता या फैलता है। (आर्टरी) (सुश्रुत में ये २४ कही गई हैं, पर इनकी हजारों शाखाएँ सारे शरीर में फैली हुई हैं।) २. वह नली जिसमें से हृदय का शुद्ध रक्त निकलकर शरीर में फैलता है, नाड़ी।

धमनीय वि० [सं०] धमनी-संबंधी।

धमाका पुं० [अनु०] १. भारी वस्तु के गिरने का शब्द। २. बन्दूक, तोप आदि छूटने या बम, गोले आदि के फटने का घोर शब्द। ३. लोगों को विचलित, स्तब्ध या चमत्कृत कर देनेवाली घटना। ४. हाथी पर से चलाई जानेवाली एक प्रकार की बड़ी तोप।

धमाकेदार वि० १. धमाका उत्पन्न करनेवाला, शोरगुल से भरा। २. जोरदार, तेज।

धमा-चौकड़ी स्त्री० [अनु० धम+हिं० चौकड़ी] १. उछल-कूद। २. उपद्रव।

धमाधम क्रि० वि० १. धमधम शब्द करते हुए। २. लगातार धमधम शब्द के साथ।

धमाना* स० [?] जोर से हवा करना या भरना, धौंकना।

धमार स्त्री० [अनु०] १. उछलकूद, धमा-चौकड़ी। २. एक विशेष प्रकार की कला या युक्ति से साधुओं का दहकती हुई आग पर चलना।

पुं० एक प्रकार का गीत।

धमाल पुं० [अनु०] हो-हल्ला, शोरगुल, हंगामा।

धर¹ वि० [सं०] १. रखने या धारण करनेवाला, जैसे मुरलीधर, धनुर्धर। २. अपने ऊपर धारण करके भार सँभालनेवाला, जैसे धरणीधर। ३. देख-रेख या रक्षा करनेवाला, रक्षक।

पुं० १. पर्वत, पहाड़, २. कच्छप जो पृथ्वी को अपने ऊपर धारण किए हुए है। ३. शरीर, बदन।

धर[2] स्त्री० [हिं० धरना] पकड़ने की क्रिया या भाव, जैसे धर-पकड़।

धर-उठाई स्त्री० [हिं० धरना+उठाना] रखने और उठाने का कार्य।

धरक* स्त्री० दे० 'धड़क'।

धरका *पुं० दे० 'धड़का'।

धरकार पुं० [?] १. एक अर्धसभ्य जाति जो बाँसों की टोकरियाँ आदि बनानी है। २. उक्त जाति का व्यक्ति।

धरणि स्त्री० [सं०] पृथ्वी, भूमि।

धरणिधर पुं० [सं०] १. पृथ्वी को उठाए रखनेवाला कच्छप। २. पर्वत। ३. विष्णु। ४. शेषनाग।

धरणी[1] स्त्री० [सं०] पृथ्वी।

धरणी[2] स्त्री० [सं० धारणा] मन की धारणा-शक्ति या वृत्ति।

धरणीधर पुं० [सं०] १. शेषनाग। २. राजा।

धरता[1] पुं० [हिं० धरना] १. किसी के रुपयों का देनदार, ऋणी। २. किसी कार्य का भार लेनेवाला। ३. ऋण, कर्ज।

धरता[2] वि० [हिं० धारण] धारण करनेवाला।

धरती स्त्री० [सं० धरित्री] पृथ्वी।

धरतीपकड़ वि० [हिं०] जिसे जनसमर्थन प्राप्त हो, जो जनता में पैठा हो।

धरतीशून्य वि० [हिं०+सं०] जिसे जनता का आधार या समर्थन प्राप्त न हो; जैसे-धरतीशून्य नेता।

धरधर पुं० दे० 'धराधर'।

धरधरा पुं० [अनु०] धड़कन।

धरधराना| अ०, स० = धड़धड़ाना।

धरन स्त्री० [हिं० धरना] १. धरने की क्रिया, भाव या ढंग। २. अपनी बात पर अड़े रहना, हठ, जिद, टेक। ३. छत या पाटन का बोझ सँभालने के लिए दीवारों या खम्भों पर आड़ा रखा हुआ लम्बा मोटा शहतीर, बड़ी कड़ी। ४. गर्भाशय को धारण करनेवाली उसके नीचे की नस। ५. गर्भाशय। ६. हठ, जिद।

धरनहार* वि० [हिं० धरना+हार (प्रत्य०)] १. धारण करनेवाला। २. पकड़नेवाला।

धरना स० [सं० धारण] [प्रे० धराना, धरवाना] १. पकड़ना, थमना। २. लेना, ग्रहण करना। ३. स्थापित करना, रखना। **मुहा०** *धरा जाना*=पकड़ा जाना; जैसे-वह रिश्वत लेते धरा गया। *धरा रह जाना*=काम न आना। ४ अधिकार या रक्षा में लेना। ५. धारण करना, उदा० परमारथ के कारने साधुन धरा शरीर। -कबीर। ६. किसी का पल्ला पकड़ना, आश्रय लेना। ७. अपनी बात पर अड़े रहना, हठ या जिद करना। ८. फैलनेवाली वस्तु का किसी दूसरी वस्तु में लगना या उस पर अपना प्रभाव डालना, जैसे आग धरना। ९. गिरवी, रेहन या बन्धक रखना। पुं० १. किसी से अपना कोई काम कराने का निश्चय करके उसके पास या कहीं अड़कर बैठना, जैसे कोई मन्नत मानकर देवस्थान में धरना देना। २. किसी से अपनी कोई माँग पूरी कराने या उसे कोई अनुचित काम करने से रोकने के लिए उसके दरवाजे पर अड़कर बैठना; जैसे—शराब की दुकान पर धरना देना। (पिकेटिंग)

धरनिधर* पुं०=धरणिधर।

धरनी[1] स्त्री० दे० 'धरणी'।

धरनी[2] स्त्री० [हिं० धरना] हठ, टेक।

धरनेत पुं० [हिं० धरना] धरना देनेवाला।

धर-पकड़ स्त्री० [हिं० धरना+पकड़ना] १. अपराधी, शत्रु आदि को पकड़ने की क्रिया या भाव। **मुहा०** *धर-पकड़कर*=जबरदस्ती। २. दे० 'बीच-बचाव'।

धरम* पुं० दे० 'धर्म'।

धरमसार* स्त्री० [सं० धर्मशाला] १. धर्मशाला। २. सदावर्त।

धरमाई* स्त्री० [सं० धर्म+हिं० आई (प्रत्य०)] धार्मिक होने का भाव, धार्मिकता।

धरमी (-र्मिन्) वि० [सं०] १. धर्म का आचरण करनेवाला, धार्मिक। २. किसी धर्म या मत का अनुयायी।

धरषना अ० स० दे० 'धरसना'।

धरसना* अ० [सं० धर्षण] १. दब जाना। २. सहम जाना। स० १. दबाना। २. भयभीत करना।

धरसनी* स्त्री० दे० 'धर्षणी'।

धर-हर* पुं० १. 'धर-पकड़'। २. दे० 'बीच-बचाव'। ३. दे० 'रोक-थाम'।

धरहरना अ० १. दे० 'धड़कना'। २. दे० 'धड़धड़ाना'।

धरहरा पुं० [सं० धवलगृह] १. खम्भे की तरह की वह बहुत ऊँची इमारत जिस पर चढ़ने के लिए अन्दर से सीढ़ियाँ बनी होती हैं, धौलहर, मीनार। २. दे० 'जलस्तम्भ'।

धरा स्त्री० [सं०] १. पृथ्वी, जमीन। २. संसार, दुनियाँ।

धराऊ वि० [हिं० धरना+आऊ (प्रत्य०)] १. जो दुर्लभ होने के कारण केवल विशेष अवसरों के लिए रखा रहे। २. बहुत दिनों का रखा हुआ, पुराना, जैसे धराऊ माल।

धरातल पुं० [सं०] १. पृथ्वी, धरती। २. वह तल जिसमें केवल लम्बाई-चौड़ाई हो, मोटाई आदि न हो, पृष्ठ, तल, सतह। ३. क्षेत्रफल, रकबा।

धरातलीय वि० [सं०] १. धरातल-संबंधी। २. जमीनी, वास्तविक; जैसे-धरातलीय सत्य।

धरादेव पुं० [सं०] ब्राह्मण।

धराधर पुं० [सं०] १. शेषनाग। २. पर्वत, पहाड़। ३. विष्णु।

धराधरन* पुं० दे० 'धराधर'।

धरा-लुंठित वि० [सं०] जमीन पर लोटता हुआ, भूमिसात्।

धराशायी(-यिन्) वि० [सं०] [स्त्री० धराशायिनी] जमीन पर गिरा, पड़ा या लेटा हुआ।

धरित्री स्त्री० [सं०] धरती, पृथ्वी।

धरी* स्त्री० [हिं० धार] १. नदी की धारा। २. पानी की धार। ३. वर्षा की झड़ी।
स्त्री० दे० 'घड़ी'।

धरेजा पुं० [हिं० धरना=रखना+एजा (प्रत्य०)] किसी स्त्री को पत्नी की तरह घर में रखने की क्रिया या प्रथा।
स्त्री० दे० 'धरेल'।

धरेल, धरेली स्त्री० [हिं० धरना] उपपत्नी, रखेली।

धरेवा† पुं० दे० 'करेवा' (विवाह का एक प्रकार)।

धरैया वि० [सं० धारण, हिं० धरन+ऐया (प्रत्य०)] १. धारण करनेवाला। २. धरनेवाला या पकड़नेवाला।
पुं० शेषनाग, कच्छप आदि जो पृथ्वी को अपने ऊपर उठाए रखनेवाले माने जाते हैं।

धरोहर स्त्री० [हिं० धरना] जरूरत पर काम आने के लिए किसी के पास रखी हुई दूसरे की वस्तु या द्रव्य, थाती, अमानत।

धरोहरी पुं० [हिं० धरोहर] वह जिसके पास धरोहर हो, धरोहर सँभालनेवाला।

धर्ता पुं० [सं० धर्तृ] १. धारण करनेवाला। २. अपने ऊपर भार लेनेवाला।

धर्म पुं० [सं०] १. किसी वस्तु या व्यक्ति में सदा रहनेवाली उसकी मूल वृत्ति, प्रकृति, स्वभाव, मूल गुण। २. गुण, वृत्ति। ३. स्वर्ग आदि शुभ फल देनेवाले कार्य। ४. किसी जाति, वर्ग, पद आदि के लिए निश्चित किया हुआ कार्य या व्यवहार, कर्तव्य, जैसे क्षत्रिय का धर्म, सेवक का धर्म। ५. सदाचार। ६. पुण्य, सत्कर्म।
मुहा० *धर्म कमाना*=धर्म का या अच्छा काम करके उसका शुभ फल संचित करना। *धर्म बिगाड़ना*=(क) धर्म भ्रष्ट करना। (ख)स्त्री का सतीत्व नष्ट करना।
७. परलोक, ईश्वर आदि के संबंध में विशेष प्रकार का विश्वास और उपासना की विशेष प्रणाली। ८. मत, सम्प्रदाय, पन्थ, मजहब। (रेलिजन) ९. नैतिक व्यवस्था, नीति, कानून, जैसे हिन्दू धर्मशास्त्र। १० विवेक, ईमान।
मुहा० *धर्म लगती कहना*=सच कहना, उचित बात कहना। *धर्म से कहना*=सच कहना।

धर्मकर्म पुं० [सं०] किसी धर्मग्रन्थ में बतलाए हुए आवश्यक कृत्य।

धर्मक्षेत्र पुं० [सं०] १. कुरुक्षेत्र। २. भारतवर्ष (जो धर्म-संबंधी कार्यों के लिए विशिष्ट क्षेत्र माना गया है।)

धर्मग्रंथ पुं० [सं०] १. वह ग्रन्थ या पुस्तक जिसमें धर्म की शिक्षा हो। २. वह ग्रन्थ जो किसी धर्म में मुख्य और उसका आधार माना जाता हो, आगम। (स्क्रिप्चर)

धर्मचक्र पुं० [सं०] महात्मा बुद्ध का धर्मप्रचार जो काशी से आरम्भ हुआ था।

धर्मचर्या स्त्री० [सं०] धर्म का आचरण और पालन।

धर्मचारी(-रिन्) वि० [सं०] [स्त्री० धर्मचारिणी] धर्म के अनुसार आचरण करनेवाला।

धर्मच्युत वि० [सं०] [भाव० धर्मच्युति] अपने धर्म से गिरा या हटा हुआ।

धर्मज्ञ वि० [सं०] धर्म जाननेवाला।

धर्मणा क्रि० वि० [सं०] धर्म के विचार से या के अनुसार।

धर्मतः क्रि० वि० दे० 'धर्मणा'।

धर्मध्वज पुं० [सं०] धर्म का आडम्बर खड़ा करके स्वार्थ साधनेवाला मनुष्य।

धर्मनिरपेक्ष वि० [सं०] जिसका किसी विशिष्ट धर्म से सम्बन्ध न हो, जो किसी जाति के धार्मिक नियमों से बँधा न हो।

धर्मनिरपेक्षता स्त्री० [सं०] धर्मनिरपेक्ष होने की अवस्था या भाव।

धर्मनिरपेक्षीकरण पुं० [सं०] धर्मनिरपेक्ष बनाने की क्रिया या भाव।

धर्मनिष्ठ वि० [सं०] [संज्ञा धर्मनिष्ठा] धर्म में निष्ठा या श्रद्धा रखनेवाला, धार्मिक, धर्मपरायण।

धर्मपत्नी स्त्री० [सं०] विवाहिता स्त्री।

धर्मपरायण वि० [सं०] [भाव० धर्मपरायणता] धर्म के अनुकूल आचरण करनेवाला।

धर्मपिता पुं० [सं०] वह जो धार्मिक भाव से किसी का पिता बन गया हो, वास्तविक पिता न हो।

धर्मपुत्र पुं० [सं०] [स्त्री० धर्मपुत्री] वह जो किसी का औरस पुत्र न होने पर भी केवल धार्मिक भाव से उसका पुत्र बन गया हो।

धर्मप्रधान वि० [सं०] धार्मिक नियमों पर चलनेवाला।

धर्मप्रांत पुं० [सं०] वह क्षेत्र जो किसी बिशप के अधीन हो।

धर्मप्राण वि० [सं०] धर्म को प्राणों के समान प्रिय समझनेवाला, बहुत बड़ा धार्मिक।

धर्मबुद्धि स्त्री० [सं०] धर्म-अधर्म या भले-बुरे का विचार।

धर्मभीरु वि० [सं०] जिसे धर्म का भय हो, अधर्म से डरनेवाला।

धर्मयुद्ध पुं० [सं०] १. वह युद्ध जिसमें किसी प्रकार का अधर्म या अन्याय न हो। २. धर्म के लिए या किसी बहुत अच्छे उद्देश्य से किया जानेवाला युद्ध। (क्रूसेड)

धर्मराज पुं० [सं०] १. धर्म का पालन करनेवाला राजा। २. युधिष्ठिर। ३. यमराज। ४. न्यायाधीश।

धर्मराय* पुं० दे० 'धर्मराज'।

धर्मलिपि स्त्री० [सं०] १. वह लिपि जिसमें किसी धर्म की मुख्य पुस्तक लिखी हो; जैसे—अरबी मुसलमानों की धर्मलिपि है। २. स्तंभों पर खुदे हुए सम्राट अशोक के लेख।

धर्मलुप्ता उपमा स्त्री० [सं०] उपमा अलंकार का वह भेद जिसमें समान धर्म का कथन न हो।

धर्मविरुद्ध वि० [सं०] जो धर्म के विरुद्ध या प्रतिकूल हो।

धर्मवीर पुं० [सं०] वह जो धर्म-संबंधी कार्य करने में साहसी हो।

धर्मशाला स्त्री० [सं०] यात्रियों के ठहरने के लिए धर्मार्थ बना हुआ मकान।

धर्मशास्त्र पुं० [सं०] [वि० धर्मशास्त्री] १. किसी धर्म के वे शास्त्र या ग्रन्थ, जिनमें समाज के शासन और व्यवस्था से संबंध रखनेवाले नैतिक और आचारिक नियमों का उल्लेख हो। २. किसी धर्म के अनुयायियों की निजी विधि या नैतिक नियम जो उनके सामाजिक, जातीय और धार्मिक आचार-विचार आदि मर्यादित रखते हैं, व्यक्तिगत विधि, जैसे हिन्दू धर्मशास्त्र। (पर्सनल लॉ)

धर्मशास्त्री (-त्रिन्) पुं० [सं०] वह जो धर्मशास्त्र का ज्ञाता या पंडित हो।

धर्मशील वि० [सं०] [भाव० धर्मशीलता] जिसकी धर्म में प्रवृत्ति हो, धार्मिक।

धर्मसंकट पुं० [सं०] ऐसी स्थिति जिसमें दोने पक्षों में से कोई भी पक्ष ग्रहण करने में कुछ-न-कुछ संकट या हानि सहनी पड़े, उभयसंकट। (डिलेम्मा)

धर्मसभा स्त्री० [सं०] न्यायालय।

धर्मसम्मत वि० [सं०] जिसे करने की धर्मआज्ञा देता हो, जो धर्म की दृष्टि से अनुकूल हो।

धर्मांध वि० [सं०] [भाव० धर्मान्धता] जो धर्म के नाम पर अन्धा हो रहा हो और उसके लिए बुरे से बुरा काम करे। (फैनेटिक)

धर्मांधता स्त्री० [सं०] धर्मांध होने की अवस्था या भाव।

धर्माचार्य पुं० [सं०] किसी धर्म का वह आचार्य या गुरु जो लोगों को उस धर्म के अनुसार चलने की शिक्षा देता हो।

धर्मात्मा वि० [सं० धर्मात्मन्] धर्मशील।

धर्माधिकरण पुं० [सं०] न्यायालय।

धर्माधिकारी (-रिन्) पुं० [सं०] १. धर्म और अधर्म की व्यवस्था देनेवाला, न्यायाधीश। २. किसी राजा की ओर से दान के प्रबन्ध के लिए नियुक्त व्यक्ति, दानाध्यक्ष।

धर्माध्यक्ष पुं० दे० 'धर्माधिकारी'।

धर्मार्थ क्रि० वि० [सं०] केवल धर्म या पुण्य के विचार से, परोपकार के लिए।

पुं० १. धर्म के विचार से कुछ करने का उद्देश्य। (रेलिजस पर्पज) २. वह दान या कोई काम जो केवल धार्मिक दृष्टि या विचार से किया जाए।

धर्मावतार पुं० [सं०] साक्षात् धर्म का रूप, परम धर्मशील, अत्यन्त धर्मात्मा।

धर्मावलंबी (-बिन्) वि० [सं०] किसी धर्म को माननेवाला।

धर्मासन पुं० [सं०] न्यायाधीश का आसन।

धर्मिता स्त्री० [सं०] १. धर्मी होने की अवस्था या भाव। २. धर्म या कर्तव्य समझकर किसी क्रिया या व्यापार में होनेवाली प्रवृत्ति; जैसे—रचनाधर्मिता। ३. प्रवृत्ति, रुझान।

धर्मिष्ठ वि० [सं०] [भाव० धर्मिष्ठता] धर्मशील, धार्मिक, पुण्यात्मा।

धर्मी (-र्मिन्) वि० [सं०] [स्त्री० धर्मिणी] [भाव० धर्मिता] १. जिसमें कोई धर्म या गुण हो; जैसे-पर्यायधर्मी, मानवधर्मी, विज्ञानधर्मी, सूत्रधर्मी आदि। २. धार्मिक। ३. कोई मत या धर्म माननेवाला।

पुं० गुण या धर्म का आश्रय। (पदार्थ)

धर्मोन्मत्त वि० दे० 'धर्मांध'।

धर्मोन्माद पुं० [सं०] १. वैद्यक के अनुसार एक प्रकार का उन्माद या पागलपन जिसमें मनुष्य दिन-रात धर्म-संबंधी कार्यों और विचारों में मग्न रहता है। २. मनुष्य की वह मानसिक अवस्था जिसमें वह धर्म के नाम पर अन्धा होकर भले-बुरे का विचार छोड़ देता है। (थियोमेनिया)

धर्मोपदेशक पुं० [सं०] धर्म-संबंधी उपदेश देनेवाला।

धर्म्य वि० [सं०] जो धर्म के अनुसार हो, धर्म की दृष्टि से उचित।

धर्षण पुं० [सं०] [वि० धर्षक, धर्षणीय, धर्षित] १. अपमान। २. दबोचना। ३. आक्रमण। ४. दबाना या दमन करना।

धर्षणी स्त्री० [सं०] व्यभिचारिणी, कुलटा।

धव पुं० [सं०] १. एक वृक्ष जिसकी जड़े तथा पत्तियाँ दवा के काम आती हैं। २. पति, स्वामी। ३. पुरुष। ४. धूर्त व्यक्ति।

धवर* वि० [सं० धवल] सफेद, उजला, श्वेत।

धवरी स्त्री० [हिं० धवरा] सफेद गाय।

धवल वि० [सं०] [भाव० धवलता] १. श्वेत, उजला। २. निर्मल। ३. सुन्दर।

पुं० बैल।

धवलगिरि पुं० [सं० धवल+गिरि] हिमालय पर्वत की एक प्रसिद्ध चोटी।

धवलना* स० [सं० धवल] उज्ज्वल या स्वच्छ करना, चमकाना।

धवला वि० स्त्री० [सं०] सफेद, उजली।

स्त्री० सफेद गाय।

धवलाई* स्त्री० [सं० धवलता] सफेदी।

धवलित वि० [सं०] १. सफेद, उजला। २. उज्ज्वल।

धवलिमा स्त्री० [सं०] १. सफेदी। २. उज्ज्वलता।

धवली स्त्री० [सं०] सफेद गाय।

धवा* पुं०=धव (वृक्ष)।

धवाना[1]* स० [हिं० 'धाना' का प्रे०] किसी को धाने या दौड़ने में प्रवृत्त करना, दौड़ाना।

धवाना[2] अ० [सं० ध्वनि] १. ध्वनि या शब्द होना। २. ध्वनित होना।

धसक[1] स्त्री० [अनु०] १. सूखी खाँसी में गले का ठनठन शब्द। २. सूखी खाँसी।

धसक[2] स्त्री० [हिं० धसकना] १. धसकने की क्रिया या भाव। २. ईर्ष्या, डाह।

धसकना अ० [हिं० धँसना] १. नीचे की ओर खिसकना, धँसना या बैठना। २. ईर्ष्या करना। ३. डरना। ४. डरकर रुकना या झिझकना, दहलना।

धसना* अ० [सं० ध्वंसन] ध्वस्त या नष्ट होना, मिटना। स० नष्ट करना, मिटाना।

धसमसना* अ० दे० 'धँसना'।

धसमसाना* अ० दे० 'धँसना'।
स०=धँसाना।

धसान स्त्री० दे० 'धँसान'।

धाँधना* स० [देश०] १. बन्द करना। २. बहुत अधिक खा लेना।

धाँधली स्त्री० [हिं० धाँधना+ली (प्रत्य०)] १. उपद्रव, उत्पात, शरारत। २. बहुत अधिक जल्दी। ३. स्वेच्छाचारिता। ४. जबरदस्ती अपनी गलत बात आगे या ऊपर रखना।

धाँस स्त्री० [अनु०] सुँघनी, मिर्च आदि की वायु में मिली हुई उग्र गन्ध।

धा[1] प्रत्य० [सं०] तरह, भाँति, जैसे बहुधा, नवधा आदि।

धा[2] पुं० [सं० धैवत] १. संगीत में धैवत स्वर का संकेत या सूक्ष्म रूप, ध। २. मृदंग, तबले आदि का एक बोल।

धाई* स्त्री० 'दाई'।

धाक स्त्री० [अनु०] १. रोब, आतंक।
मुहा० *धाक जमना या बँधना*=रोब या दबदबा होना।
२. ख्याति, प्रसिद्धि, शोहरत।

धाकड़ पुं० [हिं० धाक] १. जिसकी बहुत अधिक धाक जमी या बँधी हो। २. प्रबल या बलवान, शक्तिशाली।

धाकना* अ० [हिं० धाक+ना(प्रत्य०)] धाक या रोब जमाना।

धाकरा पुं० दे० 'धाकड़'।

धागा पुं० [हिं० तागा] बटा हुआ सूत, डोरा, तागा।

धाड़[1] पुं० [सं० धाटी, प्रा० धाडी] १. डाकुओं का आक्रमण। २. जत्था, झुंड, दल। ३. सेना, फौज।

धाड़[2] पुं० [हिं० दहाड़] चीख, चिल्लाहट।
मुहा० *धाड़ मार कर रोना*=जोर-जोर से चिल्लाते हुए रोना।

धाता पुं० [सं० धातृ] १. ब्रह्मा। २. विष्णु। ३. महादेव। ४. विधाता।
वि० १. पालन करनेवाला, पालक। २. रक्षा करनेवाला, रक्षक। ३. धारण करनेवाला, धारक।

धातु स्त्री० [सं०] १. वह अपारदर्शक चमकीला विशुद्ध खनिज द्रव्य जिससे बरतन, तार, गहने, शस्त्र आदि बनते हैं, जैसे सोना, चाँदी, लोहा, ताँबा आदि। २. शरीर को बनाए रखनेवाले भीतरी तत्त्व या पदार्थ जो वैद्यक के अनुसार सात हैं-रस, रक्त, मांस, मेद, अस्थि, मज्जा और शुक्र। ३. वीर्य।
पुं० १. भूत, तत्त्व। २. क्रिया का मूल रूप, जैसे संस्कृत में भू, कृ, धृ आदि।

धातुपुष्ट वि० [सं०] (ओषधि) जिससे वीर्य बढ़े और गाढ़ा हो।

धातुमल पुं० [सं०] खनिज पदार्थों या धातुओं को गलाने पर उनमें से निकलनेवाली मैल। (स्लैग)

धातृका स्त्री० [सं० धातृ] वह जो रोगियों की सेवा-शुश्रूषा, बालकों के पालन-पोषण और प्रसूता की देख-रेख की विद्या जानती और ये सब काम करती हो, दाई। (नर्स)

धात्र* पुं०, वि० दे० 'धाता'।

धात्री स्त्री० [सं०] १. माता, माँ। २. बच्चे को दूध पिलाने और उसका लालन-पालन करनेवाली स्त्री, धाय, दाई। ३. गायत्री स्वरूपिणी भगवती। ४. गंगा। ५. पृथ्वी। ६. गाय, गौ।

धात्रीविद्या स्त्री० [सं०] स्त्री को प्रसव कराने और बच्चे पालने आदि की विद्या।

धात्वर्थ पुं० [सं०] किसी शब्द का धातु से निकलनेवाला मूल अर्थ।

धात्विकी स्त्री० [सं०] विज्ञान की वह शाखा जिसमें धातुओं के रासायनिक तत्त्वों का अध्ययन किया जाता है।

धात्वीय वि० [सं०] धातु-संबंधी।

धान पुं० [सं० धान्य] १. एक पौधा जिसके बीजों में से चावल निकलते हैं, शालि। २. अन्न, अनाज। ३. किसी का दिया हुआ भोजन।
कहा० *सब धान बाईस पसेरी*=हर चीज का एक ही दाम।

धानक पुं० दे० 'धानुक'।

धान-पान* वि० [हिं० धान+पान] १. दुबला-पतला। २. कोमल, नाज़ुक।

धाना* अ० [सं० धावन] १. दौड़ना। २. दौड़-धूप या प्रयत्न करना।
*स० दे० 'ध्याना'।

धानी[1] स्त्री० [सं०] १. वह जिसमें कोई चीज रखी जाए। २. स्थान, जगह, जैसे राजधानी।

धानी[2] स्त्री० [सं० धाना] हलका हरा रंग।
वि० हल्के रंग का।

धानी[3] स्त्री० [सं० धाना] भूना हुआ जौ या गेहूँ।

धानी[4] स्त्री० दे० 'धान्य'।

धानुक पुं० [सं० धानुष्क] १. धनुष चलानेवाला, धनुर्धर। २. रुई धुननेवाला, धुनियाँ। ३. एक अर्द्धसभ्य या जंगली जाति।

धान्य पुं० [सं०] १. धान। २. अन्न।

धान्यागार पुं० [सं०] वह भंडारगृह जिसमें अन्न रखा जाता है।

धाप[1] पुं० [हिं० टप्पा] १. दूरी की एक अनिश्चित नाप जो प्रायः चौथाई से आधा मील तक होती है। २. लम्बा-चौड़ा मैदान।

धाप[2] स्त्री० [हिं० धापना] तृप्ति, सन्तोष।

धापना[1]* अ० [सं० तर्पण] सन्तुष्ट या तृप्त होना, अघाना।
स० सन्तुष्ट या तृप्त करना।

धापना[2] अ० [सं० धावन] दौड़ना।

धाबा पुं० [देश०] १. अटारी। २. कच्ची या पक्की रसोई बिकने का स्थान, बासा। (पश्चिम)

धा-भाई पुं० दे० 'दूध-भाई'।

धाम¹ पुं० [सं० धामन्] १. मकान, घर। २. किसी चीज के रहने का स्थान, जैसे शोभाधाम। ३. शरीर। ४. शोभा। ५. देवस्थान या पुण्य स्थान, पवित्र तीर्थ, जैसे काशीधाम, वैद्यनाथ 'धाम'।

धाम² पुं० [सं० धर्म, प्रा० धम्म] धर्म, जैसे—काम-धाम में का धाम।

धामिन स्त्री० [हिं० धाना=दौड़ना] एक प्रकार का जहरीला साँप जो बहुत तेज दौड़ता है।

धाय स्त्री० [सं० धात्री] दूसरे के बालक को दूध पिलाने और उसका पालन-पोषण करनेवाली स्त्री, धात्री, दाई।

धार¹ पुं० [सं०] १. औषध के काम के लिए इकट्ठा किया हुआ वर्षा का जल। २. उधार, ऋण। ३. प्रान्त, प्रदेश।

धार² स्त्री० [सं० धारा] १. पानी आदि के गिरने या बहने का क्रम, प्रवाह। २. पानी का सोता। ३. जोर की वर्षा। ४. धारदार हथियार का तेज सिरा या किनारा, बाढ़। ५. तलवार। ६. किनारा, सिरा। ७. सेना, फौज। ८. समूह। ९. रेखा, लकीर। १०. ओर, दिशा। ११. पहाड़ की छोटी श्रेणी।

मुहा० *धार चढ़ाना*=(क) देवी, देवता आदि पर दूध, जल आदि चढ़ाना। (ख) सान चढ़ाना।

*स्त्री० दे० 'धाड़'।

धारक वि० [सं०] १. धारण करनेवाला। २. रोकनेवाला। ३. उधार लेनेवाला। ४. कोई चीज कहीं लेकर जानेवाला, जैसे इस हुंडी या चेक के रुपए धारक को दे दिए जाएँ। (बेयरर)

धारण पुं० [सं०] १. थामना, रखना या अपने ऊपर लेना, पहनना। ३. अंगीकार करना। ४. ऋण लेना।

धारणा स्त्री० [सं०] १. धारण करने की क्रिया या भाव। २. मन में धारण करने, रखने, लाने आदि की शक्ति, बुद्धि, समझ। ३. किसी विषय में मन में होनेवाला कोई विचार या मत। (कन्सेप्शन) ४. याद, स्मृति। ५. योग के आठ अंगों में से एक।

धारणिक पुं० [सं०] ऋणी।

धारणीय वि० [सं०] धारण करने योग्य।

धारना* स० [सं० धारण] १. धारण करना। २. मन में निश्चय करना। ३. स्थापित करना, रखना। जहँ जहँ नाथ पाउँ तुम धारा।—तुलसी।

धारा स्त्री० [सं०] १. नदी के जल का प्रवाह। २. किसी वस्तु या तत्त्व का किसी दिशा में बराबर बढ़ते चलना। ३. लगातार या बराबर चलता रहनेवाला किसी चीज का क्रम। (करेण्ट, उक्त तीनों अर्थों के लिए)। ४. किसी विधान या अनुबंध-पत्र का स्वतन्त्र अनुच्छेद जिसमें किसी विशेष बिन्दु पर विचार हो। (आर्टिकल)

धाराधर पुं० [सं०] बादल।

धारापात पुं० [सं०] जलप्रपात।

धाराप्रवाह वि० [सं०] जो बीच में बिना रुके बराबर धारा की तरह चलता रहता हो, जैसे धाराप्रवाह भाषण।

धारावाहिक वि० [सं०] [भाव० धारावाहिकता] धारा के रूप में बिना रुके आगे बढ़ने या चलनेवाला।

पुं० वह कथा जो बराबर कई हिस्सों या किस्तों में पत्र-पत्रिकाओं में छपती या रेडियो अथवा दूरदर्शन पर प्रसारित होती हो। (सिरिअल)

धारासभा स्त्री० [सं०] विधान सभा।

धारि¹* स्त्री०=धार।

धारि²* स्त्री० [सं० धारा] १. सेना। २. झुंड।

धारिणी वि० [सं०] धारण करनेवाली। स्त्री० पृथ्वी।

धारी (-रिन्) वि० [सं०] धारण करनेवाला, जैसे कवचधारी, शरीरधारी। स्त्री० १. सेना। २. समूह। ३. रेखा।

धारोष्ण वि० [सं०] (थन से) धारा के रूप में निकला हुआ तथा गरम (दूध)।

धार्तराष्ट्र पुं० [सं०] धृतराष्ट्र का पुत्र या वंशज।

धार्मिक वि० [सं०] [भाव० धार्मिकता] १. धर्म-संबंधी। २. अपने धर्म का दृढ़तापूर्वक पालन करनेवाला।

धार्य वि० [सं०] [भाव० धार्यत्व] धारण करने योग्य, जैसे शिरोधार्य।

धावक पुं० [सं०] १. दौड़नेवाला, दौड़ लगानेवाला। २. हरकारा।

धावन पुं० [सं०] १. दौड़ना, दौड़ लगाना। २. हरकारा। ३. धोकर साफ करना। ४. वह जिससे कोई चीज धोई या साफ की जाए।

धावना* अ०=धाना (दौड़ना)।

धावनि* स्त्री० [सं० धावन] धावा, चढ़ाई।

धावरी* स्त्री०=धवरी (सफेद गाय)।

धावा पुं० [सं० धावन] १. आक्रमण, चढ़ाई। २. दौड़ते हुए जाना।

मुहा० *धावा बोलना*=आक्रमण करना। *धावा मारना*=जल्दी चलना।

धाह* स्त्री०=धाड़।

धाही* स्त्री०=धाय।

धिक्, धिक् स्त्री० धिक्कार का सूचक शब्द।

धिक्कार स्त्री० [सं०] घृणापूर्वक कहे जानेवाले अपशब्द, लानत।

धिक्कारना स० [सं० धिक्कार] घृणापूर्वक अपशब्द कहना, कोसना, लानत भेजना।

धिग* स्त्री०=धिक्।

धिठाई स्त्री०=ढिठाई।

धिय, धिया† स्त्री० [सं० दुहिता] १. बेटी। २. लड़की।

धिरना, धिरवना† स०=धमकाना।

धिराना¹ स० [सं० धैर्य] धैर्य दिलाना।

अ० [सं० धीर] मंद पड़ना।

धिराना² स०=धिरना (धमकाना)।

धींग, धींगड़ा वि० [सं० दृढ़ांक] १. हट्टा-कट्टा। २. उद्दंड। ३. निकम्मा।

धींगाधींगी, धींगामुश्ती स्त्री० [हिं० धींग] १. जबरदस्ती। २. दबाव।

धींद्रिय स्त्री० [सं०] ज्ञानेन्द्रिय।

धींवर पुं०=धीवर।

धी[१] स्त्री० [सं०] १. बुद्धि, प्रज्ञा। २. मन। ३. क्रिया-शक्ति।

धी[२] स्त्री० [सं० दुहिता] १. बेटी। २. लड़की।

धीजना अ० [हिं० धीरज] १. धीरज रखना। २. शांत रहना। स० १. धीरज देना। २. शांत करना।

धीठ* वि०=दीठ।

धीमर* पुं०=धीवर।

धीमा वि० [सं० मध्यम] १. मंद गतिवाला, धीरे चलनेवाला। २. आवाज में मंद, नीचा।

धीमान, धीमान् वि० [सं०] बुद्धिमान।

धीय* स्त्री० [सं० दुहिता] बेटी, पुत्री।

धीर वि० [सं०] [भाव० धीरता] १. दृढ़ और शांत मनवाला। २. गंभीर। ३. मंद।
*पुं०=धीरज।

धीरज पुं०=धैर्य।

धीरधर वि० [सं०] धैर्यशाली।

धीरना* अ०, स०=धीजना।

धीरललित पुं० [सं०] वह नायक जो सदा बना-ठना तथा प्रसन्न रहता हो। (साहित्य)

धीरशांत पुं० [सं०]सुशील, दयालु तथा गुणी नायक। (साहित्य)

धीरा स्त्री० [सं०] अपने नायक के परस्त्रीगमन के चिह्न देखकर व्यंग्य से कोप करनेवाली नायिका।

धीराधरा स्त्री० [सं०] अपने नायक के परस्त्रीगमन के चिह्न देखकर कुछ गुप्त और कुछ प्रकट रूप से अपना क्रोध प्रकट करनेवाली नायिका। (साहित्य)

धीरे क्रि० वि० [सं० धीर] १. धीमी गति से। २. धीमी आवाज़ में।

धीरे-धीरे क्रि० वि० अत्यन्त मन्द गति से या मन्द स्वर में।

धीरे से क्रि० वि० चुपके से।

धीरोदात्त पुं० [सं०] दयालु, बलवान, धीर और योद्धा नायक। (साहित्य)

धीरोद्धत पुं० [सं०] बहुत प्रचंड, चंचल और अपने गुणों का आप वर्णन करनेवाला नायक।

धीवर पुं० [सं०] [स्त्री० धीवरी] मछली पकड़ने और बेचने का काम करनेवाली एक जाति, मछुआ, मल्लाह।

धुंगार स्त्री० [सं० धूम+आधार] [क्रि० धुँगारना] तड़का, छौंक।

धुंध स्त्री० [सं० धूम+अंध] १. हवा में मिली हुई धूल या भाप के कारण होनेवाला अँधेरा। २. हवा में उड़ती धूल। ३. आँख का एक रोग जिसमें चीजें धुंधली दिखाई देती हैं।

धुंधकार पुं० [सं० दुंदुभि ?] १. गड़गड़ाहट। २. गर्जना, गरज।

धुंधर स्त्री० [हिं० धुंध] १. हवा में उड़ती हुई धूल। २. अँधेरा।

धुँधला वि० [हिं० धुंध+ला(प्रत्य०)] [भाव० धुँधलापन] १. कुछ-कुछ काला या अँधेरा-सा। २. जो साफ न दिखाई दे, अस्पष्ट।

धुँधलाई* स्त्री० दे० 'धुँधलापन'।

धुँधलाना अ० [हिं० धुँधला] धुँधला पड़ जाना।

धुँधाना अ० [हिं० धुंध+आना (प्रत्य०)] १. धुआँ देना।

धुंधुआँ पुं० [हिं० धुंध+धुआँ] धुंध और धुएँ का मिश्रण।

धुँधुआना अ०, स० दे० 'धुँधाना'।

धुंधुरि* स्त्री० [हिं० धुंध] [वि० धुंधरित] गर्द, गुबार या धुएँ से होनेवाला अँधेरा।

धुंधुलका पुं० [हिं० धुंध] साँझ, गो-धूलि वेला।

धुँधुवाना* अ०, स० दे० 'धुँधाना'।

धुअ* पुं० दे० 'ध्रुव'।

धुआँ पुं० [सं० धूम] किसी वस्तु के जलने से निकलनेवाली काली भाप।
मुहा० *धुएँ के पीछे आग होना*=कार्य का कारण होना।

धुआँधार वि० जोरदार।

धुआँना अ० [हिं० धुआँ+ना(प्रत्य०)] १. धुआँ लगने के कारण किसी चीज का स्वाद और गन्ध बिगड़ जाना। २. दुखी होना।

धुआँयँध स्त्री० [हिं० धुआँ+गंध] धुएँ की-सी गन्ध। स्त्री० अपच में आनेवाला डकार, धूम।

धुआँया वि० [हिं० धुआँ] धुएँ से जिसका रंग, स्वाद आदि विकृत हो गया हो।

धुआँस स्त्री० [हिं० धूर+माष] उरद का आटा।

धुआ पुं० [?] शव, लाश।

धुकड़-पुकड़ स्त्री० [अनु०] १. भय आदि से चित्त की व्याकुलता या अस्थिरता, घबराहट। २. आगा-पीछा, असमंजस।

धुकधुकाना| अ० धुकधुक होना, भयभीत होना।

धुकधुकी स्त्री० [धुकधुक से अनु०] १. पदिक या जुगनूँ नाम का गहना। २. घबराहट।

धुकना[१]* अ० [हिं० झुकना] [स० धुकाना] १. नीचे झुकना, नवना। २. गिर पड़ना। ३. झपटना, टूट पड़ना।

धुकना[२] स० [सं० धूम+करण] धूनी देना।

धुकरना अ० [अनु०] शब्द करना।

धुकर-पुकर स्त्री० [अनु०] दिल में होनेवाली खलबली।

धुकार, धुकारी स्त्री० [धु से अनु०] घोर शब्द।

धुक्कन* स्त्री० [अनु०] नगाड़े का शब्द। २. कोई घोर शब्द।

धुक्कना* अ० दे० 'धुकरना'।

धुक्करना* अ० [अनु०] घोर शब्द करना।

धुज, धुजा* स्त्री० दे० 'ध्वजा'। पुं० दे० 'ध्वज'।

धुजानी* स्त्री० [सं० ध्वजा] सेना।

धुड़ंगा* वि० [हिं० धूर+अंग] [स्त्री० धुड़ंगी] १. जिसके शरीर पर कोई वस्त्र न हो, केवल धूल हो। २. जिस पर धूल पड़ी हो।

धुतकार स्त्री० दे० 'दुतकार'।

धुताई* स्त्री०+धूर्तता।

धुतारा* वि० दे० 'धूर्त'।

धुधुआकर| क्रि० वि० गरजते हुए।

धुधुआना| अ० [हिं० धूधू] १. धूधू शब्द होना। २. गरजना।

धुधुकार स्त्री० [धूधू से अनु०] १. जोर का धूधू शब्द। २. घोर शब्द, गरज।

धुन[1] स्त्री० [हिं० धुनना] १. बिना आगा-पीछा सोचे बराबर काम करते रहने की प्रवृत्ति या दशा, लगन।

पद *धुन का पक्का*= आरम्भ किए हुए काम में बराबर लगा रहनेवाला।

२. मन की तरंग, मौज। ३. चिन्ता।

धुन[2] स्त्री० [सं० ध्वनि] १. किसी गीत के विशिष्ट स्वरक्रम या लय से गाए जाने का ढंग, किसी गाने की खास तर्ज। २. दे० 'ध्वनि'।

धुनकना स० दे० 'धुनना'।

धुनकी स्त्री० [सं० धनुस्] १. धुनियों की वह कमान जिससे वे रुई धुनते हैं। २. लड़कों के खेलने की छोटी कमान।

धुनना स० [सं० ध्वनन या हिं० धुनकी] [प्रे० धुनवाना] १. धुनकी की सहायता से रुई में से बिनौले अलग करना। २. खूब मारना-पीटना, पिटाई करना। ३. दूसरे की बात बिना सुने अपनी ही बात बराबर कहते जाना।

मुहा० *(अपना) सिर धुनना*=दुख या शोक के कारण (अपना) सिर पीटना।

धुनि* स्त्री० १. दे० 'ध्वनि'। २. दे० 'धुनी'।

धुनियाँ पुं० [हिं० धुनना] वह जो रुई धुनने का काम करता हो, बेहना।

धुनी स्त्री० [सं०] नदी।

स्त्री० दे० 'धूनी'।

धुपधूप वि० [हिं० धूप] १. साफ, स्वच्छ। २. उज्ज्वल, चमकीला।

धुप्पल, धुप्पस स्त्री० [देश०] किसी को डराने या धोखा देने के लिए किया जानेवाला कार्य, धौंस।

धुमिला* वि० दे० 'धूमिल'।

धुमिलाना* अ० [हिं० धूमिल] धूमिल होना, काला पड़ना।

धुरंधर वि० [सं०] [भाव० धुरंधरता] १. भार उठानेवाला। २. जो सबमें बहुत बड़ा, मान्य व बलवा न हो। ३. श्रेष्ठ, प्रधान।

धुर[1] पुं० [सं० धुर्] १. गाड़ी का धुरा, अक्ष। २. शीर्ष या उच्च स्थान। ३. आरम्भ, शुरू। ४. दे० 'धूर'।

धुर[2] निपा० [सं०] १. बिल्कुल ठीक या ठिकाने तक।

मुहा० *धुर सिरे से*=बिल्कुल शुरू से।

धुर[3] वि० [सं० ध्रुव] पक्का, दृढ़।

पद *धुर का*=(क) परले सिरे का, हद दरजे का। (ख) अत्यन्त, परम।

क्रि० वि० १. सीधे। २. बहुत दूर।

धुरजटी* पुं० दे० 'धूर्जटी'।

धुरना* स० [सं० धूर्वण] १. मारना, पीटना। २. बजाना।

धुरवा* पुं० [सं० धुर+वाह] बादल, मेघ।

धुरा पुं० [सं० धुर] [स्त्री० अल्पा० धुरी] लोहे का वह डंडा जिसके दोनो सिरों पर गाड़ी आदि के पहिए लगे रहते हैं, अक्ष।

धुरी स्त्री० [हिं० धुरा] गाड़ी का धुरा।

धुरीण वि० [सं०] १. बोझ सँभालनेवाला। २. मुख्य, प्रधान। ३. धुरन्धर।

धुरी राष्ट्र पुं० [हिं०+सं० राष्ट्र] दूसरे महायुद्ध से पहले अन्तर्राष्ट्रीय राजनीति में जरमनी, इटली और जापान ये तीनों राष्ट्र, जिनका एक गुट बना था।

धुरेटना* स० [हिं० धूर+लपेटना] धूल से लपेटना, धूल लगाना।

धुर्रा पुं० [हिं० धूर] १. धूल, चूर्ण।

मुहा० *धुर्रा करना*=शीत से शरीर सुन्न होने पर सोंठ की बुकनी आदि मलना। *धुर्रे उड़ाना*=(क) किसी वस्तु के टुकड़े कर डालना। (ख) किसी के मत का खंडन आदि करके बहुत दुर्दशा करना।

धुलना अ० [हिं० 'धोना' का अ० रूप] [प्रे० धुलाना] पानी, साबुन आदि से साफ किया जाना, धोया जाना।

धुलाई स्त्री० [हिं० धोना] धोने का काम, भाव या मजदूरी।

मुहा० *धुलाई करना*=(क) बुरी तरह पीटना, (ख) बुरी तरह हरा देना।

धुलाई-घर पुं० वह स्थान जहाँ कपड़े धोने की व्यवस्था हो।

धुलेंडी स्त्री० [हिं० धूल+उड़ाना] होली जलने के दूसरे दिन होनेवाला त्योहार। (इस दिन लोग एक दूसरे पर अबीर, गुलाल आदि डालते हैं।)

धुव* पुं० दे० 'ध्रुव'।

धुवाँ पुं० दे० 'धुआँ'।

धुवाँस स्त्री० दे० 'धुआँस'।

धुस्स पुं० [हिं० ढूह या देश०] १. ढूह, टीला। २. नदी का बाँध, बन्धा।

धुस्सा पुं० [सं० द्विशाट या दूर्श, पाली दूस्स] ऊन की मोटी लोई या चादर।

धूँधर* वि० दे० 'धुंधला'।

स्त्री० दे० 'धुंध'।

धूँधूँ, धूधू स्त्री० [अनु०] आग की तेज लपटों की आवाज।

धूँसना* अ० [देश०] जोर का शब्द करना।

धू वि० दे० 'ध्रुव'।

धूआँ पुं०=धुआँ।

धूई स्त्री० [हिं० धुआँ] धूनी।

धूकना अ० दे० 'ढुकना'।

धूजट* पुं० [सं० धूर्जटि] शिव।

धूजना अ० [सं० धूत] १. हिलना। २. काँपना।

धूत[1] वि० [सं०] १. हिलता या काँपता हुआ। २. छोड़ा हुआ, त्यक्त। ३. चारों ओर से रुका या घिरा हुआ।

धूत[2] वि० [सं० धूर्त] १. चालाक। २. दगाबाज।

धूतना* अ० [हिं० धूर्त] १. चालाक। २. दगाबाज।

धूतना अ० [हिं० धूर्त] धूर्तता करना।

धूताई* स्त्री०=धूर्तता।

धूतुक, धूतूक* पुं० [अनु०] १. तुरही। २. धूधू शब्द करनेवाला कोई बाजा।

धूधू पुं० [अनु०] आग के दहकने या जोर से जलने का शब्द।

धूनना* स० [हिं० धूनी] कुछ जलाकर उसका धुँआ उठाना, धुआँ या धूनी देना।

स० दे० 'धुनना'।

धूनी स्त्री० [हिं० धुआँ] १. गुग्गुल आदि गन्धद्रव्य जलाकर निकाला हुआ धुआँ।

मुहा० *धूनी देना*=कोई चीज जलाकर उसका धुआँ उठाना।

२. साधुओं के तापने की आग।

मुहा० *धूनी जगाना, रमाना या लगाना*=(क) साधुओं का आग जलाकर उसके सामने बैठना। (ख) साधु या विरक्त होना।

धूप पुं० [सं०] गन्धद्रव्यों को जलाकर निकाला हुआ धुआँ, सुगन्धित धूम।

स्त्री० १. एक प्रसिद्ध मिश्रित गन्धद्रव्य जिसे जलाने से सुगन्धित धुआँ निकलता है। २. सूर्य की किरणों का विस्तार, सूर्यातप, घाम।

मुहा० *धूप खाना*=शरीर गरम करने के लिए धूप में बैठना। *धूप दिखाना*=धूप में रखना। *धूप में बाल सफेद करना*=बिना कुछ सीखे या अनुभव प्राप्त किए उम्र बिताना।

धूपकाड़ी| स्त्री० = अगरबत्ती।

धूपघड़ी स्त्री० [हिं० धूप+घड़ी] धूप की सहायता से समय का ज्ञान प्राप्त करने का एक यन्त्र। (इसमें एक गोल चक्कर के बीच में गड़ी हुई कील की परछाई से समय जाना जाता है)

धूप-छाँह स्त्री० [हिं० धूप+छाँह] एक विशेष प्रकार से बनाया हुआ वह कपड़ा जिसमें एक ही स्थान पर कभी एक रंग दिखाई देता है, कभी दूसरा।

धूपदान पुं० [सं० धूप+आधान] [अल्पा० धूपदानी] धूप या गन्धद्रव्य जलाने का पात्र।

धूपना[1] अ० [सं० धूपन] धूप या और कोई गन्ध द्रव्य जलाकर उसका धुआँ उठाना।

धूपना[2] स० सुगन्धित धुएँ से बासना।

धूपना[3] अ० [सं० धूपन=श्रांत होना] दौड़ना, हैरान होना, जैसे दौड़ना-धूपना।

धूपबत्ती स्त्री० [हिं० धूप+बत्ती] धूप आदि सुगन्धित मसालों से बनी हुई बत्ती जिसे जलाने से सुगन्धित धुआँ निकलता है।

धूप-स्नान पुं० [सं०] धूप में बैठे या लेटकर गरमाहट प्राप्त करना।

धूपित वि० [सं०] १. धूप जलाकर सुगन्धित किया हुआ।

धूपीला वि० [हिं० धूप+ईला(प्रत्य०)] धूप से भरा हुआ, जैसे धूपीला मैदान।

धूम[1] पुं० [सं०] १. धुआँ। २. अपच में उठनेवाला डकार, धुआँयन्ध। ३. धूमकेतु।

धूम[2] स्त्री० [सं० धूम=धुआँ] १. बहुत से लोगों के इकट्ठे होकर शोर मचाने आदि का व्यापार।

मुहा० *धूम मचाना*=जगह-जगह चर्चा होना।

२. हलचल, आन्दोलन। ३. उपद्रव, ऊधम। ४. ठाट-बाट, समारोह। ५. कोलाहल, हल्ला, शोर। ६. प्रसिद्धि, ख्याति।

वि० १. धुएँ की तरह का। २. जिसका कोई आधार न हो। ३. झूठ-मूठ का और निस्सार। (यौ० के आरम्भ में; जैसे—धूम गयन्द=दृष्टिदोष, धोखे आदि के कारण दिखाई पड़नेवाली कोई ऐसी चीज जो अवास्तविक या असार हो।)

धूम-कुहासा पुं० [सं०+हिं०] धुएँ और कुहासे का मिश्रित रूप।

धूमकेतु पुं० [सं०] १. पुच्छल तारा। २. अनागत संकट का सूचक चिह्न। ३. अग्नि, आग।

धूम-धड़क्का पुं० दे० 'धूम-धाम'।

धूम-धाम स्त्री० [हिं० धूम+धाम (अनु०)] बहुत अधिक तैयारी, ठाठ-बाट, समारोह।

धूम-धामी[1] वि० [हिं० धूम-धाम] जिसमें धूम-धाम हो, धूम-धाम या आडम्बर से होनेवाला।

धूम-धामी[2] वि० [हिं० धूम] नटखट, उपद्रवी।

धूमध्वज पुं० [सं०] अग्नि, आग।

धूमन पुं० [सं०] धुआँ दिखाना।

धूमपट पुं० [सं०] वास्तविक स्थिति या तथ्य छिपाने के लिए उसके सामने खड़ी की जानेवाली कोई आड़ या पर्दा। (स्मोक-स्क्रीन)

धूमपान पुं० [सं०] तमाकू, बीड़ी आदि (का धुआँ) पीना।

धूमपोत पुं० [सं०] धुआँकश।

धूमर* वि० दे० 'धूमिल'।

धूमावृत वि० [सं०] धुएँ से ढका हुआ।

धूमिल वि० [सं० धूमल] १. धुएँ के रंग का, काला। २. धुँधला।

धूम्र वि० [सं०] धुएँ के रंग का।

पुं० दे० 'धूम्र' (धुआँ)। (असिद्ध रूप)

धूम्रपट पुं० दे० 'धूमपट'।

धूम्रपान पुं० दे० 'धूमपान'।

धूर पुं० [सं० धुर] एक बिस्वे का बीसवाँ भाग, बिस्वांसी।

धूरजटी पुं० दे० 'धूर्जटि'।

धूर-धुरेटा पुं० [हिं० धूल] वह स्थान जहाँ धूल और गर्द हो।

वि० धूल में लिपटा हुआ।

धूरा पुं० १. दे० 'धुर्रा'। २. दे० 'धूर'।

धूरि* स्त्री० दे० 'धूल'।

धूर्जटि पुं० [सं०] शिव, महादेव।

धूर्त वि०, पुं० [सं०] [भाव० धूर्तता] १. मायावी, छली। २. वंचक, ठग। ३. दाँव-पेंच या चालबाजी से काम निकालनेवाला।

धूर्तता स्त्री० [सं०] चालबाजी, धोखा-धड़ी।

धूल स्त्री० [सं० धूलि] १. मिट्टी, बालू आदि का बहुत महीन चूर, रज, गर्द।

मुहा० *(कहीं) धूल उड़ना*=(क) बरबादी आना। (ख) रौनक न रहना। *(किसी की) धूल उड़ना*=(क) बहुत दोष प्रकट होना। (ख) बदनामी या उपहास होना। *(किसी की) धूल उड़ाना*=(क) बदनामी करना। (ख) हँसी उड़ाना। *धूल की रस्सी बटना*=(क) असम्भव कार्य के पीछे पड़ना। (ख) कोरी धूर्तता से काम निकालना। *धूल चाटना*=(क) अत्यन्त अधीनता दिखाना; (ख) बुरी तरह हार जाना। *(किसी बात पर) धूल डालना*=उपेक्षापूर्वक छोड़ देना। *धूल फाँकना*=मारा-मारा फिरना। *धूल में मिलना*=चौपट होना। *धूल में मिलाना*=मटियामेट कर देना। *धूल में लट्ठ मारना*=अनुमान भिड़ाना। *सिर पर धूल डालना*=सिर धुनना, पछताना।

२. धूल के समान तुच्छ वस्तु।

मुहा० *किसी के पैर की धूल होना*=किसी की तुलना में अत्यन्त तुच्छ होना।

धूल-धूसरित वि० धूल से लथपथ।

धूलि स्त्री० [सं०] धूल, गर्द।

धूसना| सं० = मारना-पीटना।

धूसर वि० [सं०] १. मटमैला, खाकी। २. धूल से भरा।

धूसरित वि० दे० 'धूसर'।

धृक, धृग* पुं० दे० 'धिक्कार'।

धृत वि० [सं०] [स्त्री० धृता] १. पकड़ा हुआ। २. धारण किया हुआ। ३. ग्रहण किया हुआ। ४. स्थिर किया हुआ।

धृति स्त्री० [सं०] १. धरने या पकड़ने की क्रिया या भाव। २. स्थिर रहने या होने की क्रिया या भाव, ठहराव। ३. दृढ़ स्मरण शक्ति। ४. धैर्य, धीरज।

धृती(-तिन्) वि० [सं०] धीर, धैर्यवान।

धृष्ट वि० [सं०] १. निर्लज्ज, बेहया। २. ढीठ, उद्धत।

पुं० वह नायक जो अपराध करता रहता, तिरस्कार सहता जाता और फिर भी नायिका के पीछे लगा रहता है। (साहित्य)

धृष्टता स्त्री० [सं०] १. निर्लज्जता। २. ढिठाई।

धेनु स्त्री० [सं०] १. थोड़े दिनों की ब्याई हुई गाय। २. गाय।

धेनुमुख पुं० [सं०] नरसिंहा (बाजा)।

धेयना* अ० [सं० ध्यान] ध्यान करना, उदा० सेइ न धेइ न सुमिरि कै पद-प्रीति सुधारी। -तुलसी।

धेरी स्त्री० [सं० दुहिता] पुत्री, बेटी।

धेली स्त्री० [हिं० आधा] अठन्नी।

धेवता पुं० [सं० दौहित्र] [स्त्री० धेवती] पुत्री का पुत्र, नाती।

धै स्त्री० [हिं० दुहाई] दुहाई, शपथ, सौगन्ध, जैसे राम-धै।

धैर्य पुं० [सं०] १. संकट या कठिनाई के समय मन की स्थिरता, धीरता, धीरज। २. चित्त में उद्वेग या उतावलापन न उत्पन्न होने का भाव। ३. शान्ति, सब्र।

धैवत पुं० [सं०] संगीत के सात स्वरों में से छठा स्वर जिसका संकेत धा या ध है।

धोंधा पुं० [सं० ढुंढि] बेडौल, भद्दा या बेढंगा।

धोंधा बसंत पुं०=निरा मूर्ख।

धोई स्त्री० [हिं० धोना] वह दाल, जिसका छिलका धोकर अलग कर दिया गया हो।

धोखा पुं० [सं० धूकता=धूर्तता] १. भ्रम में डालनेवाला मिथ्या व्यवहार, भुलावा, छल, दगा। २. किसी के झूठे व्यवहार से उत्पन्न भ्रम, भुलावा, भ्रान्ति।

मुहा० *धोखा खाना*=ठगा या छला जाना, अपनी हानि या अहित कर बैठना। *धोखा दे जाना*=असमय में मरना या नष्ट होना। *धोखा देना*=भ्रम में डालना, छलना। *धोखे में आ जाना*=आकर्षण, लोभ आदि से भ्रमित हो जाना।

३. भ्रम उत्पन्न करनेवाली बात या वस्तु।

पद *धोखे में या धोखे से*=भूल से।

४. अनिष्ट की सम्भावना, जोखिम। ५. आशा या विश्वास के विरुद्ध होनेवाला कार्य या फल, जैसे धोखा हो गया। ६. चिड़ियों को डराने के लिए खेत में खड़ा किया हुआ पुतला, बिजूखा। ७. चिड़ियाँ उड़ाने के लिए पेड़ में बँधी हुई लकड़ी, खटखटा। ९. बेसन का एक प्रकार का पकवान।

धोखाधड़ी स्त्री० पहले विश्वास उपजाकर बाद में धोखा देने का काम।

धोखे की टट्टी स्त्री० ऐसी चीज जो दूसरों को धोखा देकर फँसाने के लिए हो।

धोखेबाज वि० [हिं० धोखा+फा० बाज़] [भाव० धोखेबाजी] दूसरों को धोखा देनेवाला, कपटी, धूर्त।

धोटा* पुं० दे० 'ढोटा'।

धोत्ता पुं० [सं० दौहित्र] [स्त्री० धोत्ती] पुत्री का पुत्र, नाती।

धोती स्त्री० [सं० धटी या धौत (धोया हुआ)] कमर से घुटनों के नीचे तक (और स्त्रियों का प्राय: सारा शरीर) ढकने के लिए कमर में लपेटकर पहनने का कपड़ा।

मुहा० *धोती ढीली होना*=हिम्मत छूट जाना, भयभीत होना।

स्त्री० दे० 'धौति'।

धोना स० [सं० धावन] [प्रे० धुलाना] १. पानी में रगड़ और डुबाकर साफ करना, प्रक्षालित करना, पखारना।

मुहा० *(किसी वस्तु से) हाथ धोना*=खो या गँवा देना, वंचित होना। *हाथ धोकर पीछे पड़ जाना*=जी जान से किसी व्यक्ति या काम के पीछे लग जाना।

२. दूर करना, हटाना या मिटाना; जैसे पाप धोना।

मुहा० *धो बहाना*=न रहने देना।

धोप* स्त्री० [सं० धूर्वा] तलवार।

धोपना स०=मारना-पीटना।

धोब पुं० [हिं० धोना] धोए जाने की क्रिया (गिनती के विचार से), जैसे इस कपड़े पर चार धोब पड़े हैं।

धोबिया पछाड़ पुं० कुश्ती का एक दाँव।

वि० पटकनी देनेवाला।

धोबी पुं० [हिं० धोना] [स्त्री० धोबिन] कपड़े धोने का काम करनेवाला, रजक।

मुहा० *धोबी का कुत्ता*=व्यर्थ इधर-उधर घूमनेवाला व्यक्ति, निकम्मा आदमी।

धोरी पुं० [सं० धौरेय] १. धुरा या भार उठानेवाला। २. रक्षक। ३. बैल। ४. प्रधान, मुखिया। ५. श्रेष्ठ पुरुष।

धोरे वि० [सं० धर] पास, निकट।

धोवती* स्त्री०=धोती।

धोवन स्त्री० [हिं० धोना] १. धोने की क्रिया या भाव। २. कोई चीज धोने पर निकला या बचा हुआ पानी।

धोवना* पुं० [हिं० धोना] १. धोवन। २. जल। ३. अरक।

धोवाना* स० [हिं० धोना] धुलाना।

अ० धोया जाना, धुलना।

धौं* योज० [देश०] १. न जाने क्या, मालूम नहीं। २. विकल्प या सन्देहसूचक वाक्यों के पहले लगनेवाला शब्द, कि, या, अथवा।

निपा० १. जोर देने के लिए 'तो', या 'भला', के अर्थ में आनेवाला शब्द। २. विधि, आदेश आदि में केवल जोर देने के लिए एक शब्द।

धौंकना स० [सं० धम्] [भाव० धौंक] १. आग सुलगाने के लिए भाथी से हवा देना। २. ऊपर डालना। ३. दंड आदि देना या लगाना।

धौंकनी स्त्री० [हिं० धौंकना] १. बाँस या धातु की बनी हुई आग सुलगाने की नली। २. भाथी।

धौंकी स्त्री० १. दे० 'धौंकनी'। २. दे० 'भाथी'।

धौंज*स्त्री० [हिं० धौंजना] १. दौड़-धूप। २. घबराहट, उद्विग्नता।

धौंजना* अ० [सं० ध्वंजन] दौड़-धूप करना।

स० पैरों से रौंदना, कुचलना।

धौंताल वि० [हिं० धु+ताल] १. जिसे असाधारण धुन हो। २. फुरतीला। ३. चालाक। ४. साहसी। ५. हेकड़। ६. उपद्रवी, शरारती।

धौंस स्त्री० [सं० दंश] [भाव० धौंसबाजी] १. धमकी, घुड़की। २. धाक, रोब। ३. झाँसा-पट्टी।

धौंसना स० [हिं० धौंस] १. धमकाना। २. मारना-पीटना। ३. दमन करना।

धौंसर* वि० दे० 'धूसर'।

पुं० किसी चीज के ऊपर जमी हुई धूल।

धौंसा पुं० [हिं० धौंसना] १. बड़ा नगाड़ा, डंका। २. सामर्थ्य, शक्ति।

धौंसिया| वि० = धौंस जमानेवाला।

धौ-काँदव पुं० [?] एक प्रकार का धान या उसका चावल।

धौज* [सं० धावन] दौड़-धूप। (ब्रज०)

धौत वि० [सं०] १. धोया और साफ किया हुआ। २. उजला, सफेद।

पुं० चाँदी, रूपा।

धौति स्त्री० [सं०] १. शुद्धि। २. शरीर को अन्दर और बाहर से शुद्ध करने के लिए हठयोग की एक विशेष क्रिया।

धौरहर पुं० दे० 'धरहरा'।

धौरा वि० [सं० धवल] [स्त्री० धौरी] सफेद, उजला।

पुं० १. सफेद बैल। २. पंडुक पक्षी।

धौराहर पुं० दे० 'धरहरा'।

धौरिय* पुं० [सं० धौरेय] बैल।

धौरी स्त्री० [हिं० धौरा] १. सफेद गाय, कपिला। २. एक प्रकार की चिड़िया।

धौरे* क्रि० वि० दे० 'धोरे'।

धौल[1] स्त्री० [अनु०] १. सिर पर लगनेवाला थप्पड़। २. नुकसान, हानि।

पद *धौल-धप्पा, धौल-धप्पड़*=धौल या धप्पड़ की मार।

धौल[2]* वि० [सं० धवल] उजला, सफेद।

पद *धौल-धूर्त*=बहुत बड़ा धूर्त।

धौलहर* पुं० 'धरहरा'।

धौला वि० [सं० धवल] [स्त्री० धौली, भाव० *धौलता, धौलाई] सफेद, उजला।

धौलागिरि पुं० दे० 'धवलगिरि'।

ध्याता वि० [सं० ध्यातृ] [स्त्री० ध्यात्री] ध्यान करने या लगानेवाला।

ध्यान पुं० [सं०] १. किसी बात या कार्य में मन के लीन होने की क्रिया, दशा या भाव।

मुहा० *ध्यान में डूबना या मग्न होना*=सब बातें भूलकर किसी एक बात पर मन में विचार करना, तल्लीन होना। *ध्यान धरना*=मन लगाना, चिन्तन करना।

२. मानसिक अनुभूति। ३. चित्त की ग्रहण या विचार करने की वृत्ति या शक्ति, मन।

मुहा० *ध्यान में न लाना*=(क) चिन्ता न करना, ध्यान न देना। (ख) न विचारना।

४. चेतना की वृत्ति, चेत, ख्याल।

मुहा० *ध्यान जमना*=चित्त एकाग्र होना। *ध्यान दिलाना*=चेताना, सुझाना। *ध्यान देना*=विचार या गौर करना। *ध्यान पर चढ़ना*=ख्याल लगा या बना रहना, चित्त से न हटना। *ध्यान बँटना*=ख्याल इधर-उधर होना। *ध्यान लगना*=चित्त का प्रवृत्त या एकाग्र होना।

५. बोध या ज्ञान करानेवाली वृत्ति या शक्ति, समझ, बुद्धि। ६. स्मृति, याद।

मुहा० *ध्यान आना*=स्मरण होना। *ध्यान पर चढ़ना*=स्मरण होना। *ध्यान रखना*=याद रखना। *ध्यान से उतरना*=याद न रहना, भूलना।

७. चित्त की एकाग्रता। ८. किसी विषय, विशेषतः धार्मिक विषय या अलौकिक सत्ता का लगातार कुछ समय तक होनेवाला गम्भीर मनन या चिन्तन जो योग का सातवाँ तथा समाधि के पूर्व का अंग माना जाता है। (मेडिटेशन)

मुहा० *ध्यान करना*=परमात्मा के चिन्तन के लिए चित्त एकाग्र करके बैठना। *ध्यान छूटना*=चित्त की एकाग्रता भंग होना।

ध्यानमग्न वि० [सं०] [भाव० ध्यानमग्नता] ध्यान में लगा हुआ।

ध्यानस्थ वि० [सं० ध्यान+स्थ] जो ध्यान में स्थित हो।

ध्याना* स० [सं० ध्यान] ध्यान करना या लगाना, जैसे ईश्वर को ध्याना।

ध्यानाकर्षक वि० [सं०] ध्यान अपनी ओर खींचने या आकृष्ट करनेवाला।

ध्यानाकर्षण वि० [सं०] ध्यान आकृष्ट करनेवाला, जैसे ध्यानाकर्षण प्रस्ताव। पुं० ध्यान का आकर्षण।

ध्यानाकर्षी वि०=ध्यानाकर्षक।

ध्यानावस्था स्त्री० [सं० ध्यान+अवस्था] ध्यान की अवस्था, ध्यान में स्थित होने का भाव।

ध्यानी(-निन्) वि०, पुं० [सं०] १. ध्यान में लगा हुआ। २. समाधि लगानेवाला। ३. ध्यान करनेवाला।

ध्येय वि० [सं०] १. ध्यान करने योग्य। २. जिसका ध्यान किया जाए।

पुं० वह जिसे ध्यान में रखकर कोई काम किया जाए, उद्देश्य।

ध्रुपद पुं० [सं० ध्रुवपद] एक प्रकार का पक्का गाना जिसकी लय और स्वर बिल्कुल बँधे हुए होते हैं और जिसमें देवताओं की स्तुति आदि होती है।

ध्रुपदिया पुं० [हिं० ध्रुपद+इया (प्रत्य०)] ध्रुपद का गवैया।

ध्रुव वि० [सं०] [वि० ध्रुवीय, भाव० ध्रुवता] १. सदा एक ही स्थान पर या एक ही अवस्था में रहनेवाला, स्थिर, अचल। २. जिसके ठीक या सत्य होने में कुछ भी सन्देह न हो, निश्चित, पक्का। (डेफिनिट)

पुं० १. आकाश। २. शंकु, कील। ३. पहाड़। ४. ध्रुपद। ५. भगवान के एक प्रसिद्ध भक्त जो राजा उत्तानपाद के पुत्र थे और जिनकी माता का नाम सुनीति था। ६. उत्तर आकाश में सदा एक ही स्थान पर रहनेवाला एक तारा जो उत्तानपाद का उक्त पुत्र माना जाता है। ७. पृथ्वी के उत्तरी और दक्षिणी दो सिरे, जिनके बीचोबीच अक्षरेखा स्थित है।

ध्रुवदर्शक पुं० [सं०] १. सप्तर्षि-मंडल। २. एक प्रसिद्ध यन्त्र जिसकी सुई सदा उत्तरी ध्रुव की ओर रहती है और जिससे दिशाओं का ज्ञान होता है, कुतुबनुमा।

ध्रुवांत पुं० [सं०] ध्रुव का अन्तिम सिरा।

ध्रुवीकरण पुं० [सं०] विभिन्न दलों के समान विचारधारावाले लोगों का एकजुट होना।

ध्रुवीय वि० [सं०] १. ध्रुव-संबंधी। २. ध्रुव प्रदेश का।

ध्वंस पुं० [सं०] विनाश, नाश।

ध्वंसक वि० [सं०] ध्वंस या नाश करनेवाला।

पुं० दे० 'विध्वंसक'।

ध्वंसन पुं० [सं०] [वि० ध्वंसनीय, ध्वंसित, ध्वस्त] १. ध्वंस या नाश करने की क्रिया या भाव, क्षय, विनाश। २. कल-कारखानों, रेलों, पुलों आदि का जान-बूझकर और सार्वजनिक कामों को रोकने अथवा ऐसे दूसरे दुष्ट उद्देश्यों से किया जानेवाला विनाश, तोड़-फोड़। (सैबोटेज)

ध्वंसात्मक वि० [सं०] ध्वंस करनेवाला, नाशक, जैसे ध्वंसात्मक दृष्टिकोण।

ध्वंसावशेष पुं० [सं०] १. किसी चीज के टूट-फूट जाने पर बचा हुआ अंश। २. खँडहर।

ध्वंसी वि० [सं० ध्वंस] [स्त्री० ध्वंसिनी] दे० 'ध्वंसक'।

ध्वज पुं० [सं०] १. चिह्न, निशान। २. लम्बे या ऊँचे डंडे के सिरे पर लगा हुआ कोई कपड़ा या कागज जो चिह्न के रूप में काम आता है, पताका, झंडा।

ध्वजा स्त्री० [सं० ध्वज] पताका, झंडा।

ध्वजी(-जिन्) वि०, पुं० [सं०] [स्त्री० ध्वजिनी] चिह्न या पताका रखनेवाला।

ध्वनि स्त्री० [सं०] १. वह जो सुनाई दे, श्रवणेन्द्रिय का विषय, शब्द, आवाज। (साउंड) २. कुछ विशेष परिस्थितियों में शब्दों की वह पुनरावृत्ति जो शब्द-तरंगों के किसी बाधक स्तर के साथ टकराने पर होती है, आवाज की गूँज। ३. किसी घटना के बाद उसकी आलोचना आदि के रूप में किसी और स्थान पर होनेवाली चर्चात्मक प्रतिक्रिया। (ईको) ४. किसी कथन या उक्ति के वाच्यार्थ या शब्दों के साधारण अर्थ को छोड़कर उसमें छिपा हुआ गूढ़ या व्यंग्य के रूप में निकलनेवाला अर्थ या आशय, झलकता हुआ अर्थ या आशय।

ध्वनित वि० [सं०] १. जो ध्वनि या शब्द के रूप में प्रकट हुआ हो। २. शब्द से युक्त। ३. झलकता हुआ, व्यंजित। ४. बजाया हुआ, वादित।

ध्वनितरंग स्त्री० [सं०] हवा में चारों ओर फैलनेवाली वह तरंग जो किसी स्थान पर कोई ध्वनि या शब्द होने पर उठती है और जिसके कारण कानों को उस ध्वनि या शब्द का ज्ञान होता है। (साउंड वेव)

ध्वनिविज्ञान पुं० [सं०] वह विज्ञान जिसमें इस बात का विवेचन होता है कि बोलते समय मनुष्य के गले से किस प्रकार ध्वनियाँ या शब्द उत्पन्न होते हैं और उन्हें किस प्रकार बोला या लिखा जाता है। (फोनेटिक्स)

ध्वन्यंकन पुं० [सं० ध्वनि+अंकन] ध्वनि का अंकन जो ग्राफ के रूप में होता है। [ध्वन्यंकन अशुद्ध रूप है]

ध्वन्यात्मक वि० [सं०] [भाव० ध्वन्यात्मकता] १. ध्वनि के रूप में होनेवाला, ध्वनियुक्त। २. जिसमें व्यंग्य अर्थ प्रधान हो।

ध्वन्यार्थ पुं० [सं० ध्वन्यर्थ] शब्द की व्यंजना शक्ति से निकलनेवाला अर्थ।

ध्वन्यालेखन पुं० [सं० ध्वनि+आलेखन] आधुनिक बोलते चित्रपट में वह प्रक्रिया जिसके द्वारा पात्रों की बात-चीत या संगीत आदि की ध्वनियाँ एक विशेष यन्त्र के द्वारा इस प्रकार गृहीत और अंकित की जाती हैं कि आवश्यकता पड़ने पर चित्रपट दिखाने के समय उसके साथ सुनाई जा सकें।

ध्वस्त वि० [सं०] जिसका ध्वंस हुआ हो, विनष्ट।

ध्वस्तीकरण पुं० [सं०] ध्वस्त करने की क्रिया या भाव।

ध्वांत पुं० [सं०] अन्धकार, अँधेरा।

ध्वांचर पुं० [सं०] राक्षस।

ध्वानिक वि० [सं०] ध्वनि-संबंधी।

ध्वानिकी स्त्री० [सं०] विज्ञान की वह शाखा जिसमें ध्वनियों की रचना तथा गुणों पर विचार किया जाता है।

न

न देवनागरी वर्णमाला का बीसवाँ और तवर्ग का पाँचवाँ व्यंजन वर्ण, जिसका उच्चारण-स्थान दन्त है। निपात के रूप में इसका व्यवहार (क) 'नहीं' या 'मत' के अर्थ में, निषेधवाचक शब्द के रूप में और (ख) प्रश्नात्मक वाक्य के अन्त में 'या नहीं' के अर्थ में (जैसे—तुम मानोगे न?) होता है। जोर देने के लिए तथा विधिवाचक रूप में भी इसका प्रयोग होता है; जैसे—खालो न थोड़ा-सा।

नंग पुं० [हिं० नंगा] १. नग्नता, नंगापन। २. गुप्तांग।

नंगई† स्त्री० = गुंडई।

नंग-धड़ंग वि० [हिं० नंगा+धड़ंग(अनु०)] बिल्कुल नंगा, दिगम्बर, विवस्त्र।

नंगा वि० [हिं० नग्न] १. जिसके शरीर पर कोई कपड़ा न हो, दिगम्बर, वस्त्रहीन, नग्न। २. जिसके ऊपर कोई आवरण न हो। ३. निर्लज्ज, बेहया। ४. लुच्चा, पाजी।

मुहा० *नंगा होकर नाचना*=(क) अत्यन्त निर्लज्जतापूर्ण आचरण करना। (ख) अत्यन्त घिनौना तथा बीभत्स रूप प्रकट करना; जैसे—हर जगह मार-काट—हिंसा नंगी होकर नाच रही है।—विश्वनाथ प्रसाद।

नंगाझोली स्त्री० [हिं० नंगा+झोरना] छिपाई हुई वस्तु ढूँढ़ने के लिए या सन्देहवश किसी के कपड़े आदि उतरवाकर अथवा यों ही अच्छी तरह देखना, पहने हुए कपड़ों की तलाशी।

नंगा नाच पुं० [हिं० नंगा+नाच] बहुत ही निर्लज्जतापूर्वक और बिल्कुल मनमाने ढंग से अनेक प्रकार के अनुचित, नियम-विरुद्ध और दोषपूर्ण कार्य करना।

नंगा-बूचा वि० [हिं० नंगा+बूचा=खाली] जिसके पास कुछ भी न हो, परम निर्धन।

नंगा-लुच्चा वि० [हिं० नंगा+लुच्चा] नीच और दुष्ट, बदमाश।

नँगियाना स० [हिं० नंगा] १. नंगा करना, शरीर पर से वस्त्र उतार लेना। २. कपट का आवरण हटाना। ३. सब-कुछ छीन लेना।

नंगे पाँव क्रि०वि० बिना जूते, चप्पल या खड़ांव पहने।

नंगे मुँह क्रि०वि० बिना मुँह ढके या घूँघट के।

नंगे सिर क्रि०वि० बिना सिर ढके या टोपी, पगड़ी आदि पहने।

नँग्याना* स० दे० 'नँगियाना'।

नँचना* अ०=नाचना।

नंद पुं० [सं०] १. आनन्द, हर्ष। २. परमेश्वर। ३. पुराणानुसार नौ निधियों में से एक। ४. विष्णु। ५. बेटा, पुत्र। ६. गोकुल के गोपों के मुखिया, वसुदेव के मित्र और श्रीकृष्ण के पालक पिता।

नंदकिशोर पुं० [सं०] श्रीकृष्ण।

नंदकुमार पुं० [सं०] श्रीकृष्ण।

नंदनंदिनी स्त्री० [सं०] योगमाया।

नंदन पुं० [सं०] १. स्वर्ग में इन्द्र का उपवन। २. शिव। ३. विष्णु। ४. बेटा, जैसे नन्दनन्दन। ५. मेघ, बादल। वि० आनन्द देने या प्रसन्न करनेवाला।

नंदना[१]* अ० [सं० नंद] आनन्दित होना। स० आनन्दित या प्रसन्न करना।

नंदना[२] स्त्री० [सं० नंद=बेटा] लड़की, बेटी।

नंदनी स्त्री० दे० 'नंदिनी'।

नंदरानी स्त्री०=यशोदा।

नंदलाल पुं० [सं०+हिं०] श्रीकृष्ण।

नंदा स्त्री० [सं०] १. दुर्गा। २. एक प्रकार की कामधेनु। ३. सम्पत्ति, धन-दौलत। ४. पति की बहन, ननद। वि० स्त्री० १. आनन्द देनेवाली। २. शुभ।

नंदि पुं० [सं०] १. आनन्द। २. परमेश्वर। ३. दे० 'नंदी'।

नंदित[१] वि० [सं०] आनन्दित, प्रसन्न।

नंदित[२]* वि० [हिं० नादना] बजता हुआ।

नंदिन* स्त्री० [सं० नंदिनी] लड़की।

नंदिनी स्त्री० [सं०] १. पुत्री, बेटी। २. उमा, दुर्गा। ३. गंगा। ४. पति की बहन, ननद। ५. वसिष्ठ की कामधेनु, जिसकी सेवा करके राजा दिलीप ने रघु नामक पुत्र प्राप्त किया था। ६. पत्नी, जोरू।

नंदी (-दिन्) पुं० [सं० नंदिन्] १. शिव के एक प्रकार के गण। २. शिव का द्वारपाल, बैल। ३. शिव के नाम पर दागकर छोड़ा हुआ बैल। ४. गाँठों से युक्त शरीरवाला बैल (यह खेती के काम का नहीं होता)। ५. विष्णु। वि० आनन्दयुक्त, प्रसन्न।

नंदीगण पुं० [हिं० नंदी+गण] १. शिव का द्वारपाल, बैल। २. किसी के नाम पर दागकर छोड़ा हुआ बैल, साँड़।

नंदीमुख पुं० दे० 'नांदीमुख'।

नंदीश्वर पुं० [सं०] १. शिव। २. शिव का एक गण।

नंदेऊ* पुं० दे० 'नंदोई'।

नंदोई पुं० [हिं० ननद+ओई(प्रत्य०)] ननद का पति, पति का बहनोई।

नंबर वि० [अं०] संख्या, अदद।

पुं० १. संख्या, अंक। २. दे० 'नंबरी गज'। ३. दे० 'अंक'।

नंबर एक वि०=सर्वोत्कृष्ट, सर्वोत्तम।

नंबरदार पुं० [अ० नंबर+फा० दार(प्रत्य०)] १. गाँव का वह अधिकारी जो मालगुजारी आदि वसूल करता है। २. मुखिया।

नंबर दो वि० घटिया, नकली।

पुं० घटिया या नकली होने की अवस्था या भाव।

पद *नंबर दो का*=नकली या घटिया।

नंबरवार क्रि० वि० [अं० नंबर+फा० वार] संख्या के क्रम से, एक एक करके, क्रमशः।

नंबरिंग मशीन स्त्री० [अं०] वह मशीन जिससे दफ्तरी नम्बर करते हैं।

नंबरी वि० [अं० नंबर+ई(प्रत्य०)] १. जिसपर नम्बर लगा हो। २. नम्बर-सम्बन्धी, नम्बर का, जैसे नम्बरी गज। ३. मशहूर। ४. बहुत बड़ा, जैसे नम्बरी चोर।

नंबरी गज पुं० [हिं० नंबरी+फा० गज़] कपड़े नापने का ३६ इंच का गज।

नंबरी चोर पुं० [हिं० नंबर+चोर] वह बहुत बड़ा और प्रसिद्ध चोर जिसका पुलिस के अभिलेखों में विशेष रूप से उल्लेख हो।

नंबरी तह स्त्री० [हिं० नंबरी+तह(परत)] कपड़े के थानों की वह तह जिसमें कपड़ा प्रायः एक एक नम्बर या गज की दूरी पर उलटकर एक के ऊपर दूसरी परत के रूप में लगाया जाता है। (मिलों से जो थान आते हैं, उनकी तह प्रायः इसी रूप में लगी होती है।)

नंबरी नोट पुं० [अं० नंबर+नोट] सौ रुपए या इससे अधिक मूल्य का नोट जिसका कुछ दिनों पहले लेन-देन के समय बही-खातों में नम्बर लिख लेने की प्रथा थी।

नंबरी सेर पुं० [हिं० नंबरी+सेर] अंग्रेजी शासनकाल के ८० रुपयों के बराबर की तौल।

नंस* वि० [सं० नाश] नष्ट, बरबाद।

नई* वि० [सं० नय] नीतिज्ञ।

*स्त्री० १. दे० 'नदी'। २. 'नया' का स्त्री०।

नउ* वि० १. दे० 'नव'। २. दे० 'नौ'।

नउका* स्त्री० दे० 'नौका'।

वि०=नया।

नउत* वि० [सं० नवल] नया।

नओढ़* स्त्री० दे० 'नवोढ़ा'।

नककटा वि० [हिं० नाक+कटना] [स्त्री० नककटी] १. जिसकी नाक कटी हो। २. निर्लज्ज, बेहया।

नकघिसनी स्त्री० [हिं० नाक+घिसना] अपराध क्षमा कराने या कोई काम कराने के लिए दीनतापूर्वक बिनती करना या गिड़गिड़ाना।

नकछिकनी स्त्री० [हिं० नाक+छींकना] एक प्रकार का पौधा जिसके फूल सूँघने से छींकें आती हैं।

नकटा पुं० [हिं० नाक+कटना] [स्त्री० नकटी] एक प्रकार का गीत जो स्त्रियाँ विवाह आदि मंगल अवसरों पर गाती हैं।

वि० दे० 'नककटा'।

नकद वि०, पुं० दे० 'नगद'।

नकद-नारायण पुं० पैसा-टका, धन, मुद्रा।

नकदी स्त्री० दे० 'नगद'।

नकना[१]* स० [हिं० नाकना] १. लाँगना, फाँदना। २. त्यागना।

नकना[२] अ० [हिं० नकियाना] नाक में दम होना, हैरान होना।

नकफूल पुं० [हिं० नाक+फूल] नाक का एक आभूषण।

नकब स्त्री० [अ० नक़ब] दे० 'सेंध'।

नकबजनी स्त्री० [अ० नक़ब+फा० ज़नी] दे० 'सेंधमारी'।

नकबानी* स्त्री० [हिं० नाक+बानी] नाक में दम, हैरानी, परेशानी; उदा० खीर खाँड घृतन के कीजै नकबानी दिन। -केशव।

नकबेसर स्त्री० [हिं० नाक+बेसर] छोटी नथ, बेसर।

नकल स्त्री० [अ० नक़ल] १. किसी दूसरे के आकार या प्रकार के अनुसार तैयार की हुई वस्तु, अनुकृति। २. कोई वस्तु या कार्य देखकर उसके अनुसार वैसी ही कोई वस्तु बनाना या कार्य करना, अनुकरण। ३. लेख आदि की अक्षरशः की या उतारी हुई प्रतिलिपि। ४. अभिनय। ५. हास्य रस की कोई छोटी कहानी, चुटकुला। ५. दे० 'स्वाँग'।

नकलनवीस पुं० [अ० नक़ल+फा० नवीस] वह जो दूसरों के लेखों आदि की नकल करता हो। (अदालती)

नकल-बही स्त्री० [हिं० नकल+बही] वह बही जिस पर चिट्ठियों और हुंडियों आदि की नकल रखी जाती है।

नकली वि० [अ० नक़ली] १. नकल करके बनाया हुआ। २. कूट, बनावटी, जाली, झूठा।

नकलोल वि० [हिं० नाक+लोला] जिसकी नाक आसानी से घुमाई जा सके, मूर्ख।

नकवानी* स्त्री० दे० 'नकबानी'।

नकशा पुं० दे० 'नक्शा'।

नकसलवाद पुं० सत्ता को हथियाने के लिए हथियारों से काम लेने की विचारधारा।

नकसलवादी वि० नकसलवाद-संबंधी।

पुं० नकसलवाद का अनुयायी।

नकसली वि०, पुं०=नकसलवादी।

नकसीर स्त्री० [हिं० नाक+सं० क्षीर=जल] एक रोग जिसमें नाक से रक्त बहता है।

नकाना* अ० दे० 'नकना'।
स० दे० 'नकियाना'।

नकाब स्त्री० [अ० नक़ाब] १. चेहरा छिपाने के लिए उसपर डाला हुआ कपड़ा। २. स्त्रियों के मुख पर का घूँघट।

नकाबपोश वि०, पुं० [अ०+फा०] जो नकाब पहने हो।

नकार[1] स्त्री० [हिं० नकारना] १. अस्वीकृति-सूचक शब्द या बात, नहीं। २. इन्कार, अस्वीकृति।

नकार[2] पुं० [सं०] 'न' अक्षर।

नकारना अ० [हिं० नहीं] १. किसी बात के सम्बन्ध में कहना कि यह ऐसी नहीं है, हमने ऐसा नहीं किया अथवा हम ऐसा नहीं करेंगे, 'नहीं' कहना या करना। २. अस्वीकृत करना।

नकारा वि० [हिं० न+कार्य] निकम्मा, निरर्थक।

नकारात्मक वि० [सं० नकार+आत्मक] [भाव० नाकारात्मकता] १. (उत्तर या कथन) जिसमें कोई बात न मानी गई हो या कुछ करने से इनकार किया गया हो, 'सकारात्मक' का विपर्याय। २. जिसमें 'नहीं' हो, 'नहीं' वाला। (निगेटिव)

नकारात्मकता स्त्री० [सं०] १. नकारात्मक होने की अवस्था या भाव। २. नकारात्मक गुण, धर्म या शैली।

नकाशना स० [अ० नक़्क़ाशी] धातु, पत्थर आदि पर खोदकर चित्र या बेल-बूटे आदि बनाना।

नकाशी स्त्री० दे० 'नक़्क़ाशी'।

न कि यो० विरोधदर्शक योजक; जैसे-वही आया था न कि मैं वहाँ गया था।

नकियाना अ० [हिं० नाक] १. बोलते समय शब्दों का अनुनासिक उच्चारण करना। २. दे० 'नकना'।
स० किसी की नाक में दम करना, बहुत परेशान या तंग करना।

नकीब पुं० [अ० नक़ीब] १. बन्दीजन, भाट। २. कड़खैत।

नकुल पुं० [सं०] १. नेवला (जन्तु)। २. राजा पांडु के चौथे पुत्र, जो माद्री के गर्भ से उत्पन्न हुए थे।

नकेल स्त्री० [हिं० नाक] ऊँट, बैल आदि की नाक में पिरोई हुई रस्सी जो लगाम का काम देती है, मुहरा।
मुहा० *किसी की नकेल हाथ में होना*=किसी व्यक्ति पर पूरा वश या नियन्त्रण होना।

नक्कना* स० [सं० लंघन] उछलकर पार जाना, लाँघना।

नक्कारखाना पुं० [फा० नक़्क़ारखानः] वह स्थान जहाँ नगाड़ा बजता है, नौबतखाना।
कहा० *नक्कारखाने में तूती की आवाज*=बड़ों-बड़ों के सामने छोटों की न सुनी जानेवाली बात।

नक्कारा पुं० [फा० नक़्क़ारः] दे० 'नगाड़ा'।

नक्काल पुं० [अ०] १. किसी का अनुकरण या नकल करनेवाला। २. भाँड़।

नक्काश पुं० [अ०] नक़्क़ाशी करनेवाला।

नक़्क़ाशी स्त्री० [अ०] [वि० नक़्क़ाशीदार] १. धातु, काठ, पत्थर आदि पर खोदकर बेल-बूटे आदि बनाने की कला। २. इस प्रकार बनाए हुए बेल-बूटे।

नक्की[1] वि० [देश०] १. पक्का, दृढ़। २. ठीक। ३. निश्चित।

नक्की[2] स्त्री० [हिं० नाक] गाने का वह ढंग जिसमें स्वर का कुछ अंश नाक से भी निकलता है।

नक्कीमूठ स्त्री० [हिं० नक्की+मूठ] कौड़ियों से खेला जानेवाला एक प्रकार का जुआ।

नक्कू वि० [हिं० नाक] १. बड़ी नाकवाला। २. अपने आपको बहुत बड़ा समझनेवाला। ३. सबसे अलग रहकर उलटा या बुरा काम करनेवाला।

नक्द वि० [अ० नक़्द] नकद।

नक्र पुं० [सं०] १. नाक नामक जलजन्तु। २. मगर, घड़ियाल, कुम्भीर।

नक्श वि० [अ० नक़्श] अंकित, चित्रित या लिखित।
पुं० १. तसवीर, चित्र। २. खोदकर या कलम से बनाए हुए बेल-बूटे। ३. मोहर, छाप। ४. यन्त्र, तावीज।

नक्शा पुं० [अ० नक़्शा] १. रेखाओं द्वारा आकार का निर्देश, रेखाचित्र। २. आकृति, गढ़न। ३. चाल-ढाल, ढंग। ४. अवस्था। ५. दशा। ६. साँचा, ठप्पा। ७. पृथ्वी या खगोल के किसी भाग की स्थिति आदि के विचार से बनाया हुआ उसका सूचक वह चित्र, जिसमें देश, नगर, नदी, पहाड़, समुद्र आदि दिखाए गए हों। ८. भवन आदि का उक्त प्रकार का रेखाचित्र।

नक्शानवीस पुं० [अ०+फा०] नक्शा बनाने या अंकित करनेवाला।

नक्शाबंद पुं० [अ०+फा०] वह जो धोतियों, साड़ियों आदि के बेल-बूटे के नक्शे या तर्ज तैयार करता है।

नक्शेकदम पुं० [अ०] (किसी के) चरणचिह्न।

नक्षत्र पुं० [सं०] [वि० नक्षत्री] चन्द्रमा के मार्ग में पड़नेवाले स्थिर तारों के २७ समूह, जिनके भिन्न-भिन्न रूप या आकार मान लिए गए हैं और जिनके अलग-अलग नाम हैं।

नक्षत्रराज पुं० [सं०] चन्द्रमा।

नक्षत्री[1] वि० [सं० नक्षत्रिन्] चन्द्रमा।

नक्षत्री[2] वि० [सं० नक्षत्र] भाग्यवान।

नक्सलवाद पुं० दे० 'नकसलवाद'।

नख[1] पुं० [सं०] १. नाखून। २. एक प्रसिद्ध गन्ध द्रव्य। ३. खंड, टुकड़ा।

नख[2] स्त्री० [फा० नख़] गुड्डी उड़ाने की डोर।

नखक्षत पुं० [सं०] शरीर पर नाखून लगने के कारण बना हुआ चिह्न।

नखच्छत* पुं० 'नखक्षत'।

नख-छोलिया पुं० दे० 'नखक्षत'।

नखड़ा† पुं०=नखरा।

नखत, नखतर* पुं० दे० 'नक्षत्र'।
नखतराज* पुं०=चन्द्रमा।
नखतेश* पुं० [सं० नक्षत्र+ईश] चन्द्रमा।
नखना[१]* अ० [हिं० नाखना] डाँका, लाँघा या पार किया जाना। स० लाँघकर पार करना।
नखना[२] स० [सं० नष्ट] नष्ट करना।
नखबाव* पुं० [हिं० नख] नाखून।
नखरा पुं० [फा० नख़र:] किसी को रिझाने या झूठ-मूठ अपनी अस्वीकृति या सुकुमारता सूचित करने के लिए की जानेवाली स्त्रियों की अथवा स्त्रियों की-सी चेष्टा, चोचला।
नखरा-तिल्ला पुं० दे० 'नखरा'।
नखरीला वि० दे० 'नखरेबाज'।
नखरेख* स्त्री० [सं० नख+रेखा] शरीर में लगा हुआ नखों का चिह्न जो प्राय: सम्भोग का सूचक होता है, नखरौटा।
नखरेबाज वि० [फा० नख़र:बाज़] [भाव० नखरेबाजी] बहुत नखरा करनेवाला।
नखरेपीटी वि० = नखरेबाज।
नखरौटा पुं० दे० 'नखरेख'।
नखलिस्तान पुं० [फा०] रेगिस्तान में स्थित हरा-भरा भूभाग।
नखशिख पुं० [सं०] १. नख से शिख तक के सब अंग। २. नख से शिख तक के सब अंगों का वर्णन।
नखायुध पुं० [सं०] १. शेर, चीता आदि नखों से फाड़नेवाले जानवर। २. नृसिंह।
नखास पुं० [अ० नख़्ख़ास] १. वह बाजार जिसमें पशु, विशेषत: घोड़े बिकते थे। २. बाजार।
नखियाना* स० [सं० नख+हिं० इयाना(प्रत्य०)] नाखून गड़ाना।
नखी स्त्री० [सं०] नख नामक गन्धद्रव्य। पुं० दे० 'नखायुध'।
नखेद* पुं० दे० 'निषेध'।
नखोटना* स० [सं० नख+हिं० ओटना (प्रत्य०)] नाखूनों से खरोचना या नोचना।
नखल पुं० [अ० नख़्ल] खजूर का पेड़।
नग[१] पुं० [सं०] १. पर्वत, पहाड़। २. वृक्ष। ३. सात की संख्या। ४. साँप। ५. सूर्य।
नग[२] पुं० [फा० नगीना, मि० सं० नग] १. दे० 'नगीना'। २. अदद, संख्या।
नगज वि० [सं०] जो नग या पहाड़ से उत्पन्न हुआ हो, पहाड़ पर या पहाड़ से पैदा होनेवाला, जैसे शिलाजीत, गेरू आदि। पुं० हाथी।
नगण पुं० [सं०] तीन लघु अक्षरों का एक गण, जैसे कमल।
नगण्य वि० [सं०] [भाव० नगण्यता] जिसकी कोई गिनती न हो, गया-बीता, दीनहीन या तुच्छ।
नगद पुं० [अ० नक़्द] वह धन जो सिक्कों या नोटों के रूप में हो, रुपया-पैसा, रोक।
वि० १. (रुपया) जो तैयार या सामने हो। २. जिसका मूल्य रुपए, पैसे आदि के रूप में दिया या चुकाया जाए, रोक।
क्रि०वि० तुरन्त दिए हुए रुपए के बदले में, 'उधार' का उलटा।
वि० बढ़िया, अच्छा।
नगदी क्रि० वि० [हिं० नगद] नगद या सिक्के (रुपए, पैसे आदि) के रूप में। (इन् कैश)
पुं० वि० दे० 'नगद'।
नगन* वि० दे० 'नग्न'।
नगपति पुं० [सं०] १. हिमालय पर्वत। २. शिव। ३. सुमेरु।
नगमा पुं० [अ० नग्म:] १. संगीत। २. राग।
नगर पुं० [सं०] मनुष्यों की वह बस्ती, जो गाँव और कस्बे से बहुत बड़ी होती है और जिसमें सब तरह के बहुत-से लोग रहते और बाजार होते हैं, शहर। (सिटी)
नगर-कीर्तन पुं० [सं०] नगर की गलियों में घूम-घूमकर होनेवाला धार्मिक गाना-बजाना या कीर्तन।
नगर-नारि स्त्री० [सं०] वेश्या।
नगरपार्षद पुं० [सं०] वह जो नगरपालिका का सदस्य हो। (म्युनिसिपल कमिश्नर)
नगरपाल पुं० [सं०] एक प्राचीन अधिकारी जिसका काम नगर की रक्षा और व्यवस्था करना होता था।
नगरपालिका स्त्री० [सं० नगर+पालिका] वैधानिक आधार पर संगठित किसी नगर के चुने हुए प्रतिनिधियों की वह संस्था जो उस नगर के स्वास्थ्य, शुचिता, सड़कों, भवन-निर्माण, जल-कल आदि लोकोपकारी कार्यों की व्यवस्था करती हो। (म्युनिसपैलिटी)
नगर-बोर्ड पुं० [सं० नगर+अं० बोर्ड] किसी नगर के चुने हुए प्रतिनिधियों का वह निकाय या परिषद जो वहाँ की नगरपालिका के सब कामों की व्यवस्था करती हो।
नगर महापालिका स्त्री० = नगर निगम।
नगराई* स्त्री० [हिं० नगर+आई (प्रत्य०)] १. नागरिकता। २. चतुराई।
नगरी स्त्री० [सं०] [वि० नगरीय] छोटा नगर, कस्बा।
वि० नगर-सम्बन्धी; पुं० दे० 'नागरिक'।
अंतरनगरी वि० नगरियों के बीच होने या चलनेवाला।
नगरीकरण पुं० [सं० नगर+करण] गाँव या देहात को नगर का रूप देने का कार्य।
नगरी क्षेत्र पुं० [सं०] कोई नगरी और उसके आस-पास का वह क्षेत्र जिसको लोकहित संबंधी व्यवस्थाएँ स्थानिक संस्था के अधीन हों। (टाउन एरिया)
नगला पुं० [सं० नगर ?] छोटी बस्ती, कस्बा, गाँव। (प्राय: स्थानों के नामों के अन्त में; जैसे नायक नगला।)
नगवास* पुं० दे० 'नागपाश'।

नगवासी* स्त्री० दे० 'नागपाश'।

नगाड़ा पुं० [फा० नक्कार:] डुगडुगी या बाएँ की तरह का एक प्रकार का बहुत बड़ा बाजा, डंका, धौंसा।

नगाधिप पुं० [सं०] १. हिमालय पर्वत। २. सुमेरु पर्वत।

नगारि पुं० [सं०] इन्द्र।

नगीं, नगी[1] स्त्री० [फा०] रत्न, नग।

नगी[2] स्त्री० [सं० नग] पार्वती।

नगीना पुं० [फा० नगीन:] रत्न, मणि।

नगेंद्र, नगेश पुं० [सं०] हिमालय।

नगेसरि* पुं० दे० 'नागकेसर'।

नग्न वि० [सं०] [भाव० नग्नता] १. (व्यक्ति अथवा उसका चित्र) जिसने वस्त्र न पहना हो, नंगा। २. आवरण-रहित। ३. मूल, आधारभूत; जैसे नग्न सत्य। (न्यूड)

नग्नवाद पुं० [सं०] नग्न रहने का सिद्धान्त।

नग्नवादी (-दिन्) पुं० [सं०] नग्नवाद का अनुयायी।

वि० नग्नवाद-संबंधी।

नग्मा पुं० दे० 'नगमा'।

नग्र* पुं० दे० 'नगर'।

नघना स० दे० 'नखना'।

नचना* अ० [हिं० नाचना] नाचना।

वि० [स्त्री० नचनी] नाचनेवाला।

नचनि* स्त्री० [हिं० नाचना] नाच।

नचनियाँ पुं० [हिं० नाचना] नाचने का पेशा करनेवाला, नर्तक।

नचवैया पुं० [हिं० नाच] नाचने या नचानेवाला।

नचाना स० [हिं० 'नाचना' का प्रे०] १. किसी को नाचने में प्रवृत्त करना। २. किसी को कोई काम करने के लिए बार-बार दौड़ाना या तंग करना। ३. कोई चीज हाथ में लेकर इधर-उधर घुमाना या हिलाना।

नचास स्त्री० [हिं० नाच+आस] नाचने की प्रबल इच्छा।

नचीला वि० [हिं० नाच+ईला (प्रत्य०)] जो नाचता या इधर-उधर हिलता-डुलता या घूमता रहे, चंचल।

नचौंहा* वि० [हिं० नाचना+औंहाँ (प्रत्य०)] बराबर नाचता या इधर-उधर घूमता रहनेवाला।

नछत्र* पुं० दे० 'नक्षत्र'।

नछत्री वि० दे० 'नक्षत्री'।

नजदीक वि० [फा० नज़दीक] [संज्ञा, वि० नज़दीकी] निकट, पास।

नजर-अंदाज वि० [अ० नज़र+फा० अंदाज़] जिस पर नजर न डाली जाए, नजरों से गिरा हुआ।

नजर[1] स्त्री० [अ० नज़्र] १. दृष्टि, निगाह।

मुहा० *नजर आना*=दिखाई पड़ना। *नजर पड़ना*=दिखाई देना। *नजर पर चढ़ना*=पसन्द आ जाना। *नजर बचना*=देखने में चूक होना। *नजर बाँधना*=ऐसा जादू करना कि लोगों को कुछ का कुछ दिखाई पड़े।

२. कृपादृष्टि। ३. निगरानी, देख-रेख। ४. ध्यान, ख्याल। ५. परख, पहचान। ६. किसी सुन्दर या प्रिय मनुष्य या वस्तु पर पड़नेवाला दृष्टि का बुरा प्रभाव।

मुहा० *नजर उतारना*= किसी उपचार से बुरी दृष्टि का प्रभाव नष्ट करना। *नजर लगना*=बुरी दृष्टि का प्रभाव पड़ना।

नजर[2] स्त्री० [अ० नज़्र] १. भेंट, उपहार। २. राजाओं आदि के सामने भेंट रखकर अधीनता सूचित करने की एक प्रथा।

नजरबंद वि० [अ० नज़्र+फा० बंद] [भाव० नज़रबंदी] ऐसी निगरानी में रखा हुआ कि निश्चित स्थान या सीमा से बाहर न जा सके।

पुं० जादू आदि का वह खेल जो लोगों की नजर को धोखा देकर किया जाता है।

नजरबाग पुं० [अ० नज़्रबाग] महल आदि के सामने का या चारों ओर का बाग।

नजरा वि० [अ० नज़्र] जो देखते ही अच्छी या बुरी अथवा मँहगी या सस्ती चीज पहचान ले।

नजरानना* स० [हिं० नजर+आनना (प्रत्य०)] १. नजर या भेंट करना, उपहारस्वरूप देना। २. नजर लगाना।

नजराना[1] अ० [हिं० नजर] ऐसी बुरी नजर लगना जिससे कुछ अनिष्ट हो, नजर लगना।

स० ऐसी बुरी दृष्टि डालना जिससे कुछ अनिष्ट हो, नजर लगाना।

नजराना[2] पुं० [अ० नज़्राना] १. भेंट, उपहार। २. किराए, पट्टे आदि पर मकान या जमीन लेने से पहले उसके स्वामी को भेंटस्वरूप दिया जानेवाला धन, पगड़ी। ३. किसी विशिष्ट कार्य के लिए नियत धन के अतिरिक्त पहले दिया जानेवाला कुछ और धन। (प्रीमियम)

नजरिया पुं० [अ० नज़्रिय:] दृष्टिकोण।

नजला पुं० [अ० नज़्ला] जुकाम, सरदी।

मुहा० *नजला गिरना*=आफत आना

नजाकत स्त्री० [फा० नज़ाकत] नाजुक होने का भाव, सुकुमारता।

नजात स्त्री० [अ०] छुटकारा, मुक्ति।

नजारा पुं० [अ० नज़्ज़ार:] १. रम्य दृश्य। २. दृश्य।

नजिकाना* अ० [हिं० नजीक (नजदीक)] निकट पहुँचना।

नजीक* क्रि० वि० [फा० नज़दीक] निकट।

नजीर स्त्री० [अ० नज़ीर] १. उदाहरण। २. दृष्टान्त।

नज़ूल पुं० [अ० नज़ूल] नगर की वह भूमि जो सरकार के अधिकार में चली गई हो, राजग।

नट पुं० [सं०] [भाव० नटता, स्त्री० नटी] १. नाट्य या अभिनय करनेवाला मनुष्य, नाटक का पात्र। (एक्टर) २. एक जाति जो प्रायः गा-बजाकर, खेल-तमाशे करके या कुश्ती-कलाबाजी दिखाकर निर्वाह करती है।

नटई स्त्री० [देश०] १. गला, गरदन। २. गले की घंटी, घाँटी।

नटखट वि० [हिं० नट+अनु० खट] [भाव० नट-खटी] १. पाजी, दुष्ट। २. चालाक, धूर्त।

नटखटी स्त्री० [हिं० नटखट] शरारत, पाजीपन।

नटन पुं० [सं०] वार्तालाप करते समय अंगों तथा इंद्रियों में होनेवाला (स्वाभाविक) संचलन (नर्तन से भिन्न)।

नटना* अ० [सं० नटन] १. नाट्य या अभिनय करना। २. नाचना। ३. कहकर मुकर जाना।

नटनागर पुं० [सं०] श्रीकृष्ण।

नटनि[१] स्त्री० [सं० नर्तन] नृत्य, नाच।

नटनि[२] स्त्री० [हिं० नटना] इनकार, अस्वीकृति।

नटनी स्त्री० [सं० नट+नी (प्रत्य०)] नट की या नट जाति की स्त्री।

नटराज पुं० [सं०] महादेव, शिव।

नटवना* अ० [सं० नटन] १. नाट्य या अभिनय करना। २. नृत्य करना, नाचना।

नटवर पुं० [सं०] १. नाट्यकला का अच्छा ज्ञाता। २. श्रीकृष्ण।

नटसार* स्त्री० दे० 'नाट्यशाला'।

नटसारी* स्त्री० [हिं० नट] नट का काम।

नटसाल स्त्री० [सं० नष्टशल्य] १. शरीर में पड़े हुए काँटे या तीर की गाँसी का वह भाग जो टूटकर शरीर में रह गया हो। २. कसक।

नटित वि० [सं०] अभिनय करता हुआ।

पुं० नटन (अभिनय)।

नटिन स्त्री० [सं०] १. नट जाति की स्त्री। २. अभिनेत्री, पात्री। २. नर्तकी।

नटेश पुं० [सं०] महादेव।

नटैया स्त्री० दे० 'नटई' (गरदन)।

नठना* अ० [सं० नष्ट] नष्ट होना।

स० नष्ट करना।

नठाना* अ०, स०=नठना।

नढ़ना स० [हिं० नाथना] १. गूँथना, पिरोना। २. बाँधना। ३. कसना।

नत वि० [सं०] झुका हुआ।

नतन पुं० [सं०] 'नत' होने या झुकने की क्रिया या भाव, झुकाव।

नतपाल वि०, पुं० [सं०] अपने सामने आकर झुकनेवालों की रक्षा और पालन करनेवाला।

नतबहू स्त्री० [हिं नाती+बहू] नाती की स्त्री।

नतमस्तक वि० [सं०] जिसका सिर किसी के आगे झुका हो। (अधीनता या आदर का सूचक)

नतमाथ* वि० [सं० नत+हिं० माथा] १. जिसका सिर झुका हो, नतमस्तक। २. विनीत, नम्र।

नतर, नतरु* क्रि० वि० [हिं० न+तो] नहीं तो, अन्यथा।

नति स्त्री० [सं०] १. 'नत' होने की दशा। २. झुकाव, प्रवृत्ति। (इनक्लिनेशन) ३. प्रणाम। ४. विनय, नम्रता।

नतीजा पुं० [फा०] परिणाम, फल।

नतीजतन क्रि० वि० [अ०] परिणामतः।

नतुवा यो० [सं०] नहीं तो क्या?

नतैत पुं० [अ० नाता] नातेदार, संबंधी।

नतैती स्त्री० [हिं० नतैत] रिश्तेदारी, संबंध।

नतोदर वि० [सं०] जिसका मध्य भाग या तल कुछ नीचे या अन्दर की ओर हो। (कॉन्केव)

नत्थी वि० [हिं० नाथना] (कागज के पन्ने) जिन्हें पिन या सुई-धागे से एक में जोड़ा या सिया गया हो।

स्त्री० एक साथ नाथे हुए कागज के पन्ने, मिसिल, फाइल।

नत्थीकरण पुं० [हिं०+सं०] नत्थी करने की क्रिया या भाव।

नथ स्त्री० [हिं० नाथना] नाक में पहनने का एक गहना।

नथना[१] पुं० [सं० नस्त] नाक का अगला भाग, जिसमें दोनों छेद होते हैं।

मुहा० *नथना फुलाना*=रुष्ट होना।

नथना[२] अ० [हिं० 'नाथना' का अ० रूप] १. किसी के साथ नत्थी होना या नाथा जाना। २. छेदा जाना।

नथिया† स्त्री०=नथ।

नद पुं० [सं०] वह बड़ी नदी जिसका नाम पुंलिंगवाची हो, जैसे सोन, ब्रह्मपुत्र, सिन्धु आदि।

नदना* अ० [सं० नदन=शब्द करना] १. पशुओं का-सा शब्द करना। २. रँभाना, बँबाना। ३. शब्द करना, बजना। ४. घोर शब्द करना, गरजना।

नदवान पुं० [?] क्षत्रियों की एक शाखा का नाम।

नदारद वि० [फा०] जो सामने या प्रस्तुत न हो, लुप्त, गायब।

नदी स्त्री० [सं०] १. जल का वह प्राकृतिक प्रवाह जो किसी पर्वत, झील आदि से निकलकर निश्चित मार्ग से होता हुआ समुद्र या किसी दूसरी नदी में गिरता है, दरिया।

कहा० *नदी नाव संयोग*=इत्तफाक से होनेवाली भेंट या मिलाप।

२. किसी तरल पदार्थ का प्रवाह, जैसे खून की नदी।

नदीश पुं० [सं०] समुद्र।

नद्दना* अ० दे० 'नदना'।

नधना अ० [सं० नद्ध+ना (प्रत्य०)] १. बैल का हल, गाड़ी आदि के आगे बँधना, जुतना। २. संयुक्त या संबद्ध होना, जुड़ना। ३. कार्य का आरम्भ होना।

ननकारना* अ० [हिं० न+करना] इनकार या अस्वीकार करना।

ननद* स्त्री० [सं० ननंद] पति की बहन।

ननदी* स्त्री०=ननद।

ननदोई पुं० दे० 'नंदोई'।

ननसार| स्त्री० दे० 'ननिहाल'।

ननहर| पुं०=ननिहाल।

ननिआउर पुं० दे० 'ननिहाल'।

ननिहाल पुं० [हिं० नाना+सं० आलय] नाना का घर, ननसार।

ननूनच| स्त्री० = ना-नुकर।

नन्हा वि० [सं० न्यंच] [स्त्री० नन्हीं] बहुत छोटा।

नन्हाई* स्त्री० [हिं० नन्हा+(प्रत्य०)] १. छोटापन, छोटाई। २. अप्रतिष्ठा, हेठी।

नन्हैया* वि० दे० 'नन्हा'।

नपना अ० [हिं० नापना] नापा जाना।
पुं० नापने का बर्तन, नापने का पात्र।

नपाई स्त्री० [हिं० नाप+आई (प्रत्य०)] नापने की क्रिया, भाव या पारिश्रमिक।

नपाक* वि० [फा० नापाक] [भाव० नपाकी] अपवित्र।

नपाकी* स्त्री० [फा० नापकी] अपवित्रता।
वि० दे० 'नपाक'।

नपाना स० [हिं० नापना] नापने का काम दूसरे से कराना।

नपुंसक पुं० [सं०] [भाव० नपुंसकता] १. वह पुरुष जिसमें स्त्री सम्भोग की शक्ति न हो। (इम्पोटेन्ट) २. हिजड़ा।
वि० १. भीरु तथा अकर्मण्य। २. बेकार, बेदम; जैसे-नपुंसक आकांक्षा।

नपुंसकता स्त्री० [सं०] १. नपुंसक होने की अवस्था या भाव। २. पुरुषों का एक रोग जिसमें वे स्त्री-सम्भोग और सन्तान उत्पन्न करने के योग्य नहीं रह जाते। ३. भीरुता, अकर्मण्यता।

नपुत्री* वि० दे० 'निपुत्री'।

नफर पुं० [फा० नफ़र] १. सेवक। २. व्यक्ति।

नफरत स्त्री० [अ० नफ़रत] घृणा।

नफरी स्त्री० [फा० नफ़री] किसी मजदूर या कारीगर की दिन भर की मजदूरी या काम, दिहाड़ी।

नफा पुं० [अ० नफ़अ] लाभ, फायदा।

नफासत स्त्री० [अ० नफ़ासत] १. नफीस होने की अवस्था या भाव। २. सौन्दर्य।

नफीरी स्त्री० [फा० नफ़ीरी] तुरही।

नफीस वि० [अ० नफ़ीस] [भाव० नफासत] १. अच्छा, बढ़िया। २. सुन्दर। ३. मनोहर।

नफ़्सी वि० [अ० नफ़्सी] व्यक्तिगत।

नबी पुं० [अ०] वह जिसे लोग ईश्वर का दूत मानते हों, पैगम्बर, रसूल। (ऐंजिल)

नबेड़ना स० [संज्ञा नबेड़ा] दे० 'निबेड़ना'।

नब्ज स्त्री० [अ० नब्ज़] कलाई की नाड़ी।

नभ पुं० [सं० नभस्] १. आकाश, व्योम, अन्तरिक्ष। २. जल। ३. मेघ, बादल। ४. वर्षा।

नभगामी (-मिन्) पुं० [सं०] १. सूर्य, चन्द्र या तारा। २. देवता। ३. पक्षी।
वि० आकाश में चलनेवाला।

नभचर पुं० दे० 'नभगामी'।

नभधुज* पुं० [सं० नभ:ध्वज] मेघ।

नभवार* पुं० [सं० नभ+बाल=व्योमकेश] शिव, महादेव।

नम वि० [फा०] [भाव० नमी] भींगा हुआ, गीला, तर।

नमक पुं० [फा०] १. भोज्य पदार्थों में एक विशेष स्वाद उत्पन्न करने के लिए, थोड़ी मात्रा में डाला जानेवाला एक प्रसिद्ध क्षार पदार्थ, लवण, नोन।
मुहा० *नमक अदा करना*=अपने मालिक के उपकार का अच्छा बदला चुकाना। *(किसी का) नमक खाना*=किसी के दिए हुए अन्न से पेट भरना। *नमक फूटकर निकलना*= कृतघ्नता का बुरा फल या दंड मिलना। *नमक-मिर्च मिलाना*=किसी बात में अपनी ओर से भी कुछ मिलाना या बढ़ाना। *कटे या जले पर नमक छिड़कना*=अत्यन्त दुखी को और दुख देना।
२. सलोनापन, लावण्य।

नमकहराम पुं० [फा० नमक+अ० हराम] [भाव० नमकहरामी] किसी का दिया हुआ अन्न खाकर उससे द्रोह करनेवाला, कृतघ्न।

नमकहलाल पुं० [फा० नमक+अ० हलाल] [भाव० नमकहलाली] स्वामी या अन्नदाता का कार्य या सेवा ईमानदारी से करनेवाला, स्वामिभक्त।

नमकीन वि० [फा०] १. नमक मिला हुआ या नमक के स्वादवाला। २. खूबसूरत।
पुं० नमक डालकर बनाया हुआ पकवान।

नमदा पुं० [फा० नम्दा] एक प्रकार का ऊनी कम्बल जो ऊन जमाकर बनाया जाता है।

नमन पुं० [सं०] १. नमस्कार करते हुए झुकना। २. झुकना। ३. नमस्कार।

नमना* अ० [सं० नमन] १. झुकना। २. प्रणाम करना।

नमनीय वि० [सं०] १. जिसके आगे झुककर नमस्कार किया जाए, पूजनीय। २. जो झुक सके या झुकाया जा सके, लचीला।

नमनीयता पुं० [सं०] नमनीय या लचीला होने की अवस्था या भाव, लचीलापन। (फ्लेक्सिबिलिटी)

नमस्कार पुं० [सं०] झुककर आदरपूर्वक अभिवादन करना, प्रणाम।

नमस्कारना* स०=नमस्कार करना।

नमस्ते पद [सं०] आपको नमस्कार है।
स्त्री०=नमस्कार।

नमाज स्त्री० [फा० नमाज़, मि० सं० नमन] मुसलमानों की ईश्वर-प्रार्थना।

नमाजी पुं० [फा० नमाज़ी] नमाज पढ़नेवाला।

नमाना* स० [सं० नमन] १. झुकाना। २. झुका या दबाकर अपने अधीन करना।

नमामि पद [सं०] मैं नमस्कार करता हूँ।

नमित वि० [सं०] झुका हुआ।

नमी[1] स्त्री० [फा०] गीलापन, तरी।

नमी[2] वि० [सं० नमन] १. झुकनेवाला। २. जो झुक सकता हो।

नमूना पुं० [फा० नमूनः] १. किसी पदार्थ के प्रकार या गुण या परिचय कराने के लिए उसमें से निकाला हुआ थोड़ा अंश, बानगी। २. वह जिससे उसी प्रकार या वर्ग के दूसरे पदार्थों, बातों आदि का पता चल सके, उदाहरण। (एग्जाम्पुल) ३. वह जिसे देखकर उसके अनुसार वैसा ही कुछ और बनाया जाए, आदर्श, विशेष दे० 'प्रतिमान'। ४. ढाँचा।

नम्य वि० [सं०] जो झुक सके या झुकाया जाने को हो।

नम्र वि० [सं०] [भाव० नम्रता] १. जो सबसे झुककर या विनयपूर्वक व्यवहार करे, विनीत। २. झुका हुआ।

नम्रता पुं० [सं०] वह गुण जिसके कारण मनुष्य सबके सामने झुककर, छोटा बनकर और विनयपूर्वक रहता है और कभी किसी से कठोर या उद्दंड व्यवहार नहीं करता।

नय[१] पुं० [सं०] १. नीति। २. नम्रता।

नय[२] *स्त्री० [सं० नद] नदी, दरिया।

नयकारी* पुं० [सं० नृत्यकारी] नाचनेवाला, नचनियाँ।

नयन पुं० [सं०] १. आँख। २. ले जाना।

नयनगोचर वि० [सं०] आँखों से दिखाई देनेवाला।

नयनपट पुं० [सं०] आँख की पलक।

नयना* अ० [सं० नमन] १. नम्र होना, विनयपूर्ण व्यवहार करना। २. झुकना।

पुं०=नयन।

नयनी स्त्री० [सं०] आँख की पुतली।

वि० स्त्री० आँखोंवाली, जैसे, मृगनयनी।

नयनूँ पुं० [सं० नवनीत] १. मक्खन। २. एक प्रकार की बूटीदार मलमल।

नयर* पुं० [सं० नगर] नगर।

नयवाद पुं० [सं०] एक प्रकार का दार्शनिक वाद या सिद्धान्त जिसके अनुसार यह माना जाता है कि आत्मा एक भी है और अनेक भी।

नयशील वि० [सं०] १. नीतिज्ञ। २. विनीत, नम्र।

नया वि० [सं० नव, मि० फा० नौ] १. थोड़े समय का, नवीन, हाल का।

मुहा० *नया करना*=ऋतु का कोई फल या अनाज उस ऋतु में पहले-पहल खाना। *नया पुराना करना*=(क) पुराना देन चुकाकर नया हिसाब चलाना। (महाजनी) (ख) पुराने के स्थान पर नया लाकर रखना।

२. जिसका पता हाल ही में चला हो। ३. पुराने के स्थान पर आनेवाला। ४. जिससे अभी तक काम न लिया गया हो। ५. अनुभवहीन। ६. नौसिखुआ।

नया दौर पुं० [हिं०+अ०] १. अगला फेरा या चक्र; जैसे शराब का नया दौर। २. नया जमाना।

नया-नकोर| वि० = बिलकुल नया।

नर पुं० [सं०] [भाव० नरता, नरत्व] १. विष्णु। २. शिव। ३. अर्जुन। ४. पुरुष, मर्द। ५. सेवक। ६. कपूर।

वि० १. पुरुष जाति का (प्राणी), 'मादा' का उलटा। २. औरों की अपेक्षा बहुत अच्छा और प्रबल, जैसे माल की बिक्री के लिए यह नर महीना है।

पुं० दे० 'नरकट'।

नरकंत* पुं० [सं० नरकांत] राजा।

नरक पुं० [सं०] १. धार्मिक विचारों के अनुसार वह स्थान जहाँ पापियों या दुराचारियों की आत्माएँ दंड भोगने के लिए भेजी जाती हैं, दोजख, जहन्नुम। (हेल) २. बहुत ही गन्दा या कष्टदायक स्थान। ३. दे० 'नरका-सुर'। ४. शैख।

नरकगामी (-मिन्) वि० [सं०] जो अपने पापों के कारण नरक में गया हो या जाने को हो।

नरकट पुं० [सं० नलकट] बेंत की तरह का एक प्रसिद्ध पौधा, जिसके डंठलों से कलमें, चटाइयाँ आदि बनती हैं।

नरकारि पुं० [सं०] १. विष्णु। २. रामचन्द्र।

नरकासुर पुं० [सं०] एक प्रसिद्ध पौराणिक असुर जिसे विष्णु ने मारा था।

नरकीट पुं० [सं०] वह व्यक्ति जिसका आचरण कीड़ों के समान हो, क्षुद्र व्यक्ति।

नरकीटक पुं० [सं०]=नरकीट

नरकुल पुं० दे० 'नरकट'।

नरकेहरी पुं० दे० 'नृसिंह'।

नरगिस स्त्री० [फा० नर्गिस] एक पौधा जिसमें सफेद रंग के फूल लगते हैं। (उर्दू कवि इन फूलों से आँखों की उपमा देते हैं।)

नरजना[१]* अ० [फा० नाराज़] नाराज या अप्रसन्न होना।

नरजना[२] स० [?] कोई चीज नापना या तौलना।

नरजी पुं० [?] वह जो अनाज आदि तौलने का काम करता हो, बया।

नरतनु पुं० [सं० नर+तनु] मनुष्य का शरीर, मनुष्य का चोला।

नरत्व पुं० [सं०] १. नर होने की अवस्था या भाव। २. नर के गुणों और शक्तियों का समाहार।

नरद[१] स्त्री० [फा० नर्द] चौसर खेलने की गोटी।

नरद[२] *स्त्री० [सं० नर्द] ध्वनि, नाद।

नरदमा पुं० [फा० नाबदान] मैले पानी का नल, पनाला।

नरदेव पुं० [सं०] १. ब्राह्मण। २. राजा।

नरनाथ पुं० [सं०] राजा।

नरनायक* पुं० [सं० नर+नायक] राजा।

नरनारि स्त्री० [सं०] द्रौपदी।

नरनाह* पुं० दे० 'नरनाथ'।

नरनाहर पुं० दे० 'नृसिंह'।

नरपति पुं० [सं०] राजा।

नरपिशाच पुं० [सं०] मनुष्य होने पर भी पिशाचों का-सा आचरण करनेवाला व्यक्ति।

नर पशु पुं० [सं०] मनुष्य होने पर भी पशुओं के समान आचरण करनेवाला व्यक्ति।

नरम वि० [फा० नर्म, मि० सं० नम्र] [भाव० नरमी] १. नर्म, मुलायम। २. लचीला। ३. 'तेज' का उलटा, मन्दा। ४. धीमा, सुस्त, आलसी। ५. जल्दी पचनेवाला, लघुपाक। ६. जिसमें पौरुष या पुंसत्व कम हो।

नरमद* वि०, पुं० दे० 'नर्मद'।

नरमा स्त्री० [हिं० नरम] १. एक प्रकार की कपास, देव-कापस। २. सेमर की रुई। ३. कान के नीचे का लटकता हुआ भाग, लोल।

पुं० एक प्रकार का रंगीन कपड़ा।

नरमाई* स्त्री०=नरमी।

नरमाना अ० [हिं० नरम] १. कोमल, मुलायम या नरम पड़ना। २. व्यवहार में उग्रता छोड़कर नम्र होना।

स० नरम या मुलायम करना।

नरमाहट स्त्री० दे०'नरमी'।

नरमी स्त्री० [फा० नर्म] नरम होने की क्रिया या भाव, कोमलता।

नरमेध पुं० [सं०] १. प्राचीन काल में मनुष्य के मांस की आहुति से होनेवाला एक यज्ञ। २. मनुष्यों का संहार।

नरलोक पुं० [सं०] यह संसार, मनुष्य जगत।

नरवध पुं० [सं०] किसी मनुष्य को जानबूझकर या किसी उद्देश्य से मार डालना। (मर्डर)

नरवाहन पुं० [सं०] वह सवारी जिसे मनुष्य उठाकर या खींचकर ले चलते हों, जैसे पालकी, रिक्शा आदि।

नरव्याघ्र पुं० [सं०] श्रेष्ठ पुरुष।

नरसंहार पुं० [सं०] लोगों का सामूहिक वध।

नरसल पुं० दे० 'नरकट'।

नरसिंघ पुं० दे० 'नृसिंह'।

नरसिंघा पुं० [हिं० नर=बड़ा+सिंघा=सींग] तुरही की तरह का एक बड़ा बाजा।

नरसिंह पुं० दे० 'नृसिंह'।

नर-सृष्टि स्त्री० [सं०] मानव की उत्पत्ति।

नरसेवा स्त्री० [सं०] मानव के उत्थान या कल्याण के लिए की जानेवाली सेवा।

नरहत्या स्त्री० [सं०]=नरवध।

नरहरि पुं० [सं०] नृसिंह भगवान, जो चौथे अवतार माने जाते हैं।

नराच पुं० [सं० नाराच] तीर, बाण।

नराज* वि० दे० 'नाराज'।

नराजना* अ०, स० [फा० नाराज़] नाराज होना या करना।

नराट* पुं० [सं० नरराट्] राजा।

नराधम पुं० [सं०] ऐसा व्यक्ति जो मनुष्य जन्म पाकर भी अपने अधम क्रियाकलापों से नरकों या पशुयोनियों की ओर बढ़ रहा हो।

नराधिप पुं० [सं०] राजा।

नरिंद* पुं० [सं० नरेंद्र] राजा; उदा० जहाँ तहाँ भजि चले नरिंद। -केशव।

नरियर| पुं० दे० 'नारियल'।

नरियरी| स्त्री० दे० 'नरेली'।

नरियाना| अ० [देश०] चिल्लाना।

नरी[1] स्त्री० [फा०] १. सिझाया हुआ मुलायम चमड़ा। २. करघे की वह नली जिस पर सूत लपेटा रहता है, नार।

नरी[2] स्त्री० [सं० नलिका] नली, नाली।

नरी[3] * स्त्री० [सं० नर] स्त्री, नारी।

वि० मादा।

नरेंद्र पुं० [सं०] राजा, नृप।

नरेंद्रमंडल पुं० [सं०] अंग्रेजी शासन में भारत की देशी रियासतों के राजाओं की वह संस्था जो देशी रियासतों की समुचित व्यवस्था और हित रक्षा के लिए बनी थी। (चेम्बर ऑफ प्रिन्सेज़)

नरेटी| स्त्री०=गला।

नरेली स्त्री० [हिं० नारियल] १. नारियल की खोपड़ी। २. नारियल की खोपड़ी से बना हुआ हुक्का।

नरेश पुं० [सं०] राजा, नृप।

नरोत्तम पुं० [सं०] ईश्वर।

नर्क*पुं० दे० 'नरक'।

नर्तक पुं० [सं०] [स्त्री० नर्तकी] नाचने या नृत्य करनेवाला।

नर्तकी स्त्री० [सं०] १. नाचनेवाली स्त्री। २. वेश्या।

नर्तन पुं० [सं०] लयबद्ध या नियमबद्ध अंग-संचालन, नृत्य।

नर्तना* अ० [सं० नर्तन] नाचना।

नर्तित वि० [सं०] नृत्य करता हुआ, नाचता हुआ।

नर्द स्त्री० [फा०] चौसर की गोटी।

नर्दन स्त्री० [सं०] भीषण ध्वनि, गरज।

नर्म पुं० [सं० नर्मन्] १. परिहास, हँसी-ठट्टा। २. साहित्य में नायक का हँसी-ठट्टा करनेवाला सखा।

वि० दे० 'नरम'।

नर्मद पुं० [सं०] १. मसखरा। २. भाँड़।

वि० सुख देनेवाला, सुखद।

नर्मदा स्त्री० [सं०] मध्यप्रदेश की एक प्रसिद्ध नदी जो अमरकंटक से निकलती है और खंभात की खाड़ी में गिरती है।

नर्मदेश्वर पुं० [सं०] नर्मदा नदी से निकलनेवाला अंडाकार शिवलिंग।

नर्मसचिव पुं० [सं०] विदूषक।

नर्राना| अ० = चिल्लाना।

नर्सरी स्त्री० [अं०] १. छोटे बच्चों का स्कूल विशेषत: जिसमें अंग्रेजी रंग-ढंग की शिक्षा दी जाती है। २. पौधशाला।

नल[1] पुं० [सं०] १. नरकट। २. कलम। ३. निषध देश के राजा वीरसेन का पुत्र, जिनका विवाह विदर्भ के राजा भीमसेन की कन्या दमयन्ती से हुआ था। ४. राम की सेना का एक वानर जिसने समुद्र पर पुल बाँधा था।

नल[2] पुं० [सं० नाल] १. पोली गोल लम्बी चीज। २. गन्दगी और मैला आदि बहने का मार्ग। ३. धातु की वह नली जिससे शहरों में घर-घर नहाने-धोने, पीने आदि का पानी पहुँचता है, पानी की कल। ४. पेड़ू में की वह नाड़ी जिससे पेशाब उतरती है।

नलकूप पुं० [हिं० नल+सं० कूप] खेतों, मैदानों आदि में जमीन के अन्दर से पानी निकालने का वह नल जिसका दूसरा सिरा जमीन के अन्दर उस गहराई तक पहुँचा रहता है, जहाँ जल होता है। (ट्यूब वेल)

नलिका स्त्री० [सं०] १. नल के आकार की कोई चीज, चोंगा, नली। २. एक प्रकार का गन्धद्रव्य। ३. प्राचीन काल का नाल नाम का अस्त्र, नाल। ४. तरकश।

नलिकाकार वि० [सं० नलिका+आकार] नलिका (नली) के आकार का।

नलिन पुं० [सं०] १. कमल। २. जल। ३. सारस। ४. नीली कुमुदिनी।

नलिनी स्त्री० [सं०] १. कमलिनी, कमल। २. वह प्रदेश जहाँ कमल बहुत हों। ३. नलिका नामक गन्धद्रव्य। ४. नदी।

नली स्त्री० [हिं० 'नल' का स्त्री० अल्पा०] १. छोटा या पतला नल, चोंगा। २. नल के आकार की पोली हड्डी, जिसके अन्दर मज्जा होती है। ३. घुटने के नीचे, आगे की ओर की हड्डी, पैर की पिंडली का अगला भाग। ४. बन्दूक का वह अगला भाग जिसमें होकर गोली निकलती है।

नलुआ पुं० [हिं० नल] छोटा नल।

नव[1] वि० [सं०] [भाव० नवता] १. जो अभी हाल में बना या उत्पन्न हुआ हो; नया, नवीन, नूतन। २. जो पहले से उत्पन्न, स्थित या रचित से भिन्न हो; पूर्ववर्ती से भिन्न। ३. बिल्कुल नए सिरे से या पहले-पहल बना हुआ। ४. जो किसी विषय, काम या स्थान से अनभिज्ञ हो; जैसे-मैं इस काम के लिए नया था। ५. जिसने अभी हाल में कोई धर्म अपनाया हो; जैसे-नवबौद्ध, नवमुस्लिम। (ओरिजनल)

नव[2] वि० [सं० नवन्] आठ और एक, नौ।

नवक पुं० [सं०] एक ही तरह की नौ चीजों का समूह। वि० १. नया। २. अनोखा।

नवकलिका स्त्री० [सं०] नई कली।

नवक्लेवर पुं० [सं०] जगन्नाथ पुरी में, ठीक अधिमास के बाद पड़ने तथा रथयात्रा के समय होनेवाला वह विशेष उत्सव जिसमें उनकी पुरानी मूर्ति की जगह नई मूर्ति स्थापित की जाती है।

नवखंड पुं० [सं०] पृथ्वी के ये नौ खंड- भरत, किंपुरुष, भद्र, हरि, हिरण्य, केतुमाल, इलावर्त, कुरु और रम्यक।

नवगठित वि० [सं०+हिं०] जिसका गठन हाल में हुआ हो।

नवग्रह पुं० [सं०] सूर्य, चन्द्रमा, मंगल, बुध, गुरु, शुक्र, शनि, राहु और केतु ये नौ ग्रह।

नवछावरि* स्त्री० दे० 'न्योछावर'।

नवजागरण पुं० [सं०] फिर से सजग होने की अवस्था या भाव।

नवजात वि० [सं०] जिसने अभी या कुछ ही समय पहले जन्म लिया हो, हाल का जन्मा हुआ।

नवदंपति पुं० बहु० [सं०] नवविवाहित पति-पत्नी।

नवदुर्गा स्त्री० [सं०] नौ दुर्गाएँ जिनका नवरात्र में पूजन होता है, यथा शैलपुत्री, ब्रह्मचारिणी, चित्रघंटा, कूष्मांडा, स्कन्दमाता, कात्यायनी, कालरात्रि, महागौरी और सिद्धिदा।

नवदौलती वि०=नवधनिका।

नवद्वार पुं० [सं०] १. शरीर के नौ द्वार या छेद—दो नेत्र, दो नासिका छिद्र, दो कान, मुख और दो गुप्तेन्द्रियाँ। २. नया द्वार।

नवधनिक पुं० [सं०] नया रईस।

नवधा भक्ति स्त्री० [सं०] भक्ति के नौ प्रकार जो ये हैं- श्रवण, कीर्तन, स्मरण, पादसेवन, अर्चन, वन्दन, सख्य, दास्य और आत्मनिवेदन।

नवना अ० [सं० नमन] १. झुकना। २. नम्रता दिखाना।

नवनि* स्त्री० [सं० नमन] १. नवने या झुकने की क्रिया या भाव। २. नम्रता, विनय।

नवनिधि स्त्री० [सं०] कुबेर की नौ निधियाँ—पद्म, महापद्म, शंख, मकर, कच्छप, मुकुन्द, कुन्द, नील और खर्व।

नवनिर्माण पुं० [सं०] १. नया निर्माण, नई रचना। २. नए सिरे से निर्माण करने की क्रिया या भाव।

नवनिर्मित वि० [सं०] नया बना हुआ।

नवनिर्वाचित वि० [सं०] जो हाल में निर्वाचित हुआ हो।

नवनीत पुं० [सं०] मक्खन।

नवप्रसूत वि० [सं०] जो अभी जन्मा हो, नवजात।

नवम वि० [सं०] संख्या के क्रम में नवाँ।

नवमल्लिका स्त्री० [सं०] चमेली।

नवमी स्त्री० [सं०] चान्द्र मास के किसी पक्ष की नवी तिथि।

नवयुग पुं० [सं०] नया युग।

नवयुवक पुं० [सं०] [स्त्री० नवयुवती] तरुण, जवान।

नवयौवना स्त्री० [सं०] वह स्त्री जिसने अभी यौवनकाल में प्रवेश किया हो, नौजवान औरत, सुन्दरी।

नवरत्न पुं० [सं०] १. माणिक्य, मुक्ता, प्रवाल, पन्ना, पुखराज, हीरा, नीलम, गोमेद और लहसुनिया ये नौ प्रकार के रत्न। २. गले में पहनने का उक्त नौ रत्नों का हार। ३. एक प्रकार की चटनी।

नवरस पुं० [सं०] काव्य के ये नौ रस-शृंगार, करुण, हास्य, रौद्र, वीर, भयानक, बीभत्स, अद्भुत और शान्त।

नवरात्र पुं० [सं०] चैत सुदी प्रतिपदा से नवमी तक और कुँआर सुदी प्रतिपदा से नवमी तक के नौ दिन, जिनमें नवदुर्गा का व्रत और पूजन होता है। (इनमें से पहला वासन्ती और दूसरा शारदीय नवरात्र कहलाता है।)

नवल वि० [सं०] [स्त्री० नवला] १. नवीन, नया। २. सुन्दर। ३. जवान, युवा।

नवलकिशोर पुं० [सं०] श्रीकृष्णचन्द्र।

नवला स्त्री० [सं०] नवयुवती।

नवविकास पुं० [सं० नव+विकास] [वि० नवविकसित] नया विकास।

नवविवाहित वि० [सं०] [वि० स्त्री० नवविवाहिता] जिसका अभी नया-नया विवाह हुआ हो।

नवशिक्षित पुं० [सं०] १. वह जिसने हाल में कुछ पढ़ना-लिखना सीखा हो, नौसिखुआ। २. वह जिसे आधुनिक ढंग की शिक्षा मिली हो।

नवसत* पुं० [सं० नव+सत=सप्त] (नव और सात) सोलह शृंगार।

नवससि* पुं० [सं० नवशशि] द्वितीया का चन्द्रमा, नया चाँद।

नवसाक्षर वि०, पुं० [सं० नव+साक्षर] [भाव० नवसाक्षरता] जिसने हाल ही में लिखना-पढ़ना सीखा हो।

नवसात* पुं० दे० 'नवसत'।

नवस्थापित वि० [सं० नव+स्थापित] नया स्थापित किया हुआ।

नवांकुर पुं० [सं० नव+अंकुर] नया अंकुर, कल्ला।

नवाइ[1] स्त्री० [हिं० नवना] नवने या विनीत होने की क्रिया या भाव।

नवाई[2] *वि० [सं० नव] नया, नवीन।

नवागत वि० [सं०] नया आया हुआ।

नवाज वि० [फा० नावज़] कृपा करनेवाला। (यौ० के अन्त में; जैसे गरीबनवाज।)

नवाजना* स० [फा० नवाज़] १. कृपा-पात्र बनाना। २. कृपा करना। ३. प्रदान करना।

नवाड़ा पुं० [देश०] १. एक प्रकार की छोटी नाव। २. नाव को बीच धारा में ले जाकर चक्कर देने की जलक्रीड़ा, नावर।

नवाना स० [सं० नवन] १. झुकाना। २. विनीत या नम्र करना।

नवान्न पुं० [सं०] नया उपजा हुआ अनाज।

नवाब पुं० [अ० नव्वाब] १. मुगल बादशाहों का वह प्रतिनिधि जो किसी प्रदेश के शासन के लिए नियुक्त होता था। २. एक उपाधि जो आज-कल कुछ रईस मुसलमान अपने नाम के साथ लगाते हैं।

वि० खूब ठाठ-बाट से रहने और खूब खर्च करनेवाला।

नवाबी स्त्री० [हिं० नवाब] १. नवाब का पद या काम। २. नवाबों का शासनकाल। ३. नवाबों की-सी अमीरी।

मुहा० *नवाबी उतारना*=अकड़ दूर करना।

नवाभ्युत्थान पुं० दे० 'नवोत्थान'।

नवाला पुं० [फा० नवालः] कौर, ग्रास।

नवासा पुं० [फा० नवासः] [स्त्री० नवासी] नाती।

नवाह वि० [सं०] नौ दिनों तक चलता रहनेवाला या नौ दिनों में पूरा होनेवाला, जैसे नवाह पाठ।

नवान्वेषण पुं० [सं० नव+अन्वेषण] नया अन्वेषण; जैसे किसी भी ज्ञान से रचनात्मकता और नवान्वेषण को बढ़ावा मिलना चाहिए।

नवीकरण पुं० [सं०] फिर से नए रूप में लाना, नया रूप देना।

नवीकृत वि० [सं०] जिसका नवीकरण हुआ हो।

नवीन वि० [सं०] [भाव० नवीनता] १. जिसे बने, निकले या प्रस्तुत हुए थोड़े ही दिन हुए हों, बहुत ही थोड़े दिनों का, हाल का, नया। २. जो पहले-पहल या मूल रूप में बना हो। (ओरिजनल) ३. अपूर्व, विचित्र।

नवीनतम वि० [सं०] सबसे नवीन।

नवीनतर वि० [सं०] किसी की अपेक्षा अधिक नवीन।

नवीनीकरण पुं० [सं०] [वि० नवीनीकृत] किसी समझौते, संधि आदि की अवधि समाप्त होने पर उसे फिर से नियमित करना। (रिन्यूअल)

नवीनीकृत वि० [सं०] नवीकृत।

नवीस पुं० [फा०] [भाव० नवीसी] लिखनेवाला, लेखक, जैसे अरजीनवीस।

नवेद वि० [सं० निवेदन] निमन्त्रण।

नवेला वि० [सं० नवल] [स्त्री० नवेली] १. नया। २. जवान।

नवो, नवों वि०, सर्व० सभी नौ।

नवोढ़ा स्त्री० [सं०] १. नई ब्याही हुई स्त्री, वधू। २. युवा स्त्री। ३. साहित्य में मुग्धा के अन्तर्गत वह ज्ञातयौवना नायिका जो लज्जा और भय से नायक के पास न जाती हो।

नवोत्थान पुं० [सं०] १. नए सिरे से या फिर से होनेवाला उत्थान। २. किसी देश में विद्याओं या कला-कौशल आदि का नए ढंग से होनेवाला आरम्भ या उत्थान।

नवोत्थित वि० [सं०] जिसका अभी हाल में उत्थान हुआ हो।

नवोदय पुं० [सं०] नया उत्थान।

नवोदित वि० [सं०] जो अभी हाल में उत्पन्न हुआ या अस्तित्व में आया हो।

नवोन्मेष पुं० [सं० नव+उन्मेष] १. नवीन उन्मेष। २. नव-विकास।

नव्य वि० [सं०] [भाव० नव्यता] नया।

नशना* अ०=नष्ट होना।

नशा पुं० [अ० नश्शः] १. वह मानसिक अवस्था जो शराब, भाँग आदि मादक पदार्थों का सेवन करने से होती है।

मुहा० *नशा उतरना*=नशा दूर करना। *नशा जमना*=अच्छी तरह नशा चढ़ना।

२. नशा लानेवाली चीज, मादक द्रव्य। ३. धन, विद्या, अधिकार आदि का अभिमान, घमंड।

मुहा० *नशा उतारना*=घमंड दूर करना। *नशा हिरन होना*=किसी अप्रिय घटना के कारण नशा या अभिमान बिल्कुल दूर हो जाना।

४. मस्ती; जैसे—उसका रूप देखकर नशा आ गया।—सहराई।

नशाखोर पुं० [भाव० नशाखोरी] दे० 'नशेबाज'।

नशाना* अ०, स० [सं० नाश] नष्ट होना या करना।

नशा-पानी पुं० नशे का सामान।

नशाबंदी स्त्री०=नशेबंदी।

नशावन* वि० दे० 'नाशक'।

नशीन वि० [फा०] [भाव० नशीनी] बैठनेवाला, जैसे गद्दीनशीन।

नशीला वि० [फा० नश्शः=हिं० ईला(प्रत्य०)] १. नशा लानेवाला, मादक। २. जिस पर नशे का प्रभाव हो।

नशेबंदी स्त्री० [अ० नशश:+फा० बंदी] नशा करने पर होनेवाली कानूनी रोक।

नशेबाज पुं० [अ० नशश:+फा० बाज़] वह जो प्राय: नित्य किसी नशे का सेवन करता हो।

नशेबाजी स्त्री० [हिं० नशेबाज़] १. नशा करने की आदत। २. नशे का सेवन।

नश्तर पुं० [फा०] फोड़े चीरने का बहुत तेज छोटा चाकू।

नश्वर वि० [सं०] [भाव० नश्वरता] जो जल्दी नष्ट हो जाए, नष्ट हो जानेवाला। (मॉर्टल)

नषत* पुं० दे० 'नक्षत्र'।

नष्ट वि० [सं०] [भाव० नष्टता] १. जिसका नाश हो गया हो। २. जो दिखाई न दे। ३. अधम, नीच। ४. निष्फल, व्यर्थ।

नष्टनीड़ पुं० [सं० नष्ट+नीड़] उजड़ा हुआ घोंसला।

नष्टभ्रष्ट वि० [सं०] जो पूरी तरह से बरबाद हो गया हो।

नष्टा स्त्री० [सं०] बदचलन स्त्री, कुलटा।

नसंक* वि० दे० 'निश्शंक'।

नस स्त्री० [सं० स्नायु] १. शरीर में तन्तु के रूप की वह नली जो पेशी को किसी कड़े स्थान से जोड़ती है। २. कोई शरीर-तन्तु या रक्त-वाहिनी नली।

मुहा० *नस चढ़ना या नस पर नस चढ़ना*=किसी नस का अपनी जगह से कुछ हट जाना या बल खा जाना। *नस नस में*=सारे शरीर में। *नस-नस फड़क उठना*=बहुत अधिक प्रसन्नता होना। *नस ढीली होना*=तेजी या शेखी दूर होना, पहले की-सी शान न रह जाना। *नसों में बिजली दौड़ना*=स्फूर्ति से युक्त होना।

नसतरंग पुं० [हिं० नस+तरंग] शहनाई की तरह का पुरानी चाल का एक बाजा।

नसना[1]* अ०=नष्ट होना।

नसना[2] अ० [हिं० नटना] भागना।

नसबंदी स्त्री० [हिं०+फा०] पुरुष के अंडकोश की नस को शल्यक्रिया द्वारा बाँधने की क्रिया जिससे वह जननसक्षम नहीं रह जाता।

नसल स्त्री० [अ० नस्ल] वंश, कुल।

नसली वि० [अ० नस्ल] अच्छी नस्ल का; जैसे-नसली घोड़ा।

नसवार स्त्री० दे० 'सुँघनी'।

नसाना स० [हिं० 'नसना' का प्रे०] १. भगाना। २. (कष्ट आदि) दूर या नष्ट करना।
अ० दूर या नष्ट होना।

नसावन* वि० [हिं० नसाना] १. नसाने या भगानेवाला। २. (कष्ट आदि) दूर या नष्ट करनेवाला।

नसीत* पुं०=नसीहत।

नसीब पुं० [अ०] भाग्य, तकदीर।

नसीबवर वि० [अ०+फा०] भाग्यवान।

नसीहत स्त्री० [अ०] १. अच्छा और भलाई का उपदेश, सीख। २. बुरे काम से मिलनेवाली अच्छी शिक्षा।

नसेनी स्त्री० [सं० श्रेणी] सीढ़ी।

नस्तित वि० [सं०] नस्ती या नत्थी में लगाया हुआ, नत्थी किया हुआ। (फाइल्ड)

नस्ती स्त्री० दे० 'नत्थी'।

नस्य पुं० [सं०] सुँघनी, नास।

नहँ पुं० दे० 'नाखून'।

नहछू पुं० [सं० नख+क्षौर] विवाह से पहले की एक रीति जिसमें वर की हजामत बनती है, नाखून काटे जाते हैं और उसे मेंहदी लगाई जाती है।

नहना* स० [सं० नहनं] दे० 'नाधना' (जोतना)।

नहर स्त्री० [फा०] सिंचाई, यात्रा आदि के लिए छोटी नदी के रूप में तैयार किया हुआ कृत्रिम जलमार्ग, कुल्या।

नहरनी स्त्री० [सं० नखहरणी] नाखून काटने का एक औजार।

नहरुआ पुं० [देश०] एक रोग जिसमें घाव में से सूत की तरह का लम्बा सफेद कीड़ा निकलता है।

नहलाई स्त्री० [हिं० नहलाना] नहलाने की क्रिया या मजदूरी।

नहलाना स० हिं० 'नहाना' का स०।

नहवाना स० दे० 'नहलाना'।

नहस वि० [अ०] अशुभ।

नहान पुं० [सं० स्नान] १. शरीर साफ करने के लिए उसे जल से धोना, स्नान करना। २. स्नान का पर्व।

नहाना अ० [हिं० नहान] १. शरीर साफ करने के लिए उसे जल से धोना, स्नान करना।
मुहा० *दूधों नहाओ, पूतों फलो*=दे० 'दूध' के अन्तर्गत मुहा०।
२. तरल पदार्थ से सारे शरीर का तर होना।

नहार वि० [फा०, मि० सं० निराहार] जिसने सबेरे से कुछ खाया न हो, बासी मुँह।

नहारना† अं०=नहाना; उदा० ते सुकृती मन मुदित नहारीं। -तुलसी।

नहारी स्त्री० दे० 'जलपान'।

नहारू पुं०=नाहर (सिंह)।

नहिक वि० दे० 'नकारात्मक'।

नहीं[1] निपा० [सं० नहि] निषेध या अस्वीकृति सूचित करनेवाला एक शब्द।
पद *नहीं के बराबर*=बहुत ही कम। *नहीं तो*=यदि ऐसा न हो तो।

नहीं[2] निपा० [सं० नह या ननु] विधिवाचक रूप में प्रयुक्त; जैसे—वह आया नहीं कि मैं गया नहीं।

नहूस वि० [अ०] मनहूस, अशुभ।

नहूसत स्त्री० [अ०] मनहूस होने का भाव, मनहूसी।

नाँ निपा० दे० 'नहीं'।

नाँउ* पुं० दे० 'नाम'।

नाँगा* वि० दे० 'नंगा'।

नाँघना*स० दे० 'लाँघना'।

नाँठना* अ०=नष्ट होना।

नाँद स्त्री० [सं० नंदक] मिट्टी का वह बड़ा बरतन जिसमें पशुओं को चारा दिया या पानी पिलाया जाता है।

नाँदना[१] अ० [सं० नाद] १. शब्द करना। २. छींकना।

नाँदना[२] अ० [सं० नंदन] १. आनन्दित या प्रसन्न होना। २. बुझने से पहले दीपक का भभकना।

नांदी स्त्री० [सं०] १. अभ्युदय, समृद्धि। २. वह आशीर्वादात्मक पद्य जो सूत्रधार नाटक आरम्भ करने के पहले पढ़ता है, मंगलाचरण।

नांदीमुख पुं० [सं०] एक मांगलिक श्राद्ध जो विवाह आदि मंगल अवसरों से पहले होता है।

नाँधना स० दे० 'नाधना'।

नाँयँ* पुं० दे० 'नाम'।

निपात० दे० 'नहीं'।

नाँवँ पुं० दे० 'नाम'।

नाँवरा पुं०=नाम।

नाँह* पुं० [सं० नाथ] स्वामी।

निपा० दे० 'नहीं'।

ना[१] निपा० [सं० न] नहीं, न।

विभ० [स्त्री० नी] हिं० 'का' विभक्ति का स्थानिक रूप।

ना[२] उप० [फा०] 'नहीं' का सूचक उपसर्ग।

नाइत्फाकी स्त्री० [फा० ना०+अ० इत्तफ़ाक] इत्फाक या एकता का अभाव, अनबन।

नाइन स्त्री० [हिं० नाई] नाई की स्त्री।

नाइन्साफ वि० [फा० ना+इन्साफ] अन्यायी।

नाइन्साफी वि०=अन्याय।

नाइब* पुं० दे० 'नायब'।

नाईं स्त्री० [सं० न्याय] समान दशा।

पद *की नाईं*=की तरह।

नाई पुं० [सं० नापित] वह जो पुरुषों के बाल काटने का काम करता हो, हज्जाम।

नाई की दुकान स्त्री० वह दुकान जिसमें नाई लोगों के बाल काटते हैं।

नाउँ* पुं० दे० 'नाम'।

नाउन स्त्री० दे० 'नाइन'।

नाउम्मीद वि० [फा०] [भाव० नाउम्मीदी] निराश।

नाउम्मीदी स्त्री० [फा०] निराशा, हताशा।

नाऊ पुं० दे० 'नाई'।

नाकंद वि० [फा० ना+कंद:] १. बिना निकाला हुआ (घोड़ा)। २. अल्हड़।

नाक[१] स्त्री० [सं० नक्र] १. होठों के ऊपर की सूँघने और साँस लेने की इन्द्रिय, नासिका।

मुहा० *नाक का बाल होना*=सदा साथ रहकर घनिष्ठ मित्र या सखा होना। *नाक घिसना*=दे० (किसी के आगे) 'नाक रगड़ना'। *नाक घुसाना*=हस्तक्षेप करना। *नाक-भौं चढ़ाना या सिकोड़ना*=अरुचि या अप्रसन्नता प्रकट करना। *नाक में दम करना*=बहुत तंग करना या सताना। *(किसी के आगे) नाक रगड़ना*=(क) गिड़गिड़ाकर विनती करना। (ख) अपना अपराध मानकर दीनतापूर्वक भविष्य में अपराध न करने की प्रतिज्ञा करना। *नाक रगड़वाना*=गिड़गिड़ाने के लिए विवश करना। *नाकों चने चबवाना*=बहुत तंग करना, हैरान करना।

२. सिर की नसों आदि का मल जो नाक से निकलता है, रेंट, नेटा। ३. प्रतिष्ठा बढ़ानेवाली वस्तु। ४. प्रतिष्ठा, इज्जत।

मुहा० *नाक कटना*= अप्रतिष्ठा या बेइज्जती होना। *नाक रख लेना*=प्रतिष्ठा की रक्षा कर लेना।

नाक[२] पुं० [सं० नक्र] मगर की तरह का एक जलजन्तु।

नाक[३] पुं० [सं०] १. पृथ्वी और स्वर्ग के मध्य का वह भाग जो द्यौ से ऊपर और स्वर्ग से नीचे है। २. आकाश। ३. इन्द्र।

*पुं० दे० 'नाका'

नाकड़ा पुं० [हिं० नाक] नाक के पकने का एक रोग।

नाक-नक्श पुं० [हिं०+अ० नक़्श] मुखमंडल, चेहरा-मोहरा।

नाकना* स० [सं० लंघन] १. लाँघना, उदा० सूरनि नाकति ज्यों अहि देखि। -केशव। २. आगे बढ़ जाना, मात करना।

नाकस वि० [फा०] कमीना।

नाका पुं० [हिं० नाकना] १. रास्ते का सिरा, मुहाना। २. नगर, दुर्ग, क्षेत्र आदि का प्रवेशद्वार।

मुहा० *नाका छेंकना*=आने-जाने का रास्ता रोकना।

३. वह स्थान जहाँ पहरा देने या कर उगाहने के लिए सिपाही रहते हों, चौकी। ४. सुई में का छेद।

नाकाबिल वि० [फा० नाक़ाबिल] अयोग्य।

नाकाबिलियत स्त्री० [फा० नाक़ाबिलियत] अयोग्यता।

नाकाम वि० [फा०] विफल।

नाकामयाब वि० [फा०] विफल, असफल, विफल-मनोरथ।

नाकामयाबी स्त्री० [फा०] विफलता।

नाकामी स्त्री० [फा०] विफलता, नाकामयाबी।

नाकिस वि० [अ०] १. दोषपूर्ण। २. अपूर्ण।

नाकेबंदी स्त्री० [हिं० नाका+फा० बंदी] शत्रु, अपराधी आदि को घेरने या पकड़ने के लिए किसी स्थान के आने-जाने के मार्ग रोकना। (ब्लॉकेड)

नाकेदार पुं० [हिं० नाका+फा० दार] नाके पर रहनेवाला पहरेदार या अधिकारी।

नाक्षत्र, नाक्षत्रिक वि० [सं०] नक्षत्र-सम्बन्धी।

नाखना* स० [सं० नष्ट] १. नष्ट करना। २. फेंकना। ३. डालना। ४. (शस्त्र) चलाना। ५. रखना।

स० दे० 'लाँघना'

नाखुदा पुं० [फा० नाख़ुदा] मल्लाह।

नाखुश वि० [फा० नाख़ुश] अप्रसन्न।

नाखुशी स्त्री० [फा० नाख़ुशी] अप्रसन्नता।

नाखून पुं० [फा० नाख़ून] उँगलियों के सिरे पर होनेवाली हड्डी की सी बढ़ी वस्तु, नख।

नाखूनी वि० [फ़ा० नाख़ून] नाखून के आकार का, पतला, जैसे धोती का नाखूनी किनारा।

नाग पुं० [सं०] [स्त्री० नागिन] १. साँप, विशेषत: फनवाला साँप। **मुहा०** *नाग से खेलना*=ऐसा कार्य करना जिसमें प्राण जाने का भय हो। २. कद्रु से उत्पन्न कश्यप के वंशज, जिनका निवास पाताल में माना गया है, इनके ये आठ कुल माने गए हैं—वासुकि, तक्षक, कुलक, कर्कोटक, पद्म, संखचूड़, महापद्म और धनंजय। ३. हिमालय में रहनेवाली एक प्राचीन जाति। ४. हाथी। ५. राँगा। ६. सीसा (धातु)। ७. पान, ताम्बूल। ८. बादल। ९. आठ की संख्या।

नागकन्या स्त्री० [सं०] नाग जाति की कन्या जो बहुत सुन्दर मानी जाती है।

नागकेसर पुं० [सं० नागकेशर] एक पेड़ जिसके सूखे फूल औषध, मसाले और रंग बनाने के काम में आते हैं।

नागझाग* पुं० दे० 'अफीम'।

नागनग पुं० [सं०] गजमुक्ता।

नागना* अ० [हिं० नागा] नागा करना, अन्तर डालना।

नागपाश पुं० [सं०] १. वह फन्दा जो नाग किसी से लिपटकर उसे बाँधने या फँसाने के लिए बनाता है। २. वह विकट संकट जिससे सहज में छुटकारा न हो। ३. वरुण के अस्त्र का नाम। ४. शत्रुओं को बाँधने का एक प्राचीन अस्त्र।

नागफनी स्त्री० [हिं० नाग+फन] थूहर की जाति का एक कँटीदार पौधा।

नागफाँस पुं० दे० 'नागपाश'।

नागबंध पुं० [सं०] किसी चीज को लपेटकर बाँधने का वह विशेष प्रकार, जो प्राय: वैसा ही होता है, जैसा नाग का किसी जीव, जन्तु या वृक्ष आदि को अपने शरीर से लपेटने का होता है।

नागबेल स्त्री० [सं० नागवल्ली] पान।

नागयज्ञ पुं० [सं०] महाभारत के अनुसार एक प्रसिद्ध यज्ञ जिसमें जनमेजय ने नागों (सर्पों या नागजाति) का पूर्ण विनाश किया था।

नागर वि० [सं०] १. नगर से संबंध रखनेवाला। (अर्बन) २. नगर-निवासियों से संबंध रखनेवाला, जैसे नागर अधिकार। (सिविल) ३. नगरपालिका या नगर परिषद से संबंध रखनेवाला, जैसे नागर निधि। (म्युनिसिपल) ४. चतुर, होशियार। पुं० [स्त्री० नागरी, नागरि, भाव० नागरता] १. नगर का निवासी। २. वह जो चतुर, सभ्य और शिष्ट हो, भला आदमी।

नागरनट* पुं० दे० 'नटनागर'।

नागरमोथा पुं० [सं० नागरमुस्ता] एक प्रकार की घास जिसकी जड़ दवा के काम आती है।

नागर युद्ध पुं० [सं०] वह आपसी युद्ध या लड़ाई जो किसी राष्ट्र के नागरिकों में होती है, गृहयुद्ध। (सिविल वार)

नागर विवाह पुं० [सं०] वह विवाह जो धार्मिक बन्धनों से रहित होता और विशुद्ध नागरिक की हैसियत से किया जाता है। (सिविल मैरिज)

नागराज पुं० [सं०] १. शेषनाग। २. ऐरावत।

नागरिक वि० [सं०] [भाव० नागरिकता] १. नगर-संबंधी, नगर का। २. नगर में रहनेवाला, शहरी। ३. चतुर, सभ्य। पुं० १. वह व्यक्ति जिसे राष्ट्र का सदस्य होने के नाते सभी अधिकार प्राप्त हों। २. किसी राष्ट्र या देश का वासी।

नागरिकता स्त्री० [सं०] १. 'नागरिक' होने की अवस्था या भाव। २. किसी स्थान, देश या राज्य के नागरिक होने पर प्राप्त होनेवाली सामाजिक स्थिति और राजनीतिक अधिकार।

नागरिकशास्त्र पुं० [सं०] वह शास्त्र जिसमें नागरिकों के अधिकारों और कर्तव्यों का अध्ययन होता है। (सिविक्स)

नागरी स्त्री० [सं०] १. नगर की रहनेवाली चतुर स्त्री। २. स्त्री, औरत। ३. पशुओं आदि की मादा, जैसे *नाग नागरी=हथिनी। ४. देवनागरी लिपि। ५. हिन्दी भाषा। (क्व०)

नागलोक पुं० [सं०] पाताल।

नागवल्ली स्त्री० [सं०] पान।

नागवार वि० [फ़ा०] न रुचनेवाला, अप्रिय।

नागा[१] पुं० [सं० नग्न] १. एक प्रसिद्ध शैव सम्प्रदाय। २. इस सम्प्रदाय के साधु जो प्राय: नंगे रहते हैं।

नागा[२] पुं० [सं० नाग:] आसाम के पूर्व की एक जनजाति।

नागा[३] पुं० [अ० नाग़:] १. नियत समय पर होते रहनेवाले काम का किसी बार न होना। २. वह दिन जिसमें किसी ने काम न किया हो या काम पर उपस्थित न हुआ हो।

नागिन स्त्री० [सं० नाग] १. नाग या साँप की मादा। २. पीठ की एक प्रकार की लम्बी भौंरी या रोमराजी। (अशुभ) ३. वह स्त्री जिसकी पीठ पर उक्त प्रकार की भौंरी या लक्षण हो। (कहते हैं कि ऐसी स्त्री जल्दी विधवा हो जाती है।)

नागेंद्र पुं० [सं०] १. शेष, वासुकि आदि बड़े नाग। २. हाथियों का राजा, ऐरावत। ३. बहुत बड़ा हाथी, गजेन्द्र।

नागेसर* पुं० दे० 'नागकेसर'।

नागौरी वि० [हिं० नागौर (नगर)] नागौर का (बैल या बछड़ा जो अच्छा समझा जाता है)। स्त्री० एक प्रकार की बहुत छोटी खस्ता पूरी।

नाच पुं० [सं० नाट्य] १. नाचने की क्रिया या भाव। **मुहा०** *नाच काछना*=नाचने को तैयार होना। *नाच दिखाना*=विलक्षण आचरण करना। *नाच नचाना*=(क) जैसे चाहना, वैसा काम कराना। (ख) हैरान या तंग करना। *नाच नाचना*=भ्रमवश या दिखावे के लिए या व्यर्थ तरह-तरह के काम करना, उदा० नाच्यौ नाच लच्छ चौरासी। -सूर। २. नाचने का उत्सव या जलसा।

नाच-कूद स्त्री० [हिं० नाच+कूदना] १. नाच-तमाशा। २. योग्यता, शौर्य आदि प्रकट करने का निरर्थक प्रयत्न।

नाच-घर पुं० दे० 'नृत्यशाला'।

नाचना अ० [हिं० नाच] १. प्रसन्न होकर उछलना- कूदना। २. संगीत के साथ ताल स्वर के अनुसार हावभाव दिखाते हुए उछलना, घूमना और इसी प्रकार की दूसरी चेष्टाएँ करना, नृत्य करना। ३. चक्कर लगाना, मँडराना।

मुहा० *सिर पर नाचना*=(क) घेरना, ग्रसना। (ख) बहुत पास आना। *आँख के सामने नाचना*=प्रत्यक्ष के समान प्रतीत होना।

४. प्रयत्न में दौड़ना-धूपना। ५. क्रोध में उछलना-कूदना।

नाच-रंग पुं० [हिं० नाच+रंग] संगीत या गाने-नाचने का जलसा।

नाज[१] पुं० [फा० नाज़] १. नखरा।

मुहा० *नाज उठाना*=चोचले सहना।

२. घमंड, गर्व।

नाज[२] पुं० [हिं० अनाज] गेहूँ, चावल आदि अनाज, अन्न।

नाजबरदार वि० [फा० नाज़बरदार] नखरे सहनेवाला पुं० आशिक।

नाजबरदारी स्त्री० [फा० नाज़बरदारी] नाज उठाना, चोचले सहना।

नाजायज वि० [अ० नाजायज़] १. जो जायज या वैध न हो, अवैध। २. अनुचित, नामुनासिब।

नाजिम पुं० [अ० नाज़िम] १. मुसलमानी राज्यकाल का वह प्रधान कर्मचारी जो किसी देश का प्रबन्ध करता था। २. किसी न्यायालय-सम्बन्धी कार्यालय का प्रबन्धकर्ता।

नाजिर पुं० [अ० नाज़िर] १. निरीक्षक, देखभाल करनेवाला। २. मुस्लिम तथा अंग्रेजी शासनकाल में न्यायाधीश के कार्यालय का प्रमुख अधिकारी। ३. वेश्याओं का दलाल।

नाजी पुं० [जर० नात्सी] १. जरमनी का एक बहुत बलवान राष्ट्रीय दल और जिसका पराभव दूसरे महायुद्ध में हुआ था। २. इस दल का सदस्य।

नाजी वि० स्त्री० [हिं० नाज] १. दुलारी। २. प्रियतमा। ३. कोमलांगी।

नाजुक वि० [फा० नाज़ुक] १. कोमल, सुकुमार। २. पतला, महीन। ३. सूक्ष्म। ४. गूढ़। ५. जरा से आघात से टूट-फूट जानेवाला। ६. जिसमें हानि या अनिष्ट का डर हो, जोखिम का।

नाजुक मिजाज वि० = तुनुक मिजाज।

नाजुकी स्त्री० [फा० नाज़ुकी] सुकुमारता।

नाटक पुं० [सं०] १. रंगमंच पर अभिनेताओं का हावभाव, वेष और कथोपकथन द्वारा घटनाओं का प्रदर्शन, अभिनय। २. वह ग्रन्थ जिसमें इस प्रकार दिखाया जानेवाला चरित्र या घटना हो, दृश्यकाव्य।

नाटकिया पुं० दे० 'नट'।

नाटकीय वि० [सं०] [भाव० नाटकीयता] १. नाटक संबंधी। २. नाटक या नटों की तरह का। ३. नाटक की तरह प्रभावपूर्ण तथा कुतूहलपूर्ण। ४. (आचरण या व्यवहार) जो दिखावटी, चटकीला या भड़कीला हो, द्वन्द्व-फन्द-भरा।

नाटकीयता स्त्री० [सं०] नाटक में होनेवाले गुणों का समाहार।

नाटना* अ० = नटना (मुकरना)।

नाटा वि० [सं० नत=नीचा] [स्त्री० नाटी] छोटे डील या कद का, कम ऊँचा।

नाटिका स्त्री० [सं०] चार अंकों का एक प्रकार का दृश्यकाव्य।

नाट्य पुं० [सं०] १. नटों का एक नृत्य, गीत, वाद्य और अभिनय आदि, अभिनय। २. स्वाँग।

नाट्यकला स्त्री० [सं०] नाटक में अभिनय करने का ढंग या कौशल।

नाट्यकार पुं० [सं०] १. नट। २. वह जो नाटक लिखता हो।

नाट्यगृह, नाट्यमंदिर पुं० [सं०] नाट्यशाला।

नाट्यशाला स्त्री० [सं०] वह स्थान जहाँ नाटकों का अभिनय होता हो।

नाट्यशास्त्र पुं० [सं०] वह शास्त्र जिसमें नाटक सम्बन्धी सभी पक्षों पर विचार होता है।

नाट्यात्मक वि० [सं०] [भाव० नाट्यात्मकता] जो नाटक के रूप में, जिसमें नाटक की शैली अपनाई गई हो।

नाठ* पुं० [सं० नष्ट] [क्रि० नाठना] १. नाश, ध्वंस। २. अभाव।

नाठना[१]* स० [सं० नष्ट] नष्ट करना।

अ० नष्ट होना।

नाठना[२] अ० [हिं० नाठ] १. भागना। २. नष्ट होना।

नाठा* वि०=नष्ट।

नाड़ स्त्री० [सं० नाल] ग्रीवा, गर्दन।

नाड़ा पुं० [सं० नाड़ी] १. घाघरा, पाजामा आदि बाँधने की डोरी, इज़ारबन्द, नीवी। २. वह मांगलिक लाल सूत जो देवताओं पर चढ़ाया या हाथ में बाँधा जाता है, मौली।

मुहा० *नाड़ा बाँधना*=किसी अच्छे उस्ताद या कारीगर का किसी को अपनी विद्या या कला सिखाने के लिए अपना शिष्य बनाना।

३. पेट के अन्दर की वह नली जिससे होकर मल आँतों की ओर जाता है।

मुहा० *नाड़ा उखड़ना*= पेट के उक्त अंग में कुछ विकार होना जिससे दस्त आने लगते हैं। *नाड़ा बैठाना*=मालिश आदि प्रक्रियाओं से उखड़ा हुआ नाड़ा फिर ठीक स्थान पर लाना। (लोक में प्रचलित विश्वास)

नाड़ी स्त्री० [सं० नाड़ी] १. नली। २. शरीर के अन्दर की वे नलियाँ जिनमें से होकर रक्त बहता है, धमनी।

मुहा० *नाड़ी चलना*= कलाई की नाड़ी में स्पन्दन या गति होना। (जीवन का लक्षण) *नाड़ी छूटना*=(क) नाड़ी का न चलना। (ख) मृत्यु हो जाना। *नाड़ी देखना*=कलाई की नाड़ी पर हाथ रखकर रोग का पता लगाना।

३. हठयोग में अनुभूति और श्वास-प्रश्वास संबंधी नालियाँ जिनकी संख्या दस है-इड़ा, पिंगला, सुषुम्ना, गांधारी, हस्ति, जिह्वा, पूषा, यशस्विनी, मुह अलंबूषा एवं शंखिनी।

४. काल का एक मान जो छह क्षण का होता है। ५. डोरी, रस्सी। (क्व०)

नाड़ी मंडल पुं० दे० 'विषुवत् रेखा'।

नाड़ीव्रण पुं० [सं०] शरीर में होनेवाला नासूर नाम का घाव।

नात[1] पुं० [सं० ज्ञाति] १. नाता, संबंध। २. नातेदार।

नात[2] स्त्री० [अ० नअत] १, प्रशंसा, स्तुति। २. इसलाम के प्रवर्तक मुहम्मद साहब की प्रशंसा या स्तुति का गीत।

नातरि* योज० दे० 'नातरु'।

नातरु* योज० [हिं० न+तो+अरु] नहीं, तो, अन्यथा।

नाता पुं० [सं० ज्ञाति] १. मनुष्यों का वह पारस्परिक संबंध जो एक ही कुल में जन्म लेने या विवाह आदि करने से होता है, ज्ञाति-संबंध। २. संबंध, रिश्ता; जैसे- *नाता तोड़ लेना*= संबंध-विच्छेद कर लेना।

नाती पुं० [सं० नप्तृ] [स्त्री० नतिनी, नातिन] लड़की का लड़का, दोहता।

नाते, के सम्बन्धबोध० [हिं० नाता] १. संबंध से, जैसे मित्र के नाते। २.के वास्ते, के लिए।

नातेदार वि० [हिं० नाता+फा० दार] [भाव० नातेदारी] संबंधी, रिश्तेदार।

नात्सी पुं० दे० 'नाजी'।

नादिर वि० [अ०] अनोखा, अनूठा।

नाथ[1] पुं० [सं०] १. प्रभु, स्वामी, मालिक। २. पति। ३. गोरखपन्थी साधुओं की उपाधि।

नाथ[2] स्त्री० [हिं० नाथना] १. नाथने की क्रिया या भाव। २. बैल, भैंस आदि की नाक में नाथने की रस्सी, नकेल।

स्त्री०=नथ (नाक में पहनने की)।

नाथना स० [सं० नाथ] [भाव० नाथ, नथाई] १. बैल, भैंस आदि को वश में रखने के लिए उनकी नाक छेदकर उसमें रस्सी पिरोना, नकेल डालना। २. पिरोना। ३. नत्थी करना। ४. नियंत्रण में लाना।

नाथपंथ पुं० गोरखनाथ द्वारा प्रवर्तित संप्रदाय।

नाथपंथी वि० नाथ संप्रदाय का।

पुं० नाथ संप्रदाय का अनुयायी।

नाद पुं० [सं०] १. शब्द, आवाज। २. वर्णों के उच्चारण में वह प्रयत्न जिसमें कंठ को न तो बहुत फैलाकर और न बहुत सिकोड़कर वायु या ध्वनि निकालनी पड़ती है। ३. संगीत।

नादना[1]* स० [सं० नदन] बजाना।

अ० १. बजना। २. गरजना।

नादना[2] अ० [सं० नंदन] प्रफुल्लित होना।

नादमय वि० [सं०] [भाव० नादमयता] संगीतमय।

नादली स्त्री० दे० 'हौलदिली'।

नादविद्या स्त्री० [सं०] संगीतशास्त्र।

नादात्मक वि० [सं०] नाद या ध्वनि के रूप में होनेवाला।

नादान वि० [फा०] [भाव० नादानी] नासमझ, मूर्ख।

नादानी स्त्री० [फा०] नासमझी-भरा कार्य या आचरण।

नादित वि० [सं०] जिसमें नाद या शब्द होता हो, शब्दित।

नादिर वि० [फा०] अद्भुत, अनोखा।

नादिरशाही स्त्री० [नादिरशाह] १. मनमानी आज्ञाएँ प्रचलित करना। २. भारी अँधेर या अत्याचार।

वि० बहुत कठोर या विकट (आज्ञा, कार्य आदि)।

नादिहंद वि० [फा०] ऋण न चुकानेवाला, जिससे पावना जल्दी वसूल न हो।

नादी(-दिन्) वि० [सं०] [स्त्री० नादिनी] १. शब्द करनेवाला। २. बजनेवाला।

नादेहन वि० [फा० नादिहंद (देनेवाला)] बकायेदार।

नादौट स्त्री० [?] पुरानी चाल की एक प्रकार की तलवार।

नाध स्त्री० [हिं० नाधना] १. नाधने की क्रिया या भाव। २. किसी बड़े कार्य का आयोजन और आरम्भ।

मुहा० *नाध नाधना*=कोई बड़ा काम ठानना।

नाधना स० [हिं० नाथना] १. बैल, घोड़े आदि को सवारी आदि खींचने के लिए उसके आगे बाँधना, जोतना। २. लगाना। ३. गूँथना, पिरोना। ४. आरम्भ करना, ठानना। ५. दे० 'नाथना'

नान पुं० [फा०] १. रोटी। २. खामीरी रोटी। (उर्दू में इसका प्रयोग प्राय: स्त्रीलिंग में होता है।)

नानक पुं० एक प्रसिद्ध पंजाबी महात्मा जो सिक्ख सम्प्रदाय के संस्थापक और सिक्खों के आदि गुरु थे।

नानकपंथी पुं० [हिं० नानकपंथ] गुरु नानक के संप्रदाय का सिक्ख।

नानखताई स्त्री० [फा०] एक प्रकार की सोंधी मीठी टिकिया।

नानबाई पुं० [फा० नानबा] रोटियाँ पकाकर बेचनेवाला। (मुसल०)

नाना[1] वि० [सं०] १. अनेक प्रकार के, तरह-तरह के। २. अनेक, बहुत।

नाना[2] पुं० [देश०] [स्त्री० नानी] माता का पिता, मातामह।

नाना[3] स० [सं० नमन] १. दे० 'नवाना' (झुकाना)। २. डालना या घुसाना, प्रविष्ट करना।

नाना[4] पुं० [अ०] पुदीना।

नानिहाल पुं० [हिं० नाना] नाना-नानी का घर।

नानी स्त्री० [देश०] माता की माता।

मुहा० *नानी याद आना या मर जाना*=संकट या विपत्ति-सी आ जाना।

ना-नुकर, ना-नू पुं० [हिं० ना] इनकार।

नानुसारी वि० [हिं० न+अनुसारी] अनुसरण न करनेवाला, उदा० दानवारि सुखद, जनकजा तनानुसारी। -केशव।

नान्हा* वि० दे० 'नन्हा'

नाप पुं० [हिं० नापना] १. किसी वस्तु की लम्बाई, चौड़ाई, ऊँचाई आदि जिसका विचार किसी निर्दिष्ट लम्बाई के आधार पर या तुलना में होता है, परिमाण, माप। (मेजर

डाइमेन्शन्स) २. वह क्रिया जिससे किसी वस्तु की लम्बाई, चौड़ाई आदि जानी या स्थिर की जाती है, नापने का काम। (मेजरमेन्ट) ३. वह निर्दिष्ट लम्बाई जिसे एक मानकर किसी वस्तु की लम्बाई-चौड़ाई या विस्तार स्थिर किया जाता है, मान। ४. निर्दिष्ट लम्बाईवाली वह वस्तु जिससे इस प्रकार का विस्तार स्थिर किया जाता है, जैसे गज, फुट।

नाप-जोख स्त्री० [हिं० नाप+जोख] किसी चीज को नापने-जोखने की क्रिया या भाव।

नाप-तौल स्त्री० [हिं० नाप+तौल] किसी चीज को नापने या तौलने की क्रिया या भाव।

नापना स० [सं० मापन] १. लम्बाई, चौड़ाई, ऊँचाई या गहराई आदि का हिसाब लगाना, मापना।

मुहा० *गरदन नापना*=धक्का देकर हटाना या बाहर निकालना। *सिर नापना*=सिर काटना।

२. किसी बात की गहराई या थाह का या किसी व्यक्ति की जानकारी आदि का पता लगाना।

नापसंद वि० [फा०] जो पसन्द न हो।

नापसंदी स्त्री० [फा० नापसंद+हिं० ई (प्रत्य०)] नापसन्द होने की अवस्था या भाव।

नापाक वि० [फा०] [भाव० नापाकी] अपवित्र।

नापास वि० [फा० ना+ अं० पास] जो पास या उत्तीर्ण न हुआ हो, अनुत्तीर्ण।

नापित पुं० [सं०] नाई, हज्जाम।

नापैद वि० [फा० ना+पैदा] १. जो पैदा न हुआ हो। २. विनष्ट। ३. अप्राप्य। ४. दुर्लभ।

नाफ स्त्री० [फा० नाफ़] नाभि।

नाफरमान वि० [फा०] अवज्ञाकारी।

नाफा पुं० [फा० नाफ़:] कस्तूरी की थैली जो कस्तूरी-मृगों की नाभि में होती है।

नाबदान पुं० [फा०] [वि० नाबदानी] मल, मूत्र और गन्दे पानी की नाली, पनाला। (गटर)

नाबदानी वि० [फा०] १. नाबदान-संबंधी, नाबदान का। २. नाबदान या पनाले के समान अस्पृश्य, गन्दा और त्याज्य, पनालिया, जैसे नाबदानी पत्र।

स्त्री० दे० 'नाबदान'।

नाबदानी पत्र पुं० दे० 'पनालिया पत्र'।

नाबालिग वि० [फा० बालिग़] [भाव० नाबालिगी] जो अभी पूरा जवान न हुआ हो, अवयस्क।

नाबूद वि० [फा०] नष्ट, ध्वस्त।

नाभ* स्त्री०= नाभि।

नाभि स्त्री० [सं०] [वि० नाभिक] १. पहिए का मध्य भाग, चक्रमध्य। २. जरायुज जन्तुओं के पेट पर का मध्य का वह गड्ढा जहाँ गर्भावस्था में जरायुनाल रहता है, ढोंढ़ी। ३. पृथ्वी के भीतरी मध्य भाग का कल्पित अंश। ४. बीच में रहनेवाला वह भाग या वस्तु जिसके चारों ओर दूसरे भाग, अंग या वस्तुएँ आकर इकट्ठी होती या मिलती हैं, समष्टि या घन पदार्थ का केन्द्र।

नाभिक पुं० [सं०] [वि० नाभिकीय] परमाणु के अन्दर का वह सूक्ष्म कण जिसके चारों ओर इलेक्ट्रान परिक्रमा करते हैं तथा जिसका विखंडन करने पर प्रोटान और न्यूट्रान की उपस्थिति कही गई है। (न्यूक्लिअस)

नाभिकीय वि० [सं०] नाभिक से उत्पन्न या संबंधी; जैसे—नाभिकीय ऊर्जा (न्यूक्लिअर अनर्जी)

नामंजूर वि० [फा०+अ० मंजूर] [भाव० नामंजूरी] जो मंजूर न हो, अस्वीकार।

नाम पुं० [सं० नामन्] [वि० नामी] १. वह शब्द जिससे किसी वस्तु, व्यक्ति आदि का बोध हो या वह पुकारा जाए, संज्ञा, आख्या। (नेम)

मुहा० *नाम उछलना*=लोक में बहुत बदनामी या निन्दा होना। *नाम उछालना*=बदनामी करना। *नाम का, नाम के लिए या नाम को*=(क) बहुत थोड़ा। (ख) दिखाने भर को, काम के लिए नहीं। *नाम चढ़ना*=किसी नामावली में नाम लिखा जाना। *नाम चलना*=लोक में नाम का स्मरण या यश बना रहना। *नाम जपना*=बार-बार नाम लेना। (किसी का) *नाम धरना*=(क) बदनाम करना। (ख) दोष निकालना। *नाम न लेना*=दूर या अलग रहना। *नाम निकल जाना*=प्रसिद्ध या बदनाम हो जाना। *(किसी के) नाम पर*=(क) किसी को अर्पित करके, किसी के निमित्त। (ख) किसी की ओर से। *(किसी के) नाम पर बैठना*=किसी के भरोसे सन्तोष करके चुपचाप बैठे रहना। *नाम बिकना*=प्रसिद्धि के कारण आदर या पूछ होना। *नाम मिटना*=(क) स्मारक या कीर्ति नष्ट होना। (ख) नाम तक बाकी न रहना। *नाम लगना*=दोषी ठहराया जाना। *(किसी का) नाम लगाना*=दोष मढ़ना, अपराध लगाना। *नाम लेना*=(क) दे० 'नाम जपना'। (ख) गुण गाना, प्रशंसा करना। *(किसी के) नाम से काँपना*=नाम सुनते ही डर जाना।

२. यश या कीर्ति की सूचक प्रसिद्धि।

मुहा० *नाम कमाना*=प्रसिद्धि प्राप्त करना। *नाम को मरना*=(क) यश या कीर्ति पाने के लिए प्रयत्न करना। (ख) यह ध्यान रखना कि बदनामी न हो। *नाम जगाना*= अच्छी कीर्ति प्राप्त करना। *नाम डुबाना*=यश और कीर्ति का नाश होना। *नाम पाना*=प्रसिद्ध होना। *नाम रह जाना*=यश बना रहना।

३. बही-खाते का वह विभाग या अंश जिसमें किसी को दिया हुआ धन या माल लिखा होता है।

मुहा० *नाम डालना*=खाते में यह लिखना कि अमुक व्यक्ति को इतना धन या माल दिया गया।

नामक वि० [सं०] नाम से प्रसिद्ध, नामवाला।

नामकरण पुं० [सं०] १. नाम रखना या स्थिर करना। २. हिन्दुओं के सोलह संस्कारों में से एक जिसमें बालक का नाम रखा या स्थिर किया जाता है।

नामकीर्तन पुं० [सं०] ईश्वर के नाम का जप, भगवान का भजन।

नामकोश पुं० [सं०] वह कोश जिसमें नामवाचक संज्ञाओं के विवरण रहते हैं, जैसे स्थल-नामकोश, ऐतिहासिक नामकोश।

नाम-चढ़ाई स्त्री० [हिं० नाम+चढ़ना] वह क्रिया जिसमें सम्पत्ति आदि के स्वामित्व पर से एक व्यक्ति का नाम हटाकर दूसरे का नाम चढ़ाया जाता है, दाखिल-खारिज। (म्यूटेशन)

नामजद वि० [फा० नामज़द] [भाव० नामज़दगी] १. जिसका नाम किसी बात के लिए निश्चित किया या चुना गया हो, नामांकित। २. प्रसिद्ध, मशहूर।

नामजदगी स्त्री० [फा० नामज़दगी] कोई काम करने के लिए या किसी चुनाव आदि में खड़े होने के लिए किसी का नाम निश्चित किया जाना।

नामजोग वि० [सं०+हिं०] (चैक) जिसका रुपया बैंक से वही व्यक्ति ले सकता है जिसका उस पर नाम लिखा हो।

नामतः क्रि० वि० [सं०] नाम अथवा नाम के उल्लेख से, नाम से। (बाई नेम)

नामदार वि० दे० 'नामवर'।

नामदेव पुं० [सं०] गुजरात के एक प्रसिद्ध वैष्णव भक्त।

नाभधराई स्त्री० दे० 'बदनामी'।

नाम-धाम पुं० [सं० नाम+हिं० धाम] नाम और पता-ठिकाना।

नामधारी (-रिन्) वि० [सं०] नामक, नामवाला।

नामन पुं० [सं०] [वि० नामित] १. नामकरण करना। २. किसी पद पर नियुक्त करना। ३. प्रत्याशी के रूप में प्रस्तावित करना। (नामिनेशन)

नामनिवेश पुं० [सं०] किसी विशेष कार्य के लिए किसी बही या नामावली में किसी का नाम लिखा जाना। (एन्रोलमेंट)

नाम-निशान पुं० [फा० नाम-व-निशान] चिह्न।

नामपट्ट पुं० [सं०] वह पट्ट, तख्ता आदि जिसपर किसी व्यक्ति, दुकान या संस्था आदि का नाम लिखा रहता है।

नामराशि पुं० [सं०] एक दूसरे के विचार से ऐसे दो व्यक्ति जो एक ही नाम के हों, जैसे वह मेरा नामराशि है, अर्थात् उसका भी वही नाम है, जो मेरा है।

नामरासी* पुं० दे० 'नामराशि'।

नामर्द वि०, पुं० [फा०] १. नपुंसक। २. डरपोक, कायर।

नामर्दी स्त्री० [फा०] १. नामर्द होने की अवस्था या भाव। २. नपुंसकता नामक रोग। ३. कायरता, भीरुता।

नाम-लिखाई स्त्री० [हिं० नाम+लिखना] १. किसी पंजी, तालिका आदि में नाम लिखा जाना। (एन्रोलमेंट) २. वह धन जो इस प्रकार नाम लिखने के लिए शुल्क के रूप में लिया या दिया जाता है।

नामलेवा पुं० [हिं० नाम+लेना] १. नाम लेने या स्मरण करनेवाला। २. सन्तति, औलाद।

नामवर वि० [फा०] [भाव० नामवरी] प्रसिद्ध, मशहूर।

नामवरी स्त्री० [फा०] प्रसिद्धि।

नामशेष वि० [सं०] १. जिसका केवल नाम रह गया हो। २. नष्ट, ध्वस्त। ३ मरा हुआ, मृत।

नाम-हँसाई स्त्री० [हिं० नाम+हँसना] लोकनिन्दा, बदनामी।

नामांक पुं० [सं०] किसी सूची में आए हुए बहुत से नामों में प्रत्येक नाम के साथ लगा हुआ उसका क्रमांक।

नामांकन पुं० [सं०] [वि० नामांकित] किसी कार्य, पद आदि के लिए किसी का आधिकारिक रूप से सुझाया हुआ नाम, नामजदगी। (नॉमिनेशन)

नामांकित वि० [सं०] १. जिस पर नाम लिखा या खुदा हो। २. जिसका किसी काम या पद के लिए नाम सुझाया गया हो, नामजद। (नॉमिनेटेड) ३. प्रसिद्ध, महशूर।

नामांतर पुं० [सं०] एक ही वस्तु या व्यक्ति का दूसरा नाम, पर्याय।

नामांतरण पुं० [सं०] [वि० नामांतरित] किसी सम्पत्ति पर चढ़े हुए एक नाम को हटाकर उसकी जगह दूसरा नाम लिखा या चढ़ाया जाना, दाखिल-खारिज। (म्यूटेशन)

नामा† पुं० = रुपया-पैसा।

नामाकूल वि० [फा० ना+अ० माकूल] १. अनुचित। २. अशिष्ट।

नामालूम वि० [फा०] जो मालुम न हो, जिसके सम्बन्ध में कुछ जानकारी या पता न हो।

नामावली स्त्री० [सं०] १. एक ही व्यक्ति या वस्तु के बहुत से नामों अथवा बहुत से व्यक्तियों या वस्तुओं के अलग-अलग नामों की सूची या तालिका। २. वह कपड़ा जिसपर राम, कृष्ण आदि नाम छपे रहते हैं।

नामिक वि० [सं०] जो केवल नाम के लिए या संकेत के रूप में हो, और जिसका वास्तविक स्थिति या तथ्य से कोई विशेष संबंध न हो, नाम भर का। (नॉमिनल)

नामित वि० [सं०] १. जिसका नामन हुआ हो। २. किसी के नाम पर आधारित, जैसे नामित पुरस्कार।

नामी वि० [हिं० नाम] १. नामधारी, नामवाला। २. प्रसिद्ध, मशहूर।

नामी-गिरामी [हिं० नामी+सं० ग्रामीण] १. गाँव में सबसे अधिक प्रसिद्ध। २. प्रसिद्ध तथा प्रतिष्ठित। [उर्दूवालों की कृपा से ग्रामी का गिरामी हो गया है।]

नामुआफिक वि० [फा० ना+मुआफ़िक] जो मुआफिक या अनुकूल न हो।

नामुनासिब वि० [फा०+अ०] अनुचित।

नामुबारक वि० [फा०] अशुभ।

नामुमकिन वि० [फा०+अ०] असम्भव।

नामुराद वि० [फा०] विफल-मनोरथ, विफल।

नामूसी स्त्री०=बदनामी।

नामोनिशान पुं० [फा० नाम-व-निशान] १. नाम और निशान। २. अवशेष, बची-खुची निशानी।

नामौजूद वि० [फा०] अनुपस्थित।

नामौजूदगी स्त्री० [फा०] अनुपस्थिति।

नायँ* पुं०=नाम।

निपा०=नहीं।

नायक पुं० [सं०] [स्त्री० नायिका] १. लोगों को अपनी आज्ञा के अनुसार चलानेवाला आदमी, नेता, अगुआ। २. अधिपति, स्वामी, मालिक। ३. किसी दल या समुदाय का प्रधान, सरदार। ४. साहित्य में वह पुरुष, विशेषतः रूप-यौवनवाला पुरुष, जिसका चरित्र किसी काव्य या नाटक में मुख्य रूप से आया हो। (हीरो)

नायका स्त्री० [सं० नायिका] १. वह वृद्धा स्त्री जो किसी वेश्या को अपने पास रखकर उससे पेशा कराती हो। २. कुटनी, दूती। ३. दे० 'नायिका'।

नायन स्त्री० [हिं० नाई] नाई की स्त्री।

नायनार पुं० दक्षिण भारत के प्राचीन शैव संतों का एक वर्ग।

नायब पुं० [अं०] १. किसी की ओर से काम करनेवाला, मुख्तार। २. सहायक, सहकारी।

नायबी स्त्री० [अ०] नायब का पद।

नायाब वि० [फा०] १. जो जल्दी न मिले, अप्राप्य या दुष्प्राप्य। २. बहुत बढ़िया।

नायिका स्त्री० [सं०] रूप-गुण से युक्त युवा स्त्री जो श्रृंगार रस का आलम्बन हो या किसी काव्य, नाटक आदि में जिसका चरित्र मुख्य रूप से दिखाया गया हो। (हीरोइन)

नारंगी स्त्री० [सं० नागरंग, अ० नारंज] नीबू की जाति का एक पेड़ जिसके फल मीठे, सुगन्धित और रसीले होते हैं।

वि० पीलापन लिए कुछ लाल रंग का।

नार¹ स्त्री० [सं० नाल] १. गरदन। २. जुलाहों की ढरकी, नाल।

नार² पुं० [सं० नारः] जल, पानी।

नार³ पुं० [सं० नारं] १. समूह, झुंड। २. आगार, भंडार।

नार⁴ पुं० [हिं० नाल]१. आँवल नाल, नाल।

मुहा० *नार छीनना=* दे० 'नाल' में 'नाल काटना' ।

२. बहुत छोटा रस्सा। ३. इजारबन्द, नारा, नाला।

स्त्री०दे० 'नारी'।

नारकी (-किन्) वि० [सं०] १. नरक में जाने योग्य, बहुत बड़ा पापी। २. नरक में रहनेवाला।

नारकीय वि० [सं०] १. नरक-सम्बन्धी। २. नरक के जैसा, घोर कष्टप्रद।

नारद पुं० [सं०] १. ब्रह्मा के पुत्र, एक प्रसिद्ध हरिभक्त देवर्षि। (कुछ लोगों का मत है कि नारद किसी व्यक्ति का नाम नहीं, बल्कि साधुओं के एक सम्प्रदाय का नाम था।) २. लोगों में झगड़ा करानेवाला व्यक्ति।

वि० १. जल देनेवाला। २. वंशज।

नारा पुं० [अ०] किसी विशेष सिद्धान्त, पक्ष या दल का वह घोष जो लोगों को अपनी ओर आकृष्ट करने के लिए होता है, घोष। (स्लोगन)

पुं०*१. दे० 'नाड़ा'। २. दे० 'नाला'।

नाराच पुं० [सं०] लोहे का बाण।

नाराज वि० [फा० नाराज़] [भाव० नाराजगी, नाराजी] अप्रसन्न, रुष्ट, खफा।

नाराजगी स्त्री० [फा० नाराज़गी] अप्रसन्नता, रोष।

नाराजी स्त्री० दे० 'नाराजगी'।

वि० जो राजी या सम्मत न हो।

नारायण पुं० [सं०] [भाव० नारायणत्व] १. विष्णु। २. भगवान, ईश्वर।

नारायणत्व पुं० [सं०] १. नारायण होने की अवस्था या भाव। २. नारायण के गुणों और शक्तियों का समाहार।

नारायणी स्त्री० [सं०] १. दुर्गा। २. लक्ष्मी। ३. गंगा।

वि० नारायण-संबंधी, नारायण का, जैसे नारायणी माया।

नारि¹ स्त्री० दे० 'नारी'।

नारि² स्त्री० [सं० नारं] १. समूह, झुंड। २. आगार, भंडार,

उदा० अति उच्च अगारनि बनी पगारनि जनु चिंतामणि नारि। केशव।

नारियल पुं० [सं० नारिकेल] १. खजूर की जाति का एक पेड़ जिसके बड़े गोल फलों में मीठी गिरी होती है। २. उक्त फल की खोपड़ी का बना हुआ हुक्का।

नारी स्त्री० [सं०] [भाव० नारीत्व] स्त्री, औरत।

*स्त्री० १. दे० 'नाड़ी'। २. दे० 'नाली'।

नारीत्व पुं० [सं०] उन गुणों तथा विशेषताओं का समाहार जो नारी की गरिमा के द्योतक हैं।

नारू पुं० [देश०] १. जूँ, ढील। २. नहरुआ नामक रोग।

नारेबाज पुं० [फा० नारा+बाज़] वह जो नारे लगाता हो।

नारेबाजी स्त्री० १. नारे लगाने का काम। २. किसी के विरोध में नारे लगाना।

नार्मल वि० [अं०] सामान्य।

नालंब* वि० [सं० निरवलंब] [स्त्री० नालंबा] जिसका कोई अवलम्ब या सहारा न हो, निरवलम्ब, असहाय।

नाल¹ स्त्री० [सं०] १. कमल, कुमुद आदि फूलों की पोली लम्बी डंडी। २. पौधे का डंठल, कांड। ३. गेहूँ, जौ आदि की बाल, जिसमें दाने होते हैं। ४. नली, जैसे बन्दूक की। ५. सुनारों की फुकनी। ६. रस्सी के आकार की वह नली जो एक ओर गर्भ के बच्चे की नाभि से और दूसरी ओर गर्भाशय से मिली होती है, आँवल नाल, नारा।

मुहा० *नाल काटना=*बच्चा उत्पन्न होने पर नाल काटकर उसे माता के शरीर से अलग करना। *(किसी की कहीं) नाल गड़ी होना=*(क) किसी का किसी स्थान से ऐसा घनिष्ठ संबंध या अनुराग होना कि वह जल्दी वहाँ से हट न सके।

७. मोटे कागज, बाँस आदि की वह पतली नली जिसके अंदर चरखियों आदि में जलनेवाला मसाला भरा रहता है। (आतिशबाजी)

नाल² स्त्री० [अ० न्आल्] १. वह अर्द्धचन्द्राकार लोहा जो घोड़ों की टाप के नीचे या जूतों की एड़ी में जड़ा जाता है। २. पत्थर का वह भारी कुंडलाकार टुकड़ा, जो कसरत

करनेवाले उठाते हैं। ३. लकड़ी का वह चक्कर जो कुएँ की नींव में रखा जाता है और जिसके ऊपर उसकी जुड़ाई होती है। ४. वह रुपया जो जुए के अड्डे का मालिक जीतनेवाले से अपने अंश के रूप में लेता है।

नालकी स्त्री० [सं० नाल=डंडा या डंडी] एक प्रकार की मेहराबदार छाजनवाली पालकी।

नालबंद पुं० [अ०+फा०] जूते की एड़ी या घोड़े के पैरों में नाल जड़नेवाला।

नाला पुं० [सं० नाल] [स्त्री० अल्पा० नाली] १. वह प्रणाली या जलमार्ग जिसमें वर्षा का पानी बहता है, प्रणाली। २. गन्दे जल के बहने का मार्ग या प्रणाली।

नालायक वि० [फा०+अ०] अयोग्य।

नालायकी स्त्री० [हिं० नालायक+ई (प्रत्य०)] अयोग्यता।

नालिश स्त्री० [फा०] १. फरियाद, प्रार्थना। २. न्यायालय से किसी के विरुद्ध होनेवाली फरियाद, अभियोग।

नाली स्त्री० [हिं० नाला] १. जल बहने का छोटा नाला। २. गन्दा पानी बहने की मोरी। (ड्रेन) ३. गहरी लकीर। ४. पतला नल, पानी।

नावँ पुं० दे० 'नाम'।

नाव स्त्री० [फा०, मिलाओ सं० नौ] जल में चलनेवाली, लकड़ी, लोहे आदि की बनी सवारी, जलयान, नौका, किश्ती।

मुहा० *नाव डूबना/डूब जाना*=अस्तित्व समाप्त हो हाना।

नावक पुं० [फा०] बाण, तीर।

*पुं० दे० 'नाविक'।

नावना स० [सं० नामन] १. झुकाना, नवाना। २. डालना।

नावर* स्त्री० [हिं० नाव] १. नाव, नौका। २. नाव को नदी के बीच में ले जाकर चक्कर देना। (जलविहार)

नावाकिफ वि० [फा० ना+अ० वाकिफ़] अपिरिचित।

नावाजिब वि० [फा० ना+अ० वाजिब] अनुचित।

नावाधिकरण पुं० [सं०] किसी राज्य की सामुद्रिक शक्ति और नाविक विभाग के प्रधान अधिकारियों का वर्ग अथवा उनका प्रधान कार्यालय। (ऐडमिरलटी)

नाविक पुं० [सं०] १. मल्लाह, केवट। २. जहाज चलाने या जहाज पर काम करनेवाला व्यक्ति।

नाव्य वि० [सं०] (नदी, जलाशय आदि) जिसमें नावें, जहाज आदि चल सकते हों, नौतरणीय। (नैविगेबुल)

नाश पुं० [सं०] अस्तित्व न रह जाना, ध्वंस, बरबादी।

नाशक वि० [सं०] १. नाश करनेवाला। २. वध करनेवाला। ३. दूर करने या हटानेवाला।

नाशन पुं० [सं०] नाश करना।

वि० [स्त्री० नाशिनी] नाश करनेवाला।

नाशना स०=नाश करना।

नाशपाती स्त्री० [तु०] सेब की तरह का एक प्रसिद्ध फल।

नाशमय, **नाशवान** वि० दे० 'नश्वर'।

नाशी(-शिन्) वि० [सं०] [स्त्री० नाशिनी] १. नाशक। २. नश्वर।

नाशुकरा वि० [फा० ना+अ० शुक्र] अकृतज्ञ, कृतघ्न।

नाश्ता पुं० [फा०] जलपान।

नास स्त्री० [सं० नासा] नाक से सूँघी जानेवाली दवा, सुँघनी।

नासना* स० [सं० नाशन] १. नष्ट करना। २. मार डालना। अ० नष्ट होना।

नासमझ वि०, पुं० [फा० ना+हिं० समझ] [भाव० नासमझी] जिसे समझ न हो, मूर्ख।

नासमझी स्त्री० १. नासमझ होने की अवस्था या भाव। २. ऐसा काम जो समझदारी से न किया गया हो।

नासा स्त्री० [सं०] [वि० नास्य] १. नाक। २. नाक का छेद, नथना।

नासाखत* पुं० दे० 'नकघिसनी'।

नासागुहा स्त्री० [सं०] नाक का छेद।

नासाज वि० [फा० नासाज़] [भाव० नासाजी] अस्वस्थ।

नासाजगार वि० [फा० नासाज़गार] विरोधी प्रतिद्वंद्वी।

नासामल पुं० [सं०] सींड।

नासिका स्त्री० [सं०] नाक।

नासिकाछेदन पुं० [सं०] नकछेदन।

नासिक्य वि० [सं०] (व्यंजन) जिसका उच्चारण करते समय नासिका से ध्वनि निकलती हो, जैसे-ङ ञ, ण, न् तथा म्।

नासिक्यता स्त्री० [सं० नासिक्य] नासिक्य होने की अवस्था, गुण या भाव।

नासीय वि० [सं०] नासिका-संबंधी।

नासीर पुं० [सं०] सेना का अगला भाग।

नासूर पुं० [अ०] शरीर में कुछ दूर तक अन्दर गया हुआ वह छोटा घाव जिससे बराबर मवाद निकला करता हो, नाड़ीव्रण।

नास्तिक पुं० [सं०] [भाव० नास्तिकता] ईश्वर की सत्ता को न माननेवाला, ईश्वर, परलोक आदि में जिसका विश्वास न हो। (एथिइस्ट)

नास्तिकता स्त्री० [सं०] वह अवस्था या सिद्धान्त जिसमें मनुष्य ईश्वर, मत-मतान्तर, लोक-परलोक आदि का अस्तित्व नहीं मानता। (एथीइज्म)

नाह* पुं० दे० 'नाथ'।

नाहक क्रि० वि० [फा०] वृथा, व्यर्थ।

नाहर पुं० [सं० नरहरि] शेर।

नाहरू* पुं० १. दे० 'नहरुआ'। २. दे० 'नाहर'।

नाहिनै* निपा० [हिं० नाही] १. नहीं (है)। २. कदापि नहीं, कभी नहीं।

नाहीं निपा० १. दे० 'नहीं'। २. दे० कदापि नहीं, कभी नहीं।

निंत* क्रि० वि० दे० 'नित्य'।

निंद* वि० दे० 'निंदनीय'।

निंदक वि० [सं०] निन्दा करनेवाला।

निंदना* स०=निन्दा करना।

निंदनीय वि० [सं०] जिसकी निन्दा करना उचित हो, निन्दा के योग्य, बुरा, खराब।

निंदरना* स० दे० 'निंदना'।

निंदरिया* स्त्री० दे० 'नींद'।

निंदा स्त्री० [सं०] १. किसी की वास्तविक या उचित बुराई या दोष बतलाना। २. अपकीर्ति, बदनामी।

निंदाई स्त्री० दे० 'निराई'।

निंदात्मक वि० [सं०] निन्दा के रूप में होनेवाला।

निंदाना स० दे० 'निराना'।

निंदासा वि० [हिं० नींद] जिसे नींद आ रही हो, उनींदा।

निंदित वि० [सं०] [स्त्री० निंदिता] १. जिसकी निन्दा होती हो। २. दूषित, बुरा।

निंदिया स्त्री० दे० 'नींद'।

निंद्य वि० दे० 'निंदनीय'।

निंबू पुं० दे० 'नीबू'।

निःशंक वि० [सं०] निडर, निर्भय।

निःशब्द वि० [सं०] १. जहाँ या जिसमें शब्द न हो। २. जो शब्द न करे।

निःशुल्क वि० [सं०] जिसपर या जिससे शुल्क न लिया जाए, बिना शुल्क का।

निःशेष वि० [सं०] जो बच न रहा हो, समाप्त, खत्म।

निःश्रेयस पुं० [सं०] १. सब प्रकार के कष्टों या दुखों का अभाव। २. मोक्ष, मुक्ति। ३. कल्याण, मंगल।

निःश्वास पुं० [सं०] १. नाक से साँस बाहर निकलना। २. नाक से निकली हुई वायु।

पद *दीर्घ निःश्वास*=गहरी या ठंडी साँस।

निःसंकोच क्रि० वि० [सं०] संकोच के बिना, बेधड़क।

निःसंग वि० [सं०] १. बिना सम्पर्क या लगाव का। २. किसी से संबंध न रखनेवाला, निर्लिप्त। ३. जिसके साथ कोई और न हो, अकेला।

निःसंतान [सं०] जिसे सन्तान या बाल-बच्चा न हो।

निःसंदेह वि० [सं०] जिसमें कुछ भी सन्देह न हो, सन्देहरहित।

क्रि० वि० किसी प्रकार के सन्देह के बिना।

निःसत्त्व वि० [सं०] जिसमें कुछ भी सत्त्व या सार न हो, निस्सार।

निःसरण पुं० [सं०] [वि० निःसृत] १. निकलना। २. निकलने का मार्ग, निकास।

निःसार वि० दे० 'निःसत्व'।

निःसारण पुं० [सं०] १. कहीं से कुछ बाहर निकालना। २. वनस्पतियों की गाँठों या शरीर की गिल्टियों का अपने अन्दर से कोई तत्त्व या तरल अंश बाहर निकालना जो अंगों को विशुद्ध और ठीक दशा में रखने या ठीक तरह से चलाने के लिए आवश्यक होता है। ३. इस प्रकार निकलनेवाला कोई पदार्थ। (सीक्रेशन)

निःसीम वि० [सं०] १. जिसकी सीमा न हो, बेहद। २. बहुत बड़ा या अधिक।

निःस्पंद वि० [सं०] जिसमें किसी प्रकार का स्पन्दन न हो, निश्चल।

निःस्पृह वि० [सं०] १. जिसे कोई स्पृहा या आकांक्षा न हो। २. जिसे कुछ लेने या पाने की इच्छा न हो, निर्लोभ।

निःस्वन वि० दे० 'निःशब्द'।

पुं० ध्वनि, शब्द।

निःस्वार्थ वि० [सं०] १. जो अपने लाभ या स्वार्थ का ध्यान न रखता हो। २. (काम या बात) जो अपने लाभ या स्वार्थ के लिए न हो।

नि उप० [सं०] एक उपसर्ग जो शब्दों के पहले लगकर अर्थ-संबंधी ये विशेषताएँ उत्पन्न करता है—(क) झुंड या समूह; जैसे निकर, (ख) अधोभाव; जैसे निपतित, (ग) अत्यन्त; जैसे निग्रह, (घ) आदेश; जैसे निदेश।

पुं० संगीत में 'निषाद' (स्वर) का सूचक संक्षिप्त रूप।

निअर* क्रि० वि० [सं० निकट] निकट, पास।

वि० समान, तुल्य।

निआरना* स० [हिं० निअर] पास पहुँचना।

नियाउ* पुं० दे० 'न्याय'।

निआथी *स्त्री० [सं० निः+अर्थ] धनहीनता, दरिद्रता, गरीबी।

वि० दे० 'निआरथी'।

निआन* पुं० [सं० निदान] अन्त।

क्रि० वि० अन्त में, आखिर।

निआना* वि० दे० 'न्यारा'।

निआरथी* वि० [हिं० नि+अर्थ] निर्धन।

निउ* वि०=निज।

निकंदन पुं० [सं० नि+कंदन=नाश] १. नाश, विनाश। २. मार डालना, वध।

वि० १. नाश करनेवाला। २. मार डालनेवाला।

निकंदना* स०=नष्ट करना।

निकट वि० [सं०] [भाव० निकटता] १. पास का, समीप का। २. (संबंध) जिसमें अधिक अंतर न हो।

क्रि० वि० पास, समीप, नजदीक।

निकटपूर्व पुं० [सं०] युरोपवालों की दृष्टि से एशिया महाद्वीप का पश्चिमी भाग।

निकटवर्ती वि० दे० 'निकटस्थ'।

निकटस्थ वि० [सं०] दूरी, संबंध आदि के विचार से, पास का।

निकम्मा वि० [सं० निष्कर्म्म] [स्त्री० निकम्मी] १. जो कोई काम न करता हो। २. जो किसी काम का न हो, निरर्थक।

निकर[१] पुं० [सं०] १. समूह, झुंड। २. राशि, ढेर। ३. निधि, कोश।

निकर[२] पुं० [अ०] एक प्रकार का अंग्रेजी जाँघिया, आधा पायजामा।

निकरना* अ० दे० 'निकलना'।

निकलंक, निकलंकी* वि० [सं० निष्कलंक] दोषरहित।

निकल स्त्री० [अ०] सफेद रंग की एक प्रसिद्ध धातु जिससे सिक्के आदि बनते हैं।

निकलना अ० [हिं० निकालना] १. बाहर आना, निर्गत होना। **मुहा०** *निकल जाना*=(क) आगे बढ़ या चला जाना। (ख) पास में न रह जाना। (ग) कम हो जाना। (घ) पहुँच या पकड़ से बाहर होना। *(स्त्री का) निकल जाना*=(स्त्री का) पर-पुरुष के साथ अनुचित संबंध करके घर से चली जाना।

२. मिली, सटी या लगी हुई चीज अलग होना। ३. एक ओर से दूसरी ओर चला जाना, पार होना। ४. प्रस्थान करना, जाना। ५. उदय होना। ६. अपने उद्‌गम स्थान से प्रादुर्भूत, निर्गत या प्रकाशित होना, जैसे नदी निकलना, आज्ञा निकलना, पुस्तक निकलना आदि। ७. किसी ओर को बढ़ा हुआ होना। ८. स्पष्ट होना, प्रकट होना, जैसे अर्थ निकलना। ९. सिद्ध या पूरा होना, सरना, जैसे मतलब या काम निकलना। १०. किसी प्रश्न या समस्या का ठीक उत्तर प्राप्त होना। ११. मुक्त होना, छूटना। १२. आविष्कृत होना। १३. शरीर पर उत्पन्न होना। १४. कहकर नहीं करना, मुकरना। १५. माल की खपत या बिक्री होना, बिकना। १६. हिसाब होने पर कुछ धन किसी के जिम्मे ठहरना। १७. पास से जाता रहना, हाथ में न रह जाना। १८. व्यतीत होना, बीतना, गुजरना। १९. घोड़े, बैल आदि का गाड़ी या सवारी लेकर चलना, सीखना आदि।

निकलवाना स० हिं० 'निकलवाना' का प्रे.।

निकष पुं० [सं०] १. कसौटी का पत्थर। २. तलवार की म्यान।

निकसना अ० दे० 'निकलना'।

निकाई[1] * स्त्री० [हिं० नीक=सुन्दर या भला] १. नीक या अच्छे होने का भाव, अच्छापन। २. सुन्दरता।

निकाई[2] * स्त्री० [फा० नेक] नेकी, भलाई।

निकाई[3] * पुं० दे० 'निकाय'।

निकाज * वि० [हिं० नि+काज (कार्य)] १. निकम्मा। २. रद्दी।

क्रि० वि० व्यर्थ, बेफायदा।

निकाना स० दे० 'निराना'।

निकाम[1] * वि० १. दे० 'निकम्मा'। २. दे० 'निष्काम'।

क्रि० वि० व्यर्थ, बेफायदा।

निकाम[2] * वि० [?] प्रचुर, बहुत अधिक।

निकाय पुं० [सं०] १. समूह, झुंड। २. कोई विशेष कार्य करने के लिए बना हुआ कुछ व्यक्तियों का संघटित समूह, संघात। (बॉडी) ३. ढेर, राशि। ४. घर, मकान।

निकारना| स०=निकालना।

निकालना स० [सं० निष्कासन] १. अन्दर से बाहर करना या लाना, निर्गत करना। २. मिली, सटी या लगी हुई चीज अलग करना। ३. किसी से आगे बढ़ा ले जाना। ४. गमन कराना, चलाना या ले जाना। ५. आगे की ओर बढ़ाना। ६. निश्चित करना, ठहराना, जैसे अर्थ निकालना। ७. सबके सामने उपस्थित करना या रखना। ८. स्पष्ट करना, खोलना। ९. आरम्भ करना, चलाना, छेड़ना। १०. स्थान, स्वामित्व, अधिकार, पद आदि से अलग करना। ११. घटाना, कम करना। १२. नौकरी से छुड़ाना या हटाना। १३. दूर करना, हटाना। १४. बेचकर अलग करना। १५. निभाना, बिताना। १६. किसी प्रश्न या समस्या का ठीक उत्तर निश्चित करना, हल करना। १७. जारी करना, प्रचलित करना। १८. आविष्कृत करना, ईजाद करना। १९. निस्तार या उद्धार करना। २०. प्रकाशित करना। २१. रकम जिम्मे ठहराना, किसी पर ऋण या देना निश्चित करना। २२. ढूँढ़कर सामने रखना, बरामद करना। २३. पशु या व्यक्ति को कोई काम करने की शिक्षा देकर आगे बढ़ाना। २४. कपड़े पर सुई से बेल-बूटे बनाना।

निकाला पुं० [हिं० निकालना] १. निकालने की क्रिया या भाव। २. कहीं से निकाले जाने का दंड, निष्कासन।

निकाश पुं० [सं०] १. आकृति, रूप। २. समानता, बराबरी। ३. समीपता, निकटता। ४. क्षितिज।

निकास[1] पुं० [हिं० निकासना] १. निकलने या निकालने की क्रिया या भाव। २. निकलने के लिए खुला स्थान या मार्ग। ३. बाहर का खुला स्थान, मैदान। ४. उद्‌गम, मूलस्थान। ५. रक्षा या बचत का उपाय। ६. आमदनी का रास्ता। ७. आय, आमदनी। ८. दे० 'निकासी'।

निकास[2] * पुं० [सं० निकाश] समानता, बराबरी, उदा० सनीर जीमूत निकास सोभहिं। -केशव।

निकासना स० दे० 'निकालना'।

निकासी स्त्री० [हिं० निकास] १. निकलने या निकालने की क्रिया या भाव। (इश्यू) २. यात्रा के लिए निकलना, प्रस्थान, रवानगी। ३. वह अधिकार व पत्र जिसके अनुसार कोई व्यक्ति या वस्तु कहीं से निकलकर बाहर जा सके। (ट्रान्ज़िट पास) ४. आय, आमदनी। ५. किसी सम्पत्ति से लाभ या आय के रूप में प्राप्त होनेवाला धन, जैसे जमींदारी की निकासी। ६. लाभ, मुनाफा। ७. बिक्री के लिए माल बाहर जाना, लदाई, भरती। ८. माल की बिक्री, खपत।

निकाह पुं० [अ०] मुसलमानी विधि से होनेवाला विवाह।

निकाही वि०, क्रि० [अ०] जिससे विवाह हुआ हो।

निकिष्ट * वि० दे० 'निकृष्ट'।

निकुंज पुं० [सं०] घनी लताओं से छाया या घिरा हुआ स्थान, घना कुंज, लतामंडप।

निकृष्ट वि० [सं०] [भाव० निकृष्टता] खराब, बुरा।

निकेत, निकेतन पुं० [सं०] १. घर, मकान। २. स्थान, जगह। ३. आगार, भंडार।

निक्षिप्त वि० [सं०] १. फेंका हुआ। २. छोड़ा हुआ, त्यक्त। ३. भेजा हुआ। (कन्साइन्ड) ४. जमा किया हुआ, कहीं रखा हुआ। (डिपॉजिटेड)

निक्षिप्तक पुं० [सं०] १. वह वस्तु जो कहीं भेजी जाए। (कन्साइनमेन्ट) २. वह धन जो किसी खाते या कोश में जमा किया, डाला या रखा जाए।

निक्षिप्ति स्त्री० दे० 'निक्षेप'।

निक्षिप्ती पुं० [सं० निक्षिप्त] वह जिसके नाम कोई वस्तु (विशेषतः पोट, पारसल आदि) भेजी गई हो। (कन्साइनी)

निक्षेप पुं० [सं०] १. फेंकने, डालने, चलाने, छोड़ने आदि की क्रिया या भाव। २. भेजने की क्रिया या भाव। ३. वह वस्तु जो भेजी जाए। ४. कहीं धन जमा करने की क्रिया या भाव। ५. वह धन जो कहीं जमा किया जाए। (डिपॉजिट) ६. अमानत, धरोहर, थाती।

निक्षेपण पुं० [सं०] [वि० निक्षिप्त, निक्षेप्य] १. फेंकना, डालना। २. चलाना। ३. छोड़ना, त्यागना। ४. दे० 'निक्षेप'।

निखंग* पुं० दे० 'निषंग'।

निखटक क्रि० वि० [हिं० नि=नहीं+खटका=आशंका] बिना किसी संकोच, भय या आशंका के, बेखटके, बेधड़क।

निखट्टू वि० [हिं० उप० नि=नहीं+खटना=कमाना] जो कुछ कमाता न हो।

निखरचे क्रि० वि० [हिं० नि+खरच] बिना किसी प्रकार का ऊपरी खर्च जोड़े या मिलाए हुए, जैसे यह माल आपको १०) मन निखरचे मिलेगा। (अर्थात् इसकी ढुलाई, बारदाना, दलाली आदि आपके जिम्मे होगी।)

निखरना अ० [सं० निक्षरण] १. मैल छूट जाने पर साफ या निर्मल होना। २. रंगत का खुलना या साफ़ होना।

निखरी स्त्री० [हिं० निखरना] पक्की या घी में पकी हुई रसोई, 'सखरी' का उलटा।

निखवख* वि० [सं० न्यक्ष=सब] पूरा, सब।

क्रि० वि० पूरा, बिल्कुल।

निखाद* पुं० दे० 'निषाद'।

निखार पुं० [हिं० निखरना] १. निखरने की क्रिया या भाव। २. निर्मलता, स्वच्छता।

निखारना स० हिं० 'निखरना' का स०।

निखालिस वि० दे० 'खालिस'।

निखिद्ध* वि० दे० 'निषिद्ध'।

निखिल वि० [सं०] सम्पूर्ण, सारा, पूरा।

निखुटना अ० [?] समाप्त होना।

निखेद* पुं०=निषेध।

निखेधना* स०=निषेध करना।

निखोट* वि० [हिं० उप० नि+खोट] १. जिसमें कोई खोटाई या दोष न हो, निर्दोष। २. स्पष्ट या खुला हुआ।

क्रि० वि० बिना संकोच के, बेधड़क।

निखोटना स० [हिं० नख] नाखून से नोचना, तोड़ना या काटना।

निगंदना स० [फा० निगंदः=बखिया] रुई-भरे हुए कपड़े में दूर-दूर पर मोटी और लम्बी सिलाई करना।

निगंध* वि० [सं० निर्गंध] गंधहीन।

निगड स्त्री० [सं०] १. हाथी के पैर में बाँधने का सिक्कड़, आँदू। २. बेड़ी।

निगति* पुं० [हिं० नि+सं० गति] वह जिसे मरने पर अच्छी गति प्राप्त न हो; अर्थात् पापी, उदा० निगति सदा गति सुनये।–केशव।

निगद, निगदन पुं० [सं०] [वि० निगदित] भाषण, कथन।

निगम पुं० [सं०] १. मार्ग, रास्ता। २. वेद। ३. हाट, बाजार। ४. मेला। ५. व्यापार, रोजगार। ६. व्यापारियों का संघ। ७. निश्चय। ८. वह अदृश्य और स्थायी संस्था जिसे विधि के द्वारा शरीर अथवा शरीरधारी का रूप प्राप्त हुआ हो।

निगमन पुं० [सं०] [वि० निगमित, निगमीकृत] १. न्याय में वह कथन जो कोई प्रतिज्ञा सिद्ध कर चुकने पर उस प्रतिज्ञा के फिर से उल्लेख के रूप में होता है, सिद्ध की हुई बात के सम्बन्ध में अन्तिम कथन। २. किसी संस्था को निगम का रूप देने की क्रिया या भाव, विशेष दे० 'निगम' ८.।

निगमित वि० [सं०] संस्था जिसे निगम का रूप दिया गया हो।

निगमीकरण पुं० [सं०] [वि० निगमीकृत, निगमित] किसी संस्था को निगम का रूप देना। (इन्कॉरपेरेशन)

निगमीकृत वि०=निगमित।

निगर वि०, पुं० दे० 'निकर'।

*स्त्री०=निगड़।

निगरना* स० दे० 'निगलना'।

निगरानी स्त्री० [फा०] निरीक्षण, देख-रेख।

निगरु* वि० [सं० नि+गुरु] हल्का।

निगलना स० [सं० निगरण] १. मुँह में रखकर गले के नीचे उतार लेना, लीलना। २. दूसरे का धन दबा लेना।

निगह स्त्री० दे० 'निगाह'।

निगहबान पुं० [फा०] रक्षक।

निगार पुं० [फा०] १. चित्र। २. चित्रकार।

निगाली स्त्री० [देश०] हुक्के की वह (काठ की) नली जिससे धुआँ खींचते हैं।

निगाह स्त्री० [फा०] १. दृष्टि, नजर। २. देखने का ढंग, चितवन। ३. कृपादृष्टि। ४. परख, पहचान।

निगाहबान पुं० [फा०] चौकीदार।

निगिभ* वि० [सं० निगुह्य] बहुत प्यारा।

निगुरा वि० [सं० निर्गुरु] जिसने गुरु से दीक्षा न ली हो, 'सगुरा' का उलटा। (उपेक्ष्य और तुच्छ)

निगूढ़ वि० [सं०] अत्यन्त गुप्त।

निगूहन पुं० [सं०] छिपने की क्रिया या भाव।

निगृहीत वि० [सं०] जिसका निग्रह हुआ हो, विशेष दे० 'निग्रह'।

निगोड़ा वि०, पुं० [सं० निर्गुरु] [स्त्री० निगोड़ी] १. जिसके ऊपर या आगे-पीछे कोई न हो। २. अभागा। ३. दुष्ट, बुरा। (स्त्रियाँ)

निगोद* वि० [सं० निगूढ़] बीच में छिपा हुआ।

निग्रह पुं० [सं०] [वि० निगृहीत] १. रोकने की क्रिया या साधन, रोक, अवरोध। २. किसी प्रकार की रोक-थाम, नियन्त्रण या दमन, जैसे सन्ताननिग्रह। (कन्ट्रोल) ३. दंड। ४. उत्पीड़न, सताना। ५. बन्धन।

निग्रहना* स० [सं० निग्रहण] १. पकड़ना। २. रोकना। ३. दंड देना।

निग्रही (-हिन्) वि० [सं०] १. रोकने या दबानेवाला। २. दमन करनेवाला। ३. दण्ड देनेवाला।

निघंटु पुं० [सं०] १. वैदिक शब्दों का कोश। २. शब्दसंग्रह।

निघट* वि० [हिं० नि (उपसर्ग)+घटना] १. न घटनेवाला, ज्यों-का-त्यों बना रहनेवाला। २. घटित न होनेवाला, जो अस्तित्व में न आए।

निघटना* अ० [हिं० घटना=कम होना] बहुत अधिक या निश्चित रूप से घटना, बहुत कम या क्षीण होना।

निघरघट वि० [हिं० नि=नहीं+घर+घाट] १. जिसका कहीं घर-घाट या ठौर-ठिकाना न हो। २. निर्लज्ज, बेहया। ३. ढीठ। ४. उद्दंड।

निचय पुं० [सं०] १. समूह, राशि। २. निश्चय। ३. संचय। ४. किसी विशेष कार्य के लिए इकट्ठा या जमा किया जानेवाला धन। (फंड)

निचयन पुं० [सं०] १. किसी विशेष कार्य के लिए धन जमा करने की क्रिया या भाव। २. किसी के हिसाब या खाते में उसकी ओर से या उसके लिए कुछ धन जमा करना या बढ़ाना। (फंडिंग)

निचर* वि०=निश्चल।

निचल* वि० दे० 'निश्चल'।

निचला[1] वि० [हिं० नीचे+ला(प्रत्य०)] [स्त्री० निचली] नीचे का, नीचेवाला।

निचला[2] वि० [सं० निश्चल] स्थिर, शान्त।

निचाई[1] स्त्री० [हिं० नीचा] १. नीचापन। २. नीचे की ओर का विस्तार।

निचाई[2]* स्त्री० [हिं० नीच] नीचता, कमीनापन।

निचान स्त्री० दे० 'निचाई'।

निचित* वि०=निश्चित।

निचीता* वि०=निश्चिंत।

निचुड़ना अ० हिं० 'निचोड़ना' का अ०।

निचै* पुं० दे० 'निचय'।

निचोड़ पुं० [हिं० निचोड़ना] १. निचोड़ने की क्रिया या भाव। २. निचोड़ने पर निकलनेवाला अंश। ३. सार, सत। ४. कथन या मत का सारांश।

निचोड़ना स० [सं० निश्च्योतति] १. गीली या रसदार चीज को दबाकर उसका पानी या रस निकालना, गारना। २. किसी चीज का सार भाग निकालना। ३. अधिकतर धन हरण कर लेना।

निचोना* स० दे० 'निचोड़ना'।

निचोल पुं० [सं०] १. ऊपर से ढकने की चीज, आच्छादन। २. वस्त्र, कपड़ा।

निचोवना* स० दे० 'निचोड़ना'।

निचौहाँ* वि० [सं० नीचोन्मुख] [स्त्री० निचौहीं] नीचे झुका हुआ, नत।

निचौहैं* क्रि० वि० [हिं० निचौहाँ] नीचे की ओर।

निछत्र वि० [सं० निश्छत्र] १. बिना छत्र का। २. बिना राजचिह्न का।

निछद्म† पुं० [सं० निः+छद्म या देश ?] १. ऐसा एकान्त स्थान जहाँ कोई पराया न हो। २. पूरी निश्चिंतता और अवकाश का समय।

निछल* वि० [सं० निश्छल] छलहीन।

निछावर स्त्री० [सं० न्यासावर्त, मि० अ० निसार] १. किसी की मंगलकामना से कोई वस्तु उसके सिर के ऊपर से घुमाकर दान करने या कहीं रख आने का उपचार या टोटका, वारफेरा। २. वह धन या वस्तु जो इस प्रकार घुमाकर दी या छोड़ी जाए, उतारा।

निछोह* वि० [हिं० नि+छोह] १. जिसे किसी के प्रति छोह या प्रेम न हो। २. निर्दय, निष्ठुर।

निज वि० [सं०] [भाव० निजता] १. अपना, स्वकीय। २. मुख्य, प्रधान। ३. ठीक, यथार्थ।

क्रि० वि० १. निश्चित रूप से। २. विशेष रूप से, मुख्यतः।

निजता स्त्री० [सं०] अपनापन।

निजत्व पुं० [सं०] अपनापन।

निजवर्ती वि० [सं०] (किसी व्यक्ति की दृष्टि से) आश्रय में या पास रहनेवाला; उदा०—पहिले निजवत्तिन देहु अबै। -केशव।

निजस्व पुं० [सं०] १. अपनापन, निजता। २. मौलिकता।

निजाअ पुं० [अ० निज़ाअ] १. झगड़ा, तकरार। २. शत्रुता, बैर।

निजाई वि० [अ०] जिसके संबंध में निजाअ या झगड़ा हो, विवादास्पद।

निजाम पुं० [अ० निज़ाम] १. व्यवस्था, बन्दोबस्त। २. पूर्ववर्ती हैदराबाद के शासकों की उपाधि।

निजी वि० [सं० निज] १. निज का, अपना। २. किसी एक व्यक्ति, वर्ग आदि से संबंध रखनेवाला, व्यक्तिगत। (पर्सनल) ३. जिसके स्वामित्व, अधिकार आदि से औरों का कोई संबंध न हो। (प्राइवेट)

निजीकरण पुं० [सं० निज+करण] १. सार्वजनिक उद्योगों को वैयक्तिक अधिकार में देने की क्रिया या भाव। २. अपना बना लेना या अपने ऊपर घटाना।

निजी सहायक पुं० [सं०] वह जो किसी आदमी, विशेषतः अधिकारी के साथ रहकर उसके कार्यों में सहायता देता हो। (पर्सनल असिस्टेन्ट)

निजु* क्रि० वि० [?] निश्चयपूर्वक, निश्चित रूप से, उदा० निजु ये अविकारी, सब सुखकारी। -केशव।

निजू* वि० [हिं० निज] निज का, अपना।

निजोर* वि० दे० 'निर्बल'।

निझरना अ० [हिं० उप० नि+झरना] १. अच्छी तरह झड़ना। २. सार भाग से रहित या वंचित होना। ३. अपने आपको निर्दोष सिद्ध करना।

निट्ठि* क्रि० वि० दे० 'नीठि'।

निठल्ला वि० [हिं० नि+ठाला] [भाव० निठल्लापन] जिसके पास कोई काम-धन्धा न हो, खाली, बेकार।

निठल्लू वि० दे० 'निठल्ला'।

निठाला पुं० दे० 'ठाला'।

निठुर वि० दे० 'निष्ठुर'।

निठुरई* स्त्री० दे० 'निष्ठुरता'।

निडर वि० [हिं० नि (उप०)+डर] [भाव० निडरपन] १. जिसे किसी का डर न हो, निर्भय। २. साहसी। ३. ढीठ।

निड़ै* क्रि० वि० दे० 'निकट'।

निडोल* वि० [हिं० नि (उप०)+डोलना] न डोलनेवाला, स्थिर।

निढाल वि० [हिं० नि+ढाल=गिरा हुआ] १. शिथिल, थका-माँदा। २. अशक्त।

निढिल* वि० [हिं० नि+ढीला] १. कसा या तना हुआ। २. कड़ा, कठोर।

नितंत* क्रि० वि० दे० 'नितांत'।

नितंब पुं० [सं०] १. चूतड़ (विशेषत: स्त्रियों का)। २. कन्धा।

नितंबिनी स्त्री० [सं०] सुन्दर नितम्बोंवाली स्त्री।

नित क्रि० वि० दे० 'नित्य'।

नितराम वि०=अविचलित।

नितल पुं० [सं०] सात पातालों में से एक।

नितांत वि० [बंगला] १. बहुत अधिक। २. बिल्कुल, एकदम। ३. परम, हद दरजे का।

निति* क्रि० वि० दे० 'नित्य'।

नित्य वि० [सं०] [भाव० नित्यता] सदा ज्यों-का-त्यों बना रहनेवाला, शाश्वत, अविनाशी।

क्रि० वि० १. प्रति दिन, हर रोज। २. सदा हमेशा।

नित्यकर्म पुं० [सं०] १. नित्य का काम। २. प्रति दिन आवश्यक रूप से किए जानेवाले कार्य, विशेषत: धर्मकार्य।

नित्यक्रिया स्त्री० दे० 'नित्यकर्म'।

नित्यनियम पुं० [सं०] प्रति दिन का बँधा हुआ नियम या कायदा।

नित्य-नूतन वि० [सं०] जो हर दिन कुछ नवीनता से युक्त दिखाई देता है।

नित्यप्रति क्रि० वि० [सं०] १. प्रति दिन, हर रोज। २. सदा, हमेशा।

नित्यप्राप्त वि० [सं०] [भाव० नित्यप्राप्ति] जो सदा प्राप्त है।

नित्थंब, नित्थंभ* पुं० दे० 'खंभा'।

निथरना अ० [हिं० नि+थिर+ना (प्रत्य०)] तरल पदार्थ इस प्रकार स्थिर करना कि उसमें घुली हुई चीज या मैल नीचे बैठ जाए।

निदई* वि० दे० 'निर्दय'।

निदरना* स० [हिं० निरादर] १. अनादर या अपमान करना। २. तिरस्कार करना। ३. मात करना, दबाना।

निदर्शन पुं० [सं०] १. दिखाने या प्रदर्शित करने का काम या भाव। २. वह वस्तु या बात जो आदर्श या प्रमाण के रूप में सामने रखी जाए, उदाहरण। ३. किसी को बतलाने या समझाने के लिए कोई बात विशद और स्पष्ट रूप से कहने की क्रिया या भाव। (इलस्ट्रेशन; उक्त सभी अर्थों के लिए)

निदर्शना स्त्री० [सं०] एक अर्थालंकार जिसमें एक बात या काम से कोई दूसरी बात या काम ठीक तरह से कर दिखलाने का वर्णन होता है।

निदलन* पुं० दे० 'निर्दलन'।

निदहना* स०=जलाना।

निदाघ पुं० [सं०] १. गरमी, ताप। २. धूप। ३. ग्रीष्म ऋतु, गरमी के दिन।

निदान पुं० [सं०] १. कारण, विशेषत: मूल या आदि कारण। २. चिकित्सक का यह निश्चय करना कि रोगी को कौन रोग है, रोग की पहचान। (डायगनोसिस) ३. उक्त विषय की विद्या या शास्त्र। (ईटियॉलोजी) ४. अन्त, अवसान। ५. परिणाम। ६. निश्चय।

क्रि० वि० १.अन्त में, आखिर। २. इसलिए।

निदानगृह पुं० [सं०] निदानशाला।

निदानशाला स्त्री० [सं०] रोगियों के परीक्षण का स्थान। (क्लीनिक)

निदाह* पुं० दे० 'निदाघ'।

निदिध्यासन पुं० [सं०] फिर-फिर स्मरण करना, बार-बार ध्यान में लाना।

निदेश पुं० [सं०] १. शासन। २. आज्ञा, आदेश। ३. ढंग विशेष से काम करने के लिए कही हुई बात। (इंस्ट्रक्शन)

निदेशक पुं० [सं०] १. किसी संघटन या संस्था का प्रबंधक। २. किसी नाटक, फिल्म आदि के पात्रों को अपनी-अपनी भूमिका के निर्वाह के सम्बन्ध में समय-समय पर निर्देश देनेवाला अधिकारी। (डाइरेक्टर)

निदेशक-मंडल पुं० किसी संघटन या संस्था को संचालित करनेवाले निदेशकों का निकाय या बोर्ड। (बोर्ड ऑफ डाइरेक्टर्स)

निदेशन पुं० [सं०] अपने अधीन काम करनेवालों से अपने निर्देशों के अनुसार काम कराना।

निदेशात्मक वि० [सं०] निदेश के रूप में होनेवाला।

निदेशित वि० [सं०] जिसका निदेश हुआ हो।

निदोष* वि० दे० 'निर्दोष'।

निद्धि* स्त्री० दे० 'निधि'।

निद्रा स्त्री० [सं०] प्राणियों की वह अवस्था जिसमें उनकी चेतन वृत्तियाँ बीच में कुछ समय के लिए निश्चेष्ट होकर रुकी रहती हैं और उन्हें शारीरिक तथा मानसिक विश्राम मिलता है, नींद।

निद्रालु वि० [सं०] जिसे नींद आ रही हो।

निद्रित वि० [सं०] सोया हुआ।

निधड़क क्रि० वि० दे० 'बेधड़क'।

निधन पुं० [सं०] १. विनाश। २. मृत्यु, मौत। (श्रेष्ठ या आदरणीय व्यक्तियों के लिए) (डिमाइज)

*वि० दे० 'निर्धन'।

निधान पुं० [सं०] १. आधार, आश्रय। २. निधि, कोश। ३. वह जिसमें किसी गुण की परिपूर्णता हो, जैसे दयानिधान। ४. समूह।

निधि स्त्री० [सं०] १. गड़ा हुआ खजाना। २. कुबेर के ये नौ रत्न—पद्म, महापद्म, शंख, मकर, कच्छप, मुकुन्द, कन्द, नील और बर्च्च। ३. नौ की संख्या का सूचक शब्द। ४. वह धन जो किसी विशेष कार्य के लिए अलग रखा या जमा कर दिया जाए। (एन्डाउमेन्ट) ५. संस्था आदि की या किसी विशेष कार्य के लिए रक्षित वह धनराशि जिसमें से उस संस्था या कार्य के लिए व्यय भी होता हो, जैसे स्थानिक या नागर निधि। (फंड) ६. वह स्थान जहाँ इस प्रकार धन रखा जाए। ७. समुद्र, सागर। ८. किसी वस्तु या विषय का बहुत बड़ा आधार, आगार, घर, जैसे गुणनिधि।

निधिपाल पुं० [सं०] वह जिसकी देख-रेख में कोई निधि, सम्पत्ति या कुछ वस्तुएँ रखी गई हों या रहती हों।

निनरा* वि० दे० 'न्यारा'।

निनाद पुं० [सं०] [वि० निनादित] १. शब्द, आवाज। २. जोर का शब्द।

निनादना* अ० [सं० निनाद] निनाद या शब्द करना।

निनान* क्रि० वि० दे० 'निदान'।

वि० बुरा, निकृष्ट।

निनारा वि० [स्त्री० निनारी] दे० 'न्यारा'।

निनावाँ पुं० [देश०] मुँह के भीतरी भाग में निकलनेवाले छोटे छाले।

निन्यारा* वि० दे० 'न्यारा'।

निपंक, निपंकग* वि० दे० 'पंगु'।

निपजना* अ० [सं० निष्पद्यते] १. उत्पन्न होना, उपजना। २. बनना। ३. पुष्ट या पक्का होना।

निपजी* स्त्री० [हिं० निपजना] १. लाभ, मुनाफा। २. उपज।

निपट निपा० [देश०] १. निरा, विशुद्ध, केवल। २. सरासर, एक-दम से, बिल्कुल।

निपटना अ० [सं० निवर्त्तन] [संज्ञा निपटारा] १. निवृत्त होना, छुट्टी पाना। २. समाप्त या पूरा होना। ३. निर्णीत या तै होना। ४. खत्म होना। ५. शौच, स्नान आदि क्रियाओं से निवृत्त होना।

निपटान पुं० [हिं० निपटना] १. निपटने की क्रिया या भाव। २. निवृत्ति, त्याग।

निपटाना स० [हिं० निपटना] १. पूरा करना, समाप्त करना। २. (देन, ऋण आदि) चुकाना। ३. (काम, झगड़ा आदि) समाप्त या तै करना। (डिस्पोज)

निपटारा पुं० [हिं० निपटना] १. निपटने की क्रिया या भाव। २. किसी बात के तै या निश्चित होने की क्रिया या भाव। (सेटिल्मेन्ट) ३. अन्त, समाप्ति। ४. फैसला, निर्णय।

निपत्र वि० [सं० निष्पत्र] (वृक्ष, पौधा आदि) पत्रहीन, ठूँठा।

निपाँख* वि० [हिं० नि+पक्ष] १. जिसे पंख या पर न हो। २. जिसके पक्ष में या सहायता के लिए कोई न हो, असहाय।

निपात[1] पुं० [सं०] १. पतन, गिरना। २. विनाश। ३. मृत्यु। ४. क्षय, नाश। ५. वह उपपद जो वाक्य के अर्थ को प्रभावित करता हो।

निपात[2] वि० [हिं० नि+पत्ता] बिना पत्तों का (वृक्ष या पौधा)।

निपातन* पुं० [सं०] [वि० निपातित] १. गिराने की क्रिया या भाव। २. नाश। ३. वध करना, मार डालना।

निपातना* स० [सं० निपातन] १. काटकर या यों ही नीचे गिराना। २. नष्ट करना। ३. मार डालना।

निपाती (-तिन्)[1] वि० [सं० निपातिन्] १. गिरानेवाला। २. मार डालनेवाला।

निपाती[2]* वि० [हिं० नि+पाती] बिना पत्तों का (वृक्ष या पौधा)।

निपीड़ना* स० [सं० निष्पीड़न] १. दबाना। २. कष्ट पहुँचाना।

निपुण वि० [सं०] [भाव० निपुणता] (कला या विद्या में) दक्ष, कुशल, प्रवीण।

निपुणता स्त्री० [सं०] किसी विषय में निपुण या कुशल होने का भाव, दक्षता।

निपुणाई* स्त्री०=निपुणता।

निपुन* वि० दे० 'निपुण'।

निपुनाई* स्त्री०=निपुणता।

निपुरुष* वि०=पुरुषत्त्वहीन, नामर्द।

निपूत, निपूता* वि० [हिं० नि+पूत=पुत्र] [स्त्री० निपूती] जिसे पुत्र न हो, पुत्रहीन, निस्सन्तान। (गाली)

निपेटा* वि० [सं० निपेटी]=भुक्खड़।

निपोरना स० [?] दिखाना।

निफन* वि० [सं० निष्पन्न] पूर्ण, पूरा।

क्रि० वि० पूरी तरह से।

निफरना[1]* अ० [हिं० नि+फाड़ना] चुभ या धँसकर आर-पार होना।

निफरना[2] अ० [सं० नि+स्फुट] १. खुलना। २. स्पष्ट होना।

निफल* वि० दे० 'निष्फल'।

निबंध पुं० [सं०] १. अच्छी तरह बाँधने की क्रिया या भाव। २. बन्धन। ३. किसी विषय का वह सविस्तर विवेचन जिसमें उससे संबंध रखनेवाले अनेक मतों, विचारों, मन्तव्यों आदि का तुलनात्मक और पांडित्यपूर्ण विवेचन हो। (एसे)

४. उक्त प्रकार का वह छोटा लेख जो विद्यार्थी अपनी लेखनशक्ति और विवेचन-बुद्धि बढ़ाने के लिए अभ्यास के रूप में लिखते हैं।

निबंधक पुं० [सं०] १. निबन्धन करनेवाला। २. वह अधिकारी जो लेख आदि की प्रामाणिकता सिद्ध करने के लिए उन्हें राजकीय पंजी में प्रतिलिपि के रूप में निबन्धित करता या लिखता है। (रजिस्ट्रार, न्याय और शासन विभाग का) ३. इसी से मिलता-जुलता वह अधिकारी जो किसी विभाग या संस्था के सब प्रकार के लेख रखता और निबन्धित करता है, जैसे विश्वविद्यालय या सहकारी समितियों का निबन्धक, महाधिकरण या हाई कोर्ट का निबन्धक। (रजिस्ट्रार)

निबंधन पुं० [सं०] [वि० निबंधित, निबद्ध] १. बाँधना। २. बन्धन। ३. बँधा हुआ ढंग या नियम, बन्धेज। ४. हेतु, कारण। ५. लेखों आदि का प्रामाणिक होने के लिए किसी राजकीय पंजी में लिखा या चढ़ाया जाना, रजिस्टरी होना। (रजिस्ट्रेशन)

निबंधित वि० दे० 'निबद्ध'।

निब स्त्री० [अं०] धातु का नोकदार वह उपकरण जो कलम के सिर पर रहता है और जिससे लिखा जाता है।

निबकौरी स्त्री० दे० 'निबौरी'।

निबछरा वि० [?] १. एकान्त (स्थान)। २. खाली, फुरसत का (समय)।

निबट निपा० दे० 'निपट'।

निबटना, निबड़ना अ० दे० 'निपटना'।

निबद्ध वि० [सं०] १. बँधा हुआ। २. रुका हुआ। ३. गुथा हुआ। ४. बैठा या जड़ा हुआ। ५. नियम, विधान आदि के अनुसार जिसका निबन्धन हुआ हो, रजिस्ट्री किया हुआ। (रजिस्टर्ड)

निबर वि० दे० 'निर्बल'।

निबरना* अ० [सं० निवृत्त] १. अलग होना, छूटना। २. मुक्त होना, उद्धार पाना। ३. एक में मिली-जुली वस्तुओं का अलग होना। ४. अड़चन दूर होना। ५. दूर होना। ६. समाप्त या पूरा होना। ७. दे० 'निपटना'।

निबल* वि० [सं० निर्बल] [भाव० निबलाई] दुर्बल, अशक्त, कमजोर।

निबहना अ० दे० 'निभाना'।

निबहुर वि० [हिं० नि+बहुरना] (स्थान) जहाँ से कोई लौट कर न आता हो या न आ सके।

निबहुरना अ० [हिं० निबहुर] कहीं जाकर वहाँ से न लौटना।

निबहुरा वि० [हिं० निबहुर] जाकर न लौटनेवाला। (गाली)

निबाह पुं० [सं० निर्वाह] १. निभने या निभाने की क्रिया या भाव, गुजारा। २. प्रथा, परम्परा आदि के अनुसार व्यवहार करके उसकी रक्षा या पालन करना। ३. आज्ञा, कार्य आदि पूरा करना, पालन।

निबाहक* वि० [हिं० निबाह+क(प्रत्य०)] निबाह या निर्वाह करनेवाला, निभानेवाला।

निबाहना स० [सं० निर्वाहण] १. निर्वाह या निबाह करना, निभाना। २. निस्तार करना, छुड़ाना।

निबुकना* अ० [सं० निर्मुक्त] काम से छुट्टी पाना, काम पूरा करके निश्चित होना।

निबेड़ना स० [सं० निवृत्त] १. बन्धन से छुड़ाना। २. चुनना, छाँटना। ३. हटाना। ४. दे० 'निपटाना'।

निबेड़ा पुं० [सं० निबेड़ना] १. निबेड़ने, निपटाने या सुलझाने की क्रिया या भाव, निपटारा। २. छुटकारा, मुक्ति। ३. बचाव, रक्षा। ४. निर्णय, फैसला।

निबेरना* स० दे० 'निबेड़ना'।

निबेहना* स० दे० 'निबेड़ना'।

निबौरी, निबौली स्त्री० [सं० निम्बवटी] नीम का फल।

निभ[१] पुं० [सं०] १. प्रकाश। २. चमक, दीप्ति। ३. चन्द्रमा की चाँदनी। ४. कपट।

निभ[२] स्त्री० [अं०] कलम या पेन की धातु की जीभी।

निभना अ० [सं० निबहना] १. संबंध, व्यवहार आदि का ठीक तरह से चलता रहना, गुजारा होना। २. छुट्टी या छुटकारा पाना। ३. जारी या चलता रहना। ४. पूरा होना, भुगतना। ५. पालन या चरितार्थ होना।

निभरम* वि० [सं० निर्भ्रम] जिसे या जिसमें कोई भ्रम न हो, शंकारहित।

क्रि० वि० बेखटके, बेधड़क।

निभरोसी* वि० [हिं० नि=नहीं+भरोसा] जिसे किसी का भरोसा न हो या न रह गया हो, निराश्रय।

निभाउ* वि० [हिं० नि+भाव] १. भावरहित। २. अच्छे भावों या गुणों से रहित, सद्‍भाव से हीन।

पुं० दे० 'निबाह'।

निभागा वि० दे० 'अभागा'।

निभाना स० [हिं० 'निभना' का स०] १. संबंध, व्यवहार आदि ठीक तरह से चलाए चलना। २. चरितार्थ करना। ३. बराबर पूरा करते जाना, चलाना।

निभृत वि० [सं०] १. रखा हुआ। २. निश्चल। ३. अटल। ४. छिपा हुआ, गुप्त। ५. निश्चित, स्थिर। ६. शान्त, धीर। ७. निर्जन, एकान्त। ८. भरा हुआ।

निभ्रांत* वि० दे० 'निर्भ्रांत'।

निमंत्रण पुं० [सं०] [वि० निमंत्रित] १. किसी कार्य के लिए या किसी अवसर पर आने के लिए किसी से आदरपूर्वक कहना, बुलावा, आह्वान, न्योता। २. भोजन के लिए दिया जानेवाला न्योता, बुलावा।

निमंत्रण-कर्ता पुं० [सं०] निमंत्रण करनेवाला व्यक्ति।

निमंत्रण-पत्र पुं० [सं०] वह पत्र जिसमें यह लिखा हो कि आप अमुक अवसर या समय पर हमारे यहाँ आने की कृपा करें।

निमंत्रना स० [सं० निमंत्रण] न्योता देना।

निमंत्रित वि० [सं०] जिसे निमन्त्रित किया गया हो, बुलाया हुआ, आहूत। पुं० निमन्त्रित व्यक्ति।

निमकौड़ी स्त्री० दे० 'निबौरी'।

निमगारना अ० [?] उत्पन्न करना।

निमग्न वि० [सं०] [स्त्री० निमग्ना] [भाव० निमग्नता] १. डूबा हुआ, मग्न। २. अत्यधिक मग्न, तन्मय, लीन।

निमज्जन पुं० [सं०] [वि० निमज्जित] १. गोता लगाकर किया जानेवाला स्नान। २. किसी वस्तु को किसी तरल पदार्थ में डुबाने की क्रिया या भाव। (इम्मर्शन)

निमज्जना* अ० [सं० निमज्जन] १. गोता लगाना। २. लीन होना।

निमटना| अ० दे० 'निपटना'।

निमता* वि० [हिं० नि+माता=मत्त] १. जो उन्मत्त न हो, गम्भीर। २. धीर, शान्त।

निमत्था वि० [सं० नि+हिं० मत्था] शीर्ष रेखा से रहित।

निर्मम वि० [सं० नि+मर्म] [भाव० निर्ममता] १. जिसमें ममता या दया न हो, ममतारहित। २. नृशंस।

निमाज* वि० दे० 'नवाज'। स्त्री० दे० 'नमाज'।

निमान* पुं० [सं० निम्न] १. नीचा स्थान। २. जलाशय।

निमाना वि० [सं० निम्न] [स्त्री० निमानी] १. नीचे की ओर गया हुआ, ढालुआँ। २. नम्र, विनीत। ३. दब्बू।

निमानिया* वि० [हिं० निमानी] जो नियम, मर्यादा, विनय आदि न मानता हो, मनमानी करनेवाला।

निमानी* स्त्री० [हिं० न मानना] नियम, मर्यादा आदि न मानने की अवस्था या भाव, मनमानी, स्वेच्छाचार।

निमि| स्त्री०=नीम (वृक्ष)।

निमिख* पुं० दे० 'निमेष'।

निमित्त पुं० [सं०] १. वह बात या कार्य जिससे कोई दूसरी बात या कार्य हो, हेतु। २. कारण का एक प्रकार जिसमें कोई वस्तु किसी कार्य के संपादन में सहायक होती है। (जैसे घड़ा बनाने में 'चाक' निमित्त कारण है, मिट्टी उपादान कारक है और कुम्हार कर्तृकारक है। निमित्त कारण कर्तृकारक का वशवर्ती होता है।) ३. वह जो नाम मात्र के लिए सामने आया हो, वास्तविक कर्ता न हो। ४. उद्देश्य।

निमित्त, के संबंधबोध० के लिए, के वास्ते।

निमित्तक वि० [सं०] किसी हेतु से अथवा किसी के लिए होनेवाला।

निमित्त कारण पुं० [सं०] वह जिसकी सहायता या कर्तृत्व से कोई काम हो या कोई वस्तु बने। (न्याय)

निमिराज* पुं० [सं०] राजा जनक।

निमिष* पुं० दे० 'निमेष'।

निमीलन पुं० [सं०] [वि० निमीलित] १. बन्द करना, मूँदना। २. सिकोड़ना।

निमीलना* स० [सं० निमीलन] १. बन्द करना, मूँदना। २. सिकोड़ना।

निमुँहा वि० [हिं० नि+मुँह] १. बिना मुँह का। २. जो बहुत बोलना न जानता हो।

निमुच्छिया* वि० [हिं० नि+मूँछ] १. बिना मूँछवाला। २. कायर, बलहीन। ३. निस्तेज।

निमूँद* वि० [सं० निर्मुद्र] मुँदा हुआ।

निमेख* पुं० दे० 'निमेष'।

निमेखना* स० [हिं० निमेख] पलक गिराना या झपकाना।

निमेट* वि० [हिं० नि+मिटना] न मिटनेवाला, अमिट।

निमेष पुं० [सं०] १. पलक गिरना या झपकना। २. पलक गिरने भर का समय, पल, क्षण।

निम्न वि० [सं०] [भाव० निम्नता] १. सामान्य स्तर या स्थिति के विचार के नीचेवाला, नीचा। २. जो ऊंचा न हो।

निम्नगा स्त्री० [सं०] नदी, दरिया।

निम्नतम वि० [सं०] सबसे नीचा।

निम्नतर वि० [सं०] किसी की अपेक्षा नीचा या घटिया, अपेक्षाकृत नीचा या घटिया।

निम्नलिखित वि० [सं०] नीचे लिखा हुआ। (अन्डरमेन्शन्ड, फॉलोइंग)

निम्नवर्ग पुं० [सं०] समाज का वह नीचेवाला वर्ग या श्रेणी जो बहुत गरीब हो और प्रायः मेहनत-मजदूरी या छोटी नौकरी-चाकरी से निर्वाह करती है। (लोअर क्लास)

निम्नस्तरीय वि० [सं०] १. निम्न स्तर का। २. घटिया।

निम्नोक्त वि० [सं०] नीचे कहा हुआ।

नियंता पुं० [सं० नियंतृ] [स्त्री० नियंत्री] १. नियम बनानेवाला। २. नियन्त्रण या व्यवस्था करनेवाला। ३. कार्य चलानेवाला। ४. नियम के अनुसार चलानेवाला। ५. शासक।

नियंत्रक पुं० दे० 'नियंता'।

नियंत्रण पुं० [सं०] १. नियम या किसी प्रकार के बन्धन में बाँधना, व्यवस्थित करना। २. अपने अधिकार में लेकर या अपनी देख-रेख में रखकर कार्य, व्यापार आदि चलाना।

नियंत्रण-कर्ता पुं० [सं०] १. वह जो नियंत्रण करता हो। २. ईश्वर।

नियंत्रण-रेखा स्त्री० विवादित राज्यों में किसी प्रदेश के बीच मानी गई वह अस्थायी सीमा रेखा जहाँ तक उनका नियंत्रण हो। (लाइन ऑफ कंट्रोल)

नियंत्रणाधीन वि० [सं० नियंत्रण+अधीन] जो किसी के अधीन हो तथा उसके आदेशों के अनुसार करता हो।

नियंत्रित वि० [सं०] १. जिसपर नियन्त्रण हो, नियम से बँधा हुआ। २. कायदे में रखा, लाया या बाँधा हुआ।

नियत वि० [सं०] १. नियम, प्रथा, बन्धेज आदि के द्वारा निश्चित किया हुआ। (फिक्स्ड) २. समझौते आदि के द्वारा ठीक किया या ठहराया हुआ, निश्चित, मुकर्रर। ३. आज्ञा, विधान आदि के द्वारा स्थिर किया हुआ। (प्रेस्क्राइब्ड) ४. पद, कार्य

आदि पर नियुक्त किया हुआ, नियोजित, नियुक्त, तैनात। (पोस्टेड)

*स्त्री०=नियति।

स्त्री०=दे० 'नीयत'।

नियत तिथि स्त्री० [सं०] वह तिथि या दिन जो कोई काम पूरा करने या कोई देन चुकाने के लिए नियत हो।

नियति स्त्री० [सं०] १. नियत होने की क्रिया या भाव, बन्धेज। २. ईश्वरीय या अदृश्य शक्ति के द्वारा पहले से नियत वह बात जो अवश्य होकर रहे, होनी। ३. भाग्य, अदृष्ट।

नियतिवाद पुं० [सं०] [वि० नियतिवादी] यह सिद्धान्त कि जो कुछ होता है, वह सब पहले से ईश्वर द्वारा नियत रहता है और किसी प्रकार टल नहीं सकता। (डिटरमिनिज़्म)

नियम पुं० [सं०] [वि० नियमित] १. व्यवहार या आचरण के विषय में नीति, विधि, धर्म आदि के द्वारा निश्चित सिद्धान्त, ढंग या प्रतिबन्ध, कायदा। (रूल) २. वे निश्चित बातें जिनके अनुसार कोई संस्था चलाई या काम किया जाता है। ४. किसी बात का बहुत दिनों से बँधा या चला आया हुआ क्रम, परम्परा, दस्तूर। ५. योग के आठ अंगों में से एक जिसका संबंध अन्तर्जगत से है तथा जिसमें पवित्रता और सन्तोषपूर्वक रहकर तपस्या, स्वाध्याय और ईश्वर का चिन्तन किया जाता है। ६. एक अर्थालंकार जिसमें किसी बात के किसी एक या विशेष स्थान में ही होने का वर्णन होता है।

नियमतः क्रि० वि० [सं०] नियम के अनुसार।

नियमन पुं० [सं०] [वि० नियमित] किसी विषय या कार्य को नियमों में बाँधने या नियमित करने की क्रिया या भाव, नियमबद्ध करना। (रेगुलेटिंग)

नियमबद्ध वि० [सं०] [भाव० नियमबद्धता] १. नियमों से बँधा हुआ। २. नियमों के अनुरूप होनेवाला।

नियम-विजड़ित वि० [सं०] नियमों से जकड़ा हुआ।

नियमानुसार क्रि० वि० [सं०] नियम, परिपाटी, विधि आदि के अनुसार।

नियमानुसार, के सम्बन्धबोध० के नियम के अनुसार।

नियमावली स्त्री० [सं०] १. किसी सभा, संस्था आदि के संचालन से सम्बन्ध रखनेवाले सब नियम या उनका संग्रह। २. किसी कार्यक्षेत्र या विभाग के कार्य-संचालन और कार्य-कर्ताओं का पथ-प्रदर्शन करनेवाले नियमों आदि की पुस्तिका। (मैनुअल)

नियमित वि० [सं०] [भाव० नियमितता] १. नियमों से बँधा हुआ, नियमबद्ध। २. नियम, कायदे या कानून के अनुसार बना हुआ और उन्हीं के अनुसार कार्यरूप में परिणत होनेवाला। (गवर्न्ड बाई) ३. बराबर या ठीक समय पर होता रहनेवाला। (रेगुलर)

नियर| क्रि० वि० [सं० निकट, प्रा० णिअड] दे० 'निकट'।

नियराना| अ० [हिं० नियर+आना (प्रत्य०)] निकट या पास आना अथवा पहुँचना।

स० निकट या पास पहुँचाना।

नियाई* वि० दे० 'न्यायी'।

नियाज स्त्री० [फा० नियाज़] १. इच्छा। २. दीनता। ३. बड़ों का प्रसाद। ४. मृतक के उद्देश्य से दरिद्रों को दिया जानेवाला भोजन। (मुसल०) ५. बड़ों से होनेवाली भेंट।

नियान* पुं०, दे० 'निदान'।

नियामक वि०, पुं० [सं०] [स्त्री० नियामिका] १. नियम बनाने या नियमों से बाँधकर रखनेवाला। २. व्यवस्था या विधान करनेवाला। ३. नियमन करनेवाला।

नियामत स्त्री० दे० 'न्यामत'।

नियार पुं० [हिं० न्यारा] जौहरियों या सुनारों की दुकान का वह कूड़ा-कर्कट जिसमें से न्यारिए सोने या रत्न के टुकड़े आदि ढूँढ़कर निकालते हैं।

नियारा* वि० दे० 'न्यारा'।

नियारिया| पुं० दे० 'न्यारिया'।

नियुक्त वि० [सं०] १. जिसको किसी कार्य, स्थान या पद पर रखा गया हो, किसी काम पर लगाया हुआ, तैनात, मुकर्रर। (एपॉइन्टेड) २. नियत या स्थिर किया हुआ।

नियुक्ति स्त्री० [सं०] नियुक्त होने की क्रिया या भाव, मुकर्ररी।

नियोक्ता पुं० [सं० नियोक्तृ] १. नियोग करनेवाला। २. लोगों को अपने यहाँ काम पर नियुक्त करनेवाला। (एम्प्लॉयर)

नियोग पुं० [सं०] १. नियोजित करना या किसी काम में लगाना, तैनाती, मुकर्ररी। २. प्राचीन आर्यों की एक प्रथा जिसके अनुसार कोई स्त्री पति के न रहने पर या अपने पति से सन्तान न होने पर देवर या पति के किसी गोत्रज से सन्तान उत्पन्न करा लेती थी। ३. दे० 'आयोग'।

नियोगस्थ वि० [सं०] जिसका नियोजन हुआ हो।

नियोगी (-गिन्) पुं० [सं०] वह जिसका नियोग हुआ हो।

नियोजक पुं० [सं०] काम में लगाने या नियुक्त करनेवाला, मुकर्रर करनेवाला, नियोजनकर्ता। (एम्प्लायर)

नियोजन पुं० [सं०] [वि० नियोजित] किसी काम में लगाने या नियुक्त करने की क्रिया या भाव, नियुक्ति, तैनाती।

निरंकार* पुं० दे० 'निराकार'।

निरंकुश वि० [सं०] [भाव० निरंकुशता] १. जिसके लिए कोई अंकुश या रुकावट न हो; अथवा जो कोई अंकुश या रुकावट न माने। २. मनमाना आचरण करनेवाला।

निरंकुशता स्त्री० [सं०] १. निरंकुश होने की अवस्था या भाव। २. मनमाना आचरण।

निरंग[1]* वि० [सं० निर्+अंग] १. जिसके अंग न हों, अनंग। २. जिसका कोई एक अंग न हो।

निरंग[2] वि० [हिं० नि+रंग] जिसका कोई रंग न हो, वर्णहीन।

निरंजन वि० [सं०] १. बिना अंजन या काजल का, जैसे निरंजन नेत्र। २. दोषरहित। ३. माया से अलग (ईश्वर)। ४. अविनाशी।

पुं० परमात्मा।

निरंजनी[1] वि० [सं० निरंजन] १. निरंजन-संबंधी, निरंजन का। २. ईश्वर के निरंजन रूप का उपासक, जैसे निरंजनी साधु।

निरंजनी[2] स्त्री० [सं०नीरांजनी] वह आधार या पात्र जिसमें आरती के लिए दीपक जलाया जाता है, आरती।

निरंतर वि० [सं०] [भाव० निरंतरता] १. जिसके बीच में अन्तर न पड़े, अविच्छिन्न। २. लगातर या बराबर होनेवाला। ३. सदा बना रहनेवाला, नित्य, स्थायी।

क्रि० वि० १. सदा, हमेशा। २. बिना रुके।

निरंतरता स्त्री० [सं०] निरंतर चलनेवाला क्रम।

निर-अंतर* वि०, क्रि० वि० दे० 'निरंतर'।

निरकार* वि० दे० 'निराकार'।

निरकेवल वि० [सं० निर्+केवल] १. बिना मेल का, विशुद्ध। २. स्वच्छ।

निरक्ष देश पुं० [सं०] भूमध्य रेखा के पास के वे देश जिनमें रात और दिन दोनों प्राय: बराबर परिमाण के होते हैं।

निरक्षन* पुं० दे० 'निरीक्षण'।

निरक्षर वि० [सं०] जिसने कुछ भी पढ़ा न हो, अनपढ़।

निरक्षरता स्त्री० [सं०] १. निरक्षर होने की अवस्था या भाव। २. ऐसी स्थिति जब देश में निरक्षर लोगों की बहुतायत हो।

निरखना स० दे० 'देखना'।

निरग* पुं० दे० 'नृग'।

निरगुन* वि० दे० 'निर्गुण'।

निरघात* पुं० दे० 'निर्घात'।

निरच्छ* वि० [सं० निरक्षि] अन्धा।

निरजोस* पुं० [सं० निर्यास] १. निचोड़, सार। २. निर्णय।

निरत वि० [सं०] किसी काम में लगा हुआ, लीन, रत।

पुं० दे० 'नृत्य'।

निरतना* स०=नाचना।

निरति स्त्री० [सं०] वह अवस्था जिसमें ब्रह्म के प्रति पूर्ण रति या भक्ति हो।

निरतिशय वि० [सं०] १. हद दरजे का, परम; जैसे—निरतिशय सुख। २. सबसे बढ़कर होनेवाला।

निरदई* वि० दे० 'निर्दय'।

निरदहना* स० [सं० निर्दग्ध] पूरी तरह जलाना।

अ० पूरी तरह जलना।

निरदोषी* वि० दे० 'निर्दोष'।

निरधातु* वि० [हिं० निर=नहीं+धातु] जिसमें कुछ भी तत्त्व न हो, निस्सार।

निरधार* पुं० [सं० निर्धारण] निर्धारण या निश्चय करना, निश्चय।

क्रि० वि० निश्चित रूप से।

निरधारना* स० [सं० निर्धारण] १. निर्धारण या निश्चय करना। २. मन में समझना।

निरनउ* पुं०=निर्णय।

निरनुनासिक वि० [सं०] [भाव० निरनुनासिकता] (वर्ण) जो अनुनासिक न हो, जिसमें अनुस्वार न हो।

निरन्न[1]* पुं०=निर्णय।

निरन्न[2] वि० [सं०] १. अन्नरहित। २. जिसने कुछ खाया न हो, निराहार।

निरपख* वि०=निष्पक्ष।

निरपना* वि० [सं० निर+हिं० अपना] १. जो अपना न हो। २. पराया, गैर।

निरपराध वि० [सं०] जिसका कोई अपराध न हो, निर्दोष।

क्रि० वि० बिना कोई अपराध किए।

निरपवाद वि० [सं०] १. जिसमें कोई अपवाद न हो, अपवाद-रहित। २. जिसमें कोई दोष न हो, निर्दोष। निरपवाद रूप से (क्रि० वि०) बिना अपवाद के।

निरपेक्ष वि० [सं०] [भाव० निरपेक्षा, निरपेक्षता] १. जिसे किसी बात की अपेक्षा या कामना न हो, बेपरवाह। २. जो किसी पर आश्रित न हो। ३. जो दोनों में से किसी पक्ष में न हो, अलग, तटस्थ।

निरपेक्षता स्त्री० [सं०] निरपेक्ष होने की अवस्था या भाव।

निरपेक्षा स्त्री० दे० 'निरपेक्षता'।

निरफल* वि०=निष्फल।

निरबंसी* वि० दे० 'निर्वंश'।

निरबल* वि० दे० 'निर्बल'।

निरबहना* अ० दे० 'निभना'।

निरबान* पुं०=निर्वाण।

निरबेद* पुं० दे० 'निर्वेद'।

निरबेरा* पुं० दे० 'निपटारा'।

निरभर* वि० [हिं० निर=नहीं+भरना] जो भरा न हो, अपूर्ण।

निरभिमान वि० [सं०] जिसे अभिमान न हो, अहंकाररहित।

निरभिलाष वि० [सं०] जिसे किसी बात की अभिलाषा न हो।

निरभ्र वि० [सं०] बिना बादल का।

निरमत्सर* वि०=निर्मत्सर।

निरमना* स० [सं० निर्माण] निर्माण करना, रचना, बनाना, उदा० रामायण जिन्ह निरमयउ। —तुलसी।

निरमर, निरमल* वि० दे० 'निर्मल'।

निरमाना* स० दे० 'बनाना'।

निरमारा* वि०=निर्मल।

निरमालय* पुं० दे० 'निर्माल्य'।

निरमूलना* स० [सं० निर्मूलन] १. निर्मूल करना। २. नष्ट करना।

निरमोल, निरमोलक* वि० दे० 'अनमोल'।

निरमोही* वि० दे० 'निर्मोही'।

निरय पुं० [सं०] नरक।

निरयण पुं० [सं०] ज्योतिष में गणना की वह रीति जो अयनरहित होती है।

निरर्थ* वि० दे० 'निरर्थक'।

निरर्थक वि० [सं०] १. जिसका कोई अर्थ न हो, अर्थशून्य। २. जिससे कुछ लाभ न हुआ हो, बिना मतलब का, व्यर्थ। ३. निष्फल।

निरवच्छिन्न वि० [सं०] जिसका क्रम न टूटा हो, सिलसिलेवार।

निरवद्य वि० [सं०] निन्दा या दोष से रहित।

निरवधि वि० [सं० निर्+अवधि] १. जिसकी कोई अवधि न हो। २. असीम, अनन्त।
क्रि० वि० लगातार, निरन्तर।

निरवलंब वि० [सं०] १. अवलम्बहीन, आधाररहित, बिना सहारे का। २. जिसका कोई सहायक न हो, जिसे कहीं कोई सहारा न मिलता हो। (हेल्पलेस)

निरवाना* स० [सं० निवारण] १. रोकनेवाली चीज आगे से हटाना। २. मुक्त करना, छुड़ाना। ३. छोड़ना, त्यागना। ४. गाँठ आदि खोलना या सुलझाना। ५. निर्णय करना।

निरवाह* पुं० दे० 'निर्वाह'।

निरवाहना* अ० [सं० निर्वाह] निर्वाह करना, निभाना।

निरशन पुं० [सं०] भोजन न करना, लंघन, उपवास।

निरसंक* वि० दे० 'नि:शंक'।

निरस वि० दे० 'नीरस'।

निरसन पुं० [सं०] [वि० निरस्त] १. दूर करना, हटना। २. पहले का निश्चय या आज्ञा आदि रद करना। (कैन्सिलेशन) ३. निराकरण। ४. परिहार। ५. नाश। ६. वध। ७. निकालना, बाहर करना।

निरस्त वि० [सं०] १. जिसका निरसन हुआ या किया गया हो। २. जो रद या व्यर्थ कर दिया गया हो, जैसे-कोई आज्ञा या निर्णय निरस्त करना। (कैन्सिल्ड)

निरस्त्र वि० [सं०] जिसके पास अस्त्र या हथियार न हो, अस्त्रहीन।

निरस्त्रीकरण पुं० [सं०] [वि० निरस्त्रीकृत]अस्त्र-शस्त्रों से युक्त देश, राज्य या सेना के अस्त्र-शस्त्र छीनकर उसे निरस्त्र करने की क्रिया या भाव। (डिस्-आर्मामेन्ट)

निरहेतु* वि० दे० 'निर्हेतु'।

निरा वि० [सं० निरालय] [स्त्री० निरी] १. बिना मेल का, विशुद्ध, खालिस। २. केवल, सिर्फ। ३. निपट, एकदम, बिल्कुल।

निराई स्त्री० [हिं० निराना] निराने की क्रिया, भाव या मजदूरी।

निराकरण पुं० [सं०] [वि० निराकरणीय, निराकृत] १. अलग-अलग करना, छाँटना। २. सोच-समझकर ठीक निर्णय करना या परिणाम निकालना। ३. मिटाना, रद करना। ४. शमन, निवारण, परिहार। ५. किसी की युक्ति का खंडन।

निराकरणीय वि० [सं०] जिसका निराकरण किया जा सके।

निराकांक्षा स्त्री० [सं०] [वि० निराकांक्षी] आकांक्षा या कामना का अभाव।

निराकार वि० [सं०] जिसका कोई आकार न हो, आकारहीन। पुं० १. ईश्वर। २. आकाश।

निराकारक वि० [सं०] निराकरण करनेवाला।

निराखर* वि० [सं० निरक्षर] १. मौन। २. अशिक्षित, अनपढ़।

निराचार* वि० [सं० नि:+आचार] आचारहीन।

निराट वि० [हिं० निरा] १. जिसमें और किसी चीज का मेल न हो, विशुद्ध। २. जिसके साथ कोई न हो, अकेला। ३. निराला (स्थान), सुनसान।
क्रि० वि० दे० 'निरा'।

निराटा वि० [हिं० निराला] [स्त्री० निराटी] निराला, अनोखा।

निरादर वि० [सं०] 'आदर' का अभाव या उलटा, अपमान, बेइज्जती।

निराधार वि० [सं०] १. जिसका कोई आधार या जड़ न हो, निर्मूल। (बेसलेस) जैसे- आपका यह आरोप निराधार है। २. जो प्रमाणों से सिद्ध न हो सके, अयुक्त। ३. जिसकी जीविका या निर्वाह का सहारा न हो। ४. जिसकी सहायता करनेवाला कोई न हो।

निरानंद वि० [सं०] आनन्दरहित, जिसमें आनन्द न हो। पुं० आनन्द का अभाव, दुख।

निराना स० [सं० निराकरण] [भाव० निराई] पौधों के आस-पास की घास निकालना, जिसमें पौधों की बाढ़ ठीक तरह से हो, नींदना, निकाना।

निरापद वि० [सं०] १. जिसमें कोई संकट या आपत्ति न हो, सुरक्षित। २. जिसमें हानि या अनर्थ का डर न हो।

निरापन* वि० दे० 'पराया'

निरामय वि० [सं०] नीरोग, स्वस्थ।

निरामिष वि० [सं०] १. (भोजन) जिसमें मांस न मिला हो। २. मांस न खानेवाला। (प्राणी)

निरारा* वि० [स्त्री० निरारी]=निराला।

निरालंब वि० [सं०] १. जिसको आलम्बन या सहारा देनेवाला कोई न हो, निराश्रय। २. जिसका कोई आधार न हो, निराधार।

निराल वि० [हिं० निराला] १. बिना किसी प्रकार के मेल या मिलावट का। २. निरा, खालिस।

निराला पुं० [सं० निरालय] ऐसा स्थान जहाँ कोई मनुष्य न हो, एकान्त स्थान।
वि० १. [स्त्री० निराली] जहाँ कोई आदमी या बस्ती न हो, एकान्त, निर्जन। २. सबसे अलग तरह का, अद्भुत, विलक्षण। ३. अनूठा, अपूर्व, बहुत बढ़िया।

निरावरण वि० [सं०] आवरण से रहित, खुला या नंगा।

निरावृत वि० [सं०] बिना ढका हुआ।

निराश वि० [सं०] जिसे आशा न रह गई हो, नाउम्मीद।

निराशा स्त्री० [सं०] १. आशा का पूरा न होना। २. आशा पूरी न होने से होनेवाला दुख।

निराशावाद पुं० [सं०] [वि० निराशावादी] संसार और उसके व्यापारों को दु:खमय मानकर सदा सब बातों के सम्बन्ध में

निराश और फलतः हतोत्साह रहने का सिद्धान्त या वृत्ति, सदा यही मानना या सोचना कि अन्त में कार्य या परिश्रम का शुभ परिणाम नहीं होगा या हम सुखी नहीं हो सकते।

निराशावादी (-वादिन्) पुं० [सं०] वह जो सब बातों के संबंध में निराश और हतोत्साह रहता हो। (पेसिमिस्ट)

वि० १. निराशा का सूचक। २. निराशावाद-संबंधी।

निराशी* वि० दे० 'निराश'।

निराश्रय वि० [सं०] १. जिसे कहीं आश्रय न मिलता हो, अशरण। २. असहाय।

निराश्रित वि०=निराश्रय।

निरास* वि०=निराश।

निरासल* वि० [हिं०]=निराश।

निरासी* वि० [हिं० निराश] १. दे० 'निराश'। २. जिसमें चहल-पहल या रौनक न हो, उदास।

निराहार वि० [सं०] १. जिसने भोजन न किया हो। २. (व्रत आदि) जिसमें भोजन न किया जाता हो।

निरिंद्रिय वि० [सं०] जिसे या जिसमें कोई इन्द्रिय न हो, इन्द्रिय-रहित। (इन्- ऑर्गनिक)

निरिच्छन* पुं० दे० 'निरीक्षण'।

निरीक्षक पुं० [सं०] १. देखनेवाला। २. निरीक्षण या देख-रेख करनेवाला अधिकारी। (इन्स्पेक्टर)

निरीक्षण पुं० [सं०] [वि० निरीक्षित, निरीक्ष्य] १. देखना, दर्शन। २. यह देखना कि सब बातें ठीक हैं या नहीं, देख-रेख। (इन्स्पेक्शन) ३. देखने की मुद्रा या ढंग, चितवन।

निरीश्वर वि० [सं०] जिसमें ईश्वर न हो, ईश्वररहित।

पुं०=निरीश्वरवादी।

निरीश्वरवाद पुं० [सं०] [वि० निरीश्वरवादी] वह सिद्धान्त जिसमें ईश्वर का अस्तित्त्व न माना जाता हो। (एथीइज़्म)

निरीस* वि० [सं० निरीश] १. दे० 'निराश'। २. जो बड़ों का आदर करना न जानता हो।

निरीह वि० [सं०] [भाव० निरीहता] १. चुपचाप पड़ा रहनेवाला। २. जिसे कोई अभिलाषा न हो। ३. विरक्त, उदासीन। ४. सीधा-साधा और निर्दोष, बेचारा।

निरुआर पुं० दे० 'निरुवार'।

निरुआरना* स० दे० 'निवारना'।

निरुक्त वि० [सं०] १. निश्चित रूप से कहा या बताया हुआ। २. निश्चित।

पुं० १. छह वेदांगों में से एक जिसमें वैदिक शब्दों की व्याख्या है। २. व्याकरण का वह अंग जिसमें शब्दों की व्युत्पत्ति या मूल और उसके रूपों के विकास आदि का विवेचन होता है। (एटिमॉलजी)

निरुक्ति स्त्री० [सं०] १. किसी पद या वाक्य की ऐसी व्याख्या जिसमें व्युत्पत्ति आदि का पूरा विवेचन हो। २. इस बात का विवेचन कि कोई शब्द मूलतः किस भाषा का था और किस प्रकार बदलता हुआ अपने वर्तमान रूप में आया है। ३. शब्द की व्युत्पत्ति। ४. एक काव्यालंकार जिसमें किसी शब्द का मनमाना परन्तु युक्तिसंगत अर्थ किया जाता है।

निरुज* वि० दे० 'नीरज'।

निरुत्तर वि० [सं०] [भाव० निरुत्तरता] १. जिसका कुछ उत्तर न हो। २. जो उत्तर न दे सके।

निरुत्साह वि० [सं०] जिसमें उत्साह न हो, उत्साहहीन।

निरुत्सुक वि० [सं०] जो उत्सुक न हो, जिसमें किसी बात के लिए उत्सुकता का अभाव हो।

निरुदन पुं० [सं०] [वि० निरुदित] रासायनिक तत्त्व या वनस्पतियों आदि में से जल या उसका अंश निकालना या सुखाना। (डी-हाईड्रेशन)

निरुद्देश्य वि० [सं०] जिसका कोई उद्देश्य न हो।

क्रि० वि० बिना किसी उद्देश्य के।

निरुद्ध वि० [सं०] रुका या बँधा हुआ।

निरुद्ध स्थिति स्त्री० [सं०] मन की वह स्थिति जिसमें चित्तवृत्तियों का निरोध हो। (इसी स्थिति में आत्मा अपने को शुद्ध, बुद्ध और सच्चिदानंद मानती है।)

निरुद्यम वि० [सं०] [भाव० निरुद्यमता] जिसके हाथ में कोई उद्यम या काम न हो, निकम्मा।

निरुपधि वि० दे० 'निरुपाधि'।

निरुपम वि० [सं०] [स्त्री० निरुपमा] जिसकी उपमा न हो, उपमारहित, बेजोड़।

निरुपयोगी वि० [सं० निर्+उपयोग+हिं० ई (प्रत्य०)] जो काम न आ सके, व्यर्थ का।

निरुपाधि वि० [सं०] जो सब प्रकार की उपाधियाँ, बन्धनों और बाधाओं से रहित हो, परम। (एब्सोल्यूट) २. सांसारिक बन्धनों या मायाजाल से रहित और मुक्त। ३. जिसमें किसी प्रकार का विघ्न या बाधा न हो, निर्विघ्न।

पुं० ब्रह्मा।

निरुपाधिक वि० [सं०] दे० 'निरुपाधि'।

निरुपाय वि० [सं०] १. जो कोई उपाय न कर सकता हो। २. जिसका कोई उपाय न हो सके।

निरुवरना* अ० [सं० निवारण] कठिनता या उलझन दूर होना।

निरुवरुद्ध क्रि०वि० [सं० निर+अवरुद्ध] बिना अवरुद्ध हुए, अजस्र।

निरुवार पुं० [सं० निवराण] [क्रि० निरुवारना] १. छुड़ाना, मोचन। २. छुटकारा। ३. सुलझाने का काम। ४. तय करना, निपटाना। ५. निर्णय, फैसला।

निरूढ़ वि० [सं०] १. उत्पन्न। २. प्रसिद्ध, विख्यात। ३. बिनब्याहा, कुँआरा।

निरूढ़लक्षणा स्त्री० [सं०] वह लक्षणा जिसमें शब्द का नया माना हुआ अर्थ चल पड़ा हो और वह केवल प्रसंग या प्रयोजनार्थ ही लिया जाता हो।

निरूपक वि०, पुं० [सं०] [स्त्री० निरूपिका, निरूपिणी] निरूपण करनेवाला।

निरूपण पुं० [सं०] [वि० निरूपित, निरूप्य] १. सोच-समझकर प्रस्तुत किया जानेवाला विचार या निर्णय। २. कोई विचार या मत अच्छी तरह किसी के सामने रखने की क्रिया या भाव।

निरूपना* अ०=दे० निरूपण करना।

निरेखना* स० दे० 'निरखना'।

निरै* पुं० [सं० नित्य] नरक।

निरैठा* पुं० [सं० निर्+ईहा या इष्ट] मस्त, मन-मौजी।

निरोग, निरोगी वि० दे० 'नीरोग'।

निरोध पुं० [सं०] १. बीच में पड़कर रोकनेवाली चीज, अवरोध, बाधा। २. कोई ऐसी बात जो किसी को कुछ करने या रोकने के लिए की गई हो, रोक, रुकावट। (रिस्ट्रिक्शन) ३. घेरा। ४. नाश। ५. (योग में) चित्त की वृत्तियों को रोकना। ६. परिवार-नियोजन का रबर की थैलीनुमा एक उपकरण।

निरोधक वि० [सं०] १. रोकनेवाला। २. बाधक।

निरोधन पुं० [सं०] १. निरोध करने या रोक रखने की क्रिया या भाव। २. किसी अभियुक्त अथवा सन्दिग्ध, विकट या उपद्रवी आदमी को किसी स्थान विशेषत: कारा में रोक रखना कि वह भाग न सके अथवा कोई अनिष्ट न कर सके। (डिटेन्शन)

निरोधी वि० दे० 'निरोधक'।

निर्ख पुं० [फा०] भाव, दर।

निर्खनामा पुं० [फा० निर्ख+नाम:] वह पत्र, तख्ती आदि जिस पर सब चीजों के निर्ख या भाव लिखे हों।

निर्खबंदी स्त्री० [फा०] चीजों के भाव या दर निश्चित करना।

निर्गंध वि० [सं०] [भाव० निर्गंधता] जिसमें कोई गन्ध न हो, गन्ध-रहित।

निर्गत वि० [सं०] [स्त्री० निर्गता] निकला या आया हुआ।

निर्गम पुं० [सं०] १. बाहर निकलने की क्रिया या भाव, निकासी। २. वह मार्ग जिससे कोई चीज़ बाहर निकलती हो, निकास। ३. आज्ञा आदि का निकलना या प्रकाशित होना। ४. किसी वस्तु विशेषत: धन आदि का किसी स्थान या देश से बहुत अधिक मात्रा में बाहर आना। (ड्रेन)

निर्गमण पुं० [सं०] [वि० निर्गमित] १. बाहर जाना या करना। २. प्रचलन में लाया जाना।

निर्गमना* अ० [सं० निर्गमन] निकलना, बाहर जाना।

निर्गुण वि० [सं०] [भाव० निर्गुणता] १. सत्त्व, रज और तम तीनों गुणों से परे होनेवाला। २. जिसमें कोई अच्छाई न हो।

निर्गुणिया वि० [सं० निर्गुण+हिं० इया (प्रत्य०)] निर्गुण ब्रह्म की उपासना करनेवाला।

निर्गुन* वि०=निर्गुण।

निर्गृह वि० [सं०] गृहहीन।

निर्ग्रंथ वि० [सं०] [भाव० निर्ग्रंथता] १. जिसमें ग्रन्थि, बन्धन आदि न हो। २. जिसका ग्रन्थ से संबंध न हो, ग्रन्थरहित।

निर्घात पुं० [सं०] १. विनाश, बरबादी। २. आँधी, तूफान। ३. बादलों की गरज और बिजली की कड़क। ४. भूकम्प। ५. आघात, प्रहार, मार।

निर्घिन* वि० [सं० नि:+हिं० घिन=घृणा] परम घृणित पदार्थ या कार्य से भी घृणा न करनेवाला, बहुत ही नीच प्रवृत्तिवाला।

निर्छल* वि० दे० 'निश्छल'।

निर्जन वि० [सं०] (स्थान) जहाँ कोई न हो, एकान्त, सुनसान। पुं० [वि० निर्जित] ब्याज, लाभ आदि के रूप में बढ़कर प्राप्त होनेवाला धन।

निर्जर वि० [सं० निर्+जरा] जरा से रहित, बिना बुढ़ापे का।

निर्जल वि० [सं०] १. बिना जल का (स्थान, पदार्थ आदि)। २. (व्रत) जिसमें जल तक पीने का विधान न हो।

निर्जलीय वि० [सं०] जिसमें जल न मिलाया गया हो।

निर्जित वि० [सं०] १. जो पूरी तरह से जीत लिया गया हो। २. किसी प्रकार प्राप्त किया हुआ।

निर्जीव वि० [सं०] [भाव० निर्जीवता] १. जीवरहित, बेजान। २.मुरदों का-सा, अशक्त, । ३. उत्साहहीन।

निर्झर पुं० [सं०] पानी का झरना, सोता, चश्मा।

निर्झरिणी स्त्री० [सं०] १. नदी, दरिया। २. सोता, झरना।

निर्णय पुं० [सं०] [भाव० निर्जीवता] १. औचित्य और अनौचित्य आदि का विचार करके यह निश्चय करना कि यह ठीक है या वास्तविक है अथवा ऐसा होना चाहिए, निपटारा। २. वादी और प्रतिवादी की बातें और तर्क सुनकर उनके ठीक होने या न होने के विषय में मत स्थिर करना, फैसला। (डिसीजन)

निर्णयात्मक वि० [सं०] निर्णय के रूप में होनेवाला।

निर्णयात्मकता स्त्री० [सं०] निर्णय तक पहुँचने की क्षमता।

निर्णायक पुं० [सं०] वह जो निर्णय या फैसला करे। वि० निर्णय में सहायक।

निर्णायक मत पुं० [सं०] वह मत जो निर्णायक हो।

निर्णीत वि० [सं०] जिसका या जिसके विषय में निर्णय हो चुका हो।

निर्त* पुं० दे० 'नृत्य'।

निर्तक* पुं० दे० 'नर्तक'।

निर्तना* अ० दे० 'नाचना'।

निर्दंभ वि० [सं०] जिसे दम्भ या अभिमान न हो, अहंकार-शून्य।

निर्दई* वि० दे० 'निर्दय'।

निर्दय वि० [सं०] जिसके मन में दया न हो, निष्ठुर, बेरहम।

निर्दयता स्त्री० [सं०] १. निर्दय होने की अवस्था या भाव, बेरहमी, निष्ठुरता। २. कोई निष्ठुर कार्य।

निर्दयपन पुं० दे० 'निर्दयता'।

निर्दयी* वि० दे० 'निर्दय'।

निर्दल वि० [सं०] १. जिसमें दल या पत्र हों। २. जिसका कोई दल या जत्था न हो। ३. जो किसी दल में न हो, तटस्थ।

निर्दलीय वि० [सं०] जिसका किसी दल से सम्बन्ध न हो। पुं० विधानसभा, संसद या किसी संस्था का वह सदस्य जो किसी दल से सम्बद्ध न हो।

निर्दहना* स० [सं० दहन] जलाना।

निर्दिष्ट वि० [सं०] १. जिसका निर्देश हुआ हो। २. विशेष रूप से बतलाया या नियत किया हुआ, ठहराया हुआ, विनिर्दिष्ट। (स्पेसिफायड) ३. किसी को दिया, सौंपा या सहेजा हुआ। (एसाइन्ड) ४. (बात या नियम) जिसके लिए कोई व्यवस्था की गई या गुंजाइश निकाली गई हो।

निर्दूषण* वि० दे० 'निर्दोष'।

निर्देश पुं० [सं०] [वि० निर्देशित, निर्दिष्ट] १. विशेष रूप से यह बतलाना कि यह वस्तु या कार्य है। २. यह कहना कि अमुक कार्य अच्छा है और यही करना चाहिए, उपदेश। (प्रिसेप्ट) ३. किसी कार्य का स्वरूप, प्रकार या विधि बतलाना। (डाइरेक्शन) ४. आज्ञा, हुकुम। ५. बात, कार्य या नियम के सम्बन्ध में लगाई जानेवाली कोई शर्त, बतलाई जानेवाली कोई बात या की जानेवाली कोई व्यवस्था। (प्रॉवीजन) ६. किसी को कोई चीज किसी काम के लिए देना या सौंपना। (एसाइन्मेन्ट) ७. वर्णन, वृत्तान्त। ८. नाम। ९. दे० 'अभिदेश'।

निर्देशक पुं० [सं०] १. वह जो किसी प्रकार का निर्देश करता या कुछ बतलाता हो। २. आधुनिक रजतपट की कला में वह अधिकारी जो पात्रों की वेष-भूषा, भूमिका या आचरण और दृश्यों के स्वरूप आदि निश्चित करता है। (डाइरेक्टर)

निर्देशन पुं० [सं०] १. निर्देश करने की क्रिया या भाव। २. आधुनिक रजतपट में वे सब कार्य जो उसके निर्देशक को करने पड़ते हैं। विशेष दे० 'निर्देशक' २.।

निर्देशिका स्त्री० [सं०] वह पुस्तक जिसमें किसी विशेष व्यापार, विभाग आदि की जानने योग्य बातें और उनसे सम्बन्ध रखनेवाले लोगों के नाम, पते आदि रहते हैं। (डाइरेक्टरी)

निर्देशित वि० [सं०] जिसका निर्देशन हो चुका हो।

निर्दोष वि० [सं०] [भाव० निर्दोषता] १. जिसमें कोई दोष न हो, बेऐब। २. निरपराध, बेकसूर।

निर्दोषिता स्त्री० [सं०] निर्दोष होने की अवस्था या भाव।

निर्दोषी वि० दे० 'निर्दोष'।

निर्द्वंद्व वि० [सं०] [भाव० निर्द्वन्द्वता] १. जिसका विरोध करनेवाला कोई न हो। २. राग, द्वेष आदि द्वन्द्वों से रहित। ३. स्वच्छन्द।

निर्धंधा वि० [सं० निर्+ हिं० धंधा] जिसके हाथ में काम-धन्धा न हो, बेरोजगार।

निर्धन वि०, पुं० [सं०] [भाव० निर्धनता] जिसके पास धन न हो, धनहीन, गरीब।

निर्धार पुं० दे० 'निर्धारण'।

निर्धारक वि०, पुं० [सं०] [स्त्री० निर्धारिका, निर्धारिणी] वह जो किसी बात का निर्धारण या निश्चय करता हो।

निर्धारण पुं० [सं०] १. कोई बात ठहराना या निश्चित करना। २. न्याय में एक तरह के बहुत से पदार्थों में से गुण, कर्म आदि की समानता के विचार से कुछ का अलग वर्ग बनाना। ३. यह निश्चित करना कि इसका मूल्य या महत्त्व क्या है, अथवा इस पर कितना कर लगना चाहिए। (एसेस्मेन्ट)

निर्धारना* स० [सं० निर्धारण] निश्चित या निधारित करना, ठहराना।

निर्धारित वि० [सं०] जिसका निर्धारण हुआ या हो चुका हो, निश्चित किया या ठहराया हुआ।

निर्धारिती पुं० [सं० निर्धारित] वह जिसके सम्बन्ध में यह निर्धारित किया जाए कि इसे इतना कर देना होगा। (असेसी)

निर्धूत वि० [सं०] १. अच्छी तरह धुला हुआ। २. स्वच्छ, साफ।

निर्निमेष क्रि० वि० [सं०] बिना पलक झपकाए, एकटक। वि० १. जिसकी पलक न गिरे। २. जिसमें पलक न गिरे।

निर्प्रश्नीय वि० [सं०] जिसके सम्बन्ध में प्रश्न न किया जा सके, निर्विवाद्य या अपवाद-रहित।

निर्बंध पुं० [सं०] जो बंधन से मुक्त हो, जो बंधन से परे हो।

निर्बल वि० [सं०] [भाव० निर्बलता] जिसमें बल या शक्ति न हो, कमजोर।

निर्बलता स्त्री० [सं०] बल या शक्ति न होने या बहुत कम होने की अवस्था या भाव। (इनफर्मिटी)

निर्बहना* अ० [सं० निर्वाह] १. पार होना। २. अलग या दूर होना। ३. पालन होना, निभना।

निर्बाध वि० [सं०] १. जिसमें कोई बाधा या रुकावट न हो, बाधारहित। २. बंधन-रहित। क्रि० वि० बिना किसी बाधा के।

निर्बाधित वि०=निर्बाध।

निर्बुद्धि वि० [सं०] मूर्ख, बेवकूफ।

निर्बोध वि० [सं०] जिसे अच्छे बुरे का ज्ञान न हो, अज्ञान, अनजान।

निर्भय वि० [सं०] [भाव० निर्भयता] जिसे भय या डर न हो, निडर।

निर्भर वि० [सं०] [भाव० निर्भरता] १. भरा हुआ, पूर्ण। २. मिला हुआ, युक्त। ३. किसी के आश्रय पर ठहरा या टिका हुआ, अवलम्बित, आश्रित।

निर्भरता स्त्री० [सं०] निर्भर या आश्रित होने की अवस्था या भाव।

निर्भीक वि० [सं०] [भाव० निर्भीकता] जिसे भय न हो, निडर।

निर्भीकता स्त्री० [सं०] निर्भीक होने की अवस्था या भाव, निडरपन।

निर्भ्रम वि० [सं०] जिसे भ्रम न हो, भ्रमरहित, शंकारहित। क्रि० वि० बेधड़क, बेखटके।

निर्भ्रांत वि० [सं०] १. जिसमें कोई भ्रम या सन्देह न हो। २. जिसको कोई भ्रम या सन्देह न हो।

निर्मत्सर वि० [सं०] जिसके मन में मत्सर या ईर्ष्या न हो।

निर्मना* स० दे० 'निर्माना'।

निर्मम वि० [सं०] [भाव० निर्ममता] १. जिसे ममता या मोह न हो, निर्मोही। २. जिसको कोई वासना न हो, निष्काम। ३. निर्दयतापूर्ण, जैसे निर्मम हत्या।

निर्मल वि० [सं०] [भाव० निर्मलता] १. जिसमें किसी प्रकार का मल या दोष न हो, शुद्ध, पवित्र, निर्दोष। २. जिसमें किसी प्रकार की मैल या मलिनता न हो, मलरहित, साफ, स्वच्छ, जैसे निर्मल जल। ३. जो अपने विशुद्ध रूप में हो, जैसे निर्मल आकाश।

निर्मली स्त्री० [सं० निर्मल] एक प्रकार का वृक्ष, जिसके बीजों के चूर्ण से गँदला पानी साफ किया जाता है, चाकसू।

निर्मलीकरण पुं० [सं० निर्मल+करण] निर्मल या स्वच्छ करने की क्रिया या भाव।

निर्माण पुं० [सं०] १. किसी वस्तु का बनाया जाना, बनाने का काम, रचना। (कॉन्स्ट्रक्शन, बिल्डिंग) २. वह वस्तु जो बनकर तैयार हुई हो, जैसे भवन, मेज आदि। ३. कोई चीज बना या गढ़कर उसे कोई रूप या आकार देना। (फॉरमेशन)

निर्माणाधीन वि० [सं० निर्माण+अधीन] जिसके निर्माण का काम चल रहा हो।

निर्माता पुं० [सं० निर्मातृ] निर्माण करने या बनानेवाला।

निर्मान* वि० [हिं० नि+मान] बहुत अधिक, अपार।
*पुं० दे० 'निर्माण'।

निर्माना* स० [सं० निर्माण] बनाना।

निर्मायक वि० [सं०] निर्माण करने या बनानेवाला।

निर्मालय पुं० दे० 'निर्माल्य'।

निर्माल्य पुं० [सं०] किसी देवता पर चढ़ा हुआ पदार्थ।

निर्मित वि० [सं०] [भाव० निर्मिति] जिसका निर्माण हुआ हो, बनाया हुआ, रचित।

निर्मिति स्त्री० [सं०] १. निर्मित होने की अवस्था या भाव। २. निर्मित वस्तु। ३. प्रतिभाजन्य या कलात्मक कृति।

निर्मुक्ति स्त्री० [सं०] बहुत से अपराधियों, विशेषत: राजनीतिक बन्दियों को एक-साथ क्षमा करके छोड़ देना। (एम्नेस्टी)

निर्मूल वि० [सं०] १. बिना जड़ या मूल का। २. जड़ से उखड़ा हुआ। ३. जिसका कोई आधार न हो, निराधार। ४. जो बिल्कुल नष्ट हो चुका हो, जो नाम को भी न रह गया हो, जिसका नामोनिशान मिट गया हो।

निर्मूलन पुं० [सं०] १. निर्मूल करने की क्रिया या भाव। २. जड़ से उखाड़ना, नष्ट करना।

निर्मोक पुं० [सं०] १. साँप की केंचुली। २. त्वचा।

निर्मोल* वि० दे० 'अनमोल'।

निर्मोही वि० [सं० निर्मोह] जिसे मोह या ममता न हो।

निर्यात पुं० [सं०] १. वह जो कहीं से बाहर निकले। २. देश से माल बाहर जाने की क्रिया। ३. देश से बाहर जानेवाला माल। (एक्सपोर्ट)
वि० (माल आदि) जो देश के बाहर भेजा गया हो, दूसरे देशों को भेजा हुआ। (एक्सपोर्टेड)

निर्यातक पुं० [सं०] वह जो बिक्री के लिए माल देश से बाहर भेजता हो। (एक्सपोर्टर)

निर्यात-कर पुं० [सं०] वह कर जो किसी देश में वहाँ से बाहर जानेवाली वस्तुओं या माल पर लगता है।

निर्यातन पुं० [सं०] १. बदला लेना। २. मार डालना। ३. निर्यात करने का काम।

निर्यास पुं० [सं०] १. वृक्षों या पौधों में से निकलनेवाला रस। २. गोंद। ३. बहना या झरना, क्षरण।

निर्युक्तिक वि० [सं०] १. जिसमें युक्तियों, कारणों आदि का अभाव हो। २. जो युक्ति के आधार पर न हो, युक्तिरहित।

निर्योग्य वि० [सं०] योग्यता से रहित, अयोग्य, निकम्मा।

निर्लक्ष्य क्रि०वि० [सं० निर्+लक्ष्य] बिना लक्ष्य के।

निर्लज्ज वि० [सं०] [भाव० निर्लज्जता] जिसे लज्जा न हो, बेशर्म, बेहया।

निर्लज्जता स्त्री० [सं०] निर्लज्ज या लज्जाहीन होने की अवस्था या भाव, बेशर्मी।

निर्लिप्त वि० [सं०] [भाव० निर्लिप्तता] जो किसी विषय में लिप्त या आसक्त न हो।

निर्लेप वि० दे० 'निर्लिप्त'।

निर्लोभ वि० [सं०] जिसे लोभ या लालच न हो।

निर्वंश वि० [सं०] [भाव० निर्वंशता] जिसका वंश या परिवार नष्ट हो गया हो, जिसके वंश में कोई न रह गया हो।

निर्वचन पुं० [सं०] १. निश्चित रूप से कोई बात कहना, निरूपण। २. इस बात का विवेचन कि कोई शब्द कैसे बना और मूलत: कहाँ का है अथवा कहाँ से आया है, व्युत्पत्ति।
वि० चुप, मौन।

निर्वसन वि० [सं०] निर्वस्त्र, नग्न, नंगा।

निर्वसना स्त्री० [सं०] निर्वस्त्र स्त्री।

निर्वस्त्र वि० [सं०] नग्न, नंगा।

निर्वस्त्रा स्त्री० [सं०] निर्वस्त्र स्त्री।

निर्वहण पुं० दे० 'निर्वाह'।

निर्वहना* अ० दे० 'निभना'।

निर्वाक वि० [सं० निर्वाक्] मौन, चुप।

निर्वाचक पुं० [सं०] वह जो निर्वाचन करे या चुने, चुननेवाला।

निर्वाचक सूची स्त्री० [सं०] वह सूची जिसमें निर्वाचकों के नाम, पते, क्रमांक आदि लिखे रहते हैं। (इलेक्टोरल रोल)

निर्वाचन पुं० [सं०] किसी काम के लिए बहुतों में से एक या कुछ को प्रतिनिधि के रूप में चुनना। (इलेक्शन)

निर्वाचन अधिकारी पुं० [सं०] वह अधिकारी जो किसी निर्वाचन की देख-रेख और व्यवस्था के लिए नियुक्त हो और उसका परिणाम बतलाता हो। (रिटर्निंग ऑफिसर)

निर्वाचन-क्षेत्र पुं० [सं०] वह स्थान या क्षेत्र जिसमें से प्रतिनिधि चुना या चुने जाते हो।

निर्वाचित वि० [सं०] चुना हुआ।

निर्वाण पुं० [सं०] [वि० निर्वाणी] १. बुझना, ठंडा होना। २. न रह जाना, समाप्ति। ३. अस्त होना, डूबना। ४. मृत्यु। ५. मुक्ति।

निर्वाणी वि० [सं०] १. निर्वाण-सम्बन्धी, निर्वाण का। २. निर्वाण का साधक या इच्छुक, जैसे निर्वाणी अखाड़ा।

निर्वाप पुं० दे० 'निर्वापण'।

निर्वापण पुं० [सं०] [वि० निर्वापित, निर्वाप्य] १. बुझने या बुझाने का काम। २. विनाश, नाश। ३. (अधिकार या स्वत्त्व का) अन्त या समाप्ति करना। (एक्सटिंक्शन)

निर्वापित वि० [सं०] १. बुझा हुआ। २. बुझाया हुआ। ३. (ज्वालामुखी) जो बुझ गया हो। (एक्स्टिंक्ट)

निर्वासक पुं० [सं०] १. वह जो निर्वासन करता हो। २. देश-निकाला देनेवाला।

निर्वासन पुं० [सं०] १. मार डालना, वध। २. गाँव, नगर देश आदि से दंडस्वरूप बाहर निकाल देना।

निर्वासना वि० [अवि०] [सं० निर्+वासना] वासना से रहित।

निर्वासित वि०, पुं० [सं०] [स्त्री० निवासिता] १. जिसे देश-निकाले का दंड मिला हो, अपने निवासस्थान से निकाला हुआ। २. जो निर्वासन का दंड भोग रहा हो।

निर्वाह पुं० [सं०] १. क्रम या परम्परा का चलता रहना, निबाह। २. किसी निश्चय या प्रथा के अनुसार होनेवाला आचरण, पालन। ३. जीवनयापन।

निर्वाहक पुं० [सं०] १. निर्वाह करनेवाला, निभानेवाला। २. आज्ञा का निर्वाहण या पालन करनेवाला। (एक्ज़िक्यूटर)

निर्वाहण वि० [सं०] [वि० निर्वाहणिक, निर्वाहणीय] १. निर्वाह करना, निभाना। २. किसी की आज्ञा या निश्चय के अनुसार ठीक तरह से काम करना। ३. कुछ समय के लिए किसी दूसरे का काम या भार अपने ऊपर लेना, अस्थायी रूप से स्थानापन्न के रूप में काम करना।

निर्वाहण-व्यय पुं० [सं०] १. जीवनयापन के लिए होनेवाला व्यय। २. जीवनयापन के लिए प्राप्त होनेवाला धन।

निर्वाहना* अ०=निभाना।

निर्विकल्प वि० [सं०] [भाव० निर्विकल्पता] १. जिसमें विकल्प, परिवर्तन या भेद न हो। २. स्थिर, निश्चित।

निर्विकल्प समाधि स्त्री० [सं०] समाधि के दो भेदों में से एक जिसमें ध्याता और ध्येय में भेद नहीं रहता, ध्याता और ध्येय में तादात्म्य की स्थिति। (दूसरा भेद है सविकल्प समाधि)

निर्विकार वि० [सं०] [भाव० निर्विकारता] जिसमें कोई विकार या परिवर्तन न होता हो।

निर्विघ्न वि० [सं०] [भाव० निर्विघ्नता] विघ्न या बाधा से रहित।

क्रि० वि० बिना विघ्न या बाधा के।

निर्विचारता स्त्री० [सं० निर्+विचार+ता] वह स्थिति जब मन में कोई न आता हो।

निर्विभाग वि० [सं०] जिसके पास कोई विभाग न हो, जैसे निर्विभाग मन्त्री।

निर्विरोध वि० [सं०] १. जिसमें कोई विरोध, बाधा या रुकावट न हो। २. बिना विरोध के होनेवाला।

क्रि० वि० बिना किसी प्रकार के विरोध के।

निर्विवाद वि० [सं०] १. जिसमें कोई विवाद या झगड़े की बात न हो। २. जो बिना किसी विवाद के ठीक माना जाता हो।

निर्विशेष वि० [सं०] विशेषता से रहित।

निर्विषय वि० [सं०] १. विषय-वासनाओं से रहित। २. जितेन्द्रिय।

निर्विषयी वि०=निर्विषय।

निर्वीज वि० [सं०] १. जिसमें कोई बीज न हो, बीजरहित। २. जो कारण से रहित हो। ३. जिसका बीज तक न रह गया हो, सर्वथा नष्ट।

निर्वीर वि० [सं०] वीरों से रहित।

निर्वीय वि० [सं०] १. वीर्यहीन, बल या तेज से रहित। २.अशक्त, कमजोर।

निर्वृक्षीकरण पुं० [सं०] वृक्षों से रहित करना।

निर्वृत वि० [सं०] आनन्दमय, आनन्दयुक्त।

निर्वृति स्त्री० [सं०] दे० आनन्द, परमानन्द।

निर्वृत्त वि० [सं०] पूरा (हुआ), पूर्ण (हुआ)।

निर्वृत्ति स्त्री० [सं०] पूर्णता।

निर्वेद पुं० [सं०] १. (अपना) अपमान। २. खेद, दुख। ३. वैराग्य। ४. मन में आशा या दृढ़ता न रह जाने के कारण होनेवाली खिन्नता और विरक्ति।

निर्वेदी* पुं० [सं० निः+वेद] वह जो वेदों से भी परे हो, अर्थात् ब्रह्म।

निर्वैर वि० [सं०] वैर या द्वेष से रहित।

निर्व्यलीक वि० [सं०] १. निर्मल। २. निष्कपट।

निर्व्याज वि० [सं०] [भाव० निर्व्याजता] १. निष्कपट, छलरहित। २. विघ्न या बाधा से रहित।

निलजई* स्त्री०=निर्लज्जता, उदा० रीझबे लायक तुलसी को निलजई। -तुलसी।

निलज्ज* वि० दे० 'निर्लज्ज'।

निलय पुं० [सं०] १. मकान, घर। २. स्थान, जगह।

निलाज* वि०=निर्लज्ज।

निवछरा* वि० [सं० निवृत्त] (ऐसा समय) जिसमें बहुत काम-काज न हो।

निवर्तक वि० [सं०] निवर्तन या रद्द करनेवाला, जैसे निवर्तक विधान। (रिपीलिंग)

निवर्तन पुं० [सं०] [वि० निवर्तित] वह प्रक्रिया जिसके अनुसार कोई बना हुआ विधान समाप्त कर दिया जाता है, विधान आदि का अन्त करना, कानून रद्द करना। (रिपील)

निवर्तमान वि० [सं०] जो किसी पद पर रह चुका हो।

निवर्तित वि० [सं०] (विधान) जिसका निवर्तन हुआ हो, रद्द किया हुआ। (रिपील्ड)

निवसना* अ०=निवास करना।

निवाज वि० दे० 'नवाज'।

निवाजना* स०=नवाजना।

निवाड़ा पुं० दे० 'नवाड़ा'।

निवार स्त्री० [फा० नवार] मोटे सूत की बुनी वह पट्टी जिससे पलंग बुनते हैं।

निवारक वि० [सं०] १. निवारण करने या रोकनेवाला। २. दूर करनेवाला। ३. उद्धार करनेवाला।

निवारण पुं० [सं०] १. रोकना। २. हटाना, दूर करना। ३. निवृत्ति, छुटकारा।

निवारना* स० [सं० निवारण] १. रोकना। २. दूर करना, हटाना। ३. अपनी रक्षा का ध्यान रखते हुए बचकर रहना। ४. निषेध या मना करना।

निवारी स्त्री० [सं० नेपाली] जूही की तरह का सफेद फूलों का एक पौधा।

निवार्य वि० [सं०] [भाव० निवार्यता] जिसका निवारण हो सके।

निवाला पुं० [फा० निवाल:] भोजन का कौर, ग्रास।

निवास पुं० [सं०] १. कहीं रहने की क्रिया या भाव। २. रहने का स्थान। ३. भौगोलिक दृष्टि से वह स्थान या क्षेत्र जिसमें कोई विशेष जीव-जन्तु रहता या कोई विशेष वनस्पति उत्पन्न होती हो। (हैबिटेट)

निवासना अ० [सं० निवास] निवास करना।

निवास-निधि* स्त्री० [सं०] धन का भंडार।

निवासस्थान पुं० [सं०] रहने की जगह।

निवासित* वि० [सं० निवास] निवास करनेवाला, बसा या बसाया हुआ।

निवासी (-सिन्) पुं० [सं०] [स्त्री० निवासिनी] रहने या बसनेवाला, वासी।

निवास्य वि० [सं०] निवास करने के योग्य।

निविड़ वि० [सं०] १. घना। २. घोर। ३. गम्भीर, गहरा।

निविदा स्त्री० [सं०] किसी कार्य या परियोजना के संचालन के लिए निश्चित व्यय का प्रस्ताव। (टेंडर)

निविशेष पुं० [सं०] परमात्मा।

निविष्ट वि० [सं०] १. जिसका चित्त एकाग्र हो। २. ठहराया या रखा हुआ, स्थापित। ३. बाँधा हुआ। ४. कहीं लिखा, दर्ज किया या चढ़ाया हुआ, प्रविष्ट। (एन्टर्ड)

निविष्टि स्त्री० [सं०] १. खाते आदि में लिखने, दर्ज करने या चढ़ाने की क्रिया या भाव। २. इस प्रकार चढ़ी हुई बात या रकम, प्रविष्टि। (एन्ट्री)

निवृत वि० [सं०] आवरण-युक्त, आच्छादित, ढका हुआ।

निवृति स्त्री० [सं०] आवरण, ढक्कन।

निवृत्त वि० [सं०] १. जिसे मुक्ति या छुटकारा मिल चुका हो। २. जो अपने कार्य या कर्तव्य से मुक्त हो चुका हो।

निवृत्ति स्त्री० [सं०] १. मुक्ति, मोक्ष या छुटकारा। २. अपने कार्य या पद से अवकाश पाकर अथवा अवधि पूरी हो जाने पर सदा के लिए हट जाना। (रिटायरमेन्ट)

निवेद* वि० दे० 'नैवेद्य'।

निवेदक पुं० [सं०] १. निवेदन करनेवाला, प्रार्थी। २. प्रार्थनापत्र उपस्थित करनेवाला। (पेटिशनर)

निवेदन पुं० [सं०] [वि० निवेदित] १. नम्रतापूर्वक किसी से कुछ कहना, विनती, प्रार्थना। २. समर्पण।

निवेदन-पत्र पुं० [सं०] वह पत्र जिसमें कोई निवेदन या प्रार्थना लिखी हो। (लेटर ऑफ रिक्वेस्ट)

निवेदना* स० [हिं० निवेदन] १. विनती या प्रार्थना करना। २. नैवेद्य चढ़ाना। ३. अर्पित या भेंट करना।

निवेदित वि० [सं०] जो सादर कह दिया गया हो।

निवेरना* स० दे० 'निपटाना'।

निवेरा* वि० [हिं० नि+सं० वरण] १. चुना हुआ या छाँटा हुआ। २. अनोखा।

निवेश पुं० [सं०] [वि० निवेशित, निविष्ट] १. व्यापार आदि में आय के उद्देश्य से पूँजी लगाने का कार्य। २. इस प्रकार लगाई हुई पूँजी। (इन्वेस्टमेंट) ३. नगर, मुहल्ला। ४. घर।

निवेशक पुं० [सं०] व्यवसाय आदि में धन का निवेश करनेवाला व्यक्ति।

निवेशन पुं० [सं०] व्यवसाय आदि में पूँजी निवेश करने की क्रिया या भाव।

निवेशित वि० [सं०] निवेश किया हुआ।

निशंक वि० दे० 'नि:शंक'।

निशंग* पुं० दे० 'निषंग'।

निश स्त्री० दे० 'निशा'।

निशांत पुं० [सं०] रात का अन्त, अर्थात् प्रभात, तड़का।

निशांधकार पुं० [सं०] रात का अँधेरा।

निशा स्त्री० [सं०] रात, रात्रि।

निशाकर पुं० [सं०] चन्द्रमा।

निशाखातिर स्त्री० [फा० निशाँ+अ० ख़ातिर] निश्चिन्तता, तसल्ली, इतमीनान।

निशाचर पुं० [सं०] १. राक्षस। २. गीदड़। ३. उल्लू। ४. साँप। ५. भूत-प्रेत। ६. चोर।
वि० जो रात को बाहर निकले या चले, रात्रिचर।

निशाचरी[1] स्त्री० [सं०] १. राक्षसी। २. कुलटा, व्यभिचारिणी। ३. अभिसारिका नायिका।

निशाचरी[2] वि० [सं० निशाचर] १. निशाचर-सम्बन्धी। २. निशाचरों का-सा, जैसे-निशाचरी अन्याय, निशाचरी माया।

निशान पुं० [फा०] १. ऐसा चिह्न या लक्षण जिससे कोई चीज पहचानी जाए या जिससे किसी बात या घटना का परिचय मिले। २. बना हुआ या बनाया हुआ चिह्न। ३. शरीर या

किसी पदार्थ पर का प्राकृतिक चिह्न या दाग। ४. वह चिह्न जो अशिक्षित लोग अपने हस्ताक्षर के बदले में बनाते हैं। ५. पता, ठिकाना।

मुहा० *निशान देना*=समन आदि तामील करने के लिए यह बताना कि यही आसामी है।

६. एक प्रकार का बहुत बड़ा झंडा जो प्राय: राजाओं की सवारी के आगे चलता है। ७. राजाओं की सवारी के आगे बजनेवाला डंका, नगाड़ा। ८. दे० 'लक्षण'। ९. दे० 'निशाना'। १०. दे० 'निशानी'।

निशाना पुं० [फा० निशान:] १. वह जिसपर अस्त्र, शस्त्र आदि का लक्ष साधा या वार किया जाए, लक्ष्य बनाकर उस पर वार करने की क्रिया।

मुहा० *निशाना मारना या लगाना*=ताककर अस्त्र आदि का वार करना।

२. वह जिसे लक्ष्य करके कोई बात कही जाए।

निशानाथ पुं० [सं०] चन्द्रमा।

निशानी स्त्री० [फा०] १. स्मृतिचिह्न, यादगार। २. वह चिह्न जिससे कोई वस्तु पहचानी जाए, निशान।

निशापति पुं० [सं०] चन्द्रमा, नक्षत्रेश।

निशामुख पुं० [सं०] संध्या का समय।

निशास्ता पुं० [फा०] १. गेहूँ या आटे का जमाया हुआ सत या गूदा। २. माड़ी, कलफ।

निशि स्त्री० [सं०] रात।

निशिचर वि० [सं०] रात में चलनेवाला। पुं० राक्षस।

निशीथ पुं० [सं०] रात्रि का मध्य भाग।

निशेश पुं० [सं०] निशा के पति या स्वामी, चन्द्रमा। *वि० दे० 'नि:शेष'।

निश्चय पुं० [सं०] १. ऐसी धारणा या ज्ञान जिसमें कोई भ्रम या दुविधा न हो। २. विश्वास, यकीन। ३. निर्णय। ४. दृढ़ संकल्प या विचार, पक्का इरादा। ५. सभा-समिति आदि में ठहराई या स्थिर की हुई बात। ६. एक अर्थालंकार जिसमें एक बात का निषेध करके प्रकृत या यथार्थ बात के स्थापन का उल्लेख होता है।

निश्चयन पुं० [सं०] निश्चय करने की क्रिया या भाव।

निश्चयवादी (-दिन्) वि० [सं०] निश्चय पर दृढ़ रहनेवाला।

निश्चयात्मक वि० [सं०] पूरी तरह से निश्चित, ठीक, पक्का।

निश्चल वि० [सं०] [स्त्री० निश्चल, भाव० निश्चलता] १. जो अपने स्थान से न हटे, स्थिर। २. अचल, अटल।

निश्चायक वि० [सं०] १. निश्चय या प्रतीति करानेवाला। २. जिसके द्वारा या कारण किसी बात का निश्चित ज्ञान हो।

निश्चिंत वि० [सं०] चिंता से रहित, चिंतामुक्त।

निश्चिंतई* स्त्री०=निश्चिंतता।

निश्चिंतता स्त्री० [सं०] निश्चिंत होने की क्रिया या भाव, बेफिक्री।

निश्चित वि० [सं०] १. जिसके संबंध में निश्चय हो चुका हो, निर्णीत। २. जिसमें कोई परिवर्तन न हो सके, दृढ़, पक्का। ३. जो बिल्कुल ठीक हो, और जिसके मिथ्या या अन्यत्र होने की कोई सम्भावना न हो, ध्रुव। (डेफिनिट) ४. जो नियम, निश्चय, आज्ञा, विधि आदि के द्वारा नियत या पक्का कर दिया गया हो। (फिक्स्ड)

निश्चितता स्त्री० [सं०] निश्चित होने की अवस्था या भाव।

निश्चिति स्त्री० [सं०] निश्चित होने की अवस्था या भाव।

निश्चेतक पुं० [सं०] चेतना से रहित करनेवाला।

निश्चेतन वि० [सं०] १. बेहोश। २. जड़।

निश्चेष्ट वि० [सं०] १. जिसमें चेष्टा या गति न हो। २. बेहोश, अचेत। ३. निश्चल, स्थिर।

निश्चेष्टता स्त्री० [सं०] १. बेहोशी। २. अकर्मण्यता।

निश्चै* पुं०=निश्चय।

निश्छल वि० [सं०] [भाव० निश्छलता] जो छल-कपट न जानता हो, सरल प्रकृति का, सीधा।

निश्छलता स्त्री० [सं०] निश्छल होने की अवस्था या भाव।

निश्वास पुं० [सं०] नाक या मुँह के बाहर निकलनेवाला श्वास या साँस।

निश्शंक वि० दे० 'नि:शंक'।

निश्शेष वि० दे० 'नि:शेष'।

निषंग पुं० [सं०] [वि० निषंगी] १. तरकश। २. खड्ग।

निषाद पुं० [सं०] १. एक प्राचीन अनार्य जाति। २. एक प्राचीन देश जो कदाचित् शृंगवेरपुर के पास था। ३. उक्त जाति और देश की प्राचीन भाषा जो आधुनिक भाषाविज्ञान की दृष्टि से मुंडा भाषाओं के वर्ग में गिनी जाती है। ४. संगीत में सातवाँ और सबसे ऊँचा स्वर।

निषादी(-दिन्) पुं० [सं०] हाथीवान।

निषिक्त वि० [सं०] जिसके अन्दर या गर्भ में कोई चीज रखी या भरी गई हो, जिसमें निषेचन हुआ हो। (इम्प्रेग्नेटेड)

निषिद्ध वि० [सं०] १. जिसका निषेध किया गया हो, मना किया हुआ। २. बुरा।

निषेचन पुं० [सं०] कृत्रिम ढंग से गर्भ स्थापित करना।

निषेचित वि० [सं०] निषेचन द्वारा गर्भ में स्थापित किया हुआ।

निषेध पुं० [सं०] [वि० निषिद्ध] १. यह कहना कि अमुक काम या बात मत करो, वर्जन, मनाही। २. बाधा, रुकावट। ३. न होने की अवस्था या भाव, अभाव। (निगेशन)

निषेधक वि० [सं०] १. निषेध या मना करनेवाला। २. (आज्ञा या कथन) जिसके द्वारा निषेध या मनाही की जाए। (प्रॉहिबिटरी) ३. दे० 'प्रतिषेधक'।

निषेधात्मक वि० [सं०] १. जिसमें निषेध या मनाही की गई हो। २. जिसमें 'नहीं' या 'न' होने का भाव हो, नकारात्मक। (निगेटिव)

निषेधाधिकार पुं० [सं०] १. किसी प्रस्तावित या उद्दिष्ट कार्य को पहले से ही अमान्य या अस्वीकृत करके रोकने का

अधिकार। २. राज्य आदि के प्रमुख अधिकारी या अधिकारियों के हाथ में रहनेवाला वह अधिकार जिसके आधार पर किसी प्रकार का राजनीतिक कृत्य या विधायिका द्वारा स्वीकृत कोई विधान कार्यरूप में परिणित होने से रोका जा सकता हो। ३. किसी संस्था के सदस्यों के हाथ में रहनेवाला उक्त प्रकार का अधिकार जिससे कोई स्वीकृत प्रस्ताव व्यवहार में आने से रोका जा सकता है। (वीटो)

निष्कंटक वि० [सं०] जिसमें कोई कंटक, बाधा या बखेड़ा न हो, बिना झंझट का।

निष्कंप वि० [सं०] जो काँपता या हिलता न हो, स्थिर।

निष्क पुं० [सं०] १. वैदिक काल का सोने का एक सिक्का। २. वैद्यक में चार मासे की तौल, टंक।

निष्कपट वि० [सं०] [भाव० निष्कपटता] १. जिसके मन में कपट न हो, निश्चल, छलरहित, सीधा, सरल। २. बिना कपट के होनेवाला; जैसे—निष्कपट व्यवहार।

निष्करुण वि० [सं०] जिसमें या जिसके मन में करुणा न हो।

निष्कर्ष पुं० [सं०] १. सारांश, खुलासा। २. विचार या विवेचन के अन्त में निकलनेवाला सिद्धान्त, निचोड़, सार।

निष्कलंक वि० [सं०] [भाव० निष्कलंकता] जिसमें कलंक न हो, निर्दोष, बेऐब।

निष्कलन पुं० [सं०] हत्या-वध।

निष्कलुष वि० [सं०] कलुष से रहित, निष्कलंक।

निष्काम वि० [सं०] [भाव० निष्कामता] १. (मनुष्य) जिसके मन में कोई कामना या इच्छा न हो। २. बिना किसी कामना या इच्छा के किया जानेवाला (काम)।

निष्कारण वि० [सं०] बिना कारण का।

क्रि० वि० १. बिना कारण के। २. व्यर्थ, वृथा, बेफायदा।

निष्कासन पुं० [सं०] [वि० निष्कासित] १. निकालना, बाहर करना। २. किसी को दंड आदि के रूप में किसी स्थान, क्षेत्र आदि से हटाकर बाहर या दूर करना।

निष्कासित वि० [सं०] जिसे घर, विद्यालय, नगर, देश आदि से निकाल दिया गया हो।

निष्कीटक वि० [सं०] कीड़ों से रहित।

निष्कीटन पुं० [सं०] कीड़ों या कीटाणुओं से रहित करना।

निष्कृत वि० [सं०] [भाव० निष्कृति] १. निकला हुआ। २. छूटा हुआ, मुक्त।

निष्क्रमण पुं० [सं०] [वि० निष्क्रान्त] बाहर निकलना।

निष्क्रय पुं० [सं०] [वि० निष्क्रीत] १. वेतन, तनखाह। २. विनिमय, बदला। ३. किसी वस्तु के स्थान पर दिया जानेवाला धन, जैसे गोदान के समय गौ न देकर उसके स्थान पर दिया जानेवाला धन। (कम्पेन्सेशन)

निष्क्रांत वि० [सं०] [भाव० निष्क्रांति] १. निकला या निकाला हुआ। २. मुक्त।

निष्क्रिय वि० [सं०] [भाव० निष्क्रियता] १. जिसमें कोई क्रिया, चेष्टा या व्यापार न हो, क्रिया या चेष्टा से रहित। २. जिसकी क्रिया या गति बीच में रुक गई हो। (इन-ऐक्टिव)

निष्क्रियण पुं० [सं०] निष्क्रिय करना या बनाना, निष्प्रभावी कर देना।

निष्क्रियता स्त्री० [सं०] निष्क्रिय होने की अवस्था या भाव।

निष्क्रियीकरण पुं० [सं०] निष्क्रिय करने की क्रिया या भाव।

निष्क्रीत वि० [सं०] १. जिससे या जिसके लिए निष्क्रय दिया गया हो। (कम्पेन्सेटेड) २. (ऋण या देन) जिसका विमोचन हुआ हो। (रिडीम्ड)

निष्ठ वि० [सं०] १. ठहरा हुआ, स्थित। २. काम में लगा हुआ, तत्पर। ३. किसी के प्रति निष्ठा, श्रद्धा या भक्ति रखनेवाला। (लॉयल)

निष्ठा स्त्री० [सं०] किसी की विश्वसनीयता, सत्ता सामर्थ्य आदि के प्रति होनेवाला पूज्य भाव।

निष्ठुर वि० [सं०] [स्त्री० निष्ठुरा, भाव० निष्ठुरता] निर्दय। बेरहम।

निष्णा, निष्णात वि० [सं०] किसी विषय का पूरा ज्ञाता या पंडित। (एक्सपर्ट)

निष्पंद वि० [सं०] जिसमें किसी प्रकार का स्पंदन, कंप या गति न हो।

निष्पक्ष वि० [सं०] [भाव० निष्पक्षता] १. जो किसी के पक्ष में न हो। २. पक्षपात-रहित, तटस्थ। (इम्पार्शल)

निष्पक्षता स्त्री० [सं०] निष्पक्ष होने की दशा या भाव। (इम्पारशैलिटी)

निष्पत्ति स्त्री० [सं०] १. समाप्ति, अंत। २. निर्वाह। ३. निश्चय, निर्धारण।

निष्पन्न वि० [सं०] [भाव० निष्पन्नता] (काम) जो आज्ञा, नियम, निश्चय आदि के अनुसार समाप्त या पूरा किया जा चुका हो। (एक्ज़िक्यूटेड)

निष्पादक पुं० [सं०] १. आज्ञा, नियम आदि के अनुसार कोई काम करने वाला व्यक्ति। २. वह जो किसी की दित्सा या वसीयत में लिखी बातों का पालन या व्यवस्था करने का अधिकारी बनाया गया हो। (एक्ज़िक्यूटर)

निष्पादन पुं० [सं०] [वि० निष्पाद्य, निष्पादनीय, निष्पादित, निष्पन्न] १. आज्ञा, नियम आदि के अनुसार कोई काम ठीक तरह से पूरा करना, तामील। २. किसी अधिकारी आदि के बतलाए हुए काम ठीक तरह से पूरे करना, तामील। (एक्जिक्यूशन)

निष्पादित वि० [सं०] जिसका निष्पादन हो चुका हो।

निष्पाप वि० [सं०] १. जो पाप से दूर रहे। २. जिसमें पाप न हो, पाप-रहित।

निष्प्रभ वि० [सं०] जिसमें प्रभा या चमक न हो या न रह गई हो, प्रभा-रहित।

निष्प्रभाव, निष्प्रभावी वि० [सं०] १. जिसका या जिसमें कोई प्रभाव न हो। २. जिसका कार्य या प्रभाव रोका या

नष्ट किया गया हो, जैसे—अब यह नियम निष्प्रभाव हो गया है।

निष्प्रभावीकरण पुं० [सं०] निष्प्रभावी या प्रभावहीन करने की क्रिया या भाव।

निष्प्रयोजन वि० [सं०] १. जिसमें कोई प्रयोजन न हो। २. व्यर्थ।

क्रि० वि० १. बिना किसी प्रयोजन या मतलब के। २. व्यर्थ। वृथा, फजूल।

निष्प्रयोज्य वि० [सं०] १. प्रयोजनविहीन। २. व्यर्थ।

निष्प्राण वि० [सं०] १. जिसमें प्राण न हो, प्राणविहीन। २. मृत।

निष्फल वि० [सं०] जिसका कोई फल या परिणाम न हो, व्यर्थ, निरर्थक। (एबॉर्टिव)

निसंक, निसंकी* वि० दे० 'निःशंक'।

निसंग* वि० दे० 'निःसंग'।

निसँठ* वि० दे० 'निर्धन'।

निसंस[1]* वि० दे० 'नृशंस'।

निसंस[2] वि० [हिं० नि+साँस] १. जिसमें साँस न हो, मृत। २. मृतप्राय, मुरदा-सा।

निसंना* अ०=हाँफना।

निस* स्त्री० दे० 'निशा'।

निसक* वि० दे० 'अशक्त'।

निसकर* पुं०=निशाकर (चन्द्रमा)।

निसचय* पुं०=निश्चय।

निसत* वि० दे० 'निःसत्त्व'।

निसतरना* अ० [सं० निस्तार] निस्तार या छुटकारा पाना, मुक्त होना।

निसदिन* क्रि० वि० [सं० निशा+दिन] १. दिन और रात। २. सदा, हमेशा।

निसद्योस* क्रि० वि० [सं० निशि+दिवस] १. रात-दिन। २. सदा, नित्य।

निसनेहा* पुं० दे० 'निर्मोही'।

निसबत स्त्री० [अ० निस्बत] १. सम्बन्ध, लगाव। २. विवाह-सम्बन्ध स्थिर करने की प्रथा, मँगनी। ३. तुलना, मुकाबला।

निसमानी* वि० [हिं० निस=नहीं+मन] जिसकी सुध-बुध ठिकाने न हो, विकल।

निसयाना* वि० [हिं० नि+सयाना] जिसकी बुद्धि ठिकाने न हो।

निसरना* अ०=निकलना।

निसरावन पुं० [सं० निस्सरण] ब्राह्मण को दिया जानेवाला कच्चा अन्न, सीधा।

निसर्ग पुं० [सं०] १. प्रकृति। (नेचर) २. रूप, आकृति। ३. दान। ४. सृष्टि।

निसवनी स्त्री० वह स्थान जहाँ शराब बनती हो।

निसवादिल* वि० [सं० निःस्वाद] जिसमें कुछ भी स्वाद न हो, स्वादहीन।

निसवासर* क्रि० वि० दे० 'निसदिन'।

निसस* वि० दे० 'निसाँस'।

निसाँक* वि० दे० 'निःशंक'।

निसाँस* पुं० [सं० निः+श्वास] ठंडा साँस, दीर्घ श्वास।

वि० १. जिसमें साँस न हो, निर्जीव, बेदम। २. मृतप्राय।

निसा* स्त्री० दे० 'निशा'।

निसाथा* वि० [हिं० नि+सात] जिसके साथ कोई न हो, अकेला।

निसान* पुं० दे० 'निशान'।

निसानन* पुं० [सं० निशानन] संध्या।

निसाफ* पुं० [अ० इंसाफ] न्याय।

निसार पुं० [अ०] निछावर, सदका।

*वि० दे० 'निस्सार'।

निसारना* स०=निकालना।

निसास, निसासी* स्त्री० दे० 'निसाँस'।

निसि* स्त्री० दे० 'निशि'।

निसिअर* पुं० [सं० निशाकर] चन्द्रमा।

निसिचर पुं०=निशिचर।

निसित* वि०, पुं० दे० 'निशित'।

निसिदिन* क्रि० वि० दे० 'निसदिन'।

निसियर* पुं०=निशाकर (चन्द्रमा)।

निसिवासर* क्रि० वि० दे० 'निसदिन'।

निसीठा* वि० दे० 'निस्सार'।

निसील वि० शील से रहित, असभ्य।

निसु स्त्री० दे० 'निशा'। (निसु के यौ० के लिए दे० 'निस' के यौ०)

निसुका* वि० [सं० निस्वक्] १. गरीब, निर्धन। २. बेचारा।

निसृत* वि० [सं०] निकला हुआ, उत्पन्न।

निसृष्ट* वि० [सं०] १. छोड़ा या निकाला हुआ। २. भेजा हुआ। ३. दिया हुआ।

निसेनी स्त्री० दे० 'सीढ़ी'।

निसेष* वि० दे० 'निःशेष'।

निसेस* पुं० [सं० निशेश] चन्द्रमा।

निसोग* वि० [सं० निःशोक] जिसे शोक या दुख न हो, सोच से रहित।

निसोच* वि० [सं० निःशोच] चिन्तारहित।

निसोत*, निसोता वि० [?] [स्त्री० निसोती] असली, सच्चा। उदा०... ... ... कहौं सो साँच निसोतो। -तुलसी

निसोध, निसोधु* स्त्री० [हिं० सुध] १. सुध, होश। २. हाल, खबर। ३. सँदेशा।

निस्तंद्र वि० [सं०] १. जिसे तन्द्रा न आई या न आती हो। २. जागा हुआ, जाग्रत।

निस्तत्त्व वि० [सं०] जिसमें कोई तत्त्व या सार न हो, निस्सार।

निस्तब्ध वि० [सं०] [भाव० निस्तब्धता] १. जो हिलता-डुलता न हो। २. जड़ के समान निश्चेष्ट।

निस्तरंग वि० [सं०] १. जिसमें तरंग या लहर न हो। २. शान्त। ३. जिसमें कुछ भी गति या शब्द न हो।

निस्तर* पुं०=निस्तार।

निस्तरण पुं० दे० 'निस्तार'।

निस्तरना* अ० [सं० निस्तार] निस्तार या छुटकारा पाना, मुक्त होना।

स०=निस्तारना (निस्तार करना)।

निस्तल वि० [सं०] [भाव० निस्तलता] १. जिसका तल न हो। २. जिसके तल की थाह न हो, बहुत गहरा। ३. गोल, वृत्ताकार। ४. नीचा, निम्न।

निस्तार पुं० [सं०] १. पार होने का भाव। २. छुटकारा, उद्धार। ३. काम पूरा करके उससे छुट्टी पाना।

निस्तारक पुं० [सं०] वह जो निस्तार करता हो।

निस्तारण पुं० [सं०] [वि० निस्तारित] १. निस्तार करने या छुटकारा दिलाने की क्रिया या भाव। २. सामने आए हुए कार्य या व्यवहार (मुकदमे) को नियमित रूप से पूरा करना अथवा उसका निराकरण करना। (डिस्पोज़ल)

निस्तारना स०=निस्तार करना।

निस्तेज वि० [सं० निस्तेजस्] जिसमें तेज न हो, तेज रहित।

निस्पंद वि० [सं०] [भाव० निस्पंदता] १. जो हिलता-डुलता न हो, स्थिर, निश्चल। २. निश्चेष्ट, स्तब्ध।

निस्पृह वि० [सं०] [भाव० निस्पृहता] जिसे किसी प्रकार का लोभ या कामना न हो, निर्लोभ।

निस्फ वि० [अ० निस्फ़] आधा, अर्द्ध।

निस्बत स्त्री० दे० 'निसबत'।

निस्यों* वि० [सं० निश्चिन्त] निश्चिन्त, बेफिक्र, जैसे निस्यों करि=निश्चिन्त होकर।

निस्वन पुं० [सं०] ध्वनि, शब्द।

निस्संकोच वि० [सं०] जिसे या जिसमें संकोच या लज्जा न हो, बेधड़क।

क्रि० वि० बिना किसी संकोच के।

निस्संग वि० [सं०] १. जो किसी से कोई सम्बन्ध न रखता हो। २. विषय-वासनाओं आदि से रहित। ३. निर्जन, एकान्त। ४. अकेला।

निस्संतान वि० [सं०] जिसे कोई सन्तान या बाल-बच्चा न हो, सन्ततिरहित।

निस्संदेह क्रि० वि० [सं०] १. बिना सन्देह के। २. अवश्य,जरूर।

वि० जिसमें सन्देह न हो।

निस्संबल वि० [सं०] जिसका कोई सम्बल, सहारा या ठिकाना न हो।

निस्सरण पुं० [सं०] [वि० निस्सृत] १. निकलने का मार्ग। २. निकलना। (डिस्चार्ज)

निस्सहाय वि० [सं०] जिसका कोई सहायक न हो, असहाय, निरवलम्ब (हेल्पलेस)

निस्सार वि० [सं०] [भाव० निस्सारता] १. साररहित। २. जिसमें काम की बात न हो।

निस्सारण पुं० [सं०] निकालने की क्रिया या भाव। (डिस्चार्ज)

निस्सीम वि० [सं०] १. जिसकी कोई सीमा न हो, असीम। (एब्सोल्यूट) २. बहुत अधिक, बेहद।

निस्सृत वि० [सं०] निकला हुआ; जैसे—भाषाविज्ञान मुख से निस्सृत शब्दों का ही अध्ययन करता है।

निस्स्नेह वि० [सं०] जिसमें या जिसे स्नेह या प्रेम न हो।

निस्स्वार्थ वि० [सं०] जिसमें या जिसे अपने स्वार्थ या हित का कोई विचार न हो।

निहंग वि० [सं० निःसंग] १. एकाकी, अकेला। २. स्त्री से सम्बन्ध न रखने और अकेला रहनेवाला। ३. नंगा। ४. निर्लज।

पुं० सिक्खों का एक सम्प्रदाय।

निहंग-लाड़ला वि० [हिं० निहंग+लाड़ला] जो लाड़ या दुलार के कारण उद्दंड और स्वेच्छाचारी हो गया हो, खाली।

निहरकरमी* वि० [सं० निष्कर्मी] जो कर्मों से रहित या अलिप्त हो।

निहकाम* वि० दे० 'निष्काम'।

निहचय* पुं० दे० 'निश्चय'।

निहचल* वि० दे० 'निश्चल'।

निहचील* वि० १. दे० 'निश्चिंत'। २. दे० 'निश्चित'।

निहत वि० [सं०] १. नष्ट। २. जो मार डाला गया हो।

निहत्था वि० [हिं० नि+हाथ] १. जिसका हाथ न हो। २. जिसके हाथ में कोई अस्त्र या शस्त्र न हो।

निहत्थे क्रि० वि० खाली हाथ, बिना अस्त्र के।

निहनना* स० दे० 'हनना'।

निहपाप* वि० दे० 'निष्पाप'।

निहफल* वि० दे० 'निष्फल'।

निहाई स्त्री० [सं० निघाति, मि० फा० निहाली] लोहे का वह आधार जिसपर सुनार, लुहार आदि कोई चीज रखकर हथौड़े से पीटते हैं।

निहाउ* पुं० दे० 'निहाई'।

निहायत वि० [अ०] अत्यन्त, बहुत।

निहार पुं० [सं०] १. कुहरा, पाला। २. ओस। ३. बरफ।

निहारना स० [सं० निभालन] १. अच्छी तरह या मुग्ध होकर देखना। २. दे० 'देखना'।

निहारनि* स्त्री० [हिं० निहारना] निहारने की क्रिया या भाव।

निहाल वि० [फा०] भली-भाँति सन्तुष्ट और प्रसन्न, पूर्णकाम।

निहालना* स०=देखना।

निहाली स्त्री० [फा०] १. गद्दा, तोशक। २. रजाई। ३. निहाई।

निहित वि० [सं०] कहीं या किसी के अन्दर रखा, पड़ा या छिपा हुआ।

निहितार्थ पुं० [सं०] शब्द या वाक्य में निहित अर्थ, विशेषतः वह अर्थ जिसे कवि या लेखक व्यक्त करना चाहता हो।

निहुरना अ० [हिं० नि+होड़न] झुकना।

निहुराई स्त्री० [हिं० निहुरना] निहुरने या झुकने की क्रिया या भाव।

*स्त्री० दे० 'निष्ठुरता'।

निहुराना स० हिं० 'निहुरना' का स०।

निहोरना* स० [हिं० निहोरा] १. किसी बात के लिए प्रार्थना करना। २. याचना करना, मँगाना, उदा० गाँव बसत बामदेव, मैं कबहुँ न निहोरे।- तुलसी। ३. रूठे हुए को प्रसन्न करना, मनाना। ४. निहोरा या उपकार मानना, कृतज्ञ होना। ५. खुशामद या चापलूसी करना।

निहोरा पुं० [हिं० मनुहार] एहसान, कृतज्ञता। २. विनती, प्रार्थना। ३. भरोसा, सहारा, आसरा।

नींद स्त्री० [सं० निद्रा] प्राणियों की वह अवस्था जिसमें बीच-बीच में अथवा नित्य रात को उनकी चेतन क्रियाएँ रुक जाती हैं, और शरीर तथा मस्तिष्क विश्राम करता है, सोने की अवस्था, निद्रा।

मुहा० *नींद उचटना, खुलना या टूटना*=नींद का अन्त होना, जाग पड़ना। *नींद हराम होना*=चिन्ता आदि के कारण नींद तक न आना।

नींदड़ी* स्त्री० दे० 'नींद'।

नींदना* अ० [हिं० नींद] नींद लेना, सोना।

स० दे० 'निराना'।

नींदरी* स्त्री०=नींद।

नींबू पुं० [सं० निंबूक, अ० लेमूँ] एक छोटा पेड़ जिसके गोल, छोटे फल खट्टे होते हैं। (कई प्रकार के नींबू मीठे और बड़े भी होते हैं।)

नींबू-निचोड़ वि० बहुत बड़ा कंजूस।

नींव स्त्री० [सं० नेमि, प्रा० नेइ] १. मकान आदि बनाने के समय उसका वह मूल भाग जो दीवारों की दृढ़ता के लिए जमीन खोदकर और उसमें से दीवारों की जोड़ाई आरम्भ करके बनाया जाता है। २. किसी वस्तु या कार्य का आरम्भिक तथा मूल भाग।

मुहा० *नींव जमाना या डालना*=दे० 'नींव देना'। *नींव देना*=(क) गड्ढा खोदकर दीवार का मूल भाग बनाना। (ख) कारण या आधार खड़ा करना, जड़ खड़ी करना, उपक्रम करना। *नींव पड़ना*=(क) घर की दीवार का बनना आरम्भ होना। (ख) कार्य का सूत्रपात होना।

३. जड़, मूल। ४. आधार।

नीक* वि० [सं० निक्त=स्वच्छ] [स्त्री० नीकी] उत्तम, अच्छा, बढ़िया।

पुं० उत्तमता, अच्छापन।

नीके क्रि० वि० [हिं० नीक] अच्छी तरह।

नीच वि० [सं०] [भाव० नीचता] १. जाति, गुण आदि में बहुत घटकर या कम। २. अधम, बुरा, निकृष्ट।

नीच-ऊँच पुं० [हिं० नीचा+ऊँचा] १. अच्छाई और बुराई। २. हित और अहित। ३. अच्छा और बुरा परिणाम, हानि-लाभ। ४. सुख-दुख।

नीचता स्त्री० [सं०] अवगुण, बुराई।

नीचा वि० [सं० नीच] [स्त्री० नीची] १. जो कुछ उतार या गहराई में हो, गहरा, निम्न, 'ऊँचा' का उलटा। २. जो अधिक ऊपर तक न गया हो। ३. निम्न स्तर की ओर दूर तक आया हुआ।

मुहा० *नीचा दिखाना*=(क) तुच्छ ठहराना, अपमानित करना। (ख) परास्त करना, हराना। (ग) लज्जित करना। *नीचा देखना*=(क) तुच्छ ठहरना। (ख) हारना, परास्त होना। *नीची दृष्टि करना*=लज्जा या संकोच से सिर झुकाना, सामने या ऊपर न ताकना।

४. झुका हुआ, नत। ५. जो तीव्र या जोर का न हो, धीमा, मद्धिम। ६. जाति, गुण आदि में घटकर। ७. ओछा, क्षुद्र।

नीचाशय वि० [सं०] क्षुद्र, ओछा।

नीचू* क्रि० वि० दे० 'नीचे'।

स्त्री०* दे० 'नीची'।

नीचे क्रि० वि० [हिं० नीचा] १. निम्नतल की ओर, अधोभाग में, 'ऊपर' का उलटा।

मुहा० *नीचे गिरना*=अवनत या पतित होना। *ऊपर से नीचे तक*=सिर से पैर तक, एक सिरे से दूसरे सिरे तक।

२. तुलना में घटकर या कम। ३. अधीनता या मातहती में।

नीजन* वि० दे० 'निर्जन'।

नीझर* पुं० दे० 'निर्झर'।

नीठ[१] स्त्री० [सं० अनिष्ट] इच्छा या रुचि न होना।

नीठ[२]* स्त्री० [सं० निष्ठा=कठिनाई] कठिनाई।

क्रि० वि० कठिनाई से।

नीठि* क्रि० वि० दे० 'नीठ', उदा० तहँ साख बैठों नीठि, तब पख्यों बानर दीठि।- केशव।

नीठो* वि० [सं० अनिष्ट, प्रा. अनिट्ट] १. अनिष्टकारी, बुरा। २. ठहरे या ठहरने का स्थान।

नीड़ पुं० [सं० नीड] १. पक्षियों के रहने का घोंसला। २. आवास।

नीड़क पुं० [सं० नीडक] घोंसले में रहनेवाला पक्षी, नीड़ज।

नीड़ज पुं० [सं० नीडज] चिड़िया, पक्षी।

नीति स्त्री० [सं०] १. ले जाने या ले चलने की क्रिया भाव। २. व्यवहार या बरताव का ढंग, आचार-व्यवहार। ३. व्यवहार की वह रीति जिससे अपना हित हो और दूसरों को कष्ट या हानि न पहुँचे। ४. जनता या समाज के हित के लिए निश्चित आचार-व्यवहार, अच्छा-व्यवहार और चलन, नय। (ईथिक्स) ५. राज्य और राष्ट्र की रक्षा तथा हित के लिए निश्चित रीति या व्यवहार, राजविद्या। ६. कोई कार्य ठीक तरह से पूरा करने के लिए की जानेवाली युक्ति, उपाय, ढंग या प्रकार। (पॉलिसी)

नीतिज्ञ वि०, पुं० [सं०] नीति जाननेवाला।

नीतिमत्ता स्त्री० [सं०] बुद्धिमानी, विवेक।

नीतिमान, नीतिमान् वि० [सं० नीतिमत्] [स्त्री० नीतिमती] १. नीतिपरायण। २. सदाचारी।

नीतिवादी पुं० [सं०] वह जो सब काम नीतिशास्त्र के सिद्धान्तों के अनुसार करना चाहता या करता हो।

नीतिशास्त्र पुं० [सं०] १. वह शास्त्र जिसमें देश, काल और पात्र का ध्यान रखकर सबके आचरण करने के नियम रहते हैं। २. वह शास्त्र जिसमें समाज के कल्याण के लिए आचार-व्यवहार बतलाए गए हों। (ईथिक्स)

नीधना* वि० दे० 'निर्धन'।

नीप पुं० [?] कदम्ब का पेड़, कदम्ब।

नीपना* स० दे० 'लीपना'।

नीबी* स्त्री० दे० 'नीवि'।

नीबू पुं० दे० 'नींबू'।

नीम[१] पुं० [सं० निंबू] एक प्रसिद्ध पेड़ जिसके सभी अंग कड़ुए होते हैं और दवा के काम में आते हैं।

नीम[२] वि० [फा०] आधा, अर्द्ध।

नीमा पुं० [फा०] जामे के नीचे पहना जानेवाला एक पहनावा।

नीमास्तीन स्त्री० [फा० नीम+आस्तीन] आधी बाँह की कुरती या फतूही।

नीयत स्त्री० [अ०] मन में रहनेवाला भाव, लक्ष्य या उद्देश्य, आशय, मंशा।

मुहा० *नीयत बदल जाना या नीयत में फरक आना*=दे० 'नियत बिगड़ना। *नीयत बाँधना*=संकल्प करना, इरादा करना। *नीयत बिगड़ना*=अच्छे संकल्प या विचार का बुरा हो जाना। *नीयत भरना*=मन भरना, तृप्ति होना। *नीयत लगी रहना*=लालसा बनी रहना।

नीर पुं० [सं०] [भाव० नीरता] १. पानी, जल।

मुहा० *नीर ढलना*=मरते समय आँखों से पानी बहना।

२. तरल पदार्थ या रस। ३. छाले आदि से निकलनेवाला चेप।

नीरक्षीर पुं० [सं०] जल और दूध।

नीरक्षीर- विवेक पुं० [सं०] दूध और पानी को अलग-अलग करने का विवेक, अच्छाई और बुराई में अन्तर करने की क्षमता।

नीरज पुं० [सं०] १. जल में उत्पन्न होनेवाला पदार्थ। २. कमल। ३. मोती।

नीरद[१] पुं० [सं०] बादल, मेघ।

वि० जल देनेवाला।

नीरद[२] वि० [सं० निः+रद] बेदाँत, अदन्त।

नीरधर पुं० [सं०] बादल, मेघ।

नीरधि पुं० [सं०] समुद्र।

नीरव वि० [सं०] [भाव० नीरवता] १. जिसमें किसी प्रकार का शब्द न हो, निःशब्द। २. जो कुछ न बोलता हो, चुप।

नीरस वि० [सं०] [भाव० नीरसता] १. जिसमें रस न हो, रसहीन। २. सूखा, शुष्क। ३. जिसमें कोई आकर्षक या रुचिकर बात या तत्त्व न हो।

नीरसता स्त्री० [सं०] १. रस का अभाव, फीकापन। २. दिलचस्पी का न होना।

नीरांजन पुं० [सं०] देवता की आरती।

नीरांजनी स्त्री० [सं०] वह आधार या पात्र जिसमें आरती के लिए दीपक जलाया जाता है, आरती।

नीरा[१] स्त्री० [सं० नीर] ताड़ के वृक्ष का वह रस जो प्रातःकाल उतारा जाता है और जो पीने में बहुत स्वादिष्ट और गुणकारी होता है।

नीरा[२] *क्रि० वि० [हिं० नियर] समीप, पास।

नीराजन पुं० दे० 'नीरांजन'।

नीराजना* अ० [सं० नीरांजन] १. आरती करना। २. शस्त्र आदि साफ करके चमकाना।

नीरुज वि० दे० 'नीरोग'।

नीरे* क्रि० वि० दे० 'नियर'।

नीरोग वि० [सं०] जिसे कोई रोग या बीमारी न हो, स्वस्थ, तन्दुरुस्त।

नील वि० [सं०] नीले रंग का।

पुं० १. नीला रंग, गहरा आसमानी रंग। २. एक प्रसिद्ध पौधा जिससे नीला रंग निकलता है। ३. इस पौधे से निकलनेवाला नीला रंग।

मुहा० *नील का टीका लगाना*=कलंक लगाना। *आँखों में नील की सलाई फेरवाना*=आँखें फोड़वा डालना, अन्धा करा देना।

४. शरीर पर पड़ा हुआ चोट का नीले रंग का दाग। ५. सौ अरब की संख्या। ६. राम की सेना का एक वानर। ७. नौ निधियों में से एक।

नीलकंठ वि० [सं०] जिसका कंठ नीला हो, नीले गलेवाला। पुं० १. शिव का एक नाम। २. मोर नामक पक्षी। ३. एक प्रकार की चिड़िया जिसके डैने और गला नीला होता है।

नीलकृष्ण वि० [सं०] नीलापन लिए काले रंग का।

नीलगाय स्त्री० [हिं० नील+गाय] एक प्रकार का बड़ा हिरन जो देखने में बहुत-कुछ गौ के समान जान पड़ता है।

नीलम पुं० [सं० नीलमणि से फा०] गहरे नीले या पारदर्शी हलके नीले रंग का एक प्रसिद्ध रत्न, जो शनि ग्रह का प्रतिनिधि माना जाता है। नीलमणि।

स्त्री० पुरानी चाल की एक प्रकार की तलवार।

नीलांबर पुं० [सं०] नीले रंग का कपड़ा।

नीलांबुज पुं० [सं०] नीला कमल।

नीला वि० [सं० नील] आकाश या नील के रंग का।

मुहा० *चेहरा नीला पड़ जाना*=भय आदि के कारण चेहरे का रंग उतर जाना।

नीलाज* वि०=निर्लज्ज।

नीलाभ वि० [सं०] जिसमें नीले रंग की झलक हो, हलका नीला।

नीलाम वि० [पुर्त० लीलाम] जिसकी नीलामी हो। पुं०=नीलामी।

नीलामकर्ता पुं० [हिं०+सं०] नीलामी करनेवाला व्यक्ति या अधिकारी।

नीलामी स्त्री० [हिं० नीलाम] १. चीजें बेचने की वह सार्वजनिक पद्धति जिसमें सबसे अधिक बोली बोलनेवाले (दाम लगानेवाले) आदमी के हाथ माल बेचा जाता है। (ऑक्शन) २. उक्त प्रकार से होनेवाली चीजों की बिक्री। (सेल)

नीलिका स्त्री० [सं०] १. एक रोग जिसमें आँखें तिलमिलाती हैं। २. चोट आदि के कारण शरीर पर पड़ा हुआ नीला दाग या निशान, नील।

नीलिमा स्त्री० [सं० नीलिमन्] १. नीलापन। २. श्यामता, स्याही।

नीलोत्पल पुं० [सं०] नीला कमल।

नीलोफर पुं० [फा०, मि० सं० नीलोत्पल] १. नीला कमल। २. कुईं, कुमुद।

नीवँ स्त्री० दे० 'नींव'।

नीवि स्त्री० [सं०] १. कमर में लपेटी हुई धोती की वह गाँठ जो धोती को नीचे खिसकने से रोकने के लिए बाँधी जाती है। २. वह डोरी जिससे स्त्रियाँ लहँगे की गाँठ बाँधती हैं।

नीवी १. स्त्री० दे० 'नीवि'। २. दे० 'नींव'।

नीसक* वि० [सं० निःशक्त] कमजोर।

नीहार पुं० [सं०] १. कुहरा। २. पाला। ३. हिम, बरफ। ४. महादेवी वर्मा की कविता में वेदना का प्रतीक।

नीहारिका स्त्री० [सं०] आकाश में दूर तक कुहरे की तरह फैला हुआ वह प्रकाश-पुंज जो अँधेरी रात में सफेद धारी की तरह दिखाई देता है।

नुकता पुं० [अ० नुक़तः] बिन्दु, बिन्दी।

नुक्ताचीन पुं० [अ०+फा०] छिद्रान्वेषी।

नुक्ताचीनी स्त्री० [फा०] छिद्रान्वेषण, ऐब या दोष निकालना।

नुकती स्त्री० [फा० नखुदी] बेसन की महीन मीठी बुँदिया।

नुकना* अ० दे० 'लुकना'।

नुकरा पुं० [अ० नुक्रः] १. चाँदी। २. सफेद रंग का घोड़ा।

नुकल पुं० [अ० नुक्ल] भोजन के उपरान्त खाई जानेवाली मठाई।

नुकसान पुं० [अ० नुक़्सान] १. हानि, क्षति।
मुहा० *नुकसान उठाना*=हानि सहना। *नुकसान पहुँचाना*=किसी की हानि करना। *नुकसान भरना*=किसी की क्षतिपूर्ति करना।
२. कमी। ३. स्वास्थ्य में होनेवाली हानि।

नुकसानी स्त्री० = नुकसान (हानि)।

नुकीला वि० [हिं० नोक+ईला (प्रत्य०)] [स्त्री० नुकीली, भाव० नुकीलापन] १. जिसमें नोक हो, नोकदार। २. बाँका-तिरछा।

नुक्कड़ पुं० [हिं० नोक] १. कोना, सिरा। २. मकान का गली या रास्ते पर आगे की ओर निकला हुआ सिरा या कोना।

नुक्कड़ नाटक पुं० वह नाटकीय प्रदर्शन जो राह-चलते या गली-मुहल्ले के लोगों को जागरूक करने के लिए किया जाता है।

नुक्स पुं० [अ० नुक़्स] दोष, ऐब।

नुचना अ० हिं० 'नोचना' का अ० रूप।

नुचित* वि० [सं० लुंचित] १. नोचा हुआ। २. जिसके सिर के बाल नुचे हुए हों।

नुत्फा पुं० [अ०] १. वीर्य, शुक्र। २. सन्तान, औलाद।

नुनखारा वि० दे० 'खारा'।

नुनना* स० दे० 'लुनना'।

नुनाई* स्त्री० दे० 'लावण्य'।

नुनेरा पुं० दे० 'नोनिया'।

नुमाइंदा पुं० [फा०] [भाव० नुमाइंदगी] प्रतिनिधि।

नुमाइश स्त्री० [फा०] १. प्रदर्शन, दिखावा। २. तड़क-भड़क, ठाठ-बाट। ३. दे० 'प्रदर्शनी'।

नुमाइशी वि० [फा० नुमाइश] १. देखने भर का, दिखौआ। २. देखने योग्य, दर्शनीय, सुन्दर।

नुमायाँ वि० [फा०] प्रकट।

नुसखा पुं० [अ० नुस्खः] १. वह कागज जिस पर रोगी के लिए औषध और उसकी सेवन-विधि लिखी रहती है। २. व्यय का अवसर या योग। ३. उपाय, युक्ति।

नूत* वि०=नूतन (नया)।

नूतन वि० [सं०] १. नया, नवीन। २. अद्भुत, अनोखा।

नूतनता स्त्री० [सं०] नवीनता।

नूतनीकरण पुं० [सं०] नया रूप देने की क्रिया या भाव।

नून पुं० [सं० लवण] नमक।
वि० दे० 'न्यून'।

नूना पुं० दे० 'नोना'।
*वि० दे० 'नन्हा'।
*वि० दे० 'न्यून'।

नूपुर पुं० [सं०] १. पैरों में पहनने का पैजनी नामक गहना। २. घुँघरू।

नूर पुं० [अ०] १. ज्योति, प्रकाश। २. प्रातःकाल। ३. मुख की कान्ति, शोभा।
पद *नूर का पुतला* =परम रूपवान।
मुहा० *नूर बरसना*=बहुत अधिक प्रभा या शोभा प्रकट होना।

नूह पुं० [अ०] ईसाईयों, मुसलमानों आदि के अनुसार एक पैगम्बर।

नृ पुं० [सं०] नर, मनुष्य, आदमी।

नृतक* पुं० दे० 'नर्तक'।

नृत पुं० [सं०] उच्चकोटि का और सुसंस्कृत अभिनय।

नृतना* अ०=नाचना।

नृत्य पुं० [सं०] नाच, नर्तन।

नृत्यकी* स्त्री० दे० 'नर्तकी'।

नृत्यशाला स्त्री० [सं०] नाच-घर।

नृप पुं० [सं०] राजा।

नृपति पुं० [सं०] राजा।

नृपनंदन पुं० [सं०] राजकुमार।

नृपरिषि* पुं०=राजर्षि।

नृपसिंह पुं० [सं०] राजाओं में सिंह या शिरोमणि।

नृपाल पुं० [सं०] राजा।

नृयज्ञ पुं० [सं०] पाँच महायज्ञों में से एक जिसमें अतिथि-पूजन आदि कृत्य होते हैं।

नृवंश पुं० [सं०] आधुनिक विज्ञान में मानव जाति के अलग-अलग वंश या जातियाँ।

नृविज्ञान पुं० [सं०] विज्ञान की वह शाखा जिसमें मनुष्य के उद्‌भव, विकास, रचना आदि का अध्ययन किया जाता है।

नृविज्ञानी पुं० [सं०] नृविज्ञान का अधिकारी विद्वान।

नृवेत्ता पुं० [सं०] नृविज्ञानी।

नृशंस वि० [सं०] [भाव० नृशंसता] १. बर्बर, क्रूर, निर्दय। २. अत्याचारी।

नृशंसता स्त्री० [सं०] १. नृशंस होने की अवस्था या भाव। २. नृशंस व्यवहार, अत्याचार।

नृसिंह पुं० [सं०] १. विष्णु का चौथा अवतार जो आधे पुरुष और आधे सिंह के रूप में हुआ था, नरसिंह। २. मनुष्यों में सिंह, वीर पुरुष। ३. श्रेष्ठ पुरुष।

नृहरि पुं० [सं०] नृसिंह।

ने परसर्ग १. एक परसर्ग जो सकर्मक भूतकालिक क्रिया के कर्ता का चिह्न है। २. हिं० 'को' का स्थानिक रूप। (राज, गुज०)

नेई* स्त्री० दे० 'नींव'।

नेक वि० [फा०] [भाव० नेकी] भला, अच्छा।

*क्रि० वि० दे० 'तनिक'।

नेकचलन वि० [फा० नेक+हिं० चलन] [भाव० नेकचलनी] अच्छे चाल-चलनवाला, सदाचारी।

नेकनाम वि० [फा०] [भाव० नेकनामी] जिसका अच्छा नाम हो, कीर्तिशाली।

नेकनीयत वि० [फा० नेक+अ० नीयत] [भाव० नेकनीयती] १. अच्छी नीयत या संकल्पवाला। २. उत्तम विचारोंवाला।

नेकी स्त्री० [फा०] १. भलाई, उपकार। २. सज्जनता, भलमनसी।

नेकी-बदी स्त्री० [फा०] भलाई-बुराई, पाप-पुण्य।

नेकु* वि०, क्रि० वि० [सं० न्यक्] दे० 'तनिक'।

नेग[1] पुं० [सं० नैयमिक] १. विवाह आदि शुभ अवसरों पर सम्बन्धियों और आश्रितों आदि को कुछ धन आदि देने की प्रथा। २. इस प्रकार दी जानेवाली वस्तु या धन। ३. रीति, प्रथा।

नेग[2] पुं० [सं० निकट?] १. निकटता, सामीप्य। २. सम्बन्ध, सम्पर्क।

मुहा० *(किसी के) नेग लगना*=(क) सम्बन्ध या सम्पर्क होना। (ख) किसी में लीन होना, समाना। *(किसी चीज या बात का) नेग लगना*=सार्थक या सफल होना।

नेग-चार, नेग-जोग| पुं० दे० 'नेग'।

नेगटी* पुं० [हिं० नेग] नेग या रीति का पालन करनेवाला।

नेगी पुं० [हिं० नेग] १. नेग लेने या पाने का अधिकारी। २. धन, सम्पत्ति आदि का प्रबन्ध करनेवाला, प्रबन्धक, उदा० बिप्र न नेगी कीजिये, मूढ न कीजै मित्त। -केशव।

नेचा पुं० [फा० नैच:] हुक्के की नै, निगाली।

नेछावर स्त्री० दे० 'निछावर'।

नेजा पुं० [फा० नैज़:] भाला, बरछा।

नेजाल* पुं० दे० 'नेजा'।

नेटवर्क पुं०=संजाल।

नेटा पुं० [?] नाक का एक प्रकार का आभूषण।

नेठना* अ० दे० 'नाठना'।

नेड़े क्रि० वि० [सं० निकट] पास।

नेत[1] पुं० [सं० नेत्रम्] मथानी की वह रस्सी जिसे खींचने से वह चलती है।

नेत[2] पुं० [सं० नियति] १. निर्धारण, ठहराव। २. संकल्प, इरादा। ३. व्यवस्था, प्रबन्ध।

नेत[3] स्त्री० [देश०] स्त्रियों की चादर, ओढनी।

नेत[4] पुं० [देश०] एक प्रकार का गहना।

*स्त्री० दे० 'नीयत'।

नेतक* स्त्री० [प्रा० नेत्त] चुँदरी, चूनर।

नेता[1] पुं० [सं० नेतृ] १. किसी क्षेत्र या विषय में लोगों को रास्ता दिखाने के लिए उनके आगे चलनेवाला, अगुआ, नायक, लीडर। २. किसी दल का कार्यकर्ता।

नेता[2] पुं० [सं० नेत्रम्] मथानी की रस्सी।

नेतागिरी स्त्री० दे० 'नेतृत्व'।

नेति पुं० [सं०] एक संस्कृत पद जिसका अर्थ है-इति या अन्त नहीं है और जिसका प्रयोग ईश्वर की महिमा के वर्णन के सम्बन्ध में होता है।

नेती स्त्री० [हिं० नेता] मथानी की रस्सी, नेत।

नेती-धौती स्त्री० [हिं० नेत+सं० धौति] हठयोग की एक क्रिया जिसमें मुँह के रास्ते से पेट में कपड़ा डालकर आँतें साफ की जीता हैं, धौति।

नेतृत्व पुं० [सं०] नेता होने का भाव, कार्य या पद, नायकत्व, सरदारी।

नेत्र पुं० [सं०] १. आँख। २. दो की संख्या का सूचक शब्द।

पुं०=नेत (मथानी की रस्सी)।

नेत्रजल पुं० [सं०] आँसू।

नेत्रज्योति स्त्री० [सं०] आँख की रोशनी।

नेत्रदाह पुं० [सं०] आँख की जलन।

नेत्र-बिंदु पुं० [सं० नेत्र+बिन्दु] बूँद-बूँद करके आँख में डाली जानेवाली दवा। (आई ड्राप)

नेत्रीय वि० [सं०] नेत्र-सम्बन्धी।

नेपथ्य पुं० [सं०] रंगमंच के पिछले परदे के पीछे का वह स्थान जहाँ अभिनेता और अभिनेत्रियाँ वेष बनाते हैं।

नेपुर* पुं० दे० 'नुपूर'।

नेफा पुं० [फा०] पायजामे, लहँगे, तकिए आदि में वह जगह जिसमें नाड़ा, डोरा या इजारबन्द डाला जाता है।

नेब* पुं० दे० 'नायब'।

नेम पुं० [सं० नियम] १. बँधी हुई या बराबर होती रहनेवाली बात, नियम। २. रीति, दस्तूर। ३. धार्मिक क्रियाओं का पालन।

नेम-धरम पुं० पूजा-पाठ, देवर्शन, व्रत, दान आदि धार्मिक कृत्य।

नेमत स्त्री० दे० 'न्यामत'।

नेमि स्त्री० [सं०] १. पहिए का चक्कर। २. कुएँ की जगत।

नेमी वि०, पुं० [हिं० नेम] १. नियम का पालन करनेवाला। २. नियमित रूप से पूजा-पाठ, दर्शन, जप आदि धार्मिक कृत्य करनेवाला।

नेरा* क्रि० वि० [हिं० नी] [स्त्री० नेरी] जरा-सा भी, कुछ भी।
वि० जो निकट हो, पासवाला।

नेरे क्रि० वि० [सं० निकटे] निकट, पास।

नेव* वि०=नायब (सहायक)।

नेवग* पुं० दे० 'नेग'।

नेवज* पुं० दे० 'नैवेद्य'।

नेवतना* स० [हिं० न्योता] न्योता देना, निमन्त्रित करना।

नेवता पुं० दे० 'न्योता'।

नेवना* अ० [सं० नमन] झुकना।

नेवर[1] पुं० [सं०नूपुर] १. बजनेवाले घुँघरू। २. पैर में पहनने की पाजेब जिसमें बजनेवाले घुँघरू लगे रहते हैं। ३. हाथ में पहनने का जँजीरी नाम का गहना।

नेवर[2] वि० [सं० न+वर=श्रेष्ठ] बुरा, खराब।

नेवरना* अ० [सं० निवारण] १. निवारण होना। २. समाप्त होना। ३. निवृत्त होना। ४. छूटना।
स० दे० 'निवारना'।

नेवला पुं० [सं० नकुल] [स्त्री० नेवली] गिलहरी की तरह का एक मांसाहारी जन्तु जो साँप को खा जाता है।

नेवाज* वि० दे० 'नवाज'।

नेवाजना* स० [फा० नवाज़] कृपा-पात्र बनाना।

नेवाना* स० [सं० नमन] झुकाना।

नेवारना* स० दे० 'निवारना'।

नेवारी स्त्री० [सं० नेपाली] जूही की तरह का सफेद फलोंवाला एक पौधा।

नेवी स्त्री० [अं०] जलसेना।

नेसुक* क्रि० वि० [हिं० नेकु] तनिक, जरा।
वि० थोड़ा-सा।

नेस्त वि० [फा०] जिसका अस्तित्व न हो या न रह गया हो।

नेस्त-नाबूद वि० [फा० नेस्तोनाबूद] पूरी तरह से नष्ट-भ्रष्ट।

नेह* पुं० [सं० स्नेह] १. स्नेह, प्रेम, मुहब्बत। २. तेल।

नेहरा* पुं०=नेह (स्नेह)।

नेही* वि० दे० 'स्नेही'।

नै[1] स्त्री० [सं० नदी] नदी।

नै[2] स्त्री० [फा०] १. बाँस की नली। २. हुक्के की निगाली। ३. बाँसुरी।

नैऋत* वि०, पुं० दे० 'नैर्ऋत'।

नैक, नैकु* वि०, क्रि० वि०=तनिक।

नैगम* वि० [सं०] १. निगम-सम्बन्धी। २. जो निगम के रूप में लाया गया हो। (कॉरपोरेट) ३. (ग्रन्थ) जिसमें ब्रह्म आदि का विवेचन हो।

नैचक पुं० [सं० नाभिचक्र] वह गोल लकड़ी जो कुआँ बनाते समय उसके तल में जमाकर रखी जाती है, जमवट।

नैचकी स्त्री० [सं० नैत्यिकी=नित्य या सदा दूध देनेवाली] १. वह गाय जो अगली बार ब्याने के समय तक बराबर दूध देती रहे। २. अच्छी या बढ़िया गाय।

नैचा पुं० [फा० नैच:] हुक्का पीने की एक प्रकार की लचीली नली।

नैचिकी स्त्री० दे० 'नैचकी'।

नैत* अ० [?] सुअवसर, अच्छा मौका।

नैतिक वि० [सं०] [भाव० नैतिकता] नीति-सम्बन्धी, नीति का।

नैतिकता स्त्री० [सं०] नैतिक नियमों का पालन तथा समर्थन।

नैत्यिक वि० [सं०] नित्य होने या किया जानेवाला, नित्य का, जैसे-नैत्यिक कर्म।

नैत्रिक वि० [सं०] नेत्र-सम्बन्धी, आँखों का।

नैदानिक वि० [सं०] निदान-सम्बन्धी।

नैन[1]* पुं० दे० 'नयन'।

नैन[2]* पुं० [सं० नय+न] अन्याय, अनीति।

नैन[3]* पुं० [सं० नवनीत] मक्खन।

नैनपटी* स्त्री० [सं० नयन+पट] आँखों पर बाँधी जानेवाली पट्टी।

नैना* अ० दे० 'नवना'।
स० दे० 'नवाना'।
पुं०=नयन (आँखें)।

नैनूं पुं० [सं० नवनीत] मक्खन।

नैपुण्य पुं० [सं०] निपुणता, दक्षता।

नैमित्तिक वि० [सं०] जो किसी निमित्त से या कोई विशेष उद्देश्य सिद्ध करने के लिए किया गया अथवा हुआ हो।

नैया* स्त्री० [हिं० नाव] नाव, नौका।

नैयायिक पुं० [सं०] न्यायशास्त्र का ज्ञाता, न्यायवेत्ता। (लॉजीशियन)

नैरंतर्य पुं० [सं०] निरन्तरता।

नैर* पुं० [सं० नगर] १. नगर, शहर। २. देश, जनपद।

नैराश्य पुं० [सं०] १. मन में किसी प्रकार की आशा न रखना, आशा का अभाव। २. निराशा। ३. हतोत्साह।

नैर्ऋत वि० [सं०] नैर्ऋति-सम्बन्धी।
पुं० १. राक्षस। २. पश्चिम-दक्षिण कोण का स्वामी।

नैर्ऋति स्त्री० [सं०] दक्षिण और पश्चिम के बीच की दिशा या कोण।

नैर्मल्य पुं० [सं०] निर्मलता।

नैवेद्य पुं० [सं०] वह खाद्य पदार्थ जो देवता को चढ़ाया जाता है, भोग।

नैश वि० [सं०] निशा-सम्बन्धी, रात का।

नैष्कर्म्य पुं० [सं०] निष्कामता।

नैष्ठिक वि० [सं०] १. निष्ठा-सम्बन्धी। २. निष्ठा रखनेवाला। ३. धर्म में निष्ठा रखनेवाला। ४. श्रद्धावान।

नैसर्गिक वि० [सं०] [भाव० नैसर्गिकता] १. निसर्ग या प्रकृति-सम्बन्धी, प्राकृतिक। २. स्वाभाविक। (नेचुरल)

नैसा* वि० [सं० अनिष्ट] बुरा, खराब।

नैसिक, नैसुक वि० [हिं० नेक] थोड़ा, जरा-सा।

नैहर पुं० [सं० ज्ञातिगृह] पीहर, मायका।

नोइनी स्त्री० [हिं० नोवना] वह रस्सी जो गौ दुहते समय उसके पिछले पैरों में बाँधी जाती है।

नोई स्त्री० दे० 'नोइनी'।

नोक स्त्री० [फा०] [वि० नुकीला] १. अपेक्षाकृत बहुत पतला सिरा, अगला सूक्ष्म भाग। २. आगे की ओर निकला हुआ पतला भाग, सिरा या कोना।

नोक-झोंक स्त्री० [फा० नोक+हिं० झोंक] आपस में होनेवाली तू-तू -मैं-मैं या तानों से भरा वार्तालाप।

नोकना स० [?] ललचाना।

नोकी, नोकीला| वि०=नुकीला।

नोखा| वि० दे० 'अनोखा'।

नोच स्त्री० [हिं० नोचना] नोचने की क्रिया या भाव।

नोच-खसोट स्त्री० [हिं० नोचना+खसोटना] नोचने और खसोटने की क्रिया या भाव, छीनाझपटी।

नोचना स० [सं० लुंचन] १. लगी हुई वस्तु को झटके से तोड़कर अलग करना। २. नाखून या दाँतों आदि से इस प्रकार फाड़ना कि कुछ अंश निकल आए। ३. किसी को कष्ट देकर चटपट उससे कुछ छीन लेना।
पुं० बाल नोचने या उखाड़ने की चिमटी।

नोट पुं० [अं०] १. ध्यान रहने के लिए टाँकने या लिख लेने की बात या काम। २. पत्र, चिट्ठी। ३. टिप्पणी। ४. सरकार का चलाया हुआ वह कागज जिस पर कुछ रुपयों की संख्या छपी रहती है और जो उतने रुपयों के सिक्के के रूप में चलता है।

नोटिस स्त्री० [अं०] सूचना। (देखें)

नोन| स्त्री० [सं० लोण] नमक।
पद *नोन-तेल-लकड़ी*=गृहस्थी का सामान।

नोनचा पुं० [हिं० नोन] १. नमक मिली हुई बादाम की गिरी। २. नमकीन अचार।

नोनहरामी| वि० दे० 'नमकहराम'। **उदा०** जिन तनु दियो ताँहि बिसरायो ऐसो नोन हरामी। (सूरदास)

नोना पुं० [सं० लोणक] [स्त्री० नोनी] १. वह क्षार जो पुरानी दीवारों या खारवाली जमीन में ऊपर से निकल आता है। २. लोनी मिट्टी। ३. शरीफा, सीताफल।
वि० दे० 'नमकीन'।
स० दे० 'नोवना'।

नोनिया पुं० [हिं० नोना] नमक बनाने या निकालनेवाली एक जाति।

नोर, नोल* वि० दे० 'नवल'।

नोवना* स० [सं० नद्ध] गौ दुहते समय रस्सी से उसके पिछले पैर बाँधना।

नोहर वि० [सं० नोपलभ्य] १. अलभ्य, दुर्लभ। २. विलक्षण, अनोखा।

नौ[1] वि० [सं० नव] आठ और एक।
मुहा० *नौ दो ग्यारह होना*=चल देना।

नौ[2] वि० [सं०] नौका या जल-सम्बन्धी, जैसे नौवाहन, नौसेना।

नौ[3] वि० [फा०] नया, नवीन, जैसे नौमुस्लिम।

नौआ| पुं० दे० 'नाई'।

नौकर पुं० [फा०] [स्त्री० नौकरानी] १. वेतन आदि पर किसी का काम करनेवाला मनुष्य, वैतनिक कर्मचारी। २. सेवक। ३. खिदमतगार।

नौकरशाह पुं० [फा०] १. ऐसा नौकर जो अपने को राजा समझता हो, नौकर होने पर भी अपने को राजा समझनेवाला व्यक्ति। २. वह कर्मचारी जिसके हाथ में सत्ता हो।

नौकरशाही स्त्री० [फा० नौकर+शाही] १. वह शासन-प्रणाली जिसमें सब अधिकार बड़े-बड़े राज-कर्मचारियों के हाथ में रहते हैं। २. राज-कर्मचारियों का वर्ग।
वि० नौकरशाहों का या उनके जैसा।

नौकराना पुं० [हिं० नौकर+आना (प्रत्य०)] नौकरों को मिलनेवाला वेतन, दस्तूरी आदि।

नौकरी स्त्री० [फा० नौकर] १. नौकर का काम, सेवा, टहल। २. वह पद या काम जिसके लिए वेतन मिलता हो।

नौका स्त्री० [सं०] नाव, किश्ती।

नौका-विहार पुं० [सं०] नाव की सैर।

नौगमन पुं० दे० 'नौतरण'।

नौगर, नौगरही स्त्री० दे० 'नौग्रही'।

नौग्रही स्त्री० [हिं० नौ+ग्रह] गले में पहनने का एक गहना जिसमें नौ ग्रहों की शान्ति के लिए नौ प्रकार के रत्न या नग जड़े रहते हैं।

नौघाट पुं० [हिं० नाव+घाट] वह घाट जहाँ नावें बँधी रहती हैं।

नौछावर स्त्री० दे० 'निछावर'।

नौज पद [सं० नवद्य, प्रा० नवज] १. ईश्वर न करे। (अनिच्छासूचक) २. न हो, न सही। (उपेक्षासूचक; स्त्रियाँ)

नौजवान पुं० [फा०] [स्त्री० नौजवानी] नवयुवक।
वि० युवा।

नौजवानी स्त्री० [फा०] नवयौवन।

नौटंकिया वि० [हिं० नौटंकी] १. नाटकीय। २. भ्रामक।

नौटंकी स्त्री० [देश०] एक प्रकार का लोक-नाट्य जिसमें संवाद तथा संगीत की प्रधानता होती है।

नौतन* वि० दे० 'नूतन'।

नौतम[1]* वि० [सं० नवतम] १. बिल्कुल नया। २. ताजा।

नौतम[2] पुं० [हिं० नवना] नम्रता, विनय।

नौतरण पुं० [सं०] [वि० नौतरणीय] नदी, समुद्र आदि के मार्ग से एक स्थान से दूसरे स्थान पर आना-जाना, जलयात्रा।

नौतरणीय वि० [सं०] (नदी, जलाशय आदि) जिसमें नाव, जहाज आदि चल सकते हों। (नैविगेबुल)

नौता* वि० [सं० नव=नया] [स्त्री० नौती] १. नवीन, नया। २. ताजा।
स्त्री०=नम्रता।

नौधा* वि० दे० 'नवधा भक्ति'।

नौनगा वि० [हिं० नौ+नग] जिसमें नौ नग हों, नौ नगोंवाला।

नौना* वि० [सं० नमन] नमन करनेवाला।
अ० दे० 'नवना'।

नौनिधि स्त्री० [सं०] ये नौ निधियाँ—महापद्म, पद्म, शंख, मकर, कच्छप, मुकुन्द, कुन्द, नील और खर्व।

नौनिहाल पुं० [फा०] १. नया पौधा। २. नवयुवक, नवयुवा।

नौनी* स्त्री० दे० 'नोइनी'।

नौबत स्त्री० [फा०] १. बारी, पारी। २. दशा, हालत। ३. संयोग। ४. वैभव या मंगलसूचक शहनाई आदि बाजे जो देव-मन्दिरों आदि में बजते हैं।
मुहा० *नौबत झड़ना या बजना*=(क) मंगल उत्सव होना। (ख) प्रताप या ऐश्वर्य की घोषणा या वृद्धि होना।

नौबतखाना पुं० [फा० नौबतख़ानः] फाटक के ऊपर का वह स्थान जहाँ नौबत बजती है, नक्कारखाना।

नौबहार स्त्री० [फा०] वसंत ऋतु।

नौमि* पद [सं० नमामि] मैं नमस्कार करता हूँ।

नौमुस्लिम वि०, पुं० [फा० नौ+अ० मुस्लिम] जो अभी हाल में मुसलमान हुआ हो।

नौरंग[1]* पुं०=औरंग (औरंगजेब)।

नौरंग[2] पुं० [हिं० नौ=नया रंग] नया रंग या आमोद-प्रमोद।
पुं०=नारंगी।

नौरतन पुं० दे० 'नवरत्न'।
स्त्री० एक प्रकार की चटनी।

नौरोज पुं० [फा० नौरोज़] पारसियों का नए वर्ष का पहला दिन।

नौल* वि० दे० 'नवल'।

नौलखा वि० [हिं० नौ+लाख] १. जिसका मूल्य नौ लाख हो। २. जड़ाऊ और बहुमूल्य।

नौशक्ति स्त्री० [सं०] राज्य की वह शक्ति जो उसकी नौसेना के रूप में होती है। (नैवल फोर्स)

नौशा पुं० [फा० नौशः] [स्त्री० नौशी] दुल्हा।

नौशी स्त्री०=दुल्हिन।

नौसत* पुं० दे० 'नवसत'।

नौसफर पुं० [फा०] पहले-पहल यात्रा पर निकलनेवाला।

नौसर* पुं० [हिं० नौ+सर=बाजी] १. धूर्तता, चालबाजी। २. जालसाजी।

नौसरा पुं० [हिं० नौ+सर=लड़ी] नौ लड़ियों का हार।

नौसरिया वि०, पुं० [हिं० नौसर] १. धूर्त, चालबाज। २. जालसाज।

नौसादर पुं० [फा० नौशादर] एक प्रकार का तीक्ष्ण खार या नमक।

नौसिखुआ वि०, पुं० [सं० नवशिक्षित] जिसने कोई काम अभी हाल में सीखा या सीख रहा हो; फलतः उस काम का बहुत थोड़ा ज्ञान और अनुभव रखनेवाला।

नौसेना स्त्री० [सं०] [वि० नौसैनिक] वह सेना जो जहाजों पर रहती और नदी या समुद्र में रहकर युद्ध करती है। (नैवी)

नौसेवा स्त्री० [सं०] १. राज्य या राष्ट्र के नौसेना विभाग में की जानेवाली सेवा या नौकरी। २. नौसेना विभाग में काम करनेवालों का वर्ग या समूह। (नैवल सर्विस)

नौसैनिक वि० [सं०] नौसेना या उसके विभाग से संबंध रखनेवाला। (नैवल)

नौहँड़ पुं० [सं० नव =नया+हिं० हाँड़ी] मिट्टी की हाँड़ी।

नौहा पुं० [अ०] रोना-पीटना, मातम।

न्यग्रोध पुं० [सं०] वट वृक्ष।

न्यस्त वि० [सं०] १. रखा या धरा हुआ। २. बैठाया या जमाया हुआ, स्थापित। ३. चुनकर सजाया हुआ। ४. डाला हुआ, फेंका हुआ। ५. छोड़ा हुआ, त्यक्त। ६. न्यास के रूप में या अमानत रखा हुआ। ७. जमा किया हुआ।

न्याउ* पुं० दे० 'न्याय'।

न्याति* स्त्री० [सं० ज्ञाति] जाति।

न्याना* वि० [सं० अज्ञान] नासमझ।

न्यामत स्त्री० [अ० निअमत] बहुत अच्छा, बहुमूल्य पदार्थ।

न्याय पुं० [सं०] १. उचित या नियम के अनुकूल बात, वाजिब बात। २. किसी व्यवहार या मुकदमे में दोषी और निर्दोष या अधिकारी और अनधिकारी आदि का विचारपूर्वक निर्धारण। ३. छह दर्शनों में से एक दर्शन या शास्त्र जिसमें किसी वस्तु के यथार्थ ज्ञान के लिए मतों या विचारों का उचित विवेचन होता है। (लॉजिक) ४. वह वाक्य जिसका व्यवहार लोक में दृष्टान्त के रूप में होता हो, जैसे काकतालीय न्याय।

न्यायक* पुं० दे० 'न्यायकर्ता'।

न्यायकर्ता पुं० [सं०] न्याय करनेवाला अधिकारी।

न्यायकारी (-रिन्) वि० [सं०] न्याय करनेवाला।

न्यायतः क्रि० वि० [सं०] १. न्याय के अनुसार। २. ठीक-ठीक।

न्यायपरता स्त्री० [सं०] न्यायी होने का भाव, न्यायशीलता।

न्यायप्रिय वि० [सं०] [भाव० न्यायप्रियता] जो सदा न्याय करता हो।

न्यायविद् पुं० [सं०] विधि का ज्ञाता।

न्यायमूर्ति पुं० [सं०] किसी प्रान्त के सर्वोच्च या मुख्य अधिकरण या न्यायालय के विचारक या जज की उपाधि। (जस्टिस)

न्यायसंगत वि० [सं०] [भाव० न्यायसंगति] १. न्याय, औचित्य, अधिकार आदि की दृष्टि से ठीक। (राइटफुल) २. जिसके निर्णय में पूर-पूरा न्याय हुआ हो। (जस्ट)

न्यायाधिकरण पुं० [सं०] विवादग्रस्त विषयों पर विचार करके उनका न्याय या निर्णय करनेवाला अधिकारी वर्ग अथवा न्यायालय, वैचारिक मंडल। (ट्रिब्यूनल)

न्यायाधीश पुं० [सं०] किसी प्रान्त के प्रधान या सर्वोच्च अधिकरण या न्यायालय का विचारक या जज। (जस्टिस)

न्यायालय पुं० [सं०] वह जगह जहाँ सरकार की ओर से मुकदमों का न्याय होता है, अदालत, कचहरी। (कोर्ट)

न्यायालयिक वि० [सं०] न्यायालय-सम्बन्धी।

न्यायिक वि० [सं०] न्याय-सम्बन्धी।

न्यायी (-यिन्) पुं० [सं०] न्याय के अनुसार चलनेवाला, न्यायशील।

न्यायोचित वि० दे० 'न्यायसंगत'।

न्यारा वि० [सं० निर्निकट] [भाव० न्यारापन] १. अलग, दूर, जुदा। २. और कोई, अन्य। ३. निराला, अनोखा।

न्यारिया पुं० [हिं० न्यारा] जौहरियों या सुनारों के नियार (कूड़ा-करकट) को धोकर सोना-चाँदी निकालनेवाला।

न्याव* पुं०=न्याय।

कहा० *राजा करे सो न्याव पाँसा पड़े सो दाँव*=निर्णय और परिणाम पर किसी का वश नहीं होता।

न्यास पुं० [सं०] [वि० न्यस्त] १. स्थापना करना, रखना। २. धरोहर, थाती। ३. किसी विशेष कार्य के लिए निकाली या किसी को सौंपी हुई सम्पत्ति या धन। (ट्रस्ट) ४. इस प्रकार सौंपे हुए धन या सम्पत्ति की व्यवस्था तथा सुरक्षा करनेवाली समिति। ५. संन्यास।

न्यास-भंग पुं० [सं०] १. किसी की सौंपी हुई थाती का दुरुपयोग। २. किसी निश्चय की शर्तों के विरुद्ध कोई काम करना। (ब्रीच ऑफ ट्रस्ट)

न्यासी (-सिन्) वि०, पुं० [सं०] वह जिसे किसी विशेष कार्य के लिए कुछ धन या सम्पत्ति सौंपी गई हो। (ट्रस्टी)

न्यूक्लीय वि०=नाभिकीय।

न्यूट्रान पुं० [अं०] हर परमाणु में होनेवाला वह सूक्ष्म कण जो आवेशरहित होता है।

न्यून वि० [सं०] [भाव० न्यूनता] १. कम, थोड़ा। २. हलका।

न्यूनतम वि० [सं०] अपेक्षाकृत कम या कम से कम।

न्यूनपद पुं० [सं०] वाक्य में से (भूल के कारण) छूटा हुआ पद।

न्यूनाधिक वि० [सं०] [भाव० न्यूनाधिकता, न्यूनाधिक्य] कम या अधिक।

न्यूनीकरण पुं० [सं०] [वि० न्यूनीकृत] न्यून अर्थात् कम या हलका करने की क्रिया या भाव।

न्योछावर स्त्री० दे० 'निछावर'।

न्योजी[1] स्त्री० दे० 'लीची' (फल)।

न्योजी[2] स्त्री०=नेजा (मेवा)।

न्योतना स० [हिं० न्योता+ना (प्रत्य०)] किसी को अपने यहाँ बुलाने के लिए न्योता देना, निमन्त्रित करना।

न्योतहरी पुं० [हिं० न्योता] निमन्त्रित व्यक्ति।

न्योता पुं० [सं० निमंत्रण] १. उत्सव या मंगल कार्यों आदि में सम्मिलित होने के लिए लोगों को अपने यहाँ बुलाना, बुलावा, निमन्त्रण। २. वह धन या सामान जो इष्ट-मित्रों या सम्बन्धियों के यहाँ से निमन्त्रण आने पर भेजा जाता है। ३. भोजन के लिए ब्राह्मण को अपने यहाँ बुलाना।

न्योला पुं० दे० 'नेवला'।

न्योली स्त्री० [सं० नली] हठयोग में पेट के नलों को पानी से साफ करने की क्रिया।

न्वैनी* स्त्री० दे० 'नोइनी'।

न्वौनी* स्त्री० दे० 'नोइनी'।

न्हाना अ० दे० 'नहाना'।

वि० दे० 'नन्हा'।

प

प देवनागरी वर्णमाला में स्पर्श व्यंजनों के अन्तिम वर्ग का पहला वर्ण, जो ओष्ठ्य अल्पप्राण तथा अघोष व्यंजन है।

प्रत्य० शब्दों के अन्त में यह प्रत्यय के रूप में दो अर्थ देता है; (क) पति अथवा रक्षा या पालन करनेवाला; जैसे क्षोणिप; (ख) पीनेवाला, जैसे-मद्यप।

पुं० संगीत में 'पंचम' (स्वर) का संक्षिप्त रूप और सूचक वर्ण।

पंक पुं० [सं०] कीचड़, कीच।

पंकज पुं० [सं०] कमल।

पंकजराग पुं० [सं०] पद्मराग मणि।

पंकरूह पुं० [सं०] कमल।

पंकिल वि० [सं०] [स्त्री० पंकिला] १. जिसमें कीचड़ हो। २. मलिन, मैला।

पंक्ति स्त्री० [सं०] १. ऐसी परम्परा जिसमें एक ही प्रकार की वस्तुएँ, व्यक्ति या जीव एक दूसरे के बाद एक सीध में हों, श्रेणी, कतार। २. खींची हुई सीधी रेखा, लकीर। ३. सेना में दस-दस योद्धाओं की श्रेणी। ४. दस की संख्या। ५. साथ बैठकर भोजन करनेवाले लोग।

पंक्तिपावन वि० [सं०] आदरणीय, श्रेष्ठ।

पंक्तिबद्ध वि० [सं०] [भाव० पंक्तिबद्धता] पंक्ति या कतार में बँधा, रखा या लगाया हुआ।

पंख पुं० [सं० पक्ष] पर, डैना।

मुहा० *पंख जमना*=(क) मृत्यु या विनाश के लक्षण प्रकट होना। (ख) बुरे रास्ते पर जाने का रंग-ढंग दिखाई पड़ना। *पंख लगना*=गति में बहुत वेग होना।

पंखड़ी स्त्री० [सं० पक्ष्म] फूलों का वह रंगीन पटल जिसके खिलने या छितराने से फूल का रूप बनता है, पुष्पदल।

पंखा पुं० [हिं० पंख] [स्त्री० अल्पा० पंखी] विशेष प्रकार से बनाया हुआ वह उपकरण जिससे हवा चलाते हैं, बेना।

पंखी[१] पुं० [हिं० पंख] पक्षी, चिड़िया।

स्त्री० १. पतंगा, फतिंगा। २. पंख, पर। ३. एक प्रकार की बढ़िया ऊनी चादर।

पंखी[२] स्त्री० [हिं० पंखा] छोटा पंखा।

पँखुड़ा पुं० [सं० पक्ष] कन्धे और बाँह का जोड़, पखौरा।

पँखुड़ी* स्त्री० दे० 'पंखड़ी'।

पंग* वि० [सं० पंगु] १. जिसके हाथ-पैर कटे हो, पंगु। २. अकर्मण्य। ३. चकित, स्तब्ध।

पंगत, पंगति स्त्री० [सं० पंक्ति] १. पंक्ति, कतार। २. एक साथ भोजन करनेवालों की पंक्ति या वर्ग। ३. समाज।

पंगा पुं० [?] झगड़ा, विवाद।

मुहा० *पंगा लेना*=झगड़ा मोल लेना।

पंगु वि० [सं०] जो पैरों से न चल सकता हो, लँगड़ा।

पंगुल वि० [सं० पंगु] पंगु, लँगड़ा।

पंच पुं० [सं०] १. पाँच की संख्या या अंक। २. समुदाय, समाज। ३. जनता, लोक। ४. कुछ आदमियों का चुना हुआ वह दल जो कोई झगड़ा या मामला निपटाने के लिए नियत हो और जिसका निर्णय साधारणत: दोनों पक्षों को मान्य होता हो, न्याय करनेवाला समाज। (आरबिट्रेशन) ५. वे लोग जो फौजदारी के मुकद्दमे सुनने के समय दौरा जज की सहायता के लिए उसके साथ बैठते हैं। ६. खेल, साधारण विवाद आदि में हार-जीत, औचित्य-अनौचित्य आदि का निर्णय करने के लिए नियत किया हुआ व्यक्ति।

पंचक पुं० [सं०] एक ही प्रकार या वर्ग की पाँच चीजों का समूह।

स्त्री० धनिष्ठा से रेवती तक के पाँच नक्षत्र जो अशुभ माने जाते हैं। (फलित ज्योतिष)

पंचकन्या स्त्री० [सं०] अहल्या, द्रौपदी, सीता, तारा और मन्दोदरी ये पाँच स्त्रियाँ जो कन्या के समान मानी जाती हैं।

पंचकल्याण पुं० [सं०] लाल या काले रंग का वह घोड़ा जिसका सिर और चारों पैर सफेद हों।

पंचकल्याणी| वि० = पंचायती।

पंचक्रोश पुं० दे० 'पंचक्रोशी'।

पंचक्रोशी स्त्री० [सं० पंचक्रोश] १. पाँच कोस के घेरे में बसी हुई काशी। २. किसी तीर्थस्थान (प्रयाग, काशी आदि) की धार्मिक दृष्टि से होनेवाली परिक्रमा। ३. काशी की परिक्रमा जिसमें पाँच तीर्थ-स्थल या पड़ाव हैं—कन्दवा, भीमचंडी, रामेश्वर, शिवपुर और कपिलधारा।

पंचगंगा स्त्री० [सं०] गंगा, यमुना, सरस्वती, किरणा और धूतपापा, इन पाँच नदियों का समूह या संगम।

पंचगव्य पुं० [सं०] गौ से प्राप्त होनेवाले ये पाँच द्रव्य-दूध, दही, घी, गोबर और गोमूत्र जो बहुत पवित्र माने जाते हैं।

पंचगौड़ पुं० [सं०] सारस्वत, कान्यकुब्ज, गौड़, मैथिल और उत्कल इन पाँच प्रकार के ब्राह्मणों का वर्ग।

पंचजन्य पुं०=पांचजन्य, वह प्रसिद्ध शंख जिसे श्री कृष्णचन्द्र बजाया करते थे।

पंचतत्त्व पुं० [सं०] पृथ्वी, जल, अग्नि, वायु और आकाश, ये पाँच भूत।

पंचतरु पुं० [सं०] स्वर्ग के ये पवित्र पाँच वृक्ष-कल्पवृक्ष, पारिजात, मन्दार, सन्तान, और हरिचन्दन; देवतरु।

पंचतारा होटल पुं० वह होटल जिसमें उत्तम सुविधाएँ उपलब्ध हों।

पंचत्व पुं० [सं०] १. पाँच का भाव। २. मृत्यु, मौत।

पंचदेव पुं० [सं०] आदित्य, रुद्र, विष्णु, गणेश और देवी ये पाँच देवता।

पंचद्रविड़ पुं० [सं०] महाराष्ट्र, तैलंग, कर्णाट, गुर्जर और द्रविड़, इन पाँच प्रकार के ब्राह्मणों का वर्ग।

पंचन पुं० [अं० पंचिंग] (कागज आदि में) छेद करने का कार्य।

पंचनद पुं० [सं०] १. पंजाब की ये पाँच बड़ी नदियाँ जो सिन्धु में गिरती हैं-सतलज, व्यास, रावी, चनाब और झेलम। २. पंजाब प्रदेश।

पंचनामा पुं० [हिं० पंच+फा० नाम:] १. वह कागज जो वादी और प्रतिवादी अपना झगड़ा निपटाने के लिए पंच चुनते समय लिखते हैं। २. वह कागज जिस पर पंचों ने अपना निर्णय या फैसला लिखा हो।

पंचपल्लव पुं० [सं०] आम, जामुन, कैथ, बिजौरा (बीजपूरक) और बेल के पत्ते।

पंचपात्र पुं० [सं०] पूजा के काम के लिए गिलास की तरह का एक छोटा बरतन।

पंचप्राण पुं० [सं०] शरीर में रहनेवाले ये पाँच प्राण-अपान, उदान, प्राण, व्यान और समान।

पँचफोड़न स्त्री० [हिं० पाँच+फोड़ना] फोड़ने (बघारने) के काम आनेवाला राई, जीरा, मेथी, सौंफ और मंगरैला इन पाँच वस्तुओं का मिश्रण।

पंचबान* पुं०=पंचवाण।

पंचभूत पुं० दे० 'पंचतत्त्व'।

पंचभौतिक वि० [सं०] पाँच तत्त्वों से बना हुआ।

पंचम वि० [सं०] [स्त्री० पंचमी] पाँचवाँ।

पुं० [सं०] १. सात स्वरों में से पाँचवाँ स्वर जो कोकिल के स्वर के अनुरूप माना गया है, इसका संक्षिप्त रूप 'प' है। २. रागों में तीसरा राग।

पंचमकार पुं० [सं०] वाममार्ग में मद्य, मांस, मत्स्य, मुद्रा और मैथुन।

पंचमहापातक पुं० [सं०] ब्रह्महत्या, मद्यपान, चोरी, गुरु की स्त्री से व्यभिचार और इन पातकों के करनेवालों का संसर्ग, ये पाँच महापातक।

पंचमहायज्ञ पुं० [सं०] अध्यापन और सन्ध्यावन्दन, पितृतर्पण या पितृयज्ञ, होम या देवयज्ञ, बलिवैश्वदेव या भूतयज्ञ, और अतिथि-पूजन ये पाँच कृत्य जो गृहस्थों को नित्य करने चाहिए।

पंचमांग पुं० [सं०] [वि० पंचमांगी] आधुनिक राजनीति में भेदियों आदि का वह वर्ग जो शत्रु के राज्य में उपद्रव आदि करने के लिए और वहाँ के भेद लेते रहने के लिए तैयार किया जाता है। (फिफ्थ कॉलम) (विशेष—राज्य के पहले चार अंग स्थलसेना, जलसेना, वायुसेना और समाचार-पत्र होते हैं। यह पाँचवाँ अंग बहुत हाल में बना है।)

पंचमांगी (-गिन्) पुं० [सं०] वह जो किसी राज्य के पंचमांग में हो और उसके शत्रु-देश में रहकर अपने देश को वहाँ की गुप्त सूचनाएँ तथा भेद भेजता हो और शत्रु-देश में अशान्ति, उपद्रव आदि फैलाने में सहायक होता हो।
वि० पंचमांग-सम्बन्धी।

पंचमी स्त्री० [सं०] १. शुक्ल या कृष्ण पक्ष की पाँचवीं तिथि। २. द्रौपदी। ३. व्याकरण में अपादान कारक।

पँचमेल वि० [हिं० पाँच+मेल] १. जिसमें पाँच प्रकार की चीजें मिली हों। २. जिसमें सब प्रकार की चीजें हों।

पँचमेवा पुं० [हिं० पाँच+मेवा] बादाम, छुहारा, किसमिस, चिरौंजी और गरी इन पाँच मेवों का समूह।

पँचरंग, पँचरंगा वि० [हिं० पाँच+रंग] १. पाँच रंगों का। २. अनेक रंगों का।

पंचरत्न पुं० [सं०] मूँगा, हीरा, नीलम, लाल और मोती ये पाँच रत्न।

पंचरात्र पुं० [सं०] पाँच रातों का समय।
वि० पाँच रात तक चलनेवाला।

पंचराशिक पुं० [सं०] गणित की एक क्रिया जिसमें चार ज्ञात राशियों की सहायता से पाँचवीं अज्ञात राशि का पता लगाया जाता है।

पँचलड़ा वि० [हिं० पाँच+लड़] पाँच लड़ों का, जैसे पँचलड़ा हार।

पंचवर्षीय वि० [सं०] १. पाँच वर्ष का। २. पाँच वर्ष तक चलनेवाला या पाँच वर्षों में पूरा होनेवाला।

पंचवाण पुं० [सं०] १. कामदेव के ये पाँच वाण-द्रवण, शोषण, तापन, मोहन और उन्मादन। २. कामदेव के पाँच पुष्पवाण-कमल, अशोक, आम्र, नवमल्लिका और नीलोत्पल। ३. कामदेव।

पंचशब्द पुं० [सं०] तंत्री, ताल, झाँझ, नगाड़ा और तुरही ये पाँच मंगलसूचक बाजे।

पंचशर पुं० [सं०] कामदेव, पुष्पधन्वा।

पंचांग पुं० [सं०] १. पाँच अंगोंवाली वस्तु। २. वृक्ष के ये पाँच अंग-जड़, छाल, पत्ती, फूल और फल। (वैद्यक) ३. वह पुस्तिका जिसमें किसी सम्वत् के वार, तिथि, नक्षत्र, योग और करण ब्योरेवार लिखे रहते हों, पत्रा। ४. प्रणाम करने का एक प्रकार जिसमें घुटने, हाथ और माथा पृथ्वी पर टेककर आँखें देवता की ओर करके मुँह से 'प्रणाम' कहते हैं।

पंचांगमास पुं० [सं०] पहली से अन्तिम तिथि या तारीख तक का वह पूरा महीना जो पंचांग में किसी महीने के अन्तर्गत दिखाया जाता है।

पंचांगवर्ष पुं० [सं०] किसी पंचांग में दिखाया हुआ आदि से अन्त तक पूरा वर्ष।

पंचाग्नि स्त्री० [सं०] १. अन्वाहार्य, गार्हपत्य, आवहनीय, आवसथ्य और सभ्य नाम की पाँच अग्नियाँ। २. एक प्रकार की तपस्या जिसमें चारों ओर आग सुलगाकर दिन में धूप में बैठा जाता है।

पंचाट पुं० [सं० पंच] पंच या पंचों का निर्णय।

पंचानन वि० [सं०] पाँच मुँहोंवाला।
पुं० १. शिव। २. सिंह।

पंचामृत पुं० [सं०] दूध, दही, घी, चीनी और शहद मिलाकर देवताओं के स्नान के लिए बनाया जानेवाला वह द्रव पदार्थ जो पवित्र मानकर पिया जाता है।

पंचायत स्त्री० [सं० पंचायतन] [वि० पंचायती] १. किसी विवाद या झगड़े का निपटारा करने के लिए चुने हुए लोगों का समाज या दल। (आरबिट्रेशन) २. एक साथ बहुत-से लोगों की बकवाद। ३. झगड़ा, विवाद।

पंचायतन पुं० [सं०] किसी देवता और उसके साथ के चार देवताओं की मूर्तियों का समूह, जैसे राम-पंचायतन।

पंचायती वि० [हिं० पंचायत] १. पंचायत-सम्बन्धी, पंचायत का। २. बहुत से या सब लोगों का मिला-जुला, साझे का।

पंचाल पुं० [सं०] १. एक प्राचीन देश जो हिमालय और चम्बल के बीच गंगा के दोनों ओर था। २. [स्त्री० पंचाली] पंचाल देशवासी। ३. महादेव, शिव।

पंचालिका स्त्री० [सं०] १. गुड़िया, पुतली। २. अभिनेत्री, नटी।

पंचाली स्त्री० [सं०] १, बच्चों के खेलने की पुतली, गुड़िया। २. द्रौपदी। ३. पंचाल देश की स्त्री।

पंचास्य वि० [सं०] पाँच मुखोंवाला।

पंचित वि० [हिं० पंचन] जिसमें छेद किए गए हों।

पँचौवर* वि० [हिं० पाँच+सं० आवर्त] जिसकी पाँच तहें की गई हों, पाँच तह या परत किया हुआ, पँचहरा।

पंछा पुं० [हिं० पानी+छाला] प्राणियों के शरीर से या पेड़-पौधों के अंगों से निकलनेवाला स्राव।

पंछी पुं० [सं० पक्षी] चिड़िया, पक्षी।

पंज वि० दे० 'पाँच'।

पंजक पुं० [हिं० पंजा] हाथ के पंजे का वह निशान या छापा जो प्रायः मांगलिक अवसरों पर दीवारों पर लगाया जाता है।

पँजफोड़न स्त्री०=पँचफोड़न।

पंजर पुं० [सं०] १. शरीर की हड्डियों का ढाँचा, जो शरीर के कोमल भागों को अपने ऊपर ठहराए रहता है, ठठरी, कंकाल। २. शरीर, देह। ३. पिंजड़ा।

पँजरना* अ० दे० 'पजरना'।

पंजा पुं० [फा० पंजः, मि० स० पंचक] १. हाथ या पैर की पाँचों उँगलियों का समूह।

मुहा० *पंजे झाड़कर पीछे पड़ना या चिमटना*=जी-जान से लगना या तत्पर होना।

पद *पंजे में*=पकड़ या वश में।

२. पाँच का समूह, गाही। ३. उँगलियों और हथेली का सम्पुट। ४. दो व्यक्तियों में होनेवाली ऐसे सम्पुटों की बल-परीक्षा। ५. जूते का अगला भाग, जिसमें उँगलियाँ ढकी रहती हैं। ६. पाँचों उँगलियों के आकार का एक दो पल्लोंवाला उपकरण जिससे कागज-पत्र दबाकर रखे जाते हैं। ७. ताश का वह पत्ता जिस पर पाँच बूटियाँ होती हैं। ८. दे० 'पंजक'।

पंजिका स्त्री० [सं०] १. पंचांग। २. पंजी।

पंजी स्त्री० [सं०] १. पंचांग, पंजिका। २. हिसाब या विवरण लिखने की पुस्तिका, बही। (रजिस्टर) ३. गोलाई में लिपटा हुआ लम्बे कागज का मुट्ठा। (रोल)

पंजीकरण पुं० [सं०] १. पंजी, बही या रजिस्टर में लिखा जाना। २. पंजी में लिखकर मान्यता प्रदान करना।

पंजीकृत वि० [सं०] जिसका पंजीकरण हो चुका हो।

पंजीबद्ध वि० दे० 'पंजीकृत'।

पंजीयन पुं० [सं०] १. किसी लेख या लेखे का पंजी में लिखा जाना, पंजी पर चढ़ाया जाना। २. नाम-सूची में नाम लिखा या चढ़ाया जाना। (एनरोलमेन्ट)

पँजीरी स्त्री० [हिं० पाँच+ईरी (प्रत्य०)] आटे को घी में भूनकर बनाया हुआ मीठा चूर्ण।

पंडर* वि० [सं० पांडुर] १. श्वेत, सफेद। २. पीला।

पंडव* पुं०=पांडव।

पंडा पुं० [सं० पंडित] [स्त्री० पंडाइन] किसी तीर्थ या मन्दिर में लोगों को देवदर्शन करानेवाला व्यक्ति।

पंडाल पुं० [?] सभा के अधिवेशन या उत्सव के लिए बनाया हुआ मंडप।

पंडित वि० [सं०] [स्त्री० पंडिता, पंडिताइन, पंडितानी] १. वह जिसे किसी विषय का पूरा ज्ञान हो। २. कुशल, प्रवीण।

पुं० १. शास्त्रज्ञ। २. ब्राह्मण।

पंडिताई स्त्री० [सं० पंडित+हिं० आई० (प्रत्य०)] १. विद्वत्ता, पांडित्य। २. पंडित या पुरोहित का कार्य।

पंडिताऊ वि० [सं० पंडित+हिं० आऊ (प्रत्य०)] [भाव० पंडिताऊपन] १. पंडितों-जैसा। २. पंडितों की तरह या ढंग का, बोझिल, जैसे पंडिताऊ हिन्दी।

पंडु* पुं०=पांडु।

पंडुक पुं० [सं० पांडु] [स्त्री० पंडुकी] कबूतर की तरह का एक प्रसिद्ध पक्षी, पेंडुकी, फाख्ता।

पंडौ* पुं०=पांडव।

पंत पुं० दे० 'पंथ' ४.।

पँत्यारी* स्त्री० दे० 'पंक्ति'।

पंथ पुं० [सं० पथ] १. मार्ग, रास्ता, राह।

मुहा० *पंथ गहना*= रास्ता पकड़ना, चलना। *(किसी के) पंथ लगना*=(क) दिखाए हुए रास्ते पर चलना, अनुयायी होना। (ख) किसी को तंग करने के लिए उसके पीछे पड़ना। *पंथ सेना*=प्रतीक्षा करना, आसरा देखना।

२. आचार-व्यवहार का ढंग, रीति।

मुहा० *पंथ गहना*=आचरण आदि ग्रहण करना, नए रंग-ढंग पर चलना।

३. सम्प्रदाय, मत। ४. पहाड़ी, महाराष्ट्री आदि कुछ ब्राह्मणों का अल्ल।

पंथकी* पुं० दे० 'पथिक'।

पंथ-निर्पेक्ष पुं० [हिं०+सं०] [भाव० पंथ-निर्पेक्षता] पंथों, संप्रदायों या धर्मों के परस्पर-विरुद्ध विचारों से अप्रभावित।

पंथाई पुं० दे० 'पंथी'।

पंथान* पुं० दे० 'पथिक'।

पंथी* पुं० [हिं० पंथ] १. रास्ता चलनेवाला, राही, बटोही, पथिक। २. किसी सम्प्रदाय या पन्थ का अनुयायी, जैसे नानक-पन्थी, दादू-पन्थी।

पंद स्त्री० [फा०] शिक्षा, उपदेश।

पंप पुं० [अं०] १. वह नल जिसके द्वारा पानी या हवा एक तरफ से दूसरी तरफ पहुँचाई जाती है। २. एक प्रकार का जूता।

पंपा स्त्री० [सं०] १. दक्षिण भारत की एक प्राचीन नदी। २. इस नदी के किनारे का एक नगर। ३. इस नगर के पास का एक सर या तालाब। (रामायण)

पंपासर पुं० दे० 'पंपा' ३.।

पँवरिया पुं० दे० 'पौरिया'।

पँवरी[1] स्त्री० दे० 'ड्योढ़ी'।

पँवरी[2] स्त्री० [हिं० पाँव] खड़ाऊँ, पाँवरी।

पँवाड़ा, पँवारा पुं० [सं० प्रवाद] १. व्यर्थ के विस्तार से कही हुई बात। २. एक प्रकार का देहाती गीत। ३. लंबी गाथा।

पँवारना स०=फेंकना।

पँवारा* पुं०=पँवाड़ा।

पँवारी* स्त्री० [?] लोहे में छेद करने का एक औजार।

पंसारी पुं० [सं० पण्यशाली] मिर्च-मसाले आदि बेचनेवाला बनिया।

पंसासार पुं० [सं० पाशक+सारि(=गोटी)] पासे का खेल।

पइठना, पइसना* अ० दे० 'पैठना'।

पइसार* पुं० [हिं० पइसना] पैठ, प्रवेश।

पउआ† पुं०=पौआ।

पकड़ स्त्री० [हिं० पकड़ना] १. पकड़ने की क्रिया या भाव, ग्रहण। २. पकड़ने का ढंग। ३. लड़ाई या प्रतियोगिता में एक बार आकर परस्पर गुथना। ४. भिड़ंत, हाथापाई। ५. वह त्रुटि या सूत्र जिससे किसी बात के वास्तविक दोष या तथ्य का पता लगे। ६. अपहरण।

पकड़-धकड़ स्त्री० दे० 'धर-पकड़'।

पकड़ना स० [सं० प्रकटति] १. कोई चीज इस प्रकार हाथ में लेना कि वह जल्दी छूट न सके, धरना, थामना, ग्रहण करना। २. (दोषी, अपराधी आदि को) गिरफ्तार करना; जैसे-पुलिस ने डाकू को पकड़ लिया। ३. ढूँढ़ निकालना, पता लगाना। ४. किसी बात में आगे बढ़े हुए के बराबर या पास हो जाना। ५. फैलनेवाली वस्तु में लगकर उसमें अपना संचार करना अथवा उसमें संचरित होना, सम्बन्ध होने के कारण फैलना। ६. अपने स्वभाव या वृत्ति के अन्तर्गत करना। ७. आक्रान्त करना, ग्रसना, घेरना। ८. किसी चलनेवाली चीज तक पहुँचना, जैसे रेल पकड़ना।

पकड़ाना स० हिं० 'पकड़ना' का प्रे०।

पकना अ० [सं० पक्व] १. फल आदि का पुष्ट होकर खाने के योग्य होना। २. पूर्णता की अवस्था तक पहुँचना।

मुहा० *बाल पकना या पक जाना*=(वृद्धावस्था के कारण) बाल सफेद होना।

३. आग के ऊपर पहुँचकर गलना, बनना या तैयार होना, पका होना, सीझना, जैसे रसोई पकना। ४. (फोड़े या घाव में) मवाद आ जाना, पीव से भरना। ५. दृढ़ या पक्का होना।

पकरना* स० दे० 'पकड़ना'।

पकवान पुं० [सं० पक्वान्न] घी में तला या घी से पकाया हुआ कोई खाद्य पदार्थ, जैसे मालपुआ, समोसा आदि।

पकाई स्त्री० [हिं० पकाना] पकाने की क्रिया, भाव या मजदूरी।

पकाना स० [हिं० पकना] [प्रे० पकवाना] १. फल आदि को पुष्ट और तैयार करना। २. आग पर रखकर गलाना या तैयार करना, रींधना, सिझाना। ३. फोड़े आदि को किसी उपचार से इस अवस्था में पहुँचाना कि उसमें मवाद आ जाए। ४. पक्का करना।

पका-पकाया वि० [हिं० पकना+पकाना] किया-कराया तैयार।

पकावन* पुं० दे० 'पकवान'।

पकौड़ा पुं० [हिं० पक्का+बरी, बड़ी] [स्त्री० अल्पा० पकौड़ी] एक पकवान जो बेसन आदि को छोटे टुकड़ों के रूप में घी या तेल में डालकर बनाया जाता है।

पक्का वि० [सं० पक्व] [स्त्री० पक्की] १. अपनी पूरी बाढ़ पर आकर या पुष्ट होकर पका हुआ, पुष्ट। २. जो आग पर पकाया गया हो। ३. दृढ़, मजबूत। ४. ठहराया या ठीक किया हुआ, निश्चित। ५. जिसमें कोई कोर-कसर या त्रुटि न रह गई हो। ६. जिसमें से व्यय, लागत या छीजन आदि निकल चुकी हो, 'कच्चा' या 'स्थूल' का उलटा। (नेट) ७. जिसमें किसी प्रकार की कमी या रिआयत न हो सकती हो, जैसे-पक्का दाम। ८. जिसे अभ्यास हो, अनुभवी, तजरुबेकार। ९. कानून या विधि की दृष्टि से मान्य और प्रामाणिक। १०. जिसका मान(नाप या तौल) प्रामाणिक हो, जैसे पक्का सेर। ११. न टलनेवाला, अटल।

पक्का कागज पुं० वह कागज जिस पर लिखी हुई बात कानून या नियम से ठीक समझी जाए।

पक्का गवैया पुं० राग-रागनियाँ आदि गानेवाला गवैया।

पक्का गाना पुं० वह गाना जो राग-रागिनियों के रूप में हो, शास्त्रीय संगीत।

पक्का चिट्ठा पुं० आय-व्यय का दोहराया हुआ और ठीक लेखा।

पक्की निकासी स्त्री० किसी सम्पत्ति में से होनेवाली वह आय जिसमें से व्यय आदि निकाला जा चुका हो, कुल आय में से होनेवाली बचत। (नेट एसेट्स)

पक्की रसोई स्त्री० घी में पके या तले हुए खाद्य पदार्थ।

पक्खर[१]* स्त्री० [देश०] कवच।

पक्खर[२] वि० [सं० पक्व] पक्का, दृढ़।

पक्व वि० [सं०] [भाव० पक्वता] १. पका हुआ। २. पक्का, दृढ़। ३. परिपुष्ट।

पक्वान्न पुं० [सं०] १. पका हुआ अन्न। २. दे० 'पकवान'।

पक्वाशय पुं० [सं०] पेट के अन्दर का वह स्थान जहाँ पहुँचकर अन्न पचता है।

पक्ष पुं० [सं०] [वि० पक्षीय] १. किसी विशेष स्थिति से दाहिने या बाएँ पड़नेवाला विस्तार, ओर, पार्श्व, तरफ। २. किसी विषय के दो या अधिक परस्पर विरोधी तत्त्वों, सिद्धान्तों या दलों में से कोई एक।

मुहा० *पक्ष गिरना*=तर्क या युक्ति से किसी पक्ष का अप्रमाणिक सिद्ध होना।

३. वह बात जिसे कोई करना चाहता हो और जिसका किसी ओर से विरोध होता या हो सकता हो। ४. झगड़ा या विवाद करनेवालों में से कोई व्यक्ति या दल। (पार्टी)

मुहा० *(किसी का) पक्ष करना*=पक्षपात करना। *(किसी का) पक्ष लेना*=(क) (झगड़े में) किसी की ओर होना। (ख) पक्षपात करना।

५. न्याय या तर्क में वह वस्तु या तत्त्व जिसके विषय में साध्य की प्रतिज्ञा करते हैं, जैसे- 'तेल जलता है' में 'तेल' पक्ष है और उसके सम्बन्ध में साध्य 'जलता है', की प्रतिज्ञा की गई है। ६. सहायकों या समर्थकों का दल। ७. चिड़ियों का डैना, पंख, पर। ९. चान्द्रमास के पन्द्रह-पन्द्रह दिनों के दो विभागों में से कोई एक।

पक्षक पुं० [सं०] वह पक्ष जिसमें ऐसे लोग हों जो किसी विषय में या किसी कार्य के लिए मिलकर एक हो गए हों, दल। (पार्टी)

पक्षधर पुं० दे० 'पक्षपाती'।

पक्षधरता स्त्री० [सं०] किसी के पक्ष का समर्थन।

पक्षपात पुं० [सं०] औचित्य या न्याय का विचार छोड़कर किसी एक पक्ष के अनुरूप होनेवाली प्रवृत्ति या सहानुभूति और उस पक्ष का समर्थन।

पक्षपातपूर्ण वि० [सं०] पक्षपात का सूचक।

पक्षपाती (-तिन्) पुं० [सं०] वह जो किसी के पक्ष का समर्थन या पोषण करे, तरफदार।

पक्षाघात पुं० [सं०] एक रोग जिसमें शरीर के किसी एक पार्श्व के सब अंग सुन्न और क्रियाहीन हो जाते हैं, अर्द्धांग रोग।

पक्षावलंबी (-बिन्) पुं० [सं०] पक्षधर, पक्षपाती।

पक्षिराज पुं० [सं०] गरुड़ जो सब पक्षियों का राजा माना गया है।

पक्षी पुं० [सं०] १. चिड़िया, परिंदा। २. तरफदार।

वि० पक्ष-सम्बन्धी, पक्ष का; जैसे-सोवियत पक्षी, वामपंथी लेखक।

पक्षी विज्ञान पुं० [सं०] वह विज्ञान जिसमें पक्षियों की प्रकृति और रहन-सहन आदि का विवेचन होता है।

पक्ष्म पुं० [सं०] [वि० पक्ष्मिल] आँख की बरौनी।

पखंड* पुं०=पाखंड।

पखंडी पुं० [सं० पाखंड] वह जो कठपुतलियों का नाच दिखाता हो।

वि०=पाखंडी।

पख स्त्री० [फा० पख़] १. ऊपर से व्यर्थ बढ़ाई हुई बाधक बात या शर्त, अड़ंगा। २. झगड़ा, बखेड़ा। ३. दोष, त्रुटि।

पखड़ी* स्त्री० दे० 'पंखड़ी'।

पखराना| स० हिं० 'पखारना' का प्रे०।

पखरी* स्त्री० दे० 'पखार'।

पखरैत पुं० [हिं० पाखर+ऐत(प्रत्य०)] वह पशु जिस पर लोहे की पाखर पड़ी हो।

पखवारा पुं० [सं० पक्ष+वार] १. पन्द्रह दिनों का समय। २. दे० 'पक्ष' ९.।

पखा* पुं०=पंख (जैसे मोरपखा)।

पखाउज* स्त्री०=पखावज। (मृदंग)

पखान* पुं० १. दे० 'पाषाण'। २. दे० 'पखाना' (उपाख्यान)।

पखाना* पुं० [सं० उपाख्यान] १. कथा, कहानी, किस्सा। २. कहावत, लोकोक्ति, मसल।

पुं० दे० 'पाखाना'।

पखारना स० [सं० प्रक्षालन] धोना।

पखाल स्त्री० [सं० पय=पानी+खाल] १. बैल के चमड़े की बनी हुई पानी भरने की मशक। २. धौंकनी।

पखाली पुं० दे० 'भिश्ती'।

पखावज स्त्री० दे० 'मृदंग'।

पखावजी पुं० [हिं० पखावज] पखावज या मृदंग बजानेवाला।

पखी, पखीरा* पुं० दे० 'पक्षी'।

पखेरू पुं० [सं० पक्षालु] पक्षी, चिड़िया।

पग पुं० [सं० पद] १. पैर, पाँव।

मुहा० *पग देना*=पदार्पण करना। *पग रोपना*=कोई प्रतिज्ञा करके किसी जगह पैर रखना या अड़ाना।

२. चलने में एक जगह पैर उठाकर दूसरी जगह रखना, डग, फाल।

पद *पग-पग पर*=बहुत ही थोड़ी-थोड़ी दूरी या देर पर, कदम-कदम पर।

पगडंडी स्त्री० [हिं० पग+डंडी] जंगलों या खेतों में का वह पतला रास्ता जो लोगों के आने-जाने से बन जाता है।

पगड़ी स्त्री० [सं० पटक] १. सिर पर लपेटकर बाँधा जानेवाला प्रसिद्ध लम्बा कपड़ा, पाग, साफा, उष्णीश।

मुहा० *(किसी से) पगड़ी अटकना*=मुकाबला होना। *पगड़ी उछालना*=बेइज्जत करना। *पगड़ी उतारना*= लूटना, ठगना। *(किसी के सिर) पगड़ी बँधना*= (क) पद, स्थान या अधिकार मिलना। (ख) किसी बात का श्रेय या सम्मान प्राप्त होना। *(किसी के साथ) पगड़ी बदलना*=भाई का नाता जोड़ना।

२. वह धन जो मालिक अपना मकान या दुकान किराए पर देने के समय किराए के अतिरिक्त यों ही ले लेता है, नजराना।

पगतरी* स्त्री० [हिं० पग+तल] जूता।

पगदासी| स्त्री० [हिं० पग+दासी] १. जूता। २. खड़ाऊँ।

पगना अ० [सं० पाक] १. शरबत या शीरे में पागा जाना। २. किसी बात के रस या व्यक्ति के प्रेम से पूर्ण होना।

पगबाधा स्त्री० [हिं० पग+बाधा] क्रिकेट के खेल में गेंद के विकेट से लगने में पैर से पहुँचाई हुई बाधा।

पगरा[१]* पुं० दे० 'पग'।

पगरा[२]* पुं० [फा० पगाह] प्रभात, तड़का।

पगला वि० पुं० 'पागल'।

पगहा पुं० दे० 'पघा'।

पगाना स० [सं० पाक] पगने में प्रवृत्त करना।

पगार[१]* पुं० [सं० प्राकार] चहार-दीवारी, परकोटा।

पगार[२] पुं० [हिं०पग+गारना] १. पैरों से कुचली हुई मिट्टी या गारा। २. वह नाला या नदी जिसमें इतना कम पानी हो कि पैदल चलकर उसे पार कर सकें, उदा० जल कैं पगार, निज दल के सिंगार, अरि...। -केशव।

पगार[३] पुं० [हिं० पगड़ी] पगड़ी के ऊपर बाँधा जानेवाला एक प्रकार का आभूषण, सिरपेच।

पगार[४] पुं० [?] मासिक वेतन।

पगारना| स०=पागुरना।

पगिआना* स० दे० 'पगाना'।

पगिया* स्त्री० दे० 'पगड़ी' १.।

पगुराना अ० [हिं० पागुर] पागुर या जुगाली करना। विशेष दे० 'जुगाली'।

पघा पुं० [सं० प्रग्रह] गौओं-भैंसों के गले में बाँधी जानेवाली मोटी रस्सी, पगहा।

पच स्त्री० [सं० पक्ष] पक्षपात।

मुहा० *पच लेना*=पक्षपात करना।

पचकना अ० दे० 'पिचकना'।

पचड़ा पुं० [हिं० प्रपंच+ड़ा (प्रत्य०)] १. झंझट, बखेड़ा, पँवाड़ा, प्रपंच। २. वह गीत जो ओझा लोग देवी आदि के सामने गाते हैं। ३. लावनी की तरह का एक प्रकार का गीत।

पचन पुं० [सं०] पचने या पकने की क्रिया या भाव।

पचना अ० [सं० पचन] १. खाई हुई वस्तु का हजम होना। २. समाप्त या नष्ट होना। ३. पराया माल इस प्रकार हाथ में आ जाना कि अपना हो जाए। ४. परिश्रम करके हैरान होना।

मुहा० *पच मरना*=किसी काम के लिए बहुत अधिक परिश्रम करना।

५. एक वस्तु का दूसरी वस्तु में पूरी तरह लीन होना, समाना। ६. खपना। ७. रत्न का इस प्रकार जड़ा जाना कि उसका निचला भाग धरातल पर सही-सही बैठ जाए।

पचमेल वि०=पँचमेल।

पचवना* स० १. दे० 'पचाना'। २. दे० 'पकाना'।

पचहत्तर वि०, पुं० सत्तर से पाँच अधिक ७५ की सूचक संख्या।

पचहरा वि० [हिं० पाँच+हरा (प्रत्य०)] १. पाँच परतों या तहोंवाला। २. पाँच बार का। ३. पँचगुना।

पचाना स० [हिं० पचना] १. 'पचना' का सकर्मक रूप, हजम करना। २. समाप्त, नष्ट या क्षीण करना। ३. पराया माल लेकर हजम कर जाना। ४. परिश्रम कराके या कष्ट देकर किसी के शरीर, मस्तिष्क आदि का क्षय करना। ५. एक वस्तु का दूसरी वस्तु को अपने आप में लीन करना।

पचारना* स० [सं० प्रचारण] लड़ने के लिए ललकारना।

पचास वि० [सं० पंचदश] चालीस से दस अधिक।

पुं० उक्त संख्या का सूचक अंक।

पचासक* वि०=पचासी; उदा० सुभट पचासक ताके साथ। -केशव।

पचासा वि० [हिं० पचास] १. एक ही प्रकार की पचास वस्तुओं का समूह। २. पचास वर्षों की आयु या अवस्था। ३. वह घंटा जो किसी विकट अवसर पर सब सिपाहियों को थाने में बुलाने के लिए बजाया जाता है।

पचासों सर्व० सभी पचास व्यक्ति या वस्तुएँ।

पचासो वि० [हिं० पचास] १. कई पचास। २. पचास से कुछ कम या कुछ अधिक, जैसे पचासो आदमी, पचासो काम।

पचि* क्रि० वि० [हिं० पचना] १. परिश्रम करके। २. परेशान या दुखी होकर।

पचित वि० [सं० पचित=पचा हुआ] १. पचा हुआ। २. पच्ची किया या जड़ा हुआ।

पचीसियों वि० १. पचीस से कुछ कम या कुछ अधिक। २. कई पचीस, अगणित।

पचीसी स्त्री० [हिं० पचीस] १. एक ही प्रकार की २५ वस्तुओं का समूह। २. आयु के प्रारम्भिक २५ वर्ष। ३. वह गणना जिसमें सैकड़ा पचीस गाहियों अर्थात् १२५ चीजों का माना जाता है। ४. चौसर का एक प्रकार का खेल जो कौड़ियों से खेला जाता है। ५. चौसर खेलने की बिसात।

पचीसों सर्व० सभी पचीस व्यक्ति, वस्तुएँ, काम आदि।

पचीसो वि० सभी पचीस।

पचौनी स्त्री० [हिं० पचना] पेट के अन्दर की वह थैली जिसमें भोजन पचता है।

पचौर* पुं० [?] गाँव का मुखिया।

पच्चड़, पच्चर पुं० [सं० पचित या पच्ची] लकड़ी की वह गुल्ली जो काठ की चीजों को कसने के लिए उनमें ठोकी जाती है।

पच्ची स्त्री० [सं० पचित] १. पचने या पचाने की क्रिया या भाव, जैसे सिरपच्ची। २. जड़ाव का एक प्रकार, जिसमें जड़ी जानेवाली वस्तु अच्छी प्रकार जमकर बैठ जाती है।

पच्चीकारी स्त्री० [हिं० पच्ची+फा० कारी] १. पच्ची करने की क्रिया या भाव। २. पच्ची करके तैयार किया हुआ काम।

पच्छ* पुं० [सं० पक्ष्म] १. आँखों की बरौनी या पलक।

पुं० १.=पक्ष। २. = पंख (पर)।

पच्छताई* स्त्री०=पक्षपात।

पच्छिम पुं०=पश्चिम।

पच्छिराज* पुं०[सं० पक्षिराज] गरुड़।

पच्छी* पुं० [स्त्री० पच्छिनी] दे० 'पक्षी'।

पछ पुं० १. दे० 'पक्ष'। २. दे० 'पक्षपात'।

पछड़ना अ० [हिं० पछाड़ना] पछाड़ा या पटका जाना।

अ० दे० 'पिछड़ना'।

पछताना अ० [हिं० पछतावा] अपने किए हुए किसी अनुचित कार्य के सम्बन्ध में पीछे से मन में दुखी या खिन्न होना, पश्चाताप करना।

पछतानि* स्त्री०=पछतावा।

पछतावा पुं० [सं० पश्चात्ताप] पछताने की क्रिया या भाव, पश्चात्ताप।

पछना* अ० हिं० 'पाछना' का अ०।

पुं० १. पाछने का औजार। २. फसद।

पछमन* क्रि०वि० [हिं० पीछे] पीछे।

पछलगा† वि० दे० 'पिछलगा'।

पछवाँ† वि० [सं० पश्चिम] पश्चिम का।

पछाँह† पुं० [सं० पश्चिम] [वि० पछाँहियाँ, पछाँहीं] पच्छिम की ओर का देश।

पछाड़ स्त्री० [हिं० पछाड़ना] १. पछाड़ने की क्रिया या भाव। २. बेसुध या मूर्छित होने की अवस्था या भाव।

मुहा० *पछाड़ खाना*=घोर विलाप करना।

पछाड़ना[1] स० [हिं० पीछे] १. कुश्ती में विपक्षी को जमीन पर पटकना या गिराना। २. प्रतियोगिता में विपक्षी को हराना।

पछाड़ना[2] स० [सं० प्रक्षालन] कपड़ा धोते समय उसे जोर से बार-बार पटकना।

पछानना* स० दे० 'पहचानना'।

पछावर* स्त्री० [देश०] १. एक प्रकार का शिखरन या शरबत। २. छाछ का बना हुआ एक प्रकार का पेय पदार्थ जो भोजन के अन्त में दिया जाता है।

पछिआवर स्त्री० दे० 'पछावर'।

पछिला| वि०=पिछला।

पछेत| क्रि० वि० [हिं० पीछे] पीछे की ओर।

पछेलना| अ० पीछे छोड़ना।

पछेली स्त्री० [हिं० पीछे+एली (प्रत्य०)] हाथ में पहनने का स्त्रियों का एक गहना।

पछोड़न स्त्री० [हिं० पछोड़ना] अनाज आदि का वह कूड़ा-करकट जो उन्हें पछोड़ने पर निकलता है।

पछोड़ना स० [सं० प्रच्छालन] सूप में रखे अन्न के बीजों को फटककर साफ करना, फटकना।

पछ्यावर* स्त्री० दे० 'पछावर'।

पजरना* अ० [हिं० पजारना] जलना।

पजारना स० [सं० प्रज्वलन] जलाना।

पजावा| पुं० [फा० पज़ाव:] मिट्टी के बरतन या ईंट पकाने का भट्ठा, आँवाँ।

पजोखा* पुं० [?] मातमपुरसी।

पटंबर* पुं० [सं० पाट+अंबर] रेशमी कपड़ा, कौषेय।

पट[1] पुं० [सं०] १. वस्त्र, कपड़ा। २. वह कपड़ा जो किसी वस्तु, स्थान, दृश्य आदि के आगे उसे लोगों की दृष्टि से बचाने के लिए डाला जाता है, फलतः कोई आड़ करनेवाली चीज, परदा, जैसे चित्रपट, धूमपट, रजतपट आदि। (कर्टेन, स्क्रीन) ३. धातु आदि का वह लम्बा-चौड़ा टुकड़ा या पट्टी जिसपर चित्र या लेख अंकित होता है।

पट[2] पुं० [सं० पट्ट] १. दरवाजे का पल्ला।

मुहा० *पट उघड़ना या खुलना*=दर्शन के लिए मन्दिर का दरवाजा खुलना।

२. सिंहासन। ३. समतल भूमि।

पट[3] वि० [अनु०] भूमि पर पेट के बल लेटा हुआ, 'चित्त' का उलटा, औंधा।

मुहा० *पट पड़ना*= मन्द पड़ना, न चलना, जैसे रोजगार पट पड़ना।

पट[4] क्रि० वि० 'चट' का अनु० तुरन्त, झटपट।

पटइन स्त्री० [हिं० पटवा] 'पटवा' जाति की या गहने गूँथनेवाली स्त्री।

पटकन* स्त्री० [हिं० पटकना] १. पटकने की क्रिया या भाव। २. तमाचा। ३. छड़ी।

पटकना स० [सं० पतन+करण] १. जोर से झटका देते हुए नीचे की ओर गिराना। २. कुश्ती में प्रतिद्वन्द्वी को जमीन पर गिराना या पछाड़ना।

अ० १. पचकना। २. दरकना। ३. अंकुरित होना। ४. प्रकट होना, सामने आना।

पटकनियाँ, पटकनी स्त्री० दे० 'पटकन'।

पटका पुं० [सं० पट्टक] वह कपड़ा जो कमर में लपेटकर बाँधते हैं, कमरबन्द।

पटकान स्त्री० [हिं० पटकना] पटकने, पटके जाने या गिराने की क्रिया या भाव।

पटखनी| स्त्री०=पटकान।

पटचित्र पुं० [सं०] कपड़े पर बना हुआ ऐसा चित्र जो लपेटकर रखा जा सके।

पटझोल* पुं० [हिं० पट+झोल] आँचल।

पटतर* पुं० [सं० पट्ट+तल] १. समानता, बराबरी। २. उपमा। *वि० समतल, चौरस।

पटतरना* अ० [हिं० पटतर] १. उपमा देना। २. तुलना करना।

पटतारना[1]* स० [हिं० पटा+तारना=अंदाज लगाना] चलाने के लिए अस्त्र या शस्त्र उठाना या खींचना।

पटतारना[2] स० [हिं० पटतर] ऊँची-नीची जमीन को समतल या चौरस करना।

पटना[1] अ० [हिं० पट=जमीन की सतह के बराबर] १. गड्ढे आदि का भरकर आस-पास के तल के बराबर हो जाना। २. किसी स्थान में किसी वस्तु का बहुत अधिक मात्रा में इकट्ठा होना। ३. दीवारों पर छत बनना। ४. खेत का सींचा जाना। ५. विचारों या स्वभाव में समानता होने के कारण मेल या निर्वाह होना, बनना। ६. लेन-देन आदि में मूल्य या शर्तें निश्चित होना। ७. (ऋण) चुकना।

पटना[2] पुं० [सं० पट्टन] बिहार राज्य की राजधानी।

पटनी स्त्री० [हिं० पटना=तै होना] वह जमीन जो इस्तमरारी पट्टी पर मिली हो।

पटपट स्त्री० [अनु०] १. पटाकों के बजने का शब्द। २. बार-बार पटकने से होनेवाला शब्द।

पटपटाना अ० [हिं० पटकना] १. भूख-प्यास या गरमी आदि से बहुत कष्ट पाना, छटपटाना। २. पटपट शब्द होना। ३. खेद या दुख प्रकट करना।

स० पटपट शब्द उत्पन्न करना।

पटपटाहट स्त्री०=पटापट।

पटपर वि० [हिं० पट] सपाट, समतल, चौरस।

पुं० लम्बा-चौड़ा और उजाड़ स्थान।

पट-बंधक पुं० [हिं० पटना+सं० बंधक] रेहन का वह प्रकार जिसमें रेहनदार रेहन रखी हुई वस्तु की आय में से अपना सूद लेने के बाद शेष धन मूल ऋण के हिसाब में जमा करता चलता है।

पटबीजना| पुं० दे० 'जुगनूँ'।

पटरा पुं० [सं० पटल] [स्त्री० अल्पा० पटरी] १. काठ का अधिक लम्बा और कम चौड़ा टुकड़ा, तख्ता।

मुहा० *पटरा कर देना*=(क) मार-काटकर गिरा या बिछा देना। (ख) चौपट कर देना।

२. काठ का पीढ़ा। ३. हेंगा, पाटा।

पटरानी स्त्री० [सं० पट्ट+रानी] वह प्रधान और पहली विवाहिता रानी जो राजा के साथ पट या सिंहासन पर बैठती हो, पट्टमहिषी।

पटरी स्त्री० [हिं० पटरा] १. छोटा और हलका पटरा।

मुहा० *पटरी जमना या बैठना*=मन मिलना, पटना।

२ लिखने की तख्ती, पटिया। ३. सड़क के दोनों किनारों के वे भाग जिन पर लोग पैदल चलते हैं। ४. सुनहले या रुपहले तारों से बना हुआ फीता जो कपड़ों पर टाँका जाता है। ५. हाथ में पहनने की एक प्रकार की चूड़ी। ६. लोहे के वे लम्बे समानान्तर छड़ जिन पर रेल के पहिए चलते हैं।

मुहा० *पटरी पर लाना*=मार्ग पर लाना। *पटरी से उतरना/उतर जाना*=विपथित होना।

पटल पुं० [सं०] [भाव० पटलता] १. छप्पर। २. आवरण, परदा। ३. परत, तह। ४. पहल, पार्श्व। ५. आँख की भीतरी बनावट का परदा। ६. पटरा, तख्ता। ७. परिच्छेद, अध्याय। ८. पंखड़ी। ९. समूह, झुंड।

पटलन पुं० [सं०] पटल जमाने या चढ़ाने का कार्य।

पटवा[1] पुं० [सं० पाट+वाह (प्रत्य०)] [स्त्री० पटइन] वह जो गहनों के मनकों या दानों आदि को सूत या रेशम में गूँथने या पिरोने का काम करता हो, गुहेरा।

पटवा[2] [सं० पाट] पटसन, पाट।

पटवारी[1] पुं० [सं० पट्ट+हिं० वार] वह सरकारी अधिकारी जो गाँव की जमीन, उपज और लगान आदि का हिसाब-किताब रखता है।

पटवारी[2]* स्त्री० [सं० पट+वारी (प्रत्य०)] रानियों को कपड़े और गहने पहनानेवाली दासी।

पटवास पुं० [सं०] १. खेमा, तम्बू। २. स्त्रियों का लहँगा।

पटसन पुं० [सं० पाट+हिं० सन] १. एक प्रसिद्ध पौधा जिसके रेशे से रस्सी, बोरे, टाट आदि बनते हैं। २. इस पौधे के रेशे, पाट, जूट।

पटह पुं० [सं०, मि० तामिल परै=ढोल] दुन्दुभी, नगाड़ा, भेरी।

पटहार पुं० दे० 'पटवा'।

पटा[1] पुं० [सं० पट्ट] लोहे की वह पट्टी जिससे लोग तलवार का वार और उसका बचाव करना सीखते हैं।

पटा[2] पुं० [सं० पट्ट] पीढ़ा, पटरा।

मुहा० *पटा बाँधना*=राजा का किसी रानी को अपनी पटरानी बनाना।

पटा[3] पुं० [सं० पट] १. वस्त्र, कपड़ा। २. दुपट्टा। ३. दे० 'पगड़ी'।

पटा[4]* पुं० [हिं० पटना] १. सौदा पटने की क्रिया या भाव। २. चौड़ी लकीर, धारी। ३. दे० 'पट्टा'।

पटाई स्त्री० [हिं० पटना] पाटने या पटाने की क्रिया, भाव या मजदूरी।

पटाक पुं० [अनु०] जोर का शब्द।

पद *पटाक से*=पट शब्द करते हुए।

पटाका पुं० [हिं० पट (अनु०)] १. पट या पटाक शब्द। २. ऐसे शब्द से छूटनेवाली गोली के आकार की एक छोटी आतिशबाजी। ३. तमाचा, थप्पड़।

पटाक्षेप पुं० [सं०] १. नाटक में एक दृश्य की समाप्ति पर परदा गिरना। २. किसी घटना की समाप्ति की क्रिया या भाव, जैसे चार वर्ष बाद युद्ध का पटाक्षेप हुआ।

पटान[1] स्त्री० [हिं० पटाना=ऋण चुकाना] ऋण आदि चुकाने की क्रिया या भाव।

पटान[2] स्त्री० [हिं० पाटना] १. पाटने की क्रिया या भाव। २. वह अंश जो गड्ढे, छत आदि पाटकर उसके ऊपर छत या पाटन के रूप में तैयार किया जाता है।

पटाना स० [हिं० पट=समतल] १. पाटने का काम दूसरे से कराना। २. ऋण चुकाना। ३. सौदा या उसका दाम ठीक करना। ४. किसी को अपने ऊपर प्रसन्न या अपने अनुकूल करना; जैसे-ग्राहक पटाना।

अ० शान्त होकर बैठना।

पटापट क्रि० वि० [अनु०] लगातार पटपट शब्द के साथ।

पटापटी स्त्री० [अनु०] कई तरह के रंगों, बेल-बूटों, फूल-पत्तों आदि से बनी हुई कोई चीज, जैसे पटापटी की गोट या पटापटी का परदा; उदा०-बाँधी बन्दनवार विविध बहु पटापटी की। - रत्नाकर।

पटाफेर पुं० [हिं० पटा (=पीढ़ा)+फेरना (=बदलना)] विवाह की एक रीति जिसमें वर-वधू परस्पर आसन बदलते हैं।

पटा-बनेठी स्त्री० पटा और बनेठी।

पटाव पुं० [हिं० पाटना] १. पाटने की क्रिया या भाव। २. पाटकर समतल या ऊँचा किया हुआ अंश या स्थान।

पटिया स्त्री० [सं० पट्टिका] १. पत्थर का चौकोर या लम्बोतरा चौरस कटा हुआ टुकड़ा, फलक। २. खाट की पाटी। ३. दे० 'पट्टी'। ४. दे० 'पाटा'।

पटी स्त्री० [सं० पट] १. कपड़े आदि की लम्बी धज्जी, पट्टी। कमरबन्द, पटका। ३. सिर पर बाँधने की पगड़ी, साफा। ४. नाटक का परदा, यवनिका।

पटीलना स० [हिं० पटाना] १. किसी को इधर-उधर की बातें समझाकर अपने अनुकूल करना, ढंग पर लाना। २. छलना।

पटु वि० [सं०] [भाव० पटुता] १. प्रवीण, निपुण, कुशल, दक्ष। २. चुतर, चालाक, होशियार। ३. तेज।

पटुआ पुं० [सं० पाट] १. पटसन। २. पटवा।

पटुका, पटूका* पुं० दे० 'पटका' (कमरबन्द)।

पटे वि० [हिं० पटना=चुकाया जाना] (देन आदि) जो चुका दिया गया हो, चुकता किया हुआ।

पटेबाज पुं० [हिं० पटा+फा० बाज़] पटा खेलनेवाला, पटैत। वि० व्यभिचारी और धूर्त।

पटेल पुं० [हिं० पट्टा+एल (प्रत्य०)] गुजरात, मध्य प्रदेश आदि में गाँव का नम्बरदार या मुखिया।

पटैत पुं० दे० 'पटेबाज'।

पटोर पुं० दे० 'पटोल'।

पटोरी स्त्री० [सं० पट+ओरी (प्रत्य०)] १. रेशमी साड़ी या धोती। २. रेशमी चादर।

पटोल पुं० [सं०] १. एक प्रकार का रेशमी कपड़ा। २. परवल।

पटोला पुं०=पटोल (वस्त्र)।

पटोलरी पुं०=पटोल।

पटोसिर पुं० [हिं० पट+सिर] सिर पर बाँधने का कपड़ा, जैसे साफा या पगड़ी। (ब्रज०)

पटौधन पुं० [हिं० पटना] ऋण आदि का परिशोधन, कर्ज चुकना।

पटौनी स्त्री० [हिं० पटना] पटने या पाटने की क्रिया या भाव।

पटौहाँ* पुं० [हिं० पटना] १. पटा हुआ स्थान, पाटन। २. पट-बन्धक।

पट्ट[१] पुं० [सं०] १. पीढ़ा, पाटा। २. पटरी, तख्ती। ३. धातु की वह चिपटी पट्टी जिस पर राजाज्ञा या दान आदि की सनद खोदी जाती थी। ४. काठ या धातु का वह बड़ा टुकड़ा जिस पर नाम आदि या सूचनाएँ लिखी या लगाई जाती हैं, जैसे नामपट्ट, सूचनापट्ट आदि। (बोर्ड) ५. किसी वस्तु का ऊपरी चिपटा या चौरस भाग। ६. ढाल। ७. पगडी, दुपट्टा आदि वस्त्र। ८. नगर। ९. राज-सिंहासन। १०. तलवार का वार रोकने की ढाल। ११. दे० 'पट्टा'।

पट्ट[२] वि० [सं०] मुख्य, प्रधान, जैसे पट्ट शिष्य, पट्ट महिषी।

पट्ट[३] वि० [अनु०] दे० 'पट'।

पट्टक पुं०=पट्ट।

पट्टन पुं० [सं०] नगर।

पट्टमहिषी स्त्री० [सं०] पटरानी।

पट्टा पुं० [सं० पट्ट] १. किसी स्थावर सम्पत्ति या भूमि के उपभोग का वह अधिकार-पत्र जो स्वामी की ओर से असामी या ठेकेदार को मिलता है। (लीज) २. कोई अधिकार-पत्र, सनद। ३. चमड़े आदि का वह तसमा जो कुत्तों, बिल्लियों आदि के गले में पहनाया जाता है। ४. पीढ़ा। ५. पीछे या दाहिने-बाएँ गिरे और बराबर कटे हुए कुछ लम्बे बाल। ६. चमड़े का कमरबन्द, पेटी। ७. एक प्रकार की तलवार। ८. लड़ाई के समय का पैंतरा।

पट्टिश पुं० [सं०] एक प्रकार का खाँड़ा जिसके फल के दोनों ओर धारें होती हैं।

पट्टी स्त्री० [सं० पट्टिका] १. लकड़ी की वह तख्ती या पटरी जिस पर बच्चे लिखने का अभ्यास करते हैं, पाटी, पटिया, तख्ती। २. पाठ, सबक। ३. उपदेश, शिक्षा। ४. बुरी नीयत से दी जानेवाली सलाह। ५. धातु, लकड़ी, कागज, कपड़े आदि की लम्बी धज्जी, जैसे पलंग या खाट की पट्टी, घाव पर बाँधने की पट्टी। ६. एक ही चीज में अथवा बीच में कुछ इधर-उधर होकर कुछ दूर तक जानेवाली कोई कम चौड़ी और अधिक लम्बी वस्तु या भूभाग, जैसे दुकानों की पट्टी, जंगल या पहाड़ की पट्टी। (बेल्ट) ७. तिल, दाल आदि को चाशनी में पागकर बनाई जानेवाली एक प्रकार की मिठाई। ८. सिर की माँग के दोनों ओर, कंघी से बैठाए हुए बाल जो देखने में पट्टी की तरह जान पड़ते हैं, पाटी, पटिया। ९. किसी सम्पत्ति या उससे होनेवाली आय का भाग या अंश, हिस्सा, पत्ती।

पट्टीदार पुं० [हिं० पट्टी+फा० दार] [भाव० पट्टीदारी] १. वह जिसका किसी सम्पत्ति या आय में हिस्सा या पट्टी हो, हिस्सेदार। २. बराबर का अधिकारी।

पट्टीदारी स्त्री० [हिं० पट्टीदार] पट्टीदारों का पारस्परिक सम्बन्ध।

पट्टू पुं० [हिं० पट्टी] एक प्रकार का मोटा ऊनी कपड़ा।

पट्टेदार पुं० [हिं० पट्टा+फा० दार] वह जिसने पट्टा लिखाकर कोई जमीन ली हो। (लीसी)

पठ्ठमान* वि० [सं० पठ्यमान] पढ़ने योग्य।

पट्ठा पुं० [सं० पुष्ट, प्रा० पुट्ठ] [स्त्री० पठिया] १. जवान, तरुण, पाठा। २. कुश्तीबाज, अखाड़िया। ३. माँसपेशियों को आपस में अथवा हड्डियों के साथ जोड़नेवाले मोटे तन्तु या नसें, स्नायु। ४. लम्बा और दलदार मोटा पत्ता, जैसे घीकुँआर का पट्ठा। ५. एक प्रकार का चौड़ा गोटा।

पठन पुं० [सं०] [वि० पठनीय] पढ़ना।

पठनीय वि० [सं०] [भाव० पठनीयता] १. पढ़ने के योग्य। २. जिसे सरलता से पढ़ा जा सके। ३. जिसे पढ़ने में मजा आए।

पठनेटा पुं० [हिं० पठान+एटा=बेटा(प्रत्य०)] पठान का लड़का।

पठवना* स०=भेजना।

पठान पुं० [पश्तो पख्तून या पुख़्ताना] [वि० स्त्री० पठानी] अफगानिस्तान और पश्चिमी सीमान्त प्रदेश आदि में बसनेवाली एक योद्धा मुसलमान जाति।

पठाना* स०=भेजना।

पठार पुं० [सं० पृष्ठ+धार] १. भूगोल में वह लम्बा-चौड़ा ऊँचा मैदान जो आस-पास की किसी ओर की जमीन से बहुत ऊँचाई पर हो। (प्लेटो) २. एक पहाड़ी जाति।

पठावन पुं० [हिं० पठाना] दूत।

पठावनि, पठावनी स्त्री० [हिं० पठाना] किसी को कोई चीज या सन्देशा पहुँचाने के लिए कहीं भेजने की क्रिया या भाव।

पठित वि० [सं०] १. पढ़ा हुआ, जिसे पढ़ चुके हों। २. जिसने कुछ पढ़ा हो, पढ़ा-लिखा, शिक्षित। (अशुद्ध प्रयोग)

पठिया स्त्री० [हिं० पट्ठा+इया(प्रत्य०)] १. भैंस की बच्ची। २. जवान और तगड़ी स्त्री।

पठौनी स्त्री० दे० 'पठावनी'।

पड़छत्ती स्त्री० दे० 'परछत्ती'।

पड़त* स्त्री० दे० 'पड़ता'।

पड़ता पुं० [हिं० पड़ना] १. किसी चीज की खरीद, लागत, ढुलाई आदि पर व्यय होनेवाले धन और उसका हिसाब, जिसके विचार से उसका मूल्य निश्चित होता है।

मुहा० *पड़ता खाना, पड़ना या बैठना*=ऐसी स्थिति होना जिसमें लागत, दाम और कुछ लाभ मिल जाए, खर्च और मुनाफा निकल आना। *पड़ता फैलाना या बैठाना*=लागत आदि का हिसाब लगाना।

पद *पड़ते से*=पड़ता फैलाने से जो हिसाब, दर या भाव आए, उसके अनुसार।

२. लगान की दर।

पड़ताल स्त्री० [सं० परितोलन] [क्रि० पड़तालना] १. किसी वस्तु या बात के ठीक होने की जाँच, अनुसन्धान। (चेकिंग) २. पटवारी द्वारा खेतों और उन्हें जोतनेवालों के लेखे की एक प्रकार की जाँच।

पड़ती स्त्री० [हिं० पड़ना] जोतने-बोने योग्य वह जमीन जो कुछ समय के लिए खाली पड़ी हो, जोती-बोई न गई हो।

पड़ना अ० [सं० पतन] १. ऊँची जगह से अचानक नीचे आ गिरना, पतित होना। २. दुख, कष्ट, भार आदि ऊपर आना, जैसे मुसीबत पड़ना।

मुहा० *किसी पर पड़ना*=(क) किसी पर विपत्ति या संकट आना। (ख) किसी पर कार्य का भार या उत्तरदायित्व आना।

३. ठहरना, टिकना। ४. विश्राम के लिए लेटना या सोना, आराम करना। ५. बीमार होकर बिस्तर पर रहना। ६. प्राप्त होना, मिलना। ७. आय, लाभ आदि का हिसाब ठीक बैठना, पड़ता बैठना या लागत मिलना। ८. रास्ते में होना, मार्ग में मिलना, जैसे रास्ते में नदी पड़ना। ९. उपस्थित होना।

मुहा० *बीच में पड़ना*=समझौता कराने या हस्तक्षेप करने के लिए सामने या बीच में आना।

१०. आवश्यकता या गरज होना; जैसे-हमें क्या पड़ी जो हम बीच में बोलें।

पड़पड़ाना अ० [अनु०] १. पड़पड़ शब्द होना। २. दे० 'परपराना'।

पड़पोता पुं० दे० 'परपोता'।

पड़वा[1] स्त्री० दे० 'प्रतिपदा'।

पड़वा[2] पुं० [देश०] [स्त्री० पड़िया] भैंस का नर बच्चा।

पड़ाव पुं० [हिं० पड़ना=बैठना या लेटना+आव(प्रत्य०)] १. पैदल यात्रा के समय कहीं बीच में कुछ समय के लिए ठहरना। २. वह स्थान जहाँ इस प्रकार यात्री ठहरते हैं।

पड़िया स्त्री० [सं० पड़वा] भैंस का मादा बच्चा।

पड़िहार पुं० [सं० प्रतिहार] राजपूतों की एक शाखा का नाम।

पड़ोस पुं० [सं० प्रतिवेश या प्रतिवास] १. किसी स्थान के आस-पास का स्थान।

मुहा० *पड़ोस करना*=पड़ोस में बसना।

पड़ोसन, पड़ोसिन स्त्री० [हिं० पड़ोसी] पड़ोस में रहनेवाली स्त्री।

पड़ोसी पुं० [हिं० पड़ोस] [स्त्री० पड़ोसिन, पड़ोसन] पड़ोस में रहनेवाला।

पढ़ंत स्त्री० दे० 'पढ़ाई'।

पढ़त स्त्री० [हिं० पढ़ना] १. पढ़ने की क्रिया या भाव, पढ़ाई। २. मन्त्र।

पढ़ना स० [सं० पठन] १. पुस्तक या लेख आदि में लिखी हुई बातें या विषय इस प्रकार देखना कि उनका ज्ञान हो जाए। २. शिक्षा या ज्ञान प्राप्त करने के लिए ग्रन्थ आदि कई बार देखना, अध्ययन करना। ३. लेख के शब्दों का उच्चारण करना, बाँचना। ४. किसी को सुनाने के लिए स्मरणशक्ति से मन्त्र, कविता आदि कहना। ५. मन्त्र पढ़कर फूँकना, जादू करना। ६. तोते, मैना आदि का मनुष्यों के सिखाए हुए शब्दों का उच्चारण करना।

मुहा० *जस पढ़ना**=गुनगान करना।

पढ़ना-लिखना स० १. पढ़ने और लिखने का काम करना। २. शिक्षा प्राप्त करना।

पढ़वाना स० हिं० 'पढ़ाना' का प्रे०।

पढ़वैया वि० [हिं० पढ़ना+वैया(प्रत्य०)] पढ़ने या पढ़ानेवाला।

पढ़ाई[1] स्त्री० [हिं० पढ़ना+आई(प्रत्य०)] १. शिक्षा प्राप्त करने के लिए पढ़ने का काम, विद्याभ्यास, पठन। २. पढ़ने का काम, भाव या ढंग। ३. पढ़ने के बदले में मिलनेवाला धन।

पढ़ाई[2] स्त्री० [हिं० पढ़ाना+आई(प्रत्य०)] १. पढ़ाने का काम या भाव, अध्यापन। २. पढ़ाने का ढंग, अध्यापन शैली। ३. पढ़ाने के बदले में मिलनेवाला धन।

पढ़ाना स० [हिं० 'पढ़ाना' का प्रे०] १. किसी को पढ़ने या सीखने में प्रवृत्त करना, अध्यापन करना, शिक्षा देना। २. कोई कला या हुनर सिखाना। ३. तोते, मैना, कोयल आदि पक्षियों को मनुष्यों की बोली बोलना सिखाना। ४. शिक्षा देना, सिखाना, समझाना।

पढ़ा-लिखा वि० [हिं० पढ़ना+लिखना] जिसने शिक्षा प्राप्त की हो, शिक्षित; जैसे-पढ़ा-लिखा वर्ग।

पुं० शिक्षित व्यक्ति।

पढ़िना स्त्री० दे० 'पहिना' (मछली)।

पढ़ैया पुं० [हिं० पढ़ना] पढ़नेवाला।

स्त्री० पढ़ने-पढ़ाने की क्रिया या भाव।

पढ़ैला वि० [हिं० पढ़ना+ऐला(प्रत्य०)] १. पढ़ा-लिखा, शिक्षित। २. जो सब प्रकार से बुरी बातें सीख चुका हो, बहुत बड़ा धूर्त और दुष्ट, उदा० लोभी, लौंद, मुकरवा, झगरू, बड़ी पढ़ैलो लूटा।-सूर (व्रज०)

पण पुं० [सं०] १. हार-जीत की वह बात या लेख जिसमें बाजी बदी या लगाई जाए। २. लेख्य या ठेके आदि की शर्त। (टर्म, कन्डिशन) ३. वह चीज जिसके देने का करार या शर्त हो, जैसे किराया, शुल्क, मूल्य आदि। ४. सम्पत्ति, जायदाद। ५. क्रय-विक्रय की वस्तु। ६. व्यापार या व्यवसाय। ७. प्राचीन काल का ताँबे का एक सिक्का।

पणाया स्त्री० [सं०] किसी प्रकार का आदान-प्रदान या लेन-देन। (ट्रैन्ज़ैक्शन)

पण्य वि० [सं०] जो खरीदा या बेचा जा सके।

पुं० १. सौदा, माल। २. व्यापार, रोजगार। ३. बाजार, हाट। ४. दुकान।

पतंग[1] पुं० [सं०] १. पक्षी, चिड़िया। २. शलभ, टिड्डी। ३. भुनगा, फतिंगा। ४. सूर्य।

पतंग[2] पुं० [सं० पत्रंग] एक प्रकार का बड़ा वृक्ष जिससे लाल रंग निकलता है।

पतंग[3] स्त्री० [सं० पतंग=उड़नेवाला] कागज का एक प्रसिद्ध खिलौना, गुड्डी, कनकौआ।

पतंगबाज पुं० [हिं० पतंग+फा० बाज़] [भाव० पतंगबाजी] वह जिसे पतंग या गुड्डी उड़ाने का व्यसन हो।

पतंगबाजी स्त्री० पतंगें उड़ाने की क्रिया या शौक।

पतंगा* पुं० [सं० पतंग] १. पक्षी, चिड़िया। २. फतिंगा।

पतंचिका स्त्री० [सं०] धनुष की डोरी या ताँत, चिल्ला।

पतंजलि पुं० [सं०] योग-विधि के प्रवर्तक ऋषि।

पत[1] पुं० [सं० पति] १. पति, खसम। २. मालिक, स्वामी।

पत[2] स्त्री० [सं० प्रतिष्ठा] प्रतिष्ठा, इज्जत।

मुहा० *पत उतारना या लेना*=बेइज्जती करना। *पत रखना*=इज्जत बचाना।

पतछीन* वि० [हिं० पत्ता+क्षीण] (वृक्ष) जिसके पत्ते झड़ गए हों, बिना पत्तों का।

पतझड़ स्त्री० [हिं० पत=पत्ता+झड़ना] १. वह ऋतु जिसमें प्राय: पत्तियाँ झड़ जाती और नई निकलती हैं, फागुन और चैत के महीने। २. अवनति-काल।

पतझड़ी वि० पतझड़-सम्बन्धी।

पतझार| स्त्री० दे० 'पतझड़'।

पतन पुं० [सं०] [वि० पतनशील, पतित, पतनीय] १. ऊपर से नीचे आने या गिरने की क्रिया या भाव, गिरना। २. उन्नत अवस्था, वैभव, ऊँचे पद, मर्यादा आदि से गिरकर बहुत नीचे स्तर पर आना, अवनति, अधोगति। ३. लड़ाई के समय किले, नगर आदि का अपने हाथ से निकलकर शत्रु के सैनिकों के हाथ में चला जाना। (डाउन फॉल; उक्त तीनों अर्थों के लिए) ४. मृत्यु। ५. जाति से निकाला जाना।

पतना* अ० [सं० पतन] गिरना।

पतनोन्मुख वि० [सं०] १. जो गिरने को हो। २. जो पतन की ओर अग्रसर हो रहा हो, जिसका पतन या दुर्गति समीप आ रही हो।

पतनोन्मुखी (-खिन्) वि० [सं०] पतनोन्मुख।

पत-पानी| स्त्री०=प्रतिष्ठा।

पतर[1]***** वि० [हिं० पतला] पतला, कृश।

पतर[2] पुं० [सं० पत्र] १. पत्ता। २. पत्तल।

पतला वि० [सं० पत्रालः] [स्त्री० पतली, भाव० पतलापन] १. कम घेरे, लपेट, मोटाई या चौड़ाईवाला, 'मोटा' का उलटा। २. जिसका घेर या तल स्थूल या मोटा न हो, कृश। ३. जो अधिक दलदार न हो, झीना, बारीक। ४. जिसमें जल का अंश अधिक हो, अधिक तरल, 'गाढ़ा' का उलटा। ५. जैसा या जितना होना चाहिए, उससे कम, जैसे फसल या उसका अनाज पतला होना। ६. अशक्त, असमर्थ।

पतला हाल पुं० निर्धनता और विपत्ति की अवस्था।

पतलून स्त्री० [अं० पैंटलून] अंग्रेजी ढंग का पाजामा।

पतवार[1] स्त्री० [सं० पात्रपाल] नाव या जहाज का वह तिकोना पिछला अंग या उपकरण जो आधा जल में और आधा बाहर होता है और जिसके द्वारा नाव इधर-उधर घुमाई जाती है।

पतवार[2] पुं० [हिं० पत्ता] १. पौधों, विशेषत: सरकंडे आदि की लम्बी सूखी पत्तियाँ। २. कूड़ा-करकट, जैसे खर-पतवार।

पता पुं० [सं० प्रत्यय] १. मकान का क्रमांक तथा गली-मुहल्ला और नगर का विवरण जिससे किसी तक पहुँच या किसी को पा सकें। २. पत्र आदि के ऊपर लिखा हुआ किसी का नाम और रहने का स्थान आदि। (एड्रेस) ३. अनुसन्धान, खोज, टोह। ४. अभिज्ञता, जानकारी। ५. गूढ़ तत्त्व, रहस्य, भेद।

मुहा० *पते का*=वास्तव में ठीक उस स्थान का जिसका ज्ञान सब लोगों को न हो।

पद *पते की बात*=भेद प्रकट करने या वास्तविक स्वरूप बतलानेवाली बात।

पताई स्त्री० दे० 'पतवार' (वनस्पति)।

पताक* स्त्री० दे० 'पताका'।

पताका स्त्री० [सं०] १. झंडा, ध्वजा, फरहरा। (मुहावरों के लिए दे० 'झंडा' के मुहा० २. वह डंडा जिसमें झंडे का कपड़ा पहनाया रहता है, ध्वज। ३. कागज आदि का वह छोटा टुकड़ा जो किसी बड़े कागज पर उसकी ओर ध्यान आकृष्ट करने के लिए लगाया जाता है। (फ्लैग) ४. दस खर्व की संख्या। ५. नाटक का वह स्थल जहाँ एक पात्र कुछ सोचता रहता है और दूसरा पात्र आकर किसी और सम्बन्ध की कोई बात कहने लगता है।

पताका-वाहक पुं० [सं०] झंडा लेकर चलनेवाला।

पताकित वि० [सं०] १. जिसमें पताका लगी हो, पताका से युक्त। २. (कागज-पत्र) जिसमें विशेष रूप से ध्यान आकृष्ट करने के लिए पताका की तरह का कागज लगा हो। (फ़्लैग्ड)

पताकिनी स्त्री० [सं०] सेना।

पता-ठिकाना पुं० किसी वस्तु या व्यक्ति का स्थान और उसका परिचय।

पतार[1]***** पुं० दे० 'पाताल'।

पतार[2] पुं० [?] जंगल, वन।

पताल पुं० दे० 'पाताल'।

पतासा* पुं० दे० 'बताशा'।

पतिंग पुं० दे० 'पतंगा'।

पतिंवरा वि० स्त्री० [सं०] जो अपना पति स्वयं चुने, स्वयंवरा (स्त्री)।

पति पुं० [सं०] [स्त्री० पत्नी, भाव० पतित्व] १. मालिक, स्वामी, अधिपति। २. स्त्री की दृष्टि से उसका विवाहित पुरुष, दुल्हा। ३. मर्यादा, प्रतिष्ठा।

पतिआना अ० दे० 'पतियाना'।

पतिआर* पुं० [हिं० पतिआना] विश्वास।

वि० विश्वसनीय।

पतिकामा वि० स्त्री० [सं०] पति पाने की कामना करनेवाली (स्त्री)।

पतिगृह पुं० [सं०] १. पति का घर। २. ससुराल।

पतित वि० [सं०] [स्त्री० पतिता, भाव० पतितता] १. नीचे गिरा या आया हुआ। २. नीचे की ओर झुका हुआ, नत। ३. बहुत बड़ा पापी, महापापी, अतिपातकी। ४. जाति से निकाला हुआ, जातिच्युत। ५. अति नीच।

पतित-उधारन* वि० [सं० पतित+हिं० उधारना] पतितों का उद्धार करनेवाला, पतितपावन।

पतितपावन वि० [सं०] [वि० स्त्री० पतितपावनी] पतित को भी पावन अर्थात् आदरणीय बनानेवाला।

पतितपावनी वि० स्त्री० पतितों को भी पवित्र करनेवाली; जैसे—पतितपावनी गंगा।

पतितेस* पुं० [सं० पतित+ईश] पतितों का सरदार, बहुत बड़ा पतित।

पतित्व पुं० [सं०] पति या मालिक होने का भाव, स्वामित्व, प्रभुत्व।

पति-धर्म पुं० [सं०] पति का धर्म, पत्नी के प्रति होनेवाला पति का कर्तव्य।

पतिनी* स्त्री० दे० 'पत्नी'।

पतिपारना* स० [सं० प्रतिपालन] १. पालन-पोषण करना, पालना। २. (प्रतिज्ञा या वचन) पूरा करना, निभाना।

पतियाना अ० [सं० प्रत्यय] किसी की कही हुई बात ठीक मानकर उसपर विश्वास करना।

पतियार* वि० [हिं० पतियाना] विश्वास करने योग्य, विश्वसनीय।

पतियारा* पुं० [हिं० पतियाना] विश्वास।

पतियारी* स्त्री० [हिं० पतियाना] प्रतीति, विश्वास।

पतिवती वि० दे० 'सौभाग्यवती'।

पतिव्रत पुं० [सं०] पत्नी की अपने पति पर अनन्य प्रीति और भक्ति, पातिव्रत्य।

पतिव्रता वि० स्त्री० [सं०] (स्त्री) जो अपने पति में अनन्य अनुराग रखती हो और पूर्ण रूप से उसके प्रति समर्पित हो, सती, साध्वी।

स्त्री० पतिव्रत का पालन करनेवाली स्त्री।

पतीजना* अ० [हिं० प्रतीत] किसी पर विश्वास या एतबार करना।

पतीला पुं० [फा० पातित:] [स्त्री० अल्पा० पतीली] ताँबे या पीतल की एक प्रकार की बटलोई।

पतुकी † स्त्री० दे० पतीली।

पतुरिया † स्त्री० [सं० पातिली] १. नर्तकी, २. वेश्या।

पतोखा पुं० [सं० पत्ता] [स्त्री० अल्पा० पतोखी] १. पत्ते का बना पात्र, दोना। २. पत्तों का बना छोटा छाता, घोघी।

पतोह, पतोहू स्त्री० [सं० पुत्रवधू] बेटे की स्त्री।

पतौआ* पुं० दे० 'पत्ता'।

पत्तन पुं० [सं०] १. नगर, शहर। २. नगरी, कस्बा। (टाउन)

पत्तनक्षेत्र पुं० [सं०] किसी पत्तन या कस्बे और उसके आस-पास का वह क्षेत्र जो सफाई, रोशनी, आरम्भिक शिक्षा आदि के लिए एक स्वतन्त्र इकाई के रूप में होता है, और जिसकी व्यवस्था वहाँ के कुछ निर्वाचित लोगों के हाथ में होती है। (टाउन एरिया)

पत्तर पुं० [सं० पत्र] धातु को पीटकर बनाया हुआ चिपटा लम्बोतरा टुकड़ा, धातु की छोटी चादर या टुकड़ा।

पत्तल स्त्री० [सं० पत्र] १. पत्तों को जोड़कर बनाया हुआ वह बड़ा गोलाकार आधार जिस पर खाने के लिए चीजें रखते हैं। **कहा०** *जिस पत्तल में खाना, उसी में छेद करना*=जिससे लाभ या प्राप्ति हो, उसी को हानि पहुँचाना, परम कृतघ्नता करना।

२. पत्तल पर रखी हुई एक आदमी के खाने भर की भोजन-सामग्री।

पत्ता पुं० [सं० पत्र] [स्त्री० पत्ती] १. पेड़-पौधों में होनेवाला हरे रंग का वह पतला अवयव जो उसकी शाखाओं से निकलता है, पर्ण।

मुहा० *पत्ता खटकना या खड़कना*=(क) आहट होना। (ख) खटके या सन्देह की बात होना। *पत्ता तक न हिलना*=(क) हवा बिल्कुल बन्द होना। (ख) किसी प्रकार की गति, विरोध आदि न होना।

२. कान में पहनने का एक गहना। ३. मोटे कागज का खंड, जैसे ताश का पत्ता।

पत्ति पुं० [सं०] १. पैदल सिपाही, प्यादा। २. शूरवीर, योद्धा।

पत्ती स्त्री० [हिं० पत्ता+ई (प्रत्य०)] १. छोटा पत्ता। २. साझे का अंश, भाग, हिस्सा। ३. फूल की पंखुड़ी, दल। ४. भाँग, भंग। ५. लकड़ी, धातु आदि का कटा हुआ कोई छोटा टुकड़ा।

पत्तीदार पुं० [हिं० पत्ती+फा० दार] साझीदार, हिस्सेदार।

पत्थ* पुं० दे० 'पथ्य'।

पत्थर पुं० [सं० प्रस्तर] [वि० पथरीला, क्रि० पथराना] १. पृथ्वी के स्तर में का वह कठोर प्रसिद्ध पिंड या खंड जो चूने, बालू आदि के जमने से बना होता है, प्रस्तर, शिलाखंड।

पद *पत्थर का कलेजा, दिल या हृदय*=ऐसा हृदय या मन जिसमें दया, करुणा आदि कोमल वृत्तियाँ न हों। *पत्थर की लकीर*=(क) सदा-सर्वदा बनी रहनेवाली वस्तु। (ख) बिल्कुल निश्चित या पक्की बात।

मुहा० *पत्थर चटाना*=औजार पत्थर पर रगड़कर धार तेज करना। *पत्थर तले हाथ आना या दबना*=किसी भारी संकट में फँस जाना। *पत्थर पर दूब जमना*=अनहोनी या असम्भव बात हो जाना। *पत्थर से सिर फोड़ना या मारना*=ऐसा प्रयत्न करना जिसमें फल-सिद्धि के बदले उलटे अपनी ही हानि हो। २. सड़कों पर लगा हुआ दूरी या नाप बतानेवाला पत्थर। (माइल स्टोन) ३. ओला, बिनौरी।

मुहा० *पत्थर पड़ना*=(क) आकाश से ओले गिरना। (ख) चौपट या नष्ट हो जाना।

४. हीरा, लाल, पन्ना, नीलम आदि रत्न। ५. कठोर और भारी अथवा गलने, पचने आदि के अयोग्य वस्तु। ६. कुछ नहीं, बिल्कुल नहीं। (तिरस्कृत अभाव का सूचक; जैसे—वह हमें पत्थर समझते हैं।)

पत्थरकला पुं० दे० 'पथरकला'।

पत्थर-पानी पुं० आँधी चलना और पानी बरसना, तूफान।

पत्नी स्त्री० [सं०] विधिपूर्वक विवाहिता स्त्री, भार्या, सहधर्मिणी, जोरू।

पत्नी-धर्म पुं० [सं०] पति के प्रति पत्नी का कर्तव्य।

पत्नीव्रत पुं० [सं०] अपनी विवाहिता स्त्री को छोड़कर और किसी स्त्री से सम्बन्ध न रखने का संकल्प, नियम या व्रत।

पत्नीव्रती (-तिन्) वि०, पुं० [सं०] १. जिसने पत्नीव्रत धारण किया हो। २. जोरू का गुलाम।

पत्याना* अ० दे० 'पतियाना'।

पत्यारी* स्त्री० [सं० पंक्ति] पंक्ति, पाँत।

पत्र पुं० [सं०] १. वृक्ष का पत्ता, पत्ती, पर्ण। २. लिखा हुआ कागज, विशेषत: वह कागज जिस पर किसी विषय की कोई महत्त्व की बात लिखी हो। ३. वह कागज जिस पर किसी को भेजने के लिए कोई समाचार या विवरण लिखा हो, चिट्ठी, पत्री, खत। (लेटर) ४. समाचार-पत्र, अखबार। ५. समाचार-पत्रों या सामयिक पत्रों का वर्ग या समूह। (प्रेस) ६. पुस्तक या लेख का कोई पन्ना, पृष्ठ। ७. धातु का पत्तर। ८. दे० 'पत्रक'।

पत्रक पुं० [सं० पत्र+क(प्रत्य०)] वह पत्र जिस पर स्मृति के लिए या सूचना आदि के रूप में कोई बात लिखी हो। (मेमो, नोट)

वि० १. पत्र-सम्बन्धी, पत्र का। २. पत्र या कागज का बना हुआ, जैसे पत्रक धन।

पत्रक धन पुं० [सं०] वह धन जो छपे हुए कागज या पत्र के रूप में हो, जैसे धनपत्र या नोट। (पेपर मनी)

पत्रकार पुं० [सं०] [भाव० पत्रकारिता] १. समाचार-पत्र से जुड़ा व्यक्ति। २. वह जो समाचार-पत्र, पत्रिका, रेडियो, दूरदर्शन आदि के लिए समाचार एकत्र करता या लेख आदि लिखकर भेजता रहता हो।

पत्रकार सम्मेलन पुं० [सं०] १. समाचार-पत्रों के संवाददाताओं आदि का वह सम्मेलन जो कोई विशिष्ट व्यक्ति किसी विषय पर अपना वक्तव्य देने के लिए बुलाता है। (प्रेस कॉन्फ्रेन्स)

पत्रकारिक वि० [सं०] पत्रकार या पत्रकारिता से संबद्ध; जैसे—पत्रकारिक दायित्व।

पत्रकारिता स्त्री० [सं०] १. समाचार-पत्र, पत्रिका, रेडियो या दूरदर्शन के लिए समाचार, सूचनाएँ, लेख आदि एकत्र तथा प्रस्तुत करने, संपादित करने तथा प्रसारित या प्रकाशित करने का काम। २. पत्रकार की कला।

पत्रकारी वि० [सं० पत्रकार] १. पत्रकारों से संबद्ध। २. पत्रकारिता से संबद्ध।

पत्रजात पुं० [सं०] १. किसी विषय से सम्बन्ध रखनेवाले पत्रों आदि का समूह। (पेपर्स) २. इस प्रकार के पत्रों की नत्थी। (फाइल)

पत्रपंजी स्त्री० [सं०] वह पंजी या बही जिसमें आए हुए पत्रों अथवा उनके उत्तरों का विवरण रहता है। (लेटर बुक)

पत्रपुष्प पुं० [सं०] १. सत्कार या पूजा की बहुत साधारण सामग्री। २. सामान्य पुरस्कार या तुच्छ उपहार।

पत्र-पेटी स्त्री० [सं० पत्र+हिं० पेटी] १. वह पेटी या बक्स जिसमें डाक द्वारा बाहर जानेवाले पत्र छोड़े जाते हैं। २. किसी की वह निजी पेटी या बक्स जिसमें लोग उसके नाम के पत्र छोड़ जाते हैं। (लेटर बॉक्स)

पत्रबंध पुं० [सं०] पत्र लिखने के कागजों की गड्डी। (लेटर पैड)

पत्रभंग पुं० [सं०] वे बेल-बूटे या रेखाएँ जो स्त्रियाँ सौंदर्य-वृद्धि के लिए माथे, गाल आदि पर बनाती हैं।

पत्रवाह पुं० [सं०] १. वह जिसका काम पत्र आदि लोगों के यहाँ पहुँचाना होता है। २. डाक विभाग का वह कर्मचारी जिसका काम घर-घर लोगों के पत्र, मनीआर्डर, पार्सल आदि पहुँचाना होता है, डाकिया। (पोस्टमैन)

पत्रवाहक पुं० [सं०] १. पत्र ले जानेवाला। २. डाकिया, हरकारा।

पत्र-व्यवहार पुं० [सं०] १. वह व्यवहार या सम्बन्ध जिसमें किसी को पत्र लिखे जाते हैं और उसके उत्तर आते हैं, पत्राचार, चिट्ठी-पत्री। (कारैस्पॉन्डेन्स) २. इस प्रकार भेजे हुए पत्र और आए हुए उनके उत्तर।

पत्रांश पुं० [सं० पत्र+अंश] पत्र का अंश।

पत्रा पुं० [सं० पत्र] १. तिथिपत्र, जन्तरी, पंचांग। २. पृष्ठ, पन्ना, वरक।

पत्राचार पुं० [सं०] दो व्यक्तियों या पक्षों में चिट्ठियों का आना-जाना, पत्र-व्यवहार। (कारैसपॉन्डेन्स)

पत्रालाप पुं० [सं० पत्र+आलाप]=पत्राचार।

पत्राली स्त्री० [सं०] सादे और लिखे जानेवाले चिट्ठी के कागजों का समूह जो प्राय: गड्डी के रूप में होता है। (पैड)

पत्रालय पुं० [सं० पत्र+आलय] डाकघर, पोस्ट ऑफिस।

पत्रावली स्त्री० दे० 'पत्राली'।

पत्रिका स्त्री० [सं०] १. चिट्ठी, खत। २. नियत समय पर प्रकाशित होनेवाला कोई सामयिक पत्र, पत्रिका या पुस्तक। (मैगजीन)

पत्री[1] स्त्री० [सं०] १. चिट्ठी, खत। २. कोई छोटा लेख या पत्रिका। ३. जन्मपत्री।

पत्री[2] पुं० [सं० पत्रिन्] तीर, बाण।

पथ पुं० [सं०] १. मार्ग, रास्ता, राह। २. आचरण, व्यवहार आदि की रीति या ढंग।

पुं० दे० 'पथ्य'।

पथगामी (-मिन्) पुं० [सं०] पथिक।

पथचिह्न पुं० [सं०] पथ में मार्गदर्शन के लिए बने हुए चिह्न।

पथ-प्रदर्शन पुं० दे० 'मार्गदर्शन'।

पथरकला पुं० [सं० पत्थर या पथरी+कल] पुरानी चाल की वह बन्दूक जो चकमक पत्थर की रगड़ से आग उत्पन्न करके चलाई जाती थी, कड़ाबीन।

पथराना अ० [हिं० पत्थर+आना (प्रत्य०)] १. पत्थर की तरह कड़ा हो जाना। २. नीरस और कठोर होना। ३. स्तब्ध हो जाना, सजीव न रहना।

पथरी स्त्री० [हिं० पत्थर+ई (प्रत्य०)] १. पत्थर की बनी छोटी गोल कटोरी। २. एक रोग जिसमें मूत्राशय आदि में पत्थर के छोटे-छोटे टुकड़े बन या जम जाते हैं। ३. चकमक पत्थर। ४. कुरंड पत्थर, जिससे औजार की धार तेज करते हैं।

पथरीला वि० [हिं० पत्थर+ईला (प्रत्य०)] [स्त्री० पथरीली] पत्थरों से युक्त (स्थान)।

पथरौटा पुं० [हिं० पत्थर] [स्त्री० अल्पा० पथरौटी] पत्थर का कटोरा।

पथिक पुं० [सं०] [स्त्री० पथिका] मार्ग चलनेवाला, यात्री, मुसाफिर।

पथी पुं० [सं० पथिन्] यात्री, पथिक।

पथु* पुं० [हिं० पथ] पथ, मार्ग।

पथेरा पुं० [हिं० पाथना] १. पाथने का काम करनेवाला। २. कुम्हार।

पथौरा पुं० [हिं० पाथना] वह स्थान जहाँ कंडे पाथे और रखे जाते हैं।

पथ्य पुं० [सं०] १. वह जल्दी पचनेवाला भोजन जो रोगी को उपवास की समाप्ति पर दिया जाता है। २. उपयुक्त आहार। **मुहा०** *पथ्य से रहना*=स्वास्थ्य का ध्यान रखते हुए संयमपूर्वक रहना।

वि० १. पथ-सम्बन्धी, पथ या मार्ग का। २. जो पथ की तरह काम दे सके, जिसपर चल सकें।

पद पुं० [सं०] १. व्यवसाय, काम। २. योग्यता के अनुसार कर्मचारी या कार्यकर्ता का नियत स्थान। (पोस्ट) ३. राजकीय, सैनिक आदि सेवाओं में अधिकार का कोई ऊँचा पद, पदवी। (रैंक) ४. पैर, पाँव। **मुहा०** *पद टेकना*=पैर जमाकर रखना। ५. व्यक्ति या बात की उचित और वास्तविक स्थिति। ६. वह जो औचित्य के विचार से प्राप्य हो। उदा०...अपनो पदुलै, पितु या लगि मारे। -केशव। ७. किसी श्लोक या छन्द का चतुर्थांश, श्लोक-पाद। ८. कोई विशेष अर्थ रखनेवाला शब्द या शब्दसमूह। (टर्म, एक्सप्रेशन) ९. उपाधि। १०. ईश्वर-भक्ति-सम्बन्धी गीत, भजन। ११. दान के लिए जूते, छाते, कपड़े, आसन, बरतन आदि का समूह।

पदक पुं० [सं०] १. देवता के पैरों के बनाए हुए चिह्न जिनकी पूजा की जाती है। २. धातु का कुछ विशिष्ट आकार का बनाया हुआ वह छोटा टुकड़ा जो किसी को कोई विशेष अच्छा कार्य करने पर प्रमाण और पुरस्कार रूप में अथवा सम्मानित करने के लिए दिया जाता है, तमगा। (मेडल)

पदग्रहण पुं० [सं०] पद पर बैठने की क्रिया या भाव।

पदग्रहण-समारोह पुं० [सं०] पदग्रहण के समय होनेवाला समारोह।

पदचर पुं० [सं०] पैदल।

पदचार, पदचारण पुं० [सं०] १. पैदल चलना। २. घूमना-फिरना, टहलना।

पदचारी (-रिन्) पुं० [सं०] [सं० पदचारिणी] पैदल चलनेवाला।

पदच्छेद पुं० [सं०] किसी वाक्य के पद, व्याकरण के विशिष्ट नियमों के अनुसार, अलग-अलग करना।

पदच्युत वि० [सं०] [भाव पदच्युति] १. जो स्थान या पद से हटा दिया गया हो। २. जो अपनी नौकरी से हटा दिया गया हो। (डिस्मिसल)

पदच्युति स्त्री० [सं०] १. किसी स्थान या पद से हटाए जाने की क्रिया या भाव। २. नौकरी से हटा दिया जाना। (डिस्मिसॅल)

पदज पुं० [सं०] पैर की कोई उँगली।

पदतल पुं० [सं०] पैर का तलवा।

पदत्याग पुं० [सं०] अपना पद या अधिकार छोड़ना। (ऐब्डिकेशन)

पदत्राण पुं० [सं०] जूता।

पददलित वि० [सं०] १. पैरों से रौंदा हुआ। २. (जाति या वर्ग) जिसके प्रति, समाज निर्दयतापूर्ण तथा अनादरपूर्ण व्यवहार करता चला आया हो।

पदनाम पुं० [सं०] १. वह नाम जो किसी अधिकारी के पद का होता है, जैसे मजिस्ट्रेट, तहसीलदार, निरीक्षक आदि। (आफिशियल टाइटिल) २. किसी कार्य, संस्था या व्यवहार का वह मुख्य नाम जिससे वह प्रसिद्ध हो। (डेज़िगनेशन)

पदपद* क्रि० वि० पग पग पर।

पदपल्लव पुं० [सं०] कोमल पल्लव के समान चरण।

पदबंध पुं० [सं० पद+बंध] दो या कई पदों से मिलकर बना हुआ पद; जैसे 'घर का काम' संज्ञा पदबंध है और 'उठा रखा है' क्रियापदबंध है

पदबंधीय वि० [सं० पदबंध] पदबंध-संबंधी, पदबंध के रूप में होनेवाला।

पदभार पुं० [सं०] किसी पद या ओहदे पर रहकर उसके सब काम करने का भार या उत्तरदायित्व। (चार्ज)

पदम* पुं० दे० 'पद्म'।

पदमिनी स्त्री० दे० 'पद्मिनी'।

पदमुक्त वि० [सं०] [भाव० पदमुक्ति] जो अपने पद से अलग हो चुका हो।

पदमैत्री स्त्री० [सं०] अनुप्रास।

पदयोजना स्त्री० [सं०] कविता में पदों को जोड़ने या बैठाने की क्रिया या भाव।

पदवी स्त्री० [सं०] १. प्रतिष्ठासूचक वह पद या पदबंध जो लोगों के नाम के साथ प्रयुक्त होता है तथा जो राज्य अथवा किसी मान्य संस्था की ओर से किसी योग्य व्यक्ति को मिलता है, उपाधि, खिताब। (टाइटिल) २. राजकीय, सैनिक आदि सेवाओं में अधिकार का कोई ऊँचा पद, ओहदा, दरजा, पद। (रैंक)

पदाक्रांत वि० [सं०] पैरों तले कुचला या रौंदा हुआ।

पदाघात पुं० [सं०] पैर का आघात, ठोकर।

पदाति, पदातिक पुं० [सं०] १. पैदल चलनेवाला, प्यादा। २. पैदल सिपाही। ३. नौकर, सेवक।

पदाधिकारी (-रिन्) पुं० [सं०] वह जो किसी पद पर नियुक्त हो और जिसे उस पद के सब अधिकार प्राप्त हों, ओहदेदार, अधिकारी।

पदाना स० [हिं० 'पादना' का प्रे०] १. दौड़ाना-छकाना। २. बहुत तंग या परेशान होना।

पदाभिलाषी (-षिन्) पुं० [सं०] वह जो किसी पद को पाना चाहता हो।

पदारूढ़ वि० [सं०] पद पर बैठा हुआ।

पदार्थ पुं० [सं०] १. शब्दसमूह या पद का अर्थ। २. वह जिसका कुछ नाम हो और जिसका ज्ञान प्राप्त किया जा सके। (सब्सटेन्स) ३. वह जिसका कोई आकार या रूप हो और जो पिंड, शरीर आदि के रूप में हो, वस्तु, चीज। (ऑब्जेक्ट) ४. किसी दर्शन में प्रतिपादित वह विषय जिसके सम्बन्ध में यह माना जाता हो कि उसका ज्ञान मुक्तिदायक होता है। ५. पुराणानुसार धर्म, अर्थ, काम और मोक्ष।

पदार्थवाद पुं० [सं०] [वि० पदार्थवादी] वह सिद्धान्त जिसमें भौतिक पदार्थों को ही सब-कुछ माना जाता है और जिसमें आत्मा अथवा ईश्वर आदि नहीं माने जाते, भौतिकवाद। (मैटिरियलिज्म)

पदार्थवादी (-दिन्) पुं० [सं०] भौतिकवादी। दे० वि० भौतिकवादी।

पदार्थविज्ञान पुं० दे० 'भौतिक विज्ञान'।

पदार्थविद्या स्त्री० दे० 'भौतिक विज्ञान'।

पदार्पण पुं० [सं०] कहीं पैर रखने अर्थात् प्रवेश करने या जाने की क्रिया या भाव। (बड़ों के लिए आदरसूचक)

पदावनत वि० [सं०] जिसकी पदावनति हुई हो।

पदावनति स्त्री० [सं०] ऊँचे पद से हटाकर निचले पद पर बैठाया जाना।

पदावली स्त्री० [सं०] १. वाक्यों की श्रेणी। २. भजनों का संग्रह।

पदिक[१] पुं० [सं०] पैदल सेना।

पदिक[२]* पुं० [सं० पदक] १. गले में पहनने का जुगनूँ नाम का गहना। २. हीरा।

पदी* पुं० [सं० पद] पैदल, प्यादा।

पदुमिनी* स्त्री० दे० 'पद्मिनी'।

पदेन क्रि० वि०, वि० [सं०] किसी पद के अथवा किसी पद पर आरूढ़ होने के अधिकार से (होनेवाला)। (एक्स-ऑफीशियो, बाइ वरचु ऑफ़ ऑफिस)

पदेपदे क्रि० वि० पग पग पर।

पदोन्नति स्त्री० [सं०] अधिकारी या कर्मचारी के पद में होनेवाली उन्नति, वर्तमान पद से ऊँचे पद पर भेजा जाना या पहुँचना।

पद्धति स्त्री० [सं०] १. राह, पथ, मार्ग। २. रीति, रस्म, रिवाज। ३. प्रणाली, विधि, ढंग।

पद्म पुं० [सं०] १. कमल का फूल या पौधा। २. सामुद्रिक के अनुसार पैर के तलवे का एक भाग्यसूचक चिह्न। ३. विष्णु का एक अस्त्र। ४. गणित में सोलहवें स्थान की संख्या (१००० नील)।

पद्मजा स्त्री० [सं०] लक्ष्मी (देवी)।

पद्मनाभ पुं० [सं०] विष्णु।

पद्मनाल स्त्री० [सं०] कमल का डंठल, भसींड।

पद्मबंध पुं० [सं०] एक प्रकार का चित्रकाव्य जिसमें अक्षरों को एक विशेष क्रम में रखने पर पद्म या कमल का चित्र-सा बन जाता है।

पद्मबीज पुं० [सं०] कमलगट्टा।

पद्मराग पुं० [सं०] मानिक, लाल।

पद्मा स्त्री० [सं०] लक्ष्मी।

पद्माकर पुं० [सं०] वह तालाब या झील जिसमें कमल पैदा होते हैं।

पद्मासन पुं० [सं०] योगसाधन में बैठने का एक प्रकार का आसन या मुद्रा।

पद्मिनी स्त्री० [सं०] १. कमलिनी। २. वह जलाशय जिसमें कमल हों। ३. लक्ष्मी। ४. कामशास्त्र के अनुसार चार प्रकार की स्त्रियों में से एक जिसके शरीर से पद्म की गन्ध निकलती है तथा जो सर्वोत्तम मानी जाती है।

पद्य पुं० [सं०] १. नियमित मात्राओं या वर्णोंवाली कोई वाक्य-रचना या छन्द, 'गद्य' का उलटा। (पोएटरी) २. कोई लयबद्ध रचना।

पद्यात्मक वि० [सं०] पद्य के रूप में बना हुआ, छन्दोबद्ध।

पधराना स० [हिं० पधारना] १. किसी देवता की स्थापना। २. किसी को आदरपूर्वक बैठाना। २. प्रतिष्ठित करना।

पधरावनी स्त्री० [हिं० पधारना] आदरपूर्वक लाकर अपने यहाँ बैठाना।

पधारना अ० [हिं० पग+धारना] आदरणीय व्यक्ति का आना या जाना।

पन[1] पुं० [सं० पर्वन=विशेष अवस्था] आयु के चार भागों में से कोई एक, अवस्था।

पन[2] प्रत्य० १. भाववाचक संज्ञा बनाने के लिए तद्भव नामवाचक या गुणवाचक संज्ञाओं में लगनेवाला एक प्रत्यय, जैसे बचपन।

पन[3] पुं० [सं० प्रण] १. मन में किया जानेवाला संकल्प या निश्चय। २. प्रतिज्ञा, प्रण।

मुहा० *पन रोपना*=प्रतिज्ञा करना, उदा० द्विज मुख ह्वै पन लीनों। -सूर।

पन[4]* पुं० [सं० पण्य] मूल्य, दाम, उदा० नाहीं लोल लोचनी! बड़वा बड़े पन की। -केशव।

पन[5] पुं० पानी और पान का अल्पार्थक रूप, जैसे पनबिजली, पनडब्बा।

पनकाल पुं० [हिं० पानी+अकाल] बहुत वर्षा के कारण पड़नेवाला अकाल।

पनग* पुं० [स्त्री० पनगिन] दे० 'पन्नग'।

पनघट पुं० [हिं० पानी+घाट] वह घाट जहाँ लोग पानी भरते हों।

पनच* स्त्री० [सं० प्रत्यंचा] वह डोरी जिससे धनुष के दोनों सिरे बँधे रहते हैं।

पनचक्की स्त्री० [हिं० पानी+चक्का] पानी के बहाव के जोर से चलनेवाली चक्की या कल।

पनडब्बा पुं० दे० 'पानदान'।

पनडुब्बा पुं० [हिं० पानी+डूबना] १. पानी में गोता लगाकर तल की चीजें निकालनेवाला, गोताखोर।

पनडुब्बी स्त्री० [हिं० पानी+डूबना] १. जलाशयों के पास रहनेवाली एक प्रकार की चिड़िया। २. पानी के अन्दर डूबकर चलनेवाली एक प्रकार की आधुनिक नाव। (सबमेरीन)

पनपना अ० [सं० पर्णय=हरा होना] १. नए पौधे का पत्तों से युक्त और हरा-भरा होना। २. नए सिरे से अथवा फिर से तन्दुरुस्त, समर्थ या सशक्त होना।

पन-बिजली स्त्री० दे० 'जल-विद्युत'।

पनभरा पुं० दे० 'पनहरा'।

पनरंगा वि० [हिं० पानी+रंग] [स्त्री० पनरंगी] पानी के रंग का, कुछ मटमैलापन लिए हुए सफेद।

पनरथ* पुं० [हिं० पानी+सं० रथ] जलयान, नाव।

पनव* पुं० दे० 'प्रणव'।

पनवाड़ी पुं० दे० 'तमोली'।

पनवार स्त्री० [सं० पर्ण] (पत्तों की बनी हुई) पत्तल। स्त्री० दे० 'पनवारी'।

पनवारी स्त्री० [हिं० पान+बारी] पान के पौधों का भीटा।

पनस पुं० [सं०] कटहल का वृक्ष या उसका फल।

पनसारी पुं० दे० 'पंसारी'।

पनसाल[1] स्त्री० दे० 'पौसरा'।

पनसाल[2] स्त्री० पानी की गहराई नापने का एक उपकरण।

पनसुइया स्त्री० [हिं० पानी+सुई] एक प्रकार की छोटी नाव।

पनह* स्त्री० दे० 'पनाह'।

पनहरा पुं० [हिं० पानी+हारा (प्रत्य)] [स्त्री० पनहारन, पनहारिन, पनहारी] दूसरों के घर पानी भरने का काम करनेवाला आदमी, पनभरा।

पनहा पुं० [सं० परिणाह] १. कपड़े या दीवार की चौड़ाई। २. गूढ़ तात्पर्य, मर्म।

पनहारा पुं० दे० 'पनहरा'।

पनहीं, पनही स्त्री० [सं० उपानह] पैर में पहनने का जूता।

पना[1] पुं० [सं० प्रपानक या पानीय] एक तरह का शरबत जो आम, इमली आदि से बनता है, पन्ना।

पना[2] प्रत्य० दे० 'पन' (जैसे पाजीपना)।

पनाला पुं० [सं० प्रणाली] [स्त्री० अल्पा० पनाली] [वि०, पनालिया] १. गन्दा पानी बहने की मोरी, परनाला। २. नाबदान, नाला। (गटर)

पनालिया वि० [हिं० पनाला] पनाले के समान अस्पृश्य, गन्दा और त्याज्य, जैसे पनालिया पत्र।

पनालिया पत्र पुं० [हिं० पनालिया+सं० पत्र] वह पत्र जिसमें अधिकतर बातें बहुत ही अश्लील और अशिष्टतापूर्ण रहती हैं और जिसमें दूषित भाव से लोगों पर कीचड़ उछाला जाता है, बहुत ही निम्न कोटि का सामयिक पत्र या ऐसे पत्रों का वर्ग। (गटर प्रेस)

पनास स्त्री० [हिं० पनासना] १. पालन-पोषण। २. दे० 'पोस'।

पनासना* स० [सं० पानाशन] पालन-पोषण करना, पालना-पोसना।

पनाह स्त्री० [फा०] १. रक्षा, बचाव।

मुहा० *(किसी से) पनाह माँगना*= किसी से डरते हुए बहुत दूर रहना।

२. रक्षा पाने का स्थान, शरण, आड़।

पनाहगाह स्त्री० [फा०] शरण लेने की जगह, शरणस्थल।

पनिच* पुं० दे० 'प्रत्यंचा'।

पनियर, पनियल| वि०=पनैला।

पनिया[1] वि० [हिं० पानी+या (प्रत्य०)] १. पानी में रहनेवाला, जैसे पनिया साँप। २. पानी मिला हुआ, जैसे पनिया दूध।

पनिया[2] पुं० [?] भेदिया, जासूस।

पनिहा| वि०=पनिया।

पनिहार| पुं० दे० 'पनहरा'।

पनीर पुं० [फा०] १. दूध फाड़कर उसका पानी निकाला हुआ अंश, छेना। २. पानी निचोड़ा हुआ दही।

पनीरी स्त्री० [देश०] वे छोटे पौधे जो दूसरी जगह ले जाकर रोपने के लिए लगाए जाते हैं।

पनीला वि० दे० 'पनैला'।

पनेरा पुं० [हिं० पान+एरा (प्रत्य०)] [स्त्री० पनेरिन] पान का व्यवसायी, तमोली।

पनेरी पुं०=पनेरा।

पनैला[1] पुं० [हिं० पनीला=एक प्रकार का सन] एक प्रकार का रंगीन चमकीला कपड़ा, परमटा।

पनैला[2] वि० [हिं० पानी] १. जिसमें पानी मिला हो, पनीला। २. जो पानी में रहता या होता हो। ३. चमकदार। ४. हृष्टपुष्ट।

पन्नग[1] पुं० [सं०] [स्त्री० पन्नगी] साँप।

पन्नग[2]* पुं० [हिं० पन्ना] पन्ना, मरकत (रत्न)।

पन्नगारि पुं० [सं०] गरुड़, जो साँपों का परम शत्रु और भक्षक माना जाता है।

पन्नगेस* पुं० [सं० पन्नग+ईश] वासुकी।

पन्ना[1] पुं० [सं० पर्ण ?] फिरोजी या हरे रंग का एक प्रसिद्ध रत्न जो बुध ग्रह का प्रतिनिधि माना जाता है, मरकत।

पन्ना[2] पुं० [हिं० पान] (पुस्तक का) पृष्ठ, वरक।

पन्ना[3] पुं० दे० 'पना'।

पन्नी स्त्री० [हिं० पन्ना=पत्रा] राँगे या पीतल का पीटा हुआ पत्तर।

पपड़ी स्त्री० [हिं० पापड़] [क्रि० पपड़ियाना] [वि० पपड़ीला] १. सूखकर या सिकुड़ने से जगह-जगह चिटकी हुई किसी वस्तु की पतली परत। २. मवाद सूख जाने से घाव के ऊपर जमी हुई परत, खुरंड। ३. सोहन पपड़ी नाम की मिठाई।

पपीता पुं० [मला० पपाया] १. एक प्रसिद्ध बड़ा पौधा जिसके फल खाए जाते हैं। २. उक्त का फल।

पपीलि* स्त्री० [सं० पिपीलिका] च्यूँटी।

पपीहरा* पुं० दे० 'पपीहा'।

पपीहा पुं० [पी पी से अनु०] वर्षा और वसन्त ऋतु में सुरीली ध्वनि में बोलनेवाला एक पक्षी, चातक।

पपोटा पुं० [सं० प्र+पट] आँख के ऊपर की पलक, दृगंचल, पोटा।

पब पुं० [अं०] मधुशाला।

पबारना* स०=फेंकना।

पब्बई* पुं०=पर्वत।

पब्बय* पुं० दे० 'पवि'।

पमाना* अ० [?] डींग हाँकना।

पय पुं० [सं० पयस्] १. दूध। २. पानी।

पयद* पुं० दे० 'पयोद'।

पयदल* वि०, पुं०=पैदल।

पयधि* पुं० दे० 'पयोधि'।

पयनिधि* पुं० दे० 'पयोनिधि'।

पयस्विनी स्त्री० [सं०] १. दूध देनेवाली गाय। २. नदी। ३. हठयोग में बाएँ कान की नाड़ी।

पयहारी पुं० [सं० पयस्+आहारी] केवल दूध पीकर रहनेवाला तपस्वी या साधू।

पयान पुं० [सं० प्रयाण] गमन, जाना।

पयाम पुं० [फा०] सन्देश।

पयार, पयाल पुं० [सं० पलाल] धान आदि के वे सूखे डंठल जिनमें से दाने निकाल दिए गए हों, पुआल।

पयोद पुं० [सं०] बादल, मेघ।

पयोधर पुं० [सं०] १. स्तन। २. बादल। ३. तालाब। ४. पहाड़।

पयोधि, पयोनिधि पुं० [सं०] समुद्र।

परंच [सं० परं+तु] तो भी, पर, किन्तु, लेकिन, मगर।

परंतप पुं० [सं०] अर्जुन, कौन्तेय।

परंतु यो० [सं० परं+तु] तो भी, पर, किन्तु, लेकिन, मगर।

परंतुक पुं० [सं० परंतु+क (प्रत्य०)] अनावश्यक संदेहपूर्ण तर्क।

परंद* पुं० दे० 'परिंदा'।

परंपरा स्त्री० [सं०] [वि० पारंपरिक, पारंपरीण, भाव० पारंपर्य] १. बहुत-सी घटनाओं, बातों या कामों के एक-एक करके होने का क्रम, अनुक्रम, पूर्वापर क्रम। २. वह विचार, प्रथा या क्रम जो बहुत दिनों से प्रायः एक ही रूप में चला आया हो। (ट्रैडिशन) ३. किसी घटना, कार्य, पद आदि का बहुत दिनों से चला आया हुआ क्रम।

परंपरागत वि० [सं०] परम्परा से चला आया हुआ। (ट्रैडिशनल)

परंपरानिष्ठ वि० [सं० परंपरा+निष्ठा] जिसकी परंपरा (परंपराओं) में निष्ठा हो; निष्ठापूर्वक परंपराओं का पालन करनेवाला।

परंपराप्रसूत वि० [सं० परंपरा+प्रसूत] परंपरा से चला आता हुआ।

परंपराबद्ध वि० [सं०] परम्पराओं से बँधा हुआ।

परंपरा-भंजक वि०, पुं० [सं०] परंपरा तोड़नेवाला।

परंपरा-भंजन पुं० [सं०] परंपरा तोड़ने का काम।

परंपरित वि० [सं०] परंपरा से चला आया हुआ, परंपरा के रूप में मान्य; जैसे-सूर्य और चंद्र हिंदू और इस्लामी संस्कृति के परंपरित प्रतीक हैं।

पर[1] वि० [सं०] [भाव० परता, वि० परकीय] १. अपने से भिन्न, गैर, दूसरा, अन्य, और। २. दूसरे का, पराया। ३. पीछे या बाद का, किसी के उपरान्त होनेवाला, जैसे परवर्ती, परलोक। ४. इस ओर से भिन्न, दूसरी ओर का, जैसे पर-पार। ५. वर्तमान के ठीक पहले या बाद का, जैसे परसाल। ६. दूर, अलग। ७. श्रेष्ठ, उत्तम। ८. विरोधी।

पर[2] उप० [सं० प्र] एक उपसर्ग जो **सम्बन्ध** या रिश्ता बतलानेवाले कुछ शब्दों के पहले लगकर उनके ठीक पहले या ठीक बादवाली पीढ़ी का सूचक होता है, जैसे परदादा या परपोता।

पर[३] प्रत्य० [सं०] एक प्रत्यय जो शब्दों के अन्त में लगकर (क) निमग्न, रत, लीन, उद्यत आदि (जैसे तत्पर, स्वार्थपर, आहार-पर आदि) और (ख) पीछे या साथ में लगा हुआ आदि अर्थ सूचित करता है। विशेष दे० 'परक'।

पर[४] परसर्ग [सं० उपरि] अधिकरण के दो परसर्गों में से एक। १. ऊपरी तल के विचार से; जैसे (क) लड़का सिर पर टोपी पहने था, (ख) बच्चा पलंग पर सोया था। २. किसी निश्चित स्थान की ओर संकेत करने के लिए; जैसे (क) मैं आपसे प्रदर्शनी के मुख्यद्वार पर मिलूँगा, (ख) वह आपको घर पर इस समय मिल जाएगा। ३. किसी निश्चित समय को सूचित करने के लिए; जैसे बैठक दो बजकर पाँच मिनट पर शुरू हुई। ४. किसी को लक्षित करके; जैसे (क) उसने मुझ पर वार किया। (ख) आप उस पर क्यों हँसते हैं।

पर[५] क्रि० वि० [सं० परम्] पश्चात्, पीछे।

पर[६] यो० परंतु, लेकिन।

पर[७] पुं० [फा०] पक्षी का पंख, डैना, पक्ष।
मुहा० *पर जमना*=किसी में कोई नई अनिष्ट वृत्ति उत्पन्न होना। *पर न मारना*=किसी के पास न आ सकना। *पर फड़फड़ाना*=उड़ान भरना। *बेपर की उड़ना*=बिल्कुल बेसिर-पैर की और मन-गढ़ंत बात करना।

परक[१] स्त्री० [हिं० परकना] परकने की क्रिया या भाव।

परक[२] प्रत्य० [सं०] एक प्रत्यय जो शब्दों के अंत में लगकर (क) पीछे या अंत में लगा हुआ; जैसे विष्णुपरक नामावली=ऐसी नामावली जिसके अंत में 'विष्णु' या उसका वाचक और कोई शब्द हो। (ख) से सम्बन्ध रखनेवाला (जैसे धर्मपरक, व्यक्तिपरक, समूहपरक)।

परकटा* वि० [फा० पर+हिं० कटना] जिसके पर या पंख कटे हों, जैसे परकटा कबूतर।

परकना* अ० [हिं० परचना] [स० परकाना] १. परचना, हिलना-मिलना। २. अभ्यास पड़ना, चसका लगना।

परकसना* अ० [हिं० परकासना] १. जगमगाना। २. प्रकट होना।

परकाजी वि० दे० 'परोपकारी'।

परकार पुं० [फा०] [क्रि० परकारना] वृत्त या गोलाई खींचने का एक उपकरण।
* पुं० दे० 'प्रकार'।

परकार्य पुं० [सं०] १. दूसरे का कार्य। २. परार्थ।

परकाल पुं० दे० 'परकार'।

परकाला पुं० [फा० परगाल:] १. टुकड़ा, खंड। २. शीशे या और किसी चीज का धारदार टुकड़ा। ३. अंगार, अंगारा।

परकासना स० प्रकाशित करना, उजाला करना।

परकिति* स्त्री० दे० 'प्रकृति'।

परकीय वि० [सं०] दूसरे का, पराया।

परकीया स्त्री० [सं०] किसी पुरुष की रक्षिता वह स्त्री जो किसी दूसरे पुरुष की विवाहिता हो। (साहित्य)

परकोटा पुं० [सं० परिकोट] १. रक्षा के लिए चारों ओर बनाई हुई दीवार या घेरा। २. धुस, बाँध।

परख स्त्री० [सं० परीक्षा] १. गुण-दोष की ठीक-ठीक जाँच। (टेस्ट) २. गुण-दोष का ठीक-ठीक पता लगानेवाली दृष्टि, पहचान।

परख-नली स्त्री० [हिं०] शीशे की नली जो एक तरफ से खुली होती है। (टेस्ट ट्यूब)

परखचा पुं० [फा० परखचा] १. पुरजा। २. टुकड़ा।
मुहा० *परखचे उड़ाना/उड़ा देना*=(क) टुकड़े-टुकड़े कर देना। (ख) छीछालेदर कर देना।

परखना[१] स० [सं० परीक्षण] [प्रे० परखाना] १. गुण-दोष जानने के लिए पूरी जाँच करना, सूक्ष्म परीक्षा करना। २. अच्छे और बुरे की पहचान करना।

परखना[२] स० [हिं० परेखना] प्रतीक्षा करना।

परखी स्त्री० [हिं० परखना] लोहे का एक छोटा, पतला, लम्बा उपकरण जिसकी सहायता से बन्द बोरे में से नमूने के तौर पर गेहूँ, चावल आदि निकालते हैं।
पुं० दे० 'पारखी'।

परखैया पुं०=परखनेवाला।

परगटना* अ० [हिं० प्रगट] प्रकट होना।
स० प्रकट करना।

परगना पुं० [फा०, मि० सं० परिगण=घर] किसी जिले का वह भूभाग जिसमें बहुत से गाँव हों। (सब-डिवीजन)

परगसना* अ० दे० 'परकसना'।

परगाछा पुं० [हिं० पर+गाछ] दूसरे पेड़ों पर उगने या आश्रित रहनेवाला पौधा।

परगास* पुं० दे० 'प्रकाश'।

परचत* स्त्री० दे० 'परिचय'।

परचना अ० [सं० परिचयन] [स० परचना] १. हिलना-मिलना, धड़का खुलना। २. चसका लगना।

परचा[१] पुं० [फा०] १. कागज का टुकड़ा। २. पत्र, चिट्ठी। ३. परीक्षा का प्रश्न पत्र। ३. समाचार-पत्र आदि का कोई अंक। ४. कोई छोटा विज्ञापन या सूचना-पत्र।

परचा[२] पुं० [सं० परिचय] १. परिचय। २. परख, जाँच।

परचाव पुं० [हिं० परचना+आव (प्रत्य०)] १. परचने की क्रिया या भाव। २. हेल-मेल, मेल-जोल।

परचून पुं० [सं० पर+चूर्ण] १. आटा, दाल, मसाले आदि वस्तुएँ जो बनिए के यहाँ बिकती हैं। २. दे० 'खुदरा' ३.।
वि० दे० 'खुदरा'।

परचूनियाँ पुं० [हिं० परचून] खुदरा व्यापारी। (रिटेलर)

परचै* पुं०=परिचय।

परछत्ती स्त्री० [हिं० पर+छत] सामान रखने के लिए घर के अन्दर दीवार से लगाकर बनाई हुई पाटन, टाँड़।

परछन स्त्री० [सं० परि+अर्चन] [क्रि० परछना] विवाह की एक रीति जिसमें स्त्रियाँ द्वार पर वर के आने के समय उसके ऊपर मूसल, बट्टा आदि घुमाती हैं।

परछाँई स्त्री० [सं० प्रतिच्छया] १. प्रकाश के सामने आने से पीछे की ओर अथवा पीछे की ओर प्रकाश होने पर आगे की ओर पड़ी हुई किसी वस्तु की आकृति के अनुरूप छाया।

मुहा० *किसी की परछाँई से डरना या भागना*= किसी के पास जाने तक से डरना।

२. जल, दर्पण आदि में दिखाई पड़नेवाला किसी वस्तु का प्रतिबिम्ब, अक्स।

परछालना* स० [सं० प्रक्षालन] धोना।

परछाहीं* स्त्री०=परछाँई।

परजंक* पुं० दे० 'पर्यंक' (पलंग)।

परजन* पुं० दे० 'परिजन'।

परजन्य* पुं० दे० 'पर्जन्य'।

परजरना, परजलना* अ० [सं० प्रज्वलन] प्रज्वलित होना, सुलगना, दहकना।

परजरा* वि०=प्रज्वलित।

परजा स्त्री० [सं० पर+जाति] दूसरी जाति।

वि० दूसरी जाति का।

*स्त्री०=प्रजा।

परजाता पुं० [सं० पारिजात] एक प्रकार का वृक्ष जिसमें पीली डंठीवाले छोटे सफेद फूल लगते हैं, पारिजात।

परजाय* पुं० दे० 'पर्याय'।

परजारना* स० =प्रज्वलित करना।

परजालना स० =प्रज्वलित करना।

परजीवी (-विन्) पुं० [सं०] १. वह जो दूसरों के सहारे रहकर जीवन बिताता हो, परावलम्बी। २. कुछ विशिष्ट प्रकार की वनस्पतियाँ या कीड़े-मकोड़े जो दूसरे वृक्षों और जीव-जन्तुओं के शरीर पर रहकर और उनका खून चूसकर पलते हैं, जैसे आकाश-बेल, पिस्सू आदि। (पैरासाइट)

परजौट पुं० [हिं० परजा+औत (प्रत्य०)] [वि० परजौटी] घर आदि बनाने के लिए वार्षिक कर या देन पर जमींदार से जमीन लेने की व्यवस्था।

परणना* स० [सं० परिणयन] ब्याहना।

परतंत्र वि० [सं०] [भाव० परतंत्रता] पराधीन, परवश।

परतः क्रि० वि० [सं० परतस्] १. दूसरे से। २. पश्चात्, पीछे। ३. और, आगे, परे।

परत स्त्री० [सं० पत्र] १. सतह पर फैली हुई वस्तु की मोटाई, स्तर, तह। २. कपड़े आदि को लपेटने या मोड़ने पर बननेवाला उसका हर भाग या मोड़, तह।

परतच्छ* वि०=प्रत्यक्ष।

परत-दर-परत क्रि० वि० परत दर परत खोलते हुए।

परतर वि० [सं०] [भाव० परतरता] बाद या पीछे का।

परतला वि० [सं० परतिन] [स्त्री० अल्पा० परतली] कन्धे से कमर तक तिरछी पहनी जानेवाली चमड़े या कपड़े की चौड़ी गोलाकार पट्टी।

परता* पुं० दे० 'पड़ता'।

परताल स्त्री० दे० 'पड़ताल'।

परतिंचा* स्त्री० दे० 'पतंचिका'।

परतिग्या* स्त्री० दे० 'प्रतिज्ञा'।

परती स्त्री० [हिं० परत] एक में लगे हुए बहुत से कागजों या उनके छोटे टुकड़ों की गड्डी, पत्राली, जैसे चिट्ठी के कागजों की परती। (पैड)

स्त्री० दे० 'पड़ती'।

परतीछा* स्त्री०=प्रतीक्षा।

परतीति* स्त्री०=प्रतीति।

परतेजना* स०=छोड़ना।

परत्रिया* स्त्री० [सं० पर+हिं० त्रिया] पराई स्त्री, परकीया।

परत्व पुं० [सं०] 'पर' का भाव, परता।

परथन पुं० दे० 'पलेथन'।

परद* पुं० दे० 'परदा'।

परदनी[1]* स्त्री० [सं० परिधान] धोती।

परदनी[2] स्त्री० [सं० प्रदान] दान-दक्षिणा।

परदा पुं० [फा० पर्दः] १. आड़ करने के लिए लटकाया हुआ कपड़ा, चिक आदि, पट। (कर्टेन)

मुहा० *परदा खोलना*=छिपी हुई बात या रहस्य प्रकट करना। *परदा डालना*=छिपाना। *आँखों पर परदा पड़ना*=साफ बात भी दिखाई न देना।

२. आड़ करनेवाली कोई वस्तु, व्यवधान। ३. विभाग या आड़ करने के लिए उठाई गई मकान, बाग आदि की दीवार। ४. आड़, ओट। ५. दुराव, छिपाव। ६. स्त्रियों के बाहर निकलकर लोगों के सामने न होने की प्रथा।

मुहा० *परदा करना*= स्त्री का परदे में रहना और पर-पुरुष के सामने न होना।

७. मर्यादा, इज्जत, लाज।

परदाज पुं० [फा० पर्दाज़] [भाव० परदाजी] १. सजाना। २. चित्र आदि के चारों ओर बेल-बूटे बनाना। ३. चित्रों में अभीष्ट रंगत लाने के लिए पास-पास महीन बिन्दु लगाना, छायांकन।

परदादा पुं० [हिं० पर+हिं० दादा] [स्त्री० परदादी] दादा का बाप, प्रपितामह।

परदानशीन वि० [फा० पर्दःनशीं] परदे में रहनेवाली और पराए मरदों के सामने न आनेवाली (स्त्री)।

परदाफाश पुं० [फा० पर्दःफाश] १. परदे का हटना। २. रहस्य का उद्घाटन।

परदारा* स्त्री० [सं० पर+दारा] दूसरे की स्त्री, पराई स्त्री।

परदुखकातर वि० [सं०] दूसरे के दुख से दुखी होनेवाला।

परदेश पुं० [सं०] [वि० परदेशी] अपने देश से भिन्न, दूसरा देश, विदेश।

परदेस पुं०=परदेश।

परदेसी वि०, पुं० परदेश से आया हुआ।

परदोष* पुं० [सं० पर+दोष] दूसरे का दोष।

परधान* वि॰ दे॰ 'प्रधान'।
पुं॰ दे॰ 'परिधान'।

परधाम पुं॰ [सं॰] बैकुण्ठ धाम।

परन* पुं॰ १. दे॰ 'प्रण'। २. दे॰ 'पर्ण'।

परनपुटी* स्त्री॰ [सं॰ पर्ण+पुट] पत्तों का बना हुआ दोना।

परनसाला स्त्री॰ [सं॰ पर्णशाला] झोपड़ी, कुटी।

परना* अ॰=पड़ना।

परनाला पुं॰ दे॰ 'पनाला'।

परनि[1]* स्त्री॰ [हिं॰ पड़ना] अभ्यास, आदत, बान, उदा॰ राखौं हरकि उतै को धावै, उनकी बैसी परनि परी री। -सूर।

परनि[2] स्त्री॰ [हिं॰ आ पड़ना] अचानक आ या टूट पड़ना, आक्रमण, चढ़ाई, धावा; उदा॰-अहे, परनि परि प्रेम की, परहथ पारि न प्रान। -बिहारी।
क्रि॰ प्र॰ पड़ना।

परनौत* स्त्री॰ दे॰ 'प्रणाम'।

परपंच* पुं॰ दे॰ 'प्रपंच'।

परपट* वि॰, पुं॰ दे॰ 'पटपर'।

परपरा वि॰ [अनु॰] १. जो परपराता हो। २. परपर शब्द करके टूटनेवाला।

परपराना अ॰ [अनु॰] [भाव॰ परपराहट] मिर्च आदि कड़वी चीजों का जीभ से या मुँह में लगने से एक प्रकार का तीव्र संवेदन उत्पन्न होना, चुनचुनाना।

परपार पुं॰ [सं॰] दूसरी ओर का तट।

परपीड़क पुं॰ [सं॰] १. दूसरों को दुख देनेवाला। २. दूसरे की पीड़ा या कष्ट समझनेवाला; उदा॰—ऐसे प्रभु पर-पीरक।—सूर।

परपुरुष पुं॰ [सं॰] स्त्रियों के लिए अपने पति के अतिरिक्त दूसरा पुरुष।

परपुष्ट वि॰ [सं॰] १. जिसका पोषण दूसरे ने किया हो। २. दूसरे द्वारा समर्थित।

परपूठा* पुं॰ [सं॰ परिपुष्ट] पक्का।

परपोता पुं॰ [सं॰ प्रपौत्र] पोते का लड़का, पुत्र के पुत्र का बेटा।

परब* पुं॰=पर्व।

परबत* पुं॰=पर्वत, पहाड़।

परबल* वि॰=प्रबल।

परबस वि॰ [हिं॰ पर+वश] दूसरे के वश में पड़ा हुआ, परतन्त्र, पराधीन।

परबसताई* स्त्री॰=पराधीनता।

परबाल पुं॰ १. 'परवाल' २. दे॰ 'प्रवाल'।

परबीन* वि॰ दे॰ 'प्रवीण'।

परबोधना* स॰ [सं॰ प्रबोधन] १. जगाना। २. ज्ञान या उपदेश करना। ३. दिलासा या तसल्ली देना।

परब्रह्म पुं॰ [सं॰] निर्गुण और निरुपाधि ब्रह्म जो जगत से परे है।

परभाई* पुं॰ दे॰ 'प्रभाव'।

परभृत पुं॰ [सं॰] १. कार्तिकेय। २. कोयल।

परम वि॰ [सं॰] [स्त्री॰ परमा] १. जिससे आगे या अधिक और कुछ न हो। (एब्सोल्यूट) २. सबसे बढ़कर, उत्कृष्ट। ३. प्रधान, मुख्य। ४. आद्य, आदिम। ५. अत्यन्त।

परम आज्ञा स्त्री॰ [सं॰] ऐसी आज्ञा जो अन्तिम हो और जिसमें किसी प्रकार का परिवर्तन या फेर-बदल न हो सकता हो। (एब्सोल्यूट ऑर्डर)

परमक वि॰ [सं॰] चरम सीमा का, परले सिरे का।

परमगति स्त्री॰ [सं॰] मोक्ष, मुक्ति।

परमटा पुं॰ दे॰ 'पनैला'।

परम तत्त्व पुं॰ [सं॰] १. वह मूल तत्त्व जिससे सारे विश्व की सृष्टि या विकास हुआ है। २. परब्रह्म।

परमधाम पुं॰ [सं॰] बैकुंठ।

परमपद पुं॰ [सं॰] मोक्ष, मुक्ति।

परमपुरुष पुं॰ [सं॰] परमात्मा।

परमसत्ता स्त्री॰ [सं॰] वह सत्ता या शक्ति जो सबसे बढ़कर हो और जिसके ऊपर और कोई सत्ता या शक्ति न हो, परमात्मा, परमचेतना। (एब्सोल्यूट पॉवर)

परमसत्ताधारी (-रिन्) पुं॰ [सं॰] वह जिसे परम या सबसे बढ़कर सत्ता या अधिकार प्राप्त हो। (सॉवरेन) २. सर्वेसर्वा।

परमहंस पुं॰ [सं॰] १. ज्ञान की परमावस्था तक पहुँचा हुआ संन्यासी। २. परमात्मा। ३. परिव्राजक।

परमाणविक वि॰ [सं॰] परमाणु-सम्बन्धी।

परमाणु पुं॰ [सं॰] किसी तत्त्व का वह अत्यन्त सूक्ष्म भाग जिसके अन्दर एक नाभिक होता है और जिसके चारों ओर इलेक्ट्रान परिक्रमा करते हैं। (एटम)

विशेष : अब तक परमाणु को मूल भूत समझा जाता था अब वह नाभिक (प्रोटान और न्यूट्रान) तथा इलेक्ट्रान के सूक्ष्म कणों से मिलकर बना होता है।

परमाणु-ऊर्जा स्त्री॰ [सं॰] परमाणुओं के विखंडन से उत्पन्न ऊर्जा। (एटामिक इनर्जी)

परमाणुवाद पुं॰ [सं॰] [वि॰ परमाणुवादी] यह दार्शनिक सिद्धान्त कि संसार के सब पदार्थ परमाणुओं के संयोग से या घनीभूत होने से बने हैं। (एटमिज़्म)

परमाणुवादी (-दिन्) पुं॰ [सं॰] परमाणुवाद का सिद्धान्त माननेवाला। (एटोमिस्ट)
वि॰ परमाणुवाद-सम्बन्धी।

परमात्म वि॰ [सं॰] परमात्मा-संबंधी; जैसे—परमात्म चेतना।

परमात्मपरायण वि॰ [सं॰] [भाव॰ परमात्मपरायणता] परमात्मा की आराधना-सेवा में लगा हुआ।

परमात्मा पुं॰ [सं॰ परमात्मन्] ईश्वर।

परमानंद पुं॰ [सं॰] १. ब्रह्म के साक्षात् या ज्ञान का सुख, ब्रह्मानन्द। २. परब्रह्म।

परमान* पुं॰ १. दे॰ 'प्रमाण'। २. विश्वास।

परमानना* स० [सं० प्रमाण] १. किसी वस्तु या बात को प्रमाण के रूप में मानना, प्रामाणिक समझना। २. स्वीकृत करना।

परमायु स्त्री० [सं० परमायुस्] मनुष्य के जीवनकाल की चरमसीमा जो १०० वर्ष मानी जाती है।

परमारथ* पुं०=परमार्थ।

परमार्थ पुं० [सं०] [वि० परमार्थी] १. सबसे बढ़कर वस्तु या सत्ता। २. परोपकार। ३. मोक्ष, मुक्ति।

परमार्थपरायण वि० [सं०] परमार्थ में लगा रहनेवाला।

परमावश्यक वि० [सं०] जो परम आवश्यक हो।

परमिट पुं० [अं०] कोई विशेष कार्य करने या कोई वस्तु प्राप्त करने के लिए मिलनेवाला आज्ञापत्र, अनुज्ञा-पत्र।

परमिटी वि० [अं० परमिट] परमिट से मिलनेवाला।

परमिति* स्त्री० [सं० परिमिति] १. चरम सीमा, अन्तिम मर्यादा या हद। २. दे० 'परिमिति'।

परमुख* वि० [सं० पराङ्मुख] १. विमुख। २. प्रतिकूल आचरण करनेवाला।

परमुखापेक्षी वि० [सं० पर+मुख+आपेक्षी] [भाव० परमुखापेक्षिता] जो दूसरों का मुँह ताकता हो, दूसरे का आश्रय प्राप्त करने के लिए लालायित।

परमेश, परमेश्वर पुं० [सं०] सृष्टि का स्वामी, ईश्वर, परमात्मा।

परमेश्वरी वि० [सं०] ईश्वरीय।
स्त्री० शक्ति या दुर्गा का एक नाम।

परमेष्ट वि० [सं० परम+इष्ट] जो परम इष्ट या प्रिय हो।

परमेष्ठी पुं० [सं० परमेष्ठिन्] १. ब्रह्मा, शिव, विष्णु आदि देवता। २. अग्नि, जल, वायु आदि तत्व, भूत। ३. प्राचीन काल का एक प्रकार का यज्ञ।

परमेसरी* स्त्री०=परमेश्वरी।

परमोक* पुं० [सं० परिमोक्ष] १. मोक्ष। २. मुक्ति, छुटकारा। ३. स्वतन्त्रता।

परमोद* पुं० दे० 'प्रमोद'।

परमोदना* स० [सं० प्रबोध] १. दे० 'परबोधना'। २. मीठी-मीठी बातें करके अपनी ओर मिलाना।

परराष्ट्र पुं० [सं०] अपने राष्ट्र से भिन्न दूसरा राष्ट्र।

परराष्ट्रीय वि० [सं०] राजनीतिक क्षेत्र में अपने राष्ट्र से भिन्न, दूसरे या बाहरी राष्ट्रों से सम्बन्ध रखनेवाला। (फॉरेन)

परलउ, परलय* पुं० दे० 'प्रलय'।

परला वि० [सं० पर=उधर] [स्त्री० परली] उस ओर का, उधर का, 'उरला' का विपर्याय।
मुहा० *परले दरजे या सिरे का*=हद दरजे का, अत्यन्त।

परलै* स्त्री० दे० 'प्रलय'।

परलोक पुं० [सं०] शरीर छोड़ने पर आत्मा को प्राप्त होनेवाला स्थान या लोक, जैसे, स्वर्ग, बैकुंठ आदि।

परलोकवास पुं० [सं०] मृत्यु।

परलोकवासी (-सिन्) पुं० [सं०] मरा हुआ, मृत।

परवर पुं० [फा०] पालनकर्ता।

परवरदिगार पुं० [फा०] ईश्वर।

परवरिश स्त्री० [फा०] पालन-पोषण।

परवर्ती (-तिन्) वि० [सं०] बादवाला।
पुं० वह जो बाद का हो।

परवश वि० [सं०] [भाव० परवशता] १. मजबूर, लाचार। २. पराधीन, परतन्त्र।

परवशता स्त्री० [सं०] १. मजबूरी। २. पराधीनता।

परवश्य वि० दे० 'परवश'।

परवा स्त्री० [फा० पर्वा] १. चिन्ता, फिक्र। २. (किसी के) महत्त्व, शक्ति आदि का ध्यान।
स्त्री० दे० 'प्रतिपदा'।

परवान† पुं० [सं० प्रमाण] १. प्रमाण। २. वास्तविकता, सत्यता।
मुहा० *परवान चढ़ना*=वास्तविकता प्राप्त होना, सत्य सिद्ध होना।

परवानगी स्त्री० [फा०] अनुमति।

परवानना स० दे० 'परमानना'।

परवाना* पुं० [फा० पर्वानः] १. आज्ञापत्र। २. फतिंगा, पतंगा। ३. बरी, चूना आदि नापने का एक बड़ा मान या पात्र।

परवाल पुं० [हिं० पर=दूसरा+बाल=रोयाँ] आँख की पलक के अन्दर का वह बाल जिससे आँख में बहुत पीड़ा होती है।
*पुं० दे० 'प्रवाल'।

परवास* पुं० दे० 'प्रवास'।

परवाह स्त्री० दे० 'परवा'।
*पुं० दे० 'प्रवाह'।

परवेश* पुं० दे० 'परिवेश'।

परशु पुं० [सं०] युद्ध में काम आनेवाली एक प्रकार की कुल्हाड़ी, तबर।

परसंग* पुं०=प्रसंग।

परस[१]* पुं० [सं० स्पर्श] [क्रि० परसना] छूने की क्रिया या भाव, स्पर्श।

परस[२] पुं० [सं० परश] पारस पत्थर।

परसना* स० [सं० स्पर्श] छूना, उदा० कर्दम काम कछू परसी-सी। - केशव।
स० दे० 'परोसना'।

परस-पखान पुं० दे० 'पारस' (पत्थर)।

परसमनि* पुं०=स्पर्शमणि (पारस पत्थर)।

पर साल क्रि० वि० [सं० पर+फा० साल] १. पिछले वर्ष। २. अगले साल।

परसाल* स्त्री० [सं० प्रशाला] बड़ी कोठरी, कमरा।

परसिद्ध* वि०=प्रसिद्ध।

परसेद पुं० दे० 'प्रस्वेद'।

परसों क्रि० वि० [सं० परश्वः] १. बीते हुए कल से पहलेवाला दिन। २. आगामी कल के बादवाला दिन।

परसोतम* पुं०=पुरुषोत्तम।

परसौंहाँ* वि० [सं० स्पर्श] छूनेवाला।

परस्त वि० पुं० [फा०] पूजा, सेवा या हित करनेवाला, अनुयायी; जैसे–बुतपरस्त।

परस्पर क्रि० वि० [सं०] एक दूसरे के साथ, आपस में। वि०=पारस्परिक।

परस्परता स्त्री० [सं० परस्पर] १. आपसदारी, पारस्परिकता। २. सुसंबंधों से उत्पन्न होनेवाली सुखानुभूति।

परस्पर प्रतिस्थापन पुं० [सं०] दो व्यक्तियों या वस्तुओं को एक दूसरे के स्थान पर बैठाया या व्यवहृत किया जाना। (म्युचुअल सबस्टीट्युशन)

परस्पर-संबद्ध वि० [भाव० परस्पर-संबद्धता] एक दूसरे से संबद्ध।

परस्परोपमा पुं० दे० 'उपमेयोपमा'।

परस्व पुं० [सं०] १. 'पराया' होने का भाव, परायापन, 'निजस्व' का उलटा। २. पराधीनता, परतन्त्रता।

परहरना* पुं०=त्यागना।

परहेज पुं० [फा० परहेज़] १. किसी हानिकर, निषिद्ध या अनैतिक कार्य, वस्तु आदि के उपयोग या सेवन से बचना; जैसे उसे सिग्रेट से परहेज है। २. स्वास्थ्य रक्षा के विचार से ऐसी क्रियाओं या पदार्थों से दूर रहना जिनसे कष्ट बढ़ने की संभावना हो, संयम।

परहेजगार पुं० [फा०+गार] वह जो परहेज करता हो, संयमी।

परहेलना* स० [सं० प्रहेलन] अनादर या तिरस्कार करना, अवज्ञा करना।

पराँठा पुं० [हिं० पलटना] वह चपाती जो घी लगाकर तवे पर सेंकी जाती है, परौंठा।

परा[1] स्त्री० [सं०] १. व्याकरण में, स्फोट के चार भेदों में से पहला जिसका निवास मूलाधार चक्र है। २. परमार्थ का ज्ञान करानेवाली विद्या, ब्रह्मविद्या।

परा[2] उप० [सं०] १. विपरीत भाव का सूचक उपसर्ग; जैसे—पराजय (जय का विपर्याय)। २. दूसरे का; जैसे परार्थ (दूसरे का हित)।

पराकाष्ठा स्त्री० [सं०] १. वह अन्तिम सीमा जहाँ तक कोई बात हो या पहुँच सकती हो, चरम सीमा, चूडान्त। २. परिपूर्णता की सूचक अवस्था (क्लाइमैक्स)

पराक्रम पुं० [सं०] [वि० पराक्रमी] १. बल, शक्ति। २. पुरुषार्थ।

पराग पुं० [सं०] १. फूलों के लम्बे केसरों पर जमी हुई धूल या रज, पुष्परज। २. नहाने के पहले शरीर में मलने का एक सुगन्धित चूर्ण। ३. चन्दन। ४. उपराग। ५. मकरन्द।

परागकेसर पुं० [सं०] फूलों के बीच का केसर या सींका।

परागना* अ० [सं० उपराग] अनुरक्त होना।

पराङ्मुख वि० [सं०] [भाव० पराङ्मुखता] १. मुँह फेरे हुआ, विमुख। २. उदासीन। ३. विरुद्ध।

पराजय स्त्री० [सं०] हार जाने की अवस्था या भाव।

पराजित वि० [सं०] हारा हुआ।

परात स्त्री० [सं० पात्र] बड़ी थाली।

परात्पर वि० [सं०] [भाव० परात्परता] सर्वश्रेष्ठ। पुं० १. परमात्मा। २. विष्णु।

पराधीन वि० [सं०] [भाव० पराधीनता] जो दूसरे के अधीन हो, परतन्त्र, परवश।

परानंद पुं० दे० 'परमानंद'।

परान* पुं०=प्राण।

पराना* अ० [सं० प्रयाण या पलायन] बहुत जल्दी कहीं से हट जाना, भागना। स० १. दूर करना, भगाना। २. नष्ट करना, हटाना।

परानुभूति स्त्री० [सं० परा+अनुभूति] दूसरे के सुख-दुख की अनुभूति, संवेदनशीलता।

परान्न पुं० [सं०] पराया या दूसरे का दिया हुआ अन्न या भोजन।

पराभव पुं० [सं०] १. पराजय, हार। २. तिरस्कार, मानभंग। ३. दूसरे को दबाकर अपने अधीन करना। (सबजुगेशन)

पराभूत वि० [सं०] १. पराजित, हारा हुआ। २. तिरस्कृत।

परामर्श पुं० [सं०] १. वह बातचीत जो किसी अधिकारी या अनुभवी व्यक्ति से किसी विषय के संबंध में उसकी राय जानने के लिए की जाए; जैसे–इस संबंध में मैं अपने वकील से परामर्श करूँगा। २. किसी विषय के संबंध में प्राप्त होनेवाली किसी अधिकारी या अनुभवी की राय; जैसे–उन्होंने हमें अभी चुपचाप शांत बैठे रहने का परामर्श दिया है।

परामर्शदाता पुं० [सं० दातृ] परामर्श देनेवाला व्यक्ति।

परामर्शदात्री (-त्रिन्) वि० स्त्री० [सं०] परामर्श देनेवाली।

परामर्शानुसार क्रि०वि० [सं० परामर्श+अनुसार] परामर्श के अनुसार

परस्परावलंबन पुं० [सं० परस्पर+अवलंबन] एक दूसरे पर निर्भर होने की अवस्था या भाव

परामर्शालय पुं० [सं० परामर्श+आलय] वह स्थान या कमरा जिसमें बैठकर कोई दूसरों को किसी विशेष विषय में परामर्श देता हो, जैसे किसी डाक्टर या वकील का परामर्शालय। (कन्सल्टिंग रूम)

परामर्शी वि० [सं० परामर्श] १. परामर्श देनेवाला। २. परामर्श-सम्बन्धी।

परायण वि० [सं०] [भाव० परायणता, स्त्री० परायणा] १. गया हुआ। २. लगा हुआ, प्रवृत्त। ३. किसी विषय या बात पर दृढ़तापूर्वक आरूढ़ या स्थिर, जैसे आदर्शपरायण, सत्यपरायण।

पराया वि० [सं० पर] [स्त्री० पराई] [भाव० परायापन] १. दूसरे का, अन्य का, अपना नहीं।

मुहा० *पराये गुलाल की होली खेलना*=दूसरे के धन या सामग्री से सुखभोग या आनन्द करना।

२. जो आत्मीय न हो, दूसरा, गैर।

परार, परारा* वि० दे० 'पराया'।

परारथ* पुं०=परार्थ।

परार्थ पुं० [सं०] [भाव० परार्थता] दूसरे का उपकार या भलाई, परोपकार।

वि० जो दूसरे के लिए हो।

परार्थवाद पुं० [सं०] [वि० परार्थवादी] यह सिद्धान्त कि मनुष्य को सदा दूसरों की भलाई के काम करते रहना चाहिए। (एल्ट्रुइज़्म)

परार्ध पुं० [सं० परा+अर्ध] किसी रचना का बादवाला आधा अंश।

परालब्ध स्त्री० दे० 'प्रारब्ध'।

पराव[१]* पुं० [हिं० पराना=भागना] भागने की क्रिया या भाव।

पराव[२] पुं० [हिं० पर=पराया] १. परायापन। २. दुराव, छिपाव।

परावन* पुं०=पलायन।

परावना* अ० [सं० पलायन] भागना, भागजाना।

परावर्तन पुं० [सं०] [वि० परावर्तित, परावृत] १. फिर अपने स्थान पर आना, लौटना। २. उलटकर फिर ज्यों-का-त्यों होना। (रिवर्शन) ३. पहलेवाली स्थिति पर फिर से आना।

परावर्ती (-र्तिन्) वि० [सं०] १. लौटकर फिर अपने स्थान पर आनेवाला। २. फिर से ज्यों-का-त्यों हो जानेवाला।

परावलंबी (-बिन्) वि० [सं०] जो दूसरों पर अवलम्बित हो।

पराविद्या स्त्री० [सं०] ब्रह्मज्ञान, तत्त्वज्ञान।

परावृत्त वि० [सं०] [भाव० परावृत्ति] १. लौटा या लौटाया हुआ। २. बदला हुआ, परिवर्तित। ३. भागा हुआ।

पराश्रित वि० [सं०] जो दूसरों पर आश्रित हो, पराधीन।

परास* पुं० दे० 'पलाश'।

परास्त वि० [सं०] हारा हुआ, पराजित।

पराह्न पुं० [सं०] दोपहर के बाद का समय, तीसरा पहर, अपराह्न।

परिंदा पुं० [फा० परन्दः] पक्षी, चिड़िया।

परि उप० [सं०] एक संस्कृत उपसर्ग जो शब्दों के पहले लगकर उनमें ये अर्थ बढ़ाता है: १. चारों ओर, जैसे—परिक्रमण। २. अच्छी तरह, जैसे परिपूर्ण। ३. अतिशय, जैसे परिवर्धन। ४. पूर्णता, जैसे परित्याग। ५. दूषण, जैसे परिहास।

परिकर पुं० [सं०] १. पर्यंक, पलंग। २. परिवार। ३. समूह, झुंड। ४. अनुचरवर्ग। ५. कमरबन्द, पटका।

परिकलक पुं० [सं०] १. वह जो परिकलन करता हो, हिसाब लगाने या लेखा ठीक करनेवाला। २. एक प्रकार का यन्त्र जिसकी सहायता से कुछ बड़े हिसाब बहुत सहज में और थोड़े समय में लगाए जाते हैं। ३. वह पुस्तक जिसमें अनेक प्रकार के लगे हुए हिसाबों के बहुत से कोष्ठक होते हैं। (कैलकुलेटर)

परिकलन पुं० [सं०] [वि० परिकलित] गिनने या हिसाब लगाने का काम, गणना करना। (कैलकुलेशन)

परिकल्पना स्त्री० [सं०] [वि० परिकल्पित] १. जिस बात की बहुत-कुछ सम्भावना हो, उसे पहले ही मान लेना या उसकी कल्पना कर लेना। २. केवल तर्क के लिए कोई बात मान लेना। ३. ऐसी बात मान लेना जो अभी प्रमाणित न हुई हो, पर हो सकती हो। (हाइपॉथेसिस) ४. कुछ विशिष्ट आधारों पर कोई बात ठीक मान लेना। (प्रिज़्मपशन)

परिकल्पित वि० [सं०] १. जो अभी हुआ तो न हो, पर सम्भव होने के कारण जिसकी कल्पना पहले से की जाए। (हाईपॉथेटिक) २. जो केवल तर्क के लिए मान लिया गया हो। ३. जो कुछ विशिष्ट आधारों पर ठीक मान लिया हो। (प्रिज़्यूम्ड)

परिक्रम पुं० [सं०] किसी काम की जाँच या निरीक्षण के लिए जगह-जगह जाना या घूमना, दौरा। (टूर)

परिक्रमण पुं० [सं०] १. किसी काम की देख-रेख के लिए जगह-जगह जाना, दौरा करना। २. दे० 'परिक्रमा'।

परिक्रमा स्त्री० [सं० परिक्रम] १. किसी स्थान के, विशेषत: देवता या पवित्र स्थान के चारों ओर घूमना। २. मन्दिर तथा तीर्थ के चारों ओर घूमने के लिए बना हुआ मार्ग।

परिक्षेत्र पुं० [सं०] नगर का कोई विशिष्ट विभाग। (सेक्टर)

परिक्षेत्रिक वि० [सं०] परिक्षेत्र-सम्बन्धी।

परिखना* अ०=प्रतीक्षा करना। (ब्रज०)

*स०=परखना।

परिखा स्त्री० [सं०] खन्दक, खाई।

परिखावन स्त्री० १. दे० 'परख'। २. दे० 'परीक्षा'।

परिगणन पुं० [सं०] गणना करना, गिनना।

परिगणित वि० [सं०] १. जो गिनती में आया हो, गिना या गिनाया हुआ। २. जिसका उल्लेख या गणना किसी अनुसूची आदि में की गई हो, जैसे परिगणित जातियाँ या जन-जातियाँ। (शेड्यूल्ड)

परिगत वि० [सं०] १. चारों ओर से घिरा या घेरा हुआ। २. बीता हुआ, व्यतीत, गत। ३. मरा हुआ, मृत। ४. जाना हुआ, ज्ञात।

परिगना* पुं०=परगना।

परिगह* पुं० [सं० परिग्रह] परिवार के लोग, बाल-बच्चे।

परिगहना* स०=परिग्रहण करना।

परिगृहीत वि० [सं०] १. ग्रहण किया हुआ, स्वीकृत। २. मिला हुआ, प्राप्त।

परिग्रह पुं० [सं०] [वि० परिग्राह्य, परिगृहीत] १. दान लेना, प्रतिग्रह। २. पाना। ३. आदरपूर्वक लेना। ४. धन आदि का संग्रह। ५. विवाह। ६. पत्नी। ७. परिवार, बाल-बच्चे।

परिग्रहण पुं० [सं०] [वि० परिगृहीत] ग्रहण या स्वीकृत करने अथवा लेने की क्रिया या भाव।

परिघ पुं० [सं०] १. दरवाजा बन्द करने की अर्गला, ब्योंड़ा। २ आड़ या रुकावट के लिए खड़ी की हुई कोई चीज, बाढ़। (बेरियर) ३. वह डण्डा जिसके सिरे पर लोहा जड़ा हो, लोहाँगी। ४. तीर। ५. भाला। ६. घोड़ा। ७. फाटक। ८. घर। ९. पानी का घड़ा।

परिचना* अ०=परचना।

परिचय पुं० [सं०] १. जानकारी, अभिज्ञता। २. पहचान, लक्षण। ३. किसी व्यक्ति के नाम, धन, गुण, कर्म आदि से सम्बन्ध रखनेवाली सब या कुछ बातें जो किसी को बतलाई जाएँ। (इन्ट्रोडक्शन) ४. जान-पहचान।

परिचय-पत्र पुं० [सं०] १. वह पत्र जिसमें किसी व्यक्ति का संक्षिप्त परिचय लिखा हो। २. किसी वस्तु या संस्था से सम्बन्ध रखनेवाला वह पत्रक या पुस्तिका जिसमें उस वस्तु की सब बातों या संस्था के उद्देश्यों, कार्यक्षेत्रों और कार्य-प्रणालियों आदि का परिचय या विवरण दिया हो। (मैमोरैन्डम)

परिचर पुं० [सं०] [स्त्री० परिचरी] १. सेवक। २. रोगी की सेवा करनेवाला।

परिचर्या स्त्री० [सं०] १. सेवा, टहल। २. रोगी की सेवा-सुश्रूषा।

परिचायक वि० [सं०] [वि० परिचायिका] १. किसी बात या व्यक्ति का परिचय करानेवाला (तथ्य या वस्तु)। (इन्ट्रोडक्टरी) २. सूचित करानेवाला, सूचक।

परिचार पुं० [सं०] १. सेवा, टहल। २. छोटे बच्चों, गर्भवती स्त्रियों, रोगियों आदि की वह देख-रेख और सेवा-सुश्रूषा जो उन्हें पुष्ट और नीरोग करने के लिए की जाती है। (नर्सिंग)

परिचारक वि० [सं०] [स्त्री० परिचारिका] रोगियों आदि का परिचार या सेवा-सुश्रूषा करनेवाला।
पुं० नौकर, सेवक।

परिचारना* स० [सं० परिचारण] सेवा या टहल करना।

परिचारिका स्त्री० [सं०] सेविका, दासी।

परिचालक पुं० [सं०] परिचालन करने या चलानेवाला। (कन्डक्टर)

परिचालन पुं० [सं०] [वि० परिचालित] १. चलाना। २. किसी कार्य के चलते रहने की व्यवस्था करना। ३. हिलाना।

परिचित वि० [सं०] १. जाना हुआ, ज्ञात। २. जिसका या जिसे परिचय हो। ३. जिससे जान-पहचान हो।

परिच्छद पुं० [सं०] १. ऊपर से ढकने का कपड़ा, आच्छादन। २. पहनने के पूरे कपड़े, पहनावा, पोशाक। (ड्रेस) ३. एक ही तरह के वे कपड़े जो किसी विशेष वर्ग या दल के सब लोगों के पहनने के लिए निधारित होते हैं, वर्दी जैसे सैनिकों का परिच्छद। (यूनिफॉम)

परिच्छन्न वि० [सं०] १. ढका या छिपा हुआ, गुप्त। २. जो कपड़े पहने हो। ३. स्वच्छ।

परिच्छा* स्त्री०=परीक्षा।

परिच्छिन्न वि० [सं०] [भाव० परिच्छिन्नता] १. परिमित, सीमित। २. बँटा हुआ, विभक्त।

परिच्छेद पुं० [सं०] १. किसी चीज के अलग-अलग खंड या विभाग करना, विभाजन। २. क्षेत्रों, विभागों, कर्तव्यों आदि के अलग-अलग विभाग करके उनकी सीमाएँ, विस्तार आदि निश्चित या स्थिर करना। (डिमार्केशन) ३. ग्रन्थ का अध्याय, प्रकरण।

परिछिन्न वि०=प्रच्छन्न।

परिजन पुं० [सं०] १. आश्रित लोग। २. परिवार। ३. साथ रहनेवाले लोग या सेवक।

परिजीवन पुं० [सं० परि+जीवन] [वि० परिजीवित, परिजीवी] अपने वर्ग, परिवार या साथ के दूसरे व्यक्तियों, वस्तुओं आदि के न रह जाने पर भी प्राप्त होनेवाला दीर्घकालिक जीवन, साधारणतः नियत काल से अधिक चलनेवाला जीवन। (सरवाइवल)

परिजीवित वि० [सं० परिजीवन] (व्यक्ति) जो अपने वर्ग, परिवार या साथ के दूसरे व्यक्तियों आदि के जीवित बचे न रह जाने पर भी जीवित और बचा हो।

परिजीवी(-विन्) पुं० [सं०] वह जो अपने वर्ग, परिवार या साथ के दूसरों की अपेक्षा अधिक समय तक जीता या बचा रहे। (सरवाइवर)

परिज्ञात वि० [सं०] अच्छी तरह जाना हुआ।

परिज्ञान पुं० [सं०] [वि० परिज्ञात] पूरा ज्ञान।

परिणत वि० [सं०] [भाव० परिणति] १. एक रूप से दूसरे रूप में आया हुआ, रूपान्तरित। २. पका या पचा हुआ।

परिणति स्त्री० [सं०] १. रूप में परिवर्तन होना, रूपान्तरण। २. परिपाक। ३. प्रौढ़ता, पुष्टि। ४. समाप्ति, अन्त।

परिणय पुं० [सं०] [वि० परिणीत] विवाह।

परिणय-सूत्र पुं० [सं०] वैवाहिक बन्धन।

परिणाम पुं० [सं०] १. बदलने का भाव या कार्य। २. विकार, रूपान्तर। ३. विकास, वृद्धि। ४. समाप्त होना, बीतना। ५. किसी कार्य के अन्त में उसके फलस्वरूप होनेवाला कार्य या बात, नतीजा, फल। (रिज़ल्ट) ६. किसी कार्य का क्रियात्मक रूप से पड़नेवाला प्रभाव। (एफेक्ट) ७. किसी कार्य के फलस्वरूप क्रियात्मक रूप से होनेवाला कोई प्रभाव। (कान्सीक्वेन्स) ८. बहुत सी बातों का सुन-समझकर निकाला हुआ निष्कर्ष, नतीजा। (कन्क्लूज़न)

परिणामदर्शी(-र्शिन्) वि० [सं०] १. जो पहले से ही किसी बात का परिणाम जान या समझ लेता हो। २. फल या परिणाम का ध्यान रखकर कार्य करनेवाला, दूरदर्शी।

परिणामस्वरूप क्रि० वि० [सं०] फलस्वरूप।

परिणामस्वरूप, के संबंधबोध० के फलस्वरूप, इसलिए।

परिणामात्मक वि० [सं०] परिणाम के रूप में होनेवाला।

परिणामी वि० [सं० परिणाम] १. जिसका परिणाम या अन्त होता हो। २. परिणाम-सम्बन्धी। ३. दे० 'परिणामदर्शी'।

परिणीत वि० [सं०] १. विवाहित, ब्याहा हुआ। २. समाप्त, पूर्ण।

परितप्त वि० [सं०] १. तपा हुआ, उत्तप्त। २. जिसे दुख पहुँचा हो, पीड़ित। ३. परिताप करने या पछतानेवाला।

परिताप पुं० [सं०] [कर्ता परितापी, वि० परितप्त] १. गरमी, आँच। २. दुख, क्लेश। ३. शोक। ४. पश्चाताप, पछतावा।

परितापना अ० [सं० परिताप] परिताप या पश्चाताप करना।

परितापी वि० [सं० परिताप] परिताप-सम्बन्धी

परितुष्ट वि० [सं०] [भाव० परितुष्टि] १. परम सन्तुष्ट। २. प्रसन्न, खुश।

परितृप्त वि० [सं०] [भाव० परितृप्ति] जिसका अच्छी तरह परितोष हो गया हो, भली भाँति तृप्त।

परितृप्ति स्त्री० [सं०] परितृप्त होने की क्रिया या भाव, अच्छी तरह तृप्त होना।

परितोष पुं० [सं०] [वि० परितुष्ट] १. किसी काम या बात के ठीक तरह से होने पर प्रसन्नता और सन्तोष होना, वह सुख जो मन के अनुसार काम होने पर होता है, तुष्टि, सन्तोष। (सैटिस्फैक्शन) २. प्रसन्नता, खुशी।

परितोषण पुं० [सं०] १. किसी का परितोष करने की क्रिया या भाव, पूरी तरह से सन्तुष्ट करना या होना। २. वह धन जो किसी को सन्तुष्ट करने या उसका परितोष करने के लिए दिया गया हो। (ग्रैटिफिकेशन)

परितोषद वि० [सं०] परितोष देने या सन्तुष्ट करनेवाला, जिससे परितोष हो।

परितोस* पुं०=परितोष।

परित्यक्त वि० [सं०] [स्त्री० परित्यक्ता] त्यागा, छोड़ा या अलग किया हुआ। (अबैन्डन्ड)

परित्याग पुं० [सं०] [वि० परित्यागी, परित्यक्त, परित्याज्य] १. छोड़ देना, त्याग देना। २. अपना अधिकार या स्वत्त्व सदा के लिए और पूरी तरह से छोड़ना, जैसे पद या राज्य का परित्याग। ३. किसी वस्तु या प्राणी से सदा के लिए सम्बन्ध तोड़ लेना, जैसे पत्नी या शिशु का परित्याग।

परित्यागना स० [सं० परित्याग] छोड़ देना, त्यागना।

परित्यागी (-गिन्) पुं० [सं०] वह जिसने किसी व्यक्ति, सम्पत्ति या वस्तु का परित्याग कर दिया हो, त्याग या छोड़ देनेवाला।

परित्याज्य वि० [सं०] छोड़ देने योग्य।

परित्राण पुं० [सं०] कष्ट, हानि आदि से किया जानेवाला बचाव, रक्षा। (प्रोटेक्शन)

परित्राणार्थ क्रि०वि० [सं० परित्राण+अर्थ] परित्राण के लिए, रक्षा के लिए।

परित्राता पुं० [सं० परित्रातृ] परित्राण या रक्षा करनेवाला।

परिदर्शन पुं० [सं०] १. घूमकर देखना। २. देख-रेख करना, निरीक्षण। ३. न्यायालय में किसी व्यवहार या मुकदमे की होनेवाली सुनवाई। (ट्रायल)

परिदृश्य पुं० [सं० परि+दृश्य] १. चारों ओर का दृश्य। २. ऐसा दृश्य जो देखा या अनुभूत किया जाए।

परिधन* पुं० [सं० परिधान] कमर और जाँघों पर पहनने का कपड़ा, धोती आदि।

परिधान पुं० [सं०] १. वस्त्र, कपड़ा। २. पहनने के कपड़े, पोशाक। ३. पहनावा।

परिधि स्त्री० [सं०] [वि० परिधिक, परिधीय] १. वृत्त को घेरनेवाली गोल रेखा या उसकी लम्बाई की नाप। (सरकम्फरेन्स) २. नियत या नियमित और प्रायः गोलाकार वह मार्ग जिसपर कोई चीज चलती, घूमती या चक्कर लगाती हो, कक्षा। ३. प्रायः गोलाकार माना जानेवाला कोई ऐसा वास्तविक या कल्पित घेरा जो दूसरे बाहरी क्षेत्रों से अलग हो। ४. कुछ विशेष लोगों या कार्यों का स्वतन्त्र क्षेत्र, वृत्त। (सर्किल) ५. परिधान। ६. दे० 'परिवेश'।

परिधिक, परिधीय वि० [सं०] १. परिधि-सम्बन्धी, परिधि का। २. जिसका कार्यक्षेत्र किसी विशेष परिधि में हो, जैसे परिधिक निरीक्षक। (सर्किल इन्स्पेक्टर)

परिनिष्ठ वि० [सं०] १. पूर्ण रूप से ज्ञानी। २. पूर्ण रूप से परिचित। ३. परिनिष्ठित।

परिनिष्ठित वि० [सं०] उच्चस्तरीय, मानक; जैसे परिनिष्ठित हिंदी।

परिपंच* पुं०=प्रपंच।

परिपक्व वि० [सं०] [भाव० परिपक्वता] १. अच्छी तरह पका या पचा हुआ। २. पूरी तरह से विकसित, प्रौढ़। ३. बहुदर्शी, अनुभवी। ४. निपुण, कुशल, प्रवीण।

परिपत्र पुं० [सं०] विचार, सूचना आदि के लिए बहुत से सम्बद्ध लोगों के पास भेजा जानेवाला पत्र। (सर्कुलर)

परिपाक पुं० [सं०] १. पकना या पकाया जाना। २. पचना। ३. प्रौढ़ता, पूर्णता, जैसे साहित्य में रस का परिपाक। ४. परिणाम, फल, जैसे कर्म का परिपाक। ५. निपुणता, दक्षता।

परिपाटी स्त्री० [सं०] १. क्रम, सिलसिला। २. चली आई हुई प्रणाली या शैली। ३. पद्धति, रीति।

परिपालन पुं० [सं०] [वि० परिपाल्य, परिपालित] भली भाँति पालन करना।

परिपुष्ट वि० [सं०] [भाव० परिपुष्टि] १. जिसका भली भाँति पोषण हुआ हो। २. पूर्ण रूप से पुष्ट।

परिपूत वि० [सं०] १. पवित्र। २. साफ किया हुआ और विशुद्ध।

परिपूरक वि० [सं०] परिपूर्ण करनेवाला।

परिपूरित वि० [सं०] अच्छी तरह भरा हुआ।

परिपूर्ण वि० [सं०] [वि० परिपूरक, परिपूरित, भाव० परिपूर्णता] १. अच्छी तरह भरा हुआ। २. पूर्ण रूप से तृप्त। ३. समाप्त किया हुआ।

परिपूर्णतः क्रि० वि० [सं०] पूरी तरह से।

परिपूर्णवादी (-दिन्) वि०, पुं० [सं०] जो हर चीज को परिपूर्ण बनाना या देखना चाहता हो।

परिपोषण पुं० [सं०] पालन-पोषण।

परिप्रश्न पुं० [सं०] कोई बात जानने के लिए किया जानेवाला प्रश्न, पूछ-ताछ। (एन्क्वायरी)

परिप्रेक्ष्य पुं० [सं०] उन परिस्थितियों का समाहार जिसमें कोई घटना घटी हो।

परिप्लव पुं० [सं०] १. तैरना। २. बाढ़। ३. अत्याचार।

परिप्लावित वि० दे० 'परिप्लुत'।

परिप्लुत वि० [सं०] १. प्लावित, डूबा हुआ। २. भीगा हुआ, गीला, तर।

परिबद्ध वि० [सं०] चारों ओर से बँधा हुआ।

परिब्राजक पुं०=परिव्राजक।

परिभावना स्त्री० [सं०] १. चिन्ता, फिक्र। २. साहित्य में कुतूहल सूचित करनेवाली वह बात जिससे उत्सुकता बढ़े।

परिभाषा स्त्री० [सं० वि० परिभाषित, परिभाष्य] १. किसी शब्द या पद का अर्थ या भाव प्रकट करनेवाला स्पष्ट कथन, व्याख्या। (डेफिनेशन) २. वह शब्द जो किसी शास्त्र या विज्ञान में किसी एक कार्य, विचार या अर्थ का सूचक मान लिया गया हो, पारिभाषिक पद। (टेकनिकल टर्म) ३. किसी शब्द की वह व्याख्या या स्पष्टीकरण, जिससे उसकी विशेषता और व्याप्ति पूरी तरह से निश्चित या स्पष्ट हो।

परिभाषित वि० [सं०] जिसकी परिभाषा या व्याख्या की गई हो। (डिफाइन्ड)

परिभ्रमण पुं० [सं०] १. घूमना-फिरना। २. चारों ओर घूमना, चक्कर लगाना। ३. एक ही वृत्त में या उसकी परिधि पर बार-बार घूमना। (रोटेशन)

परिभ्रमी (-मिन्) वि० [सं०] चारों ओर घूमनेवाला।

परिमल पुं० [सं०] सुवास, सुगन्ध।

परिमाण पुं० [सं०] [वि० परिमित, परिमेय] भार, विस्तार, घनत्व आदि का मान, नाप या तौल, मात्रा। (क्वान्टिटी)

परिमाणक वि० [सं० परिमाण] परिमाण के रूप में होनेवाला; परिमाण का सूचक; जैसे परिमाणक विशेषण।

परिमाप पुं० [सं०] [वि० परिमापक] १. नापने की क्रिया या भाव। २. वह पदार्थ या आदर्श जिससे दूसरे पदार्थों का माप किया जाए, मानदंड, मानक।

परिमार्जन पुं० [सं०] [वि० परिमार्जित, परिमृज्य] १. माँज या धोकर साफ या ठीक करना। २. दोष, त्रुटियाँ आदि दूर करके ठीक करना।

परिमार्जित वि० [सं०] १. जिसका परिमार्जन हुआ हो। २. सुधारा या सुधरा हुआ, प्रशस्त।

परिमित वि० [सं०] [भाव० परिमिति, वि० परिमेय] १. जिसकी नाप-तौल की गई हो। २. जिसकी सीमा, संख्या या विस्तार नियत हो, सीमित। (लिमिटेड) ३. जो न अधिक हो न कम, ठीक या उचित मात्रा में होनेवाला। ४. थोड़ा कम, जैसे हमारा ज्ञान बहुत परिमित है।

परिमिति स्त्री० [सं०] [वि० परिमितिक] १. परिमित या सीमित होने की दशा या भाव। (लिमिटेशन) २. किसी चीज की नाप, तौल, सीमा आदि। ३. किसी क्षेत्र को घेरने-वाली रेखाएँ या उनका परिमाण। ४. मान-मर्यादा, प्रतिष्ठा।

परिमेय वि० [सं०] १. जो नापा या तौला जा सके। २. जिसे नापना या तौलना हो।

परिया पुं० [तामिल परैयान] १. दक्षिण भारत की एक दलित जाति। २. अछूत, अस्पृश्य।
वि० क्षुद्र, तुच्छ।

परियात्रा स्त्री० दे० 'परियान'।

परियान पुं० [सं०] [वि० परियात] अपना देश छोड़कर स्थायी रूप से दूसरे देश में जाना। (एमिग्रेशन)

परियुक्ति स्त्री० [सं०] किसी निश्चित समय तथा स्थान पर किसी से मिलने की निर्धारित व्यवस्था।

परियुद्धक पुं० [सं०] युद्धकाल में वह राष्ट्र या देश जो किसी युद्ध में सम्मिलित होकर अपने हित या उन्नति के उद्देश्य से किसी दूसरे देश या राष्ट्र से लड़ रहा हो। (बेलिगरेन्ट)

परियोजना स्त्री० [सं०] विकास की दृष्टि से बनाई हुई बड़ी योजना।

परिरंभ पुं० [सं०] [वि० परिरंभ्य, परिरंभित, क्रि० परिंभना] गले या छाती से लगाकर मिलना, आलिंगन।

परिरक्षण पुं० [सं०] [वि० परिरक्षक] अच्छी तरह सँभाल या बचाकर रखने की क्रिया या भाव। (प्रिजर्वेशन)

परिरूप पुं० [सं०] १. किसी होनेवाले कार्य के स्वरूप आदि के सम्बन्ध में पहले से की जानेवाली कल्पना। २. किसी कलात्मक कृति, रचना, सजावट आदि के सम्बन्ध की वह मूल कल्पना या रूपरेखा जिसके अनुसार उसका बाकी सारा काम पूरा होता है, नमूना। ३. किसी वस्तु की बनावट आदि का कलात्मक और सुन्दर ढंग या प्रकार, तर्ज। (डिजाइन; उक्त सभी अर्थों के लिए)

परिरूपक पुं० [सं०] वह जो किसी वस्तु का परिरूप प्रस्तुत करता हो। (डिज़ाइनर)

परिलक्षित वि० [सं०] जो स्पष्ट रूप से दिखाई पड़ रहा हो, दृष्टिगोचर।

परिलेख पुं० [सं०] १. चित्र का ढाँचा, रेखाचित्र, खाका। २. चित्र, तस्वीर। ३. चित्र अंकित करने की कूँची या कलम। ४. उल्लेख, वर्णन। ५. बड़े अधिकारियों के पास भेजा जानेवाला विवरण। (रिटर्न)

परिलेखना* स० [सं० परिलेखन] कुछ महत्त्व का समझना या मानना।

परिवर्जन पुं० [सं०] [वि० परिवर्जनीय, परिवर्जित] मना करना, रोकना।

परिवर्तक वि० [सं०] १. घूमने-फिरने या चक्कर खानेवाला। २. घुमाने-फिराने या चक्कर देनेवाला। ३. परिवर्तन करने या बदलनेवाला।

परिवर्तन पुं० [सं०] [कर्ता परिवर्तक, वि० परिवर्तनीय, परिवर्तित, परिवर्ती] १. घुमाव, चक्कर। २. कुछ घटा-बढ़ाकर रूप बदलना, एक रूप से दूसरे रूप में लाना, उलट-फेर। (चेंज, आल्टरेशन, वेरिएशन) ३. उपयोगिता आदि की दृष्टि

से कोई नई बात बढ़ाना या कुछ अंशों को नया रूप देना, सुधारना। (मॉडिफिकेशन) ४. एक चीज के बदले में दूसरी चीज लेना या देना, विनिमय, तबदीली, जैसे समाचार-पत्रों या पुस्तकों का परिवर्तन। (एक्सचेंज) ५. एक को छोड़कर उसकी जगह दूसरा ग्रहण करना, जैसे जलवायु का परिवर्तन। ६. किसी की पसन्द या सुविधा की चीज उसे देकर उससे उसके बदले में अपनी पसंद या सुविधा की चीज लेना, जैसे नोटों का रुपयों में या रुपए का रेजगी में परिवर्तन।

परिवर्तनकारी (-रिन्) वि० [सं०] परिवर्तन करने या लानेवाला।

परिवर्तनशील वि० [सं०] जिसमें परिवर्तन स्वाभाविक रूप से होता हो।

परिवर्तनशीलता स्त्री० [सं०] परिवर्तनशील होने की अवस्था या भाव।

परिवर्तनीय वि० [सं०] १. जिसे किसी अन्य से बदला जा सके। २. जिसे किसी अन्य रूप में बदला जा सके; जैसे—द्रव्यमान और ऊर्जा परस्पर परिवर्तनीय हैं।

परिवर्धन पुं० [सं०] [वि० परिवर्धित] १. संख्या, गुण, तथ्य आदि में विशेष वृद्धि करने की क्रिया या भाव, परिवृद्धि, बढ़ाना। (एडिशन) २. आकार, मान, विस्तार आदि बढ़ाने की क्रिया या भाव। (एन्लॉर्जमेन्ट)

परिवर्धित वि० [सं०] बढ़ाया हुआ।

परिवहन पुं० [सं०] १. कोई चीज या व्यक्ति एक जगह से दूसरी जगह लाने या ले जाने का काम, वहन। २. रेलें, ट्रक, बसें आदि ऐसे साधन जो वस्तुओं या व्यक्तियों को लाने-ले जाने का काम करते हों।

परिवा स्त्री० दे० 'प्रतिपदा'।

परिवाद पुं० [सं०] १. निन्दा, अपवाद। २. अधिकारियों के सामने की जानेवाली किसी की शिकायत। (कम्प्लेन्ट)

परिवार पुं० [सं०] १. आवरण। २. म्यान, कोष। ३. घर के लोग, कुटुम्ब। ४. वंश, खानदान। ५. बाल-बच्चे। ६. एक तरह की वस्तुओं का वर्ग, कुल, जाति। (फैमिली) ७. किसी राजा या रईस के पास रहने और उसके साथ चलनेवाले लोग।

परिवार-जन पुं० [सं०] परिवार के लोग, परिवार के सदस्य।

परिवार-नियोजन पुं० [सं०] कृत्रिम उपायों से परिवार में बच्चों का जन्म रोकना।

परिवारवाद पुं० [सं०] [वि० परिवारवादी] सामाजिक हितों की उपेक्षा कर परिवार के लोगों के संवर्धन की नीति।

परिवारवादी वि० [सं० परिवारवाद] १. परिवारवाद-सम्बन्धी। २. परिवारवाद को बढ़ावा देनेवाला।

पुं० परिवार के लोगों का हित-साधन करनेवाला व्यक्ति।

परिवारीकरण पुं० [सं०] १. परिवार का रूप देने का कार्य। २. परिवार के सदस्यों के रूप में स्वीकार करना।

परिवीक्षा स्त्री० [सं०] जाँच।

परिवृत्ति स्त्री० [सं०] [वि० परिवृत्त] १. घुमाव, चक्कर। २. घेरा, वेष्टन। ३. विनिमय। ४. समाप्ति, अन्त। ५. दोहराने या फिर से करने की क्रिया या भाव। ६. किसी के किए हुए काम को देखकर उसके अनुसार वैसा ही और कोई काम करना। ७. साहित्य में एक अलंकार जिसमें एक वस्तु देकर उसके बदले में दूसरी वस्तु लेने का वर्णन होता है। ८. परमानन्द।

परिवृद्धि स्त्री०=परिवर्धन।

परिवेश पुं० [सं०] १. (हलकी बदली में दिखाई देनेवाला) सूर्य या चन्द्रमा के चारों ओर का घेरा, परिधि, मंडल। २. दे० 'प्रभामंडल'। ३. आस-पास का स्थान या वातावरण।

परिवेषक पुं० [सं०] भोजन परोसनेवाला।

परिवेषण पुं० [सं०] [वि० परिवेष्य] १. भोजन परोसना। २. घेरा, परिधि। ३. सूर्य या चन्द्रमा के चारों ओर का मंडप। ४. प्राचीर, परकोटा।

परिवेष्टन पुं० [सं०] [वि० परिवेष्टित] १. चारों ओर से घेरना। २. आच्छादन। ३. परिधि, घेरा।

परिव्यय पुं० [सं०] १. मूल्य। २. शुल्क। ३. पारिश्रमिक। ४. भाड़े आदि के रूप में होनेवाला वह व्यय जो किसी से लिया या किसी को दिया जाए। (चार्ज) ५. किसी चीज के बनने में लगनेवाला धन, लागत। (कॉस्ट)

परिव्ययनीय वि० [सं०] जो परिव्यय के रूप में किसी से लिया या किसी को दिया जा सके। (चार्जेबुल)

परिव्याप्त वि० [सं०] [भाव० परिव्याप्तता, परिव्याप्ति] १. चारों ओर व्याप्त। २. पूर्ण रूप से व्याप्त।

परिव्रज्या स्त्री० [सं०] १. इधर-उधर घूमना। २. तपस्या। ३. संसार से विरक्त होकर भिक्षुक की तरह जीवन बिताना।

परिव्राजक पुं० [सं०] १. सदा भ्रमण करता रहनेवाला संन्यासी। २. संन्यासी, यती। ३. परमहंस।

परिशयन पुं० [सं०] कुछ पशुओं और जीव-जन्तुओं की वह निष्क्रिय अवस्था जिसमें वे जाड़े के दिनों में बिना कुछ खाए-पिए चुपचाप एक जगह पड़े रहते हैं। (हाइबरनेशन)

परिशिष्ट वि० [सं०] बचा हुआ।

पुं० [सं०] १. पुस्तक, लेख आदि का वह अन्तिम भाग जिसमें वे आवश्यक या उपयोगी बातें रहती हैं जो पहले अपने स्थान पर न आ सकी हों। (एपेंडिक्स) २. अनुसूची।

परिशीलन पुं० [सं०] [वि० परिशीलित] खूब सोचते-समझते हुए पढ़ना, मननपूर्वक किया जानेवाला अध्ययन।

परिशुद्ध वि० [सं०] [भाव० परिशुद्धता] बिल्कुल ठीक और पूरा, जिसमें कुछ भी कमी-बेशी या भूल आदि न हो।

परिशोध, परिशोधन पुं० [सं०] [वि० परिशुद्ध, परिशोधनीय, परिशोधित] १. पूरी तरह साफ या शुद्ध करना। २. लिया हुआ धन या ऋण चुकाना। (रि-पेमेन्ट) ३. किसी प्रकार का देन चुकाना। (डिस्चार्ज)

परिश्रम पुं० [सं०] १. ऐसा काम जिसे करते-करते थकावट आने लगे, आयास, श्रम, मेहनत। (लेबर) २. थकावट।

परिश्रमशील वि० [सं० परिश्रम+शील] [भाव० परिश्रमशीलता] जिसका स्वभाव परिश्रम करना हो, स्वभाव से परिश्रमी।

परिश्रमी (-मिन्) वि० [सं०] बहुत परिश्रम करनेवाला, मेहनती।

परिश्रांत वि० [सं०] थका हुआ।

परिषद, परिषद् स्त्री० [सं०] १. विद्वान ब्राह्मणों की वह सर्वमान्य सभा जिसे प्राचीन काल में राजा किसी विषय पर व्यवस्था देने के लिए बुलाता था। २. सभा, समाज। ३. चुने हुए या नियुक्त किए हुए सदस्यों की सभा। (काउन्सिल)

परिष्करण पुं० [सं०] १. स्वच्छ या शुद्ध करना। २. दोष या त्रुटियाँ दूर करके ठीक करना। (मॉडिफिकेशन)

परिष्कार पुं० [सं०] १. संस्कार, शुद्धि। २. भूलें, त्रुटियाँ आदि दूर करके ठीक या अच्छा करने की क्रिया या भाव, परिष्करण। (मॉडिफिकेशन) ३. स्वच्छता, सफाई। ४. सजावट, सिंगार।

परिष्कृत वि० [सं०] [भाव० परिष्कृति] १. जिसका परिष्करण हुआ हो। २. सुधारा हुआ। ३. साफ या शुद्ध किया हुआ। ४. सँवरा या सजा हुआ। ५. सँवारा या सजाया हुआ।

परिष्कृति स्त्री० [सं०] १. परिष्कृत होने की अवस्था या भाव। २. आचरण व्यवहार आदि में होनेवाला परिष्कार।

परिसंख्या स्त्री० [सं०] १. गणना, गिनती। २. एक अर्थालंकार जिसमें कोई बात वैसी ही किसी दूसरी बात को व्यंग्य या वाच्य से वर्जित करने के अभिप्राय से कही जाती है। ३. साहित्य में एक अलंकार जिसमें साधारणतः कुछ स्थानों में पाई जानेवाली बातों के सम्बन्ध में यह कहा जाता है कि अब वे वहाँ नहीं रह गईं, केवल अमुक एक जगह में रह गई हैं, जैसे रामराज्य की प्रशंसा करते समय यह कहना कि उसमें कुटिलता और कहीं नहीं रह गई थी, केवल स्त्रियों के नयनों में दिखाई देती थी।

परिसंख्यान पुं० दे० 'अनुसूची'।

परिसंघ पुं० [सं०] राज्यों, राष्ट्रों, संघों आदि का ऐसा संघटन जो एक दूसरे की सहायता करने और कुछ विशिष्ट कार्यों के लिए सबको एक में रखने के लिए होता है। (कॉनफेडरेशन)

परिसंपत्ति स्त्री० [सं०] किसी व्यक्ति या संस्था की वह मूल्यवान वस्तु या जायदाद जिससे उसका ऋण चुकाने के लिए बेचा जा सकता हो। (एसेट्स)

परिसंपदा स्त्री० [सं०] वह पूँजी जो सम्पत्ति आदि के रूप में हो अथवा वह धन जो कारोबार में लगा हो और जल्दी डूबनेवाला न हो।

परिसंवाद पुं० [सं०] विशेषज्ञों में किसी विषय पर होनेवाला विचार-विमर्श।

परिसमाप्ति स्त्री० [सं०] [वि० परिसमाप्त] किसी चलते हुए काम का समाप्त या पूरा होना। (टरमिनेशन)

परिसर पुं० [सं०] किसी विश्वविद्यालय या संस्थान के भवन तथा मैदान। (कैम्पस)

परिसिद्धक पुं० [सं०] अपराधियों में से वह जो सरकार की ओर मिल गया हो और उसका साक्षी बनकर दूसरे अपराधियों का अपराध सिद्ध या प्रमाणित करने में उसे सहायता दे, सरकारी गवाह। (एप्रूवर)

परिसिद्धि स्त्री० [सं०] [वि० परिसिद्ध] अपराधियों में से किसी का सरकार की ओर मिलकर और उसका गवाह बनकर दूसरे अपराधियों के अपराध सिद्ध करना।

परिसीमन पुं० [सं०] किसी प्रदेश या स्थान की सीमा निश्चित या स्थिर करना, हद बाँधना। (डेलिमिटेशन)

परिसीमा स्त्री० [सं० परि+सीमा] किसी विषय या बात की अन्तिम या चरम सीमा। (एक्स्ट्रीम)

परिसीमित वि० [सं०] १. जिसकी सीमा निश्चित कर दी गई हो, सीमित। २. (व्यापार या व्यवसाय) जिसकी पूँजी, हिस्सेदारी आदि कुछ विशिष्ट नियमों या सीमाओं के अन्दर रखी गई हो। (लिमिटेड)

परिसेवन पुं० दे० 'सेवा'।

परिसेवा स्त्री०=सेवा।

परिसोधना* स० [सं० परिशोधन] अच्छी तरह साफ, शुद्ध या ठीक करना।

परिस्तान पुं० [फा०] १. परियों का कल्पित देश। २. वह स्थान जहाँ सुन्दर मनुष्यों विशेषतः स्त्रियों की बहुतायत या जमघट हो।

परिस्थिति स्त्री० [सं०] किसी घटना, कार्य आदि के आस-पास या चारों ओर की वास्तविक या तर्कसंगत स्थिति या अवस्था, वे बातें या अवस्थाएँ जो किसी व्यक्ति या घटना के चारों ओर होती या रहती हैं। (सर्कम्स्टैंसेज)

परिस्थितिजन्य वि० [सं०] परिस्थिति या परिस्थितियों से उत्पन्न।

परिस्फुट वि० [सं०] १. अत्यन्त स्पष्ट। २. व्यक्त, प्रकाशित। ३. खूब मिला हुआ।

परिहँस* पुं० [सं० परिहास] १. किसी को तुच्छ समझकर उसकी हँसी उड़ाना। २. ईर्ष्या, डाह।

परिहरण पुं० [सं०] [वि० परिहरणीय, परिहृत, क्रि० परिहरना] १. जबरदस्ती या बलपूर्वक लेना, छीन लेना। २. परित्याग, छोड़ना। ३. दोष, अनिष्ट आदि दूर करना।

परिहरना* स० [सं० परिहरण] १. त्यागना, छोड़ना। २. दूर करना, हटाना।

परिहस* पुं० [सं० परिहास] १. हँसी-ठट्ठा, मजाक। २. नाम-हँसाई, उपहास। ३. अपने उपहास के भय से मन में होनेवाली चिन्ता या खेद।

परिहाना* स०=प्रहार करना।

परिहार पुं० [सं०] [वि० परिहारक, परिहारी] १. दोष, अनिष्ट आदि दूर करना। २. दोष दूर करने का उपाय, उपचार। ३. परित्याग, छोड़ना। ४. युद्ध में जीता या लूटा हुआ धन आदि। (बूटी) ५. कर या लगान की माफी, छूट।

परिहारना* स० दे० 'परिहरना'।

परिहार्य वि० [सं०] जिसका परिहार हो सके या किया जाना उचित हो।

परिहास पुं० [सं०] १. हँसी, दिल्लगी। २. ईर्ष्या, डाह। ३. निन्दा, उपहास।

परी स्त्री० [फा०] १. फारस की अनुश्रुति के अनुसार काफ पर्वत पर बसनेवाली परों से युक्त कल्पित परम सुन्दर स्त्री। २. परम रूपवती स्त्री।

परीक्षक पुं० [सं०] [स्त्री० परीक्षिका] वह जो परीक्षा करता या लेता हो, इम्तहान लेनेवाला। (इग्ज़ामिनर)

परीक्षण पुं० [सं०] १. परीक्षा लेने, परखने या जाँच करने का काम। २. किसी वस्तु या व्यक्ति की इस बात की जाँच कि उससे ठीक तरह से काम निकल सकता है या नहीं या वह जैसा होना चाहिए, वैसा है या नहीं। (ट्रायल, प्रोबेशन) ३. दे० 'परीक्षा'।

परीक्षणिक वि० [सं०] परीक्षण-सम्बन्धी, परीक्षण का।
पुं० वह (कर्मचारी) जो परीक्षण के लिए पहले अस्थायी रूप से रखा गया हो। (प्रोबेशनरी)

परीक्षा स्त्री० [सं०] १. योग्यता, विशेषता, सामर्थ्य, गुण आदि जानने के लिए अच्छी तरह से देखने या परखने की क्रिया या भाव, समीक्षा, इम्तहान। (इग्ज़ामिनेशन) २. वह प्रयोग जो किसी वस्तु के गुण, दोष आदि का अनुभव करने के लिए हो, आजमाइश। (एक्सपेरिमेन्ट) ३. वह प्रक्रिया जिससे प्राचीन न्यायालय किसी अभियुक्त अथवा साक्षी के सच्चे या झूठे होने का पता लगाते थे, दिव्य। ४. जाँच-पड़ताल, देख-भाल।

परीक्षात्मक वि० [सं०] परीक्षा के रूप में होनेवाला।

परीक्षालय पुं० [सं० परीक्षा+आलय] वह कमरा या भवन जिसमें किसी प्रकार की परीक्षा ली जाती है।

परीक्षित वि० [सं०] जिसकी परीक्षा या जाँच की गई हो या हो चुकी हो।
पुं० अर्जुन के पोते और अभिमन्यु के पुत्र, एक प्रसिद्ध राजा जिन्हें तक्षक ने डसा था।

परीक्षिती पुं० [सं० परीक्षित] वह जो परीक्षा देने को हो या जिसकी परीक्षा ली जाए, परीक्षा देनेवाला। (एग्ज़ामिनी)

परीक्ष्य वि० [सं०] जिसकी परीक्षा लेनी हो।

परीख* स्त्री० १. दे० 'परख'। २. दे० 'परीक्षा'।

परीखना* स०=परखना।

परीछत* पुं०=परीक्षित।

परीछा* स्त्री०=परीक्षा।

परीत[1]* पुं०=प्रेत।

परीत[2]* स्त्री०=प्रीति।

परीसना* स०=स्पर्श करना।

परु[1] क्रि० वि० [सं० परश्व] परसों।

परु[2] क्रि० वि० [हिं० पर] १. बीता हुआ पिछला वर्ष, पर साल। २. आनेवाला वर्ष, पर साल।

परुख* वि० [भाव० परुखाई] दे० 'परुष'।

परुष वि० [सं०] [स्त्री० परुषा, भाव० परुषता] १. कठोर, कड़ा। २. कटु, अप्रिय (वचन आदि) ३. निष्ठुर, निर्दय।

परुषा स्त्री० [सं०] साहित्य में वह वृत्ति या शब्द-योजना जिसमें टवर्गीय, द्वित्व और संयुक्त वर्ण, रेफ और श, ष आदि कठोर वर्ण तथा लम्बे-लम्बे समास आते और रचना में ओज गुण उत्पन्न होता है, यह वीर रस के लिए उपयुक्त होती है।

परूसना* स० दे० 'परोसना'।

परे क्रि० वि० [सं० पर] १. उस ओर, उधर। २. दूर, अलग। ३. ऊपर। ४. आगे, बाद।

परे, के/से सम्बन्धबो० १. से दूर। २. के उधर।

परेखना[1]* स०=परखना।

परेखना[2] अ० [सं० प्रतीक्षा] प्रतीक्षा करना, राह देखना।

परेखना[3] अ० [?] पश्चाताप करना, पछताना।

परेखा[1]* पुं० [सं० परीक्षा] १. परीक्षा, जाँच। २. विश्वास, प्रतीति।

परेखा[2] पुं० [हिं० परेखना] १. पश्चात्ताप, पछतावा। २. चिन्ता, फिक्र।

परेग स्त्री० [अं० पेग] छोटी कील, कँटिया।

परेड स्त्री० [अं०] सैनिकों की कवायद।

परेता पुं० [सं० परितः] १. तीलियों का बना हुआ वह उपकरण जिसपर जुलाहे सूत लपेटते हैं। २. वह उपकरण जिसपर पतंग उड़ाने की डोरी लपेटी जाती है।

परेवा पुं० [सं० पारावत] [स्त्री० परेई] १. पंडुक पक्षी, पेंडुकी। २. कबूतर।
* पुं० दे० 'पत्रवाहक'।

परेशान वि० [फा० परीशाँ] [भाव० परेशानी] बेचैन, व्यग्र, उद्विग्न।

परेशानी स्त्री० [फा० परीशानी] १. परेशान करनेवाली बात। २. बेचैनी। ३. दुख, तकलीफ, कष्ट।

परेषक पुं० [सं०] भेजनेवाला, प्रेषक।

परेषण पुं० [सं०] भेजने का काम, प्रेषण।

परों* क्रि० वि० 'परसों'।

परो* क्रि० वि० दे० 'परे'।

परोक्ष पुं० [सं०] १. अनुपस्थिति, गैर-हाजिरी। २. अभाव। ३. आड़, ओट।
वि० १. जो सामने या प्रत्यक्ष न हो, आँखों से ओझल। २. जो सीधी और साफ तरह से या सामने न होकर घुमाव-फिराव से या दूसरे द्वार से हो, अप्रत्यक्ष। (इन्-डाइरेक्ट)

परोक्ष कर पुं० [सं०] वह कर जो किसी को, विशेषतः उपभोक्ता को स्वयं प्रत्यक्ष रूप से नहीं, बल्कि अप्रत्यक्ष रूप से दूसरे के द्वारा देना पड़े, जैसे उत्पादन शुल्क और आयात-निर्यात कर। (इन्-डाइरेक्ट टैक्स)

परोजन* पुं० [सं० प्रयोजन] १. घर-गृहस्थों से सम्बन्ध रखनेवाला कोई ऐसा काम जिसमें सम्बन्धियों और इष्ट-मित्रों की उपस्थिति आवश्यक हो। २. दे० 'प्रयोजन'।

परोदय पुं० [सं० पर+उदय] दूसरे का उत्थान।

परोना स० दे० 'पिरोना'।

परोपकार पुं० [सं०] [वि० परोपकारी, भाव० परोपकारिता] १. दूसरे का उपकार या भलाई करने की क्रिया या भाव। २. दूसरों के उपकार या भलाई का काम।

परोपकारक वि० पुं० = परोपकारी।

परोपकारवाद पुं० दे० 'परार्थवाद'।

परोपकारी (-रिन्) वि० [सं०] परोपकार-संबंधी; जैसे-परोपकारी क्रिया-कलाप।
पुं० परोपकार करनेवाला, दूसरों की भलाई करनेवाला, परहितकारी।

परोरना स० [?] मन्त्र पढ़कर फूँकना।

परोल| पुं० दे० 'पेरोल'।

परोसना स० [सं० परिवेषण] १. थाली या पत्तल में खाना लगाना। २. खिलाने के लिए भोजन की सामग्री ला-लाकर खानेवाले के सामने रखना।

परोसा पुं० [हिं० परोसना] वह भोजन जो किसी के घर भेजा जाता है।

परोहन पुं० [सं० प्रोहण] वह पशु जिसपर कोई सवार हो या जिस पर कुछ लादा जाए।

परौठा पुं० दे० 'पराँठा'।

पर्जक* पुं० दे० 'पर्यंक'।

पर्जन्य पुं० [सं०] बादल, मेघ।

पर्ण पुं० [सं०] १. पेड़ का पत्ता, पत्र। २. पुस्तक, पंजी आदि का कोई पृष्ठ। ३. कागज का वह टुकड़ा या परत जिसमें से वैसा ही दूसरा टुकड़ा या परत प्रतिलिपि के रूप में काटकर अलग करते हैं। (फॉयल) ३. पक्षी।

पर्णकुटी, पर्णशाला स्त्री० [सं०] झोपड़ी।

पर्णाशन पुं० [सं० पर्ण+अशन] पत्तों का भक्षण करना।

पर्पटी स्त्री० [सं०] १. गोपीचन्दन। २. पपड़ी। ३. स्वर्णपर्पटी नामक औषध।

पर्यंक पुं० [सं०] पलंग, बड़ी खाट।

पर्यंत निपा० [सं०] तक।

पर्यटक पुं० [सं०] घूमने-फिरनेवाला यात्री, सैलानी।

पर्यटन पुं० [सं०] आनन्द के लिए की जानेवाली यात्रा।

पर्यटन-व्यवसाय पुं० पर्यटकों के रहने तथा अन्य सुविधाएँ और सेवाएँ प्रदान करने का काम।

पर्यटन-स्थल पुं० [सं०] वह स्थान जहाँ घूमने-फिरने के उद्देश्य से लोग जाते हों।

पर्यवलोचन पुं० [सं०] [वि० पर्यवलोचक] पूरे काम को आदि से अन्त तक सरसरी तौर पर समझने, देखने या जाँचने की क्रिया या भाव, पर्यावलोचन। (सर्वे)

पर्यवसान पुं० [सं०] [वि० पर्यवसित] १. अन्त, समाप्ति। २. समावेश। ३. ठीक-ठीक अर्थ निश्चित करना।

पर्यवसायी (-यिन्) वि० [सं०] परिणाम या फल के रूप में प्रकट होनेवाला।

पर्यवसित वि० [सं०] १. जिसका पर्यवसान हो। २. समाप्त। ३. समाहित।

पर्यवेक्षक पुं० [सं०] १. चारों ओर से देख-भाल या निगरानी करनेवाला। (सुपरवाइज़र) २. किसी व्यवहार, बात या काम को ध्यान से देखनेवाला।

पर्यवेक्षण पुं० [सं०] [वि० पर्यवेक्षित] १. अच्छी तरह देखना, निरीक्षण। २. किसी काम की देख-भाल या निगरानी। (सुपरविज़न) ३. कोई काम या बात ध्यान से देखते रहना। (आबज़रवेशन)

पर्यसन पुं० [सं०] [वि० पर्यस्त] १. दूर करना, हटाना। २. फेंकना। ३. नष्ट करना। ४. रद्द करना।

पर्याप्त वि० [सं०] आवश्यकता या प्रयोजन के विचार से यथेष्ट और संतोषप्रद परिमाण या मात्रा में उपलब्ध; जैसे-हमें इस काम के लिए पर्याप्त समय मिला।

पर्याप्ततः क्रि० वि० [सं०] पर्याप्त रूप से, पूरी तरह से। (सफिशेन्टली)

पर्याय पुं० [सं०] [भाव० पर्यायता] १. एक शब्द के विचार से, उसके अर्थ का सूचक दूसरा शब्द, समानार्थक, जैसे 'जल' का पर्याय 'वारि' है। (सिनॉनेम) २. अनुक्रम, सिलसिला। ३. साहित्य में एक अर्थालंकार जिसमें एक वस्तु का पर्याय या अनुक्रम से अनेक वस्तुओं का एक ही के आश्रित होना वर्णित होता है।

पर्यायवाचक, पर्यायवाची वि० [सं०] जो पर्याय के रूप में हो। (सिनॉनिम)

पर्यायोक्ति स्त्री० [सं०] साहित्य में एक अलंकार जिसमें कोई बात सीधी तरह से न कहकर कुछ घुमाव-फिराव से पर अधिक चमत्कारिक और विलक्षण रूप से कही जाती है, जैसे नायक से बिछुड़ने के समय रोती हुई नायिका का अपने आँसुओं से यह कहना कि जरा ठहरो, और जाते-जाते मेरे प्राण भी अपने साथ लेते जाओ।

पर्यालोकन पुं०=पर्यालोचन।

पर्यालोचन पुं० [सं०] १. किसी वस्तु के गुण-दोष या सब अंगों का स्थूल स्वरूप जानने के लिए उसे अच्छी तरह से देखना। (सर्वे) २. दे० 'समीक्षा'।

पर्यालोचना स्त्री०=पर्यालोचन।

पर्यावरण पुं० [सं०] भूमि, वायु, जल आदि सम्बन्धी वातावरण, जिसमें प्राणी सामान्यतः रहते हैं।

पर्यावरणी वि० [सं० पर्यावरण] पर्यावरण-सम्बन्धी।

पर्युत्सुकता स्त्री० [सं०] अत्यंत या विशेष उत्सुकता।

पर्युपासन पुं० [सं०] सेवा, सत्कार।

पर्व पुं० [सं० पर्वत] १. धर्मकार्य या उत्सव आदि करने का समय, पुण्यकाल। २. चातुर्मास्य। ३. अवसर। ४. बड़ा उत्सव। ५. ग्रन्थ का विभाग या खंड।

पर्वणी स्त्री० [सं०] पूर्णिमा।

पर्वत पुं० [सं०] १. पहाड़। २. दसनामी संन्यासियों का एक भेद।

पर्वतमाला स्त्री० [सं०] एक सीध में बहुत दूर तक चले-चलनेवाले पर्वतों की पंक्ति। (रेंज)

पर्वतराज पुं० [सं०] १. पर्वतों का राजा, हिमालय। २. बहुत बड़ा पहाड़।

पर्वतारि पुं० [सं० पर्वत+अरि] इन्द्र।

पर्वतारोहण पुं० [सं०] पर्वत पर चढ़ने की क्रिया या भाव।

पर्वतारोही (-हिन्) पुं० [सं०] पर्वत पर चढ़नेवाला।

पर्वतीय वि० [सं०] १. पहाड़ी, पहाड़-सम्बन्धी। २. पहाड़ पर रहने या होनेवाला।

पर्वतेश पुं० [सं०] हिमालय।

पर्वरिश स्त्री० [फा०] पालन-पोषण।

पर्हेज पुं० दे० 'परहेज'।

पलंका स्त्री० [हिं० लंका का अनु०] लंका से भी आगे और दूर का स्थान; **उदा०**—लंका छोड़ पलंका जाए। (कहा०) पुं० दे० 'पलंग'।

पलंग पुं० [सं० पर्यंक] [स्त्री० अल्पा० पलँगड़ी] बड़ी चारपाई, पर्यंक।

पलँगड़ी स्त्री [हिं० पलंग] छोटा पलंग।

पल[1] पुं० [सं०] १. समय का एक सूक्ष्म विभाग जो २४ सेकेंड के बराबर होता है। २. तराजू, तुला। ३. एक पुरानी तौल या मान। ४. मांस; उदा० लीलत पल मुख श्रोणित सने।—केशव।

पल[2] पुं० [फा० पलक] आँख की पलक।

पलक स्त्री० [फा०] आँख के ऊपर का चमड़े का परदा जिसके गिरने से वह बन्द होती है।

मुहा० *पलक झपकते*=बहुत थोड़े समय में। *पलक पाना*= पलक झपकना। *पलकें या पलक पाँवड़े बिछाना*= (क) किसी का प्रेमपूर्वक स्वागत करना। (ख) उत्कंठा के साथ प्रतीक्षा करना। *पलक मारना*= आँखों से संकेत करना। *पलक लगना*= नींद आना, झपकी लगना। *पलक से पलक न लगना*=नींद न आना।

पलका* पुं० १. दे० 'पलंग' २. दे ० 'पल्ला'।

पलटन स्त्री० [अं० प्लैटून] १. सेना। २. सैनिकों का दल। ३. समुदाय, झुंड।

पलटना अ० [सं० प्रलोठन] १. उलट जाना। २. अवस्था या दशा बदलना। ३. स्वरूप बिल्कुल बदल जाना, पहला रूप न रहना और उसकी जगह दूसरा रूप प्राप्त होना। ४. लौटना, वापस होना।

स० १. उलटा या औंधा करना। २. अवनत को उन्नत या उन्नत को अवनत दशा में लाना, उलटना। ३. बार-बार उलटना, फेरना। ४. पहले की अवस्था या रूप बदलकर नई अवस्था या रूप में लाना, बदलना। ५. एक बात से मुकरकर दूसरी बात कहना। ६. लौटाना, वापस करना, फेरना।

पलटनिया पुं० [हिं० पलटन] पलटन का सिपाही, सैनिक।

पलटा पुं० [हिं० पलटना] १. पलटने की क्रिया या भाव, विपरीत दशा में होनेवाला परिवर्तन।

मुहा० *पलटा खाना*= दशा का बिल्कुल बदल जाना।

२. बदला, प्रतिफल। ३. गाने में तान के आरोही स्वरों के बाद थोड़े से स्वरों का जल्दी-जल्दी हेर-फेरकर अवरोही रूप में उच्चारण करना।

पलटाना स० [हिं० पलटना] १. उलटाना। २. लौटाना। ३. बदलना। (क्व०)

*अ० दे० 'पलटना'।

पलटाव पुं० [हिं० पलटा] पलटे या उलटे जाने की क्रिया या भाव।

पलटे क्रि० वि० [हिं० पलटा] बदले में।

पलड़ा पुं० [सं० पलल] १. तराजू का पल्ला। २. विरोधियों में से कोई पक्ष।

मुहा० *पलड़ा भारी होना*=पक्ष दृढ़ होना।

पलथी स्त्री० [सं० पर्यस्त] दाहिने पैर का पंजा बाईं पिंडली के नीचे और बाएँ पैर का पंजा दाहिनी पिंडली के नीचे दबाकर बैठने की स्थिति या मुद्रा।

पलना अ० [सं० पालन] १. पाला-पोसा जाना। २. खा-पीकर हृष्ट-पुष्ट होना।

*पुं० दे० 'पालना'।

पलनाना* स० दे० 'पलानना'।

पलभरता स्त्री० [सं० पल+हिं० भर] १. पल भर का जीवनकाल। २. क्षणभंगुरता।

पल मारते क्रि० वि० तुरन्त।

पलवा* पुं० [सं० पल्लव] अँजुली।

पलस्तर पुं० [अं० प्लास्टर] १. दीवारों आदि पर लगाया जानेवाला चूने आदि के गारे का मोटा लेप।

मुहा० *पलस्तर उखाड़ देना*=बेइज्जत कर देना। *पलस्तर ढीला होना या बिगड़ना*= परिश्रम, हानि आदि के कारण शिथिल होना, मन्द या सुस्त पड़ना।

२. शरीर के रुग्ण अंग पर लगाया जानेवाला औषध का मोटा लेप। (प्लास्टर)

पलहना* अ० दे० 'पलुहना'।

पलहा* पुं० [सं० पल्लव] कोंपल।

पला पुं० १. दे० 'पल्ला'। २. दे० 'पलड़ा'।

पलान[1] पुं० [सं० पाल्याण, मि० फा० पलाम] लादने या चढ़ने के लिए घोड़े आदि की पीठ पर कसी जानेवाली गद्दी, चारजामा, जीन।

मुहा० *पलान लेना*=घोड़े पर जीन कसना।

पलान[2] पुं० [अं०] योजना।

पलानना* स० [हिं० पलान+ना (प्रत्य०)] १. घोड़े आदि पर पलान कसना। २. चलने या चढ़ाई की तैयारी करना।

पलाना* अ०[सं० पलायन] भाग खड़े होना।

पलायक पुं० [सं०] अपना पद, स्थान या उत्तरदायित्व छोड़कर या दंड के भय से भाग जानेवाला। (एब्सकांडर)

पलायन पुं० [सं०] [वि० पलायित] १. भाग खड़े होने की क्रिया या भाव, भागना। २. अपना स्थान, कार्य, पद या

उत्तरदायित्व छोड़कर अथवा दंड आदि से बचने के लिए भागना। (एब्सकांडिंग)

पलायनता स्त्री०=पलायन।

पलाश पुं० [सं०] १. पलास या ढाक का पौधा, टेसू। २. पत्र, पत्ता। ३. राक्षस।

पलास[1] पुं० [सं० पलाश] १. एक प्रसिद्ध पौधा जिसमें लाल फूल लगते हैं, ढाक, टेसू, केस। २. एक मांसाहारी पक्षी।

पलास[2] पुं० [अं० प्लायर्स] जम्बूरे की तरह का लोहे का एक औजार जिससे जड़े हुए काँटे आदि खींचकर निकाले जाते हैं। (प्लायर्स)

पलिका* स्त्री० [सं० पर्यंक] पलंग।

पली स्त्री० [सं० पलिघ] बड़े बरतन में से तेल, घी आदि निकालने की एक प्रकार की छोटी कलछी।

मुहा० *पली पली जोड़ना*=थोड़ा-थोड़ा करके इकट्ठा या जमा करना।

पलीता पुं० [फा० फलीत:] [स्त्री० अल्पा० पलीती] १. कोई मन्त्र लिखकर जलाने के लिए बत्ती की तरह लपेटा हुआ कागज। २. बन्दूक या तोप की रंजक में आग लगाने की बत्ती। ३. पटाखों आदि में लगा रहनेवाला डोरा जिसे सुलगाने से पटाखा चलता है। ४. कपड़ा लपेटकर बनाई हुई जलाने की बत्ती।

मुहा० *पलीता लगाना*= ऐसी बात कहना जिससे झगड़ा खड़ा हो।

पलीद वि० [फा०] १. अपवित्र। २. नीच।

पलुआ वि० [हिं० पालना] १. पाला हुआ, पाला-पोसा हुआ। २. पालतू।

पलुहना* अ० [सं० पल्लवन] [स० पलुहाना] १. पल्लवित होना, हरा-भरा होना। २. हीन दशा से निकलकर अच्छी दशा में आने लगना, पनपना।

पलुहाना* स० [हिं० पलुहना] किसी को पल्लवित करना। अ० दे० 'पलुहना'।

पलेड़ना* स०=ढकेलना।

पलेथन पुं० [सं० परिस्तरण] १. बेलने के समय आटे के पेड़े या लोई में लगाया जानेवाला सूखा आटा, परथन।

मुहा० *पलेथन निकालना*=(क) खूब मारना। (ख) तंग करना।

२. हानि होने पर साथ में होनेवाला अन्य व्यय।

पलोटना[1] स० [सं० प्रलोठन] १. (पैर) दबाना। २. सेवा करना।

पलोटना[2] अ० [हिं० लोटना] तड़पते हुए इधर-उधर लोटना।

पलोवना* स० दे० 'पलोटना'।

पलोसना* स० [हिं० परसना] १. धोना। २. मीठी-मीठी बातें करके फुसलाना।

पलो* पुं०=पल्लव।

पल्लव पुं० [सं०] १. नया निकला हुआ कोमल पत्ता, कोंपल। २. हाथ में पहनने का कड़ा या कंकण।

पल्लवग्राही (-हिन्) वि० [सं०] केवल ऊपर-ऊपर से थोड़ा ज्ञान प्राप्त करनेवाला।

पल्लवन पुं० [सं०] [वि० पल्लवित] १. (पौधों का) पल्लव उत्पन्न करना या निकालना। २. किसी बात या विषय का विस्तार करना।

पल्लवना* अ० [सं० पल्लव] १. पल्लवित होना, पत्तों से युक्त होना। २. पनपना।

पल्लवित वि० [सं०] १. नए पत्तों से युक्त, हरा-भरा। २. लम्बा-चौड़ा। ३. बढ़ाया या अभिवर्धित किया हुआ। ४. जिसे रोमांच हुआ हो, कंटकित।

पल्ला[1] पुं० [सं० पटल] १. कपड़े का छोर या सिरा, आँचल।

मुहा० *पल्ला छूटना*=पीछा छूटना, छुटकारा मिलना। *पल्ले पड़ना*=प्राप्त होना, मिलना। *(अपने) पल्ले बाँधना*=कोई बात अपने मन में अच्छी तरह या ध्यानपूर्वक रखना। *(किसी के) पल्ले बाँधना*=जिम्मे लगाना।

२. दुपल्ली टोपी का आधा भाग। ३. धोती, किवाड़ों आदि की जोड़ी में से कोई एक। ४. पहल। ५. दूरी।

पल्ला[2] पुं० [फा० पल्ल:] १. तराजू का पलड़ा। २. दो विरोधी पक्षों में से कोई एक।

मुहा० *पल्ला भारी होना*= पक्ष बलवान या प्रबल होना।

वि० दे० 'परला'।

पल्ली स्त्री० [सं०] छोटा गाँव।

पल्ली पुरोहित पुं० गाँव का ईसाई पुरोहित।

पल्लू पुं० [हिं० पल्ला] १. आँचल, छोर, दामन। २. चौड़ी गोट, पट्टा।

पल्ले, के सम्बन्धबो० [हिं० पल्ला] १. अधिकार या पास में। २. गाँठ में।

पल्लेदार पुं० [हिं० पल्ला+फा० दार] १. अनाज ढोनेवाला मजदूर। २. अनाज तौलनेवाला आदमी, बया।

वि० अपेक्षाकृत भारी, जोर का, जैसे पल्लेदार आवाज= ऐसी ऊँची आवाज जो दूर तक सुनाई दे।

पवन पुं० [सं०] १. वायु, हवा। (इस शब्द अथवा इसके वाचक दूसरे शब्दों में सुत, पुत्र, कुमार आदि शब्द लगने से उनका अर्थ 'हनुमान' होता है) २. वायु की वह अवस्था या रूप जब वह एक दिशा से दूसरी दिशा में बहती हो, चलती हुई हवा (हमारे यहाँ इसके 49 भेद माने गए हैं, जिनके अलग-अलग नाम हैं)। (विंड) ३. श्वास, साँस। ४. प्राणवायु।

*वि० दे० 'पावन'।

पवनकुमार पुं० [सं०] हनुमान।

पवनचक्की स्त्री० [सं० पवन+हिं० चक्की] हवा के जोर से चलनेवाली चक्की। (विंड मिल)

पवनसुत पुं० [सं०] हनुमान।

पवनी* स्त्री० दे० 'पौनी'।

पवमान पुं० [सं०] १. पवन, वायु, हवा। २. गार्हपत्य अग्नि।

वि० पवित्र करनेवाला।

पवर्ग पुं० [सं०] प, फ, ब, भ और म वर्णों का समूह।

पवर्गीय वि० [सं०] पवर्ग- सम्बन्धी।

पवारना* स० [सं० प्रवारण] फेंकना।

पवि पुं० [सं०] १. वज्र। २. बिजली।

पविताई* स्त्री०=पवित्रता।

पवित्र वि० [सं०] [भाव० पवित्रता] १. जो गन्दा या मैला न हो, निर्मल, साफ। २. धार्मिक दृष्टि से आदरणीय।

पवित्री स्त्री० [सं० पवित्र] कर्मकांड में, अनामिका में पहनने का कुश का छल्ला।

पवित्रीकरण पुं० [सं०] किसी अपवित्र वस्तु को पवित्र या शुद्ध करना, शुद्धीकरण।

पव्वा पुं० = पौआ।

पशम स्त्री० [फा० पश्म] १. बढ़िया मुलायम ऊन जिससे पशमीने आदि बनते हैं। २. बहुत ही तुच्छ वस्तु।

पशमीना पुं० [फा० पश्मीनः] १. पशम। २. पशम का बना हुआ बढ़िया कपड़ा।

पशु पुं० [सं०] [भाव० पशुता] १. चार पैरों से चलनेवाला बड़ा जन्तु, चौपाया, जानवर, जैसे घोड़ा, गौ, कुत्ता, हिरन आदि। (ऐनिमल) २. गौ, भैंस, घोड़े आदि ऐसे जानवर जो पाले जाते हैं और जिनका मनुष्यों के लिए विशेष उपयोग होता हो। ३. असभ्य, अशिष्ट या निर्दय व्यक्ति।

वि० पशुओं का; जैसे, पशु-आहार, पशु-चारा।

पशु-आहार पुं० [सं०] पशुओं के खाने के लिए बनाया हुआ आहार।

पशुचर पुं० [सं०] १. पशुओं के चरने की घास आदि। २. पशुचर भूमि। (पासच्योर)

पशुचर-भूमि स्त्री०=गोचरभूमि।

पशुचारण पुं० [सं०] पशुओं को चराने का काम।

पशु-चारा स्त्री० [सं०+हिं०] पशुओं विशेषत: गाय-भैंसों को खिलाई जानेवाली वस्तुएँ।

पशु-चिकित्सा स्त्री० [सं०] [वि० पशु-चिकित्सक] वह शास्त्र जिसमें पशुओं के रोगों की चिकित्सा का वर्णन होता है।

पशु-चोर पुं० १. वह जो दूसरों के पशु चुराता हो। २. दे० 'गोरू-चोर'।

पशु-जगत पुं० [सं०] वे सभी जीवन जिनकी गिनती पशुओं में होती हो।

पशु जैसा वि० [सं०+हिं०] = पशुवत्।

पशुपतास्त्र पुं० [सं०] महादेव का त्रिशूल नामक अस्त्र।

पशुपति पुं० [सं०] शिव, महादेव।

पशुपाल पुं० [सं०] १. जो पशुओं का पालन-पोषण करता हो। २. अहीर, ग्वाला।

पशुपालन पुं० [सं०] पशुओं के पालन-पोषण और उनकी नस्ल सुधारने की विद्या या कला। (ऐनिमल हस्बेन्डरी)

पशुमैथुन पुं० [सं०] १. नर और मादा पशुओं का परस्पर सम्भोग या मैथुन। २. मनुष्य का बकरी, गधी आदि मादा पशुओं के साथ सम्भोग। (बेस्टियालिटी)

पशुवत, पशुवत् वि० [सं०] पशु के समान, पशुओं-जैसा।

पशुवत् वि० [सं० पशु+वत्] पशु या पशुओं की तरह आचरण करनेवाला, अर्थात् असभ्य, अशिष्ट या निर्दय।

पशुवृत्ति स्त्री० [सं०] १. पशुओं जैसा स्वभाव। २. निंदनीय या ओछा स्वभाव।

पशुशाला स्त्री० [सं०] पालतू पशुओं को रखने का स्थान।

पश्च वि० [सं०] पिछला।

पश्चगति स्त्री० [सं०] पीछे जाने की अवस्था या भाव।

पश्चजल पुं० [सं० पश्च+जल] नदी या समुद्र का वह जल जो रुका या खड़ा रहे। (बैकवाटर)

पश्चात, के सम्बन्धबो० के बाद, के पीछे, के अनन्तर।

पश्चात्ताप पुं० [सं०] किए हुए अनुचित या बुरे काम से मन में होनेवाला खेद या ग्लानि, अनुताप, पछतावा।

पश्चिम पुं० [सं०] १. सूर्य के अस्त होने की दिशा, पच्छिम। २. युरोप, उत्तरी अमरीका, कनाडा आदि देश। (वेस्ट)

पश्चिमी वि० [सं०] १. पश्चिम का, पश्चिम दिशा में होनेवाला या उधर से आनेवाला। २. यूरोप, उत्तरी अमरीका तथा कनाडा आदि देशों से सम्बद्ध।

पश्म स्त्री० दे० 'पशम'।

पश्यंती स्त्री० [सं०] व्याकरण में स्फोट के चार भेदों में दूसरा, जिसका निवास मणिपूर चक्र है। अन्यभेद हैं—परा, मध्यमा और वैखरी।

पश्यतोहर पुं० [सं०] १. वह जो देखते-देखते कोई चीज चुराकर ले ले। २. सुनार।

पष* पुं० दे० 'पक्ष'।

पसंगा, पसंघा पुं० दे० 'पासंग'।

पसंद वि० [फा०] [भाव० पसंदगी] रुचि के अनुकूल, अच्छा जान पड़नेवाला।

स्त्री० मन को अच्छा लगने की वृत्ति या भाव, रुचि।

पसंद-नापसंद स्त्री० [फा०] किसी वस्तु, व्यक्ति, बात आदि का अच्छा लगना या अच्छा न लगना।

पसंदीदा वि० [फा०] पसंद किया हुआ, चयनित प्रिय।

पस पुं० [अं०] मवाद।

पसर[1] पुं० [सं० प्रसर] १. इधर-उधर से सिकोड़ या दबाकर गहरी की हुई हथेली, आधी अंजलि। २. भरी हुई मुट्ठी।

पसर[2]* पुं० [सं० प्रसार] १. विस्तार, फैलाव। २. आक्रमण, चढ़ाई।

पसरना अ० [सं० प्रसरण] १. फैलना। २. कुछ लेट या बहुत फैलकर बैठना।

पसरहट्टा पुं० [हिं० पंसारी+हाट] वह बाजार जहाँ पंसारियों की दुकानें हों।

पसरौंहाँ* वि० [हिं० पसरना+औंहाँ (प्रत्य०)] पसरने या फैलनेवाला।

पसली स्त्री० [सं० पर्शुका] मनुष्य, पशु आदि की छाती के पंजर में की आड़ी और कुछ गोलाकार हड्डी।

मुहा० *पसली तोड़ना*=बहुत मारना।

पसाई[1] स्त्री० [हिं० पसाना] (माँड़ आदि) पसाने की क्रिया या भाव।

पसाई[2] स्त्री० [सं० प्रसातिका, प्रा० पसाइआ] एक प्रकार की घास जो प्रायः तालों या जलाशयों में होती है।

पसाउ, पसाऊ* पुं० [सं० प्रसाद] १. कृपा, दया या अनुकम्पा। २. भेंट, उपहार। ३. प्रसन्नता, खुशी। ४. दे० 'प्रसाद'।

पसाना स० [सं० प्रस्रावण] भात पक जाने पर उसमें से माँड़ या बचा हुआ पानी निकालना।

पसार पुं० [सं० प्रसार] १. प्रसार, फैलाव। २. लम्बाई-चौड़ाई। ३. दालान।

पसारना स० [सं० प्रसारण] फैलाना।

मुहा० *झोली पसारना*=दया की भीख माँगना, गिड़गिड़ाकर माँगना।

पसारा पुं० दे० 'पसार'।

पसाव पुं० [हिं० पसाना] भात पसाने पर निकलनेवाला जल, माँड़, पीच।

पसाहन* पुं० [सं० प्रसाधन] अंगराग।

पसित* वि० [सं० पायश] बँधा हुआ।

पसिया† पुं०=पासी।

पसीजना अ० [सं० प्र+स्विद्] १. घन पदार्थ में से द्रव अंश का रिस-रिसकर बाहर निकलना, रिसना। २. पसीने से तर होना। ३. मन में दया आना।

पसीना पुं० [सं० प्रस्वेदन] परिश्रम अथवा गरमी के कारण शरीर से निकलनेवाला जल, प्रस्वेद, स्वेद।

मुहा० *पसीना छूटना/छूट जाना*=पस्त हो जाना, हिम्मत जाती रहना। *पसीना बहाना*=अत्यधिक परिश्रम करना।

पसेउ, पसेऊ* पुं० [सं० प्रस्वेद] पसीना।

पसेरी स्त्री० [हिं० पाँच+सेर+ई (प्रत्य०)] पाँच सेर का मान या बाट, पंसेरी।

पसेव[1] पुं० [सं० प्रस्राव] १. किसी चीज के पसीजने पर उसमें निकलनेवाला तरल पदार्थ। २. दे० 'पसाव'।

पसेव[2]* पुं० [सं० प्रस्वेद] पसीना, स्वेद।

पसोपेश पुं० [फा० पस व पेश] आगा-पीछा, असमंजस, दुविधा, सोच-विचार।

पस्त वि० [फा०] १. हिम्मत हारा हुआ। २. थका हुआ।

पस्त-हिम्मत वि० [फा०+अ०] हतोत्साह।

पहँ* क्रि० वि० [सं० पार्श्व] निकट, पास। विभ० से।

पह* स्त्री० दे० 'पौ'।

पहचान स्त्री० [सं० प्रत्यभिज्ञान] १. पहचानने की क्रिया या भाव। २. किसी का गुण, मूल्य या योग्यता जानने की क्रिया, भाव या योग्यता, परख। ३. लक्षण, चिह्न। ४. किसी को देखकर यह बतलाना कि यह वही है। (आइडेन्टिफिकेशन) ५. जान-पहचान, परिचय।

पहचानना स० [हिं० पहचान] [प्रे० पहचनवाना] १. देखकर जान लेना कि यह कौन या क्या है। २. किसी वस्तु के रूप-रंग से परिचित होना। ३. अन्तर समझना या करना। (डिस्टिंग्विश) ४. योग्यता या विशेषता को जानना।

पहन* पुं० दे० 'पाहन'।

पहनना स० [सं० परिधान] [भाव० पहनाई] वस्त्र, आभूषण आदि शरीर पर धारण करना, परिधान करना।

पहनाई स्त्री० [हिं० पहनाना] पहनाने की क्रिया, भाव या पारिश्रमिक।

पहनाना स० [हिं० पहनना] किसी को कपड़े, गहने आदि पहनने में प्रवृत्त करना, धारण कराना।

पहनावा पुं० [हिं० पहनना] १. पहनने के मुख्य कपड़े, परिच्छद, पोशाक। (ड्रेस) २. विशेष स्थान अथवा समाज में पहने जानेवाले कपड़े।

पहपट† स्त्री० [देश०] १. एक प्रकार का स्त्रियों का गीत। २. शोरगुल, हल्ला। ३. झगड़ा, तकरार।

पहर पुं० [सं० प्रहर] पूरे दिन-रात का आठवाँ भाग, तीन घंटों का समय।

पहरना† स०=पहनना।

पहरा पुं० [हिं० पहर] १. किसी वस्तु या व्यक्ति की देख-रेख या रक्षा आदि के लिए अथवा उसे निर्दिष्ट स्थान से हटने से रोकने के लिए आदमियों की नियुक्ति, रक्षा का प्रबन्ध, चौकसी, चौकी।

मुहा० *पहरा देना*=रखवाली करना। *पहरा बदलना*=पुराने के स्थान पर नया रक्षक नियुक्त करना या होना।

२. रखवाली। ३. रक्षाकार्य के लिए नियुक्त व्यक्ति या दल। ५. चौकीदार की गश्त या फेरा। ६. समय, युग, जमाना।

पहरादूत* पुं० दे० 'पहरेदार'।

पहरावनी स्त्री० [हिं० पहराना] पहनने के वे सब कपड़े जो कोई बड़ा व्यक्ति छोटे व्यक्ति को देता है, खिलअत।

पहरावा† पुं० [हिं० पहराना] १. पोशाक। २. दे० 'पहरावनी'।

पहरी* पुं० [सं० प्रहरी] पहरेदार।

पहरू* पुं०=प्रहरी (पहरेदार)।

पहरेदार पुं० [हिं० पहरा+ फा० दार (प्रत्य०)] [भाव० पहरेदारी] पहरा देनेवाला, चौकीदार।

पहल[1] पुं० [फा० पहलू, मि० सं० पटल] १. घन पदार्थ के सिरों अथवा कोनों के बीच की समभूमि। २. बगल, पहलू। ३. पृष्ठ, सतह। ४. जमी हुई रुई अथवा ऊन का टुकड़ा।

पहल[2] पुं० [सं० पटल] तह, परत।

पहल[3] स्त्री० [हिं० पहला] किसी कार्य का अपनी ओर से विशेषतः औरों से पहले किया जानेवाला आरम्भ, छेड़। (इनीशिएटिव)

पहलवान पुं० [फा० पहलवान] [भाव० पहलवानी] १. कुश्ती लड़नेवाला पुरुष, मल्ल। २. पहलवान और हृष्ट-पुष्ट व्यक्ति।

पहलवानी स्त्री० [हिं० पहलवान] पहलवान का काम या धन्धा, कुश्ती लड़ने का काम या धन्धा।

पहला वि० [सं० प्रथम] [स्त्री० पहली] १. गिनती आदि में एक के स्थान पर पड़नेवाला, क्रम के विचार से आरम्भ का, प्रथम। २. जो कुछ दिन पहले हो चुका हो, पहलेवाला।

पहलू पुं० [फा० पह्लू] १. पार्श्व, बगल। २. गुण, दोष आदि की दृष्टि से किसी वस्तु के भिन्न-भिन्न अंग या पक्ष।

पहले क्रि० वि० [हिं० पहला] १. आरम्भ या आदि में, शुरू में। २. स्थिति या क्रम में सबसे आगे। ३. पुराने समय में, पूर्वकाल में, आगे। (फॉर्मरली)

पद *पहले का*=पूर्व समय का। *पहले से*=पूर्व समय से।

पहले, के/से सम्बन्धबो० १. की अपेक्षा जल्दी। २. किसी काम के आरम्भ होने से पूर्व; जैसे—भोजन के पहले आ जाना।

पहले-पहल क्रि०वि० [हिं० पहले] सबसे पहले, पहली बार।

पहलौठा वि० [हिं० पहल+औठा (प्रत्य०)] [स्त्री० पहलौठी] किसी स्त्री के गर्भ से पहले-पहल उत्पन्न (लड़का)।

पहलौठी स्त्री० [हिं० पहलौठा] पहले-पहल बच्चा जनना, प्रथम प्रसव।

पहाँटना* स० [?] तेज करना।

पहाड़ पुं० [सं० पाषाण] [स्त्री० अल्पा० पहाड़ी] १. भूमि का बहुत ऊँचा ऊबड़-खाबड़ और प्रायः पथरीला प्राकृतिक भाग, पर्वत।

मुहा० *पहाड़ टूटना या टूट पड़ना*=अचानक भारी विपत्ति आ पड़ना। *पहाड़ से टक्कर लेना*=बहुत बड़े बलवान से भिड़ना।

२. ऊँची राशि, बड़ा ढेर। ३. बहुत भारी वस्तु। ४. बहुत कठिन कार्य।

मुहा० *पहाड़ उठाना*=भारी काम अपने ऊपर ले लेना।

वि० बहुत बड़ा और भारी।

पहाड़ा पुं० [सं० प्रस्तार] किसी अंक के गुणन-फलों की क्रमागत सूची जो बच्चे याद करते हैं, गुणन-सूची।

पहाड़ी वि० पुं० [हिं० पहाड़+ई (प्रत्य०)] १. पहाड़-सम्बन्धी, पहाड़ का। २. जिसमें पहाड़ हो, जैसे पहाड़ी देश।

पुं० पहाड़ का निवासी।

स्त्री० १. छोटा पहाड़। २. चित्रकला में एक विशेष प्रकार की शैली या कलम जो काँगड़े और उसके आस-पास से प्रचलित हुई थी।

पहार* पुं०=पहाड़।

पहारू पुं० दे० 'पहरेदार'।

पहिचान स्त्री०=पहचान।

पहिती| स्त्री० [सं० प्रहति] खाने के लिए पकाई हुई दाल।

पहिना स्त्री० [सं० पाठीन] एक प्रकार की मछली।

पहियाँ क्रि० वि० दे० 'पहँ' (पास)।

पहिया पुं० [सं० पथ्य (पथ-सम्बन्धी प्रा० पह्य से पहिया] गाड़ी अथवा कल में लगा हुआ वह चक्कर जिसके धुरी पर घूमने से गाड़ी या कल चलती है, चक्का, चक्र।

पहिरना| स०=पहनना।

पहिराना| स०=पहनाना।

पहिला वि०=पहला।

पहीति* स्त्री० दे० 'पहिती'।

पहुँच स्त्री० [सं० प्रभूत] १. पहुँचने की क्रिया या भाव। २. किसी स्थान या बात तक पहुँचने की क्रिया या भाव। ३. किसी स्थान या बात तक पहुँचने की शक्ति या सामर्थ्य, गति, पैठ, प्रवेश। (ऐक्सेस) ३. किसी वस्तु या व्यक्ति के कहीं पहुँचने की सूचना। ४. कोई बात अच्छी तरह समझने की शक्ति, पकड़। ५. अभिज्ञता की सीमा, ज्ञान की सीमा, जानकारी की हद।

पहुँचना अ० [हिं० पहुँच] १. एक स्थान से चलकर दूसरे स्थान पर उपस्थित या प्रस्तुत होना।

मुहा० *पहुँचा हुआ*=(क) ईश्वर के निकट पहुँचा हुआ, सिद्ध। (ख) किसी बात का अच्छा जानकार।

२. किसी स्थान तक फैलना। ३. एक दशा या रूप से दूसरी दशा या रूप में जाना। ४. प्रविष्ट होना, घुसना, पैठना। ५. अभिप्राय या आशय समझना। ६. भेजी हुई चीज पाने-वाले को मिलना। ७. बढ़कर किसी के बराबर या तुल्य होना।

पहुँचा पुं० [सं० प्रकोष्ठ] कुहनी के नीचे का भाग, कलाई, मणिबन्ध।

पहुँचाना स० [हिं० 'पहुँचना' का स०] १. ऐसा करना कि कोई वस्तु या व्यक्ति एक स्थान से चलकर दूसरे स्थान पर आ जाए। २. किसी के साथ-साथ इसलिए जाना कि रास्ते में उस पर कोई संकट न आने पाए। ३. प्रविष्ट करना। ४. कोई चीज किसी के पास ले जाना। ५. किसी के समान बना देना।

पहुँची स्त्री० [सं० प्रभावती, अप० पहुच्चइ] १. कलाई पर पहनने का एक गहना। २. युद्ध में कलाई पर पहना जानेवाला एक आवरण।

पहुँड़ना* अ० १. दे० 'पौढ़ना' । २. दे० 'तैरना'।

पहुना* पुं०=पाहुना।

पहुनाई स्त्री० [हिं० पहुना+ई (प्रत्य०)] १. पाहुना होना, अतिथि के रूप में कहीं जाना। २. मेजबानी, मेहमानदारी।

पहुप* पुं० दे० 'पुष्प'।

पहुमी* स्त्री०=पृथ्वी।

पहुला पुं० [सं० प्रफुल्ल] एक प्रकार का फूल, किसी ने इसे सफेद गुलाब और किसी ने कोई माना है, उदा० पहुला हारु हिय लसै, सन की बेंदी भाल।—बिहारी।

पहेटना स० [अनु०] १. कोई कठिन या परिश्रम का काम पूरा करना। २. अच्छी तरह या डटकर कोई चीज खाना।

पहेली स्त्री० [सं० प्रहेलिका] १. किसी वस्तु या विषय का ऐसा गूढ़ वर्णन जिसके आधार पर उत्तर देने या उस वस्तु का नाम बताने में बहुत सोच-विचार करना पड़े, बुझौवल। २. ऐसी जटिल बात जो जल्दी किसी की समझ में न आए, जटिल समस्या, घुमाव-फिराव की बात।

मुहा० *पहेली बुझाना*=कोई बात इस प्रकार घुमा-फिराकर कहना कि जल्दी किसी की समझ में न आए।

पह्लव पुं० [सं०] १. प्राचीन पारसी या ईरानी। २. पारस देश का पुराना नाम।

पह्लवी स्त्री० [फा०] प्राचीन पारसी और मध्यकालीन पारसी के मध्यवर्ती काल की फारस या ईरान की भाषा जो वहाँ सासानी शासनकाल (ई० तीसरी से पाँचवीं शती) तक प्रचलित थी। यह आर्य भाषा के परिवार की थी, और संस्कृत से कुछ मिलती-जुलती थी।

पुं० पारसी या ईरानी व्यक्ति।

पाँइ, पाँउ* पुं०=पाँव।

पाँक पुं० [सं० पंक] कीचड़।

पाँख* पुं० [सं० पक्ष] पंख, पर।

स्त्री० दे० 'पंखुड़ी'।

पाँखी स्त्री० [सं० पक्षी] १. पतिंगा। २. पक्षी, चिड़िया।

पाँगुर* वि०=पंगु या पंगुल।

पाँच वि० [सं० पंच] चार और एक।

पद० *पाँचवाँ सवार*=वह जो अपनी गिनती बड़े लोगों के साथ करता हो, छोटा आदमी।

मुहा० *पाँचों उँगलियों में घी होना*=खूब लाभ होना। *पाँचों सवारों में नाम लिखाना*=अनुचित रूप से बड़ों में अपनी भी गिनती कराना।

पुं० १. कुछ लोग। २. पंच या मुखिया लोग।

पांचजन्य पुं० [सं०] कृष्ण के शंख का नाम।

पाँच सितारा वि० श्रेष्ठ श्रेणी का, सर्वोत्तम।

पांचाल पुं० दे० 'पंचाल'।

वि० पंचाल देश का।

पांचालिका स्त्री० दे० 'पंचालिका'।

पांचाली स्त्री० [सं०] १. गुड़िया। २. साहित्य में वाक्यरचना की वह शैली जिसमें प्रायः य, र, ल, व, स, ह वर्ण आते हैं और कहीं-कहीं छोटे समासों का भी प्रयोग होता है। किसी-किसी मत से गौड़ी और वैदर्भी का सम्मिश्रण ही पांचाली है। ३. पंचाल देश की स्त्री। ४. द्रौपदी।

पाँजना स० दे० 'झालना'।

पाँजर पुं० [सं० पंजर] १. शरीर में बगल और कमर के बीच का भाग। २. पसली। ३. पार्श्व, बगल।

पांडव पुं० [सं०] राजा पांडु के पाँचों पुत्र- युधिष्ठिर, भीम, अर्जुन, नकुल और सहदेव।

पांडित्य पुं० [सं०] १. 'पंडित' होनेका भाव। २. विद्वता।

पांडु पुं० [सं०] [भाव० पांडुता] १. कुछ लाली लिए हुए पीला रंग। २. सफेद रंग। ३. एक रोग जिसमें शरीर का रंग पीला हो जाता है, पीलिया। ४. कुरु वंश के एक राजा (युधिष्ठिर, भीम, अर्जुन, नकुल एवं सहदेव (पांडव) इन्हीं के पुत्र थे)।

पांडुपुत्र पुं० [सं०] पांडव।

पांडुरंग पुं० [सं०] १. विष्णु का एक अवतार। २. एक प्रकार का साग।

पांडुर वि० [सं०] [भाव० पांडुरता] १. पीला। २. सफेद।

पांडुलिपि स्त्री० [सं०] पुस्तक, लेख आदि की हाथ की लिखी हुई वह प्रति जो छपने को हो। (मैनस्क्रिप्ट)

पांडुलेख्य पुं० दे० 'पांडुलिपि'।

पाँत, पाँति स्त्री० [सं० पंक्ति] १. पंक्ति, कतार। २. साथ में बैठकर भोजन करनेवाले लोग। ३. समूह-भोजन।

पांथ[१] वि० [सं०] १. पथिक। २. वियोगी।

पांथ[२]* पुं०=पथ (रास्ता)।

पाँय पुं० दे० 'पाँव'।

पाँयचा पुं० दे० [फा० पाएचः] १. पायजामे का वह भाग जो नीचे लटकता है। २. पलंग या खाट का पैर की ओरवाला भाग, पैताना।

पाँव पुं० [सं० पाद] प्राणियों का वह अंग जिसके आधार पर वे खड़े होते हैं या चलते हैं।

मुहा० *(किसी बात या काम में) पाँव अड़ाना*=दे० 'टाँग अड़ाना'। *पाँव तले की मिट्टी निकल जाना*= कोई विकट बात सुनकर चकित या स्तब्ध हो जना। *(किसी के) पाँव धरना*=(क) किसी के पैर छूकर प्रणाम करना। (ख) दीनतापूर्वक विनय करना। *पाँव पखारना*=किसी का आदर करने के लिए उसके पैर धोना। *पाँव पड़ना*=दे० 'पाँव धरना'। *पाँव-पाँव चलना*=पैरों से या पैदल चलना। *पाँव फैलाना*=और अधिक पाने के लिए आग्रह या जिद करना। *पाँव रोकना*=प्रण या प्रतिज्ञा करना। *पाँव लगना*= दे० 'पाँव धरना'। शेष मुहावरों के लिए दे० 'पैर' के मुहावरे।

पाँवड़ा पुं० [हिं० पाँव] १. वह बिछौना जो किसी बड़े या पूज्य आगंतुक के मार्ग में बिछाया जाता है। २. पैर पोछने का बिछावन, पायंदाज।

पाँवड़ी स्त्री० [हिं० पाँव] १. खड़ाऊँ। २. जूता।

पाँवर वि० दे० 'पामर'।

पाँवरी स्त्री० [हिं० पौरि] १. ड्योढ़ी। २. दालान। ३. दे० 'पाँवड़ी'।

पाँस स्त्री० [सं० पांशु] [क्रि० पाँसना] १. खेत में डाली जानेवाली खाद। २. किसी वस्तु को सड़ाकर उठाया हुआ खमीर।

पाँसा पुं० दे० 'पासा'।

मुहा० *पाँसा पलटना या पलट जाना*=परिणाम या स्थिति विपरीत हो जाना।

पाँसुरी स्त्री० दे० 'पसली'।

पाँही* क्रि० वि० दे० 'पहँ'।

पा पुं० [सं० पाद से फा०] पैर, पाँव।

पाइ* पुं० [सं० पाद] पैर, पाँव।

पाइक* पुं० दे० 'पायक'।

पाइट स्त्री०=पाढ़।

पाइतरी* स्त्री० दे० 'पाँयता'।

पाइप पुं० [अं०] वह नल, जिसके अन्दर से होकर कोई चीज एक जगह से दूसरी जगह जाती हो, जैसे पानी का पाइप, गैस का पाइप आदि।

पाइमाल* वि०=पायमाल।

पाइल* स्त्री०=पायल।

पाइलट पुं० [अं०] विमानचालक।

पाई[१] स्त्री० [सं० पाद, हिं० पाय] १. पैर, पाँव। २. घेरा बाँधकर नाचने या चलने की क्रिया, चक्कर, घूमना। ३. पैसे के तिहाई मूल्य का एक छोटा पुराना सिक्का।

पद *पाई-पाई का हिसाब*=पूरा और सही हिसाब। (आमदनी, खर्च आदि का) पूरा और सही विवरण।

४. किसी अंक के आगे १/४ का मान प्रकट करनेवाली सीधी खड़ी रेखा, जैसे २। अर्थात् सवा दो। ५. पतली छड़ियों या बेंतों का बना हुआ जुलाहों का एक ढाँचा जिसपर ताने के सूत फैलाकर माँजे जाते हैं।

मुहा० *ताना-पाई करना*=बार-बार इधर-उधर आना-जाना।

६. पिंगल में दीर्घ स्वर की सूचक मात्रा। ७. लेख में पूर्ण विराम की सूचक खड़ी रेखा।

पाई[२] स्त्री० [हिं० पापा=कीड़ा] धान आदि में लगनेवाला एक छोटा कीड़ा।

पाई[३] स्त्री० [अं०] १. ढेर के रूप में मिले हुए छापे के अक्षर या टाइप। २. छापे के वे टूटे-फूटे अक्षर जो बिल्कुल खराब हो गए हों।

पाई[४] स्त्री० [हिं० पाना] पाने की क्रिया भाव, जैसे भरपाई।

पाउँ* पुं०=पाँव।

पाउंड पुं० [अं०] १. एक प्रकार की अंग्रेजी तौल जो आध सेर से कुछ कम होती है। २. एक प्रकार का सोने का सिक्का। ३. इंगलैंड की मानक मुद्रा।

पाउंड-पावना पुं० [सं० पाउंड+हिं० पावना] १. इंगलैंड से किसी देश के पावने या लेने की वह रकम जो पाउंडों के रूप में होती है। २. पाउंडों के रूप में प्राप्य धन। (स्टर्लिंग बैलेन्स)

पाउक* पुं०=पावक।

पाउडर पुं० [अं०] १. चूर्ण, बुकनी। २. वर्ण का सौन्दर्य बढ़ाने के लिए चेहरे या शरीर पर लगाने का एक प्रसिद्ध चूर्ण।

पाउली स्त्री० [हिं० पउआ] चवन्नी का सिक्का।

पाक[१] पुं० [सं०] पकने या पकाने की क्रिया या भाव। २. रसोई। ३. पकवान। ४. चाशनी में मिलाकर बनाया हुआ औषध। ५. भोजन पचने की क्रिया, पाचन। ६. श्राद्ध में पिंडदान के लिए पकाई हुई खीर या भात।

पाक[२] वि० [फा०] १. पवित्र, शुद्ध। २. पापरहित। ३. निर्दोष। ४. समाप्त।

मुहा० *झगड़ा पाक करना*=(क) कोई बड़ा कार्य समाप्त करना। (ख) बाधा दूर करना। (ग) मार डालना।

५. निर्मल, शुद्ध, साफ।

पाक[३] पुं० [फा० पाकिस्तान] पाकिस्तान का संक्षिप्त रूप, जैसे भारत-पाक समझौता।

पाककला स्त्री० [सं०] विविध प्रकार के व्यंजन बनाने की कला।

पाकना* अ०=पकना।

पाकर पुं० [सं० पर्कटी] [अल्पा० पाकरी] एक प्रकार का बड़ा वृक्ष।

पाकशाला स्त्री० [सं०] रसोई-घर।

पाकशासन पुं० [सं०] इन्द्र।

पाकशास्त्र पुं० [सं०] वह शास्त्र जिसमें तरह-तरह के खाद्य पदार्थ या व्यंजन बनाने की प्रक्रियाओं या कला का विवेचन होता है।

पाकस्थली स्त्री० दे० 'पक्वाशय'।

पाकिस्तान पुं० [फा० पाक+स्तान] [वि० पाकिस्तानी] भारत के कुछ अंशों को अलग करके बनाया हुआ वह नया मुसलमानी राज्य जिसमें सिन्ध, पश्चिमी पंजाब, पखतूनिस्तान, और बलोचिस्तान प्रान्त सम्मिलित हैं।

पाकिस्तानी वि० [फा० पाकिस्तान] पाकिस्तान-सम्बन्धी, पाकिस्तान का।

पुं० पाकिस्तान का नागरिक।

पाकेट पुं० [अं०] जेब, खीसा।

पाकेटमार पुं० [अं०+हिं०] गिरहकट।

पाक्षिक वि० [सं०] एक पक्ष या पन्द्रह दिनों का या उससे सम्बन्ध रखनेवाला।

पुं० हर पक्ष में या पन्द्रह दिनों पर प्रकाशित होनेवाला पत्र।

पाखंड[१] पुं० [सं० पाषंड] १. वेदविरुद्ध आचरण। २. ढोंग, आडम्बर। ३. छल, धोखा। ४. धूर्तता, चालाकी।

मुहा० *पाखंड फैलाना*=किसी को ठगने के लिए आडम्बर या उपाय रचना।

पाखंड[२] पुं० [सं० पाषाण+खंड] पत्थर का बड़ा टुकड़ा, शिला। (कामायनी)

पाखंडी वि० [सं० पार्षंडिन्] १. बनावटी धार्मिकता या सत्यशीलता दिखानेवाला, ढोंगी। २. धोखेबाज, धूर्त।

पाख† पुं० [सं० पक्ष] १. पन्द्रह दिन, पखवाड़ा। २. कच्चे मकानों की चौड़ाई की दीवारों के वे ऊँचे भाग जिनपर बँडेर रहती है। ३. पंख, पर।

पाखर* स्त्री० [सं० प्रखर] युद्ध में हाथी-घोड़ों पर डाली जानेवाली लोहे की झूल।

पाखा† पुं० [सं० पक्ष] १. कोना। २. दे० 'पाख'।

पाखाना पुं० [फा० पाख़ानः] १. मलत्याग करने के लिए बना हुआ निश्चित स्थान, शौचगृह। २. मल, गुह।

पाग स्त्री० दे० 'पगड़ी'।
पुं० दे० 'पाक'।

पागना स० [सं० पाक] शीरे या चाशनी में कोई चीज पकाना या लपेटना।

पागल वि० [सं० पाकल:] [स्त्री० पगली, पागलिनी, भाव० पागलपन] १. जिसके मस्तिष्क में विकार आ गया हो, जिसके दिमाग ने ठीक तरह से काम करना छोड़ दिया हो, बावला, विक्षिप्त। (ल्यूनैटिक) २. क्रोध, प्रेम आदि के कारण आपे से बाहर। ३. मूर्ख, बेवकूफ।

पागलखाना पुं० [हिं० पागल+फा० ख़ान:] वह स्थान जहाँ चिकित्सा के लिए पागल रखे जाते हैं।

पागलपन पुं० [हिं० पागल+पन] १. वह मानसिक रोग जिसमें मनुष्य की बुद्धि बेकाम हो जाती है, उन्माद, विक्षिप्तता। २. पागलों का-सा मूर्खतापूर्ण आचरण।

पागुर पुं० दे० 'जुगली'।

पागुरना| स० [हिं० पागुर] जुगाली करना।

पाचक वि० [सं०] पचाने या पकानेवाला।
पुं० १. पाचनशक्ति बढ़ानेवाली दवा। २. [स्त्री० पाचिका] रसोइया।

पाचन पुं० [सं०] १. पचाना या पकाना। २. खाद्यपदार्थ के पचने या हजम होने की क्रिया। ३. पाचक औषध। ४. खट्टा रस। ५. भोजन को पचाने की शक्ति, अग्नि।
वि० पचानेवाला (पदार्थ)।

पाचनशक्ति स्त्री० [सं०] भोजन पचाने की शक्ति, हाजमा।

पाचना* स० १. दे० 'पचाना'। २. दे० 'पकाना'।

पाच्छाह* पुं०=बादशाह।

पाच्य वि० [सं०] जो पच जाए।

पाछ[1] स्त्री० [हिं० पाछना] रक्त, रस आदि निकलने के लिए जन्तु या पौधे के शरीर पर छुरी आदि से किया हुआ हल्का घाव।

पाछ[2] पुं० [सं० पश्चात्] पीछा।
क्रि० वि० पीछे।

पाछना स० [हिं० पंछा] रक्त या रस निकालने के लिए छुरे आदि से शरीर या पौधे पर हलका घाव करना।

पाछा* पुं०=पीछा।

पाछिल* वि०=पिछला।

पाछे* क्रि० वि०=पीछे।

पाज पुं० [?] १. सेतु, पुल। २. आधार, जड़। ३. ढेर, राशि।
*पुं० दे० 'पाँजर'।
स्त्री० दे० 'बाँध'।

पाजामा पुं० [फा० पाएजाम:] पैरों में पहना जानेवाला एक पहनावा जिससे कमर से एड़ी तक का भाग ढका रहता है।

पाजी[1] वि० [फा०] [भाव० पाजीपन] दुष्ट, लुच्चा, शरारती।

पाजी[2]* पुं० [सं० पदाति] १. पैदल सिपाही, प्यादा। २. रक्षक।

पाजीपन पुं० [फा० पाजी+हिं० पन (प्रत्य०)] पाजी होने का भाव, दुष्टता, शरारत।

पाजेब स्त्री० [फा० पाज़ेब] पैरों में पहनने का स्त्रियों का एक गहना, मंजीर, नूपुर।

पाटंबर पुं० [सं०] रेशमी कपड़ा।

पाट[1] पुं० [सं० पट] १. रेशम। २. रेशम का तागा। ३. रेशमी कपड़ा। ४. पटसन के रेशे। ५. वस्त्र, कपड़ा।

पाट[2] पुं० [सं० पट्ट] १. राज-सिंहासन, राजगद्दी। २. चौड़ाई। ३. पटरा, पीढ़ा। ४. वह पत्थर जिसपर धोबी कपड़े धोते हैं। ५. चक्की के ऊपर या नीचे के पत्थरों में से कोई एक।
पद *दो पाटों के बीच होनेवाला*=फँसा और दबा हुआ, विवश।

पाटन स्त्री० [हिं० पाटना] १. पाटने की क्रिया या भाव, पटाव। २. छत आदि, जो पाटकर बनाई जाती है।

पाटना स० [हिं० पाट] १. मिट्टी, कूड़े आदि से गड्ढा भरना। २. दीवारों के बीच में छाया आदि के लिए या किसी गहरे स्थान के आर-पार आधार बनाने के लिए बल्ले, धरन आदि बिछाना, पाटन या छत बनाना। ३. ढेर लगाना।

पाटल पुं० [सं०] १. पाढर नाम का पेड़। २. गुलाब।
वि० १. गुलाब-सम्बन्धी, गुलाब का। २. गुलाब के रंग का, गुलाबी, उदा० कर लै प्यौ पाटल बिमल, प्यारी पठए पान। –बिहारी।

पाटला पुं० [सं० पाटल] १. पाढर का वृक्ष। २. बढ़िया और खरा सोना (धातु)।

पाटव पुं० [सं०] पटुता, कुशलता।

पाटवी वि० [हिं० पाट] १. पटरानी से उत्पन्न (राजकुमार)। २. रेशमी (वस्त्र)।

पाटा पुं० [सं० पाटीर] १. वह लम्बी लकड़ी जिससे जोते हुए खेत के मिट्टी के ढेले तोड़े जाते हैं। २. दे० 'पीढ़ा'। ३. दे० 'सिंहासन'।

पाटी[1] स्त्री० [सं०] १. परिपाटी, शैली, रीति। २. जोड़, बाकी, गुणा आदि गणित के कार्य या रीतियाँ। ३. श्रेणी, पंक्ति।

पाटी[2] स्त्री० [सं० पट्टिका] १. पलंग या खाट के चौखटे की लम्बाई के बल की लकड़ी। २. सिर के बालों में निकाली जानेवाली माँग।
मुहा० *पाटी पारना*=सिर के बालों में कंघी से माँग निकालना।
३. दे० 'पट्टी'।

पाटी[3] स्त्री० [अं० पॉट्] १. वह उठौआ पात्र जिसमें बच्चे हगते हैं। २. टट्टी (बच्चों की)।

पाटी गणित पुं० [सं०] गणित का वह अंग या शाखा जिसमें ज्ञात अंकों या संख्याओं की सहायता से अज्ञात या उद्दिष्ट अंक या संख्याएँ जानी जाती है। (एरिथमेटिक)

पाटीर पुं० [सं०] १. चन्दन। २. खेत। ३. खेत जोतने का हल।

पाठ पुं० [सं०] १. पढ़ने की क्रिया या भाव, पढ़ाई। २. नियम या विधिपूर्वक धर्मग्रन्थ पढ़ने की क्रिया या भाव। ३. पढ़ने या पढ़ाने का विषय। ४. एक बार में पढ़ा जानेवाला अंश, सबक।

मुहा० *(किसी को) पाठ पढ़ाना*=अपना स्वार्थ साधने के लिए किसी को बहकाना। *उलटा पाठ पढ़ाना*=कुछ का कुछ समझा देना।

५. ग्रन्थ, लेख आदि के शब्दों, पदों या वाक्यों का क्रम या योजना। (रीडिंग)

पाठक पुं० [सं०] [स्त्री० पाठिका] १. पढ़नेवाला, वाचक। २. पढ़ानेवाला।

पाठकीय वि० [सं०] पाठक या पाठकों से सम्बद्ध; जैसे पाठकीय चेतना।

पाठन पुं० [सं०] पढ़ाने की क्रिया या भाव, अध्यापन।

पाठना* स०=पढ़ाना।

पाठभेद पुं० दे० 'पाठांतर'।

पाठशाला स्त्री० [सं०] वह स्थान जहाँ विद्यार्थी पढ़ते हैं, विद्यालय, मदरसा।

पाठांतर पुं० [सं०] एक ही पुस्तक की दो या अधिक प्रतियों के लेखों में कहीं-कहीं शब्द, पद या वाक्य में दिखाई पड़नेवाला भेद, पाठभेद।

पाठा पुं० [सं० पुष्ट] [स्त्री० पाठी] १. दे० 'पट्ठा'। २. जवान बैल, भैंसा या बकरा।

वि० हट्टा-कट्टा, पुष्ट तथा स्वस्थ, जवान।

पाठावली स्त्री० [सं०] १. पाठों का समूह। २. किसी विषय की वह पुस्तक जिसमें विद्यार्थियों के पढ़ने योग्य पाठों का संग्रह होता है। (रीडर)

पाठिका स्त्री० [सं०] महिला पाठक।

पाठी(-ठिन्) पुं० [सं०] पाठ करने या पढ़नेवाला, पाठक। (यौ० शब्दों के अन्त में; जैसे वेदपाठी, घनपाठी)

पाठ्य वि० [सं०] पाठ-संबंधी।

पाठ्यक्रम पुं० [सं०] १. कोई परीक्षा पारित करने के लिए पाठ्य पुस्तकों का वह समूह या क्रम जिसके अनुसार परीक्षार्थी को वे सब पुस्तकें पढ़नी पड़ती हैं। (कोर्स) २. किसी संस्था द्वारा ली जानेवाली सभी परीक्षाओं के लिए निर्धारित सभी पुस्तकों की विवरणयुक्त नामावली। (करिक्यूलम)

पाठ्य ग्रंथ पुं०=पाठ्य पुस्तक।

पाठ्य पुस्तक स्त्री० [सं०] वह पुस्तक जो पाठशालाओं में विद्यार्थियों को नियमित रूप से पढ़ाई जाती हो, पढ़ाई की किताब। (टेक्स्ट बुक)

पाठ्य विवरण पुं० [सं०] वह पुस्तक जिसमें विभिन्न पाठ्यक्रमों का विवरण दिया हो।

पाठ्येतर वि० [सं०] १. पाठ्य से भिन्न। २. पाठ्यक्रम से भिन्न।

पाड़ पुं० [हिं० पाट] १. धोती आदि का किनारा। २. मचान, पाइट। ३. कुएँ के मुँह पर रखने की जाली, चह। ४. बाँध, पुश्ता। ५. फाँसी का तख्ता।

पाड़ा पुं० दे० 'महल्ला'।

पाढ़ पुं० [सं० पाटा] १. पाटा। २. वह मचान जिस पर बैठकर किसान खेत की रखवाली करते हैं। ३. इमारत में दीवार के सामने खड़ा किया हुआ वह ढाँचा जिसपर बैठकर कारीगर या राज-मजदूर काम करते हैं, पाइट। ४. धोती, साड़ी आदि का किनारा, जो लम्बाई के बल में अलग-अलग रंगों में बुना होता है।

पाढ़त* स्त्री० [हिं० पढ़ना] १. पढ़ने की क्रिया या भाव, पाठ। २. शिक्षा। ३. मन्त्र पढ़कर किया जानेवाला जादू। ४. जादू-टोना।

पाढ़र पुं० [सं० पाटल] एक प्रकार का पेड़।

पाढ़ा पुं० [देश०] एक प्रकार का हिरन, चित्रमृग।

*पुं० दे० 'पाठा'।

पाणि पुं० [सं०] हाथ।

पाणिगृहीता वि० [सं०] (स्त्री) जिसका पाणिग्रहण किया गया हो, विवाहिता।

पाणिग्रहण पुं० [सं०] [वि० स्त्री० पाणिगृहीता] १. वर द्वारा विवाह के अवसर पर कन्या का हाथ पकड़ने की रस्म। २. विवाह।

पात पुं० [सं०] १. गिरने या गिराने की क्रिया या भाव, पतन। २. नाश, बरबादी। ३. मृत्यु, मौत।

*पुं० दे० 'पत्ता'।

पातक पुं० [सं०] पाप, गुनाह।

पातकी वि० [सं०] पापी।

पातन पुं० [सं०] गिराने की क्रिया या भाव।

पातर* वि० [सं० पात्रट] [स्त्री० पातरि, पातरी] १. हिं० 'पतला' का पुराना रूप। २. जिसका दल मोटा न हो, पतला। ३. क्षीण शरीरवाला, दुबला। ४. बहुत ही संकीर्ण और तुच्छ स्वभाववाला।

स्त्री० १. दे० 'पत्तल'। २. दे० 'पातुर'।

पातरी* स्त्री०=पत्तल।

पातशाह* पुं०=बादशाह।

पाता* वि० [सं० पदत्राता?] रक्षा करनेवाला, रक्षक, उदा० रुद्र-अवतार संसार पाता। -तुलसी।

पुं०=पत्ता।

पाताबा पुं० [फा० पाताब:] १. जूते के भीतर का तल्ला। २. मोजे के ऊपर पहनने का कपड़े का खोल। ३. पैरों में पहनने का मोजा।

पाताल पुं० [सं०] १. पुराणानुसार पृथ्वी के नीचे के सात लोकों में सबसे नीचे का या सातवाँ लोक। २. पृथ्वी से नीचे का कोई लोक। ३. रसातल।

पातिव्रत, पातिव्रत्य पुं० [सं०] पतिव्रता होने का भाव।

पातिसाहि* पुं०=बादशाह।

पाती[1]* स्त्री० [सं० पत्री] १. चिट्ठी, पत्र। २. वृक्ष के पत्ते।

पाती[2] स्त्री० [हिं० पत] प्रतिष्ठा, पत।

पातुर, पातुरी* स्त्री० [सं० पातिली] १. वेश्या। २. नटी।

पात्र पुं० [सं०] [स्त्री० पात्री, भाव० पात्रता] १. वह जिसमें कुछ रखा जा सके, आधार, बरतन। २. कुछ पाने या लेने के योग्य (व्यक्ति), जैसे दान का पात्र। ३. नाटक में अभिनय करनेवाला, अभिनेता, नट। (एक्टर) ४. कथानक, उपन्यास आदि में का वह व्यक्ति जिसका कथावस्तु में कोई स्थान हो या कुछ चरित्र दिखाया गया हो।
वि० जो किसी कार्य या पद के लिए उपयुक्त होने के कारण चुना या नियुक्त किया जा सकता हो। (एलिजिबुल)

पात्रता स्त्री० [सं०] १. पात्र होने की अवस्था या भाव। २. किसी काम के लिए चुने जाने या किसी पद पर नियुक्त होने के लिए आवश्यक योग्यता या गुण। (एलिजिबिलिटी)

पात्री स्त्री० [सं०] १. छोटा बरतन। २. कथानक, अभिनय आदि में स्त्री पात्र, नटी। (एक्ट्रेस)

पाथ[1] पुं० [सं०] पानी, जल।

पाथ[2] पुं० [सं० पथ] १. मार्ग, रास्ता। २. पाथेय।

पाथ[3] स्त्री० [हिं० पाथना] पाथने की क्रिया या भाव।

पाथना स० [सं० प्रथन] १. गीली मिट्टी आदि वस्तुओं को थाप-पीट या दबाकर (ईंट, खपड़े, उपले आदि के) विशेष आकार में लाना। २. दे० 'पाथना'।

पाथनाथ पुं० [सं०] समुद्र, सिन्धु।

पाथर* पुं० दे० 'पत्थर'।

पाथेय पुं० [सं०] १. पथ या रास्ते में काम आनेवाला खाद्य पदार्थ। २. यात्रा की सामग्री और व्यय के लिए धन।

पाथोज पुं० [सं०] कमल।

पाथोधि पुं० [सं०] समुद्र।

पाद[1] पुं० [सं०] १. पैर, पाँव। २. श्लोक या पद्य का चरण, पद। ३. चतुर्थांश, चौथाई भाग। ४. पुस्तक का प्रकरण। ५. नीचे का भाग, तल।

पाद[2] पुं० [सं० पर्द] अधोवायु, अपान वायु।

पाद-टिप्पणी स्त्री० [सं०] वह टिप्पणी जो किसी ग्रन्थ में पृष्ठ के नीचे सूचना, निर्देश आदि के लिए लिखी जाती है।

पादत्राण पुं० [सं०] जूता।

पादना अ० [हिं० पाद] गुदा से वायु त्याग करना।

पादप पुं० [सं०] वृक्ष पेड़।

पादपूरक वि० [सं०] कविता में पद की पूर्ति करने के लिए लगाया जानेवाला (अक्षर या शब्द)।

पादपूरण वि० [सं०] १. कविता के किसी अधूरे चरण को पूरा करना। २. पद या चरण पूरा करने के लिए उसमें अनावश्यक या भरती के शब्द रखना।

पादरी पुं० [पुर्त० पैड्रे] ईसाई पुरोहित जो अन्य ईसाइयों के संस्कार और उपासना कराता है।

पादशाह* पुं० [फा०] बादशाह।

पादशाही* वि० [फा०] बादशाह-सम्बन्धी।
स्त्री० राज्य, सलतनत।

पादाक्रांत वि० [सं०] १. पददलित, पैर से कुचला हुआ। २. विजित, पराजित।

पादारघ* पुं० [सं० पाद्यार्घ्य] भेंट, नजर।

पादारघ* पुं० दे० 'पादार्घ'।

पादुका स्त्री० [सं०] १. खड़ाऊँ। २. जूता। ३. पैरों में पहनने का कोई उपकरण, जैसे जूता, चप्पल खड़ाऊँ आदि। (फुट वियर)

पादोदक पुं० [सं० पाद+उदक] चरणामृत।

पाद्य पुं० [सं०] पूजनीय व्यक्ति या देवता के लिए पैर धोने का जल।

पाद्यार्घ पुं० [सं०] १. हाथ-पैर धोने के लिए दिया जानेवाला जल। २. पूजा या भेंट की सामग्री। ३. ब्राह्मण को दान रूप में दी हुई वह भूमि जिसका कर न लिया जाता हो, माफी।

पाधा* पुं० दे० 'उपाध्याय'।

पान[1] पुं० [सं०] १. जल आदि द्रव पदार्थ पीना। २. पीने का पदार्थ, पेय द्रव्य। ३. मदिरा पीना।

पान[2] पुं० [सं० पर्ण] १. पत्ता। २. एक प्रसिद्ध लता जिसके पत्तों पर कत्था, चूना आदि लगाकर और उनका बीड़ा बनाकर खाया जाता है, ताम्बूल।

मुहा० *पान देना*=किसी के बिदा होने के समय उसे सत्कार के रूप में पान का बीड़ा देना। *पान पाना*=किसी के यहाँ से विदा होते समय सत्कार के रूप में पान का बीड़ा पाना। *पान खाने को (कुछ धन) देना*=(क) रिश्वत या घूस देना। (ख) पुरस्कार आदि के रूप में कुछ धन देना। *पान बनाना*=पान पर कत्था, सुपारी आदि रखकर बीड़ा तैयार करना। *पान लेना*=दे० 'बीड़ा उठाना या लेना'।
*३. पुस्तक का पन्ना, वरक, पृष्ठ।
*पुं० दे० 'पाणि'।

पान-इलायची स्त्री० [हिं०] किसी शुभ या मांगलिक अवसर पर होनेवाला वह सामाजिक आयोजन या समारोह जिसमें पान-इलायची आदि से आए हुए लोगों का सत्कार किया जाता है।

पानदान पुं० [हिं० पान+फा० दान(प्रत्य०)] पान, चूना, कत्था आदि रखने का डिब्बा, पनडब्बा।

पान-पत्ता पुं० १. सामान्य पूजा या भेंट। २. पान आदि सत्कार की सामग्री।

पान-फूल पुं० १. बहुत कोमल वस्तु। २. दे० 'पान-पत्ता'।

पानस* पुं० दे० 'फानूस'।

पान-सुपाड़ी, पान-सुपारी स्त्री० दे० 'पान-इलायची'।

पानही† स्त्री० दे० 'पनही'।

पाना[1] स० [सं० प्रापण] १. आने पर अपने पास या अधिकार में करना, प्राप्त करना। २. अच्छा या बुरा फल भोगना। ३. दी या खोई चीज फिर से हाथ में लेना। ४. पड़ी हुई वस्तु उठाना। ५. देख या जान लेना, अनुभव करना, जैसे किसी की पीर (पीड़ा) पाना=किसी का कष्ट समझना। ६. (संयोज्य

क्रिया में) समर्थ होना, सकना, जैसे कहीं बैठ या घुस पाना। ७. किसी के पास या निकट पहुँचना, जैसे पार पाना। ८. बराबरी कर सकना। ९. भोजन करना, खाना। (साधु) पुं० पावना, प्रासव्य धन।

पाना[२] पुं० [सं० उपानह] एक प्रकार का जूता। (बुन्देल) पुं० दे० 'पना' (आम आदि का)।

पुं०=पानी।

पानि* पुं० [सं० पाणि] हाथ।

पानिप पुं० [हिं० पानी] १. ओप, कान्ति, चमक। २. शोभा या सुन्दरता। ३. पानी, जल।

पानी[१] पुं० [सं० पानीय] १. नदी, कुएँ या वर्षा से मिलनेवाला वह प्रसिद्ध यौगिक द्रव या पदार्थ जो पीने, नहाने, खेत आदि सींचने के काम आता है, जल, नीर।

मुहा० *पानी करना*=किसी का क्रोध या आवेश शान्त करना। *पानी की तरह बहाना*=अधिक खर्च करना, उड़ाना। *पानी के मोल होना*=बहुत सस्ता होना। *पानी देना*=(क) सींचना। (ख) पितरों के नाम अंजलि में पानी लेकर गिराना, तर्पण करना। *पानी पढ़ना*= मन्त्र पढ़कर पानी फूँकना। *पानी परोरना*=दे० 'पानी पढ़ना'। *पानी पानी होना*=बहुत लज्जित होना। *पानी पी-पी कर कोसना*=खूब खरी-खोटी सुनाना। *पानी फूँकना*=मन्त्र पढ़कर पानी पर फूँक मारना। *(किसी पर) पानी फेरना या फेर देना*=सर्वनाश कर देना। *पानी भरना*=(क) तुलना में तुच्छ सिद्ध होना। (ख) अधीन या दास होकर रहना। (ग) दुर्दशा झेलना। *पानी में आग लगाना*=जहाँ अशान्ति, उपद्रव या झगड़ा न हो सकता हो, वहाँ भी अशान्ति उपद्रव या झगड़ा करा देना। *पानी फेंकना*=नष्ट करना। *मुँह में पानी आना*=खाने या लेने के लिए गहरा लोभ होना।

२. जीभ, आँख, घाव आदि में से रसनेवाला तरल पदार्थ। ३. वर्षा, मेंह, वृष्टि। ४. पानी की तरह पतली वस्तु। ५. रस, अरक, जूस। ६. चमक, कान्ति, ओप। ७. धारदार हथियारों के फल की वह रंगत या चमक जिससे उनकी उत्तमता प्रकट होती है, आब, जौहर। ८. मान, प्रतिष्ठा, इज्जत।

मुहा० *पानी उतारना*=बेइज्जती करना।

९. वर्ष, जैसे पाँच पानी का पेड़। १०. मुलम्मा। ११. वीरता, बहादुरी। १२. स्वाद में पानी की तरह फीका पदार्थ। १३. लड़ाई या युद्ध। १४. बार, दफा। १५. जलवायु।

पानी[२]* पुं० [सं० पाणि] हाथ, कर, उदा० करहुँ प्रनाम जोरि जुग पानी। -तुलसी।

पानी-कल स्त्री० दे० 'जल-कल'।

पानी का बुल्ला पुं० क्षणभंगुर वस्तु।

पानीदार वि० [हिं० पानी+फा० दार(प्रत्य०)] १. चमकदार। २. इज्जतदार। ३. जीवटवाला, साहसी।

पानीफल पुं०=सिंघाड़ा (फल)।

पानी-मिला वि० [हिं०] जिसमें पानी मिला या मिलाया गया हो; जैसे—पानी-मिला दूध।

पानूस पुं० दे० 'फानूस'।

पानेवाला वि० [हिं० पाना] जिसे कुछ मिले या प्राप्त हो। पुं० वह जिसे किसी प्रकार का देय या कुछ धन दिया जाए।

पानौरा पुं० [हिं० पान+बरा] पान के पत्ते की पकौड़ी।

पान्यो* पुं० दे० 'पानी'।

पाप पुं० [सं०] १. इस लोक में बुरा माना जानेवाला और परलोक में अशुभ फल देनेवाला कर्म, 'धर्म' या 'पुण्य' का उलटा, पातक, गुनाह।

मुहा० *पाप उदय होना*=पिछले पापों का फल मिलने का योग या असर आना। *पाप कटना*=पापों का नाश होना। *पाप कमाना या बटोरना*=पाप करके फल के भागी बनाना।

२. अपराध, कसूर, जुर्म। ३. पाप करने का विचार, बुरी नीयत। ४. व्यर्थ का झंझट, बखेड़ा।

मुहा० *पाप कटना*=झगड़े या जंजाल से पीछा छूटना। *पाप मोल लेना*=जान-बूझकर अपने सिर झंझट लेना। **पाप पड़ना*=मुश्किल हो जाना।

पापकर्म पुं० [सं०] पाप समझा जानेवाला काम।

पापकर्मा वि० दे० 'पापी'।

पापग्रह पुं० [सं०] अशुभ फल देनेवाला ग्रह।

पापघ्न वि० [सं०] पापनाशक।

पापड़ पुं० [तमिल पर्यु=दाल से सं० पर्पट] उर्द या मूँग के आटे की मसालेदार पतली चपाती।

मुहा० *पापड़ बेलना*=(क) बहुत परिश्रम करना। (ख) दुख से दिन काटना। *बहुत से पापड़ बेलना*=बहुत तरह के काम करना।

पापनाशक वि० [सं०] पापों का नाश करनेवाला, पापनाशी।

पापनिमज्जित वि० [सं०] पापों में डूबा हुआ, जिसने बहुत पाप किए हों।

पापाचार पुं० [सं०] [वि० पापाचारी] पाप का आचरण।

पापात्मा वि० दे० 'पापी'।

पापिष्ठ वि० [सं०] बहुत बड़ा पापी।

पापी (-पिन्) वि० [सं०] [स्त्री० पापिनी] १. पाप करनेवाला, अघी, पातकी। २. क्रूर, निर्दय।

पुं० वह जिसने पाप किया हो।

पाबंद वि० [फा०] [भाव० पाबंदी] १. बँधा हुआ, बद्ध। २. नियम, विधि आदि का नियमित रूप से पालन करनेवाला या उनके पालने के लिए विवश।

पाबंदी स्त्री० [फा०] प्रतिबन्ध, रोक।

पामर वि० [सं०] [भाव० पामरता] १. खल, दुष्ट, कमीना। २. पापी। ३. नीच।

पामरी स्त्री० [?] जूती; उदा० पहिरानि पठई पामरी।—केशव।

पायँ* पुं०=पाँव।

पायँ-जेहरि* स्त्री० दे० 'पाजेब'।

पायँता पुं० [सं० पाद+सं० स्थान] बिछौने या चारपाई का वह सिरा जिधर पैर रहते हैं, 'सिरहाना' का उलटा, पैताना।

पायंदाज पुं० [फा०] पैर पोंछने का बिछावन, पाँवड़ा।

पाय पुं० [फा०] १. पैर, पाँव। २. आधार।

पद *पाय का*=मजबूत, टिकाऊ।

पायक पुं० [सं० पादातिक, पायिक] १. दूत, हरकारा। २. दास, सेवक। ३. पैदल सिपाही।

पायचारी* स्त्री० यों ही घूमना-फिरना सैर करना।

पायजा* पुं० दे० 'पाँयता'।

पायदार वि० [फा०] [भाव० पायदारी] बहुत दिनों तक काम आने या टिकनेवाला, दृढ़, मजबूत, पक्का।

पायदारी स्त्री० [फा०] मजबूती, टिकाऊपन।

पायन* पुं० पाय (पाँव) का बहु०। (ब्रज०)

पायमाल वि० [फा०] पैरों से रौंदा हुआ, पददलित, पदाक्रांत।

पायरिया पुं० [अं०] दाँतों के सड़ने का रोग।

पायल स्त्री० [हिं० पाय+ल(प्रत्य०)] १. पाजेब नाम का पैर का गहना। २. तेज चलनेवाली हथिनी।

पुं० १. वह बच्चा जिसके जन्म के समय पहले पैर बाहर निकले हों। २. बहुत तेज चलनेवाला हाथी।

*वि० दे० 'पैदल'।

पायस पुं० [सं०] खीर।

पायसा* पुं० दे० 'पड़ोस'।

पाया पुं० [सं० पाद] १. पलंग, चौकी आदि में नीचे के वे छोटे खम्भे जिनके सहारे उनका ढाँचा खड़ा रहता है, गोड़ा, पावा। २. खम्भा, स्तम्भ। ३. पद, दरजा, ओहदा।

पायी (-यिन्) वि० [सं०] पीनेवाला (यौ० में; जैसे स्तनपायी)

पारंगत वि० [सं०] [स्त्री० पारंगता, पारंगति] १. जो पार हो चुका हो। २. पूर्ण पण्डित, पूरा जानकार, निष्णांत।

पारंपरिक वि० [सं०] परम्परा से चला आया हुआ।

पारंपरीण वि० [सं०] परम्परा से चला आया हुआ, परम्परागत।

पारंपर्य्य पुं० [सं०] १. 'परम्परा' का क्रम या भाव। २. वंश-परम्परा।

पार[१] पुं० [सं०] १. जलाशयों में सामने या उस ओर का किनारा, दूसरी ओर का तट।

मुहा० *पार उतरना*=(क) नदी के उस पार पहुँचना। (ख) कोई काम पूरा करके उससे छुट्टी पाना। *(नदी आदि) पार करना*=जलाशय आदि के इस किनारे से उस किनारे पहुँचना। *पार लगना*=नदी आदि के दूसरे किनारे पर पहुँचना। *(किसी काम से) पार लगना*=पूरा हो सकना। *पार लगाना*=(क) उस पार या दूसरे किनारे पर पहुँचाना। (ख) संकट से उद्धार करना। (ग) काम पूरा या समाप्त करना।

२. सामनेवाला दूसरा पार्श्व, दूसरी तरफ। ३. अन्त, सिरा, छोर।

मुहा० *(किसी का) पार पाना*=किसी की गहराई या थाह तक पहुँचना। *(किसी से) पार पाना*=किसी के विरुद्ध सफलता प्राप्त करना या उससे जीत सकना।

क्रि० वि० परे, आगे, दूर।

पार[२]* वि० [सं० पालन] पालन करनेवाला।

पार[३] वि० [सं० पारण] पार लगानेवाला।

पार[४] पुं० [अं०] गोल्फ के खेल में उतने प्रत्याशित प्रहार जिनसे गेंद को सुराख (गड्ढे) में डालना चाहिए।

पारख* स्त्री० दे० 'परख'।

पुं० दे० 'पारखी'।

पारखी पुं० [हिं० परख] परख या पहचान रखनेवाला, परखनेवाला।

पारग वि० [सं०] १. जो पार चला गया हो। २. अच्छा ज्ञाता, जानकार।

पारजात* पुं० दे० 'पारिजात'।

पारण पुं० [सं०] [वि० पारित] १. पार करने या उतरने की क्रिया या भाव। २. परीक्षा या जाँच में पूरा उतरना, उत्तीर्ण होना। (पासिंग) ३. रुकावट या बन्धन की जगह पार करके आगे बढ़ना। (पासिंग) ४. धार्मिक व्रत या उपवास के दूसरे दिन का पहला भोजन और उक्त-सम्बन्धी कृत्य। ५. समाप्ति।

पारणक वि० [सं०] पारण करनेवाला।

पुं० १. वह पत्र जो किसी परीक्षा आदि में उत्तीर्ण होने का सूचक हो। २. वह पत्र जिसे दिखलाकर कोई कहीं आ-जा सके या इसी प्रकार का और कोई काम कर सके। (पास)

पारणपत्र पुं० दे० 'पारणक'।

पारतंत्र्य पुं० [सं०] परतन्त्रता।

पारत्रिक वि० दे० 'पारलौकिक'।

पारथ* पुं० दे० 'पार्थ' (अर्जुन)।

पारथी पुं० [सं० पापर्द्धिक=बहेलिया] १. चिड़ियाँ फँसानेवाला, बहेलिया। २. पशुओं का शिकार करनेवाला, शिकारी, अहेरी, व्याध। ३. हत्यारा।

पारद पुं० [सं०] १. पारा। २. ईरान की एक प्राचीन जाति।

पारदर्शक वि० [सं०] [भाव० पारदर्शकता] जिसके सामने या बीच में रहने पर भी उस पार की चीज दिखाई पड़े, जैसे शीशा पारदर्शक होता है। (ट्रान्सपेअरेन्ट)

पारदर्शिता स्त्री० [सं०] पारदर्शी होने का भाव।

पारदर्शी (-शिन्) वि० [सं०] [स्त्री० पारदर्शिनी] [भाव० पारदर्शिता] १. (किसी विषय में) बहुत दूर, उस पार या बाद तक की बात देखने या समझनेवाला, दूरदर्शी। २. दे० 'पारदर्शक'।

पारधी* पुं० बहेलिया।

पारन* पुं० दे० 'पारण'।

पारना[१] स० [सं० पारण] १. डालना, गिराना, उदा० दह पारी भूँजी माछरी।—केशव। २. लेटाना। ३. कुश्ती या लड़ाई में पछाड़ना या मार डालना। ४. रखना या देना।

मुहा० *पिंडा पारना*=पिंडदान करना।

५. किसी के अन्तर्गत करना, मिलाना। ६. शरीर पर धारण करना। ७. पालन करना। ८. साँचे में ढालना। ९. कोई काम स्वयं करना अथवा दूसरे से करा देना, उदा० भाँवरि पारि जगत जस लीन्हों।—केशव। १०. कोई काम करने में प्रवृत्त

या समर्थ होना, कर सकना। ११. किसी कार्य का सम्पादन करना, पूरा करना, उदा० जन-प्रहलाद प्रतिज्ञा पारी। -सूर।

पारना[2] अ० [हिं० पार+लगना] कर सकना, करने में समर्थ होना।

*स० दे० 'पालना'।

पारब्रह्म पुं०=परब्रह्म।

पारमार्थिक वि० [सं०] [भाव० पारमार्थिकता] परमार्थ-सम्बन्धी, जिससे परमार्थ सिद्ध हो।

पारलौकिक वि० [सं०] १. परलोक-सम्बन्धी। २. परलोक में शुभफल देनेवाला।

पारशव पुं० [सं०] १. पराई स्त्री से उत्पन्न पुत्र। २. एक वर्णसंकर जाति। ३. लोहा। ४. एक प्राचीन देश जहाँ मोती निकलते थे।

पारषद* पुं० दे० 'पार्षद'।

पारस[1] पुं० [सं० स्पर्श] १. एक कल्पित पत्थर, स्पर्शमणि (कहते हैं कि यदि लोहा उससे छू जाए तो सोना हो जाता है)। २. बहुत लाभदायक और उपयोगी वस्तु।

पारस[2] पुं० [हिं० परसना] खाने के लिए परोसा हुआ भोजन।

पारस[3] क्रि० वि० [सं० पार्श्व] पास, निकट।

पारस[4] पुं० [सं० पारस्य] अफगानिस्तान के पश्चिम का एक प्राचीन देश, फारस।

पारसनाथ पुं० दे० 'पार्श्वनाथ'।

पारसल पुं० [अं० पार्सल] किसी चीज की पोटली या गठरी (विशेषतः रेल, डाक आदि से कहीं भेजने के लिए)।

पारसव* पुं० दे० 'पारशव'।

पारसी वि० [हिं० पारस] पारस देश का, पारस देश-सम्बन्धी।
पुं० १. पारस देश का निवासी। २. बम्बई और गुजरात में हजारों वर्षों से बसे हुए वे फारस के निवासी जिनके पूर्वज मुसलमानों के भय से यहाँ चले आए थे।

पारसीक पुं० [सं०] १. पारस देश। २. इस देश का निवासी। ३. इस देश का घोड़ा।

पारस्परिक वि० [सं०] [भाव० पारस्परिकता] १. परस्पर होनेवाला, एक दूसरे का, आपस का। (म्युचुअल) २. (क्रिया या कर्तव्य) जिसका पालन दोनों ओर से बराबर होता हो, जिसमें एक ओर से कोई बात होने पर दूसरी ओर से भी वैसी ही बात हो। (रेसीप्रोकल)

पारा[1] पुं० [सं० पारद] एक प्रसिद्ध, सफेद, बहुत वजनी और चमकीली धातु जो साधारणतः द्रव रूप में रहती है। (मर्करी)
मुहा० *पारा पिलाना*=कोई वस्तु इतनी भारी करना कि मानो उसमें पारा भरा हो।

पारा[2] पुं० [सं० पारि] मिट्टी का बड़ा कसोरा, परई।

पारा[3] पुं० [सं० पारः] टुकड़ा।

पारायण पुं० [सं०] १. पूरा करने का काम, समाप्ति। २. नियत या नियमित समय पर होनेवाला किसी धर्मग्रन्थ का आदि से अन्त तक पाठ।

पारावत पुं० [सं०] १. परेवा, पंडुक। २. कबूतर, कपोत। ३. पहाड़।

पारावार पुं० [सं०] १. आर-पार, दोनों तट। २. सीमा, हद। ३. समुद्र।

पारि* स्त्री० [हिं० पार] १. हद, सीमा। २. ओर, तरफ। ३. जलाशय का तट, किनारा।

पारिख* स्त्री० दे० 'परख'।
पुं० दे० 'पारखी'।

पारिजात पुं० [सं०] १. समुद्र-मन्थन के समय निकला हुआ एक कल्पित वृक्ष जो इन्द्र के नन्दनकानन में लगा हुआ माना जाता है। २. परजाता, हरसिंगार।

पारिणामिक वि० [सं०] किसी के उपरान्त और उसके परिणाम-स्वरूप होनेवाला। (कान्सीक्वेन्शल)

पारित वि० [सं०] १. जिसका पारण हो चुका हो। २. जो परीक्षा आदि में उत्तीर्ण या पार हो चुका हो। ३. (प्रस्ताव) जिसे सभा, समिति आदि के द्वारा स्वीकृति मिल चुकी हो। (पासड)

पारितोषिक पुं० [सं०] १. किसी को या उसके किसी काम से परितुष्ट या प्रसन्न होकर दिया जानेवाला धन या पदार्थ, इनाम। (प्राइज) २. कोई बहुत कठिन या अच्छा काम करने पर किसी को दिया जानेवाला धन, इनाम। (रिवार्ड)

पारिपार्श्विक पुं० [सं०] १. सेवक। २. पारिषद। ३. नाटक में वह नट जो स्थापक का अनुचर होता है।

पारिभाव्य वि० [सं०] जमानत आदि के रूप में या कोई शर्त पूरी कराने के लिए लिया हुआ, जैसे पारिभाव्य धन। (कॉशन मनी)

पारिभाषिक वि० [सं०] १. परिभाषा से सम्बन्ध रखनेवाला। २. (शब्द) जिसका प्रयोग किसी विशेष अर्थ में होता हो। (टेक्निकल)

पारिभाषिक शब्द पुं० ज्ञान-विज्ञान के किसी विशिष्ट क्षेत्र में किसी-किसी विशिष्ट अर्थ विशेषतः किसी संपूर्ण विचार के लिए प्रयुक्त होनेवाला शब्द।

पारिभाषिक शब्दावली स्त्री० १. किसी विशिष्ट विषय में विशिष्ट अर्थों में प्रयुक्त होनेवाला शब्द-समूह। २. विशिष्ट अर्थों में प्रयुक्त होनेवाले शब्दों की सूची।

पारिवारिक वि० [सं०] परिवार-सम्बन्धी।

पारिवारिकता स्त्री० [सं०] १. परिवार बनाकर रहने की भावना या स्थिति। २. परिवारजन्य एकता।

पारिश्रमिक पुं० [सं०] वह धन जो किसी को कुछ परिश्रम करने पर उसके बदले या पारितोषिक आदि के रूप में दिया जाता है। (रिम्यूनरेशन)

पारिषद पुं० [सं०] १. परिषद् में बैठनेवाला, सभासद, सभ्य। २. अनुयायी वर्ग, गण।

पारी स्त्री० [हिं० बार, बारी] किसी बात या कार्य के लिए वह अवसर जो अन्तर देकर क्रम से प्राप्त हो, बारी।

पारुष्य पुं० [सं०] १. 'परुष' का भाव। २. वचन की कठोरता, बात का कड़वापन।

पार्क पुं० [अं०] उद्यान, बाग।

पार्किंग स्त्री० [अं०] किसी विशिष्ट स्थान पर कुछ समय के लिए वाहन खड़ा करने की क्रिया या भाव।

पार्टी स्त्री० [अं०] १. कुछ लोगों का दल। २. वादी या प्रतिवादी। ३. वह समारोह जिसमें लोगों को बुलाकर जलपान या भोजन कराया जाता है, जैसे-चाय-पार्टी।

पार्टीबाज पुं० [अं०+फा० बाज़] नई-नई पार्टियाँ बनाने में सिद्धहस्त।

पार्टीबाजी स्त्री० १. नित नई-नई पार्टियाँ बनाने की आदत, क्रिया या भाव। २. पार्टियों के बीच चलनेवाला द्वन्द्व।

पार्थ पुं० [सं०] १. पृथ्वीपति। २. (पृथा का पुत्र) अर्जुन। ३. युधिष्ठिर। ४. भीम। ५. अर्जुन वृक्ष।

पार्थक्य पुं० [सं०] १. पृथक होने का भाव, अलगाव, भेद। २. वियोग, बिछोह।

पार्थिव वि० [सं०] १. पृथ्वी-सम्बन्धी। २. पृथ्वी से उत्पन्न। ३. पृथ्वी से उत्पन्न वस्तुओं का बना हुआ। मृण्मय, भौतिक। पुं० मिट्टी का शिवलिंग।

पार्थी वि० दे० 'पार्थिव'।

पार्लमेंट स्त्री० दे० 'संसद'।

पार्वण पुं० [सं०] एक प्रकार का श्राद्ध जो किसी पर्व के समय किया जाता है।

पार्वती स्त्री० [सं०] १. दक्ष प्रजापति (हिमालय पर्वत) की कन्या और शिव की पत्नी, गौरी, गिरिजा। २. सुषुम्ना नाड़ी।

पार्वतीय वि० [सं०] पहाड़ का, पहाड़ी।

पार्श्व पुं० [सं०] [वि० पार्श्विक] १. किसी वस्तु या शरीर का दाहिना या बाँया भाग, बगल। २. अगल-बगल की जगह, पास का स्थान।

पार्षद पुं० [सं०] १. पास रहनेवाला। २. परिषद का सदस्य। ३. मुसाहब।

पार्सल पुं० दे० 'पारसल'।

पाल[१] पुं० [सं०] १. पालनकर्ता, पालक। २. कार्य, विभाग आदि का प्रधान, संचालक या अधिकारी (यौ० के अन्त में, जैसे कोटपाल, राज्यपाल आदि)।

पाल[२] स्त्री० [हिं० पालना] कृत्रिम रूप से गरमी पहुँचाकर फलों को पकाने के लिए पत्तों आदि से ढककर रखने की विधि।

पाल[३] पुं० [सं० पट या पाट] १. वह बहुत बड़ा कपड़ा जो नाव के मस्तूल में इसलिए बाँधा जाता है कि उसपर पड़नेवाले हवा के दबाव से नाव तेजी से चले। २. तम्बू, शामियाना। ३. गाड़ी या पालकी को ऊपर से ढकने का कपड़ा, ओहार।

पाल[४] स्त्री० [सं० पालि] १. पानी रोकनेवाला बाँध या मेंड़। २. ऊँचा तट या किनारा।

पालक[१] वि० [सं०] [स्त्री० पालिका] पालन करनेवाला।

पालक[२] पुं० [सं० हिं० पालना] पाला हुआ लड़का, दत्तक पुत्र।

पालक[३] पुं० [सं० पालंक] एक प्रकार का साग।
*पुं० दे० 'पलंग'।

पालकी स्त्री० [सं० पल्यंक] बड़े सन्दूक की तरह की एक प्रकार की सवारी जिसे कहार कन्धे पर लेकर चलते हैं, मियाना, खड़खड़िया।
स्त्री०=पालक की साग।

पालकी गाड़ी स्त्री० [हिं० पालकी+गाड़ी] पालकी के आकार की छायादार घोड़ा-गाड़ी।

पालट पुं० [हिं० पालना] दत्तक पुत्र।

पालतू वि० [हिं० पालना] पाला या पोसा हुआ (जानवर)।

पालथी स्त्री० दे० 'पलथी'।

पालन पुं० [सं०] [वि० पालनीय, पालित, पाल्य] १. भोजन, वस्त्र आदि देकर की जानेवाली जीवनरक्षा, भरण-पोषण, परवरिश। (मेन्टेनेन्स) २. अनुकूल आचरण द्वारा किसी निश्चय निर्देश, वचन, कर्तव्य आदि के अनुसार काम करना। (डिस्चार्ज, कम्प्लायन्स) ४. जीवों, जन्तुओं आदि को रखकर उनका वंश, सामर्थ्य या उनसे होनेवाली उपज आदि बढ़ाने का काम, जैसे तरुपालन, अश्वपालन। (कलचर)

पालनकर्ता पुं० [सं०] पालन करनेवाला।

पालना[१] स० [सं० पालन] १. भोजन, वस्त्र आदि देकर जीवित रखना, भरण-पोषण करना, परवरिश करना। २. पशु, पक्षी आदि को मनोविनोद के लिए अपने पास रखकर खिलाना-पिलाना। ३. बात, आज्ञा आदि भंग न करना, न टालना।

पालना[२] पुं० [सं० पल्यंक] छोटे बच्चों के लिए एक प्रकार का झूला या हिंडोला, गहवारा।

पालनीय वि० [सं०] पालन करने के योग्य, पाल्य।

पालव पुं० दे० 'पल्लव'।

पाला[१] पुं० [सं० प्रालेय] १. हवा में मिले हुए भाप के अत्यन्त सूक्ष्म अणु जो ठंडक के कारण पृथ्वी पर सफेद तह के रूप में जम जाते हैं।
मुहा० *पाला मार जाना*=(क) पाला गिरने से पौधे या फसल नष्ट हो जाना। (ख) नष्ट हो जाना।
२. हिम, बरफ। ३. ठंड, सर्दी।

पाला[२] पुं० [हिं० पल्ला] व्यवहार करने का संयोग, सम्पर्क, वास्ता, साबिका।
मुहा० *(किसी से) पाला पड़ना*= व्यवहार करने का संयोग होना, काम पड़ना। *(किसी के) पाले पड़ना*= वश में पड़ना या होना।

पाला[३] पुं० [सं० पट्ट, हिं० पाड़ा] १. प्रधान स्थान। २. सीमा निर्धारित करनेवाली मेड़। ३. कुछ खेलों में प्रत्येक पक्ष या दल के लिए नियत स्थान जो ठीक आमने-सामने होते हैं।
मुहा० *पाला बदल लेना*=एक पक्ष छोड़कर दूसरे पक्ष में चले जाना, विरोध पक्ष में जा मिलना।
४. अनाज भरने का मिट्टी का एक बड़ा पात्र। ५. अखाड़ा।

पालागन, पालागी स्त्री० [हिं० पाँव+लगना] प्रणाम, दंडवत्, नमस्कार।

पालिका स्त्री० [सं०] पालन करनेवाली।

पालित वि० [सं०] [स्त्री० पालिता] १. जिसका पालन हुआ हो। २. पाला-पोसा हुआ। ३. रक्षित।

पालिनी वि० स्त्री० [सं०] पालन करनेवाली।

पालिश स्त्री० [अं०] १. चिकनाई और चमक, ओप। २. वह मसाला या क्रिया जिससे किसी चीज पर खूब चमक आ जाती है।

पाली[1] वि० [सं० पालिन्] [स्त्री० पालिनी] पालन या रक्षा करनेवाला।

पाली[2] स्त्री० [सं० पालि] १. पंक्ति, श्रेणी, कतार। २. ऊपरी तल या भाग, पार्श्व, जैसे कपोल पाली=गाल का ऊपरी भाग, तल। ३. एक प्राचीन भाषा जिसमें बौद्धों के धर्मग्रन्थ लिखे हुए हैं। ४. लोहे का वह मोटा नल जिसमें आतिशबाज गोला रखकर छोड़ते हैं, तोप।

पाली[3] स्त्री० [हिं० पारी] १. पारी, बारी। २. प्रतियोगिता के खेलों में किसी खिलाड़ी या खिलाड़ियों के किसी दल के खेलने की पारी, बारी। (इनिंग) ३. कल-कारखाने आदि में कुछ निश्चित समय तक एक श्रमिक दल का काम करना जिसके बाद उतने ही समय तक दूसरा श्रमिक दल काम करता है। (शिफ्ट)

पालू वि० दे० 'पालतू'।

पालो, पालौ* पुं०=पल्लव।

पाल्य वि० [सं०] पालने के योग्य।

पावँ पुं० दे० 'पाँव'।

पावँर* वि० [सं० पामर] १. तुच्छ, क्षुद्र। २. नीच, दुष्ट।
पुं० दे० 'पाँवड़ा'।
स्त्री० दे० 'पाँवड़ी'।

पाव पुं० [सं० पाद] १. चौथाई भाग या अंश। २. एक सेर का चौथाई भाग, जो चार छटाँक का होता था। ३. इतनी तौल का बटखरा।
*स्त्री० दे० 'पौ' (पासे का दाँव)।

पावक पुं० [सं०] १. अग्नि, आग। २. तेज, कान्ति। ३. सदाचार। ४. सूर्य।
वि० शुद्ध या पवित्र करनेवाला।

पावती स्त्री० [हिं० पावना] रुपए या और कोई चीज पाने का सूचक पत्र, रसीद।

पावदान पुं० [हिं० पाँव+ फा० दान (प्रत्य०)] १. इक्के, गाड़ी आदि में पैर रखने के लिए बना हुआ स्थान। २. तारों, रेशों आदि का बना वह खंड जिस पर पैर पोछे जाते हैं, पाँवड़ा।

पावन वि० [सं०] [स्त्री० पावनी, भाव० पावनता] १. पवित्र करनेवाला। २. पवित्र, शुद्ध।
पुं० १. अग्नि। २. प्रायश्चित। ३. जल। ४. गोबर। ५. रुद्राक्ष।

पावनता स्त्री० [सं०] 'पावन' होने की दशा या भाव।

पावनताई* स्त्री०=पावनता।

पावना पुं० [हिं० पाना] वह रुपया जो दूसरे से पाना हो, प्राप्य धन, लहना।
*स० दे० 'पाना'।

पावनी वि० स्त्री० [सं० पावन] पावन या पवित्र करनेवाली; जैसे-लोकपावनी=लोक को पवित्र करनेवाली।

पावरोटी स्त्री० [पुर्त० पाउ+हिं० रोटी] एक प्रकार की मोटी, बड़ी और फूली हुई खमीरी रोटी।

पावस* पुं० [सं० प्रावृष] वर्षाऋतु।

पावा* पुं० दे० 'पाया'।

पाश पुं० [सं०] १. रस्सी, तार आदि का फन्दा जिसके बीच में पड़ने से जीव बँध जाता है, और बंधन कसने से प्राय: मर भी सकता है, फन्दा। ३. किसी प्रकार का बन्धन।

पाशव वि० [सं०] [भाव० पाशवता] १. पशु-सम्बन्धी। २. पशुओं का-सा।

पाशविक वि० [सं०] [भाव० पाशविकता] १. पशुओं-जैसा। २. निर्दय, निर्मम।

पाशवी| वि०=पाशविक।

पाशा पुं० [तु०, मि० फा० पादशाह] तुर्की सरदारों की उपाधि।

पाशुपत वि० [सं०] पशुपति-सम्बन्धी।
पुं० पशुपति या शिव का उपासक।

पाश्चात्य वि० [सं०] १. पीछे का, पिछला। २. पश्चिम महादेश (युरोप) अथवा सुदूर पश्चिम के देशों से सम्बन्ध रखनेवाला। (ऑक्सिडेन्टल) ४. पश्चिमी सभ्यता, तकनीक, रुचि आदि से संबद्ध। (वैस्टर्न)

पाश्चात्यीकरण पुं० [सं० पाश्चात्य+करण] किसी देश या जाति आदि को पाश्चात्य सभ्यता के साँचे में ढालना या पाश्चात्य ढंग का बनाना।

पाश्चात्योन्मुखी (खिन्) वि० [सं०] पश्चिम सभ्यता, तकनीक आदि की ओर उन्मुख।

पाषंड* पुं० दे० 'पाखंड'।

पाषाण पुं० [सं०] [वि० पाषणीय] पत्थर।
वि० [स्त्री० पाषाणी] पाषाण की तरह कठोर, निर्दय, हृदयहीन।

पाषाणमणि पुं० [सं०] सूर्यकान्तमणि।

पाषाणी वि० स्त्री० [सं०] पत्थर की तरह कठोर हृदय-वाली।

पासंग पुं० [फा०] तराजू की डंडी या तौल बराबर करने के लिए उठे हुए पलड़े पर रखा हुआ कोई बोझ, पसंघा।
वि० १. बहुत थोड़ा। २. (तुलना में) तुच्छ।
मुहा० *(किसी का) पासंग भी न होना*=किसी के सामने कुछ भी न होना।

पास[1] क्रि०वि० [सं० पार्श्व]
क्रि० वि० निकट, समीप, नजदीक।
पद *पास का* (क) नजदीक का। (ख) अधिकार में होनेवाला। *पास से* (क) नजदीक से। (ख) अपने अधिकार से अपने जेब से। *पास में* (क) बिल्कुल नजदीक; जैसे-मेरे पास में

बैठो तो। (ख) अधिकर में; जैसे-मेरे पास में कुछ नहीं। *पुं० १. दे० 'पाश'। २. दे० 'पासा'।

पास[2] वि० [अं०] परीक्षा आदि में सफल, उत्तीर्ण, पारित।

पास[3] पुं० [अं०] कागज आदि का वह टुकड़ा जिसके द्वारा किसी को बेरोक-टोक कहीं आने-जाने का अधिकार या अनुमति हो, पारणपत्र।

पास, के सम्बन्धबो० १. के समीप, किसी व्यक्ति या वस्तु के विचार से अपेक्षाकृत कम दूरी पर; जैसे-वह खिड़की के पास खड़ा था।

मुहा० *के आस-पास*=(क) के अगल-बगल, के समीप। (ख) के लगभग, के करीब।

मुहा० *के पास बैठना*=की संगत में या के साथ में। *के पास न फटकना*=के निकट न जाना।

२. के अधिकार में।

पासबुक पुं० [अं०] बैंक या किसी संस्था द्वारा अपने खाताधारक को प्रदत्त पुस्तिका जिसमें लेन-देन का विवरण लिखा जाता है।

पासमान* पुं० [हिं० पास+मान (प्रत्य०)] १. पास रहनेवाला, पार्श्ववर्ती। २. सेवक, दास।

पासा पुं० [सं० पाशक, प्रा० पासा] १. काठ या हड्डी के वे छह पहलोंवाले लम्बे टुकड़े जिनके पहलों पर बिन्दियाँ बनी होती हैं और जिनसे चौसर और कई प्रकार के खेल खेलते हैं।

मुहा० *पासा उलटा पड़ना*=उलटा परिणाम निकलना। *(किसी का) पासा पड़ना*=भाग्य अनुकूल और प्रबल होना। *पासा पलटना*=(क) अच्छे से बुरा भाग्य होना। (ख) युक्ति या उपाय का उलटा फल होना। *पासा पलट देना*=जो कुछ हो रहा है, उसे उलटा करना।

२. पासों से खेला जानेवाला खेल या जुआ। ३. मोटी बत्ती के आकार की गुल्ली, जैसे चाँदी या सोने का पासा।

पासासारि* स्त्री० दे० 'चौपड़'।

पासि, पासिक पुं० [सं० पासा] १. फन्दा। २. बन्धन।

पासी[1] पुं० [सं० पाशिन्] १. जाल या फन्दा डालकर चिड़ियाँ पकड़नेवाला। २. ताड़ के पेड़ों से ताड़ी उतारनेवाला।

पासी[2] स्त्री० [सं० पासष हिं० पास+ई (प्रत्य०)] १. फन्दा, पाश। २. घोड़े के पैर बाँधने की रस्सी।

पासुरी* स्त्री० दे० 'पसली'।

पाहँ पद दे० 'पाहि'।

पाहाण* पुं० [सं० पाषाण] पत्थर।

पाहिं* क्रि० वि० [सं० पार्श्व] १. समीप। २. किसी के प्रति।

पाहि* पद एक संस्कृत पद जिसका अर्थ है-'रक्षा करो' या 'बचाओ'।

पाही स्त्री० [सं० पाथैय] गाँव से सम्बद्ध, परन्तु दूर की भूमि या खेत (जिस तक पहुँचने के लिए कुछ दूर तक चलना पड़े)।

पाहुना पुं० [सं० प्राघुण] १. अतिथि, मेहमान। २. दामाद।

पाहुनी स्त्री० [हिं० पाहुना] रखेली।

पिंग वि० [सं०] पीलापन लिए हुए भूरा, तामड़ा।

पिंगल वि० [सं०] १. पीला। २. भूरापन लिए हुए लाल, तामड़ा।

पुं० १. छन्द शास्त्र के पहले आचार्य एक प्राचीन मुनि। २. छन्दशास्त्र। ३. बन्दर। ४. अग्नि। ५. उल्लू पक्षी। ६. व्रजभाषा का प्राचीन रूप।

पिंगला स्त्री० [सं०] १. हठयोग और तन्त्र में शरीर की तीन प्रधान नाड़ियों में से एक। २. लक्ष्मी।

पिंजक पुं० [सं०] धुनिया।

पिंजड़ा पुं० दे० 'पिंजरा'।

पिंजना पुं० [सं० पिंजन] रुई धुनना।

पिंजर पुं० [सं०] १. शरीर के अन्दर, हड्डियों की ठठरी, पंजर। २. पिंजरा। ३. सोना, स्वर्ण। ४. भूरापन लिए लाल रंग का घोड़ा।

पिंजरा पुं० [सं० पंजर] लोहे, बाँस आदि की तीलियों का बना हुआ वह झाबा जिसमें पक्षी बन्द करके रखे जाते हैं।

पिंजरापोल पुं०=गोशाला।

पिंजरे का पंछी पुं० १. पिंजरे में बंद पक्षी। २. वह व्यक्ति जिसकी स्वतंत्रता हर ली गई हो।

पिंट पुं० [अं०] आधा लिटर।

पिंड पुं० [सं०] १. गोल पदार्थ, ठोस गोला। २. पके हुए अन्न या उसके चूर्ण आदि का गोल लोंदा जो श्राद्ध में पितरों के नाम पर दिया जाता है। ३. शरीर, देह।

मुहा० *पिंड छोड़ना*=साथ रहकर या पीछे लगकर तंग करने से विरत होना। *पिंड न छोड़ना*=निरंतर साथ लगे रहना; उदा० अपनी परिस्थिति की चिंता कभी पिंड नहीं छोड़ती। -शिवपूजन सहाय। *(किसी के) पिंड पड़ना*= किसी काम या बात के लिए बहुत अधिक आग्रह करना, किसी के पीछे लग या पड़ जाना।

पिंडखजूर स्त्री० [सं० पिंडखर्जूर] एक प्रकार का खजूर जिसके फल मीठे होते हैं।

पिंडज पुं० [सं०] गर्भ से शरीर या पिंड के रूप में और सजीव निकलनेवाले जन्तु जैसे आदमी, कुत्ता, घोड़ा आदि।

पिंडदान पुं० [सं०] श्राद्ध में पितरों को पिंड देना।

पिंडर* स्त्री० दे० 'पिंडली'।

पिंडरोगी पुं० [सं० पिंड=शरीर+रोगी] वह जिसे सदा या प्राय: कोई न कोई रोग बना रहता हो और जो कभी पूर्ण रूप से स्वस्थ न रह सकता हो।

पिंडली स्त्री० [सं० पिंड] घुटने के नीचे का पिछला मांसल भाग।

पिंडा पुं० [सं० पिंड] १. दे० 'पिंड'। २. शरीर, देह।

मुहा० *पिंडा-पानी देना*=श्राद्ध और तर्पण करना। *पिंडा पारना*=पिंड-दान करना।

पिंडारी पुं० [देश०] दक्षिण भारत की एक मुसलमान जाति जो लूट-मार का पेशा करती थी।

पिंडिका स्त्री० [सं०] १. छोटा पिंड। २. पिंडली। ३. शिव की लिंगमूर्ति।

पिंडिया स्त्री० [सं० पिंडिका] १. गुड़ या कुछ पकवानों की छोटी लम्बोतरी पिंडी। २. दे० 'पिंडी'।

पिंडी स्त्री० [सं० पिंड] १. छोटा डला या पिंड। २. पिंडखजूर। ३. सूत, रस्सी आदि का गोल लच्छा। ४. दे० 'पिंडिका'।

पिंडुरी* स्त्री० दे० 'पिंडली'।

पिअ वि०, पुं० दे० 'प्रिय'।

पिअराई* स्त्री० [हिं० पीला] पीलापन।

पिउ[1] पुं० [अनु०] पपीहे के बोलने का शब्द।

पिउ[2] पुं० [सं० प्रिय] पति।

पिउरी स्त्री० दे० 'पूनी'।

पिऊख* पुं०=पीयूष।

पिक पुं० [सं०] [स्त्री० पिकी] १. कोयल। २. पपीहा।

पिघलना अ० [सं० प्र+गलन] [स० पिघलाना] १. घन पदार्थ का गरमी से गलकर तरल होना, द्रवीभूत होना। २. चित्त में दया उत्पन्न होना, पसीजना।

पिचकना अ० [सं० पिच्च=दबना] [सं० पिचकाना] फूले या उभरे हुए तल का दबना।

पिचकारी स्त्री० [हिं० पिचकना] १. नली के आकार का एक उपकरण जिससे तरल पदार्थ अन्दर खींचे और बाहर फेंके जाते हैं। २. चिकित्सा-क्षेत्र में उक्त प्रकार का एक छोटा उपकरण जिससे शरीर की नसों या रक्त में तरल दवाएँ पहुँचाई जाती हैं, वस्ति, सुई। (सीरिंज) मुहावरों के लिए दे० 'सुई' ४. के मुहा०।

पिचकी* स्त्री० दे० 'पिचकारी'।

पिचना अ० [अनु०] दबने के फलस्वरूप किसी कोमल अंग या वस्तु का विकृत हो जाना; जैसे—(क) झोले में पके आम रखने से पिच गए। (ख) दरवाजे में उँगली आने से पिच गई।

पिचपिचा वि० [अनु०] १. लसदार, चिपचिपा। २. दबा हुआ और गुलगुला।

पिच्ची वि० दे० 'पच्ची'।

पिच्छल वि० १. दे० 'पिच्छिल'। २. दे० 'पिछला'।

पिच्छिल वि० [सं०] [स्त्री० पिच्छिला] १. ऐसा गीला और चिकना जिस पर पैर पड़ने से फिसले। २. चूड़ायुक्त (पक्षी)। ३. खट्टा, फूला हुआ और कफकारी (पदार्थ)।

पिछड़ना अ० [हिं० पीछे] १. साथ से छूटकर पीछे रह जाना। २. प्रतियोगिता आदि में पीछे रह जाना।

पिछड़ा वि० [हिं० पिछड़ना] जो औरों की अपेक्षा उन्नति या प्रगति न कर पाया हो; जैसे-पिछड़ी जातियाँ।

पिछड़ापन पुं० पिछड़े हुए होने की अवस्था या भाव।

पिछयाना अ० [हिं० पीछा] पीछा करना।

पिछलगा पुं० [हिं० पीछे+लगना] १. वह जो किसी के पीछे लगा फिरे, पिछलग्गू। २. अनुगामी। ३. सेवक। ४. आश्रित व्यक्ति।

पिछलग्गू पुं० [हिं० पीछे +लगना] वह जो किसी का अन्ध अनुयायी बनकर उसके पीछे चलता हो, बिना समझे-बूझे अनुकरण करनेवाला।

पिछलत्ती स्त्री० [हिं० पीछा+लात] घोड़ों आदि का पिछले पैरों से मारना।

पिछला वि० [हिं० पीछा] [स्त्री० पिछली] १. जो पीछे की ओर हो, 'अगला' का उलटा। २. बाद का, परवर्त्ती, 'पहला' का उलटा।

पद *पिछला पहर*=दिन या रात का अन्तिम पहर। *पिछली रात*= आधी रात के बाद का समय।

३. बीता हुआ, गत; जैसे-पिछला इतिहास। ४. आखिरी, अन्तिम; जैसे-पिछली बार मैं उनसे दीवाली पर मिला था।

पिछला दरवाजा पुं० मकान या भवन के पिछली तरफ का दरवाजा।

मुहा० *पिछले दरवाजे से*=चोरी-छिपे अथवा अन्य किसी अनुचित रीति से।

पिछवाई स्त्री० [हिं० पीछा] आसन के पीछे की ओर लटकाया जानेवाला परदा।

पिछवाड़ा पुं० [हिं० पीछा] १. घर आदि के पीछे का भाग। २. घर के पीछे की भूमि।

पिछाड़ी स्त्री० [हिं० पीछा] १. पीछे का भाग। २. वह रस्सी जिससे घोड़े के पिछले पैर बाँधे जाते हैं।

पिछानना* स० दे० 'पहचानना'।

पिछुआर† पुं० दे० 'पिछवाड़ा'।

पिछेलना स० [हिं० पीछे] १. धक्का देकर पीछे हटाना। २. पीछे छोड़ना।

पिछौहें* क्रि० वि० [हिं० पीछा] १. पीछे की ओर। २. पीछे की ओर से।

पिछौरा † पुं० [सं० पक्षपट] [स्त्री० पिछौरी] ओढ़ने का दुपट्टा या चादर।

पिटक पुं० [सं०] १. पिटारा। २. ग्रन्थ का कोई भाग, खंड।

पिटना पुं० [हिं० पीटना] चूने आदि की छत पीटने का उपकरण, थापी।

अ० [हिं० 'पीटना' का अ० रूप] पीटा जाना।

पिटरी* स्त्री०=पिटारी।

पिटाई स्त्री० [हिं० पीटना] १. पीटने या पीटे जाने का काम या भाव। २. पीटने की मजदूरी।

पिटाना स० [हिं० 'पीटना' का प्रे०] १. पीटने का काम दूसरे से कराना, पिटवाना। २. किसी को इतना तंग करना कि वह झुँझला या बौखला जाए।

† अ० दे० 'पिटना'।

पिटा-पिटाया वि० [हिं पीटना+पिटाया] घिसा-पिटा, अर्थहीन, बेकार का।

पिटारा पुं० [सं० पिटक] [स्त्री० अल्पा० पिटारी] बाँस आदि की पट्टियों से बना हुआ ढकनेदार पात्र।

पिट्टस| स्त्री० [हिं० पीटना] शोक के समय जोर-जोर से छाती पीटना।

पिट्ठू पुं० [हिं० पीठ+ऊ (प्रत्य०)] १. गुप्त रूप से या पीछे से छिपकर सहायता या हिमायत करनेवाला। २. कुछ विशिष्ट खेलों में किसी खिलाड़ी का वह कल्पित साथी जिसके बदले उसे फिर से खेलने का अवसर या दाँव मिलता है। ३. दे० 'पिछलगा'।

पिठाली स्त्री० [हिं०] पीठ पर होनेवाली छोटी बहन।

पिठौरी स्त्री० [हिं० पीठी+बरी] पीठी की बनी हुई बरी या पकौड़ी।

पिड़ी| स्त्री०=पीड़ा।

मुहा० *पिड़ी बोलने लगना*=भयभीत होने पर हाय-तौबा मचाने लगना।

पितंबर पुं० दे० 'पीताम्बर'।

पितर पुं० [सं० पितृ] मरा हुआ पूर्वज, पुरखा।

पिता पुं० [सं० पितृ] किसी के सम्बन्ध के विचार से वह नर या पुरुष जिसने अपने वीर्य से उसे जन्म दिया हो, जनक, बाप।

पितामह पुं० [सं०] [स्त्री० पितमही] १. पिता का पिता, दादा। २. भीष्म। ३. ब्रह्मा।

पितु* पुं० दे० 'पिता'।

पितृ पुं० [सं०] [भाव० पितृत्व] १. किसी व्यक्ति के मृत बाप, दादा, परदादा आदि पूर्वज, पूर्वपुरुष। (ऐन्सेस्टर) २. वह मृत पूर्वपुरुष जिसका प्रेतत्व छूट चुका हो। ३. दे० 'पिता'।

पितृऋण पुं० [सं०] धर्म शास्त्रानुसार मनुष्य के तीन ऋणों में से एक। (पुत्र उत्पन्न करने से मनुष्य का इस ऋण से उद्धार होता है।)

पितृक वि० [सं० पितृ+क (प्रत्य०)] १. पिता-सम्बन्धी, पिता का। २. (व्यवहार, उत्तराधिकार आदि की प्रथा) जिसमें गृहपति या पिता का पक्ष प्रधान माना जाता हो, गृहस्वामिनी या माता के पक्ष का कोई विचार न होता हो, 'मातृक' का विपर्याय। (पेट्रिआर्कल)

पितृगृह पुं० [सं०] स्त्रियों के लिए उनके माता-पिता का घर, पीहर, मायका।

पितृतर्पण पुं० [सं०] पितरों के उद्देश्य से किया जानेवाला तर्पण।

पितृत्व पुं० [सं०] पिता या पितृ होने का भाव।

पितृदेश पुं० [सं०] पूर्वजों का देश।

पितृपक्ष पुं० [सं०] १. आश्विन की कृष्ण प्रतिपदा से अमावस्या तक का पक्ष जिसमें पितरों का श्राद्ध और ब्राह्मण-भोजन कराया जाता है। २. पिता, पितामह आदि से संबंध रखनेवाला पक्ष।

पितृ-प्रणाली स्त्री० [सं०] वह पारिवारिक प्रणाली जिसमें पिता या घर का बड़ा (गृहस्वामी) ही घर के सब प्रबंध करता है और उसी के नाम से परिवार या वंश तथा उत्तराधिकार चलता है, 'मातृ-प्रणाली' का विपर्याय। (पेट्रिआर्की)

पितृभूमि स्त्री० [सं०] १. पितरों के रहने का स्थान। २. पूर्वजों का देश। ३. पिता की जन्मभूमि।

पितृयज्ञ पुं० [सं०] पंच महायज्ञों में से एक जिसमें पितृतर्पण आदि कृत्य किए जाते हैं।

पितृलोक पुं० [सं०] वह लोक जिसमें पितर रहते हैं।

पितृ-विसर्जन पुं० [सं०] १. पितृपक्ष के अंतिम दिन अर्थात् आश्विन कृष्ण अमावस्या को समस्त पितरों का विसर्जन करने के लिए होनेवाला धार्मिक कृत्य। २. पितरों की विदाई।

पितृव्य पुं० [सं०] पिता का भाई, चाचा।

पितृहत्या स्त्री० [सं०] पिता की हत्या करना, बाप को मार डालना। (पेट्रिसाइड)

पित्त पुं० [सं०] यकृत से निकलनेवाला वह पीला तरल द्रव जो पाचन में सहायक होता है।

पित्तघ्न पुं० [सं०] पित्तनाशक।

पित्ता पुं० [सं० पित्त] १. दे० 'पित्ताशय'। २. पित्त।

मुहा० *पित्ता मरना*=प्रकृति या मन में क्रोध, आवेश आदि न रह जाना। *पित्ता मारना*=(क) दूषित मनोविकार उभड़ने न देना। (ख) धैर्यपूर्वक कठिन परिश्रम का काम करना। ३. हिम्मत, साहस।

पित्तामार वि० दे० 'पित्तेमार'।

पित्ताशय पुं० [सं०] यकृत में की वह थैली जिसमें पित्त रहता है।

पित्ती स्त्री० [सं० पित्त+ हिं० ई (प्रत्य०)] १. गरमी के दिनों में पसीने के कारण होनेवाला एक रोग जिसमें शरीर में छोटे-छोटे दाने निकल आते हैं, अम्हौरी, घमौरी। २. वे दाने जो गरमी के दिनों में निकलते हैं, गरमी दाना।

पित्तेमार वि० [हिं० पित्ता+मारना] [भाव० पित्तेमारी] (काम) जिसमें धैर्यपूर्वक लंबे समय तक लगे रहना पड़े।

पित्र्य वि० दे० 'पैतृक'।

पिथौरा पुं० दिल्ली के महाराज पृथ्वीराज चौहान का एक नाम।

पिदड़ी* स्त्री० दे० 'पिद्दी'।

पिदारा* पुं० दे० 'पिद्दी'।

पिद्दा पुं० दे० 'पिद्दी'।

पिद्दी स्त्री० [अनु०] १. एक प्रकार की छोटी चिड़िया। २. वह जो बहुत ही तुच्छ और नगण्य हो।

पद *पिद्दी का शोरबा*=नगण्य वस्तु।

पिधान पुं० [सं०] १. आवरण, ढक्कन। २. तलवार की म्यान। ३. किवाड़।

पिन पुं० [अं०] १. घुंडीदार सुई जिससे कागज-पत्र नत्थी करते हैं। २. छह अंकों की वह संख्या जो किसी राज्य, नगर, क्षेत्र आदि की सूचक हो।

पिनक स्त्री० [हिं० पिनकना] किसी नशे विशेषतः अफीम के नशे में सिर का रह-रहकर आगे झुकना।

पिनकना अ० [अनु०] अफीम के नशे में ऊँघना, पिनक लेना।

पिनपिनाना अ० [पिनपिन से अनु०] पिनपिन स्वर निकालते हुए रोना।

पिनाक पुं० [सं०] १. शिव का धनुष जो रामचन्द्र जी ने तोड़ा था, अजगव। २. धनुष। ३. त्रिशूल।

पिन्नी स्त्री० [सं० पिंडी] चावल, दाल या गेहूँ के आटे का एक प्रकार का लड्डू।

पिपनी| स्त्री०=पलक।

पिपर पुं०=पीपल का वृक्ष।

पिपराह पुं० [हिं० पीपल+आह (प्रत्य०)] पीपल के वृक्षों का जंगल।

पिपरिहा पुं० [पिपरहा (स्थान)] राजपूतों की एक शाखा का अल्ल।

पिपासा स्त्री० [सं०] [वि० पिपासित] १. जल पीने की इच्छा, तृषा, प्यास। २. कुछ जानने की इच्छा।

पिपासु पुं० [सं०] १. वह जिसे प्यास लगी हो। २. कुछ जानने को इच्छुक; जैसे—ज्ञान पिपासु।

पिपीलिका स्त्री० [सं०] च्यूँटी।

पिय* पुं० [सं० प्रिय] पति, स्वामी।

पियरा| वि०=पीला।

पियराई| स्त्री०=पीलापन।

पियराना* अ०=पीला पड़ना।

पियरी स्त्री० [हिं० पियरा] १. पीली रँगी हुई धोती। २. पीलापन।

पियाज पुं०=प्याज।

पियाजी वि०=प्याजी।

पियाना स०=पिलाना।

पियार पुं० [सं० प्रियाल] एक वृक्ष जिसके बीजों से चिरौंजी निकलती है। पुं०=प्यार।

पियारा वि० [स्त्री० पियारी] प्यारा, प्रिय।

पियाल पुं० [?] नदी में का गहरा और विकट स्थान, दह।

पियाला पुं०=प्याला।

पियास स्त्री०=प्यास।

पियासा वि० [स्त्री० पियासी] जिसे प्यास लगी हो, प्यासा।

पियासी स्त्री० [?] एक प्रकार की मछली।

पियूख, पियूष पुं०= पीयूष (अमृत)।

पिरथी* स्त्री०=पृथ्वी।

पिराई स्त्री०=पीलापन।

पिराक पुं० [सं० पिष्टक] गुझिया नामक पकवान।

पिराना* अ० [हिं० पीर=पीड़ा] (किसी अंग का) दर्द करना, दुखना, पीड़ा देना।

पिरीत* स्त्री०=प्रीत।

पिरीतना* अ० [सं० प्रीति] १. प्रीति या प्रेम करना। २. (किसी पर) प्रसन्न या खुश होना।

पिरीतम* पुं० दे० 'प्रियतम'।

पिरीता* वि० [सं० प्रिय] प्रिय, प्यारा।

पिरोना स० [सं० प्रोत] १. सूत, तागे आदि में कुछ गूथना, पोहना, जैसे माला पिरोना। २. सुई के छेद में तागा डालना।

पिरोहना* स० दे० 'पिरोना'।

पिलंदा| पुं० दे० 'पुलिंदा'।

पिलकना* अ० [सं० पिच्छिल] १. गिरना। २. झूलना या लटकना।

पिलद्दा पुं० [पहलवी पलीदीह=गंदी चीज] [स्त्री० अल्पा० पिलद्दी] १. मल, विष्ठा, गू। २. बहुत बुरी तरह से कूटने-पीटने पर तैयार होनेवाली वस्तु, कचूमर।

पिलना अ० [सं० पिल=प्रेरणा] १. वेग से किसी ओर टूट पड़ना। २. दृढ़तापूर्वक प्रवृत्त होना, भिड़ जाना। ३. रस या तेल निकालने के लिए पेरा जाना।

पिलपिला वि० [अनु०] १. बहुत थोड़े दबाव से दब जानेवाला (कोमल पिंड)। २. कमज़ोर या लाचार।

पिलपिलाना स० [हिं० पिलपिला] बार-बार दबाकर पिलपिला करना जिससे रस या गूदा बाहर निकलने लगे।

पिलाई स्त्री० [हिं० पिलाना] १. पिलाने की क्रिया या भाव। २. तरल पदार्थ इस प्रकार उँड़ेलना कि वह नीचे के छेदों या सन्धियों में समा जाए।

पिलाना स० [हिं० पीना] १. पीने का काम दूसरे से कराना, पान कराना। २. पीने के लिए देना। ३. अन्दर भरना।

पिल्ला पुं० [तमिल] कुत्ते का बच्चा।

पिल्लू पुं० [सं० पीलु=कृमि] वह सफेद छोटा कीड़ा जो सड़े हुए फलों आदि में पड़ जाता है, ढोला।

पिव* पुं० दे० 'पिय'।

पिवाना स० दे० 'पिलाना'।

पिशाच पुं० [सं०] [स्त्री० पिशाचिनी, पिशाची] १. निम्न कोटि के और वीभत्स कर्म करनेवाली एक हीन देवयोनि, भूत, प्रेत। 2. हीन व्यक्ति, विशेषत: जो भूत की तरह किसी बात या काम के पीछे लग जाए; जैसे—अर्थ-पिशाच।

पिशुन [सं०] चुगलखोर।

पिशुनता स्त्री० [सं०] चुगलखोरी।

पिष्ट वि० [सं०] पिसा या पीसा हुआ।

पिष्टपेषण पुं० [सं०] १. पिसे हुए को फिर से पीसना। २. कही हुई बात या किया हुआ काम फिर-फिर व्यर्थ कहना या करना।

पिष्टोक्ति स्त्री० [सं०] घिसी-पिटी बात।

पिसनहारी स्त्री० [हिं० पीसना+हारी (प्रत्य०)] आटा पीसनेवाली स्त्री।

पिसना अ० [हिं० पीसना] १. पीसा जाना, चूर्ण होना। २. कुचला जाना। ३. बहुत कष्ट या हानि सहना।

पिसवाज* पुं० दे० 'पेशवाज'।

पिसवाना स० हिं० 'पीसना' का प्रे०।

पिसाई स्त्री० [हिं० पीसना] १. पीसने की क्रिया, भाव या मजदूरी। २. बहुत अधिक परिश्रम, कड़ी मेहनत।

पिसाच* पुं० दे० 'पिशाच'।

पिसान| पुं० दे० 'आटा'।

पिसाना स० हिं० 'पीसना' का प्रे०।

अ० दे० 'पिसना'।

पिसुन पुं० दे० 'पिशुन'।

पिस्ता पुं० [फा० पिस्तः] १. एक छोटा पेड़ जिसकी गिरी मेवों में मानी जाती है। २. इसके फल की गिरी।

पिस्तौल स्त्री० [अं० पिस्टल] बन्दूक की तरह का एक छोटा अस्त्र, तमंचा।

पिस्सू पुं० [फा० पश्शः=मच्छर] शरीर का रक्त चूसनेवाला एक छोटा उड़नेवाला कीड़ा।

पिहकना अ० [अनु०] कोयल, पपीहे आदि का चहकना या बोलना।

पिहानी स्त्री० [पिहानी स्थान ?] एक प्रकार की तलवार।

पिहित वि० [सं०] १. ढका हुआ, आवृत्त। २. छिपा हुआ।

पुं० साहित्य में एक अलंकार जिसमें किसी की आकृति आदि से उसका कोई गुप्त भेद जानकर कोई ऐसा कार्य करने का उल्लेख होता है, जिससे सूचित हो कि वह भेद खुल गया, यह 'सूक्ष्म' अलंकार से बहुत-कुछ मिलता-जुलता है।

पिहुकना अ० पिहूपिहू करना।

पिहूपिहू स्त्री० [अनु०] मोर का शब्द।

पींजना स० [सं० पिंजन] धुनना।

पींजरा* पुं० दे० 'पिंजरा'।

पींजा पुं० [हिं० पींजना] रुई धुननेवाला।

पींड पुं० [सं० पिंड] १. दे० 'पिंड'। २. वृक्ष का धड़, तना। ३. खजूर।

पींडुरी* स्त्री० दे० 'पिंडली'।

पी[१]* दे० 'पिंडली'।

पी[२] स्त्री० [अनु०] पपीहे की बोली।

पीउ* वि० [सं० प्रिय] परम प्रिय।

पुं० १. पति। २. प्रेमी, प्रियतमा।

पीक वि० [सं० पिच्च] खाए हुए पान आदि के रस की थूक।

पीकदान पुं० दे० 'उगालदान'।

पीकना पुं० दे० 'पिहकना'।

पीच स्त्री० [सं० पिच्च] भात का माँड़।

पीछा पुं० [सं० पश्चात्] १. पीछे की ओर का भाग, 'आगा' का विपर्याय। (रिवर्स) २. मनुष्य के शरीर में पीठ का भाग।

मुहा० *पीछा दिखाना*= पीठ दिखाकर भागना। *पीछा देना*= किसी काम में लगकर फिर पीछे हट जाना।

३. किसी के पीछे लगे रहने की क्रिया या भाव।

मुहा० *पीछा करना*=(क) किसी काम के लिए किसी को तंग करना, गले पड़ना। (ख) किसी को पकड़ने या उसका रहस्य जानने के लिए उसके पीछे-पीछे रहना। *पीछा छुड़ाना*=(क) पीछा करनेवाले से जान बचाना। (ख) अप्रिय या अवांछनीय सम्बन्ध का अन्त करना। *पीछा छोड़ना*=(क) किसी व्यक्ति को तंग करने से विरत होना। (ख) हाथ में लिए काम से अलग होना। *(किसी का) पीछा लेना*= अनुयायी बनना, अनुकरण करना, उदा० प्रभु मैं पीछो लियौं तुम्हारौं। -सूर।

४. कोई बात हो जाने के बाद का समय।

पीछू* क्रि० वि०=पीछे।

पीछे क्रि० वि० [हिं० पीछा] १. बाद में, जैसे—अभी इन बातों को छोड़िए, पीछे देखा जाएगा। २. पीछे की ओर, कुछ दूरी पर; जैसे-जरा पीछे हटें तो।

मुहा० *पीछे छूटना या पड़ना*=किसी बात में किसी से घटकर होना। *(किसी को) पीछे छोड़ना*= किसी बात में किसी से आगे बढ़ जाना। *पीछे हटना*=वचन, कर्तव्य आदि का पालन न करना।

पीछे, के सम्बन्धबो० [हिं० पीछा] १. किसी की पीठ की ओर, के पृष्ठ भाग में या दूसरी ओर।

मुहा० *(किसी के) पीछे खड़े रहना या होना*=किसी की पूरी सहायता करना। *(किसी के) पीछे चलना*=(क) किसी का अनुगामी बनना। (ख) अनुकरण या नकल करना। *(किसी के) पीछे छोड़ना या लगाना*=किसी का पीछा करने के लिए किसी को नियत करना। *(किसी काम के) पीछे पड़ना*=(क) कोई काम करने पर तुल जाना। (ख) किसी काम के लिए किसी से बार-बार कहना, तंग करना। (ग) *(किसी व्यक्ति के) पीछे पड़ना*=बराबर किसी की आलोचना या बुराई करते रहना। *पीछे लगना*=(क) दे० 'पीछा करना'। (ख) साथ में लगा होना। *(अपने) पीछे लगाना*=बुरी बात से सम्बन्ध स्थापित करना। *(किसी और के) पीछे लगाना*=(क) हानिकर बात से सम्बन्ध स्थापित कराना। (ख) दे० 'किसी के पीछे छोड़ना'।

२. के पश्चात्, के उपरान्त, के बाद। ३. के अन्त में। ४. किसी की अनुपस्थिति या अभाव में। ५. के लिए, के वास्ते, जैसे तुम्हारे पीछे मैं यह सब सहता हूँ।

पीटना स० [सं० पीड़न] १. हाथ से आघात लगाना, प्रहार करना, मारना।

मुहा० *छाती पीटना*=दुख या शोक से छाती पर हाथ से आघात करना।

२. बार-बार आघात लगाकर चिपटा या चौड़ा करना, जैसे चाँदी या सोने का पतर पीटना। ३. जैसे-तैसे कोई काम समाप्त करना या किसी से कुछ ले लेना।

पुं० १. किसी के मरने पर, होनेवाला शोक, मातम। २. कठिनता, दिक्कत।

पीठ[१] पुं० [सं०] [स्त्री० पीठिका] १. लकड़ी, पत्थर आदि का बैठने का आसन या स्थान। २. विद्यार्थियों के पढ़ने का स्थान। ३. किसी वस्तु के रहने या होने की जगह, अधिष्ठान।

४. सिंहासन। ५. वेदी। ६. कोई विशिष्ट पवित्र स्थान। ७. विधानसभाओं आदि में किसी विशिष्ट दल या पक्ष के लिए बैठने का सुरक्षित स्थान, जैसे राजपीठ, विरोधपीठ। (बेंच)

पीठ[२] स्त्री० [सं० पृष्ठ] १. शरीर में पेट की दूसरी ओर का या पीछे- वाला भाग, पृष्ठ।

मुहा० *पीठ ठोंकना*=किसी की पीठ पर हाथ रखकर उसकी प्रशंसा करना या उसे उत्साहित करना, शाबाशी देना। *पीठ दिखाना*=दे० 'पीछा दिखाना'। *पीठ दिखाकर जाना*=स्नेह या ममता छोड़कर दूर चले जाना। *पीठ देना*=(क) विमखु होना, मुँह मोड़ना। (ख) भाग जाना। (ग) लेटना। *पीठ पर*=एक ही के गर्भ से किसी के जन्म लेने के बाद। *पीठ मींजना या पीठ पर हाथ फेरना*=दे० 'पीठ ठोंकना'। *पीठ पर होना*=मदद या हिमायत पर होना। *पीठ फेरना*=(क) प्रस्थान करना। (ख) भाग जाना। (ग) विमुख होना। (घ) अरुचि या अनिच्छा प्रकट करना। *(घोड़े या बैल आदि की) पीठ लगना*=जीन की रगड़ से पीठ पर घाव हो जाना। *पीठ लगाना*=लेटकर विश्राम करना।

पद *पीठ पर का*=जन्मक्रम के विचार से अपने बड़े भाई या बड़ी बहन के बाद होनेवाला।

२. किसी वस्तु की बनावट का पीछेवाला भाग, पृष्ठभाग।

पीठ-दर्द पुं० [हिं०+फा०] पीठ में होनेवाला दर्द, पीठ का दर्द।

पीठना* स० दे० 'पीसना'।

पीठ-पीछे क्रि० वि० किसी की अनुपस्थिति या परोक्ष में।

पीठमर्द पुं० [सं०] १. नायक का वह सखा जो मीठी बातों से रुष्ट नायिका को मना सके। २. रुष्ट नायिका को प्रसन्न कर सकनेवाला नायक।

पीठस्थविर पुं० [सं०] १. किसी पीठ, विशेषत: विद्यापीठ का प्रधान अधिकारी। २. आज-कल, किसी महाविद्यालय का प्रधान प्रशासनिक अधिकारी।

पीठस्थान पुं० दे० 'पीठ' ६.।

पीठा पुं० [सं० पिष्टक] एक प्रकार का पकवान।

पीठि* स्त्री० = पीठिका।

पीठिका स्त्री० [सं०] १. आधार। २. आसन। ३. छोटा पीढ़ा। ४. परिच्छेद। ५. भूमिका।

पीठी स्त्री० [सं० पिष्टक] पानी में भिगोकर पीसी हुई दाल।

पीड़ स्त्री० [सं० आपीड] सिर पर बाँधा जानेवाला एक आभूषण। स्त्री० दे० 'पीड़ा'।

पीड़क पुं० [सं० पीडक] पीड़ा या कष्ट देनेवाला।

पीड़न पुं० [सं० पीडन] [वि० पीड़क, पीड़नीय, पीड़ित] १. दबाना। २. पेरना। ३. दुख या कष्ट देना। ४. अत्याचार करना। ५. अच्छी तरह पकड़ना।

पीड़ा स्त्री० [सं० पीडा] १. वेदना, व्यथा, दर्द। २. कष्ट, तकलीफ। ३. रोग, व्याधि।

पीड़ा-निवारक वि० [सं०] पीड़ा का निवारण या खत्मा करनेवाला, वेदनाहर।

पीड़ा-शामक वि० [सं०] पीड़ा का शमन करनेवाला।

पीड़ित वि० [सं० पीडित] १. जिसे पीड़ा या कष्ट पहुँचाया गया हो, सताया हुआ। २. आपदा, युद्ध आदि से जिसकी हानि हुई हो; जैसे-बाढ़-पीड़ित, भूकंप-पीड़ित। ३. रोगी, बीमार। ४. जोर से दबाया हुआ।

पीडुरी* स्त्री० दे० 'पिंडली'।

पीढ़ा पुं० [सं० पीठक] [स्त्री० अल्पा० पीढ़ी] १. बैठने के लिए काठ का छोटा और ऊँचा आसन, पाटा।

मुहा० *(किसी को) ऊँचा पीढ़ा देना*=किसी को ऊँचे स्थान या पद पर बैठाना, सम्मानित करना।

२. सिंहासन।

पीढ़ी[१] स्त्री० [सं० पीठिका] १. कुल-परम्परा में किसी के बाप, दादा, परदादा अथवा बेटे, पोते, परपोते आदि के विचार से क्रमात् कोई स्थान, पुश्त। २. किसी विशेष समय में होनेवाले व्यक्तियों की समष्टि। (जेनरेशन)

पीढ़ी[२] स्त्री० [हिं० पीढ़ा] बैठने के लिए काठ आदि का बना एक प्रकार का आसन, छोटा पीढ़ा।

पीढ़ी-अंतराल पुं० [हिं०+सं०] दो पीढ़ियों के बीच की दूरी या अंतर।

पीत[१] वि० [सं०] [स्त्री० पीता, भाव०, पीतता] १. पीला। २. भूरा। पुं० १. पीला रंग। २. भूरा रंग।

पीत[२] वि० [सं० 'पा' का भूत०] पीया हुआ।

पीतधातु स्त्री० दे० 'गोपीचन्दन'।

पीतपट पुं० [सं० पीत+पट] पीताम्बर।

पीत-पत्रकारिता स्त्री० [सं०] पत्रकारों द्वारा अपना स्वार्थ साधने के लिए अपनाई आदर्शविहीन तथा भ्रष्ट रीति-नीति।

पीतम* वि० दे० 'प्रियतम'।

पीतमणि पुं० [सं०] पुखराज।

पीतर| पुं०=पीतल। पुं०=पितर।

पीतरोग पुं० [सं०] पीलिया, कँवल।

पीतल पुं० [सं० पित्तल] ताँबे और जस्ते के मेल से बनी हुई वह प्रसिद्ध पीली उपधातु जिससे बरतन बनते हैं।

पीतांबर पुं० [सं०] पीला वस्त्र।

पीतांबरधारी पुं० [सं०+हिं०] श्रीकृष्ण।

पीन वि० [सं०] [भाव० पीनता] १. स्थूल, मोटा। २. पुष्ट। ३. भरा-पूरा।

पीनक स्त्री० दे० 'पिनक'।

पीनता स्त्री० [सं०] स्थूलता, मोटाई।

पीनस[१] पुं० [सं०] नाक का एक रोग।

पीनस[२] स्त्री० [फा० फीनस] पालकी (सवारी)।

पीना स० [सं० पान] १. तरल वस्तु मुँह में रखकर गले के नीचे उतारना, पान करना। २. कोई बात या मन का भाव छिपा या

दबा जाना, कोई विचार या मनोविकार मन ही मन में दबा देना। ३. शराब पीना। ४. तमाकू, गाँजे आदि का धुआँ मुँह से खींचकर बाहर निकालना, धूम्रपान करना। ६. सोखना।

पीप स्त्री० [सं० पूय] फोड़े आदि में से निकलनेवाला सफेद विषाक्त पदार्थ, पीब, मवाद।

पीपरपर्न* पुं० [हिं० पीपल+पर्न=पत्ता] कान में पहनने का एक गहना, पत्ता।

पीपल[1] पुं० [सं० पिप्पल] एक प्रसिद्ध बड़ा वृक्ष जो हिन्दुओं में बहुत पवित्र माना जाता है।

पीपल[2] स्त्री० [सं० पिप्पली] एक लता जिसकी चरपरी कलियाँ पाचक होती हैं।

पीपा पुं० [?] १. काठ या लोहे का वह बड़ा गोल या चौकोर पात्र जिसमें घी, तेल, शराब, शीरा आदि रखे जाते हैं। २. एक प्रसिद्ध वैष्णव राजा जो अपना राज्य छोड़कर विरक्त और साधु हो गए थे।

पीब स्त्री० दे० 'पीप'।

पीय* पुं० दे० 'पिय'।

पीयर* वि० दे० 'पीला'।

पीयूख* पुं० दे० 'पीयूष'।

पीयूष पुं० [सं०] १. अमृत, सुधा। २. दूध। ३. दे० 'पेउस'।

पीयूषवर्षण पुं० [सं०] अमृत की वर्षा होना।

पीर[1] स्त्री० [सं० पीड़ा] १. पीड़ा, दर्द। २. कष्ट, दुख।

मुहा० *(किसी की) पीर जानना या पाना*=किसी का कष्ट समझना।

३. सहानुभूति।

पद *पीर-बावर्ची-भिस्ती*=ऐसा व्यक्ति जो छोटे-बड़े सभी काम करता हो।

पीर[2] पुं० [फा०] [भाव० पीरी] १. वृद्ध, बुड्ढा। २. महात्मा, सिद्ध। ३. गुरु, आचार्य। (मुसल०)

पीरक* वि० [सं० पीड़क] १. किसी को पीड़ा पहुँचाने या पीड़ित करनेवाला। २. दूसरे की पीड़ा या कष्ट समझने या दूर करने वाला, सहृदय और दयालु, उदा० ऐसे प्रभु परपीरक। -सूर।

पीरना* स० दे० 'पेरना'।

पीरा स्त्री० 'पीड़ा'।

वि० [स्त्री० पीरी] दे० 'पीला'।

पीरी स्त्री० [फा०] १. बुढ़ापा, वृद्धावस्था। २. स्वयं पीर बनकर दूसरों को चेला या अनुयायी बनाने का काम। ३. अनावश्यक रूप से प्रकट की जानेवाली योग्यता, सामर्थ्य आदि।

पील पुं० [फा० फील] हाथी।

पीलपाँव पुं० [फा० फीलपा] श्लीपद नामक रोग, जिसमें हाथ या पैर फूल जाता है, फीलपा।

पीलपा पुं०=पीलपाँव।

पीलवान* पुं० दे० 'फीलवान'।

पीलसोज पुं० [फा० फलीतसोज़] दीया जलाने की दीयट, चिरागदान।

पीला वि० [सं० पीत] [स्त्री० पीली, भाव० पीलापन] १. हल्दी, केसर आदि के रंग का, जर्द। २. कान्तिहीन, निस्तेज।

मुहा० *पीला पड़ना*=(क) भय, चिन्ता या रोग के कारण शरीर में रक्त का अभाव सूचित होना। (ख) भय से चेहरे पर सफेदी आना।

पुं० हल्दी की तरह का रंग।

पीला कार्ड वि० [हिं०+अं०] हाकी, फुटबाल के खेल में निर्णायक द्वारा खिलाड़ी को दिया जानेवाला छोटा पीला कार्ड जो उसे नियम भंग करने के कारण चेतावनी देने का सूचक होता है।

पीलिया पुं० [हिं० पीला] कमल रोग।

पीलू[1] पुं० [सं० पीलु] १. एक वृक्ष जिसका फल दवा के काम में आता है। २. दे० 'पिल्लू'।

पीलू[2] पुं० [?] संगीत में एक प्रकार का राग।

पीव पुं० [हिं० पिय] पिय, पति।

पीवना* स० दे० 'पीना'।

पीवर वि० [सं०] [स्त्री० पीवरा, भाव० पीवरता] १. मोटा, स्थूल। २. भारी।

पीसना स० [सं० पेषण] १. रगड़कर आटे या चूर्ण के रूप में करना। २. जल की सहायता से रगड़कर महीन करना। ३. इस प्रकार दबाना या पीड़ित करना कि उभरने की शक्ति न रह जाए। ४. विशेष परिश्रम का काम करना।

पीहर पुं० [सं० पितृ+हिं० घर] विवाहित स्त्रियों के लिए, माता-पिता का घर, मैका।

पीहा पुं० [अनु०] पपीहे की बोली।

पुंगव पुं० [सं०] बैल, वृष।

वि० श्रेष्ठ, उत्तम।

पुंगीफल पुं० [सं०] सुपारी।

पुँछार* पुं० [हिं० पूँछ] मयूर, मोर।

पुंज पुं० [सं०] राशि, ढेर।

पुंजन पुं० [सं० पुंज] [वि० पुंजित] धीरे-धीरे जमा होने, बढ़ने आदि के कारण मिलकर बड़े मान या रूप में होना।

पुंजातीय वि० [सं०] लिंग के विचार से पुरुष या नर जाति का। (मेल)

पुंजित वि० [सं०] जो धीरे-धीरे जमा होने, बढ़ने के कारण मिलकर बड़े मान या रूप में हो गया हो।

पुंजी* स्त्री० दे० 'पूँजी'।

पुंडरीक पुं० [सं०] १. कमल। २. सिंह, शेर। ३. तिलक, टीका। ४. सफेद रंग का हाथी। ५. अग्नि, आग।

पुंडरीकाक्ष पुं० [सं०] विष्णु।

पुंलिंग पुं० [सं०] १. पुरुष का चिह्न। २. वह जो पुरुष के चिह्न या लिंग से युक्त हो। (मैस्कुलिन) ३. व्याकरण में वह शब्द जो पुरुष जाति या उससे सम्बन्ध रखनेवाले विशेषणों, क्रियाओं आदि का बोधक हो।

वि० (शब्द) जो पुंलिंग हो।

पुंश्चली स्त्री० [सं०] व्यभिचारिणी या दुश्चरित्रा स्त्री, कुलटा, छिनाल।

पुंसंतति स्त्री० [सं०] पुरुष या नर जाति की सन्तान। (मेल डिसेन्डेन्ट)

पुंस पुं० [सं०] पुरुष, मर्द।

पुंसक वि० [सं०] १. जिसमें स्त्रीसम्भोग और सन्तान उत्पन्न करने की शक्ति हो। २. जिसमें कुछ कर सकने की शक्ति हो। (पोटेन्ट)

पुंसत्व पुं० [सं०] १. पुरुषत्व। २. स्त्री के साथ सम्भोग करने और सन्तान उत्पन्न करने की शक्ति। (पोटेन्सी)

पुंसवन पुं० [सं०] १. दूध। २. एक संस्कार जो गर्भाधान से तीसरे महीने में होता है।

पुआ पुं० दे० 'मालपुआ'।

पुआल पुं० दे० 'पयाल'।

पुकार स्त्री० [हिं० पुकारना] १. पुकारने या बुलाने की क्रिया या भाव, टेर। २. सहायता के लिए आर्त स्वर में लगाई जानेवाली आवाज़, दुहाई। ३. किसी वस्तु की बहुत अधिक माँग। ४. किसी बात की बहुत अधिक चर्चा या प्रसिद्धि। ५. संगीत में किसी स्वर को खींचकर ऊपर चढ़ाते हुए यथेष्ट ऊँचाई पर ले जाना और वहीं उसे ठहराकर कुछ देर तक उसका उच्चारण करना, टीप। (तार-सप्तक)

पुकारना स० [सं० प्रकुश=पुकारना] १. नाम लेकर बुलाना, आवाज देना। २. नाम रटना। ३. चिल्लाकर कहना, माँगना, सुनाना या बुलाना। ४. फरियाद करना, अभियोग लगाना।

पुखर* पुं० [सं० पुष्कर] तालाब।

पुखराज पुं० [सं० पुष्पराज] एक प्रकार का पीले या सफेद रंग का रत्न जो बृहस्पति ग्रह का प्रतिनिधि माना जाता है।

पुख्ता वि० [फा० पुख़्त:] [भाव० पुख़्तगी] १. पक्का, दृढ़, मजबूत। २. अकाट्य।

पुगना अ० दे० 'पूजना'।

पुचकारना स० [अनु०] [भाव० पुचकार, पुचकारी] चूमने का शब्द करते हुए प्यार जताना, चुमकारना, पुचकारना।

पुचकारी स्त्री० [हिं० पुचकारना] होंठों से निकाला हुआ चूमने का प्रेमसूचक शब्द, चुमकार।

पुचारा पुं० [पुचपुच से अनु० या पुतारा] १. गीले कपड़े से पोछने या पतला लेप करने का काम। २. हलका लेप। ३. वह कपड़ा या धुली हुई वस्तु, जिससे पोतते या पुचारा देते हैं। ४. प्रसन्न या उत्साहित करने के लिए कही जानेवाली बात। ५. झूठी प्रशंसा, चापलूसी, खुशामद।

पुच्छ स्त्री० [सं०] १. दुम, पूँछ। २. अन्तिम या पिछला भाग।

पुच्छल वि० [हिं० पुच्छ] पूँछवाला, दुमदार।

पुच्छल तारा पुं० लम्बी पूँछवाला तारा।

पुछना अ० पोंछा जाना।

पुच्छल्ला पुं० [सं० पुच्छ+हिं० ला (प्रत्य०)] १. पूँछ की तरह पीछे लगी हुई और प्राय: अनावश्यक वस्तु। २. सदा पीछे लगा रहनेवाला या पीछा न छोड़नेवाला व्यक्ति।

पुछवैया वि० [हिं० पूछना] १. पूछनेवाला। २. देख-रेख करने या खोज-खबर लेनेवाला।

पुछाना* स०=पुछवाना।

पुछार[१]* पुं० [हिं० पूछना] १. पूछनेवाला। २. देख-रेख करने या खोज-खबर लेनेवाला। ३. महत्त्व समझकर आदर करनेवाला।

पुछार[२] पुं० [हिं० पूँछ=दुम] मयूर, मोर। (पक्षी)

पुजंता* अ० [हिं० पूजना] १. पूजा जाना। २. सम्मानित होना। ३. पूरा होना।

पुजवना* स० [हिं० पूजना] १. पूजन करना। २. पूरा करना, भरना। ३. (कामना आदि) सफल या सिद्ध करना।

पुजवाना स० [हिं० 'पूजना' का प्रे०] १. देवी-देवता पूजने का काम दूसरे से कराना। २. अपना आदर या सम्मान कराना। ३. किसी को दबाकर उससे धन वसूल करना।
*अ० दे० 'पूजना'।

पुजापा पुं० [सं० पूजा+आपा(प्रत्य०)] देवी-देवता की पूजा-सामग्री।

पुजारिन स्त्री० [हिं० पुजारी का स्त्री०] १. पूजा करनेवाली स्त्री। २. प्रेमिका, प्रेयसी।

पुजारी पुं० [सं० पूजा+कारी] [स्त्री० पुजारिन] १. वह जो मन्दिर में देवता की पूजा करने के लिए नियुक्त हो। २. पूजा करनेवाला, पूजक। ३. किसी को देवतुल्य मानकर उसकी उपासना करनेवाला।

पुजेरी पुं० दे० 'पुजारी'।

पुजैया[१] पुं० दे० 'पूजक'।

पुजैया[२] स्त्री० [हिं० पूजा] १. दे० 'पूजा'। २. गाते-बजाते हुए कहीं पूजा करने जाना।
वि० [हिं० पूजना=भरना] पूरा करने या भरनेवाला।

पुट[१] पुं० [अनु०] १. मुलायम या तर करने अथवा हलका मेल मिलाने के लिए दिया जानेवाला छींटा। २. बहुत हलका मेल या रंगत, भावना, आभा।

पुट[२] पुं० [सं० मूलत: द्रविड़] १. ढकनेवाली चीज, आच्छादन। २. कटोरे या दोने के आकार का कोई पात्र। ३. औषध पकाने के लिए चारों ओर से बन्द किया हुआ पिंड या पात्र, सम्पुट। (वैद्यक)

पुटकी[१] स्त्री० [सं० पुटक] पोटली, गठरी।

पुटकी[२] स्त्री० [हिं० पटपटाना=मरना] १. आकस्मिक मृत्यु। २. दैवी विपत्ति।

पुटपाक पुं० [सं०] वैद्यक में भस्म तैयार करने के लिए किसी वस्तु को सम्पुट में रखकर पकाने की प्रक्रिया।

पुटरी, पुटली स्त्री० दे० 'पोटली'।

पुटियाना स० [हिं० पुट देना] फुसलाना।

पुटी स्त्री० [सं० पुट] १. छोटा दोना या कटोरा। २. पुड़िया। ३. कौपीन, लँगोटी।

पुटीन स्त्री० [अं०] लकड़ी के जोड़, छेद आदि भरने का एक मसाला।

पुट्ठा पुं० [सं० पुष्ट या पृष्ठ] १. चूतड़ के ऊपर का भाग। २. पुस्तक का वह भाग जिधर सिलाई होती है।

पुठवार क्रि० वि० [हिं० पुट्ठा] १. पीछे। २. बगल में।

पुठवाल पुं० [हिं० पुट्ठा+वाला] पृष्ठरक्षक, सहायक, मददगार।

पुड़ा पुं० [हिं० पुड़िया] बड़ी पुड़िया।

पुड़िया स्त्री० [सं० पुटिका] १. कागज मोड़ या लपेटकर बनाया हुआ वह सम्पुट जिसमें कोई वस्तु रखी हो। २. इस प्रकार लपेटी हुई दवा की एक मात्रा। ३. धन-सम्पत्ति और पूँजी, जैसे अब तो उनकी लाख रुपए की पुड़िया हो गई है।

पुड़वी* स्त्री०=पृथ्वी।

पुढ़ाई* स्त्री०=प्रौढ़ता।

पुण्य वि० [सं०] १. पवित्र। २. शुभ।

पुं० १. धार्मिक दृष्टि से शुभ फल देनेवाला काम, धर्मकार्य। २. ऐसे शुभ कार्य का फल। ३. परोपकार आदि का काम।

पुण्यकाल पुं० [सं०] दान, पुण्य या पवित्र कार्य करने का समय।

पुण्यक्षेत्र पुं० [सं०] तीर्थस्थान।

पुण्यतिथि स्त्री० [सं०] १. पुण्य या शुभ कार्य करने के लिए कोई अच्छा दिन या तिथि। २. किसी महापुरुष के निधन की तिथि जिसमें उसके गुणों और कीर्ति का वर्णन और स्मरण किया जाता है, जैसे लोकमान्य तिलक की पुण्यतिथि।

पुण्यभूमि स्त्री० [सं०] आयावर्त।

पुण्यवान, पुण्यवान् वि० [सं०] [स्त्री० पुण्यवती] पुण्य करनेवाला, धर्मात्मा।

पुण्यश्लोक वि० [सं०] [स्त्री० पुण्यश्लोका] पवित्र आचरण-वाला, शुद्ध चरित्र। (नल, युधिष्ठिर, वैदेही तथा जनार्दन पुण्यश्लोक माने जाते हैं।

पुण्यस्थल, पुण्यस्थान पुं० [सं०] तीर्थ स्थान।

पुण्याई* स्त्री० [हिं० पुण्य] पुण्य का फल या प्रभाव।

पुण्यात्मा पुं० [सं० पुण्यात्मन्] वह जो बराबर पुण्य करता रहे, धर्मात्मा।

पुण्यार्थ वि० [सं०] धार्मिक दृष्टि से किसी पुण्य कार्य अथवा यों ही किसी लोकोपकार के उद्देश्य से दान दिया हुआ, जैसे पुण्यार्थ सम्पत्ति। (चैरिटेबुल)

पुं० १. उक्त प्रकार का उद्देश्य, भावना या विचार। (चौरिटेबुल पर्पज) २. उक्त प्रकार के उद्देश्य से दान किया हुआ धन या सम्पत्ति।

पुण्यार्थ निधि स्त्री० [सं०] वह निधि या धन-सम्पत्ति जो पक्की लिखा-पढ़ी करके किसी धार्मिक या सामाजिक लोकोपकारी कार्य के लिए दान दी गई हो। (चैरिटेबुल एन्डाउमेन्ट)

पुतना अ० [हिं० पोतना] [स० पोतना] पोता जाना, पुताई होना।

पुतरा* पुं० [स्त्री० पुतरी] दे० 'पुतला'।

पुतरिका* स्त्री० दे० 'पुत्रिका'।

पुतला पुं० [सं० पुत्रक] [स्त्री० पुतली] लकड़ी, घास, कपड़े आदि का बना हुआ मनुष्य का आकार।

मुहा० *(किसी का) पुतला जलाना*=दुष्ट या अपकार करनेवाले के पुतले को आक्रोश तथा विरोध प्रकट करते हुए जलाना। *(किसी का) पुतला बाँधना*=चारों ओर किसी की बदनामी करते फिरना। *पुतला जलाना*=(क) दूसरे देश में मरनेवाले का पुतला बनाकर दाहकर्म करना। (ख) किसी के प्रति घृणा प्रकट करने या उसकी मृत्यु मनाने के लिए उसका पुतला बनाकर जलाना।

पुतली स्त्री० [हिं० पुतला] १. छोटा पुतला, गुड़िया। २. आँख के बीच का काला दाग।

मुहा० *पुतली फिर जाना*=मरने के समय आँखें पथरा जाना।

पुतली-घर पुं० [हिं० पुतली+घर] कारखाना, विशेषतः कपड़े बुनने का बड़ा कारखाना।

पुताई स्त्री० [हिं० पोतना+आई (प्रत्य०)] पोतने की क्रिया, भाव या मजदूरी।

पुतारा पुं० दे० 'पुचारा'।

पुत्त* पुं० दे० 'पुत्र'।

पुत्रवती वि० स्त्री० [सं०] स्त्री जिसके पुत्र हों, पुत्रवाली।

पुत्रवधू स्त्री० [सं०] पुत्र की स्त्री।

पुत्रवान, पुत्रवान् वि० [सं०] [स्त्री० पुत्रवती] जिसके पुत्र हो, पुत्रवाला।

पुत्रिका स्त्री० [सं०] १. लड़की, बेटी। २. पुत्र के स्थान पर और उसके समान मानी हुई कन्या। ३. गुड़िया, पुतली। ४. कठ-पुतली। ५. मूर्ति।

पुत्री स्त्री० [सं०] लड़की, बेटी।

पुत्रेष्टि पुं० [सं०] पुत्र की प्राप्ति की कामना से किया जानेवाला एक यज्ञ।

पुदीना पुं० [फा० पोदीनः] एक छोटा पौधा जिसकी सुगन्धित पत्तियाँ चटनी, मसाले आदि के काम में आती हैं।

पुद्गल पुं० [सं०] १. कोई ऐसा पदार्थ जिसमें रूप, रस, स्पर्श, गन्ध, शब्द (रसे रूपेच गन्धेच शब्दे स्पर्शेच योगिनी) आदि हों। (जैन) २. शरीर, बदन। (बौद्ध) ३. आत्मा।

पुनः क्रि० वि० [सं० पुनर्] १. फिर से, दोबारा, दूसरी बार। २. उपरान्त, पीछे, बाद।

पुनःकरण पुं० [सं०] १. फिर से कोई काम करना या दोहराना।

पुनःप्राप्ति स्त्री० [सं०] गई, भेजी या खोई चीज फिर से मिलना।

पुन* पुं० दे० 'पुण्य'।

क्रि० वि० दे० 'पुनः'।

पुनरपि क्रि० वि० [सं०] फिर से।

पुनरस्त्रीकरण पुं० [वि० पुनरस्त्रीकृत] जिस देश, राष्ट्र या सेना के अस्त्र, शस्त्र आदि पहले छीन लिए गए हों, उसे फिर से

अस्त्र, शस्त्र आदि से युक्त और सज्जित करना, निरस्त्रीकृत का फिर से अस्त्रीकरण करना। (री-आर्मामेन्ट)

पुनराकलन पुं० [सं०] [वि० पुनराकलित] फिर से आकलन करने की क्रिया या भाव।

पुनराख्याता पुं० [सं०] नई आख्या या टिप्पणी करनेवाला।

पुनरागमन पुं० [सं०] १. फिर से आना, दोबारा आना। २. फिर जन्म लेना।

पुनरारंभ पुं० [सं०] छोड़ा या स्थापित किया हुआ काम फिर से आरम्भ करना। (रिज़म्पशन)

पुनरावर्तन पुं० [सं०] [वि० पुनरावर्ती] १. लौटकर आना। २. बार-बार संसार में जन्म लेना।

पुनरावलोकन पुं० [सं०] दोबारा देखने की क्रिया या भाव।

पुनरावाहन पुं० [सं० पुनर्+आवाहन] १. फिर से बुलाया जाना। २. फिर से प्रयोग में लाया जाना।

पुनरावृत्ति स्त्री० [सं०] [वि० पुनरावृत्त] १. फिर से लौट या घूमकर आना। २. किया हुआ काम फिर से करना या कही हुई बात फिर से कहना, दोहराना। (रिपीटीशन) ३. फिर से या दोबारा पढ़ना।

पुनरासीन वि० [सं०] जो एक बार अपने स्थान से हटने या हटाए जाने पर फिर उसी स्थान पर आकर बैठे या लाकर बैठाया जाए। (री-सीटेड)

पुनरीक्षक पुं० [सं०] पुनरीक्षण करनेवाला।

पुनरीक्षण पुं० [सं०] [वि० पुनरीक्षित] १. किसी किए या देखे हुए काम को फिर से देखना। (रिव्यू) २. न्यायालय का एक बार सुने हुए मुकदमे को, कुछ विशेष अवस्थाओं में फिर से सुनना। (रिवीजन)

पुनरीक्षा स्त्री० [सं०] पुनरीक्षण। (दे०)

पुनरुक्त वि० [सं०] दोबारा कहा हुआ।

पुनरुक्तवदाभास पुं० [सं०] साहित्य में एक अलंकार जिसमें ऐसे शब्दों का प्रयोग होता है जो सुनने में तो एकार्थक और फलतः पुनरुक्त से जान पड़ें पर वास्तव में प्रसंगतः भिन्न-भिन्न अर्थ रखते हों, जैसे 'अम्बर बास सने बसन, हरि लै चढ़ै कदम्ब' में अम्बर, बास और बसन देखने में तो एकार्थक जान पड़ते हैं, पर वास्तव में यहाँ उनका अर्थ है- अम्बर नामक सुगन्धित द्रव्य से सुगन्धित किए हुए वस्त्र।

पुनरुक्ति स्त्री० [सं०] १. एक बार कही हुई बात फिर कहना। २. दोबारा कही हुई बात। (रिपीटशन)

पुनरुज्जीवन पुं० [सं०] पुनः प्राप्त होनेवाला जीवन, नवजीवन।

पुनरुज्जीवित वि० [सं०] जिसे फिर से जीवित किया गया हो, जिसमें फिर से जान लाई गई हो। (रिवाइव्ड)

पुनरुत्थान पुं० [सं०] १. फिर से उठना। २. पतन होने के बाद फिर से उठना, उन्नति करना या समर्थ होना। ३. साहित्य, कला आदि में फिर से आगे बढ़ना या उन्नत होना। (रिनेसान्स)

पुनरुद्धार पुं० [सं०] १. पुनः होने या किया जानेवाला उद्धार। २. टूटी-फूटी या नष्ट हुई चीज को फिर से ठीक करके उसे यथावत् या उसका उद्धार करना। (रिस्टोरेशन, रिनोवेशन)

पुनरोदय पुं० [सं०] पुनः होनेवाला उदय, दुबारा अस्तित्व ग्रहण करना।

पुनर्गठन पुं० [सं०+हिं०] दोबारा किया जानेवाला गठन।

पुनर्गठित वि० जिसका पुनर्गठन हुआ हो।

पुनर्ग्रहण पुं० [सं०] छोड़ा हुआ कार्य या पद फिर से ग्रहण करना। (रिज़म्पशन)

पुनर्घटन पुं०=पुनर्गठन।

पुनर्जन्म पुं० [सं०] मरने के बाद फिर दूसरे शरीर में जन्म लेना, आत्मा का फिर से दूसरा शरीर धारण करना। (ट्रान्समाइग्रेशन)

पुनर्जीवन पुं० १. दे० 'पुनरुज्जीवन'। २. दे० 'पुनर्जन्म'।

पुनर्दृष्टि स्त्री० [सं०] दुबारा विचार, पुनरावलोकन।

पुनर्निर्माण पुं० [सं०] गिरे या टूटे-फूटे हुए को फिर से बनाना।

पुनर्निर्मित वि० [सं०] फिर से बनाया हुआ, दुबारा निर्मित।

पुनर्परीक्षण पुं० [सं०] एक बार जिसकी परीक्षा ली जा चुकी हो, उसकी फिर से परीक्षा करना या लेना। (री-इग्ज़ामिनेशन)

पुनर्पाठ पुं० [सं० पुनः+पाठ] पुनः होने या किया जानेवाला पाठ, आवृत्ति।

पुनर्मुद्रण पुं० [सं०] [वि० पुनर्मुद्रित] १. एक बार छपे हुए ग्रन्थ, लेख, पत्रिका आदि को फिर से छापने की क्रिया या भाव। २. इस प्रकार छापे हुए ग्रन्थ, लेख, पत्रिका आदि।

पुनर्योग पुं० [सं०] दोबारा होनेवाला मिलन।

पुनर्वाद पुं० [सं०] [वि० पौनर्वादिक] १. किसी न्यायालय से विवाद का निर्णय हो जाने पर उसके विरोध में ऊँचे न्यायालय में फिर से उस विवाद पर विचार होने के लिए की जानेवाली प्रार्थना। (अपील) २. कोई कही हुई बात फिर से ज्यों-की-त्यों या कुछ उलट-फेरकर कहना।

पुनर्वादी (-दिन्) पुं० [सं०] किसी ऊँचे न्यायालय में पुनर्वाद उपस्थित करनेवाला। (एपेलेन्ट)

पुनर्वास पुं० [वि० पुनर्वासित] दे० 'पुनर्वासन'।

पुनर्वासन पुं० [सं०] [वि० पुनर्वासित] (उजड़े हुए लोगों को) फिर से बसाना या आबाद करना। (री-हैबिलिटेशन)

पुनर्विचार पुं० [सं०] किसी बात, मत, निश्चय आदि पर फिर से किया जानेवाला विचार।

पुनर्विधान पुं० [सं०] किसी चीज का फिर से रचा या बनाया जाना, पुनर्घटन।

पुनर्विधायन पुं० [सं०] [वि० पुनर्विहित] किसी बने हुए विधान को घटा या बढ़ाकर नए सिरे से विधान का रूप देना। (री-एनैक्टमेन्ट)

पुनर्विभाजन पुं० [सं०] एक बार जिसका विभाजन हो चुका हो, उसका फिर से विभाजन होना या करना।

पुनर्विवाह पुं० [सं०] किसी का, विशेषतः विधवा स्त्री का फिर से होनेवाला विवाह।

पुनर्विहित वि० [सं०] १. जिसका फिर से विधान हुआ हो या किया गया हो। २. (पहले से बना हुआ विधान) जो फिर से घटा-बढ़ाकर ठीक किया गया और फिर से नए विधान के रूप में लाया गया हो। (री-एनैक्टेड)

पुनर्सारण पुं० [सं०] [वि० पुनर्सारित] दूरदर्शन, रेडियो आदि के एक आस्थान से प्रसारित होनेवाला कार्यक्रम ज्यों-का-त्यों दूसरे आस्थान से प्रसारित किया जाना। (रिले)

पुनर्स्थापन पुं० [सं०] फिर से स्थापित करना।

पुनर्स्थापित वि० [सं०] फिर से स्थापित किया हुआ।

पुनश्च क्रि० वि० [सं०] इसके बाद।

पुनि* क्रि० वि० [सं०] इसके बाद।

पुनी[1]* पुं० दे० 'पुण्यात्मा'।

पुनी[2]* स्त्री० दे० 'पूर्णिमा'।

पुनी[3] क्रि० वि० [सं० पुनः] पुनः, फिर।

पुनीत वि० [सं०] [स्त्री० पुनीता] पवित्र।

पुन्न* पुं०=पुण्य।

पुन्य* पुं०=पुण्य।

पुन्यता, पुन्यताई*स्त्री० [सं० पुण्य] १. धर्मशीलता। २. पवित्रता। ३. दे० 'पुण्याई'।

पुन्यश्लोक पुं० [सं०] परम पवित्र और यशस्वी।

पुरंदर पुं० [सं०] १. इन्द्र। २. विष्णु।

पुरः क्रि० वि० [सं० पुरस्] १. आगे। २. पहले।

पुरःदत्त वि० [सं०] पहले से दिया हुआ (शुल्क, परिव्यय आदि)। (प्री-पेड)

पुरःदान पुं० [सं०] (शुल्क, देन आदि) पहले से देना।

पुरःसंगी वि० [सं०] किसी कार्य, विषय या तथ्य में पहले से सहायक या सम्बद्ध।

पुरःसर पुं० [सं०] १. अगुआ। २. साथी।
वि० १. मिला हुआ, युक्त। २. पूर्ण।

पुर[1] पुं० [सं०] [स्त्री० पुरी] १. नगर, शहर। २. आगार, घर। ३. लोक, भुवन। ४. राशि, ढेर।

पुर[2] क्रि० वि० [सं० पुरः] आगे, सामने, उदा० स्वान! निशंक कहो पुर मेरे।- केशव।

पुर[3] वि० [फा०] भरा हुआ, पूर्ण।
पुं० दे० 'पुरवट'।

पुरइन* स्त्री० [सं० पुटकिनी] १. कमल का पत्ता। २. कमल।

पुरकायस्थ पुं० [सं०] प्राचीन भारत में किसी नगर का वह प्रधान अधिकारी जिसके पास मुख्य लेख्यों या दस्तावेजों आदि की नकल रहती थी। (इसका पद प्रायः आज-कल के रजिस्ट्रार के पद के समान होता था।)

पुरखा पुं० [सं० पुरुष] [स्त्री० पुरखी] १. बाप, दादा आदि पूर्वज।
मुहा० *पुरखे तर जाना*=(पुत्र आदि के शुभ कृत्य से) पूर्व पुरुषों को परलोक में उत्तम गति मिलना।
२. बड़ा-बूढ़ा और फलतः बुद्धिमान तथा मार्ग-दर्शक, जैसे है तो जरा-सा लड़का, पर पुरखों की तरह बातें करता है।

पुरजा पुं० [फा० पुर्ज़ः] [स्त्री० अल्पा० पुरजी] १. टुकड़ा, खंड। २. कटा हुआ टुकड़ा, कतरन। ३. अवयव, अंग। ४. अंश, भाग। ५. यन्त्र आदि का कोई महत्त्वपूर्ण अंग या अंश।
मुहा० *चलता पुरजा*=चालाक आदमी।

पुरजोर वि० [फा० पुर(पूरा)+जोर] पूरी शक्ति से किया जानेवाला, जोरदार, सशक्त।

पुरट पुं० [सं०] स्वर्ण, सोना।

पुरना अ० [हिं० पूरा] १. समाप्त या पूरा होना। २. पूरा पड़ना, यथेष्ट होना।

पुरबला* वि० [सं० पूर्व] पूर्व या पिछले जन्म का।

पुरबिया वि० [हिं० पूरब] पूरब का।

पुरबिला* वि० दे० 'पुरबला'।

पुरवट पुं० [सं० परमट] चमड़े का वह बड़ा डोल जिसके द्वारा बैलों की सहायता से खेतों की सिंचाई के लिए पानी खींचा जाता है, चरसा, मोट।

पुरवना* स० [हिं० पूरना] १. किसी की आशा या कामना पूरी करना। २. पूर्ण करना, भरना। ३. (प्रतिज्ञा या वचन) पूरा करना।
मुहा० *साथ पुरवना*=अन्त तक पूरा साथ देना।
अ० १. पूरा होना। २. यथेष्ट होना।

पुरवा पुं० [सं० पुटक] मिट्टी का छोटा गोल पात्र, कुल्हड़।
*पुं०=पूर्वी (नक्षत्र)।

पुरवाई, पुरवैया स्त्री० [सं० पूर्व+वायु] पूरब से चलने या आनेवाली वायु।

पुरश्चरण पुं० [सं०] १. किसी काम के लिए पहले से उपाय सोचना और प्रबन्ध करना। २. तन्त्रशास्त्र में मन्त्र, स्तोत्र आदि का किसी अभीष्ट कार्य की सिद्धि के लिए, नियमपूर्वक पाठ करना।

पुरसा पुं० [सं० पुरुष] साढ़े चार या पाँच हाथ की ऊँचाई की एक नाप।

पुरसाहाल पुं० [हिं०+अ] हाल पूछनेवाला।

पुरस्कर्ता पुं० [सं०] आगे या सामने लानेवाला, प्रस्तुत करनेवाला।

पुरस्कार पुं० [सं०] [वि० पुरस्कृत] १. किसी प्रतियोगिता के विजेता अथवा किसी अच्छे काम के कर्ता को दिया जानेवाला धन या द्रव्य, पारितोषिक, इनाम। २. ऐसी महत्त्वपूर्ण वस्तु जिसकी प्राप्ति के लिए प्रयास करना पड़े।

पुरस्कृत वि० [सं०] जिसे पुरस्कार मिला हो।

पुरस्सर वि० दे० 'पुरःसर'।

पुरहूत* पुं० दे० 'पुरूहूत'।

पुरांगना स्त्री० [सं०] नगर में रहनेवाली स्त्री, नगर-वासिनी।

पुरा[1] वि० [सं०] प्राचीन, पुराना। (यौ० के आरम्भ में, जैसे पुराकाल, पुरातत्व)

पुरा[2] पुं० [सं० पुर] छोटा गाँव।

पुराकाल पुं० [सं०] इतिहासपूर्व काल।

पुराकृत वि० [सं० पुरा+कृत] १. प्राचीन काल का बना हुआ। २. प्राचीन, पुराना।

पुराख्यान पुं० [सं०] [वि० पुराख्यानिक] पौराणिक आख्यान, पुराण आदि।

पुराण वि० [सं०] प्राचीन, पुराना।

पुं० १. मनुष्यों, देवताओं, दानवों आदि की वे कथाएँ जो परम्परा से चली आ रही हों। २. हिन्दुओं के वे १८ धार्मिक आख्यान या धर्मग्रन्थ जिनमें सृष्टि की उत्पत्ति, लय और प्राचीन ऋषियों तथा राजवंशों आदि के वृत्तान्त और देवी-देवताओं, तीर्थों के माहात्म्य हैं। [**विशेष**—अठारह पुराण हैं—ब्रह्म, पद्म, विष्णु, शिव, भागवत, नारद, मार्कण्डेय, अग्नि, भविष्य, ब्रह्मवैवर्त, लिंग, वाराह, स्कन्द, वामन, कूर्म, मत्स्य, गरुड़ और ब्रह्माण्ड।] ३. अठारह की संख्या।

पुरातत्त्व पुं० [सं०] वह विद्या जिसमें प्राचीन काल, मुख्यत: इतिहासपूर्व काल की वस्तुओं के आधार पर पुराने आज्ञात इतिहास का पता लगाया जाता है, प्रत्नविज्ञान। (आर्कियॉलोजी)

पुरातत्त्वज्ञ पुं० [सं०] वह जो पुरातत्त्व का अच्छा ज्ञाता हो। (आर्कियालॉजिस्ट)

पुरातत्त्वीय वि० वि० [सं०] पुरातत्त्व-सम्बन्धी।

पुरातन वि० [सं०] [भाव० पुरातनता] प्राचीन, पुराना।

पुं० विष्णु।

पुरातनता स्त्री० [सं०] प्राचीनता।

पुरातनपंथी वि०, पुं० [सं०+हिं०] पुराने विचारोंवाला, रुढ़िवादी।

पुरातनिक वि० [सं०] पुराना, पुरातन।

पुरातात्त्विक वि० [सं०] पुरातत्त्व-सम्बन्धी।

पुरान वि० दे० 'पुराना'।

पुराना[1] वि० [सं० पुराण] [स्त्री० पुरानी] १. जिसे हुए या बने कुछ दिन हो गए हों, बहुत दिनों का, प्राचीन, पुरातन। २. जो आज का न हो; जैसे पुराना अखबार। ३. जो बहुत दिनों तक प्रयोग में आने के कारण अच्छी या ठीक दशा में न रह गया हो, जीर्ण। ४. जिसे बहुत दिनों का अनुभव या ज्ञान हो, परिपक्व; जैसे पुराना खिलाड़ी। ५. बहुत काल या समय का। ६. जिसका प्रचलन उठ गया हो।

पुराना[2] स० [हिं० 'पूरना' का प्रे०] १. पूरा करना या कराना। २. पालन करना या कराना।

पुराना खुर्राट वि० बहुत बड़ा अनुभवी।

पुराना घाघ वि० बहुत बड़ा चालाक।

पुराना पापी पुं० वह जो किसी काम या धंधे में काफी समय से लगा हो।

पुरारी पुं० [सं०] शिव।

पुराल* पुं० दे० 'पयाल'।

पुरालिपि स्त्री० [सं०] प्राचीनकाल में प्रचलित लिपि।

पुरालिपि शास्त्र पुं० [सं०] वह शास्त्र जिसमें प्राचीन काल की (सैकड़ों-हजारों वर्ष पहले की) लिपियाँ पढ़ने का विवेचन होता है। (एपिग्राफी)

पुरावना* स० दे० 'पुराना' (पूरा करना)।

पुरावशेष पुं० [सं०] पुराकाल की वस्तुओं के अवशेष।

पुरावस्तु स्त्री० [सं०] पुराकाल की वस्तु।

पुराविद, पुराविद् पुं० [सं०] पुराकाल का ज्ञाता।

पुरावृत्त पुं० [सं०] प्राचीन काल का वृत्तान्त या हाल।

पुरिया स्त्री० [हिं० पूरना] जुलाहों की वह नली जिस पर (कपड़ा बुनने के पहले) बाने के सूत फैलाए जाते हैं।

स्त्री० १. दे० 'पुड़िया'। २. दे० 'पूरी'। (पकवान)

पुरी स्त्री० [सं०] १. नगरी, छोटा शहर। २. उड़ीसा की जगन्नाथ पुरी।

पुरीष पुं० [सं०] विष्ठा, मल, गू।

पुरु पुं० [सं०] १. देवलोक। २. राक्षस। ३. शरीर। ४. एक प्राचीन राजा जो ययाति के पुत्र थे।

पुरुख* पुं० दे० 'पुरुष'।

पुरुष पुं० [सं०] [भाव० पुरुषत्व] १. नर जाति का मनुष्य, मर्द। २. सांख्य में अकर्ता और असंग चेतन पदार्थ जो प्रकृति से भिन्न और उसका पूरक अंग माना गया है, आत्मा। ३. विष्णु, पुराणपुरुष, यज्ञपुरुष। ४. सूर्य। ५. जीव। ६. व्याकरण में सर्वनाम और उसके साथ आनेवाली क्रियाओं के रूपों का वह भेद जिससे यह जाना जाता है कि सर्वनाम या क्रियापद का प्रयोग वक्ता (कहनेवाले) के लिए हुआ है या श्रोता या सम्बोध्य (जिससे कहा जाए) के लिए अथवा किसी दूसरे के लिए, जैसे 'मैं' उत्तम पुरुष है, 'तुम' मध्यम पुरुष है, और 'वह' अन्य पुरुष। ७. पूर्वज, पुरखा। ८. पति, स्वामी।

वि० नर जाति का (जीव)।

पुरुषकार पुं० [सं०] मानवीय प्रयास या उद्योग।

पुरुष-प्रधान वि० [सं० पुरुष+प्रधान] (समाज शासन-व्यवस्था आदि) जिसमें पुरुषों की प्रधानता या बोलबाला हो।

पुरुषाकार वि० [सं० पुरुष+आकार] पुरुष के आकार का, पुरुष से मिलता-जुलता।

पुरुषानुक्रम पुं० [सं०] पुरखों या पहले की पीढ़ियों से चली आयी हुई परम्परा, एक के बाद एक पीढ़ी का क्रम।

पुरुषानुक्रमिक वि० [सं०] जो किसी वंश में कई पीढ़ियों से बराबर चला आया हो और जिसके आगे की पीढ़ियों में भी चलते रहने की संभावना हो, आनुवंशिक।

पुरुषार्थ पुं० [सं०] १. पुरुष के प्रयत्न का विषय या कार्य। २. पौरुष, पराक्रम। ३. सामर्थ्य, शक्ति।

पुरुषार्थी (-थिन्) वि० [सं०] १. पुरुषार्थ करनेवाला, पौरुष रखनेवाला। २. उद्योगी। ३. परिश्रमी। ४. बलवान। ५. पराक्रमी।

पुरुषोत्तम पुं० [सं०] वह जो पुरुषों में उत्तम या श्रेष्ठ हो। २. विष्णु। ३. जगन्नाथ। ४. नारायण। ५. मलमास।

पुरूहूत पुं० [सं०] इन्द्र, पुरन्दर।

पुरेन, पुरैन स्त्री० [सं० पुटकिनी] १. कमल का पत्ता। २. कमल।

पुरैना* स० पूरा करना।

पुरोगामी (-मिन्) वि०, पुं० [सं०] [स्त्री० पुरोगामिनी, भाव० पुरोगामिता] १. जो सबसे आगे चलता हो, अग्रगामी। २. जो बराबर उन्नति करता हुआ आगे बढ़ता हो। ३. किसी विषय में उदार विचार रखने और अग्रसर रहनेवाला।

पुरोडा पुं० [सं०] १. जौ के आटे की वह टिकिया जो यज्ञ में आहुति देने के लिए पकाई जाती थी, हवि।

पुरोधा पुं० [सं० पुरोधस्] पुरोहित।

पुरोहित पुं० [सं०] [स्त्री० पुरोहितानी, भाव० पुरोहिताई] १. वह ब्राह्मण जो यजमान के यहाँ कर्मकांड के सब कृत्य और संस्कार कराता है। २. किसी धर्म के अनुयायियों के संस्कार और धार्मिक कृत्य करने-करानेवाला। (प्रीस्ट)

पुरौ* पुं० दे० 'पुरवट'।

पुरौती* स्त्री० दे० 'पूर्ति'।

पुलंदा पुं० दे० 'पुलिंदा'।

पुल पुं० [फा०] नदियों आदि के ऊपर, उन्हें पार करने के लिए नावें पाटकर, मोटे रस्से बाँधकर या खम्भों पर पटरियाँ आदि बिछाकर बनाया हुआ रास्ता और उससे सम्बन्ध रखनेवाली सारी रचना, सेतु।

मुहा० *(किसी बात का) पुल बाँधना*=बहुत अधिकता कर देना, झड़ी लगाना। *(किसी वस्तु का) पुल टूटना*=भरमार हो जाना, बाढ़-सी आ जाना।

पुलक पुं० [सं०] प्रेम, हर्ष आदि के आवेग से रोएँ खड़े होना, रोमांच।

पुलकन* स्त्री०=पुलक।

पुलकना* अ० [सं० पुलक] प्रेम, हर्ष आदि से रोएँ खड़े होना, पुलकित या गदगद होना।

पुलकाई* स्त्री० दे० 'पुलक'।

पुलकालि* स्त्री० दे० 'पुलकावलि'।

पुलकावलि स्त्री० [सं०] हर्ष के कारण खड़ी या प्रफुल्ल होनेवाली रोमावली।

पुलकित वि० [सं०] जिसे प्रेम या हर्ष के आवेग से पुलक हुआ हो, गदगद।

पुलट स्त्री० दे० 'पलट'।

पुलटिस स्त्री० [अं० पाउल्टिस] फोड़े आदि पकाने के लिए उनपर लगाकर बाँधा जानेवाला दवाओं का मोटा लेप।

पुलत्थना* स०=पलटना (जैसे *उलत्थना-पुलत्थना)।

पुलपुला वि० [अनु०] [क्रि० पुलपुलाना] १. इतना ढीला और मुलायम कि जरा सा दबाने से झट दब जाए। २. बार-बार दबने और उभड़ने या खुलने और बन्द होनेवाला।

पुलस्त्य पुं० [सं०] एक ऋषि जो ब्रह्मा के मानसपुत्र थे और रावण के पितामह थे।

पुलहना* अ० दे० 'पलुहना'।

पुलाक पुं० [सं०] १. उबाला हुआ चावल, भात। २. पुलाव।

पुलाव पुं० [फा०] मांस और चावल एक में पकाकर बनाया हुआ व्यंजन, मांसोदन।

पुलिंदा पुं० [हिं० पूला] १. लपेटे हुए कपड़े, कागज आदि का मुट्ठा। (बंडल) २. छोटा पैकट या गठरी।

पुलिन पुं० [सं०] १. जल के हट जाने से निकली हुई जमीन, चर। २. तट, किनारा।

पुलिया स्त्री० [हिं० पुल+इया (प्रत्य०)] वह बहुत छोटा पुल जो प्राय: छोटे नालों को पार करने के लिए सड़कों पर बनाया जाता है।

पुलिस स्त्री० [अं० पोलीस] १. प्रजा की जान और माल की रक्षा करनेवाला सिपाही या अफसर, आरक्षी। २. इस प्रकार के कार्यकर्ताओं का विभाग।

पुलिसिया वि० [हिं० पुलिस+इया (प्रत्य०)] पुलिस का, पुलिस द्वारा; जैसे-पुलिसिया आतंक।

पुलोमजा स्त्री० [सं०] इन्द्र की पत्नी, शची, इन्द्राणी।

पुल्लिंग पुं० दे० 'पुंलिंग'।

पुवा* पुं० दे० 'मालपुआ'।

पुश्त स्त्री० [फा०] १. पृष्ठ, पीठ। २. पिछला भाग, पीछा। ३. वंश-परम्परा में कोई स्थान, विशेष दे० 'पीढ़ी'।

पुश्त-दर-पुश्त क्रि० वि० वंश-परम्परा में।

पुश्त-हा-पुश्त क्रि० वि० कई पीढ़ियों से या तक।

पुश्ता पुं० [फा० पुश्त:] १. पानी की रोक या दीवार की मजबूती के लिए ईंट, पत्थर आदि की चुनाई या बनावट, जो मोटी दीवार के रूप में होती है, बाँध। २. ऊँची मेंड़। ३. दे० 'पुट्ठा'।

पुश्तैनी वि० [फा० पुश्त] १. कई पुश्तों या पीढ़ियों से चला आया हुआ। २. आगे की पीढ़ियों तक चलनेवाला।

पुष्कर पुं० [सं०] १. जल। २. जलाशय, ताल। ३. कमल। ४. बाण, तीर। ५. युद्ध। ६. सूर्य। ७. पुराणों के अनुसार सात महाद्वीपों में से एक। ८. राजस्थान का एक प्रसिद्ध तीर्थ जो अजमेर के पास है।

पुष्करिणी स्त्री० [सं०] छोटा तालाब।

पुष्कल वि० [सं०] १. बहुत, अधिक, प्रचुर। २. भरा-पूरा, परिपूर्ण। ३. श्रेष्ठ, उत्तम। ४. पवित्र, निर्मल।

पुष्ट वि० [सं०] [भाव० पुष्टता, पुष्टि] १. जिसका पोषण हुआ हो, पाला हुआ। २. मोटा-ताजा। ३. मोटा-ताजा या बलिष्ठ करनेवाला, बलवर्धक। ४. दृढ़, पक्का, मजबूत।

पुष्टई स्त्री० [सं० पुष्ट+हिं० ई (प्रत्य०)] बल तथा वीर्यवर्द्धक या पुष्टिकारक औषध, ताकत की दवा।

पुष्टि स्त्री० [सं०] १. पोषण। २. पुष्ट होने की दशा, बलिष्ठता। ३. सन्तति की वृद्धि। ४. दृढ़ता, मजबूती। ५. किसी कथन

या पक्ष को ठीक बतलाना, समर्थन। ६. एक बार कही हुई बात पक्की करने के लिए फिर कहना। (एफरमेशन)

पुष्टिकारक वि० दे० 'पौष्टिक'।

पुष्टिमार्ग पुं० [सं०] वल्लभाचार्य का चलाया हुआ एक वैष्णव भक्तिमार्ग।

पुष्टीकरण पुं० [सं० पुष्ट+करण] किसी की कही हुई बात या किए हुए काम को ठीक मानते हुए उसकी पुष्टि करना। (कन्फमेशन)

पुष्प पुं० [सं०] १. फूल, कुसुम। २. ऋतुमती स्त्री का रज। ३. मांस। (वाममार्गी)

पुष्पक पुं० [सं०] १. फूल। २. कुबेर का विमान जो रावण ने छीन लिया था और राम ने उससे छीनकर फिर कुबेर को दे दिया था।

पुष्पज्ञ पुं० [सं०] पुष्पों का जानकार।

पुष्पन पुं० [सं०] पुष्पित होना, खिलना।

पुष्पपुर पुं० [सं०] उत्तर पश्चिमी पाकिस्तान के पेशावर नगर का पुराना नाम।

पुष्पवती वि० स्त्री० [सं०] १. फूलवाली, फूली हुई (लता आदि)। २. रजस्वला (स्त्री)।

पुष्पवर्षा स्त्री० [सं०] फूलों की वर्षा।

पुष्पवाटिका स्त्री० [सं०] फुलवारी, छोटा बाग।

पुष्पवाण पुं० [सं०] कामदेव, अनंग, पुष्पधन्वा, मदन।

पुष्पवृष्टि स्त्री० [सं०] ऊपर से होनेवाली फूलों की वर्षा। (मंगल-सूचक)

पुष्पसार पुं० [सं०] फूलों का सुगन्धित सार, इत्र।

पुष्पांजलि स्त्री० [सं०] फूलों से भरी हुई अंजलि जो किसी देवता, पूज्य पुरुष अथवा स्थान पर चढ़ाई जाती है।

पुष्पागम पुं० [सं०] बसन्त ऋतु।

पुष्पिका स्त्री० [सं०] ग्रन्थ या अध्याय के अन्त का वह वाक्य या पद्य जिससे कहे हुए प्रसंग की समाप्ति सूचित होती है, और जिसमें प्रायः लेखक का नाम और समय भी होता है।

पुष्पित वि० [सं०] जिसमें पुष्प या फूल निकल आए हों, फूला हुआ।

पुष्पोद्यान पुं० [सं०] फुलवारी, बाग।

पुसकर* पुं० दे० 'पुष्कर'।

पुसाना* अ० [हिं० पोसना] १. हो सकना या बन पड़ना। २. अच्छा लगना, शोभा देना।

पुस्त* स्त्री० दे० 'पुश्त'।

पुस्तक स्त्री० [सं०] [स्त्री० अल्पा० पुस्तिका] १. लिखी हुई या छपी हुई बहुत से पन्नोंवाली वह वस्तु जिसमें दूसरों के पढ़ने के लिए विचार, विवेचन आदि हों, पोथी, किताब। ३. वह पंजी जिसमें तथ्य प्रविष्टियाँ आदि अंकित की गई हों; जैसे—हमारी पुस्तकों में उक्त रकम दर्ज नहीं।

पुस्तकाकार वि० [सं०] पुस्तक के रूप में या आकार का।

पुस्तकालय पुं० [सं०] १. वह स्थान जहाँ बहुत-सी पुस्तकों का संग्रह हो। (लाइब्रेरी) २. वह स्थान जहाँ पुस्तकें बिकती हों। (बुक-डिपो)

पुस्त-डाक स्त्री० [सं० पुस्तक+हिं० डाक] वह डाक या डाक से भेजने की वह विधि, जिसके अनुसार समाचार-पत्र, छपी हुई पुस्तकें, छाया-चित्र आदि कुछ विशेष रिआयती दर से भेजे जाते हैं। (बुक-पोस्ट)

पुस्ता† पुं०=पोस्ता।

पुस्तिका स्त्री० [सं०] पतली या छोटी पुस्तक। (बुकलेट)

पुहकर पुं० दे० 'पुष्कर'।

पुहना अ० [हिं०] 'पोहना' का अ०।

पुहप, पुहुप* पुं० [सं० पुष्प] फूल।

पुहुपराग* पुं० दे० 'पुखराज'।

पुहुमी* स्त्री० [सं० भूमि] पृथ्वी।

पुहुरेनु* पुं० [सं० पुष्परेणु] पराग।

पुहुवी* स्त्री० [सं० पृथ्वी] भूमि।

पूँगी स्त्री० [देश०] एक प्रकार की बाँसुरी।

पूँछ स्त्री० [सं० पुच्छ] १. जन्तुओं, पक्षियों आदि के शरीर का पिछला लम्बा भाग, पुच्छ, दुम। २. किसी पदार्थ का पिछला भाग, पुच्छला। ३. पिछलग्गू।

पूँजी स्त्री० [सं० पुंज] १. इकट्ठा किए हुए पास के रुपए, धन, जमा। २. उन सब वस्तुओं और सम्पत्ति का समूह जो पास में हो। ३. वह धन जो और धन कमाने के लिए किसी व्यापार में लगाया जाए मूलधन। (कैपिटल) ४. किसी विषय में किसी की सारी योग्यता या ज्ञान।

पूँजीपति पुं० [हिं० पूँजी+सं० पति] १. वह जिसके पास यथेष्ट पूँजी हो। २. धनी व्यक्ति।

पूँजीवाद पुं० [हिं० पूँजी+सं० वाद] वह आर्थिक प्रणाली जिसमें उद्योग तथा व्यापार राज्य के अधीन न होकर पूँजीपतियों के अधीन होते हैं।

पूँजीवादी वि० पूँजीवाद-सम्बन्धी।

पुं० १. पूँजीवाद का समर्थक। २. वह जिसके पास पूँजी हो।

पूँठ स्त्री० [सं० पृष्ठ] पीठ।

पूआ पुं० दे० 'मालपुआ'।

पूखन* पुं० दे० 'पोषण'।

पूग पुं० [सं०] १. सुपाड़ी का पेड़ या फल। २. राशि, समूह, ढेर। ३. किसी विशेष कार्य या व्यापार के लिए बना हुआ संघ। (कम्पनी)

पूगना अ० [हिं० पुजना] १. पूरा होना, भरना। २. नियत समय आ पहुँचना।

पूछ स्त्री० [हिं० पूछना] १. पूछने या पूछे जाने की क्रिया या भाव, जिज्ञासा। २. खोज, चाह, तलाश। ३. आदर, सम्मान।

पूछ-गीछ स्त्री० [हिं० पूछ+अनु० गीछ]=पूछ-ताछ।

पूछ-ताछ स्त्री० [हिं० पूछ+ताछ (अनु०)] तथ्य या रहस्य जानने के लिए पूछने या प्रश्न करने की क्रिया या भाव;

जैसे-पुलिस पूछ-ताछ करने यहाँ भी आई थी।

पूछ-ताछ आयोग पुं० वह आयोग जो किसी घटना, परिवेश, उत्पीड़न आदि से संबद्ध लोगों से जानकारी प्राप्त करने के लिए गठित हो।

पूछना स० [सं० पृच्छण] १. जानने के लिए प्रश्न करना, जिज्ञासा करना, दरियाफ्त करना। २. खोज-खबर लेना। ३. सत्कार या सम्मान का भाव प्रकट करना।

मुहा० *बात न पूछना*=तुच्छ समझकर ध्यान न देना, उपेक्षा करना।

४. महत्त्व या मूल्य जानना या समझना।

पूछरी* स्त्री० दे० 'पूँछ'।

पूछाताछी स्त्री० दे० 'पूछताछ'।

पूजक पुं० [सं०] पूजा करनेवाला, पूजनेवाला।

पूजन पुं० [सं०] [वि० पूजक, पूजनीय, पूज्य] १. देवता की पूजा, सेवा आदि करना, अर्चन। २. आदर, सम्मान।

पूजना[1] स० [सं० पूजन] १. देवी-देवताओं को प्रसन्न करने के लिए उनकी पूजा करना। २. आदर-सत्कार या सम्मान करना। ३. घूस या रिश्वत लेना।

पूजना[2] अ० [सं० पूर्यते] १. पूर्ण या पूरा होना, भरना। २. गहराई या घाव आदि का भरना। ३. नियत समय आ पहुँचना। ४. पूरा या समाप्त होना, जैसे महीना पूजना। ५. किसी की बराबरी तक पहुँचना, उदा० ये सब पतित न पूजत मो सम। -सूर।

पूजनीय वि० [सं०] [स्त्री० पूजनीया] १. जिसकी पूजा करना उचित हो, पूजने योग्य, अर्चनीय। २. आदरणीय, सम्मान के योग्य।

पूजबंद पुं० [फा०] जानवरों के मुँह पर बाँधने की जाली।

पूजा स्त्री० [सं०] १. वह कार्य जो ईश्वर या देवी-देवताओं को प्रसन्न या अनुकूल करने के लिए श्रद्धा-भक्तिपूर्वक किया जाए। २. किसी देवी देवता पर जल, फूल आदि चढ़ाकर या उनके आगे कुछ रखकर किया जानेवाला धार्मिक कार्य, अर्चना। ३. आदर-सत्कार, खातिर। ४. किसी को प्रसन्न या अनुकूल करने के लिए उसे कुछ देना। ५. दंड, सजा।

पूजार्ह वि० [सं०] पूजा के योग्य, पूज्य।

पूजित वि० [सं०] [स्त्री० पूजिता] जिसकी पूजा की गई हो, अर्चित।

पूजी स्त्री० [फा० पूजबंद] घोड़े का एक प्रकार का साज जो उसके मुँह पर रहता है।

पूज्य वि० [सं०] [स्त्री० पूज्या] १. पूजा किए जाने के योग्य, जिसकी पूजा करना कर्तव्य हो, पूजनीय। २. आदर, श्रद्धा आदि के योग्य।

पूज्यपाद वि० [सं०] जिसके पैर पूजे जाने के योग्य हों, अत्यन्त पूज्य और मान्य।

पूठि* स्त्री० [सं० पृष्ठ] पीठ।

पूड़ी स्त्री० दे० 'पूरी'।

पूत वि० [सं०] [भाव० पूतता] पवित्र, शुद्ध।

पुं०=सत्य।

पुं० दे० 'पुत्र'।

पूतना स्त्री० [सं०] १. एक राक्षसी जिसको कंस ने श्रीकृष्ण को मारने के लिए गोकुल भेजा था और जिसे, स्तन में दाँत गड़ाकर कृष्ण ने मार डाला था, बकासुर की बहन, बकी। २. वैद्यक के अनुसार बालकों को होनेवाले रोगों का एक वर्ग।

पूतनारि पुं० [सं०] श्रीकृष्ण।

पूतरा* पुं० दे० 'पुतला'।

पूति स्त्री० [सं०] [वि० पौतिक] १. पवित्रता, शुचिता। २. दुर्गन्ध, बदबू। ३. घावों, फोड़ों आदि में विषाक्त कीटाणुओं आदि के उत्पन्न होने के कारण उनका सड़ने लगना जो प्राय: रोगी के लिए घातक सिद्ध होता है, सड़ाँयध। (सेप्सिस)

पूति-विरोधी वि० (ऐसी औषधि) जो घाव में सडाँध को रोकती या दूर करती हो।

पूती स्त्री० [सं० पोत=गट्ठा] १. गाँठ के रूप में होनेवाली जड़। २. लहसुन की गाँठ।

पूनिऊ* स्त्री० दे० 'पूर्णिमा'।

पूनी स्त्री० [सं० पिंजिका] सूत कातने के लिए तैयार की हुई धुनी रुई की बत्ती।

पूनों, पूनो* स्त्री० दे० 'पूर्णिमा'।

पूप पुं० [सं०] मालपुआ।

पूय पुं० [सं०] पीप, मवाद।

पूर पुं० [हिं० पूरना=भरना] १. कचौरी, समोसे, गुझिया आदि पकवानों के अन्दर भरे जानेवाले मसाले। २. नदी आदि की बाढ़। ३. नदी आदि की तेज धारा। ४. समूह, झुंड।

*वि०=पूर्ण।

पूरक वि० [सं०] १. पूर्ति या पूरा करनेवाला। २. किसी के साथ मिलकर उसे पूर्ण स्वरूप देनेवाला। (कॉम्प्लिमेन्टरी)

पुं० १. प्राणायाम का वह पहला अंग या क्रिया जिसमें नाक से श्वास खींचते हुए अन्दर ले जाते हैं। २. वह जो किसी वस्तु के साथ मिलकर उसे पूरा करता हो, पूर्ण बनाने या करनेवाला अंग। (काम्प्लिमेन्ट) ३. वह अंक जिससे गुणा किया जाता है, गुणक अंक। ४. दे० 'समायोजक'।

पूरण पुं० [सं०] [वि० पूरणीय] १. पूरा करने या भरने की क्रिया या भाव। २. समाप्त करना। ३. अंकों का गुणा करना।

वि० दे० 'पूरक'।

पूरन[1] पुं० [हिं० पूरना=भरना] समोसे आदि पकवानों के बीच में भरा जानेवाला मसाला।

पूरन[2] पुं० [हिं० पूर] १. जलाशयों में होनेवाली पानी की बाढ़। २. नदी की धारा या प्रवाह।

*वि० दे० 'पूर्ण'।

पूरनकाम* वि०=पूर्णकाम।

पूरन परब* पुं० दे० 'पूर्णिमा'।

पूरनपूरी स्त्री० [हिं० पूरना+पूरी'] एक प्रकार की मीठी पूरी। (पकवान)

पूरना स० [सं० पूरण] १. पूरा करना, पूर्ति करना। २. आच्छादित करना, ढकना। ३. भरना। ४. (मनोरथ) सफल या सिद्ध करना। ५. मंगल अवसरों पर आटे, अबीर आदि से देव पूजन के लिए गोल, तिखूँटे और चौकोर क्षेत्र बनाना। ६. बँटना, जैसे तागा पूरना। ७. फूँककर बजाए जानेवाले बाजे में मुँह से हवा भरकर बजाना, जैसे शंख या सिंगी पूरना।

अ० १. पूर्ण होना, भर जाना। २. पूरने का काम होना, पूरा हो जाना।

पूरब पुं० [सं० पूर्व] वह दिशा जिसमें सूर्य निकला है, पूर्व, प्राची। (ईस्ट)

*वि०, क्रि० वि० दे० 'पूर्व'।

पूरबल* पुं० [हिं० पूरबला] १. पुराना समय। २. पूर्व जन्म।

पूरबला* वि० [सं० पूर्व+हिं० ला (प्रत्य०)] [स्त्री० पूरबली] १. प्राचीन काल का, पुराना। २. पिछले जन्म का।

पूरबी वि० दे० 'पूर्वी'।

स्त्री० बिहारी बोली का एक प्रकार का दादरा।

पूरा वि० [सं० पूर्ण] [स्त्री० पूरी] १. जो खाली न हो, भरा हुआ, परिपूर्ण। २. समूचा, सारा, समस्त। ३. जिसमें कोई त्रुटि या कोर-कसर न हो, पूर्ण। ४. भर-पूर, यथेष्ट, काफी, पर्याप्त।

मुहा० *पूरा पाना*=यथेष्ट या मनमाना फल या सुख पाना, उदा० कबहुँ न पूरौ पयो।-सूर। *पूरी पड़ना*=आवश्यकताओं की भली भाँति पूर्ति होना, जैसे इन बातों से पूरी नहीं पड़ेगी। ५. पूरी तरह से सम्पादित या सम्पन्न किया हुआ।

मुहा० *(कोई काम) पूरा उतरना*=अच्छी तरह समाप्त होना, जैसा चाहिए, वैसा होना। *(बात) पूरी उतरना*=ठीक निकलना, सत्य ठहरना। *दिन पूरे करना*=किसी प्रकार समय बिताना। *दिन पूरे होना*=अन्तिम समय आना।

६. तुष्ट, पूर्णकाम।

पूरित वि० [सं०] [स्त्री० पूरिता] १. पूरा किया हुआ, परिपूर्ण। २. गुणा किया हुआ, गुणित।

पूरी स्त्री० [सं० पूलिका] १. खौलते हुए घी में छानकर बनाया हुआ रोटी की तरह का एक प्रसिद्ध पकवान। २. मृदंग, तबले, ढोल आदि के मुँह पर मढ़ा हुआ गोल चमड़ा या उस पर लगी हुई गोल काली टिक्की।

पूर्ण वि० [सं०] [भाव० पूर्णता] १. जो सब दृष्टियों से पूरा हो और अपने अस्तित्व, कार्य आदि के लिए किसी की अपेक्षा न रखता हो; जैसे-पूर्ण ब्रह्म। (एब्सोल्यूट) २. जिसमें किसी तरह की कमी या अपेक्षा न हो, सब अंगों से युक्त और पूरा। (परफेक्ट) ३. जिसकी इच्छा पूरी हो चुकी हो, तृप्त। ४. जो किसी तत्त्व या पदार्थ से भरा हो; जैसे-अर्थपूर्ण, विसंगतिपूर्ण। ५. भर-पूर, यथेष्ट, काफी। ६. समूचा, सारा, सब, समस्त। ७. सिद्ध, सफल। ८. (काम) जो पूरा हो चुका हो, समाप्त।

पूर्ण अधिवेशन पुं० [सं०] किसी दल या संस्था का वह अधिवेशन जिसमें सभी सदस्य आमन्त्रित हों।

पूर्णकाम वि० [सं०] जिसकी सब कामनाएँ या इच्छाएँ पूरी हो चुकी हों।

पूर्णघट पुं० [सं०] जल से भरा हुआ घड़ा जो मंगलसूचक माना जाता है और शुभ अवसरों पर भरकर दरवाजे आदि पर रखा जाता है।

पूर्णतः क्रि० वि० दे० 'पूर्णतया'।

पूर्णतया क्रि० वि० [सं०] १. पूरी तरह से, पूर्ण रूप से। (फुल्ली) २. जितना हो, उस सब के विचार से। (होल्ली)

पूर्णता स्त्री० [सं०] सब प्रकार से पूर्ण होने की अवस्था या भाव, पूरापन। (परफेक्शन)

पूर्ण बहुमत पुं० वह स्थिति जब किसी सदन में किसी दल के आधे से अधिक सदस्य हों।

पूर्णमासी स्त्री० दे० 'पूर्णिमा'।

पूर्णविराम पुं० [सं०] व्याकरण में, लेखों आदि में वह चिह्न जो किसी वाक्य की समाप्ति पर उसके अन्त में लगाया जाता है। यह गोल बिन्दी (.) और खड़ी पाई (।) दो रूपों में होता है।

पूर्णांक पुं० [सं० पूर्ण+अंक] १. पूर्ण इकाई का सूचक; जैसे- एक, दो, तीन। २. (बहुवचन) कुल अंक।

पूर्णांग वि० [सं० पूर्ण+अंग] जो सभी अंगों या अवयवों से युक्त हो, अपने में पूर्ण।

पूर्णायु स्त्री० [सं० पूर्णायुस्] (मनुष्यों के लिए १०० वर्ष की) पूरी आयु।

वि० सौ वर्ष तक जीनेवाला।

पूर्णावधि स्त्री० [सं० पूर्ण+अवधि] पूरी अवधि।

पूर्णावस्था स्त्री० [सं०] पूर्णता की प्राप्ति की सूचक अवस्था।

पूर्णाहुति स्त्री० [सं०] १. यज्ञ या होम समाप्त होने पर अन्त में दी जानेवाली आहुति। २. किसी कार्य की समाप्ति के समय होनेवाला अन्तिम कृत्य।

पूर्णिमा स्त्री० [सं०] चान्द्र मास के शुक्ल पक्ष की अन्तिम तिथि, जिसमें चन्द्रमा अपनी सब कलाओं से युक्त या पूरा दिखाई देता है।

पूर्णोपमा स्त्री० [सं०] उपमा अलंकार का वह प्रकार जिसमें उसके चारों अंग (उपमेय, उपमान, वाचक और धर्म) वर्तमान रहते हैं।

पूर्ति स्त्री० [सं०] १. पूर्ण या पूरा होने अथवा करने की क्रिया या भाव, पूर्णता, पूरापन। २. आरम्भ किए हुए कार्य की समाप्ति। ३. किसी प्रकार की त्रुटि, अपेक्षा या कमी पूरा करने की क्रिया या भाव, जैसे अभाव की पूर्ति, समस्या की पूर्ति। ४. किसी बही, रूपक आदि के कोष्ठकों में

आवश्यकता-नुसार कुछ लिखने या खाने भरने की क्रिया या भाव। (इन्ट्री) ५. किसी की आवश्यकता पूरी करने के लिए उसे चीजें देना। (सप्लाई) ६. गुणा करने की क्रिया, गुणन।

पूर्व पुं० [सं०] वह दिशा जिधर सूर्य का उदय होता है, पश्चिम के सामने की दशा।

वि० १. जो पहले हुआ हो या आ चुका हो, पहले का। २. पहले से होनेवाला। (प्रीवियस) ३. प्राचीन, पुराना। ४. पीछे का, पिछला।

क्रि० वि० पहले, पेश्तर, आगे।

पूर्वक क्रि० वि० [सं०] (समस्त पदों में उत्तरपद के रूप में) सहित, के साथ, जैसे कृपापूर्वक, ध्यानपूर्वक, विचारपूर्वक।

पूर्वकथित वि० [सं०] जिसका कथन पहले हो चुका हो।

पूर्वकल्पित वि० [सं०] जिसकी कल्पना पहले ही कर ली गई हो।

पूर्वकाल पुं० [सं०] पहले का समय, प्राचीन काल।

पूर्वकालिक वि० [सं०] १. पूर्वकाल का, प्राचीन, पुराना। २. जिसकी उत्पत्ति या रचना पूर्वकाल में हुई हो।

पूर्वकालिक क्रिया स्त्री० [सं०] व्याकरण में किसी वाक्य की वह क्रिया जो समापिका क्रिया से पहले और उस वाक्य के बीच में आती तथा उस क्रिया की समाप्ति की सूचक होती है, जैसे 'उठकर चलना' में 'उठकर' पूर्वकालिक क्रिया है।

पूर्वग्रह पुं० [सं०] ऐसी पहले से बनी हुई धारणा जिसके फलस्वरूप कोई किसी व्यक्ति या वस्तु का गलत ढंग से समर्थन या विरोध करता हो।

पूर्वचर्चित वि० [सं० पूर्व+चर्चित] जिसकी चर्चा पहले हुई हो।

पूर्वज पुं० [सं०] १. बड़ा भाई, अग्रज। २. बाप, दादा, परदादा आदि जो पहले हो गए हों, पूर्व पुरुष, पुरखे। (ऐन्सेस्टर्स, एसेण्डेंट्स)

पूर्वजन्म पुं० [सं० पूर्वजन्मन्] इस जन्म से पहले का जन्म, पिछला जन्म।

पूर्वतर वि० [सं०] [भाव० पूर्वतरता] १. पहला। २. पहले या पूर्व का।

पूर्वतिथि स्त्री० [सं० पूर्व+तिथि] वास्तविक तिथि से पहले की तिथि।

पूर्वदत्त वि० [सं०] (शुल्क, कर आदि) जो पहले ही चुका दिया गया हो। (प्री-पेड)

पूर्वदिनांकित वि० [सं०] जिस पर पहले की तारीख पड़ी हो।

पूर्वपक्ष पुं० [सं०] १. किसी विषय के सम्बन्ध में उठाई हुई चर्चा, प्रश्न या शंका, जिसका किसी को उत्तर देना या समाधान करना पड़े। २. मुद्दई का दावा या अभियोग।

पूर्वपद पुं० [सं०] किसी समस्त पद में का पहला शब्द, 'उत्तरपद' का विपर्याय, जैसे 'तालपर्ण' में का 'ताल'।

पूर्वपीठिका स्त्री० [सं०] आरम्भिक स्थिति, भूमिका।

पूर्वपुरुष पुं० [सं०] पूर्वज।

पूर्वप्रदर्शित वि० [सं०] जिसका प्रदर्शन पहले हो चुका हो।

पूर्वप्लावनिक वि० [सं०] वैवस्वत मनु अथवा हजरत नूर के समय के प्लावन से पहले का, विशेष दे० 'प्लावन' २.। (एन्टी-डिलूविअल)

पूर्वरंग पुं० [सं०] वह संगीत जो नाटक आरम्भ होने से पहले विघ्नों की शान्ति या दर्शकों को सावधान करने के लिए होता है।

पूर्वराग पुं० [सं०] साहित्य में किसी के गुण सुनकर या किसी चित्र अथवा स्वयं किसी को देखकर उत्पन्न होनेवाला आरम्भिक प्रेम।

पूर्वरूप पुं० [सं०] १. वह रूप जिसमें कोई वस्तु पहले रही हो। २. किसी वस्तु का वह रूप जो उस वस्तु के पूर्ण रूप से प्रस्तुत होने के पहले बना हो। ३. साहित्य में एक अर्थालंकार जिसमें किसी के विनष्ट गुण, रूप, वैभव आदि के फिर से आ जाने या प्राप्त होने और उस वस्तु या व्यक्ति के फिर से अपने पुराने रूप में आ जाने का वर्णन होता है।

पूर्वलक्षित वि० [सं० पूर्व+लक्षित] जिसका संकेत पहले किया गया हो।

पूर्ववत, पूर्ववत् क्रि० वि० [सं०] पहले की तरह, जैसे पहले था, वैसे ही।

पूर्ववर्तिका स्त्री० [सं०] पूर्ववर्ती होने की अवस्था या भाव।

पूर्ववर्ती (-र्तिन्) वि० [सं०] [भाव० पूर्ववर्तिता] १. पहले का। २. जो पहले रह चुका हो।

पूर्वव्यापी (-पिन्) वि० [सं०] जिसकी व्याप्ति पहले से मानी गई हो।

पूर्वा पुं० दे० 'पूर्वाषाढ़ा'।

पूर्वाग्रह पुं०=पूर्वग्रह।

पूर्वाधिकारी पुं० [सं०] १. वह अधिकारी जो किसी पद पर उसके वर्तमान अधिकारी से पहले रहा हो। २. सम्पत्ति का वह स्वामी या अधिकारी जो उसके वर्तमान अधिकारी से पहले रहा हो, 'उत्तराधिकारी' का विपर्याय।

पूर्वानुमति स्त्री० [सं० पूर्व+अनुभूति] १. किसी कार्य के लिए अधिकारी से ली जानेवाली पहले से अनुमति।

पूर्वानुराग पुं० दे० 'पूर्वराग'।

पूर्वापर क्रि० वि० [सं०] आगे-पीछे।

वि० आगे का और पीछे का दोनों, अगला और पिछला दोनों, जैसे पूर्वापर संबंध।

पूर्वापेक्षा स्त्री० [सं०] पहले से की जानेवाली अपेक्षा।

पूर्वापेक्षित वि० [सं०] जिसकी अपेक्षा पहले से हो, जिसके लिए पहले से कोई शर्त पूरी करना आवश्यक हो; अध्यात्म शिक्षा के लिए नैतिक श्रेष्ठता पूर्वापेक्षित है।

पूर्वाभास पुं० [सं० पूर्व+आभास] पहले से होनेवाला किसी घटना के घटित होने का आभास।

पूर्वार्द्ध पुं० [सं०] आरम्भ का आधा भाग, शुरू का आधा हिस्सा।

पूर्वावलोकन पुं० [सं० पूर्व+अवलोकन] जो कुछ हो चुका या किया जा चुका है उसकी समीक्षा।

पूर्वाषाढ़ा पुं० [सं०] सत्ताईस नक्षत्रों में से बीसवाँ नक्षत्र जिसमें चार तारे हैं, वर्षा का आरम्भ प्राय: इसी नक्षत्र से माना जाता है।

पूर्वाह्न पुं० [सं०] सबेरे से दोपहर तक का समय, दिन का पहला आधा भाग।

पूर्वी वि० [सं० पूर्वीय] पूर्व दिशा-सम्बन्धी, पूरब का।
स्त्री० दे० 'पूरबी'।

पूर्वोक्त वि० [सं०] पहले का कहा हुआ, जिसकी चर्चा पहले की जा चुकी हो। (एफोरसेड, फोरगोइंग)

पूर्वोल्लिखित वि० [सं० पूर्व+उल्लिखित] जिसका उल्लेख पहले हुआ हो।

पूला पुं० [सं० पूलक] [अल्पा० पूली] सरपत, मूँज आदि का बँधा हुआ मुट्ठा।

पूलिका स्त्री० [सं०] १. छोटा पूला या मुट्ठा। २. पुलिन्दा, पोटली।

पूषण पुं० [सं०] एक देवता का नाम।

पूषा पुं० [सं०] हठयोग में दाहिने कान की नाड़ी।

पूस पुं० [सं० पौष] अगहन के बाद और माघ के पहले का महीना, पौष।

पृच्छक वि० [सं०] १. पूछनेवाला, प्रश्न करनेवाला। २. जिज्ञासु।

पृथक, पृथक् वि० [सं०] [भाव० पार्थक्य] १. भिन्न, अलग, जुदा। २. अपने कार्य या पद से हटाया हुआ।

पृथकता स्त्री० दे० 'पृथक्ता'।

पृथक्करण पुं० [सं०] १. पृथक् या अलग करने की क्रिया या भाव। २. किसी को पद या अधिकार से हटाना या अलग करना। (रिमूवल)

पृथक्कारक वि० [सं०] अलग करनेवाला।

पृथक्कृत वि० [सं०] अलग किया हुआ।

पृथक्ता स्त्री० [सं०] पृथक् या अलग होने का भाव, पार्थक्य, अलगाव।

पृथग्न्यास पुं० [सं०] [वि० पृथग्न्यस्त] १. अलग करना, लगाना या रखना। २. आस-पास की परिस्थिति से अलग करना। ३. दो वस्तुओं के बीच में कोई ऐसी वस्तु लगाना जिससे एक के ताप या विद्युत् का दूसरी में संचार न होने पाए।

पृथिवी स्त्री० दे० 'पृथ्वी'।

पृथु वि० [सं०] [भाव० पृथुता] १. चौड़ा, विस्तृत। २. विशाल, महान। ३. अगणित, असंख्य। ४. चतुर, प्रवीण। ५. कीर्तिशाली, यशस्वी।
पुं० १. अग्नि। २. विष्णु।

पृथुल वि० [सं०] [भाव० पृथुलता] १. स्थूल, बड़ा। २. विशाल। ३. विस्तृत।

पृथ्वी स्त्री० [सं०] [वि० पार्थिव] १. सौर जगत का वह गृह जिस पर हम सब लोग रहते हैं, अवनि, धरा। २. मिट्टी, पत्थर आदि का बना पृथ्वी का वह ऊपरी ठोस भाग जिसपर हम सब लोग चलते-फिरते हैं, भूमि, जमीन, धरती। ३. पंचभूतों या तत्त्वों में से एक, जिसका प्रधान गुण गन्ध है। ४. (क्व०) मिट्टी।

पृष्ट वि० [सं०] पूछा हुआ।

पृष्ठ पुं० [सं०] १. पीठ। २. किसी वस्तु का ऊपरी तल। ३. पीछे का भाग, पीछा। (रिवर्स) ४. पुस्तक के पन्ने के एक ओर का तल या भाग, पन्ना। (पेज)

पृष्ठपोषक पुं० [सं०] १. पीठ ठोंकनेवाला। २. सहायक, मददगार।

पृष्ठपोषण पुं० [सं०] १. पीठ ठोंकने की क्रिया या भाव। २. सहयोग तथा समर्थन करने की क्रिया या भाव।

पृष्ठभूमि स्त्री० [सं०] १. वह भूमि या तल जो किसी वस्तु के पिछले भाग में हो, पिछला भाग। २. पहले की वे बातें या परिस्थितियाँ जिनके आगे या सामने कोई नई विशेष बात या घटना हो और जिनके साथ मिलान करने पर उस बात या घटना का रूप स्पष्ट होता हो। ३. चित्र आदि के पीछे का दृश्य या दिखाई देनेवाली चीजें।

पृष्ठवंश पुं० [सं०] [वि० पृष्ठवंशीय] पशुओं और मनुष्यों में पीठ की ओर गरदन से कमर तक छोटी-छोटी हड्डियों की गुरियों की लम्बी शृंखला, मेरुदंड, रीढ़। (स्पाइन)

पृष्ठिका स्त्री० [सं०] दे० 'पृष्ठभूमि'।

पेंग स्त्री० [हिं० पटेंग] झूलने के समय झूले का एक ओर से दूसरी ओर जाना।
मुहा० *पेंग मारना*=झूला झूलते समय इस प्रकार जोर लगाना कि उसका वेग बढ़ जाए और वह दूर तक झूले।

पेंच पुं० दे० 'पेच'।

पेंडुकी स्त्री० १. दे० 'पंडुक'। २. दे० 'गुझिया'।

पेंदा पुं० [सं० पिंड] [स्त्री० अल्पा० पेंदी] किसी वस्तु का वह निचला भाग जिसके आधार पर वह ठहरी रहती है।

पेंपें स्त्री० [अनु०] बच्चे के धीमी आवाज में रोते रहने का शब्द। २. भोंपू का शब्द।

पेंशन स्त्री० [अं०] सेवा-निवृत्ति के उपरान्त नियमित रूप से मिलनेवाला मासिक धन।

पेंशनभोगी पुं० [अं०+सं०] वह जिसे पेंशन मिलती हो।

पेंशनयाफ्ता पुं०=पेंशनभोगी।

पेंहटा* पुं० दे० 'कचरी' १.।

पेउस* पुं० दे० 'पेवस'।

पेखक* पुं० दे० 'प्रेक्षक'।

पेखना* स० [सं० प्रेक्षण] देखना।
पुं० १. देखने की वस्तु, दृश्य। २. तमाशा।

पेखनि* स्त्री० [हिं० पेखना] देखने की क्रिया या भाव।

पेग पुं० [अं०] १. शराब पीने की एक पाश्चात्य नाप। २. उक्त मात्रा की शराब।

पेच पुं० [फा०] १. घुमाव, फिराव, लपेट। २. उलझन, झंझट, बखेड़ा। ३. चालबाजी, धूर्तता। ४. कल, यन्त्र। ५. कल या यन्त्र का कोई छोटा पुरजा।

मुहा० *पेच घुमाना*=ऐसी युक्ति करना, जिससे किसी के विचार या कार्य का स्वरूप बदल जाए।

६. एक प्रकार की कील या काँटा जिसके अगले नुकीले भाग पर चक्करदार गड़ारियाँ बनी होती हैं और जो घुमाकर जड़ा जाता है। (स्क्रू) ७. पतंग या गुड्डी लड़ने के समय दो या अधिक पतंगों या गुड्डियों की डोरों का एक दूसरी में फँस जाना। ८. कुश्ती में प्रतिद्वन्द्वी को पछाड़ने की युक्ति या चाल। ९. टोपी पर या पगडी में आगे की ओर शोभा के लिए लगाया जानेवाला एक आभूषण, कलगी, सिरपेच।

पेचक[1] स्त्री० [फा०] बटे हुए तागे की गोली या गुच्छी।

पेचक[2] पुं० [सं०] [स्त्री० पेचिका] उल्लू।

पेचकस पुं० [फा०] वह औजार जिससे पेच कसा और निकाला जाता है।

पेचवान पुं० [फा०] १. फरशी या बड़े हुक्के में लगाई जानेवाली बड़ी सटक। २. बड़ा हुक्का।

पेचिश स्त्री० [फा०] पेट में आँव होने के कारण होनेवाला मरोड़।

पेचीदा वि० [भाव० पेचीदापन] दे० 'पेचीला'।

पेचीला वि० [फा० पेच] [भाव० पेचीलापन] १. जिसमें पेच हों, पेचदार। २. जो टेढ़ा-मेढ़ा या कठिन हो, विकट, मुश्किल।

पेज[1] स्त्री० [सं० पेय] १. रबड़ी, बसौंधी।

पेज[2] पुं० [अं०] पुस्तक का पृष्ठ, पन्ना।

पेज[3] * स्त्री० [?] १. लज्जा, शरम। २. प्रतिष्ठा, मर्यादा, इज्जत।

पेट पुं० [सं० पेट=थैला] १. शरीर में छाती के नीचे का वह अंश जिसमें पहुँचकर भोजन पचता है, उदर।

मुहा० *अपना पेट काटना*=(क) जान बूझकर कम खाना, जिसमें कुछ बचत हो अथवा जिससे कोई दूसरा खा सके; जैसे—माँ अपना पेट काटती है, बच्चे को भोजन कराती है। —विद्यानिवास मिश्र। *(किसी का) पेट काटना*=किसी को मिलनेवाले धन में कमी करना। *पेट का पानी न पचना*=रहा न जाना। *पेट खलाना*=पेट पर हाथ फेरकर भूखे होने का संकेत करना, उदा० दौ कत द्वार द्वार कूकर ज्यों फिरते पेट खलाए। -तुलसी। *पेट चलना*=दस्त आना। *पेट जलना*=बहुत भूख लगना। *पेट पालना*=जीवन निर्वाह करना। *पेट फूलना*=(क) कोई काम करने या कोई बात कहने या सुनने के लिए बहुत उत्सुक होना, (ख) बहुत हँसने के कारण पेट में हवा-सी भर जाना, (ग) पेट में वायु का प्रकोप होना। *पेट मारकर मर जाना*=आत्मघात करना। *पेट में पाँव होना*=अत्यन्त दुष्ट या कपटी होना (कोई वस्तु) *पेट में होना*=गुप्त रूप से पास में होना। *पेट से पाँव निकालना*=बढ़कर अनुचित काम करना।

२. गर्भ, हमल।

मुहा० *पेट गिरना*=गर्भपात होना। *पेट रहना*=गर्भ रहना। *पेट से होना*=गर्भवती होना।

पद *पेट की आग*=सन्तान के प्रति होनेवाली माता की ममता।

३. अन्त:करण, मन, दिल।

मुहा० *पेट में घुसना या बैठना*=रहस्य जानने के लिए मेल-जोल बढ़ाना। *पेट में होना*=मन में होना।

४. पोली वस्तु के बीच का या खाली भाग। ५. गुंजाइश, अवकाश, समाई।

पेटा पुं० [हिं० पेट] १. किसी पदार्थ के बीच का भाग। २. किसी चीज के बीच का वह खाली भाग जो भरा जाने को हो या जिसकी पूर्ति करना आवश्यक हो। ३. ब्योरा, विवरण।

मुहा० *पेटा भरना*=विवरण आदि से बीच का खाली स्थान भरना।

४. सीमा, हद। ५. घेरा, वृत्त।

पेटागि * स्त्री० [हिं० पेट+अग्नि] भूख।

पेटार्थी वि० दे० 'पेटू'।

पेटिका स्त्री० [सं०] १. सन्दूक, पेटी। २. पिटारी।

पेटी स्त्री० [सं० पेटिका] १. छोटा सन्दूक। २. छाती और पेड़ू के बीच के पेट का आगे निकला हुआ नीचेवाला भाग।

मुहा० *पेटी पड़ना*=तोंद निकलना।

३. अन्न के दानों का भीतरी भाग, जिसके पुष्ट होने से अन्न अधिक समय तक ठहरता है, जैसे कच्ची (या पक्की) पेटी का गेहूँ। ४. कमर में बाँधने का चौड़ा तसमा, कमरबन्द। ५. चपरास। (बेल्ट; अन्तिम दोनों अर्थों के लिए)

पेटीकोट पुं० [अं०] साड़ी के नीचे पहनने का अधोवस्त्र।

पेटू वि०, पुं० [हिं० पेट] [भाव० पेटूपन] जिसे सदा पेट भरने या खाने की चिन्ता रहती हो, भुक्खड़।

पेटूपन पुं० [हिं० पेटू+पन (प्रत्य०)] अत्यधिक खाने की आदत या नियत।

पेट्रोल[1] पुं० [अं०] मिट्टी के तेल की तरह का एक प्रसिद्ध खनिज तरल पदार्थ जो ऊर्जा का प्रमुख साधन है।

पेट्रोल[2] पुं० [अं० पैट्रोल] १. सैनिक द्वारा घूम-घूमकर पहरा देना। २. वह सिपाही जो इस प्रकार पहरा देता हो।

पेट्रोलियम पुं० [अं०] मिट्टी का तेल।

पेठा पुं० [देश०] सफेद कुम्हड़ा।

पेड़ पुं० [सं० पिंड] वृक्ष, दरख्त।

पेड़ा पुं० [सं० पिंड] १. खोए की एक प्रसिद्ध गोलाकार चिपटी मिठाई। २. गुँधे हुए आटे की लोई।

पेड़ी स्त्री० [हिं० पेड़] १. पेड़ का तना, धड़, कांड। २. छोटा पेड़, पौधा। ३. मनुष्य का धड़। ४. पान का पुराना पौधा। ५. ऐसे पौधे के पान। ६. वह कर जो प्रति वृक्ष के हिसाब से लगता है।

पेड़ू पुं० [हिं० पेट] १. मनुष्य के नाभि के नीचे और मूत्रेन्द्रिय के ऊपर का भाग, उपस्थ। २. गर्भाशय।

पेन्शन स्त्री०=पेंशन।

पेन्सिल स्त्री० [अं०] एक तरह की कलम जिससे बिना स्याही के लिखा जाता है।

पेन्हाना[१] स० दे० 'पहनाना'।

पेन्हाना[२] अ० [सं० पय:स्त्रवन] दुहते समय गाय, भैंस आदि के थन में दूध उतरना।

पेपर पुं० [अ०] १. समाचार-पत्र। २. परीक्षा का प्रश्न-पत्र। ३. किसी विषय पर लिखा हुआ लेख जो कहीं पढ़ा जाए।

पेपरबैक स्त्री० [अं०] ऐसी पुस्तक जिसकी जिल्द मोटे कागज या कार्ड बोर्ड की हो।

पेपरवाला पुं० [अं०+हिं० वाला] समाचार-पत्र बेचनेवाला, अखबारवाला।

पेम* पुं० दे० 'प्रेम'।

पेमचा पुं० [देश०] एक प्रकार का रेशमी कपड़ा।

पेय[१] वि० [सं०] पीने के योग्य।
पुं० १. पीने की तरल वस्तु, जैसे ठंडई, पना, शरबत। २. जल, पानी। ३. दूध।

पेय[२] पुं० दे० 'प्रेम'।

पेयजल पुं० [सं०] पीने का पानी।

पेयस पुं० [सं० पीयूष] हाल की ब्याई हुई गाय या भैंस का दूध जो कुछ पीला होता है और पीने योग्य नहीं होता।

पेरना[१] स० [सं० पीड़न्] १. कोल्हू आदि में डालकर कोई वस्तु इस प्रकार दबाना कि उसका रस या तेल निकल आए, जैसे ऊख या तल पेरना। २. कष्ट देना, सताना। ३. किसी काम में अधिक देर लगाना।

पेरना[२] स० [सं० परिधान] पहनना।

पेरना[३]* स० [सं० प्रेरण] १. प्रेरणा करना, चलाना। २. भेजना।

पेराई स्त्री० [हिं० पेरना] कोई चीज पेरकर उसका तेल, रस निकालने की क्रिया या मजदूरी।

पेरोल पुं० [अं०] कैदी आदि का कुछ समय के लिए इस शर्त पर छोड़ा जाना कि अवधि पूरी होने पर अथवा बीच में आज्ञा मिलते ही वह तुरन्त लौटकर जेल में आ जाएगा।

पेलना[१] स० [सं० पीड़न] १. दबाकर अन्दर घुसाना, धँसाना। २. धक्का देना, ढकेलना। ३. अवज्ञा करना, न मानना। ४. त्यागना। ५. हटाना, दूर करना। ६. जबरदस्ती करना, बल प्रयोग करना। ७. दे० 'पेरना'।

पेलना[२] स० [सं० प्रेरण] किसी पर आक्रमण करने के लिए हाथी, घोड़ा आदि उसके सामने छोड़ना या आगे बढ़ाना।

पेला* पुं० [सं० पेलना] १. पेलने की क्रिया या भाव। २. आक्रमण, धावा, चढ़ाई। ३. अपराध, कसूर। ४. झगड़ा।

पेवस पुं० [सं० पीयूष] ताजा ब्याही गाय, भैंस आदि का दूध।

पेश वि० [फा०] सामने आया या लाया हुआ।
मुहा० *पेश आना*=(क) बरताव करना, व्यवहार करना। (ख) घटित होना, सामने आना। *पेश करना*=(क) उपस्थित करना, दिखलाना। (ख) भेंट करना, नजर करना। *पेश जाना या चलना*=वश चलना।

पेशकब्ज स्त्री० [फा० पेशक़ब्ज़] एक प्रकार की छोटी तलवार या कटार।

पेशकश पुं० [फा०] १. भेंट, उपहार। २. प्रस्ताव।

पेशकार पुं० [फा०] न्यायालय में हाकिम के सामने कागज-पत्र पेश करने या रखनेवाला कर्मचारी।

पेशकारी स्त्री० [फा० पेशकार] पेशकार का पद या कार्य।

पेशखेमा पुं० [फा०] राजाओं की यात्रा के समय वे खेमे, तम्बू आदि जो एक दिन पहले ही उद्दिष्ट स्थान पर पहुँचकर, उनके निवास के लिए लग जाते हैं।

पेशगी स्त्री० [फा०] पारिश्रमिक का वह थोड़ा अंश जो किसी को कोई काम करने के लिए पहले दिया जाए, बयाना।

पेशबंदी स्त्री० [फा०] पहले से की हुई बचाव की युक्ति।

पेशल वि० [सं०] १. कोमल, नाजुक। २. सुन्दर, सुहावना। ३. बहुत अच्छा, उत्तम। ४. दक्ष, चतुर, होशियार।

पेशवा पुं० [फा०] १. नेता, सरदार। २. महाराष्ट्र साम्राज्य के प्रधान मन्त्रियों की उपाधि।

पेशवाई स्त्री० [फा० पेशवा+हिं० ई (प्रत्य०)] १. पेशवाओं का शासनकाल। २. पेशवा का पद या कार्य। ३. दे० 'अगवानी'।

पेशवाज पुं० [फा० पिशवाज़] नर्तकियों का बड़ा घाघरा जो वे नाचते समय पहनती हैं।

पेशा पुं० [फा० पेश:] [कर्ता पेशेवर] जीविका के लिए किया जानेवाला धन्धा, उद्यम, व्यवसाय।
मुहा० *पेशा करना*=(स्त्री का) व्यभिचार के द्वारा धन कमाना।

पेशानी स्त्री० [फा०] माथा, मस्तक।
मुहा० *पेशानी पर बल पड़ना*=चिंता गहराना।

पेशाब पुं० [फा०] मूत्र, मूत।
मुहा० *(किसी चीज पर) पेशाब करना*=अत्यन्त तुच्छ समझना। *(किसी के) पेशाब से चिराग जलना*=किसी का अत्यन्त प्रतापी होना, बहुत अधिक प्रभावशाली होना।

पेशाबखाना पुं० [फा० पेशाबख़ान:] वह स्थान जहाँ लोग पेशाब करते हों, मूत्रालय। (टॉयलेट)

पेशावर[१] पुं० [सं० पुष्पपुर] [वि० पेशावरी] उत्तर-पश्चिम पाकिस्तान का एक प्रसिद्ध नगर।
वि० दे० 'पेशेवर'।

पेशावर[२] पुं० [फा० पेश:वर] पेशेवर। (दे०)

पेशी[१] स्त्री० [फा०] १. सामने आने या लाने की क्रिया या भाव। २. न्यायालय अथवा अधिकारी के सामने किसी अभियोग या मुकदमे के पेश होने और सुने जाने की कार्रवाई।

पेशी[२] स्त्री० [सं०] शरीर के अन्दर मांस की वह मांसल गुल्थी या गाँठ जिससे अंगों का संचालन होता है।

पेशेवर वि०, पुं० [फा० पेश:वर] वह जो कोई पेशा या व्यवसाय करता हो।
वि० स्त्री० व्यभिचार के द्वारा अपनी जीविका चलानेवाली।

पेशेवराना वि० [फा० पेश:वराना] पेशेवरों के जैसा, जैसे-पेशेवराना शिष्टाचार।

पेश्तर क्रि० वि० [फा०] पहले, पूर्व।

पेषण पुं० [सं०] पीसना।

पेस* क्रि० वि०, पुं० दे० 'पेश'।

पेसना स० [सं० प्रेषण] प्रवेश कराना, धँसाना या घुसाना।

पेहरन स्त्री० [हिं० पेहरना] पहनावा, वर्दी।

पेहरना स० = पहनना।

पैं* क्रि० वि० [हिं० पहँ] पास। (व्रज)

पैंग* स्त्री० दे० 'पेंग'।

पैंचू पुं० [?] करील वृक्ष का कच्चा फल।

पैंजनी स्त्री० = झाँझर।

पैंठ स्त्री० [सं० पण्यस्थान] १. हाट, बाजार। २. दुकान।

पैंड़ना| स० [हिं० पैंड़ा] बाड़े में बंद करना।।

पैंड़ा पुं० [हिं० पैंड़] १. रास्ता, मार्ग।

मुहा० *(किसी के) पैंड़े पड़ना*=(क) पीछे पड़ना, तंग करना। (ख) अनुकरण करना, अनुगामी बनना।

२. घुड़साल, अस्तबल। ३. बाड़ा।

पैंत[१] स्त्री० [सं० पणकृत] दाँव, बाजी।

पैंत[२] वि० [देश०] सात (संख्या)। (दलाल)

पैंतरा पुं० [सं० पदान्तर] १. वार करने या लड़ने के समय पैर जमाकर खड़े होने की मुद्रा या ढंग। २. चालाकी से भरी हुई चाल या युक्ति।

मुहा० *पैंतरा दिखाना*=नई चाल या युक्ति के द्वारा अपनी चालाकी दिखाना। *पैंतरा बदल लेना*=पहलेवाले रुख में बदलाव ले आना।

पैंती स्त्री० [?] कुशा की अँगूठी जो पूजा के समय पहनते हैं।

पै[१]* योज०, क्रि० वि० [सं० पर] १. परन्तु, लेकिन। २. अवश्य, जरूर। ३. पीछे, बाद।

पै[२] क्रि० वि० [हिं० पहँ] १. पास, समीप, निकट। २. प्रति। ३. ओर, तरफ। ४. ही।

पै[३] प्रत्य० [सं० उपरि] १. पर, ऊपर, जैसे कापै=किस पर। २. द्वारा। ३. से, (बुन्देल०), उदा० बिदा ह्वै चले राम पै शत्रुहन्ता। -केशव।

पै[४] स्त्री० [सं० आपत्ति] दोष, त्रुटि, ऐब।

पै[५] स्त्री० दे० 'पय'।

पै[६] स्त्री० दे० 'घोड़ानस'।

पैकरमा* स्त्री० दे० 'परिक्रमा'।

पैकार पुं० [फा०] घूम-घूमकर छोटा-मोटा सामान बेचनेवाला छोटा व्यापारी।

पैकिंग स्त्री० [अं०] किसी चीज को कहीं भेजने या ले जाने के समय बक्स आदि के अन्दर अथवा कागज या कपड़े आदि में अच्छी तरह मजबूती और हिफाजत से बाँधने की क्रिया या भाव।

पैगंबर पुं० [फा० पैग़म्बर] [वि० पैगंबरी] वह धर्माचार्य जो ईश्वर का संदेश लेकर मनुष्यों के पास आनेवाला माना जाता हो, देवदूत; जैसे ईसा, मुहम्मद, मूसा आदि। (प्रॉफेट)

पैग* पुं०=पग।

पैगाम पुं० [फा० पैग़ाम] किसी द्वारा विशेषत: जबानी कहलाया हुआ सन्देश। (मैसेज)

पैज* स्त्री० [सं० प्रतिज्ञा] १. प्रतिज्ञा, प्रण, टेक।

मुहा० *पैज सरना*=प्रतिज्ञा पूरी होना, उदा० वाकी पैज सरे। -सूर।

२. प्रतिद्वंद्विता, होड़।

पैजना* स० [हिं० पैज] प्रतिज्ञा करना।

पैजार स्त्री० [फा० पैज़ार] जूता, जोड़ा।

पैठ स्त्री० [सं० प्रविष्ट] १. पैठने या घुसने की क्रिया या भाव, प्रवेश, दखल। २. गति, पहुँच।

पैठना अ० [हिं० पैठ] प्रविष्ट होना, प्रवेश करना।

पैठाना स० [हिं० पैठना या स०] प्रविष्ट कराना, घुसाना।

पैठार* पुं० [हिं० पैठ+आर(प्रत्य०)] १. पैठ, प्रवेश। २. फाटक, दरवाजा।

पैठारी स्त्री० दे० 'पैठ'।

पैड पुं० [अं०] १. सोख्ते या स्याहीसोख कागज की गद्दी। २. कोई छोटी मुलायम गद्दी, जैसे इंकपैड। ३. छोटे कागजों की गड्डी।

पैड़ी स्त्री० [हिं० पैर] सीढ़ी।

पैतरा पुं० दे० 'पैंतरा'।

पैताना पुं० दे० 'पायँता'।

पैतृक वि० [सं०] १. पिता-सम्बन्धी। २. बाप-दादा के समय से चला आया हुआ, पुश्तैनी, पुरखों का।

पैत्रिक वि० दे० 'पैतृक'।

पैदल वि० [सं० पदाति] पैरों से चलकर कहीं जानेवाला। क्रि० वि० पाँव-पाँव, पैरों से।

पुं० १. बिना किसी सवारी के पैरों से चलने की क्रिया। २. वह सिपाही जिसके पास घोड़ा या और कोई सवारी न हो और जो पैरों से चलकर कहीं जाता हो, पदाति। ३. शतरंज का 'प्यादा' नाम का मोहरा।

पैदा वि० [फा०] १. उत्पन्न, जमा हुआ, प्रसूत। २. प्रकट, आविर्भूत, घटित। ३. कमाया हुआ, अर्जित।

स्त्री० १. आय, आमदनी। २. लाभ।

पैदाइश स्त्री० [फा०] उत्पत्ति, जन्म।

पैदाइशी वि० [फा०] १. जन्मकाल से ही होनेवाला; जैसे-पैदाइशी चिह्न। २. स्वाभाविक, प्राकृतिक।

पैदावार स्त्री० [फा०] अन्न, फल आदि जो खेतों, पेड़ों आदि में उपजा हो, उपज, फलत।

पैदावारी| स्त्री०=पैदावार।

पैन पुं० [अं० पर्मानेंट अकाउंट नंबर का संक्षिप्त रूप] स्थायी खाता संख्या आयकर विभाग द्वारा आयकर दाता के निर्धारित खाते की संख्या।

पैना वि० [सं० पैण] १. पतली और चोखी धारवाला। २. नुकीला।

पैनाना स० [हिं० पैना] पैना बनाना या करना। स०=पहनाना।

पैनी स्त्री० [सं० पैण] लोहे की पतली कील जो साँटे या पैने में लगी रहती है, आर, अनी।

पैबंद पुं० [फा०] [वि० पैबंदी] १. कपड़े आदि का छेद बन्द करने के लिए लगाया जानेवाला छोटा टुकड़ा, चकती, थिगली, जोड़। २. किसी पेड़ की वह टहनी जो काटकर उसी जाति के दूसरे पेड़ की टहनी में बाँधी जाती है। (उससे फल बढ़ते या स्वादिष्ट होते हैं।)

पैबंदी वि० [फा० पैवंद] १. जिसमें पैबन्द लगा हो। २. (वृक्ष) जो पैबन्द या कलम लगाकर तैयार किया गया हो।

पैमाइश स्त्री० [फा०] [वि० पैमाइशी] १. किसी चीज की लम्बाई, चौड़ाई आदि नापने की क्रिया या भाव, नाप। (मेजरमेन्ट) २. जमीनों की लम्बाई-चौड़ाई जानने के लिए होनेवाली नाप-जोख। (सर्वे)

पैमाइशी वि० [फा०] पैमाइश-सम्बन्धी।

पैमाना पुं० [फा० पैमानः] १. वह चीज जिससे कुछ नापा जाए। २. वह पात्र जिससे कुछ नापा जाए। ३. मद्य पीने का पात्र। ४. कसौटी, मानदंड।

पैमाल* वि० दे० 'पामाल'।

पैयाँ स्त्री० [हिं० पायँ] पाँव, पैर।
क्रि० वि० पैरों के सहारे (चलना)।

पैर पुं० [सं० पद] वह अंग जिससे प्राणी खड़े होते और चलते-फिरते हैं, पाँव, पग।
मुहा० *पैर उखड़ जाना*=लड़ाई या विरोध के आगे न ठहर पाना। *पैर उठाना*=(क) चलने के लिए कदम बढ़ाना। (ख) जल्दी-जल्दी पैर आगे रखना। *पैर की जूती*=दासी, चेरी। *पैर छूना*=(क) बड़ों का आदर करने के लिए उनके पैरों पर हाथ रखना, चरण स्पर्श करना। (ख) दीनतापूर्वक विनय करना। *पैर जमना*=(क) स्थिर भाव से खड़ा होना। (ख) दृढ़ रहना, हटने या विचलित होने की अवस्था न आना। *पैर तोड़ना*=(क) बहुत चलकर पैर थकाना। (ख) बहुत दौड़-धूप करना। *पैर तोड़कर बैठना*=(क) कहीं न जाना, एक ही जगह रहना। (ख) हारकर बैठना। *बुरे रास्ते पर पैर रखना या धरना*=बुरे काम में प्रवृत्त होना। *(किसी के) पैर न होना*=ठहरने की शक्ति या साहस न होना, दृढ़ता न होना। *पैर पकड़ना*=(क) विनती करके किसी को कहीं जाने से रोकना। (ख) पैर छूना। (ग) दीनता से विनय करना। *पैर पसारना या फैलाना*=(क) आराम से लेटना या सोना। (ख) आडम्बर, खड़ा करना, ठाट-बाट करना। (ग) विस्तार करना। *पैरों चलना*=पैदल चलना। *पैर पूजना*=बहुत आदर-सत्कार करना या पूज्य मानना। *पैर बढ़ाना*=(क) चलने में पैर आगे रखना। (ख) सीमा से आगे बढ़ना, अतिक्रमण करना। *पैर भर जाना*=चलने की थकावट से पैर में बोझ-सा मालूम होना। *पैर भारी होना*=गर्भ रहना, हमल होना। *पैर में (या से) पैर बाँधकर रखना*=सदा अपने पास रखना, अलग न होने देना। *पैर समेटना*=फैलाव कम करना। *पैर सो जाना*=रक्तसंचार रुकने से पैर सुन्न हो जाना। *पैरों पड़ना*=(क) पैरों पर गिरना, साष्टांग दंडवत करना। (ख) अत्यन्त दीनता से विनय करना। *पैरों पर गिरना या पड़ना*=(क) दंडवत् या प्रणाम करना। (ख) दीनतापूर्वक विनय करना। *धरती पर पैर न रखना*=(क) बहुत घमंड करना। (ख) फूले अंग न समाना। (शेष मुहा० के लिए दे० 'टाँग' और 'पाँव' के मुहावरे)
२. धूल आदि पर पड़े हुए पैरों के चिह्न।

पैरना* अ० [हिं० पैर] चलना, गमन करना।
अ० दे० 'तैरना'।

पैरबाँसा पुं० [हिं० पैर+बाँस] उन बाँसों का जोड़ा जिनके बीच में नट पैर जमाकर उनके बल पर चलते हैं।

पैरवी स्त्री० [फा०] १. किसी के पीछे चलना, अनुगमन। २. मुकदमे आदि में अपने पक्ष में समर्थन आदि के लिए की जानेवाली कार्रवाई। ३. प्रयत्न, कोशिश।

पैरवीकार पुं० [फा०] पैरवी करनेवाला।

पैराउ, पैराऊ* पुं० दे० 'पैराव'।

पैराक पुं० [हिं० पैरना]=तैराक।

पैराव पुं० [हिं० पैरना] उतना पानी, जितना चलकर नहीं, बल्कि तैरकर ही पार कर सकें।

पैराशूट पुं० दे० 'छतरी'। २. दे० 'पौड़ी'।

पैरी स्त्री० १. दे० 'पीढ़ी'। २. दे० 'पैड़ी'।

पैरोकार पुं० दे० 'पैरवीकार'।

पैवस्त वि० [फा० पैवस्तः] (द्रव पदार्थ) जो किसी के अन्दर पहुँचकर सब जगह फैल या समा गया हो, समाया हुआ।

पैविलियन स्त्री० [अं०] खेल के मैदान की दर्शक-दीर्घा।

पैशाचिक वि० [सं०] १. पिशाचों का, राक्षसी। २. घोर और बीभत्स।

पैशाची स्त्री० [सं०] एक प्राचीन प्राकृत भाषा।

पैसना* अ०=पैठना।

पैसा पुं० [सं० पाद या पणांश] १. ताँबे का एक प्रसिद्ध सिक्का जो एक आने का चौथा भाग होता था। २. निकिल का सिक्का जो रुपए का १०० वाँ भाग होता है। ३. धन।
मुहा० *पैसा लगाना*=धन का निवेश करना।

पैसार पुं० [हिं० पैसना] पैठ, प्रवेश।

पैसारना* स०=पैठाना।

पैहारी वि० [सं० पयस्+आहारी] केवल दूध पीकर रहनेवाला।

पोंगा वि० [अनु०] १. नासमझ, मूर्ख। २. कमज़ोर।

पोंगापंथी वि० [अनु०+हिं०] रूढ़ीवादी।

पोंछा स्त्री० दे० 'पूँछ'।

पोंछन स्त्री० [हिं० पोंछना] किसी पात्र या आधार में लगी हुई वस्तु का बचा हुआ अंश जो पोंछने से ही निकले।

पद *पेट की पोंछन*=स्त्री की अन्तिम सन्तान, जिसके बाद उसे फिर कोई सन्तान न हुई हो।

पोंछना[1] स० [सं० प्रोक्षण] १. लगी हुई वस्तु हाथ की रगड़ से हटाते हुए निकालना, काछना। २. रगड़कर धूल या मैल साफ करना, जैसे खिड़की पोंछना।

पोंछना[2] पुं० [स्त्री० पोंछनी] पोंछने का कपड़ा।

पोइया स्त्री० [फा० पोय:] घोड़े की वह चाल जिसमें वह दो पैर साथ उठाकर दौड़ता है, सरपट चाल।

पोइस स्त्री० [फा० पोय:, हिं० पोइया] १. सरपट दौड़। २. दृढ़ता और अध्यवसायपूर्वक चलते हुए आगे बढ़ना।

पोई स्त्री० [फा० पोदकी] एक बरसाती लता जिसकी पत्तियों का साग और पकौड़ियाँ बनती हैं।

पोखना* स० दे० 'पोसना'।

पोखरा पुं० [सं० पुष्कर] [स्त्री० अल्पा० पोखरी] १. जमीन में बहुत बड़ा गड्ढा खोदकर बनाया हुआ जलाशय, तालाब। २. पाखाना।

पोगंड पुं० दे० 'पौगंड'।

पोच वि० [फा० पूच] १. तुच्छ, क्षुद्र। २. हीन, निकृष्ट। ३. बुरा, खराब। ४. अशक्त, निर्बल।

पोट स्त्री० [सं० पोट=ढेर] १. चीजों की वह गठरी या पोटली जो चारों ओर से कपड़े, टाट, कागज आदि से बँधी हो, जैसे पोट डाक। (पारसल) २. बहुत-सी चीजों का अटाला, राशि, ढेर। ३. लहसुन की गाँठ।

पोटना* स० [हिं० पेट] १. समेटना, बटोरना। २. फुसलाना, बहलाना।

पोटली स्त्री० [हिं० पोट] कपड़े का वह छोटा टुकड़ा जिसमें कोई चीज बँधी हो, छोटी गठरी, जैसे रत्नों की पोटली, औषध या औषधि की पोटली।

पोटा[1] पुं० [सं० पुट=थैली] [स्त्री० अल्पा० पोटी] १. पेट की थैली। २. सामर्थ्य, शक्ति। ३. समाई, औकात। ४. आँख की ऊपरी पलक, पपोटा। ५. उँगली का सिरा।

पोटा[2] पुं० [सं० पोत] चिड़िया का बच्चा।

पोटी स्त्री० [हिं० पोटा] कलेजा।

पोटो पुं० भारत का आतंक विरोधी अध्यादेश (२००१)।

पोढ़ा वि० [सं० प्रौढ़] [स्त्री० पोढ़ी, क्रि० पोढ़ाना, भाव० पोढ़ापन] १. पुष्ट, मजबूत। २. कड़ा, कठोर। ३. दृढ़, पक्का।

पोत[1] पुं० [सं० पोत:] १. पशु या पक्षी का छोटा बच्चा, **उदा०** चित-चातक को पोती। -तुलसी। २. कपड़ा, वस्त्र। ३. एक प्रकार का बूटीदार रेशमी कपड़ा। ४. सूतों के मोटे या पतले होने के विचार से कपड़े की गफ या झीनी बुनावट। ५. बड़ी नाव। ६. जहाज।

पोत[2] स्त्री०[सं० प्रोता] १. माला में का छोटा-दाना। २. काँच की छोटी गुरिया।

पोत[3] पुं० [सं० प्रवृत्ति] १. ढंग, ढब, उदा० नीच हियैं हुलसे रहैं, गहे गेंद के पोत। -बिहारी। २. बारी, पारी।

पोत[4] पुं० [फा० फ़ोत:] जमीन का लगान।

पोत[5] पुं० [हिं० पोतना] पोतने की क्रिया या भाव, पुताई।

पोतक पुं० [सं०] किसी प्राणी या जीव का छोटा बच्चा।

पोतड़ा पुं० [हिं० पोतना] छोटे बच्चे के नीचे बिछाने का कपड़े का टुकड़ा।

पोतदार पुं० [हिं० पोत+दार] १. खजानची। २. खजाने में रुपया परखनेवाला।

पोतना[1] स० [सं० पोतन=पवित्र] १, गीली वस्तु की तह चढ़ाना। २. कोई घोल किसी वस्तु पर इस प्रकार लगाना कि वह उस पर बैठ या जम जाए।

पुं० वह कपड़ा जिससे कोई गीली चीज पोती या लगाई जाए, पोता।

पोत-परिवहन पुं० [सं०] पोतों द्वारा माल ढोने का कार्य।

पोता[1] पुं० [सं० पौत्र] बेटे का बेटा, पौत्र।

पोता[2] पुं० [फा० फ़ोत:] १. पोत, लगान, भूमिकर। २. अंड-कोष।

पोता[3] पुं० [हिं० पोतना] १. गीली चीज पोतने का कपड़ा, पोतना। २. वह घोल जो किसी वस्तु पर पोता जाए। ३. मिट्टी का वह लेप जो धातु के बरतनों को आग पर चढ़ाने के पहले उनके नीचे लगाया जाता है।

पोताई स्त्री० दे० 'पुताई'।

पोती[1] स्त्री० [हिं० पोता] पुत्र की पुत्री।

पोती[2] स्त्री० [हिं० पोतना] पोतने की क्रिया या भाव, पुताई।

पोथा पुं० [हिं० पोथी] बड़ी पोथी, पुस्तक या लिखे हुए कागजों का समूह।

पोथी स्त्री० [सं० पुस्तिका] पुस्तक।

पोद्दार पुं० दे० 'पोतदार'।

पोना स० [हिं० पूआ+ना(प्रत्य०)] १. गीले आटे की लोई उँगलियों से दबाकर रोटी के रूप में बढ़ाना। २. (रोटी) पकाना।

स० दे० 'पिरोना'।

पोप पुं० [अं०] ईसाई धर्म का सबसे बड़ा प्रधान या आचार्य।

पोपला वि० [हिं० पुलपुला] [क्रि० पोपलाना] १. जिसमें दाँत न हों। २. जिसके मुँह में दाँत न हों। ३. दे० 'पोला'।

पोप-लीला स्त्री० [अं० पोप+सं० लीला] पोपों और पुरोहितों की सीधे और धर्मनिष्ठ लोगों को अपने जाल में फँसानेवाली बातें या कार्य।

पोया पुं० [सं० पोतक] १. छोटा नरम पौधा। २. बहुत छोटा बच्चा, जैसे चिड़िया या साँप का पोया।

पोर स्त्री० [सं० पर्व] १. उँगली की गाँठ या जोड़ जहाँ से वह झुकती या मुड़ती है। २. उँगली में दो गाँठों के बीच का अंश। ३. ईख, बाँस आदि की दो गाँठों के बीच का भाग। ४. जुए में किसी के जिम्मे बाकी पड़नेवाली रकम।

पोल[1] स्त्री० [हिं० पोला] १. खाली जगह। २. अवकाश, पोलापन। ३. बाहरी आडम्बर के अन्दर की सारहीनता।

मुहा० *(किसी की) पोल खुलना*=भीतरी दशा का प्रकट होना, भंडा फूटना। *पोल खोलना*=भंडा फोड़ना।

पोल[2] स्त्री० [सं० प्रतोली] १. फाटक। २. आँगन।

पोला वि० [हिं० पोल] [स्त्री० पोली, भाव० पोलाई] १. जिसके अन्दर का भाग खाली हो। २. जो कड़ा या ठोस न हो, खोखला। ३. निस्सार, तत्त्वहीन।

पोलिया पुं० दे० 'पौरिया'।

पोलो पुं० [अं०] घोड़े पर चढ़कर खेला जानेवाला चौगान। (खेल)

पोश पुं० [फा०] १. वह जिससे कोई चीज ढकी जाए, जैसे मेजपोश, तख्तपोश। २. सामने से हटाने का संकेत, जिसका अर्थ है- बचो, हट जाओ।

वि० पहननेवाला, जैसे सफेदपोश।

पोशाक स्त्री० [फा०] पहनने के सब कपड़े, परिधान।

पोशीदगी स्त्री० [फा०] १. छिपे हुए होने की अवस्था या भाव। २. छिपाने की क्रिया या भाव, छिपाव।

पोशीदा वि० [फा० पोशीद:] छिपा हुआ, गुप्त।

पोषक वि० [सं०] १. पोषण करनेवाला। २. बढ़ानेवाला, वर्धक। ३. पुष्टि, समर्थन या सहायता करनेवाला।

पोषक तत्त्व पुं० [सं०] प्राय: खाद्य पदार्थों में बहुत ही सूक्ष्म मात्रा में पाया जानेवाला एक प्रकार का नव-आविष्कृत तत्त्व जो शरीर के अंगों की वृद्धि, स्वास्थ्य-रक्षा आदि के लिए आवश्यक और उपयोगी माना जाता है, इसके बहुत भेद होते हैं। (विटामिन)

पोषण पुं० [सं०] [वि० पोषित, पुष्ट, पोषणीय, पोष्य] १. किसी वस्तु में आवश्यक उपयोगी तत्त्व पहुँचाकर उसे पुष्ट करना, बनाए रखना या बढ़ाना। २. ऐसा काम करना या ऐसी सहायता देना जिससे कोई सुखपूर्वक जीवन बिता सके, पालना। (मेण्टेनेन्स) ३. बढ़ाना, वर्धन। ४. समर्थन आदि के द्वारा ठीक ठहराना या पक्का करना, जैसे किसी के मत का पोषण करना।

पोषणवृत्ति स्त्री० [सं०] वह वृत्ति जो किसी को भरण-पोषण या जीविका के लिए दी जाती हो। (मेण्टेनेन्स एलाउन्स)

पोषणीय वि० [सं०] पोषण के योग्य।

पोषिका स्त्री० [सं०] गले के अन्दर की वह नली जिससे भोजन पेट तक पहुँचता है। (एलिमेण्टरी केनाल)

पोष्य वि० [सं०] १. जिसका पालन-पोषण किया जाना चाहिए, पाले जाने के योग्य, पालनीय, पाला हुआ।

पोष्यपुत्र पुं० [सं०] १. पुत्र की तरह पाला हुआ लड़का। २. दत्तक।

पोस पुं० [सं० पोषण] पालनेवाले के प्रति होनेवाला प्रेम और कृतज्ञता।

पोसना स० [सं० पोषण] १. पालन या रक्षा करना। २. अपने पास अपनी रक्षा में रखना।

* स० दे० 'पोंछना'।

पोस्टकार्ड पुं० [अं०] डाक से भेजने का कार्ड जिसपर टिकट लगा या छपा रहता है।

पोस्टर पुं० [अं०] दीवारों पर लगाने का विज्ञापन।

पोस्टेज पुं० [अं०] डाक से पत्र, पार्सल आदि भेजे जाने का खर्च, डाक-व्यय।

पोस्त पुं० [फा०] १. छिलका, बकला। २. खाल, चमड़ा। ३. अफीम का पौधा। ४. अफीम के पौधे का डोडा, पोस्ता।

पोस्ता पुं० [फा० पोस्त] एक प्रकार का पौधा जिसके डोडों से अफीम तैयार की जाती है।

पोस्ती पुं० [फा०] नशे के लिए पोस्ते के डोडे पीसकर पीनेवाला, नशेबाज।

पोस्तीन पुं० [फा०] १. समूर आदि पशुओं की खाल का बना हुआ एक गरम पहनावा। २. ऐसी खाल का बना हुआ कोट या कुरता। ३. पुस्तक की जिल्द के भीतरी भाग पर चिपकाया जानेवाला कागज़।

पोहना स० [सं० प्रोत] १. पिरोना, गूँथना। २. छेदना। ३. पोतना। ४. जड़ना। ५. पीसना। ६. दे० 'पोना'।

पोहमी* स्त्री०=पृथ्वी।

पौंचा पुं० [सं० पौंड्रक] एक प्रकार का गन्ना।

पौ[1] स्त्री० [सं० प्रभा, प्रा० पव, पउ] प्रात: काल के सूर्य के प्रकाश की रेखा या मद्धिम ज्योति।

मुहा० *पौ फटना*=सबेरे का प्रकाश दिखाई पड़ना, दिन निकलने लगना।

पौ[2] पुं० [सं० पाद] १. पैर। २. जड़

पौ[3] स्त्री० [सं० पाद] पासे के खेल में दाँव।

मुहा० *पौ बारह होना*=जीत, सफलता या लाभ का योग आना।

पौ[4] स्त्री० [सं० प्रपा] वह स्थान जहाँ जन-साधारण को पानी पिलाया जाता है, पौसरा।

पौआ पुं० [हिं० पाव] १. सेर का चौथाई भाग, पाव। २. इस तौल या मान का बटखरा या बरतन। ३. पद, रुतबा।

पौगंड पुं० [सं०] बालक की पाँच वर्ष से दस वर्ष तक की अवस्था।

वि० पाँच से दस वर्ष तक की अवस्थावाला।

पौड़ना अ० दे० 'तैरना'।

पौढ़ना[1] अ० [सं० प्लवन] झूलना।

पौढ़ना[2] अ० [सं० प्रलोठन] लेटना।

पौतिक वि० [सं०] पूति-सम्बन्धी।

पौत्र पुं० [सं०] [स्त्री० पौत्री] लड़के का लड़का, पोता।

पौद स्त्री० [सं० पोत] १. वह छोटा पौधा जो एक जगह से हटाकर दूसरी जगह लगाया जा सके। २. उपज, पैदावार।

स्त्री० दे० 'पाँवड़ा'।

पौधा पुं० [सं० पोत] १. उगनेवाले वृक्ष का आरम्भिक रूप, नया और छोटा पेड़। २. क्षुप, छोटे आकार का वृक्ष।

पौनःपुनिक वि० [सं०] पुन:पुन: या बार-बार होनेवाला।

पौन:पुन्य पुं० [सं०] बार-बार होते रहने की अवस्था या भाव।

पौन[1] उभय० [सं० पवन] १. हवा। २. प्राणवायु। ३. प्रेत, भूत।

पौन[2] वि० [सं० पाद+ऊन] एक में से चौथाई कम, तीन चौथाई।

पौना[1] पुं० [सं० पाद+ऊन] पौन का पहाड़ा।
वि० दे० 'पौन'।

पौना[2] पुं० [हिं० पोना] [अल्पा० पौनी] एक प्रकार की कलछी।

पौनार, पौनारी* स्त्री०=पद्मनाल।

पौनी[1] स्त्री० [हिं० पावना] नाई, धोबी आदि जो मंगल अवसरों पर नेग पाते हैं।

पौनी[2] स्त्री० [हिं० पौना] छोटा पोना, कलछी।

पौने वि० [हिं० पौन] (संख्या के विचार से) तीन चौथाई, जैसे पौने चार।

पौर वि० [सं०] पुर या नगर-सम्बन्धी, नगर का।
स्त्री० दे० 'पौरी'।

पौरजन पुं० [सं०] नगर-निवासी, नागरिक।

पौर जानपद पुं० [सं०] प्राचीन भारतीय राज्यतन्त्र में पुर या नगर और जनपद या बाकी देश के प्रतिनिधियों की सभाओं का सम्मिलित रूप। (प्राय: पुर और जनपद अलग ही काम करते थे; पर कुछ विशिष्ट अवसरों पर दोनों के सम्मिलित अधिवेशन भी होते थे। इन दोनों का वही सम्मिलिति रूप पौरजनपद कहलाता है।)

पौरत्व पुं० दे० 'नागरिकता'।

पौरव पुं० [सं०] पुरु का वंशज।

पौरवृद्ध पुं० [सं०] किसी पुर या नगर के वे बड़े और प्रधान प्रतिनिधि आदि जो प्राचीन भारतीय राज्यतन्त्र में नगर की व्यवस्था से सम्बन्ध रखनेवाले कुछ विशिष्ट कार्य करते थे।

पौरा पुं० [हिं० पैर] (शुभ, अशुभ आदि के विचार से) किसी का आगमन, जैसे बहू का पौरा अच्छा है।

पौराणिक वि० [सं०] [स्त्री० पौराणिकी] १. पुराण-सम्बन्धी। २. पुराना, प्राचीन।
पुं० १. पुराण का ज्ञाता। २. लोगों को पुराणों की कथा सुनानेवाला, व्यास।

पौरातनिक वि० [सं०] पुरातन, प्राचीन।

पौरिया पुं० [हिं० पौरी] १. दरवाजे पर पहरा देनेवाला, द्वारपाल। २. मंगल अवसरों पर द्वार पर बैठकर मंगलगीत गानेवाला याचक।

पौरी[1] स्त्री० [सं० प्रतोली] ड्योढ़ी।

पौरी[2] स्त्री० [हिं० पैर] १. सीढ़ी। २. सीढ़ी का डंडा।

पौरी[3] स्त्री० [हिं० पाँवरी] खड़ाऊँ।

पौरुख* पुं०=पौरुष।

पौरुष पुं० [सं०] १. 'पुरुष' का भाव, पुरुषत्व। २. पुरुषों के योग्य या उपयुक्त काम, पुरुषार्थ। ३. पराक्रम, साहस। ४. उद्योग, उद्यम।
वि० पुरुष-सम्बन्धी, पुरुष का।

पौरुषेय पुं० [सं०] १. पुरुष-सम्बन्धी। २. आदमी का किया या बनाया हुआ।

पौरोहित्य पुं० [सं०] १. 'पुरोहित' का भाव, पुरोहिताई। २. पुरोहितों का वर्ग या समाज। (प्रीस्टहुड)

पौर्णमासी स्त्री० [सं०] पूर्णिमा (तिथि)।

पौर्वात्य वि० [सं०] पूर्वीय या एशिया महाद्वीप के देशों से सम्बन्ध रखनेवाला, प्राच्य, 'पाश्चात्य' का विपर्याय। (ओरिएण्टल)

पौर्वापर्य पुं० [सं०] 'पूर्वापर' का भाव, आगे-पीछे होने की क्रिया या भाव।

पौल स्त्री० [सं० प्रतोली] नगर या दुर्ग का बड़ा फाटक।

पौलना* स० [?] काटना।

पौलिया पुं० दे० 'पौरिया'।

पौली स्त्री० [सं० प्रतोली] ड्योढ़ी।

पौष पुं० [सं०] अगहन के बाद और माघ के पहले का महीना, पूस।

पौष्टिक वि० [सं०] १. पुष्ट करनेवाला। २. बल या वीर्य बढ़ानेवाला।

पौसरा, पौसला पुं० [सं० पय:शाला] वह स्थान जहाँ सर्वसाधारण को पानी पिलाया जाता है, सबील।

पौहारी पुं० [सं० पयस्=दूध+आहार] अन्न छोड़कर और केवल दूध पीकर रहनेवाला।

प्याऊ पुं० दे० 'पौसरा'।

प्याज पुं० [फा० प्याज़] एक प्रसिद्ध कन्द जिसकी उग्र गन्ध अप्रिय होती है।

प्याजी वि० [फा० प्याज़ी] १. पैदल सिपाही, दूत, हरकारा। २. शतरंज का एक मोहरा या गोटी जो सबसे छोटी मानी जाती है, प्यादा।

प्यार पुं० [सं० प्रिय] मुहब्बत, प्रेम।

प्यारा वि० [सं० प्रिय] [स्त्री० प्यारी] १. जिसे प्यार किया जाए, प्रेमपात्र, प्रिय। २. भला मालूम होनेवाला।

प्याला पुं० [फा० पियाल:] [स्त्री० अल्पा० प्याली] १. छोटा कटोरा। २. तोप, बन्दूक आदि में वह जगह जिसमें रंजक भरी जाती है।

प्यावना* स०=पिलाना।

प्यास स्त्री० [सं० पिपासा] १. जल पीने की प्रवृत्ति या इच्छा, तृषा, पिपासा। २. प्रबल वासना या कामना।

प्यासा वि० [हिं० प्यास] जिसे प्यास लगी हो, तृषित।

प्यूनी* स्त्री० दे० 'पूनी'।

प्योंदा[1] पुं० [फा० पैवंद] १. वृक्षों आदि को काटकर लगाई जानेवाली कलम, पैवन्द। २. थिगली।

प्योंदा[2] वि० [स्त्री० प्योंदी] १. (वृक्ष) जो कलम या पैवन्द लगाने से तैयार हुआ हो। २. ऐसे वृक्ष का (फल), जैसे प्योंदा बेर।

प्यो* पुं० [हिं० पिय] पति, स्वामी।

प्योसरा पुं० दे० 'पौसरा'।

प्योसार पुं० दे० 'मायका'।

प्यौ* पुं० [सं० प्रिय] १. पति, स्वामी। २. प्रियतम।

प्यौड़ी स्त्री० एक प्रकार की पीली मिट्टी।

प्रकंप, प्रकंपन पुं० [सं०] [वि० प्रकंपित] १. कँपकँपी। २. महावतात, झंझावात।

प्रकट वि० [सं०] १. जो सबके सामने हो, सामने आया हुआ, जाहिर। ३. आविर्भूत। ३. स्पष्ट, साफ।

प्रकटन पुं० [सं०] प्रकट होने की अवस्था या भाव।

प्रकटना* अ० दे० 'प्रगटना'।

प्रकटित वि० [सं०] प्रकट किया हुआ।

प्रकथन पुं० [सं०] कही हुई बात या किए हुए काम की पुष्टि।

प्रकरण पुं० [सं०] १. उत्पन्न करना। २. चर्चा, वर्णन, वृत्तान्त। ३. प्रसंग, विषय। ४. ग्रन्थ के अन्तर्गत उसका छोटा विभाग, अध्याय। ५. दृश्य काव्य में रूपक का एक भेद।

प्रकरी स्त्री० [सं०] १. नाटक में किसी स्थानिक घटना की अवान्तर कथा की सहायता से कथावस्तु का प्रयोजन सिद्ध करना, जो एक अर्थ-प्रकृति है। २. वह कथावस्तु जो थोड़े समय तक चलकर रुक जाए।

प्रकर्ष पुं० [सं०] १. उत्कर्ष, उत्थान। २. अधिकता।

प्रकला स्त्री० [सं०] कला (समय) का साठवाँ भाग।

प्रकल्प पुं० [सं०] १. युग। २. विशिष्ट घटनाओं के लिए प्रसिद्ध कोई कालखंड।

प्रकांड वि० [सं०] बहुत बड़ा।

प्रकाम वि० [सं०] १. प्रचुर, बहुत, अधिक। २. यथेष्ट, काफी।

प्रकाम्य वि० दे० 'प्राकाम्य'।

प्रकार पुं० [सं०] १. एक ही तरह की अथवा एक ही मूल से उत्पन्न वस्तुओं, जीवों आदि का ऐसा वर्ग जो उसे दूसरी वस्तुओं या जीवों से अलग करता हो, तरह, किस्म, जैसे घोड़े कई प्रकार को होते हैं। (काइन्ड) २. उन तत्त्वों, गुणों या विशेषताओं का समूह जिनसे किसी वस्तु का स्वतन्त्र स्वरूप प्रकट होता है, भेद, जैसे शास्त्रों में इसके कई प्रकार बतलाए गए हैं। (डेस्क्रिप्शन) ३. कोई काम पूरा करने के लिए व्यवहार में लाई जानेवाली क्रिया या प्रक्रिया, ढंग, तरीका, जैसे यह काम इस प्रकार न होगा। (मैनर) ४. वह प्राकृतिक तत्त्व जिसके कारण किसी वस्तु का कोई अलग वर्ग बनता है। (नेचर)

पुं० दे० 'प्राकार' (प्राचीर)।

प्रकारांतर पुं० [सं०] दूसरा प्रकार।

प्रकारांतर, से संबंधबोध० सीधी तरह से नहीं, बल्कि घुमाव-फिराव से, अप्रत्यक्ष रूप से।

प्रकार्य पुं० [सं० प्र+कार्य] १. ऐसा कार्य जिसे कोई स्वभावतः या कर्तव्य समझकर करता हो। २. विशिष्ट कार्य।

प्रकार्यतः क्रि०वि० [सं० प्रकार्य] प्रकार्य की दृष्टि से।

प्रकाश पुं० [सं०] १. वह शक्ति या तत्त्व जिसके योग से वस्तुओं का रूप आँखों को दिखाई देता है, आलोक, ज्योति। २. प्रकट या गोचर होना, अभिव्यक्ति। ३. पुस्तक का खंड। ४. धूप, घाम।

प्रकाशक पुं० [सं०] [वि० प्रकाशकीय] १. वह जो प्रकाश करे। २. वह जो प्रकट करे। ३. वह जो पुस्तकें या समाचार-पत्र छापकर बेचता या बाँटता हो। (पब्लिशर)

प्रकाशकीय वि० [सं०] प्रकाशक-सम्बन्धी, प्रकाशक का, जैसे प्रकाशकीय निवेदन।

पुं० प्रकाशक की ओर से होनेवाला निवेदन।

प्रकाशगृह पुं० वि० [सं०] वह ऊँची इमारत, विशेषतः समुद्र में बनी हुई इमारत, जहाँ से बहुत प्रबल प्रकाश निकलकर चारों ओर फैलता हो। (लाइट हाउस)

प्रकाशन पुं० [सं०] १. प्रकाशित करने का काम। २. वे ग्रन्थ आदि जो प्रकाशित किए जाएँ, प्रकाशित पुस्तकें, पत्र आदि। (पब्लिकेशन)

प्रकाश-पुंज पुं० [सं०] प्रकाश की राशि।

प्रकाशमान, प्रकाशमान् वि० [सं०] चमकता हुआ, देदीप्यमान।

प्रकाशवान, प्रकाशवान् वि०=प्रकाशमान। (असिद्ध रूप)

प्रकाशित वि० [सं०] १. चमकता हुआ। २. प्रकट। ३. जो छापकर लोगों के सामने लाया गया हो।

प्रकाश्य वि० [सं०] १. प्रकट करने योग्य। २. सबके सामने या सबको सुनाकर कहा हुआ।

क्रि० वि० प्रकट रूप से, सबके सामने, 'स्वागत' का विपर्याय। (नाटक)

प्रकास* पुं०=प्रकाश।

प्रकासना* स० [सं० प्रकाश] १. प्रकाशित करना। २. रचना करना।

प्रकीर्ण वि० [सं०] [भाव० प्रकीर्णता] १. बिखरा हुआ। २. जिसमें कई तरह की वस्तुएँ मिली हों। ३. (आय-व्यय आदि) जो किसी एक निश्चित मद में न हो, बल्कि इधर-उधर की फुटकर मदों का हो। (मिसलेनिअस)

पुं० दे० 'प्रकीर्णक'।

प्रकीर्णक पुं० [सं०] १. अध्याय। २. वह जिसमें तरह-तरह की चीजें मिली हों, फुटकर।

वि० जिसमें कई चीजें या मदें एक साथ मिली हों, फुटकर।

प्रकुपित वि० [सं०] जिसका प्रकोप बहुत बढ़ा हुआ हो।

प्रकृत वि० [सं०] [भाव० प्रकृतता, प्रकृतत्व] १. असली, सच्चा। २. जिसमें कोई विकार न हो, जो अपने ठीक या वास्तविक रूप या स्थिति में हो, सहज, साधारण। (नार्मल) ३. प्रकृति-सम्बन्धी या प्रकृतिजन्य।

पुं० एक प्रकार का श्लेष अलंकार।

प्रकृति स्त्री० [सं०] [वि० प्राकृतिक] १. वस्तु या व्यक्ति का मूल गुण, स्वभाव। २. मिजाज। ३. वह मूल शक्ति जिसने अनेक रूपात्मक जगत का विकास किया है और जिसका रूप दृश्यों में दिखाई देता है, कुदरत । (नेचर)

प्रकृतिक्रम पुं० [सं०] वह क्रम या परिवर्तन जो प्रकृति में नियमित रूप से देखा जाता हो।

प्रकृतिवाद पुं० [सं०] यह सिद्धान्त कि मनुष्य को प्रकृति के नियमों के अनुसार चलना चाहिए और कृत्रिमता से दूर रहना चाहिए।

प्रकृतिवादी (-दिन्) वि० [सं०] प्रकृतिवाद-सम्बन्धी। पुं० १. प्रकृति का भक्त। २. प्रकृति का वर्णन या चित्रण करनेवाला कवि या चित्रकार।

प्रकृति-विज्ञान पुं० [सं०] वह विज्ञान जिसमें प्राकृतिक बातों (जैसे वनस्पति, जीव-जन्तु, भूगर्भ आदि) का विवेचन होता है।

प्रकृतिस्थ वि० [सं०] १. जो अपनी प्राकृतिक अवस्था में हो। २. शांत और स्थिर, स्वाभाविक। ३. जिसके होश-हवास ठिकाने हों।

प्रकृष्ट वि० [सं०] [भाव० प्रकृष्टता] १. उत्तम, श्रेष्ठ। २. खिंचा हुआ। ३. जोता हुआ (खेत)।

प्रकोप पुं० [सं०] १. बहुत अधिक कोप। २. क्षोभ। ३. बीमारी का बढ़नेवाला जोर। ४. शरीर के वात, पित्त आदि में विकार होना जिससे रोग होते हैं।

प्रकोष्ठ पुं० [सं०] [वि० प्रकोष्ठीय] १. मुख्य द्वार के पास की कोठरी। २. बड़ा आँगन। ३. बड़ा कमरा, कोठा। ४. संसदों, विधान सभाओं आदि में वह बाहरी कमरा जिसमें उसके सदस्य बैठकर बात-चीत करते और बाहरी लोगों से मिलते-जुलते हैं। (लॉबी)

प्रक्रम पुं० [सं०] १. क्रम। २. उपक्रम।

प्रक्रिया स्त्री० [सं०] १. वह क्रिया या प्रणाली जिससे कोई वस्तु होती, बनती या निकलती हो। (प्रॉसेस) २. किसी कृत्य, विशेषतः अभियोग आदि की सुनवाई में होनेवाले आदि से अन्त तक के सब कार्य या उनके ढंग। (प्रोसीजर) ३. किसी कार्य की सिद्धि या पूर्ति के सम्बन्ध में वह सारी कार्रवाई जो अब तक हो चुकी हो। (प्रोसीडिंग)

प्रक्रियात्मक वि० [सं०] प्रक्रिया के रूप में होनेवाला।

प्रक्ष* वि० [सं० पृच्छक] पूछनेवाला।

प्रक्षालन पुं० [सं०] [वि० प्रक्षालित] जल से साफ करना, धोना।

प्रक्षिप्त वि० [सं०] १. फेंका या छितराया हुआ। २. पीछे से किसी में मिलाया या बढ़ाया हुआ। ३. आगे की ओर बढ़ा या निकला हुआ। (प्रोजेक्टेड)

प्रक्षेपण पुं० [सं०] १. फेंकना। २. दूर फेंकना।

प्रक्षेपास्त्र पुं० [सं०] वह अस्त्र जिसका प्रक्षेपण किया जाता हो।

प्रक्षेपित वि० [सं०] १. जिसका प्रक्षेपण हुआ हो। २. किसी अन्य रूप में प्रस्तुत; जैसे-उसने अपने को संत के रूप में प्रक्षेपित किया।

प्रक्षेप्य वि० [सं०] फेंककर चलाया जानेवाला।

प्रक्षेप्यास्त्र पुं०=प्रक्षेपास्त्र।

प्रखंड पुं० [सं०] [वि० प्राखंडिक] किसी विशेष कार्य या विभाग के लिए बनाया हुआ प्रान्त का कोई खंड या भाग। (डिवीज़न)

प्रखर वि० [सं०] [भाव० प्रखरता] बहुत तीक्ष्ण या प्रचंड।

प्रख्यात वि० [सं०] प्रसिद्ध, मशहूर।

प्रख्यापक पुं० [सं०] वह जो किसी प्रकार का प्रख्यापन करे। (डिक्लेरेटरी)

प्रख्यापन पुं० [सं०][वि० प्रख्यापनिक, प्रख्यापित] १. किसी को जतलाने के लिए कोई बात स्पष्ट रूप से कहना। २. वह लिखित वक्तव्य जो किसी अधिकारी के सामने अपने किसी कार्य या उत्तरदायित्व के सम्बन्ध में उपस्थित किया जाए। (डिक्लेरेशन)

प्रख्यापनिक वि० [सं०] जिसमें किसी प्रकार का प्रख्यापन हो। (डिक्लेरेटरी)

प्रख्यापित वि० [सं०] जिसके सम्बन्ध में कोई प्रख्यापन हुआ हो। (डिक्लेयर्ड)

प्रगट वि० दे० 'प्रकट'।

प्रगटना* अ० [सं० प्रकटन] [स० प्रगटाना] प्रकट होना, सामने आना।

प्रगत वि० [सं०] १. जो चला गया हो। २. आगे बढ़ा हुआ।

प्रगति स्त्री० [सं० प्र+गति] १. आगे की ओर बढ़ना, अग्रसर होना। २. उन्नति।

प्रगतिकामी (-मिन्) वि०, पुं० [सं०] १. प्रगति की कामना करनेवाला। २. प्रगति की कामना से ओतप्रोत।

प्रगतिरुद्ध वि० [सं०] जिसकी प्रगति रुक गई हो।

प्रगतिवाद पुं० [सं०] वह सिद्धान्त जिसके अनुसार समाज, साहित्य आदि को बराबर आगे की ओर बढ़ाते रहना ही हितकर माना जाता है। (आज-कल साधारणतः इसका यह अर्थ समझा जाता है कि प्राचीन अथवा वर्तमान सभी बातें दूषित अथवा त्रुटिपूर्ण हैं, नई बातें ग्रहण करना ही आगे बढ़ना है।)

प्रगतिवादी (-दिन्) वि० [सं०] प्रगतिवाद-सम्बन्धी। पुं० प्रगतिशील विचारोंवाला व्यक्ति।

प्रगतिशील वि० [सं०][भाव० प्रगतिशीलता] जो बराबर आगे की ओर बढ़ता हो।

प्रगल्भ वि० [सं०] [भाव० प्रगल्भता] १. चतुर, होशियार। २. प्रतिभाशाली। ३. निर्भय, निडर। ४. उद्धत, उद्दंड।

प्रगसना* अ० दे० 'प्रगटना'।

प्रगाढ़ वि० [सं० प्रगाढ] [भाव० प्रगाढ़ता] १. बहुत गाढ़ा या गहरा। २. बहुत अधिक; जैसे-प्रगाढ़ आत्मीयता।

प्रगाढ़न पुं० [सं० प्रगाढन] प्रगाढ़ करना या बनाना।

प्रगासना* स० [सं० प्रकाशन] १. प्रकाशित या प्रकट करना। २. प्रज्वलित करना, जलाना।

प्रग्रह पुं० [सं०] १. ग्रहण करने या पकड़ने का भाव या ढंग, धारण। २. पघा।

प्रघट* वि०=प्रकट।

प्रघट्टक* वि० [सं० प्रकट] प्रकट करनेवाला।

प्रघोर वि० [सं०] 'घोर' से भी बढ़कर अर्थात् परम घोर, रौद्र।

प्रचंड वि० [सं०] [भाव० प्रचंडता] १. बहुत तीव्र या तेज, प्रखर। २. भयंकर। ३. कठोर, कड़ा। ४. असह्य। ५. बहुत बड़ा, विशाल, भारी।

प्रचरना* अ० [सं० प्रचार] प्रचार में आना, फैलना।

प्रचलन पुं० [सं०] [वि० प्रचलित] १. चलते या जारी रहने की क्रिया या भाव। २. किसी वस्तु का निरन्तर व्यवहार, प्रयोग या चलन में आना, रहना या होना। (करेन्सी) ३. प्रथा, रिवाज।

प्रचलित वि० [सं०] १. जिसका प्रचलन या चलन हो, चलता हुआ, जारी, जैसे प्रचलित सिक्का, प्रचलित प्रथा। २. जो इस समय चल रहा हो, जैसे प्रचलित मास या वर्ष। (करेन्ट, एग्ज़िस्टिंग) ३. जो प्रचलन में लाया गया हो, कार्य या व्यवहार के रूप में चलाया या लाया हुआ, जैसे आज्ञा या विधान प्रचलित करना। (इन फोर्स)

प्रचार पुं० [सं०] १. किसी वस्तु या बात का बराबर व्यवहार में आना या चलता रहना, चलन, रिवाज। २. कोई विषय, मत या बात बहुत से लोगों के सामने रखना। (प्रोपेगेंडा)

प्रचारक वि० [सं०] [स्त्री० प्रचारिणी, प्रचारिका] प्रचार करनेवाला।

प्रचारण पुं० [सं०] १. प्रचार करने अथवा प्रचार में होने की क्रिया या भाव, जैसे इस सूचना का सब सदस्यों में प्रचारण कर दिया जाए। २. लोगों में प्रचार या प्रचलन के रूप में रहने की अवस्था या भाव, प्रचलन, जैसे (क) इस पत्रिका का प्रचारण आज-कल बहुत बढ़ गया है। (ख) अब इस सिक्के का प्रचारण नहीं रह गया।

प्रचारना* स० [सं० प्रचारण] १. प्रचार करना, फैलाना। २. सामने आकर लड़ने के लिए ललकारना। ३. आह्वान करना, बुलाना।

प्रचारि* क्रि० वि० [हिं० प्रचारना] १. प्रचारकर। २. ललकार-कर।

प्रचारित वि० [सं०] १. जिसका प्रचार किया गया हो, फैलाया हुआ। २. (नियम, विधान आदि) जिसे काम में लाने या जिसके अनुसार काम करने की आज्ञा दी गई हो। (प्रोमल्गेटेड)

प्रचालन पुं० [सं०] परिचालन या संचालन।

प्रचुर वि० [सं०] [भाव० प्रचुरता, प्राचुर्य] यथेष्ट से अधिक, बहुत अधिक।

प्रचुरता स्त्री० [सं०] प्रचुर मात्रा या परिमाण में होने की अवस्था या भाव। प्रचुरता में = अधिक मात्रा में या परिमाण में।

प्रचोदन पुं० [सं०] १. आगे बढ़ाना। २. निर्देश देना। ३. उकसाना।

प्रचोदित वि० [सं०] १. आगे बढ़ाया हुआ। २. आदेशित। ३. उकसाया हुआ।

प्रच्छन्न वि० [सं०] १. ढका या लेपटा हुआ। २. छिपा हुआ, गुप्त।

प्रच्छाया स्त्री० [सं०] ग्रहण के समय सूर्य पर पड़नेवाली चन्द्रमा की छाया अथवा चन्द्रमा पर पड़नेवाली पृथ्वी की छाया। (अम्ब्रा)

प्रछालना* स० [सं० प्रछालन] धोना।

प्रजंत* निपा०=पर्यंत।

प्रजनन पुं० [सं०] १. सन्तान उत्पन्न करना। २. जन्म। ३. बच्चा जनाने का काम, धात्री कर्म।

प्रजनित वि० [सं०] उत्पन्न किया हुआ।

प्रजरना* अ० [सं० प्र+ हिं० जरना] अच्छी तरह जलना।

प्रजा स्त्री० [सं०] १. सन्तान, औलाद। २. किसी राज्य, राष्ट्र या देश में रहनेवाला जनसमूह, रिआया, रैयत। ३. किसी राजा के अधीन या उसके राज्य में रहनेवाले लोग। (सब्जेक्ट)

प्रजातंत्र पुं० [सं०] वह शासन-प्रणाली जिसमें प्रजा द्वारा चुने हुए प्रतिनिधि शासन चलाते हैं।

प्रजातंत्री वि०=प्रजातान्त्रिक।

प्रजातांत्रिक वि० [सं०] प्रजातन्त्र-सम्बन्धी।

प्रजापति पुं० [सं०] १. सृष्टि उत्पन्न करनेवाला, सृष्टिकर्ता। २. ब्रह्मा। ३. मनु। ४. सूर्य। ५. घर का मालिक या बड़ा। ६. दे० 'प्राजापत्य'।

प्रजारना* स० [सं० प्रज्वलन] अच्छी तरह जलाना।

प्रजावान, प्रजावान् वि० [सं०] [स्त्री० प्रजावती] जिसके आगे बाल-बच्चे हों।

प्रजुरना* अ० [सं० प्रज्वल] १. प्रज्वलित होना, जलना। २. प्रकाशित होना, चमकना।

प्रजुलित* वि०=प्रज्वलित।

प्रजोग* पुं०=प्रयोग।

प्रज्ञ पुं० [सं०] विद्वान।

प्रज्ञप्ति स्त्री० [सं०] १. किसी तात्कालिक घटना का विवरण। (बुलेटिन) २. सूचना-पत्र। ३. सूचना।

प्रज्ञा स्त्री० [सं०] १. विवेक का उत्कृष्ट तथा असाधारण रूप या प्रकार, मेधा। (इन्टलेक्ट) २. सरस्वती। ३. मनीषा, बुद्धि।

प्रज्ञाचक्षु पुं० [सं०] वह जिसके हृदय के नेत्र या मानसिक दृष्टि बहुत प्रबल हो, बहुत बड़ा विद्वान और ज्ञानी। (साधारणत: अन्धे विद्वानों के लिए प्रयुक्त।)

प्रज्ञापक पुं० [सं०] १. प्रज्ञापन करनेवाला। २. बड़े या मोटे अक्षरों में लिखा या छपा हुआ विज्ञापन। (पोस्टर)

प्रज्ञापन पुं० [सं०] १. विशेष रूप से ज्ञात कराने की क्रिया या भाव। २. इस प्रकार का सूचक लेख आदि।

प्रज्ञाशील पुं० [सं०] १. बुद्धिमान, समझदार। २. वह जिसमें सब काम अच्छी तरह समझ-बूझकर करने की शक्ति या योग्यता हो।

प्रज्वलन पुं० [सं०] [वि० प्रज्वलित] जलने की क्रिया, जलना।

प्रज्वलित वि० [सं०] १. जलता हुआ। २. चमकता हुआ। ३. बिल्कुल स्पष्ट और प्रत्यक्ष, जैसे प्रज्वलित उदाहरण।

प्रण पुं० [प्रा०, सं० पण] दृढ़ या पक्का निश्चय, प्रतिज्ञा।

प्रणत वि० [सं०] १. झुका हुआ। २. झुककर प्रणाम करता हुआ। ३. नम्र।

प्रणतपाल पुं० [सं०] दीनों या भक्तों का पालन करनेवाला।

प्रणति स्त्री० [सं०] १. प्रणाम। २. नम्रता। ३. निवेदन, प्रार्थना।

प्रणमना* अ० [सं० प्रणमन] १. प्रणाम करना। २. किसी के आगे झुकना, नम्र होना।

प्रणम्य वि० [सं०] जिसके आगे झुककर प्रणाम करना अथवा नतमस्तक होना उचित या कर्तव्य हो।

प्रणय पुं० [सं०] १. प्रेमपूर्वक की हुई प्रार्थना। २. प्रेम विशेषतः प्रेमी-प्रेमिका या पति-पत्नी के बीच होनेवाला प्रेम। ३. विश्वास।

प्रणयन पुं० [सं०] रचना, बनाना।

प्रणय-निवेदन पुं० [सं०] प्रेमी से अपने प्रेम का प्रकट करना।

प्रणयिनी स्त्री० [सं०] १ प्रेमिका। २. पत्नी, भार्या।

प्रणयी(-यिन्) पुं० [सं०] [स्त्री० प्रणयिनी] १. प्रणय या प्रेम करनेवाला, प्रेमी। २. स्वामी, पति।

प्रणव पुं० [सं०] १. ओंकार मन्त्र। २. परमेश्वर।

प्रणवना* अ० दे० 'प्रणमना'।

प्रणाम पुं० [सं०] झुककर अभिवादन करना, नमस्कार, दंडवत्।

प्रणामी स्त्री० [सं० प्रणाम] वह धन या भेंट जो किसी बड़े को प्रणाम करने के समय उसके सामने रखी जाए।

प्रणाली स्त्री० [सं०] १. पानी निकलने या बहने की नली। २. जल के दो बड़े भागों को मिलानेवाला छोटा जलमार्ग। (चैनेल) ३. प्रथा, चाल। ४. ढंग, रीति, तरीका। ५. कोई काम करने या कोई चीज कहीं भेजने का उचित या नियत मार्ग या साधन। (चैनेल)

प्रणिधान पुं० [सं०] १. रखा जाना। २. समाधि (योग की)। ३. परम शक्ति। ४. मन की एकाग्रता, ध्यान।

प्रणिधि पुं० [सं०] १. राज्य के किसी विशेष कार्य से कहीं भेजा जानेवाला दूत। (एमिसरी) २. गुप्त रूप से काम करनेवाला दूत या अभिकर्ता। (सीक्रेट एजेण्ट)

स्त्री० १. प्रार्थना, निवेदन। २. मन की एकाग्रता। ३. तत्परता।

प्रणिपात पुं० [सं०] १. सिर झुकाना। २. प्रणाम, नमस्कार।

प्रणीत वि० [सं०] १. रचित, बनाया हुआ। २. भेजा हुआ। ३. लाया हुआ।

प्रणेता पुं० [सं० प्रणेतृ] [स्त्री० प्रणेत्री] बनानेवाला, रचयिता।

प्रतंचा* स्त्री० दे० 'प्रत्यंचा'।

प्रतच्छ* वि० दे० 'प्रत्यक्ष'।

प्रतति स्त्री० [सं०] १. लम्बाई-चौड़ाई, विस्तार। २. लम्बी-चौड़ी और बड़ी लता।

प्रतनु वि० [सं०] १. हल्के या छोटे शरीरवाला। २. दुबला-पतला। ३. सूक्ष्म।

प्रताप पुं० [सं०] १. पौरुष, वीरता, तेज। २. शक्ति, वीरता आदि का ऐसा प्रभाव या आतंक जिससे विरोधी दबे रहें, इकबाल।

प्रतापी(-पिन्) वि० [सं०] जिसका बहुत अधिक प्रताप हो, इकबालमन्द।

प्रतारणा स्त्री० [सं०] धोखा देना, वंचना, ठगी।

प्रतारित वि० [सं०] १. जो ठगा गया हो। २. जिसे धोखा दिया गया हो।

प्रतिंचा स्त्री० [सं० पतंचिका] धनुष की डोरी, चिल्ला।

प्रति उप० [सं०] एक उपसर्ग जो शब्दों के आरम्भ में लगकर नीचे लिखे अर्थ देता है—१. विपरीत, जैसे प्रतिवाद। २. सामने, जैसे प्रत्यक्ष। ३. बदले में, जैसे प्रत्युपकार। ४. हर एक, जैसे प्रतिदिन। ५. समान, जैसे प्रतिनिधि। ६. मुकाबले का, जैसे प्रतिद्वन्द्वी। ७. अधीनस्थ, जैसे प्रतिसमाहर्ता।

स्त्री० [सं०] १. पुस्तक या समाचार-पत्र की नकल। (कॉपी) २. प्रतिबिम्ब, परछाईं, **उदा०** देखत अपनी प्रति।

प्रति, के सम्बन्धबोध० १. की ओर, की तरफ। २. के विरुद्ध; जैसे यह काम देश के प्रति अपराध है।

प्रति-अभिदेश पुं० दे० 'प्रत्यभिदेश'।

प्रतिकर पुं० [सं०] वह धन जो किसी को उसकी हानि होने पर उसके बदले में दिया जाए, हरजाना।

प्रतिकरक पुं० [सं०] १. प्रतिकर या हरजाने से सम्बन्ध रखनेवाला। २. प्रतिकर या हरजाने के रूप में दिया जानेवाला।

प्रतिकर्षण पुं० [सं०] घृणा या विरोध का भाव।

प्रतिकर्षी वि० [सं० प्रतिकर्षण] घृणा या विरोध करनेवाला।

प्रतिक स्वत्त्व पुं० [सं० प्रति=नकल+क+स्वत्व] किसी कवि, लेखक, कलाकार आदि की कृति की प्रतियाँ छापने या प्रस्तुत करने का वह स्वत्व जो उसके कर्ता की अनुमति के बिना औरों को प्राप्त नहीं होता। (कॉपीराइट)

प्रतिकार पुं० [सं०] १. किसी कार्य का प्रभाव रोकने या कम करने के लिए अथवा उसका बदला चुकाने के लिए उसके मुकाबले में किया जानेवाला कार्य। २. कम करने या घटाने आदि का कार्य।

प्रतिकारक पुं० [सं०] वह जो किसी बात का प्रतिकार करता हो।

प्रतिकूल वि० [सं०] [भाव० प्रतिकूलता] १. जो अनुकूल न हो। २. विरुद्ध, विपरीत, उलटा। (कन्ट्रैरी) ३. रुचि, वृत्ति, निश्चय आदि के विरुद्ध या उलटा पड़नेवाला। (रिपगनेन्ट)

प्रतिकूलता स्त्री० [सं०] १. प्रतिकूल होने की अवस्था या भाव। २. प्रतिकूल बात या स्थिति, अड़चन, बाधा।

प्रतिकृति स्त्री० [सं०] १. किसी के अनुकरण पर बनाई हुई मूर्ति या रूप, जैसे प्रतिमा, चित्र आदि। २. किसी व्यक्ति की आकृति के अनुसार बना हुआ उसका चित्र। (पोर्ट्रेट) ३. प्रतिबिम्ब, छाया। ४. बदला, प्रतिकार।

प्रतिक्रम पुं० [सं०] चीजों या बातों का जो क्रम पहले बतलाया गया हो, उसका उलटा या विपरीत क्रम।

मुहा० *प्रतिक्रम से*= बतलाए हुए क्रम के उलटे क्रम से। (वाइस वर्सा)

प्रतिक्रमण पुं० [सं०] १. उल्टा क्रम अपनाना। २. पीछे लौटना, पीछे जाना।

प्रतिक्रमात् क्रि० वि० [सं०] बतलाए हुए क्रम के उलटे क्रम से। (वाइस वर्सा)

प्रतिक्रिया स्त्री० [सं०] १. प्रतिकार, बदला। २. कोई क्रिया होने पर उसके विरोध में या परिणामस्वरूप दूसरी ओर से होनेवाली क्रिया या गति। (रिएक्शन)

प्रतिक्रियायित वि० [सं०] जो प्रतिक्रिया के फलस्वरूप सक्रिय होकर प्रतिक्रिया करने लगे।

प्रतिक्रियावाद पुं० [सं०] यह सिद्धान्त कि जो बातें चली आ रही हों, उनमें सुधार या परिवर्तन चाहनेवालों का विरोध करना चाहिए। (रि-ऐक्शनिज्म)

प्रतिक्रियावादी (-दिन्) पुं० [सं०] वह जो उन्नति, सुधार आदि के विरुद्ध या विपरीत चलता हो। (रि-एक्शनरी) वि० प्रतिक्रियावाद-सम्बन्धी।

प्रतिक्रियाशील वि० [सं०] प्रतिक्रियावादी।

प्रतिगामी (-मिन्) वि० [सं०] उलटा चलनेवाला, प्रगति-विरोधी, प्रतिक्रियावादी।

प्रतिग्या* स्त्री०=प्रतिज्ञा।

प्रतिग्रह पुं० [सं०] [वि० प्रतिग्राह्य, प्रतिग्राहक] १. किसी की दी हुई चीज ले लेना, दान ग्रहण या स्वीकृत करना। २. (ब्राह्मण का) वह दान लेना जो (उसे) विधिपूर्वक दिया जाए। ३. पाणिग्रहण, विवाह। ४. रक्षापूर्वक रखने के लिए मिली हुई किसी की सम्पत्ति। ५. अभियुक्त या सन्दिग्ध व्यक्ति का अधिकारियों के हाथ में जाँच या विचार के लिए जाना। (कस्टडी)

प्रतिग्राही (-हिन्) पुं० [सं०] वह जो दान ले।

प्रतिघात पुं० [सं०] [वि० प्रतिघाती] १. वह आघात जो किसी दूसरे के आघात करने पर किया जाए। २. सामने से होनेवाला ऐसा आघात जिससे रुकावट हो।

प्रतिचित्र पुं० [सं० प्रति+चित्र] वह फिल्म जिसमें असली बिंब का प्रकाश और छाया उलट हो। (नेगैटिव)

प्रतिचित्रण पुं० [सं०] [वि० प्रतिचित्रित] चित्रित करना।

प्रतिच्छवि स्त्री० [सं०] १. प्रतिबिम्ब, परछाईं, छाया। २. चित्र।

प्रतिच्छा* स्त्री०=प्रतीक्षा।

प्रतिच्छाया स्त्री० [सं०] [वि० प्रतिच्छायित] १. चित्र, तसवीर। २. परछाईं, प्रतिबिम्ब।

प्रतिच्छायित वि० [सं०] जिसकी परछाईं कहीं पड़ी हो। २. जिस पर किसी की परछाईं पड़ी हो।

प्रतिछाया स्त्री० दे० 'प्रतिच्छाया'।

प्रतिजैविक पुं० [सं० प्रति+जैविक] ऐसी औषध या रसायन जो शरीर के हानिकर रोगाणुओं को नष्ट करता है। (ऐंटीबॉयटिक)

प्रतिज्ञ वि० [सं०] प्रतिज्ञा करनेवाला (यौ० के अन्त में, जैसे दृढ़ प्रतिज्ञ)।

प्रतिज्ञा स्त्री० [सं०] १. कुछ करने या न करने के सम्बन्ध में पक्का निश्चय, प्रण।

मुहा० *प्रतिज्ञा पारना*=प्रतिज्ञा पूरी करना, उदा० जन प्रहलाद-प्रतिज्ञा पारी। -सूर।

२. शपथ, कसम। ३. न्याय में वह बात जिसे सिद्ध करना हो।

प्रतिज्ञात वि० [सं०] जिसके विषय में प्रतिज्ञा की गई हो।

प्रतिज्ञापत्र पुं० [सं०] वह पत्र जिसपर कोई प्रतिज्ञा लिखी हो, इकरारनामा।

प्रतिज्ञाबद्ध वि० [सं० प्रतिज्ञा+बद्ध] [भाव० प्रतिज्ञाबद्धता] प्रतिज्ञा से बँधा हुआ।

प्रतितुलन पुं० [सं०] [वि० प्रतितुलित] किसी एक ओर पड़े हुए भार की बराबरी करने या उसका प्रभाव नष्ट करनेवाला दूसरी ओर का भार। (काउन्टर-बैलेन्स)

प्रतिदान पुं० [सं०] [वि० प्रतिदत्त] १. लौटाना, वापस करना। २. परिवर्तन, बदला। ३. सेवा या सहायता के बदले की जानेवाली सेवा या सहायता। ४. किसी दी हुई वस्तु के बदले में मिलनेवाली वस्तु। (रिटर्न)

प्रतिदेश पुं० [सं०] सीमा पर का देश।

प्रतिद्वंद्विता स्त्री० [सं०] बराबरवालों की लड़ाई या विरोध, प्रतियोगिता।

प्रतिद्वंद्वी (-द्विन्) पुं० [सं०] [भाव० प्रतिद्वंद्विता] सामने आकर लड़ने या विरोध करनेवाला, प्रतिस्पर्धी। (राइवल)

प्रतिध्वनन पुं० [सं०] प्रतिध्वनि उत्पन्न करना या होना। (ईकोइंग)

प्रतिध्वनि स्त्री० [सं०] [वि० प्रतिध्वनित] १. वह ध्वनि या शब्द जो अपनी उत्पत्ति के स्थान से चलकर कहीं टकराता हुआ लौटे और फिर वहीं सुनाई पड़े, प्रतिशब्द, गूँज। २. दूसरों के विचारों आदि का किसी दूसरे रूप में या इस प्रकार दोहराया जाना कि उससे मूल विचारों की ध्वनि या छाया निकलती हो। (ईको)

प्रतिनंदन पुं० [सं०] [वि० प्रतिनंदित] बधाई। (कांग्रैचुलेशन)

प्रतिनिधायन पुं० [सं०] १. प्रतिनिधि के रूप में किसी को कुछ लोगों को कहीं भेजना। (डिलीगेशन) २. प्रतिनिधियों का वह दल जो कहीं किसी काम के लिए जाए। (डेपुटेशन)

प्रतिनिधि पुं० [सं०] [भाव० प्रतिनिधित्व] १. प्रतिमा, प्रतिमूर्ति। २. किसी की ओर से कोई काम करने के लिए नियुक्त व्यक्ति। ३. वह जिसे देखकर उसी वर्ग, जाति आदि के औरों के स्वरूप, रंग-ढंग, आचार-विचार आदि का अनुमान या कल्पना की जा सके। ४. वह जो अपने वर्ग के औरों की जगह काम आ सके। (रिप्रेजेण्टेटिव)

वि० प्रतिनिधित्व करनेवाला; जैसे—प्रतिनिधि सत्ता।

प्रतिनिधिक वि० [सं० प्रतिनिधि] १. प्रतिनिधित्व करनेवाला। २. उत्तम, श्रेष्ठ।

प्रतिनिधि-पत्र पुं० [सं०] वह पत्र जिसमें किसी व्यक्ति को अपने प्रतिनिधि के रूप में किसी सभा, समाज में उपस्थित रहकर कुछ काम करने और मुख्यत: किसी विषय पर मत या वोट देने का अधिकार दिया जाता है। (प्रॉक्सी)

प्रतिनियुक्त वि० [सं०] प्रतिनिधि या अधीनस्थ अधिकारी के रूप में बनाकर कहीं भेजा हुआ (व्यक्ति)। (डैप्यूटेड)

प्रतिपक्ष पुं० [सं०] दूसरा पक्ष, वह पक्ष जिससे विरोध हो।

प्रतिपक्षी पुं० [सं० प्रतिपक्ष] विरुद्ध पक्षवाला, विपक्षी।

प्रतिपक्षीय वि० [सं०] प्रतिपक्ष-सम्बन्धी।

प्रतिपत्ति स्त्री० [सं०] १. प्राप्ति, पाना। २. ज्ञान। ३. अनुमान। ४. प्रतिपादन, निरूपण। ५. मानना, स्वीकृति। (ऐक्सेप्टेन्स)

प्रतिपद पुं० [सं०] १. पहुँच। २. प्रवेश। ३. सही रास्ता सन्मार्ग।

प्रतिपदा स्त्री० [सं०] किसी पक्ष की पहली तिथि, परिवा।

प्रतिपन्न वि० [सं०] १. अवगत, ज्ञात। २. ग्रहण किया या माना हुआ, अंगीकृत, स्वीकृत। (एक्सेप्टेड) ३. प्रमाणित। ४. निश्चित। ५. भरा-पूरा। ६. शरणागत।

प्रतिपरीक्षण पुं० [सं०] [वि० प्रतिपरीक्षित] किसी के कुछ कह चुकने पर उससे दबी-दबाई बातों का पता लगाने के लिए उससे कुछ और प्रश्न करना। (क्रॉस-इग्ज़ामिनेशन)

प्रतिपर्ण पुं० [सं०] दो टुकड़ोंवाली पावती या रसीद, प्रमाणपत्र आदि में का वह एक टुकड़ा जो देनेवाले के पास रह जाता है और जिस पर किसी को दिए हुए दूसरे टुकड़े की प्रतिलिपि रहती है। (काउन्टर फॉयल)

प्रतिपादन पुं० [सं०] [वि० प्रतिपादित] १. अच्छी तरह समझकर कोई बात कहना, प्रतिपत्ति। २. अपना मत पुष्ट करने के लिए प्रमाणपूर्वक कुछ कहना।

प्रतिपार* पुं० दे० 'प्रतिपाल'।

प्रतिपाल, प्रतिपालक पुं० [सं०] [स्त्री० प्रतिपालिका] पालन-पोषण करनेवाला, पोषक।

प्रतिपालक अधिकरण पुं० [सं०] वह राजकीय विभाग जो सम्पन्न विधवाओं, अल्पवयस्कों अथवा अयोग्य व्यक्तियों की सम्पत्ति की रक्षा और व्यवस्था करता है। (कोर्ट ऑफ वार्ड्स)

प्रतिपालन पुं० [सं०] [वि० प्रतिपालित] १. पालन करने की क्रिया या भाव। २. आज्ञा का निर्वाह, तामीली।

प्रतिपालना* स० [सं० प्रतिपालन] १. पालन करना। २. रक्षा करना, बचाना।
स्त्री० दे० 'प्रतिपालन'।

प्रतिपुरुष पुं० [सं०] किसी के अधीन रहकर अथवा यों ही किसी के स्थान पर उसकी ओर से काम करनेवाला। (डेपुटी)

प्रतिपूर्ति स्त्री० [सं०] किसी व्यक्ति या मद से लिया हुआ या व्यय किया हुआ धन उसे देकर उसकी पूर्ति करना। (री-इम्बर्समेन्ट)

प्रतिप्रक्षेपास्त्र पुं० [सं०] प्रक्षेपास्त्र को नष्ट करनेवाला प्रक्षेपास्त्र।

प्रतिप्रश्न पुं० [सं० प्रति+प्रश्न] किसी प्रश्न के रूप में किया जानेवाला प्रश्न।

प्रतिप्राप्ति स्त्री० [सं०] [वि० प्रतिप्राप्त] १. खोई या किसी के हाथ में गई हुई चीज फिर से प्राप्त करना। (रिकवरी)

प्रतिफल पुं० [सं०] [वि० प्रतिफलित] १. परिणाम, नतीजा। २. परिणाम के रूप में प्राप्त होनेवाला फल, बदला। (रिटर्न) ३. बदले में मिली हुई चीज, विशेषत: धन या और कोई मूल्यवान पदार्थ। (कन्सिडरेशन)

प्रतिफलक पुं० [सं०] वह यन्त्र जो कोई प्रतिबिम्ब उत्पन्न करके उसे दूसरी वस्तु या पट पर डालता हो। (रिफ्लेक्टर)

प्रतिफलन पुं० [सं०] फल के रूप में प्रकट होने की अवस्था या भाव।

प्रतिफलित वि० [सं०] जो परिणाम के रूप में प्रकट हो।

प्रतिबंध पुं० [सं०] १. रोक, रुकावट। २. विघ्न, बाधा। ३. किसी बात या काम में लगाई हुई शर्त, पण। (कन्डिशन) ४. किसी निश्चय, विधि आदि में पड़नेवाली कठिनता से बचने के लिए, निकाला हुआ मार्ग या निश्चित किया हुआ विधान, शर्त, जैसे परन्तु प्रतिबन्ध यह है कि....। (प्राविज़ो)

प्रतिबंधक वि० [सं०] जो प्रतिबंध के रूप में हो।
पुं० प्रतिबंध लगानेवाला।

प्रतिबंधित वि० [सं०] जिसपर प्रतिबन्ध लगा हो।

प्रतिबद्ध वि० [सं०] १. जो किसी शर्त से बँधा हो। २. जिसने अपना वचन पालने का प्रण किया हो।

प्रतिबद्धता स्त्री० [सं०] १. प्रतिबद्ध होने की अवस्था या भाव। २. वचनबद्धता।

प्रतिबिंब पुं० [सं०] [वि० प्रतिबिंबित] १. किसी वस्तु के एक ओर प्रकाश होने के कारण दूसरी ओर पड़नेवाली उसकी छाया, परछाईं। (शैडो) २. किसी वस्तु की प्राय: ज्यों-की-त्यों वह आकृति या प्रतिकृति जो प्रकाश की सहायता, अनुकरण अथवा और किसी कारण से उसके विपरीत पक्ष पर पड़ती या दिखाई देती है। (रिफ्लेक्शन) ३. मूर्ति, प्रतिमा। ४. चित्र। ५. शीशा, दर्पण।

प्रतिभट पुं० [सं०] बहुत बड़ा भट या योद्धा, **उदा०** प्रतिभट, विकट जहाँ, तरल लच्छ पर लच्छ।- सूदन।

प्रतिभा स्त्री० [सं०] १. वह असाधारण मानसिक शक्ति जिसमें स्मृति, मेधा, मति, प्रज्ञा और विवेक स्पष्ट झलकता हो। २. वह विशिष्ट और असाधारण मानसिक शक्ति जिससे मनुष्य किसी काम में बहुत अधिक योग्यता के कार्य कर दिखलाता है, असाधारण रचनात्मक कार्य करने की शक्ति या योग्यता। (जीनिअस)

प्रतिभाग पुं० [सं०] प्राचीन काल में एक प्रकार का कर।

प्रतिभागिता स्त्री० [हिं० प्रतिभागी] १. प्रतिभागी होने की अवस्था या भाव। २. भाग लेना सम्मिलित होना।

प्रतिभागी वि०, पुं० [सं० प्रति+भाग] किसी आयोजन गोष्ठी, समिति, बैठक आदि में सम्मिलित होनेवाला।

प्रतिभाज्य वि० [सं०] जिसपर प्रतिभाग (शुल्क) लगता या लग सकता हो।

प्रतिभात वि० [सं०] १. चमकता हुआ, प्रकाशित, प्रदीप्त। २. जिसका प्रादुर्भाव हुआ हो, सामने आया हुआ। ३. प्रतीत। ४. ज्ञात।

प्रतिभा-पलायन पुं० [सं०] १. प्रतिभावान् लोगों का (अधिक धन कमाने के उद्देश्य से) विदेशों में जा रहना।

प्रतिभावना पुं० [सं०] [वि० प्रतिभावनिक] एक ओर से दिखाई पड़नेवाली किसी भावना, व्यवहार, वृत्ति आदि के परिणामस्वरूप दूसरी ओर से दिखाई देनेवाली भावना, व्यवहार या वृत्ति। (रेस्पॉन्स)

प्रतिभावान्, प्रतिभाशाली वि० [सं०] जिसमें प्रतिभा हो, प्रतिभावाला। (जीनिअस)

प्रतिभास पुं० [सं०] १. उलटा आभास, उलटा बोध। २. छाया, लक्षण आदि के द्वारा जान पड़नेवाला अस्पष्ट रूप। ३. स्वरूप, आकृति।

प्रतिभू पुं० [सं०] किसी की जमानत करनेवाला, जमानतदार, जामिन। (श्योरिटी, बान्ड्समैन)

प्रतिभूति स्त्री० [सं०] [वि० प्रतिभूत] १. वह धन जो प्रतिभू किसी बात की जमानत के लिए जमा करता हो, जमानत की रकम। २. वह सम्पत्ति जिसके आधार पर या बल पर ऋण लिया जाता है। ३. किसी विशेष आधार या बल पर लिया या दिया हुआ ऐसा ऋण जिसका चुकता होना बिल्कुल निश्चित हो। ४. वह लेख्य जिसमें उक्त प्रकार के ऋण से सम्बन्ध रखनेवाली सब बातें लिखी रहती हैं। (सिक्योरिटी, उक्त सभी अर्थों के लिए)

प्रतिभू-पत्र पुं० [सं०] वह पत्र जिसमें कोई प्रतिभू या जमानतदार अपने उत्तरदायित्व की स्वीकृति लिखकर देता है। (बॉण्ड ऑफ श्योरिटी)

प्रतिभौ* पुं० [सं० प्रतिभा] शरीर का बल और तेज।

प्रतिमंडल पुं० [सं० प्रतिनिधि+मंडल] प्रतिनिधियों का दल या मंडल।

प्रतिमा स्त्री० [सं०] १. किसी के स्वरूप के अनुसार बनाई हुई मूर्ति, चित्र आदि, अनुकृति। २. देवताओं की मूर्ति। ३. प्रतिबिम्ब, छाया। ४. साहित्य में एक अलंकार जिसमें किसी मुख्य पदार्थ या व्यक्ति के न होने की दशा में उसी के समान किसी दूसरे पदार्थ या व्यक्ति की स्थापना का उल्लेख होता है।

प्रतिमान पुं० [सं०] १. प्रतिबिम्ब, परछाईं। २. समानता, बराबरी। ३. तौल। ४. तौलने का बाट, बटखरा। ५. दृष्टान्त, उदाहरण। ६. वह वस्तु जो आदर्श रूप में बराबर वैसी ही और वस्तुएँ बनाने के लिए सामने रखी जाए। (मॉडल) ७. किसी आदर्श को देखकर उसके अनुरूप बनाई हुई वस्तु। (मॉडल) ८. (छपाई आदि में) छापे जानेवाले लेखों आदि का वह नमूना जो छापने से पहले संशोधन आदि के लिए तैयार किया जाता है। (प्रूफ या प्रूफ-शीट) ९. दे० 'मानक'।

प्रतिमुद्रण पुं० [सं० प्रति+मुद्रण] १. खुदी या लिखी हुई आकृति, लेख आदि पर से उसकी ठीक प्रतिलिपि उतारने या छापने की क्रिया या भाव। ३. उक्त प्रकार से ज्यों-की-त्यों उतारी या छापी हुई प्रति, जैसे शिलालेख या हस्तलिपि का प्रतिमुद्रण। (फैक-सिमिली)

प्रतिमुद्रांकन पुं० [सं०] १. जिसपर पहले मुद्रांकन हो चुका हो या मोहर लग चुकी हो उसपर बड़े अधिकारी का अपनी स्वीकृति या सहमति सूचित करने के लिए अपनी मोहर भी लगाना। २. उक्त प्रकार से किया हुआ मुद्रांकन या लगाई हुई मोहर। (काउण्टर-सील)

प्रतिमूर्ति स्त्री० [सं०] किसी के अनुरूप ज्यों-की-त्यों बनी हुई मूर्ति।

प्रतियोगात्मक वि० [सं०] प्रतियोगिता के रूप में होनेवाला।

प्रतियोगिता स्त्री० [सं०] [वि० प्रतियोगात्मक] १. किसी काम में औरों से आगे बढ़ने का प्रयत्न, प्रतिद्वन्द्विता, चढ़ा-ऊपरी, मुकाबला। २. ऐसा कार्य जिसमें बहुत से लोग अलग-अलग सफल होने का प्रयत्न करें। (कॉम्पिटीशन)

प्रतियोगी (-गिन्) पुं० [सं०] १. प्रतियोगिता करनेवाला। २. हिस्सेदार। ३. शत्रु, वैरी। ४. सहायक, मददगार। वि० प्रतियोगिता-सम्बन्धी।

प्रतिरक्षा स्त्री० [सं०] किसी के आक्रमण से अपनी रक्षा या बचाव के लिए अथवा अभियोग आदि का उत्तर देने के लिए किए जानेवाले कार्य या व्यवस्था, बचाव। (डिफेन्स)

प्रतिरक्षात्मक वि० [सं०] प्रतिरक्षा करनेवाला।

प्रतिरूप पुं० [सं०] १. प्रतिमा, मूर्ति। २. तसवीर, चित्र। ३. नमूना। (स्पेसिमेन) ४. दे० 'प्रतिनिधि' ३. और ४.। वि० नकली या जाली, कृत्रिम, बनावटी। (काउन्टरफीट)

प्रतिरूपक पुं० [सं०] वह जो नकली या बनावटी चीजें, विशेषतः सिक्के, नोट आदि बनाता हो। (काउन्टरफीटर)

प्रतिरोध पुं० [सं०] [वि० प्रतिरोधक] १. विरोध। २. रुकावट, बाधा। ३. किसी आवेग, आक्रमण आदि को रोकने के लिए किया जानेवाला कार्य।

प्रतिरोधक वि० पुं०=प्रतिरोध करनेवाला।

प्रतिरोधक क्षमता स्त्री० [सं०] आक्रमण, वेग, गति आदि को रोकनेवाली शक्ति।

प्रतिरोधी पुं० [सं० प्रतिरोध] प्रतिरोध करनेवाला। वि० प्रतिरोध-सम्बन्धी।

प्रतिरोपण पुं० [सं०] शल्यचिकित्सा में शरीर के किसी अंग को निकालकर दूसरा अंग लगाना। (ट्रांस्प्लैंटेशन)

प्रतिलिपि स्त्री० [सं०] [वि० प्रतिलिपित] लेख आदि की ज्यों-की-त्यों नकल। (कॉपी)

प्रतिलिपिक पुं० [सं०] वह जो लेखों आदि की प्रतिलिपि करता हो, नकल करनेवाला। (कॉपिस्ट)

प्रतिलिपित वि० [सं०] जिसकी प्रतिलिपि या नकल कर ली गई हो, प्रतिलिपि किया हुआ। (कॉपीड)

प्रतिलेखन पुं० [सं०] किसी लिखी हुी चीज की ज्यों-की-त्यों नकल उतारने या उसे फिर उसी तरह लिखने की क्रिया या भाव। (ट्रान्सक्रिप्शन)

प्रतिलोम वि० [सं०] १. प्रतिकूल। २. नीचे से ऊपर की ओर या उलटी दिशा में जानेवाला, उलटे क्रमवाला, 'अनुलोम' का उलटा। (कॉनवर्स)

प्रतिवचन पुं० [सं०] १. उत्तर, जवाब। २. प्रतिध्वनि।

प्रतिवर्तन पुं० [सं०] [वि० प्रतिवर्तित] १. चक्कर काटना, फेरा लगाना, घूमना। २. घूमकर फिर अपने स्थान पर आना, लौटना।

प्रतिवस्तूपमा स्त्री० [सं०] साहित्य में उपमा अलंकार का एक भेद जिसमें उपमेय और उपमान के साधारण या समान धर्म का अलग-अलग, परन्तु एकार्थवाची शब्दों में वर्णन किया जाता है।

प्रतिवाद पुं० [सं०] वह कथन जो किसी के मत, कथना या अभियोग को मिथ्या या यथार्थ सिद्ध करने के लिए हो, विरोध, खंडन। (कन्ट्राडिक्शन)

प्रतिवादिक वि० [सं०] जिसमें या जिसके द्वारा प्रतिवाद या खंडन हो, विरोधी, जैसे ये बातें एक दूसरी की प्रतिवादिक हैं। (कण्ट्राडिक्टरी)

प्रतिवादी(-दिन्) पुं० [सं०] १. प्रतिवाद करनेवाला, प्रतिपक्षी। (डिफेन्डेण्ट)

प्रतिवास पुं० [सं०] पड़ोस।

प्रतिवासी (-सिन्) पुं० [सं०] पड़ोसी।

प्रतिविधान पुं० [सं०] १. किसी विधान के मुकाबले में किया जानेवाला विधान। २. प्रतिकार।

प्रतिविधि स्त्री० [सं०] वह विधि, कार्य या उपाय जो किसी कार्य या घटना के फलस्वरूप होनेवाले अपकार या हानि का परिहार करने के लिए किया जाए, उपचार। (रेमेडी)

प्रतिवेश पुं० [सं०] १. पड़ोस। २. आस-पास की वस्तुएँ या परिस्थिति।

प्रतिवेशी पुं० [सं० प्रतिवेशिन्] पड़ोसी।

प्रतिव्यक्ति क्रि० वि० [सं०] प्रति व्यक्ति के विचार से।

प्रतिशत क्रि० वि० [सं०] हर सौ या सैकड़े के हिसाब से, हर सौ पर, फीसदी। (परसेण्ट)

प्रतिशब्द पुं० [सं०] १. प्रतिध्वनि। २. पर्याय, समानार्थक शब्द।

प्रतिशोध पुं० [सं० प्रति+शोध] किसी बात का बदला चुकाने के लिए किया जानेवाला काम, बदला। (रिवेंज)

प्रतिशोधी पुं० [सं० प्रतिशोध] प्रतिशोध करनेवाला।
वि० प्रतिशोध-सम्बन्धी।

प्रतिश्याय पुं० [सं०] जुकाम। (कोल्ड)

प्रतिश्रुत वि० [सं०] जिसके संबंध में वचन या स्वीकृति दी गई हो।

प्रतिश्रुति स्त्री० [सं०] [वि० प्रतिश्रुत] १. किसी बात या काम के लिए दिया जानेवाला वचन। २. मंजूरी, स्वीकृति। ३. प्रतिध्वनि।

प्रतिषिद्ध वि० [सं०] जिसका प्रतिषेध किया गया हो। (प्रॉहिबिटेड)

प्रतिषेध पुं० [सं०] [वि० प्रतिषिद्ध, कर्ता० प्रतिषेधक] १. निषेध, मनाही। २. कोई काम बिल्कुल न करने का पूरा वर्जन या मनाही। (प्रॉहिबिशन) ३. खंडन। ४. साहित्य में एक अलंकार जिसमें किसी निषिद्ध या वर्जित बात का किसी विशेष अभिप्राय से और कोई अन्तर बतलाते हुए फिर से किसी नई तरह से निषेध या वर्जन किया जाता है।

प्रतिषेधक पुं० [सं०] वह जो प्रतिषेध करे। (प्रॉहिबिटर)
वि० जिसमें या जिसके द्वारा किसी प्रकार का प्रतिषेध हो। (प्रॉहबिटरी)

प्रतिषेधन पुं० [सं०] प्रतिषेध करने की क्रिया या भाव।

प्रतिष्ठा स्त्री० [सं०] १. स्थापना, रखा जाना, जैसे देवता की प्रतिमा की प्रतिष्ठा। २. मान-मर्यादा, गौरव। ३. यश, कीर्ति। ४. आदर, सत्कार, इज्जत।

प्रतिष्ठान पुं० [सं०] १. स्थापित या प्रतिष्ठा करना, रखना या बैठाना, जमाना। २. देवमूर्ति की स्थापना।

प्रतिष्ठित वि० [सं०] १. जिसकी प्रतिष्ठा हो, सम्मानित, इज्जतदार। २. जो स्थापित किया गया हो, रखा हुआ।

प्रतिसंस्कार पुं० [सं०] टूटी-फूटी चीज फिर से बनाकर ठीक करना, मरम्मत।

प्रतिसम वि० [सं०] [भाव० प्रतिसाम्य] जिसके अंगों में अनुपात और सुन्दरता के विचार से पारस्परिक समानता और एकरूपता हो, प्रतिसाम्य से युक्त। (सिमेट्रिकल)

प्रतिसाम्य पुं० [सं०] किसी कृति या रचना के आकार, बनावट, मान आदि के भिन्न-भिन्न अंगों में अनुपात और सुन्दरता के विचार से होनेवाली पारस्परिक समानता और एकरूपता, भिन्न-भिन्न अंगों का ठीक और समंजित विन्यास। (सिमेट्री)

प्रतिस्थापन पुं० [सं०] [वि० प्रतिस्थापित] १. अपने स्थान से हटी हुई वस्तु या व्यक्ति को फिर उसी स्थान पर रखना या बैठाना। (रीप्लेसमेन्ट)

प्रतिस्पर्धा स्त्री० [सं०] किसी काम में दूसरे से बढ़ जाने का प्रयत्न, प्रतियोगिता, लाग-डाँट, चढ़ा-ऊपरी, होड़। (राइवलरी)

प्रतिस्पर्धात्मक वि० [सं०] १. जिसमें प्रतिस्पर्धा हो। २. प्रतिस्पर्धा के रूप में होनेवाला।

प्रतिस्पर्धी(-र्धिन्) पुं० [सं०] प्रतिस्पर्धा या होड़ करनेवाला, प्रतिद्वन्द्वी। (राइवल)

प्रतिहस्ताक्षर पुं० [सं०] किसी के हस्ताक्षर के पुष्टिकरण के लिए किए जानेवाले अधिकारी के हस्ताक्षर।

प्रतिहत वि० [सं०] १. भगाया या खदेड़ा हुआ। २. जिसका विरोध या प्रतिरोध किया गया हो। ३. नष्ट, विनष्ट।

प्रतिहार पुं० [सं०] [स्त्री० प्रतिहारी] १. द्वारपाल, दरबान। २. प्राचीन काल का एक राज-कर्मचारी जो राजाओं को समाचार आदि सुनाता अथवा लोगों के पास राजा का सन्देश ले जाता था। २. चोबदार, नकीब।

प्रतिहारी स्त्री० [सं०] वह स्त्री जो प्राचीन काल में राजाओं के यहाँ प्रतिहार के काम करती थी।

प्रतिहिंसा स्त्री० [सं०] मन में हिंसा का भाव रखकर बैर चुकाना या बदला लेना।

प्रतीक पुं० [सं०] १. चिह्न, लक्षण, निशान। २. मुख, मुँह। ३. आकृति, रूप, सूरत। ४. किसी के स्थान पर या बदले में रखी हुई या काम आनेवाली वस्तु, प्रतिरूप। ५. प्रतिमा, मूर्ति। ६. वह जो किसी परोक्ष विचार, धारणा आदि का सूचक या प्रतिनिधि हो; जैसे—अन्धकार अज्ञान का प्रतीक है और प्रकाश ज्ञान का। (सिम्बल)

प्रतीकवाद पुं० [सं०] [वि० प्रतीकवादी] वर्णनों, उल्लेखों आदि में वर्णित विषयों या वस्तुओं को उनके वास्तविक रूप से भिन्न और केवल प्रतीकों के रूप में उपस्थित करने की क्रिया, भाव या सिद्धान्त। जैसे अंधकार अज्ञान का प्रतीक है और प्रकाश ज्ञान का।

विशेष उपमान व्यष्टिपरक होता है और प्रतीक समष्टिपरक।

प्रतीकात्मक वि० [सं०] [भाव० प्रतीकात्मकता] १. जिसका प्रयोग प्रतीक के रूप में हुआ। २. नाम मात्र का।

प्रतीकार पुं० दे० 'प्रतिकार'।

प्रतीकार्थ वि० [सं०] जिसका प्रयोग प्रतीक के रूप में हुआ हो।

प्रतीकी वि० [सं० प्रतीक+हिं० ई(प्रत्य०)] जो केवल प्रतीक या लक्षण के रूप में हो, लाक्षणिक। (सिम्बॉलिक)

प्रतीकोपासन स्त्री० [सं०] ब्रह्म या देवता का कोई प्रतीक बनाकर या मानकर उसकी पूजा या उपासना करना।

प्रतीक्षा स्त्री० [सं०] कोई काम होने या किसी के आने के आसरे रहना, आसरा, प्रत्याशा, इन्तजार।

प्रतीक्षा-गृह पुं० दे० 'प्रतीक्षालय'।

प्रतीक्षारत वि० [सं०] जो किसी की प्रतीक्षा कर रहा हो।

प्रतीक्षालय पुं० [सं०] वह कमरा जिसमें आगंतुक लोग घर के मालिक या रहनेवाले से मिलने के लिए अथवा यात्री लोग रेल, हवाई जहाज आदि की प्रतीक्षा में बैठते हैं।

प्रतीक्षा-सूची स्त्री० [सं०] किसी चीज की प्रतीक्षा करनेवाले की सूची। (वेटिंग लिस्ट)

प्रतीक्ष्य वि० [सं०] प्रतीक्षा करने के योग्य, जिसकी प्रतीक्षा की जाए।

प्रतीची स्त्री० [सं०] पश्चिम दिशा।

प्रतीच्य वि० [सं०] पश्चिम का।

प्रतीत वि० [सं०] १. ज्ञात, विदित, जाना हुआ। २. ऊपर से देखने पर जान पड़नेवाला, जैसे ऐसा प्रतीत होता है कि वह चला गया। ३. प्रसन्न, खुश।

प्रतीति स्त्री० [सं०] १. ज्ञान, जानकारी। २. विश्वास। ३. वचन, लेन-देन आदि में मानी जानेवाली प्रामाणिकता, साख। (क्रेडिट) ४. प्रसन्नता।

प्रतीती वि० [सं० प्रतीत+हिं० ई० (प्रत्य०)] १. प्रतीत या विश्वास करनेवाला। २. विश्वास करने के योग्य, विश्वसनीय। *स्त्री० दे० 'प्रतीति'।

प्रतीप पुं० [सं०] १. आशा के विरुद्ध कोई बात होना। २. साहित्य में एक अलंकार जिसमें उपमान को उपमेय के रूप में मान लिया जाता है अथवा उपमेय की तुलना में उपमान को तुच्छ ठहराकर उसका तिरस्कार किया जाता है, इसके पाँच भेद माने गए हैं।

वि० [भाव० प्रतीपता] १. प्रतिकूल, विरुद्ध। २. जैसा होना चाहिए, उसका उलटा, विपरीत। (पर्वर्स) ३. विमुख।

प्रतीपना स्त्री० [सं०] १. प्रतिकूलता, विरोध। २. विपरीतता।

प्रतीपित वि० [सं०] उलटा किया हुआ, उलटाया हुआ।

प्रतीयमान वि० [सं०] १. (रूप) जो ऊपर से दिखाई देता या समझ में आता हो। २. (रूप) जो वास्तविक से भिन्न होने पर भी देखने में बहुत-कुछ वास्तविक-सा जान पड़े, ऊपर से दिखाई पड़ने या प्रतीत होनेवाला। (एपरेन्ट) ३. (अर्थ या आशय के रूप में) भासित होनेवाला, जान पड़नेवाला; जैसे—शब्द ध्वन्यात्मक प्रतीक हैं और अर्थ प्रतीयमान हैं। (आशय यह है कि जो आशय या भाव भासित हो रहा है उसे ध्वन्यात्मक प्रतीक (शब्द) द्वारा व्यक्त किया जाता है।) पुं० काव्य में, वह व्यक्ति या वस्तु जिसका सूचक प्रतीक हो।

प्रतीहार पुं० दे० 'प्रतिहार'।

प्रतेश पुं० [सं० प्रेत+ईश] यमराज।

प्रतोद पुं० [सं०] १. किसी को कोई काम करने के लिए उत्तेजित या विवश करना। २. चाबुक, कोड़ा। ३. अंकुश। ४. दे० 'चेतक'।

प्रतोषना स० [सं० परितोषण] परितुष्ट या सन्तुष्ट करना।

प्रत्न वि० [सं०] पुराना, प्राचीन।

प्रत्यंकन पुं० [सं०] [वि० प्रत्यंकित] १. किसी अंकित वस्तु या आकृति की ठीक-ठीक प्रतिकृति प्रस्तुत करना, हूबहू नकल तैयार करना। २. किसी आकृति के ऊपर पतला कागज रखकर प्रस्तुत की हुई उसकी प्रतिकृति। (ट्रेसिंग)

प्रत्यंचा स्त्री० [सं० पतंचिका] धनुष की डोरी जिसकी सहायता से बाण छोड़ा जाता है, चिल्ला।

प्रत्यंत वि० [सं०] १. बिल्कुल सीमा पर का। २. अन्तिम सिरे का।

प्रत्यंतर पुं० [सं०] किसी अन्तर या विभाग के अन्दर का और छोटा अन्तर या विभाग, जैसे प्रत्यन्तर दशा।

प्रत्यक्ष वि० [सं०] [भाव० प्रत्यक्षता] १. जो आँखों के सामने हो और साफ दिखाई दे। २. जिसका ज्ञान इन्द्रियों से हो, जो समझ में आ रहा हो। ३. जिसमें कोई घुमाव-फिराव न हो,

नियम, परिपाटी आदि के विचार से सीधा। ४. जिसमें किसी बाहरी साधन या आधार का उपयोग न हुआ हो। (डाइरेक्ट) पुं० चार प्रकार के पुराणों में से वह जिसका आधार देखी या जानी हुई बातों पर होता है।

क्रि० वि० आँखों के आगे, सामने।

प्रत्यक्षदर्शी (-र्शिन्) पुं० [सं०] वह जिसने कोई घटना अपनी आँखों से देखी हो। (आई-विटनेस)

प्रत्यक्षवाद पुं० [सं०] एक प्रकार की दार्शनिक प्रणाली जिसमें केवल प्रत्यक्ष या दृश्य बातों या तत्त्वों को प्रामाणिक और वास्तविक माना जाता है, और उनके मूल अदृश्य या अज्ञात कारणों का विचार नहीं किया जाता। (पॉजिटिविज्म)

प्रत्यक्षवादी(-दिन्) पुं० [सं०] [स्त्री० प्रत्यक्षवादिनी] वह जो केवल प्रत्यक्ष ज्ञान का साक्षात्कार करता हो।

प्रत्यक्षीकरण पुं० [सं०] [वि० प्रत्यक्षीकृत] प्रत्यक्ष रूप से उपस्थित करने की क्रिया या भाव।

प्रत्यनीक पुं० [सं०] १. शत्रु, दुश्मन। २. प्रतिपक्षी, विरोधी। ३. साहित्य में एक अर्थालंकार जिसमें किसी शत्रु या प्रतिपक्षी का कोई अपकार या अहित न कर सकने की अवस्था में उसके किसी सम्बन्धी या साथी का अपकार या अहित करने का वर्णन होता है।

प्रत्यपकार पुं०[सं०] अपकार के बदले किया जानेवाला अपकार।

प्रत्यभिज्ञान पुं० [सं०] १. स्मृति की सहायता से होनेवाला ज्ञान। २. दे० 'विभावन'।

प्रत्यभिदेश पुं० [सं० प्रति+अभिदेश] [वि० प्रत्यभिदिष्ट] १. जिससे अभिदेश लेना या कुछ जानना चाहें, उसका किसी और को अभिदिष्ट करना या किसी दूसरे की ओर संकेत करना, जैसे कोश में यदि आप किसी शब्द का अर्थ ढूँढ़ें और उस शब्द के आगे किसी दूसरे शब्द की ओर संकेत किया गया हो, तो यह प्रत्यभिदेश कहलाएगा। (क्रास रेफरेन्स)

प्रत्यय पुं० [सं०] १. विश्वास, प्रतीति। २. एतबार, साख। (क्रेडिट) ३. प्रमाण, सबूत। ४. विचार, खयाल। ५. बुद्धि, समझ। ६. व्याख्या। ७. आवश्यकता, जरूरत। ८. प्रसिद्धि। ९. चिह्न, लक्षण। १०. वे रीतियाँ जिनके द्वारा छन्दों के भेद और उनकी संख्या जानी जाती है। ११. व्याकरण में वे अक्षर जो किसी धातु या मूल शब्द के अन्त में लगकर उसके अर्थ में कोई विशेषता लाते हैं, जैसे 'सरलता' में 'ता' प्रत्यय है। (सफिक्स)

प्रत्ययपत्र पुं० [सं०] वह पत्र जिसमें यह लिखा रहता है कि इसे ले जानेवाले को इतना धन हमारे खाते से या ऋण दे दिया जाए। (लेटर आप क्रेडिट)

प्रत्यर्पण पुं० [सं०] [वि० प्रत्यर्पित] गई हुई चीज ला देना या उसके स्थान पर वैसी ही दूसरी वस्तु देना। (रेस्टॉरेशन)

प्रत्यवलोकन पुं० [सं०] १. फिर से देखना। २. पहले की किसी रचना पर फिर से विचार करना।

प्रत्यवाय पुं० [सं०] [वि० प्रत्यवायी] १. पाप, दुष्कर्म। २. विरोध। ३. अपकार, हानि। ४. बाधा। ५. निराशा।

प्रत्यांत वि० [सं०] (शब्द) जिसके अन्त में प्रत्यय हो।

प्रत्याक्रमण पुं० [सं०] किसी आक्रमण के उत्तर में किया जानेवाला आक्रमण, जवाबी हमला। (काउन्टर अटैक)

प्रत्याखात वि० [सं०] (विषय या कथन) जिसका प्रत्याख्यान हुआ हो।

प्रत्याख्यान पुं० [सं०] [वि० प्रत्याख्यात] १. कथन, सिद्धान्त आदि का खंडन। २. किसी कार्य, निश्चय आदि के सम्बन्ध में की जानेवाली आपत्ति अथवा विरोध। (प्रोटेस्ट)

प्रत्यागत वि० [सं०] लौटकर आया हुआ।

प्रत्यागमन पुं० [सं०] १. लौट आना, वापसी। २. दोबारा या फिर से आना।

प्रत्याभिवादन पुं० [सं० प्रति+अभिवादन] अभिवादन करनेवाले का किया जानेवाला अभिवादन, अभिवादन के उत्तर में किया जानेवाला अभिवादन।

प्रत्याय पुं० [सं०] कर, चुंगी।

प्रत्यायक पुं० [सं०] विश्वास दिलानेवाला।

प्रत्यारोप पुं० [सं०] किसी आरोप के उत्तर में किया जानेवाला आरोप। (काउण्टर-चार्ज)

प्रत्यार्पण पुं० [सं०] [वि० प्रत्यार्पित] किसी अपराधी भगोड़े को उस देश को सौंपना, जिसमें उसने अपराध किया हो। (एक्स्ट्राडिशन)

प्रत्यार्पण-संधि स्त्री० [सं०] दो देशों में होनेवाली वह संधि जिसके अनुसार एक देश में अपराध करके दूसरे देश में जा रहने वाले अपराधियों को उस देश को लौटा दिया जाता है।

प्रत्यालोचन पुं० [सं०] किसी के किए हुए निर्णय या निर्णीत व्यवहार को फिर से देखना कि वह ठीक है या नहीं। (रिव्यू) २. दे० 'प्रत्यालोचना'।

प्रत्यालोचना स्त्री० [सं०] किसी ग्रन्थ या विषय की आलोचना का उत्तर या उस आलोचना में कही बातों की समीक्षा।

प्रत्यावर्तन पुं० [सं०] [वि० प्रत्यावर्तित] १. लौटकर अपने स्थान पर आना, वापस आना। २. किसी दी हुई आज्ञा या किए हुए कार्य या निश्चय को नई आज्ञा या निर्णय से नहीं के समान करना, रद्द करना। (रिवोकेशन)

प्रत्यावर्तित वि० [सं०] जिसका प्रत्यावर्तन हुआ हो या किया गया हो।

प्रत्याशा स्त्री० [सं०] [वि० प्रत्याशित] आशा, उम्मीद।

प्रत्याहार पुं० [सं०] १. संस्कृत व्याकरण में, वह पद जिसमें विशिष्ट वर्णों का संक्षेप में उल्लेख हो। २. योग के आठ अंगों में से एक, जिसमें इन्द्रियों को विषयों से हटाकर चित्त एकाग्र किया जाता है, इन्द्रियनिग्रह। ३. प्रतिकार। ४. किसी

काम को न होने के बराबर करना। ५. फिर से ग्रहण या आरम्भ करना। (रिज़म्प्शन)

प्रत्युत योज० [सं०] बल्कि, वरन्, इसके विपरीत।

प्रत्युत्तर पुं० [सं०] उत्तर मिलने पर दिया हुआ उसका उत्तर, जवाब का जवाब।

प्रत्युत्पन्न वि० [सं०] १. जो फिर से उत्पन्न हो। २. जो ठीक समय पर सामने आए।

प्रत्युत्पन्नमति वि० [सं०] जो तुरन्त कोई उपयुक्त बात या काम सोच ले।

स्त्री० किसी विषय को अतिशीघ्र समझ या सोच लेने की शक्ति।

प्रत्युपकार पुं० [सं०] किसी उपकार के बदले में किया जानेवाला उपकार।

प्रत्यूष पुं० [सं०] प्रभात, तड़का।

प्रत्येक वि० [सं०] बहुतों में से या जितने हों, उन सब में से हर एक। (एवरी)

प्रथम वि० [सं०] १. गिनती में सबसे पहले आनेवाला, पहला। २. सर्वश्रेष्ठ, सबसे अच्छा।

क्रि० वि० पहले, आगे।

प्रथम कारक पुं० [सं०] व्याकरण में, कर्ता कारक।

प्रथमता स्त्री० [सं०] १. 'प्रथम' का भाव या गुण। २. औरों की तुलना में पहला स्थान मिलने की दशा या भाव, प्राथमिकता। (प्रायॉरिटी)

प्रथम दृष्टया क्रि०वि० [सं०] पहली बार देखने पर।

प्रथम पुरुष पुं० दे० 'उत्तम पुरुष'।

प्रथम-प्रवेशी पुं० [सं० प्रथम+प्रवेश+हिं० ई (प्रत्य०)] १. वह जिसने पहली बार प्रवेश किया हो। २. किसी दल में पहली बार खेलनेवाला खिलाड़ी।

प्रथमा स्त्री० [सं०] व्याकरण में कर्ता कारक।

प्रथा स्त्री० [सं०] बहुत दिनों से या बहुत-से लोगों में प्रचलित रीति, रिवाज, चाल।

प्रथागत वि० [सं०] प्रथा के रूप में प्रचलित।

प्रथित वि० [सं०] [स्त्री० प्रथिता] १. लम्बा-चौड़ा, विस्तृत। २. प्रसिद्ध। ३. प्रस्थापित।

प्रद वि० [सं०] देनेवाला, दायक (यौगिक में, जैसे फलप्रद)।

प्रदक्षिणा स्त्री० [सं०] देवमूर्ति या तीर्थ के चारों ओर घूमना, परिक्रमा।

प्रदत्त वि० [सं०] दिया हुआ।

प्रदर पुं० [सं०] स्त्रियों का एक प्रकार का रोग जिसमें उनके गर्भाशय से लसीला सफेद पानी निकलता है।

प्रदर्शक पुं० [सं०] [स्त्री० प्रदर्शिका] १. दिखलानेवाला, वह जो कोई चीज दिखलाए। २. प्रदर्शन करनेवाला।

प्रदर्शन पुं० [सं०] १. दिखलाने का काम। २. जलूस, नारे आदि ऐसे काम जो किसी बात से अपना असन्तोष प्रकट करने या अपने विचार प्रकट करने तथा जनता की सहानुभूति प्राप्त करने के लिए सामूहिक रूप से किए जाते हैं। (डिमॉन्स्ट्रेशन) ३. अपनी कला, गुण, योग्यता, मनोबल आदि दर्शकों के समक्ष दिखाया जाना। ४. दे० 'प्रदर्शनी'।

प्रदर्शन-कक्ष पुं० [सं०] वह कक्ष जिसमें दुकानदार नमूने की वस्तुएँ सजाकर रखते हैं। (शो-रूम)

प्रदर्शनकारी (-रिन्) पुं० [सं०] वह जो प्रदर्शन करता हो।

प्रदर्शन-व्यवसाय पुं० [सं०] पेशे के रूप में अपनाया हुआ मनोरंजक कार्यक्रम प्रस्तुत करने का काम। (शोबिज़)

प्रदर्शनी स्त्री० [सं०] १. तरह-तरह की चीजें लोगों को दिखलाने के लिए एक जगह रखना। २. वह स्थान जहाँ इस प्रकार चीजें रखी जाएँ, नुमाइश। (एक्जिहिबिशन)

प्रदर्शिका स्त्री० [सं०] वह पुस्तक जिसमें किसी स्थान आदि के सम्बन्ध की मुख्य बातें लोगों को उनका सामान्य या विशेष ज्ञान कराने के लिए दी गई हों।

प्रदर्शित वि० [सं०] १. दिखलाया हुआ। २. प्रदर्शनी में रखा हुआ।

प्रदर्शिनी वि० [सं०] प्रदर्शी का स्त्री० रूप।

प्रदर्शी (-शिन्) वि०, पुं० [सं०] [स्त्री० प्रदर्शिनी] प्रदर्शन करनेवाला।

प्रदाता वि० दे० 'प्रदायक'।

प्रदान पुं० [सं०] १. किसी को कुछ देने की क्रिया। २. वह जो दिया जाए। ३. दिया या चुकाया जानेवाला धन या रकम। (पेमेण्ट) ४. सहायता, व्यय आदि के लिए स्वीकृत अथवा दिया जानेवाला धन, अनुदान। (ग्राण्ट)

प्रदानी* वि० दे० 'प्रदायक'।

प्रदायक, प्रदायी वि०, पुं० [सं०] [स्त्री० प्रदायिका] देनेवाला, जो दे।

प्रदाह पुं० [सं०] ज्वर, फोड़े, सूजन आदि के कारण शरीर में होनेवाली जलन, दाह।

प्रदिशा स्त्री० [सं०] दो दिशाओं के बीच की दिशा, कोण।

प्रदीप पुं० [सं०] दीपक, दीया।

प्रदीपन पुं० [सं०] [वि० प्रदीप्त] १. प्रकाश या उजाला करना। २. उज्ज्वल करना, चमकाना।

प्रदीप्त वि० [सं०] १. प्रकाश से युक्त, उजला। २. चमचमाता हुआ।

प्रदीप्ति स्त्री० [सं०] [वि० प्रदीप्त] १. उजाला, प्रकाश। २. चमक, आभा, दीप्ति।

प्रदुमन* पुं० दे० 'प्रद्युम्न'।

प्रदुष्ट वि० [सं०] १. बहुत बड़े दोषों से युक्त। २. लोभ, स्वार्थ आदि के कारण नैतिक दृष्टि से पतित। (कॅरप्ट)

प्रदूषण पुं० [सं०] [वि० प्रदूषित] १. दोषयुक्त अर्थात् अशुद्ध या गन्दा करनेवाला पदार्थ या स्थिति। २. वातावरण को दूषित करनेवाली वस्तु या बात। (पल्यूशन)

प्रदेय वि० [सं०] प्रदान करने के योग्य।

प्रदेश पुं० [सं०] [वि० प्रादेशिक] १. किसी देश का वह विभाग जिसके निवासियों की भाषा, रहन-सहन, व्यवहार, शासन-पद्धति आदि औरों से भिन्न और स्वतन्त्र हो, प्रान्त, सूबा। २. क्षेत्र, स्थान, जगह। ३. अंग, अवयव।

प्रदेशवाद पुं० [सं०] अपने-अपने प्रदेश तथा प्रदेशवासियों के हित की रक्षा के विचार से काम करने का सिद्धान्त।

प्रदोष पुं० [सं०] १. सूर्य के अस्त होने का समय, सन्ध्या। २. प्रत्येक पक्ष की त्रयोदशी को होनेवाला एक व्रत जिसमें सन्ध्या के समय शिव का पूजन करके भोजन किया जाता है। ३. बहुत बड़ा दोष या अपराध।

प्रद्युम्न पुं० [सं०] १. कामदेव। २. श्रीकृष्ण के बड़े पुत्र का नाम।

प्रद्योत पुं० [सं०] १. किरण। २. दीप्ति, चमक।

प्रधान वि० [सं०] [भाव० प्रधानता] सबमें श्रेष्ठ या मुख्य, खास। (प्रिंसिपल)

पुं० १. मुखिया, सरदार। २. सचिव, मन्त्री। ३. कुछ नियत काल के लिए किसी संस्था का चुना हुआ या विभाग का मुख्य या सबसे बड़ा अधिकारी, अध्यक्ष। (हेड)

प्रधान कार्यालय पुं० [सं०] व्यापारिक अथवा अन्य संस्थाओं का मुख्य और सबसे बड़ा कार्यालय, जहाँ से उसके सब कार्यों तथा शाखाओं का संचालन होता है। (हेड ऑफिस)

प्रधानाध्यापक पुं० [सं०] विद्यालय का प्रधान अध्यापक।

प्रधानाध्यापिका स्त्री० [सं०] प्रधान अध्यापिका।

प्रधानी* स्त्री० [सं० प्रधान+ हिं० ई (प्रत्य०)] प्रधान का पद या कार्य।

प्रन* पुं० दे० 'प्रण'।

प्रनति* स्त्री० दे० 'प्रणति'।

प्रनना* अ० [सं० प्रणन्] १. प्रणाम या नमस्कार करना। २. नम्र होना, झुकना। ३. शरण में आना, उदा० प्रनत-जन-कुमुद-बन-इन्दु-कर-जालिका।- तुलसी।

प्रनवना* अ० दे० 'प्रणमना'।

प्रनामी* पुं० [सं० प्रणाम+ हिं० ई (प्रत्य०)] प्रणाम करनेवाला, जो प्रणाम करे।

स्त्री० वह दक्षिणा जो गुरु, ब्राह्मण आदि के सामने प्रणाम करने के समय रखी जाए।

प्रनिपात* पुं० दे० 'प्रणिपात'।

प्रपंच पुं० [सं०] १. संसार और उसका जंजाल, मायाजाल। २. विस्तार, फैलाव। ३. बखेड़ा, झगड़ा, झमेला। ४. आडम्बर, ढोंग। ५. छल, कपट।

प्रपंचात्मक वि० [सं० प्रपंच+आत्मक] प्रपंच के रूप में होनेवाला, प्रपंच से युक्त।

प्रपंची(-चिन्) वि० [सं० प्रपंचिन्] १. प्रपंच रचनेवाला, ढोंगी। २. छली, कपटी।

प्रपत्ति स्त्री० [सं०] १. अनन्य भक्ति। २. शरणागति।

प्रपन्न वि० [सं०] १. आया हुआ, प्राप्त। २. शरणागत।

प्रपात पुं० [सं०] १. वह बहुत ऊँचा स्थान जहाँ से कोई वस्तु सीधी नीचे गिरे। २. प्रपात, पहाड़ या ऊँचे स्थान से गिरनेवाली जल की धारा, झरना, दरी। (वाटरफाल)

प्रपितामह पुं० [सं०] [मही० प्रपितामही] १. दादा का बाप, परदादा।

प्रपुत्र पुं० दे० 'पौत्र'।

प्रपूर्ण पुं० [सं०] [भाव० प्रपूर्णता] अच्छी तरह भरा हुआ।

प्रपौत्र पुं० [सं०] [स्त्री० प्रपौत्री] पड़पोता, पोते का पुत्र।

प्रफुलना* अ० [सं० प्रफुल्ल] १. प्रफुल्लित होना। २. फूलना।

प्रफुला* स्त्री० [सं० प्रफुल्ल] १. कुमुदिनी, कुईं। २. कमलिनी, कमल।

प्रफुलित वि०=प्रफुल्ल।

प्रफुल्ल वि० [सं०] [भाव० प्रफुल्लता] १. खिला हुआ, विकसित। (फूल) २. जिसमें फूल लगे हों। (वृक्ष) ३. खुला हुआ। ४. प्रसन्न।

प्रबंध पुं० [सं०] १. कोई काम ठीक तरह से पूरा करने की व्यवस्था, इन्तजाम, बन्दोबस्त। (मैनेजमेन्ट) २. आयोजन, उपाय। ३. पद्य में लिखा हुआ काव्य।

४. कोई ऐसा लेख या निबन्ध, विशेषत: विश्वविद्यालयों के विचारार्थ उच्च कक्षाओं के विद्यार्थियों का लिखा हुआ वह लेख जिसमें कोई नई खोज की गई हो या युक्तियों या प्रमाणों के द्वारा कोई नया सिद्धान्त प्रतिपादित हो। (थीसिस)

प्रबंधक पुं० [सं०] प्रबन्ध या इन्तजाम करनेवाला। (मैनेजर)

प्रबंधकारिणी स्त्री० दे० 'प्रबंध-समिति'।

प्रबंधकीय वि० [सं०] प्रबन्धक-सम्बन्धी।

प्रबंधन पुं० [सं० प्रबंध] १. किसी संस्थान विशेषत: व्यापारिक संस्थान को सही ढंग से चलाने की प्रक्रिया और कौशल। २. प्रबंध करने की रीति-नीति।

प्रबंध-समिति स्त्री० [सं०] वह समिति जो किसी सभा, समाज या आयोजन के सब प्रबन्ध करती हो। (मैनेजिंग कमिटी)

प्रबल वि० [सं०] [स्त्री० प्रबला] १. बलवान। २. जोर का, प्रचंड, उग्र, तेज। ३. घोर।

प्रबुद्ध वि० [सं०] १. जागा हुआ। २. होश में आया हुआ। ३. ज्ञानी।

प्रबोध पुं० [सं०] [वि० प्रबुद्ध, कर्ता प्रबोधक] १. नींद खुलना, जगना। २. यथार्थ और पूरा ज्ञान। ३. ढारस, दिलासा।

प्रबोधन पुं० [सं०] १. जगना। २. प्रबुद्ध बनाना। ३. प्रबुद्ध करने के लिए दिया जानेवाला व्याख्यान।

प्रबोधना स० [सं० प्रबोधन] १. जगाना। २. सचेत या होशियार करना। ३. समझाना-बुझाना। ४. सान्त्वना या ढारस देना, तसल्ली देना।

प्रभंजन पुं० [सं०] १. बहुत अधिक तोड़-फोड़। २. प्रचंड वायु, आँधी, झंझावत।

प्रभंजन-जाया* पुं०=हनुमान।

प्रभव पुं० [सं०] १. उत्पत्ति का कारण या स्थान। २. जन्म। ३. सृष्टि, संसार।

प्रभविष्णु वि० [सं०] [वि० प्रभविष्णुता] १. दूसरों पर प्रभाव डालनेवाला, प्रभावशाली। २. बलवान।

प्रभा स्त्री० [सं०] आभा, चमक।

प्रभाउ* पुं० दे० 'प्रभाव'।

प्रभाकर पुं० [सं०] १. सूर्य। २. चन्द्रमा। ३. अग्नि। ४. समुद्र।

प्रभात पुं० [सं०] सबेरा, तड़का।

प्रभातकर पुं० [सं०] सूर्य, भानु।

प्रभातफेरी स्त्री० [सं० प्रभात+हिं० फेरी] प्रचार आदि के लिए बहुत सबेरे दल बाँधकर गाते-बजाते और नारे लगाते शहर का चक्कर लगाना।

प्रभाती स्त्री० [सं० प्रभात] एक प्रकार का गीत जो सबेरे गाया जाता है।

प्रभामंडल पुं० [सं०] देवताओं और दिव्य पुरुषों आदि के मुख के चारों ओर का वह प्रभापूर्ण मंडल जो चित्रों या मूर्तियों में दिखलाया जाता है, परिवेश, भूमण्डल। (हैलो)

प्रभार पुं० [सं०] १. विशेष या अतिरिक्त भार। २. विशेष दायित्व या देयता। ३. अतिरिक्त कर के रूप में करदाताओं पर डाला गया भार।

प्रभारी वि० [सं० प्रभार] १. जिस पर विशेष दायित्व हो। २. कार्यकारी।

प्रभाव पुं० [सं०] १. होना या सामने आना, प्रादुर्भाव। २. किसी वस्तु या बात पर किसी क्रिया का होनेवाला परिणाम या फल, असर, जैसे औषध का प्रभाव। (एफेक्ट) ३. किसी व्यक्ति की शक्ति, आतंक, सम्मान, अधिकार आदि का दूसरे व्यक्तियों, घटनाओं, कार्यों आदि पर होनेवाला परिणाम। (इन्फ्लुएन्स) ४. सामर्थ्य, शक्ति।

प्रभावकारी वि० [सं०] प्रभाव, दिखलाने या डालनेवाला, प्रभावित करनेवाला।

प्रभावशाली (लिन्) वि० [सं०] जिसका दूसरों पर यथेष्ट या बहुत प्रभाव पड़ता हो। (इन्फ्लुएन्शल)

प्रभावशील वि० [सं०] [भाव० प्रभावशील] प्रभाव डालने में समर्थ।

प्रभावान्वित वि० [सं०] जिस पर प्रभाव पड़ा हो, प्रभावित।

प्रभावित वि० [सं० प्रभाव] जिस पर प्रभाव पड़ा हो।

प्रभावी वि० [सं० प्रभाव+हिं० ई (प्रत्य०)] जिसका किसी बात पर कोई महत्त्वपूर्ण प्रभाव पड़ता हो, जैसे प्रभावी दिनांक, प्रभावी साक्षी।

प्रभास पुं० [सं०] १. दीप्ति, ज्योति। २. एक प्राचीन तीर्थ, सोमतीर्थ।

प्रभासना* अ० [सं० प्रभासन] भासित होना, जान पड़ना।

प्रभु पुं० [सं०] [भाव० प्रभुता, प्रभुत्व] १. अधिपति। २. स्वामी, मालिक। ३. ईश्वर, परमात्मा।

प्रभुता स्त्री० [सं०] १. प्रभु या ईश्वर होने का भाव। २. दे० 'प्रभुत्व'।

प्रभुताई* स्त्री०=प्रभुता।

प्रभुत्व पुं० [सं०] १. ऐसा प्रभावपूर्ण और प्रबल अधिकार जिसके सामने और सब लोग दबे रहें। २. स्वामी, राजा, शासक आदि होने की दशा या भाव। ३. दे० 'प्रभुता'।

प्रभुसत्ता स्त्री० [सं०] [वि० प्रभुसत्तात्मक] देश, राज्य आदि की वह सबसे बड़ी सत्ता या अधिकार जिसके ऊपर और कोई बड़ी सत्ता या अधिकार न हो और जो अपने सभी कार्यक्षेत्रों में सब प्रकार से पूर्ण स्वतन्त्र हो। (सॉवरन अथॉरिटी)

प्रभूत वि० [सं०] १. निकला हुआ। २. उन्नत। ३. बहुत अधिक।

प्रभृति योज० [सं०] इत्यादि, वगैरह।

प्रभेद पुं० [सं०] भेद, प्रकार, तरह।

प्रभेव* पुं०=प्रभेद।

प्रमंडल पुं० [सं०] प्रदेश का वह विभाग जिसमें कई मण्डल या जिले हों। (कमिश्नरी या डिवीजन)

प्रमत्त वि० [सं०] [भाव० प्रमत्ता] १. नशे में चूर, मस्त। २. पागल, बावला। ३. जिसकी बुद्धि ठिकाने न हो।

प्रमथ पुं० [सं०] शिव के एक प्रकार के गण।
वि० १. मथनेवाला। २. पीड़ित करने या कष्ट देनेवाला।

प्रमद पुं० [सं०] १. मतवालापन। २. आनन्द, प्रसन्नता।
वि० १. मतवाला, मत्त। २. मस्त, प्रसन्न।

प्रमदा स्त्री० [सं०] युवा स्त्री, युवती।

प्रमा स्त्री० [सं०] १. शुद्ध और यथार्थ ज्ञान। २. माप। ३. तौल।

प्रमाण पुं० [सं०] १. वह कथन या तत्त्व जिससे कोई बात सिद्ध हो, सबूत। (प्रूफ) (न्यायशास्त्र में इसके चार प्रकार माने गए हैं—अनुमान, उपमान, प्रत्यक्ष और आप्तवचन।) २. ऐसी बात जो किसी दूसरी बात के ठीक होने का निश्चय कराती हो। (एविडेन्स) ३. वह कथन या तत्त्व जिसे सब लोग ठीक मानते हों। ४. साहित्य में एक अलंकार जिसमें किसी बात का कोई प्रमाण मिलने पर उस बात के प्रत्यक्ष या सिद्ध होने का वर्णन होता है। ५. सत्यता, सच्चाई।
निपा० पर्यंत, तक।

प्रमाणक पुं० [सं०] वह पत्र जिस पर प्रमाण के रूप में कोई लेख हो, प्रमाणपत्र। (सर्टिफिकेट)
वि० प्रमाणित करनेवाला।

प्रमाणकर्ता (-तृ) पुं० [सं०] वह जो कोई बात प्रमाणित करता हो। (सर्टिफायर)

प्रमाणना* स० दे० 'प्रमानना'।

प्रमाणपत्र पुं० [सं०] वह पत्र जिस पर कोई बात प्रमाणित करनेवाला कोई लेख हो, प्रमाणक। (सर्टिफिकेट, टेस्टिमोनिअल)

प्रमाणिक वि० दे० 'प्रामाणिक'।

प्रमाणित वि० [सं०] १. जो प्रमाण द्वारा ठीक सिद्ध हुआ हो, साबित। (प्रूव्ड) २. जिसके सम्बन्ध में यह लिखा गया हो कि यह प्रमाणिक या ठीक है। (सर्टिफायड) ३. जिसके

सम्बन्ध में यह लिखा गया हो कि यह वास्तविक है, सत्यापित। (एटेस्टेड)

प्रमाणीकरण पुं० [सं०] १. यह लिखना कि अमुक बात या लेख ठीक और प्रामाणिक है। (सर्टिफिकेशन) २. किसी लेख पर यह लिखना कि यह वास्तविक और सत्य है। (एटेस्टेशन)

प्रमाता पुं० [सं० प्रमातृ] १. प्रमा का ज्ञान रखनेवाला। २. आत्मा या चेतन पुरुष। ३. द्रष्टा, साक्षी।

स्त्री० [सं०] पिता की माता, दादी।

प्रमाद पुं० [सं०] [वि० प्रमादी] १. कर्तव्य को अकर्तव्य समझ बैठने की भूल या बरती जानेवाली लापरवाही। २. भ्रम, भ्रान्ति, धोखा। ३. अभिमान आदि के कारण कुछ का कुछ समझना या करना। ४. ठीक तरह से ध्यान न देने के कारण कर्तव्यपालन या कार्य के निर्वाह में होनेवाली उक्त प्रकार की त्रुटि या भूल। (नेग्लिजेन्स)

प्रमादतः क्रि० वि० [सं०] प्रमाद के वश में हो या रहकर, प्रमाद के कारण। (नेग्लिजेण्टीली)

प्रमान* वि० [सं० प्रामाणिक] १. प्रामाणिक। २. निश्चित, पक्का, उदा० यह प्रमान मन मोरे। -तुलसी।

पुं०=प्रमाण।

प्रमानना* स० [सं० प्रमा+ हिं० ना (प्रत्य०)] १. प्रमाण के रूप में मानना, ठीक समझना। २. प्रमाणित या सिद्ध करना। ३. स्थिर या निश्चित करना।

प्रमानी* वि० दे० 'प्रामाणिक'।

प्रमित वि० [सं०] १. परिमित। २. ठीक या निश्चित।

प्रमीत वि० [सं०] जिसकी मृत्यु हो गई हो, मरा हुआ, मृत (केवल स्वाभाविक या प्रकृत रूप से मरनेवाले मनुष्यों के लिए)। (डिसीज्ड)

प्रमीति स्त्री० [सं०] मनुष्य का स्वाभाविक या प्रकृत रूप से मरना, साधारण मृत्यु। (डिसीज)

प्रमुख वि० [सं०] १. प्रथम, पहला। २. प्रधान, मुख्य।

प्रमुद वि० दे० 'प्रमुदित'।

*पुं० दे० 'प्रमोद'।

प्रमुदना* अ० [सं० प्रमोद] प्रमुदित होना, प्रसन्न होना।

प्रमुदित वि० [सं०] हर्षित, प्रसन्न।

प्रमेय वि० [सं०] १. जो प्रमाण का विषय हो सके। २. जो प्रमाणित किया जाने को हो। ३. जो नापा जा सके।

पुं० गणित में, नियम या सिद्धांत जो प्रतीकों पर आधारित हो। (थ्यूरम)

प्रमेह पुं० [सं०] एक रोग जिसमें मूत्र के साथ या उसके मार्ग से शरीर की शुक्र आदि धातुएँ निकलती रहती हैं।

प्रमोद पुं० [सं०] अत्यधिक प्रसन्नता।

प्रेमोन्मत्त वि० [सं० प्रेम+उन्मुक्त] प्रेम में पागल, दीवाना।

प्रयंक* पुं० दे० 'पर्यंक'।

प्रयंत* निपा० दे० 'पर्यंत'।

प्रयत्न पुं० [सं०] १. कार्य या उद्यम जो कोई उद्देश्य सिद्ध करने के लिए किया जाए, प्रयास, चेष्टा, कोशिश। २. वर्णों के उच्चारण में होनेवाली गले, मुख आदि की क्रिया। (व्याकरण)

प्रयत्नरत वि० [सं०] प्रयत्न में लगा हुआ।

प्रयत्न लाघव पुं० वह उपाय जिससे किसी काम में लगनेवाली शक्ति और समय की बचत हो।

प्रयत्नशील वि० [सं०] जो प्रयत्न कर रहा हो, प्रयत्न या कोशिश में लगा हुआ।

प्रयत्नशीलता स्त्री० [सं०] प्रयत्नशील होने की अवस्था या भाव।

प्रयाण पुं० [सं०] १. एक स्थान से दूसरे स्थान को जाना या चलना, प्रस्थान, यात्रा। (डिपार्चर) २. युद्धयात्रा, चढ़ाई। ३. यह लोक छोड़कर (मरकर) स्वर्ग या परलोक जाना।

प्रयास पुं० [सं०] १. प्रयत्न, उद्योग, कोशिश। २. परिश्रम, मेहनत।

प्रयासरत वि० [सं०] [भाव० प्रयासरतता] प्रयास में लगा हुआ।

प्रयासी (-सिन्) वि० [सं०] प्रयत्न या कोशिश करनेवाला।

प्रयुक्त वि० [सं०] १. अच्छी तरह मिलाया या जोड़ा हुआ, सम्मिलित। २. जिसका प्रयोग हो चुका हो या होता हो। ३. जो काम में लाया गया हो, जिसका उपयोग हुआ हो। (यूज्ड)

प्रयोक्ता (-क्तृ) पुं० [सं० प्रयोक्तृ] १. प्रयोग या व्यवहार करनेवाला। २. उपयोग या काम में लानेवाला।

प्रयोक्ति स्त्री० [सं०] प्रयुक्त होने की अवस्था या भाव।

प्रयोग पुं० [सं०] १. किसी काम में लगना। २. किसी वस्तु के कार्य में लाए जाने की क्रिया या भाव, व्यवहार, इस्तेमाल, बरता जाना। ३. बल, अधिकार आदि का व्यवहार या उपयोग करना। (एक्सरसाइज, एप्लिकेशन) ४. कोई बात जानने या समझने के लिए, अथवा परीक्षा, जाँच आदि के रूप में होनेवाला किसी क्रिया का साधन। (एक्सपेरिमेन्ट) ५. आज्ञा आदि के अनुसार काम करना, अनुपालन, तामील। (सरविस) ६. मारण, मोहन आदि तान्त्रिक उपचार या कृत्य। ७. नाटक, अभिनय।

प्रयोगकर्ता (-तृ) पुं० [सं०] १. प्रयोग करनेवाला। २. वैज्ञानिक प्रयोग करनेवाला।

प्रयोगधर्मी (-मिन्) वि० [सं०] [भाव० प्रयोगधर्मिता] १. जिसमें प्रयोग किए जा रहे हों। २. प्रयोगों पर आधारित।

प्रयोगशाला स्त्री० [सं०] वह स्थान जहाँ किसी विषय का, विशेषतः रासायनिक प्रयोग या जाँच होती हो। (लेबोरेटरी)

प्रयोगशील वि० [सं०] [भाव० प्रयोगशीलता] १. जो प्रयोग में हो। २. जो नए-नए प्रयोगों में प्रवृत्त हो।

प्रयोग-साध्य वि० [सं०] जिसे प्रयोग में लाया जा सके।

प्रयोजक पुं० [सं०] प्रयोग या अनुष्ठान करनेवाला, प्रेरक।

प्रयोजन पुं० [सं०] [वि० प्रयोजनीय] १. काम, अर्थ। २. वह विचार जिसे पूरा करने के लिए कोई काम किया जाए, उद्देश्य, अभिप्राय। (पर्पज) ३. उपयोग, व्यवहार।

प्रयोजनमूलक वि० [सं० प्रयोजन+मूलक] १. जो उद्देश्य या प्रयोजन की सिद्धि में सहायक हो। २. व्यावहारिक।

प्रयोजनवती लक्षणा स्त्री० [सं०] वह लक्षणा जो प्रयोजन द्वारा वाच्यार्थ से भिन्न अर्थ प्रकट करती है। (साहित्य में इसके दो भेद और कई उपभेद कहे गए हैं।)

प्रयोजनीय वि० [सं०] [भाव० प्रयोजनीयता] प्रयोजन या काम में आनेवाला, काम का।

प्रयोज्य वि० [सं०] १. जिसका प्रयोग किया जा सकता हो या किया जाने को हो। २. जो अधिकार के रूप में काम में लाया जा सकता हो। (एक्सरसाइजेबुल)

प्ररोह, प्ररोहण पुं० [सं०] १. आरोह, चढ़ाई। २. उगना, जमना।

प्रलंब वि० [सं०] १. नीचे की तरफ का कुछ दूर तक लटकता हुआ। २. लम्बा। ३. आगे निकला हुआ।

प्रलंबन पुं० [सं०] किसी कर्मचारी के दोष या अपराध की सूचना पाने पर उसकी ठीक जाँच होने तक के लिए उसका अपने पद से हटाया जाना, मुअत्तल होना। (सस्पेन्शन)

प्रलंबित वि० [सं०] (कार्यकर्ता) जिसका किसी अभियोग या अपराध के कारण प्रलम्बन हुआ हो, जो अन्तिम निर्णय तक के लिए अपने पद से हटा दिया गया हो, मुअत्तल।

प्रलंबी वि० [सं० प्रलंबिन्] [स्त्री० प्रलंबिनी] १. दे० 'प्रलंब'। *२. सहारा लेनेवाला।

प्रलयंकर वि० [सं०] [स्त्री० प्रलयंकारी] प्रलय का-सा सर्वनाश करनेवाला।

प्रलय पुं० [सं०] १. लय को प्राप्त होना, न रह जाना। २. संसार का प्रकृति में लीन होकर मिट जाना, जो बहुत दिनों पर होता है और जिसके बाद फिर नई सृष्टि होती है। (दे० प्लावन २.) ३. साहित्य में शृंगार रस के अन्तर्गत वह अवस्था जिसमें किसी विषय या बात में तन्मय होने के कारण तन-मन की सुधि नहीं रहती, यह सात्विक अनुभावों के अन्तर्गत माना गया है।

प्रलयकर वि० दे० 'प्रलयंकर'।

प्रलाप पुं० [सं०] [वि० प्रलापी] पागलों की तरह कही हुई व्यर्थ की बातें।

प्रलेख पुं० [सं०] वह करण या पत्र जिसमें दो पक्षों में होनेवाली संविदा या अनुबन्ध लिखा हो और जो निष्पादक के द्वारा हस्ताक्षरित होकर दूसरे पक्ष को दिया गया हो। (डीड)

प्रलेखक पुं० [सं०] वह जो लेख या दस्तावेज और प्रार्थनापत्र आदि लिखता हो, अर्जीनवीस, कातिब।

प्रलेखन पुं० [सं०] लेख, दस्तावेज, प्रार्थना-पत्र आदि लिखने का काम।

प्रलेप पुं० [सं०] अंग पर लगाई जानेवाली कोई गीली दवा, लेप।

प्रलेपन पुं० [सं०] [वि० प्रलेपक, प्रलेप्य] लेप करने या लगाने की क्रिया।

प्रलोभन पुं० [सं०] [वि० प्रलोभित, प्रलोभक] १. लोभ दिखाना, लालच देना। २. कोई कार्य, विशेषत: अनुचित कार्य करने के लिए मन में उत्पन्न होनेवाली वृत्ति, लोभ। (टेम्प्टेशन) ३. वह बात या कार्य जो किसी को लुभाकर अपनी ओर खींचने या उससे कोई काम करानेवाला हो। (एल्योरमेन्ट)

प्रवंचन पुं० दे० 'प्रवंचना'।

प्रवंचना स्त्री० [सं०] [वि० प्रवंचक] किसी को धोखा देने या ठगने का काम, छल, कपट, ठगपना।

प्रवंचित वि० [सं०] [स्त्री० प्रवंचिता] जो ठगा गया हो।

प्रवक्ता पुं० [सं० प्रवक्तृ] १. अच्छी तरह समझकर कहनेवाला। २. किसी संस्था या विभाग की ओर से अधिकारिक रूप में कोई बात कहनेवाला। (स्पोक्समैन)

प्रवचन पुं० [सं०] [वि० प्रवचनीय] १. अच्छी तरह समझकर कहना। २. धर्मग्रन्थ या धार्मिक, नैतिक, आदि बातों की जबानी की जानेवाली व्याख्या।

प्रवण पुं० [सं०] [भाव० प्रवणता] १. क्रमश: नीचे गई भूमि, ढाल, उतार। २. चौराहा। ३. उदर, पेट।
वि० [भाव० प्रवणता] १. ढालुआँ। २. झुका हुआ, नत। ३. प्रवृत्त, रत। ४. नम्र, विनीत। ५. उदार। ६. दक्ष, निपुण। ७. समर्थ।

प्रवत्स्यत्पतिका स्त्री० [सं०] वह नायिका जिसका पति विदेश जाने को हो और जो उसके वियोग की कल्पना से दुखी हो।

प्रवर वि० [सं०] [भाव० प्रवरता] १. औरों की अपेक्षा बड़ा, मुख्य या श्रेष्ठ। २. अधिकार, योग्यता आदि के विचार से ऊँचा या बड़ा माना जानेवाला, जैसे प्रवर क्षेत्रपति या स्वामी, प्रवर अधिकार या अधिकारी। (सुपीरियर)
पुं० १. किसी गोत्र या वंश का प्रवर्तक कोई विशेष महत्त्व का मुनि। २. सन्तति। ३. वह जो किसी विषय का विशेष रूप से ज्ञाता हो, अच्छा जानकार। (एक्सपर्ट)

प्रवरण पुं० [सं०] चयन।

प्रवरण-समिति स्त्री० [सं०] किसी विषय पर विचार करके सम्मति देने के लिए उस विषय के चुने हुए विशेषज्ञों की बनाई हुई समिति। (सेलेक्ट कमिटी)

प्रवर्तक पुं० [सं०] १. कोई काम चलानेवाला, संचालक। २. प्रचलति या आरम्भ करनेवाला। ३. किसी को किसी काम में, विशेषत: अनुचित या विधिविरुद्ध काम में लगाने और उसकी सहायता करनेवाला। (एबेटर) ४. कोई नया काम या बात निकालने या चलानेवाला। (ओरिजिनेटर) ५. नाटक में प्रस्तावना का वह प्रकार जिसमें सूत्रधार के वर्तमान समय का वर्णन करने पर, पात्र उसी की चर्चा करता हुआ रंगमंच पर आता है।

प्रवर्तन पुं० [सं०] [वि० प्रवर्तित, प्रवर्तनीय, प्रवर्तक] १. कार्य आरम्भ करना, काम ठानना। २. प्रचलित करना, चलाना। ३. दे० 'दुरुत्साहन'।

प्रवर्षण पुं० [सं०] १. वर्षा, बरसात। २. किष्किंधा के पास का एक पर्वत।

प्रवह पुं० [सं०] १. तेज बहाव। २. सात वायुओं में से एक।

प्रवहमान् वि० [सं० प्रवहमत्] जोरों से बहता या चलता हुआ।

प्रवाद पुं० [सं०] १. बात-चीत। २. जन-साधारण में प्रचलित कोई ऐसी बात जिसका कोई पुष्ट आधार न हो, जनश्रुति, जनरव, किंवदन्ती, अफवाह। (र्‌यूमर) ३. झूठी बदनामी, अपवाद। ४. किसी को दी जानेवाली सूचना। (रिपोर्ट)

प्रवाद-वाक्य पुं० ऐसा वाक्य जो परंपरा से चले आने के कारण मान्य हो।

प्रवान* पुं०=प्रमाण।

प्रवाल पुं० [सं०] १. मूँगा, विद्रुम। २. वृक्ष के नए और कोमल पत्ते, किसलय।

प्रवास पुं० [सं०] १. अपना देश छोड़कर दूसरे देश में जा बसना। २. यात्रा।

प्रवासी वि० [सं० प्रवासिन्] परदेश में जाकर बसने या रहनेवाला।

प्रवाह पुं० [सं०] १. जल का बहाव। २. बहता हुआ पानी, धारा। ३. नदी या बहते हुए पानी में कोई चीज डालकर बहाना, भसान, जैसे किसी मृत व्यक्ति की अस्थियों या देवी-देवताओं की मूर्ति का प्रवाह। (एमर्शन) ४. काम का चलना या जारी रहना।५. चलता हुआ क्रम, तार, सिलसिला।

प्रवाहक वि० [सं०] [स्त्री० प्रवाहिका] १. अच्छी तरह वहन करनेवाला। २. जोर से चलाने या बहानेवाला।

प्रवाहशील वि० [सं०] [भाव० प्रवाहशीलता] निरंतर प्रवाहित होनेवाला।

प्रवाहित वि० [सं०] बहता हुआ।

प्रवाही वि० [सं० प्रवाहिन्] [स्त्री० प्रवाहिनी] १. बहानेवाला। २. तरल, द्रव।

प्रविधान पुं० [सं०] विधायिका सभा के द्वारा बनाया हुआ विधान। (स्टैट्यूट)

प्रविधि स्त्री० [सं०] [वि० प्राविधिक] १. किसी विशेष विषय से सम्बन्ध रखनेवाली या किसी विशेष प्रकार की विधि, जैसे साक्ष्य प्रविधि। (लॉ ऑफ कन्ट्रैक्ट) २. तकनीक।

प्रविष्ट स्त्री० [सं०] जिसका प्रवेश हुआ हो, घुसा हुआ।

प्रविष्टि स्त्री० [सं०] कोई एक रकम या बात, मद।

प्रवीण वि० [सं०] [भाव० प्रवीणता] किसी कार्य में विशेष रूप से निपुण, कुशल, दक्ष, होशियार।

प्रवृत्त वि० [सं०] १. किसी बात की ओर झुका हुआ। २. किसी काम में लगा हुआ। ३. उद्यत, तैयार।

प्रवृत्ति स्त्री० [सं०] १. प्रवाह, बहाव। २. यों ही, स्वभावत: अथवा कुछ रुचि होने के कारण किसी ओर होनेवाला मन का झुकाव। (टेन्डेन्सी) ३. सांसारिक विषयों या भोगों का ग्रहण, 'निवृत्ति' का विपर्याय। ४. मोह-माया में आसक्ति।

प्रवेक्षा स्त्री० [सं०] [वि० प्रवेक्षित] किसी काम या बात के होने के संबंध में पहले से की जानेवाली आशा या अनुमान, पूर्वानुमान। (एन्टिसिपेशन)

प्रवेश पुं० [सं०] १. अन्दर जाना, घुसना, पैठना। २. किसी क्षेत्र, वर्ग, संस्था आदि में उसके विशिष्ट नियम पूरे करते हुए पहुँचना या लिया जाना। (एडमिशन) ३. किसी विषय में होनेवाली विशेष जानकारी, गति, पहुँच। ४. किसी विषय का ज्ञान।

*पुं० दे० 'परिवेश'।

प्रवेशक पुं० [सं०] १. प्रवेश करानेवाला। २. नाटक में वह स्थल जहाँ बीच की किसी घटना का परिचय केवल बात-चीत से कराया जाता है।

प्रवेशद्वार पुं० [सं०] वह द्वार या दरवाजा या कोई ऐसा तंग, पर निश्चित मार्ग जिससे होकर किसी मकान या घिरे हुए क्षेत्र आदि में जाना पड़ता है, अन्दर जाने का दरवाजा या रास्ता। (एन्टरेन्स)

प्रवेशपत्र पुं० [सं०] वह पत्र जिसे दिखलाने पर किसी स्थान में प्रवेश करने का अधिकार प्राप्त हो। (पास या टिकट)

प्रवेश-परीक्षा स्त्री० [सं०] किसी विद्यालय में प्रवेश के समय होनेवाली परीक्षा।

प्रवेश-शुल्क पुं० [सं०] १. वह शुल्क जो किसी संस्था में सम्मिलित होने या पहले-पहल नाम लिखाने के समय देना पड़ता है। (एडमिशन फी) २. वह शुल्क जो किसी स्थान में प्रवेश करने के समय देना पड़ता है। (एन्ट्रेस फी)

प्रवेशिका स्त्री० [सं०] १. वह पत्र या चिह्न जिसे दिखाकर कहीं प्रवेश करने का अधिकार मिलता है। (पास) २. प्रवेशशुल्क के रूप में दिया जानेवाला धन। ३. निम्न वर्ग में वह अन्तिम परीक्षा जिसमें उत्तीर्ण होने पर उच्चवर्ग में प्रवेश करने का अधिकार प्राप्त होता है। (एन्ट्रेस)

प्रवेशी वि० [सं० प्रवेश+हिं० ई (प्रत्य०)] जिसने प्रवेश किया हो, प्रवेश करनेवाला; जैसे-प्रथम प्रवेशी।

प्रवेश्य वि० [सं०] प्रवेश के योग्य।

प्रवेष* पुं० १. दे० 'प्रवेश'। २. दे० 'परिवेश'।

प्रवेसना* अ० [सं० प्रवेश] प्रवेश करना, घुसना, पैठना। स० प्रविष्ट करना, पैठाना, घुसाना।

प्रव्रजन पुं० [सं०] विदेश की यात्रा।

प्रव्रजित वि० [सं०] जिसने विदेश की यात्रा की हो।

प्रव्रज्या स्त्री० [सं०] १. संन्यास। २. त्याग।

प्रशंस[1] स्त्री० दे० 'प्रशंसा'।

प्रशंस[2] वि० [सं० प्रशंस्य] प्रशंसा करने के योग्य।

प्रशंसक पुं० [सं०] प्रशंसा करनेवाला।

प्रशंसन पुं० [सं०] [वि० प्रशंसनीय, प्रशंस्य] प्रशंसित, (प्रशंस्य) प्रशंसा करना।

प्रशंसना* स० [सं० प्रशंसन] प्रशंसा या तारीफ करना, सराहना, गुणगान करना।

प्रशंसनीय वि० [सं०] प्रशंसा के योग्य, बहुत अच्छा।

प्रशंसा स्त्री० [सं०] किसी व्यक्ति या वस्तु के गुणों या अच्छी बातों के संबंध में कही हुई आदरसूचक बात, कथन या विचार, बड़ाई, तारीफ।

प्रशंसित वि० [सं०] जिसकी प्रशंसा की गई हो।

प्रशंसोपमा स्त्री० [सं०] वह उपमालंकार जिसमें उपमेय की अधिक प्रशंसा करके उपमान को प्रशंसनीय ठहराते हैं।

प्रशंस्य वि० [सं०] प्रशंसनीय, सराहनीय।

प्रशमन पुं० [सं०] [वि० प्रशमित, प्रशम्य] १. शमन, शान्ति। २. दमन करना। ३. नष्ट या ध्वस्त करना।

प्रशमित वि० [सं०] जिसका प्रशमन हो चुका हो।

प्रशम्य वि० [सं०] १. जिसका शमन या शान्ति हो सके। २. (झगड़ा या विवाद) जिसे आपस में निपटा लेने का अधिकार दोनों पक्षों को हो। (कम्पाउंडेबुल)

प्रशस्त वि० [सं०] १. प्रशंसनीय, अच्छा। २. श्रेष्ठ, उत्तम। ३. विशाल, लम्बा-चौड़ा या बड़ा, भव्य। ४. उचित, उपयुक्त।

प्रशस्ति स्त्री० [सं०] १. प्रशंसा, स्तुति। २. प्राचीन काल के राजाओं के एक प्रकार के प्रख्यापन जो शिलालेखों, ताम्रपत्रों आदि पर खोदे जाते थे। ३. प्राचीन ग्रन्थों के आदि या अन्त की वे कतिपय पंक्तियाँ जिनमें पुस्तक के कर्ता, विषय, काल आदि का उल्लेख रहता है।

प्रशांत वि० [सं०] १. चंचलता-रहित, स्थिर। २. निश्चल वृत्तिवाला, शान्त। ३. स्थावर।

पुं० एशिया और अमेरिका के बीच का महासागर (पैसिफिक ओशन)

प्रशांति स्त्री० [सं०] १. प्रशान्त या निश्चल होने का भाव। २. पूर्ण शान्ति; विशेषत: किसी देश या समाज में होनेवाली पूर्ण शान्ति, किसी प्रकार के आन्दोलन, उपद्रव आदि का अभाव। (ट्रैंक्विलिटी)

प्रशाखा स्त्री० [सं०] शाखा में से निकली हुई छोटी शाखा, उपशाखा, टहनी।

प्रशासक पुं० [सं०] वह जो राज्य, संस्थान आदि का प्रशासन या प्रबन्ध करता हो। (एडमिनिस्ट्रेटर)

प्रशासकीय वि० [सं०] १. प्रशासक-सम्बन्धी। २. प्रशासन-सम्बन्धी; जैसे-प्रशासकीय संस्थान।

प्रशासन पुं० [सं०] [वि० प्रशासनिक, प्रशासनीय] राज्य के शासन पक्ष से सम्बन्ध रखनेवाले काम, राज्य के परिचालन का प्रबन्ध या व्यवस्था। (एडमिनिस्ट्रेशन)

प्रशासनिक वि० [सं०] प्रशासन या राज्य के प्रबन्ध से सम्बन्ध रखनेवाला, प्रबन्धकीय। (एडमिनिस्ट्रेटिव)

प्रशासी वि० दे० 'प्रशासनिक'।

प्रशास्ता पुं० दे० 'प्रशासक'।

प्रशिक्षण पुं० [सं०] [वि० प्रशिक्षित] किसी पेशे या कला-कौशल की क्रियात्मक रूप में दी जानेवाली शिक्षा। (ट्रेनिंग)

प्रशिक्षण महाविद्यालय पुं० [सं०] वह महाविद्यालय जिसमें ऊँची कक्षाओं के शिक्षकों को शिक्षण-विज्ञान के सिद्धान्त और शिक्षा देने की प्रणाली सिखाई जाती है।

प्रशिक्षण विद्यालय पुं० [सं०] वह विद्यालय जिसमें देशी भाषाओं के शिक्षकों को शिक्षण-विज्ञान की शिक्षा दी जाती है। (नार्मल स्कूल)

प्रशिक्षणाधीन वि० [सं०] जो प्रशिक्षण प्राप्त कर रहा हो।

प्रशिक्षा स्त्री०=प्रशिक्षण।

प्रशिक्षित वि० [सं० प्रशिक्षण] जिसे किसी प्रकार का प्रशिक्षण मिला हो, विशेष रूप से सिखाकर तैयार किया हुआ। (ट्रेन्ड)

प्रश्न पुं० [सं०] १. वह बात जो कुछ जानने या जाँचने के लिए कही जाए और जिसका कुछ उत्तर हो, जिज्ञासा, सवाल। (क्वेश्चन) २. पूछने की बात। ३. विचारणीय विषय। (इश्यू)

प्रश्नक पुं० [सं०] प्रश्नकर्ता।

प्रश्नकर्ता पुं० [सं०] प्रश्न करनेवाला व्यक्ति।

प्रश्नकाल पुं० [सं०] वह नियत समय जब सांसद मन्त्रियों से प्रश्न करते हैं।

प्रश्नगत वि० [सं० प्रश्न+गत] जो प्रश्न में व्याप्त हो।

प्रश्नचिह्न पुं० [सं०] प्रश्नवाचक वाक्य के अन्त में लगाया जानेवाला चिह्न, ?।

मुहा० *प्रश्नचिह्न लगा देना*=समस्या के रूप प्रस्तुत करना।

प्रश्नपत्र पुं० [सं०] वह पत्र जिस पर परीक्षा के लिए विद्यार्थियों से किए जानेवाले प्रश्न लिखे होते हैं।

प्रश्नमाला स्त्री० [सं०] प्रश्नों की सूची।

प्रश्नविद्ध वि० [सं० प्रश्न+विद्ध] प्रश्नों से बेधा हुआ, प्रश्नों से आहत।

प्रश्नावली स्त्री० [सं०] किसी विषय से सम्बन्ध रखनेवाले प्रश्नों की वह सूची जो आधिकारिक रूप से किसी बात की जाँच करने या कुछ अभिमत प्राप्त करने के लिए संबद्ध लोगों के पास भेजी जाती है। (क्वेश्चनेयर)

प्रश्नोत्तर पुं० [सं०] १. सवाल और जवाब, प्रश्न और उत्तर, संवाद। २. साहित्य में वह काव्यालंकार जिसमें कुछ प्रश्न और उसके उत्तर रहते हैं।

प्रश्नोत्तरी स्त्री० [सं० प्रश्नोत्तर+हिं० ई (प्रत्य०)] किसी विषय के प्रश्नों और उत्तरों का संग्रह, विशेषत: ऐसा संग्रह जिसमें कुछ प्रश्न करके और उनका उत्तर देकर किसी बात या विषय का स्वरूप स्पष्ट किया गया हो। (कैटेकिज़्म)

प्रश्रय पुं० [सं० आश्रय] १. आश्रय, स्थान। २. टेक, सहारा, आधार। ३. महत्त्व।

प्रश्रुति स्त्री० [सं०] कोई कार्य करने के लिए की जानेवाली प्रतिज्ञा या दिया जानेवाला वचन।

प्रश्रुति-पत्र पुं० [सं०] वह पत्र जो किसी से धन उधार लेने पर उसके प्रमाणस्वरूप और माँगने पर चुका देने के वचन के रूप में लिखा जाता है। (प्रोनोट)

प्रश्वास पुं० [सं०] नथने से बाहर निकलनेवाली वायु, 'श्वास' का उलटा।

प्रष्टव्य वि० [सं०] १. पूछने योग्य। २. पूछने का, जो पूछना हो।

प्रसंग पुं० [सं०] १. सम्बन्ध, लगाव। २. विषय का लगाव या सम्बन्ध। ३. विवेच्य विषय का स्वरूप और परम्परा। (कण्टेक्स्ट) ४. स्त्री-पुरुषण का सम्भोग, मैथुन। ५. बात, वार्ता, विषय। ६. उपयुक्त संयोग, अवसर, मौका। ७. प्रकरण, अध्याय। ८. कथानक।

प्रसंगवश क्रि० वि० [सं०] प्रसंग उपस्थित होने पर।

प्रसंगोचित वि० [सं० प्रसंग+उचित] प्रसंग के अनुरूप, प्रसंग की दृष्टि से उचित।

प्रसंसना* स०=प्रशंसा करना।

प्रसन्न वि० [सं०] [भाव० प्रसन्नता] १. सन्तुष्ट, तुष्ट। २. हर्षित, खुश। ३. अनुकूल।

प्रसन्नचित्त वि० [सं०] १. जिसका चित्त प्रसन्न हो। २. सदा प्रसन्न रहनेवाला, प्रफुल्लित।

प्रसन्नता स्त्री० [सं०] १. तुष्टि, सन्तोष। २. हर्ष, आनन्द। ३. कृपा, अनुग्रह।

प्रसन्नित* वि०=प्रसन्न।

प्रसरण पुं० [सं०] [वि० प्रसरणीय, प्रसरति] १. आगे बढ़ना, या खिसकना। २. फैलना, बढ़ना। ३. विस्तार।

प्रसव पुं० [सं०] १. बच्चा जनने की क्रिया, जनन, प्रसूति। (डेलिवरी) २. बच्चा जनने के समय स्त्री को होनेवाला कष्ट। ३. वह अवस्था जिसमें स्त्री बच्चा जनकर माता बनती है, मातृत्व। (मेटर्निटी) ४. जन्म, उत्पत्ति। ५. बच्चा, सन्तान।

प्रसवना* स० [सं० प्रसव] (बच्चा) उत्पन्न करना, गर्भ से सन्तान को जन्म देना।

प्रसवा, प्रसविनी वि० स्त्री० [सं०] प्रसव करनेवाली, जन्म देनेवाली।

प्रसाद पुं० [सं०] १. प्रसन्नता। २. अनुग्रह, कृपा, मेहरबानी। ३. वह खाने की वस्तु जो देवता को चढ़ाई जा चुकी हो।

मुहा० *प्रसाद पाना*=देवता के प्रसाद के रूप में भोजन करना।

४. वस्तु जो देवता या बड़े लोग प्रसन्न होकर भक्तों या छोटों को दें। ५. भोजन।

मुहा० *प्रसाद पाना*= भोजन करना।

६. काव्य का वह गुण जिससे भाषा स्वच्छ और साधु होती है और सुनते ही समझ में आ जाती है। ७. शब्दालंकार के अन्तर्गत कोमला वृत्ति। ८. पिटाई। (व्यंग्य)

*पुं० दे० 'प्रासाद'।

प्रसादन पुं० [सं०] किसी को सन्तुष्ट करके अपने अनुकूल करना। (प्रॉपिसिएशन)

प्रसादना* स०, अ० [सं० प्रसादन] प्रसन्न या सन्तुष्ट करना या होना।

प्रसादनीय वि० [सं०] प्रसन्न किए जाने के योग्य।

प्रसादी स्त्री० दे० 'प्रसाद' ३. और ४.।

प्रसाधक पुं० [सं०] [स्त्री० प्रसाधिका] १. वह जो किसी कार्य का निर्वाह करे। २. सजावट का काम करनेवाला। ३. दूसरों के शरीर या अंगों का श्रृंगार करनेवाला।

प्रसाधन पुं० [सं०] १. अलंकार आदि से युक्त करना, श्रृंगार करना, सजाना। २. शरीर सजाने और रूप या सौन्दर्य बढ़ाने का कार्य अथवा ऐसे कार्यों के लिए आवश्यक साधन या सामग्री, शारीरिक सजावट का सामान। ३. कार्य का सम्पादन। ४. कंघी से बाल झाड़ना।

प्रसाधिका स्त्री० [सं०] वह दासी जो रानियों, अभिनेत्रियों आदि को गहने-कपड़े पहनाती और उनका श्रृंगार करती हो।

प्रसार पुं० [सं०] १. किसी चीज के फैले हुए होने की क्रिया, दशा या भाव, विस्तार, फैलाव, पसार। २. वह सीमा जहाँ तक कोई चीज गई हुई हो या कोई विषय पहुँचता है, विस्तार। (एक्सटेन्ट) ३. संचार। ४. गमन। ५. कोई बात चारों ओर फैलाना या सबको सुनाना।

प्रसारण पुं० [सं०] [वि० प्रसारित, प्रसार्य] १. पसारना, फैलाना। २. सीमा, क्षेत्र आदि में विस्तार या वृद्धि करना, बढ़ाना। ३. किसी विषय या चर्चा का प्रचार करना। ४. रेडियो या दूरदर्शन के द्वारा कोई बात, कविता, गीत आदि लोगों को सुनाने के लिए चारों ओर फैलाना।

प्रसारण-समय पुं० [सं०] वह अवधि जिसमें रेडियो, टीवी आदि के कार्यक्रम प्रसारित हों।

प्रसार-प्रचार पुं० [सं०] प्रसार और प्रचार।

प्रसारिणी वि० स्त्री० [सं०] प्रसार या प्रसारण करनेवाली।

प्रसारित वि० [सं०] जिसका प्रसारण हुआ हो।

प्रसिद्ध वि० [सं०] [भाव० प्रसिद्धि] जिसे सब लोग जानते हों, विख्यात, मशहूर।

प्रसिद्धि स्त्री० [सं०] [वि० प्रसिद्ध] प्रसिद्ध होने की अवस्था या भाव, ख्याति, शोहरत।

प्रसुप्त वि० [सं०] १. सोया हुआ। २. रुका, थमा या दबा हुआ। ३. (ज्वालामुखी) जो क्रियाशील तो न हो, परन्तु कभी भी क्रियाशील हो सकता हो। (डारमेंट)

प्रसुप्ति स्त्री० [सं०] नींद।

प्रसू वि० स्त्री० [सं०] १. जन्म देने या उत्पन्न करनेवाली, जैसे वीरप्रसू।

प्रसूचना स्त्री० [सं० प्र+सूचना] किसी को किसी बात की विशेष रूप से दी जानेवाली सूचना, इत्तला। (रिपोर्ट)

प्रसूत वि० [सं०] [स्त्री० प्रसूता] १. उत्पन्न, जात, पैदा। २. निकला हुआ।

पुं० स्त्रियों को प्रसव के उपरान्त होनेवाला एक रोग।

प्रसूता स्त्री० [सं०] प्रसव करने या बच्चा जननेवाली स्त्री, जच्चा।

प्रसूति स्त्री० [सं०] १. प्रसव, जनन। २. उद्भव, उत्पत्ति।

प्रसूतिका स्त्री० दे० 'प्रसूता'।

प्रसूतिभवन पुं० [सं०] वह कमरा जिसमें रहकर स्त्री बच्चा जनती है, सौरी। (लेबर रूम)

प्रसून पुं० [सं०] १. फूल। २. फल।

प्रसृत वि० [सं०] फैला हुआ।

प्रसेद* पुं० [सं० प्रस्वेद] पसीना।

प्रस्तर पुं० [सं०] १. पत्थर। २. बिछौना। ३. चौड़ी सतह।

प्रस्तरकला स्त्री० [सं०] १. पत्थर को खोदने, गढ़ने और उसपर ओप आदि लाने की विद्या या कला।

प्रस्तरमुद्रण पुं० [सं०] मुद्रण या छापे की वह प्रक्रिया जिसमें छापे जानेवाले लेख आदि एक विशेष प्रकार के कागज पर लिखकर पहले एक प्रकार के पत्थर पर उतारे और तब उस पत्थर पर से छापे जाते हैं। (लीथोग्राफी)

प्रस्तरयुग पुं० [सं०] पुरातत्त्व के अनुसार किसी देश या जाति का सभ्यता के इतिहास में वह समय जब अस्त्र-शस्त्र और औजार आदि केवल पत्थर के बनते थे। (यह सभ्यता का बिल्कुल आरम्भिक काल था और इस काल तक धातुओं का आविष्कार नहीं हुआ था।) (स्टोन एज)

प्रस्तार पुं० [सं०] १. फैलाव, विस्तार। २. अधिकता। ३. परत, तह। ४. छन्दशास्त्र में वह प्रक्रिया जिससे छन्दों के भेदों की संख्याएँ और रूप जाने जाते हैं। ५. वस्तुओं, अंकों आदि के पंक्तिबद्ध समूहों या वर्गों के क्रम या विन्यास में संगत और सम्भव परिवर्तन या हेर-फेर करना। (परम्यूटेशन)

प्रस्ताव पुं० [सं०] १. छिड़ी हुई चर्चा, प्रस्तुत प्रसंग। २. पुस्तक की भूमिका या प्रस्तावना। ३. कोई काम करने के लिए किसी के सामने रखा जानेवाला विचार; योजना, कार्य-प्रणाली आदि के सम्बन्ध में किसी को बतलाई जानेवाली कोई बात, सुझाव। (प्रोपोज़ल) ४. वह बात जो किसी सभा या समाज में विचार या स्वीकृति के लिए उपस्थित की जाए। (रिज़ोलूशन) ५. विवाद आदि में अथवा यों ही किसी से यह कहना कि आप अमुक वस्तु या इतना धन लेकर झगड़ा निपटा लें या अमुक कार्य करें। (ऑफर)

प्रस्तावक पुं० [सं०] १. वह जो किसी सभा या समाज के सामने स्वीकृति के लिए कोई प्रस्ताव उपस्थित करे। (प्रोपोज़र) २. जो किसी के सामने यह मन्तव्य प्रकट करे कि आप अमुक वस्तु या इतना धन लेकर अमुक कार्य करें। (ऑफरर)

प्रस्तावना स्त्री० [सं०] १. आरम्भ। २. पुस्तक की भूमिका, उपोद्घात। (इन्ट्रोडक्शन) ३. अभिनय के पहले नाटक के विषय का परिचय देने के लिए छेड़ा हुआ प्रसंग।

प्रस्तावित वि० [सं०] जिसके लिए या जिसके विषय में प्रस्ताव किया गया हो। (प्रोपोज़्ड)

प्रस्तावित्ती पुं० [सं० प्रस्ताव] वह जिसके सामने कोई वस्तु या धन भेंट करने का प्रस्ताव भेंट करनेवाले की ओर से रखा जाए। (ऑफरी)

प्रस्तुत वि० [सं०] [भाव० प्रस्तुति] १. जिसकी स्तुति या प्रशंसा की गई हो। २. जो कहा गया हो, उक्त, कथित। ३. उद्यत, तत्पर, तैयार। ४. प्रस्ताव के रूप में या विचार, निर्णय आदि के लिए किसी के सामने रखा हुआ। (प्रेजेन्टेड) ५. जो इस समय उपस्थित या वर्तमान हो, मौजूद। (प्रेजेंट) ६. बनाकर या और किसी प्रकार तैयार किया हुआ। (प्रोड्यूस्ड) ७. लिखकर या कोष्ठक आदि भरकर तैयार किया हुआ। (फिल्ड) ८. (साहित्य में विषय या व्यक्ति) जिसका वर्णन प्रत्यक्ष रूप से हो रहा हो और प्रसंगवश जिसके साथ दूसरे विषय या व्यक्ति का भी (उपमा, तुलना आदि के विचार से) गौण रूप से उल्लेख या वर्णन होता हो, इसका विपर्याय 'अप्रस्तुत' है।

प्रस्तुतालंकार पुं० [सं०] साहित्य में एक अलंकार जिसमें किसी प्रस्तुत तथ्य के विषय में कुछ कहकर उसका अभिप्राय दूसरे प्रस्तुत तथ्य पर घटाया जाता है।

प्रस्तुति स्त्री० [सं०] १. प्रस्तुत करने अर्थात् सामने रखने की क्रिया भाव। २. प्रस्तुत किया जानेवाला कार्यक्रम।

प्रस्तुतीकरण पुं० [सं० प्रस्तुत+करण] प्रस्तुत करने की क्रिया या भाव।

प्रस्तोता पुं० [सं० प्रस्तोतृ] प्रस्ताव प्रस्तुत करनेवाला, प्रस्तावक।

प्रस्थ पुं० [सं०] १. विस्तार। २. चौड़ाई। ३. समतल भूमि।

प्रस्थान पुं० [सं०] १. किसी स्थान से दूसरे स्थान को जाना या चलना, गमन, यात्रा, रवानगी। (डिपार्चर) २. मुहूर्त पर यात्रा न करने की दशा में अपना कोई वस्त्र यात्रा की दिशा में मुहूर्त साधने के लिए रखना। ३. दे० 'प्रस्थान'।

प्रस्थाना पुं० दे० 'प्रस्थान'।

प्रस्थानित वि० [सं० प्रस्थान] जिसने प्रस्थान किया हो, जो चला गया हो।

प्रस्थानी वि० [सं० प्रस्थान] प्रस्थान करने या जानेवाला।

प्रस्थापन पुं० [सं०] [वि० प्रस्थापित, प्रस्थाप्य] १. प्रस्थान करने या कराने की क्रिया या भाव, प्रस्थान, रवानगी। २. स्थित या स्थापित करने की क्रिया या भाव, स्थापन। ३. काम में लाने के लिए यन्त्रों, कल-पुर्जों आदि को यथास्थान बैठाने या लगाने की क्रिया, जैसे वैद्युत प्रस्थापन=बिजली के तार, पंखे, लट्टू आदि यथास्थान लगाना। ४. उक्त प्रकार से लगाए हुए कल-पुर्जे, यन्त्र आदि। (इन्स्टालेशन; अन्तिम तीनों अर्थों के लिए)

प्रस्थित वि० [सं०] १. ठहरा या टिका हुआ। २. दृढ़, पक्का। ३. जिसने प्रस्थान किया हो, गया हुआ।

प्रस्थिति स्त्री० [सं०] १. उच्च पद आदि के कारण होनेवाली विशेष स्थिति। २. सामाजिक, व्यावसायिक, वैधानिक दृष्टि से होनेवाली व्यक्ति की स्थिति। (स्टेटस)

प्रस्फुटित वि० [सं०] १. फूटा या खुला हुआ। २. (फूल) खिला हुआ, विकसित।

प्रस्फुरण पुं० [सं०] १. निकलना। २. फूलना, खिलना। ३. प्रकाशित होना।

प्रस्फोटन पुं० दे० 'स्फोट'।

प्रस्रवण पुं० दे० 'प्रस्राव'।

प्रस्राव पुं० [सं०] १. जल आदि का टपकना या रसना। २. पेशाब।

प्रस्वेद पुं० [सं०] पसीना।

प्रह* पुं०=प्रात:काल।

प्रहर पुं० [सं०] दिन रात के आठ भागों में से एक, तीन घण्टे का समय, पहर।

प्रहरखना* अ० [सं० प्रहर्षण] हर्षित या प्रसन्न होना।

प्रहरी (-रिन्) पुं० [सं०] पहरेदार।

प्रहर्षण पुं० [सं०] १. आनन्द। २. साहित्य में एक अलंकार जिसमें अनायास अथवा बिना कोई विशेष प्रयत्न किए ही किसी अभीष्ट और हर्षवर्धक फल की प्राप्ति और सिद्धि का वर्णन होता है। (इसके तीन भेद माने गए हैं।)

प्रहलाद* पुं० दे० 'प्रह्लाद'।

प्रहसन पुं० [सं०] १. हँसी, दिल्लगी। २. हास्यरस-प्रधान एक प्रकार का रूपक। (फार्स)

प्रहसित वि० [सं०] १. हँसी से भरा हुआ। २. जिसकी हँसी उड़ाई जाए, उपहासास्पद।

प्रहान* पुं० [सं० प्रहाण] १. परित्याग। २. चित्त की एकाग्रता, ध्यान।

प्रहार पुं० [सं०] [कर्ता प्रहारक, प्रहारी] १. आघात, वार, चोट। २. मार।

प्रहारना* स० [सं० प्रहार] १. मारना, आघात करना। २. मारने के लिए अस्त्र आदि चलाना।

प्रहारित* वि० [सं० प्रहार से वि०] १. जिस पर प्रहार हुआ हो। २. प्रताड़ित।

प्रहास पुं० [सं०] १. जोर की हँसी, अट्टहास, ठहाका। २. किसी कृति या आकृति के कुछ अंगों को घटा-बढ़ा या अदल-बदलकर अथवा और किसी प्रकार विकृत करके उसकी हँसी उड़ाने के लिए प्रस्तुत की हुई कृति या आकृति। (केरिकेचर)

प्रहेलिका स्त्री० [सं०] पहेली।

प्रह्लाद पुं० [सं०] १. बहुत अधिक आनन्द। २. हिरण्यकश्यप का पुत्र, एक प्रसिद्ध ईश्वरभक्त।

प्रांगण पुं० [सं०] घर का आँगन।

प्रांजल वि० [सं०] [भाव० प्रांजलता] १. सरल, सीधा। २. स्वच्छ और शुद्ध (भाषा)।

प्रांत पुं० [सं०] [वि० प्रांतीय, प्रांतिक] १. अन्त, सीमा। २. किनारा, सिरा। ३. ओर, दिशा। ४. खंड, प्रदेश। ५. किसी बड़े देश का कोई शासनिक विभाग।

प्रांतपति पुं० [सं०] राज्य के किसी प्रान्त या प्रदेश का सर्वप्रधान शासक, राज्यपाल। (गवर्नर)

प्रांतर पुं० [सं०] १. वह प्रदेश जिसमें जल और वृक्ष न हों, उजाड़। २. जंगल, वन। ३. वृक्ष का कोटर।

प्रांतिक, प्रांतीय वि० [सं०] किसी प्रान्त से सम्बन्ध रखनेवाला। (प्रॉविन्शल)

प्रांतीयता स्त्री० [सं०] १. प्रान्तीय होने का भाव। २. अपने प्रान्त का विशेष या अतिरिक्त पक्षपात या मोह। (प्रॉविन्शलिज़्म)

प्रांतीय सरकार स्त्री० [सं०+फा०] किसी प्रान्त की वह सरकार जो उस प्रान्त की सारी व्यवस्था करती, पर केन्द्रीय सरकार के आधीन होती है। (प्रविन्शल गवर्नमेन्ट)

प्राइवेट वि० [अं०] १. अपना, निजी। २. व्यक्तिगत। ३. दूसरों से छिपाने योग्य, गोपनीय।

प्राइवेट सेक्रेटरी पुं० [अं०] किसी बड़े आदमी के साथ रहकर उसके पत्र-व्यवहार आदि कार्य करनेवाला, व्यक्तिगत सहायक।

प्राक् वि० [सं०] १. आरम्भ या शुरू में होनेवाला, आरम्भिक, जैसे प्राक्कथन। २. किसी की अपेक्षा या तुलना में पहले का, किसी से पुराना या पूर्वकाल का, जैसे प्राक्-ऐतिहासिक= प्रागैतिहासिक।

प्राकाम्य पुं० [सं०] १. आठ प्रकार की सिद्धियों में से एक, जिससे मनुष्य जहाँ चाहे, वहाँ आ-जा सकता है। २. प्रचुरता, अधिकता। ३. यथेष्टता।

प्राकार पुं० [सं०] दे० 'प्राचीर'।

प्राकृत वि० [सं०] १. प्रकृति से उत्पन्न। २. निसर्ग या प्रकृति-सम्बन्धी, स्वाभाविक।

स्त्री० १. बोल-चाल की वह प्राचीन भाषा जिसका संस्कार करके संस्कृत बनाई गई थी और जिससे भारत की आज-कल की आर्य भाषाएँ बनी हैं।

प्राकृतिक वि० [सं०] १. प्रकृति-सम्बन्धी, प्रकृति का। २. स्वाभाविक, सहज। (नेचुरल)

प्राकृतिक चिकित्सा स्त्री० [सं०] रोगों की चिकित्सा या इलाज करने का एक ढंग जिसमें दवाओं आदि को छोड़कर केवल प्राकृतिक उपायों (जैसे उपवास, मिट्टी का लेप, आतप-स्नान आदि) से काम लिया जाता है। (नेचर क्योर)

प्राक्कथन पुं० [सं०] आरम्भ में परिचय मात्र के लिए कही हुई कोई संक्षिप्त बात, भूमिका। (फ़ोरवर्ड)

प्राखंडिक वि० [सं०] किसी प्रखंड या विशिष्ट भूभाग से सम्बन्ध रखनेवाला। (डिविज़नल)

प्रागैतिहासिक वि० [सं०] जिस समय का निश्चित और पूरा इतिहास मिलता हो, उससे पहले का इतिहास, पूर्व काल का। (प्री-हिस्टॉरिक)

प्राची स्त्री० [सं०] [भाव० प्राचीनता] १. पूरब का। २. बहुत दिनों का, पुराना।

प्राचीन वि० [सं०] पुराने युग का, पुराने ज़माने का।

प्राचीनता स्त्री० [सं०] प्राचीन होने की अवस्था या भाव।

प्राचीर स्त्री० [सं०] चारों ओर से घेरनेवाली दीवार, परकोटा, चहारदीवारी।

प्राच्छित* पुं०=प्रायश्चित।

प्राच्य वि० [सं०] १. प्राची दिशा से सम्बन्ध रखनेवाला, पूर्व दिशा का। २. पूर्वीय या एशिया महाद्वीप के देशों से सम्बन्ध रखनेवाला; 'पाश्चात्य' का विपर्याय, पौर्वात्य। (ओरिएण्टल) ३. पुराना, प्राचीन।

पुं० कोशल, काशी, विदेह (बिहार और मगध) तथा अंग (दक्षिण बिहार) के प्राचीन निवासियों की संज्ञा जो उन्हें कुरु-पांचाल तथा अन्य पश्चिमी देशों के निवासियों से प्राप्त हुई थी। (दे० 'प्राच्या')

प्राच्या स्त्री० [सं०] कोशल, काशी, विदेह और अंग के 'प्राच्य' कहलानेवाले प्राचीन निवासियों की भाषा। इसके दो विभाग थे-पश्चिम प्राच्या और पूर्व प्राच्या। इनमें से पश्चिम प्राच्या तो बहुत अधिक प्रचलित थी, पर पूर्व प्राच्या विभाषा मात्र थी। आगे चलकर पश्चिम प्राच्या ने अर्द्धमागधी का और पूर्व प्राच्या ने मागधी का रूप धारण किया। (विशेष दे० 'अर्द्धमागधी' और 'मागधी'।

प्राजापत्य वि० [सं०] १. प्रजापति-सम्बन्धी। २. प्रजापति से उत्पन्न।

प्राजापत्य विवाह पुं० [सं०] वह विवाह जिसमें पिता अपनी कन्या को यह कहकर वर के हाथ में देता था कि तुम लोग मिलकर धर्म का पालन करो।

प्राज्ञ वि० [सं०] [स्त्री० प्राज्ञा, प्राज्ञी] १. बुद्धिमान, समझदार। २. विद्वान।

प्राण पुं० बहु० [सं०] [भाव० प्राणता] १. वायु, हवा। २. शरीर की वह शक्ति जिससे मनुष्य और जीव-जन्तु जीवित रहते हैं, जीवन-शक्ति, जान।

मुहा० *प्राण गले तक आना*=मरने को होना। *प्राण जाना, छूटना या निकलना*=जीवन का अन्त होना, मरना। *प्राण डालना*=जीवन प्रदान करना। *प्राण देना*=मरना। *(किसी पर) प्राण देना*=किसी के लिए मरने तक को तैयार रहना। *(किसी के लिए) प्राण देना*=(क) किसी के लिए मरने तक को तैयार रहना। (ख) किसी के लिए बहुत अधिक परिश्रम या प्रयत्न करना। *प्राण निकलना*=(क) मृत्यु, होना, मरना। (ख) मरने का-सा कष्ट होना। *प्राण लेना*=मार डालना। *प्राण हरना*=(क)मर जाना। (क) उत्साहहीन होना।

३. श्वास, साँस। ४. बल, शक्ति।

वि० परम प्रिय, बहुत प्यारा।

प्राण-अधार* पुं० दे० 'प्राणाधार'।

प्राणतत्त्व पुं० [सं०] १. प्राण। २. वह तत्त्व जो किसी रचना या कृति की जान हो।

प्राणदंड पुं० [सं०] वह दंड जिसमें किसी के प्राण ले लिए जाते हैं। (कैपिटल पनिशमेन्ट)

प्राणदान पुं० [सं०] किसी को मरने या मारे जाने से बचाना।

प्राणनाथ पुं० [सं०] १. प्रियतम। २. पति, स्वामी।

प्राण-पखेरू पुं० [सं०+हिं०] प्राण अर्थात् आत्मा जो पक्षी की तरह सहसा शरीर से निकल जाती है।

प्राणपति पुं० [सं०] १. पति, स्वामी। २. प्रिय व्यक्ति, प्यारा।

प्राण-प्यारा पुं० [सं० प्राण+हिं० प्यारा] [स्त्री० प्राण-प्यारी] १. प्रियतम, परम प्रिय व्यक्ति। २. पति, स्वामी।

प्राणप्रतिष्ठा स्त्री० [सं०] कोई नई मूर्ति स्थापित करके उसकी पूजा करने से पहले मन्त्रों द्वारा उसमें प्राणों की प्रतिष्ठा या आरोप करना।

प्राणप्रिय वि० [सं०] [स्त्री० प्राणप्रिया] १. प्राणों के समान परम प्रिय। २. प्रियतम।

प्राण-भय पुं० [सं०] प्राणों के निकल जाने का भय, मरने का भय।

प्राणवत्ता स्त्री० [सं०] प्राणवान होने की अवस्था या भाव।

प्राणवान वि० [सं०] जीवंत, सबल।

प्राणांत पुं० [सं०] मरण, मृत्यु।

प्राणांतक वि० [सं०] १. प्राणों का अन्त करने या मार डालनेवाला। २. मरने का-सा कष्ट देनेवाला।

प्राणाधार वि० [सं०] १. परम प्रिय। २. इतना प्यारा कि उसके बिना जीना कठिन हो।

पुं० पति, स्वामी।

प्राणाधिक वि० [सं०] प्राणों से भी बढ़कर प्यारा, परम प्रिय।

प्राणायाम पुं० [सं०] योगशास्त्र के अनुसार श्वास और प्रश्वास की वायुओं को नियन्त्रित और नियमित रूप से खींचने और बाहर निकलने की प्रक्रिया।

प्राणी वि० [सं० प्राणिन्] जिसमें प्राण हों, प्राणधारी।

पुं० १. जन्तु, जीव। २. मनुष्य।

प्राणीविज्ञान पुं० दे० 'जंतुविज्ञान'।

प्राणेश, प्राणेश्वर पुं० [सं०] १. पति। २. प्रियतम। ३. वायु।

प्राणोत्सर्ग पुं० [सं०] प्राणों का उत्सर्ग, जान देने की क्रिया या भाव।

प्रातः पुं० [सं०] सबेरा।

प्रातःकर्म पुं० [सं०] प्रातःकाल किए जानेवाले कार्य, जैसे शौच, स्नान आदि।

प्रातःकाल पुं० [सं०] [वि० प्रातःकालीन] दिन चढ़ने का समय, सबेरा।

प्रातःकृत्य पुं० दे० 'प्रातःकर्म'।

प्रातःस्मरणीय वि० [सं०] १. सबेरे उठते ही स्मरण करने के योग्य। २. परम श्रेष्ठ और पूज्य।

प्रात क्रि० वि० [सं० प्रातः] सबेरे, तड़के।

पुं० सबेरा, प्रातःकाल।

प्रातकृत* पुं०=प्रातःकृत्य (प्रातःकर्म)।

प्रातिकूल्य पुं० [सं०] १. प्रतिकूल या विरुद्ध होने का भाव, प्रतिकूलता। २. धर्मशास्त्र के अनुसार इस बात का विचार कि परस्पर प्रतिकूल अवस्थाओं में कोई काम कब और कैसे करना चाहिए, जैसे घर में अशौच होने पर शुभ या मांगलिक कार्य के समय आदि का विचार।

प्रातिपादिक पुं० [सं०] शब्द का वह रूप या अंश जो उससे निर्मित सभी शब्दों में समान रूप से हो।

प्रातिभ वि० [सं०] १. प्रतिभा-सम्बन्धी, प्रतिभा का। २. प्रतिभा से उद्भूत, प्रतिभाजन्य। ३. प्रतीभाशाली।

प्रातिभागिक वि० [सं०] प्रतिभाग नामक शुल्क से सम्बन्ध रखनेवाला। (एक्साइज़)

प्रातिभाज्य वि० [सं०] जिसपर प्रतिभाग नामक शुल्क लगता हो।

प्रातिभासिक वि० [सं०] १. प्रतिभास-सम्बन्धी। २. जिसका आभास अविद्यामूलक हो, जिसका अनुभव उलटे ज्ञान से होता हो।

प्रात्पर पुं० [सं०] परब्रह्म।

प्राथमिक वि० [सं०] १. प्रथम-सम्बन्धी। २. आरम्भ का, प्रारम्भिक। ३. सबसे अधिक महत्त्व का, मुख्य। ४. सबसे पहले होनेवाला, पहले का। (प्रिलिमिनरी)

प्राथमिकता स्त्री० [सं०] १. 'प्राथमिक' होने का भाव। २. किसी व्यक्ति या वस्तु को किसी कार्य के लिए औरों से पहले मिलनेवाला स्थान, अवसर आदि, प्रथमता, जैसे आज-कल रेलवे में खाद्य पदार्थों को और सब चीजों से प्राथमिकता मिलती है। (प्रायॉरिटी)

प्राथमिकता-प्राप्त वि० [सं०] (संस्था, व्यक्ति, क्षेत्र आदि) जिसे प्राथमिकता प्राप्त हो।

प्रादुर्भाव पुं० [सं०] १. आविर्भाव, प्रकट होना। २. उत्पत्ति।

प्रादुर्भूत वि० [सं०] १. जिसका प्रादुर्भाव हुआ हो, सामने आया हुआ। २. उत्पन्न।

प्रादेशिक वि० [सं०] [भाव० प्रादेशिकता] १. प्रदेश-सम्बन्धी, किसी प्रदेश का। २. किसी प्रदेश के भीतरी भागों से सम्बन्ध रखनेवाला, प्रदेश की सीमाओं के अन्दर होने या रहनेवाला। (टेरिटोरिअल)

प्रादेशिकता स्त्री० दे० 'प्रांतीयता'।

प्रादेशिक सेना स्त्री० [सं०] किसी देश या प्रदेश के भीतरी भागों या उसकी सीमाओं के अन्दर रहकर ही स्थानिक सुरक्षा, शान्ति आदि की व्यवस्था करनेवाली सेना। (टेरिटोरिअल आर्मी)

प्राधान्य पुं० [सं०] प्रधानता।

प्राधिकार पुं० [सं०] संविधान द्वारा प्रदत्त प्रशासनिक, विधिक आदि अधिकार।

प्राधिकारी पुं० [सं०] वह जिसे प्राधिकार प्राप्त हों।

प्राधिकृत वि० [सं०] जिसे प्राधिकार मिला हो।

प्राध्यापक पुं० [सं०] १. बड़ा अध्यापक, विशेषतः वह अध्यापक, जो महाविद्यालय या कालेज आदि में पढ़ाता हो। २. किसी विषय का अच्छा विद्वान, विशेषज्ञ। (प्रोफेसर)

प्राध्यापकीय वि० [सं०] प्राध्यापक-सम्बन्धी।

प्रान* पुं०=प्राण।

प्रानेश* पुं०=प्राणेश।

प्रापक वि० [सं०] प्राप्त करने या पानेवाला, आदाता।

प्रापण पुं० [सं०] [वि० प्रापक, प्राप्य, प्राप्त] प्राप्ति, मिलना।

प्रापति* स्त्री०=प्राप्ति।

प्रापना* स० [सं० प्रापण] प्राप्त करना, पाना।

प्राप्त वि० [सं०] [भाव० प्राप्ति] १. जो किसी प्रकार अपने अधिकार में आया या लाया गया हो, अर्जित या हस्तगत किया हुआ, मिला या पाया हुआ। २. सामने आया हुआ, उपस्थित। ३. अनुभूत।

प्राप्तव्य वि० दे० 'प्राप्य'।

प्राप्ति स्त्री० [सं०] १. प्राप्त होने, हाथ में आने या मिलने की क्रिया या भाव, प्राप्त होना, मिलना। २. ऐसी चीज मिलना या अवस्था आना जिसमें कुछ हित या लाभ हो, लाभ, फायदा। ३. उक्त रूप में मिलनेवाला धन या और कोई चीज। (गेन; उक्त तीनों अर्थों के लिए) ४. किसी चीज के आकर पहुँचने की क्रिया या भाव, पहुँच, जैसे पत्र या उसके उत्तर की प्राप्ति। ५. आठ प्रकार के ऐश्वर्यों में से एक जिसके प्राप्त होने पर सब कामनाओं का पूरा होना माना जाता है। ६. नाट्यशास्त्र में रूपक या नाटक का सुखद उपसंहार।

प्राप्तिका स्त्री० [सं०] वह पत्र जिस पर किसी वस्तु की प्राप्ति या पहुँच का उल्लेख हो, रसीद, पावती। (रसीट)

प्राप्ति-सूचना स्त्री० [सं०] किसी वस्तु के प्राप्त होने की सूचना या रसीद, पावती।

प्राप्य वि० [सं०] जो प्राप्त हो सके, मिल सकने के योग्य। २. जो किसी से आवश्यक रूप से प्राप्त करना हो, बाकी धन या वस्तु जो किसी से लेनी हो। (ड्यू)

प्राप्यक पुं० [सं०] वह पत्र जिसमें किसी के जिम्मे या नाम पड़ी हुई रकम या किसी को दिए हुए माल का ब्योरा और मूल्य लिखा रहता है, बाकी या प्राप्य धन का सूचक पत्र। (बिल)

प्राप्यक-समाहर्ता पुं० [सं०] वह जो प्राप्यक का बाकी धन उगाहने का काम करता हो। (बिल कलेक्टर)।

प्राबल्य पुं० [सं०] प्रबलता, प्रखरता।

प्राभाविक वि० [सं०] प्रभाव दिखलाने या उत्पन्न करनेवाला।

प्रामंडलिक वि० [सं०] प्रमंडल-सम्बन्धी।

प्रामाणिक वि० [सं०] [भाव० प्रामाणिकता] १. जो प्रत्यक्ष आदि प्रमाणों से सिद्ध हो। २. प्रमाण के रूप में मानने योग्य। (ऑथॉरिटेटिव) ३. ठीक, सत्य या विश्वसनीय। ४. जिसकी साख हो, ठीक माना जानेवाला।

प्रामाण्य पुं० [सं०] १. प्रमाण का भाव, प्रामाणिकता। २. मान-मर्यादा।

प्रायः क्रि० वि० [सं०] १. अधिक अवसरों पर, अकसर। २. लगभग, करीब-करीब।

प्राय वि० [सं०] १. समान, बराबर, जैसे नष्टप्राय। २. लगभग, जैसे प्रायद्वीप।

प्रायद्वीप पुं० [सं० प्रायोद्वीप] तीन ओर पानी से घिरा हुआ स्थल का भाग, अन्तरीप। (पेनिन्सुला)

प्रायशः क्रि० वि० [सं० प्रायः] अकसर, प्रायः।

प्रायश्चित पुं० [सं० प्रायश्चित] दे० 'प्रायश्चित्त'।

प्रायश्चित्त पुं० [सं०] कोई पाप करने पर उसके दोष से मुक्त होने के लिए किया जानेवाला कोई धार्मिक या अच्छा काम।

प्रायिक वि० [सं०] प्रायः या बहुधा होनेवाला।

प्रायिकता स्त्री० [सं०] प्रायिक होने की अवस्था या भाव।

प्रायोजक पुं० [सं०] १. वह जो किसी की ओर से किसी प्रकार का प्रबन्ध या आयोजन करने का भार उठाए। २. वह जिसकी ओर से दूरदर्शन पर किसी धारावाहिक या कार्यक्रम का प्रसारण हो। (स्पॉन्सर)।

प्रायोजन पुं० [सं० प्र+आयोजन] ऐसा आयोजन जो किसी की ओर से या किसी की सहायता के लिए किया जाए।

प्रायोजित वि० [सं०] जिसका प्रायोजन किया जाए।

प्रायोपवेशन पुं० [सं०] सब कुछ त्यागकर मरने के उद्देश्य से किया जानेवाला आसन का ग्रहण।

प्रायौगिक वि० [सं०] १. प्रयोग-सम्बन्धी, प्रयोग का। २. सिद्ध या प्रमाणित करने के लिए अभी जिसका प्रयोग या परीक्षा हो रही हो। (एक्सपेरिमेन्टल) ३. प्रयोग के रूप में किया जानेवाला। (एप्लाएड) ४. क्रियात्मक, व्यावहारिक, विशेष दे० 'क्रियात्मक' ४.।

प्रायौगिक विज्ञान पुं० [सं०] वह विज्ञान जिसकी सब बातें प्रयोग के द्वारा जानी जाती हों और प्रयोग के द्वारा ठीक सिद्ध की जा सकती हों। (एक्सपेरिमेन्टल साइन्स)

प्रारंभ पुं० [सं०] १. किसी काम का चलने लगना, कार्य आरम्भ या शुरू होना। (कमेन्समेन्ट) २. किसी कार्य के आरम्भ का अंश या भाग, आरम्भ, आदि, शुरू।

प्रारंभिक वि० [सं०] आरम्भ , आदि या शुरू का, सबसे पहले होनेवाला, पहले का। (प्रिलिमिनरी)

प्रारब्ध वि० [सं०] आरम्भ किया हुआ।
पुं० १. वह कर्म जिसका फलभोग आरम्भ हो चुका हो। २. भाग्य, किस्मत।

प्रारूप पुं० [सं०] १. प्रालेख, मसौदा। २. डिजाइन। ३. नए भवनों आदि का वह नक्शा जिसके अनुसार उनका निर्माण होता है।

प्रारूपी वि० [सं० प्रारूप] १. प्रारूप-सम्बन्धी। २. अपनी जाति या वर्ग की विशेषताओं से युक्त। (टिपिकल)

प्रार्थना स्त्री० [सं०] १. किसी से कुछ देने या करने के लिए नम्रतापूर्वक कहना, याचना। २. विनय, निवेदन, विनती।
*स० प्रार्थना या विनती करना।

प्रार्थनापत्र पुं० [सं०] वह पत्र जिसमें कोई प्रार्थना लिखी हो, निवेदन-पत्र, अरजी। (एप्लिकेशन)

प्रार्थनालय पुं० [सं०] वह स्थान जहाँ सामूहिक रूप से प्रार्थना की जाती है।

प्रार्थित वि० [सं०] जिसके लिए प्रार्थना की गई हो।

प्रार्थी(-र्थिन्) वि०, पुं० [सं०] [स्त्री० प्रार्थिनी] प्रार्थना या निवेदन करनेवाला, आवेदक। (एप्लिकेण्ट, पेटिशनर)

प्रालब्ध स्त्री० दे० 'प्रारब्ध'।

प्रालेख पुं० [सं०] लेख्य, विधान आदि का वह पूर्वरूप जो काट-छाँट या घटाने-बढ़ाने के लिए तैयार किया गया हो, मसौदा। (ड्राफ्ट)

प्रालेखक पुं० [सं०] वह जो लेखों के पांडुलेख या प्रालेख लिखने का काम करता हो। (ड्राफ्ट्समैन)

प्रालेखन पुं० [सं०] लेखों के पांडुलेख या प्रालेख लिखने का काम। (ड्राफ्टिंग)

प्रालेय पुं० [सं०] १. तुषार, हिम, पाला। २. बरफ।
वि० विनाशकारी।

प्रावधान पुं० [सं०] १. किसी कार्य के लिए धन आदि के लिए की जानेवाली व्यवस्था। २. विधिक दृष्टि से ऐसी शर्त या व्यवस्था जो किसी अपेक्षा की पूर्ति के लिए हो। (प्राविज़न)

प्रावधानिक वि० [सं०] १. प्रावधान-सम्बन्धी, प्रावधान का। २. जिसे प्रावधान में स्थान मिला हो। (स्टैट्यूटरी)

प्राविधिक वि० [सं०] प्रविधि से संबद्ध।

प्राविट* पुं० [सं० प्रावृट्] वर्षा ऋतु, बरसात।

प्रावीण्य पुं० [सं०] प्रवीणता।

प्राशन पुं० [सं०] १. खाना, भोजन। २. चखना, जैसे अन्नप्राशन।

प्रासंगिक वि० [सं०] [भाव० प्रासंगिकता] १. प्रसंग-सम्बन्धी, प्रसंग का। २. प्रसंगवश या संयोग से बीच में और आप-से-आप आ जाने या हो जानेवाला, आनुषंगिक। (इन्सिडेण्टल) ३. किसी प्रसंग में आकस्मिक रूप से सामने आनेवाला (व्यय आदि)। (कण्टिन्जेण्ट)

प्रासंगिकता स्त्री० [सं०] प्रासंगिक होने की अवस्था या भाव।

प्रास पुं० [सं०] बरछा, भाला।

प्रासाद पुं० [सं०] १. विशाल भवन, महल। २. राजा का महल।

प्रासूतिक वि० [सं०] प्रसूता या प्रसव से सम्बन्ध रखनेवाला।

प्रिंट-मीडिया पुं० [अं०] पत्र-पत्रिकाएँ और उनसे सम्बद्ध संवाददाता, पत्रकार, संपादक आदि।

प्रिथमी* स्त्री०=पृथ्वी।

प्रियंवद वि० [सं०] [स्त्री० प्रियंवदा] दे० 'प्रियभाषी'।

प्रिय वि० [सं०] १. जिससे प्रेम हो, प्यारा। २. मनोहर, सुन्दर। ३. सुमधुर।
पुं० [स्त्री० प्रिया] पति, स्वामी।

प्रियतम वि० [सं०] [स्त्री० प्रियतमा] सबसे बढ़कर प्यारा, परम प्रिय।

प्रियदर्शनी वि० स्त्री० [सं०] (स्त्री) प्रिय है दर्शन जिसका।

प्रियभाषी वि० [सं० प्रियभाषिन्] [स्त्री० प्रियभाषिणी] मधुर वचन बोलनेवाला, मीठी बातें कहनेवाला।

प्रियवर वि० [सं०] अति प्रिय, बहुत प्यारा। (पत्रों आदि में सम्बोधन)

प्रियवादी पुं० दे० 'प्रियभाषी'।

प्रिया स्त्री० [सं०] १. नारी, स्त्री। २. पत्नी, जोरू। ३. प्रेमिका।

प्रीत वि० [सं०] प्रीतियुक्त।
*स्त्री० दे० 'प्रीति'।

प्रीतम वि०, पुं०=प्रियतम।

प्रीति स्त्री० [सं०] १. सन्तोष। २. आनन्द, प्रसन्नता। ३. प्रेम, विशेषत: समान व्यक्तियों का पारस्परिक प्रेम।
मुहा० *(किसी की) प्रीति मानना*=किसी के प्रेम से प्रसन्न होकर उसके साथ वैसा ही प्रेम करना।

प्रीतिभोज पुं० [सं०] मित्रों और बन्धु-बान्धवों के साथ बैठकर प्रेमपूर्वक खाना-पीना, दावत।

प्रीथि* स्त्री०=पृथ्वी।

प्रूफ पुं० [अं०] १. प्रमाण, सबूत। २. छपनेवाली चीज का वह छपा हुआ नमूना जिसमें अशुद्धियाँ ठीक की जाती हैं।

प्रूफ-शोधन पुं० [अं०+सं०] प्रूफ संशोधन करने का काम।

प्रेक्षक पुं० [सं०] १. प्रेक्षागृह या नाट्यशाला में नाटक आदि कार्यक्रम देखनेवाला व्यक्ति। २. किसी घटनाक्रम, कार्यपद्धति आदि का ध्यानपूर्वक अवलोकन करनेवाला आधिकारिक व्यक्ति। (आब्ज़र्वर)

प्रेक्षण पुं० [सं०] देखना।

प्रेक्षा स्त्री० [सं०] १. देखना। २. नृत्य, अभिनय आदि देखना। ३. दृष्टि, निगाह। ४. चेतना, प्रज्ञा, बुद्धि।

प्रेक्षागार, प्रेक्षागृह पुं० [सं०] १. मन्त्रणागृह। २. नाट्यशाला।

प्रेक्षालय पुं० [सं०] प्रेक्षागृह।

प्रेक्ष्य वि० [सं०] १. जो देखा जाए। २. जो देखने के योग्य हो, प्रेक्षणीय।

प्रेत पुं० [सं०] [भाव० प्रेतत्व] १. मृत प्राणी की आत्मा। २. वह कल्पित शरीर जो मरने के बाद मनुष्य धारण करता है। ३. पिशाचों की तरह की एक कल्पित देवयोनि। ४. बहुत ही कृपण, दुष्ट, स्वार्थी या धूर्त व्यक्ति।

प्रेतकर्म पुं० [सं०] हिन्दुओं के मृत शरीर जलाने से सपिंडी तक के सब कार्य।

प्रेतगृह पुं० [सं०] श्मशान।

प्रेतगेह* पुं० दे० 'प्रेतगृह'।

प्रेतनी स्त्री० [सं० प्रेत] भूतनी, चुड़ैल।

प्रेत-नृत्य पुं० [सं०] भयावह उछल-कूद।

प्रेतयज्ञ पुं० [सं०] एक प्रकार का यज्ञ जो प्रेतयोनि प्राप्त करने के लिए किया जाता था।

प्रेतलोक पुं० [सं०] यमपुर।

प्रेतविद्या स्त्री० [सं०] मरे हुए लोगों की आत्माओं से सम्पर्क स्थापित करके बातचीत करने की विद्या।

प्रेतात्मा स्त्री० [सं०] मरे हुए व्यक्ति की आत्मा।

प्रेती पुं० [सं० प्रेत+हिं० ई(प्रत्य०)] भूत-प्रेत की उपासना करनेवाला।

प्रेम पुं० [सं०] १. कामभाव-रहित निश्छल मन से किसी को बहुत अच्छा समझकर सदा उसके साथ या पास रहने की वृत्ति, स्नेह, प्रीति, मुहब्बत। २. वह पारस्परिक स्नेह और व्यवहार जो प्राय: रूप और कामवासना के कारण उत्पन्न होता है, प्रीति, प्यार, मुहब्बत।

प्रेमगर्विता स्त्री० [सं०] वह नायिका जिसे अपने पति के ऊपर होनेवाले प्रेम या अनुराग का अभिमान हो।

प्रेमपात्र पुं० [सं०] [स्त्री० प्रेमपात्री] वह जिससे प्रेम किया जाए।

प्रेममय वि० [सं०] प्रेम से ओतप्रोत।

प्रेमभाजन पुं० [सं०] १. वह जिससे प्यार किया जाए। २. प्यार पाने का अधिकारी।

प्रेमवंत वि० [सं० प्रेम+वंत(प्रत्य०)] १. प्रेम से भरा हुआ। २. प्रेमी।

प्रेमवारि पुं० दे० 'प्रेमाश्रु'।

प्रेमाग्नि स्त्री० [सं० प्रेम+अग्नि] प्रेम की अग्नि या तीव्रता।

प्रेमाचार पुं० [सं०] प्रेमी और प्रेमिका की एक दूसरे को रिझाने के लिए की जानेवाली प्रेमपूर्ण क्रियाएँ।

प्रेमालाप पुं० [सं०] प्रेमपूर्वक होनेवाली या मुहब्बत की बात-चीत।

प्रेमालिंगन पुं० [सं०] प्रेम से गले लगाना, गले मिलना।

प्रेमाश्रु पुं० [सं०] प्रेम के कारण आँखों से निकलनेवाले आँसू।

प्रेमास्पद पुं० [सं० प्रेम+आस्पद] प्रेमपात्र।

प्रेमिक पुं०=प्रेमी।

प्रेमिका स्त्री० [सं०] वह स्त्री जिससे प्रेम किया जाए, प्रेयसी।

प्रेमिल वि० [सं०] प्यार-भरा।

प्रेमी(-मिन्) पुं० [सं०] प्रेम करनेवाला व्यक्ति।
वि० प्रेम करनेवाला; जैसे पुस्तक-प्रेमी।

प्रेय वि० [सं०] १. प्रिय। २. अभीष्ट।

प्रेयसी स्त्री० [सं०] प्रेमिका।

प्रेरक वि०, पुं० [सं०] प्रेरणा करनेवाला।

प्रेरण पुं० दे० 'प्रेरणा'।

प्रेरणा स्त्री० [सं०] १. मन में उत्पन्न होनेवाला कोई ऐसा विचार या धारणा जिसके विषय में यह माना या समझा जाता हो कि वह दैवी साधन या कृपा से उत्पन्न हुई है। (इन्स्पिरेशन) २. किसी प्रभावशाली व्यक्ति या क्षेत्र की ओर से कुछ कहने या करने के लिए होनेवाला संकेत।

प्रेरणात्मक वि० [सं०] जो प्रेरणा देता हो, प्रेरित करनेवाला।

प्रेरणादायक वि० [सं०] प्रेरणा देनेवाला।

प्रेरणाप्रद वि० [सं०] प्रेरणा देनेवाला, प्रेरणादायक।

प्रेरणाप्राप्त वि० [सं० प्रेरणा+प्राप्त] जिसे प्रेरणा मिली हो।

प्रेरणार्थक क्रिया स्त्री० [सं०] क्रिया का वह रूप जिससे सूचित होता है कि वह क्रिया किसी की प्रेरणा से कर्ता के द्वारा हुई है, जैसे 'पढ़ाना' का प्रेरणार्थक 'पढ़वाना' है। (कॉजेटिव)

प्रेरणास्पद वि० [सं०] प्रेरणा देनेवाला।

प्रेरणास्रोत पुं० [सं०] वह जिससे प्रेरणा मिलती हो।

प्रेरना* स० [सं० प्रेरणा] प्रेरणा करना।

प्रेरित वि० [सं०] जिसे दूसरे से प्रेरणा मिली हो।

प्रेषक पुं० [सं०] वह जो किसी के पास कोई चीज भेजे। (सेंडर, कन्साइनर)

प्रेषण पुं० [सं०] १. कोई चीज कहीं से किसी के पास भेजना, रवाना करना। (रेमिटेन्स, ट्रान्समिशन) २. वह वस्तु जो कहीं से किसी को भेजी जाए। (रेमिटेन्स, कन्साइनमेन्ट)

प्रेषित वि० [सं०] भेजा हुआ।

प्रेषितक पुं० [सं०] वह वस्तु जो कहीं भेजी जाए। (कन्साइन्मेन्ट)

प्रेषिती पुं० [सं० प्रेषित] वह जिसके नाम कोई वस्तु प्रेषित की या भेजी जाए। (एड्रेसी, कन्साइनी)

प्रेस पुं० [अं०] १. छापाखाना। २. छापने की कला। ३. समाचार-पत्रों का वर्ग। ४. रुई आदि चीजें दबाने की कला।

प्रेस-विज्ञप्ति स्त्री० [अं०+सं०] समाचार-पत्र में प्रकाशनार्थ दी जानेवाली सामयिक सूचना।

प्रेसिडेन्ट पुं० [अं०] १. अध्यक्ष। २. राष्ट्रपति।

प्रोक्षण पुं० [अं०] १. पानी का छिड़काव। २. पानी का छींटा।

प्रोग्राम पुं० [अं०] कार्यक्रम।

प्रोटान पुं० [अं०] हर परमाणु के नाभिक में वह सूक्ष्म कण जो धन आवेश से युक्त होता है।

प्रोत्साहन पुं० [सं०] [वि० प्रोत्साहित] कोई काम करने के लिए उत्साह बढ़ाना, हिम्मत बँधाना।

प्रोन्नति स्त्री० [सं०] [वि० प्रोन्नत] वर्ग, पद, मर्यादा आदि में ऊपर चढ़ाना या उन्नत करना। (प्रोमोशन)

प्रोफेसर पुं० दे० 'प्राध्यापक'।

प्रोषित वि० [सं०] विदेश गया हुआ।

प्रोषित नायक (पति) पुं० [सं०] वह नायक या पति जो विदेश में होने के कारण अपनी पत्नी के वियोग से दुखी हो।

प्रोषितपतिका (नायिका) स्त्री० [सं०] वह नायिका जो अपने पति के परदेस जाने पर दुखी हो।

प्रोहित| पुं०=पुरोहित।

प्रौढ़ वि० [सं०] [स्त्री० प्रौढ़ा] [भाव० प्रौढ़ता] १. अच्छी तरह बढ़ा हुआ, पुष्ट । २. जो युवावस्था पार कर चला हो। ३. पक्का। ४. ढीठ, धृष्ट।

प्रौढ़ता स्त्री० [सं०] प्रौढ़ होने की अवस्था या भाव।

प्रौढ़ा स्त्री० [सं०] १. अधिक वयसवाली स्त्री। २. शृंगार रस में कामकला आदि अच्छी तरह जाननेवाली, तीस-चालीस वर्ष की अवस्थावाली नायिका। ३. साहित्य में वह शब्द-योजना जिसके द्वारा रचना में प्रसाद गुण आता है।

प्रौढ़ावस्था स्त्री० [सं०] वह स्थिति जब व्यक्ति मानसिक दृष्टि से प्रौढ़ता प्राप्त कर लेता है।

प्रौढ़ शिक्षा स्त्री० [सं०] १. वह शिक्षा जो प्रौढ़ों के लिए हो। २. प्रौढों के लिए होनेवाली शिक्षा की विशेष व्यवस्था।

प्रौढ़ फिल्म स्त्री० [सं०+अं०] वह फिल्म जो प्रौढ़ों के देखने के लिए हो अश्लील या भयावह दृश्यों से युक्त होने के कारण बच्चों के देखने योग्य न हों।

प्रौढ़ोक्ति स्त्री० [सं०] साहित्य में एक अर्थालंकार जिसमें किसी कार्य या वस्तु के उत्कर्ष का कोई ऐसा कारण मान लिया जाता है जो वास्तव में उसका कारण नहीं होता, जैसे गंगातट पर रहने के कारण ही वह महात्मा हो गया था।

प्रौद्योगिक वि० [हिं० प्रौद्योगिकी] प्रौद्योगिकी-सम्बन्धी।

प्रौद्योगिकी स्त्री० [सं० प्रा + उद्योग + हिं० ई (प्रत्य०)] १. वैज्ञानिक उपलब्धियों को उद्योगों को उन्नत बनाने में व्यवहार में लाया जाना। २. विज्ञान की वह शाखा जिसमें उद्योगों में वैज्ञानिक उपलब्धियों के उपयोग सम्बन्धी अध्ययन होता है।

प्लाट पुं० [अं० प्लॉट] १. कथावस्तु। २. षड्यंत्र। ३. जमीन का बड़ा टुकड़ा।

प्लावन पुं० [सं०] [वि० प्लावित, प्लावनिक] १. पानी की बाढ़। २. बहुत दिनों के अन्तर पर, सारे संसार में होनेवाली पानी की वह बाढ़ जिसकी गिनती प्रलय में होती है। हिन्दुओं के अनुसार वैवस्वत मनु के समय में और ईसाइयों, मुसलमानों आदि के अनुसार हजरत नूह के समय ऐसी बाढ़ आई थी। (डेल्यूज) ३. खूब अच्छी तरह धोना। ४. तैरना।

प्लावनिक वि० [सं०] १. प्लावन या बाढ़ से सम्बन्ध रखनेवाला। (विशेष दे० प्लावन २.) २. (भूमि या क्षेत्र) जो प्रायः बाढ़ के समय जल में डूब जाता हो।

प्लावित वि० [सं०] जलमग्न, डूबा हुआ।

प्लास्टिक पुं० [अं०] एक रासायनिक पदार्थ जिसे किसी भी रूप में ढाला जा सकता है।

प्लीहा स्त्री० दे० 'तिल्ली'।

प्लुत वि० [सं०] उच्चारण के विस्तार के विचार से तीन मात्राओं वाला (वर्ण)। [एक मात्रावाले को ह्रस्व तथा दो मात्राओं वाले को दीर्घ मात्रा कहते हैं।]

प्लेग पुं० [अं०] १. महामारी। २. एक भीषण रोग, ताऊन।

फ

फ नागरी वर्णमाला का बाईसवाँ व्यंजन और पवर्ग का दूसरा वर्ण जिसका उच्चारण स्थान ओष्ठ है।

फंका* पुं० [स्त्री० फंकी] १. दे० 'फंकी'। २. दे० 'फाँक'।

फंकी स्त्री० [हिं० फाँकना] १. फाँकने के लिए चूर्ण के रूप में कोई दवा। २. उतनी मात्रा जितनी एक बार में फाँकी जाए।

फंग* पुं० [सं० बंध] १. फन्दा। २. प्रेम।

फंतासी स्त्री० [अं० फैंटासी] १. ऐसा स्वप्न जो साकार न होने को हो। २. काल्पनिक या भ्रमपूर्ण धारणा या रचना।

फंद पुं० [सं० बंध] १. बन्धन। २. फन्दा, जाल। ३. छल, धोखा। ४. दुख।

फँदना* अ० [हिं० फंद] फन्दे में फँसना।
स० दे० 'फाँदना'।

फँदवार वि० [हिं० फंदा+वार (प्रत्य०)] फन्दे में फँसानेवाला।

फंदा पुं० [सं० बंध] १. किसी को बाँधने या फँसाने के लिए बनाया हुआ रस्सी आदि का घेरा। २. पाश, जाल। ३. कष्टदायक बन्धन। ४. क्रोशिए, सलाई आदि की एक बार की बुनाई।

फँदाना[1] स० [हिं० फंदा] फन्दे या जाल में फँसाना।

फँदाना[2] स० [हिं० फाँदना] किसी का फाँदने में प्रवृत्त करना, कुदाना।

फँसना अ० [हिं० फाँस] १. बन्धन या फन्दे में इस प्रकार पड़ना कि निकलना कठिन हो। २. अटकना, उलझना।

फँसवार* पुं०=फन्दा।

फँसाना स० [हिं० फँसना] फन्दे में लाना या उलझाना।

फँसिहारा* पुं० [हिं० फाँस] [स्त्री० फँसिहारिन] १. फँसानेवाला। २. फाँसी देने या लगानेवाला।

फँसोरी स्त्री० [हिं० फाँसी] १. फाँसी की रस्सी। २. जाल, फंदा।

फक वि० [अ० फ़क] १. स्वच्छ। २. सफेद। ३. जिसका रंग बिगड़ गया हो।

फकत वि० [अ०] केवल, सिर्फ।

फकीर पुं० [अ०] [स्त्री० फकीरिन, फकीरनी, भाव० फकीरी] १. भीख माँगनेवाला। २. संसार-त्यागी, विरक्त। ३. गरीब।

फक्कड़ पुं० [सं० पक्किका] गाली-गलौज, गन्दी बातें। वि० [भाव० फक्कड़पन] १. सदा दरिद्र परन्तु मस्त रहनेवाला। २. वाहियात या गंदी बातें करनेवाला।

फक्कड़बाजी स्त्री० [हिं० फक्कड़+फा० बाजी] गन्दी और वाहियात बातें करना।

फक्कड़ाना वि० [हिं० फक्कड़+आना (प्रत्य०)] फक्कड़ों जैसी तबीयतवाला, फक्कड़ों-जैसे स्वभाववाला।

फखर पुं० [फा० फ़ख्र] गर्व, अभिमान।

फग* पुं० दे० 'फंग'।

फगुआ पुं० १. दे० 'फाग'। २. दे० 'होली'।

फगुनहट स्त्री० [हिं० फागन] फागुन में चलनेवाली तेज हवा।

फगुनाना अ० [हिं० फागुन] फागुन के आगमन से वातावरण का मस्ती से भर उठना।

फगुहार, फगुहारा* पुं० [हिं० फगुआ+हारा (प्रत्य०)] फाग खेलनेवाला।

फचाफच क्रि० वि० [अनु० फच+फच] निरंतर।

फच्चर स्त्री० [?] १. फाँस। २. अडंगा।

फजर स्त्री० [अ०] सबेरा।

फजल पुं० [अ० फ़ज़्ल] अनुग्रह।

फजील वि० [अ० फज़ूल] व्यर्थ।

फजीहत स्त्री० [अ० फज़ीहत] दुर्दशा।

फजूल वि० [अ० फ़ज़ूल] निरर्थक, व्यर्थ।

फजूलखर्च वि० [फा० फ़ज़ूलख़र्च] [भाव० फजूलखर्ची] व्यर्थ और बहुत खर्च करनेवाला, अपव्ययी।

फटक* पुं० दे० 'स्फटिक'।

फटकन स्त्री० [हिं० फटकना] १. फटकने की क्रिया या भाव। २. वह रद्दी अंश जो कोई चीज फटकने पर निकले।

फटकना[1] स० [अनु० फट] १. फटफट शब्द करना। २. पटकना। ३. मारने के लिए चलाना (अस्त्र आदि)। ४. सूप में अन्न आदि रखकर उसे उछालते हुए साफ करना। ५. रुई आदि धुनना।

फटकना[2] अ० [अनु०] १. किसी के कुछ पास जाना या पहुँचना। २. फड़फड़ाना।

फटकनी स्त्री० [हिं० फटकना] अनाज फटकने का सूप।

फटकरना[1] अ० [हिं० फटकारना] फटकारा जाना।

फटकरना[2] स० [हिं० फटकना] फटकना।

फटका पुं० [अनु०] १. रुई धुनने की धुनकी। २. काव्य के रस आदि गुणों से हीन कोरी तुकबन्दी।
पुं० दे० 'फाटक'।

फटकाना स० [हिं० फटकना] १. फटकने का काम दूसरे से कराना। २. दूर करना, हटाना। ३. फेंकना।

फटकार स्त्री० [हिं० फटकारना] १. फटकारने की क्रिया या भाव। २. झिड़की, भर्त्सना। ३. दे० 'फिटकार'।

फटकारना स० [अनु०] १. इस प्रकार झटका मारना कि ऊपर की चीजें छितराकर गिर जाएँ। २. कुछ अनुचित रूप से धन प्राप्त करना। ३. कपड़ा पटक-पटककर साफ करना। ४. कड़ी बात कहकर चुप कराना। ५. शस्त्र आदि चलाना।

फटन स्त्री० [हिं० फटना] १. फटने की क्रिया या भाव। २. फटने के कारण होनेवाला शिगाफ या दरार। ३. (शरीर के किसी अंग में) फटने की-सी होनेवाली पीड़ा।

फटना अ० [हिं० 'फाड़ना' का अ० रूप] १. ऊपर के तल में इस प्रकार दरार पड़ना कि कुछ भाग अलग हो जाए।
मुहा० *छाती फटना*=दुख होना। *मन या चित्त फटना*=मन में रोष होने पर सम्बन्ध रखने को जी न चाहना।
२. अलग या पृथक हो जाना। ३. द्रव पदार्थ में सार भाग से पानी अलग हो जाना, जैसे दूध फटना। ४. किसी बात का बहुत अधिक होना।
मुहा० *फट पड़ना*=(क) अचानक आ पहुँचना या प्राप्त होना। (ख) अत्यधिक मात्रा में उपलब्ध होना।

फटफटाना अ० [अनु० फट-फट] व्याकुल होना।

फटफटिया स्त्री० [अनु० फटफट] मोटर-साइकिल।

फटहा वि० [हिं० फटना] १. फटा हुआ। २. गाली-गलौज बकनेवाला, लुच्चा।

फटा वि० [हिं० फटना] फटा हुआ।
मुहा० *किसी के फटे में पैर देना*=(क) दूसरे की विपत्ति अपने ऊपर लेना। (ख) किसी के मामले में अनाधिकर दखल देना। (ग) किसी की विपत्ति और बढ़ा देना।

फटाफट क्रि० वि० [अनु० फटफट] तुरन्त, जल्दी।

फटिक पुं० [सं० स्फटिक] १. स्फटिक। २. संगमरमर।

फटेहाल वि० [हिं० फटना+अ० हाल] दुर्दशाग्रस्त।

फटेहाली स्त्री०=दुर्दशा।

फट्टा पुं० [पं०] तख्ता।

फड़[1] पुं० [सं० पण] १. वह जगह जहाँ दुकानदार बैठकर माल खरीदते और बेचते हैं। २. जुआ खेलने का स्थान या बिसात। ३. वह स्थान जहाँ किसी प्रकार की प्रतियोगिता हो। ४. लड़ाई का मैदान, रणक्षेत्र।

मुहा० *फड़ पर आना*=मुकाबले के लिए सामने आना।

फड़[2] पुं० [सं० पटल] तोप लादने की गाड़ी।

फड़कन स्त्री० [अनु०] फड़कने की क्रिया या भाव।

फड़कना अ० [अनु०] १. रह-रहकर नीचे-ऊपर या इधर-उधर हिलना, फड़फड़ाना, जैसे भुजा या आँख फड़कना।

मुहा० *फड़क उठना या जाना*=बहुत प्रसन्न होना। *बोटी-बोटी फड़कना*=अत्यन्त चंचल होना।

२. कुछ करने के लिए व्यग्र होना।

फड़काना स० हिं० 'फड़काना' प्रे०।

फड़नवीस पुं० [फा० फर्दनवीस] मराठों के राज्यकाल का एक बहुत बड़ा अधिकारी, महामात्य, जैसे नाना फड़नवीस

फड़फड़ स्त्री० [अनु०] पक्षियों के पंखों का शब्द।

फड़फड़ाना अ० फड़फड़ शब्द होना।

स० फड़फड़ शब्द करना।

फड़फड़ाहट स्त्री० [हिं० फड़फड़] १. फड़फड़ शब्द। २. छटपटाहट।

फड़बाज पुं० [हिं० फड़+फा० बाज़] वह जो लोगों को अपने यहाँ जुआ खेलाता और उसके बदले उनसे कुछ लेता हो।

फड़िया पुं० [हिं० फड़] १. खुदरा अन्न बेचनेवाला। २. फड़बाज।

फण पुं० [सं०] १. साँप का फन। २. रस्सी का फन्दा।

फणदार पुं० [सं०+फा०] साँप।

फणींद्र पुं० [सं०] १. शेषनाग। २. अनंतनाग। ३. वासुकि। ४. बड़ा साँप।

फणी[1] **(-णिन्)** वि० [सं०] जिसे फन हो, फनदार, फनवाला।

फणी[2] पुं० [अ०] किसी बात के उचित या अनुचित होने के सम्बन्ध में (विशेषत: मुसलमानों के धर्मशास्त्रानुसार) दी जानेवाली व्यवस्था।

फतह स्त्री० [अ० फ़त्ह] १. विजय, जीत। २. सफलता।

फतिंगा पुं० दे० 'पतंगा'।

फतीला पुं० दे० 'पतीला'।

फतूर पुं० [अ० फ़ुतूर] १. विकार, दोष। २. बखेड़ा। ३. उपद्रव, उत्पात। ४. कमी, न्यूनता। ५. घाटा, हानि, नुकसान।

फतूरिया वि० [अ० फ़तूर] फतूर या बखेड़ा करनेवाला, उपद्रवी।

फतूह स्त्री० [अ० फुतूह] १. विजय, जीत। २. लड़ाई या लूट में मिला हुआ माल।

फतूही स्त्री० [अ० फुतूही] १. बिना बाँह की एक प्रकार की कुरती, सदरी। २. दे० 'फतूह'।

फतेह स्त्री० दे० 'फतह'।

फन[1] पुं० [सं० फण] कुछ साँपों के सिर का वह रूप जो उसके फैलकर पत्ते का आकार धारण करने पर होता है।

फन[2] पुं० [फा० फ़न] १. गुण, खूबी। २. विद्या। ३. कला-कौशल। ४. छल-कपट। ५. चतुराई।

फनकार पुं० [फा० फ़नकार] कलाकार।

फनकारी स्त्री० [फा० फ़नकारी] कला, हुनर।

फनधर पुं० [सं० फणधर] कोबरा साँप।

फनफनाना अ० [हिं० फा०] शोर मचाना।

फनाना* अ०, स० [?] तैयार करना या कराना।

फनिंद* पुं० दे० 'फणींद्र'।

फनि पुं० १. दे० 'फणी'। २. दे० 'फण'।

फनिग पुं० [सं० फणिन्] १. साँप। २. शेषनाग।

पुं० दे० 'पतंगा' (कीड़ा)।

फनिंद*, फनींद* पुं०=फणींद्र (शेषनाग)।

फनूस पुं० दे० 'फानूस'।

फन्नी स्त्री० दे० 'पच्चर'।

फफकना अ० [अनु० फफ] जोर-जोर से रोना।

फफसा[1] पुं० [सं० फुस्फुस] फेफड़ा।

फफसा[2] वि० [अनु०] १. फूला हुआ और अन्दर से पोला। २. (फल) जिसका स्वाद बिगड़ गया हो, बुरे स्वादवाला।

फफूँदी* स्त्री० १. दे० 'नीबी'। २. दे० 'भुकड़ी'।

फफोला पुं० [सं० प्रस्फोट] १. शरीर पर पड़नेवाला छाला।

मुहा० *दिल के फफोले फोड़ना*=कुछ कहकर अपने मन की जलन या क्रोध शान्त करना।

२. पानी का बुलबुला, बुद्बुद।

फबती स्त्री० [हिं० फबना] व्यंग्य।

मुहा० *फबती उड़ाना*=हँसी उड़ाना, उपहास करना। *फबती कसना*=चुभती हुई या व्यंग्यपूर्ण बात कहना।

फबन स्त्री० [हिं० फबना] १. फबने की क्रिया या भाव। २. शोभा, छवि।

फबना अ० [सं० प्रभवन] सुन्दर या सुहावना लगना, खिलना।

फबि स्त्री० दे० 'फबन'।

फबित* वि० [हिं० फबना=इत (प्रत्य०)] जो फब रहा हो, देखने में भला या फबता हुआ जान पड़नेवाला।

फबीला वि० [हिं० फबना+ईला (प्रत्य०)] [स्त्री० फबीली] सुहावना या सुन्दर दिखाई देनेवाला।

फर[1] स्त्री० [अ० फ़र] रोएँदार जंगली जानवरों की खाल।

फर[2] पुं० दे० 'फल'।

फरक पुं० [अ० फ़र्क] १. भेद, अंतर। २. दूरी।

क्रि० वि० अलग, पृथक।

फरकन* स्त्री० दे० 'फड़क'।

फरकना* अ० दे० 'फड़कना'।

फरकाना स० [हिं० फरक] अलग करना।

फरकौंहाँ* वि० [हिं० फरकना (फड़कना+औंहाँ (प्रत्य०)] फड़कनेवाला या फड़कता हुआ।

फरजी वि० [फा० फ़र्जी] १. नकली, बनावटी। २. माना हुआ, कल्पित।

पुं० शतरंज में 'वजीर' नाम का मोहरा।

फरजीमात स्त्री० [फा०+हिं०] शतरंज के खेल में एक फरजी और एक प्यादे की सहायता से दी जानेवाली मात।

फरद स्त्री० [अ० फ़र्द] १. स्मरण रखने के लिए लिखा हुआ लेखा, सूची आदि। २. कागज का तख्ता, ताव। ३. एक साथ काम में आनेवाली या रहनेवाली दो चीजों में से कोई एक।

वि० जिसकी बराबरी का दूसरा न हो, बेजोड़।

फरना* अ० दे० 'फलना'।

फरफंद पुं० [हिं० फर+फंदा] [वि० फरफंदी] १. छल-कपट। २. नखरा।

फरमा[१] पुं० [अं० फ्रेम] लकड़ी, मिट्टी, मोम, धातु आदि का वह साँचा जिसमें ढालकर चीजें बनाई जाती हैं। (फ्रेम)

फरमा[२] पुं० [अं० फॉर्म] कागज का पूरा ताव जो एक बार में छपता है। (फॉर्म)

फरमाइश स्त्री० [फा० फ़र्माइश] [वि० फरमाइशी] कोई चीज लाने, बनाने अथवा कोई काम करने की आज्ञा।

फरमाइशी वि० [फा० फ़र्माइशी] १. फरमाइश करके बनाया हुआ। २. बहुत अच्छा और बढ़िया।

फरमान पुं० [पह्लवी और पुरानी ईरानी फ्रमान मि० सं० प्रमाण) से फा० फर्मान] १. राज्य या राजा की आज्ञा। २. वह पत्र जिस पर इस प्रकार की आज्ञा लिखी हो।

फरमाना स० [फा० फर्मान] कहना। (आदरार्थक)

फरवी स्त्री० [हिं० फरना] एक प्रकार का भुना हुआ चावल, लाई, मूड़ी।

फरश पुं० [अ० फर्श] १. बैठने आदि के लिए समतल और पक्की भूमि। २. ऐसी भूमि पर बिछाया हुआ कपड़ा।

फरशबंद पुं० [फा० फर्श+बन्द] ऊँची समतल भूमि।

फरशी स्त्री० [फा० फर्शी] एक प्रकार का बड़ा हुक्का, गुड़गुड़ी।

फरसा पुं० [सं० परशु] १. एक प्रकार की तेज धार की कुल्हाड़ी। २. फावड़ा।

फरहरना अ० [अनु० फरफर] १. फरफराना। २. फहराना।

फरहरा पुं० दे० 'झंडा'।

फराक[१]* पुं० [फा० फ़राख] मैदान।

वि० लम्बा-चौड़ा, विस्तृत, विशाल।

फराक[२] पुं० [अं० फ्रॉक] स्त्रियों और बच्चों का एक प्रकार का पहनावा।

फराख वि० [फा०] लम्बा-चौड़ा।

फरागत स्त्री० [अ०] १. छुटकारा, मुक्ति। २. निश्चिन्तता, बेफिक्री। ३. पाखाना फिरना।

फराना* स० दे० 'फलाना'।

फरामोश वि० [फा०] भूला हुआ, विस्मृत।

फरार वि० [अं०] भागा हुआ।

फरारी स्त्री० [अ०] फरार होने की अवस्था या भाव।

फरास* पुं० दे० 'फर्राश'।

फरित* वि०=फलित।

फरिया स्त्री० [?] छोटी बालिका की घाघरी। (ब्रज०)

फरियाद स्त्री० [फा०] १. अत्याचार या दुख से बचाए जाने के लिए होनेवाली नालिश या प्रार्थना। २. शिकायत। ३. निवेदन, प्रार्थना।

फरियादी वि० [फा०] फरियाद करनेवाला।

फरिश्ता पुं० [फा०] १. ईश्वर का दूत। (मुसल०) २. देवता।

फरी स्त्री० [सं० फल] चमड़े की वह छोटी ढाल जिससे गतके का वार रोकते हैं।

फरीक पुं० [अ०] १. प्रतिद्वन्द्वी, विपक्षी। २. दो पक्षों में से कोई एक पक्ष या किसी पक्ष का आदमी। (पार्टी)

फरीक सानी पुं० [अ०] प्रतिपक्षी।

फरुहा| वि० [हिं० फरना] अधपका।

फरेब पुं० [फा०] छल, कपट, धोखा।

फरेबी पुं० [फा०] फरेब या छल-कपट करनेवाला, धोखेबाज, कपटी।

फरेरी स्त्री० [हिं० फल] जंगली फल।

फरोश पुं० [फा०] [भाव० फरोशी] बेचनेवाला (यौ० के अन्त में, जैसे मेवाफरोश)।

फर्क पुं० दे० 'फरक'।

फर्ज पुं० [अ० फ़र्ज़] १. कर्तव्य, कर्म। २. अनुमान।

फर्जी वि० दे० 'फरजी'।

फर्राटा पुं० [अनु०] वेग, तेजी।

फर्राटेदार वि० [हिं० फर्राटा+फा० दार (प्रत्य०)] तेज, तीव्र।

फर्राश* पुं० [अ०] [भाव० फर्राशी] खेमा या तम्बू गाड़ने, फर्श बिछाने, सफाई करने और दीपक जलाने आदि का काम करनेवाला आदमी।

फर्रुखशाही स्त्री० [फरुखशाह (नाम)] पुरानी चाल की एक प्रकार की तलवार।

फर्लांग| स्त्री० [अं० फ़र्लॉङ्ग] मील का आठवाँ हिस्सा, २२० गज़ का नाप।

फर्श पुं० दे० 'फरश'।

फलंक पुं० [फा० फलक] आकाश।

पुं० दे० 'फर्लांग'।

फलंगना* अ० दे० 'फलाँगना'।

फलंत स्त्री० [हिं० फलना+अंत (प्रत्य०)] (वृक्षों आदि के) फलने की क्रिया या भाव।

फल पुं० [सं०] १. वह वस्तु जो किसी विशिष्ट ऋतु में वृक्षों पर पैदा होती है। २. परिणाम, नतीजा। ३. धर्म की दृष्टि से सुख, दुख आदि के रूप में मिलनेवाला कर्म का परिणाम। ४. शुभ कर्मों के ये चार परिणाम-अर्थ, धर्म, काम और मोक्ष। ५. फलित ज्योतिष में सुख, दुख आदि के रूप में होनेवाले ग्रहों के योग या स्थिति का परिणाम। ६. प्रतिफल, बदला। ७. बाण, धुरी आदि का वह धारदार भाग जिससे

आघात किया जाता है। ८. गणित की क्रिया का परिणाम-सूचक अंक।

फलक पुं० [सं०] १. तख्ता, पट्टी। २. वह लम्बा-चौड़ा कागज जिस पर कोई मानचित्र, विवरण या कोष्ठक अंकित हो, फरद। (शीट) ३. परत, तबक। ४. पत्र, पृष्ठ। ५. हथेली।

फलकर पुं० [हिं० फल+कर] वृक्षों के फलों पर लगनेवाला कर।

फलतः क्रि० वि० [सं०] फल के रूप में, इसलिए, परिणामस्वरूप, जैसे वह निकृष्ट और फलतः त्याज्य है। (कॉन्सिक्वेन्टली)

फलत* स्त्री० [हिं० फल] वृक्षों में लगनेवाले फलों का समूह, पेड़ों से फलों आदि के रूप में होनेवाली उपज।

फलत्याग पुं० [सं० फल+त्याग] कर्म के फल का त्याग।

फलत्यागी (-गिन्) वि०, पुं० [सं०] जिसने अपने मन से कर्म के फल का त्याग कर दिया हो, बिना फल का विचार किए कर्म करनेवाला।

फलद वि० [सं०] फल देनेवाला।

फलदान पुं० [सं० फल+दान] विवाह सम्बन्ध स्थिर करने की एक रसम। (हिन्दू)

फलना अ० [सं० फलन] १. वृक्षों का फल उत्पन्न करना, फलों से युक्त होना।

फलना-फूलना अ० उत्तरोत्तर समृद्ध होना, प्रगतिशील होना।

फलवान, फलवान् वि० [सं०] १. फलों से युक्त (वृक्ष)। २. सफल। ३. फलवान्।

फलश्रुति स्त्री० [सं०] (धार्मिक क्षेत्रों में) वह कथन या वाक्य जिसमें किसी काम के फल का उल्लेख होता है, जैसे (क) यज्ञ और दान करने से स्वर्ग मिलता है। (ख) रामायण या गीता का पाठ करने से मुक्ति होती है।

फलस्तीनी वि० [फलस्तीनी देश] फलस्तीन देश का, फलस्तीन-सम्बन्धी।

फलस्वरूप, के सम्बन्धबो० [सं०] के कारण।

फलहर* पुं० दे० 'फलहार'।

फलहरी स्त्री० [हिं० फल] वृक्षों के फल।

फलहार पुं० दे० 'फलाहार'।

फलहारी वि० [हिं० फलाहार] जिसकी गिनती फलहार में हो।

फलाँग स्त्री० [सं० प्रलंघन] १. एक जगह से उछलकर दूसरी जगह जाना, कुदान। २. एक फलाँग की दूरी।

फलाँगना अ० [हिं० फलाँग] लाँघना।

फलाना वि० [अ० फलाँ] [स्त्री० फलानी] कोई अनिश्चित या अकथित (वस्तु या व्यक्ति), अमुक।
स० हिं० 'फलना' का प्रे०।

फलाफल पुं० [सं०] अच्छा और बुरा फल।

फलासक्त वि० [सं० फल+आसक्त] [भाव० फलासक्ति] जिसकी कर्म के फल में आसक्ति हो।

फलासक्ति स्त्री० [सं० फल+आसक्ति] कर्म के फल में होनेवाली आसक्ति।

फलाहार पुं० [सं०] १. केवल फल खाना। २. वह खाद्यपदार्थ जो फलों से बना हो और जिसमें अन्न का अंश न हो।

फलाहारी पुं० [सं० फलाहारिन्] [स्त्री० फलाहारिणी] केवल फल खाकर निर्वाह करनेवाला।
वि० दे० 'फलहारी'।

फलित वि० [सं०] १. जिसका या जिसमें फल हो या हुआ हो। २. फल-सम्बन्धी, फल का।

फलित ज्योतिष पुं० [सं०] ज्योतिष का वह अंग जिसमें ग्रहों के शुभाशुभ फलों का विचार होता है।

फलितार्थ पुं० [सं० फलित+अर्थ] परिणाम।

फली स्त्री० [सं० फल+हिं० ई० (प्रत्य०)] छोटे बीजोंवाला लम्बा और चिपटा फल।

फलीता पुं० दे० 'पलीता'।

फलीभूत वि० [सं०] जिसका फल या परिणाम हो या हुआ हो।

फलेच्छा स्त्री० [सं० फल+इच्छा] (कर्म के) फल की इच्छा।

फलोद्यान पुं० [सं०] वह उद्यान जिसमें फलों के वृक्ष हों।

फलोन्मुख वि० [सं०] जो फल या परिणाम की ओर बढ़ या ले जा रहा हो।

फसद स्त्री० [अ० फस्द] नस में छेदकर शरीर का दूषित रक्त निकालने की क्रिया।
मुहा० *फसद खुलवाना या लेना*=(क) शरीर का दूषित रक्त निकलवाना। (ख) मूर्खता या पागलपन की दवा करना।

फसल स्त्री० [अ० फ़स्ल] १. ऋतु, मौसम। २. समय, काल। ३. खेत की उपज, फलत, पैदावार। (क्रॉप)

फसली वि० [अ० फ़स्ल] फसल या ऋतु का, मौसमी।
पुं० अकबर का चलाया हुआ एक संवत् जिसका व्यवहार प्रायः खेती-बारी के कामों में होता है।
स्त्री० विशूचिका, हैजा।

फसली बटेर पुं० अवसरवादी।

फसाद पुं० [अ०] [वि० फसादी] १. विकार, खराबी। २. उत्पात, उपद्रव। ३. लड़ाई, हुज्जत।

फहम स्त्री० [अ० फ़हम] बुद्धि, समझ।

फहरन स्त्री० [हिं० फहरना] फहरने की क्रिया या भाव।

फहरना अ० [सं० प्रसरण] [भाव० फहर, फहरान] वायु में उड़ना या फरफराना (झंडा आदि)।

फहरान स्त्री० दे० 'फहरन'।

फहराना स० [सं० प्रसारण] झंडा, कपड़ा आदि वायु में उड़ाना।
अ० दे० 'फहरना'।

फाँक स्त्री० [सं० फलक] १. फल आदि का काटा या चीरा हुआ लम्बोतरा टुकड़ा; जैसे-तरबूज की फाँक। २. वह अंश जिसके निकल जाने से कोई चीज अपूर्ण प्रतीत हो।
मुहा० *फाँक नजर आना*=अपूर्णता या अंतर दिखाई देना।

फाँकना स० [हिं० फंकी] दाने या चूर्ण खाने के लिए ऊपर से उन्हें मुँह में डालना।
मुहा० *धूल फाँकना*=व्यर्थ इधर-उधर घूमकर दुर्दशा भोगना।

फाँट[1] पुं० [हिं० फेंटना] वनस्पतियों आदि को उबालकर निकाला हुआ रस, काढ़ा, क्वाथ।

फाँट[2] पुं० [सं०] (छापाखाने की) किसी एक प्रकार या आकार की मुद्रियों का समूह।

फाँट[3] स्त्री० = फाँक।

फाँटना स० [हिं० फाँट] काढ़ा बनाना।

फाँड़* पुं० दे० 'फाँड़ा'।

फाँड़ा पुं० [सं० भांड ?] धोती आदि का वह अंश जो कमर पर लपेटकर बाँधा जाता है।

मुहा० के लिए दे० 'फेंट'।

फाँदना[1] अ० [सं० फणन्] कूदकर लाँघना।

स० कूदकर किसी चीज को लाँघते हुए उसके उस पार जाना।

फाँदना[2] स० [हिं० फंदा] १. फन्दे में फँसाना। २. बाँधना या बन्द करना।

फाँस स्त्री० [सं० पाश] १. पाश, फन्दा। २. वह फन्दा जिसमें पशु-पक्षी फँसाए जाते हैं। ३. शरीर में चुभा हुआ लकड़ी आदि का लम्बा छोटा टुकड़ा।

फाँसना स०=फँसाना।

फाँसी स्त्री० [सं० पाश] १. फँसाने का फन्दा, पाश। २. रस्सी का वह फन्दा जिसमें गला फँसाने से दम घुटता और आदमी मर जाता है। ३. इस प्रकार गला घोंटकर दिया जानेवाला प्राणदंड। (एग्ज़ीक्यूशन)

मुहा० *फाँसी चढ़ाना*=(क) प्राण दंड देने के लिए किसी के गले में फन्दा लगाना। (ख) किसी को खतरे में झोंकना।

फाइल स्त्री० [अं०] दे० 'नत्थी'।

फाइलेरिया पुं० [अं०] मच्छरों के दंश से होनेवाला एक रोग जिसमें शरीर के अंगों में सूजन आ जाती है।

फाका पुं० [अ० फ़ाक:] उपवास।

फाकेमस्त वि० [फा० फ़ाक:मस्त] [भाव० फाकामस्ती] खाने-पीने का बहुत कष्ट उठाकर भी मस्त रहनेवाला।

फाखता स्त्री० [अ० फ़ाख़्ता] पेंडुकी।

मुहा० *फाखता उड़ाना*=मौज-मस्ती करना।

फाग पुं० [हिं० फागुन] १. फागुन का उत्सव जिसमें लोग एक दूसरे पर रंग डालते हैं। २. इस उत्सव के समय का गीत।

फागुन पुं० [सं० फाल्गुन] माघ के बाद और चैत के पहले का महीना, फाल्गुन।

फाटक पुं० [सं० कपाट] बड़ा दरवाजा।

पुं० दे० 'फटकन' २.।

फाटका पुं० [?] सट्टा।

फाटकेबाज पुं०=सट्टेबाज।

फाटकेबाजी स्त्री०=सट्टेबाजी।

फाटना* अ० दे० 'फटना'।

फाड़ना स० [सं० स्फाटन] [भाव० फाड़न] १. बीच से चीरकर दो भागों में करना, चीरना, जैसे कपड़ा या पेट फाड़ना। २.सन्धि या जोड़ फैलाकर खोलना, जैसे मुँह फाड़ना। ३. किसी गाढ़े द्रव पदार्थ में ऐसा विकार उत्पन्न करना कि पानी से सार भाग अलग हो जाए, जैसे दूध फाड़ना।

फानूस पुं० [फा०] छत में टाँगने का शीशे का पात्र जिसमें मोमबत्तियाँ जलती हैं।

फाबना* अ०=फबना।

फायदा पुं० [अ० फ़ाइद:] १. लाभ, नफा। २. हित, भलाई। ३. अच्छा फल या प्रभाव (औषध आदि का)।

फायदेमंद वि० [अ० फ़ाइद:+फा० मंद] लाभदायक।

फार* पुं० दे० 'फाल'।

फारखती स्त्री० [अ० फारिग+खती] इस बात का सूचक लेख कि अब अमुक व्यक्ति का हमारी संपत्ति में कोई प्राप्य या अधिकार नहीं रह गया।

फारम[1] पुं० [अं० फॉर्म] १. प्रार्थना, विवरण आदि से संबंध रखनेवाले पत्रों आदि के वह निश्चित और विहित रूप जिनमें भिन्न-भिन्न बातों का उल्लेख करने के लिए अलग-अलग स्थान या कोष्ठक बने होते हैं, रूपक। २. इस प्रकार का बना, विशेषत: छपा हुआ कोई कागज। (फॉर्म)।

फारम[2] पुं० [अं० फॉर्म] खेती-बारी की जमीन का वह बड़ा टुकड़ा या खंड जिसमें विशिष्ट रीतियों से अधिक मात्रा में चीजें बोई जाती हैं अथवा पशु आदि पालन या वर्धन के लिए रखे जाते हैं।

फारमूला पुं० [अं०] कुछ करने या बनाने की विधि, सूत्र।

फारस पुं० दे० 'पारस' (देश)।

फारसी स्त्री० [फा०] फारस (ईरान) देश की भाषा।

फारसी-दाँ वि०, पुं० [फा०] फारसी का ज्ञाता या विद्वान।

फारिग वि० [अ० फ़ारिग़] १. निवृत्त। २. निश्चिंत।

फार्म पुं० दे० 'फारम'।

फाल[1] पुं० [सं० फल] लोहे का वह फल जो हल के नीचे लगा रहता है, और जिससे जमीन खुदती या जुतती है।

फाल[2] पुं० [सं० फलक] पतले दल का कटा हुआ टुकड़ा।

फाल[3] पुं० [सं० प्लव] १. चलने के लिए उठाया हुआ पैर, डग। २. चलने में एक पैर से दूसरे पैर तक की दूरी।

फालतू वि० [हिं० फाल=टुकड़ा] १. आवश्यकता से अधिक, अतिरिक्त। २. व्यर्थ, निकम्मा।

फालना अ० [हिं० फाल=डग] लम्बे-लम्बे डग भरना।

फालूदा पुं० [फा०] गेहूँ के सत्त से बननेवाली सेवईं।

फाल्गुन पुं० दे० 'फागुन'।

फावड़ा पुं० [सं० फाल] मिट्टी खोदने का फरसा, कुदाल।

फासला पुं० [अ०] दूरी, अन्तर।

फासीवाद पुं० [अं० फैसिज़्म] [वि०, पुं० फासीवादी] ऐसी राजनीतिक विचारधारा जो अपने विरोधियों विशेषत: अल्पसंख्यकों के नाश में विश्वास करती हो।

फाहा पुं० [सं० फाल] तेल, अतर, मरहम आदि में तर किया हुआ रुई या कपड़े का टुकड़ा।

फाहिशा वि० [अ०] छिनाल (स्त्री)।

फिंकना अ० [हिं० फेंकना का अकर्मक रूप] फिंक जाना=फेंक दिया जाना।

फिंचना अ० [हिं० फींचना] फींचा या कचारा जाना।

फिकर स्त्री० दे० 'फिक्र'।

फिकरा पुं० [अ० फ़िक्रः] १. वाक्य। २. दमबुत्ता, झाँसापट्टी। ३. व्यंग्य, फबती।

फिका पुं० [अ० फ़िक़्ह] मुसलमानी धर्मशास्त्र।

फिकैत पुं० दे० 'फेकैत'।

फिक्र स्त्री० [अ० फ़िक्र] १. चिन्ता, सोच। २. ध्यान, विचार। ३. उपाय, यत्न।

फिक्रमंद वि० [अ० फ़िक्र+फा० मंद] जिसे फिक्र हो, चिंतित।

फिक्स वि० [अं० फ़िक्स्ड] १. निश्चित। २. किसी स्थान पर बँधा, गढ़ा या जमा हुआ।

फिट वि० [अं०] उपयुक्त।

फिटकार स्त्री० [हिं० फिट (अनु०)+कार (प्रत्य०)] धिक्कार।

फिटकिरी स्त्री० [सं० स्फटिका] सफेद रंग का एक प्रसिद्ध खनिज पदार्थ जो प्रायः औषध के काम आता है। (एलम)

फिटकी स्त्री० दे० 'फुटकी'।

फिटन स्त्री० [अं०] बड़ी और खुली घोड़ा-गाड़ी।

फिट्टा वि० [हिं० फिट] १. जिस पर फिटकार पड़ी हो। २. (अपमानित या लज्जित होने के कारण) श्रीहत।

फितरत स्त्री० [अं० फ़ितरत] १. प्रकृति। २. धूर्तता।

फितरतबाजी स्त्री० [अं० फ़ितरत+फ़ा० बाज़ी] धूर्ततापूर्ण आचरण।

फितूर पुं० दे० 'फतूर'।

फिदा वि० [अ०] १. मुग्ध, आसक्त। २. प्राण निछावर करनेवाला।

फिदाई पुं० [अ० फ़िदाई] [बहु० फिदाईन] १. आसक्त व्यक्ति। २. प्राण निछावर करनेवाला व्यक्ति।

फिरंग पुं० [अं० फ्रांक] १. यूरोप का एक प्राचीन देश। २. गरमी या आतशक नामक रोग।

फिरंगी वि० [हिं० फिरंग] फिरंग देश का।
स्त्री० विलायती तलवार।
पुं० यूरोप या अमेरिका का निवासी, गोरा।

फिरंट वि० [अं० फ्रंट] १. स्वतंत्र, स्वच्छंद। २. विरोधी।

फिर क्रि० वि० [हिं० फिरना] १. एक और बार, दोबारा, पुनः। २. भविष्य में किसी समय, बाद में। ३. उस दशा में, तब।
मुहा० *फिर कभी*=दुबारा जब कभी अवसर मिले या फुर्सत हो तो। *फिर क्या है?* तब कोई हर्ज की बात नहीं है, तब ठीक है। *फिर से*=नए सिरे से आरंभ करके; जैसे-मुझे फिर से यह पुस्तक लिखनी पड़ी।
४. इसके अतिरिक्त या सिवा।

फिरका पुं० [अ० फ़िर्कः] १. जाति। २. पन्थ, सम्प्रदाय।

फिरकापरस्त वि० [अं०+फा०] सांप्रदायिक।

फिरकापरस्ती स्त्री० = संप्रदायवाद।

फिरकावराना वि० [अ०] सांप्रदायिक।

फिरकी स्त्री० [हिं० फिरना] १. खूब घूमनेवाला काठ का एक गोल छोटा खिलौना, फिरहरी, भँभरी। २. कीली पर घूमनेवाला कोई गोल टुकड़ा या चक्कर। ३. चकई नाम का खिलौना।

फिरगाना* वि० दे० 'फिरंगी'।

फिरता वि० [हिं० फिरना] [स्त्री० फिरती] वापस किया या लौटाया हुआ।

फिरना अ० [सं० परिभ्रमण] १. पीछे की ओर लौटकर आना, वापस होना। २. चक्कर खाना, घूमना। ३. चलना, टहलना। ४. मरोड़ा या बटा जाना। ५. मुड़ना, घूमना।
मुहा० *किसी ओर फिरना*=प्रवृत्त होना। *जी फिरना*=चित्त विरक्त होना।
६. उलटा या विपरीत होना।
मुहा० *सिर फिरना*=बुद्धि भ्रष्ट होना, हर बात उलटी समझ में आना।
७. मुकरना। ८. प्रचारित या घोषित होना, जैसे डुग्गी फिरना। ९. किसी वस्तु पर पोता, लगाया या चढ़ाया जाना, जैसे चूना या रंग फिरना।

फिरनी स्त्री० [फा० फ़ीरीनी] एक प्रकार की चावल के आटे की खीर।

फिर-फिर क्रि० वि० बार-बार।

फिराक पुं० [अ० फ़िराक] १. चिन्ता, सोच। २. खोज।

फिराद* स्त्री० दे० 'फरियाद'।

फिराना स० [हिं० फिरना] १. फिरने में प्रवृत्त करना। २. घुमाना। ३. दे० 'फेरना'।

फिरि* क्रि० वि०=फिर।

फिरोजा पुं०=फीरोजा।

फिलस्तीनी वि०=फलस्तीनी।

फिलहाल क्रि० वि० [अ० फ़िलहाल] वर्तमान समय में, इस समय के लिए।

फिलासफी स्त्री० [अं० फिलोसफी] १. दर्शन। २. दर्शनशास्त्र।

फिल्टर पुं० [अं० फ़िल्टर] एक उपकरण जिससे द्रव पदार्थ को निथारते हैं।

फिल्म स्त्री० [अं० फ़िल्म] १. फोटो या छायाचित्र उतारने के लिए वह लम्बा कागज या पट्टी जिसपर जेलाटिन आदि मसाले लगे होते हैं। २. इसी प्रकार की वह पट्टी जिसपर चलचित्र या सिनेमा के चित्र अंकित होते हैं। ३. चलचित्र का कोई खेल या प्रदर्शन।

फिल्मकार पुं० [अं०+फा०] फिल्म-निर्माण में सहयोगी।

फिल्मकारी स्त्री० [अं०+फा०] फिल्में निर्मित करनेवाला उद्योग।

फिल्म-समारोह पुं० [अं०+सं०] वह समारोह जिसमें अनेक फिल्मों का प्रदर्शन होता है।

फिल्मी वि० [अं० फिल्म] फिल्म-सम्बन्धी, फिल्म का।

फिल्मोत्सव पुं० [अं०+सं०] फिल्म-समारोह।

फिस वि० [अनु०] कुछ नहीं। (व्यंग्य)
मुहा० *टाँय-टाँय फिस*=बहुत बातें होने पर भी अन्त में कुछ फल नहीं।

फिसड्डी वि० [अनु० फिस] [भाव० फिसड्डीपन] प्रतियोगिता, प्रयत्न आदि में सबसे पिछड़ा हुआ।

फिसलन स्त्री० [हिं० फिसलना] ऐसी चिकनाहट जिस पर पैर फिसले।

फिसलना अ० [सं० प्र+सरण] १. गीले या चिकने तल पर पैर झट से आगे या पीछे हट जाना। २. लोभ से प्रवृत्त होना।

फिहरिस्त स्त्री० [फा०] सूची।

फींचना* स० [?] (कपड़े) धोना, कचारना।

फी वि० [अ०] प्रत्येक, हर एक, जैसे फी सदी=हर सैकड़े के हिसाब से, प्रतिशत।

फीका वि० [सं० अपक्व] १. स्वाद, रस आदि के विचार से हीन या निकृष्ट। २. रंग, क्रान्ति, शोभा आदि के विचार से हीन या तुच्छ।

फीचर फिल्म पुं० [अं०] ऐसी फिल्म जिसके अभिनेता पेशेवर और कहानी काल्पनिक हो।

फीता पुं० [फा०] कोई वस्तु लपेटने, बाँधने आदि के लिए विशेष प्रकार की कपड़े की लम्बी धज्जी।

फीरनी स्त्री० दे० 'फिरनी'।

फीरोजा पुं० [फा० फ़िरोज़ः] [वि० फीरोजी] हरापन लिए नीले रंग का एक रत्न।

फीरोजी वि० [फा० फ़िरोजी] हरापन लिए नीले रंग का।

फील पुं० [फा०] हाथी।

फीलवान पुं० [फा०] हाथीवान।

फीली स्त्री०=पिंडली।

फ़ीस स्त्री० [अं० फ़ी] वह धन जो किसी कार्य या सेवा के लिए दिया या लिया जाए।

फीसदी क्रि० वि०=प्रतिशत।

फ़ीस-माफ़ी स्त्री० [अं०+अ०] फ़ीस देने से मिलनेवाली छूट, शुल्क से मुक्ति।

फुंकना अ० दे० 'फुकना'।

फुँदना पुं० [हिं० फूल+फंदा] डोरी, झालर आदि के सिरे पर शोभा के लिए बना हुआ फूल के आकार का गुच्छा, झब्बा।

फुँदिया| स्त्री०=फुँदना।

फुंसी स्त्री० [सं० पनसिका] छोटा फोड़ा।

फुकन स्त्री० [हिं० फूँकना] १. फूँकने की क्रिया या भाव। २. जलन, दाह।

फुकना अ० [हिं० फूँकना] [प्रे० फुकवाना] १. फूँका या जलाया जाना। २. (धन) नष्ट या बरबाद होना।

पुं० १. शरीर की वह थैली जिसमें मूत्र रहता है। २. दे० 'फुकनी'।

फुकनी स्त्री० [हिं० फूँकना] वह नली जिससे फूँक मारकर आग सुलगाते हैं।

फुट[१] वि० [सं० स्फुट] १. जोड़े या युग्म में से एक। २. एकाकी, अकेला। ३. अलग।

फुट[२] पुं० [अं०] १२ इंच की एक नाप।

फुटकर वि० [सं० स्फुट+हिं० कर(प्रत्य०)] १. विषम, फुट, अकेला। २. अलग, पृथक्। ३. कई प्रकार का, मिला-जुला। ४. थोड़ा-थोड़ा, इकट्ठा नहीं, खुदरा, 'थोक' का विपर्याय।

फुटकल वि० दे० 'फुटकर'।

फुटकी स्त्री० [सं० फुटक] किसी वस्तु पर पड़ा हुआ कोई छोटा दाग या दाना, जैसे कपड़े की बुनावट में ऊपर निकला हुआ गोल सूत।

फुटपाथ पुं० [अं० फ़ुटपाथ] पैदल चलने का रास्ता, पटरी।

फुटपाथी वि० [अं० फ़ुटपाथ+हिं० ई (प्रत्य०)] १. फुटपाथ या पटरी पर होने या रहनेवाला; जैसे-फुटपाथी व्यवसायी। २. सामान्य औसत दरजे की, जैसे फुटपाथी साहित्य।

फुटबाल पुं० [अं०] एक खेल जिसमें बाल को पैरों से मारकर गोल किया जाता है, पाद-कन्दुक।

फुटमत पुं० [हिं० फुट+मत] मतभेद, फूट।

फुटहारी पुं० [हिं० फूटना] भूनने से खिले हुए अन्न के दाने।

फुटाव पुं० [हिं० फूटना] कली आदि के चिटकने या फूटने की अवस्था या भाव।

फुट्टल वि० [हिं० फूटना] फूटा हुआ।

फुदकना अ० [अनु०] चिड़ियों का या चिड़ियों की तरह रह-रहकर एक जगह से दूसरी जगह उछलते हुए चलना।

फुदकी स्त्री० [हिं० फुदकना] फुदक-फुदक कर चलनेवाली चिड़िया।

फुन* क्रि० वि० [सं० पुनः] १. फिर। २. और। ३. भी।

फुनगी स्त्री० [?] १. डाल का सिरा। २. अंकुर, अँखुआ।

फुप्फुस पुं० [सं०] फेफड़ा।

फुफकार स्त्री० [हिं० फुफकारना] १. फूफू शब्द। २. फुफकारने का शब्द।

फुफकारना अ० [अनु०] [भाव० फुफकार] क्रोध में साँप का फूफू करना, फूत्कार करना।

फुफुँदी स्त्री० दे० 'फफूँदी'।

फुफू* स्त्री० दे० 'बुआ'।

फुफेरा वि० [हिं० फूफा] [स्त्री० फुफेरी] फूफा से संबद्ध, जैसे फुफेरा भाई, फुफेरी सास।

फुर वि० [हिं० फुरना] सत्य, सच्चा।

क्रि० वि० सचमुच, वास्तव में।

फुरती स्त्री० [सं० स्फूर्ति] चटपट काम करने की शक्ति या भाव, शीघ्रता, जल्दी।

फुरतीला वि० [हिं० फुरती] [स्त्री० फुरतीली] हर काम फुरती से करनेवाला, जल्दी और आसानी से काम करने में समर्थ, तेज।

फुरना* अ० [सं० स्फुरण] १. सामने आना, प्रकट होना। २. चमकना। ३. फड़कना, फड़फड़ाना। ४. मुँह से शब्द निकलना। ५. पूरा या ठीक उतरना।

फुरनी दाना पुं० [हिं० फुरफुर से अनु० फुरनी+दाना] भुना हुआ चिड़वा जिसमें कुछ मिर्च-मसाला पड़ा हो।

फुरसत स्त्री० [अ०] १. काम से खाली होने का समय या भाव, अवकाश, छुट्टी। २. रोग में होनेवाली कमी।

फुरहरी स्त्री० [अनु०] १. चिड़ियों का पर फड़फड़ाना, फड़फड़ाहट। २. भय, हर्ष आदि के कारण होनेवाला रोमांच।

फुराना* स० [हिं० फुर] बात सच्ची करके दिखलाना, कथन पूरा उतारना।

अ० दे० 'फुरना'।

फुरेरी स्त्री० [हिं० फुरफुराना] १. अतर, तेल, दवा आदि में डुबाई हुई वह सींक जिसके सिरे पर रुई लिपटी हो। २. रोमांच के साथ होनेवाली कँपकँपी, फुरहरी।

मुहा० *फुरेरी लेना*=(क) काँपना, थरथराना। (ख) चिड़ियों का पर फड़फड़ाना।

फुरै* क्रि० वि०=सचमुच।

फुलका पुं० [हिं० फूलना] १. हल्की, पतली और फूली हुई रोटी, चपाती। २. दे० 'छाला'।

फुलकारी स्त्री० [हिं० फूल+फा० कारी=काम] पुरानी चाल का एक प्रकार का दुपट्टा या ओढ़नी जिस पर हाथ से काढ़े हुए फूल और बेल-बूटे बने होते थे।

फुलचुही स्त्री० दे० 'फुलसुँघनी'।

फुलझरी स्त्री० [हिं० फूल+झड़ना] १. एक प्रकार की छोटी लम्बी आतिशबाजी। २. झगड़ा लगानेवाली बात।

फुलबेंच पुं० [अं० फुलबेंच] किसी मुकदमे की सुनवाई करनेवाले सभी न्यायाधीशों का समूह।

फुलरा पुं० दे० 'फुँदना'।

फुलवर स्त्री० [हिं० फूल] एक प्रकार का रंगीन बूटीदार कपड़ा, गाच।

फुलवा* पुं०=फूल।

फुलवाई* स्त्री०=फुलवारी।

फुलवार* वि० दे० 'प्रफुल्ल'।

फुलवारी स्त्री० [हिं० फूल+वारी] १. फूलों के पौधों का छोटा बाग, पुष्पवाटिका, उद्यान, बगीचा। २. कागज के बने हुए फूल और पेड़ जो बारात के साथ शोभा के लिए चलते हैं। ३. बाल-बच्चे और परिवार के लोग।

फुलसुँघनी स्त्री० [हिं० फूल+सूँघना] एक प्रकार की छोटी चिड़िया।

फुलहारा पुं० [स्त्री० फुलहारी] दे० 'माली'।

फुलाना स० [हिं० फूलना] फूलने में प्रवृत्त करना।

मुहा० *मुँह फुलाना*=रोष प्रकट करनेवाली आकृति बनाना।

*अ०=फूलना।

फुलायल* पुं०=फुलेल।

फुलाव पुं०=फुलावट।

फुलावट स्त्री० [हिं० फूलना] फूलने की क्रिया या भाव।

फुलिंग* पुं०=स्फुलिंग।

फुलिया स्त्री० [हिं० फूल] फूल के आकार का काँटा या कील।

फुलेल पुं० [हिं० फूल+तेल] फूलों से बासा या सुगन्धित किया हुआ तेल।

फुलौरी स्त्री० [हिं० फूल+बरी] पीसी हुई दाल की पकौड़ी।

फुल्ल वि० [सं०] [भाव० फुल्लता] १. खिला या फूला हुआ, विकसित। २. प्रसन्न।

फुसकारना* अ०=फुफकारना।

फुसफुसा वि० [अनु०] १. जल्दी टूट या चूर-चूर हो जानेवाला। २. कमज़ोर।

फुसफुसाना स० [अनु०] बहुत ही धीमे स्वर से कान में कुछ कहना।

फुसलाना स० [हिं० फिसलना] [भाव० फुसलाहट] मीठी-मीठी बातें कहकर सन्तुष्ट या अनुकूल करना, बहकाना।

फुहार स्त्री० [सं० फूत्कार] १. ऊपर से गिरनेवाले जल के बहुत छोटे टुकड़े, छींटे या बूँदें। २. हल्की वर्षा, झींसी।

फुहारा पुं० [हिं० फुहार] वह उपकरण जिसमें से ऊपरी दबाव के कारण जल की पतली धार या छींटे जोर से निकलकर चारों ओर गिरते हैं।

फुही स्त्री० दे० 'फुहार'।

फूँक स्त्री० [अनु० फूफू] १. फूँकने पर मुँह से निकलनेवाली हवा और शब्द। २. साँस, श्वास।

मुहा० *फूँक-फूँककर कदम रखना*=अत्यंत सावधानी बरतना। *फूँक निकल जाना*=मर जाना।

फूँकना अ० [हिं० फूँक] मुँह बहुत थोड़ा खुला रखकर जोर से हवा छोड़ना।

मुहा० *फूँक निकल जाना*=(क) बेदम हो जाना। (ख) अकड़ जाती रहना। *फूँक-फूँक कर पैर रखना या चलना*=सावधानी से कोई काम करना।

स० १. मन्त्र पढ़कर किसी पर फूँक मारना। २. शंख फूँककर बजाना। ३. जलाना। धन उड़ाना। ५. नष्ट कर देना।

फूँकना-तापना स० व्यर्थ खर्च करके धन गँवाना।

फूँक-मराई स्त्री०=झाड़-फूँक।

फूँका पुं० [हिं० फूँक] वह प्रक्रिया जिसमें बाँस की नली में तीक्ष्ण औषधियाँ भरकर और गौ-भैंस आदि के स्तन में लगा कर, उनका सारा दूध बाहर निकाल लेने के लिए फूँकते हैं।

फूँद* पुं० १. दे० 'फुँदना'। २. दे० 'नीबी'।

फूक स्त्री०=फूँक।

फूकना अ०, स०=फूँकना।

फूट स्त्री० [हिं० फूटना] १. फूटने की क्रिया या भाव। २. विरोध या वैमनस्य के कारण होनेवाला भेद। ३. एक प्रकार की बड़ी ककड़ी।

फूटन स्त्री० [हिं० फूटना] १. फूटकर अलग होनेवाला अंश। २. जोड़ों या हड्डियों में होनेवाला दर्द।

फूटना अ० [सं० स्फुटन] १. कड़ी या टोस वस्तु का आघात से थोड़ा टूटना। २. ऐसी वस्तु का फटना जिसके अन्दर का भाग पोला अथवा मुलायम चीज से भरा हो। ३. भर जाने के कारण आवरण फाड़कर निकलना, जैसे फोड़ा फूटना।

मुहा० *फूट-फूटकर रोना*=बहुत अधिक रोना, विलाप करना। ४. अंकुर, शाखा आदि निकलना। ५. एक पक्ष छोड़कर दूसरे पक्ष में हो जाना। ६. मुँह से शब्द निकलना। (व्यंग्य और तिरस्कार)

मुहा० *मुँह से कुछ फूटना*=कुछ कहना या बोलना।

७. व्यक्त, स्पष्ट या प्रकट होना। ८. गुप्त बात या रहस्य प्रकट हो जाना। ९. शरीर के जोड़ों में दर्द होना। १०. दे० 'फूलना'।

फूत्कार पुं० [सं०] मुँह से फूफू करते हुए हवा छोड़ने का शब्द, फुफकार।

फूफा स्त्री० [अनु०] बुआ का पति, पिता का बहनोई।

फूफी स्त्री० [अनु०] पिता की बहन, बुआ।

फूल[1] पुं० [सं० फुल्ल] १. पौधों में वह अंग जो गोल या लम्बी पंखड़ियों का बना होता है और जिसमें फल उत्पन्न करने की शक्ति होती है, पुष्प, कुसुम, सुमन।

मुहा० *फूल सूँघकर रहना*=बहुत थोड़ा-सा भोजन करना। (व्यंग्य)

२. फूल के आकार के बनाए हुए बेल-बूटे। ३. फूल के आकार का कोई गहना, जैसे करनफूल। ४. कुष्ट रोग के कारण शरीर पर पड़नेवाले सफेद या लाल दाग। ५. स्त्रियों का मासिक रज, पुष्प। ६. वे हड्डियाँ जो शव जलाने पर बची रहती हैं। ७. राँगे के मेल से बननेवाली एक मिश्र धातु।

फूल[2] स्त्री० [हिं० फूलना] १. फूलने की अवस्था, क्रिया या भाव, फुलावट, उदा० मृगनैनी दृग की फरक, उर उछाह तन-फूल।- बिहारी। २. प्रसन्नता, खुशी, उदा० फूलि-फूलि तरु फूल बढ़ावत।- केशव।

फूलगोभी स्त्री० दे० 'गोभी'।

फूलझाड़ू स्त्री० [हिं०] एक विशिष्ट प्रकार के सरकंडे की झाड़ू।

फूलदान पुं० [हिं० फूल+ फा० दान (प्रत्य०)] फूलों के गुच्छे रखने का काँच, धातु, मिट्टी आदि का लम्बा बरतन, गुलदान।

फूलना अ० [हिं० फूल] [प्रे० फुलाना, भाव० फुलाव] १. वृक्षों का फूलों से युक्त या पुष्पित होना। २. (फूल की) पंखड़ियाँ फैलना, विकसित होना, खिलना। ३. किसी वस्तु के अन्दर का भाग हवा, जल आदि से भर जाने के कारण अधिक फैल या बढ़ जाना अथवा ऊँचा हो जाना। ४. शरीर का कोई अंग सूजना। ५. मोटा या स्थूल होना। ६. घमंड करना। ७. बहुत प्रसन्न होना।

मुहा० *फूले-फूले फिरना*=बहुत प्रसन्न होकर रहना या घूमना। *फूले अंग न समाना*=बहुत प्रसन्न होना।

फूलना-फलना अ० सन्तान से सुखी और धन से सम्पन्न होना।

फूल-बत्ती स्त्री० देवताओं की आरती आदि के लिए बनाई जानेवाली रुई की वह बत्ती जिसके नीचे का भाग खिले हुए फूल की तरह गोलाकार होता है।

फूल-शरबत पुं० दे० 'सुरासार'।

फूल-सा वि० फूल के समान हल्का और सुन्दर।

फूली स्त्री० [हिं० फूलना] १. एक रोग जिसमें आँख की पुतली पर कुछ उभरा हुआ सफेद दाग पड़ जाता है। २. नाक या कान में पहनने का फूल नाम का गहना।

फूस पुं० [सं० तुष] सूखी लम्बी घास या डंठल आदि, सूखा तृण, खर।

फूहड़ वि० [अनु०] [भाव० फूहड़पन] १. जिसे अच्छी तरह काम करने का ढंग न आता हो, बेशऊर। २. बेढंगा, भद्दा। ३. (कथन या वार्तालाप) अश्लील, गन्दा। ४. अनाड़ी।

फूही स्त्री० दे० 'फुहार'।

फेंकना स० [सं० प्रेषण] १. झोंके से दूर हटाना या डालना। २. असावधानी या भूल से कोई चीज कहीं छोड़ या गिरा देना। ३. तिरस्कारपूर्वक छोड़ना। ४. व्यर्थ धन व्यय करना।

फेंकरा वि० [?] १. (सिर) जिसपर टोपी, पगड़ी आदि न हो। २. जिसपर कोई आवरण न हो।

फेंट[1] स्त्री० [सं० पेट या पेटी] १. कमर का घेरा या मंडल। २. धोती का वह भाग जो कमर पर लपेटा जाता है।

मुहा० *फेंट करना*=कोई काम करने के लिए कमर कसकर तैयार होना। *फेंट बाँधना*=दे० 'फेंट करना'। *फेंट धरना या पकड़ना*=फेंट इस प्रकार पकड़ना कि आदमी भागने न पाए।

३. कमर में बाँधने का कपड़ा, पटका, कमरबन्द। ४. फेरा, लपेट, घुमाव।

फेंट[2] स्त्री० [हिं० फेंटना] फेंटने या मिलाने की क्रिया या भाव।

फेंटना स० [सं० पिष्ट] [भाव० फेंट] १ . द्रव पदार्थ में कुछ डालकर अच्छी तरह मिलाने के लिए घुमा-घुमाकर हिलाना। २. गड्डी के ताश को ऊपर-नीचे या आगे-पीछे करके अच्छी तरह मिलाना।

फेंटा पुं० [हिं० फेंट] दे० 'फेंट'।

फेकरना[1] अ० [हिं० फेंकना] (सिर) नंगा होना या खुलना।

फेकरना[2] अ० [अनु०] चिल्लाकर या जोर से रोना।

फेकैत पुं० [हिं० फेंकना] १. वह जो फेंकता हो। २. पहलवान। ३. वह जो गदका-फरी या पटा-बनेठी खेलता हो।

फेन पुं० [सं०] [वि० फेनिल] पानी के छोटे बुलबुलों का कुछ गठा या सटा हुआ समूह, झाग।

फेना* पुं० दे० 'फेन'।

फेनिल वि० [सं०] फेन या झाग से भरा हुआ।

फेनी स्त्री० [सं० फेनिका] १. सूत के लच्छे की तरह की एक मिठाई। २. दे० 'फेन'।

फेफड़ा पुं० [सं० फुप्फुस+ हिं० ड़ा (प्रत्य०)] छाती के अन्दर का वह अवयव जिसके चलने से जीव साँस लेते हैं, फुप्फुस।

फेर पुं० [हिं० फेरना] १. फिरने या फेरने का भाव। २. चक्कर, घुमाव।

पद *निन्नानबे का फेर*=निन्नानबे रुपए मिलने पर सौ रुपए पूरे करने की धुन, कुछ और धन जमा करने का चसका।

मुहा० *फेर खाना*=सीधे न जाकर दूरवाले रास्ते से जाना। *फेर में आना/पड़ना*=चक्कर में आना।
३. परिवर्तन, रद्दो-बदल, हेर-फेर।
पद *दिनों का फेर*=समय के प्रभाव से होनेवाला, विशेषत: अच्छे से बुरे रूप में होनेवाला परिवर्तन।
४. झंझट। ५. भ्रम, धोखा। ६. चालबाजी, धूर्तता। ७. युक्ति, उपाय, ढंग। ८. अदला-बदला, परिवर्तन, विनिमय। ९. हानि, घाटा। १०. अन्तर, फरक। ११. ओर, दिशा।
*क्रि० वि० फिर, पुन:, एक बार और।

फेरना स० [सं० प्रेरण] १. किसी ओर घुमाना, मोड़ना। २. स्वयं या दूसरे से कोई चीज लौटाना, वापस करना। ३. चक्कर देना, घुमाना। ४. इधर-उधर चलाना, जैसे हाथ फेरना, घोड़ा फेरना। ५. तह चढ़ाना, पोतना।
मुहा० *(किसी चीज या बात पर) पानी फेरना*=नष्ट करना।
६. उलट-पलट या इधर-उधर करना, जैसे पान फेरना। ७. सबके सामने बारी-बारी से उपस्थित करना, घुमाना।

फेर-फार पुं० [हिं० फेर] १. परिवर्तन, उलट-फेर। २. घुमाव-फिराव, पेच, चक्कर। ३. धूर्तता, चालबाजी।

फेरवट स्त्री० [सं० फेरना] १. फेरा। २. धूर्तता।

फेरा पुं० [हिं० फेरना] १. चारों ओर घूमने की क्रिया, परिक्रमण, चक्कर। २. लपेटने या चक्कर लगाने में हर बार का घुमाव, लपेट। ३. बार-बार आना जाना। ४. लौटकर आना। ५. आवर्त, घेरा, मण्डल।

फेरि* क्रि० वि० दे० 'फिर'।

फेरी स्त्री० [सं० फेरना] १. दे० 'फेरा'। २. दे० 'फेर'। ३. परिक्रमा, प्रदक्षिणा।

फेरीदार पुं० [हिं० फेरी+ फा० दार] वह नौकर जो घूम-घूमकर अपने मालिक के लिए कर्जदारों से रुपए वसूल करता है।

फेरीवाला पुं० [हिं० फेरी+वाला] घूम-घूमकर सौदा बेचनेवाला व्यापारी।

फेरू पुं० [?] शृगाल, गीदड़। (बुन्देल०)

फेल[1] पुं० [अ०] १. दुखकर्म। २. काम।

फेल[2] वि० [अं०] १. जो परीक्षा में पास न हुआ हो, अनुत्तीर्ण। २. जो समय पर ठीक और पूरा काम न दे।

फैंट* पुं०=फेंट।

फैल[1] पुं० [अ०] कर्म, काम।

फैल[2] स्त्री० [हिं० फैलना] १. हठ, दुराग्रह। २. वह हठ जो बच्चे रोते हुए करते हैं।

फैलना अ० [सं० प्रसरण] १. कुछ दूर तक आगे बढ़कर और अधिक स्थान घेरना। २. अधिक बड़ा या विस्तृत होना, पसरना। ३. मोटा होना। ४. वृद्धि होना। ५. छितराना, बिखरना। ६. प्रचलित या प्रसिद्ध होना। ७. हठ करना, मचलना।

फैलसूफ वि० [अ० फिलसफ़अ] [भाव० फैलसूफी] फिजूल-खर्च, अपव्ययी।

फैलाना स० [हिं० फैलना] १. फैलने में प्रवृत्त करना। २. विस्तृत करना, पसारना। ३. इधर-उधर बिखेरना। छितराना। ४. बढ़ती करना, बढ़ाना। ५. प्रचलित या प्रसिद्ध करना, प्रकट करना। ६. हिसाब या लेखा लगाकर कोई निष्कर्ष या फल निकालना, गणित करना, जैसे पड़ता फैलाना, ब्याज फैलाना।

फैलाव पुं० [हिं० फैलाना] विस्तार, प्रसार।

फैशन पुं० [अं०] १. ढंग, तर्ज। २. रीति, प्रथा। ३. बनाव-सिंगार, सजावट आदि का नया, अच्छा या लोकप्रिय ढंग।

फैशनपरस्त वि० [अं०+फा०] नए-नए फैशनों का शौकीन।

फैशनेबुल वि० [अं०] फैशनपरस्त।

फैसला पुं० [अ० फ़ैस्ला] निर्णय, निपटारा।

फैसिज्म पुं० [अं०] फैसिस्ट दल या संघटन और सिद्धान्त।

फैसिस्ट पुं० [अं०] १. इटली के राष्ट्रवादियों का एक आधुनिक दल जो दूसरे महायुद्ध से पहले बोल्शेविकों का विरोध करने के लिए बना था। २. वह जो सारा अधिकार अपने (अथवा अपने नेता या दल के) ही हाथ में रखना चाहता हो, प्रजा के प्रतिनिधि रखने का विरोधी हो।

फोंक पुं० [सं० पुंख] तीर का पिछला सिरा जिस पर पंख लगाए जाते हैं।

फोक[1] पुं० दे० 'सीठी'।

फोक[2] स्त्री० [?] वेदना, पीड़ा, व्यथा।

फोक[3] वि० [?] दलालों की परिभाषा में, चार।

फोकट वि० [हिं० फोक] १. निस्सार। २. मुफ्त
पद *फोकट में*=मुफ्त में, यों ही।

फोकटिया वि० [हिं० फोकट] मुफ्तखोर।

फोकटी वि० [हिं० फोकट] मुफ्त का।

फोकला पुं० [सं० वल्कल] छिलका।

फोकस पुं० [अं०] १. दूरबीन, कैमरे, चश्मे आदि के भीतर से दिखाई देनेवाला केन्द्रीय दृश्य। २. केन्द्रबिन्दु।

फोका वि० [हिं० फोकला] थोथा, निस्सार, तत्त्वहीन।

फोट पुं० [सं० स्फोट] १. फूटने की क्रिया या भाव। २. मुँह से निकलनेवाली मन की बात, उद्गार।

फोटक* वि० दे० 'फोकट'।

फोटा पुं० १. दे० 'टीका'। २. दे० 'बिंदी'।

फोटो, फोटोग्राफ पुं० [अं०] १. आधुनिक वैज्ञानिक रीति से छाया के द्वारा उतारा हुआ चित्र, छायाचित्र। २. प्रतिबिम्ब।

फोटोग्राफी स्त्री० [अं०] आधुनिक वैज्ञानिक रीति से फोटो या छायाचित्र उतारने का काम।

फोटोस्टेट स्त्री० [अं०] १. फोटो से प्रतिलिपि तैयार करने का यन्त्र। २. उक्त यन्त्र से तैयार की गई प्रतिलिपि।

फोड़ना स० [सं० स्फोटन] १. फूटने में प्रवृत्त करना, तोड़ना। २. नष्ट कर देना। ३. किसी को दूसरे पक्ष से निकालकर अपनी ओर मिलाना। ४. भेदभाव उत्पन्न करना। ५. (भेद) खोलना, (रहस्य) प्रकट करना।

फोड़ा पुं० [सं० स्फोटक] [स्त्री० अल्पा० फुड़िया] शरीर में होनेवाली ऐसी सूजन या घाव जिसमें मवाद भरा हो।

फोता पुं० [फा०] १. भूमिकर। २. रुपए रखने की थैली। ३. अंडकोष।

फोतेदार पुं० [फा०] १. खजानची। २. रोकड़िया।

फोरना* स०=फोड़ना।

फोरमैन पुं० [अं०] किसी कारखाने का प्रधान मिस्त्री।

फौज स्त्री० [अ० फ़ौज] १. सेना। २. झुण्ड।

फौजदार पुं० [फा०] सेनापति।

फौजदारी स्त्री० [फा०] ऐसा लड़ाई-झगड़ा जिसमें मार-पीट भी हो और लोगों को चोट भी आए।

फौजदारी न्यायालय पुं० [फा०+सं०] वह न्यायालय जिसमें आपराधिक अभियोगों पर विचार होता है।

फौजी वि० [फा० फ़ौजी] सैनिक।

फौजी कानून पुं० सैनिक शासन से सम्बन्ध रखनेवाले कानून जो साधारण कानूनों से बहुत कठोर होते हैं और किसी बड़े उपद्रव या सैनिक आक्रमण आदि के समय ही साधारण नागरिकों के लिए प्रयुक्त होते हैं। (मार्शल लॉ)

फौरन क्रि०वि० [अ० फ़ौरन्] तुरंत, तत्क्षण।

फौरी वि० [अ० फ़ौर] अत्यावश्यक।

फौलाद पुं० [अ० फ़ौलाद] पक्का लोहा, स्टील।

फौलादी वि० [अ० फ़ौलाद] १. पक्के लोहे का बना हुआ। २. अत्यंत शक्तिशाली।

फ़्लाइट स्त्री० [अ०] हवाई जहाज़ की उड़ान।

फ़्लैट पुं० [अं०] किसी विशाल भवन के रिहायशी कमरों में से एक।

ब

ब नागरी वर्णमाला का तेईसवाँ व्यंजन और पवर्ग का तीसरा वर्ण जो ओष्ठ्य है।

बंक[1] वि० [सं० वक्र, वंक] १. टेढ़ा, तिरछा। २. दुर्गम। ३. पराक्रमी, वीर।

बंक[2] पुं० [सं० वंक] हँसिए की तरह का एक टेढ़ा औजार, बाँकरा।

बंक[3] पुं० [अं० बैंक] वह संस्था जो लोगों के रुपए अपने यहाँ जमा रखती है और उन्हें यों ही माँगने पर अथवा ऋण के रूप में देती है।

बंका वि० [भाव० बंकाई] दे० 'बंक'।

बंकुरता स्त्री०=टेढ़ापन।

बंग[1] पुं० दे० 'बंगाल'।

बंग[2]* वि० [सं० वक्र] १. टेढ़ा। २. उद्दंड। ३. अज्ञानी।

बँगला वि० [वि० बंगाल] बंगाल देश का, बंगाल-सम्बन्धी। पुं० १. चारों ओर से खुला हुआ वह मकान जो एक ही खंड या मंजिल का हो। २. ऊपरवाली छत पर बना हुआ कमरा।

बंगा वि० [सं० वक्र] [स्त्री० बंगी] १. टेढ़ा। २. लुच्चा।

बंगाल पुं० [सं० बंग] पूर्वी भारत का एक प्रसिद्ध राज्य।

बंगालन स्त्री० [हिं० बंगाली] बंगाल की महिला।

बंगाली पुं० [हिं० बंगाल] बंगाल का निवासी।
स्त्री० बंगाल की भाषा।
वि० बंगाल का।

बंचक* पुं० दे० 'वंचक'।

बंचना[1]* स्त्री० [सं० वंचना] ठगी।

बंचना[2]* स० [सं० वंचन] ठगना।

बंचना[3] स० [सं० वाचन] पढ़ना।

बंछना* स० [सं० वांछा] अभिलाषा या इच्छा करना, चाहना।

बंछित* वि०=वांछित।

बंजर पुं० दे० 'ऊसर'।

बंजारा पुं० [हिं० बनिज=वाणिज्य] वह जो बैलों, घोड़ों आदि पर माल लादकर एक जगह से दूसरी जगह ले जाता और बेचता हो।

बंझा वि०, स्त्री० दे० 'बाँझ'।

बंटन पुं० [हिं० बाँटना] बाँटने की क्रिया या भाव।

बँटना अ० [सं० वंटन] १. हिस्से के अनुसार कुछ मिलना या दिया जाना। २. कुछ हिस्सों में अलग-अलग होना।

बँटवाना स०, हिं० 'बाँटना' का प्रे०।

बँटवारा पुं० [हिं० बाँटना] बाँट, विभाजन।

बंटा पुं० [सं० वटक] [स्त्री० अल्पा० बंटी] छोटा डिब्बा।

बँटाई स्त्री० [हिं० बाँटना] १. बाँटने का काम या भाव। २. खेती का वह प्रकार जिसमें खेत जोतनेवाले से जमीन का मालिक उपज का कुछ अंश लेता है।

बंटाधार वि० [?] विनष्ट, बरबाद।

बँटाना स० [हिं० बँटना] १. बँटवाना। २. दूसरे का भार या कष्ट हल्का करने के लिए उसका कुछ अंश अपने ऊपर लेना।

बँटावन* वि० [हिं० बँटाना] बँटानेवाला।

बंडल पुं० [अं०] पुलिन्दा।

बंडा पुं० [?] अरुई की जाति का एक प्रसिद्ध कन्द।

बंडी स्त्री० [हिं० बाँडा=कटा हुआ] एक प्रकार की जाकेट, फतूही।

बँडैरी स्त्री० [सं० वरदंड] खपरैल की छाजन में सबसे ऊपर रहनेवाली मोटी लकड़ी या बल्ला।

बंद पुं० [फा०, मि० सं० बंध] १. वह चीज जिससे कुछ बाँधा जाए, जैसे लोहे की पत्ती, फीता आदि। २. बाँध। ३. शरीर के अंगों का जोड़। ४. बन्धन। ५. कैद।
वि० १. चारों ओर से रुका हुआ। २. जिसके मुँह पर कोई आवरण या अवरोध हो। ३. जो खुला न हो। ४. जिसका चलना रुक गया हो, स्थगित। ५. जो किसी तरह की कैद या बंधन में हो।

बंदगी स्त्री० [फा०] १. ईश्वर की वन्दना, उपासना। २. सलाम, नमस्ते।

बंदगोभी स्त्री० दे० 'करमकल्ला'।

बंददार वि० [फा०] डोरी, फीता आदि लगे होने के कारण जिसे बाँधा जाए; जैसे–बन्ददार अंगरखा।

बंदन* पुं० [सं० बंदनीय=गोरोचन] १. ईंगुर, सिन्दूर। २. रोचन, रोली; उदा० कुम्भ कलित बन्दन सिन्दूर। —केशव।

बंदनवार स्त्री० [सं० बंदनमाला] फूल-पत्तों की वह झालर जो मंगल अवसरों पर दीवारों में बाँधी जाती है, तोरण।

बंदना अ० [सं० वंदन] प्रणाम करना।
स्त्री० दे० 'वंदना'।

बंदनी* वि० दे० 'वंदनीय'।

बंदनीमाल स्त्री० [सं० वंदनमाल] घुटनों तक लटकनेवाली लम्बी माला।

बंदर पुं० [सं० वानर] वृक्षों पर रहनेवाला एक प्रसिद्ध स्तनपायी चौपाया, कपि, मर्कट।
पुं० दे० 'बंदरगाह'।

बंदरगाह पुं० [फा०] समुद्र के किनारे जहाज ठहरने का स्थान।

बंदर-घुड़की स्त्री० [हिं० बंदर+घुड़की] बन्दरों की तरह डराते हुए दी जानेवाली ऐसी धमकी जो दिखाने भर को हो, पर जो पूरी न की जाए।

बंदर-बाँट स्त्री० [हिं० बंदर+बाँटना] १. न्याय के नाम पर ऐसा बँटवारा करना जिसमें न तो वादी को ही कुछ मिले न प्रतिवादी को ही और सब-कुछ बँटवारा करनेवाला किसी न किसी बहाने से अपने अधिकार में कर ले। २. अनेक लोगों, दलों या पक्षों में होनेवाली छीनाझपटी।

बंदर-भभकी स्त्री० दे० 'बंदर-घुड़की'।

बंदवान पुं० दे० 'बंदीवान'।

बंदसाल स्त्री० दे० 'कारागार'।

बंदा[१] पुं० [फा० बन्दः] सेवक, दास।

बंदा[२] पुं० [सं० बंदी] बन्दी, कैदी।

बंदित* वि०=वंदित।

बंदिनी* वि० स्त्री०=वंदनीया।
स्त्री० महिला बंदी, स्त्री कैदी।

बंदिश स्त्री० [फा०] १. बँधने या बाँधने की क्रिया या भाव। २. पहले से किया हुआ प्रबन्ध। ३. गीत, कविता आदि की शब्द-योजना। ४. प्रतिबंध, रोक, शर्त।

बंदी[१] पुं० [सं०] भाट, चारण।

बंदी[२] स्त्री० [हिं० बेंदी] स्त्रियों का सिर पर पहनने का एक गहना।

बंदी[३] पुं० [सं० वन्दिन] [स्त्री० बंदिनी] कैदी।

बंदी[४]* स्त्री० [सं० बंध] १. बन्धन। २. कारागार, कैदखाना, उदा० राज-रवनि सुमिरे प्रति कारन, असुर बंदि तैं दिये छुड़ाई। —सूर।

बंदी[५] स्त्री० [फा०] १. बन्द होने की क्रिया या भाव, जैसे बाजारबन्दी, नसबन्दी। २. स्थिर या निश्चित होने की क्रिया या भाव, जैसे दरबन्दी,, मेंड़बन्दी।

बंदी[६] स्त्री० [फा० बन्दा] दासी।

बंदीकृत* वि० [हिं०+सं०] बन्दी बनाया हुआ।

बंदीखाना पुं० दे० 'कारागार'।

बंदीगृह पुं० दे० 'कारागार'।

बंदीछोर* पुं० [सं० बंदी+हिं० छोड़ना] कैद या बन्धन से छुड़ानेवाला।

बंदीवान पुं० [हिं० बंदी] कारागार का रक्षक।

बंदूक स्त्री० [अ०] एक प्रसिद्ध अस्त्र जिससे शत्रु पर गोली चलाई जाती है।

बंदूकची पुं० [फा०] बन्दूक चलानेवाला सिपाही।

बंदेरा* पुं० १. दे० 'बंदी'। २. दे० 'बंदा'।

बंदोबस्त पुं० [फा०] १. प्रबन्ध, व्यवस्था। २. खेत आदि नापकर उनका कर-निर्धारण करने का काम, आबन्ध। (सेटिलमेन्ट) ३. वह सरकारी विभाग जिसके अधीन यह काम रहता है।

बंध पुं० [सं०] १. बाँधनेवाला तत्त्व या बात, बन्धन। २. गाँठ, गिरह। ३. वह जिससे कोई चीज बाँधी जाए, बन्द। ४. कैद। ५. पानी रोकने का बाँध। ६. स्त्रीसम्भोग के समय की मुद्रा या आसन। ७. योगसाधन की कोई मुद्रा या आसन। ८. चित्र-काव्य के अन्तर्गत ऐसी पद्यात्मक रचना जिससे अक्षरों के विशेष प्रकार के विन्यास से किसी तरह की आकृति या चित्र बन जाता है। ९. विधि के अनुसार मान्य कोई ऐसा लेख्य जिसमें लिखी हुई बातें या शर्तें पूरी करने के लिए लिखनेवाला बाध्य होता है। (बॉन्ड) १०. एक प्रकार का सार्वजनिक ऋणपत्र जिसमें निश्चित समय के अन्दर लिखी हुई रकम कुछ विशिष्ट नियमों के अनुसार चुकाने की प्रतिज्ञा होती है और जो प्रायः राज्य अथवा बड़ी बड़ी व्यापारिक संस्थाओं द्वारा प्रचलित होता है। (बॉन्ड)

बंधक पुं० [सं०] १. बाँधनेवाला। २. किसी से कुछ ऋण लेकर उसके बदले कोई चीज उसके पास रखना, रेहन। ३. दे० 'बंध'।

बंधककर्त्ता पुं० [सं०] वह जो किसी के पास कोई चीज रेहन या बन्धक रखे। (मॉर्टगेजर)

बंधकपत्र पुं० [सं०] वह पत्र जिसपर कोई चीज बन्धक रखने की शर्तें आदि लिखी होती हैं, रेहननामा। (मार्टगेज डीड)

बंधकी पुं० [हिं० बंधक] वह जिसके पास कोई चीज बन्धक या रेहन रखी गई हो। (मॉर्टगेजी)

बंधन पुं० [सं०] १. बाँधने की क्रिया या भाव। २. वह वस्तु जिससे कोई चीज बाँधी जाए। ३. वह नियम या काम जिससे स्वतंत्रता सीमित होती हो; जैसे–सुबह उठना मेरे लिए बंधन था। ४. मोह, माया आदि जिससे व्यक्ति संसार से बँधता है। ५. रुकावट, प्रतिबन्ध। ६. कारागार, कैदखाना। ७. शरीर के अंगों का सन्धिस्थान, जोड़।

बंधनकारी (-रिन्) वि॰ [सं॰] बन्धन में डालनेवाला।

बँधना अ॰ [सं॰ बंधन] १. किसी प्रकार के बन्धन में आना, बाँधा जाना। २. कैद होना। ३. प्रतिज्ञा, वचन आदि प्रतिबन्धों से बद्ध होना। ४. ठीक बैठना, दुरुस्त होना। ५. क्रम निर्धारित होना।

पुं॰ वह जिससे कोई चीज बाँधी जाए, बन्द।

बंधनी स्त्री॰=कोष्ठक।

बँधवाना स॰ हिं॰ 'बाँधना' का प्रे॰।

बंधा पुं॰=बाँध।

बँधा-टँका वि॰ १. निश्चित। २. कठोर, जड़।

बंधान पुं॰ [हिं॰ बँधना] १. लेन-देन, व्यवहार आदि की नियत या बँधी हुई प्रथा। (कस्टम) २. ऐसी प्रथा के अनुसार दिया जानेवाला धन।

बँधाना स॰=बँधवाना।

बँधा-बँधाया वि॰ [हिं॰ बँधना+बँधाना] १. पहले से बाँधकर रखा हुआ। २. रुढ़, प्रथागत।

बंधी[1] पुं॰ [सं॰ बंधिन्] बँधुआ, कैदी।

बंधी[2] स्त्री॰ [हिं॰ बंधना] निश्चित समय पर बराबर होता रहनेवाला कार्य, विशेषतः कोई वस्तु कहीं देना, जैसे दूध या तरकारीवालों की बन्धी।

बँधी लीक स्त्री॰ ऐसी परम्परा, जिसका पालन सभी करते हों।

बंधु पुं॰ [सं॰] [भाव॰ बन्धुता] १. भाई। २. सहायक। ३. मित्र, दोस्त। ४. पिंगल में एक प्रकार का छन्द या वर्णवृत्त जिसके प्रत्येक चरण में तीन भागण और दो गुरु होते हैं, इसे दोधक' भी कहते हैं।

बँधुआ पुं॰ [हिं॰ बँधना] कैदी, बन्दी।

वि॰ किसी प्रकार के बन्धन में पड़ा हुआ, बँधा हुआ।

बँधुआ मजदूर पुं॰ ऐसा मजदूर जिसे कुछ भी स्वतन्त्रता न प्राप्त हो, जिसे रात-दिन मालिक की सेवा में रत रहना पड़ता हो।

बंधुक पुं॰ [सं॰] गुलदुपहरिया का फूल।

बंधुद्रोही वि॰, पुं॰ अपने भाई के साथ विश्वासघात करनेवाला।

बंधेज पुं॰ दे॰ 'बंधान'।

बंध्यकरण पुं॰ [सं॰] १. बधिया करना। २. बाँझ कर देना।

बंध्या वि॰ स्त्री॰ [सं॰] (वह स्त्री या मादा) जिसे सन्तान न होती हो और न हो सकती हो, बाँझ।

बंध्यापुत्र पुं॰ [सं॰] ठीक वैसी ही असम्भव बात, जैसी बन्ध्या को पुत्र होने की है।

बंपुलिस पुं॰ [अनु॰ बं+अं॰ प्लेस] नगरों में मल-त्याग के लिए बना हुआ सार्वजनिक स्थान।

बंब[1] स्त्री॰ [अनु॰] १. युद्ध के समय वीरों का नाद। २. नगाड़ा, डंका।

बंब[2] पुं॰ [अं॰ बॉम्ब] बम (दे॰)।

बंबइया वि॰ [बम्बई] १. बम्बई का। २. बम्बई के अनुकरण पर बना हुआ।

बंबा पुं॰ [अनु॰] १. दे॰ 'बम'। २. पानी की कल का वह अगला भाग जिसमें से पानी निकलता है। ३. इस आकार का कोई लम्बोतरा गोल पात्र या आधार, जैसे डाक की चिट्ठियाँ डालने का बम्बा।

बंबाना अ॰ दे॰ 'रँभाना'।

बंबू पुं॰ [अं॰ या मलाया बैंबू=बाँस] १. चंडू पीने की बाँस की नली। २. लम्बी मोटी नली।

बंबूकाट पुं॰ [अं॰ बैंबू=बाँस+कार्ट=गाड़ी] ताँगे की तरह की एक प्रकार की सवारी। (पश्चिम)

बँभनाई स्त्री॰ [हिं॰ बाभन] ब्राह्मणत्व।

बंस पुं॰ १. दे॰ 'वंश'। २. दे॰ 'बाँस'। ३. दे॰ 'बाँसुरी'।

बंसकार* पुं॰=बाँसुरी।

बंसलोचन पुं॰ [सं॰ वंशलोचन] बाँस का सार भाग जो छोटे सफेद टुकड़ों के रूप में होता और औषध के काम में आता है।

बँसवाड़ी स्त्री॰ [हिं॰ बाँस+वाड़ी (प्रत्य॰)] एक जगह उगे हुए बाँसों का झुरमुट या समूह।

बँसवारी स्त्री॰=बँसवाड़ी।

बंसी स्त्री॰ [सं॰ वंशी] १. वंशी। २. मछली फँसाने की कँटिया।

बंसीधर पुं॰=श्रीकृष्ण।

बँहगी स्त्री॰ दे॰ 'बहँगी'।

बँहुटा पुं॰ [हिं॰ बाँह] बाँह पर पहनने का एक गहना।

बँहोलनी* स्त्री॰ [हिं॰ बाँह] कुरते आदि की आस्तीन।

बउरा* वि॰ दे॰ 'बावला'।

बक पुं॰ [सं॰ वक] बगला।

स्त्री॰ दे॰ 'बकवाद'।

बकचक स्त्री॰ [अनु॰] मध्ययुग का एक प्रकार का हथियार।

बकतर पुं॰ [फा॰] [स्त्री॰ अल्पा॰ बकतरी] युद्ध के समय पहनने का एक प्रकार का कवच, सन्नाह।

बकता, बकतार* दे॰ 'वक्ता'।

बकध्यान पुं॰ [सं॰ वक+ध्यान] बगले की तरह चुपचाप शान्त भाव से दुष्ट उद्देश्य की सिद्धि के लिए बैठे रहना, बनावटी साधुभाव।

बकना स॰ [सं॰ वचन] व्यर्थ बहुत बोलना या बातें करना।

बकबक स्त्री॰ दे॰ 'बकवाद'।

बकरना[1] स॰ [हिं॰ बकना] १. आप ही आप कुछ कहना, बड़बड़ाना। २. अपना दोष आप कह देना। ३. बुलाना।

बकरना[2] स॰ [?] कतरना, काटना।

बकर-बकर स्त्री॰ [अनु॰] बकरी की तरह बराबर खाते रहने या बोलते रहने की क्रिया या भाव।

बकरा पुं॰ [सं॰ वर्कार] [स्त्री॰ बकरी] एक प्रसिद्ध छोटा चौपाया जिसकी मादा का दूध लोग पीते हैं।

बकला पुं॰ [सं॰ वल्कल] १. पेड़ की छाल। २. फलों आदि के ऊपर का छिलका।

बकवाद, बकवास स्त्री० [हिं० बकना+वाद] [वि० बकवादी] व्यर्थ की बातें, बकबक।

बकवादी वि० [हिं० बकवाद] बकवाद करनेवाला, बकबक करता रहनेवाला।

बकवृत्ति स्त्री० [सं० वक+वृत्ति] बकध्यान।
वि० बकध्यान लगानेवाला।

बकस पुं० [अं० बॉक्स] चीजें रखने का चौकोर सन्दूक।

बकसना* स० [फा० बख्श] १. प्रदान करना २. क्षमा करना।

बकसीस* स्त्री० [फा० बख्शिश] १. दान। २. पुरस्कार, इनाम।

बकाउ* स्त्री०=गुलबकावली।

बकाना स० हिं० 'बकना' का प्रे०।

बकाया वि० [अ०] जो बाकी रह या बच गया हो, पीछे बचा हुआ, अवशिष्ट।
पुं० वह धन जो किसी के जिम्मे बाकी रह गया हो, वह धन जो अभी तक चुकाया न जा सका हो, अवशेष। (एरियर्स)

बकारी स्त्री० [सं० 'ब' (अक्षर)+हिं० कारी (प्रत्य०)] मुँह से निकलनेवाला शब्द।
मुहा० *बकारी निकालना*=जबान हिलाना, बोलना।
वि० दे० 'विकारी'।

बकावली स्त्री० [सं०] १. बकुलों की पंक्ति या झुंड। २. दे० 'गुल-बकावली'।

बकासुर पुं० [सं० वकासुर] एक दैत्य जिसे श्रीकृष्ण ने मारा था।

बकुचन स्त्री० [सं० विकुंचन] १. फूलों का गुच्छा। २. हाथ जोड़ने की मुद्रा। ३. दे० 'बिगूचन'।

बकुचना* अ० दे० 'सिकुड़ना'।

बकुरना स० दे० 'बकरना'।

बकुल पुं० [सं०] मौलसिरी।

बकुला पुं० दे० 'बगला'।

बकेन स्त्री० [सं० वष्कयणी] वह गाय या भैंस जो गाभिन होने के बाद भी दूध देती हो।

बकैयाँ क्रि० वि० [सं० वक्र पदिका] बच्चों का घुटनों के बल (चलना)।
स्त्री० बच्चों के घुटनों के बल चलने की क्रिया या भाव।

बकौल क्रि०वि० [फा० ब+अ० कौल] के कथनानुसार, के मत से।

बकोटना स० [?] नाखूनों से नोचना।

बकोरी* स्त्री० दे० 'गुल-बकावली'।

बक्कल पुं० [सं० वल्कल] १. छिलका। २. छाल।

बक्की वि०=बकवादी।

बक्स पुं० दे० 'बकस'।

बखत[१] पुं० [अ० वक्त] समय, काल।

बखत[२] पुं० [अ० बख्त] भाग्य, किस्मत।

बखतर पुं० दे० 'बकतर'।

बखतरी स्त्री० [फा० बकतर] एक प्रकार का छोटा बकतर। (विशेष दे० 'बकतर'।)

बखरा पुं० [फा० बखर:] भाग, हिस्सा।

बखरा-बाँट स्त्री० [फा०+हिं०] बँटवारा, विभाजन।

बखरी स्त्री० [हिं० बखार] कच्चा मकान।

बखान पुं० [सं० व्याख्यान] १. वर्णन करना। २. प्रशंसा करना। ३. गाली देना। (व्यंग)

बखार पुं० [सं० प्राकार] [स्त्री० अल्पा० बखारी] वह गोल घेरा या बड़ा पात्र जिसमें किसान अन्न रखते हैं।

बखिया पुं० [फा०] [क्रि० बखियाना] एक प्रकार की महीन और मजबूत सिलाई।
मुहा० *बखिया उधेड़ना*=असलियत बतलाना, पोल खोलना।

बखील वि० [अ०] कंजूस, कृपण।

बखूबी क्रि० वि० [फा०] अच्छी तरह, पूर्ण रूप से।

बखेड़ा पुं० [पश्तो ?] [वि० बखेड़िया] १. झंझट। २. झगड़ा, वाद-विवाद। ३. कठिनता, मुश्किल।

बखेड़िया वि० [हिं० बखेड़ा+इया (प्रत्य०)] झगड़ा या बखेड़ा खड़ा करनेवाला।

बखेर स्त्री० [?] उपज, फसल।

बखेरना स० दे० 'बिखराना'।

बखैरियत क्रि०वि० [फा० ब+ख़ैरियत] खैरियत से, अच्छी तरह, राजी-खुशी।

बख्शना सं० [फा० बख्श] १. प्रदान करना। २. क्षमा करना, माफ करना।

बख्शवाना स० हिं० 'बख्शना' का प्रे०।

बख्शिश स्त्री० [फा०] १. दान। २. पुरस्कार, इनाम, पारितोषिक।

बग पुं० [सं० वक] १. बगला (पक्षी)। २. जलाशयों के आस-पास रहनेवाला पक्षी।
पुं० हिं० 'बाग' (लगाम) का संक्षिप्त रूप। (यौ० में पहले, जैसे बगछुट, बगमेल आदि।

बगछुट, बगटुट क्रि० वि० [हिं० बाग+छूटना या टूटना] सरपट या बहुत वेग से (दौड़ना, भागना)।

बगड़† स्त्री०=बगल।

बगदना अ० [हिं० बिगड़ना] [स० बगदाना] १. नष्ट या बरबाद होना। २. भ्रम में पड़ना, भूलना।

बगदहा* वि० [हिं० बगदना+हा (प्रत्य०)] [स्त्री० बगदही] चौंकने या भड़कनेवाला।

बगदाना स० [हिं० बगदना] १. नष्ट या बरबाद करना। २. भ्रम में डालना, भ्रमित करना।

बगमेल पुं० [हिं० बाग+मेल] १. दूसरे के घोड़े के साथ बाग मिलाकर चलना। २. घुड़सवारों की पंक्ति। ३. यात्रा, युद्ध आदि में होनेवाला लोगों का संग-साथ। ४. बराबरी, समता।
क्रि० वि० १. घोड़े की सवारी में किसी के साथ बाग मिलाए हुए। २. साथ-साथ।

बगर* पुं० [सं० प्रघण] १. महल, प्रासाद। २. कोठरी। ३. आँगन। ४. गौएँ-भैंसें बाँधने की जगह, गोठ।
*स्त्री० दे० 'बगल'।

बगरना अ० [सं० विकिरण] १. चारों ओर फैलना। २. छितराना, बिखरना।
स० दे० 'बगराना'।

बगरा* वि० [हिं बगरना] फैला हुआ।

बगराना स० [हिं० बगरना] १. फैलाना। २. छितराना, बिखेरना।

बगरूरा* पुं० दे० 'बगूला'।

बगल स्त्री० [फा०] १. कन्धे के नीचे का गड्ढा, काँख। २. दाहिने-बाएँ या इधर-उधर का भाग, पार्श्व।
मुहा० *बगल में दबाना या धरना*=ले लेना। *बगलें झाँकना*= उत्तर न दे सकने पर इधर-उधर देखना। *बगलें बजाना*=बहुत प्रसन्नता प्रकट करना।

बगलगंध स्त्री० [हिं० बगल+गंध] एक रोग जिसमें बगल से बहुत दुर्गंध निकलती है।

बगलबंदी स्त्री० [हिं० बगल+बंद] एक प्रकार की कुरती।

बगला पुं० [सं० वक] [स्त्री० बगली] सफेद रंग का एक प्रसिद्ध बड़ा पक्षी।

बगला-भगत पुं० साधु बना रहनेवाला, कपटी।

बगली वि० [हिं० बगल] १. बगल से सम्बन्ध रखनेवाला। २. बगल या पास का।

बगली घूँसा पुं० पास या साथ रहकर धोखे से किया जानेवाला वार।

बगलेंदी स्त्री० [हिं० बगला] एक प्रकार का पक्षी।

बगसना* स० दे० 'बख्शना'।

बगा* पुं० १. दे० 'बाग'। २. दे० 'बगला'।

बगाना* स० [हिं० 'बगना' का प्रे०] टहलाना, घुमाना।
*अ० भागना।

बगारना* स० [सं० विकिरण] १. फैलाना। २. छितराना, बिखेरना।

बगावत स्त्री० [अ०] विद्रोह।

बगावती वि० [अ० बगावत] १. बगावत-सम्बन्धी। २. बगावत करनेवाला।

बगिया* स्त्री० [फा० बाग] छोटा बाग।

बगीचा पुं० [फा० बागचः] [स्त्री० अल्पा० बगीची] छोटा बाग, वाटिका।

बगुचा पुं० [फा० बगुचः] १. गठरी। २. राशि, ढेर।

बगुरदा पुं० [?] एक प्रकार का पुराना अस्त्र या हथियार।

बगुल पुं० = बगुला।
वि० १. बगुले से संबद्ध। २. बगुले के जैसा श्वेत; जैसे-बगुल पंख।

बगुला पुं०=बगला (पक्षी)।

बगूला पुं० [हिं० बाउ+गोला] एक ही स्थान पर चक्कर काटनेवाली आँधी या हवा, बवंडर।

बगेरी स्त्री० [?] भरद्वाज या भरुही नाम की छोटी चिड़िया।

बगैर क्रि० वि० [अ०] बिना, विहीन।

बग्घी स्त्री० [अं० बोगी] चार पहियों की एक प्रकार की घोड़ा-गाड़ी।

बघछाला स्त्री० दे० 'बाघंबर'।

बघनहाँ पुं० [हिं० बाघ+नहँ=नाखून] बाघ के नाखूनों के आकार का एक प्रकार का हथियार, शेर-पंजा।

बघना* पुं० दे० 'बघनहाँ'।

बघार पुं० [हिं० बघारना] १. बघारने की क्रिया या भाव। २. वह मसाला जो दाल आदि बघारते समय घी में डाला जाता है, तड़का, छौंक।

बघारना स० [सं० अवधारणा] १. छौंकना, तड़का लगाना। २. योग्यता दिखाने के लिए आवश्यकता से अधिक बोलना।

बघूरा* पुं० दे० 'बगूला'।

बच[१] स्त्री० [सं० वच] ओषधि के काम में आनेवाली एक वनस्पति।

बच[२] पुं० [सं० वचः] वचन, बात, उदा० रखिहैं निज बच सत्य करि, अभिमानी हरिचन्द। -भारतेन्दु।

बचका पुं० [देश०] एक प्रकार का पकवान जो बेसन या मैदे से बनता है।

बचकाना वि० [हिं० बच्चा] [भाव० बचकानापन, स्त्री० बचकानी] १. बच्चों के योग्य। २. बच्चों का-सा विशेषतः नासमझी-भरा, मूर्खतापूर्ण या उच्छृंखलतापूर्ण। (चाइल्डिश)

बचत स्त्री० [हिं० बचना] १. वह धन जो सभी खर्चों के बाद पास बचा रहे। २. बचा हुआ या बचाया हुआ अंश; जैसे-समय की बचत। ३. वह लाभ जो किसी कम मूल्य में खरीदी हुई वस्तु को ऊँचे मूल्य पर बेचने पर प्राप्त होता है।

बचती वि० [हिं० बचत] १. बचत-सम्बन्धी। २. बचा हुआ।

बचन* पुं० [सं० वचन] वचन।
मुहा० *बचन डालना*=कुछ माँगना। *बचन बाँधना*=प्रतिज्ञा कराना। *बचन हारना*=कुछ करने का पक्का वादा करना।

बचना[१] अ० [सं० वंचन=न पाना] १. इस प्रकार अलग या दूर रहना जिससे किसी से भेंट-मुलाकात न हो; जैसे अब वह हम लोगों से मिलने से बचता है। २. ऐसे काम या बात से दूर रहना या परहेज करना जिससे किसी प्रकार की परेशानी या हानि हो सकती हो; जैसे-शासन नेताओं पर हाथ डालने से बचता है। ३. रहित, मुक्त या सुरक्षित होना; जैसे-हमारा परिवार तो अभी तक फ्लू से बचा है। ४. शेष या बाकी रहना; जैसे-अभी कल के लिए अनाज बचा है।

बचना[२] स० [सं० वचन] कहना।

बचपन पुं० [हिं० बच्चा+पन (प्रत्य०)] 'बच्चा' होने का भाव या दशा, लड़कपन, बाल्यावस्था।

बचपना पुं० [हिं० बचपन] सयाने व्यक्ति द्वारा किया हुआ किसी बच्चे की तरह नासमझी-भरा काम या व्यवहार।

बचवैया पुं० [हिं० बचाना] बचानेवाला।

बचा* पुं० दे० 'बच्चा'।

बचाऊ वि० [हिं० बचाना+आऊ (प्रत्य०)] बचानेवाला।

बचाना स० [हिं० बचना] १. विपत्ति, कष्ट, प्रभाव आदि से रक्षित रखना। २. कुछ अंश काम में आने या खर्च होने से रोक रखना। ३. पता न लगने देना। ४. अलग या दूर रखना।

बचाव पुं० [हिं० बचाना] बचने या बचाने का भाव, रक्षा।

बचाव-पक्ष पुं० [हिं०+सं०] वह पक्ष जो किसी के लगाए हुए आरोपों से अपने को बचाता हो।

बचावी वि० [हिं० बचाव] बचाव-सम्बन्धी।

बच्चा पुं० [सं० वत्स से फा० बच्चः] [स्त्री० बच्ची] १. नवजात शिशु। २. बालक।

बच्चागाड़ी स्त्री० वह पहिएदार छोटी गाड़ी जिसमें छोटे बच्चों को घुमाते हैं।

बच्चों का खेल पुं० सहज काम।

बच्छल* वि० दे० 'वत्सल'।

बच्छल* पुं० दे० 'वक्ष'।

बच्छा पुं० दे० 'बछड़ा'।

बच्छोज* पुं०=वक्षोज (स्तन)।

बछड़ा पुं० [सं० वत्सरूप] [स्त्री० बछड़ी, बछिया] गाय का बच्चा।

बछनाग पुं० [सं० वत्सनाभ] एक प्रकार का विष, सींगिया, तेलिया।

बछरू पुं० १. दे० 'बछड़ा'। २. दे० 'बछेड़ा'।

बछल* वि० दे० 'वत्सल'।

बछिया स्त्री० [हिं० 'बछड़ा' का स्त्री०] मादा बछड़ा।

बछिया के ताऊ पुं० (बैल के समान) परम मूर्ख और निर्बुद्धि व्यक्ति।

बछेड़ा पुं० [सं० वत्सतरक] घोड़े का बच्चा।

बछेरू* पुं० १. दे० 'बछड़ा'। २. दे० 'बछेड़ा'।

बजंत्री पुं० दे० 'बजनियाँ'।

बजट पुं० [अं०] आय-व्यय का आनुमानित ब्योरा।

बजना अ० [हिं० बजाना] १. आघात आदि के कारण शब्द होना। २. बाजे आदि से शब्द उत्पन्न होना। ३. शस्त्रों का चलना। ४. लड़ाई या मार-पीट होना। ५. प्रसिद्ध होना। ६. अपनी उपस्थिति जतलाना। ७. हठ या जिद करना, अड़ना। (क्व०)

बजनियाँ उभय० [हिं० बजाना] बाजा बजानेवाला (या वाली)।

बजमारा* वि० [हिं० वज्र+मारा] [स्त्री० बजमारी] जिस पर वज्र का आघात या प्रहार हुआ हो, वज्र से मारा हुआ। (गाली)

बजरंग* वि० [सं० वज्रांग] वज्र के समान दृढ़ अंगोंवाला।

बजरंगबली पुं० दे० 'हनुमान'।

बजरबट्टू पुं० [हिं० बज्र+बट्टा] एक प्रकार के वृक्ष का बीज जो बच्चों को नजर से बचाने के लिए पहनाते हैं।
वि० मूर्ख।

बजरा पुं० [सं० वज्रा] एक प्रकार की छायादार बड़ी नाव।
पुं० दे० 'बाजरा'।

बजरागि* स्त्री०=बिजली (वज्र)।

बजरी स्त्री० [सं० वज्र] १. कंकड़ या पत्थर के बहुत छोटे टुकड़े। २. ओला।

बजवैया वि०, पुं० [हिं० बजाना] बजानेवाला।

बजा वि० [फा०] उचित, ठीक, उपयुक्त।

बजागि* स्त्री० [सं० वज्राग्नि] आकाश से गिरनेवाली बिजली या उससे लगनेवाली आग, उदा० सूरज, आग, बजाग-दुख, तृस्ना, पाप, बिलाप। -केशव।

बजाज पुं० [फा० बज़्ज़ाज़] कपड़े बेचनेवाला, कपड़े का व्यवसायी।

बजाजा पुं० [फा० बज़्ज़ाज़] वह बाजार जिसमें बजाजों या कपड़े की दुकानें हों।

बजाजी स्त्री० [फा० बज़्ज़ाज़ी] बजाज का काम या व्यापार।

बजाना[1] स० [सं० वादन] १. आघात करके या और किसी प्रकार शब्द उत्पन्न करना। २. आघात पहुँचाना।

बजाना[2] स० [फा० बजा] पालन करना, जैसे हुकुम बजाना।

बजाय, के [फा० बजाय] सम्बन्धबो० के बदले।

बजार* पुं० दे० 'बाजार'

बजारी वि० [फा० बाज़ारी] १. बातूनी। २. लंपट।

बजावनहार पुं० [हिं० बजाना+हार (प्रत्य०)] (बाजा) बजानेवाला।

बजावना स०=बजाना।

बज्जना* अ०=बजना।

बज्जर* पुं० दे० 'वज्र'।

बज्म स्त्री० [अ० बज़्म] कवि गोष्ठी।

बज्र वि० [सं० वज्र] बहुत कठोर, खूब कड़ा, पक्का, ठोस।
पुं०=वज्र।

बझना अ० [सं० बद्ध] १. बँधना। २. फँसना। ३. झगड़ना। ४. हठ करना।

बझाऊ वि० [हिं० बझाना+ऊ] फँसानेवाला।

बझाना* स० [हिं० 'बझना' स०] किसी को बझने में प्रवृत्त करना, फँसाना।

बझाव पुं० [हिं० बझना] १. बन्धन, फन्दा। २. जाल।

बट[1] पुं० [सं० वट] १. दे० 'वट'। २. दे० 'बड़ा'। ३. गोला।

बट[2] पुं० [हिं० बटना] रस्सी की ऐंठन या बल।

बट[3] पुं० [हिं० बाट] मार्ग, रास्ता।

बटखरा पुं० [सं० वटक] तौलने के लिए कुछ निश्चित मान का पत्थर, लोहे आदि का टुकड़ा, बाट। (वेट)

बटन[1] पुं० [अं०] पहनने के कपड़ों में लगनेवाली चिपटी घुंडी, बुताम।

बटन[2] पुं० [हिं० बटना] १. बटने की क्रिया या भाव, ऐंठन। २. बल।

बटना स० [सं० वट=बटना] तागों, तारों आदि को एक में मिलाकर इस प्रकार मरोड़ना कि वे मिलकर रस्सी आदि के रूप में एक हो जाएँ।
स० दे० 'पीसना'।
पुं० ए० 'उबटन'।

बटपरा* पुं० दे० 'बटमार' (डाकू)।

बटमार पुं० [हिं० बाट+मारना] [भाव बटमारी] रास्ते में लोगों को लूटनेवाला, राहजन, डाकू।

बटमारी स्त्री० [हिं० बटमार+ई (प्रत्य०)] बटमार का काम या धन्धा, लूट-मार।

बटलर पुं० [अं०] प्रधान सेवक, खानसामाँ, बैरा।

बटली, बटलोई स्त्री० दे० 'देगची'।

बटवार* पुं० [हिं० बाट+वाला] १.पहरेदार। २. मार्ग का कर उगाहनेवाला।

बटा[1]* पुं० [सं० बटक] [स्त्री० अल्पा० बटिया] १. गोला। २. गेंद। ३. चकई नाम का खिलौना। ४. ढेला। ५. यात्री।

बटा[2] पुं० [हिं० बट्टा=छीज या कमी] गणित में भिन्न का स्वरूप सूचित करने के लिए अंश और हर के बीच में लगाई जानेवाली बेड़ी पाई, जैसे १/२ में १ और २ के बीच में।

बटाई स्त्री० [हिं० बटना] बटने की क्रिया, भाव या मजदूरी।

बटाऊ[1] पुं० [हिं० बाट] रास्ता चलनेवाला, पथिक।

बटाऊ[2] पुं० [हिं० बाँटना] १. बटवाने या विभाग करानेवाला। २. अपना अंश या प्राप्य बटवा या अलग कराकर लेनेवाला।

बटाक* वि०=बड़ा (विशाल)।

बटाटा पुं० [अं० पौटैटो] आलू नामक प्रसिद्ध कन्द जिसकी तरकारी बनती है।

बटाना अ० [हिं० पटाना] बन्द होना।

बटिया[1] स्त्री० [हिं० बटा=गोला] १. छोटा गोला। २. छोटा बट्टा।

बटिया[2] स्त्री० [हिं० बाट=रास्ता] मार्ग, रास्ता।

बटी स्त्री० [सं० वटी] १. गोला। २. 'बड़ा' नामक पकवान। *स्त्री०=वाटिका (बाग)।

बटुआ पुं० [सं० वर्तुल] १. कई खानोंवाली एक प्रकार की छोटी थैली। २. देगचा।

बटु, बटुक पुं० दे० 'वटुक'।

बटुरना अ० [सं० वर्तुल] १. इकट्ठा या एकत्र होना। २. सिमटना, सिकुड़ना।

बटे पुं०=बटा (भिन्न में की बेड़ी पाई)।

बटेर पुं० [सं० वर्तक] तीतर की तरह की एक छोटी चिड़िया।

बटोरना स० [हिं० बटुरना] १. बिखरी हुई वस्तुएँ एक जगह करना, समेटना। २. इकट्ठा या जमा करना।

बटोही पुं० [हिं० बाट] रास्ता चलनेवाला, पथिक, यात्री।

बट्टा[1] पुं० [सं० वर्ति] १. किसी विशेष कारण से मूल्य में होनेवाली कमी। (डिस्काउन्ट) २. दलाली, कमीशन। ३. धातु आदि में मिलावट या उस मिलावट के कारण मूल्य में होनेवाली कमी। ४. टोटा, घाटा, हानि। ५. लांछन, कलंक, दाग।
मुहा० *बट्टे पर लेना*=कमीशन काटकर लेना। *बट्टा लगना*= कलंक लगना।

बट्टा[2] पुं० [सं० वर्तन, प० वटना=बेचकर रुपया लेना] कुछ बेचकर प्राप्त किया हुआ धन, बिक्री के रुपए।

बट्टा[3] पुं० [सं० वटक] [स्त्री० अल्पा० बट्टी, बटिया] १. कूटने या पीसने आदि का पत्थर, लोढ़ा। २. छोटा गोल डिब्बा।

बट्टा-खाता स्त्री० [हिं० बट्टा+खाता] न वसूल होनेवाली रकमों का लेखा या मद।

बट्टी स्त्री० [हिं० बट्टा] १. किसी चीज का गोल छोटा टुकड़ा। २. टिकिया। ३. यशब या अकीक पत्थर का वह टुकड़ा जिससे रगड़कर चित्र पर सोना या चाँदी चमकाते हैं, ओपनी।

बट्टू पुं० दे० 'बजरबट्टू'।

बट्टेबाज वि० [हिं० बट्टा+फा० बाज़] [भाव० बट्टेबाज] १. जादूगर। २. धूर्त। ३. लम्पट।

बड़[1] स्त्री० [अनु० बड़बड़] १. बकवाद। २. डींग, शेखी।

बड़[2] पुं० [सं० वट] बरगद का पेड़।

बड़[3] वि० [सं० वर=श्रेष्ठ] आकार, मान आदि में बड़ा या भारी।

बड़[4] वि० हिं० 'बड़ा' का संक्षिप्त रूप, जैसे बड़भागी।

बड़क स्त्री० [हिं० बड़] १. डींग, शेखी। २. बकवाद।

बड़दाँत पुं० [बड़ा+दाँत] १. आगे निकला हुआ दाँत। २. महत्त्व, बड़ाई।

बड़प्पन स्त्री० [हिं०बड़ा+पन(प्रत्य०)] बड़ाई, महत्ता।

बड़बड़ स्त्री० [अनु०] बकवाद।

बड़बड़ाना अ० [अनु०] १. बकवाद करना। २. धीरे-धीरे और अस्पष्ट स्वर में कुछ कहना।

बड़बूदी| स्त्री०=बड़बोलापन।

बड़बोल वि० [हिं० बड़ा+बोल] [स्त्री० बड़बोली] बहुत बढ़-बढ़कर बातें करनेवाला।

बड़भाग* पुं० [हिं० बड़ा+भाग] बड़ा हिस्सा। वि०=बड़भागी।

बड़भागी वि० [हिं० बड़ा+भाग (सं० भाग्य)] भाग्यशाली।

बड़रा* वि० दे० 'बड़ा'।

बड़वा स्त्री० [?] घोड़ी। (बुन्देल०)

बड़वाग्नि पुं० [सं०] वह आग जो समुद्र के अन्दर जलती हुई मानी जाती है।

बड़वानल पुं० दे० 'बड़वाग्नि'।

बड़हन पुं० [जड़हन का अनु० या हिं० बड़ा+हन (धान्यवाचक प्रत्य०)] एक प्रकार का धान, और उसका चावल।

बड़हार पुं० [हिं० वर+आहार] विवाह के बाद होनेवाली बारातियों की ज्योनार।

बड़ा[1] वि० [सं० वर्द्धन] १. अधिक विस्तारवाला, लम्बा-चौड़ा और विशाल। २. अधिक अवस्था या उमर का; जैसे-तुम इतने बड़े हो कि तुम्हें ऐसा काम करते शर्म आनी चाहिए थी। ३. श्रेष्ठ। ४. महत्त्वपूर्ण।
पद *बड़े-से-बड़ा*=सबसे बड़ा या महान।
क्रि० वि० बढ़कर, अधिक।

बड़ा[2] पुं० [सं० वटक] [स्त्री० अल्पा० बड़ी] उर्द की पीठी की गोल टिकिया जो तलकर खाई जाती है।

बड़ा आदमी पुं० १. संपन्न और समृद्ध व्यक्ति। २. प्रसिद्ध या महत्त्वपूर्ण व्यक्ति।

बड़ाई स्त्री० [हिं० बड़ा +आई (प्रत्य०)]१. 'बड़ा' होने का भाव। २. बड़प्पन, श्रेष्ठता। ३. महिमा, महत्त्व। ४. प्रशंसा, तारीफ।

बड़ा खेल पुं० ऐसा कार्य या व्यापार जिससे अत्यधिक लाभ या हित की संभावना हो।

बड़ा घर पुं० [हिं० बड़ा+घर] १. ईश्वर के रहने का स्थान, स्वर्ग। २. कैदखाना।

बड़ा दिन पुं० [हिं० बड़ा+दिन] २५ दिसम्बर जो ईसा का जन्मदिन तथा ईसाइयों का प्रसिद्ध त्योहार है।

बड़ा नाम पुं० प्रतिष्ठा, प्रसिद्धि।

बड़ा परदा पुं० १. सिनेमा के लिए प्रयुक्त शब्द। २. सिनेमा का परदा।

बड़ा मुँह पुं० बड़ी-बड़ी बातें करनेवाला व्यक्ति।

बड़ी स्त्री० [हिं० बड़ा] दाल, आलू आदि पीसकर सुखाई हुई छोटी टिकिया।

बड़ी इलायची स्त्री० एक प्रकार की इलायची जो अपेक्षाकृत कुछ बड़ी और काली होती है।

बड़ी बात स्त्री० महत्त्वपूर्ण बात।

बड़ी मछली स्त्री० ऐसा महत्त्वपूर्ण या धनाढ्य व्यक्ति जो गैर-कानूनी ढंग से पैसा कमाता हो।

बड़ी माता स्त्री० दे० 'चेचक'।

बड़े दिलवाला वि० उदार और दयालु (व्यक्ति)।

बड़ेरा* वि० दे० 'बड़ा'।

बड़ौना* पुं० दे० 'बड़ाई'।

बढ़ स्त्री० दे० 'बढ़ती'।

बढ़ई पुं० [सं० वर्द्धकि, प्रा० वड्ढई] लकड़ी गढ़कर दरवाजे, मेज, चौकियाँ आदि चीजें बनानेवाला कारीगर। (कार्पेन्टर)

बढ़कर क्रि०वि० [हिं० बढ़ना+का (प्रत्य०)] आगे की ओर जाकर; जैसे-उसने हमारा स्वागत आगे बढ़कर किया।

बढ़कर, से सम्बन्धबोध० तुलना में अधिक; जैसे-मोहिनी रमा से बढ़कर कुशल है।

बढ़ती स्त्री० [हिं० बढ़ना] १. तौल, गिनती, मान आदि में होनेवाली अधिकता। २. आवश्यकता, उपभोग, व्यय आदि की पूर्ति हो चुकने पर भी कुछ बच रहने की अवस्था या भाव, बचत, बचती। (सरप्लस) ३. धनसम्पत्ति आदि की वृद्धि या उन्नति। ४. मूल्य की वृद्धि।

बढ़ती फसल स्त्री० [हिं० बढ़ना+अ० फसल] वह फसल जो अभी खेत में बढ़ रही हो, पर अभी पूरी तैयार न हुई हो।

बढ़ती से क्रि० वि० साधारणत: जो मूल्य निश्चित या अंकित हो, उससे कुछ अधिक मूल्य पर। (अबव दैन प्राइस)

बढ़ना अ० [सं० वर्द्धन] १. विस्तार, मान आदि में पहले से अधिक होना। २. गिनती या नाप-तौल में अधिक होना। ३. मूल्य, अधिकार, योग्यता, सामर्थ्य आदि में वृद्धि होना। ४. किसी स्थान से आगे जाना या चलना। ५. किसी बात में किसी से अधिक होना। ६. (दुकान आदि का) बन्द होना। ७. (दीपक) बुझना।

बढ़नी[1] स्त्री०=झाड़ू।

बढ़नी[2] स्त्री० [हिं० बढ़ाना] अग्रिम, पेशगी।

बढ़वना* स० [सं० वर्धन] बढ़ाना, उदा० बढ़वौ बसन उमंगी। -सूर।

बढ़वार* स्त्री० [हिं० बढ़ना] बढ़ती, वृद्धि।

बढ़ा-चढ़ा वि० [हिं० बढ़ना+चढ़ना] उन्नत तथा विकसित।

बढ़ाना स० [हिं० बढ़ना] १. विस्तार, मान या परिमाण में अधिक करना, वृद्धि करना। (एनहान्स) २. बढ़ने में प्रवृत्त करना। ३. अधिक व्यापक, विस्तृत, प्रबल या उन्नत करना, उदा० सूरदास करुणा निधान प्रभु, जुग-जुग भक्त बढ़ाये। -सूर। ४. आगे चलाना। ५. (दुकान) बन्द करना। ६. (दीया) बुझाना।

बढ़ार पुं० दे० 'बड़हार'।

बढ़ाव पुं० [हिं० बढ़ना+आव (प्रत्य०)] १. बढ़ने की क्रिया या भाव। २. नदी आदि के जल का बढ़ना, बाढ़। ३. मूल्य आदि का बढ़ना, चढ़ना या ऊँचा होना।

बढ़ावा पुं० [हिं० बढ़ाव] कुछ करने के लिए किसी का मन बढ़ानेवाली बात, प्रोत्साहन, उत्तेजना।

बढ़िया वि० [हिं० बढ़ना] उत्तम, अच्छा।

क्रि० वि० अच्छी तरह, अच्छे ढंग से; जैसे-पहले आप काम तो बढ़िया करें।

बढ़ैया वि० [हिं० बढ़ना] बढ़ानेवाला।

*पुं०=बढ़ई।

बढ़ौत्तरी स्त्री० [हिं० बढ़ना] १. वृद्धि, विकास; जैसे-धीरे-धीरे उसके वेतन में बढ़ौत्तरी हुई। २. उन्नति, समृद्धि; जैसे-फिर इस घटना के बाद उसके पद में बढ़ौत्तरी हुई और वह सिपाही से थानेदार बना दिया गया।

बणिक पुं० [सं० वणिक] १. व्यापार या व्यवसाय करनेवाला, व्यवसायी, रोजगारी। २. बनिया।

बतंगड़ पुं० [हिं० बात] किसी साधारण-सी बात को दिया हुआ बहुत बड़ा या झगड़े-बखेड़े का रूप, जैसे बात का बतंगड़ बनाना।

बतकही स्त्री० [हिं० बात+कहना] १. साधारण समय बिताने या मन-बहलाव के लिए होनेवाली बात-चीत, वार्तालाप, उदा० करत बतकही अनुज सन, मन सियरूप लुभान। -तुलसी २. वाद-विवाद, कहासुनी। ३. झूठ-मूठ या मन से बनाकर कही जानेवाली बात।

बतक्कड़† वि०=बातूनी।

बतबढ़ाव पुं० [हिं० बात+बढ़ाव] साधारण-सी या व्यर्थ की बात पर झगड़ा बढ़ाना।

बतर* वि० दे० 'बदतर'।

बतरस पुं० [हिं० बात+रस] [वि० बतरसिया] बात-चीत का आनन्द।

बतरान स्त्री० [हिं० बात] १. बात-चीत करना। २. बोली।

बतरौंहाँ वि० [हिं० बात] [स्त्री० बतरौंहीं] बात-चीत करने का इच्छुक, बोलने के लिए विकल।

बतलाना स० =बताना।

बताना स० [हिं० बात+ना (प्रत्य०)] १. परिचित कराना, जताना। २. ज्ञान कराना। ३. निर्देश करना, दिखाना। ४. नाच-गाने में अंगों की चेष्टा से भाव प्रकट करना।

बतास* स्त्री० [सं० वात] वायु, हवा, समीर, मारुत।

बतासना अ० [सं० बतास] हवा चलना या बहना।

बतासा अ० [हिं० बतास=हवा] १. चीनी की चाशनी टपकाकर बनाई जानेवाली एक प्रकार की छोटी गोल मिठाई। २. एक प्रकार की छोटी आतिशबाजी।

बताशा पुं०=बतासा।

बताह| वि०, पुं० [हिं० बात] बहुत बातें करनेवाला, बकवादी।

बतिया स्त्री० [हिं० बत्ती] बत्ती के आकार का छोटा, कच्चा और लम्बा फल।

बतियाना अ० [हिं० बात] बातें करना, वार्तालाप करना।

बतू* पुं० दे० 'कलाबत्तू'।

बतोला पुं० [हिं० बात+ओला (प्रत्य०)] १. इधर-उधर की या व्यर्थ की बात-चीत। २. टाल-मटोल की बात-चीत।

बतौर क्रि० वि० [अ०] १. तरह पर, रीति से। २. सदृश, समान।

बतौरी स्त्री० [सं० वात] शरीर में माँस का उभड़ा हुआ अंश, गुमड़ी।

बत्तक स्त्री० [अ० बत] हंस की जाति का एक प्रकार का जलपक्षी।

बत्तिस वि०=बत्तीस।

बत्ती स्त्री० [सं० वर्ति] १. रुई या सूत का बटा हुआ लम्बा लच्छा जो दीपक में रखकर जलाते हैं। २. मोमबत्ती। ३. दीपक। ४. पलीता। ५. सलाई के आकार की कोई वस्तु। ६. कपड़े की वह धज्जी जो घाव में मवाद सोखने के लिए रखी जाती है।

मुहा० *बत्ती लगाना*=आग लगाना।

बत्तीस वि० [सं० द्विर्त्रिंशत] तीस से दो अधिक, तीस और दो।

बत्तीसा पुं० [हिं० बत्तीस] १. बत्तीस मसालों का बना हुआ एक प्रकार का लड्डू। २. एक प्रकार की बड़ी आतिशबाजी।

बत्तीसी स्त्री० [हिं० बत्तीस] १. बत्तीस का समूह। २. मनुष्य के बत्तीस दाँतों का समूह।

मुहा० *बत्तीसी खिलना*=हँस पड़ना।

बथान* पुं० [?] वह स्थान जहाँ गाएँ-भैंसें बाँधी जाती हैं।

बथुआ पुं० [सं० वास्तुक] एक प्रकार का साग।

बद[1] वि० [फा०] १. बुरा, खराब। २. दुष्ट, नीच।

बद[2] स्त्री० [सं० वर्ध्म=गिलटी] बाघी नामक रोग।

बद[3] स्त्री० [सं० वर्त्त] १. पलटा, बदला। २. पक्ष। ३. जोखिम।

बदअमली स्त्री० [फा० बद+अ० अमल] राज्य का कुप्रबन्ध, अराजकता।

बदइंतजामी स्त्री० [अ०+फा०] कुप्रबन्ध, अराजकता।

बदकर क्रि० वि० [हिं०] कहकर, जान-बूझकर।

बदकरमी* वि०=बदकार (कुकर्मी)।

बदकार वि० [फा०] [भाव० बदकारी] १. कुकर्मी। २. व्यभिचारी।

बदकिस्मत वि० [फा०+अ०] अभागा।

बदचलन वि० [फा०] दुश्चरित्र।

बदजबान वि० [फा० बदज़बान] [भाव० बदजबानी] गाली-गलौज बकनेवाला।

बदजात वि० [फा० बद+अ० ज़ात] १. नीच, लुच्चा। २. दुष्ट, पाजी।

बदतर वि० [फा०] किसी की अपेक्षा और भी बुरा, निकृष्टतर।

बददुआ स्त्री० दे० 'शाप'।

बदन[1] पुं० [सं०] शरीर, देह।

मुहा० *बदन टूटना*=ज्वर आने या मरने के पहले शरीर के अंगों में तनाव और ऐंठन होना। *बदन तोड़ना*=(क) अँगड़ाई लेना। (ख) मरने से पहले बेहोशी में हाथ-पैर आदि हिलाना-डुलाना और पटकना।

बदन[2] पुं० [सं० बदन] मुख, चेहरा।

बदनसीब वि० [फा०+अ०] अभागा।

बदना स० [सं० वद्=कहना] [भाव० बदनी] १. वर्णन करना, कहना। २. मान लेना। ३. नियत करना, ठहरना।

मुहा० *बदा होना*=भाग्य में लिखा होना।

४. बाजी या शर्त लगाना। ५. कुछ महत्त्व का मानना या समझना।

बदनाम वि० [फा०] [भाव० बदनामी] जिसे लोग बुरा कहते हों, कुख्यात।

बदनामी स्त्री० [फा०] लोकनिन्दा, कुख्याति, अपकीर्ति।

बदनी स्त्री० [हिं० बदना=कहना] व्यर्थ बहुत बातें कहने की क्रिया या भाव, वाचालता।

बदपरहेज वि० [अ०+फा०] [भाव० बदपरहेजी] जो खान-पान, रहन-सहन आदि में परहेज या संयम न करता हो, असंयमी।

बदपरहेजी स्त्री० [अ०+फा०] खान-पान, रहन-सहन आदि में परहेज या संयम का अभाव, असंयम।

बदबू स्त्री० [फा०] दुर्गन्ध।

बदबूदार वि० [फा०] जिसमें से बदबू आती हो, दुर्गन्धयुक्त।

बदमजगी स्त्री० [फा० बदमज़गी] वातावरण या व्यवहार में होनेवाली कटुता।

बदमजा वि० [फा० बदमज़ः] बुरे मजेवाला, सारा मजा किरकिरा कर देनेवाला, कटु या कटुतापूर्ण।

बदमस्त वि० [फा०] [भाव० बदमस्ती] नशे में चूर, मस्त।

बदमस्ती स्त्री० [फा०] १. बुरी तरह से मस्त या मत्त होना। २. इस प्रकार की अवस्था में होकर किया जानेवाला उपद्रव।

बदमाश वि० [फा० बद+अ० मआश=जीविका] [भाव० बदमाशी] १. बुरे कामों से जीविका चलानेवाला, दुर्वृत्त। २. पाजी, दुष्ट। ३. दुराचारी।

बदमाशी स्त्री० [हिं० बदमाश] १. दुष्कर्म। २. पाजीपन। ३. व्यभिचार।

बदरंग वि० [फा०] फीका, जिसका रंग खराब हो गया हो।

बदरकी स्त्री० [?] पुरानी चाल की एक प्रकार की तलवार।

बदरा* पुं०=बादल।

बदराह वि० [फा०] बुरे रास्ते पर चलनेवाला, कुमार्गी।

बदरिया* स्त्री०=बदली (मेघ)।

बदरी स्त्री० [सं०] बेर का वृक्ष या फल।

स्त्री०=बादल।

*स्त्री० दे० 'बदकरी'।

बदरीला वि० [हिं० बादल] बादलों से भरा।

बदरोब वि० [फा०+अ०] [भाव० बदरोबी] १. जिसका कुछ रोब न हो। २. तुच्छ। ३. भद्दा। ४. बेअसर।

बदरौंह* वि० दे० 'बदचलन'।

बदलना अ० [अ० बदल] १. जैसा हो, उससे भिन्न प्रकार का हो जाना, परिवर्तित होना। २. एक की जगह दूसरा हो जाना। ३. एक जगह से दूसरी जगह नियुक्त होना।

स० १. जैसा हो, उससे भिन्न रूप देना, परिवर्तित करना। २. एक चीज हटाकर उसकी जगह दूसरी रखना।

मुहा० *बात बदलना*=पहले कुछ कहकर फिर कुछ और कहना।

३. एक चीज देकर दूसरी लेना।

बदला पुं० [हिं० बदलना] १. परस्पर कुछ लेने और तब कुछ देने का व्यवहार, विनिमय। २. किसी प्रकार की हानि या किसी स्थान की पूर्ति के लिए दी हुई या किसी के स्थान पर मिलनेवाली दूसरी वस्तु, पलटा, एवज। ३. किसी के व्यवहार के उत्तर में दूसरे पक्ष से होनेवाला वैसा ही व्यवहार, प्रतिकार।

मुहा० *बदला लेना*=किसी के बुराई करने पर उसके साथ भी वैसी ही बुराई करना।

४. किए हुए काम का फल, नतीजा।

बदलाहट स्त्री०=बदलाव।

बदली[1] स्त्री० [हिं० बादल] छाया हुआ बादल, मेघ।

बदली[2] स्त्री० [हिं० बदलना] १. बदले जाने की क्रिया या भाव। २. एक स्थान से हटाकर दूसरे स्थान पर की जानेवाली नियुक्ति, तबादला। (ट्रान्सफरेन्स)

बदलौवल स्त्री० [हिं० बदलना] अदल-बदल, विनिमय।

बदशकल वि० [फा०] भद्दा, कुरूप। (अग्ली)

बदसलूकी स्त्री० [फा०] बुरा व्यवहार, दुर्व्यवहार।

बदसूरत वि० [फा०] कुरूप।

बदस्तूर क्रि० वि० [फा०] जैसे पहले रहा हो वैसे ही, परम्परा के अनुसार।

बदहजमी स्त्री० [फा० बदहजमी] अपच, अजीर्ण।

बदहवास वि० [फा०] [भाव० बदहवासी] १. जिसके होश ठिकाने न हों। २. उद्विग्न।

बदहाल वि० [फा०] जिसका बुरा हाल हो, दुर्दशाग्रस्त।

बदहाली स्त्री० [फा०] बुरी हालत, दुर्दशा।

बदा वि० [हिं० बदना] भाग्य में लिखा हुआ।

मुहा० *बदा होना*=भाग्य में लिखा होना, अवश्यम्भावी होना।

बदान स्त्री० [हिं० बदना] प्रतिस्पर्द्धा, होड़।

बदाबदी क्रि० वि० [हिं० बदना+अनु०] दृढ़तापूर्वक प्रतिज्ञा करते हुए, कह-बदकर, उदा० बदाबदी जिउ लेत हैं, ए बदरा बदराह। -बिहारी।

बदाम पुं० दे० 'बादाम'।

बदि* स्त्री० दे० 'बदला'।

क्रि० वि० १. बदले में। २. लिए, वास्ते।

बदी[1] स्त्री० [?] चान्द्रमास का कृष्ण पक्ष, अँधेरा पाख, जैसे जेठ बदी दूज।

बदी[2] स्त्री० [फा०] बुराई, खराबी।

बदूख* स्त्री० दे० 'बंदूक'।

बदौलत, की सम्बन्धबोध० [फा० बदौलत] की कृपा से, के अनुग्रह के द्वारा।

बद्दर, बद्दल* पुं०=बादल।

बद्दू पुं० [फा० बद=बुरा] १. अरब में रहनेवाली एक अर्द्धसभ्य जाति जो प्रायः लूटमार करके अपना निर्वाह करती थी। २. उक्त जाति का व्यक्ति। ३. बदमाश, लुच्चा।

वि०=बदनाम।

बद्ध वि० [सं०] [भाव० बद्धता] १. बाँधा या बँधा हुआ। २. संसार के बन्धन में पड़ा हुआ। ३. जिसके लिए कोई रुकावट या बन्धन हो। (बाउन्ड) ४. निर्धारित।

-बद्ध यौगिक पदों में, में/से बँधा हुआ; जैसे-भाषाबद्ध, वचनबद्ध, सीमाबद्ध।

बद्धकोष्ठ वि० [सं०] जिसे कब्ज हो।

बद्धकोष्ठता स्त्री० [सं०] कब्जियत।

बद्धपरिकर वि० [सं०] कमर कसे हुआ, उद्यत, तैयार।

बद्धमन पुं० [सं० बद्ध+मन] वासनाओं से जकड़ा हुआ मन, बँधा हुआ मन।

बद्ध-मानसिकता स्त्री० [सं० बद्ध+मानसिकता] मन के बँधे हुए होने की स्थिति।

बद्धांजलि वि० [सं०] जो हाथ जोड़े हुए हो, करबद्ध।

बद्धी स्त्री० [सं० बद्ध] १. डोरी या बाँधने की कोई चीज। २. गले का गहना।

बधना[1] स० [सं० वध] वध करना, मार डालना।

बधना[2] पुं० [?] टोंटीदार लोटा। (मुसल०)

बधवा पुं० १. दे० 'बधावा'। २. दे० 'बधाई'।

बधाई स्त्री० [सं० वर्द्धन] १. वृद्धि, बढ़ती। २. मंगल अवसर पर होनेवाला गाना-बजाना।

मुहा० *बधाई बजना*=(क) शुभ या मांगलिक अवसर पर

बधाई का सूचक गाना-बजाना होना। (ख) लोक में निन्दा या बदनामी होना। (व्यंग्य)

३. मंगलोत्सव। ४. किसी के यहाँ कोई शुभ बात या काम होने पर शुभ कामना और आनन्द प्रकट करनेवाली बातें, मुबारकवाद। (काँग्रेचुलेशन)

बधाना[1] स० [हिं० 'बधना' का प्रे०] बधने या हत्या करने का काम दूसरे से कराना, किसी को बधने में प्रवृत्त करना।

बधाना[2] अ० [हिं० बधिया] बधिया किया जाना।

बधाना[3] स० [सं० वर्द्धन] बढ़ाना।

बधावन* स्त्री० दे० 'बधाई'।

बधावना* पुं०=बधावा।

बधावा पुं० [हिं० बधाई] १. बधाई। २. वह उपहार जो सम्बन्धियों या मित्रों के यहाँ मंगल अवसरों पर गाजे-बाजे के साथ भेजा जाता है।

बधिक पुं० [सं० वधक] [भाव० बधिकता] १. वध करनेवाला, हत्यारा। २. जल्लाद। ३. व्याध, बहेलिया।

बधिया पुं० [हिं० बध=मारना] वह पशु जिसका अंडकोश निकाल दिया गया हो।

मुहा० *बधिया बैठना*=बहुत घाटा होना।

बधियाकरण पुं० [हिं+सं०] बधिया करना।

बधिर वि० [सं०] [स्त्री० बधिरता] जो सुनता न हो, न सुन सकनेवाला, बहिरा।

बधिरना अ० [हिं० बधिर] बहिरा हो जाना।

बधूरी* स्त्री० [सं० वधू] १. पुत्रवधू। २. सुहागिन स्त्री। ३. नई आई हुई बहू।

बधैया* स्त्री० दे० 'बधाई'

पुं० १. दे० 'बधिक'। २. दे० 'बधावा'।

बन[1] पुं० [सं० वन] १. जंगल, कानन। २. झुंड, समूह। ३. जल, पानी। ४. बगीचा, बाग। ५. कपास, उदा० सनु सूक्यौ, बीतै बनौ, ऊखौ लई उखारि। -बिहारी।

बन[2] स्त्री० [हिं० बनना] १. सज-धज, सजावट। २. बाना, भेस।

बनक[1]* स्त्री० [हिं० बनना] १. बनावट, रचना-विधि। २. सज-धज। २. पशु-पक्षियों को फँसाने के लिए उनके सामने डाला जानेवाला चारा।

बनक[2] वि० [सं० वन=जंगल] बन में उत्पन्न होनेवाला, जंगली।

बनकपास स्त्री० एक प्रकार की कपास।

बनखंडी स्त्री० [हिं० बन+खंड] छोटा बन।

पुं० बन में रहनेवाला।

बनगोभी स्त्री० [हिं० बन+गोभी] एक प्रकार की जंगली घास, गोंजिया।

बनचर पुं० [सं० वनचर] १. बन या जंगल में रहनेवाला, आदमी। २. जानवर।

बनज* स्त्री० [हिं० बनना] शोभा, छवि।

पुं० दे० 'वाणिज्य'।

बनजना* अ० [हिं० बनज] व्यापार या रोजगार करना।

बनजारा पुं० दे० 'बंजारा'।

बनठनिया| वि० बना-ठना रहनेवाला।

बनत स्त्री० [हिं० बनना] १. रचना, बनावट। २. अनुकूलता, मेल। ३. गोटे-पट्टी की तरह की एक प्रकार की पतली पट्टी, बाँकड़ी।

बनताई* स्त्री० [हिं० बन] वन की सघनता और भयंकरता।

बनद* पुं० [सं० वनद] बादल, मेघ।

बनदाम स्त्री० दे० 'बनमाला'।

बनना अ० [सं० वर्णन] [भाव० बनत] १. उचित रूप प्राप्त करना, तैयार होना, रचा जाना।

मुहा० *बना रहना*=(क) जीता रहना। (ख) उपस्थित या वर्तमान रहना।

२. काम में आने योग्य या ठीक होना। ३. एक रूप या दशा से बदलकर दूसरे रूप या दशा में हो जाना।

मुहा० *(किसी पर) बन आना*=किसी का कुछ विवशता या असमंजस की दशा में पहुँचना।

४. पद, मर्यादा, अधिकार, स्थिति आदि में वृद्धि या अधिकता होना।

मुहा० *(किसी की) बन आना*=किसी का ऐसी स्थिति में पहुँचना कि खूब लाभ या उन्नति हो।

५. अच्छी दशा में पहुँचना, शोभा पाना। ६. हो सकना। ७ निभाना, पटना। ८. मूर्ख या उपहासास्पद सिद्ध होना। ९. अधिक योग्य या गम्भीर होने की झूठी मुद्रा धारण करना।

बनना-उठना अ० सजना-सँवरना।

बननि* स्त्री० [हिं० बनना] १. बनावट। २. बनाव-सिंगार।

बनपट* पुं० [सं० वन+पट] छाल आदि से बना हुआ आच्छादन या कपड़ा।

बनफशा पुं० [फा० बनफशः] १. एक पौधा जिसकी पत्तियाँ तथा जड़ें दवा के काम आती हैं। २. उक्त पत्तियों तथा जड़ों का बना काढ़ा।

बनबास पुं० [सं० वनवास] [वि० बनबासी] बन में जाकर बसना या रहना।

बनबाहन* पुं० [सं० वन (=जल)+वाहन] जल की सवारी, नाव, नौका।

बनबिलाव पुं० बिल्ली की जाति का एक जंगली जानवर।

बनमानुस पुं० [हिं० बन+मानुस] आकृति आदि में मनुष्य से मिलता-जुलता जंगली जन्तु जैसे गोरिल्ला, चिम्पैंजी आदि।

बनमाला स्त्री० [सं० वनमाला] १. जंगली फूलों की माला। २. पैरों तक लटकती फूलों और पत्तियों की माला।

बनमुरगी स्त्री० [हिं० बन+फा० मुर्ग] एक प्रकार की जंगली चिड़िया, कुकुही।

बनर पुं० [देश०] एक प्रकार का अस्त्र।

बनरखा पुं० [हिं० बन+रखना=रक्षा करना] जंगल का रक्षक।

बनरा* पुं० [हिं० बनना] [स्त्री० बनरी] १. वर, दूल्हा। २. विवाह के समय गाया जानेवाला एक प्रकार का गीत।
पुं० दे० 'बंदर'।

बनराइ* बनराई* स्त्री० [सं० वन+राजि(पंक्ति)] छोटा वन; उदा० फल कारनि फूले बनराइ। -रैदास।

बनराज पुं० १. दे 'बनराय'। २. दे० 'वृन्दावन'।

बनराजि स्त्री०=वनराजि।

बनराय* पुं० [सं० वनराज] १. सिंह, शेर। २. बहुत बड़ा पेड़।

बनवाना स० हिं० 'बनाना' का प्रे०।

बनवारी पुं० [सं० वनमाली] श्रीकृष्ण।

बनवाहन* पुं० [सं० वन (=जल)+वाहन] जल की सवारी, नाव, नौका।

बनस्पति स्त्री०=वनस्पति।

बना पुं० [हिं० बनना] [स्त्री० बनी] दूल्हा, वर।

बनाइ* क्रि० वि० [हिं० बनाकर=अच्छी तरह] १. अत्यन्त, निपट। २. अच्छी तरह, भली-भाँति।

बनाउर* स्त्री० दे० 'बाणावली'।

बना-ठना वि० [हिं० बनना+ठनना] सजा-सँवरा।

बनात स्त्री० [हिं० बाना] एक प्रकार का ऊनी कपड़ा।

बनाना स० [हिं० बनना] [भाव० बनाव] १. अस्तित्व में लाना, तैयार करना, रचना। २. ठीक दशा या रूप में लाना। ३. एक रूप से दूसरे रूप में लाना। ४. किसी योग्य करना या किसी पद तक पहुँचाने में सहायक होना। ५. अच्छी या उन्नत दशा में पहुँचाना। ६. किसी को इस प्रकार मूर्ख या उपहासास्पद ठहराना कि वह जल्दी समझ न सके।

बनाफर पुं० [सं० वनस्फर] राजपूत क्षत्रियों की एक शाखा।

बना-बनत* स्त्री० [हिं० बनना+बनत=बनाव] विवाह-सम्बन्ध के लिए लड़के और लड़की की जन्मपत्रियों का मिलान।

बनाम क्रि० वि० [फा०] १. के नाम, नाम पर। २. के विरुद्ध, जैसे सरकार बनाम रामनन्दन का अर्थ होगा-रामनन्दन पर चलाया हुआ सरकार का मुकदमा। ३. आज-कल 'तुलना में' के अर्थ में प्रचलित।

बनाय* क्रि० वि० दे० 'बनाई'।

बनाव पुं० [हिं० बनाना] १. बनावट। २. सजावट। ३. युक्ति, तदबीर, उपाय।

बनावट स्त्री० [हिं० बनाना] १. बनने या बनाने का भाव या ढंग, रचना। २. ऊपरी दिखावा, आडम्बर। ३. कृत्रिमता।

बनावटी वि० [हिं० बनावट] नकली।

बनावरि* स्त्री० दे० 'बाणावली'।

बनासपती| स्त्री०=वनस्पति।

बनि* वि० [हिं० बनना] सब, कुल।

बनिज पुं० [सं० वाणिज्य] १. व्यापार, रोजगार। २. क्रय-विक्रय की वस्तु, सौदा।

बनिजना[१]* अ०=व्यापार करना।

बनिजना[२] स० [?] वश में करना।

बनिजारा पुं० दे० 'बंजारा'।

बनित* स्त्री० दे० 'भेस'।

बनिया पुं० [सं० वणिक्] [स्त्री० बनियाइन, बनैनी] १. व्यापार करनेवाला व्यक्ति, व्यापारी। २. आटा, दाल आदि बेचनेवाला, मोदी। ३. वैश्य।

बनियाइन स्त्री० दे० 'गंजी'।

बनिस्बत, की सम्बन्धबोध० [फा० बनिस्पत] की तुलना में, की अपेक्षाकृत।

बनी[१] स्त्री० [हिं० बन] १. वनस्थली, बन का कोई भाग। २. वाटिका, बाग, उदा० महादेव की-सी बनी चित लेखी। -केशव। ३. मजदूरी, काम करने की उजरत, उदा० बहुत काल मैं कीन्हि मजूरी। आज दीन्हि विधि भलि बनि पूरी। -तुलसी।

बनी[२] स्त्री० [हिं० बना] १. दुल्हिन। २. नायिका।

बनीनी* स्त्री० दे० 'बनैनी'।

बनीर* पुं० दे० 'बेंत'।

बनेठी स्त्री० [हिं० बन+सं० यष्टि] पटेबाजों का वह डंडा जिसके सिरों पर लट्टू लगे रहते हैं।

बनैनी स्त्री० [हिं० बनिया का स्त्री०] बनिए की या वैश्य जाति की स्त्री, वैश्य स्त्री।

बनैला वि० [हिं० बन] जंगली (पशु)।

बनौटी वि० [हिं० बन (कपास)] कपास के रंग का।
स्त्री० एक प्रकार का रंग जो कपास के रंग से मिलता-जुलता है।

बन्ना पुं० [हिं० बनना ?] [स्त्री० बन्नी] १. दूल्हा, वर। २. विवाह के समय वरपक्ष से गाया जानेवाला एक प्रकार का गीत।

बन्नी स्त्री० [हिं० बन्ना] दुल्हिन, वधू।

बप* पुं० [सं० वप्र] बाप, पिता।

बपतिस्मा पुं० [अं० बैप्टिज्म] ईसाइयों का वह मुख्य संस्कार जिसमें नवजात बालक या किसी विधर्मी को ईसाई संप्रदाय में सम्मिलित करने के लिए उसके सिर पर जल डालते हैं।

बपना स० [सं० वपन] बीज बोना।

बपु* पुं०=वपु (शरीर)।

बपुख* पुं० [सं० वपुस्] शरीर, देह।

बपुरा* वि० दे० 'बापुरा'।

बपुवार* पुं०=वपु (शरीर)।

बपौती स्त्री० [हिं० बाप] बाप से मिली हुई या बाप की सम्पत्ति।

बप्पा पुं० दे० 'बाप'।

बफरना अ० [सं० विस्फालन] १. अभिमान से भरकर लड़ने के लिए जोर का शब्द करना। २. उत्पात या उद्रव करना।

बफारा पुं० [हिं० भाप] औषध मिले जल की भाप से शरीर का कोई अंग सेंकना।

बफौरी स्त्री० [हिं० बफारा+बरी] भाप से पकी हुई बरी।

बबर पुं० [फा०] बड़ा शेर, सिंह।

बबरी* वि०=बाबरी।

बबा* पुं० दे० 'बाबा'।

बबुआ पुं० [हिं० बाबू] [स्त्री० बबुई] लड़कों के लिए प्यार का संबोधन। (पूरब)

बबुर पुं०=बबूल (कीकर)।

बबून पुं० अफ्रीकी बंदर जिसका लंबा मुँह और बड़े-बड़े दाँत होते हैं।

बबूल पुं० दे० 'कीकर'।

बबूला पुं० १. दे० 'बगूला'। २. दे० 'बुलबुला'।

बभूत स्त्री० १. दे० 'भभूत'। २. दे० 'विभूति'।

बम[1] पुं० [अं० बॉम्ब] विस्फोटक पदार्थों का वह गोला जो शत्रुओं पर उन्हें मारने के लिए फेंका जाता है।

बम[2] पुं० [अनु०] शिव को प्रसन्न करने के लिए किया जानेवाला 'बम' शब्द।

मुहा० *बम बोलना या बोल जाना*=किसी चीज का अन्त हो जाना, कुछ न बचा रह जाना।

बम[3] पुं० [अं० बैम्बू] एक्के, गाड़ी आदि के आगे के वे बाँस जिनमें घोड़े जोते जाते हैं।

बमकना अ० [अनु०] १. डींग हाँकना। २. जोर का शब्द करना। ३. गुस्सा होना।

बमगोला पुं० दे० 'बम' (विस्फोटक गोला)।

बमना* स० [सं० वमन] कै करना।

बमपुलिस पुं० [अं० बैम्बूपोल्स] १. बाँस आदि गाड़कर बनाया हुआ शौचालय। २. सार्वजनिक शौचालय।

बमबाज पुं० [हिं० बम+फा० बाज़] [भाव० बमबाजी] शत्रुओं पर बम के गोले फेंकनेवाला व्यक्ति।

बम-भोला पुं० [अनु० बम+हिं० भोला (नाथ)] शिव, महादेव (जो 'बम' शब्द के उच्चारण मात्र से प्रसन्न हो जाते हैं)।

बममार वि० [हिं० बम+मारना] बम मारनेवाला।

बमवर्षक पुं० [हिं० बम+सं० वर्षक] एक प्रकार का बड़ा हवाई जहाज जो शत्रुओं पर बड़े-बड़े बम फेंकने के काम में आता है। (बॉम्बर)

बमवर्षण पुं० [हिं०+सं०] बमों की वर्षा।

बमवर्षा स्त्री० [हिं०+सं०] बमों की वर्षा।

बमुश्किल क्रि०वि० [फा० ब+अ० मुश्किल] बड़ी मुश्किल से।

बमूजिव क्रि० वि० [फा०] अनुसार।

बम्मड़* पुं० [अनु० बम] झगड़ा, फसाद।

बय* स्त्री० [सं० वयस्] अवस्था, वय, उमर।

पुं० दे० 'बै' (जुलाहों का औजार)।

बयन* पुं०=वचन।

बयना[1]* स० [सं० वपन] खेत में बीज बोना। उदा० अग्रज बीज बई। -सूर।

बयना[2] पुं० दे० 'बैना'।

बयना[3] स० [सं० वचन] वर्णन करना, कहना।

बयर* पुं०=बैर।

बया[1] पुं० [सं० वयन=बुनना] एक प्रकार का प्रसिद्ध पक्षी।

बया[2] पुं० [अ० बाय:=अनाज तौलनेवाला] अनाज तौलने का काम करनेवाला आदमी।

बयाई* स्त्री० [हिं० बया] अनाज तौलने का कार्य, भाव या मजदूरी।

बयान पुं० [फा०] १. वर्णन, कथन। २. विवरण, वृत्तान्त।

मुहा० *बयान देना*=अभियुक्त, साक्षी आदि का यह बतलाना कि मेरा वक्तव्य या पक्ष क्या है? *बयान लेना*=अभियुक्त, साक्षी आदि से यह पूछना या जानना कि उसका वक्तव्य या कथन क्या है।

बयानबाजी स्त्री० [फा०] बयान पर बयान देते चलने की क्रिया या भाव।

बयाना पुं० [अ० बै=बिक्री+फा० आन:(प्रत्य०)] मूल्य, पारिश्रमिक आदि का वह अंश जो कोई काम कराने या कोई चीज खरीदने की बात-चीत पक्की करने के समय पहले लिया या दिया जाता है, पेशगी, अग्रिम धन।

अ०=बड़बड़ाना।

बयाबान पुं० [फा०] १. उजड़ा हुआ स्थान, उजाड़। २. निर्जन स्थल, सुनसान।

बयार स्त्री० [सं० वायु] हवा, समीर।

बरंग पुं० [देश०] छत पाटने की पत्थर की पटिया या लकड़ी का तख्ता।

बर[1] पुं० [सं० वट] बरगद, बड़, वटवृक्ष।

बर[2] पुं० [हिं० बल] १. रेखा, लकीर। २. दृढ़तापूर्वक कही हुई बात या की हुई प्रतिज्ञा।

क्रि० वि० १. दृढ़ता से। २. बलात्, जबरदस्ती।

मुहा० *बर खाँचना*=(क) किसी बात में बहुत दृढ़ता दिखलाना। (ख) दृढ़तापूर्वक प्रतिज्ञा करना। (ग) हठ करना।

बर[3] पुं० [सं० वर्ग] १. कपड़े या किसी लम्बी चीज़ की चौड़ाई। २. किसी व्यापार में वह कोई विशेष पदार्थ जो उसी मेल के पदार्थों से अलग हो, जैसे कपड़ों में साड़ी या साफे का बर।

*पुं० १. दे० 'वर' (दूल्हा)। २. दे० 'बल' (शक्ति)

बर[4] क्रि० वि० [फा०] १. ऊपर। २. बाहर या सामने।

मुहा० *बर आना या पाना*=मुकाबले या प्रतियोगिता में सामने ठहरना।

बर[5] वि० [सं० वर] १. श्रेष्ठ। २. पूरा, पूर्ण। ३. सुंदर।

बर[6] योज० [सं० वर] वरन्, बल्कि।

बर-अक्स, के सम्बन्धबो० [हिं० के+फा०] के विपरीत।

बरई पुं० [निषाद भाषा का बर=पत्ता] पान उपजाने, बनाने और बेचनेवाला अर्थात् तमोली। (दे०)

बरकंदाज पुं० [अ०+फा०] मध्ययुग का वह सिपाही जिसके पास बड़ी लाठी या तोड़ेदार बन्दूक रहती थी।

बरकत स्त्री० [अ०] [वि० बरकती] १. किसी चीज की वह यथेष्टता जिससे वह कम नहीं होती, प्रचुरता, यथेष्टता। २. लाभ, फायदा। ३. प्रसाद, कृपा।

बरकना* अ० दे० 'भड़कना'।
अ० 'बहकना'।

बरकरार वि० [फा०] जो अपने पद पर बना हुआ हो।

बरकरारी स्त्री० [फा०] बरकरार होने की अवस्था या भाव।

बरकाना* स० दे० 'भड़काना'।
स० दे० 'बहकाना'।

बरक्खना* अ० [सं० वर्षण] बरसना, वर्षा होना।

बरक्खा*, बरखा* स्त्री०=वर्षा।

बरखास्त वि० [फा० बरख़्वास्त] १. जो नौकरी से हटा दिया गया हो, निष्कासित। २. पदच्युत। ३. विसर्जित (सभा आदि)। (डिसमिस्ड)

बरखास्तगी स्त्री० [फा० बरख़्वास्तगी] १. निष्कासन। २. पदच्युति।

बरखिलाफ, के सम्बन्धबोध० [फा० बरखिलाफ़] के विरुद्ध।

बरग* पुं० दे० १. दे० 'वर्ग'। २. दे० 'वरक'।

बरगद पुं० [सं० वट, हिं० बड़] पीपल की तरह का एक प्रसिद्ध बड़ा पेड़।

बरगदी वि० [हिं०] बरगद-संबंधी; जैसे-बरगदी छापा।

बरगलाना स० [?] १. भ्रमित करना। २. फुसलाना।

बरच्छा पुं० [सं० वर+ईक्षा] विवाह-सम्बन्ध स्थिर करने के लिए कन्यापक्ष के यहाँ होनेवाला वह कृत्य जिसमें तिलक से ठीक पहले वर को देखकर कन्या के लिए निश्चित और पक्का कर लिया जाता है।

बरछा पुं० [सं० व्रश्चन] [स्त्री० बरछी] भाला।

बरछैत पुं० [हिं० बरछा] बरछा चलाने या रखनेवाला।

बरजना* स० [सं० वर्जन] १. वर्जित या मना करना, कुछ करने से रोकना। २. सामने आने पर भी ग्रहण न करना, त्यागना, छोड़ना। ३. प्रयोग या उपयोग में न लाना, बराना, बचाना, उदा० सवा पहर जो बरजो मोहिं। (कहा०)

बरजनि* स्त्री० दे० 'वर्जन'।

बरजबान वि० [फा०] जो जबानी याद हो, कंठस्थ।

बरजोर क्रि० वि० [हिं० बल+फा० ज़ोर] जबरदस्ती से, बलपूर्वक।

बरजोरी| स्त्री०=जबरदस्ती।

बरत स्त्री० [सं० वर्त] रस्सी विशेषतः वह रस्सी जिसपर नट नाचता है, उदा० डीठि बरत, बाँधी अटनु, चढ़ि धावत न डरात। -बिहारी।
पुं० दे० 'व्रत'।

बरतन पुं० [सं० वर्तन] धातु, शीशे, मिट्टी आदि का वह आधार जिसमें खाने-पीने की चीजें रखी जाती हैं, भाँड़ा।

बरतना अ० [सं० वर्तन] व्यवहार या बरताव करना।
स० काम में लाना।

बरतरफ वि० [फा० बर+अ० तरफ़] नौकरी से हटाया हुआ बरखास्त।
क्रि० वि० किनारे, अलग।

बरतानवी वि० दे० 'बिरतानवी'।

बरताव पुं० [हिं० बरतना] बरतने का ढंग या भाव, व्यवहार।

बरती पुं० [सं० व्रत] १. वह जिसने कोई व्रत लिया हो। २. वह जिसने व्रत या उपवास किया हो।

बरदाना स० [हिं० बरधा=बैल] गौ, घोड़ी आदि से उनकी जाति के नर पशुओं से संयोग कराना, जोड़ा खिलाना।
अ० मादा पशु का अपनी जाति के नर पशु से जोड़ा खाकर गर्भ धारण करना।

बरदार वि० [फा०] १. वहन करने या ढोनेवाला। २. धारण करनेवाला। ३. पालन करने या माननेवाला।
वि०=बलदार।

बरदाश्त स्त्री० [फा०] सहन करने की शक्ति, क्रिया या भाव, सहन।
पद *बरदाश्त के बाहर*=असह्य।

बरधमुतान स्त्री० दे० 'गोमूत्रिका' २।

बरधा पुं० [सं० बलिवर्द] बैल।

बरधाना| स०, अ० दे० 'बरदाना'।

बरन* पुं० दे० 'वर्ण'।

बरनना* स० [सं० वर्णन] वर्णन करना।

बरनबरन* वि० बहु० [सं० वर्ण] तरह-तरह के।

बरना[1] स० [सं० वरण] १. वर या वधू के रूप में ग्रहण करना, वरण करना, ब्याहना। २. चुनना, वरण करना।

बरना[2]* स० दान देना।

बरना[3]* स०=(तागा) बटना।

बरनि* स्त्री० [हिं० बलना (जलना)] बरने (जलने) की क्रिया या भाव, उदा० औंधाई सीसी सुलखि, बिरह-बरनि बिललात। -बिहारी।

बरनेत स्त्री० [सं० वरण] विवाह की एक रीति।

बरपना अ० [फा० बरपा] उठना, मचना या फैलना।

बरबट* क्रि० वि०=बरबस।

बरपटे वि० [फा० बर+हिं० पटना=चुकता होना] (देन आदि) जो चुका दिया गया हो, चुकता किया या पटाया हुआ, पटे।

बरपाना स० [हिं० बरपना] उठाना, मचाना या फैलाना।

बरफ स्त्री० [फा० बर्फ़] १. भाप के अणुओं की वह तह जो वातावरण की ठंडक के कारण धुएँ के रूप में ऊपर से जमीन पर गिरती है। २. मशीनों आदि अथवा कृत्रिम उपायों से जमाया हुआ पानी जिससे पीने के लिए जल आदि ठंडा करते हैं। ३. कृत्रिम उपायों से जमाया हुआ दूध या फलों का रस, जैसे मलाई की बरफ। ४. दे० 'ओला'।

बरफबारी स्त्री० [फा० बर्फ़बारी] बरफ की वर्षा, हिमवर्षा।

बरफानी वि० [फा० बर्फ़ानी] जिसमें या जिसपर बरफ हो (देश, पर्वत आदि)।

बरफिस्तान पुं० [फा० बर्फ़िस्तान] बरफानी भू-भाग।

बरफी स्त्री० [फा० बर्फ़] एक प्रकार की प्रसिद्ध चौकोर मिठाई।

बरफीला वि० दे० 'बरफानी'।

बरबंड* वि० [सं० बलवंत] १. बलवान, शक्तिशाली। २. उद्दंड, उद्धत। ३. प्रचंड, प्रखर, तेज।

बरबट* क्रि० वि० दे० 'बरबस'।

बरबर स्त्री० [अनु०] व्यर्थ की बकवाद, बकबक।
वि०=बर्बर।

बरबस क्रि० वि० [सं० बल+वश] १. जबरदस्ती। २. व्यर्थ।

बरबाद वि० [फा०] [भाव० बरबादी] नष्ट, विनष्ट, चौपट।

बरबादी स्त्री० [फा०] १. चौपट या तहस-नहस होने का भाव, विनाश। २. अपव्यय।

बरबीर* पुं० [सं० वर+वीर] श्रेष्ठ वीर।

बरबेका* वि० [सं० वरणाय] वरण करने के योग्य।

बरम* पुं०=वर्म (कवच)।

बरमन पुं०=वर्मन या वर्मा।

बरमा पुं० [देश०] [स्त्री० अल्पा० बरमी] लकड़ी आदि में छेद करने का एक औजार।

बरमी पुं० [हिं० बरमा+ई (प्रत्य०)] बरमा देश का निवासी।
स्त्री० बरमा देश की भाषा।
वि० बरमा देश का, जैसे बरमी चावल।

बरम्हा* पुं०=ब्रह्मा।

बरम्हाना* स० [सं० ब्रह्म] [भाव० बरम्हाव](ब्राह्मण का) किसी को आशीर्वाद देना, उदा० तोरन तूर ताल बजैं, बरम्हावत भाट न गात टाढ़ी। -केशव।

बरराना* अ० दे० 'बर्राना'।

बरवट† स्त्री० दे० 'तिल्ली' (रोग)।

बरवै पुं० [देश०] एक छन्द जिसमें १९ मात्राएँ होती हैं।

बरषा* स्त्री०=वर्षा।

बरषासन* पुं० [सं० वर्षाषन] वर्ष भर की भोजन-सामग्री।

बरस पुं० [सं० वर्ष] वर्ष, साल।

बरस-गाँठ स्त्री० [हिं० बरस+गाँठ] किसी पूरे वर्ष के बाद आनेवाला जन्मदिन, सालगिरह।

बरसना अ० [सं० वर्षण] १. आकाश से जल गिरना, वर्षा होना। २. वर्षा के जल की तरह किसी चीज का ऊपर या चारों ओर से अधिक मात्रा में आना या गिरना, जैसे फूल या रुपए बरसना।
मुहा० *बरस पड़ना*=बहुत क्रुद्ध होकर लगातार उलटी-सीधी बातें सुनाना।
३. अच्छी तरह प्रकट होना।

बरस-बियावर वि० स्त्री० [हिं० बरस (वर्ष) बियावर=बच्चा देनेवाली] हर साल बच्चा देनेवाली (गौ आदि)।

बरसाइत स्त्री० [सं० वर्षा] सावन-भादों के दिन, जब बहुत पानी बरसता है, वर्षा काल, वर्षा ऋतु।

बरसाती वि० [हिं० बरसात] बरसात में होनेवाला, बरसात का।
स्त्री० १. कोठियों आदि के प्रवेश-द्वार पर वह छायादार स्थान जहाँ सवारियाँ उतारने-चढ़ाने के लिए गाड़ियाँ खड़ी होती हैं। २. एक प्रकार के मोमजामे का कपड़ा जिसे पहन लेने पर वर्षा से शरीर नहीं भींगता। ३. छत पर का छायादार स्थान।

बरसाना[1] स० [हिं० 'बरसना' का प्रे०] १. जल की वर्षा करना। २. वर्षा के जल की तरह ऊपर या इधर-उधर लगातार बहुत सा गिराना। ३. दाँया हुआ अन्न इस प्रकार हवा में गिराना जिससे दाने अलग और भूसा अलग हो जाए, डाली देना, ओसाना।

बरसाना[2] पुं० [सं० वृषभानुपुर] ब्रज प्रदेश का प्रसिद्ध गाँव जो राधा की जन्मभूमि माना जाता है।

बरसी स्त्री० [हिं० बरस=वर्ष+ई (प्रत्य०)] १. मृतक का वार्षिक श्राद्ध। २. पुण्यतिथि।

बरसीला वि०=बरसनेवाला।

बरसों-बरस क्रि०वि० अनेक वर्षों के उपरांत, कई-कई वर्ष बीतने पर।

बरसोला पुं० [सं० वर्षोपल से वर्षोलक] चीनी खाँड़ के वे गोले जिनमें इलायची, केसर आदि मिले होते हैं और जिनका उपयोग शरबत बनाने में होता था।

बरसौंहाँ† वि० [हिं० बरसना+औंहाँ (प्रत्य०)] बरसने या बरसानेवाला।

बरस्क, के सम्बन्धबोध०=(के) बर-अक्स।

बरहा[1] पुं० [हिं० बहा] [अल्पा० बरही] १. खेत सींचने की नाली। २. रस्सा।

बरहा[2] पुं० [सं० वर्हि] १. मोर। २. मुरगा।

बरही[1] पुं०=बरहा (मोर या मुरगा)।

बरही[2] स्त्री० [हिं० बारह] सन्तान उत्पन्न होने के बारहवें दिन का प्रसूता का स्नान और तत्संबंधी उत्सव या कृत्य।

बरही[3]* क्रि० वि० [सं० बल] बलपूर्वक, जबरदस्ती।

बरहीपीड़* पुं०=मोरमुकुट।

बरहीमुख* पुं०=देवता।

बरह्माना* स० दे० 'बरम्हाना'।

बरा पुं० [सं० बटी] १. पीठी का बना एक प्रकार का पकवान, बड़ा। २. बाँह पर पहनने का एक प्रकार का गहना।

बराक पुं० [सं० वराक] १. शिव। २. युद्ध।
वि० १. नीच, अधम। २. बेचारा।

बरात स्त्री० [सं० वरयात्रा] विवाह के समय वर के साथ कुछ लोगों का कन्यावालों के यहाँ जाना, बारात, जनेत।

बराती पुं० [हिं० बरात] वरपक्ष से बरात में जानेवाले लोग।
वि० बरात-सम्बन्धी, बरात का।

बरादर पुं० [फा०] भाई।

बरादराना वि० [फा० बरादरान:] भाईयों के जैसा।

बरादरी स्त्री० [फा०] (किसी या अपनी) जाति के लोग।

बराना[1] स० [सं० वारण] [भाव० बराव] १. प्रसंग या अवसर आने पर भी कोई बात न कहना या काम न करना। २. रक्षा करना, बचाना। ३. जान-बूझकर किसी को किसी काम या बात से अलग करना।

बराना[2] स० [सं० वरण] चुनना, छाँटना।
अ०=बलना (जलना)।
स० दे० 'बालना' (जलाना)।

बराबर वि० [फा० बर+हिं० अनु० अवर] [भाव० बराबरी] १. समान, तुल्य, एक-सा। २. समतल।
मुहा० *बराबर करना*=न रहने देना, समाप्त कर देना।
क्रि० वि० १. लगातार, निरन्तर। २. एक साथ। ३. सदा, हमेशा; जैसे-मैंने इस बात का बराबर ध्यान रखा है कि मेरी माँ को कोई कष्ट न हो।

बराबर, के सम्बन्धबो० गुण, लम्बाई, अवस्था या सम्पन्नता आदि में समान; जैसे-वे दोनों इस व्यापार में बराबर के भागीदार हैं।

बराबरी स्त्री० [हिं० बराबर+ई (प्रत्य०)] १. किसी के बराबर होने की क्रिया या भाव, समता, समानता। (ईक्वैलिटी)
पद *बराबरी के*=बराबर। *बराबरी से*=विनिमय आदि की दर के सम्बन्ध में अंकित, नियत या वास्तविक मूल्य पर। (ऐट पार)
२. तुलना। ३. समानता, मुकाबला।

बरामद वि० [फा०] १. निकलकर सबके सामने आया हुआ। २. खोया या चोरी गया सामान जब्त करके सामने लाया हुआ।

बरामदगी स्त्री० [फा०] बरामद होने की अवस्था या भाव।

बरामदा पुं० [फा०] १. मकानों में आगे या कुछ बाहर निकला हुआ छायादार छज्जा। २. दालान। ३. दे० 'दीर्घा'।

बरार* वि० [सं० बल] बली, बलवान।

बरिआत स्त्री० दे० 'बरात'।

बरिबंड वि० दे० 'बरबंड'।

बरिया* वि० दे० 'बलवान'।
स्त्री०=बारी (बार या दफा)।

बरियाइन स्त्री० [सं० वर+श्रेष्ठ] १. श्रेष्ठता। २. बड़प्पन, महत्त्व, उदा० विरद मनौ बरियाइन छाँड़े। -सूर।

बरियाई[1]* क्रि० वि० [सं० बलात्] बलपूर्वक, जबरदस्ती।
स्त्री० बलवान् होने की अवस्था या भाव, शक्तिमत्ता।

बरियाई[2]* स्त्री० [सं०=वर=श्रेष्ठ] १. श्रेष्ठता। २. बड़प्पन, महत्त्व।

बरियार* वि०=बलवान।

बरिस* पुं० [सं० वर्ष] वर्ष, साल।

बरी[1] स्त्री० [सं० वटी] १. छोटी गोल टिकिया, बटी। २. पीठी के सुखाए हुए छोटे टुकड़े।

बरी[2] वि० [फा०] न्यायालय ने जिसे दोष से मुक्त कर दिया हो, छूटा हुआ, मुक्त।
*वि० दे० 'बली'

बरीस* पुं०=बरस (वर्ष)।

बरीसना* अ०=बरसना।

बरु, बरुक* क्रि० वि० [सं० वरन्] १. भले ही, चाहे। उदा०-बरु पावक प्रगटै ससि माँही। -तुलसी।
२. बल्कि, वरन्।

बरुन* पुं०=वरुण (वृक्ष)।

बरुना* स्त्री० [सं० वरुण] वरुण वृक्ष के फूलों की माला, सफेद फूलों की माला।

बरुनी स्त्री० [सं० वरण] पलकों के आगे के बाल।

बरेड़ा पुं० [सं० वरंडक] वह लकड़ी जो खपरैल या छाजन में लम्बाई के बल लगी रहती है।

बरे[1] क्रि० वि० [सं० बल] १. जोर से। २. बलपूर्वक, जबरदस्ती। ३. ऊँचे स्वर से।

बरे[2] क्रि० वि० [सं० वर्त्त] १. बदले में। २. वास्ते।

बरेखी[1] स्त्री० [देश०] बाँह पर पहनने का एक गहना।

बरेखी[2] स्त्री० [हिं० वर+देखना] विवाह-सम्बन्ध स्थिर करने के लिए वर या कन्या को देखना।

बरेठा पुं० [स्त्री० बरेठिन] दे० 'धोबी'।

बरेत स्त्री० [सं० वरत्रा] मथानी की रस्सी।

बरेता पुं० [सं० वरत्रा] कुएँ से पानी निकालने का रस्सा।

बरोक पुं० [हिं० वर+रोकना] १. विवाह-सम्बन्ध निश्चित होने के पहले होनेवाला बरच्छा नामक कृत्य। २. वह धन जो कन्यापक्ष से वरपक्ष को विवाह-सम्बन्ध स्थिर करने के समय दिया जाता है।

बरोठा पुं० [सं० द्वार] १. ड्योढ़ी। २. बैठक।

बरोह पुं० [सं० बट+रोह=उगलनेवाला] बरगद की डालियों का वह अंश जो जमीन पर आकर जम जाता और नए वृक्ष का रूप धारण करता है, बरगद की जटा।

बरोही* क्रि० वि० [हिं० बर=बल या शक्ति] १. किसी के बल या आधार पर, सहारे। २. बलपूर्वक, जबरदस्ती।

बरौआ पुं० पानी भरनेवाला, मजदूर।

बरौनी* स्त्री० [सं० वरण] पलकों के आगे के बाल।

बरौरी* स्त्री०=बरी (पीठी की)।

बर्णना* स०=वर्णन करना।

बर्तना† स०=बरतना।

बर्थ स्त्री० [अं०] गाड़ी, वायुयान, जलयान आदि में यात्री के सोने के लिए स्थान, शायिका।

बर्दवानी स्त्री० [बर्दवान (स्थान)] पुरानी चाल की एक प्रकार की तलवार।

बर्डी स्त्री० [अं०] गोल्फ के खेल में वह स्थिति जब एक ही प्रहार से गेंद सुराख (गड्ढे) में चला जाता है।

बर्न* पुं० दे० 'वर्ण'।

बर्फ स्त्री० दे० 'बरफ'।

बर्बर पुं० [सं०] १. आर्यों के अनुसार वर्णाश्रम धर्म न माननेवाला और असभ्य मनुष्य, जंगली आदमी। २. उजड्ड और मूर्ख व्यक्ति।
वि० [भाव० बर्बरता] १. जंगली, असभ्य या उजड्ड। २. निर्दयतापूर्ण, नृशंस।

बर्बरता स्त्री० [सं०] कठोर और निर्दयतापूर्ण व्यवहार।

बर्बरतापूर्ण वि० [सं०] कठोर और निर्दयतापूर्ण।

बर्राक वि० [अ०] उज्ज्वल, चमचम।

बर्राना अ० [अनु० बरबर] १. व्यर्थ बकना। २. बड़बड़ाना।

बर्रे* पुं० [सं० वरट] १. भिड़ नाम का उड़नेवाला कीड़ा।
मुहा० *बर्रे के छत्ते में हाथ डालना*=जोखिम का काम करना।
२. दे० 'कुसुम'।

बलंद वि० [फा०] [भाव० बलंदी] ऊँचा।

बल[१] पुं० [सं०] १. किसी व्यक्ति या वस्तु की वह शक्ति जो दूसरे व्यक्ति या वस्तु को दबाती, वश में रखती या उसका परिचालन करती है, सामर्थ्य, ताकत, जोर। २. भार उठाने की शक्ति। ३. किसी से प्राप्त होनेवाली सहायता या आश्रय, सहारा, आसरा, भरोसा। ४. राज्य के सशस्त्र सैनिकों आदि का वह वर्ग या निकाय जिसकी सहायता से युद्ध, रक्षा, शान्ति-स्थापन आदि कार्य होते हैं, जैसे सैनिक बल, आरक्षी बल आदि। ५. सेना, फौज। ६. पार्श्व, अंग, पक्ष।
क्रि० वि० बलपूर्वक; उदा० मैं बल लीनों दक्षिन देस। —केशव।

बल[२] पुं० [सं० वलन] १. ऐंठन। २. फेरा, लपेट।
मुहा० *बल खाना*=टेढ़ा होना।
३. टेढ़ापन। ४. सिकुड़न। शिकन। ५. लचक, झुकाव। ६. कमी, घाटा।
मुहा० *बल खाना*=दबकर हानि सहना।
७. अन्तर, फरक। ८. ओर, तरफ।

बलकन स्त्री० [हिं० बलकना] बलकने की क्रिया या भाव। योज० दे० 'बल्कि'।

बलकना अ० [अनु०] १. उबलना। २. उमड़ना। ३. आवेश में आना, उमगना। ४. बकबक करना।

बलकल* पुं० दे० 'वल्कल'।

बलकवा† पुं०=बालक।

बलकारक वि० [सं०] बल बढ़ानेवाला, स्फूर्तिदायक।

बलक्ष वि० [सं०] १. श्वेत, सफेद। २. उज्ज्वल, चमकीला।

बलगना अ० दे० 'बलकना'।

बलगम पुं० [अ०] कफ, श्लेष्मा।

बलतंत्र पुं० [सं०] शक्ति या सेना आदि का प्रबन्ध, सैनिक व्यवस्था।

बलत्र* स्त्री० [सं० वरत्रा] रस्सी।

बलदाऊ पुं० दे० 'बलदेव'।

बलदार वि० [हिं० बल+फा० दार] (रस्सी) जिसमें बल पड़े हों।

बलदेव पुं० [सं०] कृष्णचन्द्र के बड़े भाई जो रोहिणी के पुत्र थे।

बलधाम* वि०=बलशाली।

बलध्वजा स्त्री० [सं०] बल रूपी पताका।

बलना[१] अ० [सं० वर्हण] जलना।

बलना[२]* स० [हिं० बल] बल डालना, बटना।

बल-परीक्षा स्त्री० [सं०] १. बल, शक्ति या ताकत के सम्बन्ध में होनेवाली किसी प्रकार की परीक्षा या जाँच। २. परस्पर विरोधी दलों या वर्गों में होनेवाला वह द्वन्द्व जो एक दूसरे को दबाने या प्रतियोगी से अपनी बातें मनवाने के लिए होता है।

बल-पेंच पुं० [सं०+फा०] ऐसा तत्त्व जो किसी बात में अस्पष्टता या संशय उत्पन्न करे।

बलबलाना अ० [अनु०] [भाव० बलबलाहट] ऊँट का बोलना।

बलबीर* पुं० [हिं० बल=बलराम+बीर=भाई] बलराम के भाई श्रीकृष्ण।

बलभी स्त्री० [सं० वलभि] मकान में ऊपरवाली कोठरी, चौबारा।

बलम पुं० दे० 'बालम'।

बलमीक स्त्री० दे० 'बाँबी' (दीमकों की)।

बलया* स्त्री० [सं० वलय] हाथ में पहनने की चूड़ी।

बलराम पुं० [सं०] कृष्णचन्द्र के बड़े भाई जो रोहिणी के गर्भ से उत्पन्न हुए थे।

बलवंड* वि० दे० 'बलवान'।

बलवंत वि० दे० 'बलवान'।

बलवत् वि० [सं०] (ऐसा विधान या नियम) जिसमें प्राणों का संचार हो चुका हो और जो अपना व्यापार, कार्य या फल आरम्भ करने में समर्थ हो। (इन-फोर्स)
क्रि० वि० जबरदस्ती, बलपूर्वक।

बलवत्ता स्त्री० [सं०] बलवान होने का भाव, शक्ति-सम्पन्नता।

बलवा पुं० [फा० बल्वः] १. विद्रोह, विप्लव। २. दंगा।

बलवाई पुं० [हिं० बलवा] १. विद्रोही। २. दंगई।

बलवान, बलवान् वि० [सं०] [स्त्री० बलवती] जिसमें बल या शक्ति हो, मजबूत, ताकतवर।

बलवृद्धि स्त्री० [सं० बल+वृद्धि] १. बल की वृद्धि। २. सैनिकों की वृद्धि।

बलशाली (-लिन्) वि० [सं०] बलवान।

बलहू* क्रि० वि० बलपूर्वक, बलात्।

बला[१] स्त्री० [सं०] १. वैद्यक के अनुसार पौधों की एक जाति। २. पृथ्वी। ३. लक्ष्मी।

बला[२] स्त्री० [अ०] १. विपत्ति, आफत। २. दुख, कष्ट। ३. भूत-प्रेत या उनकी बाधा।
पद *बला का*=घोर, विकट।

बलाइ* स्त्री०=बला (आफत)।

बलाक पुं० [सं०] बगला।

बलाका स्त्री० [सं०] बगलों की पंक्ति।

बलाढ्य वि० [सं०] बलवान।

बलात् क्रि० वि० [सं०] बलपूर्वक, जबरदस्ती।

बलात्कार पुं० [सं०] १. किसी स्त्री के साथ किया जानेवाला उसकी इच्छा के विरुद्ध, बलपूर्वक सम्भोग। २. घोर दुरुपयोग।

बलात्कारी वि०, पुं० [सं० बलात्कार+हिं ई(प्रत्य०)] बलात्कार करनेवाला।

बलाधिकृत पुं० [सं०] प्राचीन भारत में किसी राज्य के सेना-विभाग का प्रधान अधिकारी और राजमन्त्री।

बलाय स्त्री० दे० 'बला'।

बलाह पुं० [सं० वोल्लाह] वह घोड़ा जिसकी गरदन और दुम पीली हो, बुलाह।

बलवाहक पुं० [सं०] मेघ, बादल।

बलाग पुं० [अ० बलाग़] सीमा, पराकाष्ठा।

बलि[१] पुं० [सं०] १. राजकर। २. उपहार, भेंट। ३. पूजा की सामग्री। ४. नैवेद्य, भोग। ५. किसी देवता के नाम पर मारा जानेवाला पशु।
मुहा० *बलि का बकरा*=वह व्यक्ति जिसे दूसरे के अपराध या दोष के दंड का भागी बनना पड़े। *बलि चढ़ना*=(क) किसी देवता के नाम पर मारा जाना। (ख) किसी के लिए भारी हानि सहना। *बलि जाना*=निछावर होना।
विस्मयादि० एक संबोधन। (विशेषत: स्त्रियों में प्रचलित, जिसका अर्थ होता है—मैं तुम पर बलि या निछावर जाऊँ)।

बलि[२] * स्त्री० [सं० बला=छोटी बहन] सहेली।

बलिछाग| पुं० बलि का बकरा।

बलित* वि० [हिं० बलि] १. जिसका बलिदान हुआ हो। २. मारा हुआ, हत।
*वि० दे० 'वलित'।

बलिदान पुं० [सं०] [वि० बलिदानी] १. देवी-देवता के उद्देश्य से बकरे आदि पशु काटकर मारना। २. किसी उच्च उद्देश्य के लिए प्राण देना।

बलिदानी वि० [सं० बलिदान] जो अपने को बलिदान करने के लिए प्रस्तुत हो, जैसे बलिदानी जत्था।

बलिपशु पुं० [सं० बलि+पशु] वह पशु जो देवता के लिए बलि चढ़ाया जाए।

बलिया| वि० [हिं० बल] बलवान।

बलिष्ठ वि० [सं०] [भाव० बलिष्ठता] बलवान।

बलिष्ठता स्त्री० [सं०] बलिष्ठ होने की अवस्था या भाव।

बलिहारना* स० [हिं० बलि] निछावर करना।

बलिहारी स्त्री० [सं० बलि+हारना] प्रेम, श्रद्धा आदि के कारण अपने आपको किसी के अधीन या किसी पर निछावर कर देने की क्रिया या भाव।
मुहा० *बलिहारी जाना*=निछावर होना।

बली वि० [सं० बलिन्] बलवान।
पुं० गैंडा नामक जंगली जानवर।

बलीमुख* पुं० बन्दर।

बलीयस् वि० [सं०] [स्त्री० बलीयसी] बहुत अधिक बलवान।

बलु* योज० दे० 'बरु'।

बलुआ वि० [हिं० बालू] [स्त्री० बलुई] दे० 'रेतीला'।

बलुआहा| वि० [स्त्री० बलुआही] रेतीला।

बलूची पुं० दे० 'बलोच'।

बलूला* पुं०=बुलबुला।

बलै* [सं० बलय] कंगन।

बलैया स्त्री० [अ० बला] बला, विपत्ति।
मुहा० *(किसी की) बलैया लेना*=किसी की बला, रोग या कष्ट अपने ऊपर लेने की कामना प्रकट करना।

बलोच पुं० [?] एक जाति जिसके नाम पर उसके देश का नाम बलोचिस्तान पड़ा है।

बलोतरा पुं० [?] एक प्रकार का घोड़ा।

बल्कि योज० [फा०] १. अन्यथा, इसके विरुद्ध, प्रत्युत। २. अच्छा यह कि।

बल्के* योज०=बल्कि।

बल्देव* पुं० दे० 'बलदेव'।

बल्मीक पुं० १. दे० 'वल्मीकि'। २. दे० 'वाल्मीकि'।

बल्लम पुं० [सं० बल, हिं० बल्ला] १. सोंटा, डंडा। २. वह सुनहला या रुपहला डंडा जिसे चोबदार बड़े आदमियों के आगे लेकर चलते हैं। ३. बरछा।

बल्लम-टेर पुं० [?] दे० 'स्वयंसेवक'।

बल्लवी* स्त्री० [सं० वल्लभा] १. प्रेयसी। २. गोपी।

बल्ला पुं० [सं० बल] [स्त्री० अल्पा० बल्ली] १. लम्बा, मोटा और बड़ा शहतीर या डंडा। २. गेंद खेलने का लकड़ी का एक विशेष आकार-प्रकार का डंडा।

बल्लेबाज पुं० [हिं० बल्ला+फा० बाज़] क्रिकेट का वह खिलाड़ी जो बल्ले से रन बनाता हो।

बल्लेबाजी स्त्री० [हिं० बल्लेबाज] १. बल्ले से गेंद पर प्रहार कर रन बनाने का काम। २. रन बनाने की पारी।

बवंडर पुं० [सं० वायु+मंडल] १. चक्कर की तरह घूमती हुई हवा, चक्रवात। २. आँधी, तूफान।

बवधूरा* पुं० दे० 'वमन'।

बवना* स० दे० 'बोना'।
अ० छितराना, बिखरना।

बवासीर स्त्री० [अ०] एक रोग जिसमें गुदेंद्रिय में मस्से निकलते हैं, अर्श।

बसंत पुं०=वसंत।

बसंती वि० [हिं० बसंत] १. बसन्त ऋतु का, बसन्त ऋतु में होनेवाला। २. पीले रंग का।

बसंदर पुं० [सं० वैश्नावर] अग्नि, आग।

बस[१] क्रि० वि० [फा०] १. और नहीं, और अधिक नहीं। २. इतना बहुत है।
मुहा० *बस करना*=कार्य या क्रिया रोक देना।

बस[२] पुं० [सं० वश] बल, जोर, ताकत।
मुहा० *बस चलना*=शक्ति या सामर्थ्य का ठीक तरह से पूरा काम करना।

बस[३] स्त्री० [अं०] एक प्रकार की बड़ी और लम्बी मोटर गाड़ी जो प्राय: किराए के यात्रियों को नगरों में एक स्थान से दूसरे स्थान तक पहुँचाती है।

बसचालक पुं० [अं०+सं०] बस का चालक।

बसति, बसती* स्त्री० दे० 'बस्ती'।

बसन[१] पुं० [सं० वसन] वस्त्र।

बसन[२] पुं० [सं० वसन] निवास, मकान।

बसन-रदन* पुं० [सं० बसन+रदन] होंठ, ओठ।

बसना[1] अ० [सं० वसन] १. जीवन बिताने के लिए (व्यक्ति का) कहीं निवास करना, रहना। २. (स्थान का) निवासियों से युक्त होना, आबाद होना।

मुहा० *घर बसना*=घर में स्त्री और बाल-बच्चे होना।

३. आकर रहना, टिकना।

मुहा० *मन में बसना*=बहुत प्रिय होने के कारण ध्यान में बना रहना।

पुं० वह कपड़ा जिसमें कागज-पत्र, बही-खाते आदि बाँधकर रखे जाते हैं, बस्ता। (कोठीवाल)

बसना[2] अ० [सं० वेशन] बैठना।

बसना[3] अ० [हिं० वास=गंध] बास या सुगन्ध से युक्त होना।

बसनि* स्त्री० [हिं० बसना] निवास।

बसनी स्त्री० [सं० वसन] वह जालीदार लम्बी थैली जो रुपए भरकर कमर में बाँधी जाती है, हिमयानी।

बसपा स्त्री० 'बहुजन समाज पार्टी' का संक्षिप्त रूप।

बस-यात्रा स्त्री० [अं०+सं०] बस में की जानेवाली यात्रा।

बस-यात्री पुं० बस का यात्री।

बसर पुं० [फा०] गुजर, निर्वाह।

बसवार पुं० [सं० वास=गंध] छौंक, बघार।

बसवास* पुं० दे० 'बसोवास'।

बसाँधा वि० [हिं० बास] बसाया या बासा हुआ, सुगन्धित किया हुआ।

बसा स्त्री० [सं० वरट] भिड़, बर्रें।

बसात* स्त्री०=बिसात।

बसाना[1] स० [हिं० बसना] १. बसने या रहने के लिए जगह देना या प्रवृत्त करना। २. आबाद करना।

मुहा० *घर बसाना*=विवाह करके सुखपूर्वक रहने का प्रबन्ध करना।

३. रहने का स्थान देना, टिकाना, ठहराना, उदा० सुनि कै सुक सो हृदय बसायौ। -सूर।

*अ० बसना, रहना।

बसाना[2]* स० [सं० वेशन] १. बैठाना। २. रखना।

बसाना[3]* अ० [हिं० वश] कुछ कर सकने में समर्थ होना, जोर या वश चलना, उदा० तासों कहा बसाई। -केशव।

बसाना[4] अ० [हिं० वास] गन्ध से युक्त होना।

स० गन्ध, विशेषतः सुगन्ध से युक्त करना, जैसे फूलों से तेल बसाना।

बसाहट स्त्री० [हिं० बसन+आहट] (स्थान के) बसे हुए होने की अवस्था या भाव।

बसिऔरा पुं० [हिं० बासी] १. वह दिन जिसमें बासी भोजन खाए जाते हैं, बासी। २. बासी भोजन।

बसिया* स्त्री०=वंशी (मुरली)।

बसियाना स०=बसाना।

बसीकत, बसीगत* स्त्री० [हिं० बसना] १. बसने की क्रिया या भाव, रहन। २. बस्ती, आबादी।

बसीकरन* पुं०=वशीकरण।

बसीकृत* वि०=वशीकृत।

बसीठ पुं० [सं० अवसृष्ट] [भाव० बसीठी] समाचार ले जानेवाला दूत।

बसीठी स्त्री० [हिं० बसीठ] बसीठ का काम, भाव या पद, दूतत्व।

बसीतना* अ०=बसना।

बसीता* पुं० [हिं० बसना] १. निवास। २. निवासस्थान। ३. मनुष्यों की बस्ती।

बसीना* पुं० [हिं० बसना] वास, निवास।

बसीला* वि० [हिं० वास] १. बास से युक्त। २. सुगंधित।

बसु* पुं० [सं० वसु] १. रत्न। २. धन। ३. आठ वसुओं में से कोई एक।

*स्त्री० (आठ वसुओं के आधार पर) अष्टमी।

बसुधा स्त्री०=वसुधा (पृथ्वी)।

बसूला पुं० [सं० बासि] [स्त्री० अल्पा० बसूली] लकड़ी गढ़ने का बढ़इयों का एक औजार।

बसेरा पुं० [हिं० बसना] १. ठहरने या टिकने की जगह।

मुहा० *बसेरा देना*=रहने के लिए स्थान या आश्रय देना। *बसेरा लेना*=विश्राम के लिए ठहरना या रहना।

२. वह जगह जहाँ पक्षी रात बिताते हैं। ३. बसनेवाला, निवासी।

बसेरी* वि० [हिं० बसेरा] १. बसेरा लेनेवाला। २. रहनेवाला, निवासी।

बसैया* वि० [हिं० बसेरा] १. बसेरा लेनेवाला। २. रहनेवाला, निवासी।

बसोवास* पुं० [हिं० बास+आवास] रहने की ठीक जगह, निवासस्थान।

बसौंधी| स्त्री० दे० 'रबड़ी'।

बस्ता पुं० [फा०] १. वह कपड़ा जिसमें पुस्तकें, बहियाँ आदि बाँधी जाती हैं, बेठन, बसना। २. इस प्रकार बाँधी हुई पुस्तकें या कागज आदि।

बस्ती स्त्री० [सं० वसति] १. वह स्थान जहाँ कुछ लोग घर बनाकर रहते हों, आबादी। २. रखी हुई स्त्री, उपपत्नी, रखेली।

बस्साना अ० [सं० वास] सड़ने आदि के कारण दुर्गन्ध से युक्त होना।

बहँगी स्त्री० [सं० विहंगिका] बोझ ढोने के लिए वह ढाँचा, जिसमें लकड़ी के दोनों ओर बड़े छींके लटके रहते हैं, काँवर।

बहक स्त्री० [हिं० बहकना] १. बहकने की क्रिया या भाव। २. बेसिर-पैर की बात, ऊलजलूल बात, बकवाद।

बहकना अ० [हिं० बहना] १. उचित व्यवहार छोड़कर दूसरी ओर जा पड़ना, पथभ्रष्ट होना। २. ठीक रास्ते पर न जाकर भूल से दूसरी ओर जा पड़ना। ३. किसी प्रकार के मद या आवेश में चूर होना।

मुहा० *बहकी बहकी बातें करना*=पागलों की-सी या बढ़ी-चढ़ी बातें करना।

बहकाना स० [हिं० बहकना] १. किसी को ठीक रास्ते से हटाकर धोखे से गलत रास्ते पर ले जाना। २. लक्ष्य से हटाकर इधर-उधर करना। ३. दे० 'बहलाना'।

बहतोल* स्त्री० [हिं० बहना] पानी बहने की नाली।

बहन[1] स्त्री० [सं० भगिनी] १. (भाई के लिए उसकी) माता की कन्या। २. चाचा, मामा, बुआ आदि की लड़की। ३. समवयस्क स्त्री के लिए सम्बोधन।

बहन[2] पुं० [सं० वहन, हिं० बहना] झोंका।

बहना अ० [सं० वहन] १. द्रव-पदार्थ का निचले स्तर की ओर चलना, प्रवाहित होना।

मुहा० *बहा फिरना या बहे फिरना*=दुर्दशा भोगते हुए भटकना, मारा-मारा फिरना, उदा० कब लगि फिरिहैं दीन बह्यौ। -सूर। *बहती गंगा में हाथ धोना*=किसी अवसर से सहज में लाभ उठाना।

२. पानी की धारा में पड़कर निरन्तर उसके साथ चलना। ३. निरन्तर रस के रूप में निकलना । ४. (हवा) चलना। ५. दुर्दशाग्रस्त होकर इधर-उधर घूमना, मारा-मारा फिरना। ६. कुमार्गी या आवारा होना। ७. गर्भपात होना। (चौपायों के लिए) ८. (रुपया आदि) नष्ट हो जाना। ९. निर्वाह होना। स० १. कोई चीज अपने ऊपर लाद या खींचकर ले चलना, ढोना। २. किसी प्रकार का भार अपने ऊपर लेना, वहन करना, उदा० कबहुँक भार बहौं। -सूर। ३. धारण करना।

बहनापा पुं० [हिं० बहन+आपा(प्रत्य०)] १. बहन का जोड़ा या माना हुआ सम्बन्ध। २. बहनों का सा।

बहनी[1]* स्त्री० [सं० वह्नि] आग, पावक।

बहनी[2] स्त्री० [सं० भगिनी] बहन।

बहनु* पुं० [सं० वाहन] सवारी।

बहनेली स्त्री० [हिं० बहन+एली(प्रत्य०)] १. वह जिसके साथ बहन का नाता लगाया जाए। २. बहन की तरह मानी जानेवाली कोई समवयस्क स्त्री, सखी, सहेली। (स्त्रियाँ)

बहनोई पुं० [हिं० बहन] बहन का पति।

बहनोली स्त्री० [हिं० बहन] दे० 'बहनेली'।

बहबहा पुं० [हिं० बहना] १. व्यर्थ इधर-उधर मारे-मारे फिरने का भाव, आवारापन। २. उपद्रव, नटखटी, शरारत। वि०=बहेतू।

बहबूद| वि०=बहादुर।

बहबूदी| स्त्री०=बहादुरी।

बहरहाल क्रि० वि० [फा०] फिर भी, तो भी।

बहरा वि० [सं० बधिर] [स्त्री० बहरी, भाव बहरापन] १. जिसे कान से सुनाई न पड़े या कम सुनाई पड़े। २. जो किसी की सुनता न हो।

बहराना[1] स० [हिं० भुलाना] १. बहलाना। २. बहकाना।

बहराना[2] पुं० [हिं० बाहर] शहर या बस्ती का बाहरी भाग। स० १. बाहर की ओर करना या ले जाना। २. अलग करना।

बहरावन* पुं० [हिं० बहलाना] बहलाने की क्रिया या भाव।

बहरियाना| स०=बाहर करना।

बहरी स्त्री० [अ०] एक शिकारी चिड़िया या बाज। वि०=बाहरी।

बहरी अलंग स्त्री० दे० 'बहरी तरफ'।

बहरी तरफ स्त्री० [हिं० बाहरी+अ० तरफ़] नगर के बाहर का वह एकान्त और रमणीक स्थान जहाँ लोग प्रायः सैर-सपाटे के लिए जाते हैं।

बहल| स्त्री० दे० 'बहली'।

बहलना अ० [हिं० बहलाना] [भाव० बहलाव] १. चिन्ता या दुख की बात भूलकर चित्त का दूसरी ओर लगना। २. मनोरंजन होना। ३. भुलावे में आना।

बहलवान| पुं० [हिं०] बहल या बहली हाँकनेवाला।

बहलाना स० [हिं० भूलना] १. इधर-उधर की बातें करके चिन्तित या दुखी व्यक्ति का मन दूसरी ओर ले जाना। २. चित्त प्रसन्न करना। ३. बातों में लगाकर भुलावा देना, बहकाना।

बहली स्त्री० [सं० वाह्याली या वह्याली] रथ की तरह की एक बैल-गाड़ी।

बहल्ल* पुं० [हिं० बहलना=प्रसन्न होना] १. आनन्द। २. प्रेमी, प्रिय।

वि० १. मन बहलानेवाला या प्रसन्न करनेवाला। २. सुखद।

बहस स्त्री० [अ०] १. किसी की बातें सुनते हुए उनके उत्तर देना। २. तर्क-वितर्क, विवाद।

बहसना* अ० [अ० बहस+हिं० ना (प्रत्य०)] तर्क-वितर्क या विवाद करना।

बहा पुं० [हिं० बहना] १. पानी का नाला। २. छोटी नहर।

बहुत-सा वि० [हिं०] परिमाण में बहुत अधिक।

बहुत-से वि०(बहु०) [हिं०] मात्रा में अधिक।

बहाऊ वि० [हिं० बहाना+ऊ(प्रत्य०)] १. बहानेवाला। २. बहा देने योग्य। ३. नष्ट या विकृत करनेवाला। ४. व्यर्थ धन नष्ट करनेवाला, अपव्ययी।

बहादुर वि० [तु० बहादर से फा०] [भाव० बहादुरी] १. वीर, पराक्रमी। २. शूरवीर, योद्धा।

बहादुराना वि० [फा०] बहादुरों का-सा, वीरोचित, वीरतापूर्ण।

बहादुरी स्त्री० [फा०] १. वीरता, शौर्य। २. दिलेरी।

बहाना[1] स० [हिं० बहना] १. द्रव पदार्थ को नीचे की ओर जाने में प्रवृत्त करना, प्रवाहित करना। २. पानी की धारा में डाल या छोड़ देना। ३. (हवा) चलाना। ४. व्यर्थ व्यय करना, गँवाना, लुटाना। ५. कम मूल्य पर बेचना।

बहाना[2] स० [हिं० बाहना] बाहने का काम दूसरे से कराना।

बहाना[3] पुं० [फा० बहानः] १. अपना बचाव करने या कोई उद्देश्य सिद्ध करने के लिए कही हुई झूठी बात, मिस, हीला। २. नाम मात्र का कारण, तुच्छ निमित्त।

बहार स्त्री० [फा०] १. वसन्त ऋतु। २. आनन्द, मज़ा, मौज। ३. रमणीयता।

बहाल वि० [फा०] [भाव० बहाली] १. अपने स्थान पर फिर से या पूर्ववत् स्थित, पुनर्नियुक्त। २. भला-चंगा, स्वस्थ।

बहाला पुं०, वि० दे० 'बहल्ला'।

बहाली[१] स्त्री० [फा०] १. किसी पद या स्थान पर बहाल या नियुक्त होना। २. फिर से अपने पद या स्थान पर नियुक्त किया जाना, पुनर्नियुक्ति।

बहाली[२] स्त्री० [हिं० बहलाना] बहाना, मिस।

बहाव पुं० [हिं० बहना+आव (प्रत्य०)] १. बहने की क्रिया या भाव, प्रवाह। २. बहता हुआ पानी। ३. प्रबल वेग या प्रवृत्ति।

बहिक्रम* पुं० [सं० वयःक्रम] वय, अवस्था, उम्र।

बहिन स्त्री०=बहन।

बहियाँ* स्त्री०=बाँह।

बहिया † स्त्री०=बहाव।

बहिरंग वि० [सं० बहिर्+अंग] बाहर का, बाहरी।

बहिर* वि०=बहरा।

बहिरति* स्त्री० बाह्यरति।

बहिर्गत वि० [सं०] १. जो बाहर निकला या आया हो। २. बाहरी।

बहिर्जगत, बहिर्जगत् पुं० [सं०] बाहरी या दृश्य जगत।

बहिर्मुख (-खिन्) वि० [सं०] १. जिसका मुँह बाहर की ओर हो। २. विमुख, विपरीत।

बहिर्रति स्त्री० [सं०] दे० 'बाह्यरति'।

बहिर्लापिका स्त्री० [सं०] वह पहेली जिसमें उसके उत्तर का शब्द उसकी पदयोजना में न हो, 'अंतर्लापिका' का विपर्याय।

बहिला† स्त्री०=बाँझ।

बहिश्त पुं० [फा० बिहिश्त] स्वर्ग।

बहिष्करण पुं० [सं०] बहिष्कार।

बहिष्कार पुं० [सं०] [वि० बहिष्कृत] १. बाहर करना, निकाल देना। २. किसी विषय में किसी से मतभेद होने पर विरोध या असन्तोष प्रकट करने के लिए तब तक के लिए उससे सम्बन्ध छोड़ देना जब तक वह ठीक रास्ते पर न आ जाए। (बॉयकॉट)

बहिष्कृत वि० [सं०] [भाव० बहिष्कृति] १. बाहर किया या निकाला हुआ। २. छोड़ा या त्यागा हुआ।

बही स्त्री० [हिं० बँधी ?] हिसाब किताब लिखने की (विशेषतः लम्बी) पुस्तक।

बही-खाता पुं० [हिं० बही+खाता] वे सब बहियाँ जिनमें लेन-देन, क्रय-विक्रय आदि से सम्बन्ध रखनेवाले सब लेखे या हिसाब लिखे जाते हैं।

बहीर[१] स्त्री० [फा०] १. सेना के साथ चलनेवाले नौकर-चाकर, दुकानदार आदि। २. सेना की सामग्री।

बहीर[२] स्त्री०=भीड़।

बहीर[३] क्रि० वि०=बाहर।

बहु वि० [सं०] अनेक, बहुत।

बहु-अर्थी वि० [सं०] जिसके बहुत अर्थ हों।

बहुआयामी वि० [सं० बहु+आयाम] १. अत्यधिक विस्तार-वाला। २. अनेक पक्षों से सम्बद्ध, व्यापक।

बहुकोणीय वि० [सं०] १. अनेक कोणों वाला। २. अनेक दृष्टियों से होनेवाला।

बहुचर्चित वि० [सं० बहु+चर्चित] जिसकी बहुत अधिक चर्चा हो रही हो या हुई हो।

बहुद्देशीय, बहु-उद्देशीय वि० [सं० बहु+उद्देश्य] १. जिसके अनेक उद्देश्य हों। २. अनेक उद्देश्यों को ध्यान में रखकर किया जानेवाला।

बहुकालिक वि० [सं०] दीर्घकालीन।

बहुज्ञ वि० [सं०] बहुत-सी बातें जाननेवाला, बड़ा जानकार।

बहुत वि० [सं० बहुतर] १. संख्या या गिनती में अधिक, अनेक। २. मात्रा या परिमाण में अधिक। ३. यथेष्ट, पर्याप्त, काफी।

पद *बहुत अच्छा*=ठीक है, ऐसा ही होगा। *बहुत करके*=सम्भवतः। *बहुत-कुछ*=यथेष्ट। *बहुत खूब*=बहुत अच्छा।

पुं० बहु० बहुत से लोग; जैसे-बहुतों का हृदय संकीर्ण होता है।

क्रि० वि० अधिक परिमाण में, ज्यादा।

बहुतक* वि०=बहुतेरा।

बहुत-कुछ वि०, पुं० बहुत से कुछ कम, सब-कुछ से कम, यथेष्ट; जैसे-दहेज में उन्होंने बहुत-कुछ दिया था।

बहुतायत स्त्री० [हिं० बहुत] अधिकता, प्रचुरता।

बहुतेरा वि० [हिं० बहुत] बहुत-सा, अधिक।

क्रि० वि० बहुत अधिक या अनेक प्रकार से, जैसे—मैंने उसे बहुतेरा समझाया पर वह माना नहीं।

बहुत्व पुं० [सं०] संख्या, मात्रा या परिमाण में बहुत होने का भाव, अधिकता, बहुतायत।

बहुदर्शी (-र्शिन्) वि० [सं०] जिसने बहुत-कुछ देख लिया हो, जिसे संसार की रीतियों, व्यवहारों का अच्छा अनुभव हो।

बहुदेशीय वि० [सं०] जिसमें बहुत से देश या उनके लोग सम्मिलित हों।

बहुधंधी वि० [हिं० बहु (बहुत)+धंधा] [भाव० बहुधंधीपन] जो कई काम एक साथ कर रहा हो।

बहुधर्मी वि० [सं० बहु+धर्म] बहुत धर्मों वाला जिसमें अनेक धर्मों वाले लोग बसे हों।

बहुधा[१] क्रि० वि० [सं०] प्रायः, अक्सर।

बहुधा[२]* स्त्री०=वसुधा।

बहुपठित वि० [सं०] जिसने बहुत अध्ययन किया हो, विद्वान।

बहुप्रचलित वि० [सं० बहु+प्रचलित] जो बहुत अधिक प्रचलन में हो।

बह-पक्षीय वि० [सं०] अनेक पक्षों, दलों, राष्ट्रों आदि के बीच होनेवाला; जैसे-बहु-पक्षीय, शांति-संधि।

बहुबारिख* वि० [सं० बहुवार्षिक] १. जो बहुत वर्षों से अस्तित्व में हो। २. पुराना। ३. बड़ा या बृहत्।

बहुभात पुं० एक प्रथा जिसमें नवविवाहिता के हाथ का बना भोजन परिजनों को खिलाते हैं।

बहुभाषाविद् पुं० [सं०] जिसे बहुत-सी भाषाओं का ज्ञान हो।

बहुभाषिक वि० [सं०] बहुत-सी भाषाओं से संबद्ध।

बहुभाषी (-षिन्) वि० [सं०] १. बहुत-सी भाषाएँ जानने, समझने तथा बोलनेवाला। २. विभिन्न भाषाएँ बोलनेवाले।

बहुभुज पुं०[सं०] अनेक भुजाओंवाला क्षेत्र।

बहुमत पुं० [सं०] १. किसी वर्ग या समूह के आधे से अधिक लोगों का मत। २. किसी वर्ग या समूह के आधे से अधिक वे लोग जिनकी समान विचारधारा हो। (मेजारिटी)

बहुमान पुं० [सं०] अत्याधिक सम्मान।

बहुमूत्र पुं० [सं०] बहुत अधिक और बार-बार पेशाब होने का रोग।

बहुमूल्य वि० [सं०] १. जिसका मूल्य बहुत अधिक हो, कीमती। २. जिसका महत्त्व अत्यधिक हो, मूल्यवान।

बहुरंग* वि०=बहुरंगा।
पुं०=बहुरूपिया।

बहुरंगा वि० [हिं० बहु+रंग] अनेक रंगोंवाला, रंग-बिरंगा।

बहुरंगी वि०, पुं०=बहुरूपिया।

बहुरना अ० [सं० व्याघुट, प्रा० बाहुड़+ना (प्रत्य०)] वापस आना, लौट आना, लौटना।

बहुराना* स० [हिं० बहुरना] वापस भेजना।
अ० वापस आना।

बहुरि* क्रि० वि० [हिं० बहुरना] १. फिर, पुनः। २. बाद, पीछे।

बहुरिया| स्त्री० [सं० वधूटिका] नई बहू।

बहुरूपिया पुं० [सं० बहु+रूप+हिं० इया(प्रत्य०)] १. वह जो तरह-तरह के रूप धारण कर लोगों को चकित करता हो और उनसे भिक्षा प्राप्त कर निर्वाह करता हो। २. भेष बदलने में माहिर।

-बहुल वि० [सं०] [स्त्री० बहुला] से परिपूर्ण; जैसे प्रमाण बहुला शैली।

बहुलता स्त्री० [सं०] १. अधिकता। २. फालतूपन, व्यर्थता।

बहुलवाद पुं० [सं०] यह सिद्धांत कि अनेक धर्मों के लोग एक साथ एक देश में रह सकते हैं। (प्लुरलिज़्म)

बहुलवादी (-दिन्) पुं० [सं०] बहुलवाद का समर्थक।
वि० बहुलवाद-सम्बन्धी।

बहुवचन पुं० [सं०] व्याकरण में, संज्ञा, सर्वनाम, विशेषण अथवा क्रिया का वह रूप जो दो या दो से अधिक व्यक्तियों, वस्तुओं व्यापारों आदि को सूचित करता हो।

बहुवचनीय वि० [सं०] १. बहुवचन-सम्बन्धी। २. बहुवचन के रूप में होनेवाला।

बहुवर्षी वि० [सं०] जिसकी अवधि या जीवनकाल अनेक वर्षों का हो।

बहुविद् वि० [सं०] दे० 'बहुज्ञ'।

बहुविदित वि० [सं० बहु+विदित] जिसकी जानकारी बहुत से लोगों को हो।

बहुविध वि० [सं०] अनेक प्रकार का।

बहुविधावादी वि०, पुं० [सं०] अनेक विधाओं को मानने या स्वीकार करनेवाला।

बहुविवाह पुं० [सं०] एक पुरुष का कई स्त्रियों के साथ अथवा एक स्त्री का कई पुरुषों के साथ विवाह करना। (पॉलिगैमी)

बहुव्रीहि पुं० [सं०] व्याकरण में दो या अधिक पदों के मेल से बननेवाला समस्त पद जो किसी दूसरे पद का विशेषण होता है।

बहुशः वि० [सं०] बहुत, अधिक।
क्रि० वि० १. प्रायः। २. बहुत प्रकार से।

बहुश्रुत वि० [सं०] [भाव० बहुश्रुतत्व] जिसने बहुत-सी बातें सुनी हों, अच्छा जानकार।

बहुसंख्यक वि० [सं०] १. गिनती में बहुत। २. जो दूसरों की अपेक्षा या तुलना में गिनती में अधिक हो।

बहुस्तरीय वि० [सं०] अनेक स्तरोंवाला।

बहू स्त्री० [सं० वधू] १. लड़के की स्त्री, पुत्रवधू। २. पत्नी, स्त्री। ३. दुलहिन।

बहूटी* स्त्री० १. बहू (उपेक्षा-सूचक)। २. बीर-बहूटी।

बहूपयोगी वि० [सं० बहु+उपयोगी] अत्यधिक उपयोगी।

बहेड़ा पुं० [सं० विभीतक, प्रा० बहेड़अ] एक जंगली पेड़ जिसके फल दवा के काम आते और 'त्रिफला' के अन्तर्गत होते हैं।

बहेतू वि० [हिं० बहना] १. मनमाने ढंग से चारों तरफ घूमनेवाला। २. इधर-उधर मारा-मारा फिरनेवाला व्यक्ति। ३. मुफ्त में या बिना परिश्रम मिलनेवाला (धन या पदार्थ)।

बहेरी* स्त्री० दे० 'बहाना' (मिस, हीला)।

बहेला* वि० [?] [स्त्री० बहेली] प्रिय, प्यारा।

बहेलिया पुं० [सं० वध+हेला] पशु-पक्षियों को फँसाने या मारने का काम करनेवाला, चिड़ीमार।

बहोर* पुं० [हिं० बहुरना] 'बहुरना' का भाव, फेरा, चक्कर।

बहोरना स० [हिं० बहुरना] गए हुए को फिर पहले या पुराने स्थान पर ले आना, लौटाना।

बहोरि* क्रि० वि० [सं० मुहुर्] पुनः, फिर।

बाएँ क्रि० वि० [हिं० बायाँ] बाईं तरफ, बाएँ हाथ की तरफ; जैसे—बाएँ चले जाओ।

बाएँ, के सम्बन्धबोध० की बाईं तरफ; जैसे—हमारा घर मन्दिर के बाएँ है।

बाँक[1] स्त्री० [सं० बंक] १. बाँह पर पहनने का एक गहना। २. पैरों में पहनने का एक गहना। ३. कमान, धनुष। ४. एक प्रकार की छुरी।

बाँक[2] वि० [सं० वंक] १. टेढ़ा। २. बाँका-तिरछा।

बाँकड़ी स्त्री० [सं० वंक] बादले या कलाबत्तू का फीता।

बाँकडोरी स्त्री० [हिं० बाँक+डोरी] एक प्रकार का शस्त्र।

बाँकपन पुं० [हिं० बाँका+पन] १. 'बाँका' होने का भाव। २. छवि, शोभा।

बाँकरा* पुं० [सं० वंक] पुरानी चाल का एक प्रकार का हथियार, बंक।

बाँका वि० [सं० वंक या वक्र] १. टेढ़ा। २. सुन्दर और बना-ठना, छैला। ३. बहादुर।

पुं० वह सुन्दर बालक या नवयुवक जो शोभा के लिए खूब सजाकर बरातों आदि में घोड़े पर निकाला जाता है।

बाँका-तिरछा वि० बहुत बना-ठना और सुन्दर।

बाँकुड़ा* वि० दे० 'बाँकुरा'।

बाँकुरा* वि० [हिं० बाँका] १. बाँका, टेढ़ा। २. तेज धार का। ३. कुशल, चतुर।

बाँग स्त्री० [फा०] १. पुकार, चिल्लाहट। २. लोगों को मसजिद में नमाज के समय बुलाने के लिए मुल्ला की पुकार, अजान। ३. मुरगे का सबेरे बोलना।

बाँगड़ पुं० [देश०] हिसार, रोहतक और करनाल तथा इनके आस-पास का प्रदेश।

बाँगड़ू स्त्री० [हिं० बाँगड़] बाँगड़ प्रदेश की भाषा।

वि० उजड्ड, जंगली।

बाँगुर* पुं० [सं० वंक+गुण=टेढ़ी रस्सी] १. पाश, बन्धन। २. जाल, उदा० तुलसिदास यह बिपति बाँगुरो, तुमहिं सों बनै निबेरे। -तुलसी।

बाँचना¹* अ० [हिं० 'बचना' का पुराना रूप] १. बाकी रहना, बचना। २. संकट आदि से बचना, उदा० सुमिरत नाम द्रौपदी बाँची। -सूर।

स०=रक्षा करना, बचाना।

बाँचना² स० [सं० वाचन] पाठ करना, पढ़ना, जैसे चिट्ठी या पुस्तक बाँचना।

बाँछना* स० [सं० वांछा] १. इच्छा करना, चाहना। २. चुनना, छाँटना।

बांछा* स्त्री०=वांछा।

बांछी* पुं० [सं० वांछिन्] अभिलाषा करने या चाहनेवाला।

बाँझ स्त्री० [सं० बंध्या] [भाव० बाँझपन] वह स्त्री या स्त्री-जाति का पशु जिसे सन्तान होती ही न हो, बन्ध्या।

बाँट स्त्री० [हिं० बाँटना] बाँटने की क्रिया या भाव। २. भाग।

बाँटना स० [सं० वितरण] १. किसी चीज के कई भाग करके अलग-अलग रखना, लगाना या जमाना। २. हिस्सा या विभाग करके लोगों को देना, वितरण करना।

बाँटा-बटवरा† पुं० बँटवारा।

बाँटा पुं० [हिं० बाँटना] १. बाँटने की क्रिया या भाव। २. बाँटने पर मिलनेवाला भाग, हिस्सा।

मुहा० *बाँटे पड़ना*=हिस्से में आना।

३. बाजेवालों, भाँड़ों, सपरदाइयों आदि की परिभाषा में कहीं से मिले हुए पारिश्रमिक और पुरस्कार का सब लोगों में बाँटा जानेवाला अंश या हिस्सा।

बाँड़ा† वि० [देश०] १. दुमकटा। २. असहाय, दीन।

बाँदा स्त्री० [सं० वदाक] एक वनस्पति।

बाँदी स्त्री० [फा० बंदा] लौंडी, दासी।

बाँध पुं० [हिं० बाँधना] १. बाँधने की क्रिया या भाव। २. शोभा, दिखावे आदि के लिए ऊपर से बाँधी हुई चीज।

मुहा० *बाँध बाँधना*=आडम्बर रचना।

३. नदी या जलाशय का जल रोकने के लिए उसके किनारे बना हुआ मिट्टी, पत्थर आदि का धुस्स, पुश्ता, बन्द। ४. वह बन्धन जो किसी बात को रोकने या उसके आगे बढ़ने पर नियन्त्रण रखने के लिए लगाया जाता हो। (बार)

बाँधना स० [सं० बंधन] १. कसने या जकड़ने के लिए घेरकर रोकना। २. रस्सी, कपड़े आदि में लपेटकर उसमें गाँठ लगाना। ३. पकड़कर बन्द या कैद करना। ४. नियम, निश्चय आदि द्वारा किसी सीमा में रखना, पाबन्द करना। ५. मन्त्र आदि की सहायता से कोई काम होने से रोकना। ६. प्रेमपाश में बद्ध करना। ७. क्रम, व्यवस्था आदि ठीक या नियत करना। ८. नदी या जलाशय का पानी रोकने के लिए बाँध बनाना। ९. चूर्ण आदि को पिंड के रूप में लाना, जैसे—लड्डू या गोली बाँधना। १०. उपक्रम या योजना बनाना। ११. अस्त्र-शस्त्र आदि धारण करना।

बाँधनी-पौरि* स्त्री० [हिं० बाँधना+पौरि] पशुओं को बाँधकर रखने का स्थान, बाड़ा।

बाँधनूँ पुं० [हिं० बाँधना] १. पहले से ठीक की हुई योजना या विचार, उपक्रम, मन्सूबा। २. मनगढंत बात।

बांधव पुं० [सं०] १. भाई, बन्धु। २. रिश्तेदार, सम्बन्धी। ३. मित्र, दोस्त।

बाँधुआ वि०, पुं० दे० 'बँधुआ'।

बाँबी स्त्री० [सं० वल्मीक] १. दीमकों के रहने का मिट्टी का ढूह या भीटा। २. साँप का बिल।

बाँवना* स०=रखना।

बाँस पुं० [सं० वंश] एक प्रसिद्ध लम्बी, दृढ़ वनस्पति जिसके कांडों में जगह-जगह गाँठें होती हैं और जो छाजन, टोकरे आदि बनाने के काम आती है।

मुहा० *न रहे बाँस न बजे बाँसुरी*=झगड़े की जड़ का ही खात्मा।

बाँसपूर पुं० [हिं० बाँस+पूरना] एक प्रकार की बढ़िया महीन मलमल, जिसका पूरा थान बाँस के एक पोर में समा जाता हो।

बाँसली* स्त्री०=बाँसुरी।

बाँसा पुं० [सं० वंश=रीढ़] १. नथनों के ऊपर नाक के बीच की हड्डी। २. रीढ़ की हड्डी।

बाँसी* स्त्री०=बाँसुरी (मुरली)।

बाँसुरी स्त्री० [हिं० बाँस] बाँस का बना हुआ, मुँह से फूँककर बजाया जानेवाला एक प्रसिद्ध बाजा, वंशी।

बाँह स्त्री० [सं० बाहु] १. शरीर के ऊपरी भाग के उन दो अंगों में से हर एक जो कंधे से जुड़े होते हैं, भुजा, हाथ। २. गले में पहनने के कपड़ों का वह अंश जिसमें बाँहें रहती हैं, आस्तीन। ३. कुर्सी, सोफे आदि का वह अंग जिस पर हाथ रखे जाते हैं। ४. सहायक व्यक्ति; जैसे-यह व्यवस्थापक उस व्यापारी की बाँह है।

मुहा० *बाँह गहना या पकड़ना*=(क) किसी की सहायता करने का भार लेना। (ख) किसी को अपनाना। (ग) विवाह करना। *बाँह देना*=सहारा देना, उदा० सुख सोऊँ सुनि वचन तुम्हारे, देहु कृपा करि बाँह। -सूर।

बाँहदार वि० [हिं० बाँह+फा०दार] (कमीज, कुर्ता, कुर्सी, सोफा आदि) जिसकी बाँहें हों।

बाँह-पगार* पुं० [सं० बाहु+प्राकार] भुजा रूपी चहारदीवारी।

बा[1] पुं० [सं० वा=जल] जल, पानी।

बा[2] स्त्री० [फा० बार] बार, दफा।

स्त्री० दे० 'बाई'। (स्त्रियों का संबोधन)

बा-असर वि० [फा०] असरदार, प्रभावकारी।

बाइ* स्त्री० [सं० वापी] छोटा तालाब, बावली, उदा० अति अगाधु, अति औथरो, नदी, कूप, सरु, बाइ।—बिहारी।

बाइगी[1] स्त्री० [सं० वार्त्ता या हिं० बाई=वायु?] व्यर्थ की बकवाद, उदा० कौन बाइगी सुनैं, ताहि किन मोंहि बतायौ। —नन्ददास।

बाइगी[2]* पुं० [?] विष उतारनेवाला, गारुड़ी।

बाइज* पुं०=वाइज (धर्मोपदेशक)।

बाइबिल स्त्री० [अं०] ईसाइयों की एक मुख्य धर्म-पुस्तक।

बाइबिली वि० [अं० बाइबिल] बाइबिल-संबंधी।

बाइल* वि०=बावला।

बाइसिकिल स्त्री० [अं०] दो पहियों की एक प्रसिद्ध गाड़ी जो पैरों से चलाते हैं, साइकिल।

बाइपास सर्जरी स्त्री० [अं०] वह शल्यक्रिया जिसमें व्यक्ति के रक्त के प्रवाह का मार्ग हृदय के रुग्ण हिस्से से हटा-बढ़ा देते हैं।

बाई[1] स्त्री० [सं० वायु] त्रिदोषों में से वात नामक दोष, विशेष दे० 'वात'।

मुहा० *बाई चढ़ना*=(क) वायु का प्रकोप होना। (ख) आवेश या क्रोध के मारे पागल होना। *बाई पचना*=अभिमान का आवेश नष्ट हो जाना, घमंड टूटना।

बाई[2] स्त्री० [सं० वापी] छोटा तालाब, बावली।

बाउ* पुं०=वायु।

बाउर वि० [सं० वातुल] बावला, पागल।

बाएँ क्रि० वि० [हिं० बायाँ] बाईं ओर या तरफ।

बाक* पुं० [सं० वाक्य] बात, वचन।

बाकचाल* वि० दे० 'वाचाल'।

बाकना* अ० दे० 'बकना'।

बाकला पुं० दे० 'वल्कल'।

बाकसाहट पुं० [अं०] एक प्रकार की चट्टान जिसमें से अल्युमिनियम निकलता है।

बाका स्त्री० दे० 'वाचा'।

बाकायदे क्रि० वि० [फा० बाकाइदः] नियमानुसार।

बाकी वि० [अ० बाक़ी] १. जो बच रहा हो, अवशिष्ट, शेष। २. जो हिसाब करने पर निकले या बचा रहे।

स्त्री० १. बड़ी संख्या में से छोटी संख्या घटाने पर बची हुई संख्या। २. गणित में इस प्रकार घटाने की प्रक्रिया।

योज० लेकिन, परन्तु।

बाकीदार पुं० [अ०+फा०] वह जिसने समय पर अपना देन न चुकाया हो और इसीलिए जिसके जिम्मे कुछ पावना बाकी रह गया हो। (डिफॉल्टर)

बाकुल* पुं० दे० 'वल्कल'।

बाखरि* स्त्री० दे० 'बखरी'।

बाग[1] पुं० [अ० बाग़] १. वह स्थान जहाँ शोभा के लिए फूलों आदि के पेड़-पौधे लगे हुए हों, उद्यान, वाटिका। (गार्डेन) २. वह स्थान जहाँ फलों या इमारती लकड़ी प्राप्त करने के लिए पेड़ लगाए गए हों। (ग्रोव)

बाग[2] स्त्री० [सं० वल्गा] घोड़े की लगाम।

मुहा० *बाग मोड़ना*=किसी ओर घुमाना, प्रवृत्त करना या लगाना।

बागडोर स्त्री० [हिं० बाग+डोर] लगाम।

बागदार पुं० [अ० बाग़+फा० दार] वह जो किसी ऐसे बाग का मालिक हो, जिसके वृक्षों से फल, इमारती लकड़ी या इसी तरह की और चीजें मिलती हों। (ग्रोव होल्डर)

बागना[1]* [सं० वकन्] १. बाग में चलना-फिरना या टहलना। २. चलना, टहलना।

बागना[2] अ० [सं० वाक्] बोलना।

बागबाग वि० [फा० बाग़बाग़] बहुत खुश।

बागबान पुं० [फा० बाग़बान] [भाव० बागबानी] बगीचे में पेड़-पौधे लगाने और उनकी देख-रेख करनेवाला, माली।

बागबानी स्त्री० [फा० बाग़बानी] बगीचों में पेड़-पौधे लगाने और उनकी देख-रेख करने की विद्या या कला। (गार्डेनिंग)

बागर* पुं० [?] जाल, फंदा।

बागल* पुं० दे० 'बगला'।

बागा पुं० [देश०] १. अंगे की तरह का एक पुराना पहनावा, जामा। २. वस्त्र।

बागान पुं० [बं०] वह बड़ा क्षेत्र जिसमें विशिष्ट प्रकार की फसल तैयार होती हो, जैसे चाय बागान, नारियल बागान।

बागी पुं० [अ०] वह जो किसी के विरुद्ध विद्रोह करे, विद्रोही।

वि० बगावत पर उतरा हुआ; जैसे बागी सेना।

बागीचा पुं० [फा० बागचः] छोटा बाग।

बागुर, बागुल* पुं० [?] पशु-पक्षियों को फँसाने का जाल, फन्दा।

बागो* पुं०=बागा (वस्त्र)।

बाघंबर पुं० [सं० व्याघ्राम्बर] बाघ की खाल जो ओढ़ने-बिछाने के काम आती है।

बाघ पुं० [सं० व्याघ्र] शेर नामक जन्तु।

बाघी स्त्री० [देश०] एक प्रकार का फोड़ा जो गर्मी या आतश के रोगियों को जाँघ की सन्धि में होता है।

बाच* वि० [सं० वाच्य] १. वर्णन करने के योग्य, अच्छा। २. सुन्दर, बढ़िया।

बाचना अ० [हिं० बचना] बचना।

स० बचाना।

बाचा* वि० [सं० वाचा+बद्ध] जिसने कोई वचन दिया हो, प्रतिज्ञाबद्ध।

बाछा पुं० [सं० वत्स, प्रा० बच्छ] १. गौ का बछड़ा। २. बालक, लड़का।

बाज[1] पुं० [अ० बाज़] १. एक प्रसिद्ध बड़ी शिकारी चिड़िया। २. तीर के पीछे लगा हुआ पर।

बाज[2] प्रत्य० [फा० बाज़] एक प्रत्यय जो शब्दों के अन्त में लगकर रखनेवाला, व्यसनी, शौकीन या कर्ता आदि का अर्थ देता है, जैसे—बहानेबाज, नशेबाज।

बाज[3] वि० [फा०] वंचित, रहित।

मुहा० *बाज आना*=(क) जान-बूझकर वंचित या रहित होना, जैसे—हम ऐसे नफे से बाज आए। (ख) दूर रहना। *बाज रखना*=रोकना, मना करना।

बाज[4] क्रि० वि० [फा०] बिना, बगैर।

बाज[5] वि० [अ० बाज़] कोई-कोई, कुछ विशिष्ट; जैसे *बाज दफा*=कुछ अवसरों पर।

बाजा पुं० [सं० वादन] वह यन्त्र जिस पर आघात करके स्वर निकालते या ताल देते हैं, बजाने का यन्त्र, जैसे—मृदंग, करताल, सितार, तबला आदि।

वि० दे० 'बाज'

बाजा-गाजा पुं० अनेक प्रकार के बाजों का समूह।

बाजाब्ता क्रि० वि० [फा० बा+अ० ज़ाब्त:] [भाव० बाजाब्तगी] जाब्ते या नियम के अनुसार।

वि० जो जाब्ते या नियम के अनुकूल हो।

बाजार पुं० [फा० बाज़ार] [वि० बाजारी, बाजारू] १. वह स्थान जहाँ तरह-तरह की चीजों की दुकानें हों।

मुहा० *बाजार करना*=बाजार में जाकर चीजें खरीदना या बेचना। *बाजार गर्म होना*=किसी बात की बहुत अधिकता होना। *बाजार तेज होना*=सभी चीजों का मूल्य वृद्धि पर होना। *बाजार उतरना या मंदा होना*=किसी चीज का भाव या दाम घटना।

२. वह स्थान जहाँ किसी निश्चित समय, तिथि, वार या अवसर पर दुकानें लगती हों, हाट, पैंठ।

बाजारवाद पुं० [फा० बाजार+सं० वाद] यह विचारधारा की हर वस्तु, विचार अथवा क्रिया उत्पाद है और वह बिकाऊ है।

बाजारीकरण पुं० [फा० बाज़ार+सं० करण] वस्तुओं को बाजार में लाने तथा उन्हें लोकप्रिय बनाने के लिए विज्ञापन आदि करने की क्रिया या भाव।

बाजारू वि० [फा०] १. बाज़ार-सम्बन्धी, बाजार का। २. ऐसा साधारण, जैसा बाजार में हर जगह मिलता हो, मामूली। ३. बाजार में रहने या बैठनेवाला, जैसे बाजारी औरत।

बाजि* पुं० [सं० वाजिन्] १. घोड़ा। २. तीर। ३. चिड़िया।

वि० गमन करने या चलनेवाला।

बाजी[1] स्त्री० [फा० बाज़ी] १. ऐसी शर्त जिसमें हार-जीत होने पर कुछ धन लिया या दिया जाए, शर्त, बदान।

मुहा० *बाजी मारना/मार लेना*=किसी बात में जीतना। *बाजी ले जाना*=प्रतियोगिता में आगे बढ़ जाना या सफल होना। *बाजी हारना/हार जाना*=शर्त हार जाना।

२. आदि से अन्त तक कोई ऐसा पूरा खेल जिसमें हार-जीत हो या दाँव लगा हो। ३. दगाबाजी।

बाजी[2] पुं० [सं० वाजिन्] घोड़ा।

बाजीगर पुं० [फा० बाज़ीगर] [भाव० बाजीगरी] १. जादूगर। २. कसरत के खेल दिखानेवाला, नट।

बाजीगरी स्त्री० [फा०] बाजीगर का काम या खेल-तमाशा।

बाजु* पुं० [फा० बाज़ू] १. भुजा, बाँह। २. बाजूबन्द।

बाजू पुं० [फा० बाज़ू] १. बाँह। २. सहायक।

बाजूबंद पुं० [फा०] बाँह पर पहनने का एक गहना, भुजबन्द।

बाजूबीर* पुं० दे० 'बाजूबन्द'।

बाजे-बाजे| सर्व० [फा० बाज़-बाज़] कोई-कोई।

बाझ* क्रि० वि० [फा० बाज़] बगैर, बिना।

बाझन* स्त्री० [हिं० बझना=फँसना] १. बझने या फँसने की क्रिया या भाव। २. उलझन, पेंच। ३. बखेड़ा, झंझट।

बाझना* अ० दे० 'बझना'।

बाट[1] पुं० [सं० वर्त्म] मार्ग, रास्ता।

मुहा० *बाट करना*=नया रास्ता खोलना या निकालना, मार्ग बनाना। *बाट जोहना या देखना*=प्रतीक्षा करना, आसरा देखना। *(किसी को) बाट पड़ना*=पीछे पड़ना, तंग करने के लिए किसी के काम में बाधक होना। *(कहीं) बाट पड़ना*=डाका पड़ना, उदा० बाट परइ मोरि नाउ उड़ाई। -तुलसी। *(कहीं) बाट पारना*=डाका डालना।

बाट[2] पुं० [सं० वटक] १. चीजें तौलने का बटखरा। २. बट्टा।

बाटकी* स्त्री० दे० 'बटलोई'।

बाटना स० [हिं० बट्टा] पीसना, बटना।

स० दे० 'बटना'।

बाटिका स्त्री० [सं० वाटिका] छोटा बाग, बगीचा।

बाटी स्त्री० [सं० बटी] १. बड़ी गोली, पिंडी। २. उपलों पर सेंक कर बनाई जानेवाली एक प्रकार की गोल रोटी।

स्त्री० दे० 'कटोरी'।

बाठी* वि० [?] शरारती।

बाड़* स्त्री० दे० 'बाढ़'।

बाड़व पुं० दे० 'बड़वानल'।

बाड़ा पुं० [सं० वाट] १. चारों ओर से घिरा हुआ बड़ा मैदान। २. पशुशाला।

बाड़ी स्त्री० [सं० बारी] बाटिका।

बाढ़[1] स्त्री० [हिं० बढ़ना] १. बढ़ने की क्रिया या भाव, बढ़ाव, वृद्धि। २. अधिक पानी बरसने के कारण नदी या तालाब के जल का अपनी नियत या साधारण सीमा से बढ़कर इधर-उधर फैलना, जल-प्लावन, सैलाब (फ्लड)। ३. किसी चीज, बात या काम में होनेवाली बहुत अधिकता, प्रचुरता, भरमार, जैसे- आज-कल समाचार-पत्रों की बाढ़ आ गई है। ४. बन्दूक या तोप छूटना।

मुहा० *बाढ़ दगना*=बन्दूकों या तोपों से गोलियों या गोलों का लगातार छूटना या उनके छूटने का खाली शब्द होना।

५. रक्षा आदि के लिए मार्ग में खड़ी की जानेवाली किसी प्रकार की रुकावट, परिधि। (बेरियर)

मुहा० *बाढ़ रूँधना*= काँटेदार झाड़ियों या ईंटों, मिट्टी आदि से आने-जाने का मार्ग बन्द करना।

६. एक प्रकार का गहना।

बाढ़[2] स्त्री० [सं० वार, हिं० बारी] तलवार, छुरी आदि शस्त्रों की धार।

बाढ़ग्रस्त वि० [हिं०+सं०] (क्षेत्र) जिसमें बाढ़ आई हो।

बाढ़-पीड़ित पुं० [हिं०+सं०] जिसकी बाढ़ से हानि हुई हो।

बाढ़ना* अ०=बढ़ना।

बाढ़ि, बाढ़ी* स्त्री० दे० 'बाढ़'।

बाढ़ीवान* वि० [हिं० बाढ़] शस्त्रों आदि पर बाढ़ या सान रखनेवाला।

बाण पुं० [सं०] १. तीर, शर। २. पाँच की संख्या।

बाणाग्र पुं० [सं०] बाण की नोक।

बाणावली स्त्री० [सं०] बाणों की पंक्ति।

बाणिज्य पुं० [सं०] व्यवसाय, रोजगार, सौदागरी, व्यापार।

बात स्त्री० [सं० वार्ता] १. कहा हुआ सार्थक वाक्य, कथन।

मुहा० *बात उठना, चलना या छिड़ना*=प्रसंग या चर्चा छिड़ना। *बात उठाना*= बात-चीत शुरू करना, चर्चा छेड़ना। *बात उलटना*= बात पलटना। *बात काटना*= (क) (किसी के) बोलते समय बीच में बोल उठना। (ख) किसी बात का विरोध या खंडन करना। *बात खाली जाना*= प्रार्थना या कथन का मान्य न होना। *बात जमना या बैठना*=बात का सही महत्त्व लोगों की समझ में आना, उपयुक्त बात प्रतीत होना। *बात टालना*=(क) सुनकर भी ध्यान न देना। (ख) कहना न मानना। *बात न पूछना*=कुछ भी आदर न करना। *(किसी की) बात पर जाना*=(क) बात पर ध्यान देना। (ख) कहने पर भरोसा करना। *बात पूछना*=(क) पता रखना, खबर लेना। (ख) आदर करना। *बात बढ़ना*= साधारण बात का झगड़े का रूप लेना। *बात बनना*=(क) काम बनना, प्रयोजन सिद्ध होना। (ख) बोल-चाल होना। *बात बनाना*=इधर-उधर की झूठी बात कहना। *बात बिगड़ जाना*=काम खराब हो जाना। *बात मारना*=डींग हाँकना।

पद *बात कहते*=बहुत थोड़े समय में, झट। *बात का बतंगड़*= साधारण-सी बात को दिया हुआ झगड़े का रूप। *बात की बात में*=थोड़े समय में, झट, तुरन्त।

२. घटित होनेवाली या प्रस्तुत अवस्था, परिस्थिति। ३. सन्देश, सँदेशा। ४. वार्तालाप, बात-चीत। ५. कुछ निश्चय करने के लिए उसके सम्बन्ध की चर्चा। ६. फँसाने या धोखा देनेवाली बात।

मुहा० *(किसी की) बातों में आना*=कथन या व्यवहार से धोखा खाना।

७. वचन, वादा।

पद *बात का धनी, पक्का या पूरा*=अपने वचन या बात का पालन करनेवाला।

मुहा० *(अपनी) बात रखना*=(क) वचन पूरा करना। (ख) अपनी बात पर अड़ा रहना। *बात हारना*=वचन का पूरा न करना। *(दूसरे की) बात रखना*=(क) दूसरे के वचन या प्रतिज्ञा की पूर्ति में सहायक होना।

८. साख, प्रतीति, एतबार। ९. मान-मर्यादा, प्रतिष्ठा, इज्जत।

मुहा० *(अपनी) बात खोना*=प्रतिष्ठा गँवाना, इज्जत बिगाड़ना।

१०. उपदेश, नसीहत। ११. रहस्य, भेद। १२. तारीफ या प्रशंसा का विषय। १३. चमत्कारपूर्ण कथन, विलक्षण उक्ति। १४. अभिप्राय, तात्पर्य, आशय। १५. विशेष गुण, खूबी। १६. कथन का सार तत्त्व, मर्म। १७. कोई काम करने का उचित मार्ग, साधन या उपाय।

* पुं० दे० 'वात'।

बात-चीत स्त्री० [हिं० बात+चीत (चिंतन)] दो या कई मनुष्यों में होनेवाला कथोपकथन, वार्ता।

बाती स्त्री० दे० 'बत्ती'।

बातूनिया वि०=बातूनी।

बातूनी वि० [हिं० बात+ऊनी (प्रत्य०)] बहुत या व्यर्थ की बातें करनेवाला, बकवादी।

बाथ पुं० [?] गोद, अंक, क्रोड।

बाद[1] वि० [अ०] १. अलग हटाया या छोड़ा हुआ। २. दस्तूरी, छूट आदि के रूप में दाम में से कटा हुआ (धन), जैसे बाद छूट, पचीस रुपए। ३. अतिरिक्त।

बाद[2] पुं० [सं० वाद] १. वाद-विवाद, तर्क-वितर्क।

मुहा० *बाद मेलना*=वाद-विवाद करना।

२. हुज्जत करना, तकरार करना।

मुहा० *बाद मेलना*=हुज्जत या झगड़े की बात पैदा करना।

३. शर्त, बाजी।

मुहा० *बाद मेलना*=शर्त लगाना, बाजी बदना।

बाद[3] पुं० [सं० वात] वायु, हवा।

बाद[4] प्रत्य० [फा०] बने रहो या हो जाओ; जैसे—जिंदाबाद, मुर्दाबाद।

बाद, के सम्बन्धबो० [हिं० के+फा० बाद] १. किसी घटना के हो जाने तथा कुछ समय बीत जाने पर, के उपरांत; जैसे-पिता की मृत्यु के बाद मैं यहाँ चला आया। २. किसी स्थान या क्रम के विचार से किसी से आगे का; जैसे (क) उसका घर हमारे घर के बाद है। (ख) भोजन के बाद हम लोग टेनिस खेलते हैं।

पद *थोड़ी देर बाद*=कुछ देर बाद।

बादना अ० [सं० बाद+ना (प्रत्य०)] १. बकवाद करना। २. हुज्जत करना, झगड़ना। ३. ललकारना।

बादबान पुं० [फा०] वह पर्दा जो जहाज (या नाव) के मस्तूल में टँगा रहता है तथा जिसमें हवा भरने से वह आप-से-आप आगे बढ़ता है।

बाद में क्रि० वि० [अ० बाद+हिं० में] कुछ समय बीतने पर; जैसे—तुम बाद में आना।

बादर[1]* पुं० दे० 'बादल'।

बादर[2]* वि० [?] खुश।

बादरिया* स्त्री० दे० 'बदली' (मेघ)।

बादल पुं० [सं० वारिद, हिं० बादर] पृथ्वी पर के जल से निकली हुई वह भाप जो घनी होकर आकाश में फैल जाती है और जिससे पानी बरसता है, मेघ, घन।

मुहा० *बादल उठना, उमड़ना, घिरना या चढ़ना*=बादलों का किसी ओर से समूह के रूप में आना। *बादल गरजना*=मेघों की रगड़ से आकाश में घोर शब्द होना। *बादल में चकती लगाना*=बहुत कठिन या प्राय: असम्भव-सा काम कर दिखलाना। *बादल छँटना*=मेघों का इधर-उधर हट या छितरा जाना।

बादला पुं० [?] एक प्रकार का सुनहला या रुपहला चिपटा, चमकीला तार।

बादशाह पुं० [फा०] [भाव० बादशाहत वि० बादशाही] १. बड़ा राजा, शासक। २. किसी विषय या कार्य में सबसे श्रेष्ठ पुरुष। ३. मनमाने काम करनेवाला व्यक्ति।

बादशाही वि० [फा०] बादशाह-सम्बन्धी, बादशाह का। स्त्री० बादशाह या बादशाहों का शासनकाल।

बादहवाई वि० [फा० बाद+अ० हवा] बिना सिर-पैर का, ऊट-पटाँग।

बादाम पुं० [फा०] १. एक वृक्ष जिसके प्रसिद्ध फल मेवों में गिने जाते हैं। २. उक्त वृक्ष, फल या गिरी।

बादामी वि० [फा० बादाम+ई (प्रत्य०)] १. बादाम के छिलके के रंग का, हल्का पीला। २. बादाम के आकार का।

बादि* क्रि० वि० [सं० वादि] व्यर्थ, फजूल।

बादित* वि० [सं० वादन] बजाया हुआ।

बादिहिं* क्रि० वि० [सं० बाद=व्यर्थ] बिना किसी सदुपयोग के, व्यर्थ ही, उदा० जनम तौ बादिहिं गयौ सिराई। -सूर।

बादी[1] वि० [सं० वाद से फा०] १. वायुविकार-सम्बन्धी। २. शरीर में वायु का विकार उत्पन्न करने या बढ़ानेवाला। स्त्री० शरीर में वायु का प्रकोप।

बादी[2]* पुं० [सं० वादी] १. वाद या झगड़ा करनेवाला। २. शत्रु, वैरी, दुश्मन।

बादीगर* पुं० दे० 'बाजीगर'।

बादुर| पुं० [देश०] चमगादड़।

बाध[1] पुं० [सं०] १. अड़चन, बाधा। २. साहित्य में किसी कथन में पाई जानेवाली वह असंगति जो उसकी शब्दावली अथवा अर्थ या आशय में तर्क-सिद्ध सम्बन्ध के अभाव के कारण आती है, जैसे आपके इस कथन में मुख्य अर्थ का बोध है। ३. उन्नति, प्रगति आदि के मार्ग में खड़ी की जानेवाली वह बाधा या रुकावट, जिसे पार करने के लिए विशिष्ट कार्य-दक्षता या योग्यता दिखानी पड़ती है। (बार, उक्त सभी अर्थों में)। ४. कठिनता, दिक्कत। ५. पीड़ा, कष्ट।

बाध[2] पुं० [सं० बद्ध] खाट बुनने की मूँज या रस्सी, बान।

बाधक पुं० [सं०] [स्त्री० बाधिका] १. रुकावट डालनेवाला। २. कष्टदायक।

बाधन पुं० [सं०] [वि० बाधित, बाध्य] १. बाधा या रुकावट डालना। २. कष्ट देना।

बाधना* स० [सं० बाधन] किसी के मार्ग में बाधा या रुकावट डालना।

बाधा स्त्री० [सं०] १. वह बात जिससे कोई काम रुके, विघ्न, रुकावट, अड़चन। २. भूत-प्रेत आदि के कारण होनेवाला शारीरिक कष्ट।

बाधा-निवारण पुं० [सं०] बाधाएँ हटाने या दूर करने का कार्य।

बाधित वि० [सं०] १. जो रोका या दबाया गया हो। २. जिसके साधन में रुकावट हो। ३. जो किसी प्रकार की बाधा, बन्धेज आदि के द्वारा परिमित या सीमित किया गया हो। (बार्ड) ४. जो किसी प्रकार (जैसे भूत, प्रेत आदि) की बाधा से ग्रस्त हो। ५. दे० 'बाध्य'।

बाध्य वि० [सं०] [भाव० बाध्यता] १. जो रोका या दबाया जानेवाला हो। २. जो किसी बात से विवश या मजबूर हुआ हो या किया गया हो। (कम्पेल्ड) ३. जो विधि, नियम, आज्ञा आदि के द्वारा बँधा हो या कुछ करने के लिए विवश हो। (बाउन्ड)

बाध्यक वि० [सं०] १. बाधा के रूप में होनेवाला। २. जिसका पालन आवश्यक हो।

बाध्यता स्त्री० [सं०] १. ऐसा दबाव या प्रभाव जिसके फलस्वरूप न चाहते हुए भी कोई काम करने के लिए व्यक्ति विवश होता है, विवशता; जैसे-आयु की अपनी बाध्यताएँ होती हैं। -महीप सिंह। २. किसी को बाध्य या विवश करने की बात या अवस्था। (कम्पल्शन)

बान[1] पुं० [सं० बाण] १. बाण, तीर। २. पानी की ऊँची लहर। ३. एक प्रकार की आतिशबाजी। ४. दे० 'बाध' (मूँज)।

बान[2] स्त्री० [हिं० बनना] १. बनाव-सिंगार, सज-धज। २. अभ्यास, आदत, टेव।

बान[3] पुं० [सं० वर्णन] १. वर्ण, रंगत। २. चमक। ३. बाना नामक हथियार।

बान[4] स्त्री० दे० 'बानो'।

-बान[5] प्रत्य० [फा०] १. रखवाली करनेवाला; जैसे—दरबान अर्थात् दरवाजे की रखवाली करनेवाला व्यक्ति। २. हाँकने या चलानेवाला; जैसे—फीलबान। ३. जो रखे या जिसमें कुछ रखा जाए; जैसे—अमृतबान।

बानइत* पुं०=बानैत (तीरंदाज)।

बानक पुं० [हिं० बाना] १. वेष, भेस। २. सज-धज। ३. सुन्दर, बनावट या रूप, सजावट, उदा० या बन की बट बानिक (बानक) या बन ही बनि आवै। -नन्ददास। ४. संयोग।

बानगी स्त्री० [हिं० बनना] नमूना।

बानना* स० [हिं० फाना] १. किसी बात का बाना ग्रहण करना। २. किसी बात का उपक्रम करना, ठनना, उदा० दिन उठि विषट- वासना बानत।- सूर।

स० दे० 'बनाना'।

बानर पुं० दे० 'बंदर'।

बाना[1] पुं० [हिं० बनाना] १. वह परिधान जो सैनिक युद्ध में जाने के समय पहनता है। २. सैनिक की वर्दी, सैनिक का पहनावा। ३. वेश-विन्यास, भेस। ४. पद, मर्यादा आदि के कारण प्राप्त होनेवाली अवस्था, स्थिति, जैसे महाराज को अपने बाने की लाज रखने के लिए ऐसा करना पड़ा। ५. रीति, चाल। ६. व्यापार में कुछ विशिष्ट प्रकार की वस्तुओं का समूह या वर्ग, जैसे बिसात बाना।

बाना[2] पुं० [सं० वाण] १. तलवार की तरह का एक दुधारा हथियार। २. भाले की तरह का एक हथियार।

मुहा० *बाना बाँधना*=युद्ध के लिए तैयार होना।

बाना[3] पुं० [सं० वयन=बुनना] १. बुनावट विशेषतः कपड़े की बुनावट में टेढ़े बल में लगनेवाले सूत, भरनी। २. वह महीन रेशमी डोरा जिससे कपड़े सिए या पतंग उड़ाते हैं।

बाना[4] स० [सं० व्यापन] १. सिकुड़नेवाली वस्तु का (अपना) मुँह या छेद फैलाना, जैसे मुँह बाना। २. बालों में कंघी करना।

बानावरी* स्त्री० [हिं० बान=तीर] बाण या तीर चलाने की कला या विद्या।

बानि* स्त्री० १. दे० 'बानी'। २. दे० 'बान'।

बानिक* पुं० दे० 'बानक'।

बानिज* पुं०=वाणिज्य।

बानिनि स्त्री० [हिं० बनियाँ] बनिया जाति की स्त्री, बनियाइन।

बानी[1] स्त्री० [सं० वाणी] १. मुँह से निकलनेवाला सार्थक शब्द या बात, बचन। २. मनौती, मन्नत। ३. सरस्वती। ४. साधु-महात्मा का उपदेश, जैसे दादूदयाल की बानी, कबीर की बानी।

बानी[2] स्त्री० [सं० वाण] बाना नामक हथियार।

बानी[3] स्त्री० [सं० वर्ण] १. चमक, आभा, कान्ति। २. प्रकार, तरह, उदा० शिक्षा क्षिप कह्यौ बरणि, छप्प बारह बानि। -केशव।

पुं० दे० 'बनिया'।

स्त्री० दे० 'वाणिज्य'।

बानीर* पुं० दे० 'बेंत'।

बानैत[1] पुं० [हिं० बाण या बाना=बनेठी] १. पटा या बाना फेरनेवाला। २. तीर चलानेवाला, तीरंदाज। ३. योद्धा, सैनिक।

बानैत[2] पुं० [हिं० बाना] किसी प्रकार का भेस या बाना धारण करनेवाला।

बानो स्त्री० [फा०] भले घर की स्त्री का वाचक शब्द या सम्बोधन, महिला, जैसे जमीला बानो।

बाप पुं० [सं० वाप=बीज बोनेवाला] पिता, जनक।

बाप-दादा पुं० पूर्वज, पूर्वपुरुष।

बापुरा वि० [सं० वर्वर=तुच्छ] [स्त्री० बापुरी] बेचारा, दीनहीन।

बापुरो* वि०=बापुरा। (ब्रज०)

बापू पुं० १. दे० 'बाप'। २. दे० 'बाबू'। ३. महात्मा गाँधी।

बाफता पुं० [फा० वाफ़्तः] एक प्रकार का बूटीदार रेशमी कपड़ा।

बाबत स्त्री० [अ०] सम्बन्ध।

पद *इस बाबत*=इस सम्बन्ध में।

बाबत, की सम्बन्धबो० १. के सम्बन्ध में। २. के विषय में।

बाबर पुं० मुगलकालीन भारत सम्राट जो अकबर के दादा थे।

बाबरी वि० १. बाबर के युग का। २. बाबर द्वारा निर्मित।

बाबा पुं० [तु०] १. पिता। २. पिता का पिता, दादा। ३. साधु-सन्यासियों या बूढ़ों के लिए आदरसूचक शब्द। ४. लड़कों के लिए प्यार का संबोधन।

बाबी* स्त्री० [हिं० बाबा=साधु] १. साधु की स्त्री। २. लड़कियों के लिए प्यार का संबोधन।

बाबुआना वि० [हिं० बाबू+आना(प्रत्य०)] बाबुओं के जैसा।

बाबुल पुं० [हिं० बाबू] १. पिता। २. बाबू।

बाबू पुं० [हिं० बाबा] १. शिक्षितों, भले आदमियों और बड़ों के लिए आदरसूचक शब्द। २. पिता के लिए संबोधन। ३. किसी सरकारी कार्यालय का लिपिक या क्लर्क।

बाबूराज पुं० [हिं० बाबू+राज] वह स्थिति जिसमें कार्यालय के बाबुओं (लिपिकों) के हाथ में ही वास्तविक अधिकार हों, बाबुओं का राज।

बाभन पुं० १. दे० 'ब्राह्मण'। २. दे० 'भूमिहार'।

बाम* स्त्री० [सं० वामा] औरत, स्त्री।

वि० दे० 'वाम'।

बामन| पुं०=ब्राह्मण।

बाय[1]* स्त्री० [सं० वायु] १. हवा। २. बाई।

बाय[2]* स्त्री० दे० 'बाबली' (जल की)।

बायक* पुं० [सं० वाचक] १. कहने या बतलानेवाला। २. पढ़नेवाला। ३. दूत।

बायकाट पुं० [अं०] बहिष्कार।

बायन[1]* पुं० [सं० वायन] १. वह मिठाई आदि जो मंगल अवसरों पर इष्टमित्रों के यहाँ भेजी जाती है। २. उपहार।

बायन[2] पुं० [फा० बयान:] बयाना, पेशगी।

मुहा० *बायन देना*=छेड़-छाड़ करना।

बायब* पुं०=वायव्य (कोण)।

बायबरन* वि० [सं० वायु+वर्ण] वायु के रंग का, भूरा।

बायबी वि० [सं० वायवीय] १. बाहरी। २. अपरिचित। ३. नया आया हुआ, अजनबी।

बायला वि० [हिं० बाय=बात+ला (प्रत्य०)] १. बात का प्रकोप उत्पन्न करनेवाला। २. जिसे वायु का प्रकोप हो।

पुं० दे० 'बायबी'।

बायस पुं० [सं०] कौआ।

बायसकोप| पुं० सिनेमा।

बायाँ वि० [सं० वाम] [स्त्री० बाईं] १. शरीर के उस भाग का जो किसी के पूरब की तरफ मुँह करके खड़े होने पर उत्तर की ओर हो, 'दाहिना' का उलटा।

मुहा० *बायाँ देना*=(क) किनारे से निकल जाना, बचा जाना। (ख) छोड़ देना।

२. उलटा, विपरीत। ३. अहित, अपकार या हानि करनेवाला। पुं० तबले के साथ बाएँ हाथ से बजाया जानेवाला वाद्य, डुग्गी।

बायें क्रि० वि० दे० 'बाँए'।

बायो-डीजल पुं० [अं०] वनस्पति से निकलने वाले एथेनोल और डीजल का मिश्रण।

बायोनेट पुं० [अं०] एक प्रकार की बरछी जो राइफल में जड़ी रहती है।

बायोडेटा पुं० [अं०] अपने जीवन, कार्यकलापों तथा उपलब्धियों का विवरण, जीवनचरित।

बारंबार क्रि० वि०=बार-बार।

बार[1] पुं० [सं० वार] १. द्वार, दरवाजा। २. आश्रय, स्थान, ठोर-ठिकाना। ३. राजसभा, दरबार।

बार[2] स्त्री० [सं०] १. काल, समय। २. देर, बिलम्ब। ३. दफा, मरतबा।

बार[3] स्त्री० [अं०] वकील का वह समुदाय जिसे उच्च न्यायालय में पैरवी करने का अधिकार होता है।

बार[4] पुं० [फा०, मि० सं० भार] बोझ, भार।

स्त्री० दे० 'बाढ़' और 'बारी'।

पुं० १. दे० 'बाल'। २. दे० 'बालक'। ३. दे० 'वार'।

बारक* क्रि० वि० [सं० वार+एक या हिं० बार=दफा+एक] एक बार, एक दफा, उदा० बारक कहियो कृपालु तुलसिदास मेरो। -तुलसी।

स्त्री० दे० 'बैरक'।

बारगह, बाहगाह स्त्री० [फा० बारगाह] १. ड्योढ़ी। २. डेरा, खेमा। ३. ऐश्वर्य।

बारजा पुं० [हिं० बार=द्वार] १. छज्जा। २. बरामदा। ३. कोठा।

बारता* स्त्री० दे० 'वार्ता'।

बारतिय* स्त्री०=वेश्या।

बारदाना पुं० [फा०] वह सन्दूक, लकड़ियाँ, बन्द, टाट आदि जिनमें व्यापार की चीजें बाँधकर कहीं भेजी जाती हैं।

बारन* पुं० [सं० वारण:] १. हाथी। २. गजेन्द्र, उदा० तज्यौ मनौ तारन-बिरदु बारक बारनु तारि। -बिहारी।

*पुं० दे० 'वारण'।

बारना[1]* अ० [सं० वारण] मना करना।

बारना[2] स० [हिं० बलना] बालना, जलाना।

बार-बधू* स्त्री० [सं० द्वार-वधु] वेश्या।

बारबरदार पुं० [फा०] [भाव० बार-बरदारी] सामान या बोझ ढोनेवाला।

बार-बार क्रि०वि० [फा० बार] कई कई बार, बार बार।

बारलाक* वि० [अ० बर्राक] उज्वल, चमचम, शुभ्र।

बारह वि० [सं० द्वादश] [वि० बारहवाँ] जो संख्या में दस और दो हो।

मुहा० *बारह बाट करना या घालना*=तितर-बितर या नष्ट-भ्रष्ट करना।

बारहखड़ी स्त्री० [हिं० बारह+अक्षरी] १. देवनागरी वर्णमाला में प्रत्येक व्यंजन के साथ अ, आ, इ, ई आदि बारह स्वरों को मात्रा के रूप में लगाकर, बोलने या लिखने की प्रक्रिया। २. किसी विषय का आरम्भिक ज्ञान; जैसे—सम्पादक जी भले ही सम्पादन-कला की बारहखड़ी भी न पढ़े हों पर सम्पादन कार्य में वे मूर्धन्य सम्पादकों में परिगणित होते हैं। -किशोरी लाल।

बारहठ पुं० [?] राजपूताने के चारणों का एक भेद या वर्ग।

बारहदरी स्त्री० [हिं० बारह+फा० दर] वह बैठक जिसमें चारों ओर बारह दर या दरवाजे हों।

बारहबाट वि० [हिं० बारह+बाट=मार्ग] छिन्न-भिन्न, तितर-बितर, नष्ट-भ्रष्ट।

बारहबानी वि० [सं० द्वादश (आदित्य)+वर्ण] १. सूर्य के समान प्रकाशमान। २. खरा या चोखा (सोना)। ३. निर्दोष, शुद्ध। ४. पूरा, पक्का।

स्त्री० सूर्य की-सी उज्वल चमक।

बारहमसिया वि० दे० 'बारह-मासी'।

बारहमासा पुं० [हिं० बारह+मास] वह पद्य या गीत जिसमें बारह महीनों के विरह का वर्णन होता है।

बारहमासी वि० [हिं० बारह+मास] १. सब ऋतुओं में फलने या फूलनेवाला, सदा-बहार (वृक्ष)। २. बारहो महीने होनेवाला।

बारहवफात स्त्री० [फा०] मुहम्मद साहब के जीवन के अंतिम बारह दिन, जिनमें वे बीमार रहे।

बारहपंथी* वि० बारह पंथोंवाला।
पुं० गोरखनाथ का नाथ संप्रदाय जिसकी बारह शाखाएँ कही जाती हैं।

बारहसिंगा पुं० [हिं० बारह+सींग] एक प्रकार का बड़ा हिरन।

बारहाँ वि० [?] बहादुर, वीर।

बारहा क्रि० वि० [फा०] कई बार।

बारा* पुं० [सं० बाल] [स्त्री० बारी] १. बालक, बच्चा। २. पुत्र, बेटा।
वि० थोड़ी अवस्था का, कम उम्रवाला, छोटा।

बारात स्त्री०=बरात।

बारानसी* स्त्री०=वाराणसी।

बारानी वि० [फा०] बरसाती, वर्षा का।
स्त्री० वह भूमि जिसमें केवल वर्षा के जल से फसल होती हो।

बारास्ता क्रि० वि० [फा०] (के) रास्ते से, (से) होकर।

बाराह पुं०=वाराह।

बारि* स्त्री०=बारी।

बारिक स्त्री० दे० 'बैरक'।

बारिगर* पुं० दे० 'बाढ़ीवान'।

बारिगह* स्त्री० दे० 'बारगह'।

बारिज* पुं० [सं० वारिज] कमल।

बारिधर पुं० [सं० वारिधर] बादल, मेघ।

बारिश स्त्री० [फा०] १. वर्षा, वृष्टि। २. वर्षा ऋतु, बरसात।

बारी[1] स्त्री० [सं० अवार] १. किनारा, तट। २. छोर पर का भाग, हाशिया। ३. चारों ओर बना हुआ घेरा, बाड़ा। ४. बरतन का ऊपरी घेरा, ओंठ। ५. हथियार की धार, बाढ़।

बारी[2] स्त्री० [सं० वाट (उद्यान) से बाटी] १. बाग, बगीचा। २. बागवान, माली, उदा० बारी, बारी आपनी सींचि सुहृदता वारि। -बिहारी। ३. एक जाति जो दोने, पत्तल आदि बनाने का काम करती है. ४. खेत या बाग की क्यारी। ५. घर, मकान। ६. खिड़की, झरोखा। ७. बन्दरगाह।

बारी[3] स्त्री० [हिं० बार] आगे-पीछे के क्रम से आनेवाला अवसर या मौका, पारी।
मुहा० *बारी बँधना*=आगे-पीछे का क्रम नियत होना। *बारी-बारी से*=क्रम से, एक के पीछे एक।

बारी[4] स्त्री० [हिं० बार (बाल)=छोटा] १. छोटी लड़की, बालिका। २. युवती।

बारी[5] पुं० [देश०] दोने, पत्तल आदि बनानेवाली एक जाति।
† स्त्री०=बाली।

बारीक वि० [फा०] [भाव० बारीकी] १. महीन, पतला। २. बहुत छोटा, सूक्ष्म। ३. जिसमें कला की निपुणता और सूक्ष्मता प्रकट हो। ४. गम्भीर, गूढ़।

बारीकी स्त्री० [फा०] १. बारीक या पतले होने का भाव, पतलापन। २. भाव, विचार आदि की गहनता या सूक्ष्मता, जैसे- अभी आपने इस बात की बारीकी नहीं समझी।

बारुण* स्त्री०=वारुणी।

बारूद पुं० [तु० बारूत] एक प्रसिद्ध विस्फोटक चूर्ण जो आग लगने से भड़क उठता है और जिससे तोप-बन्दूक चलती है, दारू।

बारूदखाना पुं० [हिं० बारूद+फा० ख़ाना:] वह स्थान जहाँ गोला-बारूद रहता है।

बारे* क्रि० वि० [फा०] अन्त को (या में)।

बारे, के संबंधबो० के विषय में।

बारे-बारे* वि० बहु० [सं० बाल] छोटे-छोटे।

बारोठा पुं० दे० 'बरोठा'।

बाल[1] पुं० [सं०] [स्त्री० बाला] १. बालक, लड़का। २. नासमझ व्यक्ति। ३. हाथी।
वि० १. जो सयाना न हुआ हो। २. जो अभी निकला हो, जैसे बालसूर्य।

बाल[2] पुं० [सं० वाल या बाल] सूत की तरह की वह पतली लम्बी वस्तु जो जन्तुओं के चमड़े के ऊपर निकली रहती है, केश।
मुहा० *बाल की खाल निकालना*=बहुत ही छोटा, व्यर्थ या तुच्छ तर्क करना, व्यर्थ का दोष निकालना। *बाल तक बाँका न होना*=नाम को भी कष्ट या हानि न पहुँचना। *(किसी काम में) बाल न पकाना*=कोई काम करते-करते बुड्ढे हो जाना, बहुत दिनों का अनुभवी होना, *बाल-बाल बचना*= संकट आदि से इस प्रकार बचना कि बहुत थोड़ी-सी कसर रह जाना।
वि० बालकों के जैसा, जैसे बालबुद्धि।

बाल[3] स्त्री० [?] १. जौ, गेहूँ आदि पौधों का वह अगला भाग जिस पर दाने उगते हैं। २. दे० 'भुट्टा'।

बालक पुं० [सं०] [भाव० बालकता, स्त्री० बालिका] १. मनुष्य का कम उम्र का बच्चा, लड़का। २. पुत्र, बेटा। ३. अनजान या थोड़े ज्ञान का आदमी। ४. हाथी का बच्चा, उदा० बालक मृण-लनि जो तोरि डारैं। -केशव।

बालकताई† स्त्री० दे० 'बालकपन'।

बालकपन पुं० दे० 'बालपन'।

बालकृष्ण पुं० [सं०] बाल्यावस्था के कृष्ण।

बालखोरा पुं० [सं० बाल+फा० ख़ोर] सिर के बाल झड़ने या उड़ने का रोग, गंज।

बालगोविंद पुं० दे० 'बालकृष्ण'।

बालचर पुं० [सं०] १. एक अन्तर्राष्ट्रीय संस्था जो विद्यार्थियों को अनुशासनबद्ध करती तथा विभिन्न सामाजिक सेवाओं में प्रवृत्त करती है। २. उक्त संस्था में लगा विद्यार्थी। (बॉय स्काउट)

बाल-जाल* पुं० [सं० बाल-जालानि] बालों का समूह।

बालटी स्त्री० [अं० बकेट] पानी नरने के लिए धातु की एक प्रकार की डोलची।

बालटू पुं० [अं० बॉल्ट] लोहे आदि का वह पेचदार छल्ला जो किसी कसे हुए पेच के दूसरे सिरे पर उसे दृढ़तापूर्वक पकड़े रहने और निकलने से रोकने के लिए कसा जाता है।

बालतंत्र पुं० [सं०] बालकों के पालन-पोषण की विद्या, कौमारभृत्य।

बालतोड़ पुं० [हिं० बाल+तोड़ना] बाल टूटने से होनेवाला फोड़ा या घाव।

बालद पुं० [सं० बलिवर्द] बैल (पशु)।

बालधि* पुं० [सं० वालधि] दुम, पूँछ।

बालना| स० =जलाना।

बालपन पुं० बहु० [सं० बाल+हिं० पन(प्रत्य०)] १. बालक होने का भाव, बाल्यावस्था, लड़कपन। २. बालकों की-सी मूर्खता।

बाल-बच्चे पुं० [सं० बाल+हिं० बच्चा] लड़के-बाले, सन्तान, औलाद।

बाल-बाड़ी स्त्री०=बालभवन।

बाल-बाल क्रि०वि० मुश्किल से, कठिनाइयों से; जैसे-आज वह बाल-बाल दुर्घटना से बचा।

बालबुद्धि वि० [सं०] १. बालक जैसी बुद्धि। २. बालक की बुद्धि।

बालबोध वि० [सं०] बालकों की समझ में आनेवाला।

बालब्रह्मचारी (-रिन्) पुं० [सं०] [स्त्री० बालब्रह्मचारिणी] वह जिसने बाल्यावस्था से ही ब्रह्मचर्य का व्रत धारण किया हो।

बालभवन पुं० [सं०] बच्चों की आवश्यकताओं के अनुरूप बनाया हुआ सार्वजनिक स्थल।

बालभोग पुं० [सं०] वह नैवेद्य जो देवताओं के आगे सबेरे रखा जाता है।

बालम पुं० [फा० बाले मन (मेरा पति) का संक्षिप्त रूप] १. पति, स्वामी। २. प्रणयी, प्रेमी। ३. ईश्वर।

बालमखीरा पुं० [हिं० बाल=बड़ा+खीरा] एक प्रकार का बड़ा खीरा (फल)।

बालमुकुंद पुं० दे० 'बालकृष्ण'।

बाललीला स्त्री० [सं०] बालकों के खेल या क्रीड़ाएँ।

बालवाटिका स्त्री० [सं०] बच्चों के लिए बनाया हुआ उद्यान।

बालविधवा स्त्री० [सं०] स्त्री जो बाल्यावस्था में ही विधवा हो गई हो।

बालविनोद पुं० [सं०] बच्चों का खेल या हँसी-मज़ाक।

बालशशि* पुं०=बालेंदु।

बालसुलभ वि० [सं०] बच्चों का-सा।

बालसूर्य पुं० [सं०] सबेरे निकलता हुआ सूर्य।

बालहठ पुं० [सं० बाल+हठ] बच्चों का हठ (जिसके आगे माँ-बाप को झुकना ही पड़ता है)।

बाला[१] स्त्री० [सं०] १. बारह-तेरह वर्ष से सोलह-सत्रह वर्ष तक की कन्या, किशोरी। २. पत्नी। ३. स्त्री। ४. कन्या।

बाला[२] पुं० [सं० वलय] १. हाथ में पहनने का कड़ा। २. कान में पहनने की बड़ी बाली।

बाला[३] वि० [फा०] जो ऊपर हो, ऊँचा।

बाला[४] पुं० [हिं० बाल] १. बालकों के समान अनजान। २. नया, नवीन। ३. सरल, निश्छल।

बालाई वि० [फा०] १. ऊपर का, ऊपरी। २. साधारण या नियत से भिन्न और अतिरिक्त।

स्त्री० दे० 'मलाई'।

बालाई आमदनी स्त्री० ऊपरी आमदनी।

बालाखाना पुं० [फा० बालाख़ान:] मकान के ऊपर की बैठक या कमरा।

बालानशीन पुं० [फा०] १. बैठने का सबसे ऊँचा या श्रेष्ठ स्थान। २. वह जो सबसे ऊँचे स्थान पर बैठा हो।

वि० सबसे अच्छा, बहुत बढ़िया।

बालापन पुं० दे० 'बालपन'।

बालार्क पुं० दे० 'बालसूर्य'।

बालि पुं० [सं०] किष्किन्धा का वानर राजा जो सुग्रीव का बड़ा भाई और अंगद का पिता ,जो भगवान रामचन्द्र के हाथ से मारा गया था।

बालिका स्त्री० [सं०] १. छोटी लड़की, कन्या। २. पुत्री।

बालिग पुं० [अ०] वह जो बाल्यावस्था पार करके जवान हो चुका हो, वयस्क।

बालिश[१] पुं० [फा०] तकिया।

बालिश[२] वि० [सं०] [भाव० बालिश्य] १. अज्ञान, नासमझ। २. मूढ़, मूर्ख।

बालिश्त पुं० दे० 'बित्ता'।

बालिश्य पुं० [सं०] १. बाल्यावस्था, लड़कपन। २. किसी मनुष्य में ज्ञान उत्पन्न ही न होना, अथवा उत्पन्न होने पर भी बहुत कम विकसित होना, बड़े होने पर भी छोटे बालकों की तरह अबोध और कम समझ होना। (एमेन्शिया)

बालिस वि०, पुं० दे० 'बालिश' (मूर्ख)।

बाली स्त्री० [सं० बालिका] [पुं० बाला] कान में पहनने का एक प्रसिद्ध गहना।

स्त्री० दे० 'बाल' (जौ, गेहूँ आदि की)।

पुं० दे० 'बालि'।

बालुका स्त्री० [सं०] रेत, बालू।

बालू पुं० [सं० बालुका] पत्थर का वह बहुत ही महीन चूर्ण जो वर्षा के जल के साथ आकर नदियों के किनारे जम जाता या ऊसर जमीनों और रेगिस्तानों में भरा हुआ मिलता है, रेणु, रेत।

पद *बालू की डगर*=कठिन राह, मुश्किल रास्ता। *बालू की भीत*=जल्दी नष्ट हो जानेवाला और अविश्वसनीय (पदार्थ)।

मुहा० *बालू पर नींव रखना*=कमजोर आधार चुनना।

बालूदानी स्त्री० [हिं० बालू+फा० दान (पात्र)] धातु आदि का वह छोटा पात्र जिस पर जालीदार ढकना होता है और जिसमें तुरंत के लिखे लेखों आदि की स्याही सुखाने के लिए बालू रखा जाता है।

बालेंदु पुं० [सं०] बाल्यावस्था का अर्थात् शुक्ल पक्ष के शुरू में तीन-चार दिनों का मुख्यत: द्वितीया का चन्द्रमा।।

बालोपयोगी (-गिन्) वि० [सं०] बालकों के लिए उपयोगी।

बाल्टी स्त्री० दे० 'बालटी'।

बाल्य पुं० [सं०] १. 'बाल' का भाव या अवस्था। २. लड़कपन, बचपन।

वि० १. बालक का। २. बचपन का।

बाल्यावस्था स्त्री० [सं०] १. मनुष्यों में सोलह-सत्रह वर्ष तक की अवस्था, लड़कपन। २. छोटी या कम अवस्था।

बाल्हा* वि०=बहेला।

बाव* पुं० [सं० वायु] १. वायु, हवा। २. वायु का प्रकोप, बाई। ३. अपान वायु, पाद।

बावज* स्त्री०=बात-चीत।

बावजूद, के सम्बन्धबो० [फा०] के होने पर भी, इस पर भी।

बावड़ी स्त्री० दे० 'बावली'।

बावन वि० [सं० द्विपंचाशत] पचास और दो।

कहा० *बावन तोले, पाव रत्ती*=बिल्कुल ठीक और पूरा।

पुं० दे० 'वामन'।

बावनबीर पुं० [सं० वामन+वीर] बहुत अधिक वीर और चतुर।

बावर वि० दे० 'बावला'।

बावरची पुं० [फा०] रसोइया। (मुसल०)

बावरचीखाना पुं० [फा० बावरचीख़ान:] रसोइघर।

बावरा वि० [स्त्री० बावली] दे० 'बावला'।

बावला वि० [सं० वातुल, प्रा० बाउल] [भाव० बावलापन] १. पागल। २. मूर्ख।

बावली स्त्री० [सं० वाप+डी या ली (प्रत्य०)] १. वह बड़ा और चौड़ा कुआँ जिसमें नीचे उतरने के लिए सीढ़ियाँ भी हों। २. छोटा गहरा तालाब।

बावाँ वि० दे० 'बायाँ'।

बाशिंदा पुं० [फा०] निवासी।

बास[1] पुं० [सं० वास] १. रहने की क्रिया या भाव, निवास। २. रहने का स्थान। ३. वसन, वस्त्र, कपड़ा। ४. बाण का पंख।

बास[2] स्त्री० [सं० वासना] १. वासना, इच्छा। २. महक, गंध।

बास[3] स्त्री० [सं० वाशि:] १. अग्नि, आग। २. एक प्रकार का अस्त्र। ३. तोप के गोले के अन्दर भरी हुई छुरियाँ या तेज धारवाले दूसरे छोटे अस्त्र।

बासक पुं० [सं० वासुकि] १. वासुकि नाग। २. बहुत पुराना और बड़ा साँप।

बासन। पुं०=बरतन।

बासना। स्त्री० [सं० वास] गन्ध, महक।

स० सुगन्धित करना।

बासमती पुं० [हिं० बास=महक+मती (प्रत्य०)] एक प्रकार का बढ़िया चावल।

बासर। पुं०=वासर।

बासा पुं० [सं० वास] वह स्थान जहाँ पकी हुई रसोई बिकती है, ढाबा।

पुं० दे० 'बास'।

बासी वि० [हिं० वास=गंध] १. देर का पका हुआ 'ताजा' का उलटा। (भोजन)

कहा० *बासी कढ़ी में उबाल आना*=बहुत समय बीत जाने पर भी किसी काम के लिए उत्सुकतापूर्ण प्रयत्न होना।

२. कुछ समय का रखा हुआ। ३. सूखा या कुम्हलाया हुआ। ४. पुराना, घिसा-पिटा।

मुहा० *बासी मुँह*=सबेरे से बिना खाए हुए, नहार। *बासी हो जाना*=पुराना या बेकार हो जाना; जैसे-अभी भी जीवन-जगत का कुछ भी तुम्हारे भीतर बासी नहीं हुआ है। -रामदरश मिश्र।

पुं० १. धार्मिक दृष्टि से, कुछ विशिष्ट अवसरों पर पहले दिन का बना हुआ बासी भोजन दूसरे दिन खाना। २. वह दिन या पर्व जिसमें उक्त प्रकार से बासी भोजन किया जाए, बसिऔरा।

बासू* पुं०=बासुकि (नाग)।

बाहक* पुं०=वाहक (सारथि)।

बाहकी* स्त्री० [सं० बारग] पालकी ढोनेवाली स्त्री, कहारिन।

बाहना स० [सं० वहन] १. ढोना, लादना या चढ़ाकर ले आना। २. चलाना (हथियार)। ३. गाड़ी आदि हाँकना। ४. धारण करना। ५. भोग या उपभोग करना। ६. बहाना, प्रवाहित करना। ७. खेत जोतना। ८. कंघी करना।

बाहनी* स्त्री० दे० 'बाहिनी'।

बाहर क्रि० वि० [सं० बाह्य] १. सीमा के उस पार, अलग, परे या आगे, 'भीतर' या 'अन्दर' का उलटा।

मुहा० *बाहर आना या होना*=सामने आना, प्रकट होना। *बाहर करना*=निकालना या हटाना।

बाहर, के सम्बन्धबो० की सीमा से परे।

बाहर-बाहर क्रि० वि० १. अलग या दूर से। २. किसी दूसरी जगह, अन्य स्थान में। ३. अधिकार, प्रभाव आदि से बाहर या परे।

बाहरजामी* पुं० [सं० बाह्ययामी] ईश्वर के राम, कृष्ण आदि सगुण रूप।

बाहरी वि० [हिं० बाहर] १. बाहर का, बाहरवाला। २. पराया, गैर। ३. बाहर या ऊपर से दिखाई देनेवाला, ऊपरी।

बाहिज क्रि० वि० [सं० बाह्य] ऊपर से देखने में, बाह्य रूप में।

बाहिनी* स्त्री० दे० 'वाहिनी' (सेना)।

बाहु स्त्री० [सं०] १. भुजा, बाँह। २. दे० 'भुज' ५.।

बाहुज पुं० [सं०] १. वह जो बाहु से उत्पन्न हुआ हो। २. क्षत्रिय।

बाहुत्राण पुं० [सं०] युद्ध में हाथों की रक्षा के लिए पहना जानेवाला दस्ताना।

बाहुबल पुं० [सं०] बाहुओं या शरीर का वह बल जिससे मनुष्य अच्छे या बड़े काम करता है, शारीरिक शक्ति, पराक्रम।

बाहुबली वि० [सं० बाहुबल] जिसकी भुजाएँ सशक्त हों।
पुं० वह जो अपनी शारीरिक शक्ति विशेषत: आतंक के बल पर लोगों से उनकी इच्छा के विरुद्ध कार्य करवाता हो।

बाहुमूल पुं० [सं०] कन्धे और बाँह के बीच का जोड़।

बाहुयुद्ध पुं० [सं०] कुश्ती।

बाहुल्य पुं० [सं०] १. 'बहुल' का भाव, बहुतायत, अधिकता। २. व्यर्थता, फालतूपन।

बाह्य वि० [सं०] १. बाहर का, बाहरी। २. किसी निवासस्थान या घिरे हुए निवासस्थान के बाहर होनेवाला अथवा बाहरी भाग से सम्बन्ध रखनेवाला, 'आन्तरिक' का विरुद्धार्थक। (आउट-डोर)। ३. किसी प्रकार के क्षेत्र, परिधि, सीमा आदि के बाहर रहने या होनेवाला, 'अन्तर्गत' का विरुद्धार्थक, (यौ० के अन्त में) जैसे आलम्बनबाह्य = आलम्बन में न होकर उससे अलग या उसके बाहर रहने या होनेवाला।

बाह्यरति स्त्री० [सं०] आलिंगन, चुम्बन आदि कार्य (स्त्री सम्भोग से भिन्न)।
दे० 'रति' २.।

बाह्यांचल पुं० [सं० बाह्य+अंचल] किसी नगर या बस्ती के बाहरी या आस-पास के स्थान। (आउट-डोर)

बाह्यावरण पुं० [सं० बाह्य+आवरण] बाहरी आवरण।

बाह्येंद्रिय स्त्री० [सं०] आँख, कान, नाक, जीभ और त्वचा ये पाँचों इंद्रियाँ जिनसे बाहरी विषयों का ज्ञान होता है।

बिंग* पुं० दे० 'व्यंग्य'।

बिंजन* पुं० दे० 'व्यजन' (पंखा)।

बिंदा* पुं० दे० 'बेंदा'।

बिंदास वि० [मरा०] सुन्दर सजा-धजा और आकर्षक।

बिंदी स्त्री० [सं० बिन्दु] १. शून्य का सूचक चिह्न जो यह है- ०, सुन्ना, सिफर, बिन्दु। २. माथे पर लगाया जानेवाला छोटा गोल टीका। ३. इस प्रकार का कोई चिह्न या पदार्थ।

बिंदु* पुं० दे० 'विंदु'।
स्त्री० दे० 'बिंदी'।

बिंदुली| स्त्री० दे० 'बिंदी'।

बिंदु-विसर्ग पुं०=विंदु-विसर्ग।

बिंध* पुं० दे० 'विंध्याचल'।

बिंधना अ० [सं० वेधन] १. बीधा या छेदा जाना। २. फँसना, उलझना।

बिंब पुं० [सं० बिम्ब] [वि० बिंबित] १. प्रतिबिम्ब, छाया। २. प्रतिमूर्ति, प्रतिकृति। ३. साहित्य के माध्यम से हृदय-पटल पर उभरनेवाला चित्र। ४. कुँदरू नामक फल। ५. सूर्य, चन्द्रमा आदि का मंडल। ६. आभास।

बिंब-प्रतिबिंब भाव पुं० ऐसी अवस्था जिसमें दो वस्तुएँ एक दूसरी की छाया या बिम्ब से युक्त और उसके प्रतिबिम्ब के रूप में होती या जान पड़ती हैं।

बिंबांकन पुं० [सं०] बिम्ब (मन में उठे भाव से बने चित्र) को अंकित करने की क्रिया या भाव।

बिंबा पुं० [सं० बिंब] कुँदरू (फल)।

बिंबात्मक वि० [सं०] [भाव० बिंबात्मकता] १. बिम्ब-सम्बन्धी। २. बिम्ब के रूप में होनेवाला।

बिंबित वि० [सं० बिम्बित] जिसका बिम्ब या छाया पड़ रही हो।

बिआना| स० दे० 'ब्याना'।

बिआहना| स०=ब्याहना।

बिकना अ० [सं० विक्रय] किसी पदार्थ का कुछ धन के बदले में दूसरे के हाथ में जाना, बेचा जाना, बिक्री होना।
मुहा० *किसी के हाथ बिकना*=किसी का पूरा अनुयायी या दास होना।

बिकनी स्त्री० [अं०] महिला तैराकों का दो टुकड़ों का पहनावा जो छोटी कुरती और छोटे जाँघिये के रूप में होता है।

बिकनेवाला वि० [हिं० बिकना+वाला] १. जिसकी (खूब) बिक्री हो; जैसे यह बिकनेवाली पुस्तक है। २. जो धन के लोभ में अपना ईमान-धर्म छोड़ देता हो, भ्रष्ट।

बिकरम पुं० १. दे० 'विक्रमादित्य'। २. दे० 'विक्रम'।

बिकरार* वि०=विकराल।

बिकरी| [?] उच्च और नीच जाति में होनेवाला वैवाहिक सम्बन्ध।

बिकल* वि०=विकल।

बिकलाई* स्त्री०=व्याकुलता।

बिकलाना* अ० [सं० विकल] व्याकुल या विकल होना, बेचैन होना।
स० व्याकुल या बेचैन होना।

बिकली* स्त्री०=विकलता।

बिकवाल पुं० [हिं० बेचना] बेचनेवाला।

बिकसना* अ० दे० 'विकसना'।

बिकाऊ वि० [हिं० बिकना] जो बिकने के लिए हो, बिकनेवाला।

बिकाना* अ०=बिकना।

बिकार* पुं०=विकार।
वि०=विकराल।

बिकारी स्त्री० [सं० विकृत या बंक] वह टेढ़ी पाई जो अंकों आदि के आगे रुपयों की संख्या या मन, सेर आदि का मान सूचित करने के लिए लगाई जाती है।

बिकासना* स० [सं० विकासन] १. विकसित करना। २. (फूल आदि) खिलाना। ३. सुशोभित करना।

बिकुंठ* पुं०=बैकुंठ।

बिक्ख* पुं०=विष।

बिक्री स्त्री० [सं० विक्रय] १. किसी चीज के बेचे जाने की क्रिया या भाव, विक्रय। २. बेचने से मिलनेवाला धन।

बिक्री-कर पुं० [हिं०] वह राजकीय कर जो ग्राहकों से उनके हाथ बेची हुई चीजों पर लिया जाता है। (सेल्स टैक्स)

बिख पुं० [सं० विष] विष, जहर।

मुहा० *बिख बोना*=बहुत बड़े अनर्थ का सूत्रपात करना। *बिख बोलना*=बहुत ही कटु और लगती हुई बात कहना।

बिखम* वि०=विषम।

बिखय* पुं०=विषय।

बिखयी* वि०=विषयी।

बिखरना अ० [सं० विकीर्ण] तितर-बितर होना, छितराना।

बिखराना स० दे० 'बिखेरना'।

बिखराव पुं० [हिं० बिखरना+आव (प्रत्य०)] बिखरने की क्रिया या बिखरे हुए होने की अवस्था या भाव।

बिखाद* पुं० दे० 'विषाद'।

बिखान* पुं० [सं० विषाण] पशु का सींग।

बिखेरना स० [हिं० 'बिखरना' का स०] इधर-उधर फैलाना, छितराना।

बिगड़ना अ० [सं० विकार=बिगाड़] १. गुण, रूप आदि में विकार होना, खराब हो जाना। २. बनते समय किसी वस्तु में कोई ऐसी खराबी होना जिससे वह ठीक न उतरे। ३. बुरी दशा में आना। ४. नीतिपथ से भ्रष्ट होना, बदचलन होना। ५. क्रुद्ध होना, नाराज होना। ६. विरोधी होना, विद्रोह करना। ७. (पशुओं का) क्रुद्ध होकर चलानेवाले के अधिकार से बाहर हो जाना। ८. परस्पर विरोध या वैमनस्य होना। ९. व्यर्थ व्यय होना।

बिगड़ी स्त्री० [हिं० बिगड़ना] बिगड़ा हुआ काम, बात या अवस्था।

बिगड़े दिल वि० [हिं० बिगड़ना+फा० दिल] १. उग्र या विकट स्वभाववाला। २. कुमार्ग पर चलनेवाला। ३. दे० 'बिगड़ैल'।

बिगड़ैल वि० [हिं० बिगड़ना] १. बात-बात में बिगड़ने या लड़ पड़नेवाला, लड़ाकू। २. बिगड़ा हुआ।

बिगर क्रि० वि० दे० 'बगैर'।

बिगरना* अ०=बिगड़ना।

बिगरायल वि० [हिं० बिगड़ना] बिगड़ा हुआ, विकृत। (पूरब)

बिगसना* अ० दे० 'विकसना'।

बिगहा पुं० दे० 'बीघा'।

बिगाड़ पुं० [हिं०० बिगड़ना] १. बिगड़ने की क्रिया या भाव। २. खराबी, दोष। ३. वैमनस्य, मनमुटाव।

बिगाड़ना स० [हिं० बिगड़ना का स०] १. किसी वस्तु के स्वाभाविक गुण या रूप में विकार उत्पन्न करना। २. कुछ बनाते समय उसमें ऐसे दोष उत्पन्न कर देना जिससे वह ठीक न उतरे। ३. बुरी दशा में लाना या पहुँचाना। ४. अनीति या बुरे मार्ग में लगाना। ५. व्यर्थ खर्च करना।

बिगाड़ू वि० [हिं० बिगाड़ना+ऊ (प्रत्य०)] बिगाड़नेवाला।

बिगारना* स०=बिगाड़ना।

बिगारी* स्त्री०=बेगारी।

बिगास* पुं०=विकास।

बिगिर* क्रि० वि०=बगैर।

बिगुन* वि० [सं० विगुण] जिसमें कोई गुण न हो, गुणहीन।

बिगुर* वि० दे० 'निगुरा'।

बिगुरचन* स्त्री०=बिगूचन।

बिगुरचना अ० [सं० विकुंचन] असमंजस, कठिनता या संकोच में पड़ना।

बिगुरचा पुं० दे० 'बिगूचन'।

बिगुरचिन* स्त्री० दे० 'बिगूचन'।

बिगुरदा* पुं० [देश०] एक प्रकार का पुराना हथियार।

बिगुल* पुं० [अं०] सैनिकों को एकत्र करने के लिए बजाई जानेवाली तुरही।

बिगूचन स्त्री० [सं० विकुंचन] १. वह अवस्था जिसमें कर्तव्य का निश्चय न हो सके, असमंजस। २. कठिनता।

बिगूचना अ० [हिं० बिगूचन] १. अड़चन या असमंजस में पड़ना। २. पकड़ा या दबाया जाना।
स० दे० 'दबोचना'।

बिगोउ* पुं० [हिं० बिगोना] १. नाश, बरबादी। २. खराबी, बुराई।

बिगोना स० [सं० विगोपन] १. खराब करना, बिगाड़ना। २. दुरुपयोग करना, उदा० इहिं राजस को, को न बिगायौ? -सूर। ३. छिपाना। ४. तंग करना। ५. बहकाना। ६. बिताना।
अ० नष्ट या खराब होना।

बिघटना* स० [सं० विघटन] १. विघटित करना। २. विनष्ट करना। ३. बिगाड़ना। ४. तोड़ना-फोड़ना।
अ० विघटित होना।

बिघन* पुं०=विघ्न।

बिघनहरन* वि० [सं० विघ्नहरण] विघ्न या बाधा दूर करनेवाला, शोक का नाश करनेवाला।
पुं० गणेश।

बिघूरना* अ० [सं० विघूरन] १. घूमना। २. बार-बार इधर-उधर चलते रहना।

बिच| क्रि० वि० दे० 'बीच'।

बिचकना अ० [अनु०] १. (मुँह का) टेढ़ा होना। २. भड़कना, चौंकना।

बिचच्छन* वि० दे० 'विचक्षण'।

बिचरना* अ० दे० 'विचरना'।

बिचलना* अ० दे० 'विचलना'।

बिचला वि० [हिं० बीच] [स्त्री० बिचली] जो बीच में हो, मध्य का।

बिचवई पुं० [हिं० बीच] १. मध्यस्थ। २. दलाल।
स्त्री० बीच में पड़कर झगड़ा निपटाने की क्रिया या भाव, मध्यस्थता।

बिचवानी पुं० दे० 'बिचवई'।

बिचहुत* पुं० [हिं० बीच] १. अन्तर, फरक। २. दुविधा, सन्देह।

बिचारना* स० दे० 'विचारना'।

बिचारा वि० दे० 'बेचारा'।

बिचारी* वि०=विचार करनेवाला।

बिचाल* पुं० [सं० विचाल] १. अलग करना। २. अलगाव। ३. अन्तर, भेद।

बिचेत* वि० [सं० विचेतस्] १. मूर्छित, अचेत। २. घबराया हुआ।

बिचौनी* पुं० दे० 'बिचवई'।

बिचौहाँ* पुं०=बिचवई।

बिच्च* पुं० १. दे० 'बीच'। २. दे० 'विचवई'।

बिच्छी स्त्री० दे० 'बिच्छू'।

बिच्छू पुं० [सं० वृश्चिक] १. एक प्रसिद्ध जहरीला डंकदार छोटा जानवर। २. एक तरह की जहरीली घास।

बिच्छेप* पुं०=विक्षेप।

बिछड़ना अ० [सं० विच्छेद] [भाव० बिछड़न, बिछोड़ा] अपने किसी सम्बन्धी या साथी से अलग या जुदा होना।

बिछना अ० हिं० 'बिछाना' का अ०।

बिछलन| स्त्री० दे० 'फिसलन'।

बिछलना| अ०=फिसलना।

बिछलहा| [हिं० बिछलना] फिसलन-भरा।

बिछाई स्त्री० [हिं० बिछाना] १. बिछाने की क्रिया या भाव, जैसे सड़क पर कंकड़ की बिछाई। २. बिछाने के पारिश्रमिक के रूप में मिलनेवाला धन, बिछाने की मजदूरी। ३. दे० 'बिछौना'।

बिछाना स० [सं० विस्तरण] [प्रे० बिछवाना] १. (बिस्तर या कपड़ा) जमीन पर पूरी दूरी तक फैलाना। २. कोई चीज जमीन पर कुछ दूर तक फैलाना, बिखेरना, बिखराना। ३. मारते-मारते जमीन पर गिराना या लेटाना।

बिछायत* स्त्री० दे० 'बिछौना'।

बिछाव पुं० [हिं० बिछाना] १. बिछाने की क्रिया या भाव। २. दे० 'बिछौना'।

बिछावन| पुं० दे० 'बिछौना'।

बिछावना* स०=बिछाना।

बिछिआ स्त्री० [हिं० बिच्छू] पैर की उँगलियों में पहनने का घुँघरूदार छल्ला।

बिछिप्त* वि० दे० 'विक्षिप्त'।

बिछुआ पुं० [हिं० बिच्छू] पैर की उँगली में पहनने का घुँघरूदार छल्ला।

बिछुड़ना अ० दे० 'बिछड़ना'।

बिछुरंता* पुं० [हिं० बिछड़ना] १. बिछड़नेवाला। २. बिछड़ा हुआ।

बिछुरना* अ० दे० 'बिछड़ना'।

बिछूक* पुं०=बिच्छू।

बिछूना* वि० [हिं० बिछुड़ना] बिछड़ा हुआ।

बिछेद* पुं०=विच्छेद।

बिछोड़ा पुं० [हिं० बिछड़ना] बिछड़ने की क्रिया या भाव, जुदाई, वियोग।

बिछोह* पुं० दे० 'बिछोड़ा'।

बिछौना पुं० [हिं० बिछाना] वे कपड़े जो सोने या बैठने के लिए बिछाए जाते हैं, बिछावन, बिस्तर।

बिछौलना स०=बिछाना।

बिजन[1], बिजना* पुं० [सं० व्यजन] छोटा पंखा।

बिजन[2] वि० [सं० विजन] एकान्त (स्थान)।

बिजली स्त्री० [सं० विद्युत्] १. आकाश में सहसा क्षण भर के लिए दिखाई देनेवाला वह प्रकाश जो बादलों में वातावरण की उक्त शक्ति के संचार के कारण होता है, चपला। (लाइटनिंग)

मुहा० *बिजली कड़कना*=आकाश में बिजली फैलने से मेघों में जोर का शब्द होना। *बिजली गिरना या पड़ना*=आकाश से बिजली का वेगपूर्वक, पृथ्वी की ओर आना। (इसके स्पर्श से मार्ग में पड़नेवाली चीजें गलकर नष्ट हो जाती हैं और मनुष्य तथा जीव प्राय: मर जाते हैं।)

२. कुछ विशिष्ट क्रियाओं से उत्पन्न की जानेवाली एक प्रसिद्ध शक्ति जिससे वस्तुओं में आकर्षण और अपकर्षण तथा ताप और प्रकाश होता है, विद्युत्। (इलेक्ट्रिसिटी) ३. आम की कच्ची गुठली या उसके अन्दर की गिरी। ४. गले का एक गहना। ५. कान का एक गहना।

वि० बहुत अधिक चंचल या प्रकाशमान।

बिजली-घर पुं० [हिं० बिजली+घर] वह स्थान जहाँ से सारे नगर या आस-पास के स्थानों में बिजली पहुँचाई जाती है।

बिजहन* वि० [हिं० बीज+हनन] जिसका बीज तक नष्ट हो गया हो।

बिजाती* वि० दे० 'विजातीय'।

बिजान* पुं० दे० 'अनजान'।

बिजायठ* पुं० [सं० विजय] बाजूबन्द।

बिजुरी* स्त्री०=बिजली।

बिजूका, बिजूखा पुं० [देश०] १. पक्षियों आदि को डराने के लिए खेत में उलटी टाँगी हुई हाँड़ी या इसी तरह की कोई चीज। २. दे० 'धोखा'।

बिजोग* पुं०=वियोग।

बिजोना* स० [हिं० जोवना] अच्छी तरह देखना।

बिजोरा वि० [सं० वि+फा० जोर] जिसमें जोर या बल न हो, कमजोर।

बिजौरा वि० [हिं० बीज+औरा(प्रत्य०)] (वृक्ष) जो बीज बोने से उत्पन्न हुआ हो, बीजू (कलमी से भिन्न)।

पुं० एक प्रकार का नीबू।

बिजौरी स्त्री० दे० 'कुम्हड़ौरी'।

बिज्जल* स्त्री०=बिजली।

बिज्जु* स्त्री०=बिजली।

बिज्जुपात* पुं० दे० 'वज्रपात'।

बिज्जुल[1]* पुं० दे० 'छिलका'।

बिज्जुल[2]* स्त्री० [सं० विद्युत्] बिजली।

बिज्जू पुं० [देश०] बिल्ली की तरह का एक जंगली जानवर।

बिझुकना* अ० [हिं० झोंका] [स० बिझुकाना] १. भड़कना। २. डरना। ३. तनने के कारण कुछ टेढ़ा होना। ४. चंचल होना।

बिट* पुं० [सं० विट] वैश्य; उदा० ब्रह्म छत्रि बिट सुद्र सरूप।—केशव।

बिटारना| स० [सं० बिलोडन] [अ० बिटरना] घँघोलकर गन्दा करना।

बिटिया स्त्री० दे० 'बेटी'।

बिठान स्त्री० [हिं० बैठना] मेल खाने की अवस्था या भाव।

बिठाना स०=बैठाना।

बिडर वि० [हिं० बिडरना] बिखरा या छितराया हुआ।

वि० दे० 'निडर'।

*वि०=विरल।

बिडरना* अ० [सं० विट्] [स० बिडराना] १. इधर-उधर होना, बिखराना। २. (पशुओं का) बिचकना, बिदकना। ३. नष्ट होना। ४. खराब होना, बिगड़ना।

बिडवना* स०=तोड़ना।

बिडारना स० [हिं० बिडरना] १. भयभीत करना, डराना। २. डराकर भगाना।

स० दे० 'बिगाड़ना'।

बिडौजा पुं० इन्द्र, देवराज।

बिढ़तो* पुं० [हिं० बढ़ाना] लाभ, नफा।

बिढ़वना* स० [हिं० बढ़ाना] १. कमाना। २. संचित या इकट्ठा करना।

बिढ़ाना* स० दे० 'बिढ़वना'।

बित* स्त्री० दे० 'बित्त'।

बितत* वि० [सं० व्यतीत] बीता हुआ, विगत।

बितताना अ० [सं० व्यथित] १. व्याकुल होना। २. दुखी होकर बिलखना।

स० सन्तप्त करना, सताना।

बितना अ० [हिं० बीतना] व्यतीत होना, बीतना।

बितनु* वि०=वितनु।

बितरना* स०=बाँटना।

बितवना* स०=बिताना।

बिताना स० [सं० व्यतीत] व्यतीत करना, गुजारना, काटना।

बितावना* स०=बिताना।

बितीतना* अ० [सं० व्यतीत] बीतना।

स० बिताना, गुजारना।

बितु* स्त्री० दे० 'बित्त'।

बित्त स्त्री० [सं० वित्त] १. धन। २. सामर्थ्य, शक्ति। ३. ऊँचाई या आकार।

पुं०=वित्त।

बित्ता पुं० [?] हाथ की उँगलियाँ पूरी फैलाने पर अँगूठे के सिरे से कनिष्ठिका के सिरे तक की लम्बाई, बालिश्त।

मुहा० बित्ते भर का=बित्ते के आकार का, छोटा-सा।

बिथकना* अ० [हिं० थकना] १. थकना। २. चकित होना। ३. मोहित होना।

बिथकाना अ० दे० 'बिथकना'।

स० [हिं० 'बिथकना' का स०] १. थकाना। २. चकित करना, हैरान करना।

बिथरना अ० [सं० विकीर्ण] इधर-उधर छटककर गिरना, बिखरना।

स० १. इधर-उधर बिखराना। २. (बीज) बोना, उदा० बारि, बीज बिथरै। -सूर। (ब्रज०)

बिथा* स्त्री० दे० 'व्यथा'।

बिथारना स० [हिं० बिथरना] छितराना, बिखेरना।

बिथित* वि० दे० 'व्यथित'।

बिथुरना अ० दे० 'बिखरना'।

बिथुरिन* वि० [हिं० बिखरना] बिखराया या छितराया हुआ।

बिथोरना* स० दे० 'बिथारना'।

बिद* वि० [सं० विद्] जाननेवाला, ज्ञाता।

बिदकना अ० [सं० विदारण] [स० बिदकाना] १. फटना, चिरना। २. घायल होना। ३. भड़कना, बिचकना।

बिदरन* स्त्री० [सं० विदीर्ण] दरार, दरज।

वि० फाड़ने या चीरनेवाला।

बिदरना[1]* अ० [सं० विदारण] विदीर्ण होना, फटना।

बिदरना[2] अ० [?] नष्ट होना।

बिदायगी स्त्री० दे० 'विदाई'।

बिदारना स० [सं० विदारण] १. चीरना-फाड़ना। २. नष्ट करना।

बिदीरना* स० [सं० विदीर्ण] फाड़ना।

बिदुराना* अ०=मुस्कराना।

बिदुरानी स्त्री०=मुस्कराहट।

बिदूषना* अ० [सं० विदूषण] १. दोष या कलंक लगाना। २. खराब करना, बिगाड़ना।

बिदाई स्त्री०=विदाई।

बिदेह* वि०=विदेह।

बिदोख* पुं० दे० 'विद्वेष'।

बिदोरना* स० [सं० विदारण] (मुँह या दाँत) खोलकर दिखाना।

बिद्ध वि० [सं० विद्ध] बँधा हुआ।

बिद्दत* स्त्री० [अ० बिद्अत] १. दोष, बुराई। २. कष्ट, तकलीफ। ३. विपत्ति। ४. अत्याचार, जुल्म। ५. दुर्दशा।

बिधँसना स० [सं० विध्वंस] विध्वंस या नाश करना।

बिध[1] स्त्री० [सं० विधि] १. प्रकार, तरह, भाँति। २. तरकीब, उपाय।

मुहा० *बिध बैठना*=उपाय या रास्ता निकलना।

३. ब्रह्मा।

बिध[2] स्त्री० [सं० विधा=लाभ] जमा-खर्च का हिसाब जो अन्त में मिलाया जाता है।

मुहा० *बिध मिलाना*=इस बात की जाँच करना कि आय और व्यय की सब मदें ठीक लिखी गई हैं या नहीं, रोकड़ मिलाना, संयोग करना।

बिधना* पुं० [सं० विधि] विधाता, ब्रह्मा।

अ० दे० 'बिंधना'।

बिधवपन पुं० दे० 'वैधव्य'।

बिधाँसना* स० [सं० विध्वंसन] विध्वंस या नाश करना।

बिधाई* पुं० दे० 'विधायक'।

बिधानी* पुं० [सं० विधान] विधान करने या बनानेवाला, रचनेवाला।

बिधिबान* पुं०=ब्रह्मास्त्र।

बिधु* पुं० [सं० विधु] चन्द्रमा।

बिधुबैनी* वि० स्त्री० [सं० विधुवदनी] चन्द्रमुखी।

बिधुसना* स०=नष्ट करना।

बिधूम* वि० [सं० विधूम] धुँए से रहित।

पुं० खाक या राख।

बिन* क्रि० वि० दे० 'बिना'।

बिनई* वि० दे० 'विनयी'।

बिनउ* स्त्री० दे० 'विनय'।

बिनकार* वि० [हिं० बनना] [संज्ञा बिनकारी] जुलाहा।

बिनता* स्त्री० [हिं० बिनती] १. विनय, नम्रता। २. विवशता। ३. दीनता या हीनता, उदा० तेरी बिनता बेरी। -घना०।

बिनति, बिनती स्त्री० [सं० विनय] प्रार्थना, निवेदन, विनय।

बिनन स्त्री० [हिं० बिनना=चुनना] १. बिनने या चुनने की क्रिया, भाव या ढंग। २. वह कूड़ा-कर्कट जो किसी चीज को चुनने या बिनने पर निकले।

बिनना स० [सं० वीक्षण] १. छोटी-छोटी चीजें एक-एक करके उठाना, चुनना। २. छाँटकर अलग करना। ३. एकत्र करना।

स० दे० 'बुनना'।

बिनवट* स्त्री० [हिं० बनेठी] पटा-बनेठी चलाने की क्रिया या खेल।

बिनवना* अ० [सं० विनय] विनय या प्रार्थना करना।

बिनवाना* स० [हिं० बीनना या बुनना] बुनने या बीनने का काम दूसरे से करवाना।

बिनसना अ० [सं० विनाश] नष्ट होना, बरबाद होना।

बिनस्टी* स्त्री०=विनाश।

बिनहना* स०=बिनसना।

बिना क्रि० वि० [सं०] बगैर।

पद *बिना टका टकायते*=बिना पैसे के कुछ नहीं।

बिना, के संबंधबो० [सं० बिना] को छोड़कर, के बगैर, के अलावा।

बिनाई[1]* स्त्री० [हिं० बिनना] १. बीनने या चुनने की क्रिया, भाव या मजदूरी। २. बुनाई।

बिनाई[2] स्त्री० [अ० बिना] मूल आधार, कारण।

बिनावट| स्त्री०=बुनावट।

बिनावन स्त्री० [हिं० बीनना=चुनना] अनाज आदि बीनने पर निकलनेवाला कूड़ा-करकट।

स्त्री० दे० 'बुनावट'।

बिनास* पुं०=विनाश।

बिनासना* स० [सं० विनाश] विनष्ट या बरबाद करना।

बिनाह* पुं०=विनाश।

बिनि, बिनु संबंधबो० दे० 'के बिना'।

बिनुआ वि० [हिं० बीनना] १. जो बीन या चुनकर इकट्ठा किया गया हो। २. दे० 'छँटुआ'।

बिनूठा* वि० दे० 'अनूठा'।

बिनै* स्त्री०=विनय।

बिनौरा| पुं०= बिनौला।

बिनौरी* स्त्री० [?] ओले के छोटे टुकड़े।

बिनौला पुं० [सं० वन=कपास+औला(प्रत्य०)] कपास का बीज।

बिपच्छ* पुं० दे० 'विपक्ष'।

बिपच्छी* पुं० दे० 'विपक्षी'।

बिपता, बिपदा* स्त्री० दे० 'विपत्ति'।

बिपर* पुं० दे० 'विप्र'।

बिपरीत* वि०=विपरीत।

बिपरीति* स्त्री० [सं० विपरीत] विपरीत या विरुद्ध होने की अवस्था या भाव, विपरीतता, उदा० यह विपरीत जानि तुम जन की, अंतर दै बिच रहे लुकानें। -सूर।

बिफर* वि० दे० 'विफल'।

बिफरना* अ० [सं० विप्लवन] १. विद्रोही या बागी होना। २. नाराज होना। ३. ढीठ होना।

अ० दे० 'बफरना'।

बिबछना* अ० [सं० विपक्ष] १. विरोध करना। २. उलझना, फँसना।

बिबरन* वि० दे० 'विवर्ण'।

पुं० दे० 'विवरण'।

बिबस* वि० दे० 'विवश'।

बिबसना* अ०=विवश होना।

बिबहार* पुं०=व्यवहार।

बिबाक* वि० दे० 'बेबाक'।

बिबाकी स्त्री०=बेबाकी।

बिबि वि० [सं० द्वि] दो।

बिभचार* वि० [सं० व्यभिचार] उलटा, विपरीत, उदा० फल बिभचार न होइ, होइ सुख परम अपारा। -नन्ददास।

*पुं०=व्यभिचार।

बिभाना* अ० [सं० विभा] चमकना, दीप्तिमान होना।

बिभिचारी* वि० दे० 'व्यभिचारी'।

बिभोर वि० दे० 'विभोर'।

बिमन* वि० दे० 'विमन'।

बिमान* पुं० [सं० विमान] १. विमान, वायुयान। २. रथ।

बिमानी वि०[सं० वि+मान] जिसे अभिमान न हो, निरभिमानी।

बिमुद* वि० [सं० वि+मुद् (मोद)] १. दुखी या चिन्तित। २. खिन्न, उदास।

बिमूखा* वि०=विमुख।

बिमोहना स० दे० 'मोहना'।

अ० मोहित होना, लुभाना।

बिय वि० [सं० द्वि] १. दो। २. दूसरा। ३. अन्य, और।

पुं० दे० 'बीज'।

बियन पुं० [सं० विजन] एकान्त स्थल।

बिया* वि० [सं० द्वितीय] दूसरा।

पुं०=बीज (बीया)।

बियाना स० दे० 'ब्याना'।

बियापना* स० दे० 'व्यापना'।

बियाबान पुं० [फा०] १. उजाड़ जगह। २. जंगल। ३. सुनसान मैदान।

बियारी स्त्री० दे० 'ब्यालू'

बियालू पुं० दे० 'ब्यालू'।

बियावर वि० स्त्री० [हिं० बियाना या ब्याना=बच्चा देना] ब्याने या बच्चा देनेवाली।

बियाह* पुं०=विवाह।

बियाहा वि० [स्त्री० बियाही]=विवाहित।

बियो* वि०=दूसरा।

बिरंगा वि० [सं० विरंग] कई रंगों का।

बिरंच*, **बिरंचि***, **बिरंची*** पुं० [सं० विरंचि] ब्रह्मा।

बिरई| स्त्री० [हिं० बिरवा] १. छोटा बिरवा। २. जड़ी-बूटी।

बिरख* पुं०=वृक्ष।

बिरचना[१]* अ० [सं० वि+रुचि] १. किसी की ओर से विरक्त या उदासीन होना, उदा० बिरच्यौ किहि दोष न जानि सकौं, जु गयौ मन मो तजि रोषन तैं। -घनआनंद। २. अप्रसन्न या नाराज होना।

बिरचना[२] स० [सं० विरचन] रचना, बनाना।

बिरछ* पुं०=वृक्ष।

बिरछिक* पुं०=वृश्चिक।

बिरझना अ० [सं० विरुद्ध] झगड़ना।

बिरज वि० [सं० वि०+रज (रजोगुण)] १. रजोगुण से रहित। २. माया से रहित।

बिरतंत* पुं०=वृत्तांत।

बिरत* स्त्री०=वृत्ति।

बिरता* पुं० [सं० वृत्ति] सामर्थ्य, शक्ति।

बिरतानवी वि० [हिं० बिरतानिया] बिरतानिया या ब्रिटेन नामक देश से सम्बन्ध रखनेवाला, अंग्रेजी।

बिरताना* स० दे० 'बरताना'।

बिरतानिया पुं० [अं० ब्रिटेन] युरोप का ब्रिटेन नामक द्वीप जो अंग्रेजों का देश है।

बिरत्थ* वि०=व्यर्थ।

बिरथा* वि०=वृथा।

बिरद* पुं० दे० 'विरुद' (स्तुति)।

बिरदैत पुं० [हिं० बिरद] प्रसिद्ध वीर या योद्धा।

वि० प्रसिद्ध, नामी, मशहूर।

बिरध वि० दे० 'वृद्ध'।

बिरधाई* स्त्री० [सं० वृद्ध] वृद्धावस्था।

बिरम* पुं०=विलंब।

बिरमना अ० [सं० विलंब] १. दे० 'बिलमना'। २. मोहित होकर कहीं रुक रहना। ३. देर लगाना, विलम्ब करना। ४. विरक्त होकर अलग होना, छोड़ना, उदा० अपने कृत तै हौं नहिं बिरमत। -सूर।

बिरमाना स० [हिं० बिरमना] १. रोक रखना, ठहरना। २. मोहित करके रोक रखना। ३. बिताना।

बिरवा| पुं० [सं० विपटक, प्रा० बिरवअ] वृक्ष, पेड़।

बिरस* वि० [सं० विरस] जिसमें रस न हो, रसहीन।

पुं० १. रस, प्रेम, अनुराग आदि का अभाव। २. अनबन, बिगाड़।

बिरसना* अ० [सं० विलास] विलास करना, भोगना।

बिरह* पुं०=विरह।

बिरहा पुं० [हिं० विरह?] एक प्रकार का गीत। (पूर्वी उत्तर प्रदेश)

बिरहागि स्त्री० [सं० विरह+अग्नि] विरह रूपी आग।

बिरहाना अ० [सं० विरह] विरह से पीड़ित होना।

बिरही* पुं० दे० 'विरही'।

बिरहुला| पुं० [पा० विरूल्हक=नाग] [स्त्री० बिरहुली] सर्प, साँप, उदा० बोइनी सातो बीज बिरहुली।—कबीर।

बिराजना अ० [सं० वि+रंजन] १. शोभित होना। २. बैठना। (आदरसूचक)

बिरादर पुं० [फा०] भाई, भ्राता।

बिरादरी स्त्री० [फा०] एक जाति के लोगों का समूह या वर्ग।

बिरान* वि०=वीरान।

बिराना स० [सं० विरूपण?] हँसी उड़ाने के लिए किसी की चेष्टा आदि का अनुकरण करना, जैसे—मुँह बिराना=मुँह चिढ़ाना।

वि०=बेगाना।

बिरावना| स० दे० 'बिराना'।

बिरासी* वि०=विलासी।

बिराह* वि०=बेराह।

बिरिख* पुं० १. दे० 'वृष'। २. दे० 'वृक्ष'।

बिरिछ* पुं०=वृक्ष।

बिरियाँ[१] स्त्री० [हिं० बेला] समय।

बिरियाँ[२] स्त्री० [सं० वार] १. वार, दफा। २. पारी, बारी।

बिरी* स्त्री० १. दे० 'बीड़ी'। २. दे० 'बीड़ा'।

बिरुझना| अ० [सं० अवरुन्धन] झगड़ना।

बिरुद* पुं० [सं० विरुद] स्तुति, स्तुतिगान।

बिरुदैत पुं० दे० 'विरदैत'।

बिरुधाई स्त्री० १. दे० 'बुढ़ापा'। २. दे० 'विरोध'।

बिरोग पुं० [सं० वियोग] १. वियोग। २. दुख, कष्ट। ३. चिन्ता।

बिरोधना| अ० [सं० विरोध] विरोध या बैर करना, (किसी को) अपना विरोधी या शत्रु बनाना।

बिलंद वि० [फा० बुलंद] १. ऊँचा। २. बड़ा या भारी। ३. जो विफल हो गया हो। (व्यंग्य)

बिलंबना* अ० 'बिलमना'।

बिल¹ पुं० [सं० बिल्=भेदना] जमीन के अन्दर खोदकर बनाई हुई जीव-जन्तुओं के रहने की तंग छोटी जगह, विवर।

बिल² पुं० [अं०] १. वह पुर्जा जिसमें प्राप्य धन का भुगतान करने के लिए निवेदन तथा विवरण हो। २. कानून का मसौदा जो स्वीकृति के लिए, विचार-विमर्श तथा संशोधन परिवर्धन के लिए संसद आदि में प्रस्तुत किया जाए।

बिलकारी (-रिन्) पुं० [सं०] बिल बनानेवाला अर्थात् चूहा, साँप आदि।

बिलकुल क्रि० वि० [अ० बिल्कुल] १. पूरा-पूरा, सब। २. निरा, निपट।

बिलकैत पुं० [?] राजपूत क्षत्रियों की शाखा का एक अल्ल।

बिलखना अ० [सं० विलाप] [सं० बिलखना] १. बहुत रोना, विलाप करना। २. दुखी होना। ३. सिकुड़ना।

बिलग वि० [सं० विलग] १. अलग, जुदा, पृथक, भिन्न। २. निन्दनीय या बुरा, उदा० इनको बिलगु न मानिए, बोलहिं न विचारी। -तुलसी।
पुं० १. अलग होने का भाव, पार्थक्य। २. मैत्री या सम्पर्क का अभाव या परित्याग।

बिलगाना* अ० [हिं० विलग] अलग या जुदा होना।
स० १. अलग करना। २. चुनना।

बिलगाव पुं० [हिं० विलग+आव (प्रत्य०)] विलग या अलग होने की क्रिया या भाव, अलगाव, पार्थक्य।

बिलच्छन वि०=विलक्षण।

बिलछना* अ० [सं० लक्ष] देखकर समझ लेना, ताड़ना।

बिलटना| अ० [हिं० लटना] नष्ट होना।

बिलटी स्त्री० [अं० बिलेट] रेल से भेजे जानेवाले माल की वह रसीद जिसे दिखलाने पर पानेवाले को वह माल मिलता है।

बिलना अ० [हिं० 'बेलना' का अ०] बेला जाना। (विशेष दे० 'बेलना')।

बिलनी स्त्री० [हिं० बिल ?] १. मिट्टी की दीवारों पर रहनेवाली काली भौंरी। २. वह छोटी फुन्सी जो आँख की पलक पर होती है, गुहांजनी।

बिलपना* अ० [सं० विलाप] रोना।

बिलबिलाना अ० [अनु०] १. छोटे कीड़ों का रेंगना। २. दे० 'बिलखना'।

बिलम* पुं० दे० 'विलंब'।

बिलमना* अ० [सं० विलंब] [स० बिलमाना] विलम्ब या देर करना। २. ठहरना। ३. किसी से प्रेम हो जाने के कारण उसके पास रुक या रह जाना।

बिलमाना* अ०=बिलमना।

बिललाना* अ० दे० 'बिलखना'।

बिलल्ला वि० [अनु०] [स्त्री० बिलल्ली] १. जिसे किसी बात का कुछ भी शऊर न हो, गावदी, मूर्ख। २. काम-बिगाड़ू।

बिलसना* अ० [सं० विलसन] [सं० बिलसाना] शोभा देना, भला या सुन्दर लगना, जँचना।
स० भोग करना, भोगना।

बिला क्रि० वि० [अ०] बिना, बगैर।

बिलाई स्त्री० दे० 'बिल्ली'।

बिलाना अ० [सं० विलयन] [प्रे० बिलवाना] १. विलीन होना, नष्ट होना; उदा० उपज्यो फल त पहुच बिलाई। -रैदास। २. अदृश्य होना।

बिलापना* अ०=विलाप करना।

बिलारी स्त्री० दे० 'बिल्ली'।

बिलाव पुं० [हिं० बिल्ली] नर बिल्ली।

बिलावना* स०=बिलोड़ना।

बिलावल पुं० [देश०] षाड़व सम्पूर्ण जाति का एक राग जो रात के पहले पहर में गाया जाता है।

बिलासना स० [सं० विलसन] भोगना।

बिलियर्ड पुं० [अं०] दो व्यक्तियों के बीच मेज पर रंग-बिरंगी गेंदों तथा छड़ी की सहायता से खेला जानेवाला एक प्रकार का खेल जिसमें गेंदों को मेज पर बने गड्ढों में गिराया जाता है।

बिलियन पुं० [अं०] एक अरब की सूचक संख्या, १०००,०००,००० वि० जो संख्या में एक अरब हो।

बिलुठना* अ० [सं० लुंठन] (कष्ट, पीड़ा आदि से) जमीन पर लोटना।

बिलुपना अ० [सं० विलुप्त] नष्ट होना, न रह जाना।
स० नष्ट करना।

बिलूर* पुं० दे० 'बिल्लौर'।

बिलेस* पुं० [सं० बिल+ईश] साँप।

बिलैया| स्त्री०=बिल्ली।

बिलैया दंडवत स्त्री० भीगी बिल्ली की तरह बहुत ही झुककर और दिखावटी नम्रता दिखाते हुए किया जानेवाला नमस्कार या अभिवादन।

बिलैया भगत पुं० वह जो केवल दूसरों को दिखाने के लिए भला या सज्जन बना हो, पर अन्दर ही अन्दर अपना दुष्ट उद्देश्य सिद्ध करता रहता हो।

बिलोक* पुं० [सं० द्विलोक] दूसरा लोक, परलोक।

बिलोकना* स०[सं० विलोकन] १. देखना। २. परीक्षा करना, जाँचना।

बिलोकनि* स्त्री० [सं० विलोकन] १. देखने की क्रिया या भाव, देखना। २. दृष्टि, चितवन, निगाह।

बिलोचन* पुं० [सं० लोचन] आँख।

बिलोड़ना* स० [सं० बिलोडन] १. दूध आदि मथना। २. अस्त-व्यस्त करना। ३. छिन्न-भिन्न करना, काटना। ४. नष्ट करना।

बिलोना स० [सं० विलोडन] १. दूध आदि मथना। २. डालना, उँड़ेलना।

बिलोपक* वि०=विलोपक।

बिलोरना* स० १. दे० 'बिलोड़ना'। २. दे० 'बिखराना'।

बिलोलना* स०=हिलाना।

बिलोवना* स० दे० 'बिलोना'।

बिलौटा* पुं० [हिं० बिल्ली+औटा (प्रत्य०)] बिल्ली का बच्चा।

बिल्कुल क्रि० वि० [अ०] पूरी तरह से।
वि० निरा, निपट।

बिल्ला[1] पुं० [सं० विडाल] [स्त्री० बिल्ली] बिल्ली का नर।

बिल्ला[2] पुं० [सं० पटल] कपड़े की वह पतली पट्टी जो कुछ चपरासी या स्वयंसेवक आदि अपनी पहचान के लिए लगाते हैं, परतला। (बैज)

बिल्लाना* अ०=विलाप करना।

बिल्ली स्त्री० [सं० विडाल, पु० हिं० बिलार] १. शेर, चीते आदि की जाति का परन्तु उनसे छोटा एक प्रसिद्ध पशु जो प्राय: घरों में रहता और पाला जाता है। २. दरवाजे में ऊपर या नीचे लगाने की एक प्रकार की सिटकनी, बिलैया।

बिल्लौर पुं० [सं० वैदूर्य, मि० फा० बिल्लूर] [वि० बिल्लौरी] १. एक प्रकार का पारदर्शक सफेद पत्थर, स्फटिक। २. बहुत साफ, मोटा और बढ़िया शीशा।

बिवरना* अ० दे० 'ब्योरना'।

बिवराना* स० [हिं० 'बिवरना' का प्रे०] बाल सुलझाना या सुलझवाना।

बिवाई स्त्री० [सं० विपादिका] ऐड़ी तथा पैर की उँगलियों के नीचे का चमड़ा फटने का प्रसिद्ध रोग।

बिशप पुं० [अं०] वह ईसाई धर्माधिकारी जिसके अधीन किसी धर्म प्रांत के मिशनरी कार्य करते हैं।

बिश्वासी[2] वि० [सं० अविश्वासिन्] जिस पर विश्वास न किया जा सके।

बिषान* पुं० [सं० विषाण] पशु का सींग।

बिषै* पुं०=विषय।

बिसंच* पुं० [सं० वि+संचय] १. संचय का अभाव, सँभालकर न रखना। २. बाधा, विघ्न। ३. भय, डर।

बिसंभर[1]* पुं० दे० 'विश्वम्भर'।

बिसंभर[2] वि० [सं० वि० (उप०)+हिं० सँभार] १. जो ठीक तरह से सँभाल कर न रख सके। २. बेखबर, असावधान। ३. जिसे ठीक तरह से सँभालकर न रखा जाए। ४. दे० 'बिसँभार'।

बिसँभार वि० [सं० (उप०) वि +हिं० सँभार] जिसे अपने शरीर की सुध-बुध न हो।

बिस* पुं० [सं० विष] जहर।
पद *बिस की गाँठ*=बहुत बड़ा दुष्ट।
पुं०=भसींड। (बुदेल०)

बिसतरना* अ० [सं० विस्तरण] विस्तार करना, फैलाना या बढ़ाना।

बिसद* वि० दे० 'विशद'।

बिसधर* पुं० [सं० विषधर] १. जहरीला साँप। २. शिव।

बिसन* पुं० दे० 'व्यसन'।

बिसनी वि० [सं० व्यसन] १. दे० 'व्यसनी'। २. छैला। ३. वेश्यागामी।

बिसपना अ० [?] (सूर्य आदि का) अस्त होना, डूबना।

बिसमउ* पुं० दे० 'विस्मय'।

बिसमरना* स० [सं० विस्मरण] भूलना।

बिसमिल वि० [फा० बिस्मिल] जबह किया हुआ।

बिस्मौ* पुं० [सं० विस्मय] १. विस्मय, आश्चर्य। २. विषाद, दुख, रंज।

बिसयक* पुं० [सं० विषय] १. देश। २. राज्य।

बिसरना स० [सं० विस्मरण] भूलना।

बिसराम* पुं०=विश्राम।

बिसरामी वि० [सं० विश्राम] १. जिसे विश्राम या सुख मिले। २. किसी के साथ रहकर सुख भोगनेवाला, उदा० विषयिनी सँघ बिसरामी।-सूर।

बिसवा पुं० दे० 'बिस्वा'।
*स्त्री०=वेश्या।

बिसवास* पुं०=विश्वास।

बिसवासी[1] वि० [सं० विश्वासिन्] १. विश्वास करनेवाला। २. विश्वास करने योग्य, विश्वसनीय।

बिससना[1]* स० [सं० विश्वसन] विश्वास या भरोसा करना।

बिससना[2] स० [सं० विशसन] १. मार डालना। २. शरीर के अंग काटना।

बिसहना* स० दे० 'बिसाहना'।

बिसहर[1]* पुं० [सं० विषधर] सर्प, साँप।

बिसहर[2] वि० [सं० विष+हर] विष का प्रभाव नष्ट करनेवाला।

बिसा पुं० दे० 'बिस्वा'।

बिसाख* स्त्री० दे० 'विशाखा'।

बिसात स्त्री० [अ०] १. हैसियत, वित्त, औकात। २. जमा, पूँजी। ३. सामर्थ्य, शक्ति। ४. वह कपड़ा या दफ्ती जिस पर शतरंज या चौपड़ खेलते हैं।

बिसातबाना पुं० [हिं० बिसात+फा० बाना] बिसाती के यहाँ मिलनेवाली चीजें, जैसे सुई, धागा, कलम, खिलौने आदि।

बिसाती पुं० [हिं० बिसात] बिसातबाने की चीजें बेचनेवाला।

बिसाना[१] अ० [सं० वश] १. वश चलना। २. निर्वाह करना।

बिसाना[२] अ० [हिं० विष+ना (प्रत्य०)] विष का प्रभाव होना, जहर भरना।

बिसायँध वि० [सं० वसा= चरबी+गंध] जिसमें सड़ी मछली की-सी गन्ध हो।
स्त्री० दुर्गन्ध।

बिसारना* स० [हिं० बिसरना] याद न रखना, भूल जाना।

बिसारा* वि० [सं० विषालु] [स्त्री० बिसारी] विषयुक्त, विषाक्त, जहरीला।
स्त्री० सड़ी मछली की-सी गन्ध।

बिसास* पुं० १. दे० 'विश्वास'। २. दे० 'विश्वासघात'।

बिसासिन, बिसासिनी[१] स्त्री० [सं० अविश्वसनीय] (स्त्री) जिसका विश्वास न हो।

बिसासिन, बिसासिनी[२] स्त्री० [सं० विश्व+आशिनी] सबको खा जानेवाली, मृत्यु।

बिसासी[१]* वि० [सं० अविश्वासिन्] [स्त्री० बिसासिन, बिसासिनी] १. जिस पर विश्वास न किया जा सके, अविश्वसनीय। २. कपटी, धोखेबाज।

बिसासी[२] पुं० [सं० विश्व+आशिन्] विश्व को खानेवाला, काल।

बिसाह* पुं०=विश्वास।

बिसाहना स० [हिं० बिसाह+ना (प्रत्य०)] १. खरीदना, मोल लेना। २. (विपत्ति, झंझट आदि) जान-बूझकर अपने ऊपर लेना या पीछे लगाना।

बिसाहनी* स्त्री० [हिं० बिसाहना] मोल ली जानेवाली वस्तु, सौदा।

बिसिख* पुं० दे० 'विशिख'।

बिसियिर* वि० [सं० विषधर] जहरीला।

बिसवा* स्त्री०=वेश्या।

बिसूरना| अ० [सं० विसूरण=शोक] १. मन में खेद या दुख करना। २. सिसक-सिसक कर रोना।
स्त्री० चिन्ता, फिक्र, सोच।

बिसेख* वि० दे० 'विशेष'।

बिसेखना* स० [सं० विशेष] १. विशेष महत्त्व देना। २. विशेषता बतलाना, वर्णन करना।
अ० विशेषता से युक्त होना।

बिसेष* वि०=विशेष।

विसेस* वि०=विशेष।

बिसेसर* पुं०=विश्वेश्वर।

बिसैंधा* वि० [हिं० बिसाँयध] १. जिसमें से बिसायँध या दुर्गन्ध आती हो। २. मांस, मछली आदि की-सी गन्धवाला।

बिस्कुट पुं० [अं०] मैदे, आटे, सूजी आदि की बेक की हुई खस्ता मीठी या नमकीन टिकिया।

बिस्कुटी वि० [अं० बिस्कुट] बिस्कुट के रंग का।

बिस्तर पुं० [सं० विस्तर से फा०] बिछाने के कपड़े, बिछौना।

बिस्तर-घाव पुं० दे० 'शय्याव्रण'।

बिस्तरना अ० [सं० विस्तरण] विस्तृत होना, फैलना या बढ़ना।
स० १. फैलाना। २. किसी बात का विस्तारपूर्वक वर्णन करना।

बिस्तरबंद पुं० [फा०] वह डोरी या चमड़े का तस्मा या इन चीजों से युक्त कपड़े, चमड़े आदि का लम्बा थैला जिसमें यात्रा के समय बिस्तर या बिछौना बाँधकर ले जाते हैं।

बिस्तरा पुं० दे० 'बिस्तर'।

बिस्तार (न)* पुं०=विस्तार(ण)।

बिस्तारना स० [सं० विस्तारण] विस्तार करना, बढ़ाना।

बिस्तुइया| स्त्री०=छिपकली।

बिस्मिल्लाह पद एक अरबी वाक्य का पूर्वार्द्ध जिसका अर्थ है —ईश्वर के नाम से। (इसका प्रयोग कोई कार्य आरम्भ करते समय या जानवर को जबह करते समय होता है।)

बिस्ववंचक वि०, पुं०=विश्ववंचक।

बिस्वांसी स्त्री० [हिं० बिस्वा] जमीन की नाप में एक बिस्वे का बीसवाँ भाग।

बिस्वा पुं० [हिं० बीसवाँ] एक बीघे का बीसवाँ भाग। (जमीन की नाप)।
*स्त्री०=वेश्या।

बिस्वास* पुं०=विश्वास।

बिहंगी* वि० [हिं० बेढंगा] कुरूप, भद्दा।

बिहंडना* स० [सं० विखंडन] १. काटना। २. नष्ट करना। ३. मार डालना।

बिहँसना अ०=मुस्कराना।

बिहँसाना अ० [सं० विहसन] १. दे० 'बिहँसना'। २. खिलना (फूल का)।
स० हँसाना।

बिहँसौंहाँ* वि०=हँसता हुआ।

बिहग*पुं० दे० 'विहंग'।

बिहद्द* वि० दे० 'बेहद'।

बिहनी* स्त्री० अशुभ स्त्री विशेषतः विधवा या सन्तानहीन।

बिहबल* वि०=विह्वल, व्याकुल।

बिहरना[१]* अ० [सं० विहरण] विहार या सैर करना, घूमना-फिरना।

बिहरना[२] अ० [सं० विघटन] १. फटना। २. टूटना-फूटना।

बिहराना* अ० [सं० विघटन] १. फटना। २. अलग होना।
स० १. फाड़ना। २. अलग करना।

बिहाइ* क्रि० वि० [सं० विहाय] छोड़कर, त्यागकर।

बिहाग पुं० ओड़व सम्पूर्ण जाति का एक राग जो रात के दूसरे पहर में गाया जाता है।

बिहान पुं० [सं० वि+अह्नि] १. सबेरा। २. आनेवाला दूसरा दिन, कल।

बिहाना[१]* स० [सं० विहीन] छोड़ना।

बिहाना[2] अ० [सं० वि+अह्नि] (समय आदि) व्यतीत होना, बीतना, गुजरना।

बिहारना अ० [सं० विहरण] विहार या क्रीड़ा करना।

बिहारी[1] वि० [बिहार (राज्य)] बिहार-सम्बन्धी।

स्त्री० बिहार की बोली।

पुं० बिहार का रहनेवाला व्यक्ति।

बिहारी[2] वि० [सं० बिहार] विहार करनेवाला।

पुं० श्रीकृष्ण।

बिहाल* वि० [फा० बेहाल] १. विकल, बेचैन। २. थका हुआ, शिथिल।

बिहिश्त पुं० [फा०] स्वर्ग।

बिहुना* क्रि० वि० [सं० विहीन] छोड़कर, बिना, बगैर।

बिहुरना* अ० दे० 'बिथुरना'।

बिहून* वि० [हिं० विहीन] जिसमें गुण न हो, गुण विहीन।

बिहोरना* अ० दे० 'बिछुड़ना'।

बींदना[1]* स० १. दे० 'चुभाना'। २. दे० 'बींधना'।

बींदना[2] अ० [?] १. अनुमान करना। २. जानना।

बींधना* अ० [सं० विद्ध] छेदा जाना।

स० विद्ध करना, बेंधना, छेदना।

बी स्त्री० दे० 'बीबी'।

बी एड स्त्री० [अं०] अध्यापक बनने के लिए प्राप्त की जानेवाली डिग्री या उससे संबद्ध परीक्षा।

बीकर पुं० [अं०] बिना हैंडल का कप।

बीका* वि० [सं० वक्र] टेढ़ा।

बीख* पुं० [सं० बीखा] कदम, डग।

बीग* पुं० [सं० वृक] भेड़िया।

बीघा पुं० [सं० विग्रह] जमीन, खेत आदि की बीस बिस्वे की एक नाप।

बीच[1] पुं० [सं० द्वीच] १. किसी पदार्थ का मध्य भाग, मध्य।

मुहा० *बीच खेत*=(क) खुले मैदान, सबके सामने। (ख) अवश्य, जरूर। *बीच देना**=साक्ष्य बनाना। *बीच में पड़ना*=झगड़ा निपटाने के लिए मध्यस्थ होना। *(किसी को) बीच रखना*=साक्षी बनाना। *(किसी से) बीच रखना*=पराया समझना। *बीच में कूदना*=व्यर्थ हस्तक्षेप करना। *(ईश्वर आदि को) बीच में रखकर कहना*=(ईश्वर आदि की) शपथ या कसम खाना।

पद *बीच-बीच में*=(क) थोड़ी-थोड़ी देर में। (ख) थोड़ी-थोड़ी दूरी पर।

२. दो चीजों के बीच का अन्तर या स्थान। ३. अन्तर, भेद।

मुहा० *बीच पारना*=भेद उत्पन्न करना।

४. अवसर, मौका।

क्रि० वि० अन्दर, में।

वि० बीच का, मध्य का; उदा० कैम्पस में जो संस्थान है उसमें बीच श्रेणी के अधिकारी हैं दोनों।—गोविंद मिश्र।

बीच[2] स्त्री० [सं० वीचि] लहर, तरंग।

बीच, इस क्रि० वि० इन या उल्लिखित दो बिन्दुओं या अवधियों के बीच के समय में।

बीच, के संबंधबो० १. दो बिन्दुओं, स्थानों, वस्तुओं आदि के मध्य में पड़नेवाली जगह में; जैसे—कलकत्ता और दिल्ली के बीच बनारस है। २. आपस में; जैसे—दोनो भाइयों के बीच झगड़ा चलता है। ३. एक स्थान से दूसरे स्थान तक; जैसे—बनारस और प्रयाग के बीच नाव चलती है।

बीच-बचाव पुं० [हिं० बीच+बचाव] परस्पर झगड़ने या लड़नेवालों के बीच में पहुँचकर दोनों को लड़ने-झगड़ने से बचाने की क्रिया या भाव।

बीचवान| पुं०=बिचौलिया।

बीचि स्त्री० [सं० वीचि] लहर, तरंग।

बीचु* पुं० दे० 'बीच'।

बीचोबीच, के सम्बन्धबो० [हिं० बीच] के ठीक बीच में।

बीछना* स० [सं० विचमन] दे० 'चुनना'।

बीछी* स्त्री० दे० 'बिच्छू'।

बीछू पुं० १. दे० 'बिच्छू'। २. दे० 'बिछुआ' (हथियार या गहना)।

बीज[1] पुं० [सं०] १. फूलवाले पौधों या अनाजों के वे दाने अथवा वृक्षों के फलों की वे गुठलियाँ जिनसे वैसे ही नये पौधे, अनाज या वृक्ष उत्पन्न होते हैं, बीया। २. प्रधान कारण, मूल, जड़।

मुहा० *बीज बोना*=किसी बात या कार्य का आरम्भ या सूत्रपात करना, जैसे वैमनस्य का बीज बोना।

३. हेतु, कारण। ४. अव्यक्त संख्यासूचक संकेत, विशेष दे० 'बीजगणित'। ५. तन्त्र में वह अव्यक्त ध्वनि या शब्द जिसमें किसी देवता को अनुकूल या प्रसन्न करने की शक्ति मानी जाती है। ६. दे० 'वीर्य'।

बीज[2]* स्त्री० [सं० विद्युत्] बिजली, उदा० आँगन बीज करत मन चोटैं। घर में अति अधार कट धौटैं। नन्ददास।

बीजक पुं० [सं० वीजक] १. सूची, तालिका। २. वह सूची जिसमें भेजे हुए माल का ब्योरा, दर आदि लिखी हो। (इन्वॉयस) ३. गड़े हुए धन की वह सूची जो उसके साथ मिलती है। ४. कबीरदास के पदों के एक संग्रह का नाम।

बीजगणित पुं० [सं०] गणित का वह प्रकार जिसमें अक्षरों को संख्या के स्थान पर मानकर अज्ञात मान या संख्याएँ जानी जाती हैं। (अलजबरा)

बीजन* पुं० दे० 'पंखा'।

बीजना स० दे० 'बोना'।

बीजपूर पुं० [सं० वीजपूर] १. बिजौरा नीबू। २. चकोतरा।

बीजमंत्र पुं० [सं०] १. किसी देवता की उपासना का मूल मन्त्र। २. वह मूल तत्त्व या सिद्धान्त जिससे कोई कार्य तुरन्त सिद्ध हो जाए, गुर।

बीजरी* स्त्री० दे० 'बिजली'।

बीजांकुर पुं० [सं० बीज=अंकुर] बीज में से निकला नया अंकुर।

बीजांकुरण पुं० [सं०] १. बीज में से अंकुर निकलने की अवस्था या भाव। २. बीज के रूप में निकलना।

बीजा* वि० [सं० द्वितीय] दूसरा।

बीजाक्षर पुं० [सं०] तन्त्र में किसी बीजमन्त्र का पहला अक्षर।

बीजी स्त्री० [सं० बीज+हिं० ई (प्रत्य०)] १. गिरी, मींगी। २. गुठली।

बीजु, बीजुरी* स्त्री० दे० 'बिजली'।

बीजू वि० [सं० बीज+ हिं० ऊ (प्रत्य०)] (वृक्ष का फल) जो बीज बोने से उत्पन्न हुआ हो, (कलमी से भिन्न) जैसे बीजू आम।

पुं० दे० 'बिज्जू'।

बीजैला वि० [सं० बीज+हिं० एला (प्रत्य०)] बीजों से भरा।

बीझ* वि० [सं० विद्ध ?] सघन, घना।

बीझना* अ० दे० 'बझना'।

बीझा* वि० [सं० विजन] निर्जन, एकान्त।

बीट स्त्री० [सं० विट्] चिड़ियों की विष्ठा या मल।

बीटनिक पुं० [अं०] बीसवीं सदी के माध्य का लंबे बालों तथा ढीले-ढाले वस्त्रों वाला वह यूरोपवासी जो सामाजिक मर्यादाओं का पालन नहीं करता था।

बीड स्त्री० [अं०] लकड़ी की वह पतली तथा सँकरी पट्टी जो सज्जा के लिए लकड़ी के सामानों पर लगाई जाती है।

बीड़ स्त्री० [हिं० बीड़ा] एक के ऊपर एक रखे हुए बहुत से सिक्के।

बीड़ा पुं० [सं० वीटक] १. पान का वह रूप जो कत्था, चूना लगाकर उसे लपेटने या तह करने पर होता है, गिलौरी।

मुहा० *बीड़ा उठाना*=कोई विकट काम करने का भार अपने ऊपर लेना। *बीड़ा जोड़ना या जोरना*=बीड़ा उठाना। *बीड़ा देना*=किसी आगत व्यक्ति को चलने के समय पान देना। (विदाई का सूचक)

२. गाने बजानेवाले दलों आदि को किसी अवसर के लिए नियत करते समय दिया जानेवाला धन, साई।

मुहा० *बीड़ा देना*=पेशगी धन देकर गाने-बजाने आदि के लिए किसी को नियत करना।

बीड़ी स्त्री० [हिं० बीड़ा] १. दे० 'बीड़'। २. दे० 'बीड़'। ३. होठों पर की मिस्सी की धड़ी। ४. दाँत और होंठ रँगने का मंजन। ५. पत्ते में लपेटा हुआ सुरती का चूर जो चुरुट आदि की तरह सुलगाकर पिया जाता है।

बीतना अ० [सं० व्यतीत] १. समय विगत होना या कटना, गुजरना। २. घटित होना, घटना, पड़ना, जैसे जिसपर बीते, वही जाने। ३. समाप्त होना, खतम होना, न रह जाना, जैसे सबके भय बीते।

बीता पुं० दे० 'बित्ता'।

बीथित* वि० दे० 'व्यथित'।

बीध* क्रि० वि० [सं० विधि] विधिपूर्वक।

बीधना* अ० [हिं० बींधना] १. उलझना, फँसना। २. आर-पार होना, छेदा जाना। ३. युक्त होना। ४. किसी प्रकार के प्रभाव के अधीन होना।

स० दे० 'बींधना'।

बीधा* वि०=बींधा हुआ।

बीन[१] स्त्री० [सं० वीणा] १. सितार की तरह का एक प्रसिद्ध बड़ा बाजा, वीणा। २. सँपेरों के बजाने की तूमड़ी।

बीन[२] स्त्री० [अं०] एक प्रकार की फली जिसका उपयोग सब्जी के रूप में होता है।

बीनकार पुं० [हिं० बीन+फा० कार] वह जो बीन बजाता हो, बीन बजानेवाला।

बीनना* स० १. दे० 'चुनना'। २. दे० 'बींधना'। ३. दे० 'बुनना'।

बीफै पुं० [सं० बृहस्पति, प्रा० बिहफै] बुधवार के बाद और शुक्रवार के पहले का दिन, गुरुवार।

बीबी स्त्री० [फा०] १. भले घर की स्त्री, महिला। २. पत्नी, जोरू।

बीम स्त्री० [अं०] दीवारों पर टिकी सीमेंट, लोहे की छड़ों की बेड़े बल की वह रचना जो छत का भार उठाती है।

बीमा पुं० [फा० बीम=भय मि० सं० भीम] १. किसी प्रकार की सम्भावित हानि होने पर कुछ रकम देने की जिम्मेदारी, जो कुछ निश्चित धन एक साथ या कुछ किस्तों में लेकर उसके बदले में ली जाती है। (इन्स्योरेन्स) २. भेजा जानेवाला वह पत्र या पारसल जिसकी सम्भावित क्षति की पूर्ति का इस प्रकार डाकखाने ने भार लिया हो।

बीमा-पत्र पुं० [हिं० बीमा+सं० पत्र] वह पत्र या लेख जिसमें बीमे से सम्बन्ध रखनेवाली सब बातें या शर्तें रहती हैं। (पॉलिसी)

बीमार वि० [फा०] जिसे कोई बीमारी हुई हो, रोगी।

बीमारी स्त्री० [फा०] १. रोग, व्याधि। २. झंझट। ३. बुरी आदत।

बीमित वि० [हिं० बीमा] जिसका बीमा हुआ या किया गया हो। (इन्स्योर्ड)

बीय* पुं० दे० 'बीज'।

बीया[१]* वि० [सं० द्विती] दूसरा।

बीया[२] पुं० [सं० बीज] वृक्ष या पौधे का बीज।

बीर पुं० [सं० वीर] भाई, भ्राता।

वि० बहादुर।

स्त्री० १. सखी, सहेली। २. कान का एक गहना, तरना, बीरी। ३. कलाई में पहनने का एक गहना। ४. कान का एक आभूषण। ५. गोचर भूमि, चरागाह।

बीरउ* पुं० दे० 'बिरवा'।

बीरज* पुं० दे० 'वीर्य'।

बीरन पुं० [सं० वीर] भाई।

बीर-बहूटी स्त्री० [सं० वीर+वधूटी] गहरे लाल रंग का एक छोटा, सुन्दर और कोमल बरसाती कीड़ा, इन्द्रवधू।

बीरा पुं० [हिं० बीड़ा] [स्त्री० अल्पा० बीरी] १. दे० 'बीड़ा'। २. देवता के प्रसाद के रूप में मिलनेवाले फल-फूल आदि।

बीरी| स्त्री० [हिं० बीड़ा] १. पान का बीड़ा। २. दे० 'बीड़ी'। ३. दे० 'बीर'। (गहना)

बीरो पुं० [हिं० बिरवा] वृक्ष, पेड़।

बील[१] वि० [सं० विल] पोला, खोखला।
पुं० नीची भूमि।

बील[२] पुं० [सं० बीज-मंत्र] मन्त्र।

बीवी स्त्री० दे० 'बीबी'।

बीस वि० [सं० विंशति] १. जो गिनती में उन्नीस से एक अधिक हो, २०। २. किसी से कुछ बढ़कर या अच्छा।

बीस बिस्वे क्रि० वि० पूरी तरह से, निश्चित रूप से ।

बीसियों वि० दे० 'बीसों'।

बीसी स्त्री० [सं० विंशकी] १. बीस चीजों का समूह, कोड़ी। २. ज्योतिष में साठ संवत्सरों के बीस-बीस वर्षों के तीन विभागों में से कोई एक। ३. बीस गाहियों का सैकड़ा।

बीसों सर्व० सभी बीस व्यक्ति या वस्तुएँ।

बीसो वि० [हिं० बीस] १. सभी बीस, सब के सब बीस। २. बीस से बहुत अधिक, जैसे बीसो वाक्य, बीसो पुस्तकें।

बीह* वि०=बीस।

बीहड़ वि० [सं० विकट] १. जो सरल न हो, कठिन। २. ऊँचा-नीचा, ऊबड़-खाबड़।

बीहर वि० [?] अचल, स्थावर।

बुंद स्त्री० दे० 'बूँद'।

बुँदका पुं० [सं० विंदुक] [स्त्री० अल्पा० बुँदकी] १. कोई गोल और बड़ा दाग या धब्बा। २. माथे पर लगाया जानेवाला गोल टीका। ३. दे० 'बुंदा'।

बुँदकी स्त्री० [सं० विंदु+हिं० की (प्रत्य०)] छोटी गोल बिंदी।

बुंदा पुं० [सं० विंदु] १. कान में पहनने का एक गहना, लोलक। २. माथे पर लगाने की बिन्दी, टिकुली।

बुँदिया स्त्री० [हिं० बूँद] १. छोटी बूँद। २. बूँद जैसे घी या तेल में तले बेसन के टुकड़े, बूँदी।

बुँदोरी स्त्री० [हिं० बूँदी] बुँदिया या बूँदी नाम की मिठाई।

बुआ स्त्री० [देश०] १. पिता की बहन, फूफी। २. बड़ी बहन।

बुकचा पुं० [तु० बुकचः] [स्त्री० अल्पा० बुकची] गठरी।

बुकना* स०=भक्षना।

बुकनी स्त्री० [हिं० बूकना+ई (प्रत्य०)] महीन चूर्ण।

बुकपोस्ट पुं० [अं०] डाकखाने से पुस्तक, पत्रिका आदि अन्यत्र भेजने का एक ढंग।

बुकवा* पुं० [हिं० बूकना] १. उबटन। २. बुक्का।

बुक्कल स्त्री० [पं०] सरदी से बचने के लिए शाल, चादर आदि से अपने को लपेट रखने की अवस्था या भाव।

बुक्का पुं० [हिं० बूकना=पीसना] अबरक (अभ्रक) का चूरा।

बुखार पुं० [अ० बुख़ार] १. वाष्प, भाप। २. शरीर में होनेवाला ज्वर (रोग), ताप। ३. दुख, क्रोध आदि का आवेग।
मुहा० *जी का बुखार निकालना*=मन का दुख या व्यथा कहकर प्रकट करना और इस प्रकार जी हलका करना।

बुज़दिल वि० [फा०] [भाव० बुजदिली] कायर, डरपोक।

बुजुर्ग वि० [फा० बुजुर्ग] [भाव० बुजुर्गी] वृद्ध, बूढ़ा।
पुं० वृद्ध विशेषत: प्रतिष्ठित व्यक्ति। २. (बहु०) बाप-दादा, पुरखे, पूर्वज।

बुजुर्गवार पुं० [फा०] पूज्य महानुभाव।

बुजुर्गी स्त्री० [फा०] १. वृद्धावस्था। २. प्रतिष्ठा।

बुझना अ० [?] अग्नि का जलकर आप-से-आप या जल पड़ने के कारण समाप्त होना, जैसे आग बुझना। २. गरम चीज का पानी में पड़कर ठंडा होना। ३. पानी से, तपाई हुई चीज का छौंका जाना। ४. उत्साह आदि मन्द पड़ना।

बुझाना[१] स० [हिं०'बूझना' का स०] १. किसी पदार्थ के आग से जलने का अन्त करना, अग्नि को शीतल या शान्त करना। २. तपी हुई चीज पानी में डालकर ठंडी करना।
मुहा० *जहर में बुझाना*=शस्त्र का फल तपाकर किसी जहरीले तरल पदार्थ में डुबाना जिसमें वह जहरीला हो जाए।
३. उत्साह आदि शान्त या भंग करना।

बुझाना[२] स० [हिं० 'बुझना' का प्रे० रूप] १. किसी को बूझने में प्रवृत्त करना। २. बोध या ज्ञान कराना, समझाना। ३. धैर्य या सान्त्वना देना, जैसे समझाना-बुझाना।

बुझौवल स्त्री० दे० 'पहेली'।

बुट* पुं० [सं० बिटप] बूटा, छोटा पौधा।

बुटना अ० [?] भागना।

बुड़ना* अ०=डूबना।

बुड़बुड़ाना अ० [अनु०] मन ही मन में कुढ़कर धीरे-धीरे कुछ बोलना, बड़-बड़ करना।

बुड़भस स्त्री० [हिं० बूढ़ा+भड़ास] १. बूढ़े की भड़ास। २. मूर्खतापूर्ण आचरण।

बुड़ाना* स०=डुबाना।

बुड़ीत वि० [हिं० बूड़ना] (प्राप्य धन) जो डूब गया हो या वसूल न हो सकता हो।

बुड्ढा वि० [सं० वृद्ध] [स्त्री० बुढ़िया] १. ६० वर्ष से अधिक अवस्थावाला, वृद्ध (मनुष्यों के लिए)। २. जो साधारणत: मानी जानेवाली पूर्ण आयु का आधे से अधिक भाग पार कर चुका हो।
पुं० बूढ़ा व्यक्ति।

बुढ़भस स्त्री० [हिं० बूढ़ा+भड़ास] बूढ़े की बकबक।

बुढ़वा* वि०=बूढ़ा।

बुढ़ाई* स्त्री०=बुढ़ापा।

बुढ़ाना* अ० [हिं० बूढ़ा] वृद्ध या बूढ़ा होना।

बुढ़ापा पुं० [हिं० बूढ़ा] बुड्ढे होने की अवस्था, वृद्धावस्था।

बुढ़िया स्त्री० [सं० वृद्धा] ५०-६० वर्ष या इससे अधिक अवस्थावाली स्त्री, वृद्धा।

बुढ़िया का काता पुं० एक प्रकार की मिठाई जो काते हुए सूत के लच्छे की तरह होती है।

बुढ़िया पुराण पुं० बुढ़ियों की कथा-वार्ता।

बुढ़ौती स्त्री० दे० 'बुढ़ापा'।

बुत पुं० [फा०, मि० सं० बुद्ध] १. मूर्ति, प्रतिमा। २. देवमूर्ति। ३. वह जिससे प्रेम किया जाए, प्रियतम।

बुतखाना पुं० [फा० बुतख़ानः] मंदिर, देवालय।

बुततराश पुं० [फा०] मूर्तियाँ बनानेवाला, मूर्तिकार।

बुतना* अ०=बुझना।

बुतपरस्त वि०, पुं० [फा०] [भाव० बुतपरस्ती] मूर्तिपूजक।

बुतपरस्ती स्त्री० [फा०] मूर्तिपूजा।

बुतशिकन वि०, पुं० [फा०] मूर्तियों तोड़नेवाला, मूर्तिभंजक।

बुताना* अ०=बुझना।

स०=बुझाना।

बुताम पुं० [पुर्त०] १. बटन। २. घुंडी।

बुत्ता पुं० [देश०] १. धोखा, झाँसा-पट्टी। २. बहाना, हीला।

बुदबुद पुं० [अनु०] १. बुलबुलों के फटने का शब्द। २. पानी का बुलबुला।

बुदबुदाना अ० [अनु०] १. बुदबुद शब्द होना। २. अस्फुट स्वर में बोलना।

बुदबुदाहट स्त्री० १. बुदबुद शब्द। २. अस्फुट वाणी।

बुद्ध वि० [सं०] [भाव० बुद्धत्व] १. जगा हुआ, जागृत। २. बुद्धिमान, ज्ञानी। ३. विद्वान, विशेषत: किसी विषय को सांगोपांग जाननेवाला।

पुं० बौद्ध धर्म के प्रवर्तक एक प्रसिद्ध महात्मा जिनका जन्म ई० पू० ५५० में हुआ था।

बुद्धत्व पुं० [सं०] बुद्ध होने की अवस्था, भाव या गुण।

बुद्धपुरुष पुं० [सं०] १. ज्ञानी पुरुष। २. वह व्यक्ति जिसे बुद्धत्व प्राप्त हो चुका हो।

बुद्धि स्त्री० [सं०] सोचने-समझने और निश्चय करने की वृत्ति या मानसिक शक्ति, निश्चयात्मिका वृत्ति, अक्ल, प्रज्ञा।

विशेष—इसके पाँच भेद या प्रकार माने गए हैं—स्मृति, मेधा, मति, प्रज्ञा और विवेक। (इन्टलेक्ट)

बुद्धिजीवी (-विन्) पुं० [सं०] वह जो केवल बुद्धिबल से ही जीविका उपार्जन करता हो, जैसे लेखक, चिकित्सक, प्राध्यापक आदि।

बुद्धिविसाल* वि० [सं० बुद्धिविशाल] अत्यन्त बुद्धिमान।

बुद्धिभ्रंश पुं० [सं०] पागलपन के अन्तर्गत एक प्रकार का मानसिक रोग जिसमें बुद्धि ठीक तरह से और पूरा काम नहीं देती। (डिमेन्शिआ)

बुद्धिमत्ता स्त्री० [सं०] बुद्धिमान होने का भाव, समझदारी, अक्लमन्दी।

बुद्धिमान, बुद्धिमान् वि० [सं०] [भाव० बुद्धिमत्ता] जिसमें बहुत बुद्धि हो, समझदार।

पुं० बुद्धिमान व्यक्ति।

बुद्धिमानी स्त्री० दे० 'बुद्धिमत्ता'।

बुद्धिवंत* वि०=बुद्धिमान।

बुद्धिवाद पुं० [सं०] [वि० बुद्धिवादी] १. यह सिद्धान्त कि मनुष्य को सब बातों का ज्ञान बुद्धि के द्वारा ही प्राप्त होता है। (इन्टलेकचुअलिज्म) २. वह सिद्धान्त जिसमें केवल बुद्धि-संगत या समझ में आनेवाली ही बातें मानी जाती हैं। (रैशनलिज़्म)

बुद्धिशाली वि० दे० 'बुद्धिमान'।

बुद्धिसंगत वि० [सं०] विचारपूर्ण, उचित।

बुद्धिहीन वि० [सं०] [भाव० बुद्धिहीनता] मूर्ख, बेवकूफ।

बुदबुद पुं० [सं०] पानी का बुलबुला, बुल्ला।

बुधंगड़ वि०, पुं० [हिं० बुद्ध] मूर्ख, बेवकूफ।

बुध पुं० [सं०] १. एक प्रसिद्ध ग्रह जो सूर्य के बहुत पास है। (मरकरी) २. देवता। ३. बुद्धिमान और विद्वान व्यक्ति।

वि० बुद्धिमान।

बुधवान* वि० दे० 'बुद्धिमान'।

बुधि* स्त्री०=बुद्धि।

बुधिवाही* वि० दे० 'बुद्धिमान'।

बुनकर पुं० [हिं० बुनना] कपड़ा बुननेवाला, जुलाहा।

बुनकरी स्त्री० [हिं० बुनकर] कपड़ा बुनने का काम, बिनाई।

बुनगट, बुनत स्त्री०=बुनती।

बुनती स्त्री० [हिं० बुनना] बुनने की क्रिया या ढंग, बुनाई।

बुनना स० [सं० वयन] १. तागों की सहायता से करघे पर कपड़ा तैयार करना, जैसे साड़ी बुनना। २. हाथ या यन्त्र से कुछ सूतों को ऊपर और कुछ को नीचे से निकालकर कोई चीज बनाना, जैसे मोजा या गंजी बुनना।

बुना* स्त्री० [फा० बिनआ] मूल कारण, आधार।

बुनाई स्त्री० [हिं० बुनना+ई (प्रत्य०)] बुनने की क्रिया, भाव या मजदूरी।

बुनावट स्त्री० [हिं० बुनना+आवट (प्रत्य०)] बुनने की क्रिया, भाव या ढंग।

बुनिया पुं० दे० 'बुनकर'।

बुनियाद स्त्री० [फा० बुन्याद] १. जड़, मूल। २. नींव। ३. असलियत, वास्तविकता।

बुनियादी वि० [फा० बुन्यादी] १. बुनियाद या जड़ से सम्बन्ध रखनेवाला। २. बिल्कुल प्रारम्भिक, आधारिक।

बुबकारी स्त्री० [अनु०] जोर से रोने का शब्द।

बुभुक्षा स्त्री० [सं०] १. भूख, क्षुधा। २. भोगों की कामना।

बुभुक्षित वि० [सं०] भूखा, क्षुधित।

बुभुक्षु वि० [सं०] १. भूखा। २. भोगों की कामना रखनेवाला।

बुयाम पुं० [अं० ?] चीनी मिट्टी का एक प्रकार का बड़ा पात्र।

बुरकना स० [अनु०] चूर्ण आदि किसी चीज पर छिड़कना, भुरभुराना।

बुरका पुं० [अ० बुर्क़ा] एक प्रकार का पहनावा जिससे मुसलमान स्त्रियाँ सिर से पैर तक के सब अंग ढकती हैं।

बुरकापोश वि० [अ० बुर्का+फा० पोश] जो बुरका पहने हो।

बुरा वि० [सं० विरूप] [भाव० बुराई] १. अनुचित या निषिद्ध; जैसे घूस लेना बुरा है। अच्छा या उत्तम का उलटा, निकृष्ट, मन्द, खराब। २. मुसीबत में डालनेवाला या हानि करनेवाला। **मुहा०** *बुरा फँसना*=बुरी तरह उलझना या ग्रस्त होना; जैसे- उनके झमेले में हम बुरे फँसे। *बुरा मानना*=अनुचित या खराब समझना। *(किसी से) बुरा मानना*=द्वेष या वैर रखना, सद्भाव त्यागना।

बुराई स्त्री० [हिं० बुरा+ई (प्रत्य०)] १. बुरा होने का भाव, बुरापन, खराबी। २. अवगुण, दोष, दुर्गुण। ३. बुरी बात, कुरीति। ४. शिकायत, निन्दा। ५. द्वेष, दुर्भाव।

बुरादा पुं० [फा० बुरादः] लकड़ी चीरने पर निकलनेवाला उसका चूर्ण, कुनाई।

बुरा-भला पुं० १. हानि-लाभ। २. गाली-गलौज।

बुरी-बला स्त्री० हानिप्रद वस्तु या व्यक्ति।

बुरुश पुं० [अं० ब्रश] रँगने या सफाई करने के लिए खास तरह की बनी हुई कूँची।

बुर्ज पुं० [अ०] १. किले आदि की दीवारों में वह ऊपरी भाग जिसमें बैठने के लिए थोड़ा स्थान होता है, गरगज। २. मीनार का ऊपरी भाग। ३. इस आकार की इमारत की कोई बनावट।

बुर्द वि० [फा०] १. डूबा हुआ। २. नष्टप्राय। ३. (शतरंज की वह बाजी) जिसमें हारनेवाला के पास केवल बादशाह रह जाता हो।

बुर्दबार वि० [फा०] १. गंभीर। २. सहनशील।

बुर्दबारी स्त्री० [फा०] १. गंभीरता। २. सहनशीलता।

बुलंद वि० [फा० बुलन्द मि० सं० वृहत्] ऊँचा, उच्च।

बुलकारना* स० दे० 'पुचकारना'।

बुलडोजर पुं० [अं० बुलडोज़र] एक बड़ा सचल यन्त्र जिससे मकान, पेड़ आदि गिराए जाते हैं।

बुलबुल स्त्री० [फा० बुल्बुल] एक प्रसिद्ध सुरीला बोलनेवाली काली छोटी चिड़िया।

बुलबुला पुं० [सं० बुद्बुद] पानी का बुल्ला, बुद्बुद।

बुलवाना स० हिं० 'बुलाना' का प्रे०।

बुलाक[१] स्त्री० [तु०] १. नाक के बीच की हड्डी। २. इसमें पहनी जानेवाली नथ। ३. नथ में का लम्बोतरा मोती।

बुलाक[२] स्त्री०=बुलाक। (नथ)

बुलाकी पुं० [तु० बुलाक] एक प्रकार का घोड़ा।

बुलाना स० [हिं० 'बोलना' का स० रूप] १. अपने पास आने के लिए पुकारकर कहना, आवाज देना, पुकारना। २. किसी को बोलने में प्रवृत्त करना।

बुलावा पुं० [हिं० बुलाना] बुलाने की क्रिया या भाव, निमन्त्रण।

बुलास| स्त्री० बोलने की तीव्र इच्छा।

बुलाह पुं० [सं० बोल्लाह] वह घोड़ा जिसकी गरदन और दुम के बाल पीले हों।

बुलाहट* स्त्री० दे० 'बुलावा'।

बुलेटिन पुं० [अं०] प्रज्ञप्ति।

बुलौआ| पुं० दे० 'बुलावा'।

बुल्ला पुं० दे० 'बुलबुला'।

बुसना अ० [हिं० बासी] १. बासी हो जाना। २. (खाद्य पदार्थ का) बदबू छोड़ना।

बुहारना स० [सं० बहुकर] झाड़ू से जगह साफ करना, झाड़ू देना।

बुहारी स्त्री० दे० 'झाड़ू'।

बूँकना| अ०=बोलना।

बूँद स्त्री० [सं० विंदु] १. गिरने के समय जल आदि तरल पदार्थों का वह थोड़ा अंश जो प्रायः छोटी गोली के समान बन जाता है, कतरा। (ड्राप) **मुहा०** *बूँदें पड़ना*=हलकी वर्षा होना। २. पुरुष का वीर्य, शुक्र। ३. बहुत छोटी बूटियों का एक प्रकार का कपड़ा।

बूँदा-बाँदी स्त्री० [हिं० बूँद] हलकी बूँदों की थोड़ी वर्षा।

बूँदी स्त्री० [हिं० बूँद+ई(प्रत्य०)] १. बेसन के तले हुए छोटे गोल टुकड़े। २. इन टुकड़ों से बना हुआ लड्डू। ३. बरसनेवाले जल की बूँदें।

बू स्त्री० [फा०] १. गन्ध, महक। २. दुर्गन्ध। ३. सुगन्ध; जैसे— बूए मुहब्बत=प्रेम की सुगंध।

बूआ स्त्री० [देश०] १. पिता की बहन, बुआ। २. बड़ी बहन।

बूक पुं० [हिं० बकोटा] कोई वस्तु उठाने के लिए हथेली की गहरी की हुई मुद्रा, चंगुल, बकोटा।

बूकना स० [देश०] १. महीन पीसना। २. केवल योग्यता दिखाने के लिए बातें करना, जैसे अंग्रेजी बूकना।

बूका[१] पुं० १. दे० 'गंगा-बरार'। २. दे० 'बुक्का'।

बूका[२] वि० [हिं० बूकना] पिसा हुआ।

बूकी स्त्री० दे० 'बुकनी'।

बूचड़ पुं० [अं० बूचर] कसाई।

बूचड़खाना पुं० [हिं० बूचड़+फा० खानः] वह स्थान जहाँ कसाई गोश्त के लिए पशुओं का वध करते हैं।

बूचा वि० [?] अंगहीन विशेषतः कनकटा।

बूजना स० [?] धोखा देना।

बूझ स्त्री० [सं० बुद्धि] १. समझ, बुद्धि, अक्ल। २. बुझौवल, पहेली।

बूझना स० [सं० बुध्य] १. समझना, जानना। २. पूछना। ३. पहेली का उत्तर निकालना।

बूट[१] पुं० [सं० विटप] १. चने का हरा पौधा या दाना। २. पेड़ या पौधा।

बूट[२] पुं० [अं०] एक प्रकार का जूता।

बूटना* अ० [?] भागना।

बूटनि* स्त्री० दे० 'बीर-बहूटी'।

बूटा पुं० [सं० विटप] १. छोटा वृक्ष, पौधा। २. कपड़ों, दीवारों आदि पर बने हुए फूलों या वृक्षों आदि के आकार के चिह्न, बड़ी बूटी।

बूटी स्त्री० [हिं० 'बूटा' का स्त्री० अल्पा० रूप] १. बनस्पति, जड़ी। २. भाँग ३. छोटे फूलों के-से वे चिह्न जो किसी चीज पर बने होते हैं, छोटा बूटा।

बूड़ना* अ० [सं० ब्रुडन्] डूबना।

बूड़ा पुं० [हिं० डूबना] १. जल की बाढ़। २. आदमी के डूबने भर का पानी।

बूढ़ स्त्री० [हिं० 'बूढ़ा' का स्त्री०] बीरबहूटी। (ब्रज में बीरबहूटी को सावन की बूढ़ी कहते हैं, जिससे यह शब्द बना है, उदा० गूढ़मानु मन क्यों रहै, भये बूढ़-रंग नैन। —बिहारी।)

वि०=बुड्ढा।

बूढ़ना अ०=डूबना।

बूढ़ा वि०, पुं०=बुड्ढा।

बूता पुं० [हिं० बित्त] कोई काम करने की शक्ति, सामर्थ्य।

बूदार वि० [फा०] दुर्गन्धियुक्त।

बूरना* अ०=डूबना।

बूरा पुं० [हिं० भूरा] १. भूरे रंग की कच्ची चीनी, शक्कर। २. साफ की हुई चीनी। ३. बुकनी, चूर्ण।

बृंदा स्त्री०=वृंदा।

बृच्छ* पुं०=वृक्ष।

बृत्ती| वि०, पुं० [सं० वृत्ति] जिसे वृत्ति मिलती हो।

बृहत् वि० [सं०] बहुत बड़ा, विशाल।

बृहत्तर वि० [सं० बृहत्+तर (प्रत्य०)] १. किसी बड़े की तुलना में और अधिक बड़ा। २. उस रूप, प्रकार या विस्तार का जिसमें किसी मूल पदार्थ, देश आदि के अतिरिक्त उसके प्रभाव से युक्त आस-पास के कुछ और पदार्थ या देश भी सम्मिलित हों, जैसे बृहत्तर भारत=भारत के अतिरिक्त श्रीलंका, बर्मा, सुमात्रा, मलाया आदि देश, जिनपर किसी समय भारत का यथेष्ट प्रभाव या बहुत-कुछ अधिकार था। (ग्रेटर)

बृहद् वि० [सं०] बहुत बड़ा, विशाल।

बृहन्नला स्त्री० वृहन्नला।

बृहस्पति पुं० [सं०] १. सब देवताओं के गुरु, सुराचार्य, एक प्रसिद्ध वैदिक देवता। २. सौर जगत का पाँचवाँ ग्रह। (जुपिटर)

बेंग पुं० [सं० भेक] मेंडक।

बेंच स्त्री० [अं०] १. लकड़ी, लोहे आदि की बनी दो या अधिक लोगों के बैठने की लंबी कुर्सी या चौकी। २. न्यायाधीशों का वर्ग।

बेंट, बेंठ स्त्री० [देश०] औजारों में लगी हुई काठ की मूठ, दस्ता।

बेंड़ स्त्री० [हिं० बेड़ा] टेक, चाँड़।

बेंड़ना* स० दे० 'बेढ़ना'।

बेंड़ा वि० [सं० विकांड] १. जो सीधा खड़ा न हो सके, आड़ा, तिरछा। २. विकट, कठिन।

बेंत पुं० [सं० वेतस्] एक प्रसिद्ध लता जिसके डंठलों से छड़ियाँ और टोकरियाँ बनती और कुर्सियाँ बुनी जाती हैं। (केन)

मुहा० *बेंत की तरह काँपना*=डर से थरथर काँपना।

बेंतसाज पुं० [हिं०+फा० साज़] [भाव० बेंतसाजी] बेंत की टोकरियाँ, कुर्सियाँ आदि बनानेवाला।

बेंदा पुं० [सं० विंदु] १. माथे पर लगाने की गोल बड़ी बिन्दी, बड़ी गोल टिकली। २. दे० 'बेंदी'।

बेंदी स्त्री० [सं० विंदु, हिं० बिंदी] १. दे० 'बिंदी'। २. दावनी (गहना)।

बेंवत| स्त्री० दे० 'ब्योंत'।

बे उप० [फा०, मि० सं० वि] रहित, हीन, जैसे बेहोश, बेदम। विस्मयादि० [हिं० हे] तिरस्कारपूर्ण संबोधन।

बेअंकुस| वि० [फा० बे+सं० अंकुश] नियंत्रणविहीन।

बेअंत* वि० [हिं० बे+सं० अंत] जिसका कोई अन्त न हो, अनन्त, बेहद।

बेअक्ल वि० [फा० बे+अ० अक़्ल] मूर्ख।

पुं० मूर्ख व्यक्ति।

बेअदब वि० [फा० बे+अ० अदब] [भाव० बेअदबी] जो बड़ों का आदर-सम्मान करना न जाने या न करे, उद्दंड।

बेअसर वि० [फा०+अ०] प्रभावहीन, अप्रभावी।

बेआबरू वि० [फा०] बेइज्जत, तिरस्कृत।

बेइज्जत वि० [फा० बे+अ० इज़्ज़त] [भाव० बेइज़्ज़ती] १. जिसकी कुछ इज्जत न हो, अप्रतिष्ठित। २. अपमानित।

बेईमान वि० [फा०+अ०] [भाव० बेईमानी] १. जो ईमान या धर्म का विचार न करे, अधर्मी। २. छल-कपट या और किसी प्रकार का अनाचार करनेवाला।

बेउसूल वि० [फा०+अ०] अनियमित, नियम विरुद्ध।

बेऔलाद वि० [फा०+अ०] निस्संतान।

बेकदर वि० [फा० बेकद्र] [भाव० बेकदरी] बेइज्जत, अप्रतिष्ठित।

बेकदरा वि० [फा० बेकद्र] [भाव० बेकदरी] १. जिसकी कोई कदर या आदर न हो। २. जो कदर या आदर करना न जाने। ३. जो किसी का महत्त्व न मानता हो।

बेकना सं० [अं० बेक+हिं० ना(प्रत्य०)] प्रायः 'बेक देना' रूप में प्रयुक्त; ओवन में रखकर पकाना या सेंकना।

बेकरार वि० [फा०] [भाव० बेकरारी] जिसे शान्ति या चैन न हो, विकल।

बेकरारा वि० दे० 'बेकरार'।

*वि०=विकराल।

बेकरी स्त्री० [अं०] बिस्कुट, डबलरोटी आदि बनाने का कारखाना।

बेकल* वि० [सं० विकल] व्याकुल।

बेकली स्त्री० [हिं० बेकल+ई (प्रत्य०)] १. घबराहट, बेचैनी, व्याकुलता। २. स्त्रियों का गर्भाशय-सम्बन्धी एक रोग।

बेकस वि० [फा०] [भाव० बेकसी] १. दुखी, पीड़ित। २. बेचारा, लाचार। ३. निरीह।

बेकसूर वि० [फा० बे+अ० कुसूर] जिसका कोई कसूर न हो, निर्दोष, निरपराध।

बेकहा वि० [फा० बे+हिं० कहना] किसी का कहना न माननेवाला।

बेकाबू वि० [फा०] जो काबू में न हो, अनियंत्रित।

बेकाम वि० [फा० बे+काम] १. जिसे कोई काम न हो, निकम्मा। २. निरर्थक।

बेकायदा वि० [फा० बे+अ० काइद:] कायदे या नियम के विरुद्ध।

बेकार वि० [फा०] [भाव० बेकारी] १. निकम्मा, निठल्ला। २. निरर्थक, व्यर्थ। ३. जिसके हाथ में जीविका-निर्वाह के लिए कोई काम-धन्धा न हो। (अनेम्पलायड)

क्रि० वि० बिना किसी अर्थ या प्रयोजन के, व्यर्थ, बेफायदा।

बेकारी स्त्री० [फा०] वह अवस्था जिसमें जीविका-निर्वाह के लिए मनुष्य के हाथ में कोई काम-धन्धा नहीं होता।

बेकिंग पाउडर पुं० [अं०] खमीर उठाने के लिए प्रयोग किया जानेवाला चूर्ण।

बेकुसूर वि० [फा०+अ०] निर्दोष, निरपराध।

बेख* पुं० दे० 'भेष'।

बेखटके क्रि० वि० [हिं० बे+हिं० खटका] बिना किसी प्रकार की आशंका या संकोच के, निस्संकोच।

बेखबर वि० [फा० बे+अ० ख़बर] [भाव० बेखबरी] १. अनजान। २. बेसुध। ३. नावाकिफ। ४. बेहोश।

क्रि० वि० १. बिना खबर के। २. बेसुधी में।

बेखुदी स्त्री० [फा०+अ०] बेसुधी, बेखबरी।

बेखोट वि० [फा०+हिं०] १. खरा, शुद्ध। २. सच्चा।

बेग[1]* पुं० दे० 'वेग'।

बेग[2] पुं० [तु०] [स्त्री० बेगम] सरदार।

बेग[3] पुं० [अं० बेग] एक प्रकार का थैला।

बेगड़ी पुं० [सं० वैकटिक=जौहरी, प्रा० बेगड़िअ] १. रत्न-परीक्षक, जौहरी। २. वह जो नगीनों आदि को काट या तराशकर उन्हें सुडौल बनाता हो, हीरा-तराश।

बेगम[1] स्त्री० [तु०] १. बेग की पत्नी, रानी, राजपत्नी। २. स्त्रियों के लिए आदरसूचक शब्द। ३. पत्नी, जोरू। ३. (ताश में) किसी रंग का बारहवाँ पत्ता, रानी।

बेगम[2] वि० [तु० बे+अ० ग़म] [भाव० बेगमी] बेफिक्र, निश्चिंत।

बेगर वि० दे० 'बेघर'।

क्रि० वि० दे० 'बगैर'।

बेगरज वि० [फा० बे+अ० ग़रज] [भाव० बेगरजी] जिसे कोई गरज या परवाह न हो।

बेगाना वि० [फा० बेगान:] [भाव० बेगानगी] १. गैर, दूसरा, पराया। २. अपरिचित, अनजान।

पुं० १. वह जो अपना न हो। २. अजनबी या अज्ञात व्यक्ति।

बेगार स्त्री० [फा०] १. बिना मजदूरी दिए जबरदस्ती लिया जानेवाला काम। २. वह काम जो मन लगाकर न किया जाए।

मुहा० *बेगार टालना*=बेमन से यों ही कुछ काम निपटाना।

बेगारी स्त्री० [फा०] १. बेगार में काम करनेवाला आदमी। २. दे० 'बेगार'।

बेगि* क्रि० वि० [सं० वेग] जल्दी से।

बेगुनाह वि० [फा०] [भाव० बेगुनाही] जिसने कोई गुनाह न किया हो, निरपराध, बेकसूर।

बेगैरत वि० [फा० बे+अ० ग़ैरत] [भाव० बेगैरती] निर्लज्ज, बेहया।

बेघर वि० [फा० बे+हिं० घर] जिसका कोई घर न हो।

बेचक पुं० [हिं० बेचना] बेचनेवाला।

बेचना स० [सं० विक्रय] मूल्य लेकर किसी को कुछ देना, विक्रय करना।

मुहा० *बेच खाना*=(क) बेचकर मूल्य खा जाना। (ख) रहित या हीन हो जाना, जैसे तुमने तो अक्ल बेच खाई है।

बेचवाल पुं० [हिं० बेचना] बेचनेवाला।

बेचान स्त्री० [हिं० बेचना] बेचने की क्रिया या भाव, बेची।

बेचारा वि० [फा० बेचार:] [भाव० बेचारगी] १. जिसका वश न चले। २. दीन और निस्सहाय, संबलरहित।

बेची स्त्री० [हिं० बेचना] १. बेचने की क्रिया या भाव, विक्रय। (डिस्पोज़ल) २. वह लेख जो हुंडी आदि की पीठ पर उसे बेचनेवाला यह सूचित करने के लिए लिखता है कि मैंने इसे अमुक के हाथ बेच दिया।

बेचीलेख पुं० दे० 'अनुलेख'।

बेचूँ वि० [फा०] उपमारहित, अनुपम। (ईश्वर का विशेषण)

बेचू वि० [हिं० बेचना] बेचनेवाला।

बेचूक क्रि०वि० [फा० बे+हिं० चूकना] बिना चूके।

बेचून* वि० [फा० बेचूँ=अनुपम] जिसकी बराबरी का और कोई न हो, अनुपम। (ईश्वर का एक विशेषण)

बेचेत| वि०=अचेत।

बेचैन वि० [फा०] [भाव० बेचैनी] १. जिसे चैन न मिलता हो। २. व्याकुल।

बेचैनी स्त्री० [फा०] घबराहट, व्याकुलता।

बेजड़ वि० [फा०+हिं०] जड़ से रहित।

बेजबान वि० [फा० बेज़बान] १. जिसमें बोलने की शक्ति न हो। २. गूँगा, मूक। ३. जो विरोध करना न जानता हो, दीन।

बेजरूरी वि० [फा० बेज़रूरी] अनावश्यक।

बेजा वि० [फा०] १. अनुचित, नामुनासिब। २. असंगत।

बेजान वि० [फा०] १. जिसमें जान न हो, निर्जीव। २. मुरदा, मृतक। ३. मुरझाया या कुम्हलाया हुआ। ४. बहुत दुर्बल।

बेजाब्ता वि० [फा०+अ०] [भाव० बेजाब्तगी] जाब्ते या नियम आदि के विरुद्ध।

बेजोड़ वि० [फा० बे+हिं० जोड़] १. जिसमें जोड़ न हो, अखंड। २. जिसकी जोड़ी का और कोई न हो, अद्वितीय।

बेझ* पुं० [सं० वेध्य] लक्ष्य।

बेझना* स० [सं० वेधन] विद्ध करना, बेधना, उदा० चल-चिन बेझैं चुकति नहिं बंक-विलोकति बान।—बिहारी।

बेझा* पुं० [सं० बेध] निशाना, लक्ष्य।

बेट[1] पुं० [सं० विष्टि] बेगार।

बेट[2] स्त्री० दे० 'बेट'।

बेट[3] क्रि० वि० [?] वास्ते, लिए।

बेटकी* स्त्री०=बेटी।

बेटला* पुं०=बेटा।

बेटा पुं० [सं० बटु=बालक] [स्त्री० बेटी] पुत्र, लड़का।

बेटिकट वि० [फा० बे+अं०] बिना टिकट यात्रा करनेवाला, जिसके पास टिकट न हो।

बेटी स्त्री० [हिं० बेटा] पुत्री, लड़की।

बेटीवाला पुं० [हिं० बेटी+वाला(प्रत्य०)] कन्यापक्ष का व्यक्ति।

बेटेवाला पुं० [हिं० बेटे+वाला(प्रत्य०)] वरपक्ष का व्यक्ति।

बेटूट वि० [फा०+हिं०] न टूटनेवाला, अविच्छिन्न।

बेठन पुं० [सं० वेष्टन] वह कपड़ा जिसमें पुस्तकें, बहियाँ, थान आदि बाँधे जाते हैं, बस्ता।

बेठिकाने क्रि० वि० [फा० बे+हिं० ठिकाना] अनुपयुक्त जगह पर।

बेड़ पुं० [हिं० बाड़] १. वृक्ष के चारों ओर की मेंड़। २. रुपया। (दलाल)

बेड़ना स० दे० 'बेढ़ना'।

बेड़ा[1] पुं० [सं० बेष्ट] नदी पार करने के लिए लट्ठों आदि से बनाया हुआ ढाँचा, तिरना।

मुहा० *बेड़ा पार करना या लगाना*=संकट से छुड़ाना।

२. बहुत-सी नावों, जहाजों या हवाई जहाजों आदि का समूह।

बेड़ा[2] वि० [सं० विकांड] जो सीधा खड़ा न रह सके।

बेड़ा[3] पुं० [हिं० बइंड] १. जो आँखों के समानान्तर दाहिनी ओर से बाईं ओर गया हो, जो सीधे बल में न हो, बल्कि आड़े बल में हो, आड़ा। २. कठिन, मुश्किल, विकट।

पुं०=आँगन।

बेड़िन, बेड़िनी* स्त्री० [?] १. नट जाति की नाचने-गानेवाली स्त्री। २. वेश्या।

बेड़ी[1] स्त्री० [सं० वलय] लोहे के कड़ों की वह जोड़ी जो अपराधियों के पैरों में पहनाई जाती है।

बेड़ी[2] स्त्री० [हिं० बेड़ा] नौका, छोटी नाव।

बेडौल वि० [फा० बे+हिं० डौल] १. भद्दी बनावट का, भद्दा। २. दे० 'बेढंगा'।

बेढंगा वि० [फा० बे+हिं० ढंग] [भाव० बेढंगापन] १. जिसका ढंग ठीक न हो। २. भद्दी तरह से लगाया गया, रखा या सजाया हुआ।

३. भद्दा, कुरूप।

बेढ़ पुं० [?] नाश, बरबादी।

बेढ़ई| स्त्री० [सं० वेढ़मिका] कचौड़ी।

बेढ़ना स० [सं० वेष्टन] १. वृक्षों आदि की रक्षा के लिए चारों ओर मेंड़ बनाकर उन्हें घेरना, रूँधना। २. चौपायों को घेरकर हाँक ले जाना।

बेढ़नी| स्त्री० [सं० वेढ़मिका] कचौड़ी।

बेढब वि० [फा०+बे हिं० ढब] १. जिसका ढब अच्छा या ठीक न हो। २. बेढंगा, भद्दा।

बेढ़ा पुं० [हिं० बेढ़ना] घेरा।

बेढ़िन* स्त्री० दे० 'बेढ़िन'।

बेतकल्लुफ वि० [फा० बे+अ० तकल्लुफ] [भाव० बेतकल्लुफी] १. जो तकल्लुफ या बनावट न करता हो। २. अपने मन की बात साफ-साफ कहनेवाला।

क्रि० वि० १. बिना किसी तकल्लुफ के, बेधड़क, निस्संकोच।

बेतमीज वि० [फा० बे+अ० तमीज़] [भाव० बेतमीजी] जिसे तमीज या शऊर न हो, बेहूदा, उजड्ड।

बेतरह क्रि० वि० [फा० बे+अ० तरह] १. बुरी तरह से। २. असाधारण रूप से।

वि० बहुत अधिक।

बेतर्तीब वि० [फा०+अ०] क्रमविहीन।

बेतहाशा क्रि० वि० [फा० बे+अ० तहाशा] १. बड़ी तेजी से। २. बहुत घबराकर और बिना सोचे-समझे।

बेताज वि० [फा०] बिना ताज या मुकुट का।

बेताब वि० [फा०] [भाव० बेताबी] १. अशक्त, दुर्बल। २. विकल, व्याकुल।

बेताबी स्त्री० [फा०] १. अशक्तता। २. बेचैनी। ३. व्यग्रता।

बेतार वि० [हिं० बे+तार] बिना तार का, जिसमें तार न हो।

बेतार का तार पुं० १. बिना तार के और केवल बिजली के द्वारा भेजा हुआ समाचार। २. इस प्रकार समाचार भेजने की प्रक्रिया।

बेताल[1] पुं० दे० 'वेताल'।

बेताल[2] वि० [हिं० बे+ताल] (गाना-बजाना) जिसमें ताल का ठीक और पूरा ध्यान न रहे।

बेताला वि० [हिं० बे+ताल] १. गाने-बजाने में ताल का ध्यान न रखनेवाला। २. दे० 'बेताल'।

बेतुका वि० [फा० बे+हिं० तुक] १. जिसमें कोई तुक या सामंजस्य न हो, बेमेल। २. विचित्र तथा मूर्खतापूर्ण; उपहासास्पद तथा अतर्कसंगत। ३. बेढंगा, बेढब।

बेथक| क्रि० वि० बिना थके।

बेद[1] पुं०=वेद।

बेद[2] पुं० [फा० मि० सं० वेतस्] बेंत।

बेदखल वि० [फा० बेदख़्ल] [भाव० बेदखली] जिसका दखल, कब्जा या अधिकार हटा दिया गया हो, अधिकारच्युत।

बेदखली स्त्री० [फा० बेदख़्ली] सम्पत्ति पर से किसी का दखल या अधिकार हटाया जाना, बेदखल करना।

बेदना स्त्री०=वेदना।

बेदम वि० [फा०] १. मृतक, निर्जीव। २. अधमरा। ३. जर्जर।

बेदर्द वि० [फा०] [भाव० बेदर्दी] कठोर हृदय, निर्दय।

बेदर्दी स्त्री० [फा०] निर्दयता, कठोरता।

बेदवा पुं० [सं० वेद] वेदों का ज्ञाता या पंडित। (उपेक्षासूचक)

बेदाग वि० [फा०] १. जिसमें दाग या धब्बा न हो, साफ। २. निरपराध, बेकसूर।

बेदाना पुं० [फा० बेदानः] १. एक प्रकार का बढ़िया अनार। २. बिहीदाना नामक फल का बीज।

बेदाम वि० [फा०] बिना दाम का, मुफ्त का।
पुं० दे० 'बादाम'।

बेदिल वि० [फा०] [भाव० बेदिली] उदास।

बेदिला वि०=बेदिल।

बेदिली स्त्री० [फा०] १. उदासी। २. उपेक्षा।

बेध पुं० [सं० वेध] १. छेद। २. दे० 'वेध'।

बेधड़क क्रि० वि० [फा० बे+हिं० धड़कना] १. बिना किसी प्रकार की धड़क या संकोच के, निस्संकोच। २. निडर होकर।
वि० १. संकोच-रहित। २. निर्भय, निडर।

बेधना स० [सं० वेधन] नुकीली चीज से छेदना, भेदना।

बेधर्म वि० [सं० विधर्म] १. जिसे अपने धर्म का ज्ञान न हो। २. जिसने अपना धर्म छोड़ दिया हो।

बेधार, बेधारा वि० [फा० बे+हिं० धार] भोथरा।

बेधिया वि० [सं० बेधना] बेधने या छेदनेवाला।
पुं० हाथी को चलाने का अंकुश।

बेधीर* वि० दे० 'अधीर'।

बेन पुं० [सं० वेणु] १. मुरली, बाँसुरी। २. बाँस।
पुं० दे० 'वेण'।

बेनकाब वि० [फा०] जिसका चेहरा ढका न हो।
मुहा० *बेनकाब करना*=दोषी को पहचान लेना।

बेनजीन पुं० [अं० बेनज़ीन] एक तरह का सफेद रंग का द्रव जिससे अनेक रासायनिक पदार्थ बनते हैं।

बेनजीर वि० [फा० बे+अ० नज़ीर] अनुपम, अद्वितीय।

बेनतीजा वि० [फा० बे+अ० नज़ीर] अनुपम, अद्वितीय।

बेनसीब वि०=बदनसीब।

बेना पुं० [सं० वेणु] [स्त्री० बेनिया] १. बाँस का छोटा पंखा। २. बाँस। ३. खस।

बेनागा क्रि० वि० [फा० बे+अ० नाग़ा] बिना नागा किए, प्रतिदिन।

बेनाम वि० [फा०] बिना नाम का।

बेनामी वि०=बेनाम।

बेनिया स्त्री० [हिं० बेना] छोटा पंखा, पंखी।

बेनी स्त्री० [सं० वेणी] १. स्त्रियों की चोटी। २. दे० 'त्रिवेणी'।

बेनु पुं० १. दे० 'बेन'। २. दे० 'वेणु'।

बेपनाह वि० [फा०] आश्रयहीन।
क्रि० वि० अत्यधिक।

बेपर वि० [फा० बे+पर] १. पंखहीन। २. असमर्थ।
मुहा० *बेपर की उड़ाना*=मिथ्या प्रचार करना।

बेपरद वि० [फा० बे+पर्दः] [भाव० बेपरदगी] १. जिसके आगे कोई परदा या ओट न हो, अनावृत। २. नंगा, नग्न।

बेपरवा वि० [फा० बेपर्वा] [भाव० बेपरवाई] १. जिसे कोई परवा न हो, बेफिक्र। २. परम उदार।

बेपाइ वि० [हिं० बे+सं० उपाय] जिसे कोई उपाय न सूझे, हक्का-बक्का।

बेपीर वि० [हिं० बे=पेंदा] जिसमें पेंदा या तल न हो।

बेपेंदी का लोटा पुं० वह जिसका कोई निश्चित मत या सिद्धान्त न हो, अवसरवादी।

बेफायदा वि०, क्रि० वि० [फा०] व्यर्थ।

बेफालतू| वि० फालतू, बेकार।

बेफिक्र वि० [फा० बेफ़िक्र] [भाव० बेफिक्री] जिसे कोई फिक्र न हो, निश्चिन्त।

बेबस वि० [सं० विवश] [भाव० बेबसी] १. जिसका वश न चले, विवश, लाचार। २. पराधीन, परवश।

बेबसी स्त्री० [हिं० बेबस] १. विवशता। २. परवशता।

बेबाक वि० [फा०] [भाव० बेबाकी] (ऋण, देन आदि) १. चुकता किया या चुकाया हुआ। २. मुँहफट।

बेबाकी स्त्री० [फा० बेबाक़] १. (ऋण, देन आदि) चुकता करने की क्रिया या भाव। २. समाप्ति, नाश; उदा० सहित सेन सुत कीन्ह बिबाकी। -तुलसी।

बेबुनियाद वि० [फा० बे+अ० बुन्याद] १. निराधार। २. मिथ्या।

बेबूझ वि० [फा० बे+हिं० बूझना] १. जिसे बूझा न जा सके, जिसे जाना न जा सके। २. रहस्यमय।

बेमकसद वि० [सं०] उद्देश्य-विहीन, निरुद्देश्य।
क्रि० वि० बे मतलब, निष्प्रयोजन।

बेमजा वि० [फा० बेमज़ः] [भाव बेमजगी] जिसमें कुछ मज़ा न हो, बेस्वाद, नीरस।

बेमतलब क्रि० वि० [फा० बे+अ० मतलब] बिना मतलब।
मुहा० *बेमतलब का*=अर्थहीन, निरर्थक।

बेमसरफ क्रि० वि० बे फायदा।

बेमानी वि० [फा० बे+अ०] जिसका कुछ अर्थ न हो, निरर्थक।

बेमिकदार वि० [फा०+अ०] परिमाण में बहुत अधिक।

बेमियादी वि० [फा०] जिसकी अवधि निर्धारित न हो।

बेमिसाल वि० [फा०+अ०] अद्वितीय, अनुपम, अत्युत्तम।

बेमुरवत वि० [फा०+अ०] [भाव० बेमुरव्वती] जो मुरव्वत न करे, तोताचश्म।

बेमौके क्रि० वि० [फा० बेमौका] अनुपयुक्त समय पर।

बेमौत क्रि० वि० [फा०+हिं०] बिना मौत के आए ही, असमय।
मुहा० *बेमौत मर जाना*=बहुत बड़े संकट में फँस जाना।

बेमौसम वि० [फा० बे+अ० मौसिम] १. मौसम न होने पर भी होनेवाला। २. जिसका मौसम न हो।

बेरंग वि० [फा०] बदरंग।

बेर[१] पुं० [सं० बदरी] १. एक प्रसिद्ध कँटीला वृक्ष जिसके फल खाए जाते हैं। २. उक्त के फल।

बेर[२]* स्त्री० [हिं० बार] १. बार, दफा। २. विलम्ब, देर।

बेरहम वि० [फा० बेरह्म] [भाव० बेरहमी] दयाशून्य, निर्दय।

बेरा पुं० [सं० बेला] १. समय, वक्त। २. सबेरा, प्रातःकाल।
पुं० दे० 'बेड़ा'।

बेराम वि० दे० 'बीमार'।

बेराह वि० [फा०] पथभ्रष्ट, कुमार्गी।

बेरिखा* पुं० [तु० बैरक़] झंडा।

बेरिध* पुं० [सं० वृद्ध] वृद्धावस्था, बुढ़ापा।
वि० दे० 'वृद्ध'।

बेरियाँ स्त्री० [हिं० बेर] समय, वक्त।

बेरी[1] स्त्री० १. दे० 'बेर'। २. दे० 'बेड़ी'।

बेरी[2] स्त्री० [हिं० बार] १. बार, दफा। २. देर, विलम्ब।

बेरुख वि० [फा० बेरुख़] [भाव० बेरुखी] १. जो काम पड़ने पर रुख (मुँह) फेरकर उदासीन या अप्रसन्न हो जाए, बेमुरव्वत। २. अप्रसन्न, नाराज।

बेरुखी स्त्री० [फा० बेरुख़ी] १. बेमुरव्वत। २. विमुखता, उपेक्षा।

बेरोजगार वि०, पुं० [फा० बेरोज़गार] [भाव० बेरोजगारी] बिना रोज़गारवाला, बेकार।

बेरोजगारी स्त्री० [फा० बेरोज़गारी] बिना रोजगार होने की अवस्था या भाव, बेकारी।

बेरौनक वि० [फा० बेरौनक़] बिना रौनक का, शोभाविहीन, श्रीहीन।

बेलंब पुं० दे० 'बिलंब'।

बेल[1] पुं० [सं० बिल्व] १. एक प्रसिद्ध कँटीला वृक्ष जिसके गोल फल खाए जाते हैं, श्रीफल।

बेल[2] स्त्री० [सं० बल्ली] १. बहुत ही पतली या लचीली पेड़ी और पतले डंठलों का कोमल पौधा जो वृक्षों, खम्भों, दीवारों आदि के आधार पर ऊपर की ओर बढ़ता हो, बल्ली, लता। **मुहा०** *बेल मँढ़े चढ़ना*=कोई काम ठीक तरह से पूरा उतरना। २. सन्तान या वंश। ३. कपड़े आदि पर लम्बाई के बल में बनी हुई फूल-पत्तियाँ। ४. नाव खेने का डाँड़।

बेल[3] पुं० [फा० बेलचः] १. एक प्रकार की कुदाली। २. सीमा निश्चित करने के लिए चूने आदि से जमीन पर डाली हुई लकीरें।

बेल[4] स्त्री० [अं०] (क्रिकेट में) लकड़ी की वे दो गुल्लियाँ जो यष्टिकाओं (स्टंप्स) के ऊपर रखते हैं।

बेलगाम वि० [फा०] १. जिसके मुँह में लगाम न हो, जो नियंत्रण में न रहता हो। २. जो अनाप-शनाप बोलता रहता हो, मुँहफट।

बेलचा पुं० [फा० बेलचः] कुदाल, कुदारी।

बेलज्जत वि० [फा०] [भाव० बेलज्जती] जिसमें कोई लज्जत या स्वाद न हो।

बेलदार पुं० [फा०] फावड़ा चलानेवाला मजदूर।

बेलन पुं० [सं० वेलन] लम्बोतरे आकार का वह भारी गोल खंड जिससे कोई स्थान समतल करते अथवा कंकड़-पत्थर कूटकर सड़कें बनाते हैं। (रोलर) २. यन्त्रों में लगा हुआ इस आकार का कोई बड़ा पुरजा विशेषतः उस यन्त्र को चलाने या उसका कोई मुख्य काम करनेवाला पुरजा। (सिलेंडर) ३. रुई धुनने की मुठिया या हत्था।

बेलना[1] पुं० [सं० वेलन] काठ, पीतल आदि का वह प्रसिद्ध उपकरण जिससे रोटी, पूरी आदि बेली जाती है।
स० रोटी, पूरी आदि बनाने के लिए आटे की लोई को चकले पर रखकर बेलन की सहायता से बढ़ाकर बड़ा और पतला करना।

बेलना[2] स० [सं० वेला=लहर] विनोद के लिए पानी के छींटें उड़ाना।

बेलना[3] स० [सं० विलयन] चौपट या नष्ट करना, जैसे इस साल की बरसात ने कई मकान बेल दिए।

बेलनी स्त्री० [हिं० बेलना] कपास ओटने की चरखी, ओटनी।

बेल-पत्ती स्त्री० दे० 'बेलपत्र'।

बेलपत्र पुं० [सं० बिल्वपत्र] बेल (वृक्ष) के पत्ते जो शिवजी पर चढ़ाए जाते हैं।

बेलबॉटम पुं० [अं०] स्त्रियों का पाजामे की तरह का एक पहनावा जो घुटने के नीचे अधिक खुला होता है।

बेलरी* स्त्री० दे० 'बेल'।

बेलसना अ० [सं० विलास+ना(प्रत्य०)] भोग करना, सुख लेना।

बेला[1] पुं० [सं० विचकिल, प्रा० बिअइल्ल] १. चमेली की तरह का सुगन्धित फूलोंवाला एक छोटा पौधा। २. इस पौधे का फूल।

बेला[2] स्त्री० [सं० वेला] १. तरंग, लहर। २. समुद्र का किनारा।
उभय० समय, वक्त।

बेला[3] पुं० [फा० बेलाः] १. रुपए आदि रखने की थैली। २. डण्डी लगी हुई चमड़े की वह छोटी कुप्पी जिससे तेल आदि किसी बरतन में से निकालते हैं। ३. कटोरा, प्याला।

बेला[4] पुं० [अं० वायोलिन] सारंगी की तरह का एक प्रकार का बाजा।

बेलाग वि० [फा० बे+हिं० लाग=सम्बन्ध] १. जो किसी पर टिका न हो, बिना आधार का। २. बिल्कुल अलग। ३. व्यवहार में सच्चा और साफ, खरा। ४. बिना लगाव-लपेट के होनेवाला।

बेलि* स्त्री० [सं० बल्ली] लता, बेल।

बेली पुं० [सं० बल] संगी, साथी।
स्त्री०=बेल (लता)।

बेलुत्फ वि० [फा०] बेमजा, नीरस।

बेलूरा वि० [फा० बे+पं० लूर] जिसे कोई लूर न हो, जिसे कोई शऊर न हो।

बेलौस वि० [फा० बे+अ० लौस] १. पक्षपात न करनेवाला। २. सच्चा, खरा।

बेल्लित वि० बेला हुआ।

बेवकूफ वि० [फा० बे+अ० वुक़ूफ़] [भाव० बेवकूफी] मूर्ख, नासमझ।

बेवकूफी स्त्री० [फा० बेवकूफी] मूर्खता।

बेवकूफी-भरा वि० [फा०+हिं०] मूर्खतापूर्ण।

बेवक्त क्रि० वि० [फा० बेवक़्अत] कुसमय में।

बेवजह क्रि० वि० [फा०+अ०] अकारण।

बेवट स्त्री० [?] १. संकट। २. विवशता।

बेवपार* पुं० दे० 'व्यापार'।

बेवफ़ा वि० [फा० बे+अ० वफ़ा] [भाव० बेवफाई] जो वफादार न हो, कृतघ्न, दगाबाज।

बेवफ़ाई स्त्री० [फा० बे+वफ़ाई] कृतघ्नता, दगाबाजी।

बेवरा* पुं० दे० 'ब्योरा'।

बेवहरना* अ० [सं० व्यवहार] १. व्यवहार करना, बरताव करना, बरतना। २. व्यापार या रोजगार करना।

बेवहरिया| पुं० [सं० व्यवहार] लेन-देन का व्यापार करनेवाला, महाजन।

बेवहार* पुं०=व्यवहार।

बेवा स्त्री० [फा० बेव:] विधवा, राँड़।

बेवाई| स्त्री० 'बिवाई'।

बेवान* पुं० दे० 'विमान'।

बेश वि० [फा०] अधिक, ज्यादा।

बेशऊर वि० [हिं० बे+अ० शऊर] [भाव० बेशऊरी] जिसे कोई काम करने का शऊर न हो या ठीक ढंग न आता हो।

बेशऊरी स्त्री० [हिं० बेशुऊर] 'बेशऊर' होने की अवस्था या भाव।

बेशक क्रि० वि० [फा० बे+अ० शक] अवश्य, निस्सन्देह।

बेशकीमत वि० [फा० बेश+अ० क़ीमत] मूल्यवान, बहुमूल्य।

बेशरम वि० [फा० बेशर्म] जिसे शरम न हो, निर्लज्ज, बेहया।

बेशरमी स्त्री० [फा० बेशर्मी] निर्लज्जता।

बेशी वि० [फा०] अधिक, ज्यादा।
स्त्री० अधिकता।

बेशुमार वि० [फा०+अ०] जिसकी गिनती न हो सके, अगणित, असंख्य।

बेसंदर पुं० [सं० वैश्वानर] आग, अग्नि।

बेसँभर, बेसँभार वि० दे० 'बेसुध'।

बेस[1] पुं० [सं० वेष] भेस।

बेस[2] पुं० [सं० वयस्] वय, अवस्था।

बेसन पुं० [देश०] चने की दाल का महीन चूर्ण या आटा।

बेसनी स्त्री० [हिं० बेसन] १. बेसन से बना हुआ एक प्रकार का पकवान। २. बेसन से भरी हुई रोटी या कचौरी।
वि० १. बेसन से बना हुआ, जैसे बेसन का हलुआ। २. बेसन-सम्बन्धी, बेसन का।

बेसबब क्रि० वि० [फा०+अ०] बिना कारण, अकारण।

बेसबरा वि० [फा० बे+अ० सब्र] १. जिसे सब्र या सन्तोष न हो। २. उतावला।

बेसबरी स्त्री० [हिं० बेसबरा] १. बेसबरा होने की दशा या भाव, अधीरता, आतुरता। २. उतावलापन।

बेसबाल पुं० [अं०] नौ-नौ खिलाड़ियों के दो दलों के बीच खेला जानेवाला गेंद-बल्ले का एक खेल जिसमें गेंद पर प्रहार करने वाले खिलाड़ी को गेंद वापस पहुँचने से पहले क्रमश: चार स्थानों का चक्कर लगाना होता है।

बेसमझ वि० [फा० बे+ हिं० समझ] [भाव० बेसमझी] नासमझ।

बेसमझी स्त्री० [हिं० बेसमझ] 'बेसमझ' होने का भाव, नासमझी, मूर्खता।

बेसमझे-बूझे क्रि०वि० बिना कुछ सोच-विचार किए।

बेसर[1] पुं० [सं० बेशर] खच्चर।

बेसर[2] पुं० [?] नाक में पहनने की नथ।

बेसलीका वि० [फा० बे+अ० सलीक़:] बेशऊर, अशिष्ट।

बेसलीके क्रि० वि० १. बुरे ढंग से। २. अशिष्टतापूर्वक।

बेसवा* स्त्री० दे० 'वेश्या'।

बेसहारा वि० [फा० बे+हिं० सहारा]जिसका कोई सहारा न हो, आश्रमविहिन, निराश्रय।

बेसा स्त्री० दे० 'वेश्या'।

बेसाख्ता क्रि० वि० [फा० बेसाख़्त:] सहसा, एकाएक।

बेसाना* स० [सं० वैश्य ?] खरीदना।

बेसारा* वि० [हिं० बैठना] बैठाने, रखने या जमानेवाला।

बेसाहना स० [सं० व्यसन] [भाव० बेसाहनी] १. मोल लेना, खरीदना। २. जान-बूझकर अपने सिर लेना (बैर, विरोध, संकट आदि)।

बेसिर वि० [फा०+हिं०] बिना सिर का।
मुहा० *बेसिर-पैर का*=ऊलजलूल।

बेसुध वि० [फा० बे+हिं० सुध=होश] [भाव० बेसुधी] जिसे सुध या होश न हो, अचेत, बदहवास।

बेसुर, बेसुरा वि० [फा० बे+हिं० सुर=स्वर] [भाव० बेसुरापन] अपने नियत स्वर से हटा हुआ। (संगीत)

बेसूद वि० [फा०] निष्फल, बेकार।

बेस्वा स्त्री०=वेश्या।

बेहंगम| वि० [सं० विहंगम] १. भद्दा, बेढंगा। २. बेढब, विकट।

बेहँसना* अ० दे० 'बिहँसना'।

बेह* पुं० [सं० बेध] छेद, छिद्र।

बेहट पुं० [गोंड भाषा] गाँव (प्राय: नामों के अन्त में), जैसे तालबेहट।

बेहड़* वि०=बीहड (विकट)।
*पुं०=जंगल।

बेहतर वि० [फा०] [भाव० बेहतरी] किसी की तुलना में अच्छा, किसी की अपेक्षा अच्छा, बढ़कर।

बेहतरी स्त्री० [हिं० बेहतर] भलाई, अच्छाई।

बेहतरीन वि० [फा०] उत्तम।

बेहद वि० [फा०] १. जिसकी हद या सीमा न हो, असीम। २. बहुत अधिक।

बेहन पुं० [सं० वपन] बोआई के काम के बीज।

बेहना[1] पुं० [देश०] धुनिया।

बेहना[2]* स० [सं० वेध] छेद करना, छेदना।

बेहया वि० [फा०+अ०] [भाव० बेहयाई] जिसे हया या शरम न हो, निर्लज्ज।

बेहयाई स्त्री० [फा०+अ०] बेहया या निर्लज्ज होने की दशा या भाव, निर्लज्जता, बेशरमी।

बेहर* वि० [हिं० बेहरना] अलग, जुदा, पृथक्।

बेहरना* अ० [सं० विदीर्ण] फटना।

बेहरा[1] वि० [सं० विघट] अलग, जुदा।

बेहरा[2] पुं० [अं० बेयरर] बड़े अधिकारियों का निजी चपरासी या आदमी।

बेहराना* स० [सं० विदीर्ण] फाड़ना।

बेहरी स्त्री० [?] बहुत से लोगों से लिया जानेवाला थोड़ा-थोड़ा धन, चन्दा।

बेहाल वि० [फा० बे+अ० हाल] [भाव० बेहाली] १. जिसका हाल या दशा अच्छी न हो। २. व्याकुल, बेचैन।

बेहिसाब वि० [फा० बे+अ० हिसाब] १. जिसका ठीक और पूरा हिसाब न रखा जाए। २. बहुत अधिक, बेहद।

बेहुनर वि० [फा०+अ०] जिसे कोई हुनर या विद्या न आती हो।

बेहूदगी स्त्री० [फा०] बेहूदा हरकत, अशिष्टता।

बेहुरमती स्त्री० [फा०+अ०] अपमान, तिरस्कार।

बेहूदा वि० [फा० बेहूद:] [भाव० बेहूदगी, बेहूदापन] १. जिसमें शिष्टता न हो, अशिष्ट। २. अशिष्टतापूर्ण।

बेहून* क्रि० वि० [सं० विहीन] बिना, बगैर।

बेहोश वि० [फा०] जिसे होश न हो, मूर्च्छित, बेसुध।

बेहोशी स्त्री० [फा०] मूर्च्छा, अचेतनता।

बेहौसला वि० [फा० बे+अ० हौसल:] हतोत्साह, निरुत्साह।

बैंक पुं० [अं०] १. वह संस्था जिसमें लोग धन का निवेश करते हैं तथा जो ब्याज पर ऋण देने का व्यवसाय करती है। २. वह भवन जिसमें उक्त संस्था का कार्यालय हो। ३. संग्रह-स्थल, जैसे रक्त बैंक।

बैंककमीशन पुं० वह दलाली या कमीशन जो बैंक किसी सेवा के बदले लेता है।

बैंक-खाता पुं० [अं०+हिं०] वह व्यवस्था जिसके फलस्वरूप ग्राहक बैंक में धन जमाकर सकता तथा निकाल सकता है।

बैंकदर स्त्री० [अं०+फा०] वह दर जिस पर बैंक ऋण देता हो।

बैंकनोट पुं० [अं०] मुद्रा की तरह प्रयुक्त किसी बैंक द्वारा निर्गम किया हुआ नोट।

बैंकमैनेजर पुं० किसी बैंक का मैनेजर या प्रबंधक।

बैंकर पुं० [अं०] बैंक व्यवसायी दे०।

बैंक-व्यवसाय पुं० [अं०+सं०] लोगों के धन का निवेश करने तथा उन्हें ऋण देने का व्यवसाय, महाजनी।

बैंक-व्यवसायी पुं० १. वह जो बैंक-व्यवसाय में लगा हो। २. बैंक का अधिकारी।

बैंकिंग स्त्री० [अं०] बैंक-व्यवसाय, महाजनी।

बैंगन पुं० [सं० बंगण ?] एक पौधा जिसके फलों की तरकारी बनती है, भंटा।

बैंगनी, बैंजनी वि० [हिं० बैंगन] बैंगन की तरह लाली लिए नीले रंग का।

बैंड पुं० [अं०] अंग्रेजी बाजों या उनके बजानेवालों का समूह।

बैंडा* वि० दे० 'बड़ा'। (विशेषण)

बैंत पुं० दे० 'बेंत'।

बै स्त्री० [सं० वाय] जुलाहों का कंघा या बेसर नामक औजार। *वि०, क्रि० वि०=व्यर्थ। *स्त्री० दे० 'वय' (अवस्था)।

बैकना* अ० दे० 'बहकना'।

बैकल वि० [सं० विकल] १. विकल। २. पागल, उन्मत्त।

बैकुंठ* पुं० [सं० वैकुंठ] १. स्वर्ग। २. विष्णु।

बैग पुं० दे० 'बेग' (थैला)।

बैजंती स्त्री० दे० 'वैजयंती'।

बैज पुं० [अं०] कपड़े, धातु या प्लास्टिक का वह टुकड़ा जो कमीज, कोट आदि पर सिला या नत्थी रहता है तथा जो व्यक्ति के किसी संस्था से जुड़े होने का सूचक होता है।

बैटरी स्त्री० [अं०] १. एक उपकरण जिसमें रखे रसायनों से बिजली उत्पन्न होती है और जिसका उपयोग कार, रेडियो आदि में विशेष रूप से किया जाता है। २. एक ऐसा ही उपकरण जिसमें संग्रहीत बिजली का उपयोग विभिन्न कार्यों के लिए होता है। ३. एक उपकरण जो प्रकाश के लिए काम में लाया जाता है। ४. ऊर्जा की पूर्ति करनेवाला उपकरण। ५. तोपखाना।

बैठक स्त्री० [हिं० बैठना] १. बैठने का स्थान या आसन। २. वह स्थान जहाँ बहुत से लोग बैठते हों, चौपाल। ३. बैठने की मुद्रा या ढंग। ४. मूर्ति या खम्भे आदि के नीचे की चौकी, पदस्तल। ५. सभा-समिति आदि का एक बार का अधिवेशन। (सिटिंग) ६. दे० 'बैठकी'। ७. जागीर।

बैठकबाज वि०, पुं० [हिं० बैठक+फा० बाज़] [भाव० बैठकबाजी] केवल बातें बनाकर काम निकालनेवाला, धूर्त, चालाक।

बैठकी स्त्री० [हिं० बैठक+ई(प्रत्य०)] १. एक कसरत जो बार-बार कुछ विशेष प्रकार से उठ और बैठकर की जाती है, बैठक। २. बैठने का आसन; जैसे कमल-बैठकी=कमल का आसन। ३. दीपक के लिए धातु आदि का बना हुआ आधार। ४. वह आधा मोती जो अँगूठी आदि पर नगीने के रूप में बैठाया या जड़ा जाता है। ५. (नाच से भिन्न) वेश्या का वह गाना जिसे वह महफिल में बैठकर गाती है। ६. दे० 'बैठक'।

बैठते-उठते क्रि० वि० हर समय, सदा।

बैठना अ० [सं० प्रतिष्ठित या उपविष्ट] १. टाँगों का आश्रय छोड़कर ऐसी स्थिति में होना कि चूतड़ किसी आधार पर रहे। २. स्थित या आसीन होना, आसन जमाना। ३. किसी जगह ठीक तरह से जमना। ४. अभ्यस्त होना, जैसे—हाथ बैठना। ५. जल आदि से धुली हुई वस्तु का नीचे तल में जा लगना। ६. पचकना। ७. (कारबार) बिगड़ना। ८. तौल में ठहरना या उतरना। ९. लागत आना। १०. लक्ष्य या निशाने पर लगना। ११. पौधे का जमीन में लगाया या रोपा जाना।

१२. किसी स्त्री का किसी पुरुष के यहाँ पत्नी के रूप में जा रहना। १३. पक्षियों का अंडे सेना। १४. निर्वाचन आदि में उम्मीदवार का प्रतियोगिता से हट जाना, खड़ा न रहना।

बैठा-ठाला वि०, पुं० निठल्ला।

बैठे-ठाले क्रि०, वि० बिना कुछ किए।

बैठाना स० [हिं० बैठना] [प्रे० बैठवाना] किसी को बैठने में प्रवृत्त करना।

बैठावन पुं० [हिं० बैठाना] जुलाहों का एक औजार जिससे बाने के उभरे हुए सूत या तन्तु ठीक जगह पर बैठाए जाते हैं, उदा० तीनि लोक एक करिगह कीन्हो, दिगमन कीन्हों ताना। आदि पुरुष बैठावन बैठे, कबिरा जौति समाना। -कबीर।

बैठे-बैठाए क्रि० वि० १. बिना कुछ किए। २. अचानक।

बैठे-बैठे क्रि० वि० एक ही स्थान पर बैठे रहकर।

बैढ़ना स० दे० 'बेढ़ना'।

बैत स्त्री० [अ०] छन्दोबद्ध रचना, पद्य।

बैतरनी स्त्री० दे० 'वैतरणी'।

बैताल पुं० दे० 'बेताल'।

बैद पुं० दे० 'वैद्य'।

बैदई स्त्री० [सं० बैद्य, हिं० बैद] वैद्य का काम या पेशा, बैदगी, उदा० अर्थ, सुनारी, बैदई, करि जानत पतिराम। -बिहारी।

बैदगी स्त्री० [हिं० बैद] वैद्य का काम या व्यवसाय।

बैदाई* स्त्री० दे० 'बैदगी'।

बैदेही स्त्री० दे० 'वैदेही'।

बैन* पुं० [सं० वचन] वचन, बात।

मुहा० *बैन झरना*=मुँह से बचन या बात निकलना।

बैनसगाई स्त्री० [हिं० बैन=बचन+सगाई=एक रूपता] रचना आदि में रखा जानेवाला अनुप्रास, वर्णमैत्री।

बैना पुं० [सं० वायन] वह मिठाई आदि जो मंगल अवसरों पर सम्बन्धियों और इष्ट-मित्रों के यहाँ भेजी जाती हैं। *स०=बोना।

बैनामा पुं० [अ० बै+फा० नामा] वह पत्र जिसमें किसी वस्तु, विशेषत: मकान या जमीन आदि के बेचने और उससे सम्बन्ध रखनेवाली शर्तों आदि का उल्लेख होता है, विक्रय-पत्र।

बैपार| पुं० दे० 'व्यापार'।

बैयर* स्त्री० [सं० बधूवर] औरत, स्त्री।

बैयाँ* क्रि० वि० [हिं० पैयाँ का अनु०] घुटनों के बल।

बैया* पुं० [सं० वाय] बै, बैसर।

बैरंग वि० [अं० बियरिंग] १. डाक से भेजी जानेवाली वह चिट्ठी जिस पर टिकट न लगा हो या कम लगा हो। २. विफल।

बैर[१] पुं० [सं० वैर] १. शत्रुता, दुश्मनी। २. वैमनस्य, द्वेष।

मुहा० *बैर निकालना*=बदला लेना। *बैर ठानना*=दुश्मनी खड़ी करना। *बैर पड़ना*=शत्रु होकर पीछे लगना। *बैर बिसहना या मोल लेना*=दे० 'बैर ठानना'। *बैर लेना*=दे० 'बैर निकालना'।

बैर[२] पुं० [सं० बदरी] बैर का वृक्ष या फल।

बैरक[१] पुं० [तु०] सैनिक झंडा।

मुहा० *बैरक बाँधना*=कोई बड़ा काम करने और उसके लिए लोगों को अपना अनुयायी बनाने के लिए झंडा खड़ा करना, उदा० अपने नाम की बैरक बाँधी, सुबस बसौं इहि गाँव। -सूर।

बैरक[२] स्त्री० [अं०] सैनिकों के रहने का स्थान।

बैरख* स्त्री० दे० 'बैरक'।

बैरल[१] पुं० [अं०] खड़े बल में ढोल के आकार का लकड़ी आदि का बना आद्यान जिसमें १५९ लिटर तेल, तेजाब, शराब आदि तरल पदार्थ रखे जाते हैं।

बैरल[२] स्त्री० [अं०] बंदूक की नाल।

बैराग* पुं० दे० 'वैराग्य'।

बैरागर पुं० [हिं० बैर?+सं० आगर?] खान (रत्नों आदि की), उदा० गुणमणि बैरागर, धीरज को सागर. ... ... । -केशव।

बैरागी पुं० [सं० विरागी] [स्त्री० बैरागिन] वैष्णव साधु।

बैराना* अ०=बौराना।

बैरिस्टर पुं० [अं०] [भाव० बैरिस्टरी] एक प्रकार के विधिज्ञ या कानूनदाँ जिनकी मर्यादा वकीलों से बढ़कर होती है।

बैरिस्टर पुं० [अं०] एक प्रकार के वकील जो विधि संबंधी परामर्श देते हैं तथा जिन्हें छोटी-बड़ी सभी अदालतों में पैरवी करने का अधिकार होता है।

बैरिस्टरी स्त्री० [अं० बैरिस्टर+हिं० ई(प्रत्य०)] बैरिस्टरी होने की अवस्था, भाव या पद।

बैरी वि० दे० 'वैरी'।

बैरीकेड पुं० [अं०] रास्ता रोकने के लिए कनस्टरों, बोरों, पत्थरों आदि की खड़ी हुई अस्थायी दीवार।

बैरोमीटर पुं० [अं०] १. एक उपकरण जो वायु के दाब को सूचित करता है जिससे पता चलता है कि वातावरण में कब और कैसा परिवर्तन होगा। २. (ला०) वह जिससे किसी में होनेवाले परिवर्तन की जानकारी मिले।

बैलंस पुं० [अं०] १. सन्तुलन। २. वह धन जो बैंक में लेन-देन करने के बाद शेष है।

बैल पुं० [सं० बलद] १. गौ जाति का बधिया किया हुआ वह नर चौपाया जो हलों और गाड़ियों में जोता जाता है। २. मूर्ख व्यक्ति।

बैल-मुतनी स्त्री० दे० 'गोमूत्रिका'।

बैलून पुं० [अं०] गुब्बारा।

बैले पुं० [अं०] एक प्रकार का समूह नृत्य जिसमें विभिन्न चेष्टाओं द्वारा किसी कथा को चरितार्थ किया जाए।

बैसंदर पुं० [सं० वैश्वानर] आग, अग्नि।

बैस पुं० [?] राजूपत क्षत्रियों की एक शाखा का नाम। स्त्री० दे० 'वयस्' या 'वय'।

बैसना* अ०=बैठना।

बैसर पुं० [सं० वाय] जुलाहों का बै या कंघा नामक औजार।

बैसवाड़ा पुं० [हिं० बैस+बाड़ा] [वि० बैसवाड़ी] अवध के दक्षिण-पश्चिम में स्थित प्रदेश।

बैसवारा* वि० [सं० वयस+हिं० वाला] [स्त्री० बैसवारी] जवान, युवा।

बैसाख पुं० दे० 'वैशाख'।

बैसाखी[१] स्त्री० [सं० द्विशाखिका] १. वह दो शाखाओं वाला डंडा जिसे बगल के नीचे रखकर लंगड़े लोग सहारे से टेकते हुए चलते हैं। २. लाठी, डंडा।

बैसाखी[२] स्त्री० [हिं० बैसाख] १. बैसाख की मेष संक्रान्ति। २. उक्त अवसर पर मनाया जानेवाला त्योहार।

बैसारना* स०=बैठाना।

बैसिक* पुं० [सं० वैशिक] वेश्या से सम्भोग करनेवाला, वेश्यागामी।

बैहर[१]* वि० [सं० वैर=भयानक] १. भयानक। २. क्रोधी।

बैहर[२] स्त्री० [सं० वायु] वायु, हवा।

बोंडा पुं० [देश०] बारूद में आग लगाने का पलीता।

बोआई स्त्री० [हिं० बोना] बीज बोने का काम, भाव या मजदूरी।

बोक पुं० [स्त्री० बोकी] बकरा। (बुन्देल०)

बोज पुं० [देश०] एक प्रकार का घोड़ा।

बोज्यू स्त्री०=भाभी। (कुमाऊँ)

बोझ पुं० [?] १. एक में बँधा हुआ वस्तुओं का भारी ढेर, भार। २. भारीपन, गुरुत्व, वजन। ३. कठिन या रुचिविरुद्ध काम। ४. किसी काम का उत्तरदायित्व, भार। ५. एक आदमी या पशु के एक बार ले जाने योग्य भार।

बोझना स० [हिं० बोझ] बोझ लादना।

बोझल, बोझिल वि० [हिं० बोझ] भारी बोझवाला, वजनी।

बोझा पुं० दे० 'बोझ'।

बोट स्त्री० [अं०] नाव, नौका।

बोटा पुं० [सं० वृन्त] [स्त्री० अल्पा० बोटी] कटा हुआ टुकड़ा।

बोटी स्त्री० [हिं० बोटा] मांस का टुकड़ा।

बोड़ना स० दे० 'बोरना'।

बोड़ा पुं० [देश०] १. अजगर। २. एक प्रकार की फली जिसकी तरकारी बनती है, लोबिया।

बोड़ी स्त्री० [?] एक प्रकार के पौधे की कली जिसकी तरकारी और अचार बनता है।

बोत पुं० [देश०] एक प्रकार का घोड़ा।

बोतल स्त्री० [अं० बॉटल] लम्बी गरदनवाला काँच का एक प्रसिद्ध पात्र।

मुहा० *बोतल ढालना*=शराब पीना।

बोतलबंदी स्त्री० [हिं०] भरी हुई बोतल को बन्द करने की क्रिया या भाव।

बोतली हरा वि० जिसका रंग बोतल जैसा हरा हो।

बोदरी स्त्री० [देश०] खसरा नामक रोग।

बोदा वि० [सं० अबोध] [भाव० बोदापन] १. मूर्ख, गावदी। २. सुस्त। ३. जो पक्का या कड़ा न हो, कमजोर।

बोध पुं० [सं० [वि० बोध्य, बोधव्य, कर्ता बोधक] १. ज्ञान, जानकारी; जैसे-गौरव बोध। २. आत्मज्ञान। ३. सान्त्वना, धैर्य, तसल्ली।

बोधक वि० [सं०] १. ज्ञान करानेवाला। २. सूचक। ३. वाचक। पुं० साहित्य में संयोग शृंगार के अन्तर्गत एक हाव जिसमें प्रेमी और प्रेमिका संकेतों से एक दूसरे पर अपने मन के भाव प्रकट करते हों।

बोधगम्य वि० [सं०] [भाव० बोधगम्यता] समझ में आने योग्य।

बोधन पुं० [सं०] [वि० बोध्य, बोधित] १. बोध या ज्ञान कराना। २. जगाना।

बोधना स० [सं० बोधन] १. समझाना। २. ज्ञान कराना।

बोधव्य वि० [सं०] १. जिसका बोध या ज्ञान हो सकता हो। २. जिसका बोध या ज्ञान आवश्यक हो। ३. जिसे किसी बात का बोध या ज्ञान कराया जा सके या कराया जाए।

बोधिवृक्ष पुं० [सं०] गया के पास पीपल का वह वृक्ष जिसके नीचे बुद्ध को बोध या ज्ञान प्राप्त हुआ था।

बोधिसत्व पुं० [सं०] वह जो बुद्ध बनने का अधिकारी हो गया हो (महात्मा बुद्ध के पूर्व जन्मों का सूचक नाम)।

बोध्य वि० [सं०] जिसका बोध या ज्ञान हो सके।

बोनस पुं० [अं०] लाभ का वह अंश जो नियोजक कर्मचारियों में बँटता है।

बोना[१] स० [सं० वपन] १. खेत में उपजाने के लिए बीज छिड़कना या बिखेरना। २. किसी बात का सूत्रपात करना, अंकुर लगाना। ३. ऐसा काम करना जिसका फल आगे चलकर मिलने को हो।

बोना[२] *स० [हिं० बोरना का ब्रज० रूप] पानी में बोरना, डुबाना, उदा० करि निरजीव जमुन जल बोयौ। -सूर

बोप स्त्री० [फा० बू] गन्ध, महक।

बोर[१] पुं० [हिं० बोरना] कपड़े को रंग में बोरने या डुबाने की क्रिया या भाव।

बोर[२] वि० [अं०] मन न बहलने से उकताया हुआ।

मुहा० *बोर हो जाना*=उकताने लगना।

बोरना स० [हिं० बूड़ना] १. दे० 'डुबाना'। २. कलंकित या बदनाम करके नष्ट करना (नाम, कीर्ति आदि)। ३. पानी मिले हुए रंग में डुबाकर रँगना।

बोरसी स्त्री० दे० 'अँगीठी'।

बोरा पुं० [सं० पुर=पात्र] [स्त्री० अल्पा० बोरी] टाट का वह बड़ा थैला जिसमें अनाज आदि भरकर रखते हैं।

बोरिंग वि० [अं०] उबाऊ।

बोरियत स्त्री० [अं० बौर] उकताहट।

बोरिया पुं० [फा०] १. चटाई। २. टाट आदि का बिछौना।

बोरिया-बँधना पुं०=बोरिया-बिस्तर।

बोरिया-बिस्तर पुं० घर-गृहस्थी का सारा सामान।

मुहा० *बोरिया-बिस्तर उठाना*=सारा सामान लेकर चलने की तैयारी करना।

बोरी स्त्री० [हिं० बोरा] छोटा बोरा।

बोरो पुं० [हिं० बोरना] एक प्रकार का घटिया या मोटा धान।

बोर्ड पुं० [अं०] १. किसी स्थायी कार्य के लिए बनी हुई समिति, जैसे नगर-बोर्ड, जिला-बोर्ड आदि। २. माल के मामलों का फैसला करनेवाला अधिकरण। ३. कागज की मोटी दफ्ती। ४. नामपट्ट।

बोर्डिंग हाउस पुं० [अं०] दे० 'छात्रावास'।

बोल पुं० [हिं० बोलना] १. बोली या कही हुई बात, वाणी, वचन, बात, उक्ति। २. आक्षेपपूर्ण बात, ताना या व्यंग्य। ३. गीत और बाजे के बँधे या गठे हुए शब्द, जैसे (क) ख्याल या ठुमरी के बोल। (ख) मृदंग या सितार के बोल। ४. दृढ़तापूर्ण कथन, प्रतिज्ञा।

मुहा० *बड़ा बोल बोलना*=डींग हाँकना। *बोल बनाना*=संगीत में गाते समय किसी गीत के एक-एक शब्द का बार-बार अलग-अलग तरह से सुन्दरता और कोमलतापूर्वक उच्चारण करना।

मुहा० *(किसी का) बोल बाला रहना या होना*=मान-मर्यादा बनी रहना या बढ़ना।

बोलकार| पुं० [हिं०+सं०] प्रवक्ता।

बोल-चाल स्त्री० [हिं० बोल+अनु० चाल] १. बात-चीत, कथोपकथन। २. नित्य के व्यवहार की बँधी हुई कथन-प्रणाली जो मुहावरे की तरह होने पर भी उससे कुछ भिन्न होती है।

बोलता पुं० [हिं० बोलना] १. आत्मा। २. विवेक। ३. जीवनी-शक्ति, प्राण।

वि० बहुत बोलनेवाला, वाचाल।

बोलती स्त्री० [हिं० बोलना] बोलने की शक्ति, वाचा।

मुहा० *बोलती बंद कर देना*=निरुत्तर कर देना।

बोलनहार* पुं० दे० 'बोलता'।

बोलना अ० [सं० ब्रू, ब्रूयते] १. मुँह से शब्द उच्चारण करना, बात कहना।

मुहा० *(किसी से) बोल आना*= किसी के मुँह से कुछ शब्द निकलना, कुछ कहा जा सकना। *बोल जाना*=(क) मर जाना, (अशिष्ट), (ख) समाप्त हो जाना, (ग) टूटने-फूटने के कारण व्यवहार के योग्य न रह जाना।

२. किसी चीज की आवाज निकलना, जैसे रुपया बोलना, तबला बोलना।

स० १. कहना। २. बात पक्की करना, ठहराना। ३. रोक-टोक करना, कुछ कहकर बाधक होना। ४. छेड़छाड़ करना। ५. बुलाना या बुलवाना, उदा० पारथतिय कुरूराज सभा में, बोलि करन यह नंगी।-सूर।

मुहा० *बोलि पठाना*=बुला भेजना।

बोलपट पुं० [हिं० बोलना+पट 'मराठी से गृहीत'] बोलता सिनेमा, चित्रपट। (टॉकी)

बोलसर पुं० [?] एक प्रकार का घोड़ा।

*स्त्री० दे० 'मौलिसिरी'।

बोलाचाली स्त्री० दे० 'बोलचाल' १.।

बोलित वि० [हिं० बोलना] बोला हुआ।

बोली स्त्री० [हिं० बोलना] १. मुँह से निकली हुई बात या शब्द, वाणी। २. सार्थक शब्द या बात। ३. नीलाम के समय किसी वस्तु का ग्राहक द्वारा लगाया हुआ दाम, प्रस्तावित दाम, डाक। ४. किसी विशिष्ट स्थान के शब्दों का बना वह कथन-प्रकार, जिसका व्यवहार केवल बात-चीत में होता है, पर प्राय: जिसका कोई साहित्य नहीं होता। ५. किसी पर आरोप लगाने तथा उसे दुखी करने के लिए कही हुई अप्रत्यक्ष रूप से चुभनेवाली बात, ताना, व्यंग्य।

मुहा० *बोली छोड़ना, बोलना या मारना*=किसी को लक्ष्य करके व्यंग्यपूर्ण बात कहना।

बोल्लह पुं० [देश०] एक प्रकार का घोड़ा।

बोवना स० दे० 'बोना'।

बोवाना स० हिं० 'बोना' का प्रे०।

बोह* स्त्री० [हिं० बोर] डुबकी, गोता।

बोहनी स्त्री० [सं० बोधन=जगाना] किसी चीज या दिन की पहली बिक्री या उससे प्राप्त होनेवाला धन।

बोहनी-बट्टा पुं० किसी दिन किसी चीज की पहले-पहल होनेवाली बिक्री और उससे मिलनेवाला धन।

बोहारना* स० दे० 'बुहारना'।

बोहित* पुं० [प्रा० बोहित्थ] बड़ी नाव।

बौंड़ी* स्त्री० [सं० वृत्त] १. पौधों, लताओं आदि के कच्चे फल या कलियाँ। २. फली, छीमी। ३. दमड़ी, छदाम।

बौंर स्त्री० [सं० बेलि] बेल, लता।

बौंरना अ० [हिं० बौंर] लता, पौधे आदि का फूलना।

बौखलाना अ० [?] मारे क्रोध के आपे से बाहर हो जाना, क्रोध में आकर अंडबंड बोलने लगना।

बौछार स्त्री० [सं० वायु+क्षरण] १. हवा के झोंके से किसी छायादार स्थान पर आनेवाली वर्षा की फुहार। २. किसी वस्तु का बहुत अधिक संख्या या मात्रा में आकर गिरना या पड़ना, झड़ी; जैसे-प्रश्नों की बौछार। ३. लगातार कही जानेवाली व्यंग्यपूर्ण या कटु आलोचना की बातें, जैसे जरा सी भूल हुई और चारों ओर से बौछार होने लगी।

बौड़म| वि० [हिं० बौड़ाना] बौराया हुआ, मूर्ख।

बौड़ाना अ० दे० 'बौराना'।

बौद्ध पुं० [सं०] गौतम बुद्ध के चलाए हुए धर्म का अनुयायी।

वि० गौतम बुद्ध या उनके चलाए हुए धर्म से सम्बन्ध रखनेवाला, जैसे बौद्धशास्त्र।

बौद्ध धर्म पुं० [सं०] गौतम बुद्ध का चलाया हुआ एक प्रसिद्ध भारतीय धर्म।

बौद्धिक वि० [सं०] [भाव० बौद्धिकता] बुद्धि संबंधी, विवेक-आधारित।

पुं० ज्ञानवर्धक प्रवचन या व्याख्यान।

बौद्धिकता स्त्री० [सं०] बुद्धि के द्वारा सीखने, समझने तथा तर्क करने की शक्ति।

बौध* पुं० १. दे० 'बौद्ध'। २. दे० 'बुद्ध'।

बौधा* क्रि० वि० [सं० बहुधा] अनेक प्रकार से, तरह-तरह से।

बौना पुं० [सं० वामन] [स्त्री० बौनी] बहुत ठिगने या नाटे कद का मनुष्य।

वि० १. छोटे कद का, नाटा। २. नगण्य या महत्त्वहीन; जैसे उन्होंने हमारे इन प्रयासों को बौना सिद्ध कर दिया।

बौनापन पुं० [हिं० बौना+पन (प्रत्य०)] १. बौना होने की अवस्था या भाव। २. दूसरों की तुलना में अपने को अत्यन्त लघु समझने की अवस्था या भाव।

बौर पुं० [सं० मुकुल] आम की मंजरी, मौर।

वि० दे० बौरा (पागल)।

बौरई* स्त्री० [हिं० बौरा=पागल] बावलापन, पागलपन।

बौरना अ० [हिं० बौर] १. आम के पेड़ में बौर या मंजरी निकलना, मौरना। २. फूलना।

बौरहा* वि० दे० 'बावला'।

बौरा वि० [सं० वातुल] [स्त्री० बौरी] १. पागल, बावला, विक्षिप्त। २. (खेल प्रतियोगिता) जिसमें प्रतियोगी या जोड़ पहले से निश्चित न हो बल्कि सबके एकत्र हो जाने पर लोग मनमाने ढंग से अपना प्रतियोगी या जोड़ चुन लें, जैसे बौरा दंगल।

बौराई स्त्री० [हिं० बौरा] पागलपन।

बौराना अ० [हिं० बौरा] [भाव० बौरापन, बौराई] १. पागल हो जाना, सनक जाना। २. पागलों की तरह घूमना या भटकना, उदा० ऐसहि जनम बहुत बौरायो। -सूर।

स० किसी को बौरा या पागल करना।

बौराह* वि० दे० 'बावला'।

बौलसिरी* स्त्री० दे० 'मौलिसिरी'।

बौला पुं०=बै (जुलाहों का औजार)।

ब्यतीतना स० दे० 'बिताना'।

अ० दे० 'बीतना'।

ब्यवहार पुं० दे० 'व्यवहार'।

ब्यवहारिया पुं० [हिं० व्यवहार] लोगों को रुपए उधार देनेवाला, महाजन।

ब्याज पुं० [सं० व्याज] १. किसी को उधार दिए हुए रुपए के बदले में उस समय तक मिलनेवाला वह कुछ निश्चित धन, जिस समय तक मूलधन चुका न दिया जाए, सूद। (इन्टरेस्ट) २. 'व्याज'।

ब्याजू वि० [हिं० ब्याज] ब्याज या सूद पर दिया जानेवाला (धन)।

ब्याधा| स्त्री०=व्याधि।

ब्यापना* स० [हिं० व्यापन] १. व्याप्त होना, चारों ओर छाना, फैलना। ३. प्रभाव दिखाना।

ब्यार* स्त्री०=बयार (हवा)।

ब्यारी* स्त्री० दे० 'ब्यालू'।

ब्यालू पुं० [सं० विकाल=संध्या का भोजन] संध्या समय या रात के पहले पहर में किया जानेवाला भोजन, ब्यारी।

ब्याह पुं० [सं० विवाह] विवाह, शादी।

ब्याहता वि० [सं० विवाहित] जिसके साथ विवाह हुआ हो। (विशेषत: स्त्री के लिए प्रयुक्त)

ब्याहना स० [सं० विवाह+ हिं० ना (प्रत्य०)] [वि० ब्याहता] १. ब्याह करके पुरुष का स्त्री को अपनी पत्नी और स्त्री का पुरुष को अपना पति बनाना। २. किसी का किसी के साथ ब्याह करना।

ब्याहुला वि० [हिं० ब्याह] विवाह का।

ब्यूटीशियन पुं० [अं०] वह व्यक्ति जो ग्राहक का रूप सँवारता हो, उसके चेहरे, बालों आदि को आकर्षक रूप देता हो।

ब्यूटी क्वीन स्त्री० [अं०] सौंदर्य प्रतियोगिता की विजेता स्त्री।

ब्यूटी पार्लर पुं० [अं०] वह स्थान जहाँ ग्राहकों का रूप सँवारने अर्थात् उन्हें आकर्षक बनाने का काम होता है।

ब्योंचना अ० [सं० विकुंचन] अचानक जोर से मुड़ जाने के कारण नस का स्थान से हट जाना, जिससे पीड़ा और सूजन होती है, मुड़कना।

स० मरोड़ना।

ब्योंड़ा पुं० [हिं० बेड़ा] वह लम्बी गोलाकार लकड़ी जो दरवाजा बन्द करके अन्दर उसे खुलने से रोकने के लिए लगाई जाती है, अरगल।

ब्योंत स्त्री० [सं० विवृत्ति] १. आय-व्यय आदि को व्यवस्थित रखने की क्रिया या भाव, आमदनी-खर्च का हिसाब ठीक रखना। २. काम पूरा करने की युक्ति, उपाय या व्यवस्था। ३. ढब, ढंग, तरीका। ४. साधन या सामग्री आदि की सीमा, समाई। ५. पहनने के कपड़े बनाने के लिए कपड़े की काट-छाँट।

ब्योंतना स० [हिं० ब्योंत] पहनने का कपड़ा बनाने के लिए कपड़ा नापकर उसे काटना-छाँटना।

ब्योपार पुं० दे० 'व्यापार'।

ब्योरन स्त्री० [हिं० ब्योरना] सिर के बाल सँवारकर बाँधने का ढंग, उदा० बेईकर ब्यौरनि वहै, ब्यौरो कौन विचार। - बिहारी।

ब्योरना स० [हिं० ब्योरा] [भाव० ब्योरन] १. उलझे हुए बालों या सूतों को सुलझाना। २. अस्पष्ट या छिपी बात साफ-साफ कहना, ब्योरेवार कोई बात बतलाना।

अ० (किसी बात के सब अंगों पर) अच्छी तरह विचार करना, सोचना-समझना।

ब्योरा पुं० [सं० विवरण] १. विषय की हर एक बात का सविस्तार उल्लेख या कथन, विवरण, तफसील। (डिटेल) २. किसी घटना आदि की मुख्य बातों का विवरण। (पर्टिकुलर्स) ३. वृत्तान्त, हाल। ४. अन्तर, फरक।

ब्यौरेबाज वि० [हिं० ब्योरा+फा० बाज़] [भाव० ब्यौरेबाजी] धूर्त, चालाक।

ब्योरेबाजी स्त्री० [हिं० ब्योरेबाज़] धूर्तता, चालाकी।

ब्योरेवार क्रि० वि० [हिं० ब्योरा] ब्योरे के सहित, विस्तार के साथ।
वि० ब्योरे के रूप में होनेवाला; जैसे—ब्योरेवार हिसाब।

ब्योहार पुं० [सं० व्यवहार] रुपए उधार देने का काम या व्यापार।

ब्योहारना स० [सं० व्यवहार] उपयोग में लाना, काम में लाना।
स० दे० 'व्यवहारना'।

ब्योहरिया पुं० [सं० व्यवहार] सूद पर रुपया उधार देने का काम करनेवाला।

ब्योहार* पुं० व्यवहार।

ब्योहारना* स० [सं० व्यवहार] व्यवहार या आचरण करना, बरताव करना, उदा० ऐसे जनम करम के ओछे, औछनि हूँ ब्यौहारत। -सूर।

ब्यौसाइ* पुं०=व्यवसाय।

ब्यौसाई पुं०=व्यवसायी।

ब्रंद* पुं० दे० 'वृंद'।

ब्रज पुं० दे० 'व्रज'।

ब्रजना* अ० [सं० व्रजन] चलना।

ब्रजराज* पुं० [सं० व्रजराज] १. व्रज के राजा, श्रीकृष्ण। २. भगवान।

ब्रह्मंड पुं० दे० 'ब्रह्मांड'।

ब्रह्म पुं० [सं० ब्रह्मन्] १. भारतीय दर्शन में, वह सबसे बड़ी परम और नित्य चेतन सत्ता जो जगत का मूल कारण और सत्, चित्त, आनन्दस्वरूप मानी गई है। २. ईश्वर, परमात्मा। ३. आत्मा। ४. ब्राह्मण। (समास में) ५. ब्रह्म। (समास में) ६. एक की संख्या। ७. दे० 'ब्रह्मराक्षस'।

ब्रह्मचर्य पुं० [सं०] १. मन को ब्रह्मपरायण बनाए रखने की क्रिया या भाव। २. चार आश्रमों में से पहला जिसमें शरीर, मन तथा वाणी (मनसा, वाचा एवं कर्मणा) द्वारा मैथुन का परित्याग करने का विधान है।

ब्रह्मचार* पुं०=ब्रह्मचर्य।

ब्रह्मचारी (-रिन्) पुं० [सं०] [स्त्री० ब्रह्मचारिणी] संयमपूर्वक रहकर ब्रह्मचर्य का पालन करनेवाला।

ब्रह्मज्ञान पुं० [सं०] [वि० ब्रह्मज्ञानी] ब्रह्म या परमार्थिक सत्ता का ज्ञान।

ब्रह्मण्य वि० [सं०] १. ब्राह्मणों से सम्बन्ध रखनेवाला। २. ब्रह्म से सम्बन्ध रखनेवाला। ३. ब्राह्मणों पर श्रद्धा रखनेवाला। ४. ब्राह्मणों के उपयुक्त या योग्य फलतः उत्तम। ५. सभ्य और शिष्ट समाज के उपयुक्त।

ब्रह्मत्व पुं० [सं०] १. ब्रह्म का भाव। २. ब्राह्मण का भाव।

ब्रह्मपद पुं० [सं०] मोक्ष, मुक्ति।

ब्रह्मपुत्र पुं० [सं०] १. ब्राह्मण। २. उत्तरपूर्वी भारत का एक प्रसिद्ध नद।

ब्रह्मपुरी स्त्री० [सं०] १. ब्राह्मणों की बस्ती। २. ऐसे बहुत से मकानों का समूह या महल्ला जो राजा-महाराजा ब्राह्मणों को एक साथ दान करते थे। ३. ब्रह्मलोक।

ब्रह्मभोज पुं० [सं०] ब्राह्मण-भोजन।

ब्रह्मयज्ञ पुं० [सं०] पंच महायज्ञों में से एक जिसमें अध्यापन, संध्यावन्दन आदि कृत्य किए जाते हैं।

ब्रह्मराक्षस पुं० [सं०] वह ब्राह्मण जो अकाल मृत्यु के उपरान्त प्रेत या राक्षस हो गया हो।

ब्रह्मर्षि पुं० [सं०] ब्राह्मण ऋषि।

ब्रह्मलेख पुं० [सं०] ब्रह्मा का लिखा भाग्य का लेख जो ध्रुव माना जाता है।

ब्रह्मलोक पुं० [सं०] ब्रह्मा के रहने का लोक।

ब्रह्मवाद पुं० [सं०] [वि० ब्रह्मवादी] यह दार्शनिक सिद्धान्त कि सारा विश्व ब्रह्म से ही निकलता है, ब्रह्म ही उसे चलाता है, और वह ब्रह्ममय है। (एबसोल्यूटिज्म)

ब्रह्मवादी (-दिन्) पुं० [सं०] ब्रह्मवाद का सिद्धान्त माननेवाला या उसका अनुयायी। (एब्सोल्यूटिस्ट)

ब्रह्मविद् वि० [सं०] ब्रह्म को जानने और समझनेवाला, ब्रह्मज्ञानी।

ब्रह्मविद्या स्त्री० [सं०] ब्रह्म के स्वरूप और तत्त्वों आदि की विद्या जिसकी चर्चा उपनिषदों में की गई है।

ब्रह्मसमाज पुं० दे० 'ब्राह्मसमाज'।

ब्रह्मसूत* पुं०=ब्रह्मसूत्र।

ब्रह्मसूत्र पुं० [सं०] यज्ञोपवीत, जनेऊ।

ब्रह्महत्या स्त्री० [सं०] ब्राह्मण को मार डालना, जो महापातक माना गया है।

ब्रह्मांड पुं० [सं०] १. अनन्त लोकों या भुवनों अर्थात् तारों, ग्रहों, नक्षत्रों आदि से युक्त सम्पूर्ण विश्व। २. खोपड़ी के ऊपर का बीचवाला भाग।

ब्रह्मांडकी स्त्री० [सं०] वह विज्ञान जिसमें इस बात का विवेचन होता है कि ब्रह्मांड में तारे, ग्रह आदि किस प्रकार बनते, बढ़ते और अन्त में नष्ट होते हैं। (कॉस्मोलॉजी)

ब्रह्मांडीय वि० [सं०] ब्रह्मांड-सम्बन्धी।

ब्रह्मा पुं० [सं०] ब्रह्म के तीन सगुण रूपों में वह पहला रूप जो सृष्टि की रचना करनेवाला माना गया है, विधाता, स्रष्टा, प्रजापति।

ब्रह्मानंद पुं० [सं०] ब्रह्म के ज्ञान से मिलनेवाला आनन्द।

ब्रह्माणी स्त्री० [सं०] ब्रह्मा की पत्नी।

ब्रह्मावर्त पुं० [सं०] सरस्वती और दृशद्वती नदियों के बीच का प्रदेश।

ब्रह्मास्त्र पुं० [सं०] १. मन्त्र से चलनेवाला एक प्रकार का प्राचीन कल्पित अस्त्र। २. कभी विफल न होनेवाली युक्ति।

ब्रह्मीभूत वि० [सं०] १. जो ब्रह्म में मिलकर उसके साथ एक हो गया हो। २. मृत, स्वर्गीय (साधु-महात्माओं के लिए)।

ब्राजीली वि० ब्राजील (देश) सम्बन्धी।

ब्रात* पुं० [सं० व्रात] समूह।

ब्राह* पुं०=वराह।

ब्राह्म वि० [सं०] ब्रह्म-सम्बन्धी।
पुं० हिन्दुओं के आठ प्रकार के विवाहों में से वह जो आजकल प्रचलित है।

ब्राह्मण पुं० [सं०] [स्त्री० ब्राह्मणी] हिन्दुओं के चार वर्णों में पहला और सबसे श्रेष्ठ वर्ण (या जाति) जिसका मुख्य काम पठन-पाठन, यज्ञ, ज्ञानोपदेश आदि है। २. उक्त जाति या वर्ण का मनुष्य। ३. वेद के मन्त्र-भाग से भिन्न भाग।

ब्राह्मण-भोजन पुं० [सं०] धार्मिक दृष्टि से ब्राह्मणों को कराया जानेवाला भोजन।

ब्राह्मणवाद पुं० [सं०] १. ब्राह्मणों को ही अधिक महत्त्व देने की धारणा या सिद्धांत। २. ब्राह्मणों के हितों का प्रतिपादक मत या सिद्धांत।

ब्राह्मणवादी वि० [सं० ब्राह्मणवाद] ब्राह्मणवाद-सम्बन्धी।

ब्राह्ममुहूर्त पुं० [सं०] १. सूर्योदय से दो घड़ी पहले का समय। २. प्रभात, तड़का।

ब्राह्मवेला स्त्री० दे० 'ब्राह्ममुहूर्त'।

ब्राह्मसमाज पुं० [सं०] [वि० ब्राह्मसमाजी] एक मात्र ब्रह्म की उपासना करनेवाला एक आधुनिक सम्प्रदाय।

ब्रह्मसमाजी पुं० [सं० ब्रह्मसमाज] ब्रह्मसमाज का अनुयायी।
वि० ब्रह्मसमाज-सम्बन्धी।

ब्राह्मी स्त्री० [सं०] १. दुर्गा। २. भारत की वह प्राचीन लिपि जिससे नागरी आदि आधुनिक लिपियाँ निकली हैं। ३. एक बूटी जो बुद्धि बढ़ानेवाली मानी जाती है।
वि० ब्रह्म-संबंधी।

ब्राह्मो पुं० [ब्राह्मसमाज] ब्रह्मसमाज का अनुयायी।

ब्रिज पुं०=ब्रज।

ब्रिटिश वि० [अं०] १. ग्रेट ब्रिटेन या इंग्लैंड देश का। २. अंग्रेजों का, अंग्रेजी।

ब्रितानी वि० ब्रिटेन-सम्बन्धी।

ब्रीड़ना* अ० [सं० व्रीडन] लज्जित होना।

ब्रीषभ* पुं०=वृषभ।

ब्लॉक पुं० [अं०] १. छापे या छपाई के काम के लिए काठ, ताँबे, जस्ते आदि पर बना हुआ चित्रों आदि का ठप्पा। २. इमारतों का वह समूह जिसके चारों ओर सड़कें हों। ३. किसी विशाल भवन का विशिष्ट भाग या खंड। ४. किसी भूखंड का कोई विशिष्ट भाग।

ब्लैक-आउट पुं० [अं०] १. वह स्थिति जब बिजली न होने पर चारों ओर अँधेरा-घुप्प हो। २. वह स्थिति जब युद्ध आदि के समय बत्तियों का प्रकाश घरों आदि से बाहर निकलने पर रोक लगा दी जाती है।

ब्लैकबाक्स पुं० [अं०] वायुयान में प्रयुक्त एक स्वचालित उपकरण जिसमें उड़ान-सम्बन्धी ब्यौरे की सब बातें अंकित होती हैं।

ब्लैकबोर्ड पुं० [अं०] वह काली सतह या काले रंग का तख्ता जिस पर अध्यापक चाक से लिखते हैं।

ब्लैकमेल पुं० [अं०] भयादोहन (दे०)।

ब्वै* वि०=बिय (दो)।

ब्वौना* स०=बोना (बीज आदि)।

भ

भ नागरी वर्णमाला का चौबीसवाँ और पवर्ग का चौथा वर्ण, जिसका उच्चारण ओष्ठ से होता है, छन्दशास्त्र में यह 'भगण' का सूचक या संक्षिप्त रूप है।

भंकार पुं० [सं०] १. नगाड़े का शब्द। २. भयंकर शब्द, विकट शब्द।

भंग पुं० [सं०] [वि० भग्न] १. टूटने, खंडित होने या विघटित होने की क्रिया या भाव। २. निश्चय, प्रतीति, नियम आदि में पड़नेवाला अन्तर। (ब्रीच) ३. ध्वंस, विनाश। ४. टेढ़े होने या झुकने की क्रिया या भाव, टेढ़ापन।
स्त्री० दे० 'भाँग'।

भंगड़ वि०, पुं० दे० 'भँगेड़ी'।

भंगना अ० [हिं० भंग] १. टूटना। २. दबना।
स० १. तोड़ना। २. दबाना।

भँगरा पुं० [हिं० भाँग] भाँग के रेशों का बना हुआ कपड़ा।

भंगिमा स्त्री० [सं०] १. टेढ़ापन, कुटिलता। २. स्त्रियों के हाव-भाव या कोमल चेष्टाएँ। ३. लहर। ४. प्रतिकृति।

भंगी[१] वि० [सं० भंगिन्] [स्त्री० भंगिनी] १. भंग करने या तोड़नेवाला। २. नष्ट करनेवाला। ३. भंग या नष्ट हो जानेवाला।

भंगी[२] स्त्री० [सं० भंगिमा] पुरुषों को मोहित करने के लिए होने वाली स्त्रियों की कोमल चेष्टाएँ, हाव-भाव, जैसे भाव भंगी।

भंगी[३] पुं० [सं० भक्त] [स्त्री० भंगिन] मैला या विष्ठा उठानेवाली एक जाति।

भंगी[४] पुं० [हिं० भाँग] भाँग पीनेवाला, भँगेड़ी।

भंगुर वि० [सं०] [भाव० भंगुरता] १. जल्दी भंग या नष्ट होनेवाला, नाशवान। २. टेढ़ा।

भँगेड़ी वि०, पुं० [हिं० भाँग] बहुत या नित्य भाँग पीनेवाला, भगड़।

भँगेला पुं० दे० 'भँगरा'।

भंजक वि० [सं०] [स्त्री० भंजिका] भंग करने या तोड़नेवाला।

भंजन पुं० [सं०] १. तोड़ना, भंग करना। २. ध्वंस, नाश।
वि० तोड़ने, बिगाड़ने या नष्ट करनेवाला (यौ० शब्दों के अन्त में, जैसे भवभय-भंजन)।

भँजना[१] अ० [सं० भंजन] १. टुकड़े होना, टूटना। २. दे० 'भुनना' (सिक्का)।
स० तोड़ना।

भँजना[२] अ० [हिं० भाँजना] १. भाँजा जाना। २. कागज के तावों का कई परतों में मोड़ा जाना। (दफ्तरी)

भंजना स० [हिं० भंचन] तोड़ना।

भंजनीय वि० [सं०] तोड़ने के योग्य।

भँजाई स्त्री० [सं० भाँजना] भाँजने की क्रिया, भाव या मजदूरी। स्त्री० दे० 'भुनाई'।

भँजाना स० [सं० भंजन] १. भाँजने, तोड़ने आदि का काम दूसरे से कराना। २. दे० 'भुनाना' (सिक्का)।

भंटा पुं० दे० 'बैगन'।

भंड[१] पुं० दे० 'भाँड़'।

भंड[२] वि० [सं०] १. गन्दी, भद्दी या अश्लील बातें करनेवाला। २. धूर्त। ३. पाखंडी।

भंडता स्त्री० [सं०] १. भाँड़ों का काम। २. भाँड़ों की-सी तुच्छ हँसी-दिल्लगी, ओछा परिहास। ३. मन में उत्पन्न होनेवाली बुरी चेतना या भाव।

भँड़ताल पुं० [हिं० भाँड़+ताल] १. तालियाँ बजा-बजाकर गाया जानेवाला एक प्रकार का निम्नकोटि का गाना। २. इस गाने के साथ होनेवाला नाच।

भँडतिल्ला पुं० दे० 'भँड़ताल'।

भंडना स० [सं० भंडन] १. हानि पहुँचाना। २. बिगाड़ना। ३. तोड़ना-फोड़ना।

स० चारों ओर बदनामी करते फिरना।

भंडर[१] पुं० दे० 'भड्डर'।

भंडर[२] वि० [सं० भंड] १. पाखंडी। २. धूर्त।

भँडरिया स्त्री० [हिं० भंडारा] दीवारों में बना हुआ पल्लेदार ताखा या छोटी आलमारी।

भंडा पुं० [सं० भांड] १. बरतन, पात्र। २. भेद, रहस्य।

मुहा० *भंडा फूटना*= रहस्य प्रकट होना।

भँडाना स० दे० 'भंडना'।

भंडाफोड़ वि० [हिं० भाँडा+फूटना] रहस्य खोलनेवाला, भेद प्रकट करनेवाला।

भंडार पुं० [सं० भांडागार] १. कोष, खजाना। २. खाने-पीने की चीजें रखने का स्थान, कोठार। ३. पेट, उदर। ४. दे० 'भंडारा'।

भंडारण पुं० [हिं० भंडार] १. भंडार में एकत्र करने की क्रिया या भाव। २. वस्तुओं का संचयन। ३. कम्प्यूटर में सूचनाएँ जमा करने का कार्य। (स्टोरेज)

भंडारा पुं० [हिं० भंडार] १. दे० 'भंडार'। २. समूह, झुंड। ३. साधु-सन्तों का भोज।

भंडारी पुं० [हिं० भंडार] १. कोषाध्यक्ष। २. भंडार का प्रबन्ध करनेवाला अधिकारी। ३. रसोइया।

भँडेरिया पुं० दे० 'भड्डर'।

भँडेहर† पुं० [सं० भांड] १. छोटे-छोटे, विशेषता मिट्टी के बरतन। २. थोड़ी-सी जगह में भरी हुई व्यर्थ की बहुत-सी चीजें।

भँड़ैती स्त्री० [हिं० भाँड़] १. भाँड़ों का काम या पेशा। २. भाँड़ों की-सी खुशामद भरी या उछल-कूद की चेष्टा या बात-चीत।

भँड़ौआ पुं० [हिं० भाँड़] १. भाँड़ों के गाने का अशिष्टतापूर्ण गीत या कविता। २. हास्यपूर्ण निम्नकोटि की कविता।

भँभीरी स्त्री० [सं० भ्रमरी] फिरकी नाम का काठ का खिलौना जो खूब चक्कर काटता है, उदा०-जिउ बावर भा फिरै भँभीरी। -जायसी।

भँभेरी* स्त्री० दे० 'भय'।

भँवन† स्त्री० [सं० भ्रमण] भँवने या घूमने की क्रिया या भाव, भ्रमण।

भँवना अ० [सं० भ्रमण] १. घूमना। २. चक्कर या फेरा लगाना।

भँवर पुं० [सं० भ्रमर] १. भौंरा। २. नदी के बहाव में वह स्थान जहाँ पानी चक्कर की तरह घूमता है। ३. गड्ढा, गर्त।

भँवरकली स्त्री० [हिं० भँवर+कली] वह ढीली कड़ी जो कील में इस प्रकार लगी रहती है कि चारों ओर घूम सके।

भँवरजाल पुं० [हिं० भ्रमर+जाल] सांसारिक झगड़े-बखेड़े, भ्रम-जाल, माया-जाल।

भँवरा पुं० दे० 'भौंरा'।

भँवरी स्त्री० [हिं० भँवरा] १. पानी का चक्कर, भँवर। २. दे० 'भौंरी'।

स्त्री० दे० 'भाँवर'।

भँवा* पुं० [हिं० भँवना] फेरा, चक्कर।

भँवाना* स० [हिं० भँवना] १. घुमाना, चक्कर देना। २. धोखे में डालना।

मुहा० *भँवा कर जोतना*= किसी को धोखा देकर उसे कार्य के साधने के अनुकूल बनाना।

भँवारा† वि० [हिं० भँवना+आरा (प्रत्य०)] चक्कर लगाने या घूमनेवाला।

भँवैया† वि० [हिं० भँवाना] १. घुमाने या चक्कर दिलानेवाला। २. तरह-तरह के नाच नचाने या खेल खेलानेवाला।

भइया पुं० [हिं० भाई] १. भाई। २. भाई या बराबरवालों के लिए सम्बोधन।

† स्त्री० दे० 'भावज'।

भई[१] पुं० [हिं० भाई] बोल-चाल में 'भाई' के लिए सम्बोधन, जैसे-भई, वाह! क्या बात है।

भई[२] अ० पूर्वी हिन्दी के 'भया' का स्त्री० रूप, हुई।

भगाऊ वि० [हिं० भगाना] भगानेवाला; जैसे भूत-भगाऊ।

भकभकाना अ० [अनु०] १. भकभक शब्द करके जलना। २. चमकना।

भकभूरि* वि० [सं० भेक] १. मूर्ख, बेवकूफ। २. उजड्ड।

भकाऊँ पुं० [अनु०] हौआ।

भकुआ† वि० [सं० भेक] मूर्ख।

भकुआना अ० [हिं० भकुआ] चकपकाना, भौचक्का होना।

स० १. चकपका देना। २. मूर्ख बनाना।

भकोसना स० [सं० भक्षण] जल्दी-जल्दी या भद्देपन से खाना। (व्यंग्य)

भक्काटा पुं० [अनु० भक+हिं०काटना] पेच लड़ते ही पतंग के कटने की अवस्था या भाव।

भक्त वि० [सं०] १. कई भागों में बाँटा हुआ। २. देने के लिए बाँटा हुआ। ३. निकाला या अलग किया हुआ। ४. ईश्वर या देवता की भक्ति करनेवाला। ५. किसी बड़े पर श्रद्धा रखनेवाला।

भक्तवत्सल वि० [सं०] [भाव० भक्तवत्सलता] भक्तों पर कृपा करनेवाला।

भक्ताई* स्त्री० दे० 'भक्ति'।

भक्ति स्त्री० [सं०] १. अलग-अलग भाग या टुकड़े करना। २. भाग, विभाग। ३. विभाग करनेवाली रेखा। ४. अलौकिक सत्ता के प्रति होनेवाला विशेष प्रेम, जो नौ प्रकार का माना गया है और इसीलिए जिसे नवधा भक्ति कहते हैं, यथा-श्रवण, कीर्तन, स्मरण, पादसेवन, अर्चन, वन्दन, दास्य, सख्य और आत्मनिवेदन। ५. किसी बड़े के प्रति होनेवाली श्रद्धा या आदरभाव।

भक्तिकाल पुं० [सं०] हिंदी साहित्य की दृष्टि से विशेष रूप से भक्ति संबंधी काव्य की अवधि जिसमें सृजन हुआ।

भक्तिकाव्य पुं० [सं०] भक्त कवियों द्वारा रचित काव्य।

भक्तिमार्ग पुं० [सं०] धार्मिक क्षेत्र में ईश्वर या देवता की वह उपासना जिसमें उसकी नवधा-भक्ति करके मोक्ष प्राप्त करने का प्रयत्न होता है।

भक्ष पुं० दे० 'भक्षण'।

भक्षक वि० [सं०] [स्त्री० भक्षिका] १. खानेवाला, खादक। २. अपने स्वार्थ के लिए किसी का सर्वनाश करनेवाला।

भक्षण पुं० [सं०] [वि० भक्ष्य, भक्षित] भोजन करना, खाना।

भक्षना* स०=भोजन करना।

भक्षित वि० [सं०] खाया हुआ।

भक्षी वि० दे० 'भक्षक'।

भक्ष्य वि० [सं०] जो खाया जा सके।
पुं० आहार, भोजन।

भख* पुं० [सं० भक्ष] भोजन।

भखना* स० [सं० भक्षण] भोजन करना, खाना।

भगंदर पुं० [सं०] गुदा के भीतरी भाग में होनेवाला एक प्रकार का फोड़ा।

भग पुं० [सं०] १. सूर्य। २. धन-सम्पत्ति, ऐश्वर्य। ३. सौभाग्य।
स्त्री० स्त्री की योनि या जननेन्द्रिय।

भगण पुं० [सं०] १. खगोल में ग्रहों का ३६० अंशों का पूरा चक्कर। २. छन्द शास्त्र में एक मत जिसमें पहले एक वर्ण गुरु और तब दो वर्ण लघु होते हैं, जैसे-मानस। इसका रूप यह है-ऽ।।.

भगत पुं० [सं० भक्त] [स्त्री० भगतिन] १. भक्त, सेवक। २. वह जो मांस आदि न खाता हो। ३. दे० 'भगतिया'।

भगत-बछल* वि० दे० 'भक्तवत्सल'।

भगति* स्त्री० दे० 'भक्ति'।

भगतिया पुं० [हिं० भक्त] [स्त्री० भगतिन] गाने-बजाने का काम करनेवाली राजपुताने की एक जाति।

भगती स्त्री० दे० 'भक्ति'।

भगदड़ स्त्री० [हिं० भागना+दौड़ना] बहुत से लोगों का एक साथ इधर-उधर या किसी एक ओर भागना।

भगन† वि० दे० 'भग्न'।

भगना[१]† अ० दे० 'भागना'।

भगना[२] पुं० दे० 'भानजा'।

भगर, भगल* पुं० [देश०] [वि० भगरी (ली)] १. छल, कपट। २. ढोंग। ३. जादू।

भगवंत* पुं० दे० 'भगवत्'

भगवत, भगवत् पुं० [सं०] परमेश्वर।

भगवती स्त्री० [सं०] १. देवी। २. दुर्गा।

भगवदीय वि० [सं० भगवत्] भगवत्-सम्बन्धी।
पुं० भगवान का भक्त।

भगवद्भक्ति स्त्री० [सं०] परमात्मा की भक्ति।

भगवद्विमुख वि० [सं०] जो ईश्वर से विमुख हो।

भगवन पुं० [सं० भगवान] किसी आदरणीय व्यक्ति के लिए संबोधन के लिए प्रयुक्त होता है।

भगवा वि० [सं०] केसरिया।

भगवाकरण पुं० [सं०] १. केसरिया रंग में रंगने की क्रिया या भाव। २. हिन्दू धर्म, परंपरा या संस्कृति के अनुरूप ढालने की क्रिया या भाव।

भगवा पताका स्त्री० [सं०] हिन्दू राष्ट्र की प्रतीक पताका।

भगवान, भगवान् वि० [सं० भगवत्] १. धन-सम्पत्ति या ऐश्वर्यवाला। २. पूज्य और आदरणीय।
पुं० ईश्वर, परमात्मा।

भगाना स० [हिं० 'भागना' का प्रे०] १. किसी को कहीं से जल्दी हटने या भागने में प्रवृत्त करना। २. ऐसा काम करना जिससे कोई कहीं से हट या भाग जाए। ३. स्त्री-बच्चे आदि को उसके घर के लोगों से छुड़ाकर अपने साथ कहीं ले जाना, अपनयन। (एब्डकशन)
*अ० दे० 'भागना'

भगिनी स्त्री० [सं०] बहन।

भगीरथ पुं० [सं०] अयोध्या के एक प्रसिद्ध सूर्यवंशी राजा जो उत्कट तपस्या करके गंगा को पृथ्वी पर लाए थे।
वि० (भगीरथ की तपस्या की तरह का) बहुत बड़ा या भारी।

भगोड़ा पुं० [हिं० भागना] १. वह जो अपना काम, पद या कर्तव्य छोड़कर किसी डर से दूसरी जगह चला गया हो। (फ्यूजीटिव) २. वह जो दंड भोगने के भय से कहीं भाग गया हो। (एब्सकांडर)

भगोल पुं० दे० 'खगोल'।

भगौती*† स्त्री०=भगवती।

भगौहाँ वि० [हिं० भागना] १. भागने के लिए सदा तैयार रहनेवाला। २. कायर।

भग्गी| स्त्री० दे० 'भगदड़'।

भग्गुल वि० दे० 'भगोड़ा'।

भग्गू| वि० [हिं० भागना] डरकर भागनेवाला, कायर।

भग्न वि० [सं०] [स्त्री० भग्ना] टूटा हुआ।

भग्नांश पुं० [सं०] किसी पूरी या समूची संख्या या वस्तु का कोई भाग या अंश। (फ्रैक्शन) जैसे १/४ जो १ का भग्नांश है।

भग्नावशेष पुं० [सं०] १. टूटी-फूटी इमारत या उजड़ी हुई बस्ती का बचा-खुचा अंश, खँडहर। २. किसी चीज के टूटे-फूटे और बचे हुए टुकड़े।

भग्नाश वि० [सं०] जिसकी आशा भंग हो गई हो, निराश।

भचकना[१] अ० [हिं० भौचक] भौचक होना।

भचकना[२] अ० [अनु० भच] [भाव० भचक] चलने में पैर इस प्रकार लचककर पड़ना कि देखने में चलनेवाला लँगड़ाता हुआ जान पड़े।

भचक्र पुं० दे० [सं०] 'राशिचक्र'।

भच्छ* वि० दे० 'भक्ष्य'।

भच्छना* पुं०=भक्षण करना।

भच्छना| स० [सं० भक्षण] खाना।

भजन पुं० [सं०] १. बार-बार ईश्वर या देवता का नाम लेना। २. वह गीत जिसमें ईश्वर या देवता के गुणों या सत्कर्मों का श्रद्धापूर्ण वर्णन हो।

भजना[१] अ० [सं० भजन] १. देवता आदि का नाम रटना, भजन करना, जपना। २. किसी के ध्यान में लगकर उसकी सेवा करना, उदा० ह्वै अनुकूल बिसारि सूल सठ पुनि खल पतिहिं भजै। - तुलसी। ३. भोगना। ४. धारण या वहन करना, उदा० भजत, भार-भय-भीत ह्वै घुन, चन्दनु बनमाल। -बिहारी।

भजना[२] *अ० [सं० व्रजन, पा० वजन] १. भागना। २. प्राप्त होना, पहुँचना। ३. आश्रय लेना; उदा० रूठि पिता सों काशी तजी, आनि महौनी नगरी भजी। -केशव।

भजनानंदी वि०, पुं० [सं० भजनानंद+हिं० ई (प्रत्य०)] ईश्वर-भजन में मग्न रहनेवाला।

भजनी, भजनीक पुं० [हिं० भजन] भजन गानेवाला, गायक।

भजाना* स० दे० 'भगाना'।

भट पुं० [सं०] १. योद्धा, सैनिक। २. पहलवान, मल्ल।

भटई स्त्री० [हिं० भाट] १. भाट का काम या भाव, भाटपन। २. दूसरों की झूठी प्रशंसा और खुशामद।

भटकन स्त्री० [हिं० भटकना] १. भटकने की अवस्था या भाव। २. भटकने से होनेवाली थकान या परेशानी।

भटकना अ० [सं० भ्रम?] १. सही रास्ते में हट-बढ़ जाना, रास्ता भूलने पर इधर-उधर जाना। २. कुछ ढूँढ़ने के लिए इधर-उधर भागना।

भटकाना स० हिं० 'भटकना' का स०।

भटकैया* वि०, पुं० [हिं० भटकना] १. भटकनेवाला। २. भटकाने-वाला।

भटकौंहाँ* वि० [हिं० भटकना] भटकानेवाला।

भटभटी स्त्री० [अनु०] ऐसी अवस्था जिसमें आँखों में चकाचौंध होने के कारण कुछ दिखाई न पड़े।

भटभेर, भटभेरा| पुं० [हिं० भट+भिड़ना] १. दो वीरों का आपस में भिड़ना, भिड़न्त। २. धक्का, टक्कर। ३. रास्ते में अनायास हो जानेवाली भेंट।

भटा| पुं०=भंटा (बैगन)।

भटियारा| पुं०=भठियारा।

भटू| स्त्री० [सं० वधू] १. स्त्रियों के लिए एक आदरसूचक सम्बोधन। २. वधू, बहू।

भटैती| स्त्री०=भँड़ैती।

भट्ट पुं० [सं० भट] १. ब्राह्मणों की एक उपाधि। २. भाट। ३. योद्धा, सूर।

भट्टारक पुं० [सं०] [स्त्री० भट्टारिका] १. ऋषि। २. पंडित। ३. सूर्य। ४. राजा। ५. देवता।
वि० माननीय, मान्य।

भट्ठा पुं० [सं० भ्राष्ट्र]१. बड़ी भट्ठी। २. ईंटें आदि पकाने का आँवाँ।
मुहा० *भट्ठा बैठ जाना*=योजना कारोबार आदि चौपट हो जाना।

भट्ठी स्त्री० [सं०भ्राष्ट्र, प्रा० भट्ठ] १. ईंटों आदि का बना वह बड़ा चूल्हा जिस पर कारीगर अनेक प्रकार की वस्तुएँ पकाते हैं। २. देशी शराब बनाने का स्थान या कारखाना। ३. देशी शराब की दुकान।

भठियारा पुं० [हिं० भट्ठी] [स्त्री० भठियारिन, भाव० भठियारापन] सराय की देख-रेख और उसमें ठहरनेवालों के भोजन का प्रबन्ध करनेवाला।

भडंबा पुं० [सं० विडंबन] आडंबर।

भड़क स्त्री० [अनु०] १. भड़कने की क्रिया या भाव। २. भड़कीले होने का भाव, ऊपरी चमक-दमक।

भड़कदार वि० दे० 'चमकीला'।

भड़कना अ० [हिं० भड़क (अनु०) ना (प्रत्य०)] १. तेजी से जल उठना, जैसे आग भड़कना। २. अचानक चौंकना, डरकर पीछे हटना (पशुओं का)। ३. अचानक कुछ उग्र रूप धारण करना (मनुष्य या उसके मनोविकार का)।

भड़काना स० हिं० 'भड़कना' का स०।

भड़कीला वि० [हिं० भड़क] तड़क-भड़क या चमक-दमकवाला।

भड़ग्नि स्त्री० [हिं० भाड़+सं० अग्नि] चिता की आग।

भड़भड़ स्त्री० [अनु०] १. खिड़कियों या दरवाजों के पल्लों के बार-बार टकराने का शब्द। २. व्यर्थ की बकवाद।

भड़भड़ाना स० [अनु०] आघात करके भड़भड़ शब्द उत्पन्न करना।

भड़भड़िया वि०, पुं० [अनु० भड़भड़] बहुत बढ़-बढ़कर व्यर्थ की बातें करनेवाला।

भड़भाँड़ पुं० [सं० भांडीर] एक प्रकार का कँटीला पौधा, जिसके बीजों का तेल जहरीला होता है, घमोय, सत्यानाशी।

भड़भूँजा पुं० [हिं० भाड़+भूँजना] भाड़ में अन्न भूनने का काम करनेवाला व्यक्ति।

भड़साईं स्त्री० दे० 'भाड़'।

भड़हर* पुं०=भाँडा (बरतन)।

भड़ार* पुं० दे० 'भंडार'।

भड़ास स्त्री० [अनु०] १. मन में छिपे हुए असन्तोष या क्रोध की वह अवस्था जब उसे किसी उपयुक्त अवसर पर प्रकट किया जाता है। २. वह गर्मी जो पहले-पहल पानी छिड़कने पर भूमि के अन्दर से निकलती है।

भड़िहाई* क्रि० वि० [सं० भांडहर] चोरों की तरह लुक-छिपकर।

भड़ी स्त्री० [हिं० भड़काना] झूठा बढ़ावा।

भड़ुआ पुं० [हिं० भाँड़] १. वेश्याओं का दलाल। २. सपरदाई।

भड़ेरिया पुं० दे० 'भड्डर'।

भड़ैत पुं० [हिं० भाड़ा] दूसरे के मकान में किराए पर रहनेवाला, किरायादार।

भड़ैती पुं०=भड़ैत।
स्त्री०=भँड़ैती।

भड़ौआ पुं० [हिं० भाँड़] १. वह हास्यरसपूर्ण कविता जो भाँड़ों की तरह किसी का उपहास करने के लिए हो। २. किसी की कविता के अनुकरण पर बनी हुई, पर उसका उपहास करनेवाली अथवा हास्यपूर्ण कविता। (पैरोडी)

भड्डर पुं० [सं० भद्र] एक प्रकार के ब्राह्मण जो सामुद्रिक आदि के द्वारा भविष्य बतलाकर अथवा तीर्थों में लोगों को देव-दर्शन कराके जीविका चलाते हैं, भंडर।

भणना* स० [सं० भणन] कहना।

भणित वि० [सं०] कहा हुआ, कथित।

भणिति स्त्री० [सं०] १. कथन। २. लोकोक्ति, कहावत।

भतार| पुं० [सं० भर्तार] पति, खसम।

भतीजा पुं० [सं० भ्रातृज] [स्त्री० भतीजी] भाई का लड़का।

भत्ता पुं० [सं० भृत्या] वह मासिक या दैनिक व्यय जो किसी कर्मचारी को यात्रा आदि के समय, कोई अतिरिक्त कार्य करने के लिए अथवा किसी विशिष्ट स्थिति या प्रयोजन के निमित्त मिले या दिया जाए। (एलाउन्स)

भदंत वि० [सं० भद्र] पूज्य, मान्य।
पुं० बौद्ध भिक्षुक या साधु।

भद स्त्री० [सं० भद्रा] १. दुर्गति। २. बेइज्जती।

भदई स्त्री० [हिं० भादों] भादों में तैयार होनेवाली फसल।

भदेस* वि० [सं० भद्रेश] [भाव० भदेसपन] १. बुरा, दुष्ट। २. भद्दा, कुरूप।

भद्द* स्त्री०=भद।

भद्दा वि० [सं० भद्र+क, प्र० भद्दअ] [स्त्री० भद्दी, भाव० भद्दापन] १. जिसकी शक्ल अच्छी न हो या जो देखने में अच्छा न लगे, कुरूप। २. अश्लील; जैसे-भद्दी बात, भद्दी कविता।

भद्र वि० [सं०] [भाव० भद्रता] १. सभ्य, शिष्ट। २. मंगलकारी, श्रेष्ठ। ३. साधु।

भद्रलोक पुं० [सं०] भला आदमी।

भद्रा स्त्री० [सं०] १. गाय। २. दुर्गा। ३. पृथ्वी। ४. फलित ज्योतिष के अनुसार एक अशुभ योग। ५. बाधा, विघ्न।
मुहा० *भद्रा उतारना*=पिटाई करना।

भनक स्त्री० [सं० भणन] १. धीमा शब्द, ध्वनि। २. उड़ती हुई खबर।

भनकना* स० कहना।

भनना* स० कहना।

भनभन स्त्री० [अनु०] भौंरे का शब्द।

भनभनाना अ० [अनु०] [भाव० भनभनाहट] भनभन शब्द करना, गुंजारना।

भनसाघर पुं० [सं० महानस] रसोईघर।

भनित* वि० दे० 'भणित'।

भनीजना* स० [सं० भणन] कहना या बोलना।

भपका पुं०=भभका।

भपकी स्त्री०=भभकी।

भभक स्त्री० [अनु०] १. भभकने की क्रिया या भाव। २. रह-रहकर आनेवाली दुर्गन्ध।

भभकना अ० [अनु०] १. उबलना। २. (आग का) जोर से जलना, भड़कना।

भभका[1] पुं० [हिं० भाप] अरक उतारने का एक प्रकार का घड़ा, कराबा।

भभका[2] पुं०=भभकी।

भभका[3] पुं०=भभक।

भभकी स्त्री० [हिं० भभक] झूठी धमकी या घुड़की।

भभरना अ० [हिं० भय] १. भयभीत होना, डरना। २. घबरा जाना। ३. भ्रम में पड़ना। ४. एकदम से गिर पड़ना, भहराना।

भभूका पुं० [हिं० भभक] ज्वाला।

भभूक, भभूत स्त्री० [सं० विभूति] वह भस्म जो शैव मस्तक और भुजाओं पर लगाते हैं।

भभेर* वि० [?] मूर्ख।

भभ्भड़ पुं० [हिं० भीड़] १. भीड़-भाड़। २. होहल्ला, शोर।

भयंकर वि० [सं०] [स्त्री० भयंकरी, भाव० भयंकरता] १. जिसे देखने से भय या डर लगे, भयानक, डरावना, रौद्रा। २. बहुत उग्र और विकट।

भय पुं० [सं०] भावी विपत्ति या अनिष्ट की आशंका से मन में उत्पन्न होनेवाला विकार या भाव, डर, खौफ, भीति।
मुहा० *भय खाना*=डरना।
वि० दे० 'हौआ'।

भयकारक वि० [सं०] भयभीत करनेवाला।

भयकारी वि०=भयकारक।

भयप्रद वि० दे० 'भयानक'।

भयभीत वि० [सं०] १. जिसके मन में किसी बात का भय या डर बैठा या समाया हो। २. जो किसी संभावित परिणाम से डर रहा हो।

भयल अ० पूर्वी हिन्दी में 'होना' क्रिया का भूत० रूप।

भयहारी(-रिन्) वि० [सं०] भय या डर दूर करनेवाला।

भया अ० [स्त्री० भई] पूर्वी हिन्दी में 'हुआ' का एक रूप।

भयातुर वि० [सं०] [भाव० भयातुरता] भय से विकल, डरा और घबराया हुआ।

भयादोहन पुं० [सं०] भय दिखाकर किसी से अनुचित लाभ प्राप्त करने की क्रिया या भाव। (ब्लैकमेल)

भयान* वि० दे० 'भयानक'।

भयानक वि० [सं०] जिसे देखने से भय या डर लगे, भयंकर, डरावना।

पुं० साहित्य में नौ रसों में से एक जो अनिष्ट करनेवाली भयावनी और विकट घटनाओं या उनकी आशंका से मन में होनेवाले आतंक या भय से उत्पन्न होता है।

भयाना* अ० [सं० भय] डरना।

स० भयभीत करना, डराना।

भयारा वि० दे० 'भयानक'।

भयावन, भयावना वि० [हिं० भय] [स्त्री० भयावनी] डरावना।

भयावह वि० [सं०] १. जिसे देखकर भय या डर लगे, भय उत्पन्न करनेवाला, भयानक। २. जिसके कारण कोई विकट या विपत्तिजनक घटना होने की सम्भावना या आशंका हो।

भयो[1] स्त्री० [सं० भ्रात-जाया] छोटे भाई की स्त्री, छोटी भावज या भौजाई।

भयो[2] अ० पूर्वी हिन्दी में 'हुआ' का एक रूप।

भरंत[1] स्त्री० [हिं० भरना] भरने की क्रिया या भाव, भराई।

भरंत[2] स्त्री० [हिं० भ्रांति] सन्देह, भ्रम।

भर[1] वि० [हिं० भरना] १. कुल, पूरा, सब। २. (पात्र, मान, नाप आदि के विचार से) भरा हुआ या पूरा, जैसे कटोरा भर दूध, गज भर कपड़ा।

भर[2] क्रि० वि० [हिं० भार] बल से, द्वारा।

भर[3] पुं० [सं० भार] १. बोझ। २. दे० 'भराव'।

भर[4] पुं० [सं० भरत] हिन्दुओं में एक जाति।

भरकना अ० दे० 'भड़कना'।

भरका पुं० [देश०] पहाड़ों या जंगलों में वह गहरा गड्ढा जिसमें चोर-डाकू छिपते हैं।

भरझाई स्त्री० [प० भरा(सं० भ्रातृ)+झाई (माँ)] भाभी।

भरण पुं० [सं०] १. भरने की क्रिया या भाव। २. पालन, पोषण। ३. किसी के पास उसकी आवश्यकता की वस्तुएँ पहुँचाना। (सप्लाई)

भरण-पोषण पुं० [सं०] किसी को जीवित और निश्चिन्त रखकर उसका पालन करने की क्रिया या भाव। (मेन्टीनेन्स, सपोर्ट)

भरत[1] पुं० [सं०] १. रामचन्द्र के छोटे भाई जो कैकेई के गर्भ से उत्पन्न हुए थे। २. शकुन्तला के गर्भ से उत्पन्न दुष्यन्त के पुत्र, जिनके नाम पर इस देश का 'भारतवर्ष' नाम पड़ा है। ३. नाट्यशास्त्र के प्रधान आचार्य एक प्रसिद्ध मुनि।

भरत[2] स्त्री० [हिं० भरना] भरने या भरे हुए होने की क्रिया या भाव, भरन, भराव।

भरत[3] पुं० [सं० भरद्वाज] लवा पक्षी।

भरत[4] पुं० [देश०] काँसा नामक धातु।

भरतखंड पुं०=भारतवर्ष।

भरता पुं० [देश०] १. बैंगन, आलू आदि को भूनकर बनाया जानेवाला एक प्रकार का सालन, चोखा। २. वह जो दबने आदि से बिल्कुल विकृत हो गया हो।

भरतार पुं० [सं० भर्ता] १. पति, खसम। २. स्वामी, मालिक।

भरती स्त्री० [हिं० भरना] १. किसी चीज में (या के) भरे जाने का काम या भाव। २. सेना, सेवा आदि में प्रविष्ट होने या लिए जाने का भाव। (रिक्रूटमेन्ट) ३. कक्षा आदि में प्रविष्ट होने या लिए जाने का भाव। ४. केवल स्थानपूर्ति के लिए रखी या भरी हुई व्यर्थ की चीजें या बातें।

पद *भरती का*=बहुत ही साधारण, व्यर्थ का या निकम्मा।

भरत्थ* पुं० दे० 'भरत'।

भरथरी पुं० दे० 'भर्तृहरि'।

भरदूल पुं० [सं० भरद्वाज] लवा (पक्षी)।

भरद्वाज पुं० [सं०] १. एक प्राचीन गोत्र प्रवर्त्तक ऋषि जो राजा दिवोदास के पुरोहित थे। २. बगेरी या भरदूल नामक पक्षी।

भरन[1] स्त्री० [हिं० भरना] १. भरने की क्रिया या भाव, भराव। २. दे० 'भरनी'।

भरन[2] पुं० [सं० भार] बोझ, भार, उदा० सब खल भूप भये भूतल-भरन। -तुलसी।

भर नजर क्रि०वि० [सं० भर+फा० नज़र] नजर भर कर, अत्यंत प्रेमपूर्वक।

भरना स० [सं० भरण] १. खाली जगह को पूरा करने के लिए उसमें कोई चीज डालना, पूर्ण करना, जैसे हवा भरना। २. उँड़ेलना, उलटना, डालना, जैसे पानी भरना। ३. तोप या बन्दूक में गोला, गोली, बारूद आदि रखना। ४. ऋण चुकाना या क्षतिपूर्ति करना, चुकाना, देना। ५. गुप्त रूप से किसी के सम्बन्ध में किसी से कुछ निन्दात्मक बातें करना। ६. निर्वाह करना, निबाहना। ७. (समय) काटना या बिताना, जैसे दिन भरना। ८. सहना, झेलना, भोगना, उदा० तात-मरन, सिय-हरन राम बन-बपु धरि बिपति भरै। -सूर।

अ० १. रिक्त पात्र या खाली स्थान का किसी और पदार्थ के आने से पूर्ण होना। २. उँड़ेला या डाला जाना। ३. तोप या बन्दूक में गोला, गोली, बारूद आदि रखा जाना। ४. ऋण या देन का चुकाया जाना। ५. मन का क्रोध, असन्तोष या अप्रसन्नता से युक्त होना। ६. घाव का अच्छे होने पर आना। ७. अधिक परिश्रम के कारण किसी अंग का दर्द करने

लगना। ८. शरीर का हृष्ट-पुष्ट होना। ९. घोड़ी आदि का गर्भवती होना। १०. (समय) कटना या व्यतीत होना। पुं० १. भरने की क्रिया या भाव। २. रिश्वत, घूस।

भरनि* स्त्री० [सं० भरण] पहनावा।

भरनी* स्त्री० [हिं० भरना] १. करघे में की ढरकी, नार। २. खेत में पानी भरने की क्रिया या भाव।

भरपाई स्त्री० [हिं० भरना+पाना] १. पूरा-पूरा पावना पा जाना। २. इस प्रकार पूरा पा जाने पर लिखी जानेवाली रसीद।

भरपूर वि० [हिं० भरना+पूरा] १. पूरी तरह से भरा हुआ। २. जिसमें कोई कमी न हो, पूरा-पूरा। ३. यथेष्ट। क्रि० वि० पूरी तरह से।

भरभराना अ० [अनु०] १. (शरीर के रोएँ) खड़े होना। २. घबराना; उदा० भरभराइ भट भागैं तबै। -केशव। ३. अचानक नीचे आ गिरना।

भरभेंटा पुं० १. दे० 'भेंट'। २. मुठभेड़।

भरम पुं० [सं० भ्रम] १. भ्रम, सन्देह। २. भेद, रहस्य। ३. आतंक, धाक।

मुहा० *भरम गँवाना*=बँधी या जमी हुई धाक नष्ट करना।

भरमना[१] अ० [सं० भ्रमण] [स० भरमाना] १. भ्रम में पड़कर इधर-उधर घूमना। २. मारा-मारा फिरना। ३. भटकना। ४. किसी के धोखे में आना।

भरमना[२] स्त्री० [सं० भ्रम] १. भूल, गलती। २. भ्रम, धोखा।

भरम-बट्टा पुं० आतंक, धाक।

भरमाँहाँ* वि० [सं० भ्रम+हिं० आँहाँ (प्रत्य०)] भ्रम उत्पन्न करनेवाला।

भरमाना स० हिं० 'भरमना' का स०।

भर-मार स्त्री० [हिं० भरना+मार=अधिकता] किसी बात या चीज की बहुत अधिकता, प्रचुरता, बहुतायत, विपुलता, जैसे कपड़ों की भर-मार।

भरमौंहाँ वि० [सं० भ्रमण+हिं० औंहाँ(प्रत्य०)] १. घूमनेवाला, चक्कर खानेवाला। २. घुमाने या चक्कर देनेवाला।

भरवाँ वि० [हिं० भरना] जिसे भरा गया हो, भरकर बनाया हुआ। जैसे भरवाँ टमाटर।

भरवाना स० [भाव० भरवाई] हिं० 'भरना' का प्रे०।

भर-सक क्रि० वि० [हिं० भर=पूरा+सक=शक्ति] जहाँ तक हो सके, यथाशक्ति।

भरसन स्त्री० दे० 'भर्त्सना'।

भरसाईं स्त्री० दे० 'भाड़'।

भरहरना अ० [अनु०] अस्तव्यस्त या तितर-बितर होना, उदा० जाको सुजस सुनत अरु गावत जैहै पाप-वृन्द भजि भरहरि। -सूर।

भरा पुं० [हिं० भरना] पूर्ण, परिपूर्ण।

भराई स्त्री० [हिं० भरना] भरने या भराने की क्रिया, भाव या मजदूरी।

भराना स० दे० 'भरवाना'।

भरा-पटा वि० [हिं० भरना+पटा] (दुकान, बाजार आदि वस्तुओं से) भरा हुआ खचाखच।

भरा-पूरा वि० १. पूरी तरह भरा हुआ। २. जिसमें सबकुछ हो।

भराव पुं० [हिं० भरना+आव (प्रत्य०)] १. भरने का काम या भाव। २. भराकर तैयार किया हुआ अंश, भरत।

भरित वि० [सं०] भरा हुआ।

भरिष्ठा वि०=भ्रष्ट।

भरी स्त्री० [हिं० भर] दस माशे की एक तौल।

भरी दुपहर स्त्री० दुपहर का वह समय जब सूर्य ठीक सिर के ऊपर होता है।

भरीन* स्त्री० दे० 'भरनी' २.।

भरु* पुं० [सं० भार] बोझ, भार।

भरुआना* अ० [हिं० भार] भारी होना।

भरूही स्त्री० दे० 'बगेरी'।

भरैया वि० [सं० भरण] १. भरण या पालन करनेवाला, पालक। २. भरनेवाला।

भरोसा पुं० [हिं० भर+आस] १. पूरी आशा; जैसे मुझे भरोसा है कि वह समय पर पहुँच जाएगा। २. अपनी अथवा दूसरे की शक्ति, क्षमता, वचन, सहायता आदि के निर्वहन के संबंध में अटूट निश्चय।

पद *भरोसे का*=जिस पर भरोसा हो, विश्वसनीय।

भरोसे, के सम्बन्धबो० १. के आश्रय पर; जैसे-भगवान के भरोसे यहाँ सब चलता है। २. आश्वासन पर; जैसे-आप ही के भरोसे यहाँ आया था।

भर्ग पुं० [सं० भर्ग्य] महादेव, शिव।

भर्जित वि० [सं०] भूना हुआ।

भर्ता पुं० [सं० भर्तृ] १. भरण-पोषण करनेवाला। २. अधिपति। ३. स्वामी, मालिक। ४. पति।

भर्तार पुं० [भर्तृ] पति, स्वामी।

भर्तृ पुं० दे० 'भर्ता'।

भर्तृहरि पुं० [सं०] संस्कृत के एक प्रसिद्ध कवि जो राजा विक्रमादित्य के भाई थे।

भर्त्सना स्त्री० [सं०] किसी अनुचित काम के लिए बुरा-भला कहना, फटकार।

भर्म पुं० दे० 'भ्रम'।

भर्मन* पुं० दे० 'भ्रमण'।

भर्रा पुं० [अनु०] झाँसा, दम-बुत्ता।

भर्राना अ० [अनु०] १. भर्रभर्र शब्द होना, जैसे आवाज का भर्राना। २. भरभराना।

भर्सन स्त्री०=भर्त्सना।

भलका पुं० [हिं० फल] तीर का फल, गाँसी।

भलपति* पुं० [हिं० भाला+सं० पति] भाला रखने या चलानेवाला सैनिक।

भलमनसत स्त्री० [हिं० भला+मनुष्य] भला मानस होने का भाव, सज्जनता, सौजन्य।

भलमनसाहत स्त्री०=भलमनसत।

भलहिं* क्रि० वि० [हिं० भला] भली-भाँति, अच्छी तरह, उदा० एहि विधि भलहिं सो रोग नसाहीं। -तुलसी।

भला वि० [सं० भद्र+क; प्रा० भल्लअ, अप० भल्ला] [भाव० भलाई] १. उत्तम, श्रेष्ठ। २. बढ़िया, अच्छा।

पुं० १. कुशल, भलाई। २. लाभ, हित।

क्रि० वि० १. अच्छा, खैर, अस्तु। २. नहीं (काकु से)।

भलाई स्त्री० [हिं० भला] १. 'भला' होने का भाव, भलापन। २. उपकार, नेकी। ३. हित, लाभ।

भला-चंगा वि० स्वस्थ और सक्रिय।

भला-बुरा पुं० हित और अहित, लाभ और हानि।

भलामानस पुं० [हिं०+सं० मानुष] भला आदमी।

भली भाँति क्रि० वि० अच्छी तरह। अच्छी हालत में।

भलुकिया* स्त्री० [हिं० भाला] छोटा भाला।

भले क्रि० वि० [हिं० भला] खूब, वाह, जैसे-भले आए।

भलेरा* पुं० दे० 'भला'।

भले ही योज० भली बात है कि।

भवंग, भवंगम पुं० [सं० भुजंग] साँप।

भव पुं० [सं०] १. उत्पत्ति, जन्म। २. शिव। ३. मेघ, बादल। ४. संसार, जगत। ५. कामदेव।

वि० १. शुभ। २. उत्पन्न।

पुं०=भय।

भवचक्र पुं० [सं०] १. संसार में बार-बार जन्म लेने और मरने का क्रम, आवागमन। २. दे० 'भवजाल'।

भवजाल पुं० [सं० भव+जाल] १. संसार का जाल या माया। २. झंझट।

भवतृष्णा स्त्री० [सं० भव+तृष्णा] सांसारिक वस्तुओं की प्राप्ति की इच्छा।

भवदीय सर्व० [सं०] [स्त्री० भवदीया] आपका। (पत्रों के अन्त में)

भवन[1] पुं० [सं०] १. मकान, घर। २. प्रासाद, महल। ३. ईंट, पत्थर, लकड़ी आदि की कोई ऐसी बनावट जो वास्तु के अन्तर्गत आती हो, इमारत। (बिल्डिंग) ४. आश्रय या आधार का स्थान, जैसे करुणाभवन।

भवन[2] पुं० [सं० भुवन] जगत, संसार।

भवना* अ० [सं० भ्रमण] घूमना।

भवन-निर्माण पुं० [सं०] १. भवन के बनाने या बनवाने की क्रिया या भाव। २. भवन के निर्माण की कला या विद्या।

भव-बंधन पुं० [सं०] १. संसार का बन्धन। २. वे बातें या सम्बन्ध जिनसे व्यक्ति जकड़ा रहता है। ३. वे बातें जो मुक्ति में बाधक मानी जाती हैं। ४. माया-जाल।

भवभय पुं० [सं०] बार-बार जन्म लेने और मरने या संसार में आने का भय।

भवभूप* पुं० [सं०] संसार का स्वामी।

भवसागर पुं० [सं०] संसार रूपी सागर।

भवाँना स० [सं० भ्रमण] घुमाना।

भवानी स्त्री० [सं०] १. भव अर्थात् शिव की पत्नी, पार्वती। २. दुर्गा।

भवाब्धि, भवार्णव पुं० [सं०] संसार रूपी सागर।

भवितव्य वि० [सं०] १. जो भविष्य में अवश्य होनेवाला हो, होनहार, भावी। २. भाग्य में बदा।

भवितव्यता स्त्री० [सं०] भविष्य में अवश्य घटित होनेवाली बात, भावी।

भविष्य पुं० [सं० भविष्यत्] आनेवाला काल या समय।

भविष्यकथन पुं० [सं०] ऐसा कथन जिसमें आगे आनेवाली या होनेवाली बात या वस्तु के सम्बन्ध में कुछ कहा गया हो, भविष्यवाणी।

भविष्यगुप्ता स्त्री० [सं०] वह गुप्ता नायिका जो अपने पति से मिलने को हो, पर पहले उससे वह इच्छा छिपाने का प्रयत्न करे।

भविष्यवक्ता पुं० [सं०] १. भविष्य की बात बतानेवाला। २. ज्योतिषी।

भविष्यवाणी स्त्री० [सं०] आगे चलकर होनेवाली वह बात जो पहले से ही किसी ने कह दी हो।

भविष्योन्मुखी (-खिन्) वि० [सं०] जो भविष्य को ध्यान में रखकर किया गया हो।

भवीला वि० [हिं० भाव+ईला(प्रत्य०)] १. भावयुक्त, भावपूर्ण। २. बाँका-तिरछा।

भवेश पुं० [सं०] महादेव, शिव।

भव्य वि० [सं०] [भाव० भव्यता] १. लौकिक दृष्टि से देखने में विशाल और सुन्दर, शानदार। २. शुभ, मंगलकारक। ३. सत्य, सच्चा। ४. आगे चलकर होनेवाला।

भष* पुं० [सं० भक्ष्य] भोजन।

भषना स० [सं० भक्षण] खाना।

भसना अ० [बँ०] १. पानी पर तैरना। २. पानी में डूबना।

भसम स्त्री० वि० दे० 'भस्म'।

भसान पुं० [बँ० भसाना] पूजा के उपरान्त मूर्ति को नदी में बहाने की क्रिया, प्रवाह। (एमर्शन)

भसाना स० [बँ०] १. किसी चीज को पानी में तैरने के लिए छोड़ना। २. पानी में डुबाना या डालना।

भसींड पुं० [सं० विस=कमल, प्रा० भिस+अंड] कमल का डंठल जिसकी तरकारी बनती है, कमल-नाल, कमल-ककड़ी, मुरार।

भसुंड पुं० [सं० भुशुंड] १. हाथी। २. हाथी की सूँड़।

वि० मोटा-ताजा।

भसुर पुं० [हिं० ससुर का अनु०] पति का बड़ा भाई, जेठ।

भस्म स्त्री० [सं० भस्मन्] १. राख। २. अग्निहोत्र की वह राख जो शिव के भक्त मस्तक पर लगाते या शरीर पर मलते हैं। ३. वैद्यक में औषध की तरह काम में लाने के लिए धातुओं आदि का वह रूप जो उन्हें विशिष्ट क्रियाओं से फूँकने पर प्राप्त होता है, रस, जैसे चाँदी या सोने की भस्म।

वि० जो जलकर राख हो गया हो।

भस्मसात् वि० [सं०] जो जलकर राख हो गया हो।

भस्मीकरण पुं० [सं०] राख कर देने की क्रिया या भाव।

भस्मीभूत वि० [सं०] जलकर राख बना हुआ, पूरी तरह से जला हुआ।

भहराना अ० [अनु०] १. अचानक नीचे आ गिरना। २. टूट पड़ना। ३. भयभीत होना, डरना।

भाँउ* पुं० [सं० भाव] अभिप्राय।

भाँउर* स्त्री० दे० 'भाँवर'।

भाँग स्त्री० [सं० भृंगी] १. एक प्रसिद्ध पौधा जिसकी पत्तियाँ लोग नशे के लिए पीसकर पीते हैं, भंग, विजया, बूटी। २. भाँग को पीस कर बनाया हुआ घोल जिसमें बादाम, सौंफ, किशमिश चीनी भी मिली होती है।

कहा० *घर में भूँजी भाँग न होना*=बहुत दरिद्र होना।

भाँग-ठंडई स्त्री० [हिं०] भाँग या ठंडई।

मुहा० *भाँग-ठंडई छानना*=जैसे-वे लोग कहीं भाँग-ठंडई छानने गए होंगे।

भाँगना* अ० [सं० भंग] टूटना।

स० तोड़ना।

भाँज स्त्री० [हिं० भाँजना] १. भाँजने की क्रिया या भाव। २. वह बट्टा जो रुपए, नोट आदि भुनाने के बदले में दिया जाता है, भुनाई। ३. कई तहों में कागज मोड़ने की क्रिया या भाव।

भाँजना स० [सं० भंजन] [भाव० भाँज] १. तह करना, मोड़ना। २. मुगदर आदि घुमाना। (व्यायाम) ३. तोड़-फोड़कर या और किसी प्रकार नष्ट करना। ४. कागज आदि मोड़कर तह लगाना। (छापाखाना)

भांजा पुं० [सं० भागिनेय या हिं० बहन+जा=जाया] [स्त्री० भांजी] सम्बन्ध के विचार से किसी की बहन का लड़का, भगिनेय।

भाँजी स्त्री० [हिं० भाँजना=मोड़ना] किसी के होते हुए काम में बाधा डालने के लिए कही जानेवाली बात, चुगली।

भाँटा पुं० दे० 'बैंगन'।

भाँड़[1] पुं० [सं० भंड] [भाव० भँड़ैती] १. विदूषक, मसखरा। २. बहुरूपिया। ३. महफिलों आदि में नाच-गाकर और हास्यपूर्ण अभिनय करके जीविका चलानेवाला व्यक्ति। ३. विनाश।

भाँड़[2] पुं० [सं० भांड] १. बरतन, भाँड़ा। २. भंडाफोड़, रहस्योद्‌घाटन। ३. उपद्रव।

भांड पुं० [सं०] १. भाँड़ा, बरतन। २. व्यापार की वस्तुएँ, पण्य द्रव्य, माल। ३. दे० 'भांडागार'।

भाँड़ना अ० [सं० भंड] १. व्यर्थ इधर-उधर घूमना। २. चारों ओर किसी की निन्दा या बदनामी करते फिरना।

स० १. बिगाड़ना। २. नष्ट करना। ३. गाली देना।

भाँड़ा पुं० [सं० भांड] बरतन, पात्र।

मुहा० *भाँड़े भरना*=पछताना।

भांडागार पुं० [सं०] वह स्थान जहाँ बहुत-सी वस्तुएँ किसी उद्देश्य से रखी हों, भंडार, कोश।

भांडागारिक पुं० [सं०] भंडारी।

भांडार पुं० [सं० भांडागार] १. वह स्थान जहाँ तरह-तरह की बहुत-सी चीजें रखी रहती हों, भंडार। २. वह स्थान जहाँ बेची जानेवाली बहुत-सी चीजें इकट्ठी रहती हों। (स्टॉक) ३. खजाना, कोश। ४. बहुत अधिक मात्रा में गुण आदि का आश्रय या आधार-स्थान, जैसे विद्या का भंडार।

भांडार-पंजी स्त्री० [हिं० भांडार+सं० पंजी] वह बही या पंजी जिसमें भांडार में रहनेवाली चीजों की सूची और उनके आने-जाने का लेखा रहता है। (स्टॉक बुक)

भांडारपाल पुं० [हिं० भांडार+सं० पाल] वह जिसकी देख-रेख में कोई भांडार रहता हो। (स्टॉकिस्ट)

भाँति स्त्री० [सं० भक्ति] १. तरह, प्रकार। २. रीति, ढंग।

भाँति, की संबंधबोध० की तरह।

भाँपना स० [?] १. दूर से देखकर समझ लेना, ताड़ना। २. देखना।

भाँयँ-भाँयँ स्त्री० [अनु०] निर्जन स्थान या सन्नाटे में आप-से-आप होनेवाला शब्द।

भाँवना स० [सं० भ्रमण] १. चक्कर देना। २. खरादना। ३. खूब गढ़कर सुन्दरतापूर्वक बनाना।

भाँवर स्त्री० [सं० भ्रमण] १. चारों ओर घूमना, चक्कर लगाना। २. अग्नि की वह परिक्रमा जो विवाह होने पर वर और वधू करते हैं।

मुहा० *भाँवर पारना*=विवाह के समय उक्त प्रकार से अग्नि की परिक्रमा करना या कराना।

* पुं० दे० 'भौंरा'।

भाँस स्त्री० [?] आवाज, शब्द।

भा स्त्री० [सं०] १. दीप्ति, चमक। २. शोभा। ३. किरण। ४. बिजली।

*योज०=या।

*अ०=हुआ। (अवधी)

भाइ[1]* पुं० [सं० भाव] १. मन का भाव या विचार, उदा० जिहिं जिहिं भाइ करत जन सेवा। -सूर। २. प्रेम, प्रीति। ३. स्वभाव। ४. विचार।

भाइ[2] स्त्री० [हिं० भाँति] १. प्रकार, तरह। उदा० करि सन्मान कह्यो या भाई। -सूर। २. चाल-ढाल। ३. रंग-ढंग।

भाइ[3] *स्त्री० [सं० भाव] चमक, दीप्ति।

भाइप* पुं० दे० 'भाईचारा'।

भाई पुं० [सं० भ्रातृ] १. एक ही माता-पिता से उत्पन्न व्यक्तियों में से एक के लिए दूसरा व्यक्ति, सहोदर, भ्राता। २. किसी वंश की किसी पीढ़ी के व्यक्ति के लिए मातृ या पितृकुल की उसी पीढ़ी का दूसरा व्यक्ति, जैसे चचेरा या मौसेरा भाई। ३. बराबरवालों के लिए आदरसूचक संबोधन।

भाईचारगी| स्त्री०=भाईचारा।

भाईचारा पुं० [हिं० भाई+चारा(प्रत्य०)] भाई के समान परम प्रिय होने का भाव और व्यवहार, बन्धुत्व।

भाई-दूज स्त्री० [हिं० भाई+दूज] कार्तिक शुक्ल द्वितीया, जिस दिन भाई को बहन टीका लगाती है, भैया-दूज।

भाई-बंद पुं० [हिं० भाई+बंधु] १. एक ही वंश या गोत्र के लोग। २. भाई और मित्र-बन्धु आदि।

भाई-बंधु पुं०=भाई-बंद।

भाई-बिरादरी स्त्री० [हिं० भाई+बिरादरी] जाति या समाज के लोग।

भाउ[1] * पुं० [सं० भाव०] १. चित्तवृत्ति। २. विचार। ३. भाव। ४. प्रेम।

भाउ[2] पुं० [सं० भव] उत्पत्ति, जन्म।

भाऊ * पुं० [सं० भाव] १. प्रेम, स्नेह। २. मन की भावना, भाव। ३. स्वभाव। ४. दशा, अवस्था। ५. स्वरूप, शक्ल। ६. सत्ता। ७. विचार।

पुं० दे० 'भाई'।

भाएँ क्रि० वि० [सं० भाव] (किसी की) समझ में, बुद्धि के अनुसार।

भाकपा स्त्री० भारतीय कम्युनिस्ट पार्टी का संक्षिप्त रूप।

भाकर पुं० [सं०] सूर्य।

भाकसी स्त्री० दे० 'भट्टी'।

भाखना * स० [सं० भाषण] कहना।

भाखा स्त्री० दे० 'भाषा'।

भाग पुं० [सं०] [वि० भागी] १. हिस्सा, खंड। (पार्ट) २. अंश। (पोर्शन) ३. पार्श्व, तरफ, ओर। ४. भाग्य, किस्मत। ५. भाग्य का कल्पित स्थान, माथा, ललाट। ६. सौभाग्य। ७. गणित में किसी राशि या संख्या को कई अंशों या भागों में बाँटने की क्रिया।

भागड़ स्त्री० दे० 'भगदड़'।

भागण * पुं०=भाग्यवान।

भाग-दौड़ स्त्री० [हिं० भागना+दौड़ना] १. भगदड़, भागड़। २. दौड़-धूप।

भागधेय[1] पुं० [सं० भागधेयं] १. अंश, भाग, हिस्सा। २. किस्मत, भाग्य। ३. सौभाग्य। ४. जायदाद, सम्पत्ति। ५. आनन्द, प्रसन्नता। ६. सुख।

भागधेय[2] पुं० [सं० भागधेय:] १. कर, राजस्व। २. प्रतिभाग नाम का राजकर, विशेष दे० प्रतिभाग। (एक्साइज) ३. उत्तराधिकारी। ४. दायाद, सपिंड।

भागना अ० [सं० व्रजन] [भाव० भागड़] १. तेजी से दौड़ना; जैसे भागो मत, धीरे चलो। २. कहीं दूर चले जाना, पिंड छुड़ाना; जैसे-(क) मैं घर-गृहस्थी से भाग जाना चाहता हूँ। (ख) यह लड़का काम से भागता है। ३. सहसा और चुपके से बच निकलना; जैसे कैदी जेल से भाग गए।

मुहा० *भाग जाना*=लड़की या औरत का अपने प्रेमी के साथ चुपके से तथा सहसा कहीं चल देना। *सिर पर पैर रखकर भागना*=पूर्ण वेग से प्रस्थान करना।

भागनेय पुं० [सं०] [स्त्री० भागनेयी] बहन का लड़का, भांजा, भगिनी-पुत्र।

भागफल पुं० [सं०] भाज्य को भाजक से भाग देने पर प्राप्त होनेवाली संख्या या अंक, लब्धि, जैसे यदि २० को ४ से भाग दें तो भागफल ५ होगा।

भागवंत वि० दे० 'भाग्यवान'।

भागवत पुं० [सं०] १. अठारह पुराणों में से एक जो वेदान्त की टीका के रूप में माना जाता है। २. ईश्वर का भक्त।

वि० भगवत्-सम्बन्धी, भगवत का।

भागवान वि०=भाग्यवान।

भागाभाग स्त्री० दे० 'भगदड़'।

भागिनेय पुं० [सं०] बहन का लड़का, भानजा।

भागी[1] पुं० [सं० भागिन्] [स्त्री० भागिनी] १. हिस्सेदार, अंशी। २. अधिकारी, हकदार।

भागी[2] वि० [सं० भाग्य] भाग्यवाला, (यौ० के अंत में) जैसे बड़भागी।

भागीदार पुं० [सं० भाग+फा० दार] [भाव० भागीदारी] १. वह जिसने किसी से मिलकर कोई काम किया हो। २. वह जिसने किसी या औरों के साथ मिलकर कोई व्यवसाय किया हो, हिस्सेदार।

भागीदारी स्त्री० [हिं० भागीदार] १. भागीदार होने की अवस्था या भाव। २. योगदान। ३. अंश, हिस्सा।

भागीरथ पुं० दे० 'भगीरथ'।

भागीरथी स्त्री० [सं०] गंगा नदी, जिसके सम्बन्ध में यह माना जाता है कि उन्हें राजा भगीरथ पृथ्वी पर लाए थे।

भागू वि० [हिं० भागना] भाग जानेवाला।

भाग्य पुं० [सं०] वह निश्चित और अटल दैवी विधान जिसके अनुसार मनुष्य के सब कार्य पहले ही से नियत किए हुए माने जाते हैं और जिसका स्थान माथा या ललाट माना गया है, तकदीर, किस्मत, नसीब, प्रारब्ध, दैव।

वि० हिस्सा करने लायक।

भाग्यवान, भाग्यवान् पुं० [सं०] [स्त्री० भाग्यवती] वह जिसका भाग्य अच्छा हो, सौभाग्यशाली, किस्मतवर।

भाजक वि० [सं०] विभाग करनेवाला।

पुं० वह अंक जिससे किसी संख्या या राशि का भाग किया जाए। (गणित)

भाजन पुं० [सं० भाजनं] [वि० भाजक, भाज्य] १. किसी चीज के टुकड़े या विभाग करने की क्रिया या भाव। २. गणित में भाग की क्रिया। ३. बरतन, भाँडा। ४. किसी बात या वस्तु के लिए उपयुक्त आधार या आश्रय, कुछ लेने या पाने के योग्य पात्र, जैसे विश्वासभाजन, कोपभाजन आदि।

भाजनहारा† वि० [हिं० भाजन+हारा] भागनेवाला।

भाजना * अ०=भागना।

स० १. दे० 'भाँजना'। २. दे० 'भूनना'।

स०=विभक्त करना।

अ०=विभक्त होना।

भाजपा स्त्री० भारतीय जनता पार्टी का संक्षिप्त रूप।

भाजपाई वि० भाजपा-सम्बन्धी।

पुं० भाजपा का सदस्य या समर्थक।

भाजी स्त्री० [हिं० भाजना=भूनना] १. तरकारी, साग आदि के रूप में खाने की वनस्पतियाँ और फल। २. शादी, मुंडन आदि के अवसर पर रिश्तेदारों और इष्ट-मित्रों के यहाँ भेजी जानेवाली मिठाई। ३. माँड़, पीच।

भाज्य पुं० [सं०] वह अंक जिसे भाजक अंक से भाग दिया जाता है।

वि० विभक्त किए जाने के योग्य, जिसके भाग कर सकें। (डिविज़िबुल)

भाट पुं० [सं० भट्ट] [स्त्री० भाटिन] १. राजाओं की कीर्ति का वर्णन करनेवाला व्यक्ति या जाति, चारण, बन्दी। (बार्ड) २. खुशामदी।

भाटक पुं० [सं०] भाड़ा, किराया। (रेन्ट)

भाटक-अधिकारी पुं० [सं०] वह अधिकारी जो लोगों से भाटक इकट्ठा करता हो। (रेन्ट आफिसर)

भाटक-समाहर्ता पुं० [सं०] वह अधिकारी जिसका काम भाटक (भाड़ा) उगाहना हो। (रेन्ट कलेक्टर)

भाटा पुं० [हिं० भाट] १. पानी का उतार। २. समुद्र के जल का उतार या पीछे हटना, ज्वार का उलटा।

भाट्यौ* पुं० दे० 'भटई'।

भाठी* स्त्री० दे० 'भट्ठी'।

भाड़ पुं० [सं० भ्राष्ट्र] भड़भूँजों की अनाज भूनने की भट्ठी।

मुहा० *भाड़ झोंकना*=तुच्छ या नगण्य काम करना। *भाड़ में जाना*=नष्ट होना। *भाड़ में झोंकना या डालना*=(क) उपेक्षा से फेंकना। (ख) नष्ट करना।

भाड़ा पुं० [सं० भाटक] किसी स्थान पर रहने, किसी सवारी पर चढ़ने या कोई चीज कहीं भेजने के लिए बदले में दिया जानेवाला कुछ निश्चित धन, किराया।

पद *भाड़े का टट्टू*=केवल धन के लोभ से दूसरों का काम करनेवाला।

भाड़ैत वि० [हिं० भाड़ा] [भाव० भाड़ैती] भाड़े पर काम करनेवाला विशेषत: धन के लोभ से किसी का कोई काम कर देनेवाला। (हायर्ड)

पुं० दे० 'भड़ैत'

भाड़ैती स्त्री० [हिं० भाड़ैत] १. धन के लोभ से कोई काम करना। २. धन का लोभ दिखाकर किसी को अपनी ओर मिलाना या किसी काम में लगाना। (हायरिंग)

भाण पुं० [सं०] १. हास्यरस का वह दृश्यकाव्य या रूपक जिसमें एक ही अंक होता है। २. ब्याज। ३. बहाना।

भात पुं० [सं० भक्त, प्रा० भत्त] १. पानी में उबाला हुआ चावल। २. विवाह की एक रस्म जिसमें वरपक्षवालों को दाल-भात खिलाया जाता है।

भाति स्त्री० [सं०] १. शोभा। २. चमक।

भाथा पुं० [सं० भस्त्रा, पा० भत्था] १. तरकश, तूणीर। २. बड़ी भाथी।

भाथी स्त्री० [सं० भस्त्रा] भट्ठी की आग सुलगाने की धौंकनी।

भादों पुं०=भाद्रपद।

भाद्रपद पुं० [सं०] सावन और कुँआर के बीच का महीना, भादों।

भान पुं० [सं०] १. प्रकाश, रोशनी। २. दीप्ति, चमक। ३. ज्ञान। ४. ऐसा ज्ञान या अनुभव जिसका कोई पुष्ट आधार न हो, जान पड़ना, प्रतीति, आभास। ५. कल्पित विचार या भ्रमपूर्ण धारणा। ६. स्मरण-बोध।

*पुं०=भानु (सूर्य)।

भानजा पुं० [स्त्री० भानजी] दे० 'भांजा'।

भानना[1] स० [सं० भंजन] १. काटना या तोड़ना, भंग करना। २. नष्ट करना, उदा० है परिनाम भलौ तुलसी को सरनागत भय भानिहौ।—तुलसी। ३. हटाना।

भानना[2] स० [हिं० भान] समझना।

भानमती स्त्री० [सं० भानुमती] कामरूप की राजकुमारी, दुर्योधन की पत्नी।

भानमती का पिटारा पुं० ऐसा पिटारा जिसमें बहुत तरह की चीजें हों।

भानवी* स्त्री० [सं० भानवीया] यमुना।

भानस पुं० [सं० महानस] रसोई-घर।

भाना[1] अ० [सं० भान=ज्ञान] भान होना, जान पड़ना, भासना, उदा० असुभ इव भाति कल्यानरासी। -तुलसी। २. अच्छा लगना, पसन्द आना। ३. शोभा देना।

भाना[2] स० [सं० भा=प्रकाश] चमकाना।

भाना[3] स० [सं० भंजन] तोड़ना।

भाना[4] स० [सं० भ्रमण] चक्कर देना, घुमाना।

अ० चक्कर खाना, घूमना।

भानु पुं० [सं०] सूर्य।

भानुज पुं० [सं०] यम।

भानुजा स्त्री० [सं०] यमुना, जो भानु (सूर्य) की कन्या मानी जाती है।

भानुसुत पुं० [सं०] १. शनि (ग्रह)। २. सौरि।

भान्जा पुं० [स्त्री० भानजी] दे० 'भांजा'।

भाप स्त्री० [सं० वाष्प, पा० वाप्प] १. पानी के खौलने पर उसमें से निकलनेवाले बहुत छोटे-छोटे जलकण जो धुएँ के रूप में ऊपर उठते हुए दिखाई देते हैं, वाष्प। (स्टीम) २. भौतिकी के अनुसार घन या द्रव पदार्थों की वह अवस्था जो उनके बहुत तपकर विलीन होने से अथवा कुछ विशिष्ट रासायनिक प्रक्रियाओं के द्वारा होती है। (वेपर)

भापीय वि० [हिं० भाप] भाप-सम्बन्धी।

भाफ स्त्री० दे० 'भाप'।

भाभर पुं० [सं० वप्र] पहाड़ों के नीचे, तराई में का जंगल।

भाभरा वि० [हिं० भा=चमक] लाल।

भाभी स्त्री० [हिं० भाई] बड़े भाई की स्त्री, बड़ी भौजाई।

भामंडल पुं० [सं०] १. बहुत ही प्रकाशमान पिंडों के चारों ओर दिखाई देनेवाला प्रकाश का वलय या घेरा। २. देवताओं, परम तेजस्वी पुरुषों, महात्माओं आदि की आकृतियों या चित्रों में उनके मुख के चारों ओर दिखाया जानेवाला उक्त प्रकार का वलय जो उनके बहुत अधिक तेजस्वी होने का परिचायक होता है, प्रभामण्डल। (हालो)

भाम* स्त्री० [सं० भामा] स्त्री, औरत।

भामता* वि० दे० 'भावता'।

भामा स्त्री० [सं०] १. क्रोधी स्त्री। २. स्त्री, औरत।

भामिनी स्त्री० [सं०] १. क्रोधी स्त्री। २. स्त्री, औरत।

भाय पुं० [हिं० भाई] भाई।

*पुं० १. दे० 'भाव'। २. दे० 'प्रकार'।

भायप पुं० दे० 'भाईचारा'।

भार पुं० [सं०] [वि० भारित] १. किसी पदार्थ का वह गुरुत्व जो तौल के द्वारा जाना जाता है, बोझ। २. वह बोझ जो किसी अंग, यान या वाहन पर रखकर ढोया जाता है। (बर्डेन, उक्त दोनों अर्थों के लिए) ३. किसी प्रकार का कार्य चलाने, कुछ धन चुकाने या किसी वस्तु की रक्षा आदि करने का दायित्व। (चार्ज) ४. बन्धक या ऋणग्रस्त होने की अवस्था या भाव। (इन्कम्बरेन्स)

मुहा० *भार उठाना*=उत्तरदायित्व लेना। *भार उतरना*=कर्तव्य पूरा हो चुकने पर उससे मुक्त होना।

५. दो हजार पल या बीस पसेरी की एक पुरानी तौल।

६. देख-भाल, सँभाल, रक्षा।

पुं० दे० 'भाड़'।

भारग्रस्त वि० दे० 'भारित'।

भारत पुं० [सं०] १. भरत के गोत्र में उत्पन्न पुरुष। २. महाभारत का वह मूल या पूर्व रूप जो २४००० श्लोकों का था। ३. लम्बी-चौड़ी कथा, बहुत बड़ी कहानी। ४. घोर युद्ध, भारी लड़ाई। ५. पाकिस्तान और बंगलादेश से रहित भारतवर्ष। ६. लम्बी कथा, वृत्तान्त।

भारतमाता स्त्री० [सं० भारत+मातृ] जन्मदात्री भारत-भूमि।

भारतवर्ष पुं० [सं०] १. हमारा यह महादेश जो हिमालय से कन्या कुमारी तक और सिन्धु नद से ब्रह्मपुत्र तक फैला हुआ है, आर्यावर्त, हिन्दुस्तान।

भारतवंशी वि० [सं० भारत+वंश+हिं ई (प्रत्य०)] भारतीय वंश का, भारतीय मूल का। पुं० भारतीय मूल का व्यक्ति।

भारतवासी (-सिन्) वि०, पुं० [सं०] भारत का रहनेवाला, भारतीय।

भारती स्त्री० [सं०] १. वचन, वाणी। २. सरस्वती। ३. नाटक में एक वृत्ति जिसके अनुसार केवल पुरुष पात्र रहते हैं और उच्च वर्ग के लोग संस्कृत में कथोपकथन करते हैं। (यह प्रायः सभी रसों में काम आती है।) ४. ब्राह्मी बूटी। ५. दशनामी संन्यासियों का एक भेद।

भारतीय वि० [सं०] [भाव० भारतीयता] भारत-सम्बन्धी, भारत का।

पुं० भारतवर्ष का निवासी।

भारतीयता स्त्री० [सं०] १. भारतीय होने की अवस्था, भाव या भान। २. भारत की संस्कृति, मूल्यों, मान्यताओं आदि के प्रति निष्ठा।

भारतेंदु पुं० [सं० भारत+इंदु] आधुनिक हिंदी के निर्माता हरिश्चंद्र (१८५०-१८८५) की उपाधि।

भारतेंदु मंडल पुं० वे साहित्यकार जो भारतेंदु की मंडली के सदस्य थे।

भारथ| पुं०=भरत (लवा)।

भारधारक पुं० [सं०] वह जिस पर कोई कार्य करने-कराने या किसी वस्तु की रक्षा आदि करने का भार हो, भार धारण करनेवाला। (चार्ज होल्डर)

भारना स० [हिं० भार] १. बोझ लादना। २. भार डालना। ३. दबाना।

भारमुक्त वि० [सं०] [भाव० भारमुक्ति] भार या दायित्व से मुक्त।

भारयुक्त वि० [सं० भार+युक्त] जिसपर किसी प्रकार का बोझ या उत्तरदायित्व हो।

भारवाह वि० [सं०] १. बोझ ढोनेवाला। २. जिस पर किसी कार्य या पद के कर्तव्यों का भार हो।

भारवाह अधिकारी पुं० [सं०] वह अधिकारी जिस पर किसी पद और उससे सम्बन्ध रखनेवाले कार्यों आदि का भार हो।

भारवाहक वि० दे० 'भारवाह'।

भारवाही (-हिन्) पुं० [सं०] भार या बोझ ढोनेवाला।

भारशिव पुं० [सं०] एक प्राचीन शैव सम्प्रदाय जिसके अनुयायी सिर पर शिव की मूर्ति रखते थे।

भारहीन वि० [सं०] [भाव० भारहीनता] जिसका भार न हो, हलका।

भारा वि० दे० 'भारी'।

*पुं०=भाला।

भारित वि० [सं०] १. जिसपर कोई भार या बोझ हो। २. जिस पर किसी प्रकार का ऋण या देन हो। (एन्कम्बर्ड)

भारी वि० [हिं० भार] [भाव० भारीपन] १. जिसमें या जिसका अधिक भार या बोझ हो, गुरु, बोझिल। २. कठिन, विकट। ३. विशाल, बड़ा। ४. असह्य, दूभर। ५. सूजा या फूला हुआ। ६. प्रबल। ७. गम्भीर और शान्त।

भारीपन पुं० [हिं० भारी+पन] भारी होने का भाव, गुरुत्व।

भारी पानी पुं० वह पानी जिसमें सामान्य हाइड्रोजन की जगह भारी हाइड्रोजन हो।

भारी-भरकम वि० बड़ा और भारी।

भारोपीय वि० [भारत+यूरोपीय] भारत और यूरोप दोनों में समान रूप से पाए जानेवाले या दोनों के समान मूल से उत्पन्न। (जाति-समूह या भाषावर्ग, मुख्यतः भारतीय, पारसी,

अरमनी, यूनानी, इटालियन आदि जातियों और भाषाओं के सम्बन्ध में प्रयुक्त।) (इंडो-युरोपियन)

भार्गव पुं० [सं०] १. भृगु के वंश या गोत्र में उत्पन्न पुरुष। २. परशुराम। ३. उत्तर प्रदेश में रहनेवाले ब्राह्मणों की एक जाति। ३. शुक्र तारा।

वि० भृगु-सम्बन्धी, भृगु का।

भार्या स्त्री० [सं०] १. वह स्त्री जिसके भरण-पोषण का भार पुरुष उठाता है। २. पत्नी, जोरू।

भाल[1] पुं० [सं०] कपाल, ललाट।

भाल[2] पुं० [सं० भल्ल, हिं० भाला] १. भाला, बरछा। २. तीर का फल, गाँसी।

भाल[3] पुं० दे० 'भालू'।

भालचंद्र पुं० [सं०] महादेव।

भालना स० [?] १. भली भाँति देखना। २. तलाश करना, ढूँढ़ना।

भाला पुं० [सं० भल्ल] बरछा।

भालाबरदार पुं० [हिं० भाला+फा० बरदार] बरछा लेकर चलने या बरछा चलानेवाला, बरछैत।

भालि, भाली स्त्री० [हिं० भाला] १. बरछी। २. शूल, काँटा।

भालू पुं० [सं० भल्लुक] एशिया, यूरोप आदि मध्यद्वीपों में मिलनेवाला एक प्रसिद्ध स्तनपायी जंगली हिंसक चौपाया, जिसकी त्वचा मुलायम बालों वाली होती है, रीछ।

भालोद पुं० भारतीय लोकदल का संक्षिप्त रूप।

भावंता[1] पुं० दे० 'भावता'।

भावंता[2] पुं० [सं० भावी] होनहार, भावी।

भाव[1] पुं० [सं०] १. होने की क्रिया या तत्त्व, सत्ता, अस्तित्व, 'अभाव' का विरुद्धार्थक। २. भावनाओं की समष्टि, विशेषतः सुख-दुख-सम्बन्धी मनोविकार। ३. अभिप्राय, तात्पर्य, मतलब। ४. मन का कोई विशेष विकार या वृत्ति प्रकट करनेवाली मुख या अंगों की आकृति या चेष्टा, जैसे नृत्य, गीत आदि में मन का भाव प्रकट करने के लिए होती है।

मुहा० *भाव बताना*=आकृति आदि से अथवा अंगों को संचालित करके मन का भाव प्रगट करना।

५. किसी वस्तु, कार्य, गुण आदि की मूल प्रकृति, विशेषता आदि का सूचक और आधार-भूत तत्त्व। ६. प्रेम, मुहब्बत। ७. ढंग, तरीका। ८. प्रकार, तरह। ९. दशा, अवस्था, हालत। १०. ईश्वर, देवता आदि के लिए मन में होनेवाली श्रद्धा। ११ किसी को देखकर या उसके सम्बन्ध की किसी बात का स्मरण करने पर मन में होनेवाला विकार। १२. दे० 'स्थायी भाव'

भाव[2] पुं० [पहलवी बहाक् (मूल्य या दर) से फा० बहा (मूल्य)] किसी चीज की बिक्री आदि का प्रचलित या निश्चित किया हुआ मूल्य, दर, निर्ख। (रेट)

मुहा० *भाव उतरना या गिरना*=दाम घट जाना। *भाव चढ़ना*=दाम बढ़ जाना।

भावई* योज० [हिं० भाना] यदि जी चाहे तो, इच्छा हो तो।

भावक वि० [सं० भाव+क (प्रत्य०)] १. भाव, सत्ता, अस्तित्व आदि से युक्त, विशेष दे० 'सहिक'। (पॉजिटिव) २. दे० 'भावुक'।

क्रि० वि० थोड़ा, जरा।

भावगीत पुं० [सं०] वह गीत जिसमें मुख्यतः मनोभावों की प्रधानता हो। (मराठी में प्रचलित)

भावचित्र पुं० [सं०] किसी भाव को अभिव्यक्त करनेवाला चित्र।

भावज स्त्री० [सं० भ्रातृजाया] भाई की पत्नी, भाभी, भौजाई।

भावज्ञ वि० [सं०] [भाव० भावज्ञता] मन की प्रवृत्ति या भाव जाननेवाला।

भावतत्त्व पुं० [सं०] १. भावों का सार। २. भावों का विषय।

भावता वि० [हिं० भावना] [स्त्री० भावती] १. जो भला लगे। २. प्रेमपात्र, प्रिय।

भाव-ताव पुं० [हिं० भाव] १. किसी चीज का मूल्य या भाव, दर। २. रंग-ढंग।

भावदशा स्त्री० [सं० भाव+दशा] मानसिक स्थिति, मनोदशा।

भावन* वि० [हिं० भाना] मन को भाने या अच्छा लगनेवाला, प्रिय।

पुं० १. प्रियतम। २. पति।

भावना[1] स्त्री० [सं०] १. अनुभव और स्मृति से मन में उत्पन्न होनेवाला कोई विकार, ध्यान, विचार, खयाल। २. साधारण विचार या कल्पना। ३. इच्छा, चाह। ४. कोई काम करने का विचार, उद्देश्य। (इन्टेन्शन) ५. किसी विशेष विषय या भाव से सम्बन्ध रखनेवाले ऐसे विचार जिनसे मनुष्य की मनोवृत्ति बनती हो, धारणा। (काम्प्लेक्स) ६. चूर्ण आदि किसी तरह पदार्थ में मिलाकर घोटना, जिसमें घोटी जानेवाली वस्तु में उस तरल पदार्थ का गुण या गन्ध आ जाए, पुट। (वैद्यक) ७. इस प्रक्रिया से किसी चीज में आया हुआ गुण या गन्ध।

अ० विचार करना, सोचना।

भावना[2] वि० [हिं० भाना] जो मन को अच्छा लगे, प्रिय, सुखकर।

स० दे० 'भाना'।

भावनात्मक वि० [सं०] भावनाओं पर आधारित, भावनाजन्य।

भावनापरक वि० [सं०] भावनाओं से संबद्ध।

भावनि* स्त्री० [हिं० भाना] वह बात जो मन में या जी में आए।

भावनीय वि० [सं०] भावना करने या सोचने-विचारने के योग्य।

भावप्रवण वि० [भाव० भावप्रवणता] १. भाव से पूर्ण, भावों से युक्त। २. भावुक।

भावभंगिमा स्त्री० [सं०] शरीर या किसी अंग की वह स्थिति जिसमें कोई भाव अभिव्यक्त होता हो, अन्दाज।

भावभंगी स्त्री०=भावभंगिमा।

भाव-भरा वि० [सं०+हिं०] मैत्रीपूर्ण तथा उत्साह-भरा, हार्दिक।

भाव-भीना वि० [सं० भाव+हिं० भीनना] सद्‌भाव से ओतप्रोत, भाव-भरा; जैसे—भाव-भीनी बिदाई।

भावर स्त्री० [हिं० भाना=पसन्द आना] १. भाने या पसन्द आने की क्रिया भाव। २. अभिरुचि, पसंद, उदा० भावरि अनभावरि भरे, करौ कोरि बकवादु।- बिहारी।

भावरि* स्त्री०=भावर।

भावली स्त्री० [देश०] जमींदार और असामी में होनेवाली उपज की बँटाई।

भाववाचक वि० [सं०] [भाव० भाववाचकता] व्याकरण में किसी संज्ञा का वह रूप जिससे भाव, गुण, दशा आदि का बोध होता हो; जैसे मनुष्यता, राष्ट्रीयता, विकलता आदि।

भावविह्वल वि० [सं०] [भाव० भावविह्वलता] भावाभिभूत।

भावशांति स्त्री० [सं०] साहित्य में वह अवस्था जब मन में किसी नए विरोधी भाव के उत्पन्न होने पर पहले का कोई भाव शान्त या समाप्त हो जाता है।

भावसंधि स्त्री० [सं०] साहित्य में वह अवस्था जब मन में एक साथ एक से अधिक प्रबल भाव उत्पन्न होते हैं, जैसे छुटै न लाज न लालचौ, प्यौ लखि मैहर गेह, सटपटात लोचन खरे, धरे सकोच सनेह।—बिहारी।

भाव-संसार पुं० [सं०] किसी व्यक्ति विशेषत: रचनाकार के मन में स्थिति वे भाव जो उसकी कृति या कर्म को प्रभावित करते हैं।

भावसृष्टि स्त्री० [सं०] नए भाव को जन्म देना।

भावांतरण पुं० [सं०] अनुवाद प्रक्रिया में, शब्दों के भावों में आ जानेवाला अंतर।

भावात्मक वि० [सं०] सकारात्मक।

भावापन्न वि० [सं०] भाव से अभिभूत।

भावाभास पुं० दे० 'रसाभास'।

भावाभिभूत वि० [सं०] जिसे किसी भाव ने अभिभूत कर लिया हो, भाव में खोया हुआ।

भावाभिव्यक्ति स्त्री० [सं०] भाव (भावों) की अभिव्यक्ति, भावों का प्रकटीकरण।

भावाविष्ट वि० [सं० भाव०+आविष्ट] भावावेश से युक्त।

भाविक पुं० [सं०] साहित्य में एक अर्थालंकार जिसमें किसी बीती हुई अथवा भविष्य में होनेवाली घटना या बात का इस प्रकार से उल्लेख या वर्णन होता है कि मानो वह वर्तमान काल में हो रही हो।

वि० दे० 'भावुक'।

भावित वि० [सं०] १. जिसका ध्यान या विचार किया गया हो, जो सोचा गया हो। २. चिन्तित, उद्विग्न।

भावी स्त्री० [सं० भाविन्] १. भविष्यत् काल, आनेवाला समय। २. भविष्य में होनेवाली बात, भवितव्यता, होनी। ३. भाग्य। वि० भविष्य में आने या होनेवाला, जैसे भावी युग।

भावुक वि० [सं०] १. भावना करने या सोचनेवाला। २. जिसके मन में कोमल भावों की प्रबलता हो अथवा जिस पर कोमल भावों का जल्दी और अधिक प्रभाव पड़ता हो। (सेन्टीमेन्टल)

भावुकता स्त्री० [सं०] १. 'भावुक' होने की अवस्था या भाव। २. वह मानसिक अवस्था जिसमें मनुष्य की वृत्ति कोमल भावों के अधीन रहती हो। (सेन्टिमेन्टलिज़्म)

भावै योज० [हिं० भाना] चाहे।

भाव्य वि० [सं०] भावना या चिन्ता करने या सोचने योग्य, विचारणीय।

भाषण पुं० [सं०] १. बात-चीत। २. बहुत से लोगों के सामने किसी विषय का सविस्तर कथन, व्याख्यान, वक्तृता।

भाषण-कला स्त्री० [सं०] श्रोताओं का अपने भाषण से प्रभावित करने की कला।

भाषणबाज पुं० [सं० भाषण+फा० बाज] १. भाषण देने में कुशल। २. भाषण देने के लिए आकुल।

भाषणबाजी स्त्री० १. भाषण देने की प्रवृत्ति। २. एक पर एक भाषण दिए जाना।

भाषण-स्वातंत्र्य पुं० [सं०] राज्य या शासन की ओर से लोगों को (नीति विरुद्ध बातों को छोड़कर) राजनीतिक, सामाजिक, धार्मिक आदि विषयों पर भाषणों आदि के द्वारा अपना मत प्रकट करने के लिए मिलनेवाली स्वतन्त्रता। (लिबरटी ऑफ स्पीच)

भाषणी वि० [सं० भाषण] भाषण-सम्बन्धी; जैसे भाषणी लहजा।

भाषना[१] अ० [सं० भाषण] बोलना।

भाषना[२] स० [सं० भक्षण] भोजन करना, खाना।

भाषांतर पुं० [सं०] [वि० भाषांतरित] एक भाषा के लेख का दूसरी भाषा में किया हुआ अनुवाद, उल्था।

भाषांतरण पुं० [सं०] १. एक भाषा की कृति का दूसरी भाषा में अनुवाद करने की क्रिया या भाव। २. अनुवाद।

भाषा स्त्री० [सं०] १. मुँह से निकलनेवाली व्यक्त ध्वनियों या सार्थक शब्दों और वाक्यों का वह समूह जिसके द्वारा मन के विचार दूसरे पर प्रकट किए जाते हैं, बोली, जबान, वाणी। २. किसी देश के निवासियों में प्रचलित बात-चीत करने का ढंग, बोली। ३. मध्ययुगीन हिन्दी। ४. वाणी।

भाषाई वि० [सं० भाषा+हिं० ई(प्रत्य०)] भाषा-सम्बन्धी; जैसे भाषाई झगड़े।

भाषाबद्ध वि० [सं०] [भाव० भाषाबद्धता] १. भाषा के रूप में आया या लाया हुआ। २. साधारण देशभाषा में बना हुआ।

भाषाभाषी (-षिन्) वि०, पुं० [सं०] भाषा बोलनेवाला, जैसे हिन्दी भाषाभाषी=हिन्दी भाषा बोलनेवाला (व्यक्ति)।

भाषायी वि०=भाषाई। (अशुद्ध)

भाषावार वि० [सं० भाषा+फा० वार] भाषा के आधार पर होनेवाला, भाषा के अनुसार होनेवाला; जैसे—भाषावार प्रांत या मतदाता-सूची।

भाषाविज्ञान पुं० [सं०] वह विज्ञान जिसमें इस बात का विवेचन होता है कि भाषाओं की उत्पत्ति और विकास किस प्रकार होता है और उनमें कैसा पारस्परिक सम्बन्ध होता है। (लिंग्विस्टिक्स, फाइलालोजी)

भाषाविद् पुं० [सं०] वह जो अपनी भाषा या कई भाषाओं का बहुत अच्छा ज्ञाता हो। (लिंग्विस्ट)

भाषाशास्त्र पुं० [सं०] भाषाविज्ञान (दे०)।

भाषासम पुं० [सं०] एक प्रकार का शब्दालंकार जिसमें केवल ऐसे शब्दों की योजना होती है, जो कई भाषाओं में समान अर्थ में चलते हों।

भाषित वि० [सं०] कथित, कहा हुआ।

भाषी (-षिन्) वि०, पुं० [सं०] [स्त्री० भाषिणी] कहने या बोलनेवाला।

भाषीय वि० [सं०] भाषा-सम्बन्धी।

भाष्य पुं० [सं०] १ सूत्रों की व्याख्या या टीका। २. किसी गूढ़ या कठिन ग्रन्थ या विषय की विस्तृत व्याख्या या विवेचन। (कॉमेन्टरी)

भाष्यकार पुं० [सं०] किसी गूढ़ ग्रन्थ या विषय, विशेषत: सूत्रबद्ध शास्त्रों का भाष्य या टीका करनेवाला। (कमेन्टेटर)

भास पुं० [सं०] १. दीप्ति, चमक। २. प्रकाश। ३. किरण। ४. इच्छा।

भासन* पुं०=भाषण।

भासना[1] अ० [सं० भास] १. चमकना। २. कुछ-कुछ मालूम होना, जान पड़ना। ३. दिखाई देना। ४. लीन या लिप्त होना, फँसना।

भासना[2] स० [सं० भाषण] कहना।

भासमान् वि० [सं०] जान पड़ता हुआ, आभासित।

भासित वि० [सं०] १. चमकीला। २. कुछ-कुछ प्रकट या व्यक्त होनेवाला।

भास्कर पुं० [सं०] १. दिन। २. सूर्य।

भास्वर वि० [सं०] [भाव० भास्वरता] चमका हुआ, दीप्त।

भिंग* पुं० [सं० भृंग] १. भौंरा। २. बिलनी (कीड़ा)।

भिंजाना, भिंजोना स० दे० 'भिगोना'।

भिंदिपाल पुं० [सं०] १. एक प्रकार का डंडा जो फेंककर मारा जाता था। २. गोफना, ढेलवाँस।

भिक्षा स्त्री० [सं०] १. याचन, माँगना। २. दीनतापूर्वक खाने आदि के लिए कुछ माँगना, भीख। ३. माँगने पर मिलनेवाली चीज, भीख।

भिक्षापात्र पुं० [सं०] वह पात्र जिसमें भिखमंगे भीख माँगते हैं।

भिक्षु पुं० [सं०] [स्त्री० भिक्षुणी] १. भिखमंगा। २. बौद्ध-संन्यासी।

भिक्षुक पुं० [सं०] भिखमंगा।

भिखमंगा पुं० [हिं० भीख+माँगना] वह जो भीख माँगता हो, भिक्षुक।

भिखारिणी स्त्री० दे० 'भिखारिन.'।

भिखारिन स्त्री० [हिं० भिखारी] भीख माँगनेवाली स्त्री भिखमंगनि।

भिखारी पुं० [स्त्री० भिखारिन] दे० 'भिखमंगा'।

भिगाना स० दे० 'भिगोना'।

भिगोना स० [सं० अभ्यंज] किसी चीज को पानी या तरल पदार्थ से तर करने के लिए उसमें डुबाना, भिगोना।

भिच्छा* स्त्री० दे० 'भिक्षा'।

भिजवना स० [हिं० भिगोना] १. भिगोना। २. किसी को भिगोने में प्रवृत्त करना।

भिजवाना स० हिं० 'भेजना' का प्रे०।

भिजाना स० १. दे० 'भिगोना'। २. दे० 'भिजवाना'।

भिजोना* स० दे० 'भिगोना'।

भिज्ञ वि० =अभिज्ञ। (असिद्ध रूप)

भिड़ंत स्त्री० [हिं० भिड़ना] भिड़ने की क्रिया या भाव, मुठभेड़।

भिड़ स्त्री० [सं० वरट] बर्रै, ततैया।

भिड़ना अ० [सं० भिद् या अनु० भड़?] १. टक्कर खाना, टकराना। २. मुकाबले में आकर लड़ना। ३. साथ लगना, सटना।

भितरिया पुं० [हिं० भीतर] मन्दिर के भीतरी भाग में रहनेवाला पुजारी।

वि० भीतरी, अन्दर का।

भितल्ला पुं० [हिं० भीतर+तल] दोहरे कपड़े में अन्दर का पल्ला, अस्तर।

वि० भीतर या अन्दर का।

भिताना* अ० [सं० भीति] डरना।

स० डरना।

भित्ति स्त्री० [सं०] १. दीवार। २. वह पदार्थ जिस पर चित्र बनाया जाता है। ३. डर, भय।

भित्तिचित्र पुं० [सं०] दीवार पर अंकित किया हुआ चित्र।

भिदना अ० [सं० भिद्] १. अन्दर धँसना। २. छेदा जाना। ३. घायल होना।

भिनकना अ० [अनु०] १. दे० 'भिनभिनाना'। २. मन में घृणा उत्पन्न होना।

भिनसार पुं० [सं० वि+अह्नि+सार (प्रत्य०)] प्रात:काल।

भिन्न वि० [सं०] [भाव० भिन्नता] १. अलग पृथक्, जुदा। २. जिसकी चर्चा या उल्लेख हो, उसे छोड़कर कोई और, दूसरा, अन्य। (अदर) ३. जिसकी चर्चा या उल्लेख हो, उससे अलग प्रकार का, और तरह का। (डिफरेन्ट) ४. अपने वर्ग या मेल के औरों से कुछ अलग और विशेष प्रकार का। (डिस्टिंक्ट)

पुं० गणित में, एकाई से कुछ कम या उसका कोई भाग सूचित करनेवाली कोई संख्या। (फ्रैक्शन)

भिन्नात्मक वि० [सं०] गणित में, वह अंक या संख्या जिसमें भिन्न या इकाई का कोई भाग भी लगा हो। (फ्रैक्शनल)

भिन्नाना अ० [अनु०] १. (दुर्गन्ध आदि से) सिर चकराना। २. खिजलाना।

भिन्नार्थी वि० [सं० भिन्न+अर्थी] १. भिन्न अर्थवाला। २. जिसके भिन्न-भिन्न अर्थ हों।

भियना* अ० [सं० भीति] डरना।

भिलनी स्त्री० [हिं० भील का स्त्री० रूप] १. भील जाति की स्त्री। २. भील की स्त्री।

भिलावाँ पुं० [सं० भल्लातक] एक पेड़ जिसका जहरीला फल औषध के काम में आता है।

भिल्ल* पुं० दे० 'भील'।

भिश्त* पुं० दे० 'बिहिश्त'।

भिश्ती पुं० [?] मशक में भरकर पानी ढोनेवाला व्यक्ति, सक्का, माशकी।

भिषक, भिषज पुं० [सं०] वैद्य।

भिस्त* पुं० [फा० बिहिश्त] मुसलमानों के अनुसार स्वर्ग।

भिस्स पुं० दे० 'भसींड'।

भींचना स० [हिं० खींचना]१. खींचना, तानना। २. दे० 'मीचना'।

भींज* स्त्री० [हिं० भींजना] १. भींजने की क्रिया या भाव। २. आर्द्रता, नमी, तरी।

भींजना अ० [हिं० भीगना] १. दे० 'भींगना'। २. पुलकित या गदगद होना। ३. मेल-मिलाप या आपसदारी पैदा करना। ४. नहाना। ५. अच्छी तरह किसी के अन्दर समाना। ६. किसी के योग से पूरी तरह से भरना या बढ़ना।

भींट, भीट स्त्री० [हिं० भीटा] वह जमीन जिस पर छोटे-छोटे टीले हों।

भी[1] निपा० [हिं० ही] १. किसी के साथ या सिवा और निश्चयपूर्वक या अवश्य, जैसे वह और भी बुरा है। ३. तक, जैसे यहाँ हवा भी नहीं आती।

भी[2] स्त्री० [सं०] भय, डर।

भीउँ* पुं० दे० 'भीमसेन'।

भीख स्त्री० [सं० भिक्षा] भिखारी या गरीब को दिया जानेवाला अन्न, धन, कपड़ा आदि।

भीगना अ० [सं० अभ्यंज] १. पानी या और किसी तरल पदार्थ के संयोग से तर या मुलायम होना, आर्द्र होना। २. द्रवित हो जाना; जैसे सारा वातावरण और मेरा मन उनके स्नेह से भीग जाता। -लक्ष्मीमल संघवी।

भीजना| अ०=भीगना।

भीटा पुं० [देश०] १. टीले की तरह बनाई हुई वह ढालुआँ ऊँची जमीन जिस पर पान के पौधे लगाए जाते हैं।

भीठा पुं० [?] वह खेत जिसमें केवल रबी की फसल होती है। (पूरब)

भीड़ स्त्री० [हिं० भिड़ना] १. एक स्थान पर एक ही समय में होनेवाला बहुत से आदमियों का जमाव, जनसमूह।

मुहा० *भीड़ छँटना*=भीड़ न रह जाना।

२. किसी बात की अधिकता, जैसे काम की भीड़। ३. संकट, विपत्ति, मुसीबत, आपदा।

मुहा० *(किसी की) भीड़ हरना*=(किसी पर) आया हुआ संकट दूर करना, कष्ट से बचाना, उदा० 'जुग जुग भीर (भीड़) हटी संतन की।'—मीरा।

भीड़ना स० [हिं० 'भिड़ना' का स०] १. बन्द करना। २. मलना।

भीड़-भड़का पुं० दे० 'भीड़-भाड़'।

भीड़-भाड़ स्त्री० [हिं० भीड़+भाड़ (अनु०)] एक ही स्थान पर बहुत से लोगों का जमाव, जनसमूह, भीड़।

भीड़ा वि० [हिं० भिड़ना] संकुचित, तंग।

भीत[1] स्त्री० [सं० भित्ति] १. दीवार।

मुहा० *भीत में दौड़ना*=सामर्थ्य से बाहर अथवा असम्भव कार्य में लगना। *भीत के बिना चित्र बनाना*=बिना किसी आधार के कोई काम करना।

२. चटाई। ३. छत, गच।

भीत[2] वि० [सं०] डरा हुआ, भयातुर।

भीतर क्रि० वि० [?] अन्दर।

पुं० १. अंतःकरण, हृदय। २. रनिवास, अन्तःपुर, जनानखाना।

भीतर, के सम्बन्धबो० के अन्दर, के भीतरी भाग में।

भीतरी वि० [हिं० भीतर] १. अन्दर का। २. छिपा हुआ, गुप्त।

भीति[1] स्त्री० [सं०] १. डर, भय। २. कोई अनिष्ट या अप्रि य बात होने की आशंका, खटका। (एप्रिहेन्शन)

भीति[2] स्त्री० [सं० भित्ति] दीवार।

भीती स्त्री० १. दे० 'भित्ति'। २. दे० 'भीति'।

भीन पुं० [हिं० विहान] सबेरा।

भीनना अ० [हिं० भीगना] किसी वस्तु से भर या युक्त हो जाना, भरा होना।

भीना* वि० [हिं० भीनना] (से) युक्त या भरा।

भीनी-भीनी वि० [हिं० भीनना] से युक्त; जैसे-फूलों की भीनी-भीनी गंध।

भीम पुं० [सं०] [भाव० भीमता] १. भयानक रस। २. शिव। ३. भीमसेन।

वि० [स्त्री० भीमा] १. भयानक। २. बहुत बड़ा।

भीमकाय वि० [सं०] जिसकी काया विशाल या विकराल हो।

भीमरथी (-थिन्) पुं० [सं०] वह जो जीवन में ७७ वर्ष, ७ महीने ७ दिन पार कर चुका हो। (इससे अधिक अवस्था वाला मनुष्य दीर्घजीवी या दीर्घायु कहलाता है।)

भीमसेन पुं० [सं०] पाँचो पांडवों में से एक जो बहुत अधिक बलवान थे, भीम। (पौराणिक गाथाओं के अनुसार उनमें दस हजार हाथियों का बल था।)

भीमसेनी कपूर पुं० एक प्रकार का बढ़िया कपूर, बरास।

भीर[1]* स्त्री० [हिं० भीड़] १. दे० 'भीड़'। २. कष्ट, दुख। ३. विपत्ति, आफत।

मुहा० *भीर परना**=संकट आना, आफत आना।

भीर[2] वि० [सं० भीरु] १. डरा हुआ, भयभीत। २. डरपोक, कायर।

भीरना* अ० [हिं० भीरु] डरना।

भीरु वि० [सं०] [भाव० भीरुता] डरपोक।

भीरुता स्त्री० [सं०] १. भीरु या डरपोक होने की अवस्था या भाव। २. कायरता।

भीरे क्रि० वि० [हिं० भिड़ना] समीप, निकट, पास।

भील पुं० [सं० भिल्ल] [स्त्री० भिलनी] एक प्रसिद्ध जंगली जाति।

भीवँ* पुं०=भीमसेन।

भीषज पुं० [सं० भेषज] वैद्य।

भीषण वि० [सं०] [भाव० भीषणता] १. भयानक, डरावना। २. विकट, घोर, दारुण।

पुं० भयानक रस।

भीष्म पुं० [सं०] गंगा के गर्भ से उत्पन्न राजा शान्तनु का पुत्र, देवव्रत, गांगेय।

वि० भीषण, भयंकर।

भीष्म पितामह पुं० दे० 'भीष्म'।

भुँइ* स्त्री० [सं० भूमि] पृथ्वी।

भुँइचाल, भुँइडोल पुं० दे० 'भूकंप'।

भुँइधरा, भुँइहरा पुं० [सं० भूमिगृह, पुं० भुँइ+घर] जमीन के नीचे खोदकर बनाया हुआ घर या रहने का स्थान, तहखाना।

भुँकाना स० [हिं० भूँकना] किसी को भूँकने में प्रवृत्त करना।

भुँगल पुं० [?] युद्ध क्षेत्र में बजाया जानेवाला एक प्रकार का बाजा।

भुँजना अ० दे० 'भुनना'।

भुँजौना पुं० [हिं० भूँजना=भूनना] १. भूनने के बदले में लिया जानेवाला पारिश्रमिक। २. भूना हुआ अन्न। ३. रुपए आदि भुनाने में लगनेवाला बट्टा, भुनाई, भाँज।

स०=भूनना।

भुंडा वि० [सं० रुंड का अनु०] १. बिना सींग का। २. दुष्ट, बदमाश।

भुअंग पुं० [सं० भुजंग] [स्त्री० भुअंगिनी] साँप।

भुअन* पुं० दे० 'भुवन'।

भुआल पुं० [सं० भूपाल] राजा।

भुँइ* स्त्री० [सं० भूमि] पृथ्वी।

भुईं* स्त्री०=भूमि।

भुक पुं० [सं० भुज्] १. भोजन, आहार। २. अग्नि, आग।

भुकड़ी स्त्री० [अनु०] सड़े हुए खाद्य पदार्थ पर निकलनेवाली एक बनस्पति।

भुकना* अ० [?] गिरना।

भुकराँद, भुकरायँध स्त्री० [हिं० भुकड़ी] बनस्पतियों आदि के सड़ने की दुर्गंध।

भुकान स्त्री० [हिं० भूँकना] कुत्तों आदि के भूँकने या भौंकने की क्रिया या भाव।

भुक्खड़ वि०, पुं० [हिं० भूख+अड़ (प्रत्य०)] १. जिसे सदा भूख लगी रहती हो, पेटू। २. कंगाल।

भुक्त वि० [सं०] १. खाया हुआ, भक्षित। २. भोगा हुआ, उपभुक्त। ३. (अधिकार-पत्र आदि) जिसका नगद धन या प्राप्य वस्तु ले ली गई हो, जो भुना लिया गया हो। (कैश्ड)

भुक्तभोगी पुं० [सं० भुक्त+हिं० भोगी] वह जिसने किसी व्यक्ति, काम या वस्तु के संपर्क में रहकर दुख झेला हो।

भुक्ति स्त्री० [सं०] १. भोजन, आहार। २. लौकिक सुखभोग। ३. कब्जा। ४. अधिकार-पत्र के अनुसार रुपए या और कोई चीज लेना, भुनाना।

भुखमरा वि० [हिं० भूख+मरना] १. जो भूखों मरता हो। २. भुक्खड़, पेटू।

भुखमरी स्त्री० [हिं० भूख+मरना] वह अवस्था जिसमें लोग अन्न के अभाव में भूखों मरते हों। (स्टारवेशन)

भुखाना अ० [हिं० भूख] भूखा होना।

भुगत स्त्री० दे० 'भुक्ति'।

भुगतना स० [सं० भुक्ति] भोगना।

अ० १. समाप्त या पूरा होना, निपटना। २. बीतना। ३. चुकती होना।

भुगतान पुं० [हिं० भुगतना] १. भुगतने या भोगने की क्रिया या भाव; जैसे—जीव अपने कर्मफल के भुगतान के लिए ही बार-बार जन्म लेता है। २. मूल्य, देन आदि चुकाना या देना। (पेमेन्ट) ३. ऋण या कर्ज चुकाना, अपाकरण। (लिक्विडेशन ऑफ डेट्स)

भुगताना स० [हिं० 'भुगतना' का स०] १. 'भुगतना' का सकर्मक रूप। २. (काम) पूरा करना, सम्पादन करना। ३. बिताना। ४. (देन आदि) चुकाना। ५. दुख देना या भोगवाना।

भुगती* स्त्री० [सं० भुक्ति] १. खाने का भाव, भोजन। २. खाने-पीने की चीजें, भोजन आहार।

भुगाना स० दे० 'भोगवाना'।

भुगुती* स्त्री० दे० 'भुक्ति'

भुच्च, भुच्चड़ वि० [हिं० भूत+चढ़ना] मूर्ख।

पुं० मूर्ख व्यक्ति।

भुजंग पुं० [सं०] [स्त्री० भुजंगिनी] साँप।

भुजंगप्रयात पुं० [सं०] पिंगल में एक प्रकार का छन्द जिसका प्रत्येक चरण चार यगणों का होता है।

भुजंगा पुं० [हिं० भुजंग] १. काले रंग की एक चिड़िया। २. दे० 'भुजंग'

भुजंगिनी, भुजंगी स्त्री० [सं०] साँपिन, नागिन।

भुजगेंद्र, भुजंगेश पुं० [सं०] शेषनाग।

भुज पुं० [सं०] १. बाहु, बाँह।

मुहा० *भुज में भरना*= गले लगाना।

२. हाथ। ३. हाथी की सूँड़। ४. वृक्ष की शाखा, डाली। ५. ज्यामिति में किसी क्षेत्र का किनारा या किनारे की रेखा। (आर्म) ६. समकोणों का पूरक कोण। ७. दो की संख्या का सूचक शब्द।

भुजइल* पुं० दे० 'भुजंगा' (पक्षी)।

भुजग पुं० [सं०] साँप।

भुजग-भोजन* पुं० [सं०] साँप ही जिसका भोजन हो, गरुड़।

भुजदंड पुं० [सं०] बाहु रूपी दंड।

भुजपात* पुं० दे० 'भोजपत्र'।

भुजपाश पुं० [सं०] दोनों हाथों की वह मुद्रा जिससे किसी को गले लगाते हैं।

भुजबंद पुं० [सं० भुजबंध] बाजूबन्द।

भुजबाथ* पुं० दे० 'भुजपाश'।

भुजमूल पुं० [सं०] १. कन्धा। २. काँख।

भुजा स्त्री० [सं०] बाँह, हाथ।

मुहा० *भुजा उठाना या टेकना*=प्रतिज्ञापूर्वक कुछ कहना।

भुजाली स्त्री० [हिं० भुज+आली (प्रत्य०)] एक प्रकार की बरछी।

भुजिया पुं० [हिं० भूँजना=भूनना] १. उबाले हुए धान का चावल। २. बिना रसे की भूनी हुई तरकारी।

भुजैल पुं० दे० 'भुजंगा' (पक्षी)।

भुट्टा पुं० [सं० भृष्ट, प्र० भुट्टी] मक्के, ज्वार, बाजरे आदि अनाजों की बाल।

भुठौर पुं० [हिं० भूड़+ठौर] घोड़ों की एक जाति।

भुतना पुं० दे० 'भूत'।

भुतवा पुं० दे० 'भूत'।

भुथरा पुं० दे० 'भोथरा'।

भुथराई* स्त्री० [हिं० भोथरा] भोथरा होने की दशा या भाव।

भुनगा पुं० [अनु०] [स्त्री० भुनगी] एक छोटा उड़नेवाला कीड़ा।

भुनना अ० हिं० 'भूनना' का अ०।

भुनभुनाना अ० [अनु०] १. भुनभुन शब्द करना। २. मन ही मन कुढ़कर बहुत धीरे-धीरे कुछ कहना, बड़बड़ाना।

भुनाई स्त्री० [हिं० भुनाना] भुनाने की क्रिया, भाव या मजदूरी।

भुनाना[१] स० हिं० 'भूनना' का प्रे०।

भुनाना[२] स० [सं० भंजन] १. बड़े सिक्के आदि को छोटे सिक्कों आदि से बदलना। २. किसी आज्ञापत्र आदि में लिखी हुई चीज नियत स्थान से लेना, भुक्ति, जैसे चेक भुनाना।

भुमिया| पुं०=भूमिया।

भुरक स्त्री० [हिं० भुरकना] भुरभुरापन।

भुरकना अ० [सं० भुरण] [स० भुरकाना] १. सूखकर भुरभुरा हो जाना। २. भूलना।

स० दे० 'भुरभुराना'।

भुरकस, भुरकुस पुं० [हिं० भुरकना] किसी वस्तु का रूप जो उसे खूब कुचलने या कूटने से प्राप्त होता है।

मुहा० *भुरकस निकलना*=आघात आदि से दुर्दशाग्रस्त होना।

भुरटा पुं० दे० 'भरट्टा'।

भुरता पुं० दे० 'भरता'।

भुरभुरा वि० [अनु०] छूने से या जरा-सा आघात लगने पर चूर-चूर हो जानेवाला।

भुरभुराना* स० [अनु०] १. (चूर्ण आदि) छिड़कना, बुरकना। २. भुरभुरा करना।

भुरवना* स० [सं० भ्रमण] १. भ्रम में डालना,। २. फुसलाना।

भुरसना| अ०=झुलसना।

भुरहरे क्रि० वि० दे० 'भोरहरे'।

भुराई[१]* स्त्री० [हिं० भोला] भोलापन।

भुराई[२] स्त्री० [हिं० भूरा] भूरापन।

भुराना स० दे० 'भुरवना'।

अ० दे० 'भूलना'।

भुलक्कड़ वि०, पुं० [हिं० भूलना] जिसका स्वभाव भूलने का हो, प्राय: भूलनेवाला।

भुलना वि० [हिं० भूलना] जल्दी भूल जानेवाला, जैसे भुलना मनुष्य या स्वभाव।

*स०=भूलना।

भुलवाना स० [हिं० 'भूलना' का प्रे०] १. भ्रम में डालना। २. दे० 'भुलाना'।

भुलाना स० [हिं० 'भूलना' का प्रे०] १. भूलना। २. भ्रम में डालना।

अ० स० 'भूलना'।

भुलावा पुं० [हिं० भूलना] धोखा।

भुवंग* पुं० [सं० भुजंग] साँप।

भुव: पुं० [सं०] भूमि और सूर्य के बीच का लोक या आकाश, अंतरिक्ष।

भुव[१] स्त्री० [सं०] पृथ्वी।

भुव[२] स्त्री० [सं० भ्रू] भौंह, भ्रू।

भुवन पुं० [सं०] १. जगत। २. जल। ३. जन, लोग। ४. लोक, जो पुराणानुसार चौदह हैं, यथा भू, भुव:,स्व:, मह:, जन:, तप: और सत्य ये सात ऊपर के लोक और अतल, सुतल, वितल, गभस्तिमत, महातल, रसातल और पाताल ये सात नीचे के। ५. चौदह की संख्या। ६. सृष्टि।

भुवनपति, भुवनपाल पुं० दे० 'भूपाल'।

भुवनमोहिनी वि० स्त्री० [सं०] जगत को मोह लेनेवाली।

भुवपार* पुं०=भूपाल (राजा)।

भुवर्लोक पुं० [सं०] अंतरिक्ष।

भुवाल* पुं० [सं० भूपाल] राजा।

भुवि* स्त्री०=भूमि।

भुशुंडी स्त्री० [सं०] एक प्राचीन अस्त्र।

भुस| पुं० दे० 'भूसा'।

भुसी* स्त्री० दे० 'भूसी'।

भूँकना अ० [अनु०] १. भूँभूँ या भौंभौं शब्द करना। (कुत्तों का) २. व्यर्थ बकना।

भूँचाल पुं० दे० 'भूकम्प'।

भूँजना स० दे० 'भूनना'।
अ० दे० 'भोगना'।

भूँड़ पुं० दे० 'भूर' (बलुई मिट्टी या जमीन)।

भूँडोल पुं० दे० 'भूकम्प'।

भूँसना अ० दे० 'भूँकना'।

भू[१]* स्त्री० [सं०] १. पृथ्वी। २. स्थान।

भू[२] स्त्री० [सं० भ्रू] भौंह।

भूआ[१] स्त्री० दे० 'बूआ'।

भूआ[२] पुं० [स्त्री० अल्पा० भूई] दे० 'घूआ'।

भूकंप पुं० [सं०] प्राकृतिक कारणों से पृथ्वी के भीतरी भाग में कुछ उथल-पुथल होने से ऊपरी भाग का सहसा हिलना, भूचाल (अर्थक्वेक)

भूकंप-पीड़ित पुं०, वि० [सं० भूकंप+पीड़ित] (वह) जो भूकंप के कारण पीड़ित या विस्थापित हुआ हो।

भूकंप विज्ञान पुं० [सं०] वह विज्ञान जिसमें भूकम्प के कारणों, गति, विधि, स्वरूप आदि का विवेचन होता है। (सीस्मॉलोजी)

भूखंड पुं० [सं०] १. पृथ्वी का कोई खंड, भाग या अंश। (ट्रैक्ट) २. जमीन का छोटा टुकड़ा। (प्लॉट)

भूख स्त्री० [सं० बुभुक्षा] १. खाने की इच्छा, क्षुधा। २. तीव्र इच्छा या आवश्यकता; जैसे-तेंदुलकर की रनों की भूख अब और बढ़ गई है। ३. (माल आदि खरीदने की) आवश्यकता, जरूरत।

भूखना स० [सं० भूषण] सजाना।

भूख-हड़ताल स्त्री० दे० 'अनशन'।

भूखा वि० [हिं० भूख] [स्त्री० भूखी] १. जिसे भूख लगी हो, क्षुधित। २. किसी बात का अभिलाषी, इच्छुक। ३. दरिद्र, गरीब।

भूगत वि० [सं० भू+गत] भूतल के नीचे होनेवाला; जैसे भूगत स्टेशन, भूगत रेल।

भूगर्भ पुं० [सं०] १. पृथ्वी का भीतरी भाग, पृथ्वी तल के नीचे का अंश। २. पाताल लोक।

भूगर्भशास्त्र पुं० [सं०] वह शास्त्र जो यह बतलाता है कि पृथ्वी के ऊपरी और भीतरी भाग किन-किन तत्त्वों से बने हैं, उसके भीतरी भाग में क्या-क्या वस्तुएँ हैं और उसे अपना वर्तमान रूप किस प्रकार प्राप्त हुआ है। (जियॉलोजी)

भूगर्भित वि० [सं०] भूगर्भ या पृथ्वी के भीतरी भाग में होनेवाला, अन्तर्भौम। (सबटेरेनियन)

भूगोल पुं० [सं०] १. पृथ्वी। २. वह शास्त्र जिसमें पृथ्वी के ऊपरी स्वरूप और प्राकृतिक विभागों (नदियों, पहाड़ों, देशों आदि) का विवेचन या वर्णन होता है। (जियॉग्रैफी)

भूगोलीय वि० [सं०] भूगोल-सम्बन्धी।

भूचर पुं० [सं०] भूमि पर रहनेवाले प्राणी।

भूचाल पुं० दे० 'भूकंप'।

भूचुंगी स्त्री० दे० 'भू-शुल्क'।

भूजा* पुं०=भोग।

भूड़* स्त्री० [?] धूल।

भूडोल| पुं० दे० 'भूकंप'।

भूत पुं० [सं०] [भाव० भूतत्त्व] १. वे मूल द्रव्य जिनसे सृष्टि की रचना हुई है, तत्त्व। (एलिमेन्ट) २. सृष्टि के सभी जड़ पदार्थ और चेतन प्राणी। ३. प्राणी, जीव। ४. बीता हुआ समय। ५. व्याकरण में क्रिया का वह रूप जो किसी कार्य या व्यापार के समाप्त हो चुकने का सूचक हो। ६. मृत शरीर या उसकी आत्मा, भूतात्मा। ७. किसी मृत व्यक्ति की आत्मा का वह कल्पित रूप जो मोक्ष या मुक्ति के अभाव में उसे प्राप्त होता है और जिसमें वह प्रायः कष्टदायक और अमांगलिक कार्य करता है, प्रेत, शैतान। ८. आवेश।
मुहा० *भूत चढ़ना या सवार होना*=बहुत अधिक आवेश या क्रोध करना। *भूतों का डेरा*=वह स्थान विशेषतः खंडहर जिसमें भूत रहते हों। *भूतों का पकवान*=सहज में नष्ट हो जानेवाला पदार्थ।
वि० १. बीता हुआ, गत। २. मिला हुआ। ३. समान, तुल्य। ४. जो हो चुका हो।

भूतकाल पुं० [सं०] १. बीता हुआ समय। २. व्याकरण में, क्रिया का वह रूप जो बीते हुए समय का सूचक हो।

भूतकालिक, भूतकालीन वि० [सं०] भूतकाल-सम्बन्धी।

भूतदया स्त्री० [सं०] जड़-चेतन सब पर की जानेवाली दया।

भूतनया स्त्री० [सं०] जानकी माता।

भूतना पुं० [स्त्री० भूतनी] दे० 'भूत' ७.।

भूतनाथ पुं० [सं०] शिव।

भूतपूर्व वि० [सं०] १. इस समय से पहले का, वर्तमान से पूर्व का। २. जो पहले किसी कारण से उस पद पर रह चुका हो, पर अब किसी कारण से उस पद पर न हो, जैसे किसी संस्था का भूतपूर्व मन्त्री या किसी पत्र का भूतपूर्व सम्पादक।

भूतभामिनी* स्त्री० [सं० भूत+भामिनी] प्रेतिनी।

भूतयज्ञ पुं० [सं०] पंच महायज्ञों में से एक जिसमें बलि, वैश्व, देव आदि कृत्य किए जाते हैं।

भूतपाल पुं० [सं०] शिव, महादेव।

भूतल पुं० [सं०] १. पृथ्वी का ऊपरी तल या भाग। २. संसार, दुनियाँ।

भूतवाद पुं० दे० 'पदार्थवाद'।

भूतवादी वि०=भौतिकवादी।

भूतशुद्धि स्त्री० [सं०] भूत से छुटकारा दिलाने के लिए किया जानेवाला कर्मकांड या झांड़-फूंक।

भूतागति स्त्री० [हिं० भूत=प्रेत+गति] भूत-प्रेत की लीला की तरह का अद्‌भुत व्यापार, बहुत ही विलक्षण काम या बात।

भूतात्मा पुं० [सं० भूतात्मन्] १. मृत शरीर या उसकी आत्मा। २. पार्थिव शरीर। ३. शरीर।

भूति स्त्री० [सं०] १. वैभव, धन-सम्पत्ति। २. भस्म, राख, भभूत। ३. उत्पत्ति। ४. वृद्धि।

भूतिनी स्त्री० [हिं० भूत] भूत योनि की स्त्री, प्रेतिनी।

भूदेव पुं० [सं०] ब्राह्मण।

भूधर पुं० [सं०] पहाड़, पर्वत।

भूधृति स्त्री० [सं०] जोतने-बोने के लिए जमीन पर होनेवाला किसान का अधिकार। (लैन्ड टेन्योर)

भून पुं० दे० 'भ्रूण'।

भूनना स० [सं० भर्जन] १. जल की सहायता के बिना गरम करके पकाना। २. बहुत अधिक कष्ट देना।

भूप पुं० [सं०] राजा।

भूपति, भूपाल पुं० [सं०] राजा।

भूपार* पुं०=भूपाल।

भूपृष्ठ वि० [सं०] पृथ्वी का तल।

भूभल पुं० [?] गरम राख या धूल।

भूभाग पुं० [सं०] पृथ्वी या जमीन का कोई भाग या टुकड़ा, विशेषतः ऐसा टुकड़ा जो किसी नगर या राज्य के चारो ओर और उसके अधिक्षेत्र में हो। (टेरिटरी)

भूभागीय वि० [सं०] भूभाग-सम्बन्धी।

भूभुर स्त्री० दे० 'भूभल'।

भूभुरी* स्त्री०=गरम रेत।

भूमंडल पुं० [सं०] पृथ्वी, जगत, संसार।

भूमंडलीकरण पुं० [सं०] [वि० भूमंडलीकृत] भूमण्डल और पूरे संसार में (किसी वस्तु या विचार का) होनेवाला प्रभाव या फैलाव।

भूमंडीकरण पुं० [सं० भू+हिं० मंडी+सं० करण] विश्व को मंडी बनाना।

भूम* स्त्री०=भूमि।

भूमध्य रेखा स्त्री० [सं०] भूगोल में पृथ्वी तल का ठीक मध्य सूचित करनेवाली वह कल्पित रेखा जो दोनों ध्रुवों से बराबर दूरी पर पड़ती है। (ईक्वेटर)

भूमध्यसागर पुं० [सं०] यूरोप और अफ्रीका के बीच का समुद्र। (मेडिटरेनियन)

भूमा स्त्री० [सं०] १. पृथ्वी, धरती। २. अनन्त विस्तार।

भूमि स्त्री० [सं०] १. पृथ्वी-तल के ऊपर का वह कठोर भाग जिस पर नदियाँ, पर्वत, आदि हैं और जिस पर लोग रहते और बनस्पतियाँ उगती हैं, जमीन। (लैंड)

मुहा० *भूमि होना*=पृथ्वी पर गिरना।

२. उक्त का कोई छोटा टुकड़ा जिसपर किसी का अधिकार हो या जिसमें कुछ उपज आदि हो, भूखंड। (एस्टेट) ३. उक्त का कोई ऐसा छोटा टुकड़ा जो खेती-बारी करने, बाग, बगीचा लगाने या घर आदि बनाने के लिए उपयुक्त हो। (प्लॉट)

४. स्थान, जगह। ५. नींव, पेंदे, आधार आदि के रूप में वह सबसे नीचेवाला अंग जिसके ऊपर उसके और सब अंग, उभार आदि बने या ठहरें हो, जैसे चित्र की पृष्ठभूमि।

भूमिक वि० दे० 'भौमिक'।

भूमिकर पुं० [सं०] भूमि पर लगनेवाला कर।

भूमिका स्त्री० [सं०] १. किसी ग्रन्थ के आरम्भ का वह वक्तव्य जिससे उस ग्रन्थ की ज्ञातव्य बातों का पता चले, मुखबंध, आमुख। (प्रिफेस) २. वह आधार जिस पर कोई दूसरी चीज खड़ी की जाए, पृष्ठभूमि। (बैक-ग्राउंड) ३. नाटकों आदि में किसी पात्र का अभिनय।

मुहा० *भूमिका अदा करना या निभाना*=सहायक होना, योगदान करना; जैसे—धार्मिक उन्माद आतंकवाद को पैना करने में महत्त्वपूर्ण भूमिका निभाता है।

भूमिखंड पुं० [सं०] भूमि का (बड़ा) टुकड़ा क्षेत्र, भूखण्ड। (ट्रैक्ट)

भूमिगत वि० [सं० भूमि+गत] १. भूतल के नीचे होने या रहनेवाला, भूगत। २. जो चोरी-चोरी या छिपकर काम करता हो।

भूमिज वि० [सं०] जो भूमि या पृथ्वी से उत्पन्न हो या होता हो, भूमि से उद्‌भूत।

भूमि-धर पुं० [सं० भूमि+धर] वह खेतिहर जिसने भूमि या खेत पर स्थायी अधिकार प्राप्त कर लिया हो।

भूमिया पुं० [सं० भूमि+इया (प्रत्य०)] १. जमींदार। २. ग्राम-देवता।

भूमिसात् वि० [सं० भूमि+सात् (प्रत्य०)] जो गिरकर जमीन के साथ मिल गया हो, मटियामेट होना; जैसे भूकम्प में मकानों का भूमिसात् होना।

भूमिसुत पुं० [सं०] मंगल (ग्रह)।

भूमिहार पुं० [सं०] बिहार और उत्तर प्रदेश की एक जाति।

भूमिहीन वि० [सं०] जिसके पास जोतने-बोने के लिए भूमि न हो; जैसे भूमिहीन किसान।

भूयसी वि० [सं०] बहुत अधिक।

क्रि० वि० बार-बार।

भूयसी दक्षिणा स्त्री० [सं० भूयसी+दक्षिणा] वह दक्षिणा जो मंगल कार्य के अन्त में उपस्थित ब्राह्मणों को दी जाती है।

भूर[१] वि० [सं० भूरि] बहुत, अधिक।

भूर[२] पुं० [हिं० भुरभुरा] १. बालू। २. बालू मिली हुई एक प्रकार की लाल मिट्टी। (जिस खेत में ऐसी मिट्टी होती है उसमें कुछ उत्पन्न नहीं होता।)

भूर-पूर वि०, क्रि० वि०=भरपूर।

भूरसी दक्षिणा स्त्री० दे० 'भूयसी दक्षिणा'।

भूरा पुं० [सं० बभ्रू] १. मिट्टी की तरह का या खाकी रंग का। २. कच्ची चीनी। ३. चीनी।

वि० मटमैले रंग का, खाकी।

भूराजस्व पुं० [सं०] जोती-बोई जानेवाली जमीन पर लगनेवाला सरकारी कर, लगान। (लैंड रेविन्यू)

भूरि पुं० [सं०] [भाव० भूरिता] १. ब्रह्मा। २. स्वर्ण, सोना। वि० १. बहुत। २. भारी।

भूरुह पुं० [सं०] वृक्ष, पेड़।

भूल स्त्री० [हिं० भूलना] १. भूलने की अवस्था या भाव। २. अज्ञान, असावधानता, भ्रम आदि के कारण कुछ का कुछ समझने और उसके अनुसार कुछ करने की अवस्था या भाव, गलती। (एरर) ३. अर्थ, तथ्य, प्रक्रिया आदि ठीक तरह से न जानने या समझने और उसके फलस्वरूप कुछ कर डालने की अवस्था या भाव, अशुद्धि, गलती। (मिस्टेक) ४. पूरा ध्यान न देने या जल्दी में रहने से होनेवाली कोई त्रुटि, चूक। (स्लिप)। ५. अनजान में या असावधानी के कारण होनेवाला कोई अपराध या दोष, कसूर।

भूलना स० [सं० ह्वल] १. विस्मृत करना, याद न रखना। २. याद न रहने से खो देना।
अ० १. विस्मृत होना, याद न रहना। २. गलती होना। ३. आसक्त होना, लुभाना। ४. घमंड में रहना।
वि० भूलनेवाला, भुलक्कड़, जैसे भूलना स्वभाव।

भूल-भूलैया स्त्री० [हिं० भूल+भुलाना+ऐया(प्रत्य०)] १. वह चक्करदार वास्तु-रचना जिसमें आदमी इस प्रकार भूल जाता है कि जल्दी ठिकाने पर नहीं पहुँच सकता, चकाबू। २. रेखाओं आदि से बनाई हुई इस प्रकार की आकृति।

भूल-सुधार पुं० [हिं०] भूल सुधारने की क्रिया या भाव।

भूलोक पुं० [सं०] संसार, जगत।

भूविज्ञान पुं० दे० 'भूगर्भशास्त्र'।

भूशायी(-यिन्) वि० [सं०] १. पृथ्वी पर सोनेवाला। २. पृथ्वी पर गिरा, लेटा या पड़ा हुआ।

भू-शुल्क पुं० [सं०] जमीन पर लगनेवाला कर।

भूषण पुं० [सं०] १. अलंकार, गहना, जेवर। २. शोभा बढ़ानेवाली चीज।

भूषना स० [सं० भूषण] भूषित करना, सजाना।

भूषा स्त्री० [सं० भूषण] १. आभूषण, गहना। २. सजाने की क्रिया, सजावट। ३. सजाने की सामग्री।

भूषित वि० [सं०] १. जिसने गहने पहने हों, अलंकृत। २. सजाया हुआ, सज्जित।

भूसंपत्ति स्त्री० [सं०] वह सम्पत्ति जो खेती-बारी, जंगल, मकान आदि के रूप में हो। (एस्टेट)

भूसना* अ० दे० 'भूँकना'।

भूसर| वि० [सं० भास्वर] चमकता हुआ, उज्ज्वल।
पुं०=भूसुर।

भूसा पुं० [सं० तुष] अनाजों के पौधों के डंठलों का महीन चूरा।

भूसी स्त्री० [हिं० भूसा] १. भूसा। २. दाने आदि के ऊपर का छिलका, चोकर।

भूसुर पुं० [सं०] ब्राह्मण।

भूस्वामी(-मिन्) पुं० [सं०] वह जो किसी भूमिखंड का स्वामी हो, और वह भूमि दूसरों को लगान, भाड़े आदि पर देता हो, जमीन का मालिक। (लैंड-लॉर्ड)

भूहरा* पुं० दे० 'भुँइहरा'।

भृंग पुं० [सं०] भौंरा।

भृंगराज पुं० [सं०] १. भँगरैया (बनस्पति)। २. काले रंग की एक चिड़िया।

भृंगी[1] पुं० [सं० भृंगिन्] शिवजी का एक गण जैसे—शृंगी, नन्दिकेश्वर आदि।

भृंगी[2] स्त्री० [सं०] १. भृंग या भौंरे की मादा, भौंरी। २. बिलनी।

भृकुटी स्त्री० [सं०] भौंह, त्यौरी।

भृगु पुं० [सं०] १. एक प्रसिद्ध मुनि जिन्होंने विष्णु की छाती पर लात मारी थी। २. परशुराम। ३. समुद्रतट की ऊँची ढालुआँ चट्टान, कगार। (क्लिफ)

भृगुरेखा स्त्री० [सं०] विष्णु की छाती पर का वह चिह्न जो भृगु की लात लगने से हुआ था।

भृगुवार पुं० [सं०] शुक्रवार।

भृत पुं० [सं०] [स्त्री० भृता] दास।
वि० १. भरा हुआ, पूरित। २. पूरित। ३. पाला-पोसा हुआ।

भृति स्त्री० [सं०] १. भरने की क्रिया या भाव। २. सेवा, नौकरी। ३. मजदूरी, पारिश्रमिक। ४. वेतन, तनख्वाह। ५. मूल्य, दाम। ६. पालन करना, पालना। ७. वह धन जो पत्नी को निर्वाह के लिए पति द्वारा त्यागे जाने पर मिलता है। (एलिमनी) ८. जीविका-निर्वाह के लिए मिलनेवाला धन, वृत्ति। ९. दे० 'भत्ता'।

भृत्य पुं० [सं०] नौकर, सेवक, चाकर।

भृत्या स्त्री० [सं०] १. नौकरानी, दासी। २. सेवा, नौकरी, भृत्य की वृत्ति।

भेंगा पुं० [देश०] वह जिसकी आँखों की पुतलियाँ टेढ़ी-तिरछी चलती या रहती हों।

भेंट स्त्री० [हिं० भेंटना] १. मिलना, मुलाकात। २. उपहार, नजराना।
मुहा० *भेंट चढ़ जाना*=नष्ट हो जाना, व्यर्थ जाना।

भेंटकर्ता पुं० [सं०] भेंट करनेवाला।

भेंटना अ० [हिं० भिड़ना] मुलाकात करना, मिलना।
स० गले लगाना।

भेंट-पूजा स्त्री० [सं०] किसी कार्य का पारिश्रमिक या पुरस्कार।

भेंटवार्ता स्त्री० [सं०] रेडियो, दूरदर्शन आदि पर किसी विशिष्ट व्यक्ति से कराई जानेवाली भेंट तथा वार्तालाप।

भेइ, भेउ पुं० [सं० भेद] रहस्य, मर्म।

भेक पुं० दे० 'मेंढक'।

भेख* पुं० दे० 'वेष'।

भेखज* पुं० दे० 'भेषज'।

भेजना स० [सं० व्रजन] १. किसी को कहीं जाने के लिए चलने में प्रवृत्त करना। २. कोई वस्तु एक स्थान से दूसरे स्थान के लिए रवाना करना, प्रेषण।

भेजवाना स० हिं० 'भेजना' का प्रे०।

भेजा पुं० [?] सिर के अन्दर का गूदा, मग्ज।

भेड़ स्त्री० [सं० मेष] [पुं० भेड़ा] बकरी की तरह का एक प्रसिद्ध चौपाया।

भेड़-चाल स्त्री० [हिं० भेड़+चाल] दूसरे की देखादेखी काम करने की प्रवृत्ति।

भेड़ना| अ० भीड़ना (बन्द करना)।

भेड़ा पुं० [हिं० भेड़] भेड़ जाति का नर, मेढ़ा, मेष।

भेड़िया पुं० [हिं० भेड़] कुत्ते की जाति का एक प्रसिद्ध जंगली हिंसक जन्तु जो छोटे जानवरों को उठा ले जाता है।

भेड़िया-धसान स्त्री० भेंड़ों जैसा अन्धानुकरण।

भेड़ी स्त्री० दे० 'भेड़'।

भेद पुं० [सं०] १. भेदने या छेदने की क्रिया। २. शत्रु-पक्ष के लोगों को एक दूसरे का विरोधी बनाकर कुछ लोगों को अपनी ओर मिलाना। ३. भीतरी छिपा हुआ हाल, रहस्य। ४. मर्म, तात्पर्य। ५. अन्तर, फरक। ६. प्रकार, तरह।

भेदक वि० [सं०] १. भेदने या छेदनेवाला। २. रेचक, दस्तावर। (वैद्यक) ३. भेद प्रकट करनेवाला, अन्तर लानेवाला।

भेदकातिशयोक्ति स्त्री० [सं०] साहित्य में अतिशयोक्ति अलंकार का एक भेद जिसमें किसी वास्तविक उपमेय का उल्लेख करते हुए भी 'वह कुछ और ही' या 'इन सबसे अलग या और ही है' आदि कहकर उसे भिन्न या अलग ठहराया जाता है।

भेदकारी (-रिन्) वि० [सं०] भेद करनेवाला, भेद या अन्तर दिखानेवाला; जैसे—भेदकारी दृष्टि।

भेददर्शी (-शिन्) वि० [सं०] भेद दिखलानेवाला।

भेदन पुं० [सं०] [वि० भेदनीय, भेद्य, भेदक] १. भेदने की क्रिया या भाव। २. छेदना, बेधना। ३. भेद लेने की क्रिया या भाव। (एस्पॉयनेज)

भेदना स० [सं० भेदन] १. बेधना, छेदना। २. किसी के मन का आशय जानने के लिए उसकी ओर गम्भीर दृष्टि से देखना, उदा० ता पाछैं दुर्योधन भेद्यौ सिर-दिसी तैं मन गर्व धरी। -सूर।

भेदबुद्धि स्त्री० [सं०] वह बुद्धि या विचार जिसके अनुसार प्राय: समानता रखनेवाले मनुष्यों, पदार्थों आदि में भेदभाव किया जाता है।

भेदभाव पुं० [सं०] १. प्राय: समान माने जानेवाले कुछ विशिष्ट लोगों, पदार्थों आदि के प्रति अन्तर या भेद का विचार या भाव रखना। २. कुछ लोगों के साथ एक तरह का या अच्छा और कुछ लोगों के साथ दूसरी तरह का या अनुचित व्यवहार करना। (डिस्क्रिमिनेशन)

भेदभावपूर्ण वि० [सं०] पक्षपातपूर्ण।

भेदमति स्त्री०=भेदबुद्धि।

भेदात्मक वि० [सं०] १. भेद पर आधारित। २. भेद का सूचक। ३. भेदभाव-भरा।

भेदिया पुं० [सं० भेद+हिं० इया(प्रत्य०)] १. जासूस, गुप्तचर। २. भेद या भीतरी रहस्य जाननेवाला।

भेदी[1] पुं० दे० 'भेदिया'।

भेदी[2] वि० [सं० भेदिन्] भेदन करनेवाला, छेदनेवाला।

भेदू पुं० दे० 'भेदिया'।

भेर* पुं०=भेरी (ढोल)।

भेरा पुं० दे० 'बेड़ा'।

भेरी स्त्री० [सं०] लड़ाई में बजाया जानेवाला एक प्रकार का बड़ा ढोल, ढक्का, दुन्दुभी।

भेला[1] पुं० [हिं० भेंट] १. भिड़न्त। २. भेंट, मुलाकात।

भेला[2] पुं० दे० 'भिलावाँ'।

भेला[3] पुं० [?] [स्त्री० अल्पा० भेली] बड़ा गोला या पिंड, जैसे गुड़ का भेला।

भेली स्त्री० [?] गुड़ आदि की गोल बट्टी या पिंडी।

भेव[1]* पुं०=भेद (रहस्य)।

भेव[2]* पुं० [?] तैयारी।

भेष पुं० दे० 'वेष'।

भेषज पुं० [सं०] औषध, दवा।

भेषना* स० दे० 'भेसना'।

भेस पुं० [सं० वेष] १. केवल दूसरों को दिखाने के लिए बनाया हुआ बाहरी रूप-रंग और पहनावा आदि, वेष। २. किसी के अनुकरण पर बनाया हुआ कृत्रिम रूप और पहने हुए वस्त्र आदि।

भेसना* स० [हिं० भेस] १. भेस बनाना। २. कपड़े पहनना।

भैंस स्त्री० [सं० महिष] [पुं० भैंसा] दूध के लिए प्रसिद्ध मादा पशु। (गाय से भिन्न)

भैंसा पुं० [हिं० भैंस] भैंस का नर।

भैंसासुर पुं० दे० 'महिषासुर'।

भै* पुं० दे० 'भय'।

भैचक, भैचक्क वि० दे० 'भौचक'।

भैजन वि० दे० 'भयानक'।

भैजल* पुं० दे० 'भवजाल'।

भैदा* वि०=भयदायक (भयानक)।

भैन, भैना स्त्री० दे० 'बहन'।

भैया पुं० [हिं० भाई] १. भाई। २. बराबरवालों के लिए सम्बोधन का शब्द।

भैयाचारी स्त्री० दे० 'भाईचारा'।

भैरव वि० [सं०] १. भीषण शब्दवाला। २. भयानक, विकट। पुं० १. शिव के एक प्रकार के गण, जिन पर प्रशासन तथा व्यवस्था का दायित्व है। २. एक देवता जिनका वाहन कुत्ता है। ३. साहित्य में भयानक रस। ४. छह रागों में से एक। (संगीत)

भैरवी स्त्री० [सं०] १. एक देवी का नाम, चामुंडा। २. सबेरे गाई जानेवाली एक रागिनी। ३. सबेरे होनेवाला संगीत। वि० भैरव-सम्बन्धी, भैरव का, जैसे भैरवी यातना।

भैरवीचक्र पुं० [सं०] वाममार्गियों, तान्त्रिकों आदि का वह मंडल जो देवी के पूजन के लिए एकत्र होता है।

भैरवी यातना स्त्री० [सं०] हिन्दुओं के विश्वास के अनुसार वह कष्ट जो प्राणियों को मरते समय भैरव देते हैं।

भैषज पुं० [सं०] औषध, दवा।

भैषज्य पुं० [सं०] १. रोगी को औषध आदि देने का काम, चिकित्सा। २. औषध, दवा।
वि० औषध या चिकित्सा-सम्बन्धी, जैसे भैषज्य विधि विज्ञान।

भैहा पुं० [हिं० भव] १. भयभीत, डरा हुआ। २. जो भूत-प्रेत देखकर डर गया हो या जिस पर भूत का आवेश हो।

भोंकना स० [भक० से अनु०] नुकीली चीज जोर से धँसाना, घुसाना; जैसे—छुरा भोंकना।

भोंड़ा वि० [हिं० भद्दा] [भाव० भोंडापन, स्त्री० भोंडी] भद्दा, बदसूरत, कुरूप।

भोंदू वि० [हिं० बुद्धू] मूर्ख।

भोंपा, भोंपू पुं० [भों अनु०+प(प्रत्य०)] १. फूँककर बजाया जानेवाला एक प्रकार का बाजा। २. कल-कारखानों आदि के कर्मचारियों को सचेत करने के लिए बहुत जोर से बजाई जानेवाली एक प्रकार की सीटी। ३. उक्त सीटी बजानेवाला उपकरण।

भो* अ० [हिं० भया] हुआ।

भोकस[1] वि० [हिं० भूख] भुक्खड़, बुभुक्षित।

भोकस[2] पुं० [?] एक प्रकार के राक्षस।

भोक्ता वि० [सं० भोक्तृ] [भाव० भोक्तापन, भोकृत्व] भोग करने या भोगनेवाला।

भोक्तापन पुं० [सं०+हिं० पन(प्रत्य०)] भोक्ता होने की अवस्था या भाव; जैसे सुखी-दुखी होना भोक्तापन की निशानी है। -विष्णुकान्त शास्त्री।

भोग पुं० [सं०] १. सुख, दुख आदि का अनुभव करना। २. देह या शरीर जो सुख, दुख आदि का अनुभव करता या उन्हें भोगता है, उदा० भुजगभोग-भुजदण्ड कञ्ज दर चक्र, गदा बनि आई। -तुलसी। ३. पाप-पुण्य का वह फल जो सुख दुख आदि के रूप में भोगा जाता है, प्रारब्ध। ४. राशियों में ग्रहों के रहने का समय। ५. कोई वस्तु अपने अधिकार में करके उससे सुख या लाभ उठाना, वह स्थिति जिसमें कोई चीज अपने पास रखकर उसका सुख भोगा या उपभोग किया जाता है, अधिकार। (पोजेशन) ६. भक्षण, खाना। ७. देवताओं के आगे रखे जानेवाले खाद्य पदार्थ, नैवेद्य। ८. स्त्रीसम्भोग, मैथुन।

भोगना अ० [सं० भोग] सुख, दुख आदि सहना, भुगतना।

भोगबंधक पुं० [सं० भोग्य+बंधक=रेहन] बन्धक या रेहन का वह प्रकार जिसमें ब्याज के बदले में बँधकी को बन्धक रखी हुई चीज का अधिकार या स्वामित्व अस्थायी रूप से दे दिया जाता है और वह उसकी आय आदि का उपभोग करता है। (मार्टिगेज विद पोजेशन) 'दृष्टबंधक' का उलटा।

भोगवती स्त्री० [सं०] गंगा की वह धारा जो पाताल लोक में प्रवाहित होती है।

भोगवना अ० दे० 'भोगना'।

भोगवाद पुं० [सं०] यह विचारधारा की सृष्टि की हर वस्तु व्यक्ति के भोग के लिए है।

भोगवादिता स्त्री० [सं०] भोग करने की प्रवृत्ति।

भोगवादी वि० [सं०] भोगवाद सम्बन्धी।
वि० भोगवाद का समर्थक।

भोगवाना स० हिं० 'भोगना' का प्रे०।

भोगविलास पुं० [सं०] ऐसे कार्य करना, ऐसे लोगों से संबंध जोड़ना तथा ऐसी वस्तुओं का उपयोग तथा संग्रह करना जिससे सुख मिलता हो।

भोग-संपत्ति स्त्री० [सं०] राजाओं आदि की वह स्वतन्त्र सम्पत्ति जो उनके व्यक्तिगत भोग के लिए होती है और जिसपर राज्य या शासन का अधिकार नहीं होता।

भोगाना स० दे० 'भोगवाना'।

भोगिनी स्त्री० [सं०] केवल सम्भोग के लिए रखी हुई स्त्री, रखेली।

भोगी (-गिन्) पुं० [सं०] [स्त्री० भोगिनी] भोगनेवाला व्यक्ति।
वि० १. भोगनेवाला। २. इन्द्रियों का सुख भोगने या चाहनेवाला।

भोग्य वि० [सं०] भोगने या काम में लाने के योग्य।

भोज[1] पुं० [सं० भोजन] किसी अवसर पर बहुत से निमंत्रित व्यक्तियों को एक साथ कराया जानेवाला भोजन, जेवनार, दावत।

भोज[2] पुं० [सं०] १. भोजकट नामक देश (आजकल का भोजपुर)। २. मालवे के एक प्रसिद्ध परमार राजा जो संस्कृत के बहुत बड़े कवि थे।

भोजन पुं० [सं०] १. खाने की वस्तु भक्षण करना, खाना। २. वे चीजें जो शरीर के पोषण और वर्द्धन के लिए खाई जाती हों, खाने की सामग्री, खाद्य पदार्थ। (फूड) ३. विशेष परिस्थिति या अवस्था में खाई जानेवाली कुछ निश्चित और विशिष्ट प्रकार की वस्तुएँ, विशेषत: रुग्णावस्था में चिकित्सक द्वारा बतलाई हुई खाने की चीजें। (डायट)

भोजन-भट्ट पुं० [सं० भोजन+भट] बहुत अधिक खानेवाला।

भोजन-विधान पुं० [सं०] भोजन द्वारा शरीर स्वस्थ रखने की विद्या।

भोजनालय पुं० [सं०] १. रसोई-घर। २. वह स्थान जहाँ पका हुआ भोजन मिले।

भोजनावकाश पुं० [सं० भोजन+अवकाश] भोजन के लिए मिलनेवाला अवकाश। (लंच टाइम)

भोजनोत्सव पुं० [सं० भोजन+उत्सव] किसी विशिष्ट अवसर पर आमंत्रित व्यक्तियों को कराया जानेवाला विविधतापूर्ण भोजन।

भोजनोपरांत क्रि० वि० [सं०] भोजन के उपरान्त।

भोजपत्र पुं० [सं० भूर्जपत्र] एक प्रकार का वृक्ष जिसकी छाल ग्रन्थ आदि लिखने के काम आती थी।

भोजपुरी स्त्री० [हिं० भोजपुर+ई(प्रत्य०)] भोजपुर की भाषा।
वि० भोजपुर का, भोजपुर-सम्बन्धी।

भोज-प्रबंध पुं० [सं०] भोज की सारी व्यवस्था।

भोज-प्रबंधक पुं० [सं०] भोज का प्रबन्ध करनेवाला।

भोज-विद्या स्त्री० दे० 'इन्द्रजाल'।

भोजी(-जिन्) वि० [सं०] खानेवाला (यौ० के अन्त में, जैसे मांसभोजी)।

भोजू[1] * पुं० दे० 'भोजन'।

भोजू[2] वि० [सं० भोग्य] काम में आने योग्य।

भोज्य पुं० [सं०] खाद्य पदार्थ।
वि० खाने योग्य।

भोट पुं० [सं० बौद्ध ?] भूटान देश।

भोटा * वि० दे० 'भोला'।

भोटिया पुं० [हिं० भोट+इया(प्रत्य०)] भूटान देश का निवासी।
वि० (अविकारी) भूटान देश का।

भोटी वि०, पुं०=भोटिया।

भोडर, भोडल पुं० [देश०] अभ्रक, अबरक।

भोथरा वि० [अनु०] [भाव० भोथरापन] जिसकी धार तेज न हो, कुंठित, कुन्द।

भोथा वि० [हिं० भोथरा] मंद, निस्तेज।

भोना * अ० [हिं० भीनना] १. भींगना या भीनना। २. लिप्त या लीन होना। ३. आसक्त होना। ४. युक्त होना, मिलना। ५. धोखे में पड़ना।
स० १. भिगोना या तर करना। २. युक्त करना, मिलाना। ३. लिप्त, लीन या आसक्त करना। ४. किसी को धोखे में डालना।

भोयन * पुं०=भोजन।

भोर[1] पुं० [सं० भावर, प्रा० भाउर] तड़का।

भोर[2] पुं० [सं० भ्रम] भ्रम, धोखा।
वि० चकित, भौचक्का।
*वि० दे० 'भोला'।

भोरना * स० [सं० भ्रम] १. भ्रम में डालना। २. धोखा देना, ठगना। ३. बहकाना, उदा० ज्यौं दूती पर-बधू भोरि कै, लै पर-पुरुष दिखावै। -सूर।

भोरहरा पुं० दे० 'भोर'।

भोरहरे क्रि० वि० [हिं० भोर] भोर या तड़के के समय, बहुत सबेरे।

भोरा पुं० दे० 'भोर'।
वि० [स्त्री० भोरी] भोला (सीधा)।

भोराई * स्त्री०=भोलापन।

भोराना * स० [हिं० भोर=भ्रम] भ्रम में डालना, भुलाना।
अ० भ्रम या धोखे में आना।

भोलना * स० [हिं० भुलाना] भुलावा देना, बहकाना।

भोला वि० [हिं० भूलना] [भाव० भोलापन] सीधा-सादा, सरल।

भोलानाथ पुं० [हिं०+सं०] महादेव।

भोला-भाला वि० दे० 'भोला'।

भोलेनाथ पुं०=भोलानाथ।

भोसड़ी स्त्री० [?] मलद्वार, गाँड़। (अपशब्द)

भौं स्त्री० दे० 'भौंह'।

भौंकना अ० दे० 'भूँकना'।

भौंतुआ पुं० [हिं० भौना=घूमना] १. कन्धे के नीचे निकलनेवाली एक प्रकार की गिल्टी। २. तेली का बैल, जिसे दिन भर घूमते रहना पड़ता है। ३. दे० 'जल-भौंरा'।
वि० बराबर घूमता रहनेवाला।

भौंना * अ० [सं० भ्रमण] घूमना।

भौंर पुं० [सं० भ्रमर] १. भौंरा। २. भँवर। ३. मुश्की घोड़ा।

भौंरा[1] पुं० [सं० भ्रमर] [स्त्री० भौंरी] १. काले रंग का एक पतंगा। २. बड़ी मधुमक्खी।

भौंरा[2] पुं० [सं० भ्रमरक, प्रा० भँउरअ] १. काठ का वह लट्टू (खिलौना) जिसे बच्चे डोरी की सहायता से घुमाते या नचाते हैं। २. हिंडोले की वह लकड़ी जिसमें झूलने के लिए रस्से बाँधकर लटकाए जाते हैं।

भौंरा[3] पुं० [सं० भुँइहरा] १. तहखाना। २. अन्न रखने का गड्ढा, खात, खत्ता।

भौंराना * स० [सं० भ्रमण] १. चक्कर देना, घुमाना। २. विवाह के समय भाँवर दिलाना।
अ० चक्कर काटना, घूमना।

भौंराला * वि० दे० 'घुँघराला'।

भौंराही * स्त्री० [हिं० भौंरा+आही(प्रत्य०)] भौंरों के मँडराने की क्रिया या भाव।

भौंरी स्त्री० [सं० भ्रमण] १. पशुओं के शरीर पर वे चक्करदार बाल, जिनसे उनके शुभ या अशुभ लक्षणों या गुण-दोष का निर्णय करते हैं। २. दे० 'भाँवर।'

भौंह स्त्री० [सं० भ्रू] आँख के ऊपर की हड्डी पर के बाल, भृकुटी, भौं।
मुहा० *भौंह चढ़ाना या तानना*=क्रुद्ध होना। *(किसी की) भौंह जोहना*=खुशामद के कारण किसी की दृष्टि से उसके मनोभावों का पता लगाते रहना। *भौंह नचाना*=बार-बार भौंहें हिलाना जो स्त्रियों के हाव-भाव और विशेष चंचलता का सूचक है।

भौंहरा * पुं० दे० 'भुँइधरा'।

भौ[1] पुं० [सं० भव] १. संसार। २. उत्पत्ति, जन्म।

भौ[2] पुं० [सं० भय] डर, भय।

भौकन * स्त्री० [हिं० भभक] १. ज्वाला, आग की लपट। २. ताप, जलन।

भौगोलिक वि० [सं०] [भाव० भौगोलिकता] भूगोल का।

भौचक वि० [हिं० भय+चकित] हक्का-बक्का, चकपकाया हुआ, चकित।

भौज* स्त्री० दे० 'भावज'।
भौजल* पुं० दे० 'भवजाल'।
भौजाई स्त्री० [सं० भ्रातृजाया] दे० 'भावज'।
भौजी स्त्री०=भौजाई (भावज)।
भौतिक वि० [सं०] [भाव० भौतिकता] १. पंचभूत से सम्बन्ध रखनेवाला। २. पाँचो भूतों से बना हुआ, पार्थिव। ३. शरीर-सम्बन्धी।
भौतिकता स्त्री० [सं०] भौतिक वस्तुओं से सुख प्राप्त करने की विचारधारा।
भौतिक भूगोल पुं० [सं०] भूगोल की वह शाखा जिसमें इस बात का विवेचन होता है कि पृथ्वी के किस अंश की प्राकृतिक बनावट कैसी है और उसमें कैसे-कैसे उत्पादन होते हैं। (फिजिकल जियॉग्रेफी, फिजियोग्रैफी)
भौतिकवाद पुं० [सं०] भौतिक पदार्थों के संग्रहण तथा उनसे सुख-सुविधा प्राप्त करने की प्रवृत्ति।
भौतिकवादी (-दिन्) पुं० [सं०] भौतिकवाद का समर्थक या पोषक।
वि० भौतिकवाद-सम्बन्धी।
भौतिक विज्ञान पुं० [सं०] वह विज्ञान जिसमें पृथ्वी, जल, वायु, प्रकाश आदि भूतों या तत्त्वों का विवेचन होता है, पदार्थविज्ञान। (फिजिक्स)
भौतिक विद्या स्त्री० [सं०] १. भूतों-प्रेतों को बुलाने और दूर करने की विद्या। २. दे० 'भौतिक विज्ञान'।
भौन* पुं०=भवन।
भौना* अ०=घूमना।
भौम वि० [सं०] १.भूमि-सम्बन्धी, भूमि का। २. भूमि या पृथ्वी से उत्पन्न।
पुं० मंगल ग्रह।
भौमवार पुं० [सं०] मंगलवार।
भौमिक पुं० [सं०] भूमि का स्वामी।
वि० भूमि-सम्बन्धी, भूमि का।
भौमिक अधिकार पुं० [सं०] भूमि को जोतने-बोने आदि का वह अधिकार जो किसी को उसके स्वामी से प्राप्त होता है, भूधृति। (लैंड टेन्योर)
भौमिक अभिलेख पुं० [सं०] भूमि की नाप-जोख, स्वामित्व, भोग आदि से सम्बन्ध रखनेवाले अभिलेख। (लैंड रेकर्ड्स)
भौर* पुं० १. दे० 'भौंरा'। २. दे० 'भँवर'।
भ्रंश पुं० [सं०] १. नीचे गिरना, पतन। २. नाश, ध्वंस, बरबादी।
भ्रम[१] पुं० [सं०] १. किसी को कुछ और ही या दूसरा समझना, मिथ्या ज्ञान, भ्रान्ति, धोखा। २. सन्देह, शक। ३. साहित्य में भ्रान्ति नामक अलंकार का दूसरा नाम।
भ्रम[२] पुं० [सं० सम्भ्रम] मान, प्रतिष्ठा।
भ्रमण पुं० [सं०] १. घूमना-फिरना, चलना-फिरना, विचरण। २. यात्रा, सफर।
भ्रमणशील वि० [सं०] [भाव० भ्रमणशीलता] भ्रमण करता रहनेवाला।
पुं० खानाबदोश।
भ्रमना[१]* अ० [सं० भ्रमण] चक्कर खाना या लगाना, घूमना, उदा० सुर सू भुजा समेत सुन्दरसन देखि भ्रम्यो। -सूर।
भ्रमना[२] अ० [सं० भ्रम] १. भ्रम या सन्देह में पड़ना। २. धोखा खाना। ३. भूल या गलती करना।
भ्रमनि* स्त्री०=भ्रमण।
भ्रममूलक वि० [सं०] जिसके मूल में भ्रम हो, भ्रम के कारण उत्पन्न, भ्रमोत्पादक।।
भ्रमर पुं० [सं०] [स्त्री० भ्रमरी] १. भौंरा। २. उद्धव का एक नाम।
भ्रमरावली स्त्री० [सं०] भौंरों की पंक्ति।
भ्रमवात* पुं० [सं०] घूमती हुई हवा, बवंडर।
भ्रमात्मक वि० [सं०] १. जिसके मूल में भ्रम हो, भ्रममूलक। २. जिसके सम्बन्ध में भ्रम हो, सन्दिग्ध।
भ्रमाना स० हिं० 'भ्रमना' का स०।
भ्रमित वि० [सं०] १. भ्रम में पड़ा हुआ। २. घूमना या चक्कर खाता हुआ।
पुं० भ्रमण।
भ्रमीन* वि० [सं० भ्रमण] भ्रमण करता या घूमता हुआ।
भ्रमोत्पादक वि० [सं० भ्रम+उत्पादक] भ्रम उत्पन्न करनेवाला, भ्रम में डालनेवाला।
भ्रष्ट वि० [सं०] [भाव० भ्रष्टता] १. अपने स्थान से नीचे गिरा हुआ, पतित। २. बहुत बुरा या खराब, दूषित। ३. बदचलन, दुश्चरित। ४. नीतिपथ से गिरा हुआ, निन्दनीय आचरणवाला।
भ्रष्टा स्त्री० [सं०] कुलटा, दुश्चरित्रा।
भ्रष्टाचरण पुं० दे० 'भ्रष्टाचार'।
भ्रष्टाचार पुं० [सं०] [वि० भ्रष्टाचारी] १. नीतिपथ से गिरा हुआ और समाज में बहुत बुरा माना जानेवाला आचरण या व्यवहार। २. शासनिक क्षेत्र में राज-कर्मचारियों आदि का घूस लेना, पक्षपात करना और अनुचित रूप से सरकारी या जनता का धन खा जाना आदि बातें। (कॅरप्शन)
भ्रष्टाचारी (-रिन्) वि० [सं०] भ्रष्टाचार से सम्बद्ध।
पुं० भ्रष्टाचार में लिप्त व्यक्ति।
भ्रांत वि० [सं०] जिसे भ्रान्ति हुई हो, धोखे में पड़ा हुआ।
भ्रांतापह्नुति स्त्री० [सं०] साहित्य में अपह्नुति अलंकार का एक भेद जिसमें किसी को किसी एक बात या वस्तु में दूसरी बात या वस्तु की भ्रान्ति या भ्रम होने पर वास्तविक बात बतलाकर वह भ्रम दूर करने का उल्लेख होता है।
भ्रांति स्त्री० [सं०] १. भ्रम, धोखा। २. सन्देह, शक। ३. भ्रमण। ४. पागलपन। ५. भूल-चूक। ६. साहित्य में एक अलंकार जिसमें उपमेय को देखकर भ्रम में उसे उपमान ही समझ लिया जाता है, जैसे पलाश के पत्तों (उपमेय) को देखकर विरहिणी नायिका का भूल से उन्हें जलते हुए अंगारे (उपमान), समझ लेना, इसे 'भ्रम' भी कहते हैं।

भ्रांतिकारक, भ्रांतिपूर्ण वि० [सं०] भ्रान्ति उत्पन्न करनेवाला।

भ्रांतिमूलक वि० [सं०] भ्रामक, भ्रममूलक।

भ्राजना* अ० [सं० भ्रजन] शोभा पाना।

भ्राजमान* वि० [हिं० भ्राजना] शोभायमान, सुशोभित।

भ्राता पुं० [सं० भ्रातृ] भाई।

भ्रातृक वि० [सं०] भ्राता-सम्बन्धी।

भ्रातृजाया स्त्री० [सं०] भावज।

भ्रातृत्व पुं० [सं०] १. भाई होने का भाव या धर्म। २. भाई-चारा, बन्धुत्व।

भ्रातृभाव पुं० [सं०] १. भाई का-सा प्रेम या सम्बन्ध। २. दूसरों को अपना भाई समझना या उनसे भाइयों का-सा व्यवहार करना, भाई-चारा।

भ्रातृवर पुं० [सं०] श्रेष्ठ भाई। (प्राय: संबोधन रूप में प्रयुक्त)

भ्रात्रीय वि० [सं०] भ्राता-सम्बन्धी।

भ्राम* पुं० दे० 'भ्रम'।

भ्रामक वि० [सं०] [भाव० भ्रामकता] १. भ्रम उत्पन्न करनेवाला, धोखे में डालकर इधर-उधर ले जानेवाला। (मिसलीडिंग) २. घुमानेवाला, चक्कर खिलानेवाला।

भ्रामकता स्त्री० [सं०] १. भ्रामक होने की अवस्था या भाव। २. भ्रामक बात।

भ्रिंगी* स्त्री० पुं०=भृंगी।

भ्रू स्त्री० [सं०] भौंह।

भ्रूण पुं० [सं०] १. स्त्री का गर्भ। २. बालक की गर्भ में रहने की अवस्था, विशेषत: गर्भाधान से प्राय: चार मास तक की अवस्था। (एम्ब्रायो)

भ्रूणहत्या स्त्री० [सं०] गर्भ में भ्रूण या बालक को मार डालना।

भ्रूमध्य पुं० [सं० भ्रू+मध्य] दोनों भौंहों के मध्य का स्थान।

भ्रूविक्षेप पुं० [सं०] १. दृष्टि डालना, देखना। २. त्योरी चढ़ाना।

भ्वहरना अ०=डरना।

भ्वैहरा† पुं० [सं० भू+धर] जमीन में खोदा हुआ गड्ढा।

म

म नागरी वर्णमाला का पचीसवाँ व्यंजन और पवर्ग का अन्तिम वर्ण, जिसका उच्चारण होंठ और नासिका से होता है, संगीत में यह 'मध्यम' स्वर और छन्दशास्त्र में 'मगण' का संक्षिप्त रूप और सूचक माना जाता है।

मंकुर* पुं० [सं० मुकुर] शीशा।

मंग* स्त्री० [हिं० माँग] १. माँग। २. जटा। ३. सिर।

मँगता पुं० दे० 'मंगन' २।

मंगन पुं० [हिं० माँगना] १. माँगने की क्रिया या भाव। २. भीख माँगनेवाला, भिक्षुक, भिखमंगा।

मंगना* स०=माँगना, उदा० कहा बिदुर की जाति बरन है, आइ साग लिओ मंगी। -सूर।

मँगनी स्त्री० [हिं० माँगना+ई(प्रत्य०)] १. किसी के माँगने पर उसे कुछ समय के लिए कोई चीज देना। २. अपना काम चलाने के लिए किसी से माँग कर उसकी कोई चीज (बाद में लौटा देने के लिए) लेना। ३. इस प्रकार दी हुई चीज। ४. वह रस्म जिसमें वर और कन्या का सम्बन्ध पक्का और तै होता है।

मंगरना* स० दे० 'मंगलना'।

मंगल पुं० [सं०] १. कल्याण, भलाई, क्षेम। २. सौर जगत का एक प्रसिद्ध ग्रह, भौम। (मार्स) ३. मंगलवार। ४. सफेद रंग की एक कठोर धातु, जिसका उपयोग शीशे के सामान बनाने में होता है। (मैंगनीज)

पद *मंगल हो*=(आप को) सफलता मिले, (आप) सुखी-संपन्न हो।

मंगल कलश पुं० [सं०] मंगल अवसरों पर पूजा के लिए अथवा यों ही रखा जानेवाला पानी का घड़ा।

मंगलकारक, मंगलकारी (-रिन्) वि० [सं०] मंगल करनेवाला शुभ।

मंगल घट पुं० [सं०] मंगल कलश।

मंगलदायक वि० [सं०] मंगल करनेवाला शुभ।

मंगलना स० [सं० मंगल=शुभ] प्रज्वलित करना, जलाना, जैसे दीया मंगलना, होली मंगलना। (मंगल भाषित)

मंगलपाठ पुं० दे० 'मंगलाचरण'।

मंगलपाठक पुं० [सं०] बन्दीजन।

मंगलप्रद वि० [सं०] मंगलकारी।

मंगलभाषित पुं० [सं०] किसी अप्रिय या अशुभ बात को प्रिय या शुभ रूप में कहने का प्रकार, जैसे 'चूड़ियाँ तोड़ना' न कहकर 'चूड़ियाँ बढ़ाना' कहना।

मंगलमय वि० [सं०] [वि० स्त्री० मंगलमयी] शुभ, मंगलकारी; जैसे-मंगलमय अवसर, मंगलमयी सृष्टि।

मंगल वर्षा स्त्री० [सं०] शुभ कार्यों, सूचनाओं आदि से धन और सुख की प्राप्ति होना।

मंगलवार पुं० [सं०] सोमवार और बुधवार के बीच का दिन।

मंगलसूत्र पुं० [सं०] १. किसी देवता के प्रसाद-रूप में कलाई पर बाँधा जानेवाला डोरा या तागा। २. सुहागिन स्त्रियों के अपने सुहाग के लिए गले में पहनने की लड़ी या माला जिसमें दो कटोरियाँ और कुछ सोने या चाँदी की गुरियाँ रहती हैं।

मंगलांकुर पुं० [सं० मंगल+अंकुर] जौ के अंकुर जो मंगलदायक माने जाते हैं।

मंगला वि०=मंगली।

मंगलाचरण पुं० [सं०] वह पद्य जो शुभ कार्य के पहले मंगल की कामना से पढ़ा या कहा जाता है। (प्रिल्यूड)

मंगलामुखी स्त्री० दे० 'वेश्या'।

मंगली वि० [सं० मंगल (ग्रह)] १. जिसकी जन्मकुंडली के चौथे, आठवें या बारहवें स्थान में मंगल ग्रह हो। (अशुभ) स्त्री० १. हलदी। २. वह जिसकी कुंडली के चौथे, आठवें या बारहवें स्थान में मंगल ग्रह हो।

मँगाना स० [हिं० 'माँगना' का प्रे०] १. माँगने का काम दूसरे से कराना। २. किसी से कोई चीज लाकर देने के लिए कहना। ३. मँगनी कराना।

मँगारना* स० दे० 'मंगलना'।

मँगेतर वि० [हिं० मँगनी+एतर(प्रत्य०)] जिसके साथ किसी की मँगनी हुई हो।
उभय० वह जिससे किसी की मँगनी हुई हो।

मंगोल पुं० [मंगोलिया राज्य] १. मध्य एशिया की एक जाति। २. उक्त जाति का व्यक्ति।

मंच पुं० [सं०] १. खाट, खटिया। २. छोटी पीढ़ी, मँचिया। ३. वह ऊँचा मण्डप जिस पर बैठकर सर्वसाधारण के सामने कोई कार्य किया जाए। (स्टेज, डायस) ४. दे० 'रंगमंच'।

मंचन पुं० [सं० मंच] मंच पर नाटक का खेला जाना।

मंचित वि० [हिं० मंचन] (नाटक) जो मंच पर खेला गया हो।

मंचीय वि० [हिं० मंचन] १. मंचन के योग्य। २. मंचन-सम्बन्धी।

मंछर* पुं० १. दे० 'मत्सर'। २. दे० 'मच्छर'।

मंजन पुं० [सं० मज्जन] १. दाँत साफ करने का चूर्ण या बुकनी। २. दे. 'मज्जन' (स्नान)।

मँजना अ० [हिं० माँजना] १. माँजा जाना। २. अभ्यास होना, जैसे हाथ मँजना।

मंजर पुं० [अ० मन्ज़र] दृश्य, नजारा।

मंजरित वि० [सं० मंजरी] जिसमें मंजरी लगी हो, मंजरियों से युक्त।

मंजरी स्त्री० [सं०] १. नया निकला हुआ कल्ला, कोंपल। २. कुछ विशिष्ट पौधों के सींकों में लगे हुए बहुत-से दानों का समूह। ३. लता।

मंजा पूं० [पं०] खाट, खटिया।

मँजाई स्त्री० [हिं० माँजना] माँजने की क्रिया, भाव या मजदूरी।

मँजाना स० हिं० 'माँजना' का प्रे०।

मँजार* पुं० [सं० मार्जार] बिल्ली का नर, बिल्ला।

मंजिल स्त्री० [अ० मन्ज़िल] १. यात्रा के समय मार्ग में ठहरने का स्थान, पड़ाव। २. मकान का खंड, मरातिब।

मंजीर पुं० [सं०] नूपुर, घुँघरू।

मंजीरा पुं० [सं० मंजीर] संगीत में ताल देने के काम आनेवाली दो कटोरियाँ जिन्हें टकराने से शब्द होता है।

मंजु वि० [सं०] [भाव० मंजुता] सुन्दर।

मंजुखा* स्त्री०=मंजूषा।

मंजुघोषा स्त्री० [सं०] सुंदर स्वरवाली गायिका।

मंजुल वि० [सं०] [स्त्री० मंजुला, भाव० मंजुलता] सुन्दर, मनोहर।

मंजूर वि० [अ० मन्ज़ूर] स्वीकृत।

मंजूरी स्त्री० [अ० मन्ज़ूरी] स्वीकृति।

मंजूषा स्त्री० [सं०] १. छोटा पिटारा या डिब्बा, पिटारी। २. हाथी का हौदा। ३. आज-कल वह चोंगा, तश्तरी आदि जिसमें रखकर अभिनन्दन-पत्र आदि भेंट किए जाते हैं।

मंझ* वि०=मध्य।

मँझधार स्त्री० [हिं० मँझ=मध्य+धार] १. नदी या उसके प्रवाह का मध्य भाग। २. किसी काम का मध्य।

मँझरिया पुं० दे० 'माँझी' (केवट)।

मंझा[1] * वि० [सं० मध्य] बीच का।
*पुं० मध्य, बीच।

मंझा[2] पुं० [सं० मंच] पलंग, खाट।

मंझा[3] पुं० दे० 'माँझा'।

मँझार, मंझारी क्रि० वि० [सं० मध्य] बीच में।
स्त्री० मध्य, बीच।

मँझोला वि० दे० 'मझोला'।

मँड़ई स्त्री० [सं० मंडप] झोंपड़ी, कुटी।

मँडई स्त्री०=मंडी (बाजार)।

मंडन पुं० [सं०] १. शृंगार करना, सजाना। २. साहित्य में सखियों आदि का नायिका को गहने-कपड़े पहना कर और उसकी चोटी आदि करके सजाना। ३. वह वस्तु जिससे किसी की शोभा या सुन्दरता बढ़े। ४. प्रमाण देकर कोई बात सिद्ध करना, 'खंडन' का उलटा।

मंडना[1] * स० [सं० मंडन] १. सजाना। २. युक्ति से सिद्ध करना। ३. भरना। ४. पूरित या युक्त करना। ५. फैलाना, बिछाना। अ० १. मंडित होना, सजना। २. होना।

मंडना[2] स० [सं० मर्दन] पददलित करना, रौंदना।

मँडनी स्त्री० [सं० मृणन, हिं० माँडना] खलिहान में रखे फसल के डंठलों आदि में से अनाज के दाने अलग करने की क्रिया या भाव।

मंडप पुं० [सं०] १. किसी उत्सव या मंगल कार्य के लिए बाँस, फूस, कपड़े आदि से छाकर बनाया हुआ स्थान, मंच। २. देवमन्दिर के ऊपर की गोल बनावट और उसके नीचे का स्थान।

मँडरना* अ० [सं० मंडल] चारों ओर से छाना या स्थान।

मँडरा* पुं० [सं० मंडल] वह चरखी जिस पर चरसा लटकता है।

मँडराई* स्त्री० [सं० मंडल] पक्षियों आदि के मंडल या घेरा बाँधकर उड़ने की क्रिया या भाव।

मँडराना अ० दे० 'मँडलाना'।

मंडल पुं० [सं०] १. परिधि, चक्कर, घेरा। २. गोल विस्तार या कोई घिरा हुआ क्षेत्र। (सर्किल) ३. सूर्य या चन्द्रमा के चारों ओर दिखाई पड़नेवाला घेरा, परिवेश, परिधि।

४. ऋग्वेद का कोई खण्ड। ५. प्रान्त आदि का वह विभाग या अंश जो एक विशेष अधिकारी के अधीन हो, जिला। (डिस्ट्रिक्ट) ६. एक ही प्रकार के या किसी विशेष दृष्टि से साथ रहनेवाले कुछ विशिष्ट लोगों का समाज या समुदाय। (सर्किल) ७. दे० 'कटिबंध' २.।

मंडल-परिषद स्त्री० दे० 'जिला-बोर्ड'।

मंडलाकार वि० [सं०] गोल।

मँडलाना अ० [सं० मंडल] १. किसी वस्तु के ऊपर चारों ओर घूमते हुए उड़ना। २. बराबर किसी के आस-पास रहना।

मंडली[१] स्त्री० [सं०] १. समूह, समाज। २. किसी विशेष कार्य, प्रदर्शन, व्यवसाय आदि के लिए बना हुआ कुछ लोगों का संघटित दल। (कम्पनी)

मंडली[२] पुं० [सं० मंडलिन्] सूर्य।

मंडलीय वि० [सं०] मंडल-सम्बन्धी।

मंडव* पुं०=मंडप।

मँड़वा पुं० दे० 'मंडप'।

मंडा पुं० [हिं० मंडी] बड़ी मंडी या बाजार।

मँडार पुं० [सं० मंडल ?] गड्ढा।

मंडित वि० [सं०] १. सजाया हुआ। २. छाया हुआ। ३. भरा हुआ। ४. युक्त।

मंडित स्वर्ण पुं० [सं०] किसी घटिया धातु पर एक विशिष्ट प्रक्रिया से पत्तर के रूप में चढ़ाया हुआ सोना।

मंडी स्त्री० [सं० मंडप] बहुत बड़ा बाजार, भारी हाट, जैसे अनाज की मंडी।

मंडूक पुं० [सं०] मेंढक।

मंत* पुं० [सं० मंत्र] १. सलाह। २. मन्त्र।

मंतव्य पुं० [सं०] १. मन में स्थिर किया हुआ कोई विचार। २. किसी विषय में प्रकट किया जानेवाला मत। ३. विचार, निश्चय आदि करनेवाली किसी सभा, समिति या लोगों के किसी निकाय का स्थिर किया हुआ कोई निश्चय या निर्णय, संकल्प। ४. विचार के लिए उपस्थित की जानेवाली उक्त प्रकार की कोई बात, प्रस्ताव, । (रिजेलूशन; अन्तिम दोनों अर्थों के लिए)

मंत्र पुं० [सं०] १. गुप्त रखने योग्य रहस्य की बात, गुप्त परामर्श। २. वेद के वे वाक्य जिनके द्वारा यज्ञ आदि करने का विधान है। ३. वे शब्द या वाक्य, जिनका इष्ट-सिद्धि या किसी देवता की प्रसन्नता के लिए जप किया जाता है। ४. वे शब्द या वाक्य जिनका उच्चारण झाड़-फूँक करनेवाले लोग भूत, प्रेत, विष आदि का प्रभाव दूर करने के लिए करते हैं।

मंत्रकार पुं० [सं०] मन्त्र रचनेवाला, ऋषि।

मंत्रणा स्त्री० [सं०] १. किसी को यह बतलाना कि क्या और कैसे करना चाहिए, परामर्श, सलाह। (एडवाइस)। २. आपस की सलाह से स्थिर किया हुआ मत, मन्तव्य। ३. विचार-विमर्श।

मंत्रद्रष्टा वि० [सं०] वेद का मन्त्र प्रकाश करनेवाला (ऋषि)।

मंत्रपूत वि० [सं०] १. मन्त्र पढ़कर पवित्र किया हुआ। २. मन्त्र पढ़कर फूँका हुआ।

मंत्रबल पुं० [सं०] मंत्र द्वारा परिचालित या वशीभूत करने की शक्ति, मंत्र की शक्ति।

मंत्रमार्जन पुं० [सं०] मन्त्रों से पवित्र करना।

मंत्रालय पुं० [सं०] मन्त्री का कार्यालय या विभाग।

मंत्रिणी स्त्री० [सं०] मन्त्रणा देनेवाली स्त्री।

मंत्रित वि० [सं०] १. जिसका मन्त्र से संस्कार किया गया हो, अभिमन्त्रित। २. जिसे किसी प्रकार की मन्त्रणा, परामर्श या सलाह दी गई हो। (ऐडवाइज्ड) ३, (कार्य या बात) जिसके सम्बन्ध में मन्त्रणा या सलाह दी गई हो। (ऐडवाइज्ड)

मंत्रित्व पुं० [सं०] मन्त्री का कार्य या पद।

मंत्रित्वकाल पुं० [सं०] उतना समय जिसमें कोई मंत्री के पद पर रहे।

मंत्रिमंडल पुं० [सं०] किसी देश, राज्य, संस्था आदि के मन्त्रियों का समूह। (कैबिनेट)

मंत्री (-त्रिन्) पुं० [सं०] [स्त्री० मंत्रिणी] १. परामर्श या सलाह देनेवाला। २. वह प्रधान अधिकारी जिसके परामर्श से राज्य के अथवा राज्य के किसी विभाग के सब काम होते हों। (मिनिस्टर)। ३. किसी संस्था या सरकारी विभाग का वह अधिकारी जो नियमित रूप से उसके सब काम चलाता हो। (सेक्रेटरी)

मंत्रेला पुं० [सं० मन्त्र] मन्त्र-तन्त्र या झाड़-फूँक जाननेवाला।

मंथन पुं० [सं०] १. मथना, बिलोना। २. गहरी छान-बीन। ३. मथानी।

मंथर वि० [सं०] [भाव० मंथरता] धीमी गतिवाला, मन्द, धीमा, सुस्त।

मंद[१] वि० [सं०] १. धीमा, सुस्त। ३. आलसी। ३. जड़बुद्धि, मूर्ख। ४. दुष्ट। ५. छोटा, छोटा-सा; जैसे मंदोदरी अर्थात् छोटे से पेटवाली।

मंद[२] प्रत्य० [फा०] वाला; जैसे—अक्लमंद=बुद्धिवाला।

मंदग* वि० [सं०] धीरे-धीरे चलनेवाला।

मंदन वि० [सं० मन्द] मन्द या थोड़ी बुद्धिवाला, मूर्ख।

मंदबुद्धि वि० [सं०] जिसकी बुद्धि मन्द या हीन हो, मूर्ख।

मंदर[१] पुं० [सं०] १. पुराणों में उल्लिखित वह प्रसिद्ध पर्वत जिससे देवों और असुरों ने समुद्र मथा था। २. स्वर्ग। ३. दर्पण।

मंदर[२] पुं० [सं० मंद्र] गम्भीर ध्वनि या शब्द।
वि० मन्द, धीमा।

मंदराचल पुं० [सं०] मंदर (पर्वत)।

मंदल* पुं०=मृदंग।

मंदा वि० [सं० मंद] [स्त्री० मंदी] १. दे० 'मंद'। २. कम मूल्य का, सस्ता। ३. जिसका भाव या दाम उतर या गिर गया हो। ४. घटिया। ५. बुरा, खराब। ६. अशुभ।

मंदाकिनी स्त्री० [सं०] १. मंद गतिवाली धारा। २. गंगा की स्वर्ग में मंद गति से बहनेवाली धारा, आकाशगंगा।

मंदाग्नि स्त्री० [सं०] अन्न न पचने का रोग, बदहजमी, अपच।

मंदार पुं० [सं०] १. स्वर्ग का एक वृक्ष। २. आक या मदार का पेड़। ३. स्वर्ग। ४. हाथी। ५. मन्दर नामक पर्वत।

मंदित वि०=मंद।

मंदिर पुं० [सं०] १. देवालय। २. घर, निवास।

मंदिल* पुं० १. दे० 'मंदिर'। २. दे० 'मंदील'।

मँदिलरा* पुं० १. दे० 'मंदिर'। २. दे० 'मंदिल'।

मंदी स्त्री० [हिं० मंद] १. भाव कम होना, महँगी का उलटा, सस्ती। २. बाजार में बिक्री कम होना, 'तेजी' का उलटा।

मंदील पुं० [सं० मुंड?] एक प्रकार का कामदार रेशमी साफा।

मंदोदरी वि० [सं०] मंद उदरवाली, छोटे से पेटवाली। स्त्री० [सं०] रावण की पटरानी, जो मय दानव की कन्या थी, पंच कन्याओं में से एक।

मंदोष्ण वि० [सं०] हलका गरम, कुनकुना, कवोष्ण।

मंद्र वि० [सं०] १. मनोहर, सुन्दर। २. प्रसन्न। ३. गम्भीर। ४. धीमा (स्वर, शब्द आदि)। पुं० मंद्र-सप्तक।

मंशा स्त्री० [अ०, मि० सं० मनस्] १. इच्छा, चाह। २. आशय, मतलब। ३. अभिलाषा।

मंसूख वि० [अ०] रद।

मँहगा वि० दे० 'महँगा'।

मँहगाई स्त्री० दे० 'महँगाई'।

मँहगी स्त्री० दे० 'महँगी'।

मइँ* सर्व दे० 'मैं'।

मइका पुं० दे० 'मायका'।

मइमंत वि० दे० 'मैमंत'।

मई[1] वि० [सं० मय का स्त्री०] संस्कृत 'मयी' (प्रत्य०) का कवियों द्वारा प्रयुक्त रूप, जैसे नेहमई=स्नेहमयी।

मई[2] पुं० [अं० मे] अंग्रेजी वर्ष का पाँचवा महीना।

मउगा* पुं०=मौगा (जनखा)।

मकड़जाल पुं० [हिं० मकड़ी+सं० जाल] १. मकड़ी का जाला। २. किसी व्यक्ति को पकड़ने या फँसाने के लिए बिछाया या रचा हुआ जाल।

मकड़ा पुं० [हिं० मकड़ी] १. नर-मकड़ी। २. बड़ी मकड़ी।

मकड़ी स्त्री० [सं० मर्कटक] एक प्रसिद्ध कीड़ा जो अपने शरीर से निकले हुए एक प्रकार के तन्तुओं से जाला बनाकर उसमें मक्खियाँ आदि फँसाता है।

मकतब पुं० [अ० मक्तब] पाठशाला।

मकता पुं० [अ० मक्तः] गजल का अन्तिम शेर जिसमें शायर का नाम या उपनाम रहता है।

मकना वि०, पुं० दे० 'मकुना'।

मकबरा पुं० [अ०] वह इमारत जिसमें किसी की कब्र हो, रौजा, मजार।

मकबूल वि० [अ० मक्बूल] १. कबूल या स्वीकार किया हुआ। २. चुना हुआ। ३. प्रिय, प्यारा।

मकरंद पुं० [सं०] १. पुष्प रस। २. फूलों का केसर। ३. पराग।

मकर[1] पुं० [सं०] [स्त्री० मकरी] १. मगर या घड़ियाल नामक जलजन्तु। २. मछली। ३. दसवीं राशि जिसमें उत्तराषाढा नक्षत्र के अन्तिम तीन पाद, पूरा श्रवण नक्षत्र और धनिष्ठा के आरम्भ के दो पाद हैं।

मकर[2] पुं० [फा०] १. छल, धोखा। २. नखरा।

मकरकुंडल पुं० [सं०] मगर नाम जलजन्तु के आकार का कुण्डल।

मकराकृत वि० [सं०] मकर (मगर नामक जलजन्तु) या मछली के आकार का।

मकरालय पुं० [सं०] समुद्र।

मकसद पुं० [अ० मक्सिद] १. उद्देश्य। २. अभिप्राय, तात्पर्य, मतलब।

मकसूद वि० [अ० मक्सूद] १. उद्दिष्ट। २. अभिप्रेत।

मकान पुं० [फा०] गृह, घर।

मकाम पुं० [अ०] रहने या ठहरने का स्थान।

मकुंद पुं० दे० 'मुकुंद'।

मकु* योज० [सं० म] १. चाहे। २. बल्कि। ३. कदाचित, शायद।

मकुना पुं० [सं० मनाक=हाथी] बिना दाँतवाला छोटा नर हाथी। वि० १. अपेक्षाकृत कम ऊँचाई का, नाटा। २. छोटा।

मकोई स्त्री० [हिं० मकोय] एक प्रकार की जंगली छोटी मकोय (पौधा और उसका फल)।

मकोड़ा, मकौड़ा पुं० [हिं० कीड़ा] छोटा कीड़ा।

मकोय स्त्री० [सं० काकमाता] १. एक प्रकार का छोटा पौधा। २. इस पौधे के छोटे, खट्टे, गोल पीले फल।

मकोरना स० दे० 'मरोड़ना'।

मक्का[1] पुं० [देश०] ज्वार, मकई।

मक्का[2] पुं० एक प्रकार की घास।

मक्का[3] पुं० (अरब में) मुसलमानों का एक प्रसिद्ध तीर्थ स्थान।

मक्कार वि० [अ०] [भाव० मक्कारी] धूर्त, कपटी, छली।

मक्कारी स्त्री० [अ०] धूर्तता, छल, धोखा, कपट।

मक्खन पुं० [सं० मंथन] दही या दूध मथने से निकला हुआ उसका सार भाग, जिसे तपाने से घी बनता है, नवनीत, नैनूँ।

मुहा० *कलेजे पर मक्खन मला जाना*=छाती ठंडी होना, बहुत सन्तोष या तृप्ति होना।

मक्खनबाज वि० [हिं० मक्खन+फा० बाज] चापलूस, खुशामदी।

मक्खनबाजी स्त्री० चापलूसी, खुशामद।

मक्खनी वि० मक्खन से बना हुआ।

मक्खी स्त्री० [सं० मक्षिका] १. एक प्रसिद्ध उड़नेवाला छोटा कीड़ा जो प्रायः सब जगह पाया जाता है, मक्षिका।

मुहा० *जीती मक्खी निगलना*=जानबूझकर ऐसा काम करना जिसके कारण पीछे हानि हो। *मक्खी की तरह निकाल फेंकना*=त्याज्य या निकृष्ट समझकर बिल्कुल अलग कर देना।

२. मधुमक्खी, ममाखी।

मक्खी चूस पुं० [हिं० मक्खी+चूसना] परम कृपण, भारी कंजूस।

मक्षिका स्त्री० [सं०] मक्खी।

मख पुं० [सं०] यज्ञ।

मखतूल पुं० [सं० महर्घ तूल] [वि० मखतूली] काला रेशम।

मखनिया वि० [हिं० मक्खन] मक्खन निकाला हुआ (दही या दूध)।

मखपाल पुं० [सं०] यज्ञ की रक्षा करनेवाला।

मखमल स्त्री० [अ० मख़्मल] [वि० मखमली] एक प्रकार का बढ़िया रेशमी कपड़ा।

मखमली वि० [अ० मख़्मल] १. मखमल का बना हुआ।

२. मखमल की तरह मुलायम।

मखशाला स्त्री०=यज्ञशाला।

मखाना पुं० दे० 'ताल मखाना'।

मखौल पुं० [देश०] हँसी-ठट्ठा, उपहास, दिल्लगी, खिल्ली।

मखौलिया वि० [हिं० मखौल] दिल्लगीबाज, हँसोड़।

मग[1] पुं० [सं० मार्ग] मार्ग, रास्ता।

मग[2] पुं० [सं० मगध] मगध देश।

मगचारी* पुं० [सं० मग+चर] पथिक, बटोही।

मगज पुं० [अ० मग़्ज़] १. मस्तिष्क। २. दिमाग।

मुहा० *मगज खाना या चाटना*=व्यर्थ बकवाद करके तंग करना।

२. गिरी, मींगी।

मगज-पच्ची स्त्री० [हिं० मगज+पचाना] कुछ सोचने या करने के लिए बहुत दिमाग लड़ाना, सिर खपाना।

मगजी स्त्री० दे० 'गोट' (कपड़े की)।

मगण पुं० [सं०] छन्दशास्त्र में तीन गुरु वर्णों का एक गण, जैसे जामाता।

मगदल पुं० [सं० मुद्‌ग] उड़द या मूँग के आटे का एक प्रकार का लड्डू।

मगजूर* वि० दे० 'मकदूर'।

मगध पुं० [सं०] १. दक्षिणी बिहार का पुराना नाम। २. बन्दीजन।

मगन वि० [सं० मग्न] १. परम प्रसन्न, बहुत खुश। २. दे० 'मग्न'।

मगर[1] पुं० [सं० मकर] दे० 'मकर' १, २।

मगर[2] योज० [फा०] लेकिन, परन्तु, पर।

मगर[3] पुं०=मार्ग।

मगरना* अ०=मंगलना (जलना)।

मगरमच्छ पुं० [हिं० मगर+मछली] १. मगर या घड़ियाल नामक जलजन्तु। २. बहुत बड़ी मछली।

मगरिब पुं० [अ०] [वि० मगरिबी] पश्चिम दिशा, पश्चिम।

मगरिबी वि० [अ०] मगरिब या पश्चिम दिशा का, पश्चिमी। स्त्री० पुरानी चाल की एक प्रकार की तलवार।

मगरूर वि० [अ०] [भाव० मगरूरी] अभिमानी, घमंडी।

मगवास* पुं० [सं० मार्ग+वास] १. रास्ते का ठिकाना, रास्ते में ठहरने की जगह। २. रास्ते में रहने की क्रिया या भाव।

मगसर पुं०=मार्गशीर्ष (महीना)।

मगहर* पुं० दे० 'मगध'।

मगहा* पुं० [सं० मगध] मगध देश।

मगही वि० [हिं० मगर] मगध देश का।

मग्ग[1] पुं० [अं०] प्याले की तरह का एक पात्र।

मग्ग[2] पुं० [सं० मार्ग] रास्ता।

मग्गी* पुं० [सं० मार्ग] पथिक, बटोही।

मग्न वि० [सं०] [भाव० मग्नता] १. डूबा हुआ; जैसे जलमग्न, शोकमग्न। २. जिसका ध्यान पूरी तरह से किसी काम में लगा हो, तन्मय, लीन; जैसे-पुस्तक पढ़ने में मगन। ३. प्रसन्न।

मघवा पुं० [सं० मघवन्] इन्द्र।

मघा पुं० [सं०] सत्ताईस नक्षत्रों में से दसवाँ नक्षत्र।

मघोनी* स्त्री० [सं० मघवन्] इन्द्राणी।

मघौना पुं० [सं० मघवा] इन्द्र।

मचकना स०, अ० [भाव० मचक] दे० 'मचमचाना'।

मचका पुं० [हिं० मचकना] १. धक्का। २. झोंका। ३. झूले की पेंग।

मचना अ० [अनु०] १. (शोर इत्यादि) आरम्भ होना। २. (धूम, कीर्ति आदि) छा जाना, फैलना।

मचमच स्त्री० [अनु०] किसी चीज के दबने या दबाए जाने पर होनेवाला शब्द।

मचमचाना स०, अ० [अनु०] इस प्रकार दबाना या दबना कि मचमच शब्द हो।

मचमचाहट स्त्री० [हिं० मचमच] १. खलबली। २. उतावली।

मचलना अ० [अनु०] [भाव० मचल] किसी चीज के लिए बालकों या स्त्रियों की तरह हठ करना, अड़ना।

मचला वि० [हिं० मचलना] १. बोलने के समय जान-बूझकर चुप रहनेवाला। २. मचलनेवाला।

मचलाई* स्त्री० [हिं० मचलना] मचलने की क्रिया या भाव।

मचलाना अ० [अनु०] कै मालूम होना, (जी) मिचलाना। स० किसी को मचलने में प्रवृत्त करना। *अ० दे० 'मचलना'।

मचान स्त्री० [सं० मंच+हिं० आन (प्रत्य०)] १. शिकार खेलने या खेत की रखवाली के लिए लट्ठों पर बाँधकर बनाया हुआ ऊँचा स्थान। २. ऊँची बैठक, मंच।

मचाना स० हिं० 'मचना' का स०।

मचिया स्त्री० [सं० मंच] १. छोटी चारपाई। २. पीढ़ी।

मची| स्त्री०=मचिया।

मच्छ पुं० [सं० मत्स्य] बड़ी मछली।

मच्छड़ पुं०=मच्छर।

मच्छर पुं० [सं० मशक] एक प्रसिद्ध छोटा उड़नेवाला कीड़ा, इसकी मादा काटती और खून चूसती है।

मुहा० *मच्छर पर तोप चलाना*=नगण्य बात का घोर विरोध करना।

*पुं०=मत्सर।

मच्छरता स्त्री० दे० 'मत्सर'।

मच्छरदानी स्त्री० दे० 'मसहरी'।

मच्छी| स्त्री०=मछली।

मच्छीमारी स्त्री० [हिं० मछली+मारना] मछलियाँ पकड़ने तथा उनका मांस बेचने का व्यवसाय।

मच्छोदरी स्त्री० [सं० मत्स्योदरी] वेद व्यास की माता, सत्यवती।

मछली स्त्री० [सं० मत्स्य+हिं० ली(प्रत्य०)] एक प्रसिद्ध जलजन्तु जिसकी अनेक छोटी बड़ी जातियाँ होती हैं, मीन।

मछुआ, मछुवा पुं० [हिं० मछली] [स्त्री० मछुआरिन, मछुवारिन] मछली पकड़नेवाला, मल्लाह।

मज सर्व०=मुझे। (राज० और गुज०)

मजकूरी पुं० [फा० मज्कूरी] सम्मन तामील करनेवाला चपरासी।

मजदूर पुं० [फा० मज़दूर] [स्त्री०, मजदूरनी, मजदूरिन] १. दूसरों का साधारण शारीरिक श्रम का कार्य करके निर्वाह करने वाला, मजूर, श्रमिक। (लेबरर)। २. मोटिया, बोझ ढोनेवाला।

मजदूरी स्त्री० [फा० मज्दूरी] १. मजदूर का काम का भाव। २. मजदूर को मिलनेवाला पारिश्रमिक या धन। (वेजिज)

मजन पुं० १. दे० 'मज्जन' २. दे० 'मार्जन'।

मजना अ० दे० 'मझाना'।

मजबूत वि० [अ०] [भाव० मजबूती] १. दृढ़, पुष्ट, पक्का। २. बलवान, तगड़ा, बलिष्ठ।

मजबूर वि० [अ०] [भाव० मजबूरी] विवश, लाचार।

मजबूरन क्रि० वि० [अ०] लाचारी की हालत में, विवश होकर।

मजबूरी स्त्री० [अ०] विवशता, लाचारी।

मजमा पुं० [अ०] बहुत से लोगों का एक जगह जमाव, भीड़-भाड़, जमघट।

मजमून पुं० [अ० मज़्मून] १. किसी लेख आदि का विषय। २. लेख।

मजरूह वि० [अ० मज़्रूह] घायल, जख्मी।

मजलिस स्त्री० [अ० मज्लिस] १. दे० 'महफिल'। २. दे० 'सभा'।

मजलिसी वि० [अ० मज्लिसी] मजलिस-सम्बन्धी।

मजलूम वि० [अ० मज़्लूम] पीड़ित, सताया हुआ।

मजहब पुं० [अ० मज़हब] [वि० मजहबी] धार्मिक सम्प्रदाय, पन्थ, मत।

मजा पुं० [फा० मज़:] १. जीभ का स्वाद।

मुहा० *मजा चखाना*=समुचित दंड देना।

२. आनन्द, सुख। ३. दिल्लगी, हँसी।

मजाक पुं० [अ० मज़ाक] हँसी-ठट्टा।

मजाकबाजी स्त्री० [अ० मज़ाक+फा० बाज़ी] १. एक दूसरे से मजाक करने की वृत्ति। २. इस प्रकार मजाक करना कि कोई परेशान हो जाए।

मजाकिया वि० [अ० मज़ाकिय:] १. मजाक करने में सिद्धहस्त, हँसोड़। २. मजाक-सम्बन्धी।

मजार पुं० [अ० मज़ार] १. मकबरा, समाधि। २. कब्र।

मजारी* स्त्री० दे० 'बिल्ली'।

मजाल स्त्री० [अ० मज़ाल] सामर्थ्य, शक्ति।

मजिल* स्त्री० दे० 'मंजिल'।

मजिस्ट्रेट पुं० [अं०] वह राजकीय अधिकारी जिसके सामने अपराधिक अभियोग आदि विचार और निर्णय के लिए उपस्थित किए जाते हैं और जो शासन-प्रबन्ध के भी कुछ कार्य करता है, दंडाधिकारी।

मजीठ स्त्री० [सं० मंजिष्ठा] १. एक प्रकार की लता। २. इस लता की जड़ और डंठलों से निकला हुआ लाल रंग।

मजीर* स्त्री० दे० 'घौद'।

मजीरा पुं० [सं० मंजीर] ताल देने के लिए काँसे की छोटी कटोरियों की जोड़ी, जोड़ी। (संगीत)

मजूर पुं० १ दे० 'मयूर'। २. दे० 'मजदूर'।

मजूरी स्त्री० दे० 'मजदूरी'।

मजूसा* स्त्री० दे० 'मंजूषा'।

मजेज* वि० [फा० मिज़ाज] अहंकार।

मजेजवंत वि० [हिं० मजेज=मिजाज+वंत (प्रत्य०)] १. बहुत ऊँचे दिमाग या स्वभाववाला। २. अभिमानी, घमंडी।

मजेदार वि० [फा० मज़:दार] १. स्वादिष्ट। २. आनन्ददायक। ३. बढ़िया। ४. मनोरंजक।

मजेदारी स्त्री० [फा० मज़:दारी] १. मजेदार होने की अवस्था या भाव। २. मजेदार बात। ३. मनोरंजन।

मज्जन* पुं० [सं०] [वि० मज्जित] स्नान, नहाना। ३. अनुरक्त होना।

मज्जा स्त्री० [सं०] हड्डी की नली के अन्दर का गूदा।

मज्झ पुं० [सं० मध्य] बीच।

मझाना* स० [सं० मध्य] १. प्रवृष्ट होकर पार करना। २. बीच में होकर पार करना।

अ० थाह लगाना।

मझार* क्रि० वि० [सं० मध्य] बीच में।

मझियाना* अ० [हिं० माँझी] नाव खेना।

मझियारा* वि० [सं० मध्य] बीच का।

मझीला* वि० दे० 'मझोला'।

मझु* सर्व० [हिं० मैं] १. मैं। २. मेरा।

मझोला वि० [सं० मध्य] १. मझला, मध्य या बीच का। २. मध्यम आकार का।

मझोली स्त्री० [हिं० मझोला] एक प्रकार की बैलगाड़ी।

मटक स्त्री० [हिं० मटकना] १. मटकने की क्रिया या भाव। २. गति, चाल।

मटकना[1] अ० [सं० मट=चलना] १. लचककर नखरे से चलना। २. नखरे से हाथ या आँखें नचाना। ३. देखना, ताकना। (क्व०)

मटकना[2] पुं० [हिं० मटका का अल्प०] १. छोटा मटका। २. मिट्टी का पुरवा।

मटकनि* स्त्री० [हिं० मिट्टी] मिट्टी का घड़ा, कमोरा, माट।

मटका पुं० [स्त्री० अल्पा० मटकी] मिट्टी का बड़ा घड़ा।

मटकाना स० [हिं० मटकना] नखरे से स्त्रियों की तरह उँगलियाँ, हाथ, आँखें आदि नचाना।

मटकी स्त्री० [हिं० मटका] छोटा मटका।
स्त्री० दे० 'मटक'।

मटकीला वि० [हिं० मटकना] मटकनेवाला।

मटकौअल स्त्री० दे० 'मटक'।

मटमैला वि० [हिं० मिट्टी+मैल] मिट्टी के रंग का, खाकी।

मटर पुं० [सं० मधुर] एक प्रसिद्ध अन्न जिसकी दाल और तरकारी बनती है।

मटरगश्त पुं० [हिं०=मंद+फा० गश्त] सैर-सपाटा।

मटरगश्ती स्त्री० दे० 'मटरगश्त'।

मटराकार वि० [हिं०+सं०] मटर के दाने के आकार का।

मटिआना स० [हिं० मिट्टी] १. मिट्टी लगाकर माँजना। २. मिट्टी लगाना।

मटिआमेट वि० [हिं० मिट्टी+मिटना] मिट्टी में मिल जाने से मिट जानेवाला।

मटिआला वि० दे० 'मटमैला'।

मटिया वि० [हिं० मिट्टी] मिट्टी का बना हुआ।
स्त्री०=मिट्टी।

मटियामेट वि०=मटिआमेट।

मटुक पुं० दे० 'मुकुट'।

मटुका पुं० दे० 'मटका'।

मट्टी* स्त्री०=मिट्टी।

मट्ठर वि० [सं० मन्द ?] धीरे-धीरे काम करने या चलनेवाला, सुस्त।

मट्ठा पुं०=मठा। (पंजाबी)

मट्ठी स्त्री० [देश०] मठरी।

मठ पुं० [सं०] १. निवास स्थान। २. साधुओं के रहने का मकान, आश्रम।

मठधारी पुं० मठाधीश।

मठरी स्त्री० [देश०] घी में तली हुई मैदे की टिकिया।

मठा पुं० [सं० मंथन] मथकर मक्खन निकाल लेने पर बचा हुआ दही का पानी, छाछ।

मठाधीश पुं० [सं०] मठ का महन्त।

मठाध्यक्ष पुं० [सं०] मठ का अध्यक्ष।

मठिया स्त्री० [हिं० मठ] छोटा मठ।
स्त्री० दे० 'माँठी'।

मठोर स्त्री० [हिं० मट्ठा] दही मथने और मट्ठा रखने की मटकी।

मड़ई स्त्री० झोपड़ी।

मड़क स्त्री० [अनु०] १. ऐसी पेचीली बात जो जल्दी समझ में न आए। २.भेद, रहस्य।

मड़वा पुं० दे० 'मंडप'।

मड़हट* पुं० दे० 'मरघट'।

मड़हा† पुं० दे० 'मंडप'।

मड़ुआ पुं० [देश०] एक प्रकार का मोटा अन्न।
पुं० दे० 'मंडप।'

मड़ैया स्त्री०=झोपड़ी।

मढ़ वि० [हिं० मट्ठर] १. अड़कर बैठनेवाला। २. जल्दी अपनी जगह से न हिलनेवाला।
पुं०=मठ।

मढ़ना स० [सं० मंडन] [प्रे० मढ़वाना, मढ़ाना] १. चारों ओर लगाना या लेपटना। २. बाजे के मुँह पर चमड़ा लगाना। ३. छाना। ४. फैलाना। ५. पुस्तक पर चमड़ा लगाना। ६. पुस्तक पर जिल्द लगाना। ७. चित्र, दर्पण और चौखटे में जड़ना। ८. किसी के सिर काम या दोष थोपना।
अ० १. आरम्भ होना, ठनना। २. मचना। ३. अस्तित्व में आना, वर्तमान होना।

मढ़ा पुं० [सं० मंडप] १. मंडप। २. घेरा।

मढ़ाई स्त्री० [हिं० मढ़ना] मढ़ने की क्रिया, भाव या मजदूरी।

मढ़ी स्त्री० [सं० मठ] १. छोटा-सा मठ। २. छोटा घर। ३. समाधि।

मणि स्त्री० [सं०] १. बहुमूल्य रत्न, जवाहिर। २. श्रेष्ठ और परम योग्य व्यक्ति।
पद *मणि कांचन योग*=उत्तम संयोग।

मणिगुण पुं० [सं०] 'शरन' वृत्त या छन्द का दूसरा नाम।

मणिधर पुं० [सं०] साँप, भुजंग।

मणिपुर पुं० [सं०] हठ योग में शरीर के अन्दर के छह चक्रों या कमलों में से एक जिसका स्थान नाभि से कुछ ऊपर माना गया है। यह दस दलों का माना गया है।

मणिबंध पुं० [सं०] १. कलाई, गट्टा। २. दे० 'मणिपुर'।

मतंग (ज) पुं० [सं०] १. हाथी। २. बादल।

मतंगी पुं० [सं० मतंगिन्] हाथी का सवार।

मत[1] पुं० [सं०] १. सम्मति, विचार, राय। (ओपीनियन)
मुहा० *मत उपाना*=सम्मति स्थिर करना।
२. धर्म, मजहब। ३. पंथ, सम्प्रदाय। ४. भाव, आशय। ५. जिस विषय में मनुष्य रस लेता या जानकारी रखता हो, उसके सम्बन्ध में उसका प्रकट किया हुआ विचार या सम्मति। ६. निर्वाचन आदि के समय किसी व्यक्ति के पक्ष में दी जानेवाली सम्मति। (वोट)

मत[2] क्रि० वि० [सं० मा] न, नहीं (निषेधसूचक)।

मत-गणक पुं० [सं०] मतों की गणना करनेवाला।

मत-गणना स्त्री० [सं०] चुनाव में पड़े मतों की गिनती यह जानने के लिए करना कि किस प्रत्याशी को कितने मत मिले।

मतचल वि० [सं० मति+चल] १. चंचल मतिवाला। २. लालची।

मतदाता पुं० [सं०] वह जो प्रतिनिधि निर्वाचित करने अथवा उसके निर्वाचन के संबंध में मत (वोट) देने का अधिकारी हो। (वोटर)

मतदान पुं० [सं०] प्रतिनिधि के निर्वाचन के संबंध में मत (वोट) देने की क्रिया या भाव। (वोटिंग, पोलिंग)

मतना[1]* अ० [सं० मति] १. मत स्थिर करना। २. विचार करना।

मतना[2] अ० [सं० मत्त] मत्त या पागल होना, उन्मत्त होना।

मतपत्र पुं० [सं०] वह पत्र जिस पर चिह्न लगाकर मतदाता किसी व्यक्ति के पक्ष में अपना मत (वोट) देता है। (बैलट पेपर)

मत-पेटी स्त्री० [सं०+हिं०] वह पेटी जिसमें मतदाता अपना मतपत्र छोड़ता या डालता है। (बैलट बॉक्स)

मत-भिन्नता स्त्री० दे० 'मतभेद'।

मतभेद पुं० [सं०] १. दो या अधिक व्यक्तियों या पक्षों के मत एक-से न होना, आपस में मत न मिलना। २. पारस्परिक विरोध।

मत-मतांतर पुं० [सं०] किसी विषय आदि के पक्ष तथा विपक्ष से संबद्ध सभी मत।

मतरूक वि० [अ०] रद, निरस्त।

मतलब पुं० [अ०] १. तात्पर्य, आशय। २. अर्थ, मानी। ३. स्वार्थ। ४. उद्देश्य। ५. संबंध, लगाव।

मुहा० *मतलब गाँठना*=स्वार्थ साधना।

मतलबी वि० [अ० मतलब] स्वार्थी।

मतली स्त्री० दे० 'मिचली'।

मतवाद पुं० [सं०] [वि०, पुं० मतवादी] किसी मत या विचार-धारा को ही अन्य मतों या विचारधाराओं की अपेक्षा अधिक सही या श्रेष्ठ सिद्ध करने का आग्रह या दुराग्रह।

मतवादी वि० [सं०] [सं० मतवाद] किसी मत या विचारधारा सम्बन्धी; जैसे-मतवादी कट्टरता।
पुं० किसी मत या विचारधारा का समर्थक या प्रतिपादक।

मतवाला[1] वि० [सं० मत्त+हिं० वाला (प्रत्य०)] [स्त्री० मतवाली] १. नशे में चूर। २. हर्ष से उन्मत्त, मस्त। ३. पागल।

मतवाला[2] पुं० [सं० मत+हिं० वाला] किसी मत का अनुयायी।

मतवाला[3] पुं० [?] १. नीचे खड़े हुए शत्रुओं को मारने के लिए किले या पहाड़ पर से लुढ़काया जानेवाला भारी पत्थर। २. एक प्रकार का गावदुमा लम्बा खिलौना।

मतवाली स्त्री० [हिं० मतवाला] १. मत्तता, मद। २. अभिमान।

मत-विभिन्नता स्त्री० [सं०] विचारों की विभिन्नता, वैचारिक मतभेद।

मत-संग्रह पुं० [सं०] जनमत-संग्रह (दे०)।

मतांतर पुं० [सं०] १. मत का परिवर्तन। २. अपने विश्वास या धर्म को छोड़कर अन्य विश्वास या धर्म को अपनाने की क्रिया या भाव।

मताग्रह पुं० [सं०] अपने मत या विचार को मनवाने के लिए किया जानेवाला हठ।

मताग्रही पुं० [सं० मताग्रह] मत मनवाने के लिए हठ करनेवाला।

मताधिकार पुं० [सं०] निर्वाचन में मत (वोट) देने का अधिकार।

मतानुयायी (-यिन्) पुं० [सं०] किसी धार्मिक सम्प्रदाय या किसी व्यक्ति के मत को माननेवाला, मतावलम्बी।

मतानुसार, के संबंधबो० के मत के अनुसार।

मतारी| स्त्री०=माता।

मतालबा पुं० [अ०] १. माँग, तकाजा। २. इच्छा, अपेक्षा।

मतावलंबी पुं० दे० 'मतानुयायी'।

मति[1] स्त्री० [सं०] १. किसी विषय को समझने की मानसिक शक्ति, बुद्धि, समझ। २. साहित्य में कोई अनुचित बात हो जाने पर उसके संबंध में कोई अच्छी या नीति की बात सूझना जो एक संचारी भाव माना गया है।

मति[2] क्रि० वि० [हिं० मत] दे० 'मत' (नहीं)।

मतिभंगी वि० [सं० मति+भंगिन्] बुद्धि भ्रष्ट करनेवाला।

मतिभ्रम पुं० [सं०] बुद्धि की भ्रांति।

मतिमंद वि० [सं०] कम बुद्धि रखनेवाला, मूर्ख, बेवकूफ।

मतिमान, मतिमान् वि० [सं०] बुद्धिमान।

मतिमाह* वि० दे० 'मतिमान'।

मतीरा पुं० [सं० मेट] तरबूज।

मतीस पुं० [?] एक प्रकार का बाजा।

मते* क्रि० वि०=मत (निषेध)।

मतेई* स्त्री० [सं० विमाता] सौतेली माँ।

मतैक्य पुं० [सं०] किसी विषय में सब या कुछ लोगों का विचार या मत एक होना, ऐकमत्य। (यूनैनमिटी)

मत्कुण पुं० [सं०] खटमल।

मत्त वि० [सं०] १. प्रसन्न और निश्चिंत रहनेवाला, मतवाला, मस्त। २. नशे में धुत्त।

मत्ता प्रत्य० [सं० मत् (मान्)+ता, सं० मान् से बननेवाला भाववाचक रूप] जैसे बुद्धिमान से बुद्धिमत्ता।

मत्था| पुं० दे० 'माथा'।

मत्थे क्रि० वि० [हिं० माथा] १. मस्तक या सिर पर, जैसे किसी के मत्थे मढ़ना। २. आसरे या भरोसे पर।

मुहा० *मत्थे मढ़ना*=जिम्मे लगाना।

मत्सर पुं० [सं०] [भाव० मत्सरता, मात्सर्य, वि० मत्सरी, मात्सरिक] १. डाह, ईर्ष्या, जलन। २. क्रोध, गुस्सा।

मत्स्य पुं० [सं०] १. बड़ी मछली। २. विष्णु का पहला अवतार। ३. प्राचीन विराट देश का एक नाम।

मत्स्यगंधा स्त्री० [सं०] १. वह जिसके शरीर से मछली की गंध आती हो। २. सत्यवती (जिसके गर्भ से वेदव्यास उत्पन्न हुए थे)।

मत्स्यागार पुं० [सं० मत्स्य+आगार] वह शीशे का पात्र जिसमें मछलियाँ तथा अन्य जल-जंतु पाले जाते हैं।

मथन पुं० [सं०] [वि० मथित] १. मथने की क्रिया या भाव, बिलोना। २. एक प्रकार का प्राचीन अस्त्र।
वि० मारने या नष्ट करनेवाला।

मथना स० [सं० मथन] १. मथानी या लकड़ी आदि से तरल पदार्थ तेजी से चलाना, बिलोना। २. नष्ट करना, ध्वंस करना। ३. घूम-घूमकर पता लगाना, छानना। ४. अच्छी तरह विचार करना।
† पुं० मथानी, रई।

मथनियाँ स्त्री० दे० 'मथनी'।

मथनी स्त्री० [हिं० मथना] १. दही मथने का बरतन। २. दे० 'मथानी'। ३. 'मंथन'।

मथवाह‡ पुं० [हिं० माथा+वाह=व्यथा] सिर में होनेवाला दर्द या पीड़ा।
पुं० दे० 'महावत'।

मथानी स्त्री० [हिं० मथना] दही मथने के लिए काठ का बना हुआ एक प्रकार का डंडा।

मथित वि० [सं०] मथा हुआ।

मथी* स्त्री० दे० 'मथानी'।

मथूल* पुं० दे० 'मस्तूल'।

मथौत* पुं० [हिं० माथा+औत (प्रत्य०)] प्रत्येक व्यक्ति के हिसाब से लगनेवाला कर।

मथ्या* पुं० दे० 'माथा'।

मदंध* वि० दे० 'मदांध'।

मद[1] पुं० [सं०] १. मादक पदार्थ खाने या पीने से उत्पन्न होनेवाली मानसिक अवस्था, नशा। २. धन, बल, विद्या आदि का ऐसा अहंकार या घमंड जिसमें भले-बुरे का ज्ञान न रह जाता हो, जैसे धन का मद। ३. साहित्य में वह अवस्था जिसमें अपने रूप, यौवन, सौभाग्य आदि के कारण अभिमान या गर्व प्रकट किया जाता है, अथवा नशे आदि में उलटी-सीधी बातें कही जाती हैं (इसकी गणना संचारी भावों में होती है) मत्तता, मस्ती। ४. कुछ विशिष्ट अवस्थाओं में वृक्षों के तने से निकलनेवाला एक प्रकार का तरल पदार्थ। ५. मत्तवाले हाथियों की कनपटी से बहनेवाला गन्ध युक्त तरल पदार्थ, दान। ६. आनन्द, प्रसन्नता, हर्ष। ७. मद्य, शराब। ८. कस्तूरी। ९. वीर्य।

मद[2] स्त्री० [अ०] १. विभाग, सरिश्ता। २. खाता। ३. कोई एक रकम या बात, विषय। जैसे- एक मद छूट गई है।
४. किसी लेखे या विषय-विभाग का शीर्षक। (हेड)

मदक स्त्री० [हिं० मद] अफीम के सत से बननेवाला एक मादक पदार्थ, जो तम्बाकू की तरह पिया जाता है।

मदकची वि० [हिं० मदक] वह जो मदक पीता हो।

मदकल वि० [सं०] मतवाला, मत्त।

मदकाल पुं० [सं०] वह समय जब जीव-जन्तु यौन क्रिया में रत रहते हैं।

मदगर्वित वि० [सं०] घमंडी।

मदगल वि० [हिं० मदकल] मस्त।

मदजल पुं० [सं०] हाथी का मद, दान।

मदत* स्त्री०=मदद।

मदद स्त्री० [अ०] १. सहायता। २. किसी काम पर लगाए हुए राज, मजदूर आदि।

मददगार वि०, पुं० [अ०+फा०] सहायक।

मदन पुं० [सं०] १. कामदेव। २. भौंरा। ३. मैना पक्षी। ४. प्रेम।

मदनमस्त पुं० [सं० मदन+हिं० मस्त] चम्पा की जाति का एक प्रकार का फूल।

मदन-महोत्सव पुं० दे० 'वसंतोत्सव'।

मदनमोहन पुं० [सं०] श्रीकृष्ण।

मदना अ० [सं० मद] मद से युक्त होना, नशे में होना।

मदनालय पुं० [सं०] स्त्री की गुप्तेन्द्रिय, योनि।

मदनोत्सव पुं० दे० 'वसंतोत्सव'।

मदपी* वि० [सं० मद्यप] मद्य या शराब पीनेवाला, शराबी।

मदमत्त वि० [सं०] मतवाला।

मदमाता वि० [सं० मदमत्त] मतवाला, मदमस्त।

मदर* पुं० [सं० मंडल] मँडलाने की क्रिया या भाव।

मदरसा पुं० [अ० मद्रिस:] पाठशाला, विद्यालय।

मदहोश वि० [सं० मद+फा० होश] [मदहोशी] नशे के कारण जो अपना होश खो चुका हो, बेहोश, बेसुध।

मदांध वि० [सं०] जो मद के कारण अन्धा हो रहा हो, मदोन्मत्त।

मदाखलित स्त्री० [अ०] १. दखल देना, हस्तक्षेप करना। २. दखल जमाना।

मदानि वि० [?] मंगलकारक।

मदार पुं० दे० 'आक' (पौधा)।

मदारी पुं० [अ० मदार] १. वह जो बन्दर, भालू आदि नचाकर, उनका तमाशा दिखाता है, कलन्दर। २. लाग आदि के तमाशे दिखानेवाला, बाजीगर, नटवर, इन्द्रजालिक।

मदिर वि० [सं०] १. मत्तता उत्पन्न करनेवाला, मस्त करनेवाला। २. नशा लानेवाला, नशीला, मादक। ३. मत्त, मस्त।

मदिरा स्त्री० [सं०] एक प्रसिद्ध तरल मादक पदार्थ जो कई प्रकार से कुछ चीजों को सड़ाकर बनाया जाता है और जिसका सेवन नैतिक दृष्टि से निन्दनीय और धार्मिक दृष्टि से पाप समझा जाता है, मद्य, शराब।

मदिराभ वि० [सं०] १. मदिरा की मत्तता से भरा हुआ। २. मस्त, मतवाला। ३. मदिरा के रंग या गन्ध का।

मदिरालस पुं० [सं० मदिरा+हिं० अलस] मदिरा से उत्पन्न होनेवाला आलस्य, खुमारी।

मदी* स्त्री०=मदिरा।

मदीय वि० [सं०] [स्त्री० मदीया] मेरा।

मदीला वि० [हिं० मद] नशीला।

मदुरा पुं० [सं०] काठ आदि का एक प्रकार का आभूषण जो योगी लोग हाथ में पहनते हैं।

मदोद्धत पुं० दे० 'मदोन्मत्त'।

मदोन्मत्त वि० [सं०] १. जो मद्य आदि के नशे के कारण उन्मत्त हो रहा हो। २. जो अधिकार आदि के कारण उन्मत्त हो गया हो। ३. जिसे घमण्ड के कारण भले-बुरे का ज्ञान न हो।

मदोवै* स्त्री० दे०'मंदोदरी'।

मद्दत[1]* स्त्री० [अ० मदद] सहायता।

मद्दत[2] स्त्री० [अ० मदह] प्रशंसा, तारीफ।

मद्देनजर, के सम्बन्धबो० [फा०+हिं० के] के अनुसार, के तहत।

मद्धिम* वि० [सं० मध्यम] १. मध्यम, कम अच्छा। २. कुछ खराब या घटकर।

मद्धे क्रि० वि० [सं० मध्ये] १. बीच में। २. विषय में, सम्बन्ध में। ३. लेखे या हिसाब में, बाबत। (ऑन एकाउन्ट ऑफ)

मद्य पुं० [सं०] मदिरा, शराब।

मद्यनिषेध पुं० [सं०] शराब पीने पर लगी रोक।

मद्यप पुं० [सं०] मद्य पीनेवाला, शराबी।

मद्यासक्त वि०, पुं० [सं० मद्य+आसक्त] पियक्कड़, शराबी।

मद्र पुं० [सं०] १. उत्तर कुरु नामक प्राचीन देश। २. रावी और झेलम नदियों के बीच के प्रदेश का प्राचीन नाम।

मध, मधि पुं० दे० 'मध्य'।

मधिम* वि० १. दे० 'मध्यम'। २. दे० 'मद्धिम'।

मधु पुं० [सं०] १. शहद। २. मकरन्द। ३. वसन्त ऋतु। ४. चैत्र का महीना, चैत। ५. अमृत। ६. जल, पानी। ७. मदिरा, शराब। ८. मधूक, महुआ।
वि० [सं०] १. मीठा। २. स्वादिष्ट।

मधुऋतु स्त्री० [सं०] वसन्त ऋतु।

मधुकंठ पुं० [सं०] कोयल (पक्षी)।

मधुकर पुं० [सं०] [स्त्री० मधुकरी] १. भ्रमर, भौंरा। २. प्रेमी। ३. एक प्रकार का धान और उसका चावल। ४. एक प्रकार का मीठा नींबू।

मधुकरी स्त्री० [सं० मधुकर] १. साधु-संन्यासियों की वह भिक्षा जिसमें केवल पका हुआ भोजन लिया जाता है। २. भ्रमरी।

मधुचक्र पुं० [सं०] शहद की मक्खी का छत्ता।

मधुप वि० [सं०] मधु पीनेवाला।
पुं० १. देवता। २. भौंरा।

मधुपति पुं० [सं०] श्रीकृष्ण।

मधुपर्क पुं० [सं०] देवताओं को चढ़ाने के लिए एक में मिलाया हुआ दही, घी, जल, चीनी और शहद।

मधुपाली स्त्री० [सं० मधु+अवली] भौंरों की पंक्ति।

मधुपुरी स्त्री० [सं०] मथुरा नगरी।

मधुमक्खी स्त्री० [सं० मधुमक्षिका] फूलों का रस चूसकर मधु एकत्र करनेवाली मक्खी, ममाखी।

मधुमक्षिका स्त्री० दे० 'मधुमक्खी'।

मधुमय वि० [सं० मधु+मय] १. मधु से युक्त। २. मीठा, मिठास से भरा। ३. सुंदर।

मधु-पेटी स्त्री० [सं०+हिं०] मधुमक्खियों को पालने तथा उनका शहद एकत्र करने के उद्देश्य से बनाई हुई पेटी।

मधुमास पुं० [सं०] चैत और वैशाख के महीने।

मधुमासी* स्त्री० दे०'मधुमक्खी'।

मधुमेह पुं० [सं०] बढ़ा हुआ प्रमेह रोग जिसमें मूत्र अधिक और गाढ़ा होता है।

मधुर वि० [सं०] [भाव० मधुरता, *मधुराई] १. जिसका स्वाद मधु जैसा हो, स्वाद में मीठा। २. जो मन, कान, नाक, त्वचा आदि को प्रिय लगे। ३. सुन्दर। ४. कोमल।

मधुरन पुं० [सं०] मधुर करने या बनाने का कार्य।

मधुरा स्त्री० [सं०] १. मथुरा नगरी। २. साहित्य में वह शब्द-योजना जिससे रचना में माधुर्य या मिठास आती है।

मधुराना* अ० [हिं० मधुर+आना (प्रत्य०)] १. मीठा होना। २. सुन्दर होना।

मधुरान्न पुं० [सं०] मिठाई।

मधुरिपु पुं० दे० 'मधुसूदन'।

मधुरिमा स्त्री० [सं०] १. मधुरता, मिठास। २. सुन्दरता, सौन्दर्य।

मधुरी* स्त्री० दे० 'माधुर्य'।

मधुवन पुं० [सं०] १. व्रज का एक वन। २. किष्किन्धा के पास का एक वन।

मधुव्रत पुं० [सं०] मधु जिसका भोजन (व्रत) हो अर्थात् भ्रमर, भौंरा।

मधुशाला स्त्री० [सं०] शराब बनने और बिकने का स्थान, कलवरिया।

मधुसूदन पुं० [सं०] श्रीकृष्ण।

मधूक पुं० [सं०] महुआ (पेड़ और फल)।

मधूकड़ी, मधूकरी स्त्री० दे० 'मधुकरी'।

मध्य पुं० [सं०] १. बीच का भाग। (सेंटर) २. कमर, कटि। ३. अन्तर, फरक।
वि० जो बीच में हो, बीचवाला, जैसे मध्य भाग।

मध्यक पुं० [सं०] कई संख्याओं, मूल्यों या मानों आदि को एक में मिलाकर उनकी समष्टि का किया हुआ सम विभाग जो उनका मध्यम मान सूचित करता है, बराबर का पड़ता। (एवरेज)
वि० उक्त प्रकार के मध्यम मानवाला, न बहुत छोटा और न बहुत बड़ा, सामान्य। (एवरेज)

मध्यकालीन वि० [सं०] १. मध्य या बीच के समय का। २. मध्ययुग-सम्बन्धी, मध्ययुग का। (मेडीवल)

मध्यगत वि० [सं०] बीच का, मध्य का।

मध्यदेश पुं० [सं०] प्राचीन भारतवर्ष का वह मध्य भाग या प्रदेश जिसकी सीमा उत्तर में हिमालय, दक्षिण में विन्ध्याचल, पश्चिम में कुरुक्षेत्र और पूर्व में प्रयाग तक मानी जाती थी।

मध्यदेशीय वि० [सं०] मध्य देश-सम्बन्धी।

मध्यपूर्व पुं० [सं०] युरोपवालों की दृष्टि से एशिया का दक्षिण-पश्चिम भाग। (मिडिल ईस्ट)

मध्यप्रदेश पुं० [सं०] भारतसंघ का एक राज्य जिसकी राजधानी भोपाल है।

मध्यम वि० [सं०] १. मध्य का। २. न बहुत बड़ा, न बहुत छोटा, औसत मान का, मध्यक। ३. दे० 'मद्धिम'।
पुं० संगीत के सात स्वरों में से चौथा।

मध्यम पुरुष पुं० [सं०] व्याकरण में वह पुरुष जिससे बात की जाए।

मध्यमा स्त्री० [सं०] १. बीच की उँगली। २. साहित्य में वह नायिका जो अपने प्रिय का कोई अपराध या दोष देखकर पहले तो कुछ मान करती है पर उसके सामने आने पर उसके साथ प्रेम और सम्मान का व्यवहार करती है। ३. व्याकरण में स्फोट के चार भेदों में से एक जिसका निवास अनाहत चक्र है। अन्य तीन भेद हैं—परा, पश्यंती और वैखरी।

मध्यमान पुं० [सं० [वि० मध्यमानिक] बराबर का पड़ता, मध्यक, औसत।
वि० १. दे० 'मध्यक'। २. दे० 'मध्या' २।

मध्यमार्ग पुं० [सं०] बीच का रास्ता।

मध्यमार्गी (-र्गिन्) पुं० [सं०] मध्य मार्ग पर चलनेवाला।

मध्ययुग पुं० [सं०] प्राचीन युग और आधुनिक युग के बीच का समय। १. युरोप, एशिया आदि के इतिहास में ईसवी की छठी से पन्द्रहवीं शताब्दी तक का समय। (मिडिल एजिज)

मध्ययुगीन वि० [सं०] मध्य युग का । (मेडीवल)

मध्यवर्ग पुं० [सं०] समाज का वह बीचवाला वर्ग जिसके लोग न तो बहुत अधिक धनी और न बहुत दरिद्र होते हैं, और साधारणत: छोटे-मोटे व्यापार या नौकरी करके अपना निर्वाह करते हैं। (मिडिल क्लास)

मध्यवर्ती (-र्तिन्) वि० [सं०] [स्त्री० मध्यवर्तिनी] १. जो किसी वस्तु के मध्य या बीच में हो। २. जो दो पक्षों के बीच में रहकर उनमें सम्बन्ध स्थापित करता हो। (इन्टरमिडिअरी)

मध्यस्थ वि० [सं०] [भाव० मध्यस्थता] जो बीच में हो।
पुं० १. वह जो बीच में पड़कर किसी प्रकार का विवाद या विरोध दूर करता हो, आपस में मेल या समझौता करानेवाला। (मीडिएटर) २. वह जो दो दलों या पक्षों के बीच में रहकर उनके पारस्परिक व्यवहार या लेन-देन में कुछ सुभीते उत्पन्न करके लाभ उठाता हो, जैसे उत्पादकों और उपभोक्ताओं में व्यापारी, अथवा राज्य और कृषकों में जमींदार आदि। (मिडिल मैन)

मध्यस्थता स्त्री० [सं०] १. 'मध्यस्थ' होने की दशा या भाव। २. मध्यस्थ का काम या पद।

मध्या स्त्री० [सं०] साहित्य में वह नायिका जिसमें लज्जा और काम समान रूप से हो।

मध्याकार वि० [सं०] मझोले आकार का, न बहुत बड़ा और न बहुत छोटा।

मध्यावकाश पुं० [सं०] कार्य, पढ़ाई, खेल आदि में, बीच में थोड़े समय के लिए होनेवाला वह अवकाश जो लोगों के सुस्ताने, जलपान आदि करने के लिए मिलता है। (रिसेस)

मध्यावधि वि० [सं० मध्य+अवधि] अवधि के मध्य में होनेवाला; जैसे-मध्यावधि चुनाव, समीक्षा आदि।

मध्याह्न पुं० [सं०] दिन का मध्य, दिन के मध्य का समय, ठीक दोपहर।

मध्ये क्रि० वि० दे० 'मद्धे'।

मन:क्षेत्र पुं० [सं०] हृदय।

मन:पूत वि० [सं०] १. मनचाहा। २. यथेष्ट। ३. मन को प्रसन्न करनेवाला।

मन:प्रसादन पुं० [सं०] मन को प्रसन्न करने की क्रिया या भाव।

मन:स्थिति स्त्री० [सं०] मनोदशा।

मन[1] पुं० [सं० मनस्] १. प्राणियों में अनुभव, संकल्प-विकल्प, इच्छा, विचार आदि करनेवाली शक्ति। २. अन्त:करण की वह वृत्ति जिससे संकल्प-विकल्प होता है, संशयात्मिका वृत्ति। ३. चित्त, हृदय।

मुहा० *मन कचोटना*=कष्ट, पश्चाताप, वियोग आदि के कारण मन में दुख या क्लेश होना। *मन की मैल*=*दुर्भावना*। *मन के लड्डू खाना*=व्यर्थ आशा रखकर प्रसन्न होना। *मन चलना*=इच्छा होना। *मन टूटना*=उत्साह जाता रहना। *मन डोलना*=(क) चित चंचल होना। (ख) लालच होना। *मन तोड़ना*=उत्साह भंग करना। *मन धरना*=ध्यान देना। *मन फेरना*=ध्यान हटाना। *मन बढ़ना*= उत्साह बढ़ना। *मन बूझना*=मन की थाह लेना। *मन बढ़ाना*= साहस या उत्साह बढ़ाना। *मन में बसना*=बहुत पसन्द आना। *मन बहलाना*= दुखी चित्त को किसी काम में लगाकर प्रसन्न करना। *(अपना) मन भरना*=सन्तोष या तृप्ति होना। *(किसी का) मन भरना*= सन्देह दूर करके सन्तुष्ट करना, समाधान करना। *मन भर जाना*=किसी के द्वेष, अपराध आदि के कारण उसके प्रति अनुराग न रह जाना। *मन मरना*=मन में वासना आदि न रह जाना। *मन मानना*= (क) सन्तोष होना। (ख) निश्चय या प्रतीति होना। (ग) प्रेम होना। *मन मारना*=इच्छा को रोकना। *मन मिलना*=प्रकृति या विचार में समानता होना। *मन में रखना*=(क) स्मरण रखना। (ख) छिपा रखना। *(बात) मन में लाना*=सोचना, ध्यान करना। *मन मैला या मोटा करना*=मन में दुर्भाव रखना। *मन*

रखना=सन्तुष्ट करना। *मन लाना*=(क) जी लगाना। (ख) प्रेम करना। *मन से*=अत्यंत प्रसन्नतापूर्वक। *मन से उतरना*=(क) मन में अनुराग या आदर न रह जाना। (ख) भूल जाना। *मन हरा होना*=प्रसन्न होना। *पूरे मन से*=दत्तचित्त होकर।

३. विचार, इरादा।

मन[2] पुं० [सं० मणि] मणि, रत्न।

मन[3] पुं० [सं० मान] चालीस सेर की एक तौल।

मनकना* अ० [अनु०] हिलना-डुलना।

मनकर* वि० दे० 'चमकीला'।

मनका[1] पुं० [सं० मणिका] माला का दाना।

मनका[2] पुं० [सं० मन्यका] गरदन के पीछे की सबसे ऊपर की हड्डी।

मुहा० *मनका ढलना या ढरकना*=मरने के समय गरदन टेढ़ी हो जाना।

मनकामना स्त्री० दे० 'मनोकामना'।

मनकूला वि० [अ० मन्कूल:] (सम्पत्ति) जो स्थावर न हो, चल।

मनगढ़ंत वि० [हिं० मन+गढ़ना] जो यथार्थ न हो, केवल कल्पित हो, अपने मन से गढ़ा हुआ, कपोलकल्पित।

स्त्री० केवल मन की कल्पना।

मनचला वि० [हिं० मन+चलना] [स्त्री० मनचली] १. साहसी। २. रसिक। ३. ढीठ।

मनचाहा वि० [हिं० मन+चाहना] १. इच्छित, चाहा हुआ। २. यथेष्ट।

मनचीता वि० [हिं० मन+चेतना] [स्त्री० मनचीती] १. मन में सोचा हुआ। २. मनचाहा।

मनज़र पुं० [अ०] दृश्य।

मनजात* पुं०=मनसिज (कामदेव)।

मनन पुं० [सं०] १. चिन्तन, सोचना। २. अच्छी तरह समझकर किया जानेवाला अध्ययन या विचार।

मननशील वि० [सं० मनन+शील] जो बराबर मनन या चिन्तन करता रहता हो।

मनपसंद वि० [सं०+फा०] प्रिय, लुभावना।

मन-बहलाव पुं० [सं०+हिं०] मन को बहलाने की क्रिया या भाव।

मनभाया वि० [हिं० मन+भाना] [स्त्री० मनभाई] १. जो मन को भाए। २. प्यारा। ३. लुभावना।

मन-भावता वि० दे० 'मनभावन'।

मनभावन वि० [सं० मन+हिं० भाना] मन को भानेवाला, प्रिय, मनोहर, आकर्षक।

मनमत* वि० दे० 'मदमत्त'।

मनमथ पुं० दे० 'मन्मथ'।

मनमथारि पुं० [सं० मनमथ+अरि] मनमथ या कामदेव को भस्म करनेवाले, महादेव, शिव।

मनमाना वि० [हिं० मन+मानना] [भाव० मनमानापन] १. (आचरण या व्यवहार) जो नीति या न्याय पर आधारित न हो। २. जो औरों की दृष्टि से अहितकर या हास्यास्पद हो।

मनमानी स्त्री० [हिं० मनमाना] १. मनमाना आचरण या व्यवहार। २. प्रभुता या अहं का परिचायक कार्य।

मनमुटाव पुं० [हिं० मन+मोटा] मन में होनेवाला वैमनस्य या विराग।

मनमैला वि० [सं० मन+हिं० मैल] जिसका मन मैला हो, कपटी या ईर्ष्यालु।

मनमोदक पुं० [हिं० मन+मोदक] मन में सोची हुई सुखद, पर असम्भव बात, मन के लड्डू।

मनमोहन वि० [हिं० मन+मोहन] [स्त्री० मनमोहिनी] १. मन को मोहनेवाला, लुभावना। २. प्रिय, प्यारा।

पुं० श्रीकृष्ण।

मनमौजी वि० [हिं० मन+मौज] बिना किसी सोच-विचार के मनमाने काम करनेवाला, स्वेच्छाचारी, तरंगी, मौजी।

मनरंजन पुं०, वि०=मनोरंजन।

मनवांछित वि० मनोवांछित।

मनशा स्त्री० [अ० मन्शाअ] १. विचार, इरादा। २. तात्पर्य, आशय, मतलब।

मनश्चिकित्सा स्त्री० [सं०] मन की चिकित्सा।

मनसरस् पुं० [सं०] १. मन। २. आत्मा।

मनस-ऊर्जा स्त्री० [सं०] मन की ऊर्जा।

मनसना* अ० [हिं० मानस] १. इच्छा करना। २. संकल्प या निश्चय करना।

स० संकल्प पढ़कर दान करना।

मनसब पुं० [अ०] १. पद, ओहदा। २. अधिकार।

मनसबदार पुं० [अ०+फा०] [भाव० मनसबदारी] १. वह जो किसी मनसब पर हो, ओहदेदार। २. मुगल शासनकाल का एक पदाधिकारी।

मनसा[1] स्त्री० [सं०] सर्पों की देवी।

मनसा[2] क्रि० वि० [सं० मनोवांछा] मन से, इच्छा या विचार से।

स्त्री० दे० 'मनशा'।

मनसाकर वि० [हिं० मनसा+कर] मनोरथ पूरा करनेवाला।

मनसाना अ० [हिं० मनसा] उत्साह या उमंग में आना।

स० हिं० 'मनसना' का प्रे०।

मनसायन पुं० [हिं० मानुस] चहल-पहल, रौनक।

मनसि* क्रि० वि० [हिं० मन] मन से, हृदय से।

मनसिज पुं० [सं०] कामदेव, पुष्पधन्वा, रतिपति।

मनसुफ* पुं० दे० 'मुनसिफ'।

मनसूख वि० [अ० मन्सूख़] [भाव० मनसूखी] अप्रामाणित ठहराया हुआ, रद्द।

मनसूबा पुं० [अ० मन्सूब:] १. युक्ति, ढंग।

मुहा० *मनसूबा बाँधना*=युक्ति सोचना।

२. इरादा, विचार।

मनस्ताप पुं० [सं०] १. मन में होनेवाला कष्ट। २. पश्चाताप, पछतावा। ३. पीड़ा।

मनस्तोष पुं० [सं०] १. मन में होनेवाला सन्तोष। २. तृप्ति।

मनस्वी (-स्विन्) वि० [सं०] [स्त्री० मनस्विनी, भाव० मनस्विता] १. बुद्धिमान। २. स्वेच्छाचारी।

मनहर वि० दे० 'मनोहर'।

मनहरण वि० [सं०] मनोहर।

मनहार, मनहारि वि० दे० 'मनोहारी'।

मनहुँ* योज० दे० 'मानो'।

मनहूस वि० [अ० मन्हूस] [भाव० मनहूसियत, मनहूसी] १. अशुभ। २. देखने में कुरूप और अप्रिय। ३. सदा दुखी, चुप और उदास रहनेवाला।
पुं० १. उदास, दुखी तथा चुप रहनेवाला व्यक्ति। २. वह जिसका आगमन या उपस्थिति अमंगलसूचक हो।

मनहूसियत स्त्री० [अ० मन्हूसियत] उदास और दुखी रहने की अवस्था या भाव।

मनहूसी स्त्री०=मनहूसियत।

मना वि० [अ० मन्ही] निषिद्ध, वर्जित।

मनाक* वि० [सं० मनाक्] बहुत ही थोड़ा या कम, नाम मात्र का।

मनाग* वि०=मनाक।

मनागवि* वि०=मनाक।

मनादी┃ स्त्री० दे० 'मुनादी'।

मनाना स० [हिं० 'मानना' का प्रे०] १. रूठे हुए को प्रसन्न करना। २. राजी करना। ३. ईश्वर, देवता आदि से किसी काम या बात के लिए प्रार्थना करना। ४. उत्सव, समारोह आदि करना; जैसे—जन्मदिन मनाना, होली मनाना।

मनावन पुं० [हिं० मनाना] रूठे हुए को मनाने की क्रिया या भाव।

मनाही स्त्री० [अ०] मना करने की क्रिया या भाव, निषेध, रोक।

मनिया स्त्री० [सं० माणिक्य] १. दे० 'मनका'। २. छोटी माला, कंठी।

मनियार* वि० [हिं० मणि] १. उज्ज्वल, चमकदार। २. सुन्दर।
पुं० दे० 'मनिहार'।

मनियारा* पुं० [सं० मणि] १. जौहरी। २. दे० 'मनिहार'।

मनियारी स्त्री० [हिं० मनियार] काँच का सामान।

मनिहार पुं० [सं० मणिकार] [स्त्री० मनिहारिन, मनिहारी] चुड़िहारा।

मनी[1]* स्त्री० [हिं० मान] अहंकार।

मनी[2] स्त्री० [सं० मणि] १. दे० 'मणि'। २. वीर्य।

मनीषा स्त्री० [सं०] १. वह शक्ति जिससे मन को वश में रखा जाता है और जो उसे अपने विचारों के अनुकूल चलाती है। २. मनीषियों का वर्ग। ३. बुद्धि, अक्ल।

मनीषी (-षिन्) वि० [सं०] १. वह जिसका मन उसके वश में हो तथा जो अपने विचारों द्वारा मन को संचालित करता हो, पंडित, ज्ञानी। २. बुद्धिमान, अक्लमन्द।

मनु[1] पुं० [सं०] १. ब्रह्मा के चौदह पुत्र जो मनुष्यों के मूल पुरुष माने जाते हैं। २. अन्त:करण, मन। ३. वैवस्वत मनु। ४. चौदह की संख्या।
योज० [हिं० मानना] मानो, जैसे।

मनु[2]* पुं०=मन, उदा० मनु हठ परा न सुनै सिखोवा। -तुलसी।

मनुआँ* पुं० १. दे० 'मन'। २. दे० 'मनुष्य'।

मनुज* पुं० [सं०] मनुष्य, आदमी।

मनुजाद पुं० [सं०] वह जो मनुष्यों को अथवा उनका मांस खाता हो।

मनुजीवित वि० [सं०] जो मनुष्य के लिए उचित हो, मनुष्य के उपयुक्त।

मनुपुत्र पुं० [सं०] मनुष्य।

मनुष पुं० [सं० मनुष्य] १. मनुष्य, आदमी। २. पति, खसम।

मनुष्य पुं० [सं०] वह द्विपद प्राणी जो अपने बुद्धिबल के कारण सब प्राणियों में श्रेष्ठ है और जिसके अन्तर्गत हम, आप और सब लोग हैं, आदमी, नर।

मनुष्य-गणना स्त्री० [सं०] किसी स्थान या देश के निवासियों की होनेवाली गिनती। (सेन्सस)

मनुष्यता स्त्री० [सं०] १. 'मनुष्य' का भाव। २. मनुष्यों के लिए उपयुक्त या आवश्यक और अच्छे गुण, शील। ३. शिष्टता। ४. सामान्य लोग; जैसे-आज मनुष्यता कराह रही है।

मनुष्यत्व पुं० [सं०] दे० 'मनुष्यता'।

मनुष्यभक्षी वि०=नरभक्षी।

मनुष्यलोक पुं० [सं०] यह संसार, मर्त्यलोक, जगत।

मनुष्य-शक्ति स्त्री० [सं०] देश के वे व्यक्ति जो काम करने के योग्य हों।

मनुसा* पुं०=मनुष्य।

मनुसाई* स्त्री० [हिं० मनुष्य+आई] १. मनुष्यता, आदमीपन। २. पुरुषार्थ, पराक्रम।

मनुहार स्त्री० [हिं० मनुहारना] १. रूठे हुए को मनाना, मनावन, खुशामद। २. विनय, प्रार्थना। ३. सत्कार, आदर। ४. शान्ति। ५. मनस्तोष, तृप्ति।

मनुहारना* स० [सं० मनोहरति] दे० 'मनाना'।

मनुहारी पुं० [हिं० मन+हरना] [स्त्री० मनुहारिन] प्रिय, प्रेमी, उदा० पासा सार खेलि कित कौन मनुहारिन सों, जीति मनुहारि मनु हारि हारि आए हौ। -पद्माकर।

मने सर्व०=मुझे। (राज० और गुज०)

मनेस* पुं० [सं० मन+ईश] मन का स्वामी, कामदेव।

मनों* योज० दे० 'मानो'।

मनोकामना स्त्री० [सं० मन:कामना या मनस्कामना] मन की इच्छा, अभिलाषा।

मनोगत वि० [सं०] मन में होने या आनेवाला।
पुं० भाव।

मनोग्रंथि स्त्री० [सं०] अचेतन मन की वह स्थिति जिसके अनुरूप वह कार्य करने में प्रवृत्त होता है।

मनोचिकित्सक पुं० [सं० मनः+चिकित्सा] मनोचिकित्सा करनेवाला।

मनोचिकित्सा स्त्री० [सं० मनः+चिकित्सा] मन के रोगों की चिकित्सा।

मनोज पुं० [सं०] कामदेव, रति-पति।

मनोजनसावन पुं० [सं० मनोज+हिं० नसावन] काम देव को भगा देनेवाले शिव।

मनोज्ञ वि० [सं०] सुन्दर, मनोहर।

मनोदशा स्त्री० [सं०] मन की दशा।

मनोदेवता पुं० [सं०] विवेक।

मनोनयन पुं० [सं०] मनोनीत करना।

मनोनिग्रह पुं० [सं०] मन का निग्रह, मन को रोकना या वश में रखना।

मनोनियोग पुं० [सं०] किसी काम में अच्छी तरह मन लगाना।

मनोनीत वि० [सं०] १. मन के अनुकूल। २. पसन्द किया या चुना हुआ। ३. जो किसी स्थान पर नियुक्त होने के लिए चुना गया हो। (डेजिगनेट)

मनोनुकूल वि० [सं० मनः+अनुकूलन] जो मन के अनुकूल हो।

मनोबल पुं० [सं०] मन की शक्ति, साहस।

मनोभव पुं० [सं०] कामदेव।

मनोभाव पुं० [सं०] मन में उत्पन्न होनेवाला भाव।

मनोभावना स्त्री० [सं०] इच्छा, आकांक्षा।

मनोभिराम वि० [सं०] सुन्दर, मनोहर।

मनोभूमि स्त्री० [सं० मनः+भूमि] हृदय।

मनोमंथन पुं० [सं० मनः+मंथन] मन को मथने की क्रिया या भाव, गहन चिंतन, गहन मनन।

मनोमय वि० [सं०] १. मन से युक्त या पूर्ण। २. मानसिक, मन-सम्बन्धी।

मनोमय कोश पुं० [सं०] पाँच कोशों में से वह जिसमें मन, अहंकार और कर्मेन्द्रियाँ मानी जाती हैं। (वेदान्त)

मनोमल पुं० [सं०] मन का विकार, मन के दूषित भाव, जैसे ईर्ष्या, द्वेष आदि।

मनोमालिन्य पुं० [सं०] मन-मुटाव, मन में रहनेवाला दुर्भाव, रंजिश।

मनोमुग्धकारी (-रिन्) वि० [सं०] मन को मुग्ध करनेवाला।

मनोयोग पुं० [सं०] १. मन की एकाग्रता। २. दे० 'मनोनियोग'।

मनोरंजक वि० [सं०] [भाव० मनोरंजकता] मन को बहलाने या प्रसन्न रखनेवाला (कार्य या पदार्थ)।

मनोरंजन पुं० [सं०] किसी का मन बहलाने तथा उसे प्रसन्न करनेवाली बात या काम, मनोविनोद, दिल-बहलाव। वि० मन बहलाना।

मनोरंजन-कर पुं० [सं०] १. वह कर जो मनोरंजन के अवसर या साधन प्रदान करनेवाली संस्थाओं द्वारा देय होता है। २. वह कर जो मनोरंजन प्राप्त करनेवाले को देना होता है।

मनोरथ पुं० [सं०] मन की इच्छा या अभिलाषा, वांछा।

मनोरम वि० [सं०] [स्त्री० मनोरमा] मनोहर, सुन्दर।

मनोरमा स्त्री० [सं०] सात सरस्वतियों में से एक।

मनोरा पुं० [सं० मनोहर] गोबर से बने हुए वे चित्र या मूर्तियाँ जो दीपावली के बाद दीवार पर बनाकर पूजी जाती हैं।

मनोराग पुं० [सं०] मन में उत्पन्न होनेवाला राग या वृत्ति, मानसिक भावना, प्रवृत्ति, विचार आदि।

मनोराज्य पुं० [सं०] १. मन-रूपी राज्य। २. कल्पना से खड़ा किया हुआ सुन्दर सुखद स्वप्न।

मनोरा-झूमक पुं० [?] एक प्रकार का गीत।

मनोरोग पुं० [सं०] मानसिक रोग।

मनोरोगी (-गिन्) पुं० [सं०] मानसिक रोगी।

मनोलय पुं० [सं० मनः+लय] मन का लय या विलीन हो जाना।

मनोलीला स्त्री० [सं०] ऐसी कल्पित बात या विचार जो केवल मन में उठा हो, पर जिसका कोई वास्तविक आधार या अस्तित्व न हो। (फैण्टम)

मनोवांछा स्त्री० दे० 'मनोकामना'।

मनोविकार पुं० [सं०] मन में उठनेवाले भाव, जैसे क्रोध, दया, प्रेम आदि।

मनोविज्ञान पुं० [सं०] [वि० मनोवैज्ञानिक] वह शास्त्र जिसमें चित्त की वृत्तियों या मन में उठनेवाले विचारों आदि का विवेचन होता है। (साइकॉलोजी)

मनोविज्ञान-वेत्ता पुं० [सं०] मनोविज्ञानी। (दे०)

मनोविज्ञानी पुं० [सं० मनोविज्ञान+हिं० ई (प्रत्य०)] मनोविज्ञान का ज्ञाता, मनोवैज्ञानिक क्रियाकलापों का अध्ययन करनेवाला।

मनोविद पुं० [सं०]=मनोविज्ञानी।

मनोविनोद पुं० [सं०] मन-बहलाव।

मनोविश्लेषण पुं० [सं०] इस बात का विश्लेषण या जाँच करना कि मनुष्य का मन किन अवस्थाओं में किस प्रकार कार्य करता है। (साइको-अनैलिसिस)

मनोवृत्ति स्त्री० [सं०] १. मन के चलने या काम करने का ढंग। २. भले या बुरे कामों की ओर प्रवृत्त होने अथवा अच्छे या बुरे होने के विचार से मन की स्थिति। (डिस्पोजीशन)

मनोवेग पुं० [सं०] १. मनोवृत्ति। २. मन की वह अवस्था जिसमें वह कभी एक बात की ओर और कभी दूसरी बात की ओर प्रवृत्त होता है। (मूड)

मनोवेदना स्त्री० [सं० मनः+वेदना] मन की वेदना, हृदय की पीड़ा मानसिक कष्ट।

मनोवेत्ता पुं० [सं० मनः+वेत्ता] मनोवैज्ञानिक, मनोविज्ञानी।

मनोवैकल्य पुं० [सं०] वह अवस्था जिसमें ठीक और पूरी तरह से मानसिक विकास न होने के कारण मनुष्य की बुद्धि परिपक्व नहीं होती। (मेन्टल अफिसिएन्सी)

मनोवैज्ञानिक वि० [सं०] १. मनोविज्ञान-सम्बन्धी। २. मानव स्वभाव के कारण होनेवाला।

पुं० मनोविज्ञान का पंडित, मनोविज्ञानी।

मनोसर* पुं० दे० 'मनोविकार'।

मनोहर वि० [सं०] [भाव० मनोहरता] १. मन को आकर्षित करनेवाला। २. सुन्दर। ३. सुघड़।

मनोहारी वि० दे० 'मनोहर'।

मनौ* योज०=मानो।

मनौती| स्त्री० दे० 'मन्नत'।

मनौवल स्त्री० [हिं० मनाना] रूठे हुए को मनाने की क्रिया या भाव।

मन्नत स्त्री० [हिं० मानना] किसी कामना की पूर्ति के लिए मानी हुई किसी देवता की पूजा, मानता, मनौती।

मुहा० *मन्नत मानना*=कामना की पूर्ति के लिए पूजा आदि करने का संकल्प करना।

मन्मथ पुं० [सं०] कामदेव, मदन।

मन्यु पुं० [सं०] ऐसा क्रोध जो अत्याचार, दुष्टता आदि के दमन के लिए प्रेरित करता हो।

मन्वंतर पुं० [सं०] १. इकहत्तर चतुर्युगियों का काल जो ब्रह्मा के एक दिन का चौदहवाँ भाग माना गया है। २. किसी मनु का कार्यकाल।

मम सर्व० [सं०] मेरा।

ममता स्त्री० [सं०] १. अपने मन का भाव, ममत्व। २. स्नेह, प्रेम। ३. लोभ, लालच। ४. मोह, माया।

ममरखी स्त्री० [अ० मुबारक] बधाई।

ममाखी* स्त्री०=मधुमक्खी।

ममाग्रह पुं० [सं० मम+आग्रह] किसी वस्तु पर अपना अधिकार जतलाते हुए यह कहना कि यह हमारी होनी और हमें मिलनी चाहिए, दावा। (क्लेम)

ममाता* वि०=मतवाला।

ममास* पुं० दे० 'मवास'।

ममिया वि० [हिं० मामा] सम्बन्ध में मामा के स्थान का, जैसे ममिया ससुर।

ममीरा पुं० [अ० मामीरान] एक पौधे की जड़ जो आँख के रोगों की दवा है।

ममोला पुं० [हिं० मन+मोल] १. मन का हौसला, उमंग। २. खंजन।

वि० परम प्रिय, प्रियतम।

मयंक पुं० [सं० मृगाङ्क] चन्द्रमा, कला-निधि।

मय[1] पुं० [सं०] १. पुराणों में उल्लिखित एक प्रसिद्ध मायावी दानव जो बहुत बड़ा शिल्पी था। २. अमेरिका में रहनेवाली एक प्राचीन जाति जो सभ्यता और संस्कृति में बहुत उन्नत और प्रायः प्राचीन भारतीयों के समान ही थी।

मय[2] प्रत्य० [सं०] [स्त्री० मयी] एक प्रत्यय जो तद्रूप विकार और प्रचुरता का बोधक है, जैसे राममय, दुखमय, जलमय।

मयगल पुं० [सं० मदकल] मत्त हाथी।

मयन* पुं० [सं० मदन] कामदेव, रति-पति।

मयनमहन* पुं० [सं० मदनमथन] शिवजी।

मयना* स्त्री० दे० 'मैना'।

मयमंत वि० [सं० मदमत] मस्त।

मयस्सर वि० [अ०] प्राप्त, सुलभ।

मया* स्त्री० दे० 'माया'।

मयार[1]* वि० [सं० मायालु] सबसे विशेष प्रेम या स्नेह रखनेवाला, दयालु।

मयार[2] स्त्री० [सं० मध्य] हिंडोले के बीचवाला डंडा जिसमें झूले या पालने की रस्सियाँ बँधी रहती हैं, उदा० फूलन के खम्भ दौड़, डाँड़ी चारु फूलन की, फूल बनी मयार, फूल रही बलना। -नन्ददास।

मयारी स्त्री० दे० 'मयार'।

-मयी प्रत्य० [सं०] [स्त्री०-मयीनी] से प्रचुर या युक्त; जैसे—अनुप्रासमयी, शीलमयी।

मयूख पुं० [सं०] १. किरण, रश्मि। २. दीप्ति, चमक। ३. प्रकाश। ४. शोभा। ५. पर्वत।

मयूखहिम पुं० [सं०] चन्द्रमा, हिमकर।

मयूर पुं० [सं०] मोर (पक्षी)।

मरंद* पुं० दे० 'मकरंद'।

मर* वि०=मृतक।

मरक* स्त्री० [हिं० मड़क] १. रहस्य, भेद। २. आकर्षण, खिंचाव। ३. मन में रहनेवाला वैर या द्वेष।

मुहा० *मरक काढ़ना*=वैर चुकाना, बदला लेना।

४. मन का हौसला या उमंग।

स्त्री० दे० 'मरी'।

मरकज पुं० [अ० मर्कज़] केंद्र।

मरकजी वि० [अ० मर्कज़ी] केंद्रीय।

मरकट वि० [हिं० मरना] बहुत ही दुबला-पतला और क्षीण।

*पुं०=मर्कट (बन्दर)।

मरकत पुं० [सं०] नौ प्रकार के रत्नों में से एक जो हरे रंग का होता है, पन्ना।

मरकना अ० दे० 'मुड़कना'।

मरगज वि० दे० 'मलगजा'।

मरगजना स० [हिं० मलना+गींजना] मल या मसल कर विकृत या विरूपित करना।

मरगजा पुं० दे० 'मलगजा'।

मरघ* पुं०=मृग।

मरघट पुं० दे० 'मसान'।

मरज पुं० [अ० मर्ज़] रोग, बिमारी।

मरजाद* स्त्री० [सं० मर्यादा] १. सीमा। २. प्रतिष्ठा। ३. रीति, परिपाटी।

मरजिया वि० [हिं० मरना+जीना] १. मरकर जीनेवाला। २. मरणासन्न। ३. जो प्राण देने पर उतारू हो।

पुं० १. पनडुब्बा, गोताखोर, जिवकिया। २. बहुत ही विकट स्थान पर पहुँचकर व्यापार या और कोई काम करनेवाला।

मरजी स्त्री० [अ० मर्ज़ी] १. इच्छा। २. कृपा। ३. प्रसन्नता। ४. आज्ञा, स्वीकृति।

मरण पुं० [सं०] १. मरने की अवस्था या भाव, शरीर से प्राणवायु निकल जाना, मृत्यु, मौत। (साहित्य में यह एक संचारी भाव माना गया है।) २. मृत्यु तुल्य कष्ट।

मरण-प्रमाणक पुं० [सं०] किसी मृत व्यक्ति से सम्बन्ध रखनेवाला वह प्रमाणपत्र जो यह सिद्ध करता है कि वह व्यक्ति सचमुच मर चुका है। (डेथ सर्टिफिकेट)

मरणा-शय्या स्त्री० [सं०]=मृत्युशय्या।

मरणासन्न वि० [सं०] जो मरने के बहुत समीप हो।

मरणोत्तर वि० [सं०] किसी की मृत्यु के उपरान्त का, किसी के मरने के बाद होनेवाला। (पास्ट्यूमस)

मरणोपरांत क्रि० वि० [सं०] मृत्यु के उपरांत।

मरत* पुं० दे० 'मृत्यु'।

मरतबा पुं० [अ० मर्तबः] १. पद, ओहदा। २. बार, दफा।

मरताना स० [?] १. मीठी-मीठी बातें करके किसी को अपने अनुकूल करना। २. ग्राहक, यजमान आदि को अपने अनुकूल करके उससे कुछ धन कमाना।

मरद* पुं० दे० 'मर्द'।

मरदन* पुं० दे० 'मर्दन'।

मरदना* स० [सं० मर्दन] [स्त्री० मरदानी] १. मसलना, मलना। २. नष्ट करना। ३. गूँथना।

मरदल पुं० दे० 'मर्दल'।

मरदानगी स्त्री० [फा० मर्दानगी] १. पौरुष। २. वीरता, शूरता। ३. साहस, हिम्मत।

मरदाना वि० [फा० मर्दानः] १. पुरुष-सम्बन्धी। २. पुरुषों का सा। ३. वीरोचित।

मरन पुं०=मरण।

मरनसेज स्त्री० दे० 'मृत्युशय्या'।

मरना अ० [सं० मरण] १. प्राणियों की सब शारीरिक क्रियाओं का सदा के लिए अन्त होना, शरीर से प्राण निकलना। २. मरने का-सा कष्ट उठाना।

पद *मरते-मरते*=(क) मृत्यु के निकट पहुँचने पर; जैसे बुड्ढा मरते-मरते बचा। (ख) अंतिम समय तक; उदा० हसरतें जी की रहीं जी में मरते-मरते।

मुहा० *किसी पर मरना*=आसक्त होना। *मर जाना*=(क) मृत्यु हो जाना; (ख) कम या नष्ट हो जाना; जैसे—(क) हमारी भूख मर गई। (ख) हमारी सारी रकम मर गई। *मर मिटना*= प्रयत्न करते-करते बहुत बुरी दशा में पहुँचना। *मरा जाना*= बहुत व्याकुल होना; जैसे वह पैसे के लिए मरा जा रहा है। *मर लेना*=प्रयत्न करते-करते, मरने का-सा कष्ट भोग चुकना, जैसे हम तो इसके लिए मर लिए। *पानी मरना*=(क) दीवार, छत आदि में पानी धँसना। (ख) किसी पर कोई कलंक लगाना। *(आँखों का) पानी मरना*=शील या संकोच खो देना।

कहा० *मरता क्या न करता*=विवशतावश अनचाहा काम करना।

३. कुम्हलाना, सूखना। ४. लज्जा, भय आदि के कारण दबना। ५. बेकाम हो जाना। ६. किसी मनोवेग का दबकर नहीं के समान हो जाना। ७. खेल में, हारने पर फिर उस पारी में खेलने योग्य न रह जाना।

मरना-खपना अ० घोर परिश्रम करना।

मरनी स्त्री० [हिं० मरना] १. मृत्यु, मौत। २. मृतक के लिए उसके सम्बन्धियों द्वारा मनाया जानेवाला शोक। ३. मृतक-सम्बन्धी क्रियाकर्म।

मरपुरी* स्त्री० [हिं० मरना+पुरी=नगरी] यमराज की पुरी, यमपुरी।

मरभुखा वि० [हिं० मरना+भूखा] १. भुखमरा। २. खाने के लिए मरा जानेवाला।

मरम पुं० [सं० मर्म] १. रहस्य, भेद। २. दे० 'मर्म'।

मरमर पुं० [यू०] एक प्रकार का चिकना और चमकीला पत्थर, जैसे संगमरमर।

मरमराना अ०, स० [अनु०] मरमर शब्द होना या करना।

मरमी* वि० दे० 'मर्मज्ञ'।

मरम्मत स्त्री० [अ०] किसी वस्तु का टूटा-फूटा या बिगड़ा हुआ अंश ठीक करने का काम, दुरुस्ती। (रिपेयर्स)

मरम्मत-कराई स्त्री० [अ० मरम्मत+हिं० कराना] १. मरम्मत कराने की क्रिया या भाव। २. मरम्मत कराने का खर्च।

मरम्मतकर्ता पुं० [अ०+सं०] मरम्मत का काम करनेवाला।

मरयाद* स्त्री०=मर्यादा।

मरवट स्त्री० [?] वे रेखाएँ, फूल-पत्तियाँ आदि जो स्त्रियाँ अपना सौन्दर्य बढ़ाने के लिए माथे और चेहरे पर बनाती हैं।

मरसा पुं० [सं० मरिष] एक साग।

मरसिया पुं० [अ० मर्सियः] १. गुणगान। २. शोक-गीत। ३. रोना-पीटना।

मरहट[१]* पुं० दे० 'मसान'।

मरहट[२]* स्त्री० [देश०] 'मोठ' (अन्न)।

मरहठा पुं० [सं० महाराष्ट्र] [स्त्री० मरहठिन] महाराष्ट्र देश का निवासी।

मरहठी स्त्री० दे० 'मराठी'।

मरहम पुं० [अ० मर्हम] घाव पर लगाने के औषध का गाढ़ा, चिकना लेप।

पद *मरहम लगाने की नीति*=ऐसी नीति जिससे दुखी तथा त्रस्त लोगों को कुछ राहत मिले।

मरहम-पट्टी स्त्री० [अ० मरहम+हिं० पट्टी] घाव, फोड़े-फुंसी आदि पर दवा लगाकर पट्टी बाँधने का काम। (ड्रेसिंग)

मरहला पुं० [अ०] १. पड़ाव। २. कठिन काम या समस्या।

मरहूम वि० [अ०] १. जिसपर रहम किया गया हो। २. स्वर्गीय, दिवंगत।

मरा वि० [हिं० मरना] [भाव० मरापन] जो मर गया हो, मृत।

मरा-गिरा वि० [हिं० मरना+गिरना] दीनहीन, असहाय।
पुं० दीनहीन या असहाय व्यक्ति; जैसे-मरे-गिरे का दान लेनेवाले ब्राह्मण को महाब्राह्मण कहते हैं।

मराठा पुं० दे० 'मरहठा'।

मराठी स्त्री० [सं० महाराष्ट्री] महाराष्ट्र देश की भाषा।

मरातिब पुं० [अ०] १. पद, ओहदा। २. उत्तरोत्तर या क्रमशः आनेवाली अवस्थाएँ। ३. मकान का खंड, तल्ला, मंजिल। ४. एक प्रकार का बड़ा झंडा जो मुगल बादशाहों के आगे चलता था।

मरायल* वि० [हिं० मारना] १. जिसने कई बार मार खाई हो। २. निस्सत्व, निस्सार। ३. शक्तिहीन।
पुं० घाटा, टोटा, हानि।

मराल पुं० [सं०] [स्त्री० मराली] १. हंस। २. घोड़ा। ३. हाथी।

मरिंद* पुं० १. 'मलिंद'। २. दे० 'मकरंद'।

मरिची स्त्री०=मिर्च।

मरियल वि० [हिं० मरना] बहुत दुर्बल।

मरी स्त्री० [हिं० मरना] किसी संक्रामक रोग से कुछ दिनों तक लोगों के मरने का चलनेवाला क्रम।

मरीचि, मरीचिका स्त्री० [सं०] १. किरण। २. प्रभा, कान्ति। ३. मृगतृष्णा।

मरीचिमाली (-लिन्) पुं० [सं०] सूर्य।

मरीची (-चिन्) पुं० [सं०] १. सूर्य। २. चन्द्रमा।

मरीज पुं० [अ० मरीज़] [वि० मरीजी] रोगी।

मरुंडा पुं० [हिं० मरोड़ना या सं० रुंड] भुने हुए गेहूँ आदि को गुड़ में पागकर बनाया हुआ लड्डू।
वि० तोड़-मरोड़कर विकृत किया हुआ।

मरु पुं० [सं०] [भाव० मरुता] १. मरुभूमि। २. मारवाड़ देश।

मरुआ पुं० [सं० मरुव] १. तुलसी की तरह का सुगन्धित पत्तियोंवाला एक पौधा। २. हिंडोले में ऊपर की वह लकड़ी जिसमें झूले की रस्सियाँ बँधी रहती हैं।

मरुत् पुं० [सं०] १. वायु। २. प्राण। ३. दे० 'मरुत्वान्'।

मरुत्वान् पुं० [सं० मरुत्वत्] १. इन्द्र, मघवा, सुरपति। २. धर्म के वंशज देवताओं का एक गण। ३. हनुमान।

मरुद्वीप पुं० [सं०] मरुस्थल में स्थित छोटा सजल उपजाऊ स्थान, शाद्वल। (ओएसिस)

मरुभूमि स्त्री० [सं०] बालू का निर्जल मैदान, रेगिस्तान।

मरुम| पुं० दे० 'मोरम'।

मरुवा* पुं० [सं०] दे० 'मरुभूमि'।

मरूर पुं० [हिं० मरोड़] १. मरोड़। २. पीड़ा।

मरूरा* पुं० दे० 'मरोड़'।

मरोड़ पुं० [हिं० मरोड़ना] १. मरोड़ने की क्रिया या भाव। २. घुमाव, ऐंठन। ३. पेट में होनेवाली ऐंठन। ४. व्यथा, कष्ट।
मुहा० *मरोड़ खाना*=उलझन में पड़ना।
५. घमंड। ६. क्रोध।

मरोड़ना स० [हिं० मोड़ना] १. बल डालना, ऐंठना।
मुहा० *अंग मरोड़ना*=अँगड़ाई लेना। *भौंह (या दृग) मरोड़ना*=(क) आँख से इशारा करना। (ख) नाक-भौंह चढ़ाना। *हाथ मरोड़ना*=पछताना।
२. ऐंठ या घुमाकर नष्ट करना या मार डालना। ३. पीड़ा देना, दुख पहुँचाना।

मरोड़ा| पुं० दे० 'मरोड़'।

मरोरना* स० दे० 'मरोड़ना'।

मर्कट पुं० [सं०] [स्त्री० मर्कटी] १. बन्दर, बानर। २. मकड़ा, नर-मकड़ी।

मर्कत* पुं० दे० 'मरकत' (रत्न)।

मर्ग पुं० [सं० मठ, कश्मीरी मर] कश्मीर में पहाड़ के ऊपर वह छोटा मैदान जिसमें पशु चरते हों, कुमाऊँ में इसी को 'खाल' कहते हैं।

मर्तबान पुं० [हिं० अमृतवान] अचार, घी आदि रखने का चीनी मिट्टी या सादी मिट्टी का रोगनी बरतन, अमृतवान।

मर्त्य पुं० [सं०] १. मनुष्य। २. शरीर।

मर्त्यलोक पुं० [सं०] यह पृथ्वी या इस पर बसा हुआ संसार।

मर्द पुं० [फा०] १. मनुष्य। २. पुरुष, नर। ३. साहसी और पुरुषार्थी व्यक्ति। ४. वीर। ५. पति, भर्ता, खसम।

मर्दन पुं० [सं०] [वि० मर्दित] १. कुचलना, रौंदना। २. मसलना। ३. शरीर में तेल, उबटन आदि मलना। ४. नाश, ध्वंस।
वि० [स्त्री० मर्दना] मर्दन, नाश या संहार करनेवाला।

मर्दना* स० [सं० मर्दन] १. मर्दन करना, मलना। २. मसलना। ३. नष्ट करना। ४. मार डालना।

मर्दल पुं० [सं०] एक प्रकार का बड़ा ढोल, जिसका प्रचलन बंगाल में है।

मर्दवादी वि० [फा०+सं० वादिन्] मर्दों की प्रधानता का सूचक, पुरुषों की नीति का सूचक।

मर्दानगी स्त्री० [फा०] वीरता, पौरुष।

मर्दाना वि० [फा० मर्दान:] मरदाना। (दे०)

मर्दित वि० [सं०] जिसका मर्दन किया गया हो, रौंदा हुआ।

मर्दी स्त्री० [फा०] १. वीरता। २. मनुष्यता।

मर्दुमशुमारी स्त्री० [फा०] १. किसी स्थान के निवासियों की गणना या गिनती होना, जनगणना। २. कहीं की जनसंख्या।

मर्दुमी स्त्री० [फा०] पौरुष।

मर्म पुं० [सं०] १. स्वरूप। २. रहस्य, भेद। ३. सन्धि-स्थान। ४. दे० 'मर्मस्थल'।

मर्मज्ञ वि० [सं०] [भाव० मर्मज्ञता] किसी बात का मर्म, रहस्य या तत्त्व जाननेवाला, तत्त्वज्ञ, मर्मवेत्ता।

मर्मग्राही वि० [सं० मर्म+ग्राहिन्] मर्म को ग्रहण करनेवाला, मर्मज्ञ।

मर्मभेदी (-दिन्) वि० [सं०] हृदय में चुभनेवाला, हार्दिक कष्ट पहुँचानेवाला।

मर्मर[१] पुं० दे० 'मरमर'।

मर्मर[२] पुं० [अनु०] पत्तों आदि का मरमर शब्द।

मर्मरित* वि० [अनु० मरमर] जिसमें मरमर शब्द होता हो।

मर्मवचन पुं० [सं० मर्म+वचन] वह बात जिससे सुननेवाले का हृदय दुखे।

मर्मवाक्य पुं० दे० 'मर्मवचन'।

मर्मविद् वि० [सं०] मर्मज्ञ।

मर्मस्थल पुं० [सं०] १. शरीर के वे कोमल अंग जिनपर चोट लगने से बहुत अधिक पीड़ा होती है और जिनसे मनुष्य मर भी सकता है, जैसे हृदय, कंठ, नाक, अण्डकोश, कपाल आदि। २. वह स्थल जिस पर आघात या आक्षेप होने से मनुष्य को विशेष मानसिक कष्ट हो, जैसे हृदय।

मर्मस्थान पुं० दे० 'मर्मस्थल'।

मर्मस्पर्शी (-र्शिन्) वि० [सं०] [स्त्री० मर्मस्पर्शिनी, भाव० मर्मस्पर्शिता] हृदय को स्पर्श करने, फलतः उस पर प्रभाव डालनेवाला।

मर्मांग पुं० [सं०] मर्मस्थल। (दे०)

मर्मांतक, मर्मांतिक वि० दे० 'मर्मभेदी'।

मर्माहत वि० [सं० मर्म+आहत] जिसके मर्मस्थल पर चोट लगी हो; अत्यंत दुखी।

मर्मी पुं० [सं० मर्म] तत्त्वज्ञ, मर्मज्ञ।

मर्यादा स्त्री० [सं०] १. सीमा, हद। २. तट, किनारा। ३. प्रतिज्ञा। ४. नियम। ५. सदाचार। ६. प्रतिष्ठा। ७. धर्म।

मर्यादा-पुरुषोत्तम पुं० [सं०] सदा मर्यादाओं का पालन करनेवाले श्रीराम।

मर्यादावादी (दिन्) वि० [सं०] १. मर्यादा का पालन करनेवाला। २. मर्यादा-संबंधी।
पुं० मर्यादाओं के पालन का समर्थक।

मर्यादित वि० [सं०] १. जिसकी सीमा या हद निश्चित हो। २. जो अपनी मर्यादा या सीमा के अन्दर हो।

मर्ष पुं० [सं०] क्रोध।

मर्षण पुं० [सं०] [वि० मर्षणीय, मर्षित] १. क्षमा, माफी। २. किसी प्रकार का कष्ट, अन्याय, आघात, हानि आदि धैर्यपूर्वक और चुपचाप सहने की क्रिया या भाव। (सफरेन्स) ३. ऐसा अभ्यास या शक्ति जो मनुष्य को किसी असाधारण, कठिन या कष्टदायक स्थिति में समर्थ करती है।
वि० १. नाशक। २. दूर करनेवाला।

मलंग पुं० [फा०] १. एक प्रकार के मुसलमान फकीर या साधु। २. निश्चिन्त व्यक्ति।

मल[१] पुं० [सं०] १. मैल, गन्दगी। २. विष्ठा, गूह। ३. कर्मों का दोष, अवांछित कर्म करने पर मन पर पड़नेवाला गलत संस्कार। ४. पाप।

मल[२] पुं० [सं० मल्ल—एक जाति विशेष] पहलवान।

मलकट्टा पुं० [?] कोयले की खान का मजदूर।

मलकन स्त्री० [हिं० मलकना] मलकने की क्रिया या भाव।

मलकना अ० [अनु०] १. हिलना, डोलना। २. इठलाना, इतराना।
स० १. इधर-उधर आँखें नचाना या तिरछी नजर से देखना। २. दे० 'मचमचाना'।

मलका स्त्री० [अ० मलिकः] महारानी।

मलकाना[१] स० [अनु०] १. तिरछी नजर से इधर-उधर देखना। २. दे० 'मचमचाना।'

मलकाना[२] पुं० [अ० मालिक, मलिक ?] राजपूत मुसलमानों की एक जाति।

मलकुंड पुं० [सं०] वह कुंड जिसमें मलमूत्र एकत्र होता हो।

मलकियत स्त्री० [अ० मालकियत] स्वामित्व, मालिकाना हक।

मलखंभ पुं० दे० 'मालखंभ'।

मलगजा[१] वि० [हिं० मलना+गींजना] [स्त्री० मलगाजी] जो मल या मसलकर विकृत और विरूप कर दिया गया हो, रौंदा हुआ।

मलगजा[२] पुं० [?] गाढ़े बेसन में लपेट कर तला हुआ बैंगन का टुकड़ा या फाँक।

मलता वि० [हिं० मलना] घिसा हुआ (सिक्का)।

मलत्याग पुं० [सं०] टट्टी करने की क्रिया।

मलद्वार पुं० [सं०] जिस इंद्रिय से मल अर्थात् पैखाना निकलता हो, गुदा।

मलना स० [सं० मलन] [प्रे० मलाना, मलवाना] १. हाथ से घिसना या रगड़ना।
मुहा० *हाथ मलना*=पछताना।
२. माँजना। ३. मालिश करना। ४. मरोड़ना, ऐंठना।

मलनाली स्त्री० [सं०+हिं०] वह नाली जिसमें से मलमूत्र बहता हो। (सीवर)

मलबा पुं० [सं० मल] १. कूड़ा-कर्कट। २. गिरी हुई इमारत की ईंटें, पत्थर आदि या उनका ढेर।

मलमल स्त्री० [सं० मलमल्लक] एक प्रकार का महीन कपड़ा।

मलमास पुं० [सं०] प्रति तीसरे वर्ष पड़नेवाला वह बढ़ा हुआ या अधिक चान्द्र मास जो दो संक्रान्तियों के बीच में पड़ता है। (ऐसा मास अपने नाम के दूसरे और शुद्ध मास के बीच में होता है) अधिक मास, पुरुषोत्तम।

मल-मूत्र पुं० [सं०] मल और मूत्र।

मलय पुं० [सं० मलय (पर्वत)] १. मैसूर के दक्षिण और ट्रावंकोर के पूर्व का प्रदेश। २. मलाबार। ३. मलाबार के निवासी। ४. सफेद चन्दन।

मलयगिरि पुं० [सं०] १. दक्षिण भारत का मलय पर्वत। २. इस पर्वत पर पैदा होनेवाला चन्दन।

मलयज पुं० [सं०] चन्दन।
वि० मलय पर्वत पर या उस पर उत्पन्न।

मलयाचल पुं० [सं०] १. मलय पर्वत।

मलयानिल पुं० [सं०] १. मलय पर्वत की ओर से आनेवाली वायु, जिसमें चन्दन की सुगन्ध होती है। २. बसन्त ऋतु की सुखद और सुगन्धित वायु।

मलयुग पुं०=कलियुग।

मलराना* स० दे० मल्हाना।

मलहम पुं० [अ० मरहम] घाव पर लगाने की चिकनी गाढ़ी औषधि।

मलाई[१] स्त्री० [फा० बालाई] १. देर तक गरम किए हुए दूध के ऊपर जमा हुआ सार भाग, साढ़ी। २. सार, तत्त्व।

मलाई[२] स्त्री० [हिं० मलना] मलने की क्रिया, भाव या मजदूरी।

मलाईदार वि० [हिं० मलाई+फा० दार] १. जिसमें मलाई हो, मलाई से युक्त; जैसे–मलाईदार दूध। २. अत्यधिक लाभप्रद; जैसे–मलाईदार मंत्रालय।

मलाट पुं० [देश०] एक प्रकार का मोटा घटिया कागज।

मलान* वि० दे० 'म्लान'।

मलामत स्त्री० [अ०] १. भर्त्सना। २. मैल, गन्दगी।

मलार पुं० दे० 'मल्लार'।

मलारी स्त्री० दे० 'मल्लारी'।

मलाल पुं० [अ०] दुख, रंज।

मलावरोध पुं० [सं० मल+अवरोध] वह रोग जिसमें पेट में मल रुका रहता है और जल्दी बाहर नहीं निकलता, कब्जियत। (कॉन्स्टिपेशन)

मलाह* पुं० दे० 'मल्लाह'।

मलाही स्त्री० दे० 'मल्लाही'।

मलिंग पुं० दे० 'मलंग'।

मलिंद पुं० [सं० मिलिन्द] भौंरा।

मलिक पुं० [अ०] [स्त्री० मलिका] १. राजा। २. सरदार।

मलिका स्त्री० [अ० मलिकः] रानी, महारानी।

मलिच्छ* पुं० दे० 'म्लेच्छ'।

मलिन वि० [सं०] [स्त्री० मलिना, भाव० मलिनता] १. मैला, गन्दा। २. कपट–भूरा। ३. विकारयुक्त। ४. पापी। ५. श्रीहीन, म्लान, उदासीन, फीका।

मलिया स्त्री० [सं० मल्लिका] १. छोटे मुँह का मिट्टी का एक प्रकार का बरतन। २. चक्कर। ३. एक प्रकार का खेल जिसमें जमीन पर कुछ खाने बनाकर गोटियों से खेलते हैं।

मलियामेट पुं० [हिं० मलिया (खेल)+मिटाना] सर्वनाश, बरबादी।

मलीदा पुं० [फा०] १. चूरमा। २. एक प्रकार का बढ़िया मुलायम ऊनी कपड़ा।

मलीन वि० दे० 'मलिन'।

मलूक वि० [अ० मलिक] सुन्दर, मनोहर।

मलेच्छ पुं० दे० 'म्लेच्छ'।

मलेरिया पुं० [अं०] जाड़ा देकर आनेवाला बुखार, जूड़ी।

मलोलना अ० [हिं० मलोला] १. मन में दुखी होना। २. पछताना।

मलोला पुं० [अ० मलूल] १. मानसिक व्यथा, दुख, रंज। **मुहा०** *मलोले खाना*=मानसिक व्यथा सहना, मन में बहुत दुखी होना।

२. उत्कट इच्छा या लालसा, अरमान।

मल्ल पुं० [सं०] १. द्वन्द्वयुद्ध में निपुणता के लिए प्रसिद्ध, एक प्राचीन पंजाबी जाति। २. पहलवान। ३. योद्धा।

मल्लयुद्ध पुं० [सं०] कुश्ती।

मल्लार पुं० [सं० मल्लार=लीला या खेल] वर्षा ऋतु के समय गाया जानेवाला एक प्रसिद्ध राग।

मल्लारी स्त्री० [सं० मल्लार] ओड़व जाति की एक रागिनी जो वर्षा ऋतु में सबेरे के समय गाई जाती है।

मल्लाह पुं० [अ०] [स्त्री० मल्लाहिन] एक जाति जिसका पेशा मछली मारना और नाव खेना है, केवट, माँझी।

मल्लाही वि० [अ० मल्लाह] मल्लाह–सम्बन्धी, मल्लाह का।

स्त्री० १. मल्लाह का कार्य, पद या भाव। २. एक विशेष प्रकार की तैराकी, तैरने का प्रकार। ३. नाव का भाड़ा।

मल्लिका स्त्री० [सं०] १. एक प्रकार का बेला, मोतिया।

२. सुमुखी नामक छन्द का दूसरा नाम।

मल्हाना स० [सं० मल्ह=गौ का स्तन] चुमकारना, पुचकारना।

मल्हारना* स० दे० 'मल्हाना'।

मवाद पुं० [अ०] १. (फोड़े में की) पीब। २. मल, गन्दगी।

मवास पुं० [सं०] [स्त्री० अल्पा० मवासी] १. दुर्ग, गढ़, किला (विशेषतः पहाड़ के ऊपर बना हुआ)। २. शरण या रक्षा का स्थान। ३. शरण–स्थली।

मवासी स्त्री० [हिं० मवास] छोटा गढ़।

पुं० १. गढ़पति, किलेदार। २. सरदार।

मवेशी पुं० [अ० मवाशी] चौपाया।

मवेशीखाना पुं० [फा०] पशुशाला।

मशक[१] पुं० [सं०] १. मच्छर। २. शरीर पर का मसा।

मशक[२] स्त्री० [अ०] चमड़े का बना हुआ वह थैला जिसमें पानी भरकर लाते हैं, परवाल।

मशक्कत स्त्री० [अ० मशक़्क़त] परिश्रम, मेहनत।

मशगूल वि० [अ० मश्गूल] काम में लगा हुआ, व्यस्त।

मशरू पुं० [अ० मशरूअ] एक प्रकार का धारीदार रेशमी कपड़ा।

मशवरा, मशविरा पुं० [अ० मश्वुरः] परामर्श, विचार–विमर्श।

मशहूर वि० [अ० मश्हूर] [भाव० मशहूरी] प्रसिद्ध, विख्यात।

मशहूरी स्त्री० [अ० मश्हूरी] प्रसिद्धि, ख्याति।

मशाल स्त्री० [अ० मश्आल] डंडे में चीथड़े लपेटकर बनाई हुई जलाने की बहुत मोटी बत्ती जो हाथ में लेकर चलते हैं।

मशालची पुं० [अ० मश्आल+फा० ची] [स्त्री० मशालचिन] जलती हुई मशाल हाथ में लेकर चलनेवाला।

मशीन स्त्री० [अं० मेशीन] पेचों और पुरजों से बना हुआ वह यन्त्र जिससे काम जल्दी होता हो, कल, यन्त्र।

मशीनगन स्त्री० [अं०] वह मशीन या यन्त्र जो बन्दूक की तरह पर बहुत जल्दी-जल्दी गोलियाँ चलाता है।

मशीनी वि० [अं० मशीन] १. मशीन-सम्बन्धी। २. मशीन द्वारा होनेवाला।

मश्क पुं० [अ०] अभ्यास।

स्त्री० दे० 'मशक' (पानी भरने की)।

मष* पुं०=यज्ञ।

मष्ट वि० [सं० मष्ट] मौन, चुप।

मुहा० *मष्ट धारना या मारना*=मौन धारण करना।

मस स्त्री० [सं० श्मश्रु] मूँछें निकलने से पहले उसके स्थान पर होनेवाली रोमावली।

मुहा० *मस भींजना*=मूँछें निकलना या आरम्भ होना।

स्त्री० दे० 'मसि'।

मसकत स्त्री० [अ० मशक्कत] परिश्रम, मेहनत, उदा० काहे कौ हर बिरद बुलावत, बिनु मसकत को तार्‌यो। -सूर।

मसकना अ०, स० [अनु०] १. इस प्रकार दबना या दबाना कि टूट या फट जाए।

अ० दे० 'मसोसना'।

मसकला पुं० [अ०] (हँसिया के आकार का) सिकलीगरों का वह औजार जिससे वे धातुएँ चमकाते हैं।

मसका पुं० [फा० मस्क:] नवनीत, मक्खन।

मसकीन* वि० दे० 'मिसकीन'।

मसखरा पुं० [अ० मस्ख़र:] हँसोड़, दिल्लगीबाज।

मसखरी स्त्री० [हिं० मसखरा+ई] दिल्लगी, हँसी, मजाक, परिहास।

मसजिद स्त्री० [फा० मस्जिद] मुसलमानों का एकत्र होकर सामूहिक रूप से नमाज पढ़ने का भवन।

मसनद स्त्री० [अ० मस्नद] बड़ा तकिया, गावतकिया।

मुहा० *मसनद का बोझ*=गद्दीनशीन अकर्मण्य व्यक्ति।

मसनवी स्त्री० [अ०] उर्दू पद्य की एक शैली।

मसना* वि०=मसलना।

मसनूई वि० [अ० मस्नूई] बनावटी, कृत्रिम।

मसमुंद* क्रि० वि० [हिं० मस=मूँदना] ठेलमठेल या धक्कमधक्का करते हुए।

मसयारा* पुं० [हिं० मशाल] १. मशाल। २. मशालची।

मसरना* स०=मसलना।

मसरफ पुं० [अ० मस्रिफ़] व्यवहार, उपयोग।

मसरूफ वि० [अ० मस्रूफ] व्यस्त।

मसल स्त्री० [अ०] कहावत, लोकोक्ति।

मसलति स्त्री० दे० 'मसलहत'।

मसलन[१] क्रि० वि० [अ० मस्लन] मिसाल के तौर पर, उदाहरणार्थ, जैसे।

मसलन[२] स्त्री० [हिं० मलना] मसलने की क्रिया या भाव।

मसलना स० [हिं० मलना] [भाव० मसलन] १. उँगलियों से दबाते हुए रगड़ना, मलना। २. जोर से दबाना।

मसलहत स्त्री० [अ० मस्लहत] १. रहस्य। २. ऐसा गुप्त और हितकर तत्त्व जो सहसा समझ में न आ सके, छिपा हुआ शुभ हेतु।

मसला पुं० [अ० मस्ल:] १. कहावत, लोकोक्ति। २. जटिल और विचारणीय विषय, समस्या।

मसविदा पुं० दे० 'मसौदा'।

मसहरी स्त्री० [सं० मशहरी] १. मच्छरों से बचने के लिए पलंग के ऊपर और चारों ओर लगाने का जालीदार कपड़ा। २. वह पलंग जिसमें उक्त कपड़ा लगा हो।

मसहार* पुं० दे० 'मांसाहारी'।

मसा पुं० [सं० मांस-कील] १. काले रंग का उभरा हुआ मांस का वह दाना जो शरीर पर कहीं-कहीं निकलता है। २. बवासीर में निकलनेवाला मांस का दाना।

मसान पुं० [सं० श्मशान] १. शव जलाने का स्थान, मरघट, श्मशान।

मुहा० *मसान जगाना*=श्मशान पर बैठकर शव या किसी मन्त्र की तान्त्रिक सिद्धि करना।

२. भूत, पिशाच। ३. युद्धक्षेत्र। (क्व०)

मसाना पुं० [अ० मसान:] पेट के अन्दर की वह थैली जिसमें पेशाब जमा रहता है।

मसानिया पुं० [हिं० मसान] १. मसान पर रहनेवाला। २. डोम।

वि० मसान-सम्बन्धी, मसान का।

मसानी स्त्री० [सं० श्मशानी] डाकिनी, पिशाचिनी आदि।

मसाल स्त्री० १. दे० 'मशाल'। २. दे० 'मिसाल'।

मसाला पुं० [फा० मस्‌अल:] १. साधारण सामग्री, उपकरण। २. किसी विशेष कार्य के लिए बनाया हुआ ओषधियों या रासायनिक द्रव्यों का मिश्रण अथवा उसका कोई अंश। ३. भोजन को स्वादिष्ट बनानेवाले विशिष्ट पदार्थ, जैसे लौंग, मिर्च, जीरा, तेजपत्ता आदि। ४. उक्त का मिश्रित रूप। ५. आतिशबाजी में प्रयुक्त गंधक, शोरे आदि का मिश्रित रूप। ६. वह सामग्री जो तर्क आदि में किसी के विरुद्ध प्रयोग की जा सके।

मसालेदानी स्त्री० वह ढक्कनदार डिब्बा जिसमें कई खाने होते हैं तथा जिसमें मसाले के काम आनेवाली चीजें रखी जाती हैं।

मसालेदार वि० [हिं० मसाला+फा० दार] जिसमें मसाला मिला या पड़ा हो, चटपटा।

मसि स्त्री० [सं०] १. स्याही। २. काजल। ३. कालिख।

मसिपात्र पुं० [सं०] दावात।

मसिमुख वि० [सं०] कलंकित।

मसियार* स्त्री० दे० 'मशाल'।

मासियारा* पुं० दे० 'मशालची'।

मसीत, मसीद स्त्री० दे० 'मसजिद'।

मसीना पुं० [देश०] मोटा अन्न, कदन्न।

मसीह, मसीहा पुं० [अ०] [वि० मसीही] १. ईसाइयों के धर्मगुरु हजरत ईसा। २. वह जो मरे हुए को जिला सके (उर्दू कविताओं में प्रेमपात्र के लिए प्रयुक्त)।

मसीही वि०, पुं० [अ० मसीह] ईसाई।

मसू* क्रि० वि० [हिं० मरू=मरकर] कठिनता से, मुश्किल से, जैसे-तैसे।

मुहा० *मसू करके*=बहुत कठिनता से।

मसूड़ा पुं० [सं० श्मश्रु] मुँह के अन्दर का वह अंग जिसमें दाँत उगे होते हैं।

मसूर पुं० [सं०] एक प्रकार की दाल।

मसूरिका स्त्री० दे० 'शीतला' (रोग)।

मसूसना† अ० दे० 'मसोसना'।

मसृण वि० [सं०] ऐसा गाढ़ा तरल जिसमें चिकनापन और मुलायमियत हो (जैसे घी, चरबी, तेल आदि)।

मसेवरा पुं० [हिं० मांस] मांस के योग से बनी हुई भोजन-सामग्री।

मसोस* पुं०=अफसोस, खेद।

मसोसना अ० [फा० अफ़्सोस] १. किसी मनोवेग का दबाया जाना। २. मन ही मन खेद या दुख करना, कुढ़ना। स० १. ऐंठना, मरोड़ना। २. निचोड़ना।

मसोसा पुं० [हिं० मसोसना] मन का दुख।

मसौदा पुं० [हिं० मसविदा] १. लेख का वह पूर्व रूप जिसमें काट-छाँट और सुधार किया जाने को हो, प्रालेख। २. युक्ति, तरकीब।

मुहा० *मसौदा गाँठना या बाँधना*=युक्ति सोचना।

मस्कन पुं० [अ०] घर।

मस्करा* पुं० दे० 'मसखरा'।

मस्कला पुं० दे० 'मसकला'।

मस्जिद स्त्री० [अ०] मसजिद (दे०)।

मस्त वि० [सं० मत्त से फा०] [भाव० मस्ती] १. मतवाला, मदोन्मत्त। २. प्रसन्न और निश्चिन्त, परम आनन्दित। ३. यौवन-मद से भरा हुआ। ४. मनमौजी।

मस्तमौला वि० [फा० मस्त+अ० मौला] जो बिना सोचे-समझे और मनमाने ढंग से काम करता हो, मनमौजी।

मस्ताना वि० [फा० मस्तानः] १. मस्तों का-सा। २. मस्त। अ० मस्त होना, मस्ती में आना।

मस्तिष्क पुं० [सं०] १. मस्तक के अन्दर का गूदा, भेजा, मगज। २. मस्तक के अन्दर का विचार-केन्द्र तथा अभिव्यक्ति-केन्द्र। ३. मस्तक में होनेवाली सोचने-समझने की शक्ति, मानसिक शक्ति, दिमाग, बुद्धि।

मस्तिष्कीय वि० [सं०] मस्तिष्क-सम्बन्धी; जैसे मस्तिष्कीय क्रियाकलाप।

मस्ती स्त्री० [फा०] १. मस्त होने की क्रिया या भाव, मतवालापन। २. कुछ विशिष्ट पशुओं की कनपटी से बहनेवाला तरल स्राव, मद। ३. कुछ वृक्षों, पत्थरों आदि में से होनेवाला स्राव, मद।

मस्तूल पुं० [पुर्त० मस्टो] बड़ी नावों के बीच का वह लट्ठा जिसमें पाल बाँधते हैं।

मस्सा पुं० दे० 'मसा'।

महँ क्रि० वि० [सं० मध्य] मध्य से, बीच में।

महँई वि० [सं० महान्] महान, बड़ा।

महँगा वि० [सं० महार्घ, पा० महग्घ] १. जिसका उचित से अधिक मूल्य हो। २. बहुमूल्य। ३. जो बहुत अधिक परिश्रम या व्यय से अथवा बहुत कठिनता से प्राप्त हुआ हो, जैसे—यह मन्त्रित्व आपको बहुत मँहगा पड़ा है।

महँगाई स्त्री० [हिं० महँगा] वह स्थिति जब वस्तुएँ अपेक्षाकृत महँगी हो गई हों।

महँगाई भत्ता पुं० महँगाई के कारण मिलनेवाला भत्ता।

महँगी स्त्री०=महँगाई।

महंत पुं० [सं० महत्=बड़ा] १. साधु समाज का प्रधान। २. मठाधीश।

महंती स्त्री० [हिं० महंत] महन्त का भाव या पद।

मह* पुं० [फा० माह] चन्द्रमा।

महक स्त्री० [महमह से अनु०] गन्ध, बास।

महकना अ० [हिं० महक] गन्ध देना।

महकमा पुं० [अ० मह्कमः] विभाग विशेषतः सरकारी विभाग।

महकान स्त्री० दे० 'महक'।

महकीला वि० [हिं० महक] महकनेवाला।

महज क्रि० वि० [अ० महज़] केवल, सिर्फ।

महजिद स्त्री० दे० 'मसजिद'।

महज्जन पुं० [सं०] महापुरुष।

महत् वि० [सं०] [वि० स्त्री० महती] महान, बहुत बड़ा। पुं० १. ब्रह्म। २. दे० 'महत्तत्व'।

महत पुं०=महत्त्व।

महता पुं० [सं० महत्] गाँव का मुखिया, महतो, सरदार।

महताब स्त्री० [फा०] १. चाँदनी, चन्द्रिका। २. दे० 'महताबी'।

महताबी स्त्री० [फा०] १. नली के आकार की वह आतिशबाजी जिससे केवल रोशनी होती है। २. बाग के बीच का चबूतरा।

महतारी* स्त्री०=माता।

महती वि० स्त्री० [सं०] बहुत बड़ी, महान; जैसे महती सफलता, महती कृपा।

महतु पुं० दे० 'महत्त्व'।

महतो पुं० [हिं० महता] १. कहार। २. प्रधान। ३. सरदार। ४. गाँव, समाज, मंडली आदि का मुखिया।

महत्तत्त्व पुं० [सं०] १. सांख्य में प्रकृति का पहला विकार, बुद्धितत्त्व। २. जीवात्मा।

महत्तम वि० [सं०] सबसे बड़ा। पुं० १. सबसे बड़ा या ऊँचा वह अंक या परिमाण जो अन्तिम सीमा के रूप में निश्चित या प्राप्त हो और जिससे आगे बढ़ने के लिए अवकाश या विधान न हो। २. किसी

वस्तु का वह मान या मूल्य जिससे आगे उसका बढ़ना बन्द हो जाता है और जिसमें केवल कमी या घटाव के लिए अवकाश रहता है। (मैकसीमम)

महत्तर वि० [सं०] दो में से बड़ा या श्रेष्ठ, किसी से बड़ा या अच्छा।

महत्ता स्त्री० [सं०] दे० 'महत्त्व'।

महत्त्व पुं० [सं०] १. महान का भाव। २. बड़प्पन, गुरुता, उच्चता, प्रतिष्ठा। ३. श्रेष्ठता, उत्तमता। ४. वह गुण या तत्त्व जिससे किसी वस्तु की आपेक्षिक श्रेष्ठता, उपयोगिता या आदर घटता या बढ़ता हो। (इम्पॉरटेन्स)

महत्त्वपूर्ण वि० [सं०] जिसमें कुछ विशेष महत्त्व हो, जिसकी उपयोगिता आदि मान्य हो और जिसका दूसरी बातों पर प्रभाव पड़ता हो। (इम्पारटेण्ट)

महत्त्वाकांक्षा स्त्री० [सं० महत्त्व+आकांक्षा] महत्त्वपूर्ण पद या सफलता प्राप्त करने की आकांक्षा, उच्चाकांक्षा।

महत्त्वाकांक्षी वि० दे० 'उच्चाकांक्षी'।

महदूद वि० [अ० महदूद] परिमित, सीमित।

महना* स० दे० 'मथना'।

महनीय वि० [सं०] [भाव० महनीयता] १. मान्य, पूज्य। २. महत्, महान। ३. श्रेष्ठ।

महफिल स्त्री० [अ० मह्फ़िल] १. सभा, जलसा। २. नाच-गाने का स्थान या जलसा।

महफूज वि० [अ० मह्फूज] सुरक्षित, रक्षित।

महबूब पुं० [अ० महबूब] [स्त्री० महबूबा] १. प्रिय, प्रेमपात्र। २. दोस्त, मित्र।

मूहबूबा स्त्री० [अ० महबूबा] प्रेयसी, प्रिया, प्रियतमा।

महमंत वि० दे० 'मदमत्त'।

महमद* पुं० दे० 'मुहम्मद'।

महमह क्रि० वि० [अनु०] सुगन्धि या खुशबू के साथ।

महमहा वि० [हिं० महक] सुगन्धित।

महमाना अ० [हिं० महमह] महक या गन्ध देना, गमकना।

महर[१] पुं० [सं० महत्] [स्त्री० महरि] १. बड़े आदमियों के लिए व्यवहृत एक आदरसूचक शब्द। (ब्रज) २. एक प्रकार का पक्षी। ३. दे० 'महरा'।

महर[२] स्त्री० [अ० मेहर] कृपा, दया।

महर[३] पुं० [अ० मह्र] मुसलमानों में वह धन जो विवाह के समय वर पक्ष से वधू को मिलता है।

महरम पुं० [अ० मह्रम] १. मुसलमानों में वह पुरुष जिससे स्त्रियों के लिए परदा करने का विधान न हो। २. इतना घनिष्ट परिचित जो सभी निज और भेद की बातें जानता हो, परम आत्मीय।

स्त्री० १. अंगिया, चोली। २. अंगिया की कटोरी।

महरा पुं० [हिं० महता] [स्त्री० महरी, भाव० महराई] १. कहार। २. मुखिया। ३. नौकर-चाकरों का सरदार।

महराई स्त्री० [हिं० महर] महर होने की अवस्था या भाव।

पुं० महाराज, उदा०- कह्यौ, सुनौ विनती महराई।—सूर।

महराना[१] पुं० [हिं० महर] महरों के रहने का स्थान।

महराना[२] पुं० [अनु० मह] सुगन्धित करना।

अ० सुगन्धित होना।

महरि, महरी स्त्री० [सं० महिला] (ब्रज में) प्रतिष्ठित स्त्रियों के लिए एक आदरसूचक शब्द, मालकिन, घरवाली।

महरूम वि० [अ० मह्रूम] १. जिसे उसका वांछित या प्राप्य न मिला हो, वंचित। २. अभागा।

महरेटा* पुं०=श्रीकृष्ण।

महरेटी* स्त्री०=राधिका।

महर्घ* वि० दे० 'महार्घ'।

महर्षि पुं० [सं० महा+ऋषि] बहुत बड़ा या श्रेष्ठ ऋषि।

महल पुं० [अ०] १. राजाओं आदि के रहने का बड़ा और बढ़िया मकान, प्रासाद। २. रनिवास, अन्तःपुर। ३. बेगम, बीवी, पत्नी; जैसे-मुमताज़महल।

महलती पुं० [अ० महल] [स्त्री० महलतिन] मकान का वह मालिक जो स्वयं उसमें रहकर उसके कुछ अंशों में किराएदार भी रखता हो।

महलसरा स्त्री० [अ०] अन्तःपुर।

महली* पुं० [अ० महल] १. अन्तःपुर का चौकीदार। २. हिजड़ा।

महल्ला पुं० [अ० महल्लः] शहर का वह विभाग या हिस्सा जिसमें बहुत से मकान हों।

मुहल्ला-टोला पुं० मुहल्ला या टोला; जैसे-वह पास के ही किसी मुहल्ले-टोले में रहता था।

महल्लेदार पुं० [महल्ला+फा० दार] १. महल्ले का मुख्यिा। २. महल्ले का वासी।

महल्लेदारी स्त्री० [हिं० महल्लेदार] महल्ले के लोगों में होनेवाला भाईचारा।

महसूल पुं० [अ० मह्सूल] १. वह धन जो राज्य या सरकार किसी विशेष कार्य के लिए ले, कर। (टैक्स) २. भाड़ा, किराया। ३. जमीन की लगान। (पुरानी हिन्दी)

महसूली वि० [हिं० महसूल] जिस पर महसूल लगता हो।

महसूस वि० [अ० मह्सूस] जिसका ज्ञान या अनुभव हो, अनुभूत।

महाँ क्रि० वि० दे० 'महँ'। (बीच में)

महा[१] वि० [सं०] १. बहुत अधिक। २. सर्वश्रेष्ठ, सबसे बड़ा। ३. बहुत बड़ा।

महा[२] पुं० [हिं० महना=मथना] दही मथने पर बचा हुआ तरल पदार्थ, मट्ठा।

महाउत* पुं० दे० 'महावत'।

महाकवि पुं० [सं०] १. बहुत बड़ा कवि। २. बहुत बड़ा वैद्य।

महाकाय वि० [सं०] जिसका शरीर बहुत बड़ा हो, बड़े डील-डौलवाला।

महाकाल पुं० [सं०] महादेव, त्रिलोचन।

महाकाली स्त्री० [सं०] दुर्गा, मृडानी, चण्डिका, अम्बिका।

महाकाव्य पुं० [सं०] १. साहित्य-शास्त्र के अनुसार वह सर्गबद्ध काव्यग्रन्थ जिसमें प्रायः सभी रसों, ऋतुओं और प्राकृतिक दृश्यों आदि का वर्णन हो। २. बहुत बड़ा और सर्वश्रेष्ठ काव्य। (एपिक)

महाको* सर्व [सं० मामकः] मेरा।

महागति स्त्री० [सं०] परम पद की प्राप्ति, मोक्ष। (साल्वेशन)

महाजन पुं० [सं०] १. श्रेष्ठ पुरुष। २. धनवान। ३. रुपए-पैसे का लेन-देन करनेवाला, कोठीवाला। ४. ऋण देनेवाला। (क्रेडिटर)

महाजनी स्त्री० [हिं० महाजन +ई (प्रत्य०)] १. रुपए के लेन-देन का व्यवसाय, कोठीवाली। २. महाजनों के व्यवहार की एक लिपि, मुड़िया।

महातम* पुं०=माहात्म्य (यश-गाथा)।

महात्मा पुं० [सं० महात्मन्] १. बहुत श्रेष्ठ, उच्च विचारोंवाला और सदाचारी पुरुष। २. बहुत बड़ा साधु या महापुरुष। ३. धर्मात्मा।

महादान पुं० [सं०] ग्रहण आदि के समय किया जानेवाला दान।

महादेव पुं० [सं०] शंकर, शिव, पशुपति, महेश्वर, भूतेश।

महादेवी स्त्री० [सं०] १. दुर्गा। २. राजा की प्रधान रानी या महिषी, पटरानी।

महादेश पुं० [सं०] पृथ्वी के स्थल भाग के पाँच बड़े विभागों में से कोई एक, जिसमें अनेक देश होते हैं जैसे एशिया। (कान्टिनेण्ट)

महादेशीय वि० [सं०] महादेश-सम्बन्धी।

महादैत्य पुं० [सं०] १. बहुत बड़ा दैत्य। २. बहुत बड़ा संकट; जैसे आतंकवाद महादैत्य के रूप में हमारे सामने आया है।

महाद्वीप पुं० [सं०] बड़ा द्वीप, महादेश।

महान वि० [सं० महान्] बहुत बड़ा।

महानगर पुं० [सं०] [वि० महानगरीय] किसी प्रदेश का प्रमुख नगर।

महानगरी स्त्री० महानगर।

वि० महानगर-सम्बन्धी।

महानता स्त्री० [सं० महान्+ता] १. महत्ता, महत्त्व। २. श्रेष्ठता।

महानस पुं० [सं०] रसोईघर।

महानाटक पुं० [सं०] दस अंकोंवाला एक प्रकार का बहुत बड़ा नाटक।

महानिद्रा स्त्री० [सं०] मृत्यु, चिर-निद्रा।

महानिर्वाण पुं० [सं०] बौद्धों के अनुसार वह उच्चकोटि का निर्वाण या परिनिर्वाण, जिससे अधिकारी अर्हत् या बुद्ध होते हैं।

महानिशा स्त्री० [सं०] १. आधी रात। २. कल्प के अन्त में होनेवाली प्रलय की रात।

महानुभाव पुं० [सं०] बड़ा और आदरणीय व्यक्ति।

महापराध पुं० [सं० महा+अपराध] [कर्ता महापराधी] आगज़नी, बलात्कार, हत्या आदि ऐसा अपराध जिसके लिए कठोर दण्ड का विधान हो। (फेलॅनी)

महापातक पुं० [सं०] [वि० महापातकी] ये पाँच बहुत बड़े पाप—ब्रह्महत्या, मद्यपान, चोरी, गुरु की पत्नी से व्यभिचार और इन पाप करनेवालों का साथ।

महापातर* पुं०=महापात्र।

महापात्र पुं० [सं०] मृतक कर्म का दान लेनेवाला ब्राह्मण, महाब्राह्मण।

महापी* पुं० [सं० महा+हिं० पीना] बहुत अधिक शराब पीनेवाला, पियक्कड़।

महापुरुष पुं० [सं०] श्रेष्ठ पुरुष।

महापौर पुं० [सं०] नगरपालिका का प्रधान, नगर-प्रमुख।

महाप्रभु पुं० [सं०] १. एक आदरसूचक पदवी जिसका व्यवहार वल्लभाचार्य जी तथा बंगाल के प्रसिद्ध वैष्णव आचार्य चैतन्य के लिए होता है। २. शक्तिशाली तथा अधिकार-संपन्न व्यक्ति।

महाप्रलय पुं० [सं०] वह प्रलय जिसमें सारी सृष्टि का विनाश हो जाता है।

महाप्रशासक पुं० [सं०] वह बड़ा प्रशासक जो पद, मर्यादा आदि में साधारण प्रशासकों से बहुत उच्च होता है। (ऐडमिनिस्ट्रेटर जनरल)

महाप्रसाद पुं० [सं०] १. जगन्नाथ जी पर चढ़ाया हुआ भात। २. मांस। (व्यंग्य)

महाप्रस्थान पुं० [सं०] १. मृत्यु की इच्छा से हिमालय की ओर जाना। २. मृत्यु।

महाप्राज्ञ वि० [सं०] बहुत बड़ा विद्वान।

महाप्राण पुं० [सं०] १. कोई ऐसा वर्ण जिसके उच्चारण के समय अन्त में 'ह' भी होता हो। (एस्पिरेटेड) २. नागरी वर्ण माला में प्रत्येक वर्ग के दूसरे तथा चौथे अक्षर, जैसे ख, घ, छ, झ आदि।

महाबलाधिकृत पुं० [सं०] गुप्तकालीन भारत में साम्राज्य का वह सर्वप्रधान अधिकारी जिसके अधीन सारी सेना होती थी और जो सैनिक राजमन्त्री होता था।

महाब्राह्मण पुं० दे० 'महापात्र'।

महाभाग वि० [सं०] भाग्यवान।

महाभारत पुं० [सं०] १. वेदव्यास रचित वह परम प्रसिद्ध संस्कृत महाकाव्य जिसमें कौरवों और पाण्डवों के प्रसिद्ध युद्ध का वर्णन है। २. कौरवों और पाण्डवों का प्रसिद्ध युद्ध। ३. बहुत बड़ा युद्ध।

महाभियोग पुं० [सं०] वह अभियोग जो बहुत बड़े अधिकारियों (राष्ट्रपति, महाप्रशासक आदि) पर कोई बहुत अनुचित या हानिकारक काम करने पर चलता है। (इम्पीचमेन्ट)

महाभूमि स्त्री० [सं०] (प्राचीन भारत में) वह भूमि जिसपर किसी व्यक्ति विशेष का अधिकार न हो और जो जन-साधारण के काम आती हो। (पब्लिक प्लेस)

महामंत्री (-त्रिन्) पुं० [सं०] किसी राज्य का वह मन्त्री जो और सब मन्त्रियों में प्रधान होता है, प्रधान मन्त्री। (प्राइम मिनिस्टर)

महामति वि० [सं०] बड़ा बुद्धिमान।

महामना वि० [सं० महामनस्] बहुत उच्च और उदार मनवाला, महानुभाव, जैसे महामना मदनमोहन मालवीय जी।

महामहिम वि० [सं०] जिसकी महिमा बहुत अधिक हो, महिमा-मण्डित, बहुत बड़ी महिमावाला। (प्रायः बहुत बड़े-बड़े राजाओं आदि के लिए प्रयुक्त) जैसे महामहिम राज्यपाल। पुं० वह जिसकी बहुत महिमा हो।

महामांस पुं० [सं०] गाय या मनुष्य का मांस। (परम त्याज्य)

महामाई स्त्री० १. दे० 'दुर्गा'। २. दे० 'काली'। ३. महामाया। ४. चण्डिका।

महामात्य पुं० दे० 'महामंत्री'।

महामानव पुं० [सं०] महान गुणों से युक्त व्यक्ति, महापुरुष, दिव्यात्मा।

महामाया स्त्री० [सं०] १. प्रकृति। २. दुर्गा। ३. गंगा।

महामारी स्त्री० [सं० महा+हिं० मारी] वह संक्रामक भीषण रोग जिससे कुछ दिनों तक या बहुत दिनों तक बहुत-से लोग एक साथ या जल्दी मरें, वबा, मरी, जैसे प्लेग, हैजा आदि। (एपिडेमिक)

महामार्ग पुं० [सं०] बड़े-बड़े नगरों को जोड़नेवाला मार्ग। (हाईवे)

महामेध पुं० [सं०]=महायज्ञ।

महायज्ञ पुं० [सं०] धर्मशास्त्र विहित वे कर्म या यज्ञ जिनके नित्य करने का विधान है और जो पाँच हैं, यथा ब्रह्मयज्ञ, देवयज्ञ, पितृयज्ञ, भूतयज्ञ और नृयज्ञ।

महायात्रा स्त्री० [सं०] मृत्यु।

महायान पुं० [सं०] बौद्धों के तीन प्रधान सम्प्रदायों में से एक।

महायुद्ध पुं० [सं०] वह बहुत बड़ा युद्ध जिसमें बहुत से बड़े-बड़े देश या राष्ट्र सम्मिलित हों।

महारथ* पुं०=महारथी।

महारथी (-थिन्) पुं० [सं०]१. प्राचीन भारत में, वह बहुत बड़ा योद्धा जिसके अधीन अनेक रथी योद्धा रहते थे। २. वह जिसका किसी क्षेत्र में बोलबाला हो; जैसे-साहित्य का महारथी, राजनीति का महारथी।

महाराज पुं० [सं०] [स्त्री० महारानी] १. बहुत बड़ा राजा। २. ब्राह्मण, गुरु आदि के लिए आदरसूचक सम्बोधन।

महाराजमणि पुं० [सं०] महाराजाओं में शिरोमणि।

महाराजाधिराज पुं० [सं०] अनेक राजाओं का प्रधान महाराज।

महाराज्ञी स्त्री० [सं०] महारानी।

महाराणा पुं० [सं० महा+हिं० राणा] मेवाड़ के राजाओं की उपाधि; जैसे-महाराणा प्रताप सिंह।

महारानी स्त्री० [सं० महाराज्ञी] १. महाराज की रानी। २. बहुत बड़े राज्य की रानी; जैसे-महारानी लक्ष्मीबाई।

महाराष्ट्र पुं० [सं०] १. बहुत बड़ा राष्ट्र। २. दक्षिण भारत का एक प्रसिद्ध प्रदेश। ३. इस प्रदेश के निवासी।

महाराष्ट्री स्त्री० दे० 'मराठी'।

महार्घ वि० [सं०] [भाव० महार्घता] १. बहुत अधिक मूल्य का। २. महँगा।

महाल पुं० [सं० 'महल' का बहु०] १. मुहल्ला, टोला। २. जमीन के बन्दोबस्त के विचार से कई गाँवों का समूह।

महालक्ष्मी स्त्री० [सं०] लक्ष्मी देवी की एक मूर्ति।

महालय पुं० [सं०] पितृपक्ष।

महालया स्त्री० [सं०] आश्विन कृष्ण अमावस्या जो पितृपक्ष का अन्तिम और पितृ-विसर्जन का दिन होता है।

महावकी स्त्री० [सं०] पूतना राक्षसी का एक नाम।

महावट स्त्री० [हिं० माह=माघ+वट] माघ के दिनों की झड़ी या वर्षा, उदा० नैन चुवहिँ जस महवट (महावट) नीरू। —जायसी।

महावत पुं० [सं० महामात्र] हाथी चलाने या हाँकनेवाला, हाथीवान।

महावर पुं० [सं० महावर्ण ?] वह लाल रंग जिससे सौभाग्यवती स्त्रियाँ पैर रँगती हैं, यावक, जावक।

महावरी स्त्री० [हिं० महावर] महावर में भिगोई हुई रुई जिससे पैर में महावर लगाते हैं, उदा० फिरि-फिरि, जानि महावरी, एड़ी मीड़ति जाइ।—बिहारी।
वि० महावर से रँगा हुआ।

महाविद्या स्त्री० [सं०] १. तन्त्र में मानी हुई दस देवियाँ जिनके नाम इस प्रकार हैं—काली, तारा, षोडशी, भुवनेश्वरी, भैरवी, छिन्नमस्ता, धूमावती, बगलामुखी, मातंगी और कमलात्मिका। २. दुर्गा।

महाविद्यालय पुं० [सं०] वह बड़ा और ऊँचा विद्यालय जिसमें साधारण विद्यालय (स्कूल) के अतिरिक्त उससे ऊँची, कक्षाओं के विद्यार्थियों को शिक्षा दी जाती हो। (कॉलेज)

महावीर पुं० [सं०] १. हनुमान जी। २. चौबीसवें और अन्तिम जैन तीर्थंकर।
वि० बहुत बड़ा बहादुर।

महावीर चक्र पुं० [सं०] स्वतन्त्र भारत में केन्द्रीय सरकार की ओर से बहुत अधिक वीरतापूर्ण कार्य करने पर, सैनिकों को मिलनेवाला एक प्रकार का चक्र या पदक।

महाशक्ति स्त्री० [सं०] अत्यन्त शक्तिशाली राष्ट्र।

महाशय पुं० [सं०] [स्त्री० महाशया] महान या उच्च आशय और विचारोंवाला व्यक्ति, महानुभाव, सज्जन।

महाश्मशान पुं० [सं०] काशी नगरी।

महासंघ पुं० [सं०] वह संघ जिसे कई संघों ने मिलकर बनाया हो, संघों का संघ।

महासंधि-विग्रहक पुं० [सं०] गुप्तकालीन भारत का वह उच्च अधिकारी जिसे दूसरे राज्यों से सन्धि और विग्रह आदि करने का अधिकार होता था।

महासचिव पुं० [सं०] सबसे बड़ा सचिव।

महिं क्रि० वि० दे० 'महँ'।

महि स्त्री० [सं०] पृथ्वी।

महिजा स्त्री० [सं०] सीताजी।

महिदेव पुं० [सं०] ब्राह्मण।

महिधर पुं० [सं०] १. पर्वत। २. शेषनाग।

महिनंदिनी स्त्री० [सं०] जानकी।

महिपाल* पुं० दे० 'महीपाल'।

महिमा स्त्री० [सं० महिमन्] १. महत्ता, बड़ाई। २. प्रभाव, प्रताप। ३. आठ सिद्धियों में से एक, जिससे मनुष्य बहुत बड़ा रूप धारण कर सकता है।

महिमावान, महिमावान् वि० [सं०] महिमा या गौरववाला।

महिमेवा* वि०=महिमावान।

महिम्न वि० [सं०] महिमामंडित, महत्त्वपूर्ण।

महियाँ* क्रि० वि० [सं० मध्य] में, बीच में।

महियाउर पुं० [हिं० मही=मठा+चावल] मठे में पकाया हुआ चावल।

महिला स्त्री० [सं०] सुसंस्कृत तथा सुशिक्षित स्त्री।

महिष पुं० [सं०] [स्त्री० महिषी] १. भैंसा। २. शास्त्रानुसार अभिषिक्त राजा।

महिषाकर* वि० [सं० महिष+आकार] भैंस के आकार का, बहुत बड़ा।

महिषेसा पुं० [सं० महिष+ईश] यमराज।

महिषी स्त्री० [सं०] १. भैंस। २. रानी।

महिसुता स्त्री० [सं०] सीता जी।

महिसुर पुं०= ब्राह्मण।

मही स्त्री० [सं०] पृथ्वी। २. नदी।

महीतल पुं० [सं०] पृथ्वी, संसार।

महीन वि० [सं० महा+झन] १. थोड़ी मोटाई या पतले दलवाला, पतला, 'मोटा' का उलटा। २. बारीक, झीना। ३. कोमल, धीमा। (स्वर)

महीनकार पुं० [हिं० महीन+कार (प्रत्य०)] [भाव० महीनकारी] कला-सम्बन्धी बहुत ही महीन काम करनेवाला।

महीना पुं० [सं० मास] १. वर्ष का एक प्रसिद्ध विभाग जो प्रायः तीस दिनों का होता है। २. मासिक वेतन। ३. स्त्रियों का मासिक धर्म।

महीनों क्रि०वि० कई महीनों तक; जैसे-उसे वहाँ महीनों रुकना पड़ा।

महीप, महीपति पुं० [सं०] राजा।

महीयसी वि० स्त्री० [सं०] महान, श्रेष्ठ; जैसे महीयसी महादेवी।

महीयान् वि० [सं०] १. विशाल। २. श्रेष्ठ।

महीर स्त्री० [हिं० मठा+खीर] १. मठे में पकाया हुआ चावल। २. तपाए हुए मक्खन की तलछट।

महीरुह पुं० [सं०] पेड़, वृक्ष।

महीसुर पुं० [सं०] ब्राह्मण।

महुँ* क्रि० वि० दे० 'महँ'।

महुअ* वि० [हिं० महुआ] महुए के रंग का।

महुअर पुं० [सं० मधुकर] तूँबड़ी या तूँबी नाम का एक प्रकार का बाजा। २. एक प्रकार का इन्द्रजाल का खेल जो तूँबड़ी बजाकर खेला जाता है।

महुआ पुं० [सं० मधूक] एक प्रकार का वृक्ष जिसके मीठे फलों से शराब बनती है।

महुकम* वि० [अ० मुहकम] पक्का, दृढ़।

महुर्छा* पुं० दे० 'महोत्सव'।

महूख पुं० [सं० मधूक] १. महुआ। २. मुलेठी। ३. शहद।

महूम* स्त्री० दे० 'मुहिम', उदा० दिगविजय-काज महूम की, अरि-देस-देसिनी धूम की। -पद्माकर।

महूरत* पुं० दे० 'मुहूर्त'।

महूष* पुं० दे० 'मधुख'।

महेंद्र पुं० [सं०] १. विष्णु। २. इन्द्र। ३. एक शुभ योग।

महेरा पुं० [हिं० महेर या मही] एक प्रकार का व्यंजन।

महेरी स्त्री० [हिं० महना+मथना] दही मथकर मक्खन निकालनेवाली स्त्री।

स्त्री० दे० 'महरि'।

महेल* पुं०=महल।

महेला* वि० [?] सुन्दर।

महेश पुं० [सं०] शिव, महादेव, गिरीश, गंगाधर।

महेशानी स्त्री० [सं० महेश] पार्वती।

महेश्वर पुं० [सं०] [स्त्री० महेश्वरी] १. ईश्वर। २. शिव।

महेस* पुं०=महेश

महेसी* स्त्री० [सं० महेश्वरी] पार्वती।

महेसुर* पुं०=महेश्वर।

महोख पुं० [सं० मधोक] खैरे या लाल रंग का एक प्रकार का पक्षी।

महोगनी पुं० [अ०] एक प्रकार का बड़ा वृक्ष जिसकी लकड़ी बहुत मजबूत और टिकाऊ होती है।

महोच्च वि० [सं०] परम या बहुत अधिक उच्च, बहुत ऊँचा।

महोच्चार पुं० [सं०] ऊँचा या जोर का उच्चारण।

महोच्छ, महोच्छा* पुं० दे० 'महोत्सव'।

महोत्सव पुं० [सं०] बहुत बड़ा उत्सव।

महोदधि पुं० [सं०] समुद्र, सिन्धु।

महोदय पुं० [सं०] [स्त्री० महोदया] १. बड़े आदमियों के लिए एक आदरसूचक सम्बोधन। (सर) २. कान्यकुब्ज देश। ३. स्वर्ग।

महोदया स्त्री० [सं०] महिलाओं के लिए सम्बोधन।

महोला* पुं० [अ० मुहेल] १. हीला, बहाना। २. धोखा, छल।

महौघ पुं० [सं०] समुद्री तूफान।

मह्यो* पुं० [हिं० मही] मठा, छाछ।

माँ[१] स्त्री० [सं० अम्बा या माता] माता।

माँ[२] क्रि० वि० [सं० मध्य में] मध्य।

माँखना* अ० दे० 'माखना'।

माँग[१] स्त्री० [हिं० माँगना] १. माँगने की क्रिया या भाव। २. कोई चीज मँगाने विशेषत: खरीदने के समय किसी को यह लिखना कि अमुक चीज भेज दो। (आर्डर) ३. वह बात जिसके लिए किसी से याचना, प्रार्थना या आग्रह किया जाए। (डिमांड) ४. किसी बात की चाह या आवश्यकता होने की अवस्था या भाव, जैसे आज-कल बाजार में कपड़े की माँग कम है। ५. वह मूल्य जो किसी वस्तु का विक्रेता चाहता हो; जैसे-इस मकान के लिए उनकी माँग पाँच लाख है।

माँग[२] स्त्री० [सं० मार्ग ?] सिर पर के बालों को कंघी से विभक्त करने पर उनके बीच में बनी हुई रेखा, सीमन्त।

मुहा० *माँग-कोख से सुखी रहना*=सौभाग्यवती और सन्तानवती रहना।

माँग-टीका पुं० [हिं० माँग+टीका] वह माँग फूल जिसमें मोतियों की लड़ी लगी रहती है।

माँगन* पुं० दे० 'मंगन' (भिक्षुक)।

माँगना स० [सं० मार्गण=याचना] १. किसी से कुछ लेने के लिए इच्छा प्रकट करना, यह कहना कि यह करो या यह दो। २. प्रार्थना करना। ३. चाहना। ४. याचना करना।

माँग-पत्र पुं० [हिं० माँग+सं० पत्र] १. वह पत्र जिसमें किसी प्रकार की विशेषत: आर्थिक माँग की गई हो। (रिट ऑफ डिमान्ड) २. वह पत्र जिसमें कोई चीज मँगाने विशेषत: दाम देकर मँगाने के समय किसी को यह लिखा जाता है कि अमुक चीजें भेज दो। (आर्डर फॉर्म)

माँग-फूल पुं० [हिं० माँग+फूल] स्त्रियों के सिर पर या माँग में पहनने का एक प्रकार का गहना।

मांगलिक वि० [सं०] [भाव० मांगलिकता] मंगल करनेवाला। पुं० नाटक में मंगल पाठ करनेवाला पात्र।

मांगल्य वि० [सं०] शुभ, मंगलकारक। पुं० 'मंगल' का भाव।

माँगा पुं० [हिं० माँगना] अपने व्यवहार के लिए किसी से कोई चीज कुछ समय के लिए माँगकर लेने की क्रिया या भाव, मँगनी, जैसे माँगे के कपड़े।

माँचना* अ० दे० 'मचना'।

माँचा पुं० दे० 'माचा'।

माँज स्त्री० दे० 'गंगबरार'।

माँजना स० [सं० मज्जन] मैल छुड़ाने, चिकना करने या मजबूत बनाने के लिए किसी वस्तु को रगड़ना।

स० अभ्यास करना, जैसे लिखने या चित्र बनाने में हाथ माँजना।

माँजर* स्त्री० दे० 'पंजर'।

माँजा पुं० [देश०] पहली वर्षा से जलाशयों में होनेवाला फेन जो मछलियों के लिए मादक माना गया है।

माँझ क्रि० वि० [सं० मध्य] मध्य।

* पुं० अन्तर, फरक।

माँझा[१] पुं० [सं० मध्य] १. नदी में का टापू। २. पगड़ी पर पहनने का एक प्रकार का आभूषण। ३. वृक्ष का तना। ४. विवाह के अवसर पर पहनने के वर और कन्या के पीले कपड़े। ५. करघे में का वह ढाँचा जो पाई को जमीन पर गिरने से रोके रहता है।

माँझा[२] पुं० [हिं० माँजना] वह मसाला जो पतंग की डोर पर, उसे कड़ा और मजबूत करने के लिए लगाया जाता है।

माँझिल* वि० [सं० मध्य] बीच का।

माँझी पुं० [सं० मध्य] १. केवट, मल्लाह। २. मध्यस्थ।

माँट पुं० [सं० मट्टक] १. मटका, घड़ा। २. कोठा, अटारी।

माँठी* स्त्री० [देश०] १. एक प्रकार की चूड़ी। २. मट्ठी या मठरी नामक पकवान।

मॉडल पुं० [अं०] १. वह व्यक्ति जिसे चित्रकार बैठाकर चित्र बनाता हो। २. वह व्यक्ति जो वस्त्रों आभूषणों आदि के प्रचार-प्रसार के लिए उन्हें धारण करता और उनका प्रदर्शन करता है। ३. प्रतिमान।

मॉडलिंग स्त्री० [अं०] मॉडल की तरह काम करने का व्यवसाय।

माड्यूल पुं० [अं०] किसी वस्तु के कुछ उन विभिन्न अंशों (पुर्जो) का समूह जो एक अलग ईकाई के रूप में हों या काम करते हैं।

माँड* स्त्री० [हिं० माँडना=सामने रखना] राजस्थान में गाया जानेवाला एक प्रकार का गीत।

माँड़ पुं० [सं० मंड] भात पकाने पर निकलनेवाला पानी, पीच। स्त्री० दे० 'माँड'।

माँडना स० [सं० मंडन] १. आय-व्यय आदि की रकमें बही में यथास्थान लिखना। २. किसी के सामने उपस्थित करना या रखना।

माँड़ना[१] स० [सं० मंडन] १. मलना। २. गूँधना। ३. लेप करना, पोतना। ४. सजाना। ५. फैलाना, बिछाना, जैसे बिछौना माँड़ना, चौपड़ माँड़ना। ६. पूजा, सेवा आदि करना, उदा० भू-देव सनाढ्यन के पद माँड़ो।—केशव।७. जोरों से चलाना, मचाना, ठानना, जैसे रण माँड़ना, रार (झगड़ा) माँड़ना।

माँड़ना[२] अ० गमन करना, चलना।

माँड़ना[३] स० [सं० मृणन] १. खलिहान में रखे हुए फसल के डंठलों आदि में से अनाज के दाने अलग करना। २. रौंदना। ३. फैलाना। ४. सामने रखना, उपस्थित करना।

मांडलिक पुं० [सं०] १. किसी मंडल या प्रान्त का शासक, किसी बड़े राजा को कर देनेवाला छोटा राजा।

माँड़ पुं० [सं० मंडप] १. विवाह आदि का मंडप। २. अतिथि-शाला।

माँड़ा[१] पुं० [सं० मंड] एक रोग जिसमें आँख की पुतली पर झिल्ली पड़ जाती है।

माँड़ा[२] पुं० [सं० मंडप] मंडप।

माँड़ा[३] पुं० [हिं० माँड़ना] एक प्रकार की रोटी।

माँड़ी स्त्री० [सं० मंड] कपड़े या सूत पर लगाया जानेवाला कलफ।

माँड़ौ* पुं० दे० 'मंडप'।

माँड्यौ* पुं० दे० 'माँडव'।

माँत, माँतता वि० [सं० मत्त] [क्रि० मातना] मदमत्त, मस्त।

माँद[१] वि० [सं० मंद] १. श्रीहीन, उदास, फीका। २. अपेक्षाकृत, बुरा या हल्का। ३. मात, पराजित।

माँद[२] स्त्री० [देश०] हिंसक जन्तुओं के रहने का गड्ढा, बिल, गुफा।

माँदगी स्त्री० [फा० मान्दगी] १. थकावट। २. बीमारी।

माँदा वि० [फा० मान्दः] १. थका हुआ। २. रोगी, बीमार।

मांद्य पुं० [सं०] 'मंद' का भाव, धीमा, मद्धिम या कम प्रबल होना, मन्दता, जैसे अग्निमांद्य, दृष्टिमांद्य।

माँपना* अ० दे० 'मापना'।

माँयँ* क्रि० वि० [सं० मध्य] मध्य।

मांस पुं० [सं०] १. शरीर में हड्डियों और चमड़े के बीच का मुलायम और लचीला पदार्थ। २. कुछ पशुओं के शरीर का उक्त अंश जो कुछ लोग खाते हैं, गोश्त।

मांसतंतु पुं० [सं०] बहुत छोटे-छोटे खंडों या तन्तुओं के रूप में वह तत्त्व जिससे पशुओं, मनुष्यों आदि के शरीर की खाल, पट्ठे, माँस आदि बने होते हैं। (टिस्यू)

मांसपेशी स्त्री० [सं०] शरीर के अन्दर का मांसल भाग, पट्ठा।

मांसभक्षी, मांसभोजी पुं० दे० 'मांसाहारी'।

मांसल वि० [सं०] [भाव० मांसलता] १. मांस से भरा हुआ। २. मोटा-ताजा, पुष्ट। ३. गठीला, सुडौल। ४. आत्मा से भिन्न शारीरिक; जैसे-मांसल सौंदर्य।

मांसलता स्त्री० [सं०] १. मांसल होने की अवस्था या भाव। २. साहित्य में शारीरिक सौंदर्य का चित्रण।

मांसाहार पुं० [सं०] मांस का भक्षण।

मांसाहारी (-रिन्) वि०, पुं० [सं०] १. मांस खानेवाला, आमिषभोजी। २. दूसरे जीव-जन्तुओं का मांस खाकर निर्वाह करनेवाला। (कारनिवोरा)

माँह, माँहि क्रि० वि० [सं० मध्य] मध्य।

मा स्त्री० [सं०] १. लक्ष्मी; जैसे माधव अर्थात् मा (लक्ष्मी) का धव (पति) अर्थात् विष्णु। २. माता।

माइ* स्त्री०=माई (माता)।

माइक्रो वि० [अं०] सूक्ष्म।

माइक्रोचिप पुं० [अं०] कम्प्यूटर में प्रयुक्त, सिलिकॉन का सूक्ष्म कण जो इंटिग्रेटिड सर्किट का काम करता है।

माइक्रोस्कोप पुं० [अं०] सूक्ष्मदर्शी।

माई स्त्री० [सं० मातृ] १. माता, माँ।

पद *माई का लाल*=बहुत उदार, वीर या समर्थ व्यक्ति। २. बूढ़ी या बड़ी स्त्री के लिए संबोधन।

माउस पुं० [अं०] वह हस्तचालित उपकरण जिसका प्रयोग कम्प्यूटर में निर्देशों को इनपुट करने के लिए होता है, मूषक।

माओवादी पुं० साम्यवादी नेता माओत्से तुंग के सिद्धान्तों का अनुयायी।

माकपा स्त्री० मार्क्सवादी कम्युनिस्ट पार्टी का संक्षिप्त रूप।

माकूल वि० [अ०] १. उचित, वाजिब। २. ठीक, अच्छा, बढ़िया। ३. तर्क में परास्त, कायल।

माख* पुं० [सं० अमर्ष>अमक्ख>मक्ख>माख] १. अप्रसन्नता। २. क्षोभ। ३. पछतावा। ४. आवेश।

माखन पुं०=मक्खन।

माखनचोर पुं० [हिं०] श्रीकृष्ण।

माखना* अ० [हिं० माख] १. अप्रसन्न या नाराज होना। २. मन में खेद या दुख करना।

माखा पुं० [हिं० मक्खी] १. मक्खी का नर। २. बड़ी मक्खी।

माखी* स्त्री०=मक्खी। (मक्षिका)

माखो[१] स्त्री० [हिं० मक्खी] शहद की मक्खी। (पश्चिम)

माखो[२] स्त्री० [हिं० मुख ?] लोगों में फैलनेवाली चर्चा, जनरव, जनश्रुति।

मागध पुं० [सं०] १. एक प्राचीन जाति जिसका काम राजाओं की विरुदावली वर्णन करना था, भाट। २. मगध देश का निवासी।

मागधी स्त्री० [सं०] मगध देश की प्राकृत भाषा। [विशेष-प्राचीन काल में कोसल (अवध), काशी, विदेह (बिहार और मगध) तथा अंग (दक्षिण बिहार) के निवासी 'प्राच्य' और उनकी भाषा 'प्राच्या' कहलाती थी। 'प्राच्या' के दो विभाग थे—पश्चिम प्राच्या और पूर्व प्राच्या, इनमें से 'पूर्व प्राच्या' को हम 'मागधी' कह सकते हैं। दे० 'अर्द्ध-मागधी' और 'प्राच्या'।]

माघ पुं० [सं०] [वि० माघी] पूस के बाद और फागुन से पहले का महीना।

माच* पुं० दे० 'मचान'।

माचना* अ०=मचना।

माचल[१]* वि० [हिं० मचलना] १. मचलनेवाला, हठी। २. मनचला। ३. जान-बूझकर अनजान बना रहनेवाला, मचला, उदा० महा माचल, मारिबे कि सकुच नाहिंन मोंहि।—सूर।

माचल[२]* पुं० [हिं० मचला] मचले होने या जानबूझकर अनजान बने रहने की अवस्था या भाव, मचलापन।

मुहा० *माचल मारना*=जान-बूझकर अनजान बने रहना, मचला होना।

माचा पुं० [सं० मंच] [अल्पा० माची] १. पलंग, खाट। २. मचान।

माछ* स्त्री०=मछली।

माछर[१]* पुं० दे० 'मच्छड़'।

माछर[2] पुं० [सं० मत्स्य] मछली।

माछी स्त्री० १. दे० 'मक्खी'। २. दे० 'मछली'।

माजरा पुं० [अ०] १. विवरण, वृत्तान्त, हाल; जैसे–माजरा-ए-दिल=दिल का हाल। २. कलह, झगड़ा। ३. घटना।

माजिद वि० [अ०] पूज्य।

माजी पुं० [अ० माज़ी] भूतकाल।

माजून स्त्री० [अ०] औषध के रूप में बनी कोई मीठी चटनी, अवलेह।

माट पुं० [हिं० मटका] मटका, घड़ा।

माटा पुं० [हिं० मटा] लाल च्यूँटी।

माटी* स्त्री०=मिट्टी।

माटीमोल वि० मिट्टी के मोल, बहुत सस्ता।

माठ पुं०=मटका (घड़ा)।

माड़ना* स० [सं० मंडन] १. सजाना। २. धारण करना, पहनना। ३. आदर करना।

स० दे० 'माँड़ना'।

माढ़ा* पुं० [सं० मंडप] [स्त्री० अल्पा० माढ़ी] १. घर के ऊपर की छत पर का चौबारा। २. मंच। ३. मचिया।

माणिक, माणिक्य पुं० [सं०] नौ प्रकार के रत्नों में से एक जो लाल रंग का होता है तथा सूर्य का प्रतिनिधि माना जाता है। मानिक, मणि, चुन्नी।

मातंग पुं० [सं०] १. हाथी। २. मदोन्मत्त हाथी। ३. चांडाल।

मात स्त्री० [अ०] पराजय, हार (विशेषत: खेलों प्रतियोगिताओं आदि में होनेवाली)।

क्रि० प्र० देना।

वि० १. पराजित, हारा हुआ। २. किसी की तुलना में फीका, मन्द या हीन।

*स्त्री० दे० 'माता'।

मातदिल वि० [अ० मोतदिल] न बहुत गरम, न बहुत ठंडा, शीतोष्ण।

मातना* अ० [सं० मत्त] १. मस्त या मत्त होना। २. बहुत नशे में होना।

मातबर वि० [अ० मोतबिर] [भाव० मातबरी] विश्वसनीय।

मातम पुं० [अ०] [वि० मातमी] किसी के शोक में होनेवाला रोना-पीटना।

मातमपुर्सी स्त्री० [अ०+फा०] मृतक के सम्बन्धियों के पास जाकर शोक व्यक्त करना तथा उन्हें सान्त्वना देना।

मातमी वि० [अ०] मातम-संबंधी; जैसे–मातमी दिन।

मातलि पुं० [सं०] इन्द्र के सारथी का नाम।

मातहत वि० [अ०] [भाव० मातहती] किसी की अधीनता या देख-रेख में काम करनेवाला। (सबार्डिनेट)

मातहत, के सम्बन्धबो० की अधीनता में, के अधीन।

मातहतदार पुं० [अ० मातहत+फा० दार] जमीन का वह मालिक जो दूसरे बड़े मालिक के अधीन हो और जिसे उस बड़े मालिक से जमीन पर मालिकों का-सा अधिकार मिला हो। (अंडर-प्रोप्राइटर)

माता[1] स्त्री० [सं० मातृ] १. जन्म देनेवाली स्त्री, जननी, माँ। २. कोई आदरणीय स्त्री। ३. गौ। ४. शीतला या चेचक नामक रोग।

माता[2] वि० [सं० मत्त] [स्त्री० माती] दे० 'मतवाला'।

मातामह पुं० [सं०] [स्त्री० मातामही] माता का पिता, नाना।

मातु वि० स्त्री०=माता।

मातुल पुं०=मामा।

मातृ स्त्री० [सं०] १. माता, माँ। २. मातृक प्रणाली में वह गृह-स्वामिनी जिससे वंश की परम्परा चलती हो और जिसके विचार से उत्तराधिकारी की व्यवस्था होती हो। (मैट्रियार्क)

मातृक वि० [सं०] १. माता-सम्बन्धी, माता का। २. (व्यवहार, उत्तराधिकार आदि की परम्परागत प्रथा) जिसमें गृह-स्वामिनी या माता का पक्ष प्रधान माना जाता हो, पिता के पक्ष का विचार न होता हो, 'पितृक का उलटा'। (मैट्रिआर्कल)

मातृक प्रणाली स्त्री० [सं०] कुछ भारतीय जन-जातियों में प्रचलित वह प्रणाली या व्यवस्था जिसमें वंश-परम्परा, उत्तराधिकार आदि माता या गृह-स्वामिनी के विचार से चलते हैं, पिता या गृहस्वामी के विचार से नहीं। (मैट्रिआर्की)

मातृका स्त्री० [सं०] १. माता, जननी। २. धाय। ३. तान्त्रिकों की सात देवियाँ; यथा-ब्राह्मी, माहेश्वरी, कौमारी, वैष्णवी, वाराही, इन्द्राणी और चामुण्डा। ४. एक प्रकार की देवियों का वर्ग जो १६ कही गई हैं और जिनके नाम हैं—गौरी, पद्मा, शचि, मेधा, सावित्री, विजया, जगा, देवसेना, स्वधा, स्वाहा, शान्ति, पुष्टि, धृति, तुष्टि, माता और आत्मदेवा। ५. वर्णमाला के वे अक्षर, जिनकी तान्त्रिक लोग देवी के रूप में पूजा करते हैं। ६. वह स्त्री जो लड़कियों, दाइयों आदि के कामों की देख-रेख करती हो। (मेट्रन)

मातृकुल पुं० [सं०] माता अथवा नाना का कुल या वंश।

मातृतंत्र पुं० [सं०] वह शासन-प्रणाली जिसमें सत्ता माता से पुत्री को प्राप्त होती है।

मातृत्व पुं० [सं०] माता होने का भाव, माँपन। (मैटर्निटी)

मातृदेश पुं० [सं०] विदेश में जाकर बसे हुए लोगों की दृष्टि से उनके पूर्वजों का देश या मातृभूमि, जैसे बर्मा या मलाया में रहनेवाले भारतियों का मातृदेश भारत है। (मदर-कण्ट्री)

मातृप्रधान वि० [सं०] (परिवार) जिसमें माता की प्रधानता हो।

मातृभाषा स्त्री० [सं०] वह भाषा जो बालक बचपन में माता के पास रहकर बोलना सीखता हो, मादरी जबान।

मातृभाषाभाषी पुं० [सं० मातृभाषा+हिं० भाषी] मातृभाषा बोलनेवाला व्यक्ति।

मातृभाषी पुं०=मातृभाषाभाषी।

मातृभूमि स्त्री० [सं०] वह भूमि या देश जिसमें किसी का जन्म हुआ हो। (मदरलैन्ड)

मातृष्वसा स्त्री० [सं०] माँ की बहन, मौसी।

मातृस्थल पुं० [सं०] उत्पन्न करनेवाला स्थान; जैसे—हमारा पड़ोसी देश आतंकवादियों का मातृस्थल है।

मातृस्थली स्त्री०=मातृस्थल।

मातृहत्या स्त्री० [सं०] माता की हत्या करना।

मात्र निपा० [सं०] केवल, सिर्फ, भर।

मात्रक पुं० [सं०] १. वह निश्चित मात्रा या मान जिसे एक मानकर उसी के हिसाब से उस मेल की बाकी चीजों की गिनती या कल्पना की जाए, इकाई। (यूनिट) २. एक ही प्रकार की बहुत सी वस्तुओं के योग से बने हुए किसी समूह में की प्रत्येक वस्तु। ३. किसी का वह अंग जो कुछ दशाओं में स्वतन्त्र रूप से भी अलग एक सत्ता के रूप में माना जाता है। (यूनिट)

मात्रा स्त्री० [सं०] १. किसी का उतना अंश या मान जितना एक बार में लिया या काम में लाया जाए, अथवा जितना एक इकाई के रूप में अलग हो, परिमाण, मिकदार। (क्वाण्टिटी) २. एक बार खाने भर की औषध। ३. लेन-देन या हिसाब-किताब के काम के लिए उतना धन जितना एक बार में दिया, लिया या लिखा जा सके, धनराशि, रकम। (एमाउण्ट) ४. स्वर की सूचक वह रेखा या चिह्न जो किसी अक्षर या वर्ण में लगता है, जैसे 'कि' में 'इ' अथवा 'है' में 'ऐ' । ५. पिंगल में अक्षरों, मात्राओं आदि की गिनती या उनके उच्चारण में लगनेवाले समय के विचार से कोई अक्षर या वर्ण या कोई दीर्घ मात्रा, (इसमें ह्रस्व मात्राओं की गिनती नहीं होती) जैसे 'किमि' दो मात्राओं और 'माता' चार मात्राओं का शब्द है।

मात्रिक वि० [सं०] १. मात्रा-सम्बन्धी, मात्रा का। २. जिसमें मात्राओं की गणना या विचार हो, जैसे मात्रिक छन्द।

पुं० वह छन्द जिसके चरणों का विस्तार मात्राओं की गिनती के विचार से होता है वर्णों या अक्षरों के विचार से नहीं, जैसे रोला, दोहा आदि।

मात्सिकी स्त्री० दे० 'मीनक्षेत्र'।

माथ पुं० दे० 'माथा'।

माथना स० दे० 'मथना'।

माथा पुं० [सं० मस्तक] १. सिर का ऊपरी और सामनेवाला भाग, मस्तक।

मुहा० *माथा टेकना*=प्रणाम करना। *माथा ठनकना*=अनिष्ट की आशंका होना। *माथा पीटना*=(क) मातम करना। (ख) पश्चाताप करना, पछताना। *माथा भननाना*=बुद्धि काम न करना। *माथा मारना*=माथापच्ची करना। *माथे चढ़ाना या धरना*=सादर स्वीकार करना, शिरोधार्य करना। *माथे पर बल पड़ना*=आकृति से क्रोध या असन्तोष के लक्षण प्रकट होना। *माथे मढ़ना*=जिम्मे लगाना।

२. किसी पदार्थ का अगला या ऊपरी भाग, जैसे नाव का माथा।

माथापच्ची स्त्री० [हिं० माथा+पचाना] ऐसा काम जिसमें मस्तिष्क की बहुत अधिक शक्ति व्यय हो, सिरपच्ची।

माथुर पुं० [सं०] [स्त्री० माथुरानी] १. मथुरा का निवासी। २. कायस्थों की एक जाति।

माथे क्रि० वि० दे० 'मत्थे'।

माथे, के सम्बन्धबो० के ऊपर।

माद* पुं० दे० 'मद'।

मादक वि० [सं०] [भाव० मादकता] १. नशा लानेवाला, नशीला। २. उत्तेजित या भावुक करनेवाला।

मादन वि० [सं०] १. मादक। २. मस्त करनेवाला।

पुं० कामदेव के पाँच बाणों में से एक।

मादर[1] स्त्री० [फा०] माँ, माता।

मादर[2] पुं० [सं० मर्दल] एक प्रकार का ढोल। (बाजा)

मादरजाद वि० [फा०] १. जन्म का, पैदाइशी। २. सहोदर या सगा (भाई)। ३. बिल्कुल नंगा।

मादरिया स्त्री० [फा० मादर] माता, माँ।

मादरी वि० [फा०] मादर या माता-सम्बन्धी, माता का, जैसे मादरी जबान।

मादा[1] स्त्री० [फा०] स्त्री जाति का जीव, 'नर' का उलटा।

मादा[2]* स्त्री० [सं० मेद] चरबी।

मादिक* स्त्री०=मदिरा।

माद्दा पुं० [अ०] १. मूल तत्त्व। २. योग्यता, सामर्थ्य। ३. मवाद।

माद्दी वि० [अ०] १. स्वाभाविक। २. प्राकृतिक।

माधव पुं० [सं०] १. मा (लक्ष्मी) का धव (पति), विष्णु। २. कृष्ण। ३. वसन्त ऋतु। ४. वैसाख।

वि० [स्त्री० माधवी, माधविका] १. मधु-सम्बन्धी। २. मस्त करनेवाला।

माधविका स्त्री० [सं०] १. सुगन्धित फूलोंवाली एक लता। २. एक प्रकार की शराब। ३. दुर्गा।

माधवी स्त्री० दे० 'माधविका'।

माधुरई* स्त्री० [सं० माधुरी] मधुरता।

माधुरी स्त्री० [सं०] १. मधुर का भाव, माधुर्य। २. मिठास। ३. मिठाई। ४. शोभा, सुन्दरता। ५. शराब।

माधुर्य पुं० [सं०] १. मधुर का भाव, मधुरता। २. सुन्दरता। ३. मिठास। ४. साहित्य में काव्य का वह गुण जो पाठकों को बहुत भला लगता या भाता है।

माधैया, माधोया* पुं० दे० 'माधव'।

माध्य वि० [सं०] १. मध्य या बीच का। केंद्रीय। २. दे० 'मध्यक'।

माध्यम वि० [सं०] मध्य का, बीच का, केंद्रीय।

पुं० १. कार्य सिद्ध करने का उपाय या साधन। २. वह भाषा जिसके द्वारा शिक्षा दी जाए। ३. अभिव्यक्ति का कोई साधना। ४. वह व्यक्ति जिसके द्वारा आत्माओं से सम्बन्ध स्थापित किया जाता है।

माध्व पुं० [सं०] मध्वाचार्य का चलाया हुआ वैष्णवों का एक सम्प्रदाय।

माध्वी स्त्री० [सं०] मदिरा, शराब।

मान प्रत्य० [सं०] से युक्त; जैसे–गतिमान, श्रीमान्।

मान पुं० [सं०] १. भार, तौल, नाप, मूल्य आदि परिमाण, मिकदार। २. नापने या तौलने का साधन, पैमाना। ३. सीमा, महत्ता आदि सूचित करनेवाले क्रमिक विभाग, जैसे इस पद के वेतन के लिए १००–५–१५० है। (स्केल अन्तिम दोनों अर्थों के लिए) ४. घमंड, अभिमान।

मुहा० *मान मथना*=गर्व चूर्ण करना।

५. प्रतिष्ठा, सम्मान, इज्जत।

पद *मान-महत*=(क) आदर सत्कार। (ख) प्रतिष्ठा, इज्जत।

६. अपने प्रिय व्यक्ति के किसी दोष या अपराध के कारण होनेवाला मन का वह विकार जो उसे प्रिय की ओर से कुछ समय के लिए उदासीन कर देता है, रूठना। (साहित्य)

७. सामर्थ्य, शक्ति।

मानक पुं० [सं० मान] १. वह निश्चित या स्थिर किया हुआ सर्वमान्य मान या माप जिसके अनुसार किसी प्रकार की योग्यता, श्रेष्ठता, गुण आदि का अनुमान या कल्पना की जाए, मानदंड। २. गुणवत्ता का आधार या स्तर। (स्टैंडर्ड) वि० गुणवत्ता की दृष्टि से श्रेष्ठ, प्रामाणिक।

मानकता स्त्री० [हिं० मानक+सं० ता(प्रत्य०)] १. मानक होने की अवस्था या भाव। २. मानक होने का सूचक आधार।

मानकच्युत वि० मानक से गिरा हुआ।

मानकीकरण पुं० [सं० मानक+करण] किसी वस्तु को मानक स्तरीय बनाने की क्रिया या भाव।

मानकीकरण पुं० [वि० मानकीकृत] मानकस्वरूप स्थिर करने की क्रिया या भाव; जैसे बटखरों या गजों का मानकीकरण।

मानचित्र पुं० [सं०] १. किसी देश, प्रान्त आदि का ऐसा नक्शा जिसमें नदी, पहाड़, जंगल, नगर आदि यथास्थान बतलाए गए हों। (मैप) २. किसी स्थान का ऐसा नक्शा जिसमें उसके भिन्न-भिन्न अंग दिखाए गए हों। ३. किसी प्रकार की सूचना या जानकारी करानेवाला ऐसा नक्शा जिसमें उसकी मुख्य-मुख्य बातें, अंगों आदि का क्रमबद्ध और यथास्थान प्रदर्शन हो, जैसे जहाजियों का मानचित्र (जिसमें समुद्र के तट, चट्टानें, गहराई, मार्ग में पड़नेवाले स्थान आदि अंकित होते हैं)। (चार्ट)

मानता स्त्री० दे० 'मन्नत'।

मानदंड पुं० दे० 'मानक'।

मानद वि० [सं०] १. मान या प्रतिष्ठा देने या बढ़ानेवाला। २. सम्मानार्थ दिया जानेवाला; जैसे—मानद आजीवन सदस्यता उन्हें प्रदान की गई।

मानदेय पुं० [सं०] वह धन जो किसी व्यक्ति को कोई काम करने पर उसके बदले में सम्मानपूर्ण पारिश्रमिक के रूप में दिया जाता है। (ऑनरेरियम)

मानधन वि० [सं०] जो अपने मान या इज्जत को ही धन (मुख्य) समझता हो।

मानना अ० [सं० मानन] १. सहमत होना, राजी होना। २. प्रसन्न होना, अनुकूल होना। ३. कल्पना करना, फर्ज करना। ४. ठीक रास्ते पर आना। ५. किसी के प्रति आदर का भाव रखना। ६. महत्त्व समझना।

स० १. किसी की कही हुई बात, दी हुई आज्ञा या किए हुए आग्रह आदि का पालन करना, अंगीकार करना, स्वीकार करना। २. धार्मिक दृष्टि से किसी बात पर श्रद्धा या विश्वास करना। ३. देवता आदि की भेंट या पूजा करने का संकल्प करना, मन्नत करना। ४. सहन करना, सहना, उदा० उपजात दोष नैन नहिं सूझत, रवि की किरन उलूक न मानत। —सूर।

पद *मान लेना* (क) स्वीकार कर लेना; जैसे–मैं उसका कहा मान लूँगा। (ख) बिना प्रमाण के या तर्क किए सत्य रूप में स्वीकार करना; जैसे–मान लो कि हमने ५००० ब्याज पर लिए हैं।

माननीय वि० [सं०] [स्त्री० माननीया] जिसका मान या सम्मान करना उचित और आवश्यक हो, मान्य।

पुं० एक उपाधि जो कुछ विशिष्ट और उच्च राजकीय अधिकारियों और राज्य के मन्त्रियों आदि के नाम के पहले लगाई जाती है। (ऑनरेबुल)

मानपत्र पुं० [सं०] अभिनंदन-पत्र (दे०)।

मान परेखा* पुं० [?] आशा, भरोसा।

मानमंदिर पुं० [सं०] १. कोपभवन। २. वेधशाला।

मानमरोर* स्त्री० दे० 'मनमुटाव'।

मानमर्दन पुं० [सं०] मान नष्ट करने की क्रिया या भाव, अहं या दंभ दूर करना।

मानमर्दित वि० [सं०] जिसका मान नष्ट हो गया हो।

मानव पुं० [सं०] १. मनुष्य, आदमी। २. सुसंस्कृत व्यक्ति। वि० [भाव० मानवता, मानवत्व] १. मानव-संबंधी, मानव का; जैसे–मानव स्वभाव। २. मानवीय।

मानव जाति स्त्री० सामूहिक रूप से सभी मनुष्य।

मानवता स्त्री० [सं०] १. मनुष्य होने की अवस्था, गुण या भाव, मनुष्यत्व, आदमीयत। २. मनुष्य में प्राकृतिक अथवा स्वाभाविक रूप से होनेवाले गुणों, भावनाओं, विशेषताओं आदि का समूह। ३. संसार के समस्त मनुष्यों का समूह या समाज, सारी मनुष्य जाति। (ह्यूमैनिटी)

मानवतावाद पुं० [सं०] यह सिद्धान्त या विचारधारा कि मानव का हित ही सर्वोपरि है।

मानवतावादी (-दिन्) वि० [सं०] मानवता का पक्षधर।

मानवती स्त्री० [सं०] साहित्य में वह नायिका जो अपने प्रिय के अपराध करने पर मान करे।

मानवत्व पुं० [सं०] १. मानव होने की अवस्था या भाव। २. मानवीय गुणों का समाहार।

मानवशास्त्र पुं० [सं०] मनुष्यों की उत्पत्ति, विकास, विभेद आदि का विवेचन करनेवाला शास्त्र। (एन्थ्रोपालोजी)

मानवहितवाद पुं० [सं०] मानवतावाद (दे०)।

मानवाकार वि० [सं०] मानव के आकार का।

मानवाधिकार पुं० [सं०] १. आज के सभ्य जगत विशेषत: जनतंत्र में प्राप्त हर मानव का अधिकार। २. मानव होने के नाते जो अधिकार मानव के हित के लिए आवश्यक माना जाता हो।

मानवी स्त्री० [सं०] स्त्री, औरत।
वि० दे० 'मानवीय'।

मानवीकरण पुं० [सं०] किसी अमानव विशेषत: किसी जीव या भौतिक पदार्थ को मानव के रूप में प्रस्तुत करने का कार्य।

मानवीकृत वि० [सं०] जिसका मानवीकरण हुआ या किया गया हो।

मानवीय वि० [सं०] मानव-सम्बन्धी।

मानवेंद्र पुं० [सं०] १. राजा। २. बहुत श्रेष्ठ पुरुष।

मानवेतर वि० [सं० मानव+इतर] मानव से अलग या भिन्न; जैसे-मानवेतर प्रकृति।

मानवोचित वि० [सं०] मानव के विचार से उचित।

मानस पुं० [सं०] [भाव० मानसता] १. मन, हृदय। २. मान-सरोवर। ३. कामदेव। ४. संकल्प-विकल्प।
वि० १. मन से उत्पन्न, मनोभाव। २. विशुद्ध मनोबल से उत्पन्न, जैसे मानसपुत्र (देखो)। ३. मन में सोचा हुआ। ४. मन-सम्बन्धी, मन का। ५. मन के द्वारा होनेवाला।
क्रि० वि० मन के द्वारा।

मानसता स्त्री० [सं०] १. मानस या मन का भाव या स्थिति। २. मन की वह विशेष स्थिति या वृत्ति जिसके वशवर्ती होकर मनुष्य कोई विचार या काम करता है। (मेन्टैलिटी)

मानसपुत्र पुं० [सं०] पुराणों के अनुसार किसी देवता का वह पुत्र जो बिना शारीरिक सम्भोग के, केवल मनोबल या इच्छा मात्र से उत्पन्न हुआ हो, जैसे ब्रह्मा का मानसपुत्र।

मानसरोवर पुं० [सं० मानस+सरोवर] १. हिमालय के उत्तर की एक प्रसिद्ध और परम पवित्र मानी जानेवाली बड़ी झील। २. हठ योग के अनुसार शरीर के अन्दर का वह शून्य स्थान जो अमृत का कुंड माना गया है, अमृतकुंड।

मानस विज्ञान पुं० [सं०] वह विज्ञान या शास्त्र जिसमें इस बात का विवेचन होता है कि मनुष्य का मन किस प्रकार अपने सब काम करता है। (मेन्टल साइन्स)

मानसशास्त्र पुं० [सं०] मानस विज्ञान।

मानस संतान स्त्री० [सं०] कल्पना-लोक की कृति।

मानसिक वि० [सं०] १. मन-सम्बन्धी, मन का या मन में होनेवाला। २. चिंतन, मनन, संकल्पना आदि पर आधारित। (मेन्टल)

मानसिक अनुभाव पुं० दे० 'अनुभाव' या 'हाव'।

मानसिक चिकित्सालय पुं० [सं०] वह चिकित्सालय जहाँ पागलपन या इसी प्रकार के दूसरे मानसिक रोगों की चिकित्सा होती है। (मेन्टल हॉस्पिटल)

मानसिकता स्त्री० [सं०] किसी विशिष्ट दृष्टिकोण से सोचने की स्थिति या ढंग।

मानसी वि० [सं० मानस] मन का मन से संबद्ध, मन के द्वारा होनेवाला; जैसे-मानसी भंडारा।

मानसून पुं० [अं०] वर्षा ऋतु में निरंतर जल बरसानेवाली हवाएँ।

मानहानि स्त्री० [सं०] [वि० मानहानिकर] कोई ऐसा काम या बात जिससे किसी का मान या प्रतिष्ठा घटे, अपमान, बेइज्जती, हत्तक। (डिफेमेशन)

मानहुँ* योज० दे० 'मानो'।

माना[1]* स० [सं० मान] १. नापना या तौलना। २. जाँचना।

माना[2] अ० [हिं० समाना] अटना, समाना; उदा० उमग्यौ आनन्द अँग न माय। -केशव।

माना[3] पुं० [इब०] कुछ बाँसों और वृक्षों में से निकलनेवाला एक प्रकार का निर्यास जो रेचक होता है।

माना[4]* वि० [सं० मान्य] माना हुआ; माननीय, सम्मान्य।

मानापमान पुं० [सं० मान+अपमान] मान और अपमान।

मानार्थ वि० [सं०] सम्मान प्रदर्शित करने के लिए किया जानेवाला। [मान+अर्थ]

मानाशाही स्त्री० [मानाशाह (नाम)] पुरानी चाल की एक प्रकार की तलवार।

मानिंद वि० [फा०] समान, तुल्य।

मानिक पुं० [सं० माणिक्य] लाल या चुन्नी नामक रत्न।

मानित वि० [सं०] सम्मानित, मान्य।

मानिता स्त्री० [सं०] १. गौरव, सम्मान। २. अभिमान, घमंड।

मानिनी वि० स्त्री० [सं०] १. गर्व करनेवाली। २. रूठनेवाली।
स्त्री० १. मान करनेवाली नायिका। (साहित्य) २. सुमुखी नामक छन्द का दूसरा नाम।

मानी[1] वि० [सं० मानिन्] [स्त्री० मानिनी] १. मान या अभिमान करनेवाला, अहंकारी, घमंडी। २. जिसका मान या प्रतिष्ठा हो, सम्मानित, उदा० ऐसौ सूरदास जन हरि को, सब अधमनि मैं मानी। -सूर।
पुं० वह नायक जो अपराध करनेवाली नायिका के प्रति मान करे।

मानी[2] पुं० [अ० माना] अर्थ, मतलब।

मानीटर पुं० [अं०] १. कक्षानायक। २. कम्प्यूटर का वह इलेक्ट्रानिक उपकरण जिसमें किसी प्रक्रम (प्रॉसेस) को देखा जाता है।

मानुष पुं० [सं०] [स्त्री० मानुषी] मनुष्य।

मानुषिक वि० [सं०] मनुष्य का।

मानुषी वि० [सं० मानुषीय] मनुष्य-सम्बन्धी, मनुष्य का।

मानुषीकरण पुं० [सं० मानुष+करण] मनुष्य के रूप में प्रस्तुत करने की क्रिया या भाव।

मानुष्य पुं० [सं०] १. मनुष्य का धर्म या भाव, मनुष्यता। २. मनुष्य का शरीर।

मानुस* पुं०=मनुष्य।

माने पुं० [अ० मानी] अर्थ, मतलब।

मानो योज० [हिं० मानना] मान लो कि यह ऐसा है या होगा, जैसे, गोया।

मान्य वि० [सं०] [स्त्री० मान्या, भाव० मान्यता] १. मानने योग्य। २. माननीय। ३. जिसे नियमानुसार मान्यता प्राप्त हुई हो। (रिकाग्नाइज़्ड) (दे० मान्यता ३. और ४.)

मान्यकरण पुं० [सं०] मान्य या स्वीकार करने की क्रिया या भाव।

मान्यता स्त्री० [सं०] १. मान्य होने की अवस्था या भाव। २. किसी बात या सिद्धान्त के माने जाने की क्रिया या भाव, माना जाना। (ऐडमिशन) ३. किसी बड़ी संस्था द्वारा दूसरी छोटी संस्था के सम्बन्ध में यह मान लिया जाना कि वह प्रामाणिक है और उसके किए हुए कार्य ठीक समझे जाएँगे। ४. वह अवस्था जिसमें उक्त प्रकार की बात मान ली जाती और उसके अनुसार छोटी संस्था को काम करने का अधिकार मिल जाता है। (रिकाग्निशन, अन्तिम दोनो अर्थों के लिए)

मान्यवर पुं० [सं०] श्रेष्ठ महानुभाव।
वि० प्राय: सम्बोधन रूप में प्रयुक्त, माननीय।

माप स्त्री० [हिं० मापना] १. मापने की क्रिया, भाव या नाप। (मेज़रमेन्ट) २. वह मान जिससे कोई चीज नापी जाए, मान। ३. किसी मान से मापने या नापने पर निकलनेवाला फल। (मेज़र)

मापक पुं० [सं०] १. वह जिससे कुछ नापा जाए। २. वह जो नापता हो।

माप-जोख स्त्री०=नाप-तौल।

मापदंड पुं० [सं०] कसौटी।

मापन पुं० [सं०] मापने या नापने की क्रिया या भाव। (मेज़रमेन्ट)

मापना[१] स० [सं० मापन] किसी वस्तु के विस्तार, घनत्व आदि का मान या परिमाण निकालना, नापना।

मापना[२]* अ० [सं० मत्त] मतवाला होना।

मापित वि० [सं०] मापा हुआ।

माफ वि० [अ०] क्षमा किया हुआ, क्षमित।

माफिक वि० [अ० मुआफिक] अनुकूल, समान।

माफिक, के संबंधबो० की तरह; जैसे जानवर के माफिक।

माफिया पुं० [अं०] आतंकवादी या अपराधशील वृत्तिवाले लोगों का गुप्त संघटन।

माफी स्त्री० [अ०] १. क्षमा। २. वह भूमि जिसका कर या लगान सरकार या राज्य ने माफ कर दिया हो।

माफीदार पुं० [फा०] वह जिसको माफी की जमीन मिली हो।

माम* पुं० [सं० माम्] १. ममता, ममत्त्व। २. प्रेम। ३. अहंकार। ४. कोई काम करने की शक्ति या अधिकार।

मामता* स्त्री० दे० 'ममता'।

मामलत* स्त्री० दे० 'मामला'।

मामला पुं० [अ० मुआमल:] १. व्यापार, काम। २. लेन-देन, आदान-प्रदान आदि का कार्य, व्यवहार। (ट्रेन्ज़ैक्शन) ३. घटना। ४. झगड़ा, विवाद। ५. व्यवहार या विवाद की बात या विषय। ६. किसी प्रकार की नालिश या मुकदमा, अभियोग। (केस) ७. स्त्री।

मामलात पुं० बहु०=मामले।

मामा[१] पुं० [अनु०] [स्त्री० मामी] माता का भाई।

मामा[२] स्त्री० [फा०] १. माता, माँ। २. रोटी पकानेवाली स्त्री। ३. दासी।

मामी स्त्री० [सं० मा=नहीं] अपने दोष या भूल पर ध्यान न देना।
मुहा० *मामी पीना*=मुकर जाना।

मामूल पुं० [अ०] रीति, प्रथा।

मामूली वि० [अ०] १. नियमित। २. नियत। ३. सामान्य, साधारण।

माय स्त्री० १. दे० 'माता'। २. दे० 'माया'।

मायक* वि० [सं०] मायावी, उदा० 'सायक सम मायक नयन, रँगे त्रिबिध रंग गात'। -बिहारी।

मायका पुं० [सं० मातृ] स्त्री के विचार से उसके माता-पिता का घर, पीहर।

मायन* पुं० [सं० मातृका+आनयन] विवाह से पहले मातृका-पूजन और पितृ-निमन्त्रण का कृत्य।

मायना पुं० [अ० माना] अर्थ।
पद *सही मायने में*=शुद्ध अर्थ की दृष्टि से।

मायल वि० [अ०] १. प्रवृत्त। २. मिश्रित।

माया[१] स्त्री० [सं०] १. लक्ष्मी। २. धन, सम्पत्ति। ३. कोई ऐसा कार्य या बात जो वास्तविक या सत्य न रहने पर भी सत्य और ठीक जान पड़े, जैसे वेदान्तियों के मत से यह संसार माया है। ४. किसी प्रकार की मिथ्या धारणा या विचार। ५. किसी मिथ्या बात या रूप को सत्य या वास्तविक समझने का तथ्य या भाव, भ्रम। ६. अज्ञान। ७. छल, धोखा। ८. इन्द्रजाल, जादू। (मैजिक) ९. प्रकृति। १०. भगवान या देवता की लीला, शक्ति या प्रेरणा। ११. ममता, मोह। १२. सात मोक्षदायिनी नगरियों में से एक, हरिद्वार।

माया[२] स्त्री० [सं० ममता] १. किसी को अपना समझने की क्रिया या भाव। २. दया, अनुग्रह।
*स्त्री० दे० 'माता'।

मायाचार पुं० [सं०] मायावी आचरण।

मायाजल पुं० [सं० माया+जल] ऐसा जल जो मायावी हो, वास्तविक न हो, मरीचिका; उदा० ओ जल माया की चल रेखा। -प्रसाद।

मायापट पुं० [सं० माया+पट] १. माया का परदा। २. माया रूपी परदा।

मायापति पुं० [सं०] ईश्वर, परमेश्वर।

मायाबद्ध वि० [सं०] माया के कारण बँधा हुआ।

मायामोह पुं० [सं०] १. माया और मोह। २. सांसारिक प्रपंच।

मायावर्ग पुं० [सं०] वह बड़ा वर्ग जिसमें कई छोटे-छोटे वर्ग हों और उन छोटे वर्गों में से हर एक में कुछ अंक या

संख्याएँ ऐसे ढंग या क्रम से दी गई हों कि खड़े, बेड़े या तिरछे बलों से जोड़ने पर उन अंकों या संख्याओं का जोड़ या योगफल एक ही आए। (मैजिक स्क्वायर)

मायावाद पुं० [सं०] यह सिद्धान्त कि केवल ब्रह्म सत्य है और जगत मिथ्या है, भ्रम के कारण जगत सत्य प्रतीत होता है।

मायावादी वि० [सं० मायावाद] [वि० स्त्री० मायावादिनी] १. माया में लिप्त। २. मायावाद संबंधी।

पुं० मायावाद का समर्थक।

मायावी(-विन्) पुं० [सं०] [स्त्री० मायाविनी] १. चालाक, धूर्त। २. धोखेबाज, छली। ३. जादूगर।

वि० माया, जादू आदि से सम्बन्ध रखनेवाला। (मैजिकल)

मायिक वि० [सं०] १. माया से बना हुआ, जादू का। (मैजिकल) २. बनावटी। ३. माया के कारण या द्वारा उत्पन्न होने के कारण सत्य या वास्तविक जान पड़नेवाला। (इल्यूजरी) ४. दे० 'मायावी'।

मार[1] पुं० [सं०] १. कामदेव। २. विष, जहर।

मार[2] स्त्री० [हिं० मारना] १. मारने या पीटने की क्रिया या भाव। २. आघात, चोट। ३. लक्ष्य, निशाना। ४. मार-पीट।

*स्त्री० दे० 'माला'।

मारक वि० [सं०] १. मार डालनेवाला। २. जिससे किसी का प्रभाव दूर या नष्ट हो; प्रबल विष, वेग आदि को दबाकर उसका नाश करनेवाला। (एन्टीडोट)

मारका[1] पुं० [अं० मार्क] १. चिह्न, निशान। २. अधिकार, स्वामित्व, विशेषता आदि का सूचक चिह्न, छाप।

मारका[2] पुं० [अ०] १. युद्ध। २. बहुत बड़ी घटना।

पद *मारके का*=महत्त्वपूर्ण।

मार-काट स्त्री० [हिं० मारना+काटना] १. मारने और काटने का काम या भाव, लड़ाई। २. युद्ध।

मारकेश पुं० [सं०] किसी की जन्मकुंडली में ग्रहों का वह योग जो उसके लिए प्राणघातक माना जाता है।

मारग* पुं० [सं० मार्ग] रास्ता।

मुहा० *मारग मारना*=रास्ते में यात्री को लूट लेना, डाका मारना।

मारगन* पुं० [सं० मार्गण] १. बाण, तीर। २. भिक्षुक, भिखमंगा।

मारण पुं० [सं०] १. मार डालना, प्राण लेना। २. एक तान्त्रिक प्रयोग जो किसी को मार डालने के लिए होता है।

मारतौल पुं० [पुर्त० मोर्टली] एक प्रकार का बड़ा हथौड़ा।

मारना स० [सं० मारण] १. चोट पहुँचाने के लिए प्रहार करना, पीटना। २. जीवन का अन्त कर देना, प्राण लेना। ३. कुश्ती में विपक्षी को पछाड़ना। ४. शस्त्र आदि चलाना, प्रहार करना।

मुहा० *गोली मारना*=(क) किसी पर बन्दूक की गोली चलाना। (ख) उपेक्ष्य या तुच्छ समझकर जाने देना। *(कुछ) पढ़कर मारना*=मन्त्र से फूँककर (कोई चीज) किसी पर फेंकना। (जादू-टोना)

५. आवेग या मनोविकार आदि रोकना, जैसे मन मारना। ६. नष्ट कर देना, न रहने देना। ७. शिकार या आखेट करना। ८. वैद्यक या रासायनिक प्रक्रियाओं से धातु आदि फूँककर उनका भस्म तैयार करना। ९. बिना परिश्रम के अथवा बहुत अधिक प्राप्ति करना या अनुचित रूप से दबा रखना। १०. बल या प्रभाव घटाना।

मार-पीट स्त्री० [हिं० मारना+पीटना] वह लड़ाई जिसमें लोग मारे और पीटे जाएँ।

मार-पेच पुं० [सं० मारना+पेच] धूर्तता, चालाकी, चालबाजी।

मारफत, की *सम्बन्धबो०* [अ०] के द्वारा, के जरिए से।

मारमति स्त्री० [सं०] कामवासना की बुद्धि।

मारा वि० [हिं० मारना] १. जो मार डाला गया हो, निहत। २. जिस पर मार पड़ी हो।

मुहा० *मारा-मारा फिरना*=बुरी दशा में इधर-उधर घूमना, टक्करें खाना।

*स्त्री०=माला।

मारामार स्त्री०=मारामारी।

मारामारी स्त्री० [हिं० मारना+मार] बहुत ही उग्र तथा कटुतापूर्ण होड़, भयावह, आपाधापी।

मारी स्त्री० दे० 'महामारी'।

मारुत पुं० [सं०] वायु, हवा, समीर, जगत् प्राण।

मारुति पुं० [सं०] १. मरुत् के पुत्र, हनुमान। २. भीम।

स्त्री० मारुति नामक कार।

मारूँ वि०=मारू।

मारू पुं० [हिं० मारना] युद्ध के समय बजाया और गाया जानेवाला एक राग।

वि० १. मारनेवाला। ३. जान मारनेवाला। ३. हृदयवेधक। ४. विध्वंसक

मारे, के सम्बन्धबो० परसर्ग [हिं० मारना] की वजह से।

मार्ग पुं० [सं०] १. गन्तव्य स्थान तक पहुँचने के लिए बीच में पड़नेवाला वह समस्त भूभाग जिस पर होकर चलना पड़ता है, रास्ता, पथ। (रूट) २. वे साधन, प्रकार आदि जिनका अवलम्बन कोई काम ठीक या पूरा करने के लिए किया जाता हो, रास्ता।

मार्गकर पुं० [सं०] वह कर जो पथिकों से किसी विशेष मार्ग पर चलने के बदले में लिया जाता है। (टोल टैक्स)

मार्गण पुं० [सं०] १. किसी से कुछ माँगना, याचना। २. ढूँढ़ना, तलाश करना। ३. तीर, बाण।

मार्गदर्शक पुं० [सं०] मार्ग दिखानेवाला।

मार्गदर्शन पुं० [सं०] मार्ग दिखाने का कार्य।

मार्गन* पुं० [सं० मार्गण] बाण, तीर।

मार्गव्यय पुं० [सं०] रास्ते का खर्च, राहखर्च।

मार्गशीर्ष पुं० [सं०] अगहन महीना।

मार्गी(-र्गिन्) पुं० [सं०] १. मार्ग पर चलनेवाला व्यक्ति (यौ० के अन्त में, जैसे वाममार्गी)। २. यात्री, पथिक।

मार्जन पुं० [सं०] [वि० मार्जनीय, मार्जित] १. शुद्ध या पवित्र करना। २. अपने आपको पवित्र करने के लिए तीर्थ आदि

का जल अपने ऊपर छिड़कना। ३. भूल, दोष आदि का परिहार।

मार्जनी स्त्री० [सं०] झाड़ू।

मार्जार पुं० [सं०] [स्त्री० मार्जारी] बिल्ली।

मार्जित वि० [सं०] जिसका मार्जन हुआ हो।

मार्तंड पुं० [सं०] सूर्य, आदित्य, भानु, प्रभाकर।

मार्दव पुं० [सं०] १. अहंकार बिल्कुल छोड़ देना। २. दूसरे को दुखी देखकर दुखी होना। ३. कोमलता। ४. सरलता।

मार्मिक वि० [सं०] [भाव० मार्मिकता] १. जिसका प्रभाव मर्म पर पड़े, बहुत प्रभावशाली। २. मर्मज्ञ। ३. हृदय-स्पर्शी।

मार्क्सवाद पुं० [जर०+सं०] कार्ल मार्क्स तथा कुछ अन्य विद्वानों द्वारा प्रतिपादित।

मार्शललॉ पुं० [अं०] १. फौजी कानून। २. फौजी कानूनों और अधिकारियों का शासन, जो बहुत कठोर होता है।

माल[1] स्त्री० [सं० माला] १. माला, हार। २. वह डोरी जिससे चरखे में का तकला घूमता है। ३. पंक्ति, कतार।

माल[2]* पुं० [सं० मल्ल] पहलवान, वीर, योद्धा।

माल[3] पुं० [अ०] १. सम्पत्ति, धन, सम्पदा।

मुहा० *माल चीरना या मारना*=दूसरे की सम्पत्ति या धन दबा बैठना।

कहा० *माल-ए-मुफ़्त दिले बेरहम*=मुफ्त का माल बेदर्दी से खर्च करना।

२. सामान, असबाब। ३. क्रय-विक्रय की वस्तुएँ। (गुड्स) ४. कर के रूप में राज्य को मिलनेवाला धन या उपज का अंश। ५. उत्तम और सुस्वादु भोजन। ६. कोई अच्छी और बढ़िया चीज। ७. वह द्रव्य जिससे कोई चीज बनी हो, सामग्री।

मालकंगनी स्त्री० [सं० कंकु] एक लता जिसके बीजों से तेल निकलता है।

मालकियत स्त्री० [अ०] मालिकाना हक्, स्वत्व, अधिकार।

मालखंभ पुं० [सं० मल्ल+हिं० खंभा] १. एक प्रकार का खम्भा जिस पर चढ़ और उतरकर तरह-तरह की कसरतें की जाती हैं। २. वह कसरत जो इस प्रकार के खम्भे पर की जाती है।

मालखाना पुं० [फा०] वह सरकारी या विभागीय स्थान जहाँ माल-असबाब जमा रहता हो, भंडार।

मालगाड़ी स्त्री० [हिं० माल+गाड़ी] वह रेलगाड़ी जो केवल माल ढोती हो।

मालगुजार पुं० [फा० मालगुज़ार] वह जो सरकार को माल-गुजारी देता हो।

मालगुजारी स्त्री० [फा० मालगुज़ारी] १. वह भूमिकर जो सरकार को जमींदार देता है, भू-आगम, भू-राजस्व। (लैंड रेविन्यू) २. लगान। ३. बारह अक्षरों का एक छन्द।

मालती स्त्री० [सं०] १. एक प्रसिद्ध घनी लता और उसके फूल। २. चाँदनी, ज्योत्स्ना, चन्द्रिका।

मालदार वि० [फा०] धनवान, सम्पन्न।

मालदारी स्त्री० [फा०] अमीरी, सम्पन्नता।

माल-न्यायालय पुं० [अ० माल+सं० न्यायालय] वह न्यायालय जिसमें केवल माल विभाग के अर्थात् जमीनों के लगान-संबंधी झगड़ों पर विचार किया जाता है। (रेविन्यू कोर्ट)

मालपूआ पुं० [सं० पूप] एक प्रकार का प्रसिद्ध मीठा पकवान।

माल-भाड़ा पुं० [हिं०] माल भेजने का भाड़ा।

माल-मत्ता पुं० [अ० माल+मुताअ (मुताह)] पूँजी।

मालमस्त वि० [अ०+फा०] जिसे धन का अहंकार हो।

मालमस्ती स्त्री० [अ०+फा०] धन का अहंकार।

मालव पुं० [सं०] १. मालवा नामक प्रदेश, जो मध्य भारत में है। २. इस प्रदेश का निवासी।

वि० मालव देश-सम्बन्धी।

माल-विभाग पुं० [अ०+सं०] राज्य या राष्ट्र का वह विभाग जिसके द्वारा जमीनों के लगान आदि की व्यवस्था होती है।

मालवीय वि० [सं०] मालवे का।

पुं० मालव देश का निवासी।

माला स्त्री० [सं०] १. एक के बाद एक बहुत-सी चीजों या घटनाओं का आना या होना, पंक्ति, अवली। (चेन) २. एक ही प्रकार की बहुत-सी वस्तुओं का एक ही सीध में कुछ दूर तक स्थित होना। (रेंज) ३. सूत में गोलाकार पिरोए हुए फूल या मनके आदि।

मुहा० *माला फेरना*=(क) किसी का नाम जपना या किसी को भजना। (ख) प्रयास करना।

४. समूह, झुंड। ५. एक ही प्रकार की वस्तुओं का एक के बाद एक करके चलनेवाला क्रम, जैसे पुस्तकमाला।

मालादीपक पुं० [सं०] दीपक अलंकार का वह प्रकार या भेद जिसमें किसी वस्तु के एक ही गुण या धर्म के आधार पर उत्तरोत्तर अनेक वस्तुओं का सम्बन्ध बतलाया जाता है, जैसे रस से काव्य, काव्य से वाणी, वाणी से रसिक और रसिक से सभा की शोभा बढ़ती है।

मालामाल वि० [फा०] बहुत सम्पन्न या धनी।

मालिक पुं० [अ०] [स्त्री० मालिकिन] १. अधिपति, स्वामी, प्रभु। २. पति।

मालिका स्त्री० दे० 'माला'।

मालिकाना पुं० [अ० मालिक+फा० आना(प्रत्य०)] स्वामी का अधिकार या स्वत्व, स्वामित्व।

वि० मालिकों का-सा।

मालिकिन स्त्री० [मालिक का स्त्री रूप] स्त्री मालिक।

मालिकी स्त्री०=मिलकियत।

मालिनी स्त्री० [सं०] १. माली जाति की स्त्री, मालिन। २. 'सवैया' छन्द का एक नाम।

मालिन्य पुं०=मलिनता।

मालियत स्त्री० [अ०] १. बिक्री, लागत आदि के विचार से किसी वस्तु का मूल्य। २. धन-सम्पत्ति।

मालिया पुं० दे० 'मालगुजारी'।

मालिवा* पुं० दे० 'माल्यवान'।

मालिश स्त्री० [फा०] मलने की क्रिया या भाव, मलाई, मर्दन।

माली[1] पुं० [सं० मालिन] [स्त्री० मालिन, मालन, मालिनी] बाग के पौधे आदि सींचने और उनकी रक्षा, वृद्धि आदि करनेवाला व्यक्ति, बागवान।

माली[2] वि० [सं० मालिन्] [स्त्री० मालिनी] जो माला पहने हो।

माली[3] वि० [फा०] माल या धन से सम्बन्ध रखनेवाला, आर्थिक।

मालूम वि० [अ०] जाना हुआ, विदित।

मालोपमा स्त्री० [सं०] साहित्य में उपमा अलंकार का एक भेद जिसमें एक उपमेय के (क) एक ही धर्मवाले अथवा (ख) भिन्न-भिन्न धर्मोंवाले अनेक उपमान बतलाए जाते हैं।

माल्य पुं० [सं०] १. फूल। २. माला।

माल्यवंत पुं० दे० 'माल्यवान्'।

माल्यवान् पुं० [सं०] १. एक पौराणिक पर्वत का नाम। २. एक राक्षस जिसकी कन्या कैकसी से रावण उत्पन्न हुआ था।

मावत* पुं० दे० 'महावत'।

मावस* स्त्री० दे० 'अमावस'।

मावा पुं० [सं० मंड] १. माँड़। २. सत्त, सार। ३. किसी वस्तु की प्रकृति। ४. दूध को गाढ़ा कर बनाया हुआ खोया।

माविजा पुं० दे० 'मुआवजा'।

माशकी पुं० दे० 'भिश्ती'।

माशा पुं० [फा० माश:] ८ रत्ती का प्रसिद्ध मान या तौल।
पद *माशा-अल्लाह*=ईश्वर उसे बुरी नज़र से बचाए।

माशूक पुं० [अ०] [स्त्री० माशूका] प्रेमपात्र, प्रिय।

माशूकाना वि० [अ० माशूकान:] १. माशूक-सम्बन्धी। २. माशूकों के जैसा।

माष पुं० [सं०] १. उड़द। २. माशा।
*स्त्री० दे० 'माख'।

मास पुं० [सं०] १. वर्ष के बारहवें भाग (प्राय: ३० दिनों) का काल विभाग, जिसका कुछ निश्चित नाम होता है, जैसे चैत, जनवरी, रमजान; महीना। (मंथ) २. कहीं से आरम्भ करके तीस दिनों का समय, जैसे एक मास में यह काम हो जाएगा।
पुं० दे० 'मांस'।

मासना* अ०=मिलना।
स०=मिलाना।

मासपर्यंत क्रि० वि० [सं० मास+पर्यंत] पूरे महीने, महीने भर।

मासांत पुं० [सं०] १. महीने का अन्त या समाप्ति। २.सौर मास की अन्तिम तिथि।

मासिक वि० [सं०] १. मास-सम्बन्धी, महीने का। २. हर महीने में एक बार या महीने-महीने भर पर होनेवाला। (मंथली)
पुं० १. प्रति मास मिलनेवाला वेतन। २. प्रति मास प्रकाशित होनेवाला पत्र। ३. हर महीने होनेवाला स्त्रियों का रजोधर्म, मासिक धर्म। (मेन्सेस)

मासिक धर्म पुं० [सं०] स्त्रियों को प्रति मास होनेवाला रजस्राव, मासिक। (मेन्सेस)

मासी स्त्री० [सं० मातृष्वसा] माँ की बहन, मौसी।
*स्त्री०=माछी (मक्खी)।

मासीय वि० [सं०] मासिक।

मासूम वि० [अ० मअसूम] निरीह।

मासूमियत स्त्री० [अ०मअसूमियत] निरीहता।

माह[1] क्रि० वि० [सं० मध्य] बीच में।

माह[2] पुं० [फा०] मास, महीना।

माह[3] पुं० [सं० माघ] माघ महीना

माहत* स्त्री०=महत्त्व।

माहना* अ०, स० दे० 'उमाहना'।

माहला* वि० [हिं० मध्य या माँहि] [स्त्री० माहली] १. अन्दर रहनेवाला। २. हृदय या मन में रहनेवाला। ३. बीच का, मँझला।

माहली* पुं० [हिं० महल] अंत:पुर में रहनेवाला सेवक।

माहवार क्रि० वि० [फा०] प्रतिमास।
वि० हर महीने का, मासिक।
पुं० मासिक वेतन।

माहवारी वि० [फा०] हर महीने का।
स्त्री० स्त्रियों का मासिक धर्म।

माहँ क्रि० वि० दे० 'महँ'।

माहात्म्य पुं० [सं०] १. महिमा, महत्त्व (विशेषत: धार्मिक)। २. आदर, मान। ३. पौराणिक यश-गाथा।

माहिं* क्रि० वि० [सं० मध्य] १. भीतर, अन्दर। २. अधिकरण कारक का चिह्न 'में' या 'पर'; उदा० यह तो घर है प्रेम का खाला का घर नाहि। शीश उतारे भुईं धरे तब पैठे घर माहि। -कबीर

माहिला[1] पुं० [सं० मध्य, पु० हिं० माहिं] अन्तर, फरक।

माहिला[2] वि० [स्त्री० माहिली] १. मध्य या बीच का। २. अन्दर का, आन्तरिक ३. मँझला।
*पुं० दे० 'माँझी'।

माहीं क्रि० वि० दे० 'माहिं'।

माही स्त्री० [फा०] १. मछली। २. मुगल बादशाहों के आगे चलनेवाला बड़ा झंडा जिस पर मछली बनी रहती थी।

माही-मरातिब पुं० [फा०] राजाओं के आगे हाथी पर चलनेवाला बड़ा झंडा।

माहुर पुं० [सं० मधुर] विष, जहर।

माहेर† पुं०=मायका।

माहौल पुं० [अ०] वातावरण।

मिंडना अ० [हिं० मींडना] १. मींडा या मसला जाना। २. लगाया, सटाया या चिपकाया जाना। ३. साथ लगना, या होना।

मिंड़ाई स्त्री० [हिं० मींडना] मसलने या मींजने की क्रिया, भाव या मजदूरी।

मित* पुं०=मित्र।

मिंबर पुं० [अ० मिम्बर] मसजिद में वह ऊँचा चबूतरा जिस पर बैठकर मुल्ला आदि नमाज पढ़वाते, उपदेश करते या खुतबा पढ़ते हैं।

मिकदार स्त्री० [अ० मिक़्दार] परिमाण, मात्रा।

मिग पुं० एक विशेष प्रकार का रूसी युद्धक विमान जिसका नामकरण उसके दो निर्माताओं (मिकोयन तथा गुरेविज) के नाम के पहले अक्षरों से हुआ है।

मिचकना अ० [हिं० मिचकाना का अ०] आँख का मिचना या बन्द होना।

मिचकाना स० [हिं० मिचना] बार-बार पलकें खोलना और बन्द करना।

मिचकी[1] स्त्री० [हिं० मिचकना] १. आँखें मिचकाने की क्रिया या भाव। २. आँखों से किया हुआ संकेत, आँख का इशारा। ३. पेंडा।

मिचकी[2] *स्त्री० [?] १. छलाँग, उछाल। २. झूले की पेंग।

मिचना अ० हिं० 'मींचना' का अ०।

मिचलाना अ० [हिं० मतलाना] कै आने को होना, मिचली आना।

मिचली स्त्री० [हिं० मिचलाना] जी मिचलाने की क्रिया, कै करने की इच्छा, मतली।

मिचौनी स्त्री० दे० 'आँख-मिचौनी'।

मिछा* वि० दे० 'मिथ्या'।

मिजराब स्त्री० [अ०] सितार आदि बजाने का तार का नुकीला छल्ला।

मिजाज पुं० [अ० मिज़ाज] १. किसी पदार्थ का स्थायी और मूल गुण, प्रकृति, तासीर। २. स्वभाव, प्रकृति। ३. मन की अवस्था तबीयत।

मुहा० *मिजाज खराब होना*=(क) अप्रसन्नता, अरुचि आदि होना। (ख) अस्वस्थ या बीमार होना। *मिजाज पूछना*= तबीयत या स्वास्थ्य का हाल पूछना।

४. अभिमान, घमंड, शेखी।

मुहा० *मिजाज न मिलना*=घमंड के कारण किसी से ठीक तरह से व्यवहार न करना।

मिजाजो* स्त्री० [अ० मिज़ाज] अभिमानी स्त्री।

मिटना अ० [सं० मृष्ट] १. मिटाया जाना। २. न रह जाना।

मिटाना स० [हिं० 'मिटना' का स०] १. अंकित रेखा, दाग, चिह्न आदि इस प्रकार रगड़ना कि वह न रह जाए, लुप्त करना। २. आज्ञा, निश्चय आदि रद करना। ३. नष्ट या खराब करना।

मिट्टी स्त्री० [सं० मृत्तिका] १. वह भुरभुरा पदार्थ जो पृथ्वी के ऊपरी तल पर प्राय: सब जगह पाया जाता है, धूल, खाक।

मुहा० *मिट्टी करना*=नष्ट या खराब करना। *मिट्टी का लोंदा*=मूर्ख। *मिट्टी के मोल*=बहुत सस्ता। *मिट्टी डालना*= (क) उपेक्षापूर्वक जाने देना। (ख) किसी के दोष पर परदा डालना। *मिट्टी में मिलना*=नष्ट होना।

२. शरीर, बदन।

मुहा० *मिट्टी पलीत या बरबाद करना*=दुर्दशा करना।

३. मृत शरीर, शव, लाश। ४. शारीरिक गठन या बनावट।

मिट्टी का घोंघा पुं० बहुत बड़ा मूर्ख या नासमझ व्यक्ति।

मिट्टी का तेल पुं० [हिं० मिट्टी+तेल] एक प्रसिद्ध खनिज तरल पदार्थ जो दीपक, लालटेन आदि जलाने के काम आता है।

मिट्ठू पुं० [हिं० मीठा+ऊ(प्रत्य०)] १. मीठा बोलनेवाला। २. तोता। वि० चुप रहनेवाला।

मिठबोला वि०, पुं० [हिं० मीठा+बोलना] १. मधुरभाषी। २. वह जो केवल दिखाने के लिए मीठी-मीठी बातें करता हो।

मिठलोना पुं० [हिं० मीठा=कम+नोन] जिसमें नमक कम या थोड़ा हो।

मिठाई स्त्री० [हिं० मीठा+आई(प्रत्य०)] १. मीठापन, मिठास, माधुरी। २. विशेष प्रकार से बनी हुई खाने की मीठी चीज।

मिठाना अ० [हिं० मीठा] मीठा होना।

मिठास स्त्री० [हिं० मीठा+आस(प्रत्य०)] मीठा होने का भाव, माधुर्य।

मिडिल स्त्री० [अं०] आठवें दरजे तक की पढ़ाई।

मिडिलची वि०=मिडिल-पास।

मिडिल-पास वि० जिसने मिडिल की परीक्षा पास की हो।

मितंग* पुं० दे० 'हाथी'।

मित वि० [सं०] १. जिसकी सीमा बँधी हो, परिमित। २. नियत या उचित सीमा के अन्दर, जैसे मितव्यय, मिताहार। ३. थोड़ा, कम।

मितभाषा स्त्री० [सं०] कम से कम शब्दों में अपनी बात कहने की पद्धति या ढंग।

मितभाषी (-षिन्) पुं० [सं०] [भाव० मितभाषिता] कम या थोड़ा बोलनेवाला।

मितव्यय पुं० [सं०] [भाव० मितव्ययता] कम खर्च करना, किफायत।

मितव्ययी (-यिन्) पुं० [सं०] थोड़ा या कम खर्च करनेवाला।

मिताई* स्त्री०=मित्रता।

मिताहार पुं० [सं०] थोड़ी मात्रा में किया जानेवाला भोजन।

मिताहारी (-रिन्) पुं० [सं०] थोड़ा भोजन करनेवाला, कम खानेवाला।

मिति स्त्री० [सं०] १. मान, परिमाण। २. सीमा। ३. अवधि।

मिती स्त्री० [सं० मिति] चान्द्र मास की तिथि जो प्रत्येक पक्ष में १ से १५ तक होती है।

मिती काटा पुं० [हिं० मिती+काटना] एक-एक दिन और एक-एक रकम का सूद जोड़ने का एक महाजनी सहज ढंग।

मित्त* पुं०=मित्र।

मित्र पुं० [सं०] १. वह जो सब बातों में सहायक और शुभचिन्तक हो, बन्धु, सखा, दोस्त। २. सूर्य। ३. एक आर्य देवता।

मित्रता स्त्री० [सं०] मित्र होने का भाव या धर्म, दोस्ती।

मित्रमार वि० [सं०+हिं०] मित्र से द्वेष करनेवाला।

मित्रवर पुं० [सं०] श्रेष्ठ मित्र। (प्रायः सम्बोधन रूप में प्रयुक्त)

मित्राई* स्त्री०=मित्रता।

मिथक पुं० [अं० मिथ] प्राचीन इतिहास या इतिहास-पूर्व काल से संबद्ध ऐसी कथा जो किसी सामाजिक या प्राकृतिक तथ्य की परिचायक हो।

मिथकीय वि० [हिं० मिथक] मिथक-संबंधी।

मिथिला स्त्री० [सं०] आज-कल के तिरहुत प्रदेश का पुराना नाम।

मिथुन पुं० [सं०] १. स्त्री और पुरुष या वर और वधू का जोड़ा। २. समागम, मेल। ३. मेष, सिंह आदि बारह राशियों में से तीसरी राशि। (जेमिनी)

मिथ्या वि० [सं०] [भाव० मिथ्यात्व] १. जो सत्य, तथ्य या वास्तविकता के अनुसार न हो, असत्य, झूठ। २. जिसका कोई उचित आधार न हो, जैसे मिथ्या अभिमान।

मिथ्याक्षेप पुं० [सं० मिथ्या+आक्षेप] झूठा आरोप।

मिथ्याचार पुं० [सं०] कपटपूर्ण व्यवहार।

मिथ्याध्यवसिति स्त्री० [सं०] साहित्य में एक अलंकार जिसमें किसी बात का मिथ्यात्व सिद्ध करने के लिए उससे भी बढ़कर किसी और मिथ्या बात का सहारा लिया जाता है,जैसे 'उनकी दानशीलता की प्रशंसा तो मैंने कई गूँगों से भी सुनी थी', में गूँगों से सुनने की चर्चा करके यह सिद्ध किया गया है कि उनमें दानशीलता थी ही नहीं।

मिथ्याभास पुं० [सं०] जो चीज या बात वास्तव में जैसी हो, उसके विरुद्ध या उससे उलटी दिखाई पड़ना, वास्तविक स्थिति के विरुद्ध होनेवाला आभास। (पैराडॉक्स)

मिथ्यावादी (-दिन्) पुं० [सं०] [स्त्री० मिथ्यावादिनी] झूठ बोलनेवाला, झूठा।

मिदुराना* अ० [सं० मृदु] मृदु या मधुर होना, कोमल होना।

मिनकना अ० [मिनमिन से अनु०] बहुत ही दबकर या धीरे से कुछ बोलना।

मिनजानिब क्रि० वि० [अ०] किसी की ओर से।

मिनजालिक पुं० [?] खरच की मद, व्यय किया जानेवाला धन या उसका खाता।

मिनट पुं० [अं०] एक घंटे का साठवाँ भाग, साठ सेकंड का समय।

मिनती स्त्री० दे० 'विनती'।

मिनमिनाना अ० [अनु०] धीमे स्वर से या नाक से बोलना।

मिनहा वि० [अ०] किसी में से काटा या घटाया हुआ, मुजरा किया हुआ।

मिनिस्टर पुं० [अं०] १. ईसाई धर्माधिकारी। २. मंत्री।

मिनिस्टरी स्त्री० [अं० मिनिस्ट्री] मिनिस्टर का कार्य, पद या विभाग।

मिनी वि० [अं०] छोटा।

मिनी बस स्त्री० [अं०] छोटे आकार की बस।

मिन्नत स्त्री० [अ०] विनय, विनती।

मिन्नत-आरजू स्त्री० [अं०+फा०] अनुनय-विनय।

मिमियाना अ० [अनु०] १. भेड़ या बकरी का बोलना। २. दबी जबान से चापलूसी करना।

मियाँ पुं० [फा०] १. स्वामी, मालिक। २. पति, खसम। ३. महाशय। ४. मुसलमान।

मुहा० *मियाँ की जूती मियाँ का सिर*=अपना अहित स्वयं करना।

मियाँ मिट्ठू पुं० [फा०+हिं०] १. मीठी बातें करनेवाला, मधुरभाषी।

कहा० *अपने मुँह मियाँ मिट्ठू बनना*=आप ही अपनी प्रशंसा करना या अपने आपको बड़ा समझना।

२. तोता।

मियाद स्त्री० [अ०] अवधि।

मियादी वि० [अ०] १. अवधि-सम्बन्धी। २. निश्चित अवधिवाला; मियादी जमा। (फिक्स्ड डिपॉजिट)

मियाना पुं० [फा०] एक प्रकार की पालकी।

वि० न बहुत बड़ा और न बहुत छोटा, मझोले आकार का।

मियानी स्त्री० [फा० मियान] १. पाजामे के बीच का भाग। २. कमरे के बीच की छत।

मिरग* पुं० दे० 'मृग'

मिरगी स्त्री० [सं० मृगी] एक प्रसिद्ध रोग जिसमें रोगी अचानक बेसुध होकर गिर पड़ता है, अपस्मार। (एपिलेप्सी)

मिरचा पुं० दे० 'लाल मिर्च'।

मिरजई स्त्री० [फा० मिरज़ा] एक प्रकार की बन्ददार कुरती।

मिरजा पुं० [अ० मिर्ज़ा] १. मुसलमानों में शाहजादों आदि की एक उपाधि। २. अमीर का लड़का।

मिरदंग* पुं०=मृदंग।

मिरदंगी* स्त्री० [सं० मृदंग] १. छोटा मृदंग। २. एक प्रकार की आतिशबाजी जो मृदंग के आकार की होती है। ३. एक प्रकार का शीशे का आधार, जिसमें मोमबत्ती जलती है।

मिरियास* स्त्री० दे० 'मीरास'।

मिर्च स्त्री० [सं० मरिच] १. एक प्रकार की कड़ुई फली जो व्यंजनों में मसाले की तरह पड़ती है, लाल मिर्च। २. उक्त की तरह काम आनेवाला एक प्रसिद्ध काला, छोटा दाना, गोल मिर्च, काली मिर्च।

मुहा० *मिर्चें लगना*=बुर लगना, अप्रिय लगना।

मिल स्त्री० [अं०] १. अनाज, गल्ले या दाने आदि पीसने की चक्की जो भाप, बिजली आदि की सहायता से चलती हो। २. रुई ओटने, सूत कातने और कपड़ा बुनने आदि का कारखाना।

मिलक स्त्री० [अ० मिल्क] १. जमीन-जायदाद। २. जागीर।

मिलकियत स्त्री० मिल्कियत।

मिलन पुं० [सं०] मिलने की क्रिया या भाव, मिलाप, भेंट।

मिलन-बिंदु पुं० [सं०] मिलने का स्थान, सम्पर्क-स्थल।

मिलनसार वि० [हिं० मिलना+सार(प्रत्य०)] [भाव० मिलनसारी] सबसे अच्छी तरह मिलने-जुलनेवाला।

मिलना अ० [सं० मिलन] १. दो अलग-अलग पदार्थों का सम्मिलित या मिश्रित होकर एक होना। २. समुदाय या समूह में समा जाना। ३. साथ लगना, सटना।

मुहा० *गले मिलना*=आलिंगन करना, गले लगाना। ४. बहुत-कुछ समान होना। भेंट या मुलाकात करना।

मिलना-जुलना अ० आपस में भेंट मुलाकात करना। **पद** *मिल-जुलकर*=(क) सौहार्दपूर्वक; जैसे-दोनों भाइयों को मिल-जुलकर रहना चाहिए। (ख) सामूहिक प्रयास द्वारा; जैसे-मिल-जुलकर ही हम उससे जीत सकते हैं। स० प्राप्त या हस्तगत होना।

मिलनी स्त्री० [हिं० मिलना] विवाह की एक रसम जिसमें कन्या पक्ष के लोग वरपक्ष के लोगों से गले मिलकर उन्हें कुछ धन देते हैं।

मिलवना* स०=मिलाना।

मिलवाना स० [हिं०] 'मिलना' का प्रे०।

मिला वि० [हिं० मिलना] (संयुक्त पदों में उत्तर पद के रूप में) से युक्त; जैसे पानी-मिला दूध।

मिलाई स्त्री० [हिं० मिलाना] १. मिलने या मिलाने की क्रिया या भाव। २. (जेल के कैदियों से) भेंट, मुलाकात।

मिला-जुला वि० १. मिश्रित। २. सम्मिलित।

मिलान पुं० [हिं० मिलाना] १. मिलाने की क्रिया या भाव। २. तुलना, मुकाबला। ३. ठीक होने की वह जाँच जो संबद्ध वस्तुओं को मिलाकर की जाए। ४. लोगों के पहुँचकर मिलने का उद्दिष्ट स्थान या पड़ाव।

मिलाना स० [सं० मिलन] [भाव० मिलाई, मिलावट] १. एक चीज में कोई दूसरी चीज या चीजें डालकर सबको एक करना, सम्मिलित या मिश्रित करना। २. जोड़ना। ३. तुलना करना, मुकाबला करना। ४. ठीक होने की जाँच करना। ५. भेंट या परिचय कराना। ६. अपने पक्ष में करना, साथी बनाना। ७. बजाने से पहले बाजों के सुर ठीक करना।

मिलाप पुं० [हिं० मिलना+आप (प्रत्य०)] मिलने की क्रिया या भाव, मेल।

मिलाभेंटी स्त्री० [हिं० मिलना+भेंटना] भेंट होने पर गले मिलने की क्रिया या भाव।

मिलावट स्त्री० [हिं० मिलाना] १. मिले हुए होने की अवस्था या भाव विशेषतः बढ़िया चीज में घटिया चीज का मिश्रण। २. इस प्रकार मिलाई हुई घटिया चीज; जैसे-(क) सोने में चांदी की मिलावट है, (ख) सरसों के तेल में महुए के तेल की मिलावट है, मेल, खोट।

मिलावटी वि० [हिं० मिलावट] जिसमें मिलावट हो, अशुद्ध।

मिलिंद पुं० [सं०] भौंरा।

मिलिक* स्त्री० दे० 'मिलक'।

मिलिग्राम पुं० [अं०] एक सेंटीग्राम का दसवाँ भाग।

मिलित वि० [सं०] मिला हुआ, युक्त।

मिलीभगत स्त्री० [हिं० मिलना+भगती] १. कुछ लोगों द्वारा मिलकर बनाई जाने तथा गुप्त रखी हुई योजना जिसका उद्देश्य किसी को आश्चर्यचकित या तंग करने के लिए होता है। २. कुचक्र। ३. षड्यन्त्र।

मिलोना स० [हिं० मिलाना] १. दे० 'मिलाना'। २. गौ दुहना।

मिलौनी स्त्री० दे० 'मिलाई'।

मिल्कियत स्त्री० [अ०] १. मालिक या स्वामी होने का अधिकार या भाव। २. वह वस्तु, सम्पत्ति आदि जिस पर मालिकों का-सा स्वामित्व या अधिकार हो। ३. धन-सम्पत्ति, जायदाद।

मिल्लत[1] स्त्री० [हिं० मिलन] १. मेल-जोल। २. मिलनसारी।

मिल्लत[2] स्त्री० [अ०] धार्मिक सम्प्रदाय।

मिशन पुं० [अं०] १. किसी विशिष्ट कार्य के लिए कुछ व्यक्तियों का कहीं जाना या भेजा जाना। २. इस प्रकार भेजे जानेवाले लोग। ३. ईसाई धर्म-प्रचारकों का धर्म के प्रचार के लिए कहीं जाना। ४. उक्त का निवास स्थान।

मिशनरी पुं० [अं०] ईसाई धर्म-प्रचारक। वि० मिशन-सम्बन्धी, मिशन का।

मिश्र वि० [सं०] १. एक में मिला या मिलाया हुआ, मिश्रित। २. संयुक्त। पुं० कुछ ब्राह्मणों के वर्ग की उपाधि।

मिश्रक वि० [सं०] मिश्रण करने या मिलानेवाला। पुं० वह जो ओषधियों आदि का मिश्रण करके औषध तैयार करते हैं, दवाएँ बनानेवाला। (कम्पाउण्डर)

मिश्रण पुं० [सं०] [वि० मिश्रित, मिश्र, मिश्रणीय] १. कुछ वस्तुओं को एक में मिलाने की क्रिया या भाव, मिलावट। (एलॉय) २. वह तरल औषध जो कई ओषधियों के मेल से बना हो। (मिक्सचर)

मिश्रता स्त्री० [सं०] मिश्रित होने की अवस्था या भाव।

मिश्र धातु स्त्री० [सं०] कई धातुओं के योग या मिश्रण से बनी हुई धातु, जैसे पीतल या जरमन-सिलवर, अष्ट-धातु। (एलॉय)

मिश्र वाक्य पुं० [सं०] ऐसा वाक्य जिसका एक उपवाक्य दूसरे उपवाक्य पर आश्रित हो। (काम्प्लेक्स सेण्टेन्स)

मिश्रित वि० [सं०] एक में मिले हुए।

मिश्रीकरण पुं० [सं०] मिश्रित करने का कार्य।

मिष पुं० [सं०] १. छल, कपट। २. दे० 'मिस'।

मिष्ट वि० [सं०] मीठा, मधुर, प्रिय।

मिष्टभाषी पुं० दे० 'मुधरभाषी'।

मिष्टान्न पुं० [सं०] मिठाई।

मिष्टान्नशाला स्त्री० [सं०] मिठाई की दुकान या कारखाना।

मिस[1] पुं० [सं० मिष] १. बहाना, हीला। २. पाखंड, आडम्बर।

मिस[2] वि० स्त्री० [अं०] बिना ब्याही, कुमारी।

मिसकना अ० [अनु० या फा० मिसकीन] इस प्रकार धीरे-धीरे बोलना कि मिस-मिस-सा शब्द सुनाई पड़े, मिनमिनाना।

मिसकी स्त्री० दे० 'मिस्की'।

मिसकीन वि० [अ० मिस्कीन] [भाव० मिसकीनी] १. बेचारा, दीन। २. गरीब, निर्धन।

मिसकीनता स्त्री० [अ० मिस्कीन+सं० ता (प्रत्य०)] १. दरिद्रता, गरीबी। २. नम्रता, दीनता, उदा० लाभ जोग छेम को गरीबी मिसकीनता। -तुलसी।

मिसना अ०=मिलना।

अ० हिं० 'मीसना' का अ०।

मिसमार वि० [अ० मिस्मार] ध्वस्त, ढाया हुआ।

मिसरा पुं० [अ० मिस्‌रअ] उर्दू-फारसी की कविता का कोई चरण या पद।

मिसरी स्त्री० [मिस्र देश से] १. मिस्र देश की भाषा। २. साफ करके जमाई हुई दानेदार या रवेदार चीनी।

वि० मिस्र देश का।

पुं० मिस्र देश का निवासी।

मिसहा वि० [हिं० मिस] १. बहानेबाज। २. कपटी, ढोंगी।

*पुं० बहाना।

मिसाल स्त्री० [अ०] १. उपमा। २. आदर्श। ३. उदाहरण। ४. कहावत।

मिसाली* वि० [अ० मिसाल] मिसाल के रूप में होनेवाला, उदाहरणार्थ।

मिसिल वि० [अ०] समान, तुल्य।

स्त्री० १. किसी विषय या मुकदमे से सम्बन्ध रखनेवाले सब कागज-पत्रों की नत्थी। २. पुस्तक की सिलाई से पहले फरमों को भाँजकर तथा सही क्रम से रखा हुआ उनका रूप।

मिस्की स्त्री० [हिं० मिसकना] १. धीरे-धीरे बोलने या मिनमिनाने की क्रिया या भाव। २. गाने का वह ढंग जिसमें पूरी तरह से गला खोलकर और ऊँचे स्वर से नहीं, बल्कि बहुत धीरे-धीरे और धीमी आवाज से गाते हैं, साँसी।

मिस्कीन वि० [अ०] दुखी, पीड़ित।

मिस्कोट पुं० [अं० मेस] १. षड्यंत्र। २. गुप्त परामर्श।

मिस्तरी पुं० [अं० मास्टर] १. वह कारीगर जो भवन निर्माण का कार्य करता हो। २. काठ, धातु आदि के सामान बनाने अथवा यन्त्रों आदि को चलाने या उनकी मरम्मत करने का कार्य करता हो।

मिस्री वि० मिस्र देश-सम्बन्धी।

पुं० मिस्रवासी।

स्त्री० दे० 'मिसरी'।

मिस्ल वि० दे० 'मिसिल'।

मिस्सा वि० [सं० मिश्रित] कई तरह की दालें आदि एक में पीसकर बनाया हुआ (आटा), जैसे मिस्सी रोटी।

मिस्सी स्त्री० [फा० मिसी=ताँबे का] एक प्रकार का प्रसिद्ध मंजन जो स्त्रियाँ दाँतों में लगाती हैं।

मिहचना* स० दे० 'मीचना'।

मिहर स्त्री०=मेहर (कृपा)।

मिहानी* स्त्री० दे० 'मथानी'।

मिहिर पुं० [सं०] १. सूर्य। २. चन्द्रमा।

मिहिल पुं० [कुमा०] एक पहाड़ी वृक्ष।

मिहीं* वि० दे० 'महीन'।

मींगी स्त्री० दे० 'गिरी'।

मींजना स० [हिं० माँड़ना] हाथों से मलना, मसलना।

मींडक* पुं० दे० 'मेंडक'।

मींडना स० [सं० मृण्, या मर्दन] १. हाथों से मलना, मसलना। २. कुचलना या रौंदना, मर्दन करना। ३. दे० 'माँड़ना'।

मीआद स्त्री० दे० 'मीयाद'।

मीखना* स०=मींजना।

मीच स्त्री० [सं० मृत्यु] मौत।

मीचना स० दे० 'मूँदना'।

मीचु* स्त्री० [सं० मृत्यु] मौत।

मीजान स्त्री० [अ०] संख्याओं का योग, जोड़। (गणित)।

मीटर पुं० [अं०] १. वह यन्त्र जिससे नल में से गुजरने वाले पानी, बिजली के तार में से गुजरने वाली बिजली या किसी चलनेवाली चीज की गति आदि नापी जाती है, मापयन्त्र। २. लम्बाई की एक नाप जो ३९.३७ इंचों की होती है।

मीठा* वि० [सं० मिष्ट] [स्त्री० मीठी] १. जिसमें चीनी या शहद आदि का-सा स्वाद हो, मधुर। २. स्वादिष्ट। ३. प्यारा, प्रिय। ४. अच्छा, भला। ५. धीमा, सुस्त। ६. हलका, मद्धिम, मन्द। ७. प्रिय।

पुं० १. मिठाई। २. गुड़।

मीठी छुरी स्त्री० [हिं० मीठी+छुरी] ऊपर से मित्र बनकर अन्दर-अन्दर घात या द्रोह करनेवाला, विश्वासघातक।

मीडिया पुं० [अं०] जनसंचार के प्रमुख साधन रेडियो, टीवी तथा समाचार-पत्र।

मीत पुं० [सं० मित्र] १. मित्र, दोस्त। २. पति। ३. प्रेमी।

मीतल* पुं०=मित्र।

मीति* स्त्री० [हिं० मीत] १. मित्रता। २. मेल-मिलाप।

मीन पुं० [सं०] [भाव० मीनता] १. मछली। २. बारह राशियों में से अन्तिम जिसमें पूर्वा भाद्रपद नक्षत्र और उत्तर भाद्रपद तथा रेवती नक्षत्र हैं। (पिसेस)

मीनकी स्त्री० [सं० मीन] मछलियों का पालन-पोषण या संवर्द्धन करने की क्रिया या विद्या। (फिशरी)

मीनक्षेत्र पुं० [सं०] १. वह क्षेत्र जिसमें मछलियाँ विशेष रूप से सुरक्षित रखकर पाली जाती हैं और उनकी नसल बढ़ाई जाती है। २. वह राजकीय विभाग जिसके अधीन मछलियों के पालन-पोषण, संवर्द्धन, क्रय-विक्रय, निर्यात आदि की व्यवस्था होती है। (फिशरीज)

मीनमार्ग पुं० [सं०] मोक्ष प्राप्त करने के लिए हठ-योग की साधना का मार्ग, जो उसी प्रकार गुप्त रहता है, जिस प्रकार पानी के अन्दर मछली के चलने का मार्ग गुप्त रहता है।

मीन-मेख पुं० [सं० मीन+मेष (राशियाँ)] १. सोच-विचार, आगा-पीछा, असमंजस। २. दूसरे के किए हुए कामों में निकाली जानेवाली छोटी-मोटी भूल या दोष।

मीनरथ पुं० [सं० मीन+रथ] वह जिसका वाहन मछली हो, कामदेव।

मीना[१] पुं० [देश०] राजपूताने की एक प्रसिद्ध योद्धा जाति।

मीना[२] पुं० [फा०] १. सोने-चाँदी आदि पर किया जानेवाला एक प्रकार का रंग-बिरंगा काम। २. शराब रखने का कंटर।

मीनाकार पुं० [फा०] मीनाकारी करनेवाला कारीगर।

मीनाकारी स्त्री० [फा०] सोने या चाँदी पर होनेवाला मीना।

मीना बाजार पुं० [फा०] बहुत सुन्दर और सजा हुआ बढ़िया बाजार।

मीनार स्त्री० [अ० मनार:] बहुत ऊँचा और गोलाकार स्तम्भ, लाट, धरहरा।

मीमांसक पुं० [सं०] १. किसी बात की मीमांसा या विवेचन करनेवाला। २. मीमांसा शास्त्र का ज्ञाता, टीकाकार।

मीमांसा स्त्री० [सं०] १. अनुमान और तर्क-वितर्क से यह निश्चय करना कि कोई बात वास्तव में कैसी है। २. हिन्दुओं के छह दर्शनों में से पूर्व मीमांसा और उत्तर मीमांसा नामक दो दर्शन।

मीर पुं० [फा०] १. सरदार, नेता। २. मुसलमानों में सैयद जाति या वर्ग की उपाधि। ३. प्रतियोगिता जीतनेवाला।

वि० मुख्य, प्रधान; जैसे मीरमुंशी (मुंशियों में प्रधान)।

मीरग (गा)* पुं०=मृग।

मीराँत स्त्री० दे० 'मीरास'।

मीरा वि० [अ० मीर] १. प्रधान, श्रेष्ठ। २. सबसे आगे बढ़ा हुआ।

मीरास स्त्री० [अ०] उत्तराधिकार में मिली हुई सम्पत्ति, तरका।

मीरासी पुं० [सं० मीरास] [स्त्री० मीरासिन] एक मुसलमान जाति जो गाने-बजाने और भाँड़ का काम करती है।

मील पुं० [अं० माइल] १७६० गज की दूरी की एक नाप।

पद *मील का पत्थर*=अत्यंत महत्त्वपूर्ण घटना या कारण जो नींव का काम करे।

मीलन पुं० [सं०] [वि० मिलित] बन्द करना, मूँदना।

मीलित वि० [सं०] बन्द किया या मूँदा हुआ।

पुं० साहित्य में एक अर्थालंकार जिसमें समान गुण और धर्मवाली कई बातों या वस्तुओं का इस रूप में उल्लेख किया जाता है कि उनमें से कोई बात या वस्तु अपनी प्रबलता के कारण दूसरी बातों या वस्तुओं को पूरी तरह से दबाकर आत्मसात कर लेती है, जैसे चन्द्रमा की चाँदनी में उज्ज्वल कान्तिवाली नायिका का मिलकर उसके साथ एक-सा हो जाना।

मुँगरा पुं० [सं० मुद्री] [स्त्री० मुँगरी] काठ का बड़ा हथौड़ा।

मुँगैछी स्त्री० दे० 'मुँगौछी'।

मुँगौछी, मुँगौरी स्त्री० [हिं० मूँग+बरी] मूँग की बनी हुई बरी।

मुंचना* अ० [सं० मोचन] मुक्त होना।

मुंचित* वि० [हिं० मुंचना] १. मुक्त। २. बिखरा हुआ।

मुंड पुं० [सं०] १. खोपड़ी, सिर। २. कटा हुआ सिर।

मुंडन पुं० [सं०] १. उस्तरे से सिर के बाल साफ करना, मूँड़ना। २. हिन्दुओं के १६ संस्कारों में से एक जिसमें बालक का सिर मूँड़ा जाता है।

मुँड़ना अ० [सं० मुंडन] १. मूँड़ा जाना। २. ठगा जाना।

मुंडमाला स्त्री० [सं०] खोपड़ियों की माला।

मुंडमालिनी स्त्री० [सं०] कालिका या काली नाम की देवी।

मुंडमाली (-लिन्) पुं० [सं०] शिव।

मुंडा पुं० [सं० मुंडी] [स्त्री० मुंडी] १. वह जिसके सिर के बाल न हों या मुँड़े हुए हों। २. साधु या योगी। ३. वह पशु जिसके सींग न निकले हों। ४. वह जिसके ऊपरी अथवा इधर-उधर के अंग न हों। ५. कोठीवाली या महाजनी लिपि, जिसमें मात्राएँ नहीं होतीं। ६. एक प्रकार का जूता।

स्त्री० भाषा-विज्ञान के अनुसार कुछ विशिष्ट अनार्य बोलियों का एक वर्ग जिसके अन्तर्गत निषाद, शबर, उराँव आदि बोलियाँ हैं।

मुँड़ाई स्त्री० [हिं० मूँड़ना] मूँड़ने की क्रिया, भाव या मजदूरी।

मुंडा एक्का पुं०=झन्नाटा एक्का।

मुँड़ाना स० [सं० मुंडन] मुंडन कराना, जैसे सिर मुँड़ाना।

अ० १. मूँड़ा जाना, मुँड़ाना। २. धोखे में आकर कुछ धन गँवाना। ३. किसी की अधीनता, शिष्यता आदि ग्रहण करना।

मुँड़ासा पुं० [हिं० मूड़] पगड़ी, साफा।

मुंडित वि० [सं०] जिसका मुंडन हुआ हो, जैसे मुंडित मस्तक।

मुँडेर स्त्री०=मुँडेरा।

मुँडेरा पुं० [हिं० मूँड+एरा (प्रत्य०)] छत की दीवार का ऊपरी उठा हुआ भाग।

मुँदना अ० [सं० मुद्रण] १. खुली रहनेवाली या खुली हुई वस्तु का बन्द होना। २. छिपना।

मुँदरा पुं० [सं० मुद्रा] १. योगियों के कान का एक प्रकार का कुंडल। २. कान का एक आभूषण।

मुँदरी स्त्री० दे० 'अँगूठी'।

मुंशियाना वि० [अ०] मुंशियों के जैसा।

मुंशी पुं० [अ० मुन्शी] १. लेख आदि लिखनेवाला व्यक्ति। २. मुनीम। ३. विद्वान, पंडित।

मुंसिक पुं०=मुनसिफ।

मुँह पुं० [सं० मुख] १. वह अंग जिससे प्राणी बोलते और भोजन करते हैं। २. मनुष्य का उक्त अंग।

मुहा० *मुँह आना*=गरमी या आतशक के रोगी के मुँह में छाले पड़ना और मुँह सूजना। *मुँह खुलना*= बढ़-बढ़कर बोलने की आदत पड़ना। *मुँह चलना*=(क) भोजन होना, खाया जाना। (ख) मुँह से बहुत बातें निकलना। *मुँह चिढ़ाना*=किसी का उपहास करने के लिए उसकी आकृति, हाव-भाव, कथन आदि को बिगाड़कर नकल करना। (किसी से) *मुँह चुराना*=(किसी का) सामना करने के लिए तैयार न हो। *मुँह छिपाना=सामना न करना। मुँह छूना*=नाममात्र के लिए या ऊपरी मन से कहना। *मुँह पर तमाचा जड़ना=नीचा दिखाना। मुँह पेट चलना*=कै-दस्त का रोग या हैजा होना। *मुँह बाँधकर बैठना*=चुप-चाप बैठना। *मुँह बाकर रह जाना=हतप्रभ हो जाना। मुँह भरना*=किसी को घूस देना। *किसी का मुँह मीठा करना या कराना* (क) प्रसन्न होकर मिठाई खिलाना। (ख) पुरस्कार, घूस आदि देकर प्रसन्न करना। *मुँह में खून या लहू लगना*=किसी प्रकार के लाभ का चसका लगना या चाट पड़ना। *मुँह में पानी भर*

आना=कुछ पाने के लिए ललचना। *मुँह में लगाम न होना*=बिना सोचे-समझे बोलने की आदत होना। *मुँह सीना*=(क) बोलने से रुकना। (ख) बोलने से रोकना। *मुँह से फूल झड़ना*=मुँह से बहुत मधुर या प्रिय बातें निकलना। **पद** *आपके मुँह में घी शक्कर*=(क) आपकी शुभ कामना पूरी हो। (ख) ईश्वर करे आपका यह कहना सच हो। ३. सिर का अगला भाग जिसमें माथा, आँखें, नाक, मुँह, कान, गाल आदि अंग होते हैं, चेहरा। **मुहा०** *अपना-सा मुँह लेकर रह जाना*=लज्जित होकर रह जाना। *(अपना) मुँह काला करना*=(क) व्यभिचार करना। (ख) अपनी बदनामी करना। *(दूसरे का) मुँह काला करना*= उपेक्षापूर्वक दूर करना या हटाना। *मुँह की खाना*=परास्त, अपमानित या लज्जित करना। *मुँह छिपाना*=लज्जा के कारण सामने न आना। *मुँह के बल गिरना*=बहुत धोखा खाना। *(किसी का) मुँह ताकना*=(क) आशा लगाकर किसी की ओर देखना। (ख) चकित होकर किसी की ओर-देखना। *मुँह ताकते रह जाना*=कुछ न कर सकने के कारण चुपचाप बैठे रहना। *मुँह धो रखना*=कुछ पाने की आशा छोड़ बैठना। *मुँह पर*=सामने। *मुँह फुलाना*=अप्रसन्नता प्रकट करनेवाली आकृति बनाना। *मुँह फूँकना या झुलसना*=मुँह में आग लगाना। (गाली) *मुँह में लगाम न होना*=जबान पर नियंत्रण न होना। *मुँह मोड़ना*=विमुख होना। *(किसी के) मुँह लगना*=(क) बड़ों के सामने बढ़-बढ़कर या अनुचित बातें करना। (ख) बड़ों की बातों का उत्तर देना। *(किसी चीज का) मुँह लगना*= (क) किसी चीज का खाया जाना। (ख) किसी चीज का खाने में इतना स्वादिष्ट लगना कि उसका चस्का पड़ जाए। *(किसी को) मुँह लगाना*=ढीठ बनाना, सिर चढ़ाना। *(किसी चीज में) मुँह लगाना*=कोई चीज खाना आरम्भ करना। *मुँह सीकर बैठे रहना*=चुप ही रहना। *मुँह सूखना*=भय या लज्जा से चेहरे का तेज नष्ट होना। ४. किसी पदार्थ का ऊपरी कुछ खुला हुआ भाग। ५. छेद, छिद्र। ६. व्यवहार या सम्बन्ध का ध्यान, मुलाहजा, मुरव्वत। **मुहा०** *मुँह देखने का*=जो हार्दिक न हो, केवल ऊपरी या दिखौआ। *मुहँ मुलाहजे का*=वह परिचित जिसके साथ शीलपूर्ण व्यवहार करना पड़ता हो। ७. सामने की या ऊपरी सतह, सामना।

मुँहअखरी* वि० दे० 'जबानी'।

मुँह-काला पुं० [हिं० मुँह+काला] १. अप्रतिष्ठा, बेइज्जती। २. बदनामी।

मुँहचंग पुं० दे० 'मुरचंग'।

मुँह-चढ़ा वि० [हिं० मुँह+चढ़ना] चहेता, प्रिय।

मुँह-चोर वि० [हिं० मुँह+चोर] [भाव० मुँह-चोरी] जो औरों के सामने जाने में हिचकता हो, मुँह चुरानेवाला।

मुँहजला वि० जिसका मुँह जला हो। (गाली)

मुँहझौंसा| वि० जिसका मुँह झुलसा हो। (गाली)

मुँह-छुट वि० दे० 'मुँह-फट'।

मुँह-जोर वि० [हिं० मुँह+ फा० ज़ोर] १. बहुत अधिक बोलनेवाला, बकवादी। २. दे० 'मुँह-फट'। ३. (घोड़ा) अड़ियल।

मुँह-दिखरावनी स्त्री०=मुँह-दिखाई।

मुँह-दिखाई स्त्री० [हिं० मुँह+दिखाना] १. पहले-पहल ससुराल में नई वधू के आने पर एक रसम जिसमें वरपक्ष के लोग वधू का मुँह देखते हैं , मुँह-देखनी। २. वह धन जो उक्त अवसर पर वधू को दिया जाता है।

मुँह-दुबर| वि०=अल्पभाषी।

मुँह-देखनी स्त्री०=मुँह-दिखाई।

मुँह-देखा वि० [हिं० मुँह+देखना] [स्त्री० मुहँ-देखी] केवल सामना होने पर संकोचवश होनेवाला, जैसे मुँह-देखी बात।

मुँह-पट्टी स्त्री० [हिं०] मुँह पर बाँधी जानेवाली पट्टी।

मुँह-फट वि० [हिं० मुँह+फटना] अनुचित या कटु बातें कहने में संकोच न करनेवाला, बेलगाम।

मुँह-बोला वि० [हिं० मुँह—बोलना] (सम्बन्धी) जो वास्तव में न होने पर भी मुँह से कहकर बनाया गया हो, जैसे मुँह-बोला भाई।

मुँह-माँगा वि० [हिं० मुँह+माँगना] मुँह से माँगा हुआ।

मुँह-लगा वि० [हिं० मुँह+लगना] चहेता, प्रिय।

मुँहाचाही स्त्री० [हिं० मुँह+चाहना=देखना] आपस में एक दूसरे को देखना, देखादेखी।

मुँहामुँह क्रि० वि० मुँह तक, सिरे तक, लबालब।

मुँहासा पुं० [हिं० मुँह] मुँह पर के वे दाने जो युवावस्था में निकलते हैं।

मुअत्तल वि० [अ०] निलंबित।

मुअत्तली स्त्री० [अ०] निलंबन।

मुआफिक वि० [अ०] १. अनुकूल। २. सदृश, समान।

मुआयना पुं०=निरीक्षण।

मुआवजा पुं० [अ०] १. बदला, पलटा। २. हानि आदि के बदले में मिलनेवाला धन, प्रतिकार। (कम्पेन्सेशन)

मुकतई* स्त्री० [सं० मुक्त] १. मुक्ति। २. छुटकारा।

मुकता[1] वि० [हिं० अ+मुकता=समास होना] [स्त्री० मुकती] बहुत अधिक, यथेष्ट। (अमुकता का विकृत रूप)

मुकता[2] स्त्री० [सं० मुक्ता] मोती।

मुकताफल, मुकताहल पुं० [सं० मुक्ताफल] मोती।

मुकताली स्त्री० दे० 'मुक्तावली'।

मुकति* स्त्री० दे० 'मुक्ति' (मोक्ष)।

मुकदमा पुं० [अ० मुकद्दम:] १. अपराध, अधिकार या लेन-देन आदि से सम्बन्ध रखनेवाला वह विवाद जो न्यायालय के सामने किसी पक्ष की ओर से विचार के लिए रखा जाए, अभियोग। (केस) २. दावा, नालिश। ३. ग्रन्थ की भूमिका।

मुकदमेबाज पुं० [अ० मुकद्दम:+फा० बाज़ (प्रत्य०)] [भाव० मुकदमेबाजी] वह जो प्राय: मुकदमे लड़ता रहता हो।

मुकद्दमा पुं० दे० 'मुकदमा'।

मुकना[1]* अ० [सं० मुक्त] १. मुक्त होना, छूटना। २. समाप्त होना, खत्म होना।

मुकना[2]* पुं० [?] हाथियों की एक जाति।

मुकम्मल वि० [अ०] पूरा किया हुआ, पूर्ण, साबुत।

मुकरना अ० [सं० मा=नहीं+करना] कोई बात कहकर उससे इन्कार करना या पीछे हटना, नटना।
वि० कोई बात कहकर उससे इन्कार कर जानेवाला।

मुकरबा* पुं० दे० 'मकबरा'।

मुकरवा* पुं० दे० 'मुकरा'।

मुकरा पुं० [हिं० मुकरना] वह जो कोई बात कहकर उससे फिर जाता हो, मुकरनेवाला।

मुकराना स० [सं० मुक्त] १. मुक्त कराना, छुड़ाना. उदा० ग्राह गहे गजपति मुकरायौ, हाथ चक्र ले धायौ। -सूर।
स० हिं० 'मुकरना' का प्रे०।

मुकरानी स्त्री० दे० 'मुकरी'।

मुकरी स्त्री० [हिं० मुकरना+ई (प्रत्य०)] वह कविता जिसमें पहले कही हुई बात से मुकरते हुए कुछ और ही बात बनाकर कही जाए, कह-मुकरी। साहित्य में यह छेकापह्नुति अलंकार है, जैसे सगरि रैन वह मोंह सँग जागा, भोर भई तब बिछुरन लागा, वाके बिछुरत फाटत हिया, कहु सखि साजन, ना सखि दिया। -खुसरो

मुक़र्रर वि० [अ०] [भाव० मुक़र्ररी] १. निश्चित, नियत। २. नियुक्त।

मुकलाना* स० [सं० मुक्त या मुकलित] १. खोलना। २. छोड़ना।

मुकाना* स० [सं० मुक्त] १. मुक्त कराना, छुड़ाना। २. समाप्त या खतम करना।
* अ० दे० 'मुकना'।

मुकाबला पुं० [अ० मुकाबिलः] १. सामना। २. मुठभेड़। ३. तुलना। ४. मिलान। ५. विरोध।

मुकाबिल क्रि० वि० [अ०] सम्मुख, सामने।
पुं० १. प्रतिद्वन्द्वी। २. शत्रु, वैरी।

मुकाम पुं० [अ०] १. स्थान, जगह। २. यात्रा करते समय मार्ग में ठहरने की क्रिया या स्थान। ३. अवसर, मौका।

मुकामी वि० दे० 'स्थानीय' या 'स्थानिक'।

मुकाला पुं० दे० 'मुँह-काला'।

मुकित* वि०=मुक्त।

मुकुंद पुं० [सं०] विष्णु।

मुकुट पुं० [सं०] देवताओं, राजाओं आदि के सिर पर रहनेवाला एक प्रसिद्ध शिरोभूषण।

मुकुटमणि पुं० [सं०] १. मुकुट में लगा हुआ रत्न। २. अत्यन्त श्रेष्ठ वस्तु या वस्तु।

मुकुत* वि०=मुक्त।

मुकुता* स्त्री० दे० 'मुक्ता'।

मुकुति* स्त्री०=मुक्ति।

मुकुर पुं० [सं०] १. शीशा, दर्पण। २. कली।
पुं० दे० 'मुकरा'।

मुकुल पुं० [सं०] [वि० मुकुलित] १. कली। २. शरीर। ३. आत्मा।

मुकुलाना* अ० [सं० मुकुल] १. खिलना। २. कलियों से युक्त होना।

मुकुलित वि० [सं०] १. (पौधा) जिसमें कलियाँ निकली हों। २. कुछ खिली हुई (कली)। ३. आधा खुला और आधा बन्द (फूल, नेत्र आदि)।

मुकेश, मुकेस* पुं० दे० 'मुक़ैश'।

मुको* वि०=मुख्य।

मुक्का पुं० [सं० मुष्टिका] [स्त्री० अल्पा० मुक्की] आघात या प्रहार के लिए बाँधी हुई मुट्ठी, घूँसा।
पुं० दे० 'मोखा'।

मुक्की पुं० [हिं० मुक्का+ई (प्रत्य०)] १. मुक्का, घूँसा। २. एक प्रकार का द्वन्द्व युद्ध जिसमें एक दूसरे पर मुक्कों से प्रहार किया जाता है, मुक्केबाजी। (बाक्सिंग) २. बँधी हुई मुट्ठियों से किसी के शरीर पर, उसकी थकावट दूर करने के लिए, धीरे-धीरे आघात करना।

मुक्केबाजी स्त्री० [हिं० मुक्का+फा० बाज़ी (प्रत्य०)] मुक्कों की लड़ाई, घूँसेबाजी, मुक्की। (बाक्सिंग)

मुक़ैश पुं० [अ०] १. बादला। २. जरी का बना हुआ एक प्रकार का कपड़ा।

मुक्त वि० [सं०] [भाव० मुक्तता] १. जिसे मुक्ति मिल गई हो। २. बन्धन से छूटा हुआ। ३. जो अभियोग आदि चलने पर छोड़ दिया गया हो। (रिलीज्ड) ४. बन्धनरहित, स्वछन्द। (फ्री) ५. चलाने के लिए छोड़ा या फेंका हुआ।

मुक्तकंठ वि० [सं०] बिल्कुल स्पष्ट रूप से, बिना किसी संकोच या दबाव के और कृतज्ञतापूर्वक कहा हुआ, जैसे मुक्तकंठ प्रशंसा।

मुक्तक पुं० [सं०] प्राय: चार चरणों की किसी विषय पर लिखी गई स्वत: सम्पूर्ण रचना।

मुक्तता स्त्री० [सं०] १. मुक्त होने की अवस्था या भाव। २. स्वेच्छापूर्ण आचरण करने की स्वतंत्रता, स्वच्छंदता।

मुक्तदास पुं० [सं० मुक्त+दास] वह दास या गुलाम जिसे मुक्त किया या कराया गया हो।

मुक्त व्यापार पुं० [सं०] १. दूसरे देशों के साथ होनेवाला ऐसा व्यापार जिसमें आयात और निर्यात-सम्बन्धी विशेष बाधाएँ न हों। (फ्री ट्रेड) २. वह सिद्धान्त कि सरकार को व्यापार, व्यवसाय और कल-कारखानों आदि के काम में हस्तक्षेप नहीं करना चाहिए।

मुक्त स्पर्धा स्त्री० [सं०] ऐसी स्पर्धा जिसमें सम्मिलित होने के लिए बन्धन न हो।

मुक्तहस्त वि० [सं०] [भाव० मुक्तहस्तता] जो खुले हाथों और बहुत उदारतापूर्वक दान या व्यय करता हो।

मुक्ता स्त्री० [सं०] मोती।

मुक्ताकाशी वि० [सं० मुक्त+आकाश+हिं० ई(प्रत्य०)] जिस आकाश में बादल न हों।

मुक्तात्मा स्त्री० [सं०] वह आत्मा जो जन्म-मरण के बंधन से मुक्त हो चुकी हो।

मुक्ताफल पुं० [सं०] मोती।

मुक्तामाल स्त्री० [सं०] मोतियों की माला।

मुक्तावली पुं० [सं०] मोतियों की माला या लड़ी।

मुक्ताहल* पुं० दे० 'मुक्ताफल'।

मुक्ति स्त्री० [सं०] १. बन्धन आदि से छूटने की अवस्था या भाव। (रिलीज) २. अभियोग आदि से छूटने या छोड़े जाने की क्रिया या भाव। (डिसचार्ज) ३. दायित्व, देन आदि से छूटने की क्रिया या भाव। (डिसचार्ज) ४. नियम, पण, भार आदि से छूटने की क्रिया या भाव। (एक्जेम्पशन) ५. धार्मिक विश्वास के अनुसार वह दशा जिसमें मनुष्य बार-बार जन्म लेने से छूट जाता है और उसकी आत्मा ईश्वर में मिल जाती है, मोक्ष।

मुक्ति-सेना स्त्री० [सं०] जनता के उद्धार के लिए काम करनेवाले लोगों का समूह।

मुख पुं० [सं०] १. मुँह, आनन। २. विशेष दे० 'मुँह'। २. किसी पदार्थ का सामनेवाला ऊपरी खुला भाग। (फेस) ३. आदि, आरम्भ। ४. किसी वस्तु का वह भाग जो साधारणतः ऊपरी या सामनेवाला माना जाता है और जिसके विपरीत नीचे या पीछेवाला भाग होता है, सीधा, जैसे सिक्के या मुद्रा का मुख। ५. नाटक में एक प्रकार की सन्धि जहाँ से अर्थों और रसों के व्यंजक बीज का सूत्रपात होता है।

मुखचित्र पुं० [सं०] किसी पुस्तक के मुखपृष्ठ पर या बिल्कुल आरम्भ में दिया हुआ चित्र।

मुखड़ा पुं० [सं० मुख] १. चेहरा। २. गीत की पहली पंक्ति।

मुखतार पुं० [अ० मुख़्तार] [भाव० मुखतारी] १. जिसे किसी ने अपना प्रतिनिधि बनाकर कोई काम करने के लिए नियत किया हो। २. एक प्रकार का कानूनी सलाहकार और कार्यकर्ता, अभिकर्ता।

मुखतारनामा पुं० [अ० मुख़्तार+फा० नामः] वह पत्र जिसके द्वारा किसी व्यक्ति को किसी की ओर से अदालती कार्रवाई करने का अधिकार मिला हो, अभिकर्ता-पत्र।

मुखतारी स्त्री० [अ० मुख़्तारी] मुखतार का काम या पेशा।

मुखपत्र पुं० [सं०] किसी संस्था या दल की ओर से निकलनेवाला वह सामयिक पत्र जिसमें उसके विचारों, सिद्धांतों, उद्देश्यों आदि का प्रतिपादन होता है। (ऑर्गन)

मुखपृष्ठ पुं० [सं०] किसी पुस्तक में सबसे ऊपर का पृष्ठ, पहला आवरण-पृष्ठ। (टाइटिल पेज)

मुखबंध पुं० [सं०] ग्रन्थ की प्रस्तावना।

मुखबिर पुं० [अ० मुख़्बिर] [भाव० मुखबिरी] १. खबर देनेवाला जासूस। २. पुलिस को अपराधकर्ताओं के सम्बन्ध में गुप्त रूप से सूचनाएँ उपलब्ध करानेवाला व्यक्ति।

मुखबिरी स्त्री० [अ० मुख़्बिरी] गुप्त रूप से भेद देना, मुखबिर का काम।

मुखमंडल पुं० [सं०] मुखड़ा, चेहरा।

मुखर वि० [सं०] [स्त्री० मुखरा, वि० मुखरित] १. अप्रिय या कटु बोलनेवाला। २. बहुत बोलनेवाला। ३. दे० 'मुखरित'।

मुखरित वि० [सं०] शब्दों या ध्वनियों से युक्त, बोलता हुआ।

मुख-विवर पुं० [सं० मुख+विवर] होंठों तथा तालु और जीभ के बीच का वह स्थान जिसमें से वायु निस्सृत होती है।

मुखशुद्धि स्त्री० [सं०] १. मुँह साफ करना। २. भोजन के बाद पान, सुपारी आदि खाकर मुँह शुद्ध करना।

मुखश्री स्त्री० [सं० मुख+श्री] मुख की कांति या शोभा।

मुखसंधि स्त्री० दे० 'मुख' ५.।

मुखाकृति स्त्री० [सं०] मुखड़ा, चेहरा।

मुखाग्र वि० [सं०] जो जबानी याद हो, कंठस्थ।

मुखापेक्षा स्त्री० [सं०] [वि० मुखापेक्षी] आश्रित रूप में दूसरों का मुँह ताकना।

मुखापेक्षी (-क्षिन्) वि० [सं०] जो आश्रय, सहायता आदि के लिए दूसरों का मुँह ताकता हो।

मुखारी स्त्री० [सं० मुख] १. चेहरे की बनावट, मुखाकृति। २. किसी वस्तु का वह ऊपरी या सामने का भाग जो रूप, आकार, प्रकार आदि का सूचक हो, जैसे छापे में सीसे के अक्षरों की मुखारी जो अक्षर के स्वतन्त्र रूप या लेख-प्रकार की सूचक होती है। ३. दे० 'दतुअन'।

मुखालिफ वि० [अ०] [भाव० मुखालिफत] १. विरोधी। २. शत्रु। ३. प्रतिद्वंद्वी।

मुखालिफत स्त्री० [अ०] १. विरोध। २. शत्रुता। ३. प्रतिद्वंद्विता।

मुखिया पुं० [सं० मुख्य+इया (प्रत्य०)] १. नेता, सरदार। २. अगुआ।

मुखौटा वि० [सं० मुखपट] धातु आदि का बना हुआ मुख के आकार का वह खंड जो देवी-देवताओं की प्रतिमाओं के मुख पर लगाया जाता है, चेहरा।

मुख्तसर वि० [अ०] संक्षिप्त।

मुख्य वि० [सं०] [भाव० मुख्यता] १. सबसे बड़ा, ऊपर या आगे रहनेवाला, प्रधान। (प्रिंसिपल) २. अपने वर्ग या विभाग का प्रधान। (चीफ)

मुख्यतः क्रि० वि० [सं०] मुख्य रूप से, खास तौर पर।

मुख्यद्वार पुं० [सं०] भवन या महल का बाहरी बड़ा दरवाजा।

मुख्य-धारा स्त्री० [सं०] वह विचारधारा जिसे समाज के अधिकतर लोग स्वीकार करते हों।

मुख्याध्यापक पुं० [सं० मुख्य+अध्यापक] विद्यालय का प्रधान अध्यापक। (हेडमास्टर)

मुख्यालय पुं० [सं० मुंख्य+आलय] किसी संस्थान का वह केंद्रीय कार्यालय जहाँ से अन्य सभी कार्यालयों को निर्देश दिए जाते हैं।

मुख्यावास पुं० [सं०] वह मुख्य या प्रधान स्थान जहाँ कोई बड़ा अधिकारी नियमित रूप से रहता हो और जहाँ उसका सबसे बड़ा कार्यालय हो। (हेडक्वार्टर)

मुगदर पुं० [सं० मुद्गर] वह भारी मुँगरी का जोड़ा जिसका उपयोग व्यायाम के लिए होता है, जोड़ी।

मुगल पुं० [तु०] [स्त्री० मुगलानी] १. मंगोल देश का निवासी। २. तुर्कों का एक वर्ग जो तातार देश में रहता था। वि० मुगलों का, जैसे मुगल साम्राज्य।

मुगलई, मुगलाई वि० [तु० मुगल] मुगलों की तरह का। स्त्री० मुगल होने का भाव, मुगलपन।

मुगलानी स्त्री० [हिं० मुगल] १. मुगल स्त्री। २. दासी। ३. कपड़ों की सिलाई करनेवाली स्त्री।

मुगालता पुं० [अ०] भ्रम, भ्रांति।

मुगुध* वि०=मुग्ध।

मुग्ध वि० [सं०] [भाव० मुग्धता] १. जिसे मोह या भ्रम हुआ हो। २. आसक्त, मोहित। ३. मूढ़, मूर्ख।

मुग्धकर वि० [सं०] [स्त्री० मुग्धकरी] मोहक, आकर्षक।

मुग्धा स्त्री० [सं०] साहित्य में वह नायिका जिसमें यौवन के लक्षण तो प्रकट होने लगे हों, पर जिसमें काम-चेष्टा उत्पन्न न हुई हो।

मुचकंद पुं० [सं० मुचुकुन्द] एक बड़ा पेड़ जिसमें सुगन्धित फूल लगते हैं।

मुचकना† अ० [हिं० मोच] मुड़ जाना।

मुचताना* सं० [सं० मोचन] मुक्त करना, छोड़ देना।

मुचना[1]* अ० [सं० मोचन] मोचन होना।

मुचना[2] अ० [हिं० मोच] अंग में मोच आना।

मुचलका पुं० [तु० मुचल्क:] वह पत्र जिसके द्वारा कोई अनुचित काम न करने या नियत तिथि पर न्यायालय में उपस्थित होने की प्रतिज्ञा हो और प्रतिज्ञा पूरी न करने पर कुछ अर्थदण्ड देना पड़े।

मुचेत* वि० [हिं० मुचना] मुक्त।

मुछंदर पुं० [हिं० मूँछ] १. बड़ी-बड़ी मूँछोंवाला। २. बड़े-बड़े बालों के कारण कुरूप। ३. मूर्ख, बुद्धू।

मुछक्कड़ा पुं०=मुछंदर।

मुछमुंडा वि० [हिं० मूँछ+मूँड़ना] जिसकी मूँछ मुँडी हो।

मुजफ्फर वि०, पुं० [अ० मुज़फ़्फ़र] विजेता।

मुजरा पुं० [अ० मुज्रा] १. किसी रकम में से काटी हुई रकम अथवा कुछ रकम काटना। २. किसी बड़े के सामने पहुँचकर उसे सलाम करना, अभिवादन; उदा० मुजरा कियौ बसीठनि आन। -केशव। ३. वेश्या का बैठकर गाना।

मुहा० *मुजरा लेना*=हाल पूछना, हाल-चाल लेना।

मुजरिम पुं० [अ० मुज्रिम] जिस पर जुर्म लगा हो, अभियुक्त।

मुजरैत स्त्री० मुजरा करनेवाली, नर्तकी।

मुजायका पुं० [अ० मुज़ायक़ा] १. डर। २. हानि।

मुजावर पुं० [अ०] किसी पीर की कब्र, दरगाह आदि पर बैठकर पुजाने और चढ़ावा लेनेवाला।

मुझ सर्व० [हिं० मुझे] 'मैं' का वह रूप जो कुछ कारकों में विभक्ति लगने पर होता है, जैसे मुझको, मुझसे।

मुझे सर्व० [सं० मह्यम] मुझको।

मुटमरदी स्त्री० [हिं० मुट(मोटा)+फा० मर्दी] उद्दंडता।

मुटर-मुटर क्रि० वि०=टुकर-टुकर।

मुट्ठा पुं० [हिं० मूठ] १. घास, फूस आदि का पूला। २. कागजों आदि का गोल लपेटा हुआ पुलिन्दा, खर्रा।

मुट्ठी स्त्री० [सं० मुष्टिका, प्रा० मुट्ठिआ] १. हाथ की उँगलियाँ मोड़कर हथेली पर दबाने से बननेवाली मुद्रा या रूप। २. उतनी वस्तु जितनी ऐसे हाथ में आए।

मुहा० *मुट्ठी गरम करना*=कुछ धन देना। *मुट्ठी में*=अधिकार या वश में; जैसे-कर लो दुनिया मुट्ठी में। *मुट्ठी में कर लेना*=अधिकार या कब्जे में कर लेना।

३. बँधी हुई हथेली के बराबर लम्बाई। ४. घोड़ों की ऊँचाई की एक नाप जो दोनो मुट्ठियों और फैले हुए अँगूठों के बराबर होती है, जैसे सात मुट्ठी का घोड़ा। ५. दे० 'मुक्की' ३.।

मुट्ठी-भर वि० कुछ ही, थोड़ा-सा या थोड़े से; उदा० ये मुट्ठी-भर तृण एकाएक मूसल बन गए। -दिनकर जोशी।

मुठभेड़ स्त्री० [हिं० मूठ+भिड़ना] १. टक्कर, भिड़न्त। २. भेंट, सामना।

मुठिका* स्त्री० १. दे० 'मुट्ठी'। २. दे० 'मुक्का'।

मुठिया स्त्री० दे० 'बेंट'।

मुठियाना स० [हिं० मुट्ठी] १. मुट्ठी में लेकर बार-बार दबाना। २. अपनी जननेंद्रिय को इस प्रकार सहलाना या मलना जिससे यौन-सुख प्राप्त हो। ३. †मुटाना

मुठी* स्त्री० दे० 'मुट्ठी'।

मुड़कना अ० दे० 'मुरकना'।

मुड़गेली† स्त्री० [?] छत की मुँडेर का ऊपरी तल।

मुड़ना अ० [सं० मुरण] १. घूम या बल खाकर किसी ओर फिरना, सीधे न जाकर इधर-उधर या पीछे प्रवृत्त होना, घूमना। २. लौटना।

मुड़ला* वि० [स्त्री० मुड़ली] दे० 'मुंडा'।

मुड़वाना स० [हिं० 'मूँड़ना' का प्रे०] १. मुंडन कराना, मुँड़ाना। २. किसी को मुँड़ने में प्रवृत्त करना।

मुड़ाना स० दे० 'मुँड़ाना'।

मुतल्लिक वि० [अ० मुतअल्लिक] संबंधित।

मुतक्का पुं० [देश०] १. दे० 'मुँडेरा'। २. छोटा खम्भा। ३. मीनार, लाट।

मुतबन्ना पुं० [अ०] दत्तक पुत्र।

मुतलक वि० [अ०] कुछ भी, तनिक भी, जरा भी। क्रि० वि० बिल्कुल, निपट, निरा।

मुतवल्ली पुं० [अ०] न्यासी, संरक्षक।

मुतसद्दी पुं० [अ०] १. मुंशी। २. प्रबन्धकर्ता। ३. मुनीम।

मुतसिरी* स्त्री० [हिं० मोती] मोतियों की माला या कंठी।

मुताबिक, के संबंधबोधक [अ० मुताबिक] के अनुसार।
वि० अनुकूल।

मुतालबा पुं० दे० 'पावना'।

मुताह पुं० [अ० मुताअ] मुसलमानों में प्रचलित एक प्रकार का अस्थायी विवाह।

मुक्तिलाडू* पुं० [हिं० मोती+लड्डू] मोतीचूर का लड्डू।

मुतेहरा* पुं० [हिं० मोती+हार] कलाई पर पहनने का एक गहना।

मुत्तिय, मुत्ती स्त्री० [सं० मुक्त] मोती।

मुद पुं० [सं०] हर्ष, आनन्द।

मुदगर| पुं० दे० 'मुगदर'।

मुदति स्त्री० दे० 'मुद्दत'।

मुदना* अ० [सं० मोद] मुदित या प्रसन्न होना।

मुदर्रिस पुं० [अ०] [भाव० मुदर्रिसी] अध्यापक।

मुदवंत* वि० [सं० मोद] प्रसन्न, खुश।

मुदा* योज० [अ० मुद्दआ=अभिप्राय] १. तात्पर्य यह कि। २. मगर, लेकिन, परन्तु।

मुदाम क्रि० वि० [फा०] १. सदा, हमेशा। २. निरन्तर, लगातार। ३. ज्यों-का-त्यों। (क्व०)

मुदामी वि० [फा०] सदा होता रहनेवाला।

मुदित वि० [सं०] प्रसन्न, खुश।

मुदिता स्त्री० [सं०] साहित्य में वह नायिका जो सब बातें या अवसर अपने अनुकूल देखकर प्रसन्न होती हो।

मुदिर पुं० [सं०] बादल, मेघ।

मुदीर* पुं० दे० 'मुदिर'।

मुद्गर पुं० [सं०] १. प्राचीनकाल का एक प्राकर का अस्त्र। २ दे० 'मुगदर'।

मुद्दई पुं० [अ०] [स्त्री० मुद्दइया] १. दावा दायर करने या अभियोग उपस्थित करनेवाला, वादी। २. शत्रु, दुश्मन।

मुद्दत स्त्री० [अ०] [वि० मुद्दती] १. अवधि। २. बहुत दिन, अधिक समय।

मुद्दती वि० [अ०] जिसकी कोई मुद्दत या अवधि नियत हो।

मुद्दा पुं० [अ० मुद्दआ] १. अभिप्राय, आशय, मतलब। २. प्रविष्टि।
क्रि० वि० तात्पर्य यह कि।

मुद्दालेह पुं० [अ० मुद्दआअलेह] वह जिस पर दीवानी दावा हो, प्रतिवादी।

मुद्ध* वि० [सं० मुग्ध] १. मुग्ध। २. मूर्ख।

मुद्धा पुं० [देश०] पिंडली के नीचे का गाँठवाला भाग, टखना।

मुद्धी स्त्री० [देश०] रस्सी की वह गाँठ जिसके अन्दर से उसका कोई सिरा इधर-उधर खिसक सके।

मुद्रक पुं० [सं०] १. छापनेवाला। २. समाचार-पत्र आदि का वह अधिकारी जिस पर उसके छापने का भार होता है और जो वैधानिक दृष्टि से उस छपी हुई वस्तु की सब बातों के लिए उत्तरदायी होता है। (प्रिंटर)

मुद्रण पुं० [सं०] [वि० मुद्रित] १. एक वस्तु पर बने हुए अंक या चिह्न रंगों आदि की सहायता से अथवा और किसी प्रकार किसी दूसरी वस्तु पर अंकित करना या उतारना। २. ढले, खुदे या लिखे हुए अक्षरों आदि की सहायता से कागज, कपड़े आदि पर उसकी छाप लेना, छापने का काम।

मुद्राण-प्रति स्त्री० [सं० मुद्रण+प्रति] वह हस्तलिखित या टंकित प्रति जो मुद्रण के उद्देश्य से तैयार की गई हो।

मुद्रणयंत्र पुं० [सं०] वह यन्त्र जिसकी सहायता से साधारणतः समाचारपत्र, पुस्तकें आदि छापी जाती हैं।

मुद्रण-स्वातंत्र्य पुं० [सं०] राज्य का शासन की ओर से सामयिक पत्रों आदि को मिलनेवाली वह स्वतन्त्रता जिसके अनुसार वे अश्लील, हिंसात्मक, देशद्रोह से युक्त आदि कुछ नीति विरुद्ध बातों को छोड़कर शेष सब बातें दंडित होने के भय से रहित होकर छाप सकते हैं। (फ्रीडम ऑफ प्रेस)

मुद्रणाधीन वि० [सं०] जिसकी छपाई हो रही हो, जो मुद्रण की प्रक्रिया में हो।

मुद्रणालय पुं० [सं०] वह स्थान जहाँ मुद्रणयन्त्र की सहायता से समाचार पत्र, पुस्तकें आदि छपती हैं, छापाखाना।

मुद्रांक पुं० [सं०] [वि० मुद्रांकित] धातु आदि का बना हुआ वह उपकरण जिस पर नाम या कुछ विशिष्ट चिह्न उलटे खुदे रहते हैं और जिससे कागज, लाख आदि पर किसी चीज की प्रामाणिकता सूचित करने के लिए अंकित करते हैं, मोहर। (सील)

मुद्रांकन पुं० [सं०] १. मुद्रा या मुद्रण के द्वारा अंकित करने या छापने की क्रिया या भाव। २. उक्त प्रकार से अंकित की हुई या छपी हुई कोई चीज। ३. पुस्तकों, सामयिक पत्रों आदि पर उन्हें छापनेवाले के नाम, पते आदि का उल्लेख। (इम्प्रिंट)

मुद्रांकित वि० [सं०] जिस पर मुद्रा या मोहर लगी हो।

मुद्रा स्त्री० [सं०] १. किसी के नाम की छाप, मोहर। (सील)। २. रुपए-पैसे आदि, सिक्का। ३. अँगूठी, छल्ला। ४. छपाई के लिए सीसे के ढले हुए अक्षर। (टाइप)। ५. गोरखपन्थी साधुओं का कान में पहनने का स्फटिक या काठ का वलय या कुंडल। ६. खड़े होने, बैठने आदि में शरीर के अंगों की कोई स्थिति, ठवन। (पोस्चर) ७. विष्णु के आयुधों के चिह्न जो भक्त अपने शरीर पर अंकित कराते हैं, छाप। ८. हठयोग में ये अंग-विन्यास खेचरी, भूचरी, चाचरी, गोचरी और उन्मनी। ९. साहित्य में एक अर्थालंकार जिसमें वर्णन से प्रकृत या प्रस्तुत अर्थ तो निकलता ही है उसके सिवा कोई दूसरी बात भी सूचित होती है अथवा कोई और अर्थ भी निकलता है। (यह श्लेष का एक प्रकार ही है।)

मुद्रायंत्र पुं० [सं०] छापने या मुद्रण करने का यन्त्र, छापे की कल।

मुद्रालय पुं० [सं० मुद्रा+आलय] वह स्थान जहाँ मुद्रा छपती हो।

मुद्रावमूल्यन पुं० [सं० मुद्रा+अवमूल्यन] मुद्रा का अवमूल्यन, मुद्रा के मूल्य में गिरावट।

मुद्राविज्ञान पुं० दे० 'मुद्राशास्त्र'।

मुद्रा-विस्फीति स्त्री० [सं०] कृत्रिम रूप से बढ़े हुए मुद्रा के प्रचलन या स्फीति को घटाकर कम करना या साधारण स्थिति में लाना, 'मुद्रा-स्फीति' का उलटा। (डिफ्लेशन)

मुद्राशास्त्र पुं० [सं०] वह शास्त्र जिसमें पुराने सिक्कों के आधार पर ऐतिहासिक घटनाएँ जानने का विवेचन होता है।

मुद्रास्फीति स्त्री० [सं०] किसी देश में कागजी मुद्रा या नोटों आदि का अपेक्षाकृत बहुत अधिक प्रचलन होना अथवा कृत्रिम रूप से मुद्रा का मूल्य बहुत घट और वस्तुओं का मूल्य बहुत बढ़ जाता है। (इन्फ्लेशन)

मुद्रिका स्त्री० [सं०] अँगूठी।

मुद्रित वि० [सं०] १. जिसका मुद्रण हुआ हो, छपा हुआ। (प्रिंटेड) २. जिस पर कोई मुद्रा अंकित हुई हो, मोहर किया हुआ। ३. चारों ओर से घिरा हुआ, वेष्ठित। (सील्ड) ४. मुँदा हुआ, मुँह-बन्द।

मुधा क्रि० वि० [सं०] व्यर्थ, वृथा।

वि० १. व्यर्थ का। २. मिथ्या झूठा।

मुनशी पुं० [अ० मुंशी] १. लेख आदि लिखनेवाला लेखक। २. पंडित, विद्वान।

मुनसरिम पुं० [अ० मुंसरिम] १. प्रबन्ध करनेवाला। २. कचहरी के कार्यालय का वह अधिकारी जो मिसलें या नत्थियाँ यथास्थान रखता है।

मुनसिफ पुं० [अ० मुन्सिफ़] [भाव० मुन्सिफी] १. वह जो न्याय या इन्साफ करता हो। २. न्याय विभाग का एक अधिकारी।

मुनहना वि० [हिं० मुन्ना] १. छोटा। २. कमजोर।

मुनहसर वि० [अ० मुन्हसिर] अवलंबित, आश्रित।

मुनादी स्त्री० [अ०] ढोल आदि पीटकर की जानेवाली घोषणा, ढिंढोरा, एलान।

मुनाफा पुं० [अ० मुनाफ़ा] लाभ, नफा।

मुनाफाखोर वि०, पुं० [अ० मुनाफ़ा+फा० ख़ोर] अनुचित रूप से अधिक मुनाफा कमानेवाला।

मुनाफाखोरी स्त्री० [अ०+फा०] अनुचित रूप से अधिक मुनाफा कमाने की प्रवृत्ति।

मुनारा पुं० दे० 'मीनार'।

मुनासिब वि० [अ०] [भाव० मुनासिबत] उचित, वाजिब।

मुनासिबत स्त्री० [अ०] १. मुनासिब होने की दशा या भाव, औचित्य। २. दे० 'अनुदृष्टि'।

मुनीं* पुं०=मुनींद्र।

मुनि पुं० [सं०] मननशील महापुरुष, ऋषि।

मुनिया स्त्री० [हिं० रायमुनी] लाल या रायमुनी नाम की सुन्दर छोटी चिड़िया।

मुनींद्र पुं० [सं०] बहुत बड़ा मुनि या ऋषि।

मुनीब पुं० दे० 'मुनीम'।

मुनीम पुं० [अ० मुनीब] आय-व्यय का हिसाब लिखनेवाला, लिपिक।

वि० मुनीम-सम्बन्धी, मुनीम का।

मुनीमी स्त्री० [हिं० मुनीम] मुनीम का काम या पद।

मुनीश, मुनीश्वर पुं० [सं०] मुनियों में श्रेष्ठ, बहुत बड़ा मुनि।

मुन्ना, मुन्नू पुं० [देश०] १. छोटों के लिए प्रेमसूचक शब्द। २. प्यारा बच्चा।

मुफलिस वि० [अ० मुफ़्लिस] [भाव० मुफलिसी] निर्धन, दरिद्र, कंगाल।

मुफलिसी स्त्री० [अ० मुफ़्लिसी] १. मुफलिस या दरिद्र होने की अवस्था या भाव, गरीबी, दरिद्रता। २. विधिक क्षेत्रों में वह अवस्था जब वादी या प्रतिवादी यह कहता है कि मेरे पास मुकदमा लड़ने के लिए एक पैसा भी नहीं है। ऐसा सिद्ध होने पर उसके मुकदमे से सम्बन्ध रखनेवाला उचित व्यय और वकील सरकार की ओर से मिलते हैं। (पॉपरिज्म)

मुफस्सल वि० [अ०] ब्योरेवार, विस्तृत।

पुं० केन्द्रस्थ नगर के आस-पास के स्थान।

मुफ्त वि० [अ० मुफ़्त] जिसे प्राप्त करने में कुछ धन न लगे या व्यय न हो।

पद *मुफ्त का*=बिना कुछ खर्च किए प्राप्त होनेवाला। *मुफ्त में*=बिना मूल्य दिए या कुछ व्यय किए।

क्रि० वि० व्यर्थ, बेफायदा।

मुफ्तखोर वि० [अ० मुफ़्त+फा० ख़ोर] [भाव० मुफ्तखोरी] बिना परिश्रम किए मुफ्त का माल खानेवाला।

मुफ्तखोरी स्त्री० [अ०+फा०] मुफ्त में सभी चीजें प्राप्त करने की आदत।

मुफ्ती[1] पुं० [अ०] मुसलमान धर्मशास्त्री।

स्त्री० वर्दी पहनने के अधिकारी सैनिकों, सिपाहियों आदि के सादे और साधारण कपड़े। (वर्दी से भिन्न)

मुफ्ती[2] वि० [अ० मुफ्त] मुफ्त का।

मुबलिग वि० [अ०] भेजा हुआ।

मुबारक वि० [अ०] १. जिसके कारण बरकत हो। २. शुभ, मंगलकारी।

मुबारकबाद पद [अ०] मंगलमय हो, मुबारक हो, बधाई हो।

मुबारकबादी स्त्री० [अ० मुबारकबाद+हिं० ई (प्रत्य०)] बधाई।

मुबारकी स्त्री० दे० 'बधाई'।

मुमकिन वि० [अ० मुम्किन] जो हो सके, सम्भव।

मुमानियत स्त्री० दे० 'मनाही'।

मुमुक्षा स्त्री० [सं०] मुक्ति (पाने) की इच्छा।

मुमुक्षु वि० [सं०] मुक्ति की कामना या इच्छा करनेवाला।

मुमुच्छू* वि० दे० 'मुमुक्षु'।

मुमूर्षा स्त्री० [सं०] मरने की इच्छा।

मुमूर्षु वि० [सं०] १. जो मरने के समीप हो। २. मूर्छित।

मुरकना* अ० [हिं० मुड़ना] [भाव० मुरक, स० मुरकाना] १. दबकर किसी ओर झुकना, मुड़ना। २. वापस आना, लौटना। ३. किसी अंग का किसी ओर इस प्रकार मुड़ जाना कि उसमें पीड़ा होने लगे, मोच खाना। ४. हिचकना। ५. पराजित होना। ६. नष्ट होना।

मुरकाना* स० [हिं० मुरकना] १. झुकाना, मोड़ना। २. लौटाना। ३. पराजित करना। ४. नष्ट करना।

मुरकी स्त्री० [हिं० मुरकना] १. संगीत में किसी स्वर को बहुत कोमलता और सुन्दरतापूर्वक घुमाते हुए दूसरे स्वर पर ले जाने की क्रिया। २. कान में पहनने की एक प्रकार की बाली।

मुरखाई* स्त्री० दे० 'मूर्खता'।

मुरगा पुं०=मुर्गा।

मुरगाबी स्त्री०=मुर्गाबी।

मुरचंग पुं० [हिं० मुँह+चंग] मुँह से बजाया जानेवाला एक बाजा, मुँहचंग।

मुरचा पुं० दे० 'मोरचा'।

मुरछना (छाना) अ० [सं० मूर्छन] १. मूर्छित होना। २. शिथिल होना।

मुरछा* स्त्री०=मूर्छा।

मुरछित वि० दे० 'मूर्छित'।

मुरज* पुं० [सं०] पखावज, मृदंग (बाजा)।

मुरझना* अ० दे० 'कुम्हलाना'।

मुरझाना अ० [सं० मूर्च्छन] १. दे० 'कुम्हलाना'। २. सुस्त या उदास होना।

मुरदा पुं० [सं० मृत से फा० मुर्दः] मरे हुए व्यक्ति का निष्प्राण शरीर, शव।

वि० १. मरा हुआ, मृत, प्रेत। २. जिसमें कुछ भी शक्ति न हो, बेदम, जिसकी क्रियात्मक या जीवनी शक्ति निकल गई हो; जैसे-मुरदा कौम। ३. मुरझाया या कुम्हलाया हुआ।

मुरदाबादल पुं० दे० 'इस्पंज'।

मुरदार वि० [फा० मुर्दार] १. मरा हुआ, मृत। २. अपवित्र। ३. अशक्त, बहुत निर्बल, बेदम।

स्त्री० कुलटा, व्यभिचारिणी।

मुरना* अ० दे० 'मुड़ना'।

मुरब्बा पुं० [अ० मुरब्बः] चीनी आदि की चाशनी में पकाया हुआ फलों आदि का पाक, जैसे आम का मुरब्बा।

मुरमुरा पुं० [अनु०] एक प्रकार का भुना हुआ चावल या ज्वार जो अन्दर से पोला होता है, फरवी, लावा।

मुररी स्त्री० दे० 'मुर्री'।

मुरलिका स्त्री० दे० 'मुरली'।

मुरली स्त्री० [सं०] बाँसुरी, वंशी।

मुरलीधर पुं० [सं०] श्रीकृष्ण।

मुरवा[१] * पुं०=मोर (पक्षी)।

मुरवा[२] पुं० [?] एड़ी के ऊपर का चारों ओर का घेरा या वहाँ की हड्डी।

मुरवी* स्त्री० [सं० मौर्वी] धनुष की डोरी, चिल्ला।

मुरव्वत स्त्री० दे० 'मुरौवत'।

मुरशिद पुं० [अ० मुर्शिद] १. गुरु। २. कोई बड़ा और पूज्य व्यक्ति।

मुरहा पुं० [सं०] श्रीकृष्ण।

वि० दे० 'मुलहा'।

मुराद स्त्री० [अ०] १. मन की कामना या अभिलाषा, वासना। **मुहा०** *मुराद पाना*=मनोरथ सिद्ध होना। *मुराद माँगना*=मनोरथ सिद्ध होने की अभिलाषा या प्रार्थना करना।

२. अभिप्राय, आशय, मतलब।

मुरादी वि०, पुं० [अ० मुराद] जिसके मन में कोई मुराद या कामना हो।

मुराना स० १. दे० 'चुभलाना'। २. दे० 'मोड़ना'।

मुरार पुं० [सं० मृणाल] कमल की नाल, भसींड।

मुरासा पुं० [अ० मुरस्सअ=जड़ाऊ] एक प्रकार का जड़ाऊ करन-फूल, उदा० लहै मुरासा तिय-स्रवन, यों मुकतनु दुति पाइ। - बिहारी।

मुरासिला पुं० [अ० मिरसिलः] १. पत्र, चिट्ठी, खत। २. राज-दरबार से भेजा जानेवाला पत्र, खरीता।

मुरारि पुं० [सं० मुरारि] श्रीकृष्ण।

मुरीद पुं० [अ०] १. शिष्य, चेला। २. पक्का अनुयायी, भक्त।

मुरुंडा वि०, पुं० दे० 'मरुंड़ा'।

मुरुख* वि० दे० 'मूर्ख'।

मुरुछना* अ० [सं० मूर्छा] १. मूर्छित या बेहोश होना। २. कुम्हलाना, मुरझाना।

मुरेठा पुं० [हिं० मूँड़] पगड़ी, साफा।

मुरेरना स० दे० 'मरोड़ना'।

मुरौवत स्त्री० [अ० मुरव्वत] शील, संकोच, लिहाज।

मुरौवती वि० संकोची, शीलवान।

मुर्ग पुं० [फा० मुर्ग़] मुर्गा।

मुर्ग-मुसल्लम पुं० [फा०] व्यंजन के रूप में प्रस्तुत पूरे का पूरा मुर्गा।

मुर्गा पुं० [फा० मुर्ग़] [स्त्री० मुर्गी] एक प्रसिद्ध पालतू पक्षी जिसकी मादा अंडे देती है।

मुर्गाबी स्त्री० [फा०] मुर्गी की जाति का एक प्रसिद्ध जलपक्षी।

मुर्गी स्त्री० [हिं० मुर्गा] एक पालतू मादा पक्षी जो अंडे देती है।

मुर्दनी स्त्री० [फा० मुर्दन=मरना] १. चेहरे पर दिखाई देनेवाले शोक के लक्षण। २. गहरी उदासी। ३. शव की अन्त्येष्टि क्रिया के लिए लोगों का उसके साथ जाना।

मुर्दा वि० [फा० मुर्दः] १. मरा हुआ. २. दुर्बल, कमजोर, बेदम। ३. मुरझाया हुआ।

पुं० शव।

मुर्दाबाद पद [फा० मुर्दःबाद] (तुम) मर जाओ, तुम्हारा अन्त हो।

मुर्दाबादल पुं० दे० 'इस्पंज'।

मुर्दार वि० [फा०] डरपोक।

मुर्दावली स्त्री० दे० 'मुर्दनी'।

वि० मुरदे से सम्बन्ध रखनेवाली।

मुर्रा स्त्री० [हिं० मुड़ना] एक प्रकार की भैंस जिसके दोनों सींग कुंडल की तरह मुड़े हुए या गोलाकार होते हैं।

पुं० १. एक प्रकार की छोटी आतिशबाजी। २. भुने हुए चावल, फरवी।

मुर्री स्त्री० [हिं० मरोड़ना] १. कपड़े, डोरे आदि का सिरा मरोड़कर लगाई हुई गाँठ। २. कपड़े आदि में लपेटकर उसमें डाली हुई ऐंठन या बल।

मुल[1] योज० [देश०] १. मगर, लेकिन, पर। २. तात्पर्य यह कि। (पश्चिम)

मुल[2] स्त्री० [अ०] शराब, मद्य।

मुलकना* अ० [सं० पुलकित] १. पुलकित होना। २. मुस्कराना। ३. मचकना।

मुलकाना* स० हिं० 'मुलकना' का स०।

मुलकित वि० [सं० पुलकित] १. मुस्कराता हुआ। २. प्रसन्न, खुश। ३. उल्लसित।

मुलजिम वि० दे० 'अभियुक्त'।

मुलतवी वि० दे० 'स्थगित'।

मुलना पुं० दे० 'मौलवी'।

मुलम्मा पुं० [अ०] १. किसी चीज पर रासायनिक प्रक्रिया से चढ़ाई हुई सोने, चाँदी आदि की हलकी रंगत या तह, गिलट, कलई। २. ऊपरी या नकली तड़क-भड़क।

मुलहा वि० [सं० मूल (नक्षत्र)] १. जो मूल नक्षत्र में पैदा हुआ हो। (अशुभ). २ अनाथ। ३. उपद्रवी, नटखट।

मुलाकात स्त्री० [अ०] १. दो या कई व्यक्तियों का आपस में मिलना, भेंट, मिलन। २. जान-पहचान या मेल-मिलाप।

मुलाकाती पुं० [अ० मुलाकात] १. वह जिससे जान-पहचान हो, परिचित। २. मुलाकात करने के लिए आनेवाला।

मुलाजिम पुं० [अ० मुलाज़िम] नौकर, सेवक।

मुलाजिमत स्त्री० [अ० मुलाज़िमत] नौकरी, सेवा।

मुलाना* स० [?] सताना, पीड़ित करना।

मुलायम वि० [अ०] १. जो कड़ा न हो, 'सख्त' का उलटा। २. कोमल, सुकुमार।

पद *मुलायम चारा*=वह जो सहज में दबाया या अधीन किया जा सके।

मुलायमियत, मुलायमी स्त्री० [अ० मुलायम] मुलायम होने का भाव, कोमलता।

मुलाहजा पुं० [अ० मुलाहज़:] १. निरीक्षण, देख-भाल। २. शील-संकोच। ३. रिआयत।

मुलेठी स्त्री० [सं० मूवयष्टि] घुँघची की जड़ जो दवा के काम आती है, जेठी मधु।

मुल्क पुं० [अ०] [वि० मुल्की] १. देश। २. प्रान्त, प्रदेश। ३. संसार।

मुल्ला पुं० दे० 'मौलवी'।

मुल्लावाद पुं० [अ०+सं०] मुल्ला या मुल्लाओं का ऐसा मत या विचार जो सामान्यता जनता को अप्रिय प्रतीत होता है।

मुवक्किल पुं० [अ०] वह जो अपने काम के लिए वकील नियुक्त करता है।

मुवना* अ०=मरना।

मुशल पुं० [सं०] १. धान कूटने का मूसल। २. मूर्ख व्यक्ति।

मुशायरा पुं० [अ० मशायर:] वह समाज जिसमें बहुत से लोग मिलकर शेर या गजलें पढ़ते हैं, उर्दू कवि-सम्मेलन।

मुशाहरा पुं० [फा०] वेतन, तनख्वाह।

मुश्क[1] पुं० [फा०] १. कस्तूरी। २. गन्ध, बू।

मुश्क[2] स्त्री० [देश०] कन्धों और कोहनी के बीच का मांसल भाग, भुजा, बाँह।

मुहा० *मुश्कें कसना या बाँधना*=दोनों भुजाओं को पीठ की ओर ले जाकर रस्सी से बाँधना।

मुश्क बिलाई स्त्री० दे० 'मुश्क बिलाव'।

मुश्क बिलाव पुं० [फा० मुश्क+हिं० बिलाव=नर बिल्ली] एक प्रकार का जंगली बिल्ला (नर बिल्ली) जिसके अंडकोष से एक प्रकार का सुगन्धित तरल पदार्थ निकलता है, (फारसी में इस पदार्थ को जुबाद कहते हैं), गन्ध मार्जार।

मुश्किल वि० [अ०] कठिन, दुष्कर।

स्त्री० १. कठिनता, दिक्कत। **पद** *मुश्किल से*=कठिनाई से। २. विपत्ति।

मुश्की वि० [फा०] १. कस्तूरी के रंग का, काला। २. जिसमें कस्तूरी पड़ी हो।

पुं०. काले रंग का घोड़ा।

मुश्त पुं० [फा०] मुट्ठी।

मुश्तरका वि० [अ० मुश्तरक:] जिसमें कई आदमी शरीक हों, जिसमें और लोग भी सम्मिलित हों, साझे का।

मुषर* स्त्री० दे० 'मुखर'।

मुष्टि, मुष्टिका स्त्री० [सं०] १. मुट्ठी। २. मुक्का, घूँसा।

मुसकान* स्त्री०=मुस्कराहट।

मुसकाना अ०=मुस्कराना।

मुसजर पुं० [अ० मुशज्जर] एक प्रकार का बूटेदार कपड़ा।

मुसद्दी* पुं० [अ० मुत्सद्दी] १. लिपिक, मुंशी। २. स्वामी।

मुसना अ० [हिं० 'मूसना' का अ०] मूसा या लूटा जाना।

मुसन्ना पुं० [अ०] १. असल लेख की दूसरी नकल, प्रतिलिपि। २. रसीद आदि का वह दूसरा भाग जिस पर उसकी नकल होती है और जो रसीद देनेवाले के पास रहता है, प्रतिपर्ण।

मुसम्मात वि०, स्त्री० [अ०] नाम्नी, नामधारिणी, जैसे मुसम्मात राधा।

स्त्री० स्त्री, औरत।

मुसम्मी[1] वि० [अ०] नामवाला, नामक, नामधारी, जैसे मुसम्मी रामकृष्ण।

मुसम्मी[२] स्त्री० [मोजैम्बिक (अफ्रीका का एक प्रदेश] एक प्रकार का बढ़िया मीठा नीबू।

मुसरा पुं० दे० 'मूसला'।

मुसलमान पुं० [फा० मुसल्मान] [स्त्री० मुसलमानिन] मुहम्मद साहब के चलाए हुए सम्प्रदाय का अनुयायी।

मुसलमानी वि० [फा०] मुसलमान का।
स्त्री० दे० 'सुन्नत'।

मुसली* पुं० [सं० मुशली] वह घोड़ा जिसके पैरों का रंग उसके शरीर के रंग से भिन्न हो। (ऐसा घोड़ा स्वामी के लिए घातक माना जाता है।)

मुसल्लम वि० [फा०] पूरा, अखंड।

मुसल्ला पुं० [अ०] वह दरी या चटाई जिस पर मुसलमान लोग बैठकर नमाज पढ़ते हैं।
पुं०=मुसलमान। (उपेक्षासूचक)

मुसहर पुं० [हिं० मूस=चूहा+हर (प्रत्य०)] उत्तर भारत की एक जंगली जाति।

मुसाफ* वि० [अ० मुसफ़्फ़ा] साफ किया हुआ, शुद्ध।

मुसाफिर पुं० [अ०] यात्री।

मुसाफिरखाना पुं० [अ० मुसाफिर+फा० ख़ानः] १. यात्रियों के ठहरने का स्थान, धर्मशाला, सराय। २. रेल के स्टेशन पर बना हुआ यात्रियों के ठहरने का स्थान, यात्रीगृह, विश्रामालय।

मुसाफिरत स्त्री० [अ०] यात्रा।

मुसाफिरी स्त्री० [अ० मुसाफिर] १. यात्रा। २. यात्राकाल।

मुसाहब पुं० [अ०] [भाव० मुसाहबी] धनवान या राजा आदि का पार्श्ववर्ती।

मुसीका पुं०[?] वह पट्टी जिससे मुँह बाँधा जाए।

मुसीबत स्त्री० [अ०] १. तकलीफ, कष्ट। २. विपत्ति, संकट, आफत।

मुस्कराना अ० [हिं० मुस्काना] बहुत ही मन्द रूप से या धीरे से हँसना।

मुस्कराहट स्त्री० [हिं० मुस्कराना] मुस्कराने की क्रिया या भाव, मन्दहास।

मुस्कान स्त्री०=मुस्कराहट।

मुस्काना अ०[सं० स्मि-स्मयते] मुस्कराना।

मुस्की| स्त्री०=मुस्कराहट।

मुस्क्यान* स्त्री०=मुस्कराहट।

मुस्टंड वि०=मुस्टंडा।

मुस्टंडा वि० [सं० पुष्ट] मोटा-ताजा, हृष्ट-पुष्ट।
पुं० बदमाश, गुंडा।

मुस्तैद वि० [अ० मुस्तअद] [भाव० मुस्तैदी] १. तत्पर, सन्नद्ध। २. अच्छी तरह और पूरा काम करनेवाला।

मुस्लिम पुं० [अ०] मुसलमान।
वि० मुसलमानों का।

मुहकमा पुं० [अ०] विभाग, सरिश्ता।

मुहब्बत स्त्री० [अ०] १. प्रीति, प्रेम, स्नेह। २. लगन, लौ।

मुहर स्त्री०=मोहर।

मुहरबंद वि०=मोहरबंद।

मुहर्रम पुं० [अ०] १. अरबी वर्ष का पहला महीना जिसमें इमाम हुसेन शहीद हुए थे। २. इस महीने में इमाम हुसेन का शोक मनाने के दस दिन।
मुहा० *मुहर्रम की पैदाइश*=बहुत ही मनहूस या रोनी सूरतवाला।

मुहर्रमी वि० [अ० मुहर्रम+हिं० ई (प्रत्य०)] १. मुहर्रम-सम्बन्धी, मुहर्रम का। २. शोकसूचक। ३. मनहूस।

मुहर्रिर पुं० [अ०] [भाव० मुहर्रिरी] लेखक, मुनशी।

मुहल्ला पुं०=महल्ला।

मुहाजिर पुं० [अ०] (राजनीतिक) शरणार्थी।

मुहाना पुं० [हिं० मुँह+आना(प्रत्य०)] १. वह स्थल जहाँ नदी (अनेक धाराओं में बँटकर) समुद्र में गिरती है। २. उद्गम स्थल।

मुहाफिज वि० [अ० मुहाफ़िज] [भाव० मुहाफिजत] हिफाजत करनेवाला, रक्षक, रखवाला।

मुहार स्त्री० [फा० महार] ऊँट की नकेल।
पद *शुतुर बे-मुहार*=वह जो व्यर्थ या यों ही इधर-उधर घूमता-फिरता हो।

मुहाल वि० [अ०] १. असम्भव, नामुमकिन। २. कठिन, दुष्कर।
पुं० दे० 'महाल'।

मुहावरा पुं० [अ० मुहावर:] १. किसी विशिष्ट भाषा में प्रचलित वह वाक्य-खंड या पद जिसका अर्थ लक्षणा या व्यंजना से निकलता हो, वह अर्थ जो शब्दों के प्रत्यक्ष या शाब्दिक अर्थ से भिन्न और विलक्षण हो। २. अभ्यास, मश्क।

मुहावराना वि० (अविकारी)=मुहावरेदार।

मुहावरेदार वि० [अ० मुहावर:+फा० दार(प्रत्य०)] (भाषा) जिसमें मुहावरों का ठीक-ठीक प्रयोग हुआ हो।

मुहावरेदारी स्त्री० [अ० मुहावर:+फा० दारी(प्रत्य०)] १. मुहावरों के ठीक प्रयोग का ज्ञान। २. मुहावरों से युक्त या अभिज्ञ होने की दशा।

मुहासिल पुं० [अ०] १. आय, आमदनी। २. लाभ, मुनाफा। ३. उगाहने पर मिला हुआ धन (कर, चन्दा आदि)।

मुहिं* सर्व० दे० 'मोहिं'।

मुहिम स्त्री० [अ०] १. विकट या बड़ा काम। २. संघर्ष, लड़ाई, युद्ध। ३. फौज की चढ़ाई, अभियान, आक्रमण।

मुहीम* स्त्री०=मुहिम (चढ़ाई)।

मुहूम* स्त्री० दे० 'महिम'।

मुहूर्त पुं० [सं०] १. दिन-रात का तीसवाँ भाग। २. निर्दिष्ट क्षण या समय। ३. फलित ज्योतिष के अनुसार निकाला हुआ वह समय जब कोई शुभ काम किया जाए।

मुह्य वि० [सं०] [भाव० मुह्यता] १. मोह में पड़ा हुआ। २. मूर्छित, बेहोश, बेसुध।

मुह्यमान वि० दे० 'मुह्य'।

मूँग पुं० [सं० मुद्ग] एक प्रसिद्ध अन्न जिसकी दाल बनती है।

मूँगफली स्त्री० [हिं० भूम (भूमि)+फली] एक प्रकार का पौधा जिसका फल बादाम की तरह का, पर जमीन के अन्दर होता है, चिनिया बादाम। (अंग्रेजी में इसे ग्राउन्ड नट कहते हैं, इसी से तदर्थीय रूप में इसे पहले भूम (भूमि) फली कहते थे, जिससे बिगड़कर भूँगफली, मूमफली और तब मूँगफली बना।

मूँगर पुं० [सं० मुद्गर] काठ का हथौड़ा, मुँगरा।

मूँगरी स्त्री० [देश०] एक प्रकार की तोप।

मूँगा पुं० [हिं० मूँग] एक प्रकार के समुद्री कीड़ों की लाल या सिंदूरी रंग की ठठरी जिसकी गिनती रत्नों में होती है और जो मंगल ग्रह का प्रतिनिधि माना जाता है, प्रवाल।

मूँछ स्त्री० [सं० श्मश्रु] ऊपरी होंठ पर के बाल जो केवल पुरुषों के होते हैं।

मुहा० *मूँछें उखाड़ना*=गर्व दूर करके दंड देना। *मूँछों पर ताव देना*= अभिमान से मूँछ मरोड़ना। *मूँछें नीची होना*=हार या अप्रतिष्ठा होना।

मूँछी| स्त्री० [देश०] एक प्रकार की कढ़ी।

मूँज स्त्री० [सं० मुंज] एक प्रकार का तृण।

मूँठ स्त्री० दे० 'मूठ'।

मूँड़ पुं० [सं० मुंड] सिर, माथा।

मुहा० *मूँड़ मारना*=माथापच्ची करना। *मूँड़ मुँड़ाना*=संन्यासी, त्यागी या साधु होना।

मूँड़न पुं० दे० 'मुंडन'।

मूँड़ना स० [सं० मुंडन] १. उस्तरे से सिर, गाल आदि के बाल साफ करना, हजामत बनाना। २. धोखा देकर धन लेना, ठगना। ३. किसी को चेला बनाना।

मूँड़ी स्त्री० दे० 'मूँड़'।

मूँदना स० [सं० मुद्रण] १. ऊपर कोई चीज डालकर छिपाना, बन्द करना, ढाँकना। २. बन्द करना।

मूँदर स्त्री० दे० 'मुँदरी'।

मूक वि० [सं०] [भाव० मूकता] १. जो बोलता न हो, गूँगा। २. जो चुप हो, अवाक्। ३. विवश, लाचार।

मूकद्रष्टा वि०, पुं० [सं०] जो अन्याय को चुपचाप खड़े देख रहा हो पर उसके प्रतिकार के लिए कुछ न कर रहा हो।

मूकना* स० [सं० मुक्त] १. छोड़ना, त्यागना। २. मुक्त करना, छुड़ाना। ३. (अस्त्र आदि) चलाना या फेंकना।

मूका* पुं० १. दे० 'मुक्का'। २. दे० 'मोखा'।

मूकू* वि० [सं० मूक] अपना दोष जानते हुए भी चुप रहनेवाला, मचला, उदा० मूकू, निंद, निगोड़ा, भोड़ा, कायर काम बनावे। -सूर।

मूखना* स० दे० 'मूसना'।

मूचना स० दे० 'मोचना'।

मूज़ी वि० [अ० मूज़ी] १. दुष्ट। २. अत्याचारी।

मूझना* अ० [सं० मूर्च्छना] मूर्च्छित होना, बेसुध होना।

मूठ स्त्री० [सं० मुष्ठि] १. मुट्ठी। २. औजार या हथियार का वह भाग जो हाथ या मुट्ठी में पकड़ा जाता है, मुठिया, दस्ता। ३. दल, जत्था। ४. जादू, टोना।

मुहा० *मूठ चलाना या मारना*=विनाश का मंत्र पढ़ना। *मूठ लगना*=जादू का प्रभाव या फल होना।

मूठना अ० [सं० मुष्ट] नष्ट होना।

मूठि स्त्री० दे० 'मुट्ठी'।

मूठिया स्त्री० [सं० मुष्ठिका] मूठ।

मूठी स्त्री० [सं० मुष्ठि] मूठ, मुठिया।

मूड पुं० [अं०] मनोदशा।

मूड़ी स्त्री० दे० 'फरवी'।

मूढ़ वि० [सं०] [भाव० मूढ़ता] १. मूर्ख, बेवकूफ। २. चकित, स्तब्ध। ३. जिसकी समझ में यह न आता हो कि अब क्या करना चाहिए। ४. जो भगवद्विमुख हो।

मूढ़ स्थिति स्त्री० [सं०] मन की पाँच स्थितियों में से वह स्थिति जब मन प्रमाद, आलस्य, निद्रा आदि के कारण ठीक ढंग से काम नहीं करता।

मूढ़ा पुं० [सं० मंडप] [पु० हिं० मंढ़ा स्त्री० अल्पा० मूढ़ी] बाँस, बेंत, बाध या रस्सी आदि से बना हुआ एक प्रकार का गोल और कुछ कम ऊँचा आसन।

मूढ़ाग्रह पुं० [सं० मूढ+आग्रह] [वि० मूढ़ाग्रही] मूढ़तापूर्वक किया जानेवाला आग्रह, अनुचित हठ, दुराग्रह।

मूत पुं० दे० 'मूत्र'।

मूतना अ० [सं० मूत्र] पेशाब करना।

मूत्र पुं० [सं०] शरीर का वह तरल विषैला पदार्थ जो उपस्थ मार्ग या जननेन्द्रिय से निकलता है, पेशाब, मूत।

मूत्रकृच्छ्र पुं० [सं०] एक रोग जिसमें बार-बार और थोड़ा-थोड़ा करके पेशाब आता है और पेशाब के साथ शरीर से शर्करा या चीनी का भी कुछ अंश निकलता है।

मूत्राशय पुं० [सं०] नाभि के नीचे का वह भीतरी भाग जिसमें मूत्र संचित रहता है, मसाना, फुकना। (ब्लैडर)

मूर* पुं० [सं० मूल] १. मूल, जड़। २. जड़ी-बूटी। ३. मूल नक्षत्र। स्त्री० दे० 'मूरि'।

मूरख* वि० दे० 'मूर्ख'।

मूरछना* स्त्री० दे० 'मूर्च्छना'।

मूरछा* स्त्री०=मूर्च्छा।

मूरत* स्त्री० मूर्ति।

मूरति स्त्री०=मूर्ति।

मूरतिवंत* वि० दे० 'मूर्तिमान'।

मूरि (री) स्त्री० [सं० मूल] १. मूल, जड़। २. जड़ी-बूटी।

मूर्ख वि० [सं०] [भाव० मूर्खता] जिसे बुद्धि न हो या बहुत कम हो, बेवकूफ।

पुं० मूर्ख व्यक्ति।

मूर्खता स्त्री० [सं०] १. मूर्ख होने का भाव, नासमझी, बेवकूफी। २. नासमझी का काम या बात।

मूर्ख-दिवस पुं० पहली मई, जिस दिन लोगों को मूर्ख बनाने की परंपरा चली आ रही है।

मूर्च्छन पुं० [सं०] १. संज्ञा या चेतना का लोप होना या करना। २. मूर्च्छित करने का मन्त्र या प्रयोग।

मूर्च्छना स्त्री० [सं०] संगीत में, स्वर को बहुत ही कोमलतापूर्वक और सुन्दर ढंग से कँपाते हुए और नियमित रूप से उतार-चढ़ाव का ध्यान रखते हुए नीचे स्वर से ऊँचे स्वर पर जाने और ऊँचे स्वर से नीचे स्वर पर आने की क्रिया, अथवा ऐसी क्रिया में गले से निकलनेवाला स्वर।

मूर्च्छा स्त्री० [सं०] रोग, भय, शोक आदि से उत्पन्न वह अवस्था जिसमें प्राणी निश्चेष्ट या संज्ञाहीन हो जाता है, अचेत होना, बेहोशी।

मूर्च्छित वि० [सं०] [स्त्री० मूर्च्छिता] १. जिसे मूर्च्छा आई हो, बेहोश, अचेत। २. मारा या भस्म किया हुआ (पारा या और कोई रस या धातु)।

मूर्त वि० [सं०] [भाव० मूर्तता] १. जिसका कोई प्रत्यक्ष रूप या आकार हो, साकार। (कॉन्क्रीट) २. ठोस।

मूर्त विधान पुं० [सं०] केवल कल्पना के आधार पर घटनाओं, कार्यों आदि के स्वरूप, चित्र आदि बनाने की क्रिया या भाव। (इमेजरी)

मूर्ति स्त्री० [सं०] १. किसी की आकृति के अनुरूप गढ़ी या ढाली हुई पत्थर, धातु आदि की आकृति, प्रतिमा, विग्रह। २. चित्र, तसवीर। ३. शरीर, देह। ४. आकृति, सूरत।

मूर्तिकला स्त्री० [सं०] मूर्तियाँ या प्रतिमाएँ आदि बनाने की विद्या या कला।

मूर्तिकार पुं० [सं०] मूर्ति बनानेवाला।

मूर्तित वि० [सं०] मूर्ति के रूप में लाया या बनाया हुआ।

मूर्तिपूजक पुं० [सं०] १. वह जो मूर्ति या प्रतिमा की पूजा करता हो। (आइडलेटर)

मूर्तिपूजा स्त्री० [सं०] मूर्ति में ईश्वर या देवता की भावना करके उसे पूजना। (आइडलेटरी)

मूर्तिभंजक पुं० [सं०] १. वह जो मूर्तियों को व्यर्थ मानकर तोड़ता हो। २. मुसलमान।

मूर्तिमंत वि० दे० 'मूर्तिमान'।

मूर्तिमान, मूर्तिमान् वि० [सं०] [स्त्री० मूर्तिमती] १. जो मूर्ति या शरीर के रूप में हो, साकार। २. साक्षात्, प्रत्यक्ष।

मूर्ध पुं० [सं० मूर्द्धन्] सिर।

मूर्धन्य वि० [सं०] १. मूर्द्धा से सम्बन्ध रखनेवाला। (सरेब्रल) २. मस्तक में स्थित। ३. सबसे अच्छा, सर्वश्रेष्ठ।

पुं० वह वर्ण जिसका उच्चारण मूर्द्धा से होता है, जैसे—ऋ, ट, ठ, ड, ढ, ण, र, और ष।

मूर्धा पुं० [सं० मूर्द्धन्] १. सिर। २. तालू और अलिजिह्वा के बीच का अंश जिसे जीभ का अग्र भाग ट, ठ, ड, ढ, ण आदि का उच्चारण करते समय उलटकर छूता है।

मूल पुं० [सं०] १. पृथ्वी के नीचे रहनेवाला वृक्षों आदि का वह भाग जिससे उनका पोषण और वर्द्धन होता है, जड़।

मुहा० *मूल पर कुठार चलाना*=जड़ से उखाड़ फेंकना।

२. खाने के योग्य मोटी जड़, जैसे सहि दुख कंद मूल फल खाई। -तुलसी। ४. असल जमा या धन जो किसी व्यापार आदि में लाभ के लिए लगाया जाए, मूलधन, पूँजी।

मुहा० *मूल पूजना*=व्यापार में लगी हुई पूँजी या मूलधन निकल आना।

५. नींव। ६. स्वयं ग्रन्थकार का लिखा हुआ वाक्य या लेख, जिस पर टीका की जाती है। ७. उन्नीसवाँ नक्षत्र। ८. दे० 'मूलाधार'।

वि० [सं०] १. किसी बात की जड़ में मुख्य आधार के रूप में रहने या होनेवाला, जैसे—मूल सिद्धान्त। २. जिसके आधार पर आगे चलकर कुछ और परिवर्तन या विकास हो, जैसे—मूल अधिनियम। ३. प्रधान, मुख्य, सर्वश्रेष्ठ। (प्रिंसिपल)

मूलक वि० [सं०] १. उत्पन्न करनेवाला, जनक। २. जो मूल में हो या जिसके मूल में कुछ हो। (यौ० के अन्त में, जैसे विवादमूलक बात।)

मूलतः क्रि० वि० [सं०] मूल रूप से, वास्तव में।

मूल द्रव्य पुं० [सं०] वे आदिम द्रव्य या भूत, जिनसे सब पदार्थ बने हैं।

मूलद्वार पुं० [सं०] सदर या बड़ा फाटक।

मूलधन पुं० [सं०] वह असल धन जो किसी के पास हो या लाभ आदि के लिए व्यापार में लगाया जाए, मूल, पूँजी। (प्रिंसिपल)

मूलना* स० [सं० मूल] जड़ से उखाड़ना।

मूलपुरुष पुं० [सं०] किसी वंश का आदि पुरुष जिससे वह वंश चला हो।

मूलभूत वि० [सं०] किसी वस्तु के मूल या तत्त्व से सम्बन्ध रखनेवाला, असल।

मूलवर्ती वि० [सं०] मूल-संबंधी।

मूल वेतन पुं० वह वेतन जिसमें ओवर टाइम या किसी भत्ते आदि की राशि सम्मिलित न हो।

मूलस्थान पुं० [सं०] १. पूर्वजों का निवासस्थान। २. प्रधान स्थान।

मूलाधार पुं० [सं०] १. मूल आधार; जैसे-अणु-अणु का मूलाधार परमतत्त्व ही है। २. वह आवश्यकता या आधार जिस पर ढाँचा खड़ा हो। (इन्फ्रास्ट्रकचर)। ३. हठयोग में शरीर के भीतर के छह चक्रों या कमलों में से एक जिसका स्थान गुदा और शिश्न के मध्य में है। यह चार दल वाला माना गया है।

मूलिक वि० [सं० मूल+हिं० इक (प्रत्य०)] १. घटना, अस्तित्व, क्रम आदि के विचार से पहला, जो पहले से न चला आया

हो, बल्कि अभी पहली बार हुआ हो। (ओरिजिनल) २. 'मौलिक'।

मूलिक न्यायालय पुं० वह न्यायालय जिसमें कोई वाद या मुकदमा पहले-पहल विचार के लिए रखा जाए। (कोर्ट ऑफ फर्स्ट इन्स्टेंट)

मूलिका स्त्री० [सं०] जड़ी।

मूली स्त्री० [सं० मूलक] प्रसिद्ध पौधे की जड़ जो मीठी और चरपरी होती है।

मुहा० *(किसी को) मूली-गाजर समझना*=बहुत तुच्छ या हीन समझना।

मूलोच्छेदन पुं० [सं०] जड़ से उखाड़ फेंकने की क्रिया या भाव।

मूल्य पुं० [सं०] १. कोई वस्तु खरीदने पर उसके बदले में दिया जानेवाला धन, दाम, कीमत। (प्राइस) २. वह गुण या तत्त्व जिसके कारण किसी वस्तु का महत्त्व या मान होता है, जैसे वह चरित्र का मूल्य नहीं समझता। (वैल्यू) ३. किसी वस्तु का अनुमान से ठहराया या आँका हुआ दाम या महत्त्व। ४. नैतिक आदर्श सिद्धांत या स्तर।

मूल्य-आधारित वि० [सं०] मूल्यों पर आधारित, जिसका आधार मूल्य हो।

मूल्यन पुं० [सं० मूल्य+हिं० न (प्रत्य०)] किसी वस्तु का मूल्य निश्चित या स्थिर करना, दाम आँकना, मूल्यांकन।

मूल्य-नियंत्रण पुं० [सं०] वस्तुओं के मूल्य नियंत्रित करने अर्थात् बढ़ने से रोकने की क्रिया या भाव।

मूल्य-निर्धारण पुं० [सं०] किसी वस्तु का मूल्य निर्धारित या निश्चित करने की क्रया या भाव।

मूल्य-निष्ठा स्त्री० [सं०] मूल्यों अर्थात् आदर्शों तथा सिद्धांतों के प्रति होनेवाली निष्ठा।

मूल्यवत्ता स्त्री० [सं०] १. मूल्यवान होने की अवस्था या भाव। २. महत्त्व।

मूल्य-वर्धित वि० [सं० मूल्य+वर्धित] सुधार आदि के द्वारा जिसके मूल्य या मान में वृद्धि हुई हो। (एडिड-वैल्यू)

मूल्यात्मक वि० [सं० मूल्य+आत्मक] मूल्य के रूप में होनेवाला।

मूल्यवान, मूल्यवान् वि० [सं०] जिसका मूल्य अधिक हो, बहुत दाम का, कीमती।

मूल्य-संकट पुं० [सं०] मूल्यों के ह्रास के कारण उत्पन्न संकट।

मूल्यहीन वि० [सं० मूल्य+हीन] [भाव०मूल्यहीनता] १. नैतिक तथा मानवीय आदर्शों से रहित। २. व्यर्थ, बेकार, निरर्थक।

मूल्यांकन पुं० [सं०] १. कोई वस्तु देखकर अनुमान से उसका मूल्य समझना या स्थिर करना, दाम आँकना (वैलुएशन) २. किसी वस्तु का गुण, उपयोगिता या महत्त्व आँकना या समझना। (एप्रिसिएशन, एस्टिमेशन)

मूल्यांधता स्त्री० [सं० मूल्य+अंधता] मूल्यों की अनदेखी करने की वृत्ति।

मूल्यानुसार क्रि० वि० [सं०] (वस्तुओं पर उनके) मूल्य के विचार या अनुपात से (लगनेवाला आयात या निर्यात कर)। (एड वैलोरम)

मूष, मूषक पुं० [सं०] १. चूहा। २. वह जो चुरा-छिपाकर या जबरदस्ती दूसरों का धन ले लेता हो, मूसनेवाला, उदा० 'कलहा, कुही, मूष रोगी अरु काँहू नैंकु न भावै'। -सूर। ३. कम्प्यूटर में हस्तचालित वह उपकरण जिसका उपयोग निर्देशों को इनपुट करने के लिए होता है। (माउस)

मूषकवाहन पुं० [सं०] वह जिसकी सवारी मूषक (चूहा) है, गणेश, गजानन, गणपति।

मूसना स० [सं० मूषण] १. किसी का माल छीन या चुरा कर ले जाना। २. लूटना। ३. ठगना।

मूसर* पुं०=मूसल।

मूसल पुं० [हिं० मुशल] १. धान कूटने का लम्बा मोटा डंडा। २. एक प्रकार का पुराना अस्त्र।

मूसलचंद पुं० [हिं० मूसल] हट्टा-कट्टा, पर निकम्मा पुरुष।

मूसलधार वि० [हिं० मूसल+धार] मूसल के समान मोटी धार के रूप में होनेवाली (वर्षा)।

मूसला पुं० [हिं० मूसल] वह मोटी और सीधी जड़ जिसमें इधर-उधर शाखाएँ नहीं होतीं, 'झखरा' का उलटा।

मूसलाधार वि०=मूसलधार, धारा संपात, आसार।

मूसा[1] पुं० [सं० मूषक] चूहा।

मूसा[2] पुं० [इबरानी] यहूदियों के मूल पैगम्बर।

मृगंछी* वि०, स्त्री० [सं० मृगाक्षी] मृगनयनी।

मृग पुं० [सं०] [स्त्री० मृगी] १. पशु। २. हिरन। ३. मृगशिरा नक्षत्र। ४. चार प्रकार के पुरुषों में से एक। (कामशास्त्र)

मृगचर्म पुं० [सं०] हिरन की खाल जो पवित्र मानी जाती है और जिसे प्राचीन ऋषि, मुनि आदि ओढ़ते-बिछाते थे।

मृगछलना स्त्री०=मृगतृष्णा।

मृगछाला स्त्री० दे० 'मृगचर्म'।

मृगतृष्णा स्त्री० [सं०] १. मृग (हिरन) को रेगिस्तान में तेज धूप के कारण होनेवाली जल की लहरों की भ्रांति। २. (ला०) ऐसी इच्छा जो पूर्ण न होने को हो, मृग मरीचिका।

मृगधर पुं० [सं०] चन्द्रमा, नक्षत्रेश, सुधांशु, कलानिधि।

मृगनयनी स्त्री० [सं०] हिरन के समान सुन्दर आँखोंवाली स्त्री।

मृगनाभि पुं० [सं०] कस्तूरी।

मृगमद पुं० [सं०] कस्तूरी।

मृग-मरीचिका स्त्री० दे० 'मृगतृष्णा।'

मृगया स्त्री० [सं०] शिकार, आखेट।

मृगलांछन पुं० [सं०] चन्द्रमा।

मृगलोचना स्त्री० [सं०] हिरन के समान नेत्रोंवाली स्त्री।

मृगवन पुं० [सं०] वह वन जिसमें मृग रहते हों।

मृगवारि पुं० [सं०] १. मृगतृष्णा में दिखाई देनेवाला जल। २. झूठी आशा दिखलानेवाली चीज या बात।

मृगशिरा पुं० [सं०] सत्ताईस नक्षत्रों में से पाँचवाँ नक्षत्र जो तीन तारों से मिलकर बना है।

मृगांक पुं० [सं०] १. चन्द्रमा। २. सोने की भस्म।

मृगाक्षी* वि० दे० 'मृगलोचना'।

मृगिनी स्त्री० [सं०] हिरन की मादा, हरिणी, हिरनी।

मृगेंद्र पुं० [सं०] सिंह, शेर।

मृच्छकटिका वि० [सं०] मिट्टी का रथ।

मृडानी स्त्री० [सं०] शिव की पत्नी, पार्वती, शिवा, भवानी, गौरी।

मृणाल पुं० [द्रविड़ से गृहीत, सं०] १. कमल का डंठल, कमलनाल। २. कलम की जड़, मुरार।

मृणालिनी स्त्री० [सं०] कमलिनी, नलिनी, कुमुदिनी।

मृण्मय वि० [सं०] [स्त्री० मृण्मयी] मिट्टी का बना हुआ।

मृण्मूर्ति स्त्री० [सं०] १. मिट्टी की बनी हुई मूर्ति। २.प्राचीन और मध्य युग में कुछ विशेष प्रक्रिया से बनी हुई मिट्टी की मूर्ति मुख्यतः मुँह और सिर। (टेरा कोटा)

मृत वि० [सं०] [स्त्री० मृता] १. जो अब जीवित न हो, मरा हुआ। २. जिसे मरे कुछ समय हुआ हो। ३. जिसमें जीवनी शक्ति, उपयोगिता या क्रियाशीलता, बिल्कुल न रह गई हो, जैसे मृत भाषा, मृत भंडार। (डेड)

मृतक पुं० [सं०] १. मरा हुआ प्राणी, मृत व्यक्ति। (डेड, डिसीज्ड) २. मरे हुए प्राणी का शरीर।
वि० १. मरा हुआ, मृत, प्रमीत। २. मुर्दे-जैसा।

मृतककर्म पुं० [सं०] मरे हुए व्यक्ति की सद्गति के लिए किया जानेवाला कृत्य, अन्त्येष्टि।

मृतप्राय वि० [सं०] जो मरा तो न हो,पर मरे हुए के समान हो, बेदम।

मृतभाषा स्त्री० [सं०] वह भाषा जो प्राचीन काल में कहीं प्रचलित रही हो, पर अब जिसके बोलनेवाले न रह गए हों। (डेड लैंग्वेज)

मृत-संजीवनी स्त्री० दे० 'संजीवनी'।

मृतात्मा स्त्री० [सं०] १. मृत व्यक्ति की आत्मा। २. मृत व्यक्ति।

मृताशौच पुं० [सं०] किसी आत्मीय के मरने पर होनेवाला अशौच, मरणाशौच।

मृति स्त्री० दे० 'मृत्यु'।

मृत्तिका स्त्री० [सं०] मिट्टी।

मृत्युंजय पुं० [सं०] १. वह जिसने मृत्यु को जीत लिया हो। २. शिव का एक रूप।

मृत्यु स्त्री० [सं०] १. शरीर से प्राण निकलना, मरना, मौत। २. अंत, समाप्ति। ३. जीवन का अंत करनेवाली शक्ति।

मृत्युकर पुं० [सं०] वह कर जो राज्य की ओर से किसी ऐसे व्यक्ति के मरने पर जो घर और सम्पत्ति का मालिक हो, उसके उत्तराधिकारियों से लिया जाता है। (डेथ ड्यूटी)

मृत्युदंड पुं० [सं०] मौत की सजा, फाँसी।

मृत्युलोक पुं० [सं०] १. यमलोक। २. मर्त्यलोक।

मृत्युशय्या स्त्री० [सं०] रोगी की शय्या या बिस्तर पर पड़े रहने की वह अवस्था जिसमें उसका मरना प्रायः निश्चित होता है। (डेथ-बेड)

मृत्युसंख्या स्त्री० [सं०] कहीं कोई दुर्घटना या लड़ाई होने अथवा भीषण संक्रामक रोग फैलने पर उसके कारण मरनेवाले लोगों की संख्या या गिनती। (डेथ रोल)

मृत्सन स्त्री० [सं०] १. उत्तम भूमि। २.गीली मिट्टी जिससे बरतन बनते हैं।

मृथा* क्रि० वि० १. दे० 'वृथा'। २. दे० 'मृषा'।

मृदंग पुं० [सं०] एक प्रकार का प्रसिद्ध पुराना बाजा। (ढोल का मूल रूप)

मृदंगी वि० [सं० मृदंग] मृदंग-संबंधी, मृदंग से उत्पन्न; जैसे- मृदंगी गड़गड़ाहट।

मृद* स्त्री० [सं० मृत्तिका] १. मिट्टी। २. धूल।

मृदु वि० [सं०] [भाव० मृदुता] १. कोमल, मुलायम, नरम। २. जो सुनने में मधुर और प्रिय हो। ३. सुकुमार, कोमल। ४. धीमा, मन्द।

मृदुकरण पुं० [सं०] मृदु या कोमल बनाना।

मृदुत्पल पुं० [सं०] नील कमल।

मृदुल वि०[सं०] [स्त्री० मृदुला, भाव० मृदुलता] १. कोमल, नरम। २. कोमल हृदय। ३. दयामय, कृपालु। ४. नाजुक, सुकुमार, कोमल।

मृदुलता स्त्री० [सं०] कोमलता।

मृदुलाई* स्त्री०=मृदुलता।

मृन्मय* वि० [सं० मृण्मय] मिट्टी का बना हुआ।

मृषा क्रि० वि० [सं०] झूठमूठ, व्यर्थ।
वि० [भाव० मृषात्व] असत्य, झूठ।

में परसर्ग/विभ० [सं० मध्य] अधिकरण कारक का चिह्न जो संज्ञा या सर्वनाम के अन्त में लगकर उसके अन्दर होने अथवा आधार का सूचक होता है, जैसे घर में।

मेंगनी स्त्री० [हिं० मींगी] बकरी, भेड़, चूहे आदि की विष्ठा।

मेंड़ स्त्री० [सं० मंडल या डाँड़ का अनु०] १. खेतों आदि की सीमा की सूचक मिट्टी की ऊँची रेखा या बाँध। २. सीमा, हद। ३. सम्मान या गौरव की सीमा, मर्यादा।

मेंडक पुं० [सं० मंडूक] एक छोटा प्रसिद्ध बरसाती जल-स्थलचारी जन्तु जो प्रायः वर्षा ऋतु में तालाबों, कुओं आदि में दिखाई पड़ता है, दर्दुर।

मेंड़बंदी स्त्री० [हिं० मेंड़+बाँधना] मेंड़ बनाने का काम या भाव।

मेंड़रा पुं० [सं० मंडल] [स्त्री० अल्पा० मेंड़री] १. घेरकर बनाया हुआ कोई गोल चक्कर। २. एँडुआ, गेंडुरी। ३. किसी गोल वस्तु का उभरा हुआ किनारा। ४. किसी वस्तु का मंडलाकार ढाँचा, जैसे चलनी या खँजरी का मेंड़रा।

मेंढ़क पुं०=मेंडक।

मेंढ़ी स्त्री० [सं० वेणी] १. माथे के ऊपरी भाग के दोनों तरफ के वे थोड़े से बाल जिन्हें कुछ स्त्रियाँ तीन लड़ों में गूँथकर

जूड़े की तरफ ले जाकर बाँधती हैं। २. तीन लड़ियों में गूँथी हुई चोटी या बाल। ३. घोड़ों के माथे पर की एक भौंरी।

मेंबर पुं० [अं०] दे० 'सदस्य'।

मेंबरशिप स्त्री० [अं०] सदस्यता।

मेंबरान पुं० [बहु०]=सदस्य(गण)।

मेंह पुं० [सं० मेघ] आकाश से बरसनेवाला पानी, वर्षा।

मेंहरा* पुं० दे० 'मेंह'।

मेकल पुं० [सं०] विन्ध्य प्रदेश का वह पर्वत जिससे नर्मदा नदी निकली है।

मेकैनिक पुं० [अं० मकैनिक] १. मशीन की मरम्मत करनेवाला। २. मशीनें बनानेवाला मिस्त्री।

मेख स्त्री० [फा०] १. कील, काँटा। २. लकड़ी का खूँटा।

मेखचू पुं० [फा०] मेख ठोंकने की हथौड़ी।

मेखला स्त्री० [सं०] १. किसी वस्तु के मध्य भाग को चारों ओर से घेरनेवाली डोरी, शृंखला, रेखा आदि। २. करधनी, तागड़ी, किंकिणी। ३. मंडल, मँडरा। ४. पर्वत का मध्य भाग। ५. वह कपड़ा जो साधु लोग गले में डाले रहते हैं, कफनी, अलफी।

मेगावाट पुं० [अं०] बिजली के उत्पादन की इकाई जो सौ किलोवाट के बराबर होती है।

मेघ पुं० [सं०] १. बादल। २. संगीत में छह रागों में से एक।

मेघडंबर पुं० [सं०] १. बादल की गरज। २. बहुत बड़ा शामियाना।

मेघनाद पुं० [सं०] १. बादल की गरज। २. रावण का पुत्र, इन्द्रजीत। ३. मोर।

मेघराज पुं० [सं०] इन्द्र।

मेघवाई* स्त्री० [हिं० मेघ] बादलों की घटा।

मेघा पुं० दे० 'मेंढक'।

मेघागम पुं० [सं०] वर्षा ऋतु का आरम्भ।

मेघाच्छन्न वि० [सं०] बादलों से भरा या छाया हुआ (आकाश)।

मेघावर पुं० दे० 'मेघवाई'।

मेघावृत वि० [सं०] बादलों से घिरा या ढका हुआ।

मेघीना पुं० [सं० मेघ+वर्ण] नीले रंग का एक प्रकार का कपड़ा।

मेचक वि० [सं०] [भाव० मेचकता] १. काला, श्याम। २. अँधेरा।

पुं० १. धुआँ। २. बादल।

मेज[1] स्त्री० [पुर्त० मेज़] लिखने पढ़ने आदि के लिए बनी ऊँची चौकी। (टेबुल)

मेज[2] पुं० [फा० मेज़] भोज की सामग्री, दावत का सामान।

मेजपोश पुं० [पुर्त० मेज़+फा० पोश] मेज पर बिछाने का कपड़ा, मेज ढकनेवाला कपड़ा।

मेजबान पुं० [फा० मेज़बान] १. वह जिसके यहाँ कोई अतिथि या मेहमान आकर ठहरे। २. वह जो लोगों को अपने यहाँ किसी कार्य, विशेषत: भोजन, जलपान आदि के लिए निमन्त्रित करे, आतिथ्य करनेवाला, मेहमानदार।

मेजबानी स्त्री० [फा० मेज़बानी] १. मेजबान का भाव या धर्म। २. वे खाद्य पदार्थ जो बारात आने पर पहले-पहल कन्या पक्ष से बरातियों के लिए भेजे जाते हैं।

मेजा पुं०=मेंडक।

मेट पुं० [अं०] मजदूरों का सरदार।

मेटक, मेटनहारा वि० [हिं० मेटना] मिटानेवाला।

मेटना स०=मिटाना।

मुहा० *मेट मारना**=मिटा डालना या मार डालना।

मेटा पुं० दे० 'मटका'।

मेड़ स्त्री० दे० 'मेंड'

मेडन पुं० [अं०] क्रिकेट के खेल में वह ओवर जिसमें कोई रन न बना हो।

मेड़राना* अ० दे० 'मँडलाना'।

मेढ़क पुं० दे० 'मेंडक'।

मेढ़ा पुं० [सं० मेढ] [स्त्री० मेढ़ी] भेड़ की तरह का पर उससे कुछ बड़ा एक प्रकार का चौपाया।

मेढ़िया† पुं० [?] पहलवान।

मेढ़ी स्त्री० दे० 'मेंढ़ी'।

मेथी स्त्री० [सं०] एक छोटा पौधा जिसकी पत्तियों का साग बनता है।

मेथौरी स्त्री० [हिं० मेथी+बरी] वह बरी जिसमें मेथी का साग मिला रहता है।

मेद पुं० [सं० मेदस्, मेद] १. चरबी। २. कस्तूरी।

स्त्री०=मेदा (ओषधि)।

मेदनी स्त्री० [सं० मेदिनी] यात्रियों का वह दल जो झंडा लेकर किसी तीर्थ या देवस्थान को जाता है।

मेदा[1] स्त्री० [सं०] एक प्रकार की सुगन्धित जड़ जो औषध के काम में आती है।

मेदा[2] पुं० [अ०] पेट का वह भीतरी भाग जिसमें अन्न पचता है, पक्वाशय।

मेदिनी स्त्री० [सं०] पृथ्वी।

मेदुर वि० [सं०] १. चिकना, स्निग्ध। २. मोटा या गाढ़ा।

मेध पुं० [सं०] यज्ञ।

मेधा स्त्री० [सं०] १. अद्‌भुत स्मरण-शक्ति। २. स्मृति का वह विलक्षण रूप जिसमें किसी रचना की दीर्घकाल तक स्मृति बनी रहती है। ३. प्रज्ञा, मनीषा।

मेधावी वि० [सं०] [स्त्री० मेधाविनी] १. जिसकी मेधा या धारणा-शक्ति तीव्र हो, बुद्धिमान। २. पंडित, विद्वान।

मेध्य वि० [सं०] १. यज्ञ-सम्बन्धी। २. पवित्र।

पुं० १. बकरी। २. जौ। ३. खैर।

मेना स० [हिं० मोयन] १. पकवान आदि में मोयन डालना। २. मिलाना।

मेम स्त्री० [अं० मैडम] १. युरोप, अमेरिका आदि पाश्चात्य देश की स्त्री। २. गोरी स्त्री।

मेमना पुं० [में-में से अनु०] १. भेड़ का बच्चा। २. घोड़े की एक जाति।

मेमार पुं० [अ०] [भाव० मेमारी] मकान बनानेवाला कारीगर, राज।

मेमोरी स्त्री० [अं०] १. स्मृति, याद्दाश्त। २. कम्प्यूटर का वह अंश जिसमें सूचनाओं का भंडारण होता है।

मेयना स० दे० 'मेना'।

मेयर पुं० [अं०] नगर का प्रमुख अधिकारी।

मेर[१] * पुं० १. दे० 'मिलावट'। २. दे० 'मेल'।

मेर[२] पुं० [सं० सुमेरु] पुराणों के अनुसार सुमेरु पर्वत के पास का एक पर्वत, सुमेरु।

मेरवन* स्त्री० [हिं० मेरवना] १. मिलाने की क्रिया या भाव, मिश्रण। २. मिलाई हुई चीज, मेल।

मेरवना स० दे० 'मिलाना'।

मेरा सर्व० [हिं० मैं] [स्त्री० मेरी] 'मैं' के सम्बन्धकारक का एक रूप।

मेराउ, मेराव[१] पुं० १. दे० 'मिलाव'। २. दे० 'मिलाप'। ३. दे० 'मेल'।

मेराउ, मेराव[२] स्त्री० [हिं० मेरा] अहंकार।

मेरी स्त्री० [हिं० मेरा] १. अहंभाव, हमता। २. मेरा आदेश; जैसे—यहाँ मेरी ही चलेगी।

मेरु पुं० [सं०] १. हिंडोले में ऊपरवाली वह लकड़ी जिसमें हिंडोले या झूले की रस्सियाँ बँधी रहती हैं। २. छन्दशास्त्र की वह प्रक्रिया जिससे यह जाना जाता है कि कितने-कितने लघु-गुरु के छन्द हो सकते हैं। ३. दे० 'सुमेरु'। *पुं०=मेल-मिलाप।

मेरुज्योति स्त्री० [सं०] उत्तरी और दक्षिणी ध्रुवों में दिखाई पड़नेवाली वह चित्र-विचित्र और नाना वर्णों की ज्योति जो वायुमंडल में व्याप्त विद्युत् के कारण उत्पन्न होती है। विशेष—उत्तरी और दक्षिणी ध्रुवों में छह महीनों तक दिन और छह महीनों तक रात रहती है। जब यहाँ रात रहती है, तब प्राय: समय-समय पर यह ज्योति वहाँ दिखाई देती है, इसका दृश्य बहुत ही मनोहर और आकर्षक होता है।

मेरुदंड पुं० [सं०] १. पृष्ठवंश, रीढ़। २. पृथ्वी के दोनों ध्रुवों के बीच की सीधी कल्पित रेखा। ३. हिमालय।

मेरुपृष्ठ वि० [सं०] जिसकी पीठ या नीचे का भाग समतल भूमि पर नहीं, बल्कि अंडाकार उभरे हुए तल पर हो, 'भूपृष्ठ' का उलटा, जैसे मेरुपृष्ठ यन्त्र। (तान्त्रिकों का)

मेरे सर्व० [हिं० मेरा] १. 'मेरा' का पुंलिंग बहुवचन रूप। २. 'मेरा' का वह रूप जो उसके बाद की संज्ञा में विभक्ति लगने पर होता है, जैसे मेरे भाई का। ३. 'मेरा' का 'के' सम्बन्धबोधक से युक्त रूप; जैसे—मेरे यहाँ।

मेल[१] पुं० [सं०] १. मिलने की क्रिया या भाव, समागम, मिलाप। २. आपस का सद्भाव, 'वैर-विरोध' का उलटा, मैत्री, मित्रता। ३. आपस में एक समान होना, विरुद्ध न होना, संगति, अनुरूपता। (एग्रिमेंट)

मुहा० *मेल खाना, बैठना या मिलना*=(क) संगति या संयोग का ठीक और उपयुक्त होना। (ख) दो चीजों का जोड़ ठीक बैठना। *मेल बिसारना*=स्नेह या मैत्री का व्यवहार भूल जाना या छोड़ देना।

४. मिश्रण, मिलावट। ५. ढंग। ६. प्रकार, तरह।

मेल[२] स्त्री० [अं०] १. डाक। २. डाक-गाड़ी।

मेलक[१] पुं० [सं०] १. संग-साथ, पहचान। २. मिलान। ३. समूह। ४. मेला।

मेलक[२] वि० [हिं० मेल] मेल कराने या मिलानेवाला।

मेल-जोल पुं० [सं० मिलना+जुलना] प्राय: मिलते रहने से उत्पन्न सम्बन्ध, मेल-मिलाप, घनिष्टता।

मेलना* स० [हिं० मेल] १. मिश्रित करना, मिलाना। २. डालना; उदा० धायो ओड़छैं कौ मूढ़ मोहिनी सी मेलि कै। -केशव। ३. पहनाना। ४. लगाना। ५. फेंकना।

अ० इकट्ठा होना, मिलना।

मेल-मिलाप पुं० [हिं०] १. परस्पर मिलते-जुलते रहने तथा सुसम्बन्ध होने की अवस्था या भाव। २. उन दो पक्षों में सुलह कराना जिनमें अनबन या वैर रहा हो।

मेल-मुलाकात स्त्री० [सं०+अ०] भेंट।

मेला पुं० [सं० मेलक] १. उत्सव, त्योहार आदि के समय होनेवाला बहुत से लोगों का जमावड़ा। २. भीड़।

मेला-तमाशा पुं० मेला या तमाशा।

मेलान पुं० [हिं० मेलक] १. ठहराव। २. पड़ाव, डेरा, उदा० 'सागर तीन मेलान पुनि करिहैं रघुकुल नाह'। -केशव।

मेली पुं० [हिं० मेल] १. जिससे मेल-मिलाप हो। २. जल्दी हिल-मिल जानेवाला, मिलनसार। ३. संगी, साथी।

मेल्हना अ० [?] १. विकल होना। २. आना-कानी करके समय बिताना।

मेवरा* पुं०=मेवाड़।

मेवा पुं० [फा० मेव:] किशमिश, बादाम, आदि सुखाए हुए बढ़िया फल।

मेवाटी स्त्री० [फा० मेवा+हिं० बाटी] मेवे भरकर बनाया जानेवाला एक पकवान।

मेवासा पुं० [हिं० मवासा] १. किला, गढ़। २. सुरक्षित स्थान। ३. घर।

मेवासी पुं० [हिं० मवासा] १. घर का मालिक। २. किले में रहनेवाला।

वि० सुरक्षित और प्रबल।

मेष पुं० [सं०] १. भेड़, मेढ़ा। २. बारह राशियों में से पहली राशि, जिसमें छाछठ तारे इस प्रकार हैं कि उन सबके योग से मेढ़े की आकृति बन जाती है। (एरीज़)

मेषी* स्त्री०=मेष (भेड़)।

मेसू पुं० [?] बेसन की बनी हुई बरफी।

मेहँदी स्त्री० [सं० मेन्धी] एक झाड़ी जिसकी पत्तियाँ पीसकर स्त्रियाँ हथेली या तलवे रँगने के लिए लगाती हैं।

मेह पुं० [सं०] १. मूत्र। २. प्रमेह रोग।
*पुं० १. दे० 'मेघ'। २. दे० 'मेंह'।

मेहतर पुं० [फा० मिहतर] [स्त्री० मेहतरानी] १. मुसलमान भंगी। २. मेहतर, हलालखोर।

मेहनत स्त्री० [अ०] परिश्रम।

मेहनत-मशक्कत स्त्री० [अ०] घोर परिश्रम।

मेहनताना पुं० दे० 'पारिश्रमिक'।

मेहनती वि० [अ० मेहनत] परिश्रमी।

मेहमान पुं० [फा० मेह्मान] अतिथि।

मेहमानी स्त्री० [फा० मेह्मानी] १. अतिथि-सत्कार। २. मेहमान बनकर रहना। ३. दे० 'मेजबानी'।

मेहर स्त्री० [फा० मह्] १. प्रेम। २. करुणा। ३. कृपा, दया।
स्त्री० दे० 'मेहरी'।

मेहरबान वि० [वि०] कृपालु।

मेहरबानी स्त्री० [फा०] दया, कृपा।

मेहरा[1] पुं० [हिं० मेहरी] स्त्रियों की-सी चेष्टा या हाव-भाव करनेवाला, जनखा।

मेहरा[2]* पुं० [सं० मेघ] मेघ, बादल।

मेहराना स० [हिं० मेंह+राना(प्रत्य०)] वर्षा आदि होने पर नमकीन और कुरकुरे पकवानों आदि का इस प्रकार मुलायम पड़ जाना कि उनका कुरकुरापन जाता रहे।

मेहराब स्त्री० [अ०] द्वार आदि के ऊपर की अर्द्धमंडलाकार रचना।

मेहरारू स्त्री० दे० 'मेहरी'।

मेहरी स्त्री० [सं० महिला] १. स्त्री, औरत। २. पत्नी, जोरू।

मैं सर्व० [सं० अहम्] एकवचन उत्तम पुरुष का कर्ता कारक का रूप, स्वयं, खुद।
पुं० १. अपने अस्तित्व का बोध, मैंपन। २. अहंकार।
विभ० हिन्दी 'में' विभक्ति का व्रज० रूप।

मैंड़* स्त्री० दे० 'मेंड़'।

मैंपन पुं० [हिं० मैं+पन (प्रत्य०)] मैं होने का भाव।

मै स्त्री० [फा०] शराब, मद्य।

मैका पुं० दे० 'मायका'।

मैगर* पुं०=मैगल।

मैगल पुं० [सं० मदकल] मस्त हाथी।

मैच पुं० [अं०] प्रतिस्पर्धात्मक खेल।

मैच का खिलाड़ी पुं० वह खिलाड़ी जिसका खेल अन्य खिलाड़ियों की अपेक्षा किसी मैच में उत्तम माना जाए।

मैच-बंधन पुं० [अं० मैच+सं० बंधन] वह अवस्था जब दल के सदस्य (अथवा अन्य लोग भी) किसी मैच का परिणाम (जीत-हार) पहले से निश्चित कर लेते / देते हैं। (मैच-फिक्सिंग)

मैचिंग वि० [अं०] जिसका रंग या डिजाईन किसी अन्य के जैसा हो।

मैजल* स्त्री० [अ० मंजिल] १. पड़ाव, टिकान। २. यात्रा। ३. प्रवास।

मैट्रन स्त्री० [अं०] अस्पताल की नर्सों की मुखिया।

मैत्री स्त्री० [सं०] १. मित्रता, दोस्ती। २. संस्थाओं या राष्ट्रों का पारस्परिक हितों के लिए बना संघ। (अलायन्स)

मैत्रिपूर्ण वि० [सं०] मित्रतापूर्ण।

मैथिल पुं० [सं०] मिथिला का निवासी।

मैथिली स्त्री० [सं०] १. मिथिला जनपद की भाषा। २. जानकी।
वि० १. मिथिला-सम्बन्धी। २. मिथिला भाषा-सम्बन्धी, जैसे मैथिली लोकगीत।

मैथुन पुं० [सं०] स्त्री के साथ पुरुष का समागम, सम्भोग।

मैथुनिक वि० [सं०] मैथुन से सम्बन्ध रखनेवाला, रति-क्रिया सम्बन्धी।

मैदा पुं० [फा० मैद:] बहुत महीन आटा।

मैदान पुं० [फा०] [वि० मैदानी] १. लम्बा-चौड़ा खाली स्थान, सपाट भूमि।
मुहा० *मैदान में आना*=मुकाबले पर आना। *मैदान साफ होना*=मार्ग में बाधा या रुकावट न आना।
२. युद्ध क्षेत्र, रणभूमि।
मुहा० *मैदान करना*=युद्ध करना। *मैदान मारना*=विजयी होना।

मैदानी वि० [फा०] मैदान-सम्बन्धी।

मैन पुं० [सं० मदन] १. कामदेव, प्रद्युम्न, मीनकेतन, मदन। २. कामवासना। ३. भोग। ४. किसी प्रकार की वासना या इच्छा। ५. मोम (शहद की मक्खी के छत्ते का)।

मैनकामिनी स्त्री० [हिं० मैन=मदन+सं० कामिनी] कामदेव की स्त्री, रति।

मैनमय* वि० [हिं० मैन] कामासक्त।

मैनहोल पुं० [अं०] बन्द नाली का वह मुँह जिसमें आदमी सफाई आदि के लिए उतर सकता हो।

मैना[1] स्त्री० [सं० मदना] काले रंग की एक प्रसिद्ध चिड़िया जो मनुष्य की-सी बोली बोलती है, सारिका।

मैना[2] स्त्री० [सं० मेनका] पुराणानुसार हिमालय की स्त्री और पार्वती की माता।
पुं० १. दे० 'मीना'। (जाति) २. दे० 'मैन'। (कामदेव)

मैनाक पुं० [सं०] एक पर्वत जो हिमालय का पुत्र माना जाता है।

मैनी स्त्री० [?] वह गौ जिसके दोनो सींग नीचे की ओर झुके हों।

मैमंत* वि० [सं० मदमत्त] १. मदोन्मत्त, मतवाला। २. घमंडी, अभिमानी।

मैमत्त* वि०=मदोन्मत्त।

मैया स्त्री० [सं० मातृका] माता, माँ।

मैर स्त्री० [सं० मृदर] साँप के विष की लहर या प्रभाव।

मैल स्त्री० [सं० मलिन] १. किसी चीज पर पड़ी हुई या जमी हुई गर्द, धूल आदि।

पद *हाथ पैर की मैल*=तुच्छ वस्तु।
२. दोष, विकार।

मैलना| स० [?] (दीपक) बुझाना।

मैला वि० [सं० मलिन] [भाव० मैलापन] १. जिस पर मैल जमी हो, मलिन, अस्वच्छ। २. विकारयुक्त, दूषित।
पुं० १. विष्ठा, गुह। २. कूड़ा-कर्कट।

मैला-कुचैला वि० [हिं० मैला+सं० कुचैल] बहुत मैला, गन्दा।

मैलाघर पुं० [हिं० मैला+घर] वह स्थान जहाँ गुह भरा या रखा जाता हो।

मैहर पुं० [सं० मातृग्रह] विवाहिता स्त्री की दृष्टि या विचार से उसकी माता (और फलतः पिता) का घर, मायका, नैहर।

मों* सर्व० दे० 'मैं'।

मोंछ| स्त्री० दे० 'मूँछ'।

मोंढ़ा पुं० दे० 'कंधा'।

मो* सर्व० [सं० मम] १. मेरा। २. अवधी और ब्रजभाषा में 'मैं' का वह रूप जो उसे कर्ता कारक के सिवा किसी अन्य कारक का चिह्न लगने पर प्राप्त होता है। उदा० 'मो सम कौन कुटिल खल कामी'। -सूरदास

मोकना* स० दे० 'छोड़ना'।

मोकल* वि० दे० 'मुक्त'।

मोकला वि० [हिं० मोकल] १. लम्बा-चौड़ा, विस्तृत। २. छुटा या खुला हुआ।

मोक्ष पुं० [सं०] १. बन्धन से मुक्त, छुटकारा। २. जीव का जन्म और मरण के बन्धन से छूट जाना, मुक्ति। ३. मृत्यु। ४. निर्वाण। (साल्वेशन)

मोक्षकामी(-मिन्) वि० [सं०] मोक्ष की कामना करनेवाला, मोक्ष चाहनेवाला।

मोख* पुं० दे० 'मोक्ष'।

मोखा पुं० [सं० मुख] दीवार में बना हुआ छोटा छेद।

मोगरा पुं० [सं० मुद्गर] एक प्रकार का बढ़िया बड़ा बेला (फूल)।

मोगल पुं० दे० 'मुगल'।

मोगलाई वि०=मुगलाई।

मोगा पुं० [सं०] १. एक प्रकार का रेशम। २. इस रेशम का बना हुआ कपड़ा।

मोघ वि० [सं०] १. जो अपना प्रभाव या फल दिखला सके। २. जो न होने के समान हो, जिसके होने का कोई फल या महत्त्व न हो। ३. रद्द या निरर्थक किया हुआ।

मोघन पुं० [सं०] १. न किए हुए के समान करने की क्रिया या भाव, रद्द या व्यर्थ करना, व्यर्थन। (नलिफिकेशन)

मोच स्त्री० [सं० मुच] शरीर के किसी अंग के जोड़ का कुछ इधर-उधर हट जाना।

मोचन पुं० [सं०] १. बन्धन आदि खोलकर मुक्त करना। २. दूर करना, हटाना। ३. छीन लेना। ४. दे० 'विमोचन'।

मोचना[१] स० [सं० मोचन] १. बन्धन, संकट आदि से मुक्त करना या कराना, बचाना या उबारना, उदा० काटि कै अघफाँस, ज्यौं गज मोचि। -सूर। २. गिराना। ३. बहाना।

मोचना[२] पुं० [फा० मूचीनः] हज्जामों का बाल उखाड़ने का औजार या चिमटी।

मोची[१] पुं० [सं० मोचन] जूते आदि बनानेवाला कारीगर।

मोची[२] वि० [सं० मोचिन्] [स्त्री० मोचीनी] १. छुड़ानेवाला। २. दूर करनेवाला।

मोच्छ* पुं० दे० 'मोक्ष'।

मोछ स्त्री० दे० 'मूँछ'।
*पुं० दे० 'मोक्ष'।

मोजा पुं० [फा० मोजः] १. पैरों में पहनने का पायताबा, जुर्राब। २. पिंडली के नीचे का भाग।

मोट स्त्री० [सं० मोटः, मोटम्] [हिं० मोटरी] १. गठरी। २. ढेर, राशि।
पुं० चमड़े का बड़ा थैला जिससे खेत सींचते हैं, चरसा, पुर।
*वि० दे० 'मोटा'।

मोटर स्त्री० [अं०] १. एक प्रकार का यन्त्र जो विद्युत, पेट्रोल, कोयले आदि से चलता और दूसरे यन्त्रों का संचालन करता है, चालक-यन्त्र। २. एक प्रकार की प्रसिद्ध गाड़ी जो इस यन्त्र से चलती है।

मोटरी स्त्री० [हिं० मोट] छोटी गठरी।

मोटा वि० [सं० मुष्ट] [स्त्री० मोटी] १. फूले हुए या स्थूल शरीरवाला, 'दुबला' का उलटा। २. दलदार, 'पतला' का उलटा। ३. अधिक घेरे या मानवाला। ४. सबल और सम्पन्न।
पद *मोटा असामी*=अमीर।
५. दरदरा। ६. साधारण या घटिया।
मुहा० *मोटे तौर पर*=साधारण दृष्टि से देखने-सुनने या विचार करने पर। *मोटे हिसाब से*=अन्दाज या स्थूल अनुमान से। *मोटा दिखाई देना*=कम दिखाई देना।
७. बड़ा। (राज० और गुज०)

मोटाई स्त्री० [हिं० मोटा+ई(प्रत्य०)] १. 'मोटा' होने का भाव, मोटापन। २. शरारत, पाजीपन।

मोटा असामी पुं० धनी व्यक्ति, अमीर।

मोटाना अ० [हिं० मोटा] १. मोटा होना। २. घमंडी होना। ३. धनी होना।
स० दूसरे को मोटा करना।

मोटापा पुं० [हिं० मोटा] १. शरीर का मोटापन या स्थूलता। २. दे० 'मोटाई'।

मोटा-मोटी क्रि० वि० [हिं० मोटा] मोटे हिसाब से, अनुमानतः।

मोटिया पुं० [हिं० मोट=बोझ] मोट या बोझ ढोनेवाला, मजदूर।
पुं० दे० 'खद्दर'।

मोटी रकम स्त्री० बड़ी मात्रा में धन।

मोटू वि० [हिं० मोटा+ऊ (प्रत्य०)] जो शरीर से मोटा हो।

मोट्टायित पुं० [सं०] साहित्य में एक हाव जिसमें प्रिय के रूप, गुण आदि की प्रशंसा सुनकर मन मुग्ध होने के कारण उसके प्रति अनुराग प्रकट किया जाता है।

मोठ स्त्री० [सं० मकुष्ठ] मूँग की तरह का एक मोटा अन्न।

मोड़ पुं० [हिं० मुड़ना] १. किसी ओर मुड़ने की क्रिया या भाव। २. रास्ते आदि का वह अंश या स्थान जहाँ से वह किसी ओर मुड़ता या घूमता है।

मोड़ना स० [सं० मोटन] १. किसी को मुड़ने में प्रवृत्त करना।
मुहा० *मुँह मोड़ना*=विमुख होना।
२. कुछ अंश उलट या समेटकर विस्तार कम करना। ३. कुंठित करना, जैसे धार मोड़ना।

मोढ़ा पुं० १. दे० 'मूढ़ा'। २. दे० 'कंधा'।

मोतिया पुं० [हिं० मोती] १. एक प्रकार का बेला। २. एक प्रकार का सलमा।
वि० मोती की तरह छोटे गोल दानों का।
*पुं०=मोती।

मोतियाबिंद पुं० [हिं० मोतिया+सं० विंदु] आँख का एक रोग जिसमें पुतली के आगे गोल झिल्ली पड़ जाती है जो दृष्टि में अवरोध उत्पन्न करती है। (कैटेरैक्ट)

मोतिया भात पुं० एक प्रकार का मीठा भात या पके हुए चावल।

मोती पुं० [सं० मौक्तिक] समुद्री सीपी से निकलनेवाला एक प्रसिद्ध बहुमूल्य रत्न जो सफेद या हलके पीले रंग का होता है और चंद्रमा का प्रतिनिधि माना जाता है।
मुहा० *मोती गरजना*=मोती चटकना या कड़क जाना। *मोती रोलना*=बिना परिश्रम बहुत अधिक धन पाना। *मोतियों से मुँह भरना*= बहुत धन देना।

मोतीचूर पुं० [हिं० मोती+चूर] छोटी बूँदिया का लड्डू।

मोतीझरा, मोतीझिरा पुं० [हिं० मोती+झरा] छोटी चेचक।

मोतीभात पुं० [हिं० मोती+भात] एक विशेष प्रकार का भात।

मोतीसिरी स्त्री० [हिं० मोती+सं० श्री] मोतियों की माला।

मोथा पुं० [सं० मुश्तक] जल में होनेवाला एक प्रकार का पौधा जिसकी जड़ कसेरू कहलाती है।

मोद पुं० [सं०] १. आनन्द, हर्ष, प्रसन्नता। २. सुगन्ध, महक।

मोदक पुं० [सं०] लड्डू।

मोदधि* पुं० [सं० महोदधि] समुद्र, सिन्धु, सागर।

मोदना* अ० [सं० मोदन] १. प्रसन्न या खुश होना। २. सुगन्ध फैलना।
स० १. प्रसन्न करना। २. सुगन्धि फैलाना।

मोदित* वि० दे० 'मुदित', हर्षित।

मोदी पुं० [सं० मोदक=लड्डू] आटा, दाल, चावल आदि बेचनेवाला बनिया।

मोदीखाना पुं० [हिं० मोदी+फा० खान:] अनाज आदि रखने का भंडार।

मोधू वि० [सं० मुग्ध] मूर्ख।

मोन* पुं० दे० 'मोना'।

मोना[१] * स० [हिं० मोयन] भिगोना।

मोना[२] पुं० [सं० मोण] झाबा, पिटारा।

मोना[३] * स०=मोहना।

मोपेड स्त्री० [अं०] पेट्रोल से चलनेवाली एक प्रकार की छोटी हलकी मोटर साइकिल।

मोबाइल पुं० [अं०] दूरभाष का वह उपकरण जिसे अपने साथ हर जगह ले जाया जाता है, चल-फोन।

मोम पुं० [फा०] वह चिकना कोमल पदार्थ जिससे शहद की मक्खियों का छत्ता बना होता है।

मोमजामा पुं० [फा०] वह कपड़ा जिस पर मोम का रोगन चढ़ा हो।

मोमती* स्त्री० [मो+मति] मेरी मति।
स्त्री० दे० 'ममत्व'।

मोमबत्ती स्त्री० [फा० मोम+हिं० बत्ती] मोम आदि की बत्ती जो प्रकाश के लिए जलाई जाती है।

मोमिन पुं० [अ०] धर्मनिष्ठ मुसलमान।

मोमियाई स्त्री० [फा०] १. शिलाजीत। २. प्राचीन मिस्र में मृतकों के वे शरीर जो विशेष प्रक्रिया से सुरक्षित किए जाते थे।

मोमी वि० [फा०] मोम का बना हुआ।

मोय* सर्व=मुझे।

मोयन पुं० [हिं० मैन=मोम] गूँथे हुए आटे में डाला जानेवाला घी या तेल जिसके कारण उससे बननेवाली वस्तु खसखसी और मुलायम हो।

मोर[१] पुं० [सं० मयूर] [स्त्री० मोरनी] एक अत्यन्त सुन्दर प्रसिद्ध नाचनेवाला बड़ा पक्षी।

मोर[२] * सर्व० [सं० मम] [स्त्री० मोरी] अवधी में मैं का सम्बन्ध कारक का रूप, मेरा, उदा० तेरा तुझको अर्पण का लागे है मोर।

मोरचंग पुं० दे० 'मुरचंग'।

मोर-चंद्रिका स्त्री० [हिं० मोर+चंद्रिका] मोरपंख पर की चन्द्राकार बूटी।

मोरचा[१] पुं० [फा० मोरच:] १. लोहे पर चढ़नेवाला वह काला अंश जो वायु और नमी के प्रभाव से उत्पन्न होता है, जंग। २. शीशे, दर्पण पर जमी हुई मैल।

मोरचा[२] पुं० [फा० मोरच:] १. वह गड्ढा जो किले के चारों ओर सुरक्षा के लिए खोदा जाता है। २. वह स्थान जहाँ से गढ़ या नगर की रक्षा की जाती है। ३. द्वन्द्व या प्रतियोगिता में होनेवाला सामना।
मुहा० *मोरचा जीतना या मारना*=विजय प्राप्त करना। *मोरचा लेना*=(क) युद्ध करना। (ख) द्वन्द्व या प्रतियोगिता में सामने आना।
४. कई दलों के मेल से बना संघटन; जैसे—संयुक्त मोरचा।

मोरचेबंदी स्त्री० [हिं० मोरचा+फा० बंदी] शत्रु पर आक्रमण करने या अपनी रक्षा करने के लिए मोरचा बनाने का कार्य।

मोरछड़* पुं० दे० 'मोरछल'।

मोरछल पुं० [हिं० मोर+छड़] मोर के परों से बना हुआ चँवर।

मोरछाँह* स्त्री० दे० 'मोरछल'।

मोरन* स्त्री० दे० 'शिखरन'।

मोरना* स० [हिं० मोरन] दही मथकर मक्खन निकालना। *स०=मोड़ना।

मोरनी स्त्री० [हिं० मोर] १. मोर पक्षी की मादा। २. नथ में लगनेवाला मोर के आकार का टिकड़ा।

मोरपंख पुं० [हिं० मोर+पंख] १. मोर का पर। २. मोर के पर की कलगी।

मोरपंखा* पुं०=मोरपंख।

मोरपखा पुं०=मोरपंख, उदा० मोरपखा सिर ऊपर राखिहौं गुंज की माल गलै पहिरौंगी। -रसखान।

मोरम पुं० [तेलगु मोरमु, पाली मरुम्ब] एक प्रकार का पहाड़ी लाल बालू या रेत जो सड़कों आदि पर बिछाते हैं।

मोरमुकुट पुं० [हिं० मोर+सं० मुकुट] मोर के पंखों का बना हुआ मुकुट।

मोरा* वि० दे० 'मेरा'।

मोराना* स० [हिं० मोड़ना] चारों ओर घुमाना।

मोरी स्त्री० [हिं० मोहरी] गन्दा पानी बहने की नाली। *स्त्री० दे० 'मोरनी'।

मोर्टार पुं० [अं०] क्षेप्यास्त्र छोड़ने की छोटी भारी तोप।

मोल पुं० [सं० मूल्य, प्रा० मुल्ल] दाम, मूल्य।

मुहा० *मोल लेना*=दाम देकर लेना, खरीदना। *(कोई अनिष्ट बात) मोल लेना*=अपने ऊपर लेना, अपने साथ लगाना, जैसे झगड़ा मोल लेना, रोग मोल लेना।

पद *मोल का लिया*=खरीदा हुआ, क्रीत, उदा० मोंसो कहत मोल को लीन्हों। -सूर।

मोल-चाल पुं० किसी वस्तु का दाम बढ़ाकर कहना या किसी चीज का दाम घटा-बढ़ाकर तै करना।

मोलना पुं० [अ० मौलाना] मौलवी।

मोलाना* स० [हिं० मोल] मूल्य या दाम पूछना या तै करना।

मोवना* स० दे० 'मोना'।

मोष, मोषु पुं०=मोक्ष।

मोह पुं० [सं०] १. अज्ञान। २. भ्रम, भ्रान्ति। ३. ईश्वर का ध्यान छोड़कर शरीर और सांसारिक पदार्थों को अपना सर्वस्व समझना। ४. प्रेम, प्यार। ५. चिन्ता, दुख, भय, विरह आदि के कारण अपनी सुध-बुध भूल जाना जो साहित्य में एक संचारी भाव माना गया है। ६. मूर्च्छा, बेहोशी। ७. माया-जाल।

मोहक वि० [सं०] [भाव० मोहकता] १. मोह उत्पन्न करनेवाला। २. मोहित करने या लुभानेवाला, मनोहर।

मोहताज वि० [अ० मुहताज] १. दरिद्र, कंगाल। २. बिना सहायता के जिसका काम न सरे। ३. आश्रित, अवलम्बित। ४. विशेष कामना रखनेवाला।

मोहन पुं० [सं०] १. मोहित करने की क्रिया या भाव। २. किसी को बेहोश या मूर्च्छित करने का एक तान्त्रिक प्रयोग। ३. एक अस्त्र जिससे शत्रु मूर्च्छित किया जाता था। ४. श्रीकृष्ण।

वि० [सं०] [स्त्री० मोहिनी] १. मोह उत्पन्न करनेवाला। २. मन को लुभानेवाला।

मोहनभोग पुं० दे० 'हलुआ'।

मोहनमाला स्त्री० [सं०] सोने के दानों से बनी माला।

मोहना अ० [सं० मोहन] १. मोहित होना, रीझना। २. मूर्च्छित होना; उदा० लग्यौ अंग में घाउ महा मेरो मन मोहै। -केशव

स० १. मोहित या अनुरक्त करना, लुभाना। २. भ्रम में डालना।

मोहनिद्रा स्त्री० [सं०] १. वह अवस्था जिसमें किसी भ्रामक बात या दूषित प्रभाव के वश में पड़कर मनुष्य वास्तविक स्थिति भूल जाता है। २. मोह के कारण होनेवाला अज्ञान।

मोहनिरसन पुं० [सं०] मोह का निराकरण या परिहार, मोह हटाना।

मोहनिशा स्त्री० दे० 'मोहरात्रि'।

मोहनी स्त्री० [सं०] १. विष्णु भगवान का वह स्त्रीवाला रूप जो उन्होंने समुद्र मन्थन के उपरान्त अमृत बाँटने के समय दैत्यों को छलने के लिए धारण किया था। २. वशीकरण का मन्त्र या विद्या। ३. मोहित करनेवाली शक्ति या माया, जादू।

मुहा० *मोहनी डालना*=(क) मोह या माया के वश में करना। (ख) किसी को अपने ऊपर मोहित करना। *मोहनी लगना*=मोहित होना, लुभाना।

मोहर स्त्री० [फा० मुह्र] १. अक्षर, चिह्न आदि की छाप लेने या उन्हें दबाकर अंकित करने का ठप्पा। २. उक्त ठप्पे की छाप। ३. अशरफी।

मोहरबंद वि० [हिं० मोहर+बंद] जिसे बन्द करके ऊपर से मोहर लगाई गई हो।

मोहरा[१] पुं० [हिं० मुँह+रा (प्रत्य०)] [स्त्री० मोहरी] १. मुँह या खुला भाग। २. सामने का भाग। ३. सेना की अगली पंक्ति।

मुहा० *मोहरा लेना*= मुकाबला करना।

मोहरा[२] पुं० [फा० मुह्रः] १. शतरंज की कोई गोटी।

मुहा० *मोहरा बनना*=किसी की इच्छा या आदेश के अनुरूप चलना; जैसे-अक्रूर कंस की शतरंज का उपयोगी मोहरा बन सकता था।

२. रेशमी कपड़े घोटने का घोटना। ३. यशब या अकीक पत्थर की वह छोटी गुल्ली जिससे रगड़कर चित्र पर का सोना या चाँदी चमकाते हैं, ओपनी। ४. सिंगिया, विष। ५. जहर-मोहरा।

मोहरात्रि स्त्री० [सं०] १. वह प्रलय की रात जो ब्रह्मा के पचास वर्ष बीतने पर होती है। २. श्रीकृष्ण जन्माष्टमी।

मोहरिल* पुं० [अ० मुहरिर ?] वह व्यक्ति जो किसी असामी के साथ इसलिए रख दिया जाता है कि जब तक व ऋण न चुकाए, तब तक कहीं जा न सके, बंधक।

मोहरी स्त्री० [हिं० मोहरा] पाजामे का वह भाग जिसमें टाँगें रहती हैं।

मोहरुख* वि० [सं० मुमूर्षु] १. जो थोड़े समय में ही मरने को हो। २. मूर्च्छित।

मोहलत स्त्री० [अ० मुह्लत] १. फुरसत, अवकाश। २. छुट्टी। ३. अवधि।

मोहला* पुं० [सं० मोह] स्नेह, प्रेम।
वि० १. स्नेह युक्त। २. स्नेही, प्रेमी।

मोहवश वि० [सं० मोह+वश] [भाव० मोहवशता] मोह के वशीभूत, मुग्ध।

मोहांध वि० [सं० मोह+अंध] [भाव० मोहांधता] मोहवश जिसका विवेक नष्ट हो गया हो।

मोहावरण पुं० [सं० मोह+आवरण] मोह का आवरण, परदा।

मोहिं* सर्व० [सं० मह्यम्] मुझे।

मोहित वि० [सं०] [स्त्री० मोहिता] १. मोह या भ्रम में पड़ा हुआ, मुग्ध। २. लुभाया हुआ, आसक्त, लुब्ध।

मोहिनी वि० स्त्री० [सं०] मोहनेवाली।
स्त्री० दे० 'मोहनी'।

मोही[1] वि० [सं० मोहिन्] मोहित करनेवाला।

मोही[2] वि० [सं० मोह+हिं० ई (प्रत्य०)] १. मोह या प्रेम करनेवाला। २. लोभी, लालची।

मौं* विभ० [सं० मध्य] ब्रजभाषा में अधिकरण कारक चिह्न, में, उदा० काकैं बन हौं तरौ गुसाई, कछु न भक्तिमौं।-सूर।

मौंगा* वि० [सं० मौन] मौन, चुप।

मौंगी* स्त्री० [हिं० मौन] चुप्पी, मौन।

मौंडा* पुं० [सं० माणवक] [स्त्री० मौंडी] लड़का, बच्चा।

मौकना* स० [सं० मोक्ष] १. मुक्त करना। २. त्यागना।

मौका पुं० [अ० मौक़आ] १. किसी घटना के घटित होने का स्थान। २. अवसर, समय।

मौकापरस्त वि०, पुं० [अ०+फा०] अवसरवादी।

मौकापरस्ती स्त्री०=अवसरवादिता।

मौकूफ वि० [अ०] [भाव० मौकूफी] १. रोका या बन्द किया हुआ, स्थगित। २. नौकरी से हटाया हुआ, बरखास्त। ३. रद किया हुआ। ४. अवलम्बित, आश्रित।

मौके-बेमौके क्रि० वि० उचित और अनुचित या उपयुक्त और अनुपयुक्त सभी अवसरों पर, समय-कुसमय।

मौक्तिक पुं० [सं०] मुक्ता, मोती।
वि० १. मोतियों का। २. मुक्ता-संबंधी।

मौक्तिक माला (छंद) स्त्री० [सं०] पिंगल में एक वर्णवृत्त जिसके प्रत्येक चरण में भगण, तगण, नगण और अन्त में दो गुरु होते हैं।

मौखर्य पुं०=मुखरता।

मौखिक वि० [सं०] १. मुख, वाणी या उच्चारण से संबंध रखनेवाला, कंठ से निकलनेवाले शब्द का। (वोकल) २. मुख का। ३. मुँह से कहा या कहलाया हुआ, जबानी, 'लिखित' से भिन्न। (ओरल, वरबल)

मौगा† पुं०=जनखा।

मौज स्त्री० [अ०] १. लहर, तरंग। २. मन की उमंग, तरंग। (व्हिम)
मुहा० *(किसी की) मौज पाना*=इच्छा या मनोवृत्ति से अवगत होना। *मौज में आना*=उमंग में आना।
३. सुख, आनन्द, मजा।

मौज-माज पुं० [अ० मौज+फा० मज़ः] १. आनंद-मंगल। २. राजी-खुशी।

मौजा पुं० [अ० मौज़आ] गाँव।

मौजी वि० [अ० मौज+हिं० ई (प्रत्य०)] १. जो जी में आए, वही करनेवाला, मनमौजी, तरंगी। २. सदा प्रसन्न रहने और सुखभोग करनेवाला, आनन्दी।

मौजूद वि० [अ०] [भाव० मौजूदगी] १. उपस्थित। २. विद्यमान। ३. जो सामने हो, प्रस्तुत, तैयार।

मौजूदगी स्त्री० [अ०] १. विद्यमानता। २. उपस्थिति।

मौजूदा वि० [अ० मौजूदः] १. वर्तमान काल का, इस समय का। २. उपस्थित।

मौत स्त्री० [अ०] १. मरण, मृत्यु। २. घोर संकट।
मुहा० *मौत सिर पर खेलना*=मृत्यु या भारी संकट समीप होना। *मौत के मुँह में*=घोर संकट में।
३. मरने का समय या काल। ४. मरने के समय का-सा कष्ट। ५. अन्त; जैसे-अफसरशाही की मौत।

मौन[1] पुं० [सं०] १. मुनियों का व्रत या चर्या। २. चुप रहना, न बोलना, चुप्पी। ३. शान्त रहना।
मुहा० *मौन लेना या साधना*=चुप रहना या चुप रहने का संकल्प करना, न बोलना। *मौन संभारना*=मौन साधना, चुप होना।
४. मनन का अभाव, सोच का अभाव। (कामायनी)
वि० १. जिसने मौन धारण कर रखा हो। २. जो चुप हो। ३. गम्भीर।

मौन[2]* पुं० [सं० मौण] बरतन।

मौनयुद्ध पुं० [सं०] एक साथ रहनेवाले दो व्यक्तियों (जैसे पिता और पुत्र, पति और पत्नी) के झगड़े के कारण आपस में बोलने की अवस्था या भाव।

मौन सम्मति स्त्री० [सं०] वह स्वीकृति जो किसी विषय के संबंध में चुप रहने की मानी जाती है।

मौनसून पुं० [अं०] वर्षाऋतु।

मौनसूनी वि० [अं० मौनसून] वर्षाऋतु-सम्बन्धी।

मौनालाप पुं० [सं० मौन+आलाप] वह वार्ता जो मौन रहने के दौरान हो।

मौनी वि० [सं० मौनिन्] मौन धारण करने या चुप रहनेवाला।

मौर[1] पुं० [सं० मुकुट] [स्त्री० अल्पा० मौरी] १. विवाह के समय वर को पहनाया जानेवाला एक प्रकार का शिरोभूषण। २. शिरोमणि, प्रधान।

मौर[2] पुं० [सं० मुकुल] मंजरी, बौर।

मौर[3] पुं० [सं० मौलि] १.सिर। २. गरदन।

मौरना* स० दे० 'बौरना'।

मौरिसिरी* स्त्री०=मौलसिरी।

मौरूसी वि० [अ०]१. बाप-दादा के समय से चला आया हुआ। २. पैतृक (धन-सम्पत्ति); मौरूसी जायजाद।

मौरूसी काश्तकार पुं० दे० 'काश्तकार' के अन्तर्गत।

मौल वि० [सं०] १. मूल-सम्बन्धी। २. मूल का। ३. बिल्कुल आरम्भिक या आदि काल से चला आनेवाला।

मौलवियाना वि० [अ० मौलवी+हिं० आना(प्रत्य०)] मौलवियों का-सा।

मौलवी पुं० [अ०] मुसलमान धर्मशास्त्र का आचार्य।

मौलसिरी स्त्री० [सं० मौलि+श्री] एक बड़ा सदाबहार पेड़ जिसमें छोटे सुगन्धित फूल लगते हैं, बकुल।

मौला पुं० [अ०] १. मित्र, दोस्त। २. सहायक, मददगार। ३. स्वामी, मालिक। ४. ईश्वर।

मौलाना पुं० दे० 'मौलवी'।

मौलि पुं० [सं०] १. चोटी, सिरा। २. मस्तक, सिर। ३. किरीट। ४. जटाजूट। ५. प्रधान सरदार, मुखिया।

मौलिक वि० [सं०] [भाव० मौलिकता] १. मूल या जड़ से सम्बन्ध रखनेवाला; जैसे मौलिक शिक्षा। (बेसिक)। २. मूलतत्त्व या सिद्धान्त से सम्बन्ध रखनेवाला, तात्त्विक। (फन्डामेन्टल) ३. असली। ४. (ग्रन्थ या विचार) जो किसी का अनुवाद, नकल या आधार पर न हो, बल्कि अपनी उद्भावना से निकला हो। (ओरिजिनल) ५. दे० 'मूलिक'।

मौलिकता स्त्री० [सं०] १. मौलिक होने की अवस्था या भाव। २. मौलिक गुण।

मौलिमणि पुं०= शिरोमणि।

मौली[1] वि० [सं० मौलिन्] मौलि धारण करनेवाला।

मौली[2] स्त्री० [?] पूजा आदि के लिए रँगा हुआ सूत, नारा।

मौसम पुं० [अ० मौसिम] [वि० मौसिमी] १. ऋतु। २. वर्षा, वायु की खुश्की और नमी तथा प्रवाह आदि के विचार से किसी स्थान के वातावरण की वह अवस्था जिसमें समय-समय पर परिवर्तन होते रहते हैं। (वेदर) ३. प्राप्ति आदि का उपयुक्त समय विशेषत: वृक्षों की फलत आदि के विचार से, जैसे अनार, आम, पपीते आदि का मौसिम।

मौसमी वि० [अ० मौसिम] १. मौसम-संबंधी। २. किसी मौसम या ऋतु में होनेवाला। ३. प्रस्तुत मौसम में होनेवाला; जैसे-मौसमी बुखार।

मौसम्मी स्त्री० मीठे नींबू की तरह का फल।

मौसर* वि० दे० 'मयस्सर'।

मौसा पुं० [हिं०] [स्त्री० मौसी] माता की बहन (मौसी) का पति।

मौसाल स्त्री० [हिं० मौसी+सं० आलय=घर] मौसी और मौसा का घर या कुल।

मौसिम पुं०=मौसम।

मौसिया वि० दे० 'मौसेरा'।

मौसी स्त्री० [सं० मातृष्वसा] [वि० मौसेरा] माता की बहन, मासी।

मौसेरा वि० [हिं० मौसी+एरा(प्रत्य०)] मौसी के सम्बन्ध का, जैसे मौसेरा भाई।

म्याओं, म्याँवँ स्त्री० [अनु०] १. बिल्ली की बोली।

मुहा० *म्याँओं म्याँओं करना*=दीनतापूर्वक और बहुत दबकर धीरे से बोलना।

२. बिल्ली।

म्यौं स्त्री० दे० 'म्याँव'

म्यान पुं० [फा० मियान] १. वह खाना जिसमें तलवार, कटार आदि के फल रखते हैं।

म्याना* स० [हिं० म्यान] म्यान में रखना।

*पुं० दे० 'मियाना'।

म्युनिसिपैलिटी स्त्री० [अं०] किसी नगर की सीमा के अन्दर, स्वास्थ्य, शुचिता, लोकवास्तु आदि की व्यवस्था करनेवाली वह संस्था जो साधारणत: नागरिकों के चुने हुए प्रतिनिधियों के अधीन रहती है, नगरपालिका।

म्यूजियम पुं० [अं०] अजायब घर।

म्रजाद* स्त्री० दे० 'मर्यादा'।

म्रितक* वि०=मृतक।

म्रितक थान* पुं० [सं० मृतक स्थान] श्मशान, मरघट।

म्रियमाण वि० [सं०] मरे हुए के समान, मरा हुआ-सा, मृत-तुल्य, मरणासन्न।

म्लान वि० [सं०] [भाव० म्लानता] १. कुम्हलाया हुआ। २. दुर्बल। ३. मैला, मलिन।

म्लानता स्त्री० [सं०] १. म्लान होने का भाव, मलिनता। २. दुर्बलता।

म्लानि स्त्री० दे० 'म्लानता'।

म्लेच्छ पुं० [सं०] हिन्दुओं की दृष्टि से वे जातियाँ जिनमें वर्णाश्रम धर्म न हो।

वि० १. नीच। २. पापी।

म्हा* सर्व० दे० 'मुझ'।

म्हार* सर्व० दे० 'हमारा'।

य

य नागरी वर्णमाला का २६वाँ अक्षर, जिसका उच्चारण-स्थान तालू है, छन्दशास्त्र में यह यगण का संक्षिप्त रूप और सूचक माना जाता है।

यंत्र पुं० [सं०] [वि० यांत्रिक, यंत्रित] १. तन्त्र-शास्त्र में कुछ विशिष्ट प्रकार के कोष्ठक आदि जिनमें कुछ अलौकिक शक्ति मानी जाती है। २. उक्त प्रकार के कोष्ठकों आदि का वह रूप जो अनिष्ट आदि से रक्षा के लिए शरीर पर धारण किया और कई प्रकार के काम में लाया जाता है, जन्तर, यंत्र-मंत्र। (एम्युलेट) ३. वह उपकरण जो कोई विशेष कार्य करने या कोई वस्तु बनाने के लिए हो, कल। (मशीन) ४. बाजा, वाद्य। ५. ताला।

यंत्रकार पुं० [सं०] [भाव० यंत्रकारी] यंत्र बनाने तथा उनकी मरम्मत करनेवाला, मिस्त्री। (मैकेनिक)

यंत्रणा स्त्री० [सं०] १. कष्ट, तकलीफ। २. दर्द, पीड़ा।

यंत्रमंत्र पुं० [सं०] जादू-टोना, जन्तर-मन्तर।

यंत्रयुग पुं० [सं०] १. यन्त्रों का युग। २. आधुनिक युग जिसमें अधिकतर कार्य यन्त्रों द्वारा ही सम्पादित होते हैं।

यंत्रवत् क्रि० वि० [सं०] यंत्र की तरह।

वि० [भाव० यंत्रवत्ता] यंत्र के समान।

यंत्रविद्या स्त्री० [सं०] कलें या यन्त्र चलाने और बनाने की विद्या। (मैकेनिक्स इंजीनियरिंग)

यंत्रशाला स्त्री० [सं०] १. वह स्थान जहाँ अनेक प्रकार के यन्त्र रखे हों या बनते हों। २. वेधशाला।

यंत्रसज्जित वि० [सं०] यन्त्रों से सज्जित।

यंत्राधारित वि० [सं० यंत्र+आधारित] यंत्र या यंत्रों पर आधारित; जैसे-यंत्राधारित जीवन।

यंत्रालय पुं० [सं०] १. वह स्थान जहाँ कलें हों। २. छापाखाना।

यंत्रिका स्त्री० [सं०] ताला।

यंत्रित वि० [सं०] १. यन्त्र के द्वारा रोका या बन्द किया हुआ। २. ताले में बन्द।

यंत्री (-त्रिन) पुं० [सं०] १. तन्त्र-मन्त्र करनेवाला, तान्त्रिक। २. बाजा-बजानेवाला। ३. यन्त्र या मशीन चलानेवाला।

यंत्रीकरण पुं० [सं०] १. यन्त्रों से सज्जित करना, यन्त्र लगाना। २. यन्त्रों द्वारा काम करना।

यकायक क्रि० वि० [फा०] अचानक, सहसा, एकाएक।

यकीन पुं० [अ० यक़ीन] विश्वास, एतबार।

यकीनन क्रि० वि० [अ० यक़ीनन] निस्सन्देह, निश्चय ही।

यकृत पुं० [सं०] १. पेट में दाहिनी ओर की वह थैली जिसकी क्रिया से भोजन पचता है, जिगर। २. तापतिल्ली नामक रोग।

यक्ष पुं० [सं०] १. कुबेर के सेवकों और उसकी निधियों के रक्षकों में से कोई। २. कुबेर।

यक्षराज पुं० [सं०] यक्षों का राजा, कुबेर, धनाधिप।

यक्षिणी स्त्री० [सं०] १. यक्ष जाति की स्त्री। २. कुबेर की पत्नी।

यक्ष्मा स्त्री० [सं० यक्ष्मन्] क्षय नामक रोग, तपेदिक।

यखनी स्त्री० [फा० यख़्नी] उबाले हुए मांस का रसा या शोरबा।

यगण पुं० [सं०] छन्द शास्त्र में एक लघु और दो गुरु मात्राओं का एक गण जिसका संक्षिप्त रूप 'य' है। (ISS)।

यच्छ पुं० दे० 'यक्ष'।

यजन पुं० [सं०] यज्ञ करना।

यजना* स० [सं० यजन] १. यज्ञ करना। २. पूजा करना।

यजमान पुं० [सं०] [भाव० यजमानी] १. यज्ञ करनेवाला। २. ब्राह्मण की दृष्टि से वह व्यक्ति जो उससे अपने धार्मिक कृत्य कराता है।

यजुर्वेद पुं० [सं०] [वि० यजुर्वेदी] चार वेदों में से एक, जिसमें यज्ञ-सम्बन्धी मन्त्रों का संग्रह एवं विधान है। (अन्य तीन वेद हैं—ऋग्वेद, अथर्ववेद और सामवेद)

यज्ञ पुं० [सं०] १. प्राचीन भारतीय आर्यों का एक प्रसिद्ध धार्मिक कृत्य जिसमें हवन आदि होते थे, मख, याग। २. कोई अच्छा और शुभ कार्य विशेषत: धार्मिक या लोकोपकार का कार्य।

यज्ञकुंड पुं० [सं०] यज्ञ या हवन करने का कुंड या वेदी।

यज्ञपशु पुं० [सं०] यज्ञ में बलि चढ़ाया जानेवाला पशु।

यज्ञपात्र पुं० [सं०] यज्ञ में काम आनेवाला काठ का पात्र या बरतन।

यज्ञभूमि स्त्री० [सं०] वह स्थान जहाँ यज्ञ होता हो, यज्ञक्षेत्र।

यज्ञमंडप पुं० [सं०] वह मंडप जो यज्ञ करने के लिए बना हो।

यज्ञशाला स्त्री० [सं०] यज्ञमंडप।

यज्ञीय वि० [सं०] यज्ञ-सम्बन्धी।

यज्ञेश पुं० [सं०] यज्ञ अथवा कर्म के देवता, वृहस्पति, विष्णु।

यज्ञोपवीत पुं० [सं०] १. जनेऊ, यज्ञसूत्र। २. उपनयन संस्कार, जनेऊ।

यत: योज० [सं०] इस कारण से कि, जबकि ऐसी अवस्था है, चूँकि। (इसका सम्बन्ध-पूरक 'अत:' है)

यति पुं० [सं०] १. संन्यासी, त्यागी। २. ब्रह्मचारी।

स्त्री० छन्दों के चरणों में वह स्थान जहाँ पढ़ते समय कुछ विराम होता है।

यतिभंग पुं० [सं०] छन्द की रचना में वह दोष जिसमें किसी चरण के विराम स्थान के अन्तिम शब्द के एक-दो अक्षर कम या अधिक हों या इधर-उधर जा पड़ें।

यतिभ्रष्ट वि० [सं०] (कविता) जिसमें यतिभंग दोष हो।

यती पुं० दे० 'यति'।

यत्किंचित् वि० [सं०] थोड़ा, स्वल्प।

यत्न पुं० [सं०] १. प्रयत्न, उद्योग, कोशिश। २. उपाय, तदबीर। ३. रक्षा का प्रबन्ध, हिफाजत।

यत्नज वि० [सं०] यत्न से होनेवाला।

यत्नवान वि० [सं० यत्नवत्] यत्न करनेवाला, प्रयत्नशील।

यत्र क्रि० वि० [सं०] जहाँ, जिस जगह।

यत्रतत्र क्रि० वि० [सं०] १. जहाँ-तहाँ, इधर-उधर। २. जगह-जगह।

यत्रतत्रिक वि० [सं०] जगह-जगह होनेवाला।

यथांश पुं० [सं०] किसी के लिए निश्चित किया हुआ हिस्सा जो उसे दिया जाए या उससे लिया जाए। (कोटा)

यथा योज० [सं०] १. जिस प्रकार, उस तरह, जैसे। २. ऊपर संकेत या समष्टि रूप में कुछ बातों का उल्लेख कर चुकने पर आगे उनका नाम निर्देश करने से पहले लगनेवाला योजक। जैसे—इसके कई प्रकार हैं, यथा...। (नेमली, विज़)

यथाक्रम क्रि० वि० [सं०] क्रमानुसार।

यथातथ्य[१] वि० [सं०] जैसा हो, वैसा ही, ज्यों-का-त्यों।

यथातथ्य[२] वि० [सं०] [भाव० यथातथ्यता] ज्यों-का-त्यों, जैसा हो, ठीक उसी के अनुसार या वैसा ही।

यथातथ्यता स्त्री० [सं०] यथातथ्य होने की अवस्था या भाव।

यथातथ्य शैली स्त्री० [सं०] मूर्ति, चित्र, काव्य आदि की रचना की वह शैली जिसमें हर एक चीज ज्यों-की-त्यों और अपने मूल रूप में, बिना अपनी ओर से कुछ घटाए-बढ़ाए, दिखाई जाती है।

यथानुक्रम क्रि० वि० दे० 'यथाक्रम'।

यथापूर्व वि० [सं०] १. जैसा पहले था, वैसा ही; जैसे यथापूर्व स्थिति (स्टेटस को)। २. ज्यों-का-त्यों।

यथायोग्य वि० [सं०] जैसा उचित हो, वैसा, उपयुक्त, मुनासिब।

यथारथ वि०=यथार्थ।

यथार्थ वि० [सं०] [भाव० यथार्थता] १. ठीक, उचित। २. जैसा है, वैसा। ३. सत्य।

यथार्थतः क्रि० वि० [सं०] यथार्थ में, वास्तव में, सचमुच।

यथार्थता स्त्री० [सं०] यथार्थ या वास्तविक होने की अवस्था या भाव, वास्तविकता। (रियेलिटी)

यथार्थवाद पुं० [सं०] १. जो बात या पदार्थ वस्तुतः जिस रूप में हो उसे उसी रूप में मानना या ग्रहण करना। २. यह दार्शनिक विश्वास या सिद्धान्त कि भौतिक जगत की स्वतन्त्र सत्ता या अस्तित्व है और हमें सारा ज्ञान भौतिक तत्त्वों से होता है। (यह सिद्धान्त आदर्शवाद के सिद्धान्तों का उलटा या विरोधी है) ३. साहित्य में यह सिद्धान्त कि संसार में हमें जो चीजें जिन रूपों में दिखाई देती या मिलती हैं उनका ग्रहण तथा वर्णन हमें ठीक उन्हीं रूपों में करना चाहिए। (रियलिज़्म, उक्त सभी अर्थों के लिए)

यथार्थवादी (-दिन्) पुं० [सं०] १. यथार्थ या सत्य कहने-वाला, सत्यवादी। २. साहित्य में यथार्थवाद का सिद्धान्त माननेवाला। (रियलिस्ट)
वि० यथार्थवाद-संबंधी।

यथावत् वि० [सं० यथा+वत्] १. जैसा था, वैसा ही। २. जैसा होना चाहिए या जैसा होता हो, वैसा, ठीक उसी तरह का, जैसे यथावत् व्यवहार=विधि, विधान या कानून के अनुसार जैसा व्यवहार होना चाहिए वैसा व्यवहार।
क्रि० वि० नियमानुसार जिस तरह होना चाहिए, उस तरह। (ड्यूली)

यथावश्यक वि० [सं० यथा+आवश्यक] जितना आवश्यक हो उतना, जितने की आवश्यकता हो उतना।

यथावसर क्रि० वि० [सं० यथा+अवसर] जब जैसा अवसर हो, अवसर के अनुसार, मौके से।

यथाविधि क्रि० वि० [सं०] १. विधि के अनुसार। २. जिस प्रकार होना चाहिए, ठीक उसी प्रकार, उचित रीति या ढंग से। (ड्यूली)

यथाशक्ति क्रि० वि० [सं०] शक्ति के अनुसार, जहाँ तक हो सके, भरसक।

यथाशक्य क्रि० वि० दे० 'यथाशक्ति'।

यथाशीघ्र क्रि० वि० [सं०] जितनी जल्दी हो सके, अविलम्ब।

यथासंख्य पुं० [सं०] 'क्रम' नामक अलंकार का दूसरा नाम।

यथासाध्य क्रि० वि० दे० 'यथाशक्ति'।

यथास्थित वि० [सं०] जैसा है, वैसा ही रहनेवाला, जैसे यथास्थित समझौता=वह समझौता जो अब तक चली आई हुई स्थिति को उसी रूप में बनाए रखने और चलाए चलने के लिए हो। (स्टैंडस्टिल एग्रिमेन्ट)

यथास्थिति स्त्री० [सं०] वह स्थिति जो इस समय है या कुछ समय पहले तक रही उसे बनाए रखना।

यथास्थितिवादी (-वादिन्) पुं० [सं०] वह जो यथास्थिति बनाए रखने का समर्थक हो।

यथेच्छ क्रि० वि० [सं०] इच्छा के अनुसार, जितना या जैसा चाहिए उतना या वैसा, भरसक।

यथेच्छाचार पुं० [सं०] [वि० यथेच्छाचारी] मनमाना काम करना, जो मन में आए, वही करना।

यथेच्छित वि० दे० 'यथेच्छ'।

यथेष्ट वि० [सं०] [भाव० यथेष्टता] मान या परिमाण में जितना चाहिए उतना, जितने की इच्छा हो उतना।

यथेष्टतया क्रि० वि० [सं०] जितना या जैसा चाहिए, उतना या उस प्रकार से, पर्याप्ततः। (सफीशिएन्टली)

यथोचित वि० [सं०] जैसा या जितना उचित हो, वैसा या उतना। (प्रॉपर)

यदपि* योज० = यद्यपि।

यदा क्रि० वि० [सं०] जिस समय, जब।

यदा-यदा क्रि० वि० [सं०] जब-जब।

यदि योज० [सं०] अगर, जो।

यदिवादी वि० [सं० यदि+वाद+हिं० ई(प्रत्य०)] जो वास्तविक परिणाम से भिन्न परिणाम का कारण होता या बनता।

यदुराई* पुं०=यदुराज।

यदुराज पुं० [सं०] श्रीकृष्ण।

यदुवंशी पुं० दे० 'यादव'।

यदृच्छया क्रि० वि [सं०] १. अकस्मात्। २. दैवसंयोग से। ३. मनमाने ढंग से।

यद्यपि योज० [सं०] यदि ऐसा है ही, अगरचे, गो कि।

यम पुं० [सं०] १. दे० 'यमराज'। २. इन्द्रियों को वश में रखना, निग्रह। ३. योग के अनुसार, पाँच नियम (अहिंसा, अस्तेय, सत्य, ब्रह्मचर्य और अपरिग्रह) जिनका योगाभ्यासियों के लिए पालन आवश्यक माना गया है।

यमक पुं० [सं०] साहित्य में एक प्रकार का अनुप्रास (शब्दालंकार) जिसमें कुछ स्वर अथवा वर्ण अलग-अलग शब्दों में कई बार आते और हर बार अपने शब्द के साथ अलग-अलग अर्थ के सूचक होते हैं, जैसे-तू मोहन के उर बसी, ह्वै उरबसी समान।

यमकातर पुं० [सं० यम+हिं० कातर] १. यम का छुरा। २. एक प्रकार की तलवार।

यमघंट पुं० [सं०] दीपावली का दूसरा दिन।

यमज पुं० [सं०] १. एक साथ जनमे हुए दो बच्चों का जोड़ा, जुड़वाँ बच्चे। २. अश्वनीकुमार।

यमधार पुं० [सं०] दुधारी तलवार।

यमन* पुं०=यवन।

यमनाह* पुं०=यमराज; धर्मराज, यमुना भ्राता।

यमपट पुं० [सं०] यमराज के यहाँ पापियों को मिलनेवाली यातनाओं के वे चित्र जो प्राचीन काल में लोग घर-घर दिखलाकर भीख माँगते फिरते थे।

यमपुर पुं० [सं०] यमलोक।

यम-यातना स्त्री० [सं०] मृत्यु के समय होनेवाला शारीरिक और मानसिक कष्ट।

यमराज पुं० [सं०] मृत्यु के बाद दंड की व्यवस्था करनेवाले देवता, यमराज, धर्मराज, पितृपति।

यमराय* पुं०=यमराज।

यमल पुं० [सं०] युग्म, जोड़ा।

यमलित वि० [सं०] जुड़वाँ।

यमलोक पुं० [सं०] यमराज का लोक जहाँ मरने पर लोग जाते हैं, यमपुरी।

यमी[1] पुं० [सं० यमिन्] संयम करनेवाला व्यक्ति, संयमी।

यमी[2] स्त्री० [सं०] यम की बहन, जो पीछे यमुना नदी बन गई।

यमुना स्त्री० [सं०] १. यम की बहन, यमी। २. उत्तर भारत की एक प्रसिद्ध नदी।

ययाति पुं० [सं०] राजा नहुष का पुत्र जिसका विवाह देवयानी से हुआ था।

यरक्की| वि० [इराक (देश)] इराक देश का, इराकी।

यव पुं० [सं०] १. जौ (अन्न)। २. १२ सरसों या एक जौ की तौल। ३. एक जौ या तिहाई इंच की एक नाप।

यवजल पुं० [सं० यव+जल] जौं के दानों को उबालकर तैयार किया जानेवाला पेय।

यवन पुं० [सं०] [स्त्री० यवनी] १. यूनान देश का निवासी। २. मुसलमान।

यवन देश पुं० १. आधुनिक इटली (देश)। २. मुसलमानों द्वारा शासित देश।

यवनिका स्त्री० [सं०] रंगशाला का परदा।

यवांकुर पुं० [सं० यव+अंकुर] जौ के अंकुर।

यविरा स्त्री० [सं०] १. एक प्रकार का मद्य जो जौ से तैयार किया जाता है। २. किसी अन्न से तैयार किया हुआ मद्य।

यश:शेष वि० [सं०] जिसका यश शेष रह गया हो।

यश पुं० [सं० यशस्] १. अच्छा काम करने के कारण होनेवाली सुख्याति, नेकनामी, कीर्ति। २. बड़ाई, प्रशंसा।

मुहा० *यश गाना*=(क) प्रशंसा करना। (ख) एहसान मानना। *यश मानना*=कृतज्ञ होना, एहसान मानना।

यशब पुं० [फा०] हरा पत्थर जिसकी हौलदिली बनती है।

यशलीला स्त्री० [सं० यश+लीला] यश का विस्तार करनेवाली लीला।

यशस्वी(-स्विन्) वि०, पुं० [सं०] [स्त्री० यशस्विनी] जिसे यश मिला हो, कीर्तिशाली।

यशी* वि०=यशस्वी।

यशुमति* स्त्री०=यशोदा।

यशैषणा स्त्री० [सं०] यश की प्राप्ति की इच्छा।

यशोदा स्त्री० [सं०] १. नन्द की पत्नी, जिन्होंने श्रीकृष्ण को पाला था।

यशोधर पुं० [सं०] रुक्मिणी से उत्पन्न श्रीकृष्ण का पुत्र।

यशोधरा स्त्री० [सं०] गौतम बुद्ध की पत्नी।

यशोमति स्त्री० दे० 'यशोदा'।

यष्ट पुं० [सं०] यज्ञ करनेवाला।

यष्टि, यष्टिका स्त्री० [सं०] छड़ी।

यष्टी स्त्री० [सं० यष्टि] छड़ी।

यह सर्व० [सं० एषः, अप० एहु अथवा सं० अयं] [बहु०ये] एक सर्वनाम, जिसका प्रयोग समीपस्थित या तुरंत उल्लिखित किसी विशिष्ट व्यक्ति या वस्तु के लिए किया जाता है। (परसर्ग या विभक्ति द्वारा अनुशासित होने पर इसका रूप 'इस' हो जाता है)

वि० दो या अधिक वस्तुओं, व्यक्तियों आदि में से वह जो वक्ता के अधिक निकट है। (विशेषण के परसर्ग या विभक्ति द्वारा अनुशासित होने पर इसका रूप 'इस' हो जाता है)

यहाँ क्रि० वि० [सं० इह] इस स्थान पर, इस जगह।

यहाँ, के सम्बन्धबो० के निवास में या पर; जैसे—वह नाना के यहाँ रहता था।

यहि* सर्व० [हिं० यह] १. पुरानी हिन्दी में 'यह' का वह रूप जो विभक्ति लगने के पूर्व प्राप्त होता है। २. इसको, इसे।

यहीं क्रि० वि० [हिं० यहाँ+ही] इसी स्थान पर, इसी जगह।

यही वि०, सर्व० [हिं० यह+ही] 'यह ही' का संक्षिप्त रूप, निश्चित रूप से यह।

यहूद पुं० पश्चिमी एशिया के जुद्दा नामक प्रदेश का पुराना नाम।

यहूदी पुं० [यहूद (देश)] [स्त्री० यहूदिन] यहूद या इसराइल नामक प्रदेश में बसनेवाली एक प्राचीन जाति जो पैगम्बर इब्राहीम की अनुयायी है। आज-कल इस जाति के लोग सारे संसार में फैले हुए हैं। (ज्यू)

वि० यहूद देश-सम्बन्धी, यहूद का।

यहै* सर्व०=यही (यह ही)।

यांत्रिक वि० [सं०] [भाव० यांत्रिकता] १. यन्त्र-संबंधी, यन्त्र या यन्त्रों का। २. यंत्र के समान एकरस काम करनेवाला, बँधे-बँधाए ढर्रे पर काम करनेवाला।

पुं० वह जो यन्त्रों को बनाना, चलाना या सुधारना जानता हो, यन्त्रविद्या का ज्ञाता। (मकैनिक)

यांत्रिकता स्त्री० [सं०] १. यन्त्रों की आवश्यकता और उपयोग। २. मशीन के किसी उपकरण के नियमित गति से चलने की स्थिति या भाव। ३. बँधे-बँधाए ढर्रे पर होनेवाला क्रियाकलाप। ४. बँधा-बँधाया ढर्रा।

या योज० [फा०; सं० वा] यदि यह न हो, अथवा, वा।

सर्व०, वि० ब्रज भाषा में 'यह' का कारक चिह्न लगने के पहले का रूप।

निवा० हे, ओ; जैसे—या अल्ला, या खुदा, या मौला।

याग पुं० [सं०] यज्ञ।

याचक पुं० [सं०] १. याचना करने या माँगनेवाला, भिखमंगा।

याचना स्त्री० [सं०] [वि० याच्य, याचक, याचित] कुछ पाने के लिए प्रार्थना करने की क्रिया या भाव, माँगना।

*स० १. माँगना। २. प्रार्थना करना।

याचिका स्त्री० [सं०] वह पत्र जिसमें किसी से कुछ याचना की गई हो, याचना-पत्र, दरखास्त। (पेटिशन)

याची पुं० [सं० याचन] जिसने याचिका प्रस्तुत की हो।

याचित वि० [सं०] माँगा हुआ।

याज* पुं०=यज्ञ।

याजक पुं० [सं०] यज्ञ करनेवाला, यष्टा।

याजकीय वि० [सं०] १. याजक-सम्बन्धी। २. यज्ञ-सम्बन्धी।

याजन पुं० [सं०] यज्ञ करना।

याजी वि०=याजक।

याज्ञिक पुं० [सं०] १. यज्ञ करने या करानेवाला। २. ब्राह्मणों की एक जाति।

यातना स्त्री० [सं०] शारीरिक या मानसिक कष्ट, पीड़ा या व्यथा।

यातयाम वि० [अ०] कालकवलित।

यातायात पुं० [सं०] एक स्थान से दूसरे स्थान की ओर (व्यक्ति, माल आदि के) आने-जाने की क्रिया या साधन।

यातुधान पुं० [सं०] [वि० यातुधानी] राक्षस।

यात्रा स्त्री० [सं०] १. एक स्थान से दूसरे दूरवर्ती स्थान तक जाने की क्रिया, सफर। २. धार्मिक उद्देश्य या भक्ति से पवित्र स्थान पर दर्शन, पूजा आदि के लिए जाना।

यात्रानुभव पुं० [सं० यात्रा+अनुभव] यात्रा या यात्राओं से होनेवाला अनुभव।

यात्रावाल पुं० [सं० यात्रा+हिं० वाला] यात्रियों को देव-दर्शन करानेवाला पंडा।

यात्री (-त्रिन्) पुं० [सं०] १. यात्रा करनेवाला, मुसाफिर। २. धार्मिक दृष्टि से तीर्थयात्रा करनेवाला। ३. वह जो सैर-सपाटे के लिए देश-विदेश में घूमने के लिए चला हो, पर्यटक। (टूरिस्ट)

यात्रीगृह पुं० [सं०] यात्रियों तथा पर्यटकों के ठहरने का स्थान। (लाजिंग हाउस)

याद स्त्री० [फा०] १. स्मरण। २. स्मृति।

यादगार स्त्री० [फा०] स्मृतिचिह्न।

याददाश्त स्त्री० [फा०] १. स्मरणशक्ति। २. स्मरण रखने योग्य बात।

यादव पुं० [सं०] [स्त्री० यादवी] १. यदु का वंशज। २. श्रीकृष्ण।

यादृच्छिक वि० [सं०] १. सहज स्वाभाविक। २. आकस्मिक।

यादृश वि० [सं०] जिस तरह का, जैसा।

यान पुं० [सं०] १. वह चलनेवाला उपकरण जिस पर चढ़कर लोग एक स्थान से दूसरे स्थान तक जाते हैं, सवारी। (कनवेयन्स) २. आकाशयान, विमान। ३. शत्रु पर होनेवाली चढ़ाई, अभियान।

यान-भत्ता पुं० [सं० यान+हिं० भत्ता] वह भत्ता जो किसी को कहीं आने-जाने के लिए, सवारी के खर्च के रूप में मिले।

यानांतरण पुं० [सं०] एक यान से दूसरे यान पर जाना, सवारी बदलना।

याना* वि०, पुं० [सं० सज्ञान] ज्ञानवान, सयाना, उदा० बाहर मूढ़ सु अंतस यानो। -केशव।

यानी, याने योज० [अ०] मतलब यह है कि, अर्थात्।

यानो* वि०, पुं०=याना (सयाना)।

यापन पुं० [सं०] [वि० यापित, याप्य] १. चलाना। २. व्यतीत करना, बिताना।

यापित वि० [सं०] बिताया या व्यतीत किया हुआ (समय)।

याम[1] पुं० [सं०] १. तीन घंटे का समय, पहर। २. काल, समय।

याम[2] स्त्री० [सं० यामि] रात।

यामिक वि० [सं०] १. याम या दिन से सम्बन्ध रखनेवाला। २. दैनिक।

पुं० पहरेदार।

यामिनी स्त्री० [सं०] रात, रात्रि।

यायावर पुं० [सं०] १. वह जो एक जगह टिककर न रहता हो। २. वह जिसका कोई नियत निवासस्थान न हो, खानाबदोश। (नोमेड) ३. संन्यासी।

यायावरता स्त्री० [सं०] खानाबदोशी।

यायावरी (-रिन्) वि० [सं०] यायावर-सम्बन्धी; जैसे—यायावरी मंडली।

यार पुं० [फा०] १. मित्र, दोस्त। २. किसी स्त्री का उपपति, जार।

यारबाश पुं० [फा०] १. मिलनसार (व्यक्ति)। २. ऐयाश।

यारबाशी स्त्री० [फा०] १. मिलनसारी। २. ऐयाशी।

यारी स्त्री० [फा०] १. यार या मित्र होने का भाव, प्रेम और आपसदारी का सम्बन्ध, मित्रता। २. स्त्री और पुरुष का अनुचित सम्बन्ध।

याल* पुं०=अयाल।

यावज्जीवन क्रि० वि० [सं०] जब तक जीवन रहे तब तक, जीवन भर, जन्म भर, शरीर में प्राण रहने तक।

यावत् क्रि० वि० [सं०] १. जब तक, जिस समय तक। २. जहाँ तक।

वि० सब, समस्त, कुल।

यावनी वि० [सं०] १. यवन-सम्बन्धी। २. यवन (प्राचीन युनान) देश या जाति का। ३. मुसलमानों का, मुसलमानी।

यासु* सर्व० दे० 'जासु'।

याहि सर्व० [हिं० या+हिं०] इसको।

याहू पुं० [फा०] एक तरह का कबूतर। (कहते हैं कि यह याहू याहू (याहू=हे ईश्वर) बोलता रहता है।

युंजना अ० [सं० युजन] १. मिलना, युक्त होना। २. आध्यात्मिक दृष्टि से, जीव का कर्मों से बँधना या युक्त होना।

युक्त वि० [सं०] १. जुड़ा या मिला हुआ, संयुक्त। २. साथ में लगा हुआ, सहित, सम्मिलित। ३. युक्तिसंगत, उचित, योग्य। ४. युक्ति या तर्क से ठीक।

युक्ति स्त्री० [सं०] १. उपाय, तरकीब, ढब। २. कौशल, चातुरी। ३. तर्क, दलील। ४. योग, मिलन। ५. साहित्य में एक अर्थालंकार जिसमें किसी क्रिया या उपाय से अपनी कोई चेष्टा या रहस्य दूसरों से छिपाने का वर्णन होता है।

युक्तियुक्त वि० [सं०] युक्ति या तर्क के विचार से ठीक, तर्क-संगत।

युक्तिसंगत वि० [सं०] तर्कसंगत।

युक्तिहीन वि० [सं०] अतर्कसंगत।

युग पुं० [सं०] १. जोड़ा, युग्म। २. जुआ, जुआठा। ३. पासे के खेल में एक घर में साथ बैठनेवाली दो गोटियाँ। ४. बारह वर्ष का काल। ५. इतिहास का कोई ऐसा बड़ा कालमान जिसमें बराबर एक ही प्रकार के कार्य, घटनाएँ आदि होती रही हों, जैसे प्रस्तर युग। (एज) ६. किसी विशिष्ट घटना, कार्य आदि के विचार से आरम्भ होकर कुछ दिनों तक चलनेवाला ऐसा काल या समय जो इस प्रकार के दूसरे कालों या समयों से अलग माना जाता हो। (एरा) ७. पुराणानुसार काल के ये चार परिमाण या विभाग-सतयुग, त्रेता, द्वापर और कलि। ८. समय, जमाना।

मुहा० *युग-युग*=बहुत दिनों तक।

युगगत वि० [सं०] युग-विशेष से संबद्ध।

युगति* स्त्री०=युक्ति।

युगधर्म पुं० [सं०] वे विशिष्ट और मुख्य बातें जो किसी युग में प्रधान रूप से होती हों, जैसे दलबन्दी और स्वार्थसाधन तो आज-कल के युगधर्म हैं।

युग-निर्माता पुं० वह जो नए युग का सूत्रपात करे; जैसे भारतेंदु आधुनिक गद्य के युग निर्माता थे।

युगपत् वि० [सं० युग+पत्] एक ही समय में घटित होनेवाला।

युग-परिवर्तन पुं० [सं०] १. बहुत बड़ा परिवर्तन। २. युग का बदलाव।

युगपुरुष पुं० [सं०] अपने समय का वह बहुत बड़ा आदमी जिसके जोड़ का उस युग में और कोई न हुआ हो।

युग-प्रवाह पुं० [सं०] किसी काल में प्राय: सभी लोगों में किसी एक ही लक्ष्य की प्राप्ति के लिए होनेवाली अग्रसरता।

युगबोध पुं० [सं०] युग की स्थिति, आवश्यकता, महत्त्व आदि की जानकारी।

युगम* पुं० दे० 'युग्म'।

युगल पुं० [सं०] युग्म, जोड़ा।

युगविधायी वि० [सं० युग+विधायी] युग का निर्माण करनेवाला।

युगवीर पुं० [सं०] वह जिसने युग को जीत लिया हो अर्थात् जिसने लोगों को किसी विशिष्ट दिशा में चलने के लिए सफलतापूर्वक प्रेरित किया हो।

युगसम्मत वि० [सं०] युग के विचारों के अनुरूप होनेवाला।

युगांत पुं० [सं०] युग का अंत।

युगांतर पुं० [सं०] १. दूसरा युग। २. दूसरा समय और जमाना।

मुहा० *युगांतर उपस्थित करना*=पुरानी बातें हटाकर उनके स्थान पर नई बातें या नया युग चलाना।

युगानुकूल वि० [सं० युग+अनुकूल] जो युग के अनुकूल हो।

युगानुरूप वि० [सं०] युग के अनुरूप।

युग्म, युग्मक पुं० [सं०] [भाव० युग्मता] १. जोड़ा, युग। २. द्वन्द्व।

युग्मज पुं० दे० 'यमज'।

युत वि० [सं०] मिला हुआ, युक्त।

युति स्त्री० [सं०] योग, मिलना।

युत्पथ* पुं०=युथप।

युद्ध पुं० [सं०] राज्यों या राष्ट्रों के दो पक्षों में होनेवाली सैनिक लड़ाई, संग्राम, रण।
मुहा० *युद्ध माँडना*=लड़ाई छेड़ना।
युद्धक वि० [सं०] १. युद्ध करनेवाला, जैसे युद्धक वायुयान। २. युद्ध-संबंधी।
युद्धकौशल पुं० [सं०] युद्ध लड़ने का कौशल।
युद्ध-पूर्व क्रि० वि० [सं०] युद्ध से पहले (वि०) युद्ध से पहले का।
युद्धपोत पुं० [सं०] लड़ाई का समुद्री जहाज। (वारशिप)
युद्धबंदी पुं० युद्ध के समय बन्दी बनाया हुआ विपक्षी सैनिक। स्त्री० युद्ध का बंद होना।
युद्धमंत्री [सं०] राज्य का वह मन्त्री जिसके जिम्मे युद्ध का विभाग हो।
युद्धमान वि० [सं०] युद्ध करनेवाला।
युद्धप्रवृत्त वि० [सं० युद्ध+प्रवृत्त] १. जिसकी युद्ध में प्रवृत्ति हो। २. युद्ध में रत।
युद्धविराम पुं० [सं०] युद्धरत दो देशों का अस्थायी रूप से लड़ाई बन्द करना।
युद्धाभ्यास पुं० [सं०] युद्ध का अभ्यास।
युद्धोन्माद पुं० [सं० युद्ध+उन्माद] युद्ध का उन्माद, युद्ध करने का भूत।
युद्धोपरांत क्रि० वि० [सं०] युद्ध के बाद, लड़ाई बन्द होने के बाद।
युधिष्ठिर पुं० [सं०] पाँचों पांडवों में सबसे ज्येष्ठ, जो बहुत धर्म- परायण थे; धर्मराज।
युनानी वि० [युनान (देश)] युनान-संबंधी।
पुं० युनान का वासी।
स्त्री० युनान की भाषा।
युयुत्सा स्त्री० [सं०] १. युद्ध करने की इच्छा। २. शत्रुता, दुश्मनी।
युयुत्सु वि०, पुं० [सं०] युद्ध करने की इच्छा रखनेवाला।
युवक स्त्री० [सं०] सोलह से पैंतीस वर्ष तक की अवस्था का पुरुष, जवान, युवा।
युवती स्त्री० [सं०] जवान स्त्री।
युवजन पुं० [सं०] युवा व्यक्ति, नौजवान पुरुष या स्त्री। (यूथ)
वि० नौजवानों से संबद्ध; जैसे—युवजन सभा।
युवराज पुं० [सं०] [स्त्री० युवराज्ञी] राजा का वह सबसे बड़ा लड़का जो राज्य का उत्तराधिकारी हो।
युवराज्ञी स्त्री० [सं०] युवराज की पत्नी।
युवरानी* स्त्री०=युवराज्ञी।
युवा वि० [सं० युवन्] [स्त्री० युवती] युवक, जवान।
युवाकेंद्र पुं० [सं०] वह स्थान जहाँ मनोरंजन, विचार-विमर्श आदि के उद्देश्य से युवक एकत्र होते हों।
युवावस्था स्त्री० [सं०] जवानी।
युवाशक्ति स्त्री० [सं०] किसी देश के सारे युवक।

यूँ क्रि० वि० दे० 'यों'।
यूथ पुं० [सं०] १. समूह, झुंड, गिरोह। २. सेना, फौज।
यूथप पुं० [सं०] १. दल का सरदार। २. सेनापति।
यूथपति पुं० [सं०] सेनापति।
यूनियन पुं० [अं०] किसी विशेष कार्य के लिए बना हुआ कोई संघटित समाज या सभा।
यूप पुं० [सं०] यज्ञ का वह खम्भा जिसमें बलि चढ़ाया जानेवाला पशु बाँधा जाता था।
यूह पुं० दे० 'यूथ'।
ये सर्व०, वि० हिं० 'यह' का बहु०।
येई सर्व०=यही।
येऊ सर्व० [हिं० ये+ऊ] यह भी।
येतो* वि०=इतना।
येन-केन-प्रकारेण क्रि० वि० [सं०] जैसे-तैसे, किसी तरह से।
येपै* यो० [सं० एषा+अपि] इस पर भी, तथापि।
येहू वि०, सर्व० [हिं० यह+हू] यह भी।
यों क्रि० वि० [सं० एवम्] इस प्रकार, इस तरह, ऐसे।
यों ही क्रि० वि० [हिं० यों+ही] बिना किसी कार्य या कारण के, व्यर्थ।
योग पुं० [सं०] [भाव० योगत्व] १. मिलन, संयोग। २. कोई शुभ काल। ३. योगफल, जोड़। (टोटल) ४. फलित ज्योतिष में कुछ विशिष्ट काल या अवसर। ५. चित्त की वृत्तियों का निरोध।
योगक्षेम पुं० [सं०] १. प्राप्ति या लाभ और उसकी रक्षा। २. जीवन निर्वाह, गुजारा। ३. कुशल- मंगल, खैरियत। ४. राष्ट्र की शान्ति और सुव्यवस्था। (पीस एण्ड आर्डर)
योगदर्शन पुं० दे० 'योगशास्त्र'।
योगदान पुं० [सं०] किसी काम में साथ देना या सहायक होना।
योगफल पुं० [सं०] दो या अधिक संख्याओं का जोड़। (टोटल)
योगमाया स्त्री० [सं०] दुर्गा, भगवती।
योगयति पुं० [सं० योग+यति] योगी।
योगरूढ़ पुं० [सं०] [भाव० योगरूढ़ि] वह यौगिक शब्द जो किसी विशेष अर्थ में रूढ़ हो।
योग-वियोग पुं० [सं०] मिलना और बिछोह, मिलना-बिछुड़ना।
योगशास्त्र पुं० [सं०] पतंजलि ऋषि का दर्शन जिसमें चित्त को एकाग्र और ईश्वर में लीन करने का विधान है।
योगात्मक वि० [सं०] जोड़नेवाला।
योगाभ्यास पुं० [सं०] योगशास्त्र के अनुसार योग का साधन।
योगाभ्यासी (-सिन्) पुं० वह जो योगाभ्यास करता हो।
वि० योगाभ्यास संबंधी।
योगिनी स्त्री० [सं०] १. योग का साधन करनेवाली तपस्विनी। २. रण-पिशाचिनी।
योगींद्र पुं० [सं०] बहुत बड़ा योगी।

योगी(-गिन्) पुं० [सं०] १. आत्मज्ञानी। २. योग का साधन या अभ्यास करनेवाला।

योगीश्वर पुं० [सं०] योगियों में श्रेष्ठ, महान योगी।

योगेश्वर पुं० [सं०] १. श्रीकृष्ण। २. शिव। ३. बहुत बड़ा योगी।

योग्य वि० [सं०] [भाव० योग्यता] १. जिसमें कोई काम करने का कौशल, ज्ञान या शक्ति हो, किसी कार्य को कर सकने में समर्थ, काबिल। (एबुल) २. जो किसी पद, कार्य, उपयोग आदि के लिए ठीक हो, उपयुक्त (फिट)। ३. विद्या, गुण आदि के विचार से ऊँचे दरजे का और अच्छा। ४. जिसके प्रति कुछ किया जाना उचित हो, अधिकारी, पात्र, जैसे यह विद्यार्थी सहायता पाने के योग्य है। ५. उचित, वाजिब, जैसे यह काम आपके योग्य नहीं है।

योग्य, के, संबंधबोध० (किसी काम, पद आदि) के लिए उपयुक्त।

योग्यता स्त्री० [सं०] १. कोई काम कर सकने की शक्ति, कौशल या ज्ञान। २. किसी वस्तु में होनेवाला वह गुण जिससे लोक में उसका आदर होता है। ३. किसी विषय या कार्य की बहुत अच्छी जानकारी, लियाकत। (मेरिट, उक्त तीनो अर्थों के लिए) ४. ज्ञान, अनुभव, शिक्षा आदि की दृष्टि से वह विशेषता या गुण जिसके आधार पर कोई किसी कार्य या पद के लिए उपयुक्त समझा जाता है। (क्वालिफिकेशन) ५. उपयुक्तता।

योजक वि० [सं०] १. मिलाने या जोड़नेवाला। २. योजना करने या बनानेवाला।

पुं० व्याकरण में उन शब्दों का वर्ग जो शब्दों, पदों, उपवाक्यों, वाक्यों तथा अनुच्छेदों, को जोड़ते हैं।

योजन पुं० [सं०] १. योग। २. मिलाना, संयोग। ३. किसी काम में लगाना। ४. धन-सम्पत्ति आदि अपने काम में ले आना या अपना लेना। (एप्रोप्रिएशन) ५. दूरी की एक नाप जो दो से आठ कोस तक की कही गई है।

योजनगंधा स्त्री० [सं०] व्यास की माता और शान्तनु की भार्या, सत्यवती।

योजना स्त्री० [सं०] [वि० योजनीय, योज्य, योजित] १. प्रयोग, व्यवहार। २. मिलना, मेल। ३. बनावट, रचना। ४. कोई कार्य या उद्देश्य सिद्ध करने के उपाय, साधन, व्यवस्था आदि की पहले से निश्चित की हुई रूपरेखा। (प्रॉजेक्ट, प्लान) ५. उक्त प्रकार की वह रूपरेखा जो अभी कल्पना के क्षेत्र में ही हो, पूरी तरह से निश्चित न हुई हो। (स्कीम)

योजनाकार पुं० [सं०] योजना या योजनाएँ बनानेवाला।

योजनीय, योज्य वि० [सं०] १. योजन, संयोग या मिलान करने योग्य। २. जो कहीं प्रयुक्त हो सकता हो, योग या प्रयोग करने अथवा काम में लाने योग्य। (एप्लिकेबुल)

योद्धा पुं० [सं० योद्धृ] १. वह जो युद्ध करता हो, लड़ाई में लड़नेवाला। २. युद्ध में लड़नेवाला सिपाही, सैनिक।

योनि स्त्री० [सं०] १. उत्पत्ति-स्थान, उद्गम। २. स्त्रियों की जननेन्द्रिय, भग। ३. प्राणियों की जातियाँ जिनकी कुल संख्या ८४ लाख कही गई है। ५. देह, शरीर।

योनिज वि०, पुं० [सं०] जो 'योनि' से उत्पन्न हुआ हो। (अंडे आदि से न हुआ हो) जिसने माता के गर्भ से शरीर और जीवित रूप में जन्म लिया हो।

योनि-शुचिता स्त्री० [सं०] १. वह अवस्था जिसमें स्त्री का पुरुष से शारीरिक संबंध न हुआ हो। २. वह अवस्था जब स्त्री का पर पुरुष से संबंध न हुआ हो।

योषा, योषिता स्त्री० [सं०] १. वह स्त्री जो अपने पति की सेवा करती हो। २. स्त्री, औरत।

यौं* क्रि० वि० दे० 'यों'।

यौ सर्व० [हिं० यह] यह।

यौक्तिक वि० [सं०] १. युक्ति-संबंधी। २. युक्तिसंगत।

यौगिक वि० [सं०] १. योग-संबंधी, योग का। २. किसी के साथ मिला, लगा या सटा हुआ।

पुं० १. प्रकृति और प्रत्यय से बना हुआ शब्द। २. दो शब्दों के मेल से बना हुआ शब्द, जैसे योगक्षेम।

यौतक, यौतुक पुं० [सं०] विवाह के समय वर और कन्या को मिलनेवाला धन, दाइजा, जहेज, दहेज।

यौद्धिक वि० [सं०] युद्ध-संबंधी, युद्ध का।

यौधेय पुं० [सं०] १. योद्धा। २. एक प्राचीन देश का नाम। ३. इस देश में रहनेवाली एक प्राचीन योद्धा जाति।

यौन वि० [सं०] १. योनि-संबंधी। २. दे० 'लैंगिक'।

पुं० पुरुष और स्त्री का सहवास; जैसे-यौन-शिक्षा।

यौन-कुंठा स्त्री० [सं०] यौन-संबंधों के कारण उत्पन्न कुंठा।

यौन-शोषण पुं० [सं०] भिन्न जाति के (विशेषत: स्त्री जाति के) होने के कारण किसी के प्रति किया जानेवाला अनुचित व्यवहार।

यौनिक वि० [सं०] यौन-संबंधी; जैसे-यौनिक कुंठा।

यौवन पुं० [सं०] १. बाल्यावस्था और वृद्धावस्था के बीच की अवस्था। २. जवानी। ३. दे० 'जोबन'। ४. स्त्रियों के स्तन।

यौवनकाल पुं० [सं०] जवानी का समय।

यौवराज्य पुं० [सं०] 'युवराज' का भाव या पद, युवराजी।

यौवराज्याभिषेक पुं० [सं०] प्राचीन काल का वह अभिषेक या (उत्सव) जो राजा के उत्तराधिकारी पुत्र के 'युवराज' बनाए जाने के समय होता था।

यौहूँ* क्रि० वि०=यों ही।

र

र नागरी वर्णमाला का सत्ताइसवाँ व्यंजन, जो अन्तस्थ है तथा जिसका उच्चारण मूर्द्धा से होता है।

रंक वि० [सं०] १. दरिद्र। २. कंजूस।

रंग पुं० [सं०] १. राँगा नामक धातु। २. नाचना-गाना। ३. नृत्य या अभिनय का स्थान। ४. रणक्षेत्र। ५. पदार्थ का (उसके आकार से भिन्न) वह गुण जिसका ज्ञान केवल आँखों के द्वारा होता है, वर्ण; जैसे हरा, काला। (कलर)। ६. वह पदार्थ जिससे कोई चीज रँगी जाती है। ७. बदन और चेहरे की रंगत, वर्ण। (कॉम्प्लेक्शन)

मुहा० *(चेहरे का) रंग उड़ना या उतरना*=भय या लज्जा से चेहरे का तेज कम होना। *रंग चढ़ना*=प्रभावित होना। *रंग निखरना*=चेहरा साफ और चमकदार होना। *रंग बदलना*=(क) क्रुद्ध होना। (ख) रूप या वेष बदलना।

८. युवावस्था, जवानी।

मुहा० *रंग चूना या टपकना*=भरी जवानी में होना, यौवन उमड़ना।

९. शोभा, सौन्दर्य। १०. आतंक, धाक।

मुहा० *रंग जमना*=दृढ़ प्रभाव पड़ना, धाक बैठना। *रंग जमाना या बाँधना*=प्रभाव डालना। *रंग लाना*=प्रभाव या गुण दिखलाना।

११. प्रभुत्व, समृद्धि , मान आदि बढ़ा-चढ़ा होने की अवस्था या भाव, जैसे आज-कल हर जगह आप का रंग है। १२. क्रीड़ा, आनन्द, उत्सव।

मुहा० *रंग में भंग पड़ना*=आनन्द में बाधा होना। *रंग रचाना*=उत्सव करना।

१३. युद्ध, लड़ाई।

मुहा० *रंग मचाना*=खूब युद्ध करना।

१४. उमंग, मौज। १५. आनन्द, मजा।

मुहा० *रंग जमना*=खूब आनन्द आना।

१६. दशा, हालत, जैसे धीरे-धीरे रंग बदल रहा है। १७. अनुराग, प्रेम।

मुहा० *(किसी के) रंग में बँधना*=किसी पर पूरी तरह से अनुरक्त होना।

१८. ढंग, चाल।

मुहा० *रंग काछना*=नया ढंग, अख्तियार करना।

१९. भाँति, प्रकार। २० चौपड़ की गोटियों के दो वर्णों में से कोई एक।

मुहा० *रंग मारना*= बाजी जीतना।

* पुं० दे० 'अंगराग'।

रंगकर्मी (-र्मिन्) पुं० [सं०] रंगमंच से जुड़ा व्यक्ति।

रंग-चेतना स्त्री० [सं०] नाटकों के लेखन, मंचन तथा प्रस्तुति-संबंधी चेतना।

रंग-ढंग पुं० [सं०+हिं०] १. चाल-ढाल। २. लक्षण।

रंगत स्त्री० [सं० रंग+हिं० त (प्रत्य०)] १. रंग, वर्ण। २. दशा, अवस्था। ३. अर्थछटा।

रंगथल पुं० दे० 'रंगस्थल' (रंगभूमि)।

रंगदार पुं० [सं० रंग+फा० दार] वह गुंडा जो जबरदस्ती धन वसूलता हो।

रंगदारी स्त्री० [हिं० रंगदार] गुंडों को दिया जानेवाला धन।

रंगना स० [सं० रंग+हिं० ना (प्रत्य०)] १. किसी चीज को घुले हुए रंग में डाल या डुबाकर रंगीन करना या उस पर रंग चढ़ाना।

मुहा० *रँगे हाथ या रँगे हाथों*=कोई अपराध करते हुए उसी दशा में या उसके प्रमाण सहित, जैसे रँगे हाथ पकड़ जाना।

२. किसी को अपने प्रेम में फँसाना। ३. अपने अनुकूल करना।

अ० किसी पर आसक्त होना।

रंगबाती स्त्री० [हिं० रंग+बत्ती] शरीर पर लगाने के लिए सुगन्धित वस्तुओं की बत्ती।

रंग-बिरंगा वि० [हिं० रंग+बिरंग] १. अनेक रंगों का, चित्रित। २. अनेक प्रकार का, तरह-तरह का।

रंगभवन पुं० दे० 'रंगमहल'।

रंगभूमि स्त्री० [सं०] १.खेल, तमाशे या उत्सव का स्थान। २. नाट्यशाला। ३. रणक्षेत्र।

रंगभौन* पुं०=रंगमहल।

रंगमंच पुं० [सं०] १. नाट्यशाला, विशेषत: उसमें का वह स्थान जिस पर अभिनेता अभिनय करते हैं। (स्टेज) २. दे० 'रंगभूमि'।

रंगमहल पुं० [सं० रंग+अ० महल] भोगविलास करने का स्थान।

रंगरली स्त्री० [हिं० रंग+लाना] १. आमोद-प्रमोद। २. आनन्द की प्राप्ति के लिए की जानेवाली क्रिया।

रंग-रसिया पुं० [हिं० रंग+रसिया] भोगविलास का प्रेमी, विलासी।

रंगराज* पुं० [सं० रंग+राजा] श्रीकृष्ण।

रंगराता* वि० [हिं० रंग+रत] [स्त्री० रँगराती] १. भोगविलास में लगा हुआ, ऐश-आराम में मस्त। २. प्रेमयुक्त, अनुरागपूर्ण।

रंगरूट पुं० [अं० रिक्रूट] १. सेना या पुलिस आदि में नया भर्ती होनेवाला सिपाही। २. किसी काम में पहले-पहल आकर लगा हुआ व्यक्ति, नौसिखुआ।

रंगरेज पुं० [फा०] [स्त्री० रंगरेजिन] कपड़े रंगने का व्यवसाय करनेवाला।

रंगरेजना† सं० [फा० रंगरेज] कपड़े रंगना।

रंगसाज पुं० [फा०] [भाव० रंगसाजी] १. चीजों पर रंग चढ़ानेवाला। २. रंग बनानेवाला।

रंगस्थल पुं०=रंगभूमि।

रंगहेरा| पुं०=रंगरेज।

रँगाई स्त्री० [हिं० रंग+आई (प्रत्य०)] रँगने की क्रिया, भाव या मजदूरी।

रंगामेजी स्त्री० [हिं० रंग+फा० आमेज़िश] १. रंगों का मिश्रण। २. लीपापोती।

रंगारंग वि० [हिं० रंग] १. अनके रंगों का । २. तरह-तरह का, विविधतापूर्ण।

रँगावट वि० [हिं० रंग] रँगने की क्रिया या भाव।

रँगा सियार पुं० छद्मवेशी।

रंगी वि० १. दे० 'रँगीला'। २. रंगोंवाला, रंगीन।

रंगीन वि० [फा०] [भाव० रंगीनी] १. रँगा हुआ, रंगदार। २. विलासप्रिय। ३. चमत्कारपूर्ण, मजेदार।

रंगीन-मिजाज वि० [फा०] मौज-मस्ती करनेवाला।

रंगीन-मिजाजी स्त्री० [फा०] मौज-मस्ती।

रंगीनी स्त्री० [फा० रंगीन] १. सुखद और सुन्दर परिस्थिति। २. सौंदर्य, छटा।

रँगीला वि० [हिं० रंग] [भाव० रँगीलापन] १. रंगीन। २. रसिक। ३. सुन्दर।

रंगोली स्त्री० [रंग+अवली] १. रंग-बिरंगे चूर्णों से बनाए हुए बेल-बूटे या चित्र आदि। २. अभिनेत्रियों-अभिनेताओं की अनूठी छवियाँ या चटपटी बातें।

रंच वि० [सं० न्यंच] थोड़ा।

पद *रंचमात्र*=बहुत थोड़ा।

रंचक वि०=रंच।

रंज पुं० [फा०] [वि० रंजीदा] १. दुख, खेद। २. शोक।

रंजक[1] वि० [सं०] १. रँगनेवाला। २. प्रसन्न करनेवाला (यौ० के अन्त में, जैसे मनोरंजक)।

रंजक[2] स्त्री० [हिं० रंच=अल्प] बत्ती लगाने के लिए बन्दूक की प्याली पर रखी जानेवाली बारूद।

रंजन पुं० [सं०] [वि० रंजनीय] १. रँगने की क्रिया या भाव। २. चित्त प्रसन्न करने की क्रिया। ३. रंगों आदि से अंकित किया हुआ चित्र। (पेन्टिंग)

वि० [स्त्री० रंजिनी] मन प्रसन्न करनेवाला।

रंजना स० [सं० रंजन] १. दे० 'रँगना'। २. किसी का मनोरंजन करना।

रंजित वि० [सं०] १. रँगा हुआ; जैसे—रक्तरंजित=खून से रँगा हुआ। २. जिसके शरीर अथवा ऊपरी भाग का कोई विशेष रंग या वर्ण हो। ३. जिसका ऊपरी या बाहरी रूप कुछ बदल या मिश्रित कर दिया गया हो, जैसे किसी घटना का रंजित वर्णन। ४. आनन्दित, प्रसन्न। ५. अनुरक्त।

रंजिश स्त्री० [फा०] किसी के प्रति मन में होनेवाली अप्रसन्नता, मनमुटाव।

रंजीदा वि० [फा०] [भाव० रंजीदगी] १. दुखी। २. अप्रसन्न।

रंडवा| पुं०=रंडुआ।

रंडा स्त्री० [सं०] राँड़, विधवा।

पुं० दे० 'रंडुआ'।

रँड़ापा पुं० [हिं० राँड़] राँड़ या विधवा होने का भाव या अवस्था, विधवापन, वैधव्य।

रंडी स्त्री० [सं० रंडा] १. वेश्या। २. विधवा।

रंडुआ पुं० [हिं० राँड़] वह जिसकी पत्नी मर गई हो।

रंता वि० [सं० रत] अनुरक्त, रत, उदा०- 'मुनि मानस रन्ता, जगत नियन्ता आदिहु अन्त न जाहि'। केशव

रंति स्त्री० [सं०] क्रीड़ा, केलि।

रँदना स० [हिं० रंदा] रन्दे से छीलकर लकड़ी चिकनी और साफ करना।

रंदा पुं० [सं० रदन] लकड़ी छीलकर चिकनी और साफ करने का औजार।

रंधन पुं० [सं०] [वि० रंधित, रंधक] रसोई बनाना या पकाना।

रंधना अ० [सं० रंधना] पकना या उबलना।

स० पकाना या उबालना।

रंध्र पुं० [सं०] छेद, छिद्र।

रंभ पुं० [सं०] भारी या घोर शब्द।

रंभण पुं० [सं०] १. गले लगाना, आलिंगन। २. रँभाना।

रँभन* पुं० दे० 'रंभण'।

रंभना* अ० [सं० रंभण] १. जोर का शब्द करना। २. (गाय का) रँभाना।

रंभा[1] स्त्री० [सं०] १. केला (फल)। २. गौरी। ३. वेश्या। ४. एक प्रसिद्ध अप्सरा।

रंभा[2] पुं० [सं० रंभ] लोहे के मोटे छड़ का बना वह औजार जिससे दीवार खोदी जाती है।

रँभाना अ० [सं० रंभण] गाय का शब्द करना।

रँहचटा पुं० [हिं० रस+चाट=चसका] लालच, लोभ, उदा० क्यों नहिं मिलवति देह सौं, नेह रँहचटौ लाइ। -मतिराम।

रँहट पुं० दे० 'रहट'।

रँहटा पुं० दे० 'रँहटा'।

रइकौ| वि० दे० 'रंच'।

रइनि स्त्री० [सं० रजनी] रात, रात्रि, विभावरी।

रई[1] स्त्री० [सं० रय] मथानी।

रई[2] वि०, स्त्री० [सं० रंजन] १. डूबी या पगी हुई। २. अनुरक्त। ३. युक्त, सहित।

रईस पुं० [अ०] [भाव० रईसी] अमीर, धनी, बड़ा आदमी।

रईसजादा पुं० [अ०+फा० ज़ाद:] [स्त्री० रईसजादी] रईस का बेटा, धनिक पुत्र।

रईसी स्त्री० [अ० रईस] रईस होने की अवस्था या भाव, अमीरी।

रउताई* स्त्री० दे० 'रवताई'।

रउरे सर्व० [हिं० राव] आप।

रए* वि० [?] युक्त।

रकत* पुं०, वि० दे० 'रक्त'।

रकबा पुं० [अ० रक़्ब:] क्षेत्रफल।

रकम स्त्री० [अ० रक़्म] १. धन, सम्पत्ति। २. गहना, जेवर। ३. धन की राशि। (एमाउन्ट)। ४. प्रकार, भाँति।

रकसाई* स्त्री० [हिं० राकस=राक्षस] राक्षस का धर्म या स्वभाव, राक्षसपन।

रकाब स्त्री० [फा०] सवारी के घोड़े की काठी या जीन में लटकनेवाला पावदान।

मुहा० *रकाब पर पैर रखना*=चलने के लिए तैयार होना।

रकाबी स्त्री० [फा०] तश्तरी।

रक्त पुं० [सं०] १. शरीर की नसों में बहनेवाला लाल रंग का प्रसिद्ध तरल पदार्थ, खून। २. काम करनेवालों का ऐसा समाज या वर्ग जो साधारणत: दूसरे प्रकार के कार्यकर्ताओं के समाज या वर्ग से कुछ भिन्न प्रकार का हो, जैसे अब काँग्रेस में नया रक्त लाने की आवश्यकता है। ३. केसर। ४. लाल कमल। ५. सिन्दूर। ६. लाल रंग।

वि० [सं०] १. रंगा हुआ। २. लाल।

रक्तचाप पुं० [सं०] १. रक्त का नसों पर पड़नेवाला दबाव। २. एक रोग जिसमें रक्त का वेग या चाप साधारण से अधिक घट या बढ़ जाता है। (ब्लड प्रेशर)

रक्तदाता पुं० [सं०] रक्तदान करनेवाला।

रक्तदान पुं० [सं०] रोगी व्यक्ति की अपने रक्त से की जानेवाली सहायता।

रक्तदानी पुं०=रक्तदाता।

रक्त-परीक्षा स्त्री० [सं०] विकार या कमी जानने के लिए खून की होनेवाली जाँच।

रक्तपात पुं० [सं०] मारकाट, खून-खराबी।

रक्त-पिपासा स्त्री० [सं०] हत्या करने की उतावली।

रक्तपिपासु वि० [सं०] हत्या करने के लिए उतारू।

रक्तप्रवाह पुं० [सं०] घाव आदि के कारण शरीर से रक्त का बराबर निकलना।

रक्तरंजित वि० [सं०] रक्त से रँगा हुआ, खून से लथपथ।

रक्तवाही वि० [सं० रक्त+वाह] जिसमें से रक्त बहता हो।

रक्तशोधन पुं० [सं०] खून की सफाई।

रक्त-सम्बन्धी पुं० [सं०] वह जिससे रक्त का सम्बन्ध हो, रिश्तेदार।

रक्तस्नान पुं० [सं०] वह घटना जिसमें अनेक लोगों का वध हो।

रक्तस्राव पुं० [सं०] शरीर के किसी अंग के कट-फट जाने के कारण उसमें से रक्त या खून का बहना।

रक्ताक्त वि० [सं०] १. जिस पर रक्त या खून लगा हो, रक्तरंजित। २. लाल रंग का। ३. लाली लिए हुए, लाल।

रक्तातिसार पुं० [सं० रक्त+अतिसार] एक रोग जिसमें लहू के दस्त आते हैं।

रक्ताभ वि० [सं०] लाल रंग की आभा से युक्त, जो लाली लिए हो।

रक्तारुण वि० [सं०] रक्त की तरह लाल, खूनी।

रक्तिम वि० [सं०] लाल रंग का।

रक्तिमा स्त्री० [सं०] लाली, सुरखी।

रक्तोत्पल पुं० [सं० रक्त+उत्पल] लाल कमल।

रक्तोपल पुं० [सं०] १. गेरू। २. लाल नामक रत्न।

रक्ष[१]* पुं० [सं०] १. रक्षक। २. रक्षा।

रक्ष[२] पुं० [सं० रक्षस्] राक्षस।

रक्षक पुं० [सं०] १. रक्षा करने या बचानेवाला। २. पहरेदार।

रक्षण पुं० [सं०] [वि० रक्षणीय, रक्षित] १. रक्षा करना। २. पालन-पोषण।

रक्षणीय वि० [सं०] [स्त्री० रक्षणीया] जिसकी रक्षा करना उचित हो, रक्षित रखने योग्य।

रक्षमान वि०=रक्षक।

रक्षस* पुं०=राक्षस।

रक्षा स्त्री० [सं०] विपत्ति, आक्रमण, हानि, नाश आदि से बचाना, बचाव। (प्रोटेक्शन)।

रक्षाइद* स्त्री० [हिं० रक्षा+आइद (प्रत्य०)] राक्षसपन।

रक्षाकवच पुं० दे० 'रक्षा'२.।

रक्षागृह पुं० [सं०] १. प्रसूतिगृह। २. हवाई हमलों आदि की गोला-बारी से बचने के लिए जमीन के अन्दर बना हुआ सुरक्षित स्थान।

रक्षादल पुं० [सं०] रक्षियों या पुलिसवालों की तरह और उनके सहायक के रूप में काम करनेवाला एक नया राजकीय दल या संगठन। (होमगार्ड)

रक्षाबंधन पुं० [सं०] श्रावण शुक्ला पूर्णिमा को होनेवाला एक त्यौहार जिसमें बहन अपने भाई की कलाई पर राखी बाँधती है, राखी पूनो, सलोनो।

रक्षार्थ, के संबंधबो० की रक्षा के लिए; जैसे—ये सैनिक राष्ट्रपति के रक्षार्थ हैं।

रक्षासूत्र पुं० [सं०] वह सूत्र या यन्त्र जो बालकों को भूत-प्रेत, रोग, नजर, टोना-टोटका आदि की बाधा से बचाने के लिए बाँधा जाता है।

रक्षित वि० [सं०] [स्त्री० रक्षिता] १. जिसकी रक्षा की गई हो। २. पाला-पोसा हुआ। ३. किसी व्यक्ति या काम के लिए अलग किया हुआ। (रिज़र्व्ड)

रक्षित राज्य पुं० [सं०] वह छोटा राज्य जो किसी बड़े राज्य या साम्राज्य के संरक्षण में हो और जिसे साम्राज्य से बहुत परिमित अधिकार प्राप्त हों। (प्रोटेक्टरेट)

रक्षिता स्त्री० [सं० रक्षित] बिना विवाह किए, यों ही रखी हुई स्त्री, रखेली।

रक्षी पुं०=रक्षक।

रक्ष्यमाण वि० [सं०] १. जिसकी रक्षा हो सके। २. जिसकी रक्षा होती हो।

रखना स० [सं० रक्षण] [प्रे० रखाना, रखवाना] १. स्थित करना, ठहराना, टिकाना, धरना। २. रक्षा करना, नष्ट न होने देना।
मुहा० *रख लेना*=रक्षा करना, बचाना।
३. सुपुर्द करना, सौंपना। ४. रेहन रखना, बन्धक में देना। ५. अपनी रक्षा या अपने अधिकार में लेना। ६. नियुक्त करना। ७. जिम्मे लगाना। ८. मन में अनुभव या धारण करना। ९. उपपत्नी (या उपपति) बनाना। १०. पालना।

रखनी स्त्री० दे० 'रखेली'।

रखया* पुं० [हिं० रक्षा] १. रक्षक। २. देख-रेख करनेवाला, रखवाला।

रख-रखाव पुं० [हिं० रखना +रखाना] १. दूसरों की बात और मर्यादा की रक्षा करते हुए अपनी बात और मर्यादा की भी रक्षा करना। २. किसी चीज या काम की देख-रेख करते हुए उसे बनाए रखने और अच्छी तरह चलाए रखने की क्रिया या भाव। (मेन्टेन) ३. पालन-पोषण, भरण-पोषण।

रखला* पुं० दे० 'रहँकला'।

रखवाई स्त्री० दे० 'रखाई'।

रखवाना स० [हिं०] 'रखना' का प्रे०।

रखवार पुं० दे० 'रखवाला'।

रखवाला पुं० [हिं० रखना] १. रक्षा या रखवाली करनेवाला। २. पहरेदार।

रखवाली स्त्री० [हिं० रखना] १. रक्षा या देख-भाल करने की क्रिया या भाव।

रखाई स्त्री० [हिं० रखना] रक्षा करने की क्रिया, भाव या पारिश्रमिक।

रखाऊँ वि० [हिं० रखना] बहुत दिनों का रखा हुआ, पुराना (माल या पदार्थ)।

रखाना[1] स० हिं० 'रखना' का प्रे०।

रखाना[2] अ० [सं० रक्षा] रखवाली या रक्षा करना।

रखा-रखाया वि० [हिं० रखना+रखाना] तात्कालिक उपभोग के लिए उपलब्ध, तैयार।

रखाव स्त्री० [हिं० रखना] गोचर भूमि।

रखिया* पुं०=रक्षक।

रखीसर* पुं० [सं० ऋषीश्वर] १. नारद ऋषि। २. बहुत बड़ा ऋषि।

रखेली, रखैल स्त्री० [हिं० रखना] उपपत्नी के रूप में रखी हुई स्त्री, रक्षिता।

रग स्त्री० [फा०] १. शरीर में की नस।
मुहा० *रग दबना*=किसी के अधीन या अधिकार में होना। *रग-रग फड़कना*=बहुत अधिक उत्साह या चंचलता होना। *रग रग में*=सारे शरीर में।
२. पत्तों में दिखाई पड़नेवाली नसें।

रगड़ स्त्री० [हिं० रगड़ना] १. रगड़ने की क्रिया या भाव। २. दे० 'रगड़ा'।

रगड़ना स० [सं० घर्षण] [प्रे० रगड़वाना] १. घर्षण करना, घिसना। २. पीसना। ३. किसी से बहुत परिश्रम लेना। ४. तंग करना।
अ० बहुत मेहनत करना।

रगड़ा पुं० [हिं० रगड़ना] १. रगड़ने की क्रिया या भाव। २. बराबर चलता रहनेवाला झगड़ा।

रगण पुं० [सं०] छन्दशास्त्र में एक गुरु, एक लघु और एक गुरु का एक गण (ऽ । ऽ)।

रगत* पुं० दे० 'रक्त'।

रगपट्ठा पुं० [फा० रग+हिं० पट्ठा] शरीर के अन्दर की रगें और मांसपेशियाँ।

रगमगा* वि० [सं० रंग+मग्न] आनन्द, प्रेम आदि में मग्न या लीन।

रगरेशा पुं० [फा० रग+रेशा] १. नस। २. किसी की सूक्ष्म से सूक्ष्म बात।

रगेदना* स० [भाव० रगेद] दे० 'खदेड़ना'।

रघु पुं० [सं०] अयोध्या के प्रसिद्ध सूर्यवंशी राजा जो श्री रामचन्द्र के परदादा थे।

रघुकुल पुं० [सं०] राजा रघु का वंश जिसमें दशरथ, राम, लक्ष्मण, लव, कुश आदि हुए थे।

रघुनाथ पुं० [सं०] श्री रामचन्द्र।

रघुराई* पुं० [सं० रघुराज] श्री रामचन्द्र।

रघुराज पुं० [सं०] श्री रामचन्द्र।

रघुवंश पुं० [सं०] [वि० रघुवंशी] महाराज रघु का वंश या खानदान।

रघुवर पुं० [सं०] श्री रामचन्द्र।

रघौती स्त्री० [सं० अर्द्धपत्रिका] बड़े व्यापारियों या आढ़तियों की ओर से छोटे दुकानदारों या व्यापारियों को भेजा जानेवाला वह पत्र जिसमें चीजों के भाव लिखे रहते हैं, भाव या दर का परिपत्र। (रेट सर्क्युलर)

रचक पुं० [सं०] रचना करने या बनानेवाला, रचयिता।
वि० दे० 'रंचक'।

रचना[1] स्त्री० [सं०] १. रचने या बनाने की क्रिया या भाव, बनाव, निर्माण। (कन्स्ट्रक्शन, बिल्डिंग) २. बनाने का ढंग या कौशल। ३. वह जिसकी सृष्टि या सृजन हुआ हो, बनाई हुई या निर्मित वस्तु। (क्रिएशन) ४. साहित्यिक कृति, जैसे लिखा हुआ ग्रन्थ या की हुई कविता। ५. वाक्यों आदि की ठीक तरह से योजना करके लेख आदि तैयार करने की क्रिया या भाव। (कम्पोजीशन)

रचना[2] स० [सं० रचन] [प्रे० रचवाना] १. निर्मित करना, बनाना। २. ग्रन्थ आदि लिखना। ३. कल्पना से प्रस्तुत करना, रूप खड़ा करना। ४. सँवारना, सजाना।

मुहा० *रचि-रचि*=बहुत ध्यानपूर्वक या कारीगरी से (कोई काम करना)।

रचना[३] स० [सं० रंजन] रँगना।

अ० १. अनुरक्त होना। २. ठीक, उपयुक्त या सुन्दर होना, जैसे हाथों में मेंहदी रचना।

रचना-कर्म पुं० [सं०] १. रचना में प्रवृत्त होने का भाव, रचनाशीलता। २. प्रस्तुत की गई रचना या कृति।

रचना-कर्मी (-कर्मिन्) पुं० [सं०] रचनाकार, कृतिकार।

रचनाकार पुं० [सं०] रचना प्रस्तुत करनेवाला, कृतिकार।

रचनाकारिता स्त्री० [सं०] रचना प्रस्तुत करने की क्रिया या शक्ति।

रचनाकाल पुं० [सं०] रचना प्रस्तुत होने का सन्।

रचनातंत्र पुं० [सं०] बनावट।

रचनात्मक वि० [सं०] [भाव० रचनात्मकता] १. जो किसी प्रकार की रचना या निर्माण से सम्बन्ध रखता हो और उसमें सहायक हो, सर्जनात्मक। २. किसी देश या समाज की उन्नति और सम्पन्नता में सहायक होनेवाला।

रचनाधर्मी (-र्मिन्) वी० [सं०] [भाव० रचनाधर्मिता] रचनाकार।

रचनावली स्त्री० [सं०] १. लेखक, कवि, चित्रकार आदि की रचनाओं या कृतियों का संग्रह। २. किसी एक विषय की विशिष्ट रचनाओं का संग्रह।

रचनाशील वि० [सं० रचना+शील] रचना प्रस्तुत करनेवाला।

रचना-संसार पुं० [सं०] सभी कृतियाँ विशेषत: किसी लेखक, कवि, कलाकार की सम्पूर्ण कृतियाँ।

रचयिता पुं० [सं० रचयितृ] रचना करने या बनानेवाला।

रच-रचकर क्रि० वि० बहुत ध्यानपूर्वक और कलापूर्वक; उदा० हमारे ह्रदय में मोहन ने रच-रचकर घर बनाया, यह नेह कैसे बिसरे। -विद्यानिवास मिश्र।

रचाना[१] स० [हिं० 'रचना' का प्रे०] अनुष्ठान करना या कराना।

रचाना[२] अ० [सं० रंजन] रँगना।

रचाना[३] अ० [सं० रंजन] हाथ पैरों में मेंहदी, महावर आदि लगवाना।

रचाव पुं० [हिं० रचना+आव (प्रत्य०)] १. रचने की क्रिया या भाव। २. रचनागत व्यवस्था। ३. ताना-बाना।

रचित वि० [सं०] रचा या बनाया हुआ।

रचौहाँ* वि० [हिं० रचना] १. रचा हुआ। २. रँगा हुआ। ३. अनुरक्त।

रच्छ* पुं०=राक्षस।

रच्छनहार* वि०=रक्षक।

रच्छना* स०=रक्षा करना।

रच्छा[१]* स्त्री०=रक्षा।

रछ* पुं०=राक्षस।

रज[१] पुं० [सं० रजस्] १. स्त्रियों की जननेन्द्रिय से प्रति मास तीन-चार दिन तक निकलनेवाला रक्त, कुसुम, ऋतु। २. फूलों का पराग। ३. दे० 'रजोगुण'।

रज[२] स्त्री० [सं०] धूल, गर्द।

रज[३] वि०, हिं० 'राज' का संक्षिप्त रूप (यौ० के आरम्भ में; जैसे रजबहा, रजवाड़ा)।

रज[४]* पुं० [सं० रजक] धोबी।

रज[५] पुं० [हिं० राजपूत] राजपूत होने का भाव, क्षत्रिय धर्म।

रजक पुं० [सं०] [स्त्री० रजकी] धोबी।

रजगज स्त्री० [हिं० रज+गज(अनु०)] राजसी ठाटबाट।

रजतंत* स्त्री० दे० 'वीरता'।

रजत स्त्री० [सं०] चाँदी, रूपा।

वि० 1. सफेद, शुक्ल। २. लाल।

रजत-जयंती स्त्री० [सं०] किसी व्यक्ति, संस्था आदि या किसी महत्त्वपूर्ण कार्य के जन्म या आरम्भ होने के २५ वर्ष पूरे होने पर मनाई जानेवाली जयन्ती। (सिल्वर जुबिली)

रजतपट पुं० [सं० रजत+पट] वह परदा जिसपर सिनेमा के चित्र दिखाए जाते हैं। (अंग्रेजी के सिलवर स्क्रीन का तदर्थीय)

रजन स्त्री० दे० 'राल'।

रजना* अ० [सं० रंजन] रँगा जाना।

रजनी स्त्री० [सं०] १. रात। २. हल्दी।

रजनीगंधा स्त्री० [सं०] एक प्रसिद्ध सुगन्धित फूल जो रात को फूलता है।

रजनीचर पुं० [सं०] राक्षस, रात्रिचर।

रजनीमुख पुं० [सं०] सन्ध्या का समय, सायंकाल।

रजपूत* पुं० दे० 'राजपूत'।

रजपूती* स्त्री० १. राजपूत होने की अवस्था या भाव। २. वीरत्व।

वि० राजपूतों का।

रजबहा पुं० [सं० राजवह] वह प्रधान नल अथवा नहर जिससे अनेक शाखाएँ निकली हों।

रजवती स्त्री० दे० 'रजस्वला'।

रजवाड़ा पुं० [हिं० राज+बाड़ा] १. रियासत। २. राजा।

रजवार* पुं० [सं० राजद्वार] १. राजा के महल की ड्योढ़ी। २. राजा का दरबार।

रजस् पुं० [सं०] आकाश का वह क्षेत्र या भाग जिसमें बादल उठते-घुमड़ते हैं। पृथ्वी से स्वर्ग तक के मार्ग में रजस् पहला क्षेत्र है। अन्य हैं—अंतरिक्ष, द्यौ और नाक।

रजस्वला वि० स्त्री० [सं०] १. (स्त्री) जिसका रज निकल रहा हो, ऋतुमती। २. (नदी) जिसका बरसात के दिनों में पानी गँदला हो जाता है।

रजा[१] स्त्री० [अ० रिज़ा मि० सं० राजादेश] १. मरजी, इच्छा। २. छुट्टी। ३. अनुमति, आज्ञा। ४. स्वीकृति।

रजा[२]* वि० [सं० रंजन] रंगा हुआ, रंजित।

रजाइ* स्त्री० १. दे० 'आज्ञा'। ४. दे० 'रजा'।

रजाई[1] स्त्री० [?] एक प्रकार का रुईदार ओढ़ना, मोटी दुलाई, लिहाफ।

रजाई[2] *स्त्री० [सं० राज्यादेश, प्रा० रजाएस] आज्ञा, आदेश, हुकुम।

रजाकार पुं० [फा०] १. स्वयंसेवक। २. दक्षिण हैदराबाद की एक मुस्लिम संस्था, जिसके सदस्यों और स्वयं-सेवकों ने सन् १९४८ में वहाँ के हिन्दुओं पर घोर अत्याचार करने और अराजकता फैलाने में विशेष प्रसिद्धि प्राप्त की थी।

रजामंद वि० [अ० रिज़ा+फा० मंद] [भाव० रजामंदी] सहमत।

रजाय स्त्री० दे० 'रजा'।

रजायसु* स्त्री० [सं० राजादेश, प्रा० रजाएस] राजा की आज्ञा।

रजिस्टर पुं० [अं०] सादे कागज की वह बड़ी बही जो किसी विशेष प्रकार का विवरण या लेखा लिखने के लिए होती है, पंजी।

रजिस्टरी स्त्री० [अं० रजिस्टर] राज्य अथवा उसके किसी विभाग के निश्चित नियमों के अनुसार किसी लेख्य या कार्य का राजकीय अथवा विभागीय रजिस्टर में चढ़ाया या लिखा जाना जो आवश्यकता पड़ने पर, उसकी प्रामाणिकता का सूचक होता है, निबन्धन। (रजिस्ट्रेशन)

वि० जो उक्त प्रकार से किसी राजकीय या विभागीय रजिस्टर में चढ़ाया जा चुका हो, निबन्धित।

रजिस्टरी डाक स्त्री० १. डाक से कोई चीज कहीं भेजने की वह रीति जिसमें वह चीज नियमानुसार अतिरिक्त शुल्क देकर डाकखाने में निबद्ध करा दी जाती है। (रजिस्टर्ड पोस्ट)

रजिस्ट्रार पुं० [अं०] १. वह अधिकारी जो विधिक लेख्य आदि राजकीय पंजियों में निबन्धित करता हो, दस्तावेजों आदि की रजिस्ट्री करनेवाला अधिकारी। २. विश्वविद्यालयों आदि में कार्यालय का वह सर्वप्रधान अधिकारी जिसकी देख-रेख में लिखा-पढ़ी के सब काम होते हैं।

रजु* स्त्री० [सं० रज्जु] रस्सी।

रजोगुण पुं० [सं०] प्रकृति के तीन गुणों में से एक जो मन को चंचल और उसमें काम, क्रोध, लोभ, द्वेष आदि विकार उत्पन्न करनेवाला माना गया है, राजस। (शेष दो गुण सत् और तम हैं।)

रजोदर्शन पुं० [सं०] रजस्वला होना।

रजोधर्म पुं० [सं०] स्त्रियों का मासिक धर्म या रजप्रवाह।

रज्जु स्त्री० [सं०] रस्सी।

रटंत स्त्री० [हिं० रटना] रटने की क्रिया या भाव।

वि० रटा हुआ।

रट, रटन स्त्री० [हिं० रटना] कोई शब्द या बात बार-बार कहने की क्रिया या भाव।

रटना स० [अनु०] १. कोई बात या शब्द बार-बार कहना। २. कंठस्थ करने के लिए बार-बार कहना या पढ़ना।

स्त्री० दे० 'रट'।

रट्टू वि० [हिं० रटना] रट लेने वाला, रटने में कुशल; जैसे-रट्टू तोता।

रढ़ना* स० [सं० रटन] १. रटना। २. बोलना।

रण[1] पुं० [सं०] युद्ध, लड़ाई।

रण[2] पुं० [सं० अरण्य] वन, जंगल, कानन, अरण्य।

रणक्षेत्र पुं० [सं०] लड़ाई का मैदान।

रणचंडी स्त्री० [सं०] रणक्षेत्र में मार-काट करानेवाली देवी।

रणछोड़ पुं० [सं० रण+हिं० छोड़ना] श्रीकृष्ण।

रणजय पुं० [सं०] युद्ध में विजय।

रणधीर वि०, पुं० [सं०] युद्ध में धैर्यपूर्वक लड़नेवाला, अर्थात् बहुत बड़ा योद्धा या वीर।

रणन पुं० [सं०] [वि० रणित] १. शब्द या गुंजार करना। २. बजना।

रणनाद पुं० [सं०] युद्ध के समय होनेवाला योद्धाओं का नाद या गरज।

रणनीति स्त्री० [सं०] १. युद्ध-सम्बन्धी नीति। २. किसी महत्त्वपूर्ण कार्य को करने के लिए युद्धस्तर पर कार्यान्वित की जानेवाली योजना।

रणनीतिक वि० [सं०] रणनीति-सम्बन्धी।

रणनीतिकार पुं० [सं०] रणनीति बनाने या निर्धारित करनेवाला।

रणभूमि स्त्री० [सं०] लड़ाई का मैदान।

रणरोज, रणरोझ* पुं० [सं० अरण्यरोदन] वन में बैठकर व्यर्थ रोना (जिसका कोई फल नहीं होता), अरण्य-रोदन।

रणवीर वि० [सं०] युद्धक्षेत्र में वीरतापूर्वक लड़नेवाला, बहुत बड़ा वीर योद्धा।

रणस्तंभ पुं० [सं०] युद्ध में विजय प्राप्त करने के स्मारक के रूप में बनाया हुआ स्तम्भ।

रणांगण पुं० [सं०] युद्धक्षेत्र, रणभूमि।

रणित वि० [सं०] बजता हुआ।

रत[1] पुं० [सं०] १. मैथुन। २. प्रीति।

वि० [स्त्री० रता] १. अनुरक्त, आसक्त। २. (कार्य आदि में) लगा हुआ, लिप्त।

रत[2] पुं० [सं० रक्त] रक्त, खून।

रतजगा पुं० [हिं० रात+जागना] १. रात भर जागने की क्रिया या भाव। २. उत्सव, पर्व आदि के उपलक्ष में किया जानेवाला जागरण। ३. भाद्रपद कृष्ण द्वितीया को होनेवाला एक त्योहार जिसमें गाँव, देहातों में रात भर जागकर स्त्रियाँ गाती हैं।

रतन पुं०=रत्न।

रतनकर, रतनगर* पुं०=रत्नाकर

रतनाई* स्त्री० [सं० रक्त, पु० हिं० राता=लाल] लाली, सुर्खी।

वि० लाल, सुर्ख।

रतनाकर पुं०=रत्नाकर।

रतनागर* पुं०=रत्नाकर।

रतनार वि० [सं० रत्न] [स्त्री० रतनारी] कुछ लाल, सुरखी लिए हुआ।

रतनारी पुं० [सं० रतनार] एक प्रकार का धान या उसका चावल।

रतमुँहाँ वि० [हिं० रत=लाल+मुँह] [स्त्री० रतमुँही] लाल मुँहवाला।

रतल स्त्री० दे० 'रत्तल'।

रति स्त्री० [सं०] १. कामदेव की पत्नी जो परम रूपवती मानी गई है। २. मैथुन, सम्भोग। साहित्य में इसके दो भेद माने गए हैं—अन्तर्रति (मैथुन) और बाह्य रति (आलिंगन, चुम्बन आदि)। ३. प्रीति, प्रेम (साहित्य में शृंगार-रस का स्थायी भाव)। ४. शोभा, छवि, सुषमा।

*स्त्री०=रति।

रतिक* क्रि० वि० [हिं० रत्ती] थोड़ा।

रतिज वि० [सं० रति+ज(प्रत्य०)] रति या स्त्री सम्भोग से होनेवाला।

रतिजन्य वि० [सं० रति+जन्य] रति (मैथुन) से उत्पन्न; जैसे-रतिजन्य आलस्य।

रतिज रोग पुं० [सं०] गर्मी, सुजाक या इसी प्रकार का जननेन्द्रिय का और कोई रोग जो रति या स्त्री-सम्भोग से उत्पन्न होता है। (विनीरियल डिसीज़)

रतिनाह* पुं० [सं० रतिनाथ] कामदेव।

रतिपति पुं० [सं०] कामदेव, मदन, मन्मथ।

रतिप्रीता स्त्री० [सं०] साहित्य में वह नायिका जिसे अपने प्रिय का चिन्तन और ध्यान करना ही अच्छा लगता हो।

रतिमंदिर पुं० [सं०] प्रेमी और प्रेमिका के सम्भोग तथा क्रीड़ा का स्थान।

रतिराई* पुं० दे० 'रतिराज'।

रतिराज पुं० [सं०] कामदेव।

रती स्त्री० १. दे० 'रति'। २. दे० 'रत्ती'।

क्रि० वि० बहुत थोड़ा, जरा सा।

रतीक* क्रि० वि० दे० 'रसिक'।

रतोपल* पुं० [पुं० रक्तोत्पल] लाल कमल।

रतौंधी स्त्री० [हिं० रात+अंधा] एक रोग जिसमें रात के समय दिखाई नहीं पड़ता।

रतौंहा* वि० [हिं० रत] रत या अनुरक्त होनेवाला।

रत्त* पुं० दे० 'रक्त'।

रत्तल स्त्री० [देश०] आधे सेर के लगभग का एक तौल।

रत्ती[1] स्त्री० [सं० रक्तिका] आठ चावल या बीस घुँघुची का तौल।

मुहा० *रत्ती भर*=बहुत थोड़ा, जरा-सा।

रत्ती[2] * स्त्री० [सं०]१. शोभा, छवि। २. रति, सम्भोग। ३. प्रेम, अनुराग।

रत्थी स्त्री० [सं० रथ] काठ का वह ढाँचा, तख्ता या सन्दूक जिसपर या जिसमें शव रखकर श्मशान तक ले जाते हैं, अरथी।

रत्न पुं० [सं०] १. बहुमूल्य चमकीले प्रसिद्ध खनिज पदार्थ जो आभूषणों आदि में जड़े जाते हैं, मणि, जवाहर, नगीना।

वि० सर्वश्रेष्ठ या बहुत अच्छा।

रत्नगर्भा स्त्री० [सं०] पृथ्वी, वसुधा, धरा।

रत्नमाला स्त्री० [सं०] रत्नों या जवाहिरात की माला।

रत्नसू स्त्री० [सं०] पृथ्वी।

रत्नाकर पुं० [सं०] १. समुद्र। २. खान।

रत्नावली स्त्री० [सं०] १. मणिओं या रत्नों की अवली या श्रेणी। २. रत्नों की माला। ३. साहित्य में अर्थालंकार जिसमें किसी बात के प्रकृत वर्णन के साथ-साथ प्रसंगवश कुछ क्रमिक तत्त्वों, बातों आदि का भी यथाक्रम उल्लेख होता है।

रथंग* पुं० [सं० रथांग] चकवा, चक्रवाक।

रथ पुं० [सं०] १. दो या चार पहियों की एक प्रकार की पुरानी सवारी गाड़ी। २. शरीर। ३. पैर। ४. शतरंज में, ऊँट नामक मोहरा।

रथयात्रा स्त्री० [सं०] आषाढ़ शुक्ल द्वितीया को होनेवाला जगन्नाथजी का उत्सव, जिसमें उन्हें रथ पर बैठाकर निकाला जाता है।

रथवान, रथवाह पुं० दे० 'सारथी'।

रथांग पुं० [सं०] १. रथ का पहिया। २. चक्र नामक अस्त्र। ३. चकवा (पक्षी)।

रथासीन वि० [सं० रथ+आसीन] रथ पर बैठा हुआ।

रथिक पुं० दे० 'रथी'।

रथी (-थिन्) पुं० [सं०] १. रथ पर चढ़कर चलनेवाला। २. रथ पर बैठकर लड़नेवाला योद्धा। ३. बहुत बड़ा योद्धा।

वि० रथ पर चढ़ा हुआ।

स्त्री० दे० 'रत्थी'।

रथोद्धता स्त्री० [सं०] चार चरणों का एक वर्णवृत्त जिसके प्रत्येक चरण में रगण, नगण, लगण और लघु, गुरु (र, न, र, ल, ग) होते हैं।

रद[1] पुं० [सं०] दन्त, दाँत।

रद[2] वि० [फा०] जिसे काट दिया गया हो, निरस्त।

रदच्छद पुं० [सं०] अधर, होंठ।

रदछद[1] * पुं० [सं० रदच्छद] होंठ।

रदछद[2] पुं० [सं० रदक्षत] सम्भोग के समय अंगों पर दाँतों के गढ़ने के चिह्न।

रदन पुं० [सं०] दाँत।

रदनच्छद पुं० [सं०] अधर, होंठ।

रदपट पुं० [सं०] होंठ।

रद्द[1] वि० [अ० रद] १. बदला हुआ, परिवर्तित। २. खराब या निकम्मा ठहराया हुआ, निरस्त।

रद्द[2] स्त्री० [?] वमन, कै, उल्टी।

रद्दा पुं० [फा० रद्दः] १. दीवार पर चुनी हुई ईंटों की एक पंक्ति या मिट्टी की एक तह। २. थाली में चुनी हुई मिठाइयों का स्तर। ३. स्तर, तह।

रद्दी वि० [फा० रद] १. (वस्तु) जो किसी काम में न आ सके, निकम्मा, बेकार। २. (व्यक्ति) जो किसी काम का ना हो; जैसे–रद्दी आदमी।
स्त्री० पुराने और व्यर्थ के कागज।

रद्दोबदल पुं० [अ०] परिवर्तन, हेर-फेर।

रद्दी की टोकरी स्त्री० कार्यालय आदि में रखी हुई वह टोकरी या पात्र जिसमें रद्दी कागज या चीजें डाली जाती हों।
महा० *रद्दी की टोकरी में डालना/डाल देना*=निरर्थक समझकर फेंक देना।

रन[1]* पुं० [सं० रण] युद्ध, लड़ाई।

रन[2]* पुं० [सं० अरण्य] जंगल, वन।

रन[3] पुं० [?] १. झील। २. खाड़ी।

रन[4] [अं०] क्रिकेट के खेल में विकटों के बीच एक बार दौड़ने का अंक।

रन-आउट वि० [अं०] जो रन लेते समय आऊट हो गया हो।

रनकना अ० [सं० रणन] [स० रनकाना] घुंघरू आदि का धीमा शब्द होना।

रनजय* पुं० [सं० रण+जय] युद्ध में होनेवाली विजय।

रनना* अ० [सं० रणन] झनकार होना, बजना।

रनबंका पुं० [सं० रण+हिं० बाँका] योद्धा, वीर।

रनरुद्र वि० [सं० रण+रुद्र] युद्ध में रुद्र रूप धारण करनेवाला।

रनरोर* वि०=रणधीर, उदा० सदा अभय, जय मुदमंगलमय जो सेवक रनरोर को। –तुलसी।

रनवादी* पुं०=योद्धा।

रनवास पुं० [हिं० रानी+वास] रानियों के रहने का महल, अन्त:पुर।

रनसूर* पुं० [सं० रण+शूर] योद्धा, रणवीर।

रनित* वि० [हिं० रनना] बजता हुआ।

रनी* पुं०=योद्धा।

रपट[1] स्त्री० [हिं० रपटना] १. रपटने की क्रिया या भाव, फिसलन। २. दौड़।

रपट[2] स्त्री० [अं० रिपोर्ट] किसी घटना की वह सूचना जो थाने में लिखाई या किसी अधिकारी को दी जाती है, आख्या, रिपोर्ट।

रपटना अ० [सं० रफन] [प्रे० रपटाना] १. फिसलना। २. तेजी से चलना।

रपटीला वि० [हिं० रपटना+ईला(प्रत्य०)] [स्त्री० रपटीली] वह स्थान जिस पर पैर रपटता या फिसलता हो।

रफ वि० [अं०] १. खुरदरा। ३. ऊबड़-खाबड़।

रफल[1] स्त्री० दे० 'राइफल'।

रफल[2] स्त्री० [अं० रैपर] ऊनी चादर।

रफा वि० [अ० रफ़्अ] १. दबा हुआ या शान्त। २. दूर किया हुआ, निवारित।

रफा-दफा वि० [अ०] जिसे छोड़ दिया गया हो।

रफू पुं० [अ०] १. फटे या कटे हुए कपड़े के छेद में बुनावट की तरह के तागे भरकर उसे बन्द करना। २. इस प्रकार बन्द किया हुआ छेद।

रफूचक्कर वि० दे० 'चंपत'।

रफ्ता वि० [फा० रफ़्तः] १. गत, विगत। २. परित्याग किया हुआ; रफ्ता करना=परित्याग करना।

रफ्तार स्त्री० [फा० रफ़्तार] गति, चाल, वेग।
मुहा० *रफ्तार पकड़ना*=गति तेज होना।

रफ़्ता-रफ़्ता क्रि० वि० [फा० रफ्तः रफ्तः] धीरे-धीरे, अहिस्ता-अहिस्ता।

रब पुं० [अ०] परमेश्वर, ईश्वर।

रबड़ पुं० [अं० रबर] वट की जाति का एक वृक्ष। २. इस वृक्ष के दूध को सुखाकर बनाया हुआ एक प्रसिद्ध लचीला पदार्थ, जिससे बहुत सी चीजें बनती हैं।

रबड़ छंद पुं० [हिं० रबड़+सं० छंद] कविता का ऐसा छन्द जिसमें मात्राओं आदि की गिनती का कुछ विचार न हो।

रबड़ी स्त्री० दे० 'बसौंधी'।

रबाना पुं० [देश०] एक प्रकार का डफ।

रबाब पुं० [अ०] सारंगी की तरह का एक प्रकार का बाजा।

रबी स्त्री० [अ० रबीअ] १. बसन्त ऋतु। २. बसन्त ऋतु में काटी जानेवाली फसल।

रब्त पुं० [अ०] १. अभ्यास। २. विशेष सम्पर्क या संबंध, मेल-जोल।

रब्त-जब्त स्त्री० [अ०] मेल-मिलाप।

रब्ब पुं० दे० 'रब'।

रभस पुं० [सं०] १. वेग, तेजी। २. प्रसन्नता, आनन्द। ३. प्रेम का उत्साह, उमंग। ४. पछतावा। ५. खेद, रंज।

रमक स्त्री० [हिं० रमकना] १. झूले की पेंग। २. 'झोंका'।

रमकना अ० [हिं० रमना] १. झूले पर बैठकर झूलना। २. झूमते हुए चलना।

रमखुदैया| स्त्री०=प्रभु की इच्छा।

रमजना पुं० दे० 'रामजना'।

रमझल्ला पुं० दे० 'झमेला'।

रमड़ना* अ० [सं० रमण] १. रमण करना, रमना। २. किसी बात में मन लगाना। ३. युक्त होना।

रमण पुं० [सं०] १. विलास, क्रीड़ा। २. मैथुन। ३. विचरण, घूमना। ४. पति। ५. साहित्य में नायक।
वि० १. सुन्दर। २. प्रिय। ३. विलास या क्रीड़ा करनेवाला। ४. किसी में रमने या किसी का सुख भोगनेवाला।

रमणी स्त्री० [सं०] स्त्री, विशेषत: युवती।

रमणीक वि० [सं०] रमणीय, सुन्दर।

रमणीय वि० [सं०] [भाव० रमणीयता] सुंदर, मनोहर।

रमणीयता स्त्री० [सं०] १. सुंदरता, सौंदर्य। २. अर्थ-सौंदर्य।

रमता वि० [हिं० रमना] १. जो बराबर घूमता-फिरता रहता हो, जैसे रमता जोगी। २. जो स्थिर न रहे, चंचल, जैसे रमता मन।

रमन* पुं०, वि० दे० 'रमण'।

रमना[१] अ० [सं० रमण] १. भोगविलास के लिए कहीं जाकर ठहरना या रहना। २. आनन्द करना, मजा उड़ाना। ३. व्याप्त होना। ४. अनुरक्त या लीन होना। ५. घूमना-फिरना। ६. चल देना।

रमना[२] पुं० [सं० आराम या रमण] १. वह स्थान या घेरा जिसमें पाले हुए पशु चराने के लिए छोड़ दिए जाते हैं। २. बाग। ३. कोई सुन्दर और रमणीक स्थान।

रमनी* स्त्री०=रमणी।

रमल पुं० [अ०] [वि० रमली] पासे फेंककर शुभाशुभ फल या भविष्य जानने और बतलाने की विद्या।

रमला पुं०* [अ० रमल] रमल से भविष्य बतलानेवाला।

रमसरा* पुं० दे० 'रामशर'।

रमा स्त्री० [सं०] १. लक्ष्मी (देवी) २. पत्नी।

रमाकांत पुं० [सं०] विष्णु, मुरारी।

रमाना स० [हिं० रमना का स० रूप] अनुरक्त या लीन करना।

रमापति पुं० [सं०] विष्णु, माधव।

रमारमण पुं० [सं०] रमा अर्थात् लक्ष्मी के स्वामी, विष्णु।

रमित* वि० [हिं० रमना] जिसका मन किसी में रमा हो, मुग्ध।

रमेसरी* स्त्री० [सं० रामेश्वरी] लक्ष्मी।

रमैनी स्त्री० [हिं० रामायण] दोहे-चौपाइयों में कहे हुए कबीरदास के कुछ विशिष्ट वचन या उनका संग्रह।

रमैया पुं० [हिं० राम] १. राम। २. ईश्वर। ३. चैतन्य आत्मा।

रम्माल पुं० [अ०] रमल जाननेवाला।

रम्य वि० [सं०] [स्त्री० रम्या, भाव० रम्यता] १. मनोहर, सुन्दर। २. रमणीय।

रय* पुं० [सं० रज] रज, धूल, गर्द।
*क्रि० वि० वेगपूर्वक, तेजी से।

रयति* स्त्री० [अ० रिऐयत] प्रजा, रिआया।

रयन स्त्री० [सं० रजनि] रात, रात्रि।

रयना[१] स० [सं० रंजन] रंगना।
*स० रटना।
*अ० १. अनुरक्त या रंजित होना। २. रँगा जाना। ३. मिलना।

रयना[२] स० [सं० रवण] १. शब्द उत्पन्न करना। २. उच्चारण करना, कहना, बोलना, उदा० 'हा-हा सब ही यह शब्द रये'। -केशव।

रयवारा* पुं० दे० 'रजवाड़ा'।

रय्यत स्त्री० [अ० रिऐयत] प्रजा।

रर* स्त्री० दे० 'रट'।

ररना स० दे० 'रटना'; उदा० जद्यपि ब्रह्म भव्य जग ररै। -केशव।

ररिहा पुं० [हिं० ररना] १. दे० 'रुरुआ'। २. हठी भिखमंगा।

रलना अ० [सं० ललन] १. मिलना। २. पूर्ण होना, भरना। ३. युक्त होना।

रल-मिलकर क्रि० वि० मिल-जुलकर।

रलाना स० [हिं० 'रलाना' का स०] मिश्रित करना, मिलाना।

रलिका* स्त्री० दे० 'रली'।

रली स्त्री० [सं० ललन] १. विहार, क्रीड़ा। २. आनन्द, प्रसन्नता।

रल्ला पुं० दे० 'रेला'।

रव पुं० [सं०] १. आवाज, शब्द, विशेषतः पक्षियों आदि का। २. शोर, हल्ला।
*पुं०=रवि।

रवताई* स्त्री० [हिं० रावत] १. राजा या रावत होने का भाव। २. प्रभुत्व।

रवन[१]* पुं० [सं० रव] शोर।

रवन[२]* पुं०, वि० दे० 'रमण'।

रवनगेह* पुं० [सं० रमण+गृह] स्त्री की गुप्तेन्द्रिय, योनि।

रवना[१]* अ० [सं० रमण] १. रमण या क्रीड़ा करना। २. रमना।

रवना[२] अ० [सं० रव=शब्द] १. शब्द करना। २. लोक में बोला या पुकारा जाना। ३. प्रसिद्ध होना।

रवनि स्त्री० [सं० रमणी] १. युवती, सुन्दरी। २. भार्या, पत्नी।

रवन्ना पुं० [फा० रवानः] १. वह कागज जिस पर भेजे हुए माल का ब्योरा लिखा रहता है। २. वह पत्र जिससे किसी रास्ते से जाने का अधिकार मिलता है। (ट्रानज़िट पास)

रवला* पुं०=रौला (शोर)।

रवाँ वि० [फा०] १. मँझा हुआ, अभ्यस्त। २. प्रचलित।

रवा पुं० [सं० रज] १. बहुत छोटा टुकड़ा, कण, दाना। २. सूजी।

रवाई* स्त्री० [हिं० रवण] रमणीयता।

रवाज पुं० [फा०] प्रथा, परिपाटी।

रवादार वि० [फा० रवा+दार(प्रत्य०)] संबंध या लगाव रखनेवाला।

रवानगी स्त्री० [फा०] प्रस्थान।

रवाना वि० [फा०] [भाव० रवानगी] जो कहीं से किसी दूसरी जगह के लिए चल पड़ा हो, प्रस्थित। २. भेजा हुआ। स०=रमाना।

रवानी स्त्री० [फा०] १. चलते हुए होने की क्रिया या भाव, गति। २. ऐसी गति जिसमें बाधा न हो।

रवाब पुं० दे० 'रबाब'।

रवि पुं० [सं०] सूर्य।

रविमंडल पुं० [सं०] सूर्य के चारों ओर दिखाई देनेवाला लाल गोला।

रविश स्त्री० [फा०] १. गति, चाल। २. तरीका, ढंग। ३. बाग की क्यारियों के बीच का छोटा मार्ग।

रविसुत पुं० [सं०] रवि या सूर्य के पुत्र, यम तथा शनि।

रवीला वि० [हिं० रवा] जिसमें कण या रवे हों, रवेवाला।

रवैया पुं० [फा० रविश या रवाँ] १. चाल-चलन। २. तरीका, ढंग।

रशना स्त्री० [सं०] १. करधनी। २. कमर में बाँधी जानेवाली पेटी, कमर-पेटी।

*स्त्री० दे० 'रसना'।

रशनोपमा स्त्री० [सं०] साहित्य में उपमा अलंकार का एक भेद जिसमें उपमेय क्रमशः उत्तरोत्तर उपमान होते जाते हैं और इस प्रकार उपमेयों तथा उपमानों की एक लड़ी या शृंखला बन जाती है।

रशिया पुं० [रूसी] रूस देश।

रश्क पुं० [फा०] ईर्ष्या, डाह।

रश्मि स्त्री० [सं०] १. किरण। २. घोड़े की लगाम, बाग।

रस पुं० [सं०] १. बनस्पतियों अथवा उनके फूल-पत्तों आदि में रहनेवाला वह तरल पदार्थ जो दबाने, निचोड़ने आदि पर निकलता या निकल सकता है, जैसे अंगूर, ऊख, जामुन आदि का रस। २. वृक्षों के शरीर से निकलने या पाछकर निकाला जानेवाला तरल पदार्थ, निर्यास, जैसे ताड़, शाल आदि वृक्षों में से निकला या निकाला हुआ रस। ३. किसी चीज को उबालने पर निकलनेवाला उसका सार भाग, रसा। ४. प्राणियों के शरीर में से निकलने-वाला कोई तरल पदार्थ, जैसे दूध, पसीना, रक्त आदि। ५. प्राणियों, विशेषतः मनुष्यों के शरीर में खाद्य पदार्थों के पहुँचने पर उनका पहले-पहल बननेवाला वह तरल रूप जिससे आगे चलकर रक्त बनता है। (वैद्यक में इसे शरीरस्थ सात धातुओं में से पहली धातु माना गया है।) ६. जल, पानी। ७. पानी में घोला हुआ गुड़, चीनी, मिसरी आदि, शरबत। ८. किसी पदार्थ का सार भाग, तत्त्व, सत्त। ९. वैद्यक में धातुओं आदि को फूँककर तैयार किया हुआ भस्म। १०. पारा। ११. शिंगरफ, हिंगुल। १२. जहर, विष। १३. खाने-पीने की चीज मुँह में पड़ने पर उससे जीभ को होनेवाला अनुभव या मिलनेवाला स्वाद। (हमारे यहाँ वैद्यक में ये छह रस माने गए हैं—अम्ल, कटु, कषाय, तिक्त, मधुर और लवण।) १४. कविता आदि में उक्त रसों के आधार पर माना हुआ छह की संख्या का वाचक शब्द। १५. कार्य, विषय, व्यक्ति आदि के प्रति होनेवाला अनुराग, प्रीति, प्रेम, मुहब्बत। १६. यौवनकाल में मनुष्य के मन में अनुराग या प्रेम का होनेवाला संचार।

मुहा० *रस भीजना या भीनना*=(क) मनुष्य में यौवन का आरम्भ होना। (ख) अनुराग या प्रेम का संचार होना।

१७. किसी काम या बात से किसी प्रकार का संबंध होने पर उससे मिलनेवाला आनन्द या उसके प्रति होनेवाली रुचि, कार्य या व्यापार के प्रति होनेवाली कुतूहलमूलक प्रवृत्ति या उससे होनेवाली सुखद अनुभूति, दिलचस्पी, जैसे (क) इस पुस्तक में हमें कोई रस नहीं मिला। (ख) वे अब सार्वजनिक कार्यों में विशेष रस लेने लगे हैं। (इन्टरेस्ट) १८. साहित्यिक क्षेत्र में (क) कथानकों, काव्यों, नाटकों आदि में रहनेवाला वह तत्त्व जो अनुराग, करुणा, क्रोध, रति आदि मनोभावों को जाग्रत, प्रबल तथा सक्रिय करता है। यह तत्त्व कवियों, लेखकों आदि की प्रतिभा, रचनाकौशल और उपयुक्त शब्दयोजना तथा वाक्य-विन्यास से उत्पन्न होता है। (ख) हमारे यहाँ के साहित्यकारों के मत से यह उक्त तत्त्व और अनुभाव, विभाव और संचारी की सहायता से सहृदय पाठकों के मन में रहनेवाले स्थायी भावों को परिपक्व, पुष्ट और व्यक्त करके उन्हें प्रसन्न तथा सन्तुष्ट करके उनके साथ एकात्मकता स्थापित करता है। (विभावानुभाव सहकारि संयोगात् रस निष्पत्तिः) इसके ये नौ प्रकार या भेद कहे गए हैं—अद्भुत, करुण, भयानक, रौद्र, वीभत्स, वीर, शान्त, शृंगार और हास्य। १९. कविता में उक्त नौ रसों के आधार पर नौ की संख्या का सूचक शब्द। २०. अनुराग, दया आदि कोमल वृत्तियों के वश में रहने की अवस्था या भाव, उदा० राजत अँग रस विरस अति, सरस सरस रस भेव। -केशव। २१. मन की तरंग, मौज। २२. उमंग, जोश। २३. कामक्रीड़ा, केलि, विहार। २४. गुण, तत्त्व, रूप, विशेषता आदि के विचार से होनेवाला वर्ग या विभाग, तरह, प्रकार, जैसे एक रस, समरस।

रसकेलि स्त्री० [सं०] १. विहार, क्रीड़ा। २. दिल्लगी, हँसी।

रसगुल्ला पुं० [हिं० रस+गोला] एक प्रकार की बँगला मिठाई।

रसग्राहिता स्त्री० [सं०] रस ग्रहण करने की शक्ति।

रसग्राही (-हिन्) वि० [सं०] रस ग्रहण करनेवाला, रस लेनेवाला।

रसज्ञ वि० [सं०] [भाव० रसज्ञता] १. रस को जाननेवाला। २. काव्य या साहित्य का मर्म और गुण समझनेवाला।

रसद[1] वि० [सं०] १. रस या आनन्द देनेवाला, सुखद। २. स्वादिष्ट।

रसद[2] स्त्री० [फा० मि० सं० रसद=स्वादिष्ट] कच्चा अनाज जो अभी पकाया जाने को हो। (भोजन के लिए)

रसधार स्त्री० [सं० रस+धारा] रस की धारा, आनंद की धारा।

रसना[1] स्त्री० [सं०] १. जिह्वा, जीभ।

मुहा० *रसना तालू से लगाना*=चुप करना, बोलना बन्द करना।

२. जीभ से मिलनेवाला स्वाद।

रसना[2] अ० [हिं० रस+ना(प्रत्य०)] [भाव० रसाव] १. धीरे-धीरे बहना या टपकाना। २. किसी पदार्थ का गीला होकर जल या रस छोड़ना या टपकना। ३. तन्मय या मग्न होना। ४. स्वाद लेना। ५. प्रेम में अनुरक्त होना।

रसना[3]* स्त्री० [सं० रश] १. रस्सी। २. लगाम।

रसनेंद्रिय स्त्री० [सं०] जीभ, जिह्वा।

रसनोपमा स्त्री० दे० 'रशनोपमा'।

रसपान पुं० [सं०] १. रस पीने की अवस्था या भाव। २. आनन्द लेना।

रसप्रबंध पुं० [सं०] १. नाटक। २. वह कविता जिसमें एक ही विषय बहुत से संबद्ध पद्यों में वर्णित हो।

रसफेली*, रसफैली* स्त्री० [सं० रस+अ० फेअल (कार्य)] कामक्रीड़ा।

रसभरा वि० [सं० रस+हिं० भरना] रस से भरा हुआ।

रसभरी स्त्री० [हिं० रस+भरना] मकोय नामक फल।

रसभीना वि० [सं० रस+हिं० भीनना] रस से ओतप्रोत, रस-भरा।

रसम* स्त्री० [अ० रस्म] १. बहुत दिनों से चली आई हुई औपचारिक प्रथा, परिपाटी। २. मेल-जोल या आपसदारी का संबंध।

पद *राह-रसम*=मेल-जोल।

रसमग्न वि० [सं० रस+मग्न] [भाव० रसमग्नता] रस में मग्न, आनंद में डूबा हुआ।

रसमलाई स्त्री० [हिं० रस+मलाई] औंटे हुए दूध में भिगोया हुआ रसगुल्ला अथवा मलाई का बना हुआ रसगुल्ला।

रसमसा वि० [हिं० रस+मस (अनु०)] [स्त्री० रसमसी] १. रस से भरा हुआ, रसपूर्ण, रसीला। २. आनन्द से भरा हुआ, प्रसन्न। ३. किसी के प्रेम में पड़ा हुआ, अनुरक्त। ४. भला लगने या सुख देनेवाला, सुखद, जैसे रसमसे दिन, रसमसी ऋतु। ५. आर्द्र, तर, गीला। ६. लथपथ।

रसमि* स्त्री० [सं० रश्मि] १. रश्मि। २. चमक।

रसरंग पुं० [सं०] १. प्रेमपूर्ण क्रीड़ा। २. रति-क्रीड़ा।

रसरा| पुं० [सं० रशना, प्रा० रसणा] [स्त्री० अल्पा० रसरी] बहुत मोटी और बड़ी रस्सी, रस्सा।

रसराज पुं० [सं०] १. शृंगार रस जो साहित्य में सब रसों का राजा माना गया है। २. वैद्यक में, पारा, पारद।

रसरासि* स्त्री० [सं० रसराशि] आनन्दराशि।

रसरी स्त्री० [हिं० रस्सा] पतली और छोटी रस्सी, उदा० रसरी आवत जात ते, सिल पर परत निसान। -रहीम।

रसरीति स्त्री० [सं०] प्रेम की रीति।

रसलिल्ला| स्त्री०=रासलीला।

रसलीन वि० [सं०] [भाव० रसलीनता] रस में लीन, आनंदविभोर।

रसवंत* पुं०=रसिक।

रसवती वि० स्त्री० [सं०] रस से युक्त।

रसवत्ता स्त्री० [सं०] रसवान् होने का भाव, रस से युक्त होने का भाव, रस-संपन्नता।

रसवाद पुं० [सं०] १. प्रेम की बात-चीत। २. प्रेमपूर्ण विवाद या झगड़ा।

रसवान् वि० [सं०] रस से पूर्ण, रसयुक्त।

रसविभोर वि० [सं०] [भाव० रसविभोरता] रस में डूबा हुआ आनंदमग्न।

रसांजन पुं० [सं०] १. रसौत। २. सुरमा।

रसानंद पुं० [सं० रस+आनंद] काव्य में, रस के परिपाक होने से प्राप्त होनेवाला आनंद।

रसा[1] स्त्री० [सं०] १. पृथ्वी। २. जीभ।

रसा[2] पुं० [हिं० रस] पकी हुई तरकारी में का पानीवाला अंश, झोल, शोरबा।

रसाइनी* पुं०=रसायनिक।

रसाई स्त्री० [फा०] किसी तक पहुँचने की क्रिया या भाव, पहुँच।

रसातल पुं० [सं०] नीचे के सात लोकों में छठा लोक।

मुहा० *रसातल में जाना*=नष्ट होना।

रसान* वि० [सं० रस] रसमय, रसपूर्ण।

रसाना* स० [सं० रस] १. रस से युक्त या रसपूर्ण करना। २. प्रसन्न करना। ३. किसी पदार्थ को रसने में प्रवृत्त करना। अ० १. रसयुक्त होना। २. आनन्द लूटना।

रसानुभव पुं० [सं०] १. रस का अनुभव। २. आनं:।

रसानुभूति स्त्री० [सं०] १. काव्य के रस की अनुभूति। २. उक्त अनुभूति से प्राप्त होनेवाला आनन्द।

रसान्वेषी वि० [सं० रस+अन्वेषिन्] जो रस का अन्वेषण करता हो।

रसाभास पुं० [सं०] १. रस के परिपाक या पूर्णरूप के अभाव में दिखाई पड़नेवाला उसका आभास या छाया मात्र। २. साहित्य में (क) रस की वह अपरिपक्व और अपूर्ण अवस्था जबकि अनुभावों, विभावों और संचारी भावों की सहायता से स्थायी भावों की ठीक और पूरी पुष्टि नहीं होती और 'रस' तत्त्व का पूरा आविर्भाव नहीं होता अथवा (ख) वह अवस्था जिसमें रस का ठीक तरह से परिपाक होने पर भी उसका प्रयोग अनुचित ही होता हो। विशेष-रस की अपरिपक्वता तो रसाभास है ही, पर यदि कहीं गुरु-पत्नी या विमाता के साथ होनेवाले अनुचित प्रेम के वर्णन में रस का ठीक तरह से परिपाक हुआ हो तो भी वह रसाभास ही माना जाएगा।

२. ऐसी उक्ति या कथन जिसमें उक्त प्रकार के दोष हों। (कुछ लोगों ने इसे भी एक अलंकार माना है।)

रसायन पुं० [सं०] १. जरानाशक ओषधि, मनुष्य को सदा स्वस्थ और पुष्ट बनाए रखनेवाला औषध। (वैद्यक) २. ताँबे से सोना बनाने का एक कल्पित योग। ३. पदार्थों के अणुओं या परमाणुओं में प्रतिक्रिया उत्पन्न करनेवाला अथवा उनकी प्रतिक्रिया से उत्पन्न होनेवाला पदार्थ। (केमिकल) ४. विभिन्न वस्तु के अणुओं, गुणों आदि के मिश्रण का वह अनुपात जिसके अनुसार किसी यौगिक वस्तु का निर्माण होता है। ५. दो व्यक्तियों के बीच होनेवाला आकर्षण तथा आपसी समझ; जैसे-पति और पत्नी के बीच का रसायन उम्दा था।

रसायनज्ञ पुं० [सं०] वह जो रसायनशास्त्र का ज्ञाता हो, रसायनशास्त्री।

रसायनशाला स्त्री० [सं०] वह स्थान जहाँ तरह-तरह के रसायन बनाए जाते हों।

रसायनशास्त्र पुं० [सं०] पदार्थों की रचना का वैज्ञानिक अध्ययन, जिसमें यह जाना जाता है कि विभिन्न परिस्थितियों में उनमें क्या-क्या परिवर्तन होते हैं तथा एक दूसरे से संयोजन होने पर उनमें क्या-क्या प्रतिक्रियाएँ होती हैं।

रसायनिक वि० दे० 'रासायनिक'।

रसायनी वि० [सं० रसायन] रसायन-संबंधी।
पुं० दे० 'रसायनज्ञ'।

रसाल पुं० [सं०] [भाव० रसालता] १. गन्ना। २. आम।
वि० [स्त्री० रसाला] १. रस से युक्त, जिसमें रस हो। २. रसिक, रसीला। ३. मधुर, मीठा।

रसाला[1] वि० [सं० रसाल+हिं० आ(प्रत्य०)] मधुर।

रसाला[2] पुं०=रिसाला।

रसाली पुं० [सं० रस] भोगविलास में रस या आनन्द लेनेवाला, रसिक।

रसाव पुं० [हिं० रसना+आव (प्रत्य०)] १. रसने की क्रिया या भाव। २. इस प्रकार निकला हुआ अंश।

रसावर, रसावल पुं० [हिं० रस+चावल] ऊख के रस में पकाए हुए चावल।

रसास्वादन पुं० [सं०] रस का, विशेषत: काव्य के रस का आनन्द लेना।

रसाहार पुं० [सं० रस+आहार] आहार के रूप में रस का ग्रहण, रस का आहार।

रसिक पुं० [सं०] [भाव० रसिकता] १. रस या आनन्द लेनेवाला। २. जिसके हृदय में सौन्दर्य, प्रेम, भक्ति आदि कोमल और मधुर भावों के प्रति अनुराग हो, सहृदय, भावुक। ३. काव्य का मर्मज्ञ।

रसयिता पुं० [सं०] रस ग्रहण करनेवाला सहृदय व्यक्ति।

रसिया पुं० [सं० रसिक] १. रसिक। २. एक प्रकार का गाना जो फागुन में ब्रज में गाया जाता है।

रसी* पुं०=रसिक।

रसीद स्त्री० [फा०] १. किसी चीज की प्राप्ति या पहुँच। २. किसी चीज के प्राप्त होने या पहुँचने के प्रमाण के रूप में लिखा हुआ पत्र, प्राप्तिका।

रसीदी वि० [फा० रसीद] रसीद-सम्बन्धी।

रसीला वि० [हिं० रस] [स्त्री० रसीली, भाव० रसीलापन] १. जिसमें रस हो, रसदार। २. स्वादिष्ट। ३. रसिक। ४. बाँका, सुन्दर।

रसूख पुं० [अ० रुसूख] १. धैर्य। २. अध्यवसाय। ३. किसी के यहाँ तक होनेवाली पहुँच। ४. विश्वास, एतबार।

रसूखदार वि० [अ०+फा०] १. जिसकी पहुँच ऊँचे लोगों से हो। २. प्रतिष्ठित और सम्मानित।

रसूम पुं० [अ०] १. नियम, कानून। २. प्रचलित प्रथा या विधान के अनुसार किसी को दिया जानेवाला धन, नियत शुल्क या देय।

रसूल पुं० [अ०] ईश्वर का दूत, पैगम्बर।

रसेस* पुं० [सं० रसेश] श्रीकृष्ण।

रसोइया पुं० [हिं० रसोई] रसोई पकानेवाला आदमी।

रसोई स्त्री० [हिं० रस+ओई(प्रत्य०)] १. पकाई हुई खाने की चीजें।
मुहा० *रसोई तपना*=भोजन पकना।
२. दे० 'रसोई-घर'।

रसोई-घर पुं० [हिं० रसोई+घर] भोजन बनाने की जगह, पाकशाला, चौका।

रसोईदार पुं० दे० 'रसोइया'।

रसोपचित वि० [सं० रस+उपचित] रस से संवर्धित।

रसोय* स्त्री० दे० 'रसोई'।

रसौत स्त्री० [सं० रस] १. जमाया हुआ रस। २. गोंद की तरह का एक पदार्थ।

रसौर पुं० दे० 'रसावर'।

रस्ता† पुं०=रास्ता।

रस्म पुं० [अ०] प्रथा, परिपाटी।

रस्म-अदायगी [अ०+फा०] प्रथा या औपचारिकता निभाया जाना।

रस्मी वि० [अ० रस्म] १. रस्म या प्रथा से सम्बन्ध रखनेवाला। २. जो नियमित रूप से अथवा मान्य रीति के अनुसार हो, रीतिक। (फार्मल)

रस्सा पुं० [सं० रशना, प्रा० रसणा, पु० हिं० रसरा] [स्त्री० अल्पा० रस्सी] बहुत मोटी रस्सी।

रस्साकशी स्त्री० [हिं०+फा०] १. एक प्रतियोगिता जिसमें दो दल या पक्ष रस्सा अपनी अपनी ओर खींचकर बल-प्रदर्शन करते हैं। २. खींचतान।

रस्सी स्त्री० [हिं० रस्सा] रुई, सन आदि को बटकर बनाई हुई बाँधने के काम की लम्बी चीज, डोरी।

रहँकला पुं० [हिं० रथ+कल] १. एक प्रकार की तोप। २. तोप लादने की गाड़ी।

रहँचट* स्त्री० [सं० रस+हिं० चाट] तीव्र लालसा।

रहँचटा पुं० [हिं० रस+चाट] आतुरतापूर्ण लालसा या उत्कंठा, चसका, उदा० रूप रहँचटैं लगि लग्यौ, माँगन सब जुग आनि। -बिहारी।

रहँटा पुं० [सं० अरघट्ट] सूत कातने का चरखा।

रहचटा पुं० दे० 'रहँचटा'।

रहचर* पुं० [फा० राह+हिं० चर] रास्ता चलनेवाला, बटोही, पथिक।

रहजनी† स्त्री०=राहजनी।

रहट पुं० [सं० अरघट्ट, प्रा० अरहट्ट] कुएँ से पानी निकालने का एक प्रकार का यन्त्र जिसमें काठ का एक बड़ा चक्कर होता है।

रहटा† पुं० [हिं० रहट] सूत कातने का चरखा।

रहठान* पुं० [हिं० रहना+स्थान] १. निवासस्थान, रहने की जगह। २. ठहरने या टिकने की जगह।

रहड़ा, रहड़ू पुं० [सं० रथरूप, प्रा० रहरूप] १. हाथ से ढकेलकर ले जाई जानेवाली छोटी गाड़ी, ठेला। २. बैलगाड़ी, छकड़ा।

रहतिया वि० [हिं० रहना+तिया(प्रत्य०)] (बिक्री का माल) जो बहुत दिनों से न बिकने के कारण यों ही पड़ा हो, रखाऊँ।

रहते, के संबंधबोधक के जीवनकाल में; बच्चे माँ के रहते साल में एक बार घर आते।

रहन स्त्री० [हिं० रहना] १. रहने की अवस्था, क्रिया या भाव। २. किसी के साथ प्रेम या श्रद्धापूर्वक रहने अथवा उसका ध्यान या स्मरण करने की अवस्था या भाव, लगन; उदा० जो पैं रहनि (रहन) राम सों नाहिं। -तुलसी। ३. आचार-व्यवहार।

रहन-सहन स्त्री० [हिं० रहना+सहना] जीवन बिताने और काम करने का ढंग।

रहना अ० [सं० स्थैर्य] १. स्थित होना, ठहरना। २. रुकना, थमना।

मुहा० *रह चलना या जाना*=(क) रुक जाना। (ख) पिछड़ जाना।

३. निवास करना। ४. कोई होता हुआ काम बन्द होना, रुकना या ठहरना।

मुहा० *रह जाना*=विफल होना।

५. विद्यमान होना। ६. समय बिताना। ७. नौकरी करना। ८. जीवित रहना, जीना। ९. उचित रूप से आचरण करना, व्यवहार आदि में मर्यादा का पालन करना, उदा० हम जानति तुम यौं नहि रेहौं, रहिहौ गारी खाय। -सूर। १०. बाकी बचना, छूट जाना।

मुहा० *(अंग आदि) रह जाना*=(क) थक जाना, शिथिल हो जाना। (ख) निकम्मा हो जाना। *रह जाना*=(क) पीछे छूट जाना। (ख) शेष रहना।

रहनि* स्त्री० [?] प्रेम, प्रीति।

स्त्री० दे० 'रहन'।

रहम पुं० [अ० रह्म] १. करुणा, दया। २. कृपा, अनुग्रह।

रहमदिल वि० [अ० रहम+फा० दिल] [भाव० रहमदिली] जिसके दिल या मन में रहम या दया हो, दयालु।

रहमान पुं० [अ० रह्मान] ईश्वर का एक नाम जो उसके रहमदिल या दयालु होने का सूचक है।

रहरु, रहलू पुं० दे० 'रहड़ू'।

रहनैया पुं० [हिं० रहना] रहनेवाला।

रहस पुं० [सं० रहस्] १. गुप्त भेद, रहस्य। २. लीला, क्रीड़ा। ३. आनन्द। ४. गुप्त या एकान्त स्थान, उदा० रहसि रानि राम रुख पाई। -तुलसी। ५. रति। ६. समुद्र, सागर। ७. स्वर्ग।

रहस-चाव पुं० [हिं० रहस=क्रीड़ा+चाव] उत्साहपूर्वक मनाया जानेवाला आनन्द-मंगल, रंगरली।

रहसना अ० [हिं० रहस] प्रसन्न होना।

रहसि* स्त्री० दे० 'रहस'।

रहस्य पुं० [सं०] १. गुप्त भेद, छिपी हुई बात, भेद। २. मर्म। ३. गूढ़ तत्त्व।

रहस्यपूर्ण वि० [सं०] रहस्य से भरा।

रहस्य-भरा वि० [सं०+हिं०] रहस्यपूर्ण।

रहस्यमय वि० [सं०] [भाव० रहस्यमयता] रहस्य से भरा, रहस्यपूर्ण।

रहस्यवाद पुं० [सं०] वह धार्मिक वृत्ति जिसमें मनुष्य प्रत्यक्ष रूप से ईश्वर के साथ सम्बन्ध स्थापित करने का प्रयत्न करता है। (मिस्टिसिज्म)

रहस्यवादी (-दिन्) पुं० [सं०] वह जो रहस्यवाद के सिद्धान्तों का अनुयायी हो।

वि० रहस्यवाद-सम्बन्धी, रहस्यवाद का।

रहस्योद्घाटन पुं० [सं०] १. रहस्य प्रकट करने की क्रिया या भाव। २. प्रकट किया हुआ रहस्य।

रहाई स्त्री० [हिं० रहना] १. दे० 'रहन'। २. सुख, चैन, आराम।

रहाना* अ० [हिं० रहना] १. होना। २. रहना।

स० हिं० रहना का प्रेरणार्थक रूप, रखाना।

रहा-सहा वि० [हिं० रहना+सहना] बचा-खुचा।

रहित वि० [सं०] किसी वस्तु, गुण आदि से खाली या हीन, बिना, बगैर।

रहितत्व पुं० [सं०] १. रहित या खाली होने का भाव। २. नियम, बन्धन, भार आदि से मुक्त या रहित किए जाने का भाव। (एग्जेम्शन)

रहीम वि० [अ०] कृपालु, दयालु।

पुं० ईश्वर का एक नाम। (मुसल०)

राँक वि० दे० 'रंक'।

राँका वि० [सं० रंक] १. दरिद्र, गरीब। २. बहुत ही दीन, हीन और तुच्छ।

राँगा पुं० [सं० रंग] सीसे के रंग की एक प्रसिद्ध मुलायम धातु।

राँच क्रि० वि० दे० 'रंच'।

राँचना अ० दे० 'राचना'।

राँजना* स० [सं० रंजन] १. रंजित करना, रँगना। २. टाँका लगाना।

राँटी स्त्री० [?] टिट्टिभि, टिटिहरी। (बुन्देल)

राँड़ स्त्री० [सं० रंडा] १. विधवा। २. वेश्या।

राँध[1] पुं० [सं० परांत] १. आस-पास का स्थान। २. पड़ोस।

क्रि० वि० पास, समीप।

राँध[2] स्त्री० [हिं० राँधना] भोजन बनाने या राँधने की क्रिया या भाव।

वि० परिपक्व अवस्था या बुद्धिवाला।

राँधना स० [सं० रंधन] भोजन पकाना।

राँभना* अ० दे० 'रँभाना'।

राआ* पुं० दे० 'राजा'।

राइ* पुं० [सं० राजा] १. राजा। २. छोटा राजा।

वि० सबसे बढ़कर, उत्तम, श्रेष्ठ।

राइफल स्त्री० [अं०] एक प्रकार की बन्दूक जो पैदल सिपाहियों के पास रहती है।

राई[1] स्त्री० [सं० राजिका] १. एक प्रकार की छोटी सरसों।

मुहा० *राई नोन उतारना*=जिसे नजर लगी हो उस पर से राई और नमक उतारकर आग में डालना। (टोना) *राई से पर्वत करना*=बहुत छोटे से बहुत बड़ा बनाना। *राई-काई करना*=छिन्न-भिन्न करना।

२. बहुत थोड़ी मात्रा या परिमाण।

राई[2] स्त्री० [सं० राज] १. राय, राव या राजा का पद। २. बहुत बड़ा पद और उसके साथ का वैभव, मान-मर्यादा आदि।

*पुं० दे० 'राइ'।

राई-रत्ती स्त्री० १. सबकुछ। २. पूरा और क्रमबद्ध विवरण; जैसे-उन्हें हमारे संबंध में राई-रत्ती की जानकारी है।

वि० पूरा और क्रमबद्ध, कुल।

राउ[1] * पुं० दे० 'राव'।

राउ[2] * पुं० [सं० रव] शब्द।

राउत * पुं०=रावत।

राउर[1] पुं० [सं० राज+पुर] रनिवास।

राउर[2] वि० [स्त्री० राउरी] श्रीमान् का, आपका।

राउल * पुं० दे० 'राजा'।

राकस * पुं०=राक्षस।

राका स्त्री० [सं०] पूर्णिमा की रात।

राकेश पुं० [सं० राका+ईश] चन्द्रमा, निशापति।

राक्षस पुं० [सं०] [स्त्री० राक्षसी] १. कुबेर के कोश की रक्षा करनेवाला। २. महाभारत के अनुसार एक जाति जो देवताओं से लड़ती थी। ३. दैत्य, असुर। ४. क्रूर और पापी व्यक्ति। ५. एक प्रकार का विवाह जिसमें युद्ध करके कन्या छीन लाते और तब उसे पत्नी बनाते थे।

राक्षसपति पुं० [सं०] रावण।

राक्षसी वि० [सं० राक्षस] १. राक्षस-सम्बन्धी, राक्षस का। २. राक्षसों की तरह जघन्य, भीषण या विकट, जैसे राक्षसी अत्याचार, राक्षसी उपचार।

राख स्त्री० [सं० क्षार] किसी चीज के बिल्कुल जल जाने पर उसका बचा हुआ अंश, भस्म।

राखना स० [सं० रक्षण] १. रक्षा करना, बचाना। २. रखवाली करना। ३. छिपाना। ४. रोकना। ५. दे० 'रखना'।

राखी स्त्री० [सं० रक्षा] रक्षाबन्धन के समय कलाई पर बाँधने का डोरा, रक्षा।

स्त्री० दे० 'राख'।

राग पुं० [सं०] १. प्रिय वस्तु के प्रति होनेवाला मन का भाव या झुकाव। २. ईर्ष्या और द्वेष। ३. प्रेम, अनुराग। ४. मोह। ५. अंगराग। ६. रंग, विशेषत: लाल रंग। ७. महावर। ८. संगीत में स्वरों के विशेष प्रकार और क्रम या निश्चित योजना से बना हुआ गीत का ढाँचा। (भारतीय संगीत में छह राग माने गए हैं।) ९. चार चरणों का एक वर्णवृत्त जिसके प्रत्येक चरण में रगण, जगण, रगण, जगण और गुरु (र, ज, र, ज, ग) होते हैं।

मुहा० *अपना राग अलापना*=अपनी ही बात कहते चलना।

रागदारी स्त्री० [सं० राग+फा० दारी] भारतीय संगीतशास्त्र के नियमों के अनुसार राग-रागिनियाँ या पक्के गाने गाना।

रागना अ० [सं० राग] १. अनुरक्त होना। २. रँगा जाना। ३. निमग्न होना, डूबना।

* स० गीत गाना।

रागमाला स्त्री० [सं०] एक ही पद या गीत में एक साथ मिले हुए अनेक रागों या उनके कुछ अंगों का समूह।

रागरंजित वि० [सं०] प्यार के रंग से रँगा हुआ।

रागसागर पुं० दे० 'रागमाला'।

रागात्मक वि० [सं०] [भाव० रागात्मकता] राग अर्थात् प्रेमजन्य, प्रेम से उत्पन्न।

रागिणी स्त्री० [सं०] १. संगीत में किसी राग की पत्नी। (प्रत्येक राग की प्राय: छह रागिनियाँ मानी गई हैं। कुल छत्तीस रागिनियाँ है।) २. राग गानेवाली स्त्री।

रागिनी स्त्री० [सं० रागिणी] संगीत में किसी राग की पत्नी।

रागी(-गिन्)[1] पुं० [सं०] १. अनुरागी, प्रेमी। २. [स्त्री० रागिनी] राग-रागिनी गानेवाला, गवैया।

वि० १. रँगा हुआ, रंजित। २. लाल। ३. विषयों में लिप्त।

रागी[2] *स्त्री० [सं० राज्ञी] रानी।

राघव पुं० [सं०]१. रघु के वंश में उत्पन्न व्यक्ति। २. श्री रामचन्द्र।

राचना[1] * स० दे० 'रचना'।

अ० रचा जाना, बनना।

राचना[2] अ० [सं० रंजन] १. रँगा जाना। २. अनुरक्त होना। ३. लिप्त या लीन होना। ४. प्रसन्न होना। ५. शोभा देना।

राछ स्त्री० [सं० रक्ष] १. कारीगरों का एक औजार। २. जुलाहों के करघे में का वह अंग या उपकरण जिससे ताने के तागे ऊपर उठते और नीचे गिरते हैं। ३. जलूस।

राछस * पुं०=राक्षस।

राज[1] पुं० [सं० राज्य] १. राज्य, शासन। (गवर्नमेन्ट) २. राजा द्वारा शासित देश, राज्य। ३. पूरा अधिकार, प्रभुत्व।

मुहा० *राज रजना*=बहुत अधिक सुख और अधिकार भोगना।

4. राज्य या शासन का काल। ५. बड़ी जमींदारी और भू-संपत्ति। (एस्टेट)

राज[2] पुं० [सं० राजन्] राजा, प्राय: यौगिक शब्दों के अंत में; सर्वप्रधान शासक या सर्वश्रेष्ठ आदि के अर्थ में, जैसे, (क) मगधराज=मगध का राजा; (ख) सर्वश्रेष्ठ, जैसे पंडित राज=पंडितों में श्रेष्ठ।

राज[3] वि० [हिं० राजा] परम प्रिय और आदरणीय (किसी बड़े या प्रिय के लिए संबोधन के रूप में)।

राज[4] पुं० दे० 'राजगीर'।

राज[5] पुं० [फा० राज़] रहस्य, भेद।

राजकर्मचारी पुं० [सं० राज+कर्मचारी] राज्य द्वारा नियुक्त कर्मचारी।

राजकाज पुं० [हिं०] [वि० राजकाजी] राज्य का कार्य।

राजकीय वि० [सं०] राजा या राज्य से संबंध रखनेवाला; जैसे—राजकीय विद्यालय।

राजकुमार पुं० [सं०] [स्त्री० राजकुमारी] राजा का पुत्र।

राजकुल पुं० दे० 'राजवंश'।

राजकोष पुं० [सं० राज+कोष] सरकारी खजाना।

राजग पुं० [सं० राज+ग=जानेवाला] १. नगर की वह भूमि जो किसी प्रकार राज्य को मिल गई हो और जिसकी व्यवस्था राज्य की ओर से होती हो, नजूल। २. 'राष्ट्रीय जनतान्त्रिक गठबन्धन' का संक्षिप्त रूप।

राजगद्दी स्त्री० [हिं० राज+गद्दी] १. राज सिंहासन। २. राज्याभिषेक।

राजगीर पुं० [हिं० राज+फा० गीर (प्रत्य०)] मकान बनानेवाला कारीगर, राज, थवई।

राजगृह पुं० [सं०]१. राजा का महल। २. बिहार में पटने के पास का एक प्राचीन स्थान।

राजतंत्र पुं० [सं०] वह शासन-प्रणाली जिसमें राज्य का सारा प्रबंध केवल राजा के हाथ में हो; और जिसके प्रबंध करने में प्रजा या उसके प्रतिनिधियों का कोई स्थान न हो।

राजतिलक पुं० दे० 'राज्याभिषेक'।

राजत्व पुं० [सं०] राज का पद, भाव या काम।

राजदंड पुं० [सं०] वह दंड जो राजा के पास उसके राजत्व के सूचक चिह्न के रूप में रहता है। २. राज्य या राजा की आज्ञा से दी जानेवाली सजा।

राज-दरबार पुं० [हिं० राज+फा०+दरबार] राजा का दरबार, राजसभा।

राजदान वि० [फा० राज़दाँ] रहस्य जाननेवाला, भेदी।

राजदूत पुं० [सं०] [वि० राजदूतीय] वह दूत जो किसी राज्य की ओर से दूसरे राज्य में आधिकारिक रूप से भेजा जाता है। (एम्बेसडर)

राजदूत्व पुं० [सं०] राजदूत का कार्य या पद।

राजद्रोह पुं० [सं०] राजा या राज्य के प्रति द्रोह। (सेडिशन)

राजद्रोही (-हिन्) वि०, पुं० [सं०] जिसने राजद्रोह किया हो।

राजद्वार पुं०[सं०] १.राजा के महल की ड्योढ़ी। २. कचहरी।

राजधानी स्त्री० [सं०] किसी देश या राज्य का वह प्रधान नगर जहाँ से उसका शासन होता है, और जहाँ उसके प्रमुख अधिकारी रहते तथा कार्यालय होते हैं।

राजनगरी स्त्री० [सं० राज+नगर] राजधानी।

राजनय पुं० [सं०] १. राजनीति। २. देशों के बीच सम्बन्धों का प्रबंधन।

राजनयिक वि० [सं०] राजनय-सम्बन्धी। पुं० वह अधिकारी जो अन्य देशों से सम्बन्ध बनाए रखते हैं।

राजना* अ० [सं० राजन] १. विद्यमान होना, रहना। २. शोभित होना।

राजनि* स्त्री० [हिं० रजना] १. राजने की क्रिया या भाव। २. उपस्थिति, विद्यमानता। ३. शोभा, छटा।

राजनीति स्त्री० [सं०] [वि० राजनीतिक] १. राज्य की वह नीति जिसके अनुसार प्रजा का शासन और पालन तथा दूसरे राज्यों से व्यवहार होता है। (पॉलिटिक्स) २. किसी दल द्वारा सत्ता प्राप्ति या सत्ता बनाए रखने के उद्देश्य से अपनाई हुई पद्धति जो राष्ट्रहित की दृष्टि से अनुकूल न हो। ३. कुटिल नीति। (व्यंग्य)

राजनीतिक वि० [सं०] राजनीति-संबंधी।

राजनीतिकरण पुं० [सं० राजनीति+करण] किसी बात या विषय को राजनीतिक रंग देने की क्रिया या भाव। (संस्कृत व्याकरण की दृष्टि से अशुद्ध है।)

राजनीतिज्ञ पुं० [सं०] राजनीति का अच्छा ज्ञाता। (पॉलिटीशियन)

राजनेता (-तृ) पुं० [सं०] राष्ट्रीय नेता।

राजन्य पुं० [सं०] १. क्षत्रिय। २. राजा।

राजपथ पुं० [सं०] सब लोगों के उपयोग के लिए बनी हुई बड़ी और लम्बी पक्की सड़क। (हाइवे)

राजपद पुं० [सं०] राजा का पद या स्थान।

राजपाट पुं० [सं०+हिं०] राजसिंहासन।

राजपरिवार पुं० [सं०] राजा का परिवार, जिसमें उसके सगे-संबंधी या घर के लोग होते हैं।

राजपाट पुं० [सं० राज+पट्ट] १. राजसिंहासन, गद्दी। २. शासन का अधिकार, दायित्व, कार्यपालन आदि।

राजपीठ पुं० [सं०] विधायिका सभाओं आदि में वे आसन जिन पर सत्ताधारी वर्ग के प्रतिनिधि बैठते हैं। (ट्रेजरी बेंचेज)

राजपुत्र पुं० [सं०] राजकुमार।

राजपुरुष पुं० [सं०] १. राज्य का कर्मचारी। २. राज्य या शासन की नीति और व्यवहार का ज्ञाता। (स्टेट्समैन)

राजपूत पुं० [सं० राजपुत्र] [वि० राजपूती] क्षत्रियों के कुछ विशिष्ट वंशों की सूचक संज्ञा।

राजपूताना पुं० दे० 'राजस्थान'।

राजपूती वि० राजपूतों का।

राजप्रासाद पुं० [सं०] राजा के रहने का महल, राजमहल।

राजबंदी (-दिन्) पुं० [सं०] वह जिसे राजा या राज्य ने बिना मुकदमा चलाए किसी सन्देह में कैद कर लिया हो।

राजभक्त वि०, पुं० [सं०] [भाव० राजभक्ति] जो अपने राजा या राज्य के प्रति भक्ति और निष्ठा रखता हो। (लॉयल)

राजभक्ति स्त्री० [सं०] अपने राजा या राज्य के प्रति भक्ति, निष्ठा और प्रेम। (लॉयलिटी)

राजभवन पुं० [सं०] राज्यपाल का आवास।

राजभाषा स्त्री० [सं०] किसी देश में प्रचलित वह भाषा जिसका उपयोग प्रायः सभी राजकीय कार्यों और न्यायालयों आदि में होता हो। (स्टेट लैंग्वेज)

राजभोग पुं० [सं०] १. राज्य का सुख भोगना, राज्य करना। २. देवताओं के सामने प्रातःकाल रखा जानेवाला भोग।

राजमहल पुं० [हिं० राज+अ० महल] राजा के रहने का महल, राजप्रासाद।

राजमहिषी स्त्री० [सं०] पटरानी।

राजमाता स्त्री० [सं०] किसी देश के राजा या शासक की माता।

राजमार्ग पुं० [सं०] चौड़ी सड़क।

राजमुद्रा स्त्री० [सं०] १. राजा या राज्य की वह मोहर जो राजकीय पत्रों आदि पर अंकित की जाती है। (रॉयल सील) २. दे० 'राष्ट्रमुद्रा'।

राजयक्ष्मा पुं० [सं०] क्षय नामक रोग।

राजयोग पुं० [सं०] १. पतंजलि के दर्शन में बतलाया हुआ योग। २. फलित ज्योतिष में ग्रहों का एक योग जिसके अनुसार मनुष्य राजा होता या राज्य का-सा सुख भोगता है।

राजराजेश्वर पुं० [सं०] [स्त्री० राजराजेश्वरी] अनेक राजाओं का प्रधान राजा, सम्राट।

राजरोग पुं० [हिं० राज+रोग] १. बहुत बड़ा और असाध्य रोग। २. क्षय रोग।

राजर्षि पुं० [सं०] राजवंश में उत्पन्न ऋषि।

राजलिपि स्त्री० [सं०] किसी देश के राजकार्यों में काम आनेवाली लिपि।

राजलोक* पुं० दे० 'राजप्रासाद'।

राजवंश पुं० [सं०] राजा का कुल, वंश या परिवार।

राजवी* पुं०=राजा (राज०)।

राजशास्त्र पुं०=राजनीतिशास्त्र।

राजशास्त्री पुं० १. राज्यशास्त्र का पंडित। २. राज्य और उसके प्रशासन का ज्ञाता।

राज-शिष्टाचार पुं० [सं०] ऐसा व्यवहार जो राजनयिकों के प्रति औपचारिक रूप से किया जाता हो।

राजश्री स्त्री०=राज्यश्री।

राजसंपदा वि० [सं०] राज्य की सम्पत्ति।

राजस वि० [सं०] [स्त्री० राजसी] रजोगुण से उत्पन्न या युक्त, रजोगुणी।

पुं० १. रजोगुण। २. क्रोध। ३. राजा का पद या सिंहासन। ४. शासन करने का अधिकार, राज्याधिकार, उदा० इहिं राजस को के न बिगोयौ। -सूर।

राजसत्ता स्त्री० [सं०] १. राजशक्ति, राज्य की सत्ता। २. राज्याधिकार।

राजसत्तात्मक वि० [सं०] (वह शासन-प्रणाली) जिसमें केवल राजा की सत्ता प्रधान हो, 'प्रजा-सत्तात्मक' का उलटा।

राजसभा स्त्री० [सं०] राज्य का दरबार। २. राजाओं की सभा।

राजसिंहासन पुं० [सं०] १. राजा के बैठने का सिंहासन, राजगद्दी।

राजसिक वि० दे० 'राजस' और 'राजसी'।

राजसी वि० [हिं० राजा] राजाओं के योग्य, राजाओं का-सा।

राजसूय पुं० [सं०] एक यज्ञ जो सम्राट पद के अधिकारी राजा करते थे।

राजस्थान पुं० [सं०] उत्तर प्रदेश के पश्चिम और पूर्वी पंजाब के दक्षिण का वह प्रदेश जो पहले राजपूताना कहलाता था।

राजस्थानी वि० [हिं० राजस्थान] राजस्थान या राजपूताने की भाषा।

राजस्व पुं० [सं०] कर, शुल्क आदि के रूप में राजा या राज्य को होनेवाली आय। (रेविन्यू)

राजस्व न्यायालय पुं० दे० 'माल-न्यायालय'।

राजहंस पुं० [सं०] [स्त्री० राजहंसी] एक प्रकार का बड़ा हंस।

राजा पुं० [सं० राजन्] [स्त्री० राज्ञी, रानी] किसी देश या जाति का प्रधान शासक और स्वामी।

राजाज्ञा स्त्री० [सं०] राजा या राज्य की आज्ञा।

राजाधिराज पुं० [सं०] राजाओं का राजा, बहुत बड़ा राजा।

राजाबाही* वि० जो राजा का वाहन हो।

राजाराज* पुं० राजाओं का राजा, सम्राट।

राजावर्त पुं० [सं०] एक प्रकार का रत्न।

राजिंदा* पुं० [सं० राजेन्द्र] १. स्वामी, पति। २. परमप्रिय व्यक्ति।

राजि स्त्री० [सं०] १. पंक्ति, श्रेणी। २. रेखा, लकीर। ३. राई।

राजिका स्त्री० [सं०] सरसों की तरह का छोटा दाना, राई। २. दे० 'राजि'।

राजिव* पुं० [सं० राजीव] कमल।

राजी वि० [अ० राज़ी] १. सहमत। २. नीरोग, स्वस्थ। ३. प्रसन्न, खुश। ४. सुखी।

पद *राजी-खुशी*=(क) सही-सलामत। (ख) कुशल-मंगल।

*स्त्री० दे० 'राजि'।

राजीनामा पुं० [फा० राज़ीनामः] वह लेख जिसे प्रमाण और निश्चय के रूप में मानकर दो विरोधी पक्ष आपस में मेल करते हैं।

राजीव पुं० [सं०] कमल, पद्म।

राजेश्वर पुं० [सं०] [स्त्री० राजेश्वरी] राजाओं का राजा, महाराज।

राज्य पुं० [सं०] राजा का काम, शासन। २. एक राजा अथवा एक केन्द्रीय सत्ता द्वारा शासित देश। ३. स्वतन्त्र भारत में कोई वह बड़ा भूभाग जो पहले प्रान्त या प्रदेश कहलाता था पर अब जिसे बहुत-सी बातों में पूर्ण स्वतन्त्रता मिल गई है, जैसे उत्तर प्रदेश, बिहार, मध्य प्रदेश, उड़ीसा आदि अब राज्य हैं। (स्टेट, अन्तिम दोनों अर्थों के लिए)

राज्यतंत्र पुं० [सं०] देश या राज्य के शासन, व्यवस्था, संघटन आदि की प्रणाली, ढंग या प्रकार, जैसे हिन्दू राजतन्त्र, पाश्चात्य राज्यतन्त्र। (पॉलिटी)

राज्यत्याग पुं० [सं०] राजा का अपना राज्य त्याग या छोड़ देना। (एब्डिकेशन)

राज्यपरिषद स्त्री० [सं०] किसी राज्य के चुने हुए प्रतिनिधियों की वह बड़ी परिषद जो साधारण विधायिका से ऊँची होती और उसके निर्णयों पर पुनर्विचार करती है। (काउन्सिल आफ स्टेट)

राज्यपाल पुं० [सं०] भारतीय संघ के किसी राज्य का प्रधान शासक।

राज्यश्री स्त्री० [सं०] राज्य की शोभा और वैभव।

राज्यसंघ पुं० [सं०] अनेक ऐसे स्वतन्त्र-प्राय राज्यों का वह संघ या समूह जो बहुधा किसी एक राष्ट्र के अंग और कुछ बातों में एक प्रबल केन्द्र के अधीन रहता है। (फेडरेशन)

राज्यसभा स्त्री० [सं०] संसद का वह सदन जिसमें राज्यों तथा विशेष हितों के प्रतिनिधि बैठते हैं।

राज्य सरकार स्त्री० [सं० राज्य+फा० सरकार] स्वतन्त्र भारत में किसी राज्य की सरकार जो बहुत-सी बातों में स्वतन्त्र और कुछ बातों में भारत-सरकार के अधीन है। (स्टेट गवर्नमेन्ट)

राज्याभिषेक पुं० [सं०] किसी राजा के राजगद्दी पर बैठने के समय होनेवाला औपचारिक कृत्य या उत्सव, राज्यारोहण।

राज्यारोहण पुं० [सं०] किसी राजा का पहले-पहल राज-सिंहासन पर बैठकर राज्य का अधिकार प्राप्त करना।

राज्याश्रित वि० [सं० राज्य+आश्रित] जिसका पालन-पोषण आदि राज्य द्वारा हो।

राट* पुं०=राठ।

राठ* पुं० दे० 'राज्य'। २. दे० 'राजा'।

राडार पुं० [अं०] एक उपकरण जो दूर-स्थित वायुयानों की स्थिति तथा गति बतलाता है।

राढ़[1]* पुं०=झगड़ा।

राढ़[2]* वि० [देश०] निकम्मा।

राणा पुं० [सं० राट्] १. राजा। २. नेपाल, उदयपुर आदि राज्यों के राजाओं की उपाधि।

रात स्त्री० [सं० रात्रि] सूर्यास्त से सूर्योदय तक का समय, रात्रि, निशा, यामिनी।

पद *रात-दिन*=सदा, हमेशा। *रातों रात*=रात ही रात में।

वि०=राता (लाल)।

रातना अ० [हिं० राता] रंग जाना।

रात-बिरात क्रि०वि० १. किसी भी समय। २. अनुपयुक्त समय पर।

राता* वि० [सं० रक्त] [स्त्री० राती, क्रि० रातना] १. लाल रंग का, अरुण। २. रँगा हुआ, रंजित। ३. किसी के प्रेम में अनुरक्त। ४. किसी कार्य में लगा हुआ, रत।

मुहा० *मुख राता होना*=लाभ या सफलता होना।

रातिब पुं० [अ०] पशुओं का भोजन।

रातोरात क्रि० वि० [हिं० रात+रात] १. एक रात ही में, रात भर में। २. बहुत ही कम समय में; जैसे—लोगों ने उसे रातोरात महात्मा बना दिया।

रात्रि स्त्री० [सं०] रात, निशा।

रात्रिशाला स्त्री० [सं०] वह पाठशाला जिसमें दिन में काम करनेवाले श्रमिकों आदि को रात्रि के समय लिखना-पढ़ना सिखाया जाता है। (नाइट-स्कूल)

रात्रिभोज पुं० [सं०] रात के समय दिया जानेवाला भोज। (डिनर)

राधन पुं० [सं०] १. प्रसन्न और सन्तुष्ट करना। २. आराधना करना।

राधना स० [सं० आराधन] १. आराधना या पूजा करना। २. (काम) सिद्ध या पूरा करना, जैसे साध राधना।

राधा स्त्री० [सं०] १. वृषभानु की लड़की जो श्रीकृष्ण की सखी और प्रेयसी थी। २. अन्तर्मुखी वृत्ति।

राधाधव पुं० [सं०] श्री कृष्णचन्द्र।

राधावल्लभ पुं० [सं०] राधा के प्रिय अर्थात् श्रीकृष्ण।

राधावल्लभी (-भिन्) पुं० [सं०] १. एक मध्यकालीन भक्ति-सम्प्रदाय। २. इस सम्प्रदाय का अनुयायी।

राधास्वामी पुं० १. एक आधुनिक भक्ति-सम्प्रदाय जिसके जनक आगरा के श्री शिवदयाल खत्री माने जाते हैं। २. उक्त सम्प्रदाय का अनुयायी।

राधिका स्त्री० [सं०] १. वृषभानु की लड़की, राधा। २. एक प्रकार का मात्रिक 'छन्द' जिसके प्रत्येक चरण में २२ मात्राएँ और १३ वीं मात्रा पर यति होती है, लावनी नामक प्रसिद्ध लोकगीत इसी छन्द में होता है।

राध्य* वि०=आराध्य।

रान स्त्री० [फा०] जंघा, जाँघ।

राना* अ० [सं० राग] अनुरक्त होना।

पुं० दे० 'राणा'।

रानी स्त्री० [सं० राज्ञी] १. राजा की स्त्री। २. स्वामिनी, मालकिन।

रानी काजल पुं० एक प्रकार का धान या उसका चावल।

राब स्त्री० [सं० द्रावक] पकाकर गाढ़ा किया हुआ गन्ने का रस।

राम पुं० [सं०] १. परशुराम। २. बलराम, बलदेव। ३. श्री रामचन्द्र।

मुहा० *राम राम करके*=बहुत कठिनता से।

४. तीन की संख्या। ५. ईश्वर, भगवान।

रामकहानी स्त्री० १. आपबीती, अपनी कहानी। २. पूरा या व्यवस्थित विवरण।

रामचंगी स्त्री० [देश०] एक प्रकार की तोप।

रामचंद्र पुं० [सं०] अयोध्या के राजा दशरथ के बड़े पुत्र जो दस अवतारों में माने जाते हैं।

रामजना पुं० [हिं० राम+जना=उत्पन्न] [स्त्री० रामजनी] एक जाति जिसकी कन्याएँ वेश्यावृत्ति और नाच गाने का काम करती हैं।

रामतारक पुं० [सं०] रामजी का तारकमन्त्र जो यह है—रां रामाय नमः।

रामति* स्त्री० [हिं० रमना] भीख माँगने के लिए इधर-उधर घूमना।

रामदल पुं० [सं०] १. रामचन्द्र जी की वानर सेना। २. बहुत बड़ी और प्रबल सेना।

रामदूत पुं० [सं०] हनुमानजी।

रामधुन स्त्री० [सं० राम+हिं० धुन] १. भक्तिपूर्वक राम का नाम जपने की क्रिया या भाव। २. वह भजन या गीत जिसमें बार-बार राम का नाम आता हो।

रामनवमी स्त्री० [सं०] चैत्र सुदी नवमी, जो रामचन्द्रजी की जन्मतिथि है।

रामनामी स्त्री० [हिं० राम+नाम] १. वह कपड़ा जिसपर राम-राम लिखा रहता है। २. एक प्रकार का हार। (गहना)

रामपुरी स्त्री० [सं०] १. अयोध्या नगरी। २. साकेत। ३. स्वर्ग।

रामफटाका पुं० [हिं० राम+फटाका] वह लम्बा तिलक जो रामानुज आदि सम्प्रदायों के अनुयायी मस्तक पर लगाते हैं।

रामबाण वि० [सं०] १. अचूक, अमोघ। २. तुरन्त लाभ करनेवाला (औषध)।

रामबास पुं० [हिं० राम+बास =गंध] एक प्रकार का धान या उसका चावल।

रामभरोसे क्रि० वि० [हिं० राम+भरोसा] राम के भरोसे पर, ईश्वर की इच्छा तथा सहायता के बल पर।

रामरज स्त्री० [सं०] एक प्रकार की पीली मिट्टी।

रामरस पुं० [सं० राम+रस] नमक।

रामराज्य पुं० [सं०] ऐसा काल्पनिक और आदर्श राज्य जो सब लोगों के लिए अत्यन्त सुखदायक हो और जिसमें किसी को किसी बात का कष्ट न हो। (उटोपिया)

रामरौला पुं० [हिं० राम+रौला] व्यर्थ का हल्ला या शोरगुल।

रामलीला स्त्री० [सं०] राम के चरित्रों का अभिनय।

रामशर पुं० [सं०] एक प्रकार का नरसल या सरकंडा।

रामा स्त्री० [सं०] १. सुन्दर स्त्री। २. नदी। ३. लक्ष्मी। ४. सीता। ५. राधा। ६. पत्नी।

रामायण पुं० [सं०] वह ग्रन्थ जिसमें राम के चरित्रों का वर्णन हो।

रामायणी पुं० [सं० रामायण] रामायण की कथा कहनेवाला।

राय[१] पुं० [सं० राजा] १. राजा। २. सरदार। ३. राज्य। ४. भाटों की उपाधि।

वि० १. बड़ा। २. बढ़िया (यौगिक शब्दों के अन्त में, जैसे यदुराय)।

राय[२] स्त्री० [फा०] प्रस्तुत परिस्थितियों में विशिष्ट रीति या नीति अपनाने का सुझाव, सलाह; जैसे-इस संबंध में मुझे किसी वकील की राय लेनी होगी।

रायज वि० [अ०] जिसका रिवाज हो, प्रचलित।

रायता पुं० [सं० राजिकाक्त] दही में पड़ा हुआ कद्दू, बुँदिया आदि।

रायबहादुर पुं० [सं० राजा+फा० बहादुर] एक उपाधि जो ब्रितानी सरकार वफादार धनी भारतीयों को देती थी।

रायभोग पुं० एक प्रकार का धान या उसका चावल।

रायमुनी स्त्री० [हिं० राय+मुनिया] लाल नामक पक्षी की मादा, मदिया, मुनिया।

रायरासि* स्त्री० [सं० राजराशि] राजा का कोष।

रॉयल्टी स्त्री० दे० 'स्वामित्व'।

रायसा पुं० दे० 'रासो'।

राया* पुं०=राजा।

स्त्री०=राल (धूना)।

रार स्त्री० [सं० राटि] झगड़ा, विवाद।

रारी* वि० [हिं० रार] रार या झगड़ा करनेवाला, झगड़ालू।

स्त्री०=रार (झगड़ा)।

राल[१] स्त्री० [सं०] १. एक प्रकार का वृक्ष। २. इस वृक्ष का निर्यास जो अपने सुगन्धित धुएँ के लिए जलाया जाता है, धूना।

राल[२] स्त्री० [सं० लाला] लार।

मुहा० *राल टपकना*=कुछ पाने के लिए बहुत लालच या लालसा होना।

राव पुं० दे० 'राय'।

रावट| पुं० [हिं० राव] राजमहल।

रावटी| स्त्री०[सं० राजपटी] १. छोटा तम्बू, छौलदारी। २. छोटा घर। ३. बारहदरी।

रावण पुं० [सं०] १. लंका का प्रसिद्ध राक्षस राजा जिसे रामचन्द्र ने मारा था। २. दूसरों को रुलानेवाला विशेषतः अत्यन्त क्रूर और विकराल व्यक्ति।

रावत पुं० [सं० राजपुत्र] १. छोटा राजा। २. शूर, वीर। ३. सरदार।

रावना* स० [सं० रावण] रुलाना।

रावर* सर्व०, वि० [हिं० रावल] आपका। (ब्रज०)

*पुं० दे० 'रावल'।

*पुं०=रावट (राजमहल)।

रावरो* सर्व०, वि०=रावर।

रावल[१] पुं० [सं० राजपुर] राजा का महल, रनिवास।

रावल[२] पुं० [फा० राजुल] [स्त्री० रावली] १. राजपूताने के कुछ राजाओं की उपाधि। २. दे० 'रावत'।

रावला सर्व० [स्त्री० रावली]= रावरा (आपका)।

रावली स्त्री० [सं० राजपुर] राजाओं का महल, अन्तःपुर।

रावलो वि०=रावरो।

रावी स्त्री० [सं० इरावती] पंजाब की एक प्रसिद्ध नदी।

राशन पुं० [अं० रैशन] १. खाने-पीने आदि के लिए मिलनेवाली सामग्री। २. वह राजकीय प्रबन्ध जिसमें लोगों को खाने-पीने या अन्य आवश्यकताओं की वस्तुएँ कुछ नियत मात्रा में और नियत समय पर उपलब्ध कराई जाती हैं।

राशनिंग स्त्री० दे० 'रेशनिंग'।

राशनी वि० [हिं० राशन] राशन-संबंधी, राशन का, जैसे राशनी आटा।

राशि स्त्री० [सं०] १. ढेर। २. उत्तराधिकार। ३. क्रान्तिवृत्त में पड़नेवाले तारों के बारह समूह, जो ये हैं मेष, वृष, मिथुन, कर्क, सिंह, कन्या, तुला, धनु, मकर, कुम्भ और मीन।

राशिचक्र पुं० [सं०] क्रान्तिवृत्त में पड़नेवाले तारों का समूह जो बारह भागों में बँटा है, इसमें से प्रत्येक भाग राशि कहलाता है, भचक्र।(जोडिएक)

राष्ट्र पुं० [सं०] १. राज्य। २. देश। ३. एक राज्य में बसनेवाला समस्त या पूरा जनसमूह। (नेशन)

राष्ट्रद्रोह पुं० [सं०] ऐसा अपराधपूर्ण कार्य जिससे राष्ट्र का अहित हो।

राष्ट्रद्रोही (-हिन्) वि०, पुं० [सं०] जिसने राष्ट्र के प्रति द्रोह किया हो।

राष्ट्रनायक पुं० [सं०] राष्ट्र का नेता।

राष्ट्रपति पुं० [सं०] किसी आधुनिक प्रजातन्त्री राष्ट्र द्वारा चुना हुआ उसका सर्वप्रधान शासक।

राष्ट्रपरिषद स्त्री० [सं०] किसी राष्ट्र के मुख्य-मुख्य लोगों या प्रतिनिधियों की सभा।

राष्ट्रभक्त पुं० [सं०] राष्ट्र की निष्ठापूर्वक सेवा करनेवाला।

राष्ट्रभाषा स्त्री० [सं०] किसी देश या राष्ट्र में प्रचलित वह प्रधान भाषा जिसका व्यवहार उस देश या राष्ट्र के रहनेवाले अन्य भाषा-भाषी भी सार्वजनिक कामों में करते हैं। (नैशनल लैंग्वेज)

राष्ट्रमंडल पुं० [सं०] कुछ ऐसे राष्ट्रों का वह समूह जिसमें सबको समान अधिकार प्राप्त हों और सबके कुछ निश्चित कर्तव्य और उत्तरदायित्व हों, ऐसे संघटन में कोई केन्द्रीय शक्ति या सत्ता नहीं होती। (कामनवेल्थ)

राष्ट्रलिपि स्त्री० [सं०] वह लिपि जिसमें किसी देश की राष्ट्रभाषा लिखी जाती है।

राष्ट्रवाद पुं० [सं०] [वि० राष्ट्रवादी] वह सिद्धान्त जिसमें अपने राष्ट्र के हितों को सबसे अधिक प्रधानता दी जाती है। [नैशनलिज्म]

राष्ट्रवादी पुं० [सं० राष्ट्रवाद] वह जो अपने राष्ट्र या देश की एकता, महत्ता और कल्याण का पक्षपाती हो। (नैशनलिस्ट) वि० राष्ट्रवाद-संबंधी।

राष्ट्रविरोधी वि० [सं०] जिससे राष्ट्र का अहित हो। पुं० राष्ट्रविरोधी क्रियाकलापों में लगा रहनेवाला व्यक्ति।

राष्ट्रव्यापी वि० [सं० राष्ट्र+व्यापी] जो पूरे राष्ट्र में व्याप्त या फैला हुआ हो; जैसे—राष्ट्रव्यापी संघटन, राष्ट्रव्यापी हड़ताल।

राष्ट्रसंघ पुं० [सं०] संसार के कुछ प्रमुख राष्ट्रों का एक संघ जो दूसरे युरोपीय महायुद्ध के बाद बना था और जिसका उद्देश्य संसार में शान्ति बनाए रखना है। (यूनाइटेड नेशन्स ऑर्गनिज़ेशन)

राष्ट्रिक वि० [सं०] राष्ट्र का।

राष्ट्रिकता स्त्री० [सं०] राष्ट्रीयता।

राष्ट्रीय वि० [सं०] १. राष्ट्र-संबंधी, राष्ट्र का। २. राष्ट्र की एकता, महत्ता, विशेषताओं आदि से संबंध रखनेवाला। ३. राष्ट्र द्वारा समर्थित या संचालित।

राष्ट्रीयकरण पुं० [वि० राष्ट्रीकृत] राष्ट्रीयकरण।

राष्ट्रीयकरण पुं० [सं० राष्ट्रीय+करण] [वि० राष्ट्रीयकृत] (उद्योगों, बैंकों आदि को) राष्ट्र या शासन के अधीन करने की क्रिया या भाव।

राष्ट्रीयता स्त्री० [सं०] १. किसी राष्ट्र के विशेष गुण। २. अपने देश या राष्ट्र के प्रति उत्कट प्रेम।

रास[1] स्त्री० [सं०] मूलतः कदाचित् लास्य, प्रा० रास्स] १. प्राचीन भारत के गोपों की एक क्रीड़ा जिसमें वे घेरा बाँधकर नाचते थे। २. श्रीकृष्ण की रासलीला या उसका अभिनय।

रास[2] स्त्री० [सं० रश्मि, प्रा० रस्सि] घोड़े, बैल आदि की लगाम की रस्सी, बागडोर।

रास[3] स्त्री० [सं० राशि] १. खलिहान में लगाया जानेवाला अन्न का ढेर। २. जोड़। ३. गोद या दत्तक लेने की क्रिया या भाव। ४. सूद, ब्याज। ५. दे० 'राशि' ३.।

रास[4] स्त्री० राज्यसभा का संक्षिप्त रूप।

रास[5] स्त्री० [इब० राश=सिर] १. चौपायों की गिनती में इकाई या संख्या का सूचक शब्द, जैसे दो रास गाय, चार रास घोड़े। (हेड, आफ केटल) २. चौपायों का झुंड।

रास[6] वि० [फा० रास्त] १. अनुकूल। २. उचित, ठीक, बाजिब।

रासक पुं० [सं०] हास्यरस का एक प्रकार का एकांकी नाटक।

रासकुमारी स्त्री० दे० 'कन्याकुमारी'।

रासधारी (-रिन्) पुं० [सं०] कृष्णलीला का अभिनय करनेवाला व्यक्ति।

रासनशीन* पुं० [हिं० रास+फा० नशीन] १. गोद लिया हुआ लड़का, दत्तक। २. उत्तराधिकारी।

रासभ पुं० [सं०] १. गधा। २. खच्चर।

रासमंडली स्त्री० [सं०] रासधारियों का समाज या मंडली।

रासलीला स्त्री० [सं०] रासधारियों का कृष्णलीला संबंधी अभिनय।

रासविलास पुं० [सं०] १. रासलीला। २. आनन्द, मंगल।

रासायनिक वि० [सं०] १. रसायनशास्त्र से संबंध रखनेवाला। २. रसायन का।
पुं० दे० 'रसायनज्ञ'।

रासायनिक परीक्षक पुं० [सं०] वह जो किसी वस्तु के रासायनिक तत्त्वों का विश्लेषण या जाँच करके उनका ठीक पता लगाता हो। (केमिकल इग्ज़ामिनर)

रासु वि० दे० 'रास्त'।

रासो पुं० [सं० रहस्य] किसी राजा के वीरतापूर्वक युद्धों के विवरणों से युक्त पद्य में लिखा हुआ जीवनचरित्र, जैसे हम्मीर रासो।

रास्त वि० [फा०] [भाव० रास्ती] १. सीधा, सरल। २. दुरुस्त, ठीक। ३. उचित, वाजिब। ४. अनुकूल।

रास्ता पुं० [फा० रास्त:] १. एक जगह से दूसरी जगह जाने के समय बीच में पड़नेवाला स्थान, मार्ग, राह।

मुहा० *रास्ता देखना*=प्रतीक्षा करना। *रास्ता पकड़ना*=चले जाना। *रास्ता बताना*=धता करना, हटा देना।

२. चाल, ढंग। ३. कठिनता दूर करने या उससे बचने का उपाय, तरकीब।

राह स्त्री० [फा०] दे० 'रास्ता'।

मुहा० *राह पड़ना*=डाका पड़ना।

राहखर्च पुं० [फा० राह+खर्च] यात्रा के समय रास्ते में होनेवाला खर्च, मार्गव्यय।

राहगीर पुं० [फा०] पथिक, बटोही।

राहचबेनी स्त्री० [हिं० राह+चबेना] हिन्दुओं का एक धार्मिक कृत्य जिसमें ३६० लड्डू या इसी तरह की कुछ चीजें कोई व्यक्ति यह समझकर दान करता है कि जब मैं मर जाऊँगा तब मोक्ष होने पर ३६० दिनों तक इनमें से एक-एक लड्डू या दान की हुई चीज मुझे नित्य मिलती रहेगी।

राहचलता पुं० [फा० राह+हिं० चलना] १. पथिक। २. जिसका प्रस्तुत विषय से कोई संबंध न हो, गैर।

राहजन पुं० [फा० राहज़न] डाकू, लुटेरा, बटमार।

राहजनी स्त्री० [फा० राहज़नी] डाका, लूट-पाट, बटमार।

राहत स्त्री० [अ०] आराम, सुख।

राहदारी स्त्री० [फा०] १. रास्ते का महसूल, सड़क का कर। २. चुंगी।

पद *राहदारी का परवाना*=रवन्ना।

राहना अ० दे० 'रहना'।

राहित्य पुं० [सं०] १. 'रहित' का भाव, खालीपन, अभाव। २. दे० 'रहितत्व'।

राहिन वि० [अ०] कोई चीज किसी के पास रेहन या बंधक रखनेवाला।

राही पुं० [फा०] पथिक, यात्री।

मुहा० *राही होना* = चलते बनना, चल देना, खिसक जाना।

राहु[1] पुं० [सं०] नौ ग्रहों में से एक।

राहु[2]* पुं०=राह (रास्ता)।

राहू पुं० दे० 'रोहू' (मछली)।

पुं० दे० 'राहु'।

रिंगना* अ० [प्रे० रिंगाना] दे० 'रेंगना'।

रिंद पुं० [फा०] १. धार्मिक बंधनों को व्यर्थ समझने या न माननेवाला। २. स्वेच्छाचारी और स्वच्छन्द पुरुष।

वि० [फा०] [भाव० रिंदगी] १. मतवाला। २. मस्त।

रिआयत स्त्री० [अ०] १. कोमल और दयालुतापूर्ण व्यवहार, नरमी। २. कृपा, अनुग्रह। ३. जितना किया या लिया जाना उचित हो, उसमें कुछ कमी करना, छूट, कमी। (कन्सेशन)

रिआया स्त्री० [अ०] प्रजा।

रिएक्टर पुं० [अं०] नाभिकीय ऊर्जा का नियंत्रित उत्पादन करनेवाला संयंत्र।

रिऐयत स्त्री० [अ०] प्रजा, रिआया।

रिकवँछ स्त्री० [सं० अलीकमत्स्य] उड़द की पीठी का बना एक प्रकार का पकवान।

रिकाब स्त्री० दे० 'रकाब'।

रिकार्ड पुं० [अं०] १. ग्रामोफोन की वह प्लेट जिसमें संगीत भरा होता है। २. घटनाओं आदि का लिखित पूरा विवरण। ३. खेलों में, स्थापित उच्चतम मानक, कीर्तिमान। ४. करना, भावी उपयोग के लिए किसी के कथन या वचन को अथवा किसी सूचना या तथ्य को लिखना या किसी अन्य उपाय से सुरक्षित रखना।

रिकार्ड-तोड़ वि० [अं०+हिं०] स्थापित उच्चतम मान या स्तर को पार करनेवाला; जैसे—रिकार्ड-तोड़ बिक्री।

रिक्त वि० [सं०] [भाव० रिक्तता] १. खाली। २. निर्धन।

रिक्तता स्त्री० [सं०] रिक्त या खाली होने की अवस्था या भाव। (वैक्युइटी)

रिक्ति स्त्री० [सं०] १. रिक्त होने की क्रिया या भाव, खाली होना। २. किसी अधिकारी या कर्मचारी के हट जाने पर उसका पद या स्थान खाली होना। (वैकेन्सी)

रिक्थ पुं० [सं०] १. भू-सम्पति और धन-दौलत। (एस्टेट) २. दे० 'परिसंपदा'।

रिक्शा पुं० [जा० जिन-रिकिशा] एक प्रकार की हलकी सवारी जिसे आदमी खींचते या चलाते हैं।

रिक्ष पुं० दे० 'ऋक्ष'।

रिखभ* पुं० दे० 'ऋषभ'।

रिच्छ* पुं०=रीछ।

रिच्छेस* पुं० [सं० ऋक्षेश] रीछों के राजा, जाम्बवान।

रिछेस* पुं० दे० 'रिच्छेश'।

रिजक पुं० [अ० रिज़्क] नित्य के निर्वाह के लिए भोजन आदि, जीविका, रोजी।

रिजल्ट पुं० [अं० रिज़ल्ट] १. परिणाम। २. परीक्षा-फल।

रिजु* वि० दे० 'ऋजु'।

रिझवार पुं० [हिं० रीझना] १. प्रसन्न या मोहित होनेवाला, रीझनेवाला। २. अनुरागी, प्रेमी। ३. गुणग्राहक।

रिझाना स० [सं० रंजन] किसी को अपने पर प्रसन्न या मोहित करलेना।

रिझायल* वि० [हिं० रीझना] रीझनेवाला।

रिझाव पुं० [हिं० रीझना] रीझने की क्रिया या भाव।

रिझावनहार वि० [हिं० रिझावना+हार (प्रत्य०)] रिझानेवाला।

रिझावना स०=रिझाना।

रिझावर* वि०=रिझावनहार।

रिझौंहाँ* वि० [हिं० रीझ+औंहाँ (प्रत्य०)] बहुत रीझने की प्रवृत्ति रखनेवाला।

रिझौना* वि० दे० 'रिझौंहाँ'।

रिट स्त्री० [अं०] वह प्रार्थना-पत्र जिसमें न्यायालय से किसी न्याय-विरुद्ध कार्य को रोकने के लिए कहा जाता है।

रिढ़ना अ० [?] घसिटते हुए चलना।

रित स्त्री० दे० 'ऋतु'।

रितआ* वि० [सं० रिक्त] [स्त्री० रितई] रिक्त, रहित, खाली।

रितवना* स० दे० 'रिताना'।

रिताना स० [हिं० रीता=खाली+ आना (प्रत्य०)] खाली करना, रिक्त करना।

अ० रिक्त या खाली होना।

रितु* स्त्री०=ऋतु।

रिद्धि* स्त्री०=ऋद्धि।

रिधिर पुं०=रुधिर।

रिन* पुं०=ऋण।

रिनी* वि०=ऋणी।

रिपु पुं० [सं०] [भाव० रिपुता] शत्रु।

रिपुकाल* पुं० [सं० रिपु+काल] विपरीत समय, संकट का समय।

रिपुखंडन वि० [सं०] शत्रु का नाश करनेवाला।

रिपुदल पुं० [सं०] शत्रुओं का दल।

रिपोर्ट स्त्री० [अं०] १. किसी घटना की सूचना, जो किसी को दी जाए, आख्या। २. कार्य-विवरण (संस्था आदि का)।

रिपोर्टर पुं० [अं०] समाचार-पत्र का संवाददाता।

रिफिल स्त्री० [अं०] किसी खाली पात्र में भरी जानेवाली वस्तु।

रिमझिम स्त्री० [अनु०] वर्षा की छोटी-छोटी बूँदें, फुहार।

क्रि० वि० छोटी बूँदों के रूप में।

रियाज पुं० [फा० रियाज़] [वि० रियाजी] १. परिश्रम। २. अभ्यास।

रियासत स्त्री० [अ०] [वि० रियासती] १. राज्य, अमलदारी। २. देशी राज्य। ३. अमीरी, रईसी। ४. वैभव, ऐश्वर्य।

रियासती वि० [हिं० रियासत] रियासत-सम्बन्धी, रियासत का।

रियाह स्त्री० [अ० रीह का बहु०] शरीर के अन्दर की वायु, बाई।

रिर* स्त्री० [हिं० रार] १. हठ, जिद। २. झगड़ा। ३. गिड़-गिड़ाहट।

रिरना अ० [अनु०] गिड़गिड़ाना।

रिरियाना अ० [अनु० रीं-रीं] बच्चे का रीं-रीं करते रहना, बराबर या हरदम रोते ही रहना।

रिरिहा वि० [हिं० रिरना] गिड़गिड़ाकर और दीनतापूर्वक माँगनेवाला।

रिलना* अ० [हिं० रेलना] १. पैठना, घुसना। २. मिल जाना।

रिल-मिल स्त्री० [हिं० रिलना+मिलना] मेल-जोल, मेल-मिलाप।

रिवाज पुं० [अ०] प्रथा, रस्म।

रिवाल्वर पुं० [अं०] एक प्रकार का तमंचा जिसमें एक साथ कई गोलियाँ लगातार छोड़ी जा सकती हैं।

रिश्ता पुं० [फा० रिश्त:] सम्बन्ध।

रिश्तेदार पुं० [फा० रिश्त:दार] सम्बन्धी, परिजन।

रिश्तेदारी स्त्री० [फा० रिश्त:दारी] नातेदारी।

रिश्वत स्त्री० [अ०] घूस, उत्कोच।

रिश्वतखोर वि०, पुं० [अ० रिश्वत+फा० ख़ोर] रिश्वत लेने या खाने वाला, घूसखोर।

रिश्वती वि०, पुं० दे० 'रिश्वतखोर'।

रिष* पुं०=ऋषि।

रिषभ* पुं०=ऋषभ।

रिषय* पुं०=ऋषि।

रिषि* पुं०=ऋषि।

रिष्ट* वि० [सं० हृष्ट] १. प्रसन्न। २. लम्बा-चौड़ा या मोटा-ताजा।

रिस स्त्री० [सं० रुष] क्रोध, गुस्सा।

मुहा० *रिस मारना*=क्रोध रोकना।

*स्त्री० दे० 'रीस'।

रिसाना अ० [हिं० रिस] क्रुद्ध होना।

स० दूसरे को क्रुद्ध करना।

रिसानी* स्त्री० दे० 'रिस'

रिसाल[१] पुं० [अ० इरसाल] राज्य-कर।

रिसाल[२] *पुं० [सं० रसाल] आम (पेड़ और फल)।

रिसालदार पुं० [फा०] घुड़सवार सेना का एक छोटा अधिकारी।

रिसाला पुं० [फा० रिसाल:] १. घुड़सवार सेना। २. पाक्षिक या मासिक पत्रिका।

रिसिआना अ०, स० दे० 'रिसाना'।

रिसिक* स्त्री० [सं० रिषीक] तलवार।

रिसौंहाँ* वि० [हिं० रिस+औंहाँ (प्रत्य०)] कुछ क्रोध से भरा हुआ।

रिहा वि० [फा० रहा] कैद या जेल से छूटा हुआ, मुक्त।

रिहाइश स्त्री० [फा०] रहने की क्रिया या भाव।

रिहाइशी वि० [फा०] रहने के योग्य।

रिहाई स्त्री० [फा० रहाई] छुटकारा, मुक्ति।

रिहाना* स० [फा० रहा] रिहा या मुक्त कराना, छुड़ाना, उदा० सूर कृपालु भए करुनामय, आपुन हाथ सों दूत रिहाए। -सूर।

अ० रिहा या मुक्त होना, छूटना।

रींध* पुं० [?] झाड़-झंखाड़।

रीं-रीं स्त्री० [अनु०] बच्चे के धीमे स्वर में बराबर या हरदम रोते रहने का शब्द।

रीजना स० दे० 'रीझना'।

रीछ पुं० [सं० ऋच्छ] भालू (हिंसक पशु)।

रीझना अ० [सं० रंजन] [भाव० रीझ] किसी के रूप, गुण आदि के कारण उस पर प्रसन्न, अनुरक्त, या मोहित होना।

रीठ* स्त्री० [सं० रिष्ट] तलवार।

वि० १. अशुभ। २. बुरा, खराब।

रीठा पुं० [सं० रिष्ट] एक जंगली वृक्ष के फल जो कपड़े धोने के काम में आते हैं।

रीढ़ स्त्री० [सं० रीढ़क] १. पीठ के बीच की लम्बी खड़ी हड्डी, पृष्ठवंश, मेरुदंड। (स्पाइन)। २. वह अंग या तत्त्व जिसके आधार पर कोई चीज खड़ी रह सके। ३. मुख्य आधार या स्तंभ; जैसे-सेनापति के गिरते ही सेना की रीढ़ टूट गई।

रीत स्त्री०=रीति।

रीतना* अ० [सं० रिक्त] खाली या रिक्त होना।

स० खाली या रिक्त करना।

रीता वि० [सं० रिक्त] खाली, रिक्त।

रीति स्त्री० [सं०] १. कोई काम करने का ढंग या प्रकार। (मैनर) २. रिवाज, परिपाटी। ३. नियम। ४. कोई काम करने का नियत ढंग या प्रणाली, जैसे यह प्रार्थना-पत्र उचित रीति से आना चाहिए। (कोर्स) ५. साहित्य में वर्णों की ऐसी योजना जिससे वर्णों में ओज, प्रसाद, माधुर्य, लौकिक प्रेम आदि गुणों की बहुलता रहती है।

रीतिक वि० [सं०] [भाव० रीतिकता] १. रीति-सम्बन्धी, रीति-का। २.जो निश्चित और परम्परागत नीति, नियम, व्यवहार आदि के अनुसार किया जाए। (फॉर्मल)

रीतिकता स्त्री० [सं०] कोई काम निश्चित और परम्परागत होने की अवस्था या भाव, औपचारिकता। (फॉर्मेलिटी)

रीतिकाल पुं० [सं०] हिन्दी साहित्य के इतिहास में विक्रमी सोलहवीं शताब्दी से उन्नीसवीं शताब्दी तक का समय, जबकि रीति ग्रन्थ अपेक्षाकृत अधिक बनते थे।

रीतिग्रन्थ पुं० [सं०] वह ग्रन्थ जिसमें साहित्यिक रीति अर्थात् इस बात का विवेचन हो कि लेखन या वर्णन में ओज, प्रसाद, माधुर्य आदि गुण किस प्रकार लाए जाने चाहिए। (पिंगल, अलंकार आदि के ग्रन्थ इसी के अन्तर्गत हैं।)

रीतिवाद पुं० [सं०] रीतिग्रंथों का प्रणयन।

रीतिवादी वि० रीतिवाद-संबंधी।

पुं० रीतिग्रंथों का प्रणयन करनेवाला रचनाकार।

रीधिर* पुं०=रुधिर।

रीधि-सीधि* स्त्री०=ऋद्धि-सिद्धि।

रीरी स्त्री० [अनु०] छोटे बच्चों के रोने का शब्द।

रीस स्त्री० [सं० ईर्ष्या] १. ईर्ष्या, डाह। २. किसी की बराबरी करने की इच्छा, स्पर्द्धा।

स्त्री० दे० 'रिस'

रीसना* अ० [हिं० रिस] क्रोध करना।

रीह* पुं० [?] नगाड़ा।

रुंड पुं० [सं०] १. सिर कट जाने पर खाली बचा हुआ धड़, कबन्ध। २. वह शरीर जिसमें के हाथ-पैर कट गए हों।

रुंधति| स्त्री०=अरुंधती।

रुँधना अ० [सं० रुद्ध] १. मार्ग रुकना या घिरना। २. उलझना। ३. घेरा जाना।

रु* योज० [हिं० अरु] और।

रुआ पुं० दे० 'रोआँ'।

रुआना* स० दे० 'रुलाना'।

रुआब पुं० [अ०] किसी को प्रभावित या विवश करने के लिए किया जानेवाला शक्ति का प्रदर्शन; जैसे मैं तो उसकी सहायता करने के लिए गया था वह तो उलटे मुझ पर रुआब गाँठने लगा।

मुहा० *रुआब गाँठना*=शक्ति दिखलाना।

रुई स्त्री० [सं० रोम] कपास का फूल जिससे सूत बनता है।

रुईदार वि० [हिं०+फा०] जिसमें रुई भरी हो।

रुऐंदा वि० [हिं० रोना+ऐंदा (प्रत्य०)] जिसे रुलाई आना चाहती हो, रोआसा, उदा० कुंजन की कूल की कलिंदी की रुऐंदी दसा, देखि-देखि आँस औ उसाँस उमगत हैं। -रत्ना०।

रुकना अ० [हिं० रोक] [भाव० रुकावट, प्रे० रुकवाना] १. गति, प्रवाह, क्रिया आदि में किसी प्रकार का विश्राम या अवरोध होना, अवरुद्ध होना, अटकना। २. ठहर जाना। ३. किसी कार्य या चलते हुए क्रम का बीच में बन्द हो जाना।

रुकाव पुं० दे० 'रुकावट'।

रुकावट स्त्री० [हिं० रुकना] [वि० रुकावटी] १. रोकने या रोके जाने की क्रिया या भाव, रोक। २. बाधक होनेवाली चीज या बात, अड़चन, बाधा, विघ्न। (ऑब्स्ट्रक्शन) ३. रोकनेवाली बात या चीज। (चेक)

रुकावटी वि० [हिं० रुकावट] जो रुकावट डालने या रोकने के लिए हो, जैसे रुकावटी चिट्ठी या हुक्म।

रुकुम* पुं० [अ० रुक़्म] १. धन। २. सोना। ३. सोने का गहना।

रुक्का पुं० [अ० रुक्अ:] पत्र, चिट्ठी।

रुक्ख* पुं० [सं० रूक्ष] पेड़, वृक्ष।

रुक्मिणी स्त्री० [सं०] श्रीकृष्ण की एक पटरानी का नाम।

रुक्ष वि० [सं०] [भाव० रुक्षता] १. जिसमें चिकनाहट न हो, रूखा। २. जिसमें घी, तेल या कोई चिकनी वस्तु न पड़ी या लगी हो। ३. खुरदरा। ४. नीरस, शुष्क। ५. शीलरहित।

रुख पुं० [फा०] १. मुँह। २. कपोल। ३. आकृति, चेष्टा। ४. चेहरे या आकृति से प्रकट होनेवाली मन की इच्छा। ५. किसी विशिष्ट समय पर होनेवाली व्यक्ति की मन:स्थिति या मनोभाव। ६. कृपादृष्टि। ७. सामने का भाग। ८. अंग, पार्श्व। ९. शतरंज का हाथी नाम का मोहरा।

क्रि० वि० १. तरफ। २. सामने।

रुखसत स्त्री० [अ० रुख़्सत] १. प्रस्थान, रवानगी।

मुहा० *रुखसत लेना*=आज्ञा लेकर जाना।

२. छुट्टी, अवकाश।

वि० जो कहीं से चल पड़ा हो, विदा या रवाना हो जानेवाला।

रुखसती स्त्री० [अ० रुख़्सत] विदाई, विशेषत: दुलहिन की।

रुखाई स्त्री० [हिं० रूखा] १. 'रूखा' होने का भाव, रुक्षता, रूखापन। २. शुष्कता, खुश्की। ३. व्यवहार में संकोच या शील का अभाव, बेमुरौवती।

रुखाना[१] * अ० [हिं० रूखा] १. रूखा होना। २. नीरस होना, सूखना।

स० रूखा या नीरस करना।

रुखाना[२] अ० [फा० रुख] रुख करना, उन्मुख होना।

रुखानी स्त्री० बढ़इयों का एक औजार जिससे घाट बनाते हैं।

रुखावट स्त्री० दे० 'रुखाई'।

रुखित* स्त्री० [सं० रुषिता] मान करने या रूसनेवाली नायिका।

रुग्ण वि० [सं०] जिसे कोई रोग हुआ हो, रोगयुक्त, रोगी, बीमार.

रुग्णता स्त्री० [सं०] रुग्ण होने की अवस्था या भाव।

रुचना अ० [सं० रुचि] अच्छा लगना।

मुहा० *रुच-रुचकर*=बहुत रुचि से।

रुचि[१] स्त्री० [सं०] [वि० रुचिकर, रुचिर, रुच्य; भाव० रुचिता] १. मन की वह अवस्था या वृत्ति जिसके कारण मनुष्य कुछ चीजों को अच्छा और काम में लाने योग्य मानता है और कुछ को इनके विपरीत। २. कला, साहित्य, प्रकृति आदि की कृति को पसन्द करनेवाली मन की वृत्ति। (टेस्ट) ३. खाने-पीने या उपभोग के सम्बन्ध में कुछ वस्तुओं के सम्बन्ध में होनेवाली इच्छा या चाह, जैसे इस बीमारी के बाद से भोजन में रुचि नहीं रह गई। ४. प्रेम, चाह। ५. किरण। ६. शोभा, कान्ति। ७. स्वाद।

रुचि[२] *वि० [सं० रुचिर] १. सुन्दर। २. अच्छा, बढ़िया।

रुचिकर वि० [सं०] १. अच्छा लगनेवाला। २. रुचि उत्पन्न करनेवाला। ३. भूख बढ़ानेवाला। (वैद्यक)

रुचिकारक वि० दे० 'रुचिकर'।

रुचिचूरन पुं० दे०'रुचिचूर्ण'।

रुचिचूर्ण पुं० [सं०] तान्त्रिक प्रयोग से बनाया हुआ एक प्रकार का चूर्ण या विभूति। (कहते हैं कि यह चूर्ण किसी पर छिड़ककर उसे वश में किया जा सकता है।)

रुचिपूर्ण वि० [सं०] रोचक।

रुचिमान वि० [सं० रुचि+हिं० मान(प्रत्य०)] मनोहर, सुन्दर।

रुचिर वि० [सं०] [भाव० रुचिरता, रुचिराई] १. सुन्दर। २. मीठा।

रुचिरता स्त्री० [सं०] रुचिर या सुन्दर होने का भाव।

रुचिरा स्त्री० [सं०] चार चरणों का एक मात्रिक छन्द जिसके प्रत्येक चरण में ३० मात्राएँ (१६वीं मात्रा पर यति) और अन्त में गुरु होता है, यह ताटंक नामक छन्द का ही दूसरा रूप है।

रुचिराई* स्त्री०=रुचिरता।

रुज पुं० [सं०] १. रोग। २. कष्ट। ३. क्षत, घाव। ४. भाँग, भंग (पत्ती)।

रुजा पुं० [सं० रुज] १. बीमारी। २. कुष्ट नामक रोग, कोढ़।

रुजाली स्त्री० [सं०] १. रोगों का समूह। २. दुखों या कष्टों का समूह।

रुजिगार* पुं०=रोजगार।

रुजू वि० [अ० रुजूअ=प्रवृत्त] प्रवृत्त।

रुझना* अ० [अ० रुद्ध] घाव आदि भरना या पुजना।

अ० दे० 'उलझना'।

रुझान पुं० [अ० रुज्हान] १. किसी काम या बात में स्वभावतः प्रवृत्त होने की क्रिया या भाव। २. साधारण या हलकी प्रवृत्ति।

रुणित वि० [सं०] बजता हुआ।

रुत| स्त्री० दे० 'ऋतु'।

रुतवा पुं० [अ०] पद, ओहदा।

रुदन पुं० [सं० रोदन] रोने की क्रिया।

रुदना* अ० [सं० रोदन] रोना, उदा०-सकल सुरभी यूथ दिन अति रुदति पुर दिश झाई। -सूर।

रुदराछ* पुं० दे० 'रुद्राक्ष'।

रुदवा पुं० [?] एक प्रकार का धान या उसका चावल।

रुद्ध वि० [सं०] १. घेरा, रोका या रूँधा हुआ। २. घिरा, रुका या रुँधा हुआ, अवरुद्ध, बन्द।

रुद्र पुं० [सं०] १. एक प्रकार के गण देवता जो संख्या में ग्यारह हैं—अज, एकपात, अहिबुध्न, पिनाकी, अपराजित, त्र्यम्बक, महेश्वर, वृषाकपि, शम्भु, हरण और ईश्वर। २. ग्यारह की संख्या। ३. शिव का एक रूप जो बहुत ही उग्र तथा विकट माना जाता है और जो उन्होंने कामदेव को भस्म करने तथा दक्ष के यज्ञ को नष्ट करने के समय धारण किया था। ४. साहित्य का रौद्र रस। ५. संगीत में १६ मात्राओं का ताल। ६. एक प्रकार का यज्ञ।

वि० १. डरावना, भयानक। २. उग्र, भीषण, विकट, जैसे-रुद्र रूप धारण करना। ३. बड़ा, महान।

रुद्रतेज पुं० कार्तिकेय का दूसरा नाम।

रुद्रपति पुं० [सं०] शिव, महादेव, उमा पति।

रुद्राक्ष पुं० [सं०] एक प्रसिद्ध वृक्ष के गोल बीज जिनसे जप, पूजा आदि करने की माला बनती है।

रुद्राणी स्त्री० [सं०] रुद्र या शिव की पत्नी, पार्वती, शिवा।

रुधना* अ० [सं० रोधन] अवरुद्ध होना।

रुधिर पुं० [सं०] रक्त, खून, लहू।

रुधिरोपल पुं० दे० 'रक्तोपल'।

रुन-झुन स्त्री० [अनु०] नूपुर आदि के बजने का शब्द, झनकार।

रुनाई* स्त्री० [सं० अरुण] अरुणता, लाली, सुरखी, उदा० नील स्वेत पर पीत लाल मनि लरकनि भाल बनाई। -सूर।

रुनित* वि० [सं० रुणित] बजता हुआ।

रुपएवाला वि० [हिं० रुपया+वाला (प्रत्य०)] धनी, धनाढ्य।

रुपना अ० [हिं० 'रोपना' का अ०] रोपा जाना।

रुपमनी* स्त्री० [हिं० रुपवती] सुन्दर स्त्री, उदा० एक सों एक चाहि रूपमनी। -जायसी।

रुपया पुं० [सं० रुप्य] १. एक भारतीय सिक्का या नोट जो सौ पैसे के बराबर है। २. लेन-देन आदि के लिए नियत, देय या प्राप्य ऐसे सिक्कों का वह मान जिसके अन्तर्गत पैसे भी हो सकते हैं, जैसे इस माल का रुपया अभी नहीं आया। ३. दौलत, धन, सम्पत्ति।

रुपल्ली| स्त्री० [हिं० रुपया+ली (प्रत्य०)] रुपया।

रुपहला वि० [हिं० रूपा=चाँदी+हला (प्रत्य०)] [स्त्री० रुपहली] १. चाँदी के रंग का। २. चाँदी का-सा। ३. उज्ज्वल; जैसे—रुपहले सपने।

रुमंच* पुं० दे० 'रोमांच'।

रुमावली* स्त्री० दे० 'रोमावली'।

रुरकना* अ० [सं० लोल (हिलता हुआ)] १. हिलना। २. बराबर हिलते रहना, लहराना।

रुरना अ० [सं० आरूढ़ ?] आच्छादित होना, छाना।

रुराई* स्त्री० [हिं० रूरा] सुन्दरता।

रुरुआ पुं० [हिं० ररना] एक प्रकार का बड़ा उल्लू (पक्षी)।

रुलना| अ० [सं० ललन] इधर-उधर मारा-मारा फिरना, ठोकरें खाना या रौंदा जाना, उदा० लाल की ललक रंग खेलन की रूलि (रुलि) गई। - रत्ना।

रुलाई स्त्री० [हिं० रोना] १. रोने की क्रिया या भाव, रोना। २. रोने की प्रवृत्ति।

रुलाना[1] स० [हिं० रोना का प्रे०] दूसरे को रोने में प्रवृत्त करना।

रुलाना[2] स० [हिं० रुलना का स०] १. इधर-उधर रुलने देना। २. खराब करना।

रुष्ट वि० [सं०] [भाव० रुष्टता] जिसे रोष हुआ हो, कुपित, अप्रसन्न, नाराज।

रुसना* अ० दे० 'रूसना'।

रुसवा वि० [फा० रुस्वा] [भाव० रुसवाई] लोक में जिसकी बदनामी हो, बदनाम।

पुं०=रुसवाई।

रुसवाई स्त्री० [फा० रुस्वाई] बदनामी।

रुसित* वि०=रुष्ट (नाराज)।

रुसूम पुं०=रसूम।

रुस्तम पुं० [अ०] १. फारस का एक प्रसिद्ध प्राचीन पहलवान। २. बहुत बड़ा वीर।

पद *छिपा रुस्तम*=देखने में सीधा-सादा पर वास्तव में बहुत वीर या गुणी।

रुह वि० [सं०] उत्पन्न, जात।

रुहठि* स्त्री० [हिं० रूठना] रूठने की क्रिया या भाव।

रुहिर* पुं०=रुधिर (लहू)।

रुहेलखंड पुं० उत्तरप्रदेश का उत्तर-पश्चिमी भाग।

रुहेला पुं० [?] १. रुहेलखण्ड का निवासी। २. पठानों की एक जाति।

रूँधना स० [सं० रुंधन] १. कँटीले पौधों आदि से कोई स्थान घेरना। ३. बन्द करना, रोकना।

रूआ* पुं० दे० 'घूआ'।

रूई स्त्री०=रुई।

रूक पुं० एक प्रकार की तलवार।

रूख पुं० [सं० रूक्ष, प्रा० रुक्ख] पेड़, वृक्ष।

*वि० दे० 'रूखा'।

रूखना* अ० दे० 'रूठना'।

रूखरा* वि०=रुखा।

रूखा वि० [सं० रूक्ष] [भाव० रुखाई, रूखापन] १. जो चिकना न हो। २. जिसमें घी, तेल आदि कोई चिकनी वस्तु न पड़ी या मिली हो। ३. स्वाद, रहित, फीका। ४. सूखा, नीरस। ५. खुरदरा। ६. शील-संकोच न करनेवाला।

रूखापन पुं० [हिं० रूखा+पन(प्रत्य०)] रूखा व्यवहार।

रूखा-सूखा वि० १. जिसमें चिकनाई न पड़ी हो। २. सादा (भोजन)।

रूचना* अ०=रुचना।

रूझना* अ०=उलझना।

रूठ, रूठन स्त्री० [हिं० रूठना] रूठने की क्रिया या भाव।

रूठना अ० [सं० रुष्ट] अप्रसन्न होकर उदासीन, चुप या अलग हो जाना।

रूढ़ वि० [सं० रूढ] [स्त्री० रूढ़ा] १. चढ़ा हुआ, आरूढ़। २. प्रसिद्ध। ३. गँवार। ४. चलता हुआ, प्रचलित। ५. (फल, तरकारी आदि) जिसमें बहुत कड़ापन आ गया हो। (प्राय: अपने मौसम के अन्त में चीजों के पकने पर और कोमलता निकल जाने पर वह जिस रूप में होती है, उसे 'रूढ़' कहते हैं।)

पुं० संस्कृत व्याकरण में वह शब्द जो किसी धातु से न निकला हो और जिसकी कोई निरुक्तसंगत व्युत्पत्ति न हो, फिर भी जो किसी विशेष अर्थ में चल पड़ा हो। (आधुनिक हिन्दी में जिस प्रकार के शब्दों को 'देशज' कहते हैं प्राय: उसी प्रकार के संस्कृत शब्द 'रूढ़' कहलाते हैं।)

रूढ़ा (लक्षणा) स्त्रीं० [सं० रूढा] साहित्य में लक्षणा का एक प्रकार का भेद जिसमें मुख्यार्थ का बोध होनेपर केवल रूढ़ि के कारण किसी दूसरे सम्बद्ध, अर्थ का ज्ञान होता है। जैसे—'लड़का' दुकान गया है का आशय रूढ़ि के कारण यह होगा कि लड़का दुकान पर किसी काम से गया है।

रूढ़ि स्त्री० [सं० रूढि] १. रूढ़ होने का भाव। २. प्रसिद्धि। ३. बहुत दिनों से चली आई हुई प्रथा, चाल। (कस्टम) ४. दे० 'रूढ़ा' (लक्षणा)।

रूढ़िवादी (-दिन्) पुं० [सं०] रूढ़ियों का पालन करनेवाला।

वि० रूढ़िवादियों द्वारा अपनाया जानेवाला।

रूनी पुं० [देश०] घोड़ों की एक जाति।

रूप[1] पुं० [सं०] १. शकल, सूरत। (फॉर्म)

मुहा० *(किसी का) रूप भरना*=वेष धारण करना, स्वाँग बनाना।

२. सौन्दर्य, खूबसूरती।

मुहा० *(किसी का) रूप हरना*=अपनी सुन्दरता से किसी को लज्जित करना।

३. शरीर, देह। ४. वेष, भेस।

मुहा० *रूप दिखाना*=स्वाभाविक के अतिरिक्त कोई कृत्रिम वृत्ति या भाव धारण करना, जैसे अपना काम निकालने के लिए उन्होंने कई रूप दिखाए।

५. दशा। ६. आकार। ७. दे० 'रूपक'।

रूप[2]* पुं० [सं० रूप्य] चाँदी।

रूपक पुं० [सं०] १. साहित्यशास्त्र में वह काव्य जिसका अभिनय किया जाए। [इसके दस भेद माने गए हैं, नाटक, प्रकरण, भाण, व्यायोग, समवकार, डिम, ईहामृग, अंक, वीथी और प्रहसन] २. किसी वस्तु या विषय के वर्णन का वह ढंग जिसमें उसकी तुलना किसी अन्य समान गुणों वाली वस्तु से की जाती है। ३. एक अर्थालंकार जिसमें उपमानवाचक अथवा निषेधसूचक शब्दों का प्रयोग किए बिना ही उपमेय का उपमान के रूप में वर्णन किया जाता है और उसी वर्णन से उपमान का ज्ञान या परिचय कराया जाता है। (सस्टेन्ड मेटाफर) ४. केवल दिखलाने के लिए बनाया हुआ रूप, बनावटी मुद्रा या आचरण।

रूपकरण पुं० [सं० रूप+करण] घोड़ों की एक जाति।

रूपकातिशयोक्ति स्त्री० [सं०] साहित्य में अतिशयोक्ति अलंकार का एक भेद जिसमें उपमेयों का उल्लेख न करके केवल उपमानों का ही इस प्रकार रूपक की भाँति उल्लेख होता है कि उनसे उपमेयों का बोध हो जाए, जैसे नायिका और उसके भिन्न-भिन्न अंगों का उल्लेख न करके उन उपमानों का ही उल्लेख करना जिनसे नायिका के अंगों की उपमा दी जाती है, जैसे यह कहना कि वह (नायिका) सुन्दर वाटिका है।

रूपकार पुं० [सं०] मूर्ति बनानेवाला।

रूपगर्विता स्त्री० [सं०] वह नायिका जिसे अपने रूप का गर्व या अभिमान हो।

रूप-घनाक्षरी स्त्री० [सं०] कवित्त नामक छन्द का एक प्रकार या भेद जिसके प्रत्येक चरण में ३२ वर्ण होते हैं। (१६वें वर्ण पर यति और अन्तिम वर्ण लघु होता है।)

रूपजाल पुं० [सं०] रूप का वह आकर्षण जिसमें कोई फँस जाए।

रूपजीवा स्त्री० [सं०] वह स्त्री जिसकी जीविका का आधार उसका रूप और सौंदर्य हो।

रूपदर्शन पुं० [सं०] (किसी के) रूप को देखने की क्रिया या भाव।

रूपधारी(-रिन्) पुं० [सं०] रूप (विशेषत: दूसरे का) धारण करनेवाला, बहुरूपिया।

रूपनिधान वि० [सं०] रूप की निधि, अत्यन्त रूपवान।

रूपभेद पुं० [सं०] चित्रकला में हर प्रकार की आकृति और उसकी विशेषताओं का विभेद, जो भारतीय चित्रकला के छह अंगों में से एक है।

रूपमनी* वि० [हिं० रूपमान] सुन्दरी।

रूपमय वि० [सं० रूप+मय(प्रत्य०)] [स्त्री० रूपमयी] बहुत सुन्दर।

रूपमान* वि० दे० 'रूपवान'।

रूप-यौवना स्त्री० [सं०] रूपवती युवति।

रूपरेखा स्त्री० [सं०] १. किसी बनाए जानेवाले रूप या किए जानेवाले काम का वह स्थूल अनुमान जो उसके आकार, प्रकार आदि का परिचायक होता है। (प्लान) २. वह चित्र जो अभी केवल रेखाओं के रूप में हो। (स्केच) ३. किसी आकृति, चित्र आदि की वे बाहरी या सिरों के ओर की वह रेखा जिससे वह आकृति या चित्र घिरा रहता है। ४. किसी कार्य के सम्बन्ध की वह मुख्य बात जो उसके स्थूल रूप की सूचक होती है। (आउट लाइन; अन्तिम दोनों अर्थों के लिए)

रूपवंत वि० दे० 'रूपवान'।

रूपवती स्त्री० [सं०] चम्पकमाला वृत्त का दूसरा नाम।

रूपवान, रूपवान् वि० [सं० रूपवत्] [स्त्री० रूपवती] सुन्दर, खूबसूरत।

रूपसंपदा स्त्री० [सं०] सौन्दर्य।

रूपसाधन पुं० [सं०] व्याकरण में, भिन्न-भिन्न कारकों, लिंगों, वचनों आदि में किसी शब्द के होनेवाले अलग-अलग रूप या उनके वे रूप बनाने की प्रक्रिया। (डिक्लेन्शन)

रूपसी स्त्री० [सं०] सुन्दरी, सुन्दर स्त्री।

रूपांतर पुं० [सं०] [वि० रूपांतरित] १. किसी वस्तु के साधारण अथवा किसी निश्चित रूप के सिवा उसका कोई और बदला हुआ रूप, जैसें गेहूँ का रूपान्तर आटा है। २. अलग-अलग अवस्थाओं में अथवा भिन्न-भिन्न कारणों अथवा प्रक्रियाओं से किसी वस्तु को प्राप्त होनेवाले दूसरे रूप। (वेरिएशन्स)

रूपांतरण पुं० [सं०] एक रूप से दूसरे रूप में आना या लाया जाना, रूप बदलना या बदला जाना। (ट्रान्सफॉरमेशन)

रूपांतरित वि० [सं०] एक रूप से दूसरे रूप में लाया हुआ, जिसका रूपान्तरण हुआ हो। (ट्रान्स्फॉर्म्ड)

रूपा पुं० [सं० रौप्य] १. चाँदी। २. घटिया चाँदी। ३. सफेद घोड़ा, नुकरा।

रूपायन पुं० [सं०] रूप प्रदान करना, कार्यरूप में परिणित करना।

रूपायित वि० [सं०] कार्यरूप में परिणत किया हुआ।

रूपारूप पुं० [सं०] रूप और अरूप।

वि० साकार और निराकार।

रूपिम पुं० [सं० रूप] भाषा की लघुतम अर्थवान इकाई। (मॉर्फ़ीम)

रूपी(-पिन्) वि० [सं०] [स्त्री० रूपिणी] १. रूपवाला, रूपधारी। २. तुल्य, समान।

प्रत्य० के रूप में होनेवाला; जैसे शरीररूपी=के रूप में होनेवाला।

रूपोश वि० [फ़ा०] [भाव० रूपोशी] १. छिपा हुआ। २. छिपकर भागा हुआ।

रूप्यक पुं० [सं०] रुपया।

रूबकार पुं० [फ़ा०] १. किसी को बुलाने के लिए अदालत का आज्ञापत्र, आकारक। २. आज्ञापत्र।

रूबरू क्रि० वि० [फ़ा०] सम्मुख, सामने।

रूबरू, के सम्बन्धबो० के सामने।

रूम[१] पुं० [फ़ा०] एक देश।

रूम[२] पुं० [अं०] बड़ी कोठरी, कमरा।

रूमना स० हिं० 'झूमना' का अनु०।

रूमान पुं० [अ० रूमानी] प्रेमियों में होनेवाला भावुकता प्रेम, प्रेमालाप।

रूमानी वि० [अ०] भावुकतापूर्ण प्रेम-संबंधी।

रूमाल पुं० [फ़ा०] १. हाथ-मुँह पोछने के लिए कपड़े का चौकोर टुकड़ा। २. चौकोर शाल या दुपट्टा।

रूमी वि० [फ़ा०] रूम देश-सम्बन्धी।

पुं० रूम देश का निवासी।

स्त्री० १. रूम देश की भाषा। २. पुरानी चाल की एक प्रकार की तलवार।

रूरा वि० [सं० रूढ़=प्रशस्त] [स्त्री० रूरी] १. उत्तम, बढ़िया, श्रेष्ठ। २. सुन्दर। ३. बहुत बड़ा।

रूल पुं० [अं०] १. दे० 'रूलर'। २. सीधी खींची हुई लकीर। ३. वह गोल डंडा जिससे लकीरें खींचते हैं।

रूलना अ० दे० 'रुलना'।

रूलर पुं० [अं०] १. सीधी लकीर खींचने की पट्टी या डंडा। २. शासक।

रूष* पुं० दे० 'रूख'।

रूस पुं० [अं० रशा] एक बहुत बड़ा देश जो युरोप और एशिया में फैला हुआ है।

रूसना अ० दे० 'रूठना'।

रूसी[१] पुं० [हिं० रूस] रूस देश का निवासी।

स्त्री० रूस देश की भाषा।

वि० रूस देश-सम्बन्धी, रूस का।

रूसी[२] स्त्री० [देश०] सिर के चमड़े के ऊपर की वह पतली झिल्ली जो बहुत छोटे टुकड़ों के रूप में फट या कटकर निकलती है।

रूह स्त्री० [अ०] [वि० रूहानी] १. आत्मा, जीव। २. सत्त, सार। ३. एक प्रकार का इत्र।

रूहना* अ० [सं० रोहण] १. चढ़ना। २. उमड़ना। ३. चारों ओर से घिरना।

स० दे० 'रूँधना'।

रूहेला पुं० दे० 'रुहेला'।

रेंकना अ० [अनु०] १. गधे का बोलना। २. बहुत भद्दे ढंग से गाना या बोलना।

रेंगना अ० [सं० रिंगण] [स० रेंगाना] धीरे-धीरे और जमीन से रगड़ खाते हुए चलना, जैसे साँप या च्यूँटी का रेंगना।

रेंगाना स० [हिं० रेंगना] किसी को रेंगने में प्रवृत्त करना।

रेंड़ पुं० [सं० एरंड] एक पौधा जिसके बीजों से तेल निकलता है।

रेंड़ी स्त्री० [हिं० रेंड़] रेंड़ के बीज जो औषध के काम आते हैं और जिनका तेल रेचक होता है।

रे[१] विस्मयादि० [सं०] छोटों या तुच्छ आदमियों के लिए एक संबोधन।

रे[२] पुं० संगीत में ऋषभ स्वर का सूचक संक्षिप्त रूप, जैसे सा, रे, ग, म।

रेख स्त्री० [सं० रेखा] १. लकीर, रेखा।

मुहा० *रेख काढ़ना, खींचना या खाँचना*=(क) प्रतिज्ञा करना। (ख) जोर देकर या दृढ़तापूर्वक कुछ कहना।

२. चिह्न, निशान। ३. नई निकलती हुई मूँछें।

मुहा० *रेख भींजना या भीनना*=मूँछ निकलना आरम्भ होना।

रेखता पुं० [फ़ा० रेख़्तः] १. उर्दू भाषा में एक प्रकार की गजल जो पिंगल के विचार से दिग्पाल छन्द में होती है। २. उर्दू भाषा का आरम्भिक रूप और नाम।

रेखना* स० [सं० रेखन या लेखन] १. रेखा खींचना। २. नाम, चित्र आदि अंकित करना। ३. खरोंचना।

रेखांकन पुं० [सं०] [वि० रेखांकनीय, रेखांकित] १. रेखा अंकित करना। २. चित्र की रूपरेखा बनाने के लिए रेखाएँ अंकित करना, खतकशी। (स्केचिंग) ३. दे० 'रेखाचित्र'।

रेखांकनीय वि० [सं०] १. रेखांकन के योग्य। २. महत्त्वपूर्ण।

रेखा स्त्री० [सं०] १. लम्बा और पतला चिह्न, लकीर। (लाइन) २. वह जिसमें लम्बाई तो हो, पर चौड़ाई या मोटाई न हो। (रेखागणित) ३. युवा किशोर के ऊपरी होंठ के ऊपर निकले हुए नरम नरम बाल। ४. गणना, गिनती। ५. रूप, आकार। ६. हथेली, तलवे आदि की वे लकीरें जिनसे सामुद्रिक में शुभाशुभ फलों या लक्षणों का विचार होता है।

रेखाकर्म पुं० दे० 'रेखांकन'।

रेखागणित पुं० [सं०] गणित का वह विभाग जिसमें रेखाओं, कोणों, चापों आदि का विवेचन या हिसाब होता है। यह ज्यामिति का एक विशेष अंग है। (ज्योमेट्री)

रेखाचित्र पुं० [सं०] १. किसी वस्तु का केवल रेखाओं से बनाया हुआ चित्र, खाका। (स्केच) २. घर, भवन आदि बनाने से पहले उसकी भूमि पर बननेवाली दीवारों, कोठरियों आदि का रेखाओं से बना हुआ चित्र। (प्लान) ३. ऐसी साहित्यिक रचना जिसमें किसी व्यक्ति के स्वरूप तथा गुणों का वर्णन हो।

रेखाचित्रण पुं० [सं०] रेखाचित्र बनाने का काम।

रेखित वि० [सं० रेखा] जिस पर रेखाएँ या लकीरें पड़ी हों।

रेखीय वि० [सं०] १. रेखा-संबंधी। २. रेखा के रूप में होनेवाला।

रेग स्त्री० [फा०] बालू, रेत।

रेगमाल पुं० [फा० रेग+हिं० मलना] एक प्रकार का कागज जिसके ऊपर रेत जमाई हुई होती है और जिससे रगड़कर धातुएँ या लकड़ियाँ साफ की जाती हैं।

रेगिस्तान पुं० [फा०] मरुस्थल।

रेचक वि० [सं०] (पदार्थ) जिसे खाने से दस्त आएँ, दस्तावर। पुं० प्राणायाम में वह क्रिया, जिसमें खींचा हुआ साँस बाहर निकाला जाता है।

रेचन पुं० [सं०] १. पेट साफ करने के लिए दस्त लाना। २. जुलाब।

रेचना* स० [सं० रेचन] वायु, मल आदि पेट से बाहर निकालना।

रेज* वि० [सं० न्यंच, पु० हिं० रंच या फा० रेज:?] बहुत थोड़ा, अल्प।

रेजगारी, रेजगी स्त्री० [फा० रेज़:] १. एकन्नी, दुअन्नी, चवन्नी और छोटे सिक्के। २. छोटे टुकड़े या कतरन आदि।

रेजा पुं० [फा० रेज़:] १. बहुत छोटा टुकड़ा। २. कपड़ों, रत्नों आदि में का कोई एक थान या खंड।

रेट पुं० [अं०] भाव, दर।

रेड स्त्री० [अं०] सरकारी अधिकारियों विशेषत: पुलिस द्वारा मारा जानेवाला छापा।

रेडियम पुं० [अं०] एक उज्ज्वल मूल धातु जिसमें बहुत तेज संचित रहता है।

रेडियो पुं० [अं०] एक प्रसिद्ध उपकरण जिसके द्वारा बिना तार के सम्बन्ध के बहुत दूर से कही हुई बातें सुनाई देती हैं।

रेडियोधर्मिता स्त्री० [अं०+सं०] रेडियोधर्मी होने की अवस्था या भाव।

रेडियोधर्मी वि० [अं०+सं०] नाभिकीय विखंडन के समय तीव्र और भयावह किरणें छोड़नेवाला।

रेडियोसक्रिय वि०=रेडियोधर्मी।

रेडियोसक्रियता स्त्री०=रेडियोधर्मिता।

रेढ़ना स० [?] १. लुढ़काना। २. घसीटते हुए चलने में प्रवृत्त करना।

रेढ़ी स्त्री० [हिं० रेढ़ना] छकड़ा, लढ़िया।

रेणु स्त्री० [सं०] १. धूल। २. बालू। ३. कण।

रेत स्त्री० [सं० रेतजा] बालू।

रेतना स० [हिं० रेती] रेती से रगड़कर काटना या ऊपरी अंश कम करना।

रेती[१] स्त्री० [हिं० रेत] एक प्रसिद्ध औजार जिसे किसी धातु पर रगड़ने से उसके महीन कण कटकर गिरते हैं।

रेती[२] स्त्री० [हिं० रेत] रेतीली या बलुई भूमि।

रेतीला वि० [हिं० रेत] [स्त्री० रेतीली] जिसमें या जहाँ रेत हो, बालूवाला।

रेनु* स्त्री० दे० 'रेणु'।

रेफ पुं० [सं०] १. किसी अक्षर के ऊपर आनेवाला हलंत रकार, जैसे 'हर्ष' या 'धर्म' में 'ष' या 'म' के ऊपर का रकार। २. रकार (र अक्षर)।

रेफरी पुं० [अं०] निर्णायक।

रेरना स०=टेरना (पुकारना)।

रेरी स्त्री० [हिं० रे=ओ+री(प्रत्य०)] किसी को 'रे' 'तू' आदि कहकर उससे बातें करना। (तुच्छता का बोधक और अवज्ञा का सूचक)

रेल स्त्री० [अं०] रेलगाड़ी (दे०)।

रेलगाड़ी स्त्री० [अं०+हिं०] भाप, डीजल या बिजली के इंजन के द्वारा लोहे की पटरियों पर चलनेवाली गाड़ी, रेलगाड़ी।

रेल-ठेल स्त्री० दे० 'रेल-पेल'।

रेलना स० [देश०] धक्के या दबाव से आगे बढ़ाना, ढकेलना।

रेल-पेल स्त्री० [हिं० रेलना+पेलना] १. भारी भीड़। २. भरमार, बहुत अधिकता।

रेलयात्री पुं० [अं०+सं०] रेल से यात्रा करनेवाला व्यक्ति।

रेलवे स्त्री० [अं०] १. रेलगाड़ी की पटरी। २. रेल का महकमा या विभाग।

रेला पुं० [देश०] १. पानी का तेज बहाव, तोड़। २. समूह द्वारा चढ़ाई, धावा। ३. जनसमूह का जोरों से आगे बढ़ना। ४. दे० 'रेल-पेल'

रेलिंग स्त्री० [अं०] बेड़े बल में बनी हुई वह इमारती बनावट जो एक सिरे पर किसी को गिरने से रोकने के लिए होती है, जंगला।

रेवड़ पुं० [देश०] भेड़, बकरियों आदि का झुंड, लहँड़ा, गल्ला।

रेवड़ी स्त्री० [देश०] छोटी टिकियों के रूप में तिल और चीनी की बनी एक मिठाई।

रेशम पुं० [फा०] एक प्रकार के कीड़े से तैयार किए महीन चमकीले और दृढ़ तन्तु जिनसे रेशमी कपड़े बनते हैं, कौशेय।

रेशमी वि० [फा०] १. रेशम का बना हुआ। २. रेशम की तरह चिकना तथा मुलायम, जैसे रेशमी बाल।

रेशा पुं० [फा० रेश:] महीन सूत के रूप में वह तत्त्व जो पशुओं या पेड़-पौधों आदि की भीतरी बनावट में दिखाई देता है, तन्तु। (फाइबर)

रेस[१] पुं० [हिं० रोष] १. क्रोध, गुस्सा। २. ईर्ष्या, डाह, जलन।

रेस[२] स्त्री० [अं०] १. किसी प्रकार की दौड़। २. घुड़दौड़।

रेस्तराँ पुं० [फ्रां०] जलपानगृह।

रेह[१] स्त्री० [सं० रेह्य] खार मिली हुई वह मिट्टी जो ऊसरी मैदान में पाई जाती है।

रेह[२]* स्त्री० [सं० रेखा] रेखा, लकीर, उदा० लसै कसौटी में मनो तनक कनक की रेह। -मतिराम।

रेहन[१] पुं० [फा० रिहन] किसी के पास कोई चीज इस शर्त पर रखना कि जब ऋण चुका दिया जाएगा तब वह चीज लौटा दी जाएगी, बन्धक, गिरवी। (मार्टगेज)

रेहन[2] पुं० [सं० रंधन] वह आटा या बेसन जो तरकारी आदि पकाते समय उसमें मिलाया जाता है, अरहन।

रेहनदार पुं० [फा०] [भाव० रेहनदारी] वह जिसके पास कोई चीज रेहन रखी जाए।

रेहननामा पुं० [फा० रेहननामः] वह पत्र जिस पर रेहन की शर्तें लिखी जाती हैं, बन्धकपत्र। (मार्टगेज डीड)

रेहना स० [हिं० रेतना?] सिल, चक्की आदि को छेनी से कूटकर खुरदुरा करना, कूटना।

रैक पुं० [अं०] १. लकड़ी का खुला हुआ वह ढाँचा जिसमें पुस्तकें आदि रखने के लिए दर या खाने बने रहते हैं। २. मालगाड़ी का खुला बड़ा डिब्बा।

रैखिक वि० [सं०] १. रेखा के रूप में होनेवाला। २. रेखा-संबंधी।

रैगिंग स्त्री० [अं०] १. मजाकबाजी या छेड़छाड़ द्वारा किसी को तंग किया जाना। २. विद्यालय के पुराने छात्रों द्वारा नए छात्रों से की जानेवाली मजाकबाजी या छेड़छाड़।

रैदास पुं० [सं० रविदास] १. एक प्रसिद्ध भक्त जो दलित जाति के थे। २. चमार।

रैन* स्त्री० [सं० रजनी] रात्रि, रात।
स्त्री०=रेणु (धूल)।

रैनका* स्त्री० [सं० रेणु] बालू या धूल।

रैना[1]* अ० [सं० रंजन] १. अनुरक्त होना। २. रँगा जाना।
स० १. अनुरक्त करना। २. रँगना।

रैना[2] स्त्री० [सं० रजनी] रात्रि, रात।

रैनी स्त्री० [?] १. खूँटी। २. सोने, चाँदी आदि की गुल्ली या पासा।
*स्त्री०=रजनी (रात)।

रैयत स्त्री० [अ०] प्रजा, रियाआ।

रैली स्त्री० [अं०] विशाल जनसमूह का प्रदर्शन।

रैशनिंग स्त्री० [अं०] वह व्यवस्था जिसमें लोगों को खाद्य पदार्थ या उनके उपयोग की दूसरी वस्तुएँ कुछ निश्चित नियमों के अनुसार, निश्चित मात्रा में और निश्चित समय पर दी जाती हैं।

रोआँटा| वि० [हिं० रोना] रोनी सूरतवाला।

रोआँटापन| पुं० रोने-धोने की आदत।

रोंगटा पुं० दे० 'रोआँ'।

रो* प्रत्य० [?] ब्रजभाषा का एक प्रत्यय जो शब्दों के अन्त में लगकर 'का' विभक्ति का सूचक होता है, जैसे 'तुम्ह' से तुम्हरो।

रोआँ पुं० [सं० रोम] १. शरीर पर के बहुत छोटे और पतले बाल, रोम।
मुहा० *रोएँ खड़े होना*=कोई भयानक बात देख या सुनकर बहुत क्षोभ या भय होना।
२. बनस्पति आदि पर के उक्त प्रकार के तन्तु।

रोआसा वि० [हिं० रोना+आसा(प्रत्य०)] जिसे रुलाई आना चाहती हो, रोने को उद्यत।

रोईं स्त्री० [हिं० रोआँ का अल्पा०] बहुत छोटा रोआँ, जैसा तरकारियों, फलों आदि पर होता है।

रोउँ* पुं० दे० 'रोआँ'।

रोऊ वि० [हिं० रोना] १. बहुत अधिक रोनेवाला। २. बहुत गिड़गिड़ाकर या दीनतापूर्वक प्रार्थना करनेवाला।

रोएँदार वि० [हिं० रोआँ+फा० दार] १. जिसके शरीर पर बहुत अधिक रोएँ हों। २. जिस पर रोएँ की तरह सूत, रेशे आदि हों।

रोक स्त्री० [हिं० रोकना] १. रोकने की क्रिया या भाव, रुकावट, अवरोध। २. रोकनेवाली कोई बात या चीज। ३. मनाही, निषेध। ४. वह निश्चय, आज्ञा आदि जो किसी प्रकार का नियन्त्रण रखने के लिए हो, प्रतिबंध। (चेक)

रोक-टोक स्त्री० [हिं० रोकना+टोकना] १. वह जाँच या पूछ-ताछ जो कहीं आने-जाने या कुछ करने के समय बीच में हो, मनाही, निषेध।

रोकड़ स्त्री० [सं० रोक=नकद] १. नगद रुपया-पैसा। (कैश) २. जमा धन, पूँजी।

रोकड़-बही स्त्री० [हिं०] वह बही जिस पर प्रतिदिन की आय और व्यय लिखा जाता है। (कैश बुक)

रोकड़-बाकी स्त्री० [हिं०] व्यय आदि निकल जाने पर बाकी बची हुई रकम। (क्लोज़िंग बैलेन्स)

रोकड़िया पुं० [हिं० रोकड़] वह व्यक्ति जिसके पास रोकड़ और आमदनी खर्च का हिसाब रहता है। (कैशियर)

रोक-थाम स्त्री० [हिं० रोकना+थामना] किसी अनुचित या दूषित कार्य को रोकने के लिए किया जानेवाला प्रयत्न।

रोकना स० [हिं० रोक] १. किसी को आगे बढ़ने न देना; गति, प्रवाह आदि में बाधा डालना। २. कोई काम करने से मना करना। ३. चली आती हुई बात या प्रथा बन्द करना।

रोग पुं० [सं०] [वि० रोगी, रुग्ण] शरीर को अस्वस्थ रखनेवाली शारीरिक प्रक्रिया, व्याधि, मर्ज, बीमारी।

रोगग्रस्त वि० [सं०] रोग से पीड़ित।

रोगग्रस्तता स्त्री० [सं०] रोगग्रस्त होने की अवस्था या भाव।

रोगजनक वि० [सं०] रोग उत्पन्न करनेवाला।

रोगन पुं० [फा० रौग़न] [वि० रोगनी] १. तेल, घी, चरबी आदि चिकने पदार्थ। २. वह चिकना लेप जो कोई वस्तु चमकाने के लिए उस पर लगाया जाता है। (वारनिश)

रोग-निवारण पुं० [सं०] रोग को दूर करना।

रोगमुक्त वि० [सं० रोग+मुक्त] [भाव० रोगमुक्ति] (क्षेत्र या शरीर) जो रोग से रहित हो।

रोगराज| पुं०=राजरोग।

रोगी (-गिन्) वि० [सं०] [स्त्री० रोगिणी] १. जिसे रोग हुआ हो, अस्वस्थ, बीमार। २. जो सदा या प्रायः बीमार रहता हो। ३. वह जो अपनी चिकित्सा कराने के लिए किसी के पास जाए अथवा किसी से अपनी चिकित्सा कराए।

रोगी-वाहन पुं० [सं०] वह विशिष्ट गाड़ी जिसमें रोगी या घायल व्यक्ति को अस्पताल ले जाते हैं।

रोगोपचार पुं० [सं०] रोग का उपचार।

रोचक वि० [सं०] [भाव० रोचकता] १. रुचनेवाला, अच्छा लगनेवाला। २. रुचि बढ़ाने या बनाए रखनेवाला। ३. मनोरंजक।

रोचकता स्त्री० [सं०] रोचक होने की अवस्था, गुण या भाव।

रोचन वि० [सं०] १. रोचक। २. शोभा बढ़ानेवाला। ३. लाल।
पुं० गोरोचन।

रोचना* स० [सं० रुचि] रुचि प्रदर्शित करना।

रोजंदरी| स्त्री० दैनिक मजदूरी।

रोज[1] पुं० [फा० रोज़] दिन, दिवस; जैसे-एक रोज की बात है।
क्रि० वि० प्रतिदिन, नित्य।
पद *रोज की*=प्रतिदिन का। *रोज-रोज*=प्रतिदिन।

रोज[2] पुं० [सं० रोदन] रोना, रुदन।

रोजगार पुं० [फा० रोज़गार] ऐसा काम जो जीविका के लिए प्रतिदिन किया जाए, व्यवसाय, कारबार, तिजारत।

रोजगारी पुं० [फा० रोज़गारी] व्यापारी।

रोजनामचा पुं० [रोज़नामचः] दे० 'दैनिकी'।

रोज-ब-रोज क्रि० वि० [फा० रोज़-ब-रोज़] हर दिन, प्रतिदिन, नित्य।

रोजमर्रा क्रि० वि० [फा० रोज़मर्राः] नित्य।
पद *रोजमर्रा का*=प्रतिदिन का
पुं० नित्य के व्यवहार में आनेवाली बोल-चाल की भाषा का विशिष्ट प्रयोग।

रोज-रोज क्रि० वि० [फा० रोज़-रोज़] हर रोज, प्रतिदिन, नित्य।

रोजा पुं० [फा० रोज़ः] १. मुसलिम धर्मशास्त्र की विधि से रखा जानेवाला उपवास। २. रमजान मास का हर रोज जिसमें मुसलमान लोग रोज़ा रखते हैं। ३. दे० 'रौजा'।

रोजाखोर पुं० [फा० रोज़ाख़ोर] वह मुसलमान जो रोजा या रोजे न रखता हो।

रोजादार पुं० [फा० रोज़ादार] वह जो रोजा या रोजे रखता हो।

रोजाना वि० [फा० रोज़ानः] प्रतिदिन, हर रोज।

रोजी स्त्री० [फा० रोज़ी] १. दैनिक निर्वाह की सामग्री और साधन, जीविका। २. एक दिन का पारिश्रमिक।

रोजीना पुं० [फा० रोज़ीनः] दैनिक वृत्ति या मजदूरी।

रोझ| स्त्री० [देश०] गवय या नीलगाय नामक पशु।

रोट पुं० [हिं० रोटी] १. मोटी और बड़ी रोटी, लिट्ट। २. मीठी रोटी या पुआ जो देवी-देवताओं को चढ़ाया जाता है, उदा० ऐपन घुघुरी रोट अर्पि कोउ दीप दिखावत। -रत्ना०।

रोटा* वि० [हिं० रोट] जो पिसकर चूर हो गया हो।
पुं० चूर्ण, बुकनी।

रोटी स्त्री० [तामिल ?] १. गुँधे हुए आटे की आँच पर सेंकी या पकाई हुई लोई की टिकिया, चपाती। २. भोजन या रसोई। ३. जीविका।
पद *रोटी-कपड़ा*=खाने-पहनने की सामग्री। *रोटी-बेटी का संबंध*=ऐसा संबंध जिसमें परस्पर विवाह भी होते हों तथा खानपान भी चलता हो।
मुहा० *किसी बात की रोटी खाना*=किसी बात से जीविका चलाना। *किसी के यहाँ रोटियाँ तोड़ना*=किसी के घर रहकर उसके दिए हुए अन्न से निर्वाह करना। *रोटी-दाल चलना*=साधारण जीवन-निर्वाह होना।

रोटरी क्लब स्त्री० एक अंतर्राष्ट्रीय समाज-सेवी संस्था।

रोटेरियन पुं० [अं०] रोटरी क्लब का सदस्य।

रोठा* पुं० दे० 'रोड़ा'।

रोड स्त्री० [अं०] १. सड़क। २. मार्ग।

रोडमैप पुं० [अं०] वह मार्ग या कार्य-योजना जिसके द्वारा सफलता प्राप्त की जा सके।

रोड़ा पुं० [सं० लोष्ठ] ईंट या पत्थर का बड़ा टुकड़ा, ढेला।
मुहा० *रोड़ा अटकाना*=विघ्न डालना।

रोड़े-पत्थर पुं० बहु० [हिं० रोड़ा+पत्थर] टूटी-फूटी ईंटों या पत्थरों के टुकड़े।

रोदन पुं० [सं०] रोना।

रोदसि स्त्री० [सं०] १. स्वर्ग। २. पृथ्वी।

रोदा पुं० [सं० रोध] धनुष की डोरी, चिल्ला।

रोध पुं० [सं०] [वि० रोधित] रोक, रुकावट, अवरोध।

रोधन पुं० [सं०] रोकने की क्रिया या भाव।

रोधना* स०=रोकना।

रोन* पुं० दे० 'रमण'।

रोना अ० [सं० रुदन] १. दुखी होकर आँसू बहाना, रुदन करना।
मुहा० *रो रोकर*=बहुत कठिनता से।
२. बहुत दुखी या खिन्न होना। ३. अपने कष्टों का वर्णन करना। ४. किसी के व्यवहार से बुरा मानना, चिढ़ना।
पुं० १. दुख, खेद। २. कष्ट, विपत्ति। ३. कमी, अभाव।
मुहा० *किसी बात का रोना होना*=किसी बात का अभाव या कष्ट होना।
४. अभाव विपत्ति का करुणापूर्ण वर्णन।
मुहा० *(किसी चीज़ का) रोना रोना*=अभाव या कष्ट का करुणाजनक उल्लेख करना।
वि० [स्त्री० रोनी] जरा-सी बात पर भी रो पड़नेवाला।

रोना-धोना अ०=गिड़गिड़ाना।

रोपक वि० [सं०] रोपनेवाला।

रोपण पुं० [सं०] [वि० रोपित, रोप्य] १. (बीज या पौधा) कहीं से लाकर लगाना या स्थापित करना, जमाना, बैठाना। २. दे० 'आरोप'।

रोपना स० [सं० रोपण] १. (पौधे आदि) जमाना, लगाना या बैठाना। २. स्थित करना, ठहराना। ३. बीज डालना, बोना। ४. हाथ या पाँव पसारना, फैलाना। ५. रोकना।

रोब पुं० [अ० रोअब] [वि० रोबीला] शक्तिशाली होने की ऐसी धाक कि विरोधी कुछ कह या कर न सके, आतंक, दबदबा।

मुहा० *रोब जमाना*=आतंक उत्पन्न करना। *रोब में आना*= किसी के आतंक के कारण दब या रुक जाना।

रोम[1] पुं० [सं० रोमन] १. रोआँ, लोम।

पद *रोम-रोम में*=सारे शरीर में। *रोम-रोम से*=शुद्ध और पूर्ण हृदय से।

२. छेद या सूराख। ३. ऊन।

रोम[2] पुं० इटली की राजधानी या उसके आस-पास का प्रदेश।

रोमक पुं० [सं०] १. रोम का निवासी, रोमन। २. रोम नगर या देश।

रोमकूप पुं० [सं०] शरीर के वे छेद जिनमें रोएँ निकलते हैं।

रोमन वि० [अं०] रोम नगर या राष्ट्र का।

पुं० रोम या रूम देश का निवासी।

स्त्री० वह लिपि जिसमें अंग्रेजी, रूसी आदि युरोपीय भाषाएँ लिखी जाती हैं।

रोमहर्षक वि० [सं०] १. रोमांचक। २. भयंकर।

रोमहर्षण पुं० [सं०] अचानक बहुत अधिक आनन्द अथवा भय से रोएँ खड़े होना, रोमांच, सिहरन।

वि० भयंकर, भीषण।

रोमांच पुं० [सं०] [वि० रोमांचित] १. आनन्द या भय से रोएँ खड़े होना। २. साहित्य में हर्ष या भय से होनेवाला उक्त प्रकार का शारीरिक व्यापार जो सात्विक अनुभवों के अन्तर्गत माना गया है।

रोमांचक वि० [सं०] १. रोमांच उत्पन्न करनेवाला। २. उत्तेजना उत्पन्न करनेवाला।

रोमांस पुं० [अं०] भावुकतापूर्ण प्रेम, प्रेमालाप, रूमान।

रोमांसवादी वि० [अं०+सं०] रोमांस को साहित्य का आधार बनानेवाला।

रोमानियत स्त्री० [हिं० रोमानी] रोमानीपन। (दे०)

रोमानी वि० [अं० रोमांस] प्यार की तीव्र और सुखद अनुभूति का सूचक।

रोमानीपन पुं० [रोमानी+पन] रोमानी प्रकृति का प्रदर्शन।

रोमाली* स्त्री० दे०'रोमावलि'।

रोमावलि स्त्री० [सं०] पेट के बीचोबीच नाभि से ऊपर की रोओं की पंक्ति, रोमराजी।

रोमिल वि० [सं० रोम] रोएँदार।

रोयाँ पुं० दे० 'रोआँ'।

रोर[1] स्त्री० [सं० रव] १. कोलाहल, शोरगुल। २. उपद्रव, उत्पात।

वि० १. प्रचंड। २. उपद्रवी।

*पुं०=रोड़ा।

रोर[2] पुं० [?] दरिद्रता, निर्धनता; उदा० परम दानि सुनि जैसे रोर। -केशव।

रोरित* वि० [हिं० रोर] जिसमें रोर हो, रोर से युक्त।

रोरी[1]* स्त्री० [हिं० रोर] चहल-पहल।

रोरी[2] वि० स्त्री० [हिं० रूरा] सुन्दर।

स्त्री० दे० 'रोली'।

रोल* स्त्री० [सं० रव] १. दे० 'रोर'। २. ध्वनि, शब्द।

पुं० पानी का बहाव, प्रवाह, रेला।

रोला पुं० [?] १. कोलाहल, शोर, हल्ला। २. घमासान युद्ध। ३. चार चरणों का एक मात्रिक छन्द जिसके प्रत्येक चरण में २४ मात्राएँ (११ वीं मात्रा पर यति) होती है। अन्तिम दो मात्राएँ गुरु हों तो अच्छा है।

रोली स्त्री० [सं० रोचनी] तिलक लगाने का प्रसिद्ध लाल चूर्ण।

रोवंदा* पुं० [हिं० रोना] रोने की क्रिया, भाव या प्रवृत्ति, रुलाई।

वि० जिसकी रोने की प्रवृत्ति या स्वभाव हो।

रोवना अ०, वि० दे० 'रोना'।

रोशन वि० [फा०] १. जलता हुआ, प्रदीप्त। २. चमकदार। ३. प्रसिद्ध। ४. प्रकट, जाहिर।

रोशन चौकी स्त्री० [फा०+हिं०] शहनाई।

रोशनदान पुं० [फा०] दीवार के ऊपरी भाग में प्रकाश आने का छेद, झरोखा।

रोशनाई स्त्री० दे० 'स्याही'।

रोशनी स्त्री० [फा०] १. उजाला, प्रकाश। २. दीपक, दीया।

रोष पुं० [सं०] [वि० रोषी, रुष्ट] १. क्रोध, गुस्सा। २. चिढ़। ३. कुढ़न। ४. वैर, विरोध। ५. लड़ने का आवेश।

रोस* पुं०=रोष।

रोसिल* वि० [सं० रोष] रुष्ट, अप्रसन्न।

रोहज पुं० [?] नेत्र।

रोहण पुं० [सं०] ऊपर चढ़ना, आरोहण।

रोहना* अ० [सं० रोहण] १. चढ़ना। २. ऊपर की ओर जाना या बढ़ना।

स० १. चढ़ाना। २. सवार कराना। ३. पहनना या पहनाना।

रोहिणी स्त्री० [सं०] १. गाय, गौ। २. बिजली। ३. वसुदेव की स्त्री और बलराम की माता। ४. सत्ताइस नक्षत्रों में से एक।

रोहित वि० [सं०] लाल रंग का।

पुं० १. लाल रंग। २. एक प्रकार का हिरन। ३. केसर। ४. रक्त, लहू, खून।

रोही[1] वि० [सं० रोहिन्] [स्त्री० रोहिणी] चढ़नेवाला।

रोही[2] पुं० [देश०] एक प्रकार का हथियार।

रोहू स्त्री० [सं० रोहिष] एक प्रकार की बड़ी मछली।

रौंथ स्त्री० [?] चौपायों की जुगाली।

रौंद[1] स्त्री० [हिं० रौंदना] रौंदने की क्रिया, या भाव।

रौंद[2] स्त्री० [अं० राउंड] पहरे, देख-रेख या जाँच-पड़ताल के लिए लगाया जानेवाला चक्कर। (राउंड)

रौंदना स० [सं० मर्दन] पैरों से कुचल या दबाकर नष्ट-भ्रष्ट करना, मर्दित करना।

रौ स्त्री० [फा० ?] १. गति। २. प्रवाह। ३. मौज।

* पुं० दे० 'रव'।

रौगन पुं० दे० 'रोगन'।

रौजा पुं० [अ० रौज़ः] वह कब्र जिस पर इमारत बनी हो, समाधि।

रौणी* स्त्री० दे० 'रमणी'।

रौताई* स्त्री० [हिं० रावत] रावत (राजा, सरदार आदि) का भाव या पद। (दे० 'रावत')

रौद्र वि० [सं०] [भाव० रौद्रता] १. रुद्र-संबंधी। २. प्रचंड, उग्र। ३. क्रोधपूर्ण।

पुं० १. साहित्य में नौ रसों में से एक जो किसी प्रकार का अत्याचार, अन्याय, अपमान, अशिष्टता, आदि का व्यवहार देखकर, उसे रोकने या उसका प्रतिकार करने के विचार से मन में होनेवाले क्रोध से उत्पन्न होता है। २. गरमी, ताप।

रौन* पुं० [सं० रमण] १. रमण। २. रमण करनेवाला, प्रेमी या पति।

रौनक स्त्री० [अ०] १. चमक-दमक, दीप्ति। २. प्रफुल्लता। ३. शोभा। ४. सुहावनापन।

रौना[1]* अ०=रोना।

रौना[2] वि० [सं०] रमणीय।

रौप्य पुं० [सं०] चाँदी, रूपा।

वि० चाँदी का।

रौब पुं०=रोब।

रौरई* स्त्री० [हिं० रौर] शोरगुल, हल्ला।

रौरव वि० [सं०] भयंकर।

पुं० एक भीषण नरक का नाम।

रौरे सर्व० [हिं० राव] आप (संबोधन)।

रौला पुं० [सं० रवण] हल्ला, शोर।

रौस स्त्री० [फा० रविश] १. दे० 'रविश'। २. रंग-ढंग। तौर-तरीका। ३. छज्जा या बरामदा। ४. निशान, चिह्न।

रौसली स्त्री० [सं० रजस्वला, प्रा० रजस्सला] वह चिकनी उपजाऊ मिट्टी जो बरसाती (रजस्वला) नदी अपने किनारों पर छोड़ जाती है, डाकर।

रौहार, रौहाल वि० [फा० रहवार=चलनेवाला] चलनेवाला; उदा० जदपि तेज रौहाल बल, पलकौं लगी न वार। -बिहारी।

ल

ल नागरी वर्णमाला का अट्ठाईसवाँ अल्पप्राण वर्ण जिसका उच्चारण स्थान दन्त है।

लंक[1] स्त्री० [सं०] कमर, कटि।

लंक[2] स्त्री० [सं० लंका] लंका द्वीप।

लंकपति पुं० [सं० लंका+पति] लंका का राजा, रावण।

लंकलाट पुं० [अं० लांगक्लाथ] एक प्रकार का बढ़िया मोटा तथा चिकना सूती कपड़ा।

लंका स्त्री० [सं०] भारत के दक्षिण में बसा हुआ एक टापू, कहते हैं कि यहाँ पर रावण राज्य करता था।

लंकाई वि० [सं० लंका+हिं० ई(प्रत्य०)] लंका-संबंधी।

पुं० लंकावासी; जैसे तीसरा मैच लंकाइयों ने जीता।

लंग[1] स्त्री० दे० 'लाँग'।

लंग[2] पुं० [फा०] लँगड़ापन।

लंगटा† वि०=नंगा।

लंगड़ पुं० १. दे० 'लँगड़ा'। २. दे० 'लंगर'।

लँगड़ा वि० [फा० लंग] जिसका एक पैर बेकाम हो या टूट गया हो, लँगड़ाकर चलनेवाला।

पुं० एक प्रकार का बनारसी बढ़िया आम।

लँगड़ाना अ० [हिं० लँगड़ा] लँगड़े होकर चलना।

लँगड़ी स्त्री० [हिं० लंगड़] कुश्ती का एक दाँव जिसमें विरोधी की टाँगों में टाँग फँसाकर उसे गिराया जाता है।

मुहा० *लंगड़ी मारना*=पटकनी देना या चारों खाने चित्त करना।

लँगर वि० [सं० लंघट या लंघनट] १. दुष्ट। २. ढीठ।

लंगर[1] पुं० [फा०] १. लोहे का वह बहुत बड़ा काँटा जिसे नदी या समुद्र में गिरा देने पर नावें या जहाज एक ही स्थान पर ठहरे रहते हैं। २. लकडी का वह कुन्दा जो नटखट गाय या बैल के गले में बाँधा जाता है। ३. लटकती हुई कोई भारी चीज, जैसे घड़ी का लंगर। ४. पैर में पहनने का चाँदी का तोड़ा। ५. कपड़े में वे टाँके जो पक्की सिलाई के पहले डाले जाते हैं। ६. वह स्थान जहाँ से लोगों विशेषतः गरीबों को भोजन मिलता है। ७. वह भोजन जो भक्तों, आगन्तुकों, अमीरों-गरीबों आदि को एक पंगत में बैठाकर वितरित किया जाता हो।

मुहा० *लंगर छकना*=पंगत में बैठकर भोजन।

लंगर[2] वि० [देश०] १. भारी। २. बहुत बड़ा। ३. पाजी।

लँगराइ* स्त्री० [हिं० लँगर+आई (प्रत्य०)] पाजीपन, शरारत।

लँगरी स्त्री० दे० 'लँगराई'।

लंगूर पुं० [सं० लांगूलिन्]. एक प्रकार का बड़ा बन्दर जिसका मुँह काला और पूँछ बहुत लम्बी रहती है। * पुं० दुम।

लँगूल* स्त्री० [सं० लांगूल] दुम, पूँछ।

लँगोट पुं० [सं० लिंग+पट] [स्त्री० लँगोटी] कमर पर बाँधने का वह पहनावा जिससे केवल उपस्थ और चूतड़ ढके रहते हैं, रूमाली।

लँगोटिया वि० [हिं० लँगोट+इया(प्रत्य०)] लंगोट सम्बन्धी।

पद *लँगोटिया यार*=बचपन का साथी।

लँगोटी स्त्री० [हिं० लँगोट] छोटा लँगोट।

मुहा० *लँगोटी तक उतार लेना*=पास में कुछ भी धन न रहने देना, कंगाल कर देना। *लँगोटी में फाग खेलना*=गरीब होने पर भी बहुत व्यय करना।

लंघन पुं० [सं०] १. लाँघने की क्रिया या भाव, डाकना, अतिक्रमण। २. उपवास, अनाहार, फाका।

लंघनट पुं० [सं०] कलाबाजी के खेल दिखानेवाला, नट।

लँघना स० दे० 'लाँघना'।

लंच पुं० [अं०] दुपहर के समय का (प्रायः) हल्का भोजन।

लंठ वि० [देश०] [भाव० लंठई] मूर्ख।

लँडूरा वि० [देश० या सं० लांगूल] कटी हुई पूँछवाला (पशु या पक्षी)।

लंप पुं० [अं० लैम्प] पाश्चात्य ढंग का बना हुआ, मिट्टी के तेल से जलनेवाला दीपक या चिराग जिसके ऊपर, प्रकाश दूर तक फैलाने के लिए, चिमनी भी लगी होती है।

लंपट वि० [सं०] [भाव० लंपटता] व्यभिचारी, विषयी, बदचलन।

लंब पुं० [सं०] किसी रेखा पर सीधी और खड़ी गिरनेवाली रेखा।

वि० १. लम्बा। २. जो क्षितिज की ओर एक ही सीध में बहुत दूर तक चला गया हो। (हॉरिजन्टल)

* स्त्री० दे० 'विलंब'।

लंबक पुं० [सं०] पुस्तक का खंड या विभाग।

लंब-तड़ंग वि० [हिं० लंबा+तगड़ा] लंबा और तगड़ा।

लंबन पुं० [सं०] [वि० लंबित] १. लम्बा करना। २. कोई काम या बात कुछ समय के लिए रुकी या टली रहना।

लंबरदार पुं० दे० 'नंबरदार'।

लंबा वि० [सं० लंब] [भाव० लम्बाई, लंबापन] १. जो एक दिशा में दूर तक सीधा चला गया हो, 'चौड़ा' का उलटा।

मुहा० *लंबा करना*=धता करना, हटाना। *लंबा हो जाना*=लेट जाना। *लंबी तानना*=(क) सो जाना। (ख) अनुपस्थित रहना।

२. अधिक विस्तार या ऊँचाईवाला, बड़ा।

लंबाई स्त्री० [हिं० लंबा] 'लंबा' होने का भाव या अवस्था, लम्बापन।

लंबा-तगड़ा वि० लंबा और तगड़ा।

लंबान स्त्री०=लंबाई।

लंबायमान वि० [हिं० लंबा] १. बहुत लम्बा। २. लेटा हुआ।

लंबित वि० [सं०] विचार, निश्चय आदि कुछ समय तक के लिए रोका या टाला हुआ, जो लटकाए रखा जाए।

लंबोतरा वि० [हिं० लंबा] लम्बे आकारवाला, जो कुछ अपेक्षाकृत लम्बा हो।

लंबोदर पुं० [सं०] गणेश।

लँहगा पुं० दे० 'लहँगा'।

लँहडा पुं० दे० 'लहँडा'।

लउटी* स्त्री० दे० 'लकुटी'।

लकड़बग्घा पुं० [हिं० लकड़+बाघ] भेड़िए की जाति का पशु।

लकड़हारा पुं० [हिं० लकड़ी+हारा] जंगल से लकड़ी काटकर बेचनेवाला।

लकड़ी स्त्री० [सं० लगुड़] १. पेड़ का कटा हुआ कोई ठोस या स्थूल अंग, काठ। २. ईंधन। ३. छड़ी या लाठी।

मुहा० *लकड़ी चलना*= लाठियों से मार-पीट होना।

लकलक पुं० [अ० लक़्लक़] १. सारस पक्षी। २. जीभ।

लकवा पुं० [अ० लक़्वः] एक वात रोग जिसमें कोई अंग सुन्न और बेकार हो जाता है।

लकी[१]* स्त्री० [अ० लक्का] कबूतरी।

लकी[२] वि० [अं०] भाग्यवान, सौभाग्यशाली।

लकीर स्त्री० [सं० रेखा] १. वह सीधी आकृति जो एक सीध में दूर तक चली गई हो, रेखा, खत। २. प्राचीन काल से चली आई हुई परम्परा या मर्यादा।

मुहा० *लकीर का फकीर*=रूढ़िवादी। *लकीर पीटना*=पुरानी प्रथा पर चलना।

३. धारी। ४. पंक्ति, सतर।

लकुच पुं० दे० 'लुकाठ'।

लकुट पुं० दे० 'लुकाठ'।

स्त्री० दे० 'लकुटी'।

लकुटिया, लकुटी स्त्री० [सं० लगुड़] १. लाठी, छड़ी। २. सहारा।

लक्कड़ पुं० [हिं० लकड़ी] लकड़ी का बहुत बड़ा और अनगढ़ टुकड़ा, कुन्दा।

लक्का पुं० [अ०] एक विशेष जाति का कबूतर जिसकी पूँछ पंखे की तरह होती है।

लक्खी[१] पुं० [हिं० लाख=वृक्ष का निर्यास] घोड़ों की एक जाति।

लक्खी[२] पुं० [हिं० लाख (संख्या)] लखपती।

वि० लाखों से संबंध रखनेवाला, जैसे लक्खी मेला।

लक्ष वि० [सं०] एक लाख, सौ हजार।

पुं० १. किसी उद्देश्य से किसी वस्तु या बात पर दृष्टि रखना। २. दे० 'लक्ष्य'। ३. एक लाख की संख्या।

लक्षण पुं० [सं०] १. वह चिह्न जिसके आधार पर कोई चीज पहचानी जाए, चिह्न, जैसे-लक्षण तो हैजे के दिखते हैं। २. वह चिह्न जो किसी भावी घटना का संकेत करे; जैसे लक्षण तो वर्षा के हैं। ३. शरीर के अंगों पर शुभ और अशुभ माने जानेवाले कुछ विशेष प्राकृतिक चिह्न। ४. चाल-ढाल, रंग-ढंग।

लक्षण-लक्षणा स्त्री० [सं०] लक्षणा का वह प्रकार या भेद जिसमें किसी शब्द का मुख्य अर्थ अपने स्वरूप को गौण करके किसी दूसरे या लक्ष्य अर्थ का उपलक्षण मात्र बन जाता है, जैसे 'वह गंगावासी है' का आशय है कि 'वह गंगा तट का निवासी है'।

लक्षणा स्त्री० [सं०] शब्द की वह शक्ति जो मुख्य अर्थ का बोध होने पर केवल रूढ़ि के कारण अथवा किसी विशेष प्रयोजन के लिए मुख्य अर्थ से संबद्ध किसी दूसरे अर्थ का ज्ञान कराती है। यह तीन प्रकार की कही गई है। अजहत्लक्षणा, जहत्लक्षणा और जहदजहल्लक्षणा। इसके अतिरिक्त अलग-अलग दृष्टियों से इसके और कई भेद किए गए हैं, जैसे (क) उपादान और लक्षण-लक्षणा, (ख) गौणी और शुद्धा, (ग) प्रयोजनवती और रूढ़ा और (घ) साध्यवसाना और सारोपा।

लक्षना* स० दे० 'लखना'।

लक्षित वि० [सं०] १. बतलाया हुआ, निर्दिष्ट। २. देखा हुआ। ३. लक्षणा-शक्ति के द्वारा समझ में आनेवाला (अर्थ)।

लक्षिता स्त्री० [सं०] साहित्य में वह नायिका जिसके पर-पुरुष प्रेम, नायक-मिलन, सम्भोग आदि के लक्षण देखकर सखियों आदि को उसकी इन बातों का पता चल गया हो।

लक्षितार्थ पुं० [सं०] वह अर्थ जो शब्द की लक्षणा-शक्ति से निकलता है, लक्ष्यार्थ।

लक्षी* स्त्री०=लक्ष्मी।

लक्ष्म पुं० [सं०] लक्षण, चिह्न, निशान।

लक्ष्मण पुं० [सं०] सुमित्रा के गर्भ से उत्पन्न राजा दशरथ के एक पुत्र और रामचन्द्र के छोटे भाई जो उनके साथ वन गए थे।

लक्ष्मण रेखा स्त्री० [सं०] वह सीमा जिसके उल्लंघन की परंपरा न हो।

लक्ष्मी स्त्री० [सं०] १. धन की अधिष्ठात्री देवी जो विष्णु की पत्नी कही गई है, कमला, रमा। २. धन-सम्पत्ति, दौलत। ३. शोभा, छवि। ४. घर की मालकिन, गृहस्वामिनी।

लक्ष्मीपुत्र पुं० [सं०] धनवान, अमीर।

लक्ष्मीनिवास पुं० [सं०] विष्णु।

लक्ष्य पुं० [सं०] १. वह जिस पर किसी उद्देश्य से दृष्टि रखी जाए, उद्दिष्ट पदार्थ या बात, जैसे गेहूँ के उत्पादन का लक्ष्य इस वर्ष दस लाख टन रखा गया है। २. वह जिसे ध्यान में रखकर कोई वार या आघात किया जाए, निशाना। (टार्गेट) ३. वह जिस पर किसी प्रकार का आक्षेप हो। ४. दे० 'लक्षितार्थ', 'लक्ष्यार्थ'।

लक्ष्यक वि० [सं०] १. लक्ष्य करने या करानेवाला। २. संकेत रूप से सूचित करनेवाला।

लक्ष्यभाषा स्त्री० वह भाषा जिसमें किसी अन्य भाषा से अनुवाद किया जाए।

लक्ष्यभेद पुं० [सं०] चलते या उड़ते हुए जीव या पदार्थ पर निशाना लगाना।

लक्ष्यभेदी वि० [सं० लक्ष्यभेद] जो लक्ष्य का भेदन करे, लक्ष्य पर प्रहार करनेवाला; जैसे लक्ष्यभेदी तोप।

लक्ष्यार्थ पुं० [सं०] किसी शब्द या वाक्य का उसके साधारण अर्थ से निकलनेवाला भिन्न अर्थ, लक्षितार्थ; जैसे यदि हमारा कोई अपकार करे और हम उससे कहें-'वाह! आपने हमारा खूब उपकार किया।' तो यहाँ 'उपकार' का लक्ष्यार्थ 'अपकार' होगा।

लक्ष्योपमा स्त्री० [सं०] साहित्य में उपमा अलंकार का एक भेद जिसमें सम, समान आदि शब्दों का प्रयोग न करके यह कहा जाता है कि वस्तु अमुक कोटि या वर्ग की है, उसे लज्जित करती है, उससे होड़ करती है अथवा इसने उससे अमुक गुण या बात चुरा या छीन ली है।

लखघर* पुं० दे० 'लाक्षागृह'।

लखटकिया वि० [हिं० लाख+टका+इया] १. लाख टके का, जिसका मूल्य लाख रुपया हो। २. जिसका मूल्य एक लाख रुपए से अधिक न हो; जैसे लखटकिया कार।

लखन* पुं०=लक्ष्मण।

लखना स० [सं० लक्ष] [भाव० लखन] १. लक्षण देखकर अनुमान करना या समझना, ताड़ना। २. देखना, उदा० हौं कबीर सबकौ लखौं, मोकों लखै न कोय। -कबीर।

लखपति पुं० दे० 'लखपती'।

लखपती पुं० [सं० लक्ष+पति] जिसके पास लाखों रुपयों की संपत्ति हो।

लखपेड़ा वि० [हिं० लाख+पेड़] (बाग आदि) जिसमें बहुत अधिक वृक्ष हों।

लखराँव पुं० [हिं० लाख (संख्या)+राँव (प्रत्य०)] १. वह बाग जिसमें लाख पेड़ हों। २. बहुत बड़ा बाग।

लखलखा पुं० [अ० लख़्लख़ः] एक प्रकार का सुगन्धित मिश्रण जिससे बेहोशी दूर होती है।

लखाउ* पुं० दे० 'लाक्षागृह'।

लखाघर* पुं० दे० 'लाक्षागृह'।
स० हिं० 'लखना' का प्रे०।
अ० 'लखना'।

लखाव* वि० दे० 'लक्षण'।

लखित वि० दे० 'लक्षित'।

लखिया[1]* पुं० [हिं० लखना] लखनेवाला।

लखिया[2]* स्त्री०=लक्ष्मी।

लखेरना स० दे० 'लथेड़ना'।

लखेरा पुं० [हिं० लाख=वृक्ष का निर्यास] लाख की चूड़ियाँ आदि बनानेवाला।

लखौटा पुं० [हिं० लाख+औटा (प्रत्य०)] १. चन्दन, केसर आदि से बनाया जानेवाला उबटन। २. वह डिब्बा जिसमें स्त्रियाँ सिन्दूर आदि रखती हैं।

लखौरी[1] स्त्री० [सं० लाक्षा] १. एक प्राकर की भौंरी (कीड़ा) का घर। २. पुरानी चाल की पतली छोटी ईंट।

लखौरी[2] स्त्री० [हिं० लाख (संख्या)] देवी-देवता को उनके प्रिय वृक्ष की एक लाख पत्तियाँ या फल चढ़ाना।

लख्त पुं० [फा०] टुकड़ा; लख्ते जिगर=जिगर का टुकड़ा।

लग* क्रि० वि० [हिं० लगना, पु० हिं० लागि] १. तक, पर्यंत। २. निकट, पास। ३. वास्ते, लिए। ४. साथ।
स्त्री० लगन, लौ।

लगन[1] स्त्री० [हिं० लगना] १. किसी व्यक्ति या काम की ओर पूरी तरह से ध्यान लगाना, लौ। २. स्नेह, प्रेम।

लगन[2] पुं० [सं० लग्न] १. विवाह का मुहूर्त।
मुहा० *लगन धराना*=विवाह का मुहूर्त स्थिर कराना, उदा० अंध कहै अंधा पतियात, जस बिसवा के लगन धराय।- कबीर।
२. हिन्दुओं में वे विशिष्ट दिन जिनमें विवाह होते हैं, सहालग। ३. दे० 'लग्न'।

लगनवट स्त्री० [हिं० लगन] लगन, प्रेम।

लगना[1] अ० [सं० लग्न] १. किसी पदार्थ के तल से दूसरे पदार्थ का मिलना, सटना, जुड़ना। २. किसी चीज पर कुछ सिया, टाँका, चिपकाया, जड़ा, या मढ़ा जाना। ३. सम्मिलित होना, मिलना। ४. तल, सीमा या आधार पर पहुँचकर टिकना या रुकना। ५. क्रम से लगाया या सजाया जाना। ६. व्यय होना, खर्च होना।७. जान पड़ना, मालूम होना। ८. सम्बन्ध या रिश्ते में कुछ होना। ९. आघात या चोट पहुँचना। १०. जलन, चुनचुनाहट आदि मालूम होना। ११. कार्य आदि में रत होना।

मुहा० *लगे हाथ या या लगे हाथों*=कोई काम करते रहने की दशा में या उसे पूरा करके निश्चिन्त होने से पहले, जैसे लगे हाथ यह काम कर डालो।

१२. फलों आदि का सड़ना या गलना प्रारम्भ होना। १३. मन पर किसी बात का प्रभाव या असर होना।

मुहा० *लगती बात कहना*=मर्मभेदी बात कहना।

१४. आरोप होना। १५. गणित की क्रिया पूरी होना। १६. दूध देनेवाले पशुओं का दुहा जाना। १७. छेड़-छाड़ या सम्भोग करना। १८. दाँव पर धन रखा जाना। १९. घात या ताक में रहना।

लगना[2] पुं० एक प्रकार का जंगली हिरन।

लगभग क्रि० वि० [हिं० लग=पास+भग (अनु०)] किसी उल्लिखित संख्या या राशि से कुछ कम या अधिक मात्रा अथवा परिमाण में; जैसे (क) वहाँ लगभग सौ व्यक्ति थे। (ख) छापे के दौरान लगभग ५ किलो सोना हमारे हाथ लगा।

लगभग, के सम्बन्धबो० के करीब, के बराबर।

लगमात स्त्री० [हिं० लगना+सं० मात्रा] व्यंजनों में लगनेवाली स्वरों की मात्राएँ या उनके सूचक चिह्न।

लगर* पुं० दे० 'लग्घड़'।

लगव* वि० [अ० लगो] १. मिथ्या, असत्य। २. व्यर्थ, बेकार।

लगवाना स० हिं० 'लगाना' का प्रे०।

लगवार* पुं० [हिं० लगना=स्त्री के साथ सम्भोग करना] उपपति।

लगातार क्रि० वि० [हिं० लगना+तार=क्रम] बिना क्रम टूटे, बराबर, निरन्तर।

वि० जो अपने लगे हुए क्रम के अनुसार बराबर एक के बाद एक आता या चलता हो, क्रम से बराबर होता रहनेवाला। (कन्सीक्यूटिव)

लगाद स्त्री० [हिं० लगावट] प्रेम, प्रीति।

क्रि० वि० पर्यन्त, तक।

लगान पुं० [हिं० लगना] १. लगने या लगाने की क्रिया भाव। २. खेती-बारी की भूमि पर लगनेवाला कर, पोत। (रेन्ट)

लगान जिन्सी पुं० दे० 'जिन्सी लगान'।

लगाना बकाया पुं० 'बकाया लगान'।

लगाना स० [हिं० 'लगना' का स०] १. एक वस्तु के तल से दूसरी वस्तु का तल मिलाना, सटाना। २. किसी के साथ रखना या करना, सम्मिलित करना। ३. वृक्ष आदि रोपना, जमाना। ४. क्रम से यथास्थान रखना, चुनना। ५. व्यय या खर्च करना। ६. आघात करना, चोट पहुँचाना। ७. आरम्भ करना विशेषत: किसी में कोई नई प्रवृत्ति, व्यसन, चसका आदि उत्पन्न करना। ८. काम में लाना। ९. दोष या अभियोग का आरोप करना। १० ठीक स्थान पर बैठाना। ११. गणित या हिसाब करना। १२. चुगली खाना, शिकायत करना। १३. कार्य में संलग्न करना। १४. अधिकारियों का नियम, बन्धेज, कर आदि नियत करना। (इम्पोज) १५. गौ, भैंस आदि दुहना। १६. स्पर्श करना, छुआना। १७. जुए में दाँव पर धन रखना। १८. किसी बात या काम में अपने आपको औरों से श्रेष्ठ समझना।

लगाम स्त्री० [फा०] घोड़े के मुँह में लगाया जानेवाला वह ढाँचा जिसके दोनों ओर (घोड़े चलाने के लिए) रस्से या चमड़े के तस्मे बँधे रहते हैं, रास, बाग।

मुहा० *लगाम डालना*=अंकुश लगाना, निमंत्रित करना। *जबान या मुँह में लगाम न होना*=बिना सोचे-समझे बोलने की आदत होना।

लगामी स्त्री० [हिं० लगाम] वह जाली जो गौ, बैल, घोड़े आदि के मुँह पर इसलिए बाँधी जाती है कि वे कुछ चर या खा न सकें।

लगाय* स्त्री० [हिं० लगन या लगावट] प्रेम, प्रीति, उदा० सूर जहाँ लौं श्याम गात हैं, तिन सौ क्यों कीजिए लगाय। -सूर।

लगायत क्रि० वि० [हिं० लगाना] पर्यंत, तक।

लगार* स्त्री० [हिं० लगना] १. नियमपूर्वक नित्य या बराबर काम करना, बन्धी, बन्धेज। २. लगाव, सम्बन्ध। ३. सिलसिला, क्रम। ४. लगन, लौ। ५. प्रेम।

वि० मेल-मिलाप या सम्बन्ध रखनेवाला।

लगालगी स्त्री० दे० 'लगावट'; उदा० लगालगी लोइन करैं, नाहम मन बँध जाँहि। -बिहारी

लगाव पुं० [हिं० लगना] १. लगे होने का भाव। २. सम्बन्ध, वास्ता।

लगावट स्त्री० [हिं० लगाव] १. सम्बन्ध, लगाव। २. प्रेम या आपसदारी का सम्बन्ध।

लगाव-बझाव पुं० सम्बन्ध, प्रेम-सम्बन्ध।

लगाव-लपेट पुं० [हिं० लगना-लपेटना] बंधन में डालनेवाली बात। *बिना लगाव-लपेट के*=बिना किसी बंधन या शर्त के।

लगि* क्रि० वि० [हिं० लग या लौं] १. तक, पर्यन्त। २. समीप, निकट। ३. लिए, वास्ते, पास, उदा० कोड़ी लगि मग की रज छानत। - सूर।

*स्त्री=लग्गी।

स्त्री० लग्गी।

लगी स्त्री० [हिं० लग्घा] छोटा लग्घा, लग्घी।

लगी-बुझी स्त्री०=वैर-विरोध।

लगु* क्रि० वि० दे० 'लग'।

लगुड़ पुं० [सं०] डंडा, लाठी।

लगूल स्त्री० [सं० लागूल] पूँछ, दुम।

लगौहाँ* वि० [हिं० लगना+औंहाँ (प्रत्य०)] जो किसी से लगन लगाने के लिए उत्सुक या उद्यत हो।

लग्गत स्त्री० [हिं० लगना] १. वह धनराशि जो व्यापार, संपत्ति आदि में पूँजी के रूप में लगी हो, निवेश। (इन्वेस्टमेन्ट) २. दे० 'लागत'।

लग्गा पुं० [हिं० लगना] [स्त्री० अल्पा० लग्गी] १. कार्य का आरम्भ या सूत्रपात, काम में हाथ लगना। २. किसी दाँव पर जुआरी के सिवा दूसरे लोगों का लगनेवाला धन, दाँव।

मुहा० *लग्गा लगाना*=किसी काम में उलझाना-फँसाना।

लग्घड़* पुं० [देश०] १. बाज। २. भेड़िए की तरह का एक छोटा पशु, लकड़बग्घा।

लग्घा पुं० [सं० लगुड़] [स्त्री० अल्पा० लग्घी] १. लम्बा बाँस, विशेषत: वृक्षों से फल तोड़ने का बाँस। २. दे० 'लग्गा' २.।

लग्घी स्त्री० [हिं० लग्घा] १. वह बाँस जिसे नदी के तल तक पहुँचाकर उसके जोर से नाव चलाते हैं। (डाँडे से भिन्न) २. दे० 'लग्घा'।

लग्न[1] पुं० [सं०] १. ज्योतिष में उतना समय, जितने में कोई राशि किसी विशिष्ट स्थान में वर्तमान रहती है। २. शुभ कार्य का मुहुर्त। ३. विवाह, शादी।

लग्न[2] वि० [स्त्री० लग्ना] लगा या सटा हुआ।

लग्नपत्रिका स्त्री० [सं०] वह पत्र जिसमें विवाह के मुहूर्त का उल्लेख होता है।

लघिमा स्त्री० [सं० लघिमन्] १. 'लघु' का भाव, लघुता। २. एक कल्पित सिद्धि जिसके प्राप्त होने से मनुष्य बहुत छोटा या हल्का बन सकता है।

लघु वि० [सं०] [भाव० लघुता, लघुत्व] १. कनिष्ठ, छोटा। २. हलका। ३. निस्सार। ४. थोड़ा कम।

पुं० १. एक मात्रा का व्यंजन या ह्रस्व स्वर, जैसे अ, इ, उ। २. छन्द शास्त्र में वह अक्षर या वर्ण जिसमें एक ही मात्रा हो, 'गुरु' का उलटा, इसका चिह्न '।' है।

लघुचेता पुं० [सं० लघुचेतस्] तुच्छ या बुरे विचारोंवाला, नीच।

लघुता स्त्री० [सं०] 'लघु' या छोटे होने का भाव, छोटाई।

लघुत्व पुं० [सं०] छोटाई।

लघुशंका स्त्री० [सं०] पेशाब करने की क्रिया या उसका वेग।

लच स्त्री० दे० 'लचक'।

लचक स्त्री० [हिं० लचकना] १. लचकने की क्रिया या भाव, लचन, झुकाव। २. लचकने का गुण।

लचकना अ० [सं० न्यंच-न्यंचति] [स० लचकाना] १. भार पड़ने पर बीच से दबना या झुकना, लचना। २. कोमलता आदि के कारण या हाव-भाव के समय स्त्रियों की कमर या दूसरे अंग का बल खाना।

लचकनि* स्त्री० दे० 'लचक'।

लचकाना स० [हिं० लचकना] ऐसी क्रिया करना जिससे कोई अंग लचके; जैसे कमर लचकाना।

लचकौंहाँ* वि० दे० 'लचीला'।

लचन स्त्री० दे० 'लचक'।

लचना अ० दे० 'लचकना'।

लचपच वि० [हिं० लचना] १. ढीला-ढाला, शिथिल। २. दुर्बल, कमजोर। ३. हीन, तुच्छ।

लचर वि० [हिं० लचना] कमजोर, बेदम, ढीला-ढाला।

लचाना स० [हिं० लचना] लचीला बनाना।

लचारी स्त्री० [देश०] १. भेंट, नजर। २. एक प्रकार का देहाती गीत।

लचाव पुं० दे० 'लचक'।

लचि* क्रि० वि० [हिं० लचना] १. लचककर। २. झुककर।

लचीला वि० [हिं० लचना+ईला (प्रत्य०)] [भाव० लचीलापन] १. जो सहज में लच या झुक सकता हो, लचकदार, नमनीय। (फ्लेक्सिबुल) २. जिसमें सहज में परिवर्तन, उतार-चढ़ाव या कमी-बेशी हो सकती हो।

लचीलापन पुं० [हिं० लचीला+पन (प्रत्य०)] लचीले या नमनीय होने की अवस्था या भाव, नमनीयता। (फ्लेक्सिबिलटी)

लच्छ* पुं० [सं० लक्ष्य] १. बहाना, मिस। २. निशाना, ताक। ३. वह बात जिस पर ध्यान लगा हो, लक्ष्य, उदा० लच्छ दूरे सकल बिलोकत अलच्छ रहे, एक हाथ पाती, एक हाथ दिए छाती पर।—रत्ना०।

स्त्री० दे० 'लक्ष्मी'

वि० पुं० दे० 'लक्ष' (लाख की संख्या)।

लच्छन पुं० [सं० लक्षण] १. लक्षण। २. रंग-ढंग, तौर-तरीका। ३. शरीर में होनेवाला एक विशेष प्रकार का काला दाग जो सामुद्रिक के अनुसार शुभ माना जाता है।

*पुं०=लक्ष्मण।

लच्छना* स० दे० 'लखना'।

लच्छमी* स्त्री०=लक्ष्मी।

लच्छा पुं० [देश०] [स्त्री० अल्पा० लच्छी] १. गुच्छे के रूप में गुथे हुए सूत या तार। २. सूत की तरह लम्बे और पतले कटे हुए टुकड़े। ३. हाथ या पैर में पहनने का एक प्रकार का गहना।

लच्छागृह* पुं० दे० 'लाक्षागृह'।

लच्छि* स्त्री०=लक्ष्मी।

लच्छित* वि० [सं० लक्षित] १. देखा हुआ। २. निशान लगा हुआ, अंकित।

लच्छिनिवास* पुं०=विष्णु।

लच्छी[1] वि० [देश०] एक प्रकार का घोड़ा।

लच्छी[2] स्त्री० [हिं० लच्छा] छोटा लच्छा।

लच्छी[3] वि० [सं० लक्षण] लक्षणों से युक्त, लक्षणवाला, उदा० कच्छी कलित कमान पीठ सारे शुभ लच्छी।– रत्ना०।

स्त्री०=लक्ष्मी।

लच्छेदार वि० [हिं० लच्छा+फा० दार (प्रत्य०)] १. (खाद्य पदार्थ) जिसमें लच्छे बने हों। २. चिकनी चुपड़ी और मजेदार (बात)।

लछना* स० [सं० लक्ष] १. लक्षित करना। २. सज्जित करना, सजाना।

लछमन* पुं०=लक्ष्मण।

लछमी* स्त्री०=लक्ष्मी।

लछारा* वि० दे० 'लम्बा'।

लज* स्त्री० दे० 'लाज'।

लजना अ० दे० 'लजाना'।

लजवाना स० हिं० 'लजाना' का प्रे०।

लजाना अ०, स० [सं० लज्जा] लज्जित या शरमिन्दा होना या करना।

लजारा वि० [हिं० लाज=लज्जा] [स्त्री० लजारी] १. लज्जाशील। २. लज्जित।

लजालू पुं० [सं० लज्जालु] एक पौधा जिसकी पत्तियाँ छूने से सिकुड़ या कुछ मुरझा-सी जाती हैं, छुई-मुई।

लजीला वि० दे० 'लज्जाशील'।

लजुरी स्त्री० [सं० रज्जु] कुएँ से पानी खींचने की रस्सी।

लजौंहाँ वि० [सं० लज्जावह] [स्त्री० लजौंहीं] लज्जाशील।

लज्ज* स्त्री०=लज्जा।

लज्जा स्त्री० [सं०] [वि० लज्जाशील, लज्जित] १. वह मनोभाव, जो स्वभावत: संकोच के कारण अथवा अवगुण, दोष आदि के कारण, दूसरों के सामने सिर उठाने या बोलने नहीं देता, व्रीडा, शर्म, हया। (साहित्य में इसे एक संचारी भाव माना गया है) २. मान-मर्यादा, इज्जत।

लज्जाशील वि० [सं०] [भाव० लज्जाशीलता] जिसे स्वभावत: जल्दी लज्जा आती हो।

लज्जित वि० [सं०] जो अपनी किसी भूल, अवगुण या अनुचित व्यवहार से आत्मग्लानि या दुख का अनुभव करता हो।

लट[1] स्त्री० [सं० लट्वा] १. बालों का गुच्छा, केश-पाश, अलक। २. उलझे हुए बाल।

लट[2] स्त्री० [हिं० लपट] लपट, लौ।

लटक स्त्री० [हिं० लटकना] १. लटकने की क्रिया या भाव। २. अंगों की कोमल, लचीली और मनोहर चेष्टा, अंग-भंगी।

लटकन पुं० हिं० लटकना] १. लटकती हुई चीज या अंग। २. नाक में पहनने का एक गहना। ३. एक प्रकार की बनस्पति के दाने जिनसे बढ़िया और सुगन्धित वसन्ती या गेरुआ रंग निकलता है। ४. इन दानों को उबालकर निकाला हुआ रंग।

लटकना अ० [सं० लटन=झूलना] १. ऊपर टिके रहने पर भी कुछ अंश का नीचे की ओर कुछ दूर तक बिना आधार के अधर में झुका रहना, झूलना। २. खड़ी वस्तु का किसी ओर झुकना। ३. काम का कुछ समय तक अधूरा पड़ा रहना।

लटका पुं० [हिं० लटक] १. ढंग, ढब। २. बनावटी कोमल चेष्टा और बात-चीत, हावभाव। ३. उपचार आदि की छोटी और सहज युक्ति, टोटका।

लटके-झटके पुं० [बहु०] बोलने के समय के हाव-भाव या असामान्य क्रियाएँ जो दर्शकों और श्रोताओं को अभिभूत करने के लिए की जाती हैं।

लटकाना स० हिं० 'लटकना' का स०।

लटना[1] अ० [सं० लड] १. थककर पस्त या बेकाम होना। २. वृद्धा अवस्था, रोग आदि के कारण दुबला और अशक्त होना। ३. विकल या बेचैन होना। ४. मुरझाना। ५. हीन अवस्था को प्राप्त होना, क्षीण होना।

लटना[2] अ० [सं० लड] १. चाह या लोभ में पड़ना। २. तत्पर या लीन होना।

लटपट स्त्री० [हिं० लटपटाना] १. कुछ साधारण और आरम्भिक, पर अनुचित या बुरे उद्देश्य से किया जानेवाला सम्बन्ध। २. दे० 'लटापटी'।
वि० दे० 'लटपटा'।

लटपटा वि० [हिं० लटपटाना] [स्त्री० लटपटी] १. लड़खड़ाता हुआ। २. ढीला-ढाला। ३. अस्त-व्यस्त। ४. अस्पष्ट और क्रमविरुद्ध (कथन)। ५. असक्त। ५. जो न बहुत पतला हो और न बहुत गाढ़ा हो (खाद्यपदार्थ, रस आदि)।

लटपटाना[1] अ० [सं० लड+पत्] १. लड़खड़ाना। २. ठीक तरह से कोई काम न कर सकना।

लटपटाना[2] अ० [सं० लसन] १. लुभाना, मोहित होना। २. लीन या अनुरक्त होना। ३ लिपटना।

लटा वि० [सं० लट्ट] [स्त्री० लटी] १. लम्पट, लुच्चा। २. तुच्छ, हीन।

लटापटी स्त्री० [हिं० लट+पट] १. लटपट होने की दशा या भाव। २. किसी से उलझने या लड़ने-झगड़ने की क्रिया या भाव, भिड़न्त।

लटापोट* वि० दे० 'लहालोट'।

लटी स्त्री० [हिं० लटा=बुरा] १. बुरी या झूठी बात। २. साधुनी या भक्तिन। ३. वेश्या, रंडी।

लटूरी स्त्री० दे० 'लट' (बालों की)।

लट्टू पुं० [सं० लुंठन=लुढ़कना] १. एक प्रकार का गोल खिलौना जो जमीन पर फेंककर नचाया जाता है। २. शीशे का वह गोला जिसमें बिजली का प्रकाश होता है। वि० मुग्ध
मुहा० *(किसी पर) लट्टू होना*=मोहित या मुग्ध होना।

लट्ठ पुं० [सं० यष्टि] बड़ी लाठी।

लट्ठबाज वि०, पुं० [हिं० लट्ठ+फा० बाज़] [भाव० लट्ठबाज़ी] लाठी चलाने या उससे लड़नेवाला, लठैत।

लट्ठबाजी स्त्री० [हिं० लट्ठ+फा० बाज़ी] किसी को लाठी से मारने की क्रिया।

लट्ठमलट्ठा पुं० [हिं० लट्ठ+अनु०] दो व्यक्तियों या दलों में होनेवाली लट्ठबाजी।

लट्ठमार वि० [हिं० लट्ठ+मारना] अप्रिय और कठोर (बात)। पुं० लट्ठबाज, लठैत।

लट्ठा पुं० [हिं० लट्ठ] १. लकड़ी का बड़ा बल्ला, शहतीर। २. एक प्रकार का कपड़ा।

लठधर† पुं०=लठैत।

लठबाँसी वि०, पुं० [हिं० लट्ठ+बाँस] लाठी, बाँस आदि से मार-पीट करनेवाला, लट्ठमार।

लठिया स्त्री० दे० 'लाठी'।

लठैत पुं० [हिं० लठ+ऐत(प्रत्य०)] लाठी लेकर चलनेवाला।

लड़ पुं० [सं० यष्टि] [स्त्री० अल्पा० लड़ी] १. एक ही तरह की चीजों की श्रेणी या माला। २. रस्सी या डोर के कई तारों में का एक तार।

लड़क* स्त्री०=ललक।

लड़कना* अ०=ललकना।

लड़कपन पुं० [हिं० लड़का+पन] १. बाल्यावस्था। २. नासमझी।

लड़का पुं० [हिं० लाड़=दुलार] [स्त्री० लड़की] १. छोटी अवस्था का मनुष्य, बालक। २. पुत्र, बेटा।

मुहा० *लड़कों का खेल*=साधारण या सहज बात या काम।

लड़काई* स्त्री० दे० 'लड़कपन'।

लड़कानि* स्त्री० [हिं० लड़का] बाल्यावस्था, लड़कपन।

लड़का-बाला पुं० [हिं० लड़का+सं० बाल] लड़का और लड़की, सन्तान, औलाद।

लड़की स्त्री० [हिं० लड़का] १. छोटी अवस्था की स्त्री, बालिका। २. पुत्री, कन्या। ३. नौकरानी।

लड़कीला* वि० [हिं० लड़क+ईला (प्रत्य०)] जिसमें लड़क या ललक हो; प्रेम, वासना आदि से युक्त।

लड़कैयाँ स्त्री० [हिं० लड़का+ऐयाँ (प्रत्य०)] लड़कपन, बाल्यावस्था।

लड़कौंधा† वि० लड़कों का-सा।

लड़कौरी वि०, स्त्री० [हिं० लड़का] बच्चेवाली (स्त्री)।

लड़खड़ाना अ० [अनु०] १. अच्छी तरह चल या खड़े न रह सकने के कारण इधर-उधर झुकना या गिरना, डगमगाना। २. अस्थिर होना। ३. गड़बड़ा जाना, लुढ़क जाना।

लड़ना अ० [सं० लड्] १. एक दूसरे को चोट या हानि पहुँचाना, भिड़ना। २. झगड़ा या तकरार करना। ३. बहस करना। ४. टकराना। ५. सफलता प्राप्त करने के लिए किसी के विरुद्ध प्रयत्न करना। ६. जहरीले जानवर का काटना।

लड़बावला वि० [हिं० लड़का+बावला] [स्त्री० लड़बावली] १. अल्हड़। २. दुलारा। ३. मूर्ख, नासमझ। ४. गँवार, अनाड़ी।

लड़वाना* स० [हिं० लड़ाना का प्रे०] १. लड़ने में प्रवृत्त करना। २. लाड़ लड़ाने में प्रवृत्त करना।

लड़ाई स्त्री० [हिं० लड़ना+आई (प्रत्य०)] १. वह क्रिया जिसमें दो दल या पक्ष एक दूसरे को मार गिराने या हानि पहुँचाने के लिए वार करते हैं। २. संग्राम, युद्ध। ३. झगड़ा, तकरार, हुज्जत। ४. वाद-विवाद, बहस। ५. किसी के विरुद्ध सफल होने के लिए किया जानेवाला प्रयत्न। ६. अनबन, विरोध, वैर।

मुहा० *लड़ाई लड़ना*=संघर्ष करना; जैसे-उसने दलितों के अधिकारों के लिए बरसों लड़ाई लड़ी।

लड़ाई का मैदान पुं० १. वह क्षेत्र जिसमें शत्रु सेनाएँ आमने-सामने होकर लड़ती हों। २. वह क्षेत्र जिसमें लड़ाई चल रही हो; जैसे-सारा देश इस समय लड़ाई का मैदान बना हुआ है।

लड़ाई-बंदी स्त्री० [हिं० लड़ाई+फा० बंदी] दोनों पक्षों का आपसी समझौते से चली हुई लड़ाई या युद्ध बन्द करना, युद्धविराम। (सीज़ फायर)

लड़ाक† वि० [हिं० लड़ना] झगड़ालू।

लड़ाका वि० [हिं० लड़ना+आका (प्रत्य०)] [स्त्री० लड़ाकी] १. योद्धा। २. लड़ाई-झगड़ा करनेवाला, झगड़ालू।

लड़ाना[1] स० हिं० 'लड़ना' का प्रे०।

लड़ाना[2] *स० [हिं० लाड़] प्यार या दुलार करना, उदा० साँची कहौ केते कहि लालन लड़ावै हैं। -रत्ना०।

लड़ी स्त्री० [हिं० 'लड़' का स्त्री० अल्पा०] १. माला आदि का छोटा लड़। २. एक ही तरह की बातों या चीजों का लगातार चलनेवाला क्रम, जैसे बातों की लड़ी।

लड़ीला* वि० [हिं० लाड़+ईला (प्रत्य०)] [स्त्री० लड़ीली] १. लाड़ला, दुलारा। २. प्रिय, उदा० विपिन-बिहारी वेष वानक लड़ीली कौ।—रत्ना०।

लड़ैता[1] वि० [हिं० लाड़=प्यार+ऐता (प्रत्य०)] [स्त्री० लड़ैती] १. लाड़ला, दुलारा। २. जो लाड़-प्यार के कारण बहुत बिगड़ गया हो, धृष्ठ, शोख।

लड़ैता[2] वि० [हिं० लड़ना] लड़नेवाला, योद्धा।

लड्डू पुं० [सं० लड्डुक] कुछ विशिष्ट पदार्थों से बनी गोल मिठाई, जैसे बेसन का लड्डू, खोए का लड्डू।

मुहा० *ठग से लड्डू खाना*=धोखे में आकर नासमझी करना। *मन के लड्डू खाना*=किसी बड़े सुख या लाभ की व्यर्थ या निराधार कल्पना या आशा करना।

लड्याना स० [हिं० लाड़=प्यार] लाड़-प्यार करना।

लढ़ा पुं० दे० 'लढ़िया'।

लढ़िया स्त्री० [हिं० लुढ़कना] बैल-गाड़ी।

लत स्त्री० [सं० रति] बुरी आदत।

लतखोर वि०, पुं० [हिं० लात+फा० ख़ोर=खानेवाला] [स्त्री० लतखोरिन] १. प्रायः लात खाने या दुर्दशा भोगनेवाला। २. कमीना, नीच।

लतखोरा पुं० [हिं० लतखोर] पैर पोंछने का बिछावन, पायँदाज़। वि०=लताखोर।

लतमर्दन पुं० [हिं० लात+सं० मर्दन] पैरों से रौंदने की क्रिया या भाव।

लतरी[१] स्त्री० [हिं० लतर] एक प्रकार की खेसारी, दुबिया मटर।

लतरी[२] स्त्री० [हिं० लात] १. एक प्रकार का छोटा हल्का जूता। २. पुराना और फटा हुआ जूता।

लता स्त्री० [सं०] जमीन पर फैलने या किसी आधार पर चढ़नेवाला कोमल पतला पौधा, वलरी, बेल।

लतागृह पुं० [सं०] लताओं से घिरा स्थान विशेषत: घर के रूप में बना हुआ स्थान।

लताड़ स्त्री० दे० 'लथाड़'।

लताड़ना स० [हिं० लात] [भाव० लताड़] १. पैरों से कुचलना, रौंदना। २. खड़े होकर पैरों के भार से किसी के अंग दबाना। ३. तंग करना।

लता-पता पुं० [सं० लतापत्र] १. पेड़-पत्ते। २. जड़ी-बूटी। ३. रद्दी चीजें।

लतामंडप पुं० [सं०] लतागृह।

लतिका स्त्री० [सं०] छोटी लता।

लतियर, लतियल वि० दे० 'लतखोर'।

लतियाना[१] स० [हिं० लात+आना (प्रत्य०)] १. पैरों से दबाना। २. पैरों से आघात करना, लातें मारना।

लतियाना[२] स० [हिं० लक्षी=लट्टू की डोरी+आना (प्रत्य०)] लत्ते या डोरी आदि से लट्टू को लपेटना, उदा० लतियावहु जेतौ लट्टून लौं तेतहि गाजैं। -रत्ना०।

लतीनी स्त्री० [अं० लैटिन] प्राचीन रोम की भाषा।

लतीफा पुं० दे० 'चुटकुला'।

लत्ता पुं० [सं० लक्तक] फटा-पुराना कपड़ा या उसका चीथड़ा।

लत्ती[१] स्त्री० [हिं० लात] पशुओं के लात मारने की क्रिया।

लत्ती[२] स्त्री० [हिं० लत्ता] लट्टू नचाने की डोरी।

लथपथ वि० [अनु०] १. भींगा हुआ, तर; जैसे खून से लथपथ, पसीने से लथपथ। २. (कीचड़ आदि से) सना हुआ।

लथाड़ स्त्री० [अनु० लथपथ] १. जमीन पर घसीटने की क्रिया। २. झिड़की।

लथेड़ना स० [अनु० लथपथ] १. धूल-मिट्टी लगाकर मैला या गन्दा करना। २. जमीन पर पटककर घसीटना। ३. तंग करना। ४. डाँटना, डपटना।

लदना अ० हिं० 'लादना' का अ०।
वि० [स्त्री० लदनी] (पशु) जिस पर अधिकतर माल ही लादा जाता हो, बोझ ढोनेवाला, जैसे लदनी घोड़ी।

लदनी स्त्री० दे० 'लदान'।

लदनुआँ वि० [हिं० लादना] १. माल, बोझ आदि लादनेवाला। २. (पशु) जिस पर अधिकतर माल ही लादा जाता हो।

लदवाना स० हिं० 'लादना' का प्रे०।

लदाई स्त्री० [हिं० लादना] १. लादने की क्रिया, भाव या मजदूरी।

लदान स्त्री० [हिं० लादना] १. लादने की क्रिया, भाव या मजदूरी। २. बाहर भेजने के लिए यानों या वाहनों पर माल लादना, जैसे गुड़ या गेहूँ की लदान। ३. लादा हुआ सामान, दे० 'लदाव'।

लदाव पुं० [हिं० लादना] १. लादने की क्रिया या भाव। २. भार, बोझ। ३. छत का एक प्रकार का पटाव जिसमें नीचे कड़ियाँ या धरने नहीं होतीं, केवल ईंटों की जुड़ाई होती है, जैसे लदाव की छत या पाटन।

लद्दू वि० [हिं० लादना] सामान ढोनेवाला (पशु), जैसे लद्दू घोड़ा।

लद्धड़ वि० [हिं० लादना] मोटा और फलत: सुस्त, आलसी।

लद्धना* स० [सं० लब्ध] प्राप्त करना।

लप[१] स्त्री० [अनु०] लपलपाने की क्रिया या भाव।

लप[२] पुं० [देश०] अँजुली।

लपकना अ० [अनु०] [भाव० लपक] झपटकर या तेजी से आगे बढ़ना।

लपका पुं० [हिं० लपकना] लत, आदत, चस्का।

लपट स्त्री० [हिं० लौ+पट] १. आग के ऊपर उठनेवाली लौ, अग्निशिखा। २. गरम हवा का झोंका। ३. गन्ध से युक्त हवा का झोंका। ४. गन्ध, गमक।

लपटना अ० दे० 'लिपटना'।

लपटा पुं० [हिं० लपटना] १. गाढ़ी गीली वस्तु या पिंड। २. लपसी। ३. कढ़ी। ४. थोड़ा-बहुत सम्बन्ध या लगाव। *वि० छोटा।

लपटाना स० १. दे० 'लिपटाना'। २. दे० 'लपेटना'। *अ० दे० 'लिपटना'।

लपटीला वि० [हिं० लिपटना] १. लिपट जानेवाला। २. चिपकनेवाला।

लपटौआँ पुं० [हिं० लपटना] एक प्रकार की घास की बाल जो कपड़ों में लपटकर फँस जाती है।

लपड़-झपड़ स्त्री० [अनु०] हड़बड़ाकर काम करने की क्रिया या भाव।

लपना अ० [अनु० लपलप] १. इधर-उधर या ऊपर नीचे लचना या झुकना। २. लपकना। ३. हैरान या परेशान होना।

लपलप स्त्री० [अनु०] १. जीभ से चाटने या पीने का शब्द। २. तलवार के लपलपाने का शब्द। ३. आग की लपटों का शब्द।

लपलपाना[१] अ० [अनु० लपलप] [भाव० लपलपाहट] १. लपना। २. छुरी, तलवार आदि का चमकना।
स० १. छुरी, तलवार आदि हिलाकर चमकाना। २. दे० 'लपाना'।

लपलपाना[२] सं० [हि० लपलप] १. जीभ से चाटना या पीना। २. लालायित होना।

लपसी स्त्री० [सं० लप्सिका] १. एक प्रकार का आटे का पतला हलुआ जिसमें घी की मात्रा बहुत कम होती है। २. गीले गाढ़े पिंडों का समूह।

लपाना स० हिं० 'लपना' का स०।
लपेट स्त्री० [हिं० लपेटना] १. लपेटने की क्रिया या भाव। २. लपेटकर डाला हुआ घुमाव या फेरा, ऐंठन, बल। ३. घेरा, परिधि। ४. उलझन।
लपेटना स० [हिं० लिपटना] १. घुमाते हुए चारों ओर लगाना। २. सूत आदि लच्छे के रूप में करना। ३. किसी चीज के चारों ओर घुमाते हुए उस पर जमाना या बैठाना। ४. उलझन या झंझट के लिए किसी को उत्तरदायी बनाकर उसे अपने साथ लगाना।
लफंगा वि० [फा० लफंग] १. दुश्चरित्र। २. लुच्चा, बदमाश।
लफड़ा पुं०=झमेला।
लफना* अ० दे० 'लपना' (लचना या लचकना)।
लफ्ज पुं० [अ० लफ़्ज़] शब्द।
लफ्जी वि० [अ० लफ्ज़ी] शाब्दिक।
लफ़्फ़ाज़ वि०, पुं० [अ०] बड़े-बड़े शब्दों और जटिल वाक्यों का प्रयोग करनेवाला।
लफ़्फ़ाज़ी स्त्री० [अ०] १. बड़े-बड़े शब्दों और जटिल वाक्यों में कुछ कहने की प्रवृत्ति। २. शब्दाडंबर, शब्द-जाल।
लब पुं० [फा०] होंठ।
लबड़-धोंधों स्त्री०[हिं० लबाड़+धों धों (अनु०)] १. अँधेर, कुव्यवस्था। २. बेईमानी और जबरदस्ती की चाल।
लबड़ना* अ० [सं० लप=बकना] १. झूठ बोलना। २. गप हाँकना।
लबधि* स्त्री०=लब्धि।
लबनी स्त्री० दे० 'लभनी'।
लबराई* स्त्री० दे० 'लबारी'।
लबरेज वि० [फा० लबरेज] १. (ऊपरी) किनारे तक भरा हुआ, पूर्ण। २. ओतप्रोत।
लबाड़| वि०=लबार।
लबादा पुं० [फा०] चोंगा (पहनावा)।
लबार वि० [सं० लपन] [भाव० लबारी] १. झूठा। २. गप्पी।
लबारी स्त्री० [हिं० लबार] लबार होने की अवस्था या भाव, व्यर्थ की झूठी और बहुत बढ़-बढ़कर बातें करना।
वि० दे० 'लबार'।
लबारु* वि०=लबार (झूठा)।
लबालब वि० [फा०] ऊपर या किनारे तक भरा हुआ।
क्रि० वि० मुँह तक, सिरे तक।
लबासी* वि० [हिं० लबार ?] बहुत बढ़-बढ़कर झूठी और व्यर्थ की बातें करनेवाला, लबार, गप्पी।
स्त्री० व्यर्थ की झूठी और बहुत बढ़ाकर कही हुई बात।
लबेद पुं० [सं० वेद का अनु०] लोकाचार की भद्दी या भोंडी बात या प्रथा।
लबेबाम पुं० [फा० लब(=होंठ)+बाम(=छत)] छत के मुँडेरे का ऊपरी तल।
लबोलुआब पुं० [फा० लब+अ० लुआब (रस)] सार, सारांश।
लब्ध वि० [सं०] मिला हुआ, प्राप्त।
पुं० भाग करने पर निकलनेवाला फल। (गणित)
लब्धप्रतिष्ठ वि० [सं०] जिसने किसी कार्य में अच्छी प्रतिष्ठा प्राप्त की हो, प्रतिष्ठित।
लब्धि स्त्री० [सं०] १. प्राप्ति, लाभ। २. दे० 'भागफल'।
लभनी स्त्री० [सं० लभन=प्राप्त करना] वह हाँड़ी जो ताड़ के पेड़ में उससे ताड़ी निकालने के लिए बाँधी जाती है, लबनी।
लभ्य वि० [सं०] १. जो मिल सके। २. उचित, मुनासिब।
लभ्यांश पुं० [सं०] व्यापार या क्रय-विक्रय आदि में होनेवाला आर्थिक लाभ, मुनाफा। (प्रॉफिट)
लमकना अ० [हिं० लपकना] १. लपकना। २. उत्कंठित होना। ३. लटकना।
लमछड़ वि० [हिं० लंबा] बहुत लम्बा।
पुं० भाला, बरछा।
लमतड़ंग वि० [हिं० लंबा+ताड़+अंग] [स्त्री० लमतड़ंगी] बहुत लम्बा या ऊँचा।
लमधी पुं० [हिं० समधी का अनु०] १. समधी का बाप। २. समधी का दूसरा समधी।
लमहा पुं० [अ० लम्हः] समय का एक बहुत ही सूक्ष्म मान, क्षण।
लमाना स० [हिं० लंबा] लम्बा करना।
अ० १. लम्बा होना। २. दूर निकल जाना।
लय पुं० [सं०] १. एक का दूसरे में समाना, विलीन होना। २. ध्यान में लीन होना, लौ, लगन, उदा० गई न निज-पर बुद्धि सुद्ध है, रहे न राम-लय लाए। -तुलसी। ३. अन्त में सारी सृष्टि या जगत का होनेवाला विनाश, प्रलय। ४. विनाश। ५. तिरोहित या अदृश्य होना। ६. विराम, विश्राम। ७. रहने का स्थान, आलय, घर।
स्त्री० १. संगीत में नृत्य, वाद्य और गीत के एक-रस रहने की अवस्था या भाव। २. संगीत में लगनेवाले समय के विचार से कोई चीज ठीक और नियमित रूप से गाने की क्रिया या भाव। इसके ये तीन प्रकार या भेद हैं—द्रुत, मध्य और विलंबित। (देखें) ३. गीत गाने का विशेष और सुन्दर ढंग, धुन। ४. कोई ऐसी गति या शब्द जो बीच में कुछ रुक-रुककर परन्तु नियमित रूप से उसी प्रकार हो जिस प्रकार उत्तम संगीत होता है। (रिद्म; उक्त सभी अर्थों के लिए)
लयक वि० [सं० लय+क (प्रत्य०)] १. 'लय' से संबंध रखनेवाला। २. संगीत की लय के रूप में अथवा उसके ढंग पर होनेवाला, जैसे नाड़ी या हृदय का लयक स्पन्दन। (रिद्मिकल)
लयबद्ध वि० [सं० लय+बद्ध] [भाव० लयबद्धता] जो लय में बँधा हो, लय से युक्त।
लयमय वि० [सं०] [भाव० लयमयता] जो लय से युक्त या पूर्ण हो।

लयलीन* वि० दे० 'लवलीन'।

लयात्मक वि० [सं०] १. लय के रूप में होनेवाला। २. लय-संबंधी।

लरकना* अ०=लटकना।

लरखरनि* स्त्री० [हिं० लड़खड़ाना] लड़खड़ाने की क्रिया या भाव।

लरजना अ० [फा० लर्ज:=कंप] १. काँपना। २. हिलना। ३. डर जाना, दहलना।

लरझर* वि० [हिं० लड़+झड़ना] बहुत अधिक, प्रचुर।

लरता* वि० [हिं० लटना] लड़ता हुआ।

लरना* अ०=लड़ना।

लरनि* स्त्री०=लड़ाई।

लरिकई* स्त्री० [पुं० हिं० लरका=लड़का] १. लड़के या बालक होने की अवस्था या भाव, बाल्यावस्था, लड़कपन। २. लड़कों का-सा आचरण, व्यवहार या स्वभाव।

लरिक-सलोरी* स्त्री०=खिलवाड़।

लरिका* पुं०=लड़का।

लरी* स्त्री०=लड़ी।

लल[1] स्त्री० [सं० लालसा] प्रबल इच्छा या चाह।

लल[2] स्त्री० [सं० रसना, हिं० लल्लो=जबान] निस्सार, झूठ या धोखा देनेवाली बात।

लल[3]* पुं० [?] सार, तत्त्व, उदा० अष्ट सिद्धि नव निधि सुर सम्पति तुम बिनु तुस कन कहूँ न कछु लल।—सूर।

ललक स्त्री० [हिं० ललकना] ललकने की क्रिया या भाव।

ललकन* स्त्री०=ललक।

ललकना अ० [सं० ललक] [भाव० ललक] १. बहुत अधिक लालसा करना, ललचना। २. प्रेम या चाह से भरना। ३. उमंग या जोश में आना, उदा० 'काल मन अगम लई ललकि लंका।' -तुलसी।

ललकार स्त्री० [हिं० ले-ले से अनु०+कार] ललकारने की क्रिया या भाव।

ललकारना स० [हिं० ललकार] [भाव० ललकार] अपने साथ लड़ने या किसी पर आक्रमण करने के लिए चिल्लाकर बुलाना या कहना, प्रचारणा।

ललकित* वि० [हिं० ललक] गहरी चाह से भरा हुआ।

ललचना अ० [हिं० लालच] १ लालच करना। २. लालसा से अधीर होना।

ललचाना स० [हिं० ललचना] १. ऐसा काम करना कि किसी के मन में लालच उत्पन्न हो। २. किसी को कुछ दिखाकर उसके पाने के लिए अधीर करना।
*अ० दे० 'ललचना'।

ललचौहाँ वि० [हिं० लालच] [स्त्री० ललचौहीं] लालच से भरा हुआ।

ललन पुं० [सं०] १. प्यारा बच्चा। २. नायक या पति। ३. क्रीड़ा।

ललना स्त्री० [सं०] सुन्दर स्त्री।
*पुं० दे० 'ललन'।

ललनाचक्र पुं० [सं०] परवर्ती हठयोगियों के अनुसार शरीर के अन्दर का एक कमल या चक्र (अष्ट-कमल और षट्चक्र से अतिरिक्त)।

ललनी स्त्री० [सं० नलिनी] १. छोटा पतला चोंगा, नली। २. लकड़ियों और बाँस की नली का बना वह ढांचा जिसके द्वारा चिड़ीमार तोते पकड़ते हैं।

लला पुं० [हिं० लाल] [स्त्री० लली] १. प्यारा और दुलारा लड़का। २. नायक या पति।

ललाई[1] स्त्री०=लाली (रंगत)।

ललाई[2]* स्त्री० [सं० लालसा] १. लालसा। २. अधीरता।

ललाट पुं० [सं०] मस्तक, माथा।

ललाना* अ०=ललचना।

ललाम वि० [सं०] [भाव० ललामता] १. रमणीय, सुन्दर। २. लाल, सुर्ख। ३. श्रेष्ठ, उत्तम।
पुं० १. अलंकार, गहना। २. रत्न।

ललामी* स्त्री० [सं० ललाम] १. सुन्दरता। २. लाली, सुर्खी।

ललित वि० [सं०] [भाव० लालित्य] १. सुन्दर, मनोहर। २. प्रिय, प्यारा। ३. मनोविनोद के लिए होनेवाला।
पुं० १. साहित्य में एक अलंकार जिसमें किसी प्रस्तुत कार्य या घटना का प्रत्यक्ष रूप से वर्णन न करके उसके समान अथवा प्रतिबिम्ब रूप किसी दूसरे कार्य या घटना का इस प्रकार उल्लेख होता है कि वह प्रस्तुत कार्य घटना पर ठीक तरह से घटित हो, जैसे तुमने उसे बिगाड़ करके मानो घर आनेवाली लक्ष्मी का द्वार बन्द कर दिया। २. एक प्रकार का विषम वर्णवृत्त। ३. षाड़व जाति का एक राग जो रात के अन्तिम पहर में गाया जाता है। ४. शृंगार रस में सुकुमारता से और आकर्षक रूप से अंग हिलाना जो एक हाव माना गया है। ४. मनोहर अंगभंगी।

ललित कला स्त्री० वह कला जिसके अभिव्यंजन में सुकुमारता और सौन्दर्य की अपेक्षा हो और जिसकी सृष्टि मुख्यत: मनोविनोद के लिए हो, जैसे संगीत, चित्रकला आदि। (फाइन आर्ट्स)

ललित साहित्य पुं० ऐसा साहित्य जिसे पढ़ने के लिए कुछ विशेष सोचने-समझने की आवश्यकता न पड़े जो मुख्यत: मनोविनोद और समय बिताने के लिए पढ़ा जाए। (लाइट लिटरेचर)

ललिताई* स्त्री०=लालित्य।

लली स्त्री० [हिं० लला] १. 'लड़की' का वाचक प्यार का शब्द। २. नायिका। ३. प्रेमिका, प्रेयसी।

ललौहाँ* वि० [हिं० लाल] [स्त्री० ललौहीं] जो लाली लिए हुए हो।

लल्ला पुं० दे० 'लला'।

लल्लाट* पुं०=ललाट।

लल्लू वि० [हिं० लाल] १. प्यारा। २. नासमझ, मूर्ख।

लल्लो स्त्री० [सं० ललना] जीभ, जबान।

लल्लो-चप्पो स्त्री० [सं० लल+अनु० चप] चिकनी-चुपड़ी और खुशामद की बातें।

लवंग पुं० [सं०] लौंग।

लव पुं० [सं०] १. बहुत थोड़ी मात्रा। २. दो काष्ठा या छत्तीस निमेष का समय।
वि० अल्प, थोड़ा।
*स्त्री० दे० 'लौ'।

लवका* स्त्री० [हिं० लौकना] बिजली, उदा० लवका लपकै, ठनका ठनकै छतिया दरद उठि जाए। (गीत)

लवड़ना, लवढ़ना* अ० लिपटना।

लवण, लवन पुं० [सं०] नमक।

लवना* स० दे० 'लुनना'।
अ०=चमकना।

लवनित वि०=नमकीन।

लवनी[1] स्त्री० [सं० लवन] अनाज की पकी फसल काटने की क्रिया, लुनाई।

लवनी[2]* स्त्री० [सं० नवनीत] मक्खन।

लवलासी* स्त्री० [हिं० लव=प्रेम+लासी=लसी] १. प्रेम की लगावट। २. संबंध स्थापित करने की चाह।

लवली स्त्री० [सं०] हरफारेवड़ी नाम का वृक्ष और उसका फल।

लवलीन वि० [हिं० लव+लीन] तन्मय, तल्लीन, मग्न।

लवलेश पुं० [सं०] बहुत थोड़ा अंश या संसर्ग।

लवा[1] पुं० [सं० वलाका] तीतर की जाति का एक पक्षी।

लवा[2]* पुं० दे० 'लावा'।

लवा[3]* वि० [हिं० लाना=लगाना] लगानेवाला, जैसे कंठ-लवा=गले लगानेवाला।

लवाई स्त्री० [देश०] नई ब्याई गौ।
स्त्री० दे० 'लवनी'।

लवाजमा पुं० [अ० लवाज़िम] १. बड़े आदमियों के साथ रहनेवाले लोग और साज-सामान। २. आवश्यक सामग्री।

लवारा पुं० [हिं० लवाई] गौ का बच्चा।
वि० दे० 'आवारा'।

लवासी* वि० [सं० लव=बकना] १.बकवादी। २. लम्पट, बदचलन।

लशकर पुं० [फा० लश्कर] [वि० लशकरी] १. सेना, फौज। २. सेना की छावनी। ३. जहाज पर काम करनेवाले साधारण नौकर-चाकरों, मजदूरों आदि का वर्ग या समूह।

लशकरी वि० [फा० लश्करी] लशकर-संबंधी, लशकर का, जैसे लशकरी भाषा।
पुं० १. वह जो लशकर में काम करता हो। २. जहाज पर काम करनेवाला कोई साधारण कर्मचारी या मजदूर।

लषन* पुं०=लक्ष्मण।

लस पुं० [सं०] १. वह गुण या तत्त्व जिससे कोई चीज किसी से चिपकती है, लासा। २. दे० 'लसी'।

लसना स० [सं० लसन] १. चिपकाना, सटाना। २. ऊपर रखना, उदा० हौं जमुना जल भरन जात ही सिर पर गागरि लसिकै। -मीरा।
अ० १. चिपकना। २. शोभित होना।

लसनि* स्त्री० [हिं० लसना] १. अवस्थिति, विद्यमानता। २. शोभा, छटा।

लसराना अ० हठ करना।

लसलसाना अ० [हिं० लस] चिपचिपा होना, लस से युक्त होना।

लसित वि० [सं०] सजा या सुन्दर जान पड़ता हुआ, सुशोभित।

लसी स्त्री० [सं० लस] १. लस। २. मन लगने की बात, आकर्षण। ३. प्राप्ति या लाभ का योग। ४. संबंध, लगाव। ५. दे० 'लस्सी'।

लसीका स्त्री० [सं०] १. थूक। २. मवाद, पीब। ३. शरीर के अंगों में से निकलनेवाला रक्त की तरह का एक तरल पदार्थ जिसका उपयोग चिकित्सा-संबंधी कार्यों में होता है। (लिम्फ)

लसीला वि० [हिं० लस] [स्त्री० लसीली] १. जिसमें लस हो, लसदार। २. सुन्दर, मनोहर, उदा० पारस खाड़ी के प्रबल अतिलाल लसीले।—रत्ना०।

लसौटा पुं० [हिं० लस+औटा (प्रत्य०)] बहेलिए का चिड़ियाँ फसाने का लग्गा।

लस्टम-पस्टम क्रि० वि० [देश०] किसी तरह से, जैसे-तैसे।

लस्त वि० [हिं० लटना] थकान से चूर, शिथिल।

लस्त-पस्त वि० [हिं०+फा०] अत्यन्त शिथिल, बेदम।

लस्सी स्त्री० [सं० लप्सिका] १. छाछ, मठा, तक्र। २. एक आधुनिक पेय जो दही घोलकर बनाया जाता है।
वि० पतला।
स्त्री० दे० 'लसी'।

लहँगा पुं० [हिं० लंक=कमर+अंगा] १. पश्चिमी भारत की स्त्रियों का एक घेरदार पहनावा। २. इस आकार का वह कपड़ा जो स्त्रियाँ महीन साड़ी के नीचे पहनती हैं, साया।

लहँडा पुं० [देश०] समूह, झुंड। (विशेषत: पशुओं के लिए)

लहकना अ० [अनु०] [भाव० लहक] १. रह-रहकर हिलना, लहराना। २. कुछ तेजी से चलना; विशेषत: वायु का। ३. (आग) सुलगना। ४. लपकना।

लहकाना स० हिं० 'लहकना' का स०।

लहकौर स्त्री० [?] १. ललकार। २. विवाह के समय गाए जानेवाले व्यंग्यात्मक गीत। ३. वे औपचारिक खेल जो वर और वधू को कोहबर में खेलाए जाते हैं।

लहजा पुं० [अ० लहज़ः] १. उच्चारण। २. स्वर। ३. बोलने का ढंग।

लहनदार पुं० [हिं० लहना+फा० दार (प्रत्य०)] जो किसी से अपना प्राप्य धन या दिया हुआ ऋण लेने का अधिकारी हो।

लहना पुं० [सं० लभन] १. उधार दिया हुआ या बाकी रुपया जो मिलने को हो। २. प्राप्ति, लामा।

स० प्राप्त करना।

अ० कही हुई बात का ठीक मौके पर बैठकर अभिप्राय की सिद्धि में सहायक होना, जैसे एक बात थी जो उस समय लह गई।

लहबर पुं० [हिं० लहर?] १. एक प्रकार का चोगा। २. ऊँचा लम्बा झंडा।

लहर स्त्री० [सं० लहरी] १. नदी, समुद्र आदि के जल में थोड़ी-थोड़ी दूर पर रह-रहकर उठने और फिर नीचे बैठनेवाली जलराशि जो बराबर आगे बढ़ती हुई-सी जान पड़ती है, तरंग। (वेव) २. उमंग, जोश। ३. रोग या पीड़ा आदि का रह-रहकर होनेवाला वेग, जैसे साँप काटने की लहर। ४. आनन्द की उमंग, मौज। ५. टेढ़ी-तिरछी चाल या रेखा।

लहरदार वि० [हिं० लहर+फा० दार (प्रत्य०)] जिसमें लहर या उसकी तरह की धारियाँ हों।

स्त्री० पुरानी चाल की एक प्रकार की तलवार।

लहरना अ० [हिं० लहर] लहरों के रूप में या लहरों से युक्त होना, लहराना।

लहर-पटोर पुं० [हिं० लहर+पट] पुरानी चाल का एक प्रकार का धारीदार रेशमी कपड़ा।

लहर-बहर स्त्री० [हिं० लहर+अनु० बहर] सब प्रकार की प्रसन्नता, संपन्नता और सुख।

लहरा पुं० [हिं० लहर] १. लहर, तरंग। २. मौज, आनन्द। ३. नाच या गाना आरम्भ होने से पहले सारंगी, तबले आदि साजों पर बजनेवाली गत।

लहराना अ० [हिं० लहर] [भाव० लहर, लहरान] १. हवा के झोंके से लहरों की तरह इधर-उधर हिलना-डोलना, लहरें खाना। २. हवा के झोंके से पानी का अपने तल से कुछ ऊपर उठना और गिरना। ३. इस प्रकार झोंका खाते हुए बढ़ना या हिलना। ४. मन का उमंग में होना। ५. आग भड़कना या सुलगना। ६. शोभित होना।

स० १. हवा के झोंके से लहरों की तरह इधर-उधर हिलाना। २. टेढ़ी चाल से चलाना या ले जाना।

लहरिया पुं० [हिं० लहर] १. लहर की तरह टेढ़ी लकीरों की श्रेणी। २. एक प्रकार का धारीदार कपड़ा।

स्त्री०* धारीदार धोती।

लहरी[1] स्त्री० [सं०] १. लहर, तरंग। २. ऊँचे-नीचे स्वरों की किसी दिशा में होनेवाली वह गति जो कंठ या वैद्युतिक प्रक्रियाओं से उत्पन्न होकर कानों तक पहुँचती है। (वेव)

लहरी[2] वि० [हिं० लहर] १. मनमौजी। २. सदा प्रसन्न रहने और सुख-भोग करनेवाला, आनन्दी।

लहलहाना अ० [अनु०] १. हरी पत्तियों से युक्त या हरा-भरा होना। २. प्रफुल्लित या प्रसन्न होना।

लहसुन पुं० [सं० लशुन] एक पौधा जिसकी जड़ मसाले के काम में आती है।

लहसुनिया पुं० [हिं० लहसुन] काले-हरे या काले-पीले रंग का एक प्रकार का रत्न जो केतु का प्रतिनिधि माना जाता है।

लहा* पुं०=लाभ।

लहाछेह पुं० [सं० लाघव+क्षेपण] १. नाचने में एक प्रकार की गति। २. शीघ्रता, फुर्ती। ३. चंचलता।

वि० १. तीव्र गतिवाला। २. चंचल, चपल।

लहाना[1]* स० [सं० लभन] लब्ध या प्राप्त कराना।

लहाना[2] स० [सं० लसन, हिं० लहना] ऐसे ढंग से बात कहना कि अभिप्राय सिद्ध हो जाए।

लहालोट वि० [हिं० लाह+लोटना] १. हँसी में लोटता हुआ। २. बहुत मोहित। ३. लहलहाता हुआ।

लहास स्त्री० [हिं० लाश] मृत शरीर, शव।

लहासी स्त्री० [सं० रज्जु, पु० हिं० लाव] नाव खींचने या बाँधने की मोटी रस्सी।

लहीम-शहीम वि० [अ०] मोटा-ताजा।

लहु* वि०=लघु।

लहुबैस* स्त्री० [सं० लघु+वयस्] छोटी उमर, बाल्यावस्था।

वि० छोटी उम्रवाला।

लहुरा वि० [सं० लघु] [स्त्री० लहुरी, लहुरिया] अवस्था, पद आदि के विचार से छोटा।

लहू पुं० [सं० लोह] रक्त, खून।

पद *लहू का प्यासा*=बहुत बड़ा शत्रु।

लहू-लुहान वि० [हिं० लहू +अनु० लुहान] चोट आदि के कारण जिसका सारा शरीर लहू से भर गया हो।

लाँक स्त्री० [हिं० लंक] कमर।

लाँग स्त्री० [सं० लांगूल] धोती का वह भाग जो पीछे खोंसा जाता है, काछ।

लाँगर वि० दे० 'लँगर' (ढीठ)।

स्त्री० दे० 'लाँग'।

लांगूल स्त्री० [सं०] पूँछ, दुम।

लाँघ* स्त्री० [सं० लंघन] बाधा, रुकावट।

लाँघना स० [सं० लंघन] १. इस पार से उस पार जाना। २. ऊपर से डाँकना।

लाँच स्त्री० [देश०] रिश्वत, घूस। (बुंदेलखंड)

लांछन पुं० [सं०] १. चिह्न, निशान। २. दाग, धब्बा। ३. दोष, ऐब, कलंक, किल्मिश।

लांछित वि० [सं०] जिसे लांछन या कलंक लगा हो, कलंकित।

लाँझ* स्त्री० [सं० लंघन?] १. विघ्न, बाधा। २. झंझट, बखेड़ा।

लाँबा* वि०=लम्बा।

लाइ[1] स्त्री० [सं० अलात=लुक] अग्नि, आग।

लाइ[2] स्त्री० [हिं० लाना=लगाना] १. लगने या लगाने की क्रिया या भाव। २. प्रेम की लगन, लगावट, उदा० लगा-लगी करि लोइननु, उर मैं लाई लाइ। -बिहारी।

लाइन स्त्री० [अं०] १. पंक्ति, कतार। २. सतर। ३. रेखा, लकीर। ४. रेल की सड़क। ५. छावनी आदि में घरों की वह पंक्ति जिसमें सिपाही रहते हैं, बैरिक।

लाइनदार वि० [अं० लाइन+फा० दार] जिस पर लाइनें (रेखाएँ) खिंची हों।

लाइलाज वि० [अ० ला+इलाज] जिसका कोई इलाज न हो, अचिकित्स्य, असाध्य।

लाइवशो पुं० [अं० लाइव+शो] किसी जीवंत कार्यक्रम का दूरदर्शन पर होनेवाला प्रसारण।

लाइसेंस पुं० [अं०] कोई कार्य करने की सरकारी आज्ञा।

लाइसेंसधारी पुं० [अं०+हिं०] जिसे लाइसेंस प्राप्त हो।

लाई* स्त्री० [सं० लाजा] धान का लावा।

लाई-लुतरी स्त्री० १. चुगली। २. चुगलखोर (स्त्री)।

लाउ* पुं० दे० 'लाव'।

लाउन* स्त्री०=लाव (रस्सी)।

लाकड़ी* स्त्री०=लकड़ी।

लाकेट पुं० [अं०] लटकन जो घड़ी की या और किसी प्रकार की पहनने की जंजीर में शोभा के लिए लगाया जाता है।

लाक्षणिक वि० [सं०] १. लक्षण-संबंधी। २. जिससे लक्षण प्रकट हो। ३. लक्षण के रूप में होनेवाला (काम)। ४. शब्द की लक्षणा शक्ति से निकलनेवाला (अर्थ)। ५. जो केवल प्रतीक, प्रतिनिधि या संकेत के रूप में हो, प्रतीकी। (सिम्बलिक)

लाक्षा स्त्री० [सं०] लाख, लाह।

लाक्षागृह पुं० [सं०] लाख का वह घर जो दुर्योधन ने पांडवों को जला डालने के लिए बनवाया था।

लाक्षिक वि० [सं०] १. लाख का बना हुआ। २. लाख-संबंधी।

लाख[1] वि० [सं० लक्ष] १. सौ-हजार। २. बहुत अधिक।
क्रि० वि० बहुत, अधिक।

लाख[2] स्त्री० [सं० लाक्षा] एक प्रसिद्ध लाल पदार्थ जिसे कुछ विशिष्ट वृक्षों की टहनियों पर लाल रंग के कुछ छोटे कीड़े बनाते हैं, लाह।

लाख[3]* स्त्री० [सं० अभिलाषा] इच्छा, कामना, वांछा।

लाखना[1] स० दे० 'लखना'।

लाखना[2] स० [हिं० लाख] १. लाख लगाकर बरतनों का छेद बन्द करना। २. लाख का घोल मिट्टी के बरतन पर लगाना।

लाखा पुं० [हिं० लाख] लाख से बनाया हुआ एक प्रकार का रंग जो स्त्रियाँ होठों पर लगाती हैं।

लाखा मंदिर पुं० दे० 'लाक्षागृह'।

लाखिराज वि० [अ०] (जमीन) जिस का खिराज या लगान न देना पड़े, माफी।

लाखी वि० [हिं० लाख+ई(प्रत्य०)] १. लाख के रंग का। २. लाख का बना हुआ।
पुं० लाख के रंग का घोड़ा।

लाखी[2] वि० [हिं० लाख] जिसमें लाखों लोग सम्मिलित हों; जैसे-लाखी मेला।

लाखों वि० [हिं० लाख] १. कई लाख। २. बहुत अधिक, जैसे लाखों आदमियों की भीड़।
पुं० परिमाण में जो वस्तु लाखों में हो, विशेषतः मुद्रा; जैसे—बाप ने बेटे को लाखों दिया था।

लाग[1] स्त्री० [हिं० लगना] १. सम्पर्क, संबंध, लगाव। २. प्रेम, प्रीति। ३. लगन, लौ। ४. वह स्वाँग जिसमें कोई ऐन्द्रजालिक कौशल हो। ५. वह नियत धन जो मंगल कार्यों के समय ब्राह्मणों, भाटों आदि को दिया जाता है। ६. मुठभेड़। ७. दे० 'लागडाँट'।

लाग[2]* क्रि० वि० [हिं० लौ] १. पर्यंत, तक। २. लिए, वास्ते।

लागडाँट स्त्री० [हिं० लाग+डाँट] १. शत्रुता, वैर, दुश्मनी। २. प्रतियोगिता, चढ़ा-ऊपरी।

लागत स्त्री० [हिं० लगना] १. किसी चीज की तैयारी या बनाने में होने या लगनेवाला व्यय। (कॉस्ट) २. दे० 'लग्गत'।

लागना* अ०=लगना।

लाग-लपेट स्त्री० [हिं लाग+लपेट] वे तत्त्व या बातें जो किसी के साथ जुड़ी हों या जोड़ी जाती हों, वे बातें जो किसी बात को बढ़ा-चढ़ाकर प्रस्तुत करने में सहायक हों।
पद *बिना लाग-लपेट के*=बिना अपनी ओर से कुछ जोड़े या मिलाए, यथार्थ रूप में।

लागवियत स्त्री० बहु० [अ० लग्वियत] वाहियात बातें।

लागि[1]* क्रि० वि० [हिं० लगना] १. कारण, हेतु, वास्ते, लिए। २. द्वारा, से।

लागि[2] क्रि० वि० [हिं० लौ] तक, पर्यंत।

लागि[3] स्त्री० [हिं० लग्गी] लम्बी लकड़ी, लग्गी, उदा० दर-दर लोग लागि लिये डोलति नाना स्वाँग बनावै। -सूर।

लागी* स्त्री०=लगन (प्रेम)।

लागू वि० [हिं० लगना] १. जो कहीं लग सके या प्रयुक्त हो सके, लगाए जाने के योग्य। २. जो कहीं प्रयुक्त किया या लगाया गया हो। (एम्प्लायड) ३. जो कहीं लगाया जा सकता हो या लगाया जाने को हो। (एप्लिकेबुल)

लाघव पुं० [सं०] १ 'लघु' का भाव, लघुता, छोटापन। २. कमी, न्यूनता। ३. वर्णन में, थोड़े शब्दों में अधिक भाव प्रकट करना, कथन संक्षिप्त रखकर भी अधिक बातें प्रकट करने का भाव। (ब्रेविटी) ४. कोई काम करने में हाथ की सफाई, हस्तकौशल। ५. फुरती, तेजी।

लाघवी* स्त्री० [सं० लाघव] शीघ्रता।

लाघौ* पुं० [सं० लाघव] तेजी, फुर्ती। (ब्रज०)

लाचार वि० [अ० ला+फा० चार] [भाव० लाचारी] १. जिसका कुछ वश न चले, विवश, मजबूर। २. जो शारीरिक असमर्थता के कारण कुछ कर न सकता हो, असमर्थ, निरुपाय।
क्रि० वि० विवश होकर, मजबूरी से।

लाचारी स्त्री० [फा०] लाचार होने की अवस्था या भाव, विवशता।

लाची पुं० [हिं० इलायची ?] एक प्रकार का धान या उसका चावल।
स्त्री० दे० 'इलायची'।

लाछी* स्त्री=लक्ष्मी।

लाज स्त्री० [सं० लज्जा] १. लज्जा, शरम। २. मान-सम्मान, प्रतिष्ठा।
मुहा० *लाज धरना*=(क) अपनी मर्यादा की रक्षा करना। (ख) दे० 'लाज बचाना'। *लाज बचाना या रखना*=किसी को लज्जित या अपमानित होने से बचाना, नष्ट होती हुई प्रतिष्ठा की रक्षा करना। (ख) अपने सतीत्व या प्रतिष्ठा की रक्षा करना। *लाज सम्हारना*=लाज बचाना या रखना।

लाजना अ० [हिं० लाज] लज्जित होना, उदा० कल जान सुनि मुनि ध्यान त्यागहिं काम कोकिल लाजही। -तुलसी।
स० लज्जित करना, उदा० तौ लाजौं गंगा जननी कौं सान्तनु-सुत न कहाऊँ। -सूर।

लाजबान स्त्री० [अ० ला+फा० ज़बान] कुवाच्य, गाली।
वि० अपशब्द, कहने या गालियाँ बकनेवाला।

लाजवर्द पुं० [फा० मि० सं० राजावर्त] एक प्रकार का रत्न।

लाजवर्दी वि० [फा०] लाजवर्द के रंग का, हलका नीला।
पुं० हल्का नीला रंग।

लाजवाब वि० [फा०] १. अनुपम, बेजोड़। २. जिसका कोई उत्तर न हो। ३. उत्तर देने में असमर्थ, निरुत्तर।

लाजा स्त्री० [सं०] लावा (धान आदि का)।

लाजिम वि० [अ० लाज़िम] १. आवश्यक। २. अनिवार्य। ३. उचित, मुनासिब।

लाजिमी वि०=लाजिम।

लाट[१] स्त्री० [हिं० लट्ठा] १. मोटा, ऊँचा और बहुत बड़ा खम्भा। २. इस आकार की कोई इमारत या बनावट।

लाट[२] पुं० [अं० लॉर्ड] १. एक अंग्रेजी उपाधि। २. प्रान्त का प्रधान शासक, गवर्नर।
स्त्री० दे० 'लाटी'।

लाटरी स्त्री० [अं० लॉटरी] वह योजना जिसमें लोगों को गोटी या गोली उठाकर, उनके भाग्य के अनुसार, धन बाँटा या कोई बहुमूल्य चीज दी जाती है।

लाटानुप्रास पुं० [सं०] साहित्य में एक शब्दालंकार जिसमें शब्दों, पदों, वाक्यों आदि की द्विरुक्ति होने पर भी किसी एक अक्षर या शब्द के बदलने से ही आशय या तात्पर्य बदल जाता है, जैसे पूत सपूत तो क्यों धन संचय, पूत कपूत तो क्यों धन संचय। -कहा०।

लाटी स्त्री० [सं० लाला=लार] १. गला सूखने के कारण होंठों पर जमनेवाली पपड़ी। २. मुँह के अन्दर की लार या लसी।

लाठ स्त्री० दे० 'लाट'।

लाठी स्त्री० [सं० यष्टि] बड़ा डंडा।
मुहा० *लाठी चलना*=लाठियों से मार-पीट होना।

लाठी-चार्ज पुं० [हिं० लाठी+अं० चार्ज] उपद्रवियों को भगाने या भीड़ आदि हटाने के लिए पुलिस आदि का लोगों पर लाठियाँ चलाना।

लाड, लाड़ पुं० [सं० लड्-लाड्यति] बच्चों के साथ किया जानेवाला प्रेमपूर्ण व्यवहार, दुलार।

लाड़-लड़ैता* वि० दे० 'लाडला'।

लाडला वि० [हिं० लाड़] [स्त्री० लाडली] जिससे लाड़ किया जाए, दुलारा।

लाडू पुं० दे० 'लड्डू'।

लात स्त्री० [अ० लत्त] १. पैर, पाँव। २. पैर से किया जानेवाला आघात।
मुहा० *लात खाना*=(क) पैरों का आघात सहना। (ख) बेइज्जती सहना। *लात मारना*=तुच्छ समझकर दूर हटाना या छोड़ देना।

लाद स्त्री० [हिं० लादना] १. लादने की क्रिया या भाव, लदाई। २. पेट। ३. आँत।

लादना स० [सं० लर्दयति] १. किसी के ऊपर बहुत-सी चीजें रखना या भरना। ३. देन आदि का भार रखना।

लादिया पुं० [हिं० लादना] वह जो एक स्थान से माल लादकर दूसरे स्थान पर ले जाता या पहुँचाता हो।

लादी स्त्री० [हिं० लादना] पशु पर लदा हुआ बोझ।

लाध* पुं० [सं० लाभ] प्राप्ति।

लाधना स० [सं० लब्ध] प्राप्त करना, पाना।

लानत स्त्री० [अ० लअनत] धिक्कार।
मुहा० *लानत भेजना*=किसी के प्रति घोर उपेक्षा या घृणा प्रदर्शित करना।

लानत-मलामत स्त्री० धिक्कार और फटकार।

लाना[१] स० [हिं० लेना+आना] १. कहीं से कुछ लेकर आना। २. उपस्थित करना, सामने रखना।

लाना[२]* स० [हिं० लाय=आग] आग लगाना, जलाना, उदा० जोरि जो धरी है बैदरद के दुआरे होरी मेरी बिरहागि की उलूकन से लाइ लाउ। -पद्माकर।

लाना[३]* स० [सं० लग्न पु० हिं० लावना] १. संलग्न करना, लगाना। २. लपेटना।

लाने* संबंधबो० [हिं० लाना] के वास्ते, के लिए।

लाप* पुं०=आलाप या संलाप।

लापता वि० [अ० ला=बिना+हिं० पता] १. जो बिना कुछ बताए किसी अज्ञात स्थान पर चला गया हो। २. गुम, खोया हुआ।

लापरवाह वि० [अ० ला+फा० परवाह] [भाव० लापरवाही] १. बेफिक्र। २. असावधान।

लाबी स्त्री० [अं० लॉबी] विधायिका सभाओं आदि में वह बाहरी कमरा जिसमें उसके सदस्य बैठकर आपस में बात-चीत करते और बाहरी लोगों से मिलते-जुलते हैं।

लाभ पुं० [सं०] १. हाथ में आना, मिलना, प्राप्ति। २. व्यापार आदि में होनेवाला मुनाफा, नफा। (प्रॉफिट) ३. किसी प्रकार प्राप्त होनेवाला कोई सुख या सुभीता या होनेवाली कोई भलाई, उपकार। (बेनिफिट)

लाभकर वि० [सं०] १. लाभकारी। २. जिससे या जिसमें आर्थिक लाभ अथवा बचत हो। (इकॉनामिक)

लाभकारी वि० [सं०] १. फायदा करनेवाला। २. गुणकारक।

लाभदायक वि० [सं०] १. जिससे किसी प्रकार का लाभ हो, लाभकारी। २. आर्थिक दृष्टि से जिससे कुछ लाभ या बचत हो, फायदेमन्द। (प्राफिटेबुल)

लाभांश पुं० [सं०] १. किसी व्यापार से होनेवाले आर्थिक लाभ का वह अंश जो उस व्यापार में रुपए लगानेवाले सब हिस्सेदारों को उनके हिस्से के अनुसार मिलता है। (डिविडेंड) २. वेतन के अतिरिक्त मिलनेवाला कर्मचारी को प्रतिष्ठान के लाभ का अंश। (बोनस)

लाभांशी (-शिन्) पुं० [सं०] लाभांश प्राप्त करनेवाला व्यक्ति, लाभांश का हकदार।

लाभान्वित वि० [सं०] जिसे लाभ प्राप्त हुआ हो।

लाभार्थी पुं० [सं० लाभ+अर्थिन्] १. वह जो किसी प्रकार का लाभ करना चाहता हो। २. वह जिसे किसी वस्तु से लाभ होने को हो। (बेनिफिशीअरी)

लाभालाभ पुं० [सं०] लाभ और हानि, नफा और नुकसान।

लाम पुं० [फा० लार्म] १. सेना, फौज। २. बहुत से लोगों का साथ मिलकर चलना या जाना। ३. भीड़, समूह।

लामन* पुं० [देश०] लहँगा, उदा० लामन लिखियो सोतली, चलत फिरत रंग जाए। (गीत)

लामा पुं० [तिब्बती] तिब्बत के बौद्धों का धर्माचार्य।

लाय* स्त्री० [सं० अलात] १. आग, अग्नि।

मुहा० *लाय देना*=आग लगाना, जलाना, उदा० ख्वाय विष, गृह लाय दीन्हौं, तउ न पाए जरन। -सूर।

२. आग की लपट, ज्वाला, लौ।

लायक वि० [अ० लाइक़] १. उचित, ठीक, वाजिब। २. उपयुक्त, मुनासिब। ३. सुयोग्य, गुणवान। ४. समर्थ।

लायकी स्त्री० [हिं० लायक] योग्यता।

लायचा पुं० [?] एक प्रकार का बढ़िया रेशमी कपड़ा, उदा० ललित लायचा तहियाई च्यौली पंजाबी। -रत्ना०।

लायची स्त्री० दे० 'इलायची'।

लार[१] स्त्री० [सं० लाला] १. मुँह से निकलनेवाली पतली लसदार थूक।

मुहा० *लार टपकना*=कोई चीज लेने या पाने की परम लालसा होना।

२. लासा, लुआब।

लार[२] स्त्री० [?] पंक्ति, कतार।

लार[३]* क्रि० वि० [मारवाड़ी लैर=पीछे] १. साथ। २. पीछे।

लारा पुं० [पं०] १. झूठा वादा। २. बहाना।

लारी स्त्री० [अं० लॉरी] वह लम्बी मोटरगाड़ी जिस पर बहुत से आदमियों के बैठने और माल लादने की जगह होती है।

लाल[१] पुं० [सं० लालक] १. बेटा, पुत्र। २. प्यारा लड़का या आदमी। ३. अपने से अधिक छोटे व्यक्ति के लिए संबोधन। ४. ज्ञानस्वरूप परमात्मा, परमेश्वर।

लाल[२] पुं० दे० 'लाड'। २. दे० 'लार'।

लाल[३] पुं० [फा० लाल] मानिक (रत्न)।

वि० १. रक्तवर्ण का। २. बहुत क्रुद्ध।

मुहा० *लाल-पीला होना*=क्रोध करना।

३. खेल में पहले जीतनेवाला (खिलाड़ी)।

मुहा० *लाल होना*=बहुत अधिक धन पाकर सम्पन्न होना।

४. कम्युनिज्म के सिद्धान्त मानने और उनका पालन करनेवाला, कम्युनिस्ट, जैसे लाल चीन=आज-कल का चीन देश जो कम्युनिस्टों के हाथ में है।

लाल[४] पुं० [?] एक प्रकार की छोटी सुन्दर चिड़िया जो प्रायः घरों में पाली जाती है, रायमुनी, मुनिया।

लाल[५]* स्त्री० [सं० लालसा] इच्छा, चाह।

लाल कुरती स्त्री० [हिं० लाल+कुरती] भारत की पश्चिमोत्तर सीमा के खुदाई खिदमतगारों की वर्दी और दल का सूचक नाम। (रेडशर्ट)

लाल कोठी स्त्री० [हिं० लाल+कोठी] व्यभिचारिणी स्त्रियों का अड्डा जहाँ पहुँचकर वे कसब कमाती हैं।

लाल चंदन पुं० वह चन्दन जिसे घिसने से लाल रंग का सार निकलता है, रक्तचन्दन, देवी चन्दन।

लालच पुं० [सं० लालसा] [वि० लालची] कुछ पाने की बहुत अधिक और अनुचित इच्छा, लोभ।

लालची वि० [हिं० लालच] जिसे बहुत अधिक लालच हो, लोभी।

लालटेन स्त्री० [अं० लैन्टर्न] प्रकाश का वह आधार जिसमें तेल और बत्ती रहती है और जिसके चारों ओर गोल शीशा लगा रहता है, कंदील।

लालन[१] पुं० [सं०] [वि० लालनीय] प्रेमपूर्वक बालकों को प्रसन्न करना, लाड।

लालन[२]* पुं० [हिं० लाला] प्यारा बच्चा।

लालना स० [सं० लालन] दुलार या लाड करना, प्यार करना।

लाल पगड़ी पुं० वह सिपाही जो लाल पगड़ी धारण करता हो।

लाल फीता पुं० लाल रंग का वह फीता जिससे कार्यालयों विशेषतः सरकारी कार्यालयों में आवश्यक कागज-पत्र, नत्थियाँ आदि बाँधी जाती हैं।

लाल फीताशाही स्त्री० सरकारी कार्यों के सम्पादन, निर्णय आदि में लगनेवाली वह देर जो तरह-तरह की पेचीली और प्रायः निरर्थक प्रक्रियाओं के कारण होती है, दीर्घसूत्रता। (रेड टेप)

लाल-बुझक्कड़ पुं० [हिं० लाल+बूझना] बातों का अटकल-पच्चू और मूर्खतापूर्ण मतलब निकालनेवाला व्यक्ति।

लाल-बुझक्कड़ी स्त्री० अटकल-पच्चू और मूर्खतापूर्ण अर्थ निकालने का काम।

लाल मिर्च स्त्री० दे० 'मिर्च'।

लालस वि० [सं० लालसा] ललचाया हुआ, लोलुप।

लालसा स्त्री० [सं०] कुछ पाने की बहुत अधिक इच्छा या चाह, लिप्सा।

लालसिखी पुं० दे० 'मुरगा'।

लालसी* वि० [सं० लालसा] लालसा या इच्छा करनेवाला।

लाल सेना स्त्री० कम्युनिस्ट सिद्धान्त माननेवाली सेना जिसका झंडा लाल रंग का होता है। (रेड आर्मी)

लाला[1] पुं० [सं० लालक] १. एक प्रकार का आदरसूचक संबोधन, महाशय। २. कायस्थ जाति का वाचक शब्द। ३. बच्चों के लिए संबोधन।

लाला[2] स्त्री० [सं०] लार, थूक।

लालायित वि० [सं०] [स्त्री० लालायिता] जिसे बहुत लालसा हो, लोलुप।

लालित स्त्री० [सं०] [स्त्री० लालिता] १. जिसका लालन हो, दुलारा, प्यारा। २. पाला-पोसा हुआ।

लालित्य पुं० [सं०] 'ललित' का भाव, सरसतापूर्ण सुन्दरता।

लालिमा स्त्री० [हिं० लाल] 'लाल' होने का भाव, लाली।

लाली स्त्री० [हिं० लाल+ई (प्रत्य०)] १. लाल होने का भाव, लालपन। २. प्रकाश, रोशनी; उदा० लाली मेरे लाल की जित देखो उत लाल। -कबीर। ३. प्रतिष्ठा, इज्जत।

लालूवार स्त्री० [?] पुरानी चाल की एक प्रकार की तलवार।

लाले पुं० बहु० [सं० लाला] अभिलाषा।

मुहा० *किसी चीज के लाले पड़ना*=(क) किसी वस्तु के अभाव में उसके लिए बहुत तरसना। (ख) अत्यंत अभाव होना।

लाव[1] स्त्री० [सं० रज्जु ?] मोटी रस्सी, विशेषत: नाव खींचने की, उदा० फिरि-फिरि चित उतहीं रहतु, टुटी लाज की लाव।

लाव[2] स्त्री० [हिं० लाय] आग।

लाव[3] पुं० [हिं० लाना=लगना] १. संबंध, लगाव। २. प्रेम, प्रीति। ३. लौ, लगन।

लावक पुं० [सं०] लवा नाम का पक्षी।

लावण्य पुं० [सं०] १. 'लवण' का भाव या धर्म, नमकीनी। २. सरस सुन्दरता।

लावण्यवती वि० स्त्री० [सं०] रूपवती, सुन्दर।

लावन* स्त्री० 'लावना' की क्रिया या भाव।

पुं०=लावण्य।

लावना[1]* स० [हिं० लगाना] १. स्पर्श कराना, लगाना। २. जलाना।

लावना[2] अ० [?]=चलना।

स०=लाना।

स० दे० 'लवना' (लुना)।

लावनि* स्त्री० दे० 'लावण्य'।

लावनिता* स्त्री०=लावनि (लावण्य)।

लावनी स्त्री० [महाराष्ट्री] एक प्रकार का लोकगीत जो प्राय: चंग पर गाया जाता है। (यह राधिका नामक छन्द में होता है।)

लावनीबाज पुं० [लावनी+फा० बाज़] लावनी गानेवाला।

लावबाली स्त्री० [अ० ला+बवाली] १. अविचार। २. लापरवाही, उपेक्षा।

वि० १. आवारा। २. लापरवाह।

लाव-लश्कर पुं० [फा०] १. सेना, और उसके साथ रहनेवाले लोग तथा सामग्री। २. संगी-साथियों का समूह।

लावसूल वि० [अ०] जो वसूल न हो सके।

लावा[1] पुं० [सं०] लवा (पक्षी)।

लावा[2] पुं० [सं० लाजा] भूने हुए धान, ज्वार, रामदाने आदि के दाने जो फूल जाते हैं, खील, लाई।

मुहा० *(किसी पर) लावा मेलना*=जादू टोना करके किसी को अपने वश में करना।

लावा[3] पुं० [सं० लावक, हिं० लवना] खेत की फसल काटनेवाला मजदूर, लुनने या लावनी करनेवाला, कपटा।

लावारिस वि० [अ०] १. जिसका कोई वारिस या उत्तराधिकारी न हो। २. (वस्तु) जिसका कोई मालिक या दावेदार न हो।

लावारिसी स्त्री० [अ०] लावारिस होने की अवस्था या भाव। वि० दे० 'लावारिस'।

लाश स्त्री० [फा०] मृत शरीर, लोथ, शव।

लास* पुं० दे० 'लास्य'।

लासा पुं० [हिं० लस] १. कोई लसदार चीज। २. वह लसदार पदार्थ जो बहेलिए चिड़ियाँ फँसाने के लिए उनके परों में लगाने के उद्देश्य से बनाते हैं, लोयन। ३. किसी को जाल में फँसाने का साधन।

लासानी वि० [अ० ला+सानी] जिसके जोड़ या मुकाबले का कोई न हो, अद्वितीय, बेजोड़।

लासेबाज़ पुं० [हिं० लासा+फा० बाज़] फँसानेवाला।

लास्य पुं० [सं०] १. नृत्य, नाच। २. शृंगार आदि कोमल रसों का उद्दीपन करनेवाला कोमल और स्त्रियों का-सा नृत्य।

लाह[1] स्त्री० [सं० लाक्षा] लाख।

लाह[2] पुं० [सं० लाभ] लाभ, नफा।

लाह[3] स्त्री० [?] चमक, दीप्ति, आभा, तेज।

लाहक* वि० [हिं० लाह=लाभ+क (प्रत्य०)] १. इच्छा करने या चाहनेवाला। २. आदर या कदर करनेवाला।

लाहु* पुं० [सं० लाभ] लाभ।

लिंग पुं० [सं०] १. चिह्न, लक्षण, निशान। २. न्याय में वह लक्षण या बात जिसे देखकर कोई बात सिद्ध करने का प्रयत्न किया जाता है, साधन, हेतु। ३. सांख्य के अनुसार

मूल प्रकृति। ४. पुरुष की गुप्त इन्द्रिय, शिश्न। ५. शिव की इस आकार की मूर्ति। ६. प्राणियों के शरीर में होनेवाले स्त्री या पुरुष के चिह्नों के आधार पर किया जानेवाला स्त्री-जाति और पुरुष-जाति का विभाग। ७. व्याकरण में वह तत्त्व जिससे पुरुष और स्त्री वाची शब्दों के भेद का पता लगता है। (जेन्डर, अन्तिम दोनों अर्थों के लिए) जैसे—पुंलिंग, स्त्रीलिंग।

लिंगभेद पुं० [सं०] व्याकरण में, संज्ञाओं का लिंग के अनुसार किया जानेवाला भेद।

लिंगभेदी वि० [सं० लिंग+भेद] १. लिंग के आधार पर (स्त्री और पुरुष में) भेद करनेवाला। २. लिंग सम्बन्धी भेद पर आधारित।

लिंगशरीर पुं० दे० 'सूक्ष्म शरीर'।

लिंगी (-गिन्) वि० [सं०] लिंग से युक्त, लिंगवाला।

स्त्री० [हिं० 'लिंग' का स्त्री० अल्पा०] शिव की छोटी पिंडी या मूर्ति।

लिंगेंद्रिय पुं० [सं०] पुरुषों की मूत्रेन्द्रिय।

लिंब पुं०=नीबू (फल)।

लिए, के सम्बन्धबो० सम्प्रदान कारक का चिह्न जो गौण कर्म का सूचक होता है, जैसे उसके लिए पानी लाओ।

लिक्खाड़ पुं० [हिं० लिखना] बहुत बड़ा लेखक। (व्यंग्य)

लिक्षा स्त्री० [सं०] १. जूँ नामक कीड़े का अंडा। २. एक प्रकार का बहुत छोटा परिमाण या तौल।

लिखत स्त्री० [हिं० लिखना] १. लेख के रूप में लाए जाने की अवस्था या भाव। २. लेख के रूप में लिखी हुई कोई बात या निश्चय। ३. दस्तावेज, लेख।

लिखधार* पुं० [हिं० लिखना] लिखनेवाला, लिपिकार।

लिखना स० [सं० लिखन] १. कलम और स्याही से अक्षरों की आकृति बनाना, लिपिबद्ध करना। २. चित्रित या अंकित करना, चित्र बनाना। ३. ग्रन्थ, लेख, काव्य की रचना करना। ४. धातुओं आदि पर नक्काशी करने के लिए कलम (औजार या उपकरण) से रेखाएँ बनाना।

लिखनी* स्त्री० दे० 'लेखनी'।

लिखहार* पुं० [हिं० लिखना+हार=वाला (प्रत्य०)] १. लिखनेवाला, लेखक—उदा० साँचौ से लिखहार कहावै। -सूर। २. हिसाब किताब या लेखा रखनेवाला।

लिखा वि० [हिं० लिखना] जिसे लिखना आता हो, जैसे पढ़ा-लिखा।

पुं० लिखा हुआ लेख, जैसे भाग्य का लिखा।

* स्त्री० दे० 'लिक्षा'।

लिखाई स्त्री० [हिं० लिखना] १. लिखने का कार्य, भाव, ढंग या पारिश्रमिक। २. चित्र अंकित करने की क्रिया या भाव।

लिखाड़ पुं०=लिक्खाड़।

लिखाना स० हिं० 'लिखना' का प्रे०।

लिखा-पढ़ा वि०=पढ़ा-लिखा।

लिखा-पढ़ी स्त्री० [हिं० लिखना+पढ़ना] १. लिखने और पढ़ने का काम। २. पत्रों का आना और उनके उत्तर जाना, पत्र-व्यवहार। ३. किसी बात या व्यवहार का लिखकर निश्चित और पक्का होना।

लिखार पुं० दे० 'लिखहार'।

लिखावट स्त्री० [हिं० लिखना+आवट (प्रत्य०)] लिखने की क्रिया, भाव या ढंग, लेख शैली।

लिखास स्त्री० [हिं० लिख+आस] लिखने की तीव्र इच्छा या प्रवृत्ति।

लिखित वि० [सं०] १. लिखा हुआ, अंकित। २. जो लेख या लेख्य के रूप में हो। (डॉक्युमेन्टरी)

स्त्री० लिखावट।

लिख्या स्त्री० दे० 'लिक्षा' २.।

लिच्छवि, लिच्छवी पुं० [सं०] नेपाल, मगध और कोसल का शासक एक प्रसिद्ध प्राचीन राजवंश।

लिजलिजा वि० [अनु०] १. नरम, गीला तथा चिपचिपा। २. शक्तिहीन।

लिटाना* स०=लेटाना।

लिट्ट पुं० [देश०] [स्त्री० अल्पा० लिट्टी] आग पर सेंककर पकाई हुई बड़ी और मोटी रोटी।

लिट्टे पुं० [अं०] श्रीलंका के तमिल उग्रवादियों का संघटन।

लिपटना अ० [सं० लिप्त] १. चारों ओर से घेरते हुए सटना या लगना। २. गले लगना, आलिंगन करना। ३. काम में पूरी मेहनत से लगना।

लिपटाना स० हिं० 'लिपटना' का स०।

लिपटा-सना वि० [हिं० लिपटना+सनना] ओतप्रोत, युक्त।

लिपना अ० हिं० 'लीपना' का अ०।

लिपाई स्त्री० [हिं० लीपना] लीपने की क्रिया, भाव या मजदूरी।

लिपाना स० हिं० 'लीपना' का प्रे०।

लिपा-पुता वि० [हिं० लिपना+पुतना] जो लीपा-पोता गया हो।

लिपि स्त्री० [सं०] १. अक्षरों या वर्णों के चिह्न। २. वर्णमाला के अक्षर लिखने की कोई विशिष्ट प्रणाली, जैसे ब्राह्मी लिपि, अरबी लिपि। ३. लिखी हुई बात, लेख।

लिपिक पुं० [सं०] १. लिखनेवाला। २. कार्यालयों में लिखा-पढ़ी का काम करनेवाला बाबू। (क्लर्क)

लिपिकार पुं० [सं०] प्रतिलिपि या लेख की नकल करनेवाला लेखक, नकलनवीस।

लिपिबद्ध वि० [सं०] लिपि के रूप में लाया हुआ, लिखा हुआ।

लिप्त वि० [सं०] [भाव० लिप्तता] १. लिपा या पुता हुआ। २. किसी कार्य में दत्तचित्त होकर लगा हुआ, लीन, निमग्न।

लिप्तता स्त्री० [सं०] लिप्त होने की अवस्था या भाव।

लिप्सा स्त्री० [सं०] पाने की इच्छा, प्राप्ति की इच्छा।

लिप्सु वि० [सं०] प्राप्त करने का इच्छुक, प्राप्ति का इच्छुक।

लिफाफा पुं० [अ०] कागज का वह चौकोर घर या पुट जिसके अन्दर चिट्ठियाँ आदि रखी जाती हैं। (एनवेलप) २. दिखावटी, तड़क-भड़क, आडंबर।

लिफाफेबाज वि० पुं०=आडंबरी।

लिफाफेबाजी स्त्री०=आडंबर।

लिबड़ना अ०, स० [अनु०] कीचड़ आदि में लथपथ होना या करना।

लिबड़ी बरताना पुं० [अं० लिबरी=वर्दी+अं० बैटन=सिपाहियों का डंडा] साधारण गृहस्थी अथवा निर्वाह का सब सामान, सारी सामग्री या असबाब। (तुच्छतासूचक)

लिबरी वि० स्त्री० छिनाल, व्यभिचारी।

लिबास पुं० [अ०] पहनने के कपड़े, परिच्छद, पोशाक, परिधान।

लियाकत स्त्री० [अ०] लायक या योग्य होने का भाव, योग्यता।

लिलाट पुं० दे० 'ललाट'।

लिलोही* वि०=लोभी।

लिल्ली घोड़ी स्त्री० एक बरसाती कीड़ा, ग्वालिन।

लिव* स्त्री० [हिं० लौ] लगन, उदा० केवल राम रहहु लिव लाई। -कबीर।

लिवाल पुं० दे० 'लेवाल'।

लिवैया वि० [हिं० लेना] लेने, लाने या लिवा ले जानेवाला।

लिसना| स०=लसना।

लिसोड़ा, लिसौड़ा पुं० [हिं० लस] एक पेड़ जिसके फल बेर की तरह होते हैं तथा जिनका गूदा लसदार होता है।

लिस्सू वि०, पुं० [हिं० लिसोड़ा] (व्यक्ति) जो लिसोड़े की तरह किसी के साथ चिपका हो।

लिह* पुं० दे० 'लेह'।

लिहाज पुं० [अ० लिहाज़] १. व्यवहार या बरताव में किसी बात या व्यक्ति का आदरपूर्ण ध्यान, मुलाहजा। २. शील-संकोच। ३. सम्मान या मर्यादा का ध्यान। ४. शर्म।

लिहाड़ा वि० [हिं० लुँगाड़ा ?] [स्त्री० लिहाड़ी] १. खराब, बुरा (पदार्थ)। २. तुच्छ, नीच प्रकृति का और बेहूदा या वाहियात बातें बकनेवाला, वाहियात (मनुष्य)।

लिहाड़ी स्त्री० [हिं० लिहाड़] दूसरों के सामने किसी पर किया जानेवाला ऐसा आक्षेप जिससे उसे नीचा देखना और लज्जित होना पड़े।

मुहा० *(किसी की) लिहाड़ी लेना*=उक्त प्रकार की बातें करके किसी को तुच्छ ठहराना।

लिहाफ पुं० [अ० लिहाफ़] ओढ़ने का एक प्रकार का रुईदार कपड़ा, भारी रजाई।

लिहित* वि० [सं० लिह] चाटता हुआ।

लीक स्त्री० [सं० लिख] १. लकीर, रेखा।

मुहा० *लीक खींचना*=किसी विषय में दृढ़ निश्चय या प्रतिज्ञा करना। *लीक खींचकर*=दृढ़तापूर्वक, जोर देकर।

२. व्यवहार, आचरण आदि का स्वतन्त्र और निश्चित मार्ग, बँधी हुई मर्यादा या क्रम, लोक-नियम।

मुहा० *(किसी की) लीक खँचना या खिंचना*=भली भाँति किसी की कीर्ति फैलना या प्रसिद्ध होना। *लीक खींचना*=मर्यादा या साख स्थापित करना। *लीक पीटना*=परंपरा का निर्वाह करना। *लीक लगना*=किसी के दिखलाए हुए मार्ग पर चलना, अनुकरण करना।

३. प्रतिष्ठा। ४. प्रथा, चाल। ५. सीमा, हद। ६. कलंक।

लीकति* स्त्री० दे० 'लीक' २.; उदा० धीरज मोचन लोचन लाल विलोक कै लोक की लीकति छूटी। -केशव।

लीख स्त्री० [सं० लिक्षा] १. जूँ का अंडा। २. लिक्षा नामक बहुत छोटा परिमाण।

लीखा* स्त्री० दे० 'लिक्षा' २.।

लीग स्त्री० [अं०] १. कुछ विशिष्ट दलों का किसी उद्देश्य से आपस में मिलना। २. बहुत बड़ी सभा या संस्था। ३. लम्बाई की एक नाप जो स्थल के लिए तीन मील की और समुद्र के लिए साढ़े तीन मील की होती है।

लीगी वि० [अं० लीग] लीग का।

पुं० लीग का सदस्य।

लीचड़ वि० [देश०] १. सुस्त, आलसी। २. निकम्मा। ३. जल्दी पीछा न छोड़नेवाला।

लीटर पुं० [अं०] द्रव, गैस आदि के नाप की मानक ईकाई।

लीद स्त्री० [देश०] घोड़े, गधे, हाथी आदि पशुओं का मल।

लीन वि० [सं०] [भाव० लीनता] १. किसी में समाया हुआ। २. काम में पूरी तरह से लगा हुआ, तन्मय, मग्न।

लीन्हे* क्रि० वि० [पु० हिं० लीन्ह=लिया] १. लिए, वास्ते। २. फेर या चक्कर में पड़कर, उदा० कंचन मनि तजि काँचहि सैंतत, या माया के लीन्हें। -सूर।

लीपना स० [सं० लेपन] गीली वस्तु का पतला लेप चढ़ाना, पोतना।

लीपना-पोतना पुं० लीपने और पोतने का काम।

मुहा० *लीप-पोतकर बराबर करना*=पूरी तरह से चौपट या नष्ट करना।

लीपापोती स्त्री० [हिं० लीपना+पोतना] १. जमीन, दीवार आदि लीपने और पोतने का काम। २. दोष, भूल आदि छिपाने के लिए ऊपर से की जानेवाली या दिखौआ कार्रवाई। ३. नाश, बरबादी।

लीबर* वि० [हिं० लिबड़ना] कीचड़ आदि से सना हुआ, उदा० अँखियाँ लीबर बेसवै नासे, बाबै नासै दासी। -घाघ।

लीर स्त्री० [सं० चीर] १. कपड़े की धज्जी। २. चिथड़ा।

लील* पुं० [हिं० नील] धब्बा, कलंक।

लीलना| स० दे० 'निगलना'।

लीलम* पुं० दे० 'नीलम'।

लीलया क्रि० वि० [सं०] १. खेल या खिलवाड़ में। २. बहुत सहज में।

लीलांबर* पुं०=नीलांबर।

लीला[1] स्त्री० [सं०] १. केवल मनोरंजन के लिए किया जानेवाला काम या व्यापार, क्रीड़ा, खेल। २. प्रेम का खिलवाड़, प्रेम-विनोद। ३. साहित्य में संयोग शृंगार के अन्तर्गत एक हाव जिसमें नायिका और नायक दोनों एक दूसरे के वेष,

अलंकार आदि धारणा करते अथवा उनकी गतिविधि, बातचीत आदि की नकल करते हैं, खिलवाड़। ४. तोमर नामक छन्द का वह प्रकार या भेद जिसमें उसके प्रत्येक चरण का अन्त जगण से होता है। ५. किसी का किया हुआ कोई विचित्र काम। ६. अवतारों या देवताओं के चरित्र का अभिनय।

लीला[२] पुं० [सं० नील] काला घोड़ा।
वि० दे० 'नीला'।

लीला प्रसंग पुं० [सं०] किसी अवतारी पुरुष के क्रियाकलाप।

लीलैव क्रि० वि० [सं० लीला+ईव] १. लीला के रूप में। २. खिलवाड़ में। ३. बहुत सहज रूप में, उदा० लीलैव हर को धनु साँध्यो। -केशव।

लीह स्त्री० [?] पृथ्वी, जमीन, उदा० जहँ-जहँ चरन धरै तरुनि, अरुन होति सो लीह। -नन्ददास।

लुँगाड़ा| पुं० [दे०] लुच्चा।

लुंगी स्त्री० [फा० लुंग] कमर में लपेटने का एक प्रकार का बड़ा अँगोछा, तहमत।

लुंचन पुं० [सं०] चुटकी से बाल उखाड़ना, नोचना, उत्पाटन।

लुंचित वि० [सं०] उखाड़ा या नोचा हुआ।

लुंज वि० [सं० लुंचन] १. बिना हाथ-पैर का, लँगड़ा-लूला। २. बिना पत्तों का पेड़, ठूँठ।

लुंज-पुंज वि० शारीरिक दृष्टि से पूर्णत: असमर्थ।

लुंठन पुं० [सं०] [वि० लुंठित] १. लुढ़कना। २. लूटना।

लुंठित वि० [सं०] १. जो जमीन पर गिरा या लुढ़का हुआ हो। २. जो लूटा-खसोटा गया हो।

लुंड वि० दे० 'रुंड'।

लुंड-मुंड वि० [सं० रुंड+मुंड] १. जिसके सिर, हाथ, पैर आदि अंग कट गए हों। २. लुढ़कता हुआ।

लुंडा वि० [सं० रुंड] [स्त्री० लुंडी] (पक्षी) जिसकी दुम और पर झड़ गए हों।

लुआठा पुं० [सं० लोक=काष्ठ] [स्त्री० अल्पा० लुआठी] जलती हुई लकड़ी।

लुआब पुं० [अ०] लासा।

लुआर स्त्री० दे० 'लू'।

लुकंजन* पुं० दे० 'लोपांजन'।

लुक पुं० [सं० लोक=चमकना] १. चमकीला रोगन, वार्निश। २. आग की लपट, लौ, ज्वाला। ३. दे० 'छलावा'।

लुकना* अ० [प्रा० लुक्क] दे० 'छिपना'।

लुका-छिपी स्त्री० [हिं० लुकना+छिपना] बच्चों का एक खेल जिसमें सब लड़के छिप जाते हैं और एक उन्हें ढूँढ़ता है।

लुकाट पुं० [सं० लकुत्र] एक प्रकार का वृक्ष और उसका फल।
* पुं० दे० 'लुआठा'।

लुकाना अ० [हिं० लुकना] लुकना-छिपना, उदा० तरु पल्लव महुँ रहा लुकाई। -तुलसी।
स० आड़ में करना, छिपाना।

लुकार* स्त्री० दे० 'लुक'।

लुगड़ा पुं० दे० 'लूगा'।

लुगदी स्त्री० [देश०] गीले चूर्ण का पिंड।

लुगाई| स्त्री० [हिं० लोग] स्त्री, औरत।

लुग्गा| पुं० दे० 'लूगा'।

लुचकना* स०=छीनना।

लुचई| स्त्री० दे० 'लुच्ची'।

लुच्चा वि० [हिं० लुचकना] [स्त्री० लुच्ची] नीच और पाजी, बदमाश।

लुच्ची[१] स्त्री० [हिं० रुचि या लोच ?] १. मैदे की बनी एक प्रकार की बहुत पतली और बड़ी पूरी। २. कचौड़ी।

लुच्ची[२] वि० स्त्री० हिं० लुच्चा का स्त्री० रूप।

लुझना| अ०=झुकना।

लुटत* स्त्री०=लूट।

लुटना अ० [हिं० लूटना] १. धन का छिन जाना। २. धन ऐंठ लिया जाना।
*अ० दे० 'लुठना'।

लुटरना* अ०=लुढ़कना।

लुटाना स० [हिं० 'लूटना' का प्रे०] १. कोई चीज इस प्रकार लोगों के सामने रखना कि वे उसे लूटें, दूसरों को लूटने देना। २. बहुत सस्ते दाम पर बेचना। ३. व्यर्थ, बहुत अधिक व्यय करना, अन्धाधुन्ध खरचना, बाँटना या दान करना। ४. मुक्तहस्त होकर बाँटना।

लुटिया स्त्री० [हिं० लोटा] छोटा लोटा।
मुहा० *लुटिया डुबोना*=बहुत बड़ी हानि करना। *लुटिया डूबना*=बहुत बड़ी हानि होना।

लुटेरा पुं० [हिं० लूटना] लूटनेवाला।

लुठना* अ० [सं० लुंठन] १. भूमि पर गिरकर लोटना। २. लुढ़कना।

लुठाना* स० हिं० 'लुठना' का स०।

लुढ़कना अ० [सं० लुंठन] नीचे ऊपर चक्कर खाते हुए आगे या नीचे की ओर जाना, ढुलकना।

लुढ़काना स० हिं० 'लुढ़कना' का स०।

लुढ़का स्त्री० [हिं० लुढ़कना] गाढ़े दही में छानी हुई भाँग।

लुढ़ना* अ० दे० 'लुढ़कना'।

लुतरा वि० [फा० लुत्र:] १. चुगुलखोर। २. पाजी, दुष्ट।

लुत्ती| स्त्री०=लूक (जलती हुई लकड़ी)।

लुत्थ* स्त्री० दे० 'लोथ'।

लुनना स० [सं० लवन] १. खेत से पकी फसल काटना। २. नष्ट करना।

लुनाई* स्त्री० १. दे० 'लावण्य'। २. दे० 'लवनी'।

लुनेरा पुं० [हिं० लुनना] खेत की फसल काटने या लुननेवाला।

लुपना* अ०=छिपना।

लुप्त वि० [सं०] १. छिपा हुआ, गुप्त। २. अदृश्य, गायब। ३. अलोप।

लुप्तप्राय वि० [सं० लुप्त+प्राय] जो बहुत-कुछ लुप्त हो जाता हो।

लुप्ताकार पुं० [सं० लुप्त+अकार] संस्कृत वर्णमाला का एक चिह्न जो आधे 'अ' (स्वर) का सूचक होता और कुछ विशिष्ट नियमों के अनुसार पदों के बीच में लिखा जाता है, जैसे कोऽपि में का ऽ।

लुप्तोपमा स्त्री० [सं०] साहित्य में उपमा अलंकार का एक भेद जिसमें, उपमेय, उपमान, साधारण धर्म और उपमा-वाचक शब्द इन चारों में से एक, दो या तीन का लोप हो।

लुबुधना अ०, स०=लुभाना।

लुबुधा* वि० १. दे० 'लोभी'। २. दे० 'लुब्ध'।

लुब्ध वि० [सं०] १. पूरी तरह से लुभाया हुआ, मोहित। २. लोभी, जैसे धनलुब्ध (धन का लोभी)।

लुब्धक वि० [सं०] १. लुब्ध करने या लुभानेवाला। २. धोखा देने या ठगनेवाला। ३. छलिया।

पुं० १. चिड़ीमार, बहेलिया। २. ठग। ३. उत्तरी गोलार्द्ध का एक बहुत चमकीला तारा।

लुभाना अ० [सं० लुब्ध] मोहित होना, रीझना।

स० १. लुब्ध या मोहित करना, रिझाना। २. किसी के मन में कुछ पाने की गहरी चाह उत्पन्न करना, ललचाना।

लुभावना वि० [हिं० लुभाना] १. जिसमें लुब्ध करने की शक्ति हो। २. सुन्दर, दर्शनीय। ३. आकर्षक।

लुभौंहाँ वि० [हिं० लुभाना+औहाँ (प्रत्य०)] १. लुभाने या मोहित करनेवाला, सुन्दर, उदा० सब मिलि एकहहि बार लुभौहैं हगनि रिझावैं। -रत्ना०। २. लुब्ध या मोहित होनेवाला।

लुमरा वि० [स्त्री० लुमरी] दे० 'लूमर'।

लुर[१] वि० [फा०] [भाव० लुरपन] अशिष्टतापूर्ण, मूर्खतापूर्ण।

लुर[२]* स्त्री० [हिं० लुरना] १. झूलनेवाली वस्तु। २. कान का बाला।

लुरकना* अ०=लटकना।

लुरकी स्त्री० दे० 'बाली' गहना।

लुरना* अ० [सं० लुलन] १. झूलना। २. लटकना। ३. ढल या झुक पड़ना। ४. जमीन पर इधर-उधर लोटना। ५. अचानक आ पहुँचना।

लुरी स्त्री० दे० 'लवाई'।

लुरैया* पुं० [हिं० लुरी] तुरन्त ब्याया बछड़ा।

लुलुआना स० [हिं० लूलू] १. लूलू या उल्लू (मूर्ख) बनाना। २. चिढ़ाना।

लुहना अ०, स० लुभाना।

लुहार पुं०= लोहार।

लूँ* क्रि० वि०=लौ।

लूँबरी स्त्री०=लोमड़ी।

लू स्त्री० [सं० लुक या हिं० लौ] गरम और तेज हवा (ग्रीष्म ऋतु की)।

मुहा० *लू लगना*=लू लगने से ज्वर आदि होना।

लूक स्त्री० [सं० उल्का] १. आग की लपट। २. जलती हुई लकड़ी। ३. टूटा हुआ तारा, उल्का। ४. दे० 'लू'।

लूकट* पुं० दे० 'लूआटा', उदा० तेहि मुख देखत लूकट लाए। -कबीर।

लूकना* स० [हिं० लूक] जलाना।

अ० दे० 'लुकना'।

लूका पुं० दे० 'लूक'।

*अ०=लौकना।

लूखा*वि०=रूखा।

लूगा पुं० [फा० लुंग] कपड़ा, वस्त्र।

लूट स्त्री० [हिं० लूटना] १. लूटने की क्रिया या भाव। २. लूटने से मिला हुआ माल।

लूटक पुं० दे० 'लुटेरा'।

लूट-खसोट स्त्री० [हिं० लूट-खसोट] १. लोगों को लूटना या उनका माल छीनना। २. तिकड़म या अनुचित उपायों से दूसरों से वसूला जानेवाला धन।

लूटना स० [सं० लुट्=लूटना] १. किसी से जबरदस्ती या डरा-धमकाकर उसका धन ले लेना। २. अनुचित रूप से ले लेना। ३. बहुत दाम लेना, ठगना। ३. मोहित या मुग्ध करना।

लूटपाट स्त्री० [हिं० लूटना+अनु] लोगों को लूटने की क्रिया या भाव।

लूटमार स्त्री० [हिं० लूटना+मारना] लोगों को मार-पीट कर उनका धन छीनने की क्रिया या भाव।

लूटा पुं० दे० 'लुटेरा'।

लूता[१] स्त्री० [सं०] मकड़ी।

लूती[२] पुं० [हिं० लूका] लूक, लुआठा।

लूप पुं० [अं०] गर्भ निरोधक एक प्रकार का प्लास्टिक का छल्ला जिसे स्त्रियाँ धारण करती हैं।

लूम पुं० [सं०] १. पूँछ, दुम। २. चक्कर, फेरा, उदा० आता लूम लेता हुआ पूर्ण घट नीचे से। -मैथिलीशरण।

लूमना* अ०= लटकना।

लूमर वि० [सं० रोम पु० हिं० लोम (रोमयुक्त)?] [स्त्री० लूमरी] जवान, युवक, उदा० ढीमर वह छीमर पहिरि लूमर मदन अरेर। -विक्रम।

लूरा पुं० [पं०] शऊर, ढंग, तरीका।

लूला वि० [सं० लून=कटा हुआ] [स्त्री० लूली] १. जिसका हाथ कटा हो, लुंजा, टुंडा। २. असमर्थ, अशक्त।

लूसना स० [?] मटियामेट करना, चौका लगाना, उदा० सब ग्रंथनि वै पढ़ैं, पढ़ैं, जो सो सब लूसै। -रत्ना०।

लूह स्त्री० दे० 'लू'।

लूहर* पुं०=लुआठा। (बुन्देल)

लूलू वि० [अनु०] मूर्ख, बेवकूफ।

लेंड़ी स्त्री० [देश०] १. बँधे हुए मल की बत्ती। २. बकरी या ऊँट की मेंगनी।

लेंहड़ पुं० [देश०] पशुओं का झुंड या दल, गल्ला।

लेई स्त्री० [सं० लेही] १. किसी चूर्ण का गाढ़ा लसीला रूप, अवलेह। २. लपसी। ३. गाढ़ा उबाला हुआ मैदा जो कागज आदि चिपकाने के काम में आता है। ४. वह गीला घोला हुआ बरी का चूना, सीमेंट या इसी प्रकार का और कोई मसाला जो ईंटों की जोड़ाई में काम आता है।

लेई-पूँजी स्त्री० सारी सम्पत्ति, सर्वस्व।

लेऊ* वि० दे० 'लेवाल'।

लेख[१] पुं० [सं०] १. लिखे हुए अक्षर, लिपि। २. लिखावट, लिखाई। ३. किसी विषय पर लिखकर प्रकट किए हुए विचार, मजमून। (राईटिंग, उक्त तीनों अर्थों के लिए) ४. कोई ऐसी लिखी हुई आज्ञा या आदेश जो विधान के अनुसार किसी बड़े अधिकारी ने प्रचलित किया हो। (रिट) *वि० लिखने योग्य, लेख्य।

लेख[२] स्त्री० [हिं० लीक] पक्की बात।

लेखक पुं० [सं०] [स्त्री० लेखिका] १. लिखनेवाला, लिपिकार। २. ग्रन्थ लिखनेवाला, ग्रन्थकार। ३. दे० 'लिपिक'।

लेखन पुं० [सं०] [वि० लेखनीय, लेख्य] १. लिखने की क्रिया या भाव। (विधिक व्यवहार में मुद्रण या छापा और छाया चित्रण आदि भी इसी में आते हैं) २. लिखने की कला या विद्या। ३. चित्र बनाने का काम। ४. हिसाब लगाना, लेखा करना।

लेखकीय वि० [सं०] लेखक-सम्बन्धी; जैसे-लेखकीय दृष्टिकोण।

लेखन-सामग्री स्त्री० [सं०] कागज, कलम, स्याही आदि लिखने की सामग्री। (स्टेशनरी)

लेखनहार* वि०=लिखनेवाला, उदा० आपुहि कागर, आपुहि मसि, आपुहि लेखनहार। -कबीर।

लेखना* स० [सं० लेखन] १. लिखना। २. कुछ समझना या गिनना। ३. समझना, सोचना, विचारना।

लेखनी स्त्री० [सं०] कलम।

लेखनीवीर पुं० [सं०] बहुत बड़ा लिक्खाड़।

लेखा[१] पुं० [हिं० लिखना] १. गणना, हिसाब। २. आय-व्यय अथवा घटना आदि का विवरण। (ॲकाउन्ट)

मुहा० *लेखा ड्यौढ़ा या डेवढ़ कराना*=(क) हिसाब चुकता या बराबर करना। (ख) समाप्त करना, न रहने देना।

३. किसी कार्य, घटना आदि का हाल, विवरण, परिवृत्त। ४. किसी के सम्बन्ध में मन में होनेवाली कल्पना या विचार।

मुहा० *किसी के लेखे*=किसी के विचार के अनुसार, किसी की समझ से।

लेखा[२] स्त्री० [सं०] १. हाथ की लिखावट, लेख। २. चित्र। ३. रेखा। ४. श्रेणी, पंक्ति। ५. रश्मि, किरण।

लेखाकर्म पुं० [सं०] आय-व्यय आदि का हिसाब लिखने या रखने का काम। (ॲकाउन्टेन्सी)

लेखाध्यक्ष पुं० [सं० लेख+अध्यक्ष] वह जिसके जिम्मे रोकड़ रखने और खर्च करने अथवा आय-व्यय आदि का लेखा या हिसाब रखने का काम हो। (ॲकाउन्टेन्ट)

लेखा-परीक्षक पुं० [हिं०+सं०] वह जो किसी के आय-व्यय के लेखे की जाँच पड़ताल करता हो। (ऑडिटर)

लेखा-परीक्षा स्त्री० [हिं० लेखा+सं० परीक्षा] अच्छी तरह जाँचकर यह देखना कि आय-व्यय का जो लेखा तैयार किया गया है, वह ठीक है या नहीं। (ऑडिटिंग)

लेखा-बही स्त्री० [हिं०] वह बही जिसमें आय-व्यय आदि का हिसाब लिखा जाता है। (एकाउन्ट बुक)।

लेखा-विधि स्त्री० [सं०] हिसाब किताब रखने की प्रणाली।

लेखिका स्त्री० [सं०] १. लिखनेवाली स्त्री। २. ग्रन्थ या पुस्तक रचने या बनानेवाली स्त्री।

लेखी स्त्री० [हिं० लेख] खाते में लिखी जानेवाली रकम, मद। (एन्ट्री)

लेखे, के संबंधबो० के मत से, के दृष्टिकोण से, उनके लेखे हम अपाहिज हैं।

लेख्य वि० [सं०] १. लिखा जाने योग्य। २. जो लिखा जाने को हो। पुं० १. लिखी हुई वस्तु, पत्र या बात आदि, लेखा। २. वह लेख जो विधिक क्षेत्र में साध्य के रूप में काम आए या आ सके, दस्तावेज। (डाक्युमेन्ट)

लेज* स्त्री० दे० 'लेजर' (रस्सी)।

लेजम स्त्री० [फा० लेज़म] १. वह कमान जिससे धनुष चलाने का अभ्यास करते हैं। २. कसरत करने की वह भारी कमान जिसमें लोहे की जंजीर लगी रहती है।

लेजिम स्त्री० दे० 'लेजम'।

लेजुर| स्त्री० [सं० रज्जु] कुएँ से पानी खींचने की रस्सी।

लेजू| स्त्री०=लेजुर।

लेट[१] पुं० [देश०] चूने-सुर्खी की वह परत जो गच या छत पर डाली जाती है।

लेट[२] वि० [अं०] देर से आनेवाला।

लेटना अ० [सं० लेटयति] १. फर्श आदि से पीठ लगाकर सारा शरीर उस पर ठहराना। २. बगल की ओर झुककर जमीन पर गिर जाना।

लेटर पुं० [अं०] पत्र।

लेटरपैड पुं० [अं०] पत्रबंध (दे०)।

लेटलतीफ वि० [अं०+फा०] देर से पहुँचनेवाला।

लेटाना स० हिं० 'लेटना' का प्रे.।

लेदी स्त्री० [देश०] जलाशयों के पास रहनेवाली एक प्रकार की चिड़िया।

लेन पुं० [हिं० लेना] १. लेने की क्रिया या भाव। २. वह धन जो किसी से लिया जाने को हो, लहना, पावना, 'देन' का विरुद्धार्थक।

लेनदार पुं० [हिं० लेन+ फा० दार (प्रत्य०)] जिसका कुछ धन या पावना बाकी हो, अपना प्राप्य लेनेवाला, लहनेदार।

लेन-देन पुं० [हिं० लेना+देना] १. परस्पर लेने और देने का व्यवहार, आदान-प्रदान। २. बिक्री का माल या रुपए उधार देने और लेने का व्यवहार।

लेनहार वि० [हिं० लेना] लेनेवाला।

लेना स० [हिं० लहना] १. किसी के हाथ से अपने हाथ या अधिकार में करना, ग्रहण या प्राप्त करना।

मुहा० *आड़े हाथों लेना*=गूढ़ व्यंग्य द्वारा या खरी-खोटी सुनाकर लज्जित करना। *लेने के देने पड़ना*=जहाँ कुछ आय या लाभ हो रहा हो वहाँ उलटे हानि होना। *ले डालना या बीतना*=(क) खराब करना, चौपट करना। (ख) पूरा करना, समाप्त करना।

कहा० *लेना एक न देना दो*=कोई सरोकार या सम्बन्ध नहीं होना।

२. पकड़ना। ३. मोल लेना, खरीदना। ४. अगवानी या अभ्यर्थन करना। ५. भार ग्रहण करना, जिम्मा लेना। ६. सेवन करना, खाना या पीना। ७. कुछ कहकर अपने ऊपर उसका आरोप करना, जैसे प्रतिज्ञा या पन लेना=प्रतिज्ञा पूरी करने का भार लेना, उदा० द्विज मुख ह्वै पन लीन्हों। -सूर।

पुं० १. लेने की क्रिया या भाव। २. वह धन जो किसी से लेना हो, पावना।

लेना-देना पुं० १. लेन-देन। २. वह धन जो लेना अथवा देना हो। ३. सम्बन्ध; जैसे—उनका अब राजनीति से कुछ भी लेना-देना नहीं है।

लेनिहार* वि० [हिं० लेना+हार (प्रत्य०)] लेनेवाला।

पुं० दे० 'लेनदार'।

लेप पुं० [सं०] १. लीपने, पोतने या चुपड़ने की चीज। २. ऐसी चीज की वह तह जो किसी वस्तु पर चढ़ाई जाए।

लेपना स० [सं० लेपन] गाढ़ी गीली वस्तु की तह चढ़ाना, लेप लगाना।

लेपालक पुं० दे० 'दत्तक'।

लेलिहान पुं० [सं०] सर्प, साँप।

वि० १. बार-बार चखने या चाटनेवाला। २. ललचाया हुआ।

लेवा[1] पुं० [सं० लेय] १. मिट्टी का वह लेप जो बर्तन को आग पर चढ़ाने से पहले उसकी पेंदी में लगाते हैं। २. लेप।

लेवा[2] वि० [हिं० लेना] उत्तरपद के रूप में मुख्य रूप से प्रयुक्त लेनेवाला, जैसे जानलेवा, नामलेवा।

लेवा-देई* स्त्री०=लेना-देना।

लेवाल पुं० [हिं० लेना] लेने या खरीदनेवाला।

लेश पुं० [सं०] १. अणु। २. बहुत ही थोड़ा अंश। ३. चिह्न, निशान। ४. संसर्ग, सम्बन्ध। ५. साहित्य में एक अलंकार जिसमें किसी गुण के कारण भी कोई दोष या खराबी होने का अथवा किसी दोष के कारण भी कोई अच्छी बात या भलाई होने का उल्लेख होता है।

लेस स्त्री० [हिं० लेसना] १. लेसने की क्रिया या भाव। २. लासा।

*वि०=लेश (बहुत थोड़ा)।

लेसना[1] स० [सं० लेश्य] प्रज्वलित करना, जलाना जैसे दीया लेसना।

लेसना[2] स० [सं० लेस] १. लेप लगाना, पोतना। २. चिपकाना, सटाना।

लेसर पुं० [अं०] १. वह उपकरण जो विभिन्न शक्ति की किरणों को संकीर्ण, तीव्र तथा अत्यन्त नियंत्रित किरण में बदल देता है। २. उक्त किरण।

लेसर प्रिंटर पुं० [अं०] लेसर किरण से छपाई करनेवाला उपकरण।

लेह पुं० [सं०] [वि० लेह्य] चाटकर खाई जानेवाली चीज, चटनी।

लेहड़ू पुं० दे० 'रहड़ू'।

लेहन पुं० [सं० लेटक] चखने या चाटने की क्रिया या भाव।

लेह्य वि० [सं०] जो चाटा जाता हो, चाटने के योग्य, जैसे चटनी आदि।

लैंगिक वि० [सं०] १. लिंग-सम्बन्धी, लिंग का। २. स्त्री या पुरुष के लिंग या जननेन्द्रिय से सम्बन्ध रखनेवाला, योनि सम्बन्धी। (सेक्सुअल)

लैंगिकता स्त्री० [सं०] यौनाचार।

लै* क्रि० वि० [हिं० लगना] तक, पर्यन्त।

लैटिन स्त्री० [प्राचीन रोम नगर सम्बन्धी] दो ढाई हजार वर्ष पूर्व की रोम नगर और इटली देश की भाषा।

वि० प्राचीन रोम नगर के निवासियों, भाषा आदि से सम्बन्ध रखनेवाला।

लैपटाप पुं० [अं०] वह छोटा कंप्यूटर जिसे व्यक्ति उठाकर अपने साथ सरलता से कहीं ले जा सकता है और मेज आदि के अभाव में अपनी गोद में रखकर चला भी सकता है।

लैर क्रि० वि० [?] १. संग, साथ। २.पीछे।

पुं० १. संगति, साथ। २. पिछला भाग।

लैरू पुं० [?] १. बछड़ा। २. बच्चा।

लैस[1] वि० [अ० लेस] १. हथियारों आदि से सजा हुआ। २. सब तरह से तैयार।

लैस[2] पुं० [अं०] कपड़े लगाने का सुनहला फीता।

लैस[3] पुं० [देश०] एक प्रकार का तीर।

लोंदा पुं० [सं० लुंठन] [स्त्री० अल्पा० लोंदी] १. गीले पदार्थ का डले की तरह बँधा हुआ पिंड। २. गलाई हुई धातु की अवस्था या आकृति जो उसे गलने के बाद ठंडा होने के लिए छोड़ने पर प्राप्त होती है।

लोइ[1]* पुं० [सं० लोक] लोग; उदा० चिरजीवैं तेरे सब लोइ। -केशव।

लोइ[2] स्त्री० [सं० रोचि] १. प्रभा, दीप्ति। २. लौ।

लोइन[1]* पुं० [सं० लोचन] आँख, नेत्र, चक्षु।

लोइन[2] पुं० [सं० लावण्य] मधुर सौन्दर्य, लावण्य।

लोइन[3] पुं० [सं० लावक] लवा नामक पक्षी।

लोई[1] स्त्री० [सं० लोप्ती] गुँधे हुए आटे का पेड़ा जिसे बेलकर रोटी बनाई जाती है।

लोई[2] स्त्री० [सं० लोमीय] एक प्रकार की ऊनी चादर।

लोई[3]* पुं० [सं० लोक] लोग, उदा० माया मोह बँधे सब लोई। -कबीर।

लोकंजन* पुं० दे० 'लोपांजन'।

लोकंदा पुं० [?] [स्त्री० लोकंदी] वह दास जो विवाह हो चुकने पर वधू के डोले के साथ उसकी ससुराल को भेजा जाता है।

लोक पुं० [सं०] १. ऐसा स्थान या भूभाग जिसका बोध प्राणी को हो अथवा जिसकी उसने कल्पना की हो, जैसे इहलोक, परलोक। २. पृथ्वी के ऊपर-नीचे के कुछ विशिष्ट कल्पित स्थान, भुवन, विशेष दे० 'भुवन'। ३. संसार, जगत। ४. लोग, जन। ५. सारा समाज, जनता। (पब्लिक)

वि० सब लोगों से या किसी क्षेत्र के लोगों से सम्बन्ध रखनेवाला, यौ० के आरम्भ में, जैसे—लोक-स्वास्थ्य, लोकनृत्य, लोकगीत।

लोककंटक पुं० [सं०] ऐसी बात जिससे जन-साधारण को कष्ट पहुँचे, जैसे सड़क पर धुआँ करना या कूड़े का ढेर लगाना। (पब्लिक नुएसेन्स)

लोककल्याण पुं० [सं०] जनता की भलाई। (पब्लिक वेलफेयर)

लोकगाथा स्त्री० [सं०] जनसाधारण विशेषतः ग्राम्य लोगों में प्रचलित गाथाएँ या कहानियाँ।

लोकगीत पुं० [सं०] गाँव या देहातों में गाए जानेवाले जन-साधारण के वे गीत जो परम्परागत रूप से किसी जन-समाज में प्रचलित रहते हैं। (फोक साँग)

लोकजीवन पुं० [सं०] किसी व्यक्ति के निजी या घरेलू जीवन से भिन्न वह जीवन जिसमें वह सार्वजनिक संस्थाओं में रहकर या यों ही लोकोपकारक कार्य करता हो, सार्वजनिक जीवन। (पब्लिक लाइफ)

लोकटी* स्त्री०=लोमड़ी।

लोकतंत्र पुं० [सं०] [वि० लोकतंत्री] १. वह शासन-प्रणाली जिसमें प्रमुख सत्ता लोक या जनता अथवा उसके चुने हुए प्रतिनिधियों या अधिकारियों के हाथ में होती है और जिसकी नीति आदि निर्धारित करने का सब लोगों को समान रूप से अधिकार होता है। २. यह सिद्धान्त कि सार्वजनिक कार्य सब लोगों अथवा सबके प्रतिनिधियों की सम्मति से होने चाहिए।

लोकतंत्रवादी (-दिन्) वि० [सं०] लोकतन्त्र-सम्बन्धी।

पुं० लोकतन्त्र का पक्षधर।

लोकतंत्री (-त्रिन्) पुं० [सं०] वह जो लोकतन्त्र का सिद्धान्त मानता हो, जनवादी। (डिमोक्रैट)

वि० दे० 'लोकतांत्रिक'।

लोकतांत्रिक वि० [सं० लोकतंत्र] लोकतंत्र-सम्बन्धी, लोकतन्त्र का, जनवादी। (डिमोक्रेटिक)

पुं० वह जो लोकतन्त्र का सिद्धान्त मानता हो।

लोकधुनि* स्त्री० दे० 'जनश्रुति'।

लोकना स० [सं० लोपन] १. ऊपर से गिरती हुई चीज हाथों में रोकना। २. बीच में से ही उड़ा या ले लेना।

लोकनृत्य पुं० [सं०] गाँवों देहातों में नाचे जानेवाले नाच। (फोक डान्स)

लोकप* पुं०=लोकपति।

लोकपति पुं० [सं०] १. ब्रह्मा। २. लोकपाल। ३. राजा।

लोकपद पुं० [सं०] लोक या जनता की सेवा से सम्बन्ध रखनेवाला पद। (पब्लिक ऑफिस)

लोकपावनी वि० स्त्री० [सं० लोक+हिं० पावनी] लोक को पवित्र करनेवाली; जैसे-लोकपावनी कथा।

लोक-प्रदर्शन पुं० [सं०] जनता को नई वस्तु या यंत्र के गुण तथा क्रियाविधि बतलाने के लिए उसका प्रदर्शित किया जाना।

लोक प्रवृत्ति स्त्री० [सं०] जनता की रुझान।

लोकप्रिय वि० [सं०] [भाव० लोकप्रियता] १. जिससे सब लोग प्रेम करते हों। २. जो सब या बहुत से लोगों को अच्छा लगता या भला जान पड़ता हो। (पॉपुलर)

लोकप्रियता स्त्री० [सं०] लोकप्रिय होने की अवस्था या भाव। (पॉपुलैरिटी)

लोकभावना स्त्री० [सं०] लोक या जन-साधारण की सेवा, उपकार आदि करने की भावना, वृत्ति या विचार। (पब्लिक स्पिरिट)

लोकभाषा स्त्री० [सं०] सामान्य लोगों की बोलचाल की भाषा।

लोकमंगल पुं० [सं०] जनता की भलाई, जन-कल्याण।

लोकमत पुं० [सं०] किसी विषय में लोक या जनता की राय, समाज के बहुत से लोगों का ऐसा मत जो किसी एक वर्ग या दल के लिए नहीं बल्कि समष्टि के हित या विचार का सूचक हो, जनमत (पब्लिक ओपीनिअन)

लोकमाता स्त्री० [सं०] संसार की माता।

लोकमान्य वि० [सं०] जिसे जनता ने स्वीकार किया हो।

लोकमान्यता स्त्री० [सं०] जनता द्वारा दी हुई स्वीकृति।

लोकरंजक वि० [सं०] लोगों का मनोरंजन करनेवाला।

लोकरंजन पुं० [सं०] लोगों का रंजन, लोगों का मनोरंजन।

लोकरक्षक वि०, पुं० [सं०] लोगों की रक्षा करनेवाला।

लोक-लीक* स्त्री० [हिं० लोक+लीक] लोक-मर्यादा।

लोक-लुभावन वि० [सं०+हिं० लुभावना] लोगों को लुभानेवाला।

लोकवंदनीय वि० [सं०] समाज जिसकी वन्दना करता हो।

लोकवार्ता स्त्री० [सं०] इतिहास, पुरातत्व आदि के अध्ययन का वह अंग जिसमें पुरानी प्रथाओं, धारणाओं, विश्वासों आदि से सम्बन्ध रखनेवाली और लोक या जन-साधारण में प्रचलित बातों का विचार या विवेचन होता है। (फोकलोर)

लोकवास्तु पुं० [सं०] राज्य आदि का वह विभाग जो लोक-कल्याण या उपयोग के लिए सड़कें, कुएँ, नहरें आदि बनाता है। (पब्लिक वर्क्स)

लोकविमुख वि० [सं० लोक+विमुख] [भाव० लोकविमुखता] जो लोकहितकारी न हो।

लोकशक्ति स्त्री० [सं० लोक+शक्ति] जनता की शक्ति, जनशक्ति।

लोकशांति स्त्री० [सं०] लोक या जन-साधारण अथवा समाज में बनी रहनेवाली ऐसी शान्ति, जिसमें किसी प्रकार का उपद्रव, उत्पात या लड़ाई-झगड़ा न हो। (पब्लिक पीस)

लोकशिक्षक वि०, पुं० [सं०] लोगों को शिक्षित करनेवाला।

लोकसंग्रह पुं० [सं०] [वि० लोकसंग्रही] १. संसार के लोगों को प्रसन्न रखना। २. सबकी भलाई, लोकोपकार। ३. लोगों को अपनी ओर मिलाना या अपने पक्ष में करना।

लोकसभा स्त्री० [सं०] १. प्रतिनिधि-सत्तात्मक राज्यों में साधारण जनता के चुने हुए प्रतिनिधियों की वह सभा जो विधान आदि बनाती है। २. भारतीय संविधान में उक्त प्रकार की सभा। (हाउस ऑफ पीपुल) ३. इंगलैण्ड की उक्त प्रकार की सभा। (हाउस ऑफ कामन्स)

लोकसभाई पुं० [सं० लोकसभा] लोकसभा का सदस्य। वि० लोकसभा-संबंधी।

लोकसेवक पुं० [सं०] वह जो जनता के हित के काम या सेवा के लिए नियत हो। (पब्लिक सर्वेन्ट)

लोकसेवा स्त्री० [सं०] १. जन-साधारण के लिए किए जानेवाले कार्य। २. राज्य की सेवा या नौकरी, जो वस्तुतः जन-साधारण की सेवा के लिए होती है। (पब्लिक सर्विस)

लोकसेवा आयोग पुं० [सं०] राज्य द्वारा नियुक्त कुछ व्यक्तियों का वह आयोग या समिति जिसके जिम्मे लोकसेवा-सम्बन्धी पदों के लिए प्रत्याशियों में से उपयुक्त व्यक्ति चुनने का काम होता है। (पब्लिक सर्विसेज कमीशन)

लोकसेवी वि० [सं० लोकसेवा] जनता की सेवा-सम्बन्धी; जैसे लोकसेवी संस्थाएँ।
पुं० लोकसेवक।

लोक स्वास्थ्य पुं० [सं०] सामूहिक रूप से सब लोगों के स्वस्थ और नीरोग रहने की अवस्था या व्यवस्था।

लोक-स्वीकृति स्त्री० [सं०] जनता की स्वीकृति, जनता की मान्यता।

लोकहित पुं० [सं० लोक+हित] जनता का हित, समाज की भलाई।

लोकहितकारी वि० [सं० लोकहित] १. जनता का हित करनेवाला। २. जो जनता की भलाई के लिए हो।

लोक-हितैषी वि० [सं० जन+हितैषी] जनहित करनेवाला, लोकहितकारी।

लोकांतरण पुं० [सं० लोक+अंतरण] १. एक लोक से दूसरे लोक में जाना। २. मरना, मृत्यु।

लोकाचार पुं० [सं०] सामाजिक व्यवहार।

लोकाना| स० हिं० 'लोकना' का प्रे०।

लोकापवाद पुं० [सं०] लोक में होनेवाली बदनामी, लोकनिन्दा।

लोकायत पुं० [सं०] १. चारवाक का चलाया हुआ एक प्राचीन दर्शन जिसमें आत्मा, ईश्वर, परलोक आदि का अस्तित्व नहीं माना जाता था और सब बातों के निर्णय का आधार विशुद्ध बुद्धिवाद माना जाता था। २. उक्त दर्शन या मत का अनुयायी, लोकायत्तिक।

लोकार्पण पुं० [सं०] [वि० लोकार्पित] जनता या राष्ट्र को समर्पित करने की क्रिया या भाव।

लोकालोक पुं० [सं० लोक+अलोक] ब्रह्मांड में फैले हुए अनन्त लोक।

लोकेश, लोकेश्वर पुं० [सं०] १. सब लोगों का स्वामी, ईश्वर। २. ब्रह्मा।

लोकेस* पुं०=लोकेश।

लोकोक्ति स्त्री० [सं०] १. लोक में प्रचलित कोई ऐसा चमत्कारपूर्ण वाक्य जिसमें कोई अनुभव या तथ्य की बात सुन्दर ढंग से और संक्षेप में कही गई हो, कहावत, मसल। (प्रावर्ब, मैक्सिम) २. साहित्य में एक अलंकार जिसमें कहावत के द्वारा कुछ चमत्कार लाया जाता है।

लोकोत्तर वि० [सं०] [भाव० लोकोत्तरता] ऐसा अद्‌भुत, जैसा इस संसार में न होता हो, अलौकिक।

लोकोन्मुखी वि० [सं० लोक+उन्मुख] १. लोक की ओर प्रवृत्त। २. लोक या समाज को ध्यान में रखकर किया जानेवाला।

लोकोपकार पुं० [सं० लोक+उपकार] [वि० लोकोपकारी] लोगों का उपकार, जन-जन का उपकार।

लोकोपयोगी(-गिन्) वि० [सं०] जनता के लिए उपयोगी।

लोकोत्सव पुं० [सं० लोक+उत्सव] ऐसा उत्सव जिसे सभी जातियों, धर्मों, विचारधाराओं आदि के लोग मिलकर मनाते हों।

लोग पुं० बहु० [सं० लोक] आस-पास के सब आदमी, जनसमूह।

लोच[१] स्त्री० [हिं० लचक] १. लचक। २. कोमलतापूर्ण सौन्दर्य।

लोच[२] स्त्री० [सं० रुचि] अभिलाषा।

लोचन पुं० [सं०] आँख, नयन।

लोचना[१] स० [हिं० लोचन] १. प्रकाशित करना, चमकाना। २. किसी बात की रुचि उत्पन्न करना। ३. इच्छा या कामना करना, चाहना। ४. विचार करना।

लोचना[२] अ० १. शोभा देना। २. इच्छा या कामना करना। ३. ललचना, तरसाना, उदा० लोचन उतावरे हैं लौचें हाय कैसे हो। -घनानन्द।

लोट स्त्री० [हिं० लोटना] १. लोटने की क्रिया या भाव। २. स्त्रियों के पेट पर पड़नेवाले तीन बल (सुन्दरता के सूचक), त्रिबली, उदा० कीजै कहा विधि की विधि कौं दियो दारुन लोट पटा करिबै कौं। -पद्माकर।

लोटन वि० [हिं० लोटना] १. लोटनेवाला। २. इधर-उधर लुढ़कनेवाला।

स्त्री० १. लोटने की क्रिया या भाव। २. छोटी कंकड़ियाँ जो हवा चलने पर इधर-उधर लुढ़कती रहती हैं। ३. कँटीली झाँड़ी।

पुं० १. एक प्रकार का कबूतर जो जमीन पर लुढ़का देने से लोटने लगता है। २. साँप।

लोटन-पोट* वि० दे० 'लोट-पोट' ३. ४.।

लोटना अ० [सं० लुंठन] १. चित्त और पट होते हुए इधर-उधर करना।

मुहा० *लोट जाना*=(क) बेसुध होकर पड़ या लेट जाना। (ख) मर जाना।

२. लुढ़कना। ३. कष्ट से करवटें बदलना, तड़पना। ४. लेटना। ५. मुग्ध होना।

लोट-पोट स्त्री० [हिं० लोटना] लेटने या आराम करने की क्रिया या भाव।

वि० १. हँसी या प्रसन्नता के कारण लेट जानेवाला। २. बहुत अधिक प्रसन्न। ३. उलटा-पुलटा हुआ, विपर्यस्त। ४. छिन्न-भिन्न किया हुआ।

लोटा पुं० [हिं० लोटना] [स्त्री० अल्पा० लुटिया] पानी रखने का धातु का एक प्रसिद्ध गोल पात्र।

लोड़ना † स० [हिं० लोड़=आवश्यकता] आवश्यकता होना, जरूरत होना।

लोढ़ना स० [सं० लुंचन] १. फूल चुनना या तोड़ना। २. ओटना।

लोढ़ा पुं० [सं० लोष्ठ] [स्त्री० अल्पा० लोढ़िया] सिल के साथ पत्थर का वह टुकड़ा जिससे चीजें पीसते हैं, बट्टा।

लोथ स्त्री० [सं० लोत्र (शरीर), प्रा० लोत्त] मृत शरीर, लाश, शव।

मुहा० *(किसी की) लोथ गिरना*=(लड़ाई आदि में किसी का) मारा जाना।

लोथड़ा पुं० [हिं० लोथ] मांस का कटा हुआ टुकड़ा, मांस पिंड।

लोध पुं० [सं० लोध्र] एक वृक्ष।

लोन* पुं० लवण (नमक)।

वि० दे० 'सलोना'।

लोन-हरामी वि० दे० 'नमक-हरामी'।

लोना[१] वि० [स्त्री० लोनी] [भाव० लोनाई] दे० 'सलोना'।

पुं० दे० 'नोना'।

लोना[२] स्त्री० [देश०] एक चमाइन जो जादू-टोने में बहुत दक्ष मानी गई है।

लोना[३]**†** स० [सं० लवण] फसल काटना। लुनना।

लोनाई स्त्री० दे० 'लावण्य'।

*वि० [सं० लावण्य] सुन्दर, मनुहारी, उदा०-गरबाहीं दिए झूलत-फूलत मुकता भरननि लोनिया बागैं। -आनन्दघन।

लोनिया पुं०=नोनिया (जाति)।

पुं०=अमलोनी (वनस्पति)।

लोनी स्त्री०=अमलोनी (वनस्पति)।

लोप पुं० [सं०] [भाव० लोपन, वि० लुप्त, लोप्य] १. नाश, क्षय। २. गायब होना, अन्तर्द्धान। ३. व्याकरण में वह नियम जिसके अनुसार शब्द-साधन में कोई वर्ण निकाल या छोड़ देते हैं।

लोपना* स० [सं० लोपन] १. लुप्त या गायब करना। २. छिपाना। ३. न रहने देना, नष्ट करना, मिटाना। ४. अवज्ञा या उपेक्षा करना, न मानना, उदा०-भले-बुरे गुरुजन बचन लोपत कबहूँ न धीर। -वृन्द।

अ० १. लुप्त होना। २. नष्ट होना।

लोपांजन पुं० [सं०] एक कल्पित अंजन। यह कहा जाता है कि इसे लगाने से आदमी दूसरों को दिखाई नहीं देता।

लोबान पुं० [अ०] एक प्रकार का सुगन्धित गोंद जो जलाने और दवा के काम में आता है।

लोभ पुं० [सं०] [वि० लुब्ध, लोभी] धन का संग्रह करने की तीव्र इच्छा।

लोभना† स० [हिं० लोभ] मोहित करना।

अ० मोहित होना।

लोभी वि०, पुं० [सं० लोभ] जिसे लोभ हो, लोभ से ग्रस्त।

लोभग्रस्त वि० [सं०] जो लोभ से पगलाया हो।

लोभनीय वि० [सं० लोभ] १. जिस पर लोभ हो सके। २. सुन्दर, मनोहर।

लोभार* वि० [हिं० लोभ] लुभानेवाला।

लोभालोभ पुं० [सं०] लोभ और अलोभ।

लोभी (-भिन्) वि० [सं०] जिसे बहुत लोभ हो, लालची।

लोम[१] पुं० [सं०] १. रोआँ। २. बाल।

लोम[२] पुं० [सं० लोमश] लोमड़ी।

लोमड़ी स्त्री० [सं० लोमश] गीदड़ की तरह का एक प्रसिद्ध जंगली छोटा पशु।

लोमवड़* स्त्री०=लोमड़ी।

लोमहर्षक वि० [सं०] (ऐसा भीषण) जिसे देखकर रोएँ खड़े हो जाएँ, भयानक।

लोय[१]***** पुं० [सं० लोक] लोग।

लोय[२] स्त्री० [हिं० लौ] आग की लपट, लौ।

लोय[३] पुं० [सं० लोचन] आँख, नयन।

क्रि० वि० दे० 'लौं'।

लोयन* पुं० १. लावण्य। २. नेत्र।

लोयना* पुं० [सं० लोचन] आँख, नेत्र।

पुं० [?] चिड़िया फँसाने का लासा।

लोर वि० [सं० लोल] १. चंचल, लोल। २. उत्सुक।
पुं० १. कान का कुंडल। २. लटकन। ३. आँसू. उदा०–झपसि पैसल हो लछमन तैना पोछे लोरवा। –गीत।

लोरना* अ० [सं० लोल] १. चंचल होना। २. लपकना। ३. लिपटना। ४. झुकना। ५. लोटना।

लोरा| पुं० [?] आँसू, अश्रु।

लोरी स्त्री० [सं० लाल] वह गीत जो स्त्रियाँ छोटे बच्चों को सुलाने के लिए गाती हैं। (ललबी)

लोल वि० [सं०] १. हिलता हुआ। २. बदलता हुआ। ३. उत्सुक।
पुं० पानी की बहुत बड़ी और ऊँची लहर, विशेषतः समुद्र की।

लोलक पुं० [सं०] नथों, बालियों आदि में का लटकन, कान की लौ।

लोलन पुं० [सं०] हिलने या हिलाने-डुलाने की क्रिया या भाव।

लोलना* अ०=हिलना।

लोललिनी* वि० स्त्री० [सं० लोलन] चंचल स्वभाव-वाली स्त्री।

लोला| वि०=मूर्ख।

लोलुप वि० [सं०] [भाव० लोलुपता] १. लोभी, लालची। २. परम उत्सुक।

लोलुपता स्त्री० [सं०] १. लोभ। २. परम उत्सुकता।

लोवा* स्त्री०=लोमड़ी।
पुं०=लवा (पक्षी)।

लोस पुं० लोकसभा का संक्षिप्त रूप।

लोष्ठ पुं० [सं०] १. पत्थर। २. ढेला।

लोहँड़ा पुं० [हिं० लोहा+भाँडा] [स्त्री० अल्पा० लोहँड़ी] लोहे का बना हुआ एक प्रकार का तसला।

लोह पुं० [सं०] १. लोहा। (धातु) २. अस्त्र; उदा० लोह चहूँ दिसि बरसत घनै। –केशव।

लोहचूर्न पुं० [हिं० लोहा+चूर] लोहे का चूरा या बुरादा।

लोहबान पुं० दे० 'लोबान'।
*पुं० [हिं० लोहा] युद्ध, समर।

लोहसार पुं० [हिं० लोहा+सार] पक्का लोहा, फौलाद।

लोहाँगी स्त्री० [हिं० लोहा] वह डण्डा जिसके सिरे पर आघात करने के लिए मुठिया के आकार का मोटा लोहा जड़ा रहता है, परिघ।

लोहा पुं० [सं० लौह] १. काले रंग की एक प्रसिद्ध धातु जिससे बरतन, हथियार, यन्त्र आदि बनते हैं।
कहा० *लोहा गहना*=युद्ध के लिए हथियार उठाना। *लोहा बजना*=युद्ध होना। *(किसी का) लोहा मानना*=किसी विषय में किसी का प्रभुत्व या अधिकार मानना। *लोहा मानना*=(क) श्रेष्ठता स्वीकार करना। (ख) लड़ाई लड़ना। *लोहा-लेना*=मुकाबला करना

लोहार पुं० [सं० लोहकार] [स्त्री० लोहारिन, लोहाइन, भाव० लोहारी] लोहे की चीजें बनानेवाली एक प्रसिद्ध जाति। (आयरन स्मिथ)

लोहित[1] वि० [सं०]१. लाल (रंग)। २. ताँबे का बना हुआ।

लोहित[2] पुं० [सं० लोहितक] १. मंगल ग्रह। २. ब्रह्मपुत्र।

लोहिया वि० [हिं० लोहा+इया (प्रत्य०)] लोहे का बना हुआ।
पुं० १. राजस्थानी वैश्यों की एक जाति। २. लोहे का व्यापारी।

लोही स्त्री० [सं० लोहित] उषाकाल या प्रभात के समय की लाली।

लोहू पुं० दे० 'लहू'।

लौं* क्रि० वि० [हिं० लग] १. तक, पर्यन्त। २. समान, तुल्य, बराबर।

लौंग पुं० [सं० लवंग] १. एक झाड़ की कली जो सुखाकर मसाले और दवा के काम लाई जाती है। २. इस आकार का नाक या कान में पहनने का एक गहना।

लौंग-चूरी पुं० [हिं० लौंग+चूरी] एक प्रकार का धान और उसका चावल।

लौंज* पुं० [अ० लौज़] बादाम।

लौंडा पुं० [?] बालक, लड़का।

लौंडी स्त्री० [हिं० लौंडा] दासी।

लौंद पुं० दे० 'मलमास'।

लौ[1] स्त्री० [हिं० लपट] १. आग की ज्वाला। २. दीमक की शिखा, टेम।
मुहा० *लौ लगना*=लगन लगना।

लौ[2] स्त्री० [हिं० लाग] मन की सच्ची लगन।

लौकना अ० [हिं० लो] १. दिखाई पड़ना। २. चमकना।

लौका स्त्री० [हिं० लौकना] बिजली, चंचला, चपला।

लौकायतिक पुं० [सं०] वह जो चार्वाक के 'लोकायत मत' का अनुयायी हो।
वि० लोकयात-सम्बन्धी, लोकयात का।

लौकिक वि० [सं०] [भाव० लौकिकता] १. इस लोक या संसार से सम्बन्ध रखनेवाला, पारमार्थिक या आध्यात्मिक आदि से भिन्न, सांसारिक, ऐहिक। २. व्यावहारिक।

लौकिक विवाह पुं० [सं०] वह विवाह जो ऐसे वर या बधू में होता है जो किसी धर्म या सम्प्रदाय का बन्धन नहीं मानते और केवल विधि द्वारा निश्चित नियमों के अनुसार विवाह-बन्धन में बँधते हैं। (सिविल मैरेज)

लौकी स्त्री० दे० 'कद्दू'।

लौ-जोरा पुं० [हिं० लौ+जोड़ना] धातु की चीजें जोड़ने या बनानेवाला।

लौटना अ० [हिं० उलटना] [भाव० लौट] १. कहीं जाकर वहाँ से आना, वापस आना, पलटना। २.पीछे की ओर घूमना।
स० पलटना, उलटना।

लौट-पौट पुं० [हिं० लौट+अनु०] किसी तरल पदार्थ विशेषतः दूध को दो पात्रों में कई बार उँडेलने की क्रिया या भाव।

लौट-फेर पुं० दे० 'उलट-फेर'।

लौटाना स० [हिं० लौटना] १. हिं० 'लौटना' का स०। २. नियत या उचित से अधिक लिया हुआ धन देनेवाले को वापस करना। (रिफंड) ३. दे० 'उलटना'।

लौड़ा पुं० [देश०] पुरुष का लिंग।

लौंद* स्त्री०=छड़ी।

लौन* पुं०=नमक।

लौना* वि० दे० 'सलोना'।
स० दे० 'लुनना'।

लौनी स्त्री० [?] बछिया (गौ की)।
स्त्री० दे० 'लवनी'।

लौह पुं० [सं०] लोहा।
वि० १. लोहे का बना हुआ, जैसे लौहपुरुष। २. लोहे से सम्बन्ध रखनेवाला, जैसे लौहयुग।

लौहटोप पुं० लोहे का टोप।

लौहपट पुं० [सं०] १. लोहे का बना हुआ परदा या आवरण। २. ऐसी व्यवस्था या रुकावट जिसकी आड़ में होनेवाली बातें या कार्य दूसरों पर किसी प्रकार प्रकट न हो सकें, ऐसा आवरण जो अन्दर का कुछ भी देखने या जानने न दे। (आयरन कर्टेन)

लौहपुरुष पुं० [सं० लोह+पुरुष] १. अत्यन्त दृढ़ निश्चयवाला व्यक्ति। २. सरदार वल्लभभाई पटेल जो स्वतंत्र भारत के पहले गृहमंत्री थे।

लौहयुग पुं० [सं०] संस्कृति के इतिहास में वह युग जब अस्त्र-शस्त्र, औजार आदि लोहे के ही बनते थे।

लौहित पुं० [सं०] शंकर का त्रिशूल।

लौहित्य पुं० [सं०] १. लाल सागर। २. ब्रह्मपुत्र।
वि० १. लोहे का। २. लाल रंग का।

ल्याना, ल्यावना स०=लाना।

ल्वारि* स्त्री० दे० 'लू'।

ल्हेसना* अ०, स० दे० 'लसना'।

ल्हेसित* वि० [सं० लसन] सजने या शोभा देनेवाला, सुशोभित, उदा० लखति लाल की ओर लाज लेहसित नैंननि सौं। –रत्ना०।

व

व नागरी और संस्कृत वर्णमाला का उन्नीसवाँ व्यंजन वर्ण जो अन्तस्थ अर्द्धव्यंजन माना गया है। योजक के रूप में यह 'और' का अर्थ देता हो।

वंक वि० [सं०] [भाव० वंकता] टेढ़ा।

वंकिम वि० [सं०] टेढ़ा, वक्र।

वंग पुं० [सं०] [वि० वंगीय] १. बंगाल प्रदेश। २. राँगा (धातु)। ३. राँगे का भस्म। (वैद्यक)

वंगीय वि० [सं०] वंग देश से सम्बन्ध रखनेवाला, बंगाल का, जैसे वंगीय साहित्य परिषद।

वंचक वि० [सं०] [भाव० वंचकता] १. धूर्त। २. ठग।

वंचकता स्त्री० [सं०] ठगपना, ठगी।

वंचन पुं० [सं०] १. धोखा, छल। २. धोखा देना, ठगना। ३. किसी की प्राप्य या भोग्य वस्तु उसे प्राप्त करने या भोगने से रहित करना।

वंचना[१] स्त्री० [सं०] [वि० वंचित] धोखा, छल।

वंचना[२]* स० [सं० वंचन] १. ठगना। २. धोखा देना।

वंचना[३] स० [सं० वाचन] पढ़ना (लेख आदि)।

वंचित वि० [सं०] १. जो ठगा गया हो। २. अलग किया हुआ। ३. जिसे कोई वस्तु प्राप्त न हुई हो या न करने दी गई हो, जैसे सुख से वंचित। (डिप्राइव्ड) ४. हीन, रहित।

वंजुल पुं० [सं०] १. बेंत। २. अशोक का पेड़। ३. एक प्रकार का पक्षी।

वंदन पुं० [सं०] १. स्तुति। २. प्रणाम। ३. शरीर पर बनाए हुए तिलक आदि चिह्न। ४. सिन्दूर, उदा० बूका, वन्दन, अगर, कुमकुमा भरै गुलालन झोरी है। –आनन्दघन।

वंदनमाला स्त्री० दे० 'बंदनवार'।

वंदना[१] स्त्री० [सं०] [वि० वंदित, वंदनीय, वंद्य] १. स्तुति। २. प्रणाम, अभिवादन।

वंदना[२] *स० [सं० वंदन] वन्दना या स्तुति करना।

वंदनीय वि० [सं०] जिसकी वन्दना करना उचित हो, वन्दना करने योग्य।

वंदारु वि० [सं०] वंदनीय।

वंदित वि० [सं०] [स्त्री० वंदिता] १. जिसकी वन्दना की गई हो। २. पूज्य।

वंदी (–दिन्) पुं० [सं०] १. वह जो पकड़कर कैद किया गया हो, कैदी। २. वह जिसे दंडस्वरूप कारागार में रखा गया हो, कैदी। (प्रिज़नर)

वंदीगृह पुं० [सं०] कारागार, कैदखाना, जेलखाना। (प्रिज़न)

वंदीजन पुं० [सं०] राजाओं की कीर्ति का वर्णन करनेवाली एक जाति, चारण।

वंद्य वि० [सं०] [भाव० वंद्यता] वन्दनीय।

वंश पुं० [सं०] १. बाँस। २. पीठ की हड्डी, रीढ़। ३. नाक की हड्डी, बाँसा। ४. बाँसुरी। ५. परिवार, खानदान।

वंशज पुं० [सं०] किसी के वंश में उत्पन्न, सन्तान, औलाद। (डिसेन्डेन्ट)

वंशधर पुं० [सं०] दे० 'वंशज'।

वंश-परंपरा स्त्री० [सं०] किसी वंश की बराबर चलती रहनेवाली परम्परा या क्रम।

वंशवाद पुं० [सं०] अपने वंश के लोगों को वरीयता देने की प्रवृत्ति या सिद्धांत।

वंशवृक्ष पुं० [सं०] वह लेख जो किसी वंश के मूल पुरुष से लेकर उसके परवर्ती विकास और उस वंश में होनेवाले

सब लोगों के स्थान आदि सूचित करता है। (प्रायः वृक्ष और उसकी शाखाओं के रूप में अंकित होता है।)

वंशानुक्रम पुं० [सं०] [वि० वंशानुक्रमिक] किसी वंश में बराबर चलता रहनेवाला क्रम या परम्परा।

वंशानुक्रमण पुं० [सं०] वंश में किसी परम्परा का नैरन्तर्य।

वंशानुक्रमिक वि० [सं०] वंश में पीढ़ी-दर-पीढ़ी बराबर चलते रहनेवाला, आनुवंशिक। (हेरीडेटरी)

वंशानुगत वि० [सं० वंश+अनुगत] वंश-परम्परा से चला आता हुआ।

वंशावली स्त्री० [सं०] किसी वंश के लोगों की कालक्रम से बनी हुई सूची। (जीनिएलॉजी)

वंशी स्त्री० [सं०] बाँसुरी, मुरली।

मुहा० *वंशी टेरना*=रट लगाना।

वंशीधर पुं० [सं० वंशी+धर] श्रीकृष्ण।

वंशीय वि० [सं०] वंश-संबंधी।

वक पुं० [सं०] बगला (पक्षी)।

वकालत स्त्री० [अ०] १. दूत का काम। २. किसी का पक्ष पुष्ट करने के लिए उसके अनुकूल बात-चीत करना। ३. वकील का काम या पेशा।

वकालतनामा पुं० [अ० वकालत+फा० नामः] वह अधिकार-पत्र जिसके द्वारा कोई किसी वकील को अपनी ओर से न्यायालय में मुकदमा लड़ने के लिए नियत करता है।

वकी स्त्री० [सं०] पूतना राक्षसी का एक नाम।

वकील पुं० [अ०] १. दूत। २. राजदूत, एलची। ३. प्रतिनिधि। ४. दूसरे के पक्ष का समर्थन करनेवाला। ५. वह जिसने वकालत की परीक्षा पास की हो और जो अदालतों में किसी की ओर से बहस करे।

वक्त पुं० [अ०] १. समय, काल। २. अवसर, मौका। ३. अवकाश, फुरसत।

वक्त-जरूरत क्रि० वि० [अ० वक़्त+ज़रूरत] जरूरत के समय, आवश्यकता होने पर।

वक्त-बेवक्त क्रि० वि० किसी अच्छे या बुरे समय पर।

वक्तव्य पुं० [सं०] किसी विषय में कही हुई कोई बात; विशेषतः ऐसी बात जो किसी विषय को स्पष्ट करने के लिए हो। (स्टेटमेन्ट)

वि० कहने के योग्य।

वक्तव्यता स्त्री० [सं०] किसी बात के सम्बन्ध में वक्तव्य या उत्तर देने का भार, उत्तरदायित्व।

वक्ता पुं० [सं० वक्तृ] १. बोलनेवाला। २. भाषण करनेवाला। ३. कथा कहनेवाला, व्यास।

वक्तृता स्त्री० [सं०] १. वाक्पटुता। २. भाषण देने की योग्यता या शक्ति। ३. व्याख्यान, भाषण।

वक्तृत्व पुं० [सं०] वक्तृता देने की योग्यता या शक्ति, वाग्मिता।

वक्तृत्व-कला स्त्री० [सं०] कोई बात बहुत अच्छी तरह समझाकर और प्रभावशाली ढंग से कहने या बहुत अच्छे ढंग से भाषण करने या वक्तृता देने की कला या विद्या। (इलोक्यूशन)

वक्फ पुं० [अ० वक़्फ़] १. धर्मार्थ दान की हुई सम्पत्ति। २. किसी के लिए कोई चीज छोड़ देना।

वक्र वि० [सं०] [भाव० वक्रता] १. टेढ़ा, तिरछा। २. झुका हुआ। ३. कुटिल।

वक्रदृष्टि स्त्री० [सं०] टेढ़ी दृष्टि (प्रायः रोष या क्रोध की सूचक)।

वक्रोक्ति स्त्री० [सं० वक्र+उक्ति] १. परिहास, व्यंग्य आदि के लिए कही हुई ऐसी बात जिसमें श्लिष्ट शब्दों का प्रयोग हुआ हो। २. साहित्य में एक अलंकार जिसमें किसी सुनी हुई बात का कुछ दूसरा ही अर्थ लगाया जाता है। (जिसमें शब्दों को तोड़-मरोड़कर अथवा वर्णों को इधर-उधर लगाकर दूसरा अर्थ लगाया जाए उसे 'शब्द-वक्रोक्ति' और जिसमें ऐसा न करके केवल श्लेष के द्वारा दूसरा अर्थ लगाया जाए, उसे 'अर्थ-वक्रोक्ति' या 'श्लेष-वक्रोक्ति' कहते हैं।)

वक्षःस्थल पुं० [सं०] छाती।

वक्ष* पुं० [सं० वक्षस्] छाती।

वक्षस्थल पुं० [सं० वक्षःस्थल] छाती, सीना।

वक्षोज, वक्षोरुह पुं० [सं०] स्तन, कुच।

वगैरह क्रि० वि० [अ० वगैरः] इत्यादि, आदि।

वग्ग* पुं० [सं० वर्ग] समूह।

वचन पुं० [सं०] १. मनुष्य के मुँह से निकलनेवाले सार्थक शब्द, वाणी। २. कथन, उक्ति। ३. किसी से दृढ़ता या प्रतिज्ञापूर्वक यह कहना कि हम अमुक काम अवश्य करेंगे अथवा कभी न करेंगे, वादा। (प्रॉमिस, अंडरटेकिंग)

क्रि० प्र०—देना, लेना।

मुहा० *वचन माँगना*=(किसी से) किसी काम या बात के लिए प्रतिज्ञा करवाना।

४. व्याकरण में वह विधान जिसके द्वारा शब्द के रूप से एक या अनेक का बोध होता है। (नम्बर) (हिन्दी में दो वचन हैं—एकवचन और बहुवचन)

वचनबद्ध वि० [सं०] [भाव० वचनबद्धता] वचन से बँधा हुआ, जिसने वचन दिया हो।

वचनबद्धता स्त्री० [सं०] अपने वचन से बँधे रहने की अवस्था या भाव, अपने वचन के पालन पर अडिग रहने का भाव।

वचनामृत पुं० [सं०] अमृत के समान वचन।

वचनीय वि० [सं०] वचन-संबंधी।

बहुवचनीय=बहुवचन-संबंधी।

वजन पुं० [अ० वज़्न] [वि० वजनी] १. भारीपन, गुरुत्व। २. भार का मान, तौल। ३. भार, बोझ। (वेट) ४. मान-मर्यादा, गौरव। ५. वह विशेषता जिसके कारण चित्र का एक अंग दूसरे से न्यून या विषम हो जाए। (चित्रकला)

वजनदार वि० [अ० वज़्न+फा० दार] १. भारी। २. महत्त्वपूर्ण।

वजह स्त्री० [अ० वज्ह] कारण, हेतु।

वजा स्त्री० [अ० वज़्अ] १. रचना या बनावट का प्रकार या ढंग। २. सज-धज। ३. प्रथा, रीति, प्रणाली। ४. धन या और कुछ देते समय उसमें से कुछ काट लेना या कम करना, मुजरा, मिनहा।

वजादार वि० [अ० वज़्अ+फा० दार] जिसकी बनावट या ढंग बहुत सुन्दर हो।

वजारत स्त्री० [अ० विज़ारत] [वि० वजारती] मंत्रिमंडल।

वजीफा पुं० [अ० वज़ीफ़ः] १. विद्वानों, छात्रों आदि को दी जानेवाली आर्थिक सहायता, वृत्ति। २. जप या पाठ। (मुसल०)

वजीफाधारी पुं० [अ०+हिं०] वह जिसे वजीफा मिलता हो।

वजीर पुं० [अ० वज़ीर] मन्त्री।

वजीरी स्त्री० [अ० वज़ीर] 'वजीर' का भाव, पद या कार्यकाल।
पुं० घोड़ों की एक जाति।

वजू पुं० [अ० वुज़ू] मुसलमानों में, नमाज पढ़ने से पहले हाथ-पैर और मुँह धोने का पानी।

वजूद पुं० [अ०] अस्तित्व, मौजूदगी।
पद *के बावजूद*=इतना होने पर भी।

वज़ूहात स्त्री० बहु० [अ० वज्ह का बहु०] वजहें, कारण।

वज्र पुं० [सं०] १. इन्द्र का प्रधान शस्त्र, जो पुराणानुसार दधीचि ऋषि की हड्डियों से निर्मित तथा भाले के फल के समान माना जाता है, कुलिश, पवि। २. आकाश में बिजली चमकने और बादल गरजने के बाद का वह विद्युत्प्रवाह जो आकाश से चलकर पृथ्वी पर कहीं आ गिरता और बहुत घातक सिद्ध होता है, विद्युत, बिजली। (लाइटनिंग) ३. हीरा। ४. भाला, बरछा।
वि० १. बहुत कड़ा और दृढ़, जैसे वज्र लेप। २. बहुत बड़ा या भीषण, विकट, जैसे वज्र मूर्ख।

वज्रधर वि०, पुं०=वज्रधारक।

वज्रधारक वि० [सं०] जो अपने पास वज्र रखे, वज्रधारण करनेवाला, बिडौजा, पुरन्दर, मघवा।
पुं० एक विशेष प्रकार की धातु का टुकड़ा या छोटा यन्त्र जो ऊँची इमारतों आदि पर उन्हें वज्रपात से बचाने और आकाश से गिरनेवाली बिजली को खींचकर जमीन के अन्दर ले जाने के लिए लगाया जाता है। (लाइटनिंग अरेस्टर)

वज्रपाणि पुं० [सं०] इन्द्र।

वज्रपात पुं० [सं०] १. आकाश में बिजली चमकने और बादल गरजने के बाद बिजली का आकार पृथ्वी पर कहीं गिरना जो बहुत नाशक और घातक होता है। २. सहसा होनेवाला कोई बहुत बड़ा अनर्थ या अनिष्ट।

वज्रयान पुं० [सं०] प्राचीन बौद्धों का वह सम्प्रदाय या शाखा जिसमें यन्त्र, मन्त्र और तान्त्रिक प्रयोगों का विशेष रूप से प्रचलन था।

वज्रलेप पुं० [सं०] एक प्रकार का मसाला जिसके प्रयोग से दीवार, मूर्ति आदि या उनके जोड़ मजबूत हो जाते हैं।

वज्राग्नि स्त्री० [सं०] आकाश से गिरनेवाली बिजली या उससे उत्पन्न होनेवाली आग।

वज्रोली स्त्री० [हिं० वज्र] हठयोग की एक मुद्रा।

वट पुं० [सं०] बरगद (पेड़)।

वटक पुं० [सं०] बड़ी टिकिया या गोली, बट्टी।

वटिका, वटी स्त्री० [सं०] छोटी गोली या टिकिया।

वटु, वटुक पुं० [सं०] १. बालक, लड़का। २. ब्रह्मचारी। ३. एक भैरव, बटुक भैरव।

वणिक, वणिक् पुं० [सं०] १. व्यापारी। २. वैश्य, बनिया।

वतन पुं० [अ०] जन्मभूमि।

वतनी वि० [अ० वतन] वतन-सम्बन्धी, मातृभूमि-सम्बन्धी।
पुं० अपने वतन का नागरिक, देशवासी, देशभाई।

वत् वि० [सं०] समान, तुल्य, जैसे स्वप्नवत्।

वत्स पुं० [सं०] १. गौ का बच्चा, बछड़ा। २. बालक, लड़का।

वत्सनाभ पुं० [सं०] बछनाग नामक विष, मीठा जहर।

वत्सर पुं० [सं०] वर्ष, साल।

वत्सल वि० [सं०] [स्त्री० वत्सला, भाव० वत्सलता] १. सन्तान के प्रेम से भरा हुआ। २. छोटों से अत्यन्त स्नेह और उनपर कृपा रखनेवाला, जैसे भक्तवत्सल।
पुं० साहित्य में (पीछे से बढ़ाया हुआ) दसवाँ रस जिसमें माता-पिता का सन्तान के प्रति प्रेम दिखाया जाता है।

वदन पुं० [सं०] १. मुख, मुँह। २. बात कहना, बोलना।

वनदस्यु पुं० [सं० वन+दस्यु] वन में रहनेवाला आततायी।

वदान्य वि० [सं०] [भाव० वदान्यता] १. बहुत बड़ा दानी। २. मधुरभाषी।

वदि पुं० [सं० अवदिन्] कृष्णपक्ष (चन्द्रमास का), जैसे माघ वदि दूज।

वदुसाना* स० [सं० विदूषण] १. दोष या कलंक लगाना। अ० भला-बुरा कहना।

वध पुं० [सं०] [वि० वधक, वध्य] किसी मनुष्य या पशु को जान-बूझकर किसी उद्देश्य से मार डालना, हत्या।

वधक पुं० [सं०] १. वध करनेवाला। २. व्याध, शिकारी।

वधशाला स्त्री० [सं०] बूचड़खाना।

वधिक पुं० [सं०] १. दे० 'वधक'। २. वह जो प्राणदंड पानेवालों का वध करता है, फाँसी चढ़ानेवाला। (एग्ज़िक्यूशनर)

वधू स्त्री० [सं०] १. नई ब्याही हुई स्त्री, दुलहन। २. पत्नी, भार्या। ३. पुत्र की बहू।

वधूवेशिनी स्त्री० [सं०] वह जिसने वधू का वेश धारण किया हो।

वधूटी स्त्री० दे० 'वधू'।

वन पुं० [सं०] १. जंगल। २. बगीचा, बाग। ३. जल। ४. घर। ५. दशनामी साधुओं में से एक वर्ग की उपाधि।

वनचर, वनचारी (-रिन्) वि० [सं०] वन में घूमने या रहनेवाला।
वनजंतु पुं० [सं०] वन का जन्तु।
वनज पुं० [सं०] १. वन (जंगल या पानी) में उत्पन्न होनेवाला पदार्थ। २. कमल।
वनद पुं० [सं० वन=जल+द(प्रत्य०)] मेघ, वारिद।
वन-महोत्सव पुं० [सं०] स्वतन्त्र भारत में सरकार की ओर से चलाया हुआ वन और वृक्ष आदि लगाने का कार्यक्रम।
वनमाला स्त्री० [सं०] जंगली फूलों की माला।
वनमाली (मालिन्) पुं० [सं०] श्रीकृष्ण।
वनराजि स्त्री० [सं० वन+राजि (पंक्ति)] वृक्षों की पंक्ति या समूह।
वनरुह पुं० [सं०] कमल।
वनरोपण पुं० [सं०] किसी बड़े भूभाग में वन तैयार करने के उद्देश्य से बहुत से वृक्ष लगाना। (फारेस्टेशन)
वनलक्ष्मी स्त्री० [सं०] वन की शोभा।
वनवास पुं० [सं०] १. वन या जंगल में रहना। २. बस्ती छोड़कर जंगल में रहने का विधान या दंड।
वनवाहन पुं० [सं० वन (जल)+वाहन] जल की सवारी, नाव, नौका।
वनविहार पुं० [सं०] वन में होनेवाला विहार, वन की सैर।
वनस्थली स्त्री० [सं०] सुन्दर जंगली स्थान, वनभूमि।
वनस्पति स्त्री० [सं०] पेड़-पौधे।
वनस्पति घी पुं० [सं० वनस्पति+हिं० घी] तिल, बिनौले, मूँगफली, नारियल आदि का साफ किया हुआ तेल।
वनस्पतिज्ञ पुं० [सं०] वनस्पतियों का विशेषज्ञ या वेत्ता।
वनस्पति विज्ञान पुं० [सं०] वह शास्त्र जिसमें पेड़, पौधों की जातियों, अंगों आदि का विवेचन होता है।
वनिक† पुं०=वणिक।
वनिता स्त्री० [सं०] औरत, स्त्री।
वनीकरण पुं० [सं० वन+करण (प्रत्य०)] वन का रूप देना, वन बनाना।
वन्य वि० [सं०] १. वन में उत्पन्न होनेवाला, वनोद्भव। २. जंगली।
वपन पुं० [सं०] [वि० वपित] बीज बोना।
वपु पुं० [सं० वपुस्] शरीर, देह।
वपुमान पुं० [सं० वपुष्मान] सुन्दर और हृष्ट-पुष्ट शरीरवाला।
वफा स्त्री० [अ० वफ़ा] निष्ठा।
वफात स्त्री० [अ० वफ़ात] मृत्यु।
वफादार वि० [अ०+फा०] निष्ठावान।
वफादारी स्त्री० [अ०+फा०] १. निष्ठा। २. कर्तव्यपालन।
वबा स्त्री० [अ०] महामारी।
वबाल पुं० [अ०] १. बोझ, भार। २. विपत्ति, आफत, झंझट।
वमन पुं० [सं०] [वि० वमित] १. कै करना, उलटी करना। २. वमन या कै किया हुआ तरल पदार्थ।
वमि स्त्री० [सं०] वमन का रोग।
वयःसंधि स्त्री० [सं०] बाल्यावस्था और युवावस्था के बीच का समय।
वय स्त्री० [सं० वयस्] अवस्था, उम्र। (एज)
वयन पुं० [सं०] बुनने का काम, बुनाई।
वयस पुं० [सं० वयस्] बीता हुआ जीवनकाल, अवस्था, उम्र।
वयस्क वि० [सं०] [स्त्री० वयस्का] १. उमर या अवस्था-वाला (यौ० में, जैसे अल्पवयस्क)। २. पूरी अवस्था को पहुँचा हुआ, बालिग।
पुं० १. विवाह के योग्य युवक या युवती। २. वह युवक या युवती जिसने निर्वाचन में मत देने की अवस्था प्राप्त कर ली हो।
वयस्कता स्त्री० [सं०] १. वयस्क होने का भाव। २. विधि या कानून के अनुसार पूर्ण वयस्क होना।
वयस्क मताधिकार पुं० [सं०] निर्वाचन में प्रतिनिध चुनने का वह अधिकार जो किसी स्थान के सभी वयस्क निवासियों को बिना किसी प्रकार के भेदभाव के प्राप्त होता है। (एडल्ट सफरेज)
वयस्य वि० [सं०] समान अवस्था या उम्रवाला।
पुं० मित्र, दोस्त, सखा।
वयोवृद्ध वि०, पुं० [सं०] बुड्ढा, वृद्ध।
वरंच योज० [सं०] १. ऐसा नहीं, बल्कि ऐसा। २. परन्तु, लेकिन, अपितु।
वर पुं० [सं०] १. देवता आदि से माँगा हुआ मनोरथ। २. किसी देवता या बड़े से मिला हुआ मनोरथ का फल या सिद्धि। ३. वह जिसके साथ कन्या का विवाह निश्चित हो। ४. पति, दूल्हा।
वि० १. श्रेष्ठ, उत्तम। २. उच्च कोटि का, ऊँचे दरजे या श्रेणी का।
वरक पुं० [अ० वर्क] १. पत्र। २. पुस्तकों का पन्ना या पृष्ठ। ३. धातु का पतला पत्तर।
वरकसाज पुं० [अ० वरक़+फा० साज] [भाव० वरकसाजी] वह जो सोने या चाँदी के वरक बनाता हो।
वरका पुं० [अ० वर्क:] पन्ना, पृष्ठ।
वरजिश स्त्री० [अ०] व्यायाम।
वरजिशी वि० [अ०] १. वरजिश या व्यायाम से पुष्ट (शरीर)। २. वरजिश-सम्बन्धी।
वरटा पुं० [सं०] हंस (पक्षी)।
वरण पुं० [सं०] १. किसी को किसी काम के लिए चुनना। (सेलेक्शन) २. कन्या के विवाह में वर को अंगीकार करने और विवाह पक्का करने की रीति।
वरणात्मक वि० [सं०] वरण-सम्बन्धी।
वरणी स्त्री० [सं० वरण] मंगल अवसरों पर ब्राह्मणों को दिया जानेवाला आसन, वस्त्र, पात्र आदि का समूह।
वरणीय वि० [सं०] वरण करने योग्य, वरेण्य।
वरद वि० [सं०] [स्त्री० वरदा] वर देनेवाला, वरदाता।

वरदान पुं० [सं०] किसी देवता या बड़े का प्रसन्न होकर कोई माँगी हुई वस्तु या सिद्धि देना।

वरदायी (-यिन्) वि० [सं०] [स्त्री० वरदायिनी] वर देनेवाला।

वरदी स्त्री० [अ० वर्दी] वह पहनावा जो किसी विशेष विभाग के कार्यकर्ताओं के लिए नियत हो, परिच्छद। (युनिफार्म)

वरन् योज० [सं०] बल्कि।

वरना[1] स० [सं० वरण] १. किसी को किसी काम के लिए चुनना या मुकर्रर करना, वरण करना। २. विवाह के समय कन्या का वर को अंगीकार करना। ३. ग्रहण या धारण करना।

पुं० ऊँट।

वरना[2] योज० [फा० वर्नः] नहीं तो, अन्यथा।

वर-पक्ष पुं० [सं०] वैवाहिक सम्बन्ध के विचार से वर के पक्ष का व्यक्ति या लोग।

वरम पुं० [अ०] सूजन, शोथ।

वरमाला स्त्री० [सं०] १. वह माला जो कन्या स्वंयवर के समय उस पुरुष को पहनाती थी जिसका वह पति के रूप में वरण करती थी। २. विवाह के समय दुलहिन द्वारा वर को पहनाई जानेवाली माला, जयमाला।

वरयात्रा स्त्री०=बरात।

वरसखा पुं० [सं०] सहबाला।

वरही* पुं० दे० 'वर्ही'।

वराक वि० [सं०] [स्त्री० वराकी] १. दरिद्र, गरीब। २. दया का पात्र, दयनीय। ३. अभागा। ४. दीन-हीन। ५. नीच।

पुं० १. शिव। २. युद्ध।

वराटिका स्त्री० [सं०] कौड़ी।

वरानना स्त्री० [सं०] सुन्दर स्त्री।

वरापन पुं० [हिं० वर+आपन(प्रत्य०)] १. विवाह से पहले होनेवाली एक रीति। २. विवाह के समय वर पक्ष की ओर से गाया जानेवाला गीत।

वरासत स्त्री० [अ० विरासत] १. 'वारिस' होने का भाव, उत्तराधिकार। २. उत्तराधिकार से मिला हुआ धन, तरका।

वराह पुं० [सं०] सुअर (पशु)।

वरिष्ठ वि० [सं०] १. श्रेष्ठ, बड़ा। २. पद में बड़ा, उच्च कोटि का, 'कनिष्ठ' का उलटा। (सीनियर)

वरिष्ठता स्त्री० [सं०] वरिष्ठ होने की अवस्था या भाव।

वरीयता स्त्री० [सं०] ग्रहण या मान्य करने के लिए किसी वस्तु या बात को औरों की अपेक्षा अच्छा समझना, अधिमान। (प्रिफरेन्स)

वरुण पुं० [सं०] १. एक वैदिक देवता जो जल का अधिपति माना गया है। २. जल, पानी। ३. सूर्य। ४. हमारे सौर जगत का सबसे दूरस्थ ग्रह जिसका पता सन् १८८४ में लगा था। (नेपच्यून) ५. एक वृक्ष जिसमें सफेद रंग के फूल लगते हैं।

वरुणालय पुं० [सं०] समुद्र, सागर, सिन्धु।

वरूथिनी स्त्री० [सं०] सेना, फौज।

वरे क्रि० वि० दे० 'उरे'।

वरेण्य वि० [सं०] १. प्रधान, मुख्य। २. पूज्य, श्रेष्ठ।

वर्ग पुं० [सं०] [वि० वर्गीय] १. एक ही प्रकार की अनेक वस्तुओं का समूह, कोटि, श्रेणी। (क्लास) २. सामान्य धर्म या स्वरूप रखनेवाले पदार्थों का समूह। ३. समाज का कोई विशिष्ट समूह। ४. परिच्छेद, अध्याय। ५. गणित में, दो समान अंकों या संख्याओं का घात या गुणनफल, जैसे- २ का वर्ग ४ और ३ का वर्ग ९ होता है। ६. वह चौकोर क्षेत्र जिसकी लम्बाई-चौड़ाई और चारों कोण बराबर हों। (स्क्वेयर)

वर्ग-पहेली स्त्री० [सं०+हिं०] वर्गाकार आकृति जिसमें संकेतों के अनुसार वर्ण भरे जाते हैं। (क्रासवर्ड)

वर्गफल पुं० [सं०] दो समान राशियों के घात से प्राप्त होनेवाला गुणनफल।

वर्गमूल पुं० [सं०] गणित में, वह अंक जिसे उसी अंक से गुणा करने पर प्रस्तुत वर्ग प्राप्त होता है, जैसे १६ का वर्गमूल ४ है।

वर्गलाना स० दे० 'बहकाना'।

वर्गविन्यास पुं० [सं०] वर्गीकरण।

वर्गांक पुं० [सं०] किसी अंक या संख्या को उसी अंक या संख्या से गुणा करने पर प्राप्त होनेवाला गुणनफल, वर्ग।

वर्गीकरण पुं० [सं०] [वि० वर्गीकृत] बहुत-सी वस्तुओं या व्यक्तियों को उनके अलग-अलग वर्ग के अनुसार छाँटकर अलग-अलग करना। (क्लैसिफिकेशन)

वर्गीकृत वि० [सं०] वर्गों में बँटा हुआ।

वर्चस्व पुं० [सं० वर्चस्] १. तेज। २. महत्त्व, श्रेष्ठता, प्रखरता।

वर्चस्वी (-स्विन्) वि० [सं०] तेजस्वी।

वर्जन पुं० [सं०] [वि० वर्जनीय, वर्ज्य, वर्जित] १. त्यागना, छोड़ना। २. कुछ करने से रोकना, मनाही, मुमानियत। ३. कोई काम करते समय किसी विशेष कारण से कोई बात छोड़ या अलग कर देना। (एक्सक्ल्यूज़न)

वर्जना[1] स्त्री० दे० 'वर्जन'

वर्जना[2] *स० [सं० वर्जन] मना करना।

वर्जित वि० [सं०] १. जिसके सम्बन्ध में मनाही हुई हो, त्याज्य, निषिद्ध। २. जो कोई विशेष कारण से छोड़ या अलग कर दिया गया हो। (एक्सक्लूडिड)

वर्ण पुं० [सं०] १. पदार्थों के लाल, काले आदि भेदों के नाम, रंग। (कलर) २. मनुष्य जाति के गोरे, काले, भूरे, पीले और लाल ये पाँच भेद। (कलर) ३. हिन्दुओं के चार विभाग ब्राह्मण, क्षत्रिय, वैश्य और शूद्र, जाति। ४. भेद, प्रकार। ५. अकारादि अक्षरों के चिह्न या संकेत, अक्षर। ६. रूप, सूरत।

वर्णक्रम पुं० [सं०] १. वर्णमाला के वर्णों का क्रम। २. वर्णों के अनुसार होनेवाला या लगाया जानेवाला क्रम।

वर्णक्रमिक वि० [सं०] वर्णक्रम के अनुसार होनेवाला।

वर्णच्छटा स्त्री० [सं०] १. किसी वस्तु की वह आकृति जो उसे देखने के बाद आँखें बन्द कर लेने पर भी कुछ देर तक दिखाई देती है। २. प्रकाश में के रंग, जो कुछ विशेष प्रक्रिया से किसी परदे पर डालकर विश्लेषण आदि के लिए देखे जाते हैं। (स्पेक्टर्म)

वर्ण-तूलिका स्त्री० [सं०] चित्रों आदि में रंग भरने की कूँची या बुरुश।

वर्णन पुं० [सं०] [वि० वर्णनीय, वर्णित] १. विस्तारपूर्वक कहा जानेवाला हाल, बयान। (एकाउन्ट) २. विवरण, लक्षण आदि से युक्त वह कथन जिससे किसी वस्तु, घटना या बात का ठीक स्वरूप जाना जाए। (डिस्क्रिप्शन)

वर्णनातीत वि० [सं०] जिसका वर्णन न हो सके, वर्णन के बाहर।

वर्णनीय वि० [सं०] वर्णन करने योग्य, वर्ण्य।

वर्णपट पुं० [सं०] किसी स्थान पर दिखाई पड़नेवाली वह रंगीन पट्टी जिसमें कहीं दूर से आनेवाले प्रकाश की कुछ आभा दिखाई पड़ती है, जैसे अंधेरी रात में आकाश में दिखाई पड़नेवाला सूक्ष्म प्रकाश या चमक।

वर्णभेद पुं० [सं०] १. हिन्दुओं में ब्राह्मण, क्षत्रिय आदि चारों वर्णों में होनेवाला विभाग, भेदभाव या ऊँच-नीच का विचार। २. गोरी, काली, पीली, आदि जातियों में शरीर के वर्ण की दृष्टि से होनेवाला भेदभाव या ऊँच-नीच का विचार।

वर्णमाला स्त्री० [सं०] किसी लिपि के सब अक्षरों की क्रम से सूची। (ऐल्फाबेट्स)

वर्णविचार पुं० [सं०] व्याकरण का वह अंग जिसमें वर्णों या अक्षरों के स्वरूप, भेद, उच्चारण, प्रयोग आदि का विवेचन या विचार होता है, शिक्षा। (ऑरथोग्रैफी)

वर्ण-विपर्यय पुं० [सं०] निरुक्त के अनुसार शब्दों के वर्णों का बोल-चाल के कारण कुछ आगे-पीछे हो जाना, जैसे 'हिंस' शब्द से 'सिंह' शब्द में हुआ है।

वर्णवृत्त पुं० [सं०] पिंगल में चार चरणों का वह वृत्त या छन्द जिसके चारों चरण एक से होते हैं और प्रत्येक चरण में वर्णों या अक्षरों और मात्राओं का क्रम तथा संख्या निश्चित होती है।

वर्ण-व्यत्यय पुं० दे० 'वर्ण-विपर्यय'।

वर्णसंकर पुं० [सं०] वह जो दो भिन्न जातियों के यौन-सम्बन्ध से उत्पन्न हुआ हो, दोगला।

वर्णांध वि० [सं०] जिसे लाल, पीले, काले आदि रंगों का ज्ञान न होता हो। (कलर-ब्लाइंड)

वर्णांधता स्त्री० [सं०] नेत्रों का एक प्रकार का रोग या विकार जिसमें मनुष्य को लाल, काले, पीले आदि रंगों की पहचान नहीं रह जाती। (कलर-ब्लाइंडनेस)

वर्णानुक्रम पुं० [सं०] वर्णक्रम (दे०)।

वर्णिक छंद (वृत्त) पुं० दे०'वर्णवृत्त'।

वर्णिका स्त्री० [सं०] १. स्याही, रोशनाई। २. सोने का पानी।

वर्णित वि० [सं०] जिसका वर्णन हुआ हो, कहा हुआ। (डिस्क्राइब्ड)

वर्ण्य वि० [सं०] १. वर्णन के योग्य। २. जिसका वर्णन हो रहा हो।

वर्तन पुं० [सं०] [वि० वर्तित] १. बरताव, व्यवहार। २. फेरना, घुमाना। ३. पात्र, बरतन।

वर्तनी स्त्री० [सं० वर्तन] किसी शब्द में प्रयुक्त वर्णों का सही क्रम।

वर्तमान वि० [सं०] [भाव० वर्तमानता] १. जो इस समय हो या चल रहा हो। (एग्ज़िस्टिंग) २. उपस्थित, मौजूद, विद्यमान। (प्रेजन्ट) ३. आधुनिक, आज-कल का, हाल का।

पुं० १. वर्तमान काल। २. व्याकरण में क्रिया का वह काल, जिससे सूचित होता है कि कार्य अभी हो रहा है, समाप्त नहीं हुआ। २. वृत्तान्त, समाचार।

वर्तमानकाल पुं० [सं०] [वि० वर्तमान कालिक] १. समय, जो अभी चल रहा है। २. व्याकरण में, क्रिया का वह रूप जो उस क्रिया या स्थिति का सूचक हो जो बोलने के समय हो।

वर्तमानकालिक वि० [सं०] वर्तमानकाल-सम्बन्धी।

वर्तमानता स्त्री० [सं०] वर्तमान होने की अवस्था या भाव, उपस्थिति।

वर्तिका स्त्री० [सं०] १. कपड़े, रुई आदि की बटी हुई बत्ती। २. पेन्सिल की तरह का एक उपकरण जो चित्रकला में रेखाचित्र बनाने के काम आता है।

वर्ती वि० [सं० वर्त्तिन्] [स्त्री० वर्तिनी] १. बरतनेवाला। २. स्थित रहनेवाला, जैसे पार्श्ववर्ती।

वर्तुल वि० [सं०] वृत्ताकार, गोल।

वर्त्म पुं० [सं०] १. मार्ग, रास्ता। २. किनारा। ३. आँख की पलक।

वर्त्स पुं० [सं०] मसूढ़ा।

वर्त्स्य वि० [सं०] १. मसूढ़े से संबद्ध। २. (वर्ण) जिसका उच्चारण करते समय जीभ मसूढ़े को छूती हो।

वर्दी स्त्री० दे० 'वरदी'।

वर्द्धक वि० [सं०] बढ़ानेवाला।

वर्द्धन पुं० [सं०] [वि० वर्द्धित] १. बढ़ाना। २. वृद्धि, बढ़ती। ३. पशुओं आदि को पाल-पोसकर उनकी उन्नति और वृद्धि करना। (ब्रीडिंग)

वर्द्धमान वि० [सं०] १. बढ़ता हुआ। २. बढ़ानेवाला।

वर्द्धित वि० [सं०] बढ़ा या बढ़ाया हुआ।

वर्धरुद्ध वि० [सं०] जिसकी वृद्धि या बाढ़ रुक गई हो।

वर्धरोध पुं० [सं०] वृद्धि का रुक जाना।

वर्म[1] पुं० [सं० वर्मन्] १. कवच, बकतर। २. घर, मकान।

वर्म[2] पुं० [अ०] शोथ, सूजन।

वर्मन् पुं० दे० 'वर्मा'।

वर्मा पुं० [सं० वर्मन्] क्षत्रियों की उपाधि।
वर्य वि० [सं०] श्रेष्ठ, जैसे विद्वद्वर्य।
वर्ष पुं० [सं०] १. बारह महीनों का समूह जो कालगणना में एंक प्रसिद्ध मान है, बरस, साल। २. पुराणों के अनुसार सात द्वीपों का समूह या विभाग।
वर्षक वि० [सं०] १. (जल की) वर्षा करनेवाला। २. (कोई चीज) बरसनेवाला।
वर्ष-गाँठ स्त्री० दे० 'बरस-गाँठ'।
वर्षण पुं० [सं०] [वि० वर्षित] वर्षा होना।
वर्षपर्यंत क्रि० वि० [सं०] पूरे वर्ष भर।
वर्षफल पुं० [सं०] किसी व्यक्ति के वर्ष भर के ग्रहों के शुभाशुभ फलों का विवरण। (फलित ज्योतिष)
वर्षांक पुं० [सं०] संख्या-क्रम से किसी सन् या संवत् के वर्षों के निश्चित किए हुए नाम जो अंकों के रूप में होते हैं, जैसे सन् १९४९ या संवत् २००६।
वर्षा स्त्री० [सं०] १. वह ऋतु जिसमें पानी बरसता है, बरसात। २. पानी बरसने की क्रिया या भाव, वृष्टि। ३. किसी वस्तु का बहुत अधिक मात्रा में ऊपर से गिरना या चारों ओर से आना।
वर्षाकाल पुं० [सं०] बरसात।
वर्षानुवर्षी वि० [सं०] हर वर्ष होनेवाला।
वर्षारंभ[१] पुं० [सं० वर्ष+आरंभ] नए वर्ष का आरंभ।
वर्षारंभ[२] पुं० [सं० वर्ष+आरंभ] वर्षा का आरंभ।
वर्षीय वि० [सं०] [स्त्री० वर्षीया] वर्ष-सम्बन्धी।
वर्षेश पुं० [सं० वर्ष+ईश] फलित ज्योतिष में किसी वर्ष या संवत्सर का स्वामी, जैसे इस वर्ष 'शनि' वर्शेष है।
वर्षोत्सव पुं० [सं०] वार्षिक उत्सव।
वर्ह पुं० [सं०] १. मोर का पर। २. पत्ता।
वर्ही पुं० [सं० [सं० वर्हिन्]] मयूर, मोर।
वलंदेज वि०, पुं० दे० 'ओलंदेज'।
वलक्ष वि० [सं० बलक्ष] १. श्वेत, सफेद। २. उज्जवल, चमकीला।
वलद पुं० [अ० वल्द] पुत्र, बेटा; जैसे—जवाहर लाल वलद मोतीलाल=जवाहर लाल पुत्र है मोतीलाल का।
वलदीयत स्त्री० [अ० वालिद का भाव०] पिता का नाम (तथा परिचय)।
वलभी स्त्री० [सं०] १. घर के ऊपर का छोटा कमरा, चौबारा। २. गुजरात की एक प्राचीन नगरी जहाँ इसी नाम के एक प्रसिद्ध राज्यवंश का राज्य था।
वलय पुं० [सं०] १. मंडल, घेरा। २. कंकड़। ३. चूड़ी।
वलाक पुं० [सं०] [स्त्री० वलाका] बगला।
वलाहक पुं० [सं०] १. मेघ, बादल। २. पर्वत, पहाड़।
वलि पुं० [सं०] १. रेखा, लकीर। २. पेट के दोनों ओर पेटी के सिकुड़ने से पड़ी हुई रेखा, बल। ३. देवता को चढ़ाई जानेवाली चीज या उसके उद्देश्य से चढ़ाया या मारा जानेवाला पशु। ४. एक दैत्य जिसे विष्णु ने वामन अवतार लेकर छला था। ५. श्रेणी, पंक्ति।
वलित वि० [सं०] १. बल खाया या घूमा हुआ। २. झुका या मुड़ा हुआ। ३. घेरा या घिरा हुआ. ४. लिपटा हुआ। ५. मिला हुआ, युक्त।
*पुं० १. घूमी हुई या बल खाई हुई वस्तु। २. जड़।
वली[१] स्त्री० [सं०] १. झुर्री, सिलवट। २. श्रेणी, पंक्ति। ३. रेखा, लकीर।
वली[२] पुं० [अ०] १. मालिक, स्वामी। २. साधु, फकीर। ३. अल्पवयस्क बालक की देख-रेख करनेवाला व्यक्ति, अभिभावक। ४. उत्तराधिकारी।
वल्कल पुं० [सं०] वृक्ष की छाल।
वल्द पुं० [अ०] औरस पुत्र, बेटा, जैसे मोहन वल्द परमानन्द, अर्थात् परमानन्द का बेटा मोहन।
वल्दियत स्त्री० [अ०] १. वालिद या पिता होने का भाव, पितृत्व। २. पिता के नाम का उल्लेख।
वल्मीक पुं० [सं०] १. दीमकों के रहने की बाँबी, बिमौट। २. साँप का बिल।
वल्लभ वि० [सं०] [भाव० वल्लभता] [स्त्री० वल्लभा] प्रियतम, प्यारा।
पुं० १. पति, स्वामी। २. अध्यक्ष, मालिक। ३. वैष्णव-सम्प्रदाय के प्रवर्तक एक प्रसिद्ध आचार्य।
वल्लभा स्त्री० [सं०] प्रेमिका, प्रेयसी।
वल्लभी स्त्री० दे० 'वलभी'।
*स्त्री०=वल्लभा।
वल्लरी स्त्री० [सं०] बेल, लता।
वल्लाह पद [अ०] ईश्वर की शपथ है।
वल्ली स्त्री० [सं०] बेल, पत्ता।
वश पुं० [सं०] १. अधिकार, काबू। २. शक्ति या अधिकार की सीमा, काबू।
मुहा० *वश चलना*=सामर्थ्य का अपना फल या प्रभाव दिखलाना।
३. स्वामित्वजन्य अधिकार, कब्जा।
प्रत्य० के फलस्वरूप या कारण, से वशीभूत होकर; जैसे-नीतिवश, भयवश।
वशवर्ती(-र्तिन) वि० [सं०] किसी के वश या अधिकार में रहनेवाला, अधीन।
वशीकरण पुं० [सं०] [वि० वशीकृत] मन्त्र-तन्त्र के द्वारा किसी को वश में करना।
वशीकृत वि० [सं०] वश में किया हुआ।
वशीभूत वि० दे० 'वशवर्ती'।
वश्य वि० [सं०] [भाव० वश्यता] वश में आने या रहनेवाला।
वसंत पुं० [सं०] [वि० वासंत, वासंतिक, वसंती] १. सर्वप्रधान मानी जानेवाली वह ऋतु जिसके अन्तर्गत चैत और वैशाख के महीने माने गए हैं, बहार का मौसम। २. शीतला या

चेचक नामक रोग। ३. षाड़व सम्पूर्ण जाति का एक राग जो आधी रात के बाद गाया जाता है।

वसंततिलका स्त्री० [सं०] चार चरणों का एक वर्णवृत्त, जिसके प्रत्येक चरण में नगण, भगण, दो जगण और दो गुरु वर्ण (न, भ, ज, ज, ग, ग) होते हैं।

वसंतोत्सव पुं० [सं०] प्राचीन काल में एक उत्सव जो वसन्त पंचमी के दूसरे दिन होता था, मदनोत्सव।

वसति, वसती स्त्री० [सं०] १. निवास। २. घर। ३. बस्ती।

वसन पुं० [सं०] वस्त्र, कपड़ा। २. रहना या बसना, निवास।

वसवास पुं० [अ० वस्वास] [वि० वसवासी] शंका, भ्रम।

वसवासी वि० [हिं० वसवास] शंकालु, शक्की।

वसह* पुं०=बैल (पशु)।

वसा स्त्री० [सं०] चरबी, मेद।

वसिष्ठ पुं० [सं०] रघुकुल के गुरु।

वसीका पुं० [अ० वसीक:] सरकारी खजाने में जमा किए हुए धन का वह सूद जो जमा करनेवाले के वंशजों को मिलता है, वृत्ति।

वसीयत स्त्री० [अ०] यह कहना या लिखना कि हमारे मरने पर हमारी सम्पत्ति का विभाग या प्रबन्ध इस तरह हो।

वसीयतनामा पुं० [अ० वसीयत+फा० नाम:] वह लेख या पत्र जिसमें वसीयत की सब शर्तें लिखी हों, इच्छापत्र। (विल)

वसीला पुं० [अ० वसील:] १. सम्बन्ध, लगाव। २. जरिया, द्वार।

वसुंधरा स्त्री० [सं०] पृथ्वी।

वसु पुं० [सं०] १. आठ वैदिक देवताओं का एक गण। २. आठ की संख्या। ३. रत्न। ४. धन। ५. अग्नि। ६. जल। ७. सुवर्ण, सोना। ८. सूर्य।

वसुधा स्त्री० [सं०] पृथ्वी।

वसुमति स्त्री० [सं०] पृथ्वी।

वसूल वि० [अ०] १. मिला या लिया हुआ, प्राप्त। २. उगाहा हुआ।

वसूली स्त्री० [अ० वसूल] १. लोगों से धन या और कोई वस्तु लेकर इकट्ठा करने की क्रिया या भाव, समाहरण। (कलेक्शन) २. दूसरे से अपना धन या वस्तु लेने की क्रिया या भाव, उगाही। (रिकवरी)

वस्ति स्त्री० [सं०] १. पेडू,। २. मूत्राशय। ३. आँतें साफ करने के लिए गुदा के मार्ग से जल ऊपर चढ़ाने की क्रिया, जिससे रेचन होता है। (एनिमा)

वस्तिकर्म पुं० [सं०] लिंगेन्द्रिय, गुदेन्द्रिय आदि मार्गों में पिचकारी लगाना।

वस्तु स्त्री० [सं०] [वि० वास्तव, वास्तविक] १. वास्तविक या कल्पित सत्ता, पदार्थ, चीज। २. वह जो किसी वाद-विवाद, आलोचना या विचार का विषय हो, विषय। ३. दे० 'कथावस्तु'।

वस्तुत: क्रि० वि० [सं०] १. वास्तव में, यथार्थत:। (एकचुअली) २. सचमुच। (इन फैक्ट, इप्सो फैक्टो)

वस्तुनिष्ठ वि० [सं०] १. वस्तु या पदार्थ से सम्बन्ध रखनेवाला। २. विषयगत।

वस्तुपरक वि० [सं०] १. वस्तुनिष्ठ, विषयगत। २. वास्तविक, सही।

वस्तुवाद पुं० [सं०] १. भौतिकवाद। २. उपभोक्तावाद।

वस्तुवादी वि०, पुं० = १. भौतिकवादी। २. उपभोक्तावादी।

वस्तुस्थिति स्त्री० [सं०] वास्तविक स्थिति या परिस्थिति।

वस्तूत्प्रेक्षा स्त्री० [सं०] साहित्य में उत्प्रेक्षा अलंकार का एक भेद जिसमें किसी उपमेय वस्तु में उपमान वस्तु के कार्य या गुण की कल्पना की जाती है, इसमें मानो, जानो आदि या इनके वाचक दूसरे शब्द रखे जाते हैं, जैसे गौरे मुख पर स्याम तिल, तांकौं करौं प्रनाम। मनहुँ चन्द बिछाइकै, पौढ़े शालग्राम।

वस्तून्मुखता स्त्री० [सं०] वस्तून्मुखी होने की अवस्था या भाव।

वस्तून्मुखी(-खिन्) वि० [सं०] जो भावों या विचारों की अपेक्षा पदार्थों को वरीयता देता हो।

वस्त्र पुं० [सं०] कपड़ा।

वस्त्रहरण पुं० [सं० वस्त्र+हरण]=चीरहरण।

वस्ल पुं० [अ०] मिलन, मिलाप।

वह[1] सर्व० [सं० असौ] वक्ता और श्रोता के अतिरिक्त किसी तीसरे मनुष्य या दूर के पदार्थ का संकेत करनेवाला सर्वनाम या परोक्ष वस्तुओं का सूचक शब्द।

वह[2] वि० [सं० वहन] वहन करनेवाला, वाहक। (यौ० के अन्त में, जैसे- भारवह।)

वहन पुं० [सं०] [वि० वहनीय, वहित] १. खींच या ढोकर एक जगह से दूसरी जगह ले जाना। २. ऊपर लेना, उठाना।

वहनक पुं० [सं०] १. वह जो वहन करके ले जाता हो। २. वह जिस पर या जिसमें कोई चीज रखकर कहीं ले जाई या पहुँचाई जाए। (कैरियर)

वहनपत्र पुं० [सं०] वह पत्र जो किसी जहाज का प्रधान अधिकारी अपने जहाज पर लादे हुए माल की रसीद के रूप में माल भेजनेवाले को देता है और जिसके अनुसार वह प्रेषिती को माल पहुँचाने का भार लेता है। (बिल ऑफ लेंडिंग)

वहना* स० [सं० वहन] १. वहन करना, ढोना। २. अपने ऊपर लेना, धारण करना।

अ० १. किसी प्रकार के भार या अनिष्ट बात के वशीभूत होना। २. अपने आपको कुरूप या खराब करना, उदा० ज्यों गयंद अन्हाई सरिता, बहुरि वहै सुभाइ। -सूर।

वहम पुं० [अ० वह्म] [वि० वहमी] १. मन में होनेवाली मिथ्या धारणा। २. भ्रम, धोखा। ३. झूठी शंका या सन्देह।

वहमी वि०, पुं० [अ० वह्म] जिसके मन कोई न कोई वहम बना रहता हो, शंकालु।

वहशत स्त्री० [अ० वह्शत] १. वहशी होने की अवस्था या भाव। २. पागलपन।

वहशियाना वि० [अ० वह्शियान:] वहशी के जैसा, बर्बरतापूर्ण, नृशंस।

वहशी वि० [अ० वह्शी] १. जंगली। २. बर्बर असभ्य।

पुं० बर्बर या असभ्य व्यक्ति।

वहाँ क्रि० वि० [हिं० वह] उस जगह।

वहाबी पुं० १. एक मुसलिम सम्प्रदाय जिसे अब्दुल वहाब ने चलाया था। २. उक्त सम्प्रदाय का अनुयायी।

वहित्र पुं० [सं० वहित्थ] १. जहाज। २. नाव।

वहिरंग पुं० [सं०] शरीर, पदार्थ, क्षेत्र आदि का बाहरी या ऊपरी भाग, 'अंतरंग' का उलटा।

वि० ऊपरी या बाहरी।

वहिर्गत वि० [सं०] बाहर निकला या निकाला हुआ, बाहर का।

वहिर्द्वार पुं० [सं०] बाहरी दरवाजा।

वहिर्भूत पुं० [सं०] वहिर्गत।

वहिर्मुख वि० [सं०] विमुख।

वहिष्कार पुं० दे० 'बहिष्कार'।

वहीं क्रि० वि० [हिं० वहाँ+ही] उसी स्थान पर, उसी जगह।

वही सर्व० [हिं० वह+ही] १. जिसका उल्लेख हुआ हो, वह ही। पूर्वोक्त ही। २. निर्दिष्ट व्यक्ति ही, और कोई नहीं।

वहै* सर्व०=वही (वह ही)।

वह्नि पुं० [सं०] अग्नि, आग।

वांछनीय वि० [सं०] १. चाहने योग्य। २. जिसे प्राप्त करने की इच्छा हो, इष्ट। ३. जिसका होना अनुचित या अप्रिय न हो।

वांछा स्त्री० [सं०] [वि० वांछित, वांछनीय] अभिलाषा, चाह।

वांछित वि० [सं०] चाहा हुआ।

वा[१] योज० [सं०] या, अथवा।

वा[२] सर्व० [हिं० वह] १. वह। २. उस, जैसे- वाको =उसका या उसे।

वाइ* सर्व० दे० 'वाहि'।

वाइज पुं० [अ० वाइज़] धर्मोपदेशक।

वाक् पुं० [सं०] १. मुँह से निकलनेवाली सार्थक ध्वनि। २. सरस्वती। ३. बोलने की इन्द्रिय।

वाक् भाषा स्त्री० भाषा का वह रूप जो सामान्यत: बोला जाता हो, बोलने की भाषा।

वाकई क्रि० वि० [अ० वाक़िई] सचमुच, वस्तुत:।

वाकफियत स्त्री० [अ० वाकिफ़ियत] परिचय, जानकारी।

वाकिफ वि० [अ० वाक़िफ़] १. ज्ञाता। २. परिचित।

वाक् चतुर वि० [सं०] बातें करने में चतुर, वाक्पटु।

वाक्छल पुं० [सं०] धोखा देने के लिए क्लिष्ट, समानक या भ्रामक शब्दों का प्रयोग करना, ऐसी बात कहकर अपना मतलब निकालना जिसके दो अर्थ हो सकते हों। (इकिवोकेशन)

वाक्पटु वि० [सं०] बातें करने में चतुर।

वाक्सिद्धि स्त्री० [सं०] ऐसी शक्ति या सामर्थ्य जिससे मनुष्य इस योग्य हो जाता है कि वह भविष्य या परोक्ष के सम्बन्ध में जो कुछ कहे वह बिल्कुल ठीक और सत्य सिद्ध हो।

वाक् स्वतंत्रता स्त्री० [सं०] अपने विचार प्रकट करने की स्वतंत्रता, बोलने की आजादी।

वाक्य पुं० [सं०] व्याकरण के नियमों के अनुसार क्रम से लगा हुआ वह सार्थक शब्द-समूह जिसके द्वारा किसी पर अपना अभिप्राय प्रकट किया जाता है।

वाक्य-रचना स्त्री० [सं०] १. यथास्थान शब्द रखकर वाक्य बनाना। २. शब्द-योजना के विचार से वाक्यों की बनावट या रूप। (फ्रेजियालोजी)

वाक्य-विन्यास पुं० [सं०] वाक्यों की बनावट, वाक्य-रचना।

वाक्यसिद्धि स्त्री० दे० 'वाक्सिद्धि'।

वाक्यांश पुं० [सं०] पूरे वाक्य का कोई अंश, खंड या टुकड़ा। (फ्रेज)

वाक्या पुं० [अ० वाकिआ] १. घटना। २. दुर्घटना।

वाक्यावली स्त्री० [सं० वाक्य+अवली] पंक्ति के रूप में होनेवाला वाक्य।

वाक्यीय वि० [सं०] वाक्य का, वाक्य-संबंधी।

वागीश पुं० [सं० वाक्+ईश] १. वृहस्पति। २. ब्रह्मा। ३. कवि।

वि० अच्छा बोलनेवाला, सुवक्ता।

वागीश्वरी स्त्री० [सं०] सरस्वती।

वाग्जाल पुं० [सं०] बातों का ऐसा आडम्बर जिसमें अर्थ या तथ्य बहुत कम हो।

वाग्दत्त वि० [सं०] जिसे दूसरे को देने का वचन दिया जा चुका हो।

वाग्दत्ता स्त्री० [सं०] वह कन्या जिसके विवाह की बात किसी के साथ पक्की की जा चुकी हो।

वाग्दान पुं० [सं०] [वि० वाग्दत्त] १. कुछ देने या करने का वचन, वादा। (प्रामिस) २. कन्या के अभिभावक का किसी से यह कहना कि मैं अपनी कन्या तुम्हारे साथ ब्याहूँगा।

वाग्विदग्ध वि० [सं०] वाक्पटु।

वाग्विदग्धता स्त्री० [सं०] वाक्पटुता।

वाग्देवी स्त्री० [सं०] सरस्वती।

वाग्धारा स्त्री० [सं०] शब्दों का प्रवाह।

वाग्मी (-मिन्) पुं० [सं०] [भाव० वाग्मिता] १. अच्छा वक्ता। २. पंडित, विद्वान।

वाग्युद्ध पुं० [सं०] दो व्यक्तियों या पक्षों में झगड़े के कारण होनेवाला गाली-गलौज।

वाग्विलास पुं० [सं०] आपस में प्रेम और सुख की की जानेवाली बातचीत।

वाङ्मय पुं० [सं० वाक् +मय] १. किसी भाषा में लिखित सम्पूर्ण सामग्री। २. साहित्य।

वाङ्मुख वि० [सं०] उपन्यास।

वाचक वि० [सं०] किसी व्यक्ति या वस्तु आदि का निर्देश करने या परिचय देनेवाला (शब्द), वाची, जैसे-यहाँ 'सारंग' शब्द 'मोर' का वाचक है।

पुं० १. नाम, संज्ञा। २. वह जो किसी बड़े अधिकारी को कागज आदि पढ़कर सुनाने के लिए नियत हो, पेशकार। (रीडर)।

वाचन पुं० [सं०] १. पढ़ने का काम, पठन। २. विधान सभा में किसी विधेयक (बिल) के उपस्थित होने पर उसके तीन बार पढ़े जाने में से किसी एक बार का पढ़ा जाना, आवृत्ति। (रीडिंग) (विशेष- पहली बार विधेयक इसलिए पढ़कर सुनाया जाता है कि सब लोग उसका सामान्य स्वरूप समझ लें, इसे 'पहला वाचन' कहते हैं, दूसरे वाचन में काट-छाँट, संशोधन , परिवर्तन और सुधार होते हैं। तीसरे या अन्तिम वाचन में उसका वह रूप सामने आता है जिसमें वह स्वीकृत होने को होता है।) ३. किसी लिखी या छपी हुई बात की शब्दावली, अपने मूल रूप में वे शब्द, वाक्य आदि जिनका व्यवहार लिखने के समय किया गया हो, पाठ। ४. किसी सम्प्रदाय आदि के द्वारा निश्चित की हुई वह शब्दावली या वाक्यावली जो उसकी सम्मति में मूल लेखक की शब्दावली या वाक्यावली से अधिकतम सादृश्य रखती हो, पाठ। (टेक्स्ट) ५. किसी की कही या लिखी हुई बात या विवरण आदि का अविकल या ज्यों-का-त्यों रूप।

वाचनक पुं० [सं०] पहेली।

वाचना स्त्री० दे० 'वाचन'।

वाचनालय पुं० [सं०] वह स्थान जहाँ लोगों के पढ़ने के लिए समाचार पत्र या पुस्तकें रखी रहती हैं। (रीडिंग रूम)

वाचस्पति पुं० [सं०] १. वाणी। २. वचन। ३. बहुत बड़ा विद्वान।

वाचाबंध* पुं० [सं०] [वि० वाचाबद्ध] प्रतिज्ञा या वचन से बँधे होने की अवस्था या भाव।

वाचाल वि० [सं०] [भाव० वाचालता] १. बहुत बोलनेवाला, बकवादी। २. बातें करने में चतुर, वाक्पटु।

वाचिक वि० [सं०] [भाव० वाचिकता] १. वाणी-सम्बन्धी, वाचा या वाणी से कहा या किया हुआ। २. मौखिक।

पुं० अभिनय का वह प्रकार जिसमें केवल बातचीत और उसके ढंग से ही अभिनय का सारा तात्पर्य समझा जाता है।

वाचित वि० [सं०] बोला हुआ।

वाची वि० [सं० वाचिन्] प्रकट करनेवाला, सूचक, वाचक जैसे भाववाची।

वाच्य वि० [सं०] १. कहने योग्य। २. जिसका ज्ञान या परिचय शब्दों के द्वारा हो, अभिधेय।

पुं० व्याकरण में क्रिया से सम्बन्ध रखनेवाला वह तत्त्व जिससे यह कहा जाता है कि जो कुछ कहा गया है, वह कर्ता की प्रधानता के विचार से है या कर्म की प्रधानता के विचार से। (वॉयस) इसके दो भेद हैं- कर्तृवाच्य और कर्मवाच्य। (दोनों देखें)।

वाच्यार्थ पुं० [सं०] शब्दों के नियत अर्थ से प्रकट होनेवाला आशय, विशुद्ध शब्दार्थ।

वाजिब वि० [अ०] उचित, मुनासिब।

वाजिबी* वि०=वाजिब।

वाजिमेध पुं०=अश्वमेध।

वाजी (-जिन्) पुं० [सं०] घोड़ा।

वाजीकरण पुं० [सं०] [वि० वाजीकृत] वह प्रयोग जिससे मनुष्य का वीर्य बढ़ता है और उसमें घोड़े के समान बल आता है। (वैद्यक)

वाट पुं० [सं०] मार्ग, रास्ता।

वाटिका स्त्री० [सं०] बाग, बगीचा।

वाडवाग्नि स्त्री० [सं०] वह कल्पित प्रबल अग्नि जो समुद्र के अन्दर जलती हुई मानी गई है।

वाण पुं० [सं०] १. धारदार फलवाला वह अस्त्र जो धनुष की सहायता से चलाया जाता है, तीर। २. चुभनेवाली या कटु बात।

वाणिज्य पुं० [सं०] [वि० वाणिज्यिक] व्यापार, रोजगार। (कॉमर्स)

वाणिज्यदूत पुं० [सं०] किसी राज्य का वह दूत जो दूसरे देश में व्यापारिक सम्बन्ध सुरक्षित रखने और बढ़ाने के लिए रखा जाता है। (कॉन्सल)

वाणिज्यिक वि० [सं०] १. वाणिज्य-सम्बन्धी। २. जिसका उपयोग वाणिज्य में होता हो; जैसे—वाणिज्यिक ऊर्जा।

वाणी स्त्री० [सं०] १. सरस्वती। २. मुँह से निकलनेवाले सार्थक शब्द, वचन।

मुहा० *वाणी फुरना*=मुँह से बात निकलना।

वात पुं० [सं०] १. वायु, हवा। २. शरीर में की वह वायु जिसके बिगड़ने से अनके प्रकार के रोग होते हैं। (वैद्यक)

वातज वि० [सं०] वायु या वात से उत्पन्न (रोग आदि)।

वातानुकूल वि० [सं० वात+अनुकूल] (वह भवन, कमरा, यान आदि) जिसमें वायु को ठंडा रखा जाए; जैसे-इस कटरे की सभी दुकानें वातानुकूल है।

वातानुकूलक पुं० [सं० वातानुकूल] वह यंत्र या मशीन जो भवन, यान आदि की वायु को ठंडा रखती है।

वातानुकूलन पुं० [सं० वात+अनुकूलन] किसी भवन, यान आदि की वायु को ठंडा रखने की प्रणाली।

वातायन पुं० [सं०] झरोखा।

वातावरण पुं० [सं०] १. वह हवा जिसने पृथ्वी को चारों ओर से घेर रखा है। २. आस-पास की परिस्थिति या चारों ओर की वे सब बातें जिनका जीवन, विकास, निर्वाह आदि पर प्रभाव पड़ता है। (ऐटमॉस्फियर)

वातुल पुं० [सं०] बावला, पागल।

वातुलता स्त्री० [सं०] १. वातुल होने की क्रिया या भाव। २. पागलपन।

वात्या स्त्री० [सं०] बवंडर।

वात्सरिक वि० [सं०] वार्षिक, सालाना।

वात्सल्य पुं० [सं०] १. माता-पिता का सन्तान पर होनेवाला प्रेम। २. प्रेम, स्नेह।

वात्सल्य-भाजन पुं० [सं०] वह जिसके प्रति सन्तान का-सा प्रेम रखा जाए, पुत्र, पौत्र आदि के समान प्रिय।

वाद पुं० [सं०] १. किसी तथ्य या तत्त्व के निर्णय के लिए होनेवाला तर्क-वितर्क, शास्त्रार्थ। २. तत्त्वज्ञों द्वारा निश्चित तत्त्व या सिद्धान्त । (इज़्म) (कुछ संज्ञाओं के अन्त में प्रत्यय के रूप में प्रयुक्त, जैसे साम्यवाद, पूँजीवाद, अवसरवाद। ३. बहस, विवाद। ४. न्यायालय में उपस्थित किया हुआ अभियोग, मुकदमा। (सूट)

वादऋणी पुं० [सं०] वह जो किसी वाद (मुकदमे) में न्यायालय के निर्णय के अनुसार ऋणी या कर्जदार ठहराया गया हो।

वादक पुं० [सं०] १. बाजा बजानेवाला। २. वाद या शास्त्रार्थ करनेवाला।

वादग्रस्त वि० [सं०] जिसके सम्बन्ध में विवाद या मतभेद हो, विवादित।

वादपत्र पुं० [सं०] वह पत्र जो न्यायालय में वाद उपस्थित करते समय लिख दिया जाता है। (प्लेन्ट)

वादन पुं० [सं०] बाजा बजाना।

वाद-योग्य वि० [सं०] मुकदमा चलाने के लिए उपयुक्त, कानूनी दृष्टि से जिस पर मुकदमा चलाया जा सके।

वाद-विवाद पुं० [सं०] १. किसी पक्ष के खंडन और मंडन के सम्बन्ध में होनेवाली बातचीत, तर्क-वितर्क, बहस। (कॉन्ट्रोवर्सी) २. किसी विषय में ठीक निश्चय या निष्कर्ष तक पहुँचने के लिए कुछ लोगों में होनेवाला विचार-विमर्श। (डिस्कशन)

वाद-व्यय पुं० [सं०] किसी वाद या मुकदमे में होनेवाला उचित और नियमित व्यय। (कॉस्ट्स)

वादा पुं० [अ० वअद:] वचन, इकरार। (प्रॉमिस, अंडरटेकिंग)

वादाखिलाफी स्त्री० [अ०+फा०] वचनभंग।

वादानुवाद पुं० दे० 'वाद-विवाद'

वादिम पुं० [सं०] वाद्य, बाजा।

वादी (-दिन्) पुं० [सं०] १. वक्ता, बोलनेवाला। २. न्यायालय में कोई वाद या मुकदमा पेश करनेवाला। ३. कोई पक्ष या तर्क उपस्थित करनेवाला, फरियादी, मुद्दई। ४. विचार के लिए कोई पक्ष या तर्क उपस्थित करनेवाला। ५. शत्रु। ६. संगीत में वह स्वर जो अन्य स्वरों की अपेक्षा प्रधान रूप में व्यवहृत होता है और किसी राग के विशिष्ट स्वरूप का बोधक होता है।

वि० १. किसी वाद से संबद्ध, जैसे मानवतावादी। २. संबंधी; जैसे-शरीरवादी प्रसंग प्रगतिशीलता के नाम पर उभरकर आए। -विद्यानिवास मिश्र।

वादु* पुं०=विवाद।

वाद्य पुं० [सं०] वह उपकरण जिसमें संगीत के स्वर निकलते या ताल दिए जाते हैं, बाजा।

वाद्यगोष्ठी स्त्री० [सं०] वह गोष्ठी जिसमें वाद्यवंद ही बजाए जाएँ।

वाद्यवृंद पुं० [सं०] स्वर उत्पन्न करनेवाले और ताल देनेवाले अनके प्रकार के बाजों का एक साथ मिलकर बजना। (आरकेस्ट्रा)

वाद्यसंगीत पुं० [सं०] बाजों से होनेवाला संगीत, साजसंगीत, 'कंठ-संगीत' से भिन्न। (इन्स्ट्रूमेन्टल म्यूजिक)

वानप्रस्थ पुं० [सं०] प्राचीन भारतीय आश्रमों में से तीसरा आश्रम जिसमें मानव के पचास वर्ष के हो जाने पर वन में जाकर रहने का विधान है।

वानर पुं० [सं०] १. बन्दर। २. एक प्राचीन जाति।

वानस्पतिक वि० [सं०] १. वनस्पति-सम्बन्धी, वनस्पति का। २. वनस्पति से निकला हुआ, जैसे वानस्पतिक दूध या दही।

वानस्पत्य पुं० [सं०] वनस्पतियों के तत्त्वों और उनकी वृद्धि, पोषण आदि से सम्बन्ध रखनेवाला शास्त्र या विद्या।

वि०=वाचस्पतिक।

वापस वि० [फा०] १. लौटकर फिर अपने स्थान पर आया हुआ। (व्यक्ति) २. जो उधार लेने, खरीदने या मँगनी माँगने के बाद फेरा या लौटाया गया हो। (पदार्थ)

क्रि० वि० १. जहाँ से चला हो उसी ओर। २. जिससे लिया हो उसी को।

वापसी वि० [फा०] १. लौटाया हुआ या फेरा हुआ। २. जिसमें वापस आने का परिव्यय भी जुड़ा हो, जैसे वापसी टिकट (रेल का)।

स्त्री० लौटने या लौटाने की क्रिया या भाव, प्रत्यावर्तन।

वापिका स्त्री० [सं०] छोटा जलाशय, वापी, बावली।

वापी स्त्री० [सं० वापिका] छोटा जलाशय, बावली।

वाम वि० [सं०] १. बायाँ, 'दाहिना' का उलटा। २. प्रतिकूल, विरुद्ध। ३. टेढ़ा, वक्र।

पुं० चार चरणों का वर्णवृत्त जिसके प्रत्येक चरण में सात जगण और एक यगण होता है, इसे मंजरी, मकरन्द और माधवी भी कहते हैं।

वामता स्त्री० [सं० वाम] वामपक्ष की ओर होनेवाला झुकाव, वामपक्ष की पक्षधरता।

वामदेव पुं० [सं०] शिव, महादेव।

वामन वि० [सं०] १. छोटे डील या कद का, बौना। २. ह्रस्व, नाटा, छोटा।

पुं० १. विष्णु। २. शिव। ३. विष्णु का अवतार जो बलि को छलने के लिए हुआ था।

वामनावतार पुं० [सं०] वामन के रूप में विष्णु का अवतार।

वामनावतारी वि० [सं० वामनावतार+हिं ई (प्रत्य०)] वामनावतार का वामनावतार-संबंधी।

वामपंथ, वामपक्ष पुं० [सं०] किसी विषय में बहुत उग्रमत रखनेवालों का सिद्धान्त या वर्ग। (लेफ्ट विंग)

वामपंथी, वामपक्षी वि० वामपन्थ सम्बन्धी।
पुं० वामपक्ष का पक्षधर।

वाममार्ग पुं० [सं०] १. तान्त्रिक मत या धर्म जो वेदों में बतलाए हुए दक्षिण मार्ग के विरुद्ध पड़ता है और जिसमें तन्त्र-मन्त्र, अभिचार आदि के साथ मद्य, मांस आदि सेवन का भी विधान है। २. वामपन्थ।

वाममार्गी (गिन्) पुं० [सं०] वह जो वाममार्ग का अनुयायी हो, कौल।

वामहीन वि० [सं०] जो वाम अर्थात् प्रतिकूल न हो।

वामांक पुं० [सं० वाम+अंक] बायाँ अंग, बाईं ओर का स्थान; जैसे-शिव के लिए तो सती का स्थान उनका वामांक था। -योगेन्द्र प्रताप सिंह।

वामांगिनी स्त्री० [सं०] पत्नी।

वामा स्त्री० [सं०] १. औरत, स्त्री। २.दुर्गा। ३. जैन तीर्थंकर पार्श्वनाथ की माता का नाम। ४. पिंगल में दस अक्षरों का एक वृत्त।

वामावर्त वि० [सं०] १. बाईं ओर घूमा हुआ । २. (विशेषत: चक्कर के रूप में) चलने या घूमने के लिए बाईं ओर से आरम्भ होनेवाला।

वाय सर्व० दे० 'वाई'।
स्त्री० =वायु (हवा)।

वायरल वि० [अं०] अत्यंत सूक्ष्म जीवों के द्वारा उत्पन्न (रोग)।

वायरस पुं० [अं०] अत्यंत सूक्ष्म जीव जो मनुष्यों, पशुओं, पौधों आदि में रोग उत्पन्न करते हैं।

वायरस-विरोधी वि० अत्यंत सूक्ष्म जीवों (वायरस) के द्वारा उत्पन्न रोग को दूर करने या रोकनेवाला।

वायविक वि० [सं०] वायु-सम्बन्धी, वायु का। (एरियल)
पुं० बाँसों आदि में लगा हुआ तार जिसकी सहायता से रेडियो वायु में से शब्द, ध्वनि आदि ग्रहण करता है। (एरियल)

वायवीय वि० [सं०] १. वायु-सम्बन्धी, वायु का। २. अलौकिक।
वायव्य पुं० [सं०] १. उत्तर-पश्चिम का कोना, पश्चिमोत्तर। २. एक प्रकार का अस्त्र।

वायस् पुं० [सं०] कौआ, पक्षी।

वायु स्त्री० [सं०] पाँच तत्त्वों में से एक जो पृथ्वी के चारों ओर ऊपर आकाश तक भरा है और जिसे सब प्राणी साँस लेते समय अन्दर खींचते और बाहर फेंकते हैं, हवा। (एअर)

वायुजल पुं०=जलवायु।

वायुपथ पुं० [सं०] आकाश में हवाई जहाजों के आने-जाने का रास्ता। (एयरवे)

वायुपरिवहन पुं० [सं०] हवाई जहाज से लोगों या सामान को एक स्थान से दूसरे स्थान पर ले जाने की क्रिया या व्यवस्था।

वायुप्रदूषण पुं० [सं०] वायु का प्रदूषित होना।

वायुमंडल पुं० [सं०] १. आकाश। २. दे० 'वातावरण'।

वायुयान पुं० [सं०] हवा में उड़नेवाला यान, हवाई जहाज। (एयरोप्लेन)

वायु-शक्ति स्त्री० [सं०] हवाई जहाज तथा सैनिक जो आकाश में शत्रु का सामना करते हों।

वायुसेना स्त्री० [सं०] वह सेना जो वायुयानों का उपयोग करती है और आकाश में लड़ती है।

वायुसेवन पुं० [सं०] स्वास्थ्य सुधारने के लिए खुली हवा में घूमना या बैठना।

वायुसेवा स्त्री० [सं०] वायुयान से एक स्थान से दूसरे स्थान तक आने-जाने की सुविधा। (एयर सर्विस)

वारंट पुं० दे० 'अधिपत्र'।

वार[1] पुं० [सं०] १. द्वार, दरवाजा। २. रुकावट, रोक। ३. अवसर। ४. बार, दफा। ५. सप्ताह का कोई दिन, जैसे रविवार। ६. किनारा, तट (विशेषत: वक्ता की ओर का)।

वार[2] पुं० [सं० वार=दाँव] १. चोट, आघात। २. आक्रमण, हमला।

वार[3] प्रत्य० [फा०] एक प्रत्यय जो शब्दों के अन्त में लगकर (क) 'क्रम से', 'क्रमात्' अथवा 'के अनुसार' का अर्थ देता है, जैसे जिलेवार, सूचीवार या भाषावार प्रान्त और (ख) रखनेवाले का अर्थ देता है, जैसे उम्मीदवार।

वारक वि० [सं०] १. वारण या निषेध करनेवाला। २. दूर करनेवाला।

वारण[1] पुं० [सं०] [वि० वारक, वारित, वार्य] १. निषेध, मनाही। २. रुकावट।

वारण[2] पुं० [सं० वारण:] हाथी।

वारणक पुं० [सं०] अनिष्ट, हानि आदि रोकने या उससे बचने के लिए अथवा अपने हित, कल्याण आदि के विचार से पहले से किया जानेवाला उपाय या कार्य। (प्रिकॉशन)

वारणिक वि० [सं०] (उपाय या कार्य) जो अनिष्ट, हानि आदि से बचने अथवा अपने हित-साधन के विचार से पहले से किया जाता है। (प्रिकाशनरी)

वारद पुं०=बादल।

वारदात स्त्री० [अ०] १. भीषण या विकट दुर्घटना। २. मारपीट, दंगा-फसाद।

वारन[1]* स्त्री० [हिं० वारना] वारने की क्रिया या भाव, निछावर, बलि।

वारन[2] पुं० [सं० वारण:] हाथी।
स्त्री० दे० 'बंदनवार'।

वारना स० [हिं० उतारना] कोई चीज किसी के ऊपर चारों ओर घुमाकर किसी को देना या फेंकना, निछावर करना। (किसी की श्रेष्ठता या आदर का सूचक)

पुं० निछावर, उत्सर्ग।

मुहा० *वारने जाना*=निछावर होना।

वारनारी स्त्री०=वेश्या।

वारनिश स्त्री० [अं०] कोई चीज चमकाने के लिए उस पर लगाया जानेवाला रोगन।

वारपार पुं० [सं० अवार-पार] १. नदी का इस ओर का और सामने की ओर का किनारा, यह पार और वह पार। २. गहराई, योग्यता आदि की थाह, , अन्त, जैसे-विद्या का वारपार नहीं । ३. दे० 'वारापार'।

क्रि० वि० १. इस पार और उस पार। २. इस सिरे से उस सिरे तक, जैसे—तीर वारपार होना।

वारवधु स्त्री० [सं० वार (द्वार)+वधु (युवा स्त्री)] वह युवा स्त्री जो द्वार पर बैठकर पुरुषों को आकृष्ट तथा नियंत्रित करती हो, वेश्या, रंडी।

वारांगना स्त्री० [सं० वार (द्वार)+अंगना (सुन्दर अंगोंवाली] सुन्दर अंगोंवाली वह स्त्री जो द्वार पर बैठकर पुरुषों को आकृष्ट तथा नियंत्रित करती हो, वेश्या, रंडी।

वारा पुं० [सं० वारण] १. खर्च की कमी या बात, किफायत। २. लाभ, फायदा, उदा० उनके वारे की कछू मोपै कही न जाइ। -रसनिधि।

वि० १. कम या थोड़े दाम का, सस्ता। २. जिसमें आर्थिक दृष्टि से कुछ लाभ या बचत हो।

*प्रत्य०=वाला (जैसे देखनवारा)।

वाराणसी स्त्री० [सं०] काशी नगरी।

वारा-न्यारा पुं० [हिं० वार+न्यारा] किसी बात का पूरी तरह से इधर या उधर होने का निश्चय या निपटारा।

वारापार पुं० [हिं० वार+पार] अन्तिम सीमा या हद।

वाराह पुं० [सं०] १. सूकर या सुअर नामक पशु। २. विष्णु का तीसरा अवतार जो शूकर के रूप में हुआ था।

वारि पुं० [सं०] जल, पानी।

वारिचर पुं० [सं०] मछली।

वारिज पुं० [सं०] १. कमल। २. शंख। ३. खरा सोना।

वारित वि० [सं०] जिसका वारण या मनाही की गई हो, वर्जित।

वारिद पुं० [सं०] बादल, मेघ।

वारिधि पुं० [सं०] समुद्र।

वारिवर्त पुं० [सं०] मेघ, बादल।

वारिस पुं० [अ०] उत्तराधिकारी।

वारिसी स्त्री० [अ० वारिस] विरासत।

वारींद्र पुं० [सं०] समुद्र।

वारी* स्त्री०=बारी (खिड़की)।

वारुणी स्त्री० [सं०] १. मदिरा, शराब। २. वरुण की स्त्री। ३. एक पर्व जिसमें गंगा-स्नान का माहात्म्य है। ४. सौर जगत का एक ग्रह जिसका पता सन् १७८१ में लगा था। (यूरेनस)

वार्ता स्त्री० [सं०] १. वृत्तांत, हाल। २. विषय, मामला। ३. बातचीत। ४. साधारण बात-चीत के रूप में किसी विषय का संक्षिप्त विवेचन। (टॉक) ५. कृषि, वाणिज्य, गोरक्षा आदि वैश्यों के काम।

वार्तायन पुं० [सं०] [वि० वार्तायित] वह सामयिक पत्र जिसमें किसी राज्य या विभाग आदि से सम्बन्ध रखनेवाली बातें प्रकाशित होती हैं। (गजट)

वार्तायित वि० [सं०] जिसका उल्लेख वार्तायन में हो चुका हो। (गजटेड)

वार्तालाप पुं० [सं०] बात-चीत, संवाद।

वार्तावह, वार्ताहर पुं० [सं०] सन्देश पहुँचानेवाला, दूत, हरकारा।

वार्तिक पुं० [सं०] किसी ग्रन्थ की टीका या व्याख्या।

वार्द्धक्य पुं० [सं०] वृद्धावस्था, बुढ़ापा। २. वृद्धि, बढ़ती।

वार्षिक वि० [सं०] १. वर्ष-सम्बन्धी; जैसे-वार्षिक विवरण, वार्षिक आय। (ऐनुअल) २. प्रति वर्ष होनेवाला; जैसे-वार्षिक प्रतियोगिता।

क्रि० वि० प्रतिवर्ष के हिसाब से, जैसे तीन रुपए सैकड़े वार्षिक सूद। (पर एनम्)

वार्षिकी स्त्री० [सं० वार्षिक] १. प्रतिवर्ष दी जानेवाली वृत्ति या अनुदान। (ऐनुईटी)। २. प्रतिवर्ष होनेवाला कोई प्रकाशन। (ऐनुअल)

वार्षिकोत्सव पुं० [सं० वार्षिक+उत्सव] वर्ष की समाप्ति पर होनेवाला उत्सव, सालाना जलसा।

-वाल प्रत्य०=वाला।

-वाला प्रत्य०[?] [स्त्री० वाली] क्रियार्थक संज्ञा के साथ, जो क्रिया करता हो; जैसे खरीदनेवाला, बेचनेवाला। २. जो किसी वस्तु आदि से व्यवसाय की दृष्टि से संबद्ध हो; टाँगेवाला, फलवाला। ३. जिसके आगे संतान हो, जैसे बेटीवाला, बेटे वाले। ४. जिसका किसी से नाता या रिश्ता हो; जैसे-घरवाला, घरवाली। ५. जो किसी वस्तु, स्थान आदि के नाम से जाना जाता हो; जैसे-दिल्लीवाला, मंदिरवाली गली। ६. 'को' परसर्ग के स्थान पर गतिसूचक क्रियार्थक संज्ञाओं के साथ क्रिया के पूर्ण होने का सूचक; जैसे-लड़का घर पहुँचनेवाला है। गाड़ी आनेवाली ही है।

वालिद पुं० [अ०] स्त्री० वालिदा] पिता, बाप।

वालिदा स्त्री० [अ०] माता, माँ, अम्मा।

वालिदैन पुं० बहु० [अ०] माता-पिता।

वाल्मीक, वाल्मीकि पुं० [सं०] एक प्रसिद्ध मुनी जो रामायण के रचयिता और आदि कवि हैं।

वावैला पुं० [अ०] १. विलाप, रोना-कलपना। २. कोलाहल, हल्ला, शोर।

वाष्प पुं० [सं०] भाप।

वाष्पक पुं० [सं० वाष्प] यंत्र का वह कक्ष जिसमें पानी को भाप में बदला जाता है। (बायलर)

वाष्पीकरण पुं० [सं०] किसी वस्तु को कुछ विशेष प्रक्रिया से वाष्प के रूप में लाना। (एवोपोरेशन)

वासंतिक वि० [सं०] वसंत का, वासंती।

वासंती स्त्री० [सं०] १. माधवी, लता। २. वसंतोत्सव। ३. चार चरणों का एक वर्णवृत्त। जिसके प्रत्येक चरण में मगण, तगण, नगण, मगण और दो गुरु (म, त, न, म, ग, ग) होते हैं।

वि० वासंतिक, वसंत ऋतु का।

वासंती नवरात्र पुं० [सं०] चैत्र शुक्ल पक्ष में पड़नेवाला नवरात्र।

वास पुं० [सं०] १. रहना, निवास। २. स्थान, घर, मकान।

स्त्री० १. गन्ध, महक, बू। २. बहुत ही सूक्ष्म लक्षणों से मिलनेवाला किसी बात का पता, भनक, जैसे पुलिस को भी इस घटना की वास लग गई है।

वासक पुं० [सं०] १. वासर, दिन। २. अडूसा नामक वृक्ष और उसका फल।

वासकसज्जा स्त्री० [सं०] वह नायिका जो नायक की प्रतीक्षा में शयन आदि की सब सामग्री ठीक करके और स्वयं श्रृंगार करके बैठी हो।

वासना स्त्री० [सं०] कुछ पाने की इच्छा या कामना।

वासर पुं० [सं०] १. दिन, दिवस। २. मकान, घर। ३. वह कोठरी या घर जिसमें वर-वधू की सुहाग रात होती है। ४. सुखभोग।

वासव पुं० [सं०] इन्द्र, सहस्राक्ष, वृद्धश्रवा।

वासा पुं० [सं० वास] रहने की जगह, निवास-स्थान, उदा० मैं स्थिर भूतों का वासा, मैं मरघट का पीपल तरु हूँ। -नरेन्द्र।

वासित वि० [सं०] सुगन्ध से युक्त या सुगन्धित किया हुआ।

वासिष्ट पुं० [सं०] वसिष्ट का पुत्र।

वासुदेव पुं० [सं०] १. वसुदेव के पुत्र, श्रीकृष्णचन्द्र। २. पीपल का पेड़।

वास्कट स्त्री० [अं० वेस्टकोट] एक प्रकार की कुरती, फतूही।

वास्तव वि० [सं०] [भाव० वास्तवता] प्रकृत, यथार्थ, असली।

वास्तव में क्रि० वि० वस्तुतः, असलियत में, सचमुच।

वास्तविक वि० [सं०] [भाव० वास्तविकता] १. जो वास्तव में हो या हुआ हो। (ऐक्चुअल) २. जिसका वास्तव में कोई दृढ़ अधिकार, स्वत्व आदि हो, (जैसे वास्तविक अधिकार)। (राइटफुल) ३. सच्चा, उपस्थित या वर्तमान, असली; जैसे—वास्तविक समस्या।

वास्तविकता स्त्री० [सं०] १. वास्तविक या यथार्थ होने की अवस्था या भाव, यथार्थता। २. किसी की वैयक्तिक स्थिति तथा उसके सामने खड़ी समस्याएँ। (रिएलिटी)

वास्तव्य वि० [सं०] रहने या बसने योग्य।

पुं० बस्ती, आबादी।

वास्ता पुं० [अ० वास्तिः] सम्बन्ध, लगाव।

वास्तु पुं० [सं०] १. वह स्थान जहाँ घर बनाया जाए। २. घर, मकान। ३. ईंट-पत्थर आदि से बनी चीज, इमारत।

वास्तुकला स्त्री० [सं०] वास्तु या भवन, महल आदि बनाने की कला।

वास्तुकार पुं० [सं०] वह जो भवनों आदि के प्रारूप (डिजाइन) बनाने तथा उनका निर्माण करनेवाला। (आर्किटेक्ट)

वास्तुकाष्ठ पुं० [सं०] वह सूखी लकड़ी जो भवन, कुरसी आलमारी आदि बनाने के काम में आती है। (टिम्बर)

वास्तुरचना स्त्री० [सं०] भवन-निर्माण।

वास्तु-वृक्ष पुं० [सं०] वह वृक्ष जिसकी लकड़ी घर, आलमारी, मेज, कुरसी आदि बनाने के काम में आती हो। (टिम्बर ट्री)

वास्तुशास्त्र पुं० [सं०] वह शास्त्र जिसमें वास्तुकला का विवेचन होता है।

वास्ते, के सम्बन्धसू० [अ०] १. के लिए, के निमित्त; जैसे—भगवान के वास्ते इसे जाने भी दो। २. के हेतु, के कारण।

वाह[1] वि० [सं०] वहन करने या ढोनेवाला। (प्रत्यय के रूप में शब्दों के अन्त में, जैसे भारवाह।)

वाह[2] विस्मयादि० [फा०] १. प्रशंसा या आश्चर्यसूचक शब्द।

वाहक वि० [सं०] [स्त्री० वाहिका] १. बोझ ढोने या खींचनेवाला। २. भार ग्रहण करनेवाला। ३. हाँकने या चलानेवाला। ४. दे० 'वाही'।

पुं० सारथी।

वाहन पुं० [सं०] १. वह जिस पर चढ़कर चलते हों, सवारी जैसे- घोड़ा-गाड़ी, पालकी आदि। २. वह जिस पर कोई चीज चढ़ाई, बैठाई या रखी हो। ३. वह चीज जिसके आधार पर कोई चीज कहीं पहुँचती हो, जैसे बिजली की धारा के वाहन वायु और तार हैं। (वीहिकिल)

वाहना* स० दे० 'बाहना'।

वाहवाह विस्मयादि० [फा०] प्रशंसासूचक शब्द।

वाहवाही स्त्री० [फा० वाहवाह] लोगों की प्रशंसा, स्तुति, साधुवाद।

वाहि* सर्व० [हिं० वा] उसको, उसे।

वाहित वि० [सं०] १. वहन किया हुआ, ढोया हुआ। २. बिताया हुआ।

वाहिनी स्त्री० [सं०] १. सेना, फौज। २. आज-कल सेना का वह विशिष्ट बड़ा विभाग जो किसी एक उच्च सैनिक अधिकारी के अधीन हो। (डिवीज़न)

वि० अपने ऊपर या अपने में रख या लेकर कहीं ले जाने या पहुँचानेवाली (यौ० के अन्त में, जैसे रक्तवाहिनी नलिका)।

वाहिनीपति पुं० [सं०] सेनापति।

वाहियात वि० [अ० वाही का बहुवचन रूप] १. व्यर्थ, फिजूल। २. बुरा, खराब।

वाही[1] वि० [सं० वाहिन्] [स्त्री० वाहिनी] १. वहन करनेवाला, जैसे भारवाही। २. अपने ऊपर या अपने में रख या लेकर कहीं ले जाने या पहुँचानेवाला, जैसे विमानवाही पोत। ३. दे० 'वाहक'।

वाही[2] वि० [अ०] व्यर्थ, फिजूल।

वाही-तबाही वि० [अ० वाही+तबाही] १. वाहियात, बेहूदा। २. अंडबंड।

स्त्री० अंडबंड या गाली-गलौज की बातें।

वाह्य वि० [सं०] १. वहन करने योग्य। २. वहन करनेवाला।

वाह्लीक पुं० [सं०] १. अफगानिस्तान के पश्चिम का एक प्राचीन प्रदेश। २. इस देश का घोड़ा।

विंद* पुं० १. दे० 'वृंद'। २. दे० 'विंदु'।

विंदक वि०, पुं० [?] १. प्राप्त करनेवाला। २. जाननेवाला।

विंदु पुं० [सं० बिन्दु] १. पानी या और किसी तरल पदार्थ की बूँद। (ड्रॉप) २. बिन्दी। ३. अनुस्वार। ४. शून्य। ५. रेखागणित में अंकित किया हुआ वह छोटा गोल धब्बा जो किसी स्थान का निर्देश तो करता है पर न तो उसमें लम्बाई-चौड़ाई का होना माना जाता है और न जिसके विभाग हो सकते हैं। ६. कोई विशिष्ट स्थान या क्षेत्र; जैसे मिलन-विंदु। ७. कोई विशिष्ट ब्योरे की बात या मुद्दा विशेषत: विचारणीय विषय; जैसे विवाद का तीसरा विंदु है बोफोर्स सौदा। (पॉइन्ट)

विंदुक पुं० [सं० विन्दु+क (प्रत्य०)] पिचकारी की तरह का एक प्रकार का छोटा उपकरण जिससे आँख, कान, नाक आदि में बूँद-बूँद करके दवा डाली जाती है। (ड्रापर)

विंदुचित्र पुं० विन्दुओं से बना चित्र।

विंदु-विसर्ग पुं० [सं०] ऐसे सूक्ष्म तत्व जिनसे शब्द का स्वरूप तथा अर्थ बदल जाता हो।

मुहा० *विंदु-विसर्ग न जानना*=आरंभिक ज्ञान तक न होना।

विंध्य पुं० [सं०] भारत के मध्य में पूर्व-पश्चिम फैली हुई एक प्रसिद्ध पर्वतमाला।

विंध्यवासिनी स्त्री० [सं०] एक देवी जिसका मन्दिर मिर्ज़ापुर जिले में विन्ध्यपर्वत पर है।

विंध्याचल पुं० [सं०] विंध्य नामक पर्वतमाला।

विंश वि० [सं०] बीसवाँ।

वि उप० [सं०] एक उपसर्ग जो शब्दों में लगकर ये अर्थ देता है: (क) विशेष; जैसे विक्षुब्ध। (ख) अनेकरूपता, जैसे विविध। (ग) निषेध या विपरीतता। कुछ अवस्थाओं में 'अं० सब' और कुछ अवस्थाओं में 'अं० डी' के अर्थ में, जैसे विक्रय, विपक्ष, विनियन्त्रण, विसामान्य।

विकंपन पुं० [वि० विकंपित]=कंपन।

विकच वि० [सं०] १. खिला हुआ, विकसित। २. जिसके कच या बाल न हों।

पुं० बालों की लट।

विकट वि० [सं०] [भाव० विकटता] १. भयंकर, भीषण। २. कठिन, मुश्किल। ३. दुर्गम।

विकर[1] पुं० [सं० वि=विशिष्ट+कर] कुछ विशेष अवस्थाओं में या विशिष्ट पदार्थों पर लगनेवाला कर, अबवाब। (सेस)

विकर[2] पुं० [सं०] रोग, बीमारी।

विकराल वि० [सं०] [भाव० विकरालता] भीषण, डरावना।

विकर्ण पुं० [सं०] वह रेखा जो किसी चतुर्भुज के तिरछे बल में पड़नेवाले आमने-सामने के बिंदुओं को मिलाती और उस चतुर्भुज को दो त्रिभुजों में विभक्त करती है, कर्ण।

वि० चार या अधिक कोणोंवाले क्षेत्र में किसी कोण से उसके ठीक विपरीत कोण तक होने या पहुँचनेवाला, टेढ़े बल में नीचे से ऊपर जाने या ऊपर से नीचे आनेवाला।

विकर्णत: क्रि० वि० [सं०] विकर्ण के रूप में, तिरछे बल में। (डायगनली)

विकर्म पुं० [सं०] अनुचित या अनैतिक कर्म।

विकर्षण पुं० [सं०] [वि० विकृष्ट] १. 'आकर्षण' का विपर्याय। २. प्राचीन काल का एक शास्त्र जिसमें किसी को अपनी ओर खींचने या अपने पर अनुरक्त करने की विद्या का वर्णन है। ३. न रहने देना, जैसे किसी प्रथा पद्धति आदि का विकर्षण। (एबॉलिशन) ४. दे० 'निवर्तन'।

विकर्षित वि०=विकृष्ट।

विकल वि० [सं०] [भाव० विकलता] १. व्याकुल, बेचैन, अधीर। २. 'कला' से रहित या हीन। ३. टूटा-फूटा, खंडित। ४. अपूर्ण, अधूरा।

विकलता स्त्री० [सं०] व्याकुलता, बेचैनी।

विकलन पुं० [सं०] खाते या रोकड़-बही में किसी के नाम उसे दिया हुआ धन लिखना, किसी के नाम खर्च की मद में लिखना। (डेबिट)

विकलांग वि० [सं०] [भाव० विकलांगता] जिसका कोई अंग टूटा या बेकाम हो, खंडित अंगवाला।

विकला स्त्री० [सं०] १. चन्द्रमा की कला का सोलहवाँ भाग। २. गणित में समय का एक बहुत छोटा मान।

विकलाना* अ०, स० [सं० विकल] व्याकुल या बेचैन होना या करना, घबराना या घबरा देना।

विकलित वि० दे० 'विकल'।

विकल्प पुं० [सं०] [वि० विकल्पित, वैकल्पिक] १. एक कल्पना के बाद उसके विरुद्ध या उससे मिलती-जुलती की जानेवाली दूसरी कल्पना, पहले कोई बात सोचकर फिर उसके विरुद्ध और-और बातें सोचना। २. वह अवस्था जिसमें सामने आए हुए कई विषयों या बातों में से कोई एक विषय या बात अपने लिए चुनने का अधिकार रहता है। (ऑप्शन) ३. सामने आए हुए दो या अधिक

ऐसी बातों या कामों में से हर एक जिनमें से कोई अपने लिए ग्रहण किया जाने को हो। (आल्टरनेटिव) ४. व्याकरण में, किसी विषय के कई नियमों में से अपनी इच्छा के अनुसार कोई एक नियम लेना या मानना। ५. भ्रम, धोखा। ६. योग के अनुसार एक प्रकार की चित्तवृत्ति जिसमें मन में कुछ सन्देह बना रहता है। ७. एक प्रकार की समाधि। ८. साहित्य में एक अर्थालंकार जिसमें दो ऐसी विरोधी बातें रखकर जो एक साथ न हो सकती हों, यह कहा जाता है कि या तो यह होगा या वह। (कै, कि, अथवा वा, या आदि शब्द इसके सूचक होते हैं।) जैसे पार्वती की यह प्रतिज्ञा करना कि या तो मैं शंकर जी से विवाह करूँगी या जन्म भर कुमारी ही रहूँगी।

विकल्पी वि०=वैकल्पिक।

विकसन पुं० [सं०] [वि० विकसित] १. विकसित होने की क्रिया या भाव, विकसित होना। २. (कलियों आदि का) खिलना।

विकसना अ० [सं० विकास] १. विकसित होना, विकास को प्राप्त होना। २. (कलियों का) खिलना। २. (मन का) प्रसन्न होना।

विकसाना स० हिं० 'विकसना' का स०।

विकसित वि० [सं०] १. जिसका पूर्ण रूप से विकास हुआ हो, विकास को प्राप्त होनेवाला; जैसे—विकसित राष्ट्र। २. खिला हुआ।

विकस्वर पुं० [सं०] साहित्य में एक अर्थालंकार जिसमें पहले कोई बात साधारण रूप से कही जाती है और तब कोई उदाहरण या उपमा देकर विशेष रूप से उसकी पुष्टि या समर्थन किया जाता है।

विकार पुं० [सं०] [वि० विकृत, विकारी] १. वह दोष जिसके कारण किसी वस्तु का रूप-रंग बदल जाता है और वह खराब होने लगती है, बिगाड़। २. दोष, खराबी, बुराई। ३. मन में उत्पन्न होनेवाला कोई प्रबल भाव या वृत्ति। ४. व्याकरण में उसके नियम के अनुसार किसी शब्द का रूप बदलना, जैसे 'वह चलने लगा' में 'चलने' वस्तुतः 'चलना' का विकार या विकृत रूप है।

विकारी वि० [सं०] १. जिसमें किसी प्रकार का विकार या बिगाड़ हुआ हो। २. खराब, बुरा, उदा० असुभ होई जिनके सुमिरे तें, बानर, रीछ विकारी। -तुलसी। ३. जिसमें किसी प्रकार का पविर्तन या हेर-फेर हुआ हो। ४. जिसके मन में राग, द्वेष आदि विकार उत्पन्न हुए हों।

पुं० व्याकरण में वह शब्द जिसका रूप कुछ विशेष नियमों के अनुसार या कुछ विशेष अवस्थाओं में बदलता हो, जैसे प्रायः सभी संज्ञाएँ, क्रियाएँ और विशेषण विकारी होते हैं।

विकार्य पुं० [सं०]वह क्रिया या कार्य जिससे किसी वस्तु में परिवर्तन लाया जाता है, जैसे दूध से दही बनाना, चावल से भात बनाना।

विकाल पुं० [सं०] १. किसी कार्य के उपयुक्त या नियत समय के बीत जाने के बाद का समय, अतिकाल, देर। २. दिन के तीसरे पहर के बाद का समय, संध्या।

विकाश पुं० [सं०] १. प्रकाश, रोशनी। २. विस्तार, फैलाव। ३. दे० 'विकास'।

विकाशन पुं० [सं०] किसी वस्तु में अच्छी-अच्छी बातें बढ़ाकर उसे उन्नत करना; अच्छी, उन्नत या सम्पन्न दशा की ओर ले जाना। (डेवलपमेंट)

विकास पुं० [सं०] [वि० विकसित] १. किसी वस्तु या बात का बढ़कर कुछ नया, बड़ा अथवा अधिक प्रभावी रूप धारण करना, विकाशन, फैलाव। (डेवलपमेन्ट) २. (फूलों आदि का) खिलना। ३. विज्ञान में मानी जानेवाली वह प्रक्रिया जिसके अनुसार कोई वस्तु अपनी आरम्भिक सामान्य अवस्था से धीरे-धीरे बढ़ती, फैलती और सुधरती हुई उन्नत और पूर्ण अवस्था को प्राप्त होती है। (इवोल्यूशन)

विकासना* स०=विकसित करना।

अ० दे० 'विकसना'।

विकासमान वि० [सं० विकास+मान] जिसका निरंतर विकास होता चल रहा हो परन्तु जो अभी पूर्णतः विकसित न हो पाया हो।

विकासवाद पुं० [सं०] [वि०, पुं० विकासवादी] आधुनिक वैज्ञानिकों का एक प्रसिद्ध सिद्धान्त जिसमें यह माना जाता है कि आरम्भ में पृथ्वी पर एक ही मूल तत्त्व था और सब वनस्पतियाँ, वृक्ष, जीव-जन्तु, मनुष्य आदि क्रमशः उसी से निकले, फैले और बढ़े हैं।

विकासशील वि० [सं०] [भाव० विकासशीलता] जिसका विकास हो रहा हो परन्तु जो अभी पूर्णतः विकसित न हो पाया हो।

विकिरण पुं० [सं०] १. किरणों के रूप में निसृत ऊर्जा, ताप आदि। २. परमाणु के नाभिक से निकलनेवाली किरण जिसमें विद्युत और चुम्बक होता है तथा जो बहुत भयावह होती है।

विकीरित वि०=विकीर्ण।

विकीर्ण वि० [सं०] १. चारों ओर बिखरा या फैला हुआ। २. प्रसिद्ध, मशहूर।

विकुंठ* पुं०=वैकुंठ।

विकृत वि० [सं०] १. जिसमें किसी प्रकार का विकार हो गया हो, जिसका रूप बिगड़ गया हो। ३. जो युक्ति, तर्क या बुद्धि के अनुसार ठीक न हो, बल्कि उसके विपरीत अनुचित या भ्रमपूर्ण हो। (परवर्स)

विकृत चित्त वि० [सं०] किसी प्रकार के मानसिक विकार, नशे आदि के कारण जिसका चित्त या बुद्धि ठिकाने न हो। (ऑफ अनसाउन्ड माइंड)

विकृति स्त्री० [सं०] १. विकार, बिगाड़। २. वह रूप जो किसी वस्तु के बिगड़ने पर उसे प्राप्त होता है, किसी वस्तु का बिगड़ा हुआ रूप। ३. सांख्य में मूल प्रकृति का वह

रूप जो उसमें विकार आने पर उसे प्राप्त होता है। ४. मन का क्षोभ। ५. व्याकरण में शब्द का वह रूप जो मूल धातु में विकार होने पर उसे प्राप्त होता है। ६. सत्य, औचित्य, न्याय, तर्क, नियम, विधान आदि के सिद्धान्तों के विपरीत या विरुद्ध होने की अवस्था या भाव। (परवर्शन, परवर्सिटी)

विकृष्ट वि० [सं०] १. खींचा या खिंचा हुआ, आकृष्ट। २. (विधान, आज्ञा आदि) जिसका अन्त कर दिया गया हो, जो न रहने दिया गया हो।

विकेंद्रीकरण पुं० [सं०] सत्ता आदि को एक केन्द्र से हटाकर आस-पास के भिन्न-भिन्न भागों या अंगों में बाँटना। (डिसेन्ट्रलाइज़ेशन)

विकेंद्रीकृत वि० [सं०] जिसका विकेन्द्रीकरण हो चुका हो।

विकेट स्त्री० [सं०] १. क्रिकेट के खेल के मैदान की वह पट्टी जिस पर बल्लेबाज रन बनाने के लिए दौड़ते हैं। २. उक्त पट्टी के दोनों ओर लगाए जानेवाले तीन-तीन डंडे और उन पर रखी जानेवाली दो-दो गुल्लियाँ। २. आउट होनेवाला खिलाड़ी।

विक्रम पुं० [सं०] १. पराक्रम, वीरता, बहादुरी। २. बल, शक्ति, ताकत। ३. दे० 'विक्रमादित्य'।

विक्रमादित्य पुं० [सं०] उज्जयिनी का एक प्रसिद्ध और बहुत प्रतापी राजा जिसका ठीक-ठीक समय इतिहासज्ञ अभी तक निश्चित नहीं कर सके हैं, विक्रमी संवत् इन्हीं का चलाया हुआ माना जाता है।

विक्रमाब्द पुं० [सं०] दे० 'विक्रमी संवत्'।

विक्रमी वि० [सं०] १. जिसमें विक्रम या वीरता हो। २. विक्रम-संबंधी, विक्रम का।

विक्रमी संवत् पुं० [सं०] भारत में प्रचलित एक प्रसिद्ध संवत् जो उज्जयिनी के राजा विक्रमादित्य का चलाया हुआ माना जाता है।

विक्रय पुं० [सं०] मूल्य लेकर कोई वस्तु किसी को देना, बेचना, बिक्री, विक्रय। (सेल)

विक्रयकर पुं० दे० 'बिक्री कर'।

विक्रयकला स्त्री० [सं०] ग्राहकों के हाथ चीजें बेचने की कला या हुनर, माल बेचने का कौशल। (सेल्समैनशिप)

विक्रयार्थ वि० [सं०] जो बिकने के लिए हो, बिक्री का।

विक्रयिक वि० [सं०] वह जो ग्राहकों के हाथ माल बेचने में चतुर हो, विक्रयकला का ज्ञाता। (सैल्समैन)

विक्रयिका स्त्री० [सं०] वह पुरजा जो नगद माल बेचने पर बेचनेवाला लिखकर खरीदनेवाले को देता है, नगद बिक्री का पुरजा। (कैशमेमो)

विक्रयी पुं० [सं० विक्रयिन्] १. वह जो बेचता हो या जिसने बेचा हो, बेचनेवाला, विक्रेता। २. दे० 'विक्रयिक'।

विक्रियोपमा स्त्री० [सं०] उपमा अलंकार का वह भेद जिसमें किसी विशिष्ट क्रिया या उपाय के अवलम्बन का वर्णन होता है।

विक्रेता पुं० [सं०] १. वह जिसने किसी के हाथ कोई चीज बेची हो। २. लोगों के हाथ माल बेचनेवाला, विक्रयी।

विक्रेय वि० [सं०] (वस्तु या माल) जो बेचा जाने को हो, बिकाऊ।

विक्षत वि० [सं०] चोट खाया हुआ, जिसे क्षत लगा हो, घायल।

विक्षिप्त वि० [सं०] १. विभिन्न दिशाओं में फेंका, बिखरा या छितराया हुआ। २. जिसके मस्तिष्क में विकार हो गया हो, सनकी, पागल। (ल्यूनैटिक)

पुं० योग के अनुसार चित्त की वह अवस्था जिसमें वह किसी एक बात पर टिकता नहीं।

विक्षिप्तता स्त्री० [सं०] पागलपन।

विक्षुब्ध वि० [सं०] जो विशेष रूप से क्षुब्ध हुआ हो, जिसे या जिसमें विक्षोभ हुआ हो।

विक्षेप पुं० [सं०] १. ऊपर या इधर-उधर फेंकना। २. चित्त की चंचलता, मन का इधर-उधर भटकना, मन का संयत या शान्त न रहना। ३. प्राचीन काल का एक प्रकार का अस्त्र। ४. विघ्न, बाधा। ५. संयम का लोप होना।

विक्षोभ पुं० [सं०] [वि० विक्षुब्ध] १. मन की चंचलता, उद्वेग। २. किसी अप्रिय या अनिष्ट घटना के कारण मन में होनेवाला विकार। ३. उथल-पुथल।

विखसीला| वि० [सं० विष+हिं० सीला] विष से युक्त, विषाक्त।

विखान* पुं०=विषाण।

विख्यात वि० [सं०] [भाव० विख्याति] जिसकी बहुत ख्याति हो, प्रसिद्ध।

विख्याति स्त्री० [सं०] प्रसिद्धि, कीर्ति, यश।

विख्यापन पुं० [सं०] [वि० विख्यापित] घोषणा।

विगत वि० [सं०] १. (समय) जो गत हो चुका हो, बीता हुआ। २. जो अभी तुरन्त बीता हो, उससे ठीक पहले का, 'गत' के पहले का, जैसे विगत सप्ताह, विगत वर्ष (अर्थात् गत सप्ताह या गत वर्ष से पहले का, सप्ताह या वर्ष)। ३. रहित, विहीन।

पुं० भूतकाल; जैसे-न विगत को वापस बुलाया जा सकता है और न आगत निश्चित आश्वासन ही दे सकता है।

विगतयौवन वि० [सं०] [स्त्री० विगतयौवना] अधेड़।

विगति स्त्री० [सं०] १. 'विगत' का भाव। २. दुर्दशा, दुर्गति।

विगर्हित वि० [सं०] बुरा, खराब।

विगलन पुं० [सं०] [वि० विगलित] १. पुरानी या खराब होने के कारण किसी चीज का सड़ना या गलना। २. शिथिल होना, ढीला पड़ना। ३. बिगड़ना, खराब होना। ४. बह या गिरकर अलग होना या निकलना।

विगुण वि० [सं०] गुणरहित, निर्गुण।

विग्र वि० [सं०] जिसकी नाक कटी हुई या बहुत चिपटी हो, नासिकाहीन।

विग्रह पुं० [सं०] [वि० विग्रही] १. दूर या अलग करना। २. विभाग। ३. यौगिक शब्दों अथवा समस्त पदों की

व्याख्या या विश्लेषण के लिए प्रत्येक शब्द अलग-अलग करना। (व्याकरण) ४. कलह, लड़ाई, झगड़ा। ५. युद्ध। ६. शत्रुओं या विरोधियों में फूट डालना। ७. आकृति, रूप। ८. शरीर। ९. देवता आदि की मूर्ति।

विघटन पुं० [सं०] [वि० विघटित] १. घटित करनेवाले या संयोजक अंगों को अलग-अलग करना, जैसे संस्था का विघटन। (डिस्सोल्यूशन) २. नष्ट होना या करना, क्षय होना या करना। ३. तोड़ना-फोड़ना।

विघटनकारी वि० [सं०] विघटन करनेवाला।

विघटित वि० [सं०] जिसका विघटन हो चुका हो, छिन्न-भिन्न। संघटित का विपर्याय।

विघात पुं० [सं०] १. चोट, आघात। २. नाश। ३. हत्या। ४. विफलता। ५. बाधा, विघ्न।

विघूर्णन पुं० [सं०] [वि० विघूर्णित] चक्कर खाना, घूमना।

विघोषण पुं० [सं० वि+घोष] [वि० विघोषित] १. घोषणा करने की क्रिया या भाव। २. सूचना, विधान आदि का वह प्रकाशन जो उसके प्रचलित किए जाने का सूचक हो। (प्रोमल्गेशन)

विघ्न पुं० [सं०] अड़चन, बाधा।

विघ्न-संतोषी वि० दूसरों के कार्यों में विघ्न उत्पन्न करके संतुष्ट या प्रसन्न होनेवाला।

विघ्नहरण पुं० [सं०] गणेश।

विचकित वि०=चकित।

विचक्षण वि० [सं०] १. चमकता हुआ। २. किसी विषय का पूर्ण ज्ञाता, निपुण। (एक्सपर्ट) ३. पंडित, विद्वान। ४. बहुत बड़ा बुद्धिमान, प्रवीण।

विचच्छन* पुं०=विचक्षण।

विचयन पुं० [सं०] १. कोई चीज ढूँढ़ने या तलाश करने की क्रिया या भाव, तलाश, खोज। २. चुराई या छिपाई हुई चीज को ढूँढ़ निकालने के लिए किसी के पहने हुए वस्त्रों या घर में की जानेवाली खोज, तलाशी। (सर्च)

विचयन प्रकाश पुं० [सं०] वह बहुत तेज रोशनी जो अँधेरे में किसी ओर बहुत दूर तक चली गई हो और जिसकी सहायता से उस ओर की सब चीजें देखी या ढूँढ़ी जा सकती हों। (सर्च लाइट)

विचरण पुं० [सं०] १. चलना। २. घूमना-फिरना।

विचरना अ० [सं० विचरण] चलना-फिरना, घूमना।

विचल वि० [सं०] [भाव० विचलता, वि० विचलित] १. जो स्थिर न हो, चलता या हिलता हुआ, अस्थिर। २. स्थान, प्रतिज्ञा आदि से हटा हुआ, अधीर।

विचलन पुं० [सं०] १. अपने स्थान से हट-बढ़ जाना। २. नियम संबंधी उल्लंघन। ३. गड़बड़ी।

विचलना* अ० [सं० विचलन] १. अपने स्थान से हटकर इधर-उधर होना। २. घबराना। ३. प्रतिज्ञा या संकल्प से हट जाना या उस पर दृढ़ न रहना।

विचलाना* स० हिं० 'विचलना' का स०।

विचलित वि० [सं०] १. अस्थिर, डगमग। २. अपने स्थान, प्रतिज्ञा, सिद्धान्त आदि से हटा हुआ।

विचार पुं० [सं०] १. मन में सोचा या सोचकर निश्चित किया हुआ तत्त्व या बात, संकल्प। २. मन में उत्पन्न होनेवाली बात, भावना, ख्याल। ३. किसी बात के सब अंग देखना या सोचना-समझना। (कन्सिडरेशन) ४. मुकदमे की सुनवाई और फैसला।

विचारक पुं० [सं०] १. विचार करनेवाला। २. न्याय विभाग का वह अधिकारी जो अर्थ-सम्बन्धी व्यवहारों या मुकदमों का विचार करता है। (मुन्सिफ)

विचार-क्रांति स्त्री० [सं० विचार-क्रांति] एक आंदोलन जिसका उद्देश्य जनजन के विचारों में क्रांति लाना था। -पं० श्री राम शर्मा द्वारा प्रवर्तित।

विचारगर्भित वि० [सं०] विचारों से भरा हुआ।

विचारण पुं० [सं०] १. विचार करने की क्रिया या भाव। २. अभियोग, विवाद आदि के सम्बन्ध में न्यायालय का किया हुआ निर्णय। (जजमेन्ट)

विचारणीय वि० [सं०] [स्त्री० विचारणीया] १. जिस पर कुछ विचार करना आवश्यक या उचित हो। २. जो विचार के लिए सामने आया हो, पर जो किसी कारण से विचार के लिए रोक रखा गया हो। (पेन्डिंग) ३. जिसके ठीक होने में सन्देह हो, सन्दिग्ध।

विचारतंत्र वि० [सं०] विचार-प्रणाली।

विचारतत्त्व पुं० [सं०] १. विचारों का सार। २. विचारों का विषय।

विचारना स० [सं० विचार+हिं० ना (प्रत्य०)] १. विचार करना, सोचना। २. पूछना। ३. ढूँढ़ना, पता लगाना।

विचारवान वि०=विचारशील।

विचारशील वि० [सं०] [भाव० विचारशीलता] जिसमें अच्छी तरह विचार करने की शक्ति हो, विचारवान।

विचार सरणि स्त्री० [सं०] सोचने का ढंग या मार्ग।

विचार-स्वातंत्र्य पुं० [सं०] राज्य, शासन आदि की ओर से मिलनेवाली वह स्वतन्त्रता जिसमें मनुष्य हर तरह की बातें सोच सकता और उनके सम्बन्ध में अपने विचार प्रगट कर सकता हो। (लिबर्टी ऑफ थॉट)

विचाराधीन, के सम्बन्धबो० जिसके सम्बन्ध में विचार चल रहा हो अर्थात् जिसके सम्बन्ध में निर्णय होना अभी बाकी हो; जैसे—यह विवाद उस समय न्यायालय के विचाराधीन था।

विचारालय पुं०= न्यायालय।

विचारित वि० [सं०] जिस पर विचार हुआ हो, विचार किया हुआ।

विचारी (-रिन्) पुं० [सं०] वह जो विचार करता हो, विचार करनेवाला।

विचारोत्तेजक वि० [सं०] विचारों को उत्तेजित करनेवाला।

विचार्य वि०=विचारणीय।

विचिकित्सा स्त्री० [सं०] छानबीन, ऊहापोह।

विचित| वि०=विचित्र।

विचित्त वि० [सं० वि+चित्त] १. जिसका चित्त ठिकाने न हो। २. उदासीन।

विचित्र वि० [सं०] [भाव० विचित्रता] १. कई रंगोंवाला। २. अद्भुत, विलक्षण।
पुं० साहित्य में एक अर्थालंकार जिसमें कोई कार्य सिद्ध करने के लिए कोई उलटा प्रयत्न करने का उल्लेख होता है, जैसे विरहिणी नायिका का जल मरने की इच्छा से शरीर में कपूर, चन्दन आदि का लेप करना।

विचित्रता स्त्री० [सं०] १. विचित्र, विलक्षण या अद्भुत होने की अवस्था या भाव, २. विचित्र लक्षण या गुण, विलक्षणता, अनोखापन।

विचूर्ण, चूर्णित वि० [सं०] अच्छी तरह पीसा या चूर्ण किया हुआ।

विचेतन वि० [सं०] बेहोश, बेसुध।

विचेष्ट वि० [सं०] चेष्टारहित।

विच्छिति स्त्री० [सं०] १. विच्छेद, अलगाव। २. कमी, त्रुटि। ३. साहित्य में एक हाव जिसमें स्त्री ऐसे साधारण शृंगार से ही, जो उसकी शोभा बहुत बढ़ा देता है, पुरुष को मोहित करने की चेष्टा करती है।

विच्छिन्न वि० [सं०] १. काट या छेदकर अलग किया हुआ, विभक्त। २. अलग।

विच्छेद पुं० [सं०] [वि० विछिन्न, विच्छेदक] १. काट या छेदकर अलग करना। २. बीच से क्रम टूटना। ३. टुकड़े-टकुड़े करना या होना। ४. नाश। ५. विरह, वियोग।

विच्युत वि० [सं०] [भाव० विच्युति] अपने स्थान आदि से गिरा हुआ, च्युत।

विछोई* पुं०=वियोगी।

विछोह* पुं०=वियोग।

विजन वि० [सं०] १. जिसमें जन या मनुष्य न हों। २. एकान्त, निराला।

विजना* पुं०=पंखा।

विजय स्त्री० [सं०] युद्ध, विवाद, प्रतियोगिता आदि में होनेवाली जीत, जय।

विजयकामना स्त्री० [सं०] विजय की कामना, जीत की इच्छा।

विजयदायी(-यिन्) वि० [सं०] विजय दिलानेवाला।

विजययात्रा स्त्री० [सं०] १. किसी को जीतने के लिए की जानेवाली यात्रा। २. वह यात्रा जिसमें किसी को विजय मिली हो।

विजयलक्ष्मी स्त्री० [सं०] विजय की अधिष्ठात्री और विजय प्राप्त करानेवाली देवी।

विजयश्री स्त्री० [सं०] १. जीत, विजय। २. विजय का परिचायक उपहार। (ट्राफी)

विजया स्त्री० [सं०] १. दुर्गा। २. भाँग। ३. चार चरणों का एक मात्रिक छन्द जिसके प्रत्येक चरण में दस मात्राएँ होती हैं। (उद्धत दंडक और शुभ्र दंडक इसी के प्रकार या भेद हैं।) ४. चार चरणों का एक वर्ण वृत्त जिसके प्रत्येक चरण में आठ-आठ वर्णों के चार टुकड़े और अन्त में या लघु-गुरु होता या नगण होता है। ५. दे० 'विजयादशमी'।

विजयादशमी स्त्री० [सं०] आश्विन शुक्ला दशमी। (हिंदुओं का त्योहार)

विजयी(-यिन्) वि०, पुं० [सं०] [स्त्री० विजयिनी] विजय प्राप्त करने या जीतनेवाला, विजेता।

विजयोत्सव पुं० [सं०] १. विजयादशमी का उत्सव। २. किसी पर विजय प्राप्त करने के उपलक्ष में होनेवाला उत्सव।

विजल वि० [सं०] जलरहित।
पुं० वर्षा का अभाव, अवर्षण।

विजातीय वि० [सं०] १. दूसरी जाति का। २. अन्य प्रकार का, मेल न खानेवाला।

विजानना* स० [हिं० जानना] अच्छी तरह जानना।

विजित वि० [सं०] जो जीत लिया गया हो, जीता हुआ।

विजुगुप्सा स्त्री० [सं०] १. निंदा। २. अत्यंत घृणा, घोर घृणा।

विजेता(-तृ) पुं० [सं०] जिसने विजय प्राप्त की हो, जीतनेवाला, विजयी।

विजै* स्त्री०=विजय।

विजोग* पुं०=वियोग।

विज्ञ वि० [सं०] [भाव० विज्ञता] १. जानकार। २. बद्धिमान। ३. विद्वान। ४. प्रवीण।
पुं० विद्वान व्यक्ति।

विज्ञप्त वि० [सं०] १. जिसकी जानकारी कराई गई हो, जतलाया या बतलाया हुआ। २. जिसका या जिसके सम्बन्ध में विज्ञापन हुआ हो। (एड्वरटाइज्ड)

विज्ञप्ति स्त्री० [सं०] [वि० विज्ञप्त] १. जतलाने या सूचित करने की क्रिया। (नोटिफिकेशन) २. अधिकारिक रूप से प्रकाशित की हुई कोई सूचना। (कम्यूनिक) ३. विज्ञापन, इश्तहार।

विज्ञान पुं० [सं०] १. ज्ञान, जानकारी। २. आत्मा। ३. बौद्धों के अनुसार आत्मस्वरूप का ज्ञान। ४. किसी विषय का अच्छा और पूरा ज्ञान। ५. किसी विषय विशेषत: जड़ पदार्थों और लौकिक विषयों की जानी हुई बातों, तत्त्वों, सिद्धान्तों आदि का वह विवेचन जो एक स्वतन्त्र शास्त्र के रूप में हो, जैसे भौतिक विज्ञान, राजनीति विज्ञान। (साइन्स)

विज्ञानमय कोष पुं० [सं०] ज्ञानेन्द्रियों और बुद्धि का समूह। (वेदान्त)

विज्ञानवाद पुं० [सं०] एक बौद्ध दार्शनिक सिद्धान्त जिसमें यह जाना जाता था कि विज्ञान या चित्त ही एक मात्र सत्य पदार्थ है।

विज्ञानी (-निन्) पुं० [सं०] १. किसी विषय का अच्छा ज्ञाता। २. बहुत बड़ा ज्ञानी। ३. विज्ञानवेत्ता।

विज्ञापन पुं० [सं०] [वि० विज्ञापक, विज्ञापनीय, विज्ञापित] १. जानकारी कराना, सूचना देना। २. वह सूचना-पत्र जिसके द्वारा कोई बात लोगों को बताई जाती है, इश्तहार। ३. बिक्री आदि के माल या किसी बात की वह सूचना जो सब लोगों को, विशेषत: सामयिक पत्रों में प्रकाशित या रेडियो, टीवी में प्रसारित कराई जाती है। (एडवरटिज़मेन्ट)

विज्ञापनबाजी स्त्री० [सं०+फा० बाज़ी] वस्तुओं की बिक्री बढ़ाने के लिए उनका निरंतर विज्ञापन करते रहना।

विज्ञापनदाता पुं० [सं०] वह जो विज्ञापन प्रसारित या प्रकाशित करवाता हो।

विज्ञापन-कला स्त्री० विज्ञापन के द्वारा वस्तुएँ बेचने अर्थात् व्यापार बढ़ाने की कला। (मार्केटिंग)

विज्ञापित वि० [सं०] १. जिसका या जिसके सम्बन्ध में विज्ञापन हुआ है। (एडवरटाइज़्ड) २. जिसकी सूचना दी गई हो। (नोटिफाइड)

विज्ञापित क्षेत्र पुं० [सं०] स्थानिक स्वशासन और प्रबन्ध के लिए नियत किया हुआ छोटा क्षेत्र । (नोटिफाइड एरिया)

विट पुं० [सं०] १. कामुक और लम्पट। २. धूर्त, चालाक। ३. साहित्य में वह धूर्त और स्वार्थी नायक जो भोग-विलास में अपनी सारी सम्पत्ति गँवा चुका हो। ४. वैश्य। ५. विष्ठा, गुह।

विटप पुं० [सं०] वृक्ष, पेड़।

विटामिन पुं० [अं०] प्राय: खाद्य पदार्थों में पाया जानेवाला एक प्रकार का पोषक तत्त्व, विशेष दे० 'पोषक'।

विटैमिन पुं० दे० 'विटामिन'।

विडंब पुं० १. दे० 'विडंबन'। २. दे० 'विडंबना'।

विडंबन पुं० [सं०] १. चिढ़ाने या हँसी उड़ाने के लिए किसी के रंग-ढंग या हाव-भाव की नकल उतारना। २. हँसी उड़ाना, उपहास करना।

विडंबना स्त्री० [सं०] [वि० विडंबनीय, विडंबित] १. ऐसी बात या स्थिति जो आदर्श के विपरीत तथा कष्टकर हो। २. कथनी और करनी के बीच दिखनेवाली यथार्थता। ३. उपहास, दंभ, अपमान आदि की सूचक कष्टकर अवस्था।

विडंबनात्मक वि० [सं० विडंबना+आत्मक (प्रत्य०)] विडंबनाओं से भरा हुआ।

विडरना अ० [?] १. तितर-बितर होना। २. भागना।

विडारना स० हिं० 'विडरना' का स०।

विडाल पुं० [सं०] बिल्ली।

विडौला पुं० [सं०] इन्द्र।

वितंडा पुं० [सं०] [वि० कर्ता वैतंडिक] १. दूसरे की बातों की उपेक्षा करते हुए अपनी बात कहते चलना। २. व्यर्थ का विवाद या कहा-सुनी।

वितंत पुं० [सं० वि०+तंत्र] (सारंगी, सितार आदि से भिन्न प्रकार का) वह बाजा जिसमें तार न लगे हों।

वित* वि० [सं० विद्] १. जाननेवाला, ज्ञाता। २. चतुर, निपुण।

*पुं०=वित्त (धन)।

वितत वि० [सं०] विस्तृत, फैला हुआ।

वितताना* अ० [सं० व्यथा] व्याकुल होना, बेचैन होना।

वितति स्त्री० [सं०] विस्तार, फैलाव।

वितथ वि० [सं०] १. जिसमें कुछ तथ्य न हों। २. मिथ्या, झूठ।

पुं० आज्ञा, निश्चय, आभार आदि के निर्वाह या पालन का अनुचित या दंडनीय अकरण या अभाव। (डिफॉल्ट)

वितथी पुं० [सं० वितथ] वह जो आज्ञा, निश्चय, आभार आदि का ठीक समय पर और उचित रूप से पालन न कर सका हो, वितथ का दोषी। (डिफॉल्टर)

वितन* पुं० [सं० वितनु] कामदेव, उदा० तिय तन वितन जु पंचसर लगे पंच ही बार। -नन्ददास।

वितनु वि० [सं०] १. बिना तन या शरीर का। २. बहुत छोटा, सूक्ष्म।

पुं० कामदेव।

वितपन्न* वि०=व्युत्पन्न।

वितरक पुं० [सं०] १. वह जो बाँटता हो, बाँटनेवाला। २. वह जो किसी के अभिकर्ता के रूप में उसकी तैयार की हुई चीजें ग्राहकों या थोक व्यापारियों को देता हो। (डिस्ट्रिब्यूटर)

वितरण पुं० [सं०] १. कोई वस्तु अनेक लोगों में बाँटने की क्रिया या भाव; जैसे डाक का वितरण। २. वह प्रक्रिया जिसके अनुसार कोई वस्तु बाँटी जाती, बँटती या हिस्से में आती है। ३. अर्थशास्त्र में, राष्ट्र की कुछ आय का राष्ट्रवासियों में बँटना या हिस्से आना। (डिस्ट्रिब्यूशन)

वितरना* स०=बाँटना।

वितरित वि० [सं०] जिसका वितरण हुआ हो, बाँटा हुआ।

वितर्क पुं० [सं०] १. मन में कोई विचार उत्पन्न होने पर उसके विरुद्ध कोई तर्क या शंका उत्पन्न होना जो साहित्य में एक संचारी भाव है। २. किसी कथन या तर्क को ठीक न मानकर उसके विरुद्ध दिया जानेवाला कोई तर्क। (आर्गुमेन्ट) ३. एक अर्थालंकार जिसमें सन्देह या वितर्क का उल्लेख होता है।

विताड़न पुं० दे० 'ताड़ना'।

वितान पुं० [सं०] १. विस्तार, फैलाव। २. बड़ा तम्बू या खेमा। ३. यज्ञ।

वितानना* स० [सं० वितान] खेमा आदि तानना।

वितीत* वि०=व्यतीत।

वितु* पुं०=वित्त।

वितृष्ण वि० [सं०] जिसे तृष्णा न हो, इच्छाओं से रहित, निष्काम।

वितृष्णा स्त्री० [सं०] १. तृष्णा का अभाव। २. घृणा।

वित्त पुं० [सं०] [वि० वैत्तिक, वित्तीय] १. धन, सम्पत्ति। २. राज्य, संस्था आदि की आय और व्यय की व्यवस्था, आर्थिक प्रबन्ध । (फाइनान्स)

वित्तनाश पुं० [सं०] वित्त या पूँजी का विनाश।

वित्त-मंत्रालय पुं० [सं०] वह मन्त्रालय जो देश की अर्थनीति निर्धारित करता है।

वित्त-विधेयक पुं० [सं०] राज्य का वह विधेयक जो आगामी वर्ष की आय-व्यय आदि से सम्बन्ध रखता और विधान सभा में स्वीकृति के लिए उपस्थित किया जाता है। (फाइनान्स बिल)

वित्तहीन वि० [सं०] निर्धन, दरिद्र।

वित्ताधिकारी (-रिन्) पुं० [सं०] वह अधिकारी जिस पर वित्त-संबंधी क्रियाकलापों की जवाबदेही हो।

वित्तीय वि० [सं०] १. वित्त-सम्बन्धी, वित्त का; जैसे वित्तीय संस्थान। २. वित्त की व्यवस्था के विचार से चलने या होनेवाला, जैसे वित्तीय वर्ष=साधारण वर्ष से भिन्न, किसी विशेष मास से आरम्भ होनेवाला वर्ष। (भारत का वित्तीय वर्ष १ अप्रैल से ३१ मार्च तक का होता है।)

विथकना* अ० [हिं० थकना] १. थकना। २. मोह या आश्चर्य के कारण चुप होना। ३. अधूरा पड़ा रहना।

विथकित* वि० [हिं० विथकना] १. थका हुआ। २. मोहित या चकित होने के कारण चुप।

विथराना*स० [सं० वितरण] १. फैलाना। २. बिखराना, छितराना।

विथा* स्त्री०=व्यथा।

विथारना* स०=फैलाना।

विथित* वि०=व्यथित।

विदग्ध पुं० [सं०] [भाव० विदग्धता, स्त्री० विदग्धा] १. रसिक। २. विद्वान, पंडित। ३. चतुर, ४. दक्ष, होशियार, प्रवीण।

विदग्धा स्त्री० [सं०] साहित्य में वह परकीया नायिका जो होशियारी के साथ परपुरुष को अपनी ओर अनुरक्त करे। यह दो प्रकार की मानी गई हैं-वचन-विदग्धा और क्रिया-विदग्धा।

विदरना* अ० [सं० विदरण] फटना।
स० विदीर्ण करना, फाड़ना।

विदर्भ पुं० [सं०] आधुनिक बरार प्रदेश का पुराना नाम।

विदल वि० [सं०] १. जिसमें दल न हों। २. खिला हुआ।

विदलन पुं० [सं०] [वि० विदलित] १. रौंदने, मलने, दबाने आदि की क्रिया या भाव। २. फाड़ना। ३. नष्ट करना।

विदा स्त्री० [अ० विदाअ] १. प्रस्थान। २. जाने की अनुमति।
वि० प्रस्थित, रवाना।।

विदाई स्त्री० [अ० विदाअ] १. विदा होने की क्रिया या भाव। २. प्रस्थान करने के समय दिया जानेवाला धन। ३. किसी के प्रस्थान करने के समय उसके प्रति शुभकामना प्रकट करने के लिए लोगों का एकत्र होना। (फेयरवेल)

विदाई-पार्टी स्त्री० विदा के अवसर पर दी जानेवाली पार्टी।

विदाई-भाषण पुं० विदा लेते समय किया जानेवाला भाषण।

विदाई-समारोह पुं० वह समारोह जिसमें हर्षपूर्वक किसी को विदा दी जाए।

विदारक वि० [सं०] फाड़नेवाला।

विदारण पुं० [सं०] १. फाड़ना। २. मार डालना।

विदारना* स०=फाड़ना।

विदित वि० [सं०] जाना हुआ, ज्ञात।

विदिशा स्त्री० [सं०] दो दिशाओं के बीच की दिशा, कोण। २. मध्य भारत की एक प्राचीन नगरी। (आज-कल का भेलसा नामक नगर)

विदीर्ण वि० [सं०] फाड़ा या फटा हुआ।

विदुर पुं० [सं०] दासी से उत्पन्न महर्षि व्यास के पुत्र। ये धृतराष्ट्र और पांडु के भाई थे।

विदुष पुं० [सं०] [स्त्री० विदुषी] पंडित, विद्वान।

विदुषी स्त्री० [सं०] विद्वान स्त्री।

विदूर वि० [सं०] [वि० विदूरित] बहुत दूर।
*पुं० दे० 'वैदूर्य'।

विदूषक पुं० [सं०] १. अपने वेष, चेष्टा, बात-चीत आदि से दूसरों को हँसानेवाला, मसखरा। २. प्राय: नाटकों में इस प्रकार का एक पात्र जो नायक का अन्तरंग मित्र या सखा होता है।

विदूषण पुं० [सं०] दोष लगाना।

विदेश पुं० [सं०] [वि० विदेशी, विदेशीय] अपने देश के सिवा दूसरा देश, परदेश।

विदेशी वि० [सं० विदेश] दूसरे देश या देशों से सम्बन्ध रखनेवाला।
पुं० १. विदेश का निवासी, परदेशी। २. विदेश से आकर रहनेवाला व्यक्ति।

विदेह पुं० [सं०] १. राजा जनक। २. मिथिला और मगध प्रदेशों का पुराना नाम। (इसमें कन्यावाचक शब्द लगने से 'सीता' का अर्थ होता है।)
वि० [सं०] १. जिसे अपने शरीर के अस्तित्व का कुछ भी ध्यान या चिंता न हो। २. शरीररहित। २. बेसुध।

विदेही[1] (-हिन्) पुं० [सं०] ब्रह्म।

विदेही[2] वि० [सं० विदेह] अशरीरी।
स्त्री०=वैदेही)।

विद् वि० [सं०] जानकार, ज्ञाता। (यौ० के अन्त में, जैसे कलाविद्।)

विद्दरण वि० [सं०] दरण करने या दलनेवाला, विदारक।

विद्ध वि० [सं०] १. बेधा या छेदा हुआ। २. घायल। ३. टेढ़ा। ४. सटा हुआ।

विद्यमान वि० [सं०] [भाव० विद्यमानता] उपस्थित, मौजूद, वर्तमान। (प्रेजेन्ट)

विद्या स्त्री० [सं०] १. शिक्षा आदि के द्वारा प्राप्त किया हुआ ज्ञान। २. वे शास्त्र जिनमें ज्ञान की बातों का विवेचन होता है।

विशेष : चौदह विधाएँ मानी जाती है—चार वेद, छह शास्त्र, मीमांसा, न्याय, धर्मशास्त्र और पुराण।

३. ज्ञान के विशेष विभाग। ४. गुण।

विद्याधर पुं० [सं०] [स्त्री० विद्याधरी] १. एक प्रकार की देवयोनि। २. एक प्रकार का अस्त्र। ३. विद्वान व्यक्ति। वि० विद्वान।

विद्यापीठ पुं० [सं०] शिक्षा का बड़ा केन्द्र, महाविद्यालय।

विद्यारंभ पुं० [सं०] बालक की शिक्षा आरम्भ करने का संस्कार।

विद्यार्जन पुं० [सं० विद्या+अर्जन] विद्या प्राप्त करना।

विद्यार्थी (-र्थिन्) पुं० [सं०] [स्त्री० विद्यार्थिनी] विद्या पढ़ने-वाला, छात्र।

विद्यालय पुं० [सं०] वह भवन या स्थल जहाँ विद्यार्थी विद्या का अध्ययन करते हों, पाठशाला। (स्कूल)

विद्युत, विद्युत् स्त्री० [सं० विद्युत्] बिजली।

विद्युतचालक वि० [सं०] [भाव० विद्युतचालकता] (वह पदार्थ) जिसके एक सिरे पर विद्युत लगते ही उसके दूसरे सिरे तक पहुँच जाए। (कन्डक्टर आफ इलेक्ट्रिसिटी)

विद्युतजनित्र पुं० [सं०] बिजली उत्पन्न करनेवाला उपकरण।

विद्युतप्रवाह पुं० [सं०] बिजली की धारा।

विद्युतिक वि० [सं० विद्युत्] १. विद्युत-सम्बन्धी, विद्युत का। २. बिजली के कामों और यन्त्रों से सम्बन्ध रखनेवाला। (इलैक्ट्रिकल)

विद्युतीकरण पुं० [सं० विद्युत्+करण ?] १. ऐसी अवस्था करना जिससे बिजली से सब कार्य होने लगे। २. बिजली लगाने का काम। दे० 'वैद्युतीकरण'। (संस्कृत व्याकरण से अशुद्ध)

विद्युन्माला स्त्री० [सं०] चार चरणों का एक वर्णवृत्त जिसके प्रत्येक चरण में दो मगण और दो गुरु होते हैं।

विद्रुम पुं० [सं०] मूँगा।

विद्रोह पुं० [सं०] १. द्वेष। २. वह भारी उपद्रव जिसका उद्देश्य राज्य को हानि पहुँचाना, उलटना या नष्ट करना हो, बलवा, बगावत (रिबीलियन, म्यूटिनी)

विद्रोही (-हिन्) पुं० [सं०] [स्त्री० विद्रोहिणी] १. द्वेष करनेवाला। २. बलवा करनेवाला, बागी।

विद्वत्ता स्त्री० [सं०] पांडित्य, ज्ञान।

विद्वान, विद्वान् पुं० [सं० विद्वस्] [भाव० विद्वत्ता] १. वह जिसने अध्ययन द्वारा विद्या का अर्जन किया हो। २. किसी विषय का ज्ञाता।

विद्विष्ट वि० [सं०] १. विद्वेष से उत्पन्न। २. विरुद्ध पड़नेवाला। (रिपगनेन्ट)

विद्वेष पुं० [सं०] १. शत्रुता, वैर। २. विरोध, विपरीतता। (रिपगनेन्सी)

विधंस* पुं० [सं० विध्वंस] [क्रि० विधंसना] नाश। वि० विध्वस्त, नष्ट, विनष्ट।

विध* पुं० [सं० विधि] ब्रह्मा। स्त्री० विधि, प्रकार, तरह।

विधना स्त्री० [सं० विधि] १. विश्व का विधान करनेवाली शक्ति। २. होनी, होनहार, भवितव्यता।

विधया क्रि० वि० [सं०] १. विधि के रूप में। २. विधि के अनुसार।

विधर्मी (-र्मिन्) पुं० [सं०] [भाव० वैधर्म्य] १. अधर्म या दुष्कर्म करनेवाला। २. पराए या दूसरे धर्म का अनुयायी। ३. किसी के गुण, धर्म आदि से भिन्न प्रकार के गुण आदि रखनेवाला 'सधर्मी' का विपर्याय।

विधवा[1] स्त्री० [सं०] [भाव० वैधव्य] वह स्त्री जिसका पति मर चुका हो, राँड़।

विधवा[2] वि० [सं० वि+धव] धव वृक्ष (या वृक्षों) से रहित।

विधवाश्रम पुं० [सं० विधवा+आश्रम] वह स्थान जहाँ विधवाओं के पालन-पोषण और शिक्षा का प्रबन्ध होता है।

विधाँसना* स० दे० 'विधंसना'।

विधा स्त्री० [सं०] १. प्रकार, भेद। २. प्रणाली।

विधाता पुं० [सं० विधातृ] [स्त्री० विधात्री] १. विधान करनेवाला। २. उत्पन्न करने या जन्म देनेवाला। ३. सृष्टि रचनेवाला (ब्रह्मा या ईश्वर)।

विधान पुं० [सं०] १. किसी कार्य का आयोजन, अनुष्ठान। २. अवस्था, प्रबन्ध। ३. विधि, प्रणाली, ढंग। ४. रचना, निर्माण। ५. कोई काम करने के लिए दी हुई आज्ञा, विधि। ६. राज्य या शासन के द्वारा किसी विशेष विषय में बनाए हुए नियमों का समूह, कानून, जैसे साक्ष्य विधान, दंड विधान आदि। (ऐक्ट) ७. दे० 'संविधान'।

विधान परिषद (द्) स्त्री० [सं०] १. किसी देश या राज्य के चुने हुए प्रतिनिधियों की वह परिषद या सभा जो उसके लिए नए विधान या कानून बनाती और पुराने विधानों में संशोधन आदि करती है। (लेजिस्लेटिव एसेम्बली) २. दे० 'संविधान परिषद'।

विधान मंडल पुं० दे० 'विधानसभा'।

विधानवाद पुं० दे० 'संविधानवाद'।

विधानवादी पुं० दे० 'संविधानवादी'।

विधानसभा स्त्री० [सं०] लोकतन्त्री शासन में प्रजा के प्रतिनिधियों की वह सभा जो नए विधान या कानून बनाती और पुराने विधानों में संशोधन, परिवर्तन आदि करती है। (लेजिस्लेचर)

विधायक पुं० [सं०] विधानसभा का सदस्य। वि० रचनात्मक।

विधायन पुं० [सं० विधान से हिं०] १. विधान करना या बनाना। २. राज्य, शासन या विधानसभा का कोई नया विधान, अधिनियम, निर्देश आदि बनाना। (एनैक्टमेन्ट)

३. उक्त प्रकार से बने हुए विधान, अधिनियम, निर्देश आदि। ४. किसी विषय या विभाग के कार्य-संचालन से सम्बन्ध रखनेवाले नियम आदि।

विधायन संग्रह पुं० [सं०] किसी विषय, विभाग, प्रान्त आदि के कार्य-संचालन से सम्बन्ध रखनेवाले नियमों, निर्देशों आदि का संग्रह। (कोड)

विधायनी वि०=विधायी; जैसे युग-विधायनी।

विधायिका स्त्री० [सं०] विधानसभा।

विधायित वि० दे० 'विहित'।

विधायी वि० [सं० विधान] १. विधान-सम्बन्धी। २. विधान करनेवाला; जैसे-युगविधायी। ३. रचनात्मक।

पुं० विधान-निर्माता।

विधारण पुं० [सं० वि (विकृत या विपरीत)+धारण] [वि० विधारित] किसी विवादास्पद या अप्रमाणित बात या विषय की पहले से स्थिर की हुई विपरीत, विकृत या पक्षपातपूर्ण धारणा। (प्रिजुडिस)

विधारित वि० [हिं० विधारण] १. जिसने अपने मन में किसी विषय में कोई विकृत या पक्षपातपूर्ण धारणा बना ली हो। २. जिसके सम्बन्ध में उक्त प्रकार की धारणा बनी या हुई हो। (प्रिजुडिस्ड)

विधि स्त्री० [सं०] १. काम करने का ढंग या रीति, प्रणाली, तरीका। २. व्यवस्था, प्रबन्ध। ३. किसी धर्मशास्त्र या प्रामाणिक ग्रन्थ में बतलाई हुई व्यवस्था, शास्त्रीय विधान। ४. शास्त्रों की यह आज्ञा कि मनुष्य को अमुक-अमुक काम अवश्य करने चाहिए। ५. मनुष्यों के आचार-व्यवहार के लिए राज्य द्वारा स्थिर किए हुए वे नियम या विधान, जिनका पालन सबके लिए आवश्यक और अनिवार्य होता है और जिनका उल्लंघन करने से मनुष्य दंडित होता या हो सकता है, कानून (ला)। ६. व्याकरण में क्रिया का वह रूप जिससे किसी को कोई काम करने का आदेश दिया जाता है, जैसे यहाँ बैठो, सच बोलो आदि। (इम्परेटिव मूड) ७. साहित्य में एक अलंकार जिसमें किसी लोक-प्रसिद्ध या स्थापित विधान में किसी दूसरे अभिप्राय से फिर कोई नया विधान स्थापित किया जाए या कोई नई बात या शर्त लगाई जाए, जैसे मनुष्य तो वह है जिसमें ईश्वरभक्ति, दया, परोपकार, सहानुभूति आदि गुण हों। ८. प्रकृति या नियति। ९. भाँति, तरह।

पुं० सृष्टि की रचना करनेवाला, ब्रह्मा।

विधिक वि० [सं०] १. विधि या कानून से सम्बन्ध रखनेवाला। २. जो विधि के विचार से ठीक हो, वैध, जैसे विधिक अधिकार, विधिक प्रतिनिधि आदि। (लीगल, लाफुल)

विधिकता स्त्री० [सं०] १. विधि या विधि-विधान आदि के विचार से बिल्कुल ठीक होने की दशा या भाव। (लीगैलिटी)

विधिकर्ता पुं० [सं०] वह जो विधि या कानून बनाता हो। (लॉ मेकर)

विधिक प्रतिनिधि पुं० [सं०] वह जिसे विधि या कानून के अनुसार किसी के प्रतिनिधि के रूप में सब काम करने का अधिकार हो। (लीगल रिप्रेजेन्टेटिव)

विधिक व्यवहार पुं० [सं०] वह कार्य या प्रक्रिया जो किसी व्यवहार या मुकदमे में विधि या कानून के अनुसार होती है। (लीगल प्रोसीडिंग)

विधिज्ञ पुं० [सं०] १. विधि का ज्ञाता। २. वह जिसने विधिशास्त्र या कानून का अच्छा अध्ययन किया हो और जो दूसरों के व्यवहारों के सम्बन्ध में न्यायालय में प्रतिनिधि के रूप में काम करता हो, जैसे वकील, बैरिस्टर आदि। (लॉयर)

विधितः क्रि० वि० [सं०] १. विधि या कानून के अनुसार। (बाई लॉ) २. विधि या कानून की दृष्टि से ठीक या मान्य रूप में। (लॉफुली)

विधि-निषेध पुं० [सं० विधि+निषेध] शास्त्रों के अनुसार क्या करना चाहिए और क्या नहीं करना चाहिए।

विधिपत्नी स्त्री० [सं०] सरस्वती।

विधिभंग पुं० [सं०] ऐसा काम करना जिससे कोई विधि या कानून टूटता हो। (ब्रीच ऑफ लॉ)

विधिरानी* स्त्री०=सरस्वती।

विधिवत् क्रि० वि [सं०] १. विधि या नियम के अनुसार। २. उचित रूप से।

विधिवधू स्त्री० [सं० विधि+वधू] ब्रह्मा की पत्नी, ब्रह्माणी।

विधिविज्ञान पुं० [सं०] वह विज्ञान जिसमें किसी विषय के विशिष्ट नियमों, विधियों, सिद्धान्तों आदि का विवेचन होता है और जिसके अध्ययन से मनुष्य उस विषय में दक्ष होता है। (ज्यूरिसप्रूडेन्स)

विधि-विधान पुं० [सं०] रीति और नियम।

विधिविरुद्ध वि० [सं०] जो विधि के विरुद्ध हो।

विधिशास्त्र पुं० [सं०] किसी देश या राष्ट्र की सामान्य विधियों और प्रविधियों की समष्टि, जैसे भारतीय विधिशास्त्र (इण्डियन लॉ), जरमन विधिशास्त्र (जरमन लॉ) आदि।

विधिशास्त्री पुं० [सं०] विधिशास्त्र का पंडित।

विधिसंगत वि० [सं०] विधि की दृष्टि से उपयुक्त।

विधिसम्मत वि० [सं०] विधि जिसका अनुमोदन करती हो।

विधुंतुद पुं० [सं०] चन्द्रमा को ग्रसनेवाला, राहू।

विधु पुं० [सं०] १. चन्द्रमा। २. ब्रह्मा।

विधुर पुं० [सं०] [स्त्री० विधुरा] १. दुखी। २. व्याकुल। ३. असमर्थ। ४. वह पुरुष जिसकी पत्नी मर गयी हो, रंडुआ।

विधुलेखा स्त्री० [सं०] चन्द्रमा की किरण।

विधुवदनी स्त्री० [सं०] सुन्दर स्त्री।

विधुवैनी* स्त्री० दे० 'विधुवदनी'।

विधूत वि० [सं०] १. काँपता या हिलता हुआ। २. छोड़ा हुआ, त्यक्त। ३. दूर किया या हटाया हुआ।

विधूनन पुं० [सं०] [वि० विधूनित] काँपना।

विधेय वि० [सं०] १. जिसका विधान करना उचित हो, किए जाने के योग्य, कर्तव्य। २. जिसका विधान होने को हो। पुं० व्याकरण में वह शब्द या वाक्य जिसके द्वारा किसी के सम्बन्ध में कुछ कहा जाता है। (प्रेडिकेट)

विधेयक पुं० [सं०] किसी विधान या कानून का वह पूर्व या प्रस्तावित रूप जो पारित होने के लिए विधान सभा में उपस्थित किया जाता है, कानून का मसौदा। (बिल)

विध्यर्थक क्रियापद पुं० आदेश, अनुरोध, अनुमति, आशीर्वाद प्राप्त करने के लिए प्रयुक्त क्रियापद जो धातुओं में ए, ऊँ, एँ और ओ प्रत्ययों के योग से बनाए जाते हैं। आ धातु से बने विध्यर्थक क्रियापद हैं–आए, आऊँ, आएँ, आओ।

विध्वंस पुं० [सं०] १. ढाने या गिरा देने की क्रिया या भाव। २. पूरा-पूरा नाश, बरबादी।

विध्वंसक वि० [सं०] विध्वंस या नाश करनेवाला। पुं० एक प्रकार का लड़ाई का जहाज। (डिस्ट्रायर)

विध्वस्त वि० [सं०] १. गिराया या ढाया हुआ, ध्वस्त। २. नष्ट किया हुआ।

विनत वि० [सं०] १. झुका हुआ। २. नम्र। ३. प्रणता।

विनति स्त्री० [सं०] १. झुकाव। २. नम्रता, सुशीलता। ३. प्रार्थना, विनती।

विनती स्त्री०=विनति।

विनम्र वि० [सं०] [भाव० विनम्रता] बहुत विनीत या नम्र।

विनय स्त्री० [सं०] १. नम्रता। २. शिक्षा। ३. प्रार्थना। ४. नीति।

विनयन पुं० [सं०] १. विनय, नम्रता। २. शिक्षा। ३. निर्णय। ४. दूर करना, मोचन।

विनयपूर्वक क्रि० वि० [सं०] विनय के साथ, दीनतापूर्वक।

विनयी (-यिन्) वि० [सं०] विनययुक्त, विनयशील, नम्र।

विनशन* पुं०=विनाशन।

विनश्य वि० [सं०] नष्ट किए जाने या होने के योग्य।

विनश्वर वि० [सं०] नाशवान, अनित्य।

विनष्ट वि० [सं०] [भाव० विनष्टि] १. नष्ट, ध्वस्त। २. मृत। ३. बिगड़ा हुआ। ४. पतित।

विनसना* अ० [सं० विनशन] नष्ट होना।

विनाण* पुं०=विज्ञान।

विनाती* स्त्री०=विनति।

विनायक पुं० [सं०] गणेश, लम्बोदर।

विनाश पुं० [सं०] [वि० विनाशक] १. नाश, ध्वंस। २. लोप। ३. बिगाड़, खराबी। ४. संहार।

विनाशक वि० [सं०] [स्त्री० विनाशिका] विनाश करनेवाला।

विनाशकारी (रिन्) वि० [सं०] विनाश करनेवाला।

विनाशन पुं० [सं०] [वि० विनाशी, विनश्य] १. नष्ट करना। २. संहार करना।

विनासना* स० [सं० विनाशन] १. नष्ट करना। २. मार डालना।

विनिधान पुं० [सं० वि+निधान] [वि० विनिधित] १. निर्देश, सूचना आदि के रूप में पहले से यह बतला देना कि अमुक कार्य इस रूप में हो अथवा अमुक-अमुक वस्तुओं का प्रयोग इस रूप में हो। २. इस प्रकार के निर्देश या सूचना से युक्त लेख। (प्रेसक्रिप्शन)

विनिधित वि० [सं० विनिधान] जिसका निर्देश, सूचना आदि के रूप में पहले से विनिधान हुआ हो। (प्रेसक्राइब्ड)

विनिमय पुं० [सं०] १. एक वस्तु लेकर उसके बदले में दूसरी वस्तु देना, परिवर्तन। (बार्टर) २. वह प्रक्रिया जिसके अनुसार भिन्न-भिन्न पक्षों या देशों का लेन-देन विनिमय-पत्रों के अनुसार होता है। (एक्सचेंज) ३. वह प्रक्रिया जिसके अनुसार भिन्न-भिन्न देशों के सिक्कों का आपेक्षिक मूल्य स्थिर होता है और जिसके अनुसार आपसी लेन-देन चुकाए जाते हैं। (एक्सचेंज)

पद *विनिमय की* दर=वह दर जिससे एक देश के सिक्के दूसरे देश के सिक्कों से बदले जाते हैं।

४. साहित्य में 'परिवृत्ति'। ५. परिवर्तन।

विनिमय-पत्र पुं० [सं०] वह पत्र जो किसी आर्थिक देन या व्यय का सूचक होता है और जिसके द्वारा आपस में लेन-देन की दर तय होती है। (बिल आफ एक्सचेंज)

विनियंत्रण पुं० [सं०] [वि० विनियंत्रित] नियन्त्रण का हटाया या दूर किया जाना। (डि-कन्ट्रोल)

विनियंत्रित वि० [सं०] जिस पर से नियंत्रण हटाया गया हो।

विनियोग पुं० [सं०] १. किसी वस्तु का किसी काम में लाया या लगाया जाना, उपयोग, प्रयोग। (एप्लिकेशन) २. वैदिक कृत्यों में होनेवाला मन्त्र का प्रयोग। ३. प्रेषण करना, भेजना। ४. व्यापार में पूँजी लगाना। ५. व्यापार में लगाई गई पूँजी। (इन्वेस्टमेन्ट) ६. सम्पत्ति आदि किसी प्रकार (विक्रय या दान आदि से) दूसरे को देना। (डिस्पोजल, डिस्पोजीशन) ७. दे० 'उपयोजन'।

विनियोगिका स्त्री० [सं०] विनियोग करने के योग्य या विनियोग करने में सक्षम बुद्धि या वृत्ति। (डिस्पोजिंग माइन्ड)

विनियोजक पुं० [सं०] १. विनियोग करनेवाला। २. व्यापार में पूँजी लगानेवाला। ३. अपनी सम्पत्ति किसी को देनेवाला।

विनियोजन पुं० [सं०] विनियोग करना।

विनिर्दिष्ट वि० [सं०] स्पष्ट और निश्चित रूप से बतलाया हुआ। (स्पेसिफायड)

विनिर्देश पुं० [सं०] विशेष रूप से किया हुआ कोई निर्देश अथवा स्पष्ट और निश्चित रूप से बतलाई हुई कोई बात। (स्पेसिफिकेशन)

विनिर्माण पुं० [सं०] भवन, सेतु आदि निर्मित करने का कार्य।

विनिवर्तन पुं० [सं०] [वि० विनिवर्तित] दी हुई वस्तु या आज्ञा, किया हुआ प्रस्ताव अथवा प्रचलित की हुई चीज लौटा लेना, वापस लेना। (विदड्रॉवल)

विनिवर्तित वि० [सं०] जिसका विनिवर्तन हुआ हो, देने या उपस्थित करने के बाद वापस लिया हुआ। (विड्रॉन)

विनिवेश पुं० [सं०] निवेश की हुई राशि को हटा लेना या कम करने की क्रिया या भाव। (डिस्इन्वेस्टमेंट)

विनिश्चय पुं० [सं०] किसी विषय में, विशेषत: किसी सभा, समिति या न्यायालय में, होनेवाला निश्चय या निर्णय। (डिसीजन)

विनिश्चायक वि० [सं०] विनिश्चय या निर्णय करनेवाला। (डिसाइसिव)

विनिश्चित वि० [सं०] जिसका विनिश्चय हुआ हो। (डिसाइडिड)

विनीत वि० [सं०] [स्त्री० विनीता] १. विनयी, सुशील। २. शिष्ट, नम्र। २. धर्म या नीतिपूर्वक व्यवहार करनेवाला।

विनोक्ति स्त्री० [सं०] साहित्य में एक अर्थालंकार जिसमें कोई वस्तु (क) किसी बात के अभाव के कारण अशोभन अथवा (ख) किसी बात का अभाव होने पर भी शोभन या सुन्दर बतलाई जाती है।

विनोद पुं० [सं०] [वि० विनोदी] १. मन बहलानेवाली बात या काम, तमाशा। २. क्रीड़ा। ३. कोई ऐसी वास्तविक या कल्पित बात जिसे सुनकर लोग हँस पड़ें, परिहास। ४. प्रसन्नता। ५. कौतुक।

विनोद-प्रिय वि० [सं०] [भाव० विनोद-प्रियता] १. हँसी-मजाक करनेवाला। २. हँसने-हँसानेवाला।

विनोदी (-दिन्) पुं० [सं०] वह जो लोगों को हँसानेवाली बातें कहता हो, प्राय: परिहास करनेवाला, विनोदशील।

विन्यास पुं० [सं०] [वि० विन्यस्त] १. स्थापन, रखना। २. यथास्थान या ठीक क्रम से लगाना। ३. जड़ना। ५. रचना। ६. किसी वस्तु का ढाँचा या स्वरूप जो विभिन्न अवयवों से रचित हो; जैसे अंग-विन्यास।

विपंची स्त्री० [सं०] १. एक प्रकार की वीणा। २. बाँसुरी। वि० जिससे मनोहर शब्द निकले।

विपक्ष पुं० [सं०] १. दूसरा या विरोधी पक्ष। २. विरोध या खंडन। ३. दे० 'विपक्षी'।

विपक्षी (-क्षिन्) पुं० [सं०] १. विरुद्ध पक्ष का व्यक्ति। २. विरोधी, शत्रु। ३. प्रतिद्वन्द्वी। (आपोनेन्ट) ४. प्रतिवादी। वि० विपक्ष में होनेवाला, विपक्ष-सम्बन्धी; जैसे-विपक्षी दल।

विपज्जनक वि० [सं० विपद्+जनक] विपत्ति में डालनेवाला, संकट उत्पन्न करनेवाला।

विपत्ति स्त्री० [सं०] १. दुख, कष्ट। २. दुख की स्थिति। ३. कठिनाई। ४. कोई ऐसी अनिष्ट घटना या उससे उत्पन्न होनेवाली स्थिति जिसमें बड़ी हानि हो सकती हो, संकट, मुसीबत। (कैलेमिटी)

विपत्तिजनक वि० [सं०] जिससे विपत्ति उत्पन्न होती हो या हो सकती हो। (डेन्जरस)

विपथ पुं० [सं०] बुरा या खराब रास्ता।

विपथगामी (-मिन्) वि० पुं० [सं०] [स्त्री० विपथगामिनी, विपथगा] १. बुरे या खराब रास्ते पर चलनेवाला, कुमार्गी। २. चरित्रहीन।

विपथित वि० [सं०] जो कुमार्ग पर चला गया हो, मार्गच्युत।

विपद् स्त्री० [सं०] विपत्ति, आफत।

विपन्न वि० [सं०] [स्त्री० विपन्ना, भाव० विपन्नता] दुखी, आर्त।

विपरीत वि० [सं०] १. जिसका प्रभाव हानिकर हो, जो अनुकूल या हित-साधन में सहायक न हो, प्रतिकूल, विरुद्ध, खिलाफ। २. प्रकृति, प्रवृत्ति, स्थिति, नियम, दिशा आदि के विरुद्ध उलटा। (अपोज़िट)

विपर्ण पुं० [सं०] एक साथ या आमने-सामने लगी हुई रसीदों आदि का वह बाहरी भाग जो लिख या भरकर किसी को दिया जाता है। (आउटर फॉयल)

विपर्यय पुं० [सं०] [वि० विपर्यस्त] १. इधर-उधर या आगे-पीछे होना, उलट-पुलट, व्यतिक्रम। २. क्रम में आगे से पीछे या पीछे से आगे होना, क्रम-परिवर्तन। (ट्रांसपोज़ीशन) ३. कुछ का कुछ समझना, भ्रम। ४. भूल, गलती। ५. उलटकर फिर पहले रूप, स्थान आदि में लाना। (रिवर्शन) ६. गड़बड़ी, अव्यवस्था।

विपर्यस्त वि० [सं०] १. जिसका विपर्यय हुआ हो। २. जिसे ठीक या मान्य न समझकर उलट या रद्द कर दिया गया हो। (ओवर रूल्ड)

विपर्याय पुं० [सं० वि (विरुद्ध)+पर्याय] किसी शब्द का ठीक विरोधी या विपरीत अर्थ या भाव सूचित करनेवाला शब्द, विलोम, विरुद्धार्थक, जैसे 'दिन' का विपर्याय 'रात' या 'प्रकाश' का विपर्याय 'अन्धकार'। (एन्टानिम)

विपल पुं० [सं०] एक पल का साठवाँ भाग।

विपश्चित् वि० [सं०] चैतन्य-स्वरूप।

विपश्यना स्त्री० [सं०] १. सद्ज्ञान। २. ध्यान करने की एक विधि। (बौद्ध)

विपाक पुं० [सं०] १. परिपक्व होना, पकना। २. पूरी अवस्था को पहुँचना। ३. परिणाम, फल। ४. पचना। ५. दुर्दशा।

विपिन पुं० [सं०] १. वन, जंगल। २. उपवन, बगीचा, बाग।

विपुल वि० [सं०] [स्त्री० विपुला, भाव० विपुलता, विपुलाई] संख्या, परिणाम आदि में बहुत अधिक।

विपोहना* स० [सं० वि+प्रोत] १. पोतना। २. छेद डालना। ३. नष्ट करना। ४. दे० 'पोहना'।

विप्र पुं० [सं०] ब्राह्मण।

विप्रयोग पुं० [सं०] १. अलग या पृथक होने की अवस्था या भाव, अलगाव, पार्थक्य। २. किसी बात या वस्तु से रहित या हीन होने की अवस्था या भाव, 'संयोग' का विरुद्धार्थक, जैसे-बिना धनुष-वाण के राम। (यदि 'धनुष-वाणवाला राम' कहा जाएगा तो वह संयोग कहलाएगा।)

विप्रलंभ पुं० [सं०] १. प्रिय वस्तु या व्यक्ति का न मिलना। २. वियोग, विरह। ३. साहित्य में वियोग शृंगार (दे०)। ४. छल, धोखा। ५. धूर्तता।

विप्रलब्ध वि० [सं०] जिसे चाही हुई वस्तु न मिली हो।

विप्रलब्धा स्त्री० [सं०] साहित्य में वह नायिका जिसके मन में नायक के वियोग के कारण खेद और दुख हो।

विप्रलाप पुं०= प्रलाप।

विप्रश्न पुं० [सं०] ऐसा प्रश्न जिसका उत्तर विवादित हो।

विप्लव पुं० [सं०] १. उपद्रव, अशान्ति। २. विद्रोह, बलवा। (रिबीलियन) ३. उथल-पुथल, हल-चल। ४. आफत, विपत्ति। ५. नदी आदि की बाढ़।

विप्लवी (-विन्) वि०, पुं० [सं०] विप्लव या विद्रोह करनेवाला। (रिबेल)

विप्सा स्त्री० दे० 'वीप्सा'।

विफल वि० [सं०] [भाव० विफलता] १. (वृक्ष) जिसमें फल न लगा हो। २. (काम) जिसका कोई फल या परिणाम न निकला हो, निष्फल, व्यर्थ। ३. (व्यक्ति) जो किसी परीक्षा में उत्तीर्ण न हुआ हो। ४. (व्यक्ति) जिसे अपने मनोरथ में सफलता न मिली हो। ५. (विषय या निश्चय) जो न होने के समान हो या ऐसा कर दिया गया हो। (नल)

विफलता स्त्री० [सं०] १. 'विफल' होने की दशा या भाव। २. किसी परीक्षा में उत्तीर्ण न हो पाने की अवस्था या भाव, असफलता।

विबुध पुं० [सं० वि+बुध] [स्त्री० विबुधा] १. विद्वान। २. बुद्धिमान। ३. देवता। ४. चन्द्रमा।

विबुधाकर पुं० [सं०] चन्द्रमा।

विबुधेश पुं० [सं०] इन्द्र।

विबोध पुं० [सं०] [वि० विबोध्य, विबोधक] सो चुकने के उपरान्त, जागने की अवस्था या भाव, जाग्रत होना, जागना। (साहित्य में इसलिए यह संचारी भाव माना गया है कि प्राय: सोकर उठने के समय नायिका के मुख, शरीर आदि की शोभा भी विशेष प्रकार से आकर्षक होती है।)

विभंग पुं० [सं०] [वि० विभंगित] १. खंडित होना, टूटना। २. आघात आदि से शरीर की कोई हड्डी टूटना। (फ्रैक्चर) ३. तरंग, लहर।

वि० १. चंचल। २. प्रबल, तेज, उदा० भँवर पर विभंग तर तरंग मालिका।- तुलसी।

विभक्त वि० [सं०] १. जिसके विभाग हुए हों, दो या कई भागों में बँटा हुआ, विभाजित। २. अलग किया हुआ।

विभक्ति स्त्री० [सं०] १. विभाजित या अलग होने की क्रिया या भाव, विभाग, अलगाव। २. कारकीय चिह्न, जैसे का, ने, से, को, ए, रा आदि। (व्याकरण)

विभव पुं० [सं०] १. धन, सम्पत्ति। २. ऐश्वर्य। ३. अधिकता, बहुतायत, प्रचुरता।

विभव-कर पुं० = संपत्ति-कर।

विभाँति वि० [हिं० वि+भाँति] अनेक प्रकार का, तरह-तरह का, भिन्न-भिन्न प्रकार का।

विभा स्त्री० [सं०] १. दीप्ति, चमक। २. प्रकाश, रोशनी। ३. किरण।

विभाकर पुं० [सं०] १. सूर्य। २. अग्नि। ३. राजा।

विभाग पुं० [सं०] १. बाँटने की क्रिया या भाव, विभाजन, बँटवारा। (डिस्ट्रीब्यूशन) २. अंश, हिस्सा। ३. पुस्तक का प्रकरण, अध्याय। ४. सुविधा या प्रबन्ध के लिए कार्य का अलग किया हुआ क्षेत्र, मुहकमा। (डिपार्टमेन्ट) ५. कार्य-संचालन की सुविधा के लिए किसी कार्यक्षेत्र के कई छोटे-छोटे हिस्सों में से एक। (सेक्शन) ६. किसी विशेष कार्य के लिए अलग और निश्चित किया हुआ कोई अंश, खंड, क्षेत्र आदि। (डिविज़न)

विभागाध्यक्ष पुं० [सं० विभाग+अध्यक्ष] वह जो किसी विभाग का अध्यक्ष अथवा प्रधान या सबसे बड़ा अधिकारी हो। (हेड ऑफ दी डिपार्टमेन्ट)

विभाजक वि० [सं०] १. विभाग या टुकड़े करनेवाला। २. बाँटनेवाला।

विभाजक रेखा स्त्री० विभाजन की सूचक रेखा।

विभाजन पुं० [सं०] १. अलग-अलग भागों या हिस्सों में बाँटने की क्रिया या भाव, विभाग करना, बँटवारा। (पार्टिशन, डिवीजन) २. थोड़ा-थोड़ा करके लोगों को देना या बाँटना, बँटवारा, तकसीम। (डिस्ट्रिब्यूशन) ३. लोगों में बाँटने के लिए आवश्यकता, उपयोगिता, उत्तरदायित्व, भार आदि के विचार से किसी वस्तु के अलग-अलग अंश या विभाग करना। (अपोर्शनमेन्ट)

विभाजनकारी (-कारिन्) वि० [सं०] १. विभाजन करनेवाला। २. फूट डालनेवाला।

विभाजित वि० [सं०] जिसका विभाजन हुआ हो, विभक्त।

विभाज्य वि० [सं०] [भाव० विभाज्यता] १. विभाग करने योग्य, जिसका विभाजन हो सके। (डिवीज़िबुल) २. जिसका विभाग करना हो।

विभाना* अ० [सं० विभा] १. प्रकाशित होना, चमकना। २. शोभित होना।

स० १. चमकाना। २. शोभित करना।

विभाव पुं० [सं०] साहित्य में वे बातें या वस्तुएँ जो किसी रस के आश्रय (व्यक्ति) में करुणा, रति आदि स्थायी भाव उत्पन्न करके उन्हें उदीप्त तथा जाग्रत करती हैं। (आलम्बन और उद्दीपन दोनों इसके अन्तर्गत आते हैं।

विभावन पुं० [सं०] १. किसी विषय में होनेवाली स्पष्ट धारणा या विचार। २. किसी को देखकर पहचानना और कहना कि यह वही है, शिनाख्त। (आइडेन्टिफिकेशन) ३. साहित्य के रस-विधान में वह मानसिक व्यापार जिसके कारण पात्र द्वारा प्रदर्शित भाव का, श्रोता या पाठक भी साधारणीकरण के द्वारा भागी होता है।

विभावना स्त्री० [सं०] १. किसी बात या वस्तु की विशिष्ट रूप से भावना या कल्पना करना। २. साहित्य में एक अर्थालंकार जिसमें कारण और कार्य का साधारण के अतिरिक्त कुछ विशेष या विलक्षण ढंग से उल्लेख होता है, जैसे कारण के अभाव या अपूर्णता से भी कोई कार्य होना, अथवा कारण के बाधक या विपरीत होने पर भी कार्य होना आदि।

विभावरी स्त्री० [सं०] १. रात, रात्रि। २. गणिका।

विभाव्य वि० [सं०] [भाव० विभाव्यता] जिसके होने की कुछ आशा या सम्भावना हो, जो हो सकता हो। (प्रोबेबुल)

विभाषा स्त्री० [सं०] [वि० वैभाषिक] १. यह कहना कि ऐसा हो भी सकता है और ऐसा नहीं भी हो सकता। २. व्याकरण में ऐसा प्रयोग जिसके सम्बन्ध में उक्त प्रकार की बात कही जाए। ३. बोली, क्षेत्रीय भाषा।

विभास पुं० [सं०] [क्रि० विभासना] १. चमक, दीप्ति। २. ओड़व जाति का एक राग जो प्रातःकाल गाया जाता है।

विभिन्न वि० [सं०] १. बिल्कुल अलग, पृथक्, जुदा। २. अनेक प्रकार के।

विभीषिका स्त्री० [सं०] १. वह जिसने भीषण रूप धारण किया हो। २. भयभीत करनेवाली बात, बीमारी आदि। ३. भयानक कांड या दृश्य।

विभु वि० [सं०] [भाव० विभुता] १. सर्वव्यापक। २. बहुत बड़ा, महान। ३. सदा बना रहनेवाला, नित्य। ४. बलवान। पुं० १. ईश्वर। २. जीवात्मा।

विभुता स्त्री०= विभूति।

विभूति स्त्री० [सं०] १. अधिकता, बढ़ती। २. वैभव, ऐश्वर्य। ३. सम्पत्ति, धन। ४. दिव्य या अलौकिक शक्ति। ५. दिव्य अलौकिक शक्ति से युक्त बहुत योग्य तथा गुणवान मनुष्य, महापुरुष। ६. शिव के अंग में लगाने की राख या भस्म। ७. लक्ष्मी। ८. सृष्टि।

विभूषण पुं० [सं०] [वि० विभूषित] १. भूषण, गहना। २. गहनों आदि से सजाने की क्रिया या भाव, अलंकरण।

विभूषना* स० [सं० विभूषण] १. गहनों से सजाना। २. सुशोभित करना।

विभेटना* स०=भेंटना।

विभेद पुं० [सं०] [क्रि० विभेदना] १. अन्तर, फरक। २. अनेक भेद, कई प्रकार। ३. विशेष रूप से किया हुआ भेद या अलगाव। (डिस्क्रिमिनेशन)

विभेदन पुं० [सं०] विभेद करना, छेदना या वेधना।

विभोर वि० [सं० विह्वल] १. विह्वल, विकल। २. मग्न, लीन। ३. मत्त, मस्त।

विभौ* पुं०=विभव।

विभ्रम पुं० [सं०] १. भ्रान्ति, धोखा। २. सन्देह। ३. पारस्परिक व्यवहार में किसी के काम या बात का आशय समझने में होनेवाली भूल, किसी के ठीक भाव को भी भ्रम से गलत समझना। (मिस-अन्डरस्टैन्डिंग) ३. साहित्य में संयोग-शृंगार के समय का स्त्रियों का एक हाव जिसमें वे प्रियतम का आगमन सुनकर या उससे मिलने के लिए जाने के समय उत्सुकता के कारण जल्दी में उलटे-पुलटे भूषण-वस्त्र पहन लेती हैं।

विभ्रमित वि० [सं०] विभ्रम के कारण जो उचित पथ से हट गया हो।

विमत पुं० [सं०] विरुद्ध या विपक्ष में दिया जानेवाला मत। (डिस्सेन्ट)

विमन वि० [सं० विमनस्] १. अनमना। २. उदास।

विमनस वि० [सं० वि+मनस्] विरत, विमुख।

विमनस्क वि० [सं०] १. अन्यमनस्क, अनमना। २. उदास।

विमर्श, विमर्ष पुं० [सं०] १. किसी स्थिति के सुधार या वर्ग आदि के अभ्युत्थान के लिए होनेवाला वैचारिक मंथन; जैसे दलित-विमर्श, स्त्री-विमर्श। २. नाटक की पाँच सन्धियों में से एक, जिसमें बीज का अधिक विकास होता है, परन्तु फल प्राप्ति से पहले शाप, विपत्ति आदि के रूप में विघ्न होने लगते हैं।

विमर्शकार पुं० [सं० विमर्श+कार] राय देनेवाला सलाहकार।

विमल वि० [सं०] [भाव० विमलता, स्त्री० विमला] १. स्वच्छ, निर्मल। २. पवित्र, निर्दोष। ३. सुन्दर।

विमाता स्त्री० [सं० विमातृ] [वि० वैमात्रिक] पिता की दूसरी पत्नी, माता की सौत, सौतेली माँ। (स्टेपमदर)

विमान पुं० [सं०] १. आकाश-मार्ग से चलनेवाला रथ, उड़न-खटोला। २. वायुयान, हवाई जहाज। ३. मरे हुए वृद्ध मनुष्य की अरथी जो धूमधाम के साथ निकाली जाती है। ४. रथ। ५. घोड़ा।

वि० १. मान या प्रतिष्ठा से रहित। २. जिसमें चमक-दमक न हो, फीका।

विमानचालक पुं० [सं०] वह जो विमान या हवाई जहाज चलाता हो।

विमानभेदी स्त्री० दे० 'विमानवेधी'।

विमानयुद्ध पुं० [सं०] विमानों की लड़ाई।

विमानवाहक पुं० [सं० विमान+वाहक] एक प्रकार का समुद्री जहाज जिसके ऊपर बहुत लम्बी-चौड़ी छत होती है और जिस पर बहुत से हवाई जहाज रहते हैं।

विमानवेधी स्त्री० [सं० विमान+हिं० वेधी] एक प्रकार की तोप, जो उड़ते हुए हवाई जहाजों पर गोले चलाती है।

विमुक्त वि० [सं०] १. अच्छी तरह मुक्त। २. स्वतन्त्र, स्वच्छन्द। ३. (दंड आदि से) बचा या छूटा हुआ। (एक्विटेड) ४. त्यक्त।

विमुक्ति स्त्री० [सं०] १. छुटकारा, रिहाई। २. मुक्ति, मोक्ष। ३. अभियोग से मुक्त होना या छूटना। (एक्विटल) ४. बहुत दिनों तक संकट, पराधीनता आदि भोगते रहने पर अन्त में सदा के लिए उससे मिलनेवाला छुटकारा। (इमैन्सिपेशन)

विमुख वि० [सं०] [भाव० विमुखता] १. जिसे मुँह न हो। २. जिसने किसी से मुँह मोड़ लिया हो, विरत। ३. उदासीन। ४. विरुद्ध। ५. अप्रसन्न। ६. निराश।

विमुँहाँ वि० जिसका मुँह दूसरी तरफ हो।

विमूल्यन पुं० दे० 'अवमूल्यन'।

विमोचन पुं० [सं०] [वि० विमोचित] १. बन्धन आदि से छूटा हुआ। २. सन्तोषजनक प्रमाण के अभाव में अभियुक्त का अभियोग से मुक्त होना। (एक्विटल) ३. किसी आवर्तक भार या देने से छूटने के लिए एक ही बार में कुछ इकट्ठा धन दे देना। (रिडम्प्शन) ४. (पुस्तक का) लोकार्पण।

विमोचना* स० [सं० विमोचन] बन्धन आदि से छुड़ाना या छोड़ना।

विमोचित वि० [सं०] १. बन्धन आदि से छूटा हुआ। २. सन्तोष-जनक प्रमाण के अभाव में मुक्त किया हुआ। (एक्विटेड) ३. ऋण या देन जो चुका दिया गया हो। (रिडीम्ड) ४. (पुस्तक) जिसका विमोचन हुआ हो, लोकार्पित।

विमोहना* अ० [सं० विमोहन] १. मोहित होना। २. बेसुध होना। ३. धोखे में आना।
स० १. मोहित करना, लुभाना। २. बेसुध करना। ३. धोखे में डालना।

वियंग* पुं०=शिव।

विय* वि० [सं० द्वि] १. दो। २. जोड़ा, युग्म। ३. दूसरा, अन्य।

वियत* पुं० [सं० वियत्] आकाश।

वियुक्त वि० [सं०] १. जिसका किसी से वियोग हुआ हो। २. अलग। ३. रहित। (माइनस)

वियुक्तीकरण पुं० [सं०] अलग-अलग करने या रखने की क्रिया या भाव।

वियुग्म वि० [सं०] १. जो युग्म या जोड़ा न हो, अकेला। २. जिसे दो से भाग देने पर एक बचे। ३. जो साधारण, निश्चित या स्वाभाविक से कुछ भिन्न और अलग हो, विलक्षण, अनोखा। (ऑड)

वियो* वि० [सं० द्वितीय] दूसरा।

वियोग पुं० [सं०] [वि० वियुक्त, वियोगी] १. किसी से बिछुड़ने या दूर होने की क्रिया, अवस्था या भाव, अलग होना। २. प्रिय व्यक्ति से मिलन न होना, विरह। ३. अलग होने का दुख।
४. घटाया या कम किया जाना।

वियोग शृंगार पुं० [सं०] साहित्य में शृंगार रस का वह विभाग जिसमें प्रेमियों के पारस्परिक वियोग या विरह का वर्णन होता है, विप्रलम्भ, 'संयोग शृंगार' का विरुद्धार्थक।

वियोगांत वि० [सं०] (नाटक, उपन्यास आदि) जिसका अन्त या पर्यवसान दुखपूर्ण हो।

वियोगी (-गिन्) वि० [सं०] [स्त्री० वियोगिनी] प्रेमिका के वियोग से दुखी, विरही।

वियोजक पुं० [सं०] पृथक् या अलग करनेवाला।

वियोजन पुं० [सं०] १. किसी वस्तु के संयोजक अंगों को अथवा कुछ मिले हुए तत्त्वों को अलग-अलग करना। २. युद्धकाल में बढ़ाए हुए सैनिकों को सैनिक सेवा से हटाना। (डिमॉबिलाइज़ेशन)

विरंचि पुं० [सं०] ब्रह्मा।

विरंजन पुं० [सं०] १. वह प्रक्रिया जिससे किसी वस्तु में के सब रंग हट या निकल जाएँ, रंगों से रहित करना। २. धोकर साफ करना। (ब्लीचिंग)

विरंद* पुं०=वृंद।

विरक्त वि० [सं०] [भाव० विरक्ति] १. विमुख, विरत। २. उदासीन। ३. अप्रसन्न।

विरक्ति स्त्री० [सं०] [वि० विरक्त] १. किसी के प्रति अनुराग, प्रेम, सहानुभूति आदि न रह जाने का भाव, विराग। २. सांसारिक सुख-भोगों से मन भर जाना और उनकी ओर प्रवृत्ति न रह जाना, वैराग्य। ३. उदासीनता।

विरचन पुं० [सं०] [वि० विरचित] १. रचने का काम, निर्माण, बनाना। २. तैयारी।

विरचना[१]* स० [सं० विरचन] १. रचना या निर्माण करना, बनाना। २. सजाना।

विरचना[२] अ० [सं० वि+रंजन] विरक्त होना।

विरचावना* स० [सं० वि+रंजन] बहलाना, मन बहलाना।

विरचित वि० [सं०] बनाया या रचा हुआ, निर्मित।

विरज वि० [सं०] कामना, वासना आदि से रहित।

विरत वि० [सं०] [भाव० विरति] १. जो अनुरक्त न हो, विमुख। २. जो काम छोड़कर अलग हो गया हो, निवृत्त। ३. विरक्त, वैरागी। ४. कार्य, पद, सेवा आदि से हटा हुआ। (रिटायर्ड)

विरति स्त्री० [सं०] १. विरत होने की क्रिया या भाव। २. कार्य पद, सेवा आदि से अलग होना। (रिटायरमेन्ट)

विरथ वि० [सं०] १. जो रथ या सवारी पर न हो। २. पैदल।

विरद* पुं० दे० 'विरुद'।

विरदावली स्त्री० दे० 'विरुदावली'।

विरदैत* वि० [हिं० विरद] बड़े विरदवाला, कीर्ति या यशवाला।

विरमना* अ० [सं० विरमण] [स० विरमाना] १. किसी से या कहीं मन लगाना, रमना। २. रुकना, ठहरना।
अ० दे० 'विलंबना'।

विरमाना* स० हिं० 'विरमना' का स०।

विरल वि० [सं०] [भाव० विरलता] १. घना, 'सघन' का उलटा। २. दूर-दूर पर स्थित। ३. दुर्लभ। ४. कम, थोड़ा। ५. पतला। ६. निर्जन।

विरस वि० [सं०] [भाव० विरसता] १. नीरस, फीका। २. अप्रिय, अरुचिकर। ३. जिसमें रस का निर्वाह न हुआ हो। (काव्य)
पुं० १. रस का अभाव, रस का न होना। २. साहित्य में वह स्थिति जो रस के विपरीत हो। ३. अनुराग, दया आदि का अभाव या विपरीत अवस्था, उदा० राजत अंग रस विरस अति, सरस-सरस रस भेव। —केशव।

विरह पुं० [सं०] १. किसी से अलग या रहित होने का भाव। २. दे० 'वियोग'।

विरहणी, विरहन* स्त्री०=विरहिणी।

विरह-निवेदन पुं० [सं०] अपनी विरहावस्था के दुख का वर्णन और प्रिय से उससे मुक्त करने की प्रार्थना करना।

विरहिणी स्त्री० [सं०] पति या प्रेमी के विरह से पीड़ित स्त्री।

विरहित स्त्री० [सं०] जो विरह से पीड़ित हो।

विरही वि०, पु० [स्त्री० विरहिणी] विरह से पीड़ित व्यक्ति, वियोगी।

विराग पुं० [सं०] [वि० विरागी] १. रुचि या इच्छा का अभाव। २. विषय-भोग से मन का पूरी तरह हट जाना।

विराज[1] वि० [सं०] राज्यरहित।

पुं १. वैराज्य शासन प्रणाली वाले राज्य का राजा। २. प्राचीन काल के एक प्रकार के प्रजातन्त्री राज्य का प्रधान राजा।

विराज[2] पुं० [सं० विराजस्] ब्रह्मा की पहली सन्तान या पुत्र जिससे पहले मनु या स्वायंभुव मनु की उत्पत्ति हुई थी। (मनुस्मृति के आधार पर)

विराजना अ० [सं० विराजन] १. शोभित होना। २. बैठना। ३. विद्यमान होना। (आदरसूचक)

विराजमान वि० [सं०] १. शोभित। २. उपस्थित, मौजूद। ३. बैठा हुआ।

विराट, विराट् पुं० [सं०] १. विश्व रूप ब्रह्म। २. विश्व। ३. क्षत्रिय। ४. कान्ति, दीप्ति।

वि० [भाव० विराटता] बहुत बड़ा या बहुत भारी।

विराणा वि०=पराया।

विराम पुं० [सं०] १. रुकना, ठहरना। २. विश्राम। ३. पद, सेवा, कार्य आदि से किया जानेवाला अवकाश-ग्रहण। ४. वाक्य में वह स्थल जहाँ बोलते समय कुछ रुकना पड़ता हो। ५. पद्य के चरण में की यति। ६. रेडियो तथा दूरदर्शन पर चलते हुए कथाक्रम या कार्यक्रम को कुछ क्षणों के लिए रोका जाना जिससे श्रोताओं या दर्शकों को अन्य आवश्यक सूचनाएँ दी या विज्ञापन दिखाएँ जा सकें। (ब्रेक)

मुहा० *विराम लेना*=(क) विश्राम करना। (ख) समाप्त या बंद होना; जैसे-फिर रंगारंग कार्यक्रम ने विराम लिया।

विरामकाल पुं० [सं०] वह समय या छुट्टी जो विराम करने या सुस्ताने के लिए मिलती है। (वैकेशन)

विरामचिह्न पुं० [सं०] लेख, छापे आदि में प्रयुक्त होनेवाले वे विशिष्ट चिह्न जो कई प्रकार के विरामों के सूचक होते हैं, जैसे ,, ;, । आदि। (पंकचुएशन)

विरामसंधि स्त्री० [सं०] वह सन्धि जो अन्तिम या पक्की सन्धि होने से पहले उसकी शर्तें तय करने के लिए होती है।

विरासत स्त्री०=वरासत।

विरासी* वि०=विलासी।

विरुज वि० [सं०] निरोग, रोगरहित।

विरुझना* अ०=उलझना।

विरुद पुं० [सं०] १. राजाओं की स्तुति या प्रशंसा, यशवर्णन, प्रशस्ति। २. प्राचीन काल के राजाओं की कीर्तिसूचक पदवी। ३. यश।

विरुदावली स्त्री० [सं०] गुण, पराक्रम, उदारता आदि का विस्तारपूर्वक होनेवाला वर्णन, प्रशंसा। २. गुणावली।

विरुद्ध वि० [सं०] विरोध का परिचायक, प्रतिकूल, विपरीत।

विरुद्ध, के संबंधबो० १. के विरोध में; जैसे-लोग प्रशासक के विरुद्ध खड़े हो गए। २. ठीक उलटी दिशा में; जैसे-हवा के विरुद्ध।

विरुद्धकर वि० [सं०] विपरीत आचरण करनेवाला।

विरुद्धार्थक वि० [सं० विरुद्ध+अर्थ+क (प्रत्य०)] विरुद्ध या विपरीत अर्थ प्रकट करनेवाला।

पुं० वह शब्द जो किसी शब्द का ठीक विरोधी या विपरीत अर्थ अथवा भाव प्रकट करता हो, विपर्याय, जैसे सम और असम दोनों एक दूसरे के विरुद्धार्थक हैं।

विरुद्धों का सामंजस्य पुं० (पदबंध) परस्पर-विरुद्ध प्रतीत होनेवाले विचारों, मतों आदि में बैठाया जानेवाला सामंजस्य।

विरुह* वि०=विरुद्ध

पुं० =विरोध।

विरूप वि० [सं०] [स्त्री० विरूपा, भाव० विरूपता] १. अनेक रंग-रूपों का। २. कुरूप, भद्दा। ३. परिवर्तित। ४. शोभाहीन, श्रीहीन।

विरूपण पुं० [सं०] [वि० विरूपति] आघात आदि के द्वारा अथवा और किसी प्रकार किसी का रूप या आकार बिगाड़ना। (डिफार्मेशन)

विरूपता स्त्री० [सं०] रूप के बिगड़े हुए होने (या विरूप होने) का भाव। (डिफॉर्मिटी)

विरूपाक्ष वि० [सं०] बिगड़े हुए, बेढंगे या विलक्षण नेत्रोंवाला।

पुं० महादेव, शिव।

विरूपित वि० [सं०] जो विरूप किया गया हो, जिसका विरूपण हुआ हो।

विरूपीकरण पुं० [सं०] विरूपित करने की क्रिया या भाव, रूप बिगाड़ देने का काम।

विरेचन पुं० [सं०] [वि० विरेचक, विरेचित] १. दस्त लानेवाली दवा, जुलाब। २. दस्त लाना। ३. निकालना।

विरोध पुं० [सं०] [वि० विरोधक] १. प्रतिकूलता। २. वैर, शत्रुता। ३. दो विपरीत बातों का एक साथ न हो सकना, व्याघात। ४. किसी कार्य को रोकने के लिए अथवा उसके विपरीत प्रयत्न। ५. भिन्न-भिन्न विचारों या तथ्यों में होनेवाला पारस्परिक विपरीत भाव। (रिपग्नेन्सी) ६. साहित्य में एक अर्थालंकार जिसमें घटनाओं, द्रव्यों आदि के कार्यों, गुणों जातियों आदि के विचार से परस्पर विरोधी होने पर भी कोई बात होने का उल्लेख होता है, जैसे वर्षा ऋतु और

वसन्त अथवा अमृत और विष का एक साथ होना अथवा अपना प्रभाव या स्वरूप दिखलाना। (इसके दस भेद माने गए हैं।)

विरोधना* अ० [सं० विरोधन] विरोध, शत्रुता या लड़ाई करना।

विरोधपक्ष पुं० [सं० विरोध+पक्ष] विधानसभा, संसद आदि में सत्तापक्ष के कार्यों का विरोध करनेवाले सदस्य।

विरोधपीठ पुं० [सं०] विधानसभाओं में वे आसन जिन पर राजकीय पक्ष या बहुमत दल के विरोधी लोग बैठते हैं। (अपोज़िशन बेंचेज)

विरोधाभास पुं० [सं०] [वि० विरोधाभासिक, विरोधाभासी] १. दो बातों में दिखाई देनेवाला विरोध। २. साहित्य में एक अलंकार जिसमें क्रिया, गुण, जाति, द्रव्य, धर्म आदि का इस प्रकार वर्णन किया जाता है कि उनकी कुछ बातों में पारस्परिक विरोध का कुछ आभास-सा मिलता है।

विरोधाभासी वि० [सं० विरोधाभास] जो विरोधाभास प्रकट करता या दिखलाता हो।

विरोधिता स्त्री० [सं०] १. 'विरोध' का भाव, विरुद्ध होने की अवस्था या भाव। २. वैर, शत्रुता।

विरोधी (-धिन्) वि० [सं०] [स्त्री० विरोधिनी] १. विरोध करनेवाला। २. विरुद्ध पड़नेवाला, उलटा, विपरीत, जैसे ये दोनों सिद्धान्त एक दूसरे के विरोधी हैं। (अपोज़िट) पुं० १. वह जो सामने आकर मुकाबला करता हो, विपक्षी, शत्रु, वैरी। २. विरोधपक्ष का सदस्य। (अपोनेन्ट)

विलंब पुं० [सं० विलंबन] साधारण या नियत से अधिक समय (जो किसी काम में लगे) देर, अतिकाल। (डीले)

विलंबन पुं० [सं०] १. देर लगाने की क्रिया या भाव। २. लटकाने की क्रिया या भाव। ३. कुछ समय के लिए किसी कार्य या प्रभाव को रोक देने या स्थगित करने की क्रिया या भाव। (सस्पेन्शन)

विलंबना* अ० [सं० विलंबन] १. देर करना या लगाना। २. लटकाना। ३. सहारा लेना।
अ० दे० 'विरमना'।

विलंबित वि० [सं०] १. लटकता हुआ। २. जिसमें देर हुई हो। ३. देर लगाकर और मन्द गति से गाया जानेवाला (गान), 'द्रुत' का विपर्याय। ४. कुछ समय के लिए (काम, दंड आदि) स्थगित रखा हुआ।

विल स्त्री० [अं०] वसीयत।

विलक्षण वि० [सं०] [भाव० विलक्षणता] १. अद्भुत, अनोखा। २. असाधारण। ३. अद्वितीय।

विलक्षणता स्त्री० [सं०] १. विलक्षण होने की अवस्था या भाव। २. विलक्षण बात।

विलखना[1] अ० दे० 'बिलखना'।

विलखना[2]* स० [सं० लक्ष] १. पता पाना। २. देखना।

विलग वि०=अलग।

विलगाव पुं० [हिं० विलगाना] १. विलगाने की अवस्था, क्रिया या भाव। २. विभेद, भेदभाव।

विलगाना* अ०, स० [हिं० विलग] अलग या पृथक् होना या करना।

विलपना* अ० [सं० विलाप] रोना।

विलम* पुं० दे० 'विलंब'।

विलमना* अ० दे० 'बिलमना'।

विलय पुं० [सं०] १. लय या लीन होना। २. एक वस्तु का दूसरी वस्तु में मिलकर समा जाना। ३. घुल या गल जाना। (फ्यूजन) ४. विघटित होना। ५. किसी देशी रियासत या राज्य का आस-पास के सरकारी या दूसरे बड़े राष्ट्र या राज्य में मिलकर एक हो जाना। (मर्जर)

विलयन पुं० [सं०] विलय होने की क्रिया, अवस्था या भाव।

विलयीकरण पुं० [सं०] १. विलय करना। २. राज्य या राष्ट्र का किसी छोटे राज्य को अपने में मिला लेना। (मर्जर)

विलयीमान वि० [सं०] १. जिसका विलय हो रहा हो। २. जो नष्ट हो रहा हो; जैसे-विलयीमान शब्द-संपदा।

विलसन पुं० [सं०] [वि० विलसित, * क्रि० विलसना] १. चमकने की क्रिया। २. क्रीड़ा, आमोद-प्रमोद।

विलाप पुं० [सं०] १. किसी की मृत्यु पर होनेवाला रुदन। २. प्रकट की जानेवाली घोर निराशा या दुख।

विलायत पुं० [अ०] [वि० विलायती] १. विदेश। २. दूर का देश।

विलायती वि० [अ०] विदेशी।

विलास पुं० [सं०] १. प्रसन्न करनेवाली क्रिया। २. मनोविनोद। ३. आनन्द, हर्ष। ४. स्त्रियों की पुरुषों के प्रति अनुराग सूचक चेष्टाएँ। ५. साहित्य में संयोग शृंगार का एक हाव जिसमें प्रिय से सामना होने पर नायिका अपनी गतिविधि आदि से नायक का अनुराग उद्दीप्त करती है। ६. कोई मनोहर चेष्टा। ७. किसी वस्तु का मनोहर रूप में हिलना-डोलना। ८. यथेष्ट सुखभोग।

विलास-प्रिय वि० [सं०] भोग-विलास में लिप्त रहनेवाला।

विलासिनी स्त्री० [सं०] १. सुन्दर स्त्री, कामिनी। २. वेश्या।

विलासी (-सिन्) वि०, पुं० [सं०] [स्त्री० विलासिनी] १. सुखभोग में लगा रहनेवाला पुरुष। २. कामी, कामुक। ३. क्रीड़ाशील, विनोदप्रिय। ४. विलास या विलासता की परिचायक विलासी प्रवृत्ति।

विलीक* वि० [सं० व्यलीक] अनुचित।

विलीन वि० [सं०] [भाव० विलीनता] १. अदृश्य, लुप्त। २. मिला या घुला हुआ। ३. छिपा हुआ।

विलुद्धना* अ० [सं० विध्वंस] नष्ट होना।

विलेख पुं० [हिं० लखना?] १. कल्पना, अनुमान। २. सोच-विचार।
पुं० दे० 'प्रलेख'।

विलोकना स० दे० 'देखना'।

विलोड़न पुं० [सं०] [वि० विलोड़ित] आलोड़न, मथना।

विलोप पुं० [सं०] लुप्त होने की अवस्था या भाव।

विलोपक वि० [सं०] लुप्त या गायब करनेवाला।

विलोपन पुं० [सं०] १. लुप्त या गायब करना। २. कुछ समय के लिए भंग या समाप्त करना। (डिस्सोल्यूशन)

विलोपना* स० [सं० विलोप] लुप्त या नष्ट करना।

विलोम वि० [सं०] विपरीत, उलटा।

पुं० ऊँचे से नीचे की ओर आने का क्रम।

विव* वि० दे० 'विवि'।

विवक्षा स्त्री० [सं०] [वि० विवक्षित] १. कहने की इच्छा। २. अर्थ, तात्पर्य। ३. अप्रत्यक्ष रूप से होनेवाला संकेत, छिपा अर्थ। ४. फल या परिणाम के रूप में या आनुषंगिक रूप से होनेवाली कोई युक्तियुक्त बात। (इम्प्लिकेशन)

विवदना* अ०=विवाद करना।

विवर पुं० [सं०] १. छिद्र, छेद। २. बिल। ३. दरार, गर्त। ४. गुफा, कन्दरा।

विवरण पुं० [सं०] १. किसी बात या कार्य से सम्बन्ध रखनेवाली मुख्य बातों का उल्लेख या वर्णन, वृत्तान्त, हाल। (डिस्क्रिप्शन, एकाउण्ट) २. किसी बड़े के पूछने पर अपने कार्यों आदि के सम्बन्ध में बताई जानेवाली विस्तृत बातें, परिवृत्त। (स्टेटमेन्ट) ३. दे० 'विवरणिका'। ४. टीका।

विवरणकार पुं० [सं०] विवरण प्रस्तुत करनेवाला।

विवरणिका स्त्री० [सं०] सभा-संस्थाओं या घटनाओं आदि का वह विवरण जो सूचना के लिए किसी को भेजा जाए व्याख्या। (रिपोर्ट)

विवर्जन पुं०=वर्जन।

विवर्ण पुं० [सं०] साहित्य में भय, मोह, क्रोध आदि के कारण मुख का रंग बदलना जो एक भाव माना गया है।

वि० [भाव० विवर्णता] १. जिसका रंग बिगड़ गया या फीका पड़ गया हो, बदरंग। २. कान्तिहीन।

विवर्त पुं० [सं०] १. रूपान्तर। २. भ्रान्ति, भ्रम। ३. ह्रास।

विवर्तन पुं० [सं०] [वि० विवर्तित] १. चक्कर लगाना, घूमना। २. घूमना-फिरना, टहलना।

विवर्त्त पुं० [सं०] १. गति, हलचल। २. लहर।

विवर्तमान वि० [सं०] वर्तमान में प्रस्तुत; जैसे-हिन्दू धर्म का विवर्तमान रूप। -विद्यानिवास मिश्र।

विवर्द्धन पुं० [सं०] [वि० विवर्द्धित] दे० 'विवर्धन'।

विवर्धन पुं० [सं०] [वि० विवर्धित] १. बढ़ाना। २. किसी छोटी वस्तु के प्रतिबिम्ब आदि को कुछ विशिष्ट प्रक्रियाओं से बड़ा करना। (मैगनिफिकेशन)

विवश वि० [सं०] [भाव० विवशता] १. जो ऐसी अवस्था में पड़ा हो, जिसमें वह अपनी इच्छा से कुछ कर न सके, बेबस, लाचार। २. जो दूसरे की ओर से उक्त प्रकार की अवस्था में लाया या रखा गया हो। (कम्पेल्ड)

विवशन पुं० [सं०] विवश करने की क्रिया या भाव।

विवसन वि० [सं०] [स्त्री० विवसना] जो कोई वस्त्र न पहने हो, नंगा, नग्न।

विवस्त्र वि० [सं०] [स्त्री० विवस्त्रा] जिसने कोई वस्त्र न पहना हो, नंगा।

विवाद पुं० [सं०] [वि० विवादित, विवाद्य] १. ऐसी बात जिसके विषय में दो या अधिक विरोधी पक्ष हों, और जिसकी सत्यता का निर्णय होने को हो। (डिस्प्यूट) २. कहा-सुनी, वाक्‌युद्ध। ३. झगड़ा, कलह। ४. दीवानी या फौजदारी मुकदमा। (केस, सूट)

विवादग्रस्त वि० [सं०] [भाव० विवादग्रस्तता] जिसके विषय में विवाद हो।

विवादप्रिय वि० [सं०] [भाव० विवादप्रियता] झगड़ालू।

विवादास्पद वि० [सं०] १. जिसके विषय में विवाद हो, विवादयुक्त। (डिस्प्यूटिड) २. जिसके सम्बन्ध में विवाद या बहस हो सकती हो। (डिबेटेबुल) ३. जिसके सम्बन्ध में कोई विवाद चल रहा हो या चलने को हो। (कॉन्ट्रोवर्शल)

विवादित वि० [सं०] जिसके सम्बन्ध में विवाद हो, झगड़े में पड़ा हुआ।

विवादी (-दिन्) पुं० [सं०] १. विवाद या झगड़ा करनेवाला। २. मुकदमा लड़नेवालों में से कोई एक। ३. संगीत में वह स्वर जो किसी राग के मुख्य या वादी स्वर से मेल न खाता हो और किसी राग में लगकर उसका स्वरूप विकृत कर देता हो।

वि० १. विवाद करनेवाला। २. (स्वर) जो किसी राग के मुख्य या वादी स्वर से मेल न खाता हो।

विवाद्य वि० [सं०] विवादास्पद।

विवाह पुं० [सं०] [वि० वैवाहिक, विवाहित] वह धार्मिक या सामाजिक कृत्य या प्रक्रिया जिसके अनुसार स्त्री और पुरुष में पत्नी और पति का सम्बन्ध स्थापित होता है, पाणिग्रहण, ब्याह, शादी। (हमारे यहाँ आठ प्रकार के विवाह कहे गए हैं—ब्राह्म, दैव, आर्ष, प्राजापत्य, आसुर, गान्धर्व, राक्षस और पैशाच। आज-कल इनमें से केवल ब्राह्म-विवाह प्रशस्त माना जाता है और वही प्रचलित है।)

विवाहना स०=विवाह करना।

विवाहपूर्व वि० [सं०] विवाह से पहले का, जैसे विवाहपूर्व सम्बन्ध।

विवाह-योग्य वि० [सं० विवाह+योग्य] जिसकी अवस्था (अब) विवाह के योग्य हो।

विवाहविच्छेद पुं० [सं०] पति और पत्नी का वैवाहिक सम्बन्ध तोड़ना या न रखना जो कुछ धर्मों में और कुछ विधियों के अनुसार होता है, तलाक। (डाइवोर्स)

विवाहित वि० [सं०] [स्त्री० विवाहिता, भाव० विवाहित्व] जिसका विवाह हो चुका हो, ब्याहा हुआ।

विवाहोद्यत वि० [सं० विवाह+उद्यत] [वि० स्त्री० विवाहोद्यता] विवाह के लिए उद्यत, विवाह का आकांक्षी।

विवि* वि० [सं० द्वि] १. दो। २. दूसरा।

विविक्त वि० [सं०] १. किसी से अलग या पृथक किया हुआ। २. एकान्त में रहने या होनेवाला, ऐकान्तिक। ३. जो किसी कारण से दूसरों के सामने न हो सकता हो, एकान्त में कुछ गुप्त रूप से किया जाने या होनेवाला, जैसे विविक्त परामर्शालय। (प्राइवेट) ४. जिसका पता ऊपर से सहज में न लग सके, गम्भीर, गहन।

विविच्छेद पुं० दे० 'विवाहविच्छेद'।

विविध वि० [सं०] [भाव० विविधता] १. अनेक प्रकार का, कई तरह का। २. कई विभागों, मदों आदि का मिला-जुला, फुटकर। (मिसलेनियस)

विविधता स्त्री० [सं०] अनेक प्रकार की बातों, वस्तुओं, कार्यों आदि से युक्त होने की स्थिति।

विविधायामी वि० [सं० विविध+आयाम+हिं० ई(प्रत्य०)] विविध आयामों वाला, विविध क्षेत्रों में फैला हुआ।

विविधीकरण पुं० [सं०] विविधता लाने की क्रिया या भाव।

विवृत वि० [सं०] [भाव० विवृति] १. विस्तृत, फैला हुआ। २. खुला हुआ। ३. विवरण, व्याख्या आदि के द्वारा स्पष्ट किया हुआ।

पुं० ऊष्म स्वरों के उच्चारण में होनेवाला एक प्रकार का प्रयत्न। (व्याकरण)

विवृति स्त्री० [सं०] १. संदर्भ सहित व्याख्या। २. वह कथन या वक्तव्य जो अपने किसी कार्य के अनुचित समझे जाने पर उसके स्पष्टीकरण के लिए हो। (एक्सप्लेनेशन)

विवृतोक्ति स्त्री० [सं० विवृत=स्पष्ट+उक्ति] साहित्य में एक अलंकार जिसमें पहले तो कोई रहस्यपूर्ण बात श्लिष्ट शब्दों में कही जाती है, पर अन्त में किसी कथन या क्रिया के द्वारा वह बात स्पष्ट कर दी जाती है।

विवृत्त वि० [सं०] [भाव० विवृत्ति] १. घूमता हुआ। २. लौटा हुआ, परावृत्त। ३. खुला हुआ।

विवृत्ति स्त्री० [सं०] [वि० विवृत्त] १. घूमना, चक्कर खाना। २. लौटना, वापस होना। ३. प्रसंग। ४. संधि का अभाव, शब्द के जिन वर्गों में नियमत: संधि होनी चाहिए उसका न होना; जैसे-बहुउद्देशीय (यहाँ बहु के उकार और उद्देशीय के उकार में संधि नहीं हुई)।

विवेक पुं० [सं०] १. मिली-जुली वस्तुओं को अलग-अलग करने की शक्ति। २. निर्णय करने की शक्ति, बुद्धिमत्ता। (डिस्क्रिशन) ३. मन की वह आन्तरिक शक्ति जिससे भले-बुरे का ठीक और स्पष्ट ज्ञान होता है। (कॉन्शेन्स) ४. नित्य को अनित्य से अलग करने की शक्ति, बुद्धि। ५. ज्ञान।

विवेकशील वि० [सं०] बुद्धिमान, विवेकी।

विवेकशीलता स्त्री० [सं०] बुद्धिमत्ता, विवेक।

विवेक-स्वातंत्र्य पुं० [सं०] राज्य या शासन की ओर से लोगों को मिलनेवाली वह स्वतन्त्रता जिसमें उन्हें अपने विवेक के विरुद्ध कोई काम करने से इन्कार करने का अधिकार होता है, जैसे यदि राज्य किसी को लड़ाई पर जाने या किसी देवस्थान को नष्ट करने के लिए विवश करे तो वह अपने 'विवेक-स्वातंत्र्य' के आधार पर ऐसा करने से इनकार कर सकता है। (लिबर्टी ऑफ कॉन्शेन्स)

विवेकाधीन वि० [सं०] जो किसी के विवेक या भले-बुरे के ज्ञान पर आश्रित हो। (डिस्क्रिशनरी)

विवेकाधीन, के सम्बन्धबो० (किसी) के विवेक के अधीन।

विवेकी (-किन्) पुं० [सं०] १. भले-बुरे का ज्ञान रखनेवाला, विवेकशील। २. बुद्धिमान। ३. ज्ञानी। ४. न्यायशील।

विवेचन पुं० [सं०] [वि० विवेचनीय, विवेचित] १. भली-भाँति आशय व्यक्त करना। २. विचारपूर्वक निर्णय करना, मीमांसा। ३. तर्क-वितर्क।

विवेचना स्त्री०=विवेचन।

विवेचनात्मक वि० [सं०] विवेचन के रूप में होनेवाला।

विवेचित वि० [सं०] जिसका विवेचन हो चुका हो, विवेचन के रूप में होनेवाला।

विवेच्य वि० [सं०] १. विवेचन के योग्य। २. जिसकी विवेचना होने को हो।

विव्वोक पुं० [सं०] साहित्य में एक हाव जिसमें अभिमान के कारण अथवा मानपूर्वक प्रिय अथवा उसकी दी हुई किसी वस्तु के प्रति कुछ अनादर या उपेक्षा का भाव प्रकट किया जाता है।

विशद वि० [सं०] [भाव० विशदता] १. लम्बा-चौड़ा। २. विस्तृत रूप से होनेवाला, जैसे विशद व्याख्या। ३. स्वच्छ, निर्मल। ४. स्पष्ट। ५. व्यक्त। ६. सफेद। ७. सुन्दर।

विशल्य वि० [सं०] १. काँटे आदि से रहित, निष्कंटक। २. कष्ट, चिन्ता आदि से रहित।

विशल्यकारिणी स्त्री० [सं०] शरीर के व्रण आदि में से विष का प्रभाव दूर करनेवाली प्रक्रिया या दवा।

विशाख पुं० [सं०] १. कार्तिकेय। २. शिव। ३. भिक्षुक।

विशारद वि०, पुं० [सं०] १. पंडित। २. कुशल।

विशाल वि० [सं०] [भाव० विशालता] १. बहुत बड़ा। २. विस्तृत, लम्बा-चौड़ा। ३. भव्य, शानदार। ४. दे० 'वृहत्तर' २.।

विशालाक्ष वि० [सं०] बड़ी-बड़ी और सुन्दर आँखोंवाला। पुं० शिव।

विशालाक्षी स्त्री० [सं०] बड़ी-बड़ी और सुन्दर आँखों वाली स्त्री अर्थात् पार्वती।

विशिख (-खिन्) पुं० [सं०] वाण, तीर।

विशिष्ट वि० [सं०] [भाव० विशिष्टता] १. किसी विशेषता से युक्त। २. असाधारण। ३. मुख्य, प्रधान।

विशिष्टता स्त्री० [सं०] १. विशिष्ट होने की अवस्था या भाव। २. कोई विशिष्ट गुण या भाव।

विशिष्टाद्वैत पुं० [सं०] एक भारतीय दार्शनिक सिद्धान्त जिसमें जीवात्मा और जगत दोनों ब्रह्म से भिन्न होने पर भी अभिन्न ही माने गए हैं। (यह वेदान्त दर्शन का एक सम्प्रदाय है।)

विशिष्टीकरण पुं० [सं०] १. किसी विषय को उसके ब्योरे की बातों पर ध्यान देते हुए विशिष्ट और स्वतन्त्र रूप देना, ऐसा रूप देना जो विशेषता का सूचक या परिचायक हो। २. किसी विषय, कार्य, व्यवसाय आदि का विशेष रूप से अध्ययन करना, अथवा उसमें पारंगत होना। (स्पेशलाइज़ेशन)

विशीर्ण वि० [सं०] जीर्ण-शीर्ण।

विशुद्ध वि० [सं०] [भाव० विशुद्धता, विशुद्धि] १. किसी प्रकार की मिलावट से रहित, खरा, जैसे विशुद्ध घी। (प्योर) २. जिसमें किसी प्रकार का दोष या खराबी न हो, जैसे विशुद्ध आचरण। ३. जो व्यर्थ की या इधर-उधर की बातों से रहित या अलग हो, जैसे विशुद्ध ज्ञान। ३. निर्मल, उज्ज्वल।

पुं० हठ योग के अनुसार शरीर के अन्दर के छह चक्रों में से एक जो गले के पास माना गया है। (यह धूम्रवर्ण का और सोलह दलोंवाला माना गया है। आधुनिक वैज्ञानिकों के अनुसार इसी केन्द्र की प्रक्रिया से शरीर से विष बाहर निकलते हैं।)

विशुद्धता स्त्री० [सं०] विशुद्ध होने की दशा या भाव, पवित्रता। (प्योरिटी)

विशुद्धाख्य पुं० [सं०] हठयोग में सात चक्रों या कमलों में से एक, जिसका स्थान कण्ठ माना गया है। यह सोलह दलों का है।

विशुद्धि स्त्री०=विशुद्धता।

विशुद्धिवाद पुं० [सं०] [वि० विशुद्धिवादी] १. यह सिद्धान्त कि मनुष्य को अपने धार्मिक आचार-विचारों का पूरा-पूरा और कठोरतापूर्वक पालन करना चाहिए। २. किसी क्षेत्र में यह सिद्धान्त कि अपने कार्यों या कृतियों में व्यर्थ की या इधर-उधर की बातें नहीं आने देनी चाहिए और उन्हें पूर्ण रूप से विशुद्ध रखना चाहिए, जैसे साहित्यिक क्षेत्र में अपनी भाषा में दूसरी भाषाओं के शब्दों का परित्याग और बहिष्कार। (प्यूरोटैनिज्म)

विशुद्धिवादी (-दिन्) पुं० [सं०] वह जो विशुद्धिवाद का सिद्धान्त मानता हो और उसके अनुकूल आचार या व्यवहार करता हो। (प्यूरिटन)

विशूचिका स्त्री० दे० 'विसूचिका'।

विशृंखल वि० [सं०] [भाव० विशृंखलता] १. जिसमें क्रम या शृंखला न हो। २. अस्त-व्यस्त। ३. बेढंगा।

विशेष वि० [सं०] १. जो स्वरूप, मान, मात्रा आदि के विचार से औरों से कुछ बढ़ा हुआ और फलतः कुछ अलग प्रकार का हो, जिसमें कोई खास, अलग या नई बात हो। २. किसी एक अलग विषय, वस्तु, व्यक्ति या कार्य से सम्बन्ध रखनेवाला। (स्पेशल, उक्त दोनो अर्थों के लिए) ३. जितना होता हो या होना चाहिए उससे अधिक या सिवा, सामान्य या साधारण के सिवा कुछ बड़ा या बढ़ाया हुआ। ४. किसी अलग, नए या खास काम के लिए अलगाया या रखा हुआ।

५. किसी एक अवसर पर या उद्देश्य की सिद्धि के लिए अलग से या खास तौर पर नियत या नियुक्त किया हुआ। (एक्स्ट्रा)

पुं० १. किसी विषय में उसके स्पष्टीकरण के लिए या अपनी सम्मति के रूप में कही जानेवाली बात। (रिमार्क) २. साहित्य में एक अर्थालंकार जिसमें बिना आधार के आधेय का, थोड़े परिश्रम से बहुत प्राप्ति का, एक ही चीज के कई स्थानों में होने का या इसी प्रकार की और किसी आश्चर्यजनक बात का वर्णन होता है।

विशेषक पुं० [सं०] साहित्य में एक अर्थालंकार जिसमें समान गुण और धर्मवाले प्रस्तुत और अप्रस्तुत दोनों तत्त्वों की समानता तो बतलाई जाती है, फिर भी प्रस्तुत में कोई ऐसी विशेषता बतलाई जाती है जिससे वह अप्रस्तुत से भिन्न और विशिष्ट हो जाता है।

विशेषज्ञ पुं० [सं०] वह जो किसी विषय का विशेष रूप से ज्ञाता हो, किसी काम का बहुत अच्छा जानकार। (स्पेशलिस्ट)

विशेषण पुं० [सं०] १. वह जिससे किसी प्रकार की विशेषता सूचित हो। २. वह विकारी शब्द जो संज्ञा या सर्वनाम की विशेषता बतलाता या विवरण देता हो। (व्याकरण)

विशेषणात्मक वि० [सं०] विशेषण का परिचायक।

विशेषता स्त्री० [सं०] १. 'विशेष' का भाव या धर्म, खूबी, खासियत। २. विलक्षणता।

विशेषताद्योतक वि० [सं०] विशेषता बतलानेवाला।

पुं० विशेषण।

विशेषताहीन वि० [सं०] जिसमें कोई विशेषता न हो।

विशेषत्त्व पुं०=विशेषता।

विशेषना* स० [सं० विशेष] १. विशेष रूप देना। २. विशिष्टता उत्पन्न करना।

अ० निश्चय करना।

विशेष सूचना स्त्री० [सं०] किसी लेख से सम्बन्ध रखनेवाली वह आवश्यक, ध्यान में रखने योग्य या विशेष सूचना जो उसके अन्त में एक दो वाक्यों में परिशिष्ट के रूप में रहती है, इसका संक्षिप्तक 'वि० सू०' है और इसके स्थान पर प्रायः 'पुनश्च' का भी प्रयोग होता है। (नोटा बेने)

विशेषाधिकार पुं० [सं०] वह अधिकार जो साधारणतः सब लोगों को प्राप्त न हो, पर कुछ विशिष्ट अवस्थाओं में किसी को विशेष रूप से प्राप्त हो, प्राधिकार। (प्रिविलेज)

विशेषीकरण पुं० [सं०] अविशेष को विशेष बनाने की क्रिया या भाव।

विशेषीकृत वि० [सं०] (शब्द) जो किसी विशेष अर्थ में ही प्रयुक्त हो रहा हो या किया जा रहा हो।

विशेषोक्ति स्त्री० [सं०] साहित्य में एक अर्थालंकार जिसमें कारण के पूरी तरह से वर्तमान रहने पर भी कार्य के अभाव का अथवा किसी क्रिया के होने पर भी उसके परिणाम या फल का अभाव बतलाया जाता है।

विशेष्य पुं० [सं०] व्याकरण में वह संज्ञा जिसकी विशेषता कोई विशेषण सूचित करता हो।

विश्रंभ वि० [सं०] १. दृढ़ या पक्का विश्वास, पूरा एतबार। (कॉन्फिडेन्स) २. प्रेमी और प्रेमिका में सम्भोग के समय होनेवाला विवाद या झगड़ा। ३. प्रेम।

विश्रंभी (-भिन्) पुं० [सं०] दृढ़ विश्वास रखनेवाला।
वि० जो इस बात का विश्वास रखकर किसी को बतलाया जाए कि वह दूसरे किसी को न बतलाएगा, गोप्य। (कॉन्फिडेन्शल)

विश्रब्ध वि० [सं०] १. शान्त। २. विश्वास के योग्य। २. निर्भय, निडर।

विश्रब्ध नवोढ़ा स्त्री० [सं०] साहित्य में नवोढ़ा नायिका जिसका पति पर कुछ प्रेम होने लगा हो और जिसके मन का भय कुछ-कुछ कम हो गया हो।

विश्रांत वि० [सं०] १. जो विश्राम करता हो। २. ठहरा या रुका हुआ। ३. थका हुआ।

विश्रांति स्त्री० [सं०] १. विश्राम, आराम। २. थकावट। ३. दे० विराम।

विश्राम पुं० [सं०] १. श्रम या थकावट दूर करना, आराम करना। २. ठहरने का स्थान। ३. आराम, चैन, सुख।

विश्रामकक्ष पुं० [सं०] अभ्यागतों के बैठने का कक्ष।

विश्रामालय पुं० [सं०] १. वह स्थान जहाँ यात्री विश्राम करते हों। (रेस्ट हाउस)

विश्रामावकाश पुं० [सं०] विश्राम के लिए मिलनेवाला अवकाश।

विश्री वि० [सं०] १. श्री या कान्ति से रहित या हीन। २. भद्दा, कुरूप।

विश्रुत वि० [सं०] प्रसिद्ध, विख्यात।

विश्रुति स्त्री० [सं०] प्रसिद्धि, ख्याति।

विश्लिष्ट वि० [सं०] १. जो श्लिष्ट न हो, जो किसी के साथ जुड़ा या मिला न हो। २. विकसित। ३. प्रकट।

विश्लेष पुं० [सं०] १. वियोग, विछोह। २. दे० 'विश्लेषण'।

विश्लेषक पुं० [सं०] वह जो रासायनिक अथवा इसी प्रकार का और कोई विश्लेषण करता हो। (एनालिस्ट)

विश्लेषण पुं० [सं०] किसी पदार्थ के संयोजक द्रव्यों या किसी बात के सब अंगों या तथ्यों की परीक्षा आदि के लिए अलग-अलग करना। (एनेलेसिस)

विश्लेषिक वि० [सं०] विश्लेषण-सम्बन्धी।

विश्लेषित वि० [सं०] जिसका विश्लेषण हुआ हो या किया गया हो।

विश्वंभर पुं० [सं०] १. ईश्वर। २. विष्णु, जलशायी।

विश्व पुं० [सं०] [वि० वैश्विक] १. सारा ब्रह्मांड। (कॉसमॉस, युनिवर्स) २. संसार, दुनियाँ। ३. दस देवताओं का एक गण। ४. विष्णु। ५. शरीर, देह।
वि० १. पूरा, सब, कुल। २. बहुत।

विश्वकर्मा पुं० [सं०] १. ईश्वर। २. ब्रह्मा। ३. एक प्रसिद्ध देवता जो शिल्पशास्त्र के पहले आचार्य और आविष्कर्ता माने जाते हैं। ४. बढ़ई। ५. लोहार।

विश्वकिरण स्त्री० दे० 'विष्वक् किरण'।

विश्वकोश पुं० [सं०] वह ग्रन्थ जिसमें ज्ञान की सभी शाखाओं या किसी विषय के सभी अंगों का विस्तार से वर्णन हो। (एन्साइक्लोपीडिया)

विश्वग्राम पुं० [सं०] वह स्थान जहाँ विश्व के विभिन्न देशों, धर्मों, संस्कृतियों आदि के लोग रहते हैं।

विश्वदेव पुं० [सं०] १. विश्व का स्वामी, परमात्मा। २. ब्रह्मा।

विश्वनाथ पुं० [सं०] १. विश्व का स्वामी। २. शिव।

विश्वप्रसिद्ध वि० [सं०] जो विश्व भर में प्रसिद्ध हो।

विश्वबंधु वि० [सं०] [भाव० विश्वबंधुता] जो विश्व (संसार के सभी लोगों)का बंधु हो, जो सभी को अपना भाई मानता हो।

विश्वबोध पुं० [सं०] विश्व-संबंधी ज्ञान।

विश्ववंचक वि०, पुं० [सं०] विश्व को ठगनेवाला।

विश्वविजयी वि० [सं०] जिसने विश्व को जीता हो।

विश्वविजेता पुं० [सं०] वह खिलाड़ी जिसने विश्व के सभी खिलाड़ियों को किसी प्रतियोगिता में हरा दिया हो। (वर्ल्ड चैम्पियन)

विश्वविदित वि० [सं० विश्व+विदित] जिसे विश्व जानता हो, जग-जाहिर।

विश्वविद्यालय पुं० [सं०] वह बहुत बड़ा विद्यालय जिसमें अनेक प्रकार की विद्याओं की उच्च कोटि की शिक्षा देनेवाले अनेक महाविद्यालय हों। (युनिवर्सिटी)

विश्वव्यापी, विश्वव्याप्त वि० [सं०] सारे विश्व में व्याप्त, फैला हुआ।

विश्वसनीय वि० [सं०] [भाव० विश्वसनीयता] जिसका विश्वास या एतबार किया जा सके, विश्वस्त। (रिलाएबुल)

विश्वस्तरीय वि० [सं०] विश्व में प्रदर्शित होनेवाले श्रेष्ठ स्तर के समान।

विश्वात्मा पुं० [सं०] ईश्वर।

विश्व-शक्ति स्त्री० ऐसा राष्ट्र जिसकी आर्थिक या राजनीतिक नीतियों का प्रभाव अन्य राष्ट्रों पर पड़ता हो।

विश्वास पुं० [सं०] १. यह दृढ़ धारणा कि किसी का अस्तित्व है; जैसे-ईश्वर में मेरा विश्वास है। २. यह धारणा की अमुक बात सत्य है या सत्य होकर रहेगी; जैसे मुझे विश्वास है कि वह आपसे मिलने आएगा। ३. भरोसा; जैसे-उन्हें अपने पर भी विश्वास नहीं।

विश्वासघात पुं० [सं०] [वि० विश्वासघातक] अपने पर विश्वास करनेवाले के विश्वास के विपरीत कार्य करना, धोखा।

विश्वासघातक वि०, पुं० [सं०] विश्वासघात करनेवाला।

विश्वासपात्र, विश्वासभाजन पुं० [सं०] वह व्यक्ति जिसका विश्वास किया जाए।

विश्वासी (-सिन्) पुं० [सं०] [स्त्री० विश्वासिनी] १. विश्वास करनेवाला। २. किसी धर्म की मान्यताओं पर पूरा विश्वास करनेवाला। ३. जिस पर विश्वास हो, विश्वासपात्र।

विश्वीकरण पुं० [सं०]=वैश्वीकरण।

विषंग पुं० [सं०] १. आपस में मिले हुए तत्त्वों, अंगों आदि का अलग या पृथक होना। २. अपने में से किसी को काटकर या और किसी प्रकार अलग कर देना। (डिस्सोसिएशन)

विष पुं० [सं०] १. वह वस्तु जिसके खाने या शरीर में पहुँचने से प्राणी मर जाता है, जहर, गरल। (पाएॅजन) (मुहावरों के लिए देखें जहर के मुहावरे) २. जल, पानी। ३. कमलनाल का रेशा। ४. किसी की सुख-शान्ति या स्वास्थ्य आदि में बाधक वस्तु।

पद *विष की गाँठ*=बुराई या खराबी पैदा करनेवाला व्यक्ति, वस्तु या बात।

५. बहुत ही कटु और अप्रिय बात, जैसे विषवमन। (देखें) ६. बछनाग। ७. कलिहारी।

विषकन्या स्त्री० [सं०] वह युवती जिसके शरीर में बाल्यावस्था से ही इसलिए विष प्रविष्ट किया गया हो कि उसके साथ सम्भोग करनेवाला मर जाए। (प्राचीन)

विषण्ण वि० [सं०] १. जिसे विषाद हुआ हो। २. दुखी, खिन्न।

विषदंड पुं० [सं०] कमलनाल, भसींड, मुरार।

विषधर पुं० [सं०] साँप, सर्प।

विषम वि० [सं०] [भाव० विषमता] १. जो समान या बराबर न हो, 'सम' का उलटा। (अनईवन) २. (वह संख्या) जो दो से भाग देने पर पूरी-पूरी न बँट सके, ताक। ३. बहुत कठिन। ४. तीव्र या तेज। ५. भयंकर।

पुं० १. वह वर्णवृत्त जिसके चारों चरणों में अक्षरों की संख्या समान न हो। २. साहित्य में एक अर्थालंकार जिसमें दो विरोधी वस्तुओं का संयोग अथवा उस संयोग का अनौचित्य या विषमता बतलाई जाती है।

विषमछंद पुं० दे० 'विषमवृत्त'।

विषमता स्त्री० [सं०] विषम होने की अवस्था या भाव, असमानता।

विषमय वि० [सं०] १. जिसमें विष मिला हो, विषाक्त। २. जीवन को नष्ट करनेवाला।

विषमवृत्त पुं० [सं०] पिंगल में ऐसा छन्द या वृत्त जिसके सब चरण एक से नहीं होते, वे एक दूसरे से कुछ छोटे या बड़े होते हैं।

विषमशर पुं० [सं०] कामदेव।

विषय पुं० [सं०] १. वह जिसके बारे में कुछ कहा या विचार किया जाए। (सबजेक्ट) २. वे बातें जिनका किसी लेख, ग्रन्थ आदि में विवेचन हो या जिनका विवेचन करना हो, मजमून। (मैटर) ३. स्त्री-सम्भोग। ४. सम्पत्ति। ५. बड़ा प्रदेश या राज्य। ६. वह जिसे इन्द्रियाँ ग्रहण करें, जैसे नेत्र का विषय रूप या कान का विषय शब्द है।

विषयक वि० [सं०] किसी विषय से सम्बन्ध रखनेवाला, सम्बन्धी।

विषयगत वि० [सं० विषय+गत] १. विषय से सम्बद्ध। २. जिसका अस्तित्व मन से बाहर हो, जिसे देखा-परखा तथा सिद्ध किया जा सके। (आब्जेक्टिव)

विषय-निर्धारिणी स्त्री०=विषय-समिति।

विषय-प्रवर्तक पुं० [सं०] गोष्ठी में विषय का प्रवर्तन करनेवाला।

विषय-प्रवर्तन पुं० [सं०] गोष्ठी में, किसी विषय सम्बन्धी समस्याओं को विचारार्थ प्रस्तुत करना।

विषय-प्रवेश पुं० [सं०] ग्रन्थ की भूमिका या उसके विषय का परिचायक कथन।

विषय-समिति स्त्री० [सं०] कुछ विशिष्ट सदस्यों की वह समिति जो किसी महासभा या सम्मेलन में उपस्थित किए जानेवाले विषय या प्रस्ताव आदि निश्चित या प्रस्तुत करती है। (सबजेक्ट कमिटी)

विषयसुख पुं० [सं०] विषयों से प्राप्त होनेवाला सुख।

विषयसूची स्त्री० [सं०] वर्णित विषयों की सूची।

विषयानंद पुं० [सं० विषय+आनंद] विषयों से प्राप्त होनेवाला आनंद, विषयसुख।

विषयानुक्रमणिका स्त्री० [सं०] किसी ग्रन्थ के विषयों के विचार से बनी हुई अनुक्रमणिका, विषयसूची। (इन्डेक्स)

विषयासक्त वि० [सं०] [भाव० विषयासक्ति] १. जो विषय अर्थात् सांसारिक भोग-विलास में आसक्त हो। २. विलासी, विषयी, ऐयाश।

विषयासक्ति स्त्री० [सं० विषय+आसक्ति] [वि० विषयासक्त] १. सांसारिक विषयों अर्थात् भोग-विलास की ओर होनेवाली बहुत अधिक प्रवृत्ति। २. विलासिता, ऐयाशी।

विषयी (-यिन्) पुं० [सं०] १. भोगविलास में आसक्त होनेवाला, विलासी, कामी। २. कामदेव। ३. धनवान।

विषवमन पुं० [सं०] बहुत ही कटु, अप्रिय और लगती हुई बातें कहना, विष या जहर उगलना।

विष विज्ञान पुं० [सं०] वह विज्ञान या विद्या जिसमें इस बात का विवेचन होता है कि भिन्न-भिन्न प्रकार के विष किस प्रकार अपना-अपना काम करते हैं और उनका प्रभाव किस प्रकार दूर किया जा सकता है। (टॉक्सीकॉलोजी)

विषवैद्य पुं० [सं०] वह वैद्य जो विष का प्रभाव दूर करनेवाली चिकित्सा करता हो।

विषव्रण पुं० [सं०] एक प्रकार का बहुत जहरीला फोड़ा जिसके अच्छे हो जाने पर भी रोगी प्राय: अधिक दिन तक नहीं जीता, जहरबाद। (कार्बन्कल)

विषाक्त वि० [सं०] [भाव० विषाक्तता] १. विषयुक्त, जहरीला। (पाएजनस) २. बहुत अधिक दूषित और घातक, जैसे-आज-कल का राजनीतिक वातावरण बहुत विषाक्त हो रहा है।

विषाक्तता स्त्री० [सं०] जहरीलापन।

विषाण पुं० [सं०] १. सींग। २. सुअर का दाँत, खाँग।

विषाणु पुं० [सं०] रोग उत्पन्न करनेवाला कीटाणु।

विषाद पुं० [सं०] [वि० विषण्ण] १. अभिलाषा पूरी न होने पर मन में होनेवाला खेद या दुख जो साहित्य में एक संचारी भाव माना गया है। २. जड़ता, निश्चेष्टता।

विषादग्रस्त वि० [सं० विषाद+ग्रस्त] विवाद से भरा।

विषादन पुं० [सं०] साहित्य में एक अर्थालंकार जिसमें इच्छा या कामना के विरुद्ध विषाद उत्पन्न करनेवाली कोई विपरीत घटना या बात होने का उल्लेख होता है।

विषुव पुं० [सं०] वह समय जब सूर्य के विषुवत् रेखा पर पहुँचने से दिन तथा रात दोनों बराबर होते हैं। (ऐसा वर्ष में दो बार होता है-२२ मार्च तथा २२ सितम्बर को।)

विषुवत् वि० [सं०] बीच का।

विषुवत् रेखा स्त्री० [सं०] वह कल्पित रेखा जो पृथ्वीतल के पूरे मानचित्र पर ठीक बीचोंबीच गणना के लिए पूर्व पश्चिम खींची गई है। (ईक्वेटर)

विष्ठा स्त्री० [सं०] मल, मैला, गुह।

विष्णु पुं० [सं०] हिन्दुओं के एक प्रसिद्ध और प्रमुख देवता जो सृष्टि का पालन करनेवाले तथा जिनके श्रीराम और श्रीकृष्ण अवतार माने जाते हैं।

विष्णुपद पुं० [सं०] २६ मात्राओं का एक छन्द जिसके कई भेद होते हैं।

विष्वक वि० [सं०] १. विश्व-सम्बन्धी, विश्व का। २. सारे विश्व में समान रूप से होने या पाया जानेवाला। (युनिवर्सल) ३. इस जगत से भिन्न, शेष सारे विश्व से सम्बन्ध रखनेवाला, पृथ्वी को छोड़कर सारे आकाश और ब्रह्मांड का। (कॉस्मिक)।

विष्वक किरण स्त्री० [सं०] एक विशिष्ट प्रकार की किरण जो इस पृथ्वी से नहीं, बल्कि आकाश या विश्व के अन्य भागों से आती है। (कॉस्मिक रेज) विशेष :—अभी तक इस बात का पता नहीं चला है कि ये किरणें कहाँ से आती हैं, परन्तु कई पदार्थों और यन्त्रों पर इनका वैद्युत् प्रभाव पड़ता हुआ दिखाई देता है, संभवत: वायुमंडल में वेग से चलनेवाले ऋणात्मक तथा धनात्मक अणुओं से किरणें उत्पन्न होती हैं।

विसंधि स्त्री० [सं०] ऐसी सन्धि जिसमें व्याकरण के नियम का उल्लंघन हुआ है।

विसंवाद पुं० [सं०] [वि० विसंवादी] १. संवाद का अभाव, संवादहीनता। २. छल, धोखा। ३. असहमति। ४. डाँट-फटकार।

विसदृश वि० [सं०] १. विपरीत, उलटा। २. असमान। ३. विलक्षण।

विसम्मति स्त्री० [सं०] ऐसी सम्मति जो बहुमत की सम्मति से भिन्न या विपरीत हो।

विसर्ग पुं० [सं०] १. दान। २. छोड़ना, त्याग। ३. व्याकरण में एक चिह्न जो किसी वर्ण के आगे लगाया जाता है। (इसमें ऊपर नीचे दो विन्दु होते हैं और इसका उच्चारण प्राय: अघोष 'ह' के समान होता है।) ४. मोक्ष। ५. मृत्यु। ६. प्रलय।

विसर्जन पुं० [सं०] [वि० विसर्जित] १. परित्याग करना, छोड़ना। २. छोड़ी या त्यागी हुई वस्तु; जैसे—झाड़ा फिरते हुए भी अपने-अपने विसर्जन पर दिल खोलकर बातें करते...। —चंद्रकिशोर जायसवाल। ४. विदा करना, रवाना करना। ५. किसी कर्मचारी पर कोई दोष या लांछन लगाकर उसे उसके पद से हटाना या अलग करना। (डिस्मिसल) ६. न्यायालय में वाद आदि का रद्द या खारिज होना। (डिस्मिसल)

विसर्पी (-र्पिन्) वि० [सं०] १. तेज चलनेवाला। २. फैलनेवाला।

विसामान्य वि० [सं०] जो सामान्य से कुछ घटकर हो। (सबनार्मल)

विसिख* पुं०=विशिख (वाण)।

विसूचिका स्त्री० [सं०] प्राचीन काल का एक रोग जिसे आज-कल कुछ लोग हैजा मानते हैं।

विस्तर वि० [सं०] १. बड़ा और लम्बा-चौड़ा, विस्तृत। २. बहुत अधिक।

*पुं० दे० 'विस्तार'।

विस्तरण पुं० [सं०] विस्तार करने या बढ़ाने की क्रिया या भाव। (एक्सटेन्शन)

विस्तार पुं० [सं०] १. लम्बाई, चौड़ाई आदि की दृष्टि से फैलाव। २. व्यापार, क्रियाकलाप आदि का क्षेत्र व्यापक किया जाना। ३. समय-सीमा, कार्यकाल आदि का बढ़ाया जाना।

विस्तारण पुं० [सं०] १. विस्तार करना, बढ़ाना। २. फैलाना।

विस्तारना* स०=विस्तार करना।

विस्तारित वि० [सं०] जिसका विस्तार किया गया हो, बढ़ाया हुआ। (एक्सटेंडिड)

विस्तीर्ण वि० [सं०] विस्तृत।

विस्तृत वि० [सं०] [भाव० विस्तार, विस्तृति] १. जिसमें यथेष्ट विस्तार हो, लम्बा-चौड़ा, विस्तारवाला। २. जिसकी चर्चा, व्याख्या या विवरण बहुत विस्तार से हो। ३. दूर तक फैला हुआ या विशाल। (इक्स्टेन्सिव, उक्त सभी अर्थों के लिए)

विस्थापन पुं० [सं० वि+स्थापन] [वि० विस्थापित] १. किसी को अपने स्थान पर स्थापित न रहने देना, 'स्थापन' का विपर्याय। २. किसी स्थान पर बसे हुए लोगों को वहाँ से बलपूर्वक हटा देना, उद्वासन। (डिस्प्लेस्मेन्ट)

विस्थापित वि० [सं० वि+स्थापित] जो अपने स्थान से हटा दिया गया हो। (डिस्प्लेस्ड)

विस्थिति स्त्री० [सं० वि (विकट) स्थिति] १. किसी कार्य या क्रम में उत्पन्न होनेवाली वह विकट स्थिति जिससे कोई बहुत बड़ा उलट-फेर हो सकता हो। २. संकट का समय, कठिन समय। (क्राइसिस)

विस्फारण पुं० [सं०] [वि० विस्फारित] १. खोलना, फैलाना। २. फाड़ना।

विस्फारित वि० [सं०] १. अच्छी तरह से खोला या फैलाया हुआ, जैसे विस्फारित नेत्र। २. फाड़ा हुआ।

विस्फीति स्त्री० [सं० वि+स्फीति] कृत्रिम रूप से फूले हुए पदार्थ या बढ़े हुए मुद्रा के प्रचलन को फिर से पूर्वस्थिति में लाना, 'स्फीति' का उलटा। (डिफ्लेशन)

विस्फोट पुं० [सं०] १. अन्दर की गरमी से बाहर उबल या फूट पड़ना। २. गोले, बारूद आदि के फटने से होनेवाला शब्द। ३. जहरीला और खराब फोड़ा।

विस्फोटक पुं० [सं०] १. जहरीला फोड़ा। २. ऐसा पदार्थ जिसमें विस्फोट हो सकता हो। (एक्सप्लोसिव)
३. शीतला का रोग, चेचक।

विस्फोटकारी वि०=विस्फोटक।

विस्फोटन पुं० [सं०] विस्फोट होने की अवस्था या भाव।

विस्मय पुं० [सं०] [वि० विस्मित] अत्यधिक आश्चर्य।

विस्मयकारक, विस्मयकारी वि० [सं०] विस्मय उत्पन्न करनेवाला, आश्चर्य में डालनेवाला।

विस्मयवर्धक वि० [सं०] विस्मय बढ़ानेवाला।

विस्मयादिबोधक पुं० [सं०] एक प्रकार के अव्यय जो विस्मय, खेद, आश्चर्य आदि प्रकट करनेवाले होते हैं, जैसे—अरे! हाय! हैं! (इंटरजेक्शन)

विस्मरण पुं० [सं०] [वि० विस्मृत] भूल जाना, बिसरना।

विस्मरणीय वि० [सं०] भुला देने योग्य।

विस्मित वि० [सं०] जिसे विस्मय या आश्चर्य हुआ हो, चकित, अचम्भित।

विस्मृत वि० [सं०] भूला हुआ।

विस्मृति स्त्री० [सं०] स्मृति न रह जाना, भूल जाना।

विस्राम* पुं०=विश्राम।

विहंग पुं० [सं०] १. पक्षी, चिड़िया। २. वाण, तीर। ३. मेघ, बादल।
वि० १. आकाश में उड़नेवाला। २. स्वच्छन्द रूप से विचरण करनेवाला।

विहंग-दृष्टि स्त्री० [सं०] १. ऊँचे स्थान से दूर-दूर का दृश्य देखने की शक्ति। २. इस प्रकार दिखाई देनेवाला दृश्य।

विहंगम-दृष्टि पुं०=विहंग-दृष्टि।

विहंगमार्ग पुं० [सं०] सांख्य के अनुसार ऐसी सिद्धि या मोक्ष की प्राप्ति जिससे साधक मृत्यु से पहले अर्थात् इसी जन्म में मोक्ष का-सा सुख भोगने लगता है।

विहँसना* अ०=हँसना।

विहग* पुं० दे० 'विहंग'।

विहरना* अ० [सं० विहरण] १. विहार करना। २. घूमना-फिरना।

विहान पुं० [सं० वि+अह्नि] प्रातःकाल, सवेरा।

विहार पुं० [सं०] १. टहलना, घूमना। २. मनोविनोद और सुख-प्राप्ति के लिए होनेवाली क्रीड़ा। ३. बौद्ध भिक्षुओं या साधुओं के रहने का मठ, संघाराम।

विहारी पुं० [सं०] श्रीकृष्ण।
वि० [स्त्री० विहारिणी] विहार करनेवाला।

विहित वि० [सं०] १. जिसका विधान हुआ या किया गया हो। (प्रेस्क्राइब्ड) २. जिसे विधान या कानून का रूप दिया गया हो, विधान या कानून के रूप में लाया हुआ। (एनैक्टेड) ३. नियमों के अनुसार उचित या ठीक।

विहीन वि० [सं०] [भाव० विहीनता] १. रहित, बिना। २. त्यागा हुआ।

विहून* वि०=विहीन।

विहृत पुं० [सं०] साहित्य में संयोग शृंगार के अन्तर्गत वह अवस्था जिसमें लज्जा के कारण प्रिय पर अपना मनोभाव प्रकट नहीं किया जा सकता। (इसकी गिनती हावों में होती है।)

विह्वल वि० [सं०] [भाव० विह्वलता] व्याकुल, विकल, बेचैन, अधीर।

वीचि स्त्री० [सं०] पानी की लहर, विशेषत: छोटी और हलकी लहर जैसी प्राय: तालाबों, नदियों आदि में उठती हैं, तरंग।

वीछन* पुं० [सं० वीक्षण] १. देखना। २. दृष्टि।

वीज पुं० [सं०] १. मूल कारण। २. शुक्र, वीर्य। ३. तेज। ४. तान्त्रिक मन्त्र। ५. दे० 'बीज'।

वीजगणित पुं० [सं०]=बीजगणित।

वीटक पुं० [सं०] [स्त्री० अल्पा० वीटिका] पान का बीड़ा।

वीटिका स्त्री० [सं० वीटक का स्त्री० अल्पा०] पान का छोटा बीड़ा, बीड़ी।

वीणा स्त्री० [सं०] एक प्रसिद्ध वाद्य जो सब वाद्यों में श्रेष्ठ माना गया है।

वीतराग पुं० [सं०] जिसने सांसारिक वस्तुओं और सुखों के प्रति राग या आसक्ति बिल्कुल छोड़ दी हो।

वीथी स्त्री० [सं०] १. दृश्य काव्य में रूपक का एक भेद जिसमें एक ही अंक और एक ही नायक होता है। २. मार्ग, रास्ता। ३. आकाश में नक्षत्रों के रहने के कुछ विशिष्ट स्थान।

वीप्सा स्त्री० [सं०] [वि० वीप्सित] १. व्याप्त होने की इच्छा या कामना। २. व्याप्ति। ३. शब्दों की वह द्विरुक्ति जो किसी कार्य के लगातार होते रहने की सूचक होती है, जैसे मैं तो बार-बार यही कहता था। ४. साहित्य में एक अलंकार जिसमें आतुरता, आश्चर्य, खिन्नता, प्रसन्नता, बाहुल्य आदि प्रकट करने के लिए किसी शब्द की द्विरुक्ति होती है, जैसे—थक-थक के न बैठेंगे, न मर-मर के जिएँगे।

वीभत्स वि० [सं०] [भाव० वीभत्सता] १. जिसे देखकर घृणा उत्पन्न हो, घृणित। २. क्रूर। ३. पापी।
पुं० साहित्य में नौ रसों में से एक जो रक्त, मांस, हड्डी, चर्बी, मृत शरीर आदि गन्दे पदार्थ देखकर या उनका वर्णन सुनकर मन में होनेवाली अरुचि, ग्लानि या घृणा से उत्पन्न होता है।

वीर पुं० [सं०] [भाव० वीरता] १. बहादुर, बलवान। २. योद्धा, सिपाही। ३. उत्साह या साहस का कोई बड़ा काम करनेवाला। ४. भाई, पति, पुत्र आदि के लिए संबोधन। ५. साहित्य के नौ रसों में से एक जो असहाय या दीन-दुखी का कष्ट दूर करने के लिए मन में होनेवाले उत्साह और साहस से उत्पन्न होता है। ६. पिंगल में एक प्रकार का मात्रिक सवैया जिसके प्रत्येक चरण की पहली और दूसरी आठ मात्राओं पर यति और अन्त में एक गुरु और एक लघु होता है, इसी को लोक में 'आल्हा' कहते हैं।

वीरगति स्त्री० [सं०] युद्ध क्षेत्र में वीरतापूर्वक लड़कर मरने पर प्राप्त होनेवाली गति जो श्रेष्ठ मानी गई है।

वीरचक्र पुं० [सं०] स्वतन्त्र भारत में केन्द्रीय सरकार की ओर से सैनिकों को वीरतापूर्ण कार्य करने पर, दिया जानेवाला एक प्रकार का चक्र या पदक।

वीरपूजा स्त्री० [सं०] वीरों, अर्थात् बड़े-बड़े नायकों और नेताओं का पूरा-पूरा आदर-सम्मान करना और उन्हें देवतुल्य तथा आदर्श मानकर उनके प्रति श्रद्धा-भक्ति प्रकट करना। (हीरोवर्शिप)

वीरमंगल पुं० [देश०] हाथी।

वीरमाता स्त्री० [सं० वीरमातृ] वीर पुत्र उत्पन्न करनेवाली स्त्री, वीर जननी।

वीरसू वि० स्त्री० [सं०] वीरों को उत्पन्न करनेवाली।

वीरान वि० [पहलवी अवीरान (जनहीन) से फा०] (स्थान) जिसमें बस्ती या आबादी न हो, उजाड़।

वीरासन पुं० [सं०] घुटने मोड़कर ऐड़ियों पर बैठने का एक प्रकार का आसन या मुद्रा। (वीरतासूचक)

वीरुध पुं० [सं०] १. लता। २. पौधा।

वीर्य पुं० [सं०] १. शरीर की वह धातु जिससे उसमें बल, तेज और कान्ति आती तथा सन्तान उत्पन्न होती है, शुक्र, रेत, बीज। २. दे० 'रज'। ३. बल, पराक्रम।

वुज़ू पुं० [अ० वुज़ू] नमाज़ के लिए हाथ, पाँव, मुँह आदि धोने की क्रिया।

वुरना अ० [हिं० ओराना का ब्रज रूप] १. ओर या सिरे पर आना। २. समाप्ति पर आना, उदा० देखत वुरै कपूर ज्यौं, उपै जाइ जिन लाल।—बिहारी।

वुराना अ०, स० दे० 'ओराना'।

वृंत पुं० [सं० वृन्त] १. कच्चा और छोटा फल। २. इस प्रकार का वनस्पति का कोई अंग, बौंडी। ३. वह पतला डंठल जिस पर फूल लगा रहता है।

वृंद पुं० [सं०] १. दल, झुंड। २. राशि।

वृंदा स्त्री० [सं०] १. राधा। २. तुलसी।

वृंदारक पुं० [सं०] देवता।

वृंदावन पुं० [सं०] मथुरा के पास का एक प्रसिद्ध तीर्थ जो श्रीकृष्ण चन्द्र का क्रीड़ास्थल माना जाता है।

वृक पुं० [सं०] १. गीदड़। २. भेड़िया। ३. चोर।

वृकोदर पुं० [सं०] १. वह जिसका पेट भेड़िए का हो, अर्थात् जिसकी पाचनशक्ति बहुत अधिक हो। २. भीम।

वृक्ष पुं० [सं०] १. पेड़, दरख्त। २. वृक्ष के समान वह आकृति जिसमें कोई मूल वस्तु और उसकी शाखाएँ आदि दिखाई गई हों, जैसे वंशवृक्ष।

वृक्षायुर्वेद पुं० [सं०] वह शास्त्र जिसमें वृक्षों की चिकित्सा का विवेचन होता है।

वृक्षावलि, वृक्षावली स्त्री० [सं० वृक्ष+आवलि] वृक्षों की पंक्ति।

वृख* पुं०=वृक्ष।

वृज पुं० दे० 'व्रज'।

वृत्त वि० [सं०] १. ढका हुआ, आवृत्त। २. घिरा हुआ।
पुं० १. वृत्तान्त, हाल। २. चरित्र। ३. जीविका का साधन, वृत्ति। ४. वर्णिक छन्द। ५. वह क्षेत्र जो ऐसी रेखा से घिरा हो, जिसका प्रत्येक विन्दु उस क्षेत्र के मध्य विन्दु से समान अन्तर पर हो, गोला, मंडल। (सर्किल) ६. घेरा।

वृत्ताकार वि० [सं०] जिसका आकार वृत्त जैसा हो।

वृत्तखंड पुं० [सं०] वृत्त का अंश, चाप।

वृत्तांत पुं० [सं०] १. समाचार, हाल। २. विवरण।

वृतांश पुं० [सं०] वृत्त या गोलाई का कोई अंश, गोलाई लिए हुए ऐसी रेखा जो पूरा वृत्त न बनाती हो।

वृत्ति स्त्री० [सं०] १. कोई ऐसा काम जिसमें मनुष्य कुशल हो और जिसके द्वारा वह अपना निर्वाह करता हो, जीविका, रोजी, पेशा। (प्रोफेशन) २. किसी दरिद्र या योग्य छात्र को उसके सहायतार्थ दिया जानेवाला धन। (स्टाइपेंड) ३. किसी के भरण-पोषण आदि के लिए दिया जानेवाला धन। (एलाउएन्स) ४. सूत्र आदि की व्याख्या। ५. शब्द-योजना की वह विशेषता जिससे रचना में माधुर्य, ओज, प्रसाद आदि गुण आते हैं, जैसे मधुरा, पुरुषा और प्रौढ़ा आदि। (साहित्य) ६. नाटकों में विषय

के विचार से भारती, सात्वकी, कैशिकी और आरभटी ये चार वर्णन शैलियाँ। ७. दे० 'वृत्यानुप्रास'। ८. व्याकरण में, क्रिया के व्यापार के संबंधों में होनेवाला वक्ता का दृष्टिकोण। विशेष हिंदी क्रियापद के काल के अंतर्गत पक्ष और वृत्ति सम्मिलित मानी जाती है।

वृत्तिक वि० [सं० वृत्ति] १. वृत्ति-सम्बन्धी, वृत्ति का। २. वृत्ति, पेशे या व्यवसाय के रूप में होने या किया जानेवाला, व्यवसायिक। (प्रोफेशनल) ३. व्याकरण में, वृत्ति के रूप में होनेवाला; जैसे-वृत्तिक तत्त्व।

वृत्तिका स्त्री० [सं०] छात्रवृत्ति।

वृत्तिकाग्राही (-हिन्) वि० [सं०] जिसे वृत्तिका मिलती हो।

वृत्यानुप्रास पुं० [सं०] साहित्य में एक शब्दालंकार जिसमें कुछ स्वरयुक्त या स्वररहित व्यंजनवर्ण कई बार आते हैं।

वृत्र पुं० [सं०] १. अन्धेरा। २. मेघ, बादल। ३. असुर, दानव। ४. एक असुर जिसे इन्द्र ने मारा था।

वृत्रासुर पुं० दे० 'वृत्र'।

वृथा वि० [सं०] [भाव० वृथात्व] जिससे कोई मतलब न निकले, व्यर्थ का।

क्रि० वि० बिना मतलब के, व्यर्थ।

वृद्ध पुं० [सं०] [भाव० वृद्धता] १. साठ वर्ष से अधिक अवस्थावाला मनुष्य, बूढ़ा। २. वह जो साधारण की अपेक्षा बड़ा और श्रेष्ठ हो। (एल्डर) ३. बूढ़ों की-सी बातें करनेवाला व्यक्ति। ४. पंडित, विद्वान।

वृद्धा स्त्री० [सं०] बूढ़ी स्त्री, बुढ़िया।

वृद्धायु वि० [सं०] बूढ़ा।

पुं०=बुढ़ापा।

वृद्धावस्था स्त्री० [सं०] १. बुढ़ापा। २. मनुष्यों में साठ वर्ष से अधिक की अवस्था।

वृद्धाश्रम पुं० [सं० वृद्ध+आश्रम] वह आश्रम या भवन जिसमें असहाय या भवन जिसमें असहाय वृद्धों के रहने की व्यवस्था हो।

वृद्धि स्त्री० [सं०] १. 'वृद्ध' होने की क्रिया या भाव। २. बढ़ने की क्रिया, बढ़ती, अधिकता। ३. ब्याज, सूद। (इन्टरेस्ट) ४. वह अशौच जो सन्तान होने पर सगे-सम्बन्धियों को होता है। ५. अभ्युदय, समृद्धि। ६. वेतन में होनेवाली बढ़ोतरी। (इन्क्रीमेन्ट)

वृश्चिक पुं० [सं०] १. बिच्छू। २. बारह राशियों में से आठवीं राशि जिसमें विशाखा नक्षत्र का अन्तिम पाद, पूरा अनुराधा और ज्येष्ठा नक्षत्र हैं। (स्कार्पिओ)

वृष पुं० [सं०] १. गौ जाति का नर, साँड़। २. श्रीकृष्ण। ३. बारह राशियों में से दूसरी राशि। इसमें १४१ तारे हैं और कृत्तिका नक्षत्र के अन्तिम तीन पाद, पूरा रोहिणी नक्षत्र और मृगशिरा नक्षत्र के पहले दो पाद हैं। (टारस) ४. दे० 'वृषभ'।

वृषण पुं० [सं०] १. इन्द्र। २. साँड़ । ३. घोड़ा। ४. अंडकोश, पोता।

वृषभ पुं० [सं०] १. बैल या साँड़। २. चार प्रकार के पुरुषों में से एक जो बहुत समर्थ और श्रेष्ठ कहा गया है। (कामशास्त्र)

वृषल पुं० [सं०] १. शुद्र पत्नी या दासी के गर्भ से उत्पन्न पुरुष। २. शूद्र। ३. दुष्कर्मी, बदचलन।

वृषवाहन पुं० [सं०] शंकर।

वृषेस* पुं० [सं० वृषेश] नंदी।

वृषोत्सर्ग पुं० [सं०] मृत पूर्वज के नाम पर साँड़ को चक्र दाग कर छोड़ना।

वृष्टि स्त्री० [सं०] १. वर्षा। २. बहुत-सी चीजों का एक साथ आकर गिरना, जैसे फूलों की वृष्टि, गोलियों की वृष्टि।

वृष्य वि० [सं०] वीर्य और बल बढ़ानेवाला (पदार्थ)।

वृहत् वि० [सं०] बहुत बड़ा या भारी, अति विस्तृत।

वृहद्रथ पुं० [सं०] इन्द्र।

वृहन्नला स्त्री [सं०] अज्ञातवास के समय राजा विराट के यहाँ सेविका रूप में कार्य करते हुए अर्जुन का नाम।

वे पुं०, सर्व० [हिं० वह] हिं० 'वह' का बहु०।

वेई* वि०=वही।

वेग पुं० [सं०] १. प्रवाह, बहाव। २. मल, मूत्र आदि की शरीर से बाहर निकलने की प्रवृत्ति। ३. जोर, तेजी। ४. शीघ्रता, जल्दी।

वेगधारण पुं० [सं०] मल, मूत्र आदि का वेग या उन्हें निकलने से रोकना।

वेगवती वि० स्त्री० [सं०] तेजगति से चलनेवाली।

वेगवान् वि० [सं०] तेज चलनेवाला।

वेण पुं० [सं०] सूर्यवंशी राजा पृथु के पिता का नाम।

वेणी स्त्री० [सं०] स्त्रियों के सिर के बालों की गूँथी हुई चोटी।

वेणु पुं० [सं०] १. बाँस। २. बाँसुरी।

वेतन पुं० [सं०] १. वह धन जो किसी को कोई काम करते रहने के बदले में निश्चित अवधि पर दिया जाता है, तनख्वाह, महीना। (पे, सैलरी) २. पारिश्रमिक। (वेजेज, रिम्यूनरेशन)

वेतनफलक पुं० [सं०] वह फलक या कागज जिस पर किसी कार्यालय में काम करनेवाले सब कर्मचारियों के किसी मास के वेतन का पूरा विवरण हो और जिस पर वेतन चुकाने के उपरान्त कर्मचारियों से हस्ताक्षर कराए जाते हों।

वेतनभोगी (-गिन्) पुं० [सं०] वेतन लेकर काम करनेवाला, वैतनिक। (पेड)

वेतनमान पुं० [सं०] अवस्था, पद, आदि के विचार से वेतनवृद्धि की तालिका।

वेतनवृद्धि स्त्री० [सं०] वेतन में होनेवाली वृद्धि।

वेताल पुं० [सं०] १. द्वारपाल। २. शिव के गणों में से एक प्रधान गण। ३. एक प्रकार की भूतयोनि।

वेत्ता वि०, पुं० [सं०] जाननेवाला, ज्ञाता।

वेद पुं० [सं०] १. सच्चा और वास्तविक ज्ञान। २. भारतीय आर्यों के सर्वप्रधान और सर्वमान्य धार्मिक ग्रन्थ, श्रुति; ये चार हैं—ऋग्वेद, यजुर्वेद, सामवेद और अथर्ववेद।

वेदन पुं०=वेदना।

वेदना स्त्री० [सं०] उग्र या तीव्र, हार्दिक या मानसिक पीड़ा, व्यथा। (एगोनी)

वेदनाहर वि० [सं०] वह औषधि जिसके फलस्वरूप पीड़ा की अनुभूति समाप्त हो जाती है।

वेदवाक्य पुं० [सं०] ऐसी प्रमाणिक बात जिसमें तर्क की जगह न हो।

वेदव्यास पुं० [सं०] एक महर्षि जिन्होंने वेदों का संकलन किया था।

वेदांग पुं० [सं०] वेदों के ये छह अंग-शिक्षा, कल्प, व्याकरण, निरुक्त, ज्योतिष और छन्दशास्त्र।

वेदांत पुं० [सं०] १. वेदों के अन्तिम भाग (उपनिषद् और आरण्यक आदि) जिनमें आत्मा, ईश्वर, जगत आदि का विवेचन है, ब्रह्मविद्या, अध्यात्म। २. छह दर्शनों में से एक जिसमें पारमार्थिक सत्ता का विवेचन है, अद्वैतवाद।

वेदांती(-तिन्) पुं० [सं०] वेदान्त का अच्छा ज्ञाता।

वेदिका स्त्री० [सं०] १. वह चबूतरा जिसके ऊपर इमारत बनती है, कुरसी। २. दे० 'वेदी'।

वेदी स्त्री० [सं०] १. शुभ या धार्मिक कृत्य के लिए बनाई हुई ऊँची छायादार भूमि। २. विवाह के निमित्त बनाया हुआ मंडप।

वेदोत्तर वि० [सं० वेद+उत्तर] वेदों के बाद का।

वेध पुं० [सं०] १. छेदना, बेधना। २. दूरदर्शक यन्त्रों आदि से ग्रहों, नक्षत्रों, तारों आदि की गतिविधि देखना। (ऑबजरवेशन)

वेधक वि० [सं०] १. वेध करनेवाला। २. छेदनेवाला।

वेधशाला स्त्री० [सं०] वह स्थान जहाँ ग्रहों, नक्षत्रों और तारों का वेध करने के लिए यन्त्र रहते हों। (ऑबजर्वेटरी)

वेधालय पुं०=वेधशाला।

वेधी पुं० दे० 'वेधक'।

वेपथु पुं० [सं०] कँपकपी, कम्प।

वेबसाइट स्त्री० [अं०] इंटरनेट पर उपलब्ध किसी विषय, व्यक्ति, संस्था आदि से संबद्ध सूचनाओं के पन्नों का समूह।

वेला स्त्री० [सं०] १. काल, समय। २. समुद्र की लहर। ३. तट। ४. सीमा।

वेल्लि स्त्री० [सं०] बेल, लता।

वेश पुं० [सं०] १. वस्त्र आदि पहनने का ढंग। २. पहनने के वस्त्र, पोशाक।

वेशभूषा स्त्री० [सं०] किसी देश या भूभाग के लोगों के पहनने के कपड़े और ढंग; जैसे—भारतीय वेशभूषा, युरोपीय वेशभूषा।

वेश्म पुं० [सं०] घर, मकान।

वेश्या स्त्री० [सं०] वह स्त्री जो वेष बनाकर पुरुषों को आकृष्ट तथा नियंत्रित करती हो, रंडी। (प्रॅस्टिच्यूट)

वेश्यालय पुं० [सं०] वह घर जिसमें वेश्याएँ रहकर पेशा करती हों। (ब्रॉथल)

वेश्यावृत्ति स्त्री० [सं०] १. वेश्या बनकर अर्थात् धन लेकर पर-पुरुषों से सम्भोग कराना, कसब कमाना। २. किसी गुण, शक्ति आदि का बहुत ही बुरी तरह से होनेवाला अनुचित और बुरा उपयोग। (प्रॉस्टिच्यूशन)

वेष पुं० [सं०] १. दे० 'वेश' २. रंगमंच में का नेपथ्य।

वेष्टन पुं० [सं०] [वि० वेष्टित, स्त्री० वेष्टनी] १. घेरना या लपेटना। २. कोई चीज लपेटने का कपड़ा, बेठन।

वै[1]* प्रत्य० की तरह युक्त निपात [सं० व] १. भी (शब्दों के अन्त में), जैसे—कछुवै=कुछ भी। २. ही, जैसे—भुतवै=भूत ही।

वै[2]* सर्व० [सं० द्वय] दोनों।
पुं० दे० 'वय'

वैकल्पिक वि० [सं०] १. किसी एक पक्ष में होनेवाला, एकांगी। २. जो अपनी इच्छा के अनुसार चुनकर ग्रहण किया जा सके। (आप्शनल) ३. उन दो या कइयों में से कोई एक, जिसे अपनी इच्छा से ग्रहण किया जा सके। (ऑल्टरनेटिव)

वैकल्य वि० [सं०] विकलता।

वैकुंठ पुं० [सं०] १. विष्णु। २. विष्णु का निवासस्थान या लोक। २. स्वर्ग।

वैक्रम, वैक्रमीय वि० दे० 'विक्रमी'।

वैखरी स्त्री० [सं०] १. स्फोट के चार भेदों में से एक जिसका निवास कंठ-प्रदेश है, वाणी का व्यक्त रूप, व्यक्त और स्पष्ट वाणी। (स्फोट के अन्य तीन भेद हैं—परा, पश्यंती और मध्यमा) २. वाक्‌शक्ति। ३. वाग्देवी।

वैखानस पुं० [सं०] १. वानप्रस्थ आश्रम में रहनेवाला यति। २. कृष्ण यजुर्वेद की चार प्रधान शाखाओं में से एक, जिसमें उक्त प्रकार के यतियों के आचारों, धर्मों आदि का विवेचन है।

वैगन पुं० [अं०] मालगाड़ी का डिब्बा जिसमें भरकर माल बाहर भेजा जाता है।

वैचारिक वि० [सं०] १. विचार-सम्बन्धी। २. न्याय-विभाग और उसके विचार या व्यवहार-दर्शन से सम्बन्ध रखनेवाला, जैसे वैचारिक व्यवहार। (जुडिशल)

वैचारिक अवेक्षा स्त्री० [सं०] किसी विषय में न्याय-विभाग या वैचारिकों के द्वारा होनेवाली अवेक्षा या उस पर दिया जानेवाला ध्यान। (जुडिशिल नोटिस)

वैचारिक गवेषणा स्त्री० [सं०] किसी घटना की वह जाँच जो न्याय-विभाग के किसी उच्च कर्मचारी से, वैचारिक दृष्टि से कराई जाए। (ज्यूडिसल इन्क्वायरी)

वैचिरक मंडल पुं० [सं०] किसी बड़े अभियोग पर विचार करने के लिए विशिष्ट अधिकारियों या न्यायकर्ताओं का बना हुआ वर्ग या मंडल। (ट्रिब्यूनल)

वैचारिक विधि विज्ञान पुं० [सं०] वह विज्ञान या शास्त्र जिसमें व्यवहारों या मुकदमों के विचार से सम्बन्ध रखनेवाले मूल सिद्धान्तों का वर्णन होता है। (लीगल ज्युरिस प्रूडेन्स)

वैचारिकी स्त्री० [सं०] न्याय-विभाग में काम करनेवाले अधिकारियों का वर्ग। (जुडिशिअरी)

वैचित्र्य पुं० दे० 'विचित्रता'।

वैजयंती स्त्री० [सं०] १. पताका, झंडी। २. एक प्रकार की माला जिसमें पाँच रंगों के फूल होते हैं।

वैज्ञानिक पुं० [सं०] विज्ञान-सम्बन्धी खोज या विज्ञान के क्षेत्र में काम करनेवाला, विज्ञान का ज्ञाता, विज्ञानवेत्ता।

विo १. विज्ञान-सम्बन्धी, विज्ञान का। २. विज्ञान के क्षेत्र, प्रक्रिया, सिद्धान्त आदि से सम्बन्ध रखनेवाला।

वैज्ञानिकीकरण पुं० वैज्ञानिक स्वरूप प्रदान करने की क्रिया या भाव।

वैतंडिक पुं० [सं०] वह जो वितंडा या व्यर्थ का झगड़ा करता हो।

वि० वितंडा-सम्बन्धी।

वैतनिक वि० [सं०] वेतन पर काम करने या वेतन पानेवाला, वेतनभोगी। (पेड, सैलरीड)

वैतरणी स्त्री० [सं०] यम के द्वार के पास की एक कल्पित पौराणिक नदी, नरक ले जानेवाली नदी।

वैताल, वैतालिक वि० [सं०] आय, व्यय आदि की व्यवस्था से सम्बन्ध रखनेवाला, वित्त-सम्बन्धी, वित्त का। (फाइनैन्शल)

वैदध्य पुं०=ज्ञान।

वैदर्भी स्त्री० [सं०] काव्य की एक प्रकार की रीति या शैली जिसमें कोमल वर्णों से मधुर रचना की जाती है, इसमें प्राय: अनुस्वारयुक्त शब्द और छोटे समास आते हैं, यह करुणा, शृंगार और हास्य रसों के लिए उपयोगी मानी गई है।

वैदिक पुं० [सं०] १. वेदों का अनुयायी। २. वेदों का पंडित।

वि० वेद-सम्बन्धी, वेद या वेदों का।

वैदूर्य पुं० [सं०] लहसुनिया (रत्न)।

वैदेशिक वि० [सं०] १. विदेश-सम्बन्धी, विदेश का। २. दूसरे देशों या राष्ट्रों से सम्बन्ध रखनेवाला। (फारेन)

वैदेही स्त्री० [सं०] विदेह (राजा जनक) की पुत्री, सीता, जानकी।

वैद्य पुं० [सं०] १. पंडित। २. वैद्यकशास्त्र के अनुसार रोगियों की चिकित्सा करनेवाला चिकित्सक।

वैद्यक पुं० [सं०] वह शास्त्र जिसमें रोगों की पहचान तथा उनकी चिकित्सा आदि का विवेचन होता है, आयुर्वेद।

वैद्युतिक, वैद्युत् वि० [सं०] जिसमें विद्युत या बिजली का संयोग हो, बिजली सम्बन्धी, बिजली का। (इलेक्ट्रिक)

वैद्युतीकरण पुं० [सं०] १. ऐसी व्यवस्था करना जिससे सब काम बिजली से होने लगें। २.बिजली लगाने का काम।

वैध वि० [सं०] १. जो विधि के अनुसार हो। २. जो विधि से अनुमोदित या सम्मत हो। (लीगल)

वैधन पुं० दे० 'वैधीकरण'।

वैधव्य पुं० [सं०] विधवा होने की अवस्था या भाव, रँड़ापा।

वैधानिक वि० [सं०] १. विधान या संघटन के नियमों से सम्बन्ध रखनेवाला। (कांस्टिट्यूशनल) २. जो विधान के रूप में हो। (स्टैट्यूटरी) ३. दे० 'संविधानिक'।

वैधी वि० [सं०] १. विधि के अनुसार होनेवाला। २. प्रयासपूर्वक किया जानेवाला; जैसे-वैधी भक्ति।

वैधीकरण पुं० [सं० वैध+करण] [वि० वैधीकृत] १. विधि या विधान के रूप में लाने की क्रिया या भाव, वैध करना। २. कार्य, लेख्य आदि को ऐसा रूप देना कि वह विधि या कानून की दृष्टि से ठीक या मान्य हो जाए। (वैलिडेशन)

वैधीकृत वि० [सं० वैध+कृत] [भाव० वैधीकरण] १. जो विधि या विधान के रूप में लाया गया हो। २. जो पहले वैध न रहा हो, पर अब वैध कर दिया गया हो। (मेड लॉफुल, वैलिडेटेड)

वैफुल्य पुं० [सं०] विफल या निरर्थक होने का भाव, विफलता। (नल्लिटी)

वैभव पुं० [सं०] १. धन-सम्पत्ति, विभव। २. ऐश्वर्य।

वैभवशाली वि०, पुं० [सं०] वह जिसके पास बहुत धन-सम्पत्ति हो, मालदार, अमीर, सुसम्पन्न।

वैभाषिक वि० [सं०] विभाषा-सम्बन्धी, विभाषा का।

पुं० [सं०] बौद्धों के हीनयान शाखा के दो दार्शनिक सम्प्रदायों में से एक। (दूसरा सम्प्रदाय 'सौत्रान्तिक' कहलाता है।)

वैभिन्य पुं० [सं०] विभिन्नता।

वैमनस्य पुं० [सं०] शत्रुता, दुश्मनी, मनमुटाव।

वैमात्र, वैमात्रेय वि० [सं०] [स्त्री० वैमात्रेयी] विमाता से उत्पन्न, सौतेला।

वैमानिक वि० [सं०] विमान-सम्बन्धी।

पुं० १. वह जो विमान पर सवार हो। २. हवाई जहाज चलानेवाला, विमान चालक। ३. जैन मत के अनुसार स्वर्गलोक में रहनेवाला जीव।

वैयक्तिक वि० [सं०] किसी एक व्यक्ति से सम्बन्ध रखनेवाला, व्यक्तिगत, निजी, 'सामूहिक' का विरुद्धार्थक। (पर्सनल, प्राइवेट)

वैयक्तिकता स्त्री० [सं०] व्यक्ति की प्रकृति तथा चरित्र।

वैया प्रत्य० [सं० वान्] एक प्रत्यय जो कुछ धातुओं के अन्त में लगकर 'करनेवाला' का अर्थ देता है, जैसे चढ़वैया, पढ़वैया आदि।

वैयाकरण पुं० [सं०] व्याकरण का पंडित।

वैयाकरणी पुं०=वैयाकरण।

वैर पुं० [सं०] [भाव० वैरता] शत्रुता।

मुहा० *वैर चुकाना या निकालना*=बदला लेने के लिए शत्रु को हानि पहुँचाना, बदला लेना। *वैर बाँधना*=शत्रुता उत्पन्न करना, दुश्मनी खड़ी करना। *वैर साधना*=वैर चुकाना।

वैरागी पुं० [सं०] १. वह जिसे वैराग्य हुआ हो, विरक्त। २. एक प्रकार के वैष्णव साधु।

वैराग्नि स्त्री० [सं० वैर+अग्नि] वैर रूपी अग्नि।

वैराग्य पुं० [सं०] १. अनित्य के प्रति राग का अभाव। २. सांसारिक कार्यों, सुखभोगों अथवा किसी विशेष बात से होनेवाली विरक्ति।

वैराज्य पुं० [सं०] एक ही देश में दो शासकों का शासन।

वैरी(-रिन्) पुं० [सं०] दुश्मन, शत्रु।

वैलक्षण्य पुं०=विलक्षणता।

वैवर्ण्य पुं० [सं०] १. 'विवर्ण' होने की अवस्था या भाव, विवर्णता। २. साहित्य में मोह, क्रोध, भय आदि से शरीर या चेहरे की रंगत बदल जाना, जो सात्विक अनुभावों के अंतर्गत माना गया है।

वैवस्वत वि० [सं०] सूर्य-संबंधी, सूर्य का।

वैवाहिक वि० [सं०] विवाह-संबंधी।

वैविध्य पुं० [सं०]=विविधता।

वैशाख पुं० [सं०] चैत के बाद और जेठ के पहले का महीना।

वैशाखनंदन पुं० [सं०] गधा।

वैशाली स्त्री० [सं०] बिहार की एक प्राचीन नगरी।

वैशिक पुं० [सं०] वेश्यागामी नायक।

वैशेषणिक वि० [सं०] विशेषण-संबंधी।

वैशेषिक पुं० [सं०] १. महर्षि कणादकृत दर्शन जो छह दर्शनों में से एक है और जिसमें पदार्थों या तत्त्वों का विशेष रूप से विवेचन किया गया है। २. वैशेषिक दर्शन का ज्ञाता या अनुयायी।

वैश्य पुं० [सं०] भारतीय आर्यों के चार वर्णों में से तीसरा वर्ण, जिसके काम कृषि, गोरक्षा और वाणिज्य हैं।

वैश्वानर पुं० [सं०] आग।

वैश्विक वि० [सं०] १. विश्व-संबंधी। २. विश्व में व्याप्त।

वैश्वीकरण पुं० [सं०] भूमंडलीकरण। (दे०)

वैषम्य पुं० [सं०] विषमता।

वैषयिक वि० [सं०] विषय-संबंधी, विषयगत।

वैष्णव पुं० [सं०] [स्त्री० वैष्णवी] १. विष्णु का उपासक और भक्त। २. हिंदुओं का एक प्रसिद्ध विष्णु उपासक संप्रदाय।
वि० विष्णु-संबंधी, विष्णु का।

वैष्णवता स्त्री० [सं०] १. वैष्णव होने की अवस्था या भाव। २. वैष्णव आचारों-व्यवहारों का पालन।

वैष्णवी स्त्री० [सं०] १. विष्णु की शक्ति। २. दुर्गा। ३. गंगा। ४. तुलसी।
वि० वैष्णवों के जैसी, वैष्णव परक।

वैसा वि० [हिं० वह+सा] उस तरह का, उसी तरह का।

वैसे क्रि० वि० [हिं० वैसा] उस तरह। पद *वैसे का वैसा*=पहले जैसा ही जिसमें कुछ भी अन्तर न आया हो। *वैसे तो*=प्रस्तुत को छोड़कर किसी और या दूसरी दिशा में। (अदरवाइज़)

वोद्र* पुं० [सं० उदर] पेट, उदा० जननी वोद्र गर्भ मँह सूता। —कबीर।

वोक* पुं० [?] ओर, तरफ, उदा० सूर श्याम काली उर विरतत आवत ब्रज की वोक। –सूर।

वोट पुं० [अं०] चुनाव में किसी उम्मीदवार के पक्ष में दी जानेवाली राय या मत।

वोट बैंक पुं० [अं०] मतदाताओं का वह समूह जिस पर किसी दल का एकाधिकार हो अथवा जिस पर वह अपना अधिकार समझता हो।

वोटर पुं० [अं०] दे० 'मतदाता'।

वोटिंग स्त्री० [अं०] मतदान।

वोल्ट पुं० [अं०] बिजली की शक्ति मापने की मानक ईकाई।

वोल्टेज पुं० [अं०] वोल्टों में नापी हुई बिजली की शक्ति।

व्यंग वि० [सं०] अंगहीन।

व्यंग्य पुं० [सं०] १. वह उक्ति जिसमें प्रयुक्त शब्द अपने अथ से भिन्न किसी विसंगति, अन्याय, भ्रष्ट आचरण, दुष्टता आदि के संबंध में पाठकों में विरोध, अप्रसन्नता, उपहास आदि उत्पन्न करते हैं। २. साहित्य में ऐसी उक्ति जो शब्दों की व्यंजना-वृत्ति के द्वारा उक्त प्रकार का आशय या अभिप्राय प्रकट करे।

व्यंग्यपूर्ण वि० [सं०] जिसमें व्यंग्य हो व्यंग्य से पूर्ण।

व्यंग्यकार पुं० [सं०] वह साहित्यकार जिसकी आत्माभिव्यक्ति का आधार मुख्य रूप से व्यंग्य हो।

व्यंग्यचित्र पुं० [सं०] किसी व्यक्ति या घटना का वह चित्र जो व्यंग्यपूर्वक उसका उपहास करने के लिए बना हो।

व्यंग्यचित्रकार पुं० [सं०] पेशे से व्यंग्यचित्र बनानेवाला।

व्यंग्यविदग्धा स्त्री० [सं०] साहित्य में नायिका की वह सखी जो व्यंग्यपूर्ण बात कहकर उसे यह जतलाती हो कि मैंने तुम्हारा सब हाल जान लिया है।

व्यंग्यार्थ पुं० [सं०] किसी शब्द या वाक्य का उसके साधारण अर्थ से भिन्न, वह अर्थ जो उसकी व्यंजना-शक्ति से निकलता है, जैसे यदि हम किसी से व्यंग्यपूर्वक कहें—आपने हम पर बहुत कृपा की, तो इसका व्यंग्यार्थ होगा कि आपने हमारे साथ बहुत अनुचित व्यवहार किया।

व्यंग्योक्ति स्त्री० [सं० व्यंग्य+उक्ति] व्यंग्य से भरी उक्ति या कथन।

व्यंजक वि० [सं०] व्यक्त, प्रकट या सूचित करनेवाला।

व्यंजन पुं० [सं०] १. व्यक्त या प्रकट करने अथवा होने की क्रिया या भाव। (एक्सप्रेशन) २. चावल, रोटी आदि के साथ खाए जानेवाले पदार्थ, जैसे तरकारी, साग आदि।

३. पका हुआ भोजन। ४. वह वर्ण जो बिना स्वर की सहायता के न बोला जा सके। (हमारी वर्णमाला में 'क' से 'ह' तक के सब वर्ण व्यंजन हैं।)

व्यंजना स्त्री० [सं०] १. व्यक्त या प्रकट करने की क्रिया या भाव। २. शब्द की वह शक्ति जिससे वाच्यार्थ और लक्ष्यार्थ (अर्थात् अभिधा और लक्षणा-शक्ति से निकलनेवाले अर्थों) के सिवा ध्वनि के रूप में कुछ विशेष अर्थ निकलता है। यह दो प्रकार की मानी गई है—शब्दगत या शाब्दी (दे०) और अर्थगत या आर्थी (दे०)।

व्यंजनात्मक वि० [सं०] [भाव० व्यंजनात्मकता] व्यंजना के रूप में होनेवाला, व्यंजना-प्रधान।

व्यक्त वि० [सं०] [भाव० व्यक्तता] १. जो प्रकट किया या सामने लाया गया हो, जिसका व्यंजन हुआ हो, प्रकट। (एक्सप्रेस्ड) २. साफ, स्पष्ट।

व्यक्ति स्त्री० [सं०] व्यक्त या प्रकट होना।
पुं० १. मनुष्य आदमी। (पर्सन) २. जाति या समूह में से कोई एक। (इंडिविजुअल)

व्यक्तिगत वि० [सं०] किसी व्यक्ति से सम्बन्ध रखनेवाला, वैयक्तिक। (पर्सनल)

व्यक्तिगत विधि स्त्री० [सं०] किसी धर्म के अनुयायिओं की वे नैतिक और सामाजिक रीतियाँ या विधियाँ जिनके अनुसार उनके सब काम होते हैं, निजी धर्मशास्त्र। (पर्सनल लॉ)

व्यक्तित्व पुं० [सं०] १. 'व्यक्ति' का गुण या भाव। २. वे विशेष गुण जिनके द्वारा किसी व्यक्ति की स्पष्ट और स्वतन्त्र सत्ता सूचित होती है। (पर्सनैलिटी)

व्यक्ति व्यंजक पुं० [सं०] ललित निबंधों का एक प्रकार जिसमें व्यक्ति के गुण-दोषों का सरस विवेचन होता है।

व्यक्ति-सत्य पुं० [सं०] ऐसा सत्य जो किसी व्यक्ति की दृष्टि से उपयोगी या श्राध्य हो।

व्यक्ति-सापेक्ष वि० [सं०] [भाव० व्यक्ति-सापेक्षता] व्यक्ति से जुड़ा हुआ।

व्यक्ति-स्वातंत्र्य पुं० [सं०] व्यक्ति को अपने विचारों, कार्यों, सम्बन्धों आदि के प्रसारण, निर्वहण आदि की संविधान प्रदत्त स्वतंत्रता।

व्यग्र वि० [सं०] [भाव० व्यग्रता] १. घबराया हुआ, विकल। २. डरा हुआ, भयभीत। ३. काम में लगा हुआ, व्यस्त।

व्यजन पुं० [सं०] पंखा।

व्यतिकरण पुं० [सं०] १. क्रिया और प्रतिक्रिया के रूप में होना या करना। २. सम्पादन करना। ३. बीच में बाधा के रूप में होना, बाधक होना। (इंटरफियरेन्स) ४. दे० 'हस्तक्षेप'।

व्यतिक्रम पुं० [सं०] १. क्रमभंग, उलट-फेर। (डिसआर्डर) २. बाधा, विघ्न।

व्यतिरिक्त वि० [सं०] फालतू।

व्यतिरेक पुं० [सं०] [वि० व्यतिरेकी] १. अभाव। २. भेद, अन्तर। ३. दो वस्तुओं, विषयों, व्यक्तियों में दिखनेवाला स्पष्ट अंतर। ४. साहित्य में एक अर्थालंकार जिसमें उपमान की अपेक्षा उपमेय में कुछ उत्कर्ष या विशेषता अथवा उपमान में कुछ अपकर्ष या न्यूनता बतलाई जाती है, जैसे रात्रि के समय तुम्हारे मुख के साथ ही चन्द्र भी प्रसन्न हो उठता है। इसके दो प्रकार या भेद माने गए हैं।

व्यतिरेकी वि० [सं० व्यतिरेक] दो वस्तुओं, विषयों या व्यक्तियों में अंतर दिखलाने वाला; जैसे-व्यतिरेकी व्याकरण।

व्यतीत वि० [सं०] बीता हुआ, गत।

व्यतीतना* अ०=बीतना।

व्यतीपात पुं० [सं०] ज्योतिष में एक योग जिसमें शुभ काम करना मना है।

व्यत्यव पुं० दे० 'व्यतिक्रम'।

व्यथा स्त्री० [सं०] [वि० व्यथित] १. तीव्र मानसिक पीड़ा, घोर दुख। २. घोर दुख देनेवाली बात।

व्यथा-कथा स्त्री० [सं०] दुख-भरी कहानी।

व्यथित वि० [सं०] [स्त्री० व्यथिता] १. जिसे किसी प्रकार की व्यथा या कष्ट हो। २. दुखित।

व्यपगत वि० [सं०] १. असावधानी के कारण छूटा या भूला हुआ। २. (अधिकार या मौका) जो ठीक समय पर उपयोग में न आने के कारण हाथ से निकल गया हो, और फिर जल्दी न मिल सकता हो। ३. जो अवधि बीत जाने के कारण अब कार्यकारी न हो। (लैप्स्ड)

व्यपगति स्त्री० [सं०] १. असावधानी के कारण होनेवाली कोई सामान्य या छोटी भूल। २. नियत समय तक किसी अधिकार, प्राधिकार या सुविधा का उपयोग न करने के कारण उसका हाथ से निकल जाना। (लैप्स)

व्यभिचार पुं० [सं०] [कर्ता० व्यभिचारी] १. उचित या ठीक मार्ग से हटकर अनुचित या बुरे मार्ग पर चलना या जाना, अनाचार। २. नियमित मार्ग से हटकर अनियमित मार्ग पर चलना या जाना, अतिचार। ३. बुरा या दूषित आचार, दुश्चरित्रता, बदचलनी। ४. नीतिशास्त्र में किसी पुरुष या स्त्री, विशेषत: विवाहित पुरुष या स्त्री का क्रमात् किसी परस्त्री या परपुरुष के साथ होनेवाला अनुचित लैंगिक सम्बन्ध, अनाचार, छिनाला। (एडल्टरी) ५. तर्कशास्त्र में वह अवस्था जिसमें हेतु तो हो पर उसका साध्य न हो।

व्यभिचारी (-रिन्) वि०, पुं० [सं०] [स्त्री० व्यभिचारिणी] १. दुश्चरित्र। २. परस्त्रीगामी। ३. दे० 'संचारी' (भाव)।

व्यय पुं० [सं०] [वि० व्ययी] १. किसी तत्त्व या वस्तु का इस प्रकार काम में आना कि उसके परिमाण में कुछ कमी या क्षीणता हो, जैसे शक्ति या समय का व्यय। २. कोई काम पूरा करने के लिए पारिश्रमिक, मूल्य आदि के रूप में धन का दिया जाना या लगना, खर्च। (एक्सपेन्डिचर)

३. उतना धन जितना कोई चीज तैयार करने में लगे, परिव्यय, लागत। (कॉस्ट) ४. न रह जाना, नष्ट होना, विनाश।

व्ययसाध्य वि० [सं०] महँगा।

व्यर्थ वि० [सं०] [भाव० व्यर्थता] १. बिना मतलब का, अर्थरहित। २. जिससे कोई लाभ न हो, निरर्थक। ३. कार्य रूप में जिसका कोई लाभ, प्रभाव या फल न हो, विफल। (नल्ल)

क्रि० वि० बिना मतलब के, यों ही।

व्यर्थन पुं० [सं०] पहले की आज्ञा, निर्णय आदि को रद्द करना या न किए हुए के समान करना। (नलिफिकेशन)

व्यर्थीकरण पुं० दे० 'व्यर्थन'।

व्यवच्छेदन पुं० [सं०] १. किसी चीज के सब अंग काटकर अलग-अलग करना। २. वह प्रक्रिया जिसमें मृत शरीर के सभी भीतरी अंगों या अंशों को अलग-अलग करके उनके कार्य, रूप आदि का ज्ञान प्राप्त किया जाता है। (डिस्सेक्शन)

व्यवच्छेदित वि० [सं०] चीरा-फाड़ा हुआ।

व्यवधान पुं० [सं०] १. ओट, परदा। २. प्रगति या बढ़ोतरी के बीच में आनेवाली बाधा। ३. विभाग, खंड। ४. विच्छेद। ५. परदा।

व्यवसाय पुं० [सं०] [वि० व्यावसायिक, कर्ता व्यवसायी] १. जीविका-निर्वाह के लिए किया जानेवाला काम, पेशा, धन्धा। (ऑकुपेशन) २. किसी विशेष पेशे में रहकर उसके द्वारा धन कमाने के लिए उसका कार्य करना, जैसे चिकित्सक का व्यवसाय। (प्रैक्टिस) ३. जीविका, वृत्ति। (प्रोफेशन) ४. रोजगार, व्यापार। ५. काम-धन्धा।

व्यवसायवाद पुं० [सं०] सेवा, धर्म, शिक्षा, चिकित्सा जैसे लोक हितैषी कार्यों को भी व्यवसाय का रूप देन की नीति।

व्यवसायिक पुं० दे० 'व्यावसायिक'।

व्यवसायी (-यिन्) पुं० [सं०] १. वह जो व्यवसाय करता हो। २. व्यापारी, रोजगारी।

व्यवसायीकरण पुं० [सं०] जनसेवा या जनहित के कार्य को अर्थाजन के रूप में अपनाना, व्यवसाय का रूप देना; जैसे शिक्षा का व्यवसायीकरण।

व्यवस्था स्त्री० [सं०] १. शास्त्रों, नियमों आदि के द्वारा निश्चित या निर्धारित किसी कार्य का विधान जो उसके औचित्य का सूचक होता है। (रूलिंग) २. चीजों को सजाकर या ठिकाने से रखना या लगाना। ३. कोई काम ठीक ढंग या उचित प्रकार से करना या उसे पूरा करने का आयोजन करना। (अरेंजमेन्ट) ४. प्रबन्ध, इन्तजाम। (मैनेजमेन्ट) ५. वह अवस्था जिसमें सब काम ठीक तरह से होते हों। (ऑर्डर) ६. सामने आया हुआ काम, कर्तव्य-भाव से पूरा करना। (डिस्पोजल, डिस्पोज़ीशन) ७. धन-सम्पत्ति के बँटवारे, प्रबन्ध आदि से सम्बन्ध रखनेवाली योजना या इन्तजाम, जैसे मरणोत्तर व्यवस्था (वह योजना जिसमें यह बतलाया गया हो कि हमारे मरने के बाद हमारी सम्पत्ति का इस प्रकार बँटवारा या प्रबन्ध हो)। (डिस्पोजीशन) ८. विधान आदि में कोई उद्देश्य सिद्ध करने या किसी बात की गुंजाइश निकालने के लिए किया जानेवाला कोई कार्य या उसके लिए निकाला हुआ रास्ता, निर्देश। (प्रॉविजन)

व्यवस्थापक पुं० [सं०] किसी कारखाने, संस्था आदि को सुचारु रूप से चलाने के लिए सभी प्रकार के प्रबन्ध करनेवाला, प्रबन्धकर्ता। (मैनेजर)

व्यवस्था-पत्र पुं० [सं०] वह पत्र जिसमें किसी विषय की शास्त्रीय व्यवस्था या वैचारिक विधान लिखा हो।

व्यवस्थापन पुं० [सं०] १. व्यवस्था स्थापित करने का काम या भाव। २. व्यवस्था में लगे लोग।

व्यवस्थापिका सभा स्त्री० [सं०] किसी देश के प्रतिनिधियों आदि की वह सभा जो देश के लिए कानून आदि बनाती है। विशेष दे० 'विधानसभा'।

व्यवस्थित वि० [सं०] १. सही जगह और क्रम से रखा या लगाया हुआ। २. जिसमें किसी प्रकार की व्यवस्था या नियम हो, नियमित।

व्यवहार पुं० [सं०] १. कार्य, काम। २. किसी बात को कार्य के रूप में लाना, कार्यान्वित करना। (ऐक्शन) ३. सामाजिक सम्बन्धों में औरों के साथ किया जानेवाला आचरण, बरताव। (कॉन्डक्ट) ४. रुपए-पैसे आदि के लेन-देन का काम, महाजनी। ५. मुकदमा (दीवानी और फौजदारी दोनों)। (केस) ६. किसी मुकदमे से सम्बन्ध रखनेवाली उसकी सारी प्रक्रिया। (लीगल प्रोसीडिंग)

मुहा० *व्यवहार प्रस्तुत करना*=ऐसा कार्य करना जिसमें किसी के विरुद्ध कोई कार्रवाई विशेषतः विधिक कार्रवाई हो सके या व्यवहार चल सके। (टू टेक प्रोसिडिंग्स)

७. बहुत दिनों से चली आई हुई और अब तक चलती हुई प्रथा या परिपाटी। (यूसेज)

व्यवहार-कुशल वि० [सं०] [व्यवहार-कुशलता] १. व्यवहार करने में कुशल। २. युक्ति से अपना काम निकाल लेनेवाला।

व्यवहारतः क्रि० वि० [सं०] १. व्यवहार की दृष्टि से। २. उपयोग के विचार से अथवा व्यवहार के रूप में। (प्रैक्टिकली)

व्यवहार-दर्शन पुं० [सं०] व्यवहारों या वादों (मुकदमों) का विचार और सुनवाई करना। (ट्रायल आफ केसेज़)

व्यवहार-निरीक्षक पुं० [सं०] वह अधिकारी जो छोटे या साधारण मुकदमों में सरकार की ओर से पैरवी करता है। (कोर्ट इन्स्पेक्टर)

व्यवहारवाद पुं० [सं०] १. मनोविज्ञान में यह सिद्धांत कि मनुष्य का व्यवहार बाह्य स्थिति पर आधारित होता है न कि उनकी मान्यताओं या विचारों के आधार पर। २. यह सिद्धांत कि मनुष्य के मन के अध्ययन का आधार उसके

व्यवहार या क्रियाएँ ही होनी चाहिए न कि उसके विचार, भाव या अनुभूतियाँ।

व्यवहारशास्त्र पुं० [सं०] वह शास्त्र जिसमें विधान के निर्णय और अपराधों के दंड का विवेचन होता है, धर्मशास्त्र।

व्यवहारातीत वि० [सं० व्यवहार+अतीत] जो व्यवहार से उठ चुका हो।

व्यवहारात्मक वि० [सं०] व्यवहार के रूप में होनेवाला, व्यवहार-सम्बन्धी।

व्यवहार्य वि० [सं०] १. व्यवहार या काम में आने या लाने के योग्य। २. जिसे क्रियात्मक रूप दिया जा सके। (प्रैक्टिकल) ३. जिसके सम्बन्ध में कोई व्यवहार या विधिक कार्रवाई की जा सकती हो, जैसे व्यावहार्य अपकार। (ऐक्शनेबुल)

व्यवहृत वि० [सं०] [भाव० व्यवहृति] १. व्यवहार या काम में लाया हुआ। २. जिसका व्यवहार या प्रयोग होता या हुआ हो।

व्यष्टि पुं० [सं०] 'समष्टि' का कोई एक स्वतन्त्र और पृथक अंश या सदस्य, 'समष्टि' का विरु०, व्यक्ति। (इंडिविजुअल)

व्यष्टिवाद पुं० [सं०] [वि० व्यष्टिवादी] वह सिद्धान्त जिसमें व्यष्टि की स्वतन्त्र सत्ता और अधिकार माना जाता है। (इंडिविजुअलिज्म)

व्यष्टिवादी पुं० [सं० व्यष्टिवाद] वह जो व्यष्टिवाद का अनुयायी हो। (इंडिविजुअलिस्ट)

वि० व्यष्टिवाद-सम्बन्धी।

व्यसन पुं० [सं०] [वि० व्यसनी] १. किसी काम या बात का शौक। २. कोई बुरा शौक या बुरी लत।

व्यसनी (-निन्) पुं० [सं०] १. वह जिसे कोई काम या बात का व्यसन हो। २. जो नशीले पदार्थों का नियमित रूप से सेवन करता हो।

व्यस्त वि० [सं०] १. किसी कार्य में रत। २. क्रियाओं से भरा, सक्रियतापूर्ण; जैसे व्यस्त जीवन। ३. जो उपयोग में होने से खाली न हो।

व्याकरण पुं० [सं०] [कर्ता० वैयाकरण, वि० व्याकरणिक, व्याकरणीय] १. वह शास्त्र जिसमें किसी भाषा के शब्दों के प्रकारों और प्रयोग के नियमों आदि का निरूपण होता है। (ग्रामर) २. व्याकरण की पुस्तक।

व्याकरणिक, व्याकरणीय वि० [सं०] व्याकरण-सम्बन्धी, व्याकरण का। (ग्रैमेटिकल)

व्याकल्प पुं० [सं०] १. कुछ निश्चित अवधि तक होनेवाले आय-व्यय आदि का पहले से किया जानेवाला अनुमान। २. इस प्रकार अनुमान से तैयार किया हुआ लेखा।

व्याकुल वि० [सं०] [भाव० व्याकुलता] १. घबराया हुआ, विकल, व्यग्र। २. बहुत उत्कंठित।

व्याकुलता स्त्री० [सं०] घबराहट, विकलता, व्यग्रता।

व्याकृत वि० [सं०] १. अलग-अलग किया हुआ, विश्लेषित। २. जिसका स्पष्टीकरण किया गया हो।

व्याकृति स्त्री० [सं०] १. विश्लेषण। २. स्पष्टीकरण, व्याख्या।

व्याख्या स्त्री० [सं०] [वि० व्याख्यात] १. किसी जटिल वाक्य आदि के अर्थ का स्पष्टीकरण, टीका। (एक्सप्लेनेशन) २. किसी वाक्य, कथन आदि का अपनी बुद्धि या अपने दृष्टिकोण से लगाया जानेवाला अर्थ, अर्थापन। (इन्टरप्रेटेशन) ३. किसी विषय का कुछ विस्तार से किया हुआ वर्णन।

व्याख्याकार पुं० [सं०] अर्थ का स्पष्टीकरण करनेवाला, व्याख्या करनेवाला।

व्याख्यात वि० [सं०] जिसकी व्याख्या हुई हो।

व्याख्याता पुं० [सं० व्याख्यातृ] १. व्याख्या करनेवाला। २. व्याख्यान देने या भाषण करनेवाला।

व्याख्यान पुं० [सं०] १. व्याख्या या वर्णन करने का काम। २. वक्तृता, भाषण।

व्याख्यानदाता पुं० [सं०] वह जो व्याख्यान देता हो, भाषण करनेवाला।

व्याख्यापक वि० [सं०] १. व्याख्या करनेवाला। २. जो व्याख्या के रूप में हो। (एक्सप्लेनेटरी)

व्याख्यायन पुं० [सं०] व्याख्या करना।

व्याख्यायक वि० दे० 'व्याख्यापक'।

व्याख्यायित वि० [सं०] १. जिसकी व्याख्या हुई हो। २. व्याख्या के रूप में होनेवाला।

व्याघात पुं० [सं०] १. विघ्न, बाधा। २. मार। ३. किसी के अधिकार या स्वत्व पर होनेवाला आघात या उसमें पड़नेवाली बाधा। (इन्फ्रिन्जमेन्ट) ४. साहित्य में एक अलंकार जिसमें ऐसे परस्पर विरोधी कार्यों, बातों, साधनों आदि का साथ-साथ उल्लेख होता है, जो एक दूसरे का व्याघात करनेवाले या बाधक होते हैं अथवा यह कहा जाता है कि एक उद्देश्य या उपाय से एक ने जो काम किया, उसी उद्देश्य या उपाय से दूसरा उसके ठीक विपरीत काम करता है, जैसे (क) जो फल आपने इतना परिश्रम करके पाया, वह मुझे अनायास मिल गया। (ख) जिस काम से उनकी इतनी बदनामी हुई, वही काम आपका यश बढ़ानेवाला हो गया।

व्याघ्र पुं० [सं०] बाघ।

व्याघ्रचर्म पुं० [सं०] बाघ की खाल।

व्याज पुं० [सं०] १. छल, मिस, बहाना। २. बाधा, बिघ्न। ३. विलम्ब।

पुं० दे० 'ब्याज'।

व्याजनिंदा स्त्री० [सं०] किसी बहाने या ढंग से की जाने-वाली वह निन्दा जो साधारणत: देखने में निन्दा न जान पड़े।

व्याजस्तुति स्त्री० [सं०] १. कुछ खास ढंग से की जानेवाली वह स्तुति जो साधारणत: देखने में स्तुति न जान पड़े। २. साहित्य में एक अलंकार जिसमें इस ढंग से किसी की निन्दा या स्तुति की जाती है कि निन्दा से तो स्तुति का अथवा स्तुति से निन्दा का भाव प्रकट होता है।

व्याजोक्ति स्त्री० [सं०] साहित्य में एक अलंकार, जिसमें कोई भेद या रहस्य खुल जाने पर भी उसे किसी ब्याज या बहाने से छिपाने अर्थात् बात बनाकर कुछ का कुछ समझाने का उल्लेख होता है।

व्याध पुं० [सं०] १. पशु-पक्षियों को मारकर अपनी जीविका चलानेवाला, बहेलिया। २. उक्त काम करनेवाली एक प्राचीन जाति।

व्याधा पुं० दे० 'व्याध'।

स्त्री० दे० 'व्याधि'।

व्याधि स्त्री० [सं०] १. रोग, बीमारी। २. साहित्य में कामवासना, प्रिय के चिन्तन, वियोग या विरह आदि के कारण अस्वस्थ या रुग्ण होना जो (क) एक संचारी भाव और (ख) पूर्वराग की दस दशाओं में से एक माना गया है। ३. विपत्ति, आफत। ४. झंझट, बखेड़ा।

व्यापक वि० [सं०] [भाव० व्यापकता] १. चारों ओर फैला हुआ। २. भरा या छाया हुआ। ३. घेरने या ढकनेवाला। ४. जो अपने क्षेत्र में या उसके चारों ओर दूर-दूर तक फैला हो या प्रभाव डालता हो, जिसके पेटे में बहुत-सी बातें आती हों। (कॉम्प्रिहेन्सिव) ५. साधारणतः किसी क्षेत्र की सब बातों से सम्बन्ध रखनेवाला, जैसे व्यापक निर्देश। (जनरल)

व्यापकता स्त्री० [सं०] १. व्यापक होने की अवस्था या भाव। २. प्रसार-प्रचार।

व्यापन पुं० [सं०] व्याप्त होना, फैलना।

व्यापना* अ० [सं० व्यापन] किसी चीज के अन्दर व्याप्त होना या फैलना।

व्यापार पुं० [सं०] १. कार्य, काम। २. क्रियात्मक रूप धारण करने का भाव, काम करना। (ऑपरेशन) ३. वह जो आचरण, व्यवहार, प्रयोग आदि के रूप में किया जाए, जैसे जीवन व्यापार। (कॉन्डक्ट) ४. चीजें खरीदकर बेचने का काम, रोजगार। (ट्रेड, बिजनेस)

व्यापार-चिह्न पुं० [सं०] वह विशेष चिह्न जो व्यापारी अपने माल पर, उसे दूसरे व्यापारियों के माल से पृथक् सूचित करने के लिए अंकित करते हैं। (ट्रेडमार्क)

व्यापारिक वि० [सं०] [भाव० व्यापारिकता] व्यापार-सम्बन्धी, रोजगार का, जैसे व्यापारिक सम्बन्ध, व्यापारिक समझौता।

व्यापारी[1] पुं० [सं० व्यापारिन्] व्यवसाय, व्यापार या रोजगार करनेवाला, रोजगारी। (डीलर, ट्रेडर)

व्यापारी[2] वि० [सं० व्यापार+हिं० ई (प्रत्य०)] व्यापार सम्बन्धी, व्यापार का, व्यापारिक।

व्यापारी वर्ग प्र० व्यापार करनेवाले लोगों का अर्थ।

व्यापारेतर वि० [सं०] व्यापार से भिन्न या अलग।

व्यापी (-पिन्) वि० [सं०] व्याप्त होने या चारों ओर फैलनेवाला (यौगिक के अन्त में जैसे संसारव्यापी महायुद्ध)।

व्यापृत वि० [सं०] १. व्यस्त, रत। २. नियोजित।

व्याप्त वि० [सं०] १. किसी वस्तु या स्थान के अंगों या भागों में भरा, फैला या छाया हुआ। २. सीमा में या उसके अन्तर्गत लाया हुआ।

व्याप्ति स्त्री० [सं०] १. किसी वस्तु या स्थान के सब अंगों या भागों में फैले हुए या व्याप्त होने की अवस्था, क्रिया या भाव। (परवेजन) २. साधारणतः सभी अवस्थाओं में व्याप्त होने का भाव। (जेनैरलिटी) ३. न्यायशास्त्र में किसी एक पदार्थ में दूसरे पदार्थ का आंशिक या पूर्ण रूप से मिला या फैला हुआ होना।

व्यामोह पुं० [सं०] [वि० व्यामोहक, व्यामोही] १. अज्ञान। २. मोह। ३. विपत्ति या घबराहट में पड़कर यह न समझ सकना कि क्या करना चाहिए।

व्यायाम पुं० [सं०] नियमित रूप से की जानेवाली वह क्रिया या श्रम जिससे शरीर (या मन) सक्रिय, सबल तथा स्वस्थ हो, कसरत। (एक्सरसाइज़)

व्यायोग पुं० [सं०] रूपक या दृश्यकाव्य का एक प्रकार या भेद जो एक अंक का होता है और जिसकी कथा ऐतिहासिक या पौराणिक होती है।

व्याल पुं० [सं०] [स्त्री० व्याली] १. साँप। २. बाघ। ३. राजा। ४. विष्णु।

व्यालक पुं० [सं०] दुष्ट या हत्यारा हाथी।

व्यालसूदन पुं० [सं०] साँपों को खानेवाला, गरुड़।

व्यालाद पुं० [सं०] साँप खानेवाला, गरुड़।

व्यालू पुं० दे० 'ब्यालू'।

व्यावर्तक वि० [सं०] १. चारों ओर से घेरनेवाला। २. बाँधने या बाधा डालनेवाला, बाधक। ३. पीछे की ओर लौटाने या हटानेवाला। ४. अन्तर या भेद सूचित करनेवाला।

व्यावर्तन पुं० [सं०] १. चारों ओर से घेरना। २. पीछे की ओर लौटाना या मोड़ना। ३. चारों ओर की स्थिति, परिस्थिति। ४. चक्कर लगाना, घूमना। ५. बराबर होता रहनेवाला परिवर्तन, उदा० नित्य का यह अनित्य नर्तन, विवर्तन जग, जग व्यावर्तन।—पंत। ६. अन्तर, भिन्नता, भेद।

व्यावसायिक वि० [सं०] [भाव० व्यावसायिकता] व्यवसाय से संबद्ध, व्यवसाय-संबंधी; जैसे व्यावसायिक शिक्षा।

व्यावसायिक वि० [सं०] १. व्यवसाय-संबंधी। २. व्यवसाय समझकर जिसके प्रचार-प्रसार में लगा जाए; जैसे-व्यावसायिक।

व्यावसायिकता स्त्री० [सं०] १. व्यावसायिक होने की अवस्था या भाव। २. किसी कार्य को व्यवसाय समझकर करने की नीति या भाव। ३. आर्थिक लाभ को ध्यान में रखकर काम करने की प्रवृत्ति।

व्यावसायिक बुद्धि स्त्री० [सं०] कुशलतापूर्वक व्यवसाय चलाने की योग्यता।

व्यावहारिक वि० [सं०] १. व्यवहार या बरताव-सम्बन्धी। २. जो व्यवहार में आ सकता या आता हो। ३. कार्य के रूप में होनेवाला, क्रियात्मक। (प्रैक्टिकल) ४. व्यवहार

(दीवानी और फौजदारी दोनों प्रकार के) या मुकद्दमों अथवा उनके अधिक्षेत्र से सम्बन्ध रखनेवाला। (लीगल)

व्यावृत वि० [सं०] १. चारों ओर से घिरा हुआ। २. घेरे में आया हुआ।

व्यासंग पुं० [सं०] १. आसक्ति। २. व्यसन।

व्यास[1] पुं० [सं०] १. कृष्ण द्वैपायन, जिन्होंने वेदों का संग्रह और सम्पादन किया था और जो पुराणों के रचयिता माने जाते हैं। २. वह जो पुराणों आदि की कथाएँ सुनाता हो, कथावाचक। ३. वह सीधी रेखा जो किसी वृत्त के गोल क्षेत्र के बीचोंबीच होती हुई गई हो और जिसके दोनों सिरे वृत्त की परिधि से मिले हों। ४. विस्तार, फैलाव।

व्यास[2] स्त्री० [सं० विपासा] पंजाब की एक प्रसिद्ध नदी।

व्यासार्द्ध पुं० [सं०] किसी वृत्त के व्यास का आधा भाग। (रेडिअस्)

व्यासिद्ध वि० [सं०] [भाव० व्यासिद्धि, व्यासेध] किसी विशेष कार्य, पद, व्यक्ति आदि के लिए मुख्य रूप से अलग या सुरक्षित किया हुआ, आरक्षित। (रिजर्वड)

व्यासेध पुं० [सं०] किसी विशिष्ट व्यक्ति, पद, कार्य आदि के लिए मुख्य रूप से अलग करने या सुरक्षित रखने की क्रिया या भाव, आरक्षण। (रिजर्वेशन)

व्याहत वि० [सं०] १. मना किया हुआ, वर्जित। २. बुरा, निषिद्ध। ३. व्यर्थ। ४. परस्पर-विरोधी।
पुं० साहित्य में उक्ति या कथन का एक प्रकार का दोष जो उस समय माना जाता है जब एक साथ दो परस्पर-विरोधी बातें कही जाती हैं, जैसे चन्द्रमुखी का मुख चन्द्रमा के समान नहीं हो सकता। (तर्कशास्त्र का वदतो व्याघात दोष इसी के अन्तर्गत आता है।)

व्याहृति स्त्री० [सं०] १. कथन, उक्ति। २. भूः, भुवः और स्वः इन तीनों का मन्त्र।

व्युत्पत्ति स्त्री० [सं०] १. उद्‌गम या उत्पत्ति का स्थान। २. शब्द का वह मूल रूप जिससे वह निकला या बना हो। (डेरिवेशन) ३. शास्त्रों आदि का अच्छा ज्ञान।

व्युत्पन्न वि० [सं०] [भाव० व्युत्पन्नता] १. जिसकी किसी से व्युत्पत्ति हुई हो। २. जिसे किसी शास्त्र या विषय का अच्छा ज्ञान हो, किसी विद्या या कला या किसी शास्त्र का अच्छा ज्ञाता या पंडित।

व्युत्पादक वि० [सं०] जो व्युत्पन्न करे या व्युत्पन्न करने में सहायक हो; जैसे 'ता' व्युत्पादन प्रत्यय है।

व्युत्पादन पुं० [सं०] व्युत्पन्न करने की क्रिया या भाव।

व्यूह पुं० [सं०] १. समूह, झुंड। २. निर्माण, रचना। ३. शरीर। ४. सेना। ५. युद्ध में सैनिकों आदि या सेना की स्थापना का विशेष प्रकार, विन्यास।

व्योम पुं० [सं० व्योमन्] १. आकाश, आसमान। (स्काई, स्पेस) २. आकाश में व्याप्त वह पारदर्शी तत्त्व जिसमें से होकर सूर्य की किरणें पृथ्वी तक पहुँचती हैं, आकाश। (ईथर)

व्योमकेश पुं० [सं०] महादेव।

व्योमचारी(-रिन्) पुं० [सं०] १. जो आकाश में विचरण करता हो। २. देवता। ३. पक्षी, चिड़िया।

व्योमयान पुं० [सं०] हवाई जहाज, विमान।

व्रच्छ* पुं०=वृक्ष।

व्रज पुं० [सं०] १. जाना या चलना। २. समूह। ३. मथुरा और वृन्दावन के आस-पास का क्षेत्र और श्रीकृष्ण की लीलाभूमि।

व्रजन पुं० [सं०] १. चलना, गमन। २. पाप।

व्रजप पुं० [सं०] व्रज का राजा।

व्रजपागना स्त्री० [सं०] व्रजप की पत्नी, व्रज की रानी।

व्रजभाषा स्त्री० [सं०] मथुरा, आगरा आदि में बोली जानेवाली एक प्रसिद्ध भाषा जिसमें सूर, तुलसी, बिहारी आदि कवियों के अनेक ग्रन्थ-रत्न हैं।

व्रजमंडल पुं० [सं०] व्रज और उसके आस-पास का प्रदेश।

व्रजराज पुं० [सं०] श्रीकृष्ण।

व्रजांगना स्त्री० [सं०] १. ब्रज की स्त्री। २. गोपी।

व्रजेश पुं० [सं०] श्रीकृष्ण।

व्रण पुं० [सं०] [वि० व्रणित] १. फोड़ा। २. शरीर में प्राकृतिक कारणों से उत्पन्न होनेवाला घाव। (सोर या अल्सर)

व्रणित वि० [सं०] १. व्रण से सम्बन्ध रखनेवाला। २. (अंग) जिसमें व्रण हो।

व्रत पुं० [सं०] [वि० व्रती, व्रतिक] १. भोजन न करना। २. पुण्य या धार्मिक अनुष्ठान के लिए नियमपूर्वक उपवास करना। ३. संकल्प या प्रतिज्ञा।

व्रतधारी वि० [सं० व्रत+धारिन्] जिसने व्रत धारण किया हो, व्रत लेनेवाला।

व्रतशील वि० [सं० व्रत+शील] [भाव० व्रतशीलता] १. लिए हुए व्रत या संकल्प पर दृढ़ बना रहनेवाला, सच्चा व्रतधारी। २. निश्चय से पीछे न हटनेवाला।

व्रतिक वि० [सं०] व्रत-सम्बन्धी, व्रत का।

व्रती पुं० [सं० व्रतिन्] वह जिसने कोई व्रत धारण किया हो। २. यजमान। ३. ब्रह्मचारी।

व्राचड़ स्त्री० [अप०] अपभ्रंश भाषा का एक भेद जो सिन्ध में प्रचलित था।

व्रात पुं० [सं०] १. शरीर से किया जानेवाला परिश्रम, शारीरिक श्रम। (मैनुअल लेबर) २. मनुष्य, आदमी। ३. झुंड, दल। ४. समूह, राशि।

व्रात्य पुं० [सं०] १. वह जिसके दस संस्कार न हुए हों। २. यज्ञोपवीत संस्कार से हीन या रहित। ३. वर्णसंकर।

व्रीड़न पुं० [सं०] १. लज्जित करना या होना। २. लज्जा, शर्म।

व्रीड़ा स्त्री० [सं०] लज्जा, लाज। (साहित्य में एक संचारी भाव)

व्रीहि पुं० [सं०] १. धान। २. चावल।

श

श नागरी वर्णमाला में तीसवाँ व्यंजन वर्ण जिसका उच्चारण स्थान तालु है।

शंक पुं० [सं०] १. डर, भय। २. शंका।

शंकना* अ० [सं० शंका] १. शंका या सन्देह करना। २. डरना।

शंकर वि० [सं०] मंगलकारक, शुभ।

पुं० १. शिव। २. दे० 'शंकराचार्य'। ३. दे० 'शंकरा' (राग) ४. विष्णुपद नामक छन्द का एक भेद।

पुं० दे० 'संकर'।

शंकरा पुं० [सं० शंकर] ओड़व-षाड़व जाति का एक राग जो रात के दूसरे पहर में गाया जाता है।

शंकरी स्त्री० [सं०] पार्वती।

शंका स्त्री० [सं०] १. अनिष्ट या भय, डर, खटका। २. अपने किसी अनुचित व्यवहार के कारण मन में उठनेवाला यह भाव कि इससे कहीं कोई अनिष्ट न हो जाए। (साहित्य में यह एक संचारी भाव माना गया है।) ३. सन्देह, संशय, शक। (डाउट)

शंकाकुल वि० [सं०] शंका से व्याकुल।

शंकालु वि० [सं०] शंका करनेवाला।

शंकित वि० [सं०] [स्त्री० शंकिता] १. जिसे शंका हुई हो। २. डरा हुआ।

शंकु पुं० [सं०] १. मेख, कील। २. खूँटी। ३. भाला, बरछा। ४. वह खूँटी जिससे प्राचीन काल में सूर्य या दीए की छाया नापी जाती थी। ५. मोटी सींक।

शंख पुं० [सं०] १. एक प्रकार का बड़ा घोंघा जिसका कोष बहुत पवित्र माना जाता है और देवताओं के आगे बजाया जाता है, कंबु।

मुहा० *शंख पूरना*=शंख में मुँह से हवा भरकर बजाना।

२. सौ पदम की संख्या जो अठारहवें स्थान पर पड़ती है।

शंखचूड़ पुं० [सं०] एक प्रकार का बहुत जहरीला साँप।

शंखासुर पुं० [सं०] एक दैत्य जो ब्रह्मा के वेद चुराकर समुद्र में जा छिपा था और जिसे विष्णु ने मत्स्यावतार धारण करके मारा था।

शंखिनी स्त्री० [सं०] १. एक प्रकार की वनौषधि। २. कामशास्त्र में स्त्रियों के पद्मिनी आदि चार भेदों में से एक जो दुबली पतली, छोटे स्तनोंवाली, कुछ निर्लज्ज और क्रोधी स्वभाव की कही गई है।

शंड पुं० दे० 'षंड'।

शंपा स्त्री० [सं० शम्पा] १. विद्युत, बिजली। २. कमर, कटि।

शंबर[1] पुं० [सं० शंबरः] १. एक राक्षस जिसे प्रद्युम्न ने मारा था। २. पर्वत, पहाड़। ३. एक प्रकार का हिरन। ४. युद्ध, लड़ाई। ५. इन्द्रजाल, जादू।

शंबर[2] पुं० [सं० शंबरः] १. जल, पानी। २. बादल, मेघ। ३. धन, सम्पत्ति।

शंबरारि पुं० [सं०] १. प्रद्युम्न, जिन्होंने शम्बर नामक राक्षस को मारा था। २. कामदेव।

शंबुक पुं० [सं०] घोंघा।

शंभु पुं० [सं०] शिव, महादेव, पशुपति।

शंसिका स्त्री० [सं० शंसा] किसी व्यक्ति या घटना के संबंध में आलोचना के रूप में प्रकट किया हुआ संक्षिप्त विचार, उपकथन, टिप्पणी। (रिमार्क)

शऊर पुं० [अ०] १. अच्छी तरह काम करने की योग्यता या ढंग। २. बुद्धि, समझ।

शक[1] पुं० [सं०] १. एक प्राचीन अनार्य जाति जो शक द्वीप की रहनेवाली थी और म्लेच्छों में गिनी जाती थी। २. शकाब्द।

शक[2] पुं० [अ०] [वि० शक्की] शंका, सन्देह।

शकट पुं० [सं०] १. रथ। २. बैलगाड़ी, छकड़ा।

शकर स्त्री० दे० 'शक्कर'।

शकरकंद पुं० [हिं० शकर+सं० कंद] एक प्रकार का प्रसिद्ध कन्द।

शकरपारा पुं० [फा० शकरपारः] १. एक प्रकार का फल। २. एक प्रकार की छोटी चौकोर मिठाई। ३. इस आकार की चौकोर सिलाई जो रुईदार कपड़ों में होती है। ४. सुन्दर अंगोंवाली प्रेयसी।

शकल[1] स्त्री० [अ० शक्ल] १. मुख की आकृति, चेहरा, स्वरूप। २. मुख का भाव, चेष्टा। ३. बनावट, गढ़न। ४. (काम करने का) उपाय, ढंग, रास्ता।

शकल[2] पुं० [सं०] १. चमड़ा। २. छाल। ३. अंश, खंड, टुकड़ा।

शकाब्द पुं० [सं०] राजा शालिवाहन का चलाया हुआ शक संवत् जो सन् ई० के ७८ वर्ष पश्चात् आरम्भ हुआ था।

शकुंत पुं० [सं०] पक्षी, चिड़िया।

शकुन पुं० [सं०] १. किसी विशेष कार्य के आरम्भ में दिखाई देवेवाले शुभ या अशुभ लक्षण, सगुन। २. शुभ मुहूर्त। ३. शुभ मुहूर्त में होनेवाला कार्य।

शकुनि पुं० [सं०] १. दुर्योधन के मामा का नाम। २. खलनायक की भूमिका निभानेवाला व्यक्ति; षड्यंत्रकारी व्यक्ति।

पद *राजनीति के शकुनि*=षड्यंत्रकारी।

शक्कर स्त्री० [सं० शर्करा, फा० शकर] १. चीनी। २. कच्ची चीनी, खाँड़।

शक्की वि० [अ० शक+ई (प्रत्य०)] हर बात में शक या सन्देह करनेवाला।

शक्त पुं० [सं०] समर्थ या शक्तिवान।

शक्ति स्त्री० [सं०] [वि० शाक्त] १. कोई ऐसा तत्त्व जो कोई कार्य करता, कराता अथवा क्रियात्मक रूप में अपना प्रभाव दिखलाता हो, बल, ताकत। (एनर्जी) २. कोई ऐसा तत्त्व जो निश्चित रूप से और बलपूर्वक किसी से कोई काम करा सकता हो, बल। (फोर्स) ३. वे साधन या तत्त्व जिनसे कोई कार्य या अभीष्ट सिद्ध होता हो, जैसे सैनिक या आर्थिक शक्ति। ४. बड़ा और पराक्रमी राज्य जिसमें यथेष्ट धन और सेना आदि हो। (पॉवर) ५. वह सम्बन्ध जो शब्द और उसके अर्थ में होता है। ६. प्रकृति, माया। ७. किसी पीठ की अधिष्ठात्री देवी, जिसकी उपासना करनेवाले शाक्त कहलाते हैं। (तन्त्र) ८. दुर्गा। ९. एक प्रकार का शस्त्र, साँग। १०. अठारह मात्राओं का एक छन्द।

शक्तिपुंज वि० [सं०] शक्तिमान।

शक्तिबाण पुं० [सं०] वह बाण जिसे मेघनाथ ने लक्ष्मण को मारा था।

शक्तिमत्ता स्त्री० [सं०] शक्तिमान होने का भाव, ताकत।

शक्तिवान, शक्तिवान् वि० [सं०] [स्त्री० शक्तिमती] बलवान, बलिष्ठ, ताकतवर।

शक्तिशाली(-लिन्) वि० [सं०] [स्त्री० शक्तिशालिनी] बलवान, ताकतवर, पराक्रमी।

शक्तिशील वि० [स्त्री० शक्तिशीला] दे० 'शक्तिशाली'।

शक्ति-संतुलन पुं० [सं०] राजनीति में विभिन्न वर्गों के पास समान शक्ति या अधिकारों का होना।

शक्ति-स्त्रोत पुं० [सं०] १. वह स्थान जिससे शक्ति निसृत हो, बिजली घर। २. शक्तिशाली व्यक्ति।

शक्य वि० [सं०] [भाव० शक्यता] क्रियात्मक रूप में हो सकने के योग्य, सम्भव।

शक्यता स्त्री० [सं०] 'शक्य' होने की क्रिया या भाव। (पोटेन्शियालिटी)

शक्र पुं० [सं०] इन्द्र।

शक्रचाप पुं० [सं०] इन्द्रधनुष।

शक्रारि पुं० [सं०] इन्द्र का शत्रु, मेघनाद, इन्द्रजीत।

शक्ल स्त्री० दे० 'शकल'।

शख्स पुं० [अ०] व्यक्ति, जन।

शख्सी वि० [अ०] व्यक्तिगत।

शख्सीयत स्त्री० [अ०] व्यक्तित्व।

शगल पुं० [अ० शग़्ल] १. व्यापार, काम-धन्धा। २. मनोविनोद।

शगुन पुं० [सं०, फा० शगून] १. दे० 'शकुन'। २. विवाह की बात-चीत पक्की होने की रसम, तिलक, टीका।

शगुनियाँ पुं० [हिं० शगुन] शकुन का विचार करनेवाला साधारण ज्योतिषी।

शगूफा पुं० [फा० शिगूफ़ः] १. कली। २. फूल। ३. कोई नई और विलक्षण घटना या बात जो विवाद का रूप ले सकती हो।

शची स्त्री० [सं०] इन्द्र की पत्नी, इन्द्राणी।

शजरा पुं० [अ० शज्रः] १. वंशवृक्ष। २. पटवारी का बनाया हुआ खेत का नकशा।

शटर पुं० [अं०] लोहे का दरवाजा जो खुलने पर इकट्ठा हो जाता है।

शटा स्त्री० [सं०] १. सिर के बालों की जटा। २. वृक्षों की जड़।

शठ वि० [सं०] [भाव० शठता] १. धूर्त, चालाक। २. लुच्चा, बदमाश। ३. मूर्ख। ४. दुष्ट, पाजी, नीच।
पुं० साहित्य में वह नायक जो बातें बनाकर अपराध छिपाने में और अपना काम निकालने में धूर्त तथा निर्लज्ज हो।

शत वि० [सं०] सौ, सैकड़ा।

शतक पुं० [सं०] [स्त्री० शतिका] १. एक ही तरह की सौ वस्तुओं का समूह या संग्रह। २. शताब्दी। ३. क्रिकेट के खेल में किसी खिलाड़ी द्वारा किसी पारी में बनाए हुए सौ रन। (सेन्चुरी)

शतकुंडी स्त्री० [सं० शतकुंड] वह महायज्ञ जिसमें सौ कुंडों में एक साथ यज्ञ होता है।

शतक्रतु पुं० [सं०] वह जिसने सौ यज्ञ किए हों, इन्द्र।

शतघ्नी स्त्री० [सं०] एक प्रकार का प्राचीन शस्त्र।

शतदल पुं० [सं०] कमल।

शतधा क्रि० वि० [सं०] १. सैकड़ों बार। २. सैकड़ों प्रकार से। ३. सैकड़ों टुकड़ों में।

शतपति पुं० [सं०] वह जिसकी आयु सौ वर्ष की हो।

शतपत्र पुं० [सं०] शतदल, कमल।

शत-प्रतिशत क्रि०वि० पूर्ण रूप से, सौ प्रतिशत।
वि० सौ में से सौ।

शतरंज स्त्री० [फा०, मि० सं० चतुरंग] एक प्रकार का प्रसिद्ध खेल जो बत्तीस गोटियों से खेला जाता है।

शतरंजी स्त्री० [फा०] रंग-बिरंगे सूतों से बनी हुई दरी या मोटा बिछावन।

शतशः क्रि० वि० [सं०] सैंकड़ों प्रकार से, बहुत तरह से।

शतांश पुं० [सं०] सौ हिस्सों में से एक, १००वाँ भाग।

शताधिक वि० [सं०] सौ से अधिक।

शताब्दी स्त्री० [सं०] सौ वर्षों का विशेषतः किसी सन्, संवत् की किसी इकाई से सैकड़े तक का समय, शती, शतक।

शतायु वि० [सं० शतायुस्] सौ वर्ष की आयुवाला।

शतावधान पुं० [सं०] [वि० शतावधानी] वह जो एक साथ बहुत सी बातें सुनकर उन्हें ठीक क्रम से याद रख सकता और बहुत से काम एक साथ कर सकता हो।

शती स्त्री० [सं० शतिन्] १. सौ का समूह, सैकड़ा। २. शताब्दी। (सेन्चुरी)

शत्रु पुं० [सं०] वैरी, दुश्मन।

शत्रुता स्त्री० [सं०] दुश्मनी, वैर।

शनाख्त स्त्री० [फा०] किसी व्यक्ति या वस्तु को देखकर पहचानने की क्रिया या भाव, विभावन, पहचान।

शनि पुं० [सं०] सौर जगत का सातवाँ ग्रह जो फलित ज्योतिष में अशुभ और कष्टदायक माना जाता है।

शनिवार पुं० [सं०] शुक्रवार के बाद और रविवार के पहले का वार या दिन।

शनिश्चर पुं० दे० 'शनि'।

शनैः क्रि० वि० [सं०] धीरे, आहिस्ता।

शनैश्चर पुं० दे० 'शनि'।

शपथ स्त्री० [सं०] १. कसम, सौगन्ध। (ओथ) २. दृढ़ कथन, प्रतिज्ञा, संकल्प।

शपथग्रहण पुं० [सं०] किसी पद को ग्रहण करते समय ली जानेवाली शपथ।

शपथग्रहण-समारोह पुं० [सं०] शपथग्रहण के समय होनेवाला समारोह।

शपथपत्र पुं० [सं०] वह पत्र जो किसी बात की सत्यता प्राख्यापित करने के समय शपथपूर्वक लिखकर न्यायालय में उपस्थित किया जाता है। (एफिडेविड)

शपाशप क्रि० वि० [अनु०] बड़ी तेजी से।

शफरी स्त्री० [सं०] बड़ी मछली।

शफा पुं० [अ० शफ़ा] स्वास्थ्य, तन्दुरुस्ती।

शफाखाना पुं० [अ० शफ़ा+फा० ख़ानः] १. वह स्थान जहाँ तंदुरुस्ती प्राप्त हो २. दवाखाना, दवाघर।

शबनम स्त्री० [फा०] १. ओस। २. एक प्रकार का बहुत पतला कपड़ा।

शबर पुं० [सं०] भारत में बसनेवाली एक प्राचीन अनार्य जाति।

शबरी स्त्री० [सं०] शबर नामक अनार्य जाति की एक प्रसिद्ध भक्त स्त्री जिसने प्रवास के समय रामचन्द्र को, पहले आप चखकर उनमें से मीठे बेर खिलाए थे।

शबल(लित) वि० [सं०] १. चितकबरा। २. रंग-बिरंगा, बहुरंगा।

शबाना स्त्री० [फा० शबानः] रात, रात्रि।

क्रि० वि० रात के समय, रात में।

शबीह स्त्री० [अ०] चित्र, तस्वीर।

शबेरात स्त्री०

शब्द पुं० [सं०] १. ध्वनि, आवाज, विशेषतः बाजे आदि से निकली ध्वनि। २. अक्षरों या वर्णों आदि से बना हुआ और मुँह से उच्चरित अथवा लिखा जानेवाला वह संकेत जो किसी भाव, कार्य या बात का बोधक होता है, ध्वन्यात्मक वर्णगत अर्थयुक्त इकाई, अर्थात्मक ध्वनि-समष्टि, सार्थक ध्वनि, लफ्ज। (वर्ड) ३. सन्तों के बनाए हुए पद। ४. किसी आप्त पुरुष की कही हुई ऐसी काव्य-रचना जिसमें कुछ उपदेश भी हों, जैसे कबीर या गुरुनानक के शब्द। ५. वचन।

शब्दकर्मी (मिन्) पुं० [सं०] जिसका व्यवसाय या व्यवहार शब्दों पर आश्रित हो।

शब्दकोश पुं० [सं०] वह कोश (ग्रन्थ) जिसमें बहुत से शब्द किसी क्रम से अथवा अर्थ सहित दिए हों। (डिक्शनरी, लेक्सिकन)

शब्दचित्र पुं० [सं०] शब्दों में किसी विषय या बात की ऐसी स्पष्ट और विस्तृत चर्चा जो देखने में उसके चित्र के समान जान पड़े।

शब्दजाल पुं० दे० 'शब्दाडंबर'।

शब्दप्रमाण पुं० [सं०] ऐसा प्रमाण जिसका आधार केवल किसी का कथन हो।

शब्दबद्ध वि० [सं० शब्द+बद्ध] १. शब्दों में बँधा हुआ। २. शब्दों में अभिव्यक्त।

शब्दभेद पुं० [सं०] १. व्याकरण में शब्दों का वह विशेष प्रकार या विभाग जिसके अनुसार यह निश्चय होता है कि अमुक शब्द संज्ञा है या सर्वनाम, विशेषण है या क्रिया-विशेषण, क्रिया है या निपात आदि। (पार्ट्स ऑफ स्पीच) २. दे० 'शब्दवेध'।

शब्द-योजना स्त्री० [सं०] १. किसी वाक्य या कथन के लिए उपयुक्त शब्द बैठाना। २. इस प्रकार बैठाए हुए शब्दों का क्रम और रूप। (वर्डिंग)

शब्दवक्रोक्ति स्त्री० दे० 'वक्रोक्ति'।

शब्दवत् क्रि० वि० [सं०] शब्द की तरह।

शब्दविरोध पुं० [सं०] वह विरोध जो वास्तविक या तात्पर्य सम्बन्धी न हो, बल्कि केवल शब्दों में जान पड़ता हो, केवल शब्दगत विरोध।

शब्दवेध पुं० [सं०] [वि०, कर्ता शब्दवेधी] लक्ष्य को बिना देखे और उस पर होनेवाले आघात या उसकी ओर से आनेवाले शब्द से दिशा का ज्ञान करके लक्ष्य पर ठीक और सच्चा निशाना लगाना।

शब्दवेधी(-धिन्) पुं० [सं०] केवल सुने हुए शब्द से दिशा का ज्ञान करके किसी वस्तु को वाण से मारनेवाला।

शब्दशः क्रि० वि० [सं०] किसी के कहे या लिखे हुए विचारों आदि के प्रत्येक शब्द के अनुसार या अनुकरण पर। (वरबेटिम)

शब्दशक्ति स्त्री० [सं०] शब्द की वह शक्ति जिसके द्वारा उससे कोई अर्थ निकलता है, यह तीन प्रकार की कही गई है- अभिधा, लक्षणा और व्यंजना।

शब्दशास्त्र पुं० [सं०] व्याकरण।

शब्दश्लेष पुं० दे० ' श्लेष' (अलंकार)।

शब्दसाधक पुं० [सं०] वह जो शब्दसाधना में लगा हो।

वि० शब्दसाधन में सहायक; जैसे शब्दसाधक प्रत्यय।

शब्दसाधन पुं० [सं०] व्याकरण का वह अंग जिसमें शब्दों की व्युत्पत्ति, प्रकार और रूपान्तर आदि का विचार होता है।

शब्दसाधना स्त्री० [सं०] शब्दों के अवयवों, अर्थों, प्रयोगों आदि का चिंतन तथा विश्लेषण।

शब्दसौंदर्य पुं० [सं०] रचना में उत्पन्न होनेवाले विशिष्ट शब्दों के चयन तथा योजना के फलस्वरूप सौंदर्य।

शब्दाडंबर पुं० [सं०] साधारण बात कहने के लिए बड़े-बड़े शब्दों और जटिल वाक्यों का प्रयोग, शब्दजाल।

शब्दातीत वि० [सं०] जो शब्द से परे हो अर्थात् शब्द द्वारा व्यक्त न हो पाया/पाता हो।

शब्दान्वय पुं० [सं०] (व्याकरण में) वाक्य में आए हुए किसी शब्द का शब्दभेद, लिंग, वचन, कारक, काल आदि बतलाना और यह बतलाना कि दूसरे शब्दों के साथ उसका क्या सम्बन्ध है। (पार्जिंग)

शब्दायित वि० [सं०] शब्द करता हुआ।

शब्दार्थ पुं० [सं० शब्द+अर्थ] किसी शब्द का साधारण अर्थ, माने।

शब्दालंकार पुं० [सं०] काव्य में वह अलंकार जिसमें प्रयुक्त होनेवाले शब्द से ही चमत्कार उत्पन्न हो, उसके स्थान पर उसके पर्याय रखने से वह चमत्कार न हो।

शब्दावली स्त्री० [सं०] १. किसी विषय या कार्य से सम्बन्ध रखनेवाले शब्द या उनकी सूची। २. किसी वाक्य, कथन या रचना में प्रयुक्त शब्दों का प्रकार या क्रम। (वर्डिंग)

शब्दाश्रित वि० [सं०] १. शब्दों पर आश्रित। २. शब्दों से व्यक्त होनेवाला।

शब्दित वि० [सं०] १. जिसमें शब्द उत्पन्न होता हो। २. बोलता हुआ।

शम पुं० [सं०] [भाव० शमता] १. मन की शान्ति। २. मोक्ष। ३. जो अकरणीय या अकर्तव्य हो उसका त्याग। ४. अंतःकरण तथा इन्द्रियों को वश में रखना। ५. क्षमा।

शमन पुं० [सं०] [वि० शमित] १. दोष, विकार, उपद्रव आदि दबाना। २. शान्ति। ३. यम, यमराज। ४. दे० 'दमन'।

शमशेर स्त्री० [फा० शम्शीर] तलवार।

शमा स्त्री० [अ० शम्अ] मोमबत्ती।

शमादान पुं० [अ० शम्अ+फा० दान] वह आधान जिसमें मोमबत्ती जलाई जाती है।

शमित वि० [सं०] १. जिसका शमन हो चुका हो, बुझा हुआ। २. शान्त।

शमी स्त्री० [सं० शिवा ?] एक प्रकार का बड़ा वृक्ष, सफेद कीकर।

शयन पुं० [सं०] १. सोना, निद्रा लेना। २. लेटना। ३. शय्या, पलंग। ४. बिस्तर, बिछौना।

शयन आरती स्त्री० [सं० शयन+हिं० आरती] वह आरती जो देवी देवता के सामने रात के समय उन्हें शयन कराने से पहले की जाती है।

शयनगृह पुं० दे० 'शयनागार'।

शयनरत वि० [सं०] जो सो रहा हो।

शयन-समय पुं० [सं०] वह समय जब सामान्यतः कोई नित्य सोने के लिए बिस्तर पर जाता हो।

शयनागार पुं० [सं०] सोने का कमरा या घर, शयनगृह।

शयनालय पुं० दे० 'शयनागार'।

शयित वि० [सं०] १. सोया हुआ, निद्रित। २. शय्या पर पड़ा या लेटा हुआ।

शय्या स्त्री० [सं०] १. बिछौना, बिस्तर। २. सोने के लिए ओढ़ना-बिछौना या खाट अथवा पलंग। ३. चिकित्सालय आदि में वह खाट जिस पर रोगी रहते हैं।

शय्याग्रस्त वि० [सं०] विकार या रोग के कारण जो बिस्तर पर पड़ा रहता है।

शय्यादान पुं० [सं०] मृतक के उद्देश्य से महापात्र को चारपाई, ओढ़ना, बिछौना, बरतन आदि दान देना।

शय्याव्रण पुं० [सं०] बहुत दिनों तक बिस्तर पर पड़े रहने से पीठ, कमर आदि में होनेवाला घाव।

शर पुं० [सं०] [भाव० शरता] १. वाण, तीर। २. सरकंडा, सरई। ३. सरपत, रामशर। ४. दूध या दही पर की मलाई। ५. भाले का फल।

शरअ स्त्री० [अ० शर्अ] [वि० शरई] १. कुरान में बतलाया हुआ विधान। २. दस्तूर, परिपाटी। ३. मुसलमानों का धर्मशास्त्र।

शरई वि० [अ०] जो शरअ या इस्लामी धर्मशास्त्र के अनुसार ठीक हो, धर्मानुकूल।

शरकोट पुं० [सं०] चलाए हुए तीरों या वाणों का ऐसा घेरा जो शत्रु सैनिकों को जल्दी बाहर न निकलने दे।

शरण स्त्री० [सं०] १. रक्षा, आश्रय। २. बचाव की जगह। ३. घर, मकान। ४. उद्धार।

वि० शरण देने या रक्षा करनेवाला, यौगिक शब्दों के अन्त में, जैसे अशरण-शरण।

शरणगृह पुं० [सं०] १. वह स्थान जहाँ शरण ली जाए। २. जमीन के नीचे बनाया हुआ वह स्थान जहाँ लोग हवाई जहाजों के आक्रमण आदि से बचने के लिए छिपकर रहते हैं।

शरणद पुं० [सं० शरण+द (प्रत्य०)] शरण देनेवाला।

शरणदाता पुं० [सं०] १. शरण देनेवाला। २. ईश्वर जिसके यहाँ सभी को शरण मिलती है।

शरणागत वि० [सं०] शरण में आया हुआ।

शरणागति स्त्री० [सं०] किसी की शरण में आने की क्रिया या भाव।

शरणार्थी (-र्थिन्) पुं० [सं०] वह जो कहीं शरण पाना चाहता हो। २. वह जो अपने निवासस्थान से बलपूर्वक हटा दिया गया हो और दूसरी जगह शरण पाकर रहना चाहता हो। (रिफ्यूजी)

शरण्य वि० [सं०] शरण में आनेवाले की रक्षा करनेवाला।

शरत, शरत् स्त्री० [सं०] १. ऋतु जो आश्विन और कार्तिक में होती है। २. वर्ष, साल।

शरता स्त्री० [सं०] १. शर का भाव। २. शर या तीर चलाने की कला या विद्या, उदा० छोंड़ि दई शरता सब काम मनोरथ के रथ की गति खूटी। – केशव।

शरतिया क्रि० वि० दे० 'शर्तिया'।

शरत्काल पुं० दे० 'शरत्' १.।

शरद स्त्री० दे० 'शरत्'।

शरपंजर पुं०=शरकोट, उदा० जार्‌यो शर पंजर झार कर्‌यो नैऋत्यन को अति चित्त कर्‌यो। –केशव।

शरद्‌पूनो स्त्री०=शरद पूर्णिमा।

शरद-पूर्णिमा स्त्री० [सं०] आश्विन मास के शुक्ल पक्ष की पूर्णिमा।

शरबत पुं० [अ० शर्बत] [वि० शरबती] १. कोई मधुर पेय पदार्थ। २. चीनी आदि में पकाकर तैयार किया हुआ किसी औषधि का रस। ३. वह पानी जिसमें शक्कर या खाँड़ घुली हो।

शरबती वि० [हिं० शरबत] शरबत के रंग का, पीला मिला हुआ और हल्का हरा।

पुं० शरबत की तरह का पीला मिला हुआ हल्का हरा रंग।

स्त्री० एक प्रकार की बढ़िया मलमल।

शरभ पुं० [सं०] १. टिड्डी। २. हाथी का बच्चा। ३. शेर। ४. ऊँट। ५. एक प्रकार का कल्पित जन्तु जो आठ पैरोंवाला और शेर से भी अधिक बलवान माना जाता है। ६. पशु, जानवर। ७. बानरों की एक विशेष जाति। ८. एक वृत्त जिसके प्रत्येक चरण में ४ नगणों के बाद १ सगण होता है, मणिगुण, शशिकला।

शरम स्त्री० [फा० शर्म] १. लज्जा, हया, लाज।

मुहा० *मारे शरम के गड़ जाना या पानी-पानी होना*=बहुत लज्जित होना।

२. लिहाज, संकोच। ३. प्रतिष्ठा, इज्जत।

शरमाऊ वि० दे० 'शरमीला'।

शरमाना अ० [अ० शर्म+हिं० आना (प्रत्य०)] लजाना, लज्जित होना।

स० शरमिन्दा या लज्जित होना।

शरमिंदा वि० [फा०] [भाव० शरमिंदगी] लज्जित।

शरमीला वि० [फा० शर्म+हिं० ईला (प्रत्य०)] [स्त्री० शरमीली] जिसे जल्दी शरम या लज्जा आती हो, लजीला, लज्जालु।

शर-शय्या स्त्री० [सं०] शरों अर्थात् तीरों की शय्या जिस पर भीष्म लेटे थे।

शरह स्त्री० [अ० शर्ह] १. टीका, भाष्य। २. दर या भाव। ३. प्रथा, परिपाटी।

शरहबंदी स्त्री० दे० 'दरबंदी'।

शरहमुऐयन वि० [अ० शर्हमुअय्यन] (खेत) जिसकी मालगुजारी बिल्कुल निश्चित हो और किसी प्रकार बढ़ाई न जा सकती हो।

शराकत स्त्री० [अ०] साझा।

शराकतनामा पुं० [अ० शराकत+फा० नाम:] वह पत्र जिस पर शराकत या साझे की शर्तें लिखी रहती हैं।

शरापना* अ०=शाप देना।

शराफत स्त्री० [अ०] सज्जनता।

शराब स्त्री० [अ०] एक प्रसिद्ध तरल मादक पदार्थ जो कई तरह की चीजों का खमीर उठाकर बनाया जाता है, मदिरा, मद्य।

शराबखोर पुं० [अ० शराबख़ोर] जो प्रायः तथा अधिक मात्रा में शराब पीता हो, शराब पीने का आदी।

शराबखोरी स्त्री० [फा०] मदिरा-पान।

शराबी पुं० [अ०] वह जो प्रायः शराब पीता हो, शराब पीने का आदी, मद्यप।

शराबोर वि० [फा०] बिल्कुल भींगा हुआ, लथपथ, तरबतर।

शरारत स्त्री० [अ०] ऐसा काम जो किसी को तंग करने के लिए किया जाए, पाजीपन, दुष्टता।

शरासन पुं० [सं०] धनुष।

शरीक वि० [अ०] [भाव० शराकत] १. किसी काम में साथ देनेवाला। २. मिला हुआ, शामिल, सम्मिलित।

पुं० १. साथी और सहायक। २. हिस्सेदार, साझी।

शरीकत स्त्री० दे० 'शराकत'।

शरीफ वि०, पुं० [अ० शरीफ़] भला (आदमी), सज्जन।

शरीफा पुं० [सं० श्रीफल या सीताफल] १. मझोले आकार का एक प्रसिद्ध वृक्ष। २. इस वृक्ष का फल, सीताफल।

शरीफाना वि० [अ० शरीफ़+फा० आन:] शरीफों-जैसा।

शरीयत स्त्री० [अ०] इसलामी कानून।

शरीर[1] पुं० [सं०] १. प्राणियों के सब अंगों का समूह, देह, तन, बदन, काया। (बॉडी)

मुहा० *शरीर छूटना*=मृत्यु होना, मर जाना। *शरीर बरतना*=शरीर छूटना।

२. किसी वस्तु का सारा विस्तार या ढाँचा जिसमें उसके सब अंग सम्मिलित हों। (फ्रेम)

शरीर[2] वि० [अ०] [भाव० शरारत] पाजी, नटखट।

शरीरपात पुं० [सं०] मृत्यु।

शरीररक्षक पुं० दे० 'अंगरक्षक'।

शरीरशास्त्र पुं० [सं०] वह शास्त्र जिसमें शरीर के अंगों की बनावट और उनके कार्यों का विवेचन होता है।

शरीरांत पुं० [सं०] मृत्यु, मौत।

शरीरी(-रिन्) पुं० [सं०] १. शरीरधारी, प्राणी। २. आत्मा, जीव।

वि० शरीर से युक्त, शरीरवाला।

शर्करा स्त्री० [सं०] शक्कर, चीनी।

शर्करावेष्टित वि० [सं०] चीनी में लपेटा हुआ।

शर्त स्त्री० [अ०] १. किसी विषय के ठीक होने के सम्बन्ध में दृढ़तापूर्वक कुछ कहने का वह प्रकार जिसमें सत्य या असत्य सिद्ध होने पर हार-जीत और कुछ लेन-देन भी हो, दाँव, बाजी। २. किसी काम के पूरा होने के लिए बन्धन या नियन्त्रण के रूप में होनेवाली आवश्यक बात या काम। ३. पारस्परिक निश्चय, संविदा आदि से सम्बन्ध रखनेवाली वह बात जिसका पालन प्रायः नियम के रूप में एक या सभी पक्षों के लिए आवश्यक होता है, पण। (टर्म)

शर्तिया क्रि० वि० [अ०] निश्चयपूर्वक।
वि० बिल्कुल ठीक, निश्चित।

शर्ब पुं० दे० 'शर्व'।

शर्म[1] पुं० [सं०] १. मुख। २. घर। ३. सुख, आनन्द। ४. कल्याण, मंगल।

शर्म[2] स्त्री० [फा०] १. लाज, लज्जा। २. संकोच।

शर्मदा वि० स्त्री० [सं०] सुख देनेवाली।

शर्मनाक वि० [फा०] जिससे लज्जा आए, लज्जास्पद।

शर्मसार वि० [फा०] लज्जित।

शर्मा पुं० [सं० शर्मन्] ब्राह्मणों की उपाधि।

शर्व पुं० [सं०] १. शिव। २. विष्णु।

शर्वरी स्त्री० [सं०] रात, रात्रि।

शर्वाणी स्त्री० [सं०] १. पार्वती। २. दुर्गा।

शलगम पुं० [फा० शल्ग़म] गाजर की तरह का एक प्रसिद्ध कन्द।

शलभ पुं० [सं०] १. टिड्डी। २. फतिंगा।

शलवार स्त्री० दे० 'सलवार'।

शलाका स्त्री० [सं०] १. सलाई, सीख। २. बाण, तीर। ३. निर्वाचन आदि में छोटी रंगीन गोलियों या कागजों की सहायता से गुप्त रूप से दिया जानेवाला मत। ४. इस प्रकार मत देने की प्रणाली। (बैलट)

शलूका पुं० [फा०] आधी बाँह की एक प्रकार की कुरती।

शल्य पुं० [सं०] १. हड्डी, अस्थि। २. शलाका। ३. साँग नामक अस्त्र। ४. दुर्वचन, गाली। ५. वे उपकरण जिनसे फोड़े या या रुग्ण अंग चीरे-फाड़े जाते हैं। (सर्जिकल इन्सट्रूमेंटस) ६. दे० 'शल्यकर्म'।

शल्यक वि० [सं०] १. शल्य-सम्बन्धी, शल्य का। २. शल्य चिकित्सा से सम्बन्ध रखनेवाला, जैसे शल्यक क्रिया। (सर्जिकल)

शल्यकर्म पुं० [सं०] फोड़ों, रोग युक्त अंगों आदि को चीरने-फाड़ने और टूटी हुई हड्डियाँ आदि जोड़ने-बैठाने की विद्या या काम। (सर्जरी)

शल्यकर्मी पुं०=शल्य-चिकित्सक।

शल्यकार पुं० [सं०] १. वह जो शल्यकर्म का अच्छा ज्ञाता हो। २. दे० 'शल्य-चिकित्सक'।

शल्यकी स्त्री०=शल्यकर्म।

शल्य-चिकित्सक पुं० [सं०] चीर फाड़ आदि करके अंगों के रोग दूर करनेवाला चिकित्सक। (सर्जन)

शल्य-चिकित्सा स्त्री०=शल्यकर्म।

शल्यविज्ञान, शल्यशास्त्र पुं० [सं०] वह विज्ञान या शास्त्र जिसमें फोड़ों, दूषित अंगों आदि की चिकित्सा के लिए चीरने-फाड़ने, काटने आदि की और टूटी या उखड़ी हुई हड्डियों आदि को जोड़ने-बैठाने की प्रक्रियाओं का विवेचन होता है। (सर्जरी)

शल्योपचार पुं० [सं० शल्य+उपचार] [वि० शल्योपचारीय] फोड़ों, रोग से युक्त अंगों आदि को चीरकर उन्हें मवाद, रोग, विकार आदि से मुक्त या रहित करने की क्रिया, चीर-फाड़। (ऑपरेशन)

शल्योपचारिक वि० [सं०] शल्योपचार से सम्बन्ध रखनेवाला, शल्योपचार का। (सर्जिकल)

शल्योपचारी(-रिन्) पुं० [सं०] शल्योपचार द्वारा चिकित्सा करनेवाला। (सर्जिकल ऑपरेटर)

शल्ल वि० [सं०] शिथिल, सुन्न (हाथ, पैर आदि)।

शव पुं० [सं०] ऐसा शरीर जिसमें से प्राण निकल गए हों, मृत शरीर, लाश। (कार्प्स)

शवता स्त्री० [सं०] १. 'शव' का भाव। २. निर्जीवता, मुरदापन।

शव-परीक्षा स्त्री० [सं०] किसी व्यक्ति के मृत शरीर या लाश की वह जाँच जो उसकी मृत्यु का कारण जानने के लिए होती है। (पोस्टमार्टम)

शव-पेटी स्त्री० वह पेटी जिसमें शव को रखकर गाड़ा जाता है, ताबूत।

शवर पुं० [सं०] [स्त्री० शवरी] एक प्राचीन जंगली जाति।

शवल वि० दे० 'शबल'।

शश पुं० [सं० शशः] खरगोश नामक जन्तु।

शशक पुं० [सं०] १. खरगोश। २. चन्द्रमा में का कलंक। ३. काम-शास्त्र में पुरुष के चार भेदों में से एक।

शशधर पुं० [सं०] चन्द्रमा।

शशशृंग पुं० [सं०] खरगोश के सींग की तरह असम्भव या अनहोनी बात।

शशांक पुं० [सं०] चन्द्रमा।

शशि पुं० [सं० शशिन्] चन्द्रमा।

शशिकला स्त्री० [सं०] १. चन्द्रमा की कला। २. शरभ नामक वृत्त या छन्द।

शशिधर पुं० [सं०] शिव।

शशिमुख वि० [सं०] [स्त्री० शशिमुखा] चन्द्रमा के समान सुन्दर मुखवाला।

शशिलेखा स्त्री० [सं०] चन्द्रमा की किरण।

शशिशेखर पुं० [सं०] महादेव, शिव।

शशोपंज पुं० [फा०] असमंजस, उधेड़बुन।

शसा पुं० [सं० शश] खरगोश।

शसि* पुं० दे० 'शशि'।

शस्त्र पुं० [सं०] १. वह साधन जिससे युद्ध के समय शत्रु पर आक्रमण तथा आत्मरक्षा की जाती है। (आर्म्स) २. शत्रु पर आक्रमण करने का उपकरण, हथियार। (वेपन) ३. कार्य सिद्ध करने का उपाय, ढंग या साधन।

पद *शस्त्रों की होड़*=दो देशों द्वारा एक दूसरे को भयभीत करने के लिए अधिक से अधिक शस्त्रों की खरीद।

शस्त्र-चिकित्सक पुं० दे० 'शल्यकार'।

शस्त्र-चिकित्सा स्त्री० दे० 'शल्यकर्म'।

शस्त्रधारी (-रिन्) वि० [सं०] [स्त्री० शस्त्रधारिणी] शस्त्र धारण करनेवाला, हथियारबन्द।

पुं० सैनिक।

शस्त्रविद्या स्त्री० [सं०] १. हथियार चलाने की विद्या। २. दे० 'धनुर्वेद'।

शस्त्रशाला स्त्री० दे० 'शस्त्रागार'।

शस्त्रागार पुं० [सं०] वह भवन जिसमें युद्ध का सामान (गोले, बारूद आदि) रखे जाते हैं, शस्त्रशाला, सिलहखाना।

शस्त्रास्त्र पुं० [सं०] शस्त्र और अस्त्र जिनसे युद्ध में आक्रमण और आत्मरक्षा की जाती है। (आर्म्स ऐण्ड वेपन्स)

शस्त्रीकरण पुं० [सं०] सेना या राष्ट्र को शस्त्रों से सज्जित करना।

शस्य पुं० [सं०] १. अन्न, अनाज। २. फसल। ३. नई घास। ४. खेती-बारी और पेड़-पौधों की हरियाली, जैसे शस्य श्यामला भूमि।

शहंशाह पुं० दे० 'शाहंशाह'।

शह वि० [फा०] बढ़ा-चढ़ा, श्रेष्ठतर, (यौ० में) जैसे शहजोर=बलवान।

स्त्री० १. शतरंज के खेल में कोई मोहरा किसी ऐसे घर में रखना जहाँ से बादशाह उसकी घात में पड़ता हो, किश्त। २. भड़काने या बढ़ावा देने की क्रिया या भाव।

शहजादा पुं० दे० 'शाहजादा'।

शहजोर वि० [फा०] बली, बलवान।

शहतीर पुं० [फा०] लकड़ी का बड़ा और लम्बा लट्ठा, धरन।

शहतूत पुं० [फा०] मझोले आकार का एक पेड़ जिसकी फलियाँ मीठी होती हैं।

शहद पुं० [अ०] मधुमक्खियों द्वारा फूलों से संग्रह करके छत्ते में संचित शीरे की तरह की प्रसिद्ध मीठी वस्तु, मधु।

मुहा० *शहद लगाकर चाटना*=निरर्थक पदार्थ व्यर्थ लेकर बैठे रहना। (व्यंग्य)

शहना पुं० [अ० शिहन:] १. शासक। २. कोतवाल। ३. कर संग्रह करनेवाला।

शहनाई स्त्री० फूँक कर बजाया जानेवाला एक प्रसिद्ध बाजा।

शहबाला पुं० [फा०, मि० सं० सहबाल] विवाह के समय दूल्हे के साथ जानेवाला छोटा बालक।

शहर पुं० [फा० शह्र] नगर, पुर।

शहरपनाह स्त्री० [फा० शह्रपनाह] शहर की चारदीवारी, प्राचीर, परकोटा।

शहराती वि० [हिं० शहर+आती] शहर में रहनेवाला। [देहाती के अनुकरण पर बना है।

पुं० शहरी व्यक्ति।

शहरी वि० [फा० शह्री] शहर का, शहर-सम्बन्धी, नागर।

पुं० शहर में रहनेवाला, नगर-निवासी, नागरिक।

शहवत स्त्री० [फा०] कामवासना।

शहवती वि०=कामुक।

शहादत स्त्री० [अ०] १. बलिदान, कुर्बानी। २. गवाही।

शहाना वि० [फा० शाहान:] [स्त्री० शहानी] १. शाही, राजसी। २. बहुत बढ़िया, उत्तम।

पुं० संगीत में एक प्रकार का राग।

शहाब पुं० [फा०] एक प्रकार का गहरा लाल रंग जो कुसुम के फूलों से बनाया जाता है।

शहीद पुं० [अ०] [भाव० शहादत] किसी शुभ प्रयत्न में अपने प्राण देनेवाला व्यक्ति।

शांकर वि० [सं०] शंकर-सम्बन्धी, शंकर का।

शांत वि० [सं०] [भाव० शांति] १. (मन) जिसमें क्षोभ, चिन्ता, दुख, उद्वेग आदि न हों, राग आदि से रहित और स्वस्थ। २. वेग, गति, क्रिया आदि से रहित, निश्चल, स्थिर। ३. हो-हल्ले आदि से रहित। ४. जिसके दुष्ट विकारों का अन्त हो गया हो। ५. (समाज या देश) जिसमें उपद्रव, आन्दोलन, झगड़े-बखेड़े आदि न हों, सभी विघ्न-बाधाओं से रहित। ६. धीर और सौम्य। ७. मौन, चुप। ८. मरा हुआ, मृत।

पुं० साहित्य में नौ रसों में से एक जो संसार की असारता या नश्वरता के ज्ञान, धर्मग्रन्थों के अनुशीलन अथवा आत्मा और परमात्मा के स्वरूप आदि के चिन्तन से उत्पन्न होता है, सत्संगति और त्यागी साधु-महात्मा आदि इसके आलम्बन और विनाश के दृश्य, महात्माओं के उपदेश, तपोवन आदि इसके उद्दीपन हैं।

शांति स्त्री० [सं०] [वि० शांत] १. मन की वह अवस्था जिसमें वह क्षोभ, दुख आदि से व्याकुल नहीं होता, चित्त की स्वस्थता। २. वेग, गति, क्रिया आदि का अभाव, निश्चलता। ३. हो-हल्ले या चीख-पुकार का अभाव, स्तब्धता, सन्नाटा। ४. युद्ध, मारकाट आदि का अभाव। ५. समाज या देश में उपद्रव, आन्दोलन, विद्वेष झगड़े-बखेड़े आदि का अभाव। (पीस, उक्त सभी अर्थों के लिए) ६. बाधा, अमंगल आदि दूर करनेवाला धार्मिक उपचार या कृत्य।

शांतिपूर्वक क्रि० वि० [सं०] शान्ति से, धीरज से, संयम बरतते हुए।

शांति-प्रक्रिया स्त्री० [सं० शांति+प्रक्रिया] शांति स्थापित करने के लिए आरम्भ की हुई प्रक्रिया।

शांतिप्रिय वि० [सं०] जिसे शान्ति प्रिय हो।

शांतिभंग पुं० [सं०] कोई ऐसा उपद्रव या अनुचित काम जिससे जनसाधारण के सुख और शान्तिपूर्वक रहने में बाधा होती हो। (ब्रीच ऑफ पीस)

शांतिवाद पुं० [सं०] [वि० शांतिवादी] यह सिद्धान्त कि सब लोगों को यथासाध्य शान्तिपूर्वक रहना चाहिए और संसार से लड़ाई-झगड़े आदि का अन्त हो जाना चाहिए।

शांतिवादी पुं० [सं० शांतिवाद] वह जो लड़ाई-झगड़ों से बचकर सबको शान्तिपूर्वक रहने का उपदेश देता हो, शान्तिवाद का अनुयायी। (पैसिफिस्ट)

शांति-संधि स्त्री० [सं०] युद्ध समाप्त होने पर युद्धरत राष्ट्रों में होनेवाली वह सन्धि जिसके द्वारा शान्ति स्थापित होती और परस्पर मित्रता का भाव आरम्भ होता है।

शांबदिक पुं० [सं०] ऐन्द्रजालिक, जादूगर।
वि० इन्द्रजाल या जादू से सम्बन्ध रखनेवाला।

शाक[१] पुं० [सं०] भाजी, तरकारी।

शाक[२] वि० [सं०] शक जाति-सम्बन्धी।

शाकद्वीप पुं० [सं०] [वि० शाकद्वीपीय] १. पुराणानुसार सात द्वीपों में से एक द्वीप। २. ईरान और तुर्किस्तान के बीच का वह प्रदेश जिसमें पहले शक रहते थे।

शाकाहार पुं० [सं०] [वि० शाकाहारी] वनस्पति जन्य पदार्थों और अन्न का भोजन, 'मांसाहार' का विरुद्धार्थक।

शाकी वि० [अ०] शिकायत करनेवाला।

शाक्त वि० [सं०] शक्ति-संबंधी।
पुं० शक्ति या देवी का उपासक।

शाक्य पुं० [सं०] नेपाल की तराई में बसनेवाली एक प्राचीन क्षत्रिय जाति।

शाख स्त्री० दे० 'शाखा'।

शाखा स्त्री० [सं०] १. वृक्षों आदि के तने से इधर-उधर निकले हुए अंग, टहनी, डाल। २. किसी मूल वस्तु से इसी रूप में या इसी प्रकार के निकले हुए अंग। ३. किसी मूल वस्तु के वे अंग जो स्वतन्त्र विभाग के रूप में हो गए हों, जैसे वेद की शाखा। ४. किसी संस्था का वह अंग जो दूर रहकर भी उसके अधीन और उसके अनुसार काम करता हो, जैसे किसी दुकान या बैंक की शाखा। (ब्रांच, उक्त सभी अर्थों के लिए) ५. वेद की संहिताओं के पाठ और क्रमभेद। ६. किसी विषय या सिद्धान्त के सम्बन्ध में एक ही तरह के विचार या मत रखनेवाले लोगों का वर्ग, सम्प्रदाय। (स्कूल)

शाखामृग पुं० [सं०] बन्दर।

शाखी (-खिन्) वि० [सं०] शाखाओंवाला।
पुं० वृक्ष, पेड़।

शाखोच्चार पुं० [सं०] विवाह के समय होनेवाला वंशावली का बखान।

शागिर्द पुं० [फा०] [भाव० शागिर्दी] शिष्य, चेला।

शाण पुं० [सं०] [वि० शाणित] १. सान रखने का पत्थर, कुरंड। २. पत्थर। ३. कसौटी।

शात वि० [सं०] १. जिस पर शान चढ़ी हो, तेज किया हुआ। २. क्षीण। ३. सुन्दर। ४. दीप्त, चमकीला। ५.सुखी।

शातवाहन पुं० [सं०] १. दक्षिण भारत का एक प्रसिद्ध प्राचीन राजवंश। २. दे० 'शालिवाहन'।

शादी स्त्री० [फा०] १. खुशी, आनन्द। २. आनन्दोत्सव। ३. विवाह, ब्याह।

शाद्वल पुं० [सं०] रेगिस्तान के बीच की हरियाली और बस्ती, मरुद्वीप। (ओएसिस)

शान स्त्री० [अ०] [वि० शानदार] १. तड़क-भड़क, ठाट-बाट। २. दर्प, ठसक। ३. भव्यता, विशालता। ४. शक्ति, विभूति। ५. प्रतिष्ठा।
मुहा० *शान पर बट्टा लगना*=प्रतिष्ठा धूमिल होना, कलंक लगना।
स्त्री० दे० 'सान'।

शान-शौकत स्त्री० [अ०] तड़क-भड़क, ठाट-बाट, सजावट।

शाप पुं० [सं०] १. किसी के अनिष्ट की कामना से कहा हुआ शब्द या वाक्य। २. धिक्कार, भर्त्सना।

शापना* स० [सं० शाप] शाप देना, उदा० जिय में डर्‌यो मोहिं मति शापै व्याकुल बचन कहन्त।-सूर।

शाप-मुक्ति स्त्री० [सं०] शाप से (होनेवाली) मुक्ति।

शापित वि० [सं०] जिसे किसी ने शाप दिया हो, शापग्रस्त, अभिशप्त।

शाबर वि० [सं०] शबर-संबंधी, शबरों का।
पुं० १. अन्धकार, अन्धेरा। २. कष्ट, दुख। ३. दोष, बुराई। ४. दुष्ट, पाजी। ५. कपटी, धोखेबाज।

शाबाश विस्मयादि० [फा०] [भाव० शाबाशी] उत्साहवर्धक तथा प्रशंसा-सूचक एक शब्द, वाह-वाह, धन्य हो, साधुवाद।

शाबाशी स्त्री० [फा० शाबाश] अच्छा काम करने पर किसी की की जानेवाली प्रशंसा तथा उत्साहवर्धन।

शाब्द वि० [सं०] [स्त्री० शाब्दी] शब्द-सम्बन्धी, शब्द या शब्दों का।

शाब्दिक वि० [सं०] १. शब्द-संबंधी। २. शब्दों में कहा हुआ। ३. (अनुवाद में) प्रत्येक शब्द के विचार से ठीक और ज्यों का त्यों। (लिटरल) ४. बकवादी, शब्दाडंबरी।

शाब्दी वि० [सं०] शब्द-संबंधी, शाब्दिक।

शाब्दी व्यंजना स्त्री० [सं०] व्यंजना (शब्दशक्ति) का वह प्रकार या भेद जिसमें व्यंजित होनेवाला अर्थ किसी विशेष शब्द तक ही परिमित रहता है, उससे आगे नहीं बढ़ता।

शाम स्त्री० [फा०] साँझ, संध्या, गोधूलि बेला।

पुं० अरब के उत्तर का एक प्राचीन देश जो अब सीरिया कहलाता है, इसे महात्मा नूह के पुत्र शाम ने बसाया था।
*वि०, पुं० दे० 'श्याम'।

शामत स्त्री० [अ०] १. दुर्भाग्य, फजीहत।
पद *शामत का मारा*=जिसका दुर्भाग्य समीप आ गया हो।
२. विपत्ति, दुर्दशा।
मुहा० *शामत सवार होना*=दुर्दशा का समय निकट आना।

शामियाना पुं० [फा० शामियानः] एक प्रकार का बड़ा तम्बू या खेमा।

शामिल वि० [फा०] साथ हो जानेवाला, मिल जानेवाला, सम्मिलित।

शामी पुं० [शाम (देश)] आधुनिक अरब और प्राचीन वेवीलोन, असीरिया आदि देशों के मुनष्यों का वह वर्ग या विभाग जिसमें यहूदी, अरब, मिश्री आदि जातियाँ हैं। (सेमेटिक)
स्त्री० प्राचीन शाम देश की भाषा। (सेमेटिक)
वि० १. शाम देश-सम्बन्धी। २. शाम देश में होनेवाला, जैसे शामी कबाब।

शामोसहर स्त्री० [फा०] शाम और सुबह, सुबह-शाम।

शायक[1] पुं० [सं०] १. बाण, तीर, शर। २. खड्ग, तलवार।

शायक[2] पुं० [सं० शायक (शौक से)] शौकीन।

शायद क्रि० वि० [फा०] १. सम्भव है (कि), कदाचित्। २. निश्चित नहीं है (कि); जैसे—शायद मैं कल दिल्ली जाऊँ।

शायर पुं० [अ० शाइर] कवि।

शायरी स्त्री० [अ० शाइरी] १. कविताएं रचना। २. काव्य, कविता।

शायिका स्त्री० [सं०] गाड़ी, वायुयान, जलयान आदि में यात्री के सोने के लिए स्थान।

शायी (-यिन्) वि० [सं०] सोनेवाला (यौ० के अन्त में, जैसे शेषशायी, जलशायी)।

शारद वि० [सं०] शरद्काल का।

शारदा स्त्री० [सं०] १. सरस्वती। २. भारत की एक प्राचीन लिपि।

शारदीय वि० [सं०] शरद्काल का।

शारदीय नवरात्र पुं० [सं०] आश्विन शुक्ल पक्ष में होनेवाला नवरात्र।

शारीर वि० [सं०] शरीर-सम्बन्धी।

शारीर विज्ञान, शरीर शास्त्र पुं० [सं०] १. वह शास्त्र जिसमें जीवों की उत्पत्ति और वृद्धि आदि का विवेचन हो। २. दे० 'शरीर शास्त्र'।

शारीरिक वि० [सं०] शरीर और उसके अंगों से सम्बन्ध रखनेवाला, शरीर का, जैसे शारीरिक कष्ट, शारीरिक सम्बन्ध।
पुं० जीवात्मा।

शारीरित वि० [सं०] शरीर के रूप में लाया हुआ, जिसे शरीर का रूप दिया गया हो।

शार्ग पुं० [सं० शार्ङ्ग] १. धनुष, कमान। २. विष्णु का धनुष।

शार्गंधर, शार्गपाणि पुं० [सं० शार्ङ्गधर] १. विष्णु। २. श्रीकृष्ण।

शार्दूल पुं० [सं०] १. बाघ। २. सिंह। ३. एक प्रकार की चिड़िया। ४. राक्षस।
वि० सर्वश्रेष्ठ, सर्वोत्तम।

शार्दूलविक्रीडित पुं० [सं०] पिंगल में चार चरणों का एक वर्ण- वृत्त जिसके प्रत्येक चरण में १९ अक्षर (म, स, ज, स, त, न और अन्त में गुरु) होते हैं और बारहवें अक्षर के बाद यति होती है।

शाल[1] पुं० [सं०] एक प्रसिद्ध वृक्ष, साखू।

शाल[2] पुं० [सं० शल्य] सरहथ नाम का हथियार।

शाल[3] स्त्री० =साल (सालने की क्रिया या भाव)।

शाल[4] पुं० [फा०] दुशाला।

शालग्राम पुं० [सं०] विष्णु की गोल पत्थर की एक प्रकार की मूर्ति।

शाला स्त्री० [सं०] १. घर, गृह। २. जगह, स्थान, जैसे पाठशाला, धर्मशाला।

शालि पुं० [सं०] जड़हन धान।

शालि धान्य पुं० [सं०] बासमती चावल।

शालिवाहन पुं० [सं०] एक प्रसिद्ध शक राजा जिसने 'शक' संवत् चलाया था।

शालिहोत्र पुं० [सं०] १. घोड़ा। २. पशु-चिकित्सा की विद्या। (वेटरिनरी साइन्स)

शालिहोत्री (-त्रिन्) पुं० [सं०] पशुओं और पक्षियों की चिकित्सा करनेवाला। (वेटरिनरी डॉक्टर)

शालिहोत्रीय वि० [सं०] पशुओं की चिकित्सा से सम्बन्ध रखनेवाला। (वेटेरिनरी)

शाली (-लिन्) प्रत्य० [सं०] एक प्रत्यय जो शब्दों के अन्त में लगकर स्वामित्व, सम्बन्ध आदि का सूचक होता है और 'संपन्न' या 'वाला' के समान अर्थ देता है, जैसे ऐश्वर्यशाली, प्रतिभाशाली, भाग्यशाली।

शालीन वि० [सं०] [भाव० शालीनता] १. विनीत, नम्र। २. लज्जाशील। ३. अच्छे आचार-विचारवाला। ४. धनवान। ५. दक्ष, चतुर।

शालीनता स्त्री० [सं०] १. शालीन आचरण या स्वभाव। २. शालीन भाव; जैसे—हर आदमी पराजय को सदा शालीनता से स्वीकार नहीं करता।

शाल्मलि पुं० [सं०] १. सेमल का पेड़। २. पुराणानुसार एक द्वीप।

शावक पुं० [सं०] पशु या पक्षी का बच्चा।

शाश्वत वि० [सं०] [भाव० शाश्वत] जो सदा बना रहे, नित्य, अमर। (एटर्नल)

शासक पुं० [सं०] [स्त्री० शासिका] १. वह जिसका किसी पर शासन हो। २. वह जो शासन करता हो, हुकूमत करनेवाला, हाकिम।

शासकीय वि० [सं०] शासक या शासन-सम्बन्धी।

शासन पुं० [सं०] १. आज्ञा, आदेश, हुक्म। २. अधिकार या वश में अथवा उचित सीमा या मर्यादा के अन्दर रखना, नियन्त्रण, जैसे सभा, समिति या इन्द्रियों का शासन। ३. राज्य के कार्यों का प्रबन्ध और संचालन, हुकूमत। (गवर्नमेन्ट) ४. राज्य का संचालन करनेवाले मुख्य अधिकारियों का समूह या मंडल। (ऑथारिटी) ५. राजत्त्व का काल या समय। ६. वह आज्ञापत्र जिसके द्वारा किसी व्यक्ति को कोई अधिकार दिया जाए, पट्टा। ७. दंड, सजा।

शासनाध्यक्ष पुं० [सं०] देश का प्रधान शासनिक अधिकारी।

शासनिक वि० [सं०] १. शासन-सम्बन्धी, शासन का। २. शासन विभाग का, जैसे शासनिक अधिकारी।

शासित वि० [सं०] [स्त्री० शासिता] १. जिसपर किसी का शासन या राज्य हो। २. जो किसी प्रकार के शासन या नियन्त्रण में रहता हो। (गवर्न्ड, उक्त दोनों अर्थों के लिए) ३. जिसे दंड दिया जाए।

शास्ता पुं० दे० 'शासक'।

शास्ति स्त्री० [सं०] १. शासन। २. दंड, सजा। ३. दंड या हरजाने आदि के रूप में लिया जानेवाला धन या कार्य।

शास्त्र पुं० [सं०] १. जन-साधारण के हित के लिए विधान बतलानेवाले धार्मिक ग्रन्थ, जैसे चारों वेद, व्याकरण, ज्योतिष, छन्द, धर्मशास्त्र, पुराण, आयुर्वेद आदि। २. किसी विषय का वह सारा ज्ञान जो वैज्ञानिक पद्धति से क्रमबद्ध किया गया हो, विज्ञान।

शास्त्रकार पुं० [सं०] शास्त्र बनानेवाला।

शास्त्रज्ञ पुं० [सं०] वह जिसे शास्त्रों का अच्छा ज्ञान हो, शास्त्रवेत्ता।

शास्त्र-विनोद पुं० [सं०] १. विनोद के लिए, ग्रंथों की रचना। २. आनंद के लिए शास्त्रों की की जानेवाली चर्चा।

शास्त्री (-त्रिन्) पुं० [सं०] १. शास्त्रों का ज्ञाता। २. धर्मशास्त्र का ज्ञाता।

शास्त्रीकरण पुं० [सं०] किसी विषय को शास्त्र का रूप देना।

शास्त्रीय वि० [सं०] १. शास्त्र-सम्बन्धी, शास्त्र का। २. शास्त्रीय ज्ञान से सम्बन्ध रखने या उस पर आश्रित रहनेवाला, जैसे शास्त्रीय विवेचन, शास्त्रीय वाद-विवाद। (एकेडमिक) ३. शास्त्र के सिद्धान्तों के अनुसार ठीक, जैसे शास्त्रीय संगीत=वह संगीत जो संगीतशास्त्र के सिद्धान्तों के अनुसार और राग-रागिनियों के रूप हो।

शास्त्रोक्त वि० [सं०] शास्त्रों में कहा गया या बतलाया हुआ।

शास्य वि० [सं०] शासन के योग्य।

शाहंशाह पुं० [फा०] [भाव० शाहंशाही] बहुत बड़ा बादशाह, महाराजाधिराज।

शाहंशाही वि० [हिं० शाहंशाह] शाहंशाह-सम्बन्धी, शाहंशाह का।

स्त्री० १. शाहंशाह का कार्य, पद या भाव। २. अपने बड़प्पन, उदारता आदि की सूचक कोई बात या कार्य। (बोलचाल)

शाह पुं० [फा०] १. महाराज, बादशाह। २. मुसलमान फकीर। वि० बड़ा या भारी, महान।

शाहखर्च वि० [फा०] [भाव० शाहखर्ची] बहुत खर्च करनेवाला।

शाहजादा पुं० [फा० शाहज़ाद:] [स्त्री० शाहजादी] बादशाह का लड़का, महाराजकुमार।

शाहाना वि० [फा०] राजसी।

पुं० वह कपड़ा जो विवाह के समय दूल्हे को पहनाया जाता है, जामा।

शाही वि० [फा०] बादशाहों का।

स्त्री० १. बादशाहत, राज। २. कुम्भ आदि पर्वों पर साधु-महात्माओं की निकलनेवाली सवारी।

शिंगरफ पुं० दे० 'ईंगुर'।

शिंजन पुं० [सं०] [वि० शिंजित] १. मधुर ध्वनि। २. आभूषणों की झंकार।

शिंजिनी स्त्री० [सं०] १. नूपुर, पैजनी। २. अँगूठी। ३. धनुष की डोरी।

शिंबी स्त्री० [सं०] १. छीमी, फली। २. सेम नाम की फली। (तरकारी)

शिंशिया पुं० [सं०] शीशम का वृक्ष।

शिंशुमार पुं० [सं०] सूँस। (जलजन्तु)

शिकंजवी स्त्री० [फा० शिकंजबीन] किसी फल के रस को पानी में घोलकर अथवा उबालकर तैयार किया हुआ पेय पदार्थ जिसका उपयोग औषध के रूप में होता है।

शिकंजा पुं० [फा०] १. दबाने, कसने आदि का यन्त्र। २. वह यन्त्र जिसमें जिल्दबन्द किताबों को कसकर जुज सिलाई के लिए घाट काटते अथवा कगर निकालते हैं। ३. कठोर दंड देने के लिए एक प्राचीन यन्त्र।

मुहा० *किसी को शिकंजे में कसना*=बहुत अधिक शारीरिक कष्ट देना। (धमकी)

शिकदार पुं० [अ० शिक़+फा० दार] किसी क्षेत्र या भूभाग का स्वामी।

शिकन स्त्री० [फा०] सिलवट।

शिकम पुं० [फा०] पेट।

शिकमी वि० [फा०] १. पेट-संबंधी। २. किसी के अन्तर्गत रहनेवाला।

मुहा० *(खेत आदि) शिकमी देना*=(जमींदार या मालिक से) किराए, लगान आदि पर ली हुई चीज, अपनी ओर से किसी दूसरे को किराए, लगान आदि पर देना।

शिकमी काश्तकार पुं० [फा०] वह जो किसी दूसरे काश्तकार से जमीन लेकर जोतता हो, काश्तकार के अधीन रहनेवाला आसामी। (सब टेनेन्ट)

शिकरम स्त्री० [फा०] एक प्रकार की गाड़ी।

शिकरम-पट्टा पुं० [फा०+हिं०] वह पट्टा जो कोई पट्टेदार, अपनी ओर से पट्टे पर ली हुई जमीन के सम्बन्ध में किसी को लिखकर देता है। (सबलीज)

शिकरा पुं० [फा०] एक प्रकार का बाज पक्षी।

शिकस्त स्त्री० [फा०] युद्ध, प्रतियोगिता आदि में होनेवाली हार, पराजय।

शिकायत स्त्री० [अ०] [वि० शिकायती] १. किसी के प्रति होनेवाले असन्तोष का बतलाया जानेवाला कारण, उलाहना। २. चुगली। ३. निन्दा। ४. रोग, बीमारी; जैसे-उसे कब्ज की शिकायत है।

शिकायती वि० [अ० शिकायत] १. (व्यक्ति) जो शिकायत करता रहता हो। २. शिकायत-संबंधी, जैसे-शिकायती स्वभाव।

शिकार पुं० [फा०] १. मांस खाने या मनोविनोद के लिए जंगली पशुओं को मारने का कार्य, आखेट, मृगया। २. वह जानवर जो इस प्रकार मारा जाए।

मुहा० *किसी का शिकार बन/हो जाना*=(क) किसी के जाल में फँसना। (ख) ग्रस्त होना। (ग) किसी का वशवर्ती या लक्ष्य होकर बुरी अवस्था में पहुँचना।

३. गोश्त, मांस। ४. आहार, खाद्य। ५. वह जिसके फँसने या हाथ में आने से बहुत आय या लाभ हो, आसामी।

शिकारगाह स्त्री० [फा०] शिकार खेलने की जगह।

शिकारी पुं० [फा०] शिकार करनेवाला।

वि० शिकार से सम्बन्ध रखनेवाला या शिकार में काम आनेवाला।

शिकारी पक्षी पुं० चील, बाज़ आदि पक्षी जो छोटे पक्षियों तथा जीवों का भक्षण करते हैं।

शिक्षक पुं० [सं०] [स्त्री० शिक्षिका] १. शिक्षा देनेवाला। २. विद्यालय में विद्यार्थियों को पढ़ानेवाला, गुरु।

शिक्षण पुं० [सं०] १. शिक्षा देने का कार्य। २. तालीम, शिक्षा।

शिक्षणविज्ञान पुं० [सं०] वह विज्ञान जिसमें इस बात का विवेचन होता है कि विद्यार्थियों को शिक्षा किस प्रकार दी जाए।

शिक्षण-विद्यालय पुं० दे० 'प्रशिक्षण-विद्यालय'।

शिक्षणालय पुं० [सं०] वह स्थान जहाँ किसी प्रकार की शिक्षा दी जाती हो, विद्यालय।

शिक्षिका स्त्री० [सं०] १. 'शिक्षक' की स्त्री। २. सिखाने-पढ़ाने का काम करनेवाली स्त्री, उस्तादनी।

शिक्षा स्त्री० [सं०] १. विद्या पढ़ाने या सिखाने की क्रिया, तालीम। (एजुकेशन) २. उपदेश, नसीहत। ३. एक वेदांग जिसमें वेदों के वर्णों, स्वरों, मात्राओं आदि का विवेचन है। (आरथोग्राफी) ४. सबक, पाठ। ५. परामर्श, सलाह।

शिक्षागुरु पुं० [सं०] वह जिससे विद्या पढ़ी या किसी कार्य की शिक्षा ली जाए।

शिक्षार्थी (-र्थिन्) पुं० [सं०] [स्त्री० शिक्षार्थिनी] १. वह जो किसी शिक्षक से शिक्षा प्राप्त कर रहा हो। २. वह जो किसी विद्या, कला या कार्य की शिक्षा प्राप्त करने के लिए उसमें लगा हो।

शिक्षालय पुं० दे० 'शिक्षणालय'।

शिक्षा-विभाग पुं० [सं०] [शिक्षा+विभाग] वह सरकारी विभाग जो देश में शिक्षा का प्रबन्ध करता हो। (एजुकेशन डिपार्टमेन्ट)

शिक्षाशास्त्र पुं० [सं०] वह शास्त्र जिसमें इस बात का विवेचन होता है कि विद्यार्थियों को किस प्रकार विद्या सिखलाई जानी चाहिए। (डिडैक्टिक्स, पेडागाजी)

शिक्षित वि० [सं०] [स्त्री० शिक्षिता] जिसने शिक्षा पाई हो, पढ़ा-लिखा या सीखा हुआ।

शिक्षु पुं०=प्रशिक्षु।

शिखंड पुं० [सं०] १. मोर की पूँछ। २. मुंडन संस्कार के अवसर पर रखी जानेवाली चोटी, शिखा।

शिखंडी (-डिन्) पुं० [सं०] १. अम्बा के गर्भ से उत्पन्न द्रुपद का पुत्र। (महाभारत) २. मोर। ३. मुर्गा। ४. बाण। ५. शिखा।

शिख* स्त्री०=शिखा।

शिखर पुं० [सं०] १. सिरा, चोटी। २. पहाड़ की चोटी। ३. मन्दिर या मकान के ऊपर का नुकीला भाग, कँगूरा, कलश। ४. मंडप, गुम्बद। ५. सर्वोच्च स्थान या पद।

शिखरन पुं० [सं० शिखरिणी] दही का बनाया हुआ एक प्रकार का खाद्य पदार्थ।

शिखर पुरुष पुं० [सं०] किसी समाज का महान व्यक्ति।

शिखरिणी स्त्री० [सं०] १. स्त्रियों में श्रेष्ठ स्त्री। २. रोमावली। ३. शिखरन। ४. पिंगल में चार चरणों का एक वर्णवृत्त जिसके प्रत्येक चरण में सत्रह अक्षर (प, म, न, स, भ, अन्त में एक लघु और एक गुरु) होते हैं तथा ६ और ११ अक्षरों पर यति होती है।

शिखा स्त्री० [सं०] १. चोटी, चुटिया। २. दीपक की लौ। ३. आग की लपट। ४. नुकीला सिरा, नोक। ५. दे० 'शिखर'।

शिखासूत्र पुं० [सं०] चोटी और यज्ञोपवीत जो द्विजों के प्रधान चिह्न हैं।

शिखि पुं० [सं०] [स्त्री० शिखिनी] १. मोर। २. कामदेव। ३. अग्नि।

शिखी (-खिन्) वि० [सं०] [स्त्री० शिखिनी] शिखा या चोटीवाला।

पुं० १. मोर। २. मुर्गा ३. बैल, साँड़। ४. घोड़ा। ५. अग्नि। ६. बाण, तीर।

शिगाफ पुं० [फा०] १. दरार, दर्ज। २. छेद, सुराख।

शित वि० [सं०] (शस्त्र) जिसमें धार हो, धारदार (जैसे छुरी या कटारी)।

शिति वि० [सं०] १. श्वेत, सफेद। २. कृष्ण, काला।

शितिकंठ पुं० [सं०] १. महादेव, शिव। २. मोर (पक्षी)।

शिथिल वि० [सं०] [भाव० शिथिलता] १. जो अच्छी तरह बँधा, कसा या जकड़ा हुआ न हो, ढीला। २. जो थकावट आदि के कारण धीमा पड़ गया हो। ३. सुस्त, धीमा, मन्द। ४. (आज्ञा या विधान) जिसका ठीक तरह से या पूरा पालन न हो। ५. (वाक्य) जिसकी शब्द-योजना ठीक न हो।

शिथिलता स्त्री० [सं०] १. 'शिथिल' का भाव। २. वह वाक्य जिसमें शब्दों की ठीक और संगत योजना न हो।

शिथिलाई* स्त्री० =शिथिलता।

शिथिलाना* अ०, स० [सं० शिथिल] शिथिल होना या करना।

शिथिलत वि०=शिथिल।

शिथिलीकरण पुं० [सं०] १. शिथिल करने की क्रिया या भाव। २. नियम आदि को शिथिल या ढीला करने का कार्य।

शिनाख्त स्त्री० [फा०] पहचान।

शिफर* पुं० [फा० सिवर] तलवार का वार रोकने की ढाल।

शिया पुं० दे० 'शीया'।

शिर पुं० दे० 'सिर'।

शिरकत स्त्री० [अ०] १. किसी वस्तु, कार्य, अधिकार आदि में शरीक या सम्मिलित होने का भाव। २. हिस्सेदारी, साझा। ३. किसी काम में सम्मिलित होना।

शिरमौर वि० [सं० शिरस्+हिं० मौर] सब में श्रेष्ठ, सर्वोत्तम।

शिरश्चंद्र पुं० [सं०] शिव, महादेव।

शिरस्त्राण पुं० [सं०] युद्ध के समय सिर पर पहना जानेवाला लोहे का टोप, कूँड़, खोद।

शिरहन* पुं० दे० 'तकिया'।

शिरा स्त्री० [सं०] १. शरीर में रक्त की छोटी नस, विशेषत: वह नस जिसके द्वारा शरीर के भिन्न-भिन्न अंगों से रक्त चलकर हृदय तक पहुँचता है, 'धमनी' से भिन्न। (वीन) २. इस आकार या प्रकार की कोई नाली।

शिरीष पुं० [सं०] सिरिस नामक वृक्ष।

शिरोधार्य वि० [सं०] आदरपूर्वक ग्रहण करने के योग्य।

शिरोभूषण पुं० [सं०] १. सिर पर पहनने का गहना। २. मुकुट।

वि० सबसे अच्छा, सर्वश्रेष्ठ।

शिरोमणि पुं० [सं०] सिर पर पहनने का रत्न।

वि० सर्वश्रेष्ठ।

शिरोरुह पुं० [सं०] सिर के बाल।

शिरोरेखा स्त्री० [सं०] देवनागरी वर्णों के ऊपर लगाई जानेवाली रेखा।

शिर्कत स्त्री० [अ०] बैठक, समारोह आदि में सम्मलित होने का भाव, सहभागिता।

शिल पुं० दे० 'उंछ'।

शिला स्त्री० [सं०] १. पत्थर की पटिया का बड़ा चौड़ा टुकड़ा। २. उंछवृत्ति।

शिलाजीत स्त्री० [सं० शिलाजतु] पहाड़ों की चट्टानों से निकलनेवाली एक प्रसिद्ध पौष्टिक काली ओषधि, मोमियाई।

शिलान्यास पुं० [सं०] भवन आदि बनाने से पहले उसकी नींव का पत्थर रखा जाना।

शिलारोपण पुं० दे० 'शिलान्यास'।

शिलालेख पुं० [सं०] पत्थर पर खुदा हुआ कोई प्राचीन लेख। (एपिग्राफ)

शिलावट पुं० [सं० शिला] वह जो पत्थर आदि गढ़ने का काम करता हो, संगतराश।

शिलावृष्टि स्त्री० [सं०] ओलों की वर्षा।

शिलीमुख पुं० [सं०] भौंरा।

शिल्प पुं० [सं०] १. हाथ से चीजें बनाकर तैयार करने की कला, दस्तकारी, कारीगरी, हस्तशिल्प। २. कोई काम करने का कलापूर्ण ढंग या पद्धति।

शिल्पकार पुं० [सं०] शिल्पी, कारीगर।

शिल्पतत्त्व पुं० [सं०] कलात्मक गुण या योग्यता।

शिल्पविद्या स्त्री० दे० 'शिल्प'।

शिल्पशास्त्र पुं० [सं०] वह शास्त्र जिसमें शिल्पों या हाथ की कारीगरियों का विवेचन होता है।

शिल्पिक वि० [सं०] शिल्पकला या उसकी शिक्षा से सम्बन्ध रखनेवाला, जैसे शिल्पिक प्रशिक्षण।

शिल्पी (-पिन्) पुं० [सं०] १. शिल्प का काम करनेवाला कारीगर। (आर्टिजन) २. किसी शिल्प का अच्छा ज्ञाता। (टेकनीशियन)

वि० शिल्प-सम्बन्धी, शिल्प का, जैसे शिल्पी प्रशिक्षण।

शिव पुं० [सं०] १. मंगल, कल्याण। २. मोक्ष। ३. रुद्र। ४. परमेश्वर। ५. हिन्दुओं के एक प्रसिद्ध देवता जो सृष्टि का संहार करनेवाले माने जाते हैं।

शिवगामी (-मिन्) पुं० [सं०] कल्याण या मंगल की कामना करनेवाला साधक।

शिवत्व पुं० [सं०] १. शिव का भाव, ईश्वरत्व। २. कल्याणकारी होने का भाव।

शिवत्वीकरण पुं० [सं०] शिवत्व बनाने का कार्य।

शिवनामी स्त्री० [सं० शिव+नाम+हिं० ई(प्रत्य०)] वह चादर या कपड़ा जिस पर जगह-जगह 'शिव' या 'जय शिव' छपा होता है।

शिवनिर्माल्य पुं० [सं०] १. शिव पर चढ़ा हुआ पदार्थ जो ग्रहण करने के योग्य नहीं होता। २. परम अग्राह्य वस्तु।

शिवपुरी स्त्री० [सं०] काशी नगरी।

शिवमय वि० [सं०] [स्त्री० शिवमयी] कल्याणकारी।

शिवरात्रि स्त्री० [सं०] फाल्गुन कृष्ण चतुर्दशी, जो शिव के विवाह की तिथि और फलतः एक पर्व के रूप में मनाई जाती है।

शिवरानी स्त्री०=पार्वती।

शिवलिंग पुं० [सं०] शिव या महादेव की पिंडी जिसकी पूजा होती है।

शिवलोक पुं० [सं०] कैलास।

शिवा स्त्री० [सं०] १. दुर्गा। २. पार्वती। ३. गीदड़ जाति की मादा, शृगाली। ४. मुक्ति, मोक्ष।

शिवालय पुं० [सं०] शिव-का मन्दिर।

शिवाला पुं०=शिवालय।

शिवि पुं० [सं०] राजा उशीनर के पुत्र जो बहुत बड़े दानी थे। कहते हैं इन्होंने कबूतर की रक्षा के लिए अपने शरीर का मांस बाज़ को दिया था।

शिविका स्त्री० [सं०] पालकी, डोली।

शिविर पुं० [सं०] १. सेना के ठहरने का स्थान, पड़ाव। २. वह स्थान जहाँ कुछ लोग मिलकर किसी विशेष कार्य या उद्देश्य से रहें, जैसे शिक्षा शिविर। (कैम्प) ३. डेरा, खेमा, निवेश। ४. दुर्ग, किला, कोट।

शिविरवासी (-सिन्) पुं० [सं०] शिविर में रहनेवाला, शिविरार्थी।

शिविरार्थी (-र्थिन्) पुं० [सं०] शिविर में सम्मिलित होनेवाला।

शिशिर पुं० [सं०] १. माघ और फाल्गुन मास की ऋतु। २. जाड़ा, शीतकाल।

शिशु पुं० [सं०] [भाव० शिशुता, शिशुत्व] छोटा बच्चा। (बेबी)

शिशुता स्त्री० [सं०] १. बाल्यावस्था, बचपन। २. बालकों का-सा आचरण, लड़कपन।

शिशुताई* स्त्री०=शिशुता।

शिशुनाग पुं० [सं०] [वि० शैशुनाग] मगध का एक प्राचीन राजा।

शिशुपन पुं०=शिशुता।

शिशुपाल पुं० [सं०] चेदि देश का एक प्रसिद्ध राजा जो श्रीकृष्ण के हाथों मारा गया था।

शिश्न पुं० [सं०] पुरुष का लिंग या जननेन्द्रिय।

शिष* पुं०=शिष्य।
स्त्री० १. दे० 'शिक्षा'। २. दे० 'शिखा'।

शिष्ट पुं० [सं०] [भाव० शिष्टता] अच्छे स्वभाव, व्यवहार और आचरणवाला, भला आदमी, सभ्य आदमी। (सिविल)
वि० अच्छा, उत्तम।

शिष्टता स्त्री० [सं०] १. सभ्यता, भलमनसत। २. उत्तमता, श्रेष्ठता।

शिष्टमंडल पुं० [सं०] कुछ शिष्ट लोगों का वह दल जो किसी विशिष्ट कार्य के लिए कहीं भेजा जाता है, जैसे पार्लमेन्ट का शिष्टमंडल। (डेपुटेशन)

शिष्टाचार पुं० [सं०] १. सभ्य या शिष्ट पुरुषों का-सा आचरण, उत्तम व्यवहार। २. आनेवाले का आदर-सम्मान, आव-भगत। ३. दिखावटी और ऊपरी सभ्य व्यवहार।

शिष्य पुं० [सं०] [स्त्री० शिष्या, भाव० शिष्यता] वह जिसे किसी ने कुछ पढ़ाया या सिखाया हो, चेला, शागिर्द।

शिस्त स्त्री० [फा०] निशाना, लक्ष्य।

शीघ्र क्रि० वि० [सं०] [भाव० शीघ्रता] बिना विलम्ब किए या देर लगाए, जल्द।

शीघ्रगतिक वि० [सं०] शीघ्रगामी।

शीघ्रगामी वि० [सं० शीघ्रगामिन्] जल्दी या तेज चलनेवाला।

शीघ्रता पुं० [सं०] जल्दी, फुरती।

शीघ्रतापूर्वक क्रि० वि० [सं०] शीघ्रता से, फुर्ती से।

शीत वि० [सं०] ठंडा, शीतल।
पुं० १. तापमान के गिरने से शरीर में होनेवाली वह अनुभूति जिसमें कपड़े आदि ओढ़ने या धूप, आग आदि तापने की इच्छा होती है, 'ताप' का विरोधी भाव, जाड़ा, सरदी। (कोल्ड) २. जाड़े के दिन।

शीतक वि० [सं०] शीत उत्पन्न करने या ठंडक बनानेवाला।
पुं० बिजली की सहायता से कार्य करनेवाला एक उपकरण जिससे गरमी के समय कमरे, कोठरियाँ आदि ठंडी रखी जाती हैं। (कूलर)

शीत-कटिबंध पुं० [सं०] पृथ्वी के वे दो विभाग जो भूमध्य रेखा से २३-१/२ अंश उत्तर के बाद और २३-१/२ अंश दक्षिण के बाद पड़ते हैं और जिनमें बहुत सरदी होती है। (टॉरिट ज़ोन)

शीतकर पुं० [सं०] चन्द्रमा।

शीतकाल पुं० [सं०] जाड़े के दिन, सरदी का मौसिम।

शीतज्वर पुं० [सं०] जाड़ा देकर आनेवाला बुखार। (मलेरिया)

शीततरंग स्त्री० [सं०] शीतकाल में किसी स्थान पर बहुत अधिक सरदी या बरफ पड़ने पर उसके प्रभाव से किसी दिशा में बढ़नेवाली शीत की वह तरंग जिससे दो-चार दिनों के लिए सरदी बहुत बढ़ जाती है। (कोल्ड वेव)

शीतयुद्ध पुं० [सं०] दो राष्ट्रों या राष्ट्र-समूहों के बीच झगड़े के कारण होनेवाला तनाव। (कोल्ड वार)

शीतल वि० [सं०] [भाव० शीतलता] १. ठंडा, सर्द, 'गरम' का विरुद्धार्थक। २. क्षोभ या उद्वेगरहित, शान्त। ३. परम सन्तुष्ट और प्रसन्न (मन)।

शीतलता स्त्री० [सं०] 'शीतल' होने का भाव, ठंडापन, ठंडक।

शीतला स्त्री० [सं०] १. चेचक रोग। २. इस रोग की अधिष्ठात्री देवी।

शीया पुं० [अ० शीअः] एक मुसलमानी सम्प्रदाय जो हजरत अली का अनुयायी है।

शीरिष पुं०=शीर्ष।

शीरा पुं० [फा०] चीनी या गुड़ पकाकर बनाया हुआ गाढ़ा रस, चाशनी।

शीराजी वि० [फा० शीराज (नगर)] शीराज नगर का।
पुं० १. एक प्रकार का कबूतर। २. एक प्रकार की शराब।

शीरीनी स्त्री० [फा०] १. मिठास, मीठापन। २. मिठाई, मिष्ठान्न।

शीर्ण वि० [सं०] १. टूटा-फूटा। २. फटा-पुराना। ३. मुरझाया या कुम्हलाया हुआ। ४. दुबला, पतला।

शीर्ष पुं० [सं०] १. किसी चीज का सबसे ऊँचा या ऊपरी भाग, सिरा, चोटी। २. भूमिति में वह बिन्दु, जिस पर दो ओर से दो तिरछी रेखाएँ आकर मिलती हों। (वर्टेक्स, उक्त दोनो अर्थों के लिए) ३. सिर, कपाल। ४. माथा, मस्तक। ५. सामने या आगे का भाग। ६. खाते आदि की मद या विभाग का नाम। (हेड)

शीर्षक पुं० [सं०] १. दे० 'शीर्ष'। २. वह शब्द या पद जो विषय का परिचय कराने के लिए लेख के ऊपर उसके नाम के रूप में रहता है। (हैडिंग, कैप्शन)

शीर्षनाम पुं० [सं०] लेख्य, विधान आदि का वह पूरा नाम जो उसके आरम्भ में रहता है, सिरनामा। (टाइटिल, शार्ट टाइटिल)

शीर्षविंदु पुं० [सं०] सिर के ऊपर का या ऊँचाई में सबसे ऊपर का स्थान।

शील पुं० [सं०] [भाव० शीलता] १. स्वभाव की प्रवृत्ति या रुख, मिजाज, चाल-ढाल। (डिस्पोजिशन) २. उत्तम स्वभाव और आचरण, अच्छा चरित्र। ३. संकोच, मुरव्वत।
वि० [स्त्री० शीला] प्रवृत्त, तत्पर, अग्रसर (यौ० के अन्त में, जैसे प्रयत्नशील, विकासशील)।

शीलता स्त्री० [सं०] 'शील' का भाव, जैसे दानशीलता, सहनशीलता।

शीलभंग पुं० [सं०] किसी कन्या या स्त्री के स्त्रीत्व के नष्ट होने की अवस्था या भाव।

शीलवान वि०=सुशील।

शीश* पुं० दे० 'शीर्ष'।

शीशम पुं० [सं० शिंशिपा से फा०] एक बड़ा पेड़ जिसकी लकड़ी इमारत और सजावटी सामान बनाने के काम में आती है।

शीशमहल पुं० [फा० शीश:+अ० महल] वह मकान या कमरा जिसकी दीवारों में बहुत से शीशे लगे या जड़े हों।

शीशा पुं० [फा० शीश:] १. काँच नामक पारदर्शी मिश्र धातु, विशेष दे० 'काँच'। २. इस धातु के एक पार्श्व पर रसायनिक प्रक्रिया से लेप करके बनाया हुआ वह रूप जिसमें दूसरे पार्श्व पर सामने की वस्तु का प्रतिबिम्ब दिखाई देता हो, दर्पण, आइना। ३. झाड़, फानूस आदि सजावट के बने हुए सामान।

शीशी स्त्री० [हिं० शीशा] १. शीशे का वह लम्बोतरा छोटा पात्र जिसमें तरल पदार्थ, दवा आदि रखते हैं, छोटी बोतल। २. शीशी में भरा द्रव या पदार्थ; जैसे—मैंने चार शीशी दवा पी थी।
मुहा० *शीशी सुँघाना*=बेहोशी की दवा सुँघाकर किसी को बेहोश करना (शल्य-चिकित्सा आदि के समय)।

शुंग पुं० [सं०] प्राचीन भारत का एक प्रसिद्ध क्षत्रिय राजवंश जिसने मौर्यों के बाद मगध पर राज्य किया था।

शुंड पुं० [सं०] हाथी की सूँड़।

शुंडा स्त्री० [सं०] १. सूँड़। २. एक तरह की शराब।

शुंडिक पुं० [सं०] वह जो शराब बनाता तथा बेचता हो, कलवार।

शुंडी(-डिन्) पुं० [सं०] १. हाथी। २. मद्य बनाने और बेचनेवाला, कलवार।

शुंभ पुं० [सं०] एक प्रसिद्ध दैत्य जिसे दुर्गा ने मारा था।

शुक पुं० [सं०] [स्त्री० शुकी] तोता।

शुकदेव पुं० [सं०] एक प्रसिद्ध पौराणिक कथावाचक जो कृष्ण द्वैपायन के पुत्र थे।

शुकराना पुं० [अ० शुक्रान:] १. शुक्रिया, धन्यवाद। २. वह धन जो किसी के कोई काम कर देने पर उसे धन्यवादपूर्वक दिया जाता है। ३. कृतज्ञता।

शुक्ति, शुक्तिका स्त्री० [सं०] सीपी।

शुक्र[1] पुं० [सं०] १. अग्नि। २. हमारे सौर जगत का एक प्रसिद्ध ग्रह जो पुराणों में दैत्यों का गुरु माना गया है। (वीनस) ३. पुरुष का वीर्य।

शुक्र[2] पुं० [अ०] आभार, कृतज्ञता।

शुक्रगुज़ार वि० [अ० शुक्र+फा० गुज़ार] आभारी, कृतज्ञ।

शुक्रवार पुं० [सं०] वृहस्पतिवार के बाद और शनिवार के पहले का दिन।

शुक्रिया पुं० [फा० अ० शुक्रीय:] उपकार के प्रति जताई जानेवाली कृतज्ञता, धन्यवाद।

शुक्ल वि० [सं०] सफेद, उजला।

शुक्लपक्ष पुं० [सं०] अमावस्या के बाद की प्रतिपदा से पूर्णिमा तक के १५ दिन।

शुक्लपक्षीय वि० [सं०] १. शुक्लपक्ष-सम्बन्धी। २. अर्थ के विचार से उत्कर्ष का सूचक; जैसे शब्द का शुक्लपक्षीय अर्थ। 'कृष्णपक्षीय' का विरुद्धार्थक।

शुक्लाभिसारिका स्त्री० [सं० शुक्लपक्ष+अभिसारिका] साहित्य में वह परकीया नायिका जो शुक्ल पक्ष या चाँदनी रात में सज-धजकर अपने प्रेमी से मिलने के लिए संकेतस्थल पर जाती है।

शुचि स्त्री० [सं०] १. पवित्रता, शुद्धता। २. स्वच्छता।
वि० [भाव० शुचिता] १. शुद्ध, पवित्र। २. स्वच्छ, साफ, निर्दोष। ३. निष्कपट।

शुचिता स्त्री० [सं०] १. पवित्रता। २. वह स्वच्छता और शुद्धता जो स्वास्थ्य ठीक रखने के लिए आवश्यक होती है। (सैनिटेशन)

शुजा वि० [अ० शुजाअ] बहादुर, वीर।

शुतुर पुं० [सं० उष्ट्र से फा०] ऊँट।

शुतुरनाल स्त्री० [अ०+फा०] ऊँट पर रखकर चलाई जानेवाली तोप।

शुतुरमुर्ग पुं० [फा०] एक बहुत बड़ा पक्षी जिसकी गरदन ऊँट की तरह लम्बी होती है।

शुतुरमुर्गी वि० [फा० शुतुरमुर्ग] १. शुतुमुर्ग का २. शुतुमुर्ग जैसा।

शुदनी स्त्री० [फा०] नियति, होनी, भावी, होनहार।

शुद्ध वि० [सं०] [भाव० शुद्धता] १. पवित्र। २. स्वच्छ, साफ। ३. जिसमें भूलें, त्रुटियाँ आदि न हों, ठीक, सही। ४. मिलावट से रहित, खालिस। ५. जिसमें से लागत, व्यय आदि निकाले जा चुके हों, जैसे शुद्ध लाभ। (नेट) ६. निर्दोष, बेऐब।

शुद्धकल्याण पुं० [सं०] ओड़व सम्पूर्ण जाति का एक राग जो रात के पहले पहर में गाया जाता है।

शुद्धता स्त्री० [सं०] १. शुद्ध या बेमेल होने का भाव। (प्योरिटी) २. शुद्ध या ठीक होने का भाव। (करेक्टनेस) ३. दे० 'शुद्धि'।

शुद्धतावादी (-दिन्) वि० [सं०] शुद्धता का परिचायक, जैसे शुद्धतावादी दृष्टिकोण।

पुं० वह जो शुद्धता का पक्षधर हो।

शुद्ध-बुद्ध वि० [सं०] पवित्र और ज्ञानवान (आत्मा के लिए प्रयुक्त)

शुद्धसारंग पुं० [सं०] ओड़व षाड़व जाति का एक राग जो मध्याह्न में गाया जाता है।

शुद्धा स्त्री० [सं०] साहित्य में वह लक्षणा जिसका आधार कार्यकारण सम्बन्ध या अंगांगी भाववाला सम्बन्ध (सादृश्य से भिन्न) होता है।

शुद्धापह्नुति स्त्री० [सं०] साहित्य में अपह्नुति अलंकार का एक भेद जिसमें उपमेय को झूठा या व्यर्थ ठहराकर उपमान को ही ठीक बतलानेवाला वर्णन होता है।

शुद्धि स्त्री० [सं०] १. 'शुद्ध' होने का कार्य या भाव। २. सफाई, स्वच्छता। ३. वह धार्मिक कृत्य या संस्कार जो किसी धर्मच्युत, विधर्मी या अशुचि व्यक्ति को शुद्धकर अपने समाज में मिलाने के लिए होता है।

शुद्धिपत्र पुं० [सं०] पुस्तक के अन्त का वह पत्र जिसमें यह बतलाया जाता है कि इसमें कहाँ और क्या-क्या अशुद्धियाँ हैं और उनका शुद्ध रूप क्या है। (एरार्टा)

शुद्धिवादी वि० [सं०] शुद्धि-सम्बन्धी।

पुं० १. शुद्ध या शुद्धीकरण करनेवाला। २. शुद्धतावादी।

शुद्धीकरण पुं० [सं० शुद्ध+करण] शुद्ध करने की क्रिया या भाव, शुद्धि।

शुद्धोदन पुं० [सं०] गौतम बुद्ध के पिता जो शाक्य वंश के राजा थे।

शुनासीर पुं० [सं०] इन्द्र, सुनासीर, पुरन्दर।

शुफा पुं० [अ० शुफ़्अः] पड़ोसी, पार्श्ववर्ती।

पद *हक्क शुफा*=किसी मकान या जमीन को खरीदने का वह अधिकार जो उसके पड़ोस में रहनेवालों को, औरों से पहले प्राप्त होता है।

शुबहा पुं० [अ० शुब्हः] १. सन्देह, शक। २. धोखा, भ्रम।

शुभंकर वि० [सं०] [स्त्री० शुभंकरी] मंगलकारक।

पुं० कोई मंगलसूचक चिह्न।

शुभंगी* वि० [सं० शुभांगी] शुभ या सुन्दर अंगोंवाला।

पुं० 'शोकहर' नामक छन्द का दूसरा नाम।

शुभ वि० [सं०] [भाव० शुभत्व०] १. अच्छा, भला। २. कल्याणकारी, मंगलप्रद। ३. अच्छाई या कल्याण का सूचक।

पुं० कल्याण, भलाई।

शुभ घड़ी स्त्री० [सं०+हिं०] मुहूर्त।

शुभचिंतक पुं० [सं०] किसी का शुभ या कल्याण चाहनेवाला, किसी की भलाई की बातें सोचनेवाला, हितैषी, शुभेच्छु। (वेलविशर)

शुभचिंतन पुं० [सं०] [वि० शुभचिंतक] किसी की भलाई या हित की बातें सोचना।

शुभत्व पुं० [सं०] शुभ होने की अवस्था या भाव।

शुभदंडक पुं० [सं०] विजया नामक छन्द का वह भेद या प्रकार जिसमें उसके प्रत्येक चरण का अन्त नगण से होता है।

शुभदर्शन वि० [सं०] १. जिसके दर्शन करने से कुछ भलाई हो। २. सुन्दर, खूबसूरत।

शुभमस्तु पद [सं०] शुभ हो। (शुभकामना)

शुभांगी स्त्री० [सं०] १. शुभ या गोरे रंगवाली स्त्री। २. रति।

शुभा स्त्री० [सं०] १. शोभा। २. कान्ति, चमक। ३. देवसभा।

पुं० दे० 'शुबहा'।

शुभाकांक्षा स्त्री० [सं०] [वि० शुभाकांक्षी] किसी व्यक्ति या कार्य के सम्बन्ध में की जानेवाली शुभ या अच्छी आकांक्षा या कामना, मंगल-कामना।

शुभाकांक्षी (-क्षिन्) वि० [सं०] [स्त्री० शुभाकांक्षिणी] दे० 'शुभचिंतक'।

शुभारंभ पुं० [सं०] नए क्रियाकलाप का औपचारिक आरम्भ, श्रीगणेश।

शुभाशय पुं० [सं०] [स्त्री० शुभाशया] वह जिसके विचार या आशय अच्छे हों।

शुभाशुभ वि० [सं० शुभ+अशुभ०] शुभ और अशुभ; जैसे शुभाशुभ कर्म।

शुभेच्छु पुं०=शुभचिंतक।

शुभ्र वि० [सं०] [भाव० शुभ्रता] सफेद, श्वेत, उजला।

शुमार पुं० [फा०] १. संख्या, गिनती, गणना; जैसे—बेशुमार=संख्या में अत्यधिक। २. हिसाब, लेखा।

शुरुआत स्त्री० [अ० शुरूआत] १. प्रारम्भ, आरम्भ। २. उद्‌गम या स्रोत; जैसे—आतंकवाद की शुरुआत पाकिस्तान से हुई।

शुरुआती वि०=आरम्भिक।

शुरू पुं० [अ० शुरूअ] आरम्भ, प्रारम्भ।
पद *शुरू शुरू में*=आरंभ में ही।

शुल्क पुं० [सं०] वह देन जो किसी नियम, विधि या परिपाटी के अनुसार आवश्यक रूप से दिया या लिया जाए। (ड्यूटी) २. आयात-निर्यात, विक्रय आदि की वस्तुओं पर राज्य की ओर से लगनेवाला एक विशेष प्रकार का कर। (ड्यूटी) ३. कोई काम करने के बदले में लिया जानेवाला धन। (चार्ज, फी) ४. किराया, भाड़ा। ५. विवाह में कन्या को दिया जानेवाला दहेज।

शुल्कद्वार पुं० [सं०] वह स्थान जहाँ शुल्क देने पर आगे जाने की अनुमति मिलती है।

शुल्कार्ह वि० [सं०] जिस पर शुल्क लग सकता हो, शुल्क लगाए जाने के योग्य। (ड्यूटिएबुल)

शुश्रूषा स्त्री० [सं०] [वि० शुश्रूष्य] १. सेवा, टहल। २. रोगी की परिचर्या।

शुष्क वि० [सं०] [भाव० शुष्कता] १. जिसमें, गीलापन या तरी न हो, 'आर्द्र' का विरुद्धार्थक, सूखा। २. जिसमें से स्वाभाविक आर्द्रता या नमी निकल गई हो। ३. जिसमें किसी तरल पदार्थ का उपयोग न किया गया हो, जैसे शुष्क प्रतिसारण। ४. जिसमें साथ रहने या रह सकनेवाली कोई दूसरी बात न हो, जैसे शुष्क वेतन=ऐसा वेतन जिसमें मालिक से केवल धन मिले, भोजन, वस्त्र आदि न मिले। ५. जिसमें कोमलता, सरसता आदि गुणों का अभाव हो, जैसे शुष्कहृदय। ६. जिसमें मनोरंजकता, मनोहरता या रस न हो, नीरस, जैसे शुष्क विषय। ७. (मौसम) जिसमें वर्षा की सम्भावना न हो, वर्षाविहीन; जैसे—मौसम विभाग ने भविष्यवाणी की है कि उत्तर प्रदेश में आज मौसम शुष्क रहेगा। (ड्राई, उक्त सभी अर्थों के लिए)

शुष्कता स्त्री० [सं०] शुष्क होने की अवस्था या भाव, सूखापन।

शुष्कहृदय वि० [सं०] जिसके हृदय में प्रेम, उदारता आदि उत्तम और कोमल गुण न हों।

शू पुं० सुअर का शब्द।

शूक पुं० [सं०] १. अन्न की बाल या सींका। २. यव, जौ। ३. कागज नत्थी करने की काँटी, आलपीन। (पिन)

शूकधानी स्त्री० [सं०] गद्दी आदि लगी हुई डिबिया या आधार जिसमें आलपीनें खोंसकर रखी जाती हैं। (पिन-कुशन)

शूकर पुं० [सं०] [स्त्री० शूकरी] सुअर नामक जन्तु।

शूकरक्षेत्र पुं० [सं०] उत्तर प्रदेश के एटा जिले का सोरों नामक स्थान जहाँ वाराह अवतार की मूर्ति और मन्दिर है।

शूद्र पुं० [सं०] [स्त्री० शुद्रा, शुद्री, भाव० शुद्रता] १. हिन्दुओं के चार वर्णों में से चौथा और अन्तिम। २. इस वर्ण का मनुष्य।

शूद्रक वि० [सं० शूद्र] शूद्र संबंधी; जैसे शूद्रक शक्ति।

शूना स्त्री० [सं०] चूल्हा, चक्की, आदि वे उपकरण या उनके रहने के स्थान जिसमें गृहस्थों से नित्य अनजान में अनेक जीवों की हत्या होती है।

शून्य पुं० [सं०] [भाव० शून्यता] १. वह जगह जिसके अन्दर कुछ भी न हो, खाली स्थान। (वैकुअम) २. आकाश। ३. बिन्दी, बिन्दु। (जीरो) ४. न होना, अभाव। ५. हठयोग के अनुसार शरीर के अन्दर के आठ चक्रों या कमलों में से सातवाँ जिसे 'सहस्त्रार' भी कहते है, विशेष दे० 'सहस्त्रार'। ६. स्वर्ग। ७. ईश्वर।
वि० १. जिसके अन्दर कुछ न हो, खाली। २. विहीन, रहित, जैसे दयाशून्य, हृदयशून्य। ३. जिसमें वैसी कोई बात न हो जैसी साधारणतः होनी चाहिए, जैसे शून्यदृष्टि। (ब्लैंक)

शून्यकाल पुं० [सं०] वह समय जब कोई क्रियाकलाप, गतिविधि या अभियान आरम्भ करने का निश्चय किया गया हो। (जीरो आवर)

शून्यपाल पुं० [सं०] १. वह जो किसी की जगह पर अस्थायी रूप से काम करे। २. प्राचीन भारत में, वह जो राजा के न रहने या उसके अयोग्य, असमर्थ, अल्पवयस्क आदि होने पर राज्य के सब कामों की देख-रेख करता था। (रीजेंट)

शूर पुं० [सं०] [भाव० शूरता] १. वीर, बहादुर। २. योद्धा, सूरमा।

शूरता स्त्री० [सं०] वीरता, बहादुरी।

शूरताई स्त्री०=शूरता।

शूरवीर पुं० [सं०] अच्छा वीर और योद्धा, सूरमा।

शूरसेन पुं० [सं०] मथुरा प्रदेश का पुराना नाम।

शूरा* पुं० [सं० शूर] बहादुर, वीर।

शूर्पणखा स्त्री० [सं०] रावण की बहन एक प्रसिद्ध राक्षसी जिसके नाक-कान लक्ष्मण ने काटे थे।

शूर्पनखा स्त्री०=शूर्पणखा।

शूल पुं० [सं०] १ बरछे की तरह का एक प्राचीन अस्त्र, विशेष दे० 'त्रिशूल'। २. बड़ा लम्बा और नुकीला काँटा। ३. वायु के प्रकोप से पेट में होनेवाली एक प्रकार की प्रबल पीड़ा। ४. पीड़ा, दर्द।

शूलना* अ० [सं० शूल] १. शूल या काँटे की तरह गड़ना। २. दुख देना।

शूलपाणि पुं० [सं०] महादेव।

शूलस्तूप पुं० [सं०] वह विशेष प्रकार का स्तूप जो शूल के आकार का होता है।

शूली(-लिन्) पुं० [सं० शूलिन्] शिव, महादेव।
स्त्री० दे० 'सूली'।

शूशू पुं० [फा० शाशा] मूत्र (बच्चे का) शूशू लगना=पेशाब लगना।

शृंखल पुं० [सं०] [भाव० शृंखलता] १. कोई चीज बाँधने का लोहे का बड़ा सिक्कड़। २. हथकड़ी और बेड़ी।

वि० जो शृंखला के रूप में, क्रम से या नियम, नियन्त्रण आदि के अधीन हो, व्यवस्थित और ठीक।

शृंखलता स्त्री० [सं०] क्रम के अनुसार, नियमित, नियन्त्रित या व्यवस्थित होने की दशा या भाव।

शृंखला स्त्री० [सं०] १. एक दूसरी में पिरोई हुई बहुत-सी कड़ियों का समूह। २. क्रम से आने या होनेवाली बहुत सी बातें, चीजें, घटनाएँ आदि, जंजीर, साँकल, सिकड़ी। (चेन, उक्त दोनो अर्थों के लिए) ३. एक ही प्रकार के कार्यों, खेलों, वस्तुओं आदि का, एक के बाद एक करके चलनेवाला क्रम, माला, जैसे—एक-दिवसीय शृंखला, कार्यशृंखला। (सीरीज़) ४. एक ही दशा, विभाग, रूप आदि में कुछ दूर तक चलनेवाला क्रम, माला, श्रेणी, कतार। (रेंज) ५. क्रम, सिलसिला। ६. एक अलंकार जिसमें पहले कहे हुए पदार्थों का क्रम से वर्णन किया जाता है। (साहित्य)

शृंखला का खिलाड़ी पुं० वह खिलाड़ी जिसका प्रदर्शन किसी शृंखला में अन्य खिलाड़ियों से उत्तम माना जाए।

शृंग पुं० [सं०] १. पर्वत का शिखर। २. गौ, बकरी आदि के सिर का सींग। ३. कँगूरा। ४. चोटी।

शृंगज पुं० [सं०] शर, वाण, तीर।

शृंगार पुं० [सं०] [वि० शृंगारित] १. सजाने की क्रिया या भाव, सजावट। २. वह जिससे किसी चीज की शोभा बढ़े। ३. स्त्रियों का गहने-कपड़ों से अपने आपको सजाना। (साहित्य में इसके १६ अंग कहे गए हैं, यथा—उबटन लगाना, मंजन करना, मिस्सी लगाना, नहाना, अच्छे कपड़े पहनना, बाल सँवारना, काजल लगाना, माँग में सिन्दूर डालना, पैर में महावर लगाना, बिन्दी लगाना, ठोढ़ी पर तिल बनाना, हाथ में मेंहदी लगाना, शरीर में गन्ध द्रव्य लगाना, गहने पहनना, फूलों की माला पहनना और पान खाना।) ४. साहित्य में नौ रसों में से सबसे अधिक प्रसिद्ध और प्रधान रसों में से एक जो सब में मुख्य माना जाता है, इसमें (क) नायक-नायिका के मिलन या संयोग से उत्पन्न सुख और (ख) उनके वियोग के कारण होनेवाले कष्टों का वर्णन होता है, इसीलिए इन्हें क्रमात् संयोग शृंगार और वियोग शृंगार कहते हैं। नायक और नायिका इसके आलम्बन तथा उनकी वेशभूषा, चेष्टाएँ, चाँदनी रात, वर्षाऋतु आदि इसके उद्दीपन हैं।)

शृंगारना* स० [सं० शृंगार+हिं० इया (प्रत्य०)] सजाना।

शृंगारहाट स्त्री० [सं० शृंगार+हिं० हाट] वेश्याओं के रहने का बाजार, चकला।

शृंगारिक वि० [सं०] शृंगार-सम्बन्धी।

शृंगारिणी स्त्री० [सं०] स्रग्विणी नामक वर्णवृत्त का दूसरा नाम।

शृंगारिया पुं० [सं० शृंगार] वह जो देव-मूर्तियों आदि का शृंगार करता हो।

शृंगी पुं० [सं०] १. हाथी। २. वृक्ष, पेड़। ३. पर्वत, पहाड़। ४. सींगवाला पशु। ५. सींग का बना हुआ एक प्रकार का बाजा। ६. महादेव, शिव, नन्दिकेश्वर। ७. शमीक के पुत्र एक प्राचीन ऋषि जिनकी लम्बी चोटी थी। (कहते हैं कि इन्हीं के श्राप से परीक्षित को तक्षक ने काटा था।)

शृग पुं०=शृगाल।

शृगाल पुं० [सं०] गीदड़।

शेख पुं० [अ० शैख़] [स्त्री० शेखनी] १. मुहम्मद साहब के वंशजों की उपाधि। २. मुसलमानों के चार वर्गों में से पहला और श्रेष्ठ वर्ग। ३. आचार्य।

*वि०, पुं०=शेष।

शेख-चिल्ली पुं० [अ० शैख+हिं० चिल्ली] १. एक कल्पित महामूर्ख व्यक्ति। २. व्यर्थ बड़े-बड़े और असम्भव मन्सूबे बाँधनेवाला।

शेखर पुं० [सं०] १. शिखर, ऊपरी भाग, शीर्ष। २. सिर, माथा; विशेषत: देवता का; जैसे—चंद्रशेखर (शिव)। ३. मुकुट, किरीट। ४. पहाड़ की चोटी, शिखर।

वि० सबसे अच्छा या श्रेष्ठ।

शेखी स्त्री० [अ० शैख़] १. अभिमान, घमंड। २. ऐंठ, अकड़। ३. बढ़-बढ़कर बातें करना, डींग।

मुहा० *शेखी बघारना या हाँकना*=बहुत बढ़-बढ़कर बातें करना, डींग हाँकना।

शेखीबाज वि० [हिं० शेखी+फा० बाज़] बहुत शेखी या डींग हाँकने या बढ़-बढ़कर बातें करनेवाला।

शेफालिका स्त्री० [सं०] निर्गुण्डी या नीले सिधुआर का पौधा।

शेयर पुं० [अं०] १. हिस्सा, भाग। २. किसी व्यापार या व्यापारिक संस्थान की पूँजी में लगाया हुआ आंशिक धन।

शेर[1] पुं० [फा०] [स्त्री० शेरनी] १. बिल्ली की जाति का एक बहुत बड़ा और भयंकर प्रसिद्ध हिंसक पशु, व्याघ्र, नाहर।

मुहा० *शेर होना*=निर्भय, धृष्ट या बहुत प्रबल होना।

२. बहुत बड़ा वीर और साहसी व्यक्ति।

शेर[2] पुं० [अ० श्अर] गजल के दो चरण।

शेरदहाँ वि० दे० 'शेरमुँहा'।

शेरपंजा पुं० [फा० शेर+हिं० पंजा] शेर के पंजे के आकार का एक अस्त्र, बघनहाँ।

शेरबच्चा पुं० [फा० शेरबच:] १. वीर बालक। २. एक प्रकार की तोप या बन्दूक।

शेरबब्बर पुं० [फा०] सिंह, केसरी।

शेरमुँहा वि० [हिं० शेर+मुँह] १. जिसका मुँह शेर के मुँह की तरह का हो। २. जिसका अगला भाग शेर के मुँह की तरह का बना हो। ३. (मकान या जमीन) जिसका अगला भाग अपेक्षाकृत अधिक चौड़ा और पिछला भाग उसकी अपेक्षा कम चौड़ा या तंग हो। (ऐसा मकान या जमीन मालिक को अशुभ फल देनेवाली मानी जाती है।)

शेरवानी स्त्री० [फा० शेर] एक प्रकार का अंगा या लम्बा पहनावा।

शेरिफ पुं० [अं०] १. विशिष्ट राजकीय उच्चाधिकारी जो भिन्न-भिन्न देशों में न्याय, शान्ति, रक्षा आदि कार्यों के लिए अवैतनिक और सम्मानित रूप से नियुक्त या निर्वाचित होता है। २. दे० 'सुमान्य'।

शेल पुं० दे० 'सेल'।

शेष पुं० [सं०] १. बाकी बची हुई वस्तु, संख्या आदि, बाकी। (रिमेण्डर) २. (गणित में) घटाने से बची हुई संख्या या रकम, बाकी। (बैलेन्स) ३. समाप्ति, अन्त। ४. शेषनाग। ५. लक्ष्मण जो शेषनाग के अवतार कहे जाते हैं। ६. उत्पत्ति और प्रलय से जो बचा रहता हो अर्थात् परमात्मा।

वि० १. बचा हुआ, अवशिष्ट, बाकी। २. अन्त तक पहुँचा हुआ, समाप्त।

शेषधन पुं० [सं०] गणित में घटाने से बची हुई संख्या या रकम। (बैलेन्स)

शेषधर पुं० [सं०] महादेव, शिव।

शेषनाग पुं० [सं०] पुराणों के अनुसार हजार फनोंवाला वह नाग जिसके फनोंपर यह पृथ्वी ठहरी हुई मानी जाती है।

शेषवत पुं० [सं०] न्यायशास्त्र में कोई कार्य होता हुआ देखकर उसका कारण निश्चित करना।

शेषशय्या स्त्री० [सं०] शेषनाग की वह मुद्रा जिसपर विष्णु विश्राम करते हैं।

शेषशायी (-यिन्) पुं० [सं०] विष्णु।

शेषांश पुं० [सं०] १. बाकी बचा हुआ अंश। २. अन्तिम अंश।

शेषोक्त वि० [सं०] ऊपर या पहले कहे हुए शब्दों, कथनों, पदार्थों आदि में सबके पीछे आया या कहा हुआ, सब के अन्त में कहा हुआ।

शैतान पुं० [अ०] १. ईसाई, इस्लाम आदि धर्मों में तमोगुण का प्रधान देवता जो मनुष्यों को ईश्वर के विरुद्ध चलाता और धर्ममार्ग से भ्रष्ट करता है।

पद *शैतान की आँत*=बहुत लम्बा।

२. भूत, प्रेत, पिशाच, जिन्न। ३. बहुत बड़ा पाजी या दुष्ट व्यक्ति।

शैतानी स्त्री० [अ० शैतान] दुष्टता, पाजीपन।

वि० १. शैतान-सम्बन्धी, शैतान का। २. दुष्टतापूर्ण।

शैत्य पुं० [सं०] शीत का भाव, शीतता।

शैथिल्य पुं० [सं०] शिथिलता।

शैया स्त्री० [सं० शय्या] दे० 'शय्या'।

शैल पुं० [सं०] पर्वत, पहाड़। (इसके साथ कन्या या पुत्री वाचक शब्द लगने से पार्वती का बोध होता है; जैसे—शैलसुता)

शैलकुमारी स्त्री० [सं०] १. पहाड़ी देश की कन्या या कुमारी। २. पार्वती।

शैलजा स्त्री० [सं०] पार्वती।

शैलपुत्री स्त्री० [सं०] १. पार्वती। २. नौ दुर्गाओं में पहली दुर्गा।

शैलात्मजा स्त्री० [सं०] पार्वती।

शैली स्त्री० [सं०] १. चाल, ढब, ढंग। २. प्रणाली, तर्ज। ३. रीति, प्रथा, रिवाज। ४. वाक्यरचना का वह विशिष्ट प्रकार जो लेखक की भाषा-सम्बन्धी निजी विशेषताओं का सूचक होता है। (स्टाइल) ५. हाथ से बनाई जानेवाली वस्तुओं में ऐसी बातों का समूह जिनकी विशेषताओं में उनके कर्ताओं की मनोवृत्ति की एकरूपता के कारण साम्य हो, कलम, जैसे मुगल या पहाड़ी शैली के चित्र।

शैलीकार पुं० [सं०] किसी विशेष या नवीन शैली में रचना करनेवाला।

शैली विज्ञान पुं० [सं०] साहित्य में आलोचना की एक पद्धति जिसमें लेखक की शैली की विशिष्टताओं पर टिप्पणी की जाती है।

शैली वैज्ञानिक पुं० शैली विज्ञान में निष्णात आलोचक।

शैलूष पुं० [सं०] १. नाटक या अभिनय करनेवाला, नट। २. धूर्त, चालाक।

शैलेन्द्र पुं० [सं०] हिमालय (पर्वतों का राजा), नगाधिराज।

शैलेय वि० [सं०] १. पहाड़ों में होनेवाला, पहाड़ी। २. पत्थरों से भरा, जिसमें कंकड़-पत्थर बहुत हों, पथरीला।

शैव वि० [सं०] शिव-सम्बन्धी, शिव का।

पुं० शिव का उपासक एक सम्प्रदाय।

शैवलिनी स्त्री० [सं०] नदी।

शैवाल पुं० [सं०] सेवार।

शैशव वि० [सं०] १. शिशु-सम्बन्धी, छोटे बच्चों का। २. बाल्यावस्था का।

पुं० वह अवस्था जब तक कोई शिशु रहता है, बचपन।

शैशवावस्था स्त्री० [सं०] बचपन, शैशव।

शैशुनाग वि० [सं०] मगध के प्राचीन राजा शिशुनाग या उसके वंशजों से सम्बन्ध रखनेवाला।

शोक पुं० [सं०] प्रिय व्यक्ति की मृत्यु या वियोग के कारण मन में होनेवाला परम कष्ट, सोग, गम, पीड़ा।

शोकहर पुं० [सं०] एक प्रकार का मात्रिक छन्द जिसके प्रत्येक चरण में ८, ८, ८, ६ के विश्राम से ३० मात्राएँ होती हैं, इसे 'शुभंगी' भी कहते हैं।

वि० शोक का हरण करनेवाला।

शोख वि० [फा०] [भाव० शोखी] १. ढीठ, धृष्ट। २. नटखट, पाजी। ३. चंचल, चुलबुला। ४. गहरा और चमकदार (रंग)।

शोखी स्त्री० [फा०] शोख होने की अवस्था या भाव, उद्दंडता।

शोच पुं० [सं०] १. दुख, रंज, अफसोस। २. चिन्ता, फिक्र। ३. शोक।

शोचनीय वि० [सं०] १. जिसकी दशा देखकर दुख या चिन्ता हो। २. बहुत हीन या बुरा। ३. विपन्नता।

शोच्य वि० [सं०] १. सोचने या विचार करने के योग्य। २. दे० 'शोचनीय'।

शोण पुं० [सं०] १. लाल रंग। २. लाली, अरुणता। ३. अग्नि, आग। ४. रक्त, लहू। ५. बिहार प्रदेश या राज्य का सोन नामक नद।

शोणित वि० [सं०] लाल, सुर्ख।
पुं० रक्त, लहू, रुधिर, खून।

शोथ पुं० [सं०] रोग के कारण शरीर के किसी अंग का फूलना, सूजन, वरम।

शोध पुं० [सं०] [वि० शोधनीय, शोध्य] १. शुद्ध करनेवाला संस्कार। २. ठीक या दुरुस्त किया जाना, दुरुस्ती। ३. चुकता या अदा होना (ऋण)। ४. जाँच, परीक्षा। ५. खोज, तलाश।

शोधक वि० [सं०] [स्त्री० शोधिका] १. शोध करने, ढूँढ़ने या पता लगानेवाला। २. शुद्ध करनेवाला।

शोधन पुं० [सं०] [वि० शोधित, शोधनीय, कर्ता शोधक] १. शुद्ध या साफ करना। २. दुरुस्त या ठीक करना, सुधारना। ३. औषधियों का वह संस्कार जिससे वे व्यवहार के योग्य होती हैं। ४. छान-बीन, जाँच। ५. तलाश करना, ढूँढ़ना। ६. ऋण, देन आदि चुकाना। (पेमेन्ट) ७. दस्त की दवा से पेट साफ करना, विरेचन।

शोधना स० [सं० शोधन] शोधन करना, शुद्ध या साफ करना। (दे० 'शोधन')

शोधवाना स० हिं० 'शोधना' का प्रे०।

शोधाई स्त्री० [हिं० शोधना+आई (प्रत्य०)] १. शोधने की क्रिया या भाव। २. शोधने का पारिश्रमिक।

शोधित वि० [सं० शोध] १. शुद्ध या साफ किया हुआ। २. जिसका या जिसके सम्बन्ध में शोध हुआ हो।

शोधी वि०=शोधक।

शोध्य वि० [सं०] १. जिसमें किसी प्रकार का शोधन करने की आवश्यकता हो। २. जिसके सम्बन्ध में किसी प्रकार का शोध या खोज करने की आवश्यकता हो या की जाए।

शोबदा पुं० [अ० शुआबदः] इन्द्रजाल, जादू। २. दूसरों की आँखों को धोखा देकर किया जानेवाला काम।

शोबदेबाज पुं० [अ० शुआबदः+फा० बाज़] १. जादूगर। २. दूसरों को धोखा देने या ठगनेवाला, धूर्त, चालाक।

शोभ* स्त्री०=शोभा।

शोभन वि० [सं०] [स्त्री० शोभिनी] १. सुन्दर। २. सुहावना। ३. उत्तम। ४. शुभ।
पुं० १. अलंकार, गहना। २. मंगल, कल्याण। ३. सुन्दरता।

शोभना[१] स्त्री० [सं०] सुन्दर स्त्री।

शोभना[२]* अ० [सं० शोभन] शोभा देना, भला लगना।

शोभनीय वि० दे० 'शोभन'।

शोभांजन पुं० [सं०] एक प्रकार का वृक्ष जिसमें लम्बी फलियाँ लगती हैं, सहिजन।

शोभा स्त्री० [सं०] १. दीप्ति, कान्ति, चमक। २. सुन्दरता, छटा। ३. सजावट। ४. किसी की सुन्दरता बढ़ानेवाली कोई वस्तु या तत्त्व। ५. दलाली का धन। (दलाल)

शोभायमान वि० [सं०] शोभा बढ़ाने या देनेवाला, सुन्दर।

शोभायात्रा स्त्री० [सं०] जनयात्रा, जलूस। (यह शब्द बंगला से हिन्दी में आया है।)

शोभित वि० [सं०] १. सुन्दर, शोभा बढ़ाने या देनेवाला, फबता या अच्छा लगता हुआ।

शोभिनी वि० स्त्री० [सं०] शोभा देनेवाली।

शोर पुं० [फा०] १. बहुत से लोगों की एक साथ मिली हुई जोरों की आवाज, कोलाहल। २. ऊँची और अप्रिय ध्वनि, जैसे—पंखा बहुत शोर कर रहा है। ३. प्रसिद्धि, धूम, जैसे आपकी किताब का तो शोर मच गया है।

शोरबा पुं० [फा० शोर्बः] उबाली हुई तरकारी आदि का रस, जूस, रसा।

शोर-शराबा पुं० होहल्ला, शोरगुल।

शोरा पुं० [फा० शोरः] मिट्टी से निकलनेवाला एक प्रसिद्ध क्षार।

शोरूम पुं० [अं०] वह कक्ष जिसमें बिक्री की वस्तुओं के नमूने सजा-सवाँर कर रखे जाते हैं.

शोला पुं० [अ० शोअलः] जलती हुई आग की लपट, लौ, अग्निशिखा।

शोशा पुं० [फा० शोशः] १. निकली हुई नोक। २. विलक्षण विशेषतः शरारत से भरी बात। ३. दोष।

शोशेबाज पुं० [फा० शोशः+बाज़] विलक्षण विशेषतः शरारत भरी बातें कहनेवाला।

शोषक वि०, पुं० [सं०] [स्त्री० शोषिका] १. शोषण करने या सोखनेवाला। २. दूसरों का धन हरण करनेवाला। (एक्सप्लॉयटर)

शोषण पुं० [सं०] [वि० शोषित, शोषनीय] १. किसी वस्तु में का जल या रस खींचकर अपने अन्तर्गत करना, सोखना। २. सुखाना। ३. नाश करना। ४. दुर्बल या अधीनस्थ के परिश्रम, आय आदि से अनुचित लाभ उठाना। ३. अपने स्वार्थ के लिए किसी के साथ अनुचित व्यवहार करना; जैसे यौन-शोषण। (एक्सप्लायटेशन)

शोषित वि० [सं०] १. जिसका शोषण किया गया हो। २. जो सोखा गया हो। ३. जिसकी दुर्बलता, पराधीनता आदि से औरों ने अनुचित रूप से आर्थिक लाभ उठाया हो। (एक्सप्लॉयटेड)
पुं० वह व्यक्ति या वर्ग जो शोषण का शिकार हुआ हो।

शोषी वि०=शोषक।

शोहदा पुं० [अ० शुहदा] १. व्यभिचारी, लम्पट। २. लुच्चा, बदमाश। ३. आवारा।

शोहरत स्त्री० [अ० शुह्रत] १. मशहूर होने की अवस्था या भाव, प्रसिद्धि, ख्याति। २. किंवदन्ती, प्रवाद, अफवाह।

शौंडिक पुं० [सं०] शराब बनानेवाला।

शौक पुं० [अ० शौक़] १. किसी वस्तु की प्राप्ति या सुख के भोग की कुछ प्रबल, उत्कट या असाधारण अभिलाषा या लालसा। २. ऐसी प्रिय क्रिया जो व्यक्ति अपने आनन्द के लिए करता हो।

पद *शौक से*=प्रसन्नतापूर्वक।

३. व्यसन, चसका।

मुहा० *शौक चर्राना*=चस्का लगना

शौकत स्त्री० [अ०] वैभव।

शौकिया क्रि० वि० [अ० शौक़िय:] शौक के कारण, मन बहलाने के लिए।

शौकीन पुं० [अ० शौक़ीन] [भाव० शौकिनी] १. वह जिसे किसी बात का बहुत शौक हो, शौक करनेवाला। २. सदा बना-ठना रहनेवाला, छैला।

शौकीनी स्त्री० [अ०] अपना वैभव दिखाने या वासनाएँ पूरी करने के लिए व्ययसाध्य वेषभूषा रखने और तरह-तरह के शौक करने का भाव।

शौक्तिक पुं० [सं०] मोती।

शौच पुं० [सं०] १. आन्तरिक या बाह्य शुद्धता, शुचिता, पवित्रता। २. सब प्रकार से पवित्र जीवन बिताना। ३. मलत्याग, कुल्ला-दातुन आदि कृत्य जो निर्मल होने के लिए सबेरे उठकर सबसे पहले किए जाते हैं। ४. पाखाने या टट्टी जाना। ५. दे० 'अशौच'।

शौचालय पुं० [सं० शौच+आलय] मलत्याग करने का स्थान।

शौध वि० [सं० शुद्ध] निर्मल।

शौरसेन पुं० [सं०] आधुनिक मथुरा और उसके आस-पास के प्रदेश का पुराना नाम जो वहाँ के राजा शूरसेन के नाम पर पड़ा था।

शौरसेनी स्त्री० [सं०] शौरसेन प्रदेश की प्रसिद्ध प्राचीन अपभ्रंश भाषा जो 'नागर' भी कहलाती थी।

वि० शौरसेन-सम्बन्धी।

शौर्य पुं० [सं०] शूर का भाव, शूरता, वीरता, पराक्रम।

शौल्किक पुं० [सं०] शुल्क-सम्बन्धी, शुल्क का, जैसे शौल्किक अधिकारी।

शौहर पुं० [फा०] स्त्री का पति, खसम।

श्मशान पुं० [सं०] १. वह स्थान जहाँ मुरदे जलाए जाते हैं, मसान, मरघट। (क्रिमेशन ग्राउन्ड) २. बिल्कुल उजड़ा हुआ या ध्वस्त किया हुआ स्थान।

श्मशान-यात्रा स्त्री० [सं०] शव या मृत शरीर का श्मशान ले जाया जाना, अरथी का श्मशान ले जाया जाना।

श्मश्रू पुं० [सं०] दाढ़ी-मूँछ।

श्याम पुं० [सं०] श्रीकृष्ण का एक नाम जो उनके शरीर के वर्ण या रंग के कारण पड़ा था, कुछ काला।

वि० [भाव० श्यामता] १. काला और नीला मिला हुआ रंग। २. कुछ-कुछ काला, साँवला।

श्यामकर्ण पुं० [सं०] वह सफेद घोड़ा जिसका एक कान काला हो।

श्यामकल्याण पुं० [सं०] ओड़व सम्पूर्ण जाति का एक राग जो रात के पहले पहर में गाया जाता है।

श्यामकृष्ण वि० [सं०] जिसका रंग कुछ कालापन लिए हुए नीला हो।

पुं० कुछ कालापन लिए हुए नीला रंग।

श्यामघन पुं० [सं०] घनश्याम, श्रीकृष्ण।

श्यामता स्त्री० [सं०] १. श्याम वर्ण या काले होने का भाव, कालापन। २. साँवलापन। ३. मलिनता। ४. शोभा आदि का अभाव, उदासी।

श्यामल वि० [सं०] [स्त्री० श्यामला, भाव० श्यामलता] १. श्याम या कृष्ण वर्ण का, हल्का काला या कुछ-कुछ काला, साँवला।

श्यामसुन्दर पुं० [सं०] श्रीकृष्ण।

श्यामा स्त्री० [सं०] १. राधा, राधिका। २. एक प्रसिद्ध सुरीला काला पक्षी। ३. सोलह वर्ष की युवती। ४. काले रंग की गाय। ५. यमुना नदी। ६. रात। ७. स्त्री।

वि० श्याम रंगवाली, काली।

श्याल, श्यालक पुं० [सं०] १. किसी की पत्नी का भाई, साला। २. किसी की बहन का पति, बहनोई।

श्येन पुं० [सं०] बाज (पक्षी)।

श्रंग* पुं० दे० 'श्रृंग'।

श्रद्धांजलि स्त्री० [सं० श्रद्धा+अंजलि] १. अंजली में फूल आदि भरकर श्रद्धापूर्वक किसी महत्त्वपूर्ण व्यक्ति को अर्पित करना या देवता को चढ़ाना। २. श्रद्धा और आदरभाव से किसी बड़े या पूज्य के सम्बन्ध में प्रशंसात्मक बातें करना। ३. किसी गतात्मा के प्रति कहा हुआ प्रशंसापूर्ण कथन या दिया हुआ वक्तव्य। (होमेज)

श्रद्धा स्त्री० [सं०] [वि० श्रद्धालु] १. किसी व्यक्ति, संस्था, मान्यता, विचारधारा आदि के प्रति होनेवाली आदरपूर्ण समर्पित भावना। २. कर्दम मुनि की कन्या जो अत्रि ऋषि को ब्याही गई थी। ३. वैवस्वत मनु की पत्नी।

श्रद्धादेव पुं० [सं०] वैवस्वत मनु जो श्रद्धा के पति थे।

श्रद्धाभिभूत वि० [सं०] श्रद्धा से अभिभूत।

श्रद्धालु वि० [सं०] जिसके मन में श्रद्धा हो, श्रद्धावान।

पुं० श्रद्धावान व्यक्ति।

श्रद्धासिक्त वि० [सं०] श्रद्धा से ओतप्रोत।

श्रद्धास्पद वि० [सं०] जिसके प्रति श्रद्धा करना उचित हो, श्रद्धेय।

श्रद्धेय वि० [सं०] जिसके प्रति श्रद्धा हो या निवेदित की जाए, श्रद्धास्पद।

श्रम पुं० [सं०] [वि० श्रमित] १. ऐसा काम जिसे करते-करते शरीर में शिथिलता आने लगे, शरीर को थकानेवाला काम, परिश्रम।

मुहा० *श्रम साधना* = (क) कठिन परिश्रम करना। (ख) अभ्यास करना, उदा० मुक्ति हेत जोगी स्रम साधैं असुर विरोधैं पावै। – सूर।

२. साहित्य में सम्भोग आदि के कारण होनेवाली थकावट जिसकी गिनती संचारी भावों में की गई है। ३. जीविका-निर्वाह या धन-उपार्जन के लिए किया जानेवाला इस प्रकार का कोई काम। ४. हाथ में लिए हुए किसी काम में होनेवाली मेहनत। (लेबर) ५. थकावट, क्लान्ति। ६. दौड़-धूप। ७. पसीना।

श्रमकण पुं० [सं०] अधिक परिश्रम, लज्जा, आतंक आदि के कारण शरीर से निकलनेवाली पसीने की बूँदें।

श्रमजन पुं० दे० 'श्रमजीवी'।

श्रमजल पुं० [सं०] पसीना, स्वेद।

श्रमजीवी (-विन्) वि०, पुं० [सं०] श्रम या मजदूरी करके पेट पालनेवाला। (लेबरर)

श्रमण पुं० [सं०] १. बौद्ध संन्यासी। २. यति, मुनी।

श्रमदान पुं० [सं० श्रम+दान] सार्वजनिक हित के कार्य में दिया जानेवाला शारीरिक सहयोग।

श्रमदानी वि० [सं० श्रमदान] १. श्रमदान-सम्बन्धी। २. श्रमदान करनेवाला व्यक्ति।

श्रमवारि पुं० [सं०] श्रमकण, पसीना, स्वेद।

श्रमविन्दु पुं० [सं०] पसीना, स्वेद।

श्रमविभाग पुं० [सं०] १. किसी कार्य के अलग-अलग अंगों के सम्पादन के लिए अलग-अलग व्यक्ति नियत करना। (डिस्ट्रीब्यूशन ऑफ लेबर) २. राज्य का वह विभाग जो श्रमजीवियों के सुख और कल्याण की व्यवस्था करता है।

श्रम-संपदा स्त्री० [सं०] श्रमिक समूह।

श्रम-साध्य वि० [सं० श्रम+साध्य] (कार्य) जिसके साधन में अत्यधिक परिश्रम करना पड़े, थका देनेवाला काम।

श्रमसीकर पुं० [सं०] पसीना, स्वेद।

श्रमिक पुं० [सं०] वह जो कठोर शारीरिक श्रम करके अपना पेट पालता हो, मजदूर।

वि० श्रम-सम्बन्धी, शारीरिक श्रम का।

श्रमिक संघ पुं० [सं०] कल-कारखानों आदि में काम करनेवाले मजदूरों का वह संघ जो मजदूरों के हितों की रक्षा और उनकी अवस्था के सुधार के उद्देश्य से बनाया जाता है। (लेबर यूनिअन)

श्रमित वि० [सं० श्रम] श्रम या मेहनत करने के कारण शिथिल या थका हुआ।

श्रवण पुं० [सं०] [वि० श्रवणीय] १. वह इन्द्रिय जिससे शब्द का ज्ञान होता है, सुनने का अंग या इन्द्रिय, कान, कर्ण। २. सुनना। ३. धार्मिक कथाएँ और देवताओं के चरित्र आदि सुनना जो एक प्रकार की भक्ति है। ४. बाईसवाँ नक्षत्र।

श्रवणमग्न पुं० [सं०] सुनने में तल्लीन।

श्रवणीय वि० [सं०] १. जो सुना जा सके, श्रव्य। २. जो सुनना प्रिय जान पड़े, सुनने योग्य।

श्रवन* पुं० [सं० श्रवण] कान।

श्रवना स० [सं० स्राव] १. बहना। २. चूना, टपकना। ३. रसना।

स० १. गिराना। २. बहाना।

श्रवित* वि० [सं० स्राव] बहा हुआ।

श्रव्य वि० [सं०] १. जो सुना जा सके, जिसे कान से सुन सकें। (ऑडिबुल) २. सुनने योग्य, जैसे संगीत, कहानी आदि।

श्रव्यकाव्य पुं० [सं०] वह काव्य जो केवल सुना जा सके, पर जिसका अभिनय न हो सकता हो।

श्रांत वि० [सं०] [भाव० श्रांति] थका हुआ।

श्रांति स्त्री० [सं०] १. परिश्रम, मेहनत। २. परिश्रम के कारण होनेवाली थकावट मिटाने के लिए किया जानेवाला विश्राम।

श्राद्ध पुं० [सं०] १. श्रद्धापूर्वक किया जानेवाला काम। २. हिन्दुओं में पिंडदान और ब्राह्मण भोजन आदि कृत्य जो पितरों के उद्देश्य से और उनके प्रति श्रद्धा प्रकट करने के लिए होते हैं। ३. किसी काम या बात को बहुत बुरी तरह करने या बिगाड़ने की क्रिया या भाव, जैसे अपनी इस रचना में तो उन्होंने कविता का श्राद्ध ही किया है। ४. दे० 'पितृपक्ष'।

श्राप पुं० [सं० शाप] दे० 'शाप'।

श्रावक पुं० [सं०] [स्त्री० श्राविका] १. बौद्ध संन्यासी या भिक्षु। २. जैनधर्म का अनुयायी, जैनी।

वि० सुननेवाला, श्रोता।

श्रावगी पुं० [सं० श्रावक] जैनी।

श्रावण[१] पुं० [सं०] आषाढ़ के बाद और भादों के पहले का महीना, सावन।

श्रावण[२] वि० [सं० श्रवण] श्रवण अर्थात् कान अथवा सुनने से सम्बन्ध रखनेवाला। (ऑडिटरी)

पुं० सुनने की क्रिया या भाव।

श्रावणी स्त्री० [सं०] सावन मास की पूर्णमासी जो 'रक्षाबंधन' का दिन है।

श्रावन* स० [हिं० स्रावना] गिराना।

श्रावस्ती स्त्री० [सं०] एक प्राचीन नगरी जो उत्तर-कोशल में रासी के किनारे थी।

श्रावित वि० [सं०] १. सुना हुआ। २. जो सुनकर मान्य कर लिया गया हो। ३. (लेख्य या दस्तावेज) जिसे सुनकर लिखनेवाले ने उसपर अपनी स्वीकृति के सूचक हस्ताक्षर कर दिए हों। (एटेस्टेड)

श्राव्य वि० [सं०] सुनने योग्य।

श्री स्त्री० [सं०] १. विष्णु की पत्नी, लक्ष्मी, कमला। २. सरस्वती। ३. सम्पत्ति, धन, दौलत। ४. विभूति, ऐश्वर्य। ५. छटा, शोभा। ६. एक आदरसूचक शब्द जो पुरुषों के नाम के पहले लगाया जाता है, जैसे श्री नारायणदास।

७. कान्ति, चमक। ८. रोली। ९. सफेद चन्दन। १०. कीर्ति, यश। ११. स्त्रियों के माथे पर की बिन्दी। पुं० संगीत में सम्पूर्ण जाति का एक राग जो शिशिर ऋतु में सन्ध्या समय गाया जाता है।

श्रीकांत पुं० [सं०] विष्णु।

श्रीकृष्ण पुं० [सं० श्री+कृष्ण] यदुवंशी वसुदेव के पुत्र जो ईश्वर के प्रधान अवतारों में माने जाते हैं।

श्रीक्षेत्र पुं० [सं०] उड़ीसा का पुरी नामक स्थान जहाँ जगन्नाथ जी का प्रसिद्ध बड़ा मन्दिर है।

श्रीखंड पुं० [सं०] १. हरिचन्दन। २. दे० 'शिखरन'।

श्री गणेश पुं० [सं०] पार्वती के पुत्र गणेश जी।

श्रीगणेश पुं० [सं०] आरंभ, सूत्रपात; जैसे—किसी काम का श्रीगणेश होना।

श्रीदामा पुं० [सं० श्रीदामन्] राधिका के बड़े भाई जो श्रीकृष्ण के सखा थे।

श्रीधर पुं० [सं०] विष्णु।

श्रीधाम पुं० [सं०] स्वर्ग।

श्रीनाथ पुं० [सं०] विष्णु।

श्रीनिवासपुर पुं० [सं०] बैकुंठ।

श्रीपंचमी स्त्री० [सं०] माघ के शुक्ल पक्ष की पंचमी, वसन्त पंचमी।

श्रीपति पुं० [सं०] १. लक्ष्मी के पति अर्थात् विष्णु। २. रामचन्द्र। ३. श्रीकृष्ण। ४. राजा।

श्रीपद पुं० [सं०] किसी पूज्य व्यक्ति या देवता के, मुख्यत: श्रीकृष्ण चन्द्र के चरणचिह्न।

श्रीफल पुं० [सं०] १. बेल। २. नारियल।

श्रीमंत: पुं० [सं० श्री+मन्त] श्रीमन्त या श्रीमान् का बहु० जो प्राय: व्यापारिक संस्थाओं के दो या तीन मालिकों के एक साथ आनेवाले नामों के पहले लगाया जाता है, जैसे श्रीमन्त: गोविन्दलाल रामप्रसाद। (मेसर्स)

श्रीमंत पुं० [सं० सीमंत] १. एक प्रकार का शिरोभूषण। २. स्त्रियों के सिर की माँग।

श्रीमत् वि० दे० 'श्रीमान'।

श्रीमती स्त्री० [सं०] १. 'श्रीमान्' का स्त्रीलिंग रूप, जिसका प्रयोग स्त्रियों के नाम के पहले होता है, जैसे श्रीमती विष्णुकुमारी देवी। २. पत्नी का वाचक शब्द, जैसे आपकी श्रीमती भी साथ आई हैं।

श्रीमान् पुं० [सं० श्रीमत्] १. धनवान, सम्पन्न, अमीर। २. एक आदरसूचक शब्द जो पुरुषों के नाम के पहले विशेषण के रूप में लगाया जाता है, श्रीयुत।

श्रीमुख (-खिन्) पुं० [सं०] विष्णु।

श्रीयुक्त वि० दे० 'श्रीयुत'।

श्रीयुत वि० [सं०] एक विशेषण जो भले आदमियों के नाम के पहले उनके आदर के लिए लगाया जाता है, श्रीमान्।

श्रीरमण पुं० [सं०] विष्णु।

श्रीलंका स्त्री० भारत के दक्षिण में स्थित एक टापू।

श्रीलंकाई वि० श्रीलंका-सम्बन्धी। पुं० श्रीलंका का वासी।

श्रीवत्स पुं० [सं०] १. विष्णु। २. विष्णु के वक्षस्थल पर का वह चिह्न, जो भृगु के लात मारने से हुआ था।

श्रीवन पुं० [सं०] वृन्दावन।

श्रीश पुं० [सं०] विष्णु।

श्रीहत वि० [सं०] जिसकी श्री या शोभा न रह गई हो, निस्तेज, निष्प्रभ।

श्रीहीन वि० [सं०] १. श्री से रहित। २. शोभाहीन।

श्रीहीनता स्त्री० [सं०] श्रीहीन होने की अवस्था या भाव।

श्रुत वि० [सं०] १. सुना हुआ। २. जो परम्परा से सुनते आए हों। ३. प्रसिद्ध।

श्रुतपूर्व वि० [सं०] जो पहले सुना हो।

श्रुतलेख पुं० [सं०] सुनकर लिखा हुआ लेख।

श्रुति स्त्री० [सं०] १. श्रवण करना, सुनना। २. सुनने की इन्द्रिय, कान। ३. सुनी हुई बात, खबर; जैसे जनश्रुति। ४. सृष्टि के आरम्भ से चला आया हुआ पवित्र ज्ञान, वेद। ५. चार की संख्या। ६. एक प्रकार का अनुप्रास, विशेष दे० 'श्रुत्यनुप्रास'। ७. संगीत में सातों स्वरों में से प्रत्येक स्वर के कुछ नियत और निश्चित खंड या विभाग, स्वर के आरम्भ, मध्य और अन्त के भाग, षड्ज में ४, ऋषभ में ३, गांधार में २, मध्यम में ४, पंचम में ४, धैवत में २ और निषाद में २, इस प्रकार कुल २२ श्रुतियाँ मानी गई हैं जिनके अलग-अलग नाम हैं। ८. दे० 'श्रुत्यनुप्रास'।

श्रुतिकटु वि० [सं०] जो सुनने में बुरा जान पड़े।

श्रुतिपथ पुं० [सं०] १. श्रवणेन्द्रिय, कान। २. वेद-विहित मार्ग।

श्रुतिफूल* पुं०=कर्णफूल।

श्रुत्य वि० [सं०] १. सुनने या सुने जाने के योग्य। २. श्रुति-सम्बन्धी, श्रुति का। ३. प्रसिद्ध। ४. प्रशस्त, अच्छा और भला।

श्रुत्यनुप्रास पुं० [सं०] अनुप्रास का वह भेद जिसमें मुख के एक ही स्थान से उच्चरित होनेवाले व्यंजन कई बार आते हैं।

श्रुवा पुं० [सं०] काठ की वह कलछी जिससे हवन के लिए आग में घी छोड़ा जाता है, स्रुवा।

श्रेणिका स्त्री० [सं०] तंबू, खेमा।

श्रेणी स्त्री० [सं०] १. पंक्ति, अवली, पाँति। २. क्रम, शृंखला, परम्परा। ३. योग्यता, कर्तव्य, आय, स्थिति आदि के विचार से किया हुआ विभाग, कक्षा वर्ग, दरजा। (क्लास) ४. सीढ़ी।

श्रेणीकरण पुं० [सं०] [वि० श्रेणीकृत] बहुत-सी वस्तुओं, व्यक्तियों आदि को अलग-अलग श्रेणियों में बाँटना या रखना। (क्लैसिफिकेशन)

श्रेणीकृत वि० [सं०] (संस्था या संघ) जिसे विधि के अनुसार श्रेणी का रूप दिया गया हो। (इन्कॉरपोरेटेड)

श्रेणीबंधन पुं० [सं०] = श्रेणीकरण।

श्रेणीबद्ध वि० [सं०] [भाव० श्रेणीबद्धता] श्रेणी या पंक्ति के रूप में लगा या रखा हुआ।

श्रेय वि० [सं० श्रेयस्] [स्त्री० श्रेयसी] १. परम कल्याण करने वाला, उत्तम, श्रेष्ठ। २. अधिक अच्छा, बेहतर।
पुं० १. अच्छापन। २. कल्याण, मंगल। ३. शुभ और शुद्ध आचरण, सदाचार। ४. किसी काम के लिए मिलनेवाला यश। (क्रेडिट)

श्रेयस्कर वि० [सं०] १. श्रेय देने या श्रेष्ठ बनानेवाला। २. उत्तम, लाभप्रद।

श्रेष्ठ वि० [सं०] [स्त्री० श्रेष्ठा, भाव० श्रेष्ठता] १. वैभव, शक्ति या सत्ता से सम्पन्न। २. मुख्य, प्रधान। ३. पूज्य। ४. औरों या बहुतों की अपेक्षा अच्छा। (सुपीरियर)

श्रेष्ठक वि० [सं०] १. श्रेष्ठता-सम्बन्धी। २. श्रेष्ठता का सूचक, जैसे श्रेष्ठक भावना।

श्रेष्ठक भावना स्त्री० [सं०] मन में बैठी हुई यह धारणा या भावना कि हम अमुक अथवा औरों की अपेक्षा श्रेष्ठ हैं। (सुपीरियारिटी काम्प्लेक्स)

श्रेष्ठता स्त्री० [सं०] औरों की अपेक्षा श्रेष्ठ या अच्छे होने की दशा या भाव, उत्तमता।

श्रेष्ठी (-ष्ठिन्) पुं० [सं०] महाजन, सेठ।

श्रोण वि० [सं०] १. लंगड़ा। २. विकलांग।

श्रोणी स्त्री० [सं०] १. सड़क। २. मार्ग। ३. नितम्ब, कूल्हा।

श्रोता पुं० [सं० श्रोतृ] १. सुननेवाला। २. कथा, पुराण, उपदेश, व्याख्यान आदि सुननेवाला।

श्रोता वर्ग पुं० [सं०] कथा, उपदेश, व्याख्यान आदि के स्थान पर बैठकर सुननेवाले सब लोग या उनका समाज। (ऑडिएन्स)

श्रोत्र पुं० [सं०] कान।

श्रोत्रिय पुं० [सं०] १. वह जो वेद-वेदान्तों और शास्त्रों में पारंगत हो। २. ब्राह्मणों में एक जाति।

श्रोन* पुं० दे० 'शोण' (रक्त)।

श्रोनित* पुं० दे० 'शोणित'।

श्रौत वि० [सं०] १. श्रवण-सम्बन्धी। २. श्रुति-सम्बन्धी। ३. जो वेदों के अनुसार हो।

श्रौन* पुं० दे० 'श्रवण'।

श्लथ वि० [सं०] १. शिथिल, ढीला। २. मन्द, धीमा। ३. दुर्बल, कमजोर।

श्लाघनीय वि० [सं०] १. श्लाघा या प्रशंसा के योग्य, जिसके लिए या जिसके कारण प्रशंसा की जा सके। २. उत्तम, बढ़िया।

श्लाघा स्त्री० [सं०] [वि० श्लाघ्य, श्लाघनीय] १. प्रशंसा, तारीफ। २. चापलूसी, खुशामद।

श्लाघी (-घिन्) वि० [सं०] [स्त्री० श्लाघिनी] १. श्लाघा या प्रशंसा करनेवाला, तारीफ करनेवाला। २. स्तुति या बड़ाई करनेवाला। ३. खुशामदी। ४. इच्छुक।

श्लाघ्य वि० [सं०] श्लाघनीय।

श्लिष्ट वि० [सं०] १. एक में मिला या जुड़ा हुआ। २. (साहित्य में) श्लेषयुक्त, जिसके दो अर्थ हों।

श्लीपद पुं० [सं०] फीलपाँव (रोग)।

श्लील वि० [सं०] [भाव० श्लीलता] १. उत्तम, बढ़िया। २. शुभ। ३. शिष्टों और सभ्यों के योग्य, सभ्योचित।

श्लेष पुं० [सं०] [वि० श्लेषक, श्लिष्ट] १. संयोग, मिलना, जुड़ना। २. एक शब्द के दो या अधिक अर्थ होने की अवस्था या भाव। ३. साहित्य में एक अलंकार जिसमें ऐसे शब्दों का प्रयोग होता है जिनके अनेक अर्थ होते हैं और वे अर्थ प्रसंगों के अनुसार कई तरह से अलग अलग घटते हैं, जैसे 'नाहीं नाहीं करें थोरें माँगें बहु देन कहें, मंगन को देखि पट देत बार-बार हैं' में कही हुई सब बातें कृपण और दाता दोनों पर अलग-अलग प्रकार से समान रूप से घटती हैं।

श्लेषचित्र पुं० [सं०] वह चित्र जिसमें किसी स्पष्ट भाव के अतिरिक्त कोई और भाव भी छिपा हो, जैसे यदि कोई नायक किसी एक नायिका पर रीझकर अन्य नायिकाओं को भूल जाए और इस पर कोई मानिनी नायिका ऐसा चित्र अंकित करे जिसमें वह नायक बहुत-सी कुमुदिनियों के बीच में किसी एक ही कुमुदिनी का रस ले रहा हो, तो वह चित्र श्लेषचित्र कहलाएगा।

श्लेषण पुं० [सं०] [वि० श्लेषित, श्लेषणी] १. संयोग कराना, मिलाना, लगाना या जोड़ना। २. गले लगाना, आलिंगन।

श्लेष वक्रोक्ति स्त्री० दे० 'वक्रोक्ति'।

श्लेषोपमा स्त्री० [सं०] वह अर्थालंकार जिसमें ऐसे शिलष्ट शब्दों का प्रयोग हो जो उपमेय और उपमान दोनों पर घटें।

श्लेष्मा स्त्री० [सं०] कफ, बलगम।

श्लोक पुं० [सं०] १. शब्द, आवाज। २. स्तुति, प्रशंसा। ३. कीर्ति, यश। ४. अनुष्टुप छन्द। ५. संस्कृत का कोई पद्य।

श्वपच पुं० [सं०] चांडाल।

श्वश्रू स्त्री० [सं०] श्वसुर की स्त्री, सास।

श्वसित वि० [सं०] १. जो श्वास लेता हो। २. जीवित।
पुं० निश्वास, ठंडा साँस।

श्वसुर पुं० [सं०] किसी स्त्री या पुरुष के विचार से उसके पति या पत्नी का पिता, ससुर।

श्वसेन पुं० [सं०] १. श्वास, साँस। २. जीवन।

श्वान पुं० [सं० श्वानी] कुत्ता।

श्वापद पुं० [सं०] हिंसक पशु।

श्वास पुं० [सं०] १. नाक से हवा खींचना और बाहर निकालना जो जीव का लक्षण है। २. दमा नामक रोग।

श्वास-प्रश्वास पुं० [सं०] ली और छोड़ी जानेवाली साँस।

श्वासा स्त्री० [सं० श्वास] १. साँस। २. प्राण, वायु।

श्वासोच्छ्वास पुं० [सं०] वेग से साँस लेना और छोड़ना।

श्वेत वि० [सं०] [भाव० श्वेतता] १. सफेद। २. उज्ज्वल, साफ। ३. जिस पर किसी प्रकार की छाया या प्रभाव न पड़ा हो। ५. अच्छा, भला।

पुं० १. सफेद रंग। २. पुराणों के अनुसार एक द्वीप का नाम।

श्वेतकृष्ण वि० [सं०] सफेद और काला।

पुं० १. किसी बात के भले और बुरे दोनों पक्ष या अंग। २. भलाई और बुराई, उपकार और अपकार।

श्वेत क्रांति स्त्री० वह स्थिति जब देश में दूध की उपज खूब बढ़ जाए।

श्वेतपत्र पुं० [सं०] (साधारणतः सफेद कागज पर छपा हुआ) किसी विषय से सम्बन्ध रखनेवाला आधिकारिक वक्तव्य। (ह्वाइट पेपर)

श्वेतवाराह पुं० [सं०] एक कल्प जो ब्रह्मा के मास का पहला दिन कहा गया है।

श्वेतसार पुं० [सं०] अनाजों, तरकारियों आदि का वह सफेद सत्त जो प्रायः कपड़े पर कलफ लगाने या दवाओं आदि में काम आता है, माँड़ी, कलफ। (स्टार्च)

श्वेतांग वि० [सं०] जिसके अंग का वर्ण श्वेत हो, सफेद रंग के शरीरवाला।

पुं० गोरी जाति (अर्थात् युरोप, अमेरिका आदि) का कोई व्यक्ति।

श्वेतांशु पुं० [सं०] चन्द्रमा।

ष

ष नागरी वर्णमाला के व्यंजन वर्णों में ३१वाँ वर्ण। इसका उच्चारण-स्थान मूर्धा है, इससे वह मूर्धन्य कहलाता है। इसका उच्चारण 'श' के समान भी होता है और 'ख' के समान भी।

षंड, षंढ पुं० [सं०] हिजड़ा, नपुंसक।

षटक पुं० [सं०] १. वेद के ये छह अंग-शिक्षा, कल्प, व्याकरण, निरुक्त, छन्द और ज्योतिष। २. शरीर के ये छह अंग-दो पैर, दो हाथ, सिर और धड़।

वि० जिसके छह अंग हों।

षट् वि० [सं०] गिनती में छह।

षट्कर्म पुं० [सं० षट्कर्मन्] १. ब्राह्मणों के ये छह काम-यज्ञ करना, यज्ञ कराना, पढ़ना, पढ़ाना, दान देना और दान लेना। २. मनुष्य के लिए नियत ये छह काम जो उसे नित्य करने पड़ते हैं या करने चाहिए (क) स्नान, (ख) संध्या, (ग) पूजा, (घ) तर्पण, (ङ) जप, (च) होम।

३. झगड़ा, झंझट।

षट्कोण वि० [सं०] छह कोणोंवाला।

षट्चक्र पुं० [सं०] १. हठयोग में माने जानेवाले कुंडलिनी के ऊपर के ये छह चक्र-मूलाधार, स्वाधिष्ठान, मणिपूरक, अनाहत, विशुद्ध और आज्ञा। (परवर्ती) हठ योगियों ने इनके सिवा ३४ और चक्रों की भी कल्पना की है। २. षड्यन्त्र।

षट्दर्शन पुं० [सं०] भारतीय आर्यों के ये छह दर्शन या शास्त्र-सांख्य, मीमांसा, न्याय, वैशेषिक, योग और वेदान्त।

षट्पद वि० [सं०] [स्त्री० षट्पदी] छह पदों या पैरोंवाला।

पुं० भ्रमर, भौंरा।

षट्पदी स्त्री० [सं०] छप्पय नामक छह पदोंवाला छन्द।

षट्मासिक वि० [सं०] अर्धवार्षिक, छमाही।

षट्रस पुं० दे० 'षड्रस'।

षट्राग पुं० [सं० षट्+राग] १. संगीत के छह राग जिनके नाम हैं-भैरव, मलार, श्री, हिंडोला, मालकोस और दीपक। २. व्यर्थ का झगड़ा या बखेड़ा।

षट्रिपु पुं० दे० षड्रिपु।

षट्शास्त्र पुं० दे० 'षड्दर्शन'।

षट्संपत्ति स्त्री० [सं०] शम, दम, उपरति, तितिक्षा, शान्ति और समाधान जिनका अंतःकरण में आगमन होने से उपनिषदों का मर्म समझा जाता है।

षडानन पुं० [सं०] कार्तिकेय।

षड्ज पुं० [सं०] संगीत के सात स्वरों में से पहला जिसका संकेत 'स' है।

षड्दर्शन पुं० [सं०] [वि० षड्दर्शनी] न्याय, मीमांसा (पूर्व), योग, सांख्य, वैशेषिक और वेदान्त या उत्तर मीमांसा ये छह दर्शन।

षड्यंत्र पुं० [सं०] १. किसी के विरुद्ध गुप्त रूप से की जानेवाली कार्रवाई, भीतरी चाल। (कॉन्सपिरेसी) २. कपटपूर्ण आयोजन।

षड्यंत्रकारी (-रिन्) पुं० [सं०] षड्यंत्र रचने वाला।

षड्यंत्री पुं०=षड्यंत्रकारी।

षड्रस पुं० [सं०] मधुर, लवण, तिक्त, कटु, कषाय और अम्ल ये छह प्रकार के रस या स्वाद।

षड्रिपु पुं० [सं०] मनुष्य के ये छह विकार-काम, क्रोध, लोभ, मद, मोह और अहंकार।

षष्ठ वि० [सं०] छठा।

षष्ठी स्त्री० [सं०] १. चान्द्रमास के किसी पक्ष की छठी तिथि। २. दुर्गा। ३. सम्बन्ध कारक। (व्याकरण) ४. शिशु के जन्म से छठे दिन का कृत्य, छठी।

षाड़व पुं० [सं०] वह राग जिसमें केवल छह स्वर लगते हों, कोई एक स्वर न लगता हो।

षाड़व-ओड़व पुं० [सं०] वह राग जो आरोही में षाड़व और अवरोही में ओड़व हो। (संगीत)

षाड़व-संपूर्ण पुं० [सं०] वह राग जो आरोही में षाड़व और अवरोही में सम्पूर्ण हो। (संगीत)

षाण्मातुर पुं० [सं०] कार्त्तिकेय।

षाण्मासिक वि० [सं०] छठे महीने पर होने या पड़नेवाला।

षोड़श वि० [सं०] सोलह।

पुं० सोलह की संख्या।

षोड़शदान पुं० [सं०] सोलह प्रकार के दान; जैसे—भूमि, आसन, जल, वस्त्र, प्रदीप, अन्न, तांबूल, छत्र, गंध, माल्य, फल, शय्या, पादुका, गाय, सोना और चाँदी।

षोड़श मातृका स्त्री० दे० 'मातृका' ४।

षोड़श शृंगार पुं० [सं०] साहित्य में स्त्रियों का पूर्ण शृंगार जो सोलह अंगोंवाला कहा गया है।

षोड़श संस्कार पुं० [सं०] गर्भाधान, पुंसवन, सीमंतोन्नयन, जात-कर्म, नामकरण, निष्क्रमण, अन्न-प्राशन, चूड़ाकर्म, यज्ञोपवीत, केशान्त, समावर्तन, विवाह आदि सोलह वैदिक संस्कार।

षोड़शी वि० स्त्री० [सं०] १. सोलहवीं। २. सोलह वर्ष की (युवती)।

स्त्री० वह कृत्य जो किसी के मरने के दसवें या ग्यारहवें दिन होता है। (हिन्दू)

षोड़शोपचार पुं० [सं०] पूजन के ये १६ अंग-आवाहन, आसन, अर्घ्यपाद्य, आचमन, मधुपर्क, धूप, दीप, नैवेद्य, ताम्बूल, परिक्रमा और वन्दना।

स

स नागरी वर्णमाला का बत्तीसवाँ व्यंजन। इसका उच्चारण-स्थान दन्त है, इसलिए यह दन्ती या दन्त्य 'स' कहलाता है। शब्दों के आरम्भ में यह उपसर्ग के रूप लगकर ये अर्थ देता है—(क) सहित या साथ; जैसे सशरीर, सजीव। (ख) एक ही में का, जैसे सगोत्र। (ग) पूर्वक, जैसे सप्रेम, सवेग। संगीतशास्त्र में यह षड्ज स्वर का और छन्दशास्त्र में 'सगण' के संक्षिप्त रूप का सूचक है।

सं उप० [सं० सम्] एक उपसर्ग जो शब्दों के पहले शोभा, समानता, उत्कृष्टता, सततता आदि सूचित करने के लिए लगता है, जैसे संयोग, संताप, संतुष्ट आदि।

सँइतना स० दे० सैंतना।

सँउपना* स०=सौंपना।

संक* स्त्री०=शंका।

संकट पुं० [सं० सम+कृत] १. विपत्ति, आफत। २. दुख, कष्ट। ३. जल या स्थल के दो बड़े विभागों को बीच से जोड़नेवाला तंग रास्ता या संकीर्ण अंग, जैसे गिरि संकट (पहाड़ का दर्रा), जल-संकट (जल-डमरुमध्य), स्थल-संकट (स्थल-डमरूमध्य) ४. दो पहाड़ों के बीच का तंग रास्ता, दर्रा।

संकटा स्त्री० [सं०] १. एक प्रसिद्ध देवी जो संकट दूर करनेवाली मानी जाती है। २. ज्योतिष में योगिनियों के विचार से एक दशा जो मनुष्य पर संकट लानेवाली मानी जाती है।

संकत* पुं०=संकेत

संकना* अ० [सं० शंका] १. शंका या सन्देह करना। २. डरना।

सँकर* स्त्री० [सं० शृंखला] सिक्कड़, जंजीर।

पुं०=संकर।

वि०=सँकरा।

संकर पुं० [सं०] [भाव० संकरता] १. दो चीजों का आपस में मिलना या मिलकर एक हो जाना। २. वह जिसकी उत्पत्ति भिन्न-भिन्न वर्णों या जातियों के पिता और माता से हुई हो, दोगला। ३. साहित्य में दो या अधिक अलंकारों के इस प्रकार एक साथ और मिले-जुले रहने की अवस्था जिसमें या तो वे एक दूसरे से अलग न किए जा सकें या जिनका उस प्रसंग में स्वतन्त्र रूप सिद्ध न हो सके।

वि० दो या अधिक के योग से बना हुआ, मिश्र, जैसे संकर जाति, संकर राग।

*पुं० दे० 'शंकर'।

संकर-धरनी स्त्री०=पार्वती।

संकरता स्त्री० [सं०] १. संकर या मिले-जुले होने की दशा या भाव। २. दो भिन्न-भिन्न वर्गों के संयोग से उत्पन्न होने की दशा या भाव, दोगलापन।

संकर-समास पुं० [सं०] दो ऐसे शब्दों का समास जिसमें से एक शब्द किसी एक भाषा का और दूसरा किसी दूसरी भाषा का हो, जैसे अछूतोद्धार में हिन्दी के 'अछूत' शब्द का संस्कृत के 'उद्धार' शब्द के साथ समास हुआ है।

सँकरा वि० [सं० संकीर्ण] [स्त्री० सँकरी] पतला और कम चौड़ा, तंग।

*स्त्री० दे० 'साँकल'।

सँकराना* अ०, स० [हिं० सँकरा] सँकार या संकुचित होना या करना।

संकर्षण पुं० [सं०] [वि० संकृष्ट] १. खींचना। २. हल जोतना। ३. कृष्ण के भाई बलराम जिनका आयुध हल था। ४. कानून में अधिकार या उत्तरदायित्व आदि के विचार से किसी वस्तु या व्यक्ति के स्थान पर दूसरी वस्तु या व्यक्ति का रखा या नाम चढ़ाया जाना। (सबरोगेशन)

संकलक पुं० [सं०] संकलन करनेवाला।

संकलन पुं० [सं०] [वि० संकलित] १. संग्रह या जमा करना। २. संग्रह। ३. गणित में योग नाम की क्रिया, जोड़। ४. अनेक ग्रन्थों या स्थानों से अच्छे-अच्छे विषय या बातें

चुनने की क्रिया। ५. इस प्रकार चुनकर तैयार किया हुआ ग्रन्थ, संग्रह या और कोई चीज। (कम्पाइलेशन)

संकलनकर्ता (र्तृ) पुं० [सं०] संकलन करनेवाला।

संकलप पुं०=संकल्प।

संकलपना* स० [सं० संकल्प] संकल्प का मन्त्र पढ़कर धार्मिक कार्य या कोई वस्तु दान करने का निश्चय करना। अ० १. संकल्प या विचार करना। २. दृढ़ निश्चय करना।

संकला स्त्री० दे० 'साँकल'।

संकलित वि० [सं०] १. चुना हुआ। २. इकट्ठा किया हुआ, संगृहीत (कम्पाइल्ड) ३. जो थोड़ा-थोड़ा करके बढ़ा या इकट्ठा होकर एक हो गया हो। (एग्रिगेट)

संकल्प पुं० [सं०] [वि० संकल्पित] १. कोई कार्य करने का दृढ़ विचार, पक्का इरादा। २. देव कार्य या दान करने के समय विशिष्ट मन्त्र पढ़ते हुए उसका दृढ़ निश्चय करना। ३. इस प्रकार पढ़ा जानेवाला मन्त्र। ४. सभा-समिति आदि में किसी विषय में विचारपूर्वक किया हुआ पक्का निश्चय, मन्तव्य। (रिजोल्यूशन)

संकल्पनिष्ठा स्त्री० [सं०] अपने संकल्प को पूरा करने की निष्ठा।

संकल्पवान वि०, पुं० [सं०] जिसने संकल्प लिया हो।

संकल्पहीन वि० [सं०] जो संकल्प या दृढ़वृत न ले।

संकल्पित वि० [सं०] जिसका संकल्प किया गया हो, संकल्प के रूप में लाया हुआ।

सँकाना* अ०, स०=डरना या डराना।

संकाय पुं० [सं० सं+काय] ज्ञान की किसी विशिष्ट शाखा से सम्बन्धित विश्वविद्यालय का कोई विभाग; जैसे कला संकाय। (फैकल्टी)

संकायाध्यक्ष पुं० [सं० संकाय+अध्यक्ष] किसी संकाय का अध्यक्ष, डीन।

सँकार* पुं०=संकेत।

संकारना स० [हिं० संकेत] संकेत करना।

संकीर्ण वि० [सं०] [भाव० संकीर्णता] १. कम चौड़ा, सँकरा। २. संकुचित, तंग। ३. 'उदार' का विरुद्धार्थक, जैसे संकीर्ण विचार। ४. क्षुद्र। ५. छोटा। पुं० दो या अधिक रागों के मेल से बना हुआ राग, संकर राग।

संकीर्णता स्त्री० [सं०] १. संकीर्ण होने की अवस्था या भाव। २. विचारों में होनेवाली संकीर्ण दृष्टि या भावना, क्षुद्रता।

संकीर्तन पुं० [सं०] सम्यक् प्रकार से किया जानेवाला कीर्तन।

संकु* पुं०=शंकु।

संकुचन पुं०=संकोच।

संकुचित वि० [सं०] १. जिसे संकोच हो, हिचकता हुआ। २. सिकुड़ा हुआ। ३. तंग, सँकरा। ४. जो औरों के अच्छे विचार ग्रहण न करे, 'उदार' का विरुद्धार्थक।

संकुल वि० [सं०] [वि० संकुलित, भाव० संकुलता] १. संकीर्ण, तंग। २. भरा हुआ, परिपूर्ण। ३. मिला हुआ, युक्त। पुं० १. युद्ध, लड़ाई। २. समूह, झुंड। ३. भीड़। ४. परस्पर विरोधी वाक्य।

संकुलना[1] अ० [सं० संकुल] भरा होना, भर जाना।

संकुलना[2] अ० [सं० शंक] भयभीत होना, डर जाना।

संकुलित वि० [सं०] १. सिकोड़ा या सिकुड़ा हुआ। २. भरा हुआ। ३. व्याप्त।

सँकेत पुं० [सं० संकष्ट] संकट या कठिनता की अवस्था।

संकेत पुं० [सं०] [वि० संकेतित, सांकेतिक] १. मन का भाव प्रकट करनेवाली कोई शारीरिक चेष्टा, इंगित, इशारा। २. साहित्य में शब्द का पहला और मुख्य अर्थ जो अभिधा शक्ति से निकलता है। 'बिंब' का विरुद्धार्थक। ३. कोई ऐसी बँधी हुई बात या क्रिया जो किसी विशेष और बड़ी बात या कार्य की सूचक हो, चिह्न। (साइन) ४. किसी घटना, कथा आदि का ऐसा संक्षिप्त उल्लेख या चर्चा जो उस सारी घटना, कथा या उसके प्रसंग की सूचक हो। (एल्यूज़न) ५. वह स्थान जहाँ प्रेमी और प्रेमिका मिलते हैं। ६. एकान्त स्थान।

संकेत-ग्रह पुं० [सं०] कोई शब्द सुनकर, उसका अभिधा शक्ति से निकलनेवाला पहला और मुख्य अर्थ ग्रहण करना।

संकेतचित्र पुं० [सं०] वह चित्र जिसमें किसी वस्तु या व्यक्ति आदि के स्थान पर उसका कोई प्रतीक अंकित हो।

संकेतचिह्न पुं० [सं०] वाक्य, पद, नाम आदि के सूचक वे चिह्न जो संकेत के रूप में होते हैं, जैसे मध्य प्रदेश का म० प्र० (एब्रीवियेशन)

सँकेतना* स० [सं० संकीर्ण] संकट या कष्ट में डालना।

संकेतलिपि स्त्री० [सं०] किसी लिपि के अक्षरों के छोटे और संक्षिप्त संकेत चिह्न बनाकर तैयार की हुई वह लेख-प्रणाली जिससे कथन या भाषण बहुत जल्दी लिखे जाते हैं। (शार्ट हैन्ड)

संकेत-विघट्टना स्त्री० [सं०] साहित्य में वह अनशयाना नायिका जो अपने अभिसार का संकेत-स्थल नष्ट हो जाने के कारण दुखी होती और पछताती है।

संकेतस्थल पुं० [सं०] प्रेमियों के मिलने का पहले से नियत स्थान।

संकेतित वि० [सं०] जिसके सम्बन्ध में संकेत किया जाए, जैसे आपका संकेतित भाव मैं समझ गया।

सँकेलना स० दे० 'सकेलना', उदा० प्रथम कुगति कर कपट सँकेला। -तुलसी।

संकोच पुं० [सं०] १. सिकुड़ने की क्रिया या भाव। २. हलकी या थोड़ी लज्जा या शर्म। ३. आगा-पीछा, हिचक। ४. एक अलंकार जिसमें किसी वस्तु के बहुत अधिक संकोच का वर्णन होता है।

संकोचन पुं० [सं०] संकुचित होने की क्रिया या भाव, सिकुड़ना।

संकोचित पुं० [सं०] तलवार चलाने का एक प्रकार।
वि०=संकुचित।

संकोची वि०, पुं० [सं० संकोचिन्] १. सिकुड़नेवाला। २. संकोच करनेवाला।

संकोपना अ० दे० 'कोपना'।

संक्रमण पुं० [सं०] [वि० संक्रमित] १. जाना या चलना। २. एक अवस्था से धीरे-धीरे बदलते हुए दूसरी अवस्था में पहुँचना। (ट्रांजीशन) ३. एक के हाथ या अधिकार से दूसरे के हाथ या अधिकार में जाना। (पासिंग)

संक्रमण काल पुं० [सं०] १. वह समय जब कोई चीज पहले रूप से बदलकर दूसरे रूप में आ रही हो। २. दे० 'संक्रांति'।

संक्रमणकालीन वि० [सं०] संक्रमणकाल का।

संक्रमणशील स्त्री० [सं०] [भाव० संक्रमणशीलता] जिस में बदलाव होता चल रहा हो।

संक्रमिक वि० [सं०] जिसका संक्रमण हुआ हो, जो अन्तरित या हस्तान्तरित किया गया हो। (ट्रांस्फर्ड)

संक्रांति स्त्री० [सं०] १. सूर्य का एक राशि से दूसरी राशि में जाना। २. ठीक वह समय जब सूर्य एक राशि से निकलकर दूसरी राशि में प्रवेश करता है। (हिन्दुओं का पर्व)

संक्रामक वि० [सं०] (रोग) जो संसर्ग या छूत से फैलता हो। (कन्टेजस)

संक्रामण पुं० [सं०] [वि० संक्रामित] १. संक्रमण कराने की क्रिया या भाव। २. एक विभाग से दूसरे विभाग में या एक अधिकारी से दूसरे अधिकारी के पास विचार, कार्रवाई आदि के लिए भेजना, जैसे वाद या व्यवहार का एक न्यायालय से दूसरे न्यायालय में संक्रामण। (ट्रान्सफरेन्स)

संक्रामित वि० [सं०] जिसका संक्रामण हुआ हो। (ट्रांस्फर्ड)

संक्रामी वि०=संक्रामक।

संक्राम्य वि० [सं०] जिसका संक्रामण होने को हो या हो सकता हो। (ट्रान्सफरेबुल)

संक्रोन* स्त्री०=संक्रान्ति।

संक्षमण पुं० [सं०] किसी दोष या अपराध के लिए किसी को जान-बूझकर या उसके दोष या अपराध पर ध्यान न देते हुए क्षमा कर देना। (कन्डोन)

संक्षिप्त वि० [सं०] [भाव० संक्षिप्तता] १. (लेख, कथन आदि) जो संक्षेप में लिखा या कहा गया हो, खुलासा। (एब्रिज्ड) २. (पुस्तक) जिसके कम महत्त्वपूर्ण अंश को निकालकर छोटा कर दिया गया हो।

संक्षिप्त आलेख पुं० [सं०] बड़े लेख, वक्तव्य आदि का तैयार किया हुआ संक्षिप्त रूप। (एब्रिवियेचर)

संक्षिप्तता स्त्री० [सं०] संक्षिप्त होने की अवस्था या भाव, लघुता।

संक्षिप्तीकरण पुं० [सं० संक्षिप्त+करण] किसी पुस्तक, विषय, कथन आदि के कम महत्त्वपूर्ण अंश को निकालकर संक्षिप्त करने की क्रिया या भाव।

संक्षेप पुं० [सं०] १. किसी पुस्तक, लेख, वक्तृता आदि का संक्षिप्त रूप, ऐसा वक्तव्य जिसमें महत्त्वपूर्ण तथ्यों का ही उल्लेख हो। २. सार-कथन।

संक्षेपक वि० [सं०] किसी को संक्षिप्त रूप देने या संक्षेप करनेवाला।

संक्षेपकर्ता (र्तृ) पुं० [सं०] संक्षेप करनेवाला।

संक्षेपण पुं० [सं०] संक्षिप्त रूप प्रस्तुत करना। (एब्रिजमेन्ट)

संक्षेपतः क्रि० वि० [सं०] संक्षेप में, थोड़े में।

संख* पुं०=शंख।

संखिया पुं० [सं० शृंगिका] एक प्रसिद्ध सफेद उपधातु जो बहुत उत्कट विष है।

संख्यक वि० [सं०] संख्यावाला, संख्या से युक्त, जैसे बहु-संख्यक, अल्पसंख्यक।

संख्या स्त्री० [सं०] १. एक, दो, तीन आदि गिनती, तादाद। २. गिनती के विचार से किसी वस्तु का परिमाण बतानेवाला अंक, अदद। ३. सामयिक पत्र, पत्रिका आदि का अंक। (नम्बर, सभी अर्थों के लिए)

संख्यांक पुं० [सं० संख्या+अंक] संख्या का सूचक अंक। (न्युम्रल)

संख्यांकन पुं० [सं० संख्या+अंकन] नंबर डालना। (नंबरिंग)

संख्यांकित वि० [सं० संख्यांकन] जिस पर नंबर डाला गया हो।

संख्यात्मक वि० [सं० संख्या+आत्मक] अंकों में होनेवाला या अंकों से संबद्ध।

संख्यावाचक, संख्यावाची वि० [सं०] संख्या का सूचक।

सांख्यिक वि० [सं०] अंकों में होनेवाला या अंकों से संबद्ध। (न्यूमेरिकल)

संग[१] पुं० [सं० सङ्ग] [वि० संगी] १. मिलना, मिलन। २. साथ रहना, सहवास, सोहबत। ३. सांसारिक विषयों में अनुराग, आसक्ति।
क्रि० वि० साथ, सहित।

संग[२] पुं० [फा०] [वि० संगी, संगीन] पत्थर।

संगठन पुं०=संघटन।

संगठित वि०=संघटित।

संगणक पुं० [सं०] दे० 'कम्प्यूटर'।

संगत[१] वि० [सं०] १. जो किसी वर्ग, जाति आदि का होने के कारण उसके साथ रखा, बैठाया या लगाया जा सकता हो। (कम्पैटिबुल) २. पूर्वापर या आस-पास की बातों के विचार से अथवा और किसी प्रकार से ठीक बैठने या मेल खानेवाला। (कनसिस्टेन्ट या रेलेवेन्ट) ३. संगति, साथ।

संगत[2] स्त्री० [सं० संगति] १. सम्बन्ध, संसर्ग। २. किसी सत्संग या कीर्तन में सम्मिलित होनेवाले लोग। ३. उदासी या निरमले साधुओं के रहने का मठ। ४. संगीत में वाद्य आदि के द्वारा किसी कलाकार का किया जानेवाला साथ, जैसे गवैये के साथ तबला, सारंगी या सितार बजाना उसकी संगत करना कहलाता है। (अकम्पनीमेन्ट)

संगतरा पुं० [फा० संगतरः] एक प्रकार का मीठा नीबू, सन्तरा।

संगतराश पुं० [फा०] [भाव० संगतराशी] पत्थर काटने या गढ़नेवाला कारीगर।

संगति स्त्री० [सं०] १. संगत होने की क्रिया या भाव। (कम्पैटिबिलिटी) २. मिलने की क्रिया, मेल, मिलाप। ३. संग, साथ। ४. सम्बन्ध। ५. आगे-पीछे कहे जानेवाले वाक्यों आदि का अर्थ के विचार से या कार्यों आदि का पूर्वापर के विचार से ठीक बैठना या मेल खाना। (कन्सिस्टेन्सी) ६. सभा, समाज।

संगतिया पुं० [हिं० संगत] १. साथी। २. गवैये के साथ बाजा बजानेवाला।

संगती पुं० दे० 'संगतिया'।

संगदिल वि० [फा०] [भाव० संगदिली] कठोर हृदय।

संगम पुं० [सं०] १. मिलाप, सम्मेलन, मेल। २. दो नदियों के मिलने का स्थान। ३. दो या अधिक वस्तुओं के एक जगह मिलने का भाव। ४. वर्तमान काल की सब बातों का ज्ञान, उदा० आगम-संगम निगम मति, ऐसे मन्त्र विचारि। - केशव।

संगमरमर पुं० [फा० संग+अ० मर्मर] एक प्रकार का बहुत चमकीला, मुलायम, बढ़िया, सफेद पत्थर।

संगमूसा पुं० [फा०] संगमरमर की तरह का काला चिकना पत्थर।

संगर[1] पुं० [सं०] १. युद्ध, संग्राम। २. विपत्ति। ३. नियम।

संगर[2] पुं० [फा०] १. सेना की रक्षा के लिए बनी हुई चारों ओर की खाई या धुस। २. मोरचा।

संगरोध पुं० [सं०] लोगों से मिलने-जुलने पर लगी रोक।

सँगाती पुं० [हिं० 'संगी' का स्त्री० रूप] संग या साथ रहनेवाली स्त्री, सहेली, सहचरी।

संगी[1] पुं० [हिं० संग + ई (प्रत्य०)] [स्त्री० संगिनि, संगनी] १. संग रहनेवाला, साथी। २. मित्र, बन्धु, दोस्त।

संगी[2] स्त्री० [देश०] एक प्रकार का रेशम का कपड़ा।

संगी[3] वि० [फा० संग=पत्थर] पत्थर का, संगीन।

संगीत पुं० [सं०] लय, ताल, स्वर आदि के नियमों के अनुसार किसी पद्य का आकर्षक और मनोरंजक रूप से होनेवाला वह उच्चारण, जिसके साथ कभी-कभी नृत्य और प्रायः वाद्य भी होता है। (म्यूजिक)

संगीतक वि० [सं०] संगीत-सम्बन्धी।

संगीतज्ञ पुं० [सं०] वह जो संगीत विद्या में निपुण हो, गवैया।

संगीतमय वि० [सं० संगीत+मय] [स्त्री० संगीतमयी भाव० संगीतमयता] संगीत से ओतप्रोत, संगीत से भरपूर।

संगीतशास्त्र पुं० [सं०] वह शास्त्र जिसमें संगीत का विवेचन रहता है।

संगीतात्मक वि० [सं०] [भाव० संगीतात्मकता] जो संगीत पर आधारित हो।

संगीतिका स्त्री० [सं०] एक प्रकार का संगीतमय नाट्यरूपक।

संगीन पुं० [फा०] [भाव० संगीनी] वह बरछी जो बन्दूक के सिरे पर लगी रहती है।

वि० १. पत्थर का बना हुआ। २. मोटा या भारी। ३. विकट, भीषण, जैसे संगीन जुर्म=बहुत बड़ा अपराध।

संगृहीत वि० [सं०] संग्रह या एकत्र किया हुआ, संकलित।

संगोपन पुं० [सं०] औरों से गुप्त रखना, प्रकट न होने देना, छिपाना।

संगोष्ठी स्त्री० [सं०] किसी विषय के विशेषज्ञों की गोष्ठी।

संग्या* स्त्री०=संज्ञा।

संग्रंथन वि० [सं०] अच्छी तरह गूंथने का कार्य।

संग्रह पुं० [सं०] १. एकत्र या इकट्ठा करना, संचय। २. वह पुस्तक जिसमें अनेक विषयों की बातें इकट्ठी की गई हों। ३. एक जगह इकट्ठी करके रखी हुई बहुत-सी चीजें। (कलेक्शन) ४. ग्रहण करना।

संग्रहणी स्त्री० [सं०] एक रोग जिसमें पतले दस्त आते हैं।

संग्रहणीय वि० [सं०] संग्रह करने योग्य।

संग्रहना* स० [सं० संग्रहण] संग्रह या इकट्ठा करना, जमा करना।

संग्रहाध्यक्ष पुं० [सं०] वह जो किसी संग्रह या संग्रहालय का अध्यक्ष या व्यवस्थापक हो। (क्यूरेटर)

संग्रहालय पुं० [सं०] वह स्थान जहाँ एक ही अथवा अनेक प्रकार की बहुत-सी चीजों का संग्रह हो। (म्यूज़ियम)

संग्रही वि० दे० 'संग्राहक'।

संग्राम पुं० [सं०] युद्ध, लड़ाई, समर, रण।

संग्राहक पुं० [सं०] संग्रह करनेवाला, संग्रहकर्ता।

संग्राह्य वि० [सं०] संग्रह करने योग्य।

संघ पुं० [सं०] १. समूह, समुदाय। २. संघटन, संस्था, जैसे राष्ट्रीय स्वयं सेवक संघ, राष्ट्रसंघ। ३. प्राचीन बौद्ध भिक्षुओं आदि का धार्मिक समाज अथवा निवासस्थान। ४. आज-कल ऐसे राज्यों का समूह जो अपने-अपने क्षेत्र में बहुत-कुछ स्वतन्त्र हों, पर कुछ विशिष्ट कार्यों के लिए किसी केन्द्रीय शासन के अधीन हों और परराष्ट्रों के साथ एक ही नीति के अनुसार व्यवहार करते हों; संघ-राज्य। (फेडरेशन)

संघट पुं० [सं०] १. समूह, राशि, ढेर। २. युद्ध, लड़ाई। ३. मुठभेड़। ४. मिलन, संयोग, उदा० सब संघट मिलि मंजु बध्यौ इमि समौ सुहायौ। - रत्ना। ५. दे० 'संघटन'।

संघटन पुं० [सं०] १. मेल, संयोग। २. नायक और नायिका का मिलाप। ३. रचना, बनावट।

संघटित वि० [सं०] जिसका संघटन हुआ हो, मिलित, युक्त।

संघट्ट (न) पुं० [सं०] १. मिलन, मिलाप। २. कुछ वस्तुओं या व्यक्तियों का एक जगह आकर मिलना, जमघट। ३. साहित्य में नायक और नायिका का वह मिलन जो दूती की सहायता से होता है। ४. बनावट, रचना। ५. दे० 'संघटन'

संघठन पुं० [सं० संघटन] १. बिखरी हुई शक्तियों को एक में मिलाकर उन्हें किसी काम के लिए तैयार करना। २. ऐसी संस्था जिसमें लोग अपने अधिकारों या हितों की रक्षा के लिए मिल-जुलकर काम करते हों। (आरगनाइज़ेशन)

संघठनकर्ता पुं० [हिं० संगठन+सं० कर्ता] वह जो लोगों को एकत्र कर संघठन बनाता हो।

संघठित वि० [हिं० संघठन] जिसका संघठन हुआ हो।

संघति स्त्री० [सं०] दो अथवा अधिक दलों, संस्थाओं, राज्यों आदि का मिलकर इस प्रकार एक हो जाना कि एक दल, संस्था या राज्य के रूप में काम करें।

संघती पुं० दे० 'संघाती'।

संघपति पुं० [सं०] किसी प्रकार के संघ का प्रधान या नायक, जैसे बौद्ध संघ या राष्ट्रसंघ का संघपति।

संघर पुं० दे० 'संगर'।

संघरना* स० [सं० संहार] संहार या नाश करना; उदा० पारथ सो सेना संघरै। -केशव।

सँघरा† पुं०=सगड़।

संघर्ष पुं० [सं०] १. रगड़ खाना। २. प्रतियोगिता, होड़। ३. एक चीज की दूसरी चीज के साथ होनेवाली रगड़। (फ्रिक्शन) ४. दो पक्षों या दलों में होनेवाला वह विरोध जिसमें दोनों एक दूसरे को दबाने का प्रयत्न करते हैं। (कानफ्लिक्ट) ५. विकट और विपरीत परिस्थितियों से निकलकर आगे बढ़ने के लिए होनेवाला प्रयत्न या प्रयास, जैसे जीवन-संघर्ष।

संघर्षकामी वि० [सं०+हिं०] संघर्ष करने की जिसमें बलवती इच्छा हो।

संघर्षण पुं० [सं०] दो वस्तुओं में संघर्ष या रगड़ होने की क्रिया या भाव।

संघर्षमय वि० [सं०] संघर्ष से भरा।

संघर्षरत वि० [सं०] संघर्ष में लगा हुआ।

संघर्ष-विराम पुं० [सं०] अस्थायी रूप से युद्धरत दो पक्षों या राष्ट्रों का युद्ध बंद करना (विशेषत: शांति-वार्ता आरंभ करने के लिए)।

संघर्षव्रती वि०, पुं० [सं० संघर्ष+व्रत] जिसने संघर्ष करने का व्रत लिया हो।

संघवाद पुं० [सं०] संघ विशेषत: कई राज्यों का सामूहिक संघ बनाने की विचारधारा।

संघवादी (-दिन्) पुं० [सं०] संघवाद का समर्थक। वि० संघवाद-सम्बन्धी।

संघ-शासित वि० [सं०] ऐसा राज्य जिसकी शासन-व्यवस्था केंद्रीय शासन के अधीन हो; पांडिचेरी आदि।

संघस्थविर पुं० [सं०] संघाराम का प्रधान बौद्ध भिक्षु।

संघात पुं० [सं०] [वि० संघातिक] १. समूह, झुंड। २. कुछ लोगों का ऐसा समूह जो मिलकर कोई काम करने के लिए बना हो या कोई काम करता हो। (बॉडी) ३. रहने की जगह, निवासस्थान। ४. संग, साथ। ५. गहरी या भारी चोट। ६. मार डालना, वध।

संघातिक वि०, पुं० [सं०] गहरा आघात करनेवाला, घातक।

संघाती पुं० [सं० संघ] १. साथ रहनेवाला, साथी। २. मित्र, दोस्त।

संघात्मक साम्राज्य पुं० [सं०] प्राचीन भारतीय राजतन्त्र में वह साम्राज्य जिसके अन्तर्गत कई एकतन्त्र राज्य होते थे।

संघार* पुं०=संहार।

संघारना* स० [सं० संहार] १. संहार या नाश करना। २. मार डालना।

संघाराम पुं० [सं०] प्राचीन काल के वे मठ जिनमें बौद्ध साधु या भिक्षु रहते थे।

संघी पुं० [सं० संघ] संघ का सदस्य।

संघीकरण पुं० [सं०] संघ बनाने का कार्य।

संघीय वि० [सं०] संघ-सम्बन्धी; जैसे संघीय न्यायालय।

संच* पुं० [सं० संचय] १. संचय। २. देखभाल।

संचक वि० [सं० संचय] संचय या इकट्ठा करनेवाला।

संचकर* वि० [सं० संचय+कर] १. संचय या इकट्ठा करनेवाला। २. कंजूस।

संचना* स० [सं० संचय] संचित या इकट्ठा करना, जमा करना, उदा० सत गुरु कह्यौ, कहौं तोसौं हौं, राम रतन धन सँचिबौं।-सूर।

संचय पुं० [सं०] [वि० संचयी] १. समूह, ढेर। २. एकत्र या संग्रह करना, जमा करना।

संचरण पुं० [सं०] संचार।

संचरणशील वि० [सं०] [भाव० संचरणशीलता] १. घूमता रहनेवाला घुमक्कड़। २. फैलनेवाला।

संचरना* अ० [सं० संचरण] १. चलना या घूमना-फिरना। २. फैलना। ३. प्रचलित होना। स० दे० 'संचारना'।

संचरित वि० [सं०] जिसमें या जिसका संचार हुआ हो।

संचान पुं० [सं०] बाज (पक्षी)।

संचार पुं० [सं०] [कर्ता, संचारक, वि० संचारित] १. सूचनाओं का आदान-प्रदान। २. गमन, चलना। ३. फैलना, विशेषत: किसी के अन्दर फैलना।

संचार-माध्यम पुं० [सं०] सूचनाओं के आदान-प्रदान के साधन; जैसे दूरभाष, रेडियो, दूरदर्शन, समाचार-पत्र आदि।

संचारक वि० [सं०] [स्त्री० संचारिका, संचारिणी] संचार करने या फैलानेवाला।

संचारना* स० [सं० संचारण] १. संचार करना, फैलाना। २. प्रचार करना। ३.जन्म देना। ४. (अस्त्र आदि) चलाना।

संचारिका स्त्री० [सं०] कुटनी, दूती।
वि० संचार करनेवाली, संचारिणी।

संचारी (-रिन्) पुं० [सं०] १. संगीत में स्थायी या पहला पद, एक बार साधारण रूप से कह चुकने के बाद वही पद या उसका कुछ अंश अधिक ऊँचे स्वरों में तथा कुछ दूसरे प्रकार से कहने की क्रिया या भाव, उछाल। २. दे० 'संचारी भाव'।
वि० [स्त्री० संचारिणी] संचरण या संचार करनेवाला।

संचारी भाव पुं० [सं०] साहित्य में मुख्य और स्थायी भावों से भिन्न वे गौण और अस्थायी भाव या मानसिक विकार जो कुछ विशेष अवसरों पर उत्पन्न होकर उनकी पुष्टि करते और अन्त में अपना काम कर चुकने पर नष्ट या विलीन हो जाते हैं। ये किसी एक ही भाव से संबद्ध नहीं रहते, बल्कि अनेक भावों से संबद्ध होते हैं, इसीलिए इन्हें 'व्यभिचारी' भी कहते हैं। साहित्यकारों ने इसके ये ३३ भेद कहे हैं— अपस्मार, अमर्ष, अलसता, अवहित्था, अनसूया, आवेग, उग्रता, उन्माद, औत्सुक्य, गर्व, ग्लानि, चपलता, चिन्ता, जड़ता, दैन्य, धृति, निद्रा, निर्वेद, मति, मद, मरण, मोह, लज्जा, वितर्क, विबोध, विषाद, व्याधि, शंका, श्रम, सन्त्रास, स्मृति, स्वप्न और हर्ष।

संचालक पुं० [सं०] [स्त्री० संचालिका, संचालिनी] १. चलाने या गति देनेवाला, परिचालक। २. कारखाने या कार्यालय आदि का काम चलानेवाला। ३. अपने निरीक्षण में किसी बहुत बड़े कार्य या विभाग के सब काम कराने या चलानेवाला। (डाइरेक्टर)

संचालन पुं० [सं०] [वि० संचालित, कर्ता संचालक] १. गति देना, चलाना। २. ऐसा प्रबन्ध या व्यवस्था करना जिसमें कोई काम चलता या होता रहे। (कन्डक्शन)

संचालित वि० [सं०] जिसका संचालन किया गया हो या किया जा रहा हो, चलाया हुआ।

संचिका स्त्री० [सं० संचय] वह नत्थी जिसमें पत्र, कागज आदि इकट्ठे करके रखे जाते हैं। (फाइल)

संचित वि० [सं०] १. इकट्ठा या जमा किया हुआ। २. संचिका या नत्थी में लगाया हुआ। (फाइल्ड)

संचु* पुं० [?] १. आनन्द, प्रसन्नता। २. सुख, आराम।

संचेतना स्त्री० [सं० सम्+चेतना] विशेष चेतना, जागरूकता।

संचेत्य वि० [सं०] जिसमें चेतना लाई जा सके।

संजम* पुं०=संयम।

संजय पुं० [सं०] धृतराष्ट्र का एक मन्त्री जो उन्हें महाभारत के युद्ध का विवरण सुनाता था।

संजात वि० [सं०] उत्पन्न, जैसे वातसंजात=हनुमान।

संजाफ स्त्री० [फा०] कपड़े पर टँकी हुई झालर, गोट, मगजी।

संजाफी पुं० [फा०] रंग के विचार से एक प्रकार का (आधा लाल और आधा हरा या सफेद) घोड़ा।

संजाल पुं० [सं० सं+जाल] १. बड़ा जाल। २. वह व्यवस्था जिसमें किसी विषय की शाखाएँ-प्रशाखाएँ विस्तृत क्षेत्र में फैली हो; जैसे सड़कों का संजाल।

संजीदा वि० [अ०] गंभीर।

संजीदगी स्त्री० [अ०] गंभीरता।

संजीवन वि० [सं०] जीवनशक्ति उत्पन्न करने या देनेवाला।
पुं० १. बहुत अच्छी तरह जीवन बिताना। २. बहुत अच्छी तरह बिताया जानेवाला जीवन, सद्जीवन।

संजीवनी वि० [सं०] जीवन देनेवाला।
स्त्री० मरे हुए मनुष्यों को जीवित करनेवाली एक कल्पित ओषधि या विद्या।

संजीवनी मंत्र पुं० [सं०] एक प्रकार का कल्पित मन्त्र जिसके प्रयोग से मृत प्राणी का जी उठना माना जाता है।

संजीवनी विद्या स्त्री० [सं०] मरे हुए व्यक्ति को जिलाने की विद्या।

संजुक्त* वि०=संयुक्त।

संजुग* पुं० [सं० संयुग] संग्राम (युद्ध)।

संजुत* वि०=संयुक्त।

सँजोइ* क्रि० वि० [सं० संयोग] साथ में।

सँजोइल* वि० [हिं० सँजोना] १. अच्छी तरह सजा हुआ। २. जमा किया हुआ, एकत्र।

सँजोऊ* पुं० [हिं० सजाना] १. तैयारी, उपक्रम। २. सामग्री, सामान।

संजोग पुं०=संयोग।

सँजोना[1] स० [सं० सज्जा] अलंकृत करना, सजाना।

सँजोना[2] स० [सं० संचय] इकट्ठा या जमा करना।

सँजोया पुं० [सं० सँजोना=सजाना] लड़ाई के समय पहना जानेवाला कवच।

सँजोवस* वि० [हिं० सँजोना] १. सजा हुआ। २. सेना सहित। ३. सावधान।

संज्ञक वि० [सं०] नामक।

संज्ञा स्त्री० [सं०] १. प्राणियों के शारीरिक अंगों की वह शक्ति जिससे उन्हें बाह्य पदार्थों का ज्ञान और अपने शरीर या मन के व्यापारों की अनुभूति होती है, चेतनाशक्ति। (सेन्स) २. बुद्धि। ३. ज्ञान। ४. नाम। ५. व्याकरण में वह विकारी शब्द जो किसी वास्तविक या कल्पित वस्तु का बोधक होता है, जैसे राम, पर्वत, घोड़ा, दया आदि। (नाउन)

संज्ञात्मक वि० [सं०] संज्ञा के रूप में होनेवाला।

संज्ञान पुं० [सं०] १. जानकारी, ज्ञान। २. विधिक दृष्टि से होनेवाली जानकारी। ३. (मनोविज्ञान) चिंतन-मनन, अनुभव तथा संवेदनाओं के द्वारा प्राप्त किया जानेवाला ज्ञान। (कॉगनिशॅन)

संज्ञानात्मक वि० [सं० संज्ञान] संज्ञान द्वारा प्राप्त। (कॉगनिटिव)

संज्ञाभाव पुं० [सं०] बौद्ध शास्त्रों के अनुसार वह अवस्था जिसमें यह ज्ञान हो जाता है कि संज्ञा भी नहीं है और असंज्ञा भी नहीं है, और चित सदा समाहित रहता है, नैव संज्ञा।

संज्ञाहीन वि० [सं०] [भाव० संज्ञाहीनता] बेहोश, बेसुध।
सँझला[१] वि० [सं० संध्या] संध्या का।
सँझला[२] वि० [हिं० 'मँझला' का अनु०] मँझले से छोटा और छोटे से बड़ा, मँझले और छोटे के बीच का।
सँझवाती स्त्री० [सं० संध्या+बत्ती] १. संध्या समय जलाया जानेवाला दीया। २. वह गीत जो ऐसे समय गाया जाता है। ३. सन्ध्या-दीप।
संझा स्त्री०=संध्या।
सँझोखा* पुं० [सं० संध्या] संध्या का समय, सायंकाल।
संड-मुसंड वि० [हिं० संडा+मुसंड (अनु०)] हट्टा-कट्टा, मोटा-ताजा।
सँड़सना अ० [सं० संदंश] १. तंग जगह के बीच में पड़कर फँसना। २. संकट में पड़ना।
संड़सा पुं० [सं० संदंश] [स्त्री० अल्पा० सँड़सी] गरम या किसी चीज के पकड़ने का लोहे का एक प्रकार का चिमटा या औजार।
संडा वि० [सं० शंड] हृष्ट-पुष्ट, हट्टा-कट्टा।
संडास[१] पुं० [सं० संदास] १. एक प्रकार का पाखाना जो जमीन में गहरा गड्ढा खोदकर बनाया जाता है, शौचकूप। २. पाखाना।
संडास[२] स्त्री०=संड़सी।
संत पुं० [सं० सत्] १. साधु, संन्यासी या महात्मा। २. ईश्वरभक्त।
संतजन पुं० [सं०] सन्तलोग, सन्तसमाज।
संतत क्रि० वि० [सं०] १. लगातार, निरन्तर, बराबर। २. सदा, हमेशा।
संतति स्त्री० [सं०] बाल-बच्चे, सन्तान, औलाद।
संतति-निग्रह पुं० [सं०] बढ़ती हुई आबादी रोकने तथा उसके दुष्परिणामों से बचने के लिए इन्द्रियनिग्रह अथवा कृत्रिम उपायों से सन्तान न उत्पन्न करने का सिद्धान्त या प्रक्रिया। (बर्थ-कन्ट्रोल)
संतत्व पुं० [सं०] १. संत होने की अवस्था, गुण या भाव। २. संत का पद।
संतप्त वि० [सं०] [स्त्री० संतप्ता] १. अच्छी तरह या खूब तपा हुआ। २. जिसके मन को बहुत दुख पहुँचा हो, परम दुखी।
संतरण पुं० [सं०] अच्छी तरह तैरना या तैरकर पार होना। वि० पार उतारने या तारनेवाला।
संतरा पुं० [पुर्त० संगतरा] एक प्रकार का मीठा नीबू।
संतरी पुं० [अं० सन्टरी] पहरेदार, दरबान।
संतवृत्ति स्त्री० [सं० संत+वृत्ति] संतों या संतों जैसा आचरण-व्यवहार।
संतान स्त्री० [सं०] [वि० संतानवान, संतानवती] किसी के लड़के-लड़कियाँ या बाल-बच्चे, सन्तति, औलाद।
संताप पुं० [सं०] १. ताप, जलन, आँच। २. मानसिक कष्ट या दुख।
संतापन पुं० [सं०] १. सन्ताप देने या सन्तप्त करने की क्रिया या भाव। २. कामदेव के पाँच वाणों में से एक जो विरही को सन्तप्त करता है।
संतापना* स० [सं० संताप] सन्ताप, पीड़ा या कष्ट देना।
संतापित* वि०=संतप्त।
संतुलन पुं० [सं०] १. तौल में बराबर होने की स्थिति। २. बल, शक्ति आदि की बराबरी।
संतुलित वि० [सं०] बराबर, एक समान।
संतुलित आहार पुं० भोजन में विभिन्न पौष्टिक पदार्थों का निश्चित मात्रा में सेवन।
संतुष्ट वि० [सं०] [भाव० संतुष्टि] १. इच्छा या मांग पूरी होने पर जिसे संतोष हो। २. किसी के व्यवहार से प्रसन्न।
संतुष्टि स्त्री० [सं०] संतुष्ट होने की अवस्था या भाव।
संतुष्टीकरण स्त्री० [सं०] राजनीतिक कारणों से किसी को संतुष्ट रखने के लिए उसकी मांगें स्वीकार करने या विशेष सुविधा प्रदान करने की क्रिया या भाव।
संतोष पुं० [सं०] [वि० संतुष्ट] १. ईश्वरेच्छा से या प्रारब्धवश जो कुछ भी प्राप्त हो उससे प्रसन्न रहने का भाव। २. जी भर जाना, तृप्ति। ३. किसी बात की चिन्ता, अपेक्षा या शिकायत न रह जाना, किसी बात से पूरा प्रसन्न होना। (सैटिस्फैक्शन)
संतोषजनक वि० [सं०] १. जिससे सन्तोष या मानसिक शान्ति हो। २. यथेष्ट।
संतोषना* स० [सं० संतोष] सन्तोष कराना, सन्तुष्ट करना। अ० सन्तुष्ट होना।
संतोषप्रद वि० [सं०] सन्तोष देनेवाला।
संतोषित* वि०=सन्तुष्ट।
संतोषी पुं० [सं० संतोषिन्] वह जिसे सन्तोष हो, संतुष्ट।
संत्रस्त वि० [सं० त्रस्त] १. डरा हुआ, भयभीत। २. घबराया हुआ, व्याकुल। ३. जिसे कष्ट पहुँचा हो, पीड़ित।
संत्रास पुं० [सं०] [वि० संत्रस्त] १. डर, भय। २. किसी प्रकार के अहित की आशंका से मन में उत्पन्न होनेवाली चिन्ता या भय जो साहित्य में एक संचारी भाव माना गया है। (इसी को त्रास भी कहा गया है।)
संथा स्त्री० [सं० संहिता] एक बार में पढ़ा या पढ़ाया हुआ पाठ।
संथारा पुं० [गुज०] एक जैन प्रथा जिसमें अपनी इच्छा से मृत्यु का वरण किया जाता है।
संदंश पुं० [सं०] १. सँड़सी। २. चिमटी। ३. एक विशेष प्रकार की चिमटी जो चीर-फाड़ करते समय नसों आदि को पकड़ने के काम आती है।
संदन* पुं०=स्यंदन (रथ)।
संदर्भ पुं० [सं०] १. वह परिस्थिति जिसमें कोई घटना घटी हो। २. किसी वाक्य में आए हुए किसी शब्द का अर्थ निर्धारित करनेवाले अन्य शब्द।

संदर्भग्रंथ पुं० [सं०] वह पुस्तक जिससे विशिष्ट तथ्यों या सूचनाओं की ज्ञानकारी मिलती हो अथवा जिसमें किसी दूसरी पुस्तक में आई हुई किसी गूढ़ बात का स्पष्टीकरण हो। (रेफरेन्स बुक)

संदर्शन पुं० [सं०] अच्छी तरह देखना।

संदल पुं० [फा०] चन्दन।

संदली पुं० [फा० संदल] १. एक प्रकार का हलका पीला रंग। २. एक प्रकार का हाथी। ३. एक प्रकार का घोड़ा। वि० सन्दल या चन्दन का।

संदिग्ध वि० [सं०] [भाव० संदिग्धता] १. जिसमें सन्देह हो, सन्देहपूर्ण। (एम्बिगुअस) २. जिस पर सन्देह हो। (सस्पेक्टेड)

संदिग्धता पुं० [सं०] १. सन्दिग्ध होने की अवस्था या भाव। २. साहित्य में एक प्रकार का दोष जो उस समय माना जाता है, जब किसी कथन का अर्थ स्पष्ट नहीं होता है और वह सन्देह उत्पन्न करता है।

संदिग्धत्व पुं० [सं०] संदिग्धता।

संदीपन पुं० [सं०] [वि० संदीपक, संदीप्त] दे० 'उद्दीपन'।

संदूक पुं० [अ०] [अल्पा० संदूकड़ी] लकड़ी या धातु की चौकोर पेटी, बक्स।

संदूकड़ी स्त्री० [अ० संदूक+हिं० ड़ी (प्रत्य०)] छोटा सन्दूक।

संदेश पुं० [सं०] १. समाचार, हाल। २. किसी के उद्देश्य से कही या कहलाई हुई कोई महत्त्वपूर्ण बात। (मेसेज) ३. एक प्रकार की बंगला मिठाई।

सँदेसहर पुं० [संदेस+हर (प्रत्य०)] सन्देश ले जानेवाला दूत।

सँदेसा पुं० [हिं० संदेश] जबानी कहलाया हुआ समाचार।

सँदेसी पुं० [हिं० सँदेसा] सँदेसा ले जानेवाला दूत।

संदेह पुं० [सं०]१. किसी विषय में यह धारणा कि यह ऐसा है या नहीं, निश्चय का अभाव, संशय, शंका, शक। (डाउट) २. साहित्य में एक अलंकार जिसमें किसी उपमेय के अनेक उपमान दिखाई देने पर भी यह निश्चय नहीं किया जा सकता कि वास्तविक उपमान कौन सा है तथा उपमान पर ही उपमेय होने का सन्देह होता है, जैसे यह मुख है या चन्द्रमा? (प्राचीन कविताओं में 'किधौं या कीधौं' इसका सूचक शब्द होता है)।

संदेहात्मक वि० [सं०] जिसमें या जिसके कारण सन्देह हो, सन्दिग्ध।

संदेहास्पद वि० [सं०] सन्दिग्ध।

संदेही वि० [सं० संदेह+हिं० ई(प्रत्य०)] जिसे संदेह हो, संदेह में पड़ा हुआ।

संदोह पुं० [सं०] १. दूध दोहना। २. किसी वस्तु का समूचा मान या रूप। ३. झुंड, समूह। ४. ढेर, राशि।

संधना* अ० [सं० संधि] संयुक्त होना।

संधनि* स्त्री० दे० 'प्रचार'।

संधान पुं० [सं०] १. निशाना लगाने के लिए कमान पर तीर ठीक तरह से लगाना, निशाना बैठाना। २. ढूँढ़ने या पता लगाने का काम। ३. युक्त करना, मिलाना। ४. लेखे, खाते आदि में लेन-देन का हिसाब ठीक या पूरा करना, जमा-खर्च करना। (एडजस्टमेन्ट) ५. कोई ऐसा काम ठीक तरह से और उपयुक्त रूप में करना, जो सहज में ठीक तरह से न होता हो, मेल मिलाना या बैठाना। (ऐडजस्टमेन्ट) ६. दो चीजों का मिलना, सन्धि। ७. किसी का किसी उद्देश्य से किसी ओर मिलना। (एलायन्स) ८. किसी चीज को सड़ाकर उसमें खमीर उठाना। (फर्मेन्टेशन) ९. काँजी। १०. अचार।

संधानना स० [सं० संधान] १. निशान लगाना। २. जोड़ना।

संधाना पुं० दे० 'अचार'।

संधारण पुं० [सं०] अच्छी तरह धारण करना।

संधि स्त्री० [सं०] १. मेल, संयोग। २. दो खण्डों या पदार्थों के मिलने की जगह, जोड़। ३. राज्यों आदि में होनेवाला यह निश्चय कि अब हम आपस में नहीं लड़ेंगे और मित्रतापूर्वक रहेंगे, अथवा अमुक क्षेत्र में अमुक प्रकार से व्यवहार करेंगे, सुलह। (ट्रीटी) ४. व्याकरण में दो शब्दों के साथ-साथ आने पर उनके मिलने के कारण उनके कुछ अक्षरों में विशेष प्रकार का होनेवाला परिवर्तन। ५. चोरी करने के लिए दीवार में किया हुआ छेद, सेंध। ६. एक अवस्था की समाप्ति और दूसरी अवस्था के आरम्भ का समय या स्थिति। ७. दो चीजों के बीच की थोड़ी-सी खाली जगह, अवकाश। ८. भेद, रहस्य।

संधिविच्छेद पुं० [सं०] १. आपस की सन्धि या समझौता तोड़ना या टूटना। २. व्याकरण में, किसी पद को सन्धि के स्थान से तोड़कर उसके शब्द अलग-अलग करना, जैसे 'मतैक्य' का सन्धिविच्छेद होगा मत+ऐक्य।

संध्य वि० [सं०] संधि से संबद्ध।

संध्य स्वर पुं० दो स्वरों का एकीकृत रूप; जैसे-मइया में 'अइ' सउत में 'अउ'।

संध्या स्त्री० [सं०] १. दोपहर के बाद का और रात पड़ने से पहले का समय, सायंकाल, शाम। २. आर्यों की एक प्रसिद्ध उपासना जो सबेरे, दोपहर और सन्ध्या को होती है। ३. संध्या के समय का आयोजन; जैसे-काव्य संध्या, संगीत संध्या।

संनिवेश पुं०=सन्निवेश।

संन्यस्त वि० [सं० संन्यास] १. जिसने संन्यास ले रखा हो। २. पूरी तरह से किसी काम में लगा हुआ, निरत।

संन्यास पुं० [सं० सम्+न्यास] १. हिन्दुओं के चार आश्रमों में से अन्तिम, जिसमें त्यागी और विरक्त होकर सब कार्य निष्काम भाव से किए जाते हैं। २. किसी निश्चित क्षेत्र या सीमा के अन्दर ही रहने अथवा कोई काम करने या उस क्षेत्र या सीमा के बाहर न निकलने की प्रतिज्ञा या व्रत, जैसे

गृहसंन्यास, क्षेत्रसंन्यास। (देखें) ३. अपने विधिक या कानूनी अधिकारों का स्वेच्छापूर्वक त्याग। (सिविल सुइसाइड)

संन्यासी (-सिन्) पुं० [सं०] संन्यास आश्रम में रहनेवाला।

संपजना* अ० [सं० सम+उपजना] १. उपजना, पैदा होना, उगना। २. प्रकाशित होना।

संपत (ती)* स्त्री०=संपत्ति।

संपत्ति स्त्री० [सं०] १. धन-दौलत, जायदाद आदि जो किसी के अधिकार में हो और जो खरीदी और बेची जा सकती हो, जायदाद। (प्रापर्टी, एफेक्ट्स) २. ऐसी वस्तु जो उपयोगी या महत्त्वपूर्ण हो; जैसे आँखें ही उसकी असली संपत्ति हैं।

संपत्ति-कर पुं० [सं०] वह कर जो किसी पर उसकी सम्पत्ति या जायदाद के विचार से लगाया जाता है। (प्रापर्टी टैक्स)

संपत्तिहरण पुं० [सं०] किसी की सम्पत्ति बलात् छीन लेने की क्रिया या भाव।

संपद् स्त्री० [सं०] १. वैभव, ऐश्वर्य। २. सौभाग्य। ३. व्यापारिक मण्डली या संस्था की व्यापार में लगी हुई पूँजी। ४. किसी व्यक्ति का वह धन या पूँजी जो उसने किसी व्यापारिक संस्था में अपने हिस्से के रूप में लगाई हो। ५. इस प्रकार लगी हुई पूँजी का सूचक प्रमाणपत्र। (स्टाक, अन्तिम तीनों अर्थों के लिए)

संपदा स्त्री० [सं० संपद्] १. धन, दौलत, सम्पत्ति। (एस्टेट) २. ऐश्वर्य, वैभव।

संपन्न वि० [सं०] १. पूरा किया हुआ, सिद्ध। २. सहित, युक्त, जैसे गुणसम्पन्न। ३. धनी, दौलतमन्द।

संपन्नता स्त्री० [सं०] १. संपन्न होने की अवस्था या भाव। २. पूर्णता, समाप्ति।

संपरीक्षक पुं० [सं०] सम्परीक्षण करनेवाला। (स्क्रूटिनाइजर)

संपरीक्षण पुं० [सं०] किसी कार्य, तथ्य, लेख आदि के सम्बन्ध में अच्छी तरह देखकर यह जाँचना कि ठीक और नियमानुसार है या नहीं। (स्क्रूटिनी)

संपरीक्षित वि० [सं०] जिसकी सम्परीक्षा हो चुकी हो।

संपर्क पुं० [सं०] [वि० संपृक्त] १. लगाव, सम्बन्ध, वास्ता। २. स्पर्श।

संपर्कजनिक वि० [सं०]=संपर्कजन्य।

संपर्कजन्य वि० [सं०] सम्पर्क से उत्पन्न होनेवाला।

संपर्कित वि० दे० 'संपृक्त'।

संपात पुं० [सं०] १. संगम, समागम। २. वह स्थान जहाँ एक रेखा दूसरी से मिलती या उसे काटती हुई बढ़ती है।

संपादक पुं० [सं०] [भाव० संपादकत्व] १. कार्य सम्पन्न या पूरा करनेवाला। २. किसी समाचार-पत्र या पुस्तक का क्रम आदि लगाकर और उसे सब प्रकार से ठीक करके प्रकाशित करवानेवाला। (एडिटर)

संपादकीय वि० [सं०] सम्पादक का।
पुं० सम्पादक का लिखा हुआ लेख या वक्तव्य।

संपादन पुं० [सं०] [वि० संपादित, संपाद्य] १. काम पूरा और ठीक तरह से करना, पालन। (डिस्चार्ज) २. पुस्तक या सामयिक पत्र आदि का क्रम, पाठ आदि ठीक करके उसे प्रकाशित करवाना। (एडिटिंग)

संपादन-कला स्त्री० [सं०] पुस्तकें, पत्रिकाएँ या समाचार-पत्र संपादित करने की विद्या।

संपाद्य वि० [सं०] जिसका सम्पादन करना हो या होना हो।
पुं० वह बात या सिद्धान्त जिसे विचारपूर्वक ठीक सिद्ध करने की आवश्यकता हो। (प्राब्लेम)

संपिंडन पुं० [सं०] १. एकीकृत रूप। २. एकत्रीकरण।

संपुट पुं० [सं०] [स्त्री० अल्पा० संपुटी] १. पात्र के आकार की कोई वस्तु। २. दोना। ३. डिब्बा। ४. अंजली। ५. कपड़े और गीली मिट्टी से लपेटकर बन्द किया हुआ वह बरतन जिसमें कोई रस या ओषधि का भस्म तैयार करते हैं। (वैद्यक) ६. गीत की टेक।

संपुटित वि० [सं०] १. दोने या अंजली के रूप में लाया हुआ। २. संचयित, एकत्र।

संपुटी स्त्री० [सं० संपुट] कटोरी, प्याली।

संपूर्ण वि० [सं०] [भाव० संपूर्णता] १. खूब भरा हुआ। २. सब, कुल। ३. समाप्त, खतम।
पुं० १. स्वरों की संख्या के विचार से राग-रागिनियों की एक जाति या प्रकार। २. वह राग जिसमें सातों स्वर लगते हों।

संपूर्ण-ओड़व पुं० [सं०] वह राग जो आरोही में सम्पूर्ण और अवरोही में ओड़व हो। (संगीत)

संपूर्णतः क्रि० वि० [सं०] पूरी तरह से, पूर्ण रूप से।

संपूर्णतया क्रि० वि०=संपूर्णतः।

संपूर्णता स्त्री० [सं०] सम्पूर्ण होने की अवस्था, गुण या भाव, पूर्णता।

संपूर्ण-षाड़व पुं० [सं०] वह राग जो आरोही में सम्पूर्ण और अवरोही में षाड़व हो। (संगीत)

संपूर्ति स्त्री० [सं०] भलीभाँति पूर्ति करने की क्रिया या भाव। २. इस प्रकार की हुई पूर्ति।

संपृक्त वि० [सं०] जिसका या जिससे सम्पर्क हो, सम्बद्ध।

सँपेरा पुं० [हिं० साँप] [स्त्री० सँपेरिन] साँप पालनेवाला, मदारी।

संपै* स्त्री०=संपत्ति, उदा० सँपै देखि न हरखिये, विपति देखि न रोय। -कबीर।

संपोला पुं० [सं० सर्प-पोतलक, या हिं० साँप+ओला (प्रत्य०)] साँप का बहुत छोटा बच्चा।

संपोलिया पुं०=सँपोला।

संपोषक वि० [सं०] अच्छी तरह पालने-पोसनेवाला।

संपोषण पुं० [सं०] [वि० संपोषित, संपुष्ट] भली-भाँति पोषण या पालन करना।

संपोषित वि० [सं०] अच्छी तरह पाला-पोसा हुआ।

संप्रज्ञात पुं० [सं०] योग में समाधि की वह अवस्था जिसमें आत्मा को अपने स्वरूप का पूरा-पूरा ज्ञान तो नहीं होता, पर योगी ऐसे ज्ञान के बहुत-कुछ पास तक पहुँच जाता है।

संप्रति क्रि० वि० [सं०] इस समय, अभी।

संप्रद वि० [सं०] १. देनेवाला। २. वैभव, सुख आदि देनेवाला।

संप्रदान पुं० [सं०] १. दान देने की क्रिया या भाव। २. किसी की वस्तु उसे देना या उसके पास तक पहुँचाना। (डेलिवरी) ३. व्याकरण में किसी वाक्य में प्रयुक्त वह संज्ञा या सर्वनाम शब्द जिसे कुछ दिया जाए अथवा जिसके निमित्त क्रिया की जाए। इसके चिह्न 'के लिए' और 'को' हैं।

संप्रदाय पुं० [सं०] [वि० सांप्रदायिक] १. कोई विशेष धार्मिक मत। (सेक्ट) २. किसी मत के अनुयायियों का वर्ग। ३. किसी विषय या सिद्धान्त के सम्बन्ध में एक ही विचार या मत रखनेवाले लोगों का वर्ग, शाखा। (स्कूल)

संप्रदायवाद पुं० [सं०] [वि० संप्रदायवादी] अन्य लोगों की अपेक्षा किसी विशिष्ट सम्प्रदाय के लोगों का हित चाहना।

संप्रदायवादी (-दिन्) पुं० [सं०] [स्त्री० संप्रदायवादिनी] वह जो अपने सम्प्रदाय को सबसे अच्छा और दूसरे सम्प्रदायों को हेय या तुच्छ समझता और उनसे घृणा या द्वेष करता हो। (कम्यूनलिस्ट)

वि० १. सम्प्रदायवाद-सम्बन्धी। २. विभिन्न सम्प्रदायों के बीच होनेवाला।

संप्रदायीकरण पुं० [सं०] विभिन्न सम्प्रदायों में विभाजित करने की क्रिया या भाव।

संप्राप्त वि० [सं०] [भाव० संप्राप्ति] १. आया या पहुँचा हुआ, उपस्थित। २. पाया हुआ, प्राप्त। ३. जो हुआ हो, घटित।

संप्राप्ति स्त्री० [सं०] सम्प्राप्त होने की अवस्था या भाव।

संप्रेरित वि० [सं० सं+प्रेरित] विशेष रूप से प्रेरित।

संप्रेषण पुं० [सं०] १. एक स्थान से दूसरे स्थान पर भेजना। २. विचारों, सूचनाओं, समाचारों आदि का विनिमय; जैसे—भाषा विचारों का संप्रेषण करती है।

संप्रेषण क्षमता स्त्री० संप्रेषण करने की क्षमता।

संप्रेषणीय वि० [सं०] [भाव० संप्रेषणीयता] जिसे संप्रेषित किया जा सके या हो सके।

संप्रेषित वि० [सं०] जो भेजा गया हो।

संबंध पुं० [सं०] १. एक साथ बँधना, जुड़ना या मिलना। २. लगाव, सम्पर्क, वास्ता। (कनेक्शन) ३. एक ही कुल में जन्म लेने अथवा दूसरे कुल में विवाह करने के कारण व्यक्तियों में होनेवाला पारस्परिक लगाव, नाता, रिश्ता। (रिलेशन, रिलेशनशिप) ४. विवाह अथवा उसका निश्चय। ५. दे० 'संबंधकारक'। ६. दो वस्तुओं में किसी प्रकार का लगाव या सम्पर्क बतलानेवाला तत्त्व, लगाव।

संबंधकारक पुं० [सं०] व्याकरण में वह संज्ञा या सर्वनाम शब्द जिसका क्रियापद से जनक या स्वामित्व का सम्बन्ध हो; जैसे—(क) राम के लड़का हुआ, और (ख) मोहन के हाथी है। यहाँ 'राम के' और 'मोहन के' सम्बन्धकारक हैं। सम्बन्धकारक का परसर्ग 'के' है।

संबंधबोधक पुं० [सं०] १. व्याकरण में किसी संज्ञा या सर्वनाम पद का सम्बन्ध किसी अन्य संज्ञा या सर्वनाम से स्थापित करनेवाला विशेषण (जैसे-सम्बन्धी, रूपी) या उपपद (जैसे-का, बहु० के, स्त्री० की)। २. ऐसे पद जो किसी परसर्ग के साथ जुड़कर आते हैं, जैसे-के कारण, के पास, को लेकर आदि।

संबंधवान, संबंधवान् पुं० [सं०] व्याकरण में सम्बन्धकारक में रहनेवाला वह शब्द जिसका सम्बन्ध दूसरे शब्द के साथ दिखाया जाता है, जैसे 'राम का घर' में 'राम' सम्बन्धवान् है।

संबंध-विच्छेद पुं० [सं०] १. परस्पर किसी संबंध के न रह जाने की अवस्था या भाव। २. पति और पत्नी का एक दूसरे से विधिक दृष्टि से संबंध तोड़ लेने की अवस्था या भाव।

संबंधातिशयोक्ति स्त्री० [सं०] अतिशयोक्ति अलंकार का वह भेद जिसमें किसी के साथ कोई सम्बन्ध न होने पर भी सम्बन्ध किया जाता है।

संबंधित वि० दे० 'संबद्ध'।

संबंधित, से सम्बन्धबो० से जुड़ा या लगा हुआ। से सम्बन्ध रखनेवाला।

संबंधी वि० [सं० संबंधिन्] [वि० स्त्री० संबंधिनी] १. जिसका या जिसके साथ सम्बन्ध या लगाव हो। २. विषयक, किसी विषय से लगा हुआ।

पुं० वह जिससे कुछ सम्बन्ध या नाता हो, रिश्तेदार। (रिलेटिव)

संबद्ध वि० [सं०] १. जिससे सम्बन्ध हो या हुआ हो। २. बँधा या जुड़ा हुआ। ३. जिसका किसी के साथ सम्बन्ध लगा हो, संबंधयुक्त। (कनेक्टेड)

संबद्ध, से सम्बन्ध बोध० से युक्त; जैसे-व्यवसाय से सम्बद्ध लोगों को ही बुलाया गया है।

संबद्धता स्त्री० [सं०] सम्बद्ध होने की अवस्था या भाव, लगाव।

संबद्धीकरण पुं० [सं०] सम्बद्ध करने की क्रिया या भाव।

संबंधन पुं० [सं०] सम्बन्ध जोड़ना।

संबल पुं० [सं०] १. रास्ते का भोजन। २. वह सामग्री, साधन आदि जिनके भरोसे कोई काम किया जाए। (रिसोरसेज) ३. सहारा।

संबुद्ध वि० [सं०] १. जिसे बोध या ज्ञान हो गया हो। २. जिसका बोध या ज्ञान हुआ हो।

पुं० १. गौतमबुद्ध। २. जैनों के जिनदेव।

संबुल पुं० [अ० सुंबुल] बालछड़, जटामासी (पौधा)।

संबूर* पुं० दे० 'समूर'।

संबोधन पुं० [सं०] [वि० संबोधित, संबोध्य] १. जगाना। २. पुकारना। ३. किसी के उद्देश्य से कोई बात कहना। (एड्रेस) ४. समझाना-बुझाना। ५. सान्त्वना या ढारस

देना। ६. व्याकरण में वह कारक जिससे शब्द का किसी को पुकारने या उससे कुछ कहने के लिए प्रयोग होता है, जैसे हे राम! (वोकेटिव केस)

संबोधना* स० [सं० संबोधन] १. सम्बोधन करना। २. समझाना-बुझाना।

संबोधित वि० [सं०] जिसे संबोधन किया जाए।

संभर* पुं० दे० 'संभार'।

संभरण पुं० [सं०] [वि० संभरित] भरण-पोषण आदि की व्यवस्था या सामग्री। (प्रॉविजन)

संभरण-निधि स्त्री० [सं०] वह निधि जिसमें किसी, विशेषत: कार्यालय में काम करनेवाले कर्मचारियों की वृद्धावस्था आदि के समय भरण-पोषण आदि के लिए धन एकत्र किया जाए। (प्रॉविडेन्ट फंड)

अ०=सँभलना।

सँभलना अ० [हिं० भालना=देखना] १. किसी बोझ आदि का रोका या किसी कर्तव्य आदि का निर्वाह किया जा सकना। २. किसी आधार या सहारे पर रुका रहना। ३. होशियार या सावधान होना। ४. चोट या हानि से बचाव करना। ५. रोग से छूटकर स्वस्थता प्राप्त करना, चंगा होना।

संभव पुं० [सं० सम्भव] उत्पत्ति।

वि० १. उत्पन्न (यौ० के अन्त में, जैसे कर्मसंभव=कर्म से उत्पन्न)। २. जो हो सकता हो, हो सकने के योग्य, मुमकिन। (पॉसिबुल)

संभवत:, संभवतया क्रि० वि० [सं०] हो सकता है कि, सम्भव या मुमकिन है कि।

संभवना* स० [सं० सम्भव] उत्पन्न करना।

अ० १. उत्पन्न होना। २. सम्भव होना।

संभवनीय वि० [सं०] सम्भव, मुमकिन।

सँभार* पुं० [हिं० सँभालना] दे० 'सँभाल'।

पद *सार-सँभार*=पालन-पोषण और देख-भाल।

संभार पुं० [सं०] १. संचय, एकत्र करना। २. वह स्थान जहाँ एक ही तरह की बहुत-सी वस्तुएँ इकट्ठी करके अथवा बिक्री के लिए रखी हों, भंडार। (स्टोर) ३. तैयारी, साज-सामान। ४. सजावट। ५. धन-सम्पत्ति। ६. पालन-पोषण। ७. देख-रेख, रखवाली। ८. प्रबन्ध, इन्तजाम। ९. होश-हवास, चेतना।

सँभारना[1] स०=सँभालना।

सँभारना[2] स० [सं० स्मरण] १. स्मरण करना, याद करना। २. सेवन करना।

सँभाल स्त्री० [सं० सम्भार] १. रक्षा, हिफाजत। २. पोषण या देख-रेख आदि का भार। ३. तन-बदन की सुध।

सँभालना स० [हिं० 'सँभलना' का स०] १. भार ऊपर लेना। २. रोककर वश में रखना। ३. गिरने न देना। ४. रक्षा करना। ५. बुरी दशा में जाने से बचाना। ६. पालन-पोषण या देख-रेख करना। ७. ठीक तरह से किसी कार्य का निर्वाह करना, चलाना। ८. यह देखना कि कोई चीज ठीक और पूरी है या नहीं, सहेजना।

सँभाला पुं० [हिं० सँभाल] मरने के पहले कुछ चेतनता-सी आना।

मुहा० *सँभाला लेना*=रोगी का मरने से कुछ पहले थोड़ा सँभल या ठीक हो जाना।

संभावना स्त्री० [सं० सम्भावना] १. हो सकना, मुमकिन होना। (पॉसिबिलिटी, प्राबेबिलिटी) २. साहित्य में एक अलंकार जिसमें किसी एक बात के होने पर दूसरी के आश्रित होने का वर्णन होता है, जैसे यदि आप आ जाएँगे, तो उत्सव की शोभा बढ़ जाएगी। ३. कार्य, क्रिया।

संभावित[1] वि० [सं०] जिसके होने की सम्भावना हो, जो कभी हो सकता हो, मुमकिन। (प्राबेबुल)

संभावित[2] *वि० [सं० सम्मानित ?] अपने सम्मान का ध्यान रखनेवाला, स्वाभिमानी।

संभावी वि० [सं० संभाव] संभावित, संभाव्य।

संभाव्य वि० [सं० सम्भाव्य] जिसकी सम्भावना हो, जो बहुत करके हो सकता हो, सम्भावित। (प्राबेबुल)

संभाव्यत: क्रि० वि० [सं०] हो सकने के विचार से जिसकी आशा की जा सकती हो, बहुत करके। (लाइकली)

संभाषण पुं० [सं०] [वि० संभाषित, संभाष्य] कथोपकथन, बात-चीत।

संभाष्य वि० [सं० सम्भाष्य] जिससे बात-चीत करना उचित या योग्य हो, बात-चीत करने योग्य।

संभीत वि० [सं०] डरा हुआ, भयभीत।

संभूत वि० [सं० सम्भूत] [भाव० सम्भूति] १. एक साथ उत्पन्न होनेवाले। २. उत्पन्न, पैदा। ३. युक्त, सहित।

संभूय क्रि० वि० [सं०] साझे में।

संभेद पुं० [सं०] आपस में मिले हुए व्यक्तियों, पदार्थों, तत्त्वों आदि में होनेवाला वियोग, अलगाव या भेद। (क्लीवेज)

संभोग पुं० [सं०] १. अच्छी तरह होनेवाला भोग, उपयोग या व्यवहार। २. स्त्री के साथ होनेवाला समागम या इन्द्रियसुख का भोग, कामवासना की तृप्ति, रतिक्रीड़ा, मैथुन। ३. प्रेमी और प्रेमिका का संयोग या मिलाप। ४. भोगविलास की वस्तुएँ या सामग्री।

संभ्रम पुं० [सं० सम्भ्रम] १. दौड़-धूप, प्रयत्न। २. घबराहट, व्याकुलता। ३. मान, गौरव।

संभ्रांत वि० [सं० सम्भ्रान्त] [भाव० संभ्रांतता] १. भ्रम में पड़ा या घबराया हुआ। २. सम्मानित, प्रतिष्ठित।

संभ्राजना* अ० [सं० सम्भ्राज्] अच्छी तरह सुशोभित होना।

संमत वि० दे० 'सम्मत'।

संम्राज* पुं०=साम्राज्य।

संयत वि० [सं०] १. बँधा हुआ, बद्ध। २. किसी प्रकार की सीमा या मर्यादा के अन्दर रहने और उसका उल्लंघन न करनेवाला, अथवा उस सीमा के अन्दर रोककर रखा हुआ, औचित्य की सीमा के अन्दर रहनेवाला, मर्यादित। (मॉडरेट)

३. किसी के नियन्त्रण या दबाव में पड़ा हुआ, दमन किया हुआ। ४. क्रमबद्ध, व्यवस्थित। ५. वासनाओं और मन को वश में रखनेवाला, निग्रही।

संयम पुं० [सं०] [वि० संयमी, संयमित, संयत] १. रोक, दाब। २. बन्धन। ३. मन की वासनाओं को अनुचित या बुरे मार्गों में जाने से रोकना, इन्द्रियनिग्रह। ४. हानिकारक या बुरी बातों या कार्यों से दूर रहना या बचना, परहेज। ५. औचित्य की सीमा के अन्दर होना या रहना। (मॉडरेशन) ६. बाँधना या बन्द करना। ७. योग में ध्यान, धारणा और समाधि का साधन।

संयमन पुं० [सं०] संयम करने की क्रिया या भाव, रोकना (मन आदि)।

संयमित वि० [सं०] १. जिसपर किसी प्रकार का संयम हो। २. संयम के द्वारा रोका हुआ।

संयमी (-मिन्) वि० [सं०] १. मन और वासनाओं को वश में रखनेवाला, संयमपूर्वक रहनेवाला, आत्मनिग्रही। २. पथ्य से रहनेवाला।

संयुक्त वि० [सं०] [भाव० संयुक्तता] १. जुड़ा, सटा या लगा हुआ, संबद्ध। (एनेक्स्ड) २. एक में मिले या मिलाए हुए। (कम्पाउन्ड) ३. साथ रहकर या मिलकर बहुत-कुछ समान भाव से काम करनेवाला, जैसे संयुक्त सम्पादक। ४. साझा, जैसे संयुक्त खाता। (ज्वाइंट)

संयुक्तक पुं० [सं०] वह पत्र या और कोई कागज जो किसी दूसरे पत्र आदि के साथ नत्थी कर दिया या लगा दिया गया हो।

संयुक्त कुटुंब पुं० दे० 'संयुक्त परिवार'।

संयुक्त परिवार पुं० [सं०] वह कुटुम्ब या परिवार जिसमें भाई-भतीजे आदि सब मिलकर एक साथ रहते हों। (ज्वाइंट फैमिली)

संयुक्त वाक्य पुं० [सं०] व्याकरण में तीन प्रकार के वाक्यों में से एक जिसमें दो या अधिक उपवाक्य होते हैं। (कम्पाउंड सेन्टेन्स)

संयुत वि० [सं०] जुड़ा या लगा हुआ।

संयोग पुं० [सं० सम्+योग्य] १. मेल, मिलान। २. लगाव, सम्बन्ध। ३. दो या कई बातों का अचानक एक साथ होना, इत्तफाक। ४. पुरुष और स्त्री या प्रेमी और प्रेमिका का इकट्ठा रहना, 'वियोग' का विपर्याय।

संयोगजन्य वि० [सं०] संयोग से घटित होनेवाला।

संयोगवश, संयोगवशात् क्रि० वि० [सं०] संयोग के कारण।

संयोग शृंगार पुं० [सं०] साहित्य में शृंगार रस का वह विभाग जिसमें प्रेमियों के संयोग या मिलन से सम्बन्ध रखनेवाली बातों का उल्लेख होता है, 'वियोगशृंगार' का विरुद्धार्थक।

संयोगी (-गिन्) पुं० [सं०] [स्त्री० संयोगिनी] वह जिसकी प्रिया या प्रेमिका उसके पास हो, 'वियोगी' का उलटा। पुं०=संयोजक।

संयोजक पुं० [सं०] १. जोड़ने या मिलानेवाला। २. व्याकरण में वह शब्द जो दो शब्दों या वाक्यों के बीच में उन्हें जोड़ने या मिलाने के लिए आता है। ३. सभा-समिति आदि का वह मुख्य सदस्य जो उसकी बैठकें बुलाने और उसके अध्यक्ष के रूप में उसका काम चलाने के लिए नियुक्त होता है। (कन्वीनर)

संयोजन पुं० [सं०] [वि० संयोगी, संयोजनीय, संयोज्य, संयोजित] १. जोड़ने या मिलाने की क्रिया; जैसे शब्दों के संयोजन से साहित्य और रंगों के संयोजन से चित्रकला बनती है। २. चित्र अंकित करने में प्रभाव या रमणीयता लाने के लिए आकृतियों को ठीक जगह पर बैठाना, जुहाना। ३. दे० 'सहयोजन'।

संयोज्य वि० [सं०] जिसका संयोजन हो सकता हो या होने को हो, जो मिलाया जा सके या मिलाया जाने को हो।

संयोज्य क्रिया स्त्री० [सं०] व्याकरण में वह क्रिया जो किसी के साथ, उसके अर्थ में कोई विशेषता लाने के लिए लगाई जाती है, जैसे उठ बैठना, चल पड़ना और मर जाना में 'बैठना', 'पड़ना' और 'जाना' संयोज्य क्रियाएँ हैं।

संयोना* स० दे० 'सजाना'।

संरक्षक पुं० [सं०] [स्त्री० संरक्षिका] १. देख-रेख या रक्षा करनेवाला। २. पालन-पोषण करने या आश्रय में रखनेवाला। (पेट्रन) ३. दे० 'अभिभावक'।

संरक्षण पुं० [सं०] [वि० संरक्षी, संरक्षित, संरक्ष्य, संरक्षणीय] १. हानि, विपत्ति आदि से बचाना, हिफाजत। २. अपने आश्रय में रखकर पालन-पोषण या सम्वर्द्धन करना। ३. देख-रेख, निगरानी। ४. अधिकार, कब्जा। ५. दूसरों की प्रतियोगिता से अपने व्यापार आदि की रक्षा। (प्रोटेक्शन)

संरक्षण-कर पुं० दे० 'संरक्षण-शुल्क'।

संरक्षण-शुल्क पुं० [सं०] वह कर जो अपने देश में बननेवाली किसी वस्तु को प्रतियोगिता के कारण नष्ट होने से बचाने के लिए विदेशों से आनेवाली उस चीज पर लगता है, जैसे देशी चीनी के व्यापार के संरक्षण के लिए विदेश से आनेवाली चीनी पर लगानेवाला शुल्क या कर।

संरक्षित वि० [सं०] १. सँभालकर या अच्छी तरह बचाकर रखा हुआ। २. जिसे संरक्षण मिला हो, अपनी देख-रेख या संरक्षण में लिया हुआ।

संरचना स्त्री० [सं०] १. अनेक अवयवोंवाली रचना। २. अनेक अंगों वाली वस्तु को बनाने या रचने की क्रिया या पद्धति। (स्ट्रक्चर)

संरचनात्मक वि० [सं०] जिसकी संरचना हुई हो। (स्ट्रक्चरल)

संलक्ष्य वि० [सं०] स्पष्ट रूप से दिखाई देनेवाला।

संलग्न वि० [सं०] [भाव० संलग्नता स्त्री० संलग्ना] १. तिथिवाला सटा हुआ। २. सम्बद्ध। ३. किसी दूसरे के साथ पीछे से या अन्त में लगा, जुड़ा या सटा हुआ। (अपेन्डेन्ट, एटैच्ड)

संलग्नता स्त्री० [सं०] १. संलग्न होने की अवस्था या भाव २. संबद्धता, लिप्तता।

संलयन पुं० [सं०] १. एक दूसरे में मिल जाने की क्रिया या भाव। २. नाभिकीय विखंडन के समय वह प्रक्रिया जब किसी पदार्थ के दो परमाणुओं के नाभिक परस्पर जुड़कर बड़े नाभिकों का निर्माण करते हैं। (फ्यूज़न)

संलाप पुं० [सं०] १. बात-चीत, वार्तालाप। २. साहित्य में आप-ही-आप कुछ बोलना या बड़बड़ाना, जो पूर्वराग की दस दशाओं में से एक माना गया है। ३. नाटक में ऐसी बात-चीत जिससे धीरता प्रकट होती है।

संलापक पुं० [सं०] १. एक प्रकार का उपरूपक। २. संलाप करनेवाला।

संलेख पुं० [सं०] वह लेख या विलेख जो विधिक क्षेत्रों में नियमानुसार लिखा हुआ, ठीक और प्रामाणिक माना जाता हो। (वैलिड डीड)

संलोभन पुं० दे० 'प्रलोभन'।

संवत् पुं० [सं०] १. वर्ष, साल। २. संख्या के विचार से चलनेवाली विशेषत: महाराज विक्रमादित्य के समय से प्रचलित मानी जानेवाली वर्ष-गणना में का कोई वर्ष, जैसे संवत् २००८।

संवत्सर पुं० [सं०] वर्ष, साल।

सँवर* स्त्री० [सं० स्मृति] १. स्मरण, याद। २. वृत्तान्त, हाल।

संवर* पुं० दे० 'संबल'।

संवरण पुं० [सं०] [वि० संवरणीय, संवृत्त] १. पसन्द करना, चुनना, जैसे विवाह के लिए वर का संवरण करना। २. दूर करना, हटाना। ३. समाप्त या अन्त करना, जैसे इहलीला संवरण करना। ४. विचार या इच्छा को दबाना या रोकना, जैसे लोभ संवरण करना। ५. गोपन करना, छिपाना।

संवरना[1] अ० [हिं० 'सँवारना' का अ०] बिगड़ी हुई चीज का फिर से सुधरना, बनना या ठीक होना।

संवरना[2]* स० [हिं० सुमिरना] स्मरण करना।

संवरिया वि० दे० 'साँवला'।

संवर्धक वि० [सं०] संवर्द्धन करने या बढ़ानेवाला।

संवर्धन पुं० [सं०] १. बढ़ाना। २. पालना। ३. बढ़ाना।

संवल पुं० दे० 'संबल'।

संवलन पुं० [सं०] १. अच्छी तरह लपेटने की क्रिया या भाव। २. युक्त करना, ओतप्रोत करना

संवलित वि० [सं०] युक्त, ओतप्रोत।

सँवाग| पुं० [सं० सर्वांग] स्वामी, मालिक।

संवाद पुं० [सं०] [कर्ता संवादक] १. बातचीत। २. वार्तालाप, कथोपकथन। ३. समाचार, हाल। ४. भावनाओं, विचारों, सूचनाओं आदि का परस्पर होनेवाला आदान-प्रदान।

संवाददाता पुं० [सं०] १. वह जो समाचार या संवाद दे, खबर देनेवाला। २. वह जो किसी विशेष स्थान या क्षेत्र के समाचार लिखकर समाचार-पत्र में छपने के लिए भेजता हो। (कॉरस्पान्डेंट, रिपोर्टर)

संवादहीन वि० [सं०] [भाव० संवादहीनता] संवाद से रहित।

संवादहीनता स्त्री० [सं०] संवाद का अभाव।

संवादात्मक वि० [सं० संवाद+आत्मक] [भाव० संवादात्मकता] (रचना या कृति) जिसमें संवादों की प्रधानता हो।

संवादी(-दिन्) वि० [सं०] [भाव० संवादिता, स्त्री० संवादिनी] १. संवाद या बात-चीत करनेवाला। २. अनुकूल या मेल में होनेवाला, किसी के साथ ठीक बैठनेवाला। पुं० संगीत में वह स्वर जो किसी राग के वादी स्वर के साथ लगकर उसकी श्रुति-मधुरता बढ़ाता हो।

सँवार[1]* स्त्री० [सं० संवाद या स्मरण] हाल, समाचार।

सँवार[2] स्त्री० [हिं० सँवारना] १. सँवारने की क्रिया या भाव। २. क्षौरकर्म, हजामत। ३. एक प्रकार का शाप या गाली।

संवार पुं० [सं०] शब्दों के उच्चारण में वह बाह्य प्रयत्न जिसमें कंठ कुछ सिकुड़ता है।

संवारण पुं० [सं० वारण] मना करना, रोकना।

सँवारना[1] स० [सं० संवरण] १. दोष, त्रुटियाँ आदि दूर करके ठीक या अच्छी अवस्था में लाना, दुरुस्त या ठीक करके काम में लाने के योग्य बनाना। २. अलंकृत करना, सजाना। ३. काम बनाना, काम ठीक करना।

संवारना[2]* अ० [सं० संवारण] मना करना, रोकना।

संवास पुं० [सं०] [वि० संवासित] १. सुगन्ध, खुशबू। २. श्वास के साथ मुँह से निकलनेवाली दुर्गंध। ३. सार्वजनिक निवासस्थान। ४. मकान, घर।

संवित्ति स्त्री० [सं०] १. ज्ञान। २. पहचान। ३. समन्वय।

संविद् स्त्री० [सं०] १. चेतना, ज्ञानशक्ति। २. बोध, ज्ञान। ३. समझ, बुद्धि। ४. संवेदन, अनुभूति। ५. वृत्तान्त, हाल। ६. नाम, संज्ञा। ७. युद्ध, लड़ाई। ८. सम्पत्ति, जायदाद।

संविद वि० [सं०] चेतनायुक्त, चेतन।

संविदा स्त्री० [सं०] कुछ निश्चित पणों या शर्तों के आधार पर दो पक्षों में होनेवाला समझौता, ठीका। (कन्ट्रैक्ट)

संविदा-पत्र पुं० [सं०] वह पत्र जिस पर किसी संविदा की शर्तें लिखी हों, ठीकानामा। (कन्ट्रैक्ट)

संविदा-प्रविधि स्त्री० [सं०] वह प्रविधि या कानून जिसमें संविदा या ठीके से सम्बन्ध रखनेवाले नियमों का विवेचन हो। (लॉ ऑफ कन्ट्रैक्ट)

संविधान पुं० [सं० सं=संघटन+विधान] [वि० संविधानिक] वह विधान या कानून जिसके अनुसार किसी राज्य, राष्ट्र या संस्था का संघटन, संचालन और व्यवस्था होती है। (कान्स्टिट्यूशन)

संविधान-परिषद स्त्री० [सं०] वह परिषद या सभा जो किसी देश, जाति या राष्ट्र के राजनीतिक शासन की नियमावली आदि बनाने के लिए संघटित हो। (कान्स्टिट्यूएन्ट एसेम्बली)

संविधानवाद पुं० [सं०] वह सिद्धान्त जिसके अनुसार विधान या नियम ही सर्वप्रधान माना जाता हो और उसके विरुद्ध कुछ न किया जाता हो। (कान्स्टिट्यूशनलिज्म)

संविधानवादी पुं० [सं० संविधानवाद] वह जो संविधानवाद का अनुयायी हो, विधान या नियम के अनुसार ही सब काम करनेवाला। (कान्स्टिट्यूशनलिस्ट) वि० संविधानवाद-सम्बन्धी।

संविधान-सभा स्त्री०=संविधान-परिषद।

संविधानिक वि० [सं०] संविधान या संघटन के नियमों से सम्बन्ध रखनेवाला। (कान्स्टिट्यूशनल)

संवृत वि० [सं०] १. बन्द, ढका या छिपा हुआ। २. रक्षित।

संवृति स्त्री० [सं०] आवरण।

संवृत्त वि० [सं०] १. घटित। २. निष्पन्न।

संवृत्ति स्त्री० [सं०] १. घटित होने की क्रिया या भाव। २. निष्पन्न होने की अवस्था या भाव, निष्पन्नता।

संवृद्धि स्त्री० [सं०] किसी वस्तु के बाहरी अंगों में निरन्तर या बाद में होनेवाली वृद्धि। (एडीशन)

संवेग पुं० [सं०] संवेदन।

संवेतगान पुं०=सहगान।

संवेदन पुं० [सं०] [वि० संवेदनीय, संवेदित, संवेद्य] १. शरीर के किसी अंग या इन्द्रिय का वह शारीरिक व्यापार या प्रतिक्रिया जो किसी विशेष अवस्था में पहुँचने या किसी विशिष्ट पदार्थ के सम्पर्क में आने से होती है और जिसके फलस्वरूप कोई विशेष चेतना या अनुभूति होती है, जैसे ताप-शीत या सुख-दुख आदि का अनुभव करना। २. ज्ञान। ३. जताना, प्रकट करना।

संवेदनवाद पुं० [सं०] यह दार्शनिक सिद्धान्त कि हमें सभी बातों का ज्ञान संवेदन-सूत्रों के द्वारा प्राप्त होता है। (सेन्सेशनलिज़्म)

संवेदनशील वि० [सं०] [भाव० संवेदनशीलता] १. जिसके मन में संवेदना शीघ्र उपजती या बनी रहती हो। २. दूसरों की अनुभूति से प्रभावित होनेवाला। ३. जो छोटी-मोटी बात या घटना से आहत या उत्तेजित हो उठे और उग्र रूप धारण कर ले। ४. मर्मस्पर्शी। 3. नाजुक; जैसे-संवेदनशील रिश्ते।

संवेदन शून्य वि० [भाव० संवेदनशून्यता]=संवेदनहीन।

संवेदन-सूत्र पुं० [सं०] सारे शरीर में फैले हुए तन्तुओं का वह जाल जिसमें स्पर्श, शीत, ताप, सुख, पीड़ा आदि का अनुभव या ज्ञान होता है, स्नायु।

संवेदनहीन वि० [सं०] [भाव० संवेदनहीनता] १. जिसमें संवेदना न हो, जिसमें संवेदना का अभाव हो। २. निर्मम, क्रूर।

संवेदना स्त्री० [सं० संवेदन] १. शब्द, रूप, रस, गंध या स्पर्श की होनेवाली अनुभूति। २. मन में होनेवाला बोध या अनुभव। ३. दूसरों के कष्टों के प्रति जागरूक तथा सहानुभूतिशील होने (या रहने) की अवस्था या भाव।

संवेदी वि० [सं० संवेदन] १. संवेदन सम्बन्धी। २. संवेदनशील।

संवेद्य वि० [भाव० संवेद्यता] जो संवेदना से प्राप्त होता हो, संवेदनाजन्य।

संव्याप्त वि० [सं०] [भाव० संव्याप्ति] अच्छी या पूरी तरह से व्याप्त।

संशय पुं० [सं०] [वि० संशयी] १. ऐसा ज्ञान जिसमें पूरा निश्चय न हो, सन्देह, शंका, शुबहा। २. आशंका, डर।

संशयात्मक वि० [सं०] [वि० स्त्री० संशयात्मिका] १. जिसमें कुछ संशय या सन्देह हो, सन्दिग्ध। २. संकल्प-विकल्प करनेवाला, जैसे-संशयात्मिका वृत्ति।

संशयात्मा पुं० [सं० संशयात्मन्] वह जिसके मन में अभी संशय बना हो और जिसका मन पूरी तरह से स्थिर न हुआ हो।

संशयिक वि० [सं०] १. जिसे या जिसमें संशय हो। २. जिसे हर बात में प्रायः संशय या सन्देह होता रहे, संशयात्मा।

संशयी (-यिन्) वि० [सं०] जो प्रायः संशय करता रहता हो, जो सहज में किसी व्यक्ति या बात का विश्वास न करता हो।

संशयोपमा स्त्री० [सं०] उपमा अलंकार का एक भेद जिसमें कुछ वस्तुओं के साथ उपमा तो दी जाती है, पर साथ ही उन उपमाओं के सम्बन्ध में कुछ संशय या सन्देह का भी उल्लेख होता है।

संशुद्ध वि० [सं०] जिसका संशोधन हुआ हो, शुद्ध किया हुआ।

संशोधक पुं० [सं०] १. संशोधन करनेवाला। २. बुरी से अच्छी दशा में लानेवाला, सुधारनेवाला।

संशोधन पुं० [सं०] [वि० संशोधनीय, संशोधित] १. भूल, दोष आदि दूर करके ठीक या शुद्ध करना। (करेक्शन) २. ठीक करना, सुधारना। ३. प्रस्ताव आदि में किया जानेवाला घटाव-बढ़ाव या परिवर्तन। (एमेन्डमेन्ट) ४. (ऋण आदि) चुकता करना, (देन) चुकाना।

संशोधित वि० [सं०] जिसका संशोधन हुआ हो, शुद्ध या ठीक किया हुआ।

संश्रय पुं० [सं०] १. संयोग, मेल। २. सम्बन्ध, लगाव। ३. आश्रय। ४. सहारा।

संश्रित पुं० [सं०] १. लगा या सटा हुआ। २. शरण में आया हुआ। ३. दूसरे के सहारे रहनेवाला, आश्रित।

संश्लिष्ट वि० [सं०] [भाव० संश्लिष्टता] मिला, सटा या लगा हुआ।

संश्लेषण पुं० [सं०] [वि० संश्लिष्ट] १. एक में मिलाना, लगाना या सटाना। २. कार्य से कारण अथवा नियम, सिद्धान्त आदि से उनके फल या परिणाम का विचार करना, मिलान करना। 'विश्लेषण' का विपर्याय। (सिन्थेसिस)

संस पुं०=संशय (संदेह)।

संसक्त वि० [सं०] [भाव० संसक्ति] १. किसी की सीमा के साथ सटा या लगा हुआ। (कन्टिगुअस) २. सम्बद्ध।

३. (किसी की ओर) अनुरक्त या प्रवृत्त। ४. (किसी विचार या काम में) लग्न, लीन।

संसक्ति स्त्री० [सं०] [वि० संसक्त] १. किसी के साथ सटे या लगे होने का भाव। (कन्टीगुइटी) २. एक ही तरह के पदार्थों या तत्त्वों का आपस में मिल या सटकर एकरूप होना। (कोहेशन) ३. सम्बन्ध, लगाव। ४. विशेष अनुराग या आसक्ति, लगन। ५. लीनता। ६. प्रवृत्ति।

संसद, संसद् स्त्री० [सं०] १. किसी विशेष कार्य के लिए संघटित बहुत से लोगों का समुदाय या निकाय। (एसोसियेशन) २. राज्य या शासन-सम्बन्धी कार्यों में सहायता देने और पुराने विधानों में संशोधन करने तथा नए विधान बनाने के लिए प्रजा के प्रतिनिधियों की चुनी हुई सभा। (पार्लियामेन्ट)

संसदीय वि० [सं०] १. संसद-सम्बन्धी। २. संसद की मर्यादा के अनुरूप।

संसरण पुं० [सं०] [वि० संसृति] १. चलना। २. संसार, जगत। ३. रास्ता।

संसर्ग पुं० [सं०] १. साथ या पास रहने से होनेवाला सम्बन्ध, लगाव। २. मिलन, मिलाप। ३. संगति, साथ। ४. स्त्री और पुरुष का सम्बन्ध या सहवास।

संसर्गदोष पुं० [सं०] वह दोष या बुराई जो किसी के साथ रहने से उत्पन्न होती है।

संसर्गरोध पुं० [सं०] १. वह व्यवस्था जो किसी स्थान को संक्रामक रोगों आदि से बचाने के लिए बाहर से आनेवाले लोगों को कुछ समय तक कहीं अलग रखकर की जाती है। २. इस काम के लिए अलग किया हुआ स्थान। (क्वारेन्टाइन)

संसर्गी (-र्गिन्) वि० [सं० संसर्गिन्] [स्त्री० संसर्गिणी] जिससे या जिसका संसर्ग या लगाव हो।

संसा* पुं०=संशय।

*पुं० दे० 'संसौ'।

संसाधक पुं० [सं०] वह यंत्र या व्यक्ति जो विभिन्न क्रियाओं की शृंखला द्वारा किसी कार्य का निष्पादन या किसी वस्तु का निर्माण करता हो। (प्रोसेसर)

संसाधन पुं० [सं०] १. वह उपलब्ध या प्राप्त सामग्री जो धन-दौलत बढ़ाने में सहायक हो। २. भंडार। ३. तैयारी। ४. किसी कार्य के निष्पादन या किसी वस्तु के निर्माण हेतु होनेवाली क्रियाओं की शृंखला। (प्रोसेसिंग)

संसार पुं० [सं०] [वि० सांसारिक, संसारी] १. जगत, दुनिया। २. इहलोक, मर्त्यलोक। ३. घर। ४. कार्यक्षेत्र; उसका संसार ही दूसरा है।

संसारतिलक पुं० [सं०] एक प्रकार का धान और उसका चावल।

संसारयात्रा स्त्री० [सं०] १. जीवन का निर्वाह या यापन। २. जीवन, जिन्दगी।

संसारी वि० [सं० संसारिन्] [स्त्री० संसारिणी] संसार-सम्बन्धी, लौकिक; जैसे-संसारी जन।

पुं० संसार या घर-गृहस्थी के झगड़ों में फँसा हुआ व्यक्ति।

संसक्ति वि० [सं०] १. बहुत भींगा हुआ या गीला। २. अच्छी तरह सींचा हुआ।

संसी* वि०=संशयी।

संसृति स्त्री० [सं०] संसार।

संसृष्ट वि० [सं०] [भाव० संसृष्टि] १. किसी के साथ मिला या लगा हुआ, सम्बद्ध। २. किसी के अन्तर्गत आया हुआ।

संसृष्टि स्त्री० [सं०] [वि० संसृष्ट] १. किसी के साथ होनेवाली सृष्टि, उत्पत्ति या आविर्भाव। २. सम्बन्ध, लगाव। ३. मिश्रण, मिलावट। ४. हेल-मेल, मेल-जोल। ५. साहित्य में दो या अधिक काव्यालंकारों का इस प्रकार साथ-साथ आना कि सब अलग-अलग दिखाई दें। इसकी गणना एक स्वतन्त्र अलंकार के रूप में होती है।

संसेर* स्त्री०=शमशेर। (तलवार)

संसेवन पुं० [वि० संसेवित]=सेवन।

संसै* पुं०=संशय।

संसौ* पुं० [सं० श्वास] १. श्वास, साँस। २. जीवनी शक्ति, प्राण, उदा० नित संसौ हंसौ बचतु, मनौ सु इहिं अनुमानु। -बिहारी।

संस्करण पुं० [सं०] १. संस्कार करना, ठीक या दुरुस्त करना, सुधारना। २. एक बार में किसी विशिष्ट रूप में छपी हुई कोई पुस्तक। ३. इस प्रकार छपी पुस्तक की कुल प्रतियाँ। ४. दे० 'आवृत्ति'।

संस्कर्ता पुं० [सं०] संस्कार करनेवाला।

संस्कार पुं० [सं०] १. दोष आदि दूर करके ठीक करना, दुरुस्ती, सुधार। २. पूर्व जन्म, कुल-मर्यादा, शिक्षा, सभ्यता आदि का मन पर पड़नेवाला प्रभाव। ३. हिन्दुओं में धर्म की दृष्टि से शुद्ध और उन्नत करने के लिए होनेवाले १६ (या कुछ लोगों के मत से १२) विशिष्ट कृत्य, जैसे गर्भाधान, पुंसवन, सीमंतोन्नयन, जातकर्म, नामकरण, निष्क्रमण, अन्नप्राशन, चूड़ाकर्म या मुंडन, यज्ञोपवीत, विवाह आदि। ४. मन, रुचि आचार-विचार आदि को परिष्कृत तथा उन्नत करने का कार्य। (कल्चर) ५. परम्परा से चला आया हुआ कोई ऐसा कृत्य जिसका किसी विशेष अवसर के लिए विधान हो। (सैक्रमेन्ट) ६. कुछ विशिष्ट अवसरों पर होनेवाला कोई ऐसा धार्मिक या सामाजिक कार्य जो किसी देश या समाज में साधरणतः और सब जगह प्रचलित हो। (राइट, रिचुअल) ७. मृतक की अन्त्येष्टि-क्रिया।

संस्कारवान (-वान्) वि० [सं०] अच्छे संस्कारोंवाला।

संस्कारी (-रिन्) पुं० [सं०] १. वह जो किसी प्रकार का संस्कार करता हो। २. वह जो अच्छे संस्कारों या गुणों से युक्त हो। ३. सोलह मात्राओं के छन्दों की संज्ञा।

वि० अच्छे संस्कारोंवाला।

संस्कार्य वि० [सं०] १. जिसका संस्कार होने को हो। २. उपनिषदों में ऐसा कर्म जिससे किसी वस्तु को आकर्षक बनाया जाए या उसमें सौंदर्य उत्पन्न किया जाए, जैसे मैले कपड़ों को साफ करना, मकान में रंग-रोगन करना।

संस्कृत वि० [सं०] १. जिसका संस्कार हुआ हो, शुद्ध किया हुआ. २. सँवारा हुआ, परिमार्जित। ३. सुधारा और ठीक किया हुआ।

स्त्री० भारतीय आर्यों की प्रसिद्ध प्राचीन साहित्यिक भाषा, देववाणी।

संस्कृति स्त्री० [सं०] १. शुद्धि, सफाई। २. संस्कार, सुधार। ३. किसी व्यक्ति, जाति, राष्ट्र आदि की वे सब बातें जो उसके मन, रुचि, आचार-विचार, कला-कौशल और सभ्यता के क्षेत्र में बौद्धिक विकास की सूचक होती हैं। (कल्चर)

संस्कृतिवादी (-दिन्) पुं० [सं०] वह जो सांस्कृतिक तत्त्वों, विचारों आदि का पोषक तथा समर्थक हो।

संस्कृतीकरण पुं० [सं० संस्कृत+करण] परिष्कृत करने की क्रिया या भाव।

संस्तुत वि० [सं० सं+स्तुत] जिसकी संस्तुति की गई हो।

संस्तुति स्त्री० [सं० सं+स्तुति] १. किसी व्यक्ति को किसी कार्य के लिए उपयुक्त बतलाने की क्रिया या भाव। २. किसी कार्य के लिए अपनी मंजूरी देना।

संस्था स्त्री० [सं०] १. ठहरने की क्रिया या भाव, स्थिति। २. व्यवस्था, विधि। ३. मर्यादा। ४. जत्था, गिरोह। ५. कोई संघटित समाज, समूह या वर्ग। (बॉडी) ६. किसी धार्मिक, सामाजिक या लोकोपकारी विशेष कार्य या उद्देश्य के लिए संघटित समाज या मंडल। (इन्स्टिट्यूशन) ७. व्यावसायिक दृष्टि से कुछ अभीष्ट सिद्धान्तों और नियमों के अनुसार काम करनेवाला कोई संघटित समाज या दल, जैसे सहकारी संस्था। (सोसाइटी) ७. किसी कार्यालय या विभाग में काम करनेवाले सब लोगों का समूह या वर्ग, अधिष्ठान। (एस्टैब्लिशमेन्ट) ९. राजनीतिक या सामाजिक जीवन से सम्बन्ध रखनेवाला कोई नियम, विधान, प्रथा, जैसे विवाह हमारे यहाँ की धार्मिक संस्था है।

संस्थागत वि० [सं० संस्था+गत] संस्था या संस्थाओं के विचार से होनेवाला।

संस्थान पुं० [सं०] १. ठहराव, स्थिति। २. बैठाना, स्थापन। ३. अस्तित्व। ४. सर्वसाधारण के इकट्ठे होने का स्थान। ६. किसी राज्य के अन्तर्गत जागीर आदि। (एस्टेट) ७. साहित्य, विज्ञान, कला आदि की उन्नति के लिए स्थापित संस्था। (इन्स्टिट्यूशन) ८. प्रबन्ध, व्यवस्था।

संस्थापक पुं० [सं०] [स्त्री० संस्थापिका] संस्थापन करनेवाला। २. (संस्था आदि) स्थापित करने या उसे आरम्भ करनेवाला। (फाउन्डर)

संस्थापन पुं० [सं०] [वि० संस्थापनीय, संस्थापित, संस्थाप्य] १. अच्छी तरह जमाकर बैठाना, लगाना या खड़ा करना। २. मंडली, संस्था आदि बनाना। ३. कोई नई बात चलाना।

संस्पर्श पुं० [सं०] स्पर्श।

संस्मरण पुं० [सं०] [वि० संस्मरणीय, संस्मृत] १. किसी व्यक्ति के सम्बन्ध की स्मरणीय घटना या उसका उल्लेख। (रेमिनन्सेज) २. अच्छी तरह सुमिरना या नाम लेना।

संस्वीकृति स्त्री० [सं०] अपने अपराध की स्वीकृति।

संहत वि० [सं०] १. खूब मिला या सटा हुआ। २. कड़ा, सख्त। ३. गठा हुआ, घना। ४. मिलाकर एक किया हुआ एकत्र, इकट्ठा। (कन्सालिडेटिड्)

संहति स्त्री० [सं०] १. मिलान, मेल। २. बहुतों को मिलाकर एक करना, इकट्ठा होने की क्रिया या भाव। ३. राशि, ढेर। ४. समूह, झुंड। ५. घनता, ठोसपन। (कन्सॉलिडेशन)

संहर* पुं०=संहार, उदा० 'यही ते है असार संसार सृजन, सिंचन, संहर'। -पंत।

संहरन* स० [सं० संहार] संहार करना।

अ० संहार या नाश होना।

संहार पुं० [सं० सम्+हार] [क्रि० संहारना, कर्ता संहारक] १. नाश, ध्वंस। २. (युद्ध आदि में) मार डालना। ३. (सिर के बाल) अच्छी तरह समेटकर बाँधना, गूँथना। ४. छोड़ा हुआ बाण फिर अपनी ओर लौटाना।

संहारक वि० [सं०] १. संहार या नाश करनेवाला। २. मार डालनेवाला।

संहारकर्ता वि० [सं०] संहारक, विनाश करनेवाला।

संहारना* स० [सं० संहार] १. संहार या नाश करना। २. मार डालना, वध करना।

संहारी| वि०=संहारक।

संहित वि० [सं०] १. इकट्ठा किया हुआ। २. मिला, सटा या जुड़ा हुआ। ३. जो अधिकारिकी द्वारा नियमों, विधियों आदि की संहिता के रूप में लाया गया हो। (कोडीफाइड)

संहिता स्त्री० [सं०] १. संहित या मिले हुए होने का भाव। २. मेल, मिलावट। ३. व्याकरण में सन्धि। ४. वह ग्रन्थ जिसका पद-पाठ आदि क्रम-परम्परा से एक नियमित या निश्चित रूप में चला आ रहा है, जैसे धर्म-संहिता। ५. नियमों, विधियों आदि का अधिकारिक संग्रह, जैसे भारतीय दंड-संहिता ।

सइल* पुं० [सं० शैल] पर्वत, पहाड़।

सई* वि०=सही।

सउँसा वि० [सं० संपूर्ण] संपूर्ण, कुल।

सउ* क्रि० वि० [सं० सह] से, साथ।

सउत* स्त्री०=सौत।

सऊँ* क्रि० वि० दे० 'सों'।

सकंप* क्रि० वि० काँपते हुए।

सक* पुं० दे० 'साका'।
स्त्री० दे० 'शक्ति'।

सकट* पुं० दे० 'शकट'।

सकत स्त्री० [सं० शक्ति] १. बल, शक्ति, ताकत। २. धन, सम्पत्ति।
क्रि० वि० जहाँ तक हो सके, यथाशक्ति।
पुं० दे० 'शाक्त'।

सकता पुं० [अ० सक्तः] १. बेहोशी या उसकी बीमारी। २. स्तब्धता, भौचक्कापन।
मुहा० *सकते में आना*=भौचक्का हो जाना।
३. कविता में, यतिभंग। ४. यतिभंग का दोष।

सकति, सकती* स्त्री०=शक्ति।

सकना[१] अ० [सं० सक् या शक्य] १. हिंदी की एकमात्र धातुज क्रिया जो मुख्य क्रिया के रूप में प्रयुक्त नहीं होती। २. एक संयोज्य क्रिया जो अनेक धातुओं के साथ लगकर (क) संभावना और (ख) सामर्थ्य की सूचक होती है; जैसे-(क) लड़का आ सकता है। और (ख) मैं दौड़ सकता हूँ।

सकना[२]* अ० [सं० शंका] मन में डरना, घबराना, शंकित या संकुचित होना, उदा० 'सूखे से श्रमे से सकबके से सके से थके, भूले से भ्रमे से भमरे से भकुवाने से'। -रत्ना०।

सकपकाना अ० [भाव० सकपकाहट] दे० 'चकपकाना'।

सकबकाना अ० [भाव० सकबकाहट] दे० 'चकपकाना'।

सकरना अ० [सं० स्वीकरण] सकारा या माना जाना, जैसे हुंडी सकरना।

सकर्मक वि० [सं०] [भाव० सकर्मकता] जो कर्म के सहित हो। (व्याकरण)

सकर्मक क्रिया स्त्री० [सं०] व्याकरण में वह क्रिया जिसके लिए वाक्य की पूर्णता की दृष्टि से कर्म की आवश्यकता हो; जैसे-'मैं रोटी खाता हूँ' में खाना क्रिया सकर्मक है क्योंकि उक्त वाक्य की पूर्णता के लिए 'रोटी' कर्म की आवश्यकता है।

सकर्मकता स्त्री० [सं०] क्रिया के सकर्मक होने की अवस्था या भाव।

सकल वि० [सं०] [स्त्री० सकला] सब, समस्त।

सकलात* पुं० [?] [वि० सकलाती] १. रजाई, दुलाई। २. सौगात, उपहार। ३. मखमल नामक कपड़ा।

सकलाती* वि० [हिं० सकलात] १. भेंट या उपहार के रूप में किसी के देने योग्य। २. बहुत अच्छा, बढ़िया।

सकसकाना* अ० [अनु०] डर से काँपना।

सकसना* अ० [अनु०] १. भयभीत होना, डरना। २. अड़ना। ३. फँसना, उदा० निकसें सकसि न बचन भयौ हिचकिनी गह्वर गर। -रत्ना०।

सका* पुं० दे० 'सक्का'।

सकाना* अ० [सं० शंका] १. सन्देह करना। २. हिचकना, उदा० क्षत्रिय तनुधरि सकाना। -तुलसी। ३. डरना, उदा० सोचत सबै सकाई कहा करि है कमलासन। -रत्ना०। ४. दुखी होना, उदा० सुनि मुनिवर के परुष बचन कुछ भूप सकाए। -रत्ना०।
स० हिं० सकना का प्रे०। (क्व०)

सकाम वि० [सं०] १. जिसके मन में कोई कामना या वासना हो। २. जिसकी कामना पूरी हुई हो। ३. कामुक। ४. जो फल की इच्छा करे। ५. फल की इच्छा से किया हुआ, जैसे सकाम कर्म।

सकार पुं० [सं० सकाल] प्रातःकाल, सवेरा।

सकारना स० [सं० स्वीकरण] १. स्वीकार करना, मंजूर करना। २. महाजन का अपने नाम पर आई हुई हुंडी मान्य करना। (आनरिंग आफ ए ड्राफ्ट)

सकारात्मक वि० [हिं० सकारना+सं० आत्मक] [भाव० सकारात्मकता] १. उत्तर या कथन जो स्वीकृति या सहमति का सूचक हो, 'नकारात्मक' का विपर्याय। (अफरमेटिव) २. सही दिशा में या उत्तम दृष्टि से होनेवाला या किया जानेवाला। (पॉजिटिव)

सकारे* क्रि० वि० [सं० सकाले] १. सवेरे। २. शीघ्र, जल्दी।

सकु* वि० [सं० शक्त] शक्तिशाली।

सकुच* स्त्री०=संकोच।

सकुचना अ० [सं० संकुचन] १. लज्जा या संकोच करना। २. (फूलों का) सिमटना या सिकुड़ना, बन्द होना।

सकुचाई* स्त्री०=संकोच।

सकुचाना अ० [सं० संकोच] १. संकोच करना। २. लज्जित होना।
स० १. संकुचित करना, सिकोड़ना। २. लज्जित करना।

सकुचीला, सकुचौहाँ* वि० [हिं० संकोच] संकोच करनेवाला, लजीला।

सकुन* पुं० १. दे० 'शकुन'। २. दे० 'सगुण'।

सकुपना* अ०=कोपना।

सकुला* वि० [सं० संकुल] संकीर्ण, संकुचित।

सकुल्य पुं० दे० 'सगोत्र'।

सकूनत स्त्री० [अ०] निवास स्थान।

सकृत क्रि० वि० [सं०] १. एक बार। २. सदा।

सकृद्दर्शन क्रि० वि० [सं०] १. देखने पर तुरन्त। २. ऊपर से देखने पर। (प्राइमाफेसी)

सकेत[१]* पुं० दे० 'संकेत'।

सकेत[२] वि० [सं० संकीर्ण] तंग, संकुचित।
पुं० विपत्ति, संकट।

सकेतना* अ० दे० 'सिकुड़ना'।

सकेरना* स० दे० 'समेटना'।

सकेरा* पुं० [सं० सकाल] शीघ्रता, जल्दी।

सकेलना[1] स० [सं० सकल] १. इकट्ठा करना, जमा करना, उदा० जो बनिता सुत-जूथ सकेले, हय-गय-विभव घनेरौ।-सूर। २. बिखरे हुए काम या चीजें एक जगह करना, समेटना; उदा० निकसे तरुनि समेत ज्यों सूरत किरन सकेलि। -केशव।

सकेलना[2] स० [सं० संकर्षण] १. कसना। २. दबाना। ३. इकट्ठा करना।

सकेला स्त्री० [अ० सैकल] एक प्रकार की तलवार।

सकेलि[1]* क्रि० वि० [सं०] क्रीड़ा सहित।

सकेलि[2] पू० क्रि० इकट्ठा करके।

सकोच* पुं०=संकोच।

सकोचना* अ०=संकोच करना। स०=सिकोड़ना।

सकोपना अ० दे० 'कोपना'।

सकोरा पुं० [सं० शरावक] मिट्टी का कसोरा।

सक्कस* वि० [फा० सरकश] विद्रोही।

सक्का पुं० [फा०] मशक में पानी भरकर लोगों को पिलाने या घर-घर पहुँचानेवाला।

सक्र* पुं० [सं० शक्र] १. इन्द्र। २. मेघ, बादल।

सक्रसरासन* पुं० [सं० शक्र+शरासन] इन्द्रधनुष।

सक्रारि पुं० [सं० शक्रारि] मेघनाद।

सक्रिय वि० [सं०] [भाव० सक्रियता] १. जिसमें क्रिया भी हो। २. जो क्रियात्मक रूप में हो। ३. जिसमें कुछ करके दिखलाया जाए। (ऐक्टिव)

सक्षम वि० [सं०] [भाव० सक्षमता] १. जिसमें क्षमता हो। २. समर्थ। ३. किसी काम के लिए पूर्ण रूप से उपयुक्त और उसका अधिकारी। (काम्पीटेन्ट)

सखर* वि० [हिं० स+खर=तेज धार] १. तेज धारवाला, चोखा, पैना। २. तेज, उग्र। ३. प्रबल।

सखरच* वि० [फा० शाह+खर्च] बहुत उदारतापूर्वक और जी खोलकर खरच करनेवाले, शाहखर्च, उदा० बनियक सखरच, ठकुरक हीन, बैद कपूत व्याधि नहिं चीह्न।—घाघ।

सखरस पुं० [?] मक्खन।

सखरा वि० [हिं० निखरा का अनु०] जो (भोजन या रसोई) घी, दूध आदि में नहीं बल्कि जल के संयोग से पकी हो, कच्चा।
स्त्री० दे० 'सखरी'।

सखरी स्त्री० [हिं० निखरी से अनु०] दाल, रोटी आदि कच्ची रसोई।

सखा पुं० [सं० सखिन्] १. साथी, संगी। २. मित्र, दोस्त। ३. साहित्य में नायक का वह मित्र या साथी जिससे वह अपने मन की सब बातें कहता है। इसके ये चार भेद हैं-पीठमर्द, विट, चेट और विदूषक। इन्हें सहचर भी कहते हैं।

सखार वि० [सं० स+हिं० खार (क्षार)] १. क्षारयुक्त। २. खारा।

सखी[1] स्त्री० [सं०] १. सहेली, सहचरी। २. संगिनी। ३. साहित्य में नायिका के साथ रहनेवाली वह स्त्री जिससे वह अपने मन की सब बातें कहती है। ४. एक प्रकार का छन्द जिसके प्रत्येक चरण में १४ मात्राएँ होती हैं और अन्त में मगण या यगण होना आवश्यक होता है।

सखी[2] वि० [अ० सख़ी] दानी, दाता।

सखीभाव पुं० [सं०] भक्ति का वह प्रकार जिसमें भक्त अपने आपको इष्ट देवता की पत्नी या सखी मानकर उसकी उपासना और सेवा करता है।

सखी संप्रदाय पुं० [सं०] भक्तों का वह सम्प्रदाय जो सखीभाव से अपने इष्टदेव की उपासना करता है।

सखुआ पुं० [सं० शाल] साखू या शाल नामक वृक्ष या उसकी लकड़ी।

सखुन पुं० [फा० सुख़न] १. कथन, उक्ति। २. कविता, काव्य।

सखुन तकिया पुं० [फा० सुख़न+तकिया] वह शब्द या पद जो कुछ लोगों के मुँह से बात-चीत करते समय प्रायः निकला करता है, कथनाश्रय। जैसे-जो है सो; ज़नाब।

सखेद क्रि० वि० [सं०] खेदपूर्वक।

सख्त वि० [फा० सख़्त] [भाव० सख़्ती] १. कठोर, कड़ा। २. मुश्किल, कठिन। ३. कठोर व्यवहार करनेवाला। ४. बहुत अधिक (दुष्ट या दूषित बातों के सम्बन्ध में), जैसे सख्त नालायक।

सख्ती स्त्री० [फा० सख़्ती]। १. कड़ापन। २. कठोरता। ३. कठोर व्यवहार।

सख्य पुं० [सं०] १. सखा का भाव, सखापन। २. मित्रता, दोस्ती। ३. भक्ति का वह प्रकार जिसमें इष्टदेव को भक्त, अपना सखा मानकर उसकी उपासना करता है।

सगण पुं० [सं०] पिंगल में दो लघु और एक गुरु अक्षर का एक गण, इसका रूप ॥ऽ है।

सगति* स्त्री०=शक्ति।

सगपहिती स्त्री० [हिं० साग+पहिती=दाल] साग मिलाकर पकाई हुई दाल।

सगबग वि० [सं० सिक्त+अभ्यक्त] [क्रि० सगबगाना] तरबतर, लथपथ। २. द्रवित। ३. परिपूर्ण, भरा हुआ।
क्रि० वि० जल्दी से, तुरन्त।

सगबगाना अ० [हिं० सगबग] १. लथपथ या तर होना, बहुत भींगना। २. चकित होना, चकपकाना।
स० १. गीला या तर करना। २. चकित या भौचक्का करना।

सगर पुं० [सं०] अयोध्या के एक प्रसिद्ध सूर्यवंशी राजा जो रामचन्द्र के पूर्वज थे।
वि०=सगरा (सब)।

सगरा[1] वि० [सं० साग्र] [स्त्री० सगरी] सब, सारा।

सगरा[2] पुं० [सं० सागर] १. समुद्र। २. बहुत बड़ा तालाब या जलाशय।

सगल* वि०=सकल।

सगा वि० [सं० स्वक्] [स्त्री० सगी, भाव० सगापन] १. एक ही माता से उत्पन्न, सहोदर। २. सम्बन्ध या रिश्ते में अपने ही कुल या परिवार का, जैसे सगा चाचा।

सगाई स्त्री० [हिं० सगा+आई (प्रत्य०)] १. सगे होने का भाव, सगापन। २. आत्मीयता का या घनिष्ठ पारिवारिक सम्बन्ध, नाता, रिश्ता, उदा० देवहु लोग हरि कै सगाई, माय घरै पुत्र धिया सँग जाई। -कबीर। ३. बिल्कुल एक से या एक वर्ग के होने की अवस्था या भाव, जैसे बैन सगाई=वर्ण मैत्री या अनुप्रास। ४. विवाह का निश्चय, मँगनी। ५. विधवा स्त्री के साथ पुरुष का वह सम्बन्ध जो कुछ जातियों में विवाह के ही समान माना जाता है। ६. सम्बन्ध, नाता, रिश्ता।

सगापन पुं० [हिं० सगा] सगा या आत्मीय होने का भाव।

सगारता स्त्री० दे० 'सगापन'।

सगुण पुं० [सं०] सत्त्व, रज और तम तीनों गुणों से युक्त परमात्मा का रूप, साकार ब्रह्म।
वि० तीनों गुणों से युक्त।

सगुन पुं० दे० १. 'शकुन'। २. दे० 'सगुण'।

सगुनाना स० [सं० शकुन] शकुन निकालना या देखना।

सगुनिया पुं० [सं० शकुन] शकुन बतलानेवाला।

सगुनौती स्त्री० [हिं० सगुन] १. शकुन विचारने की क्रिया या भाव। २. मंगलाचरण, मंगल पाठ।

सगुरा वि० [हिं० स+गुरु] १. जिसने किसी गुरु से दीक्षा ली हो। २. जिसने किसी गुरु से किसी काम की अच्छी शिक्षा पाई हो, 'निगुरा' का विरुद्धार्थक।

सगोती* पुं०=सगोत्र।

सगोत्र वि० [सं०] समान गोत्रवाला, सगोत्री।
पुं० वे जो एक ही पूर्वज से उत्पन्न हुए हों, एक ही गोत्र के लोग। (किंड्रेड)

सगोत्रिय वि० दे० 'सगोत्र'।

सगौती स्त्री० [देश०] खाने का मांस।

सग्गड़ पुं० [सं० शकट] बोझ ढोने की एक प्रकार की बड़ी गाड़ी जिसे आदमी खींचते या ढकेलते हैं।

सग्गा* वि०=सगा।

सघन वि० [सं०] [भाव० सघनता] १. घना, अविरल। २. ठोस, ठस।

सघोष वि० [सं० स+घोष] (व्यंजन) जिसका उच्चारण करते समय स्वर तंत्रियाँ कम्पित हों।

सच वि० [सं० सत्य] [भाव० सचाई] १. जैसा हो, वैसा ही (कहा हुआ), सत्य। २. वास्तविक। ३. ठीक।

सचतना* [सं० सचेत] सचेत होना।

सचना* स० [सं० संचयन] १. संचय या इकट्ठा करना। २. पूरा करना, उदा० 'बहु कुंड सोनित सों भरे तर्पणादि क्रिया सची'। -केशव। ३. निर्माण करना, बनाना।

सचमुच क्रि० वि० [हिं० सच+मुच (अनु०)] १. वास्तव में, यथार्थ रूप में। २. अवश्य, निश्चय।

सचरना* अ० [सं० संचरण] संचरित होना, फैलना।

सचराचर पुं० [सं०] संसार के चर और अचर सभी पदार्थ तथा प्राणी।

सचल वि० [सं०] [भाव० सचलता] १. जो अचल न हो, चलता हुआ। २. चंचल। ३. जंगम।

सचाई स्त्री० [सं० सत्य, प्रा० सच्च] १. सच का भाव, सत्यता, सच्चापन। २. वास्तविकता, यथार्थता।

सचान* स० हिं० 'सचरना' का स०।

सचाना* स०=सचना।

सचावट* स्त्री०=सच्चाई।

सचिंत वि० [सं०] जो किसी बात की चिन्ता में हो, चिन्तायुक्त।

सचिक्कण वि० [सं०] बहुत चिकना।

सचिव पुं० [सं०] १. मित्र, दोस्त। २. मन्त्री। ३. किसी संस्था, विभाग या मन्त्रालय का प्रधान प्रशासनिक अधिकारी।

सचिवालय पुं० [सं०] वह भवन जिसमें किसी राज्य, प्रान्तीय सरकार अथवा किसी बड़ी संस्था के सचिवों, मन्त्रियों और विभागीय अधिकारियों के प्रधान कार्यालय रहते हैं। (सेक्रेटेरिअट)

सचिवीय वि० [सं०] सचिव-सम्बन्धी।

सची* स्त्री०=शची (इन्द्र की पत्नी)।

सचु* पुं० [?] १. सुख, आराम। २. प्रसन्नता, आनन्द। ३. सन्तोष, तसल्ली।

सचुपाना* अ०=चुप या मौन होना।
स० चुप या मौन कराना।

सचेत वि० [सं० सचेतन] [भाव० सचेतता] १. जो चेतनायुक्त हो। २. सावधान, होशियार, खबरदार। ३. दे० 'सचेतन'।

सचेतन पुं० [सं०] [भाव० सचेतनता] वह जिसमें चेतना या ज्ञान हो।
वि० 'जड़' का विरुद्धार्थक, चेतन।

सचेष्ट वि० [सं०] १. जिसमें चेष्टा हो। २. जो चेष्टा कर रहा हो।

सच्चरित्र वि० [सं०] [भाव० सच्चरित्रता] अच्छे चरित्र या चाल-चलनवाला, सदाचारी।
पुं० उत्तम आचरण।

सच्चा वि० [सं० सत्य] [स्त्री० सच्ची] १. सच बोलनेवाला, सत्यवादी। २. वास्तविक, यथार्थ, ठीक। ३. असली, जो झूठा या बनावटी न हो। ४. बिल्कुल ठीक और पूरा।

सच्चाई स्त्री० [हिं० सच्चा] 'सच्चा' होने का भाव, सत्यता, सच्चापन।

सच्चा-झूठा वि० ऊटपटांग, अनाप-शनाप।

सच्चापन पुं०=सच्चाई।

सच्चिदानंद पुं० [सं०] सत्, चित् और आनंद से युक्त, परमात्मा।

सच्ची टिपाई स्त्री० [हिं० सच्ची=बिल्कुल ठीक+टिपाई] प्राचीन चित्र कला में चित्र बनाने के समय पहले रूपरेखा अंकित कर चुकने पर गेरू से होनेवाला अंकन।

सच्छंद* वि०=स्वच्छंद।

सच्छत* वि० [सं० सक्षत] घायल।

सच्छास्त्र पुं० [सं० सद्+शास्त्र] अच्छे या उत्तम शास्त्र।

सच्छी* पुं०, स्त्री० दे० 'साक्षी'।

सछात| क्रि० वि० प्रत्यक्ष रूप से, साक्षात्।

सज[1] स्त्री० [हिं० सजावट] १. सजावट। २. बनावट, गढ़न, डौल। ३. शोभा। ४. सुन्दरता।

सज[2] पुं० [देश०] एक प्रकार का वृक्ष।

सजग वि० [सं० सज्ञान] [भाव० सजगता] सावधान, सचेत।

सजगता स्त्री० [हिं० सजग+सं० ता(प्रत्य०)] १. सजग रहने या होने की क्रिया या भाव। २. सतर्कता, होशियारी।

सजदा पुं० [अ० सज्दः] नमाज पढ़ते समय खुदा के आगे माथा टेकने की क्रिया या भाव।

सजदार* वि०=सजीला।

सजधज स्त्री० [हिं० सज+धज (अनु०)] बनाव-सिंगार, सजावट।

सजन पुं० [सं० सत्+जन=सजन] [स्त्री० सजनी] १. सज्जन। २. पति, स्वामी। ३. प्रियतम।

सजना अ० [सं० सज्जा] सज्जित या अलंकृत होना, सजाया जाना।

स० दे० 'सजाना'।

सजनी स्त्री० [सं० सज्जनी] सखी।

सजरता| स्त्री० [सं० जरा] बुढ़ापा।

सजल वि० [सं०] [स्त्री० सजला, भाव० सजलता] १. जल से युक्त। २. आँसुओं से भरा (नेत्र)।

सजवना* स०=सजाना।

सजवल* पुं० [हिं० सजना] १. सजावट। २. सुन्दरता। ३. उपक्रम, तैयारी। ४. ठाट-बाट।

सजवाई स्त्री० [हिं० सजवाना] सजवाने की क्रिया, भाव या पारिश्रमिक।

सजवाना स० हिं० 'सजाना' का प्रे०।

सजा स्त्री० [फा० सज़ा] १. दण्ड। २. कारागार में बन्द रखने का दंड।

सजाइ* स्त्री० [हिं० सजाना] सजाने की क्रिया, भाव या मजदूरी।

सजागार वि० दे० 'सजग'।

सजात वि० [सं०] जो साथ में उत्पन्न हुआ हो।

पुं० वे लोग जो एक ही स्थान में जनमे, पले और रहते हों।

वि० दे० 'सजाति'।

सजाति, सजातीय वि० [सं०] १. एक ही जाति या वर्ग के (लोग या पदार्थ)। २. एक ही प्रकृति, स्वरूप या प्रकार के। (कॉग्नेट)

सजान* पुं० [सं० सज्ञान] १. जानकार, ज्ञाता। २. चतुर, होशियार।

सजाना स० [सं० सज्जा] १. इस प्रकार उचित स्थान पर अच्छे क्रम से रखना कि देखने में भला जान पड़े। २. नई चीजें या बातें जोड़ या रखकर सुन्दर बनाना, अलंकृत करना।

सजाय* स्त्री० दे० 'सजा'।

सजा-याफ्ता वि० [फा० सज़ा-याफ़्ता] जिसे कैद की सजा मिल चुकी हो।

सजावट स्त्री० [हिं० सजाना] सजे हुए होने की क्रिया या भाव।

सजावटी वि० [हिं० सजावट] सजावट के काम आनेवाला।

सजावन* पुं०=सजावट।

सजावना* स०=सजाना।

सजावल पुं० [तु० सजाबुल] १. लेन या कर उगाहनेवाला कर्मचारी। २. जमादार।

सजिल्द वि०=जिल्ददार।

सजीला वि० [हिं० सजना] [स्त्री० सजीली] १. सज-धज से या बनठनकर रहनेवाला, छैला। २. सुन्दर, आकर्षक।

सजीउ* वि०=सजीव।

सजीव वि० [सं०] १. जिसमें जीवन या प्राण हों। २. जिसमें ओज या तेज हो। ३. आँखों देखा सजीव वर्णन।

सजीवन पुं० दे० 'संजीवनी'।

सजुग* वि० दे० 'सजग'।

सजूरी स्त्री० [?] एक प्रकार की मिठाई।

सजोना* स०=सजाना।

सजोयल* वि० दे० 'सँजोइल'।

सज्ज* पुं० दे० 'साज'।

सज्जन पुं० [सं० सत्+तन] [भाव० सज्जनता] १. सबके साथ अच्छा, प्रिय और उचित व्यवहार करनेवाला, भला आदमी, शरीफ। २. प्रियतम।

वि० भला, भद्र।

सज्जनता स्त्री० [सं०] 'सज्जन' होने का भाव, भलमनसत, सौजन्य।

सज्जनताई* स्त्री० =सज्जनता।

सज्जनी स्त्री० [सं०] सहेली।

सज्जल* वि०=सजल।

सज्जा स्त्री० [सं०] [वि० सज्जित] १. सजाने की क्रिया या भाव, सजावट। २. वेश-भूषा। ३. कोई काम ठीक तरह से पूरा करने के लिए सभी आवश्यक उपकरण, साधन आदि एकत्र करके यथा-स्थान बैठाना या लगाना। ४. उक्त कार्य के लिए सभी आवश्यक और उपयोगी उपकरणों और साधनों का समूह। (ईक्विपमेंट, अन्तिम दोनों अर्थों के लिए)

स्त्री० दे० 'शय्या'।

सज्जित वि० [सं०] [स्त्री० सज्जिता] १. सजा हुआ, अलंकृत। २. आवश्यक अंगों, उपकरणों, वस्तुओं या साधनों से युक्त, जैसे सज्जित सेना या भवन। (इक्विपड)

सज्जी स्त्री० [सं० सर्जिका] एक प्रसिद्ध क्षार जो चीजें धोने या साफ करने के काम में आता है।

सज्ञान वि० [सं०] १. ज्ञानवान। २. चतुर। ३. बुद्धिमान।

सज्या* स्त्री० १. दे० 'सज्जा' । २. दे० 'शय्या'।

सटक स्त्री० [अनु० सट से] १. सटकने की क्रिया या भाव। २. धीरे-से चल देना। ३. पतली लचकीली छड़ी, उदा० चिलक, चिकनई, चटक सौं लफति सटक लैं आइ। -बिहारी। ४. हुक्का पीने की लचीली नली, नैचा।

सटकन स्त्री० [हिं० सटकना] सटकने की क्रिया या भाव, हट जाना।

सटकना अ० [अनु० सट से] धीरे से या चुपचाप खिसक जाना।

सटकाना स० [अनु० सट से] छड़ी आदि से मारना।

सटकार स्त्री० [हिं० सटकारना] १. सटकारने की क्रिया या भाव। २. पशुओं को हाँकने की क्रिया।

सटकारना स० [अनु० सटसट] [भाव० सटकार] १. छड़ी या कोड़े से सटसट मारना। २. गौ, बैल आदि हाँकना।

सटकारा वि० [अनु०] चिकना, मुलायम और लम्बा। (विशेषत: बाल, बहु० में)

सटकारी स्त्री० [हिं० सटकार] छोटी और पतली छड़ी।

सटना अ० [सं० स+स्था] १. आपस में इस प्रकार मिलना कि दोनों के पार्श्व या तल एक दूसरे से लग जाएँ। २. चिपकना। ३. मार-पीट होना।

सटपट स्त्री० [अनु०] १. छोटा-मोटा काम या बात। २. संकोच। ३. दुविधा, असमंजस, आगा-पीछा। ४. डर, भय। ५. घबराहट।

उदा० अरी खरी सटपट परी, विधु आधैं मग हेरि। -बिहारी।

सटपटाना अ० दे० 'सिटपिटाना'।

सटपटी स्त्री०=सटपट।

सटर-पटर वि० [अनु०] व्यर्थ का, निकम्मा या तुच्छ।

सटा स्त्री० [सं० जटा] १. शेर की गरदन पर के बाल, अयाल, उदा० सिंह की सटा ऐंचे कलम करनि करि। -केशव। २. शिखा, उदा० यह कहिं कर गहि जटा सटा लौं सूँति सटाई। -रत्ना०। ३. जटा।

सटाना स० हिं० 'सटना' का स०।

सटियल वि० [?] घटिया, रद्दी।

सटिया स्त्री० [हिं० साटना या सटना] गुप्त रूप से बात-चीत करके किसी को अपनी ओर मिलाने की क्रिया, षड्यन्त्र रचना, उदा० उनहुँ जाइ सौंह दै पूछौ, मै करि पठयौ सटिया। -सूर।

सटीक[1] वि० [सं०] जिसमें मूल के सिवा टीका भी हो, व्याख्या सहित।

सटीक[2] वि० [हिं० ठीक] [भाव० सटीकता, सटीकपन] बिल्कुल ठीक। (एक्योरेट)

क्रि० वि० ठीक निशाने पर।

सटोरिया पुं० दे० 'सट्टेबाज'।

सट्टक पुं० [सं०] एक प्रकार का छोटा रूपक।

सट्टा पुं० [देश०] १. इकरारनामा। २. साधारण व्यापार से भिन्न खरीद-बिक्री का वह प्रकार जो केवल तेजी-मन्दी के विचार से अतिरिक्त लाभ करने के लिए होता है, खेला। (स्पेक्युलेशन)

सट्टा-बट्टा पुं० [हिं० सटना+बट्टा] १. हेल-मेल। २. चालबाजी। ३. अनुचित सम्बन्ध।

सट्टी स्त्री० [हिं० हट्टी] वह बाजार जिसमें एक ही तरह की चीजें कुछ निश्चित समय पर आकर बिकती हैं, हाट।

सट्टेबाज पुं० [हिं० सट्टा+फा० बाज़] [भाव० सट्टेबाजी] वह जो केवल तेजी-मन्दी, के विचार से खरीद-बिक्री करता हो, सट्टा खेलनेवाला। (स्पेक्युलेटर)

सट्टेबाजी स्त्री० १. सट्टा खेलने का काम। २. सट्टा खेलने की आदत।

सठमति वि० [सं० शठ+मति] दुष्ट प्रकृतिवाला, दुष्ट, उदा० तजतु अठान न हठ पर्‌यो सठमति आठौ जाम। -बिहारी।

सठियाना अ० [हिं० साठ] १. साठ वर्ष का होना। २. बुड्ढा हो जाने पर बुद्धि का ठीक काम न देना।

सठोरा पुं० दे० 'सोंठोरा'।

सड़क स्त्री० [अ० शरक] १. आने-जाने का चौड़ा पक्का रास्ता, राजमार्ग। २. कुछ प्राप्ति का उपाय या साधन।

सड़न स्त्री० [हिं० सड़ना] सड़ने की क्रिया या भाव।

सड़ना अ० [सं० सरण] १. किसी चीज में ऐसा विकार होना जिससे उसके अंग गलने लगें और उसमें दुर्गन्ध आने लगे। २. जल मिले हुए पदार्थ में खमीर उठना या आना। ३. हीन अवस्था में पड़ा रहना, जैसे-बेटा ससुराल में सड़ रहा है। ३. जलना।

सड़सड़ स्त्री० [अनु०] कोड़े लगने का शब्द।

सड़ाना स० हिं० 'सड़ना' का स०।

सड़ायँध स्त्री० [हिं० सड़न+गंध] १. किसी चीज के सड़ने पर उसमें से आनेवाली दुर्गन्ध। २. घावों, फोड़ों आदि के जहरीले होकर सड़ने की अवस्था या भाव, पूति। (लेप्सिस)

सड़ाव पुं० [हिं० सड़ना] सड़ने की क्रिया या भाव।

सड़ासड़ क्रि० वि० [अनु० सड़ से] १. सड़-सड़ शब्द के साथ। २. जल्दी-जल्दी।

सड़ियल वि० [हिं० सड़ना] १. सड़ा हुआ। २. निकृष्ट, रद्दी, खराब। ३. जली-कटी बातें सुनानेवाला।

सत् पुं० [सं०] शाश्वत, अजर-अमर या अविनाशी स्वरूप।

सत[1] पुं० [सं० सत्] सत्यतापूर्ण धर्म।

मुहा० *सत पर चढ़ना=* पति का मृत शरीर लेकर चिता पर बैठना और उसके साथ सती होना। *सत पर रहना=* पतिव्रता और साध्वी होना।

सत[2] पुं० [सं० सत्य] १. किसी चीज में से निकाला हुआ सार भाग, तत्त्व। २. जीवनी शक्ति, ताकत।

सत[3] वि० 'सात' (संख्या) का संक्षिप्त रूप (यौ० के आरम्भ में, जैसे सतलड़ा हार)।

वि० १. दे० 'शत'। २. दे० 'सत्'।

सतकरा* पुं० [सं० सत्य+कार्य] सत्य की रक्षा, पालन या उसके प्रति होनेवाली निष्ठा।

सतकारना* स०=सत्कार करना।

सतक्रत* पुं०=शतक्रतु (इन्द्र)।

सतगारा पुं० दे० 'सथिया' ३.।

सतगुरु पुं० [हिं० सत्+गुरु] १. सच्चा और अच्छा गुरु। २. परमात्मा।

सतजुग पुं०=सत्ययुग।

सतत क्रि० वि० [सं०] १. सदा, हमेशा, निरन्तर, लगातार।

वि० जिसका क्रम बीच में न टूटे, लगातार चलता रहनेवाला। (परपेचुअल)

सततरत वि० [सं०] सदा किसी काम में लगा रहनेवाला।

सतनजा पुं० [हिं० सात+अनाज] सात भिन्न प्रकार के अन्नों का मेल।

सतपत्र* पुं० [सं० शत+पत्र] शतदल, कमल।

सतपदी स्त्री० दे० 'सप्तपदी'।

सतफेरा पुं० दे० 'सप्तपदी'।

सतभाएँ* क्रि० वि० [सं० सत् भावेन] अच्छे भाव से, सद्भावपूर्वक।

सतभाय* पुं० दे० 'सद्भाव'।

सतम* पुं० [सं० शत+मख] सौ यज्ञ करनेवाला, इन्द्र।

सतमासा पुं० [हिं० सात+मास] १. वह बच्चा जो गर्भ के सातवें महीने में उत्पन्न हो। २. गर्भाधान के सातवें महीने होनेवाला कृत्य। (हिन्दू)

सतयुग* पुं० दे० 'सत्ययुग'।

सतयुगी वि०=सत्ययुगी।

सतरंगा वि० [हिं० सात+रंग] [स्त्री० सतरंगी] १. सात रंगोंवाला। २. विविध प्रकार का, रंगारंग।

पुं० इन्द्रधनुष।

सतर[1] स्त्री० [अ०] रेखा, लकीर। २. पंक्ति, कतार।

वि० १. टेढ़ा, वक्र। २. क्रुद्ध, नाराज।

सतर[2] क्रि० वि० [सं० सत्वर] शीघ्रतापूर्वक, अविलम्ब, जल्दी से।

सतराई* स्त्री० [सं० शत्रु+आई (प्रत्य०)] शत्रुता, दुश्मनी, उदा० कोऊ कहै होई करम दुखदाता, सो तौ मैं न कीन्ह सतराई।– सूर।

सतराना* अ० [सं० संतर्जन] क्रुद्ध होना, कुपित होना।

सतरौंहाँ वि० [हिं० सतराना] १. कुपित, क्रुद्ध। २. कोपसूचक।

सतर्क वि० [सं०] [भाव० सतर्कता] १. जो वस्तुस्थिति या घटनाक्रम से अपने को अवगत रखे हो; जैसे–तुम्हें इन गली के शोहदों से सतर्क रहना होगा। २. तर्क या युक्ति से युक्त; जैसे सतर्क व्याख्या।

सतर्पना* स० [सं० सतर्पण] अच्छी तरह से तुष्ट करना, खूब प्रसन्न करना।

सतलज स्त्री० [सं० शुतुद्रि] पंजाब की एक प्रसिद्ध नदी।

सतलड़ा वि० [हिं० सात+लड़] सात लड़ोंवाला।

सतलड़ी स्त्री० [हिं० सात+लड़] सात लड़ों की माला।

सतवंती वि० दे० 'सती'।

सतसई स्त्री० [सं० सप्तशती] १. एक ही प्रकार की सात सौ चीजों का समूह। २. किसी कवि के सात सौ पद्यों विशेषतः दोहों का संग्रह, जैसे बिहारी-सतसई, वृन्द-सतसई।

सतह स्त्री० [अ०] १. किसी वस्तु का ऊपरी भाग या तल, जैसे जमीन की सतह, पानी की सतह। २. सामाजिक, राजनीतिक या शैक्षणिक दृष्टि से अवस्था विशेष, स्तर। ३. परत।

सतही वि० [अ० सतह] १. जिसका सम्बन्ध सतह या तल से हो। २. अपेक्षाकृत सामान्य स्तर का, हलका, जैसे सतही दृष्टिकोण।

सतहरा* वि० [हिं० सत+हारना] जिसने सत्य हार या छोड़ दिया हो।

सतांग पुं० [सं० शतांग] रथ (सवारी का)।

सताना स० [सं० संतापन] कष्ट या दुख देना, पीड़ित करना।

सतावना* स०=सताना।

सतासत वि० [सं० सत+असत्] १. वास्तविक और अवास्तविक, २. अच्छा और बुरा।

सति* पुं० दे० 'सत्य'।

सतिभाएँ* क्रि० वि० दे० 'सतभाएँ'

सती[1] वि० [सं०] [भाव० सतीत्व] पति के सिवा और किसी पुरुष का ध्यान न करनेवाली (स्त्री) साध्वी, पतिव्रता।

स्त्री० १. दक्ष प्रजापति की कन्या और शिव की पहली पत्नी। २. वह जो अपने पति के शव के साथ चिता में जलकर या उसके मरने पर तुरन्त किसी और प्रकार से अपने प्राण दे दे।

सती[2] पुं० [सं० सत्+ई (प्रत्य०)] सदा सत या सत्य पर आरूढ़ और दृढ़ रहनेवाला, परम सत्यनिष्ठ, जैसे जती-सती।

सतीत्व पुं० [सं०] १. सती अर्थात् पतिव्रता होने का भाव। २. स्त्री की वह विशेषता या गुण जिसके कारण वह अपने पति के सिवा और किसी पुरुष से प्रेम सम्बन्ध नहीं करती, पातिव्रत।

सतीत्वहरण पुं० [सं०] किसी सदाचारिणी स्त्री के साथ बलपूर्वक सम्भोग करना, स्त्री का सतीत्व नष्ट करना।

सतीपन पुं०=सतीत्व।

सतीर्थ पुं० [सं०] सहपाठी।

सतुआ पुं०=सत्तू।

सतून पुं० [सं० स्थूण से फा० सुतून] खम्भा, स्तम्भ।

सतृष्ण वि० [सं०] तृष्णा से युक्त, तृष्णापूर्ण।

सतोखना* स० [सं० संतोषण] १. सन्तुष्ट या तृप्त करना, ढारस देना।

सतोगुण पुं० दे० 'सत्त्वगुण'।

सतोगुणी वि० [हिं० सतोगुण] जिसमें सत्त्व गुण पूर्ण रूप से हो, सत्त्वगुण से युक्त।

सत् पुं० [सं०] ब्रह्म।

वि० १. सत्य। २. सज्जन। ३. नित्य, स्थायी। ४. शुद्ध, पवित्र। ५. श्रेष्ठ।

सत्कर्ता वि० [सं०] सत्कार करनेवाला, सत्कारक।

सत्कर्म पुं० [सं० सत्कर्मन्] [कर्ता सत्कर्मी] अच्छा या शुभ काम।

सत्कार पुं० [सं०] आनेवाले व्यक्ति का आदर या सम्मान, खातिरदारी। २. धन आदि भेंट देकर किसी का किया जानेवाला आदर, सम्मान या सेवा।

सत्कारक वि० [सं०] सत्कार करनेवाला, सत्कर्ता।

सत्कारी वि० [सं० सत्कार] सत्कार-सम्बन्धी।

पुं० सत्कारक।

सत्कार्य वि० [सं०] सत्कार करने के योग्य।

पुं० उत्तम कार्य, अच्छा काम, सत्कर्म।

सत्कार्य-प्रिय वि० [सं०] [भाव० सत्कार्य-प्रियता] जो (दूसरों का) प्रेमपूर्वक सत्कार करता हो या करना चाहता हो।

सत्कीर्ति स्त्री० [सं०] अच्छी और उत्तम कीर्ति या यश।

सत्कुल पुं० [सं०] अच्छा या ऊँचा कुल या वंश।

सत्कृत वि० [सं०] जिसका सत्कार किया गया हो, आदृत।

सत्कृति पुं० [सं०] वह जो अच्छे काम करता हो, सत्कर्मी।

स्त्री० अच्छी कृति, उत्तम कार्य।

सत्त[१] पुं० [सं० सत्त्व] १. किसी मूर्त पदार्थ में से निकाला हुआ उसका सार भाग, जैसे मुलेठी का सत्त। २. जीवनी शक्ति। ३. जीव, प्राणी। ४. आदमी, मनुष्य, उदा० यद्यपि होय शुद्ध मति सत्तु। फिरै पिशाची ज्यौं उनमत्तु। -केशव।

सत्त[२] पुं० [सं० सत् या सत्य] स्त्री का सतीत्व, पातिव्रत्य।

पुं० दे० 'सत'।

सत्तम वि० [सं०] १. सबसे बढ़कर, सर्वश्रेष्ठ। २. परम पूज्य। ३. परम साधु।

सत्ता[१] स्त्री० [सं०] १. मूर्त रूप में होने अथवा वर्तमान रहने की अवस्था या भाव, 'अभाव' का विपर्याय, अस्तित्व, भाव, हस्ती; जैसे-नर और नारी पूरक सत्ताएँ हैं। (बीइंग) २. शक्ति, सामर्थ्य। ३. वह शक्ति जो अधिकार, बल या सामर्थ्य का उपभोग करके अपना काम करती हो, जैसे राजसत्ता। (पावर)

मुहा० *सत्ता चलाना या जताना*=यह प्रकट या सिद्ध करना कि हममें यह सत्ता या शक्ति है।

सत्ता[२] पुं० [सं० सात] ताश या गंजीफे का वह पत्ता जिस पर सात बूटियाँ होती हैं।

सत्ताधारी (-रिन्) पुं० [सं०] वह जिसके हाथ में सत्ता हो।

वि० जिसके हाथ में सत्ता हो; जैसे सत्ताधारी दल।

सत्तानाश पुं० दे० 'सत्यानाश'।

सत्तानाशी वि० दे० 'सत्यानाशी'।

सत्तापक्ष पुं० [सं०] वह पक्ष या दल जिसके हाथ में सत्ता हो।

सत्तापक्षीय वि० [सं०] सत्तापक्ष-सम्बन्धी।

सत्तारूढ़ वि० [सं०] जो सत्ता प्राप्त किए हो।

सत्तालोलुप वि० [सं० सत्ता+लोलुप] [भाव० सत्तालोलुपता] जो किसी न किसी प्रकार सत्ता प्राप्त कर लेना चाहता हो।

सत्ति* स्त्री० [सं० शक्ति] १. शक्ति। २. धन-वैभव।

सत्तू पुं० [सं० सक्तुक] भुने हुए जौ, चने आदि का चूर्ण।

पुं०*=सत्य।

सत्तासीन वि० [सं०] सत्तारूढ़।

सत्त्व पुं० [सं०] [वि० सात्विक] १. सत्ता, अस्तित्व। २. सार, तत्त्व। ३. चैतन्य। ४. जीवनी शक्ति, प्राण। ५. अच्छा काम।

सत्त्वगुण पुं० [सं०] प्रकृति का वह गुण जो अच्छे कर्मों की ओर प्रवृत्ति करता है।

सत्पथ पुं० [सं०] [भाव० सत्पात्रता] १. उत्तम मार्ग। २. सदाचार, अच्छा आचरण।

सत्परामर्श पुं० [सं०] ऐसा परामर्श जिससे किसी का हित हो।

सत्परिणाम पुं० [सं० सत्+परिणाम] शुभ परिणाम, सुखद अंत।

सत्पात्र पुं० [सं०] १. दान, विद्या आदि ग्रहण करने के योग्य श्रेष्ठ व्यक्ति या अधिकारी। २. श्रेष्ठ और सदाचारी व्यक्ति।

सत्पुरुष पुं० [सं०] दे० 'सज्जन'।

सत्प्रयास पुं० [सं० सत्+प्रयास] शुद्ध हृदय से या किसी महत्त्वपूर्ण उद्देश्य से किया जानेवाला प्रयत्न।

सत्प्रवृत्ति स्त्री० [सं०] शुभ या अच्छी प्रवृत्ति।

सत्यंकार पुं० [सं०] कोई बात निश्चित करने के समय पहले से दिया जानेवाला धन, अग्रिम, पेशगी, अगाऊ।

सत्य वि० [सं०] [भाव० सत्यता] १. जिसके बिल्कुल ठीक होने में कोई सन्देह न हो। २. जैसा हो या होना चाहिए, वैसा। ३. असल, वास्तविक।

पुं० १. यथार्थ तत्त्व, ठीक बात। २. न्यायसंगत और धर्म की बात। ३. ऊपर के सात लोकों में से सबसे ऊपरी लोक। ४. दे० 'सतयुग'।

सत्यकाम वि० [सं०] सदा उत्तम या रूढ़ बातों की कामना करनेवाला।

सत्यता स्त्री० [सं०] सत्य का भाव, सच्चापन, सच्चाई।

सत्यनारायण पुं० [सं०] विष्णु का एक नया नाम या रूप।

वि० सदा सत्य पर दृढ़ रहनेवाला, सत्यव्रत।

सत्यप्रतिज्ञ वि० [सं०] अपनी प्रतिज्ञा पर दृढ़ रहनेवाला, बात का धनी या पक्का।

सत्यमय वि० [सं०] [स्त्री० सत्यमयी] जो सत्य या वास्तविक हो।

सत्ययुग पुं० [सं०] पुराणों के अनुसार चार युगों में से पहला जो सबसे अच्छा माना गया है।

सत्ययुगीन वि० [सं०] सत्ययुग का।

सत्यलोक पुं० [सं०] सबसे ऊपर का लोक जिसमें ब्रह्म रहता है। (पुराण)

सत्यवर्ती* वि०=सत्यव्रती।

सत्यवादिता स्त्री० [सं०] सदा सच बोलने की वृत्ति।

सत्यवादी (-दिन्) वि०, पुं० [सं०] [स्त्री० सत्यवादिनी] सच बोलनेवाला।

सत्यव्रत पुं० [सं०] वह जिसने सदा सच बोलने और सद् आचरण करने का व्रत ले रखा हो, सदा सच बोलनेवाला।

सत्यव्रती (-तिन्) वि० [सं०] सत्य के पालन का जिसने व्रत ले रखा हो।

सत्यशील वि० [सं०] [भाव० सत्यशीलता] स्वभावतः सत्य बोलनेवाला, सत्यव्रती।

सत्यसंध वि० [सं०] [स्त्री० सत्यसंधा] अपने वचन का पालन करनेवाला।

सत्यांश पुं० [सं० सत्य+अंश] सत्य का अंश।

सत्या स्त्री० १. दे० 'सत्ता'। २. 'सत्यता'।

सत्याग्रह पुं० [सं० सत्य+आग्रह] १. अहिंसा के द्वारा सत्य की प्राप्ति का आग्रह। २. भारतीय राजनीति में गांधी जी द्वारा चलाया हुआ आंदोलन जो सभी ध्येयों की प्राप्ति के लिए अहिंसा को अपना शस्त्र मानता था।

सत्याग्रही (-हिन्) पुं० [सं०] वह जो सत्याग्रह करता हो।

सत्यानाश पुं० [सं० सत्ता+नाश] [वि० सत्यानाशी] सर्वनाश, ध्वंस, बरबादी, सम्पूर्ण विनाश।

सत्यानाशी[1] वि० [हिं० सत्यानाश] सत्यानाश या पूरी बरबादी करनेवाला।

सत्यानाशी[2] स्त्री० दे० 'भड़भाँड़'।

सत्यान्वेषी (-षिन्) वि० [सं०] सत्य का अन्वेषण करनेवाला।

सत्यापक वि० [सं०] सत्यापन करनेवाला, यह कहनेवाला कि यह बिल्कुल ठीक है, जैसे सत्यापक लेख या सत्यापक अधिकारी। (वेरिफाइंग)

सत्यापन पुं० [सं०] [वि० सत्यापित] १. कहकर सिद्ध करना कि यह ठीक है। (सर्टिफिकेशन) २. मिलान या जाँच करके यह देखना कि यह ठीक या ज्यों-का-त्यों है न। (वेरिफिकेशन) ३. लेख्य आदि पर उसके ठीक होने की बात लिखकर हस्ताक्षर करना। (एटेस्टेशन)

सत्यापित वि० [सं० सत्यापन] जिसका सत्यापन हुआ हो। (वेरिफाइड)

सत्र पुं० [सं०] [वि० सत्रिक] १. यज्ञ। २. घर, मकान। ३. वह स्थान जहाँ गरीबों को भोजन बाँटा जाता है, क्षेत्र, सदावर्त। ४. वह नियत काल जिसमें कोई कार्य एक बार आरम्भ होकर कुछ समय तक बराबर होता रहता है; जैसे-संसद का ग्रीष्मकालीन सत्र। (सेशन) ५. उतना नियत समय जिसमें गोष्ठी आदि में किसी विषय की चर्चा या पाठ हो। ६. वह नियत काल जिसमें कोई कार्यकर्ता या प्रतिनिधि अपना काम करता है। (टर्म)

सत्र-न्यायालय पुं० [सं०] किसी जिले के जज का वह न्यायालय जिसमें कुछ विशिष्ट गुरुतर अपराधों का विचार होता है और जिसमें किसी व्यवहार या मुकदमे का विचार आरम्भ होने पर तब तक चलता रहता है, जब तक उसका निर्णय नहीं हो जाता। (सेशन्स कोर्ट)

सत्राई* स्त्री० [सं० शत्रुता] शत्रुता, दुश्मनी, उदा० कोउ कहै सत्रु होई दुखदाई। सो तौ मैं न कीन्ह सत्राई।—सूर।

सत्रावसान पुं० [सं०] [वि० सत्रावसानित] संसद, विधान सभा आदि के किसी अधिवेशन का अधिकारिक रूप से कुछ समय के लिए बन्द किया जाना अथवा अगले अधिवेशन तक के लिए स्थगित किया जाना। (प्रोरोग)

सत्रिक वि० [सं०] १. सत्र-सम्बन्धी, सत्र का। २. किसी सत्र में या नियत काल पर होता रहनेवाला। (पीरियॉडिक) ३. किसी सत्र या नियत काल तक बराबर होता रहनेवाला। (टरमिनल)

सत्रुहन* पुं० दे० 'शत्रुघ्न'।

सत्वस्य वि० [सं०] परम सत्य के दर्शन होने पर जो आनंदमग्न हो। (योगियों का एक भेद)

सत्वर क्रि० वि० [सं०] शीघ्र, जल्द।

सत्संग पुं० [सं०] [वि० सत्संगी] १. अच्छा या शुभ संग। २. साधुओं या सज्जनों का संग-साथ, भली संगत। ३. वह समाज जिसमें भजन-कीर्तन या आध्यात्म-सम्बन्धी चर्चा होती हो।

सत्संगति स्त्री०=सत्संग।

सत्संगी वि० [हिं० सत्संग] १. सत्संग में रहने या सत्संग करनेवाला। २. धार्मिक या आध्यात्मिक समाज में बराबर जानेवाला और धर्मशील।

सत्साहित्य पुं० [सं०] उत्तम साहित्य, उच्चकोटि का साहित्य।

सथर* स्त्री० [सं० स्थल] भूमि।

सथिया पुं० [सं० वास्तविक] १. स्वस्तिक चिह्न। २. भारतीय ढंग से फोड़ों की चीर-फाड़ करनेवाला, अस्त्र-चिकित्सक। ३. जुलाहों के काम की बाँस या सरकंडे की पतली छड़ी, सर।

सद[1]* वि० [सं० सद्य] ताजा, हाल का।

सद[2]* वि० [सं० सद्] बढ़िया, अच्छा।

सदई* क्रि०वि०=सदैव या सदा, सर्वदा।

सदका पुं० [अ० सद्क:] १. खैरात, दान। २. निछावर, उतारा।

पद *सदके जाना*=(अपने को) निछावर करना।

सदगति वि० [सं०] सदा चलता रहनेवाला।

पुं० १. वायु, हवा। २. सूर्य।

स्त्री० मुक्ति।

सदचारी* पुं०=सदाचारी।
वि० ठीक और सत्य, उदा० एतो ही नहिं इष्ट होई सम्मति सदचारी।-रत्ना०।

सदन पुं० [सं०] [वि० सदनिक] १. घर, मकान। २. वह स्थान जिसमें किसी विषय पर विचार करने या नियम, विधान आदि बनानेवाली सभा का अधिवेशन होता है। ३. उक्त कार्यों के लिए होनेवाली सभा या उपस्थित होनेवाले लोगों का समूह। ४. वह स्थान या भवन जिसमें बहुत से लोग, दर्शक या प्रेक्षक के रूप में उपस्थित हों। ५. उक्त प्रकार के स्थानों में उपस्थित होनेवाले लोगों का समूह। (हाउस, उक्त सभी अर्थों के लिए)
पुं० एक प्रसिद्ध हरिभक्त कसाई का नाम।

सदमा पुं० [सं० सद्मः] किसी दुखद घटना का आघात या चोट।

सदय वि० [सं०] [भाव० सदयता] जिसके मन में दया हो, दयालु।

सदर वि० [अ० सद्र] [भाव० सदारत] प्रधान, मुख्य।
पुं० १. वह स्थान जहाँ कोई बड़ा अधिकारी रहता हो या किसी विभाग का प्रधान कार्यालय हो, केन्द्रस्थल। २. सभापति।

सदरआला पुं० [अ० सद्र+आला=बड़ा] दीवानी अदालत का एक प्रकार का वैचारिक अधिकारी जो जज से छोटा होता है।

सदराला पुं० दे० 'सदरआला'।

सदरी स्त्री० [अ० सद्री] बिना आस्तीन की एक प्रकार की कुरती।

सदर्थना* स० [सं० समर्थ] समर्थन या पुष्टि करना।

सदसद्विवेक पुं० [सं०] सद् और असद् या अच्छे और बुरे की पहचान या विवेक।

सदसि* स्त्री० [सं० सदस्य] सदस्यों या सभ्यों के बैठने का स्थान, उदा० विपुल भूपति-सदसि मँह नर-नारि कह्यौ प्रभु पाहिं।—तुलसी।

सदस्य पुं० [सं०] [भाव० सदस्यता] सभा या समाज में सम्मिलित व्यक्ति; सभासद। (मेम्बर)

सदस्यता स्त्री० [सं०] सदस्य होने की अवस्था, भाव या पद। (मेम्बरशिप)

सदा[1] क्रि० वि० [सं०] हर समय, नित्य, हमेशा।

सदा[2] स्त्री० [अ०] १. शब्द, आवाज। २. पुकार। ३. संगीत में कोई सुन्दर स्वर लहरी।

सदा[3]* वि० [सं० सद्य] [स्त्री० सदी] ताजा।

सदागति पुं० [सं०] वायु, समीर।

सदाचरण, सदाचार पुं० [सं०] १. उत्तम आचरण, अच्छा चाल-चलन। २. ईमानदारी।

सदाचारिता स्त्री० दे० 'सदाचारण'।

सदाचारी (-रिन्) पुं० [सं०] [स्त्री० सदाचारिणी] नैतिक दृष्टि से अच्छे आचरणवाला मनुष्य।

सदान वि० [फा० 'नादान' से विपर्याय] समझदार, विवेकी।

सदापर्णी वि० [सं०] सदा हरा रहनेवाला, सदाबहार।

सदाफल वि० [सं०] वृक्ष जो बारहों महीने फल देता हो।
पुं० १. एक प्रकार का नीबू। २. गूलर। ३. नारियल। ४. बेल (वृक्ष और उसका फल)।

सदाबहार वि० [हिं० सदा+फा० बहार] १. सदा हरा रहनेवाला (वृक्ष)। २. सदा एकरूप विशेषत: युवा या प्रसन्न रहने या दिखनेवाला (व्यक्ति)।

सदारत स्त्री० [अ०] सभापतित्व।

सदावर्त पुं० [सं० सदाव्रत] वह स्थान जहाँ गरीबों को नित्य भोजन मिलता हो, अन्नसत्र।

सदाशय वि० [सं०] [भाव० सदाशयता] अच्छी नीयतवाला, सज्जन, भला मानस।

सदाशिव पुं० [सं०] शिव, महादेव।
वि० सर्वदा कल्याण करनेवाला।

सदासद वि० [सं० सत्+असत्]=सतासत।

सदा-सुहागिन वि० स्त्री० जिसका सुहाग सदा बना रहे। (आशीर्वाद सूचक) स्त्री० वेश्या। (परिहास)

सदिच्छा स्त्री० [सं०] दूसरे की भलाई की इच्छा।

सदी स्त्री० [फा०] सौ वर्ष, शत। दे० 'शती'।

सदुपदेश पुं० [सं०] १. उत्तम उपदेश, अच्छी शिक्षा। २. अच्छी सलाह।

सदुपयोग पुं० [सं० सद्+उपयोग] सद् या अच्छा उपयोग, अच्छी तरह या अच्छे काम में लगना।

सदूर* पुं० [सं० शार्दूल] सिंह, शेर, उदा० बेगि आइ पिउ बारहु गाजहु होइ सदूर।—जायसी।

सदृश वि० [सं०] [भाव० सादृश्य] समान, तुल्य।

सदृश, के संबंधबोधक के समान।

सदेह क्रि० वि० [सं०] १. इसी शरीर से, सशरीर। २. मूर्तिमान, प्रत्यक्ष।

सदैव क्रि० वि० [सं०] सदा, हमेशा।

सद्‌गति स्त्री० [सं०] मरने के बाद होनेवाली मुक्ति, मोक्ष।

सद्‌गुण पुं० [सं०] [वि० सद्‌गुणी] अच्छा गुण।

सद्द[1]* पुं० [सं० शब्द] शब्द, ध्वनि।

सद्द[2] क्रि० वि० [सं० सद्य] तुरन्त, तत्काल।
वि० तुरन्त का बना, ताजा।

सद्दर्शन पुं० [सं०] सद् या उत्तम और उच्च कोटि का दर्शन शास्त्र।

सद्धना* स० [सं० साधन] १. साधन जुटाना। २. साधना करना।

सद्धर्म पुं० [सं०] [वि० सद्धर्मी] १. अच्छा या उत्तम धर्म। २. बौद्ध धर्म।

सद्‌भाव पुं० [सं०] १. प्रेम और हित का भाव। २. कोई काम करने में सच्चा या अच्छा भाव या नीयत। ३. मेल-जोल, मैत्री।

सद्‌भावना स्त्री० [सं०] १. अच्छी और शुभ भावना। २. किसी के हित, मंगल या सद्‌भाव की भावना या कामना या उसे प्रकट करने की स्थिति। ३. कार-बार या व्यापारिक संस्था बेचने के प्रसंग में एक तत्त्व जिसके अन्तर्गत उस कार-बार का नाम और उसके साथ रहनेवाला ग्राहकों आदि का सम्बन्ध भी रहता है और जो प्रायः कार-बार के साथ ही बेचा जाता है। (गुडविल)

सद्‌भावित वि० [सं० सद्मन्] सद्‌भावना से युक्त, सद्‌भाव से पूरित।

सद्म पुं० [सं० सद्मन्] [स्त्री० अल्पा० सद्मिनी] १. घर, मकान। २. युद्ध।

सद्मिनी स्त्री० [सं०] १. छोटा सुन्दर, घर। २. कोठरी। ३. खान।

सद्य, सद्यः क्रि० वि० [सं०] १. आज के दिन, आज ही। २. इसी समय, अभी, उदा० कीरति कुमारी के दरस-रस सद्य बही की छलकनि चाहि पलकनि तुलकाए लेत। —रत्ना०। ३. तुरन्त, तत्काल, उसी समय।

सद्रूप वि० [सं०] [भाव० सद्रूपता] १. अच्छे स्वरूपवाला, सुन्दर। २. अच्छे गुणों या आचरणवाला, सज्जन, उदा० साधु-शील सद्रुप पुरुष को, अपसज बहु उच्चरतौ। —सूर।

सद्‌वाक्य पुं० [सं०] उत्तम वाक्य।

सद्‌वृत्त वि० [सं०] [भाव० सद्‌वृत्ति] अच्छी वृत्ति या आचरणवाला, सदाचारी।

सद्‌व्रत वि० [सं०] सद्‌व्रती।

सद्‌व्रती (-तिन्) वि० [सं०] [स्त्री० सद्‌व्रता] १. जिसने अच्छा व्रत धारण किया हो। २. सदाचारी, नेक-चलन।

सधना अ० [हिं० साधना] १. कार्य सिद्ध होना, काम पूरा होना। २. काम चलना या निकलना, मतलब निकलना। ३. अभ्यस्त होना, मँजना। ४. प्रयोजन-सिद्धि के अनुकूल होना। ५. हो सकना। ६. निशाना ठीक होना।

सधर पुं० [सं०] ऊपर का होठ।

सधर्मक वि० [सं०] [भाव० सधर्मकता] समान धर्म या गुणवाला।

सधर्मी (-र्मिन्) वि० [सं०] [भाव० साधर्म्य] १. किसी के समान धर्म रखनेवाला 'विधर्मी' का विपर्याय। २. किसी के समान धर्म, गुणों आदि से युक्त।

सधवा स्त्री० [हिं० विधवा का अनु०] वह स्त्री जिसका पति जीवित हो, सुहागिन।

सधाना स० [हिं० साधना] १. साधने का काम दूसरे से कराना। २. पूरा, सम्पन्न या सिद्ध करना, निपटाना, जैसे परोसा हुआ भोजन सधाना=खाकर समाप्त करना। ३. पशु-पक्षियों आदि को पालकर कोई काम करने के योग्य बनाना, जैसे मदारी बन्दर या भालू को सधाता है।

सधुक्कड़ी वि० [हिं० साधु+उक्कड़(प्रत्य०)] साधुओं का-सा, साधुओं की तरह का, जैसे सधुक्कड़ी भाषा या कविता। स्त्री० 'साधु' होने का भाव, साधुता।

सधूम* क्रि० वि० [सं० स+धूम] धुँए सहित।

सन् पुं० [अ०] १. वर्ष। २. दे० 'संवत्'।

सन[1] पुं० [सं० शण] सनई के रेशे जिनसे रस्सियाँ और टाट बनते हैं।

सन[2] स्त्री० [अनु० सनसन] वेग से चलने या निकलने का शब्द।

सन[3] प्रत्य० [सं० संग] के साथ।

सन[4] विभ० [प्रा० संतो] 'से' विभक्ति, का पुराना रूप, उदा० प्रात कहा मुनि सन रघुराई।-तुलसी। (अवधी) वि० दे० 'सन्न'।

सनअत स्त्री० [अ० सन्अत] [वि० सनअती] कारीगरी, शिल्प, कौशल।

सनई स्त्री० [हिं० सन (वनस्पति)] जूट की जाति का एक प्रकार का छोटा पौधा।

सनक स्त्री० [सं० शंक=खटका] पागलों की-सी धुन, प्रवृत्ति या आचरण, झक।

मुहा० *सनक चढ़ना या सवार होना*=पागलपन की सीमा तक पहुँचती हुई धुन चढ़ना।

सनकना अ० [हिं० सनक] १. पागल होना। २. पागलों की-सी बातें या आचरण करना।

सनकाना* अ०=सनकना।

सनकार* पुं० [हिं० सनकारना] इशारा, संकेत।

सनकारना* अ० [हिं० सैन करना] संकेत या इशारा करना, उदा० सनकारे सेवक सकल चले स्वामी रुख पाई। —तुलसी।

सनकियाना| अ०=सनकारना।

सनत्कुमार पुं० [सं०] ब्रह्मा के चार मानस पुत्रों में से एक।

सनद स्त्री० [अ०] [वि० सनदी] १. प्रमाण, सबूत। २. प्रमाणपत्र।

सनना अ० [सं० सन्न=डूबा हुआ] १. गीला होकर किसी में मिलना। २. किसी के अन्दर घुसकर उसमें मिलना। ३. लीन होना। ४. लिप्त होना।

सनबंध* पुं०=सम्बन्ध।

सनम पुं० [अ०] प्रिय या प्रिया।

सनमानना* स० [सं० सम्मान] सम्मान या सत्कार करना।

सनमुख* क्रि० वि०= सम्मुख (सामने)।

सनसन स्त्री० [अनु०] हवा के चलने का शब्द।

सनसनाना अ० [अनु० सनसन] (हवा का) सनसन शब्द करते हुए चलना या बहना।

सनसनाहट स्त्री० [अनु०] सनसन शब्द होने की क्रिया या भाव।

सनसनी स्त्री० [फा०] १. शरीर के संवेदन-सूत्रों का एक प्रकार का स्पन्दन जिसमें कोई अंग जड़ होकर सनसन करता हुआ जान पड़ता है, झुनझुनी। २. किसी विकट, घटना के कारण लोगों में फैलनेवाली आश्चर्यपूर्ण स्तब्धता या उत्तेजना, उद्वेग, घबराहट। (सेन्सेशन)

सनसनीखेज वि० [फा० सनसनीख़ेज़] सनसनी उत्पन्न करने-वाला।

सनहक, सनहकी स्त्री० [अ०] मिट्टी का एक प्रकार का बरतन। (मुसल०)

सना* प्रत्य० [सं० संग] अवधि भाषा में 'करण कारक' का चिह्न, साथ, से।

सनाका पुं० [अनु० सनसन] सन्नाटा।

मुहा० *सनाका खींचना*=सन्नाटा छा जाना।

सनाढ्य पुं० [सं०] ब्राह्मणों का एक भेद जो गौड़ों के अन्तर्गत है।

सनातन पुं० [सं०] [भाव० सनातनता] १. अत्यन्त प्राचीन काल। २. बहुत दिनों से चला आया हुआ व्यवहार, क्रम या परम्परा।

वि० बहुत दिनों से चला आया हुआ।

सनातन धर्म पुं० [सं०] १. पुराना या परम्परागत धर्म। २. आज-कल का हिन्दू धर्म, जिसमें पुराण, तन्त्र, मूर्तिपूजन आदि विहित और माननीय हैं।

सनातनी पुं० [सं० सनातन+हिं० ई (प्रत्य०)] सनातन धर्म का अनुयायी।

वि० १. सनातन धर्म-सम्बन्धी। २. अत्यन्त प्राचीन, सनातन।

सनाह पुं० [सं० सन्नाह] कवच, बकतर।

सनि* पुं०=शनि।

सनित* वि० [हिं० सनना] सना या एक में मिला हुआ, मिश्रित, उदा० सद्ग्रंथों से सनित मुख की बास सम्बन्ध से आ। —हरिऔध।

सनिपात* पुं०=सन्निपात।

सनीचर| पुं=दे० 'शनैश्चर'।

सनेस, सनेसा* पुं०=संदेश।

*पुं०=स्नेह।

सनेह* पुं०=स्नेह।

सनेही* वि० [सं० स्नेही] स्नेह या प्रेम रखनेवाला, प्रेमी।

सनौ* वि० [सं० संग] मिला हुआ, युक्त।

सनौढ़िया पुं०=सनाढ्य (ब्राह्मण)।

सन्न वि० [सं० शून्य या अनु०] १. संज्ञाशून्य, निश्चेष्ट, जड़। २. स्तब्ध, भौचक। ३. डर से चुप।

सन्नद्ध वि० [सं०] १. तैयार, उद्यत। २. काम में पूरी तरह लगा हुआ, उदा० दैव सनद्ध (सन्नद्ध) कटिबद्ध कौन थिरता फिर थापै। —रत्ना०।

सन्नद्धता स्त्री० [सं०] सन्नद्ध होने की अवस्था या भाव, पूरी तैयारी।

सन्नयन पुं० [सं०] ले जाना।

सन्नहित वि० [सं०] जुड़ा या समाया हुआ, निहित।

सन्नाटा पुं० [हिं० सन से अनु०] १. वह अवस्था जिसमें कहीं कुछ भी शब्द न होता हो, नीरवता, निस्तब्धता। २. निर्जनता, एकान्तता। ३. भौचक्कापन।

मुहा० *सन्नाटे में आना*=स्तब्ध या हक्का-बक्का हो जाना।

४. पूरा मौन, चुप्पी।

मुहा० *सन्नाटा खींचना या मारना*=बिल्कुल चुप हो जाना। *सन्नाटा छाना*=सब लोगों का बिल्कुल स्तब्ध हो जाना।

५. चहल-पहल आदि का अभाव।

पुं० जोर से हवा चलने का शब्द।

वि०१. निर्जन, एकान्त। २. नीरव, निश्शब्द।

सन्नाह पुं० [सं०] कवच, बकतर।

सन्निकट क्रि० वि० [सं०] समीप या पास ही।

सन्निकट, के सम्बन्धबो० के पास, के निकट।

सन्निकर्ष पुं० [सं०] [वि० सन्निकृष्ट] १. सम्बन्ध, लगाव। २. निकटता।

सन्निधाता पुं० [सं० सन्निधातृ] प्राचीन भारतीय राजनीति में वह व्यक्ति जो राजकोष का प्रधान अधिकारी होता था।

सन्निधान पुं० [सं०] १. स्थापित करने, रखने, बैठाने आदि की क्रिया या भाव। २. समीपता, निकटता।

सन्निधि स्त्री० [सं०] १. आपस में आमने-सामने होने की स्थिति, मुकाबला। २. समीपता, निकटता।

सन्निपात पुं० [सं०] एक रोग जिसमें कफ, वात और पित्त तीनों बिगड़ जाते हैं और सरदी लगने के कारण फेफड़ों में सूजन हो जाती है, त्रिदोष, सरसाम। (न्युमोनिया)

सन्निपाती वि० [सं० सन्निपात] १. सन्निपात के रूप में होनेवाला। २. आक्रामक, आघातक।

सन्निविष्ट वि० [सं०] किसी के अन्तर्गत आया या मिलाया हुआ।

सन्निवेश पुं० [सं०] १. साथ बैठना या स्थित होना। २. सजा या जमाकर रखना। ३. अटना, समाना। ४. एकत्र होना, इकट्ठा होना, जुटना।

सन्निवेशन पुं० [सं०] [वि० सन्निविष्ट] १. किसी को किसी दूसरी वस्तु या बात के अन्तर्गत लाना, सन्निविष्ट करना, मिलाना। २. सजा, जमा या लगाकर रखना।

सन्निहित वि० [सं०] १. साथ या पास रखा हुआ। २. पास का।

सन्मान पुं० दे० 'सम्मान'।

सन्मानना स० [सं० सम्मान] सम्मान करना।

सन्मार्ग पुं० [सं० सत्+मार्ग] [वि० सन्मार्गीय] उत्तम मार्ग, सत्पथ।

सन्मार्गगामी (-मिन्) वि०, पुं० [सं०] सन्मार्ग पर चलनेवाला।

सन्यपात* पुं० दे० 'सन्निपात'।

सन्यास पुं० दे० 'संन्यास'।

सपंक, सपंका वि० [सं० स+पंक=कीचड़] १. कीचड़ से भरा हुआ। २. जिसे पार करना बहुत कठिन हो, बीहड़, विकट।

सपच* पुं० दे० 'श्वपच'।

सपचना* अ० दे० 'सपुचना'।

सपत्नी स्त्री० [सं०] पत्नी की दृष्टि से उसके पति की दूसरी स्त्री, सौत, सौतिन।

सपत्नीक क्रि० वि० [सं०] पत्नी के सहित, पत्नी को लेकर।

सपदि* क्रि० वि० [हिं० स+पद=पैर] जल्दी जल्दी (मुख्यत: चलते हुए); उदा० उठ्यौ दमोदर सपदि सम्हारि। —केशव।

सपना पुं० [सं० स्वप्न] १. नींद में दिखाई देनेवाला दृश्य या घटना, स्वप्न।

मुहा० *(कोई चीज) सपना हो जाना*=इतना दुर्लभ या अप्राप्य हो जाना कि स्वप्न में भी दिखाई न दे।

२. साध, कामना। ३. झूठी आशा। ४. अवास्तविक पदार्थ या तथ्य।

सपनाना* स० [सं० स्वप्न] स्वप्न दिखलाना।

अ० स्वप्न देखना।

सपनी* स्त्री० [सं० स्वप्न] स्वप्न देखने की अवस्था।

सपरदाई पुं० [सं० संप्रदायी] वेश्या के साथ तबला या सारंगी बजानेवाला व्यक्ति, समाजी।

सपरना अ० [सं० संपादन] १. काम का पूरा होना, निपटना। २. काम का हो सकना। ३. *स्नान करना।

सपराना स० हिं० 'सपरना' का स०।

सपरिषद क्रि० वि० [सं०] अपनी परिषद के सदस्यों या मन्त्रियों आदि के साथ, जैसे-राज्यपाल सपरिषद आए।

सपसप स्त्री० [अनु०] सुस्वादु पदार्थ के खाने से होनेवाला जीभ का शब्द।

सपा स्त्री० समाजवादी पार्टी का संक्षिप्त रूप।

सपाट वि० [सं० स+पट्ट] १. जिसकी सतह पर कोई उभरी हुई वस्तु न हो, समतल। २. जो क्षितिज की ओर एक ही सीध में दूर तक चला गया हो (विशेषत: भूमि या मैदान)। (हारिजेन्टल)

सपाटा पुं० [सं० सर्पण] १. चलने या दौड़ने का वेग। २. तीव्र गति, दौड़।

सपाटू पुं० [देश०] महोगनी नामक वृक्ष का खाया जानेवाला फल।

सपाद वि० [सं०] जिसमें पूरे एक के साथ चौथाई और मिला हो, सवाया।

सपिंड पुं० [सं०] एक ही कुल के वे लोग जो एक ही पितरों को पिंड देते हों।

सपिंडी स्त्री० [सं० सपिंड] मृतक के श्राद्ध में वह क्रिया जिसके अनुसार वह दूसरे मृत पूर्वजों के साथ मिलाया जाता है।

सपुचना* अ० [सं० संपूर्ण] १. पूर्णता तक पहुँचना, पूरा होना, उदा० नादे बिंदे रुधिर के संगे, घट ही घट सपुचे।—कबीर। २. बढ़ना। ३. (आग) सुलगना।

सपुर्द वि० [फा० सिपुर्द] [भाव० सिपुर्दगी] १. किसी के जिम्मे किया हुआ, किसी को सौंपा हुआ, जैसे लड़का या मकान किसी को सुपुर्द करना। २. उचित कार्य, विचार आदि के लिए किसी अधिकारी के हाथ सौंपा हुआ, जैसे चोर को पुलिस के सपुर्द करना, अभियुक्त को दौरा सपुर्द करना। (कमिटेड)

सपुर्दगी स्त्री० [फा०] किसी के सपुर्द किए जाने, होने या रहने का भाव।

सपूत पुं० [सं० सत्पुत्र] अच्छा और योग्य पुत्र।

सपेट* स्त्री०=झपट।

सप्त वि० [सं०] छह और एक, सात।

सप्तक पुं० [सं०] १. एक ही तरह की सात वस्तुओं, कृतियों आदि का समूह, जैसे सतसई सप्तक। २. संगीत में सातों स्वरों का समूह, 'षडज' से 'निषाद' तक के सातों स्वर। (साधारणत: गाने-बजाने के लिए तीन सप्तक माने गए हैं—मन्द्र, मध्य और तार)

सप्तद्वीप पुं० [सं०] पुराणानुसार ये सात द्वीप—जम्बू, शाक, कुश, शाल्मलि, पक्ष, क्रौच और पुष्कर।

सप्तपदी स्त्री० [सं०] विवाह के समय वर और वधू का अग्नि की सात परिक्रमाएँ करना, भाँवर, भँवरी।

सप्तभुज पुं० [सं०] सात भुजाओंवाला क्षेत्र। (हेप्टैगन)

सप्तम वि० [सं०] [स्त्री० सप्तमी] सातवाँ।

सप्तमी स्त्री० [सं०] १. चान्द्र मास के किसी पक्ष की सातवीं तिथि। २. अधिकरण कारक की विभक्ति। (व्याकरण)

सप्तर्षि पुं० [सं०] १. इन सात ऋषियों का समूह या मंडल- (क) गौतम, भरद्वाज, विश्वामित्र, जमदग्नि, वशिष्ठ, कश्यप और अत्रि अथवा (ख) मरीचि, अत्रि, अंगिरा, पुलह, क्रतु, पुलस्त्य और वशिष्ठ। २. वे सात तारे जो साथ रहकर ध्रुव की परिक्रमा करते हुए दिखलाई पड़ते हैं।

सप्तलोक पुं० [सं०] पुराणानुसार ये सात लोक—भूलोक, भुवर्लोक स्वलोक, महर्लोक, जनलोक, तपोलोक और सत्यलोक।

सप्तशती स्त्री० [सं०] सात सौ (छन्दों आदि) का समूह, सतसई।

सप्तसिंधु पुं० [सं०] पुराणानुसार ये सात समुद्र—लवण, इक्षु, दधि, दुग्ध, मधु, मदिरा और घृत।

सप्ताह पुं० [सं०] [वि० साप्ताहिक] १. सात दिनों का काल, हफ्ता। २. सिलसिलेवार सात दिनों का समय। ३. सोमवार से रविवार तक के सात दिन। ४. भागवत, रामायण आदि की पूरी कथा सात दिन में पढ़ना या सुनना।

सप्ताहांत पुं० [सं०] सप्ताह का अन्तिम भाग, शनिवार का आधा और रविवार का पूरा दिन।

सप्रतिबंध वि०, क्रि० वि० [सं०] सशर्त।

सप्राण वि० [सं०] [भाव० सप्राणता] प्राणों से युक्त, जीवन्त।

सफ[1] स्त्री० [अ०] पंक्ति, कतार।

सफ[2] स्त्री० [फा० सैफ़] तलवार।

सफजंग स्त्री० [फा० सैफ़=तलवार+जंग=युद्ध] योद्धाओं में तलवारों से होनेवाली लड़ाई।

सफर[1] पुं० [अ० सफ़र] यात्रा।

सफर[2] स्त्री० [सं० शफरी] बड़ी मछली।

सफरखर्च पुं० [अ० सफ़र+फा० ख़र्च] मार्गव्यय।

सफरमैना स्त्री० [अं० सैपर+माइनर] सेना के वे सिपाही जो खाई खोदने, जंगल काटने या रास्ता साफ करने के लिए उसके आगे-आगे चलते हैं।

सफरी[1] वि० [अ० सफ़र] सफर में काम आनेवाला (छोटा और हलका)।

सफरी[2] स्त्री० [सं० शफरी] सौरी मछली।

सफरी[3] स्त्री० [देश०] धातु का एक प्रकार का पीला वरक या पन्नी।

सफल वि० [सं०] [स्त्री० सफला, भाव० सफलता] १. जिसमें फल लगा हो। २. जिसका कुछ फल या परिणाम हो, सार्थक। ३. जिसने प्रयत्न करके कार्य या उद्देश्य सिद्ध कर लिया हो, कृतकार्य, सार्थक, सिद्ध, कामयाब। (सक्सेसफुल)

सफलता स्त्री० [सं०] 'सफल' होने का भाव, कार्य की सिद्धि, कामयाबी। (सक्सेस)

सफलित वि०=सफल।

सफलीभूत वि० [सं०] जिसने सफलता प्राप्त कर ली हो, जो सफल या कृतार्थ हो चुका हो।

सफा पुं० [अ० सफ़आ] पुस्तक का पृष्ठ।
वि० दे० 'साफ'।

सफाई स्त्री० [अ०] १. 'साफ' करने की क्रिया या भाव। २. लड़ाई-झगड़े आदि का निपटारा, दुर्भाव न रह जाना। ३. अभियुक्त द्वारा अपनी निर्दोषिता प्रमाणित करने के लिए दिया हुआ प्रमाण या तर्क।
पद *सफाई से*=युक्ति या चालाकी। *हाथ की सफाई*=ऐसी युक्ति या कौशल जिसका आभास तक दूसरों को न हो।

सफाई कर्मचारी पुं० सफाई का काम करनेवाला कर्मचारी।

सफाईपसंद वि० [फा०] जिसे सफाई पसन्द हो।

सफाचट वि० [हिं० साफ] बिल्कुल साफ या चिकना।

सफाया पुं० [अ० साफ़] १. कुछ भी बाकी न रह जाना, पूरी सफाई। २. पूर्ण विनाश।

सफीना पुं० [अ० सफ़ीनः] अदालत या पुलिस की ओर से हाजिर होने का बुलावा।

सफीर पुं० [अ० सफ़ीर] राजदूत।

सफेद वि० [फा० सुफ़ैद] उजला, श्वेत, उज्ज्वल।

सफेद दाग पुं० [हिं० सफेद+अ० दाग] १. श्वेतकुष्ठ नामक रोग में शरीर पर होनेवाला सफेद धब्बा। २. श्वेतकुष्ट।

सफेदपोश पुं० [फा० सुफ़ैदपोश] [भाव० सफेदपोशी] १. साफ कपड़े पहननेवाला व्यक्ति। २. साधारण गृहस्थ, पर भला आदमी।

सफेदा पुं० [फा० सुफ़ैदः] १. जस्ते का चूर्ण जो दवा के काम में आता है। २. एक प्रकार का बढ़िया आम। ३. एक प्रकार का बहुत बड़ा वृक्ष जिसकी कलियों और फलों से निकलनेवाला सुगन्धित तेल दवा के काम में आता है, गन्धसफेदा। (यूकलिप्टस)

सफेदी स्त्री० [फा० सुफ़ैदी] १. सफेद होने का भाव, श्वेतता, उजलापन।
मुहा० *सफेदी आना*=बाल सफेद होना, बुढ़ापा आना।
२. दीवारों आदि पर चूने की सफेद रंग की पोताई, कली।

सब वि० [सं० सर्व] १. जितने हों, वे कुल, समस्त। २. पूरा, सारा।
सर्व० सब व्यक्ति, वस्तुएँ आदि।
पद *सब का सब*=कुल; जैसे-वह सब का सब खा गया। *सब मिलाकर*=जितने (प्रस्तुत) हैं वे सब; जैसे-सब मिलाकर वहाँ पाँच लोग थे।

सबक पुं० [फा०] १. पाठ। २. शिक्षा।
मुहा० *सबक मिलना*=दंड मिलना। *सबक सिखाना*=सीख देना।

सब-कुछ पुं० हर एक वस्तु, सभी वस्तुएँ; जैसे घर में सब-कुछ है।

सब कोई सर्व० १. सभी व्यक्ति। २. हर व्यक्ति।

सबज वि० दे० 'सब्ज'।

सबद पुं० [सं० शब्द] १. दे० 'शब्द'। २. किसी साधु-महात्मा के वचन। ३. धर्म, नीति आदि की उपदेशपूर्ण बात।

सबदरसी* वि०=सर्वदर्शी।

सबब पुं० [अ०] कारण, वजह।

सबबिधि* क्रि० वि० [हिं० सब+सं० विधि] सब प्रकार से।

सबय* पुं० [सं० स+वय=अवस्था] १. समान अवस्था या उमरवाला, समवयस्क। २. सखा, साथी।

सबर पुं० [अ० सब्र] सन्तोष, धैर्य।
मुहा० *किसी का सबर पड़ना*=किसी के चुपचाप सहन किए हुए मानसिक कष्ट का प्रकारान्तर से प्रतिफल मिलना।

सबरा वि० [स्त्री० सबरी]=सब (समस्त)।

सबरी स्त्री० [सं० शर्वला=कुदाली] मिट्टी या दीवार खोदने का एक औजार साबर।
*स्त्री० दे० 'शबरी'।

सबल[1] वि० [सं०] [भाव० सबलता] १. बलवान, ताकतवर। २. जिसके साथ सेना हो।

सबल[2] वि० [सं० शबल] रंग-बिरंगा, चित्र-विचित्र।

सबलायक* वि० [हिं० सब+अ० लाइक] सब तरह से योग्य, समर्थ।

सबाध वि० [सं० स+बाध] बाधा-सहित; जैसे-व्यंजन सबाध उच्चरित ध्वनि को कहते हैं।

सबार* क्रि० वि० [हिं० सबेरा] १. शीघ्र, जल्दी। २. सबेरे, उदा० पूसमास सुनि सखिनु पैं, साईं चलत सवारु। —बिहारी। ३. उचित या उपयुक्त समय से पहले।

सबी* स्त्री० [अ० शबीह] चित्र, तसबीर, उदा० लिखन बौठि जाकी सबी, गहि गहि गरब गरूर। -बिहारी।

सबील स्त्री० [अ०] १. युक्ति, उपाय, तरकीब। २. व्यवस्था, प्रबन्ध। ३. पौसरा, प्याऊ।

सबुनाना स० [हिं० साबुन] किसी चीज में विशेषतः कपड़ों आदि में साबुन लगाना।

सबुनी स्त्री० [हिं० साबुन] किसी चीज में विशेषतः कपड़ों आदि में साबुन लगाने की क्रिया या भाव।

सबू पुं० [फा०] घड़ा।

सबूचा वि० [फा० सबूचः] छोटा घड़ा।

सबूत[1] पुं० [अ०] प्रमाण।

सबूत[2] वि० [अ० साबित] जो टूटा न हो, पूरा, सम्पूर्ण।

सबून पुं० दे० 'साबुन'।

सबेरा पुं०=सवेरा।

सबै* वि०=सभी।

सब्ज वि० [फा० सब्ज़] १. हरा (रंग)। २. कच्चा और ताजा (फल, फूल आदि)। ३. सुन्दर और लहलहाता हुआ।

मुहा० *सब्ज बाग दिखलाना*=फँसाने के लिए झूठी आशाएँ दिलाना।

सब्जकदम पुं० [फा०] वह जिसका आगमन अशुभ सिद्ध हो, मनहूस।

सब्जा पुं० [फा० सब्ज़] १. हरियाली। २. पन्ना नामक रत्न। ३. वह घोड़ा जिसका रंग कालापन लिए सफेद हो।

सब्जी स्त्री० [फा० सब्ज़ी] १. हरापन। २. हरियाली। ३. हरी तरकारी, साग-भाजी।

सब्द* पुं०=शब्द।

सब्दना* अ० [सं० शब्द] शब्द करना।

सब्र पुं० [अ०] धैर्य, सन्तोष।

सभय वि० [सं०] भयभीत।

क्रि० वि० डरते हुए।

सभर वि० [सं० स(प्रत्यय०)+हिं० भरना] १. अच्छी तरह भरा हुआ। २. भरा-पूरा, सम्पन्न।

सभा स्त्री० [सं०] १. किसी विशेष प्रयोजन के लिए बहुत से लोगों की होनेवाली बैठक; जैसे शोकसभा, सार्वजनिक सभा। २. वह संस्था जो कोई विशेष कार्य करने या किसी विषय पर विचार करने के लिए बनी हो; जैसे नागरी प्रचारिणी सभा, लोकसभा, विधानसभा

पुं० वि० सभागा।

सभागा वि० [हिं० स+भाग्य] भाग्यशाली, भाग्यवान, 'अभागा' का विपर्याय।

सभागृह पुं० [सं०] वह भवन जिसमें कोई सभा होती हो।

सभाचतुर पुं० [सं०] वह जो सभा या शिष्ट समाज में बैठकर अच्छी-अच्छी बातें कह सकता हो।

सभाचातुरी स्त्री० [सं० सभा+हिं० चातुरी] सभा या शिष्ट समाज में बैठकर सबको प्रसन्न करनेवाली और अच्छी-अच्छी बातें कह सकने की योग्यता।

सभापटल पुं० [सं०] सभापति के आगे रखा हुआ मेज या चौकी।

सभापति पुं० [सं०] [भाव० सभापतित्व] सभा का प्रधान, नेता या मुखिया। (प्रेसिडेन्ट)

सभामंडप पुं० [सं०] १. वह स्थान जहाँ कोई सभा या समाज एकत्र होता हो। २. देवमन्दिरों में गर्भगृह के सामने का वह स्थान जहाँ भक्त लोग बैठकर भजन, कीर्तन आदि करते हैं।

सभासद पुं० [सं०] १. किसी सभा या संस्था का सदस्य। २. स्वशासी संस्था का सदस्य; जैसे नगरमहापालिका का सभासद। (मेम्बर)

सभासदी स्त्री० [सं० सभासद+हिं० ई (प्रत्य०)] १. सभासद होने की अवस्था या भाव। २. सभासद का पद।

सभिक पुं० [सं०] वह जो अपने यहाँ लोगों को बैठाकर जुआ खिलाता और बदले में उनसे कुछ धन लेता हो, फड़बाज।

सभी वि० [हिं० सब+ही] सब के सब।

सर्व० सब लोग, जैसे सभी अपने कामों में लगे हैं।

सभी-कुछ पुं० सब-कुछ। (दे०)

सभीत वि० दे० 'भीत'।

सभेय वि० [सं०] सभा या शिष्ट समाज के योग्य।

पुं० वह जो सभा या शिष्ट समाज में बैठकर अच्छी-अच्छी बातें कह सकता हो।

सभ्य वि० [सं०] [भाव० सभ्यता] १. जिसका स्वभाव तथा आचरण उत्तम हो। २. सुशील, विनम्र। ३. सामाजिक, राजनीतिक शैक्षणिक आदि दृष्टियों से उन्नत, जैसे सभ्य समाज, शिष्ट। (सिविलाइज़्ड)

पुं० १. सभा का सदस्य, सभासद। २. वह जिसका व्यवहार सज्जनों और शिष्टों का-सा हो, भला आदमी।

सभ्यता स्त्री० [सं०] १. सभ्य होने का भाव। २. शील और सज्जन होने की अवस्था या भाव, भलमनसत, शराफत। ३. किसी जाति या राष्ट्र की वे सब बातें जो उसके सौजन्य तथा शिक्षित और उन्नत होने की सूचक होती हैं।

सभ्यीकरण पुं० [सं०] सभ्य बनाने का काम।

समंजन पुं० [सं०] [वि० समंजित] १. ठीक करना या बैठाना। २. लेन-देन का हिसाब या इसी तरह का और काम ठीक करके बैठाना। ३. नई परिस्थितियों के अनुकूल अपने को ढालने की क्रिया या भाव। ४. ताल-मेल बैठाना। (ऐडजस्टमेंट)

समंजनीय वि० [सं०] समंजन के योग्य।

समंजस वि० [सं०] [भाव० सामंजस्य] प्रसंग, उल्लेख आदि के विचार से ठीक बैठनेवाला, उपयुक्त, ठीक।

समंद पुं० [फा०] मटमैले बादामी रंग का घोड़ा।

समंदर[1] पुं० [सं० समुद्र] १. सागर, समुद्र। २. बड़ा तालाब या झील।

समंदर[2] पुं० [फा०] चूहे के आकार का एक प्रकार का कल्पित जन्तु जिसकी उत्पत्ति आग से मानी जाती है।

सम[1] वि० [सं०] [स्त्री० समा, भाव० समता] १. जो आदि से अन्त तक प्राय: एक-सा चला गया हो, जिसमें कहीं बहुत उतार-चढ़ाव या हेर-फेर न हो। २. जिसका तल बराबर हो, ऊबड़-खाबड़ न हो, चौरस। ३. (संख्या) जिसे दो से भाग देने पर शेष कुछ न बचे, जूस। (ईवेन)
क्रि० वि० के समान या बराबर, जैसे पुत्रसम मानना।
पुं० १. संगीत में वह स्थान जहाँ लय के विचार से गति की समाप्ति होती है और जहाँ गाने-बजानेवालों का सिर हिलता या हाथ आप-से-आप आघात-सा करता है। २. साहित्य में एक अलंकार जिसमें स्थिति के ठीक अनुरूप किसी कार्य का अथवा रूप या नाम के अनुरूप कार्यों, गुणों आदि का वर्णन होता है।

सम[2] पुं० [अ०] विष, जहर।

सम[3] पुं० [अ० कसम] शपथ, सौगन्ध, कसम।

सम[4] पुं० [सं० शम] शान्ति।

समकक्ष वि० [सं०] १. समान, तुल्य। २. सब बातों में किसी के बराबर होनेवाला, बराबरी का। (पैरेलल)

समकक्ष सरकार स्त्री० [सं०+फा०] वह नई सरकार जो किसी देश की पुरानी सरकार को अवैध, अयोग्य आदि समझकर उसका स्थान लेने और उसे नष्ट करने के लिए बनाई जाती है। (पैरेलल गवर्नमेंट)

समकालिक वि० [सं०] [भाव० समकालिकता] १. जो उसी समय का हो, समकालीन। २. वर्तमानकालिक, आधुनिक।

समकालीन वि० [सं०] [भाव० समकालीनता] १. उसी समय में होनेवाला। २. वर्तमानकालिक, आधुनिक।

समकालीनता स्त्री० [सं०] समकालीन होने की अवस्था या भाव।

समकिति* स्त्री०='सम्यक' का भाव, सम्यकता।

समकियाना स० [सं० सम=बराबर] बिखरी हुई चीजें ठीक करके यथास्थान रखना।

समकोण पुं० [सं०] ज्यामिति में ९० अंशों का कोण जो किसी बेड़ी रेखा पर बिल्कुल खड़ी सीधी रेखा के आकर मिलने से बनता है। (राइट ऐंगिल)
वि० (चतुर्भुज) जिसके आमने-सामने के सभी कोण समान हो।

समकोणीय वि० [सं०] (क्षेत्र) जिसके चारों कोण बराबर हों। (रेक्टैंगुलर)

समक्ष क्रि० वि० [सं०] सामने, सम्मुख, प्रत्यक्ष।

समक्ष, के सम्बन्धबो० के सामने।

समक्षणिक वि० [सं०] एक ही क्षण में होनेवाले।

समगामी वि० साथ-साथ जानेवाले।

समगी* स्त्री०=सामग्री।

समग्र वि० [सं०] [भाव० समग्रता] सारा, सब।
पुं० किसी लेखक की समग्र कृतियों का संग्रह, रचनावली, जैसे देवकीनन्दन समग्र।

समग्रभाव पुं० [सं०] कुल मिलाकर पड़नेवाला प्रभाव। (टोटल इफेक्ट)

समचतुर्भुज स्त्री० [सं०] ज्यामिति में वह क्षेत्र जिसके चारों भुज या बाहु बिल्कुल एक-से हों, छोटे-बड़े न हों।

समछंद पुं० दे० 'समवृत्त'।

समझ स्त्री० [सं० सम्बुद्ध, प्रा० समुज्झ, समुझ] १. जानने और समझने की शक्ति, बुद्धि, मेधा, अक्ल। २. ज्ञान प्राप्त करने की आंतरिक शक्ति। (सेन्स)

समझदार वि० [हिं० समझ+दार] बुद्धिमान, अक्लमन्द।

समझदारी स्त्री० [हिं० समझदार] समझदार होने का भाव, बुद्धिमत्ता। (सेन्स)

समझना स० [हिं० समझ] १. कोई बात अच्छी तरह विचार करके ध्यान में लाना। २. किसी बात का स्वरूप आदि देखकर उसके सम्बन्ध की कुछ और बातों का अनुमान या कल्पना करना। (डीम)

समझाना स० [हिं० समझना] १. ऐसी बात करना जिससे कोई समझ जाए। २. किसी को कुछ करने या न करने के लिए प्रोत्साहित करना।

समझावा पुं० [हिं० समझाना] समझने या समझाने की क्रिया या भाव।

समझौता पुं० [हिं० समझ] लेन-देन, व्यवहार, झगड़े, विवाद आदि के सम्बन्ध में सब पक्षों में आपस में होनेवाला संतोषजनक करार, निपटारा। (एग्रीमेन्ट, काम्प्रोमाइज़)

समझौतावादी पुं० जिसका दृष्टिकोण समझौता करना रहता हो।
वि० समझौता-सम्बन्धी।

समतल वि० [सं०] जिसकी सतह या तल बराबर हो, सपाट।

समता स्त्री० [सं०] सम या समान होने का भाव, बराबरी, तुल्यता। (इक्वैलिटी)

समताई* स्त्री०=समता।

समतावाद पुं० [सं०] सभी वर्गों तथा उनके सदस्यों के प्रति समान व्यवहार करने की नीति या सिद्धान्त।

समतावादी (-दिन्) पुं० [सं०] समतावाद का समर्थक। वि० समता के विचार से किया जानेवाला।

समतुलन पुं० दे० 'समतोलन'।

समतुल्यता स्त्री० [सं०] पदार्थ को ऊर्जा में और ऊर्जा को पदार्थ में बदले जा सकने का निश्चित सम्बन्ध या योग्यता।

समतूल* वि० दे० 'समतोल'।

समतूली* स्त्री० [सं० सम+तुल्य] समानता, बराबरी।

समतोल वि० [सं० सम+हिं० तोल या सं० तुल्य] महत्त्व आदि के विचार से समान, बराबर।

समतोलन पुं० [सं०] १. महत्त्व आदि के विचार से सबको समान रखना। २. दोनो पलड़ों या पक्षों को समान रखना। (बैलेन्सिंग)

समत्थ* वि० समर्थ।

समत्व पुं० [सं०] समता।

समद* पुं०=समुद्र।

समदन* स्त्री० [सं० समादान] १. उपहार, भेंट, नजर। २. भेंट, मुलाकात।

समदना* स० [हिं० समदन] उपहार या भेंट देना।
अ० प्रेमपूर्वक मिलना, आनन्द या उमंग में आना।

समदर्शी (-र्शिन्) वि० [सं०] सबको एक-सा समझनेवाला।

समदृष्टि वि० [सं०] जो सबको समान भाव से देखता हो।

सम-धरातल पुं० [सं०] ऐसा धरातल जिसका ऊपरी भाग बिल्कुल सम हो, टेढ़ा-मेढ़ा या ऊँचा-नीचा न हो।

समधर्मी (-मिन्) वि० [सं०] [भाव० समधर्मिता] रूप, गुण आदि की दृष्टि से समान धर्मवाला।

समधिक वि० [सं०] बहुत, अधिक।

समधियाना पुं० [हिं० समधी] समधी का घर।

समधी पुं० [सं० संबंधी] [स्त्री० समधिन] पारस्परिक सम्बन्ध के विचार से, किसी के लड़के या लड़की का ससुर।

समन पुं० [सं०] यमराज; उदा० मातु मृत्यु पितु समन समाना। -तुलसी।
पुं० दे० 'शमन'।
पुं० दे० 'सम्मन'।

समनना स० [सं० शमन] शमन करना।

समनाम वि० [सं०] जिसका नाम किसी और के नाम के समान हो।

समनामधारी पुं० [सं० समनाम+धारी] वह व्यक्ति जिसका नाम किसी और के जैसा हो।

समनुदेशन पुं० [सं०] १. नियत करना। २. सौंपना।

समन्वय पुं० [सं०] [वि० समन्वित] १. वस्तुओं, व्यक्तियों आदि में इस प्रकार ताल-मेल बैठाना कि वे अधिक अच्छी तरह काम कर सकें। २. सम्मिलित होने की क्रिया या भाव।

समन्वयवादी (-दिन्) वि० [सं०] समन्वय-सम्बन्धी।
पुं० समन्वय का पक्षधर।

समन्वित वि० [सं०] १. जिसका समन्वय हुआ हो। २. किसी के साथ मिला या लगा हुआ, किसी के अन्तर्गत आया हुआ।

समपदस्थ वि० [सं० सम+पदस्थ] जो समान पद पर स्थित हो पुं० किसी अधिकारी, मंत्री आदि की दृष्टि से वह व्यक्ति जो (किसी अन्य प्रदेश या राज्य में) समान पद पर विराजमान हो।

समबाहु वि० [सं०] जिसकी भुजाएँ बराबर हों।

समभाव पुं० [सं० सम+भाव] समानता की सूचक स्थिति, बराबरी।

समय पुं० [सं०] [वि० सामयिक] १. सबेरे-सन्ध्या या दिन-रात के विचार से काल का कोई मान, वक्त। २. अवसर, मौका, वक्त। ३. काल, चक्र।
पद *समय विशेष पर*=(क) किसी निश्चित समय पर। (ख) आनेवाले किसी ऐसे समय पर जब कोई बात हो सकती हो और जिसके सम्बन्ध में कोई विधान या व्यवस्था की गई हो। ३. अवकाश, फुरसत, खाली वक्त। ४. आपस में होनेवाला किसी प्रकार का निश्चय, करार या समझौता। ५. कोई धार्मिक या सामाजिक प्रथा या परिपाटी। ६. सिद्धान्त। ७. परिणाम, अन्त।

समय-कुसमय पुं० १. अच्छे या शुभ दिन और बुरे दिन और बुरे या संकट के दिन।
क्रि० वि० उपयुक्त अवसर पर भी और अनुपयुक्त अवसर पर भी, मौके बेमौके, जैसे आप समय-कुसमय अपना ही राग अलापते रहते हैं।

समय, के सम्बन्धबो० १. के समय में। २. के दिनों में।

समयदान पुं० [सं० समय+दान] १. समय को सत्कार्यों विशेषतः दूसरों की सेवा-सहायता में लगाना। २. समय का उचित व्यय।

समयनिष्ठ वि० [सं०] नियत या उचित समय पर काम करने की जिसमें दृढ़ भावना हो।

समयनिष्ठा स्त्री० [सं०] नियत या उचित समय पर काम करने की दृढ़ भावना।

समयपालन पुं० [सं०] नियत समय पर काम करने की क्रिया या भाव।

समयपूर्व वि० [सं०] समय से पहले होनेवाला।

समयबद्ध वि० [सं०] [भाव० समयबद्धता] निर्धारित अवधि में पूरा किया जानेवाला।

समयबद्धता स्त्री० [सं०] निर्धारित अवधि में काम पूरा करने की भावना।

समयवाचक, समयवाची वि० [सं०] समय की सूचना देनेवाला, समय का ज्ञान करानेवाला।

समय-साध्य वि० [सं० समय+साध्य] (कार्य) जिसे पूरा करने में अत्याधिक समय लगे।

समय-सारिणी स्त्री० [सं०] कोष्ठकों, स्तम्भों आदि की वह सारिणी जिसमें भिन्न-भिन्न समयों पर होनेवाले कार्यों का विवरण सूची के रूप में होता है, जैसे विद्यालय, परीक्षा या रेल की समय-सारिणी। (टाइम टेबुल)

समय-सीमा स्त्री० [सं०] १. समय की सूचक सीमा। २. किसी काम के लिए निश्चित समय की अंतिम सीमा।

समय-सेवी (-विन्) वि० [सं०] समय और परिस्थितियों का अधिक से अधिक लाभ उठाने में कुशल, परम स्वार्थी।

समयानुसार क्रि० वि० [सं०] समय के अनुसार, समय-समय पर; जैसे-ये लेख समयानुसार बालक पत्रिका में निकलते रहे।

समयानुसारी (-रिन्) वि० [सं०] समय के अनुसार होनेवाला।

समयाभाव पुं० [सं० समय+अभाव] समय का अभाव, वक्त की कमी।

समय-सारिणी स्त्री० [सं०] कोष्ठकों, स्तम्भों आदि की वह सारिणी जिसमें भिन्न-भिन्न समयों पर होनेवाले कार्यों का

विवरण सूची के रूप में होता है, जैसे विद्यालय, परीक्षा या रेल की समय-सारिणी। (टाइम टेबुल)

समय-सीमा स्त्री० [सं०] १. समय की सूचक सीमा। २. किसी काम के लिए निश्चित समय की अंतिम सीमा।

समर[1] पुं० [सं०] युद्ध, लड़ाई, संग्राम।

समर[2]* पुं० [सं० स्मर] कामदेव।

समरथ* वि०=समर्थ।

समरनीति स्त्री० [सं०] रणनीति।

समरभूमि स्त्री० [सं०] युद्धक्षेत्र, लड़ाई का मैदान, रण।

समरशय्या स्त्री० [सं०] युद्धक्षेत्र में वीरों के घायल होकर जमीन पर गिरने की अवस्था।

समरस वि० [सं० सम+रस] [भाव० समरसता, सामरस्य] १. एक ही प्रकार के रसवाले (पदार्थ)। २. एक ही तरह या विचार के। ३. सदा एक-सा रहनेवाला। ४. संतुलित।

समरसता स्त्री० [सं० सम+रस] १. समरस होने की अवस्था या भाव। २. ऐसी स्थिति जिसमें एक दूसरे के भावों को पूर्ण सम्मान दिया जाता है।

समरसेज्जा* स्त्री०=समरशय्या।

समरांगण पुं० [सं०] युद्धक्षेत्र, लड़ाई का मैदान।

समराना* स० [हिं० सवाँरना] १. सजाना या सजवाना। २. सवाँरना या सँवरवाना।

समरूप वि० [सं०] [भाव० समरूपता] जो रूप के विचार से किसी के समान हो। २. (वह शब्द) जो उच्चारण और वर्तनी के अनुसार किसी अन्य शब्द के अनुरूप हो परंतु व्युत्पत्ति तथा अर्थ के अनुसार से भिन्न हो।

समरूपता स्त्री० [सं०] रूप की समानता, एकरूपता।

समर्चना स्त्री० [सं०] भली-भाँति की जानेवाली अर्चना।

समर्थ वि० [सं०] [भाव० समर्थता, सामर्थ्य] १. कोई काम करने की शक्ति या सामर्थ्य रखनेवाला, कुछ कर सकने के योग्य। (एबुल) २. कोई काम ठीक तरह से कर सकने की पूरी योग्यता रखनेवाला और उसका उपयुक्त अधिकारी, सक्षम, जैसे समर्थ न्यायालय। (कॉम्पिटेन्ट) ३. दूसरे पदार्थों, कार्यों आदि पर अपना प्रभाव डालने की शक्ति रखनेवाला। (एफेक्टिव) ४. काम में आने या प्रयुक्त होने के योग्य।

समर्थक वि० [सं०] समर्थन करनेवाला।

समर्थता स्त्री० [सं०] 'समर्थ' होने का भाव, सामर्थ्य, शक्ति, योग्यता।

समर्थन पुं० [सं०] [वि० समर्थनीय, समर्थक, समर्थ्य] यह कहना कि अमुक विचार, सुझाव या प्रस्ताव ठीक है या इसके अनुसार काम होना चाहिए, किसी मत का पोषण; जैसे-इस आंदोलन का पति महोदय समर्थन कर रहे हैं और पत्नी विरोध।

समर्थांग वि० [सं० समर्थ+अंग] शारीरिक दृष्टि से समर्थ, हृष्ट-पुष्ट, तगड़ा।

समर्थित वि० [सं०] जिसका समर्थन हुआ हो।

समर्पक वि० [सं०] समर्पण करनेवाला।

समर्पण पुं० [सं०] १. किसी को आदरपूर्वक कुछ देना, भेंट या नजर करना। २. धर्मभाव से या श्रद्धा-भक्तिपूर्वक कुछ कहते हुए अर्पित करना। (डेडीकेशन) ३. अपना अधिकार, स्वामित्व, भार आदि किसी दूसरे के हाथ में देना, सौंपना। ४. युद्ध, विवाद आदि बन्द करके अपने आपको शत्रु या विपक्षी के हाथ में सौंपना। (सरेन्डर; अन्तिम दोनों अर्थों में) ५. दे० 'आत्मसमर्पण'।

समर्पण मूल्य पुं० [सं०] वह धन जो बीमा करानेवाले को अवधि पूरी होने से पहले ही अपना बीमा रद्द कराने या बीमापत्र लौटा देने पर मिलता है। (सरेन्डर वैलू)

समर्पना* स० [सं० समर्पण] समर्पण करना, सौंपना।

समर्पित वि० [सं०] जो समर्पण किया गया हो।

समर्पिती पुं० [सं० समर्पित] वह जिसे कुछ समर्पित या भेंट किया गया हो।

समलंकृत वि० [सं० सम्+अलंकृत] विशेष रूप से अलंकृत।

समलिंगी वि०, पुं०=समलैंगिक।

समलैंगिक पुं० [सं० सम+लिंग] वह जो यौन-सम्बन्धों के लिए समान लिंग वाले व्यक्ति (या व्यक्तियों) की ओर आकृष्ट हो, समलिंगी।

वि० जिनका सम्बन्ध समलैंगिकों से हो।

समवय वि० [सं० सम+वय] आयु या अवस्था में बराबर, समवयस्क।

समवयस्क वि० [सं०] [स्त्री० समवयस्का] समान वयस या अवस्थावाला, बराबर की उमर का; जैसे-समवयस्क मित्र, समवयस्का सौतेली माँ।

समवर्ती (-र्तिन्) वि० [सं०] १. किसी के पास या साथ रहनेवाला। २. समकालीन। ३. किसी के साथ समान रूप और समान भाव से होने, रहने या चलनेवाला। (कॉन्करेन्ट)

समवाय पुं० [सं०] [वि० समवायिक, समवायी] १. समूह, झुंड। २. अवयवी के साथ अवयव का या गुणी के साथ गुण का सम्बन्ध। ३. किसी प्रकार का सदा बना रहनेवाला सम्बन्ध, नित्यसम्बन्ध। ४. विधि या कुछ विशिष्ट नियमों के अनुसार व्यापारिक कार्य के लिए बनी हुई वह संस्था जिसके हिस्सेदारों को अपनी लगाई हुई पूँजी के हिसाब से, उस व्यापार से होनेवाले लाभ का अंश मिलता है। (कम्पनी)

समवायी (-यिन्) वि० [सं०] जिसका किसी के साथ सदा बना रहनेवाला या नित्य सम्बन्ध हो।

समवृत्त पुं० [सं०] वह वृत्त या छन्द जिसके चारों चरण समान हों।

समवेत वि० [सं०] १. इकट्ठा या जमा किया हुआ, एकत्र। २. सामूहिक।

समवेत गान पुं० बहुत से लोगों द्वारा मिलकर गाया जानेवाला गाना।

समशीतोष्ण-कटिबन्ध पुं० [सं०] पृथ्वी के वे दो भाग जो भूमध्य रेखा के नाचे और ऊपर उष्ण कटिबन्ध और शीत कटिबन्ध के मध्य में पड़ते हैं। (टेम्परेट जोन)

समशील वि० [सं०] [भाव० समशीलता] समान शीलवाला।

समष्टि स्त्री० [सं०] १. जितने हों, उन सबका समूह, जिसमें उसके सभी अंगों या व्यष्टियों का समावेश या अन्तर्भाव होता है, 'व्यष्टि' का विरुद्धार्थक। २. साधुओं का वह भंडारा जिसमें सभी स्थानिक साधु निमन्त्रित होते हैं।

समष्टितः क्रि० वि० [सं०] समष्टि रूप से, कुल मिलाकर।

समष्टिवाद पुं० [सं०] आधुनिक राजनीति में समाजवाद का वह विकसित और उग्र रूप, जिसमें कहा जाता है कि सब पदार्थों पर राष्ट्र के सब लोगों का समान रूप में अधिकार होना चाहिए, सम्पत्ति पर व्यक्तियों का अधिकार नहीं होना चाहिए।

समष्टिवादी (-दिन्) पुं० [सं०] समष्टिवाद का सिद्धान्त माननेवाला।

वि० समष्टिवाद-सम्बन्धी।

समसमुन्नत वि० [सं०] [भाव० समसमुन्नति] १. जो बराबर थोड़ी-थोड़ी दूरी के बाद पहलेवाले धरातल से कुछ ऊँचा होता जाए। २. सीढ़ियों की तरह कुछ रह-रहकर ऊँचा होता हुआ। (टेरेस-लाइक)

समसान* पुं०=श्मशान।

समसामयिक वि० 'समकालीन'।

समस्त वि० [सं०] १. सब, कुल, समग्र। (होल) २. समास के नियमों से मिला या मिलाया हुआ, समासयुक्त।

समस्तपद पुं० [सं०] समास से बना हुआ पद।

समस्या स्त्री० [सं०] १. वह उलझनवाली विचारणीय बात जिसका निराकरण सहज में न हो सके, कठिन या विकट प्रसंग। (प्रॉब्लम) २. छन्द आदि का वह अन्तिम चरण या पद जो पूरा छन्द बनाने के लिए कवियों के सामने रखा जाता है।

समस्याकारक वि० [सं०] समस्या खड़ी करनेवाला।

समस्यापूर्ति स्त्री० [सं०] किसी पद, छन्द आदि के अन्तिम चरण या पद के आधार पर उससे पहले रखने के योग्य चरण बनाकर पद, छन्द आदि पूरा करना।

समाँ पुं० [सं० समय] समय, वक्त।

मुहा० *समाँ बँधना*=(संगीत आदि का) इतनी उत्तमता से सम्पन्न होना कि लोग स्तब्ध हो जाएँ।

समांतर वि० [सं०] [भाव० समांतरता] (दो या अधिक रेखाएँ आदि) जो एक सिरे से दूसरे सिरे तक बराबर समान अन्तर पर रहें। (पैरेलल)

समा पुं० [सं० समय] वर्ष, साल, उदा० राका राज जरा कारा, मास मास समा समा।—केशव।

समाई स्त्री० [हिं० समाना] १. समाने की क्रिया या भाव। २. शक्ति, सामर्थ्य। ३. औकात, बिसात।

समाउ[1]* पुं० दे० 'समाई'।

समाउ[2]* पुं० [सं० साम्य] समानता।

समाक* वि०=सम्यक्।

समाख्यान पुं० [सं०] किसी घटना की सभी मुख्य-मुख्य बातें क्रम से कहना या बतलाना। (नैरेशन)

समागत वि० [सं०] [स्त्री० समागता] १. कहीं से आया हुआ, जैसे समागत अतिथि। २. जो इस समय आकर उपस्थित हुआ हो, जैसे समागत समस्या या प्रसंग।

समागम पुं० [सं०] १. आगमन, आना। २. मिलन, मिलना। ३. कुछ लोगों का किसी विशेष कार्य के लिए कहीं इकट्ठा होना। ४. सम्भोग, मैथुन।

समाचार पुं० [सं०] १. हाल की किसी घटना की सूचना, खबर। २. नई या ताजा सूचना।

समाचार-पत्र पुं० [सं० समाचार+पत्र] १. नियमित समय पर प्रकाशित होनेवाला वह पत्र जिसमें अनेक प्रकार के समाचार रहते हों, अखबार। २. उक्त प्रकार के सभी पत्रों का वर्ग या समूह। (प्रेस)

समाचार समिति स्त्री० वह संस्था जो समाचार एकत्र कर समाचार-पत्रों को प्रकाशनार्थ भेजती हो। (न्यूज़ एजेन्सी)

समाज पुं० [सं०] १. समूह, गिरोह। २. एक जगह रहनेवाले अथवा एक ही प्रकार का काम करनेवाले लोगों का वर्ग, दल या समूह, समुदाय। ३. किसी विशिष्ट उद्देश्य से स्थापित की हुई सभा। (सोसाइटी, उक्त सभी अर्थों में)

समाज-कल्याण पुं० [सं०] समाज के लोगों की भलाई। (सोशल वेलफेयर)

समाजवाद पुं० [सं०] वह सिद्धान्त जिसमें यह माना जाता है कि समाज के आर्थिक क्षेत्र में बहुत बढ़ी हुई विषमता दूर करके समता स्थापित की जानी चाहिए। (सोशलिज़्म)

समाजवादी (-दिन्) पुं० [सं०] वह जो समाजवाद का सिद्धान्त मानता हो। (सोशलिस्ट)

वि० समाजवाद-सम्बन्धी।

समाजशास्त्र पुं० [सं०] वह शास्त्र जो मनुष्यों को सामाजिक प्राणी मानकर उनके समाज और संस्कृति की उत्पत्ति, विकास आदि का विवेचन करता है। (सोशियालोजी)

समाजशास्त्री (-त्रिन्) पुं० [सं०] समाजशास्त्र का ज्ञाता या पंडित।

समाजशास्त्रीय वि० [सं०] समाजशास्त्र-सम्बन्धी।

समाज-सापेक्ष वि० [सं०] [भाव० समाज-सापेक्षता] जिसे समाज की अपेक्षा हो, समाज से जुड़ा हुआ।

समाजी[1] पुं० [हिं० आर्यसमाज] वह जो आर्यसमाज के सिद्धान्त मानता हो, आर्यसमाज का अनुयायी, आर्यसमाजी।

समाजी[2] पुं० [हिं० समाज] १. किसी सम्प्रदाय से सम्बद्ध व्यक्ति। २. साम्प्रदायिक व्यक्ति। ३. वह जो वेश्याओं के साथ तबला, सारंगी, मजीरा आदि बजाता हो, सपरदाई।

समाजीकरण पुं० [सं० समाज+करण] किसी कार्य या बात को ऐसा रूप देना कि उसपर सारे समाज का अधिकार हो जाए और सब लोग समान रूप से उससे लाभ उठा सकें। (सोशलाइज़ेशन)

समाजोन्मुखी (-खिन्) वि० [सं०] १. जो समाज की ओर उन्मुख हो। २. समाज के उत्थान या हित के विचार से किया जानेवाला।

समादर पुं० [सं०] [वि० समादृत] यथेष्ट आदर या सम्मान।

समादृत वि० [सं०] जिसका खूब आदर हुआ हो, सम्मानित।

समादेश पुं० [सं०] [वि० समादिष्ट] १. अधिकारपूर्वक किसी को कोई काम करने का आदेश या आज्ञा देना। २. इस प्रकार दिया हुआ आदेश या आज्ञा। (कमांड) ३. वह आज्ञा जो न्यायालय, कोई होता हुआ काम रोकने के लिए देता है। (इनजंक्शन) ४. उच्च न्यायालय द्वारा अधीनस्थ न्यायालय को दिया जानेवाला विधि-सम्बन्धी आदेश। (रिट)

समादेशक पुं० [सं०] १. वह जो किसी को कोई काम करने का आदेश दे। २. वह प्रधान सैनिक अधिकारी जिसके आदेश से सेना के सब काम होते हैं। (कमांडर)

समाध स्त्री० दे० 'समाधि'।

समाधान पुं० [सं०] [वि० समाधानीय] १. किसी की शंका का निवारण, किसी के संदेह को दूर करने की क्रिया या भाव। २. मतभेद या विरोध दूर करना। ३. वह निष्कर्ष या बात जिससे शंका का निवारण या मतभेद दूर हो, निष्पत्ति, निराकरण।

समाधानना* स० [सं० समाधान] १. किसी का समाधान या सन्तोष करना। २. सान्त्वना देना।

समाधानी पुं० [सं०समाधान] समाधान करने वाला व्यक्ति।
वि० समाधान-सम्बन्धी।

समाधि स्त्री० [सं०] १. ईश्वर के ध्यान में मग्न होना। २. योग-साधन का चरम फल, जिससे मनुष्य सब क्लेशों से मुक्त होकर अनेक प्रकार की शक्तियाँ प्राप्त करता है। ३. वह स्थान जहाँ किसी का मृत शरीर या अस्थियाँ गाड़ी गई हों। ४. प्राणियों की वह अवस्था जिसमें उनकी संज्ञा या चेतना नष्ट हो जाती है और वे कोई शारीरिक क्रिया नहीं करते। ५. साहित्य में एक अलंकार जिसमें किसी अकस्मिक कारण से सहायता मिलने पर किसी के कार्य में सुगमता होने का उल्लेख होता है, इसे 'समाहित' भी कहते हैं।

समाधित वि०=समाधिस्थ।

समाधि-लेख पुं० [सं०] वह लेख जो किसी मृत व्यक्ति का संक्षिप्त परिचय कराने के लिए उसकी समाधि या कब्र पर लिखा या अंकित किया जाता है। (एपिटैफ)

समाधि-शिला स्त्री० [सं०] वह पत्थर जो किसी समाधि पर उसका विवरण देने के लिए लगाया जाता है। (टॉम-स्टोन)

समाधिस्थ वि० [सं०] जिसने समाधि ली या लगाई हो, समाधि में स्थित।

समान वि० [सं०] [भाव० समानता] गुण, मान, मात्रा आदि में एक दूसरे के जैसा; एक जैसा; जैसे-दोनों राशियाँ समान थीं।
*स्त्री० दे० 'समानता'।

समान, के संबंधबोधक के जैसा, की तरह; जैसे-वह राष्ट्रपति के समान है।

समानक पुं० [सं०] वह जो मूल्य, महत्त्व, कार्य आदि के विचार से किसी से पूरी समानता या बराबरी रखता हो। (ईक्विवेलेन्ट)
वि० दे० 'समानार्थक'।

समानता स्त्री० [सं०] अवस्था, अधिकार, पद आदि में समान, बराबर या तुल्य होने की दशा या भाव। (ईक्वैलिटी)

समानधर्मा वि०=समानधर्मी।

समानधर्मी (-र्मिन्) वि० [सं०] [भाव० समानधर्मिता] जिसका धर्म या कृत्य किसी के समान हो।

समानांतर वि० दे० 'समांतर'।

समाना अ० [सं० समावेश] १. किसी वस्तु के अन्दर पहुँचकर भर जाना या उसमें लीन हो जाना, भरना। २. कहीं से चलकर आना, पहुँचना।
स० अन्दर करना, भरना।

समानाधिकरण पुं० [सं०] वाक्य में अपने किसी समानार्थी शब्द या पद का अर्थ स्पष्ट करने के लिए आनेवाला शब्द या पद। (व्याकरण)

समानार्थ पुं० [सं०] वे शब्द जिनका अर्थ एक हो या एक-सा हो, पर्याय। (सिनॉनिम)

समानार्थक वि० [सं०] (किसी शब्द के) समान अर्थ रखनेवाला (दूसरा शब्द), पर्यायवाची। (सिनॉनिम)
पुं० दे० 'समानार्थ'।

समापक वि० [सं०] समाप्त करनेवाला।

समापत* वि० समाप्त।

समापत्ति स्त्री० [सं०] युद्ध, दंगे, दुर्घटना आदि के कारण लोगों के प्राणों या शरीर पर आनेवाला संकट।

समापन पुं० [सं०] [वि० समाप्य, समापनीय] १. कार्य समाप्त या पूरा करना। (डिस्पोज़ल) २. विवाद, विचार-विमर्श आदि के समय उसका अन्त करने के लिए कोई विशेष बात कहना। (वाइंड अप) ३. मार डालना।

समापनोत्सव पुं० [सं०] किसी कार्य के सम्पन्न या सम्पादित हो जाने पर होनेवाला उत्सव।

समापात पुं० [सं०] दो कार्यों या बातों का संयोगवश साथ-साथ या एक ही समय में घटित होना। (कॉयनसाइडेन्स)

समापिका क्रिया स्त्री० [सं०] व्याकरण में वह क्रिया जिससे किसी कार्य और फलतः उसके सूचक वाक्य या उपवाक्य की समाप्ति सूचित होती हो।

समापित* वि०=समाप्त।

समाप्त वि० [सं०] १. जो अन्त तक पहुँचकर पूरा हो गया हो, खतम; जैसे-दसवें दिन कथा समाप्त हुई। २. जिसका अंत हो चुका हो या कर दिया गया हो, जिसका अस्तित्व न रह गया हो; जैसे-लार्ड कर्जन के शासनकाल में सती प्रथा समाप्त हुई।

समाप्ति स्त्री० [सं०] १. किसी चलते हुए काम का पूरा होना। २. सीमा, अवधि आदि का अन्त होना। (एक्सपायरी,

एक्सपायरेशन) ३. किसी बात या चीज का स्थायी रूप से या सदा के लिए अन्त होना, न रह जाना; अस्तित्व खो बैठना। (एक्सटिंक्शन)

समायोजक पुं० [सं०] समायोजन करनेवाला।

समायोजन पुं० [सं०] ठीक ढंग से कोई चीज कहीं रखना।

समारंभ पुं० [सं०] १. अच्छी तरह आरम्भ या शुरू होना। २. समारोह।

समारना* स० सँवारना।

समारोह पुं० [सं०] १. भारी आयोजन, धूमधाम। २. बहुत धूमधाम से होनेवाला उत्सव या कोई बड़ा काम।

समारोही वि० समारोह-सम्बन्धी, जैसे समारोही परिधान।

समालोचक पुं० [सं०] समालोचना करनेवाला व्यक्ति।

समालोचन पुं०=समालोचना।

समालोचना स्त्री० [सं०] १. अच्छी तरह देखना-भालना, जिसमें दोषों और गुणों का पूरा पता लग जाए। २. इस प्रकार देखे हुए गुणों और दोषों की विवेचना करनेवाला लेख, आलोचना। (रिव्यू)

समालोचनात्मक वि० [सं०] (लेख या टिप्पणी) जो समालोचना के रूप में हो।

समालोच्य वि० [सं०] जिसकी समालोचना की जाए, जैसे-समालोच्य पुस्तक।

समाव पुं० दे० 'समाई'।

समावरण पुं० [सं० सम+आवरण] [वि० समावृत] वह टीप, लेख या सूचना जो किसी पत्र के साथ एक ही लिफाफे में बन्द करके भेजी जाए, अंतर्गतक, सहगतक। (एन्क्लोज़र)

समावर्तन पुं० [सं०] १. वापस आना, लौटाना। २. एक प्राचीन वैदिक संस्कार जो ब्रह्मचारी के अध्ययन समाप्त कर लेने पर गुरुकुल में उनके स्नातक बनकर लौटने के समय होता था। ३. आधुनिक विश्वविद्यालयों में वह सभा जिसमें उच्च परिक्षाओं में उत्तीर्ण होनेवाले विद्यर्थियों को पदवियाँ दी जाती हैं, दीक्षांत समारोह। (कानवोकेशन)

समाविष्ट वि० [सं०] जिसका समावेश हो चुका हो।

समावृत्त वि० [सं० सम+आवृत्त] (कागज, लेख सूचना आदि) जो किसी पत्र के साथ एक ही लिफाफे में बन्द करके कहीं भेजा जाए, जैसे इस पत्र के साथ १००) सौ रुपये का चेक समावृत्त है। (एनक्लोज़्ड)

समावेश पुं० [सं०] [वि० समाविष्ट] इस प्रकार मिलाना कि कोई वस्तु या व्यक्ति किसी अन्य वस्तु या संस्था का अंग बन जाए।

समाश्रय पुं० [सं०] आश्रय।

समाश्रित वि० [सं०] आश्रित।

समास पुं० [सं०] १. समर्थन। २. संग्रह। ३. सम्मिलन। ४. व्याकरण के नियमों के अनुसार दो शब्दों का मिलकर एक होना। (साधारणत: हिन्दी में यह चार प्रकार का होता है—अव्ययीभाव, समानाधिकरण, तत्पुरुष और द्वन्द्व।)

समासीन वि० [सं०] अच्छी तरह बैठा हुआ।

समासोक्ति स्त्री० [सं०] साहित्य में एक अलंकार जिसमें श्लिष्ट विशेषणों या संज्ञाओं की सहायता से कोई ऐसा वर्णन किया जाता है जो प्रस्तुत विषय के अतिरिक्त किसी दूसरे अप्रस्तुत विषय पर भी समान रूप से घटता है, जैसे बड़ो डील लखि पील को, सबन तज्यो बन थान। धनि सरजा तू जगत में ताको हर्‍यौ गुमान। इसमें 'सरजा' (संज्ञा) प्रस्तुत (सिंह या शेर), अप्रस्तुत (शिवाजी) के सम्बन्ध में घटता है।

समाहना[1] अ० [पु० हिं० सामुहें=सामने] सामना करना, सामने आना, उदा० त्रिबली, नाभि दिखाकर सिर ढकि, सकुचि समाहि। -बिहारी।

समाहना[2]* स० [सं० समाहित] पकड़ना, उदा० अनम अठेल अभंग नीर असि मीर समाहिय। -चन्दबरदाई।

समाहरण पुं० [सं०] १. एक स्थान पर इकट्ठा करना, संग्रह करना। २. राशि, ढेर। ३. कर, चन्दा, प्राप्य धन आदि उगाहना, वसूली। (कलेक्शन) ४. मिलाना। ५. क्रम, नियम आदि से सजकर या ठीक ढंग से इकट्ठा होना, जैसे वायुयानों का समाहरण। (फारमेशन)

समाहर्ता पुं० [सं० समाहर्तृ] १. समाहार या संग्रह करनेवाला। २. मिलानेवाला। ३. राजकर या प्राप्य धन आदि उगाहनेवाला अधिकारी। (कलेक्टर)

समाहार पुं० [सं०] १. व्याकरण में एक प्रकार का द्वन्द्व समास जिसमें उसके दोनो शब्दों के साधारण अर्थों के सिवा कुछ और अर्थ या भाव सूचित होता है, जैसे धनी-मानी, सेठ-साहूकार। २. दे० 'समाहरण'।

समाहित वि० [सं०] १. एक जगह इकट्ठा किया हुआ, विशेषत: सुन्दर और व्यवस्थित रूप से इकट्ठा किया हुआ, केन्द्रित। २. शान्त। ३. समाप्त। ४. स्वीकृत।

पुं० साहित्य में समाधि नामक अलंकार का दूसरा नाम।

समिति स्त्री० [सं०] १. सभा, समाज। २. वैदिक काल की वह सभा या संस्था जिसमें राजनीतिक विषयों पर विचार होता था। ३. किसी विशेष कार्य के लिए बनी हुई छोटी सभा। (कमिटी)

समित्पाणि वि० [सं०] जिसके हाथ में (यज्ञ के लिए) समिधा हो।

समिदा* स्त्री०=समिधा।

समिद्ध वि० [सं०] १. प्रज्वलित। २. भड़का या भड़काया हुआ, उत्तेजित।

समिध पुं० [सं०] अग्नि।

समिधा स्त्री० [सं० समिधि] हवनकुंड में जलाने की लकड़ी।

समीकरण पुं० [सं०] [वि० समीकरणीय, समीकृत] १. दो या अधिक राशियों, वस्तुओं आदि को समान या बराबर करने की क्रिया या भाव। २. गणित में वह क्रिया जिससे किसी ज्ञात राशि की सहायता से कोई अज्ञात राशि जानी

जाती है। ३. यह सिद्ध कर दिखलाना कि अमुक-अमुक राशियाँ या मान आपस में बराबर हैं। (इक्वेशन) ४. विभिन्न घटकों में समरसता स्थापित करने की क्रिया या भाव।

समीक्षक पुं० [सं०] १. वह जो समीक्षा करता हो, छान-बीन और जाँच-पड़ताल करनेवाला। (इग्ज़ामिनर) २. समालोचक।

समीक्षण पुं० [सं०] समीक्षा करने का काम।

समीक्षा स्त्री० [सं०] [वि० समीक्षित, भाव० समीक्ष्य] १. किसी नीति, योजना आदि की छान-बीन या जाँच-पड़ताल इस दृष्टि से करना कि इसमें सुधार या परिवर्तन की आवश्यकता तो नहीं। २. आलोचना, समालोचना। ३. मीमांसाशास्त्र।

समीक्षाकार पुं० [सं०] समीक्षा करनेवाला।

समीक्षित वि० [सं०] जिसकी समीक्षा हुई हो।

समीक्ष्य वि० [सं०] जिसकी समीक्षा की जा रही हो या की जाने को हो।

समीचीन वि० [सं०] [भाव० समीचीनता] १. उपयुक्त, ठीक। २. उचित, वाजिब। ३. सम्यक्।

समीति* स्त्री० [हिं० स+मीति] १. मित्रता। २. मेल-मिलाप। *स्त्री०=समिति।

समीध* वि० [सं० संविद्ध] अच्छी तरह बिंधा हुआ।

समीप क्रि० वि० [सं०] [भाव० समीपता] निकट, पास, नजदीक।

समीपार्थक वि० [सं० समीप+अर्थक] अर्थ की दृष्टि से समीप, मिलते-जुलते अर्थवाला।

समीर पुं० [सं०] वायु, हवा।

समीरकुमार पुं०=पवनकुमार (हनुमान)।

समीरण पुं०=समीर (हवा)।

समीरसूनु पुं० [सं० समीर+सून] हनुमान।

समीरिधि* स्त्री०=समृद्धि।

समीलना* स० [सं० सम्मिलन] सम्मिल करना। अ० सम्मिलित होना।

समुंदर पुं०=समुद्र।

समुंदरफेन पुं० [सं० समुद्रफेन] समुद्र के पानी पर तैरनेवाला फेन या झाग जिसे सुखाकर ओषधि के रूप में काम में लाते हैं।

समुचित वि० [सं०] १. उचित, ठीक। २. जैसा चाहिए, वैसा, उपयुक्त।

समुच्च* पुं०=समुच्चय।

समुच्चय पुं० [सं०] [वि० समुच्चित] १. कुछ वस्तुओं का एक में मिलना। (कॉम्बिनेशन) २. समूह, राशि; जैसे-ईश्वर को आदर्शों का समुच्चय कहा जा सकता है। ३. कुछ वस्तुओं या बातों का एक साथ एक जगह इकट्ठा होना। (क्युमुलेशन) ४. एक अलंकार जिसमें कई भावों के एक साथ उदित होने अथवा कई कारणों से एक ही कार्य होने का वर्णन होता है।

समुच्चयबोधक पुं० [सं०] व्याकरण में वह पद जो दो शब्दों, पदों आदि को आपस में जोड़ता या मिलाता हो, योजक; जैसे—और, तथा, व, आदि। (कनजंक्शन)

समुच्चयोपमा स्त्री० [सं०] साहित्य में उपमा अलंकार का एक भेद जिसमें उपमेय में उपमान के अनेक गुणों या धर्मों का एक साथ आरोप होता है।

समुच्चित वि० [सं० समुच्चय] जो धीरे-धीरे बढ़कर इकट्ठा और एकाकार हो गया हो। (क्यूमूलेटेड)

समुज्ज्वल वि० [सं०] [भाव० समुज्ज्वलता] १. विशेष रूप से उज्ज्वल या प्रकाशमान। २. चमकीला।

समुझ* स्त्री०=समझ।

समुत्थान पुं० [सं०] १. उठने की क्रिया या भाव। २. उत्पत्ति। ३. आरम्भ।

समुत्सुक वि० [सं०] [भाव० समुत्सुकता] विशेष रूप से उत्सुक।

समुदय* पुं० वि० दे० 'समुदाय'।

समुदाय पुं० [सं०] [वि० सामुदायिक] किसी एक जाति, धर्म, व्यवसाय आदि के लोगों का समूह। २. किसी एक स्थान पर रहने वाले किसी वर्ग के लोग। ३. संस्था या संघटन। वि० सब, समस्त, कुल।

समुदाव* पुं०=समुदाय।

समुद्यत वि०=उद्यत।

समुद्र पुं० [सं०] [वि० समुद्रीय, समुद्री] १. खारे पानी की वह विशाल राशि जो पृथ्वी के स्थल भाग को चारों ओर से घेरे हुए है, सागर, अम्बुधि, उदधि। २. किसी विषय के ज्ञान या गुण का बहुत बड़ा आगार।

समुद्रफेन पुं० [सं०] दे० 'समुंदरफेन'।

समुद्रमंथन पुं० [सं०] १. समुद्र को मथने की क्रिया या भाव। २. एक प्रसिद्ध कथा या घटना जिसमें देवताओं और दानवों ने मिलकर समुद्र मथा था। इस मन्थन से ये चौदह रत्न निकले थे—लक्ष्मी, मणि, रम्भा, वारुणी, अमृत, शंख, ऐरावत हाथी, कल्पवृक्ष, चन्द्रमा, कामधेनु, धन, धनवंतरि वैद्य, विष और घोड़ा। ३. कुछ ढूँढ़ने या काम करने के लिए बहुत अधिक विषयों या ग्रन्थों की छान-बीन।

समुद्रमथन पुं० [सं०] १. पुराणानुसार एक दानव का नाम। २. दे० 'समुद्रमंथन'।

समुद्रयात्रा स्त्री० [सं०] समुद्री मार्ग से एक स्थान से दूसरे स्थान पर जाना।

समुद्रयान पुं० [सं०] समुद्र में चलनेवाली कोई सवारी या जहाज।

समुद्री वि० [सं० समुद्रीय] १. समुद्र-सम्बन्धी, समुद्र का। २. सामुद्रिक शक्ति या सेना से सम्बन्ध रखनेवाला।

समुद्रीय वि० [सं०] १. समुद्र में रहने या होनेवाला। २. समुद्र का, समुद्र-सम्बन्धी।

समुना* अ०=समोना।

समुन्नत वि० [सं०] भली-भाँति उन्नत।

समुन्नति स्त्री० [सं०] [वि० समुन्नत] १. यथेष्ट उन्नति। २. उच्चता, ऊँचाई।

समुपस्थित वि०=उपस्थित।

समुल्लास पुं० [सं०] १. उल्लास, आनन्द, प्रसन्नता। २. किसी ग्रन्थ का परिच्छेद या प्रकरण।

समुहा* क्रि० वि०=सामने।

समुहाना* अ० [सं० सम्मुख] १. सामने आना, उदा० 'अति भय त्रसित न कोउ समुहाई'। —तुलसी। २. मुकाबला करना, सामना करना, उदा० 'ढीठ, निठुर, न डरति काँहू, त्रिगुनह्वै समुहाई'। —सूर।

समूचा वि० [सं० समुच्चय] १. सारा, सब, कुल। २. जो कटा या टूटा न हो, अखंड, पूरा।

समूढ़ वि० [सं०] १. इकट्ठा या एकत्र किया हुआ, संचित। २. भोगा हुआ, भुक्त। ३. संगत, ठीक। ४. जो अभी उत्पन्न हुआ हो। ५. ब्याहा हुआ, विवाहित।

पुं० १. समूह, राशि, ढेर। २. आगार। भंडार, उदा० 'प्रौढ़ रूढ़ि की समूढ़ गूढ़ गेह में गयो'। -केशव।

समूर पुं० [अ०] सांबर (हिरन)।

*वि०=समूरा।

समूरा वि० [सं० समस्त] सब, समूचा, सारा।

समूल वि० [सं०] जिसका मूल या हेतु हो।

क्रि० वि० जड़ से, मूल सहित।

समूह पुं० [सं०] [वि० सामूहिक] १. बहुत-सी चीजों का समूह, राशि। २. मनुष्यों का समुदाय, झुण्ड।

समूहतः क्रि० वि० [सं०] समूह के रूप में, सामूहिक रूप से, जैसे सुधारवादियों ने समूहतः त्यापत्र दे दिया। (एन-ब्लॉक)

समूह-भावना स्त्री० [सं०] १. समूह में रहने की प्रवृत्ति। २. अपने समूह की सुरक्षा तथा हित-रक्षा की भावना।

समूहात्मक वि० [सं०] समूह का ज्ञान करानेवाला; जैसे-दोनों, तीनों, चारों समूहात्मक संख्याएँ हैं।

समूहीकरण पुं० [सं० समूह+करण] वस्तुओं के ढेर या समूह बनाने की क्रिया या भाव।

समृद्ध वि० [सं०] सम्पन्न, धनवान।

समृद्धि स्त्री० [सं०] धन, वैभव आदि की अधिकता, सम्पन्नता।

समेकन पुं० [सं०] एक में मिलाने का कार्य।

समेकित वि० [सं०] एक में मिलाया हुआ।

समेटना स० [सं० समेत] बिखरी या फैली हुई चीजें इकट्ठी करना।

समेत वि० [सं०] संयुक्त, मिला हुआ।

क्रि० वि० सहित, साथ।

समै* पुं०=समय।

समोखना* स० [सं० सम्मुख] बहुत ताकीद से या जोर देकर कहना।

समोधना* स० [सं० सम्बोधन] समझा-बुझाकर शान्त करना या ठीक रास्ते पर लाना।

समोना* स० [?] मिलाना।

*अ० १. निमग्न होना, डूबना। २. मग्न या लीन होना, उदा० 'भरत अंक परजंक पर दोउन रसनि समोइ'। -विक्रम सतसई।

समोसा पुं० [?] एक प्रकार का प्रसिद्ध पकवान जो नमकीन और मीठा दोनों तरह का होता है।

समौ* पुं०=समय (वक्त)।

समौरिया वि० [सं० सम+उमर] जो उमर में किसी दूसरे के बराबर हो, समवयस्क।

सम्मत वि० [सं०] १. जिसकी राय मिलती हो, सहमत। (एग्रीड) २. मान्य।

सम्मति स्त्री० [सं०] १. सलाह, राय। २. आदेश, अनुज्ञा। ३. किसी विषय में प्रकट किया जानेवाला अपना विचार, मत, राय। (ओपीनियन) ४. किसी विषय में कुछ लोगों का एक मत होना। (एग्रीमेन्ट) ५. किसी के प्रस्ताव या विचार को ठीक और उचित मानकर उसके निर्वाह के लिए दी जानेवाली अनुमति। (कन्सेन्ट)

सम्मन पुं० [अं० समन] न्यायालय का वह आज्ञापत्र जिसमें किसी को न्यायालय में उपस्थित होने की आज्ञा दी जाती है।

सम्मान पुं० [सं०] [वि० सम्मानित] १. मान, प्रतिष्ठा, इज्जत। २. किसी की सेवाओं, गुणों आदि के निमित्त उसके प्रति श्रद्धा-निवेदन।

सम्मानना* स्त्री० दे० 'सम्मान'।

*स० सम्मान या आदर करना।

सम्मानभाजन पुं० [सं०] सम्मान का पात्र।

सम्मानित वि० [सं०] १. जिसका सम्मान किया गया हो। २. जिसका सब लोग सम्मान करते हों, प्रतिष्ठित।

सम्मानोत्सव पुं० [सं० सम्मान+उत्सव] वह उत्सव या समारोह जो किसी को सम्मानित करने के उद्देश्य से आयोजित हो।

सम्मान्य वि० [सं०] सम्मान के योग्य, जिसका सम्मान करना उचित हो या किया गया हो।

सम्मार्जनी स्त्री० [सं०] झाड़ू।

सम्मिलन पुं० [सं०] १. मिलाप, मेल। २. दो या अनेक वस्तुओं, व्यक्तियों, संस्थाओं आदि का मिलना।

सम्मिलित वि० [सं०] १. किसी से या किसी में मिला हुआ, मिश्रित, युक्त। २. एक साथ मिलकर किया हुआ; जैसे सम्मिलित प्रयास।

सम्मिश्रक पुं० [सं०] १. वह जो किसी प्रकार का सम्मिश्रण, विशेषतः विलायती ओषधियों आदि के मिश्रण प्रस्तुत करता हो। (कम्पाउन्डर)

सम्मिश्रण पुं० [सं०] [वि० सम्मिश्रित] १. मिलने की क्रिया। २. मेल, मिलावट। ३. ओषधि तैयार करने के लिए कई प्रकार की ओषधियाँ एक में मिलाना। (कम्पाउन्डिंग)

सम्मिश्रित वि० [सं०] अच्छी तरह मिला हुआ।

सम्मुख क्रि० वि० [सं०] सामने, समक्ष।

सम्मुहौं* क्रि० वि०=सम्मुख (सामने)।

सम्मेलन पुं० [सं०] १. मनुष्यों का, किसी विशेष उद्देश्य से अथवा किसी विशेष विषय पर विचार करने के लिए, एकत्र होनेवाला समाज। (कॉन्फरेन्स) २. जमावड़ा, जमघट। ३. मिलाप, संगम।

सम्मोहन पुं० [सं०] १. मोहित करने या लुभाने की क्रिया या भाव। २. प्राचीन काल का एक कल्पित अस्त्र जिसके प्रयोग से शत्रुओं का मोह में पड़ जाना माना जाता था। ३. कामदेव के पाँच वाणों में से एक।

वि० मोहित करनेवाला।

सम्यक वि० [सं०] पूरा, सब।

क्रि० वि० १. सब तरह से। २. अच्छी तरह। ३. ठीक-ठीक।

सम्राज्ञी स्त्री० [सं०] १. सम्राट की पत्नी। २. साम्राज्य की अधीश्वरी।

सम्राट, सम्राट् पुं० [सं०] वह बहुत बड़ा राजा जिसके अधीन अनेक राजा या राज्य हों, महाराजाधिराज, शाहंशाह। (एम्परर)

सम्रिति* स्त्री०=स्मृति।

सम्हलना अ०=सँभलना।

सय* वि०=सौ (संख्यावाचक)। उदा० लव निमेष जुग सय सम जाहीं। -तुलसी।

सयण* पुं० १. दे० 'शयन'। २. दे० 'सज्जन'।

सयन* पुं० १. दे० 'शयन'। २. दे० 'सैन'।

सयल* पुं०=शैल (पर्वत)।

वि०=सकल (सब)।

सयान* वि० १. दे० 'सयाना'।

पुं० १. सयाना व्यक्ति। २. दे० 'सयानापन'।

सयानप, सयानपत स्त्री० दे० 'सयानपन'।

सयानपन पुं० [हिं० सयाना+पन] १. 'सयाना' होने का भाव। २. चतुरता, चालाकी।

सयाना वि०, पुं० [सं० सज्ञान] १. अधिक या पूरी अवस्थावाला, वयस्क। २. बुद्धिमान। ३. चतुर। ४. चालाक, धूर्त।

सरंजाम पुं० [अ० सर+अंजाम] १. कार्य की समाप्ति। २. व्यवस्था, प्रबन्ध। ३. सामग्री, सामान।

सर[१] पुं० [सं० सरस्] तालाब; उदा० देखे सर सरिता सुखदानि। —केशव।

सर[२] स्त्री० [सं० सदृश] समानता, बराबरी।

मुहा० *किसी का सर पूजना*=किसी की बराबरी तक पहुँचना।

सर[३] स्त्री० [सं० शर] चिता।

सर[४] पुं० [फा०] १. सिर। २. सिरा। ३. चरम सीमा।

मुहा० *(कोई बात) सर होना*=पराकाष्ठा पर पहुँचना।

वि० १. बलपूर्वक दबाया हुआ। २. जीता हुआ, पराजित। ३. अभिभूत। ४. उत्तम।

सर[५] पुं० [सं० अवसर का अनु०] ऐसा अवसर जो किसी काम के लिए उपयुक्त न हो।

मुहा० *सर-अवसर न देखना या न समझना*=यह न सोचना कि अमुक काम के लिए यह अवसर ठीक है या नहीं, उदा० नृप सिसुपाल महापद पायौ, सर-अवसर नहिं जान्यौ।—सूर।

*पुं० १. दे० 'शर'। २. दे० 'सथिया'।

सरकंडा पुं० [सं० शरकांड] सरपत की जाति की एक वनस्पति।

सरक स्त्री० [हिं० सरकना] १. 'सरकना' का भाव या प्रकार। २. नशे, विशेषतः शराब के नशे की खुमारी। ३. शराब पीने का प्याला, मद्यपात्र।

सरकना अ० दे० 'खिसकना'।

सरकश वि० [फा०] १. उद्दंड। २. विद्रोही।

सरकस पुं० [अं०] पशुओं और कलाबाजों आदि का कौशल या ऐसा कौशल दिखलानेवालों का दल या मंडली।

सरकसी वि० [अं० सरकस+हिं० ई (प्रत्य०)] १. सरकस संबंधी; जैसे सरकसी खेल। २. विचित्र।

सरकाना स० [हिं० सरकना] १. आगे बढ़ाना। २. जीत लेना।

सरकार स्त्री० [फा०] [वि० सरकारी] १. मालिक, प्रभु। २. देश का शासन करनेवाली संस्था या सत्ता।

सरकारी वि० [फा०] १. सरकार या मालिक का। २. सरकार या राज्य का, राजकीय, जैसे सरकारी कागज, सरकारी हुकुम।

सरकोस* पुं० [सं० शर+कोष] तरकश, तूणीर।

सरक्क* वि० [हिं० सरक=मद्यपात्र] मत्त, मस्त, उदा० मद, सरक्क, पट्टे तिना। -चन्दवरदाई।

सरखत पुं० [फा०] वह कागज या छोटी बही जिस पर मकान आदि के किराए या इसी प्रकार के और लेन-देन का ब्योरा लिखा जाता है।

सरखप* पुं०=सर्षप (सरसों)।

सरग* पुं०=स्वर्ग।

सरगतीय* स्त्री० १. अप्सरा। २. देवांगना।

सरगना पुं० [फा० सर्गनः] सरदार।

सरग-पताली वि० [सं० स्वर्ग+पाताल] (गाएँ या बैल) जिसका एक सींग ऊपर उठा हो और दूसरा नीचे झुका हो।

सरगम पुं० [हिं० सा, रे, ग, म] संगीत में सातों स्वरों का समूह या उनके चढ़ाव-उतराव का क्रम, स्वरग्राम।

सर-घर* पुं० [सं० शर=तीर+हिं० घर] तीर रखने का तरकस, तूणीर, उदा० लोने-लोने धनुष विशिष कर कमलनि, लोने मुनि पट कटि लोने सर-घर हैं।—तुलसी।

सरजना स० दे० 'सिरजना'।

सरजमीं स्त्री० [फा० सर (उत्तम)+जमीं (भूमि)] मातृभूमि।

सरजा पुं० [फा० सरजाह] १. सरदार। २. सिंह, शेर। २. छत्रपति शिवाजी की वाचक एक संज्ञा या नाम, उदा० साजि चतुरंग वीर रंग में तरंग चढ़ि, सरजा शिवाजी जंग जीतन चलत हैं। —भूषण।

सरजिव* वि०=सजीव।

सरजीवन* वि० [सं० संजीवन] १. जीवन देने या जीवनी शक्ति प्रदान करनेवाला। २. हरा, भरा और ताजा। ३. उर्वर, उपजाऊ। ४. प्रसन्न या प्रफुल्लित करनेवाला।

सरजोर वि० [फा० सरज़ोर] [भाव० सरजोरी] १. बलवान, ताकतवर। २. प्रबल, जबरदस्त। ३. उद्धत, उद्दंड। ४. विद्रोही, विप्लवी।

सरणि, सरणी स्त्री० [सं०] १. मार्ग, रास्ता। २. ढर्रा, ढंग। ३. लकीर, रेखा। ४. शाखा या पद्धति; जैसे–आलोचना–सरणि।

सरता* स्त्री० [सं० शर+ता (प्रत्य०)] तीर चलाने की विद्या, तीरंदाजी।

सरताज पुं० [फा० सर+अ० ताज] १. मुकुट। २. शिरोमणि। ३. सरदार।

सरतारा* वि० [हिं० सर+तरना ?] जो अपना काम करके निश्चिन्त हो गया हो।

सरद वि० दे० 'सर्द'।

सरदई वि० [हिं० सरदा] सरदा नामक फल के रंग का, हलका हरापन लिए पीला।

पुं० हलका हरापन लिए पीला रंग।

सरदर क्रि० वि० [फा० सर+दर=भाव] १. एक सिरे से। २. सबको एक मानकर उनके विचार से, औसत में।

सरदा पुं० [फा० सर्दः] एक प्रकार का बढ़िया खरबूजा।

सरदार पुं० [फा०] [भाव० सरदारी] १. नायक, अगुआ। २. शासक। ३. अमीर, रईस।

सरदारतंत्र पुं० दे० 'कुलतंत्र'।

सरदारी स्त्री० [हिं० सरदार] सरदार का पद, काम या भाव।

सरदियाना अ० [हिं० सरदी] १. सरदी के कारण ठंडा होना। २. आवेश आदि शान्त होना, ठंडा पड़ना, 'गरमाना' का विपर्याय।

सरदी स्त्री० [फा० सर्दी] १. शीतलता, ठंडक। २. जाड़ा। ३. प्रतिश्याय, जुकाम।

सरधन* वि०=धनवान।

सर-धर* पुं० दे० 'तरकश'।

सरधा स्त्री० [सं० श्रद्धा] १. श्रद्धा। २. अभिलाषा, वासना।

पुं० दे० 'सरदा' (फल)।

सरन* स्त्री०=शरण।

सरनदीप* पुं० दे० 'सिंहलद्वीप'।

सरना अ० [सं० सरण] १. सरकना, खिसकना। २. हिलना-डोलना। ३. काम चलना या निकलना, उद्देश्य सिद्ध होना, उदा० भैया बन्धु कुटुम्ब घनेरे, तिनतैं कछु न सरी। —सूर। ४. किसी के उपयोग में आना, उदा० हाथ वही, उन गात सरै।—रसखान। ५. किया जाना, पूरा होना। ६. किसी चीज, काम या बात का यथेष्ट होना। ७. आपस में सद्भाव बना रहना, निभना, पटना।

*अ० [हिं० सड़ना] नष्ट होना।

सरनाम वि० [फा०] प्रसिद्ध, मशहूर।

सरनामा पुं० दे० 'सिरनामा'।

सरनी स्त्री० दे० 'सरणी'।

सरपंच पुं० [फा० सर+हिं० पंच] पंचों में प्रधान व्यक्ति, पंचायत का सभापति।

सर-पंजर* पुं० [सं० शर+पिंजरा] वाणों का बना हुआ पिंजड़ा या घेरा, उदा० माया बल कीन्हैसि सर-पंजरा।—तुलसी।

सरप* पुं०=सर्प (साँप)।

सरपट पुं० [सं० सर्पण] घोड़े की एक प्रकार की तेज चाल।

क्रि० वि० घोड़े की उक्त चाल की तरह तेज या दौड़ते हुए।

सरपत पुं० [सं० शरपत्र] एक प्रकार का तृण या घास जिससे छप्पर आदि छाए जाते हैं।

सरपना* अ० [सं० सर्पण] १. खिसकना। २. आगे बढ़ना।

सरपेच पुं० [फा०] पगड़ी के ऊपर लगाने की जड़ाऊ कलगी।

सरफराना* अ० [अनु०] व्याकुल होना, घबराना।

सरबंधी* पुं० [सं० शरबंध] तीरन्दाज, धनुर्धर।

पुं० दे० 'संबंधी'।

सरब[१] पुं० [सं० शर] १. तीरंदाजी, वाण विद्या। २. तीर छोड़ने की क्रिया।

सरब[२] वि० दे० 'सर्व'।

सरबग्य* वि०='सर्वज्ञ'।

सर-बर[१] स्त्री० [हिं० सर=बराबरी+बर (अनु०)] समानता, बराबरी।

सरबर[२]* स्त्री० [अनु०] व्यर्थ की बकवाद या बहुत बढ़-चढ़कर की जानेवाली बात।

सरबरना* अ० [हिं० सरबर] किसी की समता या बराबरी करना।

सरबराह* पुं० [फा०] १. प्रबन्धकर्ता, व्यवस्थापक। २. मजदूरों आदि का सरदार। ३. रास्ते के खान-पान का और ठहरने आदि का प्रबन्ध करनेवाला।

सरबरी* स्त्री० [सं० शर्वरी] रात्रि, रात।

सरबस* पुं०=सर्वस्व।

सरबाक* पुं० [सं० शरावक] कसोरा, सकोरा।

सरबोर* वि० दे० 'सराबोर'।

सरभ* पुं० दे० 'शरभ'।

सरम* स्त्री०=शर्म।

सरमा[१] स्त्री० [सं०] वैदिक काल की, देवताओं की एक प्रसिद्ध कुतिया।

सरमा[२] पुं० [फा०] शीतकाल, जाड़ा।

सरमाई वि० [फा०] जाड़े का।

स्त्री० जाड़े में पहनने के कपड़े।

सरमाएदार पुं० [फा० सरमायः+दार] पूँजीपति, धनाढ्य व्यक्ति।

सरमाएदारी स्त्री० [हिं० सरमायेदार] पूँजीवाद।

सरमाया पुं० [फा० सरमायः] १. मूलधन, पूँजी। २. धन-दौलत, सम्पत्ति।

सरयू स्त्री० [सं०] उत्तर प्रदेश की एक प्रसिद्ध नदी।

सरयूपारी वि० सरयू के उस पार का।

पुं० १. सरयू के उस पार का निवासी। २. ब्राह्मणों की एक जाति।

सरयूपारीण वि०, पुं०=सरयूपारी।

सरल वि० [सं०] [स्त्री० सरला, भाव० सरलता] १. जो टेढ़ा न हो, सीधा, जैसे सरल रेखा। (स्ट्रेट, राइट) २. सीधे स्वभाव वाला, निश्छल, निष्कपट, सीधा-साधा। ३. सहज, सुगम।

पुं० १. चीड़ का पेड़। २. इस पेड़ का गोंद, गन्धा-बिरोजा।

सरलता स्त्री० [सं०] १. 'सीधा' होने का भाव, सीधापन। २. निष्कपटता, निश्छलता। ३. 'सहज' होने का भाव, सुगमता।

सरलीकरण पुं० [सं० सरल+करण] [वि० सरलीकृत] किसी कठिन विषय आदि को सरल करने की क्रिया या भाव। (सिम्पिलफिकेशन)

सरवंग* पुं०=सर्वांग।

सरवत क्रि० वि० [सं० शर+वत्] तीर की तरह।

सरवन पुं० [सं० भ्रमण] १. अन्धक मुनि के पुत्र श्रवण जो अपने पिता को काँवर या बँहगी पर रखकर तीर्थाटन करते थे। २. इनकी पुण्यात्मक कथा कहकर भीख माँगनेवाला ब्राह्मण।

*पुं०=श्रमण।

सरवर पुं०=सरोवर।

सरवरि स्त्री० [सं० सदृश] १. बराबरी, समता। २. प्रतियोगिता, होड़।

सरवरिया वि० [हिं० सरवार] सरवार या सरयू के उस पार का।

पुं० सरयूपारी।

सरवाक* पुं० [सं० शरावक] १. डिबिया। २. कटोरी। ३. कसोरा।

सरवान* पुं० [?] १. तम्बू, खेमा। २. झंडा, पताका।

सरवार पुं० [सं० सरयू+पार] सरयू नदी के उस पार का देश जिसमें गोरखपुर और बस्ती आदि के जिले हैं।

सपषतु* पुं० [फा० सरख़त] परवाना, आदेश-पत्र।

सरस वि० [सं०] [स्त्री० सरसा, भाव० सरसता] १. जिसमें रस हो, रसयुक्त, रसीला। २. गीला, तर। ३. हरा और ताजा। ४. सुन्दर, मनोहर। ५. मधुर, मीठा। ६. जिसमें मन के कोमल भाव जगाने की शक्ति हो, भावपूर्ण।

सरसई[1] * स्त्री०=सरस्वती।

सरसई[2] स्त्री० [सं० सरस] १. सरसता। २. आर्द्रता। ३. माधुर्य।

सरसई[3] स्त्री० [हिं० सरसों] सरसों के दाने की तरह का फलों का आरम्भिक और बहुत छोटा रूप।

सरसता स्त्री० [सं०] १. 'सरस' होने का भाव। २. रसीलापन। ३. रसिकता। ४. सुन्दरता। ५. मधुरता। ६. भावपूर्णता।

सरसना अ० [सं० सरस] १. हरा होना, पनपना। २. उन्नत होना, बढ़ना। ३. शोभित होना, सोहाना। ४. रसपूर्ण होना। ५. कोमल या सरस भाव के आवेश में आना, उदा० सब देवनि सादर प्रनाम करि अति सुख सरसै। —रत्ना०।

सरसर स्त्री० [अनु०] साँपों आदि के जमीन पर रेंगने या वायु के चलने से उत्पन्न होनेवाला शब्द।

सरसराना अ० [अनु० सरसर] [भाव० सरसराहट] १. वायु का सरसर शब्द करते हुए चलना, सनसनाना। २. जल्दी-जल्दी कोई काम करना।

सरसरी वि० [फा०] १. बिना अच्छी तरह विचार हुआ, चलताऊ; जैसे सरसरी दृष्टि से। २. स्थूल रूप से, मोटे तौर पर होनेवाला। (समरी)

सरसाई* स्त्री० [सं० सरस] १. दे० 'सरसता'। २. अधिकता।

सरसाना स० हिं० 'सरसना' का स०।

*अ० दे० 'सरसना'।

सरसाम पुं० [फा०] सन्निपात नामक रोग।

सरसिज पुं० [सं०] कमल।

सरसी स्त्री० [सं०] १. छोटा सरोवर या जलाशय। २. बावली। ३. एक प्रकार का मात्रिक छन्द जिसके प्रत्येक चरण में २७ मात्राएँ (१६वीं मात्रा पर यति) और अन्त में गुरु और लघु होते हैं। इसे सुमन्दर भी कहते हैं। होली के दिनों में गाया जानेवाला कबीर प्राय: इसी छन्द में होता है।

सरसीरुह पुं० [सं०] कमल।

सरसेटना स० [अनु०] डाँटना, फटकारना।

सरसों स्त्री० [सं० सर्षप] एक प्रसिद्ध पौधा जिसके बीजों से तेल निकलता है।

सरसौंहाँ* वि० [हिं० सरस] सरस या रसयुक्त करनेवाला।

सरस्वती स्त्री० [सं०] १. विद्या और वाणी की अधिष्ठात्री देवी, ब्राम्ही, वाग्देवी, भारती, शारदा। २. विद्या, इल्म। ३. पंजाब की एक प्राचीन नदी।

सरस्वती पूजा स्त्री० [सं०] वसन्त पंचमी के अवसर पर विशेष रूप से होनेवाली सरस्वती की पूजा।

सरहंग पुं० [फा०] १. सेनापति। २. पहलवान। ३. कोतवाल। ४. सिपाही।

सरह* पुं० [सं० शलभ] टिड्डी (कीड़ा)।

सरहथ पुं० [सं० शर या शल्य+हिं० हाथ] बरछी की तरह का एक हथियार जिससे बड़ी मछलियों का शिकार किया जाता है।

सरहद स्त्री० [फा० सर+अ० हद] [वि० सरहदी] १. सीमा। २. चौहद्दी बतानेवाली रेखा या चिह्न। ३. चित्र में किसी व्यक्ति, उसके किसी अंग अथवा किसी वस्तु की रूपरेखा जिससे उसके आकार का स्थूल ज्ञान होता है।

सरहदी वि० [हिं० सरहद] १. सरहद या सीमा-सम्बन्धी। २. सरहद या सीमा पर रहनेवाला, जैसे सरहदी गाँधी।

सरा* स्त्री० [सं० शर] चिता।
पुं०=शर (वाण)।
स्त्री०=सराय।

सराई* स्त्री०=सलाई।

सराख स्त्री० दे० 'सलाख'।

सराजाम* पुं०=सरंजाम।

सराध* पुं० दे०=श्राद्ध।

सराना* स० [हिं० सारना का प्रे०] १. काम पूरा कराना, सम्पादित कराना। २. (कामे) पूरा करना, उदा० सिल्पकार अति निपुन कला कौ सार सरावत।—रत्ना०।

सराप* पुं०=शाप।

सरापना स० [सं० शाप] शाप देना।

सरापा पुं० [फा०] नख-शिख।

सराफ पुं० [अ० सर्राफ़] [भाव० सराफी] १. सोने-चाँदी का व्यापारी। २. रुपए-पैसे रखकर, बैठनेवाला वह दुकानदार जिससे लोग, रुपए, नोट आदि भुनाते हैं।

सराफा पुं० [अ० सर्राफ़ः] १. सराफ का काम या पेशा। २. सराफों का बाजार।

सराफी स्त्री० [हिं० सराफ] १. सराफ का काम या भाव। २. महाजनी या कोठीवाली लिपि, मुंडा।

सराबोर वि० [सं० श्राव+हिं० बोर] बिल्कुल भींगा हुआ, तर।

सराय स्त्री० [फा०] यात्रियों के ठहरने की जगह, मुसाफिरखाना।

सराव* पुं० [सं० शराव] १. मद्य पीने का प्याला। २. कटोरा। ३. दीया।

सरावगी पुं० दे० 'जैन'।

सरासर क्रि० वि० [फा०] [भाव० सरासरी] १. एक सिरे से दूसरे सिरे तक। २. बिल्कुल, पूरा-पूरा। ३. साक्षात्, प्रत्यक्ष।

सरासरी स्त्री० [फा०] शीघ्रता, जल्दी।
क्रि० वि० १. जल्दी में, शीघ्रतापूर्वक। २. मोटे हिसाब से अनुमानतः।

सराह* स्त्री० [हिं० सराहना] सराहने की क्रिया या भाव, प्रशंसा, तारीफ।

सराहना स० [सं० श्लाघन्] प्रशंसा या बड़ाई करना।
स्त्री० प्रशंसा, तारीफ।

सराहनीय* वि० [हिं० सराहना] प्रशंसा के योग्य, अच्छा।

सरि[1] स्त्री० [सं० सरित्] नदी।

सरि[2] स्त्री० [सं० सदृश] समता, बराबरी; उदा०-ऐसो तूँ मोसो सरि करे।—केशव।

सरि[3] स्त्री० [सं० सृक] शृंखला, लड़ी, उदा० मोतिन की सरि सिर कंठमाल हार।—केशव।

सरि[4] वि० [हिं० सरिस] समान, तुल्य, बराबर।
सम्बन्धबोधक के समान।

सरि[5] क्रि० वि० पर्यंत, तक।

सरितराज पुं०=समुद्र।

सरिता स्त्री० [सं० सरित्] १. धारा २. नदी।

सरितातट पुं० [सं०] नदी का तट।

सरित्प्रवाह पुं० [सं० सरित्+प्रवाह] नदी की धारा।

सरियाना स० [हिं० सर=पंक्ति] १. क्रम से लगाकर चीजें यथास्थान रखना। २. मारना, पीटना। ३. सुलझाना।

सरिश्ता पुं० [फा० सरिश्तः] १. कार्यों अथवा कार्यालय का विभाग, महकमा। २. कार्यालय। ३. कार्य, व्यवहार आदि का निश्चित और परम्परागत क्रम या रीति।

सरिश्तेदार पुं० [फा० सरिश्तःदार] १. किसी विभाग का प्रधान अधिकारी। २. अदालतों में मुकदमों की नत्थियाँ आदि रखनेवाला अधिकारी।

सरिस* वि० [सं० सदृश] सदृश, समान।

सरिस्ता पुं० [फा० सरिश्तः] विभाग।

सरी स्त्री० [सं०] १. छोटा सर या तालाब, झरना, सोता, चश्मा।

सरीकता* स्त्री० [अ० शरीक+हिं० ता (प्रत्य०)] साझा, साझेदारी।

सरीखा वि० [सं० सदृश] समान, तुल्य।

सरीसृप पुं० [सं०] १. रेंगकर चलनेवाला जन्तु, जैसे साँप, कन-खजूरा आदि। २. (बहु०) रेंगकर चलनेवाले जन्तुओं का वर्ग।

सरुज वि० [सं०] जिसे रोग हो, रोगी।

सरुझना* अ०=सुलझना।

सरूप वि० [सं०] १. आकार या रूप से युक्त। २. सुन्दर। ३. सदृश, समान।
*वि०, पुं०=स्वरूप।

सरूर पुं० [फा०] हलका नशा।

सरेख, सरेखा* वि० [सं० श्रेष्ठ] [स्त्री० सरेखी] सयाना और समझदार, होशियार।

सरेखना स० दे० 'सहेजना'।

सरेस पुं० [फा० सरेश] एक प्रसिद्ध लसदार वस्तु जो चमड़े, सींग आदि को उबालकर निकाली जाती है।

सरो पुं० [फा० सर्व] एक प्रकार का वृक्ष जो सीधे और सुन्दर आकार के लिए प्रसिद्ध है।

सरोकार पुं० [फा०] १. सम्बन्ध। २. लगाव, वास्ता। ३. वह दृष्टि जो पारस्परिक संबंध का आधार हो।

सरोज पुं० [सं०] कमल।

सरोजना* स० [?] प्राप्त करना, पाना।

सरोजिनी स्त्री० [सं०] १. कमलों से भरा हुआ तालाब। २. कमल।

सरोट* स्त्री० दे० 'सिलवट'।

सरोता* पुं० श्रोता।

सरोद पुं० [फा०] सारंगी की तरह का बाजा।

सरोपा पुं० [फा०] १. सिर और पैर। २. सिर से पैर तक के वस्त्र, आभूषण आदि।

सरोरुह पुं० [सं०] कमल।

सरोवर पुं० [सं०] तालाब।

सरोष वि० [सं०] क्रोधयुक्त, कुपित।
क्रि०वि० रोषपूर्वक, क्रोध से।

सरोसमान पुं० [फा० सर+व+सामान] सारी सामग्री या सभी उपकरण।

सरौट* स्त्री० दे० 'सिलवट'

सरौता पुं० [सं० सार=लोहा+पत्र] एक प्रसिद्ध औजार जिससे सुपारी आदि काटते हैं।

सर्करा* स्त्री०=शर्करा

सर्किट पुं० [अं०] वह पूरा पथ जिसमें विद्युत धारा प्रवाहित होती हो, परिपथ।

सर्ग पुं० [सं०] १. चलना या आगे बढ़ना, गमन। २. संसार, सृष्टि, उत्पत्ति। ३. बहाव, प्रवाह। ४. प्राणी, जीव। ५. सन्तान, औलाद। ६. स्वभाव, प्रकृति। ७. किसी ग्रन्थ, विशेषतः महाकाव्य का अध्याय। (कैन्टो) ८. प्राकृतिक वस्तुओं, जीवों आदि का कोई स्वतन्त्र और पूरा समूह या वर्ग, जैसे जीवसर्ग, वनस्पति-सर्ग आदि। (किंगडम)

सर्गबद्ध वि० [सं०] [भाव० सर्गबद्धता] जो कई सर्गों या अध्यायों में रचा हुआ हो।

सर्गुन* वि० दे० 'सगुण'।

सर्जक वि०, पुं० [सं०] सर्जन करनेवाला।

सर्जन[1] पुं० [सं०] [वि० सर्जनीय, सर्जित] १. (कोई चीज) चलाना, छोड़ना या फेंकना। २. निकालना। ३. कोई चीज बनाकर तैयार करना, रचना, नवनिर्माण। (क्रिएशन)

सर्जन[2] पुं० [अं०] विकार या रोग को दूर करने के लिए शरीर के किसी अंग की चीर-फाड़ करनेवाला डाक्टर।

सर्जनप्रधान वि० [सं०] जिसमें सर्जन पर अधिक ध्यान हो, सर्जनात्मक।

सर्जना स्त्री० [सं० सर्जन] १. सर्जन। २. सृष्टि। ३. निर्मिति।

सर्जनात्मक वि० [सं०] सर्जन-सम्बन्धी।

सर्द वि० [फा०] १. ठंडा, शीतल। २. सुस्त, मन्द, धीमा।

सर्दी स्त्री० दे० 'सरदी'।

सर्प पुं० [सं०] [स्त्री० सर्पिणी] साँप।

सर्पयज्ञ पुं० [सं०] दे० 'नागयज्ञ'।

सर्पविद्या स्त्री० दे० 'गारुड़ी'।

सर्पिल वि० [सं०] १. साँप की चाल की तरह का टेढ़ा-तिरछा। २. जो साँप की तरह कुंडली मारे हुए हो।

सर्फा पुं० [अ० सर्फ़:] व्यय, खर्च।

सर्मदा* वि० स्त्री०=शर्मदा (सुख देनेवाली)।

सर्रक स्त्री०[अनु०] सर्राते हुए आगे बढ़ने की क्रिया या भाव।

सर्राटा पुं० [हिं० सर्र से अनु०] १. हवा के जोर से चलने पर होने वाला सर्रसर्र शब्द। २. इस प्रकार तेजी से भागना कि सर्रसर्र शब्द हो।
मुहा० *सर्राटा भरना*=तेजी के साथ सर्रसर्र शब्द करते हुए इधर से उधर जाना।

सर्राना अ० [अनु० सर्र] सर्रसर्र शब्द करना।

सर्व[1] वि० [सं०] [भाव० सर्वता] सब, समस्त, कुल।

सर्व[2]* पुं० [सं० शर्व] शंकर; उदा० सर्व सर्ब मद को अखर्ब। —केशव।

सर्वऋतु वि० [सं०] सभी ऋतुओं में होने या मिलनेवाला, बारहमासी।

सर्वकाम वि० [सं०] १. सब प्रकार की इच्छाएँ रखनेवाला। २. सब प्रकार की कामनाएँ पूरी करनेवाला।

सर्वकालीन वि० [सं०] [भाव० सर्वकालीनता] १. जो सब कालों में अवस्थित रहता है।

सर्वक्षमा स्त्री० [सं०] शासन द्वारा किसी विशिष्ट कारण से या विशिष्ट अवसर पर बन्दियों को छोड़ने का निश्चय।

सर्वक्षार पुं० [सं०] आधुनिक युद्ध में शत्रु से हारकर पीछे हटने के समय सारी सम्पत्ति और पैदावार इसलिए नष्ट कर डालना कि वह आगे बढ़नेवाले शत्रु के काम न आ सके।

सर्वग वि० [सं०] सब जगह जाने या पहुँचनेवाला, उदा० 'यद्यपि श्री रघुनाथ जू, सम सर्वग सर्वज्ञ'। —केशव।

सर्वगत वि० [सं०] जो सब जगह हो, जिसकी गति हर जगह हो।

सर्वगुण पुं० (बहु०) [सं०] सभी गुण; सर्वगुण सम्पन्न=सभी गुणों से युक्त।

सर्वग्रास पुं० [सं०] चन्द्रमा या सूर्य का वह ग्रहण जिसमें उसका सारा बिम्ब ढक जाता है।

सर्वग्रासी वि० [सं० सर्वग्रास] १. सबकुछ निगल जानेवाला। २. सबकुछ नष्ट कर देनेवाला; जैसे-सर्वग्रासी मूल्यहीनता।

सर्वजनसुलभ वि०=सर्वसुलभ।

सर्वजनीन वि० दे० 'सार्वजनिक'।

सर्वजित् वि० [सं०] सबको जीतनेवाला।

सर्वजीववाद पुं० [सं०] यह सिद्धान्त कि हर पदार्थ में आत्मा होती है।

सर्वजेता पुं० [सं० सर्वजित] वह खिलाड़ी जिसने सभी प्रतिस्पर्धियों को हरा दिया हो, चैम्पियन।

सर्वज्ञ वि० [सं०] [भाव० सर्वज्ञता] सभी बातें जाननेवाला।
पुं० १. ईश्वर। २. बुद्धदेव, तथागत।

सर्वज्ञता स्त्री० [सं०] सर्वज्ञ होनेकी अवस्था, गुण या भाव, जो ईश्वर का एक गुण माना जाता है।

सर्वज्ञात वि० [सं०] जिसे सब जानते हों, सर्वविदित।

सर्वज्ञाता पुं०=सर्वज्ञ।

सर्वतंत्र पुं० [सं०] सब प्रकार के शास्त्रीय सिद्धान्त।
वि० जिसे सब शास्त्र या लोग मानते हों।

सर्वतः क्रि० वि० [सं०] १. चारों ओर। २. सब प्रकार से।

सर्वता स्त्री० [सं०] १. सब का भाव। २. सबको साथ लेकर चलने का भाव।

सर्वतोभद्र वि० [सं०] १. सब प्रकार से कल्याणकारी। २. जिसके सिर, दाढ़ी, मूँछ आदि के सब बाल मुँड़े हों। पुं० १. एक प्रकार का मांगलिक-चिह्न जो देवताओं पर चढ़ाने के वस्त्र पर बनाया जाता है। २. सिर, दाढ़ी, मूँछ आदि सबके बाल मुँड़ाना। ३. एक प्रकार का चित्रकाव्य।

सर्वतोभाव क्रि० वि० [सं०] १. सब तरह से। २. अच्छी तरह, भली भाँति।

सर्वतोमुख वि० [सं०] १. जिसका या जिसके मुँह चारों ओर हो। २. सब जगह मिलने या होनेवाला, व्यापक।

सर्वतोमुखी वि०=सर्वतोमुख।

सर्वत्यागी (-गिन्) वि०[सं०] जिसने सब कुछ त्याग दिया हो।

सर्वत्र क्रि० वि० [सं०] सब जगह।

सर्वथा क्रि० वि० [सं०] १. सब प्रकार से, पूरी तरह से। २. बिल्कुल, पूरा।

सर्वदर्शिता स्त्री० [सं०] सर्वदर्शी होने का भाव।

सर्वदर्शी (-र्शिन्) वि०, पुं० [सं० सर्वदर्शिन्] [स्त्री० सर्वदर्शिणी, भाव० सर्वदर्शिता] सब-कुछ देखनेवाला, विश्व में होनेवाली सभी बातें देखनेवाला।

सर्वदल पुं० [सं०] [वि० सर्वदलीय] किसी विषय पर विचार करने अथवा किसी क्षेत्र में काम करनेवाले सभी दल या वर्ग, जैसे उस समय एक सर्वदल-सम्मेलन हुआ था।

सर्वदलीय वि० [सं० सर्वदल] जिसमें सभी दलों ने योगदान किया हो।

सर्वदा क्रि० वि० [सं०] हमेशा, सदा।

सर्वदैव क्रि० वि० [सं०] सदा ही, सदैव।

सर्वधर्म पुं० [सं०] १. सबका धर्म। २. वह कार्य जिसे सबको करना चाहिए।

सर्वधर्म-समभाव पुं० [सं० सर्जना] १. सभी धर्मों में समानता का भाव। २. सभी धर्मों की एकता का भाव।

सर्वनाम पुं० [सं० सर्वनामन्] व्याकरण में वह शब्द जिसका प्रयोग सभी संज्ञाओं के स्थान पर संभव हो, जैसे मैं, तुम, वह। (प्रोनाउन)

सर्वनाश पुं० [सं०] सब चीजों का पूरा नाश, पूरी बरबादी।

सर्वनाशक वि० [सं०] सब बातें या सब प्रकार के काम नष्ट करनेवाला, सब-कुछ चौपट करनेवाला।

सर्वनाशी वि० [सं० सर्वनाश+हिं० ई (प्रत्य०)] सर्वनाश करनेवाला, जैसे-शस्त्रों की सर्वनाशी होड़।

सर्वपति पुं० [सं०] विष्णु।

सर्वप्रिय वि० [सं०] जो सबको प्रिय हो या अच्छा लगे। (पापुलर)

सर्वप्रियता स्त्री० [सं०] सबको प्रिय होने या अच्छा लगने का भाव, लोकप्रियता। (पापुलैरिटी)

सर्वभक्षी (-क्षिन्) वि० [सं०] [स्त्री० सर्वभक्षिणी] सब-कुछ खा जानेवाला।

सर्वभोगी (-गिन्) वि०, पुं० [सं०] अच्छी और बुरी अथवा ग्राह्य और अग्राह्य सभी वस्तुओं का भोग करनेवाला या आनन्द लेनेवाला।

सर्वमंगला स्त्री० [सं०] १. दुर्गा। २. लक्ष्मी। ३. भवानी। वि० स्त्री० सब प्रकार से मंगल या कल्याण करनेवाली।

सर्वमान्य वि० [सं०] जो सब को मान्य हो।

सर्वरी* स्त्री० [सं० शर्वरी] रात, रात्रि, यामिनी, विभावरी।

सर्ववर्तुल वि० [सं०] (पिंड) जिसका प्रत्येक बिन्दु उसके मध्य विन्दु से समान अन्तर पर हो, गोल। (स्फेरिकल) पुं० उक्त प्रकार का पिंड, गोला। (स्फियर)

सर्वविदित वि० [सं०] जिसे सब जानते हों, सर्वज्ञान।

सर्वव्यापक वि० [सं०] [भाव० सर्वव्यापकता] सब जगह तथा सब पदार्थों में व्याप्त रहनेवाला। पुं०=ईश्वर।

सर्वव्यापी वि०=सर्वव्यापक।

सर्वव्यापीकरण पुं० सर्वव्यापी बनाने की क्रिया या भाव।

सर्वव्याप्त वि० [सं०] जो सबमें तथा सब जगह व्याप्त हो।

सर्वशक्तिमान वि० [सं०] जिसमें सब-कुछ करने की शक्ति हो। (ओम्निपोटेन्ट) पुं०=ईश्वर

सर्वश्री वि० [सं०] एक आदरसूचक विशेषण जो बहुत से नामों का उल्लेख होने पर उन सबके साथ अलग-अलग श्री न लगाकर, उन सबके सामूहिक सूचक के रूप में, आरम्भ में लगाया जाता है, जैसे सर्वश्री सीताराम, माधोप्रसाद, बालकृष्ण, नारायणदास आदि।

सर्वश्रेष्ठ वि० [सं०] [भाव० सर्वश्रेष्ठता] सबसे उत्तम।

सर्व-समावेशी वि० [सं० सर्व+समावेश+हिं० ई (प्रत्य०)] जो सबको समाविष्ट करता हो।

सर्वसम्मत वि० [सं०] जिससे उपस्थित या सम्बद्ध सभी लोग सहमत हों, जिसके पक्ष में सबकी सहमति हो। (यूनैनिमस)

सर्वसम्मति स्त्री० [सं०] ऐसी स्थिति जिसमें उपस्थित या सम्बद्ध सभी लोग सहमत हों, सबकी एक सम्मति या राय। (यूनैनिमिटी)

सर्वसाधारण पुं० [सं०] सभी प्रकार के लोग, जनता, आम लोग। वि० जो सबमें पाया जाए, आम। (कॉमन)

सर्वसामान्य वि० [सं०] १. जो सबमें सामान्य रूप से पाया जाए। (कॉमन) २. जो सब लोगों के लिए हो। (पब्लिक)

सर्वसुंदर वि० [सं०] १. जो सबसे सुन्दर हो। २. जो सब दृष्टियों से सुंदर हो।

सर्वसुलभ वि० [सं०] [भाव० सर्वसुलभता] जो लोगों को (सरलता से) सुलभ हो सके।

सर्वसोख वि० [सं० सर्व+हिं० सोखना] सब-कुछ सोख लेने, निगल जाने या ले लेनेवाला, उदा० 'सत्यानाशी जुद्ध कालहूँ सर्वसोख सों।' -रत्ना०।

सर्वस्व पुं० [सं०] १. जो कुछ पास में हो, वह सब, सारी सम्पत्ति या पूँजी। २. स्त्री का स्त्रीत्व।

सर्वस्वीकार वि० [सं०] सबके द्वारा स्वीकार किया हुआ।

सर्वस्वीकृत वि० [सं० सर्व+स्वीकृत] [भाव० सर्वस्वीकृति] (प्रस्ताव आदि) जिसपर सभी ने स्वीकृति दे दी हो।

सर्वहारा पुं० [सं० सर्व+हारा] वह जिसका सबकुछ हर लिया गया हो।

सर्वहितकारी वि० [सं० सर्व+हितकारी] १. जो सबका हित करता हो। २. जिसमें सबका हित हो।

सर्वहितैषी वि० [सं० सर्व+हितैषी] १. सबका हित चाहनेवाला। २. जीव मात्र का हित चाहनेवाला।

सर्वांग पुं० [सं०] [भाव० सर्वांगता] १. सम्पूर्ण शरीर, सारा बदन। २. किसी चीज, काम या बात के सब अवयव या अंश।

सर्वांगपूर्ण वि० [सं०] जो सभी आवश्यक अंगों या अवयवों से युक्त हो, सब तरह से भरा-पूरा।

सर्वांगसुंदर वि० [सं०] जो सभी दृष्टियों या अंगों से सुन्दर या अच्छा हो।

सर्वांगी वि०=सर्वांगीण।

सर्वांगीण वि० [सं०] [भाव० सर्वांगीणता] १. सब अंगों से सम्बन्ध रखनेवाला। २. सब अंगों से युक्त, सम्पूर्ण।

सर्वांश वि० [सं०] पूर्ण।

सर्वांश में क्रि० वि० पूर्ण रूप से।

सर्वात्मभाव पुं० [सं०] सभी में एक ही आत्मा का निवास मानना।

सर्वात्मना क्रि० वि० [सं०] पूरे मन से।

सर्वात्मा पुं० [सं० सर्व+आत्मन्] आत्मा के रूप में सभी में व्याप्त रहनेवाला, ब्रह्मा।

सर्वाधिक वि० [सं० सर्व+अधिक] सब से अधिक।

सर्वाधिकार पुं० [सं०] [वि० सर्वाधिकारी] १. सब-कुछ करने का अधिकार, पूरा इख्तियार। २. सारे अधिकार।

सर्वाधिकारी(-रिन्) पुं० [सं०] वह जिसे सब प्रकार के अधिकार हों या मिले हों।

सर्वनुमति स्त्री० [सं० सर्व+अनुमति] सर्वसम्मति, एक राय।

सर्वास्तिवाद पुं० [सं०] एक प्रकार का दार्शनिक सिद्धान्त जिसमें यह माना जाता है कि संसार की सभी वस्तुओं की सत्ता या अस्तित्व है, वे असार नहीं हैं।

सर्वेक्षक पुं० [सं०] सर्वेक्षण करनेवाला।

सर्वेक्षण पुं० [सं०] १. चारों ओर से निरीक्षण करना, पूरी जाँच-पड़ताल के साथ निरीक्षण करना। २. रुझान, स्थिति आदि का पता लगाने के लिए किया जानेवाला अनुसन्धान।

सर्वेच्छा स्त्री० [सं० सर्व+इच्छा] सबकी इच्छा।

सर्वेश, सर्वेश्वर पुं० [सं०] १. सबका स्वामी। २. ईश्वर।

सर्वेश्वरवाद पुं० [सं०] वह सिद्धान्त जिसमें यह माना जाता है कि ईश्वर एक है और वह विश्व के सभी प्राणियों और तत्त्वों में समान रूप से वर्तमान है। (पैन्थिइज्म)

सर्वेसर्वा वि० [सं० सर्वे-सर्वाः] जिसे किसी विषय या कार्य में सब प्रकार के और पूरे अधिकार हों।

पुं० पूरा मालिक।

सर्वोच्च वि० [सं०] [भाव० सर्वोच्चता] १. सबसे ऊँचा। २. सर्वश्रेष्ठ।

सर्वोत्कृष्ट वि० [सं०] सबसे उत्कृष्ट, सबसे अनोखा।

सर्वोत्तम वि० [सं०] सबसे उत्तम, सबसे बढ़कर या अच्छा।

सर्वोदय पुं० [सं०] स्वतन्त्र भारत का एक नया आन्दोलन जिसमें सभी लोगों के आर्थिक, नैतिक, शारीरिक, सामाजिक आदि सुधारों तथा सब प्रकार की उन्नति के प्रयत्न किए जाते हैं।

सर्वोपयोगी (-गिन्) वि० [सं०] जो सबके लिए उपयोगी हो।

सर्वोपरि वि० [सं०] [भाव० सर्वोपरिता] सबसे ऊपर या बढ़कर होनेवाला।

सर्षप पुं० [सं०] सरसों।

सल[1] स्त्री० [देश०] १. किसी चीज में पड़ा हुआ बल, सिकुड़न, सिलवट। २. परत, तह।

सल[2] स्त्री० [देश०] १. जानकारी, पता। २. परिचय, ज्ञान।

सल[3] पुं० [सं०] जल, पानी।

सल[4]* स्त्री० [सं० शल्य] पीड़ा, कष्ट।

सलई स्त्री० [सं० शल्लकी] १. चीड़ का पेड़। २. चीड़ का गोंद, कुन्दुर।

सलज्ज वि० [सं०] [भाव० सलज्जता] जिसे लज्जा हो, लज्जाशील।

क्रि० वि० लज्जापूर्वक, शरमाते हुए।

सलटाना स० [अं० सैटल+हिं० आना (प्रत्य०)] निपटाना, सुलझाना।

सलतनत स्त्री० [अ० सल्तनत] १. राज्य। २. साम्राज्य। ३. प्रबन्ध। ४. सुविधा।

सलना अ० हिं० 'सालना' का अ०।

सलभ* पुं०=शलभ (पतिंगा)।

सलमा पुं० [अ० सलमः] सोने या चाँदी का वह तार जो कपड़ों पर बेल-बूटे बनाने के काम में आता है, बादला।

सलवट स्त्री० दे० 'सिलवट'।

सलवार स्त्री० [फा० शलवार=जाँघिया] १. पायजामे के नीचे पहनने का जाँघिया। २. एक प्रकार का बहुत ढीला पायजामा जो विशेषतः पंजाब और उसके पश्चिमी भागों में पहना जाता है।

सलहज स्त्री० [हिं० साला] साले की स्त्री।

सलाई[1] स्त्री० [सं० शलाका] १. काठ या धातु का छोटा पतला छड़, जैसे गंजी, मोजे आदि बुनने की सलाई। २. आँखों में सुरमा लगाने की सलाई।

मुहा० *किसी की आँख में सलाई फेरना*=किसी को अन्धा करने के लिए सलाई गरम करके उसकी आँखों में लगाना। ३. दीयासलाई।

सलाई[2] स्त्री० [हिं० सालना] सालने की क्रिया, भाव या मजदूरी।

सलाक* पुं० [सं० शलाका] दे० 'तीर'।

सलाख स्त्री० [फा० मि० सं० शलाका] धातु का मोटा, लम्बा छड़।

सलाद पुं० [अं० सैलाड] खाने के लिए कटी हुई सब्जियाँ।

सलाम पुं० [अ०] प्रणाम, बन्दगी।

मुहा० दूर *से सलाम करना*=पास न जाना, दूर रहना।

सलामत वि० [अ०] १. हानि या आपत्ति से बचा हुआ, रक्षित। २. जीवित और स्वस्थ, सकुशल। ३. स्थित, कायम।

सलामती स्त्री० [अ०] १. तन्दुरुस्ती, स्वस्थता। २. कुशल, क्षेम।

सलामी स्त्री० [अ० सलाम] १. सलाम करने की क्रिया या भाव। २. सैनिकों आदि की सलाम करने की प्रणाली। ३. इस ढंग से (तोपें, बन्दूकें आदि छोड़कर) बड़े अधिकारी या माननीय व्यक्ति का अभिवादन करना।

मुहा० *सलाम उतारना*=किसी बड़े अधिकारी के आने या जाने के समय उक्त प्रकार से अभिवादन करना। *सलामी लेना*=किसी बड़े अधिकारी का खड़े होकर सैनिकों से अभिवादन स्वीकार करना।

४. वह धन जो मकान या जमीन का मालिक मकान या जमीन किराए पर देने के समय किराए के अतिरिक्त पहले ले लेता है, पगड़ी।

वि० थोड़ा ढालुआँ (स्थान)।

सलारा पुं० [?] एक प्रकार की चिड़िया।

सलाह स्त्री० [अ०] १. यह बतलाना कि अमुक कार्य इस प्रकार होना चाहिए अथवा इस प्रकार नहीं होना चाहिए, सम्मति, राय। २. परामर्श।

सलाहकार पुं० [अ० सलाह+फा० कार (प्रत्य०)] परामर्श या सलाह देनेवाला, परामर्शदाता।

सलिता* स्त्री०=सरिता।

सलिल पुं० [सं०] जल, पानी।

सलिला* स्त्री० [सं० सलिल] नदी।

सलीका पुं० [अ० सलीक:] १. अच्छी तरह काम करने का ढंग, योग्यता, शऊर। २. हुनर। ३. शिष्टता।

सलीकेदार वि० [अ० सलीक:+फा० दार] शिष्ट।

सलीता[१] पुं० [देश०] एक प्रकार का बहुत मोटा मारकीन (कपड़ा)।

सलीता[२] पुं० [स्त्री० अल्पा० सलीती] झोला, थैला।

सलील वि० [सं०] १. लीलायुक्त। २. क्रीड़ाशील, खिलवाड़ी। ३. कुतूहलप्रिय, कौतुकी। ४. किसी प्रकार की भावभंगी से युक्त।

सलूक[१] पुं० [अ०] १. आपसदारी का अच्छा बरताव या व्यवहार। २. भलाई, उपकार।

सलूक[२]* पुं०=सालोक्य।

सलोतर पुं० दे० 'शालिहोत्र'।

सलोतरी पुं० दे० 'शालिहोत्री'।

सलोना वि० [हिं० स+लोन=नमक] [स्त्री० सलोनी, भाव० सलोनापन] १. जिसमें नमक पड़ा हो, नमकीन। २. सुन्दर।

सलोनो पुं० [सं० श्रावणी] हिन्दुओं का रक्षाबन्धन नामक त्योहार।

सल्लम स्त्री० [देश०] हाथ का बुना एक प्रकार का मोटा कपड़ा, गजी, गाढ़ा।

सव* पुं० [सं० शव] मृत शरीर, शव।

मुहा० *सव साजना*=चिता बनाकर जलाने के लिए उस पर शव रखना।

सवत, सवति स्त्री० दे० 'सौत'।

सवत्स क्रि० वि० [सं०] बछड़े सहित।

सवन पुं० [सं०] यज्ञ।

सवर्ण वि० [सं०] १. समान, सदृश। २. एक ही वर्ण या जाति के, जैसे–क्षत्रिय के लिए क्षत्रिय या ब्राह्मण के लिए ब्राह्मण सवर्ण होते हैं।

पुं० हिन्दुओं में ब्राह्मण, क्षत्रिय और वैश्य इन तीनों जातियों के लोगों की सामूहिक संज्ञा; जैसे—इस प्रत्याशी को सवर्णों का वोट नहीं मिला।

सवाँग पुं० दे० 'स्वाँग'।

सवाँगना अ० [हिं० स्वाँग] स्वाँग या झूठा भेस बनाना, रूप भरना।

सवा वि० [सं० स+पाद] जिसमें पूरे के सिवा चौथाई और लगा हो, जैसे सवा चार।

सवाई स्त्री० [हिं० सवा+ई (प्रत्य०)] १. वह ऋण जिसमें मूलधन का सवाया चुकाना पड़ता है। २. जयपुर के महाराजाओं की उपाधि।

वि० दे० 'सवाया'।

सवागनि* स्त्री०=सुहागिन।

सवाद पुं० दे० 'स्वाद'।

सवादिक* वि० दे० 'स्वादिष्ट'।

सवादिल* वि०=स्वादिष्ट।

सवादी वि० [हिं० सवाद] १. स्वाद लेने या चखनेवाला। २. आनन्द या रस लेनेवाला, रसिक।

सवाब पुं० [अ०] १. पुण्य। २. उपकार।

सवाया वि० [हिं० सवा] [स्त्री० सवाई] १. पूरे से एक चौथाई अधिक, सवा गुना। २. दूसरे की उपेक्षा कुछ बढ़ा हुआ या अधिक, श्रेष्ठतर।

सवार पुं० [फा०] १. वह जो घोड़े, गाड़ी या किसी वाहन पर चढ़ा हो। २. अश्वारोही सैनिक।

मुहा० *पाँचवाँ सवार बनना*=योग्यता न होने पर भी बड़ों के साथ अपनी गिनती कराने का प्रयत्न करना।

वि० किसी पर चढ़ा या बैठा हुआ।

सवारा* पुं०=सवेरा।

सवारी स्त्री० [फा०] १. वह चीज जिस पर सवार हों, वाहन। २. वह व्यक्ति जो सवार हो। ३. बड़े आदमी, देव-मूर्ति आदि के साथ चलनेवाला जलूस।

सवाल पुं० [अ०] १. पूछने की क्रिया, प्रश्न। २. कुछ देने की प्रार्थना, माँग। ३. वह प्रश्न जो परीक्षा या जाँच के समय उत्तर पाने के लिए दिया जाता है।

सवाल-जवाब पुं० [अ०] १. उत्तर-प्रत्युत्तर। २. तर्क-वितर्क, वाद-विवाद, बहस।

सविकल्प वि० [सं०] विकल्प या सन्देह से युक्त, सन्दिग्ध।

सविकल्प समाधि स्त्री० [सं०] समाधि के दो भेदों में से एक जिसमें ध्याता की ध्यान में ध्येय से पृथकता बनी रहती है। (दूसरा भेद है निर्विकल्प समाधि।)

सविता पुं० [सं० सवितृ] १. वह प्रकाशपुंज जिससे ब्रह्मांड के सभी सूर्य प्रकाश तथा उष्णता प्राप्त करते हैं, ऊर्जा का स्रोत। २. सूर्य। ३. ईश्वर, भगवान। ४. बारह की संख्या। ५. कुछ लाली लिए सफेद रंग की एक चमकीली धातु जो प्राय: निकल और लोहे के साथ पाई जाती है। (कोबाल्ट)

सविनय अवज्ञा स्त्री० [सं० विनय+अवज्ञा] राज्य या अधिकारी की अनुचित आज्ञा या कानून न मानकर उसकी अवज्ञा या उल्लंघन करना। (सिविल डिस्ओबीडिएन्स)

सविस्तर क्रि० वि० [सं०] विस्तारपूर्वक।

सवेतन वि० [सं०] जिसके साथ वेतन भी हो, जैसे सवेतन छुट्टी।

सवेरा पुं० [सं० सवेलं] १. दिन निकलने का समय, प्रात: काल, सुबह। २. निश्चित या नियत समय के पहले का समय। (क्व०)

सवैया पुं० [हिं० सवा+ऐया (प्रत्य०)] १. सवा सेर का बाट। २. वह पहाड़ा जिसमें संख्याओं का सवाया रहता है। ३. ऋण के रूप में अनाज, धन आदि देने की एक प्रणाली जिसमें दिए हुए मान का सवाया वसूल किया जाता है। ४. एक प्रसिद्ध छन्द जिसके प्रत्येक चरण में सात भगण और एक गुरु होता है, मालिनी, मदिरा।

सव्य वि० [सं०] १. वाम, बाँया। २. दक्षिण, दाहिना। ३. प्रतिकूल, उलटा।

सव्यसाची (-चिन्) पुं० [सं०] बाएँ हाथ से भी बाण चलाने में समर्थ अर्थात् अर्जुन (पांडव)।

सशंक वि० [सं०] १. जिसे शंका हो। २. डरा हुआ, भयभीत, आतंकित।

सशंकना* अ० [सं० सशंक] १. शंका या सन्देह करना। २. डरना।

सशक्त वि० [सं०] शक्तिशाली, बलवान।

सशक्तीकरण पुं० [सं०] सशक्त बनाने की क्रिया या भाव।

सशर्त क्रि० वि० शर्त के साथ।
वि० जिसके साथ शर्त हो।

सशस्त्र वि० [सं०] १. जिसके पास शस्त्र हो। २. शस्त्रों आदि से सज्जित; जैसे-सशस्त्र बल। ३. जिसमें शस्त्रों का उपयोग हुआ हो; जैसे-सशस्त्र डकैती।

सस[1] पुं० [सं० शशि] १. चन्द्रमा। २. चन्द्रमा का कलंक।

सस[2] पुं० [सं० शस्य] १. धान्य, अनाज। २. खेती-बारी।

ससका पुं० [सं० शशक] खरगोश।

ससना[1]* अ० [सं० शासन] विपत्ति भोगना, कष्ट सहना।

ससना[2] अ० [हिं० साँस] साँस लेने में कष्ट होना, दम घुटना।

ससना[3] अ० [?] प्रविष्ट होना, समाना।

ससम्मान क्रि० वि० [सं०] सम्मानपूर्वक।

ससहर* पुं० [सं० शशिधर] चन्द्रमा।

ससहरना* अ० [हिं० सिहरना] डरना, उदा० रह्यौ ढीठ ढारसु गहैं, ससहरि गयौ न सूर। -बिहारी।

ससा* पुं० दे० 'ससक'

ससाना* अ० '[?] १. घबराना। २. काँपना।

ससि[1] पुं० [सं० शशिन्] शशि, चन्द्रमा।

ससि[2] पुं० [सं० शस्य] धान्य, अनाज।

ससिधर* पुं०=चन्द्रमा।

ससिहर पुं०=ससिधर (चन्द्रमा)।

ससी* पुं० दे० 'शशि'।

ससुर पुं० [सं० श्वसुर] स्त्री या पुरुष के विचार से उसके पति (या पत्नी) का पिता।

ससुरा पुं० १. दे० 'ससुर'। २. दे० 'ससुराल'। ३. निकृष्ट व्यक्ति या पदार्थ। (गाली)

ससुराल स्त्री० [सं० श्वसुरालय] ससुर का घर।

ससुरी स्त्री० [हिं० ससुरा] निकृष्ट व्यक्ति या वस्तु।

सस्ता वि० [सं० स्वस्थ] [स्त्री० सस्ती, क्रि० सस्ताना] १. साधारण से कम मूल्य का। २. साधारण, मामूली। (क्व०) ३. जिसका भाव उतर गया हो।
मुहा० *सस्ते में छूटना*=सहज में किसी बड़े काम या संकट से छुटकारा पाना।
४. जो बहुत ही थोड़े परिश्रम या व्यय से अथवा बहुत ही सहज में मिल जाए, जैसे सस्ता यश या सम्मान।

सस्ताना अ०=सस्ता होना।
स०=सस्ता करना।

सस्ती स्त्री० [हिं० सस्ता] १. सस्तापन। २. वह समय जब सब चीजें सस्ती मिलती हों।

सस्त्रीक क्रि० वि० [सं०] स्त्री या पत्नी के साथ।

सस्मित वि० [सं० स+स्मित] मुस्कराता या हँसता हुआ।
क्रि० वि० मुस्कराकर, मुस्कराते हुए।

सस्य पुं०=शस्य।

सस्वर वि० [सं० स+स्वर] [भाव० सस्वरता] स्वर से युक्त; स्वर-सहित।

सहँगा वि० [हिं० महँगा का अनु०] थोड़े दामवाला, सस्ता, उदा० 'मनि मानिक महँगे किए, सहँगे तृन जल नाज'। -तुलसी।

सह[1] क्रि० वि० [सं०] सहित, समेत, साथ।

सह[2] वि० [सं०] (उत्तरपद के रूप में) सहन करने में समर्थ; जैसे-जलसह, तापसह।

सह[3] उप० [सं०] जो साथ में हो; जैसे सह-आयोजक, सह-प्रायोजक।

सह-उपस्थिति स्त्री० [सं०] एक साथ होनेवाली उपस्थिति।

सहकर्मी (-र्मिन्) पुं० [सं०] वह जो किसी के साथ मिलकर काम करता हो।

सहकार पुं० [सं०] १. सुगन्धित पदार्थ। २. आम का वृक्ष, विशेषतः कलमी आम का वृक्ष। ३. औरों के साथ मिलकर काम करने की वृत्ति, क्रिया या भाव, सहयोग। (कोआपरेशन)

सहकारिता स्त्री० [सं०] १. साथ मिलकर काम करने की अवस्था या भाव। (कोआपरेशन) २. सहकारी या सहायक होने का भाव।

सहकारी (-रिन्) पुं० [सं०] [स्त्री० सहकारिणी] १. साथी, सहयोगी। २. सहायक। (एसिस्टेन्ट)

सहकारी समिति स्त्री० वह समिति या संस्था जो कुछ विशेष प्रकार के उपभोक्ता, व्यवसायी आदि आपस में मिलकर पारस्परिक हित के लिए बनाते हैं और जिसके द्वारा वे कुछ चीजें बनाने, बेचने आदि की व्यवस्था करते हैं। (कोआपरेटिव सोसाइटी)

सहगमन पुं० [सं०] १. किसी के साथ जाना या चलना। २. पति के शव के साथ पत्नी का जल मरना, सती होना।

सहगान पुं० [सं०] १. कई आदमियों का एक साथ मिलकर गाना। २. वह गाना जो इस प्रकार गाया जाए। (कोरस)

सहगामिनी स्त्री० [सं०] १. सहगमन करनेवाली स्त्री। २. पत्नी। ३. सहेली।

सहगामी (-मिन्) वि० पुं० [सं०] [स्त्री० सहगामिनी] १. साथ चलनेवाला। २. साथ रहनेवाला, साथी। ३. दे० 'समवर्ती'।

सहगौन* पुं० दे० 'सहगमन'।

सहचर पुं० [सं०] [स्त्री० सहचरी] १. साथ रहने और चलनेवाला। २. साथी, संगी। ३. सेवक, नौकर। ४. दे० 'सखा' ३.।

सहचरी स्त्री० [सं०] १. पत्नी। २. सखी।

सहचार पुं० [सं०] साथ, संग।

सहचारिणी स्त्री० [सं०] १. साथ रहनेवाली स्त्री, सखी, सहेली। २. पत्नी, भार्या।

सहचारी (-रिन्) पुं० [सं०] [स्त्री० सहचारिणी, भाव० सहचारिता] १. साथ चलनेवाला। २. संगी-साथी, सहचर।

सहज पुं० [सं०] [स्त्री० सहजा, भाव० सहजता] १. सगा भाई। २. स्वभाव।

वि० १. साथ उत्पन्न होनेवाला। २. स्वाभाविक।३. सरल, सुगम। ४. जन्म से प्रकृति के साथ उत्पन्न होने अथवा अपने साधारण रूप में रहनेवाला, प्रकृत, साधारण। (नार्मल)

सहजधर्मी (-र्मिन्) पुं० [सं०] जो सहज बातों को ही धर्म का विषय मानता हो।

सहजधारी पुं० [हिं० सहज+धारी=धारण करनेवाला] गुरु नानक का वह अनुयायी जो सिर और दाढ़ी आदि के बाल न बढ़ाता हो, बल्कि साधरण हिन्दुओं की तरह कटवाता या मुँड़ाता हो।

सहजध्यान पुं० [सं०] दे० 'सहज समाधि'।

सहजपंथ पुं० [सं०] [वि० सहजपंथी] गौड़ीय वैष्णव सम्प्रदाय की एक शाखा।

सहजबुद्धि स्त्री० [सं०] जीव-जन्तुओं में होनेवाली वह स्वाभाविक शक्ति या ज्ञान जो उन्हें कोई काम करने या न करने की प्रेरणा करता है। (इंस्टिंक्ट)

सहज समाधि स्त्री० [सं०] वह ध्यान या समाधि जो सद्गुरु के बतलाए हुए सहज या सरल रूप से लगाई जाती है और जिसमें आसन, मुद्रा आदि के प्रयोगों की आवश्यकता नहीं होती।

सहजात वि० [सं०] १. साथ-साथ जन्म लेने या उत्पन्न होनेवाला। (कान्जेनिटल) २. यमज।

पुं० सगा भाई, सहोदर।

सहजातिक वि० [सं०] एक ही साथ या प्रकार के। (होमोजिनीयस)

सहजिया पुं०=सहजपंथी।

सहजीवन पुं० [सं० सह+जीवन] पति और पत्नी के रूप में मिलकर या साथ रहकर बिताया हुआ जीवन; उदा० भीष्म....शांतनु और गंगा के सहजीवन की आठवीं सन्तान है। -दिनकर जोशी।

सहताना* अ० १. दे० 'सुस्ताना'। २. दे० 'सस्ताना'।

सहत्व पुं० [सं०] १. 'सह' का गुण या भाव। २. संग-साथ, मेल-जोल।

सहदानी* स्त्री० दे० 'निशानी'।

सहदूल* पुं० दे० 'शार्दूल'।

सहदेव पुं० [सं०] पाँचों पांडवों में सबसे छोट भाई।

सहधर्मिणी स्त्री० [सं०] पत्नी, भार्या।

सहधर्मी (र्मिन्) वि० [सं०] समान धर्मवाला।

पुं० [स्त्री० सहधर्मिणी] पति।

सहन[1] पुं० [सं०] १. सहने की क्रिया या भाव। २. आज्ञा या निर्णय मानकर उसका पालन करना। (एबाइड) ३. क्षमा।

सहन[2] पुं० [अ०] १. घर के बीच का खुला भाग, आँगन या चौक। २. एक प्रकार का रेशमी कपड़ा।

सहनशक्ति स्त्री० [सं०] सहन करने की शक्ति, बरदाश्त करने की ताकत।

सहनशील वि० [सं०] [भाव० सहनशीलता] सहने या बरदाश्त करनेवाला, सहिष्णु। (टालरेन्ट)

सहनशीलता स्त्री० [सं०] सहनशील होने की अवस्था या भाव, सहिष्णुता। (टालरेन्स, टालरेशन)

सहना स० [सं० सहन] १. झेलना, बरदाश्त करना। २. भार वहन करना।

*पुं० दे० 'साहनी'।

सहनीय वि० [सं०] जो सहन किया जा सके, सहे जाने के योग्य, सह्य।

सहपरीक्षक पुं० [सं०] उन दो परीक्षकों में से कोई एक जो मिलकर परीक्षा लेते हों।

सहपाठी (-ठिन्) पुं० [सं०] वह जो किसी के साथ पढ़ा हो, सहाध्यायी।

सहप्रतिवादी पुं० [सं०] किसी वाद या मुकदमे में वह व्यक्ति जो मुख्य प्रतिवादी के साथ गौण रूप से उत्तरदायी बतलाया जाता है। (कोडिफेन्डेन्ट)

सहबद्ध वि० [सं०] साथ में बँधा या लगा हुआ।

सहबात स्त्री० [सं० सह=साथ+हिं० बात] मेल-जोल की बात-चीत, उदा० 'क्यौं हूँ सहबात न लगे, थाके भेद-उपाइ'।—बिहारी।

सहबाला पुं० [सं० सह+बाल=बालक] वह छोटा बालक जो विवाह के समय वर के साथ घोड़े या पालकी पर बैठकर उसके सखा के रूप में जाता है।

सहभागिता स्त्री० [सं०] सहभागी होने की अवस्था या भाव, हिस्सेदारी।

सहभागिनी वि० स्त्री० [सं०] समानता के भाव से किसी कार्य में सम्मिलित होनेवाली, सहभागी का स्त्री०।

स्त्री० पत्नी, जोरू।

सहभागी (-गिन्) वि० [सं०] [स्त्री० सहभागिनी] समानता के भाव से किसी काम में किसी के साथ सम्मिलित होनेवाला।

पुं० वह जो व्यापार आदि में किसी के साथ समानता के भाव से सम्मिलित हो और उसके हानि-लाभ आदि का समान रूप से भागी हो, हिस्सेदार। (शेयर)

सहभावी (-विन्) वि० [सं०] साथ-साथ होने, रहने या चलनेवाला। (कॉनकमिटेन्ट)

सहभोज पुं० [सं०] [वि० सहभोजी] बहुत से लोगों का एक साथ बैठकर भोजन करना, सामूहिक भोज।

सहम पुं० [फा० सह्म] १. भय, डर। २. संकोच। ३. हिचक।

सहमत वि० [सं०] १. जो कोई बात स्वीकार करने के लिए इच्छुक हो। २. जिसकी राय दूसरों से मिलती हो, एकमत। (एग्रीड)

सहमति स्त्री० [सं०] सहमत होने की क्रिया या भाव, किसी के साथ एक मत होना। (एग्रिमेंट, कॉन्करेन्स)

सहमना अ० [फा० सह्म] डरना।

सहमरण पुं० दे० 'सहगमन २.'।

सहमाना स० हिं० सहमना का स०।

सहमिलन पुं० [सं० सह+मिलन] १. समानता के आधार पर होनेवाला मिलन। २. ऐसा मिलन जिसमें अवयवों का अस्तित्व बना रहे।

सहमृता वि० स्त्री० [सं०] अपने मृत पति के शव के साथ सती होने या मर जानेवाली।

सहमेल पुं० [सं० सह+मेल]=सहमिलन।

सहयात्री पुं० [सं० सह+यात्री] १. वह व्यक्ति जो किसी के साथ-साथ यात्रा कर रहा हो। २. एक यात्री की दृष्टि से दूसरा यात्री।

सहयोग पुं० [सं०] १. एक दूसरे के काम में की जानेवाली सहायता। २. किसी से किसी काम में मिलनेवाली सहायता। ३. मिल-जुलकर काम करने की क्रिया या भाव; जैसे जनता के सहयोग से ही यह योजना पूर्ण होगी।

सहयोगी (-गिन्) पुं० [सं०] १. वह जिससे किसी काम में सहयोग प्राप्त हुआ हो, सहयोग करनेवाला व्यक्ति। २. वह जो किसी काम में किसी के साथ संबद्ध हो; जैसे-वह इस नाटक में बड़े बाबू का सहयोगी रहा।

सहयोगशील वि० [सं०] [भाव० सहयोगशीलता] जिसका स्वभाव दूसरों से सहयोग करना हो।

सहयोजन पुं० [सं०] अपने साथी सदस्य के रूप में नियुक्त करना। (को-ऑप्शन)

सहयोजित वि० [सं०] जिसका सहयोजन हुआ हो। (को-ऑप्टिड)

सहर[१] क्रि० वि० [हिं० सहराना] मन्दगति से, धीरे-धीरे।

सहर[२] पुं० [देश०] बन-बिलाव या स्याहगोश नामक जंगली जन्तु।

सहर[३] पुं० [अ०] बहुत सबेरा, तड़का।

पुं० दे० 'शहर'।

सहरगही स्त्री० [अ० सहर=प्रभात+फा० गह] निर्जल व्रत आरम्भ करने के पहले बहुत तड़के उठकर किया जानेवाला हल्का भोजन, सहरी।

सहरना* स०=सहना।

अ० सिहरना।

सहराना* स० दे० 'सहलाना'।

अ० दे० 'सिहरना'।

सहरी[१] स्त्री० [सं० शफरी] एक प्रकार की मछली।

सहरी[२] स्त्री०=सहरगही।

सहल[१] वि० [अ०] सरल, सुगम, सहज।

सहल[२]* स्त्री०=सहलाहट।

सहलग* पुं०=साथी।

सहलाना स० [अनु०] १. किसी वस्तु या अंग पर धीरे-धीरे हाथ फेरना। २. मलना। ३. गुदगुदाना।

सहलाहट स्त्री० सहलाने की क्रिया या भाव।

सहलेखक पुं० [सं०] उन दो लेखकों में से कोई एक जिन्होंने मिलकर कोई पुस्तक लिखी हो।

सहवास पुं० [सं०] १. साथ रहना। २. मैथुन, स्त्रीसम्भोग।

सहवासी (-सिन्) पुं० [सं०] [स्त्री० सहवासिनी] १. साथ रहनेवाला। २. पति।

सहशिक्षा स्त्री० [सं०] शिक्षा की वह पद्धति जिसमें युवा लड़के और लड़कियाँ एक ही कक्षा में पढ़ते हों।

सहस* वि०=सहस्र।

सहसकिरन* पुं०=सूर्य।

सहसगो* पुं०=सूर्य।

सहसचरन* पुं०=सूर्य।

सहसपान* पुं० [सं० सहस्र+पर्ण] कमल, सहस्रदल।

सहसा क्रि० वि० [सं०] बिना पूर्व सूचना के और तीव्र गति से अचानक।

सहसाई* पुं०=सहाइ।

सहसाक्षि* पुं० [सं० सहस्राक्ष] इन्द्र, उदा० जिहि सिहात करि विघन पात सहसा सहसाखी (सहसाक्षि)। -रत्ना०।

सहसाखी* पुं०=सहसाक्षि।

सहसान पुं० [सं०] मोर, मयूर।

सहसानन* पुं० [सं० सहस्रानन] शेषनाग।

सहस्र पुं० [सं०] दस सौ, हजार।
वि० १. जो गिनती में दस सौ हो। २. अनंत।

सहस्रदल पुं० [सं०] कमल।

सहस्रपाद पुं० [सं०] १. सूर्य। २. विष्णु।

सहस्रफन पुं० [सं०] शेषनाग।

सहस्रबाहु पुं०=सहस्रार्जुन।

सहस्रमुखी (-खिन्) वि० [सं०] हजारों मुखवाला।

सहस्रलोचन* पुं० [सं०] इन्द्र।

सहस्राक्ष पुं० [सं०] १. इन्द्र। २. विष्णु।

सहस्राब्दी स्त्री० [सं०] किसी संवत् या सन् के हर एक से हर हजार तक के वर्षों का समूह, साहस्री। (माइलीनियम)

सहस्रार पुं० [सं०] हठयोग के अनुसार शरीर के अन्दर के सात कमलों या चक्रों में से एक जो हजार दलों का माना गया है, इसका स्थान मस्तिष्क का ऊपरी भाग माना जाता है, इसे शून्य चक्र भी कहते हैं।

सहस्रार्जुन पुं० [सं०] राजा कृतवीर्य का पुत्र जिसकी राजधानी माहिष्मती में थी, सहस्रबाहु।

सहांश पुं० [सं०] अपने हिस्से या अंश के रूप में किसी को दी जानेवाली कोई चीज या धन। (कॉन्ट्रिब्यूशन)

सहांशिक पुं० [सं०] वह जो अपने हिस्से या अंश के रूप में किसी को कुछ देता हो। (कॉन्ट्रिब्यूटर)
वि० सहांश के रूप में होनेवाला। (कॉन्ट्रिब्यूटरी)

सहाइ, सहाई* स्त्री० [सं० सहाय] १. सहायता, मदद। २. सेना, फौज, उदा० सहित सहाइ कलिकाल भीरू भागि है। —तुलसी।
पुं०=सहायक।

सहाउ* पुं०=सहाय।

सहाध्यायी पुं०=सहपाठी।

सहाना* वि० [स्त्री० सहानी] दे० 'शहाना'।

सहानुभूति स्त्री० [सं०] किसी का दुख देखकर उसी की तरह दुखी होना, हमदर्दी।

सहाब* पुं०=शहाब (लाल रंग)।

सहाय पुं० [सं०] १. सहायता, मदद। २. सहायक। ३. आश्रय, सहारा।

सहायक वि० [सं०] [स्त्री० सहायिका] १. सहायता करनेवाला। २. कार्य की सिद्धि में योग देनेवाला।
पुं० अधीन रहकर काम में सहायता करनेवाला, सहकारी। (असिस्टैन्ट)

सहायक नदी स्त्री [सं०] किसी बड़ी नदी में मिलनेवाली छोटी नदी। (ट्रिब्युटरी)

सहायता स्त्री० [सं०] १. किसी के कार्य में इस प्रकार योग देना कि वह काम जल्दी या ठीक तरह से हो, मदद। २. कोई कार्य आगे बढ़ाने या चलता रखने के लिए दिया जानेवाला धन। ३. ऐसी चीज या बात जो कार्य को सुगम बना दे; जैसे-आपकी पुस्तक से मुझे लेख तैयार करने में अत्यधिक सहायता मिली।

सहायता-प्राप्त वि० [सं०] जिसे सहायता विशेषतः आर्थिक सहायता मिलती हो; जैसे—राजकीय सहायता-प्राप्त विद्यालय।

सहायतार्थ, के सम्बन्धबो० [सं०] सहायता करने के उद्देश्य से।

सहार पुं० [हिं० सहारना] सहारने या सहने का भाव, गुण या शक्ति, सहनशीलता, सहम।

सहारना[1] स० [भाव० सहार] दे० 'सहना'।

सहारना[2] स० [हिं० सहारा] सहारा देना या लगाना।

सहारा पुं० [सं० सहाय] १. आश्रय, आसरा। २. भरोसा। ३. सहायता।

सहारी* स्त्री०=शहादत (गवाही)।

सहारे, के सम्बन्धबो० किसी का सहारा लिए हुए।

सहालग पुं० [सं० सह+हिं० लगन] ब्याह-शादी के दिन, लगन। (हिन्दू)

सहावल पुं० दे० 'साहुल'।

सहिक वि० दे 'सकारात्मक'।

सहिजन पुं० [सं० शोभांजन] एक प्रकार का वृक्ष जिसकी लम्बी फलियों की तरकारी बनती है।

सहिजानी स्त्री० दे० 'निशानी'।

सहित क्रि० वि० [सं०] समेत, साथ।

सहित, के सम्बन्धबो० के साथ, को साथ लेकर; जैसे—वे पत्नी के सहित आए हैं।

सहिदानी स्त्री० [सं० सज्ञान] १. स्मृति के लिए किसी को दी हुई वस्तु, निशानी। २. पहचान, चिह्न, लक्षण।

सहिष्णु वि० [सं०] [भाव० सहिष्णुता] बरदाश्त करनेवाला, सहनशील। (टालरेन्ट)

सहिष्णुता स्त्री० [सं०] सहिष्णु होने का भाव, गुण या शक्ति, सहनशीलता। (टालरेन्स, टालरेशन)

सही वि० [फा० सहीह] १. सत्य, प्रामाणिक। २. शुद्ध, ठीक, 'गलत' का विरुद्धार्थक।

मुहा० *(किसी की) सही भरना*=यह कहना कि हाँ, यह ठीक है, किसी की सत्यता की साक्षी देना।

स्त्री० हस्ताक्षर, दस्तखत।

पुं० वह चिह्न जो किसी मद, राशि या नाम के सही होने पर उसके आगे लगाया जाता है।

क्रि० वि० सचमुच, वस्तुतः।

सही-सलामत वि० [हिं० सही+अ० सलामत] १. जिसे चोट-चपेट न लगी हो, सकुशल। २. स्वस्थ, भला चंगा। ३. विद्यमान।

क्रि० वि० कुशलपूर्वक, सकुशल।

सहुँ* क्रि० वि० [सं० सम्मुख] १. सामने। २. तरफ, ओर।

सहु* वि०=सब (सारा)।

सहूर पुं० दे० 'शऊर'।

सहूलियत स्त्री० [फा०] सुविधा।

सहृदय वि० [सं०] [स्त्री० सहृदया, भाव०, सहृदयता] १. दूसरों के सुख-दुख आदि समझनेवाला। २. दयालु। ३. रसिक, भावुक।

सहृदयता स्त्री० [सं०] १. सहृदय होने की अवस्था या भाव। २. दयालुता। ३. रसिकता।

सहेजना स० [अ० सही] [प्रे० सहेजवाना] १. यह देखना कि सब चीजें पूरी हैं या नहीं, सँभालना। २. सँभालने या याद रखने के लिए कहना।

सहेजवाना स० हिं० 'सहेजना' का प्रे०।

सहेट* पुं० दे० 'सहेत'।

सहेटना अ० [?] घूमना-फिरना, चक्कर लगाना।

स०=समेटना।

सहेटी पुं० [हिं० सहेटना] बहुत घूमने-फिरनेवाला, घुमक्कड़।

सहेत* पुं० [सं० संकेत] प्रेमी-प्रेमिका के मिलने का निर्दिष्ट तथा गुप्त स्थान।

सहेतु क्रि० वि० [सं० स+हेतु] हेतु या उद्देश्य से।

सहेतुक वि० [सं०] जिसमें कुछ हेतु या उद्देश्य हो।

क्रि० वि० किसी हेतु या उद्देश्य से।

सहेलरा वि०, पुं०= सुहेला।

सहेलरी* स्त्री०=सहेली।

सहेला वि०, पुं०=सुहेला।

सहेली स्त्री० [सं० सह+एली (प्रत्य०)] स्त्री के साथ रहनेवाली दूसरी स्त्री, सखी।

सहेस* क्रि० वि० [सं० स+हर्ष] प्रसन्नता या खुशी से, सहर्ष।

सहैया[1]* पुं० [हिं० सहाय] सहायक।

सहैया[2] वि० [हिं० सहना+ऐया (प्रत्य०)] सहनेवाला।

सहोक्ति स्त्री० [सं०] साहित्य में एक अलंकार जिसमें 'सह', 'संग', 'साथ' आदि शब्द इस प्रकार प्रयुक्त होते हैं कि किसी क्रिया के (क) एक कार्य के साथ और भी कई कार्यों का होना सूचित होता है, जैसे रात्रि के समय तुम्हारे मुख के साथ ही चन्द्रमा भी सुशोभित हो जाता है, अथवा (ख) कोई श्लिष्ट शब्द इस प्रकार प्रयुक्त होता है कि अलग-अलग प्रसंगों में अलग-अलग अर्थ देता है, जैसे यौवन में उसके ओष्ठ तथा प्रिय दोनों साथ ही रागयुक्त (क्रमात् लाल और प्रेमपूर्ण या अनुरक्त) हो गए।

सहोदर पुं० [सं०] [स्त्री० सहोदरा] सगा भाई।

वि० एक ही माता के उदर या गर्भ से उत्पन्न, सगा।

सहोपस्थिति स्त्री० [सं० सह+उपस्थिति] एक साथ होनेवाली दो व्यक्तियों, बातों आदि की उपस्थिति।

सह्य वि० [सं०] सहने या बर्दाश्त करने योग्य, जो सहा जा सके। (टॉलरेबुल)

सह्याद्रि पुं० [सं०] एक प्रसिद्ध पर्वत जो महाराष्ट्र राज्य में है।

साँई पुं० [सं० स्वामी] १. स्वामी, मालिक। २. ईश्वर। ३. पति। ४. मुसलमान फकीर।

साँक* स्त्री० दे० 'शंका'।

वि० दे०, 'सशंक'।

साँकड़ा पुं० [सं० शृंखला] पैर में पहनने का एक प्रकार का गहना।

सांकर[1]* स्त्री० [सं० शृंखला] जंजीर।

साँकर[2] पुं० [सं० संकीर्ण] संकट, विपत्ति; उदा० साईं छाँड़ें साँकरे।—केशव।

वि० १. संकीर्ण, सँकरा। २. दुखमय।

साँकरा वि० [सं०] संकीर्ण, कम चौड़ा, तंग, संकीर्ण।

पुं० १. कष्ट, विपत्ति, संकट। २. कठिन समय, संकट की अवस्था।

सांकर्य पुं०=संकरता।

सांका* स्त्री०=शंका।

सांकेतिक वि० [सं०] १. जो संकेत के रूप में हो, इशारे का। २. भाषा-विज्ञान में, शब्द के संकेत (अभिधा शक्ति से निकलने वाले पहले और मुख्य अर्थ) से सम्बन्ध रखने वाला।

सांकेतिक भाषा स्त्री० [सं०] कुछ विशिष्ट क्षेत्रों में काम आनेवाली ऐसी भाषा जिसमें साधारण और प्रचलित शब्दों के स्थान पर कुछ ऐसे सांकेतिक शब्द और पद बना लिए जाते हैं, जिन्हें साधारण लोग नहीं समझ सकते। (कोड लैंगवेज)

साँखा* स्त्री०=शंका।

सांख्य पुं० [सं०] महर्षि कपिलकृत एक प्रसिद्ध दर्शन, जिसमें जड़ प्रकृति और चेतन पुरुष को ही जगत् का मूल माना गया है।

सांख्यिकी स्त्री० [सं०] १. किसी विषय की संख्याएँ आदि एकत्र करके उनके आधार पर कुछ सिद्धान्त स्थिर करने या निष्कर्ष निकालने की विद्या। २. इस प्रकार एकत्र की हुई संख्याएँ। (स्टैटिक्स)

साँग स्त्री० [सं०] [अल्पा० साँगी] एक प्रकार की बरछी, शक्ति।

पुं० दे० 'स्वाँग'।

सांग वि० [सं० साङ्ग] सब अंगों से युक्त, सम्पूर्ण, पूरा।
पुं० दे० 'सांगरूपक'।

सांगरूपक पुं० [सं०] साहित्य में रूपक अलंकार का वह भेद जिसमें उपमान के सभी अंगों या अवयवों का उपमेय में आरोप होता है, जैसे 'चिबुक कूप, रसरी अलक, तिल सुचरस दृग बैल। बारी बैस गुलाब की सींचत मनमथ छैल। -बिहारी।' (सस्टेन्ड मैटाफर)

साँगी स्त्री० [सं० साँग] छोटी साँग या बरछी।

सांगोपांग वि० [सं० साङ्गोपाङ्ग] सब अंगों और उपांगों से युक्त, सम्पूर्ण।
क्रि० वि० सम्पूर्ण रूप से।

सांघातिक वि० [सं०] १. 'संघात' से सम्बन्ध रखनेवाला। २. (चोट या प्रहार) जिससे आदमी मर सकता हो, घातक। (फैटल) ३. जिसमें प्राणों पर संकट आ सकता हो, बहुत जोखिम का।

सांघिक वि० [सं०] संघ-सम्बन्धी, संघ का।

साँच* वि०, पुं० [स्त्री० साँची] दे० 'सच' और 'सच्चा'।

साँचना स० [सं० संचय] १. संचित करना। २. किसी चीज में भरना।

साँचला* वि० [स्त्री० साँचली] सच्चा।

साँचा[१] पुं० [सं० स्थाता] १. विशिष्ट आकार का वह उपकरण जिसमें कोई गीली चीज ढालकर उसी के आकार की दूसरी और चीजें बनाई जाती हैं।
पद *साँचे में ढला*=सर्वांग सुन्दर और सुडौल।
२. किसी बड़ी आकृति का छोटा नमूना। ३. बेल-बूटे छापने का ठप्पा, छापा। ४. शरीर, देह।

साँचा[२] वि० [सं० सत्य] सच, सच्चा।

साँची स्त्री० [?] पुस्तकों की छपाई का वह ढंग जिसमें पृष्ठ के बेड़े बल में पंक्तियाँ रहती हैं।
पुं० एक प्रकार का पान।

साँझ स्त्री० दे० 'संध्या'।

साँझा पुं० दे० 'साझा'।

साँझी स्त्री० [हिं० साँझ] मन्दिरों में भूमि पर रंगीन चूर्णों से बनाई हुई बेल-बूटों आदि की सजावट, जो प्रायः सावन में या उत्सवों के समय होती है। (रंगोली)

साँट स्त्री० [सट से अनु०] १. छड़ी। २. कोड़ा। ३. शरीर पर कोड़े आदि की मार का दाग या निशान।
स्त्री० दे० 'साँठ'।

साँटना| स०=साँठना।

साँटा[१] पुं० [हिं० साँट=छड़ी] १. कोड़ा। २. गन्ना।

साँटा[२] पुं० [?] प्रतिकार, बदला, उदा० यह साँटो लै कृष्णावतार, तब ह्वैहो तुम संसार पार। -केशव।

साँटि* क्रि० वि० [?] बदले में, किसी की जगह।

साँटिया पुं० [?] डुग्गी या डाँड़ी पीटनेवाला, ढँढोरिया।
पुं० दे० 'साँटमार'।

साँटी स्त्री० [हिं० साँटा] १. छोटी पतली छड़ी। २. दे० 'साँटा'।
स्त्री० दे० 'साँठ-गाँठ'।

साँटमार पुं० [हिं० साँटा=कोड़ा+मार (प्रत्य०)] एक प्रकार के सिपाही जो हाथ में साँटा लेकर राजा की सवारी में हाथी के साथ चलते थे।

साँठ[१] पुं० [देश०] १. दे० 'साँकड़ा'। २. ईख, गन्ना। ३. सरकंडा।

साँठ[२] स्त्री० [हिं० सटना] १. सम्बन्ध, सम्पर्क। २. हेल-मेल।

साँठ[३] स्त्री० [?] मूलधन, पूँजी।

साँठ-गाँठ पुं० १. घनिष्ठ या गुप्त सम्बन्ध। २. गुप्त सन्धि, षड्यन्त्र।

साँठना* स० [हिं० साँठ] १. हेल-मेल बढ़ाना। २. मिलाना।

साँठा[१] पुं० [सं० शरकांड] १. सरकंडा। २. ईख, गन्ना।

साँठा[२] वि० [?] हठी, जिद्दी।

साँठी स्त्री० दे० 'पूँजी'।

साँड़[१] पुं० [सं० षंड] १. केवल सन्तान उत्पन्न कराने के लिए पाला हुआ गौ का नर। २. मृतक की स्मृति में दागकर छोड़ा हुआ बैल।

साँड़[२] पुं० [स्त्री० साँड़नी] नर ऊँट।

साँड़नी स्त्री० [हिं० साँड़िया] ऊँटनी जो बहुत तेज चलती है।

साँड़ा पुं० [हिं० साँड़] एक प्रकार का जंगली छोटा जन्तु जिसकी चरबी का औषधों में उपयोग होता है।

साँड़िया पुं० [हिं० साँड़ ?] साँड़नी पर सवारी करनेवाला।

साँढ़ू पुं० [सं० श्यालिवोढ़] किसी की साली (पत्नी की बहन) का पति।

सांत वि० [सं०] १. जिसका अन्त अवश्य होता हो। २. अन्त युक्त।
*वि०=शांत।

सांति* स्त्री०=शांति।

सांत्वना स्त्री० [सं०] दुखी व्यक्ति को धीरज दिलाना, ढारस, तसल्ली।

साँथर* स्त्री० [?] बस्ती।

साँध पुं० दे० 'लक्ष्य'।
स्त्री० १. दे० 'संधि'। २. दे० 'सेंध'।

साँधना[१]* स० [सं० संधान] १. निशाना ठीक करना या साधना, सन्धान करना। २. खोजना।

साँधना[२] स० [सं० साधन] १. पूरा करना, साधना। २. सम्मिलित करना, मिलाना। ३. दे० 'सानना'।

साँधि* स्त्री०=संधि।

साँधिल* वि० [हिं० साधना] साधन करने या साधनेवाला, साधक।

सांध्य वि० [सं०] १. संध्या-सम्बन्धी। २. संध्या के समय होनेवाला।

सांध्यकाल पुं० [सं०] १. संध्या का समय। २. जीवनकाल का अन्तिम पड़ाव या वेला।

सांध्य प्रकाश पुं० [सं०] गोधूलि, झुटपुटा।

साँप पुं० [सं० सर्प, प्रा० सप्प] [स्त्री० साँपिन्] १. एक प्रसिद्ध सरीसृप जिसकी कुछ जातियाँ बहुत ही जहरीली और घातक होती हैं, भुजंग, विषधर।

मुहा० *कलेजे पर साँप लोटना*=ईर्ष्या आदि के कारण अत्यन्त दुख होना। *(किसी को) साँप सूँघ जाना*=किसी को साँप का काट लेना, जिससे वह प्राय: मर जाता है। **मुहा०** *साँप छछूँदर की गति, दशा या लड़ाई*=घोर असमंजस की अवस्था।

२. बहुत बड़ा दुष्ट और घातक व्यक्ति।

सांपत्तिक वि० [सं०] सम्पत्ति से सम्बन्ध रखनेवाला, सम्पत्ति का।

साँपधरन* पुं० [सं० सर्प+धारी] शिव, महादेव।

साँपिया पुं० [हिं० साँप] साँप के (काले) रंग से मिलता-जुलता एक प्रकार का भूरा रंग।

वि० उक्त प्रकार के रंग का।

सांप्रत क्रि० वि० [सं०] [वि० सांप्रतिक] इस समय, अभी।

सांप्रतिक वि० [सं०] १. जो इस समय हो या चल रहा हो। (करेन्ट) २. जो समय या आवश्यकता को देखते हुए ठीक और उपयुक्त हो।

सांप्रदायिक वि० [सं०] १. किसी विशेष सम्प्रदाय से सम्बन्ध रखनेवाला। २. परस्पर विरोधी और विद्वेषी सम्प्रदायों से सम्बन्ध रखनेवाला, जैसे साम्प्रदायिक दंगा। (कम्यूनल)

सांप्रदायिकता स्त्री० [सं०] १. साम्प्रदायिक होने का भाव। २. केवल अपने सम्प्रदाय की श्रेष्ठता और हितों का विशेष ध्यान रखना और दूसरे सम्प्रदायों से द्वेष रखना। (कम्यूनलिज़्म)

सांप्रदायिकतावाद स्त्री० १. साम्प्रदायिक हितों की रक्षा का सिद्धान्त। २. साम्प्रदायिक वैमनस्य का प्रचार-प्रसार।

सांप्रदायीकरण पुं० [सं०] १. साम्प्रदायिक रूप देना। २. संप्रदायों में विभक्त करना।

साँभर[1] पुं० [सं० सम्मल या साम्भल] राजपूताने की एक झील जिसके पानी से नमक बनता है। २. इस झील के पानी से बना हुआ नमक। ३. एक प्रकार का हिरन।

साँभर[2] पुं० [तमिल] दक्षिण भारत का एक व्यंजन।

*पुं० दे० 'संबल'।

साँमुहें क्रि० वि० [सं० सम्मुखे] सामने।

साँवत पुं० दे० 'सामंत'।

सांवत्सरिक वि० [सं०] संवत्सर का, संवत्सर-सम्बन्धी।

साँवथ* पुं०=सामंत।

साँवर वि० दे० 'साँवला'।

साँवलताई* स्त्री०=साँवलापन।

साँवला वि० [सं० श्यामल] [स्त्री० साँवली, भाव० साँवलापन] कुछ-कुछ काला, हल्के श्याम वर्ण का।

पुं० १. श्रीकृष्ण। २. पति। ३. प्रेमी। ४. गीत।

साँवलापन पुं० [हिं० साँवला+पन (प्रत्य०)] 'साँवला' होने का भाव, गुण या अवस्था, श्यामलता।

साँवाँ[1] पुं० [सं० श्यामक] कँगनी या चेना की तरह एक प्रकार का घटिया अन्न।

साँवा[2]* वि० [सं० श्याम] १. साँवला। २. काला।

सांवादिक वि० [सं०] १. संवाद-संबंधी। २. समाचार-संबंधी।

पुं० दे० 'पत्रकार'।

सांवादिक सम्मेलन पुं० दे० 'पत्रकार-सम्मेलन'।

साँस पुं० [सं० श्वास] १. नाक या मुँह से हवा अन्दर फेफड़ों तक खींचकर फिर उसे बाहर निकालने की क्रिया, श्वास, दम।

मुहा० *साँस उखड़ना या टूटना*=मरने के समय रोगी का बहुत कष्ट से साँस लेना। *साँस ऊपर-नीचे होना*=साँस रुकना, दम घुटना। *साँस चढ़ना*=परिश्रम आदि के कारण साँस का जल्दी-जल्दी चलना। *साँस तक न लेना*=कुछ भी न बोलना। *साँस फूलना*=(क) दमे का रोग होना। (ख) जल्दी-जल्दी साँस चलना। *साँस रहते*=जीते जी। *गहरा, ठंडा या लंबा साँस लेना*=(क) बहुत दुख या शोक होना। (ख) सन्तोष या विश्राम का अनुभव करना। *उल्टा साँस लेना*=(क) साँस उखड़ना। (ख) गहरा या ठंडा साँस लेना।

२. अवकाश, फुरसत।

मुहा० *साँस लेना*=कोई काम करते-करते कुछ रुकना या ठहरना।

३. गुंजाइश, समाई। ४. किसी चीज में वह बहुत छोटी सन्धि या दरज जिसमें पानी या हवा जा सकती हो। ५. दमा या श्वास नामक रोग।

साँसत स्त्री० [सं० शास्ति] १. बहुत अधिक शारीरिक कष्ट या पीड़ा, यातना। २. सजा, दण्ड। ३. फज़ीहत।

साँसत-घर पुं० दे० 'काल-कोठरी'।

सांसद वि० [सं० संसद्] (कथन, व्यवहार या आचरण) जो संसद या उसके सदस्यों की मर्यादा के अनुकूल हो, पूर्णभद्रोचित। (पार्लमेंटरी)

पुं० १. संसद का सदस्य। २. वह जो संसद के रीति-व्यवहारों का अच्छा ज्ञाता हो और उसमें बैठकर सब काम ठीक तरह से चलाने में पूर्ण पटु हो। (पार्लामेन्टेरियन)

साँसना* स० दे० 'सासना'।

सांसर्गिक वि० [सं०] १. संसर्ग-सम्बन्धी। २. संसर्ग से उत्पन्न होनेवाला।

साँसा[1] पुं० [हिं० साँस] १. श्वास, साँस। २. जीवन, जिन्दगी, जैसे जब तक साँसा, तब तक आशा।

साँसा[2] पुं० [सं० संशय] १. सन्देह, शक। २. भय, डर।

सांसारिक वि० [सं०] [भाव० सांसारिकता] संसार का, लौकिक, ऐहिक।

साँसी स्त्री० दे० 'मिस्की' (गाने का ढंग)।

साँसो* पुं०=संशय।

सांस्कृतिक वि० [सं०] संस्कृति से सम्बन्ध रखनेवाला, संस्कृति-सम्बन्धी। (कलचरल)

सा[1] वि० [सं० सदृश] [स्त्री० सी] १. समान, तुल्य। २. एक परिमाणसूचक शब्द, जैसे थोड़ा-सा, बहुत-सा।

सा[2] पुं० [सं० षड्ज] संगीत में षड्ज स्वर का सूचक शब्द, जैसे सा, रे, ग।

साइक* पुं० [सं० शायक] १. वाण, तीर। २. खड्ग, तलवार।

साइकिल स्त्री० [अं०] दो पहियोंवाली एक प्रसिद्ध गाड़ी जिसके दोनों पहिए आगे-पीछे होते हैं और जो पैरों से चलाई जाती है, पैर-गाड़ी।

साइकिल स्टैंड पुं० [अं०] वह स्थान जहाँ लोग कुछ भुगतान करके अपनी-अपनी साइकिल खड़ी करते हों।

साइज पुं० [अ० साइज़] १. लम्बाई, चौड़ाई, ऊँचाई या गहराई का विस्तार। २. उक्त का मिश्रित विस्तार; जैसे-इस कमरे का क्या साइज़ होगा।

साइत स्त्री० [अ० साअत] १. पल, क्षण। २. समय। ३. मुहूर्त। ४. शुभ समय।

साइन बोर्ड पुं० [अं०] दे० 'नामपट्ट'।

साइबर वि० [अं०] कंप्यूटर से संबद्ध।

साइबर कैफे पुं० [अं०] वह जलपान-गृह जिसमें इंटरनेट के उपयोग की व्यवस्था हो।

साइयाँ पुं०=साईं (ईश्वर)।

साइर* पुं० [सं० सागर] समुद्र, सागर, उदा० जनक-सुता हित हत्यौ लंकपति, बाँध्यौ साइर-पाँज। —सूर।

साईं पुं० दे० 'साँईं'।

साई स्त्री० [हिं० साइत] वह धन जो पारिश्रमिक देकर कोई काम कराने से पहले बात-चीत पक्की करने के लिए दिया जाता है, पेशगी, बयाना। (अर्नेस्ट मनी)

साईस पुं० [अ० साइस] घोड़े की देख-रेख करनेवाला, घोड़े का रखवाला।

साईसी स्त्री० [अ० साइस] साईस का कार्य या पद।

साउज* पुं० दे० 'सावज'।

साक* स्त्री० [हिं० सकना] शंका।

वि० शंकित।

साकचोरि* स्त्री०=मेंहदी।

साकत पुं० [सं० शाक्त] १. शाक्त मत का अवलम्बी या अनुयायी, उदा० तुम साकत, वै भगत-भागवत, राग द्वेष तैं न्यारे। २. वह जो किसी गुरु से दीक्षा लिए बिना ही साधु या वैरागी हो गया हो। ३. दुष्ट, पाजी।

स्त्री०=शक्ति।

साकर* स्त्री०=शक्कर।

साकरना* स०=सकारना।

साकला पुं० [सं० साकल्य] एक में मिले हुए जौ, तिल आदि दाने जिनसे हवन किया जाता है।

साकल्य पुं० [सं०] 'सकल' का भाव, सकलता।

साका पुं० [सं० शाका] १. संवत्। २. यश, कीर्ति। ३. कीर्ति का स्मारक। ४. ख्याति, प्रसिद्धि। ५. धाक, रोब। ६. कोई बड़ा काम जिससे कर्ता की बहुत कीर्ति हो।

मुहा० *साका चलाना या बाँधना*=आतंक फैलाना, रोब जमाना।

साकार वि० [सं०] [भाव० साकारता] १. रूप या आकार-वाला। २. मूर्तिमान, मूर्त। ३. स्थूल। ४. (कल्पना या योजना) जिसे उद्दिष्ट, क्रियात्मक या उपयोगी आकार अथवा रूप प्राप्त हुआ हो।

पुं० ईश्वर का आकारयुक्त माना जानेवाला रूप।

साकिन वि० [अ०] निवासी, रहनेवाला।

साकेत पुं० [सं०] १. भगवान श्रीरामचन्द्र का लोक। २. अयोध्या नगरी।

साक्षर वि० [सं०] [भाव० साक्षरता] जो पढ़ना-लिखना जानता हो, पढ़ने-लिखने में सक्षम, शिक्षित। (लिटरेट)

साक्षरता स्त्री० [सं०] १. साक्षर या पढ़े-लिखे होने का भाव। २. पढ़ने और लिखने की योग्यता। (लिटरेसी)

साक्षात् क्रि० वि० [सं०] सामने, सम्मुख।

वि० मूर्तिमान्, साकार, जैसे आप साक्षात् बृहस्पति हैं।

पुं० भेंट, मुलाकात।

साक्षात्कार पुं० [सं०] भेंट।

साक्षी (-क्षिन्) पुं० [सं०] [स्त्री० साक्षिणी] १. वह व्यक्ति जिसने कोई घटना अपनी आँखों से देखी हो। २. साखी, गवाह। (विटनेस) ३. दूर से देखनेवाला, तटस्थ दर्शक।

स्त्री० किसी के सामने कोई बात प्रमाणित करने के लिए यह कहना कि ऐसा ही है या हुआ है, गवाही। (एविडेन्स)

साक्ष्य पुं० [सं०] किसी घटना के सम्बन्ध में साक्षी का कथन, गवाही।

साक्ष्य प्रविधि स्त्री० [सं०] वह प्रविधि या कानून जिसमें साक्षी देने के नियमों आदि की व्यवस्था हो।

साक्ष्य विधान स्त्री०, पुं० दे० 'साक्ष्य-प्रविधि'।

साक्ष्यांकन पुं० [सं०] साक्षी के रूप में हस्ताक्षर करना।

साख स्त्री० [सं० शाका] १. धाक, रोब। २. मर्यादा। ३. किसी व्यक्ति के सम्बन्ध में लोक में बनी यह धारणा कि यह लिए हुए ऋण को चुका देता है, लेन-देन या व्यवहार के खरेपन की मान्यता। (क्रेडिट)

मुहा० *साख उड़ना*=साख नष्ट होना।

साखना* स० [सं० साक्षि] गवाही देना।

साखर* वि०=साक्षर।

पुं०=शक्कर।

साखा* स्त्री०=शाखा।

साखी[1] पुं० [सं० साक्षिन्] १. गवाह। २. आपसी झगड़ों का निपटारा करनेवाला पंच।

साखी[2] स्त्री० [सं० साक्ष्य] १. साक्षी, गवाही।

मुहा० *साखी पुकारना या भरना*=गवाही देना।

२. ज्ञान-संबंधी दोहे या पद्य, जैसे कबीर की साखी। ३. संस्मरण।

साखी[3]* पुं० [सं० शाखिन्] वृक्ष, पेड़।

साखू पुं० [सं० शाल] शाल या सखुआ नामक वृक्ष या उसकी लकड़ी जो इमारत के काम में आती है।

साखोचारन* पुं० दे० 'गोत्रोच्चार'।

साग पुं० [सं० शाक] १. कुछ विशेष प्रकार के पौधों की तरकारी की तरह खाने योग्य पत्तियाँ, शाक। २. तरकारी, भाजी।

*पुं०, क्रि० वि० साथ।

साग-पात पुं० १. रूखा-सूखा भोजन। २. तुच्छ और निकम्मी चीज।

सागर पुं० [सं०] १. समुद्र। २. झील। ३. एक प्रकार के दशनामी साधुओं की उपाधि या साम्प्रदायिक नाम।

सागरसुता स्त्री० [सं०] लक्ष्मी।

सागू पुं० [अं० सैगो] १. ताड़ की जाति का एक वृक्ष जिसके तने के गूदे से सागूदाना बनता है। २. सागूदाना।

सागूदाना पुं० [अं० सैगो+हिं दाना] सागू वृक्ष के तने के गूदे से तैयार किए हुए दाने जो शीघ्र पच जाते हैं, साबूदाना।

सागौन पुं० दे० 'शाल' १. (वृक्ष)।

साग्र वि० [सं०] पूरा, सब, सारा।

क्रि० वि० आदि या आरम्भ से।

साग्रह क्रि० वि० [सं०] आग्रहपूर्वक, जोर देकर।

साचार* वि० [सं० स+आचार] आचारवान।

साचित्य पुं० [सं० सचेत] सचेत होने की अवस्था या भाव, सचेतता। (कांशन)

साचेत वि० [सं० सचेत] १. जिसमें चेतना हो, चेतनायुक्त। २. होशियार, सचेत।

साच्छात* क्रि० वि०=साक्षात्।

साछ* पुं०, स्त्री० दे० 'साक्षी'।

साज पुं० [सं० सज्जा से फा० साज़] १. सजे हुए होने की अवस्था या भाव, सजावट। २. रंग-ढंग, वैभव, शोभा आदि की सूचक बातें, ठाठ-बाट। ३. किसी चीज को ठीक करके उपयुक्त या काम में लाने योग्य सामग्री, जैसे घोड़े का साज।

मुहा० *साज साजना*=तैयारी करना।

४. वाद्य, बाजा। ५. लड़ाई के हथियार।

वि० मरम्मत करने या बनानेवाला (यौगिक के अन्त में, जैसे घड़ीसाज)।

साजन पुं० [सं० सज्जन] १. पति। २. प्रेमी, प्रिय। ३. भला आदमी, सज्जन।

साजना* स० दे० 'सजाना'।

अ० दे० 'सजना'।

साज-बाज पुं० [फा० साज़+बाज (अनु०)] १. तैयारी। २. मेल-जोल।

साज-संगीत पुं० [फा० साज़+सं० संगीत] साज या बाजे पर होनेवाला संगीत, वाद्यसंगीत, 'कंठसंगीत' से भिन्न। (इन्स्ट्रूमेन्टल म्यूजिक)

साज-सज्जा स्त्री० [फा० साज़+सं०] १. सजावट। २. सजावट का सामान।

साज-सामान पुं० [फा० साज़+सामान] १. असबाब, सामान। २. सामग्री, उपकरण। ३. ठाठ-बाट।

साजोसामान पुं०=साज-सामान।

साजिंदा पुं० [फा० साज़िन्दः] किसी गानेवाले के साथ साज या बाजा बजानेवाला।

साजिया वि० [हिं० साज या सजाना] सजानेवाला।

पुं०=ईश्वर।

पुं० दे० 'साजिंदा'।

साजिश स्त्री० [फा० साज़िश] १. किसी को हानि पहुँचाने की गुप्त योजना। २. षड्यन्त्र।

साजुज्य* पुं० दे० 'सायुज्य' (मुक्ति)।

साझा पुं० [सं० सार्धक=आधा हिस्सा] १. हिस्सेदारी। २. भाग, हिस्सा।

साझा-सीरा पुं० [हिं० साझा+सीर] १. खेत की वह जोताई जिसमें दो आदमी आधी-आधी उपज या हिस्से के मालिक होते हैं। २. किसी काम या लाभ में होनेवाली हिस्सेदारी।

साझिया पुं० दे० 'साझेदार'।

साझी पुं० दे० 'साझेदार'।

साझेदार पुं० [हिं० साझा+दार (प्रत्य०)] [भाव० साझेदारी] किसी काम या रोजगार में साझा रखनेवाला, हिस्सेदार, साझी।

साट[1]* स्त्री० १. दे० 'साड़ी' (स्त्रियों के पहनने की)। २. दे० 'साँट'।

साट[2] पुं० [?] बेचने की क्रिया, विक्रय।

साटक* पुं० [देश०] १. छिलका। २. भूसी।

साटन स्त्री० [अं० सैटिन] एक प्रकार का बढ़िया रेशमी कपड़ा।

साटना* स० [हिं० सटाना] १. किसी को किसी काम के लिए गुप्त रूप से अपनी ओर मिलाना। २. दे० 'सटाना'।

साठ वि० [सं० षष्टि] [वि० साठा, क्रि० सठियाना] तीस का दूना, पचास से दस और।

पुं० साठ का सूचक अंक या संख्या।

साठ-नाठ[1]* स्त्री० [हिं० सटना] १. मेल-जोल। २. अनुचित सम्बन्ध। ३. षड्यन्त्र।

साठ-नाठ[2]* वि० [हिं० साठ ?+नाठ=नष्ट] १. दरिद्र, गरीब। २. रूखा या फीका, नीरस। ३. इधर-उधर फैला या बिखरा हुआ। ४. नष्ट-भ्रष्ट।

साठा[1] पुं० [देश०] ईख, गन्ना।

साठा[2] वि० [हिं० साठ] साठ वर्ष का।

साठोत्तर वि० [हिं० साठ+सं० उत्तर] [वि० स्त्री० साठोत्तरी] १. सन् साठ के बाद का। २. साठ वर्ष पूरा हो जाने के बाद का।

साड़ी स्त्री० [सं० शाटिका या शाटी] स्त्रियों के पहनने की चौड़े किनारे की धोती।

स्त्री० दे० 'मलाई' (दूध की)।

साढ़ी स्त्री० [सं० सार] दूध या दही के ऊपर जमनेवाली मलाई।

वि०=असाढ़ी।

साढ़ू पुं० दे० 'साँढ़ू'।

साढ़े वि० [सं० सार्द्ध+एक] एक शब्द जो पूरी संख्या के सूचक शब्द के साथ लगकर आधे अधिक का सूचक होता है, जैसे साढ़े चार।

साढ़े साती स्त्री० [हिं० साढ़े+सात+ई (प्रत्य०)] शनिग्रह की अशुभ दशा या प्रभाव जो प्रायः साढ़े सात वर्ष, साढ़े सात महीने, या साढ़े सात दिन तक रहता है।

मुहा० *साढ़े साती लगना*=बुरा समय चलना।

सातंक क्रि० वि० [सं० स+आतंक] आतंक या भय-प्रदर्शन के साथ, आतंकपूर्वक।

सात वि० [सं० सप्त] पाँच और दो।

पुं० इस अंक की सूचक संख्या।

मुहा० *सात पाँच करना*=धूर्तता की बातें करना।

पद *सात समुद्र पार*=बहुत दूर।

सातत्य पुं० [सं०] 'सतत' का भाव, सदा या निरन्तर होते रहना, निरंतरता। (पर्पेचुइटी)

सातिक* वि० दे० 'सात्विक'।

सात् वि० [सं०] एक प्रत्यय जो शब्दों के अन्त में लगकर 'मिला हुआ' या 'रूप में आया हुआ' का अर्थ देता है, जैसे भूमिसात्, भस्मसात्।

सात्म्य पुं० [सं०] समान रूप होने का भाव, एकरूपता, सरूपता, उदा० समसुर सात्म्य समीप बाद की नाद धमकी सौं।—रत्ना०।

सात्वती स्त्री० [सं०] १. शिशुपाल की माता का नाम। २. सुभद्रा का एक नाम। ३. नाटक में एक प्रकार की वृत्ति, जिसमें मुख्यतः दान, दया, शौर्य आदि वीरोचित कार्यों का वर्णन होता है, इसका व्यवहार वीर, रौद्र, अद्भुत और शान्त रसों में होता है।

सात्विक वि० [सं०] [भाव० सात्विकता] १. सतोगुणी। २. पवित्र, निर्मल। ३. सत्त्व गुण से उत्पन्न।

पुं० १. साहित्य से उत्पन्न ये अंग विकार-स्तम्भ, स्वेद, मन्द, स्वरभंग, कम्प, वैवर्ण्य, अशु और प्रलय। २. दे० 'सात्वती' ३.।

सात्विकता स्त्री० [सं०] सात्विक होने की अवस्था या भाव; पवित्रता, शुचिता।

साथ पुं० [सं० सार्थ] १. संगति, सहचार। २. साथी, संगी। ३. मेल, मित्रता। ४. समूह।

क्रि० वि० १. सहित।

पद *साथ ही*=साथ में। *साथ ही साथ*=एक साथ, एक क्रम में।

२. प्रति, से। ३. द्वारा।

साथर* स्त्री०=साथरा।

साथरा* पुं० [सं० संस्तरक] [स्त्री० साथरी] १. बिछौना। २. चटाई।

साथवाला वि० [हिं० साथ+वाला (प्रत्य०)] बगलवाला, साथ लगा हुआ।

साथी पुं० [हिं० साथ] [स्त्री० साथिन] १. साथ रहनेवाला, संगी। २. मित्र।

साथी-संगाती| पुं०=संगी-साथी।

सादगी स्त्री० [फा०] १. सादापन। २. सीधापन, निष्कपटता।

सादरा पुं० [?] एक प्रकार का बढ़िया पक्का गाना।

सादा वि० [फा० सादः] [स्त्री० सादी] १. आडंबर से रहित, साधारण। २. जिसके ऊपर बेल-बूटे, सजावट आदि का कोई काम न हो, जैसे सादा कागज। ३. जिस पर कुछ लिखा न हो। ४. छलविहीन, सीधा, सरल।

सादापन पुं० [फा० सादः+हिं० पन (प्रत्य०)] १. सादगी। २. सीधापन।

सादी[1] स्त्री० [हिं० सादा] १. वह पूरी या रोटी जिसके अन्दर पूर या कोई चीज भरी न हो, 'कचौरी' का विपर्याय। २. लाल नामक पक्षी की मादा, सदिया।

सादी[2]* पुं० [फा० सद=शिकार] १. शिकारी। २. घोड़ा। ३. सवार।

स्त्री०=शादी।

सादूर* पुं० [सं० शार्दूल] १. सिंह, शेर। २. हिंसक पशु।

सादृश्य पुं० [सं०] रूप, प्रकार आदि की समानता, एकरूपता। २. बराबरी, तुलना। ३. परस्पर विरोधी या भिन्न बातों के कुछ विशेष तत्त्वों में पाई जानेवाली समानता, अतिदेश। (एनॅालोजी)

साध[1] स्त्री० [सं० श्रद्धा=प्रबल वासना] १. अभिलाषा, उत्कंठा।

मुहा० *(किसी बात की) साध न रहने देना*=सब प्रकार से इच्छा पूरी कर लेना, कुछ कमी या कसर न करना, उदा० व्याध अपराध की साध राखी कहा, पिंगलै कौन मति भक्ति भई।—तुलसी। *साध रखना*=अभिलाषा पूरी करना या होना।

२. गर्भवती होने का सातवें महीने में होनेवाला एक प्रकार का उत्सव।

साध[2] पुं० [सं० साधु] १. साधु, सन्त, महात्मा। २. सज्जन। वि० उत्तम, अच्छा।

साधक पुं० [सं०] [स्त्री० साधिका] १. साधना करनेवाला। २. योगी, तपस्वी। ३. साधन, जरिया। ४. वह जो अनुकूल और सहायक हो। ५. किसी उद्देश्य की सिद्धि में सहायता

देनेवाला। ६. न्याय में वह लक्षण, जिसके आधार पर कोई बात सिद्ध करने का प्रयत्न किया जाता है, हेतु।
वि० [वि० स्त्री० साधिका] १. साधन के रूप में होनेवाला। २. साधने या साधन करने में सहायक।

साधन पुं० [सं०] १. कार्य आरम्भ करके सिद्ध या पूरा करना। २. निर्णय, आज्ञा आदि के अनुसार कार्य को रूप देना, पालन करना। ३. अपने कार्यों का निर्वाह अथवा अपने पद के कर्तव्यों का पालन करना। ४. कोई ऐसी बात जिससे किसी दोष या क्षति का परिहार हो, उपचार। (रेमेडी)। ५. विधिक लेख्यों आदि में बतलाए हुए काम पूरे करना। (एग्ज़िक्यूशन, उक्त सभी अर्थों के लिए) ६. कोई चीज तैयार करने का सामान, सामग्री। ७. कोई काम पूरा करने की सामर्थ्य या शक्ति। (मीन्स) ८. वह जिसके द्वारा या जिसकी सहायता से कोई कार्य सिद्ध हो, उपकरण। (एजेन्सी) ९. उपाय, युक्ति। १०. औषध के लिए धातुएँ आदि शोधने का काम।

साधन चतुष्टय पुं० [सं०] साधना के चार आवश्यक साधन—विवेक, वैराग्य, षट्सम्पत्ति और मुमुक्षा।

साधनपत्र पुं० १. दे० 'करण'। २. दे० 'साधिका'।

साधनहार* वि० [हिं० साधना+हार (प्रत्य०)] १. साधने या सिद्ध करनेवाला। २. जो साधा या सिद्ध किया जा सके। ३. हो सकने योग्य, साध्य।

साधना[1] स्त्री० [सं०] १. कोई कार्य सिद्ध करने की क्रिया या भाव, सिद्धि। २. उपासना, आराधना। ३. दे० 'साधन'।

साधना[2] स० [सं० साधन] १. पूरा करना। २. निशाना लगाना। ३. अभ्यास करना। ४. पक्का करना, ठहराना। ५. एकत्र करना। ६. वश में करना। ७. बनावटी को असल की तरह कर दिखाना। ८. शुद्ध करना, शोधना। ९. साँटना।

साधनामय वि० [सं०] साधना से लगा हुआ, साधना में निरत।

साधनात्मक वि० [सं०] साधना के उद्देश्य से होनेवाला।

साधनिक वि० [सं०] १. साधन-सम्बन्धी, साधन का। २. किसी राज्य या संस्था के प्रबन्ध, शासन या कार्य-साधन से सम्बन्ध रखनेवाला। (एग्ज़िक्यूटिव)

साधनिक अधिकारी पुं० [सं०] किसी संस्था का वह अधिकारी जो उसके प्रबन्ध आदि का साधन या संचालन करता है। (एक्जिक्यूटिव ऑफिसर)

साधनी स्त्री० [सं० साधन] १. लोहे या लकड़ी का एक औजार जिससे दीवार या जमीन की सतह की सीध नापते हैं। २. राज, मेमार, उदा० बोलि साधनी पुंज मंजु मंडप रचवायौ।—रत्ना०।

साधर्म्य पुं० [सं०] 'सधर्मी' अर्थात् समान धर्म या गुणों से युक्त होने की अवस्था या भाव, एकधर्मता, 'वैधर्म्य' का विपर्याय।

साधार वि० [सं० स+आधार] जिसका कुछ आधार हो, आधारयुक्त।

साधारण वि० [सं०] १. जैसा प्रायः सब जगह होता या पाया जाता हो, जिसमें औरों की अपेक्षा कोई विशेषता न हो, सामान्य (यूज़ुअल) २. प्रकार, प्रकृति, रूप आदि के विचार से जैसा सब जगह होता हो, वैसा, प्रकृत, सहज। (नार्मल) ३. अच्छे से कुछ हल्के दरजे का, विशेषता या उत्कृष्टता से रहित, मामूली। (आर्डिनरी, उक्त दोनों अर्थों के लिए) ४. सबके समझने योग्य, सहज, सुगम, सरल। ५. दे० 'सामान्य'।

साधारणतः, साधारणतया क्रि० वि० [सं०] १. सामान्य रूप से, मामूली तौर पर। २. बहुधा, प्रायः, अक्सर।

साधारण वाक्य पुं० [सं०] व्याकरण में तीन प्रकार के वाक्यों में से पहला जो प्रायः बहुत छोटा होता है और जिसमें एक कर्ता और एक क्रिया (सकर्मक होने पर क्रिया के साथ एक कर्म भी) होती है। (वाक्य के शेष दो प्रकार मिश्र और संयुक्त कहलाते हैं।)

साधारणीकरण पुं० [सं०] १. असाधारण को साधारण करने या बनाने की क्रिया या भाव। २. एक ही प्रकार के बहुत से विशिष्ट तत्त्वों या गुणों के आधार पर कोई ऐसा साधारण नियम या सिद्धान्त स्थिर करना जो उन सब तत्त्वों या गुणों पर समान रूप से प्रयुक्त हो सके। ३. किसी समान गुण या धर्म के आधार पर अनेक तत्त्वों को एक तल पर या एक वर्ग में लाना, गुणों आदि के आधार पर समानता स्थिर करना। (जेनरलाईज़ेशन)

साधि* क्रि० वि० [सं० साध] १. इच्छापूर्वक। २. प्रेमपूर्वक।

साधिका स्त्री० [सं० साधक] वह लेख या पत्र जिस पर किसी प्रकार के देने-पावने का ठीक-ठीक हिसाब या भेजे हुए माल का पूरा विवरण लिखा रहता है। (वाउचर)

साधिकार क्रि० वि० [सं०] अधिकारपूर्वक।
वि० १. जिसे अधिकार प्राप्त हो। २. अधिकारपूर्वक या आधिकारिक रूप से कहा या किया हुआ। (ऑथारिटेटिव)

साधित वि० [सं०] जिसका साधन हुआ हो, साधा या सिद्ध किया हुआ।

साधु पुं० [सं०] [भाव० साधुता] १. कुलीन, आर्य। २. सांसारिक झगड़ों और सम्बन्धों या बन्धनों से अलग रहकर धार्मिक जीवन बितानेवाला पुरुष, सन्त। ३. सज्जन।
वि० १. अच्छा। २. प्रशंसनीय। ३. उचित। ४. व्याकरण की दृष्टि से शुद्ध; जैसे-साधु प्रयोग।
विस्मयादि० १. ठीक है, अच्छी बात है। २. बहुत अच्छा, बहुत सुन्दर या उत्तम।

साधुमना† वि० भला।

साधुवाद पुं० [सं०] किसी के कोई अच्छा काम करने पर 'साधु-साधु' कहकर उसकी प्रशंसा या आदर करना।

साधू* पुं०=साधु।

साधो* पुं० [सं०] सन्त, साधु।

साध्य वि० [सं०] [भाव० साध्यता] १. करने योग्य। २. जो हो सके। ३. सहज, सुगम। ४. (बात) जिसे प्रमाणित या सिद्ध करना हो। ५. रोग जो अच्छा किया जा सके, चिकित्स्य। (क्योरेबुल)

पुं० १. देवता। २. शक्ति, सामर्थ्य। ३. प्रश्न या समस्या के रूप में सामने आनेवाली वह बात जिसे ठीक सिद्ध करना हो। (प्रॉपोज़िशन)। ४. तर्क शास्त्र में किसी पक्ष की कही हुई वह बात जो अभी प्रमाणित या सिद्ध की जाने को हो।

साध्यवसाना स्त्री० [सं० स+अध्यवसान+आ] साहित्य में लक्षणा का वह प्रकार या भेद जिसमें उपमेय का अध्यवसान करके अर्थात् उसे बिल्कुल हटाकर केवल उपमान इस प्रकार उपस्थित किया जाता है कि उपमेय से उसका कोई भेद नहीं रह जाता है, जैसे यदि हम कहें-ऐसे विकट अवसर पर 'पंजाब का शेर' मैदान में आया, तो 'पंजाब का शेर' से प्रसंग के अनुसार महाराज रणजीत सिंह अथवा लाला लाजपत राय का बोध होगा।

साध्यवाद पुं० [सं०] यह विचारधारा कि हर कार्य के पीछे कोई न कोई उद्देश्य रहता ही है।

साध्या स्त्री० [सं० साध्य] किसी व्यवहार या दीवानी मुकदमे में वे विचारणीय बातें जिनका एक पक्ष स्थापन करता हो और जिन्हें दूसरा पक्ष न मानता हो और जिनके आधार पर उस व्यवहार या मुकदमे का निर्णय होने को हो। (इश्यू) विशेष—ये दो प्रकार की होती हैं—(क) विधिक अर्थात् कानूनी प्रश्नों से सम्बन्ध रखनेवाली साध्या (इश्यू आफ लॉ) और (ख) तथ्यक अर्थात् वास्तविक अथवा वास्तविक घटनाओं या तथ्यों से सम्बन्ध रखनेवाली साध्या (इश्यू ऑफ फैक्ट्स)

साध्वी वि० [सं०] पतिव्रता या पवित्र आचरणवाली (स्त्री)। स्त्री० १. पतिव्रता स्त्री। २. जैन भिक्षुणी।

सानंद क्रि० वि० [सं०] आनन्दपूर्वक।

सान पुं० [सं० शाण] वह पत्थर जिस पर रगड़कर अस्त्रों की धार तेज की जाती है, कुरंड।

मुहा० *सान धरना*=धार तेज करना।

सानना स० [हिं० सनना का स०] १. चूर्ण आदि किसी तरल पदार्थ में मिलाकर गीला करना, गूँधना। २. मिश्रित करना, मिलाना। ३. सम्मिलित करना। ४. दोष, अपराध आदि के लिए किसी के साथ अकारण दोषी या उत्तरदायी बनाना।

साना* अ० [सं० शांत] १. शान्त होना। २. समाप्त होना, न रह जाना, उदा० कृपासिंधु, बिलोकिए जन-मन की साँसति सान।—तुलसी।

स० १. शान्त करना। २. नष्ट करना। ३. समाप्त करना।

सानी[1] स्त्री० [हिं० सानना] पानी में भिगोया हुआ गौ-भैंसों का चारा।

सानी[2] वि० [अ०] १. दूसरा। २. बराबरी का, सम। ३. मुकाबले का, जोड़ का।

पद *लासानी*=अद्वितीय, बेजोड़।

सानु पुं० [सं०] १. पर्वत का शिखर। २. पत्थर। ३. छोर, सिरा। ४. चौरस भूमि। ५. वन, जंगल।

वि० १. लम्बा-चौड़ा। २. चौरस, सपाट।

सानुकूल* वि०=अनुकूल।

सानुज क्रि० वि० [सं० स+अनुज] अनुज या छोटे भाई के साथ।

सान्निध क्रि० वि०=समीप।

सान्निध्य पुं० [सं०] 'सन्निधि' का भाव, समीपता, निकटता। (प्राक्सिमिटी)

सान्मुख्य पुं० [सं०] 'सन्मुख' होने की अवस्था या भाव, सामना।

साप* पुं०=शाप।

सापत्न्य पुं० [सं०] पत्नी होने की अवस्था या भाव।

सापना* स० [सं० शाप] शाप देना, उदा० सापत ताड़त पुरुष कहन्ता।—कबीर।

सापेक्ष वि० [सं०] [भाव० सापेक्षता] १. उत्तरपद के रूप में, जो किसी दूसरे तत्त्व, विचार, दृष्टिकोण आदि से सम्बद्ध होने के कारण उसकी अपेक्षा रखता हो, बिना किसी दूसरे के ठीक या पूरा न होनेवाला; जैसे-समाज-सापेक्ष, धर्म-सापेक्ष। २. किसी की अपेक्षा करनेवाला। ३. जो विचार, निर्णय या आज्ञा की अपेक्षा में रुका पड़ा हो।

सापेक्षता स्त्री० [सं०] १. सापेक्ष होने की अवस्था या भाव। २. आईनस्टाइन का यह सिद्धान्त की सभी प्रकार की गति सापेक्ष होती है और चतुर्थ आयाम के रूप में समय को स्वीकार करती है। (रिलेटिविटी)

सापेक्षवाद पुं० [सं०] वह सिद्धान्त जिसमें दो वस्तुओं या बातों को एक दूसरी का अपेक्षक माना जाता है।

साप्ताहिक वि० [सं०] १. सप्ताह-सम्बन्धी। २. प्रति सप्ताह होनेवाला, हफ्तेवार। (वीकली)

पुं० प्रति सप्ताह प्रकाशित होनेवाला समाचार-पत्र। (वीकली)

साफ वि० [अ० साफ़] १. स्वच्छ, निर्मल। २. शुद्ध पवित्र। ३. निर्दोष। ४. स्पष्ट। ५. उज्ज्वल। ६. जिसमें कोई झगड़ा-बखेड़ा न हो। ७. निखरा हुआ, चमकीला। ८. निष्कपट। ९. सादा, कोरा। १०. जिसमें रद्दी अंश न हो। ११. खाली।

मुहा० *साफ करना*=(क) मार डालना। (ख) नष्ट करना। १२. (लेन-देन) जो चुकता किया गया हो।

क्रि० वि० १. बिना किसी दोष या कलंक के। २. बिना किसी प्रकार की हानि के। ३. इस प्रकार जिसमें किसी को पता न लगे। ४. बिल्कुल, परम।

साफगोई स्त्री० [अ० साफ़+फा० गोई] स्पष्टवादिता।

साफबयानी स्त्री० [अ०] स्पष्टवादिता।

साफल्य पुं०=सफलता।

साफ-सुथरा वि० पूर्णतः [फा० साफ़+हिं० सुथरा] स्वच्छ।

साफा पुं० [अ० साफ़:] १. छोटी पगड़ी। २. कपड़ों में साबुन लगाकर उन्हें साफ करने की क्रिया या भाव।

मुहा० *साफा देना या लगाना*=कपड़ों में साबुन लगाकर उन्हें साफ करना।

साफी स्त्री० [अ० साफ़] १. भाँग छानने या गाँजे की चिलम के नीचे लगाने का छोटा कपड़ा। २. हाथ में रखने का छोटा रूमाल।

साफ्टवेयर पुं० [अं०] वे निर्देश जिनके द्वारा कम्प्यूटर के कार्य-व्यापार नियंत्रित होते हैं।

साबन† पुं०=साबुन।

साबर[1] पुं० [सं० शम्बर] साँभर (हिरन) का चमड़ा।

साबर[2] पुं० [सं० शर्वला= कुदाल] मिट्टी खोदने की सबरी।
* वि० दे० 'शाबर'।

साबिक वि० [अ०] पहले का, पुराना।

साबिक दस्तूर क्रि० वि० [अ० साबिक़े दस्तूर] जैसी प्रथा हो वैसे ही।

साबिका पुं० [अ० साबिक़:] पारस्परिक व्यवहार के कारण होनेवाला सम्बन्ध, सम्पर्क।

साबित वि० [अ०] जिसका सबूत या प्रमाण मिल चुका हो, प्रमाणित, सिद्ध।

साबुत वि० [अ० साबित] १. जो खंडित न हुआ हो, पूरा। २. समस्त, सब।

साबुन पुं० [अ० साबून] क्षार, तेल आदि से बनाया हुआ एक प्रसिद्ध पदार्थ जिससे शरीर और कपड़े साफ किए जाते हैं।

साबूत वि० दे० ' साबुत'।
पुं० दे० 'सबूत'।

साबूदाना पुं० दे० 'सागूदाना'।

साभार क्रि० वि० [सं० स+आभार] आभार मानते हुए, कृतज्ञतापूर्वक।

साभिप्राय क्रि० वि० [सं० स+अभिप्राय] अभिप्राय के साथ।
वि० [भाव० साभिप्रायता] अभिप्राय से युक्त।

सामंजस्य पुं० [सं०] १. औचित्य। २. अनुकूलता। ३. मेल, एकरसता।

सामंत पुं० [सं०] १. वीर, योद्धा। २. जमींदार या सरदार।

सामंतवाद पुं० [सं०] किसी राज्य के अन्तर्गत वह प्रणाली जिसमें सामन्तों, सरदारों और जमींदारों आदि को किसानों, खेतीबारी की जमीनों आदि के सम्बन्ध में बहुत अधिक या पूरे पूरे अधिकार होते हैं। (फ्यूडल सिस्टम)

सामंतवादी (-दिन्) वि० [सं०] सामन्तवाद-सम्बन्धी।
पुं० सामन्तवाद का पक्षधर।

सामंतसभा स्त्री० [सं०] इंग्लैंड के संविधान में वहाँ के बड़े-बड़े सामन्तों (लार्डों) की वह सभा जो वहाँ की लोकसभा से बड़ी मानी जाती है। (हाउस ऑफ लार्ड्स)

सामंती वि० [सं० सामंत] सामन्त-संबंधी।

साम पुं० [सं० सामन्] १. गाए जानेवाले वेदमन्त्र। २. दे० 'सामवेद'। ३. राजनीति में शत्रु से मीठी बातें करके उसे अपनी ओर मिलाने की नीति। ४. संधि, मेल। ५. मित्रता।
* पुं० दे० 'श्याम' देश।
*वि० दे० 'श्याम'।
* पुं० दे० 'श्याम' (कृष्ण)।
पुं० दे० 'स्वामी'।

सामग पुं० [सं०] वह जो सामवेद के मन्त्र गाता हो, सामवेदी।

सामग्री स्त्री० [सं०] १. वे आवश्यक वस्तुएँ जिनका किसी कार्य में उपयोग होता हो, आवश्यक द्रव्य। (मेटीरियल)। २. घर-गृहस्थी का काम चलाने की सब चीजें, सामान। (एफेक्ट्स) ३. साधन, उपकरण।

सामधेनी स्त्री० [सं०] यज्ञ में आग प्रज्वलित करने तथा हवा करने के लिए प्रयुक्त बाँस की नली।

सामना पुं० [हिं० सामने] १. समक्ष या सम्मुख होने की क्रिया या भाव। २. भेंट, मुलाकात। ३. सामने या आगेवाला भाग। ४. प्रतियोगिता, मुकाबला।
वि० जो सामने हो; जैसे-सामने घर में आज कोई विशेष कार्यक्रम लगता है।

सामने क्रि० वि० [सं० सम्मुख] आगे की तरफ कुछ दूरी पर।
मुहा० *सामने आना*=उपस्थित होना।

सामने, के सम्बन्धबो० १. के आगे कुछ दूरी पर; जैसे-उनके घर के सामने मन्दिर है। २. की उपस्थिति में; जैसे-गैरों के सामने ऐसी बातें नहीं करते। ३. के जीवनकाल में, के जीवित होने की अवस्था में; जैसे-मेरा विवाह पिताजी के सामने ही हुआ था।

सामयिक वि० [सं०] [भाव० सामयिकता] १. समय से सम्बन्ध रखनेवाला। २. वर्तमान समय का। ३. समय को देखते हुए उचित, उपयुक्त या ठीक।

सामयिकता स्त्री० [सं०] १. सामयिक होने का भाव। २. वर्तमान समय, परिस्थिति आदि के विचार से उपयुक्त दृष्टिकोण या अवस्था।

सामयिक पत्र पुं० [सं०] कुछ निश्चित समय पर बराबर प्रकाशित होता रहनेवाला पत्र। (पीरियॉडिकल)

सामरथ* स्त्री०=सामर्थ्य।

सामरस्य पुं०=समरसता।

सामरा* वि०, पुं०=साँवला।

सामरिक वि० [सं०] समर-सम्बन्धी, युद्ध का, जैसे सामरिक व्यवस्था।

सामर्थ्य स्त्री० [सं०] 'समर्थ' का भाव, योग्यता, कुछ कर सकने की शक्ति। (पॉवर)

सामवायिक वि० [सं०] समवाय-सम्बन्धी, समवाय का।

सामवेद पुं० [सं० सामन्] [वि० सामवेदी] चार वेदों में से तीसरा जिसमें शान्ति तथा प्रशंसा सम्बन्धी गाए जानेवाले स्तोत्र हैं।

सामवेदी (-दिन्) पुं० [सं०] वह जो सामवेद का अनुयायी अथवा ज्ञाता हो।

सामहिं* क्रि० वि०=सामने।

सामाँ* पुं०=सामान।
*स्त्री०=श्यामा।

सामाजिक वि० [सं०] [भाव० सामाजिकता] सारे समाज से सम्बन्ध रखनेवाला, समाज का, सभ्य। (सोशल)
पुं० काव्य, नाटक आदि का श्रोता या दर्शक, सहृदय।

सामाजिकता स्त्री० [सं०] १. सामाजिक होने की अवस्था या भाव। २. सामाजिक सम्बन्धों का निर्वाह।

सामान पुं० [फा०] १. दे० 'सामग्री'। २. उपक्रम, आयोजन। ३. घर, गृहस्थी आदि की या कोई काम चलाने की सब चीजें। (एफेक्ट्स)

सामान्य वि० [सं०] १. जिसमें कोई विशेषता न हो, मामूली, साधारण। २. सब या बहुतों से सम्बन्ध रखनेवाला। ३. प्रायः सभी व्यक्तियों, अवसरों, अवस्थाओं आदि में पाया जानेवाला या उनसे सम्बन्ध रखनेवाला, सार्वजनिक, आम। (जनरल; अन्तिम दोनों अर्थों के लिए) ४. दे० 'मध्यक'। पुं०[सं०] १. समानता, बराबरी। २. किसी जाति या प्रकार की सब चीजें या बातों में पाया जानेवाला समान गुण, जैसे मनुष्यों में मनुष्यत्व। ३. दे० 'मध्यक'। ४. साहित्य में एक अलंकार जिसमें उपमान और उपमेय अथवा प्रस्तुत और अप्रस्तुत में गुणों, धर्मों आदि के बिल्कुल समान या एक-से होने का उल्लेख रहता है, जैसे यह कहना कि चाँदनी रात में अटारी में खड़ी हुई नायिका और चन्द्रमा में इतनी समानता है कि यह पता नहीं चलता कि मुख कौन है और चन्द्रमा कौन।

सामान्यतः, सामान्यतया क्रि० वि० [सं०] १. सामान्य रूप से, साधारण रीति से, साधारणतः। २. जैसा साधारणतः या प्रायः होता हो। (कामनली)

सामान्यता स्त्री० [सं०] १. 'सामान्य' या मामूली होने की अवस्था या भाव। २. 'सामान्य' होने या सब जगह सामान्य रूप से होने या पाए जाने की अवस्था या भाव। (जनरैलिटी)

सामान्य बुद्धि स्त्री० [सं०] प्रायः सब लोगों में पाई जानेवाली वह सामान्य या सहज बुद्धि जिससे वे साधारण बातें बिना किसी प्रयत्न के या आप-से-आप समझ लेते हैं। (कॉमन सेन्स)

सामान्य विधि स्त्री० [सं०] १. कोई साधारण विधि या आज्ञा, जैसे बुरे काम मत करो। २. किसी देश या राष्ट्र में प्रचलित विधि-प्रविधियों का वह सामूहिक मान जिसके अनुसार उस देश या राष्ट्र के निवासियों का आचरण या व्यवहार परिचालित होता है। (कॉमन लॉ)

सामान्या स्त्री० [सं०] साहित्य में वह नायिका जो केवल धन के लोभ से परपुरुषों से सम्बन्ध करती हो, गणिका।

सामान्यीकरण पुं० [सं०] सामान्य बनाना अर्थात् ऐसा रूप देना कि अधिक से अधिक लोगों, वस्तुओं, स्थानों आदि पर लागू हो।

सामासिक वि० [सं०] [भाव० सामासिकता] १. समास से सम्बन्ध रखनेवाला, समास का। २. अनेक तत्त्वों या हिस्सों से बना हुआ; जैसे सामासिक संस्कृति (कम्पोज़िट)

सामिग्री| स्त्री०=सामग्री।

सामिष वि० [सं०] (भोजन) जिसमें आमिष (मांस, मछली आदि) भी मिला हो।

सामी वि० [शाम देश] १. दक्षिण-पश्चिम एशिया (आधुनिक अरब देश और प्राचीन बेबीलोन, असीरिया) से संबद्ध, शामी। २. उक्त देशों, उनमें रहनेवाली जातियों तथा उनमें बोली जानेवाली भाषाओं से संबद्ध। स्त्री० उक्त जातियों द्वारा बोली जाने वाली भाषाएँ। पुं० उक्त देशों का वासी। पुं० दे० 'स्वामी'।

सामीप्य पुं० [सं०] 'समीप' होने का भाव, निकटता, समीपता।

सामुझि* स्त्री०=समझ।

सामुदायिक वि० [सं०] समुदाय का।

सामुदायिक केंद्र पुं० [सं०] वह स्थान जहाँ लोग सामुदायिक समस्याओं पर विचार के लिए, मनोरंजन के लिए या उत्सव मनाने के लिए एकत्र होते हैं।

सामुद्र वि० [सं०] १. समुद्र-सम्बन्धी, समुद्र का। २. समुद्र से उत्पन्न।

सामुद्रिक वि० [सं०] समुद्र-सम्बन्धी।
पुं० १. वह विद्या जिसमें मनुष्य के शारीरिक लक्षण, विशेषतः हथेली की रेखाएँ देखकर शुभाशुभ फल बतलाए जाते हैं। २. इस शास्त्र का ज्ञाता।

सामुहें* क्रि० वि०=सामने।

सामूहिक वि० [सं०] [भाव० सामूहिकता] समूह या बहुत से लोगों से सम्बन्ध रखनेवाला, 'वैयक्तिक' का विरुद्धार्थक।

सामूहिकता स्त्री० [सं०] किसी स्थान, अंचल, प्रदेश आदि के लोगों में एक साथ मिलकर किसी कार्य को संपादित करने की भावना।

साम्य पुं० [सं०] 'सम' या 'समान' होने का भाव या दशा, समता, समानता।

साम्यवाद पुं० [सं०] वह सिद्धान्त या व्यवस्था जिसमें उत्पत्ति के साधनों पर राज्य का स्वामित्व तथा नियंत्रण होता है तथा जिसमें सभी को भाग लेने का समान अवसर मिलता है।

साम्यवादी (-दिन्) वि० साम्यवाद-सम्बन्धी।
पुं० साम्यवाद का पक्षधर।

साम्या स्त्री० [सं०] साधारण न्याय के अनुसार सब लोगों के साथ निष्पक्ष और समान भाव से किया जानेवाला व्यवहार, समदर्शितापूर्ण व्यवहार। (इक्विटी)

साम्यामूलक वि० [सं० साम्या+मूलक] जिसमें साम्या या समदर्शिता का पूरा-पूरा ध्यान रखा गया हो। (इक्विटेबुल)

साम्यावस्था स्त्री० [सं०] वह अवस्था या स्थिति जिसमें परस्पर विरोधी शक्तियाँ इतनी हों कि एक दूसरी पर अपना अनिष्ट प्रभाव डालकर कोई गड़बड़ी न उत्पन्न कर सकें। (ईक्विलिब्रिअम)

साम्राज्य पुं० [सं०] १. वह बड़ा राज्य जो एक सम्राट के शासन में हो और जिसमें कई राज्य या देश हों, सार्वभौम राज्य। (एम्पायर) २. किसी क्षेत्र या कार्य में किसी का पूरा अधिकार, आधिपत्य। ३. किसी एक व्यक्ति का बहुत बड़ा व्यापारिक संस्थान।

साम्राज्यवाद पुं० [सं०] साम्राज्य को बनाए रखने और बढ़ाते चलने का सिद्धान्त। (ईम्पीरियलिज़्म)

साम्राज्यवादी (-दिन्) पुं० [सं०] वह जो साम्राज्यवाद का अनुयायी और समर्थक हो, साम्राज्य को दृढ़तापूर्वक बनाए रखने का पक्षपाती। (इम्पीरियलिस्ट)
वि० साम्राज्यवाद-सम्बन्धी।

सायं पुं० [सं०] सन्ध्या, शाम। (समय)
वि० सन्ध्या के समय होनेवाला, जैसे—सायं सन्ध्या= सायंकाल की जानेवाली सन्ध्या नाम की धार्मिक हिन्दू उपासना।

सायंकाल पुं० [सं०] [वि० सायंकालीन] सन्ध्या का समय, शाम।

सायंकालिक, सायंकालीन वि० [सं०] सन्ध्या के समय होनेवाला; जैसे सायंकालिक विद्यालय।

साय* पुं०=सायंकाल, सन्ध्या।

सायक पुं० [सं०] १. वाण। २. खड्ग।

सायत स्त्री० दे० 'साइत'।

सायन पुं० [सं०] वर्ष में दो बार आनेवाला वह समय (२२ मार्च और २२ सितम्बर) जब सूर्य के भूमध्य रेखा पर पहुँचने पर दिन और रात दोनों बराबर होते हैं। (ईक्वीनॉक्स)

सायना* अ० दे० 'साना'।

सायबान पुं० [फा० साय:बान] मकान या कमरे के आगे की ओर छाया के लिए बनी हुई टीन आदि की छत।

सायर[१] पुं० [सं० सागर] समुद्र।

सायर[२] पुं० [अ०] १. भूमि जिसकी आय पर कर नहीं लगता। २. अतिरिक्त और फुटकर आय।
वि० प्रकीर्णक, फुटकर।

सायल पुं० [अ०] १. सवाल या प्रश्न करनेवाला। २. प्रार्थना-पत्र देने या प्रार्थना करनेवाला, प्रार्थी। ३. माँगनेवाला, याचक।

साया[१] पुं० [फा० साय: मि० सं० छाया] १. छाया। २. परछाईं। ३. भूत, प्रेत आदि। ४. सान्निध्य से पड़नेवाला प्रभाव, असर।

साया[२] पुं० [अ० शेमीज] घाघरे की तरह का एक जनाना पहनावा।

सायास क्रि० वि० [सं० स+आयास] आयास, प्रयत्न या परिश्रमपूर्वक।

सायुज* पुं० दे० 'सायुज्य'।

सायुज्य पुं० [सं०] १. किसी में मिलकर उसके साथ एक होने की अवस्था या भाव, सम्पूर्ण मिलन। २. एक प्रकार की मुक्ति जिसके सम्बन्ध में यह माना जाता है कि जीवात्मा जाकर परमात्मा के साथ मिल गया और उसमें लीन हो गया।

सायुध* वि० [सं० स+आयुध] आयुध या शस्त्रों से युक्त, जिसके पास हथियार आदि हों, सशस्त्र, जैसे सायुध रक्षीदल। (आर्म्ड)

सारंग पुं० [सं०] १. एक प्रकार का हिरन। २. कोयल। ३. हंस। ४. मोर। ५. पपीहा। ६. हाथी। ७. घोड़ा। ८. शेर। ९. कमल। १०. स्वर्ण, सोना। ११. तालाब। १२. भौंरा। १३. एक प्रकार की मधुमक्खी। १४. विष्णु का धनुष। १५. शंख। १६. चन्द्रमा। १७. समुद्र। १८. पानी, जल। १९. तीर। २०. साँप। २१. चन्दन। २२. बाल, केश। २३. शोभा। २४. तलवार। १५. बादल, मेघ। २६. आकाश। २७. मेढक। २८. सारंगी। २९. कामदेव। ३०. बिजली। ३१. फूल। ३२. दीपक, दीया। ३३. स्त्री, औरत। ३४. ग्रह, नक्षत्र आदि। ३५. ईश्वर। ३६. गहने, कपड़े आदि सजावट के सामान। ३७. चार तगण का एक छन्द। ३८. ओड़व जाति का एक राग जो दिन के दूसरे पहर में गाया जाता है।
वि० १. रँगा हुआ, रंगीन। २. सुन्दर, मनोहर। ३. सरस, रसयुक्त।

सारंगपाणि पुं० [सं०] विष्णु।

सारंगिया पुं० [हिं० सारंगी] सारंगी बजानेवाला।

सारंगी स्त्री० [सं० सारंग] एक प्रसिद्ध बाजा जिसमें लगे हुए तार कमानी से रेतकर बजाए जाते हैं।

सार[१] पुं० [सं०] [भाव० सारता] १. किसी पदार्थ का मुख्य या मूल भाग, तत्त्व, सत्त। २. तात्पर्य, निष्कर्ष। ३. अरक, रस। ४. जल, पानी; उदा० जहाँ तहाँ सुरतंगिनी सार। —केशव। ५. गुदा, मग्ज। ६. परिणाम, फल। ७. धन, दौलत। ८. मलाई या मक्खन। ९. बल, शक्ति। १०. लोहा। ११. लोहे का बना हुआ कोई हथियार। १२. तलवार। १३. जुआ खेलने का पासा। १४. शतरंज, चौसर आदि की गोटी, गोट। १५. साहित्य में एक अलंकार जिसमें एक बात कहकर उत्तरोत्तर उसके उत्कर्षसूचक सार के रूप में दूसरी अनेक बातों का उल्लेख होता है, जैसे सब प्राणियों में मनुष्य श्रेष्ठ है और सब मनुष्यों में उदार, धर्मात्मा और सज्जन श्रेष्ठ हैं। १६. पिंगल में एक छन्द जिसके प्रत्येक चरण में २८ मात्राएँ होती हैं अन्त में दो गुरु होते हैं तथा १६ मात्राओं पर यति होती है।

सार[२] पुं० [सं० सारिका] मैना (पक्षी)।

सार[३] पुं० [हिं० सारना] १. पालन-पोषण। २. देख-रेख। ३. पलंग, खाट।

सार[४] पुं० [सं० घनसार] कपूर।

सार[4] पुं० [सं० शल्य हिं० साल का पुराना रूप)] १. सालने की क्रिया या भाव। २. मन में खटकने या कष्ट देनेवाली बात; उदा०-भेदि दुसार कियो हियौ तन दुति भेदे सार।—बिहारी।

सार[5] पुं० [सं० शाला] घर; जैसे शोकसार=शोक का घर।
पुं० दे० 'साला'
वि०=कठिन।

सारकथन पुं० [सं०] सार के रूप में कही हुई बात।

सारगर्भित वि० [सं०] जिसमें सार या तत्त्व हो, सारयुक्त, तत्त्वपूर्ण।

सारग्राहिता स्त्री० [सं०] सारग्राही होने का भाव, अवस्था या प्रवृत्ति।

सारग्राही (-हिन्) वि० [सं०] [स्त्री० सारग्राहिणी] [भाव० सारग्राहिता] वस्तुओं या विषयों का तत्त्व या सार ग्रहण करनेवाला।

सारणी स्त्री० [सं०] छोटी नदी या नाला।
स्त्री० दे० 'सारिणी'।

सारणीकरण पुं०=सारिणीकरण।

सारणीयन पुं०=सारिणीकरण।

सारथित्व पुं० [सं०] सारथी का काम, पद या भाव, सारथ्य।

सारथी (-थिन्) पुं० [सं०] [भाव० सारथित्व, सारथ्य] १. रथ चलानेवाला, सूत। २. समुद्र।

सारथ्य पुं० [सं०] सारथी का कार्य, भाव या पद, सारथित्व।

सारद[1] स्त्री० [सं० शारदा] सरस्वती।

सारद[2] वि० [सं० शारद] शरद ऋतु-सम्बन्धी, शारदीय।

सारदा* स्त्री०=शारदा।

सारदी वि०=शारदीय।

सारना* स० [हिं० सरना का स०] १. (काम) पूरा या ठीक करना, बनाना। २. सुन्दर बनाना, सजाना। ३. रक्षा करना। ४. (आँखों में अंजन या सुरमा) लगाना।५. (अस्त्र-शस्त्र) चलाना, प्रहार करना। ६. पालन पोषण या देखरेख करना। ७. दूर करना, हटाना, उदा० धारत धरा पै ना उदार अति आदर सौं, सारत बँहोलिनी दो आँस अधिकाई है।—रत्ना० ८. ठंडा करना, बुझाना, उदा० कहै रत्नाकर वियोग आगि सारन कौ, उधौ हाय हमकौं बयारि भखिबौ कहौ। रत्ना०।

सारबान पुं० [फा०] [भाव० सारबानी] वह जो ऊँट चलाने या हाँकने का काम करता है।

सारभाग पुं० [सं०] किसी तथ्य, कथन, पदार्थ आदि का मुख्य अंश या सार।

सारभाटा पुं० [सं० सार=सारण या पीछे हटना] समुद्र में ज्वार आने के बाद उसके पानी का फिर पीछे हटना।

सारल्य पुं० [सं०] सरलता।

सारवती स्त्री० [सं०] दस वर्णों का एक प्रकार का वर्ण वृत्त, जिसमें तीन भगणों के उपरान्त अंत में एक गुरु वर्ण होता है, इसे 'हाकली' भी कहते हैं।

सारवत्ता स्त्री० [सं०] १. सारवान् का भाव। २. सारग्राहिता।

सारवान, सारवान् वि० [सं०] [भाव० सारवत्ता] जिसमें सार या तत्व हो, सायुक्त।

सारसंग्रह पुं० [सं०] वह संग्रह जिसमें सार रूप में विचार प्रकट किये गए हों।

सारस पुं० [सं०] १. एक प्रकार का सुन्दर बड़ा पक्षी। २. हंस। ३. चन्द्रमा। ४. कमल।

सारस्य पुं० [सं०] सरसता।

सारस्वत पुं० [सं०] १. पंजाब में सरस्वती नदी के तट पर का प्राचीन प्रदेश। २. इस देश के प्राचीन निवासी। ३. इस देश में रहनेवाले ब्राह्मण।
वि० १. सरस्वती-सम्बन्धी। २. विद्वानों का। ३. सारस्वत देश का।

सारांश पुं० [वि० सारांशिक] १. किसी पूरे तथ्य, पदार्थ, कथन आदि के सब तत्त्वों आदि का मुख्य आशय, सार या निचोड़, संक्षेप, सारभाग। (ऐब्सट्रैक्ट) २. किसी बात की मुख्य-मुख्य और सारभूत विशेषताएँ, तात्पर्य, निष्कर्ष। (समरी) ३. वह छोटा लेख जिसमें किसी बड़े लेख की मुख्य बातें बतलाई गई हों। (कम्पैण्डियम)

सारा[1] वि० [सं० सह] [स्त्री० सारी] १. सभी, समस्त। २. पूरा।

सारा[2] वि० [सं० सारा] उत्तम, श्रेष्ठ।
पुं० दे०'साला'।

सारि पुं० [सं०] जुआ खेलने का पासा।

सारिका स्त्री० [सं०] मैना (पक्षी)।

सारिख* पुं० [सं० सादृश्य] समानता, साम्य।
*वि० समान।

सारिणी स्त्री० [सं०] एक पृष्ठ में अलग-अलग स्तम्भों या खानों के रूप में दिए हुए शब्दों, पदों, अंकों आदि का वह विन्यास जिससे उन शब्दों, पदों, अंकों के पारस्परिक सम्बन्ध या कुछ विशिष्ट तथ्य सूचित होते हैं और जिसका उपयोग अध्ययन, गणना आदि के लिए होता है, कोष्ठक। (टेबुल)

सारिणीकरण पुं० [सं०] सारिणी या सारिणियाँ बनाने का काम। (टेबुलेशन)

सारी स्त्री० [सं०] १. सारिका पक्षी, मैना। २. जुआ खेलने का पासा, गोटी। ३. थूहर।
*स्त्री० दे० 'साड़ी'। २. दे० 'साली'।

सारु* पुं०=सार।

सारूप्य पुं० [सं०] [भाव० सारूप्यता] १. वह मुक्ति जिसमें भक्त अपने उपास्य देव का रूप प्राप्त कर लेता है। २. सरूपता, समानता।

सारो* स्त्री० दे० 'सारिका'।
पुं० दे० 'साला'।

सारोपा स्त्री० [सं०] साहित्य में लक्षणा का एक प्रकार जिसमें उपमेय में उपमान का इस प्रकार आरोप किया जाता है कि

उपमान से उपमेय आच्छादित नहीं होने पाता, जैसे विद्या में आप वृहस्पति हैं।

सारौं* स्त्री० दे० 'सारिका' (पक्षी)।

सार्थ वि० [सं०] अर्थ सहित।

सार्थक वि० [सं०] [भाव० सार्थकता] १. जिसका अर्थ हो। २. सफल, पूर्ण-मनोरथ।

सार्थवाह पुं० [सं०] व्यापारी, विशेषत: वह व्यापारी जो अपना माल बेचने दूर तक जाता हो।

सार्द्ध वि० [सं०] जिसमें आधा और मिला या लगा हो, ड्योढ़ा।

सार्वकालिक वि० [सं०] १. सब कालों में होनेवाला। २. सब समयों का।

सार्वजनिक वि० [सं०] १. सब लोगों से सम्बन्ध रखनेवाला, सर्व साधारण-सम्बन्धी, जैसे सार्वजनिक उपयोग। (पब्लिक) २. समान रूप से सब लोगों के काम में आनेवाला, जैसे सार्वजनिक कुआँ या धर्मशाला। (कॉमन)

सार्वजनिक जीवन पुं० दे० 'लोकजीवन'।

सार्वजनीकरण पुं० [सं० सर्व+जन+करण] सभी लोगों तक पहुँचाने का कार्य; जैसे-शिक्षा का सार्वजनीकरण।

सार्वजनीन वि० दे० 'सार्वजनिक'।

सार्वदेशिक वि० [सं०] १. सारे देश से सम्बन्ध रखने या सारे देश में होनेवाला। २. सब देशों से सम्बन्ध रखने या सब देशों में होनेवाला। (यूनिवर्सल)

सार्वभौतिक वि० [सं०] सब भूतों या तत्त्वों से सम्बन्ध रखने या उनमें होनेवाला।

सार्वभौम पुं० [सं०] [वि० सार्वभौमिक] १. चक्रवर्ती राजा। २. हाथी।

वि० सारी पृथ्वी या उसके सब देशों से सम्बन्ध रखने या उनमें होनेवाला।

सार्वभौमिक वि० दे० 'सार्वभौम'। (यूनिवर्सल)

पुं० [सं०] वह जिसका दृष्टिकोण इतना विस्तृत हो कि वह संसार के सब लोगों या देशों को एक-सा समझता हो, स्थानिक, राष्ट्रीय अथवा दूसरे संकुचित विचारों से रहित। (कॉस्मोपालिटन)

सार्वराष्ट्रीय वि० [सं०] [भाव० सार्वराष्ट्रीयता] सब या अनेक राष्ट्रों से सम्बन्ध रखनेवाला, अन्तरराष्ट्रीय। (इन्टरनेशनल)

सार्वलौकिक वि० [सं०] [भाव० सार्वलौकिकता] जिसका संबंध सब लोगों से हो, जो सब के लिए हो।

सार्विक वि० [सं०] १. सर्व-सम्बन्धी, सबका। २. सब जगह समान रूप से होने या पाया जानेवाला। (यूनिवर्सल)

सार्वीकरण पुं० [सं० सर्व+ई+करण] सबमें गुण, कर्म आदि की समानता दरशाने का भाव।

साल[1] पुं० [पहलवी सालक् से फा० मि० सं० शरद्] वर्ष, बरस, काल, मान।

साल[2] स्त्री० [हिं० सालना] १. 'सालने' की क्रिया या भाव। २. मन में होनेवाला कष्ट, वेदना, पीड़ा, कसक। ३. क्षत, घाव। ४. लकड़ियाँ जोड़ने के लिए उनमें किया जानेवाला चौकोर छेद। ५. छेद, सूराख।

वि०, पुं० सालनेवाला; उदा० वे दोइ हैं मेरे साल।—केशव।

*पुं० दे० 'शालि' और 'शाल'।

*स्त्री० दे० 'शाला'।

सालक* वि० [हिं० सालना] सालने, खटकने, चुभने या मन में कष्ट देनेवाला।

पुं०=साला (किसी की पत्नी का भाई)।

सालगिरह स्त्री० [फा०] बरस-गाँठ।

सालजयी वि० [फा० साल+सं० जय+हिं० ई(प्रत्य०)] (कालजयी के अनुकरण पर बना शब्द) १. जिसका जीवन साल भर ही हो। २. अल्पजीवी। ३. असार।

सालन पुं० [सं० सलवण] पक्की हुई मसालेदार तरकारी।

सालना अ० [सं० शल्य] [भाव० साल] १. मन में खटकना, मानसिक कष्ट या पीड़ा होना। २. चुभना, गड़ना।

स० १. दुख पहुँचाना। २. छेद करना। ३. चुभना। ४. प्रविष्ट करना, अन्दर पहुँचाना। ५. लकड़ी आदि में छेद करके दूसरी लकड़ी का सिरा उसमें घुसाना।

सालममिसरी स्त्री० [अ० सालब+मिस्र (देश०)] एक प्रकार के क्षुप का कन्द जो पौष्टिक होता है और दवा के काम आता है।

सालसा पुं० [अं० सारसा पेरिल्ला] खून साफ करनेवाली एक प्रसिद्ध दवा।

साला[1] पुं० [सं० श्यालक] [स्त्री० साली] १. किसी की पत्नी का भाई। २. इस सम्बन्ध की सूचक एक प्रकार की गाली।

साला[2]* पुं० [सं० सारिका] मैना (पक्षी)।

सालाना वि० [फा० सालान:] हर साल या हर वर्ष होनेवाला, वार्षिक।

सालार पुं० [फा०] १. मार्गदर्शक। २. प्रधान नेता, अगुआ।

सालिम वि० [अ०] १. पूरा, समूचा, सारा। २. दृढ़, पक्का।

सालिया पुं० [फा० साल=वर्ष] प्रति वर्ष लिया या दिया जानेवाला कोई कर या शुल्क।

सालियाना† वि०=सालाना। पुं० दे० 'सालिया'।

सालिसनामा पुं० दे० 'पंचनामा'।

साली स्त्री० [सं० श्यालि] संबंध के विचार से पत्नी की बहन।

सालु स्त्री० दे० 'साल'।

सालू पुं० [देश०] लाल रंग का एक कपड़ा। (मांगलिक)

सालोक्य पुं० [सं०] वह मुक्ति जिसमें जीव को भगवान का लोक प्राप्त होता है।

सावंत पुं० दे० 'सामंत'।

साव पुं० दे० 'साहू'।

सावक* पुं० दे० 'शावक'।

सावकरन* पुं० दे० 'श्यामकर्ण'।

सावकाश* पुं० [सं० स+अवकाश] १. अवकाश, फुरसत, छुट्टी। २. मौका, अवसर।

क्रि० वि० अवकाश होने पर, फुरसत के समय।

सावचेत* वि०=सावधान।

सावज पुं० [?] वह जंगली जानवर जिसका शिकार किया जाता हो, शिकार।

सावत पुं० [हिं० सौत] १. सौतों का आपस का भेदभाव या डाह, सौतिया डाह। २. ईर्ष्या, जलन, डाह, उदा० तँह गए मद मोह लोभ अति, सरगहुँ मिटत न सावत।—तुलसी।

सावधान वि० [सं०] [भाव० सावधानता, सावधानी] जो किसी काम में पूरा ध्यान दे रहा हो, सचेत, सतर्क।

सावधानता स्त्री० [सं०] सावधान, सचेत या सतर्क रहने की अवस्था या भाव।

सावधानी स्त्री०=सावधानता।

सावधि वि० [सं० स+अवधि] जिसमें या जिसकी कुछ अवधि हो, अवधियुक्त; जैसे-सावधि जमा खाता।

सावन[१] पुं० [सं० श्रावण] [वि० सावनी] आषाढ़ के बाद और भाद्रपद के पहले का महीना, श्रावण।

सावन[२] पुं० [सं०] एक सूर्योदय से दूसरे सूर्योदय तक का काल या समय, पूरा एक दिन और एक रात जिसका मान ६० दंड है।

सावनी वि० [हिं० सावन (महीना)] १. सावन-सम्बन्धी, सावन का। २. सावन में होनेवाला।

स्त्री० १. सावन में गाया जानेवाला एक प्रकार का गीत। २. सावन में वरपक्ष से कन्या के लिए भेजे जानेवाले कपड़े, मिठाइयाँ आदि।

स्त्री० दे० 'श्रावणी'।

सावनी कल्याण पुं० [हिं० सावनी+सं० कल्याण] सावनी और कल्याण के मेल से बना संकर राग। (संगीत)

सावित्री स्त्री० [सं०] १. गायत्री। २. सरस्वती। ३. उपनयन के समय होनेवाला एक संस्कार। ४. सत्यवान् की पत्नी जो अपने सतीत्व के लिए प्रसिद्ध है। ५. यमुना नदी। ६. सुहागिन, सधवा।

साश्रु क्रि० वि० [सं० स+अश्रु] आँखों में आँसू भरकर।

वि० जिसमें आँसू भरे हों, अश्रुयुक्त।

साषी स्त्री० १. दे० 'सासी'। २. दे० 'साखी'।

साष्टांग वि० [सं०] आठो अंगों से होनेवाला या किया जानेवाला।

साष्टांग प्रणाम पुं० [सं०] सिर, हाथ, पैर, हृदय, आँख, जाँघ, वचन और मन इन आठों से भूमि पर लेटकर किया जानेवाला प्रणाम।

सास स्त्री० [सं० श्वश्रु] स्त्री या पुरुष के विचार से उसके पति या पत्नी की माता।

सासक्क| वि० [?] सराबोर।

सासदा| पुं०=ससुराल।

सासन* पुं०=शासन (आदेश)।

सासना स० [सं० शासन] १. दंड देना, सजा देना। २. बहुत अधिक कष्ट पहुँचाना। ३. डाँटना, डपटना।

स्त्री० १. दंड, सजा। २. बहुत अधिक शारीरिक कष्ट, साँसत, उदा० बहुत सासना दई प्रहलादहिं, ताहि निसंक किया।—सूर।

सासा* पुं० [सं० संशय] सन्देह।

पुं० दे० 'श्वास'।

सासुर पुं० १. दे० 'ससुर'। २. दे० 'ससुराल'।

साह पुं० १. दे० 'साहु'। २. दे० 'शाह'।

साहकार| पुं०=सहकार (आम का वृक्ष)।

साहचर्य पुं० [सं०] १. 'सहचर' होने का भाव, सहचरता। २. किसी प्रकार किसी के संग या साथ रहने या होने का भाव, संग, साथ। (एसोशिएशन)

साहजिक वि० [सं०] १. सहज बुद्धि या स्वभाव से होनेवाला। (इन्स्टिक्टिव) २. स्वाभाविक।

साहना* स० [?] ग्रहण करना, लेना, उदा० खाँ ततार मारूफ खाँ लिए पान कर साहि। -चन्दबरदाई।

साहनी पुं० [सं० साधनिक, प्रा० साहनिय] १. प्राचीन भारत के एक प्रकार के राजकर्मचारी जो सेना आदि के किसी उपविभाग के अध्यक्ष होते थे। २. मध्यकालीन भारत के एक प्रकार के राजकर्मचारी। ३. परिषद्। ४. संगी, साथी।

स्त्री० सेना, फौज।

साहब पुं० [अ० साहिब] [स्त्री० साहबा] १. प्रभु, स्वामी, मालिक। २. परमेश्वर, ईश्वर। ३. एक सम्मानसूचक शब्द, महाशय। ४. गोरी जाति का व्यक्ति, गोरा।

साहबजादा पुं० [अ० साहब+ज़ाद:] किसी महाशय का पुत्र।

साहब सलामत स्त्री० [अ०] १. परस्पर अभिवादन, बन्दगी, सलाम। २. परस्पर अभिवादन का सम्बन्ध, मेल-जोल।

साहबी वि० [अ० साहिब] साहबों या अंग्रेज़ों का-सा।

स्त्री० १. प्रभुता या ऐश्वर्य से युक्त उच्च अधिकार। २. हुकूमत। ३. बड़ाई।

साहस पुं० [सं०] [वि० साहसिक] १. मन की वह दृढ़ता जो कोई बड़ा काम करने में प्रवृत्त करती है, हिम्मत, हियाव। (करेज) २. बलपूर्वक दूसरे का धन लेना, लूटना। ३. कोई बुरा काम।

साहस-भरा वि० [सं०+हिं०] साहस से भरा, साहसिक।

साहसिक पुं० [सं०] [भाव० साहसिकता] १. पराक्रमी। २. डाकू। ३. चोर।

वि० १. (कार्य) जिससे साहस प्रकट हो, साहसपूर्ण। (करेजस) २. निर्भीक, निडर।

साहसी (-सिन्) वि० [सं०] साहस रखनेवाला, हिम्मती, दिलेर। (करेजस)

साहस्त्र वि० [सं०] सहस्त्र-सम्बन्धी, हजार का।

साहस्त्रिक वि० [सं०] साहस्त्र।

साहस्त्री स्त्री० [सं० साहस्त्रिक] किसी सन् या संवत् के हर एक से हजार वर्षों तक का समूह, सहस्त्राब्दी। (माइलीनिआ)

साहाय्य पुं० [सं०] सहायता, मदद।

साहि* पुं० [फा० शाह] राजा।

साहित्य पुं० [सं०] १. 'सहित' या 'साथ' होने का भाव, एक साथ होना, रहना या मिलना। २. भाषा के माध्यम से जीवन की व्याख्या। ३. किसी भाषा अथवा देश के उन सभी (गद्य और पद्य) ग्रन्थों, लेखों आदि का समूह या सम्मिलित राशि, जिनमें स्थायी, उच्च और गूढ़ विषयों का सुन्दर रूप से व्यवस्थित विवेचन हुआ हो, वाङ्मय। (लिटरेचर) ४. वे सभी लेख, ग्रन्थ आदि जिनका सौन्दर्य, गुण, रूप या भावुकतापूर्ण प्रभावों के कारण समाज में आदर होता है। ५. किसी विषय, कवि या लेखक से सम्बन्ध रखनेवाले सभी ग्रन्थों और लेखों आदि का समूह, जैसे वैज्ञानिक साहित्य, तुलसी का साहित्य। ६. किसी विषय या वस्तु से सम्बन्ध रखनेवाली सभी बातों का विस्तृत विवरण जो प्रायः उसके विज्ञापन के रूप में बँटता है, जैसे किसी बड़े ग्रन्थ, संस्था, यन्त्र आदि का साहित्य। (लिटरेचर) ७. गद्य और पद्य की शैली और लेखों तथा काव्यों के गुण-दोष, भेद-प्रभेद, सौन्दर्य अथवा नायिका-भेद और अलंकार आदि से सम्बन्ध रखनेवाले ग्रन्थों का समूह।

साहित्यकार पुं० [सं०] वह जो ग्रन्थ आदि लिखकर साहित्य की रचना करता हो। (लिटरेट्योर)

साहित्यिक वि० [सं०] [भाव० साहित्यिकता] जिसका सम्बन्ध साहित्य से हो, साहित्य-सम्बन्धी, साहित्य का। (लिटरेरी) पुं० वह जो साहित्य की सेवा या रचना करता हो, साहित्यकार।

साहित्यिकता स्त्री० [सं०] साहित्यिक होने की अवस्था या भाव।

साहिनी* स्त्री०, पुं० दे० 'साहनी'।

साहिब पुं०=साहब।

साहिबी* स्त्री०=साहबी।

साहियाँ* पुं०=साईं।

साहिल पुं० [अ०] किनारा, तट।

साही[१] स्त्री० [सं० शल्यकी] एक जंगली जन्तु जिसके शरीर पर लम्बे काँटे होते हैं।

साही[२] स्त्री० एक प्रकार की तलवार।

साहु पुं० [सं० साधु] १. सज्जन, भला आदमी। २. सेठ, महाजन। ३. बनिया, वणिक। ४. ईमानदार, 'चोर' या 'बेईमान' का विरुद्धार्थक।

साहुल पुं० [फा० शाकूल] दीवारें आदि बनाते समय उनकी सीध नापने का एक प्रकार का डोरेदार उपकरण, लट्टू।

साहूकार पुं० [सं० साहु] [भाव० साहूकारी] बड़ा महाजन, कोठीवाल।

साहूकारा पुं० [हिं० साहूकार+आ (प्रत्य०)] १. महाजनी कारोबार। २. वह बाजार जहाँ ऐसा कारोबार होता हो।

साहूकारी स्त्री० [हिं० साहूकार] 'साहू' का काम, भाव या पद।

साहैं[१]* स्त्री० [हिं० बाँह] भुजदण्ड।

साहैं[२] क्रि० वि० [हिं० सामुहें] सामने, सम्मुख।

सिंउ* प्रत्य० दे० 'स्यों'।

सिंकना अ० हिं० सेंकना का अ०।

सिंगरफ पुं० दे० 'ईंगुर'।

सिंगा पुं० [हिं० सींग] नरसिंहा या तुरही को फूँककर बजाया जानेवाला एक प्रकार का बाजा, बड़ी सिंगी।

सिंगार पुं० [सं० शृंगार] [क्रि० सिंगारना] १. सजावट, सज्जा, शृंगार (दे०)। २. शोभा। ३. किसी मूर्ति की सज्जा। *पुं० दे० 'हरसिंगार'।

सिंगारदान पुं० [हिं० सिंगार+फा० दान] शीशा, कंघी आदि शृंगार की सामग्री रखने का छोटा सन्दूक।

सिंगारना स०=शृंगार करना।

सिंगारहाट स्त्री० [हिं० सिंगार+हाट] वेश्याओं के रहने का बाजार, चकला।

सिंगारहार पुं० दे० 'हरसिंगार'।

सिंगारिया पुं० [हिं० सिंगार+इया (प्रत्य०)] देवमूर्ति का शृंगार करनेवाला पुजारी।

सिंगारी वि०=शृंगार-सम्बन्धी। पुं०=सिंगारिया।

सिंगिया पुं० [सं० शृंगिका] एक प्रकार का स्थावर विष।

सिंगी पुं० [सं०] फूँककर बजाया जानेवाला सींग का एक बाजा।
स्त्री० १. एक प्रकार की मछली। २. सींग की वह नली जिससे जर्राह शरीर का दूषित रक्त या मवाद चूसकर निकालते हैं।

सिंगौटा पुं० [हिं० सींग+औटा (प्रत्य०)] बैलों आदि के सींगों पर चढ़ाया जानेवाला धातु का आवरण।

सिंघ पुं०=सिंह।

सिंघल पुं०=सिंहल।

सिंघी स्त्री० दे० 'सिंगी'।

सिंचन पुं० [सं० सेचन] सींचने की क्रिया या भाव, सिंचाई।

सिंचना अ० हिं० 'सींचना' का अ०।

सिंचाई स्त्री० [सं० सेचन] १. सींचने या पानी छिड़कने का काम या भाव। २. खेती-बारी के लिए खेतों आदि में जल पहुँचाने की क्रिया या भाव, आबपाशी। (इरिगेशन) ३. उक्त प्रकार के काम का पारिश्रमिक या मजदूरी।

सिंचाना स० हिं० 'सींचना' का प्रे०।

सिंचित वि० [सं० सिंचन] १. सींचा हुआ। २. भीगा हुआ, गीला।

सिंजित* स्त्री० [सं० सिंजा] १. शब्द, आवाज। २. ध्वनि, झनकार।

वि० जिसमें ध्वनि, शब्द या झनकार हो।

सिंदन* पुं० दे० 'स्पंदन'।

सिंदूर पुं० [सं०] एक प्रकार का लाल रंग का चूर्ण जिसे हिन्दू सुहागिनें माँग में भरती हैं।

मुहा० *सिंदूर चढ़ना*=कुमारी का विवाह होना। *सिंदूर देना*=विवाह के समय वर का कन्या की माँग में सिन्दूर डालकर उसे अपनी पत्नी बनाना।

सिंदूरदान पुं० [सं०] विवाह के समय वर का कन्या की माँग में सिन्दूर भरना।

सिंदूरी वि० [सं० सिंदूर+हिं० ई(प्रत्य०)] सिन्दूर के रंग का, पीला मिला लाल।

सिंध पुं० [सं० सिंधु] १.पश्चिमी भारत का एक प्रसिद्ध प्रदेश जो अब पाकिस्तान में चला गया है। २. दे० 'सिंधु'।

सिंधवी पुं० [मरा० शिंदे] ग्वालियर के प्रसिद्ध मराठा राजवंश की उपाधि।

सिंधी स्त्री० [हिं० सिंध+ई(प्रत्य०)] सिन्ध प्रान्त की बोली।

पुं० १. सिन्ध देश का निवासी। २. सिन्ध देश का घोड़ा।

वि० सिन्ध-सम्बन्धी, सिन्ध देश का।

सिंधु पुं० [सं०] १. नद, बड़ी नदी जो मानसरोवर से निकलती है। २. पंजाब के पश्चिमी भाग की एक प्रसिद्ध नदी। ३. समुद्र। ४. सिन्ध प्रदेश।

सिंधुजा स्त्री० [सं०] लक्ष्मी देवी।

सिंधुद्वार पुं० [सं०] मध्य प्रदेश के छिन्दवाड़ा और उसके आस-पास के प्रदेश का पुराना नाम।

सिंधुर पुं० [सं०] हाथी।

सिंधुरवदन पुं० [सं०] गणेश।

सिंधूरा पुं० [सं० सिंधुर] ओड़व-सम्पूर्ण जाति का एक राग जो सन्ध्या समय या कुछ रात होने पर गाया जाता है।

सिंधोरा पुं० [हिं० सिंदूर] [स्त्री० अल्पा० सिंधोरी] स्त्रियों का सिन्दूर रखने का काठ का डिब्बा।

पुं० दे० 'सिंधूरा'।

सिंवई स्त्री०=सेंवई।

सिंह पुं० [सं०] [स्त्री० सिंहनी] १. बिल्ली के वर्ग में सबसे अधिक बलवान हिंसक जंगली जन्तु, जिसके नर की गर्दन पर बड़े-बड़े बाल होते हैं, शेर बबर, मृगराज, केशरी। २. बहुत बड़ा वीर। ३. ज्योतिष में बारह राशियों में से एक जिसमें पूरा मघा और पूर्वा फाल्गुनी नक्षत्र तथा उत्तरा फाल्गुनी का प्रथम पाद है। (लिओ)

सिंहद्वार पुं० [सं०] किले, महल आदि का सदर और बड़ा फाटक।

सिंहनाद पुं० [सं०] १. सिंह की दहाड़ या गरज। २. युद्ध के समय वीरों की ललकार। ३. ललकार कर कही हुई बात।

सिंहपौर पुं०=सिंहद्वार।

सिंहल पुं० [सं०] एक द्वीप जो भारतवर्ष के दक्षिण में है और जिसे लोग प्राचीन लंका मानते हैं।

सिंहली वि० [हिं० सिंहल] सिंहल द्वीप का।

पुं० सिंहल देश का निवासी।

स्त्री० सिंहल द्वीप की भाषा।

सिंहस्थ वि० [सं०] सिंह राशि में स्थित कोई ग्रह।

पुं० वह समय जब वृहस्पति सिंह राशि में स्थित रहता है। (कुछ शुभ काम ऐसे समय में वर्जित हैं।)

सिंहारहार* पुं० दे० 'हरसिंगार'।

सिंहाली वि० पुं०, स्त्री०=सिंहली।

सिंहावलोकन पुं० [सं०] १. सिंह की तरह पीछे देखते हुए आगे बढ़ना। २. संक्षेप में पिछली बातों का दिग्दर्शन या वर्णन।

सिंहासन पुं० [सं०] राजा या देवता के बैठने की विशेष प्रकार की चौकी।

सिंहिका स्त्री० [सं०] समुद्र में रहनेवाली एक राक्षसी जो राहु की माता थी। यह आकाश में उड़नेवाले पक्षियों को उनकी छाया के द्वारा पकड़कर खा जाती थी, जिससे इसे 'छाया-ग्राहिणी' भी कहते हैं। जब हनुमान जी समुद्र पार करके लंका जा रहे थे, तब उन्हें भी इसने पकड़ा था। उस समय हनुमान जी ने इसे मार डाला था।

सिंहिनी स्त्री० [हिं०] सिंह की मादा, शेरनी।

सिंहेजा, सिंहेला पुं० [सं० सिंध] सिंह या शेर का बच्चा।

सि वि० स्त्री० [हिं० सा] समान, तुल्य।

सिअन स्त्री० दे० 'सीवान'।

सिअरा* वि० [सं० शीतल] ठंडा।

पुं० छाया, छाँह।

सिआर पुं०=गीदड़।

सिकंजबी स्त्री० [फा० सीकंजुबीन] १. सिरके या नींबू के रस में पकाया हुआ कोई शरबत या दवा। २. पानी में घोला हुआ नीबू का रस और चीनी।

सिकंदरा पुं० [फा० सिकंदर] स्टेशनों के पास रेल की पटरी के किनारे ऊँचे खम्भे पर लगा हुआ डंडा जो झुककर गाड़ी के आगे बढ़ने का संकेत करता है। (सिगनल)

सिकड़ी स्त्री० [सं० शृंखला] १. जंजीर। २. किवाड़ का साँकल। ३. गले में पहनने का एक गहना। ४. करधनी, तागड़ी।

सिकत* स्त्री० दे० 'सिकता'।

सिकता स्त्री० [सं०] १. बालू, रेत। २. रेतीली जमीन। ३. चीनी, शर्करा।

सिकतिल वि० [सं० सिकता] रेतीला।

सिकत्तर पुं० [अं० सेक्रेटरी] मन्त्री।

सिकदार* पुं०=शिकदार।

सिकलन* अ०=सकेलना (इकट्ठा होना)

सिकली स्त्री० [अ० सैकल] [कर्ता सिकलीगर] अस्त्र आदि माँजकर साफ और तेज करने की क्रिया।

सिकलीगर पुं० [हिं० सिकली+फा० गर (प्रत्य०)] अस्त्रों आदि पर सान रखने या धातुओं आदि को रगड़कर चमकानेवाला कारीगर।

सिकहर पुं० दे० 'छीका'

सिकुड़न स्त्री० [हिं० सिकुड़ना] सिकुड़ने के कारण पड़ा हुआ कुछ बल, शिकन।

सिकुड़ना अ० [सं० संकुचन] १. आकार-प्रकार में कम हो जाना, संकुचित होना, सिमटना। २. बल या शिकन पड़ना। ३. तनाव के कारण छोटा होना।

सिकोड़ना स० हिं० 'सिकुड़ना' का स०।

सिकोरा पुं० दे० 'कसोरा'।

सिकोही* वि० [फा० शिकोह=वैभव] १. वैभवशाली। २. वीर, बहादुर। ३. अभिमानी, घमंडी।

सिक्का पुं० [अ० सिक्कः] १. मुद्रा, मोहर, छाप, ठप्पा। २. टकसाल में ढला हुआ निर्दिष्ट मूल्य का धातु का टुकड़ा जो वस्तु-विनिमय का साधन होता है, अठन्नी, चवन्नी, रुपया, पैसा आदि।

मुहा० *सिक्का उछालना*=दो विकल्पों में से एक निर्णीत करना।

२. अधिकार, प्रभुत्व।

मुहा० *सिक्का बैठना या जमना*=(क) प्रभाव या अधिकार स्थापित होना। (ख) रोब जमना, आतंक छाना।

सिक्ख[1] पुं० [सं० शिष्य] १. शिष्य, चेला। २. दे० 'सिख'।

सिक्ख[2]* स्त्री० [सं० शिक्षा] सीख, शिक्षा।

सिक्ख[3]* स्त्री० [सं० शिखा] शिखा, चोटी।

सिक्खेकार पुं० [हिं० सीखना+कार (प्रत्य०)] [भाव० सिक्खेकारी] जिसने किसी गुरु से अच्छी तरह सीखकर विद्या प्राप्त की हो।

सिक्त वि० [सं०] १. सींचा हुआ। २. भीगा हुआ।

सिखंड* पुं० [सं० शिखंडी] १. मोर (पक्षी)। २. मोर का पर, मोरपंख।

पुं० दे० 'श्रीखंड'।

सिख पुं० [सं० शिष्य] सिख धर्म का अनुयायी जो केश, कच्छ, कृपाण, कड़ा और कंघा धारण करता है।

सिख धर्म पुं० एक एकेश्वरवादी धर्म जिसकी स्थापना गुरु गोविन्द सिंह जी ने की थी तथा जिसके अनुयायी नानकदेव, अंगदेव, अर्जुनदेव आदि गुरुओं की शिक्षाओं के अनुसार जीवनयापन करते हैं।

सिखना अ०=सीखना।

सिखर* पुं०=शिखर।

सिखरन स्त्री० दे० 'शिखरन'।

सिखलाना स०=सिखाना।

सिखवन* स्त्री०=सिखावन।

सिखा* स्त्री०=शिखा।

सिखाना स० [सं० शिक्षण] विद्या, कला आदि की शिक्षा या उपदेश देना।

सिखावन* पुं० [हिं० सिखाना] शिक्षा, उपदेश।

सिखावना* स०=सिखाना।

सिखावान पुं० [सं० शिखावान्] अग्नि।

सिखी* पुं०=शिखी।

सिख्या* स्त्री०=शिष्या।

सिगनल पुं० [अं०] १. किसी विशेष उद्देश्य से किया जानेवाला कोई निश्चित संकेत। २. दे० 'सिकंदरा'।

सिगरा* वि० [सं० समग्र] [स्त्री० सिगरी] १. समस्त, पूरा। २. सब, समस्त।

सिगरेट पुं० [अं०] कागज में लपेटा हुआ तम्बाकू का चूरा जिसका धुआँ पीते हैं।

सिगरो* वि० [सं० समग्र] [स्त्री० सगरी] जितना हो वह सब, सम्पूर्ण, सारा।

सिगार पुं० दे० 'चुरुट'।

सिगाहार पुं० दे० 'हरसिंगार'।

सिचान* पुं० [सं० संचान] बाज (पक्षी)।

सिच्छा* स्त्री०=शिक्षा।

सिजदा पुं० [अ० सिज्दः] दे० 'सजदा'।

सिझना अ० दे० 'सीझना'।

सिझाना स० [सं० सिद्ध] १. आँच पर पकाकर गलाना। २. कष्ट देना। ३. मिलने के योग्य कराना, प्राप्य करना, जैसे हम्हीं ने तुम्हारी दलाली सिझा दी। ४. अनुचित रूप से या बहकाकर वसूल करना, उतारना, जैसे उन्होंने जुए में उनसे सौ रुपए सिझा लिए। (बाजारू)

सिटकिनी स्त्री० [अनु०] किवाड़ बन्द करने के लिए लोहे या पीतल का एक विशेष प्रकार का उपकरण।

सिटपिटाना अ० [अनु०] १. भयभीत या संकुचित होकर चुप होना। २. दब जाना। ३. असमंजस या दुविधा में पड़ जाना।

सिट्टी स्त्री० [हिं० सीटना] बहुत बढ़-बढ़कर कही हुई बात, डींग।

मुहा० *सिट्टी भूलना*=सिटपिटा जाना, कुछ कहने या करने में अक्षम होना।

सिट्टी-पिट्टी स्त्री० [हिं० सीटना+पीटना] बार-बार बघारी जानेवाली शेखी।

मुहा० *सिट्टी-पिट्टी गुम हो जाना*=सारी शेखी भूल जाना, भौंचक्क हो जाना।

सिट्ठी स्त्री० दे० 'सीठी'।

सिठनी स्त्री० दे० 'सीठना'।

सिठाई स्त्री० [हिं० सीठा] सीठे या फीके होने का भाव, सीठापन।

सिड़ स्त्री० [हिं० सिड़ी] १. पागलपन, उन्माद। २. सनक।

सिड़बिल्ला| वि० पागल, सनकी।

सिडवार* वि० दे० 'सिड़ी', उदा० या विधि जाँचक लघु विवेक और बहु सिड़वारे। -रत्ना०।

सिड़ी वि० [सं० शृणीक] पागल, सनकी।

सित वि० [सं०] [स्त्री० सिता, भाव० सितता] १. सफेद। २. चमकीला। ३. साफ।
पुं० १. शुक्ल पक्ष। २. शक्कर। ३. चाँदी।

सितकंठ* पुं०=शितिकंठ।

सितकर पुं० [सं०] चन्द्रमा, इन्दु।

सितम पुं० [फा०] अत्याचार, जुल्म।

सितमगर पुं० [फा०] अत्याचार करनेवाला, अत्याचारी।

सितल* वि०=शीतल।

सितलाई* स्त्री०= शीतलता।

सिता स्त्री० [सं०] १. शक्कर। २. ज्योत्स्ना। ३. मल्लिका, मोतिया (फूल)। ४. मदिरा।

सिताब* क्रि० वि० [फा० शताब] १. शीघ्र, जल्दी। २. सहज में, उदा० नूपुर के ऊपर बढ़ी कहत न बनत सिताब। —विक्रम।

सिताबी* क्रि० वि० [फा० शताब] जल्दी, जल्दी-जल्दी।

सितार पुं० [फा०] तारों का बना एक प्रसिद्ध बाजा।

सितारा पुं० [फा० सितार:] १. आकाश का तारा, नक्षत्र। २. प्रारब्ध, भाग्य।
मुहा० *सितारा चमकना*=भाग्य का बहुत प्रबल या अनुकूल होना।
३. चमकीले पत्तर की छोटी गोल बिन्दी जो शोभा के लिए कपड़ों आदि पर टाँकी या लगाई जाती है, चमकी।

सितारिया पुं० [हिं० सितार] सितार नाम का बाजा बजानेवाला।

सितासित* वि० [सं० श्वेत+अश्वेत] श्वेत और श्याम।

सिति* वि०=शिति।

सिथिल* वि०=शिथिल।

सिथिलाई* स्त्री०=शिथिलता।

सिद* पुं० [सं० सिद्ध] १. सोनार। २. पारखी।

सिदिक वि० [सं० सिदक] वास्तविक और सच्चा, खरा।

सिदौसी क्रि० वि० [?] जल्दी, शीघ्र।

सिद्ध वि० [सं०] [भाव० सिद्धि, सिद्धिता] १. जिसकी आध्यात्मिक साधना पूरी हो गई हो। २. जिसे अलौकिक सिद्धि हुई हो। ३. जो योग की विभूतियाँ प्राप्त कर चुका हो। ४. सफल। ५. तर्क या प्रमाण से ठीक माना हुआ, प्रमाणित। (एस्टैब्लिश्ड) ६. जो प्रमाणों आदि के द्वारा ठीक ठहराया गया हो, जैसे-उन्होंने अपना पक्ष सिद्ध कर दिया। ७. जो नियमों आदि के अनुसार ठीक हो, जैसे व्याकरण से सिद्ध शब्द।
पुं० १. वह जिसे योग या तपस्या के द्वारा कोई सिद्धि या अलौकिक शक्ति प्राप्त हुई हो। २. पूर्ण योगी या ज्ञानी। ३. आध्यात्मिक दृष्टि से बहुत बड़ा या पहुँचा हुआ सन्त या महात्मा। ४. एक प्रकार के देवता।

सिद्धकर* वि०, पुं०=सिद्धिदाता।

सिद्धगति वि० [सं०] १. जिसने सिद्धि प्राप्त की हो। २. सिद्धों को शरण देनेवाला।

सिद्धगुटिका स्त्री० [सं०] एक प्रकार की कल्पित मन्त्रसिद्ध गुटिका। (कहते हैं कि इसे मुँह में रख लेने से मनुष्य अदृश्य हो जाता है।)

सिद्धपीठ पुं० [सं०] वह जगह जहाँ योग या आध्यात्मिक अथवा तान्त्रिक साधन सहज में सम्पन्न होता है।

सिद्धहस्त वि० [सं०] [भाव० सिद्धहस्तता] जिसका हाथ कोई काम करने में खूब बैठा या मँजा हो, निपुण, कुशल।

सिद्धांजन पुं० [सं०] तान्त्रिकों के अनुसार एक प्रकार का कल्पित अंजन। (कहते हैं कि इसे आँखों में लगा लेने से जमीन में गड़ी हुई चीजें दिखलाई देने लगती हैं।)

सिद्धांत पुं० [सं०] १. विचार और तर्क द्वारा निश्चित किया हुआ मत, असूल। (प्रिंसिपल) २. विद्या, कला आदि के सम्बन्ध में कोई ऐसी मूल बात या मत जो किसी विद्वान द्वारा प्रतिपादित या स्थापित हो और जिसे बहुत लोग ठीक मानते हों। ३. ऋषियों आदि के मान्य उपदेश। (डॉक्ट्रिन) ४. सार की बात, तत्त्वार्थ।

सिद्धांतवादी (-दिन्) पुं० [सं०] वह जो सिद्धान्तों के अनुसार आचरण करता हो।
वि० सिद्धान्त-सम्बन्धी।

सिद्धांती वि० [सं० सिद्धान्त] १. शास्त्रों आदि के सिद्धान्त जाननेवाला। २. अपने सिद्धान्त पर दृढ़ रहनेवाला।
पुं० सिद्धान्तवादी।

सिद्धा[1] वि० [सं०] 'सिद्ध' की स्त्री।

सिद्धा[2] पुं० [सं० असिद्ध] बिना पका हुआ अन्न, सीधा।

सिद्धाई स्त्री० [हिं० सिद्ध] सिद्ध या महात्मा होने की दशा या भाव।

सिद्धाग्नि स्त्री० [सं०] पवित्र अग्नि।

सिद्धाश्रम पुं० [सं०] द्रोण पर्वत जिस पर हनुमान संजीवनी बूटी लेने गए थे।

सिद्धासन पुं० [सं०] १. योग साधन का एक प्रकार का आसन। २. सिद्धपीठ।

सिद्धि स्त्री० [सं०] १. काम पूरा या ठीक होना, सफलता। २. प्रमाणित होना। ३. निश्चय, निर्णय। ४. पकना, सीझना। ५. योग या तपस्या के द्वारा प्राप्त होनेवाली अलौकिक शक्ति। ६. योग-साधन के अलौकिक फल। (ये आठ सिद्धियाँ मानी गई हैं- अणिमा, महिमा, गरिमा, लघिमा, प्राप्ति, प्राकाम्य, ईशित्व और वशित्व।) ७. मुक्ति, मोक्ष। ८. दक्षता, निपुणता। ९. गणेश की दो स्त्रियों में से एक (दूसरी का नाम रिद्धि है।)। १०. भाँग, विजया।

सिद्धिदाता (-तृ) पुं० [सं०] सिद्धि या सिद्धियाँ प्रदान करनेवाला।

सिद्धेस* पुं० [सं० सिद्ध+ईश] सिद्धि प्राप्त महात्मा।

सिध| वि० पुं०=सिद्ध।

सिधाई| स्त्री०=सीधापन।

सिधाना अ० दे० 'सिधारना'।

सिधारना* अ० [हिं० सीधा+जाना] १. प्रस्थान करना। २. मरना। *स० दे० 'सुधारना'।

सिधि* स्त्री०=सिद्धि।

सिधुआ| वि०=सीधा।

सिन पुं० [स०] उम्र, अवस्था, वय।

सिनकना अ० [सं० सिंघाणक] [भाव० सिनक] जोर से हवा निकालकर नाक का मल बाहर फेंकना।

सिनेदर्शक पुं० [अं० सिनेमा+सं० दर्शक] सिनेमा-घर में जाकर चलचित्र देखनेवाला।

सिनेप्रेमी पुं० [अं० सिनेमा+सं० प्रेमी] सिनेमा-घरों में जाकर फिल्में देखने का शौकीन।

सिनेमा पुं० [अं०] १. चलचित्र, फिल्म। २. सिनेमा-घर।

सिनेमा-घर पुं० वह स्थान जहाँ नियमित रूप से फिल्मों का प्रदर्शन होता है।

सिनेमागृह पुं०=सिनेमा-घर।

सिन्नी स्त्री० [फा० शीरीनी] १. मिठाई। २. पीर, देवता, गुरु आदि को चढ़ाई जानेवाली मिठाई।

सिपर स्त्री० [फा०] तलवार आदि का वार रोकने की ढाल।

सिपरिहा पुं० [?] क्षत्रियों की एक जाति या भेद।

सिपहगरी स्त्री० [फा०] सिपाही का पेशा।

सिपहसालार पुं० [फा०] सेनापति।

सिपाह पुं० [फा०] सेना, फौज।

सिपाही पुं० [फा०] १. सैनिक, योद्धा। २. पुलिस विभाग का एक छोटा कर्मचारी,। ३. पहरेदार। ४. वीर, बहादुर।

सिप्पर* स्त्री०=सिपर।

सिप्पा पुं० [देश०] १. निशाने पर किया हुआ वार। २. कार्य सिद्ध करने की युक्ति।

मुहा० *सिप्पा जमना*=महत्त्व स्थापित होना, पूछ होना। *सिप्पा जमाना या बैठाना*=कार्य-साधन की युक्ति या उपाय करना।

३. उद्देश्य सिद्ध करने का सुयोग। ४. पुरानी चाल की एक प्रकार की छोटी तोप।

सिफत स्त्री० [अ० सिफ़त] १. गुण। २. विशेषता।

सिफर पुं० [अ० सिफ़र] शून्य, सुन्ना।

सिफाकंद| पुं०=कमलनाल। (बुन्देल)

सिफारिश स्त्री० [फा० सुफ़ारिश] [वि० सिफारिशी] किसी के पक्ष में कुछ अनुकूल अनुरोध, पैरवी, अनुशंसा।

सिफारिशी वि० [फा० सुफ़ारिश] १. जिसमें सिफारिश हो। २. सिफारिश करनेवाला। ३. खुशामदी।

सिफारिशी टट्टू पुं० वह जो केवल सिफारिश से या खुशामद करके किसी पद पर पहुँचा हो या काम निकालता हो।

सिमंत पुं०=सीमंत।

सिमकार्ड पुं० [अं०] मोबाइल में रखा जानेवाला प्लास्टिक का वह कार्ड जिससे वह सक्रिय होता है।

सिमटना अ० [सं० समित+ना] १. सिकुड़ना। २. बल या शिकन पड़ना। ३. विस्तार छोड़कर एक जगह एकत्र होना। ४. कार्य समाप्त होना, निपटना।

सिमरना* स० दे० 'सुमिरना'।

सिमसिमी स्त्री० [अनु०] वह थोड़ा-सा तरल पदार्थ जो प्राय: गीली लकड़ी जलने पर बुदबुदों के रूप में निकलता है।

सिमिरिख* पुं०=शिग्रफ, उदा० कोउ काषादि वसन पहिरि कोउ सिमरिख रंगी। - रत्ना०।

सिय* स्त्री० [सं० सीता] जानकी।

सियना* अ० [सं० सृजन] रचना। स० दे० 'सीना'।

सियर* वि० दे० 'सियरा'।

सियरना* अ० [हिं० सियरा] ठंडा होना।

सियरा* वि० [सं० शीतल] [स्त्री० सियरी, भाव० सियराई] १. ठंडा, शीतल। २. कच्चा, अपक्व।

सियराई* स्त्री० [हिं० सियरा] शीतलता, ठंडक।

सिया स्त्री० [सं० सीता] जानकी।

सियापा* पुं० दे० 'स्यापा'।

सियार पुं० [सं० शृगाल] गीदड़।

सियासत स्त्री०=राजनीति।

सियासतदान पुं०=राजनीतिज्ञ।

सियाह वि० दे० 'स्याह'।

सियाहा पुं० [फा० सियाह:] १. आय-व्यय के लेखे की बही, रोजनामचा। २. मालगुजारी जमा करने की पंजी या बही।

सियाही स्त्री०=स्याही।

सिर पुं० [सं० शिरस्] १. शरीर का सबसे आगे या ऊपर का भाग, कपाल, खोपड़ी। २. शरीर में गरदन से आगे या ऊपर का भाग।

मुहा० *सिर आँखों पर बैठाना*=बहुत आदर सत्कार करना। *सिर आँखों पर होना*=शिरोधार्य होना, सादर मान्य होना। *सिर उठाना*=(क) विरोध में खड़ा होना। (ख) सामने आने के लिए उठना। (ग) गर्व, साहस या प्रतिष्ठा के साथ खड़ा होना। *सिर ऊँचा करना*=दे० 'सिर उठाना' *सिर करना*=(स्त्रियों का) केश सँवारना। *सिर के बल जाना*=(क) बहुत विनीत भाव से जाना। (ख) प्रसन्नता-पूर्वक कष्ट सहकर जाना। *सिर खाली करना*= (क) बकवाद करना। (ख) सिर खपाना। *सिर खाना*=बकवाद करके परेशान करना। *सिर खपाना*=सोच-विचार में हैरान होना। *सिर खुजलाना*=अनिश्चय की स्थिति में होना। *सिर घूमना*=(क) सिर में चक्कर आना। (ख) घबराहट या

चिन्ता से विभ्रम होना। *सिर चढ़ाना*=(क) अनुचित कामों की उपेक्षा करके उद्दंड बनाना। (ख) आदरपूर्वक मान्य करना, शिरोधार्य करना। *सिर टकराना*=निरर्थक प्रयास करना। *सिर झुकाना*=(क) नमस्कार करना। (ख) लज्जित होना। *सिर ढोरना*= प्रसन्न होकर सिर हिलाना, उदा०...मुरली की धुनि सुनि, सुवधू सिर ढोरैं। -सूरदास मदनमोहन। *सिर देना*= प्राण देना। *(किसी के) सिर दोष लगाना*=किसी को किसी बात का दोषी ठहराना, उदा० तुम तौ दोष लगावन कौं सिर, बैठे देखत नैरैं। -सूर। *सिर धरना*=आदरपूर्वक स्वीकार करना। *सिर धुनना*=अपनी भूल समझकर पछताना, हाथ मलना। *सिर नीचा करना*= लज्जित होना या करना। *सिर पटकना*=(क) व्यर्थ परिश्रम करना। (ख) पछताना। *सिर पर*=(क) ऊपर। (ख) बहुत पास या सामने। *सिर पर पाँव रखकर भागना*=तेजी से भागना। *सिर पर पड़ना*=(क) जिम्मे पड़ना। (ख) अपने ऊपर आना, बीतना। *सिर पर खून चढ़ना या सवार होना*=(क) किसी को मार डालने पर उतारू होना। (ख) हत्या करके आपे में न रहना। *सिर पर लेना*=उत्तरदायित्व लेना। *सिर पर रहना*=(किसी की) छत्रछाया होना। *सिर पर सवार होना*=सामने रहकर किसी को कुछ करने के लिए बाध्य करते रहना। *सिर पर होना*=(क) बहुत निकट होना, (ख) (किसी की) छत्रछाया होना। *सिर फिरना*=(क) सिर घूमना, सिर चकराना। (ख) पागल हो जाना। *सिर मारना*=(क) व्यर्थ बहुत प्रयत्न करना। (ख) सोचते-सोचते हैरान होना। *सिर मुड़ाते ओले पड़ना*= आरम्भ में ही संकट आना। *सिर सूँघना*=छोटों पर अपना प्रेम दिखलाने के लिए उनका सिर सूँघने की क्रिया करना, उदा० दै असीस सुभ सूँघि सीस सादर बैठारयो। -रत्ना०। *सिर से पैर तक*=आरम्भ से अन्त तक, पूर्ण रूप से। *सिर से कफन बाँधना*=मरने के लिए तैयार होना। *सिर से खेल जाना*=प्राण दे देना। *सिर हिलाना*=(क) स्वीकृति या अस्वीकृति जतलाने के लिए सिर को गति देना। (ख) प्रसन्नता सूचित करने के लिए सिर को गति देना, जैसे उत्तम संगीत सुनकर सिर हिलाना। *सिर होना*=(क) पीछा न छोड़ना। (ख) तंग करना। (ग) कोई बात दूर से समझ या ताड़ लेना।

३. ऊपर का सिरा, चोटी।

*वि० १. महान, बड़ा। २. उत्तम, श्रेष्ठ। ३. अच्छा, बढ़िया।

सिर-कटा वि० [हिं० सिर+कटना] जिसका सिर कटा हो।

सिरकत* स्त्री०=शिरकत।

सिरका पुं० [फा० सिर्क:] धूप में पकाकर खट्टा किया हुआ किसी फल का रस।

सिरकी स्त्री० [हिं० सरकंडा] सरकंडे या सरई का छोटा छप्पर जो प्राय: बैलगाड़ियों पर आड़ करने के लिए रखते हैं।

पुं० दे० 'कुंजर' (जाति)।

सिरखपी† स्त्री० [हिं० सिर+खपाना] माथापच्ची।

सिरगाना* स० दे० 'सुलगाना'।

सिरगोटी स्त्री० [?] गलगल (पक्षी)।

सिरचंद पुं० [हिं० सिर+चंद=चंद्रमा] हाथी के मस्तक का एक प्रकार का अर्द्ध चन्द्राकार गहना।

सिरजक* पुं० [हिं० सिरजना] १. रचने या बनानेवाला। २. सृष्टिकर्ता, ईश्वर।

सिरजनहार* पुं० [सं० सृजन+हिं० हार] सृष्टि रचानेवाला, परमात्मा।

सिरजना* स० [सं० सृजन] १. रचना, बनाना। २. उत्पन्न या तैयार करना।

सिरताज पुं० [फा० सर+अ० ताज] १. मुकुट। २. शिरोमणि। ३. सरदार।

सिरतोड़ वि० १. कष्टदायक। २. अत्यधिक।

सिरदर्द स्त्री० [हिं०+फा०] १. सिर की पीड़ा। २. परेशानी की बात।

मुहा० *सिरदर्द मोल लेना*=आफत मोल लेना।

सिरधरा, सिरधरू पुं० [हिं० सिर+धरना (पकड़ना)] संरक्षक, पृष्ठपोषक।

वि० जिसे सिर पर धारण किया जाए, शिरोधार्य, उदा० आह सती सिरधरी प्रमीला का बहुक्रन्दन। —हरिऔध।

सिरनामा पुं० [सं० शीर्ष+नाम, मि० फा० सरनाम:] १. पत्रों आदि के ऊपर लिखा जानेवाला पता। २. शीर्षक।

सिरपच्ची स्त्री० [हिं० सिर+पचाना] सिर खपाने की क्रिया या भाव, माथापच्ची।

सिरपा* पुं०=सिरोपाव।

सिरपाव पुं० दे० 'सिरोपाव'।

सिरपेच पुं० [फा० सर+पेच] पगड़ी पर खोंसने की कलगी।

सिर-फुड़ौवल स्त्री० मारपीट।

सिरफूल पुं० [हिं० सिर+फूल] सिर पर पहना जानेवाला एक गहना, सीसफूल।

सिरबंदी स्त्री० [हिं० सिर+फा० बंद] सिर का एक गहना।

सिरमनि* वि०, पुं०=शिरोमणि।

सिरमौर पुं० [हिं० सिर+मौर] १. सिर का मुकुट। २. सिरताज, शिरोमणि। ३. प्राचीन काल का एक केश-विन्यास।

सिरहाना पुं० [सं० शिरस्+आधान] १. सोने की जगह पर सिर की ओर का भाग। २. तकिया।

सिरा[१] पुं० [हिं० सिर] १. लम्बाई में किसी ओर का अन्त, छोर। २. ऊपरी भाग। ३. आरम्भ या अन्त का भाग। ४. शीर्ष। (हेड) ५. नोक, अनी।

मुहा० *नए सिरे से* = फिर से आरंभ करते हुए। *सिरे का*= सबसे अच्छा।

सिरा[२] वि० [स्त्री० सिरी]=शीतल।

सिराजी पुं० [फा० शीराज (देश)] १. शीराज देश का घोड़ा। २. शीराज देश का कबूतर।

वि० शीराज देश का।

सिराना* अ० [हिं० सीरा=ठंडा] १. ठंडा होना। २. मन्द पड़ना। ३. पूरा या समाप्त होना, न रह जाना; उदा० भव मग अगम अनन्त है, बिनु स्रमहिं सिरातो। —तुलसी। ४. बीतना, उदा० ऐसहिं सोच विचार माँहि नृप आयु सिराई। —रत्ना०। ५. बन्द होना। ६. फुरसत पाना। ७. निबाहना।

स० १. ठंडा करना। २. बिताना।

वि० ठंडा।

सिरावन* वि० [हिं० सिराना] १. ठंडा या शीतल करनेवाला। २. सन्ताप, क्लेश आदि दूर करनेवाला।

सिरिश्ता पुं० दे० 'सरिश्ता'।

सिरी स्त्री० [हिं० सिर] १. खाने के लिए मारे हुए पशु या पक्षी का सिर। २. सिर पर पहनने का एक गहना।

*स्त्री०=श्री (शोभा)।

सिरीखंड पुं०=श्रीखंड।

सिरोपा पुं०=सिरोपाव।

सिरोपाव पुं०[हिं० सिर+पाँव] वह पूरी पोशाक जो राज दरबार से सम्मान रूप में किसी को मिलती है, खिलअत।

सिरोमनि* वि०, पुं०=शिरोमणि।

सिरोरुह पुं०=सरोरुह (कमल)।

सिरोही[1] स्त्री० [देश०] एक प्रकार की काली चिड़िया।

सिरोही[2] स्त्री० सिरोही (राजपुताने का एक नगर) की बनी बढ़िया तलवार।

सिर्फ क्रि० वि० [अ० सिर्फ़] १. अकेले, कोई और नहीं; जैसे-सिर्फ राम जाएगा। २. और अधिक नहीं, इतना भर केवल, मात्र; जैसे—मैंने देखा नहीं सिर्फ सुना है।

सिल स्त्री० [सं० शिला] १. शिला, पत्थर का बड़ा लम्बा टुकड़ा। २. पत्थर की पटिया जिस पर बट्टे से मसाले आदि पीसते हैं।

पुं० दे० 'उंछ'।

सिलपट वि० [सं० शिलापट्ट] १. चौरस, बराबर। २. चौपट।

सिलवट स्त्री० [देश०] बल, सिकुड़न।

सिलवाना स० दे० 'सिलाना'।

सिलसिला[1] पुं० [अ० सिल्सिल:] १. एक ही तरह की एक के बाद एक होनेवाली घटनाओं, कार्यों आदि का क्रम, बँधा हुआ तार। २. श्रेणी, पंक्ति। ३. वंशवृक्ष।

सिलसिला[2] वि० [सं० शिशिर] आर्द्र।

सिलसिलेवार वि० [अ० सिल्सिल:+फा० वार] तरतीब या सिलसिले से होनेवाला।

क्रि० वि० सिलसिले से।

सिलह पुं० [अ० सिलाह] हथियार, शस्त्र।

सिलहखाना पुं० [अ० सिलाह+फा० ख़ान:] हथियार रखने का स्थान, अस्त्रागार।

सिलहला वि० [हिं० सील या सीड़+हिला=कीचड़] [स्त्री० सिलहली] (स्थान) जो इतना गीला और चिकना हो कि उस पर पैर फिसले।

सिलहारा* वि० [हिं० सिल+हारा (प्रत्य०)] खेतों में गिरा हुआ अन्न चुनकर उससे निर्वाह करनेवाला।

सिला[1] पुं० [सं० शिल] कटे हुए खेतों में गिरा और बचा हुआ अन्न चुनकर निर्वाह करने की वृत्ति, शिलवृत्ति, उंछवृत्ति।

सिला[2] पुं० [अ० सिल:] बदला, प्रतिकार।

*स्त्री०=शिला।

सिलाई स्त्री० [हिं० सीना+आई (प्रत्य०)] सीने का काम, ढंग या मजदूरी।

सिलाना स० हिं० 'सीना' का प्रे०।

सिलापट पुं० [अं० स्लीपर] लकड़ी आदि का वह मोटा, चौड़ा तख्ता जो रेल की पटरी के नीचे उसके आधार स्वरूप बिछाया जाता है। (स्लीपर)

सिलाह पुं० [अ०] १. कवच। २. हथियार।

सिलाहबंद वि० [अ० सिलह+फा० बंद] सशस्त्र।

सिलाहार* वि० दे० 'सिलहारा'।

सिलाही* पुं० १. दे० 'सैनिक'। २. दे० 'कवचधारी'।

सिलिमुख* पुं०=शिलीमुख (भौंरा)।

सिलौटा पुं० [हिं० सिल+औटा (प्रत्य०)] १. शिला, सिल। २. सिल और उसका बट्टा।

सिल्क पुं० [अं०] १. रेशम। २. रेशमी कपड़ा।

सिल्ला पुं० [सं० शिल] फसल कट जाने पर खेत में गिरे हुए अन्न के दाने।

सिल्ली स्त्री० [सं० शिला] १. हथियार की धार तेज करने का पत्थर, सान। २. पत्थर की पटिया।

सिव* पुं० दे० 'शिव'।

सिवई* स्त्री० दे० 'सेवई'।

सिवा, के सम्बन्धबोध० [अ० सिवा] के अतिरिक्त।

*स्त्री० दे० 'शिव'।

सिवान पुं० [सं० सीमांत] हद, सीमा।

सिवाय, के सम्बन्धबोध० [अ० सिवा] के सिवा।

वि०=अधिक, ज्यादा।

सिवार स्त्री० [सं० शैवाल] पानी में होनेवाली लम्बी घास।

सिवि* पुं०=शिवि।

सिष* स्त्री०=शिक्षा।

पुं०=सिक्ख।

सिष्ठ* पुं० [सं० शिष्ट] १. भला आदमी, सज्जन। २. साधु, महात्मा।

वि०=शिष्ट।

सिसकना अ० [अनु०] सिसकी भरकर रोना, खुलकर नहीं बल्कि धीरे-धीरे रोना।

सिसकाऊ वि० [हिं० सिसकना] रुलानेवाला।

सिसकारना अ० [अनु० सी-सी+करना] १. मुँह से सीसी का-सा शब्द निकालना। २. सीत्कार करना।

सिसकारी स्त्री० [हिं० सिसकारना]=सिसकी।

सिसकी स्त्री० [अनु०] १. धीरे-धीरे रोने का शब्द, सिसकारी। २. सीत्कार।

सिसियाना| अ० [अनु० सी-सी] १. सुबकना। २. दुखी होना।

सिसिर* पुं०=शिशिर।

सिसुमार* पुं० दे० 'शिशुमार'।

सिसृक्षा स्त्री० [सं०] सर्जन की इच्छा।

सिस्टि* स्त्री०=सृष्टि।

सिहरन स्त्री० [हिं० सिहरना] सिहरने की क्रिया या भाव, सिहरी, कँपकँपी।

सिहरना अ० [सं० शीत+ना] शीत या भय से काँपना।

सिहरावन| स्त्री० दे० 'सिहरन'।

सिहाना* अ० [सं० समीहा] १. ईर्ष्या करना। २. लालायित होना, उदा० मेरो भलोकि अबतें सकुचाहुँ सिहाहूँ। —तुलसी। ३. मुग्ध होना। ४. प्रसन्न या सन्तुष्ट होना। स० ईर्ष्या या अभिलाषा की दृष्टि से देखना।

सिहारना स० [देश०] १. तलाश करना, ढूँढ़ना। २. एकत्र करना, जुटाना।

सिहोर पुं० [सं० सिहुंड] थूहर नाम का कटीला पौधा।

सींक स्त्री० [सं० इषीका] १. सरकंडा। २. घास आदि का पतला कड़ा डंठल। ३. तृण। ४. नाक की कील। (गहना)।

सींका पुं० [हिं० सींक] पेड़-पौधों की बहुत पतली उपशाखा या टहनी, डाँड़ी।

पुं० दे० 'छींका'।

सींग पुं० [सं० शृंग] १. वह कठोर, नुकीला अवयव जो खुरवाले पशु के सिर पर निकलता है, विषाण।

मुहा० *कहीं सींग समाना*=कहीं गुजारा या निर्वाह होना। *सिर पर सींग होना*=कोई विशेषता होना। *सींग जमना*=लड़ने की इच्छा होना।

कहा० *सींग कटाकर बछड़ों में मिलना*=वयस्क होकर भी बच्चों का-सा आचरण करना।

२. सिंगी नाम का बाजा।

सींगदाना पुं० दे० 'मूँगफली'।

सींगी* स्त्री० दे० 'सिंगी'।

सींचना स० [सं० सेचन] १. खेतों आदि में पानी देना। २. तर करना, भिगोना। ३. छिड़कना।

सींड पुं० [सं० सिंहाण] नाक से निकला हुआ मल या कफ।

सींव*, सींवा* स्त्री०=सीमा।

सी वि० [हिं० 'सा' का स्त्री०] सदृश।

मुहा० *अपनी-सी*=अपनी इच्छा या शक्ति भर, अपने मन के अनुसार।

स्त्री० दे० 'सीत्कार'।

सीअर* वि०=शीतल।

सीउ* पुं०=शीत।

सीक[१]* पुं० दे० 'सीत्कार'।

सीक[२] स्त्री० [हिं० सींक] नीम की पतली पत्तीदार सींक।

सीकर[१] पुं० [सं०] १. जलकण, पानी की बूँद। २. बूँद, छींटा।

सीकर[२] स्त्री० [सं० शृंखला] जंजीर, सिक्कड़।

सीकल स्त्री० दे० 'सिकली'।

सीकस पुं० [सं० सिकता या सैकत] १. रेतीली भूमि, बलुई जमीन। २. ऊसर, बंजर।

सीख[१] स्त्री० [हिं० सिखाना] १. सिखाई जानेवाली हित की बात, शिक्षा, उपदेश। २. सलाह, परामर्श, मन्त्रणा।

स्त्री० १. दे० 'सींक'। २. दे० 'सीखचा'।

सीख[२] स्त्री० [फा० सीख़] १. लोहे का पतला (छोटा) छड़। २. सीख पर लपेटकर सेंका हुआ कबाब।

सीखचा पुं० [फा० सीख़चः] लोहे का लम्बा (मोटा) छड़।

पद *सीखचों के पीछे*=जेल में; जैसे-हमारे नेताजी दो महीने से सीखचों के पीछे हैं।

सीखन* स्त्री० [हिं० सीख] हित के लिए बतलाई हुई बात, उपदेश, शिक्षा।

सीखना स० [सं० शिक्षण] १. ज्ञान प्राप्त करना। २. शिक्षा पाना, समझना।

सीगा पुं० [अ०] विभाग, महकमा।

सीजन पुं० [अं० सीजन] ऋतु, मौसम।

सीझना अ० [सं० सिद्ध] [भाव० सीझ] १. आँच पर पकना या गलना। २. आग में पड़कर भस्म होना, उदा० लै करसी प्रयाग कब सीझे।—तुलसी। ३. सूखे हुए चमड़े का मसाले आदि में भींगकर मुलायम और टिकाऊ होना। ४. कष्ट सहना। ५. तपस्या करना।

सीटना अ० [अनु०] बहुत बढ़-बढ़कर बातें करना, शेखी करना।

सीटी स्त्री० [सं० शीतृ] १. होंठ सिकोड़कर बाहर वायु फेंकने से निकला हुआ महीन पर तेज शब्द। २. इस प्रकार का शब्द जो किसी बाजे आदि से निकलता है। ३. वह बाजा जिससे उक्त प्रकार का शब्द निकले।

सीठना पुं० [?] विवाह आदि मंगल अवसरों पर स्त्रियों द्वारा गाए जानेवाले वे गीत जिनमें दूसरों पर कुछ व्यंग्य या अश्लील बातें होती हैं।

सीठा वि० [सं० शिष्ट] नीरस, फीका।

सीठी स्त्री० [सं० शिष्ट] १. चूसे या रस निचोड़े हुए फल आदि का नीरस अंश, खूद। २. सारहीन पदार्थ। ३. फीकी या बची-खुची चीज।

सीड़ स्त्री० [सं० शीत] सीली या तर जमीन के कारण होनेवाली नमी, तरी।

सीढ़* पुं० दे० 'सीड़'।

सीढ़ी स्त्री० [सं० श्रेणी] १. ऊँचे स्थान पर चढ़ने का वह उपकरण या साधन जिसमें एक के बाद एक पैर रखने के स्थान बने हों, निसेनी, पैड़ी, जीना। २. ऐसे मार्ग या साधन में बना हुआ पैर रखने का प्रत्येक स्थान या डंडा।

सीत वि० [सं० शीतल] १. शीतल, ठंडा। २. सुस्त, धीमा। पुं०=शीत।

सीतकर पुं० [सं० शीत+कर] चन्द्रमा।

सीतल वि०=शीतल।

सीतलपाटी स्त्री० [सं० शीतल+हिं० पट] एक प्रकार की बढ़िया पतली चटाई।

सीता स्त्री० [सं०] १. भूमि जोतने पर हल की फाल से पड़ी हुई रेखा, कूँड़। २. जानकी (राजा जनक की कन्या, राम की पत्नी)। ३. पिंगल में एक प्रकार का वर्णवृत्त जिसके प्रत्येक चरण में रगण, तगण, मगण, यगण, रगण होते हैं।

सीताफल पुं० [सं०] १. शरीफा। २. कुम्हड़ा।

सीतारत* वि० [सं० शीत+आर्त] शीत से पीड़ित।

सीत्कार पुं० [सं०] पीड़ा या आनन्द, विशेषतः स्त्री-सम्भोग के समय मुँह से निकलनेवाला सीसी शब्द, सिसकारी।

सीथ पुं० [सं० सिक्थ] १. अन्न का दाना। २. पके या भुने हुए अन्न का दाना। ३. जूठन, उदा० साधुन के पनवारे चुनि-चुनि उदर, पोषिए सीथिन। - हरिराम व्यास।

सीद पुं० [सं० शीद्] कष्ट, पीड़ा।

सीदना अ० [सं० सीदति] १. दुख पाना। २. नष्ट होना।

सीद्यमान् वि० [सं०] दुखी।

सीध स्त्री० [हिं० सीधा] सीधी रेखा की सी अवस्था या भाव; जैसे-सभी बिंदु एक सीध में थे।

पद *नाक की सीध में*=ठीक सामने की ओर।

सीधा[1] वि० [सं० शुद्ध] [स्त्री० सीधी, भाव० सीधापन] १. जो टेढ़ा न हो, सरल, ऋत्। २. जो ठीक लक्ष्य की ओर हो। ३. जो चतुर न हो, भोला। ४. शान्त और सुशील।

पद *सीधा-सादा*=भोला-भाला।

पद *सीधा करना*=(क) अनुकूल करना। (ख) दंड देकर ठीक करना।

५. सहज, आसान, सुगम।

पद *सीधा-साधा*=सुगम और प्रत्यक्ष।

६. दाहिना, दक्षिण।

पुं० सामने का भाग। (ऑबवर्स)

सीधा[2] पुं० [सं० असिद्ध] १. बिना पका हुआ अन्न। २. आटा चावल, दाल आदि जो ब्राह्मण को भोजन के लिए दिया जाता है।

सीधि स्त्री०=सिद्धि।

सीधे क्रि० वि० [हिं० सीधा] १. सामने की ओर। २. बिना बीच में रुके, मुड़े या हिचके। ३. शिष्ट व्यवहार से, अच्छी तरह से। ४. तुरंत, जल्दी से; जैसे-व्यक्ति अपनी परम्पराओं से सीधे जुड़ जाता है। -विश्वनाथ प्रसाद

सीधे-सीधे क्रि० वि० ईमानदारी से और स्पष्ट रूप से।

सीना[1] स० [सं० सीवन] १. कपड़े आदि के टुकड़ों को सुई-तागे से जोड़ना, टाँका लगाना। २. पुस्तक के फर्मों की सिलाई करना। ३. कटी हुई त्वचा में टाँके लगाना।

सीना[2] पुं० [फा०] छाती, वक्षस्थल।

सीनाजोर वि० [फा० सीना+ज़ोर] छाती पर चढ़कर काम करानेवाला, उद्दंड।

सीनाजोरी स्त्री० [फा० सीना+ज़ोरी] उद्दंडतापूर्वक किसी को किसी काम के लिए बाध्य करने की क्रिया या भाव।

सीप स्त्री० [सं० शुक्ति, प्रा० सुत्ति] १. शंख आदि की तरह कड़े आवरण में रहनेवाला एक जलजन्तु, सीपी। २. समुद्री सीप का सफेद चमकीला आवरण जिससे बटन आदि बनते हैं।

सीपति* पुं०=श्रीपति (विष्णु), गरुड़ध्वज।

सीपर पुं० दे० 'सिपर' (ढाल)।

सीपा पुं० [देश०] कड़ा जाड़ा।

सीपिया[1] पुं० [हिं० सीप ?] एक प्रकार का बड़ा और बढ़िया आम।

सीपिया[2] पुं० [अं०] एक प्रकार का गहरा भूरा रंग जो कुछ पीलापन लिए होता है।

सीपी स्त्री० [हिं० सीप] सीप नामक जन्तु का आवरण या सम्पुट।

सीबी स्त्री० [अनु० सी-सी] स्त्रियों का सम्भोग के समय का सीत्कार, सिसकारी।

सीमंत पुं० [सं०] १. स्त्रियों के सिर की माँग। २. दे० 'सीमंतोन्नयन'।

सीमंतक पुं० [सं०] १. (स्त्री की) माँग। २. सिंदूर।

सीमंतकर्म पुं० दे० 'सीमंतोन्नयन'।

सीमंत संस्कार पुं० दे० 'सीमंतोन्नयन'।

सीमंतिनी स्त्री० [सं०] वह स्त्री जो माँग निकालती हो।

सीमंतोन्नयन पुं० [सं०] हिन्दुओं के दस संस्कारों में से तीसरा जो गर्भाधान के चौथे, छठे या आठवें महीने होता है।

सीम स्त्री० [सं० सीमा] सीमा, हद।

मुहा० *सीम चरना*=दूसरे के क्षेत्र में पहुँचकर अधिकार जताना।

सीमांकन पुं० [सं०] सीमा को अंकित करने का कार्य।

सीमांकित वि० [सं०] जिसका सीमांकन हो चुका हो।

सीमांत पुं० [सं०] वह स्थान जहाँ सीमा का अन्त होता हो। (फ्रॅन्टियर)

सीमांतिक वि० [सं०] सीमान्त से सम्बन्ध रखनेवाला, सीमान्त-सम्बन्धी।

पुं० दे० 'सीमाशुल्क'।

सीमा स्त्री० [सं०] १. किसी प्रदेश या स्थान के चारों ओर के विस्तार की अन्तिम रेखा या स्थान, हद, सरहद। (बाउन्डरी)

मुहा० *सीमा बन्द करना*=ऐसी राजनीतिक व्यवस्था करना कि देश की सीमा पर से आदमियों और माल का आना-जाना रुक जाए।

२. वह अन्तिम स्थान जहाँ तक कोई बात या काम हो सकता हो या होना उचित हो, नियम या मर्यादा की हद। (लिमिट)

मुहा० *सीमा से बाहर जाना*=मर्यादा का उल्लंघन करना या उचित से अधिक बढ़ जाना।

सीमाकर पुं० [सं०] सीमा में प्रवेश करने पर लगनेवाला कर।

सीमाकरण पुं० [सं० सीमा+करण] सीमा का अंकन या निर्धारण। (डिमार्केशन)

सीमाचिह्न पुं० [सं०] सीमा का सूचक चिह्न।

सीमा पुलिस स्त्री० सीमा की रक्षा करनेवाली पुलिस।

सीमाबद्ध वि० [सं०] [भाव० सीमाबद्धता] जिसकी सीमा बँधी हो या बाँध दी गई हो।

सीमा-रेखा स्त्री० [सं०] १. दो प्रदेशों, राज्यों, देशों आदि को विभाजित करनेवाली रेखा। २. वह सीमा जहाँ तक किसी विषय आदि का विस्तार हो।

सीमाशुल्क पुं० [सं० सीमा=शुल्क] वह शुल्क जो देश की सीमा पर बाहर से आनेवाले और देश से बाहर जानेवाले पदार्थों पर लगता है। (कस्टम ड्यूटी)

सीमेंट पुं० [अं०] मटमैले रंग का एक विशेष प्रकार से तैयार किया हुआ मसाला जो आज-कल इमारतों की जोड़ाई में काम आता है।

सीमोल्लंघन पुं० [सं० सीमा+उल्लंघन] १. किसी निश्चित सीमा या मर्यादा के बाहर जाना, मर्यादा के विरुद्ध कार्य करना। २. किसी राज्य पर आक्रमण आदि करने के लिए अपनी सीमा पार करके उसकी सीमा में पहुँचना।

सीय[१] स्त्री० [सं० सीता] जानकी।

सीय[२] वि० [सं० शीतल] ठंडा।
पुं०=शीत।

सीयन स्त्री० दे० 'सीवन'।

सीयरा वि० दे० 'सियरा'।

सीर[१] पुं० [सं०] १. हल। २. सूर्य।

सीर[२] स्त्री० [सं० सीर=हल] १. साझा, शराकत। २. किसी के साझे में जमीन जोतने-बोने की रीति। ३. इस प्रकार जोती-बोई जानेवाली जमीन। ४. वह जमीन जो जमींदार स्वयं अथवा किसी असामी के साझे में जोतता हो। ५. सम्बन्ध, लगाव। ६. जागीर।

सीर[३] वि० [सं० शीतल] ठंडा, शीतल।

सीर[४] पुं० [सं० शीर्ष] १. ऊपरी भाग। २. सिर।

सीरक पुं० [सं० सीरा] ठंडा करनेवाला।

सीरदार पुं० [हिं० सीर+फा० दार] [भाव० सीरदारी] १. वह भूमिधर (पुराना जमींदार) जो अपनी भूमि किसी असामी के साझे में जोतता-बोता हो और जिस पर उसे स्थायी वंशानुक्रमिक अधिकार प्राप्त हो।

सीरदारी स्त्री० [हिं० सीरदार] 'सीरदार' का काम, पद या भाव।

सीरध्वज पुं० [सं०] राजा जनक।

सीररत्न पुं० [सं०] सूर्यकान्त मणि।

सीरा[१] पुं० [फा० शीरः] घुली हुई चीनी पकाकर गाढ़ा किया हुआ रस, चाशनी।

सीरा[२] वि० [सं० शीतल] [स्त्री० सीरी] १. ठंडा, शीतल। २. शान्त। ३. मौन, चुप।

सीरियल पुं० [अं०] धारावाहिक। (दे०)

सील स्त्री० [सं० शीतल] भूमि की आर्द्रता, सीड़, नमी।
पुं० दे० 'शील'।

सीला[१] पुं० [सं० शिल] १. 'सिल्ला'। २. खेत में गिरे हुए दानों से निर्वाह करने की उंछवृत्ति।

सीला[२] वि० [सं० शीतल] [स्त्री० सीली] आर्द्र।

सीलिंग फैन पुं० [अं०] छत का पंखा।

सीव स्त्री०=सीमा।

सीवन स्त्री० [सं०] १. सीने का काम। २. सिलाई के टाँके। ३. दरार, सन्धि।

सीवाँ* स्त्री०=सीमा (हद)।

सीष* पुं० [सं० शिष्य] चेला, शिष्य, उदा० गुरू सीष सहित सब बूड़े, अन्तकाल पछिताना। -कबीर।
पुं० दे० 'शीर्ष'।

सीस* पुं०=सिर।

सीसक पुं० [सं०] सीसा (धातु)।

सीसताज पुं० [हिं० सीस=सिर+फा० ताज] शिकारी जानवरों की आँखें, मुँह आदि बन्द रखने के लिए उन्हें पहनाई जानेवाली टोपी।

सीसफूल पुं० [हिं० सीस+फूल] सिर पर पहनने का एक गहना।

सीसमहल पुं०=शीशमहल।

सीसा पुं० [सं० सीसक] हलके काले रंग की एक मूल धातु।
पुं० दे० 'शीशा'।

सीसी स्त्री० [अनु०] दे० 'सीत्कार'।
स्त्री० दे० 'शीशी'।

सीह स्त्री० [सं० सुगन्ध] महक, गन्ध।
पुं० [स्त्री० सीहणी] दे० 'सिंह'।

सुँघनी स्त्री० [हिं० सूँघना] सूँघने के लिए बनाई हुई तम्बाकू के पत्तों की बुकनी, हुलास, नस्य।

सुँघाना स० [हिं० सूँघना] किसी को सूँघने में प्रवृत्त करना।

सुंड पुं०=सूँड़।

सुंड-भसुंड वि०=संड-भुसंड।

सुंडा स्त्री०=सूँड़।

सुंडान* पुं० [सं० शुंडिन] हाथी।

सुँतना* अ० [?] कम होना।

सुंदर वि० [सं०] [स्त्री० सुंदरी, भाव० सुंदरता] १. रूपवान, खूबसूरत। २. मनोहर। ३. अच्छा।

सुंदरता स्त्री० [सं०] सुन्दर होने की अवस्था या भाव, सौन्दर्य।

सुंदरताई स्त्री०=सुंदरता।

सुंदराई स्त्री०=सुंदरता।

सुंदरी स्त्री० [सं०] १. सुन्दर या रूपवती स्त्री, सुरूपा। २. चार चरणों का एक वर्णवृत्त जिसके प्रत्येक चरण में एक नगण,

दो भगण और एक रगण होता है। (इसी को द्रुत विलंबित भी कहते हैं।) ३. सवैया नामक छन्द का एक भेद जिसके प्रत्येक चरण में आठ सगणों के बाद एक गुरु वर्ण होता है, सुखदायी।

सुंबा पुं० [देश०] १. इस्पंज। २. तोप या बन्दूक की गरम नली ठंडी करने के लिए उस पर फेरा जानेवाला गीला कपड़ा, पुचारा।

सु[1] उप० [सं०] सुन्दर या श्रेष्ठ का वाचक एक उपसर्ग, जैसे सुकवि, सुकाल।

सु[2] सर्व० [सं० स] सो, वह।

सु[3] विभ० [सं० सह] तृतीया, पंचमी और षष्ठी विभक्तियों का चिह्न।

वि०=स्व (अपना)।

वि०=सम।

सुअंग* वि० सुंदर।

सुअटा पुं० दे० 'तोता' (पक्षी)।

सुअन पुं० [सं० सुत] पुत्र, बेटा, उदा० बेच देह दारा सुअन, होहि दासहू मन्द।– भारतेन्दु।

सुअना* अ० [हिं० सुअन या सं० प्रसव ?] उत्पन्न होना।

सुअवसर पुं० [सं० सु+अवसर] ऐसा अवसर जिससे लाभ सरलतापूर्वक उठाया जा सके।

सुअर पुं० [सं० शूकर] [स्त्री० सुअरनी] प्रसिद्ध पालतू या जंगली पशु जो कद में छोटा, लम्बी नाकवाला तथा छोटी पूंछवाला होता है।

सुआ[1] पुं० दे० 'तोता' (पक्षी)।

सुआ[2] पुं० [हिं० सुई] टाट या बोरे आदि सीने की बड़ी सुई।

सुआउ* वि० [सं० सु+आयु] दीर्घायु।

सुआना स०=सुलाना।

स० हिं० 'सूना' (प्रसव करना) का प्रे०।

सुआमी* पुं०=स्वामी।

सुआर* पुं०=सूपकार (रसोइया)।

सुआसिनी स्त्री० [सं० सुवासिनी] १. स्त्री, विशेषतः पास रहनेवाली स्त्री, सहचरी। २. सधवा, सुहागिन।

सुआहित पुं० [?] तलवार चलाने का एक प्रकार या ढंग।

सुई स्त्री० [सं० सूची] १. लोहे का वह पतला उपकरण जिसके छेद में धागा पिरोकर कपड़ा सीते हैं।

मुहा० *आँखों की सुइयाँ निकालना*=किसी विकट काम के प्रायः समाप्त हो चुकने पर उसका शेष थोड़ा-सा सुगम अंश पूरा करके उसका श्रेय पाने का प्रयत्न करना।

२. किसी विशेष परिमाण, अंक, दिशा आदि का सूचक तार या काँटा, जैसे घड़ी की सुई। ३. पौधे का छोटा पतला अंकुर। ४. चिकित्सा-क्षेत्र में नली के आकार का एक प्रसिद्ध छोटा उपकरण, जिसकी सहायता से कुछ तरल दवाएँ शरीर की रगों या पट्ठों में पहुँचाई जाती हैं, पिचकारी। (सीरिंज) ५. उत्तम उपकरण से शरीर की रगों या पट्ठों में तरल औषध आदि पहुँचाने की क्रिया। (इंजेक्शन)

मुहा० *सुई लगाना*=उक्त नली के द्वारा शरीर के अन्दर दवा पहुँचाना। *सुई लेना*=रोगी का उक्त उपकरण के द्वारा कोई दवा अपने शरीर में प्रविष्ट कराना।

सुईकारी स्त्री० [हिं० सुई+फा० कारी (किया हुआ काम)] कपड़े पर सुई और डोरे की सहायता से (तीलीकारी से भिन्न) बनाए हुए बेल-बूटे आदि, सूचीशिल्प। (नीडलवर्क)

सुकंठ वि० [सं०] १. जिसकी गरदन सुन्दर हो। २. जिसका स्वर मधुर हो।

पुं० सुग्रीव।

सुकचाना* अ०=सकुचाना।

सुकड़ना* अ०=सिकुड़ना।

सुकति* स्त्री० [सं० शुक्ता] सीपी।

सुकनासा वि० [सं० शुक+नासिका] तोते की चोंच के समान सुन्दर नाकवाली (स्त्री)।

सुकर वि० [सं०] [भाव० सुकरता] १. जो सहज में किया जा सके। २. सुगम, सहज।

सुकरता स्त्री० [सं०] 'सुकर' का भाव, सुगमता, सुभीता। (फैसिलिटी)

सुकरित पुं० दे० 'सुकृत'।

सुकर्म पुं० [सं०] [वि० सुकर्मी] उत्तम या अच्छा काम, सत्कर्म।

सुकर्मी (-र्मिन्) वि० [सं०] सत्कर्म करनेवाला।

सुकल* पुं०=शुल्क।

सुकवना अ० [?] अचम्भे में होना, चकित होना।

सुकवाना स० [?] अचम्भे में डालना, चकित करना।

अ०=सुकवना (चकित होना)।

स०=सुखाना।

सुकवि पुं० [सं०] अच्छा कवि।

सुकाना स०=सुखाना।

सुकाल पुं० [सं०] १. अच्छा समय। २. सस्ती का समय, 'अकाल' का विरुद्धार्थक।

सुकित* पुं०=सुकृत (अच्छा कार्य)।

सुकिया, सुकीउ* स्त्री० दे० 'स्वकीया'।

सुकुआर* वि०=सुकुमार।

सुकुति* स्त्री० [सं० शुक्ति] सीप।

सुकुमार वि० [सं०] [स्त्री० सुकुमारी] [भाव० सुकुमारता] १. कोमल अंगोंवाला, कोमल। २. दयायुक्त, सहानुभूतिपूर्ण, जैसे-सुकुमार हृदय।

पुं० १. कोमलांग बालक। २. कोमल अक्षरों या शब्दों से युक्त काव्य।

सुकुल पुं० [सं०] १. उत्तम कुल। २. कुलीन व्यक्ति। ३. 'शुल्क'।

सुकुवार वि० [स्त्री० सुकुवारी]=सुकुमार।

सुकून पुं० [फा०] चैन, शांति।

सुकृत पुं० [सं०] १. पुण्य। २. सत्कर्म।

वि० १. भाग्यवान। २. धर्मशील।

मुहा० *सुकृत मनाना*=अपने सत्कर्मों को इस अभिप्राय से मनाना कि संकट से रक्षा हो, उदा० लगी मनावन सुकृत, हाथ कानन पर दीने। -रत्ना०।

सुकृति स्त्री० [सं०] १. उत्तम कृति। २. अच्छा कार्य।

पुं०=सुकृति।

सुकृती पुं० [सं०] १. वह जो सुकृत करता हो। २. धर्मात्मा, पुण्यवान व्यक्ति। ३. भाग्यवान व्यक्ति।

सुकेतु पुं० [सं०] ताड़का के पिता का नाम।

सुकेतुसुता स्त्री० [सं०] सुकेतु की कन्या, ताड़का।

सुकेशी वि० स्त्री० [सं० सु+केश] सुंदर बालोंवाली (स्त्री)।

स्त्री० एक अप्सरा।

सुकेसीं*, सुकैसी* वि० स्त्री०=सुकेशी।

सुक्की वि० [सं० स्वकीय] अपना, उदा० ए वार सुर बंटहु नहीं बंधि लेहु सुक्की बधुअ। -चन्द बरदाई।

सक्रित* वि०=सुकृत।

पुं०=सुकृत।

सुखंडी स्त्री० [हिं० सूखना] बच्चों का शरीर सूखने का रोग, सूखा रोग।

सुख पुं० [सं०] १. इच्छा या लक्ष्य की पूर्ति होने पर मन को मिलनेवाली राहत या चैन। २. वह अनुकूल और प्रिय अनुभव जिसके सदा होते रहने की कामना हो। 'दुख' का विरुद्धार्थक।

मुहा० *सुख मनाना*=सन्तुष्ट या प्रसन्न होना। *सुख की नींद सोना*=निश्चिन्त होकर रहना।

३. आरोग्य। ४. सरलता। ५. जल, पानी। ६. सवैया छन्द का एक भेद जिसके प्रत्येक चरण में ८ सगण और दो लघु वर्ण होते हैं।

*वि० [भाव० सौख्य] सुखी। (क्व०)

*क्रि० वि० १. स्वभावतः। २. सुखपूर्वक।

सुख-आसन पुं० दे० 'सुखासन'।

सुखकंद वि०=सुखदाता।

सुखकर वि० [सं०] १. सुख देनेवाला। २. सहज में होनेवाला, सुगम।

सुखकारक वि० [सं०] सुखदायक।

सुखकारी वि०=सुखकारक।

सुख-चाव पुं० [हिं० सुख+चाव=चाह] आनन्द-मंगल।

सुखचीनी† पुं० एक प्रकार का कपड़ा जो चीन से आता था।

सुखजीवी वि० [सं० सुख+जीविन्] वह जो झगड़े-बखेड़ों और परिश्रम आदि से यथासाध्य दूर रहकर, निश्चिन्ततापूर्वक और सुखपूर्वक जीवन बिताना चाहता हो।

सुखद वि० [सं०] [स्त्री० सुखदा] सुख या आनन्द देनेवाला, सुखदायी।

सुखदाता वि० [सं० सुखदातृ] सुखद।

सुखदानि* वि० [हिं० सुख+दान] सुख देनेवाला, सुखद।

पुं०=प्रियतम।

स्त्री० 'सुन्दरी' नामक छन्द का दूसरा नाम।

सुखदानी* वि०=सुखदानि।

सुखदायक वि० दे० 'सुखद'।

सुखदायी वि०=सुखद।

सुखदेन* वि० [स्त्री० सुखदेनी]=सुखद।

सुखदेव पुं०=शुकदेव।

सुखधाम पुं० [सं०] १. सुख का घर। २. बैकुंठ, स्वर्ग।

सुखपाल पुं० [सं० सुख+हिं० पाल (की)] एक प्रकार की पालकी।

सुखप्रद वि० [सं०] सुख देनेवाला, सुखद।

सुखमन* स्त्री० दे० 'सुषुम्ना'।

सुखभोग पुं० [सं०] सुख की प्राप्ति के लिए किया जानेवाला भोग।

सुखमा* स्त्री०=सुषमा।

सुखमीली* वि०, स्त्री० [सं० सुषमा] सुन्दर, रूपसी।

सुखमुख वि० [सं०] १. सुन्दर बातें करनेवाला। २. (घोड़ा) जो मुँहजोर न हो।

सुखराँक* वि० [सं० सुख+रंक] सुख से विहीन।

सुखरास वि० [सं० सुख+राशि] सर्वथा सुखमय।

सुखलाना* स०=सुखाना।

सुखवंत वि० [सं० सुखवंत्] १. सुखी। २. सुखदायक।

सुखवन स्त्री० [हिं० सूखना] किसी चीज के सूखने या सुखाने के कारण उसमें होनेवाली कमी या छीज।

सुखवार* वि० [स्त्री० सुखवारी] दे० 'सुखी'।

सुखसंदी स्त्री० [सं० सुख+हिं० आसंदी (सहारा)] आराम-कुर्सी।

सुखसात* पुं० [सं० सुख+सप्त] सात प्रकार के सुख—खान, पान, परिधान, ज्ञान, गान, शोभा तथा संभोग।

सुखसाध्य वि० [सं०] सहज में हो सकनेवाला, सुगम, सहज।

सुखसार पुं० [सं०] मोक्ष, मुक्ति।

सुख-सुविधा स्त्री० [सं०+हिं०] ऐसी बात जो जीवन को सुखपूर्ण बनाती हो।

सुखस्वप्न पुं० [सं०] प्रायः निराधार रूप से यह समझना कि हमें आगे चलकर ये-ये सुख मिलेंगे।

सुखांत वि० [सं०] जिसका अन्त सुखपूर्ण हो (काव्य, नाटक आदि)।

सुखाचार्य* पुं०=शुकदेव।

सुखाना[1] स० [हिं० 'सूखना' का स०] १. गीली चीज का गीलापन दूर करने के लिए उसे धूप में या आग पर रखना। २. आर्द्रता दूर करना। ३. दुर्बल बनाना।

सुखाना[2] अ० [हिं० सुख] १. अच्छा या भला लगना। २. शरीर के लिए सह्य या अनुकूल होना।

सुखानुभूति स्त्री० [सं० सुख+अनुभूति] सुख की अनुभूति।

सुखारा* वि० [हिं० सुख] १. सुखद। २. सहज, सुगम।

सुखाला वि० [हिं० सुख] १. सुखी। २. सहज।

सुखावह वि० [सं०] १. सुखद। २. सहज।

सुखासन पुं० [सं०] पालकी।

सुखित[१] वि० [सं०] प्रसन्न, सुखी।

सुखित[२] वि० [सं० शुष्क] सूखा, शुष्क।

सुखिता स्त्री० [सं०] १. सुखी होने की अवस्था या भाव। २. सुखा, आनन्द, प्रसन्न।

सुखिया वि० दे० 'सुखी'।

सुखी (-खिन्) वि० [सं०] १. जिसे सब प्रकार के सुख हों या मिलते हों। २. आनन्दित, प्रसन्न।
पुं० सुखी प्राणी।

सुखेन क्रि० वि० [सं०] सुखपूर्वक, सुख से।
*पुं० दे० 'सुषेण'।

सुखैना वि० दे० 'सुखद'।

सुखोपभोग पुं० [सं० सुख+उपभोग] सुख की प्राप्ति के लिए होनेवाला उपभोग, सुख देनेवाली वस्तुओं का सेवन।

सुख्याति स्त्री० [सं०] १. प्रसिद्धि। २. कीर्ति, यश।

सुगंध स्त्री० [सं०] [वि० सुगंधित] १. अच्छी गन्ध या महक, सुवास, खुशबू। २. वह वस्तु जिसमें से अच्छी महक निकलती हो। ३. चन्दन।
वि०सुगन्धित, खुशबूदार।

सुगंधित वि० [सं० सुगंध] सुगन्धयुक्त।

सुगठित वि० [सं० सु+हिं० गठित] अच्छी तरह गठा हुआ।

सुगत पुं० [सं०] १. महात्मा बुद्ध का एक नाम, सर्वज्ञ। २. बौद्ध।

सुगति स्त्री० [सं०] मरने के उपरान्त होनेवाली अच्छी गति, मोक्ष।

सुगथ* वि० [सं० सु+ग्रंथ] सुन्दर ढंग से गूँथा हुआ।

सुगना पुं० [सं० शुक] तोता (पक्षी)।

सुगबुग स्त्री० [देश०] मन्द स्वर में होनेवाली बातचीत।

सुगम वि० [सं०] [भाव० सुगमता] १. जिसमें जाना या पहुँचना कठिन न हो। २. जल्दी हो सकनेवाला, सहज।

सुगर वि० १. दे० 'सुघड़'। २. दे० 'सुकंठ'। ३. दे० 'सुगम'।

सुगाना[१]* अ० [सं० शोक] १. दुखी होना। २. बिगड़ना, नाराज होना।

सुगाना[२] अ० [?] सन्देह करना।

सुगुनाना* अ० [हिं० सुनगुन] जगना।

सुगुरा पुं० [सं० सुगुरु] वह जिसने अच्छे गुरु से मन्त्र लिया या शिक्षा पाई हो।

सुगैया स्त्री० दे० 'चोली' (स्त्रियों की)।

सुग्गा पुं० [सं० शुक] तोता (पक्षी)।

सुग्राह्य वि० [सं०] जिसे सुगमता से ग्रहण किया जा सके।

सुग्रीव वि० [सं०] सुन्दर ग्रीवा या गर्दनवाला।
पुं० [सं०] १. बानरों का राजा, राम का मित्र। २. इन्द्र। ३. शंख।

सुघट वि० [सं०] १. सुन्दर, सुडौल। २. सहज में बन या हो सकनेवाला, सुगम।

सुघड़ वि० [सं० सुघट] [भाव० सुघड़ाई, सुघड़पन] १. सुन्दर, सुडौल। २. हाथ के काम करने में निपुण, कुशल।

सुघड़ई स्त्री० [हिं० सुघड़+ई (प्रत्य०)] १. सुन्दरता, अच्छी बनावट। २. चतुरता, निपुणता। ३. षाड़व सम्पूर्ण जाति की एक रागिनी जो दिन के दूसरे पहर में गाई जाती है।

सुघर वि० दे० 'सुघड़'।

सुघरई स्त्री० दे० 'सुघड़ई'।

सुघराई स्त्री०=सुघड़ई।

सुघरी स्त्री० [हिं० सु+घड़ी] अच्छी या शुभ घड़ी, शुभ समय या साइत।

सुचंद* वि० [सं० सु+चंद्र ?] उत्तम, श्रेष्ठ, बढ़िया।
पुं० पूर्णिमा का चन्द्रमा, उदा० गुण-ज्ञान-मान सुचंद है, नति करत खलमुख मंद है।—पद्माकर।

सुच वि० दे० 'शुचि'।

सुचना* स० [सं० संचय] इकट्ठा करना।
अ० इकट्ठा होना।

सुचरित्र वि० [सं०] [स्त्री० सुचरित्रा] उत्तम आचरणवाला, नेकचलन।

सुचा* स्त्री० [सं० सूचना] १. सूचना। २. ज्ञान, चेतना।
वि० दे० 'शुचि'।

सुचान स्त्री० [हिं० सोचना] १. सोचने की क्रिया या भाव। २. सूझ, विचार। ३. सुझाव, सूचना।

सुचाना स० [हिं० 'सोचना' का प्रे०] १. सोचने में प्रवृत्त करना। २. दिखलाना। ३. ध्यान आकृष्ट करना, सुझाना।

सुचार* स्त्री० दे० 'सुचाल'।
वि० दे० 'सुचारु'।

सुचारु वि० [सं०] [भाव० सुचारुता] अत्यन्त सुन्दर।

सुचाल स्त्री० [सं० सु+हिं० चाल] [वि० सुचाली] १. अच्छी युक्ति, अच्छी चाल। २. उत्तम आचरण।

सुचाली वि० [हिं० सुचाल] अच्छे चाल-चलनवाला, सदाचारी।

सुचाव पुं० [हिं० सुचाना+आव (प्रत्य०)] १. सुझाने की क्रिया या भाव। २. सुझाव, सूचना।

सुचि* स्त्री०, वि० दे० 'शुचि'।

सुचित वि० दे० 'सूचित'।

सुचितई* स्त्री० [हिं० सुचित्त] १. निश्चिन्तता, बेफिक्री। २. छुट्टी, फुर्सत।

सुचित्त वि० [सं० सु+चित्त] १. (किसी काम से) निवृत्त। २. निश्चिन्त। ३. एकाग्र।

सुचिमत* वि० [सं० शुचि+मत्] शुद्ध आचरणवाला, सदाचारी।

सुचिमन वि० [सं० शुचि+मन] पवित्र मनवाला, शुद्ध हृदय, उदा० पहिले ऐसे विवेक, ऐसे सुचि मन।—रत्ना०।

सुचिर वि० [सं०] १. स्थायी। २. पुराना।

सुचेत वि० [सं० सुचेतस्] चौकन्ना, सतर्क।

सुच्च वि० [सं० शुचि] १. पवित्र, शुद्ध। २. जो खाकर जूठा न किया गया हो। ३. जो हर तरह से बिल्कुल ठीक और निर्दोष हो। ४. जो असली या सच्चा हो, नकली न हो, जैसे सच्चा मोती।

सुच्छंद* वि०=स्वच्छन्द।

सुच्छ* वि०=स्वच्छ।

सुच्छम* वि०=सूक्ष्म।

सुछंद* वि०=स्वच्छंद।

सुजक्का वि० [?] [स्त्री० सुजक्की] सुन्दर, उदा० उज्जल दन्तिय अठ्ठ, बीस सुर ढाल सुजक्की। —चन्दबरदाई।

सुजन[1] पुं० [सं०] [भाव० सुजनता] सज्जन पुरुष, भला आदमी।

सुजन[2] पुं० [सं० स्वजन] परिवार के लोग।

सुजनी स्त्री० [फा० सोज़नी] बिछाने की एक प्रकार की बड़ी और मोटी चादर।

सुजस* पुं०=सुयश।

सुजागर वि० [सं० सु+जागर] १. प्रकाशमान। २. सुन्दर।

सुजात वि० [सं०] १. अच्छे कुल में उत्पन्न। २. सुन्दर।

सुजान वि० [सं० सुज्ञान] [भाव० सुजानपन] १. बुद्धिमान, चतुर, होशियार। २. निपुण, कुशल। ३. सज्जन।
पुं० १. पति या प्रेमी। २. ईश्वर।

सुजोग* पुं०=सुयोग।

सुजोधन* पुं०=दुर्योधन।

सुजोर वि० [सं० सु+फा० जोर] १. दृढ़, पक्का। २. बलवान।

सुज्ञ वि० [सं०] सविज्ञ, विद्वान।

सुझाना स० [हिं० सूझना का प्रे०] दूसरे की सूझ या ध्यान में लाना, दिखाना।

सुझाव पुं० [हिं० सुझाना+आव (प्रत्य०)] १. सुझाने की क्रिया भाव। २. जिस बात की ओर किसी का ध्यान न गया हो, उसकी ओर उसका ध्यान दिलाना। ३. इस प्रकार ध्यान दिलाने के लिए कही हुई बात, प्रस्ताव, सूचना। (सजेशन)

सुटकुन स्त्री० [हिं० सटकना] छोटी पतली छड़ी।

सुटुकना अ० [अनु०] १. चुपचाप या धीरे से चल देना, खिसक जाना। २. सिकुड़ना।
स०=सुरकना।

सुठ* वि० दे० 'सुठि'।

सुठान* वि० [सं० सु+स्थान] जो ठीक स्थान पर हो, सुस्थित।

सुठार* वि० [सं० सुष्ठु] सुडौल, सुन्दर।

सुठि* वि० [सं० सुष्ठु] १. सुन्दर। २. अच्छा। ३. बहुत।
क्रि० वि० पूरा-पूरा, बिल्कुल।

सुठैना* वि० दे० 'सुठि'।

सुठौन* वि० दे० 'सुठि'।

सुड़कना अ० दे० 'सुरकना'।

सुड़सुड़ाना स० [अनु०] सुड़-सुड़ शब्द उत्पन्न करना, जैसे हुक्का सुड़सुड़ाना।

सुडौल वि० [सं० सु+हिं० डौल] सुन्दर डौल, आकार या बनावटवाला, सुन्दर।

सुडौलपन पुं० [हिं० सुडौल+पन (प्रत्य०)] सुडौल होने की अवस्था या भाव, सब अंगों से ठीक होना, सर्वांग सुन्दरता।

सुढंग पुं० दे० 'सुघड़'।

सुढंगी वि० [हिं० सुढंग+ई (प्रत्य०)] १. अच्छे ढंगवाला। २. सुन्दर। ३. उच्चकोटि का, अच्छा, उदा० ग्रंथनि कौ औ मनुष्य प्रकृति कौ ज्ञान सुढंगी।– रत्ना०।

सुढर[1] वि० [सं० सु+हिं० ढलना] कृपालु।

सुढर[2] वि० [हिं० सु+ढार] सुडौल।

सुढार* वि० [स्त्री० सुढारी] दे० 'सुडौल'।

सुतंत* वि०=स्वतंत्र।

सुतंत्र पुं० [सं०] अच्छा तन्त्र या शासन।
*वि०=स्वतंत्र।

सुत पुं० [सं०] [स्त्री० सुता] पुत्र, बेटा।

सुतधार* पुं०=सूत्रधार।

सुतर* पुं० दे० 'शुतर'।

सुतरां योज० [सं० सुतराम्] १. अतः, इसलिए। २. और भी।

सुतरी स्त्री० दे० 'सुतली'. २. दे० 'तुरही'।

सुतल पुं० [सं०] सात पाताल लोकों में से एक।

सुतली स्त्री० [हिं० सूत+ली (प्रत्य०)] १. सूत की बनी हुई डोरी। २. सन की डोरी।

सुतवाँ वि० दे० 'सूतवाँ'।

सुतहर, सुतहार* पुं०=सुतार।

सुतार[1] पुं० [सं० सूत्रकार] १. बढ़ई। २. कारीगर, शिल्पी।

सुतार[2] वि० [सं० सु+तार] अच्छा काम।
पुं० दे० 'विधा'।

सुतारी स्त्री० [सं० सूत्रकार] १. चमड़ा सीने का मोचियों का सुआ। २. शिल्पी, कारीगर।

सुती (-तिन्) वि० [सं०] जिसे सुत या पुत्र हो, पुत्रवाला।

सुतीक्ष्ण वि० [सं०] १. बहुत तीक्ष्ण या तीखा। २. बहुत तेज धारवाला।
पुं० एक ऋषि जो अगस्त्य मुनि के भाई थे।

सुतीछन वि० पुं० दे० 'सुतीक्ष्ण'।

सुतीछा* वि० [सं० सुतीक्ष्ण] [स्त्री० सुतीछी] बहुत तेज धारवाला।

सुतुही स्त्री० दे० 'सीपी'।

सुथना पुं० [स्त्री० अल्पा० सुथनी] १. सूथन, पाजामा। २. बच्चे का पाजामा।

सुथनी[1] स्त्री० [देश०] १. पिंडालू, रतालू। २. दे० 'सूथन'।

सुथनी[2] स्त्री० [हिं० सुथना] बच्चों का पाजामा।

सुथरा वि० [सं० स्वच्छ] [स्त्री० सुथरी, भाव० सुथरापन] स्वच्छ, साफ।

सुथराई* स्त्री० [हिं० सुथरा] सुथरे या साफ होने का भाव, सुथरापन।

सुथरापन पुं० [हिं० सुथरा+पन] सुथरे या साफ होने का भाव, सफाई।

सुथरेशाही स्त्री० [सुथराशाह] १. गुरुनानक के शिष्य सुथराशाह का चलाया हुआ एक सम्प्रदाय। २. उक्त सम्प्रदाय का अनुयायी।

सुदंत* वि० [सं० सु+दन्त=दाँत] [स्त्री० सुदित, सुदती] सुन्दर दाँतोंवाला; उदा० सुदन्ती सुमुखि सुकेसी तहाँ। —केशव।

सुदरसन वि०, पुं०=सुदर्शन।

सुदर्शन पुं० [सं०] १. विष्णु का चक्र। २. शिव। ३. एक प्रकार का वृक्ष। ४. वैद्यक में एक प्रकार का चूर्ण जिसका प्रयोग विषम ज्वर में होता है।

वि० देखने में सुन्दर, मनोरम।

सुदामा पुं० [सं० सुदामन्] श्रीकृष्ण के सहपाठी और परम मित्र एक दरिद्र ब्राह्मण जिन्हें उन्होंने बहुत सम्पत्तिशाली बना दिया था।

सुदि स्त्री०=सुदी।

सुदिन पुं० [सं० सु+दिन] अच्छा या शुभ दिन।

सुदी स्त्री० [सं० शुक्ल या शुद्ध] चान्द्र मास का उजाला पक्ष। (महीने के नाम के साथ जैसे चैत सुदी नवमी)

सुदीर्घ वि० [सं०] बहुत लम्बा; जैसे–सुदीर्घ परंपरा।

सुदूर वि० [सं०] बहुत दूर।

सुदृढ़ वि० [सं०] खूब मजबूत।

सुदेस[1] वि० [सं० सुदर्श] १. मनोहर, सुन्दर; जैसे–सुदेश मति=सुन्दर मतिवाला, उदा० भाँति-भाँति सुदेश केशव दुनदुभी न बजाय। —केशव। २. अच्छा, उत्तम, बढ़िया।

सुदेस[2] पुं० [सं० सु+देश] अच्छा या उत्तम देश।

*पुं०=स्वदेश।

सुदेसी वि० १. दे० 'स्वदेशी'। २. दे० 'सुदेश'।

सुद्दा स्त्री० [अ० सुद्दः] पेट से निकलनेवाला सूखा मल, कंडी।

सुद्धगति* स्त्री०=शुद्धगति (मोक्ष)।

सुद्र* पुं०=शूद्र।

सुधंग वि० दे० 'सुढंग'।

सुध स्त्री० [सं० शुद्ध (स्पष्ट होना)] १. स्मृति, याद।

मुहा० *सुध बिसारना या भूलना*=किसी को भूल जाना, याद न रखना।

२. चेतना, होश।

मुहा० *सुध बिसारना*=बुद्धि ठिकाने न रहना।

३. खबर या हाल, पता।

*स्त्री० दे० 'सुधा'।

सुधना अ० [सं० शुद्ध] १. शुद्ध या ठीक किया जाना। २. नियमों आदि के अनुसार उपयुक्त और ठीक किया जाना। ३. ठीक बैठना या होना।

सुधबुद्ध स्त्री० होश-हवास, चेतना।

सुधमना* वि० [हिं० सुध = होश + मन] १. जो होश में हो। २. सचेत, सतर्क।

सुधरना अ० [हिं० सु + ढरना = ढलना] बिगड़ी हुई या सदोष वस्तु का अच्छे या ठीक रूप में आना, ठीक होना।

सुधराई स्त्री० [हिं० सुधरना] सुधारने या सुधरवाने की क्रिया, भाव या पारिश्रमिक।

सुधर्म वि० [सं० सुधर्मन्] १. अच्छे धर्मों से युक्त, अच्छे धर्मवाला। २. अच्छा, बढ़िया।

पुं० [सं०] अच्छा या उत्तम धर्म।

सुधांशु पुं० [सं०] चन्द्रमा।

सुधा स्त्री० [सं०] १. अमृत। २. जल। ३. दूध। ४. पृथ्वी, धरती।

सुधाई* स्त्री० [हिं० सीधा] सीधापन, उदा० रावरी सुधाई मैं भरी है कुटिलाई कूटि बात की मिठाई मैं लुनाई लाई लाए हौं। —रत्ना०।

स्त्री० दे० 'शोधाई'।

सुधाकर पुं० [सं०] चन्द्रमा।

सुधाघट पुं० दे० 'सुधाकर'।

सुधागृह पुं० [सं०] चन्द्रमा।

सुधा-दीधिति पुं० [सं०] चन्द्रमा।

सुधाधर[1] पुं० [सं० सुधा+धर] चन्द्रमा।

सुधाधर[2] वि० [सं० सुधा+अधर] जिसके अधरों में अमृत का-सा स्वाद हो।

सुधाना[1]* स० [हिं० सुध] याद दिलाना।

सुधाना[2] स० [हिं० शोधना] १. किसी से शोधने का काम कराना। २. (लग्न, कुंडली आदि) ठीक करना।

सुधानिधि पुं० [सं०] १. चन्द्रमा। २. समुद्र।

सुधापन पुं० [सं०] अमृत का पान।

सुधार पुं० [हिं० सुधारना] १. सुधरने या सुधारने की क्रिया या भाव। २. बिगड़ी हुई बातें बनाना या ठीक करना, संस्कार। (रिफार्म) ३. किसी चीज को और अच्छा या अधिक उपयोगी बनाना। ४. दिखाई पड़नेवाला शुभ अन्तर। (इम्प्रूवमेन्ट)

सुधारक पुं० [हिं० सुधार+क (प्रत्य०)] १. दोषों या त्रुटियों का सुधार करनेवाला, संशोधक। २. धार्मिक या सामाजिक सुधार के लिए प्रयत्न करनेवाला। (रिफार्मर)

सुधारगृह पुं० [हिं०+सं०] वह स्थान जहाँ चारित्रिक दृष्टि से सुधार के लिए लोगों को रखा जाता है।

सुधार-चेतना स्त्री० [हिं०+सं०] सुधारों के प्रति होनेवाली जागरूकता तथा संकल्प-निष्ठा।

सुधारना स० [हिं० सु+ढार=ढालना] १. दोष या त्रुटियाँ दूर करके ठीक करना; जैसे-भाषा सुधारना, गलतियाँ सुधारना।

२. अवगुणों से बचाना तथा सद्‌गुणों से युक्त करना; जैसे-अपना चरित्र सुधारना।

सुधारवादी पुं० [हिं० सुधार+वादी] वह जो किसी विषय में सुधार करने का पक्षपाती हो। (रिफार्मिस्ट)

सुधारालय पुं० [हिं० सुधार+सं० आलय] वह कारागार जहाँ अपराधी बालक दंड भोगने और साथ ही नैतिक दृष्टि से सुधारे जाने के लिए भेजे जाते हैं। (रिफार्मेटरी)

सुधारशाला स्त्री० [सं०] सुधारालय (दे०)।

सुधासुर पुं० [सं०] राहु नामक ग्रह।

सुधि स्त्री० दे० 'सुध'।

सुधियाना अ० [हिं० सुधि+आना (प्रत्य०)] सुध आना, याद पड़ना।

स० सुधि दिलाना, याद कराना।

सुधी पुं० [सं०] १. बद्धिमान, समझदार। २. विद्वान, पंडित।

स्त्री० अच्छी और तीव्र बुद्धि।

सुनंदन पुं० [सं० सु+नंदन] इंद्र।

सुनकिरवा पुं० [हिं० सोना+किरवा=कीड़ा] एक प्रकार का कीड़ा जिसके पर चमकीले और हरे रंग के होते हैं।

सुनगुन स्त्री० [हिं० सुनना+अनु० गुन] वह भेद या पता जो इधर-उधर से कोई बात सुनने से लगता हो।

क्रि० प्र० लगना।

सुनत, सुनति* स्त्री० दे० 'सुन्नत', उदा० पेट न काहू बेद पढ़ाया। सुनति कराय तुरुक नहिं आया।- कबीर।

सुनते-सुनते क्रि० वि० [हिं० सुनना] बार-बार या बराबर सुनते रहने के कारण; जैसे-तुम्हारी यह दलील सुनते-सुनते मैं परेशान हो गया हूँ।

सुनना स० [सं० श्रवण] १. कही हुई बात या शब्द का कानों से ज्ञान प्राप्त करना, श्रवण करना।

मुहा० *सुनी अनसुनी कर देना*=कोई बात सुनकर भी न सुनी हुई के समान मानना या समझना, ध्यान न देना।

२. किसी की बात या प्रार्थना पर ध्यान देना। ३. अपनी निन्दा की बात या डाँट-फटकार श्रवण करना। ४. विचार के लिए दोनों पक्षों की बातें अपने सामने आने देना।

सुनरी* स्त्री० [सं० सुन्दरी] सुन्दर स्त्री।

सुनवाई स्त्री० [हिं० सुनना+वाई (प्रत्य०)] १. सुनने की क्रिया या भाव। २. अधिकारी विशेषत: न्यायाधिकारी द्वारा किसी वाद के सम्बन्ध में तर्क आदि सुनने की क्रिया या भाव। ३. अपने पक्ष या स्थिति का स्पष्टीकरण; जैसे-हमारी इस पंचायत में कोई सुनवाई नहीं।

सुनवैया* वि०=सुननेवाला।

सुनसान वि० [सं० शून्य+स्थान] जहाँ कोई न हो, निर्जन, एकान्त।

पुं० सन्नाटा।

सुनहरा, सुनहला वि० [हिं० सोना] [स्त्री० सुनहरी, सुनहली] १. सोने के रंग का। २. लाभप्रद या मूल्यवान। ३. रंग-बिरंगा, विशेषत: काल्पनिक; जैसे सुनहरे सपने।

सुनहा पुं० [सं० श्वान] १. कुत्ता, उदा० दरपन केरि गुफा में, सुनहा पैठा आय। —कबीर। २. दे० 'कामी' (जन्तु)।

सुनाई स्त्री० दे० 'सुनवाई'।

सुनाना स० हिं० 'सुनना' का प्रे०।

सुनाभि वि० [सं०] सुन्दर नाभीवाला।

पुं० १. मैनाक पर्वत। २. विष्णु का चक्र।

सुनाम पुं० [सं०] कीर्ति, यश।

सुनार पुं० [सं० स्वर्णकार] [स्त्री० सुनारी, भाव० सुनारी] सोने-चाँदी के गहने आदि बनानेवाला कारीगर। (गोल्डस्मिथ)

सुनावनी स्त्री० [हिं० सुनाना] १. परदेश से किसी सम्बन्धी की मृत्यु का आया हुआ समाचार। २. ऐसा समाचार आने पर होनेवाला स्नान, शोक आदि।

सुनाहक* क्रि० वि० दे० 'नाहक'।

सुनाही पुं० [देश०] एक प्रकार का घोड़ा।

सुनियोजन पुं० [सं०] उत्तम नियोजन।

सुनियोजित वि० [सं०] जिसका भली-भाँति नियोजन किया गया हो।

सुन्न वि० [सं० शून्य] १. (अंग) जिसकी चेष्टा या चेतना कुछ समय के लिए बिल्कुल लुप्त हो गई हो, स्पन्दनहीन, निश्चेष्ट। २. दे० 'शून्य'।

पुं० १. दे० 'सुन्ना'। २. दे० 'शून्य'।

सुन्नत स्त्री० [अ०] लिंगेन्द्रिय के अगले भाग का चमड़ा काटने की कुछ धर्मों की रसम, खतना, मुसलमानी। (सरकमसीजन)

सुन्ना पुं० [सं० शून्य] शून्य की सूचक गोल बिन्दी, सिफर। (साइफर, जीरो)

सुन्नी पुं० [अ०] १. मुसलमानों का एक सम्प्रदाय। २. उक्त सम्प्रदाय का व्यक्ति।

सुन्नैया* वि०=सुननेवाला।

सुपच* पुं० दे० 'श्वपच' (चांडाल)।

सुपटु वि० [सं०] जो किसी विषय का बहुत अच्छा ज्ञाता अथवा किसी विषय में बहुत कुशल हो। (एक्सपर्ट)

सुपत* वि० [हिं० सु+पत=प्रतिष्ठा] प्रतिष्ठित।

सुपथ पुं० [सं०] उत्तम या अच्छा पथ।

सुपन* पुं० दे० 'स्वप्न'।

सुपनाना* स० [हिं० सुपना] स्वप्न दिखाना।

सुपरिचित वि० [सं०] जिससे अच्छा परिचय हो, अच्छी तरह से परिचित।

सुपर्ण वि० [सं०] सुंदर पत्तोवाला।

सुपर्व पुं० [सं०] देवता।

सुपात्र पुं० [सं०] दान, शिक्षा आदि लेने या कोई काम करने के लिए कोई योग्य या उपयुक्त व्यक्ति, अच्छा पात्र।

सुपात्रता स्त्री० [सं०] १. सुपात्र होने की अवस्था या भाव। २. सुपात्र की अर्हता।

सुपारी स्त्री० [सं० सुप्रिय] एक विशेष वृक्ष के छोटे गोल फल जो काटकर पान के साथ खाए जाते हैं।

सुपास पुं० [देश०] [वि० सुपासी] १. सुख, आराम। २. सुविधा।

सुपुत्र पुं० [सं०] [स्त्री० सुपुत्री] अच्छा और योग्य पुत्र।

सुपेत* वि० दे० 'सफेद'।

सुपेती* स्त्री० १. दे० 'सफेदी' २. दे० सुपेदी'।

सुपेद* वि०=सफेद।

सुपेदी स्त्री०[फ़ा० सफेदी] १. सफेदी, उज्ज्वलता। २. बिछौना, बिस्तर। ३. तोशक, गद्दा। ४. रजाई या लिहाफ।

सुप्त वि० [सं०] [भाव० सुप्ति] १. सोया हुआ, निद्रित। २. जिसकी क्रिया या चेष्टा रुकी हुई हो। (डारमेन्ट)

सुप्ति स्त्री० [सं०] सोए रहने की अवस्था, निद्रा।

सुप्रतिष्ठा स्त्री० [सं०] [वि० सुप्रतिष्ठित] अच्छी प्रतिष्ठा या इज्जत।

सुप्रतिष्ठित वि० [सं०] जिसकी बहुत प्रतिष्ठा हो, इज्जतदार।

सुप्रसिद्ध वि० [सं०] बहुत प्रसिद्ध।

सुप्रसू वि० स्त्री [सं०] ढेरों बच्चे पैदा करनेवाली।

सुफल पुं० [सं०] अच्छा फल या परिणाम।
वि० [स्त्री० सुफला] १. सुन्दर फलवाला। २. सफल।

सुफलक पुं० [सं०] अक्रूर यादव के पिता का नाम।

सुबकना अ० [?] सिसकियाँ भरना।

सुबद्ध वि० [सं० सु+बद्ध] [भाव० सुबद्धता] अच्छी तरह बँधा हुआ, सुगठित।

सुबरन* वि० [सं० सु+वर्ण] सुन्दर रंगवाला।
*पुं०=स्वर्ण (सोना)।

सुबस* वि० [सं० स्व+वश] जो अपने वश या अधिकार में हो। क्रि० वि० अपने अधिकार या वश में।

सुबह स्त्री० [अ०] प्रात:काल, सबेरा।
क्रि० वि० सवेरे, सुबह के समय।

सुबह-सुबह क्रि० वि० बहुत सवेरे, तड़के।

सुबहान अल्ला पद [अ०] एक अरबी पद जिसका अर्थ है —ईश्वर धन्य है।

सुबास[1] स्त्री० दे० 'सुगंध'।

सुबास[2] पुं० [सं० स्ववास] ईश्वर का निवास, ब्रह्मलोक।

सुबासना* स० [सं० सुवास] सुगन्धित करना।

सुबिस्ता * पुं०=सुविधा।

सुबुक वि० [फ़ा०] १. हलका। २. सुन्दर।
पुं० एक प्रकार का घोड़ा।

सुबुद्धि वि० [सं०] बुद्धिमान।
स्त्री० अच्छी बुद्धि।

सुबूत पुं० दे० 'सबूत'।

सुबेद* वि० [सं० सुवेद्य] अच्छी तरह जानने योग्य, उदा० स्याम सुबेद कौ सार है-। सहचरिशरण।

सुबोध वि० [सं०] १. अच्छी बुद्धिवाला, समझदार। २. (विवेचन आदि) जो सब लोग सहज में समझ सकें।

सुभंग* वि० [सं० सु+भंग] टेढ़ा, वक्र।

सुभ* वि०=शुभ।

सुभग वि० [सं०] [स्त्री० सुभगा, भाव० सुभगता] १. सुन्दर, मनोहर। २. भाग्यवान। ३. प्रिय, प्यारा। ४. सुखद।

सुभगा स्त्री० [सं०] १. सुन्दर स्त्री। २. सौभाग्यवती स्त्री। ३. अपने पति को परम प्रिय स्त्री।

सुभट पुं० [सं०] बड़ा योद्धा, महारथी।

सुभद्रा स्त्री० [सं०] श्रीकृष्ण की बहन और अर्जुन की पत्नी।

सुभर[1]* वि०=शुभ्र।

सुभर[2] वि० [हिं० सु+भरना] अच्छी तरह भरा हुआ।

सुभवना* अ० [सं० सु+भ्रमण] घूमना, चक्कर लगाना।

सुभाई, सुभाउ* पुं०=स्वभाव।
क्रि० वि० १. सहजतापूर्वक। २. स्वभावतः।

सुभाग* पुं० [वि० सुभागी]=सौभाग्य।

सुभागा* वि०=भाग्यवान।

सुभागिन* वि०=भाग्यवान।

सुभानअल्ला पद दे० 'सुबहान अल्ला'।

सुभाना* अ० [हिं० शोभना] शोभित होना, सुन्दर जान पड़ना।

सुभाय* पुं० १. =स्वभाव। २. =सद्भाव।

सुभायक* वि०=स्वाभाविक।

सुभाव* पुं०=स्वभाव।
क्रि० वि० १. सुभाववश। २. सहज ही।

सुभाषित वि० [सं०] (कथन आदि) अच्छे ढंग से कहा हुआ।
पुं० दे० 'सूक्ति'।

सुभाषी (षिन्) वि० [सं०] अच्छा, सुन्दर या मीठा बोलनेवाला।

सुभिक्ष पुं० [सं०] ऐसा समय जिसमें अन्न बहुत और सस्ता हो, सुकाल।

सुभीता पुं० [देश०] १. वह स्थिति जिसमें कोई काम करने में कुछ कठिनता या अड़चन न हो, सुगमता, सहूलियत। (कन्वीनियेन्स) २. वह स्थिति जिसमें कोई काम अपेक्षाकृत कम कठिनता से या सहज में हो सके, सुकरता। (फैसिलिटी) ३. सुअवसर, सुयोग।

सुभौटी* स्त्री०=शोभा।

सुमंगली स्त्री० [सं० सुमंगल] वह दक्षिणा जो विवाह में सप्तपदी के बाद पुरोहित को दी जाती है।

सुमंत* पुं०=सुमंत्र।

सुमंत्र पुं० [सं०] १. अच्छा मंत्र। २. राजा दशरथ का एक सखा जो उनका मन्त्री और सारथी था।

सुमंत्रित वि० [सं०] १. (व्यक्ति) जिसे अच्छी मन्त्रणा दी गई हो। २. (आचरण या कार्य) जिसके सम्बन्ध में अच्छी सलाह या शुभ परामर्श मिला हो। (वेल ऐड्वाइज्ड)

सुमंदर पुं० [सं०] सरसी नामक छन्द का दूसरा नाम, विशेष दे० 'सरसी'।

सुम पुं० [फा०] गौ, घोड़े आदि चौपायों का खुर, टाप।

सुमत* स्त्री०=सुमति।

सुमति स्त्री० [सं०] १. अच्छी बुद्धि। २. आपस का मेल-जोल।

वि० बुद्धिमान।

सुमन पुं० [सं० सुमनस्] १. देवता। २. विद्वान। ३. फूल, पुष्प।

वि० १. सहृदय। २. सुन्दर।

सुमनस पुं० [सं० सुमनस्] १. देवता। २. विद्वान। ३. महात्मा। ४. फूल।

वि० प्रसन्नचित्त।

सुमनित[1]* वि० [सं० सु+मणि] अच्छी मणियों से जड़ा हुआ या युक्त।

सुमनित[2] वि० [सं० सुमन] जिसमें फूल लगे हों, फूला हुआ (पौधा या वृक्ष)।

सुमरन* पुं०=स्मरण।

सुमरना स० [सं० स्मरण] १. स्मरण करना। २. (नाम) जपना।

सुमरनी स्त्री० [हिं० सुमरना] जप करने की सत्ताइस दानों की छोटी माला।

सुमान्य वि० [सं०] विशिष्ट रूप से मान्य और प्रतिष्ठित।

पुं० १. कोलकाता, मुम्बई, चित्रैई आदि बड़े नगरों में एक विशिष्ट अवैतनिक सम्मानित राजपद जिस पर नियुक्त होनेवाले लोगों को शान्ति, रक्षा और न्याय विभाग के कुछ विशिष्ट कार्य करने पड़ते हैं। २. इस पद पर नियुक्त होनेवाला व्यक्ति। (शेरिफ)

सुमार्ग पुं० [सं०] १. ऐसा अच्छा और साफ रास्ता या सड़क जिस पर चलने में कोई बाधा या कठिनता न हो। (थॉरोफेयर) २. नैतिक दृष्टि से अच्छा और प्रशंसनीय मार्ग या रास्ता।

सुमित्रा स्त्री० [सं०] राजा दशरथ की एक रानी जिनसे लक्ष्मण और शत्रुघ्न उत्पन्न हुए थे।

सुमिरना* स० दे० 'सुमरना'।

सुमिरनी स्त्री०=सुमरनी।

सुमिल[1]* वि० [हिं० सु+मिलना] १. जो सहज में मिल सके या मिला हो। २. जिसका किसी के साथ ठीक मेल बैठे, उपयुक्त। ३. मेल-जोल या स्नेह का सम्बन्ध रखनेवाला।

सुमिल[2] वि० [सं० सुम=कपूर+हिं० इल (प्रत्य०)] १. कपूर के जैसा। २. श्वेत, उज्ज्वल।

सुमुख वि० [सं०] [स्त्री० सुमुखी] सुन्दर मुखवाला।

पुं० १. गणेश। २. शिव। ३. गरुड।

सुमुखी स्त्री० [सं०] १. सुन्दर मुखवाली स्त्री, सुन्दरी। २. पिंगल में एक प्रकार का छन्द जिसके प्रत्येक चरण में सात जगण, एक लघु और एक गुरु होता है, इसे 'मानिनी' और 'मल्लिका' भी कहते हैं।

सुमेरु पुं० [सं०] १. कल्पित पर्वत जो पुराणों में सब पर्वतों का राजा और सोने का कहा गया है। २. जप करने की माला में ऊपरवाला दाना। ३. उत्तरी ध्रुव। ४. पिंगल में एक प्रकार का छन्द जिसके प्रत्येक चरण में १९ मात्राएँ होती हैं, अन्त में यगण होता है, १२ मात्राओं पर यति होती है तथा पहली, आठवीं और पन्द्रहवीं मात्राओं का लघु होना आवश्यक होता है।

वि० सबसे अच्छा, सर्वश्रेष्ठ।

सुमेरु-ज्योति स्त्री दे० 'मेरुज्योति'।

सुम्रति* स्त्री०=स्मृति।

सुम्रिति* स्त्री०=स्मृति।

सुयश पुं० [सं०] अच्छी और बहुत कीर्ति या यश।

सुयोग पुं० [सं०] अच्छा योग, सुअवसर।

सुयोग्य वि० [सं०] बहुत योग्य या लायक।

सुयोधन पुं०=दुर्योधन।

सुरंग[1] वि० [सं०] १. अच्छे रंग का। २. लाल रंग का, उदा० रहे सुरँग रँग रँगि उहीं, नहदी महदी नैन। —बिहारी। ३. रसपूर्ण। ४. सुन्दर। ५. सुडौल। ६. स्वच्छ, साफ।

पुं० १. नारंगी। २. रंग के विचार से घोड़ों का एक भेद।

सुरंग[2] स्त्री० [सं० सुरंगा] जमीन खोदकर या बारूद से उड़ाकर उसके नीचे बनाया हुआ रास्ता। २. बारूद आदि की सहायता से किला या उसकी दीवार उड़ाने के लिए उसके नीचे खोदकर बनाया हुआ गहरा और लम्बा गड्ढा। ३. एक प्रकार का आधुनिक यन्त्र (क) जिससे समुद्र में शत्रुओं के जहाजों के पेंदे में छेदकर उन्हें डुबाया अथवा (ख) जिसे स्थल में शत्रुओं के रास्ते में बिछाकर उनका नाश किया जाता है। (माइन) ४. दे० 'सेंध'।

सुरंग-बुहार पुं० [फा० सुरंग+हिं० बुहार (ना)] एक प्रकार का जहाज जो समुद्र में शत्रु द्वारा बिछाई हुई सुरंगें हटाकर दूसरे जहाजों के लिए आगे बढ़ने का रास्ता साफ करता है। (माइन स्वीपर)

सुर[1] पुं० [सं०] [भाव० सुरता] १. सुरा का सेवन करनेवाला। २. देवता। ३. सूर्य। ४. मुनि, ऋषि।

सुर[2] पुं० [सं० स्वर] स्वर।

मुहा० *किसी के सुर में सुर मिलाना*=किसी की हाँ में हाँ मिलाना, खुशामद करते हुए किसी का समर्थन करना। *नया सुर अलापना*=कोई विलक्षण, नई या औरों से अलग तरह की बात कहना।

सुरकंत* पुं०=इन्द्र।

सुरक पुं० [सं० सुरेख] मत्थे पर लगाया जानेवाला एक प्रकार का तिलक जो बरछी या भाले के आकार का होता है, उदा० हनतु तरुन मृग तिलक सर, सुरक भाल भरि तानि। —बिहारी।

सुरकना स० [अनु०] [भाव० सुरक] नाक या मुँह से धीरे-धीरे सुड़सुड़ शब्द करते हुए ऊपर खींचना।

सुर-कुदाव* पुं० [सं० स्वर+हिं० दाँव] धोखा देने के लिए स्वर बदलकर कही हुई बात।

सुरकुल पुं० [सं०] देवताओं का कुल या वंश।

सुरक्षण पुं० [सं०] सुरक्षित रखने की क्रिया या भाव, हिफाजत।

सुरक्षा स्त्री० [सं०] [वि० सुरक्षित] अच्छी तरह की जानेवाली रक्षा, रखवाली, हिफाजत। (सिक्योरिटी)

सुरक्षाकर्मी (-मिन्) पुं० [सं०] सुरक्षा के लिए नियत शस्त्रधारी।

सुरक्षा-व्यवस्था स्त्री० [सं०] सुरक्षा के लिए की हुई व्यवस्था।

सुरक्षित वि० [सं०] १. जिसकी अच्छी तरह रक्षा की गई हो। (सिक्योर्ड) २. जो ऐसी स्थिति में हो कि उसकी कोई हानि न हो सके। ३. दे० 'व्यासिद्ध'।

सुरख वि० दे० 'सुर्ख'।

सुरखाब पुं० [फा०] चकवा (पक्षी)।

मुहा० *सुरखाब का पर लगना*=श्रेष्ठतासूचक विशेषता होना। (व्यंग्य)

सुरखी[1] स्त्री० [फा० सुर्ख़] इमारत के काम में आनेवाला एक प्रकार का लाल चूर्ण या मसाला जो प्रायः ईंटें पीसकर बनाया जाता है।

सुरखी[2] स्त्री० [फा०] १. लाली, अरुणता। २. लेखों आदि का शीर्षक।

सुरग* पुं०=स्वर्ग।

सुरगज पुं० [सं०] इन्द्र का हाथी, ऐरावत।

सुरगना* अ० [सं० सु+हिं० लगना] १. चिपक जाना। २. आसक्त होना।

सुरगा वि०=सुरंग (सुंदर)।

सुरगिरि पुं० [सं०] सुमेरु पर्वत।

सुरगैया स्त्री० दे० 'कामधेनु'।

सुरज* पुं०=सूर्य।

सुरजन वि० १. दे० 'सुजन'। २. दे० 'चतुर'।

सुरझना अ०=सुलझना।

सुरत[1] पुं० [सं०] सम्भोग, मैथुन।

सुरत[2] स्त्री० [सं० स्मृति] १. सुध, ज्ञान। २. ध्यान, लौ, लगन। ३. समाधि। (क्व०)

मुहा० *सुरत बिसारना*=भूल जाना।

सुरतंरगिनी स्त्री० [सं०] १. आकाशगंगा। २. गंगा नदी। ३. सरयू नदी।

सुरतरु पुं० [सं०] कल्पवृक्ष।

सुरता[1] स्त्री० [सं०] सुर या देवता होने का भाव, देवत्व।

सुरता[2] वि० [हिं० सुरत] चतुर, सयाना।

सुरता[3] स्त्री० [सं० स्मृति] १. ध्यान। २. याद, स्मृति।

सुरति स्त्री० [सं०] १. अत्यधिक रति, रति की अधिकता। २. पति-पत्नी का वह प्रेम जो काम-वासना की तृप्ति से उत्पन्न होता है। ३. दे० 'रति'।

स्त्री० १. दे० 'सुरत'। २. दे० 'सूरत'। ३. दे० 'स्मृति'।

सुरतिकमल पुं० [सं०] हठ योग के अनुसार शरीर के अन्दर के सात चक्रों या कमलों के अतिरिक्त इस आठवें चक्र या कमल का भी उल्लेख मिलता है जिसमें पहुँच कर योगी का वासना से पिंड सदा के लिए छूट जाता है। इसका स्थान सहस्रार से भी ऊपर माना गया है।

सुरतिगोपना स्त्री० [सं०] साहित्य में वह नायिका जो अपनी सखियों से अपने सम्भोग की बात छिपाती हो।

सुरतिसंगोपना स्त्री० दे० 'सुरतिगोपना'।

सुरती[1] स्त्री० [सं० सूरत(नगर)] पान के साथ या यों ही चूने के साथ खाया जानेवाला अथवा बीड़ी, सिगरेट आदि में भरकर पिया जानेवाला तम्बाकू के पत्तों का चूरा।

सुरती[2]* स्त्री० [सं० सुर+तीय] देवांगना।

सुरतुरंग पुं० [सं०] उच्चैःश्रवा (दे०)।

सुरद वि० [सं०] सुन्दर या अच्छे दाँतोंवाला।

*पुं० दे० 'सुहृद'।

सुरदार वि०=सुरीला।

सुरदुर्लभ वि० [सं०] जिसे देवता भी न प्राप्त कर सकें।

सुरधनु पुं० [सं०] इन्द्रधनुष।

सुरधाम पुं० [सं०] स्वर्ग।

सुरधामिनी स्त्री० [सं०] गंगा।

सुरधामी (-मिन्)* वि० [सं० सुरधामिन्] १. जो स्वर्ग में रहता हो। २. स्वर्गीय।

सुरधुनी स्त्री० [सं०] गंगा।

सुरधेनु स्त्री० [सं०] कामधेनु।

सुरनदी स्त्री० [सं०] १. आकाशगंगा। २. गंगा नदी।

सुरनाथ पुं० [सं०] इन्द्र।

सुरनायक पुं० [सं०] इन्द्र।

सुरनाह* पुं०=सुरनाथ।

सुरप* पुं०=इन्द्र।

सुरपति पुं० [सं०] इन्द्र।

सुरपाल, सुरपालक पुं० [सं०] इन्द्र।

सुरपुर पुं० [सं०] स्वर्ग।

सुरबहार पुं० [हिं० सुर+फा० बहार] सितार की तरह का एक प्रकार का बाजा।

सुरबाला स्त्री० [सं०] देवता की स्त्री या कन्या, देवांगना।

सुरभंग पुं० [सं० स्वर+भंग] साहित्य में बोलते समय स्वर में होनेवाला वह कम्प या और कोई परिवर्तन जो प्रेम, क्रोध, भय आदि के कारण होता है और सात्विक भावों में गिना जाता है।

सुरभि स्त्री० [सं०] १. पृथ्वी। २. गौ। ३. कामधेनु। ४. सुगन्ध, खुशबू।
वि० १. सुगन्धित। २. सुन्दर। ३. उत्तम।

सुरभित वि० [सं०] सुगन्धित, सौरभित।

सुरभि-भक्षण पुं० [सं०] हठ योग की एक क्रिया जिसमें साधक खेचरी मुद्रा के द्वारा अपनी जीभ उलटकर तालू के मूलवाले छेद में लगाता और सहस्रार से निकलनेवाला अमृत पीता है, इसे 'गोमांसभक्षण' भी कहते हैं।

सुरभी* स्त्री०=सुरभि।

सुरमंडल पुं० [सं०] देवताओं का समाज।

सुरमई वि० [फा०] सुरमे के रंग का, हलका नीला।
पुं० १. हलका नीला रंग। २. इस रंग में रँगा हुआ कपड़ा। ३. इस रंग का घोड़ा।

सुरमचू पुं० [फा० सुर्मः+चू (प्रत्य०)] आँखों में सुरमा लगाने की सलाई।

सुरमणि पुं० [सं०] चिन्तामणि।

सुरमा पुं० [फा० सुर्मः] प्रसिद्ध नीला खनिज पदार्थ जिसका महीन चूर्ण आँखों में अंजन की तरह लगाते हैं।

सुरमीला वि० [हिं० सुरमा+ईला (प्रत्य०)] [स्त्री० सुरमीली] जिसमें सुरमा लगा हो, जैसे सुरमीली आँखें।

सुरमेदानी स्त्री० [फा० सुरमः+दानी(प्रत्य०)] सुरमा रखने का एक विशेष प्रकार का लम्बोतरा पात्र।

सुरम्य वि० [सं०] अत्यन्त रम्य या मनोहर, परम सुन्दर और रमणीक।

सुरराई* पुं०=इन्द्र।

सुरराज पुं० [सं०] इन्द्र।

सुरराव* पुं०=सुरराज (इन्द्र)।

सुरल* वि० [स्त्री० सुरलि, सुरली] सुरीला, उदा० तेरी गुंजन सुरलि, मधुप, उत मधुर मुरलि धुनि। -सत्यनारायण।

सुरली स्त्री० [हिं० सु+रली] सुन्दर क्रीड़ा।

सुरलोक पुं० [सं०] स्वर्ग।

सुरवधू स्त्री० [सं०] देवांगना।

सुरवाजि पुं० [सं०] इन्द्र का घोड़ा, उच्चैःश्रवा।

सुरवाहन पुं० [सं०] इन्द्र का हाथी, ऐरावत।

सुरस वि० [सं०] [भाव० सुरसता] १. सरस। २. स्वादिष्ट। ३. सुन्दर।
पुं० [सं०] १. जल, पानी। २. आनन्द। ३. प्रेम।

सुरसती* स्त्री०=सरस्वती।

सुरसरि स्त्री०=गंगा।

सुरसा स्त्री० [सं०] पुराणानुसार एक राक्षसी जो सर्पों की माता मानी गई है।

सुरसाईं पुं०=इन्द्र।

सुरसाकार वि० [सं०] विकराल।

सुरसिंधु* पुं० [सं० सुर+सिंधु] देवलोक की नदी।

सुरसुंदरी स्त्री० [सं०] १. अप्सरा। २. देवकन्या, देवांगना।

सुरसुता स्त्री० [सं०] यमुना।

सुरसुराना अ० [अनु०] [भाव० सुरसुराहट, सुरसुरी] १. कीड़ों आदि का रेंगना। २. कुलबुलाना। ३. हल्की खुजली होना।
स० हल्की खुजली उत्पन्न करना।

सुरसुरी स्त्री० [अनु०] १. शरीर के किसी अंग में ऐसा जान पड़ना कि कोई बहुत छोटी चीज चल या रेंग रही है। २. हलकी खुजली। ३. सिहरन। ४. अफवाह।
मुहा० *सुरसुरी छोड़ना*=अफवाह उड़ाना।

सुरसैया* पुं०=इन्द्र।

सुरहर वि० [सं० सरल] सीधा ऊपर की ओर गया हुआ।

सुरही स्त्री० दे० 'सोरही'।

सुरहुर वि०=सुरहर।

सुरांगना स्त्री० दे० 'देवांगना'।

सुरा स्त्री० [सं०] मदिरा, शराब।

सुराई* स्त्री०=शूरता।

सुराख पुं० [फा० सूराख] छेद, छिद्र।

सुराग[1] पुं० [तु० सुराग़] १. अपराध, षड्यंत्र आदि का गुप्त रूप से लगाया हुआ पता, टोह। २. पता-ठिकाना। ३. संकेत।

सुराग[2] पुं० [सं० सु+राग] १. अच्छा राग। २. उत्तम अनुराग।

सुरागाय स्त्री० [सं० सुरभि] एक प्रकार का जंगली पशु, चमरी, चौरी।

सुराज पुं० १. दे० 'सुराज्य'। २. दे० 'स्वराज्य'।

सुराज्य पुं० [सं०] अच्छा या सुखद राज्य या शासन।

सुरानीक[1] स्त्री० [सं० सुर+अनीक] देवताओं की सेना।

सुरानीक[2] स्त्री० [सं० सुरा+हिं० नीक] अच्छी शराब।

सुरापी (-पिन्) वि० [सं०] शराब पीनेवाला, मद्यप, शराबी।

सुराय* पुं० [सं० सु+राय] अच्छा राजा।

सुरारि पुं० [सं० सुर+अरि] देवता या देवताओं का शत्रु, राक्षस।

सुरालय पुं० [सं०] १. स्वर्ग। २. शराब बिकने का स्थान, कलवरिया, शराबखाना।

सुरावट स्त्री० [हिं० सुर] १. स्वरों का न्यास या उतार-चढ़ाव। २. सुरीलापन, उदा० मुरज वीणा वेणु आदिक बज उठे। विज्ञ वैतालिक सुरावट सज उठे। -मैथिली०।

सुराष्ट्र पुं० दे० 'सौराष्ट्र'।

सुरासार पुं० [सं०] कुछ विशिष्ट पदार्थों में से भभके की सहायता से निकाला हुआ वह मादक तरल पदार्थ जो शराब बनाने तथा अनेक प्रकार की रासायनिक प्रक्रियाओं में काम आता है, फूल शराब। (अलकोहल)

सुरासुर पुं० बहु० [सं० सुर+असुर] सुर और असुर, देवता और राक्षस।

सुराही स्त्री० [अ०] जल रखने का मिट्टी, धातु आदि का पात्र।

सुराहीदार वि० [अ० सुराही + फा० दार] सुराही की तरह गोल और लम्बोतरा, जैसे सुराहीदार मोती या गरदन।

सुरीला वि० [हिं० सुर+ईला (प्रत्य०)] [स्त्री० सुरीली] बोलने, गाने आदि में मीठे स्वरवाला, सुस्वर।

सुरुख वि० [हिं० सु+फा० रुख़] १. सुन्दर, रूपवाला, खूबसूरत। २. प्रसन्न रहकर दया करनेवाला, अनुकूल, उदा० सुरुख सुमुख एक रस एक रूप तोहि। —तुलसी। वि० दे० 'सुर्ख'।

सुरुचि स्त्री० [सं०] अच्छी, शिष्ट या उत्तम रुचि।

*वि० अच्छी रुचिवाला।

सुरुति* स्त्री०=श्रुति।

सुरूप वि० [सं०] [स्त्री० सरूपा, भाव० सुरूपता] सुन्दर।

*पुं० दे० 'स्वरूप'।

सुरेंद्र, सुरेश पुं० [सं०] इन्द्र।

सुरैत स्त्री० [अ० सुर्रियत] रखेल, रखेली।

सुरोख* वि० [सं० सु+रोष] रुष्ट, अप्रसन्न।

सुर्ख वि० [फा० सुर्ख़] रक्त वर्ण का, लाल।

पुं० गहरा लाल रंग।

सुर्खरू वि० [फा० मि० सं० शुक्र रूप] [भाव० सुर्खरूई] १. वह जिसके मुँह पर लाली हो, अर्थात तेजस्वी। २. प्रतिष्ठित। ३. दोषमुक्त हो जाने पर जिसके मुँह पर लाली आ गई हो या जिसके मुँह की लाली रह गई हो।

सुर्खी स्त्री० दे० 'सुरखी'।

सुर्लभ* वि०=सुलभ। (दुर्लभ के अनु० पर)

सुलक्षण वि० [सं०] [स्त्री० सुलक्षणा] अच्छे लक्षणोंवाला।

पुं० शुभ लक्षण, अच्छा चिह्न।

सुलक्षणक वि० [सं०] अच्छे लक्षणोंवाला।

सुलग* क्रि० वि० [हिं० सु+लगना] समीप, पास, निकट।

स्त्री०=सुलगन।

सुलगन स्त्री० [हिं० सुलगना] सुलगाने की क्रिया या भाव।

सुलगना अ० [सं० सु+हिं० लगना] [भाव० सुलग, सुलगन] १. (लकड़ी आदि का) जलना, दहकना। २. अधिक दुख या सन्ताप से दुखी होना।

सुलगाना* स० हिं० 'सुलगना' का स०।

सुलच्छन वि०=सुलक्षण।

सुलछ* स्त्री० [हिं० सुलझना] सुलझने की क्रिया या भाव।

सुलझना अ० [सं० सुरध्य] उलझन या जटिलता दूर होना या हटना।

सुलझाना स० हिं० 'सुलझना' का स०।

सुलझाव पुं० [हिं० सुलझना+आव (प्रत्य०)] १. सुलझे हुए होने की अवस्था या भाव। २. सुलझा हुआ रूप।

सुलझाहट| स्त्री०=सुलझाव।

सुलटना| अ०=सलटना।

सुलटा वि० [हिं० उलटा] [स्त्री० सुलटी, भाव० सुलटाव] सीधा, 'उलटा' का विरुद्धार्थक।

सुलटाना| स०=सलटाना।

सुलतान पुं० [फा० सुल्तान] बादशाह, महाराज।

सुलतानी वि० [फा० सुल्तान] १. सुलतान या बादशाह-संबंधी। २. लाल (रंग का)।

स्त्री० १. सुलतान का राज्य या शासनकाल। २. एक प्रकार का रेशमी कपड़ा।

सुलप[1]* वि० दे० 'स्वल्प'।

सुलप[2] पुं० [सं० सु+आलाप] सुन्दर आलाप।

सुलफा पुं० [फा० सुल्फ़ः] १. गाँजा, चरस आदि। २. तम्बाकू की चिलम भरने का वह प्रकार जिसमें मिट्टी के तवे का प्रयोग नहीं होता।

सुलभ वि० [सं०] [भाव० सुलभता, सुलभत्व] १. सहज में प्राप्त होनेवाली (वस्तु)। २. (व्यक्ति) जिसे सरलता से मिला जा सके। ३. सहज, सुगम।

सुलह स्त्री० [अ०] १. मेल, मिलाप। २. लड़ाई या झगड़ा समाप्त होने पर होनेवाला मेल, सन्धि।

सुलहनामा पुं० [अ० सुलह+फा० नामः] वह पत्र जिस पर सुलह या मेल की शर्तें लिखी हों, सन्धि-पत्र।

सुलहाना* अ० दे० 'सुलगाना'।

सुलाना स० हिं० 'सोना' का प्रे०।

सुलेमान पुं० [फा०] [वि० सुलेमानी] १. एक सिद्ध यहूदी बादशाह जो पैगम्बर भी माना जाता है। २. पश्चिमी पंजाब का एक पर्वत।

सुव पुं० दे० 'सअन'।

सुवटा पुं०=तोता (पक्षी)।

सुवन* पुं० १. दे० 'सअन'। २. दे० 'सुमन'।

सुवर्ण पुं० [सं०] १. सोना, स्वर्ण (धातु)। २. दस माशे की एक पुरानी स्वर्णमुद्रा।

वि० सुन्दर वर्ण या रंग का।

सुवस* वि० [सं० स्व+वश] जो अपने वश या अधिकार में हो।

सुवाचा स्त्री० [सं० सुर+वाचा] मुँह से निकलनेवाली अच्छी और शुभ बात।

सुवाना* स०=सुलाना।

सुवार* पुं० [सं० सूपकार] रसोइया।

सुवास* पुं० [सं०] [वि० सुवासित] १. सुगन्ध, खुशबू। २. सुन्दर या अच्छा घर।

सुवासित वि० [सं०] १. जो अच्छी महक से युक्त किया गया हो। २. सुगन्धित, खुशबूदार।

सुवासिनी स्त्री० [सं०] १. पिता के घर में रहनेवाली विवाहित या अविवाहित युवति। २. सुहागिन स्त्री, सधवा।

सुवाहन पुं० [सं०] अच्छा वाहन, सवारी।

सुविचार पुं० [सं०] [वि० सुविचारी] १. अच्छा या उत्तम विचार या ख्याल। २. अच्छा न्याय या फैसला।

सुविचारी (-रिन्) वि० [सं०] १. सूक्ष्म या उत्तम रूप से विचार करनेवाला। २. अच्छा फैसला करनेवाला, न्यायशील।

सुविज्ञ वि०, पुं० [सं०] बहुत अच्छा ज्ञाता।

सुविधा स्त्री० [सं० सुविधि] ऐसी स्थिति जिसमें या जिसके कारण कोई कार्य सहज ढंग से हो सके।

सुविधि स्त्री० [सं०] काम करने की ऐसी विधि या ढंग जो सब तरह से अच्छा और पूरा हो, त्रुटिरहित विधि या ढंग। (थॉरोनेस)

सुविधितः क्रि० वि० [सं०] ठीक, अच्छी या पूरी तरह से। (थारोली)

सुविस्तृत वि० [सं०] अत्यंत विस्तृत।

सुवृत वि० [सं०] १. अच्छी तरह कोई बात कहनेवाला। २. अच्छी-अच्छी बातें कहने या बतलानेवाला। ३. उत्तम आचरणवाला, सदाचारी।

सुवेस* वि० [सं० सु+वेष] १. जिसने अच्छा वेष धारण किया हो। २. मनोहर, सुन्दर।

सुशिक्षित वि० [सं०] जिसने अच्छी शिक्षा पाई हो।

सुशील वि० [सं०] [स्त्री० सुशीला, भाव० सुशीलता] अच्छे शील या स्वभाववाला, अच्छे आचरण और व्यवहारवाला।

सुशोभन वि० [सं०] १. खूब शोभा देनेवाला। २. सुन्दर।

सुशोभित वि० [सं०] अच्छी तरह शोभित और सजता हुआ, अत्यन्त शोभायमान।

सुश्री वि० [सं०] सुन्दर या अच्छी श्री से युक्त।

स्त्री० एक आदरसूचक शब्द जो स्त्रियों विशेषतः कुमारी कन्याओं के नाम के पहले लगाया जाता है, जैसे सुश्री मालती देवी।

सुश्रुखा* स्त्री०=सुश्रुषा।

सुश्रुत पुं० [सं०] आयुर्वेद के एक प्रसिद्ध प्राचीन आचार्य।

सुषमना, सुषमनि* स्त्री०=सुषुम्ना।

सुषमा स्त्री० [सं०] बहुत अधिक शोभा या सुन्दरता, द्युति।

सुषिर पुं० [सं०] १. बाँस। २. अग्नि, आग। ३. वह बाजा जो हवा के दबाव या जोर से बजता हो।

वि० १. जिसमें छेद हों। २. खोखला, पोला।

सुषुप्त वि० [सं०] अच्छी तरह या गहरी नींद में सोया हुआ।

सुषुप्तावस्था स्त्री० [सं०] सोए हुए होने की स्थिति या भाव, गहरी निद्रा की स्थिति।

सुषुप्ति स्त्री० [सं०] [वि० सुषुप्त] १. गहरी निद्रा। २. योग साधन में वह अवस्था जिसमें ब्रह्म को प्राप्त कर लेने पर भी जीव को उसका ज्ञान नहीं होता।

सुषुम्ना स्त्री० [सं०] वैद्यक और हठयोग के अनुसार एक नाड़ी जो नाभि से आरम्भ होकर मेरुदंड में से होती हुई ब्रह्मरन्ध्र तक गई है। हठ-योग में कहा गया है कि इसी के अन्तर्गत वह ब्रह्म नाड़ी है जिससे चलकर कुंडलिनी ब्रह्मरन्ध्र तक पहुँचती है।

सुषेण पुं० [सं०] १. विष्णु। २. एक वानर जो बालि का ससुर और रावण का वैद्य था।

सुष्ट वि० [सं० 'दुष्ट' का अनु० या सं० सुष्ठु] [भाव० सुष्टता (अशुद्ध रूप)] अच्छा, भला, 'दुष्ट' का विरुद्धार्थक।

सुष्ठु वि० [सं०] [भाव० सुष्ठुता, सौष्ठव] १. उत्तम, अच्छा। २. सुन्दर।

सुष्मना* स्त्री०=सुषुम्ना।

सुसंगति स्त्री० [सं० सु+हिं० संगति] अच्छे आदमियों की संगत, सत्संग।

सुसंस्कार पुं० [सं०] उत्तम संस्कार।

सुसंस्कारी (-रिन्) वि० [सं०] उत्तम संस्कारोंवाला।

सुसकना अ०=सिसकना।

सुसज्जित वि० [सं०] [स्त्री० सुसज्जित] अच्छी तरह सजा या सजाया हुआ।

सुसमा* स्त्री०=सुषमा।

सुसर पुं० दे० 'ससुर'।

सुसरा पुं० [हिं० सुसर] [स्त्री० सुसरी] निकृष्ट व्यक्ति या पदार्थ।

सुसराल स्त्री०=ससुराल।

सुसरी[1] स्त्री० [हिं० सुरसुराना] गेहूँ आदि में लगनेवाला एक प्रकार का छोटा कीड़ा।

सुसरी[2] स्त्री० [हिं० सुसरा] निकृष्ट स्त्री या वस्तु।

सुसा* स्त्री० [सं० स्वसृ] बहन।

सुसाध्य वि० [सं०] सहज में हो सकनेवाला, सुगम।

सुसारना* स० [सं० सु+सारण] अच्छी तरह समझाकर कहना।

सुसिद्धि स्त्री० [सं०] साहित्य में एक अलंकार जिसमें एक के किए हुए अच्छे कार्य का फल दूसरे को मिलने का वर्णन होता है।

सुसुकना अ०=सिसकना।

सुसुप्ति* स्त्री०=सुषुप्ति।

सुस्त वि० [फा०] [भाव० सुस्ती] १. जिसकी प्रसन्नता या उत्साह बहुत कम हो, उदास। २. जिसका बल या वेग घट गया हो, मन्द। ३. जो अच्छी तरह पूरा काम न कर सके, ढीला, आलसी। ४. जिसकी गति अपेक्षाकृत मन्द हो, जैसे घड़ी या गाड़ी की सुस्त चाल।

सुस्ताई* स्त्री०=सुस्ती।

सुस्ताना अ० [फा० सुस्त] काम करते-करते थककर विश्राम करना, थकावट मिटाने के लिए काम रोकना।

सुस्ती स्त्री० [फा०] १. सुस्त होने का भाव, शिथिलता। २. आलस्य।

सुस्तैन* पुं०=स्वस्तयन।

सुस्थ वि० [सं०] [भाव० सुस्थता] १. भला-चंगा, निरोग, स्वस्थ। २. प्रसन्न, खुश। ३. अच्छी तरह बैठा या जमा हुआ।

सुस्वर वि० [सं०] [भाव० सुस्वरता] जिसके कंठ का स्वर अच्छा या मधुर हो।

सुस्वागत पुं० [सं० सु+सु+आगत] स्वागत। (असाधु)

सुस्वादु वि० [सं०] जिसका स्वाद बहुत अच्छा हो, बहुत स्वादिष्ट।

सुहँगा[१] * वि० [हिं० 'महँगा' का अनु०] सस्ता।

सुहँगा[२] वि० [सं० सुगम] सहज।

सुहँगा[३] वि० [हिं० सु+ढंग] सुन्दर।

सुहटा * वि० [स्त्री० सुहटी] सुहावना।

सुहबत† स्त्री०=सोहबत।

सुहम * वि०=सूक्ष्म।

सुहराना स०=सहलाना।

सुहल वि०=सुहेल।

सुहव * पुं०=सूहा (राग)।

सुहा * वि० [स्त्री० सुही] (लाल)।

सुहाग पुं० [सं० सौभाग्य] १. स्त्री की वह अवस्था जिसमें उसका पति जीवित हो, सधवा रहने की दशा, सौभाग्य। २. वे गीत जो विवाह के समय कन्यापक्ष की स्त्रियाँ गाती हैं।

*पुं० दे० 'सुहागा'।

सुहाग-रात स्त्री० [हिं० सुहाग+रात] विवाह के बाद की वह पहली रात जिसमें वर और वधू का पहले-पहल समागम होता है।

सुहागा पुं० [सं० सुभग] एक प्रकार का खनिज क्षार जो सोना गलाने और औषधों के काम में आता है।

सुहागिन स्त्री० [हिं० सुहाग] वह स्त्री जिसका पति जीवित हो, सधवा, सौभाग्यवती।

सुहागिल * स्त्री०=सुहागिन।

सुहाना अ० [सं० शोभन] १. अच्छा या भला जान पड़ना, सुन्दर लगना। २. सुशोभित होना, शोभा देना।

वि० दे० 'सुहावना'।

सुहाया * वि०=सुहावना।

सुहारी स्त्री० [सं० सु+आहार] पूरी नामक पकवान।

सुहाल पुं० [सं० सु+आहार] मैदे का घी में तला हुआ चार परतोंवाला प्रसिद्ध पकवान।

सुहावना वि० [सं० शोभावान] [स्त्री० सुहावनी] देखने में भला और सुन्दर जान पड़नेवाला, प्रियदर्शन।

*अ० दे० 'सुहावना'।

सुहूँ * वि० [सं० शुद्ध] १. शुद्ध, साफ। २. पूरा। ३. ठीक।

सुहृद, सुहृद् पुं० [सं० सुहृत्] १. अच्छे और शुद्ध हृदयवाला मनुष्य। २. सखा, मित्र।

सुहेल पुं० [अ० सुहैल] एक कल्पित तारा, जिसके विषय में प्रसिद्ध है कि यह यमन देश में दिखलाई देता है और इसके उदित होने पर चमड़े में सुगन्ध आ जाती है, तथा कीड़े मर जाते हैं।

वि०=सुहेला।

सुहेलरा * वि०, पुं० दे० 'सुहेला'।

सुहेला[१] वि० [सं० शुभ ?] १. सुहावना, सुन्दर। २. सुख देनेवाला।

पुं० १. मंगल-गीत। २. स्तुति।

सुहेला[२] पुं० [सं० सुहृद] १. मित्र, दोस्त। २. सखा, साथी।

सूँ[१] * विभ० [सं० सह] करण और अपादान कारक का चिह्न, से। (ब्रज भाषा)

सूँ[२] पुं० [अनु०] किसी चीज से निकलनेवाला 'सूँ' शब्द, जैसे सुअर का सूँसूँ करना।

सूँघना स० [सं० स+घ्राण] १. नाक से गन्ध का अनुभव करना, वास लेना।

मुहा० *सिर सूँघना*=एक रसम जिसमें बड़े लोग मंगल-कामना के लिए छोटों का मस्तक सूँघते हैं।

२. बहुत थोड़ा भोजन करना। (व्यंग्य) ३. (साँप का) काटना, डसना।

सूँघा पुं० [हिं० सूँघना] १. वह जो केवल सूँघकर बतलाता हो कि जमीन के नीचे इस जगह पानी या खजाना है। २. भेदिया, जासूस।

सूँड़ पुं० [सं० शुण्ड] हाथी का वह अगला लम्बा अंग जो प्रायः जमीन तक लटकता और नाक का काम देता है, शुंड।

सूँड़ी स्त्री० [सं० शुंडी] १. अनाज या फसल में लगनेवाला एक प्रकार का सफेद कीड़ा। २. दे० 'जलस्तंभ'।

सूँतना * स० दे० 'सूतना', उदा० यह कहि कर गहि जटा सटा लौं सूँति सटाई।—रत्ना०।

सूँस स्त्री० [सं० शिंशुमार] एक प्रसिद्ध बड़ा जलजन्तु, सूस।

सूँह क्रि० वि० [सं० सम्मुख] सामने।

सूअर पुं०=सुअर।

सूआ[१] पुं० [सं० शुक] तोता।

सूआ[२] पुं० [हिं० सुई] बड़ी सुई।

सूई स्त्री०=सुई।

सूक * पुं० दे० 'शुक्र'।

सूकना अ०=सूखना।

सूकर पुं० [सं०] [स्त्री० सूकरी] सुअर (जन्तु)।

सूकरखेत पुं० दे० 'शूकरक्षेत्र'।

सूका[१] वि० [सं० शुष्क] सूखा।

सूका[२] पुं० [सं० सपादक] चार आने मूल्य का सिक्का, चवन्नी।

सूक्त पुं० [सं०] वेद के मन्त्रों या ऋचाओं का कोई संग्रह।

वि० अच्छी तरह कहा हुआ।

सूक्ति स्त्री० [सं०] उत्तम या सुन्दर उक्ति, ज्ञानप्रद, उक्ति आदि।

सूक्ष्म वि० [सं०] [स्त्री० सूक्ष्मा, भाव० सूक्ष्मता] बहुत छोटा, पतला या थोड़ा।

पुं० १. लिंग शरीर। २. साहित्य में एक अलंकार जिसमें किसी सूक्ष्म चेष्टा या सांकेतिक व्यवहार से ही अपने मन का भाव प्रकट करने का अथवा किसी के प्रश्न या संकेत का उत्तर देने का उल्लेख होता है।

सूक्ष्मजीव पुं० [सं०] वह जीव जिसे सूक्ष्मदर्शक यन्त्र से ही देखा जा सके।

सूक्ष्मदर्शक (यंत्र) पुं० [सं०] वह यन्त्र जिसके द्वारा देखने पर छोटी चीजें बड़ी दिखाई देती हैं। (माइक्रो स्कोप)

सूक्ष्मदर्शी (-र्शिन्) वि० [सं०] [भाव० सूक्ष्मदर्शिता] बहुत ही सूक्ष्म या छोटी-छोटी बातें तक सोच या समझ लेनेवाला।

सूक्ष्मदृष्टि स्त्री० [सं०] छोटी-छोटी बातें तक सहज में समझ या देख लेनेवाली दृष्टि।

सूक्ष्म शरीर पुं० [सं०] वह कल्पित शरीर जो पाँच प्राणों, पाँच ज्ञानेन्द्रियों, पाँच सूक्ष्म भूतों, मन और बुद्धि के योग से बना हुआ अर्थात् सत्रह अवयवों से बना हुआ और मनुष्य की मृत्यु के उपरान्त भी बना रहनेवाला माना जाता है, लिंगशरीर।

सूखना अ० [सं० शुष्क] १. नमी, रस आदि से रहित हो जाना, शुष्क होना। २. जल न रहना या कम हो जाना। ३. बहुत डर जाने के कारण सन्न होना। ४. रोग, चिन्ता आदि से दुबला होना।

सूखा वि० [सं० शुष्क] [स्त्री० सूखी, भाव० सूखापन] १. जिसमें जल या उसका कोई अंश न हो या रह गया हो, जैसे सूखा कपड़ा, सूखी नदी। २. जिसमें आर्द्रता या नमी न हो या न रह गई हो, जैसे सूखा मौसम=ऐसा मौसम जिसमें वर्षा न हो और हवा में नमी न हो। ३. (रोटी) जो चुपड़ी न हो। ४. (सब्जी) जो रसदार न हो। ५. जिसमें से जीवनी शक्ति का सूचक हरापन निकल गया हो, जैसे सूखा वृक्ष। ५. जिसमें जीवनी शक्ति बहुत कम या नहीं के समान हो, जैसे सूखा चेहरा। ७. जिसमें भावुकता, सरसता आदि कोमल गुणों का अभाव हो। (ड्राई, उक्त सभी अर्थों के लिए) विशेष दे० 'शुष्क'। ८. कोरा, निरा।

मुहा० *सूखा जवाब देना*=साफ इनकार करना।

पुं० १. पानी न बरसने की दशा या समय, अनावृष्टि। (ड्रॉट) २. ऐसा स्थान जहाँ जल न हो, स्थल। ३. तम्बाकू का सुखाया हुआ चूरा या पत्ता। ४. एक प्रकार की खाँसी, हब्बा-डब्बा। ५. दे० 'सुखंडी' (रोग)।

सूघर* वि० दे० 'सुघड़'।

सूचक वि० [सं०] [स्त्री० सूचिका] १. सूचना देनेवाला या कोई बात बतानेवाला। २. किसी बात के अस्तित्व के लक्षण आदि बतानेवाला, बोधक, परिचायक।

सूचकांक पुं० [सं० सूचक+अंक] किसी वस्तु वर्ग के मूल्य का सूचक वह अंक जो उसके मानक मूल्य के सूचक १०० अंक के आसपास रहता है। (इंडेक्स नंबर)

सूचना स्त्री० [सं०] [वि० सूचनीय, सूचित] १. वह बात जो किसी को किसी विषय का ज्ञान या परिचय कराने के लिए कही जाए, जताने या बताने के लिए कही हुई बात। (इन्फार्मेशन) २. वह पत्र आदि जिसपर उक्त प्रकार की कोई बात लिखी या छपी हो, विज्ञापन, इश्तहार। (नोटिस) ३. वह बात जो कोई कार्रवाई करने से पहले किसी संबद्ध व्यक्ति को पहले से सचेत करने के लिए कही जाए। (इन्फॉर्मेशन) ४. दुर्घटना के संबंध में अदालती या और किसी तरह की कार्रवाई करने से पहले पुलिस या किसी और उपयुक्त अधिकारी से उसका हाल कहना। (रिपोर्ट) ५. कहीं से आनेवाले माल के साथ या उसके संबंध में आया हुआ विवरण, सूची आदि, बीजक, चलान। (एडवाइस)

सूचनापट्ट पुं० [सं०] वह पट्ट या तख्ता जिस पर सबकी जानकारी के लिए सूचनाएँ टाँगी या चिपकाई जाती हैं। (नोटिस बोर्ड)

सूचनापत्र पुं० [सं०] वह पत्र जिसपर कोई सूचना छपी या लिखी हो, विज्ञप्ति, इश्तहार। (नोटिस)

सूचना-क्रांति स्त्री० [सं०] सूचनाओं के एकत्रीकरण तथा संप्रेषण की सुगम तथा तात्कालिक व्यवस्था के फलस्वरूप समाज में दिखनेवाला परिवर्तन।

सूचना-प्रौद्योगिकी स्त्री० सूचनाओं को एकत्र तथा संसोधित कर संप्रेषण करने की प्रौद्योगिकी।

सूचिका स्त्री० [सं०] सुई।

सूचिकाभरण पुं० [सं०] वैद्यक में एक औषध जो मरणासन्न रोगियों की चिकित्सा के लिए सुई से उनके मस्तक पर लगाते हैं।

सूचित वि० [सं०] १. जिसकी सूचना दी गई हो, जताया हुआ, ज्ञापित। २. जिसे सूचना दी गई हो, जैसे उन्हें सूचित कर दिया है।

सूची स्त्री० [सं०] १. कपड़ा सीने की सुई। २. सेना का एक प्रकार का व्यूह। ३. किसी विषय की मुख्य मुख्य बातों की क्रम से दी हुई नामावली, अनुक्रमणिका। (इन्डेक्स) ४. दे० 'सूचीपत्र'। ५. चहारदीवारी आदि में हर दो खम्भों के ऊपर आड़ा रखा जानेवाला पत्थर, तकिया। ६. छन्दशास्त्र में वह रीति जिससे यह जाना जाता है कि कुछ नियत वर्णों या मात्राओं से कितने प्रकार के छन्द या वृत्त बनते या बन सकते हैं।

सूचीपत्र पुं० [सं०] वह पुस्तिका जिसमें बहुत-सी चीजों की नामावली, विवरण, मूल्य आदि लिखे हों, तालिका, सूची। (कैटलाग)

सूचीफलक पुं० [सं०] वह फलक जिस पर क्रम से बहुत-सी सूचियाँ या अनुक्रमणिकाएँ दी हों। (इन्डेक्स शीट)

सूचीवार वि० [सं० सूची+फा० वार] सूची के अनुसार होनेवाला, सूची में क्रम से दिए हुए नामों के अनुसार होनेवाला।

क्रि० वि० सूची में दिए हुए क्रम के अनुसार।

सूचीशिल्प पुं० [सं०] कपड़े पर सुई-डोरे से बनाए हुए बेल-बूटे, सुईकारी। (नीडल वर्क)

सूच्छम* वि०=सूक्ष्म।

सूच्य वि० [सं०] सूचित करने के योग्य।

सूच्यार्थ पुं० [सं०] शब्दों की व्यंजना-शक्ति से निकलनेवाला अर्थ।

सूछम* वि०=सूक्ष्म।

सूजन स्त्री० [हिं० सूजना] सूजने की क्रिया या भाव, शोथ।

सूजना अ० [फा० सोज़िश] आघात, रोग आदि के कारण शरीर के किसी अंग का प्राय: पीड़ा लिए हुए फूलना, शोथ होना।

सूजा पुं० [फा० सोज़न] बड़ी सुई।
पुं०=सूजन।

सूजाक पुं० [फा० सोज़ाक] मूत्रेन्द्रिय का एक रोग जिसमें उसके अन्दर घाव हो जाता है।

सूजी स्त्री० [सं० शुचि] गेहूँ का एक विशेष प्रकार का दरदरा आटा।

सूझ स्त्री० [हिं० सूझना] १. सूझने का भाव। २. दृष्टि, नजर। ३. अच्छी-अच्छी बातें ध्यान में आने का भाव, होने या आनेवाली बातों के सम्बन्ध में समझदारी। ४. अनोखी कल्पना, उपज।

सूझना अ० [सं० संज्ञान] १. दिखाई देना। २. ध्यान में आना।

सूझ-बूझ स्त्री० [हिं० सूझना+बूझना=समझना] अच्छी बातें ध्यान में आना और समझ-बूझकर उनका उपयोग करना, दूरदर्शिता और बुद्धिमत्ता।

सूट पुं० [अं०] पहनने के कोट, पतलून आदि कपड़े।

सूटना स० [?] (हथियार) घुमाना या चलाना।

सूटिड-बूटिड, सूटेड-बूटेड वि० [अं० सूट+बूट] सूट और बूट पहने हुआ।

सूत[१] पुं० [सं० सूत्र] १. रुई, रेशम आदि का वह पतला बटा हुआ तागा जिससे कपड़ा बुनते हैं, तन्तु, धागा, डोरा। २. किसी चीज में से निकलनेवाला इस प्रकार का तार। ३. लम्बाई नापने का एक छोटा मान। ४. इमारत के काम में लकड़ी आदि पर निशान डालने की डोरी।
मुहा० *सूत धरना या बाँधना*=निशान लगाना।

सूत[२] पुं० [सं०] [स्त्री० सूती] १.प्राचीन काल की एक वर्णसंकर जाति। २. सारथी। ३. भाट, चारण। ४. पुराणों की कथा कहनेवाला, पौराणिक। ५. सूत्रधार।

सूत[३] वि० [सं०] प्रसूत, उत्पन्न।

सूत[४] वि० [सं० सूत्र=सूत] भला, अच्छा।

सूतक पुं० [सं०] १. जन्म। २. घर में सन्तान होने या किसी के मरने पर परिवारवालों को लगनेवाला अशौच।

सूतकगेह पुं० दे० 'सूतिकागार'।

सूतकी (-किन्) वि० [सं०] जिसे सूतक या अशौच लगा हो।

सूतना स० [सं० स्वपस्यति] १. उस प्रकार सीधा करना जैसे लकड़ी पर निशान डालने या दीवार की सीध नापने के लिए सूत लगाया जाता है। २. ऊपर से नीचे की ओर हाथ फेरना, जैसे पेट सूतना। ३. डोरे आदि पर माँझा या कलफ चढ़ाना। ४. नोचना, खसोटना। ५. साफ करना। ६. सोखना, चूसना, जैसे पसीना सूतना।
अ० दे० 'सोना' (शयन करना)।

सूतवाँ वि० [हिं० सूत] (सूत से नापकर ठीक की हुई वस्तु के समान) सुडौल, जैसे सूतवाँ नाक।

सूतिका स्त्री० [सं०] वह स्त्री जिसे अभी हाल में बच्चा हुआ हो, जच्चा।

सूतिकागार पुं० [सं०] वह कमरा या घर जिसमें स्त्री बच्चा जनती है, सौरी, प्रसवगृह।

सूतिग पुं० दे० 'सूतक'।

सूती वि० [हिं० सूत] सूत का बना हुआ।
*स्त्री० दे० 'सीपी'।

सूत्र पुं० [सं०] [वि० सूत्रित] १. सूत, तागा, डोरा। २. यज्ञोपवीत, जनेऊ। ३. करधनी। ४. नियम, व्यवस्था। ५. थोड़े शब्दों में कहा हुआ वह पद या वचन जिसमें बहुत और गूढ़ अर्थ हों। ६. वह बात जिसके सहारे किसी दूसरी बहुत बड़ी बात, घटना, रहस्य आदि का पता लगे, संकेत, पता, सुराग। (क्लू) ७. वह सांकेतिक पद या शब्द जिसमें कोई वस्तु बनाने या कार्य करने के मूल सिद्धान्त, प्रक्रिया आदि का संक्षिप्त विधान निहित हो। (फार्म्युला) ८. किसी कार्य या योजना के सम्बन्ध में उन अनेक बातों में से कोई, जो उस कार्य या योजना की सिद्धि के लिए सोची जाए, जैसे इस योजना के चार सूत्रों में से दो बहुत ही उपयोगी और आवश्यक हैं। (प्वाइंट)

सूत्रकार पुं० [सं०] १. वह जिसने सूत्रों की रचना की हो, सूत्र-रचयिता। (विशेष दे० 'सूत्र' ५) २. बढ़ई। ३. जुलाहा।

सूत्रधर पुं० [सं०] १.नाट्यशाला का प्रधान और नाटक की व्यवस्था करनेवाला नट। २. बढ़ई। ३. पुराणानुसार एक प्राचीन वर्णसंकर जाति। ४. व्यवस्थापक या संचालक।

सूत्रधार पुं०=सूत्रधर।

सूत्रपात पुं० [सं०] किसी कार्य का प्रारम्भ होना या प्रारम्भ होने का पूरा आयोजन होना, नींव पड़ना।

सूत्रात्मक वि० [सं०] [भाव० सूत्रात्मकता] सूत्र के रूप में होनेवाला।

सूत्रित वि० [सं०] सूत्र के रूप में लाया या बनाया हुआ। (फॉरमूलेटेड)

सूत्री वि० [सं० सूत्र+हिं० ई(प्रत्य०)] १. सूत्र-सम्बन्धी, सूत्र का। २. सूत्रों से युक्त, जिनमें सूत्र हों (यौगिक के अन्त में), जैसे अष्टसूत्री योजना।

सूत्रीय वि० [सं०] १. सूत्र-सम्बन्धी, सूत्र का। २. जिसमें सूत्र हों जैसे अष्ट-सूत्रीय योजना।

सूथन स्त्री० [सं० स्वस्थाना=एक प्राचीन पहनावा] एक प्रकार का पायजामा।

सूद[1] पुं० [फा०] १. लाभ, फायदा। २. उधार दिए हुए धन के बदले में मिलनेवाला (मूल से भिन्न) धन, ब्याज, वृद्धि। (इन्टरेस्ट)

सूद[2]* पुं०=शूद्र।

सूदखोर वि० [फा० सूदख़ोर] [भाव० सूदखोरी] बहुत सूद या ब्याज लेनेवाला।

सूद-दर-सूद पुं० [फा०] वह ब्याज या सूद जो मूलधन के सिवा बाकी पड़े हुए या पुंजित सूद पर भी दिया जाता हो, चक्रवृद्धि। (कम्पाउंड इन्टरेस्ट)

सूदन वि० [सं०] विनाश करनेवाला।

पुं० वध करना, मार डालना।

सूदना* स० [सं० सूदन] नष्ट करना।

सूदी वि० [फा० सूद] (पूँजी या रकम) जो सूद या ब्याज पर दी गई हो, ब्याज।

सूद्र* पुं०=शूद्र।

सूध* वि० १. दे० 'सीधा'। २. दे० 'शुद्ध'।

सूधना* अ० [सं० शुद्ध] १. सिद्ध होना। २. सत्य या ठीक होना।

सूधा* स्त्री०=सीधा।

सूधी* स्त्री०=सीधी।

सूधे क्रि० वि० [हिं० सूधा] सीधी तरह से।

सून पुं० [सं०] १. प्रसव, जनन। २. फूल की कली। ३. फूल। ४. पुत्र, बेटा।

वि०, पुं० दे० 'शून्य'।

वि० दे० 'सूना'।

सूना[1] वि० [सं० शून्य] [स्त्री० सूनी] जिसमें या जहाँ कोई न हो, निर्जन, एकान्त, सुनसान।

पुं० निर्जन स्थान, एकान्त।

सूना[2] स० [सं० प्रसव] गर्भ से जन्म लेना, प्रसव करना।

सूना[3] स्त्री० [सं०] १. पुत्री, बेटी। २. कसाईखाना। ३. गृहस्थ के यहाँ ऐसा स्थान या चीजें (चूल्हा, चक्की आदि) जिनमें या जिनसे अनजान में जीव-हिंसा होती या होने की सम्भावना रहती है। ४. हत्या।

सूनु* पुं० [सं० सून] पुत्र।

सूप पुं० [सं०] १. पकाई हुई दाल या उसका पानी। २. रसेदार तरकारी। ३. रसोइया। ४. वाण, तीर।

पुं० [देश०] १. 'छाज' (अनाज फटकने का)। २. झाड़ू।

सूपकार स्त्री० [सं०] रसोई बनानेवाला, रसोइया, बावर्ची।

सूपड़ा पुं० [हिं० सूप+ड़ा] १. सूप। २. झाड़ू।

मुहा० (क) *सूपड़ा साफ होना*=पूर्ण रूप से परास्त या पराजित होना। (ख) सब-कुछ हाथ से निकल जाना।

सूपनखा स्त्री०=शूर्पनखा (रावण की बहन)।

सूपशास्त्र पुं०=पाक-शास्त्र।

सूफ़ पुं० [सं० सूफ़] १. पशम, ऊन। २. देशी काली स्याही-वाली दवात में डाला जानेवाला लत्ता या चिथड़ा।

सूफियाना वि० [अ० सूफी] १. सूफियों का, सूफी-सम्बन्धी। २. देखने में सादा होने पर भी बहुत सुन्दर।

सूफी पुं० [अ० सूफ़ी] १. मुसलमानों का एक धार्मिक सम्प्रदाय जो अपने विचारों की उदारता के लिए प्रसिद्ध है और जिसमें साधारण मुसलमानों का कट्टरपन बिल्कुल नहीं है। २. इस सम्प्रदाय का अनुयायी।

सूबा पुं० [अ० सूब:] १. किसी देश का कोई भाग, राज्य, प्रदेश। २. दे० 'सूबेदार'।

सूबेदार पुं० [फा० सूब:दार (प्रत्य०)] १. किसी सूबे या प्रान्त का प्रधान अधिकारी या शासक। २. सेना विभाग में एक छोटा पद। २. इस पद पर रहनेवाला व्यक्ति।

सूबेदारी स्त्री० [फा०] सूबेदार का पद या काम।

सूभर* वि० [सं० शुभ्र] १. सफेद। २. सुन्दर।

सूम वि० [अ० शूम] १. कृपण, कंजुस। २. अशुभ।

सूमति* स्त्री० [हिं० सूम=कंजूस] कृपणता या कंजूसी, उदा० जेती संपति कृपण कै, तेती सूमति जोर। -बिहारी।

सूर[1] पुं० [सं०] १. सूर्य। २. आक, मदार। ३. विद्वान। ४. आचार्य। ५. सुप्रसिद्ध महात्मा और कवि सूरदास के नाम का संक्षिप्त रूप। ६. अन्धा व्यक्ति।

सूर[2] पुं० [सं० शूर] १. वीर पुरुष, शूरमा। २. राजा या बादशाह।

पद *सूर सावंत (सामंत)*=(क) बहुत बड़ा बहादुर। (ख) युद्ध का संचालन करनेवाला अधिकारी। (ग) नायक, सरदार।

वि०=शूर।

सूर[3]* पुं० [सं० शूकर] १. सुअर। २. भूरे रंग का घोड़ा।

सूर[4] पुं० [देश०] पठानों का एक वंश।

सूरज[1] पुं० [सं० सूर्य] सूर्य। (मुहावरों के लिए दे० 'सूर्य' के मुहा०।)

सूरज[2] वि० [सं० शूर+ज (प्रत्य०)] जो शूर से उत्पन्न हो, वीर की सन्तान।

सूरजतनी* स्त्री०=सूर्यतनया।

सूरजमुखी (-खिन्) पुं० [सं०] १. एक पौधा जिसके पीले रंग के फूल दिन के समय सीधे खड़े रहते और रात के समय नीचे झुक जाते हैं। २. एक प्रकार का शीशा जिसपर सूर्य का ताप पड़कर एक केन्द्र में एकत्र होता और वहाँ ताप या अग्नि उत्पन्न करता है। ३. बड़े पंखे के आकार का एक प्रकार का राजचिह्न। ४. मनुष्यों के शरीर का एक विशेष प्रकार का रोगजन्य वर्ण जो युरोपियनों आदि के वर्ण से मिलता-जुलता होता है।

सूरत[1] स्त्री० [फा०] १. रूप, आकृति, शक्ल।

मुहा० *सूरत दिखाना*=सामने आना। *सूरत बनाना=(क)* अच्छा रूप देना या बनाना। (ख) नाक-भौं सिकोड़ना। *सूरत बिगाड़ना*=रूप, रंग आदि खराब होना, फीका पड़ना।

२. शोभा, सौन्दर्य। ३. कार्य-सिद्धि का मार्ग या युक्ति। ४. अवस्था, दशा, हालत।

सूरत[2] स्त्री० [अ० सूर:] कुरान का प्रकरण।

सूरत[3] पुं० [सं० सौराष्ट्र] गुजरात का एक प्रसिद्ध नगर।
*स्त्री० दे० 'सुरत'।

सूरता* स्त्री०=सूरत।

सूरती स्त्री० [हिं० सूरत नगर] पुरानी चाल की एक प्रकार की तलवार।

सूरदास पुं० [सं०] व्रज भाषा के एक प्रसिद्ध और परम श्रेष्ठ कृष्णभक्त महाकवि और महात्मा जो अन्धे थे।

सूरन पुं० [सं० सूरण] एक प्रसिद्ध कन्द जिसकी तरकारी बनती है, जमींकन्द, ओल।

सूरनखा* स्त्री० दे० 'शूर्पणखा'।

सूरमल्लार पुं० [सूरदास (महात्मा)+मल्लार] सारंग और मल्लार के योग से बना हुआ एक संकर राग जो वर्षा ऋतु में दिन के दूसरे पहर में गाया जाता है।

सूरमा पुं० [सं० शूर] वीर, बहादुर।

सूरमुखी पुं०=सूर्यकांत (शीशा)।

सूरवाँ* पुं०=सूरमा।

सूरसुता* स्त्री०=सूर्यसुता (यमुना)।

सूराख पुं० [फा०] छेद, छिद्र।

सूरि पुं० [सं०] १. सूर्य। २. यज्ञ करानेवाला, ऋत्विज। ३. बहुत बड़ा पंडति, दिग्गज विद्वान।

सूरी[1] स्त्री० [सं०] १. विद्वान स्त्री। २. विदुषी। २. सूर्य की पुत्री।

सूरी[2] स्त्री० [सं० शकूरी] १. सुअर नामक जन्तु की मादा।

सूरी[3]* पुं० [सं० शूल] भाला।
पुं० दे० 'सूरि'।
स्त्री०=सूली।

सूर्य पुं० [सं०] १. हमारे सौर जगत का वह सबसे बड़ा और ज्वलंत पिंड जिससे सब ग्रहों को गरमी और प्रकाश मिलता है, प्रभाकर, दिनकर।
मुहा० *सूर्य को दीपक दिखाना*=जो स्वयं बहुत महान हो, उसे कुछ बतलाना या उसकी प्रशंसा करना। *सूर्य पर थूकना*=जो बहुत महान हो उसके सम्बन्ध में कोई अनुचित बात कहना।
२. बारह की संख्या (क्योंकि सूर्य बारह माने गए हैं)। ३. बहुत बडा कृती।

सूर्यकांत (मणि) पुं० [सं०] १. एक तरह का बिल्लौर। २. दे० 'सूरजमुखी' (शीशा)।

सूर्यग्रहण पुं० [सं०] १. पृथ्वी और सूर्य के बीच में चन्द्रमा के आ जाने और उसकी छाया पड़ने से होनेवाला सूर्य का ग्रहण। २. हठयोग की परिभाषा में वह अवस्था जब पिंगला नाड़ी से होकर प्राण कुंडलिनी में पहुँचते हैं।

सूर्यतनया स्त्री० [सं०] यमुना, कालिन्दी।

सूर्यलोक पुं० [सं०] १. सूर्य का लोक। (कहते हैं कि युद्धक्षेत्र में लड़कर मरनेवाले इसी लोक में जाते हैं।)

सूर्यवंश पुं० [सं०] [वि० सूर्यवंशी] क्षत्रियों के दो प्रसिद्ध और मूल वंशों या कुलों में से एक जिसकी उत्पत्ति सूर्य से मानी गई है। (दूसरा चन्द्रवंश है।)

सूर्यसुता स्त्री० [सं०] यमुना नदी।

सूर्याभिमुख वि० [सं० सूर्य+अभिमुख] जिसका मूख सूर्य की ओर हो।

सूर्यावर्त पुं० [सं०] सिर की एक प्रकार की पीड़ा जो सूर्योदय से सूर्यास्त तक रहती है, अधकपारी, आधा-सीसी।

सूर्यास्त पुं० [सं०] १. सन्ध्या को सूर्य का छिपना या डूबना।
२. सन्ध्या का समय।

सूर्योदय पुं० [सं०] १. सूर्य का उदय होना या निकलना।
२. सूर्य निकलने का समय, प्रात:काल, सबेरा।

सूर्योपासना स्त्री० [सं०] [वि० सूर्योपासक] सूर्य को ही सर्वश्रेष्ठ देवता और ईश्वर का प्रतीक मानकर उसकी उपासना करना।

सूल पुं० दे० 'शूल'।

सूलना स० [हिं० सूल+ना (प्रत्य०)] १. नुकीली चीज से छेदना। २. कष्ट देना।
अ० १. नुकीली चीज से छिदना। २. पीड़ित या व्यथित होना।

सूली[1] स्त्री० [सं० शूल] १. लोहे आदि का वह नुकीला डंडा या इसी प्रकार का और कोई उपकरण जिस पर बैठा या लेटाकर प्राचीन काल में अपराधियों को प्राणदंड दिया जाता था। २. प्राणदंड। ३. दे० 'फाँसी'।

सूली[2]* पुं० [सं० शूलिन्] महादेव, शिव।

सूवना* अ० [सं० स्रवण] बहना।

सूस पुं० दे० 'सूँस' (जलजन्तु)।

सूसू पुं० [अनु०] मूत्र, पेशाब। (बच्चों के सम्बन्ध में प्रयुक्त)

सूहा पुं० [हिं० सोहना] १. एक प्रकार का लाल रंग।
२. ओड़व-षाड़व जाति का एक राग जो दिन के दूसरे पहर के अन्त में गाया जाता है।
वि० [स्त्री० सूही] लाल रंग का।

सृंग* पुं०=शृंग।

सृंगज* पुं०=शृंगज।

सृंगारना* स०=शृंगार करना।

सृक[1] पुं० [सं०] १. बरछा, भाला। २. बाण, तीर। ३. वायु, हवा।

सृक[2]* पुं० [सं० स्रज, स्त्रक्] माला, हार।

सृग* पुं० दे० 'सृक'।

सृगाल* पुं०=शृगाल।

सृजक* वि० [सं० सृज्] सुष्टि या रचना करनेवाला, सर्जक।
पुं० परमात्मा।

सृजन पुं० = सर्जन। (असिद्ध)

सृजनहार* पुं०=सृष्टिकर्ता।

सृजना* स० [सं० सृज्+हिं० ना (प्रत्य०] सृष्टि या रचना करना, बनाना।

सृजनात्मक वि०=सर्जनात्मक। (असिद्ध)

सृत वि० [सं०] चला या खिसका हुआ।

सृति स्त्री० [सं०] १. पथ, रास्ता। २. गमन, चलना। ३. सरकना, खिसकना।

सृष्ट वि० [सं०] १. जिसकी सृष्टि या रचना की गई हो, बनाया हुआ, निर्मित, रचित। २. छोड़ा हुआ, त्यक्त।

सृष्टि स्त्री० [सं०] १. रच या बनाकर तैयार करने की क्रिया या भाव। (क्रिएशन) २. उत्पत्ति, जन्म। ३. निर्माण, रचना। ४. संसार, जगत।

सृष्टिकर्ता (-तृ) पुं० [सं०] संसार की रचना करनेवाला (ब्रह्मा या ईश्वर)।

सृष्टिपूर्व वि० [सं०] जो सृष्टि के अस्तित्व से पहले का हो।

सृष्टिविज्ञान पुं० [सं०] वह शास्त्र जिसमें सृष्टि की उत्पत्ति, बनावट और विकास का विवेचन होता है। (कॉस्मोजनी)

सेंक पुं० [सं० श्रेष] १. सेंकने की क्रिया या भाव। २. ताप, गरमी। ३. शरीर के किसी रुग्ण अंग पर गर्म चीज से पहुँचाई जानेवाली गर्मी, टकोर। (फोमेन्टेशन)

सेंकना स० [सं० श्रेषण] १. आग पर या उसके सामने रखकर साधारण गरमी पहुँचाना, जैसे रोटी सेंकना। २. धूप में या गरमी पहुँचानेवाली चीज के सामने रहकर उसकी गरमी से लाभ उठाना, जैसे धूप सेंकना।

मुहा० *आँखें सेंकना*=सुन्दर रूप देखकर आँखें तृप्त करना।

सेंट स्त्री० [?] स्तन से निकलनेवाली दूध की धार।

सेंटीग्राम पुं० [अं०] एक डेसीग्राम का दसवाँ भाग।

सेंटीमीटर पुं० [अं०] एक डेसीमीटर का दसवाँ भाग।

सेंटीलीटर पुं० [अं०] एक डेसीलीटर का दसवाँ भाग।

सेंण* पुं०=सेवक।

सेंत स्त्री० [सं० संहति] पास का कुछ खर्च न होना।

मुहा० *सेंत का*=जिसमें कुछ व्यय न हुआ हो, मुफ्त का। *सेंत-मेंत या सेंत में*=(क) बिना कुछ व्यय किए हुए, मुफ्त में। (ख) व्यर्थ।

वि० बहुत अधिक।

सेंतना* स० दे० 'सैंतना'।

सेंत-मेंत में क्रि० वि० [हिं० सेंत+मेंत (अनु०)] मुफ्त में।

सेंति* विभ० [प्रा० सुंती] पुरानी हिन्दी में करण और अपादान कारक की विभक्ति, से।

स्त्री० दे० 'सेंत'।

सेंथी* स्त्री० [सं० शक्ति] छोटा भाला, बरछी।

सेंदुर* पुं० दे० 'सिंदूर'।

सेंद्रिय वि० [सं०] जिसमें इन्द्रियाँ हों, इन्द्रियोंवाला, जैव।

सेंध स्त्री० [सं० संधि] दीवार में किया हुआ वह छेद जिसमें से घुसकर चोर चोरी करते हैं, सुरंग, नकब।

सेंधना अ० [हिं० सेंध] सेंध लगाना।

सेंधा पुं० [सं० सैंधव] एक प्रकार का खनिज नमक, सैंधव।

सेंधिया पुं० [हिं० सेंध] सेंध लगाकर चोरी करनेवाला, चोर।

पुं० दे० 'सिधिया'।

सेंधुआर पुं० [देश०] एक प्रकार का मांसाहारी जन्तु।

सेंधुर† पुं० दे० 'सिंदूर'।

सेंवई स्त्री० दे० 'सेवई'।

सेंवर* पुं० दे० 'सेमल'।

सेंसर पुं० [अं०] वह सरकारी अफसर जिसे पुस्तकें, समाचार-पत्र आदि छपने या प्रकाशित होने, नाटक खेले जाने, चित्रपट दिखाए जाने या तार से कहीं समाचार भेजे जाने के पूर्व उन्हें देखने या जाँचने और रोकने का अधिकार होता है।

सेंहुड़† पुं० [सं० सिंहुड] थूहर नाम का कँटीला पौधा।

से[1] परसर्ग, विभ० [प्रा० सुंत] करण और अपादान कारक का चिह्न, तृतीया और पंचमी की विभक्ति, जिसका प्रयोग इन अर्थों में होता है—(क) द्वारा; जैसे—हाथ से देना, (ख) आपेक्षिक मान में कम या अधिक; जैसे—इससे कम, (ग) सीमा का आरम्भ; जैसे—यहाँ से।

सम्बन्धबोध० जुड़े होने का सूचक; जैसे-खतरों से भरा मार्ग, यह भी खतरे से खाली नहीं।

से[2] वि० हिं० 'सा' (समान) का बहु०।

से[3] सर्व० [सं० ते] हिं० 'सों' (वह) का बहु०, वे।

सेउ* पुं० दे० 'सेव' और 'सेव'।

सेउटा† पुं०=सेवटा।

सेकंड पुं० [अं०] एक मिनट का साठवाँ भाग। (काल-मान)

सेकुलर वि० [अं०] जिसका सम्बन्ध किसी धार्मिक सम्प्रदाय या धर्म से न हो, धर्मनिरपेक्ष; जैसे-सेकुलर जनतंत्र।

सेक्रेटरी पुं० [अं०] सचिव।

सेक्स पुं० [अं०] १. लिंग, जाति। २. संभोग तथा उससे संबद्ध अन्य क्रियाएँ।

सेक्सी वि० [अं०] संभोग की इच्छा जगानेवाला, बिंदास।

सेख* पुं० दे० 'शेख' और 'शेख'।

सेखर* पुं०=१. शेखर। २. =शिखर।

सेगा पुं० [अ०] विभाग।

सेचक वि० [सं०] सींचनेवाला।

सेचन पुं० [सं०] [वि० सेचनीय, सेचित] १. जमीन आदि जल से सींचना, सिंचाई। २. छिड़काव। ३. अभिषेक।

सेज स्त्री० [सं० शय्या] शय्या, पलंग।

सेजपाल पुं० [हिं० सेज+पाल] राजा की सेज का पहरा देनेवाला सैनिक।

सेजरिया* स्त्री०=सेज।

सेज्या* स्त्री०=शय्या।

सेटना* अ० [सं० श्रत] १. मानना। २. महत्त्व स्वीकारना।

सेठ पुं० [सं० श्रेष्ठी] [स्त्री० सेठानी] धनी और महाजन, बड़ा साहूकार।

सेढ़ा† पुं० दे० 'सींड़'।

सेत* पुं० दे० 'सेतु'।
वि० दे० 'श्वेत'।

सेतदुति* पुं०=चन्द्रमा।

सेतवाह पुं०=अर्जुन (पांडव)।

सेती† विभ० दे० 'से'।

सेतु पुं० [सं०] १. नदी आदि पर का पुल। २. पानी की रुकावट के लिए बना हुआ बाँध। (डैम) ३. खेत की मेंड़, डाँड़। ४. सीमा, हद।

सेतुक पुं० [सं०] १. छोटा पुल, पुलिया। २. छोटा बाँध।
*पुं० दे० 'सौंतुख'।

सेतुबंध पुं० [सं०] १. पुल या बाँध बनाने का काम। २. कन्या कुमारी के पास का समुद्र का वह पुल जो लंका पर चढ़ाई करने के समय रामचन्द्र जी ने बनवाया था।

सेथिया पुं० [तेलगू चेट्टि] एक प्रकार के चिकित्सक जो आँख, गुदा, मूत्रेन्द्रिय आदि की चिकित्सा करते हैं।

सेद पुं० दे० 'स्वेद'।

सेदज* वि०=स्वेदज।

सेन पुं० [सं० श्येन] बाज (पक्षी)।
*स्त्री० दे० 'सेना'।

सेनप* पुं०=सेनापति।

सेना[१] स्त्री० [सं०] १. युद्ध के लिए प्रशिक्षित और अस्त्र शस्त्र से सजे हुए सैनिकों का बड़ा दल या समूह, फौज, पलटन। (आर्मी) २. बहुत बड़ा दल, झुंड; जैसे बंदर सेना।

सेना[२]**†** स० [सं० सेवन] १. सेवा-टहल करना।
मुहा० *चरण सेना*=(क) पैर दबाना। (ख) किसी की तुच्छ चाकरी करना।
२. आराधना या उपासना करना। ३. नियमित रूप से प्रयोग करना। ४. पवित्र स्थान पर निरन्तर वास करना, जैसे—काशी या वृन्दावन सेना। ५. यों ही किसी चीज पर बराबर पड़े रहना, जैसे—चारपाई सेना। ६. मादा पक्षी का गरमी पहुँचाने के लिए अपने अंडों पर बैठना। ७. व्यर्थ लेकर बैठे रहना। (व्यंग्य)

सेनादार* पुं०=सेना-नायक।

सेनाध्यक्ष पुं० [सं०] सेनापति।

सेनानायक पुं० [सं०] सेनापति।

सेनानी पुं० [सं०] १. सेनापति। २. कार्तिकेय।

सेना-न्यायालय पुं०=सैनिक न्यायालय।

सेनापति पुं० [सं०] [भाव० सेनापत्य] १. सेना का प्रधान और सबसे बड़ा अधिकारी। (कमाण्डर-इन-चीफ) २. कार्तिकेय।

सेनापत्य पुं० [सं०] सेना के रहने का स्थान या पड़ाव, छावनी।

सेनावाहक पुं० [सं०] वह हवाई या समुद्री जहाज जो सैनिकों को एक स्थान से दूसरे स्थान पर पहुँचाता है।

सेनि* स्त्री० दे० 'श्रेणी'।

सेनी[१] स्त्री० [फा० सीनी] तश्तरी।

सेनी[२]***** स्त्री० [सं० श्येनी] मादा बाज (पक्षी)।
*स्त्री०=श्रेणी।

सेव पुं० [फा०] नाशपाती की तरह का एक प्रसिद्ध फल और उसका पेड़।

सेम पुं० [सं० शिबी] एक प्रकार की कली जिसकी तरकारी बनती है।

सेमई स्त्री० दे० 'सेवईं'।

सेमर पुं० दे० 'सेमल'।

सेमल पुं० [सं० शाल्मलि] एक बहुत बड़ा पेड़ जिसके फल में से एक प्रकार की रुई निकलती है।

सेमल का सुआ पुं० व्यर्थ का काम या परिश्रम करके उसके बुरे परिणाम से दुखी होने और पछतानेवाला (सेमल के बीज में चोंच मारनेवाले तोते के दृष्टान्त पर), उदा०=कत तूँ सुवा होत सेमर कौ, अंतहि कपट न बचिबौ। -सूर।

सेमेटिक पुं० दे० 'शामी'।

सेर पुं० [सं० सेठ] सोलह छटाँक, चार पाव या अस्सी तोले की एक तौल।
मुहा० *सेर को सवा सेर मिलना*=अपने से अधिक शक्तिशाली का सामना होना।

सेरा[१] पुं० [हिं० सिर] चारपाई में सिरहाने की ओर की पाटी या लकड़ी।

सेरा[२] पुं० [हिं० सेर] सेर भर या १६ छटाँक का बटखरा।

सेरा[३] पुं० [फा० सेराब] सींची हुई जमीन।

सेराना[१]***** अ० [सं० शीतल] १. ठंडा होना। २. मर जाना। ३. समाप्त होना।
स० १. ठंडा करना। २. मूर्ति आदि प्रवाहित करना।

सेराना[२] अ० [फा० सेर] तृप्त होना, अघाना।
स० तृप्त करना।

सेरी स्त्री० [फा०] तृप्ति, उदा०—नेक ही न पावति भजि भजन सेरी। -सूर।

सेल पुं० [सं० शल्य] बरछा, भाला।

सेलना[१]**†** अ० [सं० शीतल] मर जाना।

सेलना[२] स० [सं० शेल] छेदना।

सेला पुं० [सं० शल्लक] [स्त्री० अल्पा० सेली] एक प्रकार का तिल्लेदार दुपट्टा।

सेलिया पुं० [?] एक प्रकार का घोड़ा।

सेली[१] स्त्री० [हिं० सेल] बरछी।

सेली[२] स्त्री० [सं० शल्लकी] १. छोटा दुपट्टा या साफा। २. गाँती। ३. वह माला जो योगी लोग गले में पहनते या सिर पर लपेटते हैं। ४. एक प्रकार का गहना।

सेल्समैन पुं० [अं०] वह व्यक्ति जो दुकान पर या घूम-घूमकर ग्राहकों के हाथ वस्तुएँ बेचता हो।

सेल्समैनी स्त्री० [अं० सेल्समैन] सेल्समैन का काम या पेशा।

सेल्ही स्त्री० दे० 'सेली'।

सेव पुं० [सं० सेविका] सूत के रूप में बना हुआ बेसन का एक प्रकार का पकवान।

*स्त्री० दे० 'सेवा'।

पुं० दे० 'सेब'।

सेवईं स्त्री० [सं० सेविका] गूँधे हुए मैदे से बनाए हुए पतले लच्छे जो दूध या पानी में पकाकर खाए जाते हैं।

सेवक पुं० [सं०] [स्त्री० सेविका, सेवकनी, सेवकिनी] १. सेवा करनेवाला, नौकर। (सर्वेन्ट) २. सेवन करनेवाला। ३. किसी पवित्र स्थान में नियमपूर्वक स्थायी रूप में निवास करनेवाला।

सेवकाई* स्त्री०=सेवा।

सेवग* पुं०=सेवक।

सेवटा पुं० [देश०] नदियों के मुहाने अथवा संगम पर जमा होनेवाली मिट्टी, उदा० लोग फूल दल सेवट लेखौ, एक फूल दल बालक देखौ। -केशव। (बुन्देल०)

सेवड़ा[1] पुं० [सं० श्रमणक या श्वेताम्बर] १. एक प्रकार के जैन साधु। २. जैनों की श्वेताम्बर शाखा का अनुयायी।

सेवड़ा[2] पुं० [हिं० सेव] सेव की तरह का पर उससे मोटा एक प्रकार का पकवान।

सेवति स्त्री० दे० 'स्वाती' (नक्षत्र)।

सेवती स्त्री० [सं०] सफेद गुलाब।

सेवन पुं० [सं०] [वि० सेवनीय, सेवित, सेव्य, सेवी] १. परिचर्या, टहल, सेवा। २. उपासना, आराधना। ३. नियमित रूप से किया जानेवाला प्रयोग, व्यवहार, इस्तेमाल, जैसे औषध का सेवन। ४. बराबर किसी बड़े के पास या किसी अच्छे स्थान पर रहना, जैसे काशी सेवन। ५. उपभोग।

सेवना* स० दे० 'सेना'।

सेवनी* स्त्री०=दासी।

सेवनीय वि० [सं०] सेवन करने योग्य।

सेवरी* स्त्री० दे० 'शवरी'।

सेवा स्त्री० [सं०] १. बड़े, पूज्य, स्वामी आदि को सुख पहुँचाने के लिए किया जानेवाला काम, परिचर्या, टहल।

पद *सेवा में*=(क) बड़े के सामने; जैसे-उनका समय भगवान की सेवा में व्यतीत होता है। (ख) के सम्मान में (पत्र भेजते समय प्रापक का नाम लिखने से पहले प्रयुक्त)।

२. सेवक या नौकर होने की अवस्था या काम, नौकरी। ३. व्यक्ति, संस्था आदि से कुछ वेतन लेकर उनका कुछ काम करने की क्रिया या भाव, नौकरी। ४. किसी लोकोपयोगी वस्तु, विषय, कार्य आदि में रुचि होने के कारण उसके हित, वृद्धि, उन्नति आदि के लिए किया जानेवाला काम, जैसे देश-सेवा। ५. सार्वजनिक अथवा राजकीय कार्यों का कोई विशेष विभाग जिसके जिम्मे कोई विशेष प्रकार का काम हो, जैसे वैचारिक सेवा। (जुडिशियल सर्विस), कार्यपालक सेवा (इक्जीक्यूटिव सर्विस) ६. एक प्रकार के किसी विभाग में काम करनेवालों का समूह या वर्ग। (सर्विस, उक्त सभी अर्थों के लिए) ७. धार्मिक दृष्टि से ईश्वर, देवता आदि का पूजन या उपासना, आराधना। ८. आश्रय, शरण, जैसे आज-कल मैं इन्हीं की सेवा में हूँ।

सेवाकाल पुं० [सं०] उतना समय या उतने दिन जिनमें किसी ने कोई सेवा या नौकरी की हो। (पीरियड आफ सर्विस)

सेवाती स्त्री०=स्वाति (नक्षत्र)।

सेवादार पुं० [हिं० सेवा+फा० दार] सिक्ख गुरुद्वारे में रहकर वहाँ की व्यवस्था करनेवाला अधिकारी।

सेवानिवृत्त वि० [सं०] जो सेवा या कारोबार से अलग हो चुका हो।

सेवानिवृत्ति स्त्री०[सं०] सेवा या कारोबार से अलग हो जाना।

सेवापंजी स्त्री० [सं०] वह पंजी या पुस्तिका जिसमें सेवकों, विशेषतः राजकीय सेवकों के सेवाकाल की कुछ मुख्य बातें लिखी जाती हैं। (सर्विस बुक)

सेवा-पुरस्कार पुं० [सं०] वह धन जो किसी कर्मचारी को सेवानिवृत्त होने के समय पुरस्कार रूप में दिया जाता है। (ग्रैच्युटी)

सेवा-प्रदाता पुं० [सं०] वह व्यक्ति या संस्था जो सेवाएँ (व्यक्तियों या लोगों को) प्रदान करने का काम करती हो।

सेवाभाव पुं० [सं० सेवा+भाव] सेवा का भाव, सेवा की भावना।

सेवाभावी वि० [सं० सेवाभाव] सेवाभाव से काम करनेवाला।

सेवामुक्त वि० [सं०] सेवा से अलग किया हुआ, नौकरी से हटाया हुआ।

सेवार, सेवाल स्त्री० [सं० शैवाल] पानी के अन्दर होनेवाली एक प्रकार की घास।

सेवावृत्ति स्त्री० [सं०] नौकरी।

सेवित वि० [सं०] [स्त्री० सेविता] १. जिसकी सेवा की जाए या की गई हो। २. जिसका सेवन या प्रयोग किया जाए या किया गया हो। ३. उपभोग किया हुआ।

सेवी (-विन्) वि० [सं०] १. सेवन करनेवाला। (विशेष दे० 'सेवन') २. किसी की या किसी प्रकार की सेवा करनेवाला, जैसे देशसेवी, समाजसेवी, साहित्यसेवी आदि। (विशेष दे० 'सेवा')।

सेव्य वि० [सं०] [स्त्री० सेव्या] १. जिसकी सेवा, पूजा या आराधना की जाए। २. सेवन करने के योग्य।

पुं० स्वामी, मालिक।

सेव्य-सेवक पुं० [सं०] स्वामी और सेवक।

पद *सेव्य-सेवक भाव*=भक्ति मार्ग में उपासना का एक भाव जिसमें देवता को स्वामी और अपने आपको उसका सेवक माना जाता है।

सेश्वर वि० [सं०] जिसमें ईश्वर की सत्ता मानी गई हो।

सेष* पुं० दे० 'शेष'।

सेसर पुं० [फा० सेह=तीन+सर=बाजी] १. ताश का एक प्रकार का जुआ। २. धूर्तता, चालबाजी। ३. छल-कपट, जालसाजी। ४. जाल।

सेसरिया पुं० [हिं० सेसर] १. धूर्त, चालबाज। २. जाल-फरेब करनेवाला, जालिया।

सेह| स्त्री०=साही (जन्तु)।

सेहत स्त्री० [अ०] शारीरिक अवस्था, स्वास्थ्य।

सेहतमंद वि० [अ०+फा०] स्वस्थ।

सेहरा पुं० [हिं० सिर + हार] १. विवाह के समय वर को पहनाने के लिए फूलों या सुनहले-रुपहले तारों आदि की बड़ी मालाओं की पंक्ति या पुंज। २. विवाह का मुकुट, मौर।

मुहा० *किसी के सिर सेहरा बँधना*=किसी को किसी बात का श्रेय मिलना।

३. विवाह के अवसर पर वर पक्ष में गाया जानेवाला कोई मांगलिक गीत या पद्य।

सेही| स्त्री०=साही (जन्तु)।

सेहुँआ पुं० [?] एक प्रकार का चर्म रोग।

सैं¹* विभ०=से।

सैं² वि० [सं० सदृश=समान] समान, तुल्य, उदा० सपटाति सैं ससिमुखी, मुख घूँघट पटु ढाँकि। -बिहारी।

सैंकड़ा पुं० [हिं० सै या सौ] सौ का समूह, एक सौ।

सैंकड़े क्रि० वि० [हिं० सैकड़ा] प्रति सौ के हिसाब से, प्रतिशत, जैसे चार रुपए सैंकड़े। (परसेन्ट)

सैंकड़ों, सैकड़ो वि० [हिं० सैंकड़ा] १. कई सौ। २. गिनती में सौ से कुछ कम या कुछ अधिक।

सैंची* स्त्री० [सं०] पुस्तक का वह खंड जो अलग जिल्द में हो; जैसे गुरुग्रंथ साहब के चार सैंचियों में प्रकाशित करने की योजना।

सैंडल पुं० [अं०] पैर में पहनने का एक प्रकार का जूता, चप्पल।

सैंतना स० [सं० संचय] १. संचित करना, इकट्ठा करना, उदा० कंचन मनि तजि काँचहिं सैंतत, या माया के लीन्हें। -सूर। २. समेटना। ३. सहेजना।

सैंथी* स्त्री० [सं० शक्ति] भाला, बरछा, उदा० इन्द्रजीत लीन्हीं जब सैंथी, देवन हहा कर्‌यो। -सूर।

सैंधव पुं० [सं०] १. नमक। २. सिन्ध देश का घोड़ा।

वि० १. सिन्ध देश का। २. सिन्धु या समुद्र-सम्बन्धी।

सैंधवी स्त्री० [सं०] संगीत में षाड़व जाति की एक रागिनी जो भैरव राग की भार्या मानी जाती और ग्रीष्म ऋतु में दिन के चौथे पहर में गाई जाती है।

सैंह* स्त्री० दे० 'सौंह'।

सैंहथी स्त्री० दे० 'सैंथी'।

सै¹ वि०, पुं० [सं० शत् प्रा० सइ] सौ।

सै² स्त्री० [सं० सत्त्व, या फा० शै (चीज) ?] १. सत्त्व, सार। २. वीर्य। ३. बल, शक्ति। ४. बढ़ती, वृद्धि।

सैकत, सैकतिक वि० [सं०] [स्त्री० सैकती] १. रेतीला, बलुआ (स्थान)। २. रेत या बालू का बना हुआ। (पदार्थ)

सैकल पुं० दे० 'सिकली'।

सैक्टर पुं० [अं०] नगर का कोई बड़ा आवासीय या औद्योगिक क्षेत्र, बड़ा टोला या मुहल्ला।

सैद* पुं० दे० 'सैयद'।

सैद्धांतिक पुं० [सं०] सिद्धान्त का ज्ञाता, विद्वान, पंडित।

वि० [भाव० सैद्धांतिकता] १. सिद्धान्त-सम्बन्धी, सिद्धान्त का, जैसे सैद्धान्तिक मतभेद या विवाद। २. (व्यवहारिक से भिन्न) सिद्धान्त के आधार पर आश्रित, जैसे सैद्धान्तिक ज्ञान। (थियोरेटिकल)

सैन¹ स्त्री० [सं० संज्ञपन] १. संकेत, इशारा। २. चिह्न, निशान। ३. पहचान, निशानी।

सैन² पुं० [देश०] एक प्रकार का बगला।

पुं० १. दे० 'शयन'। २. दे० 'श्येन'।

स्त्री० दे० 'सेना'।

सैनपति* पुं०=सेनापति।

सैनिक पुं० [सं०] [भाव० सैनिकता] सेना या फौज में रहकर लड़नेवाला, फौजी।

वि० सेना-सम्बन्धी, सेना का, जैसे सैनिक न्यायालय, सैनिक आयोजन।

सैनिकता स्त्री० [सं०] १. सैनिक या योद्धा होने की अवस्था या भाव। २. सैनिक सामग्री से युक्त और युद्ध करने की शक्ति का भाव या दशा।

सैनिक न्यायालय पुं० सैनिक विभाग का वह विशिष्ट न्यायालय जो साधारणतः सेना विभाग में होनेवाले अपराधों का विचार और न्याय करता है। (कोर्ट-मार्शल)

सैनिकीकरण पुं० [सं० सैनिक+करण] लोगों को सैनिक बनाने और सैनिक सामग्री से सज्जित करने का काम। (मिलिटराइज़ेशन)

सैनिटोरियम पुं० दे० 'स्वास्थ्य-निवास'।

सैनी¹ पुं० [सेना भगत (व्यक्ति)] हज्जाम।

सैनी² स्त्री० [सं० श्रेणी] पंक्ति, कतार।

*स्त्री० दे० 'सेना'।

सैनेय* वि० [सं० सेना] सेना में रहकर लड़ सकने के योग्य।

सैन्य पुं० [सं०] १. सैनिक, सिपाही। २. सेना, फौज। ३. सैनिक पड़ाव, छावनी।

वि० सेना-सम्बन्धी, फौज का।

सैन्यसज्जा स्त्री० [सं०] सेना को आवश्यक अस्त्र-शस्त्र से सज्जित करना।

सैन्याध्यक्ष पुं०=सेनापति।

सैफ स्त्री० [अ० सैफ़] तलवार।

सैयद पुं० [अ०] मुहम्मद साहब के नाती हुसैन के वंशजों का अल्ल या उपाधि।

सैयाँ पुं० [सं० स्वामी] पति।

सैया* स्त्री०=शय्या।

सैरंध्र पुं० [सं०] [स्त्री० सैरंध्री] १. प्राचीन काल की एक संकर जाति। २. घर में काम करनेवाला नौकर।

सैरंध्री स्त्री०[सं०] १. दासी। २. द्रौपदी का उस समय का नाम जब वह अज्ञातवास में दासी बनी थी।

सैर स्त्री० [फा०] १. मन बहलाने के लिए कहीं जाना या इधर-उधर घूमना-फिरना। २. मौज, आनन्द। ३. बाग-बगीचे आदि में कुछ मित्रों का होनेवाला खान-पान और आमोद-प्रमोद। ४. मनोरंजक दृश्य, तमाशा।

सैरा पुं० [फा० सैर] हाथ से अंकित चित्रों में भूमिका के रूप में वह प्राकृतिक दृश्य जिसके आगे व्यक्तियों या घटनाओं का चित्र अंकित होता है।

सैल स्त्री० [फा० सैलाब] १. नद, नदी आदि की बाढ़। २. पानी का बहाव।

पुं० दे० 'शैल'।

स्त्री० दे० 'सैर'।

सैलजा, सैलसुता स्त्री० दे० 'शैलजा'। २. पार्वती।

सैलानी वि० [फा० सैर] सैर-सपाटा करने या मनमाना घूमनेवाला।

सैलाब पुं० [फा०] पानी की बाढ़।

सैलाबी वि० [फा०] १. सैलाब-सम्बन्धी, बाढ़ का। २. (खेत या स्थान) जो बाढ़ आने पर डूब जाता हो।

सैलुख* पुं० दे० 'शैलूष'।

सैवाल* पुं०=शैवाल।

सैवी* पुं० [सं० शैव] शैव।

वि० शिव-सम्बन्धी।

सैसव* पुं०=शैशव।

सों विभ० [प्रा० सुन्तो] द्वारा, से।

क्रि० वि० संग, साथ।

वि० दे० 'सा'।

*स्त्री० दे० 'सौंह'।

सोंचर नमक पुं०=काला नमक।

सोंजा| पुं०=साँझा।

सोंटा पुं० [सं० शुण्ड या हिं० सटना] १. मोटा डंडा। २. भंग घोटने का डंडा।

सोंठ स्त्री० [सं० शुण्ठी] सुखाया हुआ अदरक।

सोंठौरा पुं० [सं० हिं० सोंठ+औरा (प्रत्य०)] सोंठ तथा कुछ मेवे-मसालों का बना हुआ एक प्रकार का लड्डू (प्रसूता स्त्री के लिए)।

सोंध* क्रि० वि० दे० 'सौंह'।

स्त्री०=सुगंध।

वि०=सोंधा।

सोंधा वि० [सं० सुगंध] [स्त्री० सोंधी] १. सुगन्धित, खुशबूदार। २. मिट्टी पर वर्षा ऋतु का पहला पानी पड़ने या भुने हुए चने, बेसन आदि से निकलनेवाली सुगन्ध के समान।

पुं० १. सिर के बाल धोने का एक प्रकार का सुगन्धित मसाला। २. तेल को सुगन्धित करने के लिए उसमें मिलाया जानेवाला एक प्रकार का मसाला। ३. कोई सुगन्धित पदार्थ, जैसे तेल, इतर आदि।

सोंह* स्त्री०, क्रि० वि० दे० 'सौंह'।

सो सर्व० [सं० सः] वह।

क्रि० वि० इसलिए, अतः।

*वि० दे० 'सा'।

सोऽहम् पद [सं० सः+अहम्] वह (अर्थात् ब्रह्म) मैं ही हूँ। (वेदान्त का सिद्धान्त)

सोअना* अ० दे० 'सोना' (शयन)।

सोआ पुं० [सं० मिश्रेया] एक प्रकार का साग।

सोइ, सोई* सर्व० [सं० सः+ही] वह ही, वही।

क्रि० वि० 'सो'।

सोऊ वि० [हिं० सोना] सोनेवाला, उदा० तृष्ना हाथ पसारे निसि-दिन, पेट भरे पर सोऊ। —सूर।

सर्व० वह भी।

सोक* पुं०=शोक।

सोकन पुं० [सं०] एक प्रकार का बैल जिसका चमड़ा कुछ लाल रंग का होता है, कैरा।

सोकना* स० [सं० शोक] शोक करना।

*अ०=सूखना।

सोकित* वि० [सं० शोक] जिसे शोक हुआ हो, शोकग्रस्त।

सोखक* वि० [सं० शोषक] १. सोखनेवाला। २. नष्ट करनेवाला।

सोखना स० [सं० शोषण] जल या नमी चूसना, शोषण करना।

सोखू* वि० [हिं० सोखना] सोखनेवाला।

सोखता पुं० [फा० सोख्तः] एक प्रकार का खुरदरा कागज जो तुरन्त के लिखे हुए लेखों पर की स्याही सोख लेता है।

सोग* पुं० [सं० शोक] किसी के मरने पर होनेवाला दुख या शोक, मातम।

सोगवारा पुं० [हिं० सोक (शोक)+वारा (प्रत्य०)] वह स्थान जहाँ सब लोग बहुत शोक कर रहे हों।

सोगिनी* वि० हिं० 'सोगी' का स्त्री०।

सोगी वि० [हिं० सोग] [स्त्री० सोगिनी] १. शोक मनानेवाला। २. वियोगी।

सोच पुं० [सं० शोक] १. चिन्ता, फिक्र। २. दुख, रंज। ३. पछतावा, पश्चाताप।

सोचना अ० [सं० शोचन] १. किसी विषय पर मन में कुछ विचार करना। २. चिन्ता या फिकर करना। ३. खेद या दुख करना।

सोच-विचार पुं० [हिं० सोच+सं० विचार] सोचने और समझने या विचार करने की क्रिया या भाव, गौर।

सोचान स्त्री० [हिं० सोचना] सोचने या विचार करने की क्रिया या भाव।

सोचाना स० [हिं० सोचना का प्रे०] [भाव० सोचावट] १. किसी को सोचने में प्रवृत्त करना, सुचाना। २. किसी के आगे कोई सुझाव रखकर उसका ध्यान उसकी ओर आकृष्ट करना।

सोचि* क्रि० वि० [हिं सोचना] सोचकर।

सोझ, सोझा वि०=सोंधा।

सोटर* वि० [देश०] मूर्ख, बेवकूफ।

सोड़ स्त्री० दे० 'सौंड़'।

सोत पुं० दे० 'स्रोत' या 'सोता'।

सोतली स्त्री० दे० 'सौत'।

सोता पुं० [सं० स्रोत] [स्त्री० अल्पा० सोती] १. प्राकृतिक रूप से कहीं से निकलकर बराबर बहती रहनेवाली जल की छोटी धारा, झरना। २. नदी की एक शाखा। ३. नहर।

सोती स्त्री० [हिं० सोता का स्त्री० अल्पा०] पानी का छोटा सोता।

*स्त्री०=स्वाती (नक्षत्र)।

* पुं०=श्रोत्रिय (ब्राह्मणों की एक जाति)।

सोते-जागते क्रि० वि० हर समय।

सोदर पुं० [सं० सहोदर] [स्त्री० सोदरा] सगा भाई; उदा० सोदर लै दामोदर भाग्यौ। —केशव।

सोदाहरण [सं० स+उदाहरण] क्रि० वि० उदाहरण के सहित।

सोध* पुं० [सं० सौध] प्रासाद, महल।

पुं०=शोध।

सोधना स० [सं० शोधन] १. शुद्ध करना। २. शुद्धता की जाँच की परीक्षा करना, उदा० सिय लौं सोधति तिय तनहिं लगनि अगनि की ज्वाल।—बिहारी। ३. दोष या भूल दूर करना। ४. खोज करना, ढूँढ़ना। ५. कुछ संस्कार करके धातुओं को औषध के रूप में काम में लाने के योग्य बनाना। ६. ऋण चुकाना। ७. निश्चित करना।

सोधाना स० हिं० 'सोधना' का प्रे०।

सोधी वि० दे० 'शोधक'।

सोन[१] पुं० [सं० शोण] बिहार का एक प्रसिद्ध नद जो गंगा में मिलता है।

सोन[२] वि० [सं० शोण, प्रा० सोण] लाल, अरुण।

सोन[३] पुं० जलाशय के आस-पास रहनेवाली एक प्रकार की चिड़िया।

*पुं० दे० 'सोना'।

सोनखरिक† पुं० [?] एक प्रकार का धान और उसका चावल।

सोनगुलाल पुं० [हिं० सोन+गुलाल] एक प्रकार का बढ़िया लाल रंग।

सोनचिरी स्त्री० [हिं० सोना+चिड़िया] नट जाति की स्त्री, नटिनी, नटी।

सोनजूही स्त्री० [सं० स्वर्णयूथी] एक प्रकार की पीली जूही स्वर्णयुथिका, पीली चमेली।

सोनभद्र पुं० [सं० शोणभद्र] बिहार का सोन नामक नद (बड़ी नदी)।

सोनरास पुं० [हिं० सोना=स्वर्ण+राशि] पका हुआ सफेद या पीला पान।

सोनवाना* वि० [हिं० सोना (स्वर्ण)+वर्ण] [स्त्री० सोनवानी] सोने के रंग का, सुनहरा।

सोनहला* वि०=सुनहला।

सोनहा पुं०=कोगी (जन्तु)।

सोनहार पुं० [?] एक प्रकार की चिड़िया।

सोना[१] पुं० [सं० स्वर्ण] १. एक प्रसिद्ध बहुमूल्य पीली धातु जिसके गहने आदि बनते हैं, स्वर्ण, कांचन। (गोल्ड)

मुहा० *सोने का घर मिट्टी करना*=बहुत अधिक धन-सम्पत्ति व्यर्थ और पूरी तरह से नष्ट करना। *सोने में घुन लगना*=परम असम्भव बात होना। *सोने में सुगंध होना*=किसी बहुत अच्छी चीज में और भी कोई अच्छा गुण या विशेषता होना।

पद *सोने की कटार*=वह चीज जो देखने में बहुत सुन्दर होने पर भी वस्तुतः बहुत घातक या हानिकारक हो।

२. बहुत सुन्दर या बहुमूल्य पदार्थ।

सोना[२] अ० [सं० सुप्यते] १. लेटकर शरीर और मस्तिष्क को विश्राम देनेवाली निद्रा की अवस्था में होना, नींद लेना, शयन। २. शरीर के किसी अंग का सुन्न होना। ३. किसी विषय या बात की ओर से उदासीन होकर चुप या निष्क्रिय रहना। ४. समाप्त हो जाना।

सोनामक्खी स्त्री० [सं० स्वर्णमाक्षिका] एक खनिज पदार्थ जिसका प्रयोग औषध में होता है।

सोनार पुं० दे० 'सुनार'।

सोनित* पुं० दे० 'शोणित' (रक्त)।

सोनी पुं० दे० 'सुनार'।

सोपत* पुं० दे० 'सुविधा'।

सोपाधिक वि० [सं०] १. जिसमें कोई प्रतिबन्ध या शर्त लगी हो। (कन्डिशनल) २. किसी विशिष्ट सीमा, मर्यादा, व्याख्या आदि में बँधा हुआ। (क्वालिफायड)

सोपान पुं० [सं०] [वि० सोपानित] ऊपर चढ़ने की सीढ़ी, जीना।

सोपानित वि० [सं०] जिसमें सोपान या सीढ़ियाँ बनी या लगी हों।

सोऽपि वि० [सं० सः अपि] १. वही। २. वह भी।

सोफता पुं० [हिं० सुभीता का उर्दू रूप] १. एकान्त या निर्जन स्थान। २. अवकाश या फुरसत का समय। ३. रोग आदि में कमी होने का भाव या दशा।

सोफा पुं० [अं० सोफ़अ] एक प्रकार का लम्बा गद्दीदार आसन, कोच।

सोफियाना वि० दे० 'सूफियाना'।

सोफी पुं०=सूफी।

सोबर* पुं० [सं० सुवर्ण] सोना।

सोबरी| स्त्री० दे० 'सौरी'।

सोभ* स्त्री०=शोभा।

सोभना* अ० [सं० शोभन] शोभा देना।

सोभा* स्त्री०=शोभा।

सोभाकारी वि० [सं० शोभाकार] सुन्दर।

सोभार वि० [सं० स+हिं० उभार] जिसमें उभार हो, उभरा हुआ, उभारदार, उदा० मुक्त नभ-श्रेणी में सोभार। -पन्त।

क्रि० वि० उभार के साथ, उभरकर।

सोभित* वि०=शोभित।

सोम पुं० [सं०] १. एक प्राचीन भारतीय लता जिसके रस का सेवन वैदिक ऋषि मादक पदार्थ के रूप में करते थे। २. एक प्राचीन वैदिक देवता। ३. चन्द्रमा। ४. सोमवार। ५. अमृत। ६. जल।

सोमकर पुं० [सं०] चन्द्रमा की किरण।

सोमन* पुं० दे० 'सामना'।

सोमनस* पुं०=सोमनस्य।

सोमनाथ पुं० [सं०] बारह ज्योतिर्लिंगों में से एक जिसका मन्दिर काठियावाड़ में है।

सोमपान पुं० [सं०] सोम लता का रस पीना।

सोमपायी (-यिन्) वि० [सं०] सोम लता का रस पीनेवाला।

सोमयज्ञ, सोमयाग पुं० [सं०] वैदिक काल का एक प्रकार का यज्ञ।

सोमयाजी (-जिन्) पुं० [सं०] वह जो सोमयज्ञ करता हो या जिसने सोमयज्ञ किया हो।

सोमरस पुं० [सं०] १. सोमलता का रस। २. मदिरा।

सोमराज पुं० [सं०] चन्द्रमा।

सोमवंश पुं० [सं०] क्षत्रियों का चन्द्रवंश।

सोमवती स्त्री० [सं०] सोमवार को पड़नेवाली अमावस्या, जिसकी गिनती बड़े पर्वों में होती है।

सोमवल्लरी स्त्री० [सं०] १. सोमलता। २. चामर नामक छन्द का एक नाम।

सोमवल्ली स्त्री० दे० 'सोम' १.।

सोमास्त्र पुं० [सं०] प्राचीन काल का एक प्रकार का अस्त्र, जिसके अधिष्ठाता देवता चन्द्रमा माने जाते थे।

सोमेश्वर पुं० दे० 'सोमनाथ'।

सोय* सर्व० [हिं० सो+ही, ई] वही।

सर्व० दे० 'सो'।

सोर[१]* पुं० [फा० शोर] १. कोलाहल, हल्ला। २. प्रसिद्धि, ख्याति।

सोर[२] स्त्री० [सं० शटा] पेड़ों की जड़, मूल।

सोरठ पुं० [सं० सौराष्ट्र] १. गुजरात और दक्षिणी काठियावाड़ का प्राचीन नाम। २. इस देश की राजधानी, सूरत।

सोरठा पुं० [सं० सौराष्ट्र] पिंगल में चार चरणों का एक छन्द जिसके पहले और तीसरे चरणों में ग्यारह और दूसरे तथा चौथे चरणों में तेरह मात्राएँ होती हैं। (दोहे के प्रत्येक चरण को यतिस्थान से उलट देने पर सोरठा हो जाता है।)

सोरनी* स्त्री०=झाड़ू।

सोरह* वि०=सोलह।

सोरही स्त्री० [हिं० सोलह] १. जुआ खेलने के लिए सोलह चित्ती कौड़ियाँ। २. इन कौड़ियों से खेला जानेवाला जुआ।

सोलंकी पुं० [?] प्राचीन क्षत्रियों की एक शाखा जिसने बहुत दिनों तक गुजरात में राज्य किया था।

सोलह वि० [सं० षोडश] गिनती में दस से छह अधिक, षोडश।

मुहा० *सोलहो आने*=पूरा-पूरा, सब।

सोलह सिंगार पुं० दे० 'षोडश शृंगार'।

सोला पुं० [देश०] एक प्रकार का झाड़ जिसके छिलके से अंग्रेजी टोप बनते हैं।

सोल्लास क्रि० वि० [सं० स+उल्लास] उल्लासपूर्वक, आनन्द और उत्साह से।

सोवज* पुं० दे० 'सावज'।

सोवन* पुं० [हिं० सोवना=शयन करना] सोने की क्रिया या भाव, शयन।

सोवना[१]* अ० दे० 'सोना'।

सोवना[२]* अ० [हिं० सुन्न] सुन्न हो जाना।

सोवनार* पुं० [हिं० सोना (शयन)+आर=आगार] सोने का कमरा, शयनागार।

सोवियत पुं० [रूसी] १. रूस के जन-प्रतिनिधियों की सभा। २. रूसी प्रजातन्त्र।

सोवैया* पुं० [हिं० सोवना] सोनेवाला।

सोसन पुं० [फा० सौसन] [वि० सोसनी] १. एक प्रकार का पौधा। २. इस पौधे का फूल।

सोसनी वि० [हिं० सोसन] सोसन के फूल के रंग का, लाली मिला पीला।

सोसाइटी स्त्री० [अं०] १. समाज। २. सभा, समिति।

सोसू, सोधू वि० [हिं० सोखना] सोखनेवाला, शीर्षक।

सोस्मि* पद दे० 'सोऽहम्'।

सोहं, सोहंग पद दे० 'सोऽहम्'।

सोह[१] क्रि० वि० दे० 'सौंह'।

सोह[२]* स्त्री०=शोभा।

सोहगी स्त्री० [हिं० सुहाग] १. ब्याह की एक रस्म जिसमें तिलक के बाद वरपक्ष से लड़की के लिए कपड़े, गहने आदि भेजे जाते हैं। २. सिन्दूर, मेंहदी आदि सुहाग की सूचक वस्तुएँ।

सोहन वि० [सं० शोभन] [स्त्री० सोहनी] सुन्दर, सुहावना।
पुं० १. सुन्दर पुरुष। २. नायक।
पुं० एक प्रकार का पक्षी।

सोहन पपड़ी स्त्री० [हिं० सोहन+पपड़ी] एक प्रकार की बढ़िया मिठाई।

सोहन हलुआ पुं० [हिं० सोहन+अ० हलवा] एक प्रकार की बढ़िया मिठाई।

सोहना अ० [सं० शोभन] १. शोभित होना, सुन्दर लगना। २. रुचिकर लगना, अच्छा लगना।
वि० [स्त्री० सोहनी] सुन्दर, मनोहर।

सोहनी[१] स्त्री० [सं० शोधनी] झाड़ू।

सोहनी[२] वि० स्त्री० [हिं० सोहना] सुहावनी, सुन्दर, लुभावनी।
स्त्री० एक प्रकार की रागिनी।

सोहबत स्त्री० [अ०] १. संग-साथ, संगत। २. स्त्रीप्रसंग, सम्भोग।

सोहमस्मि पद दे० 'सोऽहम्'।

सोहर पुं० [सं० सूतिगृह, प्रा० सूइहर] बच्चा पैदा होने के समय घर में गाए जानेवाले गीत, सोहला।

सोहर[२] स्त्री० [?] नाव का पाल खींचने या बाँधने की रस्सी।
स्त्री० दे० 'सौरी'।

सोहराना स० दे० 'सहलाना'।

सोहला पुं० [हिं० सोहाना] १. घर में बच्चा पैदा होने पर गाए जानेवाले गीत। २. कोई मांगलिक गीत।
वि०=सरल (सुगम)।

सोहाइन* वि०=सुहावना।

सोहाग पुं० दे० 'सुहाग'।

सोहागिन स्त्री०=सुहागिन।

सोहाना पुं० दे० 'सुहाना'।
वि०=सुहावना।

सोहारद पुं० दे० 'सौहार्द'।

सोहारी स्त्री० दे० 'पूरी' (पकवान)।

सोहासित[१]* वि० [हिं० सोहाना] १. अच्छा लगनेवाला, रुचिकर। २. सुन्दर।

सोहासित[२] पुं० [सं० सुभाषित] ठकुर-सुहाती, खुशामद।

सोहिं क्रि० वि० दे० 'सौंह'।

सोहिनी वि० स्त्री० [हिं० सोहन] सुन्दर, शोभायमान।
स्त्री० षाड़व जाति की करुण रस की एक रागिनी जो मध्य रात्रि के बाद गाई जाती है।

सोहित* पुं० दे० 'सुहेल' (तारा)।

सोहिला* पुं० दे० 'सोहला'।
वि० [स्त्री० सोहिली] सरल, सहज।

सोहीं, सोहैं* क्रि० वि०=सामने।

सौं* स्त्री० दे० 'सौंह' (शपथ)।
क्रि० वि० दे० 'सों'।
वि० दे० 'सा' (समान)।

सौंकेरा* पुं० [सं० सकाल] सबेरे का समय।

सौंकेरे क्रि० वि० [हिं० सौंकेरा] १. प्रात:काल, सबेरे। २. नियत समय से कुछ पहले या जल्दी।

सौंघा वि० [हिं० महँगा का विरु०] [भाव० सौंघाई] १. अच्छा, उत्तम। २. ठीक, वाजिब। ३. सस्ता।

सौंघाई स्त्री० [हिं० सौंघा] १. उत्तमता, अच्छाई। २. औचित्य। ३. सस्तापन। ४. अधिकता, बहुतायत।

सौंचना स० [सं० शौच] मलत्याग करने पर गुदा और हाथ-पैर धोना।

सौंज स्त्री० दे० 'सौगंध'।

सौंजना* स०=सुपुर्द करना।

सौंजा पुं० [हिं० समझना] १. आपस में होनेवाला समझौता। २. गुप्त रूप से होनेवाला परामर्श या स्थिर किया जानेवाला मन्तव्य। ३. सौंपने की क्रिया या भाव।

सौंजाई* स्त्री० [हिं० सौंज] अलंकृत करने या शोभा बढ़ानेवाली चीज, सजावट का सामान, उदा० बल, विद्या, धन, धाम, रूप, गुन और सकल मिथ्या सौंजाई। -सूर।

सौंड़| स्त्री० [देश०] ओढ़ने की चादर।

सौंड़ा| वि० [स्त्री० सौड़ी] चौड़ा।

सौंतना* स० १. दे० 'सूतना'। २. दे० 'सहलाना'

साँतुख* क्रि० वि० सामने, प्रत्यक्ष।

सौंदन स्त्री० [हिं० सौंदना] कपड़े धोने के पहले उन्हें रेह मिले पानी में भिगोना। (धोबी)

सौंदना स० [सं० संधम्] १. भिलाना, सानना। २. मिट्टी आदि के योग से मैला या गन्दा करना।

सौंदर्य पुं० [सं०] किसी व्यक्ति या वस्तु का वह गुण जिसके फलस्वरूप उसे देखने में प्रसन्नता होती है, सुन्दरता, खूबसूरती।

सौंदर्यशास्त्र पुं० वह शास्त्र जिसमें कलाकृति के सौंदर्य का विवेचन किया जाता है।

सौंध* पुं० दे० 'सौध'।

स्त्री० दे० 'सुगंध'।

सौंधना स०=सुगन्धित करना।

सौंधा[1] वि० [सं० सुगंधित] [स्त्री० सौंधी] १. सुगन्धित। २. अच्छा लगनेवाला, रुचिकर। ३. मनोहर, सुन्दर। ४. उचित।

सौंधा[2] पुं० [सं० सुगंध] सुगन्ध, खुशबू, उदा० सौंधे के डारे लगी, अली चली संग जाई। -बिहारी।

सौंपना स० [सं० समर्पण] १. व्यवस्था, देख-रेख आदि के लिए किसी को कुछ देना, सुपुर्द करना। (एनट्रस्ट) १. दे० 'सहेजना'।

सौंफ स्त्री० [सं० शतपुष्पा] [वि० सौंफी] एक छोटा पौधा जिसके बीज दवा और मसाले के काम में आते हैं।

सौंफिया स्त्री०, वि० दे० 'सौंफी'।

सौंफी वि० [हिं० सौंफ] जिसमें सौंफ मिली हो।

स्त्री० सौंफ के योग से बनी हुई एक प्रकार की शराब।

सौंरई स्त्री० [हिं० साँवला] साँवलापन, श्यामलता।

सौंरना[1] अ० [हिं० सँवरना] सँवारा जाना, अच्छा या ठीक किया जाना।

*स०=सँवारना।

सौंरना[2] स० [सं० स्मरण] स्मरण या याद करना, उदा० लरिकाई के सौंरित चोर मिहिचनी खेल। —मतिराम।

सौंह* स्त्री० [हिं० सौगंध] शपथ, कसम।

मुहा० *सौंह कराना*=कसम खिलाना।

पुं०=सामना।

क्रि० वि०=सामने।

सौंही स्त्री० [?] एक प्रकार का हथियार।

सौंहे क्रि० वि० [सं० सन्मुख] सामने, समक्ष।

सौ वि०, पुं० [सं० शत, प्रा० सइ] गिनती में पचास का दूना, नब्बे और दस, शत।

पद *सौ बात की एक बात*=सारांश, निचोड़।

वि० दे० 'सा' (समान), उदा० अति नव, कै प्राचीन, एक सौ बेढब जानौ। —रत्ना०।

सौओं वि० [हिं० सौ] सभी सौ, सब के सब सौ।

सौक[1]* स्त्री० [हिं० सौत] सौत, सपत्नी।

सौक[2] वि० [हिं० सौ+एक या क (प्रत्य०)] एक सौ।

क्रि० वि० सौ के लगभग, प्रायः एक सौ।

सौकन स्त्री० दे० 'सौत'।

सौकर्य पुं० [सं०] १. 'सुकर' का भाव, सुकरता। २. सुविधा।

सौकुमार्य पुं० [सं०] १. सुकुमारता। २. यौवन, जवानी। ३. काव्य का एक गुण जो ग्राम्य और श्रुतिकटु शब्दों का त्याग करने से उत्पन्न होता है।

सौख* पुं० दे० 'शौक'।

सौख्य पुं० [सं०] १. 'सुख' का भाव, सुखता। २. सुख, आराम।

सौगंद स्त्री०=सौगंध।

सौगंध स्त्री० [सं० सौगंद] शपथ, कसम।

सौगत पुं० [सं०] १. बौद्ध धर्म। २. दे० 'सौगतिक'।

सौगतिक पुं० [सं०] सुगत का अनुयायी, बौद्ध, नास्तिक।

सौगात स्त्री० [तु०] [वि० सौगाती] वह अच्छी चीज जो इष्ट-मित्रों को देने के लिए कहीं से लाई जाए, भेंट, उपहार।

सौधा वि०=सस्ता।

सौच* पुं०=शौच।

सौज* स्त्री० [सं० सज्जा] १. सामग्री, सामान। २. वस्तु, चीज। ३. सजावट।

*स्त्री०=सौगंध।

सौजना अ०=सजना।

सौजन्य पुं० [सं०] सुजन होने का भाव, सज्जनता, भलमनसत।

सौजन्यता स्त्री०=सौजन्य। (सौजन्यता रूप अशुद्ध है।)

सौजा पुं० [हिं० सावज] वह पशु या पक्षी जिसका शिकार किया जाता हो।

सौटंच| वि०[हिं० सौ+टंच] शत-प्रतिशत।

सौड़ा वि० [हिं० चौड़ा का अनु०] [स्त्री० सौड़ी] कम चौड़ा।

सौत स्त्री० [सं० सपत्नी] किसी स्त्री की दृष्टि से उसके पति या प्रेमी की दूसरी पत्नी या प्रेमिका, सपत्नी।

सौतन, सौतिन स्त्री०=सौत।

सौतिया डाह पुं० १. दो सौतों में होनेवाली ईर्ष्या। २. घोर, ईर्ष्या।

सौतेला वि० [हिं० सौत] [स्त्री० सौतेली] १. सौत से उत्पन्न। २. जिसका सम्बन्ध किसी सौत के पक्ष से हो, जैसे सौतेला भाई=माता की सौत का लड़का।

सौत्रांतिक पुं० [सं०] बौद्धों के हीनयान के दो प्रमुख सम्प्रदायों में से एक। (दूसरा सम्प्रदाय 'वैभाषिक' कहलाता था।)

सौदा[1] पुं० [अ०] १. घर-गृहस्थी की वस्तु या वस्तुएँ जो दुकान या बाजार से खरीदी जाएँ; जैसे-पिताजी सौदा लेने बाजार गए हुए हैं। २. किसी वस्तु की खरीद-बिक्री के संबंध में बेचनेवाले और खरीददार में होनेवाला करार; जैसे उस मकान का सौदा दो लाख में हुआ है।

मुहा० *सौदा तय होना/हो जाना*=खरीददार और बेचनेवाले के बीच में किसी वस्तु की कीमत बातचीत द्वारा निश्चित होना। *घाटे का सौदा*=ऐसा सौदा या लेन-देन जिसमें किसी चीज को बेचने पर घाटा हो।

सौदा[2] स्त्री० [फा०] [वि० सौदाई] पागलपन (रोग)।

सौदाई पुं० [फा० सौदा] पागल।

सौदागर पुं० [फा०] [भाव० सौदागरी] व्यापारी, व्यवसायी।

सौदागरी स्त्री० [फा०] सौदागर का काम, पेशा, पद, व्यवहार आदि, वाणिज्य, व्यापार।

सौदामनी स्त्री० [सं०] बिजली, विद्युत।

सौदामिनी* स्त्री०=सौदामनी (बिजली)।

सौदा-सुलुफ पुं० खरीदने की चीजें या वस्तुएँ, कई तरह की चीजें।

सौदा-सूत पुं० [अ० सौदा+सूत (अनु०)] १. क्रय-विक्रय का व्यवहार, व्यापार, रोजगार, उदा० सुहृद समाज दगाबाजि ही को सौदा सूत। -तुलसी।

पुं० दे० 'सौदा-सुलुफ'।

सौदेबाज पुं० [अ० सौदा+फा० बाज़] सौदेबाजी करनेवाला।

सौदेबाजी स्त्री० [अ० सौदा+फा० बाज़ी (प्रत्य०)] मोल-भाव करने की क्रिया या भाव। (बारगेनिंग)

सौध पुं० [सं०] १. बड़ा और ऊँचा मकान, प्रासाद। २. चाँदी, रजत।

सौधना स० दे० 'सोधना'।

सौन पुं० [सं० स्वर्ण] १. स्वर्ण या सोना। २. सोने का सुन्दर पीला रंग। ३. अबीर।

क्रि० वि०=सामने।

सौनक पुं० दे० 'शौनक'।

सौनजाइ स्त्री०=सोनजूही।

सौनजुही* स्त्री० दे० 'सोनजूही'।

सौभागिनी स्त्री० दे० 'सुहागिन'।

सौभाग्य पुं० [सं०] १. अच्छा भाग्य, खुशकिस्मती। २. सुख, आनन्द। ३. ऐश्वर्य, वैभव। ४. स्त्री के सधवा होने की दशा, सुहाग, अहिवात।

सौभाग्यवती वि० [सं०] (स्त्री) जिसका पति जीवित हो, सधवा, सुहागिन।

सौभाग्यवान, सौभाग्यशाली वि०=भाग्यवान।

सौभिक्ष्य पुं०=सुभिक्ष।

सौम* वि०=सौम्य।

सौमन पुं० [सं०] एक प्रकार का पुराना हथियार।

सौमनस वि० [सं०] १. सुमनों या फूलों का। २. मनोहर, सुन्दर।

पुं० १. प्रसन्नता, आनन्द। २. अस्त्रों को व्यर्थ करनेवाला एक प्राचीन अस्त्र।

सौमनस्य पुं० [सं०] १. भलमनसत। २. प्रसन्नता। ३. प्रेम, प्रीति। ४. सन्तोष।

सौमित्र पुं० [सं०] सुमित्रा का पुत्र अर्थात् लक्ष्मण या शत्रुघ्न।

सौमित्रा स्त्री०=सुमित्रा।

सौम्य वि० [सं०] [स्त्री० सौम्या] १. सोम या उसके रस से सम्बन्ध रखनेवाला। २. सोम या चन्द्रमा से सम्बन्ध रखनेवाला, चान्द्र। ३. ठंडा और शान्त। ४. अच्छे स्वभाववाला, नम्र और सुशील। ५. सुन्दर, मनोहर।

पुं० १. सोम यज्ञ। २. बुध, जो चन्द्रमा का पुत्र माना जाता है। ३. अगहन का महीना, मार्गशीर्ष। ४. रक्त का वह पूर्व रूप जिसमें वह लाल रंग का होने से पहले रहता है। (सीरम)

सौम्यदर्शन वि० [सं०] देखने में सुन्दर।

सौम्यविज्ञान पुं० [सं०] वह विज्ञान जिसमें औषध के काम के लिए जीवों के रक्त से सौम्य बनाने का विवेचन होता है।

सौर[1] वि० [सं०] १. सूर्य-सम्बन्धी, सूर्य का, जैसे सौर जगत। २. सूर्य से उत्पन्न। ३. सूर्य के प्रभाव से होनेवाला। (सोलर)

पुं० १. सूर्य का उपासक। २. सूर्यवंशी। ३. शनि गृह।

सौर[2]* स्त्री० [हिं० सौंड़] चादर।

सौरज* पुं०=शौर्य (शूरता)।

सौर जगत पुं० [सं०] सूर्य और उसकी परिक्रमा करने-वाले ग्रहों (पृथ्वी, मंगल, बुध, बृहस्पति, शुक्र, शनि, यूरेनस आदि) का समूह या वर्ग जो आकाशचारी पिंडों में स्वतन्त्र इकाई के रूप में माना जाता है। (सोलर सिस्टम)

सौर दिवस पुं० [सं०] एक सूर्योदय से दूसरे सूर्योदय तक का समय।

सौरभ पुं० [सं०] [वि० सौरभित] १. सुगन्ध, खुशबू। २. आम्र, आम।

सौरभित वि० [सं०] सौरभ या सुगन्धि से युक्त, सुगन्धित।

सौरमास पुं० [सं०] एक सौर संक्रान्ति से दूसरी सौर संक्रान्ति तक का महीना।

सौरभमौर* पुं० [सं०+हिं०] आम की मंजरी।

सौरवर्ष पुं० [सं०] एक मेष संक्रान्ति से दूसरी मेष संक्रान्ति तक का वर्ष।

सौरस्य पुं० [सं०] सुरसता।

सौराष्ट्र पुं० [सं०] [वि० सौराष्ट्रिक] १. गुजरात-काठियावाड़ का प्राचीन नाम, सोरठ देश। २. उक्त प्रदेश का निवासी।

सौराष्ट्रिक वि० [सं०] सौराष्ट्र देश-सम्बन्धी, सौराष्ट्रिक।

पुं० सौराष्ट्र देश का निवासी।

सौरास्त्र पुं० [सं०] प्राचीन काल का एक प्रकार का दिव्यास्त्र।

सौरी[1] स्त्री० [सं० सूतिगृह प्रा० सूइहर] वह कोठरी जिसमें स्त्री बच्चा प्रसव करती है, सूतिकागार, जच्चाखाना। (लेबर रूम)

सौरी[2] स्त्री० [सं० शफरी] एक प्रकार की मछली।

स्त्री०=सौंड़ (चादर)।

सौर्य वि० [सं०] सूर्य-सम्बन्धी, सौर।

सौवर्ण वि० [सं०] सोने का।

पुं० स्वर्ण, सोना (धातु)।

सौवीर पुं० [सं०] १. सिन्धु नद के आस-पास का प्राचीन प्रदेश। २. इस प्रदेश का निवासी।

सौष्ठव पुं० [सं०] १. 'सुष्ठु' होने का भाव, सुष्ठता। २. सुन्दरता, सौन्दर्य।

सौसन पुं० दे० 'सोसन'।

सौहँ[1] स्त्री० [सं० शपथ] सौगन्ध, कसम।

सौहँ[2] क्रि० वि० [सं० सम्मुख] सामने, आगे।

सौहार्द पुं० [सं०] १. 'सुहृद' होने का भाव। २. स्नेह, प्रेम। ३. मित्रता।

सौहार्दपूर्ण वि० [सं०] स्नेह या मित्रता का परिचायक।

सौहार्दपूर्वक क्रि० वि० [सं०] स्नेह या मैत्रीभाव से।

सौहों* क्रि० वि०=सामने।

सौहृद पुं० [सं०] [भाव० सौहृद्य] १. मित्रता, दोस्ती। २. मित्र, दोस्त।

स्कंद पुं० [सं०] [वि० स्कंदित] १. निकलना या बाहर आना। २. विनाश, ध्वंस। ३. कार्तिकेय जो देवताओं के सेनापति और युद्ध के देवता माने जाते हैं। ४. शरीर, देह।

स्कंदगुप्त पुं० [सं०] गुप्तवंश के एक प्रसिद्ध और प्रतापी सम्राट। (ईसवी पाँचवी शताब्दी)

स्कंद पुराण पुं० [सं०] एक प्रसिद्ध पुराण जो १८ पुराणों के अन्तर्गत है।

स्कंध पुं० [सं०] १. कन्धा। २. वृक्ष के तने का वह ऊपरी भाग जिसमें से डालियाँ निकलती हैं, कांड। ३. शाखा, डाल। ४. समूह, झुंड। ५. वह स्थान जहाँ विक्रय, उपयोग आदि के लिए बहुत-सी चीजें जमा रहती हों, भंडार। (स्टॉक) ६. ग्रन्थ का वह विभाग जिसमें कोई पूरा विषय हो। ७. शरीर, देह। ८. युद्ध, लड़ाई। ९. दर्शनशास्त्र में शब्द, स्पर्श, रूप, रस और गन्ध।

स्कंधक पुं० [सं०] वह जो विक्रय आदि के लिए बहुत-सी वस्तुएँ (या स्कन्ध) अपने पास रखता हो। (स्टॉकिस्ट)

स्कंधधारी (-रिन्) पुं० [सं०] अपने पास किसी प्रकार की बहुत सी वस्तुएँ या उनका स्कन्ध रखनेवाला। (स्टॉक-होल्डर)

स्कंधपंजी स्त्री० [सं०] वह पंजी या बही जिसमें स्कन्ध या भंडार में रखी हुई वस्तुओं का विवरण हो। (स्टाक-बुक)

स्कंधपाल पुं० [सं०] वह अधिकारी जो किसी स्कंध या भंडार की देख-रेख आदि के लिए नियत हो। (स्टॉक-कीपर)

स्कंधावार पुं० [सं०] १. राजा का शिविर। २. सेना का पड़ाव, छावनी। ३. सेना।

स्कंभ पुं० [सं०] १. स्तम्भ। २. ईश्वर।

स्काउट पुं० दे० 'बालचर'।

स्किपर पुं० [अं०] क्रिकेट की टीम का कप्तान।

स्कूटर पुं० [अं०] तेल से चलनेवाली दुपहिया गाड़ी।

स्कूल पुं० [अं०] [वि० स्कूली] १. विद्यालय। २. सम्प्रदाय या शाखा।

स्कैंडल पुं० [अं०] कोई अनैतिक कार्य।

स्खलन पुं० [सं०] [वि० स्खलित] १. गिरना। २. चीरना-फाड़ना। ३. हत्या।

स्खलित वि० [सं०] १. गिरा हुआ, च्युत। २. लड़खड़ाया हुआ, विचलित। ३. चूका हुआ।

स्टांप पुं० दे० 'अंकपत्र'।

स्टाफ पुं० [अं० स्टाफ] किसी दुकान, कार्यालय, संस्था या संघटन में काम करनेवाले लोगों का समूह।

स्टाफ रूम पुं० [अं०] विद्यालय का वह कक्ष जिसका उपयोग खाली समय में अध्यापक करते हैं।

स्टार्ट वि० [अं०] जो चलने लगा हो; जैसे-मशीन स्टार्ट हो गई हो।

स्टीमर पुं० [अं०] भाप के जोर से चलनेवाला छोटा समुद्री जहाज।

स्टेट[1] पुं० [अं०] बड़ा राज्य।

स्टेट[2] पुं० [अं० एस्टेट] १. बड़ी जमींदारी। २. स्थावर और जंगम सम्पत्ति।

स्टेडियम पुं० [अं०] खेल का मैदान विशेषत: जिसमें दर्शकों के बैठने के लिए दीर्घाएँ बनी हों।

स्टेनो पुं०=स्टेनोग्राफर।

स्टेनोग्राफर पुं० [अं०] आशुलिपिक।

स्टेशन पुं० [अं०] १. रेल-गाड़ी के ठहरने का स्थान। २. किसी विशेष कार्य के संचालन के लिए नियत स्थान, आस्थान।
(विशेष० दे० 'अवस्थान')

स्तंभ पुं० [सं०] [वि० स्तंभित] १. खम्भा। २. वह व्यक्ति, तत्त्व या तथ्य जो किसी संस्था, कार्य, सिद्धान्त आदि के आधार के रूप में हो, जैसे आप उस संस्था के स्तम्भ हैं। ३. समाचार-पत्रों के पृष्ठों, सारिणियों आदि में खड़े बल का वह विभाग जिसमें ऊपर से नीचे तक कुछ विशेष बातें, अंक आदि होते हैं। ४. समाचार-पत्रों में उक्त प्रकार के विभागों का वह वर्ग जिसमें किसी विशेष विषय का प्रतिपादन या निरूपण होता है, जैसे सम्पादकीय स्तम्भ, स्थानिक स्तम्भ आदि। (कालम, उक्त सभी अर्थों के लिए) ५. पेड़ का तना। ६. साहित्य में किसी कारण या घटना (जैसे हर्ष, लज्जा, भय, श्रम आदि से) अंगों का बिल्कुल शिथिल हो जाना, जो सात्विक भावों में माना गया है। ७. जड़ता, अचलता। ८. प्रतिबन्ध, रुकावट। ९. तन्त्र में किसी शक्ति को रोकनेवाला प्रयोग।

स्तंभक वि० [सं०] १. रोकनेवाला, रोधक। २. मल रोकने या कब्ज करनेवाला। ३. सम्भोग के समय वीर्य को जल्दी स्खलित होने से रोकनेवाला। (औषध)

स्तंभन पुं० [सं०] १. रोकने की क्रिया या भाव, रुकावट, अवरोध। २. वीर्य आदि को स्खलित होने या मल को पेट से बाहर निकलने से रोकना। ३. वीर्यपात रोकने की दवा। ४. जड़ या निश्चेष्ट करना, जड़ीकरण। ५. किसी की चेष्टा, क्रिया या शक्ति रोकनेवाला तान्त्रिक प्रयोग। ६. कामदेव के पाँच वाणों में से एक।

स्तंभित वि० [सं०] १. जो जड़ और निश्चेष्ट हो गया हो, निस्तब्ध, सुन्न। २. रुका या रोका हुआ, अवरुद्ध। ३. चकित।

स्तन पुं० [सं०] स्त्रियों या मादा पशुओं का वह अंग जिसमें दूध रहता है, छाती।

स्तनन पुं० [सं०] [वि० स्तनित] १. बादल का गरजना। २. ध्वनि या शब्द होना। ३. आर्तनाद।

स्तनपान पुं० [सं०] स्तन में मुँह लगाकर उसमें का दूध पीना।

स्तनपायी (-यिन्) पुं० [सं०] वे जन्तु या जीव जो जन्म लेने पर अपनी माता का दूध पीकर पलते हैं, जैसे मनुष्य, चौपाए आदि। (मैमल)

स्तनपोषी वि० [सं०] स्तनपान के द्वारा अपने बच्चों को पालनेवाला (प्राणी)।

स्तनहार पुं० [सं०] गले में पहनने का एक प्रकार का हार।

स्तनित पुं० [सं०] १. बादल की गरज। २. बिजली की कड़क। ३. ताली बजाने का शब्द।
वि० गरजता या शब्द करता हुआ।

स्तन्य वि० [सं०] स्तन-सम्बन्धी।
पुं० दूध।

स्तन्यपान पुं० [सं० स्तन्य+पान] स्तन से दूध पीने की क्रिया या भाव। स्तन पान।

स्तब्ध वि० [सं०] [भाव० स्तब्धता] १. जो जड़ या निश्चेष्ट हो गया हो, स्तम्भित। २. दृढ़, पक्का। ३. मन्द, धीमा।

स्तब्धता स्त्री० [सं०] १. 'स्तब्ध' होने की दशा या भाव। २. जड़ता। ३. भौचक्कापन। ४. सन्नाटा।

स्तर पुं० [सं०] १. एक दूसरी के ऊपर पड़ी या लगी हुई तह, परत। २. भूमि आदि का एक प्रकार का विभाग जो भिन्न-भिन्न कालों में बनी हुई उसकी तहों के आधार पर किया गया है। (स्ट्रेटा) ३.मान, मानक आदि की दृष्टि से कोई स्थिति; जैसे—विश्वविद्यालय स्तर की पुस्तक, अन्तरराष्ट्रीय स्तर का खिलाड़ी।

स्तरण पुं० [सं०] [वि० स्तीर्ण] फैलाने या बिखेरने का काम।

स्तर-भेद पुं० [सं०] दो या अधिक व्यक्तियों, वस्तुओं आदि के स्तरों में होनेवाला भेद।

स्तरीय वि० [सं०] [भाव० स्तरीयता] १. स्तर-संबंधी; जैसे-ध्वनिस्तरीय, शब्द स्तरीय, व्याकरण स्तरीय। २. सही स्तरवाला।

स्तरोन्नयन पुं० [सं०] स्तर ऊँचा करना।

स्तव पुं० [सं०] १. (पद्य के रूप में) देवता आदि का स्वरूप-वर्णन या गुणगान, स्तोत्र। २. स्तुति, प्रशंसा।

स्तवक पुं० [सं०] १. स्तव या स्तुति करनेवाला। २. फूलों का गुच्छा, गुलदस्ता। ३.समूह, झुंड। ४. राशि, ढेर। ५.पुस्तक का अध्याय या परिच्छेद।

स्तवन पुं० [सं०] स्तव या स्तुति करना।

स्तीर्ण वि० [सं०] १. दूर तक फैला हुआ, विस्तृत। २. इधर-उधर बिखरा या छितराया हुआ, विकीर्ण।

स्तुत वि० [सं०] जिसकी स्तुति की गई हो।

स्तुति स्त्री० [सं०] [वि० स्तुत्य] १. श्रद्धाभाव से किसी के गुणों का किया जानेवाला वर्णन, प्रशंसा, बड़ाई। २. स्तव।

स्तुत्य वि० [सं०] स्तुति या प्रशंसा के योग्य, प्रशंसनीय।

स्तूप पुं० [सं०] १. मिट्टी, पत्थर आदि का ऊँचा ढूह, टीला। २. वह ढूह या टीला जो भगवान बुद्ध या किसी बौद्ध महात्मा की अस्थि, दाँत, केश आदि स्मृतिचिह्नों को सुरक्षित रखने के लिए उनके ऊपर बनाया गया हो। ३. ऊँचा ढेर।

स्तेन पुं० [सं०] १. चोर। २. चोरी।

स्तेय पुं० [सं०] चोरी।

स्तोता वि० [सं० स्तोतृ] स्तुति करनेवाला।

स्तोत्र पुं० [सं०] १. देवता आदि का पद्यात्मक गुणगान। २. स्तव, स्तुति। (साम)

स्तोम पुं० [सं०] १. स्तुति, स्तव। २. यज्ञ। ३. समूह, झुंड। ४. राशि, ढेर।

स्त्री स्त्री० [सं०] [भाव० स्त्रीत्व, वि० स्त्रैण] १. मनुष्य जाति के जीवों के दो भेदों में से एक जो अपनी सुन्दरता, कोमलता आदि के लिए प्रसिद्ध है और जिसका काम गर्भ धारण करके सन्तान उत्पन्न करना है, 'पुरुष' का उलटा, नारी, औरत। २. पत्नी, जोरू। ३. किसी जीवजन्तु की मादा, 'पुरुष' या 'नर' का उलटा।
स्त्री० दे० 'इस्तरी'।

स्त्रीत्व पुं० [सं०] १. 'स्त्री' होने की अवस्था, गुण, धर्म या भाव, औरतपन। २. गुण, धर्म आदि के विचार से स्त्रियों का-सा होने का भाव, जनानापन। ३. शब्दों के अन्त में लगनेवाला स्त्रीलिंग का सूचक प्रत्यय। (व्याकरण)

स्त्रीधन पुं० [सं०] स्त्री को उसको मैके या ससुराल से मिला हुआ वह धन जिसपर उसका पूरा-पूरा अधिकार रहता है और जो परिवार के लोगों में बँट नहीं सकता।

स्त्रीधर्म पुं० [सं०] स्त्री का रजस्वला होना, मासिक धर्म।

स्त्रीप्रसंग पुं० [सं०] मैथुन, सम्भोग।

स्त्रीलिंग पुं० [सं०] हिन्दी व्याकरण में दो लिंगों में से एक जो स्त्री-जाति का अथवा किसी शब्द के अल्पार्थक रूप का वाचक होता है, जैसे 'लड़का' का स्त्रीलिंग 'लड़की' या 'छुरा' का स्त्रीलिंग 'छुरी' है।

स्त्री-विमर्श पुं० [सं०] स्त्रियों द्वारा अपनी स्थिति और अधिकारों के सम्बन्ध में प्रकट किए जानेवाले विचार।

स्त्रीव्रत पुं० दे० 'पत्नीव्रत'।

स्त्री-समागम पुं० [सं०] स्त्रीप्रसंग।

स्त्रैण वि० [सं०] [भाव स्त्रैणता] १. स्त्री-सम्बन्धी, स्त्रियों का। २. स्त्रियों का-सा, स्त्रियों की तरह का। ३. (पुरुष) जिसमें पौरुष का अभाव हो। ४. स्त्री या पत्नी के वश में रहनेवाला, स्त्रीरत (पुरुष)। ५. सदा स्त्रियों की मंडली में रहनेकी प्रवृत्ति रखनेवाला। ६. असमर्थ, नपुंसक।

स्त्रैणता स्त्री० [सं०] स्त्रैण होने की अवस्था या भाव।

स्थ प्रत्य० [सं०] एक प्रत्यय जो शब्दों के अन्त में लगकर ये अर्थ देता है—(क) स्थित, जैसे—तटस्थ। (ख) उपस्थित, वर्तमान, जैसे—कंठस्थ। (ग) रहनेवाला, जैसे—काशीस्थ। (घ) लीन, रत, मग्न, जैसे—ध्यानस्थ।

स्थगन पुं० [सं०] १. स्थागित करने की क्रिया या भाव। २. सभा की बैठक, बात की सुनवाई अथवा और कोई चलता हुआ काम कुछ समय के लिए रोक देना।

स्थगनक वि० [सं०] स्थगन-सम्बन्धी, स्थगन का।

स्थगन-प्रस्ताव पुं० [सं०] वह प्रस्ताव जो विधायिकाओं आदि में यह कहकर उपस्थित किया जाता है कि और काम छोड़कर पहले इस पर विचार होना चाहिए। (एडजर्नमेन्ट मोशन)

स्थगित वि० [सं०] कार्रवाई, सुनवाई आदि; जैसे कुछ समय के लिए रोक दिया गया हो, मुलतवी। (एडजर्न्ड)

स्थल पुं० [सं०] [वि० स्थलीय] १. भूमि, जमीन। २. जल से रहित भूमि, खुश्की। (लैंड) ३. स्थान, जगह। (प्लेस) ४. कोई ऐसी जगह जहाँ कोई विशेष बात, रचना आदि हो या होने को हो। (साइट) ५. अवसर, मौका।

स्थलकमल पुं० [सं०] स्थल में होनेवाला कमल के आकार का एक प्रकार का फूल।

स्थलचर वि० [सं०] स्थल में रहने या विचरण करनेवाला।

स्थलचारी वि०=स्थलचर।

स्थलज वि० [सं०] स्थल में उत्पन्न होनेवाला।

स्थल-डमरूमध्य पुं० [सं०] दाहिने और बाएँ पानी से घिरा हुआ स्थल का वह लम्बा भाग जो दोनों ओर के दो बड़े स्थलों के बीच में हो और उन्हें मिलाता हो। (स्थमस)

स्थलपद्म पुं० [सं०] दे० 'स्थलकमल'।

स्थलयुद्ध पुं० [सं०] स्थल या भूभाग पर होनेवाला युद्ध, मैदान की लड़ाई।

स्थलसेना स्त्री० [सं०] स्थल या जमीन पर लड़नेवाली फौज, पैदल सिपाही और घुड़सवार आदि। (आर्मी)

स्थलालेख्य पुं० [सं०] किसी स्थल का रेखाचित्र। (साइट प्लान)

स्थली स्त्री० [सं०] १. जमीन, भूमि। २. स्थान, जगह।

स्थलीय वि० [सं०] १. स्थल या भूमि से सम्बन्ध रखनेवाला, स्थल का। २. दे० 'स्थानीय'।

स्थाई वि०=स्थायी। (अशुद्ध अक्षरी)

स्थाणु पुं० [सं०] १. खम्भा। २. पेड़ का वह खाली तना जिसके ऊपर की डालियाँ न रह गई हो, ठूँठ। ३. शिव, रुद्र।

वि० स्थिर, अचल।

स्थाणु पुरुष पुं० [सं०] पुरातत्त्व के क्षेत्र में ग्राम-देवताओं या स्थान-देवताओं की उन मूर्तियों का सामूहिक नाम जो प्राय: सभी देशों में पत्थर आदि के लम्बे खड़े टुकड़ों के रूप में पाई जाती हैं। (वर्टिकल मैन, दी)

स्थान पुं० [सं०] [वि० स्थानिक, स्थानीय] १. स्थिति, ठहराव। २. खुला हुआ भूभाग, जमीन, मैदान। ३. निश्चित और परिमित स्थितिवाला वह भूभाग जिसमें कोई बस्ती, प्राकृतिक रचना या कोई विशेष बात हो, जगह, स्थल, जैसे वहाँ देखने योग्य अनेक स्थान हैं। ४. रहने की जगह (मकान, घर आदि)। ५. सेवा या लोकोपकार आदि के काम करने की जगह, पद, ओहदा। (पोस्ट) ६. बैठने का वह विशिष्ट स्थान जो निर्वाचित अथवा प्रतिनिधित्व करनेवाले लोगों के लिए व्यासिद्ध होता है। ७. देवालय, आश्रम या इसी प्रकार का और कोई पवित्र स्थान। ८. अवसर, मौका।

मुहा० *स्थान देना*=सम्मिलित करना; जैसे-इस मंत्रिमंडल में कुछ नए लोगों को भी स्थान दिया गया है।

स्थानक पुं० [सं०] बस स्टेशन।

स्थानच्युत, स्थानभ्रष्ट वि० [सं०] [भाव० स्थानच्युति] जो अपने स्थान से गिर या हट गया हो।

स्थानदेवता पुं० [सं०] किसी स्थान (गाँव, जंगल, पहाड़ आदि) का अधिष्ठाता माना जानेवाला वह देवता जिसकी पूजा उस स्थान के आस-पास रहनेवाले लोग करते हैं।

स्थान-लागव पुं० [सं० स्थान+लागव] १. स्थान की बचत। २. स्थान की बचत का प्रयत्न।

स्थानांतर पुं० [सं०] प्रकृत या प्रस्तुत से भिन्न या दूसरा स्थान।

स्थानांतरण पुं० [सं०] [वि० स्थानांतरित] १. किसी वस्तु या व्यक्ति को एक स्थान से हटाकर दूसरे स्थान पर पहुँचाना, रखना या भेजना। (रिमूवल) २. दे० 'अंतरण'।

स्थानांतरित वि० [सं०] जो अपने पहले स्थान से हटाकर दूसरे स्थान पर कर, रख या भेज दिया गया हो।

स्थानापन्न वि० [सं०] १. किसी के न रहने पर उसके स्थान पर बैठनेवाला। २. किसी कर्मचारी के कुछ दिनों के लिए कहीं चले जाने पर उसकी जगह काम करनेवाला, एवजी। (ऑफिसिएटिंग)

स्थानाभाव पुं० [सं०] स्थान का अभाव, जगह की कमी।

स्थानिक वि० [सं०] १. उस स्थान का, जिसके विषय में कोई उल्लेख या चर्चा हो। २. उस स्थान का जहाँ से कोई बात कही जाए। (लोकल)

स्थानिक अधिकारण्य पुं० [सं०] किसी विशेष स्थान पर रहनेवाले अधिकारियों का समूह, वर्ग या निकाय। (लोकल ऑथॉरिटी)

स्थानिक कर पुं० [सं०] किसी स्थान पर लगनेवाला कर। (लोकल टैक्स)

स्थानिक परिषद स्त्री० [सं०] किसी बस्ती के निवासियों के प्रतिनिधियों की वह परिषद या सभा जिसपर वहाँ के कुछ विशिष्ट लोकहित सम्बन्धी सार्वजनिक कार्यों का भार हो। (लोकल बोर्ड)

स्थानिक स्वराज्य पुं० दे० 'स्थानिक स्वशासन'।

स्थानिक स्वशासन पुं० [सं०] किसी देश या प्रान्त के भिन्न-भिन्न नगरों आदि को अपना शासन और व्यवस्था करने के लिए मिला हुआ अधिकार, अथवा ऐसे अधिकार के अनुसार अपना शासन आप करने की स्वतन्त्रता और प्रणाली। (लोकल सेल्फ-गवर्नमेन्ट)

स्थानीय वि० [सं०] १. स्थान-सम्बन्धी। २. उस स्थान का जिसकी चर्चा या उल्लेख हो।

स्थानीयकरण पुं० [सं०] चारों ओर फैली हुई बहुत-सी शक्तियों, वस्तुओं, उपद्रवों आदि को घेर या लाकर किसी एक स्थान पर एकत्र करना। (लोकलाइज़ेशन)

स्थापक वि० [सं०] १. स्थापन करनेवाला। २. मूर्ति बनानेवाला। ३. नाटक में सूत्रधार का सहकारी। ४. दे० 'संस्थापक'।

स्थापत्य पुं० [सं०] १. वह विद्या जिसमें मकान, पुल आदि बनाने के सिद्धान्तों और प्रणालियों का विवेचन होता है, वास्तु-शास्त्र। २. चार उपवेदों में से एक जिसमें उक्त विषय (वास्तुशास्त्र) का विवेचन है।

स्थापन पुं० [सं०] [वि० स्थापनीय, स्थापित, कर्ता स्थापक] १. दृढ़तापूर्वक जमाना, रखना या बैठाना, जैसे वृक्ष या देवता का स्थापन। २. दृढ़ या पुष्ट आधार पर स्थित करना, स्थायी रूप देना। ३. कोई नई संस्था या व्यापारिक कारोबार खड़ा करना। ४. प्रमाण आदि के द्वारा ठीक सिद्ध करते हुए कोई विषय सामने रखना, निरूपण, प्रतिपादन। (इस्टैब्लिशमेन्ट, उक्त सभी अर्थों के लिए) ५. किसी को किसी पद पर काम करने के लिए लगाना या नियत करना। (पोस्टिंग)

स्थापना स्त्री० दे० 'स्थापन'।

*स०=स्थापित करना।

स्थापित वि०[सं०] जिसका स्थापन हुआ हो। (एस्टेब्लिश्ड) विशेष दे० 'स्थापन'।

स्थायित्व पुं० [सं०] १. 'स्थायी' होने की अवस्था, गुण, धर्म या भाव। २. किसी वस्तु विशेषतः सेवा या नौकरी के पद आदि पर होनेवाला ऐसा अधिकार जो कुछ विशिष्ट नियमों के अनुसार सुरक्षित और नियत काल के लिए स्थायी हो। (टेन्योर)

स्थायी वि० [सं०] [भाव० स्थायित्व]-१. बराबर बना रहने या काम करनेवाला, सदा स्थिर रहनेवाला। (परमानेन्ट) २. बहुत दिनों तक चलनेवाला, टिकाऊ।

पुं० संगीत में किसी गीत का पहला पद, टेक। (दूसरा पद अन्तरा कहलाता है।)

स्थायीकरण पुं० [सं०] [वि० स्थायीकृत] १. किसी वस्तु, कार्य या बात को स्थायी रूप देना। २. किसी पद पर अस्थायी रूप से अथवा परीक्षण के रूप में काम करनेवाले व्यक्ति को उस पद पर स्थायी रूप से नियत करना। ३. उक्त कार्य के लिए दी जानेवाली आज्ञा या स्वीकृति। (कन्फर्मेशन)

स्थायी कोष पुं० [सं०] किसी संस्था आदि का वह कोष या धनराशि जो उसे स्थायी रूप से बनाए रखने के लिए क्रम-क्रम से बराबर संचित होती रहती है और जिसका उपयोग उस संस्था को पुष्ट रूप देने और स्थायी बनाए रखने में होता है।

स्थायी निधि स्त्री० [सं०] १. वह निधि जो कोई काम चलाए चलने के लिए स्थापित की गई हो और जिसके ब्याज मात्र से वह काम चलता हो। २. स्थायी कोष। (एन्डाउमेन्ट)

स्थायी भाव पुं० [सं०] साहित्य में वे मूल तत्त्व या भाव जो मूलतः मनुष्यों के मन में प्रायः सदा निहित रहते और कुछ विशिष्ट अवसरों पर अथवा कुछ विशिष्ट कारणों से स्पष्ट रूप से प्रकट होते हैं, जैसे प्रेम, हर्ष या उससे उत्पन्न होनेवाला हास्य, खेद, दुख, शोक, भय, वैराग्य आदि। इन्हीं तत्त्वों या भावों के आधार पर साहित्य के ये नौ रस स्थिर हुए हैं-शृंगार, हास्य करुण, रौद्र, वीर, भयानक, वीभत्स और शान्त। इन्हीं रसों से मूल तथा स्थायी रूप से स्थित रहनेवाले भाव स्थायी कहलाते हैं।

स्थायी समिति स्त्री० [सं०] वह समिति जो स्थायी रूप से बनी रहकर काम करने के लिए नियुक्त की गई हो। २. किसी सम्मेलन या महासभा आदि की वह समिति जो उस सम्मेलन या महासभा के अगले अधिवेशन तक

सब कार्यों की व्यवस्था के लिए चुनी जाती है। (स्टैंडिंग कमिटी)

स्थाली स्त्री० [सं०] १. हंडी, हँडिया। २. मिट्टी की रिकाबी।

स्थालीपुलाक न्याय पुं० [सं०] (हाँडी में का एक चावल देखकर, अर्थात्) कोई एक बात देखकर उसके सम्बन्ध की या उस तरह की और बातें जान लेना।

स्थावर वि० [सं०] १. अचल, स्थिर। २. जो अपने स्थान से हट न सके, अचल, गैरमनकूला 'जंगम' का विरु०। (इम्मूवेबुल) ३. उक्त प्रकार के पदार्थों से उत्पन्न होने या सम्बन्ध रखनेवाला, जैसे स्थावर विष।

स्थावर विष पुं० [सं०] वह विष जो स्थावर पदार्थों में या उनके साथ पाया जाता है, जैसे संखिया।

स्थावर संपत्ति स्त्री० [सं०] वह सम्पत्ति जो अपने स्थान पर दृढ़तापूर्वक लगी या जमी हो और वहाँ से हटाई न जा सकती हो, अचल सम्पत्ति। (रीयल एस्टेट)

स्थित वि० [सं०] [भाव० स्थिति] १. एक स्थान पर ठहरा या टिका हुआ। २. बैठा हुआ, आसीन। ३. उपस्थित, मौजूद।

स्थितज्ञ वि०, पुं० [सं०] स्थिति को अच्छी तरह समझनेवाला।

स्थितप्रज्ञ वि०, पुं० [सं०] जिसकी बुद्धि स्थिर (अर्थात् डाँवाँडोल न होती) हो।

स्थिति स्त्री० [सं०] [वि० स्थित] १. स्थित होने की क्रिया या भाव, रहना या होना, अवस्थान, अस्तित्व। २. एक ही स्थान पर या एक ही रूप में बना रहना। ३. आर्थिक, सामाजिक आदि दृष्टियों से प्रायः होनेवाली अवस्था, दशा, हालत, जैसे उनकी स्थिति अच्छी नहीं है। ४. पद, मर्यादा आदि के विचार से समाज में किसी व्यक्ति, संस्था आदि की वह विधिक स्थिति जो अपने क्षेत्र में कुछ निश्चित सीमा में प्राप्त होती है और जो उसकी मर्यादा, पद, सम्मान आदि की सूचक होती है। (स्टेटस) ६. वे बातें जो कोई पक्ष अपने वक्तव्य, अभियोग, आरोप आदि के सम्बन्ध में कहता या उपस्थित करता है, जैसे इस विषय में मैं अपनी स्थिति आपको बतला चुका हूँ। (केस)

स्थितिक वि० [सं०] एक ही स्थान या रूप में ठहरा या बना रहनेवाला, स्थिर। (स्टैटिक)

स्थितिप्रज्ञ वि० [सं०] १. जिसकी विवेकबुद्धि स्थिर हो। २. सब प्रकार के मनोविकारों से रहित और आत्म में ही सन्तुष्ट तथा सदा प्रसन्न रहनेवाला।

स्थितिस्थापक वि० [सं०] [भाव० स्थितिस्थापकता] दाब हट जाने पर फिर ज्यों-का-त्यों हो जानेवाला, लचीला।

स्थिर वि० [सं०] [भाव० स्थिरता] १. एक ही स्थिति में रहने या ठहरनेवाला, निश्चल। २. सदा ज्यों-का-त्यों बना रहनेवाला, स्थायी। (स्टैबल) ३. निश्चय के रूप में लाया हुआ, निश्चित। ४. उद्वेग, चंचलता आदि से रहित, शान्त।

स्थिरचित्त वि० [सं०] १. जो अपने विचारों आदि पर स्थिर या दृढ़ रहता हो, दृढ़चित्त। २. जिसके मन में किसी प्रकार की विकलता, उद्वेग, घबराहट आदि न हो।

स्थिरता स्त्री० [सं०] १. स्थिर होने का भाव, धर्म, गुण या दशा, निश्चलता। २. दृढ़ता। (स्टैबिलिटी)

स्थिरप्रतिज्ञ वि० [सं०] दृढ़ निश्चयवाला, दृढ़निश्चय।

स्थिरबुद्धि वि० [सं०] जिसकी बुद्धि स्थिर या ठिकाने हो, जो अच्छी तरह और उचित रूप में सब बातें सोच-समझ सकता हो।

स्थिरीकरण पुं० [सं०] घटती-बढ़ती रहनेवाली वस्तुओं का स्वरूप या मानक स्थिर करना, जैसे मूल्य का स्थिरीकरण, शब्दों के मानक रूप का स्थिरीकरण। (स्टैबिलाईज़ेशन)

स्थूल वि० [सं०, प्रा० थुल्ल] [भाव० स्थूलता] १. मोटा। २. तुरन्त या बिना परिश्रम के समझ में आनेवाला, 'सूक्ष्म' का विरु०, जैसे स्थूल आय। (ग्रॉस)

स्थूल आय स्त्री० [सं०] वह सारी आय जिसमें से लागत या परिव्यय निकाला न गया हो। (ग्रॉस इन्कम)

स्थूलता स्त्री० [सं०] 'स्थूल' का गुण, भाव या धर्म। २. मोटापन, मोटाई।

स्थूल शरीर पुं० [सं०] पंच भूतों अर्थात् जल, थल, पावक गगन और समीर से बना शरीर, देह।

स्थैतिक वि० [सं०] एक ही स्थिति में बना रहनेवाला। (स्टैटिक)

स्थैर्य पुं०=स्थिरता।

स्नात वि० [सं०] [स्त्री० स्नाता] १. नहाया हुआ। २. जिसके सब अंगों पर किसी प्रकार का प्रभाव पड़ा हो, जैसे चन्द्रिका से स्नात उद्यान।

स्नातक पुं० [सं०] [स्त्री० स्नातिका] १. वह जिसने विद्या का अध्ययन और ब्रह्मचर्य व्रत समाप्त कर लिया हो। २. वह जिसने किसी विश्वविद्यालय की कोई परीक्षा पारित की हो। (ग्रैजुएट)

स्नान पुं० [सं०] [वि० स्नात] १. स्वच्छ या शीतल करने के लिए सारा शरीर जल से धोना या जलराशि में प्रवेश करना, नहाना। २. धूप, वायु आदि के सामने इस प्रकार बैठना, लेटना या होना कि सारे शरीर पर उसका पूरा प्रभाव पड़े, जैसे वायुस्नान, आतपस्नान। ३. इस प्रकार किसी वस्तु पर किसी दूसरी वस्तु का पड़नेवाला प्रभाव या प्रसार, जैसे-चन्द्रमा की चाँदनी में पृथ्वी का स्नान।

स्नानागार पुं० [सं०] स्नान करने का कमरा या कोठरी।

स्नायविक वि० [सं०] स्नायु-सम्बन्धी।

स्नायु स्त्री० [सं०] [वि० स्नायविक] सूक्ष्म या महीन नस।

स्नायुतंत्र पुं० [सं०] सारे शरीर में फैला हुआ बहुत सूक्ष्म नसों का वह जाल जिससे स्पर्श, शीत, ताप, वेदना आदि की अनुभूति होती है। (नर्व्स सिस्टम)

स्नायु-रोग पुं० [सं०] एक प्रकार का मानसिक रोग। जिसमें व्यक्ति चिंतित तथा भयभीत रहता है।

स्नायु-रोगी पुं० [सं०] स्नायु-रोग से पीड़ित व्यक्ति।

स्निग्ध वि० [सं०] [भाव० स्निग्धता] १. जिसमें स्नेह या प्रेम हो। २. जिसमें स्नेह या तेल हो या लगा हो, चिकना।

स्निग्धता स्त्री० [सं०] १. 'स्निग्ध' होने का भाव, गुण या धर्म। २. चिकनापन।

स्नेह पुं० [सं०] [वि० स्नेही] १. बड़ों का छोटों के प्रति होनेवाला अनुराग। २. प्रेम, प्यार। ३. चिकना पदार्थ, विशेषत: तेल।

स्नेहपात्र पुं० [सं०] वह जिसके साथ स्नेह किया जाए।

स्नेहपान पुं० [सं०] वैद्यक के विधान के अनुसार कुछ विशिष्ट रोगों में तेल, चरबी आदि पीने की प्रक्रिया।

स्नेहिल वि० [सं०] स्नेह से भरा।

स्नेही(-हिन्) वि०, पुं० [सं० स्नेहिन्] १. स्नेह करनेवाला, प्रेमी। २. स्नेह से भरा।

स्पंद पुं० [सं०] [वि० स्पंदित] १. धीरे-धीरे हिलना या काँपना। २. स्पन्दन की क्रिया में होनेवाला हल्का आघात या फड़क। (पल्स) विशेष दे० 'स्पंदन'।

स्पंदन पुं० [सं०] [वि० स्पंदित] १. रह-रहकर धीरे-धीरे हिलना या काँपना। २. जीवों के शरीर में रक्त के प्रवाह या संचार के कारण कुछ रुक-रुककर होनेवाली वह गति जो हृदय के बार-बार फूलने और संकुचित होने से आघात या खटक के रूप में उत्पन्न होती है, जैसे नाड़ी या हृदय से होनेवाला उक्त प्रकार का व्यापार या स्थिति, फड़क। (पल्सेशन)

स्पंदित वि० [सं०] हिलता, काँपता या फड़कता हुआ।

स्पर्द्धा स्त्री०=स्पर्धा।

स्पर्धा स्त्री० [सं०] [वि० स्पर्धित, स्पर्द्धित] १. प्रतियोगिता आदि में किसी से होनेवाली होड़। २. सामर्थ्य या योग्यता से अधिक करने या पाने की इच्छा। ३. किसी में कोई अच्छी बात देखकर सद्भावपूर्वक उसके समान होने की कामना। (एम्यूलेशन)

स्पर्धात्मक वि० [सं०] स्पर्धा के रूप में होनेवाला।

स्पर्धी(-र्धिन्) वि० [सं०] स्पर्द्धा करनेवाला।

स्पर्श पुं० [सं०] [वि० स्पृष्ट] १. त्वचा का वह गुण जिससे छूने, दबने आदि का अनुभव होता है। २. एक वस्तु के तल का दूसरी वस्तु के तल से सटना या छूना। (टच) ३. व्याकरण के उच्चारण के चार प्रकार के आभ्यन्तर प्रयत्नों में से एक जिसमें उच्चारण करते समय वागिन्द्रिय का द्वार बन्द-सा हो जाता है। ('क' से 'म' तक के व्यंजनों का उच्चारण इसी प्रयत्न से होता है।) ४. ग्रहण के समय सूर्य अथवा चन्द्रमा पर छाया पड़ने लगना।

वि० [सं०] (वर्ण) जिसका उच्चारण करते समय जीभ मुख के किसी अंग को छूती हो तथा वायु रगड़ खाते हुए बाहर निकलती हो।

स्पर्शजन्य वि० [सं०] १. स्पर्श से उत्पन्न। २. दे० 'संक्रामक'।

स्पर्शमणि पुं० [सं०] पारस पत्थर।

स्पर्शरेखा स्त्री० [सं०] ज्यामिति में, वह सरल रेखा जो किसी वृत्त को किसी एक बिन्दु पर स्पर्श करती हुई (बिना उस वृत्त को कहीं से काटे) एक ओर से दूसरी ओर निकल जाती है। (टैन्जेन्ट)

स्पर्शास्पर्श पुं० [सं० स्पर्श+अस्पर्श] अस्पृश्य या अछूत के स्पर्श से अपने को बचाए रखने का भाव, छूआछूत।

स्पर्शी वि० [सं०] [स्त्री० स्पर्शिनी] स्पर्श करने या छूनेवाला।

स्पर्शेंद्रिय स्त्री० [सं०] त्वचा, चमड़ा।

स्पष्ट वि० [सं०] [भाव० स्पष्टता] १. साफ दिखाई देने या समझ में आनेवाला। (एक्सप्रेस्ड) २. जिसके सम्बन्ध में कोई धोखा या सन्देह न हो। (क्लियर)

स्पष्टतया क्रि० वि० [सं०] स्पष्ट रूप से, साफ-साफ।

स्पष्टता स्त्री० [सं०] स्पष्ट होने की अवस्था या भाव। (क्लैरिटी)

स्पष्टवक्ता पुं० [सं०] वह जो बिना किसी संकोच या भय के स्पष्ट या साफ बातें कहने का अभ्यस्त हो, स्पष्टवादी।

स्पष्टवादी(-दिन्) पुं० [सं०] वह जो बिना किसी संकोच के खरी बात कहने का अभ्यस्त हो।

वि० (बात) [भाव० स्पष्ट वादिता] जो स्पष्ट या खरी हो।

स्पष्टवादिता स्त्री० [सं०] बिना संकोच के खरी बात कहने का गुण या प्रवृत्ति।

स्पष्टीकरण पुं० [सं०] १. कोई बात इस प्रकार स्पष्ट या साफ करना कि उसके सम्बन्ध में कोई भ्रम न रहे। (एल्यूसिडेशन) २. जो बात स्पष्ट होने से रह गई हो, उसे इस प्रकार स्पष्ट करना कि औरों का भ्रम दूर हो जाए, सफाई। (क्लैरिफिकेशन) ३. किसी अपने किए हुए कार्य के विषय में आपत्ति होने पर यह बतलाना कि किन कारणों से यह काम इस रूप में किया गया है, विवृत्ति, व्याख्या। (एक्सप्लेनेशन)

स्पृश्य वि० [सं०] स्पर्श करने के योग्य, छूने लायक।

स्पृष्ट वि० [सं०] जिसका या जिससे स्पर्श हुआ हो, छुआ हुआ।

पुं० व्याकरण में वर्णों के उच्चारण का वह प्रयत्न जिसमें दोनो होंठ एक दूसरे को छू लेते हैं, जैसे प या म में।

स्पृहणीय वि० [सं०] जिसकी स्पृहा या कामना करना उचित या योग्य हो, बहुत अच्छा।

स्पृहा स्त्री० [सं०] [वि० स्पृहणीय] १. इच्छा, कामना। २. धर्मानुकुल प्रयत्न के द्वारा दूसरों से आगे निकलने की शुभ भावना।

स्फटिक पुं० [सं०] १. एक प्रकार का सफेद पारदर्शी पत्थर जो देखने में प्राय: बरफ के टुकड़े की तरह होता है। २. उक्त प्रकार के पत्थर की तरह बनाया हुआ एक प्रकार का शीशा जिसमें पारदर्शिता अपेक्षाकृत अधिक होती है। (क्रिस्टल, उक्त दोनों अर्थों के लिए) ३. शीशा, काँच।

स्फटिकीकरण पुं० [सं०] ऐसा कार्य या प्रक्रिया करना जिससे कोई वस्तु स्फटिक का रूप धारण करे। (क्रिस्टलाइज़ेशन)

स्फार वि० [सं०] १. प्रचुर, विपुल, बहुत अधिक। २. विकट। ३. जो फैल या फूलकर बड़ा हो गया हो, उदा० मोगरा कर्ण-फूल सा स्फार। —पन्त।

स्फीत वि० [सं०] [भाव० स्फीति] १. बढ़ा हुआ, वर्द्धित। २. फूला या उभरा हुआ, जैसे गर्व से स्फीत वक्षस्थल। ३. समृद्ध, सम्पन्न।

स्फीति स्त्री० [सं०] [वि० स्फीत] १. कुछ विशिष्ट कारणों से अस्वाभाविक या कृत्रिम रूप से बढ़ना या फूलना। (इन्फ्लेशन) २. दे० 'मुद्रास्फीति'।

स्फुट वि० [सं०] १. दिखाई देनेवाला, व्यक्त। २. खिला हुआ, विकसित।

स्फुटन पुं० [सं०] १. सामने आना। २. (फूल का) खिलना या फूलना। ३. फूटना।

स्फुटित वि० [सं०] खिला हुआ।

स्फुरण पुं० [सं०] [वि० स्फुरित] १. कुछ-कुछ हिलना। २. (अंग का) फड़कना। ३. मन में नई अनुभूति या भाव का उदित होना।

स्फुरति* स्त्री०=स्फूर्ति।

स्फुलिंग पुं० [सं०] चिनगारी।

स्फूर्त वि० [सं०] जिसमें स्फूर्ति हो, सक्रिय, गतिशील।

स्फूर्ति स्त्री० [सं०] १. धीरे-धीरे हिलना। २. फड़कना। ३. किसी काम के लिए मन में होनेवाला उत्साह। ४. फुरती, तेजी।

स्फोट, स्फोटन पुं० [सं०] १. किसी वस्तु का अपने ऊपरी आवरण को फाड़कर वेगपूर्वक बाहर निकलना, फूटना, जैसे ज्वालामुखी का स्फोट। २. फोड़ा, फुन्सी आदि। ३. शब्द (जिसका बोध बुद्धि से होता है)।

विशेष—स्थान के विचार से स्फोट के परा, पश्यन्ती, मध्यमा और वैखरी चार भेद हैं और उपाधि के विचार से वर्ण, पद और वाक्य तीन भेद हैं।

स्मगलर पुं० [अं०] तस्करी करनेवाला, तस्कर।

स्मगलरी स्त्री०=तस्करी।

स्मर पुं० [सं०] कामदेव।

स्मरण पुं० [सं०] [वि० स्मृत, स्मरणीय] १. किसी देखी, सुनी या बीती हुई बात का मन में ध्यान रहना या फिर से याद आना। २. नौ प्रकार की भक्तियों में से वह जिसमें उपासक अपने देवता को बराबर याद करता रहता है। ३. साहित्य में एक अलंकार जिसमें पहले की देखी हुई किसी वस्तु या सुनी हुई किसी बात के समान कोई दूसरी वस्तु देखने या दूसरी बात सुनने पर उस पहली वस्तु या बात का ध्यान आने का उल्लेख होता है, इसे 'स्मृति' भी कहते हैं, जैसे चन्द्रमा को देखते ही मुख का स्मरण हो आता है।

स्मरणपत्र पुं० [सं०] १. किसी को कोई बात याद दिलाने के लिए लिखा जानेवाला पत्र। (रिमाइन्डर) २. दे० 'स्मृतिपत्र'।

स्मरणशक्ति स्त्री० [सं०] वह मानसिक शक्ति जिससे बातें स्मरण या याद रहती हैं। (मेमरी)

स्मरणीय वि० [सं०] याद रखने योग्य।

स्मरना* स० [सं० स्मरण] स्मरण या याद करना।

स्मर्ण* पुं०=स्मरण।

स्मर्ण्य वि० [सं०] स्मरण या याद रखने योग्य।

स्मशान पुं०=श्मशान।

स्मारक वि० [सं०] स्मरण करानेवाला।

पुं० १. वह कार्य, पदार्थ या रचना जो किसी की स्मृति बनाए रखने के लिए हो, यादगार। (मेमोरियल) २. वह चीज जो किसी को अपना स्मरण बनाए रखने के लिए दी जाए, यादगार। ३. वह पत्र जो किसी बड़े आदमी को कुछ बातों का स्मरण कराने या कुछ बातें स्मरण रखने के लिए दिया जाए। (मेमोरियल) ४. दे० 'स्मारिका'।

स्मारिका स्त्री० [सं० स्मारक] वह पत्रिका या अंक जो किसी विशिष्ट व्यक्ति या अवसर की स्मृति बनाए रखने के लिए प्रकाशित किया जाए।

स्मार्त पुं० [सं०] वह जो स्मृतियों का अनुयायी हो।

स्मित पुं० [सं०] धीमी हँसी, मुस्कराहट।

वि० १. खिला हुआ। २. मुस्कराता हुआ।

स्मिता स्त्री० [सं०] मुस्कराहट, स्मित।

स्मृत वि० [सं०] जिसका स्मरण हो, याद में आया हुआ।

स्मृति स्त्री० [सं०] [वि० स्मृत] १. बुद्धि का वह प्रकार जो भूत की घटनाओं को याद रखता है। (मेमरी) २. साहित्य में (क) किसी पुरानी या भूली हुई बात का फिर से याद आना जो एक संचारी भाव माना गया है; (ख) प्रिय के सम्बन्ध की देखी या सुनी हुई बातें रह-रहकर याद आना जो पूर्वराग की दस दशाओं में से एक है। ३. धर्म, दर्शन, आचार-व्यवहार, आदि से सम्बन्ध रखनेवाले हिन्दू धर्मशास्त्र

जिनकी रचना ऋषि-मुनियों ने वेदों का स्मरण या चिन्तन करके की थी।

विशेष—स्मृतियाँ अठारह हैं—मनु, याज्ञवल्क्य, मिताक्षरा, हारीत, पराशर, भृगु, समापत, कात्यायन, वशिष्ठ, भारद्वाज, कौशिक, बार्हस्पत्य, गौतम, कश्यप, आसुर, यमदग्नि, अस, और यम।

४. 'स्मरण' नामक अलंकार का दूसरा नाम। विशेष दे० 'स्मरण' ३.।

स्मृतिचित्र पुं० [सं०] वह चित्र जो किसी व्यक्ति या घटना आदि की सामान्य स्मृति के आधार पर बनाया जाए और जिसमें भाव की अपेक्षा रूप या दृश्य आदि की ही प्रधानता हो।

स्मृतिपटल पुं० [सं० स्मृति+पटल] स्मृति का परदा, स्मृति रूपी परदा।

स्मृतिपत्र पुं० [सं०] १. वह पत्र, पुस्तिका आदि जिसमें किसी विषय की कुछ मुख्य-मुख्य बातें स्मरण रखने या कराने के विचार से एकत्र की गई हों। २. किसी संस्था आदि के मुख्य-मुख्य नियमों आदि की पुस्तिका। (मेमोरेन्डम)

स्यंघ* पुं०=सिंह।

स्यंदन पुं० [सं०] रथ, विशेषत: युद्ध का।

स्यमंतक पुं० [सं०] एक मणि जिसकी चोरी का कलंक श्रीकृष्ण पर लगा था।

स्यात् क्रि० वि० [सं०] कदाचित्, शायद।

स्याद्वाद पुं० [सं०] जैन दर्शन जिसमें कहा गया है कि स्यात् ऐसा है, स्यात् वैसा है।

स्यानपन पुं० [हिं० सयाना+पन(प्रत्य०)] १. चतुरता, बुद्धिमानी। २. चालाकी।

स्याना वि० [सं० सज्ञान] [स्त्री० स्यानी] १. चतुर, बुद्धिमान, होशियार। २. चालाक, धूर्त। ३. वयस्क, बालिग।

पुं० १. बड़ा-बूढ़ा, वृद्ध पुरुष। २. झाड़-फूँक करनेवाला ओझा। ३. चिकित्सक।

स्यापा पुं० [फा० स्याहपोश] मरे हुए व्यक्ति के शोक में कुछ काल तक स्त्रियों का प्रतिदिन एकत्र होकर शोक करना।

मुहा० *स्यापा पड़ना*=(क) रोना-चिल्लाना मचना। (ख) बिल्कुल उजाड़ या सुनसान हो जाना।

स्याम पुं० [सं० श्याम] भारत और बर्मा के पूर्व का एक देश, थाइलैण्ड।

पुं० वि० दे० 'श्याम'।

स्यामल* वि० [सं० श्यामल] साँवला।

स्यामी वि० [हिं० स्याम] स्याम देश का।

पुं० स्याम देश का निवासी।

स्त्री० स्याम देश की भाषा।

स्यार पुं० दे० 'गीदड़'।

स्यावज* पुं० दे० 'सावज'।

स्याह वि० [फा०] कृष्ण वर्ण का, काला।

पुं० घोड़े की एक जाति।

स्याह-कलम पुं० [फा०] मुगल चित्रशैली के एक प्रकार के बिना रंग भरे रेखाचित्र जिनमें एक-एक बाल तक अलग-अलग दिखाया जाता है और होंठों, आँखों और हथेलियों में नाम मात्र की और बहुत हलकी रंगत रहती है।

स्याहा पुं० दे० 'सियाहा'।

स्याही स्त्री० [फा०] १. वह प्रसिद्ध रंगीन तरल अथवा कुछ गाढ़ा पदार्थ जो लिखने या कपड़े, कागज आदि छापने के काम में आता है, रोशनाई। २. कालापन, कालिमा। ३. कालिख, कलौंछ।

†स्त्री० दे० 'साही'।

स्यों* क्रि० वि० दे० 'स्यौं'।

स्यौं* क्रि० वि० [सं० सह] १. साथ, सहित; उदा० दियौ तुरंगम स्यौं सिरुपाउ। —केशव। २. निकट, पास, उदा०—स्यौं बिजुरी मनु मेंह आनि इहाँ बिरहा धरे। —बिहारी।

स्त्रक् पुं० [सं०] फूलों की माला, हार।

स्त्रग पुं०=स्त्रक्।

स्त्रग्धरा स्त्री० [सं०] एक प्रकार का वर्णवृत्त जिसके प्रत्येक चरण में भ, र, भ, न, प, य और य होता है।

स्त्रग्विणी स्त्री० [सं०] एक प्रकार का वर्णवृत्त जिसके प्रत्येक चरण में र, र, र, और र होता है।

स्त्रजना* स० दे० 'सृजना'।

स्त्रद्धा* स्त्री०=श्रद्धा।

स्त्रम* पुं०=श्रम।

स्त्रमना* अ० [सं० श्रम+ना (प्रत्य०)] १. श्रम या परिश्रम करना। २. थकना, उदा०—सूखे से, स्त्रमे से, सकबके से, थके, भले से, भ्रमे से, भभरे से, भकुवाने से। —रत्ना०।

स्त्रवण पुं० [सं०] [वि० स्त्रवणीय, स्त्रुत] १. बहने की क्रिया या भाव, बहाव, प्रवाह। २. गर्भ का समय से पहले गिरना, गर्भपात। ३. आय-व्यय, लाभ, फल आदि के रूप में किसी वस्तु से कुछ प्रात होना। (एक्रूअल)

स्त्रवन* पुं०=१. श्रवण। २. श्रमण।

स्त्रवना* अ० [सं० स्त्रवण] १. बहना। २. टपकना। ३. गिरना।

स० १. बहाना। २. टपकाना। ३. गिराना।

स्त्रष्टा पुं० [सं०] १. सृष्टि बनानेवाले, ब्रह्मा। २. विष्णु। ३. शिव।

वि० कोई चीज बनानेवाला। (क्रिएटर)

स्त्रस्त वि० [सं०] १. अपने स्थान से गिरा हुआ, च्युत। २. शिथिल, ढीला, उदा०—तन, सरिता वह स्त्रस्त अगेर। —निराला।

स्राध* पुं०=श्राद्ध।

स्राप पुं०=शाप।

स्राव पुं० [सं०] १. बह या रसकर निकलना, क्षरण। (डिस्चार्ज) २. गर्भपात, गर्भस्राव। ३. निर्यास, रस।

स्रावक वि० [सं०] स्राव कराने, बहाने या टपकानेवाला।

स्रावी वि०=स्रावक।

स्रुत वि० [सं०] १. बह या रसकर निकला हुआ। २. बहता हुआ। ३. जो आय, ब्याज, लाभ, फल आदि के रूप में किसी से प्राप्त हो। (एक्रूड)

स्रुतिमाथ* पुं०=विष्णु।

स्रुवा स्त्री० [सं०] लकड़ी की वह कलछी जिससे हवन के समय अग्नि में घी आदि की आहुति दी जाती है।

स्रोत पुं० [सं० स्रोतस्] १. पानी का बहाव, धारा। २. नदी। ३. पानी का सोता, झरना। ४. वह आधार या साधन जिससे कोई वस्तु बराबर निकलती या आती हुई किसी को मिलती रहे। ५. वह व्यक्ति, अभिकरण, ग्रन्थ आदि जिससे सूचनाएँ मिलती हों; जैसे—समाचार प्राप्त करने के लिए कई स्रोत हैं। (सोर्स)

स्रोत भाषा स्त्री० वह भाषा जिसका अनुवाद किसी अन्य भाषा में किया जाए। 'लक्ष्य भाषा' से भिन्न।

स्रोतस्विनी स्त्री० [सं०] नदी।

स्रोनकन* पुं० [सं० श्रमकण] पसीने की बूँद, स्वेदकण, श्रमकण, उदा०—स्रवत स्रोतकन, तन सोभा, छबि घन बरसत मनु लाल। -सूर।

स्वः पुं० [सं०] १. आकाश, व्योम। २. स्वर्ग।

स्व वि० [सं०] अपना, निज का।

प्रत्य० एक प्रत्यय जो कुछ शब्दों के अन्त में लगकर ता, स्व आदि की भाँति भाववाचकता (जैसे—निजस्व, परस्व) या प्राप्य धन (जैसे—राजस्व, स्वामित्व) आदि का अर्थ देता है।

स्वकार्य पुं० [सं०] अपना कार्य।

स्वकार्य-साधक वि० [सं०] जो अपने कार्य को साधने में लगा हो।

स्वचालित वि० [सं०] १. अपने आप चलने वाला। २. स्वयंचालित (दे०)।

स्वकीय वि० [सं०] [भाव० स्वकीया] अपना, निज का।

स्वकीया स्त्री० [सं०] साहित्य में वह नायिका जो केवल अपने पति से प्रेम करती हो, परपुरुष का ध्यान न करती हो। 'परकीया' का विपर्य्याय।

स्वख्यापन पुं० [सं०] स्वयं ही अपनी प्रशंसा करके अपने आपको प्रसिद्ध करना।

स्वगत क्रि० वि० [सं०] आप ही आप, स्वतः (कुछ कहना)। वि० १. अपने में आया या लाया हुआ, आत्मगत। २. मन में आया हुआ, मनोगत।

पुं० दे० 'स्वगत-कथन'।

स्वगत-कथन पुं० [सं०] नाटक में किसी पात्र का कोई बात इस प्रकार कहना, मानो उसकी बात सुननेवाला वहाँ कोई हो ही नहीं, अश्राव्य।

स्वचित्त पुं० [सं०] अपना चित्र।

स्वच्छंद वि० [सं०] [भाव० स्वच्छंदता] १. अपनी इच्छा के अनुसार सब काम कर सकनेवाला, स्वाधीन, स्वतन्त्र। २. मनमाना आचरण करनेवाला, निरंकुश।

क्रि० वि० बिना किसी संकोच या विचार के।

स्वच्छ वि० [सं०] [भाव० स्वच्छता] १. निर्मल, साफ। २. उज्ज्वल, शुभ्र। ३. शुद्ध, पवित्र।

स्वच्छता स्त्री० [सं०] स्वच्छ होने की क्रिया या भाव, निर्मलता, सफाई।

स्वच्छना* स० [सं० स्वच्छ] स्वच्छ, शुद्ध या साफ करना।

स्वच्छपक्ष पुं० [सं०] हंस।

स्वजन पुं० [सं०] १. अपने परिवार के लोग। २. रिश्तेदार, सम्बन्धी।

स्वजनि, स्वजनी* स्त्री० [सं० स्वजन] १. अपने कुटुम्ब या आपसदारी की स्त्री। २. सखी, सहेली, सहचरी।

स्वजाति स्त्री० [सं०] [वि० स्वजातीय] अपनी जाति।

वि० अपनी ही जाति का।

स्वजातीय वि० [सं०] अपनी ही जाति या वर्ग का।

स्वजीवनी स्त्री० दे० 'आत्मचरित'।

स्वतंत्र वि० [सं०] [भाव० स्वतंत्रता] १. नियन्त्रण या दबाव के बिना जो स्वयं सब कुछ कर सकता हो, स्वाधीन, आजाद। (इन्डिपेन्डेन्ट) २. अलग, जुदा, भिन्न। ३. नियमों आदि के बन्धन से रहित। (फ्री) ४. तटस्थ। ५. (विधानसभा या संसद का वह प्रत्याशी या सदस्य) जिसका सम्बन्ध किसी राजनीतिक दल से न हो।

स्वतंत्रता स्त्री० [सं०] १. स्वतन्त्र होने की अवस्था या भाव, बिना बाहरी दबाव के स्वयं सब-कुछ कर सकने की शक्ति या अधिकार, आजादी। (फ्रीडम) २. वह अवस्था जिसमें बिना किसी प्रकार की रोक-टोक के विशेषतः बिना किसी राजकीय या शासनिक रोक-टोक के कोई काम करने का अधिकार होता है, स्वातंत्र्य, जैसे—भाषण या विवेक-सम्बन्धी स्वतन्त्रता। (लिबरटी)

स्वतंत्रता दिवस पुं० १. पन्द्रह अगस्त जिस दिन भारत को १९४७ में अंग्रेजों से स्वतन्त्रता मिली थी। २. वह तिथि जिस दिन कोई देश स्वतन्त्र हुआ हो।

स्वतंत्रता सेनानी पुं० १. स्वतंत्रता की लड़ाई में सम्मिलित सैनिक। २. भारतीय स्वतंत्रता संग्राम में योगदान करनेवाला व्यक्ति।

स्वतंत्रा स्त्री० [सं०] साहित्य में 'गणिका' या 'सामान्या' नायिका का दूसरा नाम।

स्वतः क्रि० वि० [सं० स्वतस्] आपसे आप, आपही, स्वयं, खुद।

स्वतःसिद्ध वि० दे० 'स्वयंसिद्ध'।

स्वत्व पुं० [सं०] १. स्व का भाव, अपनापन। २. वह अधिकार जिसके आधार पर कोई चीज अपने पास रखी या किसी से ली या माँगी जा सकती हो, अधिकार, हक। (राइट) ३. वह स्थिति जिसमें किसी वस्तु या विषय के हानि-लाभ से किसी व्यक्ति का विशेष रूप से सम्बन्ध हो, स्वार्थ। (इन्टरेस्ट)

स्वत्वविहीन वि० [सं०] अधिकारविहीन।

स्वत्वाधिकारी (-रिन्) पुं० [सं०] १. वह जिसे किसी बात का पूरा स्वत्व या अधिकार प्राप्त हो। २. स्वामी, मालिक।

स्वदेश पुं० [सं०] अपना देश, मातृभूमि।

स्वदेशी वि० [सं० स्वदेशीय] १. अपने देश का। २. अपने देश में बना हुआ।

अपने देश में बनी हुई वस्तु या माल; जैसे—स्वदेशी अपनाइए।

स्वदेशी आंदोलन पुं० स्वदेशी वस्तुओं को अपनाने के लिए चलाया हुआ आंदोलन।

स्वधर्म पुं० [सं०] वह कार्य, व्यापार या कर्तव्य जो उसकी प्रकृति के अनुकूल हो, स्वभावानुकूल कर्म।

स्वधर्माचारण पुं० [सं० स्व०+धर्म+आचरण] स्वधर्म का आचरण करना।

स्वधा विस्मयादि० [सं०] एक शब्द जिसका प्रयोग यज्ञ में हवि देने के समय होता है।

स्त्री० १. दक्ष की एक कन्या का नाम। २. पितरों के उद्देश्य से दिया जानेवाला भोजन।

स्वन पुं० [सं०] शब्द, आवाज।

स्वनामधन्य वि० [सं०] जो अपने नाम से ही धन्य या प्रसिद्ध हो, बहुत बड़ा पराक्रमी या महापुरुष।

स्वनिम पुं० [सं० स्वन] किसी भाषा में प्रयुक्त लघुतम ध्वनियों में से कोई जिसका शब्दों के निर्माण में योग हो। (फोनीम)

स्वनिर्वासन पुं० [सं०] त्रास या भय के कारण अपनी इच्छा से अपना देश छोड़कर विदेश में जा रहना।

स्वनिर्वासित वि० [सं०] भय या त्रास के कारण जिसने अपनी इच्छा से अपना देश छोड़ दिया हो।

स्वपक्षीय वि० [सं०] अपने पक्ष का, अपने दल या पार्टी का।

स्वपच* पुं०=श्वपच (चांडाल)।

स्वपीड़न पुं० [सं० स्व+पीड़न] अपने को पीड़ा देने का कार्य या भाव।

स्वपोषित वि० [सं० स्व+पोषित] जिसका पोषण स्वयं किया जाए।

स्वप्न पुं० [सं०] १. सोने की क्रिया या अवस्था, निद्रा, नींद। २. सोने के समय पूरी नींद न आने के कारण कुछ घटनाएँ आदि दिखाई देना। (ड्रीम) ३. नींद में इस प्रकार दिखाई देनेवाली घटना या दृश्य। (साहित्य में इसे एक संचारी भाव माना गया है।) ४. मन में उठनेवाली वह बहुत ऊँची कल्पना या विचार जो सहज में पूरा न हो सके।

स्वप्नदोष पुं० [सं०] एक रोग जिसमें सोने की दशा में वीर्यपात हो जाता है।

स्वप्नाना* अ०, स० [सं० स्वप्न] स्वप्न देखना या दिखाना।

स्वप्निल वि० [सं०] १. सोया हुआ। २. स्वप्न देखता हुआ। ३. स्वप्न-सम्बन्धी, स्वप्न का।

स्वप्रदर्शी वि० [सं०] अपने को प्रदर्शित करनेवाला, खोलने या प्रकट करनेवाला; जैसे-स्वप्रदर्शी दृष्टि।

स्वभाव पुं० [सं०] [वि० स्वाभाविक, क्रि० वि० स्वभावतः] १. व्यक्ति या वस्तु में सदा प्रायः एक-सा बना रहनेवाला मूल या मुख्य गुण, या चारित्रिक विशेषता; जैसे-दूसरों का उपहास करना उसका स्वभाव है। २. आदत या प्रवृत्ति।

स्वभावजन्य वि० [सं० स्वभाव+जन्य] जो स्वभाव के कारण अस्तित्व में आए।

स्वभावतः क्रि० वि० [सं०] स्वभाव से ही, प्राकृतिक रूप से।

स्वभाव-सिद्ध वि०=स्वाभाविक।

स्वभावोक्ति स्त्री० [सं०] साहित्य में एक अलंकार जिसमें किसी जाति, वर्ग या व्यक्ति के सहज और स्वाभाविक कार्यों, धर्मों आदि का उल्लेख होता है।

स्वयं क्रि० वि० [सं० स्वयम्] १. आप, खुद। २. आपसे आप।

स्वयंचालित वि० [सं०] १. जो अपने आप चलता हो। २. (यंत्र) जो चालू कर दिए जाने पर अपने आप चलता रहता हो। (ऑटोमैटिक)

स्वयंदूत पुं० [सं०] [स्त्री० स्वयंदूती] नायिका पर अपनी वासना और प्रेम आप ही या स्वयं प्रकट करनेवाला नायक।

स्वयंदूतिका स्त्री० [सं०] साहित्य में वह नायिका जो नायक से मिलने की इच्छा उसपर स्वयं प्रकट करती हो।

स्वयंदूती स्त्री०=स्वयंदूतिका।

स्वयंपाक पुं० [सं०] [कर्त्ता स्वयंपाकी] अपना भोजन आप पकाना, अपने हाथ से भोजन बनाकर खाना।

स्वयंपाकी (-किन्) पुं० [सं०] वह जो धार्मिक दृष्टि से, छूत-छात से बचने के लिए अपने खाने के लिए स्वयं भोजन बनाता हो।

स्वयंभव वि० दे० 'स्वयंभू'।

स्वयंभू पुं० [सं०] १. ब्रह्मा। २. काल। ३. कामदेव। ४. शिव।

वि० १. आपसे आप उत्पन्न होनेवाला। २. आपसे आप कुछ बन जानेवाला (बिना शिक्षा, अधिकार, योग्यता आदि प्राप्त किए), जैसे—स्वयं नेता या स्वयं सम्पादक।

स्वयंभूत वि०, पुं०=स्वयंभू।

स्वयंवर पुं० [सं०] १. प्राचीन भारत की एक प्रसिद्ध प्रथा जिसमें कन्या अपने लिए आप ही वर चुन लेती थी। २. उक्त अवसर पर होनेवाला आयोजन या समारोह।

स्वयंवरा स्त्री० [सं०] अपना वर आप चुननेवाली कुमारी या स्त्री, पतिवरा।

स्वयंसिद्ध वि० [सं०] [भाव० स्वयंसिद्धि] (बात या तत्त्व) जो किसी तर्क या प्रमाण के बिना आप ही ठीक और सिद्ध हो, सर्वमान्य।

स्वयंसिद्धि स्त्री० [सं०] [वि० स्वयंसिद्ध] वह सर्वमान्य सिद्धान्त या तत्त्व जिसे सिद्ध या प्रमाणित करने की कोई आवश्यकता न हो। (एग्जियम)

स्वयंसेवक पुं० [सं०] [स्त्री० स्वयंसेविका] अपनी इच्छा से, बिना किसी दबाव के और केवल सेवाभाव से किसी काम में (विशेष कर सैनिक ढंग के काम में) सम्मिलित होनेवाला व्यक्ति। (वॉलेन्टियर)

स्वयमेव क्रि० वि० [सं०] आप ही।

स्वर पुं० [सं०] [भाव० स्वरता] १. कोमलता, तीव्रता, उतार-चढ़ाव आदि से युक्त वह शब्द जो प्राणियों के गले अथवा एक वस्तु पर दूसरी वस्तु का आघात पड़ने से निकलता है। २. संगीत में इस प्रकार के ये सात निश्चित शब्द या ध्वनियाँ जिनका स्वरूप, तीव्रता, तन्यता आदि स्थिर हैं, सुर, यथा—षड्ज, ऋषभ, गांधार, मध्यम, पंचम, धैवत और निषाद। ३. व्याकरण में वह वर्णात्मक शब्द जिसका उच्चारण बिना किसी दूसरे वर्ण की सहायता के और आप-से-आप होता है और जिसके बिना किसी व्यंजन का उच्चारण नहीं हो सकता। (वॉवेल) यथा—अ, आ, इ, ई, उ, ऊ, ऋ, ए, ऐ, ओ और औ।

स्वरगत वि० [सं० स्वर+गत] स्वर-सम्बन्धी।

स्वरगुच्छ पुं० [सं०] उन दो स्वरों का समूह जिनका उच्चारण मिश्रित हो, जैसे 'भइया' में 'अइ' स्वरगुच्छ है। (डिप्थॉङ्ग)

स्वरग्राम पुं० [सं०] संगीत में 'सा' से 'नि' तक के सातों स्वरों का समूह, सप्तक।

स्वरति स्त्री० [सं०] (मनोविज्ञान में) अपने प्रति होनेवाली प्रेमपूर्ण या प्रशंसापूर्ण उत्कट भावना। (नारसिसिज़्म)

स्वरत्व पुं० [सं०] स्वर के होने की अवस्था, गुण या भाव।

स्वरपात पुं० [सं०] १. किसी शब्द का उच्चारण करने में उसके किसी वर्ण पर कुछ ठहरना या रुकना। २. उचित वेग, रुकाव आदि का ध्यान रखते हुए होनेवाला शब्दों का उच्चारण। (एक्सेन्ट)

स्वरभंग पुं० [सं०] १. आवाज या गला बैठना, जो एक रोग माना गया है। २. साहित्य में हर्ष, भय, क्रोध, मद आदि से गला भर आना अथवा जो कुछ कहना हो उसके बदले मुख से और कुछ निकल जाना जो एक सात्विक अनुभाव माना गया है।

स्वरमंडल पुं० [सं०] वीणा की तरह का एक बहुत पुराना बाजा जिसका प्रचार आज-कल बहुत कम हो गया है।

स्वरयंत्र पुं० [सं०] गले के अन्दर का वह अवयव या अंश जिसकी सहायता या प्रयत्न से स्वर या शब्द निकलता है। (लैटिंक्स)

स्वरलहरी स्त्री० [सं०] ऊँचे-नीचे स्वरों की वह लहर या क्रम जो प्राय: संगीत आदि के लिए उत्पन्न की जाती है।

स्वरलिपि स्त्री० [सं०] संगीत में किसी गीत या तान आदि में आनेवाले सभी स्वरों का क्रमबद्ध लेख। (नोटेशन)

स्वरस पुं० [सं०] पत्तियों आदि को कूटकर निकाला हुआ रस। (वैद्यक)

स्वराज्य पुं० [सं०] वह शासन-प्रणाली जिसमें किसी देश के निवासी अपने देश का सब शासन और प्रबन्ध स्वयं और बिना किसी विदेशी शक्ति के दबाव के करते हों, अपना राज्य।

स्वरिक वि० [सं० स्वर] कंठ से निकलनेवाले स्वर से सम्बन्ध रखनेवाला। (फोनेटिक)

स्वरित वि० [सं०] जिसमें स्वर होता हो, स्वर से युक्त।

स्वरीभवन पुं० [सं०] भाषाशास्त्र में, अस्वर के स्थान पर स्वर का आना; जैसे संस्कृत के 'कटुक' शब्द के 'क' का प्राकृत 'कडुअ' में 'अ' हो जाना।

स्वरीय वि० [सं०] [भाव० स्वरीयता] १. स्वर-संबंधी। २. स्वर के रूप में होनेवाला।

स्वरूप पुं० [सं०] १. व्यक्ति, पदार्थ, कार्य आदि की आकृति, शकल, निजी रूप। २. मूर्ति, चित्र आदि। ३. वह जिसने किसी देवता का रूप धारण किया हो। ४. आन्तरिक रूप। ५. (शब्द का) अर्थ।

वि० [स्त्री० स्वरूपा] १. खूबसूरत। २. तुल्य, समान।

-स्वरूप संबंधबोधक (समस्त पद के उत्तरपद के रूप में) के रूप में, के तौर पर; जैसे—फलस्वरूप।

स्वरूपवान, स्वरूपवान् वि० [सं० स्वरूपवत्] [स्त्री० स्वरूपवती] सुन्दर, खूबसूरत।

स्वरूपी (-पिन्) वि० [सं०] १. स्वरूपवाला। २. किसी के स्वरूप के अनुसार होने या दिखाई देनेवाला।

*पुं० दे० 'सारूप्य'।

स्वरूपोत्प्रेक्षा स्त्री० दे० 'वस्तूत्प्रेक्षा'।

स्वरोदय पुं० [सं०] स्वरों या श्वासों के द्वारा सब प्रकार के शुभ और अशुभ फल जानने की विद्या।

स्वर्गंगा स्त्री० दे० 'आकाश-गंगा'।

स्वर्ग पुं० [सं०] १. हिन्दुओं के अनुसार सात लोकों में से वह जिसमें पुण्य और सत्कर्म करनेवालों की आत्माएँ जाकर निवास करती हैं, देवलोक।

मुहा० *स्वर्ग के पथ पर पैर रखना* = (क) मरना। (ख) जान जोखिम में डालना। *स्वर्ग जाना या सिधारना*= मरना।

२. अन्य धर्मों के अनुसार इसी प्रकार का एक विशिष्ट स्थान जो आकाश में माना जाता है, बिहिश्त। (हेवेन) ३. वह स्थान जहाँ बहुत अधिक सुख मिले, और किसी प्रकार का कष्ट न हो। ४. आकाश।

स्वर्गगामी (-मिन्) वि० [सं० स्वर्गगामिन्] [स्त्री० स्वर्गगामिनी] १. स्वर्ग की ओर जानेवाला। २. जो मर चुका हो, स्वर्गीय।

स्वर्गवास पुं० [सं०] मृत्यु, मौत।

स्वर्गवासी (-सिन्) वि० [सं०] [स्त्री० स्वर्गवासिनी] १. स्वर्ग में रहनेवाला। २. जो मर गया हो, स्वर्गीय, मृत।

स्वर्ग सोपान पुं० [सं० स्वर्ग+सोपान] स्वर्ग की सीढ़ी।

स्वर्गस्थ वि० [सं०] १. जो स्वर्ग में हो या स्थित हो। २. स्वर्गवासी।

स्वर्गारोहण पुं० [सं०] १. स्वर्ग की ओर चढ़ना या जाना। २. मरना।

स्वर्गिक वि०=स्वर्गीय।

स्वर्गीय वि० [सं०] [स्त्री० स्वर्गीया] १. स्वर्ग-सम्बन्धी, स्वर्ग का। २. स्वर्ग में रहने या होनेवाला। ३. जो मर कर स्वर्ग चला गया हो, मृत। ४. जो अब जीवित न हो। (लेट)

स्वर्ण पुं० [सं०] सोना नामक बहुमूल्य और प्रसिद्ध धातु, सुवर्ण।

स्वर्णकार पुं० [सं०] [भाव० स्वर्णकारी] सोने-चाँदी के गहने आदि बनानेवाला, सुनार।

स्वर्णकीट पुं० [सं०] १. एक प्रकार का चमकीला कीड़ा, सोन-किरवा। २. जुगनूँ।

स्वर्णगिरि पुं० [सं०] सुमेरु पर्वत।

स्वर्ण जयंती स्त्री० [सं०] किसी व्यक्ति, संस्था आदि या किसी महत्त्वपूर्ण कार्य के जन्म या आरम्भ होने के ५० वर्ष पूरा होने पर होनेवाली जयंती। (गोल्डेन जुबिली)

स्वर्ण दिवस पुं० [सं०] बहुत ही अच्छा, शुभ और महत्त्वपूर्ण दिन।

स्वर्णपुरी स्त्री० [सं०] लंका।

स्वर्ण मुद्रा स्त्री० [सं०] सोने का सिक्का।

स्वर्ण युग पुं० [सं०] सबसे अच्छा और श्रेष्ठ युग या समय।

स्वर्णाभ वि० [सं०] १. सोने की-सी आभा या चमकवाला। २. सोने के रंग का सुनहला। ३. (प्रतिभूति) जो सब प्रकार से सुरक्षित हो और जिसके डूबने या व्यर्थ होने की कोई आशंका न हो। (गिल्ड एजेड)

स्वर्णिम वि० [सं० स्वर्ण] सोने के रंग का। सुनहला।

स्वर्वासी (-सिन्) वि० [सं०] स्वर्ग का निवासी, स्वर्ग में रहनेवाला।

पुं० देवता।

स्वल्प वि० [सं०] [भाव० स्वल्पता] बहुत थोड़ा।

स्वल्पाधिक वि० [सं० स्वल्प+अधिक] स्वल्प अथवा अधिक, कम या ज्यादा, थोड़ा या बहुत।

स्ववित्त-पोषित वि० [सं०] जो अपने व्यय या पूँजी के बल पर हो। (सेल्फ फाइनेंस्ड)

स्वविवेक पुं० [सं०] कुछ विशिष्ट नियमों और बन्धनों के अधीन रहकर उचित अनुचित और युक्त-अयुक्त का विचार करने की शक्ति। (डिस्क्रिशन)

स्वशासन पुं० [सं०] १. अपने सब कामों की व्यवस्था स्वयं करने का पूरा अधिकार। (ऑटोनोमी) २. अपने अधिक्षेत्र में शासन, राजनीतिक प्रबन्ध आदि स्वयं करने का पूरा अधिकार। (सेल्फ गवर्नमेन्ट)

स्वसेवा स्त्री० [सं० स्व+सेवा] अपनी सेवा, अपना कार्य स्वयं करने की वृत्ति।

स्वस्ति पद [सं०] कल्याण हो, मंगल हो, भला हो। (आशीर्वाद) स्त्री० कल्याण, मंगल।

स्वस्तिक पुं० [सं०] १. एक प्रकार का बहुत प्राचीन मंगल-चिह्न जो शुभ अवसरों पर दीवारों आदि पर अंकित किया जाता है। आज-कल इसका यह रूप प्रचलित है 卐। २. हठयोग में एक प्रकार का आसन।

स्वस्तिवाचन पुं० [सं०] एक धार्मिक कृत्य जिसमें कोई शुभ कार्य आरम्भ करते समय मांगलिक मन्त्रों का पाठ होता है।

स्वस्थ वि० [सं०] [भाव० स्वस्थता, स्वास्थ्य] १. जिसे कोई रोग न हो, नीरोग, तन्दुरुस्त, चंगा। २. जिसका चित्त ठिकाने हो, सावधान। ३. जिसमें कोई दोष, अश्लीलता आदि न हो; जैसे-स्वस्थ्य मनोरंजन। (हेल्दी, उक्त सभी अर्थों के लिए) ४. जिसमें कोई विकार या त्रुटि न हो, जैसे स्वस्थप्रज्ञ। (साउंड) ५. स्वास्थ्य का सूचक। ६. उत्तम, मान्य या प्राकृतिक; जैसे-स्वस्थ परंपरा।

स्वस्थप्रज्ञ वि० [सं०] जिसकी बुद्धि सब बातें समझने और सब काम ठीक तरह से करने में समर्थ हो। (ऑफ साउंड माइंड)

स्वस्फूर्त वि० [सं० स्व+स्फूर्त] स्वत: सक्रियता या स्फूर्ति दिखलानेवाला।

स्वस्मरण पुं० [सं० स्व+स्मरण] स्वयं का स्मरण।

स्वहित पुं० [सं० स्व+हित] अपना हित, निजी हित, स्वार्थ। विपर्याय-जनहित।

स्वाँग पुं० [सं० सु+अंग] १. किसी के अनुरूप धारण किया जानेवाला बनावटी वेष या रूप, भेस। २. परिहासपूर्ण खेल या तमाशा, नकल। ३. लोगों को धोखा देने के लिए बनाया हुआ रूप या किया जानेवाला काम, आडम्बर।

स्वाँगना अ० [हिं० स्वाँग] कृत्रिम रूप या वेष धारण करना, स्वाँग बनाना।

स्वाँगी पुं० दे० 'बहुरूपिया'।

स्वांगीकरण पुं० [सं० स्व+अंगीकरण] किसी वस्तु को अपने शरीर या अंग में पूरी तरह से मिलाकर लीन या एक कर लेना, आत्मसात् करना। (एसिमिलेशन)

स्वांत पुं० [सं०] अंत:करण।

स्वांबु पुं० [सं०] अपना मूत्र।

स्वाँस, स्वाँसा पुं०=साँस।

स्वाक्षर पुं० [सं०] [वि० स्वाक्षरित] १. (किसी का) अपने हाथ से लिखा हुआ कोई छोटा लेख या हस्ताक्षर जिसे लोग अपने पास स्मृति के रूप में रखते हैं। (ऑटोग्राफ) २. दे० 'हस्ताक्षर'।

स्वाक्षरित वि०=हस्ताक्षरित।

स्वागत पुं० [सं०] किसी मान्य या प्रिय के आने पर आगे बढ़कर आदरपूर्वक उसका किया जानेवाला अभिनन्दन, अभ्यर्थना।

विस्मयादि० आनेवाले व्यक्ति के प्रति किया जानेवाला हर्षसूचक अभिवादन।

स्वागतकारिणी समिति स्त्री० [सं०] वह समिति जो किसी बड़े सम्मेलन आदि में आनेवालों के स्वागत-सत्कार के लिए बनती है। (रिसेप्शन कमिटी)

स्वागतपतिका स्त्री० [सं०] साहित्य में वह नायिका जो अपने पति के विदेश से लौटने पर प्रसन्न हो।

स्वागतयोग्य वि० [सं०] स्वागत के योग्य।

स्वागत-सत्कार पुं० [सं०] अतिथि का किया जानेवाला स्वागत और सेवा।

स्वागताध्यक्ष पुं० [सं०] स्वागत समिति का अध्यक्ष।

स्वाग्रही वि० [सं० स्व+आग्रह] अपने आग्रह पर दृढ़ रहनेवाला, अपनी बात मनवाने के लिए दृढ़।

स्वाच्छंद* क्रि० वि० [सं० स्वच्छंद] १. स्वच्छन्दतापूर्वक। २. सुख से, सहज में, उदा० श्री जयदेव अजौं स्वाच्छन्द ललित सौं भावै।-रत्ना०।

स्त्री० दे० 'स्वच्छंदता'।

स्वातंत्र्य पुं० [सं०] स्वतंत्रता।

स्वातंत्र्योत्तर वि० [सं०] स्वतन्त्रता-प्राप्ति के बाद का।

विशेष—इस शब्द का शब्दार्थ वस्तुत: है—स्वतंत्रता के बाद का अर्थात् स्वतंत्रता की समाप्ति के बाद का। परन्तु यह चल रहा है स्वतंत्रता की प्राप्ति के बाद के अर्थ में।

स्वाति स्त्री० [सं०] पन्द्रहवाँ नक्षत्र जिसकी वर्षा के जल से मोती की उत्पत्ति मानी जाती है।

स्वाती स्त्री० [सं० स्वाति] स्वाति नक्षत्र।

स्वाती की बूँद स्त्री० ऐसी दुष्प्राप्य वस्तु जिसके मिलने पर बहुत प्रसन्नता हो।

स्वात्म वि० [सं० स्व+आत्म] अपना, निज का।

स्वाद पुं० [सं०] १. कुछ खाने या पीने से जीभ या मुँह को होनेवाला अनुभव, जायका। २. किसी बात में होनेवाली रुचि या उससे मिलनेवाला आनन्द। (टेस्ट)

मुहा० *स्वाद चखाना*=किसी को उसके अनुचित कार्य का दंड देना।

स्वादन पुं० [सं०] स्वाद लेने या चखने की क्रिया या भाव।

स्वादिष्ट वि० [सं० स्वादिष्ट] जिसका स्वाद अच्छा हो।

स्वादी वि० [सं० स्वाद] १. स्वाद लेनेवाला। २. मजा या आनन्द लेनेवाला, रसिक। ३. स्वादिष्ट।

स्वादु वि०=स्वादिष्ट।

स्वाधिकार पुं० [सं०] १. अपना अधिकार। २. स्वाधीनता, स्वतन्त्रता।

स्वाधिष्ठान पुं० [सं०] हठयोग के अनुसार शरीर के आठ चक्रों या कमलों में से दूसरा जिसका स्थान नाभिप्रदेश है। यह छह दलों का और सिन्दूर वर्ण का माना गया है।

स्वाधीन वि० [सं०] [भाव० स्वाधीनता] १. जो किसी के अधीन न हो, स्वतन्त्र, आजाद। २. बिना किसी के नियन्त्रण या दबाव के काम करने में समर्थ।

स्वाधीनता स्त्री० [सं०] किसी दूसरे के अधीन नहीं, बल्कि स्वयं अपने अधीन या स्वतन्त्र होने की अवस्था या भाव, स्वतन्त्रता, आजादी।

स्वाधीनपतिका स्त्री० [सं०] साहित्य में वह नायिका जिसका पति उसके वश में रहता हो।

स्वाध्याय पुं० [सं०] १. श्रेष्ठ ग्रन्थों का अध्ययन तथा श्रवण। २. वेद की कोई शाखा जिसका अध्ययन किसी कुल या वंश में परम्परा से चला आया हो। ३. किसी विषय का अनुशीलन, अध्ययन।

स्वाना* स०=सुलाना।

स्वाप पुं० [सं०] १. निद्रा, नींद। २. अज्ञान।

स्वापन पुं० [सं०] प्राचीन काल का एक अस्त्र। (कहते हैं कि यह अस्त्र चलने पर शत्रुओं को सुला देता था।)

वि० सुलाने या नींद लानेवाला।

स्वाभाविक वि० [सं०] [भाव० स्वाभाविकता] १. स्वभाव से या आप-से-आप होनेवाला, प्राकृतिक, नैसर्गिक, कुदरती। २. स्वभाव से सम्बन्ध रखने या होनेवाला। ३. जो जानबूझकर न किया गया हो।

स्वाभिमान पुं० [सं०] [वि० स्वाभिमानी] अपनी प्रतिष्ठा या गौरव का अभिमान।

स्वाभिमानी (-निन्) पुं० [सं०] [स्त्री० स्वाभिमानिनी] वह जिसे अपनी प्रतिष्ठा या गौरव का स्वाभिमान या ध्यान हो, अपनी इज्जत का ख्याल रखनेवाला।

स्वामि पुं०=स्वामी।

स्वामिकता स्त्री० [सं०] वह अवस्था जिसमें कोई किसी वस्तु का स्वामी या मालिक होता है, मालिक होने का भाव, मिल्कियत। (ओनरशिप)

स्वामिकार्तिक पुं० [सं०] शिव के पुत्र, स्कन्द, कार्तिकेय, षड़ानन।

स्वामित्व पुं० [सं०] 'स्वामी' होने का भाव, मालिकपन। (ओनरशिप)

स्वामित्व-चिह्न पुं० [सं०] वह चिह्न जो किसी वस्तु या सम्पत्ति पर उसका स्वामी अपना अस्तित्व सूचित करने के लिए लगा देता है। (प्रॉपर्टी मार्क)

स्वामिनी स्त्री० [हिं० 'स्वामी' का स्त्री०] १. मालकिन। २. घर की मालकिन, गृहिणी। ३. श्री राधिका।

स्वामिभक्त पुं० [सं०] अपने स्वामी की निष्ठापूर्वक सेवा करनेवाला, सच्चा सेवक; जैसे—स्वामिभक्त हनुमान।

स्वामिस्व पुं० [सं० स्वामी+स्व] वह धन जो किसी वस्तु के आविष्कर्ता, ग्रन्थ के लेखक आदि को उसके स्वामित्व, अधिकार या रचना से होनेवाले लाभ के अंश के रूप में कुछ नियत मात्रा में और नियत समय पर बराबर मिलता रहता है। (रॉयलटी)

स्वामित्वहीनत्व [सं०] स्वामित्व से हीन होने की अवस्था या भाव।

स्वामी (-मिन्) पुं० [सं०][स्त्री० स्वामिनी, भाव० स्वामित्व] १. वह जिसे किसी वस्तु पर पूरे और सब प्रकार के अधिकार प्राप्त हों, मालिक। (ओनर, प्रोप्राइटर)। २. घर का प्रधान व्यक्ति। ३. पति, शौहर। ४. साधु, संन्यासी आदि के लिए सम्बोधन। ५. सेवक की दृष्टि से वह व्यक्ति जिसकी वह सेवा करता हो। ६. परमात्मा।

स्वामीभक्त पुं०=स्वामिभक्त।

स्वाम्य पुं०=स्वामित्व।

स्वायंभुव पुं० [सं०] पुराणानुसार पहले मनु का नाम जो स्वयम्भू (ब्रह्मा) से उत्पन्न माने जाते हैं।

स्वायत्त वि० [सं०] [भाव० स्वायत्तता] (प्रदेश या राज्य) जिसका शासन उसी के लोग चलाते हों। (ऑटोनोमस)

स्वायत्तता स्त्री० [सं०] अपना शासन स्वयं चलाने की स्वतन्त्रता। (ऑटोनोमी)

स्वार* पुं० [सं० सूपकार] रसोइया।

स्वारथ* पुं० [सं० स्वार्थ] अपना अर्थ, लाभ या हित, अपनी भलाई, स्वार्थ।

मुहा० *स्वारथ आना*=भलाई या हित के लिए उपयोगी होना।

वि० १. उचित या उपयुक्त रूप से काम में आया हुआ, सफल सार्थक, जैसे सारा परिश्रम स्वारथ हो गया।

स्वारस्य पुं० [सं०] १. सरसता। २. किसी बात से मिलनेवाला आनन्द या सुख।

स्वारी| स्त्री०=सवारी।

स्वार्थ पुं० [सं०] [भाव० स्वार्थता] १. अपना अर्थ या उद्देश्य, अपना मतलब। २. ऐसी बात जिसमें स्वयं अपना लाभ या हित हो।

मुहा० *(किसी बात में) स्वार्थ लेना*=किसी होनेवाले काम में अनुराग रखना। (आधुनिक प्रयोग)

३. विधिक क्षेत्रों में, किसी वस्तु या सम्पत्ति के साथ होनेवाला किसी व्यक्ति का वह सम्बन्ध जिसके अनुसार उसे उस वस्तु या सम्पत्ति पर अथवा उससे होनेवाले लाभ आदि पर स्वामित्व अथवा इसी प्रकार का और कोई अधिकार प्राप्त रहता है। (इन्टरेस्ट)

स्वार्थक पुं० [सं०] ऐसा प्रत्यय जो किसी शब्द में जुड़ने पर उसमें नया अर्थ न जोड़ता हो वरन् मूल शब्द का अर्थ ही द्योतित करता हो; जैसे-साजना, बालमा में 'आ' प्रत्यय।

स्वार्थता स्त्री० [सं०] अपने स्वार्थ का पोषण करने की वृत्ति।

स्वार्थत्याग पुं० [सं०] [वि० स्वार्थत्यागी] किसी अच्छे काम के लिए अपने हित या लाभ का ध्यान छोड़ देना।

स्वार्थत्यागी (-गिन्) वि० [सं०] किसी अच्छे काम या किसी के उपकार के लिए अपने हित या लाभ का ध्यान छोड़ देनेवाला।

स्वार्थ-दृष्टि स्त्री० [सं०] स्वार्थ का अपना हित साधने का दृष्टिकोण।

स्वार्थपर वि० [सं०] [भाव० स्वार्थपरता] स्वार्थी, खुदगरज।

स्वार्थपरायण वि० [सं०] स्वार्थी।

स्वार्थमय वि० [सं०] स्वार्थ से भरा।

स्वार्थ-लोलुप वि० [सं०] [भाव० स्वार्थ-लोलुपता] स्वार्थ साधना ही जिसका उद्देश्य हो।

स्वार्थसाधन पुं० [सं०] [कर्ता० स्वार्थसाधक] अपना मतलब या काम निकालना, स्वार्थ सिद्ध करना।

स्वार्थांध वि० [सं०] [भाव० स्वार्थंधता] जो अपने स्वार्थ के फेर में पड़कर अन्धा हो रहा हो और भले-बुरे का ध्यान न रखता हो।

स्वार्थी (-र्थिन्) वि०, पुं० [सं०] [स्त्री० स्वार्थिनी] जिसे अपने हित या लाभ का ही अधिक ध्यान रहता हो तथा जो दूसरों के हित या लाभ की उपेक्षा करता हो; अपना मतलब निकालनेवाला, मतलबी, खुदगरज।

स्वार्थीपन पुं० [सं०+हिं०] स्वार्थपरता।

स्वावना| स०=सुलाना।

स्वावलंबन पुं० [सं०] अपने ही भरोसे रहकर और अपने बल पर काम करना।

स्वावलंबी (-बिन्) वि० [सं०] [स्त्री० स्वावलंबिनी] १. अपने ही भरोसे या सहारे पर रहनेवाला। २. अपने बल तथा सहारे किया जानेवाला; जैसे-स्वावलंबी विकास।

स्वाश्रय पुं० [सं०] [वि० स्वाश्रित] वह जिसे केवल अपना सहारा हो, दूसरों का सहारा न हो।

स्वाश्रित वि० [सं०] [स्त्री० स्वाश्रिता] केवल अपने ही सहारे रहनेवाला।

स्वास, स्वासा* स्त्री०, पुं०=श्वास।

स्वास्थ्य पुं० [सं०] स्वस्थ या नीरोग होने की दशा, आरोग्य, तन्दुरुस्ती। (हेल्थ)

स्वास्थयकर वि० [सं०] तन्दुरुस्ती बढ़ानेवाला आरोग्यवर्धक।

स्वास्थ्य-निवास पुं० [सं०] विशेष रूप से निश्चित या निर्गित वह स्थान जहाँ जाकर लोग स्वास्थ्य सुधार के लिए रहते हैं। (सैनिटोरिअम)

स्वास्थ्यवर्धक वि० [सं० स्वास्थ्य+वर्धक] स्वास्थ्य को बढ़ानेवाला और अधिक स्वस्थ करनेवाला, स्वास्थ्य में सुधार लानेवाला।

स्वास्थ्य विज्ञान पुं० [सं०] वह विज्ञान या शास्त्र जिसमें शरीर को नीरोग और स्वस्थ बनाए रखने के नियमों और सिद्धान्तों का विवेचन हो। (हाईजीन)

स्वाहा पद [सं०] एक शब्द जिसका प्रयोग हवन की हवि देते समय होता है।
स्त्री० अग्नि की पत्नी।
वि० १. जो जलकर राख हो गया हो। २. पूरी तरह से नष्ट, बरबाद।

स्वाहेस पुं० [सं० स्वाहा+ईश] स्वाहा के पति, अग्नि देवता।

स्वीकरण पुं० [सं०] १. स्वीकार या अंगीकार करना। २. मानना।

स्वीकरित वि०=स्वीकृत। (अशुद्ध)

स्वीकार पुं० [सं०] अपनाने या ग्रहण करने की क्रिया, अंगीकार, मंजूरी।
वि० स्वीकृत।

स्वीकारना स० [सं० स्वीकार+हिं० ना (प्रत्य०)] १. कुछ ग्रहण करने के लिए राजी होना। २. किसी बात की सत्यता मान लेना; जैसे-उसने अपनी गलती स्वीकारी।

स्वीकारात्मक वि० [सं०] (कथन) जिसमें कोई बात स्वीकृत की गई हो अथवा उसकी पुष्टि की गई हो। (अफर्मेटिव)

स्वीकारोक्ति स्त्री० [सं०] वह कथन या बयान जिसमें अपना अपराध स्वीकार किया जाए; दोष, अपराध, पाप आदि की स्वीकृति, अपने मुँह से कहकर यह मान लेना कि हमने अमुक अनुचित या बुरा काम किया है। (कन्फेशन)

स्वीकार्य वि० [सं०] [भाव० स्वीकार्यता] स्वीकृत या ग्रहण करने या मानने के योग्य।

स्वीकृत वि० [सं०] १. जिसके सम्बन्ध में स्वीकृति दी जा चुकी हो, स्वीकार किया हुआ। (सैंक्शन्ड) २. ग्रहण किया या माना हुआ, प्रतिपन्न, मंजूर। ३. जिसे आधिकारिक रूप से मान्यता मिली हो, मान्य। (रिकग्राइज़्ड)

स्वीकृति स्त्री० [सं०] [वि० स्वीकृत] १. स्वीकार करने या अनुमति देने की क्रिया या भाव, मंजूरी। २. प्रस्ताव, शर्तें आदि मान लेने की क्रिया, भाव या लिखित विवरण; जैसे-सरकारी स्वीकृति आ गई।

स्वीडी वि० [स्वीडन] स्वीडन देश का।
स्त्री० स्वीडन की भाषा।
पुं० स्वीडन का निवासी।

स्वीय वि० [सं०]अपना, निज का।

स्वे* वि०=स्व: (अपना)।

स्वेच्छया क्रि० वि० [सं०] अपनी इच्छा से और बिना किसी के दबाव के, जैसे स्वेच्छया किया हुआ काम। (वालन्टरिली)

स्वेच्छा स्त्री० [सं०] अपनी इच्छा, जैसे स्वेच्छा से कोई काम करना।

स्वेछाचार पुं०[सं०][भाव० स्वेच्छाचारिता, वि० स्वेच्छाचारी] भला-बुरा जो कुछ मन में आए, वही कर डालना, मनमाना आचरण, यथेच्छाचार।

स्वेच्छाचारी (रिन्) वि० [सं० स्वेच्छाचारिन्] [स्त्री० स्वेच्छाचारिणी] स्वेच्छाचार या मनमाने ढंग से सब काम करने-वाला।

स्वेछासेवक पुं०=स्वयंसेवक।

स्वेटर पुं० [अं०] बनियाइन या गंजी आदि की तरह का एक प्रकार का मोटा पहनावा जो कमीज आदि के ऊपर पहना जाता है।

स्वेद पुं० [सं०] [वि० स्वेदित] १. पसीना। २. साहित्य में रोष, लज्जा, हर्ष, श्रम आदि से शरीर का पसीने से भर जाना जो एक सात्विक अनुभाव माना गया है। ३. भाप।

स्वेदक वि० [सं०] स्वेद या पसीना लानेवाला (पदार्थ)।

स्वेदकण पुं० [सं०] पसीने की बूँद।

स्वेदज पुं० [सं०] पसीने से उत्पन्न होनेवाला जीव, जैसे खटमल, जूँ आदि।

स्वेदन पुं० [सं०] शरीर में पसीना लाना।

स्वै[1]* वि० [सं० स्व+ही] अपना ही।

स्वै[2]* सर्व० [सं० स+एव] वही।

स्वैच्छिक वि० [सं०] १. अपनी इच्छा से संबंध रखनेवाला। २. अपनी इच्छा से किया या अपने ऊपर लिया जानेवाला। (वॉलेन्टरी)

स्वैर वि०[सं०] [भाव० स्वैरता] १. स्वेच्छाचारी। २. स्वतन्त्र। ३. धीमा, मन्द। ४. मनमाना।

स्वैराचार पुं० [सं०] [वि० स्वैराचारी] ऐसा मनमाना आचरण जो नैतिक, धार्मिक, सामाजकि आदि नियमों या बन्धनों की उपेक्षा करके किया जाए, मनमानी।

स्वैराचारी (-रिन्) वि०[सं० स्वैराचारिन्][स्त्री० स्वैरचारिणी] १. मनमाना काम करनेवाला। २. व्यभिचारी, लम्पट।

स्वैरिणी स्त्री० [सं०] व्याभिचारिणी।

स्वोपार्जित वि० [सं० स्व+उपार्जित] स्वयं उपार्जित किया या कमाया हुआ।

ह

ह संस्कृत या नागरी वर्णमाला का तैंतीसवाँ व्यंजन जो उच्चारण के विचार से ऊष्म वर्ण कहलाता है।

हँकड़ना* अ०=ललकारना।

हँकवा पुं० [हिं० हाँकना] बहुत से लोगों का शेर, चीते आदि को चारों ओर से घेरकर शिकारी के सामने लाना।

हँकवाना स० हिं० 'हाँकना' का प्रे०।

हँकवैया* पुं०=हाँकनेवाला।

हँकाई स्त्री० [हिं० हाँकना] हाँकने की क्रिया, भाव, या मजदूरी।

हँकाना स० [हिं० हाँक] १. दे० 'हाँकना'। २. पुकारना। ३. हँकवाना।

हँकार स्त्री० [सं० हुंकार] जोर से बुलाने का शब्द, पुकार।

मुहा० *हँकार पड़ना*=बुलाहट या पुकार होना।

हंकार पुं० [सं० अहंकार] गर्व, घमंड, शेखी, उदा० बड़े गए बड़ेपन रोम-रोम हंकार। -कबीर।

पुं० दे० 'हुंकार'।

हँकारना* स०=पुकारना।

अ० हुंकार करना।

हँकारी पुं० [हिं० हँकार] १. लोगों को बुलाकर लानेवाला व्यक्ति। २. दूत।

स्त्री० बुलाने की क्रिया या भाव, बुलाहट।

हंगामा पुं० [फा० हंगामः] १. उपद्रव, उत्पात। २. शोरगुल, हल्ला। ३. भीड़भाड़।

हंगामी वि० [फा० हंगामः] शोरगुल से भरा, कोलाहलपूर्ण।

हंगामेदार वि०=हंगामी।

हंडना अ० [सं० अभ्यटन] १. घूमना, फिरना, चलना। २. इधर-उधर ढूँढ़ना। ३. वस्त्र आदि का व्यवहार में आने पर कुछ समय तक चलना या ठहरना।

हंडा पुं० [सं० भांडक] [स्त्री० अल्पा० हंडी, हँडिया, हाँडी] १. पानी रखने या भरने का पीतल या ताँबे का एक प्रकार का बड़ा बरतन। २. एक विशिष्ट प्रकार की वह बड़ी रोशनी जिसके ऊपर हंडे के आकार की शीशे की बहुत बड़ी चिमनी लगी रहती है।

हँडाना स० हिं० 'हंडना' का स०।

हँडिया स्त्री० दे० 'हाँड़ी' या 'हंडी'।

हंडी स्त्री० [हिं० हंडा का स्त्री० अल्पा०] मिट्टी, धातु आदि का बना एक प्रसिद्ध छोटा गोलाकार बरतन, हाँड़ी।

हंत विस्मयादि० [सं०] एक दुखसूचक शब्द, जैसे—हा हन्त! यह क्या हो गया।

हंता पुं० [सं० हंतृ] [स्त्री० हंत्री] हत्या या वध करनेवाला।

हँफनी स्त्री० [हिं० हाँफना] हाँफने की क्रिया या भाव।

मुहा० *हँफनी मिटाना*=सुस्ताना।

हँवा विस्मायादि० [हिं० हाँ] सहमति या स्वीकृति सूचक शब्द।

हँवाना अ० दे० 'रँभाना' (गौओं का)।

हंस पुं० [सं०] [स्त्री० हंसिनी, हंसी] १. बत्तख की तरह का एक प्रसिद्ध जलपक्षी। २. सूर्य। ३. ब्रह्मा। ४. माया से निर्लिप्त और शुद्ध आत्मा, जीवात्मा। ५. जीवनी शक्ति, प्राण।

मुहा० *हंस उड़ जाना*=शरीर के प्राण निकल जाना, उदा० काँचे बासन टिकै न पानी। उड़ि गौ हंस काया कुम्हिलानी। -कबीर।

६. संन्यासियों का एक भेद। ७. प्राणवायु (आत्मा, विशुद्ध रूप में)। ८. पैर में पहनने का नूपुर नामक गहना। ९. ईश्वर, नारायण।

हंसक पुं० [सं०] पैर में पहनने का नूपुर नाम का गहना।

हंस-किंकिणी स्त्री० [सं०] ओड़व-सम्पूर्ण जाति की एक रागिनी जो दिन के तीसरे पहर में गाई जाती है।

हंसगति स्त्री० [सं०] जीवात्मा का ब्रह्मा में मिल जाना, सायुज्य मुक्ति।

हंसजा स्त्री० [सं०] सूर्य की कन्या, यमुना।

हँसता-मुखी वि०=हँस-मुख।

हँसना अ० [सं० हंसन] १.प्रसन्नता प्रकट करने की वह क्रिया जिसमें मनुष्य के दाँत दिखाई देते हैं और कुछ अवस्थाओं में वह मुँह खोलकर हा-हा करने लगता है, हास करना।

पद *हँसकर* = खुशी-खुशी, प्रसन्नतापूर्वक; जैसे-बुलाने पर वह हँसकर आएगा। *हँसते हँसते* = (क) प्रसन्नता से। (ख) सहज में।

मुहा० *हँसना-खेलना या हँसना-बोलना*=प्रसन्नता और आमोद-प्रमोद की बातचीत करना। *हँसकर बात उड़ाना*= तुच्छ या साधारण समझकर हँसते हुए कोई बात टाल देना।

२. दिल्लगी या परिहास करना।

मुहा० *किसी पर हँसना*=किसी की हँसी उड़ाना, उपहास करना।

३. घर, स्थान आदि का इतना सुन्दर लगना कि हँसता हुआ-सा जान पड़े।

हँसनि* स्त्री० [हिं० हँसना] हँसने की क्रिया या भाव, विशेषतः जिसमें दाँत दिखाई देने लगते हैं, हास।

हँसमुख वि० [हिं० हँसना+मुख] १. सदा हँसता रहनेवाला। २. विनोदशील, हास्यप्रिय, ठठोल, मसखरा।

हँसली स्त्री० [सं० अंसली] १. गले के पास छाती के ऊपर की दोनो धन्वाकार हड्डियाँ। २. गले में पहनने का एक गहना।

हँसाई स्त्री० [हिं० हँसना] १. दे० 'हँसी'। २. (लोक में होनेवाली) बदनामी या निन्दा, जैसे जग-हँसाई, नाम-हँसाई।

हँसाना स० [हिं० हँसना] किसी को हँसने में प्रवृत्त करना।

हँसाय* स्त्री०=हँसाई।

हंसिनी स्त्री० [सं०] हंस (पक्षी) की मादा।

हँसिया स्त्री० [सं० असिद, प्रा० असिअ] खेत की फसल, घास, तरकारी आदि काटने का एक औजार।

हँसी स्त्री० [हिं० हँसना] १. हँसने की क्रिया या भाव, हास। **पद** *हँसी-खुशी*=प्रसन्नता। *हँसी-ठट्ठा*=विनोद, मजाक। **मुहा०** *हँसी छूटना*=हँसी आना। २. परिहास, दिल्लगी, मजाक, ठट्ठा। **मुहा०** *हँसी उड़ाना*=व्यंग्यपूर्ण निन्दा या उपहास करना। *हँसी या हँसी-खेल समझना*=किसी काम या बात को साधारण या तुच्छ समझना। *हँसी में उड़ाना*=साधारण समझकर हँसते हुए टाल देना। *हँसी में ले जाना*=गम्भीर बात को हँसी की बात समझना। ३. लोक में होनेवाली उपहासपूर्ण निन्दा या बदनामी।

हँसी स्त्री० [सं०] हंस (पक्षी) की मादा।

हँसी-खुशी स्त्री० [हिं०+फा०] विनोद और प्रसन्नता।

हँसी-खेल पुं० [हिं० हँसी+खेल०] सरल या सहज काम। **उदा०** *हँसी-खेल समझना*=सरल काम समझना।

हँसी-मजाक पुं० [हिं०+अ० मजाक] हँसने-हँसाने और हँसी उड़ाने की बातें।

हँसी-ठिठोली स्त्री०=हँसी मजाक।

हँसुआ पुं०=हँसिया।

हँसुली स्त्री०=हँसली।

हँसोड़ वि० [हिं० हँसना+ओड़ (प्रत्य०)] सदा हँसी की बातें करनेवाला, दिल्लगीबाज, मसखरा, ठठोल।

हँसौहाँ वि० [हिं० हँसना] [स्त्री० हँसौहीं] १. हँसानेवाला। २. हँसी या दिल्लगी का।

हई[1] अ० [हिं० है+ही] 'है ही' का संक्षिप्त रूप, जैसे यह तो हई है।

हई[2] पुं० [सं० हयिन्] घुड़सवार।

हई[3] विस्मयादि० [अनु०] आश्चर्यसूचक शब्द।

हई[4] स्त्री० [आश्चर्य-सूचक है! या अ० हैवत=डर] डर, भय, उदा० है हिय रहती हई छई, नई जुगती दग जोइ। -बिहारी।

हउँ सर्व० दे० 'हौं'।

हक वि० [अ०] १. सच, सत्य। २. उचित, वाजिब, ठीक, मुनासिब। पुं० १. अधिकार, इख्तियार। **पद** *हक में*=पक्ष में। २. कर्तव्य, फर्ज। **मुहा०** *हक अदा करना*=कर्तव्य का पालन करना, फर्ज पूरा करना। ३. वह वस्तु जिसपर न्याय से अधिकार प्राप्त हो। ४. किसी लेन-देन में बन्धेज आदि के अनुसार मिलनेवाला धन। ५. उचित या ठीक बात अथवा पक्ष। 6. ईश्वर। (मुसलमान)

हकदार पुं० [अ० हक+फा० दार] हक या अधिकार रखनेवाला, अधिकारी।

हक-नाहक क्रि० वि० [अ० नाहक+फा० हक] १. जबरदस्ती से। २. व्यर्थ, फजूल।

हकबक वि० दे० 'हक्का-बक्का'।

हकबकाना अ० [अनु०] हक्का-बक्का हो जाना, घबरा जाना।

हकराना स० [हिं० हकार] पुकारना, बुलाना।

हकलना अ० [सं० हुंकार] १. हुंकार करना। २. ललकारना। (राज०)

हकला वि० [हिं० हकलाना] हकलाकर या रुक-रुककर बोलनेवाला।

हकलाना अ० [अनु० हक] [भाव० हकलापन] शब्दों का ठीक तरह से उच्चारण न कर सकने के कारण बीच-बीच में कोई शब्द बहुत रुक-रुककर बोलना।

हकशफा, हकशुफा पुं० [अ० हक्के-शुफ़अ=पड़ोसी का अधिकार] जमीन, मकान आदि खरीदने का वह हक जो गाँव के हिस्सेदारों अथवा पड़ोसियों को औरों से पहले प्राप्त होता है। (प्रिएम्पशन)

हकालना| स०=हाँकना।

हकाहक* क्रि० वि० [अनु०] खूब जोरों से, प्रबल रूप से। स्त्री० जोरों की लड़ाई, घोर युद्ध।

हकीकत स्त्री० [अ०] १. वास्तविकता, असलियत। **पद** *हकीकत में*=वास्तव में, सचमुच। **मुहा०** *हकीकत खुलना*=ठीक बात का पूरा पता लगना। २. सच्चा और वास्तविक वृत्तान्त।

हकीकी वि० [अ० हक़ीक़ी] ईश्वरीय।

हकीम पुं० [अ०] १. विद्वान, पंडित। २. युनानी रीति से चिकित्सा करनेवाला चिकित्सक।

हकीमी स्त्री० [अ० हकीम+ई (प्रत्य०)] १. हकीम का पेशा या काम। २. युनानी चिकित्सा-शास्त्र, हिकमत। वि० हकीम-संबंधी।

हकूमत स्त्री० [अ० हुकूमत] १. शासन। २. प्रशासन। **मुहा०** *हकूमत चलाना*=प्रभुत्व या अधिकार जताना या उससे काम लेना। *हकूमत जताना*=अधिकार या बड़प्पन दिखाना। ३. राजनीतिक शासन या आधिपत्य।

हक्का पुं० [सं० हुंकार] १. हुंकार। २. हाँक, पुकार।

हक्काक पुं० [?] नगीने आदि काटने और जड़ने का काम करनेवाला।

हक्का-बक्का वि० [अनु० हक, बक] बहुत घबराया हुआ, भौचक्का।

हक्कारना* स० [सं० हुंकार] ललकारना, उदा० दूजन सल कूरम्भ, बन्ध पल्हन हक्कारिय। -चन्दबरदाई।

हगना अ० [?] मलत्याग करना, झाड़ा या पखाना फिरना। स० विवश होकर देन चुकाना या कुछ देना।

हचकना अ० [अनु०] हचहच शब्द करते हुए बीच में रुकना या झुकना।

हचका पुं० दे० 'हचकोला'।

हचकोला पुं० [हिं० हचकना] गाड़ी आदि चलनेवाली चीजों के हिलने-डोलने से लगनेवाला धक्का, धचका।

हचना* अ०=हिचकना।

हज पुं० [अ०] मुसलमानों का काबे की परिक्रमा के लिए मक्का (अरब) जाना।

हजम वि० [अ० हज़्म] १. जिसका पाचन हुआ हो, पचा हुआ। २. बेईमानी या अनुचित रीति से इस प्रकार लिया हुआ (धन) कि फिर दिया न जाए।

मुहा० *हजम कर जाना या लेना*=हड़प लेना।

हजरत पुं० [अ०] १. महात्मा, महापुरुष। २. दुष्ट या धूर्त।

हजामत स्त्री० [अ०] [वि० हजामती] बाल काटने और दाढ़ी बनाने का काम, क्षौर।

मुहा० *हजामत बनाना*=(क) दाढ़ी या सिर के बाल मूँड़ना या काटना। (ख) ठगकर धन लेना।

हजार वि० [फा० हज़ार] १. दस सौ, सहस्र। २. बहुत, अनेक।

पुं० दस सौ की संख्या या अंक, १०००।

क्रि० वि० चाहे जितना अधिक, बहुतेरा।

हजारा वि० [फा० हज़ारा] (फूल) जिसमें हजारों (बहुत अधिक) पंखुड़ियाँ हों।

पुं० फुहारा।

हजारी पुं० [फा० हज़ारी] १. एक हजार सिपाहियों का सरदार। २. वर्णसंकर, दोगला।

हजारों वि० [हिं० हजार] १. कई हजार। २. बहुत अधिक।

हजूम पुं० [अ० हुजूम] भीड़।

हजूर पुं० [अ० हुज़ूर] १. किसी बड़े की समक्षता। २. बादशाह या हाकिम का दरबार, कचहरी। ३. बहुत बड़ों को संबोधन करने का शब्द।

क्रि० वि० (किसी बड़े के) सामने, समक्ष।

हजूरा पुं० [अ० हुज़ूरी] दे० 'हजूरी'।

हजूरी पुं० [अ० हुज़ूर] बड़े आदमी, बादशाह या राजा की सेवा में सदा उपस्थित रहनेवाला सेवक।

मुहा० *जी-हजूरी करना*=चापलूसी या खुशामद करना।

वि० हजूर का।

हजो स्त्री० [अ० हज्व] निन्दा।

हज्ज पुं० दे० 'हज'।

हज्जाम पुं० [अ०] हजामत बनानेवाला, नाई, नापित।

हटक स्त्री० [हिं० हटकना] १. हटकने या मना करने की क्रिया, वारण, वर्जन।

मुहा० *हटक मानना*=मना करने पर मान या रुक जाना।

२. पशुओं को हाँकने का काम।

हटकन स्त्री० [हिं० हटकना] १. दे० 'हटक'। २. पशुओं को हाँकने की लाठी।

हटकना स० [हिं० हटक] १. मना करना, रोकना। २. पशुओं को किसी ओर हाँकना।

अ० मना करने पर मानना या रुकना, उदा० खटकी चित, भटकी फिरत हटकि रहत हियै न।– विक्रम सतसई।

हटतार* पुं०=टकटकी।

हटना अ० [सं० घट्टन] १. अपना स्थान छोड़कर इधर-उधर होना, खिसकना, सरकना। २. सामने से इधर-उधर या दूर होना, टलना। ३. अपने स्थान से पीछे की ओर चलना, जाना या पहुँचना। ४. न रह जाना। ५. वचन आदि का पालन न करना।

स० दे० 'हटकना'।

हटपटाना* अ० [हिं० हटाना+अनु०] १. इधर-उधर करना, हटाना-बढ़ाना। २. जबरदस्ती करना।

हटवाई* स्त्री० [हिं० हाट] हाट में जाकर सौदा लेना या बेचना, क्रय-विक्रय।

पुं० हाट में बैठकर सौदा बेचनेवाला।

हटवाना स० [हिं० 'हटाना' का प्रे०] हटाने का काम दूसरे से कराना।

हटवार| पुं० [हिं० हाट] दुकानदार।

हटवारी| स्त्री०=दुकानदारी।

हटा पुं० [हिं० हटकना या हटाना] निषेध, मनाही।

हटाना स० [हिं० 'हटना' का स०] १. पहले के स्थान से किसी दूसरे स्थान पर करना या भेजना। २. अलग या दूर करना। ३. हराकर भगाना। ४. जाने देना, छोड़ देना।

हटी* स्त्री०=१. हट्टी (दुकान)। २. हाट (बाजार)।

हट्ट पुं० [सं०] १. दुकान। २. बाजार, हाट।

हट्टा-कट्टा वि० [सं० हृष्ट+अनु० कट्टा] [स्त्री० हट्टी-कट्टी] हृष्ट-पुष्ट, बलवान।

हट्टी स्त्री० [सं० हट्ट] दुकान।

हठ पुं० [सं०] [वि० हठी, हठीला] १. आग्रहपूर्वक यह कहना कि ऐसा ही है, होगा या होना चाहिए, अड़, टेक।

मुहा० *हठ चलाना*=मनमानी करना। *हठ पकड़ना*=आग्रह या जिद करना। *हठ माँड़ना*= हठ करना। *हठ रखना*=जिस बात के लिए कोई हठ करे उसे मान लेना।

२. दृढ़प्रतिज्ञा, अटल संकल्प। ३. अनुचित जिद, दुराग्रह।

हठना* अ० [हिं० हठ] १. हठ या जिद करना। २. दृढ़ प्रतिज्ञा करना। ३. आग्रह करना, जोर देना, उदा० रामनाम-नवनेह मेह को, मन! हठि होरि पपीहा।—तुलसी।

हठयोग पुं० [सं०] योग का वह अंग जिसमें शरीर को वश में करने के लिए कठिन मुद्राओं और आसनों का विधान है।

हठात् क्रि० वि० [सं०] १. हठपूर्वक। २. जबरदस्ती। ३. अचानक, सहसा।

हठाहठ क्रि० वि० दे० 'हठात्'।

हठी वि० [सं० हठिन्] हठ करनेवाला, जिद्दी।

हठीला वि० [सं० हठ+हिं० ईला (प्रत्य०)] [स्त्री० हठीली] १. दे० 'हठी'। २. लड़ाई में धीरतापूर्वक जमा रहनेवाला।

हड़ स्त्री० [सं० हरीतकी] १. एक बड़ा पेड़ जिसका प्रसिद्ध फल औषध के रूप में काम आता है, हर्रे। २. उक्त फल के आकार का एक गहना, लटकन।

हड़कंप पुं० [सं० हत्कंप] लोगों में घबराहट फैलाने या उनकी हड्डियाँ तक कँपानेवाली भारी हलचल, तहलका।

हड़क स्त्री० [?] व्याकुलता।

हड़कना अ० [हिं० हड़क] १. कोई चीज न मिलने या कोई काम पूरा न होने से बहुत व्याकुल होना। २. पागल होना (विशेषत: कुत्ते का)।

हड़काना स० [हिं० हड़क] १. तंग करने के लिए किसी को किसी के पीछ लगाना। २. बहुत तरसाना। ३. दूर हटाना।

हड़काया वि० [हिं० हड़कना] पागल (कुत्ता)।

हड़ताल स्त्री० [सं० हट्ट=दुकान+ताला] दुख, विरोध या असन्तोष प्रकट करने के लिए कल-कारखानों, कार्यालयों आदि के कर्मचारियों या जन-साधारण का सब कारोबार, दुकानें आदि बन्द कर देना। (स्ट्राइक)

स्त्री० दे० 'हरताल'।

हड़ताली वि० [हिं० हड़ताल+ई (प्रत्य०)] हड़ताल-सम्बन्धी, हड़ताल का।

पुं० हड़ताल करनेवाला।

हड़प वि० [अनु०] १. खाया या निगला हुआ। २. लेकर छिपाया हुआ।

हड़पना स० [अनु० हड़प] १. मुँह में रखकर निगल जाना। २. अनुचित रूप से ले लेना, उड़ा लेना।

हड़बड़ स्त्री० दे० 'हड़बड़ी'।

हड़बड़ाना अ० [अनु०] जल्दी मचाना।

स० जल्दी मचाकर किसी को जल्दी-जल्दी कोई काम करने में प्रवृत्त करना।

हड़बड़ाहट स्त्री=हड़बड़ी।

हड़बड़िया वि० [हिं० हड़बड़] जल्दी मचानेवाला, उतावला।

हड़बड़ी स्त्री० [अनु०] १. जल्दी, शीघ्रता, उतावली। २. जल्दी या उतावलेपन के कारण होनेवाली घबराहट।

हड़बोंग| वि०=मूर्ख।

हड़ावर[1] पुं० [हिं० 'जड़ावर' का अनु० या हाड़=आषाढ़] गरमी के दिनों में पहनने के कपड़े जो मालिक की ओर से नौकरों को मिलते हैं।

हड़ावर[2] स्त्री० [हिं० हाड़=हड्डी] हड्डियों की माला।

हड़ावल स्त्री० [हिं० हाड़+सं० अवलि] १. हडड्डियों का ढाँचा, ठठरी। २. हड्डियों की माला।

हड़ाहड़पी स्त्री० हड़पते चलने की लोगों की वृत्ति।

हड़ीला वि० [हिं० हाड़] १. जिसमें हड्डियाँ मात्र रह गई हों। २. दुबला-पतला।

हड्डी स्त्री० [सं० अस्थि] १. मनुष्यों, पशुओं आदि के शरीर के अन्दर की वह प्रसिद्ध कड़ी, सफेद वस्तु जो भीतरी ढाँचे के अंग के रूप में होती है, अस्थि।

मुहा० *हड्डियाँ निकल आना*=रोग आदि के कारण दुबला होना।

पद *पुरानी हड्डी*=पुराने समय के आदमी का-सा शरीर। २. वंश, खानदान।

हत् विस्मयादि० [अनु०] उपेक्षापूर्वक किसी को दूर भगाने के लिए प्रयुक्त शब्द है, जैसे हत् तेरे की।

हत वि० [सं०] १. जो मार डाला गया हो। २. जिसे मार पड़ी हो। ३. रहित। ४. जिसका अस्तित्व मिट गया हो, जो न रह गया है, नष्ट। ५. जिसमें विकार या न्यूनता आ गई हो, बिगड़ा हुआ, जैसे हतप्रभ।

हतक स्त्री० [सं० अ० हतक=फाड़ना] अपमान, अप्रतिष्ठा।

हतचेत वि०=हतज्ञान।

हतज्ञान वि० [सं०] बेहोश, बेसुध।

हतदर्प वि० [सं०] जिसके सम्मान को चोट लगी हो।

हतना स० [सं० हत] १. मार डालना। २. मारना, पीटना। ३. पालन न करना, न मानना। ४. भंग करना, तोड़ना, उदा० ज्यौं जग फटिक सिला मैं देखत, दसननि डारत हति। -सूर।

हतप्रभ वि० [सं०] जिसकी प्रभा या श्री नष्ट हो गई हो, श्रीहीन। २. भौचक्का।

हतबल वि० [सं०] जिसका बल नष्ट हो चुका हो।

हतबुद्धि वि० [सं०] १. बुद्धिहीन, मूर्ख। २. जिसकी समझ में यह न आए कि क्या करना चाहिए, किंकर्तव्यविमूढ।

हतबोध वि०=हतबुद्धि।

हतभागा वि० दे० 'अभागा'।

हतभाग्य वि० [सं०] भाग्यहीन।

हतमना वि० [सं० हत+मानस्] १. जिसके मन में उत्साह, प्रसन्नता आदि न रह गई हो। २. चिन्तित तथा दुखी।

हतवाक् वि० [सं० हत+वाक्] १. जिसकी वाक्शक्ति नष्ट हो गई हो। २. गूँगा।

हतवाना स० हिं० 'हतना' का प्रे०।

हतश्री वि० [सं०] १. जिसके चेहरे पर कान्ति न रह गई हो, हतप्रभ। २. मुरझाया हुआ, उदास।

हता* अ० [स्त्री० हती] 'होना' का भूतकालिक एक वचन रूप, था, उदा० हरि हाथी सो कब हती, गरु रहीम पहिचानी। -रहीम।

हताई स्त्री० [हिं० हतना] = हत्या।

हताना स०=हतवाना।

हताश वि० [सं०] जिसकी आशा हत या नष्ट हो गई हो।

हताशा स्त्री० [सं०] आशा का नष्ट हो जाना, घोर निराशा।

हताहत वि० [सं० हत+आहत] हत और आहत।

हते* अ० 'होना' का भूतकालिक बहुवचन रूप, थे।

हतो* अ०=हता (था)।

हतोत्साह वि० [सं०] जिसमें उत्साह न रह गया हो।

हत्थ पुं०=हाथ।

हत्था पुं०=हाथ।

हत्था पुं० [हिं० हत्थ, हाथ] १. औजार का वह भाग जिससे उसे पकड़ते हैं, दस्ता, मूठ।

मुहा० *हत्थे-चढ़ना*=पकड़ में आना।

२. केले के फलों का गुच्छा, घौद। ३. खेतों से पानी उलीचने का काठ का एक उपकरण।

हत्यारा पुं० [सं० हत्या+हिं० आरा (प्रत्य०)] [स्त्री० हत्यारिन, हत्यारी] १. हत्या करने या मार डालनेवाला। (मर्डरर) २. हत्या के समान बड़े-बड़े दुष्कर्म करनेवाला, बहुत बड़ा पापी।

हत्यावादी वि० [सं० हत्या+वादी] हत्याएँ करने पर उतारू; जैसे-हत्यावादी जनून।

हथ पुं० [हिं० हाथ] समस्त पदों के आरम्भ में लगनेवाला हाथ का संक्षिप्त रूप।

हथकंडा पुं० [हिं० हाथ+सं० कांड] १. हाथ की चालाकी। २. छिपी हुई चालबाजी (काम निकालने के लिए)।

हथकड़ी स्त्री० [हिं० हाथ+कड़ी] लोहे के वे कड़े जो कैदी के हाथ बाँधने के लिए उसे पहनाए जाते हैं।

हथगोला पुं० [हिं० हाथ+गोला] तोप के गोलों की तरह का एक प्रकार का गोला जो शत्रुओं पर हाथ से फेंकते हैं। (ग्रेनेड)

हथनाल स्त्री० [हिं० हाथी+नाल=तोप] हाथी पर रखकर चलाई जानेवाली तोप।

हथनी स्त्री० [हिं० हाथ+फूल] हथेली पर पहनने का एक गहना। स्त्री०=हथिनी।

हथफेर पुं० [हिं० हाथ+फेरना] १. हाथ फेरने की क्रिया। २. चालाकी से किसी का माल उड़ा लेना। ३. थोड़े दिनों के लिए दिया हुआ उधार।

हथबाह स्त्री० दे० 'हाथाबाही'।

हथलेवा| पुं० [हिं० हाथ+लेना] पाणिग्रहण (संस्कार)।

हथसाँकर* स्त्री० दे० 'हथफूल'।

हथसार स्त्री० [हिं० हाथी+सं० शाला] हाथियों के रहने का स्थान, फीलखाना।

हथाहथी* क्रि० वि० [हिं० हाथ] १. हाथोंहाथ। २. चटपट, तुरन्त।

हथिनी स्त्री० दे० 'हथनी'।

हथियाना स० [हिं० हाथ+आना (प्रत्य०)] १. अपने हाथ में करना। २. धोखे से लेना।

हथियार पुं० [सं० हस्त+हिं० आर] १. हाथ से पकड़कर चलाया जानेवाला अस्त्र, जैसे तलवार, बन्दूक आदि। (आर्म्स)। २. औजार, उपकरण।

हथियारबंद वि० [हिं० हथियार+फा० बंद] १. जो हथियार या शस्त्र लिए हो, सशस्त्र। २. शस्त्रों से सज्जित; जैसे हथियारबंद फौज।

हथेरी* स्त्री०=हथेली।

हथेली स्त्री० [सं० हस्त+हिं० तली] हाथ पर का कलाई के आगे का वह ऊपरी चौड़ा हिस्सा जिसके आगे उँगलियाँ होती है, करतल।

मुहा० *हथेली पर जान लेकर कोई काम करना*=जान जोखिम में डालकर कोई काम करना।

हथेव* पुं०=हथौड़ा।

हथोरी स्त्री०=हथेली।

हथौड़ा पुं० [हिं० हाथ+औड़ा (प्रत्य०)] [स्त्री० अल्पा० हथौड़ी] एक प्रसिद्ध औजार जिससे कारीगर कोई चीज तोड़ते, पीटते, ठोंकते या गढ़ते हैं।

हथ्याना| स०=हथियाना।

हथ्यार पुं०=हथियार।

हद स्त्री० [अ०] १. सीमा।

मुहा० *हद बाँधना*=सीमा निश्चित करना।

२. वह स्थान या परिमाण जहाँ तक कोई बात ठीक हो सकती हो, मर्यादा।

पद *हद से ज्यादा*=(क) बहुत अधिक। (ख) अत्यन्त।

क्रि० वि० बहुत अधिक, अत्यन्त।

हदस स्त्री० [अ० हादिस] मन में उत्पन्न होनेवाला ऐसा भय जिसमें मनुष्य किंकर्तव्य-विमूढ़ हो जाए।

हदसना अ० [हिं० हदस] मन में हदस उत्पन्न होना, डरना।

हदसाना स० [हिं० 'हदसना' का स०] डराना, डरा देना।

हनन पुं० [सं०] [वि० हननीय, हनित] १. मार डालना, वध करना। २. आघात करना, मारना। ३. गुणा करना। (गणित)

हनना स० [सं० हनन] हनन करना। २. (नगाड़ा आदि) लकड़ी के आघात से बजाना। ३. (शस्त्र) चलाना।

हनवाना स० हिं० 'हनना' का प्रे०।

हनिवंत* पुं०=हनुमान।

हनु स्त्री० [सं०] १. दाढ़ की हड्डी, जबड़ा। २. दाढ़ी, चिबुक।

हनुमान, हनुमान् वि० [सं० हनुमत्] १. भारी दाढ़ या जबड़ेवाला। २. बहुत बड़ा वीर।

पुं० श्री रामचन्द्र के परम भक्त एक प्रसिद्ध वीर वानर, महावीर।

हनुव पुं०=हनुमान।

हफ्ता पुं० [फा० हफ्तः] १. सप्ताह। २. सात दिन।

हफ्तेवार वि० [फा० हफ्तःवार] साप्ताहिक।

हफ्तेवारी स्त्री० [हिं० हफ्तेवार] साप्ताहिक पारिश्रमिक।

हबकना अ० [अनु० हप] खाने या काटने के लिए झपटना। स० दाँत काटना।

हबड़-तबड़, हबड़ा-तबड़ी स्त्री० [अनु०] उतावलापन, जल्दबाजी।

हबराना अ० दे० 'हड़बड़ाना'।

हबशी पुं० [अ० हब्शी] अफ्रीका के हबश देश का निवासी, जिसके शरीर का रंग घोर काला होता है।

हबीब पुं० [अ०] १. मित्र, दोस्त। २. मुहम्मद साहब जिन्हें मुसलमान ईश्वर का परम प्रिय मित्र मानते हैं।

हबुआना अ० [?] बकझक करना, अनाप-शनाप बकने लगना।

हबूड़ा पुं० [?] एक यायावर जाति।

हबूब पुं० [अ० हबाब] पानी का बुलबुला।

हब्बा-डब्बा पुं० [हब-ढब से अनु०] बच्चों का एक रोग जिसमें साँस जोर-जोर से चलती है।

हम[१] सर्व० [सं० अहम् या वेदकालीन लुप्त रूप 'अस्मे'] उत्तम पुरुष, बहुवचन का सूचक सर्वनाम, 'मैं' का बहुवचन।

पुं० अहंभाव, अहंकार, घमंड।

हम[२] वि० [फा०] समान, तुल्य (यौ० के आरम्भ में, जैसे हम जोली, हमउमर)।

हमकदम वि० [फा० हमकदम] १. कदम-से-कदम मिलाकर चलनेवाला। २. साथ-साथ चलनेवाला।

हमकना अ०=हुमकना। स०=हमकाना।

हमकाना स० [अनु०] हमहम शब्द करके घोड़े आदि को चलाना।

हमजोली पुं० [फा० हम+हिं० जोड़ी] समान अवस्था के और बारबर साथ रहनेवाले, साथी, संगी।

हमता* स्त्री० [हिं० हम+ता (प्रत्य०)] यह समझना कि हम बहुत कुछ हैं, अहंकार, उदा० हमता जहाँ तहाँ प्रभु नाहीं सो हमता क्यौं मानौं।-सूर।

हमदर्द वि०, पुं० [फा०] [भाव० हमदर्दी] सहानुभूति रखनेवाला।

हमदर्दी स्त्री० [फा०] सहानुभूति।

हमन* वि०=हमारा।

हमबिस्तर पुं० [फा०] १. वह जो किसी के साथ एक ही बिस्तर पर सोए। २. साथी, सहभागी, जैसे—प्रतियोगी हमबिस्तर हुए।

हमरा सर्व०= हमारा।

हमराही वि० [फा० हम+राह] एक ही रास्ते पर चलनेवाले।

हमल पुं० [अ० हम्ल] गर्भ।

हमला [अ० हम्लः] आक्रमण, चढ़ाई।

हमलावर पुं०=आक्रमणकारी।

हमशक्ल पुं० [फा०] वह जिसकी शक्ल किसी से मिलती हो, एक जैसी शक्लवाला।

हमसना अ०=हुमकना।

हमाम पुं० दे० 'हम्माम'।

हमारा सर्व० [हिं० हम+आरा (प्रत्य०)] [स्त्री० हमारी] १. 'हम' का सम्बन्धकारक रूप, जिसका सम्बन्ध हम से हो। २. उस संस्था, समाज राष्ट्र से सम्बद्ध जिसमें कोई रहता या काम करता हो; जैसे हमारा स्कूल, हमारा कार्यालय, हमारा देश।

हमाल पुं० [अ० हम्माल] बोझ ढोनेवाला मजदूर, कुली।

हमाहमी स्त्री० [हिं० हम] १. सब लोगों का अपने-अपने लाभ के लिए होनेवाला आतुरतापूर्ण प्रयत्न। २. अहंकार।

हमें सर्व० [हिं० हम] 'हम' का कर्म और सम्प्रदानकारक का रूप, हमको।

हमेव* पुं० [हिं० हम] घमंड, अहंकार, उदा० दीन्यों प्रेम-नेम गरुवाई गुन ऊधौ कौं हिय सौं हमेव-हरुवाई बहिराई कै। —रत्ना०।

हमेशा क्रि० वि० [फा० हमेशः] सदा, सदैव।

हम्द स्त्री० [अ०] १. प्रशंसा, स्तुति। २. ईश्वर का गुणगान या उससे सम्बन्ध रखनेवाली कविता अथवा गीत।

हम्मला पुं०=हमला।

हम्माम पुं० [अ०] १. चारों ओर से बन्द वह कमरा जिसमें गरम पानी से नहाते हैं। २. स्नानागार।

हम्मीर पुं० [सं०] १. सम्पूर्ण जाति का एक संकर राग जो रात के पहले पहर में गाया जाता है। २. रणथम्भौर का एक प्रसिद्ध राजा जो बहुत दृढ़प्रतिज्ञ था और अलाउद्दीन खिलजी के साथ लड़कर मरा था।

हयंद* पुं० [सं० हयेन्द्र] बड़ा या अच्छा घोड़ा।

हय पुं० [सं०] १. घोड़ा। २. इन्द्र।

हयग्रीव पुं० [सं०] विष्णु के चौबीस अवतारों में से एक।

हयना स० [सं० हनन=मार डालना] १. मार डालना, हनना, उदा० लोभ, छोभ, मोह, गर्व, काम, कामना हई। —केशव। २. नष्ट करना, न रहने देना, उदा० जन प्रहलाद प्रतिज्ञा पुरई सखा विप्र दारिद्र हयौ। —सूर।

अ० १. नष्ट हो जाना। २. डरना, भयभीत होना।

हयनाल स्त्री० [सं० हय+हिं० नाल] घोड़े पर से चलाई जानेवाली तोप।

हयमेध पुं०=अश्वमेध (यज्ञ)।

हयशाला स्त्री० [सं०] घुड़साल, अस्तबल।

हयसार* स्त्री०=हयशाला, घुड़साल।

हया स्त्री० [अ०] [वि० हयादार] लज्जा, शर्म।

हयादार वि० [अ० हया+ फा० दार] [भाव० हयादारी] १. जिसे अनुचित काम करने में लज्जा आती हो, लज्जाशील। २. जो मर्यादा भंग न करता हो, बड़ों का मान-सम्मान करनेवाला।

हर[1] वि० [सं०] [स्त्री० हरी] १. छीनने, लूटने या हरण करनेवाला। २. दूर करने या मिटानेवाला। ३. वध या नाश करनेवाला। ४. ले जानेवाला, वाहक।

प्रत्य० एक प्रत्यय जो शब्दों के अन्त में लगकर ऊपर बतलाए हुए (विशेषण वाले) सभी अर्थ देता है, जैसे (क) कष्ट हर=कष्ट दूर करनेवाला। (ख) सन्देशहर= सन्देश ले जानेवाला।

पुं० १. शिव, महादेव। २. गणित में वह संख्या जिससे भाग देते हैं, भाजक।

हर[2] प्रत्य० [सं० गृह से व० वि०] एक प्रत्यय जो शब्दों के अन्त में लगकर घर, स्थान आदि का अर्थ देता है, जैसे खंडहर, धौरहर, मैहर, पीहर आदि।

हर[3] वि० [फा०] १. प्रत्येक, एक-एक।

पद *हर एक*=प्रत्येक, एक-एक। *हर रोज*=प्रतिदिन, नित्य। *हरदम*=सदा।

२. सब; हर कहीं=सब जगह।

हरई* स्त्री० [हिं० हरुआ=हल्का] १. हलकापन। २. तुच्छता, ओछापन।

हरउद पुं० दे० 'लोरी'।

हरएँ क्रि० वि० [हिं० हरुआ] १. धीरे-धीरे। २. चुपके से। ३. क्रम-क्रम से।

हरकत स्त्री० [अ०] १. हिलना-डोलना, गति। २. चेष्टा, क्रिया।

हरकना स० [हिं० हटकना का पुराना रूप] १. अलग या दूर करना, हटाना। २. मना करना, रोकना, उदा० राखौं हरकि उतै को धावै उनकी वैसिय परनि परी री। —सूर।

हरकारा पुं० [फा० हरकारः] पत्र आदि पहुँचाने या ले जानेवाला दूत, पत्रवाह।

हरख* पुं०=हर्ष।

हरखना* अ० [सं० हर्ष] हर्षित होना, प्रसन्न होना।

हरगिज क्रि० वि० [फा०] कदापि, कभी।

हरगिरि पुं० [सं०] कैलाश पर्वत।

हरचंद वि० [फा०] बहुतेरा।

हरज पुं० [फा० हर्ज] १. काम में पड़नेवाली अड़चन या बाधा, रुकावट। २. क्षति, हानि, नुकसान।

हरजाई वि० [फा०] १. हर जगह व्यर्थ घूमनेवाला। २. हर किसी से अनुचित प्रेम-सम्बन्ध स्थापित करनेवाला, आवारा।
स्त्री० व्यभिचारिणी, कुलटा।

हरजाना पुं० [फा० हर्जान:] किसी का हर्ज या हानि होने पर उसके बदले में दिया जानेवाला धन, क्षतिपूर्ति, प्रतिकर।

हरट्ट* वि० [सं० हृष्ट] हृष्ट-पुष्ट।

हरण पुं० [सं०] १. छीनना, लूटना या अनुचित रूप से बलपूर्वक ले लेना। २. दूर करना, मिटाना। ३. नाश। ४. ले जाना, वहन। ५. भाग देना। (गणित)

हरता-धरता पुं० दे० 'कर्ता-धर्ता'।

हरताल स्त्री० [सं० हरिताल] [वि० हरताली] पीले रंग का एक प्रसिद्ध खनिज पदार्थ जो दवा के काम में आता है।
मुहा० *(किसी लेख या बात पर) हरताल फेरना या लगाना*=व्यर्थ या रद करना।

हरद* स्त्री० दे० 'हलदी'।

हर दम क्रि० वि० [हिं०+फा०] १. हर समय, सदा। २. हर बार; जैसे—शराबियों के साथ बैठकर उन्होंने शराब पीने की बाजी लगाई है और हर दम जीते हैं। -भगवतीचरण वर्मा।

हरदी स्त्री० दे० 'हलदी'।

हरद्वार पुं० दे० 'हरिद्वार'।

हरन* पुं०=हरण।
पुं० दे० 'हिरन' (पशु)।

हरना स० [सं० हरण] हरण करना, छीनना या ले लेना।
मुहा० *मन हरना*= मोहित करना, लुभाना। *प्राण हरना*= (क) मार डालना। (ख) बहुत कष्ट देना।
*अ० दे० 'हारना'।
*पुं० [स्त्री० हरनी] दे० 'हिरन'।

हरनाकस* पुं०=हिरण्यकशिपु।

हरनाच्छ* पुं०=हिरण्याक्ष।

हरनी स्त्री० [हिं० हिरन] हिरन की मादा, मृगी।

हरनौटा पुं० [हिं० हिरन] हिरन का बच्चा।

हरपा* पुं० [देश०] १. सिन्दूर रखने का डिब्बा, सिन्धोरा। २. डिब्बा।

हरफ पुं० [अ० हरफ़] अक्षर, वर्ण।

हरफनमौला पुं० [फा० हरफ़नमौला] वह जो सब काम कर सकता हो, हर काम में कुशल।

हरफा-रेवड़ी स्त्री० [सं० हरिपर्वरी] १. कमरख की जाति का एक पेड़। २. उक्त पेड़ का फल।

हरबर स्त्री० दे० 'हड़बड़ी'।

हरबराना* अ०, स० दे० 'हड़बड़ाना'।

हरबरी* स्त्री० दे० 'हड़बड़ी'।

हरबल* पुं०=हरावल।

हरबा पुं० [अ० हरब:] हथियार, अस्त्र।

हरबाय* क्रि० वि० [हिं० हरबर] १. हड़बड़ाकर। २. शीघ्रतापूर्वक।

हरबोंग पुं० [?] १. अन्धेर। २. उपद्रव।
वि० गँवार, उजड्ड।

हरम पुं० [अ० मि० सं० हर्म्य=प्रासाद] अन्त:पुर, जनानखाना।
स्त्री० १. स्त्री। २. रखेली।

हरयारी* स्त्री०=हरियाली।

हरयाल* स्त्री०=हरियाली।

हरयें* क्रि० वि० दे० 'हरएँ'।

हरवल* पुं० दे० 'हरावल'।

हरवली स्त्री० [तु० हरवल] १. हरावल के अधिकारी का कार्य या पद। २. सेना की अध्यक्षता, फौज की अफसरी।

हरवा वि० [सं० ह्रस्व] [स्त्री० हरवी] जो भारी न हो, हल्का।
पुं० दे० 'हार' (गले में पहनने का)।

हरवाहा पुं० दे० 'हलवाहा'।

हरष* पुं० =हर्ष।

हरषना* अ० [सं० हर्ष+हिं० ना (प्रत्य०)] हर्षित या प्रसन्न होना।

हरषाना* स० हिं० 'हरषना' का स०।
अ० हर्षित या प्रसन्न होना।

हरषित* वि०=हर्षित।

हरसना* अ० दे० 'हरषना'।

हरसा पुं० दे० 'हरिस'।

हरसिंगार पुं० [सं० हार+सिंगार] एक पेड जिसमें छोटे सुगन्धित फूल लगते हैं, परजाता।

हरहर* पुं० [सं० हर+हार] कामदेव।

हरहराना अ० [अनु०] वेग के कारण धारा का हर हर शब्द करना।

हरहाया वि० [?] [स्त्री० हरहाई] नटखट (गौ, बैल आदि)।

हरहार पुं० [सं० हर+हिं० हार] १. (शिव के गले का हार) सर्प, साँप। २. शेषनाग।

हराँस* स्त्री० [अ० हिरास] १. भय, डर। २. दुख, चिन्ता। ३. थकावट। ४. हल्का ज्वर या ताप, हरारत।

हरा[१] वि० [सं० हरित] [स्त्री० हरी] १. घास, पत्ती आदि के रंगों का, हरित, सब्ज। २. जो ताजा हो; जैसे-हरी सब्जी। ३. जो मुरझाया न हो, ताजा। ४. प्रफुल्ल, प्रसन्न।
पुं० घास या पत्ती का-सा रंग, हरित वर्ण।

हरा[२]* पुं० [सं० हार] गले में पहनने का हार या माला, उदा० रिपुरुंड धरा को, अरपत ताको, हरीहि हरा को, मुंड दिया। —पद्माकर।

हरा[३] वि० [हिं० हराना] १. हारा हुआ। २. जो (कोई बात) हार या छोड़ चुका हो, जैसे सतहरा=जो सत्य छोड़ चुका हो।

हरा[४] वि० [सं० हर] रहित, शून्य।

हरा[५] स्त्री० [सं०] पार्वती।

हराठा वि० [सं० हृष्ट] [स्त्री० हराठी] हट्टा-कट्टा।

हराना स० [हिं० हारना] १. युद्ध, प्रतियोगिता आदि में प्रतिद्वन्दी को परास्त करना, पराजित करना। २. ऐसा काम करना जिससे कोई हार जाए। ३. थकाना।

हरा-भरा वि० १. जो सूखा या मुरझाया न हो। २. जो हरे पेड़-पौधों से भरा हो।

हराम वि० [अ०] १. जो इस्लाम धर्मशास्त्र में वर्जित या त्याज्य हो, निषिद्ध। २. बुरा, दूषित।

मुहा० *(कोई बात) हराम करना*= कोई कार्य परम कष्टदायक और फलतः असम्भव कर देना, जैसे तुमने हमारा खाना-पीना हराम कर दिया है।

पुं० १. अधर्म, पाप।

पद *हराम का*=(क) जो अधर्म से उत्पन्न या प्राप्त हो। (ख) मुफ्त का।

२. स्त्री-पुरुष का अनुचित सम्बन्ध, व्यभिचार। ३. बुरी बात; जैसे—सोना हराम है।

हरामखोर वि०, पुं० [अ० हराम+फा० ख़ोर] [भाव० हरामखोरी] १. मुफ्त का माल खानेवाला। २. धन लेकर भी काम न करनेवाला।

हरामजादा वि० [अ० हराम+फा० ज़ाद:] [स्त्री० हरामजादी] १. दोगला, वर्णसंकर। २. परम दुष्ट, बहुत बड़ा पाजी।

हरामी वि० दे० 'हरामजादा'।

हरामीपन पुं० [अ० हराम+ हिं० ई+पन] अधिक दुष्टता या नीचता।

हरारत स्त्री० [अ०] १. गरमी, ताप। २. हल्का ज्वर, ज्वरांश।

हरावरि* स्त्री० १. दे० 'हड़ावर'। २. दे० 'हरावल'।

हरावल पुं० [तु०] सेना में सबसे आगे चलनेवाले सिपाहियों का दल।

हरास[१] पुं० [अ० हिरास] १. भय, डर। २. आशंका, खटका। ३. दुख। ४. निराशा।

हरास[२] स्त्री० [हिं० हारना] हराने की क्रिया या भाव।

हराहर* पुं० [हिं० हरना=हरण करना] बलपूर्वक एक दूसरे की चीजें छीनना, छीनाझपटी।

*पुं० =हलाहल।

हरि पुं० [सं०] १. विष्णु। २. शिव, महादेव। ३. सिंह। ४. बन्दर। ४. अग्नि, आग। ५. विष्णु के अवतार, श्रीकृष्ण। ६. घोड़ा।

*क्रि० वि०=हरएँ।

हरिअर वि० दे० 'हरा' (रंग)।

हरिआई* स्त्री० दे० 'हरियाली'।

हरिआना अ० दे० 'हरियाना'।

हरिआली स्त्री० दे० 'हरियाली'।

हरिकीर्तन पुं० [सं०] ईश्वर या उसके अवतारों के नामों या गुणों का कीर्तन।

हरिखंड पुं० [सं०] मोर का पंख, मोरपंख।

हरिगीतिका स्त्री० [सं०] पिंगल में एक प्रकार का छन्द जिसके प्रत्येक चरण में २८ मात्राएँ होती हैं, अन्त में एक लघु और एक गुरु होता है और १६ मात्राओं पर यति होती है, इसकी पाँचवीं, उन्नीसवीं और छब्बीसवीं मात्राएँ लघु होनी चाहिए।

हरिचंदन पुं० [सं०] एक प्रकार का चन्दन।

हरिजन पुं० [सं०] १. ईश्वर का भक्त। २. पददलित या अस्पृश्य जातियों का सामूहिक नाम। (आधुनिक)

हरिजाना* पुं० दे० 'हरियान'।

हरिण पुं० [स्त्री० हरिणी] दे० 'हिरन'।

हरिणाक्षी वि० [सं०] हिरन की आँखों के समान सुन्दर आँखों वाली (स्त्री)।

हरिणी स्त्री० [सं०] हिरन की मादा। २. दे० 'चित्रिणी'।

हरित, हरित् वि० [सं०] हरा, सब्ज।

हरित क्रांति स्त्री० [सं०] १. अन्न उत्पादन में तेजी लाने का आंदोलन। २. वह स्थिति जब देश में खूब अन्न होने लगे। (ग्रीन रिवोल्यूशन)

हरिताभ वि० [सं०] जिसमें हरे रंग की आभा हो, जो हरापन लिए हुए हो।

हरितालिका स्त्री० [सं०] भादों के शुक्ल पक्ष की तृतीया जो स्त्रियों के लिए व्रत की तिथि है, तीज।

हरिद्रा स्त्री० [सं०] हलदी।

हरिद्वार पुं० [सं०] उत्तर भारत का एक प्रसिद्ध तीर्थ जो गंगा तट पर है।

हरिधाम पुं० [सं०] बैकुंठ।

हरिन[१] पुं० [स्त्री० हरिनी] दे० 'हिरन'।

हरिन[२] पुं० [सं० हिरण्य]सोना।

हरिनग* पुं० [सं०] साँप की मणि।

हरिनाकुस* पुं० 'हिरण्यकशिपु'।

हरिनाक्ष* पुं०=हिरण्याक्ष।

हरिनाम पुं० [सं० हरिनामन्] ईश्वर या भगवान का नाम। (जपने के लिए)

हरिनी स्त्री० [हिं० हिरन] मादा हिरन।

हरिप्रिया स्त्री० [सं०] १. लक्ष्मी। २. पिंगल में एक प्रकार का छन्द जिसके प्रत्येक चरण में ४६ मात्राएँ होती हैं और अन्त में गुरु होता है, इसमें बारह-बारह मात्राओं पर यति होती है।

हरिबधू स्त्री० [सं० हरिवधू] बीरबधूटी।

हरिभक्त पुं० [सं०] ईश्वर का भक्त या दास।

हरिमास पुं० [सं०] अगहन मास।

हरियर वि० दे० 'हरा'(रंग)।

हरियाई* स्त्री० दे० 'हरियाली'।

हरियान पुं० [सं०] विष्णु का वाहन, गरुड़।

हरियाना[१] पुं० [सं० हरियान] अम्बाला, हिसार, रोहतक, करनाल तथा इनके आस-पास का प्रदेश जो भारत का एक राज्य है।

हरियाना[२] अ० [हिं० हरिअर (यर)] १. पेड़-पौधों का हरा होना। २. प्रफुल्लित या प्रसन्न होना, उदा० मख राखन कौ रंग पाई नरपति हरिआने। -रत्ना०।

स० १. हरा-भरा करना। २. प्रसन्न करना।

हरियानवी स्त्री० [हिं० हरियाना] हरियाना प्रदेश में बोली जानेवाली भाषा, बांगड़ू।

वि० हरियाना, हरियाणा के लोगों अथवा हरियाना की भाषा से संबद्ध।

हरियाली स्त्री० [हिं० हरा] हरे-भरे पेड़-पौधों का समूह या विस्तार।

मुहा० *हरियाली सूझना*=कठिन अवसर में भी उमंग, प्रसन्नता या दूर की असम्भव बातें सूझना।

हरिलंकी*, हरिलांकी* स्त्री० [सं० हरि+लंक] शेर की सी कमरवाली, पतली कमरवाली।

हरिवासा* पुं० [सं० हरि+वास] विष्णु का मंदिर।

हरिवाह पुं० [सं०] गरुड़।

हरिश्चन्द्र पुं० [सं०] सूर्यवंश के एक प्रसिद्ध राजा जो बहुत बड़े सत्यनिष्ठ थे।

हरिस स्त्री० [सं० हलीषा] हल का वह लट्ठा जिसके एक सिरे पर फालवाली लकड़ी और दूसरे पर जुआ रहता है।

हरिहय पुं० [सं०] १. इन्द्र। २. सूर्य।

हरिहाई वि० हिं० 'हरहाया' का स्त्री०।

हरिहित पुं० [सं०] बीर-बहूटी (कीड़ा)।

हरी स्त्री० [सं०] १. हर की पत्नी, पार्वती। २. चौदह वर्णों का एक वर्णवृत्त जिसके प्रत्येक चरण में ज, र, ज, र और अन्त में एक लघु और एक गुरु होता है, उसे 'अनन्द' भी कहते हैं।

पुं० दे० 'हरि'।

हरीकेन स्त्री० [अं०] एक प्रकार की दस्ती लालटेन।

हरी क्रांति स्त्री०=हरित क्रांति।

हरीतकी स्त्री० [सं०] हड़, हर्रे।

हरीतिमा स्त्री० [सं०] १. हरे-भरे पेड़ों का विस्तार, हरियाली। २. हरापन।

हरीफ पुं० [अ० हरीफ़] १. शत्रु। २. प्रतिद्वंद्वी।

हरीरा[1] पुं० [अ० हरीर:] दूध में मेवे डालकर बनाया हुआ एक पेय पदार्थ।

हरीरा[2] वि० [हिं० हरिअर] [स्त्री० हरीरी] १. हरा, सब्ज। २. हर्षित, प्रसन्न।

हरुअ* वि० [भाव० हरुआई] हलका।

हरुआई[1] स्त्री० [हिं० हरुआ] हलकापन।

हरुआई[2] स्त्री० [हिं० हरुआना] १. शीघ्रता, जल्दी। २. तेजी, फुर्ती।

हरुआना अ० [हिं० हरुआ] १. हलका होना। २. फुरती करना। ३. घबराकर या और किसी कारण से जल्दी मचाना।

हरुए* क्रि० वि० दे० 'हरएँ'।

हरुवा* वि० दे० 'हरुआ'।

हरू वि० दे० 'हलका'।

हरें क्रि० वि० दे० 'हरएँ'।

हरे[1] पुं० [सं०] 'हर' का सम्बोधन कारकवाला रूप, हे हर!

हरे[2] क्रि० वि० [हिं० हरएँ] धीरे से, मन्द गति से।

हरे[3] वि० १. हल्का। २. धीमा, मन्द। ३. कोमल।

हरेक वि० [हिं० हर+एक] हर एक। (अशुद्ध रूप)

हरेरी* स्त्री० दे० 'हरियाली'।

हरेव पुं० [देश०] १. मंगोलों का देश। २. मंगोल जाति।

हरेवा पुं० [हिं० हरा] बुलबुल की तरह की हरे रंग की एक चिड़िया।

हरैं* क्रि० वि० [हिं० हरुए] धीरे से, आहिस्ते।

हरैया* पुं० [हिं० हरना] १. हरण करने या हरनेवाला। २. दूर करने या मिटानेवाला।

हरौल पुं० दे० 'हरावल'।

हरौहर* स्त्री० [सं० हरण] १. बलपूर्वक छीनना। २. लूट।

हर्ज पुं० दे० 'हरज'।

हर्ज-मर्ज पुं० बाधा, अड़चन, विघ्न।

हर्ता पुं० [सं० हर्तृ] [स्त्री० हर्त्री] हरण करनेवाला।

हर्फ पुं० दे० 'हरफ'।

हर्म्य पुं० [सं०] सुन्दर प्रासाद, महल।

हर्रे स्त्री० दे० 'हड़'।

हर्ष पुं० [सं०] [वि० हर्षित] १. प्रसन्नता या भय के कारण रोएँ खड़े होना, रोमांच। २. साहित्य में संयोग-शृंगार के अन्तर्गत एक संचारी भाव जिसमें प्रसन्नता के कारण रोएँ खड़े हो जाते हैं या चेहरे पर कुछ पसीना आ जाता है। ३. प्रसन्नता, आनन्द, खुशी।

हर्षावेश पुं० [सं० हर्ष+आवेश] हर्ष का आवेश, प्रसन्नता की लहर।

हर्षित वि० [सं०] प्रसन्न, खुश।

हर्षोन्मत्त वि० [सं०] जो हर्ष से पागल हो गया हो।

हर्षोन्माद पुं० [सं० हर्ष+उन्माद] हर्षजन्य उन्माद, हर्ष का अतिरेक।

हल् पुं० [सं०] १. व्यंजन का वह विशुद्ध रूप जिसके अन्त में स्वर न लगा हो, जैसे 'सम्राट्' का ट्। २. वह चिह्न जो व्यंजन के नीचे उसका शुद्ध रूप सूचित करने के लिए लगाते हैं।

हलंत वि० [सं०] (शब्द) जिसके अन्त में हल् हो, जैसे क्वचित्, कदाचित्।

हल[1] पुं० [सं०] १. जमीन जोतने का एक प्रसिद्ध उपकरण, सीर, लांगल।

मुहा० *हल जोतना*=(क) खेत में हल चलाना। (ख) गँवारों का-सा काम करना।

२. एक प्रकार का प्राचीन अस्त्र।

हल[2] पुं० [अ०] १. हिसाब लगाना, गणित करना। २. समस्या का समाधान या निराकरण।

हलकंप पुं० दे० 'हड़कंप'।

हलक पुं० [अ० हल्क़] गला, कंठ।

पद *हलक की तान*=गवैयों का एक प्रकार की तान (जबड़े की तान से भिन्न) जो बहुत कठिन होती और उच्च कोटि की मानी जाती है।

हलकई स्त्री०=हलकापन।

हलकना अ० [सं० हल्लन] [भाव० हलकन] १. बरतन में भरे हुए जल का हिलने से शब्द करना। २. हिलोरें लेना, लहराना। ३. हिलना, उदा० हिय हलकति बन माल उठवहु, मुरली धरहु उतारी। —भारतेन्दु।

हलका[1] वि० [सं० लघुक प्रा० लहुक, अप० हुलक] [स्त्री० हलकी, भाव० हलकापन] १. जो भारी न हो, कम वजन का, भार में कम। २. जो तेज या चटकीला न हो। ३. जो गहरा न हो, उथला। ४. जो अपने साधारण मान, बल, वेग आदि से कुछ कम या घटकर हो, कम अच्छा। ५. कम, थोड़ा। ६. ओछा, टुच्चा। ७. सहज, सुख साध्य। ८. निश्चित। ९. प्रफुल्ल, प्रसन्न। १०. हरा, ताजा।

हलका[2] वि० [हिं० हड़कना] पागल (कुत्ते, गीदड़ आदि के लिए)।

हलका[3] पुं० [अनु० हल-चल] तरंग, लहर।

हलका[4] पुं० [अ० हल्क:] १. क्षेत्र, इलाका। २. घेरा, परिधि। ३. मंडली, गिरोह। ४. चारों ओर घेरकर रहनेवालों का झुंड, जैसे हाथियों का हलका। ५. किसी विशेष कार्य के लिए निर्धारित कुछ गाँवों और कसबों का समूह।

हलकाई स्त्री०=हलकापन।

हलकान वि० दे० 'हलाकान'।

हलकापन पुं० [हिं० हलका+पन (प्रत्य०)] १. 'हलका' होने का भाव या गुण। २. ओछापन, तुच्छता। ३. अप्रतिष्ठा, हेठी।

हलकारना स० [अनु०] तितर-बितर करना, छितराना।

हलकोरा पुं० [अनु०] तरंग, लहर।

हलचल स्त्री० [हिं० हिलना+चलना] १. हिलने-डुलने की क्रिया या भाव। २. हरकत। ३. जनता में घबराहट फैलने के कारण होनेवाली दौड़-धूप, भगदड़, शोरगुल, विकलता आदि खलबली।

वि० डगमगाता या हिलता हुआ।

हलदी स्त्री० [सं० हरिद्रा] एक प्रसिद्ध पौधे की जड़ जो मसाले और रँगाई के काम में आती है।

मुहा० *हलदी उठना या चढ़ना*=विवाह के पहले दूल्हे और दुलहन के शरीर में हलदी और तेल लगना। *हलदी लगना*=विवाह होना।

कहा० *हलदी लगे न फिटकरी*= बिना कुछ खर्च या परिश्रम किए हुए, मुफ्त में।

हलधर पुं० [सं०] बलराम जी। २. बैल।

हलना* अ० [सं० ह्वल्] १. हिलना। २. घुसना, पैठना।

हलफ पुं० [अ०] शपथ, कसम।

हलफनामा पुं० दे० 'शपथपत्र'।

हलबल[1]* पुं० [हिं० हल+बल] [क्रि० हलबलाना] खलबली, हलचल।

हलबल[2] वि० [हलब देश] १. हलब देश का। २. मोटे दल का और बढ़िया (शीशा)। ३. बहुत मोटा।

स्त्री० पुरानी चाल की एक प्रकार की तलवार।

हलयंत्र पुं० [सं०] जमीन जोतने का वह बड़ा हल जो इंजन की सहायता से चलता है और जिससे बहुत अधिक भूमि बहुत जल्दी जोती जाती है। (ट्रैक्टर)

हलराना स० [हिं० हिलोरा] (बच्चों को) हाथ पर लेकर इधर-उधर हिलाना।

अ० इधर-उधर हिलना-डोलना।

हलवा पुं० दे० 'हलुआ'।

हलवाई पुं० [अ० हलवा+ई (प्रत्य०)] [स्त्री० हलवाइन] मिठाई, पूरी, नमकीन, पकवान आदि बनाने और बेचनेवाला।

हलवाई-खाना पुं० [हिं० हलवाई+फा० ख़ाना=घर या स्थान] वह स्थान जहाँ हलवाई बैठकर बिक्री या भोज आदि के लिए मिठाई, नमकीन, पूरी आदि बनाते हैं।

हलवाहा पुं० [सं० हलवाह] [भाव० हलवाही] हल चलानेवाला।

हलहल* वि० [हिं० हिलना] हिलता या काँपता हुआ।

हलहलाना स० [अनु० हलहल] जोर से हिलाना, झकझोरना।

अ० काँपना, थरथराना।

हला* पुं० दे० 'हल्ला'।

हलाक वि० [फा० हलाक] जो मार डाला गया हो, हत।

हलाकत स्त्री० [अ०] वध।

हलाकान वि० [फा० हलाक] [भाव० हलाकानी] परेशान, हैरान, तंग।

हलाकी वि०, पुं० [अ० हलक=गला] गला घोंटकर मारनेवाला।

हलाकू वि० [अ० हलाक] हलाक करनेवाला।

हलाना स० [हिं० हलना का स०] किसी को हलने या पैठने में प्रवृत्त करना।

हला-भला पुं० [हिं० भला और उसका अनु०] १. कल्याण, मंगल। २. आराम, सुख।

हलायुध पुं० [सं०] बलरामजी, बलभद्र, सीरपाणि।

हलाल वि० [अ०] जो शरअ या इस्लामी धर्मशास्त्र के अनुकूल या ठीक हो, धर्मानुकूल, जायज।

पुं० वह पशु जिसका मांस खाने की मुसलमानी धर्मपुस्तक में आज्ञा हो।

मुहा० *हलाल करना*= (क) मुसलमानी शरअ के अनुसार (धीरे-धीरे गला रेतकर) पशु की हत्या करना, जबह करना। (ख) मार डालना।

पद *हलाल का*=ईमानदारी से कमाया या लिया हुआ।

हलालखोर पुं० दे० 'मेहतर'।

हलालजादा वि० [अ० हलाल+फा० जाद: (बआ)] कुलीन।

हलाहल पुं० [सं०] १. वह प्रचंड विष जो समुद्रमन्थन के समय निकला था। २. उग्र विष, भारी जहर।

वि० पूरा-पूरा, भर-पूर।

हली पुं० [सं० हलिन्] १. बलराम। २. किसान।

हलीम पुं० [अ०] सुशील और शान्त।

हलुआ पुं० [अ० हल्वः] एक प्रसिद्ध मीठा खाद्य पदार्थ, मोहनभोग।

हलुक* वि० दे० 'हलका'।

हलुवा पुं० दे० 'हलुआ'।

हलूफा पुं० [अ० अलूफ़:] वे मिठाइयाँ, पकवान आदि जो कुछ विशिष्ट जातियों में विवाह से एक दो दिन पहले लड़कीवालों के यहाँ से लड़केवालों के यहाँ भेजे जाते हैं।

हलोर* पुं० दे० 'हिलोर'।

हलोरना* स० [हिं० हिलोर] १. पानी में हिलोरा उत्पन्न करना। २. अनाज फटकना। ३. दोनो हाथों से समेटना (धन आदि)।

हल्का वि०=हलका।

हल्दी स्त्री० दे० 'हलदी'।

हल्ला पुं० [अनु०] १. शोरगुल, कोलाहल। २. लड़ाई के समय की ललकार या शोर। ३. आक्रमण, चढ़ाई।

हल्लीश पुं० [सं०] एक प्रकार का नृत्यप्रधान और एक अंकवाला उपरूपक।

हवन पुं० [सं०] [वि० हवनीय] मन्त्र पढ़कर, घी, जौ, तिल आदि अग्नि में डालने का वैदिक तथा धार्मिक कृत्य, होम।

हवलदार पुं० [अ० हवाल:+फा० दार] पुलिस या फौज का एक छोटा अफसर।

हवस स्त्री० [अ०] १. लालसा, वासना, चाह। २. तृष्णा। ३. काम-वासना। ४. दिल का अरमान।

हवा स्त्री० [अ०] १. प्राय: सर्वत्र चलता रहनेवाला वह तत्त्व जो सारी पृथ्वी में व्याप्त है और जिसमें प्राणी साँस लेते हैं, हवा। (एअर)

मुहा० *हवा उड़ना*= खबर फैलना। *हवा करना*=पंखे आदि से हवा चलाना। *(कोई चीज) हवा करना*=गायब करना, उड़ा लेना। *हवा के घोड़े पर सवार होना*=(क) बहुत जल्दी में होना। (ख) किसी प्रकार के नशे या गहरी उमंग में होना। *हवा खाना*=(क) शुद्ध वायु का सेवन करना। (ख) विकल या वंचित होना। *हवा निकल जाना*=(क) दम तोड़ देना, (ख) बेदम हो जाना। *हवा पलटना, फिरना या बदलना*=कोई नई स्थिति उत्पन्न होना, हालत बदलना। *हवा पीकर रहना*= बिना भोजन किए रहना। *(व्यंग्य) हवा बताना*=यों ही चलता करना, टालना। *(किसी को) हवा बताना*=किसी के मनोरंजन या उद्देश्य की सिद्धि में बाधक होकर उसे दूर हटाना। *हवा बाँधना*=गप या शेखी हाँकना। *हवा बिगड़ना*=सारी परिस्थिति खराब होना। *हवा में उड़ा देना*=खत्म कर देना। *हवा से बातें करना*=बहुत तेज दौड़ना या चलना। *(किसी की) हवा लगना*=संगत का प्रभाव पड़ना। *हवा हो जाना*=(क) बहुत जल्दी चले जाना। (ख) न रह जाना, गायब हो जाना। *हवा से लड़ना*=बिना किसी कारण के लड़ना।

२. भूत, प्रेत। ३. यश, कीर्ति। ४. महत्त्व या उत्तम व्यवहार का विश्वास, साख।

मुहा० *हवा बाँधना*=(क) कीर्ति या यश फैलाना। (ख) बाजार में साख होना। *हवा बिगड़ना*=पहले की-सी मर्यादा या धाक न रह जाना।

हवाई वि० [अ० हवा] १. हवा का, वायु-संबंधी। २. हवा में चलनेवाला, जैसे हवाई जहाज। ३. कल्पित या झूठ, निर्मूल। स्त्री० बान या आसमानी नाम की आतिशबाजी।

मुहा० *(मुँह पर) हवाइयाँ उड़ना*=चेहरे का रंग फीका पड़ जाना।

हवाई अड्डा पुं० वह स्थान जहाँ हवाई जहाज यात्रियों को उतारने-चढ़ाने के लिए आकर ठहरते हैं। (एयरोड्रोम)

हवाई करतब हवाई जहाजों द्वारा आकाश में दिखाई जानेवाली अद्भुत या कौशलपूर्ण क्रियाएँ।

हवाई किराया पुं० वायुयान से यात्रा करने का भाड़ा।

हवाई किला पुं० ऐसी वस्तु या बात जिसका अस्तित्व ही न हो।

मुहा० *हवाई किले बनाना*=ऊँची-ऊँची (न पूरी हो सकनेवाली) कल्पनाएँ करना।

हवाई जहाज पुं० हवा में उड़नेवाली सवारी, वायुयान।

हवाई डाक स्त्री० हवाई जहाज के द्वारा एक स्थान से दूसरे स्थान पर भेजी जाने वाली डाक।

हवाई पट्टी स्त्री० वह पट्टी जिसपर उतरते तथा उड़ते समय हवाई जहाज चलता है।

हवाई हमला पुं० १. हवाई जहाज से किया हुआ हमला। २. शत्रु सेना के हवाई जहाजों द्वारा किया जानेवाला हमला।

हवाखोरी स्त्री० [अ०] खुले आकाश में घूमना-फिरना।

हवागाड़ी स्त्री० दे० 'मोटर' २.।

हवा-चक्की स्त्री० [हिं० हवा+चक्की] हवा के जोर से चलनेवाली आटे की चक्की, पवन-चक्की।

हवादार वि० [फा०] (स्थान) जिसमें हवा आने-जाने के लिए खिड़कियाँ, द्वार, मार्ग आदि हों।

पुं० सवारी के काम का एक प्रकार का हलका तख्त। (मुगलकालीन)

हवा-पानी पुं० किसी स्थान की वायु, जल आदि वे प्राकृतिक बातें जिनका प्राणियों, वनस्पतियों आदि के जीवन, स्वास्थ्य, विकास आदि पर प्रभाव पड़ता है, जलवायु। (क्लाइमेट)

हवा-मार वि० [अ०+हिं०] (वह क्षेप्यास्त्र) जिसे एक हवाई जहाज से दूसरे हवाई जहाज को मार गिराने के लिए छोड़ा जाता है।

हवाबंद वि० [अ० हवा+हिं० बंद] जिसमें न तो हवा का प्रवेश हो और न ही जिसमें से हवा निकल सके।

हवाबाज पुं० [अ० हवा+फा० बाज़] वह जो हवाई जहाज चलाता हो, उड़ाका।

हवाल पुं० [अ० अहवाल] १. हाल, दशा। २. परिणाम। ३. वृत्तान्त।

हवालदार पुं० 'हवलदार'।

हवाला पुं० [अ० हवाल:] १. प्रमाण का उल्लेख। २. दृष्टान्त, मिसाल। ३. सपुर्दगी, जिम्मेदारी।

मुहा० *(किसी के) हवाले करना*=किसी के हाथ सौंपना, किसी को दे देना।

४. दलाली लेकर एक स्थान से धन प्राप्त करने और दूसरे स्थान पर भुगतान करने का अवैध धन्धा।

हवालात स्त्री० [अ० हवालः का बहु०] १. पहरे में रखा जाना। २. वह स्थान जहां विचार होने तक अभियुक्त पहरे में रखा जाता है।

हवालाती वि० [अ०] १. हवालात-सम्बन्धी। २. हवालात में रखा हुआ (अभियुक्त)।

हवाली स्त्री० [अ०] आस-पास के स्थान, विशेषतः किसी नगर के आस-पास के गाँव आदि।

हवास पुं० [अ०] १. इन्द्रियाँ। २. संवेदन। ३. चेतना, सुध, होश। **मुहा०** *हवास गुम होना*=होश ठिकाने न रहना, कर्तव्य न सूझना।

हवि पुं० [सं० हविस्] आहुति देने की वस्तु।

हविष्य वि० [सं०] हवन करने योग्य।

पुं० १. देवता के उद्देश्य से अग्नि में डाली जानेवाली सामग्री या बलि, हवि। २. दे० 'हविष्यान्न'।

हविष्यान्न पुं० [सं०] व्रत, यज्ञ आदि के दिन या उससे पहले दिन किया जानेवाला कुछ विशिष्ट सात्विक भोजन।

हविस स्त्री० दे० 'हवस'।

हवेली स्त्री० [अ०] १. बड़ा मकान। २. पत्नी, स्त्री। (पूरब)

हव्य पुं० [सं०] हवन की वस्तु।

हव्वा स्त्री० दे० 'हौवा'।

पुं० दे० 'हौआ'।

हशमत स्त्री० [अ०] सेवकों का समूह, सेवकगण।

हश्र पुं० [अ०] १. परिणाम। २. कयामत।

हसद पुं० [अ०] ईर्ष्या, डाह।

हसन पुं० [सं०] १. हँसना। २. परिहास, दिल्लगी।

हसब क्रि० वि० [अ० हस्ब] अनुसार, मुताबिक।

हसबमामूल क्रि० वि० [अ०] रीति के अनुसार, प्रथानुसार।

हसरत स्त्री० [अ० हस्रत] हार्दिक कामना, साध।

मुहा० *हसरत की नजर से देखना*=आशा भरी दृष्टि से देखना।

हसि* अ० [सं० अस्ति] हिं० 'है' या 'हो' का अव० रूप, उदा० हसि रो हसि मसि सुख लाई। आँख ओट उठि बैठहि जाई। -तुलसी।

हसित वि० [सं०] १. जिसपर लोग हँसते हों, हास्यास्पद। २. हँसता हुआ। ३. खिला हुआ।

पुं० १. हास्य, हँसी। २. उपहास, हँसी-ठट्ठा। ३. हास्य या हँसी का एक विशेष प्रकार।

हसीन वि० [अ०] बहुत सुन्दर।

हसीना स्त्री० [अ०] रूपवती स्त्री, सुन्दरी।

हसील वि० [अ० असील] सीधा-सादा।

हस्त पुं० [सं०] १. हाथ। २ हाथी की सूँड़। ३. चौबीस अंगुल की एक नाप, हाथ। ४. एक नक्षत्र जिसमें पाँच तारे हैं।

हस्तक पुं० [सं०] १. हाथ। २. हाथ से बजाई जानेवाली ताली। २. करताल। ४. नृत्य में हाथों की मुद्रा।

हस्त कौशल पुं० [सं०] हाथ की कारीगरी।

हस्तक्षेप पुं० [सं०] किसी होते या चलते हुए काम में कुछ फेर-बदल करने के लिए हाथ डालना या कुछ कहना, दखल देना। (इन्टरफिअरेन्स)

हस्तगत वि० [सं०] हाथ में आया या मिला हुआ, प्राप्त, हासिल।

हस्तनिर्मित वि० [सं० हस्त+निर्मित] हाथ का बना अर्थात् जो प्राकृत न हो अथवा मशीन से बना न हो।

हस्तमुद्रा स्त्री० [सं०] नृत्य आदि में भाव बताने के लिए हाथ को किसी विशेष स्थिति में रखने की मुद्रा या ढंग, हस्तक।

हस्तरेखा स्त्री० [सं०] हथेली पर की वे रेखाएँ जिन्हें देखकर सामुद्रिक के अनुसार किसी के जीवन की मुख्य-मुख्य घटनाएँ बताई जाती हैं।

हस्तलाघव पुं० [सं०] हाथ की चालाकी, सफाई या फुरती।

हस्तलिखित वि० [सं०] हाथ का लिखा हुआ (ग्रन्थ, लेख आदि)।

हस्तलिपि स्त्री० [सं०] किसी के हाथ की लिखावट या लिपि।

हस्तांतरकर्ता पुं० [सं० हस्तान्तरण+कर्ता] वह जो कोई सम्पत्ति या उसके संबंध के अधिकार आदि दूसरे को देता हो, हस्तान्तरण करनेवाला। (ट्रान्सफरर)

हस्तांतरण पुं० [सं०] [वि० हस्तांतरित] (सम्पत्ति, स्वत्त्व आदि का) एक के हाथ से दूसरे के हाथ में जाना या दिया जाना।

हस्तांतरणीय वि० [सं०] जिसका हस्तान्तरण हो सकता हो, संक्राम्य। (ट्रान्सफरेबुल)

हस्तांतरित वि० [सं०] (सम्पत्ति या अधिकार) जो एक के हाथ से दूसरे के हाथ में गया हो, जिसका हस्तान्तरण हुआ हो।

हस्तांतरिती पुं० [सं० हस्तांतरित] वह जिसे किसी सम्पत्ति का अधिकार दिया या सौंपा गया हो। (ट्रान्सफरी)

हस्ताक्षर पुं० [सं०] लेख आदि के नीचे अपने हाथ से लिखा हुआ अपना नाम जो उस लेख या उसके उत्तरदायित्व की स्वीकृति का सूचक होता है, दस्तखत। (सिगनेचर)

हस्ताक्षरित वि० [सं०] जिस पर हस्ताक्षर हुए हों।

हस्तामलक पुं० [सं०] वह चीज या बात जिसके सभी अंग (हथेली पर रखे हुए आँवले की तरह) सामने आते ही स्पष्ट या प्रकट हो जाते हों।

हस्तायुर्वेद पुं० [सं०] हाथियों के रोगों की चिकित्सा का शास्त्र।

हस्तिजिहन स्त्री० [सं०] हठयोग के अनुसार बाई आँख की नाड़ी।

हस्तिनापुर पुं० [सं०] दिल्ली से उत्तर-पूर्व एक प्राचीन महाभारतकालीन नगर जिसे चंद्रवंशी राजा हस्ती ने बसाया था।

हस्तिनी स्त्री० [सं०] १. मादा हाथी, हथिनी। २. काम शास्त्र और साहित्य में चार प्रकार की स्त्रियों में से सबसे निकृष्ट प्रकार की स्त्री जो काले रंग की, स्थूल और लोमयुक्त शरीरवाली तथा पति या प्रेमी को अधिकारपूर्वक अपने वश में रखनेवाली मानी गई है।

हस्ती[१] पुं० [सं० हस्तिन्] [स्त्री० हस्तिनी] हाथी।

हस्ती[२] स्त्री० [फा०] १. अस्तित्व। २. व्यक्तित्व।

हस्ते, के सम्बन्धबो० के हाथ से, के द्वारा।

हहरना अ० [अनु० हहर] १. काँपना। २. दहलना, डरना। ३. दंग रह जाना, चकित होना। ४. ईर्ष्या या डाह करना।

हहर-हहर [अनु०] स्त्री० काँपने या थर्थराने का शब्द।

हहरान* वि०=हैरान।

हहराना स० हिं० 'हहरना' का स०।

*अ० दे० 'हहरना'।

हहलाना* अ० दे० 'हहरना', उदा० नभ-जल-थल चर बिकल सकल थल थल हहलाने।—रत्ना०।

हहा स्त्री० [अनु०] १. हँसने का शब्द, ठट्ठा। २. हाहाकार। ३. दीनता प्रकट करने या गिड़गिड़ाने का शब्द।

मुहा० *हहा खाना*=बहुत गिड़गिड़ना।

हाँ निपा० [सं० आम्] स्वीकृति, समर्थन आदि का सूचक शब्द।

मुहा० *हाँ जी, हाँ जी करना या हाँ में हाँ मिलाना*=किसी की अनुचित बात भी ठीक मान लेना या बतलाना।

पुं० स्वीकृति-सूचक शब्द; जैसे उसने हाँ में उत्तर दिया।

क्रि० वि० दे० 'यहाँ'।

हाँक स्त्री० [सं० हुंकार] १. वह जोर का शब्द जो किसी को पुकारने के लिए किया जाए, पुकार।

मुहा० *हाँक देना या लगाना*=जोर से पुकारना। *हाँक-पुकार कर कहना*=सबके सामने चिल्लाकर या खुले आम कहना।

२. ललकार, हुंकार। ३. बढ़ावा। ४. दुहाई।

हाँकना स० [हिं० हाँक] १. जानवरों को चलाने या हटाने के लिए आगे बढ़ाना या इधर-उधर करना। २. गाड़ी, रथ आदि चलाना। ३. जोर से पुकारना या बुलाना। ४. लड़ाई या धावे के समय शत्रु को लड़ने के लिए ललकारना, हुँकार करना। ५. बढ़-बढ़कर बातें करना, डींग मारना। ६. पंखे से हवा करना।

हाँका[1] पुं० [हिं० हाँकना] जंगली जानवरों का शिकार करने के लिए उन्हें हाँककर ऐसी जगह ले जाना जहाँ सहज में उनका शिकार हो सके।

हाँका[2] पुं० [हिं० हाँक] १. पुकार, टेर। २. ललकार। ३. गरज। ४. दे० 'हँकवा'।

हाँगर स्त्री० [बँग०] एक प्रकार की विकट और भीषण समुद्री मछली जो प्राय: मनुष्यों पर घातक प्रहार करती है। (शार्क)

हाँगी स्त्री० [हिं० हाँ] किसी प्रश्न के उत्तर में 'हाँ' कहना, स्वीकृति।

मुहा० *हाँगी भरना*=कोई बात विशेषत: स्वीकृति की सूचक बात कहना, उदा०.... .... रोकि रसना हू त्यों भरी ना कछू हाँगी री।—पद्माकर।

हाँड़ी स्त्री०[सं० भांड] १. देगची के आकार का मिट्टी का छोटा बरतन, हँड़िया।

मुहा० *हाँड़ी पकना*=षड्यन्त्र रचा जाना। *हाँड़ी चढ़ाना*=भोजन आदि पकाने के लिए हाँड़ी का आग पर रखा जाना।

कहा० *काठ की हाँड़ी*=ऐसा छल जो बार-बार न चल सके।

२. इसी आकार का शीशे का वह पात्र जिसमें मोमबत्ती जलाते हैं।

हाँड़ना स० [सं० भंडन] यों ही इधर-उधर घूमना।

हाँतना स० [सं० हात] १. अलग करना। २. दूर करना। ३. दे० 'हतना'।

हाँता वि० [सं० हात] [स्त्री० हाँत] अलग या दूर किया हुआ।

हाँफना* अ० [अनु०] परिश्रम करने, दौड़ने आदि के कारण जोर-जोर से और जल्दी-जल्दी साँस लेना।

हाँसना अ०, स०=हँसना।

हाँसल पुं० [देश०] लाल रंग का वह घोड़ा जिसके पैर कुछ काले हों, कुम्मैत, हिनाई।

हाँसी* स्त्री०=हँसी।

हाँसू* पुं०=हँसली (गहना)।

हाँ-हाँ निपा० [सं० आम्] १. स्वीकृति या सहमति का शब्द। २. मना करने या रोकने का शब्द।

हा विस्मयादि० [सं०] १. शोक, दुख भय आदि का सूचक शब्द।

मुहा० *हा हा खाना*=बहुत ही दीनतापूर्वक और गिड़गिड़ाकर कोई प्रार्थन करना।

२. आश्चर्य या प्रसन्नता का सूचक शब्द।

प्रत्य० हनन करनेवाला, मारनेवाला (यौ० के अन्त में, जैसे वृत्रहा)।

हाइ स्त्री० [सं० घात] १. दशा, हालत, अवस्था। २. घात, गौ। ३. तौर, ढंग, ढब।

विस्मयादि० दे० 'हाय'। वि०=हाँ।

हाइकमान स्त्री० [अं० हाइकमांड] किसी राजनीतिक दल की सर्वोच्च समिति।

हाइटेक वि० [अं०] देखने में अत्याधुनिक अथवा अत्याधुनिक सामग्री से निर्मित।

हाइल[1] वि० [अ० हायल] चारों ओर से घिरा या बँधा हुआ।

हाइल[2] वि० [हिं० हाही उत्कट लालसा] जिसे किसी बात की हाही पड़ी हो, उत्कट लालसा रखनेवाला।

हाईकोर्ट पुं० [अं०] उच्च न्यायालय।

हाऊ पुं० दे० 'हौआ'।

हाकल पुं० [?] १४ मात्राओं का एक मात्रिक छन्द जिसमें नवीं मात्रा के बाद यति और अन्त में गुरु वर्ण होता है।

हाकली स्त्री० [सं०] सारवती नामक छन्द का दूसरा नाम।

हाकिम पुं० [अ०] [वि०, भाव० हाकिमी] १. शासक। २. बड़ा अधिकारी।

हाकिमी स्त्री० [अ०] १. शासन। २. नियन्त्रण।

हाजत स्त्री० [अ०] [वि० हाजती] १. आवश्यकता, जरूरत। २. चाह। ३. मलत्याग करने की इच्छा। ४. पहरे में रखा जाना, हिरासत, हवालात।

हाजमा पुं० [अ० हाजिम:] भोजन पचाने की क्रिया या शक्ति।

हाजरी स्त्री० दे० 'हाजिरी'।

हाजिर वि० [अ० हाज़िर] उपस्थित, मौजूद।

हाजिर जवाब वि० [अ०] [भाव० हाजिर जवाबी] हर बात का तुरन्त और उपयुक्त उत्तर देनेवाला।

हाजिरात स्त्री० [अ०] एक प्रक्रिया जिसमें किसी वस्तु या व्यक्ति पर कोई आत्मा बुलाकर उससे कुछ बातें पूछी जाती हैं।

हाजिरी स्त्री० [अ०] १. हाजिर होने की क्रिया या भाव। २. उपस्थिति, मौजूदगी। **पद** *हाजिरी लगाना*=उपस्थिति दरज होना। *हाजिरी लगाना/लगा देना*=उपस्थित हो जाना। ३. भोजन, विशेषतः दोपहर का।

हाजिरीन पुं० [अ०] उपस्थित लोग। (प्रायः संबोधन में प्रयुक्त)

हाजी पुं० [अ०] वह जो हज कर आया हो। (मुसल०)

हाट स्त्री० [सं० हट्ट] १. दुकान। २. बाजार।

मुहा० *हाट करना*=(क) दुकान लगाकर बैठना। (ख) बाजार जाकर चीजें लाना। *हाट लगना*=बाजार में दुकानें लगना। *हाट चढ़ना*=बाजार में बिकने के लिए आना।

हाटक पुं० [सं०] सोना, स्वर्ण (धातु)।

हाटकपुर पुं० [सं०] लंका।

हाड़* पुं० [सं० सक्थि, प्रा० हड्डि] १. हड्डी, अस्थि। २. वंश की मर्यादा, कुलीनता।

हाड़तोड़ वि० [हिं० हाड़+तोड़ना] शरीर को थका देनेवाला घोर।

हाड़-मांस पुं० हड्डियाँ और मांस।

हाता[1] पुं० दे० 'अहाता'।

हाता[2] वि० [सं० हात] [स्त्री० हाती] १. अलग या दूर किया हुआ, उदा० नाते सब हाते करि राखत, राम सनेह-सगाई।—तुलसी। २. नष्ट।

हाता[3] पुं० [सं० हंता] वध करनेवाला।

हातिम पुं० [अ०] एक बहुत बड़ा दानी, अरब का निवासी।

मुहा० *हातिम की कब्र पर लात मारना*=बहुत बड़ा दान करना। (व्यंग्य)

हाथ पुं० [सं० हस्त] १. कन्धे से पंजे तक का वह अंग जिससे चीजें पकड़ते और काम करते हैं, कर, हस्त।

मुहा० *हाथ आना या पड़ना*=प्राप्त होना, मिलना। *(किसी को) हाथ उठाना*=सलाम करना। *(किसी पर) हाथ उठाना या चलाना*=मारना। *हाथ कट जाना*=प्रतिज्ञा, लेख आदि से बद्ध होने या और किसी कारण से कुछ करने योग्य न रहना। *हाथ काले करना*=अपयश बटोरना। *हाथ खाली होना*=पास में धन न होना। *हाथ खींचना*=कोई काम करते-करते रुक जाना। *(किसी का) हाथ गरमाना*=(क) किसी प्रकार की आर्थिक प्राप्ति होना। (ख) किसी को घूस आदि देना। *हाथ जलना*=घोर सर्दी के कारण हाथों में जलन-सी होना। *(किसी पर) हाथ छोड़ना*=मारना। *हाथ जोड़ देना*=क्षमा माँगना, माफी चाहना। *(किसी को) हाथ जोड़ना*=(क) प्रणाम या नमस्कार करना। (ख) कृपा के लिए अनुनय-विनय करना। *हाथ जोड़ लेना*=बिल्कुल दूर या अलग रहना। *हाथ झाड़ लेना*=किसी काम से अपने को अलग कर लेना। *हाथ डालना*=(क) हस्तक्षेप करना। (ख) योग देना। (ग) (कोई काम) आरम्भ करना; जैसे-अब उन्होंने कोयले के व्यापार में हाथ डाला है। *हाथ तंग होना*=पास में धन न रहना। *(किसी को) हाथ देना*=(क) सहारा देना, सहायक होना। (ख) दे० 'हाथ मिलाना'। *(किसी चीज से) हाथ धोना*=(क) गँवा या खो देना। (ख) प्राप्ति की आशा छोड़ देना। *हाथ धोकर पीछे पड़ना*=पूरी तरह से प्रयत्न में लग जाना। *हाथ न आना*=प्राप्त न होना। *हाथ पकड़ना*=(क) कोई काम करने से रोकना। (ख) आश्रय देना, शरण में लेना। *(किसी के) हाथ पड़ना या हाथ में पड़ना*=किसी के अधिकार या वश में जाना, किसी के पल्ले पड़ना, उदा० छाँड़हुँ पाखँड मानहु बात नाहिं तो परिहौ जम के हाथ।—कबीर। *हाथ पर हाथ धरे (या रखे) बैठे रहना*=खाली बैठे रहना, कुछ न करना। *(किसी के आगे) हाथ पसारना या फैलाना*=माँगने के लिए हाथ आगे करना। *हाथ-पैर चलाना*=काम धन्धा करना। *हाथ-पैर जोड़ना*=अनुनय-विनय करना। *हाथ पैर फूलना*=इतना घबरा जाना कि कुछ करते-धरते न बने। *हाथ पैर मारना*=प्रयत्न या परिश्रम करना। *(किसी के काम में) हाथ बँटाना*=सम्मिलित होना, योग देना। *(किसी के आगे) हाथ बाँधे खड़े रहना*=सदा सेवा में उपस्थित रहना। *हाथ मलना*=पछताना। *(किसी चीज पर) हाथ मारना*=उड़ा लेना, गायब करन देना। *हाथ मिलाना*=(क) किसी से भेंट होने पर उसकी हथेली अपने हाथ में लेकर प्रसन्नता प्रकट करना। (ख) सम्पर्क या सम्बन्ध स्थापित करना। *हाथ मीड़ना*=दे० 'हाथ मलना', उदा० मीड़त हाथ, सीस धुनि ढोरत, रुदन करत नृप पारथ।—सूर। *हाथ में आना*=(i) अधिकार या नियंत्रण में आना। (ii) प्राप्त होना, मिलना। *हाथ में करना*=अपने अधिकार या वश में करना। *हाथ में लेना*=किसी काम का भार अपने ऊपर लेना। *हाथ रँगना*=अनुचित रूप से लाभ प्राप्त करना। *हाथ रहना*=(क) सहयोग होना; (ख) शेष रहना। *हाथ लगना*=प्राप्त होना, मिलना। *(किसी के काम में) हाथ लगना*=आरम्भ या शुरू होना। *हाथ लगाना*=(क) छूना। (ख) आरम्भ करना। *हाथ साफ करना*=कटु आलोचना करना। *हाथ होना*= सहयोग होना; जैसे-आतंकवाद के प्रसार में उपनिवेशवाद का प्रमुख हाथ है। *रँगे हाथ या हाथों*= अपराध करते हुए उसके प्रमाण के साथ, जैसे रँगे हाथ पकड़े जाना। *लगे हाथ या हाथों*=कोई काम करते समय, उसे पूरा करके निश्चिन्त होने से पहले, जैसे लगे हाथ यह काम भी कर डालो। *हाथों के तोते उड़ जाना*=अचानक कोई दुर्घटना या अनिष्ट हो जाने पर भौचक या सन्न हो जाना। *हाथों हाथ*=एक के हाथ से दूसरे के हाथ में होते हुए। *हाथों हाथ लेना*=बहुत आदर और सम्मान से स्वागत करना।

पद *हाथ की गुड़िया*=कठपुतली। *हाथ की मैल*=तुच्छ वस्तु या पदार्थ। *हाथ की सफाई*=कोई काम करने की ऐसी युक्ति या कौशल जिसे दर्शक भाँप न सके।

२. कोहनी से पंजे के सिरे तक की लम्बाई की नाप।

३. हाथ से खेले जानेवाले खेलों में हर खिलाड़ी के खेलने की बारी, दाँव।

हाथफूल पुं० [हिं० हाथ+फूल] हथेली की पीठ पर पहनने का एक गहना।

हाथा पुं० [हिं० हाथ] १. औजारों आदि की मूठ, दस्ता। २. मंगल अवसरों पर हलदी आदि से दीवारों पर लगाई जानेवाली पंजे की छाप।

हाथापाई, हाथाबाँही स्त्री० [हिं० हाथ+पाँय या बाँह] हाथ-पैर से खींचने और ढकेलने की लड़ाई, भिड़न्त।

हाथी[1] पुं० [सं० हस्तिन्] [स्त्री० हथिनी] १. एक बहुत बड़ा प्रसिद्ध स्तनपायी चौपाया जो अपने स्थूल और विशाल आकार तथा सूँड़ के कारण सब जानवरों से विलक्षण होता है, गज।

मुहा० *हाथी के साथ गन्ने खाना*=किसी काम में ऐसे आदमी की बराबरी करने का प्रयत्न करना जिसकी बराबरी की ही न जा सकती है।

कहा० *हाथी का खाया कैथ*=ऐसा पदार्थ जो ऊपर से देखने में बिल्कुल ठीक और सारयुक्त जान पड़े, पर जिसके अन्दर का सार या तत्त्व निकल गया हो।

२. शतरंज का एक मोहरा।

हाथी[2] * स्त्री० [हिं० हाथ] हाथ का सहारा।

हाथीखाना पुं० [हिं० हाथी+फा० ख़ाना:] वह स्थान जहाँ पाले हुए हाथी रहते हों।

हाथी-दाँत पुं० [हिं० हाथी+दाँत] हाथी के मुँह के दोनों ओर बाहर निकले हुए दाँत के आकार के वे सफेद अवयव जिनसे कई तरह की चीजें बनती हैं।

हाथीनाल स्त्री० दे० 'गजनाल'।

हाथीपाँव पुं० दे० 'फीलपा'।

हाथीवान पुं० दे० 'महावत'।

हादसा पुं० [अ० हादिस:] दुर्घटना।

हान* पुं० [सं० हानि] त्याग, छोड़ना।

*स्त्री०=हानि।

हानि स्त्री० [सं०] १. टूटने-फूटने आदि के कारण होनेवाला नाश। (लॉस) २. आर्थिक क्षति, नुकसान। ३. कोई ऐसी अनुचित बात या आघात जिससे मान-मर्यादा, सम्पत्ति आदि में कुछ कमी होती हो, क्षति। (इंजरी) ४. घाटा, टोटा। 'लाभ' का विरु०। ५. स्वास्थ्य को पहुँचनेवाली खराबी। ६. अपकार, बुराई।

हानिकर, हानिकारक वि० [सं०] १. हानि करनेवाला, जिससे नुकसान हो। २. स्वास्थ्य बिगाड़नेवाला।

हानि-लाभ पुं० [सं०] व्यापार आदि में होनेवाला या और किसी प्रकार का नुकसान और नफा। (प्राफिट एन्ड लॉस)

हानी* वि० [सं० हीन] रहित, हीन, उदा० इक रसना, दोउ लोचन-हानी कहौ पार क्यों पाऊँ। —हित वृन्दावनवासी।

*स्त्री०=हानि (नुकसान)।

हाफिज पुं० [अ० हाफ़िज] वह धार्मिक मुसलमान जिसे कुरान कंठस्थ हो।

वि० हिफाजत करनेवाला, रक्षक।

हाफिजा पुं० [अ० हाफ़िज़:] स्मरण-शक्ति; याद्दाश्त।

हामी[1] स्त्री० [हिं० हाँ] 'हाँ' करने की क्रिया या भाव, स्वीकृति।

मुहा० *हामी भरना*= मंजूर करना।

हामी[2] वि० [अ०] हिमायत करनेवाला।

हाय विस्मयादि० [सं० हा] शोक, दुख, पीड़ा आदि का सूचक शब्द।

मुहा० *(किसी की) हाय पड़ना*=किसी के हाय करने का बुरा फल मिलना।

हायन पुं० [सं०] वर्ष, साल।

हायल[1] * वि० [सं० हात=छोड़ा हुआ या हत ?] १. क्षत-विक्षत, घायल, उदा० पाप लगौ छाँड़ौ न अब हायल नन्द कुमार। —राम सतसई। २. ढीला, शिथिल। ३. थका हुआ। ४. बहुत ही दुखी, परम खिन्न, उदा० ह्वै हिय हायल घायल सी धन भूमि गिरी परि प्रेम तिहारे। —पद्माकर।

हायल[2] वि० [अ०] बीच में आड़ करनेवाला।

हाया* प्रत्य० [हिं० हाही] (किसी वस्तु के लिए) आतुर, व्याकुल (यौ० शब्दों के अन्त में), उदा० मेल्यौ जाल काल जब खैंच्यौ, भयौ मीन दल हायौ। —सूर।

हार[1] स्त्री० [सं० हारि] १. युद्ध, प्रतियोगिता, खेल आदि में प्रतिद्वन्द्वी से न जीत सकने की दशा या भाव, पराजय।

मुहा० *हार खाना=हारना।*

२. शिथिलता, थकावट। ३. हानि।

हार[2] पुं० [सं०] १. राज्य द्वारा हरण। २. विरह, वियोग। ३. गले में पहनने की सोने, चाँदी, मोतियों, फूलों आदि की माला। ४. अंकगणित में भाजक। ५. जंगल, वन। ६. मैदान।

वि० वहन करने या ले जानेवाला। २. हरण करनेवाला। ३. नाशक।

हार[3] * पुं० [देश०] वन, जंगल।

पुं०=हाल (दशा)।

*प्रत्य० [स्त्री० हारी] दे० 'हारा'।

हारक वि० [सं०] [स्त्री० हारिका] १. हरण करनेवाला। २. बूट करनेवाला। ३. मनोहर, सुन्दर।

पुं० १. चोर। २. लुटेरा। ३. गणित में भाजक। ४. हार, माला।

हारद* पुं० [सं० हृदय] मन की बात, अभिप्राय, उद्देश्य, वासना आदि।

वि० दे० 'हार्दिक'।

हारना अ० [हिं० हार] १. युद्ध, खेल, प्रतिद्वन्द्विता आदि में प्रतिपक्षी के सामने विफल या पराजित होना, 'जीतना' का विरु०। २. थक जाना। ३. प्रयत्न में विफल होना।

मुहा० *हारे* दरजे= लाचार होकर। *हारकर*=असमर्थ या विवश होकर।

स० १. प्रतियोगिता, युद्ध, खेल आदि में सफल न होने के कारण हाथ से उसे या उससे सम्बन्ध रखनेवाली चीज जाने देना, जैसे लड़ाई, धन या बाजी हारना। २. गँवाना, खोना, उदा० नैंकु बियोग मीन नहिं मानत, प्रेम-काज बपु हारयो।— सूर। ३. न रख सकने के कारण जाने देना।

हारवार* स्त्री० दे० 'हड़बड़ी'।

हारा प्रत्य० [?] [स्त्री० हारी] गद्य के 'वाला' प्रत्यय की जगह कविता, विशेषत: प्राचीन कविता में प्रयुक्त होनेवाला प्रत्यय जो कर्तृत्व, स्वामित्व आदि का सूचक होता है, जैसे करनहारा, चलावनहारा।

हारित[1] पुं० [देश०] एक चिड़िया जो प्राय: अपने चंगुल में तिनका या छोटी पतली लकड़ी लिए रहती है, उदा० मृग-मद छाँड़ि नजात, गही ज्यौं हारिल लकरी।—भगवत रसिक।

हारित[2] [हिं० हारना] १. हारा हुआ। २. थका हुआ।

हारी[1] वि० [सं० हारिन्] [स्त्री० हरिणी] हरण करनेवाला (यौ० के अन्त में)।

हारी[2] स्त्री० [हिं० हारना] पराजय, हार, उदा० हारी जानि पीर हरि मेरी।—सूर।

पद *हारी-बीमारी में*=दुख या कष्ट के समय।

हारी-बीमारी स्त्री० [हिं० हार+फा० बीमारी] मानसिक संताप और शारीरिक कष्ट; जैसे हारी-बीमारी में ईश्वर याद आता है।

हास-परिहास पुं० [सं०] हास और परिहास, हँसी और मजाक।

हारीत पुं० [सं०] १. चोर। २. डाकू।

हारौल* पुं० दे० 'हरावल'।

हार्ट-फेल पुं० [अ० हार्ट-फेल्योर] हृदय का कार्य करना बंद कर देना, जिसका परिणाम मृत्यु होता है।

हार्डवेयर पुं० [अं०] कंप्यूटर के इलैक्ट्रानिक आदि सभी पुरजे।

हार्दिक वि० [सं०] १. हृदय-सम्बन्धी, हृदय का। २. हृदय से निकला हुआ, ठीक और सच।

हार्दिकता स्त्री० [सं०] सद्भाव, प्रेमभाव।

हाल[1] पुं० [अ०] १. दशा, अवस्था। २. परिस्थिति। ३. समाचार, वृत्तान्त। ४. विवरण, ब्योरा।

वि० वर्तमान, मौजूद।

पद *हाल में*=कुछ ही दिन पहले। *हाल का*=ताजा।

क्रि० वि० १. इसी समय, अभी। २. तुरन्त, चटपट।

हाल[2] स्त्री० [हिं० हिलना] १. हिलने की क्रिया या भाव, कम्प। २. पहिए पर चढ़ाया जानेवाला लोहे का गोल बन्द।

हालगोला* पुं० दे० 'गेंद'।

हाल-चाल स्त्री० [अ०+हिं० चाल] स्वास्थ्य और गतिविधि, स्थिति और परिस्थिति।

हालत स्त्री० [अ०] १. दशा, अवस्था। २. आर्थिक स्थिति। ३. परिस्थिति।

हालना* अ०=हिलना।

स०=हिलना।

हालरा पुं० [हिं० हालना] १. बच्चों को गोद में लेकर हिलाना-डुलाना। २. झोंका। ३. लहर, हिलोर।

हालरी स्त्री० [हिं० हालना] बच्चों को सुलाने के लिए गाया जानेवाला गीत, लोरी। (राज०)

हालाँकि योज० [फा०] यद्यपि।

हाला स्त्री० [सं०] मद्य, शराब।

हालाचाला पुं० [हिं० हल+चल] भूकंप।

हालाहल पुं०=हलाहल।

हालात पुं० बहु० [अ० हालत का बहु०] परिस्थितियाँ; जैसे देश के हालात अच्छे नहीं।

हालिया वि० [अ० हाल+हिं० इया (प्रत्य०)] हाल का, जैसे हालिया बयान।

हालै* क्रि० वि० [अ० हाल] १. इसी समय, अभी। २. बहुत शीघ्र, तुरन्त।

हाव पुं० [सं०] साहित्य में संयोग के समय नायक को मोहित करने अथवा उस पर मिलन की इच्छा प्रकट करने के लिए की जानेवाली नायिका की स्वाभाविक चेष्टाएँ जो कायिक तथा मानसिक अनुभावों के अन्तर्गत मानी गई हैं और जो बारह प्रकार की कही गई हैं, यथा-लीला, विलास, विच्छिति, विभ्रम, किलकिंचित, मोट्टायित, विव्वोक, विहृत, कुट्टमित, ललित, बोधक और हेला।

हावन दस्ता पुं० [फा०] खरल के आकार का धातु का बना हुआ एक प्रकार का पात्र जिसमें कोई चीज उसी धातु की मुँगरी से कूटी जाती है, इमाम दस्ता।

हावभाव पुं० [सं०] पुरुषों को मोहित करने के लिए स्त्रियों की मनोहर चेष्टाएँ, नाज-नखरा।

हाशिया पुं० [अ० हाशिय:] १. किनारा, पाड़। २. गोट, मगजी। ३. लिखने के समय कागज के किनारे खाली छोड़ी हुई जगह, उपान्त।

पद *हाशिए का गवाह*=वह गवाह जिसने किसी लेख्य के किनारे पर गवाही की हो, उपान्तस्थ साक्षी।

४. किसी बात पर की हुई टीका-टिप्पणी।

मुहा० *हाशिया चढ़ाना*=किसी विवरण में अपनी ओर से कुछ और जोड़ना।

हास पुं० [सं०] १. हँसने की क्रिया या भाव, हँसी। २. दिल्लगी, ठठोली। ३. साहित्य में केवल कौतुक के लिए कही जानेवाली वह बात या बनाया जानेवाला वह रूप या वेष जो आह्लाद या प्रसन्नता का सूचक और उत्पादक होता है, यह सात्विक भावों के अन्तर्गत है।

हासक पुं० [सं०] [स्त्री० हासिका] १. हँसने-हँसानेवाला। २. हँसोड़।

हासिल वि० [अ०] पाया या मिला हुआ, प्राप्त, लब्ध।

पुं० १. जोड़ में किसी संख्या का वह अंश जो अन्तिम अंक के नीचे लिखे जाने पर बच रहे। २. गणित की क्रिया का फल। ३. पैदावार, उपज। ४. लाभ, नफा। ५. जमीन का लगान, जमा। ६. वह धन जो किसी से अधिकारपूर्वक लिया जाता हो, जैसे खिराज, चौथ आदि, उदा०...ठौर-ठौर हासिल उगाहत है साल को।—भूषण।

हासी(-सिन्) वि० [सं०] [स्त्री० हासिनी] हँसनेवाला।

हास्य वि० [सं०] १. हँसने के योग्य, जिस पर लोग हँसे। २. उपहास के योग्य।

पुं० १. हँसने की क्रिया या भाव, हँसी। २. साहित्य में नौ रसों में से एक जो अयुक्त, असंगत, कुरूप या विकृत घटनाओं, पदार्थों या बातों आदि से उत्पन्न होता है, इसका स्थायी भाव हास या हँसी है। ३. दिल्लगी, ठट्टा, मजाक।

हास्यक पुं० [सं० हास्य+क (प्रत्य०)] हँसी की बात या किस्सा, चुटकुला।

हास्यास्पद वि० [सं०] [भाव० हास्यास्पदता] १. जिसपर हँसा जाए, हँसी उत्पन्न करनेवाला। २. बेतुका, बेढंगा।

हा हंत विस्मयादि० [सं०] हे ईश्वर, यह क्यों हो गया।

हा-हा पुं० [अनु०] १. हँसने का शब्द।

पद *हा-हा, ही-ही*=हँसी-ठट्टा, निम्न कोटि का परिहास।

२. बहुत विनती की पुकार, दुहाई।

मुहा० *हा-हा करना या खाना*=बहुत ही दीनतापूर्वक और गिड़गिड़ाकर विनती करना।

हाहाकार पुं० [सं०] १. घोर विपत्ति के समय 'हाय-हाय' की पुकार या चिल्लाहट (विशेषतः बहुत से लोगों की), कुहराम। २. किसी वस्तु का अभाव होने पर उसे उपलब्ध कराने के लिए चारों ओर से होनेवाली माँग। ३. रोना-पीटना।

हाहाकारी वि० [सं० हाहाकार] विपत्तिजनक, विनाशकारी।

हाहाहूत* पुं० दे० 'हाहाकार'।

हाही स्त्री० [हिं० हाय-हाय] कुछ पाने के लिए निरन्तर 'हाय-हाय' करते रहना, चरम सीमा का लोभ।

हाहू* पुं० [अनु०] १. शोरगुल, कोलाहल, हल्ला। २. हलचल।

हिंकारना अ० [सं० हिंकार] १. पीड़ा से कराहना, उदा० हिंकरि, हिंकरि हय हेरहिं तेही। —तुलसी। २. दे० 'हिनहिनाना'। ३. दे० 'रँभाना'।

हिंगु पुं० [सं०] हींग।

हिंगुल पुं० [सं०] ईंगुर, शिंगरफ।

हिंगोट पुं० [सं० हिंगुपत्र] एक प्रकार का कँटीला जंगली पेड़ जिसके फलों से तेल निकलता है, इंगुदी।

हिंछा* स्त्री०=इच्छा।

हिंडारना* पुं० दे० 'हिंडोला'।

हिंडोरा* पुं० दे० 'हिंडोला'।

हिंडोल पुं० [सं० हिन्दोल] १. हिंडोला। २. संगीत में ओड़व जाति का एक राग जो वसन्त ऋतु में दिन के पहले पहर में गाया जाता है।

हिंडोला पुं० [सं० हिन्दोल] १. काठ का बना हुआ वह बड़ा चक्कर जिसमें लोगों के बैठने के लिए ऊपर-नीचे घूमनेवाले छोट-छोटे चौखटे होते हैं। २. पालना, झूला। ३. वह कविता जिसमें हिंडोले पर झूलने का वर्णन हो।

हिंताल पुं० [सं०] खजूर की जाति का एक प्रकार का सुन्दर पेड़ जो प्राय-जलाशयों के किनारे होता है।

हिंदवाना पुं०=तरबूज।

हिंदवी स्त्री० दे० 'हिंदी' (भाषा)।

हिंदसा पुं० [अ० हिंदसः] अंक, गिनती का सूचक चिह्न।

हिंदी वि० [फा०] हिन्द या हिन्दुस्तान का, भारतीय।

पुं० हिन्द का निवासी, भारतवासी।

स्त्री० १. हिन्दुस्तान की भाषा। २. उत्तरी और मध्य भारत की वह भाषा जिसके अन्तर्गत कई उप-भाषाएँ या बोलियाँ हैं और जो इस देश की राष्ट्रभाषा है।

मुहा० *हिंदी की चिंदी निकालना*=(क) बहुत सूक्ष्म, पर व्यर्थ के या तुच्छ दोष निकालना। (ख) कुतर्क करना।

हिंदीकरण पुं० [फा० हिंदी+सं० करण] हिंदी भाषा की परंपराओं, मान्यताओं आदि के अनुकूल बनाने की क्रिया या भाव।

हिंदी वर्णमाला स्त्री० देवनागरी वर्णमाला का वह रूप जिसमें ऋ, लृ और लृ ये तीनों स्वर नहीं होते। विशेष दे० 'देवनागरी'।

हिंदु पुं०=हिंदू।

हिंदुस्तान पुं० [फा० हिन्दोस्तान] भारत, भारतवर्ष।

हिंदुस्तानी वि० [फा० हिंदोस्तानी] हिन्दुस्तान का, हिन्दुस्तान सम्बन्धी, भारतीय।

पुं० हिन्दुस्तान का निवासी, भारतवासी, भारतीय।

स्त्री० १. हिन्दुस्तान की भाषा। २. बोल-चाल या लोक-व्यवहार की (पर साहित्यिक से भिन्न) वह हिन्दी जिसमें न तो अरबी के शब्द अधिक हों, न संस्कृत के।

हिंदुस्थान पुं० दे० 'हिंदुस्तान'।

हिंदुत्व वि० [फा० हिंदू+सं० त्व(प्रत्य०)] १. हिंदू होने की अवस्था, गुण या धर्म। २. हिंदू आदर्शों, परंपराओं आदि का पालन तथा क्रियान्वयन।

हिंदुत्ववादी पुं० १. हिंदू आदर्शों तथा परंपराओं का अनुयायी। २. हिंदू धर्म का प्रचारक या रक्षक।

वि० हिंदुत्व-संबंधी।

हिंदू पुं० [फा०] [भाव० हिंदूपन, हिंदुत्व] भारतीय आर्यों के वर्तमान भारतीय वंशज जो वेदों, स्मृतियों, पुराणों आदि को अपने धर्मग्रन्थ मानते हैं।

हिंदूकरण पुं० [फा० हिंदू+सं० करण] १. हिंदू बनाना। २. हिंदू रीतियों या परंपराओं में ढालने की क्रिया या भाव।

हिंदोस्तान पुं० [फा०] भारत, भारतवर्ष।

हिंवार पुं० [सं० हिमालि] १. हिम, बरफ। २. तुषार, पाला।

हिंसक वि०, पुं० [सं०] [भाव० हिंसकता, हिंसा] १. हिंसा करने या मार डालनेवाला, घातक। २. दूसरों की बुराई या हानि चाहने और करनेवाला। ३. (पशु) जो पशुओं या जीवों को मार कर उनका मांस खाता हो।

हिंसना* स० [सं० हिंसन] १. हिंसा या हत्या करना। २. किसी की निन्दा या बुराई करना, बुरा-भला कहना, उदा० यों कहि हिंसत सबहिं लहहिं जासों जहँ संगम। -रत्ना०।

हिंसा स्त्री० [सं०] [वि० हिंसक] १. प्राणियों को मारने-काटने और शारीरिक कष्ट देने की वृत्ति। २. किसी को हानि पहुँचाना।

हिंसाचार पुं० [सं० हिंसा+चार] बहुत से लोगों की हत्या करने की क्रिया या भाव। २. सामूहिक रूप से की गई हत्याएँ।

हिंसात्मक वि० [सं०] जिसमें हिंसा हो, हिंसा से युक्त।

हिंस्र (क) वि० [सं०] हिंसा करनेवाला।

हि विभ० को; जैसे प्रियाहि=प्रिया को। (ब्रज०)

*निपा० दे० 'ही'

हिअ, हिआ पुं०=हृदय।

हिआव पुं०=हियाव (साहस)।

हिकमत स्त्री० [अ० हिक्मत] [वि० हिकमती] १. कोई नई बात ढूँढ़ निकालने की बुद्धि। २. युक्ति, उपाय, तरकीब। ३. युनानी चिकित्साशास्त्री।

हिकमती वि० [अ०] १. युक्तिशील। २. चतुर।

हिकारत स्त्री० [अ०] घृणा, नफरत।

हिक्का स्त्री० [सं०] १. हिचकी। २. एक रोग जिसमें बहुत हिचकियाँ आती हैं।

हिचक स्त्री० [हिं० हिचकना] कोई काम करने से पहले मन में होनेवाली हलकी रुकावट, आगा-पीछा।

हिचकना[1] अ० [हिं० हिचक या अनु०] [भाव० हिचक, हिचकिचाहट] कोई काम करने से पहले, आशंका, अनौचित्य, असमर्थता आदि का ध्यान करके कुछ रुकना, आगा-पीछा करना।

हिचकना[2]* अ० [हिं० हिचकी] हिचकियाँ लेना।

हिचकिचाना अ०=हिचकना, रुकना।

हिचकी स्त्री० [अनु० हिच या सं० हिक्का] १. प्रसिद्ध शारीरिक व्यापार जिसमें पेट या कलेजे की वायु कुछ रुक-रुककर गले के रास्ते निकलने का प्रयत्न करती है।

मुहा० *हिचकी लगना*=मरने के समय बार-बार हिचकियाँ आना।

२. इसी प्रकार का वह शारीरिक व्यापार जो बहुत अधिक रोने पर होता है।

हिचकोला पुं० [?] सहसा लगनेवाला ऐसा धक्का जिससे व्यक्ति उछल पड़े।

हिजड़ा पुं० [फा० हीज़ (नपुंसक)+हिं० ड़ा] १. वह पुरुष जिसमें संभोग करने की (पूर्ण) क्षमता न हो, नपुंसक। २. वह व्यक्ति जो दम लगाकर काम न कर सके; जैसे-तुम हिजड़ों से योजना की सफलता चाहते हो?

हिजरत स्त्री० [अ० हिज्रत] १. अपना देश छोड़कर पर देश में जाकर बसना। २. मुहम्मद साहब का मक्के से मदीने जाना।

हिजरी पुं० [अ०] मुसलमानी सन् जो मुहम्मद साहब के मक्के से मदीने भागने या हिजरत करने की तिथि (१५ जुलाई, ६२२ ई०) से चला है।

हिज्जे पुं० [अ० हिज्जः] किसी शब्द में आए हुए अक्षरों, मात्राओं आदि का क्रम, अक्षरी, वर्तनी। (स्पेलिंग)

हिज्र पुं० [अ०] वियोग।

हिटलिस्ट स्त्री० [अं०] वह सूची जिसमें आतंकवादियों, असमाजिक तत्त्वों आदि ने उन लोगों के नाम लिखे हों जिन्हें वे मारना चाहते हैं।

हित पुं० [सं०] १. कल्याण, मंगल। २. भलाई, उपकार। ३. लाभ, फायदा। ४. अनुराग, प्रेम। ५. विविध क्षेत्रों में किसी वस्तु या विषय के साथ होनेवाला किसी व्यक्ति का वह सम्बन्ध जिसके अनुसार उस विषय या वस्तु के कारण भविष्य में होनेवाले हानि या लाभ से उस व्यक्ति की भी हानि या लाभ होता या हो सकता हो। (इन्टरेस्ट) ६. स्नेह, मुहब्बत। ७. वह जो किसी की भलाई चाहता और करता हो, हितैषी, उदा० पाँच पति हित हारि बैठे, रावरैं ह्रित मौर। —सूर। ८. सम्बन्धी, रिश्तेदार।

क्रि० वि० १. (किसी की भलाई या प्रसन्नता के) लिए वास्ते। २. निमित्त, लिए, वास्ते, उदा० कान कियौ जन हित जदुराई।—सूर।

हितकर, हितकारक वि० [सं०] [भाव० हितकारिता] १. हित या भलाई करनेवाला। २. लाभदायक, फायदेमन्द। ३. स्वास्थ्य के लिए अच्छा और लाभदायक।

हितकारी वि०=हितकर।

हितचिंतक वि० [सं०] [भाव० हितचिंतन] भला चाहनेवाला, शुभचिन्तक, हितैषी।

हितचिंतन पुं० [सं०] किसी के उपकार या भलाई की बातें सोचना।

हितता* स्त्री० दे० 'हित' १. तथा ४.।

हितमति स्त्री० [सं०] कल्याणकारी बुद्धि।

हितवना* अ० दे० 'हिताना'।

हितवाई स्त्री० दे० 'हिताई'।

हितसाधक वि० [सं०] हित करने में प्रवृत्त या समर्थ।

हितसाधन पुं० [सं०] हित या भलाई करने की क्रिया या भाव।

हिताई स्त्री० [सं० हित] १. सम्बन्ध, रिश्तेदारी, नातेदारी। २. हित-चिन्तन। ३. आपसदारी या मित्रता का सम्बन्ध, मेल-जोल।

हिताना* अ० [सं० हित] १. हितकारी या लाभदायक होना। २. प्रेम या स्नेह करना। ३. उपकार या भलाई करना।

हितावह वि०=हितकारी।

हिताहित पुं० [सं०] १. हित और अहित, भलाई और बुराई। २. लाभ और हानि, नफा और नुकसान।

हिती पुं० [सं० हित] १. हितैषी। २. सम्बन्धी, रिश्तेदार। ३. सुहृद, स्नेही।

हितू वि० [सं० हित] १. हितकारक। २. हितैषी, शुभचिंतक।

हितूकर* वि० दे० 'हितू'।

हितेच्छु वि०=हितैषी।

हितैती स्त्री० दे० 'हिताई'।

हितैषणा स्त्री० [सं०] दूसरों के हित की इच्छा।

हितैषी (-षिन्) वि० [सं०] [स्त्री० हितैषिणी, भाव० हितैषिता] हित या भला चाहनेवाला, हितचिन्तक।

हिदायत स्त्री० [अ०] १. सीख। २. निर्देश।

हिनती* स्त्री०=हीनता।

हिनहिनाना अ० [अनु०] [भाव० हिनहिनाहट] घोड़े का हिन् हिन् शब्द करना, हींसना।

हिना स्त्री० [अ०] मेंहदी।

हिनाई वि० [अ०] मेंहदी के रंग की तरह का, लाल।
पुं० उक्त रंग का घोड़ा।

हिफाजत स्त्री० [अ० हिफ़ाज़त] रक्षा, रखवाली।

हिफाजती वि० [अ० हिफ़ाजत] हिफाजत या सुरक्षा के लिए किया जानेवाला।

हिब्बा पुं० [अ० हिब्ब:] १. कौड़ी। २. दान।

हिब्बानामा पुं०=दानपत्र।

हिमंचल* पुं०=हिमालय।

हिमंत* पुं०=हेमंत।

हिम पुं० [सं०] १. बरफ। २. पाला, तुषार। ३. जाड़ा, शीत, ठंड। ४. जाड़े का मौसम, शीत ऋतु। ५. चन्द्रमा। ६. कपूर।
वि० ठंडा या शीतल।

हिमकण पुं० [सं०] तुषार या पाले के बहुत छोटे-छोटे कण या टुकड़े।

हिमकर पुं० [सं०] चन्द्रमा।

हिमजन पुं० [अं० हीलियम को दिया हुआ सं० रूप] एक प्रकार का रासायनिक तत्त्व जो एक पारदर्शक वाष्प के रूप में होता है और जिसका पता हाल में लगा है। (हीलियम)

हिमपात पुं० [सं०] प्राकृत रूप से बरफ गिरना। (स्नो फॉल)

हिमभानु पुं० [सं०] चन्द्रमा।

हिमयान पुं० [सं०] बर्फ पर चलनेवाली गाड़ी।

हिमयानी स्त्री० [फा०] कमर में बाँधी जानेवाली रुपए रखने की लम्बी थैली।

हिमवर्षा स्त्री० [सं०] (रुई के कणों के रूप में होनेवाली) बरफ की बरसात, बरफबारी।

हिमवान, हिमवान् वि० [सं० हिमवत्] [स्त्री० हिमवती] जिसमें बरफ या पाला हो।
पुं० १. हिमालय। २. चन्द्रमा।

हिमशैल पुं० [सं०] १. बरफ का पहाड़। २. बरफ का वह बड़ा पिंड जो समुद्र में तिरता रहता है।

हिमशिला स्त्री० [सं०] बरफ की चट्टान।

हिमश्वेत वि० [सं० हिम+श्वेत] हिम की भाँति श्वेत, बर्फ सा सफेद।

हिमांक पुं० [सं०] १. कपूर। २. तापमापक यन्त्र में वह अंक या स्थान जो ऐसे शीत का सूचक होता है जिसमें कोई द्रव पदार्थ, विशेषत: जल, जमने लगता है। (फ्रीजिंग प्वॉइंट)

हिमांचल पुं० [सं० हिम+अंचल] भारत का एक राज्य।

हिमांशु पुं० [सं०] चन्द्रमा।

हिमाकत स्त्री० [अ० अहमक का भाव०] मूर्खता, बेवकूफी।

हिमाचल पुं०=हिमालय।

हिमाच्छन्न वि० [सं०] बर्फ से ढका।

हिमाच्छादित वि० [सं०] बर्फ से ढका।

हिमाद्रि पुं०=हिमालय।

हिमानी स्त्री० [सं०] १. तुषार, पाला। २. बरफ। ३. बरफ की वे बड़ी चट्टानें या नदियाँ जो ऊँचे पहाड़ों पर रहती हैं। (ग्लेशियर)

हिमायत स्त्री० [अ०] [वि० हिमायती] १. पक्षपात। २. किसी के पक्ष का समर्थन या पोषण।

हिमायती वि०, पुं० [अ०] १. पक्षपाती। २. समर्थक।

हिमालय पुं० [सं० हिम (बरफ)+आलय] भारत के उत्तर का और संसार के सब पर्वतों से बड़ा और ऊँचा प्रसिद्ध पर्वत।

हिमालयी वि० [सं० हिमालय] हिमालय के समान ऊँचा या विशाल।

हिमीकर वि० [सं० हिम+कर] हिम की तरह बहुत ही ठंडा या शीतल करनेवाला।
पुं० अलमारी, सन्दूक आदि की तरह का वह आधान जिसका उपयोग खाद्य पदार्थ, औषध आदि ठंडे रखने और फलत: उन्हें सड़ने-गलने या नष्ट होने से बचाने के लिए होता है। (रेफ्रिजरेटर)

हिम्मत स्त्री० [अ०] [वि० हिम्मती] साहस।
मुहा० *हिम्मत हारना*=हताश होकर साहस छोड़ना।

हिम्मतवर वि० [अ०+फा०] साहसी।

हिम्मतवाला वि० [अ०+हिं०] हिम्मतवाला, साहसी।

हिम्मती वि० [अ० हिम्मत] हिम्मतवाला।

हिय, हियरा पुं० [सं० हृदय, प्रा० हिअ] १. हृदय। २. साहस।
मुहा० *हिय हारना*=साहस छोड़ना।

हियाँ क्रि० वि०=यहाँ।

हिया पुं० [सं० हृदय] १. हृदय।
पद *हिए का अंधा*=परम मूर्ख।
मुहा० *हिया जलना*=अत्यन्त क्रोध या ईर्ष्या होना। *हिए की फूटना*=बुद्धि नष्ट होना। *हिए में लोन-सा लगना*=बहुत बुरा या अप्रिय लगना।
२. वक्षस्थल, छाती।
मुहा० *हिए लगाना*=गले लगाना।
३. साहस, हिम्मत।

हियाव पुं० [हिं० हिय] साहस।

हियो* पुं०=हृदय।

हिरकना* अ० [सं० हरुक्=समीप] १. पास आना। २. सटना। ३. परचना। ४. मना करना, रोकना, हटकना, उदा० कोउ काहू कौं पकरि पीठि पाछैं हरि हिरकत। —रत्ना०।

हिरकाना स० हिं० 'हिरकना' का स०।

हिरण पुं० दे० 'हिरन'।

हिरण्मय वि० [सं०] सोने का, सुनहरा।

हिरण्य पुं० [सं०] सोना, स्वर्ण।

हिरण्यकशिपु पुं० [सं०] दैत्यों का एक प्रसिद्ध राजा जो प्रह्लाद का पिता था और जिसे भगवान ने नृसिंह अवतार धारण करके मारा था।

हिरण्यकश्यप पुं०=हिरण्यकशिपु।

हिरण्यगर्भ पुं० [सं०] १. वह ज्योतिर्मय अंड जो ब्रह्मा और सारी सृष्टि का उत्पादक मूल माना जाता है। २. ब्रह्मा। ३. विष्णु।

हिरण्यनाभ पुं० [सं०] १. विष्णु। २. मैनाक पर्वत।

हिरण्याक्ष पुं० [सं०] हिरण्यकशिपु दैत्य के भाई का नाम।

हिरदय* पुं०=हृदय।

हिरन पुं० [सं० हरिण] सींगोंवाला एक प्रसिद्ध चौपाया जो मैदानों और जंगलों में रहता है, मृग, हरिन।

मुहा० *हिरन हो जाना*=(क) भाग जाना। (ख) नष्ट हो जाना, न रह जाना, जैसे नशा हिरन हो जाना।

*पुं०=हिरण्य।

हिरनवारि* पुं०=मृगतृष्णा।

हिरना पुं० दे० 'हिरन'।

*स० दे० 'हेरना'।

हिरनाकुस* पुं०=हिरण्यकशिपु।

हिरनाद* पुं० दे० 'हिरण्याक्ष'।

हिरनौटा पुं० [हिं० हिरन+प्रा० उत्त (युक्त) से बना औटा (प्रत्य०)] हिरन का बच्चा।

हिरन्य* पुं० [सं० हिरण्य] सोना, स्वर्ण।

हिरमजी वि०=किरमजी।

हिरस स्त्री० दे० 'हिर्स'।

हिराती पुं० [हिरात देश] अफगानिस्तान के उत्तर में हिरात नामक प्रदेश का घोड़ा।

हिराना अ०, स० दे० 'हेराना'।

हिरास स्त्री० दे० 'हरास'।

हिरासत स्त्री० [अ०] १. किसी व्यक्ति पर रखा जानेवाला पहरा या चौकी। २. हवालात।

हिरौंजी स्त्री० दे० 'किरमिज'।

हिरौल* पुं० दे० 'हरावल'।

हिर्स स्त्री० [अ०] १. लालच, लोभ। २. स्पर्धा। ३. वासना।

हिलकना अ० [सं० हिक्का] १. हिचकी लेना। २. सिसकना। ३. दे० 'हिलगना'।

हिलकी स्त्री० [सं० हिक्का] हिचकी विशेषत: देर तक रोने या सिसकने के कारण होनेवाली, उदा० जागत हूँ प्रिय हिय लगी, हिलकी तऊ न जाई।—मतिराम।

हिलकोर, हिलकोरा पुं० दे० 'हिलोर'।

हिलग स्त्री० [हिं० हिलगना] १. हिलगने या हिल-मिल जाने की क्रिया या भाव। २.प्रेम, प्रीति। ३. लगन, लौ।

हिलगन स्त्री० [हिं० हिलगना] १. हेल-मेल, हिलग, उदा० हिलगन, कठिन है या मन की।—कुम्भनदास। २. प्रीति, प्रेम।

हिलगना अ० [सं० अधिलग्न] [भाव० हिलग] १. अटकना, फँसना, उलझना। २. हिलना-मिलना, परचना। ३. लटकना। ४. सटना।

हिलगाना स० हिं० हिलगना का स०।

हिलना[१] अ० [सं० हल्लन] १. अपने स्थान से कुछ इधर-उधर होना, साधारण गति में आना।

मुहा० *हिलना-डोलना*=(क) थोड़ा इधर-उधर होना। (ख) घूमना-फिरना। (ग) किसी काम के लिए उठना या आगे बढ़ना।

२. कम्पित या चलायमान होना, गतियुक्त होना। ३. लहराना। ४. काँपना। ५. जमा या दृढ़ न रहना, ढीला होना। ६. पानी में पैंठना, धँसना। ७. मन का चंचल होना, डिगना।

हिलना[२] अ० [हिं० हिलगना] हिलना-मिलना, परचना।

हिलाना स० हिं० 'हिलना' का स०।

हिलोर स्त्री० [सं० हिल्लोल] पानी की लहर, तरंग।

मुहा० *हिलोरें लेना*=लहराना।

हिलोरना स० [हिं० हिलोर+ना (प्रत्य०)] १. पानी को इस प्रकार हिलाना कि लहरें उठें। २. लहराना। ३. दे० 'हलोरना'।

हिल्लोल पुं० [सं०] १. पानी की लहर, तरंग। २. आनन्द की तरंग, मौज, उमंग।

हिवंचल* पुं०=हिमालय (पर्वत)।

हिवड़ा पुं० [सं० हृदय] हृदय, मन, उदा० चोट लगी निज नाम गरी की, म्हारै हिवड़े खरकी।—मीरा। (राज०)

हिसका स्त्री० दे० 'हिसखा'।

हिसखा* पुं० [सं० हिंसा] १. द्वेष, दुश्मनी। २. ईर्ष्या, डाह। ३. किसी के बराबर बनने की इच्छा, स्पर्धा, होड़; उदा० केशोदास मुख हास हिसखे ही कहियत।—केशव।

हिसना* अ० [सं० ह्रास] कम या क्षीण होना, उदा०..... हिसि गई हिम्मत हजारों लोग सारे की।—भूषण।

हिसाब पुं० [अ०] [वि० हिसाबी] १. गिनकर लेखा तैयार करने का काम या विधा। २. लेन-देन, आय-व्यय आदि का लिखा हुआ विवरण, लेखा। (एकाउन्ट)

मुहा० *हिसाब चुकाना या चुकता करना*=जो कुछ बाकी निकलता हो, वह दे देना। *हिसाब देना*=आय-व्यय का विवरण बताना। *हिसाब लेना या समझना*=यह पूछना कि कहाँ से कितना (धन) आया और कहाँ कितना खर्च हुआ। *हिसाब बैठना*=(क) युक्ति या व्यवस्था ठीक होना। (ख) सुभीता होना।

पद *टेढ़ा हिसाब*=(क) कठिन कार्य, मुश्किल काम। (ख) अव्यवस्था।

३. गणित-संबंधी प्रश्न। ४. भाव, दर। ५. तरीका, ढंग। ६. धारणा, समझ। ७. अवस्था, दशा। ८. किफायत, मितव्यय।

हिसाब-किताब पुं० [अ०] १. आय-व्यय आदि का (विशेषत: लिखा हुआ) ब्योरा या लेखा। २. व्यापारिक लेन-देन का व्यवहार। ३. ढंग, रीति।

हिसाबी पुं० [अ०] हिसाब या गणित का जानकार।

वि० हिसाब का, हिसाब-संबंधी।

हिसाल्क पुं० [देश०] एक प्रकार का छोटा पौधा या बेल जिसके लाल गूदेदार और रसीले फूल खाए जाते हैं। (स्ट्रा-बेरी)

हिसिषा* स्त्री० दे० 'हिसखा'।

हिस्का* स्त्री० दे० 'हिसखा'।

हिस्सा पुं० [अ० हिस्स:] १. समष्टि या समूह का कोई अंश, अवयव, अंग। २. टुकड़ा, खंड। ३. विभक्त होने या बँटने पर मिलनेवाला अंश, भाग, बखरा। ४. व्यापार आदि में होनेवाला साझा। ५. वह अधिकार जो किसी व्यापार में

और लोगों के साथ धन लगाने पर उसके हितों आदि के सम्बन्ध में प्राप्त होता है, अंश। (शेयर)

हिस्सेदार पुं० [अ० हिस्सः+फा० दार (प्रत्य०)] [भाव० हिस्सेदारी] १. वह जिसे कुछ हिस्सा मिला हो या मिलने को हो। २. वह जो व्यापार, सम्पत्ति आदि में औरों के साथ या साझे में कुछ धन लगाकर उसके किसी अंश या हिस्से का मालिक बनता है, साझेदार, सहभागी। (शेयरर)

हिस्सेदारी स्त्री० [हिं० हिस्सेदार] हिस्सेदार होने की अवस्था या भाव, सहभागिता।

हिस्सेमार वि० [हिं० हिस्सा+मार] हिस्सा मार लेनेवाला।

हींग स्त्री० [सं० हींगु] १. अफगानिस्तान और फारस में होनेवाले एक पौधे का जमाया हुआ दूध या गोंद जिसमें बहुत तीव्र गन्ध होती है और जो दवा और मसाले के काम में आता है।

हींचना स०=खींचना।

हींछना* स० [हिं० हीछा=इच्छा] इच्छा करना, चाहना।

हींसा स्त्री०=इच्छा।

हींड़ना अ० [हिं० हंडना] चलना-फिरना, घूमना, उदा० सोबन कबिरन हीडिया सुन्न समाधि लगाय।—कबीर।

स० पता लगाना, ढूँढ़ना।

हींसना अ० [भाव० हींस] दे० 'हिनहिनाना'।

ही निपा० [सं० हि (निश्चयार्थक)] एक उपपद जिसका प्रयोग नीचे लिखे अर्थों में होता है—(क) निश्चय, जैसे—यही, वही आदि। (ख) केवल, जैसे—मुझे पुस्तक ही चाहिए, पैसे नहीं। (ग) हीनता या उपेक्षा, जैसे अब वह आ ही जाए तो क्या? (घ) किसी बात पर जोर देने के लिए, जैसे यह काम होकर ही रहेगा।

यो० मात्र, पूर्ण रूप से या सदा; जैसे अंधकार में तो सर्वत्र भय-ही-भय है।

पुं० दे० 'हिय' या 'हृदय'।

अ० ब्रज भाषा के 'हो' का स्त्री० थी।

हीक स्त्री० [सं० हिक्का] १. हिचकी। २. हलकी अप्रिय गन्ध या स्वाद।

हीचना अ०=हिचकना, उदा० कहत सारदहु कर मति हीचे। - तुलसी।

हीजड़ा पुं०=हिजड़ा।

हीड़ना अ०, स० दे० 'हींड़ना'।

हीन वि० [सं०] [स्त्री० हीना, भाव०हीनता] १. किसी तत्त्व, गुण, वस्तु, बात आदि से खाली, रहित, जैसे हीनबुद्धि। २. निम्न कोटि या श्रेणी का, निकृष्ट, घटिया, जैसे हीनपक्ष। ३. बहुत छोटा, तुच्छ या नगण्य। ४. औरों या बहुतों की अपेक्षा घटकर, घटिया। (इन्फीरियर) ५. अपेक्षाकृत हलका, कम या थोड़ा।

हीन ग्रंथि स्त्री० [सं०] मन में जमी हुई यह भावना कि हम औरों से हीन हैं; हीनभावना।

हीनबुद्धि वि० [सं०] मूर्ख।

हीनबोध पुं० [सं०] दूसरे से अपने को हीन समझने की वृत्ति।

हीनभावना स्त्री० [सं० हीन+भावना] मन में होनेवाली यह भावना कि मैं (या हम) सबसे हीन, फलतः अशक्त, असहाय या असमर्थ हूँ (या हैं)।

हीनयान पुं० [सं०] बौद्ध धर्म की मूल और प्राचीन शाखा जिसका विकास बरमा, स्याम आदि देशों में हुआ था।

हीन-हयात स्त्री० [अ०] जीवन-काल।

हीय पुं०=हृदय।

हीर पुं० [हिं० हीरा] १. किसी वस्तु के अन्दर का भाव। २. इमारती लकड़ी के अन्दर का भाग। ३. धातु या वीर्य, जो शरीर का सार भाग है। ४. शक्ति, बल, ताकत।

पुं०=हीरा।

हीरक पुं० [सं०] हीरा नामक रत्न।

हीरक-जयंती स्त्री० [सं०] किसी व्यक्ति, संस्था, महत्त्वपूर्ण कार्य आदि की वह जयन्ती जो उसके जन्म या आरम्भ होने के ६०वें वर्ष होती है। (डायमन्ड जुबिली)

हीरा पुं० [सं० हीरक] एक प्रसिद्ध बहुमूल्य रत्न जो अपनी उज्ज्वल द्युति और बहुत अधिक कठोरता के लिए प्रसिद्ध है। यह सफेद, गुलाबी तथा पीले रंगों में मिलता है और शुक्र ग्रह का प्रतिनिधि माना जाता है।

मुहा० *हीरे की कनी चाटना*=हीरे का कण खाकर आत्म-हत्या करना।

वि० हीरे के समान स्वच्छ, उज्ज्वल और बहुमूल्य, जैसे हीरा जनम।

पुं०=हियरा (हृदय)।

हीराकट वि० [हिं० हीरा+काट] जिसके पहल हीरे के पहलों की तरह कटे हों।

हीरातराश पुं० [हिं० हीरा+फा० तराश] [भाव० हीरातराशी] वह जो हीरे घिसने या तराशने का काम करता हो।

हीरामन पुं० [हिं० हीरा+मणि] एक प्रकार का तोता जिसका रंग सोने का-सा माना गया है।

हीरो पुं० [अं०] नायक।

हीरोइन स्त्री० [अं०] नायिका।

हीलना अ०=हीलना।

हीला पुं० [अ० हीलः] १. बहाना, मिस। २. साधन।

हीला-हवाला पुं०=हीला-हवाली।

हीला-हवाली स्त्री० [अ० हीलः+हवालः] बहानेबाजी।

हीसका, हीसा स्त्री० [सं० हिंसा] १. ईर्ष्या, डाह। २. प्रति-योगिता, होड़।

हुँ निपा० १. दे० 'हू'। २. दे० 'हाँ'।

हुंकार पुं० [सं०] १. शत्रु को भयभीत करने के लिए जोर से किया जानेवाला शब्द, गर्जन, गरज। २. ललकार।

हुंकारना अ० [सं० हुंकार] १. डराने के लिए जोर का शब्द करना। २. गरजना।

हुँकारी स्त्री० [अनु० हूँ] १. स्वीकृति की सूचक हूँहूँ। २. 'हूँ' 'हुँ' करके स्वीकृति या सहमति सूचित करने की क्रिया।

स्त्री० दे० 'बिकारी'।

हुँड़ावन स्त्री० [हिं० हुंडी] हुंडी से रुपए भेजने का पारिश्रमिक या दस्तूरी।

हुँड़ियाना अ० [हिं० हुंडी] किसी के नाम हुंडी लिखना।

हुंडी स्त्री० [देश०] १. भारतीय महाजनी क्षेत्र में वह पत्र जो कोई महाजन किसी से कुछ ऋण लेने के समय उसके प्रमाणस्वरूप ऋण देनेवाले को लिखकर देता है और जिस पर यह लिखा होता है कि यह धन इतने दिनों में ब्याज सहित चुका दिया जाएगा। (पुराने ढंग का एक प्रकार का हैंड नोट)
मुहा० *हुंडी सकारना*=हुंडी के रुपए देना और चुकाना।
२. रुपए उधार लेने की एक रीति जिसमें लेनेवाले को कुछ निश्चित समय के अन्दर ब्याज सहित कुछ किस्तों में सारा ऋण चुका देना पड़ता है। ३. अपना प्राप्य धन या उसका कोई अंश पाने के लिए किसी के नाम लिखा हुआ वह पत्र जिस पर यह लिखा होता है कि इतने रुपए अमुक व्यक्ति, महाजन या बैंक को दे दिए जाएँ। (ड्राफ्ट या बिल आफ एक्स्चेंज)

हुँत प्रत्य० [प्रा० विभक्ति 'हिंतो'] १. पुरानी हिन्दी में पंचमी और तृतीया की विभक्ति, से। २. लिए, वास्ते, द्वारा।

हु* निपा० [सं० उप] 'भी' का वाचक एक शब्द।

हुआ अ० हिं० 'होना' क्रिया का भूत०।

हुक[1] पुं० [अं०] १. टेढ़ी कील। २. अँकुसी।

हुक[2] स्त्री० [देश०] एक प्रकार का नस का दरद जो प्रायः पीठ में सहसा बल पड़ने पर उत्पन्न होता है।

हुकुम पुं० दे० 'हुक्म'।

हुकूमत स्त्री० दे० 'हकूमत'।

हुक्का पुं० [अ० हुक्क:] तम्बाकू पीने के लिए विशेष प्रकार का एक उपकरण। (इसके गड़गड़ा, फरशी, पेचवान आदि कई भेद होते हैं।)

हुक्का-पानी पुं० [अ० हुक्क:+हिं० पानी] एक बिरादरी के लोगों का आपस में जल, हुक्का आदि पीने-पिलाने का व्यवहार, बिरादरी का बरताव।
मुहा० *हुक्का-पानी बंद करना*=बिरादरी से निकाल देना।

हुक्काम पुं० अ० 'हाकिम' का बहु०।

हुकारना अ०=हुंकारना।

हुक्म पुं० [अ०] [वि० हुक्मी] १. किसी बड़े का छोटे से यह कहना कि ऐसा करो या ऐसा मत करो, आज्ञा, आदेश।
मुहा० *हुक्म चलाना*=आदेश देना। *हुक्म तोड़ना*=आज्ञा न मानना।
२. जनसाधारण के लिए राज्य या शासन द्वारा निकाली हुई आज्ञा। ३. शासन, प्रभुत्व। ४. धर्मशास्त्र आदि में बतलाई हुई विधि। ५. ताश का एक रंग।

हुक्मनामा पुं०=आज्ञापत्र।

हुक्मी वि० [अ०] १. आज्ञाकारी। २. पराधीन। ३. अवश्य गुण दिखानेवाला, अचूक, अव्यर्थ।

हुचकना अ० [हिं० हुचकी=हिचकी] हिचकियाँ लेना, सिसकना, उदा० कह्यौ हुचकि हा नाथ, हमैं ऐसी बिसरायौ। —रत्ना०। अ० दे० 'हचकना'।

हुचकी स्त्री० दे० 'हिचकी'।

हुचना† अ०=हचकना।

हुजूर पुं० दे० 'हजूर'।

हुजूरी पुं० दे० 'हजूरी'।

हुज्जत स्त्री० [अ०] [वि० हुज्जती] व्यर्थ का विवाद, तकरार।

हुज्जती वि० [अ० हुज्जत] बहुत या प्रायः हुज्जत करनेवाला।

हुटना अ० [हिं० हटना] हट जाना।

हुड़क स्त्री० [अनु०] हुड़कने की क्रिया या भाव।

हुड़कन स्त्री०=हुड़क।

हुड़कना अ० [अनु०] [स० हुड़काना, भाव० हुड़क, हुड़कन] १. वियोग के कारण बहुत दुखी होना (विशेषतः छोटे बच्चे का)। २. भयभीत और चिन्तित होना। ३. तरसना।

हुड़का* पुं०=व्योंड़ा।

हुड़दंग पुं० [अनु० हुड़+हिं० दंगा] उपद्रवयुक्त उछल-कूद।

हुड़स† स्त्री०=हवस (तृष्णा)।

हुडुक पुं० [सं०] एक प्रकार का छोटा ढोल या बाजा।

हुड्ड वि० [देश०] १. जंगली, गँवार, उजड्ड। २. उद्दंड।

हुढक्क* पुं० दे० 'हुड़क'।

हुत[1] वि० [सं०] १. हवन किया हुआ। २. आहुति के रूप में दिया हुआ।

हुत[2]* अ० 'था' का पुराना रूप।

हुत[3] विभ० [प्रा० हुतो] द्वारा, से। (अवधी)

हुतभुक पुं० [सं० हुत+भुज्] हवन की अग्नि।

हुता* अ० [हिं० हुत] 'होना' क्रिया का पुराना रूप, था।

हुताशन पुं० [सं०] अग्नि, पावक।

हुतासनमीत* पुं० [सं० हुताशन+मित्र] अग्नि का मित्र अर्थात् वायु, वायु-सखा।

हुति* विभ० [प्रा० हिंतो] १. कारण और अपादान कारक का चिह्न, से, द्वारा। २. ओर से, तरफ से।

हुते* विभ० [प्रा० हिंतो] १. से, द्वारा। २. ओर से, तरफ से। अ० हिं० 'होना' का ब्रज० भूत कालिक बहु० रूप, थे, उदा० कोमल कर गोबर्धन धर्यौ जब हुते नन्द-दुलारे। —सूर।

हुतो क्रि० वि० [प्रा० हिंतो] ओर से, तरफ से। अ० हिं० 'है' का पुराना भूतकालिक रूप, था।

हुदकाना* स० दे० 'उकसाना'।

हुदना* अ० [सं० हुंडन] १. स्तब्ध होना, चकपकाना। २. ठिठकना।

हुदहुद पुं० [अ०] एक प्रकार का पक्षी।

हुन[1] पुं० [सं० हूण] १. सोना, स्वर्ण। २. मोहर, अशरफी।
मुहा० *हुन बरसना*=बहुत आय होना।

हुन[2] क्रि० वि० [देश०] इस समय, अब।

हुनना* स० [सं० हवन] १. आहुति देना, उदा० हुते अनल कहँ बार बहु हरषि साषि गौरीस। —तुलसी। २. हवन करना। ३. भस्म करना।

हुनर पुं० [फा०] १. कला, कारीगरी। २. कोई काम करने का कौशल।

हुनरमंद वि० [फा०] [भाव० हुनरमंदी] १. हुनर जाननेवाला, कलाविद्। २. निपुण, कुशल।

हुमकना अ० [अनु० हुँ] १. दे० 'हुमचना'। २. ठुमकना (बच्चों का)।

हुमकाना स० हिं० 'हुमकना' का स०।

हुमगना* अ० [सं० उमंग] १. बलपूर्वक आगे बढ़ना, उदा० हुमगि लाल तकि कूबर मारा। -तुलसी। २. प्रसन्न होना।

हुमचना अ० [अनु०] १. किसी चीज पर चढ़कर उसे बार-बार जोर से नीचे दबाना। २. उछलना, कूदना। ३. दे० 'हुमकना'।

हुमड़ना* अ० १. दे० 'उमड़ना'। २. दे० 'उभड़ना'।

हुमरना* अ०=हुमड़ना।

हुमसना अ० १. दे० 'हुमचना'। २. दे० 'उमसना'।

हुमसाना स० [हिं० हुमसना] १. जोर से ऊपर की तरफ उठाना, उछालना। उदा० जुगल कन्ध बल संघ हुमकि हुमसाइ उचाए। -रत्ना०। २. बढ़ाना। ३. उत्तेजित करना, उकसाना।

हुमा स्त्री० [फा०] एक कल्पित पक्षी। (कहते हैं कि जिस पर इस पक्षी की छाया पड़ जाए, वह राजा हो जाता है।)

हुमेल स्त्री० [अ० हमायल] अशरफियाँ, रुपयों आदि को गूँथकर बनाई हुई माला।

हुरंगा पुं० [हिं० होली+रंग] ब्रज के बलदेव कस्बे में मनाई जानेवाली होली जिसमें हुरियारिनें हुरियारों को कोड़ों से पीटती हैं।

हुर पुं० [देश०] सिन्ध में रहनेवाले एक जाति के अर्धसभ्य लोग।

हुरियारा पुं० [हिं० होरी] [स्त्री० हुरियारिन] होली खेलनेवाला व्यक्ति।

हुलरना अ०=हिलना। (राज०)

हुलराना स०=हिलाना। (राज०)

हुलसना अ० [सं० उल्लसन] १. बहुत प्रसन्न होना। २. उभरना। ३. उमड़ना।

*स० आनन्दित या प्रसन्न करना।

हुलसाना स० हिं० 'हुलसना' का स०।

हुलसित* वि० [हिं० हुलास] आनन्द की उमंग से भरा हुआ, परम प्रसन्न।

हुलसी स्त्री० [हिं० हुलास] १. हुलास, उल्लास। २. कुछ लोगों के मत से गो० तुलसीदास जी की माता का नाम।

हुलाना स० दे० 'हूलना'।

हुलास पुं० [सं० उल्लास] १. विशेष आनन्द, उल्लास। २. उत्साह, हौसला।

स्त्री० सुँघनी, नस्य।

हुलिया पुं० [अ० हुलिय:] १. रूप, शकल, आकृति, वेष-भूषा। २. किसी मनुष्य के रूप-रंग आदि का ऐसा विवरण जिससे उसकी पहचान हो सके।

मुहा० *हुलिया कराना*=किसी आदमी का पता लगाने के लिए उसकी शकल, सूरत आदि पुलिस को बताना।

हुल्लड़ पुं० [अनु०] १. कोलाहल, हो-हल्ला। २. उपद्रव, उत्पात।

हुल्लड़बाज वि० [हिं० हुल्लड़+फा० बाज़] हुल्लड़ मचानेवाला, उपद्रव करनेवाला।

हुल्लड़बाजी स्त्री० [हिं० हुल्लड़+फा० बाज़ी] हो-हल्ला या शोर-गुल मचने, मचाने या उपद्रव करने की क्रिया।

हुशियार वि०=होशियार, चतुर।

हुस्न पुं० [अ०] सौन्दर्य, उत्तम रूप, लावण्य।

हुहुआना अ० [अनु० हूहू] १. हूहू शब्द करना; जैसे गीदड़ों का हुहुआना। २. हूहू करके शोर मचाना।

हूँ निपा० [अनु०] स्वीकृति सूचक शब्द, हाँ।

*निपा० दे० 'हू'।

अ० 'होना' क्रिया का वर्तमान कालिक उत्तम पुरुष एक-वचन रूप।

सर्व०=हौ (मैं)।

हूँकना अ० [सं० हुंकार] गरजकर बोलना, हुंकार करना।

हूँका पुं०=हुँकारी।

हूँसना स० [अनु०] [भाव० हूँस] १. नजर लगाना। २. बराबर डाँट सुनाते रहना। ३. ललचाना। ४. कोसना।

हू[1]* निपा० [सं० उप=आगे] भी।

हू[2] पुं० [देश०] जय; जैसे—बोलो हनुमान की हू।

हू[3] पुं० [फा०] खुदा, ईश्वर; या हू अर्थात् हे ईश्वर।

हूक स्त्री० [सं० हिक्का] १. हृदय की वेदना। २. दर्द, पीड़ा। ३. आशंका, खटका।

हूकना अ० [हिं० हूक] १. पीड़ा या कसक होना। २. पीड़ा या कष्ट से चौंकना।

हूटना* अ० [हिं० हटाना] १. अपने स्थान से इधर-उधर होना, हटना। २. पीछे हटना (लड़ाई आदि में)। ३. दे० 'हूठना'।

हूठना अ० [?] किसी को चिढ़ाने के लिए उसकी भावभंगी, मुद्रा आदि की नकल करना। (ब्रज०)

हूठा पुं० [?] देहाती स्त्रियों का किसी को चिढ़ाने या तुच्छ ठहराने के लिए मुट्ठी बाँधकर दोनों हाथ कमर पर रखकर इतराते हुए मटकना। (ब्रज०)

मुहा० *हूठा देना*=किसी को चिढ़ाने के लिए उक्त मुद्रा बनाकर मटकना, उदा० हठ्यौं दै इठलाइ दृग, करै गँवारि सुवार।—बिहारी।

हूड़* वि० दे० 'हुड्ड'।

हूण पुं० [?] एक प्राचीन मंगोल जाति जो कुछ दिनों तक एशिया और युरोप के देशों पर आक्रमण करती फिरती थी।

हूत वि० [सं०] बुलाया हुआ।

हूतकार* स्त्री०=हुंकार।

हूनना स० [सं० हवन] १. आग में डालना। २. विपत्ति में फँसाना।

हू-ब-हू वि० [अ०] १. ज्यों-का-त्यों, जैसा हो, ठीक वैसा ही। २. किसी के बिल्कुल अनुरूप या समान।

हूर स्त्री० [अ०] मुसलमानों के अनुसार, स्वर्ग की अप्सरा।
पुं० दे० 'हुर'।

हूरना स० [अनु०] १. बहुत अधिक भोजन करना। २. मारना, हूलना।

हूल[1] स्त्री० [सं० शूल] १. लाठी का सिरा। २. हूलने की क्रिया या भाव, भोंकना। ३. हूक, टीस।

हूल[2] स्त्री० [अनु०] १. कोलाहल, हल्ला। २. हर्षध्वनि। ३. ललकार।

हूलना स० [हिं० हूल] लाठी, भाले आदि का सिरा जोर से धँसाना या घुसाना।

हूश वि० [हिं० हूड़] गँवार, उजड्ड।

हूह स्त्री० [अनु०] हुंकार।

हूहू पुं० [अनु०] जोर से हँसने का शब्द।

हृत वि० [सं०] [भाव० हृति] हरण किया हुआ।

हृतबंधु वि० [सं०] जिसका भाई छीन लिया गया हो।

हृत्कंप पुं० [सं०] हृदय की धड़कन।

हृतंत्री स्त्री० [सं०] हृदय-रूपी तन्त्री या वीणा।

हृत्तल पुं० [सं०] हृदय, कलेजा, दिल।

हृत्पिंड पुं० [सं०] कलेजा।

हृत्स्पंदन पुं० [सं०] दिल की धड़कन।

हृद* पुं०=हृदय।
पुं०=ह्रद (तालाब)।

हृदयंगम वि० [सं०] अच्छी तरह हृदय या समझ में आया हुआ।

हृदय पुं० [सं०] १. छाती के अन्दर बाईं ओर का एक अवयव जिसके द्वारा शुद्ध रक्त शरीर की नलियों में पहुँचता है, दिल, कलेजा। २. इसी के पास छाती के मध्य भाग में माना जानेवाला वह अंग जिसमें प्रेम, हर्ष, शोक, करुणा, क्रोध आदि मनोविकार उत्पन्न होते और रहते हैं, मन।

मुहा० *हृदय विदीर्ण होना*=शोक, कष्ट, करुणा आदि के कारण मन को बहुत अधिक कष्ट पहुँचना।

३. अंत:करण, विवेक, बुद्धि।

हृदय-क्षेत्र पुं० [सं०] छाती, वक्षस्थल।

हृदयग्राही (-हिन्) वि० [सं०] [स्त्री० हृदयग्राहिणी] मन को आकृष्ट करनेवाला।

हृदयद्रावक वि० [सं०] अत्यंत करुण।

हृदय-परिवर्तन पुं० [सं०] द्वेषभाव छोड़कर किसी के प्रति मन में होनेवाला सद्भाव।

हृदयबेधक वि०=हृदयविदारक।

हृदय-मंथन पुं० [सं०] किसी विचार या घटना के संबंध में होनेवाला गहन चिंतन।

हृदय-विदारक वि० [सं०] मन को बहुत अधिक कष्ट पहुँचानेवाला।

हृदयहारी (-रिन्) वि० [सं०] [स्त्री० हृदयहारिणी] मन को हरण करने या लुभानेवाला, मनोहर।

हृदयाघात पुं० [सं०] दिल की चोट।

हृदयाला* वि० दे० 'हृदयालु'।

हृदयालु वि० [सं०] १. दृढ़ हृदयवाला। २. साहसी। ३. उदार। ४. सहृदय।

हृदयेश, हृदयेश्वर पुं० [सं०] [स्त्री० हृदयेश्वरी] १. प्रियतम। २. पति।

हृद्‌गत वि० [सं०] १. हृदय में का, आन्तरिक। २. मन में बैठा या जमा हुआ।

हृद्देश पुं० [सं० हृत्=हृदय+देश] हृदय, मन, उदा० एक को भल ज्ञान से त्यौं खिल उठा हृद्देश। -दिनकर।

हृद्य वि० [सं०] हृदय-संबंधी, हृदय का।

हृदयग्राही वि० [सं०] जिसे हृदय ग्रहण करे, आकर्षक, सुन्दर, हृदय-स्पर्शी।

हृद्रोग पुं० [सं०] हृदय का रोग, जैसे कलेजे की धड़कन।

हृद्रोध पुं० [सं०] हृदय की गति का रुक जाना।

हृषीकेश पुं० [सं०] १. विष्णु। २. कृष्ण।

हृष्ट वि० [सं०] [भाव० हृष्टि] प्रसन्न।

हृष्टपुष्ट वि० [सं०] मोटा-ताजा, तुन्दुरुस्त।

हेंगा पुं० [सं० अभ्यंग] खेत में मिट्टी के ढेले चूर करने का उपकरण, पाटा।

हेंहें स्त्री० [अनु०] दीनतापूर्वक हँसने या गिड़गिड़ाने का शब्द।

हे[1] विस्मयादि० [सं०] संबोधन का सूचक शब्द।
अ० ब्रज भाषा के हौ (था) का बहु० रूप, थे, उदा० मानी हार विमुख दुरजोधन, जाके जोधा हे सौ भाई। —सूर।

हे[2]* अ०=थे। (ब्रज०)

हेकड़ वि० [हिं० हिया+कड़ा] [भाव० हेकड़ी] १. हृष्टपुष्ट, मोटा ताजा। २. प्रबल, प्रचंड। ३. अक्खड़, उद्धत।

हेकड़ी स्त्री० [हिं० हेकड़] हेकड़ या अक्खड़ होने का भाव, उद्धतता, अक्खड़पन।

मुहा० *किसी की हेकड़ी भुलाना*=किसी को पराजित करके उसका अभिमान नष्ट करना।

हेकला वि०=अकेला। (राज०)

हेच वि० [फा०] तुच्छ, हीन, घटिया।

हेठ क्रि० वि० [सं० अधस्थ:] नीचे।

हेठा वि० [हिं० हेठ=नीचे] १. नीचा। २. घटकर, हलका। ३. तुच्छ।

हेठी स्त्री० [सं० हेठा] अप्रतिष्ठा।

हेड़ा† पुं० [?] मेला-तमाशा।

हेत पुं० [सं० हित] प्रेम, मुहब्बत, उदा० काकौ गृह, दारा, सुत, सम्पति, जासौ कीजै हेत। -सूर।
पुं० दे० 'हेतु'।

हेति स्त्री० [सं०] १. आग की लपट, लौ। २. वज्र। ३. सूर्य की किरण। ४. भाला। ५. चोट, आघात।

हेतु पुं० [सं०] १. वह बात जिसे ध्यान में रखकर अथवा जिसके विचार से कोई काम किया जाए, अभिप्राय, उद्देश्य। २. कारण, वजह, सबब। ३. वह बात जिसके होने से कोई

और बात घटित हो। ४. तर्क, दलील। ५. तर्कशास्त्र में वह तर्कसंगत कारण या युक्ति जिससे कोई निष्कर्ष निकलता या सिद्धान्त स्थिर होता हो, साधक। ६. साहित्य में एक अलंकार जिसमें या तो (क) कारण के होते ही कार्य के भी हो जाने का उल्लेख होता है, जैसे उन्हें देखते ही मेरे मन में श्रद्धा उत्पन्न हो गई अथवा (ख) कारण का ही कार्य रूप में भी उल्लेख होता है, जैसे आपकी कृपा ही मेरा कल्याण है।

पुं० दे० हेत।

हेतुमत् वि०, पुं० दे० 'हेतुमान्'।

हेतुमान् वि० [सं० हेतुमत्] जिसका कोई हेतु या कारण हो, हेतु या कारण से उत्पन्न या सामने आया हुआ।

पुं० वह बात या तथ्य जिसका कोई कारण हो, कार्य, काम।

हेतुवाद पुं० [सं०] १. तर्कशास्त्र। २. कुतर्क, ओछी दलील। ३. नास्तिकता।

हेत्वाभास पुं० [सं०] १. कोई बात सिद्ध करने के लिए बतलाया जानेवाला ऐसा कारण जो देखने में ठीक जान पड़ने पर भी वास्तव में ठीक न हो, मिथ्या हेतु। २. भ्रमपूर्ण धारणा। (फैलेसी)

हेमंत पुं० [सं०] अगहन-पूस की ऋतु।

हेम पुं० [सं० हेमन्] १. हिम, पाला। २. सोना, स्वर्ण।

*पुं० दे० हिम।

हेममुद्रा स्त्री० [सं०] सोने का सिक्का, अशरफी, मोहर।

हेमाद्रि पुं० [सं०] सुमेरु पर्वत।

हेमाभ वि० [सं०] हेम या सोने की-सी आभावाला, सुनहला।

हेय वि० [सं०] १. छोड़ने योग्य, त्याज्य। २. बुरा, खराब। ३. तुच्छ।

हैरंब पुं० [सं०] गणेश, अप्येक दंत, लम्बोदर।

हेर स्त्री० हिं० 'हेरना' का भाव।

पुं० दे० 'अहेर'।

हेरना[१] स० [सं० आखेट हिं० अहेर] १. ढूँढ़ना। २. देखना। ३. परखना।

हेरना[२] स० [हिं० हारना] १. खोना, गँवाना। २. बिताना, उदा० वन मकरन्द प्रमत्त आयु अठहत्तर हेरी।—सहचरिशरण।

हेर-फेर पुं० [हिं० हेरना+फेरना] १. घुमाव-फिराव, चक्कर। २. दाँव-पेंच, चालबाजी। ३. अदल-बदल, उलट-पलट। ४. कुछ बेचना और कुछ खरीदना।

हेरा पुं० [हिं० हेरना] १. किसी को पुकारने या बुलाने का शब्द, उदा० ठुमकि ठुमकि चलति हेरा दै बोलनि पुलकति नन्दकिसौरै।—ललित किशोरी। २. किसी को ढूँढ़ने की क्रिया या भाव, तलाश।

हेराना अ० [सं० हरण] १. पास से निकल या खो जाना। २. लुप्त हो जाना, न रह जाना। ३. किसी के सामने फीका या मन्द पड़ना। ४. सुध-बुध भूलना।

स० कोई चीज खोना, गँवाना।

हेरा-फेरी स्त्री० [हिं० हेर+फेर] १. हेर-फेर, अदल-बदल। २. इधर-उधर होना या करना। ३. बार-बार आना-जाना।

हेरि* क्रि० वि० [हिं० हेरना] देखकर।

हेरी स्त्री० [हिं० हेरना] पुकार।

मुहा० *हेरी देना*=पुकारना।

हेलना[१] अ० [सं० हेलन] १. क्रीड़ा या मनोविनोद करना। २. मन-बहलाव करना।

हेलना[२] स० [हिं० हेला] हेय या तुच्छ समझना।

हेलना[३] अ० [हिं० हिलना] १. पैठना। २. तैरना। ३. ठेलना।

हेल-मेल पुं० [हिं० हिलना+मिलना] घनिष्ठता, पारस्परिकता।

हेलया क्रि० वि० [सं०] १. खिलवाड़ में। २. हँसी या मजाक में।

हेला[१] स्त्री० [सं०] १. तुच्छ या उपेक्ष्य समझना, तिरस्कार। २. खेलवाड़, क्रीड़ा। ३. प्रेमपूर्ण क्रीड़ा, केलि। ४. साहित्य में संयोग शृंगार के अन्तर्गत एक हाव जिसमें नायिका आँखें या भौंहें नचाकर मिलन की अभिलाषा कुछ धृष्टतापूर्वक और अधिक स्पष्ट रूप से प्रकट करती है।

हेला[२] पुं० [हिं० हल्ला] १. पुकार, हाँक। २. धावा, चढ़ाई।

हेला[३] पुं० [हिं० रेलना] धक्का, रेला।

हेला[४] पुं० [हिं० हेल] [स्त्री० हेलिन, हेलिनी] भंगी, मेहतर।

हेली[१]* स्त्री० [संबोधन हे+अली] हे सखी, उदा० जुध में वामन डंड जिमि, हेली बाधै हत्थ। -बांकीदास।

हेली[२] स्त्री० दे० 'सहेली'।

हेली[३] पुं० [हिं० हेला] प्रायः क्रीड़ा या विनोद करता रहनेवाला, क्रीड़ाशील।

हेली-मेली वि० [हिं० हेल-मेल] जिससे हेल-मेल हो।

हेवंत* पुं०=हेमंत।

हेव* अ०=था। (ब्रज०)

हैं[१] अ० 'होना' क्रिया के वर्तमान रूप 'है' का बहुबचन।

हैं[२] विस्मयादि० [अनु०] १. एक अव्यय जो आश्चर्य, असम्मति आदि का सूचक है।

हैंडल पुं० [अं०] किसी उपकरण का वह अंग जिसे पकड़कर उसे उठाया या नियंत्रित किया जाता है।

है अ० 'होना' क्रिया का वर्तमान-कालिक एक वचन रूप।

*पुं० दे० 'हय' (घोड़ा)।

हैकड़ वि० दे० 'हेकड़'

हैकड़ी स्त्री० दे० 'हेकड़ी'।

हैकल स्त्री० [सं० हय+हिं० गला] गले में पहनने का एक गहना।

हैजा पुं० [अ० हैज़:] एक प्रसिद्ध घातक और संक्रामक रोग जिसमें कै होती और दस्त आते हैं, विशूचिका।

हैतुक वि० [सं० हित+क(प्रत्य०)] [स्त्री-वि० हैतुकी] किसी हेतु या प्रयोजन से होनेवाला; जैसे-हैतुकी लीला।

हैना* स० [सं० हनन] मार डालना, वध करना, उदा० सुन सुग्रीव प्रतिज्ञा मेरी एकहिं बान असुर सब हैहौं। —सूर।

हैफ विस्मयादि० [अ० हैफ] एक अव्यय जो मन की बहुत ही कष्टदायक अवस्था सूचित करता है, 'परम दुख की बात है' का सूचक अव्यय।

हैबर* पुं० [सं० हयबर] अच्छा घोड़ा।

हैम[1] वि० [सं०] [स्त्री० हैमी] १. सोने का बना हुआ। २. सोने के रंग का, सुनहला।

हैम[2] वि० [सं०] १. हिम या बरफ का। २. जाड़े में होनेवाला।

हैरान वि० [अ०] [भाव० हैरानी] १. चकित, भौचक्का, विस्मित। २. परेशान, तंग।

हैवान पुं० [अ०][वि० हैवानी] पशु, जानवर, नराधम।

हैसियत स्त्री० [अ०] १. सामर्थ्य, शक्ति। २. आर्थिक योग्यता, वित्त, बिसात। ३. धन-सम्पत्ति।

हों अ० 'होना' क्रिया का सम्भाव्य काल का बहुबचन रूप।

होंठ पुं० दे० 'ओंठ'।

होंस† स्त्री०=हवस (इच्छा)।

हो[1] अ० १. 'होना' क्रिया के अन्य पुरुष, सम्भाव्य काल और मध्यम पुरुष, बहुबचन के वर्तमान काल का रूप।
२. ब्रजभाषा में 'है' का सामान्य भूत रूप, था।

हो[2] पुं० [सं०] पुकारने का शब्द, हे।

होई स्त्री० दे० 'अहोई'।

होछ* स्त्री०=इच्छा।

होछना* अ०=इच्छा करना।

होड़ स्त्री० [सं० हार= विवाद] १. शर्त, बाजी। २. चढ़ा-ऊपरी, प्रतियोगिता।
मुहा० *होड़ बदना*=स्पर्धा करना।

होड़ा* पुं०=ब्योंड़ा (दरवाजा बंद करने का डंडा)।

होड़ाबाजी स्त्री० दे० 'होड़ाहोड़ी'।

होड़ाहोड़ी स्त्री० [हिं० होड़] १. प्रतियोगिता, चढ़ा-ऊपरी। २. शर्त, बाजी।

होत[1]† स्त्री० [हिं० होना] १. होने की क्रिया या भाव, अस्तित्व। २. पास में होने का भाव, सम्पन्नता। ३. वित्त, सामर्थ्य।

होत[2] अ० [हिं० हो] पुकारने का शब्द, हो।

होतब, होतब्य पुं०=होनहार।

होता पुं० [सं० होतृ] [स्त्री० होत्री] हवन करने या यज्ञ में आहुति देनेवाला।

होनहार वि० [हिं० होना+हारा (प्रत्य०)] १. जो अवश्य होने को हो, होनी, भावी। २. अच्छे लक्षणोंवाला, उदीयमान। (प्रॉमिसिंग)
स्त्री० वह बात जो अवश्य होने को हो, होनी, भवितव्यता। उदा० होनहार भावी प्रबल। -तुलसी

होना अ० [सं० भवन] १. सत्ता, अस्तित्व, उपस्थिति आदि सूचति करनेवाली मुख्य और सबसे अधिक प्रचलित क्रिया, अस्तित्त्व में आना या वर्तमान रहना।
मुहा० *किसी का होना*=(क) किसी के अधीन या वश में होना। (ख) किसी का आप्त या संबंधी होना, रिश्ते में होना। *कहीं का हो रहना*= कहीं जाकर वहीं रह जाना। *हो आना*= भेंट करने के लिए जाना और भेंट करके लौट आना।
२. पहला रूप छोड़कर दूसरे या नये रूप में आना।
मुहा० *हो बैठना*=नये रूप में स्थित होना, बन जाना।
३. कार्य या घटना का प्रत्यक्ष रूप से सामने आना, व्यवहार या परिणाम के रूप में सामने आना।
मुहा० *होकर रहना*=किसी तरह न टलना, जरूर होना।
४. स्त्री का रजस्वला होना। ५. कार्य के रूप में सिद्ध या सम्पन्न होना। ६. बनाया या तैयार किया जाना, बनना।
७. रोग आदि का अपना रूप प्रगट करना, जैसे ज्वर होना।
८. जन्म लेना, जैसे लड़का होना।

होनी स्त्री० [हिं० होना] १. होने की क्रिया या भाव। २. अवश्य होने या होकर रहनेवाली बात या घटना, भावी, भवितव्यता। ३. आगे चलकर होनेवाला परिवर्तन; उदा० निज निज मुखनि कही निज होनी-तुलसीदास

होम पुं० [सं०] हवन, यज्ञ।
मुहा० *होम करना*= (क) जलाना। (ख) नष्ट या बरबाद करना। (ग) निछावर, अर्पण या उत्सर्ग करना, जैसे जी होम करना।

होमना स० [सं० होम+हिं० ना (प्रत्य०)] १. होम करना। २. निछावर, अर्पण या उत्सर्ग करना। ३. नष्ट करना।

होरसा पुं० [सं० घर्ष=घिसना] पत्थर का वह चकला जिस पर चन्दन घिसते हैं।

होरहा पुं० [सं० होलक] चने का हरा पौधा, बूट।

होरा स्त्री० [यू०] १. दिन-रात का चौबीसवां भाग, घंटा। २. जन्मकुन्डली।
पुं० दे० 'होला'।

होरिल, होरिला पुं० [देश०] बहुत छोटा बालक, शिशु।

होरिहा† पुं० [हिं० होली+हा (प्रत्य०)] होली खेलनेवाला।

होरिहार* पुं० [हिं० होरी] होली खेलनेवाला।

होरी स्त्री०=होली।

होल* पुं०=होल (डर)।

होला[1] पुं० [हिं० होली] सिक्खों की होली जो होली जलने के दूसरे दिन होती है।

होला[2] पुं० [सं० होलक] १. आग में भुने हुए हरे चने या मटर की फलियाँ। २. चने का हरा पौधा या दाना, होरहा, बूट।

होलिका स्त्री०=होली।

होलिहार पुं० [हिं० होली] वह जो घूम-घूमकर धूम-धाम से होली खेलता फिरता हो।

होली स्त्री० [सं० होलिका] १. हिन्दुओं का एक प्रसिद्ध त्यौहार जो फाल्गुन की पूर्णिमा को होता है और जिसमें आग जलाते और एक दूसरे पर रंग, अबीर आदि छिड़कते हैं।
मुहा० *होली खेलना*=एक दूसरे पर रंग, अबीर आदि डालना।
२. लकड़ियों आदि का वह ढेर जो उक्त दिन जलाया जाता है। ३. एक प्रकार का गीत जो माघ-फागुन में गाया जाता है।

होलैया पुं० दे० 'होलिहार'।

होश पुं० [फा०] १. ज्ञान करानेवाली मानसिक शक्ति या वृत्ति, चेतना।

मुहा० *होश उड़ना या जाता रहना*=कष्ट, भय आदि से सुध-बुध भूल जाना। *होश सँभालना*=समझने-बूझने के वयस में आना, सयाना होना। *होश में आना*=बेहोशी दूर होने पर फिर चेतना प्राप्त करना। *होश की दवा करना*= बुद्धि ठिकाने लाना। *होश ठिकाने होना*=(क) भ्रम दूर होना। (ख) हानि सहकर या दंड भोगकर पछतावा होना।

बुद्धि, समझ।

पद *होश-हवास*=चेतना और बुद्धि।

होशमंद वि० [फा०] जो होश में हो।

होशियार वि० [फा०] [भाव० होशियारी] १. समझदार, बुद्धिमान। २. दक्ष, कुशल। ३. सावधान, सचेत। ४. जो वय के विचार से समझने-बूझने के योग्य हो गया हो, सयाना। ५. चालाक, धूर्त।

होशियारी स्त्री० [फा०] १. बुद्धिमत्ता। २. निपुणता, कौशल। ३. चालाकी।

होस* पुं० दे० 'होश'।

स्त्री० दे० 'हौस'।

होसा-होसी| स्त्री० [हिं० हवस=लालसा] लाग-डाँट, चढ़ा-ऊपरी।

होस्टल पुं०=छात्रावास।

हौं* सर्व० [सं० अहम्] व्रज भाषा में उत्तम पुरुष का एक वचन रूप, मैं। (व्रज०)।

अ० हूँ। (व्रज०)

हौंकना* अ० [हिं० हुंकार] गरजना।

स० १. दे० 'हाँकना'। २. दे० 'धौंकना'।

हौंस| स्त्री० [अ० हवस] कामना, चाह, लालसा।

स्त्री० [हिं० हौसला] उत्साह।

हौ* अ० १. दे० 'था'। २. दे० 'हो'।

हौआ पुं० [अनु० हौ] बच्चों को डराने के लिए कल्पित भयानक जीव।

स्त्री० दे० 'हौवा'।

हौका पुं० [हिं० हाय] १. किसी बात की बहुत प्रबल इच्छा। २. दीर्घ निश्वास।

हौज पुं० [अ०] पानी का छोटा कुंड।

हौद पुं० दे० 'हौज'।

हौदा पुं० [अ० हौद्अ] हाथी की पीठ पर कसा जानेवाला चौखटा जिस पर आदमी बैठते हैं, अम्बरी।

हौदी स्त्री० [हिं० हौदा] १. छोटा हौदा। २. छोटा हौज। ३. मकानों के सामने बना हुआ वह छोटा गड्ढा जिसमें मकान का खराब पानी, कीचड़ और गन्दगी आकर जमा होती है।

हौन* पुं० [सं० अहम्] अपनापन, निजत्व।

पुं०=हवन।

होरा| पुं० [अनु०] हल्ला, कोलाहल, शोर-शराबा।

हौरे* क्रि० वि० दे० 'हौल'।

हौल पुं० [अ०] डर, भय।

हौलदिल पुं० [फा०] १. कलेजा धड़कने का रोग। २. कलेजे की धड़कन।

हौल-दिली स्त्री० [फा०] संग-यशब (पत्थर) का वह टुकड़ा जो गले में हृदय-संबंधी रोग दूर करने के लिए पहना जाता है, नादली।

हौली स्त्री० [सं० हाला=मद्य] देशी शराब बनने या बिकने की जगह, कल्वरिया।

हौले क्रि० वि० [हिं० हरुआ] १. धीरे, आहिस्ते। २. हल्के हाथ से।

हौवा स्त्री० [अ० हव्वा] पैगम्बरी मतों के अनुसार संसार की वह पहली स्त्री जो आदम की पत्नी थी और जिससे सारी मनुष्य-जाति की उत्पत्ति मानी जाती है।

पुं० दे० 'हौआ'।

हौस स्त्री० [अ० हवस] १. लालसा, कामना, चाह। २. उत्साह, हौसला।

हौसला पुं० [अ० हौसिलः] १. कोई काम करने की उमंग, प्रबल उत्कंठा।

मुहा० *मन का हौसला निकालना*=(क) इच्छा पूरी होना। (ख) प्रयत्न कर देखना।

२. उत्साह।

हौसाहौस पुं० [हिं० हौस से अनु०] लाग-डाँट, मुकाबला।

ह्याँ क्रि० वि०=यहाँ (इस जगह)।

ह्यो* पुं० दे० 'हिया'।

अ०=था। (व्रज०)

ह्रद पुं० [सं०] १. बड़ा ताल, झील। २. सरोवर, तालाब।

ह्रस्व वि० [सं०] [भाव० ह्रस्वता] १. छोटा। २. नाटा। ३. थोड़ा। ४. नीचा।

पुं० दीर्घ की अपेक्षा कुछ कम खींचकर बोला जानेवाला स्वर, जैसे अ, ई आदि।

ह्रास पुं० [सं०] १. किसी वस्तु के गुणों, तत्त्वों आदि में धीरे-धीरे कमी आना या होना। (डिक्लाइन) २. कमी, घटती। (डिक्रीमेन्ट) ३. उतार, घटाव। ४. किसी प्रकार घिसने, छीजने, नष्ट होने या व्यर्थ जाने की क्रिया या भाव। (वेस्ट)

ह्लादिनी शक्ति स्त्री०=अह्लादिनी शक्ति।

ह्वाँ* क्रि० वि०=वहाँ।

ह्वैं* क्रि० वि०=वहाँ या वहीं।

ह्वै* पूर्व०=होकर।

परिशिष्ट-१

अनुवादकों, अधिकारियों, व्यापारियों, छात्रों आदि के लिए महत्त्वपूर्ण अंग्रेजी-हिन्दी शब्दावली

A

abandoned परित्यक्त
abandonee परित्यक्ती
abandoner परित्यागी
abandonment परित्याग
abatement १. उपशमन, २. कमी
abbreviated संक्षिप्त
abbreviation १. संक्षेप, २.संकेताक्षर
abdicate पदत्याग करना
abdication पदत्याग
abdomen उदर
abdominal उदरीय
abducted अपहृत, भगाया हुआ
abduction अपहरण, भगा ले जाना
abductor अपहर्ता
aberrant विपथी, अपगामी
aberration विपथन, अपगमन
abet दुष्प्रेरित करना
abetment दुष्प्रेरण
abettor दुष्प्रेरक
abeyance प्रास्थगन
abience पराङ्मुखता, अपसरण
abient पराङ्मुखी, अपसारी
ability योग्यता, क्षमता, सामर्थ्य
abinitio आरंभ से, आदितः
abiogenesis जीवत् जीवोत्पत्ति
abjection उत्साहहीनता
abjuration संत्याग
ablative case अपादान कारक
ablaut अवश्रुति
able योग्य
able-bodied समर्थांग
ablution प्रक्षालन
abnegation आत्मनिषेध
abnormal अपसामान्य
abnormally अपसामान्यतः
abolished उन्मूलित, समाप्त
abolition उन्मूलन, समाप्ति
abolitionism उन्मूलनवाद
abolitionist उन्मूलनवादी
aboriginal आदिवासी
aborigines आदिवासी जातियाँ
abortive विफल
abortive peace-negotiations विफल शांति-वार्ता
above cited उपर्युक्त
above par अधिमूल्य पर
above party दल-निरपेक्ष
abrasion १. अपघर्षण, घिसाई २. खरोंच
abridged संक्षिप्त
abridgement १. संक्षेप, २. संक्षेपण
abrogation निराकरण
absconder भगोड़ा, फरारी
absconding फरार
absconding offender फरार अपराधी
absence १. अनुपस्थिति, २. अभाव
absentee अनुपस्थित, गैर-हाजिर
absenteeism अनुपस्थितता
absent mark अनुपस्थिति-चिह्न
absent-minded अन्यमनस्क, अनमना
absent-mindedness अन्यमनस्कता, अनमनापन
absolute १. निरपेक्ष, २. निरंकुश, ३. पूर्ण, ४. परम
absolute government निरंकुश सरकार
absolute monopoly पूर्ण एकाधिकार
absolute necessities अत्यावश्यक वस्तुएँ
absolute power निरंकुश शक्ति
absolute reality परमसत्ता
absorption अवशोषण, आमेलन
abstinence १. संयम, २. उपरति
abstract १. अमूर्त २. सार २. संक्षेप
abstract knowledge सैद्धांतिक ज्ञान
abstract meaning अमूर्त अर्थ
asbtract noun भाववाचक संज्ञा
abstruse गूढ़, दुर्ज्ञेय
absurd १. बेतुका, अर्थहीन, २. विसंगत
absurdity १. बेतुकापन, अर्थहीनता, २. विसंगति
abulia संकल्प-असामर्थ्य
abundance प्रचुरता
abuse दुरुपयोग
abutment अंत्याधार, फीलपाया
academic १. शैक्षिक, २. शैक्षणिक, ३. अकादमीय, ४. शास्त्रीय
academic council विद्या परिषद
academic discussion शास्त्रीय चर्चा
academic session शैक्षणिक सत्र
academic year शिक्षा-वर्ष
academy विद्वत्परिषद, अकादमी
accelerated त्वरित
acceleration त्वरण
accent १. स्वराघात, २. आघात
accented आघातित
accentuation आघातन
acceptability स्वीकार्यता
acceptable स्वीकार्य
acceptance स्वीकार्यता, स्वीकृति, सकार
accepted स्वीकृत
access पहुँच
accessibility अभिगम्यता
accession १. परिग्रहण, २. पदारोहण ३. अधिमिलन
accessory वि० अतिरिक्त, पुं० उपसाधन
accidence १. रूपावली, २. रूपप्रक्रिया
accident दुर्घटना, हादसा
accidental आकस्मिक, आनुषंगिक
accommodation १. आवास, २. स्थान, ३. समंजन, निभाव
accompaniment संगत, संगति
accompanist संगतकार
accomplice सह-अपराधी
accomplished १. निष्पन्न, संपादित, २. प्रवीण

accomplishment निष्पत्ति, उपलब्धि
accord १. समझौता, २. अन्विति
accordance संगति, अनुरूपता
accordingly तदनुसार
account १. लेखा, २. खाता, ३. विवरण
accountability उत्तरदायित्व, जवाब-देही, देयता
accountable १. उत्तरदायी, जवाब-देह, २. देनदार
accountancy १. लेखाविधि, २. लेखा-कार्य
accountant लेखाकार
accountant general महालेखाकार
accounting year लेखा-वर्ष
account return लेखा-विवरणी
accoutrement रण-सज्जा
accredited प्रत्यायित
accredition प्रत्यायन
accretion अभिवृद्धि
accretionary अभिवर्धी
accrued प्रोद्भूत
accumulated संचित
accumulation १. संचयन, २. संचय
accuracy परिशुद्धता, परिशुद्धि
accurate परिशुद्ध, सही, ठीक
accusation १. अभियोग, दोषारोप, २. दोषारोपण
accusative case कर्मकारक
accused अभियुक्त
achievement उपलब्धि
achromatic अवर्णक
ackman जलदस्यु
acknowledged अभिस्वीकृत
acknowledgement अभिस्वीकृति
acoustic ध्वनिक
acoustics १. ध्वनि-गुण, २. ध्वनि विज्ञान
acquaintance १. परिचय, २. परिचित व्यक्ति
acquiescence मौन स्वीकृति
acquired १. उपार्जित, अर्जित, २. अवाप्त
acquisition १. उपार्जन, अर्जन, २. अवाप्ति
aquit दोषमुक्त करना
acquittal दोषमुक्ति

act १. काम, २. अंक, ३. अधिनियम
actable अभिनेय
acting कार्यकारी
actinomycosis किरण-रोग।
action १. कारवाई, २. कार्य, क्रिया, ३. कार्य-व्यापार, व्यापार
action crowd आक्रामक भीड़
active सक्रिय, क्रियाशील
active voice कर्तृवाच्य
activism सक्रियतावाद
activity गतिविधि, क्रियाकलाप
actor १. अभिनेता, २. कर्ता
actress अभिनेत्री
actual १. वास्तविक, असल २. सिद्ध
actuality १. वास्तविकता, २. सिद्धता
actuary बीमांकक
acute तीव्र
adagio विलम्बित
adaptability अनुकूलनशीलता
adaptable १. अनुकूलनीय, अनु-कूलनक्षम, २. रूपांतरणीय
adaption १. अनुकूलन, रूपान्तर
adaptive अनुकूली
addict व्यसनी
addition १. योग, जोड़, २. परिवर्धन
additional १. अतिरिक्त, २. अपर
address १. पता, २. अभिभाषण, ३. संबोधन
addressee प्रेषिती, पानेवाला
adequacy पर्याप्तता, पर्याप्ति
adequate पर्याप्त
adherence १. पालन, २. अनुवर्तन
adhesion आसंजन
adhesive आसंजक
adhoc तदर्थ
ad infinitum निरवधि
ad interim अंतरिम
adjacent संलग्न
adjoining संलग्न, पार्श्ववर्ती
adjournment स्थागन, कार्यस्थगन
adjudication अधिनिर्णय
adjudicator अधिनिर्णायक
adjustable समायोज्य
adjusted समायोजित

adjustment समायोजन
ad-lib जोड़-तोड़
ad-libitum यथेच्छ
administering प्रशासी
administration प्रशासन
administrative प्रशासनिक
administrator प्रशासक
administrator general महाप्रशासक
admiration श्लाघा
admissibility ग्राह्यता, स्वीकार्यता
admissible ग्राह्य, स्वीकार्य
admission १. प्रवेश, दाखिला, २. अभिस्वीकृति, स्वीकृति
admission-age प्रवेश-आयु
admission card प्रवेशपत्रक
admission examination प्रवेश-परीक्षा
admittance प्रवेश
admitted प्रवेशित
admixture अधिमिश्रण
admonition भर्त्सना
adolescence किशोरावस्था, कैशोर्य
adolescent १. किशोर (संज्ञा) २. किशोरकालीन (विशेषण)
adopted गृहीत
adoptee दत्तक
adopter दत्तकग्राही
adoption १. दत्तक ग्रहण, २. अंगी-करण, स्वीकरण, ग्रहण
adrenal अधिवृक्क
adult १. वयस्क २. प्रौढ़
adulterated अपमिश्रित, मिलावटी
adulteration अपमिश्रण, मिलावट
adultery जारकर्म, परस्त्रीगमन
adult franchise वयस्क मताधिकार
ad valorem यथा-मूल्य, मूल्यानुसार
advance १. अग्रिम, पेशगी, २. उधार
advanced १. उन्नत, २. उच्चस्तरीय
advantage १. लाभ, २. सुलाभ, ३. भलाई
advent आगमन
adventurer साहसिक, जाँबाज़
adenturous साहसी
adversary विपक्षी, शत्रु

adverse प्रतिकूल
adivce १. परामर्श, मंत्रणा, सलाह, २. संज्ञापन, ३. सूचना
adviser मंत्रणाकार
advisory council सलाहकार-परिषद
advocate अधिवक्ता
advocate general महाधिवक्ता
aerial १. अकाशी, हवाई, २. वायवीय
aerodrome हवाई अड्डा
aeronautics वैमानिकी
aeroplane हवाई जहाज
aesthetic १. सौंदर्यपरक, २. कला-परक
aestheticism सौंदर्यवाद
aesthetics सौंदर्यशास्त्र
affectation बनावट, आडंबर
affection अनुरक्ति, अनुराग
affidavit शपथपत्र, हलफनामा
affiliation सहबंधन, संबद्धता
affinity बंधुता, नातेदारी
affirmation अभिपुष्टि
affirmative सकारात्मक, स्वीकारात्मक
affluent society सुसमृद्ध समाज
afforestation वनरोपण
affricate स्पर्शसंघर्षी
aforesaid उक्त, उपर्युक्त
Afro-Asia अफ्रोशिया
Afro-Asian अफ्रेशियाई
after-effect पश्चप्रभाव
age १. अवस्था, वय, २. आयु, उमर
age-group आयुवर्ग
age-limit आयुसीमा
agency अभिकरण, एजेन्सी
agenda कार्यसूची, कार्यावली
agent अभिकर्ता, एजेन्ट
aggravation अतिरेक, प्रकोपन
aggregate कुल, समूहित
aggression आक्रमण
aggressor आक्रामक
agitation १. आंदोलन, २. हलचल
agnosticism १. अज्ञेयवाद, २. अनीश्वरवाद
agony यंत्रणा
agrarianism ग्राम्यवाद

agreed सहमत
agreement १. अनुबंध, २. अनुबंधपत्र, इकरारनामा, ३. रजामंदी, सहमति
agricultural year कृषिवर्ष
aid de camp ए०डी०सी०, परि-सहायक
air base हवाई अड्डा, हवाई केंद्र
air bath वायुस्नान
air-conditioned वातानुकूलित, वातानुकूल
air-conditioning वातानुकूलन
air fortress हवाई किला
air hostess स्वागतिका
air mail हवाई डाक
air navigation विमानचालन
air port विमानपत्तन
air route वायुमार्ग
air stream वायुप्रवाह
albino सूरजमुखी
album चित्राधार, एलबम
alcohol सुरासार, मद्य
alcoholism मद्यव्यसन
alert सतर्क
algebra बीजगणित
alimentary canal आहार-नाल, पाचन-नाल
alimentary system आहार-तंत्र, पाचन-तंत्र, पाचन-संस्थान
alive जीवित
alkali क्षार, खार
alkalimetry क्षारमिति
alkaline क्षारीय
alkalinity क्षारता, क्षारीयता, खारापन
alkaloid उपक्षार, क्षारोद
allegation अभिकथन
alleged अभिकथित, कथित
allegiance निष्ठा
allegory रूपक
alliance मैत्री, सहसम्बन्ध
allied संबद्ध
allies मित्रराष्ट्र
all-inclusive सर्वसमावेशी
All India Radio आकाशवाणी
alliteration अनुप्रास
allocation विनिधान, विभाजन, बँटवारा

alloted १. आवंटित, २. नियत
allotment आवंटन
allowance १. भत्ता, २. छूट
alloy मिश्रधातु
all-party सर्वदलीय
all-purpose सर्वकारी, सर्वप्रयोज्य
all-rounder सर्वतोमुखी
alluvial जलोढ़, पुलिनमय
alluvial land कछार
alphabet वर्णमाला
alphabetical order अक्षरक्रम
alteration १. क्रमांतरण, २. परिवर्तन, हेर-फेर, फेर-बदल
altertnate विकल्पी
alternation १. विकल्पन, २. क्रमांतरण, ३. परिवर्तन
alternative विकल्प (संज्ञा), वैकल्पिक (विशेषण)
altimeter तुंगतामापी
altitude १. उन्नतांश, २. ऊँचाई, तुंगता
altruism परहितवाद, परार्थवाद
alum फिटकिरी
amalgamation समामेलन
ambition उच्चाकांक्षा, महत्त्वाकांक्षा
ambitious उच्चाकांक्षी, महत्त्वाकांक्षी
ambulance car रोगी-गाड़ी
ambush घात
amendment संशोधन
amenities सुख-सुविधाएँ
amentia क्षीणमनस्कता
ammunition गोला-बारूद
amnesty सर्वक्षमा, सामूहिक क्षमा-दान
amount १. राशि २. परिमाण
amphibia उभयचर, जल-स्थलचर
amphibian उभयचर, जल-स्थलीय
amputation अंगच्छेदन, विच्छेदन
amusement विनोद, मनोरंजन
anachronism कालदोष
anaemia अरक्तता
anaesthesia असंवेदिता
anaesthetic संवेदनहारी
analogical सादृश्यमूलक
analogous सदृश, अनुरूप
analogy अतिदेश

analysis विश्लेषण
analytical विश्लेशणात्मक, विश्लेषी
anarchism अराजकतावाद
anarchist वि० अराजक पुं० अराजकतावादी
anarchy अराजकता
anatomy शरीरशास्त्र, शरीरविज्ञान
ancestor पूर्वज
ancient प्राचीन, पुरातन
ancillary आनुषंगिक, अनुषंगी
angina pectoris हृच्छूल
Anglo-Indian आंग्ल-भारतीय
angular कोणिक
anhydrous अजल
animal husbandary पशुपालन
annexe उपभवन
announcement घोषणा, उद्घोषणा, एलान
announcer उद्घोषक
annual वि० वार्षिक, सं० वार्षिकी
annuity वार्षिकी
anode धनाग्र, ऐनोड
anomalistic year परिवर्ष
anonymity अनामता
anonymous अनाम, अनामक
anorexia क्षुधा-अभाव, क्षुधानाश
anosmia अघ्राणता, गंधनाश
ant-eater चींटी-खोर
antenatal जन्मपूर्व, प्रागप्रसव
anthology चयनिका
anthropo-geography मानव भूगोल
anthropoid मानवकल्प
anthropological मानवशास्त्रीय
anthropologist मानवशास्त्री
anthropology मानवशास्त्र
antiballistic missile प्रति प्रक्षेपास्त्र
antibiotic प्रतिजैविक
anticipated प्रत्याशित
anticipation प्रत्याशा
anti-climax १. प्रतिकाष्ठा, २. प्रतिकर्ष
anti-diluvial पूर्व-प्लावनिक
antidote प्रतिविष, तोड़
antimony अंजन, सुरमा, एंटिमनी
antiquary पुराविद्, पौरातनिक

antique पुराकालीन, प्राचीन
antiquities पुरावशेष
antiquity १. पुरातनता, २. पुराकाल
anti-septic प्रतिपौतिक
antomology कीटविज्ञान
aorta महाधमनी
apartheid रंगभेद, वर्णद्वेष
apathy उदासीनता
ape वानर
aphelion रवि-उच्च
aphrasia वाग्रोध, वाग्लोप
apogee १. भूम्यूच्च, २. पराकाष्ठा
a posteriori अनुभवाश्रित
apparatus उपकरण
appeal १. अपील, २. आकर्षण
appeasement तुष्टीकरण
appendix परिशिष्ट
applause करतलध्वनि
applicable प्रयोज्य, लागू
application १. अर्जी, आवेदनपत्र, प्रार्थनापत्र, २. अनुप्रयोग, अनुप्रयोजन
applied १. अनुप्रयुक्त, २. प्रायौगिक
applied art अनुप्रयुक्त-कला
applied sciences अनुप्रयुक्त-विज्ञान
appointment नियुक्ति
apportionment प्रभाजन
apposition समानाधिकरण
appreciation मूल्यवृद्धि
apprehension आशंका
appropriate उचित, समुचित
appropriateness औचित्य
appropriation विनियोग, विनियोजन
approval अनुमोदन
approver इकबाली गवाह, भेदसाक्षी
a priori अनुभवनिरपेक्ष, प्रागनुभविक
aptitude अभिवृत्ति
arbitrage अंतरपणन
arbitrary मनमाना, यादृच्छिक
arbitration विवाचन
arbitrator विवाचक
arboreal वृक्षवासी
arboriculture वृक्ष-संवर्धन
arch तोरण, मेहराब
archaeologist पुरातत्वज्ञ, पुराविद्

archaeology पुरातत्व
archaeozoic era आदि-कल्प
archipelago द्वीपपुंज
architect वास्तुकार, वास्तुविद्
architecture वास्तुकला
archives अभिलेखागार, लेखागार
area क्षेत्रफल
argument तर्क
aristocracy १. अभिजात-तंत्र, २. अभिजात वर्ग
aristocrat अभिजात
Aristotle अरस्तू
arithmetic अंकगणित, पाटी-गणित, हिसाब
armament शस्त्रीकरण, हथियारबंदी
armed सशस्त्र, हथियारबंद
armed neutraility सशस्त्र तटस्थता
armistice युद्धविराम
armour कवच, बख्तर
armoured कवचित, बख्तरबंद
armoured car कवचित यान, बख्तरबंद गाड़ी
arms आयुध, शस्त्रास्त्र, हथियार
army १. फौज, सेना, २. स्थल सेना
arrest गिरफ्तारी
art कला
artery धमनी
art gallery कलादीर्घा
arthritis संधिशोथ
article १. अनुच्छेद, २. अंतर्नियम, ३. वस्तु
articulation उच्चारण
artist कलाकार
artistic कलात्मक
arts कलाविषय
art-therapy चिकित्सा
asafoetida हींग
asbestos अदह
ascending आरोही
ascending node आरोह-पात
ascent आरोह
aseptic अपौतिक
aspect पक्ष, पहलू
asphalt अश्मज
asphyxia श्वासावरोध

aspirant अभिलाषी, आकांक्षी
aspiration अभीप्सा
assault प्रहार, वार, धावा
assembling संयोजन
assembly house सभागृह, सभाभवन
assent अनुमति
assertion १. अभिकथन, दृढ़ोक्ति, २. स्वाग्रह
assessee निर्धारिती
assessment १. निर्धारण, २. मूल्यांकन
assessor निर्धारिक, कर-निर्धारक
assets परिसंपत्ति
assignee समनुदेशिती
assignment समनुदेश
assignor समनुदेशक
assimilation आत्मीकरण, स्वांगीकरण
association १. समुदाय, २. सहचार, साहचर्य
assumption १. अभ्युपगम, पूर्वधारण, २. मान्यता
assurance आश्वासन
asterism तारापुंज
asteroid क्षुद्रग्रह, तारकाभ
asthma दमा, श्वास (रोग)
astrology फलित ज्योतिष
astrometry खगोलमिति
astronomy १. खगोल-विज्ञान, खगोल-विद्या, २. गणित ज्योतिष
asylum शरणस्थल
Atlantic अतलांतक
atlas मानचित्रावली
atmospheric pressure वायु-भार
atom परमाणु
atom bomb परमाणु बम
atomic पारमाणविक
atomic test परमाणु-परीक्षण
atomism परमाणुवाद
atomist परमाणुवादी
atomstics परमाण्विकी
attache सहकारी, अताशे
attached १. अनुलग्न, आसंजित, संलग्न, २. आसक्त, ३. कुर्क
attachment १. आसक्ति, २. कुर्की, ३. संयोजन
attack आक्रमण, हमला
attainment प्राप्ति, लब्धि
attendance officer उपस्थिति अधिकारी
attendance register उपस्थिति-पंजी, हाजिरी बही
attestation अनुप्रमाणन, तसदीक
attested अनुप्रमाणित
attitude अभिवृत्ति, रवैया, रुख
attorney न्यायवादी
attorney general महान्यायवादी
attraction आकर्षण
attractive आकर्षक
auction नीलाम
audibility श्रव्यता
auditing लेखा-परीक्षण
auditor लेखा-परीक्षक
auditorium प्रेक्षागृह
auditory श्रोतावर्ग
augment आगम
augmentation आवर्धन, संवर्धन
auricle बाह्य कर्ण
autarky आत्मनिर्भरता, आत्मपूर्णता
authorised अधिकृत, प्राधिकृत
authoritarianism सत्तावाद
authoritative प्राधिकृत
authoritatively साधिकार
authority १. अधिकारी, २. प्राधिकारी, ३. प्राधिकार, ४. प्राधिकरण
authority letter प्राधिकार-पत्र
autobiography आत्मकथा, आत्म-चरित
autograph स्वाक्षर
automatic स्वचल, स्वचालित
automation स्वचल
autonomous स्वायत्तशासन
available प्राप्य
avalanche हिमानी
average औसत, माध्य
aviation विमानचालन
award पंचाट, परिनिर्णय
awkward भद्दा
axe कुल्हाड़ा
axial अक्षीय
axiom स्वयंतथ्य, स्वयंसिद्धि
axiomatic स्वयंसिद्ध
axis अक्ष, कीली, धुरा, धुरी
axle अक्ष

B

baboon श्ववानर
baby शिशु
bachelor स्नातक
back पश्च
backache पृष्ठशूल
backbiting पैशुन्य
backbone मेरुदंड
background पूर्वपीठिका, पृष्ठभूमि, पृष्ठिका, भूमिका
backward पिछड़ा
backward classes पिछड़ी जातियाँ
backwardness पिछड़ापन
bacteria जीवाणु, रोगाणु
bad conductor कुचालक
bad land बंजर भूमि
bail जमानत
bailable जमानती
balance तराजू, तुला, संतुलन
balanced संतुलित
balance of payment भुगतान-संतुलन
balance sheet आय-व्ययफलक, चिट्ठा, तलपट, तुलनपत्र, पक्का चिट्ठा
balancing संतुलन, समतोलन
ballad गाथा
ballad dance आख्यानक नृत्य
ballistic missile प्रक्षेपास्त्र
ballot मतपत्र
ballot box मतदान-पेटिका
ballot paper मतपत्र
bankrupt दिवालिया
banquet भोजनोत्सव, ज्योनार
bargain सौदा
bargaining सौदेबाजी
barometer १. वायुदाब मापक, २. वायुभार मापक
barred बाधित
barred by limitation अवधि-बाधित, तमादी

barricade मोर्चेबंदी
barrier रोक, अवरोध
barter अदला-बदली, वस्तु-विनिमय
base १. आधार, मूल, ३. अड्डा, ४. प्रातिपदिक
base level अधस्तल, निम्नतम तल
basic आधारिक, बुनियादी, मूल
basic language आधारिक भाषा
basin थाला, द्रोणी
basin cultivation द्रोणी कृषि
bathing suit स्नानवस्त्र
batholith अधःशैल
bay उपसागर, खाड़ी
beach पुलिन, तट
beacon १. प्रकाशस्तंभ, २. संकेतक
beak चंचु, चोंच
bean फली
bearer १. वाहक, २. धनी जोग
beat स्पंदन
beauty सौंदर्य
bed १. क्यारी, २. बिछौना, बिस्तर, ३. पलंग, शय्या, ४. तल (नदी का) ५. संस्तर
bed rock आधार-शैल, शैल-संस्तर
bed sore शय्याव्रण
beginning आरंभ
behaviour आचरण, व्यवहार
being सत्ता
belief विश्वास
belligerent युयुत्सु, युद्धकारी
bell metal घंट-धातु
belt पेटी
bench १. न्यायपीठ, २. पीठ
bend मोड़
benificiary हिताधिकारी
benifit लाभ, हित
benevolent हितकारी, परोपकारी
bequest उत्तरदान, वसीयत
beri beri बेरी-बेरी
beryl लहसुनियाँ, वैदूर्य, फिरोजा
bibliography ग्रंथसूची
bicameral द्विसदनात्मक, द्विसदनी
biennial द्विवार्षिक
bifocal द्वि-केंद्री
bigamy द्विविवाह
bigot कट्टर
bilateral द्विपक्षी
bile १. पित्त, २. लार-गद्दी
biliary पैत्तिक
bilingual द्विभाषी
bilious पित्तरंजक, पित्तारुण
bill १. प्राप्यक, विपत्र, २. विधेयक, ३. हुंडी
bill collector बिल-समाहर्ता, बिल-संग्राहक
bill of credit साखपत्र
bill of exchange हुंडी
bill of lading वहन-पत्र
bill of rights अधिकार-पत्र
bi-metallic द्विधात्विक
bi-metallism द्विधातु-वाद
binocular द्विनेत्री, दूरबीन
bio-chemistry जीव-रसायन
biological जैविक
biology जीवविज्ञान
biopsy ऊत्तक परीक्षण
bio-physics जीव-भौतिकी
biotechnology जैव-प्रौद्योगिकी
bioterrorism जैव-आतंकवाद
birth certificate जन्म-प्रमाणपत्र
birthday जन्मदिन
birth rate जन्म-दर
birth register जन्मपंजी
bi-section द्विभाजन
bisexual उभयलिंगी, द्विलिंगी
bison अरना भैंसा
bi-weekly १. अर्ध-साप्ताहिक, २. पाक्षिक
black काला, कृष्ण
black earth काली मिट्टी
black gold काला सोना (पत्थर का कोयला
black-hole काल-कोठरी
black list काली सूची, वर्ज्य सूची
black mail भयादोहन
black market काला बाजार, चोर बाजार
black money काला धन
black-out ब्लैक-आउट, तिमिरण
black sea कृष्णसागर
blade फलक
blame आरोप
blank verse अतुकांत छंद
blasphemy ईशनिंदा
blast धमाका, विस्फोट
blast furnace धमन-भट्ठी
blasting विस्फोटन
bleaching प्रक्षालन
blessing आशीर्वाद
blind valley अंधी घाटी
blinking मुलमुलाना
blister फफोला
blizzard बर्फानी तूफान, हिम-झंझावात
blockade घेराबंदी, नाकेबंदी
blood bank रक्तकोष
blood money हत्या-धन
blood pressure रक्तचाप
blood sugar रक्त-शर्करा
blood vessel शिरा
blotting paper सोख्ता, स्याही-चूस, स्याही-सोख
blue नीला
blue print नीला नक्शा
bluff धौंस
boar जंगली सुअर
board १. पटल, तख्ता, २. मंडल, बोर्ड
boat bridge नाव का पुल
bodice अंगिया, चोली
bodily कायिक, दैहिक, शारीरिक
body १. काया, शरीर, २. निकाय, संस्था
body-guard अंगरक्षक
bogy हौआ
boiler वाष्पक
boiling point क्वथनांक
bolt सिटकिनी
bombast शब्दाडंबर
bomber बमवर्षक
bombing बमबारी
bonafide वास्तविक
bonafides सद्भाव, नेकनीयती
bonanza अतुल समृद्धि
bond बंधपत्र, बांड

bond of surety प्रतिभूति
bone oil अस्थि-तैल
bonfire उत्सवाग्नि
bonus लाभांश, बोनस
book-post पुस्तकडाक, बुकपोस्ट
border १. किनारा, २. हाशिया, उपांत, ३. सीमा
bore परिवेध
boring परिवेधन
borrower ऋणी, उधारी
boss अधिपुरुष, मालिक
botany वनस्पति-शास्त्र
boundary सीमा
boxing मुक्केबाजी
boycott बहिष्कार, बायकाट
boy scout बालचर
bracket कोष्ठक
brag डींग
brain मस्तिष्क
branch शाखा
brass पीतल
bravado डींग
breach भंग
breach of law विधिभंग
breach of contract संविधाभंग
breach of peace शांतिभंग
breach of rule नियमभंग
breach of trust न्यासभंग
breath श्वास, साँस
breeding प्रजनन
brevity लाघव
bribe घूस, रिश्वत
bribery घूसखोरी, रिश्वतखोरी
bridge पुल, सेतु
brief संक्षिप्त
bright red सूहा (रंग)
brilliant १. प्रतिभावान, २. शानदार
brimstone गंधकाश्म
broadcasting प्रसारण
broadcasting station प्रसारण, केंद्र
broadminded उदार, सहिष्णु
broker दलाल
brokerage दलाली
bronze काँसा
bronze age कांस्ययुग
brotherhood भ्रातृभाव, बंधुत्व, भाईचारा
budget आय-व्ययक, बजट
buffer state अंतस्थ राज्य, मध्यवर्ती राज्य
bulb गाँठ
bunker तल-घर, तल-चौकी, दमदमा
burden भार
bureaucracy १. अधिकारी-तंत्र, नौकरशारी, २. अधिकारी-वर्ग
burner १. कल्ला, २. ज्वालक
burning point ज्वलनांक
burnisher ओपनी, घोटा
bust आवक्ष
bye-election उप-निर्वाचन, उपचुनाव
bye-law उपविधि, उपनियम
bye-product उपोत्पाद
bye law विधितः
bypass उपमार्ग
by virtue of office पदेन

C

cabbage करमकल्ला
cabinet मंत्रिमंडल
cable समुद्री तार
cairn टीला
calamity विपत्ति
calculation परिकलन, हिसाब
calculator गणक, परिकलक
calendar कालदर्श, दिनपत्र
calendar month पंचांग मास
calendar year पंचांग वर्ष
calibration अंशशोधन, अंशाकन
caliph खलीफा
calligraphy १. सुलेख, २. सुलेखन
calorie उष्मांक, कैलोरी
calumny मिथ्याक्षेप
camel track ऊँट-पथ
camouflage छद्मावरण
camphor कपूर
camp fire शिविर-समारोह
campus परिसर
canal नहर
cancellation निरसन, रद्द करना
cancelled निरस्त, रद्द
cancer १. कर्क राशि, २. कैंसर
candidate अभ्यर्थी, उम्मीदवार, प्रार्थी
cane sugar इक्षु-शर्करा
cannibal नरभक्षी
cannibalism नरभक्षण
cannon तोप
cannon fodder तोप का ईंधन या चारा
canon १. धर्मसूत्र, २. प्रमाण-ग्रंथ
cantonment छावनी
canvasser मतार्थक, मतयाचक
canvassing मतार्थन, मतयाचन
capacity १. क्षमता, सामर्थ्य, २. धारिता, समाई
cape अंतरीप
capillary केशिका
capital पूँजी, मूलधन
capital goods पूँजीगत पदार्थ
capitalism पूँजीवाद
capitalist पूँजीवादी, पूँजीपति
capital punishment प्राणदंड, मृत्युदंड
capsule पुटी, संपुट, संपुटिका
carat कैरट
carbon कार्बन
carbon paper कार्बन पेपर
cardiac arrest हार्टफेल
cardinal number गणन-संख्या
cardinal points दिग्बिंदु, दिशा-विन्दु
care अवधान
career जीविका, वृत्ति
caretaker रखवाला, प्रभारी
caretaker government कामचलाऊ सरकार
cargo जहाजी माल, नौभार
cargo-ship नौभार-पोत
caricature १. विकृतिकरण, २. उपहास-चित्र
carmine किरमिजी, गुलाली
carpel गर्भ-केसर, स्त्री-केसर
carrier १. वाहक, २. वाहन
cartel उत्पादक-संघ
cartilage उपास्थि, कुरकुरी
cartoon व्यंगचित्र
cartridge कारतूस
carving उत्कीर्णन, नक्काशी

case १. अवस्था, दशा, २. स्थिति, ३. खाना, घर, ४. कारक (व्याकरण), ५. प्रघटन
cash balance रोकड़-बाकी
cash crop रोकड़ा फसल
cashier खजानची, रोकड़िया
cash memo नकदी पुर्जा
casting vote निर्णायक मत
casual १. आकस्मिक, २. अनियत
casual leave आकस्मिक छुट्टी
casuality १. दुर्घटना, २. हताहत
catalogue सूचीपत्र
catalysis उत्प्रेरणा
cataract मोतियाबिंद
catarrh नजला, प्रतिश्याय
catchment area जलग्रह क्षेत्र, जाली, बहेत
catechism प्रश्नोत्तरी
catechu कत्था
categorical १. निरुपाधिक, २. सुनिश्चित
category श्रेणी, कोटि
catering खानपान, भोजन-प्रबंध
cathedral मुख्य गिरजाघर
causal कारणवाचक, कारणात्मक
causality कारणता
cause कारण
cause of action १. कार्य-हेतु, २. वादमूल, वाद-हेतु
caustic क्षारक, दाहक, प्रदाहक
caustic silver क्षारक-रजत, दाहक-रजत
caveman गुहामानव
cavity विवर
ceasefire युद्धविराम, युद्धस्थगन
celibacy ब्रह्मचर्य
cell १. कोषाणु, कोशिका (शारीरिक), २. कोशिका (बिजली की), ३. कोशिका (वास्तु की)
cenozoic era नवकल्प
censure motion निंदा-प्रस्ताव
census १. गणना, २. जनगणना, मर्दुमशुमारी
centenary शत-वार्षिकी
central केंद्रीय
central government केंद्रीय शासन, केंद्रीय सरकार
centralisation केंद्रीकरण
centralised केंद्रित
centre केंद्र
centre of gravity गुरुत्व-केंद्र
centric केंद्रिक
centrifugal अपकेंद्री, केंद्रापसारी
centripetal केंद्राभिमुखी
century शताब्दी, शती
cerebral प्रमस्तिष्कीय
certainty निश्चय
certificate प्रमाणपत्र
certification प्रमाणन, प्रमाणीकरण
certifier प्रमाणकर्ता
cess उपकार
cession अर्पण, स्वत्याग
chain १. शृंखला, २. पर्वतमाला
chair १. कुर्सी, २. पीठ
chalk खड़िया, दूधिया
chamber of princes नरेन्द्र-मंडल
chancellor कुलपति
change परिवर्तन
channel १. प्रणाली, २. द्वार
chaparral झाड़ी-वन
chapter अध्याय, प्रकरण
character book आचरण-पंजी
characteristic लक्षण, अभिलक्षण
charcoal काठ-कोयला
charge १. अधिरोप, आरोप, दोषारोपण, २. अवधान, ३. कार्य-भार, ४. प्रभार, भार, ५. पद-भार
chargeable प्रभार्य
charge sheet आरोप-पत्र
charitable धर्मार्थ, पुण्यार्थ, खैराती
charitable endowment अक्षय-निधि
charter अधिकार-पत्र
charted १. भाटकित, २. अधिकार-पत्र-प्राप्त
chauvinism १. उग्र राष्ट्रवाद, २. युद्ध-प्रियता
chauvinist १. प्रतिराष्ट्रीयता, उग्र राष्ट्र-वादी, २. युद्धप्रिय
chemical रासायनिक
chemistry रसायन विज्ञान
chief minister मुख्य मंत्री
child welfare centre शिशु-कल्याण केन्द्र
chain ठोढ़ी
chlorine क्लोरीन
cholera हैजा
chord चापकर्ण
chorus वृंदसंगीत, समवेतगान, सहगान
chronicle इतिवृत्त
chronograph समयलेखी
chronological कालानुक्रमिक
chronology कालानुक्रम
cinema चलचित्र, चित्रपट
cipher १. बीजलेख, २. विंदु, शून्य
circle १. मंडल, २. वृत्त
circle inspector सर्किल निरीक्षक
circuit परिपथ
circular वि० चक्रिल, सं० गश्ती चिट्ठी, परिपत्र
circulatory चक्रीय
circulatory system रक्तवह-तंत्र
circumcision खतना, सुन्नत
circumference परिधि
circumstances परिस्थिति
circumstantial परिस्थितिगत, पारि-स्थितिक
citation १. उद्धरण, २. प्रशस्ति
citizen नागरिक
citizenship नागरिकता
civics नागरिक शास्त्र
civil १. अर्थ, दीवानी, २. सिविल नागर
civil case अर्थ-व्यवहार, दीवानी मुकदमा
civil court अर्थ-न्यायालय, दीवानी अदालत
civil disobedience सविनय अवज्ञा
civilization सभ्यता
civil law अर्थ-विधि, दीवानी विधि
civil marriage सिविल विवाह
civil procedure सिविल प्रक्रिया
civil process सिविल विधि
civil remedy नागर अधिकार
civil right नागर अधिकार
civil suicide संन्यास

civil war गृहयुद्ध
claim दावा
clair-audience अतींद्रिय-श्रवण, परोक्ष श्रवण
clairvoyance १. अतींद्रिय दर्शन, २. अतींद्रिय दृष्टि
clairvoyant अतींद्रिय दर्शी
clarification स्पष्टीकरण
clarity स्पष्टता
class १. कक्षा, २. श्रेणी
class-fellow सहपाठी
classification वर्गीकरण
classified वर्गित, वर्गीकृत
class struggle वर्गसंघर्ष
claw नखर, पंजा
clay चिकनी मिट्टी, मटियार
clause १. उपवाक्य, वाक्यांश, २. खंड
clerk लिपिक
climate जलवायु, हवा-पानी
climatology जलवायु-विज्ञान
climax चरमोत्कर्ष, चरमावस्था
clinic निदानगृह, निदानशाला, निदानिका
clinical नैदानिक
clog अर्गल
closure १. संवरण, २. समाप्ति, समापन
cloth कपड़ा
clothes moth कपड़-कीड़ा
cloud मेघ, बादल
cloud burst मेघस्फोट
cloudy १. मेघश्याम (वर्ण), २. मेघाच्छन्न
clove लौंगिया
clue सूत्र
clumsy भोंदा
coalition government मिली-जुली, बहुदलीय या संयुक्त सरकार
coaltar अलकतरा
coast-guard तटरक्षक
cobra नाग
cod स्नेहमीन
code १. संहिता, २. विधायन-संहिता, ३. संकेतकी
code of conduct आचार-संहिता
codification संहिताकरण
codified संहिताबद्ध

coercion १. प्रपीड़न, २. बलप्रयोग
co-existence १. सह-अस्तित्व, २. सहभाव
coffee कहवा
coffee-house कहवाखाना
cognition संज्ञान
cognitive संज्ञानात्मक
cognizable संज्ञेय
cognizance संज्ञान
cohabitation सहवास
cohesion संसक्ति, संसंजन
coin मुद्रा, सिक्का
coincidence संपात
coincident संपाती
coitus मैथुन, संभोग
cold जुकाम, प्रतिश्याय, सरदी
cold front शीताग्र
cold storage शीतागार
cold war ठंढा युद्ध, शीतयुद्ध
cold wave शीततरंग
colic pain शूल
collaboration १. सहयोग, २. सह-लेखन
collapse १. पात, २. हृदयावसाद
collation १. परितुलन, २. मिलान, समाकलन
colleague सहकर्मी, सहयोगी, साथी
collection उगाही, संग्रह, संचय
collective १. सामूहिक, २. समुच्चयार्थक (व्याकरण)
collectivism समष्टिवाद
collector समाहर्त्ता
college महाविद्यालय
colloid कलिल
collusion १. साठ-गाँठ, २. मिली-भगत, दुरभिसंधि
cologne-stick गंधशलाका
colonial औपनिवेशिक
colony उपनिवेश
colour bar रंगभेद
colour blind वर्णांध
colour blindness वर्णांधता
coloumn १. स्तंभ (सामयिक पत्रों का), २. टुकड़ी, दस्ता (सैनिक)

columnist स्तंभ-लेखक
coma अतिमूर्च्छा
combination १. संयोग, संयोजन, २. समुच्चय
combustible दहनशील, दह्य
combustion दहन
comet धूमकेतु, पुच्छल तारा
comma अल्पविराम
command आदेश, समादेश
commander कमांडर, समादेशक
commemoration volume स्मारक-ग्रंथ
commencement आरंभ
commendable प्रशंसनीय
commendation प्रशंसा
commentator १. टीकाकार, वृत्तिकार, २. विवरणकार, ३. समीक्षक
commerce वाणिज्य
commercial वाणिज्यिक, व्यावसायिक
commercialism व्यापारिकता
commission आयोग
commisionary प्रमंडल
commitment १. वचनबद्धता, २. सुपुर्दगी
committed १. वचनबद्ध, २. सुपुर्द
commixture संकर (अलंकार)
commode गमला, शौचासनी
commodity पण्य, वस्तु, जिंस
common १. साधारण, २. सर्वसामान्य, ३. सार्वजनिक, ४. सर्वसाधारण
common factor समापवर्तक
common interest १. सामान्यहित, २. सामान्य अभिरुचि
common law सामान्य विधि
common sense सामान्य बुद्धि
common wealth राष्ट्रमंडल
communal सांप्रदायिक
communalism सांप्रदायिकता
communication १. संचार, २. पत्र-व्यवहार, ३. संसूचना, ४. संप्रेषण
communication gap विसंवाद
communication media संचार-माध्यम
communicative संप्रेषणपरक
communique विज्ञप्ति

communism साम्यवाद
community समुदाय
commutation १. परिवर्तन, २. रूपान्तरण (दंड का), ३. लघु-करण, ४. परिणाम (अलंकार)
company मंडली, कंपनी
comparative तुलनात्मक
comparison तुलना, मिलान
compass कुतुबनुमा, दिग्दर्शक यंत्र, दिग्सूचक यंत्र, ध्रुव-घडी
compassion करुणा
compatibility सुसंगति, सहस्थिति
compendium सारसंग्रह
compensation प्रतिकार, मुआवजा, प्रतिपूर्ति
compensatory प्रतिपूरक
competency सक्षमता
competent सक्षम
competition प्रतियोगिता
compilation संकलन
complaint परिवाद, फरियाद, शिकायत
complainant अभियोगी
complement संपूरक
complementary पूरक, संपूरक
complex ग्रंथि, मनोग्रंथि
complication उलझन, जटिलता
compost वानस्पतिक खाद
compounder सम्मिश्रक
compounding सम्मिश्रण
compound interest चक्रवृद्धि, सूद-दर-सूद
compound sentence संयुक्त वाक्य
comprehensive व्यापक, बृहत्, विशद
compression संपीडन
compressor संपीडित्र, कम्प्रैशर
compromise समझौता
compulson बाध्यता
compulsory अनिवार्य
computation अभिकलन
concave अवतल, नतोदर
concealment छिपाव
concentration संकेंद्रण
concentration camp बंदी-शिविर, संकेंद्रण-शिविर
concept अवधारणा
conception १. अवधारणा, २. संकल्पन, ३. गर्भधारण
conceptualism १. प्रत्ययवाद, २. प्रमावाद
concession रियायत
conciliation संराधन, सुलह, समझौता
conciliation officer संराधन अधिकारी
concise संक्षिप्त, संहत
conclusion निष्कर्ष, परिणाम
conclusive निश्चायक, निश्चयात्मक
concomittant सहवर्ती, सहगामी
concord १. अन्विति, २. ऐक्य, मैत्री
concrete १. ठोस, २. मूर्त
concubine रखनी, रखेली, रखैल
concurrence १. सहमति, २. सहघटन
concurrent समवर्ती
condition १. अवस्था, २. प्रतिबंध, शर्त
conditional सशर्त, सोपाधिक
conditioned १. सोपाधिक, २. अनुकूलित
conditioning १. अनुकूलन, २. अनुबंधन
condolence संवेदना, शोक
condominium १. द्वैराज्य, २. सहराज्य
conduct १. आचरण, २. व्यापार
conduction चालन, संवहन
conductivity चालकता, संवाहकता
cone १. कोण, २. शंकु
confederation परिसंघ, राज्यसंघ
conference सम्मेलन, कांफ्रेंस
confession १. अपराध-स्वीकरण, २. आत्म-स्वीकृति, स्वीकरण, ३. स्वीकारोक्ति
confident निश्चयी
confidential १. गोपनीय, २. अंतरंग, विश्वस्त
confirmation पुष्टि
confiscated जब्त, अधिहृत
confiscation अधिहरण, जब्ती
conflagration अग्निकांड, अवदाह
conflict १. विरोध, २. संघर्ष
conformity अनुरूपता, अनुसारता
congenital सहजात
congratulation बधाई
conics शंकुगणित
conjectural अटकलपच्चू
conjoint consonant संयुक्ताक्षर
conjugation युग्मन, संयुग्मन, संयोजन
conjunction युति, योग, संयुति
conjunction of stars योग
connecting संयोजी, संयोजक
connection १. सम्बन्ध, २. संयोजन
connective संयोजी
conquest जीत, विजय
conscience विवेक, अंतर्विवेक
conscription अनिवार्य भर्ती
consecutive क्रमागत, क्रमिक
consent सम्मति, सहमति
consequence परिणाम, फल
consequent १. अनुवर्ती, २. परिणामी
conservatory संरक्षणशाला
considerate सतर्क
consideration १. विचार, २. प्रतिफल
consigned परेषित
consignee परेषिती
consignment परेषण
consignor परेषक
consistancy संगति
consolidated समेकित
consolidation समेकन
consolidation of holdings चकबंदी
consonant व्यंजन
conspiracy अभिसंधि, षड्यंत्र, साजिश
constable सिपाही
constant १. सतत, २. स्थिर, नियत
constipation कोष्ठबद्धता, कब्जियत
constipative कोष्ठबद्धक
constituency निर्वाचन-क्षेत्र
constituent assembly संविधान-परिषद
constitution संविधान
constitutional संविधानिक, संवैधानिक
constitutionalism संविधानवाद
constitutionalist संविधानवादी
constitutional monarchy संवैधानिक राजतंत्र

constructed रचित
construction रचना, निर्माण
constructional रचना सम्बन्धी
constructive रचनात्मक
consultant परामर्शदाता
consultation परामर्श
consultative परामर्शी, परामर्शदात्री
consumer उपभोक्ता
consumption उपभोग
contact १. संपर्क, २. संस्पर्श
contagious संक्रामक, सांसर्गिक
contamination संदूषण, दूषण
contemplation मनन, चिंतन
contemporary समकालीन, समकालिक
contents अंतर्वस्तु
context १. प्रसंग, २. संदर्भ
contiguity समीपता, सन्निधि
contiguous समीप, सन्निहित
continent महादेश
continued १. क्रमागत, अनुवर्ती, २. सतत, अनवरत
continuity निरंतरता, सातत्य, अविच्छिन्नता
continuous सतत, अनवरत
contour परिरेखा
contraband विनिषिद्ध
contraband trade विनिषिद्ध व्यापार
contract संविदा, ठेका
contract deed संविदा-विलेख
contraction आकुंचन
contradiction खंडन, प्रतिवाद
contradictory खंडनात्मक
contrast व्यतिरेक
contrastive व्यतिरेकी
contribution अंशदान, योगदान
contributor अंशदाता
contributory अंशदायी
control नियंत्रण, कंट्रोल
controversy विवाद
convener संयोजक
convenience सुविधा
convention १. अभिसमय, २. रूढ़ि, ३. सम्मेलन
conventional १. अभिसामयिक, २. रूढ़िबद्ध, रूढ़
convergence अभिसरण
converging अभिसारी
conversation वार्तालाप, संभाषण
converse प्रतिलोम
conversely प्रतिलोमत:
conversion १. मत-परिवर्तन, २. धर्म-परिवर्तन
convertible परिवर्तनीय
convex उत्तल, उन्नतोदर
conveyance १. हस्तांतर-पत्र, २. वाहन, सवारी
conveyancer हस्तांतरक
convict १. सिद्धदोष, २. बंदी
conviction १. दृढ़ विश्वास, २. दोष-सिद्धि
convocation दीक्षांत समारोह
convovation address दीक्षांत भाषण
convulsion आक्षेप
cooling शीतन
co-operation सहकार, सहकारिता, सहयोग
co-operative society सहकारी समिति
co-opted सहयोजित
co-option सहयोजन
co-ordination समन्वय, समन्वयन
co-partner सहभागी
copy प्रतिलिपि
copyist प्रतिलिपिक
copyright स्वत्वाधिकार
coral मूँगा
coral island प्रवाल-द्वीप
cord सूत्र
co-relation सहसम्बन्ध
co-related सहसम्बन्धी
cork काग
corner-stone १. कोणशिला, २. आधारशिला, नींव का पत्थर
cornice कंगनी, छजली
corollary उपप्रमेय, उपसिद्धांत
corona कांतिचक्र, परिमंडल
coronation राज्याभिषेक
corporated निगमित
corporation १. निगम, श्रेणी, २. महानगरपालिका, महापालिका
corpuscle कणिका
corrected शोधित
correction शोधन, संशोधन
corrective संशोधक
correspondence चिट्ठी-पत्री, पत्राचार, पत्र-व्यवहार
correspondent संवाददाता
corridor गलियारा
corroboration संपुष्टि
corrosion संक्षारण
corrosive संक्षारक
corrugated नालीदार
corrupt भ्रष्ट
corruption भ्रष्टाचार
co-sharer सहांशी
cosmetics अंगराग, शृंगार-सामग्री
cosmic विश्वक, ब्रह्मांडीय, विराट
cosmic rays अंतरिक्ष किरण, ब्रह्मांड किरण
cosmism विश्ववाद
cosmography सृष्टिवर्णन
cosmology ब्रह्मांडिकी
cosmonaut अंतरिक्ष-यान
cosmopolis विश्वनगर
cosmopolitan १. विश्व नागरिक, विश्ववादी, २. विश्वजनीन
cosmopolitanism विश्ववाद, विश्व-बंधुत्व
cosmopolite विश्वनागरिक
cosmopolitics विश्व-राजनीति
cost परिव्यय, लागत
cost of management प्रबंध-व्यय
cost of suit वाद-व्यय
costs अर्थदंड, हरजाना
cottage industry कुटीर उद्योग
cough खाँसी
council परिषद
councillor परामर्शद
counsel general महावाणिज्य दूत
counter-action जवाबी कार्रवाई
counter-attack प्रत्याक्रमण
counter-balance प्रतिसंतुलन

counter-charge प्रत्यारोप
counterfeit कूट, जाली
counterfeiter जालसाज
counterfoil प्रतिपर्ण
counter measure प्रत्योपाय
counter-revolution प्रतिक्रांति
counterseal प्रतिमुद्रांकन
countersigned प्रतिहस्ताक्षरित
countersigning प्रतिहस्ताक्षरण
counting गणन, गिनना
coupling युग्मन
coupon कूपन
courage साहस
course क्रिया, पाठ्यक्रम
court अदालत, कचहरी, न्यायालय
courtesy विनय, शिष्टाचार
court fee अधिकरण-शुल्क, न्याय-शुल्क
court inspector व्यवहार-निरीक्षक
court martial सैनिक न्यायालय
court officer अधिकरणिक
court of records अभिलेख अधिकरण
court of wards प्रतिपालक अधिकरण
covenant प्रसंविदा
cover आवरण-पृष्ठ
crab केंकड़ा
crane क्रेन
crater ज्वालामुख
craze खब्त, सनक
creation सृष्टि, सर्जन
creative सर्जनात्मक
credentials प्रत्यय-पत्र
credit वि० धन, सं० १. ऋण, २. साख
credit sale उधार विक्रय
credit side ऋणपक्ष, धनपक्ष
creeping विसर्पी
crematorium १. दाहगृह, २. शव-दाहशाला
criminal १. अपराधशील, २. आपराधिक
criminal procedure आपराधिक प्रक्रिया
criminology अपराध विज्ञान
crimson वि० किरमिजी, पुं० किरमिज
criterion कसौटी

crocodile घड़ियाल
crocodile tears मकराश्रु, मगरमच्छ के आँसू
croon मिस्की
crop फसल
cross-breed संकर नसल
cross-examination प्रति-परीक्षण, जिरह
cross-fertilization अपर-निषेचन
cross-reference अन्योन्य संदर्भ, प्रत्याभिदेश
cross word वर्ग-पहेली
crude अनगढ़
crystal १. केलास, रवा, २. बिल्लौर, स्फटिक
crystalization क्रिस्टलीकरण
cube घन
cube measure घनमान
cube root घनमूल
cubism घनवाद
culpable आपराधिक
culprit अपराधी, दोषी
cult पंथ
cultivated कृष्ट, कृषित
cultivation १. कृषिकर्म, २. संवर्धन
culturable land खेती-भूमि
cultural सांस्कृतिक
culture १. संवर्धन, २. संस्कार, ३. संस्कृति
culvert पुलिया
cumulated संचित
comulation संचयन, संचय
cuneiform कीलाक्षर
cupel खपरा, खपरिया, खर्पर
cupidity अतितृष्णा
curable चिकित्स्य
curator संग्रहालयाध्यक्ष
curiosity कुतूहल, जिज्ञासा
curious कुतूहली, जिज्ञासु
currency मुद्रा
current १. चलित, प्रचलित, २. सांप्रतिक, ३. धारा, प्रवाह
current account चलता खाता
currentmeter धारा-वेगमापी
curriculum पाठ्यचर्या

curtain परदा
curve १. वक्ररेखा, २. मोड़
custodian अभिरक्षक
custody १. अभिरक्षा, २. हिरासत
customary परंपरागत, प्रथागत
customs सीमा-शुल्क
cut कटौती
cut motion कटौती का प्रस्ताव
cycle चक्र
cyclic चक्रीय
cyclic order चक्रक्रम, चक्रीय क्रम
cyclone चक्रवात, बवंडर
cyclonic rain चक्रवातीय वर्षा

D

daily दैनिक
dairy दुग्धशाला
dais मंच, चबूतरा
dam बाँध, रोध
damages हरजाना, नुकसानी
dark age अंधकार युग
date तारीख, तिथि, दिनांक
dated दिनांकित
day-dream दिवास्वप्न
dead letter मृतपत्र
deadlock गतिरोध, जिच
deal सौदा
dean of faculty संकायाध्यक्ष
dearness allowance मँहगाई भत्ता
death-bed मृत्युशय्या
death duty मृत्यु कर
death rate मृत्यु-दर, मरणगति
death-roll मृत्यु-संख्या
debatable विवाद्य, विवादयोग्य
debate वादविवाद
debenture ऋणपत्र
debit नामे
debitable नामेयोग्य
debris मलबा
debt ऋण
decade दशक
deceased मृत, दिवंगत
decentralization विकेंद्रीकरण
deception कपट, छल
decimalization दशमलवकरण

decimal system दशमिक प्रणाली
decision १. निर्णय, २. विनिश्चय
decisive निर्णयात्मक
declaration घोषणा, प्रख्यापन
declension रूपसाधन
decline ह्रास
decomposition सड़न, अपघटन
decontrol विनियंत्रण
decoration अलंकरण, सजावट, सजाव
decreasing ह्रासमान
decree डिगरी, डिक्री
decrement ह्रास
dedication समर्पण
deduction १. कटौती, २. निगमन
deed दस्तावेज, विलेख
deed of gift दानपत्र
deem समझना
deep carmine अलतई
de facto वस्तुत:
defalcation खयानत
defamation मानहानि
defect १. त्रुटि, २. दोष
defence १. प्रतिरक्षा, बचाव, २. सफाई
defence witness सफाई का गवाह
deferment आस्थगन
deferred आस्थगित
deficit १. कमी, २. घटती, घटी, घाटा
defined परिभाषित
definite निश्चित
definition परिभाषा
deflation अवस्फीति
deforestation निर्वनीकरण, वन-कटाई
deformation विरूपण
degeneration पतन, अपक्षय
degradation कोटिच्युति
degraded कोटिच्युत
degree १. अंश, २. अंशांश, ३. कला
dehydrated निर्जलित
dehydration निर्जलीकरण, बिजली-करण
deism देववाद
dejure विधित:
delegation प्रतिनिधि-मंडल, शिष्ट-मंडल
delection लोपन, विलोपन
deliberation विमर्श
delimitation परिसीमन
delineation रेखाचित्र
delinquency अपचार, अपराधशीलता
delinquent अपचारी
delirium प्रलाप
delivery १. वितरण, २. सुपुर्दगी, ३. प्रसव
deluge प्रलय
delux edition राज-संस्करण
demand माँग
demarcated सीमांकित
demacration सीमांकन
dementia बुद्धिभ्रंश, मनोभ्रंश
demilitarization विसैन्यीकरण
democracy लोकतंत्र, जनतंत्र
democratic लोकतंत्रीय, जनतंत्रीय
demography जनविद्या, जनांकिकी
demonology पैशाचिकी
demonstration १. निदर्शन, २. प्रदर्शन
demonstrative प्रदर्शक, प्रदर्शनात्मक, प्रादर्शनिक
demonstrator १. निदर्शक, २. प्रदर्शक
demmurage विलंबशुल्क, डेमरेज
denatured विकृत
dengue दंडक ज्वर
dentist दंतकार
dentistry दंतकारी, दांतिकी
denudation अनावृतीकरण
department विभाग
departmental विभागीय
departure प्रस्थान
dependency आश्रित देश
depilatory विलोमक
deportation देश-निकाला, निर्वासन
deposit निक्षेप, जमा
deposited निक्षिप्त
depreciation मूल्यह्रास
depreciation fund मूल्यह्रास-निधि
depressed दलित, शोषित
depressed classes दलित वर्ग, शोषित वर्ग
depression १. अवसाद, २. मंदी
deprived वंचित
depth गहराई
deputation १. प्रतिनियुक्ति, २. शिष्ट-मंडल
deputed प्रतिनियुक्त
deputy commissioner उपायुक्त
derangement क्रमभंग
derivation निरुक्ति, व्युत्पत्ति, शब्द-साधन
derivative व्युत्पत्तिक
derogation १. अपकर्ष, २. अनादर
descendant वंशज
descending अवरोही
descending node अवरोहपात केतु
descent उद्‌भव
description वर्णन
descriptive वर्णनात्मक
desert मरुस्थल
deserted परित्यक्त
deserter अभित्यागी, भगोड़ा
desertion अभित्यजन, अभित्याग
deserving सुपात्र
design अभिकल्प, डिजाइन
designated पदनामित
designation अभिधान, पदनाम, पदसंज्ञा
designer अभिकल्पक, डिजाइनर
designing अभिकल्पन
despatch book प्रेषण-पुस्तक
despatch register जावक
despondency हताशा
despot निरंकुश
destiny नियति
destroyer वि० विनाशी, पुं० विध्वंसक (जहाज)
desulphurization विगंधकीकरण
detached अनासक्त
detachment अनासक्ति, विरक्ति
detention निरोध, नजरबंदी
detenu नजरबंद
determination अवधारण, निश्चय
determinism नियतिवाद
determinist नियतिवादी
detonation प्रस्फोटन
detonator प्रस्फोटक
detour चक्करदार मार्ग

detritus मलबा
devaluation अवमूल्यन
development १. अभिवर्धन, अभिवृद्धि २. विकास
deviation विचलन, व्यतिक्रम
devotion भक्ति
devout धर्मपरायण
dew ओस
dew-point ओसांक
diabetes मधुमेह
diacritical mark विशेषक-चिह्न
diagnosis निदान, रोगनिदान
diagonal विकर्ण
diagonally विकर्णत:
diagram आरोख, रेखाचित्र
dialect उपभाषा, बोली, विभाषा
diamond jubilee हीरक जयंती
diaphoretic प्रस्वेदक, स्वेदक
diarchy १. द्वितंत्र, द्वैध-शासन, २. द्विदल शासन-प्रणाली
diarrhoea अतिसार
diary दैनिकी
dice पासा
dictator अधिनायक, तानाशाह
didacticism उपदेशवाद
diet आहार
dietetics आहारविज्ञान, भोजनविज्ञान
difference अंतर, विभेद
different भिन्न
differential भेदात्मक
difficult कठिन
difficulty कठिनाई
dignity गरिमा
digression १. उत्क्रम, २. विषयांतर
dilemma धर्मसंकट
dilution तनूकरण
dimension १. आयाम, २. परिमाप, ३. विमा
dimensional विमीय
diminishing ह्रासमान
diminutive १. अल्पक, २. तुच्छार्थक
diphtheria रोहिणी
diploma उपाधि-पत्र
diplomacy कूटनीति, राजनय
direct प्रत्यक्ष

direction १. अभिदिशा, दिशा, २. निदेश, निदेशन
directive निदेश, निदेशन
director निदेशक
directorate निदेशालय
direct speech प्रत्यक्ष कथन
direct tax प्रत्यक्ष कर
disarmament निरस्त्रीकरण
disarranged अव्यवस्थित, दुर्व्यवस्थित
disc १. चकती, २. तवा, ३. बिम्ब, मंडलक
discharge १. सेवामुक्ति, २. उन्मोचन, उन्मुक्ति, ३. निर्वहण, पालन, ४. प्रस्ताव
disciple शिष्य
disciplinary अनुशासिक
discipline अनुशासन, विनय
discovery आविष्कार
discretion संविवेक, स्वविवेक
discretionary विवेकाधीन
discrimination भेदभाव, विभेद
discussion चर्चा, परिचर्चा
disease रोग, व्याधि
disgrace अपमान
disgust विरुचि
dishonesty बेईमानी
dishonouring अनादरण
discllusion १. भ्रम-निवारण, २. मोहभंग
disinclination अनभिरुचि
disinfection विसंक्रमण
disinflation विस्फीति
disintegration विघटन
disloyal निष्ठाहीन, अराजभक्त
disloyalty अनिष्ठा, अभक्ति
dismissal पदच्युति, बरखास्तगी
dismissed १. खारिज, २. पदच्युत
disobedience अवज्ञा, आज्ञाभंग
disorder १. क्रमभंग, २. गड़बड़ी, अव्यवस्था
disparity असमानता
displaced विस्थापित
displacement विस्थापन
disposal १. निपटान, निस्तारण, निसर्ग, ३. समापन
disposition १. मिजाज, स्वभाव, २. चित्त-वृत्ति, प्रवृत्ति, ३. शील, ४. व्यवस्था

dispute विवाद
disputed विवादित
disregard १. अवमान, २. अवहेलन
dissatisfaction असंतोष
dissection व्यवच्छेद
dissent विनति
dissertation शोध-निबंध
dissimilar असमान, विषम
dissimilation विषमीकरण
dissolved विघटित
distillation आसवन
distilled आसुत
distiller आसवक
distillery आसवनी
distinct अलग, भिन्न
distinction १. प्रभिन्नता, २. प्रभेद
distinctive प्रभेदी
distortion विकृति, तोड़-मरोड़
distribution वितरण
distributor वितरक
distributory वितरक-नदी
ditch खाई
diver गोताखोर
divergence अपसरण, अपसृति
dividend लाभांश
division १. भाग, २. विभाग, ३. प्रखंड ४. भाजक, हार, ५. वाहिनी (सेना की)
divisor भाजक
divorce तलाक, विवाह-विच्छेद
dock गोदी
doctrine मत, सिद्धांत
document दस्तावेज, प्रलेख
documentary प्रलेखी
documentary film वृत्तचित्र
documentation प्रलेखन, प्रलेखी-करण
dogma राद्धांत
dogmatic राद्धांतिक
dogmatism १. राद्धांतवाद, २. हठधर्मिता
dome गुंबद
domestic science गृहविज्ञान
domicile अधिवास
domiclied अधिवासी
donation दान, चंदा
doomsday कयामत
dormancy तंद्रा, प्रसुप्ति

dormant प्रसुप्त, सुप्त
dose ऊँघ
dosing ऊँघना
double member constituency द्विसदस्य निर्वाचन-क्षेत्र
downfall पतन, पराभव
downtrodden पददलित
draft १. खाका, २. प्रारूप, मसौदा, ३. धनादेश, ४ हुंडी, ५. पांडुलेख
drafting प्रारूपण
draftsman प्रारूपकार
drama नाटक
dramatic नाटकीय
dramatization नाटकीकरण
drawee अदा-कर्ता
drawer आहरण-कर्ता
drawing १. आलेक, आलेखन, लेखन, २. लेख्य, ३. रेखाचित्र, नकशा, ४. आहरण
dread त्रास, विभीषिका
dream स्वप्न
dreamer स्वप्नदर्शी
dress परिच्छद, पोशाक
dressing १. मरहमपट्टी, २. प्रसाधन
dressing room सज्जागृह
drift १. अपवहन, २. अपवाह, ३. बहाव
drink १. पेय, २ पानीय
drizzle झींसी, फुहार
drop बूँद, बिंदु
dropper विंदुक
dropping अवपातन
drought सूखा
drug ओषधि
dry सूखा
dry farming निर्जल खेती, सूखी खेती
dry fruit मेवा
dry washing सूखी धुलाई, निर्जल धुलाई
dual दुहरा, दोहरा
dualism द्वैतवाद
dualist द्वैतवादी
ductile तन्य, प्रत्यस्थ
ductility तन्यता, प्रत्यस्थता
due १. अपेक्षित, २. देय, ३. प्राप्य, ४. दातव्य
due date नियत तिथि
dues १. देय, २. प्राप्य
duet जुगुलबंदी, युगलगान, दुगाना
dump खत्ता, गंज
dumping १. गंजाई, २. पाटना, पटाई
duplication अनुलिपिकरण
duplicator अनुलिपित्र
duplicity दुरंगी नीति, द्विभाव
durability टिकाऊपन, स्थायित्व
durable टिकाऊ
duration अवधि
dust bin कूड़ा-कोठ
dusting धूलन
dust-well धूल-कूप
dutiable शुल्कदेय
dutiful कर्तव्यनिष्ठ
duty १. कर्तव्य, २. तटकर, सीमा शुल्क
dynamic गतिक
dynamics गति-विज्ञान
dynastic वंशीय
dynasty वंश, राजवंश

E

eager उत्सुक
eagerness उत्सुकता
eal सर्पमीन
ear-drum कर्णपटह, कर्णमृदंग
earned अर्जित
earthquake भूकंप
easement परिभोग, सुखभोग
easy chair आराम-कुर्सी, सुखासन
ebony आबनूस
eccentric वि० उत्केंद्र, उत्केंद्रक, सं० १. उत्केंद्र, २. सनकी
eccentricity १. उत्केंद्रता, विमध्यता, २. सनक
echo अनुनाद, गूँज, प्रतिध्वनि
echo word प्रतिध्वनिक शब्द
eclipse उपराग, ग्रहण
eclipse, lunar चन्द्रग्रहण
eclipse, partial खंडग्रहण
eclipse, solar सूर्यग्रहण
ecliptic क्रांतिवृत्त, रविमार्ग
ecology परिस्थिति-विज्ञान
economic आर्थिक
economics अर्थशास्त्र
economist अर्थशास्त्री
economy अर्थ-व्यवस्था
ecstasy १. भावातिरेक, अत्यानंद, २. हर्षोन्माद
eczema पामा
edible खाद्य
editing संपादन
edition आवृत्ति, संस्करण
editor संपादक
education शिक्षा
educational शैक्षणिक, शैक्षिक
educationist शैक्षिक
effect प्रभाव
effective प्रभावी, प्राभाविक
efficiency दक्षता, निपुणता
efficiency bar कौशल-बाघ, दक्षता-रोध
effort प्रयत्न
ego अहं
egoism १. अस्मिता, २. अहंकार
egotism अहंकार, अहंमन्यता
eight-wheeler अठपहिया
elastic लचकदार, प्रत्यास्थ
elasticity लचक, प्रत्यास्थता
elder वृद्ध
elderman नगरवृद्ध
elected निर्वाचित
election निर्वाचन, चुनाव
election petition चुनाव-याचिका
election college निर्वाचक-मंडल
electorate निर्वाचक
electricity बिजली
electrolysis विद्युत-विश्लेषण
electrometer विद्युत-मापक
electron इलेक्ट्रॉन
electroscope विद्युत्दर्शी
element तत्त्व
elementary आरंभिक, प्रारंभिक
elevation १. उत्थान, उठान, उत्सेध, २. उन्नयन, ३. उच्चता, उत्सेध ४. उच्चालन
elevator उच्चालक
eligible पात्र
elocution वक्तृत्व-कला
elucidation स्पष्टीकरण

emanation अंश-विभूति
emancipation १.उद्धार, २. मुक्ति
embankment तटबंध, पुश्ता, बाँध
embargo १. तटावरोध, घाट-बंदी, २. निषेध, रोक
embellishment अलंकरण, परिष्करण
embezzlement गबन
embryo भ्रूण
embryology भ्रूण-विज्ञान, भ्रौणिकी
emergency आपात-स्थिति
emergent १. आपातिक, आपाती, २. हंगामी
emery paper बलुआ कागज, रेगमाल
emission उत्सर्जन
emotional भावनात्मक
emphasis १. बल, २. बलाघात
empirical आनुभविक
empiricism प्रत्यक्षवाद
employed नियोजित
employee कर्मचारी
employer नियोक्ता, नियोजक
employment १. रोजगार, २. नौकरी, ३. नियोजन, सेवा-नियोजन
employment exchange रोजगार कार्यालय
enactment आधिनियमन
en bloc एक साथ
encirclement घेरेबंदी
enclave अंतरावर्त
enclosed १. परिवेष्ठित, संवेष्ठित, समवृत, २. अनुलग्न
enclosure १. घेरा, २. समावरण, ३. अनुलग्नक
encounter मुठभेड़
encroachment अतिक्रमण
encumbered भारयुक्त
encumbrance भार
encyclopaedia विश्वकोश
end अंत
endorsed पृष्ठांकित
endorsement पृष्ठांकन
endowment १. धर्मस्व, २. अक्षय-निधि
endurance धैर्य, सहनशक्ति
enema अनुवास, वस्तिकर्म

energy ऊर्जा
enforceable प्रवर्तनीय
enforcement १. प्रवर्तन, २. बाध्यता
engagement १. आबंध, वचन-बंध, २. नियुक्ति, ३. परियुक्ति
engine इंजन
engineer अभियंता, अभियांत्रिक
engineering वि० अभियांत्रिक, सं० इंजीनियरी, अभियंत्रण, अभियांत्रिकी, यंत्रशास्त्र
engrave उकेरना
engraving उकेरी
enlarged परिवर्धित
enlargement परिवर्धन
enquiry पूछ-ताछ
enquiry office पूछ-ताछ घर
enrichment संवर्धन
enrolment नामनिवेश, नाम-लिखाई
enroute मार्ग में, रास्ते में
ensign पोत-ध्वज
ensuant अनुभाव
entente सौहार्द
entered अनुविष्ट, निविष्ट
enterprise १. उद्यम, २. साहस
enterpriser १. उद्यमी, २. साहसी
entertainment १.सत्कार, २. मनोरंजन
entertainment tax मनोरंजन-कर
entitled अधिकारी, हकदार
entry १. प्रविष्टि, २. प्रवेश
enumeration गणना
enumerator गणनाकार
enviable स्पृहणीय
envy असूया
environment पर्यावरण
environmental पर्यावरणी
epicentre अधिकेंद्र, उत्केंद्र, कंपकेंद्र
epidemic मरक, मरी, महामारी
epidemicology मरक-विज्ञान, महामारी-विज्ञान
epigram सुभाषित
epigraph पुरालेख
epigraphist पुरालेखविद्
epigraphy पुरालेखशास्त्र
epilepsy अपस्मार, मिरगी

episode आख्यान
epitaph समाधि-लेख
epoch अनुयुग
equal सम, समान
equality समता
equation समीकरण
equator भूमध्यरेखा, विषुवत्-रेखा
equilateral समभुज
equilibrium साम्यावस्था
equipment उपस्कर, साज-समान
equipped सज्जित
equitable साम्ययुक्त, न्यायोचित
equivalent १. तुल्य, २.समकक्ष
era कल्प
erosion कटाव
errata शुद्धि-पत्र
error भूल
errors and omissions भूल-चूक
erruption स्फोट
esoteric १. गुह्य, २. रहस्यमय
espionage जासूसी
essay निबंध
essence सार
essential अनिवार्य, आवश्यक
established १. सिद्ध, २. सुस्थापित
establishment १. संस्थापन, स्थापन, स्थापना, २. अधिष्ठान
estate संपदा
estate duty संपदा-कर
estimate १. अनुमान, २. तखमीना, ३. प्राक्कलन
estimated अनुमित
estimation १. आकलन, २. मूल्यांकन
estuary ज्वारनदमुख
etcetera आदि, इत्यादि, वगैरह
enternal शाश्वत
ether आकाश
ethics १. आचारशास्त्र, २. नीतिशास्त्र
ethos लोकाचार, लोकस्वभाव
ethnic नृजातीय, संजातीय
etiquette शिष्टाचार
etymology १. निरुक्त, निरुक्ति, २. व्युत्पत्ति, ३. व्युत्पत्ति-विज्ञान
eucalyptus गंध-सफेदा

eunuch हिजड़ा, नपुंसक
evacuee निष्क्रमिती, निष्क्रांत
evaluation मूल्यांकन
eve हौआ
even सम
evening party सांध्य-गोष्ठी
eviction निष्कासन, बेदखली
evidence १. गवाही, साक्षी, २. प्रमाण
evolution विकास
exaggerated अतिरंजित
exaggeration १. अतिरंजन, २. अतिशयोक्ति, अत्युक्ति
examination परीक्षा
examined परीक्षित
examinee परीक्षार्थी
examiner परीक्षक
examining १. परीक्षण, २. समीक्षा
example उदाहरण
excavation उत्खनन, खोदाई
exceeding अधिक, समधिक
excellence प्रकर्ष
excellent अत्युत्तम
except अतिरिक्त
exception अपवाद
exceptional १. अपवादिक, अपवादात्मक, २. असाधारण
excess अतिरिक्त
excessive अतिशय, अत्यधिक
excess profit अतिरिक्त लाभ
exchange १. आदान-प्रदान, २. विनिमय
excise duty आबकारी शुल्क, उत्पाद शुल्क
excited उत्तेजित
excitement उत्तेजना
exclave बहिरावर्त
exclusion अपवर्जन
exclusive १. अनन्य, २. व्यावर्तक
ex-convict पूर्वापराधी
excursion परिमार्गन, सैर
executed निष्पन्न
execution १. निष्पादन, २. कार्यान्वयन, ३. फाँसी
executive १. कार्यपालिका, २. कार्यकारिणी

executor निष्पादक
exemption छूट
excercise १. कसरत, व्यायाम, २. अभ्यास
exertion आयास
exhaust निकास
exhaust fan निकास पंखा
exhibition नुमाइश, प्रदर्शनी
existence १. अस्तित्व, २. भाव
existentialism अस्तित्ववाद
ex-officio पदेन
exogamy बहिर्विवाह
expansionism विस्तारवाद
expectation प्रत्याशा
expediency कालोचितता
expedient कालोचित
expedition अभियान
expelled अपसृत
experience अनुभव, तजरुबा
experiment प्रयोग
experimental प्रायोगिक
experimentalism प्रयोगवाद
experimental science प्रायोगिक विज्ञान
expert प्रवीण
expiration समाप्ति
expiry समाप्ति
explanation १. व्याख्या, २. स्पष्टीकरण
exploitation शोषण
exploiter शोषक
exploration अन्वेषण, गवेषण, समन्वेषण
explosive विस्फोटक
export निर्यात
export duty निर्यात शुल्क
exporter निर्यातक
express आशुग, एक्सप्रेस
expressed अभिव्यंजित, अभिव्यक्त
expression १. अभिव्यंजन, अभिव्यक्ति, २. उक्ति
expressionism अभिव्यंजनवाद
expressive अभिव्यंजक
express letter आशुग-पत्र
expulsion निष्कासन
extended विस्तारित, विस्तृत

extension विस्तार
extensive विस्तृत
extent आयति, प्रसार, विस्तार
extermination उन्मूलन
external बाह्य
extinct लुप्त, विलुप्त, निर्वापित
extinction १. निर्वापण, २. विलोप, ३. समाप्ति
extortion उद्दापन, बलात् ग्रहण
extra अतिरिक्त
extradition प्रत्यर्पण
extraordinary असाधारण
extremism अतिवाद, उग्रवाद
extremist अतिवादी, उग्रवादी
eye-ball अक्षि-गोलक
eye-witness अक्षि-साक्षी, अनुभावी, दर्शन-साक्षी

F

fable दंतकथा
facsimile अनुलिपि, प्रतिकृति, प्रतिमुद्रण
fact तथ्य
factor १. कारक, घटक, २. उपादान, ३. अपवर्तक, गुणन-खंड (गणित)
factory उद्योगालय, कारखाना
faculty १. मनीषा, २. संकल्प, ३. संकाय
faith आस्था, विश्वास
fallacy हेत्वाभास
fallow पड़ती (जमीन)
family १. कुल, २. परिवार
family planning परिवार-नियोजन
farewell विदाई
far-fetched क्लिष्ट-कल्पित
farm फारम
fashion भूषाचार, फैशन
fast उपवास
fat वसा
fatal घातक, सांघातिक
fatherland पितृदेश
fatty वसीय
fault दोष
favour अनुग्रह
federal संघीय
federal-court संघ-न्यायालय
federation संघ

feeder भरक, फीडर, संभरक
felon महापराधी
felony महापराध
feminine स्त्रीलिंग
fertile उपजाऊ, उर्वर
fertility उपजाऊपन, उर्वरता
fertilizer उर्वरक
festival त्योहार
feudal सामंतिक, सामंती
feudalism १. सामंतवाद, २. सामंतशाही
feudal system १. सामंत-तंत्र, २. सामंत-प्रणाली, ३. सामंत-प्रथा
fibre तंतु, रेशा
fiction कथा-साहित्य
fictitious फर्जी
fifth column पंचमांग
fifth columnist पंचमांगी
figurative आलंकारिक
figure १. अंक, २. आकृति
figured उच्चित्र, चित्रित
figure of speech अलंकार
filament तंतु
file १. नत्थी, संचिका, २. पत्रजात, मिसिल, ३. रेती
filed १. दाखिल, २. नस्तित
fill-in-blanks पद-पूरण
filmed चल-चित्रित
filming चल-चित्रण
filtration छानना, निस्यंदन
final अंतिम, आत्यंतिक
finance वित्त
finance bill वित्त-विधेयक
finance minister अर्थमंत्री, वित्त-मंत्री
finances वित्त-साधन
financial वित्तीय
financial year वित्त-वर्ष, वित्तीय वर्ष
finding निष्कर्ष
fine सं० अर्थदंड, जुरमाना, वि० १. ललित, २. सूक्ष्म
fine arts ललित कला
finger-print अंगुली छाप, उँगली छाप
fire अग्नि, आग
fire-arms आग्नेय अस्त्र, आग्नेयास्त्र
fire-brigade दम-कल
fire-extinguisher अग्निशामक
fire line अग्निरक्षक रेखा, अग्निरेखा
fire-proof अग्निसह
fire-red आतिशी
fire-wood ईंधन
fire works आतिशबाजी
firm कोठी
firmament महाव्योम
first aid प्राथमिक चिकित्सा
firstly प्रथमत:
first person उत्तम पुरुष
fission विखंडन
fistula भगंदर
fit उपयुक्त
fixed price स्थिर मूल्य
flag झंडा
flag day झंडा-दिवस
flag-hoisting ध्वजारोहण
flag pole ध्वजदंड
flag ship ध्वजपोत
flash light कौंधप्रकाश
flavour आस्वाद
fleet बेड़ा
fleshy मांसल
flexible आनम्य
flint चकमक
floating चल
floating island चलद्वीप
flower फूल
flower-leaf फूल-पत्ती
fluctuation उतार-चढ़ाव
flying चल
flying dish उड़न-तश्तरी, उड़न-थाल
flying fortress उड़न-किला
flying saucer उड़न-तश्तरी, उड़न-थाल
flying sqad उड़न-दस्ता, उड़ाका दल
foetus भ्रूण
fog धुंध
foil पर्ण
folding १. टूटदार, टटवाँ, २. वलनिक
folk dance लोकनृत्य
folk literature लोक-साहित्य
folk lore लोकवार्ता
folk song लोकगीत
follower अनुयायी
fomentation सेंक, सेंकाई
foodgrains खाद्यान्न
foot-note तल-टीप, पाद-टिप्पणी
foot-rule फुटा
footwear पादुका
for कृते (हस्ताक्षर के पहले)
forbidden वर्जित
force १. बल, २. शक्ति
forced जबरी, बलात्
forceps चिमटी
fore-arm पूर्वबाहु
forecast पूर्वानुमान
forefathers पूर्वपुरुष, पूर्वज
foreign minister परराष्ट्र मंत्री
foreign policy परराष्ट्र नीति
foresight १. पूर्वदृष्टि, २. मक्खी (बन्दूक की)
forest culture वन-संस्कृति
forest ranger राजिक, वनपाल
forethought पूर्वविचार
forgery जाल, जालसाजी
form १. प्रपत्र, २. संरचना, ३. विधा
formal औपचारिक, रीतिक
formalism १. नियम-निष्ठा, २. रीतिवाद
formality औपचारिकता
formally उपचारात्
formal talk वार्ता
formation बनावट
formula सूत्र
fort किला, गढ़, दुर्ग
for the time being समय विशेष पर
fortnight पक्ष
fortnightly पाक्षिक
forum वाक्पीठ
forwarding अग्रसारण
fossil जीवाश्म
foundation stone आधारशिला, नींव का पत्थर
fraction १. खंड, अंश, २. भिन्न (गणित)
fracture अस्थिभंग, कांडभंग, विभंग
franchise मताधिकार
fraud कपट, छल

fraudulent कपटपूर्ण
free १. स्वतंत्र, मुक्त २. नि:शुल्क
freedom स्वतंत्रता
free trade अबाध व्यापार, मुक्त व्यापार
free zone मुक्तक्षेत्र
freight भाड़ा, माल-भाड़ा
frenzy आवेश
frequency आवृत्ति, बारंबारता
frequent बारंबार
fresco भित्ति-चित्र
friction घर्षण
frigid zone शीत-कटिबंध
front elevation पुरोदर्शन
frontier सीमा
frost तुषार, पाला
frost-bite तुषार-दंश
frosty हिमी
fruit-sugar फल-शर्करा
frustrated कुंठित, कुंठाग्रस्त
frustration कुंठा, हताशा
fuel ईंधन
full marks पूर्णांक
full stop पूर्णविराम
fumigation धूमन
function १. कार्य, प्रकार्य, २. समारोह
functional कार्यात्मक, प्रकार्यात्मक
functionary कार्यकर्ता
fund निधि
fundamental मूलभूत, मौलिक
funding निधियन
fungus कवक, खुर्मी, छत्रक, फफूँद, फफूँदी
funnel १. कीप, २. चिमनी
furniture उपस्कर, उपस्कार, साज
fusion संलयन
further अपर
future संभावित, भविष्यत्
futurism भविष्यवाद
futurity भविष्यता

G

gain १. प्राप्ति, २. लाभ
galaxy आकाश-गंगा, छायापथ, मंदाकिनी
gale वात्या
gall bladder पित्ताशय
gallery दीर्घा, वीथी, गैलरी
galvanization यशदीकरण
game १. खेल, २. आखेट
gang leader टोली नेता
gangue असार
garden house उद्यान-गृह
garden party उद्यान-गोष्ठी
gaseous गैसीय
gaso-meter गैसमापी
gastritis आमाशय-शोथ
gazette राजपत्र
gazetted राजपत्रित
gazetteer गजेटियर
geneology वंशावली
general १. आम, सार्विक, २. सामान्य
general election आम चुनाव, साधारण निर्वाचन
generalisation साधारणीकरण
generality १. सामान्यता, २. व्याप्ति
general secretary प्रधान सचिव
generation पीढ़ी, पुश्त
genetic जननिक
genetics आनुवंशिक विज्ञान, आनुवंशिकी
genius प्रतिभा
genocide १. जनसंहार, २. जाति-नाश, जाति-वध
gentry भद्रजन
genuine अकूट, असली
genus वंश, जीनस
geodesy भूगणित
geognosy भूतत्व विज्ञान
geographical भौगोलिक
geography भूगोल
geology भूविज्ञान, भौतिकी
geometry ज्यामिति
geophysics भू-भौतिकी
germ कीटाणु
germination अंकुरण
gesture मुद्रा, भंगिमा
gift १. उपहार, भेंट, २. दान
gift-deed दानपत्र
gilt-edged स्वर्णाभ
glacier हिमनदी, हिमानी
gladness आह्लाद
glance झाँकी
glass काँच, शीशा
global १. सार्वभौमिक, २. भूमंडलीय
globe १. गोलक, २. भूमंडल
gloom विषाद
glorification प्रशस्ति
glossary शब्दावली
glucose द्राक्ष-शर्करा
glycerine ग्लिसरिन
goal लक्ष्य, ध्येय
goal keeper गोली
goiter गलगंड, घेघा
golden सुनहला, स्वर्ण
golden jubilee स्वर्ण-जयन्ती
golden yellow सोना-जरद
gold standard स्वर्ण मान
gonorrhoea सूजाक
good conduct सदाचार
good conductor सुचालक
good-will १. सुनाम, २. सद्भावना
gorilla गौरिल्ला (जन्तु)
governance अभिशासन, शासन
governing अधिशासनिक, अधिशासी
governing body शासी निकाय
government शासन, सरकार
governor १. नियंत्रक, २. राज्यपाल
gradation १. पदक्रम, २. श्रेणीकरण
grade श्रेणी
graded १. क्रमिक, २. श्रेणीकृत
grading क्रमिक
gradualism क्रमवाद, क्रमिकतावाद
gradually क्रमत:, क्रमश:
graduate स्नातक
graduated १. अंशांकित, २. क्रमित
graduation अंशांकन
grafting घूसखोरी
grain अनाज, अन्न, गल्ला
granary अन्नागार
grant अनुदान
graph १. खाका, विंदु-रेखा, २. लेखाचित्र
gratification अनुतोष, अनुतोषण, परितोष
gratuity सेवा-पुरस्कार
grave गंभीर

gravel बजरी
gravimeter भारमापी
gravitation गुरुत्वाकर्षण
gravity गुरुत्व, मध्याकर्षण
grey धूसर
greatest १. अधिकतम, २. महत्तम
greatness महत्ता, महानता, गुरुता
great power महाशक्ति
great war महायुद्ध
greed लोभ
greedy लोभी
green हरा
green manure हरी खाद
green pigeon हारिल
grenade हथ-गोला
grid जालक, ग्रिड
grief दुख
grievance शिकायत
gross सकल, कुल
ground १. जमीन, भूमि, २. आधारभूमि, ३. आधार
group समूह, वर्ग, ग्रुप
group consciousness समूह-चेतना
group discussion समूह-परिचर्चा
group feeling समूह-भावना
group interest वर्गहित
groupism दलबंदी, गुटबंदी
growth वृद्धि, संवृद्धि
guarantee प्रत्यभूति, गारंटी
guardian अभिभावक, संरक्षक
guerilla छापामार
guerilla warfare छापामार-लड़ाई
guess अटकल, अनुमान
guessed अनुमित
guest अतिथि, मेहमान
guest house अतिथि-शाला
guild श्रेणी
guilt दोष
guinea worm नहरुआ
gulf आखात, खाड़ी
gun carriage अराबा, तोपगाड़ी
gutter press पनालिया-पत्र
gutturopalatal कंठ्य-तालव्य
gynarchy स्त्री-राज्य
gypsum चिरोड़ी, सफेद सुरमा
gyration विघूर्णन
gyrostat घूर्णिका

H

habeas corpus बंदी प्रत्यक्षीकरण
habit आदत
haemocology रुधिर-विज्ञान
hair dressing केश-संभारण
hair-dye केश-कल्प
hair-style केश-विन्यास
half अर्ध
half-yearly छमाही, अर्धवार्षिक
hallucination मतिभ्रम, विभ्रम
halo परिवेश, प्रभामंडल, आभामंडल
hammer १. हथौड़ा, हथौड़ी, २. घोड़ा (बन्दूक का)
handbill परचा
handbomb हथगोला
handbook हस्त-पुस्तिका
handicraft हस्तशिल्प
handle हत्था
handloom करघा, हथकरघा
handwriting लिखावट, हस्तलिपि, हस्तांक
haphazard अललटप्पू, अव्यवस्थित
happiness आनन्द
harbour बंदरगाह
harmony ताल-मेल, संगति, समरसता
harvest फसल
head १. शीर्ष, २. सिर
heading शीर्षक
head-lamp अग्रदीप
headmaster प्रधानाध्यापक, मुख्याध्यापक
head of cattle रास
head office प्रधान कार्यालय, मुख्यालय
head quarter मुख्यालय
health स्वास्थ्य
health certificate आरोग्य-प्रमाणपत्र
healthy स्वस्थ
hearing सुनवाई
hearsay अनुश्रुति
heart कलेजा, हृदय
heart disease हृदरोग
heart failure हार्टफेल
heart plexus अनाहत-चक्र
heat उष्मा, ताप
heater उष्मक, तापक
heat-proof तापसह
heat treatment तापोचार
heat-wave ताप-तरंग
heaven स्वर्ग
heavy water भारी पानी
hebrew इबरानी
hedonism इंद्रियवाद
height ऊँचाई
heir उत्तराधिकारी, दायाधिकारी
heliographic सूर्य-चित्रीय
helminthology कृमि-विज्ञान
helpless असहाय, मजबूर, लाचार
hemiplegia अर्धांग, पक्षाघात
hemisphere गोलार्द्ध
hence अत:
herald १. अग्रदूत, २. वैजयंतिक
hereby एतद्वारा
hereditary आनुवंशिक, वंशानुक्रमिक
heredity आनुवंशिकता
hermaphrodite उभयलिंगी, द्वि-लिंगी
hero-worship वीरपूजा
herpetology सरीसृप-विज्ञान
herring बहुला
hesitation असमंजस, हिचक
heterogeneous विजातीय, विषमांग
hettite हित्ती
hexagon षट्भुज
hexagonal षट्कोण
hibernation परिशयन, परिनिद्रा
hiccup हिचकी
hidden प्रच्छन्न
hierarchy धर्मसत्ता
high blood pressure उच्च रक्त-चाप
high commissioner उच्चायुक्त
high court उच्च न्यायालय
high level उच्चस्तरीय
highlights झलकियाँ, मुख्य बातें
high seas अबाध समुद्र, खुला समुद्र, महासमुद्र

high vaccum अतिनिर्वात
hindrance अड़चन
histology ऊतक-विज्ञान, औतिकी
historical ऐतिहासिक
history इतिहास
history-sheet इतिवृत्तक
history-sheeter इतिवृत्ती
hoarder जखीरेदार, जमाखोर
hoarding १. गाड़ना, २. जखीरेदारी, ३. अपसंचय, जमाखोरी
hobby शगल
hogdeer पाढ़ा
holdall बिस्तर-बंद
holograph स्वलेख
home १. गृह, घर, २. स्वराष्ट्र
homeguard गृहरक्षक, होमगार्ड
home minister गृहमंत्री, स्वराष्ट्र-मंत्री
home ministry गृह-मंत्रालय
home secretary गृहसचिव
homesick गृहासक्त
homicide मानव-हत्या
homogeneous १. समांग, २. सहजातिक
homologous समजातीय
homonym समनाम
homonymy समनामता
homonymous समध्वनिक
honest ईमानदार
honesty ईमानदारी
honeymoon सुहागरात, मधुयामिनी
honorarium मानदेय
hononary अवैतनिक
honour मान, सम्मान, कीर्ति
honourable माननीय
honouring (of a draft) सकारना
hook-worm अंकुश-कृमि
hope आशा
horizon क्षितिज
horizontal १. क्षैतिज, समस्तरीय, २. अनुप्रस्थ
hormone अंत:स्राव, हारमोन
horoscope १. जन्म-कुंडली, २. जन्मपत्री

horse power अश्व-शक्ति
horticulture उद्यान-कर्म, उद्यान-विज्ञान
host आतिथेय, मेजबान
hostage बंधक
hostel छात्रावास
hostile १. प्रतिपक्षी, विरोधी, २. शत्रुतापूर्ण
house १. घर, मकान, २. सदन
house-boat शिकारा
House of Commons लोक-सभा
House of Lords सामंत-सभा
House of Peoples लोकसभा
howler बहक
human मानव
humanism मानवतावाद
humanitarian मानवतावादी, लोकोपकारी
humanities मानविकी
humanity मानवता
humanization मानवीकरण
human rights मानवाधिकार
human value मानवमूल्य
humiliation मानमर्दन
humility विनयशीलता
hunger-strike अनशन
hurdle बाधा
hurricane प्रभंजन
husk १. भूसा, २. तूसी, भूसी
hydraulic उदिक, तोयालिक, द्रवचालित
hydraulics द्रव-इंजीनियरी
hydrocele अंडवृद्धि
hydro-electricity पन-बिजली, जल विद्युत
hydrogen उदजन
hydrography जल-लेखी
hydrology जल-विज्ञान
hydrolysis जल-विश्लेषण
hydrometer जल-मापक
hydroplane जल-वायुयान
hydrophobia जल-भीति, जल-संत्रास, जलांतक
hygiene स्वास्थ्य-विज्ञान
hygrometer आर्द्रतामापी
hyphen योजिका, संयोजन-चिन्ह
hyperbole अतिशयोक्ति

hypnotism सम्मोहन
hypnotist सम्मोहक
hypochondria स्वकाय दुश्चिंता
hypocrisy पाखंड
hypogastric plexus स्वाधिष्ठान (चक्र)
hypothecated मालबंधित
hypothecation मालबंधन
hypothesis प्राक्कल्पना
hypothetical १. सोपाधिक, २. प्राक्काल्पनिक
hysteria हिस्टीरिया

I

iceage हिमयुग
iceberg हिमशैल
idea प्रत्यय, विचार
ideal आदर्श
idealism १. आदर्शवाद, २. प्रत्ययवाद
idealist आदर्श-प्रिय, आदर्शवादी
idealization आदर्शीकरण
identification पहचान, शिनाख्त
identity १. पहचान, शिनाख्त, २. तद्रूपरता, तादाम्य, ३. एकात्मता
ideogram चित्राक्षर
ideography भावांकन, भावलिपि
ideology विचार-धारा, वैचारिकी
idiot जड़मति
igneous अग्निज, आग्नेय
ignominy अपयश
ignorance अनभिज्ञता
ill-advised कुमंत्रित
illegal अवैध
illegal practice अवैधाचरण, अवैधाचार
illegible अपाठ्य
illegitimacy जारजत्व, अधर्मजता
illegitimate १. अवैध, २. अधर्मज, जारज
illicit १. अवैध, २. अयुक्त
illiteracy निरक्षरता
illiterate निरक्षर
ill-mannered अशिष्ट, बेअदब
ill-treatment दुर्व्यवहार
illumination १. प्रकाश-व्यवस्था, प्रदीप्ति, २. सजावट, अलंकरण
illusion १. भ्रम, २. माया

illustration १. चित्रण, २. चित्र, ३. निदर्शन
imaginable कल्पनीय
imagery बिंब-विधान
imaginary कल्पित, काल्पनिक
imagination कल्पना
imbalance असंतुलन
imitation १. अनुकरण, २. अनुकृति
imitator अनुकारक
immature अपक्व, अप्रौढ़
immeasurable अमापनीय
immersion निमज्जन
immigrant आप्रवासी
immigration आप्रवास, आप्रवासन
immoderate अमर्याद
immodest अविनीत
immodesty अविनय
immoral अनैतिक
immorality अनाचार, अनैतिकता
immovable अचल, स्थावर
imovable property अचल संपत्ति
immune निरापद, प्रतिरक्षित
immunity निरापदता, प्रतिरक्षा
impact १. प्रभाव, समाघात
impartial निष्पक्ष
impartiality निष्पक्षता
impatience अधीरता
impatient अधीर
impeachment महाभियोग
imperative १. आज्ञार्थक, २. अनिवार्य
imperative mood विधि (व्याकरण)
imperceptible अगोचर
imperfect अधूरा, अपूर्ण
imperialism साम्राज्यवाद
imperialist साम्राज्यवादी
imperishable अविनश्वर
impersonal निर्वैयक्तिक
impersonal use भावे प्रयोग
implement उपकरण
implementation १. कार्यान्वयन, २. परिपालन
implication विवक्षा, निहितार्थ
implied विवक्षित
import आयात, आवक
importance महत्त्व
import duty आयात-शुल्क
imported आयातित
imprisoned कारारुद्ध
imprisonment कारावास, कैद
improbable असंभाव्य
impulse आवेग
inadvertence असावधानता
incentive प्रोत्साहन
incest अगम्यागमन
in-charge प्रभारी
incidence भार
incidental आनुषंगिक
incited उत्तेजित
incitement उत्तेजना
inclination १. झुकाव, नति, २. प्रवृत्ति
included समावेशित
inclusion समावेशन, समावेश
incombustible अदह्य
income आय
income-tax आय-कर
incomparable १. अतुल्य, २. अनुपम, बेजोड़
incomplete अधूरा, अपूर्ण
incomprehensible अबोध्य
inconceivable अचिंत्य, अभावनीय
incongruity विसंगति
incongruous विसंगत
inconsistency असंगति
incorporated निगमित
incorporation निगमीकरण
increment वृद्धि, वेतनवृद्धि
incubation परिपाक
incurable अचिकित्स्य, असाध्य
incurred उपगत
indebtedness ऋणग्रस्तता
independence स्वतंत्रता
index १. अनुक्रमणिका, २. विषयानुक्रमणिका
index number सूचकांक
Indianisation भारतीयकरण
indictment अभ्यारोपण
indifferent उदासीन
indigenous देशज
indigestion अपच
indigo नील
indirect १. अप्रत्यक्ष, २. परोक्ष
indirect description अप्रस्तुत प्रशंसा
indirect election अप्रत्यक्ष निर्वाचन, परोक्ष निर्वाचन
indirect tax अप्रत्यक्ष कर, परोक्ष कर
indistinct अस्पष्ट
individual व्यक्तिगत, वैयक्तिक
individualism व्यक्तिवाद
individualist व्यक्तिवादी
individuality वैयक्तिकता
Indology भारत-विद्या
induction १. अनुगम, २. आगम, ३. प्रेरणा
industrial औद्योगिक
industrialisation उद्योगीकरण
industrialist उद्योगपति
industry उद्योग
ineffective निष्प्रभावी
inefficiency अदक्षता, अकुशलता
inefficient अदक्ष, अकुशल
ineligibility अपात्रता
ineligible अपात्र
inequality असमानता, असमता
inert अक्रिय, जड़
inertia अक्रियता, जड़ता, जड़त्व
inevitability अनिवार्यता, अपरिहार्यता
inevitable अनिवार्य, अपरिहार्य
inexpedient असमीचीन
inexplicable अव्याख्येय
inexpressible अनिर्वचनीय
infamy अपकीर्ति, बदनामी
infant शिशु
infectious छुतहा, संसर्गज
inference १. अनुमान, अनुमिति, २. अध्याहरण, अध्याहार
inferior १. अधोवर्ती, निचला, २. अवर, ३. घटिया, ४. हीन
inferiority complex हीनभावना
inferior service अपर-सेवा
inferred १. अनुमति, २. अध्याहृत
infiltration घुसपैठ
infiltrator घुसपैठिया
infinite अनंत, अपरिमित
infinity अनंतता

infirmary रुग्णालय, चिकित्सा-शाला
infix मध्य प्रत्यय
inflammation शोथ, सूजन
inflated स्फीत
inflation १. स्फीति, २. मुद्रा-स्फीति
influence प्रभाव
influential प्रभावशाली
influx अंतरागम
in force १. प्रचलित, २. बलवत्
informal १. अनौपचारिक, २. अरीतिक
information सूचना
informational bureau सूचनालय
information officer सूचना अधिकारी
infrastructure आधारिक संरचना
infringement अतिलंघन
ingot धातु-खंड, सिल
inherent अंतर्निहित
inheritance उत्तराधिकार, विरासत
inheritor उत्तराधिकारी, वारिस
initial वि० आदिक, सं० आद्याक्षर
initialled आद्याक्षरित
initiative पहल
injection सुई
injunction व्यादेश
injury आघात
ink स्याही
inland अंतर्देशीय
inmates संस्थावासी
inner being अंत:सत्ता
inner circle आंतर-चक्र
inner conscience अंतश्चेतना
inner feeling अंतर्भावना
innings पाली
innocence निर्दोषिता, निरीहता
innocent निर्दोष, निरीह
innovation १. नवप्रवर्तन, नवोत्पाद
inoperative अप्रवर्ती
inordinate अमित, अत्यधिक
inorganic अजैव
in part अंशत:
input निवेश, निविष्टि
inscribed circle अंतर्वृत्त
inscription शिलालेख
insectivorous कीट-भोजी

insemination संसेचन
inseparable अविच्छेद्य
inserted सन्निविष्ट, निवेशित
insertion निवेशन
insight अंतर्दृष्टि
insolation आतप, सूर्यताप
insolvent दिवालिया
insomnia अनिद्रा, उन्निद्र (रोग)
inspection निरीक्षण
inspector निरीक्षक
inspiration प्रेरणा
installation प्रस्थापन, संस्थापन
instalment किस्त, खंडनी, खंडिका
instance दृष्टांत
instinct सहजबुद्धि
instinctive सहज, साहजिक
institute १. ज्ञानालय, २. पीठ, ३. संस्था, संस्थान
institutional संस्थागत, सांस्थानिक
instruction १. अनुदेश, हिदायत, २. अनुदेशन
instructor अनुदेशक
instrument १. औजार, २. करण, ३. साधन
instrumental case करणकारक (व्या०)
instrumental music वाद्यसंगीत
insulator उष्मारोधक
insulin इन्सुलीन, मधु-सूदनी
insult अपमान
insurance बीमा
insured बीमाकृत
integration एकीकरण
integrated एकीकृत
integrated circuit एकीकृत सरकिट
integrity ईमानदारी, सत्यनिष्ठा
intellect प्रज्ञा, बुद्धि
intellectual बौद्धिक
intellectualism प्रज्ञावाद, बुद्धिवाद
intellectualist बुद्धिवादी
intelligence १. बुद्धि, कुशाग्रता २. आसूचना
intelligentia बुद्धिजीवी वर्ग, प्रबुद्ध वर्ग
intelligible बोधगम्य, बुद्धिगम्य
intended अभिप्रेत
intense अतिशय, अत्यंत, उत्कट, तीव्र

intensity तीव्रता
intensive गहन
intent अभिप्राय
intention १. आशय, २. नीयत
interaction अंतरक्रिया
inter-caste अंतर्जातीय
intercepted अंतरावरोधित
interception अंतरावरोधन
interchange अन्तर्विनिमय
intercultural अंतर-सांस्कृतिक
interest १. अभिरुचि, दिलचस्पी, रस, २. स्वार्थ, हित, ३. ब्याज, सूद
interference हस्तक्षेप
interim अंतरिम
interim order अंतरिम आदेश
interleaved अंतर्पत्रित
interleaving अंतर्पत्रण
intermediary मध्यवर्ती
intermediate अंतर्वर्ती
intermittent सविराम
inter-molecular अंतरणुक
internal १. अंतस्थ, आंतरिक, आभ्यंतर
internal trade आंतरिक व्यापार
international अंतर्राष्ट्रीय
internationalism अंतर्राष्ट्रवाद
international law अंतर्राष्ट्रीय विधि
internment नजरबंदी
interpolation अंतर्वेशन
interpretation अर्थापन, निर्वचन, विवृति
interprovincial अंतर्प्रांतीय
interruption १. व्यवधान, २. बाधा
inter-stellar अंतर्ग्रही
interval मध्यांतर
intestine अंत्र, आँत
intimacy आत्मीयता, घनिष्ठता
intimate आत्मीय, घनिष्ठ
intransitive verb अकर्मक क्रिया
intrinsic आंतर, आंतरिक
intrinsic value आंतरिक मूल्य
introduction प्रस्तावना
introspection अंतर्दर्शन
intruder घुसपैठिया
intrusion घुसपैठ
intuition अंतर्ज्ञान, अंत:प्रज्ञा

intuitional अंत:प्रज्ञात्मक
intuitionalism अंत:प्रज्ञावाद
intuitive अंत:प्रज्ञाजन्य
intuitiveness अंत:प्रज्ञा
invalid १. अमान्य, २. अवैध, ३. असमर्थ, अशक्त
invalidated अमान्यकृत
invented आविष्कृत
invention आविष्कार, ईजाद
inventor आविष्कर्ता, आविष्कारक, उपज्ञाता
inventory तालिका
inversion उत्क्रमण, विपरिवर्तन, विपर्यास
inverted विपर्यस्त
investigation अन्वेषण, जाँच-पड़ताल
investiture मानाभिषेक
investment निवेश
invigilator अभिजागर
invisible अदृश्य
invoice बीजक
involuntary अनैच्छिक
involved अंतर्ग्रस्त
inward आवक
iron लोहा
iron-age लौहयुग
iron curtain लौह-आवरण
irony व्यंग
irregular अनियमित
irrelevant असंबद्ध, विसंगत
irresponsible अनुत्तरदायी
irrigation सिंचाई, आबपाशी
ism वाद
isolation आतपन
issue १. निर्गम, २. वादपत्र
issue capital निर्गमित पूँजी
issue of fact तथ्य वादपद
issue of law विधि वादपद
issue price निर्गम-मूल्य
ivory हाथी दाँत

J

jacket वाह्यावरण, पुस्तकावरण
jack fruit कटहल
jade संगयशब
jail कारा, कारागार, कैदखाना
jailor कारागारिक, कारापाल
jaundice कमल, कामला, पीलिया
jealousy ईर्ष्या, मात्सर्य
jelly अवलेह
jerk झटका
jet black कोयली (रंग)
job काम, फुटकर छपाई
joint संयुक्त
joint account संयुक्त-खाता
journal पत्रिका
journalism पत्रकारिता
journalist पत्रकार
jubilee जयंती
judicial न्यायिक
judicial authority न्यायिक अधिकारी
judiciary न्यायतंत्र, न्यायपालिका, न्यायांग
juice रस
junction संगम
junior कनिष्ठ, अवर
jupiter बृहस्पति
jurisdiction १. अधिक्षेत्र, अधिकार-क्षेत्र, २. क्षेत्राधिकार
jurisprudence न्यायशास्त्र, विधिशास्त्र
jurist विधिवेत्ता, न्यायशास्त्री
jury १. अधिनिर्णायक, जूरी, ज्यूरी, न्यायसभ्य, २. पंच
just न्यायसंगत
justice न्यायमूर्ति
justifiable न्यायोचित
justification औचित्य
juvenile अल्पवयस्क
juvenile literature बाल-साहित्य
juxtaposition संस्थिति

K

keel नौतल
key कुंजी
kick ठोकर, पदाघात
kidnapping अपहरण
kidney गुरदा, वृक्क
kind प्रकार
kindness कृपा
kindred सगोत्र
kingfisher किरकिरा, किलकिला (पक्षी)
kingship राजत्व, राजशाही, शाही
king's yellow अमलतासी
kinsman सगोत्र
kinship सगोत्रता
kinsmen बंधु-बांधव, स्वजन
know-how तकनीकी जानकारी

L

label नामपत्र, लेबल
laboratory प्रयोगशाला
labour १. श्रम, २. श्रमिक, मजदूर
labour bureau श्रम-कार्यालय
labour dispute श्रम-विवाद
labourer श्रमिक, मजदूर, कामगार
labour room प्रसूति भवन, सौरी
labour union श्रम-संघ
labour welfare श्रमिक कल्याण-कार्य
labyrinth भूल-भूलैया
laconic अल्पाक्षरिक
lacrimal gland अश्रु-ग्रंथि
lactiferous आक्षीरी, दूधिया
lactometer दुग्ध-मापक
lacuna रिक्ति, रिक्तिका
lake-dwelling जल-निवास
lampoon अवगति
land १. जमीन, भूमि, २. स्थल
landing ground अवतरण-भूमि
land revenue भू-आगम, मालगुजारी, राजस्व
landscape भूदृश्य
land-slip भूस्खलन
land-survey भू-सर्वेक्षण
land-tenure भूधृति, पट्टेदारी
lane गली
lapis lazuli वैदूर्य मणि
lapsed व्यपगत
larva डिंभ
larynx स्वर-नली
lassitude अवसाद, शिथिलता
lasso फाँसा
last अंतिम
lastly अंतत:
late स्वर्गीय
late fee विलंब-शुल्क
latent १. अंतर्हित, २. निगूढ़
later १. अंततर, २. परवर्ती

latest नवीनतम
latitude अक्षांश
latteral पार्श्विक
laughter अट्टहास, ठहाका
launching जलावतरण
lavatory शौचालय
lavender चमेलिया (रंग)
law विधान, विधि
law-breaker विधि-भंजक
lawfully विधित:
law-maker विधि-कर्ता
lawn दूर्वा-क्षेत्र, प्रस्तार
law of contract संविदा-प्रविधि
law of jungle जंगल का कानून
lawyer विधिवेत्ता
laxity शैथिल्य
layout अभिन्यास
lead सीसा
leader १. अग्रलेख, २. नेता
leader of the house सदन-नेता
leading article अग्रलेख
leaf पर्ण
league of nations राष्ट्रसंघ
leap year अधिवर्ष, लौंद का साल
lease पट्टा
lease-deed पट्टानामा
lease holder पट्टाधारी
leave account अवकाश-लेखा
lecture भाषण
ledger खाता, खाता-बही, प्रपंजी
legacy रिक्त
legal विधिक
legal proceeding विधिक-व्यवहार
legal representative विधिक प्रतिनिधि
legation दूतावास
legend १. अनुश्रुति, २. आख्यान
legendary १. अनुश्रुत, २. आख्यानिक
legendary person आख्यान-पुरुष
legislative assembly विधान-सभा
legislative council विधान-परिषद
legislator विधायक
legislature विधान-मंडल, विधानांग
legitimacy वैधता
legitimate वैध
leguminous फलीदार
length लंबाई, दीर्घता
leprosy कुष्ठ, कोढ़
lesson पाठ
letter १. अक्षर, २. चिट्ठी, पत्र
letter book पत्रपंजी
letter-box पत्रपेटी
letter of request निवेदन-पत्र
letter-pad पत्राली
letters patent अधिकार-लेख, एकस्व-पत्र
leucoderma श्वेत कुष्ठ
leucorrhoea प्रदर, श्वेतप्रदर
level १. तल, सतह, २. स्तर
levelling चौरसाई, समतलन
levy उगाही, उद्ग्रहण
lexicographer कोशकार
lexicography कोश-रचना
lexicology कोश-कला, कोश-विज्ञान
lexicon कोश
liability दायित्व, देन, धार्यत्व
liaison officer संपर्क अधिकारी
libel अपमान लेख
liberal उदार
liberalization उदारीकरण
liberalism उदारतावाद
liberty स्वतंत्रता
liberty of thought विचार-स्वातंत्र्य
librarian पुस्तकालयाध्यक्ष, पुस्तपाल
licence १. अनुज्ञप्ति, अनुज्ञा, २. अनुज्ञापत्र
licencee अनुज्ञप्ति-धारी
licence-holder अनुज्ञप्ति-धारी
licencing officer अनुज्ञा-अधिकारी
life जीवन
life-boat जीवन-नौका
life-certificate जीवन-प्रमाणक
life companion जीवन-संगी
life history जीवनवृत्त
life insurance जीवन बीमा
lift १. उठावन, २. लिफ्ट
ligament स्नायु
light प्रकाश
lighthouse कंडीलिया, दीप-घर, प्रकाश-स्तंभ
light marron उन्नाबी
lighting बिजली
lightning arrestor तड़ित-रक्षक, बिजली-बचाव
lightning conductor तड़ित रक्षक
light year प्रकाश-वर्ष
like सदृश
limestone चूना-पत्थर
limit सीमा
limited परिमित, परिसीमित, सीमित
limitless असीम
line-drawing स्याह-कलम
linguist भाषाविज्ञानी, बहुभाषाविद्
linguistics भाषाविज्ञान
liquidation परिसमापन
liquidator परिसमापक
list सूची
literacy साक्षरता
literate साक्षर
literature साहित्य
lithograph प्रस्तर-मुद्रण, शिला-मुद्रण
liver यकृत
live-stock पशुधन
living wage निर्वाह-भृति, निर्वाहिका
load भार
loam १. दुम्मट, दोमट (जमीन), २. दो-रसी मिट्टी
lobby गोष्ठी-कक्ष
local स्थानीय
local authority स्थानिक अधिकारी
local board स्थानिक परिषद
localization स्थानीयकरण
localized स्थानीकृत
local self-government स्थानिक स्वायत्त शासन
local tax स्थानिक कर
location अवस्थिति
lock-jaw हनुस्तंभ
lock-out तालाबंदी
lock-up house हवालात
locomotive रेल-इंजन
locus standi सुने जाने का अधिकार
lodging house यात्रीगृह, पर्यटक-निवास

logic १. तर्कशास्त्र, २. तर्क
logical तर्कसंगत
logistics सैन्य-तंत्र
logo शुभंकर
longing उत्कंठा
longitude देशांतर
long-term दीर्घकालिक, बहुकालिक
loop छल्ला
loop-device छल्ला-विधि
loss १. घाटा, २. हानि
lot भाग्य-पत्रक
lottery भाग्यदा, लाटरी
louse जूँ
lower निचला, निम्नतर
lower court निचला न्यायालय
loyal निष्ठावान
lubricant स्नेहक
lubricating स्निग्ध
lubrication स्नेहन
luminosity जगमगाहट, दीप्ति
luminous दीप्त
lunar month चांद्रमास
lunar-year चांद्रवर्ष
lunch time भोजनावकाश
lung फेफड़ा
luxury विलास
lymph लसीका, लासक
lyric प्रगीत
lyrical प्रगीतात्मक

M

mace १. गदा, २. जावित्री
Macedonia मकदूनिया
machine कल, पेंच, यंत्र
machinary १. मशीनरी, यंत्र-समूह, २. व्यवस्था-तंत्र
magna carta महाधिकार-पत्र
magnate चुंबक
magnification आवर्धन
maintenance १. अनुरक्षण, २. पालन, पोषण, भरण-पोषण
maintenance allowance पोषण-वृत्ति
majority १. अधिकांश, २. बहुमत
make-shift काम-चलाऊ
malafide दुर्भावनापूर्ण, बदनियत
malafides दुर्भाव, बदनियती
malaria जूड़ी, फसली बुखार, विषम ज्वर
malnutrition कुपोषण
malt यव
maltose यव-शर्करा
management प्रबंध, व्यवस्था
management charges प्रबंध-परिव्यय
management committee प्रबंध-समिति
manager प्रबंधक
managing agent प्रबंध-अभिकर्ता
managing director प्रबंध-संचालक
managing editor प्रबंध-संपादक
mandate अधिदेश
mandatory अधिदेशात्मक
manganese मंगल, मैगनीज
manifestation १. अभिव्यक्ति, २. आविर्भाव
manifesto घोषणा-पत्र
manipulation जोड़-तोड़
mankind मानव-जाति
manner १. रीति, २. प्रकार
manners शिष्टाचार
manoeuvre दाँप-पेंच
manoeuvres सैन्यव्यूहन
man-of-the-match मैच का खिलाड़ी
man-of-the-series श्रृंखला का खिलाड़ी
manpower जनशक्ति
manual १. शारीरिक, २. हस्त, ३. नियम-पुस्तिका, नियमावली
manufacture विनिर्माण, निर्माण
manufactured विनिर्मित
manufacturer विनिर्माता
manufacturing विनिर्माण
manure खाद
manuscript पांडुलिपि, हस्तलेख
map मानचित्र, नक्शा
mapping मानचित्रण
marching song प्रयाण-गीत
margin उपांत, हाशिया
marginal १. उपांत, उपांतिक, २. न्यूनाधिक
marginal heading पार्श्व-शीर्षक
marginal note पार्श्व-टिप्पणी
marginal witness उपांत-साक्षी
marital वैवाहिक
maritime अनुसमुद्री, समुद्री
marketing १. खरीददारी, २. बाजारी-करण
marrow सार
mars मंगलग्रह
marsh दलदल
martial सैनिक
masculine पुंलिंग
masochism आत्मपीड़न
mass १. बहुमात्र, २. सामूहिक, सं० जनसमूह
massacre सार्विक वध
mass media जनसंचार
mass production विपुल उत्पादन
master स्वामी
master piece श्रेष्ठ कृति
material वि० भौतिक, सं० उपादान
material being अन्नमय-पुरुष
materialism भौतिकवाद
materialist भौतिकवादी
materia medica औषधशास्त्र
maternity मातृत्व
maternity leave प्रसवावकाश
maternity ward सूतिकागार
mathematical गणितीय
mating season ऋतु-काल
mathematics गणित
matriarchal मातृक
matriarchy मातृतंत्र
matricide मातृहत्या
matron मातृका, मेट्रन
matter १. महाभूत, २. द्रव्य, पदार्थ, ३. विषय, ४. विषय-वस्तु
mature परिपक्व, प्रौढ़
maturity परिपक्वता, प्रौढ़ता
may day मई दिवस
mayor नगर-प्रमुख
meadow चारागाह

mean मध्यमान
meander वि० विसर्पी, सं०१. विसर्पण, २. गो-मूत्रिका
meaning अर्थ
means साधन
means of communication संचार-साधन
measles खसरा, मसूरिका, रोमांतिका
measurement नाप, मापनी
machanic वि० यांत्रिक, सं० यंत्रकार, मिस्त्री
machanical यांत्रिक
machanics यांत्रिकी
machanism यंत्रकारी
medal पदक
median माध्यिका
mediation मध्यस्थता
mediator मध्यस्थ
medical चिकित्सीय, चिकित्सा
medical certificate चिकित्सक प्रमाणक
medical leave चिकित्सावकाश, रुग्नावकाश
medical science आयुर्विज्ञान, चिकित्सा विज्ञान, चिकित्सा शास्त्र
medicine औषध, दवा
medieval मध्ययुगीन
medium माध्यम
medulla मज्जका
melancholia विषाद (रोग)
melting-point द्रवणांक
member सदस्य, सभासद
membership सदस्यता, मेंबरी
membrane कल
memo पत्रक
memoir संस्मरण
memorandum १. ज्ञापन, २. परिचय-पत्र
memorial १. स्मारक, २. अभ्यावेदन
meningitis गरदन-तोड़ बुखार, तानिका शोथ
menopause रजोनिवृत्ति
menses मासिक धर्म, रजोधर्म
menstruation रजोधर्म

mental deficiency मानसिक न्यूनता
mental hospital मानसिक चिकित्सालय
mentality मानसिकता
mental science मानस-विज्ञान
mental weakness मनोदौर्बल्य
mention उल्लेख, वर्णन
mentioned उल्लिखित
menu तालिका, प्रसूची
merchandise पण्य-वस्तु
mercantile वाणिज्यिक
mercantile mark वाणिज्य चिन्ह
mercantilism वाणिज्यवाद
mercenery भाड़े का, भाड़ोत्री
mercuric पारदिक
mercury १. पारद, पारा, २. बुध (ग्रह)
mercy दया
merger विलयन
meridian १. याम्योत्तर रेखा, २. याम्योत्तरवृत्त
merit list योग्यता-क्रम सूची
meritorious सुयोग्य, मेधावी
merits गुण-दोष, गुणावगुण
mermaid जलपरी
merriment प्रमोद
mesmerism मूर्छन, मेस्मरिजम
mesopotamia इराक
mesozoic era मध्यजीव महाकल्प
message संदेश
metabolism चयापचयन
metallic age धातु-युग
metallurgy धातु-विज्ञान
metaphysics तत्त्व-मीमांसा
meteor उल्का
meteorite उल्काश्म
meteorlogy मौसम-विज्ञान
meter १. मापक, २. मीटर
methylated उपहत
metre छंद
metrical छंदोबद्ध
mica अबरक
microbe अणुजीव
microphone ध्वनिक्षेपक-यंत्र, ध्वनि-वर्धक

microscope सूक्ष्मदर्शी, सूक्ष्मवीक्षक
microscopy अणुवीक्षण-विज्ञान
micro-wave अणु-तरंग
middle age मध्ययुग
middle class मध्यमवर्ग
middle-east मध्य-पूर्व
middleman बिचौलिया, मध्यग
midwife दाई, धात्री, प्रसाविका
midwifery कुमारभृत्य, धात्री-विद्या, प्रसूति-विद्या
migration प्रवास
milestone मील-पत्थर
militarisation सैन्यीकरण
militarism १. सामरिकता, सैनिकता, २. सामरिकवाद, सैन्यवाद
militarist सैन्यवादी
military सेना
military attache सैनिक सहकारी
milk-sugar दुग्धशर्करा
milky दूधिया
milky-way आकाश-गंगा
millenium सहस्त्राब्दि
mimicry अनुकरण
mind मन, मानस
minded मनस्क
mine खान, सुरंग
mine-layer सुरंग-प्रसार
mineral खनिज
mineralogy खनिज-विज्ञान
mine-sweeper सुरंग-बुहार
minimal अल्पतम, न्यूनतम
minimization न्यूनीकरण
minimum अल्पक, अल्पतम
minister मंत्री
ministerial सचिव
ministry १. मंत्रिमंडल, २. मंत्रालय, सचिवालय
minor अवयस्क, नाबालिग
minority अल्पसंख्यक
mint १. टकसाल, २. पुदीना
minute कला
minutes book कार्यवृत्त पुस्तक
miraculous चमत्कारिक
mirage मरीचिका, मृग-मरीचिका

misappropriation दुर्विनियोग, दुर्वि-नियोजन
miscarriage १. अपवहन, २. गर्भस्राव
miscarried अपवाहित
miscarry अपवहन
miscellaneous प्रकीर्ण, फुटकर, विविध
missile क्षेप्यास्त्र प्रक्षेपणास्त्र
mist कोहरा
mistake १. अशुद्धि, २. भूल
misunderstanding गलत-फहमी, विभ्रम
mixture मिश्रण
mobile गतिशील, चल
mobile plant चल-यंत्र
mobility गतिशीलता
mobilization लामबंदी, सैन्यीकरण
model प्रतिरूप, प्रतिमान, निर्देश
moderate १. संयत, २. नरमदलीय
moderate breeze समीर
moderation १. अनुशोधन, २. संयमन
modern अर्वाचीन, आधुनिक
modernisation आधुनिकीकरण
modernist आधुनिकतावादी
modesty १. विनय, २. शील
modification अनुशोधन
modules मापांक
molasses राब
molecular आणविक
molecule अणु
molestation छेड़छाड़
momentum संवेग
monarchy राजतंत्र
money द्रव्य, धन, मुद्रा
money-bill अर्थ-विधेयक
money order धनादेश
monism अद्वैतवाद
monogamy एक-विवाह
monologue १. आत्मोक्ति, स्वगत-कथन, २. एकालाप
monoplegia एकांग घात
monopoly एकाधिकार, इजारेदारी
monotheism एकेश्वरवाद
monotonous एकस्वर, एक-सुरा

monotony एकस्वरता, एक-सुरापन
monsoon पावस
monument कीर्ति-स्तंभ, स्मारक
mood मनोदशा
moon-stone चंद्र-शिला
morality सदाचार
mordant रंग-स्थापक
moritorium ऋण-स्थगन
morning star अरुंधती
morpheme रूपिम
morphology १. आकारिकी, आकृति-विज्ञान, २. रूप-विज्ञान (भाषा विज्ञान)
mortal अनित्य
mortality मृत्यु-संख्या
mortgage बंधक, रेहन
mortgager बंधककर्ता
mortgage with possession भोग-बंधक
mortuary मुरदा-घर, लाश-घर, शवगृह
mother tincture मूलार्क
motif अभिप्राय
motion १. गति, २. प्रस्ताव
motion of no-confidence अविश्वास-प्रस्ताव
motivation अभिप्रेरण
motive १. हेतु, २. अभिप्राय
mould साँचा
mountaineer पर्वतारोही
mountaineering पर्वतारोहण
mourning शोक
mouthpiece १. मुखपत्र, २. पक्षवक्ता
movable property चल-संपत्ति
movement १. आंदोलन, २. गतिविधि
movie चलचित्र
multi-caste बहुजातीय
multichannel बहुसरणी
multi-layered बहुस्तरीय
multilingual बहुभाषी
multilinguist बहुभाषाभाषी
multi-national बहुराष्ट्रीय
multiplecity बाहुल्य
movie चलचित्र
multiple १. अपवर्त्य, गणित, २. गुणज, बहुगुण, ३. बहुलित, बहु

multiplication गुणन, गुणा
multiplication table पहाड़ा
multiplier गुणक
multi-purpose बहुद्देशीय
mumps कनपेड़ा
municipal fund नगर-निधि
municipality नगरपालिका
munsif विचारक
muscle पेशी
museum अजायब-घर, संग्रहालय
mushroom खुमी
musician वादक, संगीतकार
musk कस्तूरी
musk deer कस्तूरी मृग
mutation नाम-चढ़ाई, नामांतरण
mutiny गदर
mutual पारस्परिक
myrtle मेंहदिया, मेंहदी
mysticism रहस्यवाद
myth पुराण-कथा, मिथक
mythological पौराणिक
mythology पुराण विद्या, मिथक विद्या

N

nadar अध:स्वस्तिक
narcissism स्वरति
nasalisation अनुनासिकता
nation राष्ट्र
national राष्ट्रीय
nationalism १. राष्ट्रीयता, २. राष्ट्रवाद
nationality राष्ट्रीयता
natural १. नैसर्गिक, प्रकृत, प्राकृतिक, २. स्वाभाविक
natural history प्राकृतिक इतिहास
naturalisation देशीकरण, देशीय-करण
naturalism १. नैसर्गिकी, २. प्रकृतिवाद
naturalist १. प्रकृतिवादी, २. प्रकृतिवेत्ता
natural science प्रकृति-विज्ञान
nature १. निसर्ग, प्रकृति, २. आदत, स्वभाव
nature cure प्राकृतिक-चिकित्सा
naturopathy प्राकृतिक-चिकित्सा
nausea जुगुप्सा
nauseous जुगुप्सित, कुत्सित

nautical science नौ-विज्ञान
naval service नौ-सेवा
navigable नाव्य, नौतरणीय (जलमार्ग)
navigation जहाजरानी, नौचालन
navigator नौकाचालक
navy जलसेना, नौसेना
nebula नीहारिका
necessity आवश्यकता, जरूरत
nectar अमृत
needle-work सुईकारी
negation नकारात्मकता, निषेध, नेति
negative adj. १. निषेधात्मक, अभावात्मक, २. ऋणात्मक, नकारात्मक *n* प्रतिचित्र
negotiation १. बात-चीत, २. संधि-वार्ता
neighbourhood प्रतिवेश, पड़ोस
neptune वरुण
nerve तंत्रिका
nervous तंत्रिकीय
nervous breakdown तंत्रिका-भंग
nervous system तंत्रिका-तंत्र
net assets शुद्ध परिसंपत्ति
neutral तटस्थ
neutrality तटस्थता
neutron न्यूट्रॉन
never-ending अनंत
new-fashioned अभिनव
news खबर
newspaper अखबार, समाचार-पत्र
nightmare दुःस्वप्न
night shift रात्रि-पारी
nihilism नाशवाद, शून्यवाद
node १. पात, २. पर्ण-ग्रंथि
nomad खानाबदोश, चलवासी, यायावर
nomadic भ्रमणशील
no man's land स्वामीहीन-भूमि
nomenclature नामकोश
nominal नामिक, नाममात्र का
nominalism नाममात्रवाद
nominated नामांकित, मनोनीत
nomination नामांकन, मनोनयन
nomination paper नामांकन-पत्र
nominative case कर्ता कारक
nominee नामिती, मनोनीत व्यक्ति
non-bailable गैर-जमानती
non-cognizable असंज्ञेय
non-conductor अचालक
non-co-operation असहयोग
non-ferrous अलौहिक
non-matter अपदार्थ
non-metal अधातु
non-metallic अधात्विक
non-occupancy tenant गैर-दखली काश्तकार
non-recurrence अनावर्तन
non-recurring अनावर्तक, अनावर्ती
non-resident अनिवासी
non-sale अविक्रय
non-vegetarian आमिषभोजी
norm मान, प्रतिमान
normal १. सामान्य, २. प्रकृत, सहज
normality सामान्यता
normally सामान्यतः
normative आदर्श, मानकीय
north pole उत्तरी ध्रुव, सुमेरु
notation १. अंकनी, २. स्वर-लिपि
note १. टोप, २. पत्रक
note of interrogation प्रश्नचिह्न
notice सूचना, सूचना-पत्र
notification अधिसूचन, अधिसूचना
notified १. अधिसूचित, २. विज्ञापित
notified area विज्ञापित क्षेत्र
numbering संख्यांकन
noun संज्ञा (व्याकरण)
novel उपन्यास
novelist उपन्यासकार
nuclear नाभिकीय
nuclear fission नाभिकीय विखंडन
nuclear reactions नाभिकीय अभिक्रियाएँ
nucleus नाभिक
nudism नग्नवाद
nudist नग्नवादी
nuisance १. कंटक, २. लोक-कंटक
null अकृत
nullification १. अकृतीकरण, २. निर्विधायन, व्यर्थन
nullified अकृत, अप्रभावी
number १. अंक, २. संख्या, ३. वचन (व्या०)
numbering संख्यांकन
numberless असंख्य
number plate संख्या-पटल
numeral संख्यांक
nurse उपचारिका, दाई, धात्री
nursery १. जखीरा, नौरंगा, पौद-घर, पौधशाला, २. बच्चा-घर, शिशुशाला, ३. संवर्धन-शाला
nursing १. उपचर्या, २. परिचार
nutrition १. पोषण, २. पोषाहार

O

oasis मरुद्वीप
oath शपथ
object १. उद्देश्य, २. पदार्थ
objection आपत्ति
objective वि० विषयगत् वस्तुनिष्ठ, विषयनिष्ठ, सं० उद्देश्य
objective case कर्मकारक
obligation १. आभार, २. दायित्व
obligatory अनिवार्य, बाध्यकर
obliged अनुगृहीत
obliging अनुग्राहक
obliteration अभिलोपन, मिटाना
obloquy अपवाद
obscene अश्लील
observance १. प्रेक्षण, २. पालन, अनुपालन
observation प्रेक्षण
observer प्रेक्षक
obsession मनोग्रस्ति
obstacle बाधा
obstetrical प्रासविक
obstetrics प्रसूति-विज्ञान
obstruction बाधा, रुकावट
obtuse angle अधिकोण
obverse सीधा, प्रतिवर्तित
occasional आवसरिक, प्रासंगिक
occasionalism प्रसंगवाद
occupancy right दखल-अधिकार
occupancy tenant दखली काश्तकार
occupant काबिज

oceanography समुद्र-विज्ञान
octagon अष्टभुज
octagonal अष्टफलक
octave १. अष्टपदी, २. सप्तक
octavo अठपेजी
octopus अष्टबाहु, अष्टपाद
octroi चुंगी
odd वियुग्म
ode संबोधन-गीति
odour गंध
offence अपराध
offender अपराधी, मुजरिम
offer प्रस्ताव
offeree प्रस्तावित‍ी
offering अर्पण
office कार्यालय, दफ्तर
officer अधिकारी
officer-in-charge प्रभारी अधिकारी
official आधिकारिक
official residence पदावास
officiating स्थानापन्न
oligarchy अल्पतंत्र
omission १. अकरण, अनाचरण, २. चूक, ३. लोप, ४. छूट
omnipotence सर्वशक्तिमत्ता
omnipotent सर्वशक्तिसंपन्न
omnipresence सर्वव्यापकता
omniscience सर्वज्ञता
omniscient सर्वज्ञ
omnivorous सर्वाहारी
on approbation अनुमोदनार्थ
on approval अनुमोदनार्थ
on demand माँगने पर
on deputation प्रतिनियुक्ति पर
on duty काम पर
one-act play एकांकी
opacity अपारदर्शिता
opaque अपारदर्शी
opening balance रोकड़ जमा
opera संगीतिका
operation १. प्रचालन, २. शल्योपचार
operator प्रचालक
opthalmology नेत्र-विज्ञान
opinion मत, राय, सम्मति
opium अफीम
opportunism अवसरवाद
opportunist अवसरवादी
opposite विरोधी
opposition विरोध
opposition bench विरोधी पक्ष
optics प्रकाशिकी
optimist आशावादी
option विकल्प
optional वैकल्पिक
oration वक्तृता, वाग्मिता, वाक्पटुता
orator वक्ता, वाग्मी, पटु वक्ता
orchestra वाद्यवृंद
ordeal अग्नि-परीक्षा
order १. आज्ञा, २. क्रम, ३. व्यवस्था, श्रेणी
ordinal क्रमसूचक
ordinal number क्रमसूचक संख्या
ordinance अध्यादेश
ordinary साधारण
ordinate क्रमसूचक
ore धातुक
organ १. मुखपत्र, २. अवयव, ३. इंद्रिय
organic जैव, जैविक
organization संघटन
organizational संघटनात्मक
orientalism प्राच्यविद्या
orientalist प्राच्यविद्या-वेत्ता, प्राच्य-वेत्ता
oriental sore प्राच्य व्रण
orientation अभिविन्यास
original मौलिक
originality मौलिकता
ornament अलंकार, आभूषण, गहना
ornamental अलंकारिक
ornithology पक्षि-विज्ञान
orphanage अनाथालय
orthodox परंपरानिष्ठ, रूढ़िवादी
orthography वर्णविन्यास, वर्तनी
ostracism देश-निकाला
ostenation आडंबर
other भिन्न
otherwise अन्यथा
outdoor बहिर्द्वारी, बाह्य, खुला
outerfoil विसर्पी
outfall निकास, निष्कास
outfitter वेशकार
outgoing जानेवाला, निर्गामी
outgrown अधिवृद्ध
outgrowth अधिवृद्धि
outlaw विधि-बहिष्कृत
outline १. खाका, रूप-रेखा, २. बहिरेखा
out of date अनद्यतन, गतावधि, दिनातीत
out-put उत्पादन, निकासी
outskirt बाह्यांचल
outward जावक
oval अंडाकार
ovary अंडाशय
over-cooling अतिशीतन
over-draft ओवर ड्राफ्ट
overdue बाकी, अतिदेय
overhauling पुन:कल्पन
over-hitting अतिसंधान
overlapping परस्पर-व्यापी
over-population अतिप्रजन, अति-जनसंख्या
over-production अति-उत्पादन
over-ruling व्यवस्था
overseer अधिदर्शक, ओवरसियर
oversight दृष्टिदोष
overt खुला, प्रकट
overtone अधिस्वर
ovule बीजांड
owner स्वामी
ownership स्वामित्व, स्वाम्य
owner's risk जोखिम धनी सिर
oxygen प्राणवायु

P

pacific ocean प्रशांत महासागर
pacifism शांतिवाद
pacifist शांतिवादी
packer वेष्टक
packing वेष्टन, पैकिंग
pad गद्दी
pagoda स्तूप, पैगोडा
paid १. दत्त, २. वैतनिक
pain पीड़ा
painter रंग-साज, चित्रकार

painting १. चित्रण, चित्रांकन, २. चित्र, तस्वीर, ३. रंग-चित्र, ४. रंग-चित्रण
palaeontology जीवाश्म-विज्ञान, पुराजैविकी
palaeozoic era पुराकाल
palate तालू
palm तमाल, ताल, ताड़
palpitation of heart हृत्कंप
pancreas अग्नाशय
pandemic महामारी
panel नामिका, पैनल
panic आतंक, भीषिका, सनसनी
pantheism सर्वात्मवाद, सर्वेश्वरवाद
pantheist सर्वात्मवादी, सर्वेश्वरवादी
pantheon देवगण
paper १. कागज, पत्र, २. अभिपत्र
paper currency धन-पत्र, नोट
paper-cutter पत्र-कर्तक
paper-money पत्रक-धन
paper-pulp लुगदी
papers कागज-पत्र
paper-weight दाब
paper work कागजी कार्रवाई
parable दृष्टांत-कथा
parachute अवतरण-छत्र, छतरी, हवाई छतरी
paragraph अनुच्छेद, पैरा
parallel समांतर
parallel government समांतर सरकार
paralysis लकवा
paramount सर्वोपरि
paramount power सर्वोपरि सत्ता
paranomatic श्लेष (अलंकार)
paraplegia अधरांगघात
parapsychology परामनोविद्या
parasite परजीवी
parasitism परजीविता
paratrooper छतरी सैनिक
parcel post पोस्ट-डाक
parent माता-पिता, जनक-जननी
parentage जनकता, मातृ-पितृत्व
parental पैतृक, पितृ
par excellence श्रेष्ठ, उत्कृष्ट
parish priest पल्ली पादरी

party समता, समानता
parlance बोल-चाल
parley संधिवार्ता
parliament संसद
parliamentarian संसद-सदस्य, सांसद
parliamentary संसदीय
parliamentary secretary सांसद सचिव
parole परोल
part अंश, २. भाग, ३. भूमिका
partial आंशिक
partial eclipse खंड-ग्रहण
partially अंशत:
participant सहभागी
participation सहभागिता
particle कण
partly अंशत:
partridge तीतर
partner भागीदार, साझेदार, हिस्सेदार
partnership भागीदारी, साझेदारी, हिस्सेदारी
part-time अंशकालिक
party दल
pass दल
pass १. पारक, पार-पत्र, २. गिरि-संकट, दर्रा
passed पारित, उत्तीर्ण
passing १. पारण, २. संक्रमण
passive resistance शांतिपूर्ण प्रतिरोध, सत्याग्रह
passive voice कर्मवाच्य
passport पारपत्र, राहदारी का परवाना
pastoral song ग्वाल-गीत
pasture पशुचर
pasture land गोचर, गोचर-भूमि
patent एकस्व, पेटेन्ट
pathologist निदानज्ञ, विकृति-विज्ञानी, विकृति-वेत्ता
pathology रोग-विज्ञान, विकृति-विज्ञान, वैकारिकी
patriarchal पितृतंत्रीय
patrol गश्त
patron संरक्षक
pattern प्रतिमान, नमूना, प्रतिरूप

pauper अकिंचन, मुफलिस
pavilion मंडप
pay वेतन
payable देय
payee पानेवाला, आदाता
paying अदायगी
pay order देयादेश, धनादेश
pea मटर
peace शांति
peace force शांति-सेना
peaceful co-existence शांतिपूर्ण सह-अस्तित्व
peace treaty शांति-संधि
pearl सं० मुक्ता, मोती, वि० खसखसी, मोतिया (रंग)
pebble स्फटिक
peculiar allegation विशेषोक्ति
pedagogy शिक्षण-विज्ञान
pedestal पादपीठ, मंची
pediatrics कौमार-भृत्य, शैशविकी
peep-show सैर-बीन
petiole पर्णवृन्त
pelvis पेड़ू, श्रोणि
penal code दंड-संहिता
penalogy दंड-विज्ञान, दंडशास्त्र
penalty दंड, अर्थदंड, जुरमाना
pendant लटकन
pending लंबित
pen friend पत्र-मित्र
peninsula प्रायद्वीप
pension पेन्शन
pentagon पंचभुज
penumbra उपच्छाया
peon-book पत्रवाह-पंजी
per capita प्रति व्यक्ति
per cent प्रतिशत
percentage प्रतिशतता
perception प्रत्यक्ष ज्ञान
percussion समाघात
perennial बारहमासी, वर्षानुवर्षी, सदाबहार
perfection पूर्णता
performance १. निष्पादन, २. प्रदर्शन, खेल, अदाकारी

perihelion रवि-नीच, उपसौर
perimeter परिमाप, परिसीमा
period कालावधि, अवधि
periodic आवर्ती
periodical वि० कालिक, आवधिक, पुं० सामयिक पत्र, सामयिकी
period of service सेवाकाल
peripheri परिरेखा
permanent स्थायी
permeable पारगम्य
permission अनुज्ञा, अनुमति
permissive अनुज्ञापक
permitted अनुज्ञप्त
permutation क्रम-परिवृत्ति
perpendicular लंब
perpetual शाश्वत, चिर
perpetuity शाश्वतता, चिरता
perseverance अध्यवसाय
persona grata ग्राह्य व्यक्ति, स्वीकार्य व्यक्ति
personal निजी, वैयक्तिक
personal assistant निजी सहायक
personal bond वैयक्तिक बंध
personality व्यक्तित्व
personal law वैयक्तिक विधि
persona non grata अग्राह्य व्यक्ति
perspective परिप्रेक्ष्य
pervasive व्यापक
perverse विपर्यस्त
perversion विपर्यास
pessimism निराशावाद
pessimist निराशावादी
petition याचिका
petitioner याची
petition of objection आपत्ति-पत्र
phallicism लिंग-पूजा
phallicist लिंग-पूजक
phantom बैताल
pharmacology औषध-विज्ञान
pharmacy भैषजिकी
phenomenal सांवृतिक
philologist भाषा-विज्ञानी
philology भाषा-विज्ञान
phobia भीति

phoenix अमर-पक्षी
phoneme स्वनिम
phonetic ध्वनिक
phonetics ध्वनि-विज्ञान
photo छायाचित्र
photo-chemistry प्रकाश-रसायन
photography छाया-चित्रण
photo-synthesis प्रकाश-संश्लेषण
phraseology पदावली
physical भौतिक
physical geography भौतिक भूगोल
physical relationship शारीरिक सम्बन्ध
physician काय-चिकित्सक
physics भौतिक-विज्ञान
physiology कायिकी, क्रिया-विज्ञान, दैहिकी
physio-therapy भौतिक-चिकित्सा
physique अंगलेट
picketing धरना
picnic गोठ, पिकनिक
pictography चित्रलिपि
pier पाया
pig iron १. कच्चा लोहा, २. ढलवाँ लोहा
pigment वर्णक
piles अर्श, बवासीर
pill-box कवच कोठरी
pilot १. मागदर्शी, २. विमानचालक
pin पिन
pineapple अनन्नास
pioneer अग्रगणी, अग्रदूत
pirate जलदस्यु, समुद्री डाकू
pisciculture मत्स्यपालन
pistel गर्भ-केसर, स्त्री-केसर
pitch १. काकु (अलंकार), २. तार (स्वर)
pith गूदा
pithy अर्थगर्भित
pituitary gland पीयूष ग्रंथि, पीयूषिका
pity करुणा, दया
pivot चूल
place जगह, स्थान
place of occurrence घटना-स्थल

plagiarism १. भाव-हरण, २. साहित्यिक चोरी
plagiarist १. भावहारी, २. साहित्यिक चोर
plagiary साहित्यिक चोरी
plaint वादपत्र, अर्जीदावा
plaintiff वादी
plan आयोजन, योजना
planet ग्रह
planned योजनाबद्ध, सुनियोजित
planning योजना
planning commission योजना आयोग
plantation १. वृक्षारोपण, २. बगान
plaster of paris गच
plastic सुघट्य, सुनम्य
plasticity सुघट्यता
plastic surgery त्वचारोपण
plateau पठार
platform प्लेटफार्म, मंच, चबूतरा
play क्रीड़ा, खेल
playback पार्श्व-संगीत
play-ground क्रीड़ा-स्थल, खेल का मैदान
pleader अधिवक्ता, प्लीडर
pleading अभिवचन
plebian निम्नवर्गीय
plebiscite जनमत-संग्रह
pledge गिरवी
pledged गिरवी रखा हुआ
plexus जालिका
pliable आनम्य
plinth कुरसी
plot १. कथा-वस्तु, २. कुचक्र, षड़यंत्र, ३. भूखंड
pluralism बहुलवाद
plurality बहुवचनत्व
plutocracy धनिकतंत्र
plywood परती-लकड़ी
p.m. अपराह्न
pod फली
poem काव्य
poet कवि
poetry कविता
point १. विंदु, २. स्थल, ३. सूत्र

point of order व्यवस्था-प्रश्न
poison विष
poisonous जहरीला, विषाक्त
polar ध्रुवीय
polar axis ध्रुवाक्ष
polarity ध्रुवता, ध्रुवत्व
polarization ध्रुवण
polarizer ध्रुवीयक
pole स्तंभ, खंभा
police action पुलिस कार्रवाई
police force पुलिस दल
policy नीति
politics राजनीति
poll जनमत सर्वेक्षण
pollen पराग
pollination परागण
polling booth मतदान-कोष्ठ
polling station मतदान-केंद्र
polyandry बहुपति-प्रथा, बहुपतित्व
polygamous बहुवैवाहिक
polygamy बहुविवाह-प्रथा
polyglot बहुभाषाविद
polygyny बहुपत्नी-प्रथा, बहुपत्नीत्व
polytheism बहुदेववाद
pomp तड़क-भड़क
pontiff धर्माधिकारी
popular लोकप्रिय, जनप्रिय
popular government लोकप्रिय सरकार
popularity लोकप्रियता, जनप्रियता
porosity छिद्रलता
porous छिद्रल
portfolio संविभाग
portion भाग
pose ठवन
position १. स्थिति, २. बाना, ३. ठिकाना (सैनिक)
positive वि० १. अनुलोम, २. गरम, ३. निश्चयात्मक, ४. विध्यात्मक, ५. सकारात्मक, ६. सहिक, सं० धनाणु
positiveness १. सकारात्मकता, २. निश्चयात्मकता
possession १. अधिकार, २. आधिपत्य, कब्जा, ३. भुक्ति, भोग
possibility संभावना
possible संभव
post १. पद, ओहदा, २. चौकी, ३. डाक, ४. स्थान
postage डाक-शुल्क, डाकव्यय
posted नियत
poster इश्तहार, पोस्टर
post graduate स्नातकोत्तर
postgram तार-पत्र
posthumous मरणणोत्तर, मरणोपरांत
posting तैनाती
postmaster डाकपाल
postmaster general महाडाक-पाल
postmortem शव-परीक्षा
post office डाकखाना, डाकघर
postscript पुनश्च
posture मुद्रा, भंगिमा
potency शक्ति
potsherd ठीकरा
pottery १. कुम्हारी, २. मृण्पात्र, मृद्भांड
powder १. चूर्ण, २. मुखचूर्ण
power १. अधिकार, २. क्षमता, ३. घात (गणित), ४. बल, शक्ति, ५. सत्ता
power house शक्ति-स्रोत
power politics सत्ता की राजनीति
pox चेचक, बड़ी माता
practical व्यावहारिक
practice अभ्यास
praise प्रशंसा
preamble आमुख
precaution पूर्वोपाय, एहतियात
precautionary एहतियाती
precautionary measure पूर्वोपाय
precedent नजीर, पूर्वदृष्टांत
precise परिशुद्ध, ठीक-ठाक
precision सूक्ष्मता, परिशुद्धता
precognition प्राग्बोध
predecessor पूर्वाधिकारी
predicate विधेय
prediction भविष्यद्वाणी, पूर्वानुमान
pre-emption पूर्वक्रय, हकशफा
pre-existence प्राग्भाव
preface भूमिका
preferable अधिमान्य, वरीय
preference अधिमान, वरीयता, तरजीह
preferential अधिमानिक, अधिमानी
preferred अधिमानित
pregnancy गर्भिकी
pregnant गर्भवती, गर्भिणी
pre-historic प्रागैतिहासिक
prejudice पूर्वग्रह
prejudiced पूर्वग्रस्त
pre-knowledge पूर्वज्ञान
preliminary प्रारंभिक
premier प्रधान मंत्री
premiere प्रथम प्रदर्शन
premises परिसर, अहाता
premium १. अधिमूल्य, बढ़ोत्तरी, बढ़ौती, २. बीमा किस्त
prepaid पूर्वदत्त
preparation उपक्रम, तैयारी
prepayment पूर्व-भुगतान
prerogative परमाधिकार
prescribed नियत, निर्धारित
prescription १. चिरभोग, २. नुस्खा
present १. प्रस्तुत, २. वर्तमान
preservation परिरक्षण
preservation of fruits फल-परिरक्षण
preserved परिरक्षित
president १. अध्यक्ष, २. राष्ट्रपति, ३. सभापति
presidential government अध्यक्षात्मक शासन
presiding पीठासीन
presiding officer पीठासीन अधिकारी
press १. छापाखाना, २. समाचार-पत्र
press copy मुद्रण-प्रति
priest पुरोहित
priesthood पौरोहित्य
prima facie ऊपर से देखने पर, प्रत्यक्षत:, प्रथम दृष्ट्या
primary प्राथमिक
primary education प्राथमिक शिक्षा
prime minister प्रधान मंत्री
primitive आदिम
primitive race आदिम जाति
principal आचार्य, प्रधानाचार्य

principle सिद्धांत
priority प्रथमता, प्राथमिकता
prison कारागार, कैदखाना, बंदीगृह
prisoner कैदी, बंदी
prisoner of war युद्धबंदी
private निजी, वैयक्तिक
private secretary निजी सचिव
privilege विशेषाधिकार
prize इनाम, पारितोषिक, पुरस्कार
probation परिवीक्षण, परिवीक्षा
probationary परीवीक्षाधीन
probationer परिवीक्षार्थी
problem १. समस्या, २. निर्मेय (तर्क-शास्त्र)
procedure प्रक्रिया, कार्यविधि
proceedings कार्य-विवरण, कार्यवाही
proceeds अर्थागम
process १. प्रक्रम, २. प्रक्रिया, विधि, ३. आदेशिका
process fee प्रक्रिया-शुल्क
processor संसाधक
processing संसाधन, प्रक्रमण, प्रोसेसिंग
proclamation १. उद्घोषणा, घोषणा, २. घोषणा-पत्र
procuress कुटनी
produced प्रस्तुत
product १. उत्पाद, २. गुणनफल
production १. उत्पादन, २. उपज
productivity उत्पादकता
profession वृत्ति, पेशा, व्यवसाय
profession tax वृत्ति-कर
professional व्यावसायिक
professor प्राध्यापक
proficiency प्रवीणता
proficient प्रवीण
profit १. लाभ, २. लभ्यांश
profitable लाभदायक
profit and loss लाभालाभ
profiteer मुनाफाखोर
profiteering मुनाफाखोरी
programme कार्यक्रम, प्रोग्राम
progress १. उन्नति, २. प्रगति
progression १. प्रगमन, २. श्रेढ़ी
progressive १. प्रगामी, २. प्रगतिशील, ३. श्रेढ़िक
prohibition मद्यनिषेध, नशेबंदी
prohibitory निषेधात्मक
project परियोजना
projected प्रक्षिप्त
projection प्रक्षेपण
projector प्रक्षेपक
proletariat सर्वहारा
promise वचन, वादा
promising उदीयमान, होनहार
promoted पदोन्नत
promotion १. उन्नयन, २. पदोन्नति
promulgated प्रख्यापित
promulgation प्रख्यापन
pronote प्रनोट
pronoun सर्वनाम
pronunciation उच्चारण
proof १. उपपत्ति, २. प्रमाण, सबूत, ३. शोध्य-पत्र, वि० कवच, सह (यौ० के अन्त में)
propaganda प्रचार, मतप्रचार
propagandist प्रचारक, मतप्रचारक
proper उपयुक्त
property १. गुण, गुण-धर्म, धर्म, २. जायदाद, संपत्ति
property mark स्वामित्व-चिह्न
property tax संपत्ति-कर
prophet पैगंबर
proportion अनुपात, समानुपात
proportional आनुपातिक
proportionate समानुपातिक
proposal प्रस्ताव
proposition १. प्रस्ताव, २. प्रतिज्ञप्ति
proprietor स्वामी
prorogation सत्रावसान
proscription १. निर्वासन, २. अभिनिषेध
prose गद्य
prosecution अभियोजन
prosecutor अभियोजक
porsody पिंगल, छंदशास्त्र
prospectus विवरण-पत्र, विवरणिका
prostate gland अष्ठीला ग्रंथि
prostitution वेश्यावृत्ति
protection संरक्षण
protection duty संरक्षण-शुल्क
protectionism संरक्षणवाद
protective संरक्षी
protectorate संरक्षित राज्य
protein प्रोटीन
protest विरोध, प्रतिवाद
protocol १. नयाचार, २. पूर्वसंधि, संलेख
proton प्रोटान
protoplasm जीवद्रव्य, जीवधातु
protraction अविलंबन
protractor चाँदा
proved प्रमाणित, सिद्ध
proverb कहावत
provided उपबंधित
providence १. नियति, २. विधाता
province प्रदेश, प्रांत, क्षेत्र
provincialism प्रांतीयता, प्रादेशिकता
provident fund भविष्य-निधि
provision १. उपबंध, शर्त, २. प्रावधान, व्यवस्था
provisional अस्थायी, अंत:कालीन
proviso उपबंध, प्रतिबंध
provocation उत्तेजना
provocative उत्तेजक, भड़काऊ
proxy प्रतिपत्र
pruning छँटाई
psychic मानसिक
psychic being चैत्य पुरुष
psychic element मनस्तत्त्व
psychicization चैत्यीकरण
psychics आत्मिकी
psycho-analysis मनोविश्लेषण
psychological मनोवैज्ञानिक
psychologist मनोवैज्ञानिक
psychology मनोविज्ञान
public वि० सार्वजनिक, सं० जनता, सर्वसाधारण
publication प्रकाशन
public career लोकवाहन
public good लोककल्याण
public health लोकस्वास्थ्य
public life लोक-जीवन
public office सरकारी पद

public opinion लोकमत, जनमत
public peace लोक-शांति
public place सार्वजनिक स्थान
public property जनसंपत्ति
public servant लोकसेवक
public service लोकसेवा
public service commission लोकसेवा आयोग
public shame लोक-लाज
public spirit लोक-भावना
public utility service लोकोपयोगी सेवा
public works लोक-निर्माण
pulley गड़ारी
pulp १. गूदा, २. लुगदी
pulsation स्पंदन
pulse १. नाड़ी, २. स्पंद
pump पंप
pun श्लेष
punch marked आहत, छिद्रित (मुद्रा)
punch marked coin आहत मुद्रा, छिद्रित मुद्रा
punctual समयनिष्ठ
punctuality समयपालन
punctuation विराम-चिह्न
punishment दंड, सजा
punitive दंडात्मक
punitive force ताजीरी पुलिस, दंडात्मक पुलिस
purchases journal क्रय-पंजी
purchases ledger क्रय-खाता
purging विरेचन
purification शुद्धीकरण
purity पवित्रता, शुचिता
purple बैंगनी
purpose प्रयोजन, मनोरथ
pyromania दहनोन्माद

Q

quadrant पाद
quail बटेर
quake कंप
qualification अर्हता, योग्यता
qulified अर्हता-प्राप्त, योग्यता-प्राप्त
quality गुण, गुणवत्ता
quandary उभय-संकट, धर्म-संकट
quantity १. परिमाण, मात्रा, २. राशि
quantum प्रमात्रा
quarantine संग-रोध, संसर्ग-रोध
quarry १. उत्खनन, २. अश्मखनि, खदान
quarter १. तिमाही, त्रिमास, २. चौथाई
quarterly तिमाही, त्रैमासिक
quarto चौपेजी
queue पंक्ति
queen bee जननी मक्खी, रानी मक्खी
query १. पूछ-ताछ, २. प्रश्नचिह्न
question प्रश्न
questionable १. शंकनीय, शंकास्पद, संदिग्ध, आपत्तिजनक
questioner प्रश्नकर्ता
questionaire प्रश्नावली
quibbling वाक्छल
quorum गण-पूर्ति
quota नियतांश
quotation १. अवतरण, उद्धरण, २. निर्ख, कोटेशन

R

race १. प्रजाति, २. होड़, ३. दौड़
racial discrimination प्रजाति, भिन्नता
racialism प्रजातीयता
racism प्रजातिवाद
rack टाँड
radar तेजोन्वेष, रडार
radiation विकिरण
radiator विकिरक
radical १. उग्र, २. आमूल
radio-active रेडियोधर्मी, रेडियो-सक्रिय
radio-activity रेडियोधर्मिता, रेडियो-सक्रियता
radius १. त्रिज्या, २. अर्धव्यास
raillery फबती
rainbow इन्द्रधनुष
rain gauge वर्षामापक
rally रैली
ramp ढलान, ढाल, रपटा
random यादृच्छिक
range १. परास, भार २. शृंखला (पर्वत आदि का)
rank पदवी
ransom फिरौती
rape बलात्कार
rapport सामरस्य, घनिष्ठता
rapprochment पुनर्मैत्री
rapture परमानंद
rare १. क्वचित, २. दुर्लभ
rate १. दर, भाव २. शुल्क
rate-circular रघौती
ratification १. अनुसमर्थन, संपुष्टि
ratified १. अनुसमर्थित, संपुष्टि
ratio अनुपात
ration १. राशन, २. रसद
rationalism बुद्धिवाद
rationalist बुद्धिवादी
rationed वंटित
rationing राशन-व्यवस्था
raw material कच्चा माल
reaction प्रतिक्रिया
reactionism प्रतिक्रियावाद
reactor प्रतिक्रियक
readiness १. आसज्जा, २. तैयारी
reading १. अध्ययन, २. पढ़त, पाठ, वाचन
reading room वाचनालय
real वास्तविक
realism यथार्थवाद
realistic यथार्थवादी
reality यथार्थता, वास्तविकता, सच्चाई
re-armament पुनरस्त्रीकरण
reason तर्क, युक्ति, हेतु
recall प्रत्याहवान
receipt प्राप्तिका, रसीद
receiver १. आदाता, २. प्राप्तकर्ता
receptacle १. आशय, २. धानी, पात्र
reception १. प्राप्ति, २. स्वागत
reception committee स्वागत समिति
receptionist स्वागतकर्ता
reciprocal अन्योन्य
reciprocity अन्योन्यता
recital उद्धरणी
recitation १. पठन, पाठ, २. काव्य-पाठ, ३. प्रपठन
reckoning संगणन

recognised मान्य, मान्यता-प्राप्त, स्वीकृत
recognition मान्यता
recollection १. अनुस्मरण, स्मृति
recommendation संस्तुति, सिफारिश
recommended संस्तुत
reconstruction पुनर्निमाण
record १. अभिलेख, २. ध्वन्यालेख, ३. कीर्ति, ४. उच्चांक
recording १. अभिलेखन, २. ध्वन्यालेखन
recording machine अभिलेखन यंत्र
record-keeper अभिलेखपाल
record room अभिलेखालय
recovery १. वसूली, २. स्वास्थ्य लाभ
recreation मनोविनोद, मनोरंजन
recreational मनोविनोदात्मक
recruit रंगरूट
recruitment भर्ती
rectangle आयत
rectangular आयताकार
rectification परिशोधन, सुधार
rector रेक्टर, महाचार्य
rectum मलाशय
recurrence आवर्तन
recurring आवर्तक, आवर्ती
redeemable प्रतिदेय
redemption १. प्रतिदान, २. मोचन
red-handed रँगे हाथ, रँगे हाथों
re-distribution पुनर्वितरण
redivision पुनर्विभाजन
red sea लोहितसागर
red-tape लालफीता
reduction १. कमी, घटाव, २. कटौती, ३. तनूकरण
redundant अनावश्यक, व्यतिरिक्त
reduplication दुरुक्ति
re-embursement प्रतिपूर्ति
re-employment पुनर्नियोजन
re-enacted पुनर्विधित
re-enactment पुनर्विधायन
re-examination पुनर्परीक्षण
referee अभिदेशिकी, निर्देशी
reference १. निर्देश, निर्देशन, २. संदर्भ, हवाला
reference book निर्देश-ग्रंथ
reference books संदर्भ-साहित्य
referendum जनमत-संग्रह
refinement परिष्कृति
refinery शोधनशाला
reflection परावर्तन, प्रत्यावर्तन
reflector प्रकाश-परावर्तक
reformatory सुधारालय, सुधारगृह
reformer सुधारक
refractoriness गलनरोध, तापावरोध
refractory गलनरोधी, तापावरोधक
refrigeration प्रशीतन
refrigerator प्रशीतक
refugee शरणार्थी
refund धन-वापसी
refutation खंडन
regatta जलोत्सव
regent प्रतिशासक
regimentation विबंधन
region क्षेत्र, प्रदेश
regional क्षेत्रीय, प्रादेशिक
regionalism क्षेत्रीयता, प्रादेशिकता, आंचलिकता
register पंजिका, पंजी
registered निबद्ध
registrar पंजीकर्ता
registration पंजीकरण
regression १. प्रतिगमन, २. प्रतिक्रमण
regret खेद
regular नियमित
regulating नियामक
regulation १. नियमन, विनियमन, २. विनियम
regulator नियामक
rehabilitation पुनर्वास
rehearsal १. पूर्वाभ्यास, २. पूर्वाभिनय
rejected अस्वीकृत
rejection अस्वीकरण
rejoinder प्रत्युत्तर
relapse पुनरावर्तन
relapsing fever पुनरावर्ती ज्वर
relative सापेक्ष, सापेक्षिक
relative order क्रम, आपेक्षिक क्रम
relativity आपेक्षिकता, सापेक्षता
relativity theory सापेक्षवाद
relay पुनर्सारण
relayed पुनसारित
relay race चौकी दौड़
relevancy संगति
relevant प्रासंगिक, संगत
relic स्मृति-शेष
relief १. राहत, सहायता, २. उच्चित्र, उभार
relieved भारमुक्त
relieving भारमुक्ति
religious १. धार्मिक, २. धर्मपरायण
religiousness धर्मपरायणता
remark १. उपकथन, टिप्पणी, २. कैफियत
remedial उपचारी
remedy १. उपचार, २. उपाय
reminder अनुस्मारक, स्मरण-पत्र
reminiscence संस्मरण
remission छूट
remuneration पारिश्रमिक
renaissance नव-जागरण, पुनरुत्थान, पुनर्जागरण
renewal नवीनीकरण
renovation नवीकरण, नवीयन, पुनरुद्धार
rent किराया, भाड़ा, भाटक
rent officer भाटक अधिकारी
repairs मरम्मत
repayment परिशोध, वापसी
repeal निरसन
repercussion प्रतिघात
repetition आवृत्ति, पुनरावृत्ति, पुनरुक्ति
replacement प्रतिस्थापन, बदलाव
report १. प्रतिवेदन रिपोर्ट, २. विवरण, सूचना
reported प्रतिवेदित
reporter १. प्रतिवेदी, २. संवाददाता
representation प्रतिनिधित्व
representative प्रतिनिधि
representative government प्रतिनिधि शासन

reprint पुनर्मुद्रण
reprisal प्रतिपीड़न, प्रतिशोध, प्रत्याघात
reproduction पुनरुत्पादन
republic गणतंत्र, गणराज्य
republican गणतंत्री
repudiation अनंगीकरण, इन्कार
repugnancy विरोध
repulsion विकर्षण, प्रतिकर्षण
reputation ख्याति
request प्रार्थना
requirement अपेक्षा
requisition १. माँग, २. अधिग्रहण
rescinding निरसन
research अनुसंधान, खोज, गवेषणा, शोध
research centre अनुसंधान केन्द्र
resentment अमर्ष, रोष
reservation आरक्षण
reserved आरक्षित
residence आवास, रिहाश
residency पदावास
resident १. वासामात्य, २. निवासी
residential आवासिक, आवसी
residual अवशिष्ट
resignation त्यागपत्र
resolution १. निश्चय, २. मंतव्य, ३. संकल्प
resonance अनुनात
resources संसाधन
response १. अनुक्रिया, २. प्रत्युत्तर
responsible उत्तरदायी
rest विश्राम
restaurant भोजनालय
restoration पुनरुद्धार
restricted १. सीमित, २. प्रतिबंधित
restriction प्रतिबंध, रोक
result परिणाम
resultant परिणामी
resumption १. पुनरारंभ, २. पुनर्ग्रहण
retail खुदरा, परचून
retaliation १. प्रतिघात, २. प्रतिकार, बदला
retaliatory प्रतिकारी
retardation १. मंदन, २. मंदता
retarded child मंदित बालक
retention धारण
reticence वाक्संयम
retina दृष्टिपटल
retired सेवा-निवृत
retirement सेवा-निवृत्ति
retreat अपावर्तन, पीछे हटना
retrenchment छँटनी
retrocognition पश्चदर्शन
retrogression पश्चगमन
retrogressive पश्चगामी
retrospection पश्चावलोकन
retrospective पूर्वव्यापी
return १. प्रतिदान, २. प्रतिफल, ३. विवरणी
returnable लौटाऊ
returning officer निर्वाचन अधिकारी
return ticket वापसी टिकट
revenge प्रतिशोध, बदला
revengeful प्रतिशोधी
reversion १. उत्क्रमण, प्रतिवर्तन, २. विपर्यय
review १. पुनरीक्षण, पुनर्विलोकन, २. प्रत्यालोचन, समालोचना, समीक्षा
revised १. संशोधित, २. पुनरीक्षित
revision १. संशोधन, २. पुनरीक्षण, २. पुनर्विचार, नजरसानी
revival पुनरुज्जीवन
revived पुनरुज्जीवित
revocation प्रतिसंहरण, रद्द करना
revolution १. परिक्रमण, २. क्रांति
revolutionary १. क्रांतिकारी, २. परिक्रामी, चक्री
revolving platform घूमता मंच
revolving stage चक्री मंच
reward १. पुरस्कार, पारितोषिक, २. प्रतिफल, फल
rhetoric वाग्मिता
rheumatism गठिया
rhinoceros गैंडा
rhizome कंद, प्रकंद
rhombus सम-चतुर्भुज
rhythm लय
rhythmical लयक
rickets अस्थिदौर्बल्य (रोग)
riddle पहेली
right १. अधिकार, २. स्वत्व
right of easement सुखाधिकार
right of passage मार्गाधिकार
right wing दक्षिणमार्ग
rigorous imprisonment कड़ी सजा, सपरिश्रम-कारावास
rise उदय
risk जोखिम
risk owner's मालिक का जोखिम
ritual right संस्कार
rival प्रतिस्पर्धी
rivalry प्रतिस्पर्धा
roasting भूनना
robes परिधान
robot यंत्र-मानव, राबट
rod दंड
role चीरक
roll खर्रा
roller बेलन
rope-way रज्जु-मार्ग
rose गुलाब
rosy गुलाबी
rotation घूर्णन, परिभ्रमण
rough स्थूल
round चक्र
roundworm केंचुआ
routine नित्यकर्म
royal राजकीय, राजशाही
royalty स्वत्व-शुल्क
rule नियम
rule of three त्रैराशिक
ruling व्यवस्था
runner दौड़ाक, धावक
rural uplift ग्राम-सुधार

S

sabotage अंतर्ध्वंस, तोड़-फोड़
saccharimeter शर्करामापी
saccharose इक्षु-शर्करा
sacrament संस्कार
sacrifice बलिदान, त्याग
safeguard रक्षोपाय
safety क्षेम, सुरक्षा

saffron केसर
sagittarius धनु (राशि)
sale-deed बैनामा, विक्रय-पत्र
sales journal विक्रय-पंजी
sales tax बिक्री-कर, विक्रय-कर
salivary gland लाला-ग्रंथि
salvage १. निस्तार, निस्तारण, २. उद्धारण
salvation army मुक्ति सेना
sanction मंजूरी, संस्वीकृति
sanctioned संस्वीकृत
sanctity पवित्रता
sanctuary अभयवन, पशु-विहार
sandfly मरु-मक्षिका
sanitation १. शुचिता, स्वच्छता, २. स्वास्थ्य-रक्षा
sanitorium आरोग्य-आश्रम, स्वास्थ्य-निवास
sap रस
sappers and miners सफरमैना
sapphire नीलम, नीलमणि
sapwood रसदारु
sarcasm कटाक्ष
satellite उपग्रह
satire व्यंग
satirist व्यंग्यकार
satisfaction संतोष, संतुष्टि
satisfactory संतोषजनक
saving बचत
scale १. काँटा, २. परिमाण, मापनी, पैमाना
scale leaf पाताली पत्ती
scalene विषमबाहु, विषमभुज
scam घोटाला
scandal बदनामी
scanning सूक्ष्मदर्शन
scattering विकीर्णन
scene दृश्य
scenery दृश्य, दृश्यावली
sceptic संशयवादी
scepticism संशयवाद
schedule अनुसूची
scheduled अनुसूचित
scheme योजना
scholar १. छात्र, २. पंडित
scholarship छात्रवृत्ति
school १. शाखा, २. संप्रदाय, ३. विद्यालय
sciatica गृध्रसी
science १. विज्ञान, २. शास्त्र
scope विषय-क्षेत्र, विस्तार
scriptures आगम
scrofula कंठमाला
scroll १. खर्रा, २. पत्रावली
scrutiny संवीक्षा, छान-बीन
scurrility अपभाषण
sculptor मूर्तिकार, शिल्पी
sculpture १. मूर्तिकला, मूर्तिशिल्प, २. मूर्ति
sea-green समुद्र-लहरी
seal मुद्रा
seal of office पद-मुद्रा
seance आत्मायन
sea-quake समुद्र-कंप
search-light खोजबत्ती
seasoning अनुकूलन
sea-voyage समुद्र-यात्रा
secondarily गौणत:
secondary गौण, द्वितीयक
seconding अनुमोदन, समर्थन
second person मध्यम पुरुष
secret रहस्य
secretariat सचिवालय
secretary सचिव
secretion १. निस्सारण, २. स्राव
section १. अनुभाग, प्रभाग २. दफा, धारा
sectional अनुभागीय
sector वृत्तखंड
secular १. पंथनिरपेक्ष, धर्मनिरपेक्ष, २. लौकिक
secularism पंथनिरपेक्षता, धर्मनिरपेक्षता
secular state पंथनिरपेक्ष राज्य
security १. सुरक्षा, २. प्रतिभूति, ३. मुचलका
security council सुरक्षा-परिषद
sedative शामक
sediment अवसाद, कल्क, तलछट
sedimentary अवसादी
sedition राजद्रोह
seditious राजद्रोही
seismic भूकंपीय
seismograph भूकंप-लेखी
seismology भूकंप-विज्ञान
seismometer भूकंप-मापी
select committee प्रवर-समिति
self आत्म, स्व
self-acquired स्व-अर्जित, स्वार्जित
self-assertion स्वाग्रह
self-confidence आत्मविश्वास
self-consciousness १. आत्म-चेतना, २. आत्मसंकोच
self-contained स्वत:पूर्ण
self-defence स्वरक्षा
self-financed स्ववित्तपोषित
self-determination आत्मनिर्णय
self-discipline आत्मानुशासन
self-government स्वशासन
self-knowledge आत्मज्ञान
self-praise आत्मश्लाघा
self-realization आत्मसिद्धि
self-remembrance आत्मस्मरण
self-respect आत्मगौरव, स्वाभिमान
self-starter स्वचालक
self-satisfaction आत्मसंतोष
semanteme अर्थतत्त्व
semantic आर्थी
semantics अर्थविज्ञान
sembalance आभास
semi अर्ध
semi-circle अर्धवृत्त
seminar संगोष्ठी
semi-official अर्ध-सरकारी
semi-skilled अर्धकुशल
semi-vowel अर्धस्वर
semi-weekly अर्ध-साप्ताहिक
semology शब्दार्थविज्ञान
senate सीनेट, वरिष्ठ सभा
senator सीनेटर, सीनेट सदस्य
sender प्रेषक
senile जराजन्य
senility सठियाव, जरा

senior प्रवर
sensation सनसनी
sense १. भाव, २. संज्ञा
sense of humour विनोद-वृत्ति
sense organ ज्ञानेंद्रिय
sensibility संवेदन-शक्ति
sensitivity संवेदनशीलता
sensory सांवेदिक, संवेदी
sensual विषयासक्त
sensualism इंद्रिय सुखवाद
sensuous ऐंद्रिय, इंद्रियगम्य
sentence वाक्य
sentiment १. भावुकता, २. रस
sentimental भावुक
septic वि० पूतिदूषित, पौतिक, सं० पूति
septic tank पूति-कुंड, संडास-टंकी
sequence अनुक्रम
serial धारावाहिक
serial number क्रम-संख्या
series १. क्रमक, २. शृंखला, ३. श्रेणी
serpentine सर्पिल
serum सौम्य
servant १. नौकर, २. सेवक
service १. अनुपालन, २. नौकरी, ३. सेवा
service book सेवा-पंजी
session १. अधिवेशन, २. सत्र
session court सत्र-न्यायालय
session judge दौराजज
set कुलक
set aside अन्यथा करना
set square कोनिया
settlers आबादकार
sex लिंग
sexism यौन-शोषण
sexology यौनिकी
sexual यौन, लैंगिक
sexuality यौनता, लिंगित्व
sexy यौनिक
shade १. छाया, २. आभा, ३. झाँप
shading छायाकरण
shadowgraph छायाचित्र
shaft कूपक
shallow उथला, सतही
shape आकृति

share अंश, हिस्सा
share-holder अंशधारी, हिस्सेदारी
sharer अंशधारी, शेयरधारी
shark सोर, हाँगर
shavings छीलन
sheet फलक
shell खोल
shelter १. आश्रय, २. शरणगृह
sheriff सुमान्य
shield ढाल, सिपर
shift पाली
shock संक्षोभ
shorthand १. आशुलिपि, २. संक्षिप्त लिपि
short-lived १. अल्पजीवी, अल्पायु, २. अल्पकालिक
shortness १. ह्रस्वता, लघुता। २. कमी, अभाव
show-down बल-परीक्षा
shrinkage आकुंचन
shrub क्षुप
sib सहोदर
side भुजा
sideral year नक्षत्र वर्ष
siege घेराबंदी, नाकेबंदी, रोध
shighting लक्ष्य-साधन
signatory हस्ताक्षरक, हस्ताक्षरी
signature हस्ताक्षर
sign-board नामपट्ट
signed हस्ताक्षरित
silencer निःशब्दक
silent अनुच्चरित
silk cotton सेमल
silver jubilee रजत जयंती
silver screen रजतपट
silver standard रजत-मानक
similar सदृश, समान
similarity सादृश्य
simple सादा
simple imprisonment सादी सजा
simplification सरलीकरण
simultaneous १. युगपत्, २. सहकालिक, एक साथ
sinew कंडरा

singular वि० अनूठा, सं० एकवचन (व्याकरण)
sinus नाड़ी, व्रण, नासूर
sit-down stirke बैठकी हड़ताल, बैठ हड़ताल
site स्थल
site plan स्थल नक्शा
sitting बैठक
situation स्थिति
situational स्थितिपरक, स्थितिक
size आकार
sketching आकार-रेखन
skilful कुशल
skilled कुशल
skin चमड़ा
skirmish झड़प
skull कपाल, खोपड़ी
sky आकाश
sky-blue आसमानी
sky-scraper अभ्रंकश, गगनचुंबी
slag १. काँच, मल, खेड़ी, २. धातुमल, ३. कचरा
slaughter house वधालय, बूचडखाना
sleeper शयनिका
sleeping partner निष्क्रिय साझेदार
sleet हिमी-वर्षा
slight अपमान
slip चूक, भूल
slogan घोष, नारा
sloth शाखालंबी
slow fever मंद ज्वर
slum गंदी बस्ती, मलिनवास
small intestine क्षुद्रांत्र
smoke-blue अब्बासी (रंग)
smoke-screen धूमपट
smuggler तस्कर
smuggling तस्करी
snipe चाहा (पक्षी)
snow-bite तुषारदंश, हिमदंश
snow-line तुषार-रेखा
snowman हिममानव
snow-storm बर्फानी, तूफान, हिम झंझावात
soap stone गोरा पत्थर

so-called तथाकथित, तथोक्त
socialism समाजवाद
socialist समाजवादी
socialization समाजीकरण
social reform समाज-सुधार
social reformer समाज-सुधारक
society १. समाज, २. संस्था
sociology समाजशास्त्र
socrates सुकरात
soft कोमल
soft currency सुलभ मुद्रा
solace तोष
solar सौर
solar eclipse सूर्यग्रहण
solar system सौर जगत, सौर मंडल
solary year सौर वर्ष
soldering झलाई
sole एकल
sole corporation एकल निगम
solitary cell काल-कोठरी
solstice अयन संक्रांति
soluble विलेय
solution १. घोल, मिश्रण, २. हल (समस्या का)
sonority स्वरता
sonorous स्वरित
sore throat गल-शोथ
sorrow दुख
s.o.s. संकट-संकेत
soul अंतरात्मा, आत्मा
sound वि० स्वस्थ, सं० १. ध्वनि, शब्द, २. स्वर
sound box नाद-पेटी
source स्रोत
south pole कुमेरु, दक्षिणी ध्रुव
souvenir स्मारिका
sovereign वि० प्रभुता-संपन्न, सं० संप्रभु
sovereign state प्रभुता-संपन्न राज्य
sovereignty १. प्रभुसत्ता, २. अधिराज
soya-bean भटतास, भटवाँस, सोयाबीन
space १. अंतरिक्ष, २. अवकाश
space-ship अंतरिक्ष-यान, व्योमयान
spacing अंतरण, अंतरालन
spark स्फुलिंग

spasm ऐंठन
speaker १. अध्यक्ष, २. प्रमुख, ३. वक्ता
specialization विशिष्टीकरण
special number विशेषांक
spectator दर्शक
spectrum वर्णक्रम
speculation फाटका, सट्टा
speculator सट्टेबाज
speech वक्तृता, व्याख्यान
speech of brevity समासोक्ति
spelling अक्षरी, वर्तनी
spermatozoa शुक्राणु
sphere of influence प्रभाव-क्षेत्र
spherical १. गोल, गोलाकार, २. सर्व-वर्तुल
spicing छौंकना, बघारना
spike शूली
spinal cord मेरु-रज्जु
spine मेरुदंड, रीढ़
spinning कताई, कातना
spiral पेचक
spirit १. अंतरात्मा, २. प्रेतात्मा, ३. सुरा, ४. सुरासव
spiritual अध्यात्मिक
spiritualist अध्यात्मवादी
spiritualistic अध्यात्मवादी
spite विद्वेष
spiteful विद्वेषी
spleen तिल्ली, प्लीहा
splint चपती, खपची
split personality खंडित व्यक्तित्व
splitting विखंडन, विभेदन
spokesman प्रवक्ता
spongy इस्पंजी
sponsor प्रायोजक
sponsored प्रायोजित
sponsorship प्रायोजन
sporadic छुट-पुट
spring कमानी
spy गुप्तचर, भेदिया
squad, squadron दस्ता
stabilization स्थिरीकरण
stable वि० स्थिर, सं० अस्तबल
staff १. अमला, २. ध्वजदंड

stage १. अवस्था, अवस्थान, २. चरण, ३. मंच, ४. रंग-मंच
stainless steel अकलुष इस्पात
stamen पराग-केसर, पुंकेसर
stamp paper पक्का कागज
stand उपस्तंभ, स्टैंड
standard मानक
standardization मानकीकरण
standardized मानकित
standard time मानक समय
standing committee स्थायी समिति
standing crop खड़ी फसल
starch माँड, श्वेत-सार
star-dust तारिका-धूलि
star-fish तारामीन
starvation भुखमरी
state १. दशा, २. राज्य
state craft शासन-कला
state funds राज्य-निधि
statement १. कथन, बयान, वक्तव्य, ३. विवरण
statesman राजनेता
state socialism राजकीय समाजवाद
static स्थिर, स्थैतिक
station अवस्थान, स्टेशन
stationary स्थिर
stationery लेखन-सामग्री
statics स्थिति-गणित, स्थैतिकी
statistics १. अंकशास्त्र, २. सांख्यिकी
status प्रस्थिति, स्थिति
status quo यथापूर्व स्थिति
statute संविधि, कानून
stayed स्थगित
steam भाप
steamer अगिन-बोट, धुआँकश
steel इस्पात
stem स्कंध
stenographer आशुलिपिक, आशु-लेखक
step कदम
step-motherly सौतेला
sterile बंध्य
sterilization १. अनुर्वरीकरण, २. निष्कीटन, ३. विसंक्रमण

sterilized निष्कीटित
sterling balance पाउंड-पावना
stilt बैसाखी (लकड़ी का उपकरण)
stipula अनुपत्र
stitchcraft सुईकारी
stock भंडार, शेष माल, स्टॉक
stock-book भांडार पंजी, स्टॉक-पंजी
stockist स्टॉकिस्ट
stock-keeper भंडारपाल
stomach आमाशय
stone १. पत्थर, प्रस्तर, २. अष्ठि (फलों की गुठली), ३. अश्मरी, पथरी (रोग)
stool examination मल-परीक्षा
storage भंडारण
store भंडार, भंडारगृह
storey खंड
storm तूफान
story कहानी
straight forwardness स्पष्टवादिता
stranger अजनबी, अनजान
strangury मूत्रकृच्छ (रोग)
strata स्तर
strategic area सामरिक क्षेत्र
strategic point सामरिक महत्त्व का स्थान
stratification स्तरण
strawberry हिसालू
strength शक्ति
strike हड़ताल
striker हड़ताली; आघातक (तोप, बन्दूक आदि का)
striving उद्यम
strong gale चंडवात, प्रबल झंझा
structural संरचनात्मक
structure संरचना
struggle संघर्ष
struggle for existence जीवनसंघर्ष
student १. विद्यार्थी, २. अध्यायी
study leave अध्ययनावकाश
study room अध्ययन-कक्ष
stunt चकमा
stupour जड़िमा
style शैली
stylish सजीला

sub उप, अव, अध:
sub-clause उपखंड
sub-conscious अज्ञात चेतन, अवचेतन
sub-conscious mind अवचेतन मन
sub-family उपकुल
subject १. प्रजा, २. विषय ३. उददेश्य
subject committee विषय-निर्धारिणी समिति
subjective आत्मगत, आत्मनिष्ठ
sub-judice न्यायाधीन, विचाराधीन
subjugation अधीनीकरण
sublimerial being अंतस्थ सत्ता
sub-marine गोताखोर, पनडुब्बी
sub-normal अवसामान्य, अधोलम्ब
sub-order उपगण
sub-ordinate अधस्थ, अधीनस्थ, मातहत
sub-ordinate court अधीनस्थ न्यायालय
sub-registrar उप-पंजीयक
sub-rule उपनियम
subscription चंदा
sub-section उपधारा
subsequent परवर्त्ती
subsidy उपदान
sub-soil अधोभूमि
substance तत्व, भाव
substitute स्थानापन्न, प्रतिस्थानी
substitution प्रतिस्थापन, स्थानापत्ति
subsumption उपनय
subtle सूक्ष्म
suburb उपनगर
suburban उपनगरीय
succession certificate उत्तराधिकार प्रमाणक
successively १. अनुपूर्वत:, २. क्रमत:
successor उत्तराधिकारी
sufficient पर्याप्त
suffix पर-प्रत्यय
sufferance मर्षण, तितक्षा
suffocation घुटन
suggestion सुझाव
suicide आत्महत्या

suit दावा, वाद
sum धनराशि
summary वि० संक्षिप्त, सं० १. सारांश, २. संक्षेप
summary proceeding संक्षिप्त-प्रक्रिया
summary trial संक्षिप्त विचार
summer vacations ग्रीष्मावकाश
summit conference शिखर सम्मेलन
summon आह्वान
summons आकारक, समन
sunbath आतप-स्नान, धूप-स्नान
superannuation निवर्तन
superintendence अधीक्षण
superintendent अधीक्षक
superior प्रवर, वरिष्ठ
superiority complex उच्चक मनोग्रंथि
superman अतिमानव
supermind अतिमानस
supernatural आधिदैविक
supernumerary अधिसंख्य
superposition अध्यारोप
superseded अधिक्रांत
supersession अधिक्रमण, निवर्तन
supersonic अतिस्वन
superstition अंधविश्वास
superstructure अधिरचना, ऊपरी ढाँचा
super tax अधिकर
supervising पर्यवेक्षक
supervisor पर्यवेक्षक
supplanting अधिरोपण
supplement १. अतिरिक्त-पत्र, कोड-पत्र, परिशिष्ट, २. अनुपूरक, पूरक
supplementary अनुपूरक, पूरक
supplementation अनुपूरण
supplier पूर्तिकर्ता
supply १. पूर्ति, २. संभरण
supporter समर्थक
supposition कल्पना
suppression दमन
supreme सर्वोच्च
superme court सर्वोच्च न्यायालय

surcharge अधिप्रभार, अधिभार
surfacing पृष्ठकरण
surgical शल्यक
surgical operator शल्योपचारी
surgeon शल्यकार
surgery १. शल्यकारी, शल्यक्रिया, २. शल्यशास्त्र
surmise अवकल्पना
surplus वि० अतिरिक्त, सं० अधिशेष, बेशी
surplus budget बचत का बजट
surprise आश्चर्य, ताज्जुब
surrealism अति-यथार्थवाद
surrender आत्मसमर्पण, समर्पण
surrender value समर्पण-मूल्य
survey सर्वेक्षण
surveyor सर्वेक्षक
survival उत्तरजीविता
survivor उत्तरजीवी
susceptibility सूक्ष्मग्राहिता
suspected संदिग्ध
suspended निलंबित, मुअत्तल
suspense असमंजस
suspense account उचंत खाता
suspension निलबन, मुअत्तली
suspicion संदेह
suzerain अधिराज
suzerainty अधिराजत्व
swindler भगलबाज, भगलिया
swindling भगल, भगलबाजी
switch खटका, बटन
syllable अक्षर, अक्षरी
symbiosis सह-जीवन
symbol प्रतीक
symbolism प्रतीकवाद
symmetrical सममित
symmetry सममिति
sympathetic fever आगंतुक ज्वर
sympathy संवेदना, सहानुभूति, हमदर्दी
symposium परिचर्चा, परिसंवाद
synchronization समकालन, समक्रमण
synchronizer समक्रामक
synchronous समक्रमिक
syndicate अभिषद्
synod धर्मसभा
synonym पर्यायवाची, समानार्थक
synonymist पर्यायज्ञ
synonymous पर्यायवाचक
synonyms पर्याय
synonymy पर्यायकी
synopsis कथा-सार
synthesis संश्लेषण
synthetic श्लिष्ट, संश्लिष्ट
syphilis आतशक, उपदंश, गरमी (रोग)
syringe १. पिचकारी, २. शृंगक, सुई
system १. पद्धति, प्रणाली २. तंत्र

T

table १. मेज, २. सारणी
tableland अधित्यका
taboo वर्जन, वर्जना
tabular सारणीबद्ध
tabulation सारणीकरण, सारणीयन
tabulator सारणीकार
tactics दाँव-पेंच, तिकड़म
tactile स्पर्शग्राह्य
tadpole छुछमछली, बैंगची
talk वार्ता
talkie बोल-पट
tangent स्पर्श-रेखा
tangible मूर्त
tanker टंकी जहाज, तेलपोत
tanning चर्म-शोधन
tap टोंटी
tape फीता
taproot मूसला
tarpaulin तिरपाल
tariff प्रशुल्क
tartan gold अनारी (रंग)
taste स्वाद
tax कर
taxicology विष-विज्ञान
taxidermist चर्म-प्रसाधक
taxpayer करदाता
taxation कराधान
tear gas अश्रु, करारोपण
technical १. पारिभाषिक (शब्द), २. तकनीकी, प्राविधिक
technicality प्रविधिकता
technician प्रविधिज्ञ
technical term परिभाषा, पारिभाषिक शब्द
technique तकनीक, प्रविधि, रचना-तंत्र
telecommunication दूर-संचार
telegram तार, दूर-लेख
telegraph तार
telegraphic address तार-पता
telegraphically तार द्वारा
telegraphic money-order तार धनादेश
telegraphist तार संकेतक
telemeter दूर-मापक
telepathist अतींद्रिय ज्ञानी
telepathy अतींद्रिय ज्ञान, परेंद्रिय ज्ञान
telephone दूरभाष
telephonic दूरभाषिक
telephotograph दूर-चित्र
telephotography दूर-चित्रण
telepring दूरमुद्र
teleprinter दूरमुद्रक
teleprinting दूरमुद्रण
telescope दूरवीक्षक
teleseism दूरभूकंप
television दूरदर्शन
teller मतगणक
telling मतगणन
temperate zone समशीतोष्ण कटिबंध
temperature तापमान
tempest अतिवात
temporary १. अल्पकालिक, २.अस्थायी
temptation प्रलोभ, प्रलोभन
tenacious चीमड़
tenacity चीमड़पन
tenant असामी, काश्तकार
tendency प्रवृत्ति
tender निविदा
tendon कंडरा
tense तनावपूर्ण
tenseness तनाव

tension तनाव
tenure १. पदावधि, २. स्थायित्व
tenure holder खातेदार
term १. अवधि, २. कार्यकाल, ३. शर्त
terminal १. आंतिक, आवसानिक, २. आवधिक
terminal tax आवसानिक कर, सीमा-कर
termination १. अवसान, २. परि-समापन, ३. पर-प्रत्यय (व्याकरण)
terminology पारिभाषिकी, शब्दावली
terminus अंतिम स्थल
terrace-like सम-समुन्नत, सीढ़ीनुमा
terracota मृण्मूर्ति
terrestrial स्थलज
territorial १. क्षेत्रिक, २. प्रादेशिक
territorial army प्रादेशिक सेना
territorial waters क्षेत्रीय समुद्र, जलप्रांगण, प्रादेशिक समुद्र
territory भूभाग, राज्य-क्षेत्र
terror आतंक
terrorism आतंकवाद
terrorist आतंकवादी
terse परिसंहत
testing परीक्षण
test tube परीक्षण-नलिका
tetanus धनुर्वात, धनुष-टंकार, धनुस्तंभ
text पाठ, मूलपाठ
text book पाठ्यपुस्तक
textual पाठीय
texture १. बनावट, २. बुनावट
theatre नाट्यशाला, रंगशाला
theism १. आस्तिकता, २. ईश्वरवाद
theist ईश्वरवादी
thematic विषयगत
theme १. कथा-सूत्र, २. कथ्य, विषय, ३. विषय-वस्तु
theocracy धर्मतंत्र
theocratic धर्मतंत्री, मजहबी
theomania धर्मोन्माद
theorem प्रमेय
theory १. उपपत्ति, सिद्धांत, २. मत, वाद
theory of evolution विकासवाद
therapy चिकित्सा

thermal तापीय
thermal electricity ताप-बिजली
thermograph ताप-लेखी
thermometer तापमापक-यंत्र
thesis प्रबंध
third person अन्यपुरुष (व्या०)
thorn काँटा
thorny कंटकाकीर्ण, कँटीला
thread सूत, सूत्र
threadworm सूतकृमि
threat धमकी
three dimensional त्रिविध
thrombosis शिरावरोध
thumb impression अँगूठे का निशान, अँगूठे की छाप
thyroid अवटुका
thyroid gland अवटुका ग्रंथि, गल ग्रंथि
tidal waters वेला-जल
tide ज्वार या भाटा
tie and dye बँधन और रंजन
timber इमारती लकड़ी
time काल
time-barred कालातीत, तमादी
time bomb समय-बम
timely सामयिक
time signal समय-संकेत
time-table समय-सारिणी
tinge आभा
tissue ऊतक
title १. शीर्षक, २. उपाधि, पदवी
title of honour मानोपाधि
title page मुखपृष्ठ
togetherness परस्परता
toilet प्रसाधन
token संकेत
toll tax पथ-कर, मार्ग-कर
tomb-stone समाधि-शिला
tonnage नौप्रभार
tonsillitis तुंडिका शोथ
tool औजार
torid zone उष्ण कटिबंध
total जोड़, योग
total eclipse खग्रास (ग्रहण)

totalitarianism एक दलवाद
total war समग्र युद्ध
totally समग्रत:
touch स्पर्श
touchstone कसौटी
tour दौरा
toxic विषाक्त, वैषिक
toxin जैव-विष
trachea श्वास-नली
tracing अनुरेख, अनुरेखन
tract भूखण्ड, भूमिखण्ड
tractor ट्रैक्टर
trade व्यापार
trade balance व्यापार-संतुलन
trade cycle व्यापार-चक्र
trade mark मार्का, व्यापार छाप
trade tax व्यापार-कर
trade union व्यवसाय संघ
tradition परम्परा
traditional परम्परागत, पारस्परिक
traditionalism परम्परावाद
tragedy दुखांतिका
trained प्रशिक्षित
trainee प्रशिक्षणार्थी, प्रशिक्षार्थी
training प्रशिक्षण
training college प्रशिक्षण महाविद्यालय
training school प्रशिक्षण विद्यालय
trajectory १. प्रक्षेप-पथ, २. प्रक्षेप-चक्र
trance १. तन्मयता, २. समाधि
tranquillity प्रशान्ति
transaction लेन-देन, व्यवहार
transcription प्रतिलेखन
transfer १. बदली, स्थानांतरण, अंतरण, २. हस्तांतरण
transferable अंतरणीय
transferee १. अंत रिती, २. हस्तांतरिती, हस्तांतरी
transference १. अंतरण, २. स्थानां-तरण, ३. हस्तांतरण
transferor १. अंतरितक, २. हस्तांतरक, हस्तांतरण-कर्ता
transferred १. स्थानांतरित, २. हस्तांतरित
transformation रूपांतरण
transformer परिणामित्र, ट्रांसफार्मर

transgression अतिक्रमण
transit पारगमन, पारवहन
transit pass निकासी-पत्र
translation १. अनूदन, भाषांतरण, २. अनुवाद, उल्था, तरजुमा, भाषांतर
translator अनुवादक, भाषांतरकार
transliteration १. लिप्यंतरण, २. लिप्यंतर
transmigration पुनर्जन्म
transmission पारपेषण, संप्रेषण
transmitter पारपेषक, संप्रेषक
transparent पारदर्शक
transplantation प्रत्यारोपण
transport परिवहन
transposition क्रम-परिवर्तन, विपर्यय
transverse अनुप्रस्थ, आड़ा
travelling सचल
travelling allowance यात्रा-भत्ता
treasure कोष, खजाना
treasurer कोषाध्यक्ष, खजानची
treasury १. खजाना, २. राजकोष
treatment १. उपचार, २. चिकित्सा
treaty १. सन्धि, सुलह, २. सन्धि-पत्र, सुलहनामा
trench खाई
trespass अतिचार
trial १. जाँच, २. विचारण
tribunal अधिकरण, न्यायाधिकरण
tributary सहायक नदी
trick १. चाल, २. चालबाजी
triennial त्रैवार्षिक
trigger लिबलिबी
triple त्रयी
trisection सम-त्रिभाजन
trolly ठेला
trophy विजयोपहार
tropic कटिबंध
tropical उष्ण-कटिबंधीय
tropical year सायन वर्ष
tropics अयन-वृत्त
truce शांति-संधि
true सत्य
trump तुरुप (खेल)
trump card विजयास्त्र
trust न्यास
trustee न्यासधारी, न्यासी
tube ट्यूब, नलिका, नली
tuberous कन्दिल
tube well नलकूप
tuition उपशिक्षण
tumour अर्बुद
tunnel बोगदा, सुरंग
turbine टरबाइन
turning point आवर्त-बिन्दु
turpentine तारपीन
tutor उपशिक्षक
twilight १. अरुणाभा, झुटपुटा, २. सन्ध्या-लोक, सान्ध्य-प्रकाश
twist ऐंठन
two dimensional द्विविम
type १. प्रकार, २. मुद्रा, ३. प्ररूप
type metal मुद्र-धातु
type writer टाइपराइटर, टंकित्र
type writting टंकण, टाइपकारी, टाइप करना
typhoid आंत्रिक ज्वर, मियादी बुखार
typhus तंद्रिक ज्वर
typical १. ठेठ, २. प्ररूपी, प्रारूपिक
typist टंकक, टाइपकार
tyranny अत्याचार, जुल्म
tyrant अत्याचारी

U

udder थन
ultimately अंततोगत्वा
ultra microscope अतिसूक्ष्मदर्शी
ultra nationalism अतिराष्ट्रीयतावाद
ultra nationalist अतिराष्ट्रीयतावादी
umbra प्रच्छाया
umpire १. अंककार, २. पंच
unable असमर्थ
unacquainted अनभिज्ञ, अपरिचित
unalterable अपरिवर्तनीय
unanimity सर्वसम्मति
unarmed निरस्त्र
unavoidable अनिवार्य
uncalled for अनाहूत
uncastrated आँड़ू
uncertainty अनिश्चय
uncommon असाधारण
unconscious अचेत, बेहोश
unconsciousness अचेतना, बेहोशी
unconstitutional अवैधानिक
uncontrolled अनियंत्रित
uncultivated अकृषित
uncurrent अप्रचलित
under अधस्थ
under-current अंतर्धारा
underground पाताली, भूमिगत
underline अधोरेखा
underlining अधोरेखन
underlying मूलाधार
underproduction न्यूनोत्पादन
underreference प्रसंगाधीन
understood अध्याहृत (व्या०)
undesirable अवांछनीय
undone अकृत
undue अनुचित
uneducated अशिक्षित
unemployed बेरोजगार, बेकार
unemployment बेकारी
unending अनंत
unequal असम
unfortunate अभागा
uniaxial एकाक्ष
unicameral एक सदनीय
unification एकीकरण
uniform वि० एकसमान, सं० परिच्छेद, वरदी, वर्दी
unilateral एकपक्षीय
unionism संघवाद
unique अद्वितीय, अनोखा
unisexual एकलिंगी
unit १. अदद, २. इकाई, ३. मानक-इकाई
unitary एकात्मक, ऐकिक
unitary state एकात्मक राज्य
united nations संयुक्त राष्ट्रसंघ
unity १. एकता, एका २. अन्विति (नाटक की)
universal १. विश्वक, २. सर्वव्यापी, सार्विक, ३. सार्वत्रिक, सार्वदेशिक
universalism १. विश्ववाद, २. सर्वार्थ-वाद
university विश्वविद्यालय

unknowable अज्ञेय
unknown अज्ञात
unlimited १. अपरिमित, २. असीम
unnatural अनैसर्गिक, अप्रकृत, अप्राकृतिक
unobserved अलक्षित
unofficial गैर-सरकारी
unpaid अदत्त
unparliamentary असांसद
unquestionable अशंकनीय
unsaleable अविक्रेय
unscientific अवैज्ञानिक
unseated अनासीन
unseen अनदेखा
unsexual अलैंगिक
unsocial असामाजिक
unstability अस्थिरता
unstable अस्थायी
unsymmetrical असम्मित
unthinkable अविचार्य
untimely असामयिक
untouchability अस्पृश्यता
untouchable अछूत, अस्पृश्य
untrained अप्रशिक्षित
unused अप्रयुक्त
unusual अप्रायिक
unveiled अनावृत
unveiling अनावरण
unvoluntary अनैच्छिक
upgrading उन्नयन
upper class उच्चवर्ग
uprising उपप्लव, विद्रोह, विप्लव
upto-date अद्यतन, दिनाप्त
uranus वरुण
urban नगरीय, शहरी
urbane सभ्य, सुसंस्कृत
urge पुलक
urgent अत्यावश्यक, तुरन्ती, सद्यस्क
urinary bladder मूत्राशय, वस्ति
urine examination मूत्र-परीक्षा
ursa major सप्तर्षि
urti caria जुड़-पित्ती, शीतपित्त
usage १. उपचार, २. प्रचलन, प्रथा, ३. प्रयोग
use १. उपयोग, २. प्रयोग
usual १. चलित, २. प्रायिक, ३. साधारण
uterus गर्भाशय
utilitarian उपयोगितावादी
utilitarianism उपयोगितावाद
utility उपयोगिता
utterance उक्ति
uvula अलिजिह्वा
uvular अलिजिह्वीय

V

vacancy रिक्तता
vacation छुट्टी
vaccination टीका
vaccinator टीकाकार
vaccum निर्वात
valid वैध, विधिमान्य
validation विधिमान्यकरण
validity विधिमान्यता
valley दर्रा
valuation मूल्यन, मूल्यांकन, मूल्य-निर्धारण
valve कपाट
vaporization वाष्पन
vapour भाप, वाष्प
vapour bath वाष्पस्नान
variable परिवर्ती
variant परिवर्त्य
vascular वाहिनीय
vegetarian निरामिषभोजी, शाकाहारी
venereology मैथुनिकी
venom गरल
ventilater वातायनी, हवाकश
ventilation संवातन, हवादारी
ventral उदरीय
ventricle निलय
verbal noun क्रियार्थक संज्ञा
verdict अधिमत
verifiable सत्यापनीय
verification सत्यापन
verified सत्यापित
vermilion सं० ईंगुर, सिंदूर, वि० सिंदूरी (रंग)
verse पद्य
vertebrate कशेरुक-दंडी, कशेरुकी
vertex शीर्ष
vertical उदग्र, ऊर्ध्व, खड़ा
vertical angle शीर्ष-कोण
vessel वाहिका, वाहिनी
vested निहित
vested interest निहित स्वार्थ
vesting अधिष्ठान
veterinary पशु-चिकित्सा
veterinary surgeon पशु-चिकित्सक
veto निषेधाधिकार, प्रतिषेधाधिकार
viable जीवनक्षम
via media मध्यम मार्ग
vice-chairman उपाध्यक्ष
vice-chanceller उपकुलपति
vice-president उपाध्यक्ष
vice versa प्रतिक्रमात्, विपरीत क्रम से
vicious दूषित
victim शिकार, उत्पीडित
victimization उत्पीड़न
victor विजेता
victory विजय
view दृश्य
viewpoint दृष्टिकोण
vigilance १. चौकसी, सतर्कता, २. निगरानी
vigilant चौकस, जागरूक, सतर्क
vigour ओज
vindictive प्रतिशोधी
violation अतिक्रमण
violent १. प्रचंड, २. हिंसात्मक
virgin कुमारी
virginity कौमार्य
virgo कन्या (राशि)
virous विषाणु
virtue सद्‌गुण
virtuous सद्‌गुणी
visa अनुवेश-पत्र, अनुवेशिका, वीजा
visibility दृश्यता
vision जीवन-दृष्टि
visitor १. मुलाकाती, २. दर्शक, ३. दर्शपति, ४. दर्शाधिकारी
visitor's book आगंतुक पंजी, दर्शक पंजी, दर्शक-पुस्तिका
visual दृश्य
vitality जीवन्तता
vitamin विटामिन

vitriol कासीस
vituperation गाली-गलौज
viva voce मौखिक परीक्षा
vocabulary शब्दावली
vocal card स्वर-सूत्र
vocation व्यवसाय
void परिशून्य
volatile वाष्पशील
volt ऊर्ज
voltage ऊर्जमान, विद्युत दाब
volume १. आयतन, २. खंड (ग्रंथ का)
voluntarily स्वेच्छया
voluntary स्वैच्छिक
volunteer स्वयंसेवक
vote मत
voting मतदान
voting paper मतपत्र
voucher वाउचर
vowel स्वर
vulva भग

W

wage मजदूरी
waiting room प्रतीक्षालय
walkout सदन-त्याग
walnut अखरोट
want १. आवश्यकता, २. ऊनता
wanton स्वच्छंद
ward १. प्रतिपाल्य, २. संरक्षित
warden छात्रपाल
warning चेतावनी
war of independence स्वातंत्र्य-युद्ध
war of nerves आतंक-युद्ध
warrant अधिपत्र
warring युद्धरत
warrior योद्धा
warship युद्धपोत
wartime युद्धकाल
wasp गंधालिका, बर्रे, भिड़
wasting disease क्षीणक रोग
water chestnut सिंघाड़ा
water colour जल-रंग
waterfall जलप्रपात, प्रपात, दरी
water gas जल-वाष्प
water-glass जल-काँच
water-logging जल-जमाव
water mark जलचिह्न
water pipe कल
water pool जलकुंड
waterproof जलसह
water-rate १. आबियाना, जलकर, २. जलशुल्क
water reservoir जलागार
water spout जलस्तंभ
water tap कल
water tight जलरुद्ध
water ways जलमार्ग
wealth tax विभव-कर
weapon शस्त्र
wear and tear टूट-फूट
weaver जुलाहा, बुनकर
week-end सप्ताहांत
weekly साप्ताहिक, हफ्तेवार
weight १. तौल, २. भार
welding वेल्डिंग
welfare कल्याण
well-formed सुगठित
westernization पाश्चात्यीकरण
wharfage घाटशुल्क
wheel चक्र, पहिया
whet stone १. कुरंड, कुंड, २. सान, ३. सिल्ली
whip सचेतक
whisper कानाफूसी, फुसफुस
white elephant सफेद हाथी
white paper श्वेत पत्र
whole समस्त
wholesale थोक
wholesome १. स्वास्थ्यकर, २. हितकर
whole time पूर्णकालिक
whooping cough कुकास, कुकुर-खाँसी
wide spread व्याप्त, व्यापक
will इच्छा-पत्र, रिक्थ-पत्र, वसीयतनामा
wind पवन
wind furnace पवन-भट्टी
winding up समापन
windmill पवन-चक्की
windstorm आँधी
wine १. आसव, २. मदिरा, शराब
wire तार
wire guage तार-जाली
wireless तारहीन
wish कामना
wit चोज, सुभाषित
withdrawal १. वापसी, २. अपहरण
witness गवाह, साक्षी
wonderful अद्भुत
wooden काष्ठीय
word शब्द
word-meaning पदार्थ, शब्दार्थ
word-order शब्दक्रम
working committee कार्य-समिति
working day कार्य-दिवस
workshop कर्मशाला
worry चिंता
worth अर्घ
writ रिट, परमादेश, प्रादेश, समादेश
writ of mandamus परमादेश, समादेश-याचिका
writ of petition समादेश-याचिका
writ of prohibition प्रतिषेध-समादेश
writ off बट्टे खाते डालना
wrongful दोषपूर्ण, सदोष

Y

year book अब्दकोष
yearly वार्षिक, सालाना
yellow fever पीतज्वर, पीला बुखार
yield उपज, पैदावार
youth festival युवक समारोह
younger कनिष्ठ

Z

zenith खमध्य, शिरोबिंदु
zero शून्य
zodiac ख-स्वास्तिक, शिरोबिंदु
zonal मंडलीय, आंचलिक, क्षेत्रीय
zone १. क्षेत्र, २. मंडल, अंचल
zoo चिड़िया-घर
zoologist प्राणिविज्ञानी
zoology प्राणिविज्ञान

परिशिष्ट-२

विपरीतार्थक शब्द

अंगीकरण – अनंगीकरण (पुं.)
अंत:करण – वहि:करण (पुं.)
अंतिम – अनंतिम (वि.)
अंदर – बाहर (क्रि.वि.)
अंधकार – प्रकाश (पुं.)
अँधेरा – उजाला (पुं.)
अकंटक – कंटकित (वि.)
अकेला – दुकेला (वि.)
अक्षत – विक्षत (वि.)
अक्षम – सक्षम (वि.)
अखंडनीय – खंडनीय (वि.)
अगम – सुगम (वि.)
अगला – पिछला (वि.)
अगवाड़ा – पिछवाड़ा (पुं.)
अगाड़ी – पिछाड़ी (स्त्री.)
अग्र – पश्च (वि.)
अग्रगामी – पश्चगामी; प्रतिगामी (वि.)
अचल – सचल, चल (वि.)
अच्छा – बुरा, खराब, मंदा (वि.)
अच्छाई – बुराई (स्त्री.)
अच्युत – च्युत (वि.)
अज्ञ – विज्ञ, सर्वज्ञ (वि.)
अज्ञता – विज्ञता, सर्वज्ञता (स्त्री.)
अटल – डाँवाँडोल, ढुलमुल (वि.)
अतिक्रमण – अनतिक्रमण (पुं.)
अतुल – तुल्य (वि.)
अत्यधिक – अत्यल्प (वि.)
अथ – इति (पुं., स्त्री.)
अथाह – छिछला (वि.)
अदृश्य – दृश्य (वि.)
अद्यतन – अनद्यतन, पुरातन (वि.)
अद्वितीय – द्वितीय (वि.)
अधिक – न्यून, अल्प, थोड़ा (वि.)
अधिकतम – अल्पतम (वि.)
अधिकतर – कभी-कभी (क्रि.वि.)
अधिकता – अल्पता (स्त्री.)
अधिकारक – अनधिकारक (वि.)
अधिकारी – अनधिकारी (वि.)
अधिकृत – अनधिकृत (वि.)
अधिगत – अनधिगत (वि.)
अधिगम्य – अनधिगम्य (वि.)

अधिमूल्यन – अवमूल्यन (पुं.)
अधिष्ठित – अनधिष्ठित (वि.)
अधीन – अनधीन, स्वतंत्र (वि.)
अध्यवसाय – अनध्यवसाय (पुं.)
अध्यात्मवादी – जड़तावादी (पुं.)
अनंत – सांत, ससीम (वि.)
अनाजी – फलहारी (वि.)
अनाथ – सनाथ (वि.)
अनाहूत – आहूत (वि.)
अनिवार्य – निवार्य (वि.)
अनुकूल – अननुकूल, प्रतिकूल (वि.)
अनुकूलता – प्रतिकूलता (स्त्री.)
अनुक्रिया – प्रतिक्रिया (स्त्री.)
अनुभव – अनुभवहीनता (पुं., स्त्री.)
अनुभवी – अनुभवहीन (वि.)
अनुभूत – अननुभूत (वि.)
अनुमत – अननुमत (वि.)
अनुयायी – विरोधी (पुं.)
अनुरक्त – विरक्त (वि.)
अनुरक्ति – विरक्ति (स्त्री.)
अनुराग – विराग (पुं.)
अनुरूप – अननुरूप (वि.)
अनुलोम – प्रतिलोम (वि.)
अनुशासनबद्ध – अनुशासनहीन (वि.)
अन्यायी – न्यायी, न्यायशील (वि.)
अन्वय – अनन्वय (पुं.)
अन्वित – अनन्वित (वि.)
अन्विति – अनन्विति (स्त्री.)
अपकर्ष – उत्कर्ष (पुं.)
अपना – पराया, बेगाना (वि.)
अपनापन – परायापन (पुं.)
अपराधी – निरपराधी (वि.)
अपेक्षित – अनपेक्षित (वि.)
अभिज्ञ – अनभिज्ञ (वि.)
अभिज्ञता – अनभिज्ञता (स्त्री.)
अभिनंदनीय – निंदनीय (वि.)
अभिप्रेत – अनभिप्रेत (वि.)
अभिमानी–निरभिमान, निरभिमानी (वि.)
अभिलषित – अनभिलषित (वि.)
अभिव्यक्त – अनभिव्यक्त (वि.)
अभिशाप – वरदान (पुं.)

अभिहित – अनभिहित (वि.)
अभीष्ट – अनभीष्ट (वि.)
अभ्यस्त – अनभ्यस्त (वि.)
अभ्यास – अनभ्यास (पुं.)
अमर – नश्वर, मृत (वि.)
अमित – परिमित (वि.)
अमीर – गरीब (वि.)
अमीरी – गरीबी (स्त्री.)
अमृत – विष (पुं.)
अर्जित – अनर्जित (वि.)
अर्थ – अनर्थ (पुं.)
अर्थवान – अर्थहीन, निरर्थक (वि.)
अर्पण – ग्रहण (पुं.)
अर्वाचीन – प्राचीन (वि.)
अर्हता – अनर्हता (स्त्री.)
अलंकृत – अनालंकृत, निरालंकृत (वि.)
अल्प – महा, बहु, दीर्घ (वि.)
अल्पकालीन – दीर्घकालीन (वि.)
अल्पज्ञ – बहुज्ञ, सर्वज्ञ (वि.)
अल्पप्राण – महाप्राण (वि.)
अल्पमत – बहुमत (पुं.)
अल्पसंख्यक – बहुसंख्यक (वि.)
अल्पायु – चिरजीवी (वि.)
अल्पावधि – दीर्घावधि (स्त्री.)
अवकाश – अनवकाश (पुं.)
अवगत – अनवगत (वि.)
अवगाह्य – अनवगाह्य (वि.)
अवर – प्रवर (वि.)
अवलंबित – अनवलंबित (वि.)
अवशेष – नि:शेष (वि.)
अवसर – अनवसर (पुं.)
अवस्थित – अनवस्थित (वि.)
अवाक् – सवाक् (वि.)
अविचल – विचल, डाँवाँडोल, ढुलमुल (वि.)
अविच्छिन्न – विच्छिन्न (वि.)
अविनाशी – विनाशी (वि.)
अविस्मरणीय – विस्मरणीय (वि.)
अव्यक्त – अभिव्यक्त (वि.)
अशक्त – सशक्त (वि.)
अशन – अनशन (वि.)

अश्लील – श्लील (वि.)
असली – नकली (वि.)
असीम – ससीम (वि.)
असुरता – देवत्व (स्त्री., पुं.)
असूया – अनसूया (स्त्री.)
अस्तित्व – अनस्तित्व (पुं.)
अहंकार – अनहंकार (पुं.)
अहंकारी – निरहंकारी (वि.)
आँड़ू – बधिया (वि.)
आंतर – बाह्य (वि.)
आकर्षक – अनाकर्षक, अपकर्षक, विकर्षक (पुं.)
आक्रमण – अनाक्रमण (पुं.)
आक्रामक – आक्रांत (वि.)
आगत – अनागत, विगत (वि.)
आगा – पीछा (पुं.)
आगामी – विगत (वि.)
आगे – पीछे (क्रि. वि.)
आग्रह – दुराग्रह (पुं.)
आघात – प्रतिघात (पुं.)
आचारवान – अनाचारी (वि.)
आच्छादित – अनाच्छादित (वि.)
आजाद – गुलाम (वि.)
आजादी – गुलामी (स्त्री.)
आज्ञाकारी – अनाज्ञाकारी, अवज्ञाकारी (वि.)
आज्ञापालन – अवज्ञा (पुं., स्त्री.)
आडंबर – सादगी (पुं., स्त्री.)
आडंबरपूर्ण – आडंबरहीन (वि.)
आतुर – अनातुर (वि.)
आत्मनिर्भर – अनुजीवी, परजीवी (वि.)
आत्मोन्मुखी – परोन्मुखी (वि.)
आदर – अनादर, निरादर (पुं.)
आदान – प्रदान (पुं.)
आदि – अंत (पुं.)
आदृत – अनादृत, निरादृत, तिरस्कृत (वि.)
आधा – पूरा, सारा (वि.)
आधिक्य – अनाधिक्य (पुं.)
आधुनिक – प्राचीन, पुराना, पारंपरिक (वि.)
आधुनिकता – परंपरा (स्त्री.)
आनंदमग्न – विषादमय, शोकमग्न (वि.)
आना – जाना (क्रि., पुं.)
आपसदारी – दुजायगी (स्त्री.)
आप्त – अनाप्त (वि.)

आबाद – १. सूना, २. बरबाद (वि.)
आभ्यंतर – बाह्य (वि.)
आमंत्रित – अनामंत्रित (वि.)
आमदनी – खर्च (स्त्री. पुं.)
आमिष – निरामिष (वि.)
आय-व्यय (स्त्री., पुं.)
आयात – निर्यात (पुं.)
आरंभ – अंत, समापन, समाप्ति (पुं., स्त्री.)
आरंभिक – अंतिम (वि.)
आराध्य – दुराराध्य (वि.)
आराम – तकलीफ (पुं., स्त्री.)
आरूढ़ – अनारूढ़ (वि.)
आरोह – अवरोह (पुं.)
आरोही – अवरोही (वि.)
आर्द्र – शुष्क, अनार्द्र (वि.)
आर्य – अनार्य (पुं.)
आर्ष – अनार्ष (वि.)
आलसी – कर्मठ, कर्मण्य (वि.)
आवर्तक – अनावर्तक (वि.)
आवर्षण – अनावर्षण (पुं.)
आवश्यक – अनावश्यक (वि.)
आविर्भाव – तिरोभाव, अवसान (पुं.)
आवृत – अनावृत (वि.)
आवृष्टि – अनावृष्टि (स्त्री.)
आवेशित – अनावेशित (वि.)
आशा – निराशा, दुराशा (स्त्री.)
आशावादी – निराशावादी (वि.)
आशीर्वाद – अभिशाप, शाप (पुं.)
आश्रित – अनाश्रित, बेसहारा (वि.)
आसक्त – अनासक्त, विरक्त, निर्लिप्त (वि.)
आसान – मुश्किल (वि.)
आसानी – मुश्किल (स्त्री.)
आसीन – अनासीन (वि.)
आस्तिक – नास्तिक (वि.)
आस्तिकता – नास्तिकता (स्त्री.)
आस्था – अनास्था (स्त्री.)
आहत – अनाहत (वि.)
आहार्य – अनाहार्य (वि.)
आहूत – अनाहूत (वि.)
इकतरफा – दुतरफा (वि.)
इकरार – इन्कार (पुं.)
इच्छा – अनिच्छा (स्त्री.)
इच्छित – अनिच्छित (वि.)
इच्छुक – अनिच्छुक (वि.)

इज्जत – बेइज्जती (स्त्री.)
इन्कार – इकरार (पुं.)
इहलोक – परलोक (पुं.)
इहलौकिक – पारलौकिक (वि.)
ईप्सित – अनीप्सित (वि.)
ईमानदार – बेईमान (वि.)
ईमानदारी – बेईमानी (स्त्री.)
ईश्वरवादी – अनीश्वरवादी (वि.)
उक्त – अनुक्त (वि.)
उग्र – सौम्य, शांत, कोमल (वि.)
उचित – अनुचित (वि.)
उच्च – अनुच्च, निम्न (वि.)
उच्चरित – अनुच्चरित (वि.)
उच्छ्वास – निःश्वास (पुं.)
उजड़ना – बसना (क्रि.)
उजाला – अँधेरा (पुं.)
उज्ज्वल – धूमिल (वि.)
उठना – गिराना, बैठाना (क्रि.)
उतरना – चढ़ना (क्रि.)
उतार – चढ़ाव (पुं.)
उतराई – चढ़ाई (स्त्री.)
उत्कर्ष – अपकर्ष, पराभव (पुं.)
उत्कृष्ट – निकृष्ट (वि.)
उत्कृष्टता – निष्कृष्टता (स्त्री.)
उत्तम – अनुत्तम (वि.)
उत्तर – दक्षिण (पुं.)
उत्तरदायित्व – अनुत्तरदायित्व (पुं.)
उत्तरित – अनुत्तरित (वि.)
उत्तरी – दक्षिणी (वि.)
उत्तीर्ण – अनुत्तीर्ण (वि.)
उत्तेजन – प्रशमन (पुं.)
उत्तेजित – अनुत्तेजित, शांत (वि.)
उत्थान – पतन (पुं.)
उत्पत्ति – संहार (स्त्री., पुं.)
उत्पन्न – अनुत्पन्न, मृत (वि.)
उत्पादक – अनुत्पादक, उपभोक्ता (वि.)
उत्पादन – उपभोग (पुं.)
उत्पीड़क – उत्पीड़ित (वि.)
उत्साह – अनुत्साह (पुं.)
उत्साही – अनुत्साही (वि.)
उत्सुक – अनुत्सुक (वि.)
उत्सुकता – अनुत्सुकता (स्त्री.)
उदग्र – अनुदग्र (वि.)
उदय – अस्त (पुं.)

उदात्त – अनुदात्त (वि.)
उदार – अनुदार, कृपण (वि.)
उदारता – अनुदारता, कृपणता (स्त्री.)
उदित – अस्त (वि.)
उद्धत – सौम्य (वि.)
उद्धृत – अनुद्धृत (वि.)
उद्भव – अवसान (पुं.)
उद्भूत – अनुद्यत (वि.)
उद्यत – अनुद्यत (वि.)
उद्यम – आलस्य (पुं.)
उद्यमी – अनुद्यमी, आलसी (वि.)
उद्योगी – अनुद्योगी (वि.)
उद्विग्न – अनुद्विग्न, निरुद्विग्न (वि.)
उद्वेग – निरुद्वेग (पुं.)
उन्नत – अनुन्नत, अवनत (वि.)
उन्नति – अवनति, गिरावट (स्त्री.)
उन्मुख – विमुख (वि.)
उन्मूलन – रोपण, संवर्धन (पुं)
उपकार – अपकार (पुं.)
उपकारक – अपकारक (वि.)
उपगत – अनुपगत (वि.)
उपयुक्त – अनुपयुक्त (वि.)
उपयुक्तता – अनुपयुक्तता (स्त्री.)
उपयोग – अनुपयोग, दुरुपयोग, दुष्प्रयोग (पुं)
उपयोगी – अनुपयोगी, निरुपयोगी (वि.)
उपरिलिखित – निम्नलिखित, अधोलिखित (वि.)
उपलब्ध – अनुपलब्ध (वि.)
उपलब्धि – अनुपलब्धि (स्त्री.)
उपवास – चरत (पुं.)
उपस्थित – अनुपस्थित (वि.)
उपस्थिति – अनुपस्थिति (स्त्री.)
उपादेय – अनुपादेय (वि.)
उपार्जित – अनुपार्जित (वि.)
उरला – परला (वि.)
उलझना – सुलझना (क्रि.)
उलटना – पलटना (क्रि.)
उलटा – सुलटा, पलटा (वि.)
उल्लंघन – अनुल्लंघन (पुं.)
उल्लास – विषाद (पुं.)
उष्ण – शीतल (वि.)
उष्णता – शीतलता (स्त्री.)
ऊँच – नीच (स्त्री.)

ऊँचा – नीचा (वि.)
ऊँचाई – गहराई (स्त्री.)
ऊपर – नीचे (क्रि. वि.)
ऊर्ध्व – निम्न (नि.)
ऊर्ध्वगति – अधोगति (स्त्री.)
ऋजु – वक्र (वि.)
ऋणग्रस्त – अनृत (वि.)
ऋतु – कुऋतु (स्त्री.)
एक – अनेक (वि.)
एकता – अनेकता (स्त्री.)
एकत्र – विकीर्ण (वि.)
एकपक्षीय – बहुपक्षीय (वि.)
एका – फूट (पुं., स्त्री.)
एकाग्रचित्त – अन्यमनस्क, दुचित्ता (वि.)
एकार्थक – अनेकार्थक, द्वयर्थक (वि.)
एकांगी – सर्वांगी (वि.)
एकीकरण – विभाजन (पुं.)
ऐक्य – अनैक्य (वि.)
ऐच्छिक – अनैच्छिक (वि.)
ऐहिक – पारलौकिक (वि.)
औचित्य – अनौचित्य (पुं.)
औपचारिक – अनौपचारिक (वि.)
औपचारिकता – अनौपचारिकता (स्त्री.)
कंजूस – शाहखर्च (वि.)
कंटकाकीर्ण – निष्कंटक (वि.)
कंपित – अकंपित (वि.)
कटु – प्रिय, मधुर (वि.)
कठिन – सरल (वि.)
कठोर – मृदु, कोमल (वि.)
कड़वा – मीठा (वि.)
कड़ा – मुलायम, नरम (वि.)
कथनीय – अकथनीय (वि.)
कथित – अकथित (वि.)
कथ्य – अकथ्य (वि.)
कपटी – निष्कपट, निश्छल (वि.)
कभी-कभी – सदा, हमेशा (क्रिवि.)
कम – ज्यादा, अधिक (वि.)
कमजोर – तगड़ा (वि.)
कमाना – गँवाना (क्रि.)
कमी – बेसी (स्त्री.)
करुणामय – निष्करुण (वि.)
कर्कश – मधुर (वि.)
कर्कशता – माधुर्य (स्त्री., पुं.)
कर्तव्य – अकर्तव्य (पुं.)

कर्ता – अकर्ता, भोक्ता (पुं.)
कर्म – अकर्म (पुं.)
कर्मण्य – अकर्मण्य (वि.)
कलंकित – निष्कलंक (वि.)
कलंकी – निष्कलंकी (वि.)
कलमी – बीजू (वि.)
कल्पनातीत – कल्पनीय (वि.)
कल्पनीय – अकल्पनीय, कल्पनातीत (वि.)
कल्पित – अकल्पित, यथार्थ (वि.)
कसा – ढीला (वि.)
कसूरवार – बेकसूर (वि.)
कहा – अनकहा (वि.)
कहीं-कहीं – सब जगह, सर्वत्र (क्रिवि.)
काज – अकाज (पुं.)
काट्य – अकाट्य (वि.)
काबिल – नाकाबिल (वि.)
कामयाब – नाकामयाब (वि.)
कामयाबी – नाकामयाबी (स्त्री.)
कामी – अकाम, निष्काम (वि.)
काल – अकाल (पुं.)
काला – गोरा (वि.)
किस्मतवर – बदकिस्मत (वि.)
कीर्ति – अपकीर्ति (स्त्री.)
कीर्तिकर – अकीर्तिकर (वि.)
कुंठित – अकुंठित, तीखा, धारदार (वि.)
कुअवसर – सुअवसर (पुं.)
कुआँरी – ब्याही (वि., स्त्री.)
कुपरिणाम – सुपरिणाम (पुं.)
कुप्रथा – सुप्रथा (स्त्री.)
कुफल – सुफल (पुं.)
कुमारी – विवाहिता स्त्री.)
कुमार्गी – सन्मार्गी (वि.)
कुलतारन – कुलबोरन (पुं.)
कुलीन – अकुलीन (वि.)
कुव्यवस्था – सुव्यवस्था (स्त्री.)
कुशल – अकुशल (वि.)
कुशलता – अकुशलता (स्त्री.)
कृत – अकृत (वि.)
कृतकार्य – अकृतकार्य, विफल-मनोरथ (वि.)
कृतज्ञ – अकृतज्ञ, कृतघ्न (वि.)
कृतज्ञता – अकृतज्ञता, कृतघ्नता (स्त्री.)
कर्तृत्व – भोक्तृत्व (पुं.)
कृत्रिम – अकृत्रिम, प्रकृत (वि.)

कृत्रिमता – अकृत्रिमता (स्त्री.)
कृपण – उदार (वि.)
कृपा – कोप (स्त्री., पुं.)
कृश – स्थूल (वि.)
कृष्ण – गौर, शुक्ल (वि.)
कृष्ट – अकृष्ट (वि.)
के अंदर – के बाहर (संबंधबोधक)
के नीचे – के ऊपर (संबंधबोधक)
कोमल – कठोर (वि.)
कोमलता – कठोरता (स्त्री.)
कोलाहल – शान्ति (पुं., स्त्री.)
क्रमिक – अक्रमिक (वि.)
क्रय – विक्रय (पुं.)
क्रेता – विक्रेता (पुं.)
क्षणिक – दीर्घजीवी, शाश्वत (वि.)
क्षत – अक्षत (वि.)
क्षम – अक्षम (वि.)
क्षम्य – अक्षम्य (वि.)
क्षुण्ण – अक्षुण्ण (वि.)
क्षुद्र – विशाल (वि.)
क्षुब्ध – अक्षुब्ध, शांत (वि.)
खंड-खंड – अखंडित (वि.)
खंडन – मंडन (पुं.)
खंडनीय – मंडनीय (वि.)
खंडित – अखंडित, अखंड (वि.)
खट्टा – मीठा (वि.)
खरा – खोटा (वि.)
खरापन – खोटापन (पुं.)
खरीद – बिक्री (स्त्री.)
खरीदना – बेचना (क्रि.)
खाद्य – अखाद्य (वि.)
खाली – भरा (वि.)
खिलना – मुरझाना (क्रि.)
खिला – मुरझाया (वि.)
खुदरा – थोक (वि.)
खुरदरा – चिकना (वि.)
खुला – बंद, अवरुद्ध (वि.)
खुशकिस्मत – बदकिस्मत (वि.)
खुशमिजाज – बदमिजाज (वि.)
खुशी – गम, गमी (स्त्री., पुं. स्त्री.)
खुशी-खुशी – बेमन से (क्रि.वि.)
खुश्की – तरी (स्त्री.)
खूबसूरत – बदसूरत (वि.)
खूबी – खामी, खराबी (स्त्री.)

खेद – प्रसन्नता (पुं., स्त्री.)
खोना – पाना (क्रि.)
खोलना – बाँधना (क्रि.)
गंभीर – अगंभीर, छिछला (वि.)
गगनचुंबी – तलस्पर्शी (वि.)
गणनीय – अगणनीय, अगण्य (वि.)
गण्य – अगण्य, नगण्य (वि.)
गत – आगत (वि.)
गत – अनागत (पुं.)
गफ – झिल्लड़, झीना (वि.)
गमन – आगमन (पुं.)
नरम – गरम, ठंडा (वि.)
गरमी – सरदी; नरमी (स्त्री.)
गलत – सही (वि.)
गहरा – छिछला (वि.)
गाढ़ा – पतला (वि.)
गिराना – उठाना (क्रि.)
गीला – सूखा (वि.)
गुण – अवगुण, दोष (पुं.)
गुणवान – गुणहीन (वि.)
गुणी – निर्गुणी (वि.)
गुनाहगार – बेगुनाह (वि.)
गुप्त – प्रकट (वि.)
गुमसुम – बातूनी, बड़बड़िया (वि.)
गुरु – अगुरु, हलका (वि.)
गुलज़ार – वीरान (वि.)
गूढ़ – अगूढ़ (वि.)
गृहस्थ – संन्यासी (पुं.)
गेय – अगेय (वि.)
गौण – मुख्य (वि.)
ग्रस्त – मुक्त (वि.)
ग्रहण – त्याग, परित्याग (पुं.)
ग्रामीण – नागर, शहरी (वि.)
ग्राम्य – नागर, वन्य (वि.)
ग्राह्य – अग्राह्य, त्याज्य (वि.)
घटती – बढ़ती (स्त्री.)
घटना – बढ़ना (क्रि.)
घाटा – मुनाफा (पुं.)
घटित – अघटित (वि.)
घटोतरी – बढ़ोतरी (स्त्री.)
घृणा – प्रेम (स्त्री., पुं.)
घोषित – अघोषित (वि.)
चंचल – निश्चल (वि.)
चढ़ना – उतरना, गिरना (क्रि.)

चतुर – मूर्ख (वि.)
चपल – अचपल (वि.)
चर – अचर (वि.)
चरित्रवान – चरित्रहीन (वि.)
चल – अचल (वि.)
चालाक – सीधा, भोला (वि.)
चाहे – अनचाहे (क्रि. वि.)
चिंतनीय – अचिंतनीय (वि.)
चिंतित – अचिंतित (वि.)
चिंत्य – अचिंत्य (वि.)
चिकना – खुरदरा (वि.)
चिकित्स्य – अचिकित्स्य (वि.)
चित्त – पट (वि.)
चिन्मय – मृण्मय (वि.)
चिरजीवी – अल्पायु (वि.)
चिरस्थायी – अल्पस्थायी (वि.)
चुस्त – ढीला, लचर (वि.)
चेतन – अचेतन, जड़ (वि.)
चैन – बेचैनी (पुं., स्त्री.)
चोरी-छिपे – खुले आम (क्रि.वि.)
छली – निश्छल (वि.)
छिछला – गहरा (वि.)
छुटकारा – बंधन (पुं.)
छेद्य – अछेद्य (वि.)
छोटा – बड़ा, लंबा (वि.)
जटिल – सरल (वि.)
जंगम – स्थावर (वि.)
जड़ – चेतन (वि.)
जड़ता – चेतनता, चैतन्य (स्त्री., पुं.)
जन्म – मृत्यु (पुं., स्त्री.)
जमा – खर्च (वि.)
जय – पराजय (स्त्री.)
जरूरी – गैरजरूरी (वि.)
जवानी – बुढ़ापा (स्त्री. पुं.)
जल्दी – धीरे (क्रिवि.)
जल्दी-जल्दी – धीरे-धीरे (क्रिवि.)
जागना – सोना (क्रि.)
जाग्रत – सुप्त (वि.)
जानकार – अनजान (वि.)
जागरण – सुषुप्ति (पुं. स्त्री.)
जाति – विजाति (स्त्री.)
जानदार – बेजान (वि.)
जाना-पहचाना – अजनबी (वि.)
जारज – औरस (वि.)

जालिम – रहमदिल (वि.)
जिजीविषा – मुमूर्षा (स्त्री.)
जितेंद्रिय – अजितेंद्रिय (वि.)
जीत – हार (स्त्री.)
जीर्ण – अजीर्ण (वि.)
जीवन – मरण (पुं.)
जीवित – मृत, दिवंगत (वि.)
जुड़ा – बिछुड़ा, अलहदा (वि.)
जूस – ताक (वि.)
जेय – अजेय (वि.)
जोरदार – हलका (वि.)
ज्ञात – अज्ञात, अविज्ञान (वि.)
ज्ञान – अज्ञान, भ्रम (पुं.)
ज्ञानचक्षु – चर्मचक्षु (पुं.)
ज्ञानदृष्टि – चर्मदृष्टि (स्त्री.)
ज्ञानी – मूढ़, अज्ञानी (वि.)
ज्ञेय – अज्ञेय (वि.)
ज्येष्ठ – कनिष्ठ (वि.)
झिल्लड़ – गफ (वि.)
झीना – त्रफ (वि.)
झूठ – सच (पुं.)
ठंडा – गर्म (वि.)
ठोस – पोला, खोखला (वि.)
डरपोक – निडर (वि.)
तंदुरुस्त – कमजोर (वि.)
तकलीफ – आराम (स्त्री. पुं.)
तद्वत – अतद्वत (वि.)
तप – भोग (पुं.)
तप्त – शीतल (वि.)
तम – प्रकाश (पुं.)
तर – शुष्क (वि.)
तरल – ठोस (वि.)
तरुण – वृद्ध (वि.)
तर्क – वितर्क (पुं.)
तर्कसंगत – अतर्कसंगत (वि.)
ताकतवर – कमजोर (वि.)
तात्कालिक – दूरगामी, स्थायी (वि.)
ताप – शीत (पुं., स्त्री.)
तामसिक – सात्विक (वि.)
तारीफ – बुराई (स्त्री.)
तालीमयाफ्ता – जाहिल (वि.)
तिक्त – मधुर (वि.)
तिमिर – प्रकाश (पुं.)
तीव्र – मंद (वि.)

तुकांत – अतुकांत (वि.)
तुच्छ – महान (वि.)
तुल्य – अतुल्य (वि.)
तृप्त – अतृप्त (वि.)
तृप्ति – अतृप्ति (स्त्री.)
तेज – हलका, धीमा, मंद, नरम (वि.)
तेजी – मंदी, नरमी (स्त्री.)
तेजोमय – निस्तेज (वि.)
तेरा – मेरा (वि.)
त्याज्य – अत्याज्य (वि.)
त्रुटिपूर्ण – त्रुटिहीन (वि.)
थोक – खुदरा, फुटकर (पुं.)
थोड़ा – बहुत, अधिक (वि.)
दंड – पुरस्कार (पुं.)
दक्ष – अदक्ष (वि.)
दक्षता – अदक्षता (स्त्री.)
दक्षिण – वाम (वि.)
दब्बू – दबंग (वि.)
दमनीय – अदमनीय (वि.)
दयालु – निर्दय (वि.)
दरिद्र – धनाढ्य, धनी, सम्पन्न (वि.)
दरिद्रता – सम्पन्नता (स्त्री.)
दर्शनीय – अदर्शनीय (वि.)
दलित – अदलित (वि.)
दागी – बेदाग (वि.)
दाता – याचक, भिखारी (पुं.)
दास – प्रभु (पुं.)
दासता – प्रभुता (स्त्री.)
दाह्य – अदाह्य (वि.)
दिन – रात (पुं., स्त्री.)
दिनांकित – अदिनांकित (वि.)
दिनातीत – दिनाप्त (वि.)
दिलेर – कायर (वि.)
दिवंगत – जीवित (वि.)
दीर्घजीवी – क्षणिक (वि.)
दीर्घायु – अल्पायु (वि.)
दुआ – बद्दुआ (स्त्री.)
दुख – सुख (पुं.)
दुखद – सुखद (वि.)
दुखदायक – सुखदायक (वि.)
दुखमय – सुखमय (वि.)
दुराचार – सदाचार (पुं.)
दुराचारी – सदाचारी (वि.)
दुरुस्त – गलत (वि.)

दुर्गति – सुगति (स्त्री.)
दुर्बल -- सबल (वि.)
दुर्लभ – सुलभ (वि.)
दुष्कर – सुकर (वि.)
दुष्कर्म – सत्कर्म (पुं.)
दुष्परिणाम – सुपरिणाम (पुं.)
दुष्प्रवृत्ति – सद्प्रवृत्ति (स्त्री.)
दूर – नजदीक, विकट, पास (क्रि.वि.)
दूरदर्शिता – अदूरदर्शिता (स्त्री.)
दूरदर्शी – अदूरदर्शी (वि.)
दूरदृष्टि – मंददृष्टि (वि., स्त्री.)
दृढ़ – अदृढ़ (वि.)
देखा – अनदेखा (वि.)
देना – लेना (पुं.)
देय – अदेय (वि.)
देव – दानव (पुं.)
देश – विदेश (पुं.)
देही – अदेह, विदेह (वि.)
दोष -- गुण (पुं.)
दोषपूर्ण – दोषरहित, दोषविहीन (वि.)
दोषी – निर्दोष (वि.)
द्रुत – मंथर (वि.)
द्वेष – सद्भावना (पुं., स्त्री.)
द्वेषी – अद्वेषी, सद्भावी (वि.)
द्वैत – अद्वैत (वि.)
धन – ऋण (वि.)
धनाढ्य – दरिद्र (वि.)
धनी – निर्धन, (वि.)
धर्म – अधर्म (पुं.)
धर्मी – अधर्मी (वि.)
धार्मिक – अधार्मिक (वि.)
धीर – अधीर (वि.)
धीरज – उतावली (पुं., स्त्री.)
धूप – छाँह (स्त्री.)
धृष्ट – विनम्र (वि.)
धैर्य – अधैर्य (पुं.)
ध्वंस – सृजन (पुं.)
नकारात्मक – सकारात्मक (वि.)
नजदीक – दूर (क्रि.वि.)
नगद – उधार (क्रि.वि.)
ननिहाल – ददिहाल (पुं.)
नपुंसक – पुंसत्ववान (वि.)
नफरत – मुहब्बत (स्त्री.)
नफा – नुकसान (पुं.)

नम्य – अनम्य (वि.)
नम्र – अनम्र (वि.)
नया – पुराना (वि.)
नरक – स्वर्ग (पुं.)
नराधम – नरपुंगव (वि.)
नरम – सख्त, कड़ा, कठोर (वि.)
नरमी – सख्ती (स्त्री.)
नवीन – प्राचीन (वि.)
नवीनता – प्राचीनता (स्त्री.)
नश्वर – अनश्वर, शाश्वत (वि.)
नसीबवर – बदनसीब (वि.)
नामवर – बदनाम (वि.)
नामी – बदनाम (वि.)
नाशवान – अविनाशी (वि.)
निंदनीय – अनिंदनीय, प्रशंसनीय, अभिनंदनीय (वि.)
निंदा – प्रशंसा, स्तुति (स्त्री.)
निंद्य – स्तुत्य (वि.)
निकृष्ट – श्रेष्ठ (वि.)
निगलना – उगलना (क्रिवि.)
निगुरा – सगुरा (वि.)
निडर – डरपोक (वि.)
नित्य – अनित्य (वि.)
निपुण – अनिपुण (वि.)
निमंत्रित – अनिमंत्रित (वि.)
नियंत्रित – अनियंत्रित (वि.)
नियत – अनियत (वि.)
नियमित – अनियमित (वि.)
नियामक – अनियामक (वि.)
निरक्षर – साक्षर (वि.)
निरर्थक – सार्थक (वि.)
निराकार – साकार (वि.)
निराधार – साधार (वि.)
निराश – आशावान (वि.)
निरुद्ध – अनिरुद्ध (वि.)
निर्गुण – सगुण (वि.)
निर्जल – सजल (वि.)
निर्जीव – सजीव (वि.)
निर्णय – अनिर्णय (वि.)
निर्णीत – अनिर्णीत (वि.)
निर्दय – सदय, दयालु (वि.)
निर्दिष्ट – अनिर्दिष्ट (वि.)
निर्दोष – सदोष (वि.)
निर्धारित – अनिर्धारित (वि.)

निर्बल – सबल, बलवान (वि.)
निर्भीक – भयभीत (वि.)
निर्मल – मलिन (वि.)
निर्माण – विनाश, ध्वंस (पुं.)
निर्वचनीय – अनिर्वचनीय (वि.)
निर्वाच्य – अनिर्वाच्य (वि.)
निश्चय – अनिश्चय (वि.)
निषिद्ध – विहित (वि.)
निषेधात्मक – विधेयात्मक (वि.)
निष्कंटक – कंटकाकीर्ण (वि.)
निष्काम – सकाम (वि.)
निष्क्रिय – सक्रिय (वि.)
निष्ठा – अनिष्ठा (स्त्री.)
निस्तेज – तेजोमय (वि.)
नीच – ऊँच (पुं.)
नीचा – ऊँचा (वि.)
नीचे – ऊपर (क्रिवि.)
नीति – अनीति (स्त्री.)
नीरस – सरस (वि.)
नूतन – पुरातन (वि.)
नेक – बद (वि.)
नेकनामी – बदनामी (स्त्री.)
नेकी – बदी (स्त्री.)
नैसर्गिक – अनैसर्गिक (वि.)
न्याय – अन्याय (पुं.)
न्यायपूर्ण – अन्यायपूर्ण (वि.)
न्यायी – अन्यायी (वि.)
न्यून – अधिक (वि.)
पंडित – मूर्ख (वि.)
पकड़ना – छोड़ना (क्रि.)
पका – अधपका, कच्चा (वि.)
पक्का – कच्चा (वि.)
पक्व – अपक्व (वि.)
पक्षधर – विपक्षी (पुं.)
पक्षपात – १. तटस्थता, २. निष्पक्षता, (पुं., स्त्री.)
पक्षपाती – १. तटस्थ, २. निष्पक्ष (वि.)
पटु – अपटु (वि.)
पठित – अपठित (वि.)
पढ़ा-लिखा – अनपढ़, बेपढ़ा, अँगूठा-छाप (वि.)
पतन – उत्थान (पुं.)
पतला – गाढ़ा (वि.)
पदस्थ – अपदस्थ, पदच्युत (वि.)

पद्य – गद्य (पुं.)
परकीय – स्वकीय (वि.)
परला – उरला (वि.)
पराजय – विजय (पुं.)
पराजित – अपराजित (वि.)
पराजेय – अपराजेय (वि.)
पराधीन – स्वाधीन (वि.)
परार्थ – स्वार्थ (पुं.)
परिग्रही – अपरिग्रही (वि.)
परिचित – अपरिचित, अनजाना (वि.)
परिच्छिन्न – अपरिच्छिन्न (वि.)
परिणत – अपरिणत (वि.)
परिणीत – अपरिणीत (वि.)
परिपक्व – अपरिपक्व (वि.)
परिपुष्ट – अपरिपुष्ट (वि.)
परिपूर्ण – रिक्त (वि.)
परिमार्जित – अपरिमार्जित (वि.)
परिमित – अपरिमित (वि.)
परिवर्तनीय – अपरिवर्तनीय (वि.)
परिवर्तित – अपरिवर्तित (वि.)
परिश्रमी – आलसी (वि.)
परिष्कृत – अपरिष्कृत (वि.)
परिसीमित – अपरिसीमित (वि.)
परिहार्य – अपरिहार्य (वि.)
परीक्षित – अपरीक्षित (वि.)
परुष – अपरुष, कोमल (वि.)
परोक्ष – अपरोक्ष, प्रत्यक्ष (वि.)
पर्याप्त – अपर्याप्त (वि.)
पवित्र – अपवित्र, दूषित (वि.)
पसंद – नापसंद, नापसंदगी (स्त्री.)
पहला – पिछला, आखिरी, बादवाला (वि.)
पहले – पीछे, बाद में (क्रिवि.)
पहाड़ी – मैदानी (वि.)
पाक – नापाक (वि.)
पाच्य – अपाच्य (वि.)
पाठ्य – अपाठ्य (वि.)
पात्र – अपात्र, कुपात्र (पुं.)
पाना – खोना (क्रि.)
पाप – पुण्य (पुं.)
पापी – निष्पाप, पुण्यवान, पुण्यात्मा (वि.)
पारदर्शी – अपारदर्शी (वि.)
पार्थिव – अपार्थिव (वि.)
पाश्चात्य – पूर्वी (वि.)
पास – दूर (क्रिवि.)

पिछला – अगला (वि.)
पीड़ित – पीड़क (वि.)
पुचकार – लताड़ (स्त्री.)
पुण्यवान – पापी (वि.)
पुण्यात्मा – पापात्मा (पुं.)
पुरस्कार – दंड (पुं.)
पुरस्कृत – दंडित (वि.)
पुरातन – नूतन (वि.)
पुरातनता – नूतनता (स्त्री.)
पुष्ट – अपुष्ट (वि.)
पुष्टि – अपुष्टि (स्त्री.)
पूत – अपूत (वि.)
पूरब – पश्चिम (पुं.)
पूरा – अधूरा (वि.)
पूरित – अपूरित (वि.)
पूर्ण – अपूर्ण, रहित, हीन (वि.)
पूर्णकालिक – अपूर्णकालिक (वि.)
पूर्वपद – उत्तरपद (पुं.)
पूर्वी – पश्चिमी (वि.)
पृथक् – संयुक्त (वि.)
पृथक्करणीय – अपृथक्करणीय (वि.)
पेय – अपेय (वि.)
पोषक – शोषक (वि.)
पोषण – शोषण (पुं.)
पौर्वात्य – पाश्चात्य (वि.)
पौरुषेय – अपौरुषेय (वि.)
प्रकट – अप्रकट, गुप्त, प्रच्छन्न (वि.)
प्रकाश – अंधकार (पुं.)
प्रकाशित – अप्रकाशित (वि.)
प्रकृत – अप्रकृत (वि.)
प्रकृतिस्थ – अप्रकृतिस्थ (वि.)
प्रखर – मंद (वि.)
प्रगति – अवगति, विनाश (स्त्री. पुं.)
प्रगतिशील – अप्रगतिशील, दकियानूस, रूढ़िवादी (वि.)
प्रगल्भ – अप्रगल्भ (वि.)
प्रचलित – अप्रचिलत (वि.)
प्रकट – गुप्त (वि.)
प्रचारित – अप्रचारित (वि.)
प्रचुर – अप्रचुर, विरल (वि.)
प्रच्छन्न – अप्रच्छन्न, प्रकट, प्रत्यक्ष (वि.)
प्रतिपन्न – अप्रतिपन्न (वि.)
प्रतिबद्ध – अप्रतिबद्ध (वि.)
प्रतिम – अप्रतिम (वि.)

प्रतिष्ठा – अप्रतिष्ठा (वि.)
प्रतिष्ठित – अप्रतिष्ठित (वि.)
प्रत्यक्ष – अप्रत्यक्ष, प्रच्छन्न, गुप्त (वि.)
प्रत्याशित – अप्रत्याशित (वि.)
प्रथम – अंतिम (वि.)
प्रधान – गौण (वि.)
प्रभावित – अप्रभावित (वि.)
प्रभावी – अप्रभावी, निष्प्रभावी, प्रभाव-शून्य (वि.)
प्रमाणित – अप्रमाणित (वि.)
प्रमाद – जागरूकता (पुं., स्त्री.)
प्रमुख – गौण (वि.)
प्रयुक्त – अप्रयुक्त (वि.)
प्रलय –सृष्टि (पुं. स्त्री.)
प्रवर – अवर (वि.)
प्रवृत्त – निवृत्त (वि.)
प्रवृत्ति – निवृत्ति (स्त्री.)
प्रवेश – निषेध (पुं.)
प्रशंसक – निंदक (वि.)
प्रशंसनीय – अप्रशंसनीय, निंदनीय (वि.)
प्रशंसा – निंदा, भर्त्सना (स्त्री.)
प्रशंसित – निंदित (वि.)
प्रशस्त – अप्रशस्त (वि.)
प्रश्न – उत्तर (पुं.)
प्रसन्न – अप्रसन्न, खिन्न, दुखी (वि.)
प्रसन्नता – अप्रसन्नता, खेद, दुख (स्त्री., पुं.)
प्रसम – अप्रसम (वि.)
प्रसार – संकोच (पुं.)
प्रस्तुत – अप्रस्तुत (वि.)
प्रस्तुति – अप्रस्तुति (स्त्री.)
प्राकृत – अप्राकृत (वि.)
प्राकृतिक – अप्राकृतिक (वि.)
प्राचीन – नवीन (वि.)
प्राचीनता – नवीनता (स्त्री.)
प्राच्य – पाश्चात्य (वि.)
प्राधिकृत – अप्राधिकृत (वि.)
प्राप्त – अप्राप्त (वि.)
प्राप्य – अप्राप्य, दुष्प्राप्य (वि.)
प्रामाणिक – अप्रामाणिक (वि.)
प्राय: – बहुधा, सदैव (क्रिवि.)
प्रासंगिक – अप्रासंगिक, बेतुका (वि.)
प्रिय – अप्रिय (वि.)
प्रीति द्वेष (स्त्री., पुं.)

प्रेम – घृणा, वैर (पुं., स्त्री., पुं.)
प्रेमभाव – दुर्भाव (पुं.)
प्रेरित – अप्रेरित (वि.)
प्रौढ़ – अप्रौढ़ (वि.)
प्रौढ़ता – अप्रौढ़ता (स्त्री.)
फलाहारी – अनाजी (वि.)
फलित – अफलित (वि.)
फायदा – नुक्सान (पुं.)
फूल – काँटा (पुं.)
फैलना – सिकुड़ना (क्रि.)
बंजर – चटियल (वि.)
बँटवारा – जुड़ाव (पुं.)
बंधन – मुक्ति, मोक्ष (पुं.)
बड़बड़िया – गुमसुम (वि.)
बढ़ना – घटना (क्रि.)
बढ़िया – घटिया (वि.)
बढ़ोतरी – घटोतरी स्त्री.)
बदनाम – नेकनाम (वि.)
बद्ध – अबद्ध, मुक्त (वि.)
बधिया – आँड़ू (वि.)
बध्य – अबध्य (वि.)
बनना – मिटना, बिगड़ना, टूटना (क्रि.)
बर्खास्त – बरकरार (वि.)
बर्बर – सभ्य (वि.)
बलवान –दुर्बल, निर्बल (वि.)
बसना – उजड़ना (क्रि.)
बहिरंग – अंतरंग (वि.)
बहिश्त – दोज़ख (स्त्री., पुं.)
बहुत – कम, थोड़ा (वि.)
बहुधा – यदाकदा (क्रिवि.)
बाधक – अबाधक (वि.)
बाधित – अबाधित (वि.)
बाध्य – अबाध्य (वि.)
बार-बार – कभी-कभी (क्रिवि.)
बाहर – अंदर, भीतर (क्रिवि.)
बाह्य – आभ्यांतर (वि.)
बिगड़ना – बनना, सँवरना (क्रि.)
बिगाड़ना – सँवारना (क्रि.)
बीमार – चंगा, तंदुरुस्त (वि.)
बुद्धिमत्ता – मूर्खता (स्त्री.)
बुद्धिमत्तापूर्ण – मूर्खतापूर्ण (वि.)
बुद्धिमान – बुद्धिहीन, निर्बुद्धि, बुद्धू (वि.)
बीजू – कलमी, पैबंदी (वि.)
बुरा – भला (पुं.)

बुराई – भलाई, अच्छाई (स्त्री.)
बृहत् – लघु, संक्षिप्त (वि.)
बेचना – खरीदना (क्रि.)
बेजान – जानदार (वि.)
बेडौल – सुडौल (वि.)
बेदम – दमदार (वि.)
बेमेल – संगत (वि.)
बेशर्म – शर्मसार (वि.)
बेसुरा – सुरीला (वि.)
बोधगम्य – अबोधगम्य, गूढ़, दुरूह (वि.)
बोध्य – अबोध्य (वि.)
ब्याहा – अनब्याहा, कुँआरा (वि.)
भंगुर – अभंगुर (वि.)
भंजनीय – अभंजनीय (वि.)
भक्त – अभक्त (वि.)
भक्ष्य – अभक्ष्य (वि.)
भग्न – अभग्न, साबुत (वि.)
भद्र – अभद्र (वि.)
भद्रता – अभद्रता (स्त्री.)
भय – साहस (पुं.)
भयभीत – निर्भीक (वि.)
भरा – खाली, छूछा, रिक्त (वि.)
भला – बुरा, मंदा (वि., पुं.)
भलाई – बुराई (स्त्री.)
भव्य – साधारण, फूहड़ (वि.)
भाग्यवान – अभागा, बदकिस्मत, हतभाग्य (वि.)
भारी – हलका (वि.)
भारी-भरकम – हलका-फुल्का (वि.)
भाव – अभाव, कुभाव, दुर्भाव (पुं.)
भावनीय – अभावनीय (वि.)
भिन्न – अभिन्न (वि.)
भीतर – बाहर (क्रि.वि.)
भीतरी – बाहरी (वि.)
भूतपूर्व – अभूतपूर्व
भूषण – दूषण (पुं.)
भेद्य – अभेद्य, दुर्भेद्य (वि.)
भोगी – योगी (पुं.)
भोग्य – अभोग्य (वि.)
भोज्य – अभोज्य (वि.)
भौतिक – अभौतिक, आध्यात्मिक (वि.)
भ्रांत – निभ्रांत (वि.)
मंगल – अमंगल (पुं.)
मंगलकारी – अमंगलकारी (वि.)

मंडन – खंडन (पुं.)
मजेदार – बेमजा (वि.)
मत्त – अमत्त (वि.)
मधुर – अमधुर, कटु, कर्कश, तीक्ष्ण (वि.)
मनुज – दनुज (वि.)
मनुष्य – पशु (पुं.)
ममत्व – परत्व (पुं.)
मरना – जीना (पुं.)
मर्यादित – अमर्यादित (वि.)
मलिन – निर्मल (वि.)
मसृण – रुक्ष (वि.)
महत् – लघु (वि.)
महत्ता – लघुता (स्त्री.)
महत्त्वपूर्ण – अमहत्त्वपूर्ण, गौण, असार, तुच्छ (वि.)
महात्मा – दुरात्मा (पुं.)
महान – तुच्छ, शूद्र (वि.)
महाशय – क्षुद्राशय (पुं.)
मान – अपमान (पुं.)
मानव – दानव (पुं.)
मानवीय – अमानवीय, दानवीय (वि.)
मान्य – अमान्य (वि.)
मिठास – खटास (स्त्री.)
मितव्ययी – अपव्ययी (वि.)
मित्र – शत्रु (पुं.)
मिथ्या – सत्य (वि.)
मिलन – विच्छेद, बिछोह, विरह (पुं.)
मिलना – बिछुड़ना (क्रि.
मिश्रित – अमिश्रित (वि.)
मीठा – नमकीन, फीका, खट्टा (वि.)
मुक्त – बँधा, बद्ध (वि.)
मुख्य – गौण (वि.)
मुग्ध – अमुग्ध (वि.)
मुनाफा – घाटा (पुं.)
मुनासिब – नामुनासिब (वि.)
मुलायम – कड़ा, कठोर, सख्त (वि.)
मूढ़ – ज्ञानी (वि.)
मूर्ख – पंडित
मूर्च्छित – सचेत, सजग (वि.)
मूर्त – अमूर्त (वि.)
मृत – जीवित (वि.
मृण्मय – चिन्मय (वि.)
मेरा – तेरा (वि.)
मेल – वैमनस्य, अनबन (पुं., स्त्री.)

मैत्री – अमैत्री (स्त्री.)
मैला – उजला (वि.)
मोटा – पतला, महीन (वि.)
मोह – वैराग्य (पुं.)
मोहित – अमोहित (वि.)
मौका – बेमौका (पुं.)
मौके – बेमौके (क्रिवि.)
मौखिक – लिखित (वि.)
मौन – वाचाल (वि.)
मौलिक – अमौलिक (वि.)
यथार्थ – अयथार्थ (वि.)
यथेष्ट – अयथेष्ट, कम (वि.)
यश – अपयश (पुं.)
यशस्वी – अयशस्वी (वि.)
यह – वह (वि.)
याचक – अयाचक, दाता (वि.)
याचित अयाचित (वि.)
युक्तियुक्त – अयुक्तियुक्त (वि.)
युवा – वृद्ध (वि.)
योग – वियोग (पुं.)
योग्य – अयोग्य (वि.)
योग्यता – अयोग्यता (स्त्री.)
यौगिक – अयौगिक (वि.)
यौवन – वार्धक्य (पुं.)
रक्षक – भक्षक (वि.)
रक्षित – अरक्षित (वि.)
रचनात्मक – ध्वंसात्मक (वि.)
रचित – अरचित (वि.)
रत – विरत (वि.)
रति – विरति (स्त्री.)
रद्द – बहाल (वि.)
रसिक – अरसिक (वि.)
रसीला – रसहीन, नीरस (वि.)
रहमदिल – बेरहम (वि.)
रहित – सहित (वि.)
राग – द्वेष, विराग (पुं.)
राजा – रंक (पुं.)
रात – दिन (स्त्री., पुं.)
राष्ट्रभक्त – राष्ट्रद्रोही (वि.)
रिक्त – पूर्ण, भरा (वि.)
रुग्ण – निरोग, स्वस्थ (वि.)
रुचि – अरुचि (स्त्री.)
रुचिकर – अरुचिकर (वि.)
रूढ़िबद्ध – रूढ़िमुक्त (वि.)

रुदन – ह्रास (वि.)
रूपवान – कुरूप (वि.)
रोगी – निरोगी (वि.)
रोचक – अरोचक (वि.)
रोना – हँसना (क्रि.)
रौद्र – अरौद्र (वि.)
लंबा – ठिगना, नाटा (वि.)
लक्षित – अलक्षित (वि.)
लगातार – रुक-रुककर (क्रिवि.)
लगाना – अलगाना, छुड़ाना (क्रि.)
लगाव – अलगाव (पुं.)
लघु – गुरु, प्रभु, विभु (वि.)
लघुता – गुरुता, प्रभुता, विभुता (स्त्री.)
लज्जावान – निर्लज्ज (वि.)
लभ्य – अलभ्य (वि.)
लापरवाह – सावधान (वि.)
लाभ – हानि, क्षति (पुं., स्त्री.)
लाभप्रद – अलाभकर, हानिप्रद (वि.)
लायक – नालायक (वि.)
लिखित – अलिखित (वि.)
लिप्त – अलिप्त, निर्लिप्त (वि.)
लुभावना – घिनौना (वि.)
लेना – देना (क्रि.)
लोक – परलोक (पुं.)
लोकप्रिय – अलोकप्रिय (वि.)
लोभी – निर्लोभ (वि.)
लोहित – अलोहित (वि.)
लौकिक – अलौकिक, पारलौकिक (वि.)
वक्र – सरल (वि.)
वचनबद्ध – अवचनबद्ध (वि.)
वफादार – बेवफा (वि.)
वयस्क – अवयस्क, अल्पवयस्क, नाबालिग (पुं.)
वरदान – अभिशाप (पुं.)
वर्णनीय – अवर्णनीय, वर्णनातीत (वि.)
वर्ण्य – अवर्ण्य (वि.)
वस्त्रधारी – वस्त्रहीन, निर्वस्त्र, नंगा, दिगंबर (वि.)
वांछनीय – अवांछनीय (वि.)
वांछित – अवांछित (वि.)
वाकिफ – नावाकिफ (वि.)
वाजिब – गैरवाजिब, नावाजिब (वि.)
वादी – प्रतिवादी (पुं.)
वारिस – लावारिस (वि.)

वास्तविक – अवास्तविक (वि.)
विकर्मी – दिव्यकर्मी (वि.)
वास्तविकता – अवास्तविकता (स्त्री.)
विकल – अविकल (वि.)
विकसित – अविकसित, पिछड़ा (वि.)
विकारी – अविकारी, निर्विकार (वि.)
विकास – विनाश, ह्रास (पुं.)
विकृत – अविकृत (वि.)
विक्षुब्ध – अविक्षुब्ध (वि.)
विख्यात – कुख्यात (वि.)
विख्याति – कुख्याति (स्त्री.)
विचलित – अविचलित (वि.)
विचारवान – अविचारी (वि.)
विचारित – अविचारित (वि.)
विच्छिन्न – अविच्छिन्न (वि.)
विजय – पराजय (स्त्री.)
विजयी – पराजित, परास्त (वि.)
विज्ञ – अविज्ञ (वि.)
विदग्ध – अविदग्ध (वि.)
विदित – अविदित (वि.)
विद्यमान – अविद्यमान (वि.)
विधवा – सधवा (स्त्री.)
विधि – निषेध (स्त्री., पुं.)
विधिक – अविधिक (वि.)
विधिसम्मत – विधिविरुद्ध (वि.)
विधेयात्मक – निषेधात्मक (वि.)
विनम्र – अविनम्र (वि.)
विनय – अविनय (पुं.)
विनयी – अविनयी (वि.)
विनश्वर – अविनश्वर (वि.)
विनीत – अविनीत, दुर्विनीत (वि.)
विपन्न – अविपन्न, निरोग (वि.)
विबुध – अविबुध (वि.)
विभक्त – अविभक्त (वि.)
विभाजन – एकीकरण (वि.)
विमुख – उन्मुख (वि.)
वियोज्य – अवियोज्य (वि.)
विरत – निरत (वि.)
विरल – सुलभ, सर्वसुलभ (वि.)
विराट – क्षुद्र (वि.)
विरोध – समर्थन (पुं.)
विवाहित – अविवाहित (वि.)
विवाहिता – अविवाहिता (वि.)
विवेकी – अविवेकी (वि.)

विषाद – उल्लास (पुं.)
विशिष्ट – सामान्य, साधारण (वि.)
विशुद्ध – अविशुद्ध (वि.)
विशेष – सामान्य, साधारण (वि.)
विशेषज्ञ – अविशेषज्ञ (वि.)
विश्वसनीय – अविश्वसनीय (वि.)
विश्वस्त – अविश्वस्त, विश्वासघाती (वि.)
विश्वास – अविश्वास, संशय (पुं.)
विश्वासी – अविश्वासी, संशयी (वि.)
विष – अमृत (पुं.)
विस्तीर्ण – अविस्तीर्ण (वि.)
विस्तृत – संकुचित, संक्षिप्त (वि.)
विस्मरणीय – अविस्मरणीय (वि.)
विहित – अविहित (वि.)
वृद्धि – ह्रास (स्त्री. पुं.)
वृष्टि – अनावृष्टि (स्त्री.)
वैज्ञानिक – अवैज्ञानिक (वि.)
वैदिक – अवैदिक (वि.)
वैध – अवैध (वि.)
वैधानिक – अवैधानिक (वि.)
वैयक्तिक – सामूहिक (वि.)
वैर – प्रेम (पुं.)
वैषम्य – साम्य (पुं.)
व्यक्त – अव्यक्त (वि.)
व्यक्तिक – अव्यक्तिक (वि.)
व्यक्तिगत – समष्टिगत (वि.)
व्यग्र – अव्यग्र, अशांत (वि.)
व्यभिचारी – सदाचारी (वि.)
व्यर्थ – अव्यर्थ (वि.)
व्यवस्था – अव्यवस्था, कुव्यवस्था (स्त्री.)
व्यवस्थित – अव्यवस्थित (वि.)
व्यवहृत – अव्यवहृत (वि.)
व्यष्टि – समष्टि (पुं. स्त्री.)
व्यापक – अव्यापक (वि.)
व्याप्त – अव्याप्त (वि.)
व्याप्ति – अव्याप्ति (वि.)
व्याप्य – अव्याप्य (वि.)
व्यावहारिक – अव्यावहारिक (वि.)
शंकित – अशंकित (वि.)
शकुन – अपशकुन (पुं.)
शक्य – अशक्य (वि.)
शत्रु – मित्र (पुं.)
शरीरी – अशरीरी (वि.)
शर्मदार – बेशर्म (वि.)

शस्त्रीकरण – निशस्त्रीकरण (पुं.)
शहरी – देहाती, गँवार (वि.)
शांत – अशांत, उत्तेजित, उद्विग्न (वि.)
शांति – अशांति (वि.)
शानदार – शर्मनाक (वि.)
शाप – वरदान (पुं.)
शालीन – धृष्ट (वि.)
शाश्वत – क्षणिक (पुं.)
शासक – शासित (पुं.)
शास्त्रीय – अशास्त्रीय (वि.)
शिक्षित – अशिक्षित (वि.)
शिष्ट – अशिष्ट (वि.)
शीत – ताप (पुं.)
शीतल – उष्ण (वि.)
शीतलता – उष्णता (स्त्री.)
शुक्ल – कृष्ण (वि.)
शुक्लपक्षीय – कृष्णपक्षीय (वि.)
शुचि – अशुचि (वि.)
शुद्ध – अशुद्ध (वि.)
शुद्धता – अशुद्धता (वि.)
शुद्धि – अशुद्धि (स्त्री.)
शुभ – अशुभ (वि.)
शुष्क – सरस (वि.)
शूर – भीरु (वि.)
शूरता – भीरुता (स्त्री.)
शृंखलित – विशृंखलित (वि.)
शोक – हर्ष (पुं.)
शोधित – अशोधित (वि.)
शोचनीय – अशोचनीय (वि.)
शोभनीय – अशोभनीय (वि.)
शोषक – शोषित (वि.)
शोषण – पोषण (पुं.)
शोहरत – बदनामी (स्त्री.)
शौच – अशौच (पुं.)
श्रद्धा – अश्रद्धा (स्त्री.)
श्रांत – अश्रांत (वि.)
श्रीगणेश – इतिश्री (पुं., स्त्री.)
श्रुत – अश्रुत (वि.)
श्रुतिमधुर – कर्णकटु (वि.)
श्रेय – कलंक (पुं.)
श्रेष्ठ – निष्कृष्ट, अधर्म (वि.)
श्रेष्ठता – अधमता (स्त्री.)
श्लाघ्य – अश्लाघ्य (वि.)
शिलष्ट – अश्लिष्ट (वि.)

श्वास – प्रश्वास (पुं.)
श्वेत – अश्वेत (वि.)
संकल्प – विकल्प (पुं.)
संकीर्ण – विस्तीर्ण, व्यापक, उदार (वि.)
संकीर्णता – व्यापकता, उदारता, खुलापन (स्त्री. पुं०)
संक्षिप्त – विस्तृत (वि.)
संक्षेप में – विस्तार से (क्रि.वि.)
संग – कुसंग (पुं.)
संगत – असंगत, बेमेल (वि.)
संगति – असंगति, विसंगति (स्त्री.)
संघटन – विघटन (पुं.)
संघटित – विघटित (वि.)
संतत – असंतत (वि.)
संतुलन – असंतुलन (पुं.)
संतुष्ट – असंतुष्ट (वि.)
संतुष्टि – असंतुष्टि (स्त्री.)
संतोष – असंतोष (पुं.)
संतोषजनक – असंतोषजनक (वि.)
संतोषी – असंतोषी (वि.)
संदिग्ध – असंदिग्ध (वि.)
संदेह – विश्वास (पुं.)
संधि – विग्रह (स्त्री., पुं.)
संपन्न – विपन्न (वि.)
संपन्नता – दरिद्रता, विपन्नता (स्त्री.)
संपृक्त – असंपृक्त (वि.)
संबद्ध – असंबद्ध (वि.)
संभव – असंभव (वि.)
संभावना – असंभावना (स्त्री.)
संभावित – असंभावित (वि.)
संभाव्य – असंभाव्य (वि.)
संभाषण – असंभाषण (पुं.)
संयत – असंयत (वि.)
संयम – असंयम (पुं.)
संयमी – असंयमी, व्यभिचारी (वि.)
संयुक्त – असंयुक्त (वि.)
संयोग – वियोग (वि.)
संलग्न – असंलग्न (वि.)
सँवरना – बिगड़ना (क्रि.)
संवाद – विवाद (पुं.)
सँवारना – बिगाड़ना (क्रि.)
संवृत – विवृत (वि.)
संशय – असंशय (पुं.)
संशयी – निःसंशयी (वि.)

संशोधित – असंशोधित (वि.)
संसारी – संन्यासी (पुं.)
संस्कृत – असंस्कृत (वि.)
संहत – असंहत (वि.)
सकाम – निष्काम (वि.)
सकामता – निष्कामता (स्त्री.)
सकारण – अकारण (क्रि.वि.)
सकारात्मक – नकारात्मक (वि.)
सक्रिय – अक्रिय, निष्क्रिय (वि.)
सक्रियता – अक्रियता, निष्क्रियता (स्त्री.)
सक्षम – अक्षम (वि.)
सख्त – नरम (वि.)
सगुण – निर्गुण (वि.)
सगुरा – निगुरा (वि.)
सच – झूठ (पुं.)
सचेत – अचेत, बेसुध, बेखबर, गाफिल (वि.)
सचेष्ट – अचेष्ट, निश्चेष्ट (वि.)
सच्चरित्र – दुश्चरित्र (वि.)
सच्चा – झूठा (वि.)
सजल – निर्जल (वि.)
सजातीय – विजातीय (वि.)
सजीव – निर्जीव (वि.)
सजीवता – निर्जीवता (स्त्री.)
सज्जन – दुर्जन, शठ, खल (पुं.)
सटा – हटा (वि.)
सत् – असत् (वि.)
सतर्क – असतर्क (वि.)
सतर्कता – असतर्कता (स्त्री.)
सत्कर्म – दुष्कर्म (पुं.)
सत्कर्मी – कुकर्मी, दुष्कर्मी (वि.)
सत्कार – तिरस्कार (पुं., स्त्री.)
सत्पात्र – कुपात्र (पुं.)
सत्प्रवृत्ति – दुष्प्रवृत्ति (स्त्री.)
सत्य – असत्य, मिथ्या (वि.)
सत्यवादी – असत्यवादी (वि.)
सत्यशील – असत्यशील, मिथ्यावादी (वि.)
सत्संग – कुसंग (पुं.)
सदय – निर्दय (वि.)
सदाचरण – दुराचरण (पुं.)
सदाचार – दुराचार (पुं.)
सदाचारी – दुराचारी (वि.)
सदुपयोग – दुरुपयोग (पुं.)

सद्गति – दुर्गति
सद्गुण – दुर्गुण (पुं.)
सद्प्रवृत्ति – दुष्प्रवृत्ति (स्त्री.)
सद्भाव – दुर्भाव (पुं.)
सद्भावना – दुर्भावना (स्त्री.)
सद्व्यवहार – दुर्व्यवहार (पुं.)
सधवा – विधवा (स्त्री.)
सन्निहित – असन्निहित (वि.)
सप्राण – निष्प्राण (वि.)
सफल – असफल, विफल, निष्फल (वि.)
सफलता – असफलता, विफलता (स्त्री.)
सफाई – गंदगी (स्त्री.)
सबल – दुर्बल, निर्बल (वि.)
सभ्य – असभ्य, उजड्ड, बर्बर (वि.)
समंजित – असमंजित (वि.)
सम – असम, विषम (वि.)
समग्र – इकाई (पुं.)
समझदार – बेसमझ, नासमझ, नादान (वि.)
समतल – असमतल, खुरदुरा (वि.)
समता – असमता, विषमता (स्त्री.)
समय – असमय, कुसमय (पुं.)
समरूप – असमरूप (वि.)
समर्थ – असमर्थ (वि.)
समर्थता – असमर्थता (स्त्री.)
समर्थक – विरोधी (वि., पुं.)
समर्थन – विरोध (पुं.)
समर्थित – असमर्थित (वि.)
समष्टिगत – व्यक्तिगत (वि.)
समस्त – असमस्त (वि.)
समान – असमान (वि.)
समानता – असमानता, विषमता (स्त्री.)
समाप्त – असमाप्त (वि.)
समास – व्यास (पुं.)
समीप – दूर (क्रि.वि.)
समीपता – दूरी (स्त्री.)
समीपवर्ती – दूरवर्ती (वि.)
समीचीन – असमीचीन (वि.)
समीपस्थ – दूरस्थित (वि.)
समृद्धि – विनाश (स्त्री.)
सम्मत – असम्मत (वि.)
सम्मति – असम्मति (स्त्री.)
सम्मान – तिरस्कार (पुं.)

सम्मानित – अपमानित, उपेक्षित (वि.)
सम्मुख – विमुख (वि.)
सरल – कठिन, कुटिल, जटिल (वि.)
सरलता – कठिनता, कुटिलता, जटिलता (स्त्री.)
सरस – नीरस, शुष्क (वि.)
सर्वज्ञ – अल्पज्ञ (वि.)
सर्वत्र – कहीं-कहीं (क्रिवि.)
सलज्ज – निर्लज्ज (वि.)
सवर्ण – असवर्ण (वि.)
सवाल – जवाब (पुं.)
सशक्त – अशक्त (वि.)
सशस्त्र – निरस्त्र (वि.)
सशुल्क – निःशुल्क (वि.)
ससीम – असीम, निस्सीम (वि.)
सस्ता – महँगा (वि.)
सहज – कठिन (वि.)
सहनीय – असहनीय (वि.)
सहमत – असहमत (वि.)
सहमति – असहमति (स्त्री.)
सहयोगी – प्रतियोगी (वि.)
सहित – रहित, विहीन (वि.)
सहिष्णु – असहिष्णु (वि.)
सहिष्णुता – असहिष्णुता (स्त्री.)
सहित – रहित (वि.)
सही – गलत (वि.)
सहृदय – हृदयहीन (वि.)
सह्य – असह्य (वि.)
सांप्रदायिक – असांप्रदायिक (वि.)
सांसारिक – (वि.)
साकार – निराकार (वि.)
साक्षर – निरक्षर (वि.)
साक्षरता – निरक्षरता (स्त्री.)
सादा – भड़कीला; रंगीन (वि.)
साधक – बाधक (वि.)
साधार – निराधार (वि.)
साधारण – असाधारण, विशिष्ट, विलक्षण (वि.)
साधारणीकरण – विशेषीकरण (पुं.)
साधित – असाधित (वि.)
साधु – असाधु (वि.)
साधुता – असाधुता (स्त्री.)
साध्य – असाध्य (वि.)
साध्वी – असाध्वी (स्त्री.)

सापेक्ष – निरपेक्ष (वि.)
साफ – गंदा, मैला (वि.)
साबुत – टूटा, टूटा-फूटा (वि.)
साभास – निराभास (वि.)
सामंजस्य – असामंजस्य (पुं.)
सामयिक – असामयिक (वि.)
सामर्थ्य – असामर्थ्य (स्त्री.)
सामान्य – असामान्य, विशेष (वि.)
साम्य – वैषम्य (पुं.)
सारयुक्त – असार, निस्सार, थोथा (वि.)
सार्थक – निरर्थक (वि.)
सार्थकता – निरर्थकता (स्त्री.)
सार्वजनिक – वैयक्तिक, निजी (वि.)
सावधान – असावधान (वि.)
सावधानता – असावधानता
सावधानी – असावधानी (स्त्री.)
साहस – भीरुता (पुं., स्त्री.)
साहसी – भीरु (वि.)
सित – असित, काला (वि.)
सिद्ध – असिद्ध (वि.)
सिद्धि – असिद्धि (स्त्री.)
सिरहाना – पायँताना (पुं.)
सीधा – उलटा, टेढ़ा (वि.)
सीमित – असीमित (वि.)
सुंदर – असुंदर, कुरूप (वि.)
सुकर – दुष्कर (वि.)
सुकर्म – दुष्कर्म (पुं.)
सुकाल – दुष्काल (पुं.)
सुकीर्ति – अपकीर्ति (स्त्री.)
सुकृति – दुष्कृति (स्त्री.)
सुकृती – दुष्कृती (पुं.)
सूक्ष्म – विशाल (पुं.)
सुख – दुख (पुं.)
सुखद – दुखद (वि.)
सुखांत – दुखांत (वि.)
सुखान्वित – दुखान्वित (वि.)
सुखी – दुखी (वि.)
सुख्यात – कुख्यात (वि.)
सुगंध – दुर्गंध (स्त्री.)
सुगंधित – दुर्गंधित (वि.)
सुगति – दुर्गति (स्त्री.)
सुगम – दुर्गम, कठिन (वि.)
सुघड़ – अनगढ़, फूहड़ (वि.)
सुडौल – बेडौल (वि.)

सुधार्य – असुधार्य (वि.)
सुनी – अनसुनी (वि.)
सुपथ – कुपथ (पुं.)
सुपरिणाम – दुष्परिणाम (पुं.)
सुपाच्य – कुपाच्य (वि.)
सुपात्र – कुपात्र (वि.)
सुपुत्र – कुपुत्र (पुं.)
सुपूत – कुपूत (पुं.)
सुप्त – जाग्रत (वि.)
सुप्रबंध – कुप्रबंध (पुं.)
सुप्रभाव – कुप्रभाव, दुष्प्रभाव (पुं.)
सुप्रयोग – कुप्रयोग (पुं.)
सुफल – कुफल (पुं.)
सुबुद्धि – दुर्बुद्धि (वि.)
सुबोध – दुर्बोध (वि.)
सुमार्ग – कुमार्ग (पुं.)
सुमुख – दुर्मुख (वि.)
सुयंत्रित – कुयंत्रित (वि.)
सुयश – अपयश (पुं.)
सुर – असुर (पुं.)
सुरक्षा – असुरक्षा (स्त्री.)
सुरति – निरति (स्त्री.)
सुरीला – बेसुरा (वि.)
सुलक्षण – कुलक्षण (वि.)
सुलभ – दुर्लभ (वि.)
सुविचार – कुविचार (पुं.)
सुविधा – असुविधा, दिक्कत (स्त्री.)
सुविधाजनक – असुविधाजनक, कष्ट-कर, दिक्कततलब (वि.)
सुव्यवस्था – अव्यवस्था, कुव्यवस्था, गड़बड़ी (स्त्री.)
सुशील – दुःशील (वि.)
सुषुप्ति – जागरण (स्त्री., पुं.)
सुसंगति – कुसंगति (स्त्री.)
सुसमय – कुसमय (पुं.)
सुसाध्य – दुःसाध्य (वि.)
सुस्त – तेज (वि.)
सूखा – गीला (वि.)
सुहागिन – दुहागिन (स्त्री.)

सृजन – विसृजन (पुं.)
सृष्टि – संहार, प्रलय (स्त्री., पुं.)
सेवक – स्वामी (पुं.)
सेवित – असेवित (वि.)
सोच – असोच (पुं.)
सोच-विचारकर — बिना सोचे-समझे (क्रिवि.)
सोना – जागना (क्रि.)
सैद्धांतिक – असैद्धांतिक (वि.)
सौभाग्य – दुर्भाग्य (पुं.)
सौमनस्य – वैमनस्य (पुं.)
सौम्य – असौम्य (वि.)
स्खलित – अस्खलित (वि.)
स्तब्ध – अस्तब्ध (वि.)
स्तुति – निंदा (स्त्री.)
स्तुत्य – निंद्य (वि.)
स्थापन – विस्थापन (पुं.)
स्थावर – जंगम (वि.)
स्थिर – अस्थिर, चंचल (वि.)
स्थिरचित्त – अस्थिरचित्त (वि.)
स्थूल – कृश (वि.)
स्थैर्य – अस्थैर्य (पुं.)
स्निग्ध – अस्निग्ध (वि.)
स्नेही – वैरी (वि.)
स्थायी – अस्थायी (वि.)
स्थिर – अस्थिर (वि.)
स्थूल – सूक्ष्म (वि.)
स्पंदित – निष्पंद (वि.)
स्पर्धा – सहयोग (स्त्री., पुं.)
स्पष्ट – अस्पष्ट (वि.)
स्पष्टता – अस्पष्टता (स्त्री.)
स्पृश्य – अस्पृश्य (वि.)
स्फुट – अस्फुट (वि.)
स्फूर्ति – आलस्य (स्त्री.)
स्मरण – विस्मरण (पुं.)
स्मरणीय – विस्मरणीय (वि.)
स्याह – सफेद (वि.)
स्वच्छ – अस्वच्छ, मलिन (वि.)
स्वच्छता – अस्वच्छता (स्त्री.)

स्वतंत्र – परतंत्र (वि.)
स्वतंत्रता – परतंत्रता (स्त्री.)
स्वदेश – परदेश, विदेश (पुं.)
स्वर्गीय – नारकीय (वि.)
स्वस्थ – अस्वस्थ, रुग्ण, बीमार (वि.)
स्वस्थता – अस्वस्थता (स्त्री.)
स्वादिष्ट – स्वादहीन, निःस्वाद (वि.)
स्वाधीन – पराधीन (वि.)
स्वाधीनता – पराधीनता (स्त्री.)
स्वाभाविक – अस्वाभाविक (वि.)
स्वामी – दास, भृत्य, सेवक (पुं.)
स्वार्थ – परमार्थ (पुं.)
स्वावलंबी – परावलंबी (वि.)
स्वास्थ्यकर – अस्वास्थ्यकर (वि.)
स्वीकार्य – अस्वीकार्य (वि.)
स्वीकृत – अस्वीकृत (वि.)
स्वीकार करना – अस्वीकार करना (क्रि.पद.)
स्वीकृति – अस्वीकृति (स्त्री.)
हँसना – रोना (क्रि.)
हँसाना – रुलाना (क्रि.)
हत – अहत (वि.)
हथियारबंद – निहत्था (वि.)
हमदर्द – बेदर्द (वि.)
हयादार – बेहया (वि.)
हर्ष – शोक (पुं.)
हलका – भारी (वि.)
हानि – लाभ (स्त्री. पुं.
हार – जीत (स्त्री.)
हिंसक – अहिंसक (वि.)
हिंसा – अहिंसा (स्त्री.)
हित – अनहित, अहित (पुं.)
हितकर – अहितकर (वि.)
हितकारी – अहितकारी (वि.)
हुनरा – बेहुनरा (वि.)
हेय – उपादेय
होनी – अनहोनी (स्त्री.)
ह्रस्व – दीर्घ (वि.)

परिशिष्ट-३

नाप, माप और तौल की सारणियाँ

लम्बाई और दूरी की नाप

12	इंच	=	1 फ़ुट
3	फ़ुट	=	1 गज़
5½	फ़ुट	=	1 पोल (डाँड़)
40	पोल	=	1 फर्लांग
8	फ़र्लांग	=	1 मील
1760	गज़	=	1 मील
3	मील	=	1 लीग
3	जौ	=	1 इंच
3	इंच	=	1 गदोरी
4	इंच	=	1 हाथ
9	इंच	=	1 बालिश्त (बित्ता)
5	फ़ुट	=	1 डग (कदम)
6	फ़ुट	=	फैदम, थाह (पुरसा, समुद्र की गहराई नापने के लिए)
7.92	इंच	=	1 कड़ी
25	कड़ी	=	1 पोल (डाँड़)
100	कड़ी	=	1 ज़रीब
66	फ़ुट	=	1 ज़रीब
10	ज़रीब	=	1 फर्लांग

टिप्पणी—हाथ घोड़ों की नाप के लिए, फ़ैदम या थाह पानी और खान की गहराई नापने के लिए, कड़ी और ज़रीब भू सर्वेक्षण के लिए प्रयुक्त होते हैं।

समुद्री नाप

6	फ़ुट	=	1 फैदम, थाह
15	फ़ुट	=	1 ज़रीब
100	फैदम (थाह)	=	1 समुद्री तार की लम्बाई
10	समुद्री तार की ल.	=	1 समुद्री मील
3	समुद्री मील	=	1 लीग
60	समुद्री मील	=	1 अंश

टिप्पणी—1 समुद्री मील = लगभग 2026 गज़

भूमि या वर्ग नाप

144	वर्ग इंच	=	1 वर्ग फ़ुट
9	वर्ग फ़ुट	=	1 वर्ग गज़
30	वर्ग गज़	=	1 वर्ग पोल/राड
4	राड/पोड या		
4840	वर्ग गज़	=	1 एकड़
640	एकड़	=	1 वर्ग मील

लम्बाई (दूरी) की भारतीय नाप

72	बिन्दु	=	1 इंच
9	इंच	=	1 बित्ता
2	बित्ता	=	1 हाथ
2	हाथ	=	1 गज़
4	अंगुल	=	1 गिरह
2¼	इंच	=	1 गिरह
16	गिरह	=	1 गज
3	गज़	=	1 गठा
10	गठा	=	1 ज़रीब

भारतीय भूमि नाप

(उत्तर प्रदेश)

99	इंच	=	1 लाठा
5	लाठा × 4 लाठा	=	1 बिस्वा
1361	वर्ग फुट	=	1 बिस्वा
20	बिस्वा	=	1 बीघा
3025	वर्ग गज़	=	1 बीघा
8	बीघा	=	5 एकड़

पंजाब

3	हाथ	=	1 करम
9	वर्ग करम	=	1 मरला
20	मरला	=	1 बीघा
1620	वर्ग गज़	=	1 बीघा
2	बीघा	=	1 घुमाव

(महाराष्ट्र)

39¼	वर्ग क्यूबिट	=	1 काठी
20	काठी	=	1 पाण्ड
20	पाण्ड	=	1 बीघा
3925	वर्ग गज़	=	1 बीघा
6	बीघा	=	1 रुके
20	रुके	=	1 चहर

(बंगाल)

1	वर्ग हाथ	=	1 गण्डा
20	गण्डा	=	1 छटाँक
16	छटाँक	=	1 काठा
10×8	गज	=	1 काठा
20	काठा	=	1 बीघा
1600	वर्ग गज़	=	1 बीघा
121	बीघा	=	40 एकड़

(दक्षिण भारत)

2400	वर्ग फुट	=	1 ग्राउन्ड (मनाई)
24	ग्राउन्ड	=	1 काणी
6400	वर्ग गज़	=	1 काणी
484	काणी	=	1 वर्ग मील

घन या ठोस की माप

1728	घन इंच	=	1 घन फुट
27	घन फुट	=	1 घन इंच

धारिता की माप

4	गिल	=	1 पिन्ट
2	पिन्ट	=	1 क्वार्ट
4	क्वार्ट	=	1 गैलन
2	गैलन	=	1 पेक
4	पेक	=	1 बुशल
8	बुशल	=	1 क्वार्टर
2	क्वार्टर	=	1 पाटल
2	बुशल	=	1 स्ट्राक
36	बुशल	=	1 काल्ड्रन
5	क्वार्टर	=	1 लोड

द्रव की माप

1	मिनिम (बूँद)	=	0.0045 घन इंच
60	बूँद	=	1 ड्राम
8	ड्राम	=	1 औंस
20	औंस	=	1 पिन्ट
8	पिन्ट	=	1 गैलन
31½	गैलन	=	1 बैरल
1	टी स्पूनफुल (चम्मच)	=	1 ड्राम
1	डेजर्ट टी स्पूनफुल (मझला चम्मच)	=	2 ड्राम
1	टेबल टी स्पूनफुल (बड़ा चम्मच)	=	4 ड्राम
1	टी कप फुल (चाय प्याला)	=	3 औंस

कपड़ों की नाप

2	इंच	=	1 नेल
4	नेल	=	1 क्वार्टर
4	क्वार्टर	=	1 गज़

कागज का आकार

		इंच में	सेमी० में
क्राउन	=	15 × 20	38 × 51
डबल क्राउन	=	20 × 30	51 × 76
क्राउन क्वाड	=	30 × 40	76 × 102
डिमाई	=	17½ × 22½	44 × 57
डिमाई डबल	=	22½ × 35	57 × 90
डिमाई क्वाड	=	35 × 45	90 × 114
फुलस्केप	=	13½ × 17	34 × 43
फुलस्केप डबल	=	17 × 27	43 × 68
फुलस्केप	=	16 × 26	40 × 65
फुलस्केप मीडियम	=	16½ × 26½	42 × 67
फुलस्केप क्वाड	=	27 × 34	68 × 86
इम्पीरियल	=	22 × 30	56 × 76
डिमाई	=	18 × 22	46 × 56
डबल डिमाई	=	23 × 36	58 × 91
पोस्ट	=	15½ × 19½	39 × 49
पोस्ट लार्ज	=	16½ × 21	42 × 53
रायल	=	20 × 25	51 × 63
रायल डबल	=	25 × 40	63 × 102
सुपर रायल	=	20½ × 27½	52 × 70
सुपर रायल डबल	=	27½ × 41	70 × 104

पुस्तकों का आकार

एफ.ओ., एक पेजी, इकतहा, दो पन्ने, फोर टु०, चौपेजी, दुतहा, चार पन्ने, एट बो०, अठपेजी, तिनतहा, आठ पन्ने ट्वेल्स एम ओ०, बारह पेजी, बारह परत में मुड़ा, सिक्सटीन एम ओ०, सोलह पेजी, चोपरता, बत्तीस पेजी (सोलह पन्ने) आठ परता।

समय परिमाण (भारतीय)

60	अनुपल	=	1 विपल
60	विपल	=	1 पल
60	पल	=	1 दण्ड
60	दण्ड	=	1 दिन
24	घड़ी	=	1 दिन
8	पहर	=	1 दिन
7	दिन	=	1 सप्ताह
30	दिन	=	1 माह
12	माह	=	1 वर्ष

(अन्तरराष्ट्रीय)

60	सेकेण्ड	=	1 मिनट
60	मिनट	=	1 घंटा
24	घंटे	=	1 दिन
7	दिन	=	1 सप्ताह
4	सप्ताह	=	1 माह
13	चांद्रमास	=	1 वर्ष
12	मास	=	1 वर्ष
365	दिन	=	1 वर्ष
366	दिन	=	1 लौंध वर्ष
365 दिन, 5 घंटे, 48 मिनट		=	1 सौर वर्ष
100	वर्ष	=	1 शताब्दी
10	शताब्दी	=	1 सहस्राब्दि
1000	वर्ष	=	1 सहस्राब्दि

मुद्रा

(अंग्रेजी)

4	फारदिंग	=	1 पेनी
12	पेन्स	=	1 शिलिंग
20	शिलिंग	=	1 पाउण्ड
21	शिलिंग	=	1 गिन्नी
2	शिलिंग	=	1 फ्लोरिन
5	शिलिंग	=	1 क्राउन

(भारतीय)

100	पैसे	=	1 रुपया

विद्युत-मापन

वोल्ट- विद्युत वाहक बल (e.m.f.) की इकाई जो एक बैटरी सेल के लगभग 92.6% के बराबर होती है।

ओम- विद्युत प्रतिरोध की इकाई जो 100 सेमी॰×1 मिमी॰ गलनांक पर पारद रेखा द्वारा विद्युत धारा के प्रवाह से उत्पन्न होती है।

मेगा ओम-दस लाख ओम

एम्पियर-एक ओम द्वारा संचालित एक वोल्ट की धारा

कूलम- प्रति सेकंड प्रवाहित होनेवाली एक एम्पियर की मात्रा

माइक्रोफैराडे-एक वोल्ट दाब पर .0000001 कूलम की धारिता

वाट- विद्युत शक्ति की इकाई जो परिपथ में प्राप्त शक्ति के बराबर होती है जिसमें एक वोल्ट के विभवान्तर वाली एक एम्पियर की धारा प्रवाहित हो। 746 वाट = 1 अश्वशक्ति

किलोवाट-1000 वाट।

तापमान

सेल्सिअस (सेन्टीग्रेड)-इसमें 0° हिमांक 100° वाष्पांक होता है।

फोरेनहाइट-इसमें 32° हिमांक, 212° वाष्पांक होता है।

टिप्पणी—सेन्टीग्रेड को फारेनहाइट में बदलने के लिए 9 से गुणा करके गुणनफल को 5 से भाग देकर 32 जोड़ दें; जैसे—133°F=133 – 32 (101)×5 (505)+9=5°C।

संख्या

12	इकाई	=	1 दर्जन
12	दर्जन	=	1 ग्रुस
20	इकाई	=	1 कोड़ी
5	कोड़ी या 100 ई.	=	1 शतक (सैकड़ा)

1, 2, 3, 4, 5, ... अरबी संख्याएँ हैं जो अब अन्तर्राष्ट्रीय संख्याएँ कहलाती हैं।

१, २, ३, ४, ५, ... देवनागरी संख्याएँ हैं।

1, 2, 3, 4, 5, ... अंकों में लिखी संख्याएँ हैं।

चालू-तौल

16	ड्राम	=	1 औंस
16	औंस	=	1 पौण्ड
14	पौण्ड	=	1 स्टोन
28	पौण्ड	=	1 क्वार्टर
4	क्वार्टर (112 पौंड)	=	1 हन्डरवेट
20	हन्डरवेट	=	1 टन

बहुमूल्य पत्थरों के लिए 1 औंस = 480 ग्रेन जो दाशमिक कैरट से विभाजित होकर प्राप्त होता है। दाशमिक

कैरट औंस का 1/150 वाँ भाग होता है। कैरट का अर्थ है 1/24 भाग। इस प्रकार 18 कैरट सोना शुद्ध सोने का 18/24 भाग होता है।

औषधियों की तौल

20	ग्रेन	=	1 स्क्रुपल
3	स्क्रुपल	=	1 दिरहम
8	दिरहम	=	1 औंस
12	औंस	=	1 पौंड
20	औंस	=	1 पिन्ट

भारतीय तौल

(अब प्रचलित)

8	खसखस	=	1 चावल
8	चावल	=	1 रत्ती
6	रत्ती	=	1 आना
8	रत्ती	=	1 माशा
12	माशा या 6 आना	=	1 तोला
5	तोला	=	1 छटाँक
16	छटाँक	=	1 सेर
4	पाव	=	1 सेर
5	सेर	=	1 पंसेरी
8	पंसेरी	=	1 मन
1	मन	=	82 $^2/_7$ पौंड

टिप्पणी-भारत में अब प्रचलित माप-तौल के लिए दाशमिक प्रणाली देखिए।

लम्बाई की माप

10	मिलीमीटर	=	1 सेन्टीमीटर
10	सेन्टीमीटर	=	1 डेसीमीटर
10	डेसीमीटर	=	1 मीटर
10	मीटर	=	1 डेकामीटर
10	डेकामीटर	=	1 हेक्टोमीटर
10	हेक्टोमीटर	=	1 किलोमीटर
10	किलोमीटर	=	1 मिरियामीटर
10	मिरियामीटर	=	1 मेगामीटर
100	सेन्टीमीटर	=	1 मीटर
1000	मीटर	=	1 किलोमीटर

तौल की माप

10	मिलीग्राम	=	1 सेन्टीग्राम
10	सेन्टीग्राम	=	1 डेसीग्राम
10	डेसीग्राम	=	1 ग्राम
10	ग्राम	=	1 डेकाग्राम
10	डेकाग्राम	=	1 हेक्टोग्राम
10	हेक्टोग्राम	=	1 किलोग्राम
1000	ग्राम	=	1 किलोग्राम
10	किलोग्राम	=	1 मिरियाग्राम
10	मिरियाग्राम	=	1 क्विंटल
10	क्विंटल	=	1 टन या मिलियन
1000	किलोग्राम	=	1 मीट्रिक टन

धरातल की माप

100	वर्ग मिलीमीटर	=	1 वर्ग सेन्टीमीटर
100	वर्ग सेन्टीमीटर	=	1 वर्ग डेसीमीटर
100	वर्ग डेसीमीटर	=	1 वर्ग मीटर
100	वर्ग मीटर	=	1 वर्ग डेकामीटर
100	वर्ग डेकामीटर	=	1 वर्ग हेक्टोमीटर
100	वर्ग हेक्टोमीटर	=	1 वर्ग किलोमीटर
100	वर्ग किलोमीटर	=	1 वर्ग मिरियामीटर

धारिता की माप

10	मिलीलीटर	=	1 सेन्टीलीटर
10	सेन्टीलीटर	=	1 डेसीलीटर
10	डेसीलीटर	=	1 लीटर
10	लीटर	=	1 डेकालीटर
10	डेकालीटर	=	1 हेक्टोलीटर
10	हेक्टोलीटर	=	1 किलोलीटर

भू-मापन

10	सेन्टीएअर	=	1 डेसीएअर
10	डेसीएअर	=	1 एअर
10	एअर	=	1 डेकाएअर
10	डेकाएअर	=	1 हेक्टेएअर

घन-माप

1000	घन मिलीमीटर	=	1 घन सेन्टीमीटर
1000	घन सेन्टीमीटर	=	1 घन डेकामीटर
1000	घन डेकामीटर	=	1 घन मीटर
10	डेसी स्टेअर	=	1 घन मीटर
		=	1 स्टेअर
10	स्टेअर		डेका स्टेअर

टिप्पणी— इमारती लकड़ी की नाप में स्टेअर का प्रयोग किया जाता है।